U0582560

经济新常态下的中国产业发展

——中国工业经济学会2015年学术年会论文集

主　编／张　军　吕　政

副主编／陈粤闽　高　粮

经济管理出版社

ECONOMY & MANAGEMENT PUBLISHING HOUSE

图书在版编目（CIP）数据

经济新常态下的中国产业发展：中国工业经济学会2015年学术年会论文集/张军，吕政主编. —北京：经济管理出版社，2016.9

ISBN 978 – 7 – 5096 – 4536 – 9

Ⅰ. ①经… Ⅱ. ①张… ②吕… Ⅲ. ①产业发展—中国—文集 Ⅳ. ①F124 – 53

中国版本图书馆 CIP 数据核字（2016）第 183744 号

组稿编辑：陈　力
责任编辑：陈　力　舒　林
责任印制：黄章平
责任校对：张　青　赵天宇

出版发行：经济管理出版社
　　　　　（北京市海淀区北蜂窝 8 号中雅大厦 A 座 11 层　100038）
网　　　址：www. E – mp. com. cn
电　　　话：（010）51915602
印　　　刷：北京九州迅驰传媒文化有限公司
经　　　销：新华书店
开　　　本：880mm×1230mm/16
印　　　张：68.75
字　　　数：1935 千字
版　　　次：2016 年 10 月第 1 版　　2016 年 10 月第 1 次印刷
书　　　号：ISBN 978 – 7 – 5096 – 4536 – 9
定　　　价：188.00 元

目　录

产业经济

工商管理

国民经济

空间经济与区域发展

能源经济与绿色发展

产 业 经 济

产学研合作驱动制造业技术
创新的空间计量检验

——以 31 个省域制造业为例

原毅军　黄菁菁

（大连理工大学经济学院　大连　116024）

一、问题提出

工业发展是其他产业发展的先决条件，制造业是一个国家工业的主导力量，在国民经济中发挥主要作用。目前，中国制造业产出约占世界的 20%，成为全球制造业第一大国，但大多数产业尚未占据世界产业技术制高点，中国制造业仍然存在技术引进和自主开发结合不够紧密，未能形成自主创新能力，对国外技术存在严重依赖等问题。随着中国劳动力等生产要素价格不断上涨，劳动力成本优势逐渐丧失，中国制造业企业的利润面临进一步被稀释的威胁，并且已经出现逐渐被取代的趋势，如果中国制造业仍然缺乏产业发展的核心技术，从而丧失生产制造优势，那么中国将在国际分工中处于"进退维谷"境地。所以，中国制造业应该尽快优化实现转型升级，推动研发创新，使企业尽快掌握产业核心技术，以技术创新推动制造业逐步向技术、服务等高端环节过渡。

产学研合作是企业、大学和科研机构在遵循"风险共担、利益共享"的原则下，运用各自的优势资源相互协作所进行的优势互补的创新活动。制造业企业要实现技术创新，越来越离不开大学与科研机构的知识供给和人员合作。大学和科研机构拥有大量学术精英，并且掌握着世界前沿科学技术，参与产学研合作是制造业企业降低研发风险、加速技术创新的重要手段。Jaffe（1989）的研究开创性地阐明，大学不仅为企业传输智力资源，其基础研究还能够帮助企业创新[1]。樊霞、陈丽明和刘炜（2013）的研究表明，参与和未参与产学研合作的企业在技术创新绩效和企业特征方面均存在显著差异，通过排除选择性偏倚与混杂偏倚，证明产学研合作对企业新产品销售收入比重的提升具有显著的正向影响[2]。李新南（2007）认为，中国提出要"建立以企业为主体、市场为导向、产学研相结合的技术创新体系"是基于"企业创新能力普遍不足"的考虑，也是借鉴国际成功经验的必然选择[3]。罗天洪和熊中楷（2011）研究了重庆市装备制造业的发展问题，认为提升重庆市装备制造业的竞争能力应该构建以模仿创新为契机、产学研联

[作者简介] 原毅军，大连理工大学经济系教授，博士生导师；黄菁菁，大连理工大学经济系统分析与管理博士研究生。

合创新为引领、自主创新为目标的渐进性创新体系[4]。丁明磊和陈志（2014）通过分析美国实施"再工业化"的国家制造业创新网络（NNMI）计划，总结归纳了国家制造业创新网络及制造业创新中心建设主要特点，在此基础上提出推动中国先进制造业发展的政策建议，其中就包括深化产学研创新网络在战略层面的紧密合作，推动产学研为基础的产业技术创新体系的建设[5]。

由此可见，产学研合作在推动制造业技术创新方面有重要作用，但在研究方法上，大多数研究以定性研究为主，实证分析的模型也多基于传统的线性回归模型使用最小二乘法进行估计，忽略了经济行为在空间上的联系，且研究方法有待规范化和国际化，欠缺细化的定量模型研究和基于中国经验数据的实证分析。因此，本文将针对产学研合作对中国制造业技术创新的驱动作用进行实证研究，以2012年中国31个省域制造业为例，从空间自相关性角度研究不同省域制造业产学研合作和技术创新的空间特征，并应用空间计量模型探析产学研合作对制造业技术创新的影响。

二、方法与模型

传统计量回归方法实际是对线性变量在时间序列层面的经验研究，没有考虑区域之间的空间联系。但是，观测值之间的空间相关性会导致传统的最小二乘法失效[6]，因此，假设区域之间的经济行为在空间上具有相关性和异质性可能更与现实相符。由此推理，产学研合作不仅对本省制造业技术创新产生影响，还会对邻接地区制造业产生影响，这就需要在研究中引入空间计量经济学理论进行解释。

（一）空间自相关检验

空间自相关检验包括全域空间自相关检验和局域空间自相关检验，全域空间自相关检验是从整体上判断区域经济行为是否存在空间集聚，而局域空间自相关检验能够基于局部空间特征衡量每个空间单元的空间相关性。

1. 全域空间自相关检验

检验全域空间自相关常常使用 Moran's I 指数，其计算公式如下：

$$I = \frac{\sum_{i=1}^{n} \sum_{j=1}^{n} W_{ij}(Y_i - \bar{Y})(Y_j - \bar{Y})}{S^2 \sum_{i=1}^{n} \sum_{j=1}^{n} W_{ij}} \tag{1}$$

其中，$S^2 = \frac{1}{n} \sum_{i=1}^{n} (Y_i - \bar{Y})$，$\bar{Y} = \frac{1}{n} \sum_{i=1}^{n} Y_i$，$Y_i$ 和 Y_j 分别代表地区 i 和地区 j 的观测值；n 为地区总数；W_{ij} 代表二进制的邻接空间权值矩阵，一般邻接标准的 W_{ij} 为

$$W_{ij} = \begin{cases} 1, & \text{当区域 i 和区域 j 相邻} \\ 0, & \text{当区域 i 和区域 j 不相邻} \end{cases}$$

其中，i = 1，2，…，n；j = 1，2，…，m。

一般 I 的取值范围为 $-1 \leqslant I \leqslant 1$，当 I 为正时，表示区域间的经济行为正相关，即空间上邻接的区域之间有相似的属性；I 为负时，表示区域经济行为负相关，即空间上邻接的区域之间有不相似的属性；当 I 为 0 时，表示区域经济行为随机分布，没有空间相关性。

2. 局域空间自相关检验

本文采用局域 Moran 散点图和 LISA 集群地图来衡量局域空间自相关。局域 Moran's I 的

公式为：

$$I_i = \frac{(Y_i - \bar{Y})}{S^2} \sum_{j=1}^{n} \left[W_{ij}(Y_j - \bar{Y}) \right] \tag{2}$$

$I_i > 0$ 时，表示地区 i 的观测值与邻接地区存在比较强的空间正相关，呈现出空间集聚；$I_i < 0$ 时，表示地区 i 的观测值与邻接地区存在比较强的空间负相关，呈现出空间离散。

（二）空间滞后模型、空间误差模型及模型选择

本文使用的空间计量模型主要是纳入空间效应的空间回归模型，比较常见的空间回归模型有空间滞后模型和空间误差模型两种。

1. 空间滞后模型

空间滞后模型（SLM）主要研究各变量在一个区域是否存在扩散现象，即侧重分析某区域的经济行为是否受到邻接区域的影响。其表达式为

$$Y = \rho WY + X\beta + \varepsilon \tag{3}$$

其中，Y 为被解释变量；X 为 $n \times k$ 的外生解释变量矩阵；ρ 为空间回归系数；W 为 $n \times n$ 阶的空间权值矩阵；WY 为空间滞后因变量；ε 为随机误差项向量。

2. 空间误差模型

空间误差模型（SME）侧重研究扰动误差项中的空间依赖作用，用于度量邻接地区关于被解释变量误差冲击对本地区观测值造成的影响，其表达式为

$$y = X\beta + \varepsilon, \quad \varepsilon = \lambda W\varepsilon + \mu \tag{4}$$

其中，ε 为随机误差项向量；λ 为空间误差系数；μ 为随机误差向量。

3. 模型选择

一般通过 Moran's I 检验，两个拉格朗日乘子形式 LMERR、LMLAG 及其稳健形式（R－LMERR 和 R－LMLAG）等来判断区域经济行为空间相关性是否存在，但由于事先无法根据先验经验推断在 SLM 和 SEM 模型中是否存在空间依赖性，因此有必要构建一种判别准则来判断哪种空间模型更符合现实情况。Anselin 和 Florax（1988）提出如下判别准则：如果在空间依赖性的检验中发现，LMLAG 比 LMERR 在统计上更显著，且 R－LMLAG 显著而 R－LMERR 不显著，则可断定适合的模型为空间滞后模型；如果 LMERR 比 LMLAG 在统计上更显著，且 R－LMERR 显著而 R－LMLAG 不显著，则可断定适合的模型为空间误差模型[6]。

三、数据与变量

（一）数据说明

本文以 2012 年中国 31 个省、自治区和直辖市（不含港澳台）制造业为研究样本进行数据选取，数据均来自 2013 年《中国统计年鉴》和《中国科技统计年鉴》。由于工业按门类划分为采矿业，制造业，电力、燃气及水的生产和供应业三大类，因此按照行业细分，相关各个区域的制造业的数据主要通过对各制造业行业的加总占总值的比例计算得出。

（二）变量选取

被解释变量为制造业的技术创新产出（NINCOM）。一般用于衡量企业创新绩效的指标有新

产品营业收入和专利等，但因专利指标经常涉及商业机密，因此得到的数据可能失去其准确性，所以本文选择制造业的新产品营业收入来作为衡量指标。

解释变量为制造业的产学研合作水平（TCXYINP）。本文采用规上工业企业中的制造业企业在高校和科研机构中的研发投入来衡量该指标。

控制变量包括制造业中资本投入人力资本水平。资本投入又分为物质资本投入（RDINP）和人员投入（RDPEO），物质资本投入用规上工业企业中的制造业企业在研发中的外部投入来衡量，人员投入用规上工业企业中的制造业企业的研发人员全时当量来衡量。人力资本水平（STUDE）用地区在校大学生的人数来衡量。

四、计量结果及分析

（一）全域自相关检验

本文使用 OpenGeoda 软件，并选择基于二进制的 rook 邻近权值对产学研合作和制造业技术创新的空间自相关性进行分析。空间权值矩阵 W_{r1} 的全域 Moran's I 指数及其他指标如表 1 所示。

从表 1 可以看出，两个变量的全域 Moran's I 指数分别为 0.2817 和 0.3725，并都通过 1% 的显著性水平检验，且 Z 值都大于正态分布函数在 0.01 水平下的临界值 1.96，因此制造业的产学研合作水平和技术创新具有显著的空间自相关。进一步应用蒙特卡罗模拟检验 Moran's I 是否显著，通过改变排列技术 999 次得出的模拟结果如图 1 所示。

表 1　产学研合作和制造业技术创新的全域 Moran's I 指数

变量	Moran's I	均值	标准误差	Z 值	概率
产学研合作	0.2817	− 0.0259	0.1028	2.9920	0.006
制造业技术创新	0.3725	− 0.0301	0.1033	3.8962	0.002

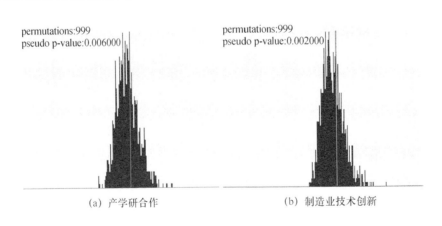

（a）产学研合作　　　　　　　　（b）制造业技术创新

图 1　产学研合作和制造业技术创新的蒙特卡罗模拟结果

（二）局域自相关检验

进一步进行局域自相关检验，通过绘制局域 Moran 散点图和 LISA 集聚地图来揭示产学研合作和制造业技术创新的局域空间特征，局域 Moran 散点图和 LISA 集聚地图分别如图 2 和图 3 所示。

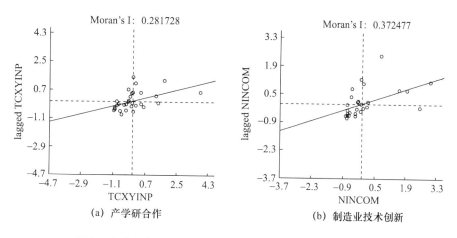

图 2　产学研合作和制造业技术创新的局域 Moran 散点图示

从图 2 可以看出，大部分省域落在第一象限和第三象限，说明产学研合作水平较高或较低的省域形成了集聚，同样制造业技术创新水平较高或较低的省域也形成集聚，这与全域空间自相关的结构相同。

从图 3 的 LISA 集聚地图可以进一步看出，产学研合作形成了以江苏、上海为代表的高—高集聚区和以西藏、青海为代表的低—低集聚区；制造业技术创新形成了以江苏、上海为中心的高—高集聚区和以甘肃为中心的低—低集聚区。两个变量的空间分布表现出了明显的集聚特征，但还需要结合空间计量模型进行估计。

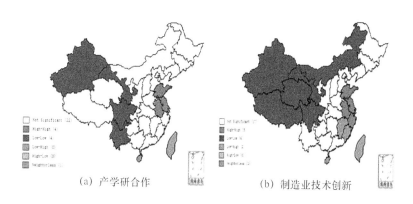

图 3　产学研合作和制造业技术创新的 LISA 集聚示意图

（三）空间计量检验与分析

进行空间计量检验之前，首先进行 OLS 估计和空间依赖性检验，以对下文的空间计量模型进行选择，并与其对比。OLS 的估计结果如表 2 所示。

表 2　OLS 估计结果

变量	系数	标准差	T 值	P 值
常数项	− 3.7904e + 007	2.6710e + 007	− 1.4191	0.1677
TCXYINP	192.3987 ***	47.8894	4.0176	0.0004
LRDINP	7588516	5140657	1.4762	0.1519
RDPEO	410.8956 ***	33.0387	12.4368	0.0000
STUDE	− 1.8076 **	7.8603	− 2.2996	0.0297
R²	0.9484			
ADJ − R²	0.9405			
F	119.54 ***			
LogL	− 544.227			
AIC	1098.45			
SC	1105.62			
空间依赖性检验	MI/DF	T 值	P 值	
Moran's I 指数（误差）	0.1536	2.0665 **	0.0388	
LMLAG	1	6.3737 **	0.0115	
R − LMLAG	1	5.1599 **	0.0231	
LMERR	1	1.5621	0.2114	
R − LMERR	1	0.3483	0.5550	

注：***、**、* 分别表示通过 1%、5% 和 10% 水平下的显著性检验。

从表 2 可以看出，制造业产学研合作水平的回归系数在 1% 显著水平上显著为正，与预期一致。但是，空间统计的 Moran's I 指数检验已经表明，31 个省域的制造业技术创新产出具有明显的空间自相关性，经典的线性回归模型的 OLS 估计很可能存在模型设定不准确的问题。为了进一步验证空间自相关性的存在，由表 2 中的 Moran's I 指数检验、两个拉格朗日乘数的空间依赖性检验结果显示：Moran's I 指数（误差）检验证明经典回归误差具有很强（5% 的显著水平下）的空间相关性；同时，拉格朗日乘子误差和滞后及其稳健性检验表明，LMLAG 在 5% 显著性水平上比 LMERR 更加显著，且 R − LMLAG 在 5% 显著性水平上显著而 R − LMERR 不显著，说明空间滞后模型是更加恰当的模型。因此，本文选择空间滞后模型再次进行检验，检验结果见表 3。

表 3　SLM 估计结果

变量	系数	标准差	T 值	P 值
常数项	− 1.4053e + 007	2.3656e + 007	− 0.5940	0.5524
W_ NINCOM	0.1712 ***	0.0622	2.7491	0.0059
TCXYINP	173.1678 ***	39.6411	4.3683	0.0000

续表

变量	系数	标准差	T 值	P 值
LRDINP	2343899	4646294	0.5044	0.6139
RDPEO	404.8127 ***	27.1336	14.9192	0.0000
STUDE	− 13.6861 **	6.6116	− 2.0700	0.0384
R^2	0.9588			
LogL	− 540.828			
AIC	1093.66			
SC	1102.26			

注：＊＊＊、＊＊、＊分别表示通过1%、5%和10%水平下的显著性检验。

从表3可以看出，产学研合作系数在1%显著水平上为正，说明产学研合作能够提高制造业的技术创新产出；制造业技术创新产出的空间滞后变量也在1%显著水平上显著为正，说明制造业技术创新水平受到了邻接区域制造业创新水平的影响。对比表2和表3对数似然函数值LogL、AIC和SC的值可以发现，SLM模型中的LogL要比线性回归模型中的大，AIC和SC值都比线性回归模型中的小，说明SLM模型要优于原有的模型。综合来看，在样本区间内，产学研合作在制造业技术创新中起到了积极的驱动作用，产学研合作和制造业技术创新都存在空间相关性，如果使用最小二乘法对传统的线性回归模型进行检验，忽略空间相关性的影响，则会高估了产学研合作对制造业技术创新的作用。

五、结论与建议

本文应用空间计量经济学理论，以2012年中国31个省域制造业为例，研究了产学研合作与制造业技术创新的空间现象。结果表明，制造业的产学研合作和技术创新存在显著的空间自相关性，产学研合作形成了以江苏、上海为代表高—高集聚区和以西藏、青海为代表的低—低集聚区；制造业技术创新形成了以江苏、上海为中心的高—高集聚区和以甘肃为中心的低—低集聚区。根据空间滞后模型的估计结果可得，产学研合作对制造业技术创新产出有显著的促进作用，且邻接区域的制造业技术创新水平也会对该区域的制造业技术创新水平有正向影响。

从本文结论得到的政策建议是：①要加速制造业向创新驱动转变，提高制造业企业对核心技术的掌握程度，努力实现制造业向高端化转型升级，必须加强制造业的产学研联动，通过产学研合作增强制造业企业的自主创新能力，推动相关科技成果的转化和运用。②要提高制造业技术创新整体水平，加速由工业大国向工业强国转变，不能只着眼于某个区域，要有效利用区域之间的空间联系，通过合理制定政策等方式，实现产学研合作和制造业技术创新中高—高集聚区域向邻接区域的空间优势扩散，以高—高集聚区域为中心带动周边区域制造业的技术创新发展。

参考文献

[1] Jaffe A. B. Real Effects of Academic Research [J]. American Economic Review, 1989, 79 (5)：957 - 970.

［2］樊霞，陈丽明，刘炜．产学研合作对企业创新绩效影响的倾向得分估计研究——广东省部产学研合作实证［J］．科学学与科学技术管理，2013，34（2）．

［3］李新男．创新"产学研结合"组织模式　构建产业技术创新战略联盟［J］．中国软科学，2007（5）：9－12.

［4］罗天洪，熊中楷．创新视角下重庆市装备制造业竞争力提升机理研究［J］．科技进步与对策，2011，28（3）：38－41.

［5］丁明磊，陈志．美国建设国家制造业创新网络的启示及建议［J］．科学管理研究，2014（5）：113－116.

［6］Anselin，L．Spatial Economet Rics：Methods and Model［M］．Dordrecht：Kluwer Academic Publishers，1988.

中国乘用车制造企业产能扩张的战略性动机研究

——兼论"潮涌现象"发生的微观机制

白让让

（复旦大学管理学院 上海 200433）

一、导言

生产能力投资既是企业寻求规模经济、取得成本优势的决策行为之一，也是在相互依赖的经营环境中，应对竞争对手的重要战略工具。产业组织理论对产能投资战略价值的研究已经持续了近40年，主流观点是拥有过剩的生产能力，会在后续的产量或价格竞争中获得"先占"优势，对潜在进入者产生一种可置信的威胁，从而发挥限制进入的功能。领先于对手的产能，也会使企业在增长的市场中保持已有的市场份额和地位。产能扩张的矛盾之处在于，竞争者之间为获得这些先动优势进行的"攀比"竞赛，会造成行业供给过剩和价格下降，甚至步入亏损的状态。然而，已有分析在辨别产能投资的动因方面，并未取得比较一致的结论。

本文以中国乘用车产业为研究对象，实证检验产能利用率、产业增长波动和竞争者能力等变量与企业新增产能决策关系。对30多家乘用车制造企业面板数据的计量检验，得到"攀比效应"存在的证据，但并未发现产能投资具有明显的限制进入和维持相对市场份额的战略价值。那么，乘用车行业的哪些特征限制了后两种效应的发挥？理论预期和实证检验发生偏差的微观机制何在？

政府是否应该干预由攀比效应引发的结构性产能过剩等问题，就成为本文的研究动机。

国内研究者将包括汽车产业在内的产能过剩或重复建设现象，解释为宏观经济波动、经济转型、预期不确定、政府干预等多重因素叠加的结果，目的是设计政府干预市场和企业微观行为的机制和手段，十分强调政府如何管制企业的"非理性行为"，很少分析影响产能投资决策的具体因素（林毅夫等，2010；周业樑和盛文军，2007；韩高国等，2011；曹建海和江飞涛，2010）。就汽车产业而言，无论是在全球还是一国范围内，或者按照细分市场划分，结构性产能过剩一直是一个挥之不去的"阴影"，为什么追求利润最大化的制造企业，热衷于保持一定的"闲置能力"？这其中包含什么样的战略性动机？这些就成为本文的出发点之一。对乘用车行业中产能投资决策影响因素的实证研究，可以弥补已有研究较为关注石化、钢铁和建材等投入品行业的局限，也将为本土企业优化投资行为和主管部门完善产业组织政策，提供有价值的微观证据。

[基本项目] 国家自然科学基金面上项目"价值链不对称嵌入情境下本土轿车企业优化纵向组织结构的战略研究与应用"（71372114）及教育部人文社会科学项目（12YJA630003）。

二、相关文献综述

（一）"超额产能"与进入阻止效应

Spence（1977）经典模型证明，如果在位者事先对产能进行的投资具有很高的沉淀成本，并使其未来的产量达到限制进入的水平，就会使超额产能成为一种可置信的进入壁垒或威慑。在此基础上，Dixit（1980）构建的两阶段动态博弈模型则发现，在位厂商能够借助第一阶段的产能选择，对第二阶段的产量水平做出承诺，对进入者形成产量竞争的先动优势，降低后者的预期利润和防止实际进入的发生。后续的模型考虑了资产专用性、投资周期、生产能力和成本结构等因素，对超额能力阻止进入作用的影响程度（Boyle and Guthrie，2003；Mason and Weeds，2010）。Maskin（1999）则另辟蹊径，认为需求和成本信息的不确定性，是决定在位者选择限制或容纳进入的关键变量。Besanko 等（2010）基于马尔科夫随机过程的理论分析表明，需求的波动是决定进入壁垒作用的关键。Bourreau（2004）证明需求不确定性质与需求波动方向，对进入发生的概率，以及在位者是否选择先占策略具有相反的作用。Robles（2011）则证明只有在需求充分增长的条件下，通过超额或"过剩"能力的投资才能限制进入。可见，在理论层面，超额能力的策略性进入壁垒效应，主要取决于模型的前提或假定。

"多个在位者—多阶段"博弈模型的引入，从机制设计视角拓展了对产能投资战略性动因的研究。Fudenberg 和 Tirole（1985）证明在能力和产量的两阶段博弈中，随着支付均等化和租金的耗散，能力投资的进入阻止承诺将变得不可置信。Gilbert 和 Vives（1986）认为进入壁垒虽然具有公共产品的特质，但是在位者从自身利润最大化出发，会选择超过必要数量的能力投资，造成社会资源的浪费。Belleflamme 和 Peitz（2010）证明多在位者之间如果没有事前的协调，能力投资就无法阻止进入的发生。Anupindi 和 Jiang（2008）的双寡头能力竞争模型证明，市场波动是决定企业投资决策的关键因素，能力投资只有和价格、质量竞争相结合，才能减少波动对利润的影响。Yang 和 Anderson（2014）的多阶段博弈模型发现，如果实际产量低于已经发布的产能规划，就会影响在位者的市场声誉。这些研究表明，"多在位者"和动态博弈两个因素的引入，无法避免"多重均衡"脱离现实的困境，理论分析愈加偏离评价企业战略的需要。

（二）产能竞争的"攀比"或"潮涌"效应分析

先占或进入阻止效应假设只强调产能投资与潜在进入的逆向选择关系，没有指出其在大多数行业产能还是后续价格或数量竞争的一个重要约束条件。对于规模经济显著、周期波动明显的产业，产能竞争本身就是经营战略的核心环节。有关学者将这类投资行为的性质定义为"攀比"、"羊群"或"潮流"效应。一方面，领先企业或在位者的产能扩张，会向其他企业传递出需求变化的信息，从节约信息甄别的成本出发，后者会模仿或追随"领头羊"的行为（Gilbert and Lieberman，1987）。另一方面，过度自负或对以往经验的依赖，使得企业管理者在能力决策时，倾向于实施提前扩张的手段获得"先动"或"领导"地位（Henderson and Cool，2003a，2003b）。

需求不确定性的存在是引发"攀比效应"的主要原因之一。Paraskevopoulos 和 Pitelis（1995）、Banerjee（1992）、Dixit 和 Pindyck（1996）等认为，面对外部环境的不确定，企业选择跟随行为有可能减少误判的风险或损失。攀比也意味着企业会倾向于同时行动（Anderson and

Yang，2014)，因为一旦形成"领先—跟随"模式，领先者使用超额能力的威胁就会下降，进入发生的概率会相应提高。企业的资源基础和能力理论则对攀比效应的发生提出了不同的解释。Lieberman 和 Montgomery（1998，1988）认为由于先行进入会产生学习效应、技术专利和控制关键资源等优势，会引发企业的抢先竞赛。Abrahamson 和 Rosenkopf（1993）则指出，攀比行为的发生不全部源自"理性效率"和"跟风"行为，还应考虑制度和竞争压力，即当某些行为被大多数企业认可和实施后，就有可能变成一种习惯或制度，"迫使"另类的企业不得不选择从众行为。总之，跟随或模仿领先者的行为，可以减少试错的风险和损失，获得"搭便车"的效果。

应该指出的是，针对改革开放以来不断出现的产能过剩或重复建设现象，林毅夫（2007）和林毅夫等（2010）提出的"潮涌现象"分析架构，已经成为研究和解释中国产业投资与宏观经济波动的主流范式。这一范式的机理是：给定需求信息，由于"行业内企业总数目"是未知的，企业只能在期望意义下进行产能决策，因而在投资完成后，可能发生严重的过剩，并且一个行业的前景越好，"潮涌现象"和产能过剩就会更加严重。因此，这一范式认为，产能过剩是一种"个体理性"导致的集体非理性行为。本文的实证部分，将对这一观点进行进一步的讨论。

（三）产能投资与保护市场份额动因

Spence（1979a，1979b）通过模型分析证明，企业投资行为的基本出发点在于维持既有的市场份额，而非限制进入或排斥竞争对手。战略管理（Green and Porter，1984）和产业组织（Porter，1983）研究均发现，在寡头垄断结构中，相对于产品价格，市场份额更易观察和监督，如果不能达成市场分割协议，从利润最大化出发，当竞争者进行产能投资或公布投资规划时，同步跟进是一个相对"保险"的策略。Gilbert 和 Lieberman（1987）则认为，在短期内，产能投资具有阻止进入的作用，而随着时间的延续，维持市场份额的压力会增加。后续的实证研究大多忽略了这一动因的存在，考虑到中国汽车制造企业仍处于能力扩张期，本文对此进行了专门的检验。

（四）实证研究的主要发现

如前所述，检验 Spence（1977）和 Dixit（1980）关于超额投资与进入阻止的关系是否存在，构成实证产业组织研究的热点领域。Masson 和 Shaanan（1986）基于 26 个产业的联立方程检验发现，超额能力与"价格—成本边际"之间存在较为显著的正向关联，过剩能力的投资能够有效降低进入者的市场份额。Ghemawat 和 Caves（1986）发现维持超额能力会导致资本回报率的降低，而 Gilbert 和 Lieberman（1987）对石油化工产业的计量分析则表明，只有大企业才会选择借助能力扩张实现先占或挤出效应。Lieberman（1987a）却发现，若考虑到竞争环境的不确定性，特别是进入者的产能扩张是一个渐进的过程后，在位者一般不会采取"超额产能"来阻止进入，而是等待进入实际发生后，根据进入者的成本、产品等信息，选择对应的策略，或者通过"协调"维持相对的市场份额。Lieberman（1987b）基于产业层面的 Logit 模型检验，也得到了类似的结论。Paraskevopoulos 和 Pitelis（1995）使用与 Lieberman（1987a，1987b）相同的数据，结合案例研究却发现，先占多发生于在位者之间，并没有实质性发挥进入限制作用。

Mathis 和 Janet（1996）对美国钛产业的时间序列分析则支持了 Dixit（1980）假说，即在位者的能力先占，在限制进入的同时，还具有维持超额利润的功效。Singh 等（1998）对英国制造业在位者行为的调查表明，进入限制动机在不同产业之间存在很大的差异，且大多数企业很少使用这一策略应对进入。使用石油化工产业跨国企业的数据，Henderson 和 Cool（2003a，2003b）基于 Logit 和 Probit 模型的检验，也未发现超额产能具有阻止进入的作用。Bunch 和 Smiley（1992）的问卷调查和极大似然估计表明，先占行为易于发生在集中度高、研发密集和大企业主导的产业，并常与广告、专利等其他进入壁垒混合使用。Hawk 等（2013）发现在液态天然气产业，潜在竞争者的进入声明或公告，会刺激在位者增加相关领域的进入率。可见，产能先占策略是否具有进入壁垒的效应，并未在实证层面取得比较一致的发现。

中国乘用车产业在过去十余年的迅猛发展和持续不断的产能竞争为深入研究这一问题提供了新的素材和挑战。本文将以 Gilbert 和 Lieberman（1987）、Lieberman（1987a，1987b）、Paraskevopoulos 和 Pitelis（1995）、Henderson 和 Cool（2003a，2003b）等计量和经验研究的文献为基础，结合中国乘用车产业的结构和组织特征，使用面板数据的固定效应和 Probit 模型，对产能投资的三种动因进行实证检验。

三、产业背景与研究问题设定

2000 年之前，受经济发展水平和政府产业组织政策影响，中国乘用车产业呈现出"寡头垄断、规模有限、品种单一"的特征，整个行业的生产和销售规模，尚不及一家主流跨国公司的水平。加入 WTO 以来，中国汽车产业的超速增长出乎了所有参与者的预期或判断，产能和需求的同步扩张是最为突出的特点。中国汽车产业先后超越了韩国、日本、德国和美国等传统强国，在 2009 年就成为全球最大的生产和消费国。2002～2005 年的能力增加主要来自跨国公司的快速进入，其后的新增产能则得益于国家对自主品牌的扶持和保护，而 2010 年以来扩产的主角又变成了新近成立的合资企业（唐毅和雷军，2014）。

"部件冲压、焊装、油漆、装配"四个阶段构成的生产环节，加上若干发动机、变速箱和车身制造业务，是中国乘用车制造企业的核心资产或能力。一条生产线的建设周期大约在 18～36 个月，平均而言，一条产能在 20 万辆规模生产线的总投资在 30 亿～50 亿元。生产线或平台的工艺流程一旦设定，机器设备和人力资源之间的替代关系就十分有限，企业通过改变生产班次，在一定范围内可以增加产量，但这种短期的加班加点会影响生产线的稳定，增加设备的磨损和生产成本。因此，生产线的装配能力和灵活性，在一定程度上就决定着企业短期的生产规模，也是应对竞争环境变化的物质基础。

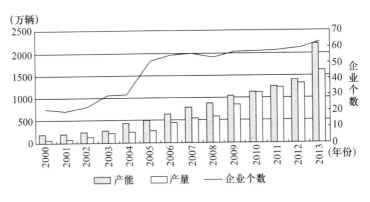

图 1　中国乘用车产业的产能与产量（2000～2013 年）

资料来源：根据《中国汽车工业年鉴》整理。这里的乘用车包括轿车、MPV 和 SUV。

保持必要的过剩能力一直是汽车制造公司的经营策略之一。汽车产业具有顺经济周期的特点，在经济不景气的阶段，通过裁员或减缓生产线的节奏，而非直接关停生产线，在降低可变成本的同时，还会为经济繁荣阶段预留有效的供给能力。这一特点使得相关的研究者忽视了超额能力还具有进入壁垒的作用。汽车产业规模和范围经济明显、品牌和企业忠诚度高、产品差异化显著等特点，也决定了它的进入壁垒高于石油、化工、专用设备（电信、电力）等行业。更为重要的是，在美国、欧盟和日本等已经十分成熟的汽车市场中，企业数量和投资数额相对稳定，无法使用 Gilbert 和 Lieberman（1987）、Lieberman（1987a，1987b）构建的计量模型，实证检验产能投资的战略作用。相反，2000 年以来，中国汽车和乘用车产业结构、行为和绩效的明显变化，则有利于对产能投资行为进行深入的分析。

如前所述，历次经济过热引发的宏观调控，都会导致有关部门通过进入管制或项目审批的手段，直接干预汽车行业的总量或结构均衡。相反，作为投资主体的各类企业则对产能过剩问题采取了放任的态度，无论是跨国公司控制下的合资企业，还是处于成长期的自主品牌制造商，在 2000 ~ 2013 年，都选择和执行了持续扩张的战略。实证分析这种趋同行为的影响因素，辨别其后战略动机，就成为本文的主要内容。具体而言，在垄断竞争的市场中，产能先占是否具有阻止或延缓进入的功效；在产能竞争过程中是否存在"跟风"或"潮涌现象"；为了维持已有的市场地位或份额，在位者采取的超额产能策略是否发挥作用三方面的问题，构成了计量检验的核心。

四、数据来源、变量计算和含义

30 家乘用车制造企业（2000 ~ 2013）的非均衡面板数据是本文实证分析的基础，这些数据主要来自历年《中国汽车工业年鉴》、相关的专业文献和上市公司的公开资料。《中国汽车工业年鉴》记录了大部分企业新建或扩建生产线、生产平台的时间、规模和对应品牌的历史数据；"中国汽车技术研究中心"出版的内部刊物《汽车情报》也刊登了多数企业投资建厂的数据，主导企业的资料更为详尽和完备。综合这两个数据库，就可以从产业和企业两个层面对产能竞争进行较为系统的研究。

表 1 样本企业产能扩张概况（2000 ~ 2013 年）

企业	年份	扩张产能（千辆）	扩张次数	企业	年份	扩张产能（千辆）	扩张次数
长安福特	2003 ~ 2013	750	7	比亚迪	2000 ~ 2013	800	9
长安轿车	2005 ~ 2013	410	6	昌河铃木	2002 ~ 2013	220	3
长安铃木	2000 ~ 2013	450	4	长城汽车	2003 ~ 2013	1050	7
东风本田	2004 ~ 2013	360	7	东南汽车	2003 ~ 2013	180	4
东风乘用	2009 ~ 2013	240	2	华晨宝马	2003 ~ 2013	360	5
东风日产	2001 ~ 2013	1100	9	华泰汽车	2004 ~ 2013	200	4
东风神龙	2000 ~ 2013	750	4	吉利汽车	2001 ~ 2013	730	9
东风悦达	2001 ~ 2013	730	10	江淮汽车	2003 ~ 2013	540	7
广汽本田	2000 ~ 2013	480	6	奇瑞汽车	2000 ~ 2013	1000	6
广汽丰田	2006 ~ 2013	450	4	重庆力帆	2006 ~ 2013	200	4
一汽大众	2000 ~ 2013	1410	10	上海大众	2000 ~ 2013	1450	8
一汽丰田	2002 ~ 2013	610	9	上海通用	2000 ~ 2013	1600	9
一汽轿车	2000 ~ 2013	560	8	上汽乘用	2007 ~ 2013	430	3
海马轿车	2000 ~ 2013	300	4	北京奔驰	2005 ~ 2013	180	3
一汽夏利	2000 ~ 2013	430	6	北京现代	2002 ~ 2013	1300	6

资料来源：作者根据《中国汽车工业年鉴》（2000 ~ 2013）和《汽车情报》（1999 ~ 2009）整理。

综合 Mathis 和 Janet（1996）、Gilbert 和 Lieberman（1987）、Lieberman（1987a，1987b）以及 Henderson 和 Cool（2003a，2003b）分析此类问题的基本方法，本文首先计算了样本企业的产能利用率、产能占有率及其变化率等数据，再计算出行业层面有关指标。应该指出的是，虽然只有 30 多家企业的产能数据，但是它们的产量和销量占整个乘用车市场的 90％ 以上，依此比例估算的行业产能利用率，相对于同类研究中使用企业"声称"的产能数据，更加符合产业竞争的实际状况。

（一）变量设定和计算

被解释变量：我们使用企业新增产能的实际数值 ΔC_{it} 和是否增加了产能的 $0 \sim 1$ 虚拟变量 y_{it}，分别进行回归分析，两个变量的计算方法是：

$$\Delta C_{it}（新增产能，Added\ Capacity）= (C_{it} - C_{it-1}) + 1$$

$$y_{it} = \begin{cases} 1 & \text{if}(C_{it} - C_{it-1}) > 0 \\ 0 & \text{其他} \end{cases} \tag{1}$$

在回归时，对于 $\Delta C_{it} = 0$ 的数据都加上 1，以便进行对数运算，而采取 $0 - 1$ 虚拟变量刻画企业的投资行为，则是为了应用 Probit 模型发现相关变量的边际效应。

主要的解释变量包括：

行业产能利用率（Capacity Utilization，CU_{t-1}），用乘用车行业滞后一年的产量与产能的比例来代表。

$$CU_{t-1} = \frac{Q_{t-1}}{C_{t-1}} \tag{2}$$

行业需求增长率（Growth Rate，$Growth_t$），特指乘用车行业总需求的年度变化：

$$Growth_t = \frac{Q_t}{Q_{t-1}} - 1 \tag{3}$$

企业产能的行业占有率（Capacity Share，$Share_t$），表示企业在给定年份的产能占行业总产能的比例：

$$Share_t = \frac{C_{it}}{\sum_i C_{it}} \tag{4}$$

企业产能占有率的变化（Change of Capacity Share，$\Delta Share_{it}$），特指企业产能占有率的年度变化率：

$$\Delta Share_t = \frac{Share_t}{Share_{t-1}} \tag{5}$$

攀比效应代理变量（Bandwagon Effect，$Band_{it}$），是指某企业所有竞争对手产能的变化率，具体含义是：

$$Band_{it} = \frac{\sum C_{jt} - \sum C_{jt-1}}{\sum C_{jt-1}} (j \neq i) \tag{6}$$

由于无法获得品牌层面产能全部数据，为客观反映乘用车企业竞争对手能力的变化，本文依据《中国汽车工业年鉴》的统计表计算出了各个企业竞争对手的产能数据。具体的计算原则是：如果某企业在某一年度参与了若干细分市场的经营，那么就将这些市场中所有参与者的产能作为计算 $Band_{it}$ 的基础。同时，对于那些第一次出现的企业，在计算相关指标时，可以合意地按照它们进入后第一年的细分市场定位，推算出进入前一年该企业竞争者能力和自身产能占有率。各个变量的统计描述和相关系数见表 2。

表 2　变量的描述统计和相关系数

变量名称	均值	标准差	1	2	3	4	5	6	7	8	9	10	11
y_{it}	0.51	0.50	1.00										
ΔC_{it}	5.77	5.66	0.99	1.00									
$Band_{it}$	0.22	0.17	-0.07	-0.08	1.00								
$Share_{it}$	0.04	0.03	0.19	0.23	-0.10	1.00							
$\Delta Share_{it}$	0.14	0.52	0.58	0.60	-0.26	0.11	1.00						
$CU_{(t-1)}$	0.68	0.21	0.10	0.13	0.05	-0.09	-0.18	1.00					
$Growth_{(t-1)}$	0.13	0.09	-0.05	-0.06	-0.07	0.00	0.09	-0.45	1.00				
$Band_{it} \times Share_{it}$	0.01	0.01	0.06	0.09	0.60	0.55	-0.13	-0.04	-0.05	1.00			
$\Delta Share_{it} \times Share_{it}$	0.01	0.03	0.34	0.37	-0.18	0.30	0.79	-0.14	0.09	-0.04	1.00		
$CU_{(t-1)} \times Share_{it}$	0.02	0.02	0.27	0.32	-0.08	0.85	0.02	0.35	-0.18	0.47	0.17	1.00	
$Growth_{(t-1)} \times Share_{it}$	0.00	0.01	0.06	0.09	-0.10	0.65	0.16	-0.32	0.59	0.29	0.34	0.40	1.00

（二）变量系数符号的经济学含义

本文主旨在于分析中国乘用车制造企业的产能扩张，是否受"阻止进入"、"攀比效应"和"维持市场份额"三种动机的驱动，主要解释变量系数符号的含义如下：

（1）进入阻止效应。Gilbert 和 Lieberman（1987）、Paraskevopoulos 和 Pitelis（1995）认为，有效的进入阻止既要限制或延缓竞争对手的投资行为，也要确保自身市场占有率的增加。由于市场结构、产品价格和差异化程度等因素也会影响占有率的变化，因此，多数的实证分析都使用行业的产能利用率和竞争者能力两个变量的系数符号来判断阻止效应。一方面，如果产能利用率的提高伴随着高的进入率或投资行为，就可以判定事前能力投资具有限制进入的功效，即变量 CU_{t-1} 的系数应该显著为正；另一方面，如果其他企业的产能扩张，限制了某一个企业的新增投资，即变量 $Band_{it}$ 的系数显著为负，也是显示阻止效应是否存在的关键证据。

（2）攀比效应（潮涌现象）。攀比特指不同企业投资行为之间的正外部性，即其他企业的投资行为导致的羊群效应或"逐浪行为（Hop on the Bandwagon）"，这就要求变量 $Band_{it}$ 的系数显著为正，相反，如果该系数为负，则说明在位者对进入采取了容纳的策略。

（3）维持市场份额效应。Spence（1979a，1979b）、Gilbert 和 Lieberman（1987a）都认为，企业进行产能扩张时，首先要维持现有市场地位，这就要求在一定的时期内，企业的投资行为与自身占有率的变化负相关，即变量 $\Delta Share_{it}$ 的系数为负。同时，如果竞争者扩张，企业也应选择跟进策略，以保障相对份额不变，这则要求变量 $Band_{it}$ 的系数为正。

上述分析说明，估算三种效应时，同一变量的系数符号存在一定的差异，这会增加判断实证结果的难度。为稳健起见，本文分别使用面板数据的固定效应和 Probit 模型估计这些效应。

五、回归结果分析和讨论

（一）新增产能的回归结果讨论

以企业新增产能的对数值作为被解释变量的回归方程是：

$$\log(\Delta C_{it}) = \beta_0 + \beta_1 Band_{it} + \beta_2 Share_{it} + \beta_3 \Delta Share_{it} + \beta_4 CU_{(t-1)} + \beta_5 Growth_{(t-1)} + a_i + u_{it} \qquad (7)$$

公式（7）中各个变量的含义见上文的解释。对面板数据而言，a_i 是非观察效应，u_{it} 代表特异误差，即那些随着时间而变化，并且影响 ΔC_{it} 的误差（伍德里奇，2003）。基于固定效应的 OLS 回归结果见表3。

表3　新增产能回归结果

变量	模型（1） （t值）	模型（2） （t值）	模型（3） （t值）	模型（4） （t值）
$Shara_{it}$	26.63 (1.66)	-9.940 (-0.28)		
$CU_{(t-1)}$	7.406*** (5.93)	1.717 (0.81)		-4.433* (-2.03)
$CU_{(t-1)} \times Share_{it}$		147.8*** (3.40)		193.6*** (5.28)
$Growth_{(t-1)}$	0.102 (0.04)	1.420 (0.36)		1.476 (0.32)
$Growth_{(t-1)} \times Share_{it}$		-19.37 (-0.23)	-64.14 (-1.26)	-35.09 (-0.40)
$\Delta Share_{it}$	7.162*** (15.25)	10.29*** (14.54)	9.203*** (12.14)	
$\Delta Share_{it} \times Share_{it}$		-65.90*** (-5.64)	-47.14*** (-3.89)	
$Band_{it}$	3.130** (2.29)	5.379** (2.54)	0.958 (0.45)	-1.515 (-0.56)
$Band_{it} \times Share_{it}$		-34.312 (-0.68)	65.10 (1.34)	17.76 (0.28)
Constant	-1.986 (-1.58)	-0.647 (-0.37)	4.349*** (9.19)	4.378*** (3.08)
No. of Obs	355	355	355	355
F-value	56.88	43.12	48.68	7.549
Prob > F	0	0	0	0
R-sq	0.470	0.551	0.432	0.124
企业虚拟变量	Yes	Yes	Yes	Yes
年度虚拟变量	Yes	Yes	Yes	Yes

注：括号内为 t 统计值；*、**、***分别表示10%、5%和1%的显著性水平。

表3各个模型的被解释变量为企业新增产能（对那些原始值为零的样本均加上1）的对数值，因而反映的是"对数—线性"回归结果。比较模型（1）和（2）可以发现，产能利用率$CU_{(t-1)}$的系数显著为正，交叉项$CU_{(t-1)} \times Share_{it}$的系数也十分显著，这说明产能占有率高的企业，新增投资的力度会更大。但是，变量$Band_{it}$的系数为正（显著水平为5%），则从另一个方面表明，产能投资并没有体现出进入阻止效应。

模型（4）是按照Lieberman（1987b）估算阻止效应的方法得到的结果，可以发现，一方面，变量$CU_{(t-1)}$和$Band_{it}$的系数均为负值，否定了进入阻止效应的存在；另一方面，交叉项$CU_{(t-1)} \times Share_{it}$的系数显著为正，即给定产能利用率，一个企业的产能占有率越高，它进行新增投资的力度越强。这一发现与Bell和Campa（1997）使用新增产能总量得到的结论是一致的，即相对于Lieberman（1987b）的分析，企业之间已有能力不对称的影响，主要体现在新增产能的大小上。

变量$Crowth_{(t-1)}$的系数在模型（1）、（2）和（4）中为正（并不显著），$Share_{it}$的系数在模型（1）和（2）中符号相反，特别是在三个模型中，$\Delta Share_{it}$的系数都显著为正，这与以往理论研究的预期完全相反，即新增产能的目的并不在于维持已有的市场份额。Lieberman（1987b）认为随着产能占有率的增加，应该限制企业后续的投资行为，以确保相对市场份额的稳定。因此，使用新增产能作为被解释变量的固定效应回归分析结果，并未发现"市场份额维持"动因的存在。

变量$Band_{it}$的系数在模型（1）和（2）中均为正，且与产能占有率$Share_{it}$交互项系数为负，即表明某一企业的产能投资与竞争者的扩张行为正相关，也说明相对于大企业，小企业更偏好扩张行为。这一结果给出了攀比效应或曰"潮涌现象"存在的直接证据，也与Gilbert和Lieberman（1987）、Lieberman（1987a，1987b）检验石化行业时所得到的"中小企业偏好扩张，大企业偏好容纳"的结论比较一致。可能的原因在于，汽车行业建设周期、投资规模与石化生产线较为接近，大企业为避免投资风险，不会盲从竞争者行为。

（二）Probit 模型的结果分析

大多数相关研究将产能投资刻画为（0~1）响应值，即$y_i = 1$表示企业i在相应的年份进行了新生产线的投资，$y_i = 0$则表示没有投资行为发生。分析此类样本的方法之一就是Probit回归，本文的Probit模型设定为：

$$Prob\ (y_{it} = 1 \mid X_j) = \Phi\ (\beta_1 Band_{it} + \beta_2 Share_{it} + \beta_3 \Delta Share_{it} + \beta_4 CU_{(t-1)} + \beta_5 Growth_{(t-1)})\quad (8)$$

在Probit模型中，公式（8）的左边是一个对数函数，对于所有实数都介于0~1。在本文中的估算方程中，X_j包括市场增长率、行业产能利用率等变量及其交互项。使用极大似然估计得到的Probit回归结果见表4。应该指出的是，表4中各个变量的系数是指解释变量对被解释变量的偏导数或交叉弹性（伍德里奇，2003）。例如，在模型（5）中，当一个企业的产能占有率比均值（0.04）高1%时，该企业产能扩张的概率比y_{it}的均值（0.51）会相应高出2.43倍，而不是像对数模型那样，解释为变量之间的百分比关系。Probit估算的主要发现有：

表4　Probit 模型的估计结果

变量 （均值）	模型（5） （z 值）	模型（6） （z 值）	模型（7） （z 值）	模型（8） （z 值）
$Share_{it}$ （0.04）	2.431*** （3.15）	-9.257 （-1.6）		
$CU_{(t-1)}$ （0.68）	0.550*** （4.64）	-0.0365 （-0.16）		-0.141 （0.78）

续表

变量 （均值）	模型（5） （z值）	模型（6） （z值）	模型（7） （z值）	模型（8） （z值）
$CU_{(t-1)} \times Share_{it}$ （0.02）		15.501*** （2.62）		13.259*** （3.93）
$Growth_{(t-1)}$ （0.13）	0.509* （1.86）	0.272 （0.58）		0.5168 （1.14）
$Growth_{(t-1)} \times Share_{it}$ （0.00）		6.379 （0.61）	0.298 （0.11）	−14.485 （−1.61）
$\Delta Share_{it}$ （0.14）	1.447*** （10.14）	1.592*** （0.26）	1.226*** （3.91）	
$\Delta Share_{it} \times Share_{it}$ （0.01）		−4.084 （−1.09）	−4.214 （1.11）	
$Band_{it}$ （0.22）	0.879*** （6.4）	0.921*** （3.53）	0.606*** （3.54）	0.0659 （0.25）
$Band_{it} \times Share_{it}$ （0.01）		0.661 （0.10）	0.760 （0.27）	−7.376 （−1.17）
No. of Obs	355	355	355	355
Log likehood	−83.175	−76.143	−89.240	−299.969
Pseudo − R^2	0.662	0.691	0.637	0.065
企业虚拟变量	No	No	No	No
年度虚拟变量	No	No	No	No

注：括号内为 z 统计值；*、**、*** 分别表示 10%、5% 和 1% 的显著性水平。

在不考虑交叉项的模型（5）中，虽然变量 $Share_{it}$、$Growth_{(t-1)}$ 和 $Band_{it}$ 的系数均为正，且比较显著，但是产能占有率变化 $\Delta Share_{it}$ 却显著为负，也就是说不能确定"维持市场份额"效应的存在。然而，按照 Gilbert 和 Lieberman（1987）所设定的分析思路，模型（7）中变量 $Share_{it}$ 和 $Band_{it}$ 的符号显著为正，却表明无论是从维护已有份额还是应对竞争对手投资扩张的目的出发，都需要扩张自身的能力，即存在份额维持效应。

表 4 中，变量 $CU_{(t-1)}$ 和 $Band_{it}$ 的符号和显著性说明，乘用车制造企业的产能扩张并没有体现出"阻止进入"的动因，即行业产能利用率的增加和竞争者产能的减少，应该分别鼓励和限制新增投资的发生。但是，如果按照 Lieberman（1987b）提出的"高的行业产能利用率和市场增长率会导致新增产能的投资"之假设，模型（5）中变量 $CU_{(t-1)}$ 和 $Growth_{(t-1)}$ 的符号和显著性，却表明产能扩张具有进入壁垒的作用，也就是说，如果在位者的"产能先占"能够有效降低行业的产能利用率，则新企业进入的动机就会相应减少。

与表 3 的结果相近，Probit 回归发现，变量 $Band_{it}$ 的系数在模型（5）和（6）中显著为正，即如果某一企业竞争者的产能扩张速度比平均值（22%）高出 1%，则该企业扩张产能的可能性会比均值（0.51%）高出 88% ~ 92%，也就是说"攀比效应"十分明显。

总之，固定效应和 Probit 的计量检验都发现了攀比效应的存在，而产能投资的进入阻止和维持份额作用，只在 Probit 检验中出现（但不十分显著），因此，还需从该产业具体特点出发，解释这些矛盾形成的微观原因。

（三）实证结果的进一步讨论

本文实证结果与相关研究类似，除了发现比较明晰的攀比效应外，并未得到"进入阻止"和"市场份额维持"两种战略存在的确切证据。由此就可以认为产能投资不具有战略价值吗？答案取决于对数据背后市场结构和企业行为的进一步挖掘。首先，产能先占或阻止功效的假设源于产业组织中寡头厂商之间的"产能—产量—价格"动态竞争模型，即企业之间的投资行为存在很强的外部性。对中国乘用车产业而言，加入 WTO 后政府规制的放松，使企业数量持续增加，按照标准的集中度指标判断，已经不是寡头垄断的结构，这使得企业的投资决策面临更多的困境（Porter，1980）：一是增加了在位者辨别竞争对手的难度，新进入者之间的巨大差异，也使对手选择成为一个难题；二是在位者数量的增加会提高相互协调的成本（Lieberman，1987a），使进入阻止成为一种准公共产品，给新进入者提供了机会；三是竞争者产能扩展信息的不确定性和真实性，会使企业"错误地理解"彼此真实意图，无法基于传统的猜测变量法，客观地判断对手的行为。

其次，从企业集团而不是单个企业角度分析产能竞争问题，上述悖论或矛盾也许可以得到更好的解释。使用单个企业的相关数据，会忽略企业之间的股权或战略同盟关系对产能决策的影响程度。2002 年以后，严格意义上的新进入者寥寥无几，大部分进入者与已有的在位者有着直接或间接的关联，因此，新产能的扩张反映的是一汽、东风和上汽等大型企业集团控制和左右乘用车产业的意图，不完全是"在位者—潜在进入者"博弈的结果。在市场长期成长预期下，以往产能利用率的增加，向企业传递的是"供给小于需求"的信息，从利润最大化出发，在位者同时扩张产能就成为"古诺"竞争的均衡解。

最后，核心变量系数符号之间的"矛盾"，也表明产业组织理论解释企业战略行为时存在的难点或挑战。例如，无论是以新增产能的实际值，还是 0 ~ 1 虚拟变量，都无法区分企业产能投资固有模式的差异。日本跨国公司参与的合资企业，出于实现规模经济和范围经济的需要，习惯采取一步到位的方式建设较高规模的产能，而在后续的竞争中再通过柔性生产模式，调整需求和能力的关系。欧美汽车制造企业则偏好"渐进增加产能"的策略，以减少需求不确定的风险，积累组织的学习效应。显然，基于已有的数据和计量方法，很难分清这些微观行为的差异。在细节决定一切的竞争环境中，这些微小的差异必然对企业产能扩张的路径和后果，产生一定的影响。

（四）"潮涌现象"假设与产能投资行为合意性的再解释

林毅夫（2007）在构建发展中国家宏观经济理论时指出："对于一个处于快速发展阶段的发展中国家而言，在产业升级时，企业所要投资的是技术成熟、产品市场已经存在，处于世界产业链内部的产业。这个发展中国家的企业很容易对哪一个产业是新的、有前景的产业产生共识，投资上容易出现'潮涌现象'，许多企业的投资像波浪一样，一波接着一波涌向相同的某个产业。"在后续研究中，林毅夫、巫和懋与邢亦青（2010）将中国许多产业的产能过剩问题解释为"潮涌现象"的必然结果。在"总需求已知而行业内企业数目不确定"这一严格假定下，就产能过剩而言，他们的动态最优化博弈模型得到的主要结论是："产能过剩可能独立于行业外部条件或经济周期的影响，而主要由个体理性投资的'潮涌'引发。"他们这些结论是在企业数目信息不对称、排除企业之间"策略性过度建厂行为"前提下得到的。应该强调的是，林毅夫、巫和懋与邢亦青（2010）将"产能过剩"定义为每家企业的能力都没有得到有效利用的状况，因而是一种全行业整体过剩局面。

本文的实证检验表明，变量 $Band_{it}$ 的系数显著为正，为"潮涌现象"的存在提供了一个例证，但市场需求变量 Growth$_{(t-1)}$ 与产能投资关系的不显著，却否定了需求与"潮涌现象"的正相关性。具体而言，过去 20 年，无论合资公司还是本土企业，都对乘用车产业的发展有着良好的预期，企业个数的持续增加（见图 1），并未引发全局性的产能过剩（汽车行业公认的产能利用率临界值是 85% 左右），而是呈现出主要在位者或跨国公司的产能利用率远远高于自主品牌制造企业，微型和经济型轿车市场的利用率低于高级轿车和 SUV 细分市场的结构性过剩格局（见图 2）。

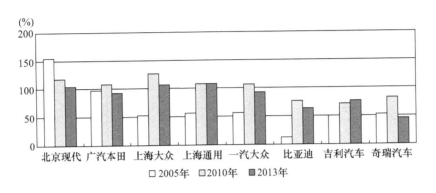

图 2　企业层面的产能利用率差异

结构性产能过剩没有对全行业的经营状况产生严重的负面影响。市场竞争提供的各种信号，已经发挥了调整企业行为的功能，而无须借助政府之手直接干预企业的产能决策。例如，国家发改委和工信部在 2005 年、2009 年和 2011 年对汽车制造行业产能过剩的判断，以及发出的指导意见和治理举措，事后都被证明出现了严重"误判"，那些严格按照政府设定"红线"压缩产能的企业，都错失了需求爆发式增长机会。也就是说，不能设定政府比企业更理解或洞悉市场竞争的变化。

忽视"策略或战略动机"的客观存在，而只在理论层面对产能竞争进行最优化分析，会使结论偏离企业竞争实际状况。在激烈竞争的环境中，企业的单个决策行为往往担负多个目标，利润最大化并非唯一的出发点。以产能投资为例，无论是在"结构—行为—绩效"范式，还是博弈论的框架中，产能投资必然兼具"进入壁垒"、"信号传递"、"攀比跟随"等功效。将这些动机置于模型分析之外，就无法科学合理地评价企业的战略决策，更难以对企业家的行为提出有参考价值的建议。

总之，本文的研究发现了乘用车产业存在"攀比效应"或曰"潮涌现象"，但其间的微观机理和行为假设，与林毅夫等（2010）的理论前提和论证逻辑并不完全相同。这种攀比更多地源自竞争的驱动，并具有一定的战略诱因，而非完全出自应对各种不确定性的"盲目"选择。

六、结论与含义

本文对中国乘用车制造企业产能扩张的战略性动因进行了试探性实证分析，除了获得"攀比效应"证据外，"份额维持"和"进入阻止"效应只有在 Probit 模型中存在（并不显著）。文章主要贡献体现在：一是扩展了产能竞争实证研究的范围。以往实证的对象主要是石油、石化等工业投入品行业，很少涉及像汽车这样的耐用消费品。柔性生产、战略同盟、平台共享和创新驱动是乘用车产业的主要特点，加之中国市场特有的企业数量众多、消费者偏好差异大、需求波动剧烈等要素的存在，必然使乘用车企业产能投资"战略"价值的实现，面临更多的不确定性和风险，这也间接增加了实证检验的难度。二是区分了需求波动、产能利用率和竞争者能力对产能投资决策和投资力度的不同影响，以减少单纯使用 0 ~ 1 变量研究投资决策行为带来的信息失真问题。

本文对本土乘用车制造企业产能投资战略的意义在于，在跨国公司将未来发展的中心向中国转移的过程中，它们在中国市场范围内的产能竞争，会对自主品牌制造企业产生外部性，会将后者拖入"跟随还是等待"的困境。考虑到环境和交通的压力，特别是经济增长模式的转型，中国乘用车产业不可能再延续过去十余年 20% 左右的复合增长率，政府也不会再出台倾斜性的政策保护和扶持自主品牌的发展，自主品牌的成长将在短期内进入一个十分艰难的时期。在汽车产业规模经济和范围经济特征将长期存在的条件下，产能还是价格、品牌竞争的重要前提之一，本土企业需要通过大规模的兼并重组来消化"老旧"产能，并逐步转向产品、工艺和组织三重创新有机结合的发展路径。与其他耐用消费品行业不同，中国乘用车产业在政府呵护下，避免了经济下行的多次冲击，并未经历过市场的真正洗礼，一旦需求增长速度减缓或者停滞，本土企业产能过剩问题必将显现和蔓延，防患于未然，政府的产业组织政策还应发挥预警功效。

参考文献

[1] [美] J. M. 伍德里奇. 计量经济学导论：现代观点 [M]. 费剑平，林相森译. 中国人民大学出版社，2003.

[2] [美] 潘卡基，格玛沃特. 产业竞争博弈 [M]. 胡汉辉，周治翰译. 人民邮电出版社，2002.

[3] [美] 小艾尔弗雷德，钱德勒，[日] 引野隆志. 规模与范围：工业资本主义的原动力 [M]. 张逸人，陆钦炎，徐振东，罗仲伟译，华夏出版社，2006.

[4] 曹建海，江飞涛. 中国工业投资中的重复建设与产能过剩问题研究 [M]. 经济管理出版社，2010.

[5] 韩国高，高铁梅，王国立，齐鹰飞，王晓姝. 中国制造业产能过剩的测度、波动及成因研究 [J]. 经济研究，2011（12）.

[6] 林毅夫. 潮涌现象与发展中国家宏观经济理论的重新构建 [J]. 经济研究，2007（1）.

[7] 林毅夫，巫和懋，邢亦青. "潮涌现象"与产能过剩的形成机制 [J]. 经济研究，2010（10）.

[8] 唐凯，王军雷. 我国五大汽车集团产能布局及产能规划分析 [J]. 汽车工业研究，2014（10）.

[9] 中国汽车技术研究中心. 汽车情报 [J]. 1999 – 2009.

[10] 周业樑，盛文军. 转轨时期我国产能过剩的成因解析及政策选择 [J]. 金融研究，2007（2）.

[11] Ashton Hawk, Gonc, Alo Pacheco – De – Almeida, and Bernard Yeung. , 2013, "Fast – Mover Advantages：Speed Capabilities and Entry into the Emerging Submarket of Atlantic Basin LNG", *Strategic Management Journal*, 34（13）：1531 – 1550.

[12] Austan Goolsbee and Chad Syverson, 2008, "How Do Incumbents Respond To The Threat of Entry? Eviedence from the Major Airlines", *The Quarterly Journal of Economics*, 13（4）：1611 – 1633.

[13] D. Paraskevopoulos and C. N. Pitelis, 1995, "An Econometric Analysis of the Determinants of Capacity Expansion Investment in the West European Chemical Industry", *Managerial and Decision Economics*, 16（6）：619 – 632.

[14] David Besanko, Ulrich Doraszelski, Lauren Xiaoyuan Lu, and Mark Satterthwaite, 2010, "Lumpy Capacity Investment and Disinvestment Dynamics", *Operations Research*, 58（4）：1178 – 1193.

[15] David S. Bunch and Robert Smiley, 1992, "Who Deters Entry? Evidence on the Use of Strategic Entry Deterrents", *The Review of Economics and Statistics*, 74（3）：509 – 521.

[16] Dixit, A. , K. , 1980, "The Role of Investment in Entry Deterrence", *Economic Journal*, 90（357）：95 – 106.

[17] Dixit, Avinash K. and Pindyck, Robert S. , 1994, *Investment Under Uncertainty*, Princeton University Press.

［18］Abhijit V. Banerjee, 1992, "A Simple Model of Herd Behavior", *The Quarterly Journal of Economics*, 107 (3): 797 – 817.

［19］Eric S. Maskin, 1999 "Uncertainty and Entry Deterrence", *Economic Theory*, 14 (2): 429 – 437.

［20］Eric Abrahamson, and Lori Rosenkopf, 1993, "Institutional and Competitive Bandwagons: Using Mathematical Modeling as a Tool to Explore Innovation Diffusion", *The Academy of Management Review*, 18 (3): 487 – 517.

［21］Fudenberg, D. and Tirole, J., 1985. "Preemption and Rent Equalization in the adoption of a New Technology", *Review of Economic Studies*, 52 (3) 383 – 401.

［22］Ge Bai, Sylvia H. Hsu., and Ranjani Krishnan, 2013, "Accounting Performance and Capacity Investment Decisions: Evidence from California Hospitals", *Decision Sciences*, 45 (2): 309 – 339.

［23］Ghemawat, Pankaj, 1984, "Capacity Expansion in the Titanium Dioxide Industry", *Journal of Industrial Economics*, 33 (2): 145 – 163.

［24］Glenn W. Boyle, Graeme A. Guthrie, 2003, "Investment, Uncertainty, and Liquidity", *The Journal of Finance*, 58 (5): 2143 – 2166.

［25］Green, E. J. and Porter, R. H., 1984, "No Cooperative Collusion under Imperfect Price Information", *Econometrica*, 52 (1): 87 – 100.

［26］Gregory K. Bell and Jose M. Campa, 1997, "Irreversible Investments and Volatile Markets: A Study of Chemical Processing Industry", *The Review of Economics and Statistics*, 79 (1): 79 – 87.

［27］Jack Robles, 2011, "Demand Growth and Strategically Useful Idle Capacity", *Oxford Economic Papers*, 63 (2): 767 – 786.

［28］James Henderson., and Karel Cool, 2003, "Learning to Time Capacity Expansions: An Empirical Analysis of the Worldwide Petrochemical Industry, 1975 – 1995", *Strategic Management Journal*, 24 (5): 393 – 413.

［29］James Henderson., and Karel Cool, 2003 (a), "Corporate Governance, Investment Bandwagons and Overcapacity: An Analysis of the Worldwide Petrochemical Industry, 1975 – 1995", *Strategic Management Journal*, 24 (4): 349 – 373.

［30］Manu Goyal, and Serguei Netessine, 2007, "Strategic Technology Choice and Capacity Investment under Demand Uncertainty", *Management Science*, 53 (2): 192 – 207.

［31］Marc Bourreau, 2004, "The Impact of Uncertainty about Demand Growth on Preemption", *Journal of Economics and Business*, 56 (5): 363 – 376.

［32］Marvin B. Lieberman, 1987 (a), "Post Entry Investment and Market Structure in The Chemical Processing Industries", *The Rand Journal of Economics*, 18 (4): 533 – 549.

［33］Marvin B. Lieberman, 1987 (b), "Excess Capacity as A Barriers to Entry: An Empirical Appraisal", *Journal of Industrial Economics*, 35 (4): 607 – 627.

［34］Marvin B. Lieberman, and David B. Montgomery, 1988, "First – Mover Advantages", *Strategic Management Journal*, 9 (Special Issue): 41 – 58.

［35］Marvin B. Lieberman, and David B. Montgomery, 1998, "First – Mover (Dis) Advantages: Retrospective and Link with the Resource – Based View", *Strategic Management Journal*, 19 (12): 1111 – 1125.

［36］Pankaj Ghemawat, and Richard E. Caves, 1986, "Capital Commitment and Profitability: An Empirical Investigation Capital Commitment and Profitability: An Empirical Investigation", *Oxford Economic Papers*, 38 (Supplement): 94 – 110.

［37］Paul Belleflamme and Martin Peitz, 2010, *Industrial Organization: Markets and Strategies*, Cambridge University Press, New York.

［38］Porter, R., 1983, "A Study of Cartel Stability: The Joint Executive Committee, 1880 – 1886", *Bell Journal of Economics*, Vol. 14 (2): 301 – 314.

［39］Porter. M. E., 1980, *Competitive Strategy: Techniques for Analyzing Industries and Competitors*, New York: Free Press.

［40］Ravi Anupindi and Li Jiang, 2008, "Capacity Investment Under Postponement Strategies, Market Competition, and Demand Uncertainty", *Management Science*, 54 (11): 1876 – 1890.

[41] Richard Gilbert and Xavier Vives, 1986, "Entry Deterrence and the Free Rider Problem", *The Review of Economic Studies*, 53 (1): 71 – 83.

[42] Richard J. Gilbert and Marvin Lieberman, 1987, "Investment and Coordination in Oligopolistic Industries", *The Rand Journal of Economics*, 18 (1): 17 – 33.

[43] Robert T. Masson, Joseph Shaanan, 1986, "Excess Capacity and Limit Pricing: An Empirical Test", *Economica*, 53 (211): 365 – 378.

[44] Robin Mason, and Helen Weeds, 2010, "Investment, Uncertainty and Preemption", *International Journal of Industrial Organization*, 28 (3): 278 – 287.

[45] Shu – Jun Sunny Yang, and Edward James Anderson, 2014, "Competition through Capacity Investment under Asymmetric Existing Capacities and Costs", *European Journal of Operational Research*, 237 (1): 217 – 230.

[46] Singh. S. Utton., and M. A. Waterson, 1998. "Strategic Behavior of Incumbent Firms in the UK", *International Journal of Industrial Organization*, 16 (2): 229 – 251.

[47] Spence, A. M., 1979 (a), "Investment, Strategy, and Growth in a New Market", *Bell Journal of Economics*, 10 (2): 1 – 19.

[48] Spence, A. M., 1979 (b), "Entry, Capacity, Investment and Oligopolistic Pricing", *Journal of Economics*19 (1), 534 – 544.

[49] Spence, M. A., 1977, "Entry, Investment and Oligopolistic Pricing", *Bell Journal of Economics*, 8 (2): 534 – 544.

[50] Stephen Mathis and J. Koscianski, 1996, "Excess Capacity as a Barrier to Entry in the US Titanium Industry", *International Journal of Industrial Organization*, 15 (2): 263 – 281.

政府补贴、土地价格扭曲与战略性新兴产业产能过剩
——以中国光伏产业为例

余东华　　吕逸楠

（山东大学经济学院　济南　250100）

一、问题提出

2008 年全球金融危机以来，世界各国纷纷出台刺激实体经济发展的战略规划和优惠政策，战略性新兴产业成为世界各国抢占未来经济和科技竞争制高点的重点产业。为了应对全球金融危机消极影响和新工业革命带来的挑战，我国也先后推出一揽子刺激计划和产业政策，培育和发展战略性新兴产业，其中包括《国务院关于加快培育和发展战略性新兴产业的决定》（以下简称《决定》）、《"十二五"国家战略性新兴产业发展规划》和其他助推战略性新兴产业发展的一系列发展战略和优惠政策。在政府扶持下，战略性新兴产业得到快速发展，成为我国经济发展的重要支撑。然而，近年来，部分战略性新兴产业却出现了产能过剩、效益下滑和发展停滞等现象，引起了社会各界的广泛关注。战略性新兴产业是以重大技术突破和重大发展需求为基础，对经济社会全局和长远发展具有重大引领带动作用，知识技术密集、物质资源消耗少、成长潜力大、综合效益好的产业。为什么战略性新兴产业也会出现产能过剩、效益下滑甚至全行业亏损；在发展战略性新兴产业过程中，政府到底做对了什么、做错了什么；如何形成战略性新兴产业的良性发展机制，实现可持续发展，这些都是需要认真反思和深入研究的问题。

2010 年国务院公布的《决定》中划定节能环保、新能源、新一代信息技术、生物、高端装备制造、新材料、新能源汽车七大产业为战略性新兴产业。《决定》颁布以后，各级地方政府纷纷出台不同版本的优惠政策，不顾本地实际情况，争上新兴产业项目，造成了过度投资、重复建设、产业趋同以及产能过剩现象。光伏产业作为战略性新兴产业的典型代表，发展之初颇为风光，广阔的市场前景和高额利润吸引着很多地方政府一哄而上，以各种超常规的优惠政策招商引资、上项目、扩产能。在经历了盲目投资、重复建设以及近年来欧美、澳大利亚等国采取"双反"（反补贴和反倾销）调查之后，光伏产业内部存在的问题逐渐暴露，产能过剩已严重影响到光伏产业的健康发展。因此，以我国光伏产业为例，探究其产能利用率现状和产能过剩产生的根

［基金项目］国家社科基金项目"要素价格上涨与环境规制趋紧下的中国制造业转型升级路径研究"（批准号 14BJY081）和山东省自然科学基金面上项目"横向并购竞争效应模拟分析与反垄断政策研究"（批准号 ZR2014GM005）。

［作者简介］余东华，山东大学经济学院副院长，教授，博士生导师；吕逸楠，山东大学经济学院研究生。

本原因，并提出相关政策建议，对推动战略性新兴产业的可持续发展，避免战略性新兴产业走上传统产业的老路，具有借鉴和启示意义。

产能过剩概念最早来自于张伯伦（1933）在《垄断竞争理论》中提出的"过剩生产能力"，其产生的主要原因是垄断竞争厂商出于策略性目的保持一定的过剩生产能力，以行使市场垄断势力、获取超额垄断利润。然而，中国现阶段产能过剩已不同于张伯伦意义上的产能过剩。中国经济在经历了30多年的高速发展之后，产能过剩问题已普遍存在于许多行业，导致行业过度竞争、效益下降，甚至出现全行业亏损。韩国高（2011）通过测算指出，黑色金属、化学原料、造纸制品等七大行业长期存在产能过剩[1]。工业和信息化部（2013）公布的数据也显示，钢铁、水泥、电解铝、船舶和平板玻璃等行业的产能过剩问题十分突出。针对我国越发严重的产能过剩问题，国务院出台了《关于抑制部分行业产能过剩和重复建设引导产业健康发展若干意见的通知》（以下简称《通知》）等一系列文件，但这些措施治标不治本，并不能从源头上控制产能过剩的蔓延。值得注意的是，《通知》中不仅提出要对钢铁、水泥等传统行业的产能过剩进行治理，还特别指出多晶硅、风电设备等战略性新兴产业也出现了过度投资和产能过剩现象。由此可以看出，我国现阶段的产能过剩问题已全面存在，除了传统产业的现有产能继续过度增长之外，战略性新兴产业的新增产能也在不断形成、趋于过剩[2]。

根据经典产业组织理论，产能过剩往往出现在垄断市场，而我国的钢铁、水泥、电解铝等产能过剩较为严重的行业均呈现出过度竞争状态。因此，传统经济理论不能很好解释我国现阶段所产生的产能过剩问题。国内学者对于产能过剩形成机理的观点大致可以分为两种，即"市场失灵论"和"体制扭曲论"。林毅夫（2007，2010）认为，在发展中国家，投资者容易对前景良好的产业产生共识，出现"潮涌现象"[3]；基于"潮涌现象"，分散分布的企业之所以投资协调难度大，原因在于市场信息不完备使得投资者对行业内企业数目不确定。这种由"市场失灵"造成的产能过剩，意味着应通过政府干预进行治理[4]。江飞涛和曹建海（2009）认为市场失灵假说与现实不符，政策性补贴竞争带来的体制扭曲是导致产能过剩的根本原因[5]。耿强（2011）[6]、王立国和鞠蕾（2012）[7]、周瑞辉和廖涵（2014）[8]等学者也分别从不同角度讨论了官员激励相容和政府的不当干预加剧产能过剩的程度。另外，周业樑和盛文军（2007）提出，当一个行业的生命周期处于成熟期时，产能过剩是一个必经的正常过程，这会促使资源向其他领域流动[9]。上述文献大多是从宏观经济和传统行业角度来分析产能过剩形成机理，那么，对于正处在成长期的光伏产业来说，政府干预带来的体制扭曲是否也能解释其产能过剩出现的原因呢？李琪（2013）认为，新兴产业产能过剩的出现与传统产业是有区别的，新兴产业在现阶段属于朝阳产业，只是出现了短暂性的供过于求，政府干预在初期是有必要的[10]。傅沂（2014）则认为，政府对光伏产业"输血式"的扶持是按照传统发展思路设计的产业政策，并不适合光伏产业的本质特征[11]。

从现有文献看，对战略性新兴产业产能过剩的研究存在三点不足：一是微观视角的实证分析相对不足。已有文献大多是从宏观经济和传统行业的角度研究产能过剩问题，从微观视角对战略性新兴产业产能过剩的研究较少；少量的研究也多是从理论上分析产能过剩产生的原因，实证分析相对不足。二是产业内部不同环节的分析相对不足。光伏产业链中的不同生产环节涉及不同的细分行业，在光伏产业产能过剩的实证研究中，从整体产业角度进行探讨的较多，而详细分析各个生产环节产能实际利用状况的文献较少。三是已有文献大多是从过度投资、市场失灵、体制扭曲等维度分析传统制造业产能过剩形成机制，对战略性新兴产业产能过剩的形成机制分析相对不足。本文将从微观视角研究战略性新兴产业的产能过剩问题，从政府补贴、土地干预程度和金融支持水平三个维度分析战略性新兴产业产能过剩的形成机制，并围绕以上三个维度构建相关指标以表示政府对企业的干预，从供给角度实证分析政府干预对光伏产业及其产业链各环节产能过剩程度的影响。本文的第二部分将通过文献梳理和理论推导，分析战略性新兴产业产能过剩的形成机制，并提出有待检验的研究假设；第三部分是研究的总体设计，构建测度产能利用率和土地干预程度的模型和指标，建立回归模型用以检验政府补贴、土地干预程度和金融支持水平对光伏产业产能过剩的影响程度，分析战略性新兴产业产能过剩形成的原因；第四部分采用 2008～2014 年光伏产业上市公司数据，测度产能利用率和土地干预程度，对研究假设进行实证检验，分析模型测算结果，探讨光伏产业各环节产能过剩形成机理；第五部分对全文进行简要总结，并提出相关政策建议。

二、理论分析与研究假设

长期以来，我国地方政府在推动经济增长中起至关重要作用。随着分税制改革、放权让利改革以及财政分权体制的实施，地方政府拥有了更多的经济自主权[6]。一方面，地方政府具有独立的经济地位和经济利益，所追求的目标与经济发展、就业率、社会福利等相关联，而这些目标的实现依赖于当地的投资项目数量和规模[12]。另一方面，政府官员"晋升锦标赛"模式也与当地 GDP 目标息息相关。由于政府职责测度起来比较困难，而 GDP、就业率等指标能够直接反映出政府官员的政绩。因此，地方政府有强烈的动机干预企业投资项目，采取优惠性政策招商引资，增加就业人数，发展地方经济[13]。在国家产业政策和政绩考核体制的导向下，政府官员的 GDP 冲动带来政府不当干预，从而导致企业过度投资。近几年，我国大力倡导发展环境友好型的低碳社会，相比于以前的考核机制，地方政府又面临了节能减排的压力。因此，以光伏产业为代表的新能源产业就成了各级地方政府的宠儿，各地政府打着低碳排放、绿色发展的旗号大力推动风电、光伏发电等项目建设，采取各种干预手段盲目保护和推进光伏企业的经营和发展。这种地区之间经济和政治的竞争使得地方政府采取不当干预手段，盲目投资，扭曲了市场功能，造成一定程度的产能过剩。

（一）政府补贴与产能过剩

补贴是政府干预企业最直接的方式，对于刚起步的新兴产业来说，补贴显得尤为重要。2011年，新兴产业中有 95.5% 的上市公司获得了政府补贴，补贴金额高达 235 亿元[14]。由此可见政府对新兴产业扶持的范围之广、力度之大。2009 年 7 月财政部等部门联合发布《关于实施"金太阳"示范工程的通知》，宣布采用财政补助、科技支持方式推动"金太阳"工程。该计划一出，不仅光伏行业的在位企业蜂拥而上，各地政府也为最大限度用足国家优惠政策，获取优惠性补贴，投资建设了大量光伏项目。但是，随之而来的骗补盛行使得"金太阳"工程收效甚微，2010 年财政部取消了 39 个骗补项目，2012 年财政部清理补贴资金，发现八成项目不合格①。由此可以看出，政府补贴的使用效率问题已经引起高度关注。汪秋明等（2014）的研究结果显示，大部分企业一旦获得政府补贴资金，就会将其用于其他与研发无关的高收益项目，并实证检验了政府补贴对促进科研投入的无效性[15]。也就是说，企业往往利用政府补贴粉饰业绩，并没有将其用在"刀刃"上[16]。Tzelepis 和 Skuras（2004）认为，财政补贴是落实产业政策的主要工具，但通过对希腊食品和饮料企业的实证分析发现，补贴没有带来企业投资效率的提升[17]。

既然政府补贴没有用在"刀刃"上改善投资效率，那么它带来了怎样影响呢？杨振（2013）

---

① 金太阳工程年内正式结束，骗补横行曾饱受诟病［EB/OL］. 新华网，2013.

认为，政府补贴扭曲了企业的投资行为，诱使企业为获取补贴而投资亏损项目或者停止生产活动，形成过剩产能[18]。任保全和王亮亮（2014）指出，政府补贴等优惠政策破坏了创新环境，使得企业偏好于成本低、风险小、收益快的低附加值产品，并带来企业的盲目扩张，造成企业间无序竞争和产能过剩[19]。傅沂（2014）分析了光伏产业补贴政策，认为造成产能过剩的重要原因在于依据按照传统思路，采用事前补贴、一刀切等方式，缺乏对企业的创新激励和事后监督[11]。

根据上述分析，我们提出如下假设：

假设1：政府补贴对战略性新兴产业产能过剩形成具有正向推动作用。

（二）土地干预程度与产能过剩

土地不仅是企业基本的生产要素之一，也是政府进行干预的重要筹码。楚建群等（2014）通过测算北京、成都两地政府出让工业用地的长期收益后发现，工业用地给政府带来的综合收益是住宅用地的两倍多[20]。由此可以看出，政府具有强烈的动机对工业用地进行干预。政府利用土地进行补贴往往又是通过压低土地价格以吸引企业投资建设的形式实现的，这在一定程度上会引起重复建设和产能过剩现象[21]。"土地模糊产权"是低价供地的关键所在，政府以低成本获取土地，再以低地价甚至零地价出让给企业，使企业自有资本过低、经营成本下降、风险外部化，导致大量低效率产能投资上线，从而出现产能过剩[12]。另外，企业在产能投资中付出的土地成本并不是沉没成本，当项目退出经营后，该土地可以远高于购买价的市场价格转让，这又构成了企业的一部分投资收益。因此，企业有动机以扩大生产规模的名义增加土地资产，获得投机套利的机会。为吸引外资，政府热衷于建立各类园区和开发区，以获得国家优惠性政策[22]。截止到2011年，我国已有30个光伏产业园区，其中一些企业占用大量土地，建设花园式工厂，造成土地资源的长期闲置浪费。这种低成本的大规模扩张导致产业布局雷同、重复建设、资源浪费，且没有增加实质性的有效产出，进一步降低了产能的利用率。黄健柏等（2015）利用工业企业和城市地价数据证实，政府低价提供工业用地造成了对辖区企业的实质性补贴效应，并且企业新增土地资产越多，这种价格扭曲对企业过度投资的影响越明显[23]。基于以上分析，我们提出如下假设：

假设2：工业用地价格的负向扭曲加剧了战略性新兴产业的产能过剩。

假设3：企业通过扩大生产规模增加土地资产对产能过剩具有正向影响作用。

（三）金融支持水平与产能过剩

除了土地之外，资金对于一个企业的成立和发展也至关重要，这也使得政府能够利用金融机构实施干预，扶持政府"满意"的本地重点企业和重点项目。政府能够干预企业资金来源和企业投资的原因主要有：①"预算软约束"。Kornai（1986）最早提出了"预算软约束"，它是指国有企业在面临亏损或破产时，国家会给予相应的财政投资、税收减免等补贴方式，以维持企业的经营[24]。另外，政府还会通过国有银行间接削弱企业的负债约束。梅丹（2009）通过分析我国国有上市公司数据证实了上述观点，认为强政府干预下的国有企业预算软约束问题更加严重，因而过度投资现象也更加突出[25]。②土地具有融资功能。前文分析中提到企业能够低价获得土地进行投资建厂，另外，企业可以利用土地作为抵押获取银行贷款，这在一定程度上又转嫁了企业的融资成本和经营风险，使得企业能够比较容易地增加投资、扩大产能[12]。③政策性银行的贷款。随着国家发展低碳经济的热潮，新能源产业成了重点发展对象。截止到2011年，国家开发银行已经累计投放了 2320 亿元的贷款用于发展环保和新能源产业①。另外，2013 年国务院出台的《关于促进我国光伏产业健康发展的若干意见》再一次点燃了投资者对光伏电站的建设热情，同时国内多家政策性银行也纷纷加大了对光伏产业的支持力度②。而这种投资过热局面仅仅增加了光伏装机量，并没有释放国内需求，再次引发光伏产业大面积的产能过剩。④资金使用成本低。我国城乡居民银行储蓄余额过高导致资金使用价格低也是企业能轻易扩大产能的原因之一[9]。《2013 中国区域金融运行报告》显示，我国城乡居民储蓄存款总额高达 44 万亿元，商业银行具有很强的放贷意愿，而政府又在一定程度上对本地重点企业进行还款担保，进一步强化了企业在数量和规模上的扩张行为。根据上述分析，我们提出如下假设：

假设 4：战略性新兴产业的金融支持水平对产能过剩具有正向推动作用。

三、研究设计与模型构建

（一）样本选择与数据来源

本文选取 2008～2014 年沪深两市属于光伏概念的上市公司作为研究样本。根据研究需要，对原始数据做了如下的筛选和归类处理：①剔除上市年份在 2008 年之后的上市公司；②剔除财务数据缺失和指标异常的上市公司；③根据上市公司主营业务将其分为上游（硅料、硅片）、中游（电池片、电池组件）和下游（应用系统——设备及其他材料）三个环节。最终，得到了 32 家上市公司（包括上游 12 家、中游 9 家和下游 11 家）的数据。为了提高所获数据的可比性，本文将主营业务收入和估算出的理论产能（产出）用工业生产者出厂价格指数进行了调整；对于其他财务数据，采用固定资产投资价格指数进行了调整。本文所选取的光伏概念上市公司数据来自同花顺行情中心，所有财务数据来自 CSMAR 数据库和 Wind 资讯金融终端数据库。此外，工业用地出让基准价格采用 2007 年实施的《全国工业用地出让最低价标准》，城市工业用地协议出让价格为手工整理，并用上市公司所属省份的固定资产投资价格指数进行调整。土地出让价格原始数据来自中国土地市场网，工业生产者出厂价格指数以及固定资产投资价格指数来源于《中国统计年鉴》。所有数据的价格指数调整均以 2008 年作为基期。本文数据整理以及统计分析工作均借助 Excel2007 和 Stata12.0 完成。

（二）产能利用率测度方法与模型

国内外学者在对产能过剩水平进行研究时，通常将产能利用率作为测度指标，即实际产出与产能产出之比。目前，在提出的产能测度方法中，峰值法、成本函数法、生产函数法和数据包络分析法（DEA）被较多学者所采用。峰值法假定位于峰值时刻的产量所对应的生产能力得到了充分利用，通过拟合出一条过峰趋势线，得到实际产出与趋势线上对应产出的比值[26][27]。该方法只需单投入和单产出数据即可估算结果，但其产能产出只被看作与技术变化有关，忽视了结构、规模变化等因素对产能的影响，影响了测度的效度和信度。Berndt 和 Morrison（1981）提出了成本函数法，认为短期成本达到最低点时所对应的产出水平即为产能产出[28]；孙巍等（2009）[29]、韩国高等（2011）[1]利用成本函数法测度了我国 28 个行业的产能利用率。成本函数

---

① 国家开发银行加大对新能源及环保业支持力度 [N].中国证券报，2011.
② 国内政策性银行对光伏电站支持力度在加大 [EB/OL].中国行业研究网，2014.

法有很强的理论基础，能够综合考虑各种要素投入对产出的影响，但这种方法的推导和计算较为复杂，需要大量的变量方程和数据作为支撑。冯梅和王之泉（2012）[30]、李霞（2013）[31]等运用DEA方法测算了产能效率状况，这种方法可以依据多投入、多产出的决策单元来判断实际产出是否最优化，但此方法易受极端值影响，使得测算结果偏高。

Klein 和 Preston（1967）提出了生产函数法，并使用该方法对潜在产出和产能利用率进行了测度。生产函数法是基于技术产能定义而得到的测度方法[32]。技术产能是指，在偏好、技术等条件确定的前提下，投入到工业生产中的所有资本存量和劳动力等生产要素能够被充分利用，以实现最大产出的产能水平[33]。在实际运用生产函数法进行产能测度时，一般通过设定生产函数，并利用计量方法将实际产出的年度序列推演到其"边界"，以此估算产能的年度序列数据。沈坤荣等（2012）在传统生产函数模型的基础上加入了能源要素，测度了我国工业各行业的产能利用率[34]。生产函数法综合考虑了技术进步和生产要素对产出的影响，并且根据研究需要，这种方法能够消除光伏产业链不同生产环节之间的产能差异，使度量结果具有可比性[35]。因此，本文采用生产函数法测度光伏产业及其三大生产环节的产能利用率。

在借鉴上述学者模型思路基础上，本文采用柯布—道格拉斯（C－D）生产函数建立生产函数模型，基本形式如下：

$$Y_{i,t} = f(K_{i,t}, L_{i,t}) = A_i K_{i,t}^{\alpha} L_{i,t}^{\beta} e^{-\mu} \quad i=1,2,3; \ t=1,2,\cdots,T \tag{1}$$

其中，i 为光伏产业链三个不同的环节，t 为样本年数；$Y_{i,t}$ 是实际产出值，用年度主营业务收入表示；$K_{i,t}$ 是固定资本存量，用年度平均固定资产净额表示；$L_{i,t}$ 是劳动力投入量，借鉴多数学者做法，采用年度员工人数作为劳动力投入指标；A 表示技术水平，一般作为固定常数。参数 α、β 表示固定资本存量和劳动力投入产出弹性，并且假设规模报酬不变，则有：

$$0 \leqslant \alpha, \ \beta \leqslant 1, \ 且 \ \alpha + \beta = 1 \tag{2}$$

对式（1）进行对数化处理，可得：

$$\ln Y_{i,t} = \alpha \ln K_{i,t} + \beta \ln L_{i,t} + \ln A - \mu \tag{3}$$

将生产函数推演到其"边界"，得到边界生产函数：

$$\ln Y_{i,t}^* = \alpha \ln K_{i,t} + \beta \ln L_{i,t} + \ln A \tag{4}$$

其中，$Y_{i,t}^*$ 表示理论最大产出水平，即产能产出。令 $\ln A = a$，$E(\mu) = \varepsilon$，代入式（3）则有：

$$\ln Y_{i,t} = \alpha \ln K_{i,t} + \beta \ln L_{i,t} + (a - \varepsilon) - (\mu - \varepsilon) \tag{5}$$

由于 $E(\mu - \varepsilon) = 0$，利用普通最小二乘法（OLS）对式（5）进行估计可得：

$$\ln \hat{Y}_{i,t} = \hat{\alpha} \ln K_{i,t} + \hat{\beta} \ln L_{i,t} + (a - \hat{\varepsilon}) \tag{6}$$

式（6）为平均生产函数，通过对其常数项进行调整即为式（4）的边界生产函数，进一步处理可以得到：

$$Max(\ln Y_{i,t} - \ln \hat{Y}_{i,t}) = Max\{\ln Y_{i,t} - [\hat{\alpha} \ln K_{i,t} + \beta \ln L_{i,t} + (a - \hat{\varepsilon})]\} \tag{7}$$

式（7）得到的最大值即为 $\hat{\varepsilon}$ 的取值，代入式（6）可以得到 $\hat{\alpha}$ 的值。于是，通过估计推演出来的边界生产函数为：

$$\hat{Y}_{i,t} = e^{\hat{a}} K_{i,t}^{\hat{\alpha}} L_{i,t}^{\hat{\beta}} \tag{8}$$

产能利用率表达式即为：

$$CU = Y_{i,t} / \hat{Y}_{i,t} \tag{9}$$

利用这种方法估算出的产能利用率会出现数值为1的情况，也就是说，本文得到的各上市公司产能利用率并非真实数值，100%的产能利用率为所选样本在2008～2014年中的最大值，而其他估算结果为所选时间跨度中关于最大值的相对值。由于光伏产业链中各个生产环节实际所能达到的最大产能不同，因此，这种处理方式能够消除各企业之间的差异，使得估算结果能够直接适用于现有的产能评价标准[34]。

（三）土地干预程度测度方法与模型

一直以来，土地是地方政府招商引资、发展经济的重要筹码，而对土地的干预程度又直接表现在土地出让的价格水平上。为了进一步规范土地制度，明确土地管理，2006 年国务院下发了《关于加强土地调控有关问题的通知》。该通知明确规定，工业用地采用招标、拍卖、挂牌方式出让的，其价格不能低于最低价标准。2007 年 1 月 1 日，我国开始实施《全国工业用地出让最低价标准》，规定了工业用地的成本，一定程度上防止了地区之间利用土地恶性竞争。但除了上述招拍挂买卖方式以外，在我国现行的土地出让方式中，还包括了协议出让方式[36]。协议出让主要适用于市政公益项目、非盈利项目、政府给予优惠扶持项目以及工业项目等，此出让方式存在半市场化性质，不能以竞争机制对其价格进行约束，掺杂了较多的人为因素，易造成不公平竞争。

本文以我国实际土地状况为背景，借鉴黄健柏等（2015）[23] 度量工业用地价格扭曲的方法，并对其进行调整，以测度工业用地协议出让价格的扭曲程度。由于在现有的数据资料中，难以度量政府对单个企业的土地出让价格偏离水平。因此，我们依据上市公司所在城市的协议出让土地均价和相应地块的最低价标准，测度城市工业用地协议出让价格扭曲程度，表示为：

$$\text{Distort}_{k,t} = (\text{ALP}_{k,t} - \text{LPS}_k)/\text{LPS}_k \tag{10}$$

式（10）中，k 表示上市公司所在城市，t 为样本年数，$\text{Distort}_{k,t}$ 表示城市工业用地协议出让价格扭曲程度，$\text{ALP}_{k,t}$ 表示城市协议出让工业土地均价，该价格已换算成以 2008 年为基期的可比价，LPS_k 表示出让工业用地位置所对应地块的最低价标准。

（四）实证检验的模型设计

为了验证上述假设，本文构建如下模型检验政府补贴、土地干预程度和金融支持水平对我国光伏产业产能过剩影响程度：

$$\text{OC}_t = \beta_0 + \beta_1\text{Subsidy}_{t-1} + \beta_2\text{Distort}_{k,t-1} + \beta_3\text{Newland}_{t-1} + \beta_4\text{Finance}_{t-1} + \beta_5\text{Age}_t + \beta_6\text{Growth}_t +$$
$$\beta_7\text{Roa}_t + \beta_8\sum\text{Year}_i + \varepsilon \tag{11}$$

其中，OC_t 表示 t 年企业产能过剩程度，Subsidy_{t-1} 表示政府对企业的补贴，$\text{Distort}_{k,t-1}$ 表示城市 k 工业用地协议出让价格扭曲程度，Newland_{t-1} 表示企业新增土地资产，Finance_{t-1} 表示企业得到的金融支持水平，Age_t 表示企业累计上市年份，Growth_t 表示企业成长机会，Roa_t 表示企业的资产收益率，$\sum\text{Year}_i$ 为年份虚拟变量。表 1 列出了模型中各个变量的定义及计算方法。

表 1　变量定义及计算方法

变量属性	变量名称	变量代码	变量测度
因变量	产能过剩	OC	（理论产能产出 Ŷ – 主营业务收入 y）的对数值
自变量	政府补贴	Subsidy	上市公司财务报表附注数据库中"补贴收入"科目，取对数值
	工业用地协议出让价格扭曲程度	Distort	式（10）
	新增土地资产	Newland	土地使用权增加值的对数值
	金融支持水平	Finance	筹资活动现金流入对数值

变量属性	变量名称	变量代码	变量测度
控制变量	企业年龄	Age	企业上市日到2014年的累计上市年份
	成长机会	Growth	营业收入增长率 = [t 期营业收入 - (t-1)期营业收入/(t-1)期营业收入]
	资产收益率	Roa	资产收益率 = 净利润/总资产
	年份虚拟变量	Year	以2008年为参照组，2009~2014年
工具变量	企业规模	Size	总资产的对数值
	企业性质	State	国有企业 = 1，非国有企业 = 0

资料来源：作者整理。

1. 因变量

为使模型回归结果更加直观，本文采用估算出的理论产能产出 Ŷ 减去主营业务收入所代表的实际产出 y 作为产能过剩值，并对其取对数以减少数据的波动性。这里的理论产能产出 Ŷ 和实际产出 y 均已通过相应年份的工业生产者出厂价格指数进行平减，以消除通货膨胀带来的干扰。

2. 自变量

企业所获得的补贴数额反映了政府对其的扶持力度。我们借鉴郭晓丹等（2011）[37]和肖兴志、王伊攀（2014）[16]的做法，直接选取企业补贴收入作为表示政府补贴（Subsidy）的变量。政府对企业的土地干预程度分别用工业用地协议出让价格扭曲程度（Distort）和企业新增土地资产（Newland）这两个变量来表示。其中，企业新增土地资产我们用无形资产科目下"土地使用权"的变化值来表示。具体计算方法为，若（t-1）年土地使用权 >（t-2）年土地使用权，则取[（t-1）年土地使用权 -（t-2）年土地使用权]作为土地资产增加值；若（t-1）年土地使用权 ≤（t-2）年土地使用权，则直接取0。在测度企业得到的金融支持水平（Finance）时，我们借鉴吴春雅和吴照云（2015）[38]的做法，采用现金流量表中的筹资活动现金流入作为代理变量。为保持数据平稳性以及与因变量统一口径，本文对补贴收入、新增土地资产和筹资活动现金流入均取对数进行回归。另外，考虑到上述自变量对产能过剩程度影响的时滞效应，这里对各自变量均取滞后一期。

3. 控制变量

我们把企业累计上市年份（Age）、企业成长机会（Growth）和企业的资产收益率（Roa）作为模型的控制变量，目的是为了控制企业自身因素可能带来的对产能过剩程度的影响。对于企业成长机会的替代指标，国内外较多学者采用托宾 Q 值来进行衡量。托宾 Q 值能够反映企业的投资机会，但其使用的一般前提是完美资本市场假设，连玉君、程建（2007）[39]和章卫东等（2014）[40]认为我国资本市场存在非有效性，使用托宾 Q 值衡量企业成长机会存在偏误，易使模型估计出现偏差。因此，本文采用营业收入增长率作为衡量指标，以较全面地反映企业的成长机会。另外，年份虚拟变量（Year）的引入是为了控制在2008~2014年，不同年份的宏观经济变动和产业政策实施对产能过剩程度的影响。

4. 工具变量

政府干预的最终目的是为了实现其社会目标，相比于民营企业，国有企业承担着更大的"政策性负担"[41]。白俊、连立帅（2014）通过实证检验提出，相比于非国有企业，国有企业在政府扶持上更具有优势，获得了更充裕的资金支持[42]。因此，考虑到政府补贴变量在模型中可能存在内生性问题，本文选取了企业规模（Size）和企业性质（State）作为工具变量。企业规模为总资产的对数值，企业性质根据上市公司年报中披露的第一大股东的性质，将国有企业设定为1，非国有企业设定为0。

四、实证结果及分析

（一）产能利用率的测度结果及分析

本文依据光伏产业链上、中、下游环节划分，利用 2008～2014 年各上市公司数据，分别建立三个面板模型，对其进行理论产能的估算。由于各企业之间存在异质性，直接使用普通最小二乘法可能带来异方差和自相关问题，因此这里采用 PCSE 方法来估计理论产能，进而估算出产能利用率。表 2 列出了上、中、下游不同年份产能利用率的描述性统计①。

表 2　2008～2014 年光伏产业三大环节产能利用率的描述性统计　　　　单位:%

年份	上游				中游				下游			
	最小值	最大值	均值	方差	最小值	最大值	均值	方差	最小值	最大值	均值	方差
2008	17.86	42.92	28.91	0.09	1.96	81.03	43.63	0.26	30.39	86.10	55.73	0.18
2009	14.35	38.63	24.07	0.07	2.03	80.75	34.25	0.22	24.44	64.84	50.32	0.12
2010	19.93	42.42	25.52	0.07	2.47	72.18	41.94	0.25	37.63	75.52	54.61	0.10
2011	15.51	100	33.62	0.24	8.01	100	52.57	0.33	42.99	100	56.51	0.16
2012	7.27	25.09	17.49	0.06	16.11	87.19	41.63	0.22	42.35	79.17	53.06	0.12
2013	15.00	30.16	19.99	0.05	23.97	91.30	43.77	0.20	28.23	81.57	53.09	0.14
2014	7.91	55.31	24.75	0.11	11.67	93.81	43.45	0.24	27.93	84.77	54.38	0.15
N	12	12	12	12	9	9	9	9	11	11	11	11

资料来源：作者计算整理。

对于产能过剩区间划分，韩国高（2011）、高伟（2014）等学者直接采用欧美国家对产能利用率标准作为评价依据②；卢锋（2010）提出产能利用率在 75%～80% 为轻度过剩，80%～85% 为基本适度，超过 85% 为产能不足[43]；吕政（2010）认为加工制造业的产能利用率在 80% 左右属于正常范围[44]。借鉴上述学者对产能利用率的评价标准，本文将产能利用率的正常区间设定为 80%～90%，超过 90% 则认为产能不足，产能利用率低于 80% 即为产能过剩。表 3 列出2008～2014 年我国光伏产业产能利用的总体情况。

---

① 由于面板模型估计参数过多，产能利用率数据量较大，故没有全部列出。因研究需要者可以向作者索取相关原始数据。

② 欧美国家对产能利用率的评价标准：正常区间为 79%～83%，超过 90% 说明产能不足，设备开工率小于 79%，则认为可能存在产能过剩。

表3 2008~2014年光伏产业产能利用总体情况的描述性统计　　　　　　单位：%

	产能过剩（<80%）				产能正常（80%~90%）				产能不足（>90%）				整体产能率
	最小值	最大值	均值	方差	最小值	最大值	均值	方差	最小值	最大值	均值	方差	
上游	7.27	56.79	24.01	0.09	—	—	—	—	100	100	100	0	24.9
N	83	83	83	83	0	0	0	0	1	1	1	1	84
中游	1.96	77.24	37.28	0.19	80.75	89.34	84.58	0.04	91.30	100	95.04	0.04	43.0
N	56	56	56	56	4	4	4	4	3	3	3	3	63
下游	24.44	77.81	51.71	0.11	79.17	86.10	82.90	0.03	100	100	100	0	54.0
N	72	72	72	72	4	4	4	4	1	1	1	1	77

资料来源：作者计算整理。

从表2和表3可以看出，我国光伏产业链各环节的产能利用率普遍低于正常水平，均存在严重的产能过剩现象。光伏产业下游11家企业在2008~2014年的整体产能利用率为54.0%，过剩样本占下游总样本的93.5%。究其原因，光伏发电所需技术和资金水平都比较高，而作为刚起步的新兴产业，现阶段光伏发电成本大于传统能源发电成本，光伏发电成本为0.73~0.99元/度，而火力发电成本仅为0.24~0.35元/度[45]。由此看出，光伏发电在竞价上网时处在不利地位，国内市场需求不足使得产能不能得到充分释放。另外，光伏产品对出口依赖性过强，随着近些年的欧美"双反"政策以及欧美国家开始兴建低碳项目，我国光伏产品出口量下降，巨大产能难以消化。下游产能的释放不足直接导致了中游电池片、电池组件等企业的国内市场需求下降。从表3可以看出，中游整体产能利用率低于下游，为43.0%，过剩样本占中游总样本的88.9%。相对于其他环节来说，中游环节电池片和电池组件的制造进入门槛较低，企业数量和规模扩张迅速，市场供应量大幅增加。"十一五"期间，光伏电池以大于100%的增长率迅猛发展，并且90%以上的光伏电池产品销往国外。同时，由于光伏电池成本较低，又往往成为反倾销、反补贴的攻击对象。因此，由于中游产品市场供应量极大，需求过度依赖海外市场，容易造成产能过剩现象。最后，我们看到上游环节的整体产能利用率仅为24.9%，过剩样本占上游总样本的98.9%。2010年，我国多晶硅企业在产能利用率不足的情况下从国外进口4.75万吨，超过总需求的50%[46]。这是因为，多晶硅的生产技术要求较高，而我国目前产品质量还不能达到国际标准，因此，在大量产能不断上线情况下，每年仍需从国外进口大量多晶硅以满足生产需要。通过上述分析可以看出，光伏产业在整体呈现出产能过剩的前提下也存在着结构性的产能过剩。

从整体上来看，光伏产业面临着国内需求不足、国外市场萎缩的局面。同时，在产业发展初期，市场、技术、信息的不成熟又使得光伏产业易受政策导向和政府干预的影响。从表2可以看出，上、中、下游产能利用率均值的最高点均出现在2011年，分别为33.62%、52.57%、56.51%；其次是在2008年的产能利用率相对较高。分析其原因，2008年海外光伏市场需求爆发，国内光伏产业迅速发展，2009年和2010年国家为大力扶持该产业出台了各项补助政策，造成光伏企业大规模建设。2011年，海外光伏市场需求再次大幅增长，提高了各环节产能利用率，而随后国家政策密集出台以及海外频繁的"双反"调查，使得光伏产业国内供给增长过快、国外需求逐渐低迷。由此看出，我国光伏产业不仅受到经济波动的影响出现阶段性产能过剩，还可能因政府干预措施不当造成体制性产能过剩。

（二）土地干预程度测度结果及分析

本文根据协议出让土地的成交金额和占地面积计算出成交价格，代入式（10）得出每宗土地的价格偏离程度，继而计算出各个企业所在城市每年平均的土地价格偏离程度。表4分别列出了低于最低价标准和高于最低价标准的价格扭曲程度描述性统计。

表4　城市工业用地协议出让价格扭曲程度描述性统计　　　　单位:%

年份	Under Standard					Over Standard				
	样本	最小值	最大值	均值	方差	样本	最小值	最大值	均值	方差
2008	18	-76.74	-7.91	-32.84	25.04	14	0	170.49	53.17	56.67
2009	15	-80.57	-0.40	-33.13	24.41	17	0.27	255.13	58.39	71.76
2010	14	-68.30	-4.73	-38.66	19.56	18	2.15	80.07	31.31	27.73
2011	13	-78.91	-0.27	-24.61	26.61	19	0.57	144.98	44.95	42.38
2012	11	-67.86	-4.85	-32.11	22.58	21	1.38	189.44	66.18	51.77
2013	11	-98.68	-7.97	-54.10	28.44	21	1.19	240.31	58.22	57.12
2014	16	-100	-7.4	-37.20	29.71	16	7.53	167.19	59.20	54.59
合计	98	-100	-0.27	-35.64	25.84	126	0	255.13	53.29	52.77

资料来源：作者计算整理。

　　从对土地干预的理论分析可以看出，工业用地价格负向偏离最低标准价的程度越大，政府对土地出让的干预程度越强，从而会加剧企业成本外部化，造成企业过度投资、重复建设。从表4可以看到，2008年土地价格负向偏离的比例超过了50%，也就是说，初期《最低标准价》的实施并未有效控制土地低价协议出让的不合理现象。在随后的2009~2013年，土地价格负向偏离程度逐年下降，直到2014年又出现明显上升趋势。另外，各年份土地价格正负向偏离均存在较大的方差。这说明，无论时间上还是不同城市带来的地域差异上，政府对土地的干预程度都有着很大差别。另外，在所选总样本中工业用地价格出现负向偏离的占到44%，并且也有相当一部分工业用地价格仅仅略超过标准线。因此，尽管国家对招拍挂出让土地的方式进行了严格管控，但是地方政府还是能够利用协议出让的漏洞进行土地干预。

（三）模型回归结果分析

　　本文建立了四个面板模型，分别对光伏产业整体以及上游、中游、下游环节进行回归分析。考虑到政府补贴的内生性问题，这里采用广义矩估计（GMM）方法并利用工具变量对模型（1）~（4）进行回归。为了验证工具变量的外生性，我们进行了Hansen's J过度识别检验，表5中模型（1）~（4）的P值检验结果均大于0.1，接受原假设，即表明所有工具变量均为外生。另外，经过Hausman检验，模型（5）和（6）采用随机效应进行回归，模型（7）采用固定效应回归。表5列出了政府干预对光伏产业产能过剩影响的各项回归结果。

表5　政府干预对光伏产业产能过剩影响程度的回归结果

变量	上游	中游	下游	光伏产业整体			
	(1)	(2)	(3)	(4)	(5)	(6)	(7)
$Subsidy_{t-1}$	0.234**	0.729***	-0.190*	0.524***			
	(0.014)	(0.000)	(0.095)	(0.000)			
$Distort_{k,t-1}$	0.002	0.010***	0.005**		0.001		
	(0.166)	(0.003)	(0.031)		(0.397)		

变量	上游	中游	下游	光伏产业整体			
	（1）	（2）	（3）	（4）	（5）	（6）	（7）
Newland$_{t-1}$	-0.012	-0.034	0.146 ***			0.053 ***	
	(0.646)	(0.576)	(0.000)			(0.002)	
Finance$_{t-1}$	0.601 ***	0.456 ***	0.802 ***				0.220 ***
	(0.000)	(0.008)	(0.000)				(0.001)
Age$_t$	-0.062 ***	0.171 ***	0.005	0.016	-0.184 ***	-0.047	0.048 **
	(0.000)	(0.003)	(0.879)	(0.608)	(0.008)	(0.437)	(0.049)
Growth$_t$	-0.004 **	0.013 **	-0.012 *	-0.001	-0.015	-0.015 ***	-0.002
	(0.011)	(0.020)	(0.075)	(0.893)	(0.254)	(0.000)	(0.101)
Roa$_t$	-0.020 ***	-0.007	0.024	-0.040 *	-0.014 **	-0.006	-0.010 *
	(0.000)	(0.881)	(0.449)	(0.079)	(0.020)	(0.732)	(0.067)
Cons	7.568 ***	0.017	6.223 ***	14.099 ***	25.172 ***	22.816 ***	17.369 ***
	(0.000)	(0.997)	(0.000)	(0.000)	(0.000)	(0.000)	(0.000)
Year$_i$	控制	控制	控制	控制	控制	控制	控制
回归方法	GMM	GMM	GMM	GMM	RE	RE	FE
Hansen J	0.4127	0.4119	0.2381	0.1277			
Chi2	570.86	32.83	148.00	55.97	13.67	29.52	14.24
Obs	84	63	77	224	224	224	224

注：* 、* *、* * * 分别表示在10% 、5% 、1% 的水平上显著，括号里的数值为 P 值；Hansen J 表示 Hansen's J 检验的 P 值。

资料来源：作者计算整理。

从表 5 模型（4）可知，Subsidy$_{t-1}$的系数为 0.524，且在 1% 的水平下显著，这说明政府补贴没有提高光伏企业投资效率，反而造成企业盲目投资、过度投资，推动了产能过剩的形成，即上文提出的假设 1 成立。进一步来看，模型（1）和（2）的政府补贴系数分别为 0.234 和 0.729，且均在 1% 的水平下显著，这表明光伏产业上游和中游的政府补贴加剧了过剩产能的形成，且这种影响在中游表现得更强烈；而模型（3）中政府补贴的系数为 -0.190，且在 10% 的水平下显著，表明政府对下游光伏电站的补贴减弱了产能过剩程度。出现这种现象的原因可能是，一方面政府补贴降低了企业的发电成本，另一方面政府开始注重对用户的使用补贴，从而使得光伏上网发电竞争性增强，提高了光伏电站的产能利用率。

表 5 模型（5）中 Distort$_{k,t-1}$系数为 0.001，与预期符号相同，但模型回归结果不显著，可能的原因包括：①我们是根据国家颁布的土地价最低标准测算土地价格的扭曲程度，国家最低价标准往往低于市场形成的公允价，因而可能存在对土地价格扭曲水平的低估；②土地价格扭曲程度代表的是企业注册地所在城市的土地干预水平，而很多企业的生产经营场所分布在不同城市，造成了一定的测算误差。模型（2）和（3）中 Distort$_{k,t-1}$的系数分别为 0.010 和 0.005，均在 1% 的水平下显著，这表明政府低价出让土地带来的负向价格扭曲对中、下游企业的产能过剩具有正向影响，且对中游企业的影响程度更强，假设 2 得到经验证据支持。同时，模型（1）中土地价格扭曲对产能过剩的影响效应不显著，也在一定程度上解释了总体回归结果不显著的原因。

从表 5 中模型（6）可以看出，Newland$_{t-1}$的系数为 0.053，在 1% 的水平下显著，表明企业增加土地资产会在一定程度上加剧产能过剩程度，假设 3 得到验证。同时，根据模型（1）～

（3）中 Newland$_{t-1}$ 的系数可以获知，上、中游企业土地资产的增加对产能过剩的促进效应并不显著，而下游的系数为 0.146，且在 1% 的水平下显著，这表明下游光伏电站企业土地资产扩大是造成光伏产业产能过剩的主要原因。另外，在所选样本中，上、中、下游企业发生土地资产增加比例分别为 45.2%、49.2% 和 66.2%。这说明由于上、中游市场供应相对饱和，企业盈利下降，导致企业扩大规模的意愿较低；而下游市场的推动是带动整个产业发展的关键，因此，政府针对光伏电站建设的扶持政策也相对较多，这点燃了新企业进入和老企业增加生产规模的热情。

表 5 中模型（1）~（3）和模型（7）的 Finance$_{t-1}$ 系数分别为 0.601、0.456、0.802 和 0.220，且均在 1% 的水平下显著，这表明无论是光伏产业整体还是产业链各环节，筹资活动现金流入所代表的金融支持水平都显著影响着产能过剩程度，且呈正相关，这说明假设 4 成立。另外，通过系数比较，我们可以看出下游企业受到金融"预算软约束"的影响程度最深，其次是中游企业，而对上游企业的干预程度相对较小，这也从另一方面表明了政府对投资发展下游企业的迫切程度。

在其他控制变量方面，企业年龄 Age$_t$ 越大，上游企业产能利用率越高，而中游企业产能过剩程度越大。原因可能是，上游硅片、硅料企业技术水平要求高，上市时间长的企业所拥有的专利技术和科研人员较多，促进了生产效率提升，提高了产能利用率；中游企业电池片、电池组件的加工技术含量较低，价格波动容易吸引新产能投资上线，随着企业年龄的增加，冗余产能也随之上升。上游和下游企业 Growth$_t$ 的增长会提高企业经营效率，减少产能过剩程度；而中游企业的 Growth$_t$ 上升反而导致产能过剩程度加剧，原因可能是营业收入上升加上低进入门槛吸引了新投资者或现有厂商扩大规模，挤占市场，降低了企业的产能利用率。Roa$_t$ 对上游企业影响效果显著，即资产收益率越大，产能利用率越高，这表明企业利润增长的关键在于对现有资产的充分利用，而不是盲目扩大生产规模。

五、研究结论与政策建议

本文以 2008~2014 年沪深两市中属于光伏概念的上市公司作为研究样本，并细分为上游（硅料、硅片）、中游（电池片、电池组件）和下游（应用系统——设备及其他材料）三个环节，利用生产函数法分别测度其产能利用率，进而测度分析了政府补贴、土地干预程度和金融支持水平及其对产能过剩的影响程度。通过实证检验得到以下结论：①光伏产业整体以及上、中、下游各环节均出现严重的产能过剩现象，且各环节产能过剩程度存在明显差别，表现出结构性产能过剩。②光伏产业属于刚起步的新兴产业，市场、技术、信息的不成熟使得产业发展存在一定的"市场失灵"现象，同时由于国内需求不足，过度依赖海外市场，光伏产业易受经济波动影响，表现出阶段性的产能过剩。③财政分权和官员"晋升锦标赛"带来的政府干预经济发展同样发生于光伏产业，政府补贴、土地干预和金融支持均加剧光伏产业产能过剩程度，这表明"体制扭曲"也造成了光伏产业的体制性产能过剩。④政府干预手段对光伏产业各环节的产能过剩影响程度存在显著差异。其中，中游企业的产能利用率对政府补贴和土地价格扭曲的敏感性较高；土地资产增加主要影响着下游企业的产能利用情况；上游和下游企业对金融支持的敏感性相对较高。

在世界新技术和新产业推动下，新一轮产业革命迅速兴起，战略性新兴产业正在成为引领未来经济社会发展的重要力量，世界主要国家纷纷调整发展战略，大力培育和发展新兴产业，抢占未来经济科技竞争的制高点。我国正处于加快转变经济发展方式、推进中国特色新型工业化进程和实施制造业强国战略的关键时期，加快产业转型升级，提高发展质量和效益，推动节能减排，积极应对日趋激烈的国际竞争和气候变化等全球性挑战，促进经济长期平稳较快发展，成为"十三五"时期的重大战略任务。在此过程中，必须站在战略和全局的高度，科学判断未来需求变化和技术发展趋势，大力培育发展战略性新兴产业，加快形成支撑经济社会可持续发展的支柱性和先导性产业，优化升级产业结构，引领经济持续健康平稳增长。然而，近年来我国部分战略性新产业出现了产能过剩、效益下滑和发展停滞等现象，需要引起警惕和反思。培育和发展战略性新兴产业，不能走传统产业的老路，需要"有为"政府与"有效"市场的有机结合，充分发挥企业的主导作用，走可持续发展的新型工业化道路。

（1）明确政府职能，转变扶持政策实施方式。地方政府为追求短期利益实施强干预手段，对企业"揠苗助长"，往往造成企业的低效率经营和产业的发展失衡。因此，要明确政府职能，合理划定政府和市场的边界，避免政府大包大揽，在经济发展中出现角色越位和错位。在推进光伏产业等战略性新兴产业的发展过程中，政府应建立一个良好的投资经营环境，提高投资效率；科学制定适合产业发展的政策，跟踪产业发展动向并及时调整发展战略，避免对企业内部经营的直接干预。在扶持政策方面，政府要转变传统"一刀切"的补贴方式，针对产业内部涉及的不同行业、不同领域实施定向的特有补贴政策。同时，从"生产端补贴"转为"生产端和消费端同时补贴"，以扩大国内消费需求，倒逼企业提高生产效率。此外，增加企业的科技研发补贴，通过财税政策给予创新企业优惠，鼓励企业自主创新，加大对新工艺、新设备和关键技术的研发投入，提高产品质量水平，使企业具备成熟、高端的生产和制造能力，避免陷入新兴产业链上的低端锁定。

（2）调整产业结构，淘汰落后过剩产能。战略性新兴产业也存在效益差、污染大、进入门槛低的低端环节，这种环节很容易出现产能过剩。调整现有产业结构，走出低端恶性竞争，通过市场竞争淘汰落后产能，是化解当前产能过剩的关键。高成本、高价格、低技术、高污染的能源行业带来资源浪费、环境污染等问题，应逐渐被兼并或改造，只有这样才能给低成本、高技术、低污染的产业腾出发展空间。同时，应以市场需求为导向，由充分市场竞争发挥资源配置功能，决定产业的调整方向。另外，由于地方政府跟风建设带来的产业雷同现象，造成了严重的重复建设和资源配置低下，不利于产业发展。因此，地方政府之间应加强区域合作，合理规划区域产业发展，优化区域间产业结构，突出地方特色，避免因地方政府间的恶性竞争加剧企业产能过剩。在淘汰落后产能方面，政府应减少对亏损落后企业的保护作用，采用新上先进项目置换落后产能项目的方式，以维持就业率稳定。另外，可通过企业兼并重组，推进产业链的上下延伸，形成规模化、具有引领作用的龙头企业。

（3）加快要素市场改革，维护市场公平竞争环境。《全国工业用地出让最低价标准》的出台依然没能完全杜绝政府低价供地现象。由此可见，有必要继续推进土地制度改革，打破政府对土地的垄断地位，以市场供求机制优化要素资源配置。同时，减少政府利率管制、贷款定价等干预方式，推动利率市场化改革，让金融机构以市场化方式选择投资贷款企业，促使落后产能通过市场竞争淘汰，使产业发展更加符合市场化规律。另外，政府为招商引资对部分企业要素价格进行干预，违背了市场公平原则，使得企业在不平等的环境下参与竞争，容易造成产业的畸形发展。因此，国家应健全各类法律制度，打破地方保护主义，以法律手段维护平等、公平的市场竞争环境。除此之外，针对骗取补贴、补贴投资不到位等投机取巧现象，应加大事后监督和惩罚力度，追踪政府专项资金的使用途径，对违规使用企业严格惩治，以保证国家的扶持补贴政策真正落到实处。

（4）实施创新驱动，转变产业发展动力机制。战略性新兴产业的培育和发展不能再走传统产业要素驱动的发展模式，需要以实施"中国制造2025"战略为契机，构建以创新驱动为核心的技术创新和支撑服务体系。加大企业技术创新的投入力度，对面向应用、具有明确市场前景的政府科技计划项目，建立由企业牵头组织、高等院校和科研机构共同参与实施的有效机制。研究制定战略性新兴产业重点领域技术创新路线图，提升关键核心技术的研发能力和创新设计能力，尽快攻克一批影响产业竞争力整体提升且带动性强的关键核心技术。依托骨干企业，围绕关键核心技术的研发、系统集成和成果中试转化，支持建设若干具有世界先进水平的工程化平台，发展一批企业主导、产学研用紧密结合的产业技术创新联盟，支持联盟成员构建专利池、制定技术标准等，努力抢占战略性新兴产业发展的制高点。

参考文献

［1］韩国高，高铁梅，王立国，齐鹰飞，王晓姝．中国制造业产能过剩的测度、波动及成因研究［J］．经济研究，2011（12）：18－31.

［2］李正旺，周靖．产能过剩的形成与化解：自财税政策观察［J］．改革，2014（5）：106－115.

［3］林毅夫．潮涌现象与发展中国家宏观经济理论的重新建构［J］．经济研究，2007（1）：126－131.

［4］林毅夫．"潮涌现象"与产能过剩的形成机制［J］．经济研究，2010（10）：4－19.

［5］江飞涛，曹建海．市场失灵还是体质扭曲——重复建设形成机理研究中的争论、缺陷与新进展［J］．中国工业经济，2009（1）：53－64.

［6］耿强，江飞涛，傅坦．政策性补贴、产能过剩与中国的经济波动——引入产能利用率RBC模型的实证检验［J］．中国工业经济，2011（5）：27－36.

［7］王立国，鞠蕾．地方政府干预、企业过度投资与产能过剩：26个行业样本［J］．改革，2012（12）：52－62.

［8］周瑞辉，廖涵．所有制异质、官员激励与中国的产能过剩——基于一个DSGE框架的扩展分析［J］．产业经济研究，2014（3）：32－41.

［9］周业樑，盛文军．转轨时期我国产能过剩的成因解析及政策选择［J］．金融研究，2007（2）：183－190.

［10］李琪．当前我国战略性新兴产业低端产能过剩问题研究［J］．内蒙古社会科学，2013（6）：104－107.

［11］傅沂．基于演化博弈的光伏产业财政补贴政策转型研究［J］．兰州学刊，2014（12）：153－159.

［12］江飞涛，耿强，吕大国，李晓萍．地区竞争、体质扭曲与产能过剩的形成机理［J］．中国工业经济，2012（6）：44－56.

［13］周黎安．中国地方官员的晋升锦标赛模式研究［J］．经济研究，2007（7）：36－51.

［14］张中华，杜丹．政府补贴提高了战略性新兴产业的企业投资效率吗？——基于我国A股上市公司的经验证据［J］．投资研究，2014（11）：16－25.

［15］汪秋明，韩庆潇，杨晨．战略性新兴产业中的政府补贴与企业行为——基于政府规制下的动态博弈分析视角［J］．财经研究，2014（7）：43－53.

［16］肖兴志，王伊攀．政府补贴与企业社会资本投资决策——来自战略性新兴产业的经验证据［J］．中国工业经济，2014（9）：148－160.

［17］Tzelepis, D. and D. Skuras. The Effects of Regional Capital Subsidies on Firm Performance：An Empirical Study［J］. Journal of Small Business and Enterprise Development, 2004（11）：121－129.

［18］杨振．激励扭曲视角下的产能过剩形成机制及其治理研究［J］．经济学家，2013（10）：48－54.

［19］任保全，王亮亮．战略性新兴产业高端化了吗？［J］．数量经济技术经济研究，2014（3）：38－55.

［20］楚建群，许超诣，刘云中．论城市工业用地"低价"出让的动机和收益［J］．经济纵横，2014（5）：59－63.

［21］Wu, Y., X. Zhang, M. Skitmore, Y. Song and E. Hui. Industrial Land Price and Its Impact on Urban Growth：A Chinese Case Study［J］. Land Use Policy, 2014（36）：199－209.

［22］吴旬．土地价格、地方政府竞争与政府失灵［J］．中国土地科学，2004（2）：10－14.

［23］黄健柏，徐震，徐珊．土地价格扭曲、企业属性与过度投资——基于中国工业企业数据和城市地价数据的实证研究［J］．中国工业经济，2015（3）：57－69.

［24］ Kornai, J. The Soft Budget Constraint ［M］. Kyklos, 1986, 39（1）：3 – 10.

［25］ 梅丹. 政府干预、预算软约束与过度投资 ［J］. 软科学, 2009（11）：114 – 122.

［26］ 沈利生. 我国潜在经济增长率变动趋势估计 ［J］. 数量经济技术经济研究, 1999（12）：3 – 6.

［27］ 何彬, 范硕. 国有企业投资、需求波动及产能利用率关联性分析——基于 PVAR 模型 ［J］. 经济问题, 2013（9）：23 – 27.

［28］ Berndt, E. R. and Morrison, C. J. Capacity Utilization Measures：Underlying Economic Theory and an Alternative Approach ［J］. American Economic Review, 1981（2）：48 – 52.

［29］ 孙巍, 李何, 王文成. 产能利用与固定资产投资关系的面板数据协整研究——基于制造业 28 个行业样本 ［J］. 经济管理, 2009（3）：38 – 43.

［30］ 冯梅, 王之泉. 基于上市公司数据的中国钢铁产业产能效率分析 ［J］. 管理学报, 2012（3）：371 – 375.

［31］ 李霞. 我国能源综合利用效率评价指标体系及应用研究 ［D］. 武汉：中国地质大学, 2013.

［32］ Klein, L. R. and Preston, R. S. Some New Results in the Measurement of Capacity Utilization ［J］. American Economic Review, 1967（1）：34 – 58.

［33］ 袁捷敏. 产能和产能利用率两类测算模型及其比较 ［J］. 统计和决策, 2014（20）：79 – 81.

［34］ 沈坤荣, 钦晓双, 孙成浩. 中国产能过剩的成因与测度 ［J］. 产业经济评论, 2012, 11（4）：1 – 26.

［35］ 郭庆旺, 贾俊雪. 中国潜在产出与产出缺口的估算 ［J］. 经济研究, 2004（5）：31 – 39.

［36］ 罗必良, 李尚蒲. 地方政府间竞争：土地出让及其策略选择——来自中国省级面板数据（1993～2009年）的经验证据 ［J］. 学术研究, 2014（1）：67 – 78.

［37］ 郭晓丹, 何文韬. 战略性新兴产业政府 R&D 补贴信号效应的动态分析 ［J］. 经济学动态, 2011（9）：88 – 93.

［38］ 吴春雅, 吴照云. 政府补贴、过度投资与新能源产能过剩——以光伏和风能上市企业为例 ［J］. 云南社会科学, 2015（2）：59 – 63.

［39］ 连玉君, 程建. 投资—现金流敏感性：融资约束还是代理成本？［J］. 财经研究, 2007（2）：37 – 46.

［40］ 章卫东, 成志策, 周冬华, 张洪辉. 上市公司过度投资、多元化经营与地方政府干预 ［J］. 经济评论, 2014（3）：139 – 152.

［41］ Lin, J. Y. and Z. Li. Policy Burden, Privatization and Soft Budget Constraint ［J］. Journal of Comparative Economics, 2008, 36（1）：90 – 102.

［42］ 白俊, 连立帅. 国企过度投资溯因：政府干预抑或管理层自利 ［J］. 会计研究, 2014（2）：41 – 48.

［43］ 卢锋. 治理产能过剩 ［R］. 天则经济研究所第 399 次学术报告会, 2010.

［44］ 吕政. 产业结构调整：四件事必须做 ［J］. 中国报道, 2010（1）：34 – 35.

［45］ 韩秀云. 对我国新能源产能过剩问题的分析及政策建议——以风能和太阳能行业为例 ［J］. 管理世界, 2012（8）：171 – 175.

［46］ 倪秋菊, 冷德俊. 从光伏产业看我国产业升级 ［J］. 科技管理研究, 2013（7）：105 – 108.

［47］ Richardson, S. Over – investment of Free Cash Flow ［J］. Review of Accounting Studies, 2006（11）：159 – 189.

双重转售价格维持的反竞争效应

——基于中国汽车行业的分析

甄艺凯　唐要家

（浙江财经大学中国政府管制研究院　杭州　310018）

一、问题提出

目前，进口高档品牌汽车的整车高价格和零配件及售后维修的高价格成为反垄断执法关注重点。根据媒体和有关机构调查，几乎所有国际高档品牌汽车的整车报价都高于国际市场；2014年4月中国保险行业协会与中国汽车维修协会联合发布的常见车型"零整比"系数研究报告显示，北京奔驰C级W204车型的零整比系数高达1273％，华晨宝马3系E90LCI车型零整比系数高达661％；雷克萨斯、大众、奥迪、比亚迪等被调查车型零整比系数超过400％。为此，中国反垄断执法部门开始对汽车行业进行反垄断调查。典型的案例是2015年4月江苏省物价局对奔驰汽车公司转售价格维持行为的处罚，江苏省物价局调查发现，奔驰公司不仅实施了限定经销商奔驰E级、S级整车最低转售价格的垄断协议，而且还实施了限定经销商配件最低转售价格的垄断协议。奔驰汽车公司与国家发改委以往查处的转售价格维持案件存在两个最明显的不同：一是该案涉及两个互补的产品，整车和配件，即主产品和附产品的关系；二是该案涉及的垄断行为不是单一产品的转售价格维持行为，而是对互补产品实行捆绑与转售价格维持联合实施的。

类似案例还有，2014年9月湖北省物价局对一汽大众有限责任公司及部分奥迪经销商在湖北省内实施价格垄断行为做出处罚。据调查，2012年以来一汽大众销售有限责任公司下属的奥迪事业部多次组织湖北省区域内的多家经销商达成并实施整车以及服务维修价格的垄断协议。同样典型的案例还有，2014年9月上海市物价局对克莱斯勒（中国）汽车销售有限公司及部分上海地区经销商的价格垄断行为做出处罚。经查，2012～2014年克莱斯勒在销售过程中，不仅规定了经销商的整车销售价格，而且还对保养工时、做漆等售后服务的价格做了统一约定。基于以上案例，在高档品牌汽车市场，整车企业往往通过配件采购与维修、保养服务的合约性限制实行整车和配件的双产品独占，由于缺乏开放的竞争性配件销售和维修体系，消费者买车后只能到专营4S店维修保养，实际是一种隐形搭售行为。因此，这是典型的主产品与辅产品双重转售价格

［基金项目］教育部人文社会科学研究规划基金项目"寡头三级价格歧视竞争效应与反垄断审查机制研究"（14YJA790051）。

［作者简介］甄艺凯，经济学博士，浙江财经大学中国政府管制研究院助理研究员；唐要家，浙江财经大学中国政府管制研究院教授，博士生导师。

的维持行为。在转售价格维持的经济学理论中，经济学理论分析一直是建立在单产品纵向关系框架基础上，并且假设下游市场是存在明显竞争关系的。典型的如 Spengler（1950）、Telser（1960）、马修森和温特（Mathewson and Winter，1998）分析了单一产品纵向销售合约关系中的转售价格维持行为，并指出其具有明显的消除双重加成效果，因而转售价格维持更多地体现为效率理由，并支持对转售价格维持实行宽松的反垄断政策。本文以中国汽车行业转售价格维持的典型案例为基础，重点分析对主产品和辅产品都实行转售价格维持的双重转售价格维持行为后发现，转售价格维持不但没有消除如经典文献中表明的单一产品情况下的双重加价效果，反而有可能产生新的"双重加价"，甚至产生比双重加价更糟糕的福利结果，进而伤害消费者福利。本文基本结论是，在对主产品和辅产品都实行转售价格维持的寡头竞争市场中，转售价格维持有明显反竞争效应，反垄断法应考虑予以禁止。

二、模型与均衡结果

根据目前国际高档品牌汽车行业的销售组织设计，本文对市场结构特征作如下抽象：有两家整车企业差异化经营，展开品牌竞争；上游的零部件生产企业之间是价格竞争，充分的 Bertrand 价格竞争将导致均衡价格等于边际成本；整车企业通过转售价格维持不但控制了下游销售企业的销售价格，也控制了销售企业的维修、保养、零部件等售后服务的价格。概括来说，本模型将考虑整车企业对整车制定价格，同时对零部件、维修、保养等售后服务制定价格情况下的品牌竞争。制定价格的途径是，通过转售价格维持对下游经销商制定整车价格，以边际成本价格从零部件供应商那里进货，并转手供应给下游的整车经销商，同时通过转售价格维持对零部件规定价格，并对通常由经销商提供的维修、保养等服务规定价格。另一个关键假设是，上游零部件供应商竞争充分，类似于完全竞争或 Bertrand 价格竞争；下游经销商也竞争充分。这样假设的原因是，这两个行业因为没有品牌等形成的市场势力，并且进入退出容易。上述抽象与假定合理概括了目前汽车销售行业最本质的特征。事实上，汽车行业属于典型的垄断竞争，每一家整车企业都不同程度地打造了自己的品牌，并培养了自己品牌的忠诚客户，但各企业之间又有激烈的竞争。鉴于此特点，运用 Hotelling 价格竞争模型刻画整车企业的价格竞争是合理的。同时，零部件、维修、保养等售后服务没有相应品牌，进入退出容易，所以面临充分的市场竞争，并在很大程度上被整车企业通过转售价格维持等纵向约束条件所控制，只能赚得相当于机会成本的利润，即经济利润是零。根据以上叙述建立模型如下：

假设企业 1 和企业 2 是生产汽车的整车企业，它们通过转售价格维持控制了下游的销售价格，并用同样的方式控制了零部件、维修、保养等售后服务的价格。这两家企业有各自的品牌，但又有竞争关系，假设它们之间进行 Hotelling 竞争。假设消费者对汽车整车的效用为 $v_{A1} = v_{A2} = v_A$，对已购买整车的消费者来说，对零部件、保养、维修等售后服务产品 B 的需求函数为 $Q(p)$，$Q' < 0$，$Q'' \leqslant 0$。[①] 消费者以价格 p 购买售后服务与零部件后，其效用为 $v_B = u(P_B, y)$，这里 $u(\cdot)$ 是 B 产品的间接效用函数，y 为消费者收入。假设生产汽车整车的成本是 $c_{A1} = c_{A2} = c_A$，单个零部件或服务的成本是 $c_{B1} = c_{B2} = c_B$。整车企业的利润由两部分组成：整车销售利润与售后维修保养等一系列服务上获取的利润。企业 1 的总利润为 $\pi_1 = \pi_{A1} + \pi_{B1}$，其中两项业务的利润分

---

① 购买整车的消费者对维修保养等售后服务的需求仍然是一条向右下方倾斜的需求曲线，考虑随着维修和保养、零部件价格的升高，每一个购车者将在使用中尽最大努力减少车辆损耗。

别为：

$$\pi_{A1} = (p_{A1} - c_{A1}) \cdot x(p_{A1}, p_{A2}, p_{B1}, p_{B2})$$

$$\pi_{B1} = (p_{B1} - c_{B1}) \cdot Q(p_{B1}) \cdot x(p_{A1}, p_{A2}, p_{B1}, p_{B2})$$

同样，企业 2 总利润为 $\pi_2 = \pi_{A2} + \pi_{B2}$，其中两项业务的利润分别为：

$$\pi_{A2} = (p_{A2} - c_{A2}) \cdot [1 - x(p_{A1}, p_{A2}, p_{B1}, p_{B2})]$$

$$\pi_{B2} = (p_{B2} - c_{B2}) \cdot Q(p_{B2}) \cdot [1 - x(p_{A1}, p_{A2}, p_{B1}, p_{B2})]$$

这里 $x(p_{A1}, p_{A2}, p_{B1}, p_{B2})$ 与 $1 - x(p_{A1}, p_{A2}, p_{B1}, p_{B2})$ 分别是企业 1 和企业 2 分别所面临的整车需求。需求函数满足如下等式：

$$v_A + v_{B1}(p_{B1}) - p_{A1} - xt - p_{B1}Q(p_{B1}) = v_A + v_{B2}(p_{B2}) - p_{A2} - (1 - x)t - p_{B2}Q(p_{B2})$$

其中，x 是购买企业 1 和企业 2 整车及零部件无差异的消费者所处的位置，建立 x 对价格的函数关系，就是两家企业面临的整车需求：

$$x(p_{A1}, p_{A2}, p_{B1}, p_{B2}) = \frac{v_{B1}(p_{B1}) - v_{B2}(p_{B2}) + p_{A2} - p_{A1} + p_{B2}Q(p_{B2}) - p_{B1}Q(p_{B1}) + t}{2t}$$

$$1 - x(p_{A1}, p_{A2}, p_{B1}, p_{B2}) = \frac{v_{B2}(p_{B2}) - v_{B1}(p_{B1}) + p_{A1} - p_{A2} + p_{B1}Q(p_{B1}) - p_{B2}Q(p_{B2}) + t}{2t}$$

为了求竞争均衡结果 $[p_{A1}^*, p_{B1}^*]$ 和 $[p_{A2}^*, p_{B2}^*]$，先求解利润函数对价格的一阶导数：

$$\frac{\partial \pi_1}{\partial p_{A1}} = \frac{\partial \pi_{A1}}{\partial p_{A1}} + \frac{\partial \pi_{B1}}{\partial p_{A1}} = x(p_{A1}, p_{A2}, p_{B1}, p_{B2}) + \frac{\partial x(p_{A1}, p_{A2}, p_{B1}, p_{B2})}{\partial p_{A1}}(p_{A1} - c_{A1})$$
$$+ \frac{\partial x(p_{A1}, p_{A2}, p_{B1}, p_{B2})}{\partial p_{A1}}[(p_{B1} - c_{B1})Q(p_{B1})]$$

$$\frac{\partial \pi_1}{\partial p_{B1}} = \frac{\partial \pi_{A1}}{\partial p_{B1}} + \frac{\partial \pi_{B1}}{\partial p_{B1}} = (p_{A1} - c_{A1})\frac{\partial x(p_{A1}, p_{A2}, p_{B1}, p_{B2})}{\partial p_{B1}} + \frac{\partial x(p_{A1}, p_{A2}, p_{B1}, p_{B2})}{\partial p_{B1}}[(p_{B1} -$$
$$c_{B1})Q(p_{B1})] + [Q(p_{B1}) + Q'(p_{B1})(p_{B1} - c_{B1})]x(p_{A1}, p_{A2}, p_{B1}, p_{B2})$$

$$\frac{\partial \pi_2}{\partial p_{A2}} = \frac{\partial \pi_{A2}}{\partial p_{A2}} + \frac{\partial \pi_{B2}}{\partial p_{A2}} = [1 - x(p_{A1}, p_{A2}, p_{B1}, p_{B2})] - \frac{\partial x(p_{A1}, p_{A2}, p_{B1}, p_{B2})}{\partial p_{A2}}(p_{A2} - c_{A2}) -$$
$$\frac{\partial x(p_{A1}, p_{A2}, p_{B1}, p_{B2})}{\partial p_{A2}}[(p_{B2} - c_{B2})Q(p_{B2})]$$

$$\frac{\partial \pi_2}{\partial p_{B2}} = \frac{\partial \pi_{A2}}{\partial p_{B2}} + \frac{\partial \pi_{B2}}{\partial p_{B2}} = -(p_{A2} - c_{A2})\frac{\partial x(p_{A1}, p_{A2}, p_{B1}, p_{B2})}{\partial p_{B2}} + [Q(p_{B2}) + Q'(p_{B2})(p_{B2} - c_{B2})]$$
$$(1 - x) - \frac{\partial x(p_{A1}, p_{A2}, p_{B1}, p_{B2})}{\partial p_{B2}}[(p_{B2} - c_{B2})Q(p_{B2})]$$

为表述方便，我们令 $v_{B1}(p_{B1}) - v_{B2}(p_{B2}) = \Delta_v(p_{B1}, p_{B2})$；$p_{B1}Q(p_{B1}) - p_{B2}Q(p_{B2}) = \Delta_Q(p_{B1}, p_{B2})$；$\Delta(p_{B1}, p_{B2}) = \Delta_v(p_{B1}, p_{B2}) - \Delta_Q(p_{B1}, p_{B2})$。根据最优化的必要条件 $\frac{\partial \pi_1}{\partial p_{A1}} = 0$，$\frac{\partial \pi_2}{\partial p_{A2}} = 0$ 解得：

$$p_{A1}^* = t + c_A + \frac{\Delta(p_{B1}^*, p_{B2}^*)}{3} - \frac{1}{3}[2\pi(p_{B1}^*) + \pi(p_{B2}^*)]$$

$$p_{A2}^* = t + c_A - \frac{\Delta(p_{B1}^*, p_{B2}^*)}{3} - \frac{1}{3}[\pi(p_{B1}^*) + 2\pi(p_{B2}^*)]$$

求解对称均衡，令 $p_{1B} = p_{B2}^*$，则 $\Delta(p_{B1}^*, p_{B2}^*) = 0$。令 $\pi(p_{B1}^*) = (p_{B1}^* - c_{B1})Q(p_{B1}^*)$，$\pi(p_{B1}^*) = (p_{B2}^* - c_{B2})Q(p_{B2}^*)$，则 $\pi(p_{B1}^*) = \pi(p_{B2}^*) = \pi_B^*$。在对称均衡条件下，企业 1 与企业 2 的均衡价格是 $p_{A1}^* = p_{A2}^* = t + c_A - \pi_B^*$。这个结果和一般 Hotelling 模型下结果比较，如果 $\pi_B^* > 0$，则因为少了 π_B^*

而使价格变得更低；如果 $\pi_B^* < 0$，A 产品的价格将会变得更高。

由于 $v_B = u(p_B, y)$，应用罗伊恒等式可知，$\dfrac{\partial u(p_B, y)}{\partial p_B} \Big/ \dfrac{\partial u(p_B, y)}{\partial p_B} = -Q(p_B)$。考虑计算方便，假定 $\partial u(p_B, y)/\partial y = 1$。这一假定并不影响后文结论，实质上，这里假设存在一个关于 B 产品和辅助品的拟线性效用函数，形如 $u_B(z_B, w) = v(z_B) + w$，其中 z_B 是 B 产品的消费数量，w 是辅助品的数量，并且价格为 1，也是花在所有其他商品上的收入，针对这样一个效用函数，其间接效用函数关于收入的导数为 1。简化上述过程，即为 $v'_{B1}(p_{B1}) = -Q(p_{B1})$，同理 $v'_{B2}(p_{B2}) = -Q(p_{B2})$。据此可得：

$$\frac{\partial \pi_1}{\partial p_{B1}} = \frac{(p_{A1}^* - c_{A1})}{2t}[-2Q(p_{B1}) - p_{B1}Q'(p_{B1})] + \frac{1}{2t}[-2Q(p_{B1}) - p_{B1}Q'(p_{B1})]Q(p_{B1})(p_{B1} - c_B) + x^*[Q(p_{B1}) + Q'(p_{B1})(p_{B1} - c_B)]$$

$$\frac{\partial \pi_2}{\partial p_{B2}} = \frac{(p_{A2}^* - c_{A2})}{2t}[2Q(p_{B2}) + Q'(p_{B2})(p_{B2} - c_B)] - \frac{1}{2t}[2Q(p_{B2}) + p_{B2}Q'(p_{B2})]Q(p_{B2})(p_{B2} - c_B) + (1 - x^*)[Q(p_{B2}) + Q'(p_{B2})(p_{B2} - c_B)]$$

由 $\dfrac{\partial \pi_1}{\partial p_{B1}} = 0$；$\dfrac{\partial \pi_2}{\partial p_{B2}} = 0$，以及对称性可知 $x^* = x(p_{A1}^*, p_{A2}^*, p_{B1}^*, p_{B2}^*) = \dfrac{1}{2}$，可得：

$$Q(p_{B1}) + Q'(p_{B1})(p_{B1} - c_B) = \frac{1}{t}[2Q(p_{B1}) + p_{B1}Q'(p_{B1})][(p_{A1}^* - c_A) + (p_{B1} - c_B)Q(p_{B1})]$$

$$Q(p_{B1}) + Q'(p_{B1})(p_{B1} - c_B) = \left[2 + \frac{p_{B1}Q'(p_{B1})}{Q(p_{B1})}\right]\frac{Q(p_{B1})}{t}[(p_{A1}^* - c_A) + (p_{B1} - c_B)Q(p_{B1})] \Leftrightarrow Q(p_{B1}) + Q'(p_{B1})(p_{B1} - c_B) = (2 - \varepsilon(p_{B1}))\frac{Q(p_{B1})}{t}[(p_{A1}^* - c_A) + (p_{B1} - c_B)Q(p_{B1})]$$

沿用前面求得的整车均衡结果 $p_{A1}^* = p_{A2}^* = t + c_A - \pi_B^*$，上式简化为：

$$Q(p_{B1}) + Q'(p_{B1})(p_{B1} - c_B) = (2 - \varepsilon(p_{B1}))Q(p_{B1})$$

这里定义 $\varepsilon(p) = -\dfrac{pQ'(p)}{Q(p)}$，为价格 p 处的点弹性。事实上，等式左边项 $Q(p_{B1}) + Q'(p_{B1})(p_{B1} - c_B) = 0$ 是关于产品 B 利润最大化的一阶条件：

$$\pi'(p_{B1}) = Q(p_{B1}) + Q'(p_{B1})(p_{B1} - c_B)$$

$\pi'(p_{B1}) = 0$ 的解是垄断价格 p_{B1}^m，考虑利润函数是关于价格 p 的凹函数，则 $\pi''(p_{B1}) \leqslant 0$，即 $\pi'(\cdot)$ 是单调非增函数，则当 $\varepsilon(p_B^m) > 2$ 时，$p_{B1}^* > p_B^m$；当 $\varepsilon(p_B^m) = 2$ 时，$p_{B1}^* = p_B^m$；当 $\varepsilon(p_B^m) < 2$ 时，$p_{B1}^* < p_B^m$。

对 B 产品最优化条件 $Q(p_{B1}) + Q'(p_{B1})(p_{B1} - c_B) = (2 - \varepsilon(p_{B1}))Q(p_{B1})$ 做进一步简化，可得 $Q(p_{B1})\left[1 + \dfrac{c_B Q'(p_{B1})}{Q(p_{B1})}\right] = 0$，由此得出：

$$Q(p_{B1})\left[1 - \frac{c_B}{p_{B1}}\varepsilon(p_{B1})\right] = 0$$

我们考虑在 $Q(p_{B1}) > 0$ 的情况下，可得均衡的 B 产品价格满足：

$$\varepsilon(p_{B1}^*) = \frac{p_{B1}^*}{c_B}$$

可以轻易发现：当 $\varepsilon(p_{B1}^*) > 1$ 时，$p_{B1}^* > c_B$；当 $\varepsilon(p_{B1}^*) = 1$ 时，$p_{B1}^* = c_B$；当 $\varepsilon(p_{B1}^*) < 1$ 时，$p_{B1}^* < c_B$。

略加变换后可以得到 $\varepsilon(p_{B1}^*) - 1 = (p_{B1}^* - c_B)/c_B$。等式右面是产品 B 的加成，衡量的是企业

在产品 B 上加价的能力。从此式中可以看出，在这一特殊的市场结构下，企业在 B 产品上的加价能力取决于其均衡价格 p_{B1}^* 处的点弹性，当消费者在 B 产品上的需求是富于弹性的，则企业将获得更多关于 B 产品的市场势力[1]。

上述结果表明，如果已经购买整车的消费者对售后服务是富于弹性的，例如在垄断价格处的点弹性大于 2，那么在整车企业控制下游售后服务价格的情况下，会出现整车企业所制定价格比垄断价格还高的情况，而这是在售后服务市场完全竞争，整车企业双寡头竞争情况下出现的，即出现了一个比垄断情况更糟的"双重加价"结果。但在复杂市场结构下，整车企业的汽车销售价格却更低。也就是说，由于企业之间激烈的竞争，整车企业在争夺市场份额过程中，对消费者实施了让利。竞争均衡的结果是，把从零部件上获得的利润全部通过压低整车价格让给了消费者。但需要指出的是，与完全竞争的市场结构比，这一市场仍然存在着福利损失，并且这一福利损失也完全由消费者承担。在均衡价格处的点弹性小于 1，即消费者缺乏弹性，则零部件与售后服务的价格甚至会低于成本。但整车企业的汽车销售价格却会变得更高。

三、均衡结果与社会福利

（一）企业利润

根据上面分析，可以得出均衡时企业 1 的利润为：

$$\pi_1 = \pi_{A1} + \pi_{B11} = \frac{1}{2}(p_{A1}^* - c_A)\frac{1}{2}\pi_{B1}^* = \frac{1}{2}\left[(t + c_A - \pi_B^*) - c_A\right] + \frac{1}{2}\pi_B^* = \frac{1}{2}t$$

由对称性可知，企业 2 的利润为：

$$\pi_2 = \frac{1}{2}(p_{A2}^* - c_A) + \frac{1}{2}\pi_{B2}^* = \frac{1}{2}t$$

对企业而言，上述结果与传统 Hottelling 模型下的均衡结果完全一致。假设整车企业没对零部件及售后服务实施转售价格维持，而仅仅是汽车企业之间进行差异化品牌竞争，零部件及售后服务市场是充分价格竞争或完全竞争，那么利润结构将是 $[\pi_A > 0, \pi_B = 0]$。在本文所假设的市场结构与纵向约束条件下，企业的利润结构则是 $[\pi_A - \pi_B, \pi_B]$，因此企业的总利润并没有发生变化。所不同的是，产品 B 上的确产生了利润，但对这部分利润，企业却是"先弃后取"（对消费者则是"先得后失"）。表面上看，整车企业会对零部件制定较高的价格，并获得高额利润。但在竞争机制作用下，则又通过压低整车的价格返还给了消费者（下文分析的 1、2 两种情况）。通常直觉认为转售价格维持在很大程度上保证了上游整车制造商的高额利润，但本文理论模型的均衡结果却表明，在零部件、维修及保养等服务上实施转售价格维持并没有获得额外利润。这是因为品牌企业之间存在有效市场竞争，竞争导致在零部件等售后产品上所攫取的垄断租的耗散。假设车企是差异化的品牌竞争，理论上每个企业只应当获得由差异化（品牌）而形成的租即 $t/2$，这部分利润随差异化程度的提高而提高（参数 t 变得更大），这就是说，品牌整车企业的整车高价格很难认定为是非法的滥用行为。[2] 但品牌整车企业基于搭售合约限制的双重转售价格维持实

---

[1] 这一结论和直觉相悖，当然也和单纯市场结构下的理论结果完全相悖。考虑一个生产 B 产品的垄断厂商，在缺乏弹性的市场上更有垄断力量。

[2] 在反垄断法中，目前欧盟、美国等国家的反垄断法都不禁止"垄断性高价格"或"不合理高价格"，基于品牌差异或创新形成的高价格并不能认为是非法的。

际上是将原本竞争性的"后市场"（零部件和维修市场）变成了垄断性的市场，在后市场将消费者套牢并索要高价格，所获取的高额垄断利润，却因为"前市场"（整车市场）的激烈竞争而耗散掉，即以整车让利的形式返还给消费者（下文分析的1、2两种情况）。但问题却是，在这"一取一予"的过程中存在着社会福利损失，并全部由消费者承担（本质原因在于厂商面临一条向右下方倾斜的需求曲线，与垄断的净福利损失哈伯格三角如出一辙）。

（二）消费者福利

线性城市 e 处的某消费者 i 的消费者剩余为：

$$cs_i(p_A^*, p_B^*, e) = v(p_A^*) + v(p_B^*) = v_A - p_A^* - et + \int_{p_B^*}^{\bar{p}} Q(p_B) dp_B$$

消费者总剩余为：

$$CS(p_A^*, p_B^*) = 2\int_0^{\frac{1}{2}} cs(p_A^*, p_B^*, y) dy = 2\int_0^{\frac{1}{2}} (v_A - p_A^* - yt) dy + \int_{p_B^*}^{\bar{p}} Q(p_B) dp_B$$

$$= v_A - (t + c_A) - \frac{1}{4}t + \pi_B^* + \int_{p_B^*}^{\bar{p}} Q(p_B) dp_B$$

$$= v_A - \frac{5}{4}t - c_A + \pi_B^* + \int_{p_B^*}^{\bar{p}} Q(p_B) dp_B$$

如果单纯比较均衡价格（p_A^*，p_B^*）下消费者在整车上获得的福利，那么无疑在本文假设的市场结构下，消费者福利获得了改善（考虑在 $\pi_B^* > 0$ 的情况下），本来属于企业利润的 π_B^* 因为特殊的市场结构和企业之间复杂的价格竞争而转移到消费者那里。但对消费者而言，π_B^* 部分的福利补贴却并非"免费午餐"，而是商家在零部件以及售后服务等商品上所榨取的消费者剩余。

考虑汽车零部件和维修服务行业本身的市场竞争较为充分且进入退出容易，在 B 产品上，社会福利比较基准应当是充分竞争市场结构下的价格。仅仅因为整车企业的转售价格维持而导致了本来只会和边际成本相等的价格变得极高，甚至超过垄断价格。另一种可能情况则是低于边际成本。但无论是 $p_B^* > c_B$，还是 $p_B^* < c_B$，仍存在着"隐藏"的福利损失。下面分情况讨论：

1. $p_{B1}^* > p_B^m$ 时的福利

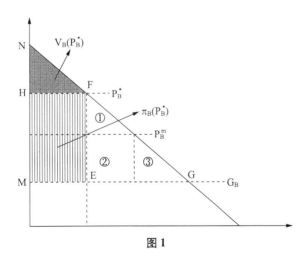

图1

假设整车企业并没有控制零部件制造企业，那么数量众多零部件企业之间充分价格竞争的结果将是 $p_B = c_B$；又假设整车企业也没有对下游经销商的维修、保养服务实施价格转售维持，那么销售企业之间充分的竞争也应该是价格等于边际成本。如图1所示，消费者在这一市场中的消费者剩余将是 NMG 这个大三角形，也是这个市场能产生的最高社会福利。但在整车企业转售价格维持下，市场均衡价格是 p_B^*，在较高的价格需求弹性条件下（$\varepsilon(p_B^m) > 2$）这一价格将超过垄断价格 p_B^m。消费者剩余是 NHF 这个三角形，和厂商返回的利润则是 HMEF。消费者的总福利是 NMEF 这个梯形，也是 B 产品的社会总福利。与完全竞争情况下相比，损失的社会福利将是 FEG 这个三角形。而即便与最糟糕的垄断情况下相比，仍然有如图形中所示①和②两部分的福利损失。[①]（可以参考文末附录中一个线性需求函数的例子）

这一结果显示，企业由于竞争虽然会把利润 π_B^* 通过整车价格返还给消费者，但由于设置了远远超过边际成本的价格 p_B^*，而抑制了消费者需求，进而损害了市场福利。这是一个竞争的市场，但纵向控制却可能导致比没有竞争情况下，甚至"双重加价"更糟糕的福利结果（考虑 p_B^* 超过了双重加价的市场价格，在某些参数条件下这将是完全有可能的）。当整车企业对汽车零部件及售后服务等市场实施转售价格维持并进行纵向控制的时候，在整车市场上，企业仍旧可以赚取和此前同样的利润[②]。上游零部件供应商和下游销售商由于充分的竞争，利润是零。综合看来，消费者在整车上得到和此前同样多的消费者剩余。虽然这一过程是"先予后取"，即整车企业先在整车上压价，又在零部件上抬高价格。但在汽车零部件和维修服务上却可能面临严重损失。整车企业把在售后服务上的利润通过在售卖整车的过程中让利给了消费者，但是却因为限制数量而可能导致如图①、②和③三部分的损失。在需求弹性比较高，而使得整车企业限价比较高的情况下，则有可能导致比垄断的市场结构下还多出来的①和②两部分的社会福利损失。由于整车企业对下游销售企业的维修、保养等服务实施转售价格维持，而导致了不容易被发现的"隐秘福利损失"。整车企业之间虽然有竞争，但凭借其市场势力仍然控制了上游零部件供应商和下游经销商。政策含义应该是限制整车企业转售价格维持协议，以促进竞争并保护消费者福利。

2. $c_B < p_{B1}^* \leq p_B^m$ 时的福利

根据计算，当 $\varepsilon(p_B^m) \leq 2$ 以及 $\varepsilon(p_{B1}^*) > 1$ 时，B 产品的价格会介于边际成本和垄断价格之间。如图 2 所示，消费者剩余是 LGF 这个大三角形，而企业返回的利润是 FGHM，因此消费者总剩余是 LHMF 这个梯形。但与理想的竞争状态比仍然会有三角形 FMN 的福利损失。与垄断下的情况比，社会福利会增加 DEF 与矩形 EKMF 两个部分，并且这两部分都为消费者所有，所以与完全垄断情况相比消费者福利则会显著提高。

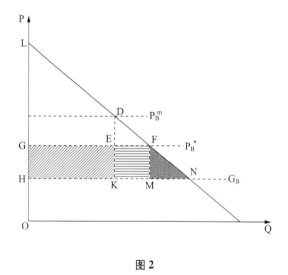

图 2

① 但消费者福利与垄断情况下比较则不清楚，垄断情况下会增加如同①的消费者剩余，但由利润转化成的消费者剩余则会减少，这两部分哪个大并不清楚。

② 这个利润很大程度上是由于消费者对品牌偏好的差异化程度造成。

3. $p_{B1}^* < c_B$ 时的福利

根据前面的讨论，当 $\varepsilon(p_{B1}^*) < 1$ 时，会出现 $p_{B1}^* < c_B$ 的情况。此时 $\pi_B^* < 0$，整车企业将通过转售价格维持的办法，在第一阶段的整车上收取价格 $p_A^* = t + c_A - \pi_B^* > t + c_A$，企业在整车销售中榨取了比仅仅只有品牌竞争时更高的利润，但在第二部分会通过降价的方式返还给消费者，遗憾的是，由于价格下降的过程是数量增加的过程，返还的消费者剩余小于第一阶段支付的价格。如图 3 所示，消费者由于价格下降所获得的剩余改善是 DEFN 这个梯形，而第一阶段的支付确是 HEFN 这个矩形，那么将会造成 HDN 这个三角形的福利损失。[1][2]

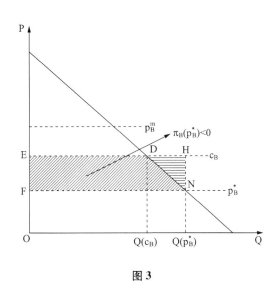

图 3

4. $p_{B1}^* = c_B$ 时的福利

这种情况将是社会福利最理想的情况。与 B 产品充分竞争市场结构下的均衡结果相同。需要指出的是，这种情况仅仅在 $\varepsilon(p_{B1}^*) = 1$ 时才会发生。在现实当中，消费者在 B 产品的均衡价格处需求弹性恰好等于 1 的可能性并不大（对大多数消费者而言，在某一固定价格处，需求弹性更有可能不是大于 1 就是小于 1，换句话说，多数人不是富于弹性，就是缺乏弹性）。

上文的分情况讨论显示，当汽车整车企业对经销商实施双重转售价格维持时，消费者的总体福利状况。情况 1、2 对应的是消费者在维修、保养等售后服务富于需求价格弹性时，竞争的整车厂商将更倾向于压低整车价格，但却会过分抬高购买整车后的维修、服务保养等一系列售后商品的价格，结果是消费者在整车上获得的福利改善低于其在维修、保养服务上的损失。情况 3 则对应的是，当消费者在维修、保养等售后服务上缺乏需求价格弹性时，整车厂商更愿意抬高整车价格，却会极力降低消费者购买整车后的维修、保养等一系列售后商品的价格，结果是消费者在整车上获得的福利损失超过其在维修、保养上获得的福利改善。因此，即便在竞争的市场环境中，整车企业这种双重转售价格维持行为仍然会扭曲资源配置，损害市场效率。

---

[1] HDG 三角形的福利损失非常有趣和奇怪，也只有在这种特殊的市场结构下才会出现，这可以在理论上做进一步探讨。

[2] 此种情况可能对应的一个现实案例是，2014 年 8 月 7 日宣布自 8 月 11 日起，宝马（中国）再次下调原厂零部件的批发价格，包括车身、压缩机、发电机、电瓶和刹车盘在内的 2000 余件产品，平均降幅达 20%，其中车身下调 40%，电瓶下调 25%，刹车盘下调 25%。宝马汽车是带有炫耀性质的高档消费品，通常认为购买宝马车的消费者对零部件的需求缺乏弹性（汽车之家报道）。

四、结论与政策建议

本文的分析显示，整车企业基于搭售和转售价格维持的联合实施，实现了将整车市场的市场势力延伸到售后市场，在汽车零部件、维修保养等售后服务市场实行垄断性高价格。有意思的是，基于整车企业和下游经销商之间的充分联动（普遍而严格的转售价格协议），整车企业之间激烈的品牌竞争导致了在汽车零部件上所获得的高额垄断租的耗散，其实现方式是在整车上对消费者实施让利（如上文对消费者福利分析的情况 1、2 所示），或者在整车上加价却在零部件上低价倾销以让利（如情况 3 所示）。但无论是"先予后取"还是"先取后予"均不能完全弥补消费者的福利损失。换句话说，通过对汽车经销商（4S 店）进行转售价格维持，对汽车整车，以及零部件、维修、保养等售后服务进行定价的市场上存在社会福利损失，这部分损失完全由消费者来承担。整车企业针对零部件和售后服务的双重转售价格维持损害了消费者福利和社会福利，并且汽车整车企业之间的品牌竞争并不能改善这一市场福利状况，因此存在着市场失灵，反垄断时应考虑对其加以禁止。

2005 年 4 月起实施的《汽车品牌销售管理实施办法》第四章第二十五条规定："汽车品牌经销商应当在汽车供应商授权范围内从事汽车品牌销售、售后服务、配件供应等活动。"第二十七条规定："汽车品牌经销商……并不得以任何形式从事非授权品牌汽车的经营。"上述规定意味着凡得不到汽车供应商的授权均不得销售相应品牌的汽车；经销商只能根据汽车供应商的授权从事相应的经销活动。这造成在汽车销售纵向交易中，4S 店处于没有谈判力的境地，一定程度上形成了整车企业较高的纵向市场势力，并据以实行双重转售价格维持。因此，应尽快废止或修订汽车销售管理办法，禁止各种反竞争的纵向协议，推行汽车销售管理体制改革，重构开放竞争的汽车销售组织关系。汽车行业反垄断政策的重点不仅要维持有效的售前市场品牌间竞争，而且也需要构建有效的售后市场竞争。独立维修商的竞争力取决于能否获取配件和维修技术信息。因此，打破原厂配件专供是解决高零整比和隐形搭售的重要措施，汽车配件应该自由交易，禁止任何企业对零部件销售实行排他性限制，实行零部件开放销售，并要求整车企业公开相关的维修技术资料，鼓励非授权独立维修商和授权维修商（4S 店）之间的公平竞争，形成不同主体有效竞争的售后服务市场。

另一个值得关注的政策法规是，2014 年 9 月，由中国交通运输部、国家发展改革委牵头的 10 部委联合发布了《关于促进汽车维修业转型升级、提升服务质量的指导意见》。该意见（征求意见稿）从三个方面破除汽车配件渠道垄断，突出市场化机制：一是规定保修期内做保养可以不选 4S 店；二是规定汽车生产企业要在新车上市时必须公开汽车维修技术资料，不公开将受罚；三是鼓励原厂配件生产企业向汽车售后市场提供原厂配件和具有自有品牌、商标或标识的独立售后配件，同时鼓励授权维修企业向非授权维修企业转售、提供原厂配件。其中，第二方面旨在提高市场透明度，降低消费者的搜寻和交易成本。而其余第一、第三方面均为了提高汽车零配件、维修、保养市场的竞争度。但依据本文分析与结论，当务之急更有效的办法是破除整车企业对零部件、维修、保养的转售价格维持。

最后，2015 年 6 月 12 日发改委价格监督检查与反垄断局组织召开筹备会议，正式启动汽车业《反垄断指南》的研究起草工作。内容将涉及零部件生产与供应、汽车销售与售后服务等环节，全方位涵盖汽车业常见的垄断行为以及滥用市场支配地位、配件和售后维修技术信息等问题。汽车业《反垄断指南》是我国《反垄断法》出台后针对具体行业的反垄断指导性文件，目的在于维护竞争，提高经济运行效率，保护消费者福利和公共利益。本文认为应当在汽车业《反垄断指南》中明确规定，限制整车企业对经销商在零部件、维修、保养服务等商品上的转售价格维持办法。

参考文献

［1］马西莫·莫塔. 竞争政策——理论与实践［M］. 沈国华译. 上海：上海财经大学出版社，2004.

［2］Spengler. Vertical Integration and Antitrust Policy［J］. Journal of Political Economy, 1950（63）：347 – 352.

［3］Telser. Why Would Manufacturers Want Fair Trade?［J］. Journal of Law and Economics, 1960（3）：86 – 105.

［4］Tirole. The Theory of Industrial Organization［M］. The MIT Press, Cambridge, Massachasetts, 1988.

［5］O. Brien, Daniel P. and Greg Shaffe. Vertical Control with Bilateral Contracts［J］. Rand Journal of Economics, 1992, 23（3）：299 – 308.

［6］Mas – Colell, A., M. D. Whinston and J. R. Green, Microeconomic Theory［M］. Shanghai University of Finance & Economics Press, 2005.

［7］Mathewson, F. and R. Winter. The Law and Economics of Resale Price Maintenance［J］. Review of Industrial Organization, 1988（13）：57 – 84.

［8］国内常见车型零整比研究成果首次披露　大数据时代用数据说话［EB/OL］. http：//www. iachina. cn/content_ b14f4954 – c084 – 11e3 – 8806 – a421b733dbae. html.

［9］记者杨毅沉. 奔驰江苏涉嫌价格垄断被罚3.5亿［EB/OL］. 新华网，http：//news. xinhuanet. com/local/2015 – 04/23/c_ 127723952. htm.

［10］记者陈伟伟，赵超. 一汽大众有限责任公司实施价格垄断被处罚2.4亿元［EB/OL］. 新华网，http：//news. xinhuanet. com/fortune/2014 – 09/11/c_ 1112443670. htm.

［11］记者陈伟伟，赵超. 克莱斯勒实施价格垄断被处罚款3168万元［EB/OL］. 新华网，http：//news. xinhuanet. com/fortune/2014 – 09/11/c_ 1112443669. htm.

［12］平均降幅达20%　宝马下调零部件批发价格［EB/OL］. 汽车之家，http：//www. autohome. com. cn/news/201408/831602. html.

［13］中华人民共和国商务部，中华人民共和国国家发展和改革委员会令，国家工商行政管理总局［EB/OL］. http：//www. gov. cn/gongbao/content/2005/content_ 108159. htm.

［14］杨毅沉，郭宇靖. 4S店销售和售后垄断模式将松动［EB/OL］. 人民网，http：//auto. people. com. cn/n/2014/0818/c1005 – 25481656. html.

［15］记者包志明. 《汽车维修指导意见》终稿将于8月上旬发布［EB/OL］. 财新网，http：//companies. caixin. com/2015 – 07 – 29/100834207. html.

［16］汽车反垄断指南将起草　1年内形成初步草案［EB/OL］. 新华网，经济参考报，http：//news. xinhuanet. com/auto/2015 – 06/18/c_ 127927288. htm.

中国产业转型升级：新常态与新战略

余典范

（上海财经大学国际工商管理学院　上海　200433）

一、引言

新常态作为我国经济发展进入新阶段的突出特征，不是一个局部、短期的发展时间点，而是全局性、方向性、战略性的重大判断。在新阶段中，将发生一系列全局性、长期性新现象、新变化。新常态背景下中高速、转动力、调结构等关键特征无疑为我国产业转型带来巨大挑战。首先，我国处于工业化中后期阶段，但产业发展还没有完全从"旧常态"发展模式中转变过来，我们的投资驱动、粗放式的发展方式依然有很大市场，而且，由这些发展模式所积累的经济、社会和环境方面的问题日益突出，如何在经济降速前提下实现发展方式的转变，有效解决前期积累的问题，这对于正处于产业转型升级关键期的中国来说，无疑是一项艰巨任务。其次，新常态下我国产业的转型升级需要新的动力来驱动。传统要素比较优势逐渐丧失，要素驱动、投资驱动后继乏力，而创新驱动不可能一蹴而就，驱动力重点的转向与交接还可能存在反复，而且值得注意的是，我们产业发展驱动力的转换并不是完全抛弃要素驱动与投资驱动，而是在这些驱动力方面要实现升级换代，这不仅需要优化资源的配置方式与机制，更需要释放微观企业主体活力。最后，新常态下也需要新的战略来支撑、引领我国产业的升级，从未来产业发展趋势看，工业4.0、第三次产业革命等都深刻表明了产业生产方式、组织方式以及发展模式的转变，在未来制造生产智能化、网络化，制造业与服务业融合程度不断深入背景下，中国也急需新的战略来拥抱与应对未来技术革命、产业革命的机遇与挑战，应对一系列变化。生产方式上，制造业呈现出数字化、网络化、智能化、个性化、本地化、绿色化等特征；分工方式上，呈现出制造业服务化、专业化、产品链一体化、产业链分工细化等特征；产业组织方式上，将出现网络化、平台化、扁平化的特点；商业模式上，将从以厂商为中心转向以消费者为中心，体验和个性成为制造业竞争力的重要体现和利润的重要来源。目前，中国正开启"中国制造2025"战略，坚持创新驱动、智能转型、强化基础、绿色发展，加快从制造大国转向制造强国。同时，我国是制造业大国，也是互联网大国，互联网与制造业融合空间广阔，潜力巨大，政府着力推进的"互联网＋"行动计划，促进互联网和制造业深度融合发展，也是实现我国产业转型升级的关键举措。

［基金项目］国家社科基金重大项目"中高速增长阶段经济转型升级研究"（14ZDA021）、国家社科基金青年项目"加快推进中国自主创新技术成果产业化的体制机制与政策措施研究"（11CJY017）、上海市教育委员会科研创新重点项目"基于产业关联视角的中国产业转型研究"（13ZS054）的阶段性成果。

二、新常态与中国产业转型新背景

随着我国经济总量和规模的扩大，特别是经济发展阶段和内生条件的变化，我国经济发展正处于增长速度换挡期、结构调整阵痛期、深化改革深水期、前期政策消化期四期叠加的新常态。新常态阶段不仅是经济增长速度的改变，更重要的是反映了经济结构的变动，新的增长动力将向结构升级、创新和服务经济驱动为主转换。因此，新常态并不必然是中国经济的下行，新常态也不是一个泛化概念，不是一个"万能筐"，什么问题都可以往里面装，有的研究把经济运行中出现的问题归结为新常态，有的甚至把经济的短期波动也归结为新常态。这并不符合新常态的内涵特征，相较于以往我国经济增长所面临的背景，新常态具有特殊的时代背景。首先，我国经济总量快速扩张，按汇率折算我国经济总量已经超过 10 万亿美元大关，居世界第二，受经济发展模式以及资源环境的约束，未来中国经济增长将面临更多的挑战。其次，在经济发展阶段上，我国正处于工业化的中后期阶段，人均收入超过 7000 美元，跨入中等偏上收入国家的行列，新的发展阶段需要新动力来驱动，发展的目标也要向结构优化、效益提高、民生改善转变。最后，经济结构调整乃至整个改革正从调增量为主转向调整存量、做优增量并存的深度调整，这必然会涉及更深层次的制度、体制的转变，要想切实转变政府职能、发挥市场在资源配置中的决定性作用，就必须积极推进简政放权，以负面清单的管理方式为市场"松绑"，以正面清单的方式监督政府的行为，构建有效市场、有为政府的有机统一的治理格局。

新常态并不意味着我国经济发展的受阻，在此背景下，我国仍处于可以大有作为的重要战略机遇期，只不过战略机遇期的内涵和条件发生了改变。我国经济在向形态更高级、分工更复杂、结构更合理的阶段演化进程中，呈现一系列趋势性变化，中央经济工作会议从消费、投资、出口和国际收支、产能和产业组织方式等九方面对经济发展新常态的趋势性变化做了深刻剖析。因此，新常态不仅是短期现象，更是未来一系列中长期的趋势性变化，在此背景下，新常态也会伴随新矛盾、新问题，需要新战略与新思路来应对新常态、引领新常态。在此过程中，我们必须要把握经济发展与产业升级过程中"变与不变"的因素，以此来调整我们的战略方向。

首先，在新常态下，中国经济保持中高增速的基础条件没有发生根本变化。尽管我国过去产业发展赖以生存的劳动力低成本优势逐渐丧失，但我国拥有庞大的熟练产业工人，随着新一轮劳动力素质的提高，整个产业的生产率也将会得到提升。综合效率与成本来看，中长期内我国依然具有较大潜力的人口质量红利。我国前期资本的积累的规模已经足够大，未来在优化资本的结构、提高资本的效率方面还有很大的空间。我们的创新在投入上不仅实现了跨越，R&D 占 GDP 的比重超过了 2% 的创新投入门槛，在专利等产出指标上也增长迅速，在世界上居于前列。尽管上述生产要素在质量上还广受诟病，但同时也意味着还有较大的改善空间。因此，中国经济转型与产业升级所依赖的基础条件没有变得更差，反而有所增强，这些将为中国经济的增长提供强大的动力。

其次，中国产业转型升级面临的内外部环境发生了变化。随着中国的崛起，在国际上受到的竞争压力也会更大，同时在国际上承担的社会责任也更多。但与此同时，我国在国际经济中的话语权还比较弱，经济环境与国际规则还不能完全接轨，与我国大国经济的地位还不匹配。在这种背景下，要提升自身的战略适应能力，以适应当前环境的变化。应在制度创新上按高标准对接甚至引领国际规制，增强战略调整的柔性和空间，与以往被动式调整不同的是，新常态下我国需要采取主动的方式改革阻碍市场发挥作用的体制机制，以自贸试验区的改革试点建立开放的新体制，对接高标准的国际规则，以适应不断深入发展的全球化新常态。同时，我们在简政放权、重塑市场的决定性作用方面需要稳步推进，以此释放我国经济潜在的活力，以适应我国经济未来降速的风险。通过主动改革创新来适应各种内部外环境的变化，增强我国适应新常态、引领新常态的能力。

最后，新常态下中国产业转型升级需要新动力与新战略。新常态注重的是中远期的趋势性变化，长期来看，我们以前赖以竞争的低成本优势将逐渐丧失，高成本时代需要新的动力来驱动我国产业的转型升级，需要从要素驱动转到创新驱动。要实现创新驱动经济发展的战略，具体就要从创新驱动的两个源泉即资源重新配置效率和微观生产效率这两方面着手。要提升现有资源的配置效率，既包括资源在产业间重新配置的效率，也包括资源在行业内的配置效率，从产业间资源配置效率来看，主要体现为将资源从低效率产业转移到高效率产业，具体体现为放松产业的管制，降低产业的进入退出壁垒，促进资源在产业间的自由流动；从行业内资源配置效率来看，主要体现在将资源从低效率企业转移到高效率企业，具体主要包括通过推动国有企业改革，使国有经济逐步退出竞争性领域，利用市场机制的作用，减少政府对微观企业主体的干预，提高企业效率。与此同时，随着未来服务与制造融合的深化，产业界限变得模糊，服务驱动经济的特征愈加显著，制造智能化、服务化将会极大地提升产业的价值增值，从而改变产业的价值形态。服务经济与制造经济不同的是，它不能仅仅靠要素特别是低价格的要素获得竞争力，服务经济对制度环境、商业模式的创新有着更高的要求，这就需要我们在简政放权、发挥市场在资源配置中的决定性作用上为服务经济的发展提供更为宽松、自由的环境。另外，产业转型发展也需要一定腾挪空间，对于中国这样的大国来说，本国区域以及跨国的产业结构调整与转移都能为产业升级开辟新的路径，而现阶段我国推动的诸如长江经济带战略、"一带一路"等跨国区域发展战略都为新常态下我国产业的转型升级提供了新的空间。新常态下我国产业发展还面临着新技术、新产业元素的冲击，其中互联网对产业发展模式的冲击最为显著，"互联网＋"通过对传统行业的渗透与融合，正深刻改变着各行业的生产组织方式、要素配置方式、产品形态和商业服务模式。我们需要主动改革不适宜的制度、释放市场经济活力，重塑市场在产业资源配置、要素培育上的作用，切实提高产业发展的生态系统，提升在国际市场上的话语权。

三、新常态下中国产业转型升级面临的主要挑战

产业转型升级归根结底在于劳动力、资本、创新要素等的不断升级，产业转型本身即对应着要素禀赋结构的提升、资本积累率的提升，从而使生产系统更为复杂，主导性产业和技术会越发倾向于资本和知识密集型，也越发接近于世界产业和技术的前沿水平，并由此推动产业向更高层次跃进。新常态背景下不仅需要劳动力、资本以及创新要素等实现质量上的提升，由扩大规模转向提升质量与效率；也需要在产业的发展模式、体制机制上升级换代，以应对未来产业技术革命、生产组织方式变革以及竞争方式变化的挑战。

（一）要素禀赋升级缓慢，产业转型升级驱动力亟须升级

首先，从劳动力来看，劳动年龄人口（15～64 岁）在 2010 年时发生了转折，处于持续下降的趋势（见图 1），这意味着中国廉价人工的终结是必然趋势，人工成本的上涨是永久性而非周期性的。尽管我们潜在劳动力受教育程度在不断改善，但受过高等教育的人口依然比重较低且增长缓慢（见图 2）。对于未来的产业竞争来说，中国产业的做强需要从依赖低成本的人口红利转

向依靠高素质的人力资本，显然，我们在这方面的基础还比较薄弱。而且，中国产业发展壮大的另外一个重要因素在于劳动力跨区域、跨产业之间的流动，这为其贡献了重要的劳动力配置效应，人口流动事实上是中国劳动力市场最大的自变量，但目前劳动力自由流动依然存在着较大的体制机制的障碍。

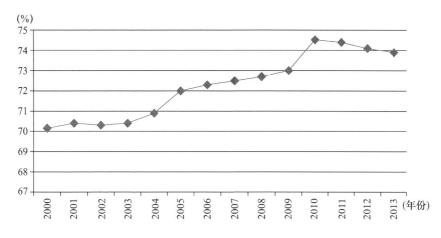

图1 2000～2013年我国劳动年龄人口比重（15～64岁）

资料来源：历年《中国人口统计年鉴》。

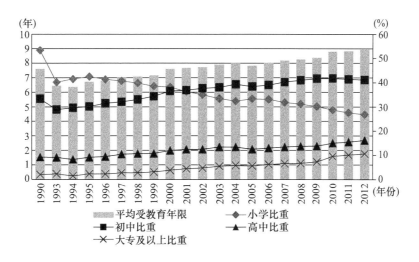

图2 1990～2012年我国人口受教育水平

资料来源：历年《中国人口统计年鉴》。

在向创新驱动转变的过程中，重要因素就是人才，人力资源作为中国创新驱动转型与经济发展的资源要素，目前已经成为最为重要的资源。在我国向创新大国攀升过程中，科技人才的提升已经刻不容缓。在科技人才的总量上，我国已经成为一个大国（见表1），从事研发活动的人员和研究人员绝对数量已经在全球位居第一位。但我国科技人力资源的相对指标仍大大落后于其他国家，如每万人就业人员中从事R&D活动的人员我国为60人，而发达国家基本上都在100人以上，大部分国家是我国的2倍以上，我国在此方面差距较为明显；其中的研究人员为27人，与发达国家的差距更加显著。因此，我国还不能称为科技资源的强国，在高端科技人才的培育方面还需要花大力气。随着国家创新战略和政策的逐步落实，科技活动的市场需求和社会需求将进一步上升，研发人才的数量也将逐年增长。在庞大的科技研发人力资源供给能力基础上，适应国家自主创新的战略需求，适度增加企业、大学和研究机构的科技研发岗位数量，是增强我国竞争力和向创新型国家转变的重要举措。同时，在研发人力资源的配置中，全国研发人员 80% 以上从事试验发展工作（见图 3），而基础研究的人力资源配置较低①，按照国际经验，人均 GDP 较低的阶段，科技人力和经费资源集中在应用和试验发展方面，更多地注重科技投入对促进经济和社会发展的实际效果，有利于加快科技向现实生产力的转化。随着经济发展和国力增强，当人均 GDP 跨入中等收入国家行列时，从长远来看，增加对基础研究的科研人力的投入，不断夯实创新能力的基础，这样后面的应用研究与试验发展等科技转化方面的活动才会有强大的支撑，我们走创新型国家道路才有更大的创新基础。因此要强化科技人才资源不仅要增加研发人员的数量，而且更重要的是如何组织和培育人才队伍。

表1　中外研发人员的国际比较

国家	中国	美国	日本	英国	法国	德国	加拿大	意大利	瑞典	瑞士	韩国	俄罗斯
年份	2012	2007	2010	2011	2010	2010	2010	2011	2011	2008	2010	2011
从事 R&D 活动人员（千人）	4617.1		878	358.6	392.9	549	221.4	231.9	78.5	62.1	335.2	839.2
其中：研究人员	2069.7	1412.6	656	262.3	239.6	327.2	149.1	106.9	49.1	25.1	264.1	447.6
每万人就业人员中从事 R&D 活动人员（人）	60		136	114	147	134	130	94	170	137	149	119
其中：研究人员	27	91	100	83	85	79	81	41	98	54	107	59

资料来源：《2013 年中国科技统计年鉴》。

其次，未来我国产业结构向服务经济、职能制造方面转型需要更加灵活、完善的融资机制的支撑，特别是新技术、新产业模式往往需要多元的融资渠道。但目前我国融资系统还是以银行为主导，而这样的融资体系倾向于支持资本密集、重资产的传统工业，对服务业以及一些创新型企业的支持明显不足。融资体系与我国未来产业的转型存在着明显的错配，一方面导致了一些重资产产业的产能过剩，而另一方面，新技术产业、服务业的发展严重滞后。而且，在微观企业层面，金融系统对国有大企业支持较大，而对创新型的中小企业则支持不够，导致资金难以发挥最佳的效率。因此，金融系统与实体经济的不匹配性大大降低了我国产业转型升级的实际绩效。

最后，根据波士顿咨询集团（BCG）的研究，中国作为低成本制造业大国的竞争优势正逐步丧失，温和的薪酬增长、高效的生产技术、低廉的能源价格以及美元汇率走低使得部分商品在中美两国的生产成本几乎没有差异，越来越多的美国企业与其他国家跨国公司未来会选择在美国境内进行生产。波士顿咨询集团的全球制造业成本竞争力指数以美国为基准（100 分），中国制造业对美国的成本优势已经由 2004 年的 14% 下降到 2014 年的 4%，这就表示目前在美国进行生

---

① 一般而言，基础研究指为了获得关于现象和可观察事实的基本原理的新知识，揭示客观事物的本质、运动规律，获得新发现、新学说而进行的实验性或理论性研究，它不以任何专门或特定的应用或使用为目的，其成果以科学论文和科学著作为主要形式，基础研究属于科学研究范畴。应用研究是指为获得新知识而进行的创造性研究，主要针对某一特定的目的或目标。应用研究是为了确定基础研究成果可能的用途，或是为达到预定的目标探索应采取的新方法（原理性）或新途径，其成果形式以科学论文、专著、原理性模型或发明专利为主，应用研究也属于科学研究范畴。试验发展是指利用从基础研究、应用研究和实际经验所获得的现有知识，为产生新的产品、材料和装置，建立新的工艺、系统和服务，以及对已产生和建立的上述各项做实质性的改进而进行的系统性工作，其成果形式主要是专利、专有技术、新产品原型或样机样件等。

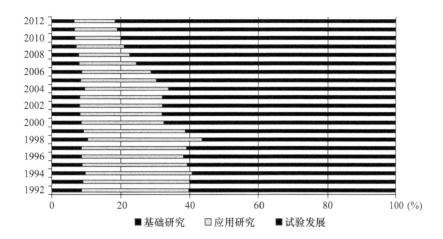

图 3　1992～2012 年我国 R&D 人员全时当量分布

资料来源：《2013 年中国科技统计年鉴》。

产只比在中国进行生产成本高 4%。按照目前的发展趋势，中国对美国的制造业成本差距 2020 年左右将不复存在。劳动力成本方面，目前，中国制造业小时人工成本约 3 美元左右，而美国制造业小时人工成本在 35 美元左右，从数量看，我国仍具有较为明显的优势。但从发展趋势看，2004～2013 年，我国制造业小时人工成本增长超过 200%，年均增速超过 10%；同期美国增长幅度仅为 27%，年均增速不足 3%。与此同时，在劳动生产率方面，从绝对量来看，目前我国制造业劳动生产率不足美国的 10%，而在高端制造领域，美国劳动生产率是我国的 20 倍以上。从增长趋势看，过去 10 年中，中国制造业劳动生产率提高 100% 以上，低于制造业工资成本增幅；同期美国制造业劳动生产率年均增速接近 5%，高于劳动力成本增长速度。目前，中美两国制造业的"成本竞争力"越来越接近，意味着我国制造业必须尽快重新塑造竞争力，"世界工厂 1.0 版"必须尽快升级到"2.0 版"、"3.0 版"，才能保持在世界市场上的相对竞争力。

（二）中国产业转型升级将面临更为激烈的国际竞争

随着中国经济规模的不断扩大以及大国地位的崛起，我国在国际产业竞争中必将面临更激烈的竞争、承担更多的社会责任。这对正处于转型关键期的中国，无疑是重大挑战。一方面，在全球化不断深化的背景下，中国在转型的过程中不仅要治理好一个超大规模的产业经济大国，还要处理同样非常复杂的国际竞争与合作的外部关系，其中面临着一系列的挑战。首先，作为一个发展中大国，我们的产业竞争力还比较低，并且现阶段产业竞争优势和方式转换速度越来越快，但显然我国的企业和整个市场环境的转型还跟不上上述变化。尽管 2014 年我国入选财富全球 500 强的企业已经达到 100 家，仅次于美国的 128 家，远远领先于日本的 57 家。但中国入选企业基本都是国有企业，大多分布在金融、化工、钢铁等垄断性行业，市场化程度较低，资源缺乏有效配置，而美国的企业则分布在互联网、银行、电信业、零售业等多个行业，发展相对均衡。相比之下中国的 500 强企业主要靠垄断地位获得快速的发展，这些企业在整合国际资源、利用全球资源的能力方面相对欠缺，国际竞争力并不强。尽管我国也拥有华为、联想等跨国经营的国际企业，但多数企业主要是利用国内市场和资源与全球公司竞争，缺乏真正具有全球制造、全球设计研发、全球营销、全球经营能力的国际化企业。中国企业的经营业绩也是不尽如人意，譬如 2014 年世界 500 强 50 大亏损最多的企业中，中国共有 16 家上榜，占比 32%，相比 2013 的 8 家，数量翻了 1 倍。

表 2 2014 年财富 500 强国家分布

排名	国家	家数
1	美国	128
2	中国	100
3	日本	57
4	法国	31
5	德国	28
5	英国	28
7	韩国	17
8	瑞士	13
8	荷兰	13
10	加拿大	10

资料来源：根据 www. FORTUNEChina. com 整理。

　　与此同时，我们的市场化程度和政府治理水平亟须提高。自由化程度在一定程度上反映了一个国家政府采取的政策措施是否充分发挥市场的决定性作用，本文使用经济自由化指数作为衡量指标，分析中国制度环境的演变及其在全球经济体中的相对状况。由美国传统基金会与《华尔街日报》发布的经济自由度指数是全球权威的评价各国制度环境的指标之一，该指标对各经济体在产权保护、控制腐败、财政自由化、政府支出、商业自由化、劳动自由化、货币自由化、贸易自由化、投资自由化以及金融自由化等领域都进行了评价，并根据这些指数得出各经济体总体的自由化指数。表 3 分别列出了 1995～2014 年中国整体和各领域的自由化指数，以及这些指数在所有样本经济体中的排名。限于篇幅，本文仅列出一些代表性年份的数据。从中国整体的制度环境来看，1995 年以来，我国的经济自由化指数均处于 50～60，根据指数评分办法，我国在1995～2014 年均属于"较不自由经济体"[①]。从自由化指数的总得分的排名来看，我国也均处于较为靠后的位置。2014 年，在全球 178 个经济体中排名第 137 名，在 75% 分位以上（76.97%）。2014 年各细分指标中，除了控制腐败和劳动自由化在各经济体中处于 50% 分位数以内，其他指标均在世界处于中下等的水平。从纵向看，1995～2014 年我国经济自由化的整体水平没有发生大的变化，某些区间还出现了自由化水平的下降。这说明在这段时期中，改革的总体成效是不明显的。在这一时期，改革成效最显著的领域是贸易和控制腐败，贸易自由化的水平由 1995 年的 20 分提高到了 2014 年的 71.8 分，并且在世界上的相对排名也有了大幅度提高，由 94% 分位提高到了 68.5% 分位，这与我们加入 WTO，积极参与国际分工是密不可分的；控制腐败的得分尽管提升不高，但在世界上的相对排名由 1995 年的 67.3% 提高到 2014 年的 43.3%。此外，在控制政府规模方面也取得了一定的成效，但其他领域的改革则比较迟缓。当企业在国内市场上缺乏充分竞争的历练，经济行为有诸多非市场性的扭曲时，在国际上很难具有较强的竞争力，这也是中国产业在提升国际竞争力亟须完善的方面。

---

　　① 依据得分情况，各个经济体被列入五个不同的自由度区间。80～100 为"自由经济体"、70.0～79.9 为"较自由经济体"、60.0～69.9 为"中等自由经济体"、50.0～59.9 为"较不自由经济体"、0～49.9 为"受压制经济体"。资料来源：维基百科，http：//en. wikipedia. org/wiki/Index_ of_ Economic_ Freedom#Historical_ rankings_ . 281995. E2. 80. 932008. 29。

表3　1995～2014年中国经济自由化指数及其排名

年份	A	B	C	D	E	F	G	H	I	J	K	
1995	52	30	30	70.6	93.7	55		68.4	20	50	50	
2000	56.4	30	35	70.4	90.3	55		84	42.6	50	50	
2005	53.7	30	34	67.9	86	55	65	84.8	54.4	30	30	
2010	51	20	36	70.2	88.1	49.7	53.2	70.6	72.2	20	30	
2014	52.5	20	35	69.9	82.9	49.7	61.9	73.3	71.8	30	30	
排名	A	B	C	D	E	F	G	H	I	J	K	国家数量
1995	71	97	68	40	6	95		52	95	88	80	101
2000	98	147	73	78	21	145		29	138	120	105	160
2005	113	142	73	112	38	141	55	42	132	149	142	155
2010	140	162	80	124	30	144	126	107	106	160	158	179
2014	137	158	77	136	42	153	91	120	122	158	162	178

注：A 为总得分，B 为产权保护，C 为控制腐败，D 为财政自由化，E 为政府支出，F 为商业自由化，G 为劳动自由化，H 为货币自由化，I 为贸易自由化，J 为投资自由化，K 为金融自由化。

资料来源：经济自由化指数网站。

　　其次，随着中国出口产品技术含量的提高，面临的贸易条件有可能恶化。特别是随着一些发达国家开始实行再工业化战略，我国参与全球价值链分工时不仅仅体现在与发达国家的垂直分工，在一些环节上已经开始了更为激烈的横向竞争。譬如一些高科技企业在国外的发展往往会遭受较为严格的审查甚至是不可逾越的进入壁垒。由图4可以看出，我国遭遇的反倾销占全球的比例高达30%左右，并且近几年呈不断上升的态势。新一轮科技革命和产业变革正在兴起，我国制造业发展面临着发达国家蓄势占优和新兴经济体追赶比拼的两头挤压和双重挑战，一方面，我们的高端产业在国际上并不像我国劳动密集型产品那样具有"价廉物美"的显著优势，因此难以

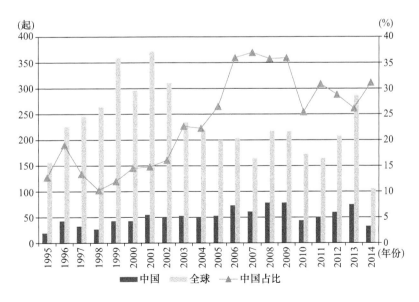

图4　1995～2014年我国遭遇的反倾销数量及占比

资料来源：根据 WTO 的数据整理，2014 年的为截至 2014 年 6 月 30 日的数据。

短时期在国际市场上取得突破，而且，随着中国的崛起，发达经济体已经感到了竞争压力，对中国高端产品的限制也会更多。从对中国发起反倾销的国家分布来看，1995~2014年，中国总共遭遇反倾销1022起，分别由34个国家和地区发起，其中，印度、美国和欧盟的数量最多，我国与这些国家的外贸关系比较密切且是直接的竞争者，随着今后我国贸易结构的升级，发达国家以及一些新兴国家和我国的贸易争端也将不断增多。在中国遭受反倾销的行业分布上，总体上资本密集、技术密集产业的比重要高于劳动密集型产业（见表5）。另一方面，随着我国成本优势的逐渐丧失，传统劳动力密集型产业的竞争力在减弱。因此，产业竞争力断档的风险在增大，如果不能在新的领域实现突破与跃升，我国产业发展与经济增长都会陷入较长时期的降速换挡的阵痛期。

表4　1995~2014年对中国发起反倾销的国家及案例数　　　　　　　　　　单位：起

印度	165	中国台湾	10
美国	121	新西兰	9
欧盟	115	俄罗斯	9
阿根廷	91	乌克兰	9
巴西	82	委内瑞拉	9
土耳其	65	伊朗	7
澳大利亚	44	马来西亚	7
墨西哥	42	日本	2
哥伦比亚	39	菲律宾	2
南非	39	波兰	2
加拿大	35	特立尼达和多巴哥	2
韩国	25	智利	1
秘鲁	22	危地马拉	1
印度尼西亚	19	牙买加	1
泰国	17	摩洛哥	1
埃及	16	乌拉圭	1
巴基斯坦	11	越南	1

资料来源：根据WTO的数据整理，2014年的为截至2014年6月30日的数据。

表5　1995~2014年对中国发起反倾销的行业及案例数　　　　　　　　　　单位：起

金属制品	274
化学制品及副产品	200
机械与电气设备	129
纺织品	84
塑料、橡胶及制品	75
水泥、陶瓷、玻璃制品	69
杂项制品	50
纸制品	26
交通运输设备	23
木材等制品	20
鞋、帽等制品	19

影像设备、仪器仪表	17
矿产品	14
蔬菜制品	10
食品饮料、烟草等	5
皮革、手袋等产品	5
活动物、畜牧产品	2
合计	1022

资料来源：根据 WTO 的数据整理，2014 年的为截至 2014 年 6 月 30 日的数据。

（三）产业转型升级新战略需要实现技术和制度创新突破

目前，我国有诸多产业发展的战略出台，譬如"互联网＋"、"中国制造 2025"，这些战略实质上在于产业之间的融合发展。今年政府工作报告中首次提出了"互联网＋"行动计划，推动云计算、大数据、物联网、移动互联网等技术与现代制造紧密结合，"互联网＋"主要是指互联网与其他传统行业相融合，产生出的新业态和新商业模式。同时"中国制造 2025"战略的出台更为中国制造业的未来 10 年设计了顶层规划和路线图，开启了中国制造向中国创造、中国速度向中国质量、中国产品向中国品牌的三大转变帷幕。借力"互联网＋"，使互联网与传统行业融合发展，创新业务模式及商业模式，成为众多企业和制造业获取新的利润增长点的重要战略。"互联网＋"与"中国制造 2025"战略的发展将深入推动中国制造业转型升级，而"中国制造 2025"战略主攻方向则是智能制造，它需要顺应"互联网＋"的发展趋势，深度融合互联网新技术与制造业，优化制造业的生产方式、投资方式、管理方式和商业模式等，改造提升中国制造业。打造智能制造，不仅是为了挖掘和拓宽经济增长点，更是带动传统产业转型升级，焕发新的活力。上述战略的实质在于以信息化与工业化深度融合为主线，强化工业基础能力，提高工艺水平和产品质量，推进智能制造、绿色制造。促进生产性服务业与制造业融合发展，提升制造业层次和核心竞争力。

但要真正实现上述战略，实现产业的高效融合发展，重点需要完善产业融合发展的内在机制。产业融合发展本质上是由于技术进步、管制放松与管理创新，在产业边界和交叉处发生技术融合，改变了原有产业产品的特征和市场需求，导致产业之间或同一产业不同行业相互渗透、相互交叉，从而呈现一种新型的竞争与合作关系，逐步形成产业之间产品、业务与市场全面融合的动态发展过程。因此，技术创新和制度创新是打破产业融合壁垒的必由之路。

在传统要素优势逐渐丧失的情况下，创新对"新常态"下我国产业的转型升级具有重要意义，但距离创新驱动的基础和环境还有着明显的差距。从创新资源投入看，近几年取得了长足的发展。2013 年中国 R&D 经费投入 11846.6 亿元，占 GDP 的比重达 2.08%，首次突破了 2%（见图5），一般而言，作为一个向创新驱动转型的经济体而言，研发投入迈过 2% 这一门槛表明我国科技实力不断增强，但与美国、日本 3% 左右的强度相比，还有很大的差距，而且，在 2% 向更高水平攀升时，面临的困难也更大，我国从占比 1% 到突破 2% 花了 10 多年的时间，今后，随着我国科技的发展，我们不仅要实现总量的增长，更重要的是要提升研发的效率，提高资金转化的边际效益。

我国科技研发产出总量方面成果较为丰富，对于 R&D 活动而言，专利是最重要的产出成果之一，特别是发明专利更是集中体现了较高层次的创新成果。在专利申请受理数和专利申请授权量方面，我国在全世界处于领先地位。2013 年专利申请受理数 2377061 件，专利申请授权量为 1313000 件，这两项指标连续数年呈稳步上升态势，专利受理与授权数量的增长说明了我国在创新产出方面的成效显著。与数量上的大规模相比，从专利的技术含量以及利用率来看，其中的结构性问题在很大程度上制约着我国创新的实际效果。在专利申请受理方面，技术含量较高的发明专利占比1/3左右，比例不高（见图6）；而在专利授权方面，发明专利所占的比重更低，长期低于20%（见图7）。而实用新型和外观设计占比较高，但实用新型专利又被称为小发明或小专利，对创造性的要求不高，在中国专利系统中属于低质量专利，而在中国广泛存在的实用新型专利在美日等国家已经基本不存在。发明专利偏低是我国科技成果产出成效不佳的主要表现。与此同时，在我国国内有效专利中，2013年实用新型和外观设计专利各占国内有效专利总量的52.73%和31.14%，而发明专利只有16.13%，即国内自主创新成果的技术含量不高，这也严重影响最后创新的经济附加值。我国专利数量的快速增长，固然受到市场需求的拉动，但更多的则是得益于知识产权保护和科技绩效评价激励政策的推动。市场驱动的创新活动所产生的专利数量远远少于受科技创新导向政策推动下新增的专利数量。过多的实用新型专利和外观设计，不仅市场利用率低下，而且逐渐转化成某些企业或群体牟取不正当利益的工具。由于各地对于发明专利申请有奖励制度，认定高科技企业也需要专利指标，所以部分公司会为了享受国家税收等优惠政策制造一些"垃圾专利"来滥竽充数。但由于没有专利质量考核制度，因此很多企业都无所顾忌。因此，在专利数量不断增长的条件下，促进创造科技含量高、市场效益好的高价值专利的发展，拓宽知识产权资本化、产业化渠道，是今后我国实现专利市场化、提高专利获利能力的重要任务。

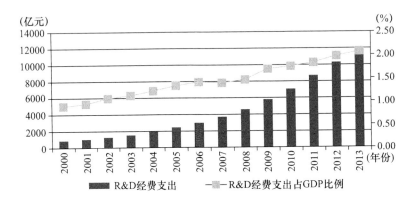

图5　2000～2013年我国R&D经费支出

资料来源：历年《中国统计年鉴》。

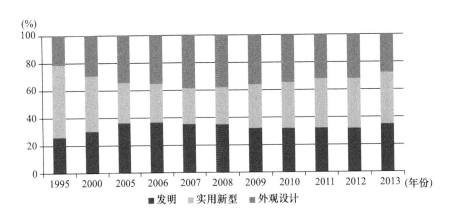

图6　1995～2013年我国专利申请受理中三种专利的分布

资料来源：《2013年中国科技统计年鉴》、《2013年专利统计年报》。

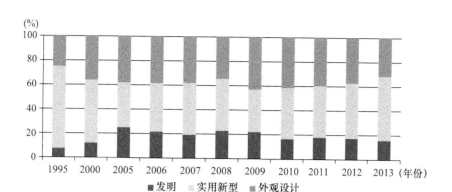

图7　1995~2013年我国专利申请授权中三种专利的分布

资料来源：《2013年中国科技统计年鉴》、《2013年专利统计年报》。

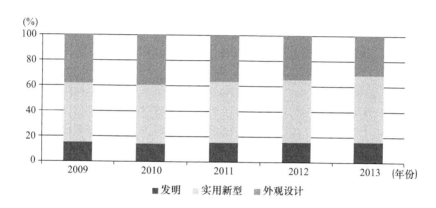

图8　我国国内有效专利分类

资料来源：《2013年中国科技统计年鉴》、《2013年专利统计年报》。

　　科技进步贡献率常用来衡量科技对经济社会发展的贡献，是表征科技发展对经济社会支撑引领作用的重要指标，也是刻画科技成果规模化、产业化对经济社会促进作用的重要参照。从我国的这一指标来看（见表6），目前我国科技进步贡献率已经突破了50%大关，达到52.2%，科技应用在我国经济发展中所起作用越来越大。但公认的世界上创新型国家美国、日本、芬兰的科技进步贡献率一般在70%以上，我国与此差距还比较明显，创新驱动经济发展还任重道远。另外一个度量新技术成果转化以及产业化的指标为新产品的开发与销售情况，一般而言，如果一项技术实现了转化，在很大程度上会体现为新产品。因此，新产品的开发、销售和出口也能大致反映技术成果产业化的规模以及绩效。2011年我国新产品销售收入突破10万亿大关，2013年达12.85万亿元，比2010年之前有了较大的增长（见表7）。同样，新产品的出口在近几年也迎来了爆发式的增长。从这一角度来看，在创新环境不断完善、创新创业已成为大众共识氛围下，以及在各种鼓励创新与产业化的政策刺激下，我国在创新产品的转化方面已经有了较大的进步。但值得关注的是，出口占整个销售收入的比重近几年出现了一定程度的下降，这也在一定程度上表明我们创新的产品在国际市场上的竞争力并没有明显改善，反而出现了一定的下滑。因此，提升自主创新成果质量、提高创新成果产业化的竞争力是实现产业化"量增质高"的重要方面。

表6　历年我国科技进步贡献率

年份	1998～2003	1999～2004	2000～2005	2001～2006	2002～2007	2003～2008	2004～2009	2005～2010	2006～2011	2007～2012
GDP年均增速	8.7	9.2	9.6	10.0	10.4	10.8	10.6	10.3	11.1	9.3
科技进步贡献率	39.7	42.2	43.2	44.3	46.0	48.8	48.4	50.9	51.7	52.2

资料来源:《2013年中国科技统计年鉴》。

表7　2000～2013年我国新产品销售与出口

年份	2000	2004	2008	2009	2011	2012	2013
新产品开发项目数（个）	91880	76176	184859	237754	266232	323448	358287
新产品销售收入（亿元）	9369.5	22808.6	57027.1	65838.2	100582.7	110529.8	128460.7
新产品出口（亿元）	1728.4	5312.2	14081.6	11572.5	20223.1	21894.2	22853.5
出口占销售收入的比重（%）	18.45	23.29	24.69	17.58	20.11	19.81	17.79

资料来源:《2013年中国科技统计年鉴》、《2013年中国统计局数据》。

　　我国存在的许多创新的障碍，除了技术创新原因外，更多还在于制度创新还比较低下，尽管我国的政府职能转变在不断推进，政府与市场关系向着良性方向发展，社会主义市场经济体制已经初步确立。但从总体上看，政府直接配置资源的范围仍然过大，对微观经济主体的干预仍然过多，公共服务供给仍然不足，市场监管和社会管理仍然相对薄弱。行政审批制度改革的不到位使政府这只"有形之手"，抑制了市场这只"无形之手"，严重束缚了市场主体的竞争活力。因此，只有深化行政审批制度改革，进一步简政放权，用政府权力的"减法"换取企业和市场活力的"加法"，用更大气力释放改革红利，才能充分发挥价格机制、供求机制和竞争机制的作用，充分发挥市场在资源配置中的决定性作用，激发市场主体的内在活力。尽管新一届政府在简政放权方面积极推进，自国务院成立行政审批改革领导小组至今，国务院共取消和调整行政审批项目3528项，超原有总数的80%，各地区取消和调整的行政审批事项也占原有总数的八成以上。但目前国务院部门仍有900多项审批项目，地方政府层面的审批项目则多达近万项[①]。行政审批过多表明了政府对经济的干预程度较深，束缚了市场主体在经济转型升级中的动力和活力，企业作为市场经济主体的作用未能真正发挥，企业过多依赖政府的扶持，过多依赖政策的优惠。

四、新常态下中国产业转型升级的主要战略与对策

　　新常态下中国产业转型升级基本要素发生了变化，需要我们在要素方面实现优化升级，要实现驱动力从要素驱动、投资驱动向创新驱动的转变不可能一蹴而就，新常态下这些转变都需要新的战略来引领。尽管"互联网+"、"中国制造2025"等战略看起来前景一片光明，但实际上我们需要深刻认识这些战略背后的实质和原理，完善我国产业发展的长效机制。

（一）推动要素升级，构建新的竞争优势

　　传统的依靠低成本要素竞争的方式已不适应新常态下中国产业的发展，产业发展驱动力的转

---

①　张占斌．经济新常态下简政放权改革新突破［J］．行政管理改革，2015（1）．

变、竞争方式的升级首先需要产业要素实现升级。只有在要素禀赋方面实现提升，我们产业的转型升级才能具有可持续性。在劳动力方面，我们亟须实现由数量向质量的转变。当前，我国劳动力受教育水平在不断提高，人力资本的积累也在不断完善。未来我们应该通过引进与培育结合提升金字塔塔尖的高素质创新型人才的比例，鼓励这些高端人才在前沿技术创新、商业模式创新以及创业方面发挥引领作用，为产业中高端环节的发展集聚人力资本。其次，大力提高劳动者的劳动生产率，在技能培训上要向劳动力特别是存量劳动力倾斜，强化对务工人员的再教育与再培训，让他们成为有专业技能的人力资本，以适应不断升级的产业结构。技能培训能增进人力资本的积累，并且短期内就能收到令人满意的效果，这也是培养大批我们急需的产业技术工人的重要手段。此外，阻碍人才自由流动的制度性障碍还亟须打破，特别是与人力资本流动捆绑在一起的社会保障、医疗保障、子女的教育等均是其自由流动最大的障碍，逐步建立全国统一的社会、医疗保障是释放人才配置效应的重要基础制度，构建公平、合理的教育体系亦是促进人力资本效率提升的重要方面。

今后我国产业要在国际市场有所作为，必须有强有力金融资本的支撑，让金融资本和产业资本之间发挥 $1+1>2$ 的效应。一方面要改变现有银行融资占比高且结构畸形的现状，改变金融业效率低、融资成本高、融资渠道窄、资金错配等问题。首先，要分步推进银行业改革，要对国有银行的经营管理方式进行改革，由于市场化竞争程度还不够充足，银行在金融资源有限的当下中国社会占有支配地位，具备绝对的定价权和博弈能力，使得企业获得银行贷款过程中通常处于利益分配格局被动方，不利于实体经济的发展。在此过程中要实现两方面的转变，一是对国有银行管理方式改革必须改变党政管理方式，实行委托制管理经营模式，采用分权制衡方式加强银行管理。通过委托合同的方式把国有银行委托给董事长、股东代表、监事会。由股东代表行使国家和人民委托的股东权，监事会行使国家和人民委托的财务和工会权，董事长行使国家和人民委托的日常经营决策权和执行权。同时，董事长、股东代表、监事会在行使权力的时候，必须承担一定的义务。董事长、股东代表、监事会之间相互独立，相互监督，各自对国家和人民负责，真正形成分权制衡的委托模式。二是对国有银行经营管理方式改革实行非干部管理方式。当前，我们国有银行的管理实行的是干部负责制，国有银行的级别挂靠行政级别，这容易左右国家的政策，容易逐渐形成"特权"式经营，导致偏离市场规则的行为发生。打破体制内用人的惯例，实行全社会开放式的用人方针，干部个人的行政级别和身份不得在其管理过程中出现，人才的选拔可以在体制外、全球范围内挑选[①]。上述改革完成后，允许民营资本进入银行业，增加银行业的竞争，民营银行在成立和发展过程中，必须破解一些壁垒，实行民营和国营平等的原则。其次，通过信贷市场、债券市场、股票市场等形式直接向社会融资，降低银行在企业融资过程的中介比例，降低融资成本，为企业的增加研发投入、做强做大产业提供强力支持。中国金融改革的重要方向，就是要打造有助于企业融资的金融体系，要求为中小企业提供支持，发展普惠金融，发挥金融资源合理配置的主力作用，彻底改变实体经济融资难，而金融市场不差钱的脱节问题。最后，充分发挥我国大市场的优势，任何一个国家的发展壮大都必须有市场的支撑，一般的小国经济往往依赖国际市场来做大做强产业，但大国不仅可以利用出口来提升产业的规模，更为重要的是可以利用国内市场的广度和深度来实现产业的转型升级。当产业在国内市场实现充分竞争，提高自身发展的水平后，才能在国际市场上更具竞争力。对一些新兴的产业更是如此，我们可以利用大市场的优势快速培育这些产业的成长，高铁和电子商务等产业即是我国大市场优势的最好例证。亟须破除阻碍统一市场形成的地区壁垒、行业壁垒等诸多行政性的障碍，切实推进简政放权，释放市场的活力，简政放权不能仅仅停留在国家层面，简政放权的更大空间应该在地方，与

① 刘运彪. 中国银行业改革的几点思考［J］. 经济导刊，2013（Z5）.

国务院部门层面推进简政放权的力度相比，大多数地方改革力度不够，因此，下一步的重点应该着力推进地方的放权，一些明显不符合市场发展趋势的文件要及时有效地清理。但简政放权最终的目的还在于通过相应的法律法规去规制相关市场中的经济活动，实现法治化、透明化，将权力清单、责任清单、负面清单落到实处，真正做到以"负面清单"的管理模式促进企业与市场的发展，以"正面清单"监督政府，优化政府的调控措施，切实履行"法无授权不可为、法无禁止皆可为、法定职责必须为"，提高市场配置资源的能力，促进产业要素的合理流动，释放新的制度红利与改革红利。

（二）实现创新链和全球价值链融合发展，提升产业竞争力

长期以来，我国产业的发展主要依靠低成本的优势嵌入全球价值链，并且在价值链中处于较低的位置，往往并不掌握产业升级的主动权，更遑论主导全球创新链。这也是导致我国全球价值链升级缓慢的重要原因，特别是在新技术革命日新月异的未来，价值链的每一个环节都会被新的技术、智能制造、服务渗透，而这些对创新要求都较高，因此，如果不能从单纯嵌入全球价值链中实现价值链与创新链的融合发展，我国产业升级也很难实现，在国际上也无法获得较高的竞争位势。但在实践中，价值链和创新链并不存在先后次序，二者一定是共生共荣的，传统上价值链往往体现着产业不同环节的价值分布，而创新链一般指一项从科技成果从创意的产生到生产销售整个过程的链状结构，主要揭示知识、技术在整个过程中的流动、转化和增值效应，也反映各个创新主体在整个过程中的衔接、合作和价值传递关系。可见，价值链和创新链都有着产业这一共同的载体，是产业价值实现、产业环节融合发展的体现，是要素优化组合、合理配置的过程。但实际上发展中国家很难实现二者的深度融合发展，往往在并行发展中会有一个层次的问题，初期时一般是依靠低成本优势嵌入全球价值链，创新链也一般被外资所主导，如果发展中国家不能通过"干中学"实现自主创新链的升级，则整个价值链就有被固化在低端的风险。因此，价值链得以升级的高级形态即是逐步成为具有"创新环节全球分工、创新资源全球配置、创新能力全球协调、创新核心以我为主"等特征的全球创新链体系中一员。

价值链与创新链的融合发展也需要一定条件，其中最重要的就是要有一批具有全球影响力的本土跨国公司，这些跨国公司主导着全球价值链的资源配置，掌握着创新链的核心环节，对高端资源、创新活动都有着重要集聚效应与影响力。在集聚跨国企业时，政府通过出台一些优惠政策往往能起到一定的作用，但要充分发挥跨国公司的扩散效应，特别是在培育本土跨国公司上，还得打好"市场"这张牌。首先，以市场为导向，减少价值链环节的行政干扰，促进不同市场的融合，鼓励企业不断开拓新市场，提高企业联结新价值网络的能力；在培育本土的跨国机构方面，坚持开放型、市场化的原则，让企业利用市场化的力量发展，提供宽松的市场环境推进核心企业在创新链、价值链上的整合，逐步掌控价值链主导权，在此基础上增强对产业链的创新能力与控制能力。同时，我们也要注重专业化中小企业的培育，这不仅有助于完善全球价值链管控功能的生态系统，而且还能发挥迂回的效果，催生具有竞争力与影响力的总部企业的诞生，从而促进本土企业由嵌入全球价值链逐步过渡到引领产业价值链。其次，要强化创新平台载体与服务体系建设，促进创新资源的扩散效应，提升创新链和价值链能级。不断完善科技成果转化平台建设，实现科技成果有效转换；要加快科技成果信息服务平台建设，将平台建设与经济发展、产业转型升级等有效结合起来，加速科技成果转化。大力推动科技服务业的发展，构建完备的科技服务支撑体系。积极推进研发设计服务、知识产权服务、科技成果检测、中介咨询等科技服务机构和组织建设，形成研发到产业化的有效衔接，从而实现技术的扩散、转移和推广，使创新链整体功能得到充分发挥；进一步完善技术服务体系、技术标准体系以及监管体系，为科技服务业有序发展、创新链条整体功能营造公平的市场环境。

（三） 以创新打通产业关联壁垒，促进产业融合发展

正如前面提到的，现在的一些新战略如"互联网＋"、"中国制造2025"以及"一带一路"都有产业融合发展的内涵，通过完善产业之间的关联机制来实现中国产业的转型升级还处于大有作为的战略机遇期，产业关联效应的改善，对提升中国产业总体规模和水平都有着重要的意义。中国的产业结构优化升级不仅仅体现在先进制造业或者服务业比重的提高，更为重要的是产业互动关联机制的完善，因为产业关联对经济发展往往会起到加速器的效应，而且，内部关联机制的优化能使整个经济系统更合理地运行。这也是新常态下中国产业转型升级可以充分挖掘的潜力。与此同时，需要针对影响产业关联效应的一些关键因素如产业的进入退出壁垒、产业要素的流动障碍，特别地，我们现在亟须降低阻碍产业融合发展的制度性障碍与壁垒，完善促进产业关联效应发挥的机制。

首先，完善需求拉动与供给推动机制。产业转型发展一定是制造与服务的双转型，制造业发展如果不能为服务业的发展提供更多的需求，我们服务业就会陷入"无水之源、无木之本"的窘境，服务业如果不能为制造业的升级提供更优质的供给，制造业的转型也就失去了"灵魂"。制造业产业链较短和服务外部化程度低是我国制造业无法有效促进生产性服务业发展的主要原因。因此，政府应在延伸制造业产业链和促进制造业服务外部化方面做出合理的制度安排，制造业需求效应的扩大需要完善制造业的自主创新发展机制，摆脱先天资源禀赋边际成本上升的约束，培育和提升新的比较优势，加快技术进步，促进出口的多样化、生产技术复杂化，把具有较低的生产率水平的制造业培育成为具有较高的相对生产率的产业，由此形成更高分工层级、拓展制造业产业链空间。与制造业相比，中国服务业长期以来存在产业过度管制、低效管制和对外开放不足的显著特征。因此，我们可以借助自贸试验区的建设积极探索服务业的开放、降低服务业的进入壁垒、重塑服务业发展机制。以"负面清单"的管理模式、事中事后的监管模式优化政府的管理机制、完善市场制度以及公共政策体系，夯实服务经济发展的基础。

其次，打破地方保护、贸易壁垒等制度性的障碍，降低中国制造业与服务业发展的"冰山成本"。产业之间关联效应的提高重点在于生产要素、商品之间的自由流动。目前，由于国内市场分割比较严重，许多地方的对内开放程度远小于对外开放的程度。由于存在着各种隐形的、变相的地区市场壁垒，各区域之间商品自由流通、要素流动受限，物流成本高企，目前中国的物流成本占GDP的比重接近20%左右，过高的物流成本导致生产与消费之间形成严重的梗阻效应，造成以满足国内需求为导向的社会再生产全过程运行不畅，市场交易和运行的效率低下。因此，一是要着力打破各种形式的地区封锁和地区壁垒，提高国内市场区域一体化水平。按照中央简政放权思路，清理各种含有地区保护主义条款的文件、规章、制度；加快出台有利于建设规范平等、公平自由、竞争有序的市场环境的法律、法规及政策文件，推动体制创新。二是应积极推进区域经济合作机制的建设。加快体制创新的步伐，发挥合作各方的优势，优化区内各种资源的配置，实现跨地区、跨行业、跨所有制的联合与合作，为资本、劳动力等各类要素在区域间的自由流动创造条件，推动开放、统一、有序的大市场的形成，为产业的发展创造更为宽松、自由的环境。

最后，从技术创新与制度创新两方面促进制造业与现代服务业的融合发展，催生新产业业态、新商业模式的涌现。制造业与服务业特别是现代服务业的融合发展本质上是由于技术进步、管制放松与管理创新，在产业边界和交叉处发生技术融合，改变了原有产业产品的特征和市场需求，导致产业之间或同一产业不同行业相互渗透、相互交叉，从而呈现一种新型的竞争与合作关系，逐步形成产业之间产品、业务与市场全面融合的动态发展过程。因此，技术创新和制度创新是打破二者的技术与制度壁垒的必由之路。一方面，我们应从政府购买、消费补贴等需求侧重点

鼓励信息技术、新能源技术、节能环保技术等的推广和应用，并鼓励这些技术与服务业态的结合，发挥其在制造业与服务业融合中的黏合剂和推进剂作用，培育诸如移动互联、电子商务等新型业态的发展，实现制造技术与服务形态的深度融合，拓展整个产业系统的发展空间和获利能力。另一方面，从机制和组织方式上完善制造与服务之间的融合机制。一是有效促进服务外包的发展，服务外包作为服务业与制造业融合的主要方式，在提高了服务的专业化水平的同时也极大地提高了制造业的生产效率。因此，应积极扶持企业承接高水平的外包服务，在"干中学"中掌握国际先进管理理念，逐步融入并主动拓展国际网络渠道，在此基础上提高规模化、国际化、信息化水平。二是着力推动制造业的"主辅分离"，引导大型制造企业提升管理创新和业务流程再造能力，积极拓展技术研发、品牌运作、集成服务等高附加值业务；鼓励制造企业有针对性地剥离服务部门，以产业链整合配套服务企业，推进服务向专业化、市场化、社会化方向发展。此外，针对当前我国产业园区产业集聚方面的优势，完善服务配套平台建设，注重制造、服务产业生态系统建设，提升产业融合发展能力。

参考文献

［1］Clarida, H. R. The Mean of the New Normal is an Observation Rarely Realized：Focus also on the Tails ［J］. Global Perspectives，PIMCO，July 2010.

［2］Mohamed El - Erian. Navigating the New Normal in Industrial Countries ［J］. Per Jacobsson Foundation Lecture，October 10，2010.

［3］刘运彪. 中国银行业改革的几点思考［J］. 经济导刊，2013（5）.

［4］刘志彪. 从全球价值链转向全球创新链：新常态下中国产业发展新动力［J］. 学术月刊，2015（2）.

［5］余典范. 中国产业动态比较优势的实证研究：基于马尔科夫链的方法［J］. 经济管理，2013（12）.

［6］余典范. 2014中国产业发展报告［M］. 上海财经大学出版社，2014.

［7］余典范，张亚军. 制造驱动还是服务驱动？——基于中国产业关联效应的实证研究［J］. 财经研究，2015（6）.

［8］张占斌. 经济新常态下简政放权改革新突破［J］. 行政管理改革，2015（1）.

开放式研发、纵向一体化与自主品牌导入期的创新绩效

——中国乘用车制造企业的经验证据

白让让　谭诗羽

（复旦大学管理学院　上海　200433）

一、　问题提出

加入 WTO 以来，中国汽车工业发展迅速，已经逐步实现在生产规模和能力上对欧美日等汽车大国的赶超。轿车自主产品和品牌的发展、扩散在这一进程中发挥了重要作用，大部分企业已经顺利实现从"单一工厂、单一品牌"模式到"多品牌、多系列"经营体系的转换。2005 年以后以奇瑞、吉利和比亚迪为代表的自主品牌制造企业的迅速崛起，也得益于它们在研发投入、研发队伍和研发模式上的优化。但整体上，本土汽车生产企业的新产品研发和推广，还处于向跨国公司"模仿性学习"的阶段。随着市场竞争焦点从规模、价格转化为品牌、品质和服务，经历了 2005~2010 年的高速扩张后，自主品牌的市场份额从 2011 年开始持续下降，一些自主品牌的制造企业要么被跨国公司主导的大集团兼并（长丰、吉奥、哈飞等），要么压缩产品线长度，将有限能力集中在 SUV 和 MPV 细分市场（长城、江淮）。一度被学界和业界赞誉的自主品牌开发和生产模式为什么不能成为核心竞争力的持续来源？研发和生产模式对自主品牌制造企业的创新绩效有何影响？尚处于发展初期的自主品牌制造企业从以往研发和生产体系可以吸取哪些经验和教训？分析这几类问题就成为本文主要动机。

以往研究中，研发机制、生产模式与企业经营绩效的关系往往被割裂开来，形成了不完全相关的技术路径或研究范式：产业组织理论对纵向一体化的后果和绩效的分析依赖于对市场结构和产品差异的假设[1-5]。交易成本理论注重对生产活动中"自制"和"外购"两种方式决策因素的比较分析，认为企业的创新绩效也源于信息不对称和资产专用性对企业能力的影响。围绕汽车行业[6-11]和其他制造业[12-19]的实证研究，由于对纵向一体化以及创新绩效的度量方式不同，对两者之间关系的结论并不完全一致，不过大多数研究中，两者之间的关系为正向[6,12-14,16]或倒"U"形[10-11,17,19]。纵向一体化主要与企业的生产和制造业务相关联，较少涉及产品研发和技术领域。随着半导体、计算机和家电等模块化产业的成功发展，使用和整合外部的新技术、新产品

[基金项目] 国家自然科学基金项目"价值链不对称嵌入情境下本土轿车企业优化纵向组织结构的战略研究与应用"（批准号 71372114）；教育部人文社科一般项目"本土轿车制造企业自主产品开发的多案例比较研究"（批准号 12YJA630003）。

[作者简介] 白让让，复旦大学管理学院副教授；谭诗羽，复旦大学管理学院博士研究生。

和新创意成为创新的主要途径之一。在交易成本理论基础之上演化出的企业能力理论强调外部和内部资源的互补性对企业创新行为和绩效的影响，认为在开放式创新的过程中，不应忽视内部知识的累积，尽管不同产业技术路径存在差异，大多数研究在"过多地依赖外部资源不利于企业的创新"这一点上达成了共识[20-24]。

为了辨别哪些环节是影响企业创新产出的关键，有必要考虑研发模式与生产模式两种因素的共同作用，并严格区分专利开发和新产品生产等不同创新活动的差异。本文以中国自主品牌乘用车制造企业为样本，将研发机制和生产模式统一起来，同时分析研发活动开放模式与制造活动的一体化程度对自主品牌企业的两类创新绩效——专利数量和新产品价值的影响。这一研究也丰富了中国产业经济学界对自主创新和自主品牌的探讨[25-28]：已有文献主要围绕着自主品牌的技术路径与企业综合绩效[25]、短期成果[27]以及劳动生产率[28]之间的关系展开。本文使用企业层面的微观数据，直接分析和检验自主品牌企业的创新绩效，深化了对这一问题的研究。

二、市场进入阶段的自主品牌"创新"模式和能力构建

（一）自主品牌制造企业产品创新主要模式

20 世纪 80 年代初期，当轿车工业已经成为欧、美、日、韩等国的支柱产业时，中国轿车工业才步入"蹒跚学步"的阶段，并不存在严格意义上的技术创新和产品研发活动。在国家政策的长期保护下，从 1985 年到 2000 年，轿车产业处于"一家企业一个品牌"的状态，新产品的引进、生产和投放都属于主管部门的权责，企业没有创新的动机和压力。为了应对加入 WTO 可能面临的竞争势态，中央政府逐渐放松对轿车产业的进入限制，并开始鼓励本土企业发展自主产品和自主品牌。由于进入产业的方式和时机各不相同，各类企业产品研发模式也存在明显的差异，2007 年之前主要存在三类研发模式：

（1）技术引进。自主品牌的技术引进模式特指本土企业通过与汽车产业的跨国公司签订技术转让协议使用外方的技术、生产外方成熟的产品。中方企业还可以购买外方的生产设备或完备的生产线，以保证技术、工艺和生产体系的一致性和稳定性。技术引进与中外合资经营的最大区别在于外方不直接参与产品生产经营，而是以许可证和技术转让的方式获得收益。对中方而言，技术引进可以在短期内获得成熟的产品和生产体系，进而压缩产品开发的周期和成本，主要的弊端是只能在实践中获得生产的经验，无法直接体验新产品从创意、试验到成型的研发过程，只能以不断的产品引进满足消费的需求。天津夏利、贵州云雀、三家奥拓（西安秦川（比亚迪的前身）、江南和江北）、哈飞汽车等自主品牌都在很长时间内使用过这种模式。

（2）研发外包。2000 年前后研发外包一度成为全球汽车制造业的热点领域，为减少研发风险和投资，许多大企业纷纷将一些基础性的研发和创新业务外包出去，以获得最新的创新资源和能力。中国乘用车产业由于起步很晚，企业的研发和创新意识十分淡薄，尤其缺乏产品创意方面的研究经验，一些企业为了进入中高端轿车领域，采取了研发外包的方式，聘请国际知名事务所进行轿车外观、架构和模块设计。这种模式不仅可以避免单纯模仿或"抄袭"成熟产品技术的法律风险，也能获得全部知识产权。但是，汽车是一个整体性很强的结构化产品，在外观和构建上的前沿设计，既需要得到本土消费者的认可，也要与自身的生产能力相匹配。如同技术引进一样，技术外包也会限制中方企业自主学习的机会。2007 年之前，华晨汽车、一汽轿车等生产高端产品的企业是这一模式的典型代表。

（3）自主研发。由于技术水平严重落后和实践经验极其匮乏，本土品牌制造企业自主创新行为都是从对跨国公司已有产品的"反向设计"、"模仿创新"乃至"集成式创新"起步的，自主创新的含义体现在本土企业完全主导产品的开发和设计。依靠这一路径，奇瑞、吉利等企业既开发出了具有市场需求的产品，也积累了研究和开发的部分知识，为走上真正自主化提供了必要的资金、市场和人才储备。问题在于，模仿式的自主创新无法避免跟随策略的弊端，使自主品牌成为某成熟款式的"影子"产品，难以获得消费的外部性。同时，随着轿车产品更新换代周期的缩短，一味地模仿和跟随也隐藏着巨大的投资风险，这些企业在 2005 年经历了几场知识产权的法律诉讼后，才走上了严格意义上的自主创新之路。

产品技术来源差异只能影响企业研发投资的规模和风险，要将设计图纸转化为销售收入，还需构建稳定、可靠和高效的生产体系，自主品牌的制造企业在进入产业的初期，由于资金和能力所限，一般只投资建设部件冲压、焊装、涂装和总装四个必备的环节，诸如发动机、变速箱、车身底盘、电子电器系统等部件或配件大多采取外购的方式。相对于合资企业较为完整的制造体系，自主企业的纵向价值链存在许多短板，由此导致以增加值/总产值比计算的一体化水平也较低，加之生产平台的柔性化程度、流程管理水平等方面的不足，使得生产模式成为影响企业自主创新行为和绩效的因素之一，为此本文将纵向一体化程度作为另一个解释变量与研发模式一并分析。

（二）研究框架

基于文献回顾和产业背景介绍，本文将实证检验自主品牌制造企业进入乘用车产业初期的研发模式和纵向一体化程度对创新绩效的关系，并提出优化本土企业的治理结构、创新模式和完善政府产业技术政策的相关建议。其中对创新绩效的衡量包括了企业在研发活动中产生的专利数量，也包括了企业生产的新产品的市场价值，研究的概念性框架见图1。

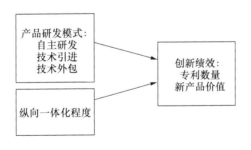

图1 本文分析框架

资料来源：作者绘制。

（三）研究假说

1. 研发模式与创新绩效

在全球化背景下，整合最前沿的外部新技术、新产品和新创意已经成为企业创新主要途径之一。不过要获得外部创新资源的优势必须辅之以合意的内部创新活动，否则会降低企业内部研发激励[24]，产生创新惰性，导致对新技术和新知识的认知滞后[20]；Weigelt[21]指出技术外包可能减少企业内部的"干中学"行为，引起技术投资和默契知识积累的下降；对比利时制造和服务业的实证研究[22]发现，企业自身的设计费用支出能显著增加新产品收入，内部独立设计对收入的边际贡献也超过设计外包；对意大利菲亚特公司的案例研究[23]表明，将已经外包产品研制中心重新内部化,使得菲亚特能够集中资源专注于节能发动机的开发和生产,并在经济型轿车市场获得明显的竞争优势,成为 2008~2010 年经济危机中最成功的汽车集团。尽管对创新绩效的衡量不尽相同,已有文献也在"过多地依赖外部资源进行研发并不利于企业创新绩效的提升"上达成了共识。根据对创新绩效度量方式的不同,本文提出关于自主品牌研发模式和专利数量以及新产品价值之间关系的两个假设:

假设 1a:相对于自主研发,借助外部资源的两种研发模式——技术引进和技术外包会降低自主品牌企业专利数量。

假设 1b:相对于自主研发,技术引进和技术外包会降低自主品牌企业的新产品价值。

2. 纵向一体化与创新绩效

早期的研究[12-13]认为一体化与企业的创新绩效正相关。原因在于拥有互补性资产的纵向一体化企业有更好的机会和能力使用内部资源进行研发活动并将研发的结果付诸实践[13];这些企业既能够更加有效地进行技术信息共享,引进新的技术手段和新产品[12],又能够更好地协调投资、研发和生产之间的关系,从而减少技术研发或创新的周期[14];一体化还利于企业保护和维持内生的知识和技术[16]。在汽车行业,能够同时将内部资源和外部资源以"准一体化"的方式组织、协调和控制在一起的日本企业,其新产品的研制和导入周期都优于以"合同治理"为主导的欧美企业[6];日产公司产品发展绩效案例研究[8]表明,营销知识和技术知识的一体化是决定新产品推出频率和质量的关键因素,过多地依赖外部资源会降低组织在创造、发展和维持核心能力等动态环节的优势,使企业失去在相关业务进行创新的诱因。不过近期的研究[11]指出,创新过程中纵向一体化与其他外部治理方式之间存在互补的关系,内部与外部治理模式没有孰优孰劣的明确界限,企业的创新绩效更多取决于企业对内外关系的协调能力[15]。以汽车行业为例,纵向关系不仅决定着汽车企业的业务边界,也决定了上下游的技术范围和交易的界面。汽车生产过程中各种活动是互补性的关系,为了协调这些互补关系,内部一体化的权威制、借助市场竞争的招标制、依靠股权投资的下包制都必不可少[7]。由此可见,一体化与企业创新绩效之间并非简单的正向关系:针对北美汽车产业的实证研究[10]表明,一体化与产品的多样化、生产的灵活性之间是互补的关系,不过一体化有利于过程创新(即成本降低);围绕计算机行业的实证研究[17]表明,纵向一体化与计算机新产品的投放数量呈倒"U"形的关系,与新产品的长期成功负相关;对半导体产业的实证分析[18]表明,一体化程度与公司专利数量负相关而与净收入正相关;对美国信息技术产业的实证研究[19]发现企业的一体化水平与专利的质量水准存在倒"U"形的关系,与专利的横向范围正相关。总的来说,一体化与企业创新绩效的倒"U"形关系被越来越多文献认可。基于此,本文提出关于自主品牌纵向一体化程度与专利数量以及新产品价值之间关系的假设 2a 和假设 2b:

假设 2a:自主品牌企业的纵向一体化程度与专利数量呈倒"U"形关系。

假设 2b:自主品牌企业的纵向一体化程度与新产品价值呈倒"U"形关系。

三、数据、变量与计量模型

(一) 数据来源

鉴于创新行为对企业市场进入决策和短期效果具有决定性作用,为了分析对象业务范围保持一致,本文研究对象只涉及 2007 年之前的自主品牌制造企业。这一时期是乘用车行业高速增长的阶段，外部竞争环境相对稳定，本土企业产品创新和能力构建战略尚处于探索之中。这些企业的新产品价值、工业增加值、固定资产总值等数据来自国家统计局编制的《中国工业企业产品数据库》（1998～2009）。企业技术来源、行业集中度等变量则由历年《中国汽车工业年鉴》原始数据汇总或计算而得。专利数据来自《万方数据——中外专利数据库》：通过检索"企业名称"和"汽车"两个关键词，可以获得各家企业在样本期间每年专利申请数量。样本中既有奇瑞、吉利和比亚迪等新进入的乘用车企业，也涉及长安、上汽等大型集团中的自主品牌生产企业。由于进入乘用车行业和自主品牌的开发时间有所差异，因此是一个非均衡的面板数据。

表 1　变量的描述性统计

变量名称	符号	观察值	均值	标准差	最小值	最大值
1. 专利数量	Patent	194	6.2990	18.8257	0.0000	143.0000
2. 新产品价值的对数	ln（New - value）	194	13.7429	1.5597	8.1617	16.4587
3. 技术引进	Import	194	0.4433	0.4981	0.0000	1.0000
4. 技术外包	Outsourcing	194	0.0412	0.1994	0.0000	1.0000
5. 纵向一体化	VI	194	0.1982	0.1132	0.0145	0.8270
6. 纵向一体化平方	VI^2	194	0.0520	0.0784	0.0002	0.6839
7. 从业人员的对数	ln（L）	194	7.5396	1.1640	3.6889	10.0499
8. 固定资产的对数	ln（K）	194	12.4582	1.6359	4.0254	15.3350
9. 市场集中度的对数	ln（HHI）	194	6.7470	0.5966	6.1028	8.0087

资料来源：作者基于 Stata12 软件计算。

（二）变量选择和计算

被解释变量：自主品牌制造企业的专利数量和新产品价值是本文衡量自主创新绩效的两个变量，其中新产品价值按照 GDP 平减指数进行了调整。

主要解释变量包括：

（1）产品技术引进虚拟变量（Import of Technology，简称 Import）：如果企业在某一年使用技术引进的方式开发新产品则记为 1，否则为 0。

（2）产品技术外包虚拟变量（Outsourcing of Technology，简称 Outsourcing）：如果企业在某一年使用技术外包方式进行新产品的开发则记为 1，否则为 0。

（3）纵向一体化指数（Vertical Integration，简称 VI）：使用企业的汽车工业增加值与汽车工业总产值的比例代表纵向一体化的程度。为反映纵向一体化的长期影响，本文将该指标的平方项 VI^2 也作为解释变量。

控制变量包括企业从业人员总数（ln（L））、固定资产总值（ln（K））和行业集中度（ln（HHI））。变量的描述性统计和相关系数分别见表 1 和表 2：

表 2　变量的相关系数

变量	1	2	3	4	5	6	7	8	9
1. Patent	1.0000								
2. ln（New - value）	0.2589	1.0000							
3. Import	- 0.2519	- 0.0303	1.0000						
4. Outsourcing	- 0.0605	0.2017	- 0.2011	1.0000					

变量	1	2	3	4	5	6	7	8	9
5. VI	0.0160	-0.0867	-0.0986	-0.1298	1.0000				
6. VI²	-0.0435	-0.1012	-0.0364	-0.0953	0.9137	1.0000			
7. ln（L）	0.1586	0.6681	0.1846	0.2197	-0.0636	-0.0500	1.0000		
8. ln（K）	0.2555	0.6830	0.0624	0.3418	0.0077	0.0089	0.8213	1.0000	
9. ln（HHI）	-0.3274	-0.3719	0.2800	-0.1668	0.0965	0.0872	0.0525	-0.1105	1.0000

资料来源：作者基于 Stata12 软件计算。

（三）计量模型设定

1. 面板数据的随机效应泊松模型

专利数量是衡量企业创新绩效常用指标，这一指标具有计数数据特征，且存在大量为零的样本，不能满足 OLS 模型的基本假定和前提，同类研究[29]主要使用泊松模型（Poisson Model）进行系数估计，也就是将企业 i 在 t 年的专利数量表述为解释变量的条件概率密度函数[30]：

$$\Pr(Y_{it} = y_{it} \mid X_{it}) = \frac{e^{-\lambda_{it}} \lambda_{it}^{y_{it}}}{y_{it}^2} \tag{1}$$

其中 $\lambda_{it} = E(Y_{it})$，泊松分布要求 Y_{it} 均值等于其方差，X_{it} 是解释变量组成的向量，Y_{it} 为企业的专利数量，对应的面板数据泊松回归方程为：

$$Patent_{it} = f(Import_{it}, Outsourcing_{it}, VI_{it}, VI_{it}^2, \ln(L_{it}), \ln(K_{it}), \ln(HHI_t), v_i, \varepsilon_{it}) \tag{2}$$

公式（2）中 v_i 是代表企业特性的随机效应变量，ε_{it} 是误差项，它们的性质是：$v_i \sim N(0, \sigma_v^2)$，$\varepsilon_{its} \sim N(0, \sigma_z^2)$，$E[(\varepsilon_{it} \mid v_i)] = 0$。

2. 新产品价值的随机前沿生产函数设定

专利是衡量企业研发产出的有效指标[18, 24]，但是对于汽车产业专利也存在一定局限性：一是专利无法涵盖企业所有的创新活动，并不是所有的创新成果都能够以专利的形式呈现；二是不同专利的经济价值也存在很大差异[31]，汽车制造企业专利开发是其他活动的副产品，专利并不能带来直接的经济效益。自主品牌乘用车生产企业由于进入市场时间短，涉及研究、创新和开发领域十分有限。因此，本文以新产品价值来衡量整体创新的绩效[20, 32]。这里的新产品是指使用新技术生产或功能上有明显改进的那些产品。为了避免将资本、劳动力等直接投入对新产品价值的影响与本文关心的研发模式和生产模式等结构性变量对新产品价值的影响混同，本文在 Fu[33] 的基础上，使用随机前沿模型对企业的新产品生产进行刻画：假设资本和劳动要素的投入以及行业的技术进步水平决定了企业的新产品产出边界，而研发模式与生产模式决定了企业的新产品实际产出相对于产出边界的偏差，即新产品生产的技术无效率。本文将企业的新产品产出边界设定为柯布—道格拉斯函数的形式，同时假定整个行业的技术进步会使得企业产出边界外移，对应的新产品生产函数为：

$$\ln(New - value_{it}) = \beta_0 + \beta_1 t + \beta_1 \ln(L_{it}) + \beta_2 \ln(K_{it}) + v_{it} - u_{it} \tag{3}$$

其中，$New - value_{it}$ 代表企业 i 第 t 年的新产品价值，时间趋势 t 用来刻画整个行业的技术变化，L_{it}、K_{it} 分别表示从业人员数量和固定资产总值。复合项 $v_{it} - u_{it}$ 表示企业实际的新产品价值相对于最优边界的随机误差：$v_{it} \sim N(0, \sigma_v^2)$ 为不可控的随机误差，非负项 $u_{it} \sim N^+(\mu_{it}, \sigma^2)$ 为企业的技术无效率项。一般而言，企业技术效率 TE_{it}（实际新产品产出与最优产出边界的比值）可以写成无效率项 u_{it} 的函数：

$$TE_{it} = \exp(-u_{it}) = \exp(-z_{it}\delta - w_{it}) \in (0, 1] \tag{4}$$

本文将无效率方程设定为如下形式：

$$u_{it} = \delta_0 + \delta_1 VI_{it} + \delta_2 VI_{it}^2 + \delta_3 Import_{it} + \delta_4 Outsourcing_{it} + w_{it} \tag{5}$$

设定复合项 $v_{it} - u_{it}$ 的方差 $\sigma_s^2 = \sigma^2 + \sigma_v^2$，将无效率项 u_{it} 的方差在复合项方差中所占的比重记为 $\gamma = \sigma^2/\sigma_s^2 \in [0, 1]$，就可以借助 Frontier 4.1 软件对公式（4）和（5）进行极大似然估计，得到生产函数的系数 β、无效率项的系数 δ、方差参数 σ_s^2 和 $\gamma^{[34]}$。

按照公式（4）的含义，当公式（5）中某变量的系数显著为正时，说明它对技术效率的提高具有抑制作用，相反若该变量的系数显著为负，则表示该变量会促进效率的增加。

四、实证结果与讨论

（一）专利数据的泊松回归结果分析

表 3 给出基于 Stata12 软件的专利数量随机效应泊松模型估计结果，主要发现有：

表 3　专利数量的随机效应泊松模型估计结果

变量	模型 1	模型 2	模型 3
常数项	11.87 *** (1.520)	13.56 *** (1.568)	11.49 *** (1.600)
Import	—	−0.023 (0.128)	−0.093 (0.133)
Outsourcing	—	−1.216 (1.689)	−1.467 (1.667)
VI	6.078 ** (2.543)	—	5.933 ** (2.546)
VI²	−20.49 *** (6.080)	—	−20.29 *** (6.075)
ln（L）	0.132 ** (0.067)	0.086 (0.065)	0.128 * (0.068)
ln（K）	0.237 *** (0.062)	0.214 *** (0.057)	0.245 *** (0.062)
ln（HHI）	−2.272 *** (0.142)	−2.387 *** (0.159)	−2.212 *** (0.163)
ln（alpha）	1.664 *** (0.286)	1.666 *** (0.286)	1.634 *** (0.288)
极大似然值	−515.082	−530.982	−514.583
观察值	40 家企业 10 期（1998 ~ 2007 年），194 个观察值		

注：参数估计值下括号内的数值为标准差；上标 ***、**、* 分别表示显著性水平为 1%、5% 和 10%。
资料来源：作者基于 Stata12 软件结果整理。

（1）技术引进（Import）和外包（Outsourcing）对自主品牌制造企业的专利数量存在不显著的负面影响，直接使用外部资源进行新产品开发对企业专利创新具有一定挤出效应，这一结果验证了第二部分的假设1a。事实上，2007年之前自主品牌制造企业的行为并非严格意义上的开放式创新，作为技术的受让方，本土企业并不参与产品创意、设计和试验等环节，而是按照购买的技术蓝图和生产工艺直接组织生产。以技术引进（Import）为例，这种模式在实践中往往伴随着汽车生产线的贸易，本土企业更加偏重对生产技术的消化、吸收和学习[35]。虽然这一过程能帮助企业缩短产品和制造工艺差距，但是由于企业无须进行后续研发活动，也就没有通过开发和申请专利的形式获得和保护知识产权的内在激励，使得借助外部优质资源进行研发活动反而降低了企业的专利数量。

（2）表3中变量VI的系数显著为正，而其平方项VI^2的系数显著为负，表明纵向一体化与专利数量创新绩效呈倒"U"形的关系。这一发现验证了假设2a。2007年之前，中国乘用车产业的核心部件、关键资源都被跨国公司控制，自主品牌制造企业为了满足高速增长的需求，只能不断地提高内部的自制率，由于汽车生产涉及诸多的环节和技术，这些内部制造活动必然产生出相关的知识产品，将这些内部知识专利化不仅可以明确其所有权，也是积累内部知识资本的一种有效途径。但是，汽车制造使用的是十分稳定的生产工艺流程，随着内部生产活动范围的不断拓展，生产所需的各类知识和技术都可以自我满足，由此导致对新增知识性资产的需求相应下降，表现为纵向一体化与专利数量的倒"U"形关系。

（3）行业集中度HHI的系数显著为负，表明在中国乘用车发展阶段，市场竞争会抑制本土企业的专利开发，从业人员ln（L）和固定资产ln（K）的系数在不同的显著水平上都为正，说明自主品牌生产企业的专利开发活动兼具劳动和资本密集的特征。

应该指出的是在表3中，ln（alpha）的系数显著为正，说明混合泊松回归模型不适用；对样本进行固定和随机效应的Hausman检验，卡方值为9.02，对应的p值为0.1726，也就是说本文应该使用随机效应泊松模型进行参数估计。

（二）新产品价值的随机前沿估计结果分析

表4给出了利用Frontier 4.1对企业新产品价值的随机前沿生产函数的估计结果，该表包括产出边界函数、技术无效率方程和残差项参数估计三个部分，各个部分的结论是：

（1）新产品的产出边界。时间趋势t的系数为正且在0.1的水平下显著。这说明1998~2007年这十年间，中国乘用行业自主品牌制造企业的年平均技术进步率为9.3%；从业人员数量每增加10%，产出边界向外扩张5.9%；固定资产总值每增加10%，产出边界向外扩张1.4%。即相对而言，企业新产品价值的增加更多依赖人力资本的扩张。

（2）技术无效率方程。技术引进虚拟变量（Import）的系数为正但不显著，技术外包虚拟变量（Outsourcing）的系数显著为负。也就是说，相对于完全的自主开发模式，技术外包显著提升了自主品牌企业新产品生产的技术效率，使得企业的新产品价值增加，这一发现与假设1b中技术外包与新产品价值之间负相关的假设并不一致。说明与对专利开发的挤出作用不同，就新产品开发和销售而言，技术外包不仅会缩短产品研发的周期，也会使自主品牌在规格、质量等方面靠近跨国公司品牌，从而满足消费者对新型号、新款式的偏好，并使产品在市场竞争中获取更高的附加值。

技术无效率方程中，纵向一体化程度VI的一次项和二次项系数均为正且显著，即一体化程度的上升会降低新产品生产的技术效率。以2007年为例，自主品牌制造企业的平均纵向一体化水平为17.2%。在这一基础上，企业的纵向一体化程度每上升0.01（5.8%），它的技术效率（新产品实际产出和产出边界之比）会下降9.3%，即纵向一体化并不利于以新产品价值衡量的自主品牌创新绩效的提升。该结论同样与假设 2b 中一体化与新产品价值之间倒 "U" 形关系的假设不一致。这说明纵向一体化与创新绩效之间关系依赖于对创新绩效的衡量方式。已有研究纵向一体化与创新绩效关系的文献主要从产品多样性和市场表现[6,8-10]，专利数量和质量[17-19]等方面对企业的创新绩效进行衡量，鲜有文献以新产品价值作为创新绩效的代理变量。事实上，生产和销售新产品是企业创新的最终目的，以新产品价值来衡量创新绩效，既体现了新产品前期研发过程创造的价值，又体现了后期新产品投产和制造过程中创造的价值。因此，以这种方式衡量的创新绩效与以专利数量等其他方式衡量的创新绩效存在一定的差异。

应该指出，纵向一体化与创新绩效的关系同样会受到一体化程度的度量方式的影响。使用增加值与总产值的比例表示自主品牌制造企业纵向一体化的程度高低，只能反映价值链中制造环节自制率的水平，研发、工艺和销售等其他内部活动无法得到有效的体现。原因在于本文使用的是制造企业而非集团层面的数据，而多事业部制是中国乘用车企业的主导治理模式，研发、销售等活动往往会交由同一集团的其他独立法人来完成，装配制造企业的数据并不完全包含这些信息。也就是说，从经营的完整性和一致性出发，本文仅仅使用生产活动的内部自制率会低估自主品牌企业纵向一体化的水平。

（3）残差项的参数估计结果。表 4 中 σ_s^2 和 γ 这两个参数的系数估计值都十分显著，表明本文使用随机前沿生产函数而非一般的 OLS 分析，更加符合新产品价值与时间趋势、劳动和资本投入与研发模式、一体化水平等变量的实际关系。

表 4　新产品价值的随机前沿模型估计结果

	模型 1	模型 2	模型 3
产出边界函数			
常数项	6.7817 *** (0.6873)	7.7064 *** (1.2218)	8.0555 *** (0.8192)
t	0.1495 *** (0.0562)	0.0952 * (0.0569)	0.0928 * (0.0512)
ln（L）	0.6353 *** (0.1006)	0.6671 *** (0.2460)	0.5856 *** (0.0551)
ln（K）	0.1863 *** (0.0564)	0.1194 (0.1171)	0.1383 * (0.0712)
技术无效率方程			
常数项	-2.2534 *** (0.8155)	-4.3036 ** (2.0803)	-3.5971 *** (1.0627)
Import	—	1.5293 (2.4397)	1.4577 (1.6530)
Outsourcing	—	-25.2786 ** (9.9230)	-8.8916 *** (2.0757)
VI	5.2849 *** (1.3679)	—	8.3872 *** (1.9885)
VI^2	1.5806 ** (0.6374)	—	2.7035 ** (1.1716)

	模型1	模型2	模型3
残差项的参数估计			
σ_s^2	90.4775 ***	110.6622 ***	93.7062 ***
	(1.5671)	(9.6382)	(1.9209)
γ	1.0000 ***	1.0000 ***	1.0000 ***
	(0.0000)	(0.0000)	(0.0000)
极大似然值	-575.2758	-573.5175	-573.2810
观察值	40家企业10期(1998~2007年),194个观察值		

注:参数估计值下括号内的数值为标准差;上标 ***、**、* 分别表示显著性水平为1%、5%和10%。

资料来源:作者基于 Frontier4.1 软件结果整理。

五、结论与含义

本文以专利数量为创新绩效代理变量的泊松回归支持关于研发模式、一体化和创新绩效之间关系的假设1a和假设2a;而以新产品价值为创新绩效代理变量的随机前沿分析结果与假设1b和假设2b并不一致。也就是说,自主品牌制造企业的研发模式和生产模式对企业创新活动的两类产出——专利数量和新产品价值有着完全不同的影响:产品的技术引进和外包与专利数量存在着不显著的替代关系;而生产范围和规模扩展所引发的对各类专业知识的需求,必然促使企业增加研发投入,即"干中学"会提高内部知识存量,从而带来专利数量的上升;相反,技术外包可以直接提高产品的设计,通过新产品的质量竞争获取更高的价格升水,最终提升企业新产品生产的技术效率和新产品价值;纵向一体化程度与新产品生产的技术效率和新产品价值负相关,则说明本土企业的创新绩效被低效率的制造体系侵蚀。这也从另一方面说明,乘用车制造企业产品创新的实际效果由价值链的整体效率所决定,各个环节之间是互补而非替代的关系。

这一研究的理论价值表现在三个方面:①弥补了已有文献将专利数量与新产品价值等不同的创新绩效割裂开来的缺陷,同时检验了研发模式和生产体系对两种绩效的影响;②使用随机前沿模型将研发和生产的治理结构理解为影响企业技术效率的间接因素,避免了将结构性变量与资本、劳动力等直接投入品混同处理所隐藏的技术缺陷或伪回归问题,从而为检验治理结构和创新绩效关系提供了一个新的例证;③以汽车产业的经验为依据,弥补了技术创新路径已有研究中将差异化十分显著的多产业并行处理所带来的不足[36],为特定产业技术引进政策的选择提供依据。

本文研究的应用价值主要体现在三个层面:①2014年以来,除了在SUV、MPV等细分市场依旧保持明显竞争优势和增长势头外,自主品牌轿车的市场占有率已经持续下降了近2年的时间,一些企业甚至宣布暂时退出轿车的生产经营,一个重要的原因是轿车市场进入了成熟阶段后,合资企业大规模高速度的品牌投放和升级,使本土品牌跟随和模仿创新策略的成本优势不复存在,因此亟须反思和调整以往研究和开发机制的弊端。②汽车制造使用的是十分稳定和成熟的技术,核心环节和能力依旧掌控在跨国公司手中,在需求高速增长的阶段,本土企业过分注重表层竞争力(新产品、新型号、新技术),在一定程度上忽视了对基本能力和基础技术的投资,使得新产品的生命周期远远低于外资品牌,无法再通过生产阶段的规模经济和范围经济积累和储备技术人才以及默契知识,创新绩效未能转化为竞争效率。因此在较长一段时间内,自主品牌企业在使用外部资源的同时缺少关键部件制造和生产管理的内功。③目前政府对自主品牌的扶持政策主要是在新能源汽车的研发和销售补贴方面，使得大部分自主品牌的企业在激烈市场竞争压力下，不得不压缩乃至放弃对传统汽车技术的研究投入，这也使在燃油发动机、自动变速箱、车用电子集成系统等方面与跨国公司的技术差距不断扩大。因此，政府要鼓励和扶持本土企业通过技术同盟的方式共同开发基础部件或模块，抑制自主品牌企业对跨国公司长期依赖的趋势。

研究的局限之一是为避免变量之间交互关系对主题的影响，只选择了 2007 年之前，自主品牌企业产品的技术来源或研发模式比较单一的时期进行计量检验，对近年来研发机制的多样性和相应的创新绩效未进行深入的讨论；另一个问题是没有将企业层面研发的资金、人员投入和产品定位等因素一并考虑，可能会低估自主品牌企业的创新努力和绩效。未来应在品牌而非企业层面深入分析纵向治理结构与产品创新、过程创新之间的关系。

参考文献

[1] Economides, N. Quality Choice and Vertical Integration [J]. International Journal of Industrial Organization, 1999, 17 (6): 903 – 914.

[2] Farrell, J., and M. L. Katz. Innovation, Rent Extraction, and Integration in Systems Markets [J]. The Journal of Industrial Economics, 2000, 48 (4): 413 – 432.

[3] Heeb, R. Innovation and Vertical Integration in Complementary Markets [J]. Journal of Economics & Management Strategy, 2003, 12 (3): 387 – 417.

[4] Chen, Y., and D. E. M. Sappington. Innovation in Vertically Related Markets [J]. The Journal of Industrial Economics, 2010, 58 (2): 373 – 401.

[5] Loertscher, S., and M. Reisinger. Market Structure and the Competitive Effects of Vertical Integration [J]. The Rand Journal of Economics, 2014, 45 (3): 471 – 494.

[6] Clark, K. B., W. B. Chew, T. Fujimoto, J. Meyer, and F. M. Scherer. Product Development in the World Auto Industry [J]. Brookings Papers on Economic Activity, Special Issue on Microeconomics, 1987 (3): 729 – 781.

[7] Ulrich, K., and S. D. Eppinger. Product Design and Development [M]. McGraw – Hill, New York, 1995.

[8] Iansiti, M., and K. B. Clark. Integration and Dynamic Capability: Evidence from Product Development in Automobile and Mainframe Computers [J]. Industrial and Corporate Change, 1995, 3 (3): 557 – 605.

[9] Novak, S., and S. Stern. How does Outsourcing Affect Performance Dynamics? Evidence from the Automobile Industry [J]. Management Science, 2008, 54 (12): 1963 – 1979.

[10] Biesebroeck, J. V. Complementarities in Automobile Production [J]. Journal of Applied Econometrics, 2007, 22 (7): 1315 – 1345.

[11] Novak, S., and S. Stern. Complementarity among Vertical Integration Decisions: Evidence from Automobile Product Development [J]. Management Science, 2009, 55 (2): 311 – 332.

[12] Armour, H. O., and D. J. Teece. Vertical Integration and Technological Innovation [J]. The Review of Economics and Statistics, 1980, 62 (3): 470 – 474.

[13] Teece, D. J. Profiting from Technological Innovation [J]. Research Policy, 1986, 15 (6): 285 – 305.

[14] Chesbrough, H. W., and D. J. Teece. When is Virtual Virtuous: Organizing for Innovation [J]. Harvard Business Review, 1996, 74 (1): 65 – 73.

[15] Leiblein, M. J., J. J. Reuer, and F. Dalsace. Do Make or Buy Decisions Matter? The Influence of Organizational Governance on Technological Performance [J]. Strategic Management Journal, 2002, 23 (9): 817 – 833.

[16] Cacciatori, E., and M. G. Jacobides. The Dynamic Limits of Specialization: Vertical Integration Reconsidered [J]. Organization Studies, 2005, 26 (12): 1851 – 1883.

[17] Rothaermel, F. T., M. A. Hitt, and L. A. Jobe. Balancing Vertical Integration and Strategic Outsourcing: Effects on Product Portfolio, Product Success, and Firm Performance [J]. Strategic Management Journal, 2006, 27 (11): 1033 – 1056.

［18］Lahiri, N. , and S. Narayanan. Vertical Integration, Innovation, and Alliance Portfolio Size：Implication for Firm Performance ［J］. Strategic Management Journal, 2013, 34（11）：1042 － 1064.

［19］Li, H. , and, M. Tang. Vertical Integration and Innovative Performance：The Effect of External Knowledge Sourcing Modes ［J］. Technovation, 2010, 30（7 － 8）：401 － 410.

［20］Laursen, K. , and A. Salter. Open for Innovation：The Role of Openness in Explaining Innovation Performance among U. K. Manufacturing Firms ［J］. Strategic Management Journal, 2006, 27（2）：131 － 150.

［21］Weigelt, C. The Impact of Outsourcing New Technologies on Integrative Capabilities and Performance ［J］. Strategic Management Journal, 2009, 30（6）：595 － 616.

［22］Czarnitzki, D. , and S. Thorwarth. The Contribution of In － house and External Design Activities to Product Market Performance ［J］. Journal of Product Innovation Management, 2012, 29（5）：878 － 895.

［23］Ciravegna, L. and Maielli, G. ，"Outsourcing of New Product Development and The Opening of Innovation in Mature Industries：A Longitudinal Study of Fiat During Crisis and Recovery ［J］. International Journal of Innovation Management, 2011, 15（1）：69 － 93.

［24］Ahuja, G. , and R. Katila. Technological Acquisitions and the Innovation Performance of Acquiring Firms：A Longitudinal Study ［J］. Strategic Management Journal, 2001, 22（3）：197 － 220.

［25］王刚，章博文，李显君. 中国汽车企业技术追赶模式差异化的实证分析 ［J］. 技术经济，2014（8）：10 － 15.

［26］张化尧，李德扬，谢洪明. 技术截断下的中国民营汽车企业能力升级研究：以奇瑞、比亚迪和吉利为例 ［J］. 科学学与科学技术管理，2012（2）：122 － 130.

［27］田志龙，李春荣，蒋倩，王浩，刘林，朱力，朱守拓. 中国汽车市场弱势后进入者的经营战略——基于对吉利、奇瑞、华晨、比亚迪和哈飞等华系汽车的案例分析 ［J］. 管理世界，2010（8）：139 － 152.

［28］朱承亮. 中国汽车产业技术进步主要来源 ［Z］. 2014（3）：105 － 114.

［29］Roper, S. , and N. Hewitt － Dundas. Knowledge Stocks, Knowledge Flows and Innovation：Evidence from Matched Patents and Innovation Panel Data ［J］. Research Policy, 2015, 44（7）：1727 － 1340.

［30］Greene, W. H. Econometric Analysis, Seventh Edition ［M］. Upper Saddle River, NJ：Prentice Hall, 2012.

［31］Grilliches, Z. Patent Statistics as Economic Indicators：A Survey ［J］. Journal of Economic Literature, 1990, 28（4）：1661 － 1707.

［32］Atuahene － Gima, K. , and H. Li. Strategic Decision Comprehensiveness and New Product Development Outcomes in New Technology Ventures ［J］. The Academy of Management Journal, 2004, 47（4）：583 － 597.

［33］Fu, X. How Does Openness Affect the Importance of Incentives for Innovation ［J］. Research Policy, 2012, 41（3）：512 － 523.

［34］Battese, G. E. , and T. J. Coelli. A Model for Technical Inefficiency Effects in a Stochastic Frontier Production Function for Panel Data ［J］. Empirical Economics, 1995, 20（2）：325 － 332.

［35］［美］凯丽·西蒙斯·盖勒格. 变速中国——汽车、能源、环境与创新 ［M］. 程健，齐彬彬，郝义译. 北京：清华大学出版社，2007.

［36］Li, J. , D. Chen, and D. M. Shapiro. Product Innovations in Emerging Economies：The Role of Foreign Knowledge Access Channels and Internal Efforts in Chinese Firms ［J］. Management and Organization Review, 2009, 6（2）：243 － 266.

"互联网+"基础投资的产业调整效应研究

——基于中国省际面板数据

庄 雷 王 飞

（东南大学经济管理学院 南京 211189）

一、问题提出

互联网等信息技术是现代经济发展的一个重要引擎，信息化已成为中国国家战略。从产业的互联网化到消费的互联网化，互联网已成为生产生活中不可或缺的工具。就生活消费而言，国家外汇管理局 2015 年 3 月 31 日公布的《2014 年中国国际收支报告》显示，就生活消费而言，2014 年"双十一"各大网站单天交易总额约为 805.11 亿元人民币，其中阿里巴巴的淘宝贡献 571 亿元，占 70.9%；有近 3 万个品牌参与其中，全网最终形成的包裹总数约为 4.09 亿个，平均每位顾客花费近 197 元。从通信工具看，由有线端到无线端的转变，包括微信购物、京东移动客户端、苏宁移动端、手机 QQ 购物等移动端下单的表现甚为抢眼，移动交易比例超过 40%，其中淘宝移动端成交 243.3 亿元，约占总交易量的 42.6%，而上年这一方式的数字仅为 21%。从用户分布来看，2014 年三到六线城市的用户数量有了大幅增长。但目前中国的上网速度比较慢（大流量容易导致网站瘫痪）且上网费用较高，互联网企业积极要求国家加大对互联网基础设施建设投入（马化腾，2013）。中央网信办呼吁协调相关部门，加强信息基础设施和物流体系建设，为电子商务提供便利的支付、通关和物流条件，进一步规范网络市场秩序。在过去一年多，中国正积极从有线的互联网时代跨入移动互联网时代[1]。那么，各地区信息网络基础设施投入对中国产业经济调整到底有何影响？

互联网基础设施主要通过降低交易成本、提高交易效率等来促进产业经济增长（Yilmaz and Dinc，2002）[1]，交易成本是产业中各微观个体交流的价格表现，互联网通达性（Gas par and Glaeser）[2]与即时性对企业交流有重要影响（Agenor and Neanidis，2006）[3]。一方面，它是一种基础设施投资，互联网相关设备的生产投资不仅能够带动通信装备制造（第二产业）的发展，

［基金项目］国家社会科学基金资助项目（15AJL004；15BGL076）；江苏高校哲学社会科学研究重大项目（2015ZDAXM005）；江苏省研究生科研创新计划项目（KYZZ15_0070）。

［作者简介］庄雷，东南大学经济管理学院博士生，研究方向：网络经济等；王飞，东南大学经济管理学院博士生，研究方向：网络经济等。

① 1994 年中国正式全功能加入国际互联网，开启了中国互联网 1.0 时代。2000~2002 年全球互联网泡沫破灭，无数互联网企业倒闭，阿里巴巴于 2003 年成立淘宝网，进入互联网 2.0 时代。2009 年即时通信（IM）等移动互联网走红，进入互联网 3.0 时代。

而且促进相关软件信息服务（第三产业）的发展，这些直接反映在国内生产总值账户中，能够直接促进产业经济增长（陈亮等，2014）[4]。另一方面，互联网基础投资具有溢出效应（Röller et al.，2001）[5]，具体表现为它可以直接提高生产效率增加经济产出，即规模效应（刘生龙和胡鞍钢，2010）[6]；同时又可以通过在线互动学习等引导人们通过知识的交流积累而促进人力资本提高，即网络效应（Leff，1984）[7]。由于基础设施的发展有助于人力资本的聚集和国外技术的引进吸收，而这些都对经济增长具有溢出效应（Duggal et al.，2007）[8]。无论是从宏观产业的互联网基础投入的直接产出效应，还是从微观个体的互联网经营效率溢出效应，都能促进各产业产值的增加。

随着中国经济的发展，国家工业化和信息化战略的深入实施，三大产业结构逐步进行调整，出现第一产业比重逐渐下降、第二产业比重有所下调、第三产业比重上升的局面（何德旭、姚战琪，2008）[9]。目前大多数文献集中讨论产业结构调整对经济增长的影响（干春晖等，2011）[10]，而将产业经济结构调整的原因归结于技术创新（Cantwell and Tolentino，1990）[11]，对外直接投资（Malcolm and Chia，2000）[12]，金融市场发展（Carlin，2000）[13]，等等，但较少有文献分析互联网基础投资对产业结构调整的影响。

本文主要研究互联网基础设施投入对中国产业经济增长和产业结构调整的作用，解释中国信息化战略到"互联网＋"战略实施的现实支撑。收集中国各省份2003～2012年的面板数据，从实证角度验证互联网基础设施投入对中国经济增长的拉动效应，重点检验对中国全要素生产率的溢出效应。

二、理论分析与研究假设

本文从新增长理论模型（Romer，1990）[14]出发，在这个模型基础上考虑信息网络基础投入的影响，检验互联网基础投资的投资效应以及通过规模经济和网络交互间接促进产业经济增长（Hulten et al.，2006）[15]。本文中的生产函数如下：

$$Fi = A(inf, X)F(OK, L, inf) \qquad (1)$$

其中，Fi 代表各部门经济总产出，inf 代表信息网络基础资本投入，OK 代表其他（除信息网络基础）资本要素投入，L 代表劳动要素投入，A(inf, X)代表全要素生产率[①]，且通过它来反映信息网络基础投入的溢出效应。考虑地区时间因素的影响，方程（1）具体写成如下形式：

$$\ln Fi = \alpha + \beta \times \ln inf + \gamma \times X \qquad (2)$$

其中，β 表示信息网络基础对产业发展的影响系数；α 代表常数项，X 代表其他影响产业发展的控制变量，γ 代表控制变量的影响效应系数。

从理论模型中可知，互联网基础设施可以直接通过产出效应和间接网络溢出效应影响产业的发展（蒋冠宏、蒋殿春，2012）[16]，产业内的企业依靠发达的网络来提高信息对称性，降低交易成本，提高企业的经营效率。无论直接还是间接效应都有助于提高第一、第二、第三产业的生产效率，从而促进各产业产值的增加（Gao，2004）[17]。根据互联网基础投资的产业增长效应，得出研究假设1：

H1：互联网基础投入对各产业产值增加具有正的拉动效应，且拉动效应具有滞后性。

---

① A(inf, X)是一个标准的希克斯中性效率函数，它使整个生产函数能够外生地移动，当生产函数向外移动时表现为规模报酬递增，反之则表现为规模报酬递减。文中假定希克斯效率项及其组成部分是多元组合的。

互联网基础投资对产业结构调整的影响。随着中国经济的发展，信息技术的进步推动产业升级（李健、徐海成，2011）[18]，三大产业结构逐步进行调整，出现第一产业比重逐渐下降、第二产业比重有所下调、第三产业比重上升的局面，实现产业结构从"一二三"到"二三一"再到"三二一"的转变。互联网基础投入对中国产业结构的调整将发挥积极作用，得出研究假设2：

H2：互联网基础投入对产业结构调整具有正向效应。

虽然互联网基础投入有助于提高第一产业的生产经营效率（Antle，1989；吴清华，2015）[19-20]，但是这种影响效果是有限的。农业的互联网化能提高经营效率，农业生产只需更少的人力投入，在农产品需求一定条件下，农业的就业人数大量减少。目前我国实行家庭承包责任制，单个家庭小块土地生产，农业生产的机械化和信息化水平比较低（康弥等，2014）[21]。由此，可得假设2a：

H2a：互联网基础投资对第一产业结构调整具有显著负向关系。

改革开放以来，中国实现工业化与信息化战略并举，尤其是最近十几年来的工业信息化有效促进了中国制造业的发展。首先，互联网基础投资可以直接拉动通信网络相关设备的生产需求，通信装备制造（第二产业）大量增加直接带动第二产业产值的增加。其次，制造企业可以利用良好的信息网络来提高企业生产效率，间接促进第二产业产值的增加（韩先锋等，2014）[22]。互联网基础投入将对第二产业结构产生积极影响。由此，可得假设2b：

H2b：互联网基础投资对第二产业结构调整具有显著正向关系。

理论上说，互联网基础投入对第三产业的生产效率将有很大积极影响，网络基础设施大量投资也需要相关软件信息服务（第三产业）的配套，直接推动第三产业结构的升级。但是现实情况是中国第三产业发展水平较低，第三产业服务增加主要依靠廉价的劳动力，并没有提高互联网水平（蓝文妍等，2014）[23]。此外，重工业重GDP的发展思路使得互联网基础投入对第三产业结构调整的拉动效应有限。由此，可得假设2c：

H2c：互联网基础投资对第三产业结构调整具有正向关系。

三、变量说明与计量模型

（一）变量说明

具体相关变量说明如下：

1. 被解释变量

产业产值增加（ier）。以各产业产值增加来衡量中国各地区的产业增长，第一产业产值（ncg），第二产业产值（gcg），第三产业产值（tcg）。

产业结构（ids）。产业结构从低附加值的农业向高附加值的服务业以及从低端制造到先进智造的产业升级显然也能极大促进地区经济效率的提高。以各产业总产值占地区生产总值的比重来衡量中国各地区产业结构效率，第一产业结构（nzg），第二产业结构（gzg），第三产业结构（tzg）。

2. 解释变量

互联网基础投资（inf）。信息基础设施包含邮电、通信、电台以及计算机网络等一系列与信息传递有关的领域，是一个比较宽泛的范围，且衡量的指标也比较多。本文采用信息基础设施投资指标并通过永续盘存法测算各地区的信息基础设施资本存量，作为信息基础资本要素投入。资本要素投入即资本存量 K_t 的测算采用"永续盘存法"[①]（Goldsmith，1951）。

3. 工具变量

以互联网普及率（hlp）作为互联网基础的工具变量，互联网普及率与信息网络基础的投入理论上存在相关性，但与居民收入理论上没有显著相关性。

4. 控制变量

向量 X 中所包含的其他影响全要素生产率的变量：

（1）劳动人口要素的投入（zjp）。采用各地区的总就业人口作为衡量各地区劳动要素投入的指标。

（2）人力资本投资（jyn）。通过教育培训等方式达到的人力资本的改善能够提高物质资本的使用效率，因此，以从业人员的平均受教育年限来衡量各地区的人力资本影响。中国目前的教育以学校面对面的学制教育为主，教育年限能更好地反映人力资本要素投入。

（3）财政支出（czj）。财政支出投入医疗健康、教育等公共服务建设方面，可以促进地区经济产出效率的提高；但是过度的行政费用支出反而有损经济效率。以财政支出占地区生产总值的比重来衡量各地区的财政支出经济效率。

（4）开放程度（fie）。一个地区开放程度越高，获得国际交流机会越多，越有利于吸引国际先进技术和管理经验。以外商直接投资与进出口总额占地区生产总值的比重来衡量各地区的开放程度。

（二）计量模型

本文主要测度信息网络基础投入对居民收入分配的影响，由此，互联网基础投入的收入增长进出口拉动效应的计量模型设定为：

$$\ln ier_{i,t} = \alpha + \beta \ln inf_{i,t} + \gamma_1 \ln gdp + \gamma_2 jyn_{i,t} + \gamma_3 \ln czj + \gamma_4 \ln fie + \mu_{i,t} \tag{3}$$

互联网基础投入的外商投资效应的计量模型为：

$$\ln ids_{i,t} = \alpha + \beta \ln inf_{i,t} + \gamma_1 \ln gdp + \gamma_2 jyn_{i,t} + \gamma_3 \ln czj + \gamma_4 \ln fie + \mu_{i,t} \tag{4}$$

（三）数据描述

本文选择了 2003~2012 年中国 31 个省份面板数据进行分析[②]。

表1　描述性统计

变量		均值	标准差	最小值	最大值	观测值
ncg	overall	1044.229	870.743	40.62	4281.7	N = 310
	between		763.007	58.574	2794.364	n = 31
	within		439.284	−269.465	2531.565	T = 10
gcg	overall	5213.14	5351.44	47.99	27700.97	N = 310
	between		4543.837	121.565	17189.34	n = 31
	within		2931.35	−4669.124	16162.61	T = 10
tcg	overall	4164.583	4317.571	95.89	26519.69	N = 310
	between		3527.595	213.065	15007.77	n = 31
	within		2561.238	−5617.921	15676.5	T = 10

[①]　该方法假定资本的相对效率服从几何递减模式，并且在这种模式之下折旧率和重置率是相同的。

[②]　数据来源于国研网数据库以及《中国统计年鉴》及各省统计年鉴等。

续表

变量		均值	标准差	最小值	最大值	观测值
nzg	overall	0.125	0.063	0.006	0.358	N = 310
	between		0.061	0.009	0.301	n = 31
	within		0.019	0.073	0.182	T = 10
gzg	overall	0.469	0.084	0.218	0.664	N = 310
	between		0.078	0.252	0.558	n = 31
	within		0.033	0.372	0.6	T = 10
tzg	overall	0.394	0.078	0.274	0.765	N = 310
	between		0.070	0.302	0.665	n = 31
	within		0.036	0.153	0.493	T = 10
inf	overall	252.141	230.795	1.898	1568.462	N = 310
	between		201.945	12.281	1055.989	n = 31
	within		116.93	− 444.689	871.961	T = 10
jyn	overall	8.722	1.384	3.016	13.331	N = 310
	between		1.264	4.81259	12.027	n = 31
	within		0.605	6.924949	12.89	T = 10
zjp	overall	2321.921	1602.771	130.7	6041.9	N = 310
	between		1614.633	156.6678	5817.381	n = 31
	within		194.340	1241.415	2983.521	T = 10
czj	overall	0.211	0.159	0.079	1.291	N = 310
	between		0.151	0.093	0.928	n = 31
	within		0.057	− 0.109	0.575	T = 10
fie	overall	0.676	0.750	0.098	5.059	N = 310
	between		0.695	0.121	2.710	n = 31
	within		0.306	− 0.463	3.746	T = 10
hpl	overall	22.378	16.656	0	72.2	N = 310
	between		8.933	11.65	49.83	n = 31
	within		14.141	− 7.882	66.83774	T = 10

　　由表 1 可知，中国近十年来第一产业占 12.5%，第二产业占 46.9%，第三产业占 39.4%，互联网基础投入约为 252.141 亿元，教育年限为 8.772 年，互联网普及率约为 22.378%。

　　结合图 1 和表 2、表 3 的相关性检验结果可以看出，互联网基础投入与第一、第二、第三等产业产值增长呈正相关，相关系数分别为 0.512、0.734、0.797，而与第一产业结构呈负相关。初步说明近十年来信息网络基础设施与地区产业经济增长呈正相关关系。因此，可以进一步检验信息网络基础设施投入与对外经济增长的因果关系。

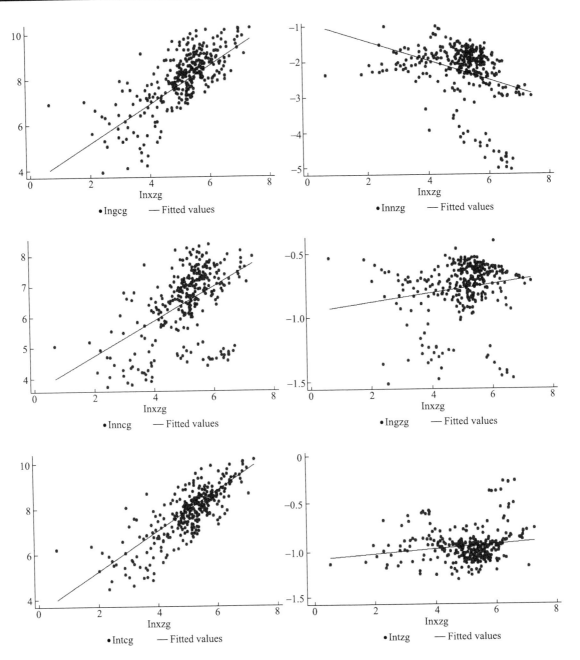

图1　信息网络基础投入与产业情况的散点图示

表2　互联网基础产业增长效应的相关性检验

变量	lnncg	lngcg	lntcg	lninf	lnczj	jyn	lnzjp	lnfie	lnhpl
lnncg	1.000								
lngcg	0.753****	1.000							
lntcg	0.670***	0.960***	1.000						
lninf	0.512***	0.734***	0.797***	1.000					
lnczj	-0.497***	-0.632***	-0.585***	-0.515***	1.000				
jyn	0.083	0.538***	0.606***	0.463***	-0.389***	1.000			

续表

变量	lnncg	lngcg	lntcg	lninf	lnczj	jyn	lnzjp	lnfie	lnhpl
lnzjp	0.863 ***	0.796 ***	0.748 ***	0.615 ***	− 0.654 ***	0.141 ***	1.000		
lnfie	− 0.113 **	0.282 ***	0.401 ***	0.412 ***	− 0.429 ***	0.563 ***	− 0.010	1.000	
lnhpl	0.166 ***	0.499 ***	0.578 ***	0.378 ***	0.077	0.594 ***	0.024	0.401 ***	1.000

注：*** 、 ** 、 * 分别表示 1%、5%、10% 的显著性水平。

表3　互联网基础产业结构调整效应的相关性检验

变量	lnnzg	lngzg	lntzg	lninf	lnczj	jyn	lnzjp	lnfie	lnhpl
lnnzg	1.000								
lngzg	0.005	1.000							
lnids	− 0.547 ***	− 0.643 ***	1.000						
lninf	− 0.354 ***	0.170 ***	0.151 ***	1.000					
lnczj	0.167 ***	− 0.370 ***	0.251 ***	− 0.515 ***	1.000				
jyn	− 0.676 ***	0.094 *	0.219 ***	0.463 ***	− 0.389 ***	1.000			
lnzjp	0.108 *	0.411 ***	− 0.310 ***	0.615 ***	− 0.654 ***	0.141 ***	1.000		
lnfie	− 0.623 ***	− 0.141 ***	0.421 ***	0.412 ***	− 0.429 ***	0.563 ***	− 0.010	1.0000	
lnhpl	− 0.501 ***	0.097 *	0.317	0.378 ***	0.077	0.594 ***	0.024	0.401 ***	1.000

注：*** 、 ** 、 * 分别表示 1%、5%、10% 的显著性水平。

四、实证结果分析

（一）回归结果分析

1. 产业增长效应

本文采用静态面板回归方法分别估算互联网基础投入对第一、第二以及第三产业经济增长影响程度，估计结果如表4所示。

表4　产业增长效应估计结果

变量	lnncg		lngcg		lntcg	
	fe1	re1	fe2	re2	fe3	re3
lninf	0.090 ***	0.069 ***	0.147 ***	0.192 ***	0.121 ***	0.221 ***
	0.02	0.02	0.02	0.03	0.02	0.03
jyn	0.068 ***	0.078 ***	0.113 ***	0.262 ***	0.055 **	0.265 ***
	0.02	0.02	0.03	0.03	0.02	0.02
lnczj	1.317 ***	1.026 ***	1.595 ***	1.170 ***	1.419 ***	1.130 ***
	0.08	0.06	0.11	0.08	0.09	0.08

变量	lnncg		lngcg		lntcg	
	fe1	re1	fe2	re2	fe3	re3
lnfie	-0.206 ***	-0.164 ***	-0.195 ***	0.015	-0.251 ***	0.068
	0.04	0.04	0.05	0.05	0.04	0.05
lnzjp	0.494 **	1.238 ***	1.712 ***	1.308 ***	2.631 ***	1.151 ***
	0.20	0.09	0.27	0.08	0.24	0.07
_cons	3.828 **	-2.133 ***	-3.895 *	-2.978 ***	-10.592 ***	-2.178 ***
	1.53	0.62	2.04	0.58	1.77	0.49
Hausman	30.69 ***		133.62 ***		404.9 ***	
R^2	0.840	0.830	0.870	0.847	0.899	0.844
F	288.39	1321.27	367.81	1421.44	487.51	1465.08
N	310	310	310	310	310	310

注：***、**、*分别表示在1%、5%、10%的显著性水平，下同。

由互联网基础投资对地区产业增长影响的估计结果（见表4）可知，Hausman 的检验结果表明固定效应模型估计结果要优于随机效应模型估计结果。互联网基础投资对地区第一产业、第二产业、第三产业的产值增长拉动效应均为正，其投资效应的弹性系数约为0.09、0.147、0.121。从影响程度看，互联网基础投入对第一产业的影响程度比较小，而对第二产业的影响程度比较大，这也验证了当前提倡"互联网＋"的重要性，传统工业急需通过互联网化实现工业3.0[①]，而对第三产业的影响程度比较小则从侧面反映了当前中国的"互联网＋"还比较低端，工业4.0任重而道远。因此，假设1得证。

此外，实证结果还表明教育资本、财政收支以及劳动力丰裕程度对中国各地区各产业经济增长具有正向影响，而对外开放程度具有负向影响，这与中国过去的产业经济增长方式是吻合的。中国在过去30年主要依靠劳动密集型企业发挥人口红利，并长期保持较高的储蓄率和资本形成率，这是支撑中国产业经济增长的主要因素。

2. 产业结构调整效应

本文用静态面板回归方法分别估算互联网基础投入对第一、第二以及第三产业经济结构的影响程度，估计结果如表5所示。

表5 产业结构调整效应估计结果

变量	lnnzg		lngzg		lntzg	
	fe4	re4	fe5	re5	fe6	re6
lninf	-0.035 ***	-0.071 ***	0.022 ***	0.009	-0.004	0.032 ***
	0.01	0.01	0.01	0.01	0.01	0.01
jyn	-0.015	-0.047 ***	0.030 ***	0.024 ***	-0.028 **	0.005
	0.01	0.01	0.01	0.01	0.01	0.01
lnczj	-0.126 ***	-0.303 ***	0.152 ***	0.068 **	-0.023	0.098 ***
	0.05	0.05	0.04	0.03	0.04	0.03
lnfie	0.004	-0.018	0.016	0.003	-0.041 **	0.027
	0.02	0.03	0.02	0.02	0.02	0.02

① 工业1.0——机械化；工业2.0——自动化；工业3.0——信息化；工业4.0——智能化。

变量	lnnzg		lngzg		lntzg	
	fe4	re4	fe5	re5	fe6	re6
lnzjp	− 1.450 ***	− 0.551 ***	− 0.232 ***	0.080 **	0.687 ***	− 0.030
	0.12	0.09	0.09	0.03	0.11	0.02
_ cons	8.565 ***	2.041 ***	0.842	− 1.506 ***	− 5.855 ***	− 0.747 ***
	0.90	0.68	0.70	0.22	0.82	0.16
Hausman	103.21 ***		− 51.54 ***		113.19 ***	
R²	0.746	0.695	0.224	0.19	0.215	0.549
F	161.15	509.39	15.823	65.3	15.037	39.78
N	310	310	310	310	310	310

由互联网基础投入对地区产业结构调整影响的结果（见表 5）可知，Hausman 的检验结果表明固定效应的估计结果要优于随机效应的估计结果，三大产业结构模型估计的结果存在很大差别。互联网基础投资对地区第一产业结构具有显著的负向效应，其影响系数约为 − 0.035，而对第二产业结构具有显著的正向效应，其影响系数为 0.022，但对第三产业结构没有显著影响。说明互联网基础投入有助于推动中国产业结构调整，但是中国产业结构调整还比较滞后，还没有完成从工业结构向第三产业结构升级。由此，也反映了中国工业信息化水平较低，要从工业化 1.0 到 4.0 需要加快互联网建设。因此，假设 2 得证。

此外，实证结果还表明财政收支、劳动就业人数以及人力资本积累程度对中国各地区第一产业结构具有负向影响，对中国各地区第二产业结构具有正向影响，对中国各地区第三产业结构具有负向影响。结合各产业就业人数看，劳动要素对第三产业产值增加有正向拉动作用，说明中国产业结构正在深化调整。但是结合人力资本积累来看，第二产业的人力资本积累与产业产值呈正相关，而第三产业的人力资本积累对产业产值有负向影响，说明中国第三产业的发展还是低水平的，以人力服务为主，产业结构调整的层次有待深化。总体来说，第一、第三产业结构中的要素投入效率在降低，第二产业要素的投入效率提高。这与中国过去几年产业经济发展方式吻合。

（二）内生性问题的检验

考虑互联网基础投入对各产业产值具有一定的内生性，选用互联网普及率对计量方程进行参数估计，检验信息基础设施调整效应的存在以及影响程度，估计结果如表 6 所示。

表 6　产业增长面板估计

变量	lnncg		lngcg		lntcg	
	ivfe1	ivre1	ivfe2	ivre2	ivfe3	ivre3
lninf	1.040 ***	0.695 ***	1.565 ***	1.816 ***	1.142 ***	1.240 ***
	0.31	0.14	0.46	0.37	0.34	0.21
lnfie	− 0.121	− 0.209 **	− 0.066	− 0.444 **	− 0.163	− 0.098
	0.13	0.08	0.19	0.19	0.14	0.12
jyn	0.192 **	0.057	0.298 **	0.124	0.188 **	0.183 ***
	0.08	0.04	0.12	0.09	0.09	0.06

续表

变量	lnncg		lngcg		lntcg	
	ivfe1	ivre1	ivfe2	ivre2	ivfe3	ivre3
lnczj	1. 687 ***	0. 659 ***	2. 147 ***	0. 175	1. 817 ***	0. 703 ***
	0. 29	0. 14	0. 44	0. 28	0. 32	0. 20
lnzjp	− 4. 369	0. 587 ***	− 5. 544 **	− 0. 210	− 2. 591	0. 147
	1. 71	0. 19	2. 52	0. 34	1. 85	0. 25
_ cons	34. 687 ***	− 0. 983	42. 154 **	− 0. 892	22. 539 *	− 0. 083
	11. 16	0. 98	16. 49	1. 17	12. 08	1. 18
工具变量	hlp	hlp	hlp	hlp	hlp	hlp
Hausman	− 82. 62 ***		5. 15		5. 22	
R^2	0. 819	0. 563	0. 642	0. 588	0. 508	0. 729
F	55099. 59	302. 64	38507. 07	161. 97	68682. 51	257. 21
N	309	309	309	309	309	309

采用工具变量方法估计结果如表6所示，互联网基础投资对地区各产业产值增加的拉动效应依然为正，其影响系数约为1. 040、1. 816、1. 240，顺序与静态面板回归模型一致。

表 7 产业调整面板估计

变量	lnnzg		lngzg		lntzg	
	ivfe4	ivre4	ivfe5	ivre5	ivfe6	ivre6
lninf	− 0. 276 ***	− 0. 315 ***	0. 248 ***	0. 135 ***	− 0. 174 **	− 0. 004
	0. 09	0. 08	0. 08	0. 04	0. 07	0. 03
lnfie	− 0. 017	− 0. 029	0. 038	− 0. 040 *	− 0. 060 **	− 0. 005
	0. 04	0. 04	0. 03	0. 02	0. 03	0. 02
jyn	− 0. 046 *	− 0. 058 ***	0. 060 ***	0. 013	− 0. 050 ***	0. 000
	0. 02	0. 02	0. 02	0. 01	0. 02	0. 01
lnczj	− 0. 219 **	− 0. 243 ***	0. 240 ***	− 0. 003	− 0. 089	0. 116 ***
	0. 09	0. 08	0. 08	0. 04	0. 07	0. 03
lnzjp	− 0. 217	0. 072	− 1. 392 ***	− 0. 028	1. 561 ***	0. 051
	0. 51	0. 32	0. 45	0. 05	0. 40	0. 05
_ cons	0. 739	− 1. 150	8. 206 ***	− 1. 406 ***	− 11. 409 ***	− 1. 116 ***
	3. 36	2. 02	2. 97	0. 21	2. 62	0. 27
工具变量	hlp	hlp	hlp	hlp	hlp	hlp
Hausman	− 1. 13		− 32. 49 **		− 97. 68 **	
R^2	0. 284	0. 439	0. 221	0. 053	0. 199	0. 083
F	76592. 85	236. 31	11177. 93	47. 07	21344. 83	23. 79
N	309	309	309	309	309	309

采用工具变量方法估计结果（见表7）显示，互联网基础投资对地区第一产业具有显著的负向效应，其影响系数约为 − 0. 276，而对第二产业具有显著的正向效应，其影响系数为0. 248，

对第三产业具有负向影响效应，其影响系数为 -0.174。这与前文估计的结果一致。

此外，其他影响各产业产值增加以及产业结构调整的变量影响程度与前文的估计结果并没有太大的差异，说明估计结果具有一定的稳健性。

（三）时间效应检验

考虑到互联网基础设施投资具有一定的滞后效应，本文采用动态面板模型来估计信息网络基础投入的溢出效应，选用一阶差分 GMM 和系统 GMM 方法对实证方程进行参数估计。

表8　产业增长动态面板估计

变量	lnncg		lngcg		lntcg	
	dycf1	dyxt1	dycf2	dyxt2	dycf3	dyxt3
lninf	-0.005	-0.030	-0.079**	-0.047	-0.120***	-0.047
	0.05	0.03	0.04	0.04	0.04	0.04
jyn	0.079***	0.034**	0.044***	0.023*	-0.014	-0.006
	0.02	0.01	0.02	0.01	0.03	0.02
lnczj	-0.080	-0.047**	-0.246	-0.057***	0.250*	-0.043***
	0.11	0.02	0.16	0.02	0.15	0.01
lnfie	-0.015	-0.040*	0.012	0.010	-0.023	0.014
	0.02	0.02	0.04	0.02	0.04	0.02
lnzjp	0.356**		0.731*		-0.079	
	0.18		0.41		0.48	
lnncg L1.	0.849***	0.979***				
	0.07	0.02				
lngcg L1.			0.919***	0.965***		
			0.05	0.02		
lntcg L1.					0.940***	1.015***
					0.07	0.03
_cons	-2.360*	0.002	-4.974	0.406***	2.395	0.291***
	1.43	0.11	3.09	0.12	3.27	0.09
工具变量	lnhpl	lnhpl	lnhpl	lnhpl	lnhpl	lnhpl
Wald	3579.30	20743.53	3134.46	82164.25	6018.32	56661.52
N	247	278	247	278	247	278

注：***、**、* 分别表示在1%、5%、10%的显著性水平下显著，下同。

表9　产业调整动态面板估计

变量	lnnzg		lngzg		lntzg	
	dycf4	dyxt4	dycf5	dyxt5	dycf6	dyxt6
lninf	0.069*	0.034*	-0.023	-0.013	0.058	0.040*
	0.04	0.02	0.02	0.01	0.07	0.02

变量	lnnzg		lngzg		lntzg	
	dycf4	dyxt4	dycf5	dyxt5	dycf6	dyxt6
jyn	0.031*	0.013	0.014**	0.001	−0.034**	−0.005
	0.02	0.01	0.01	0.00	0.02	0.01
lnczj	−0.079	0.022	0.055	0.001	0.216**	0.120***
	0.09	0.03	0.06	0.01	0.10	0.03
lnfie	−0.035*	−0.050	0.030	−0.012	−0.027	0.078*
	0.02	0.04	0.03	0.01	0.02	0.04
lnnzg L1.	0.967***	0.995***				
	0.10	0.04				
lngzg L1.			0.434**	0.888***		
			0.19	0.07		
lnids L1.					−0.136*	0.303***
					0.07	0.11
_cons	−0.903***	−0.348**	−0.313	−0.023	−0.739	−0.551***
	0.33	0.15	0.24	0.11	0.55	0.19
工具变量	lnhpl	lnhpl	lnhpl	lnhpl	lnhpl	lnhpl
Wald	457.75	2763.84	48.50	330.13	30.57	40.51
N	247	278	247	278	247	278

由动态面板估计结果（见表8和表9）可以看出，互联网基础投入与各产业经济增长和产业结构调整具有一定滞后性。考虑滞后性时，互联网基础投资对产业经济增长以及产业结构拉动效应并不明显。

（四）稳健性检验

由于中国地区之间存在较大差异，为了具体分析十年来各个省级地区的信息网络基础投入经济绩效，本文分部[①]按序对互联网基础投入的产业经济结构调整效应进行排列。以西部地区来测算信息网络基础投入规模与利用效率的总体效应，结果见表10所示。

表10　稳健性检验结果

变量	lnnzg		lngzg		lntzg	
	wivfe4	wivre4	wivfe5	wivre5	wivfe6	wivre6
lninf	−0.478***	−0.374***	0.126	0.115***	−0.009	0.029
	0.23	0.08	0.08	0.03	0.09	0.04
lnfie	−0.050	−0.033	0.035	0.034	−0.089***	−0.077***
	0.09	0.06	0.03	0.03	0.03	0.03

---

① 本文将地区分为东、中、西部，东部地区包括北京、天津、上海、山东、江苏、浙江、广东、海南和福建，中部地区包括河北、山西、吉林、黑龙江、辽宁、安徽、河南、江西、湖北和湖南，西部地区包括云南、四川、贵州、陕西、甘肃、宁夏、新疆、青海、西藏、重庆、内蒙古和广西。

变量	lnnzg		lngzg		lntzg	
	wivfe4	wivre4	wivfe5	wivre5	wivfe6	wivre6
jyn	−0.071	−0.055 *	0.035 **	0.036 ***	−0.025	−0.026 **
	0.05	0.03	0.02	0.01	0.02	0.01
lnczj	−0.652 *	−0.373 ***	0.198	0.137 ***	−0.003	0.135 ***
	0.37	0.10	0.12	0.04	0.14	0.04
lnzjp	1.787	0.355	−0.275	−0.039	0.575	−0.009
	2.02	0.23	0.69	0.09	0.76	0.05
_ cons	−12.728	−2.869 **	0.586	−1.117 **	−4.906	−0.766 ***
	13.50	1.40	4.60	0.54	5.09	0.21
工具变量	lnhpl	lnhpl	lnhpl	lnhpl	lnhpl	lnhpl
Hausman	2.63		−0.41		0.84	
R^2		0.453	0.298	0.449	0.151	0.787
F	9712.38	78.79	14468.28	94.08	16522.49	25.28
N	120	120	120	120	120	120

由稳健性检验结果可知，将各省份按地域和经济发展水平进行分部，减少个体之间差异，Hausman 检验结果更支持选择随机效应模型，说明通过合理分部减少了组间的差异性，有效降低了数据的异方差性。实证结果依然表明互联网基础投资对地区第一产业结构具有显著负向效应，而对第二产业结构具有显著的正向效应，但对第三产业结构却没有显著影响。

此外，其他影响各产业产值增加以及产业结构调整的变量影响程度与前文估计结果没有太大的差异。所以，这一估计结果验证前文所得的结论是稳健的。

五、结论与建议

本文从产业增长以及产业结构调整两个角度分析中国互联网基础设施投资对地区产业经济发展的影响。采用 2003～2012 年中国省际面板数据验证互联网基础设施对各地区产业增长和结构调整拉动效应。研究结果表明，互联网基础投入对地区各产业产值增长有显著正向效应，且拉动效应存在一定的滞后效应。但对第一产业结构调整具有显著负向影响，对第二产业结构调整具有显著的正向影响，对第三产业结构调整没有显著影响，对产业结构调整层次比较低端。互联网基础投入对第一产业的影响程度比较小，而对第二产业的影响程度比较大，这也验证了当前提倡"互联网＋"的重要性，传统工业急需通过互联网化实现工业 3.0，而第三产业影响程度比较小从侧面反映了当前中国的"互联网＋"还比较低端，工业 4.0 任重而道远。

由于信息网络基础投入对经济增长有着显著正向促进作用，各地区要结合自身经济现状合理调整信息网络基础投资，尤其要注重信息网络溢出效应的挖掘。本文提出如下政策建议：

第一，有针对性加强各地区信息基础设施建设。根据各地经济发展需要，合理规划布局信息网络基础投入，提倡适度投资，但要注意防止过度投资。信息基础设施项目实施分类管理，一些项目可以考虑向私人资本开放，鼓励市场竞争的参与，充分发挥市场调节作用。信息网络基础设施具有开放性和公共性，政府需要以更开放的态度鼓励更多参与者积极投资使用，促进信息基础设施利用效率的提升。

第二，积极发挥信息网络基础设施的溢出效应。各地区短期内可以依靠信息网络基础设施直接投资效应来促进经济增长，但是这种直接投资效应具有一定局限性。信息网络基础设施规模投资发展到一定程度，其拉动效应将变得很小，需要更多依靠信息网络基础设施利用效率的间接"溢出效应"。积极推广互联网普及，引导人们通过互联网的使用获得更多知识，提高人力资本。最终，通过知识互动交流和吸收创新等积极提高全要素生产率，发挥信息网络基础投入的间接溢出效应。

参考文献

[1] Yilmaz S. , Dinc M. Telecommunications and Regional Development: Evidence from the U. S. States [J]. Economic Development Quarterly, 2002, 16 (3): 211 – 228.

[2] J. Gas. par, E. L. Glaeser. Information Technology and The Future of Cities [J]. Journal of Urban Economics, 1998 (43): 136 – 156.

[3] Agenor, P. and K. Neanidis. The Allocation of Public Expenditure and Economic Growth [R]. Working Papers No. 69, Centre for Growth and Business Cycle Research, University of Manchester School of Social and Economic Studies, 2006.

[4] 陈亮，李杰伟，徐长生. 信息基础设施与经济增长——基于中国省际数据分析 [J]. 管理科学，2011 (1): 98 – 107.

[5] Röller, L. and L. Waverman. Telecommunications Infrastructure and Economic Development: A Simultaneous Approach [J]. American Economic Review, 2001, 91 (4): 909 – 923.

[6] 刘生龙，胡鞍钢. 基础设施的外部性在中国的检验: 1998 ~ 2007 [J]. 经济研究，2010, 45 (3): 4 – 15.

[7] Leff , N. H. Externalities, Information Cost, and Social Benefit Cost Analysis for Economic Development: An Example from Telecommunications [J]. Economic Development and Cultural Change, 1984, 32 (2): 255 – 276.

[8] Duggal V. G. , Saltzman C. , Klein L. R. Infrastructure and Productivity: An Extension to Private Infrastructure and IT Productivity [J]. Journal of Econometrics, 2007, 140 (2): 485 – 502.

[9] 何德旭，姚战琪. 中国产业结构调整的效应、优化升级目标和政策措施 [J]. 中国工业经济，2008 (5): 46 – 56.

[10] 干春晖，郑若谷，余典范. 中国产业结构变迁对经济增长和波动的影响 [J]. 经济研究，2011 (5): 4 – 16 + 31.

[11] Cantwell John, Tolentino. Technological Accumulation and Third World Multinationals [R]. Berkshire: International Investment and Business Studies, 1990.

[12] Malcolm Dowling and Chia Tien Cheang. Shifting Comparative Advantage in Asia: New Tests of the "Flying Geese" Model [J]. Journal of Asian Economies, 2000 (11) : 443 – 463.

[13] Carlin W. , Mayer C. Finance, Investment, and Growth [J]. Journal of Financial Economics, 2003, 69 (1): 191 – 226.

[14] Romer, Paul M. Endogenous Technological Change [J]. Journal of Political Economy, 1990, 98 (10): 71 – 102.

[15] Hulten, C. , Bennathan, E. and Srinivasan, S. Infrastructure, Externalities, and Economic Development : A Study of the Indian Manufacturing Industry [J]. World Bank Economic Review , 2006, 20 (2): 291 – 308.

[16] 蒋冠宏，蒋殿春. 基础设施、基础设施依赖与产业增长——基于中国省区行业数据检验 [J]. 南方经济，2012 (11): 116 – 129.

[17] Gao, T. Regional Industrial Growth: Evidence from Chinese Industrial [J]. Regional Science and Urban Economics, 2004, 34 (1): 101 – 124.

［18］李健，徐海成．技术进步与我国产业结构调整关系的实证研究［J］．软科学，2011（4）：8 – 13 + 18.

［19］Antle J. M. Infrastructure and Aggregate Agricultural Productivity：International Evidence［J］. Economic Development and Cultural Change，1989，31（3）：609 – 619.

［20］吴清华，周晓时，冯中朝．基础设施对农业经济增长的影响——基于1995～2010年中国省际面板数据的研究［J］．中国经济问题，2015（3）：29 – 37.

［21］康弥，吴秀敏，赵智晶．中国家庭联产承包责任制下的农业生产效率研究［J］．中国农学通报，2014，30（17）：138 – 144.

［22］韩先锋，惠宁，宋文飞．信息化能提高中国工业部门技术创新效率吗［J］．中国工业经济，2014（12）：70 – 82.

［23］蓝文妍，朱胜勇，李江帆．第三产业生产服务与第三产业生产率：理论与实证研究［J］．产经评论，2014（5）：16 – 26.

R&D、技术差距和外资溢出

——基于中国高技术制造业 FDI 作用的重新检视

张 捷 邓家庆

（广东金融学院经济贸易系 广州 510521；暨南大学产业经济研究院 广州 510632）

一、引言

长期以来，中国利用外资一直主要集中在制造业领域，1992～2011 年这 20 年，制造业 FDI 平均占总体利用外资规模的 53.94%。制造业是中国对外资开放较早、开放领域较宽的产业，2011 年中国制造业的实际利用外资金额高达 521 亿美元。随着 FDI 大量进入中国制造业，虽然一定程度促进中国制造业总量上的巨大提高，中国技术水平取得了长足进步。但需要留意的是，一个国家若想保持经济的可持续发展，就必须长期注重作为经济增长的动力和重要源泉的技术进步的作用。

技术进步促进产业结构优化，加快产业结构优化进程。从目前国际经验看，落后的发展中国家可以通过引进国外资本，利用外资的技术溢出效应，并在此基础上不断模仿、学习其先进技术，甚至在此基础上进行二次创新，进而可以改善甚至提升自己的技术水平，从而促进本国经济的发展。然而，从目前的国际制造业价值链分工体系来看，中国依然处于其低端位置，中外的技术差距依然非常大。很多经济学者认为，内外资技术差距越大，越有利于技术的外溢，如以 Findlay（1978）[1]等为代表的一些学者从技术趋同效应的角度论证了 FDI 的技术外溢与内外资技术差距是正相关的。Keller 和 Yeaple（2009）[2]的研究似乎也支持相同的观点，即生产率较高的大企业并未像生产率比较低的小企业那样从 FDI 的技术溢出中获得更多益处。恰如 Romer（1990）[3]指出，相对创新成本来说，模仿成本更低，于是，技术水平越低的东道国越有更多的模仿技术领先国的机会，并能利用由此而形成的经济学上常说的"后发优势"实现落后国的经济和技术的追赶。Glass 和 Saggi（1998）[4]把技术差距看成是东道国利用外资溢出的能力，认为技术差距越大，东道国从外资溢出中获益越少。而 Cohen（1989）[5]则认为技术差距越小，吸收能力越强。陈涛涛等（2004）[6]以及包群和赖明勇（2003）[7]也认为内外资企业技术差距越大，外资溢出效应越不明显。那么 FDI 的进入能否促进中国制造业技术进步，这种外资对内资的技术促进作用是否与技术差距有关？本文基于中国高技术制造业的面板数据进行实证分析。

二、模型、变量和数据

现有的研究外资溢出效应的文献在进行计量验证时，多数都采用单方程计量经济学模型，本文采用常用的 Romer（1990）[3]提出的内生增长理论，并将其扩展为加入 FDI 的情形：

$$Y = AL^{\alpha}K^{\beta} \tag{1}$$

其中，Y、A、L、K 分别表示产出、技术水平、投入的劳动和资本。

假设 FDI 是通过促进内资的技术进步而影响产出的，而且为了分析问题方便，可假设一个包含有外资的技术水平关系式（为分析方便，二者之间呈线性关系，而且关键是考查二者的变化关系，并不是追求二者之间的准确的定量关系，当然实际上甚至不可能精确到二者之间的定量关系），即行业 i 第 t 年的技术水平为：

$$A = Cfdi^{\gamma} \tag{2}$$

其中，C 是除 FDI 外其他因素对技术水平的影响，将式（2）代入式（1）中并两边取对数后，可得到以下模型：

$$\ln y = \ln A + \alpha \ln L + \beta \ln K + \gamma \ln fdi + \varepsilon$$

以上述模型为基础，我们考查外资对内资的影响，主要考查的是制造业，由于全制造业的数据不易获取，而且我们发现，FDI 主要是进入中国的高技术制造业，所以选择高技术制造业为研究对象。

选取 1996～2011 年共 16 年 12 个高技术制造业的行业面板数据，样本数共 192 个。首先从全行业角度研究 FDI 对内资的技术进步的影响，接着进行分组研究以确定 FDI 对哪些行业的技术进步促进作用大，进而在观察行业与 FDI 技术差距的基础上确定 FDI 对内资的技术促进作用是否与内外资的技术差距有关。

变量的含义和指标说明如下，Y 为所选取的被解释变量，表征内资技术进步的变量。在计算时我们用制造业行业的总产值，用工业生产者出厂价格指数以 1996 年为基期进行价格平减，以消除价格的影响。选用这一代表性的变量是有一定的合理性的，如当内资的技术进步提高时，根据经济理论易知，其产值是增长的。也即技术进步是和其产值之间呈正相关关系的。正是基于此，国内外的一些学者也会用此表征内资效率，如 Jimmy Ran、Jan P. Voon 和 Guangzhong Li（2007）[8]也是用的多元线性对数模型，同样也是把内资产出作为表征内资效率的解释变量。L 为制造业行业的当年劳动力人数。虽说理论上劳动是作为投入的一个关键变量，但在具体实证计量过程中，由于劳动力种类和质量会受到多种因素的干扰，呈现不同变化的情形，劳动量变得很难统一度量，如何科学地度量一个企业或者是一个行业一定时间内（比如一天）的劳动量将是一件十分困难的事情，甚至是不可能实现的令人棘手的一个难题。因此，本文同样是基于数据可获取性及学术界的一些做法等，直接用各行业当年企业从业人员年平均人数来表示。K 为制造业行业资本。目前国内研究者多采用永续盘存法来对资本进行估算。用此方法进行资本存量估计会涉及初始资本的界定和折旧率的选择这两个关键的变量，而在这两个关键的变量的具体确值方面大家难以达成一致观点。因此，虽然用此方法对于资本这一变量的估算有很多，但结果不一。出于资料的可获取性及研究的方便性，1996～2003 年的资本我们取年初和年末的平均值。而 2004～2011 年的资本，我们取年初的资本量去除 5% 的折旧后再加本年度的新增固定资产作为当年的资本量，为消除价格的影响，用固定资产投资价格指数以 1996 年为基期进行平减。FDI 为外资行业的总产值，我们以此来作为 FDI 对内资的影响变量。由于我们很难获取分行业的实际利用 FDI 的数据，所以用目前学术界的做法，将外资行业的总产值作为代表性变量。同样，为消除价格的影响，用固定资产投资价格指数以 1996 年为基期进行平减。所有原始数据都来自于《中国高技术统计年鉴 1995～2012》。制造业行业各变量的描述性统计见表 1：

表 1　制造业行业各变量描述性统计

	Y（亿元）	FDI（亿元）	L（千人）	K（亿元）
平均值	6685.61	14920.14	228.96	376.87
中位值	4451.37	3273.71	188.07	189.12
最大值	38224.04	143151.70	743.78	2349.33
最小值	104.90	53.26	14.59	4.56
标准误	6921.01	26151.82	178.17	458.65
观测值	192	192	192	192
截面数	12	12	12	12

资料来源：根据《中国高技术统计年鉴 1995～2012》计算整理。

三、外资进入与内资技术进步的计量分析

（一）制造业 FDI 的溢出效应

首先从整个行业角度考察 FDI 对内资的影响，我们关注的是表征外资变量 FDI 前面的系数。运用面板数据进行计量估计后，可得到如表 2 所示的结果。首先看面板数据模型设定的检验，表中的 F 检验值为 23.832，在 1% 的水平上是显著的，故拒绝采用不变系数的混合 OLS 模型。接着，Hausman 统计量的值为 13.897，也是在 1% 的水平上显著，拒绝了采用随机效应的原假定。故最终采用固定效应 FM 模型来进行计量分析。最后再看回归结果的调整后的 R^2 为 0.996，说明模型拟合度高。模型整体显著性检验统计量 F 值也比较大，为 23.832，拒绝模型整体上不显著的原假设，说明方程整体上是显著的。

表 2　FDI 对制造业影响的计量回归结果

变量	LnNY
C	-2.347*
	(-14.703)
LnFDI	0.447*
	(-44.129)
LnL	0.381*
	(-25.951)
LnK	0.212*
	(-20.593)
Adj R - squared	0.996
F	3058.817*

续表

变量	LnNY
F 检验值	23.832*
Hausman 检验值	13.897*
FM or RM	FM
观测值	192

注：*、**和***所表示的显著性水平分别是1%、5%和10%。括号内数字为判断系数显著性的t统计量。随机效应截距由于篇幅限制在此未列出。FM表示模型采用固定效应模型而RM则表示采用随机效应模型。Hausman检验值如果不显著，则接受个体与解释变量不相关的采用随机效应RM的原假设，否则就采用FM来进行模型估计。所使用的计量软件为EViews6.0。

另外，从该模型结果中外资、劳动投入和资本投入前面的估计系数发现，三者的贡献外资最大，其次是劳动，最后才是资本。尽管我们研究的是高技术制造业，但依然发现劳动的贡献大于资本的贡献，似乎有点和预期不符，但只要认真留意下劳动的具体内涵就会发现，我们直接用的是笼统的劳动的数据，并未区分普通劳动与智力劳动的区别，而实际上智力内化到劳动中所形成的人力资本可能会很大。

（二）R&D、技术差距和外资溢出

Findlay（1978）[1]认为，发达地区对落后地区的技术溢出效应与技术差距正相关；Wang和Blomstrom（1992）[9]采用Findlay（1978）[1]提出的"技术溢出与技术差距二者之间呈正向相关"的观点，建立一个博弈模型研究分析外资的技术溢出效应，同样也认为技术溢出效应大小正向相关于内外资之间的技术差距大小。另外，还有更为折中的观点，Cohen和Levinthal（1989）[10]认为，内外资之间的技术差距对东道国的溢出效应其实是一把"双刃剑"，当内外资企业技术差距过大时，东道国企业虽然有更多的可供模仿的对象、其学习的空间相应也比较大，但是当内资企业的研发投入和吸收经费投入相对不足时，导致内资根本没有能力很好地模仿和吸收外来技术，外资对内资的溢出效应反而不明显。于是若想技术能够溢出且能被东道国所吸收，内外资本之间的技术差距就应有一个合理的度，即有一个"门槛值"，在门槛值外，内外资之间的技术差距愈大，东道国企业吸收溢出技术的可能性就愈小。在门槛值内，技术溢出效应大小正向相关于内外资二者间的技术差距。另外，也有不少学者对此做了相关研究，Haddad和Harrison（1993）[11]对摩洛哥制造业企业面板数据进行考察后发现FDI对东道国无显著技术溢出，并认为这是由内外资技术差距过大引起的。Klette和Griliches（2000）[12]则以内生增长理论为基础，经验检验了企业的R&D投入水平与其生产率的关系，认为R&D是企业发展的发动机之一。Guellec和Potterie（2001）[13]在研究16个OECD国家1980~1998年的宏观面板数据后发现，工商业部门、公共部门和外国企业的R&D共同推动一国经济增长。Kinoshita（2001）[14]建立了一个通过FDI与东道国R&D相互作用而产生技术溢出的模型，研究结论认为，只有当东道国拥有可以匹配的技术水平时，才能够较好吸收FDI带来的技术溢出，如技术差距太大，反而不利于技术溢出。Bee和Roberts（2001）[15]、Winston（2005）[16]对台湾电子产业生产率增长进行研究后发现，有R&D投入的企业的生产率明显高于没有R&D投入的企业。基于以上的分析，我们提出以下假设。

（1）假设国内企业R&D的多寡理论上应该与其自身技术水平正相关，即R&D的投入会提升企业自身的技术水平。如鲍洋（2013）[17]就以"金砖国家"R&D强度与同期G7国家之间的差值作为衡量金砖五国引进FDI与其自身的技术差距水平。这样计算出的"金砖国家"间的技术差距实际上仅与该五国自身有关，相当于假定FDI技术水平一定。于是我们就用行业的R&D强度（用R&D投入量）来衡量与FDI间的技术差距，着重强调的是行业间的技术差距情况。我们按 R&D 投入量将制造业行业分为 R&D 投入高组和投入低组。我们的逻辑是高 R&D 投入量带来相对高的技术水平，相应地与国外技术差距小些，而 FDI 对内资的作用就会小些。基于此，我们进行计量验证。

（2）计量结果及分析。本文将 12 个行业按 R&D 投入量的高低进行分组，R&D 投入量高的 6 个行业是：电子元件制造、其他电子设备制造、电子计算机及办公设备、医疗设备及器械制造、中成药制造、广播电视设备制造 6 个。相应地，余下的 6 个行业为低 R&D 投入组。以外资产出 FY 作为表征外资对内资的影响的核心变量，以制造业平均在职人数作为表征劳动力的变量，制造业的资本 NK 作为表征内资资本的变量，统计方法与前文相同。表 3 是回归结果。

首先看面板数据模型的设定的检验，对于 R&D 强度低组，表中的 F 检验值为 23.720，在 1% 的水平上是显著的，故拒绝采用不变系数的混合 OLS 模型。接着，Hausman 统计量的值为 15.534，也是在 1% 的水平上显著，拒绝了采用随机效应的原假定。故最终采用固定效应 FM 模型来进行计量分析。最后再看回归结果的调整后的 R^2 为 0.991，说明模型拟合度高。模型整体显著性的检验统计量 F 值也比较大，为 1332.176，拒绝模型整体上不显著的原假设，说明方程整体上是显著的。而 R&D 强度高的组，表中的 F 检验值为 32.264，在 1% 的水平上是显著的，接受备择假设。而 Hausman 检验的值为 5.043，不显著，则接收误差与解释变量不相关的原假设，采用 RM 模型。再从回归结果的调整后的 R^2、F 值来看，模型拟合度高，方程整体显著，这些说明模型的整体效果较好。

对比两组 LnFY 前面的系数，R&D 低强度组大于 R&D 高强度组。对这一问题的解释是，基于 R&D 和技术进步的正相关前提，当 R&D 强度低时，内资企业的技术水平相应比较低，相应地与外资的技术差距也就比较大，说明技术差距与外资对内资的技术促进作用正相关。就资本与劳动的贡献来讲，我们可以看出，R&D 高强度组的资本作用大于劳动的贡献。

表3　FDI、R&D 强度和技术溢出

变量	R&D 强度低	R&D 强度高
	LnNY	LnNY
C	-2.579 *	-1.922 ***
	(-5.471)	(-1.832)
LnFY	0.432 *	0.406 *
	-19.812	-10.268
LnNAP	0.403 *	0.315 *
	-8.465	-3.413
LnNK	0.202 *	0.315 *
	-8.557	-5.51
Adj R - squared	0.991	0.939
F	1332.176 *	484.669 *
F 检验值	23.720 *	32.264 *
Hausman 检验值	15.534 *	5.043
FM or RM	FM	RM
观测值	96	96

注：*、**和***所表示的显著性水平分别是 1%、5% 和 10%。括号内数字为判断系数显著性的 t 统计量。随机效应截距由于篇幅限制在此未列出。FM 表示模型采用固定效应模型而 RM 则表示采用随机效应模型。Hausman 检验值如果不显著则接受个体与解释变量不相关的采用随机效应 RM 的原假设，否则就采用 FM 来进行模型估计。所使用的计量软件为 EViews6.0。

四、结论

本文首先从整个行业角度考察 FDI 对内资的影响，发现外资促进了内资的技术进步，而外资 FDI 的回归系数在三者中是最大的，可以认为，FDI 在中国的高技术制造业中贡献是最大的，这与目前我们高技术制造业的现状基本吻合。

接着，本文通过对 R&D 投入进行分组，分组后计量分析结果显示，R&D 投入高组的 FDI 对内资的影响是较小的。我们的解释是，当 R&D 强度低时，内资企业的技术水平相应比较低，相应地与外资的技术差距也就比较大，这样技术差距与外资对内资的技术促进作用正相关。表明外资溢出对产业结构优化的效应与内外资技术差距有关，技术差距越大，外资技术溢出效应越大。同时，分组的结果亦显示出资本对产出的作用大于劳动的贡献，说明行业产出的增长中劳动力投入的贡献相对较小，不是主要靠劳动拉动的，而是主要依靠资本投入来拉动的。或许是因为我们用的样本是高技术制造业，而此行业的资本产出的效率高于劳动产出的效率。

本文认为，内外资技术差距大，内资企业有更大的提升空间，可以通过增加研发投入、更新生产设备、提高职工技能等促进技术进步。但是本文对国外资本流入对东道国产业结构升级的影响受东道国吸收能力的约束，内外资技术差距大到一定程度，即达到"门槛值"时，外资溢出对技术差距的效应仍然没有考虑到。可能是中国高技术制造业与世界前沿高技术制造业的技术差距没有那么大的缘故。

参考文献

［1］Ronald Findlay. Relative Backwardness, Direct Foreign Investment, and the Transfer of Technology: A Simple Dynamic Model ［J］. Quarterly Journal of Economics, 1978 (92).

［2］Stephen Ross Yeaple. Firm Heterogeneity and the Structure of U. S. Multinational Activity ［J］. Journal of International Economics, 2009 (78).

［3］David Romer. Advanced Macroeconomics ［M］. NY: McGraw – Hill, 1990.

［4］Amy Jocelyn Glass, Kamal Saggi. International Technology Transfer and the Technology Gap ［J］. Journal of Development Economics, 1998 (55).

［5］Wesley M. Cohen, Richard C. Levin. Handbook of Industrial organization ［M］. Amsterdam: Elsevier B. V., 1989.

［6］陈涛涛，白晓晴. 外商直接投资溢出效应与内外资企业能力差距 ［J］. 金融研究，2004 (8).

［7］包群，赖明勇. FDI 技术外溢的动态测算及原因解释 ［J］. 统计研究，2003 (6).

［8］Jimmy Ran, Jan P. Voon, Guangzhong Li. How does FDI Affect China? Evidence from Industries and Provinces ［J］. Journal of Comparative Economics, 2007 (35).

［9］Jian – Ye Wang, Magnus Blomstorm. Foreign Investment and Technology Transfer: A Simple Model ［J］. European Economic Review, 1992 (36).

［10］Cohen W., Levinthal D. Innovation and Learning: The Two Faces of R&D ［J］. Journal of Economies, 1989 (99).

［11］Mona Haddad, Ann Harrison. Are There Positive Spillovers from Direct Foreign Investment? Evidence from Panel Data for Morocco ［J］. Journal of Development Economics, 1993 (42).

［12］Tor Jakob Klette, Jarle Moen, Zvi Griliches. Do Subsides to Commercial R&D Reduce Market Failures? Microeconometric Evaluation Studies ［J］. Research Policy, 2000 (29).

［13］Nicolas van Zeebroeck, Bruno van Pottelsberghe de la Potterie, Dominique Guellec. Claiming More: The Increased Voluminosity of Patent Applications and its Determinants [J]. Research Policy, 2009 (38).

[14] Kinoshita, Yuko. R&D and Technology Spillovers via FDI: Innovation and Absorptive Capacity [D]. Discussion Paper, No. 2775. CEPR, London, 2001.

[15] Bee Yan Aw, Xiaomin Chen, Mark J. Roberts. Firm – level Evidence on Productivity Differentials and Turnover in Taiwanese Manufacturing [J]. Journal of Development Economics, 2001 (66).

[16] Hui – Wen Teng, Chun – Sen Hsu, Shou – Mei Shih, Mong – Liang Lu, Jan – Jhy Pan, Winston W. Shen. Screening Postpartum Depression with the Taiwanese Version of the Edindurgh Postnatal Depression Scale [J]. Comprehensive Psychiatry, 2005 (46).

[17] 鲍洋. "金砖国家"引进 FDI 的溢出效应：技术差距抑或研发能力 [J]. 改革, 2013 (4).

经济自由与工业企业成长：中国证据

郭晓丹　张　军

（东北财经大学　大连　116025）

一、引言

　　企业成长是企业理论中的重要问题，这一问题的研究至少存在两个不同的理论视角，即企业战略与产业组织。在企业战略领域，Penrose（1959）给出了基于企业资源和核心能力的经典解释，其中有关企业成长规律的观点得到了基本的共识。而从产业组织理论的视角，部分学者则把研究的着力点从企业内部转移到大量企业间，试图寻找企业成长的普遍规律，多种因素与企业规模、规模分布、规模增长率之间的关系成为研究的核心（Bottazzi，2006；Coad，2008；Becchetti and Trovato，2011），这些研究构成了产业动态研究的一个重要部分。然而，对于后者，虽然开启了一个颇有价值的研究领域，但在研究结论上却不能令人满意。大量的研究都没能寻找到影响企业成长的确定因素，企业的效率、利润率、产权、产业成长率等重要指标对成长的解释力十分有限（Dosi，2007；Bottazzi et al.，2002，2008），仅有企业规模、企业年龄这种被产业动态领域视为"典型事实"的企业特征变量，被证实与企业成长确有关系（Bigsten and Gebreeyesus，2007；Code，2009），但关系的方向又未能得到一致的结论。因而，在产业组织领域的企业成长研究中，寻找和验证之前遗漏了的一些重要解释变量，就成为这一研究亟待突破的问题。本文因中国处于转型经济期的特殊现状，将经济自由这一新变量纳入企业成长框架中进行分析，一方面检验在转型国家背景下，之前基于发达市场经济国家所得出的"典型事实"是否依然起作用，另一方面尝试在企业成长问题中引入新变量来提高解释力。

　　由于产业动态研究大多集中于成熟市场经济国家的样本，经济自由（或称市场化水平）显然很少被作为关键变量进行研究，但随着企业生存、进入退出与成长研究的不断深入以及研究对象范围的扩展，当涉及转型经济国家时，这一变量就变得重要起来，只是这类研究目前在国际和国内还相对较少。从理论视角看，Coase（1937）指出企业通过降低交易成本而不断扩张，由于市场化水平的提高会降低交易成本，因此市场化水平的提高反而会降低企业规模扩张的速度，这

　　［基金项目］国家自然科学基金青年项目"战略性新兴产业'技术实验'的驱动、路径与政策研究"（批准号：71203023）；国家社科基金后期资助项目"战略性新兴产业成长研究"（批准号：12FJY003）。

　　［作者简介］郭晓丹，经济学博士，东北财经大学产业组织与企业组织研究中心副研究员，中国社科院工业经济研究所应用经济学博士后，研究方向：产业动态、新兴产业政策；张军，东北财经大学产业组织与企业组织研究中心硕士生，研究方向：产业动态。

是因为竞争加剧，但不能忽略的是，这一结论是在市场化水平较高的背景下做出的。如果将经济自由水平的范围从完全不自由放大到完全自由，那么我们有理由假设，在经济从完全不自由逐步放开的初期，由于要素流动变得活跃，经济和政府管制下降，市场开始发挥作用，企业成长的速度理应加快，这和中国改革开放初期的情况也是相符的。之后随着市场化水平的不断提高，经济自由与企业成长的关系将通过一个假设中的"节点"，此后由于 Coase 所提出的竞争加剧等原因，两者开始呈现出负向关系。从经验证据来看，基于东欧转型国家的一些研究表明，虽然经济自由应该能够促进企业成长率提高，也能观测到这些国家的经济活力在逐步增强，然而实证研究的结论却发现经济自由不能解释转型国家的企业成长，融资、政府支出等要素则发挥了一定的作用（Guiso et al. ，2004；Peev，2012）。

可见，经济自由与企业成长关系的理论假设并未得到确切的检验，甚至现有的经验研究还给出了与经济事实不大相符的结论（Peev，2012），使得这一研究问题变得十分吸引人并具有研究价值。同时，对于处于经济转型期的中国，企业成长快慢及其分布情况不但对于经济增长有重要意义，对于这一问题的理解也有助于认识中国经济转型的进程与市场化水平。本文应用 11742 家中国工业企业 2000～2009 年的微观数据，刻画了企业成长的基本事实与特征，分析了资本、产品、劳动力等要素及政府管制等对企业成长的影响，得出经济自由对企业成长呈现出较为微弱的正效应，但经济自由能够更好地解释外资企业、小规模企业的成长，并且这种解释关系存在分组效应和时间趋势。同时，本文还应用不同来源的经济自由度数据验证了研究结果的稳健性。

本文的研究集中在以下三个方面：一是为经济自由与工业企业成长之间的关系提供了新的证据与解释。之前的研究曾指出经济自由并不能有效地解释转型国家的企业成长（Peev，2012），而本文基于中国工业企业的大量微观样本研究提出，尽管经济自由与总体工业企业成长的关系比较微弱，但具体到外资企业或者小规模企业，则产生了较强的正效应，即对于特定类别经济自由的解释力显著增强。此外还对经济自由进行了横向和纵向的分解，研究了分解指标的作用差异与时间效应。因而，本文丰富了经济自由与企业成长关系的系列结果，修正了目前该研究领域的结论并提供了有效补充。

二是从理论上支持企业成长"随机性"的观点。之前的理论和经验研究中，一直在争论企业动态是否存在着"自然规律"，即企业的生存、进入退出与成长具有显著的内生性，在长期不大受特定的制度和政策等外生环境变量的影响，因而企业动态表现出随机性。本文实证结论指出经济自由对总体企业成长的解释力较为微弱，这同之前有关转型国家的研究结论基本一致（Heckelman and Stroup，2005）。越来越多的同类结论，将把该领域研究的解释变量由企业外部引向企业内部，更加集中地探讨企业特征变量以及成长的自回归。

三是从微观企业层面观测中国转型期的市场化进程。基于生产函数的分析及科斯的企业理论，经济自由与企业规模的扩大应当呈现倒"U"形的关系，即先促进后减弱，本文所得出的经济自由与企业成长间的正向关系，说明了中国的市场化水平尚未通过"节点"，与成熟市场经济有明确的距离。因而本文从微观企业成长角度提供了观测中国市场化水平的视角与结论。

二、文献综述

本文认为，关于企业成长的研究可以分为早期的理论研究阶段和近期实证研究阶段。在理论研究阶段，包括五种讨论企业成长的观点即新古典的最优规模理论、Penrose（1959）的企业成长理论、Marris（1964）的企业管理理论、演化经济学理论和社会学的种群生态方法。新古典理论中最典型的是科斯（1937）的交易成本理论和卢卡斯（1978）的企业成长模型。科斯的交易成本理论指出企业为了降低交易成本而成长，卢卡斯则指出企业家才能的正态分布决定了企业规模的正态分布。尽管缺乏实证支持，但是这些观点得到了广泛关注。Penrose 的企业成长理论主要是提出了成长经济和特定资源基础的观点。指出企业成长的动力来源于管理者的学习效应，同时提出了著名的"Penrose Effect"，即成长较快的企业将会面临较高的运营成本从而制约企业的成长。Marris 的企业管理理论指出企业的规模是管理者的效用函数的重要影响因素。对于某些企业，企业规模的扩大和利润的提高是一致的，但是另外一些企业管理者必须在利润最大化和成长最大化之间做出选择（Mueller，1969）。演化经济学理论是基于动态的观点来研究选择机制对于企业成长的影响。模型指出企业通过它们的创新发现来获得竞争优势从而获得利润促进企业成长（Downie，1958）。种群生态观点关于企业（组织）成长的基本理论是某些具有丰富资源的小市场将会在很大程度上促进企业（组织）的成长（Hannan and Freeman，1977）。大量的关于企业成长的理论观点被提出，但是必须指出，企业成长是一种复杂的现象而且具有特异性，关于企业成长的理论还未形成统一的观点。

近期实证研究阶段主要是对于企业成长影响因素的研究，包括关键影响因素企业规模、企业利润和企业效率以及其他影响因素。对于企业规模与企业成长的关系可以追溯到 Gibrat 法则的提出，Gibrat（1931）指出企业成长是一个随机过程，从而否定了企业规模对于企业成长的作用，但是随后的实证研究发现对于不同规模的企业，这种设定不一定是成立的（Hart，1962；Samuels，1965；Prais，1974；Singh and Whittington，1975），上述讨论奠定了之后实证研究的基础。同时研究发现利润率和生产效率对企业成长的这种决定作用有时是非常弱的，甚至是不存在的（Robson and Bennett，2000；Bottazzi et al.，2002）。基于这些关键影响因素不确定的表现，后来者开始关注其他影响因素的影响，包括创新、企业年龄、微观因素和行业特征等，研究发现，尽管这些因素对企业成长存在统计上的显著性，但是，整体上对于企业成长的解释力较弱，Coad（2009）指出这来源于随机因素对于企业成长的显著作用。

研究市场化程度对企业成长影响的文献主要集中在探索制度环境（政府支出等）、金融约束和经济自由与企业成长的关系。对于制度环境，Evgeni Peev（2014）使用欧洲转型国家的数据研究发现政府管理（政府效率、法律制度、监管质量和腐败程度）会对企业的成长具有显著的影响，健全的政府管理将使市场发会更好的作用。同样，Besley（1995）、Johnson 等（2002）认为制度环境包括产权保护、司法独立和管理水平对企业的成长具有显著的正向影响。对于金融约束，Guiso 等（2004）提出金融集中将促进融资和资本分配，进而促进企业成长。同时，外资银行对转型国家的发展具有很大促进作用（Bonin et al.，2005）。对于经济自由对企业成长的研究可以追溯到科斯的交易成本理论，科斯（1937）认为，由于市场交易存在诸如签约、监督履约和追索违约等相关的交易费用，这种情况下通过形成一个组织，并允许由企业家权威来支配资源，就可以节约上述利用市场机制的交易费用，因此，节约市场交易费用的考虑是企业成长的动力。但是，一般而言，市场交易费用是与市场的发达程度呈反向关系的，即市场发达程度越高，交易费用越低，反之亦然。按科斯的理论预测，市场发达程度越高，则企业成长的动力越低。杨小凯和黄有光（1993）提出应该考虑经济主体的交易效率[①]因素，认为市场发达程度越高，企业交易效率越高，当企业扩大市场交易范围时，虽然增加了交易费用，但同时提高了交易效率，并

---

① 最早提出交易效率概念的是著名的华人新兴古典经济学家杨小凯，他在 1988 年和 1991 年的论文和专著中多次提出并应用了这一概念。从运输成本、交易成本到交易效率，是一次重大的思想飞跃。交易效率能避免交易成本不考虑运输成本的缺陷，以及在分析经济发展时面临的难题。同时，它克服了交易成本在分析经济发展问题时难以量化、难以操作的问题，为交易成本学和新制度经济学赋予了新的意义。

且只要交易效率提高的利益大于交易费用，市场的发达与企业的成长就可以齐头并进。事实上，这两种解释都未得到实证的检验。

　　在中国转型经济背景下，交易效率和交易费用还不很明确的情况下，经济自由对企业的成长的影响还未可知。同时由于西方发达国家的市场经济已经相当完善，经济自由差异不大，所以研究受到局限，而在中国市场经济并未完全建立的情况下，不同地区的经济自由存在较大差异的事实，是研究这一变量的不二选择。本文正是基于这种想法来进行研究工作的。首先，我们测算了中国工业企业 2000~2009 年的成长率，对不同所有制、各行业及各地区的企业成长率进行比较分析，找出其成长规律，然后引入经济自由及时间因素来分析经济自由度对企业成长的影响，同时，我们考虑了企业利润率和生产效率对企业成长的影响来进一步分析在转型经济中的中国是否存在理论与实证不符的情况，进而揭示企业成长的关键影响因素。

三、基本事实与研究假设

（一）企业成长的衡量

　　企业成长被认为是一个过程，而成长结果是规模变大，基于这种认识，往往应用人员规模或经济规模来对企业成长进行衡量，包括就业人员、销售额、企业价值增加值等。就业人员和销售额是最常用的指标（Delmar，1997），主要是这两个指标容易获得。在很多情况下，不同指标衡量的企业成长最终得出的结论是趋于一致的（Coad，2009）。但是，不同的指标也有不同的特点。用就业人员衡量企业的成长是最常用的，这也是政策决策者们关注的变量，但是，此变量的缺点在于有些企业的真实成长可能与就业人员测算的企业成长有较大差异，比如企业的就业人员增加，但是企业的真实价值并未增加，此时，企业价值增加便成为衡量企业成长的较好的指标，然而，现实研究中较少用到，原因就在于企业价值增加在实践中较难衡量，误差较大，从稳健性考虑，本文选用企业就业人员和销售额两个指标作为企业成长的衡量指标。

　　研究企业成长的模型比较经典的是 Gibrat 模型，该模型认为企业成长是一个随机过程，进而导致企业的企业规模分布收敛于对数正态分布（Gibrat，1931）其模型构建如下：

$$Size_{i,t} = (1 + \varepsilon_{i,t}) Size_{i,t-1} \tag{1}$$

其中，$Size_{i,t}$ 表示企业 i 在时期 t 的规模；$\varepsilon_{i,t}$ 表示企业成长的随机扰动，服从正态分布。$Size_{i,t-1}$ 表示企业 i 在时期 t-1 的规模。该式表明企业成长是随机因素决定的。由此式我们可以得到由企业初始规模推导出的企业规模，如下式：

$$Size_{i,t} = Size_{i,0}(1 + \varepsilon_{i,1})(1 + \varepsilon_{i,2})(1 + \varepsilon_{i,3})\cdots(1 + \varepsilon_{i,t}) \tag{2}$$

对式（2）取对数得：

$$\ln(Size_{i,t}) = \ln(Size_{i,0}) + \sum_{k=1}^{t} \varepsilon_{i,k} \tag{3}$$

因为模型假定 $\varepsilon_{i,t}$ 服从正态分布，所以当 t→∞，企业初期的规模的对数 $\ln(Size_{i,0})$ 相对于企业的现有规模的对数 $\ln(Size_{i,t})$ 是非常小的，因此可以忽略，因此，企业的规模分布是对数正态的。

　　由以上 Gibrat 模型，我们可以得到企业成长的测算方程，其后有关企业成长率的计算都是基于此模型展开的。

$$Growth_{i,t} = \ln(Size_{i,t}) - \ln(Size_{i,t-1}) \tag{4}$$

（二） 中国工业企业成长的基本事实：所有制、区域与行业

1. 整体状况

从就业人员衡量的企业成长看，2001～2009年，中国工业企业成长的平均值为 -0.56%，呈现了一个长期递减的趋势，其中2001～2005年企业的平均增长为正值，2006年及之后呈现平均负增长状态，尤其是进入2007年以来，企业的平均成长下降加剧。由于衡量指标的不同可以发现，销售额衡量的企业成长在2001～2009年的平均值为7.58%。在2000～2005年呈现一个递增的状态，从2006年开始呈现负增长的状态。结合以就业人员衡量的企业成长可见，企业2001～2005年的效率在增加，而在2006年及以后出现了就业和销售额的双下降，也就是说企业出现效率下降，这与邵宜航（2013）关于资源配置扭曲的测算结果是一致的。该文对中国工业企业的资源配置状况进行了再测算，指出中国工业企业资源配置状况在1998～2007年呈现先改善后恶化的态势，尤其是2005年之后资源配置扭曲程度呈现恶化趋势。

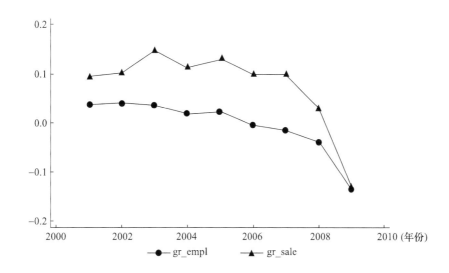

图1 中国工业企业整体成长率时序

资料来源：作者计算整理。

2. 不同所有制下的企业成长

图1和图2给出2001～2009年的不同所有制企业的成长状况。从就业人员衡量的企业成长进行分析，整体来看，总体平均的企业成长率为 -0.56%，可见中国工业企业总体的就业人数呈现下滑的趋势，这可能是源于第三产业发展吸引了大量的劳动力的结果。从变化趋势上可以看出不同所有制企业的成长变化与整体的变化是一致的，但是也呈现出不同的特征。国有企业、非国有内资企业和外资企业的平均企业成长率分别为 -2.55%、-0.93%和0.18%，可见，国有企业的负成长尤为严重，这与中国国有企业的产权改革和生产率的提高中大量劳动力的流失有很强的联系。外资企业则表现出较大的变化趋势，尤其是以2006年为分水岭，之前的平均成长率为4.37%，明显的呈现规模递增趋势，而进入2006年之后直到2009年企业平均成长率为 -0.82%，呈现出规模递减趋势，这可能是受国内外经济环境的影响，也说明了外资企业对经济环境的敏感性。从销售额衡量的企业成长来看，总体平均的企业成长率为7.58%，其中国有企业、非国有内资企业和外资企业平均企业成长率分别为8.77%、9.98%和4.80%。由此可见，企业销售额呈现增长的状态，这也与现实经济状况是相符的。对比两种衡量指标可以发现，就业人员的减少和销售额的增长意味着中国工业企业个体工人素质的提高和整体效率的提升。从变化趋势

分析可以发现，相对于外资企业较强的敏感性，国有企业则表现得较为稳定，这与中国国有企业的特定的社会责任和与政府的密切关系有着直接或间接的联系。同时可以观察到，以销售额衡量的企业成长较就业人员衡量的企业成长变化更加剧烈，这与指标的特点有关系，相对于销售额，就业人员的变动相对较小，这也是与现实经济相符的，我们重点关注的是二者的相对变化，所以可以忽略由于指标选取不同而造成的差异。

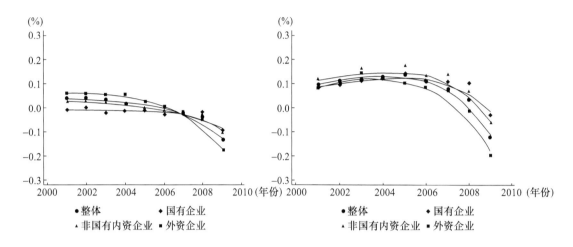

图 2　不同所有制企业成长率情况（左图以就业人员计算，右图以销售额计算）

资料来源：作者计算整理。

　3. 不同行业的企业成长情况

　图 3 和图 4 为 2001~2009 年各行业的企业成长状态。从就业人员衡量的企业成长来看，整体上采选业（包括有色金属矿采选业（09）、其他矿采选业（11）、石油和天然气开采业（07））、食品制造业（14）以及水的生产和供应业（46）明显比其他行业的企业成长快，成长率分别为 13.06%、5.57%、3.52%、1.62% 和 1.28%。而工艺品及其他制造业（42）、化学纤维制造业（28）、废弃资源和废旧材料回收加工业（43）、非金属矿采选业（10）和有色金属冶炼及压延加工业（33）则呈现出规模不断减少的趋势，成长率分别为 - 2.7%、- 3.19%、- 3.29%、- 3.31% 和 - 4.87%。其他的行业则呈现比较稳定的成长状态。从销售额衡量的企业成长来看，整体上采选业（包括其他矿采选业（11）、黑色金属矿采选业（08）、煤炭开采和洗选业（06）以及石油和天然气开采业（07））与石油加工、炼焦及核燃料加工业（25）的排名比较靠前，成长率分别为 36.53%、18.53%、17.73%、15.81% 和 11.48%。而化学纤维制造业（28），皮革、毛皮、羽毛（绒）及其制造业（19），烟草制造业（16），废弃资源和废旧材料回收加工业（43）以及有色金属矿采选业（09）则呈现出较小成长率，分别为 3.71%、3.60%、3.56%、- 2.77% 和 - 7.64%。对比两种指标衡量的企业成长可以发现，有些行业尤其是劳动密集型行业，企业虽表现出较高就业增长率，但是企业销售额却增加较少，如有色金属矿采选业（09）和文体教育用品制造业（24）等，而有些行业则表现出就业人员和销售额的双重较快增长，主要集中在采选业包括其他矿采选业（11）、石油和天然气开采业（07）等。从图 4 行业排序图可以看出，从行业平均来看，企业规模与企业成长并不存在显著的相关性，但后文实证检验证明，个体企业规模与企业成长之间存在显著相关性。

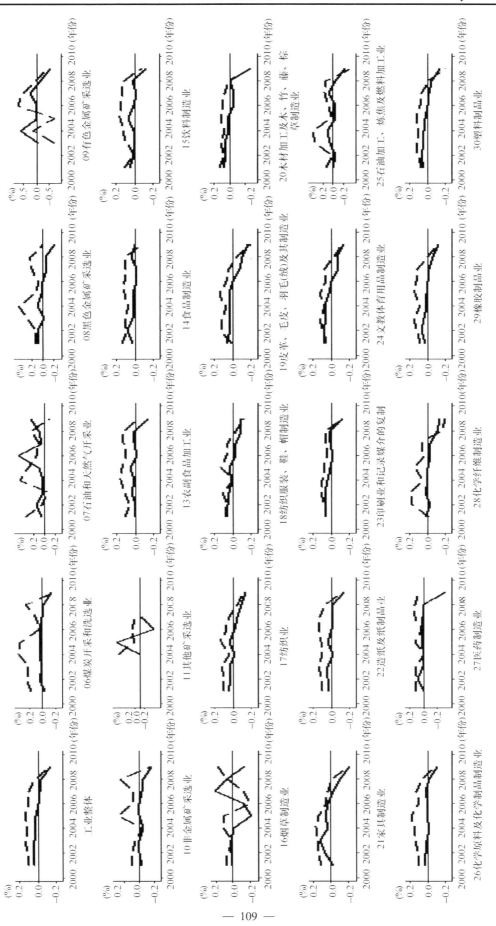

图 3　各行业企业成长率变化趋势

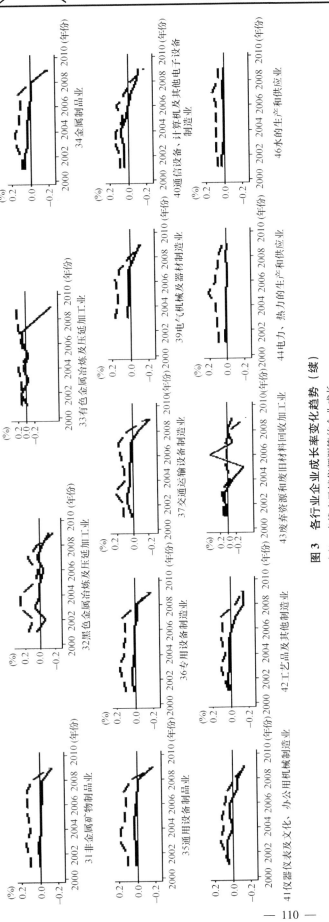

图3 各行业企业成长率变化趋势（续）

注：部分行业有个别年份数据缺失；实线表示就业人员测算的企业成长，虚线表示销售额测算的企业成长。

资料来源：作者计算整理。

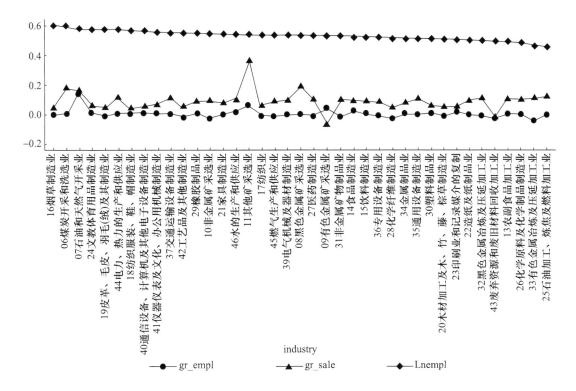

图4 不同行业企业成长率排序

注：为了比较方便，企业规模做了除以 10 的处理。

资料来源：作者整理。

4. 地区比较

中国工业企业成长不仅在行业间存在显著差异，也存在较大的地区差异。由图 5 可见，工业企业成长分布呈现集中态势，同时工业的劳动力流动和产业转移具有显著特征。

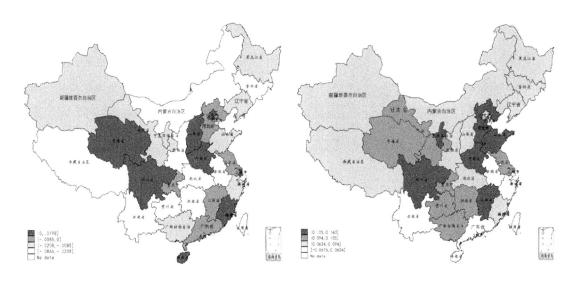

图5 2001~2009 年各省份企业成长分布（左图为就业人员衡量，右图为销售额衡量）

资料来源：作者计算整理。

从劳动力流动角度看，工业就业人口正逐步向中西部转移，本文认为主要原因在于西部大开发战略提出以来出现的普遍的劳动人口回迁。从就业人员衡量的企业成长来看，2001～2009 年东部、中部、东北部和西部地区整体平均的企业成长率分别为 - 0.5%、 - 0.7%、 - 1.2% 和 - 0.3%。从省份来看排名最高的五个省份是青海、河南、海南、四川和福建，最低的五个省份是内蒙古、吉林、陕西、西藏和安徽。尽管东部、中部、东北部和西部的平均企业成长为负值，但是从省分来看，中部和西部地区的企业成长明显较快，接纳了大量转移劳动力。

从产业转移角度看，工业由东部沿海地区向周边和西部扩散，从销售额衡量的企业成长来看，与就业衡量的企业成长类似，但成长率较高的区域出现东移的现象，这主要是东部沿海的企业一般生产效率较高，相对于中西部的劳动密集型企业，这些企业销售额增长快但劳动力增加少。2001～2009 年东部、中部、东北部和西部地区整体平均的企业成长率分别为 40.1%、12.1%、9.0% 和 9.9%。排名最高的五个省份是河南、江西、河北、宁夏和山东，排名最低的五个省份是上海、广东、安徽、云南和海南。可见，东部地区的产业转移带动了周边地区企业成长，企业销售额呈现很强的递增趋势。

（三）研究假设

基于以上分析，中国工业企业的成长状况在不同所有制、行业和区域存在显著差异，除了内生的企业特征和行业特征之外，造成这种差异的来源可能是区域变量。在中国改革开放的不断深入，市场化水平逐步提高的过程中，不可否认的是，各地区间的市场开放水平具有差异，且差异程度在不断放大。那么区域间不同水平的经济自由度是否可以解释企业成长的差异呢？事实上，前期理论研究已经指向了经济自由这一变量。为了揭示这一问题，结合外生解释变量经济自由，基于柯布—道格拉斯生产函数来对企业的成长进行分析。

企业 i 在 t 时期的产出为：

$$Y_{it} = A_{it} L_{it}^{\alpha} K_{it}^{\beta} M_{it}^{\gamma}$$

式中，Y 为企业的产出，A 为企业的技术水平，L 为投入的劳动，K 为获得的用于生产的资本数量，M 为企业获得原材料的数量。

企业 i 在 t + 1 时期的产出为：

$$Y_{i,t+1} = A_{i,t+1} (1+a) \left[L_{i,t+1} (1+b) \right]^{\alpha} \left[K_{i,t+1} (1+c) \right]^{\beta} \left[M_{i,t+1} (1+d) \right]^{\gamma}$$

式中，a 为企业获得更高技术的概率，b 为企业增加劳动投入的概率，c 为企业获得更高融资能力的概率，d 为企业获得更优质原材料的概率。

企业的成长可以表示为：

$$LnY_{i,t+1} - LnY_{it} = Ln \frac{A_{i,t+1}(1+a)}{A_{it}} + \alpha Ln \frac{L_{i,t+1}(1+b)}{L_{it}^{\alpha}} + \beta Ln \frac{K_{i,t+1}(1+c)}{K_{it}} + \gamma Ln \frac{M_{i,t+1}(1+d)}{M_{it}}$$

为了更好地描述经济自由对企业成长的影响，本文将经济自由的发展分为不完全市场经济和市场经济两个阶段。

在不完全市场经济条件下，经济自由度提高，则可以认为企业获得高技术的概率变大，面对更大市场，企业有更大概率投入更多劳动力进行生产，同时企业将会得到更多的融资，获取优质原材料的概率也会增大，因此可以得到 a、b、c、d > 0，且不断增大，由此可以推出：

$$LnY_{i,t+1} - LnY_{it} > 0$$

也就是经济自由度越高，企业就会有更大的成长机会。

在市场经济条件下，经济自由水平本身就比较高，当经济自由度提升，企业成长获得更优质资源的概率 a、b、c、d→0，所以 $LnY_{i,t+1} - LnY_{it} \to 0$，企业成长的概率变小。因此经济自由与企业成长呈现一种负向的关系。这与科斯运用交易成本理论得出的结论是一致的。根据科斯的观点，在市场经济条件下，企业规模的扩大（企业成长）是以企业减少交易成本为基础的，当经济自由度提高，企业交易成本会下降，带来的结果便是企业成长的动力会不足，企业规模会趋于稳定。也就是说经济自由与企业成长之间呈现一种负向的关系。基于以上模型，可以推断经济自由对企业成长影响呈现一种倒"U"形的关系，也就是说存在一个"节点"，通过检验经济自由和企业成长的关系可以进一步判断市场化水平。由此提出如下假设：

经济自由与企业成长呈现倒"U"形关系，当经济自由度较低时，经济自由对企业成长有正效应，当经济自由度较高时，经济自由对企业成长有负效应。

四、实证分析

（一）变量与数据

本文使用的数据全部来源于"中国工业企业数据库"，该数据库的样本范围为国有企业和规模以上非国有工业企业。为了研究的需要，选用 2000～2009 年的面板数据。由于数据库存在很多不足之处，因此需要进行相应的处理。我们借鉴谢千里（2008）和任曙明（2014）的筛选方式。参照这些相关研究的剔除原则，我们进行如下剔除：第一步，我们删除就业人数、企业年龄、固定资产总值的缺失和为负的错误企业记录，最终筛选出 11742 家企业进行研究；第二步，根据所使用的样本范围剔除所使用的关键指标（主营业务收入、主营业务成本、固定资产总值、企业生产总值、就业人员）的前后 0.5%；第三步，由于研究的是企业成长，所以数据被处理为平衡面板数据，总样本数为 117420。

基于以上关于企业规模衡量指标的讨论，本文采用就业人员和销售额作为企业规模衡量指标，采用 DEA 方法测度企业的生产效率，其中 DEA 的测算采用一个产出指标主营业务收入和三个输入指标主营业务成本、就业人员和固定资产总额。经济自由度采用樊刚测度的市场化指数（樊刚等，2011）。为了更全面地描述经济自由度对企业成长的影响，我们引入了经济自由的分项指标，试图找出影响企业成长的关键因素。利润率根据会计准则采用利润与销售额的比值来测算。控制变量包括企业规模（Lnempl）、企业固定资产总值（Lnasset）、企业年龄（Lnage）、GDP、技术溢出（TSP）和企业工业总产值（GOV）。其中 TSP 是各省市专业技术人员占总人口的比重测算。企业规模由企业当年就业人员和销售额表示。主要解释变量和控制变量含义以及选择这些变量的理论或经验证据依据如下。

表 1　变量的统计性描述

变量	N	mean	sd	p25	p50	p75	min	max
gr_empl	105678	−0.00556	0.357	−0.0818	0	0.0846	−5.084	4.557
gr_sale	105678	0.0758	0.415	−0.0819	0.0869	0.259	−5.733	5.348
prate	117420	0.0243	0.138	0.00240	0.0197	0.0561	−10.82	19.08
TFP_DEA	117420	0.349	0.171	0.214	0.328	0.453	0	1
freedom	117420	7.935	1.969	6.570	7.970	9.390	0	11.80
Lnempl	117420	5.271	0.976	4.585	5.226	5.922	2.773	8.425
Lnsale	117420	10.6047	1.1613	9.7140	10.4931	11.385	8.0487	14.7035
LnGOV	117420	10.6358	1.1599	9.7505	10.5319	11.4175	5.6168	14.7851

变量	N	mean	sd	p25	p50	p75	min	max
Lnasset	117420	9.190	1.476	8.147	9.123	10.18	4.905	14.46
LnGDP	117420	9.183	0.716	8.700	9.180	9.663	4.769	10.58
TSP	117420	0.0559	0.0283	0.0407	0.0470	0.0594	0.0108	0.206
Lnage	117420	14.73	9.679	9	12	17	1	53

1. 利润率

有关利润率对企业成长影响的观点主要来源于三个比较有影响力的观点：进化理论（Alchian，1950）、新古典的投资 q 理论（Chirinko，1993；Schiantarelli，1996）和不完美资本市场理论（Fazzari et al.，1988）。其中，进化理论来源于熊彼特的"创新破坏"，Alchian（1950）认为，选择的进化机制使经济保持进步，由此更适应的企业将生存下来，而其他的企业将会退出市场。演化理论由于提出了动态观点而得到广泛关注（Code，2007）。新古典的 q 理论是关于企业投资决定的模型，其中 q = 企业股票市场价值/企业重置成本。Chinrinko（1993）认为，假定企业有着理性的预期，在寻求最大化股东收益的模型中，q 应该是对投资最好的预测值。但是，由于没有考虑时间因素的影响，在实际测度中往往会产生不真实的结果（Barnett and Sakellaris，1998）。由于 q 理论并不理想的表现，Fazzari 等（1988）引入现金流来对投资进行预测，发现是显著的。但是，现金流和投资（企业成长）的显著性关系却是一个"坏消息"，原因在于现金流的敏感性往往是金融管制的信号，因此，不完美市场理论被提出，政策制定者也被要求帮助被约束的企业。后期的研究发现新古典主义夸大了企业利润对企业成长的影响，支持演化理论所说明的成长机会会倾向于选择利润较高的企业。但是，实证研究表明这种显著影响是不确定的，甚至是不存在的。Robson 和 Bennett（2000）使用英国中小企业的数据研究发现虽然利润率对企业成长有正向影响，但这种关系并不显著。Guariglia（2008）研究发现无论是低收益的企业还是高收益的企业，企业的投资水平都处于高水平，从而否定了企业的收益和企业成长的显著关系。但是，Coad（2007）通过证明"Growth of Fitter"对于利润率成立从而推翻了"Penrose Effect"准则并不总是成立，也就是证明了企业利润率对于企业成长的正向作用。但这种关系在中国的适用性还有待经验证据的进一步证明。

2. 企业效率

认为企业生产效率与企业成长不存在显著关系的研究：Foster 等（1998）从企业层面分解了企业劳动生产率和全要素生产率的影响因素，研究发现企业水平的劳动生产率和企业的全要素生产率与企业成长并不存在显著的关系。Bottazzi 等（2002）使用意大利制造企业数据库研究发现，企业效率和企业成长之间的关系并不显著。但是，很多研究者使用不同数据发现二者之间的显著关系。Sleuwaegen 和 Goedhuys（2002）使用科特迪瓦的制造业企业数据库发现了以销售额衡量的企业成长与企业效率的显著的正向关系，综上，我们可以发现用生产率的高低来衡量企业的成长是不可置信的。Baily 和 Farrell（2006）指出这种不显著的关系可能来自于偏低的市场竞争程度。经济自由指标的引入可能会对这一问题有较好的解释。

3. 经济自由

这一变量对企业成长影响的研究还很少涉及，从国外来看，发达经济体本身经济自由度差异不大，也就失去了研究的根基，而国内对这一问题的研究也很少，主要是这一变量难以量化，而樊刚的市场化指数的提出则让这一问题得到解决，所以本文采用樊刚的市场化指数作为经济自由的表示。该经济自由指标是首先给出中国各省市政府和市场的关系、非国有企业发展、产品市场发育、要素市场发育以及市场中介组织和法律制度环境五个方面的评分，再通过加权平均得到最终的评分。如图 6 给出了经济自由度排名靠前和靠后的三个省份的变化趋势，可见，各地区经济自由呈现差距变大趋势。同时为了发掘经济自由对企业成长影响的内在原因，我们采用经济自由的分项指标来考察经济自由对企业成长不同方面的影响。同时，从稳健性出发，我们引入 Fraster Institute 测度的国际经济自由指标，与国内指标类似，该指标从政府规模、法律结构和产权保护、稳健货币的获得、国际贸易的自由度和信贷、劳动力和商业的规制六个方面测算，最终给出各个国家的评分。

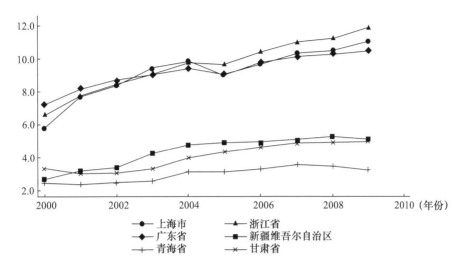

图 6　经济自由度省份比较

资料来源：作者计算整理。

4. 其他控制变量

企业规模，研究企业规模对企业成长影响的文献一般将企业分为大企业和小企业。Birch（1987）测算了 1968~1976 年企业新增就业人员数量发现，美国在这段时间的新增就业主要来源于 20 人及以下的微型企业，虽然后来的研究指出了该研究的局限性，但是也可以说明小微型企业成长的特点。Code（2009）指出将小微型企业视为新增就业的主要来源是过度简化的，原因在于小微企业创新的有限性和工作的不稳定性。而大型企业的就业是非常稳定的，这也有利于市场的稳定。为了与企业成长的测算方法形成对应，企业规模的测算这里采用了两种方式，以销售额和就业人员衡量。Dunne 等（1989）研究了美国企业的数据，发现企业年龄与企业规模之间呈现一种负向的关系，但是企业年龄对企业成长的负向作用会有一个年限限制，当超过这个限制时，这种关系会呈现一种正向的作用（Bigsten and Gebreeyesus，2007）。为了更加全面地包含企业成长的影响因素，本文还引入了其他的控制变量包括固定资产总值、企业工业生产总值、区域变量（GDP 和 TSP）。

（二）计量模型

为了从经验分析角度考察企业利润、生产效率、经济自由和其他企业特征对企业成长的影响，我们同时使用了固定效应模型和系统 GMM 模型。对于面板数据的分析，通常可采用固定效应模型和随机效应模型，本文通过 Hausman（1978）检验拒绝了随机效应模型，所以本文选择固定效应模型。考虑到解释变量的内生性问题，引入被解释变量的滞后期，采用 GMM 方法。考虑两步系统 GMM 同时具备差分 GMM 和水平 GMM 的优势，提高了估计的效率，最终采用系统 GMM 来对面板数据进行估计，同时使用滞后两期及以上作为工具变量。然而使用系统 GMM 的前提比较严格，必须满足：①扰动项不存在自相关；②被解释变量的差分项与个体效应不相关。第一个假定我们得到了验证，对于第二个假定，目前尚没有严格的统计检验，只能根据经济常识来判断经济变量是否存在稳态（陈强，2010）。Fisher 检验拒绝了面板单位根的原假设，证明面板数据是平稳的。

本文构建了如下静态和动态面板数据模型作为基本计量回归模型。

$$Growth_{it} = \beta_0 + \beta_1 x_{it} + \beta_2 \Phi_{it} + u_{it} + v_{it} \tag{5}$$

$$Growth_{it} = \beta_0 + Growth_{i,t-1} + \beta_1 X_{it} + \beta_2 \Phi_{it} + u_{it} + v_{it} \tag{6}$$

模型（5）为固定效应模型；模型（6）为系统 GMM 模型。i 和 t 分别表示企业和年份。$Growth_{it}$ 和 $Growth_{i,t-1}$ 分别为当期和滞后一期的企业成长。X_{it} 和 Φ_{it} 分别为关键解释变量：利润率、企业效率和经济自由度，以及控制变量：企业规模、固定资产总值、企业工业生产总值、企业年龄、GDP 和技术溢出 TSP。u_{it} 为个体效应，v_{it} 为干扰项。

1. 基本回归结果

表 2 为整体分析结果，结果显示，除企业效率以外，关键解释变量对企业成长都存在显著正向作用，说明较高的企业利润率和经济自由对企业成长都有显著的正向促进作用，而企业效率的不显著作用与 Bottazzi 等（2002）的研究结果是一致的，说明某些情况下企业效率的提高并不能促进企业成长，这可能与市场竞争并不充分有关（Baily and Farrell，2006）。被解释变量滞后一期的系数为负表示前一期的企业成长会明显地降低本期的企业成长。企业规模系数为正表示企业规模越大企业成长越快，这与前人的研究有所不同，使用不同的数据库研究发现企业成长与企业规模呈现负向的关系（Bottazzi et al.，2001；De Fabritiis et al.，2003；Matia et al.，2004；Bottazzi and Secchi，2006；Bottazzi et al.，2008），但是 Bottazzi 等（2007）使用意大利制造业企业数据库却未发现二者之间存在显著关系。可见企业规模对于企业成长的作用有分歧，本文结论可以说明相对于规模较小的企业，规模较大的中国企业具有更大可能的成长性，这也证实了 Gibrat 法则在中国是不适用的。对于销售额衡量的企业成长，结果显示，除了企业效率会对企业成长产生反向的作用以外，关键解释变量对企业成长都有显著的正向作用，这意味着较高的企业利润和经济自由度会促进企业成长，而较高效率的企业却不能够实现更快的成长。销售额衡量的企业规模系数也是显著为正，而就业衡量的企业规模系数显著为负，说明就业人员越多，销售额增长越多，但销售额规模越大，企业销售额的增长就会越慢。

表 2　整体分析

	（1）	（2）	（3）	（4）
	gr_empl	gr_sale	gr_empl	gr_sale
L. gr_empl			−0.105**	
			（−2.29）	
L. gr_sale				0.444***
				（3.65）
prate	0.0399***	0.0881***	0.110***	0.189***
	（4.78）	（9.14）	（3.78）	（3.93）
TFP_DEA	0.0325	−0.356***	0.0655***	−0.0814***
	（1.64）	（−15.59）	（3.81）	（−3.83）
freedom	0.0136***	0.00673***	0.0114***	−0.0122***
	（6.08）	（2.61）	（8.23）	（−6.75）

续表

	（1）	（2）	（3）	（4）
	gr_ empl	gr_ sale	gr_ empl	gr_ sale
Lnempl	0.526 ***	- 0.0824 ***	0.242 ***	- 0.0410 ***
	(162.69)	(- 22.08)	(50.28)	(- 9.86)
Lnsale	0.0376 ***	0.753 ***	0.0575 ***	0.710 ***
	(6.80)	(118.06)	(6.90)	(39.89)
Lnasset	- 0.0202 ***	- 0.0615 ***	- 0.0409 ***	- 0.0706 ***
	(- 8.66)	(- 22.84)	(- 17.95)	(- 18.58)
Lnage	- 0.214 ***	- 0.327 ***	- 0.0901 ***	- 0.00727
	(- 30.54)	(- 40.42)	(- 21.86)	(- 1.62)
LnGOV	- 0.0581 ***	- 0.258 ***	- 0.0808 ***	- 0.511 ***
	(- 12.14)	(- 46.75)	(- 9.70)	(- 23.14)
LnGDP	- 0.00699	- 0.181 ***	- 0.0581 ***	- 0.110 ***
	(- 1.12)	(- 25.17)	(- 18.99)	(- 18.57)
TSP	- 0.159 *	0.280 ***	- 0.0222	- 0.735 ***
	(- 1.89)	(2.88)	(- 0.36)	(- 8.14)
N	105654	105654	93913	93913
R^2	0.31	0.3		
sigma_ u	0.45	0.45		
sigma_ e	0.3	0.34		
Rho	0.69	0.62		
AR （1）			0	0
AR （2）			0.31	0
Hausman 检验			0.022	0

注：括号内为 t 值；＊、＊＊、＊＊＊分别表示10%、5%和1%的显著性水平。

资料来源：作者整理。

对于控制变量，企业年龄负的系数表明企业存活时间与企业成长呈现显著负向关系，这与先前研究一致（Dunne，1989；Bigsten and Gebreeyesus，2007）。企业固定资产和企业工业生产总值与企业成长呈现反向关系表明，企业对于固定资产和生产的投资会减缓企业的成长。最后地域影响因素 GDP 和 TSP 对于就业人员和销售额衡量的企业成长的不同关系说明地域因素 GDP 和 TSP 与企业的就业人员的增长关系不大，而与销售额的增长有显著的关系。

可以看到，从显著性上看，经济自由对企业成长都有显著的影响，但是进一步从 R^2 来看，也就是解释变量对企业成长的解释程度来看，经济自由对企业成长的解释程度较小，这也再次说明了随机因素对于企业成长的重要作用（Coad，2009）。为了进一步分析经济自由对企业成长的影响，我们进行了下面的对于不同所有制和不同规模的企业的分组分析。

2. 分组分析

根据模型（5）固定效应估计结果虽然能在一定程度解决遗漏解释变量所导致的内生性问题，却无法克服解释变量与被解释变量间的由于存在双向因果关系而导致的内生性问题，而系统 GMM 因为有较高的估计效率和较好的对内生问题的处理而得到了广泛的应用，表 3 即是对不同所有制企业的系统 GMM 估计结果。从检验出发，以就业人员衡量的企业成长能较好地通过检验，所以下文的分析将以就业人员衡量的企业成长为主。可以看出，经济自由对外资企业的成长具有较为显著的作用，但对于两种衡量企业成长的方式，经济自由的系数是不同的，这说明，一方面，经济自由的提高将会促进企业就业人员的增长；另一方面，将会使销售额趋于稳定。同时可以看出只有外资企业前一期的成长会对后一期产生显著为负的作用，说明只有外资企业的成长具有一定的滞后效应。利润率对非国有内资企业和外资企业的企业成长的作用较为显著，说明利润率的提高会促进企业就业人员的增加，而企业效率对国有企业的影响显著为负说明国有企业效率的提升将会使国有企业就业人员趋于稳定甚至减少。对于控制变量，企业规模对企业成长产生了显著为正的作用，说明与整体相同，也拒绝了 Gibrat 法则；企业年龄对于不同所有制企业的影响是相同的，与整体也是一致的；对于国有企业和非国有内资企业，固定资产总值和企业生产总值对于企业成长的影响与整体是一致的，但对于外资企业却是不显著的，结合前面分析说明，相对于国有企业和非国有内资企业，外资企业更看重企业的利润和效率。对于区域变量，只有对外资企业的影响是显著的，说明外资企业对于经济环境的敏感程度大于国有企业和非国有内资企业。

表3 不同所有制系统 GMM 分析

	(1) 国有企业	(2) 非国有内资企业	(3) 外资企业	(4) 国有企业	(5) 非国有内资企业	(6) 外资企业
	gr_empl	gr_empl	gr_empl	gr_sale	gr_sale	gr_sale
L.gr_empl	0.00791	-0.0342	-0.159***			
	(0.07)	(-0.74)	(-3.19)			
L.gr_sale				0.321	0.174	0.601**
				(1.04)	(1.41)	(2.52)
prate	-0.0514	0.121**	0.128**	0.160**	0.309***	0.154***
	(-1.37)	(2.18)	(2.32)	(2.26)	(5.46)	(2.60)
TFP_DEA	-0.484**	-0.268	0.397*	0.463***	0.546***	-0.556
	(-2.21)	(-0.72)	(1.86)	(2.72)	(3.26)	(-1.31)
freedom	0.0181***	-0.00407	0.0170***	-0.0109	-0.0142***	-0.0205***
	(3.02)	(-0.83)	(4.24)	(-1.64)	(-3.91)	(-2.99)
Lnempl	0.175***	0.229***	0.266***	0.0244	0.0196	-0.0731
	(5.56)	(5.25)	(10.26)	(0.86)	(0.96)	(-1.48)
Lnsale	0.472**	0.424	-0.404	-0.0811	-0.305	1.514**
	(2.29)	(0.81)	(-1.13)	(-0.52)	(-1.19)	(2.24)
Lnasset	-0.0727***	-0.0824**	0.00689	0.0266	-0.0118	-0.126***
	(-2.95)	(-2.32)	(0.29)	(1.44)	(-0.70)	(-2.64)
Lnvar24	-0.405***	-0.381	0.315	0.0956	0.390*	-1.198**
	(-2.60)	(-0.86)	(1.03)	(0.82)	(1.79)	(-2.09)
Lnage	-0.0799***	-0.0720***	-0.178***	-0.0104	-0.0203***	-0.0964***
	(-5.71)	(-12.24)	(-15.28)	(-1.24)	(-3.91)	(-3.07)
LnGDP	-0.00437	0.00566	-0.0582***	-0.0333**	-0.0486***	-0.0560***
	(-0.30)	(0.47)	(-7.81)	(-2.32)	(-5.83)	(-4.33)
TSP	-0.0537	-0.0380	0.621***	0.0990	0.151	-0.528
	(-0.19)	(-0.17)	(3.54)	(0.41)	(0.97)	(-1.57)
N	7166	44862	41885	7166	44862	41885
AR (1)	0	0	0	0.015	0	0
AR (2)	0.117	0.123	0.629	0.316	0.027	0.849
Hausman 检验	0.232	0.015	0.209	0.142	0	0

注：括号内为 t 值；*、**、*** 分别表示10%、5%和1%的显著性水平。
资料来源：作者整理。

表4给出对不同规模企业的系统 GMM 分析结果。同样可以发现，从模型分析的准确性出

发，下文将以就业人员衡量的企业成长作为主要的分析对象。较为明显的是，经济自由对大型和小型企业的成长具有显著的影响，尤其是对小企业这种影响更为显著，经济自由的提高将会促进企业较快成长。滞后的企业成长显著性较低，说明企业成长的滞后效应是不明显的。企业利润只有对大型企业的成长具有显著性影响，说明对于中小型企业而言，企业利润的提升对于企业的成长并不能起到促进作用。有趣的是，对于不同规模的企业，企业效率对于企业成长不存在显著的联系，这说明基于中国工业企业的数据，企业效率与企业成长之间可能并不存在必然的联系，这与整体研究结论是一致的。对于控制变量，企业规模与企业成长呈现显著正向关系，说明对于三种规模的企业会出现企业规模越大企业成长越快现象，这可能与大规模企业的规模优势有关。固定资产和企业的工业产出总值的系数是不显著的，说明二者对不同规模的企业的成长影响较小。对于区域变量 GDP 和 TSP，GDP 只对中小企业有较显著影响而 TSP 对不同规模的企业成长不显著，说明不同区域因素对不同规模的企业影响是有差异的。

表 4　不同规模企业的系统 GMM 分析

	（1）大型（empl）	（2）中型（empl）	（3）小型（empl）	（4）大型（sale）	（5）中小型（sale）
	gr_ empl	gr_ empl	gr_ empl	gr_ sale	gr_ sale
L. gr_ empl	− 0.173	− 0.224	− 0.0934 *		
	（− 1.09）	（− 0.90）	（− 1.92）		
L. gr_ sale				0.0734	0.0211
				（0.25）	（0.05）
prate	0.353 ***	0.0961	0.1963 *	0.409 ***	− 0.0357
	（2.70）	（1.48）	（1.85）	（6.49）	（− 0.66）
TFP_ DEA	0.548 *	0.299	0.6169	0.847 ***	− 1.343 ***
	（1.76）	（0.93）	（0.72）	（4.00）	（− 3.15）
freedom	0.0322 ***	0.00527	0.0279 ***	− 0.0226 ***	− 0.0500 ***
	（2.79）	（1.10）	（6.71）	（− 4.65）	（− 5.05）
Lnempl	0.755 ***	0.547 ***	0.4473 ***	0.0577 **	− 0.184 ***
	（11.21）	（11.59）	（4.30）	（2.53）	（− 3.73）
Lnsale	− 1.159 *	− 0.344	− 0.6764	− 0.897 ***	2.803 ***
	（− 1.75）	（− 0.68）	（− 0.57）	（− 2.58）	（4.84）
Lnasset	0.0413	0.00716	0.0093	0.0341	− 0.159 ***
	（0.91）	（0.18）	（0.11）	（1.64）	（− 4.32）
LnGOV	0.970 *	0.263	0.5394	0.848 ***	− 1.789 ***
	（1.67）	（0.61）	（0.54）	（2.89）	（− 4.17）
Lnage	− 0.0949 ***	− 0.0686 ***	− 0.1106 ***	− 0.00431	0.0660 ***
	（− 4.76）	（− 4.22）	（− 8.14）	（− 0.49）	（3.49）
LnGDP	− 0.0302	− 0.0302 ***	− 0.1104 **	− 0.0230 ***	− 0.0824 ***
	（− 1.46）	（− 2.98）	（− 2.37）	（− 2.99）	（− 4.71）
TSP	0.381	− 0.0359	− 0.1437	0.0792	− 1.116 ***
	（0.71）	（− 0.22）	（− 0.17）	（0.45）	（− 3.20）
N	5519	25663	63645	47312	46607
AR（1）	0.134	0.404	0	0.026	0.151
AR（2）	0.402	0.579	0.827	0.769	0.156
Hausman 检验	0	0.023	0.217	0	0.2

注：括号内为 t 值；*、**、*** 分别表示 10%、5% 和 1% 的显著性水平。

资料来源：作者整理。

3. 经济自由度分项结果分析

从以上分析可以看出，经济自由对外资企业和小型企业影响较为显著，为了进一步对这种影响进行分析，下文将引入经济自由度分项，同时考虑系统 GMM 模型不能较好地分析以销售额衡量的企业成长，所以进一步分析仅选择以就业人员衡量的企业成长。表 5 是经济自由度分项对外资企业成长的影响分析，其中模型（1）~（6）分别是经济自由度整体和分项政府的关系、自由度和市场的关系（GM）、非国有企业的发展（NS）、产品市场的发育程度（PM）、要素市场的发育程度（FM）以及市场中介组织和法律制度环境（ML）的分析结果。从模型分析的结果看，除市场中介组织和法律制度环境（ML）对外资企业成长的影响不显著外，其他的分项均对企业成长有显著的促进作用。这可能与中国各地法律制度较为一致，中介组织的发育还处于完善时期，所以此变量对于企业成长影响比较小。可以看出要素市场的发展（FM）对于外资企业的成长是最关键的，这与外资企业本身的对于基础要素依赖性较高的特征有关。

表5　经济自由度分项对外资企业的影响分析

	模型（1）	模型（2）	模型（3）	模型（4）	模型（5）	模型（6）
	freedom	freedom_ GM	freedom_ NS	freedom_ PM	freedom_ FM	freedom_ ML
L. gr_ empl	− 0.159 ***	− 0.158 ***	− 0.160 ***	− 0.153 ***	− 0.149 ***	− 0.162 ***
	（− 3.19）	（− 3.24）	（− 3.21）	（− 3.09）	（− 2.99）	（− 3.27）
prate	0.128 **	0.128 **	0.132 **	0.127 **	0.125 **	0.133 **
	（2.32）	（2.39）	（2.32）	（2.32）	（2.30）	（2.33）
TFP_ DEA	0.397 *	0.388 *	0.431 *	0.393 *	0.362 *	0.438 **
	（1.86）	（1.88）	（1.95）	（1.82）	（1.69）	（2.01）
freedom	0.0170 ***					
	（4.24）					
freedom_ GM		0.0270 ***				
		（4.78）				
freedom_ NS			0.00479 ***			
			（2.73）			
freedom_ PM				0.0122 ***		
				（3.38）		
freedom_ FM					0.0105 ***	
					（5.90）	
freedom_ ML						0.00307 *
						（1.89）
N	41885	41885	41885	41885	41885	41885
AR（1）	0	0	0	0	0	0
AR（2）	0.629	0.643	0.66	0.512	0.482	0.69
Hausman 检验	0.209	0.209	0.162	0.278	0.235	0.256

注：括号内为 t 值；*、**、*** 分别表示 10%、5% 和 1% 的显著性水平；出于篇幅考虑，控制变量已略去，需要的话可以向作者索要。

资料来源：作者整理。

表 6 为经济自由度及其分项对小型企业的影响分析，其中模型（1）~（6）分别是经济自

由整体和分项政府的关系、自由整体和市场的关系（GM）、非国有企业的发展（NS）、产品市场的发育程度（PM）、要素市场的发育程度（FM）以及市场中介组织和法律制度环境（ML）分析结果。从模型分析结果看，除产品市场的发育对于小型企业的成长影响并不显著以外，其他分项均产生了显著促进作用。结合表7的结果，可以认为经济自由确实对企业成长存在显著的影响。

表6 经济自由度分项对小型企业的影响分析

	模型（1）	模型（2）	模型（3）	模型（4）	模型（5）	模型（6）
	freedom	freedom_GM	freedom_NS	freedom_PM	freedom_FM	freedom_ML
L. gr_empl	−0.0934*	−0.0973**	−0.0988**	−0.0914*	−0.0860*	−0.0952*
	（−1.92）	（−1.97）	（−1.99）	（−1.82）	（−1.73）	（−1.92）
prate	0.196*	0.224**	0.219*	0.216*	0.205*	0.203*
	（1.85）	（1.96）	（1.91）	（1.89）	（1.82）	（1.87）
TFP_DEA	0.617	0.852	0.846	0.781	0.703	0.639
	（0.70）	（0.91）	（0.89）	（0.83）	（0.76）	（0.73）
freedom	0.0279***					
	（6.71）					
freedom_GM		0.0416***				
		（4.02）				
freedom_NS			0.0169***			
			（4.72）			
freedom_PM				−0.00631		
				（−1.13）		
freedom_FM					0.0119***	
					（4.48）	
freedom_ML						0.00854***
						（3.22）
N	63645	63645	63645	63645	63645	63645
AR（1）	0	0	0	0	0	0
AR（2）	0.827	0.907	0.942	0.919	0.774	0.88
Hausman检验	0.217	0.373	0.223	0.386	0.281	0.312

注：括号内为t值；*、**、***分别表示10%、5%和1%的显著性水平；出于篇幅考虑，控制变量已略去，需要的话可以向作者索要。

资料来源：作者整理。

4. 时间效应

在中国由计划经济转向市场经济过程中可以认为，市场力量将会在促进企业成长上发挥更大的作用。实证的结果证实了这种影响会随时间改变（见表7）。本文将时间段分为三段2001～2003年、2004～2006年和2007～2009年，从而以2004～2006年的时间段为基准设置两个时间虚拟变量Y2001和Y2009，最后得到与经济自由的交叉项Y2001_freedom和Y2009_freedom，这样就可以测算经济自由对企业成长较为详细的变化趋势。

模型（1）和（2）显示经济自由对外资企业和小型企业成长的影响随时间而变化。特殊的是，对于外资企业，相对于基期，从 2000～2003 年的不显著到 2007～2009 年的显著为负说明经济自由对企业成长正向作用变弱。对于小型企业，相对于基期，经济自由对于企业成长的影响也在减弱。由此可以发现经济自由对企业成长的影响并不是一成不变的。同时，引入滞后一期的经济自由可以发现经济自由对于企业成长作用存在一定滞后性。

表7 经济自由度的时间效应

	（1）外资企业	（2）小型企业
	gr_empl	gr_empl
L. gr_empl	− 0. 135 ***	− 0. 0775 *
	（− 2. 80）	（− 1. 88）
prate	0. 1031 **	0. 1298 ***
	（2. 35）	（5. 33）
TFP_DEA	0. 119 ***	0. 0428
	（4. 49）	（2. 05）
freedom	0. 0298 ***	0. 0121 ***
	（5. 66）	（2. 99）
Lfreedom	− 0. 0169 ***	− 0. 0068 *
	（− 3. 58）	（− 1. 75）
Y2001_ freedom	− 0. 0004	− 0. 0015 ***
	（− 0. 74）	（3. 07）
Y2009_ freedom	− 0. 0035 ***	− 0. 0027 ***
	（− 7. 19）	（− 6. 73）
N	41885	63645
AR （1）	0	0
AR （2）	0. 395	0. 407
Hausman 检验	0. 102	0. 024

注：括号内为 t 值；＊、＊＊、＊＊＊分别表示 10%、5% 和 1% 的显著性水平。出于篇幅考虑，控制变量已略去，需要的话可以向作者索要。

资料来源：作者整理。

五、稳健性检验

为了进一步检验研究结果的稳健性，引入不同来源的经济自由度和效率指标进行分析。在经济自由度上，除樊纲（2011）提出的经济自由度指标以外，国际上还有几种公认的对经济自由度或市场化水平进行测量的指标体系，包括 EBRD、EFW 等。以 EFW 为例，与本文应用的自由度指标相比，首先指标体系有所不同，EFW 衡量了政府规模、法律结构和产权保护、稳健货币的获得、国际贸易的自由度和信贷、劳动力和商业的规制五个方面的市场化状况，而樊刚用的是政府与市场的关系、非国有企业的发展、产品市场的发育、要素市场的发育以及市场中介组织和法律制度环境五个方面的指标，可以看出樊刚的指标明显少了对于国际贸易的测度；其次结论有所不同，樊纲所测量的经济自由度趋势上升显著，而 EFW 所测量的中国经济自由度提升则较为缓慢（见图 7）。应用 EFW 经济自由度数据的回归显示，虽然结果并不显著，但经济自由度仍与企业成长呈现正向关系。

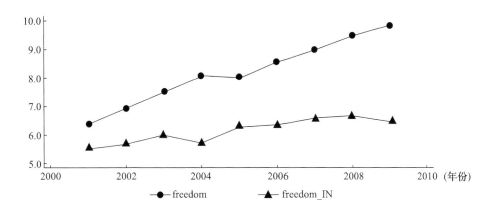

图 7　两种不同来源的经济自由度对比

注：为了分析变化趋势，对经济自由度数据进行了除以 10 的处理。

资料来源：作者整理。

六、结论

本文对经济自由与企业成长关系进行了研究，应用 1 万余家中国工业企业的数据，刻画了 2000～2009 年企业成长的基本事实，检验了经济自由是否对企业成长具有促进作用。本文在理论上，为经济自由与工业企业成长之间的关系提供了新的证据与解释，也在一定程度上支持了企业成长"随机性"的观点，即企业动态更多依赖于内生的企业特征（规模、年龄等），而特定的制度与政策对其解释力较弱。在现实意义上，本文从微观视角对中国的市场化进程进行了观测，尽管中国的经济自由水平在不断提高，但仍未能通过假设的经济自由"节点"，与成熟市场经济仍有明显距离。

对于中国工业企业的成长，本文发现，第一，总体上 2001～2009 年中国工业企业成长的平均值为 -0.56%，呈现了一个长期递减的趋势，分时期来看，2005 年之前企业成长呈现平均递增的趋势，之后的几年呈现较大的下降趋势。这与邵宜航（2013）关于资源配置扭曲的测算结果是一致的。第二，不同所有制的讨论说明国有企业的负成长尤为严重，这与中国国有企业的产权改革和生产率的提高中大量劳动力的流失有很强的联系，外资企业则表现出较大变化趋势，说明外资企业对经济环境具有较大的敏感性。第三，不同行业的比较说明不同行业的企业成长呈现较大的差异性，且各行业的平均企业规模与企业成长并不存在必然联系。第四，企业成长的地区分布特点给出了从企业成长角度说明我国劳动力转移和产业转移的具体方向。基于以上事实，本文认为，企业成长差异的来源很可能应由区域变量来解释。

对于经济自由对中国工业企业成长是否存在促进作用，本文发现，总体的固定效应模型显示经济自由对企业成长的正效应，具体的分组讨论发现对于外资企业和小型企业的作用最为明显，分解指标后发现除个别指标（市场中介组织发育与法律制度环境和产品市场的发育）外，其余指标都表现出显著影响；从时间趋势上分析得到了经济自由的短期时间效应的存在；从稳健性出发，对效率和经济自由度的指标做出了检验。这一系列结果与之前的研究相近，并进一步深化，一是指出经济自由同其他制度变量相似，总体解释力不高，支持了企业成长"随机性"观点，即企业动态更多依赖于内生的企业特征，包括规模、年龄等；二是进一步研究了经济自由对不同类别企业的影响，发现对于特定类别经济自由的解释力显著增强；三是对经济自由进行了横向和纵向分解，研究了分解指标的作用差异与时间效应。因而，本文从以上三个方面丰富了经济自由与企业成长关系的结论。

对于中国市场化水平的观测，本文从新的微观视角得出了与现实相符的结论。从经济自由与企业成长关系来看，在经济完全不自由到经济完全自由的范围内，二者应呈现倒"U"形关系，即存在一个"节点"，经济自由与企业成长在"节点"之前呈现正向关系，通过"节点"之后则相反。因而本文的实证结论表明中国的市场化程度仍处于发展过程中。当然，由于数据的问题，无法检验假设中的倒"U"形关系与"节点"，这也是本文的局限所在。

参考文献

［1］ Penrose, E. T. The Theory of the Growth of the Firm ［M］. Oxford, UK：Basil Blackwell, 1959.

［2］ Bottazzi, G., and A. Secchi. Explaining the Distribution of Firms Growth Rates ［J］. Rand Journal of Economics, 2006 （37）：234 – 263.

［3］ Coad, Alex. Firm Growth and Scaling of Growth Rate Variance in Multiplant Firms ［J］. Economics Bulletin, 2008, 12 （9）：1 – 15.

［4］ Becchetti, Leonardo, and Trovato, Giovanni. Corporate Social Responsibility and Firm Efficiency：A Latent Class Stochastic Frontier Analysis ［J］. Journal of Productivity Analysis, 2011, 36 （3）：231 – 246.

［5］ Dosi, G. Statistical Regularities in the Evolution of Industries：A Guide Through Some Evidence and Challenges for the Theory ［A］. F. Malerba, and S. Brusoni. Perspectives on Innovation ［C］. Cambridge, UK：Cambridge University Press, 2007.

［6］ Bottazzi, G., E. Cefis, and G. Dosi. Corporate Growth and Industrial Structure：Some Evidence from the Italian Manufacturing Industry ［J］. Industrial and Corporate Change, 2002 （11）：705 – 723.

［7］ Bottazzi, G., A. Secchi, and F. Tamagni. Productivity, Profitability and Financial Performance ［J］. Industrial and Corporate Change, 2008, 17 （4）：711 – 751.

［8］ Bigsten, A., and Gebreeyesus, M. The Small, the Young, and the Productive：Determinants of Manufacturing Firm Growth in Ethiopia ［J］. Economic Development and Cultural Change, 2007, 55 （4）：813 – 840.

［9］ Coad, A. The Growth of Firms：A Survey of Theories and Empirical Evidence ［M］. UK：Edward Elgar, 2009.

［10］ Coase, R. The Nature of the Firm ［J］. Economica, 1937, 4 （16）：386 – 405.

［11］ Guiso, L., Sapienza, P., and Zingales, L. Does Local Financial Development Matter? ［J］. Quarterly Journal of Economics, 2004 （119）：929 – 970.

［12］ Peev, Evgeni, and Mueller, D. C. Institutions, Economic Liberalization and Frm Growth：Evidence from European Transition Economies ［J］, Kyklos, 2012, 65 （3）：371 – 407.

［13］ Heckelman, J., and Stroup, M. A Comparison of Aggregation Methods for Measures of Economic Freedom ［J］. European Journal of Political Economy, 2005 （21）：953 – 966.

［14］ Marris, R. The Economic Theory of Managerial Capitalism ［M］. London：Macmillan, 1964.

［15］ Lucas, R. On the Size Distribution of Business Firms ［J］. Bell Journal of Economics, 1978, 9 （2）：508 – 523.

［16］ Mueller, D. C. A Theory of Conglomerate Ergers ［J］. Quarterly Journal of Economics, 1969, 83 （4）：643 – 659.

［17］ Downie, J. The Competitive Process ［M］. London：Duckworth, 1958.

［18］ Hannan, M., and J. Freeman. The Population Ecology of Organizations ［J］. American Journal of Sociology, 1977, 82 （5）：929 – 964.

［19］Gibrat, R. Les Inequalites Economiques ［M］. Librairie du Recueil Sirey, Paris, 1931.

［20］Hart, P. E. The Size and Growth of Firms ［J］. Economica, 1962, 29 (113)：29 - 39.

［21］Samuels, J. Size and the Growth of Firms ［J］. Review of Economic Studies, 1965, 32 (1)：105 - 112.

［22］Prais, S. J. A New Look at the Growth of Industrial Concentration ［J］. Oxford Economic Papers, 1974, 26 (2)：273 - 288.

［23］Singh, A. , and G. Whittington. The Size and Growth of Firms ［J］. Review of Economic Studies, 1975, 42 (1)：15 - 26.

［24］Robson, P. , and R. Bennett. SME Growth：The Relationship with Business Advice and External Collaboration ［J］. Small Business Economics, 2000, 15 (3)：193 - 208.

［25］Besley, T. Property Rights and Investment Incentives：Theory and Evidence from Ghana ［J］. Journal of Political Economy, 1995 (103)：903 - 937.

［26］Johnson, S. , Mcmillan, J. , and Woodruff, C. Property Rights and Finance ［J］. American Economic Review, 2002 (92)：1335 - 1356.

［27］Guiso, L. , Sapienza, P. , and Zingales, L. Does Local Financial Development Matter ［J］. Quarterly Journal of Economics, 2004 (119)：929 - 970.

［28］Bonin, J. P. , Hasan, I. , and Wachtel, P. Privatization Matters：Bank Efficiency in Transition Countries ［J］. Journal of Banking & Finance, 2005 (29)：2155 - 2178.

［29］Yang, X. , and Rice, R. An Equilibrium Model Endogenizing the Emergence of a Dual Structure between the Urban and Rural Sectors ［J］. Journal of Urban Economics, 1994 (25)：346 - 368.

［30］Delmar, F. Measuring Growth：Methodological Considerations and Empirical Results ［A］. R. Donckels and A. Miettinen. Entrepreneurship and SME Research：On its Way to the Next Millennium ［C］. Aldershot, VA, 1997.

［31］邵宜航，步晓宁，张天华. 资源配置扭曲与中国工业全要素生产率——基于工业企业数据库再测算 ［J］. 中国工业经济，2013, 12 (309)．

［32］谢千里，罗斯基，张轶凡. 中国工业生产率的增长与收敛 ［J］. 经济学季刊，2008, 7 (3)：809 - 826.

［33］任曙明，吕镯. 融资约束、政府补贴与全要素生产率——来自中国装备制造企业的实证研究 ［J］. 管理世界，2014 (11)：10 - 23.

［34］樊刚，王小鲁，朱恒鹏. 中国市场化指数——各地区市场化相对进程2011年报告 ［M］. 经济科学出版社，2011.

［35］Alchian, A. A. Uncertainty, Evolution and Economic Theory ［J］. Journal of Political Economy, 1950 (58)：211 - 222.

［36］Chirinko, R. S. Business Fixed Investment Spending：Modeling Strategies, Empirical Results, and Policy Implications ［J］. Journal of Economic Literature, 1993, 31 (4)：1875 - 1911.

［37］Schiantarelli, F. Financial Constraints and Investment：Methodological Issues and International Evidence ［J］. Oxford Review of Economic Policy, 1996, 12 (2)：70 - 89.

［38］Fazzari, S. , R. Hubbard, and B. Petersen. Investment, Financing Decisions, and Tax Policy ［J］. American Economic Review Papers and Proceedings, 1988, 78 (2)：200 - 205.

［39］Barnett, S. A. and P. Sakellaris. Non - linear Response of Firm Investment to q：Testing a Model of Convex and Non - convex Adjustment Costs ［J］. Journal of Monetary Economics, 1998 (42)：261 - 288.

［40］Guariglia, A. Internal Financial Constraints, External Financial Constraints, and Investment Choice：Evidence from a Panel of UK firms ［J］. Journal of Banking and Finance, 2008, 32 (9)：1795 - 1809.

［41］Coad, A. Testing the Principle of "Growth of the fitter"：The Relationship between Profits and Firm Growth ［J］. Structural Change and Economic Dynamics, 2007, 18 (3)：370 - 386.

［42］Sleuwaegen, L. , and M. Goedhuys. Growth of Firms in Developing Countries, Evidence from Cote d' Ivoire ［J］. Journal of Development Economics, 2002, 68 (1)：117 - 135.

［43］Baily, M. N. , and D. Farrell. Breaking Down Barriers to Growth ［J］. Finance & Development, 2006, 43 (1)：1 - 9.

［44］Birch，D. Job Creation in America：How our Smallest Companies put the Most People to Work ［M］. New York：Free Press，1987.

［45］Dunne，T.，M. Roberts，and L. Samuelson. The Growth and Failure of US Manufacturing Plants ［J］. Quarterly Journal of Economics，1989，104（4）：671 –698.

［46］Hausman，J. A. Specification Tests in Econometrics ［J］. Econometrica，1978（46）：1251 –1271.

［47］Bottazzi，G.，G. Dosi，M. Lippi，F. Pammolli，and M. Riccaboni. Innovation and Corporate Growth in the Evolution of the Drug Industry ［J］. International Journal of Industrial Organization，2001（19）：1161 –1187.

［48］De Fabritiis，G.，F. Pammolli，and M. Riccaboni. On Size and Growth of Business Firms ［J］. Physica A.，2003，324（12）：38 –44.

［49］Matia，K.，D. Fu，S. Buldyrev，F. Pammolli，M. Riccaboni，and H. Stanley. Statistical Properties of Business Firms Structure and Growth ［J］. Europhysics Letters，2004，67（3）：498 –503.

［50］Bottazzi，G.，E. Cefis，G. Dosi，and A. Secchi. Invariances and Diversities in the Patterns of Industrial Evolution：Some Evidence from Italian Manufacturing Industries ［J］. Small Business Economics，2007，29（1）：137 –159.

市场结构、企业行为与效率改进：基于中国电力产业的研究

张　雷

（浙江财经大学中国政府管制研究院　杭州　310018）

一、引言

竞争促使企业改进效率，而垄断常常伴随着效率低下。为改变我国电力行业长期垂直一体化垄断所导致的效率低下局面，同时缓解电力供不应求的矛盾，我国政府于 1985 年开始实行电力市场化改革，但直到 2002 年国家电力公司被拆分，才意味着市场化改革取得实质性突破，主要表现在电力产业链纵向结构的改变，原纵向一体化结构转变为具有纵向关系的上、下游结构，上游为发电市场，且渐渐形成竞争的局面，虽然从国家电力公司分拆出来的五大发电集团装机总量仍占发电市场的半壁江山（见表1），但在各自区域电力市场中的份额已不超过 20%，且与其他独立发电公司处在同等竞争地位，逐步实现"竞价上网"；但下游配电仍与输电一体，由于输电具有自然垄断的技术特征，在我国分区域垄断经营，因而输配电市场依然是垄断状态。

表1　各类发电企业装机容量占全国总装机容量比例（2006～2011 年）　　单位:%

发电企业	2006 年	2007 年	2008 年	2009 年	2010 年	2011 年
五大发电集团	38.79	41.98	44.90	47.70	49.03	48.75
其他中央发电企业	10	10.97	10.50	10.43	11.41	12.60
大型地方发电企业			13.30	12.30	9.65	10.05
民营及外资发电企业	6.21	6.05	5.10	4.82		
其他					29.92	28.59

资料来源：《电力监管年度报告》（2006，2007，2008，2009，2010，2011）。

市场结构决定企业在市场中的行为，而企业行为又决定市场运行绩效。理论上，"厂网分开"后，发电市场的竞争结构将会迫使发电企业降低生产成本，从而改进自身生产效率。学者 Lam 和 Shiu（2004）对此也给予实证支持，他们用 Malmquist 指数测算 1995～2000 年我国不同地区火电企业全要素生产率（Total Factor Productivity，TFP），发现在样本期间内国家电力公司生产效率比其他独立发电企业低，因而推测电力产业纵向一体化的分拆将增加发电企业的竞争，进而

［作者简介］张雷，浙江财经大学中国政府管制研究院助理研究员，研究方向：产业组织与规制、能源经济学。

改善发电行业 TFP；与发电市场竞争结构不同，"厂网分开"后，输配电市场自然垄断，理论上垄断常伴随效率低下状态是否在输配电市场依然成立？学者梁志宏、孙耀唯和杨昆（2007）的研究颇具借鉴意义，他们采用 DEA 方法和 Malmquist 指数，测度了 1995～1997 年我国八个省市区输配电的 TFP，结果显示，样本期间输配电企业 TFP 增长率为 –1.2%。

虽然梁志宏等所测度的输配电企业 TFP 是在"厂网分开"之前，但是由于"厂网分开"前后，输配电企业都处在垄断状态，其结论仍然具有参考价值。但也必须认识到"厂网分开"前后，输配电市场结构的变化，最主要的是发电业务的剥离，使得发电与输配电之间由于垂直一体时的管理成本转变为上、下游之间的交易成本，这样的转变会影响输配电企业的行为，进而影响其生产效率的改进；另外，政府对输配电企业有直接规制，当前规制包括限制其进入上游发电企业，但主要是对输配电价和销售电价①的规制，由于输配一体，成本结构复杂，对输配电价的规制相对困难，对销售电价的规制就成了主要规制手段。在单一市场中，对价格的规制可以直接影响企业的利润，利润的减少会迫使企业改进效率来降低成本，但是在具有纵向关系的多个市场中，企业，尤其是垄断企业是否会采取其他措施应对价格规制，从而避免改进自身的生产效率，将是本文研究重点。

具有纵向关系的产业链不同于单个市场，价格信号会通过企业行为在上、下游之间传递，在考虑链上某个市场结构对该市场中企业行为影响时，必须考虑来自上游或下游企业行为的影响，企业生产效率将是本身所在市场结构及其与上、下游企业博弈共同作用的结果。以中国电力产业链为研究对象，本文将分析在当前的产业链结构下输配电企业面对受规制的销售电价的反应，及其在反应过程中与上游发电企业的博弈，并分析其行为和博弈如何影响自身及上游发电企业的 TFP。

二、企业行为与效率改进

在独立竞争市场中，单个企业无法控制市场价格，为追逐更多的利润，不得不通过改进生产效率的方式来降低成本；但在垄断市场结构中，垄断企业作为市场唯一的供给者，能够自主地制定市场价格，从而不必通过降低成本的方式来增加利润。正因为如此，垄断市场结构下需要借助于规制，一方面，保护垄断市场需求侧的利益，维护市场公平；另一方面，通过规制激励垄断企业改进生产效率。

基于垄断企业对市场价格的影响能力，规制者常常选择直接规制市场价格。当前，我国输配电市场也是以价格规制为主，销售电价等于上网电价加输配电价，以及线损和税金附加，理论上，如果能有效地规制输配电价，就可以遏制垄断企业自主定价的能力，但是，实际操作过程中，由于输、配电一体，其成本结构复杂，信息不对称，政府规制者不可能完全了解其成本状态，因此，难以制定合理的输配电价，输配电价的规制只能流于形式，实质上电价的定价模式变成销售电价减上网电价、线损及税金附加等于输配电价，政府通过规制销售价格对输配电企业实施规制。由于输配电企业并非处在独立的市场之中，而是处在具有纵向关系的电力产业链之上，面对被规制的销售电价，输配电企业必然有所反应，合理的推测是输配电企业会转移规制销售电价的不利影响到上游发电企业，由于上网电价当前的定价模式是在标杆电价以下竞价而得，在电力供给不足情况下，上网电价可能就是标杆电价，而当电力供给充足的情况下，上、下游企业之

---

① 本文销售电价并非指消费电价，当前消费电价为阶梯电价，而销售电价是指各省或直辖市配电公司销售均价。

间的议价能力对上网电价有较大的影响，输配电企业的垄断地位使其拥有绝对的议价能力，上游发电企业竞争状态使其在议价过程中处在弱势地位。学者白让让和王小芳（2009）证实，输配电企业会依赖于自身的垄断对上游独立发电企业进行价格和非价格接入歧视，一方面说明输配电企业对上游发电企业拥有绝对的议价能力；另一方面也表明输配电企业确实存在控制上网电价的行为。

（一）假设与前提

以 2002 年"厂网分开"后我国的电力产业链为背景，设定如下：

（1）消费者。下游受政府规制的销售电价为 P，假设消费者的电力需求是线性函数，为 $P = a - bQ$，且 a、b > 0，消费者的效用函数为 $v(Q)$，因此，净效用或剩余为：

$$u(Q) = v(Q) - PQ \tag{1}$$

其中，PQ 是电力消费支出。

（2）输配电企业。输配电企业是一体化自然垄断企业，从上游市场购买电力，传输并配送给消费者，因此，利润受上、下游两个市场及自身成本影响，假设上游的上网电价是 p，则输配电企业的利润为：

$$\pi^D = (P - AC^D)Q + T^D \tag{2}$$

其中，平均成本 $AC^D = p + c^D + AF^D$，c^D 为输配电企业单位业务成本，并且 $\partial c^D / \partial Q < 0$，因而 $p + c^D$ 为输配电企业的平均可变成本 AVC^D，T^D 是政府的转移支付。

（3）发电企业。假设上游发电市场有 N 个独立发电企业，其平均成本为 $AC_n^U = AVC_n^U + AF_n^U$，产量为 Q_n，n = 1，2，…，N，政府的转移支付为 T^U，则发电企业的利润为：

$$\pi_n^U = (p - AC_n^U)Q_n + T^U \tag{3}$$

因此，整个上游发电企业总利润为 $\sum_{n=1}^{N} \pi_n^U$。

（4）规制者。在我国电力市场，政府是规制者，作为社会福利水平的代表，通常其规制目标是社会总福利水平最大化，但受多种约束条件的限制，最主要的约束条件一是产业链上福利分配的合理性，即上游发电企业、下游输配电企业和消费者的福利水平在某个最优水平之上，按照郁义鸿（2005）的产业链静态效率基准的分析，最优水平是上、下游市场都处在完全竞争状态下的各个市场参与者所获得的福利，因此，社会总福利水平最大化不应该是链上部分参与者福利最大化，而应该是链上各个参与者的福利水平都处在最优状态。二是政府规制者必须考虑其规制对企业 TFP 的影响，因为 TFP 的改进意味着同样的投入会带来更多的产出，在既定市场结构之下，TFP 的改进本质上增加了社会福利，是产业发展的基础，正常情况下，规制者都希望通过规制促进企业改进自身的 TFP，因而也是规制的第二目标，为了分析的方便，本文将这一目标作为社会总福利水平最大化目标的约束条件之一进行分析。基于以上约束条件的考虑，政府的规制目标可以表示如下：

$$maxW = u(Q) + \pi^D + \sum_{n=1}^{N} \pi_n^U - (1 + \lambda)(T^D + T^U) \tag{4}$$

$$s.t.\ u(Q) \geq u_0;\ \pi^D \geq \pi_0^D;\ \pi_n^U \geq \pi_{n0}^U;\ TFP^D \geq TFP_0^D;\ TFP_n^U \geq TFP_{n0}^U$$

其中，λ 表示公共资金的影子价格，反映了政府转移支付的社会成本。u_0、π_0^D、π_{n0}^U 分别表示电力产业链上达到静态效率基准情况下，消费者、输配电企业以及发电企业的净福利水平。TFP_0^D 和 TFP_{n0}^U 分别表示实施规制初始输配电企业和发电企业的 TFP，暗含着规制者不能接受在规制之后出现 TFP 下降。

（二）企业行为、博弈与规制转移

"竞价上网"方针的确立，实质上表明政府只希望保留对下游输配售市场的干预，因此，取消对上游市场的转移支付 T^U。政府规制销售电价 P，期望达成社会福利最大化目标，因此，式（4）可以写成：

$$\max_p W = u(Q) + \pi^D + \sum_{n=1}^{N} \pi_n^U - (1+\lambda)T^D$$

同时受 $u(Q) \geqslant u_0$；$\pi^D \geqslant \pi_0^D$；$\pi_n^U \geqslant \pi_{n0}^U$；$TFP^D \geqslant TFP_0^D$；$TFP^U \geqslant TFP_{n0}^U$ 等约束条件的限制，因为，$P = a - bQ$，且 a、b > 0，所以需求 Q 在价格 P 被确定的同时也确定下来，此外，转移支付是政府调节福利分配的必要手段，因此，上、下游企业行为可以刻画成这样的动态博弈：在 T = 0 期，政府规制者向自然垄断的输配电企业提供一个包含零售电价 P、需求量 Q 以及转移支付 T^D 的契约 G{P, Q, T^D}，假设该契约满足输配电企业参与约束和激励相容约束；在 T = 1 期，自然垄断的输配电企业向上游发电企业设定上网电价 p，发电企业可以选择接受或拒绝。因此，输配电企业在博弈过程中，受自身利润最大化驱使，还受政府规制者和发电企业的约束，需要解决如下利润最大化问题：

$$\max_p \pi^\beta = (P - p - c^D)Q + F^D + T^D \tag{5}$$

$$s.t. \ p \in \arg \pi_n^U = (p - AVC_n^U)Q_n + F_n^U \geqslant \pi_{n0}^U \tag{6}$$

分析约束条件式(6)中的 π_{n0}^U，当 $\sum_{n=1}^{N} Q_n(p) \geqslant Q$ 时，上游供给充足，发电企业面对唯一买家，丧失议价权，此时，π_{n0}^U 为完全竞争状态下的利润，即上网电价 p 等于平均可变成本 AVC_n^U 时的利润；而当 $\sum_{n=1}^{N} Q_n(p) < Q$ 时，表现为上游供给不足，因此，输配电企业设定的上网电价 p 必须向上调整，但调整并非以满足需求为目的，而是以满足自身利润最大化为目的，所以调整后的 $\sum_{n=1}^{N} Q_n(p)$ 仍然可能小于实际需求 Q，此时，表现为整个产业链供给不足，但输配电企业自身达到利润最大化。此外，政府规制者为满足在各种约束条件下达成社会福利最大化目标，会根据产业链供给的变化调整规制价格 P，因而需要考虑四种情况：

（1）规制价格 P 下降，上游供给充足 $\sum_{n=1}^{N} Q_n(p) = 1 > Q$。由于上游供给充足，则 Q 取决于下游的需求 $P = a - bQ$，假设规制价格下降 ΔP，则需求量增加 $\Delta P/b$，同时，由于 $\partial Q_n(p) \partial p > 0$ 且 $\partial \pi^D / \partial p = -Q < 0$，因此，输配电企业理性的反应是给予发电企业更低的上网电价 p^*，直至 $\sum_{n=1}^{N} Q_n(p^*) = Q + \Delta P/b$。事实上，每家发电企业的平均可变成本 AVC_n^U 不同，拥有定价权的输配电企业，理论上可以针对不同发电企业制定不同上网电价，因此，式(5)的动态规划问题变成：输配电企业针对发电企业 i 给予合约{p_i^*, Q_i^*}，满足

$$\min \sum_{i=1}^{N} p_i^* Q_i^*$$

$$s.t. \ \sum_{i=1}^{N} Q_i^* = Q + \Delta P/b$$

$$\pi_1^U \geqslant \pi_{10}^U, \ \pi_2^U \geqslant \pi_{20}^U, \ \cdots, \ \pi_N^U \geqslant \pi_{N0}^U$$

$$\pi_1^U(p_1^*, Q_1^*) > \pi_1^U(p_j^*, Q_j^*), \ j \neq 1, \ \cdots, \ \pi_N^U(p_N^*, Q_N^*) > \pi_N^U(p_j^*, Q_j^*), \ j \neq N$$

π_{i0}^U, i = 1, 2, …, N 表示发电企业上网电价等于平均成本情况下的利润，实质上相当于完全竞争状态下的利润。第一个约束条件表示供需平衡，第二和第三个约束条件分别是发电企业参与约束和激励相容约束，解此动态最优化问题超出本文研究的需要。

当规制价格 P 下降，且上游供给充足 $\sum_{n=1}^{N} Q_n(p) > Q$ 时，输配电企业会随之降低上网电价，并且针对不同发电企业，输配电企业可以与之签订不同的上网电价和电力供给水平的合约，输配电企业利润最大化问题实质演变为简单的采购成本最小化问题，而并不需要通过改进自身的 TFP，以降低单位业务成本 c^D。电力产业链上利润分配的变化表现为，输配电企业将因为规制价格下降所导致的利润损失转移到上游发电企业，转移的程度取决于发电企业的参与和激励相容约

束。发电企业因为面临利润损失，因而有改进自身 TFP 的动力，输配电企业将政府对其 TFP 改进的规制目标转移到上游发电企业。而整个博弈过程价格直观表现为下游规制价格下降，上游上网价格随之下降。

（2）规制价格 P 下降，上游供给不足 $\sum_{n=1}^{N} Q_n(p) \leqslant Q$。同样假设规制价格下降 ΔP，则需求量增加 $\Delta P/b$，上游供给不足的情况会表现更加严重 $\sum_{n=1}^{N} Q_n(P) < Q + \Delta P/b$。式（5）可改写为

$$\max_p \pi^D = PQ - pQ - c^D Q + F^D + T^D$$

此时，Q 不再取决于下游的需求函数 $P = a - bQ$，而是取决于上游的供给函数 $p(Q)$，因为 $\partial p(Q)/\partial Q > 0$，假设输配电企业面对下降规制价格，依然调整上网价格，调整量为 Δp，上游电力供给量随之调整量为 ΔQ，符号与 Δp 相同，假设政府对输配电企业的转移支付不变，则利润变化为：

$$\Delta \pi = (P - p - c^D)\Delta Q - (\Delta P + \Delta p)(\Delta Q + Q)$$

由于供不应求，上游发电企业拥有一定的议价能力，此时，输配电企业的利润最大化目标退而求其次，转变为损失最小化，即 $\Delta \pi = 0$。若输配电企业不调整 Δp，则 $\Delta Q = 0$，此时 $\Delta \pi = -\Delta PQ < 0$，因此，当 P 下降时，输配电企业必然会调整 Δp，以达到损失最小化的目的。令 $\Delta \pi = 0$，则

$$\frac{\Delta Q}{\Delta Q + Q} = \frac{\Delta P + \Delta p}{P - p - c^D}$$

因为发电投入基础成本比较高，正常情况下电力的供给弹性小于 1，增加上网电价所带来的供给增加的百分比小于上网电价上涨的百分比，因此，输配电企业不会选择增加上网电价，只会选择降低上网电价，当 $\Delta \rho < 0$ 时，$\Delta Q < 0$，通常 $\Delta Q + Q$ 和 $P - p - c^D$ 均大于 0，只有 $\Delta p < -\Delta P$，即 $|\Delta p| > |\Delta P|$，上式才有可能得以满足，这样的分析基于上游发电企业完全无议价能力，事实上，在供给不足的前提下，上游适度竞争的发电企业获得了部分议价能力，自然垄断只能通过降低上网电价部分地转移损失，难以达到损失为 0 的最优目标，损失转移程度取决于上游的议价能力。

因此，当规制价格 P 下降，且上游供给不足 $\sum_{n=1}^{N} Q_n(p) \leqslant Q$ 情况下，规制者会选择降低上网电价，部分地转移利润损失，转移程度取决于上游发电企业的议价能力，当上游发电企业完全无议价能力时，输配电企业可以达到损失为 0 的最优目标。在这一过程中，若输配电企业只能部分转移损失，则其有可能会改进自身的 TFP，以降低损失，所以认为"有可能"，是因为输配电企业依然会分析对比改进自身 TFP 的成本和收益，有利可图才会改进，若输配电企业损失能完全转移，则其散失改进 TFP 的动力。发电企业因为面临利润损失，因而有改进自身 TFP 的动力，输配电企业将政府对其 TFP 改进的规制目标转移到上游发电企业。整个博弈过程价格直观表现依然为下游政府规制价格下降，上游上网价格随之下降。

（3）规制价格 P 上升，上游供给充足 $\sum_{n=1}^{N} Q_n(p) > Q$。由于上游供给充足，则 Q 取决于下游的需求 $P = a - bQ$，假设规制价格上升 ΔP，则需求量下降 $\Delta P/b$，此时，上游上网电价如果保持不变，则上游供给更加充裕，输配电企业意识到供给的变化，且明白 $\partial Q_n(p)/\partial p > 0$，因此，向上游提供更低的上网电价成为可选的合约选择，上游竞争性的发电企业由于产能过剩，丧失议价能力，因而选择接受输配电企业的合约，直至 $\sum_{n=1}^{N} Q_n(p^*) = Q - \Delta P/b$，正如在情形（1）中提到的，每家发电企业的平均可变成本 AVC_n^u 不同，拥有定价权的输配电企业，理论上可以针对不同的发电企业制定不同的上网电价，由于 $\partial \pi^D/\partial p = -Q < 0$，因此，式（5）的利润最大化问题变成：输配电企业针对发电企业 i 给予合约 $\{p_i^*, Q_i^*\}$，求解如下最小化问题：

$$\min \sum_{i=1}^{N} p_i^* Q_i^*$$

$$\text{s. t.} \sum_{i=1}^{N} Q_i^* = Q - \Delta P/b$$

$$\pi_1^U \geq \pi_{10}^U, \quad \pi_2^U \geq \pi_{20}^U, \quad \cdots, \quad \pi_N^U \geq \pi_{N0}^U$$

$$\pi_1^U(p_1^*, Q_1^*) > \pi_1^U(p_j^*, Q_j^*), j\neq 1, \cdots, \pi_N^U(p_N^*, Q_N^*) > \pi_N^U(p_j^*, Q_j^*), j\neq N$$

π_{i0}^U, $i = 1, 2, \cdots$, N 依然表示发电企业上网电价等于平均成本情况下的利润，实质上相当于完全竞争状态下的利润。与情形（1）略有不同的是第一个约束条件，即供需平衡条件，这里右边是 $Q - \Delta P/b$，表明价格上升导致下游需求减少，第二和第三个约束条件分别是发电企业参与约束和激励相容约束，与情形（1）一致，同样，这里需要解决动态规划问题。

因此，当规制价格 P 上升，输配电企业会将价格上升的信号转化为需求减少的信号，向上游传递，由于上游供给充足 $\sum_{n=1}^{N} Q_n(p) > Q$，提供更低的上网电价合约成为输配电企业的理性选择，理论上，针对不同发电企业，输配电企业可以与之签订不同的上网电价和电力供给水平合约，输配电企业利润最大化问题演变为简单的采购成本最小化问题，当规制价格 $P + \Delta P$ 小于输配电企业 MR = MC 处的利润最大化价格，价格上升会使输配电企业销售利润增加，同时，输配电企业利用自身控制上游需求函数的能力，降低了采购成本，因而输配电企业没有动力通过改进自身的 TFP，以降低单位业务成本 c^D。对于上游发电企业，不仅没有因为下游销售电价的上升而获得任何好处，反而会因此而导致利润损失，因此，可能被迫改进自身的 TFP，以降低成本，从而减少上网电价和需求下降所导致的利润损失，这一过程实质上表现为政府对下游输配电企业的 TFP 规制目标被转移到上游发电企业。

此外，电力产业链上利润分配变化表现为向输配电企业集中，因为输配电企业不仅从下游获得更多销售利润，同时又降低了上游的采购成本，因而上游发电企业和下游消费者面临福利的损失，唯有输配电企业福利在增加。而整个博弈过程价格直观表现为下游政府规制价格上升，上游上网价格却反向变化，随之下降。

（4）规制价格 P 上升，上游供给不足 $\sum_{n=1}^{N} Q_n(p) \leq Q$。由于规制价格上升，下游需求会下降，会缓解上游供给不足局面，如果因为需求下降使得供给不足转变成供给充裕，则上、下游企业行为以及 TFP 和利润的变化与情形（3）的分析一致，这里不再赘述，仅仅分析当需求下降依然不能改变供给不足局面的情形。

在供给不足依然不变的情况下，Q 不再取决于下游的需求，而是取决于上游的供给函数 p（Q），因为 $\partial p(Q)/\partial Q > 0$，因此，电量供给与上网电价同向变化，假设输配电企业调整上网电价，调整量为 Δp，上游电力供给量随之调整量为 ΔQ，符号与 Δp 相同，假设政府对输配电企业的转移支付不变，则利润变化为：

$$\Delta \pi = (P - p - c^D)\Delta Q + (\Delta P - \Delta p)(Q + \Delta Q)$$

如果 $\Delta p = 0$，则 $\Delta Q = 0$，$\Delta \pi = \Delta PQ$，利润仍然可以增加，因此，式（5）的动态规划问题可以转化为：

$$\max_{\Delta p} \Delta \pi = (P - p - c^D)\Delta Q + (\Delta P - \Delta p)(Q + \Delta Q)$$

$$\text{s. t.} \ \pi_1^U \geq \pi_{10}^U, \quad \pi_2^U \geq \pi_{20}^U, \quad \cdots, \quad \pi_N^U \geq \pi_{N0}^U$$

$$\pi_1^U(p_1^*, Q_1^*) > \pi_1^U(p_j^*, Q_j^*), j\neq 1, \cdots, \pi_N^U(p_N^*, Q_N^*) > \pi_N^U(p_j^*, Q_j^*), j\neq N$$

π_{i0}^U, $i = 1, 2, \cdots$, N 依然表示发电企业上网电价等于平均成本情况下的利润，相当于完全竞争状态下的利润。(p^*, Q^*) 即为上网电价调整后的价格和电力供给，两个约束条件分别表示发电企业参与约束和激励相容约束。

先不考虑约束，解此最优化问题得：

$$\frac{\partial \Delta \pi}{\partial \Delta p} = (P - p - c^D) \frac{\partial \Delta Q}{\partial \Delta p} - \frac{\partial \Delta Q}{\partial \Delta p} \Delta p - (Q + \Delta Q) = 0$$

假设最优的（p^*，Q^*）满足约束条件，且使上式得以满足，化简上式得：

$$\frac{\partial \Delta Q}{Q^*} = \frac{\partial \Delta p}{P - p^* - c^D}$$

最优解使得供给量变化的变化率等于单位收益变化的变化率，由于 $\partial \Delta Q / \partial \Delta p > 0$，因此，最优解依赖于函数 ΔQ（Δp），输配电企业可能会提供更高的上网电价合约，也可能会提供更低的上网电价合约，但可以肯定的是，输配电企业最低可以赚取利润 ΔPQ，即保持上网电价不变时的利润。

因此，当规制价格 P 上升，且上游供给不足时，可能有两种情形：一是规制价格上升所导致的需求减少改变供给不足局面，此时，上、下游企业行为以及 TFP 和利润变化与情形（3）的分析一致；二是价格上升导致的需求减少依然不能改变供给不足局面，此时，输配电企业最保守策略是保持上网电价合约不变，获得 ΔPQ 的利润，如果输配电企业了解发电企业的供给函数，则可以按照 $\partial \Delta Q / Q^* = \partial \Delta p / (P - p^* - c^D)$ 条件制定最优上网电价合约，以最大化利润。因而输配电企业无须改进自身 TFP，而发电企业是否有改进自身 TFP 的动力则依赖于输配电企业是否掌握其供给函数，对于发电企业而言最好的情况是利润不变，当输配电企业掌握其供给函数之后，仍然面临利润损失的情形，因而仍有改进 TFP 的动力。

此外，产业链上的利润表现为输配电企业的利润增加，而发电企业的利润可能不变，也可能下降，消费者面临福利损失。整个博弈过程价格表现为规制价格上升，上网电价不变或随之下降。

（三）小结

以上输配电企业与发电企业之间行为博弈分析结果可简单归纳如下：

结论 1　当下游受规制的销售电价下降，且上游电力供给充足时，输配电企业会提供更低上网电价合约，完全转移因价格下降所导致的利润损失，而发电企业选择接受该合约，并有强烈改进自身 TFP 的动力，而输配电企业则无改进 TFP 的动力。

结论 2　当下游受规制的销售电价下降，且上游电力供给不足时，输配电企业会提供更低上网电价合约，部分转移因价格下降所导致的利润损失，而发电企业在议价之后，选择接受该合约，并有强烈改进自身 TFP 的动力，而输配电企业视损失利润的转移程度，选择是否改进自身 TFP。

结论 3　当下游受规制的销售电价上升，且上游电力供给充足时，输配电企业会将价格上升信号转化为需求减少信号，向上游传递，提供更低的上网电价合约，进一步攫取上游利润，而发电企业选择接受该合约，并有强烈改进自身 TFP 的动力，而输配电企业则完全无改进自身 TFP 的动力。

结论 4　当下游受规制的销售电价上升，且上游电力供给不足时，可能有两种情形：一是规制价格上升导致的需求减少改变供给不足局面，此时，结果与结论 3 一致。二是价格上升导致的需求减少依然不能改变供给不足的局面，此时，如果输配电企业无法掌握发电企业供给函数，则会维持上网电价合约不变，发电企业无改进 TFP 的动力；如果输配电企业掌握发电企业供给函数，则会提供更低上网电价合约，发电企业选择接受合约，并有强烈改进 TFP 的动力，而输配电企业视合约生效时上网电价高低，选择是否改进自身 TFP。

综合以上结论，当下游受规制的销售电价下降，输配电企业必然会提供更低的上网电价合约，而当下游受规制的销售电价上升，输配电企业仍然可能提供更低的上网电价合约。上网电价降低程度与上游电力供给充足程度成正比，输配电企业通过提供更低的上网电价合约，将 TFP 改进的规制压力转嫁给上游发电企业。

三、结论及规制选择

本文分析输配电企业面对受规制的销售电价的反应行为，及其与上游发电企业的博弈，输配电企业通过博弈转移规制压力到上游发电企业，具体表现为，当上游供给充足，发电企业丧失议价能力，发电企业通过提供更低的上网电价合约，将规制损失完全转移到上游，而无须改进自身的 TFP；而当规制价格上升，输配电企业会选择维持合约，完全独占增加的产业链利润，或者将价格上升信号转为需求减少的信号向上游传递，进一步从上游攫取利润。输配电企业通过规制转移尽可能地避免改进自身的 TFP，而发电企业则被迫接受输配电企业转移的规制压力，不得不改进自身的 TFP，尤其是当上游供给充足时，发电企业会完全接受下游的规制压力。

自然垄断企业规制一直是个难题，现实经济中，信息不对称的存在使得政府很难完全掌握输配电企业的成本，因而难以制定合理规制价格。此外，输配电企业作为上游发电企业的唯一买家，拥有自由地控制上游市场的需求曲线的能力，通过与上游的博弈，转移自身的规制压力，当上游供给不足，这样的转嫁尚不明显，但是随着我国发电市场投资权的放开以及市场化改革，电力供给越来越充裕，使得输配电企业在议价上越来越强势，政府会越来越难以规制输配电企业。

我国电力产业需进一步深化改革，打破输、配电一体化结构，当前输配电企业自然垄断性质为"厂网分开"的遗留问题，输电作为电力供应的核心基础设施，加上自身技术特性，在多数国家都作为自然垄断企业，而配电实质上不具自然垄断的特性，而我国当前与电网一体，因而披上自然垄断的外衣。

理论上，"输配分离"并不复杂，输电分离出来，纯粹地扮演过网的角色，而配电企业本身没有自然垄断特性，可以借由市机场制来优化配电资源。输电分离出来后，其成本结构相对简单，为"线损＋折旧＋新网投入＋劳务费用"，可以借由政府规制，使其变成单纯的传输环节，无法对需求产生影响。政府可以合理地制定过网费用，弥补输电成本，配电企业之间则引入竞争，使其盈利能力和成本结构由市场机制调配，这样下游电力消费市场的需求由配电企业通过彼此之间产生的竞争完全传递到上游发电企业，电网失去控制调配电量的能力。下游电力销售市场的价格信号会通过竞争性的输配电环节完全无阻碍地传递到上游发电企业，从而避免产业链利润分配和企业生产效率的扭曲。

事实上，许多国家电力改革已形成输电和配电分离格局。例如英国英格兰和威尔士地区，20世纪 90 年代以前电力行业由中央发电局（包括发电和输电）和 12 家地区供电局构成，改革后形成了发电、输电、配电分环节设立公司的局面；在北欧、北美一些国家和地区，传统上存在市政供电企业负责本地区供电，改革后这些公司自然而然成为独立的配电公司与输电公司。考虑电力为基础能源，且我国电力改革未能一步到位，形成当前"厂网分离"局面已过去十几年的时间，仍然未稳，因此，"输配分离"需周全计划，但势在必行。

参考文献

［1］白让让，王小芳．规制权力配置、下游垄断与中国电力产业的接入歧视——理论分析与初步的实证检验［J］．经济学（季刊），2009，8（2）：611-634．

［2］梁志宏，孙耀唯，杨昆．基于数据包络分析及 Malmquist 指标法的供电价格激励监管模型研究［J］．中国

电机工程学报，2007，27（34）．

［3］陶峰，郭建万，杨舜贤．电力体制转型期发电行业的技术效率及其影响因素［J］．中国工业经济，2008（1）．

［4］郁义鸿．产业链类型与产业链效率基准［J］．中国工业经济，2005（11）：35-42.

［5］Ackerberg，D.，K. Caves and G. Frazer. Structural Identification of Production Functions ［J］. Mimeo，UCLA，2007.

［6］De Loecker，J. and F. Warzynski. Markups and Firm - Level Export Status ［J］. American Economic Review，Forthcoming，2012.

平台厂商市场势力的判定：理论分析与案例应用

曲 创 单 姗

（山东大学经济学院 济南 250100）

一、引言

20 世纪以来，一些具有典型双边性质的企业不断遭到反垄断调查。早期受到反垄断规制的平台厂商以市场创造型平台和受众创造型平台为主，如受众创造型平台厂商《皮卡尤恩时报》（Times – Picayune）的捆绑销售案例、市场创造型平台厂商 Staple/Office Deport 办公用品零售平台的合并案例。近年来，在网络经济兴起背景下，需求协调型平台的案例更具有代表性，如微软的捆绑搭售案例、Visa/MasterCard 的双重控制和排他性竞争案例、Google/DoubleClick 的并购案例以及 Amex 信用卡接受规则案例。这些反垄断案在审理过程中均出现较多争议，其中一个不可回避的问题就是市场势力的衡量。

市场势力即在位厂商提高产品价格但不减少销量的能力。对于传统厂商来说，提高价格，销量不减少，厂商具有市场势力，三者之间是由因到果、一一对应关系；而对于双边市场来说，情况更加复杂：首先，由于平台厂商特殊的双边结构，使得厂商的提高价格行为存在多种情况；其次，由于平台两边用户之间存在的交叉网络外部性，使得平台流失用户的情况还受到多种因素的影响。在这样复杂的情况下，传统市场势力的衡量方法是否依然适用于双边市场，是一个值得研究的问题。

本文按照 Evans（2003）对于双边市场的分类方法，分别讨论市场创造型、受众创造型以及需求协调性三种双边市场的价格提高行为以及用户流失情况，得出传统市场势力的衡量方法是否适用于双边市场的结论，并将这个结论应用到大型超市、搜索引擎和支付卡网络的市场势力的判定中。

[基金项目] 教育部哲学社会科学研究重大课题攻关项目"建立扩大消费需求的长效机制研究"（11JDZ016）。
[作者简介] 曲创，山东大学经济学院，教授，博士生导师；单姗，山东大学经济学院博士研究生。

二、文献综述

与本研究相关的双边市场基础理论文献以 Evans（2003）的研究为代表，他将双边市场分为三类：市场创造型、受众创造型和需求协调型。市场创造型平台使得两边用户更方便地交易，减少搜索成本，如超市、大型电子商务平台等；受众创造型平台主要指媒体产业，如报纸、网站等，它们会吸引尽可能多的消费者，以至于有更多的广告商愿意在平台上刊登广告；需求协调型平台主要指 IT 产业、通信产业及银行卡系统等。本文以 Evans（2003）关于双边市场的分类为起点进行讨论。

双边市场反垄断问题研究可分为两类：第一类文献认为传统反垄断方法不再适用于双边市场，第二类文献的分析认为双边市场的分析也可以采用传统的反垄断方法。

对于传统的反垄断方法的不适用，Evans 和 Schmalensee（2005）认为双边市场的反垄断应该综合考虑两边之间的相互关系。Wright（2006）对于澳大利亚和英国的信用卡市场规制政策进行了研究，并总结了这些政策的误区，认为这些错误可以通过对双边市场的正确分析而加以缓解，如价格结构并不反映相关的成本、低于边际成本的定价并不意味着掠夺性定价等。Filistrucchi（2008）区分了"银行卡型"平台和"媒体型"平台，提出了适用于双边市场的 SSNIP 测试，作者认为由于间接网络外部性的存在，使得传统的 SSNIP 不再适用。Evans（2009）从多个方面考察了多边平台的反垄断，包括市场定义、市场势力、进入壁垒、掠夺性定价、市场圈定策略以及效率的抵消等多个方面，他认为多边平台的反垄断分析应该考虑两边的市场份额以及平台向两边收取的价格。Filistrucchi 等（2014）将平台类型区分为交易型平台和非交易型平台，认为平台厂商的相关市场界定要考虑两边，对于定义一个或两个相关市场取决于平台的类型：对于非交易型平台，需要定义两个相互关联的市场，对于交易型平台，只需定义一个市场。Behringer 和 Filistrucchi（2015）研究了 Areeda – Turner Rule 在双边市场中的适用性问题。结论认为，在双边市场中使用 Areeda – Turner Rule 会导致把双边中的利润最大化的行为当作掠夺性行为。Vasconcelos（2015）研究了双边市场的排他性定价，认为在两边网络外部性不对称的双边市场中，排他性定价是社会最优的，不应对其进行规制。

对于传统反垄断方法的适用性，大致有如下研究。Emch 和 Thomson（2006）讨论了支付卡市场的 SSNIP 测试，使用了总价格提高而两边价格调整到最优水平。Alexandrov 等（2011）提出了传统单边市场的反垄断分析可以适用于双边市场。当市场创造型平台的交易量取决于其买卖差价时，买卖差价可以用来决定平台的市场势力；当媒介型平台的交易量取决于其收取的价格之和时，该价格可以用来衡量平台厂商的市场势力。

国内对平台厂商市场势力的研究较少，但也有学者做了相关问题的研究。程贵孙（2009）从平台型产业"垄断地位"和"市场势力"两个角度进行分析，指出某些平台型产业尽管具有垄断状态，但并不具备实施滥用市场势力的能力，并以此为基础提出政策建议。程贵孙、李银秀（2009）从市场结构与垄断地位、滥用市场势力、掠夺性定价、垄断协议四个方面说明了平台型产业反垄断规制问题，认为对于双边平台型产业的反垄断规制不能简单凭借传统单边市场规制标准来界定，而要从双边平台型产业本身的特点和竞争环境出发谨慎对待。

与已有研究不同，本文试图通过对平台厂商提价能力和用户转移情况的理论分析，以市场势力定义为切入点，对比传统市场势力的分析方法，研究平台厂商市场势力的判定，得出传统市场势力的衡量方法不适用于双边市场的结论。

三、提价能力与用户迁移

（一）平台厂商提高价格的能力

市场势力即在位厂商提高产品价格但不减少销量的能力。也就是说，提高价格的能力对于在位厂商市场势力的判定尤为重要。

在假定垄断者测试的分析范式下，关于基准价格选择以及价格上涨幅度一直存在较多争议。Schmalensee（1987）认为，若当前价格水平非常高，接近或达到垄断价格时，以当前价格为基点会界定一个相对较宽的相关市场范围，从而使一些明显具有反竞争效应的反垄断案件逃过处罚，并产生玻璃纸谬误。Werden（1993）认为如果期望一段时间之后价格会下降，那么基准价格应选择下降之后的价格。但问题在于如何判断价格走势以及当前价格在价格走势中的具体位置，或者当前价格的未来走势。综上，学者并没有解决基准价格的选择难题。一般来说，基准价格应当是充分竞争水平的价格，但现实中非常难以衡量这样的价格，通常都是采用当前价格作为基准价格。

关于价格上涨幅度，通常采用持续一年的、5%～10%的价格上涨幅度。Pitofsky（1990）认为价格上涨幅度5%是容忍度，也就是说即使当前产品价格已经上涨到垄断价格，如果上涨幅度小于5%，也不认为该产品的假定垄断者具有市场势力。Werden（1992）则认为，5%是产品价格上涨的显著程度，也就是说在达到最优价格之前，只有产品价格的上涨幅度超过5%，才认为该产品的假定垄断者具有市场势力。也就是说，假如在价格上涨幅度小于5%时假定垄断者已经实现利润最大化，那么毫无疑问，此时假定垄断者已经具有市场势力。关键在如何判断价格上涨5%时假定垄断者是否已经实现利润最大化。如果在5%～10%这个区间内，选择不同的价格上涨幅度将界定出不同的相关市场，又该如何处理这个问题。目前这些问题仍没有得到有效解决。总而言之，本文提及的价格上涨幅度将是在现有价格的基础上，上涨5%～10%的幅度。

对于传统厂商来说，提高价格，销量不减少，厂商具有市场势力，三者之间是由因到果、一一对应的关系；而对于双边市场来说，情况非常复杂。原因之一就在于，平台厂商特殊的双边结构，使得厂商的提高价格行为存在多种情况。

双边平台的提高价格行为存在多种情况，大体来说，分为提高一边价格的同时另一边价格也相应提高、提高一边价格的同时另一边价格保持不变以及提高一边价格另一边价格下降三种情况，第三种情况中，由于两边价格呈现相反的方向，使得总价格变化也有了增加、不变、减少三种情况。结合双边市场的结构，我们考察平台厂商提高价格行为的所有可能方式，如表1所示。双边平台连接着用户（组）1和用户（组）2，因此，平台的价格有三种：平台向用户1收取的价格 P_1、平台向用户2收取的价格 P_2 以及平台收取的总价格 P（$P = P_1 + P_2$）。因此，对于一个特定的平台来说，平台厂商提高价格的行为至少有5种情况。第一种情况，$P_1 \uparrow$，P_2 不变，总价格 $P \uparrow$；第二种情况，$P_1 \uparrow$，$P_2 \uparrow$，总价格 $P \uparrow$；第三种情况，$P_1 \uparrow$，$P_2 \downarrow$，总价格 $P \uparrow$，也就是说，P_1 上涨的幅度大于 P_2 下降的幅度；第四种情况，$P_1 \uparrow$，$P_2 \downarrow$，总价格 P 不变，也就是说，P_1 上涨的幅度等于 P_2 下降的幅度；第五种情况，$P_1 \uparrow$，$P_2 \downarrow$，总价格 $P \downarrow$，也就是说，P_1 上涨的幅度小于 P_2 下降的幅度。

表1　平台厂商的提价行为

	P_1	P_2	$P = P_1 + P_2$
情况1	P_1 上升	P_2 不变	P 上升
情况2	P_1 上升	P_2 上升	P 上升
情况3			P 上升
情况4	P_1 上升	P_2 下降	P 不变
情况5			P 下降

（二）用户迁移——价格、产品差异与网络外部性

对于市场势力的判定，本文采用假定垄断者测试的分析框架，即考虑价格的提高是否会（在很大程度上）导致用户的转移。如果提高价格并不会导致用户的大规模转移，则实施提高价格行为的在位厂商就有一定的市场势力。

一般的，价格提高之后用户的转移或者说是销量的变化，取决于四个层次的因素：第一，用户方面，用户自身的需求价格弹性影响着用户是否转移；第二，在位厂商方面，待考察厂商的市场势力影响着用户是否转移；第三，竞争对手方面，竞争者价格的变化以及新的竞争者进入影响着用户是否转移；第四，就整个市场来说，产品差异化程度和进入影响着用户是否转移。当然，这四个方面也不是完全独立的，一定程度上相互交叉存在。若在位厂商拥有较高产品差异化程度，则拥有较强的市场势力。在采用这个分析框架之前，我们假设用户的需求价格弹性不变，即在位厂商提高价格的前后面对的是同一批用户，另外，我们只考察在位厂商提高价格的行为，假设竞争对手的价格不变，并且市场上暂时不存在其他竞争者进入。

平台厂商市场势力的判定更加复杂。首先，由于平台厂商特殊的双边结构，使得厂商提高价格的行为存在多种情况，这一点我们在上一部分已经进行了详细的分析；其次，平台流失用户的情况受到多种因素的影响，平台两边用户之间存在的交叉网络外部性，放大了平台流失用户的速度。

在这样复杂情况下，如何判定平台厂商的市场势力，传统市场势力的衡量方法是否依然适用于双边市场，是一个值得研究的问题。

下面本文按照 Evans（2003）对于双边市场的分类方法，分别讨论市场创造型、受众创造型以及需求协调性三种双边市场，考察一边价格提高、另一边价格不变以及降低分别对应于用户流失的具体情况。结论如表2所示。

表2　三种类型平台市场势力的衡量：提高价格与用户流失

平台		市场势力的衡量：提高价格与用户流失	
平台类型	例子	提高消费者价格，另一边价格不变	提高另一边价格，消费者价格不变
市场创造型	零售商	流失	不流失
	电商	流失	不流失
受众创造型	搜索引擎	流失	不流失
	报纸杂志	流失	不流失
	打车软件	流失	不流失
需求协调型	卡组织	不流失	不流失
	操作系统	不流失	不流失

1. 市场创造型平台

市场创造型平台使得两边用户更方便地交易，减少搜索成本，现实中例子有超市、大型电子商务平台等。假设有两个大型连锁超市（电子商务平台道理相同）A 和 B（类似家乐福和大润发），平台两边用户分别为消费者和商户，考察平台 A 的市场势力。

若平台 A 提高商品的销售价格，或者以取消优惠等方式对消费者额外收取一笔费用，对商户收取的价格（即通道费）不变，因为平台 A 和 B 均为大型零售商平台，都销售不同种类的产品，所以平台差异化并不大，因此，若提高平台 A 商品的销售价格，必然会导致消费者转向平台 B。

若平台 A 提高对于商户收取的通道费，而对消费者收取的价格保持不变，那么商户并不会流失。因为平台对消费者收取的价格不变，消费者产生的正向的网络外部性使得商户获得的收益大于平台提高通道费给商户造成的损失。

对于消费者来说，在价格无差异情况下，大部分消费者会偏好一个平台进行消费，所以平台对消费者是单归属的；对于商户来说，因为零售商平台是接触到消费者的重要媒介，所以平台对于零售商是多归属的。

2. 受众创造型平台

受众创造型平台主要指媒体产业，如报纸、搜索引擎等，它们会吸引尽可能多的读者或用户，以至于有更多的广告商愿意在平台上刊登广告。假设有两个著名的搜索引擎平台（报纸杂志道理相同）A 和 B（类似 Google 和百度），平台两边用户分别为搜索用户和广告商，考察平台 A 的市场势力。

现在搜索引擎平台都是免费使用的，若平台 A 对于搜索用户不再收取零价格，而收取一笔搜索费用时（对广告商收取的价格不变），搜索用户必然会放弃原先使用的平台 A，转向平台 B。

若平台 A 提高广告商的价格，而对消费者收取的价格保持不变，那么广告商并不会大幅度流失。因为平台对搜索用户收取的价格不变，用户产生的正向的网络外部性使得广告商获得的收益大于平台提高价格给广告商造成的损失。

3. 需求协调型平台

需求协调型平台主要指 IT 产业、通信产业及银行卡系统等，现实中的例子有操作系统平台、卡组织平台等。假设两个操作系统平台（银行卡组织平台道理相同）A 和 B（类似 iOS 和 Android），平台两边用户分别为消费者（硬件）和软件开发商（软件），考察平台 A 的市场势力。

若平台 A 提高硬件的销售价格，或者对于操作系统的使用额外收取一笔费用，软件价格不变，以及保持硬件价格不变，提高软件费用，并不会导致硬件和软件用户的转移。不管是操作系统 iOS 和 Android 还是卡组织平台银联和 Visa/MasterCard，都是具有显著的平台差异化的。iOS 用户看重的是用户体验，并不十分在意价格的小幅度上涨，因此 iOS 平台价格上涨并不会流失用户；而 Android 的产品价格相对较低，小幅度的价格上涨仍然以低于 iOS 的价格获得大量用户，因此 Android 的价格上升也不会使太多用户转移。对于我国唯一的卡组织银联，作为我国唯一的跨行交易清算网络，银联在我国的支付市场中无疑具有垄断地位，价格的提高并不会导致用户的转移。

综上所述，可以看出，市场创造型平台、受众创造型平台与需求协调型平台的分析具有显著差异。市场创造型平台、受众创造型平台提高消费者或者用户边的价格会导致用户流失，提高商户或者广告商一边的价格则不会导致用户流失，而对于需求协调型平台，提高两边的价格均不会流失用户，原因在于，需求协调型平台具有较大的产品差异化程度。

四、双边情况下传统市场势力衡量标准的适用性探讨
——案例分析

（一）市场创造型平台——以大润发为例

若在位厂商提高价格不会使得用户转移，则说明在位厂商具有市场势力。通过之前的分析，我们可以看出，不管大型零售商平台是否具有市场势力，提高商户的价格（即通道费）都不会导致用户流失，这是由双边市场两边用户之间的交叉网络外部性导致的。因此，通道费的高低并不能衡量零售商平台的市场势力，这一点与传统的市场势力分析方法有所不同。

近年来，大型零售商与中小供货商之间的矛盾频发，如2011年初的家乐福与供应商矛盾事件。2008年3月，一家从事服装家纺商品贸易的公司起诉大润发，被告认为原告具有市场势力，随意抬高价格。原告自1998年起便向被告下属的全国各地大润发超市供应各类服饰和家纺产品。原、被告每年都签订一份"买卖合同"，合同由大润发拟定。"买卖合同"大致内容为约定全年目标营业额、目标毛利额、各类扣款（供货商承担被告员工销售工资、年度市场推广费、新品推广费、老店翻新、新店开张推广费、店庆、节庆费等）以及退货、付款、结算方式等。2005年和2006年年度合同中规定的常规扣率为30%，2007年的年度合同中，服饰类常规扣率为16.9%，家纺类常规扣率为19%。2004～2006年年度合同中约定了不同类别的收费项目：分店年度市场推广费5000元/店、灯箱/看板12000元/区·年、公司年度市场推广费5000元/区、品牌推广费5000元/店、新店开张推广费4000元/店以及其他各种名目繁多的费用。

即使如此，通道费的提高并不能够衡量零售商的市场势力，提高通道费而不流失商户是因为零售商具有非常高的消费者的市场份额，而不是因为它具有较强的市场势力。

（二）受众创造型平台和需求协调型平台——以 Google、百度和 American Express 为例

搜索引擎平台作为连接搜索用户和广告商的媒介，免费向用户提供搜索服务，向广告商收取一定费用以盈利。在线广告通常采用三种定价方式[①]：CPC（Cost - Per - Click）模型，并不针对广告商发布的广告，而是当用户点击广告的时候才收取相应费用；CPA（Cost - Per - Auction）模型，当用户点击广告链接并且随后购买时，广告商才需要向平台厂商支付费用；CPM（Cost - Per - Mile，即 Price for 1000 Impressions）模型，当广告商的广告被显示在搜索页面中时，广告商就需要向平台厂商支付费用。我国最大的搜索引擎百度，采用的就是 CPA 模型，即用户点击进行购买产品服务，广告商与百度分成。近期的百度—莆田事件，起因之一就是百度大幅度提高了向莆田系医院收取的广告价格，有的医疗热门关键词已经到了点击一次999元的价格。

国外的搜索引擎广告价格的相关诉讼也一直受到反垄断机构的关注。2006年5月，Google提高了向 SourceTool 所购买关键词广告的起拍价格，从之前的每次点击5～10美分飙升到每次点击5～10美元，上涨了10000%。价格的大幅度提高使 SourceTool 没有能力购买关键词，从而无法在搜索页面上做广告，SourceTool 获得的流量大大减少。谷歌解释说近来关键词价格的大幅度上涨并不是因为 SourceTool 想要购买的关键词的需求增加，而是因为 SourceTool 的登录页面质量

---

① The Design of Online Adrertising Markets.

太差。

但是从上面的分析中可以看出，对于受众创造型平台，如 Google 或百度，不能用广告价格的高低来衡量在位厂商的市场势力。

需求协调型平台 American Express 也是如此。2010 年 10 月，美国司对美国运通提出指控，称其信用卡接受规则触犯了反垄断法的相关规定，其为阻止商户引导消费者，向商户收取较低的费用。从上面的分析中可以看出，对于需求协调型平台，商户扣率的高低并不能够作为衡量银行卡平台市场势力的标准。

五、结论

本文试图研究平台厂商市场势力的判定。通过对平台厂商提价能力和用户转移情况的理论分析，对比传统市场势力的分析方法，得出传统市场势力衡量方法不适用于双边市场的结论，并结合大型零售商、搜索引擎以及支付卡网络的相关案例进行说明。具体来说，对于大型零售商平台，通道费的高低并不能够作为衡量大型零售商平台市场势力的标准；对于搜索引擎平台，广告费的高低并不能够作为衡量搜索引擎平台市场势力的标准；对于银行卡平台，商户扣率的高低并不能够作为衡量银行卡平台市场势力的标准。

本文在说明传统市场势力的分析方法不适用于双边市场的同时，并未说明平台厂商市场势力的衡量方法，这也是本文今后的努力方向。

参考文献

［1］Alexandrov, A. , Deltas, G. , and Spulber, D. F. Antitrust and Competition in Two – sided Markets［J］. Journal of Competition Law and Economics, 2011, 7 (4): 775 – 812.

［2］Armstrong, M. Competition in Two – sided Markets［J］. The RAND Journal of Economics, 2006, 37 (3): 668 – 691.

［3］Argentesi, E. , Filistrucchi, L. Estimating Market Power in a Two – sided Market: The Case of Newspapers［J］. Journal of Applied Econometrics, 2007, 22 (7): 1247 – 1266.

［4］Behringer, S. , Filistrucchi, L. Areeda – Turner in Two – sided Markets［J］. Center Discussion Paper, 2015 (46): 287 – 306.

［5］Chandra, A. , Collard – Wexler A. Mergers in Two – sided Markets: An Application to the Canadian Newspaper Industry［J］. Journal of Economics & Management Strategy, 2009, 18 (4): 1045 – 1070.

［6］Emch, E. , Thompson, T. S. Market Definition and Market Power in Payment Card Networks［J］. Review of Network Economics, 2006, 5 (1) .

［7］Evans, D. S. , Noel, M. D. The Analysis of Mergers that Involve Multi – sided Platform Businesses［J］. Journal of Competition Law and Economics, 2008, 4 (3): 663 – 695.

［8］Evans, D. S. , Schmalensee, R. Markets with Two – sided Platforms［J］. Issues in Competition Law and Policy (Aba Section of Antitrust Law), 2008 (1) .

［9］Evans, D. S. , Schmalensee, R. The Industrial Organization of Markets with Two – sided Platforms［R］. National Bureau of Economic Research, 2005.

［10］Evans, D. S. Two – sided Market Definition［J］. Market Definition in Antitrust: Theory and Case Studies, Forthcoming, 2009.

［11］Filistrucchi, L. , Geradin, D. , Van Damme E. Market Definition in Two – sided Markets: Theory and Practice［J］. Journal of Competition Law & Economics, 2014, 10 (2): 293 – 339.

［12］ Filistrucchi, L. A SSNIP Test for Two – sided Markets: Some Theoretical Considerations ［R］. Net Institute Working Paper 08 – 34, disponible à l' adressesuivante: http: //www. wiwi. unifrankfurt. de/profs/blonski/vwl_ kolloquium/SSNIPin2sidedi. pdf, 2008.

［13］ Gandal, N. The Dynamics of Competition in the Internet Search Engine Market ［J］. International Journal of Industrial Organization, 2001, 19（7）: 1103 – 1117.

［14］ Hesse, R. Two – sided Platform Markets and the Application of the Traditional Antitrust Analytical Framework ［J］. Competition Policy International, 2007, 3（1）.

［15］ Ordover, J. Comments on Evans & Schmalensees' The Industrial Organization of Markets with Two – sided Platforms ［J］. Competition Policy International, 2007, 3（1）.

［16］ Pitofsky, R. New Definitions of Relevant Market and the Assault on Antitrust ［J］. Columbia Law Review, 1990, 90（7）: 1805 – 1864.

［17］ Rooney, W. , Park, D. Two – Sided Market Literature Enriches Traditional Antitrust Analysis ［J］. Competition Policy International, 2007, 3（1）.

［18］ Schmalensee, R. Horizontal Merger Policy: Problems and Changes ［J］. Journal of Economic Perspectives, 1987（1）: 41 – 54.

［19］ Tirole, J. , Rochet, J. C. Platform Competition in Two – sided Markets ［R］. Working Paper, 2001.

［20］ Vasconcelos, H. Is Exclusionary Pricing Anticompetitive in Two – sided Markets? ［J］. International Journal of Industrial Organization, 2015（40）: 1 – 10.

［21］ Werden, G. J. Four Suggestions on Market Delineation ［J］. Antitrust Bulletin, 1992, 37（1）: 107 – 121.

［22］ Werden, G. J. The History of Antitrust Market Delineation ［J］. Gregory Werden, 1992（1）.

［23］ White, L. J. Market Definition and Market Power in Payment Card Networks: Some Comments and Considerations ［J］. Review of Network Economics, 2006, 5（1）.

［24］ 程贵孙, 陈宏民, 孙武军. 双边市场视角下的平台企业行为研究［J］. 经济理论与经济管理, 2006, 9（1）: 55 – 60.

［25］ 程贵孙, 李银秀. 平台型产业反垄断规制的几个关键问题研究［J］. 当代财经, 2009（7）: 71 – 76.

［26］ 程贵孙. 平台型产业反垄断规制的理论误区与释疑——基于双边市场理论视角［J］. 商业经济与管理, 2009（3）: 54 – 60.

［27］ 程贵孙. 我国银行卡产业垄断势力的界定与政府管制政策研究［J］. 当代财经, 2010（5）: 84 – 90.

［28］ 孙佳梅, 周正. 双边市场平台上企业的反垄断问题研究［J］. 商业经济, 2013（15）: 23 – 24.

［29］ 王文静. 双边市场的特殊性及政府反垄断规制研究［J］. 现代管理科学, 2013（2）: 57 – 59.

［30］ 余东华. 反垄断法实施中相关市场界定的 SSNIP 方法研究——局限性及其改进［J］. 经济评论, 2010（2）: 128 – 143.

［31］ 岳中刚. 双边市场的定价策略及反垄断问题研究［J］. 财经问题研究, 2006（8）: 30 – 35.

全球价值链嵌入与提升工业转型升级效果

——基于中国工业面板数据的实证检验

王玉燕[1,2]　林汉川[2]　黄永斌[1]

（1. 安徽大学经济学院　合肥　230601；

2. 对外经济贸易大学国际商学院　北京　100029）

一、引言

全球经济增长格局的新变化、科技创新和新兴产业发展的新突破、全球化生产方式大变革等国际环境的新趋势，加上中国价值链低端锁定、粗放型发展方式难以为继、四大发展战略的要求以及"四化"同步战略等国内环境的新特征，导致中国工业已进入只有加快实施转型升级才能实现持续健康发展的关键时期。2013 年，中国中间品进口额为 11388.950 亿美元，占当期进口额的 58.405%。另外，就全球范围来看，2005 年中国中间品进口额占全球的 9.434%，居第四位，而到 2012 年占比提高到 13.665%，跃居全球第二位，高于同期美国的 10.358%、日本的 3.802%、韩国的 3.005%，并且增长速度较快。而进口的中间产品在国内生产加工成最终产品后，一般有两个流向：一是由国内消费者使用消费；二是出口国外，即加工贸易。1999 ~ 2013 年，中国加工贸易进口额由 736 亿美元增长到 4969.9 亿美元，增幅高达 5.753 倍，占中间产品进口总额比重平均高达 60.551%，表明中国中间产品进口大部分用于加工贸易，推动了中国加工贸易的发展。然而加工贸易这种"两头在外"的贸易形式，导致中国在全球价值分工体系中位于低附加值的加工组装等中低端环节，对上游的研发与下游的品牌基本无话语权。虽然中国已成为世界制造以及全球第一贸易大国，但基本还只是一个加工中心，没有成为真正掌握核心技术的制造中心。从全球价值分工体系来看，中国的比较优势集中在低端的劳动密集型领域，产业附加值低，环境代价大；而发达国家则集中在资本密集型或者技术密集型产业，附加值高。正是由于这种全球价值链的低端嵌入，中国产品附加值比较低。例如，2010 年中国工业增加值率仅为 26.5%，而发达国家均在 35% 以上，美国、德国超过 40%。中国从事的生产制造、加工组装环节，资源消耗大、环境污染强，对外输出大多为技术含量较低的劳动密集型产品，还屡遭外国的

［基金项目］国家自然科学基金重点项目（71332007）；对外经济贸易大学优秀博士学位论文培育基金项目（73600016）；安徽大学区域经济与城市发展协同创新中心开放招标课题（QYXT2014005）。

［作者简介］王玉燕，博士，安徽大学经济学院讲师，对外经济贸易大学中小企业研究中心研究人员，研究方向：产业升级与产业政策；林汉川，对外经济贸易大学国际商学院教授，博士生导师，研究方向：产业升级；黄永斌，博士，安徽大学经济学院讲师。

反倾销调查，其中以美国和欧盟为主。2008～2013 年，美国、欧盟分别对中国发起 37 次和 43 次反倾销调查，对中国出口造成严重的影响。因此，开展全球价值链嵌入对中国工业转型升级的影响研究，对提升中国工业国际竞争力及转变中国经济发展方式起着至关重要的作用。

目前关于 GVC 嵌入对产业升级影响的研究大多集中在理论层面，基本逻辑是产业升级的层次和路径与嵌入到不同类型的 GVC 相关，并且不同的 GVC 治理模式对发展中国家的产业升级具有不同的影响。Gereffi 和 Korzeniewicz（1994）根据价值链条的驱动力来源，将全球价值链分为生产者驱动与购买者驱动两种动力模式。Henderson（1998）进一步认为生产者驱动注重提升核心技术能力，而购买者驱动注重培养核心市场能力。以上两种类型的 GVC 在动力根源、核心能力、进入门槛、产业分类、典型产业部门、制造企业、产业联系、产业结构和辅助支撑体系 9 个方面存在着差异，并且有着不同的游戏规则（张辉，2004，2006）。目前对产业升级较统一的定义是低附加值状态向高附加值状态的转变（Humphrey and Schmitz，2002；Poon，2004），升级过程存在层次性，如工艺升级→产品升级→功能升级→链条升级（Gereffi，1999；Kaplinsky and Morris，2001；金京等，2013），并且受到不同价值链治理模式的影响（Gereffi et al.，2005；俞荣建和文凯，2011）。在此基础上，国内学者一方面通过案例分析以及理论建模，探讨全球价值链下地方产业集群产生、发展以及升级路径与战略（黎继子等，2005；吴义爽和蔡宁，2010）；另一方面实证检验全球价值链嵌入对提升中国出口产品技术复杂度以及推动行业技术进步的作用（邱斌等，2012；华广敏，2012；张宗庆和郑江淮，2013；程大中，2014；刘维林等，2014；王玉燕等，2014）。以上研究虽涉及 GVC 嵌入下工业转型升级的一个或少许几个问题，但很难全面、准确地反映 GVC 嵌入对工业转型升级的影响。目前鲜有研究较为全面以及深入探讨 GVC 嵌入对工业转型升级的影响以及行业异质性因素对该类影响的作用。

那么，GVC 嵌入能够推动中国工业转型升级吗？GVC 嵌入如何衡量与测度？如何评价中国工业转型升级效果？行业异质性特征如何作用于 GVC 嵌入对工业转型升级的影响？基于此，本文利用 GVC 理论，基于王玉燕等（2014）测算 GVC 嵌入程度数据，运用中国工业行业面板数据，构建指标体系评价中国工业转型升级效果，实证检验 GVC 嵌入对工业转型升级效果的影响以及行业异质性因素的作用。

二、中国工业转型升级效果评价

（一）中国工业转型升级评价指标体系

一切影响工业部门生产要素和生产条件的因素，最终均会成为工业转型升级的必备条件。结合相关前期研究成果，本文认为，中国工业转型升级的要素指标主要包括经济效益、技术创新、结构优化以及绿色驱动四大要素，具体包含 18 项细化指标（见表 1）。一般来说，经济效益是工业转型升级的中心任务，而资产收益率越高，成本支出越少，则经济效益越高；技术创新是工业转型升级的关键环节，可以从技术创新投入与产出两个方面来衡量；结构优化是工业转型升级的强大动力，主要包括工业结构与对外贸易因素；绿色驱动是工业转型升级的重要着力点，节能减排力度越强，绿色驱动力就越高。

（二）中国工业转型升级效果评价

（1）数据来源与处理。由于下文涉及运用《投入产出表》分析工业行业全球价值链嵌入程度，但《国民经济行业分类》（GB/T4754－2011）对中国工业行业分类比《投入产出表》更细致，为保证前后分析的一致性，需对上文工业行业类别进行合并整理，具体参见王玉燕等（2014）。本文将上文合并整理后的 23 个工业行业（A1～A23）作为决策单元，时间跨度为 1999 年至 2012 年。总资产贡献率、工业成本费用利润率、全部从业人员年平均人数、工业增加值与总产值、新产品产值、国有及国有控股、私营与三资工业企业产值、行业出口交货值、工业行业能耗总量、电力消耗量、工业废水排放量与达标量、工业固体废物产生量与综合利用量数据来自历年《中国统计年鉴》、《中国工业经济统计年鉴》、《中国工业统计年鉴 2013》以及《中国经济普查年鉴 2004》。分行业 R&D 经费支出额、R&D 人员数量、发明专利拥有量数据来自历年《中国科技统计年鉴》。分行业二氧化碳排放量以各行业煤炭、焦炭、原油、汽油、煤油、柴油、燃料油和天然气消费量为基础，根据公式计算得到[①]，各类能源消费量数据来自历年《中国能源统计年鉴》。

表 1　中国工业转型升级评价指标体系

一级指标	二级指标	三级指标	单位	作用方向
A 经济效益	A1 资产收益	A11 总资产贡献率	%	+
		A12 工业利税率	%	+
	A2 成本支出	A21 工业成本费用利润率	%	+
		A22 全员劳动生产率	万元/人	+
B 技术创新	B1 创新投入	B11 R&D 经费支出占工业总产值比重	%	+
		B12 R&D 人员占从业人数比重	%	+
	B2 创新产出	B21 每万人发明专利拥有量	件/万人	+
		B22 新产品产值占工业总产值比重	%	+
C 结构优化	C1 工业结构	C11 私营工业企业产值比重增速	%	+
		C12 国有及国有控股工业产值占比	%	+
	C2 对外贸易	C21 出口交货值占工业产值比重	%	+
		C22 三资工业企业产值占比	%	+
D 绿色驱动	D1 资源节约	D11 单位工业增加值能耗	吨标准煤/万元	-
		D12 单位工业产值电耗	千瓦时/元	-
		D13 单位工业产值煤耗	吨标准煤/万元	-
	D2 环境保护	D21 单位工业产值二氧化碳排放量	吨/万元	-
		D22 工业废水排放达标率	%	+
		D23 工业固体废物综合利用率	%	+

资料来源：作者整理。

（2）评价方法与过程。本文借鉴樊纲等（2003）构建市场化指数的方法，采用因子分析方法处理相关数据，测算中国工业转型升级效果指数。具体测算过程中，本文首先为消除量纲与量级的影响，对所有原始数据进行标准化处理[②]；信度与效度检验结果显示，各年数据 Cronbach's Alpha 均大于 0.7，并且均通过 Bartlett 球形度检验。其次根据累计贡献率达 85% 和特征值大于 1

---

① 本文综合考虑以煤炭、焦炭、原油、汽油、煤油、柴油、燃料油和天然气等一次能源为基准，根据联合国政府间气候变化委员会提供的方法，估算中国工业分行业的 CO_2 排放量。

② 具体来说，对正向指标进行极大值标准化处理，而对逆向指标则进行极小值标准化处理。

的原则，确定主成分个数，并计算主成分得分。最后根据方差贡献率设定主成分权重，计算综合因子得分，即工业转型升级效果指数。

（3）转型升级效果评价。表2列示1999～2012年中国工业转型升级效果指数测算结果。整体看，1999～2012年中国工业转型升级效果变动频率较大，呈现"先升后降，又升又降，再升再降，还升还降"的变化趋势，但整体上该指数呈上升状态。中国工业转型升级指数的行业均值由1999年的0.242上升到2012年的0.405，增幅为67.290%。具体来看，各行业指数均值由1999年的0.242上升到2001年的0.326，而到2002年则降为0.264；之后开始上升，直到2005年升至较高的0.442；2006年开始又降为0.300，而2007年又回升至0.386；2008年受金融危机的影响降至0.309，之后开始复苏，直到2011年增至最高的0.455，而到2012年出现短暂的下滑，降至0.405。表明该指数变动频率较高，但各行业变动趋势基本一致。

分行业看，工业转型升级指数行业均值最高的五个行业依次是：计算机、通信及其他电子设备制造业（0.527），仪器仪表制造业（0.475），交通运输设备制造业（0.467），电气机械及器材制造业（0.459），通用、专用设备制造业（0.437），均为高技术工业行业，表明高技术工业依托其独有的技术优势，获得较强的转型升级动力。例如计算机行业，其产品研发与工业设计能力较强，云计算等关键技术积极推动了设计、产品、应用以及服务融合的创新与互动，促进该行业转型升级步伐的加快。而转型升级指数均值最低的五个行业依次是：电力、热力的生产供应业（0.198），水的生产和供应业（0.203），燃气的生产和供应业（0.249），煤炭开采和洗选业（0.261），石油加工、炼焦及核燃料加工业（0.288），均为传统工业。传统产业的技术、工艺、流程、装备以及材料均较落后，其生产设施、装备以及工艺水平较低，先进产能的比重较低，这无疑会阻碍传统产业的转型升级，亟须运用先进的高新技术改造提升传统产业。

考虑行业异质性对转型升级效果的影响，本文借鉴王玉燕等（2014）分类方法，依据要素密集程度，将工业行业分为包括劳动密集型、资本密集型与技术密集型的传统工业以及高技术工业。不同要素密集类型工业行业转型升级指数的均值显示，转型升级效果最高的是高技术工业，其次是劳动密集型的传统工业，最后是技术密集型与资本密集型的传统工业，高技术工业转型升级指数远远高于传统工业，这与中国行业发展方式基本吻合。

表2 1999～2012年中国工业转型升级指数

工业行业 \ 年份	1999	2000	2003	2006	2009	2012	均值
煤炭开采和洗选业	0.119	0.194	0.245	0.221	0.291	0.317	0.261
石油和天然气开采业	0.279	0.490	0.469	0.412	0.330	0.422	0.423
金属矿采选业	0.213	0.312	0.298	0.229	0.298	0.334	0.308
非金属矿采选业	0.213	0.288	0.299	0.223	0.323	0.346	0.308
食品制造及烟草加工业	0.320	0.373	0.412	0.327	0.399	0.437	0.394
纺织业	0.268	0.349	0.379	0.259	0.349	0.381	0.351
纺织服装鞋帽皮革羽绒及其制品业	0.303	0.351	0.424	0.299	0.370	0.415	0.374
木材加工及家具制造业	0.277	0.340	0.377	0.280	0.358	0.398	0.363
造纸印刷及文教体育用品制造业	0.260	0.318	0.366	0.288	0.361	0.408	0.351
石油加工、炼焦及核燃料加工业	0.244	0.284	0.354	0.226	0.326	0.321	0.288
化学工业	0.238	0.321	0.375	0.313	0.401	0.439	0.373
非金属矿物制品业	0.186	0.262	0.325	0.226	0.326	0.353	0.305

续表

工业行业＼年份	1999	2000	2003	2006	2009	2012	均值
金属冶炼及压延加工业	0.173	0.271	0.321	0.279	0.310	0.364	0.311
金属制品业	0.283	0.354	0.390	0.285	0.374	0.423	0.372
通用、专用设备制造业	0.272	0.370	0.395	0.381	0.485	0.512	0.437
交通运输设备制造业	0.298	0.386	0.463	0.450	0.523	0.540	0.467
电气机械及器材制造业	0.310	0.405	0.452	0.405	0.495	0.534	0.459
计算机、通信及其他电子设备制造业	0.373	0.458	0.538	0.536	0.573	0.624	0.527
仪器仪表制造业	0.316	0.397	0.498	0.422	0.515	0.568	0.475
其他制造业	0.258	0.336	0.368	0.278	0.357	0.386	0.349
电力、热力的生产和供应业	0.120	0.141	0.168	0.194	0.198	0.273	0.198
燃气的生产和供应业	0.080	0.131	0.263	0.232	0.276	0.340	0.249
水的生产和供应业	0.169	0.265	0.257	0.143	0.153	0.188	0.203

注：限于篇幅，只列出部分年份，其余年份数据可向作者索取。

资料来源：作者计算。

三、计量模型、变量与数据

（一）计量模型

本文重点考察全球价值链嵌入对中国工业转型升级效果的影响，为此构建如下计量模型：

$$Upgrade_{i,t} = \alpha + \beta_1 GVC_{i,t} + \beta_z Z_{i,t} + I_i + T_t + \varepsilon_{i,t} \tag{1}$$

其中，被解释变量 $Upgrade_{i,t}$ 表示工业转型升级指数，解释变量 $GVC_{i,t}$ 是该行业嵌入 GVC 程度，$Z_{i,t}$ 是将要加入其他控制变量所构成的向量集，I_i 表示行业个体控制变量，T_t 表示时间虚拟变量，$i \in [1, 23]$ 表示各截面工业行业，$t \in [1, 14]$ 代表年份，α 是常数项向量，β_1 是系数，β_z 是系数向量，$\varepsilon_{i,t}$ 是随机扰动项。

（二）变量设定与数据来源

（1）GVC 嵌入程度。目前国内外大部分学者用垂直专业化指数表示一国跨国生产分割程度（Hummels et al.，2001；北京大学中国经济研究中心课题组，2006；张少军和刘志彪，2013；王玉燕等，2014），然而垂直专业化理论和 GVC 理论都是以同一产品不同工序的空间分布或跨国配置为基础。王玉燕等（2014）根据各工业行业投入产出表，借鉴生产非一体化指数计算方法，测算中国 23 个工业行业切入 GVC 程度，本文将该指数作为解释变量。

（2）控制变量。本文在已有文献基础上，加入工业化水平、技术进步、行业集中度、经济自由度、金融服务水平作为控制变量。①工业化水平（$LnAGDP_{i,t}$）。某一阶段的工业化水平决定其工业转型升级效果的高低，本文根据产业经济学通行算法，采用人均 GDP 来衡量，它大致可以刻画某年度所处的工业化阶段。②高技术工业发展（$HIGH_{i,t}$）。高技术工业发展水平越高，越会带动整个工业转型升级效果的提升。本文用高技术工业产值占工业总产值比重来表示。③行业集中度（CONCE$_{i,t}$）。行业集中度表示市场结构因素，集中度较高的行业竞争程度相对较低，不利于转型升级的推进。本文用大中型工业企业工业总产值占全部工业总产值比重表示。④经济自由度（FREE$_{i,t}$）。经济自由度水平越高，市场化水平越高，政府对经济的干预就越少，有利于完善市场经济体制，推动工业转型升级。本文用经济自由度指数来衡量。⑤金融服务水平（FIN$_{i,t}$）。金融业是重要的服务业，它涉及工业转型升级过程中资金类生产要素供给水平与质量（石军伟和王玉燕，2013），为此采用金融业增加值占 GDP 比重来衡量其创新能力与服务水平。

（3）数据来源。本文分析对象为上文合并整理后的 23 个工业行业，时间区间为 1999～2012 年。因此分析截面为 23 个，样本延续期 14 年，共得到 322 个观测值。各工业行业转型升级指数与 GVC 嵌入程度数据根据上文计算得到。全部工业企业、大中型工业企业总产值数据来自于 2000～2012 年《中国工业经济统计年鉴》与《中国工业统计年鉴 2013》，部分缺失的 2004 年数据通过《中国经济普查年鉴 2004》进行补充。高技术工业产值数据根据上文行业分类整理得到。人均 GDP 数据根据以 1999 年为基期的国内生产总值指数折算为可比价。金融业增加值、GDP 总额、人均 GDP 数据以及国内生产总值指数来源于历年《中国统计年鉴》。中国经济自由度指数来自《华尔街日报》和美国传统基金会发布的 1999～2012 年年度报告。该类年度报告包括世界 155 个国家和地区，是全球较权威的经济自由度评价指标。

四、实证结果与分析

（一）实证方法与相关系数

（1）估计方法。面板数据容易产生异方差与序列相关问题，可能会导致 OLS 估计失效（邱斌等，2008；王玉燕等，2014）。为消除异方差和序列相关的不良影响，本文首先采用 Hausman 检验来确定选择固定效应还是随机效应，然后分别运用 Wald Test 与 Wooldridge Test 检验是否存在组间异方差或者组内自相关，最后采用比混合回归以及面板 FE 或 RE 更有效的分析方法——FGLS（广义最小二乘法）来修正以上两个问题（王华和黄之骏，2006；刘维林等，2014）。若 Hausman 检验显示为固定效应时，则加入行业效应与时间效应，实现 FGLS 的固定效应模型估计。

（2）变量处理。在分析全球价值链嵌入对工业转型升级效果影响时，必须考虑的问题是：工业转型升级效果同样会影响全球价值链嵌入。为避免互为因果导致的内生性问题对结果产生偏误，本文以解释变量 GVC 滞后一期作为工具变量进行回归①。另外，由于式（1）引入较多控制变量，可能存在多重共线性的问题，为此在作回归前首先分析各主要变量间的相关关系。从变量间 Pearson 相关系数来看，经济自由度指数、金融业增加值比重均与人均 GDP 和高技术工业产值比重以及经济自由度指数存在一定的相关关系②。为控制多重共线性对回归结果带来的影响，本文将人均 GDP、高技术工业产值比重、经济自由度与金融业增加值比重等控制变量依次放入模型逐次回归，最后再全部放入回归模型。

---

① 首先 GVC 变量当期与滞后一期呈显著强正相关，其次当期回归误差项与滞后一期 GVC 变量不相关，表明将 GVC 变量滞后一期作为代理工具变量是合理有效的，参见 Wooldridge（2002）。

② 限于篇幅，未列示 Pearson 相关系数，感兴趣的读者可直接向作者索取。

（二） GVC 嵌入推动效应检验

（1） GVC 嵌入对工业转型升级整体推动效应。表 3 中方程（1）~（4）为依次放入人均 GDP、高技术工业产值比重、经济自由度与金融业增加值比重等控制变量的回归结果，方程（5）为加入所有控制变量的回归结果，所有模型统计检验均在 1% 水平上显著，且方程（5）与方程（1）~（4）结果相比，所有控制变量结果均无显著变化。所有 GVC 嵌入对工业转型升级效果的影响系数均在 1% 的水平上显著为正，表明 GVC 嵌入程度的加深有利于推动中国工业的转型升级。目前中国主要通过加工贸易的形式，广泛地参与全球价值链分工，一方面，分工程度的细化与深化，使得中国在全球价值链分工过程中更加充分地发挥劳动力廉价的比较优势，发达国家将大量生产制造环节转移到中国，从而带动中国工业生产效益的提升；另一方面，促进了工业技术水平以及管理方式的更新升级，从而有效提升中国工业整体生产的质量与水平（胡昭玲，2007）。也就是说，全球价值链嵌入程度的加深，有利于中国经济比较优势的发挥以及规模经济效应的实现，从而优化工业资源的配置、降低工业生产成本以及提高工业整体生产效率，最终推动中国工业转型升级。

表 3　中国工业转型升级效果与 GVC 嵌入回归结果

解释变量	方程（1） FGLS	方程（2） FGLS	方程（3） FGLS	方程（4） FGLS	方程（5） FGLS
L. GVC	0.699 *** (11.380)	0.741 *** (11.776)	0.792 *** (18.995)	0.792 *** (18.995)	0.304 *** (4.796)
CONCE	0.003 (0.133)	0.003 (0.123)	− 0.021 (− 1.337)	− 0.021 (− 1.337)	− 0.049 ** (− 2.406)
LnAGDP	0.134 *** (5.447)				2.676 *** (18.374)
HIGH		0.697 (1.619)			22.156 *** (16.534)
FREE			6.618 *** (6.145)		7.334 *** (13.635)
FIN				− 20.862 *** (− 6.145)	− 28.049 *** (− 11.608)
CONS	− 0.988 *** (− 4.444)	0.011 (0.087)	− 3.125 *** (− 5.622)	1.417 *** (7.717)	− 33.718 *** (− 17.938)
行业效应	No	No	No	No	Yes
时间效应	No	No	No	No	Yes
N	299	299	299	299	299
Chi2	219.316 ***	180.316 ***	208.143 ***	210.824 ***	5664.800 ***
Wald Test	289.770 ***	173.320 ***	261.080 ***	266.840 ***	296.590 ***
Wooldridge Test	0.012	0.864	0.850	2.633	0.215
Hausman Test	2.000	3.000	2.160	5.430 *	9.890 ***

注：①＊p < 0.1，＊＊表示 p < 0.05，＊＊＊表示 p < 0.01；②括号内数值为相应 z 统计量；③回归估计所用软件为 Stata12.0；④Wald Test 用来检验是否存在异方差，Wooldridge Test 用来检验是否存在自相关，若拒绝原假设则说明存在异方差或自相关。

（2）GVC 嵌入效应的行业异质性特征。为了剖析 GVC 嵌入对工业转型升级效应影响的行业异质性特征，本文分别对劳动密集型、资本密集型、技术密集型以及高技术工业作回归分析，结果见表 4。首先看劳动密集型工业以及高技术工业，GVC 嵌入程度对工业转型升级效果影响系数分别为 0.176、0.204，在 5% 的水平上显著，表明劳动密集型工业以及高技术工业的 GVC 嵌入程度加深对工业转型升级具有显著的正向推动作用。然而技术密集型工业的 GVC 嵌入程度对工业转型升级效果的影响系数在 10% 水平上显著为负，另外资本密集型工业的系数虽不显著，但同样为负数，表明资本密集型与技术密集型工业 GVC 嵌入程度的加深一定程度上限制了该类行业转型升级的推进。以上结果与王岚（2014）和周升起等（2014）测算中国制造业 GVC 国际分工地位的结论基本一致，劳动密集程度较高行业的 GVC 国际分工地位明显高于技术或资本密集程度较高的行业。

在 GVC 国际分工体系中以及发达国家产业转移背景下，劳动密集型行业能够有效发挥劳动力比较优势，从世界各国大量进口原材料、零部件和仪器设备，获得发达国家的技术外溢或者学习的机会，实现出口技术水平的提升（Grossman G. M. and Helpman，1993；刘维林等，2014），并且能够获得工艺流程快速升级和产品升级空间（刘志彪和张杰，2007）。然而对于普通技术工业行业来说，GVC 地位指数甚至为负，技术水平在国际上竞争力相对较弱，尤其是当中国试图建立自己的核心技术时，就对发达国家的既得利益构成威胁，便会遭到发达国家的俘获与封锁，利用各种手段来阻碍和控制中国代工生产体系的升级进程（刘志彪和张杰，2007；王玉燕等，2014）。

表 4　分行业回归结果

解释变量	劳动密集型 FGLS	资本密集型 FGLS	技术密集型 FGLS	高技术工业 FGLS
L. GVC	0.176 ** (2.226)	−0.206 (−1.277)	−0.460 * (−1.897)	0.204 ** (2.198)
LnAGDP	2.922 *** (17.403)	0.376 *** (4.830)	0.400 *** (4.142)	0.368 *** (5.423)
HIGH	25.265 *** (16.392)			
CONCE		−0.095 ** (−2.438)	−0.141 *** (−3.749)	0.132 ** (2.534)
FREE	8.093 *** (13.037)			
FIN	−30.437 *** (−10.924)	−4.102 ** (−2.488)	−4.506 ** (−2.528)	−2.632 * (−1.767)
CONS	−37.166 *** (−17.132)	−2.877 *** (−4.505)	−2.916 *** (−3.710)	−2.904 *** (−5.238)
行业效应	Yes	No	No	No
时间效应	Yes	No	No	No
N	78	104	52	65
Chi2	2350.137 ***	39.958 ***	56.663 ***	121.270 ***

续表

解释变量	劳动密集型 FGLS	资本密集型 FGLS	技术密集型 FGLS	高技术工业 FGLS
Wald Test	3.650	162.050 ***	5.770	3.450
Wooldridge Test	1.023	0.121	14.399 **	0.023
Hausman Test	7.460 **	0.390	2.200	1.540

注：①*表示 $p<0.1$，**表示 $p<0.05$，***表示 $p<0.01$；②括号内数值为相应 z 统计量；③回归估计所用软件为 Stata12.0；④Wald Test 用来检验是否存在异方差，Wooldridge Test 用来检验是否存在自相关，若拒绝原假设则说明存在异方差或自相关；⑤回归系数不显著的控制变量予以剔除。下同。

（3）相关控制变量回归结果。①工业化水平。可比价人均 GDP 对数的系数显著为正，表明中国所处工业化水平的提升能够显著带动中国工业的优化升级。人均收入水平的提升导致需求结构的变动，从而推动工业化阶段的演进（郭克莎，2000），而伴随着工业化进程的深化，工业结构得到调整与转型（何德旭和姚战琪，2008），从而推动中国工业的转型升级。②高技术工业发展。整体上看，高技术工业产值比重显著为正，表明高技术工业的引进、吸收与创新水平较高，从而能够推动技术进步的积累与生产效率改进水平的提升，将会带动整个工业转型升级步伐的加快。从分行业结果来看，高技术工业比重的加大能够有效带动劳动密集型工业的转型升级，而并不一定能必然促进资本密集型以及普通技术类工业的转型升级，表明对于资本密集型以及普通技术类工业而言，除了扩大其产值规模外，应当更加注重发展的内在质量。③行业集中度。表3中综合方程（5）的大中型工业企业产值比重系数显著为负，表明大中型工业企业产值比重越低，工业转型升级效果就越好。可能的原因在于大中型工业企业产值比重越低，行业内部各企业间的竞争性就越强，使得企业开始注重长期利益以及可持续发展，推进工业的节能减排，从而能够促进转型升级的实现。然而就高技术工业而言，该指标系数显著为正，表明在该行业中大中型工业比重越高，越有利于推动转型升级。这与高技术工业特征相关，该类产业知识和技术密集度极高，往往相关投入很大，一般小企业很难具备相应的条件。④经济自由度。结果显示，经济自由度水平越高，市场化程度就越高，政府对经济的干预就越少，那么经济结构的转型与改革能够推动中国工业的转型升级。⑤金融业服务水平。表3所有回归结果中金融业增加值占 GDP 比重的系数全为负数，均通过1%显著性水平检验，表明样本期内金融业增加值比重越高，工业转型升级效果越低。已有学者研究发现，经济分工的不断深化以及金融业专业化的推进会导致金融业与制造业分离（瞿强，2001）。而这将会产生三个方面的问题：第一，金融业的发展会给制造业带来动荡（Rajan，2006），而且金融创新将会使经济发展放缓（Laeven et al.，2011）；第二，金融机构本身存在的问题会导致在与制造业发生关联过程中出现不稳定因素（Gennaioli et al.，2012）；第三，只有与制造业发展规模相匹配的时候，金融业才能满足制造业发展的融资需求（林毅夫等，2003）。然而目前中国金融业的发展滞后于制造业发展需要，没能有效支持制造业的发展（段一群等，2009）。以上三方面问题的存在，导致目前中国金融业发展不但没能有效推动工业发展，反而限制了工业转型升级的推进。

（4）稳健性检验。为保证上文研究结果的可靠性，本文做两个方面的稳健性检验：①重新定义观测期。本文选取 2004～2012 年作为观测期重新进行回归分析。②样本剔除法。为消除非随机性以及异常值对回归结果的影响，本文剔除掉占5%比例的 GVC 嵌入程度最高与最低的样本后重新进行回归分析。如表5与表6所示，两类稳健性检验结果均显示，与原模型相比，除少数模型中控制变量显著性受一定影响外，所有行业以及分行业模型中 GVC 变量以及控制变量的回归系数值、符号以及显著性并未产生较大变动，表明上文研究结论具有较强的稳健性。

表5 稳健性检验结果一：重新定义观测期

解释变量	全部行业 FGLS	劳动密集型 FGLS	资本密集型 FGLS	技术密集型 FGLS	高技术工业 FGLS
L. GVC	0.137 **	0.200 **	−0.170	−0.312	0.152 *
	(1.975)	(2.380)	(−0.983)	(−1.093)	(1.746)
LnAGDP	2.676 ***	2.924 ***	0.294 *	0.452 **	0.448 ***
	(20.534)	(18.826)	(1.721)	(2.291)	(2.630)
HIGH	21.198 ***	25.351 ***			
	(17.378)	(17.813)			
CONCE	−0.099 ***		−0.043	−0.199 ***	0.149 **
	(−2.656)		(−0.756)	(−3.493)	(2.292)
FREE	7.539 ***	8.079 ***			
	(16.674)	(13.745)			
FIN	−27.256 ***	−30.547 ***	−2.714	−5.235 *	−3.926
	(−12.669)	(−11.858)	(−1.023)	(−1.725)	(−1.479)
CONS	−33.505 ***	−37.201 ***	−2.222	−3.356 **	−3.564 **
	(−20.126)	(−18.481)	(−1.528)	(−2.005)	(−2.452)
行业效应	Yes	Yes	No	No	No
时间效应	Yes	Yes	No	No	No
N	207	54	72	36	45
Chi2	4086.059 ***	2109.099 ***	10.640 *	30.904 ***	28.990 ***
Wald Test	335.390 ***	2.560	129.920 ***	24.400 ***	4.320
Wooldridge Test	13.595 ***	5.102 *	3.759 *	0.095	0.822
Hausman Test	7.530 **	7.143 **	0.070	2.680	1.610

表6 稳健性检验结果二：剔除5%样本

解释变量	全部行业 FGLS	劳动密集型 FGLS	资本密集型 FGLS	技术密集型 FGLS	高技术工业 FGLS
L. GVC	0.257 ***	0.181 **	−0.249 *	−0.460 *	0.444 ***
	(4.005)	(2.262)	(−1.800)	(−1.897)	(4.758)
LnAGDP	2.676 ***	2.922 ***	0.426 ***	0.400 ***	0.339 ***
	(18.659)	(17.202)	(6.242)	(4.142)	(6.116)
HIGH	21.689 ***	25.284 ***			
	(16.440)	(16.211)			
CONCE	−0.087 ***		−0.133 ***	−0.141 ***	0.079 *
	(−3.918)		(−3.832)	(−3.749)	(1.794)

续表

解释变量	全部行业 FGLS	劳动密集型 FGLS	资本密集型 FGLS	技术密集型 FGLS	高技术工业 FGLS
FREE	7.370 *** (13.899)	8.090 *** (12.879)			
FIN	-27.746 *** (-11.677)	-30.461 *** (-10.804)	-4.588 *** (-3.181)	-4.506 ** (-2.528)	-2.134 (-1.635)
CONS	-33.570 *** (-18.143)	-37.174 *** (-16.935)	-3.289 *** (-5.861)	-2.916 *** (-3.710)	-2.686 *** (-6.020)
行业效应	Yes	Yes	No	No	No
时间效应	Yes	Yes	No	No	No
N	279	75	97	52	55
Chi2	5723.512 ***	2274.469 ***	70.728 ***	56.663 ***	216.963 ***
Wald Test	257.550 ***	2.250	162.910 ***	5.770	300.330 ***
Wooldridge Test	0.027	0.844	0.866	14.399 **	0.550
Hausman Test	19.320 ***	6.530 **	2.060	2.200	0.250

五、主要结论与政策启示

本文构建指标体系测算中国工业转型升级效果指数,并运用工业行业面板数据,实证检验GVC嵌入对工业转型升级效果的影响以及行业异质性因素的作用。研究发现,中国工业转型升级效果整体上呈上升趋势,高技术工业转型升级效果明显高于传统工业。另外,GVC嵌入程度的加深有利于推动中国工业转型升级,但推动作用在劳动密集型以及高技术工业中较为显著。本文研究结论具有以下几点启示:

(1) 继续发挥中国的比较优势,构建自己的全球价值链战略。目前绝大多数参与全球价值分工企业仍处于工艺升级与产品升级阶段,能够通过静态比较优势、资本、劳动力与技术的流动积累以及上下游产业关联效应获得转型升级的机遇。但对于技术密集型的传统工业而言,当发展到更高级的功能升级或者链条升级时,会遭遇到发达国家的封锁与压制,难以取得更有效的转型升级效果。对这类工业而言,可以避开与发达国家的正面竞争,转战到发展中国家,发挥其独特的比较优势,构建起以自身为核心的价值链体系。

(2) 打破金融垄断局面,发挥金融业对实体经济发展的带动作用。目前中国金融业的发展主要存在金融垄断和金融抑制的问题,从而导致金融业一定程度上侵占了制造业的利润。为此,应当打破金融垄断的局面,让利于制造业。一方面,推行浮动利率政策,优化社会资金分配,降低制造业的融资成本,提供资金使用效率;另一方面,完善制造企业信息披露制度,解决资金需求与使用的信息不对称问题,构建完善的资本运作体系。

(3) 加强自主创新能力和高层次人力资本的培养,推动全球价值链上游攀升。一方面,政府应当制定相关政策引导国内工业企业提升零部件生产质量与工艺,推动产业内分工,增强装备制造业的自主研发能力;另一方面,由于高层次人力资本的缺乏依然是限制中国工业企业提升价值链地位的重要因素，应当加大人力资本投入，优化基础教育体系，吸引国内外高层次人才。

（4）以两化融合带动产业升级，将战略性新兴产业打造为全球价值链的高端。信息化与工业化的深度融合，对转变中国经济发展方式与推动工业转型升级具有重要的战略意义。一方面，深入推进信息技术与制造企业的研发设计、生产过程、营销体系、人力资源管理以及企业管理的融合，提升制造自动化、智能化以及管理现代化的水平。另一方面，加快推进信息技术与传统工业、高端装备制造业以及生产性服务业的融合。利用信息技术加快对传统工业的技术改造，提升生产的自动化与智能化水平；发挥信息技术在高端装备制造业发展中的支撑与渗透作用，推动数字化、智能化以及物联化水平的提升；充分发挥生产性服务业的催化剂作用，以培育生产性服务业为突破口，建立全面的两化融合支撑体系。另外，根据两化融合需要，大力发展新一代移动通信、集成电路、新能源、新材料等战略性新兴产业，增强其自主研发能力，力图掌握关键核心技术，从而跃居于全球价值链的高端。

需要指出的是，本文关于中国工业转型升级效果提升以及GVC嵌入加深能够推动工业转型升级的相关结论，是针对中国工业整体分析而言的。而在我国工业企业按规模分为大型、中型与小型，按所有权分为国有企业、民营企业以及外资企业等；另外，GVC包括三种驱动类型以及多种治理模式。因此，要想更全面考察GVC嵌入对工业转型升级的作用，还需从不同类型工业企业或者GVC不同驱动类型以及治理模式进一步展开实证研究，这也是未来相关研究的重点。

参考文献

[1] Gereffi, G. and Korzeniewicz, M. Commodity Chains and Global Capitalism [M]. London：Praeger, 1994.

[2] Henderson, J. Danger and Opportunity in the Asia – Pacific [A]. In：Thompson, G (eds). Economic Dynamism in the Asia – Pacific [C]. London：Routledge, 1998：356 – 384.

[3] 张辉. 全球价值链动力机制与产业发展策略[J]. 中国工业经济, 2006（1）：40 – 48.

[4] 张辉. 全球价值链理论与我国产业发展研究[J]. 中国工业经济, 2004（5）：38 – 46.

[5] Humphrey, J. and Schmitz H. How does Insertion in Global Value Chains Affect Upgrading in Industrial Clusters? [J]. Regional Studies, 2002, 9（36）：1017 – 1027.

[6] Poon, Tsc. Beyond the Global Production Networks：A Case of Further Upgrading of Taiwan's Information Technology Industry [J]. Technology and Globalization, 2004, 1（1）：130 – 145.

[7] Gereffi, G. International Trade and Industrial Upgrading in the Apparel Commodity Chain [J]. Journal of International Economics, 1999, 48（1）：37 – 70.

[8] Kaplinsky, R. and Morris, M. A Handbook for Value Chain Research [R]. Institute of Development Studies, 2001.

[9] 金京, 戴翔, 张二震. 全球要素分工背景下的中国产业转型升级[J]. 中国工业经济, 2013（11）：57 – 69.

[10] Gereffi, G. Humphrey, J. and Sturgeon, T. The Governance of Global Value Chains [J]. Review of International Political Economy, 2005, 12（1）：78 – 104.

[11] 俞荣建, 文凯. 揭开GVC治理"黑箱"：结构、模式、机制及其影响——基于12个浙商代工关系的跨案例研究[J]. 管理世界, 2011（8）：142 – 154.

[12] 吴义爽, 蔡宁. 我国集群跨越式升级的"跳板"战略研究[J]. 中国工业经济, 2010（10）：55 – 64.

[13] 黎继子, 刘春玲, 蔡根女. 全球价值链与中国地方产业集群的供应链式整合——以苏浙粤纺织服装产业集群为例[J]. 中国工业经济, 2005（2）：118 – 125.

[14] 刘维林, 李兰冰, 刘玉海. 全球价值链嵌入对中国出口技术复杂度的影响[J]. 中国工业经济, 2014（6）：83 – 95.

[15] 程大中. 中国增加值贸易隐含的要素流向扭曲程度分析[J]. 经济研究, 2014（9）：105 – 120.

[16] 邱斌, 叶龙凤, 孙少勤. 参与全球生产网络对我国制造业价值链提升影响的实证研究——基于出口复杂度的分析[J]. 中国工业经济, 2012（1）：57 – 67.

［17］华广敏．全球价值链下中美两国出口品技术含量的动态研究［J］．国际贸易问题，2012（6）：69－81．

［18］张宗庆，郑江淮．技术无限供给条件下企业创新行为——基于中国工业企业创新调查的实证分析［J］．管理世界，2013（1）：115－130．

［19］王玉燕，林汉川，吕臣．全球价值链嵌入的技术进步效应——来自中国工业面板数据的经验研究［J］．中国工业经济，2014（9）：65－77．

［20］樊纲，王小鲁，张立文，朱恒鹏．中国各地区市场化相对进程报告［J］．经济研究，2003（3）：9－18．

［21］Hummels, D., Ishii, J. and Yi, K. The Nature and Growth of Vertical Specialization in World Trade［J］. Journal of International Economics, 2001, 54（1）：75－96.

［22］张少军，刘志彪．国内价值链是否对接了全球价值链［J］．国际贸易问题，2013（2）：14－27．

［23］北京大学中国经济研究中心课题组．中国出口贸易中的垂直专门化与中美贸易［J］．世界经济，2006（5）：3－11．

［24］石军伟，王玉燕．中国西部各省工业结构同构度测算及其决定因素［J］．中国工业经济，2013（3）：33－45．

［25］王华，黄之骏．经营者股权激励、董事会组成与企业价值［J］．管理世界，2006（9）：101－116．

［26］邱斌，杨帅，辛培江．FDI技术溢出渠道与中国制造业生产率增长研究［J］．世界经济，2008（8）：20－31．

［27］胡昭玲．产品内国际分工对中国工业生产率的影响分析［J］．中国工业经济，2007（6）：30－37．

［28］王岚．融入全球价值链对中国制造业国际分工地位的影响［J］．统计研究，2014（5）：17－23．

［29］周升起，兰珍先，付华．中国制造业在全球价值链国际分工地位再考察——基于Koopman等的"GVC地位指数"［J］．国际贸易问题，2014（2）：3－12．

［30］Grossman, G. M. and Helpman, E. Innovation and Growth in the Global Economy［M］. Cambridge, MA：MIT Press, 1993.

［31］刘志彪，张杰．全球代工体系下发展中国家俘获型网络的形成、突破与对策［J］．中国工业经济，2007（5）：39－47．

［32］郭克莎．中国工业化的进程、问题与出路［J］．中国社会科学，2000（3）：60－71．

［33］何德旭，姚战琪．中国产业结构调整的效应、优化升级目标和政策措施［J］．中国工业经济，2008（5）：46－56．

［34］瞿强．资产价格与货币政策［J］．经济研究，2001（7）：60－67．

［35］Rajan, R. G. Has Finance Made the World Risker［J］. European Financial Management, 2006, 12（4）：499－533.

［36］Laeven, L., Levine, R., and Michalopoulos, S. Financial and Technological Innovation：Implication for Growth［R］. Rrown University, 2011.

［37］Gennaioli, N., Shleifer, A. and Viahny, R. Neglected Risks, Financial Innovation and Financial Fragility［J］. Journal of Financial Economics, 2012, 104（3）：452－468.

［38］林毅夫，章奇，刘明兴．金融结构与经济增长：以制造业为例［J］．世界经济，2003（1）：3－21．

［39］段一群，李东，李廉水．中国装备制造业的金融支持效应分析［J］．科学学研究，2009（3）：388－392．

［40］Wooldridge J. M. Econometric Analysis of Cross Section and Panel Data［M］. Cambridge, MA：MIT Press, 2002.

中国技术偏向的趋势变化、行业差异及总分关系

郝　枫

（天津财经大学统计系　天津　300222）

一、引言

作为经济增长研究领域的核心问题，技术进步研究历史悠久。长期以来，由于与要素份额稳定等典型事实（Stylized Facts）相符，中性技术进步假设大行其道。传统的全要素生产率（TFP）测算，均致力于在中性技术假设下刻画技术进步速度（Diewert & Morrison, 1986）。尽管 Hicks（1932）很早就强调要素比价变化会引发诱致性创新（Induced Innovation），但非中性技术在经济学界仍长期遭受冷落。直至 20 世纪末，欧洲多国劳动份额明显下降的现实使中性技术进步假设饱受质疑，非中性技术进步才渐受重视。特别是 Acemoglu（2002，2007）给出偏向型技术进步（Biased Technical Change）理论分析框架后，鉴于其在宏观经济学、劳动经济学、能源与环境经济学的广泛应用，技术进步偏向（Biases of Technical Change）迅速成为关注焦点。

有效刻画技术进步，需要解决其水平、速度与方向等密切联系的三类问题。技术水平是新古典生产函数中无法观测的潜变量（Latent Variable），其往往通过要素效率或 TFP 增长率反向推算（Jin & Jorgenson, 2010）。中性技术进步假设意味着技术变化将不偏不倚地改进各类要素的效率，其内在排除了考察技术进步方向的必要性。毋庸置疑，采用该假设可以极大简化理论模型推导，并便于计量模型估计。但中性技术进步假设与直觉相悖，且遭到大量经验研究的明确拒绝（Baltagi & Rich, 2005；Klump et al., 2007；León－Ledesma et al., 2010；Oberfield & Raval, 2012；Young, 2013）。有鉴于此，主流研究转而采用一般要素增强型技术进步假设，将技术进步方向交由实际数据判断。

中性技术进步无法解释近期多国要素分配结构的显著变化，是众多学者转向非中性技术进步的重要诱因。而早期学者钟情于中性技术，则源于新古典增长理论（基于中性技术、单位替代弹性的 CD 生产函数）在解释欧美发达国家长期增长时取得的辉煌成就。实际上，20 世纪 70 年

［基金项目］教育部人文社会科学研究课题"时变特征与行业差异视角下中国要素替代弹性实证估计与政策评价研究"（14YJA910002），霍英东教育基金会第十四届高校青年教师基金基础性研究课题"要素分配演进趋势与统计规律研究"（141095），天津市高校"中青年骨干创新人才培养计划"、天津市"131 创新型人才培养工程"、天津财经大学"优秀青年学者计划"。

［作者简介］郝枫，经济学博士，副教授，天津财经大学统计学系副主任。

代前发达国家要素分配结构的稳定性，并不否定偏向型技术进步存在的可能性。偏向型技术既能有效解释要素分配结构变化，也可（与要素替代弹性特定取值一道）支持要素份额稳定性。换言之，其既能与要素份额变化相容，也能与要素份额稳定相容，更具包容性。

偏向型技术进步方向与程度的测度并非易事，已发展出众多测度指标与方法。通过分别估计替代弹性和要素效率，早期文献的间接测度表明技术进步通常偏向资本[①]。近期研究中，Antràs（2004）、Klump 等（2007，2010）、Young（2010，2013）等基于一般要素增强型 CES 生产函数对美国国民经济及各行业的技术偏向测度，仍支持技术进步偏向资本的判断。针对其他发达国家的研究，也得到类似结论：例如，Klump 等（2008）发现 1970 ~ 2005 年欧洲国家技术进步偏向资本，Sato 和 Morita（2009）指出 1960 ~ 2004 年日本技术进步同样为资本偏向。相比之下，针对发展中国家技术进步偏向的研究比较少。强化技术进步偏向研究，对深入理解我国经济增长决定因素与要素分配结构变化均有重要意义。

近几年，一些国内学者高度关注我国的技术进步偏向，代表性文献如戴天仕和徐现祥（2010）、雷钦礼（2013）、陆雪琴和章上峰（2013）。既有研究对我国技术进步总体上偏向资本已有较强共识，但对其偏向程度及变化趋势存在较大分歧。既有研究中，主要存在两方面问题。其一，国内技术偏向测度研究均以要素替代弹性估计为关键环节，但都采用要素替代弹性不变的假设。Arrow 等（1961）提出 CES 生产函数时就已预见要素替代弹性具有时变特征，这一点不仅与欧美多国经验研究一致，也获得我国数据的有力支持（郝枫、盛卫燕，2015）。因此，忽视要素替代弹性时变性将对技术偏向测度造成何种影响，值得审慎评估。其二，已有研究主要集中在国民经济层面，对技术偏向的产业差异关注不足、对各产业与国民经济技术偏向间的内在关系鲜见讨论。本文力图在国内外已有研究基础上，从时变替代弹性估计和行业差异及总分关系两方面改进我国技术偏向测度，并就已有研究做细致比较梳理，提炼共识性判断、剖析分歧成因。

二、偏向型技术进步定义辨析

技术进步是经济发展的重要动力，与要素积累并称经济增长两大源泉。对外生非体现型技术进步（Exogenous Disembodied Technical Change），其类型划分主要有两大维度：一是基于相对效率变化（过程），界定要素增强型（Factor - augmenting）技术进步；二是基于要素分配变化（结果），界定要素偏向型（Factor - biased）技术进步。

首先考虑一般化的两要素新古典总量生产函数：$Y(t) = F(K(t), L(t), T(t))$。其中，产出 $Y(t)$、资本投入 $K(t)$、劳动投入 $L(t)$、技术水平 $T(t)$ 都是时间 t 的函数。简化起见，省略时间 t，由 $Y = F(K, L, T)$ 表示。依照惯例，对其施加三方面假定：①Y 对投入和技术二阶连续可导，且为其凹函数，即对任意 $X = K, L, T, F_X > 0, F_{XX} < 0$；②稻田（Inada）条件成立，即满足 $F_X | X = 0, Z \neq X = \infty, F_X | X = \infty, Z \neq X = 0$；③任意技术水平下，$Y$ 对 K 和 L 具有一次齐次性，即规模报酬不变 $F(mK, mL, T) = mF(K, L, T)$，满足克拉克定理 $Y = F_K K + F_L L = rK$

---

① David 和 Klundert（1965）是最早关注技术进步方向的文献之一，其利用美国 1899 ~ 1960 年数据估计劳动与资本之间的替代弹性为 0.32，劳动效率与资本效率增长率分别为 2.2% 与 1.5%。Sato（1970）估计美国 1909 ~ 1960 年要素替代弹性为 0.5 ~ 0.7，劳动效率增长率为 2%，资本效率增长率为 1%。Kalt（1978）估计美国 1929 ~ 1967 年要素替代弹性为 0.76，劳动效率增长率为 2.2%，资本效率增长率为 0.01%。可以证明：由于替代弹性 σ 小于 1，给定要素密度（k = K/L）不变，劳动增强型技术进步必然偏向资本（Capital Biased）。

+ wL。

方便起见，采用一般要素增强型生产函数 $Y = F(AK, BL)$ 作为对 $Y = F(K, K, T)$ 的代理。其中，A 与 B 分别表示资本效率和劳动效率（二者联合反映技术水平 T），其变化率为 $\gamma_k = d\ln A$ 和 $\gamma_L = d\ln B$。Sato 和 Beckman（1968）指出，该函数能涵盖多种重要的技术进步类型设定，在理论研究和经验分析中均颇具优势。

偏向型技术进步，指技术变化对各类要素的边际产出有不同影响。基于不同视角，希克斯（Hicks，1932）、哈罗德（Harrod，1942）和索洛（Solow，1969）先后给出三个具体定义。

（1）希克斯认为：给定要素比率 K/L 不变，技术变化之后，如果边际替代率 F_K/F_L 上升，则技术进步为资本偏向型（Capital-using, Capital-biased），也称劳动节约型（Labor-saving）；如果 F_K/F_L 下降，则技术进步为劳动偏向型（Labor-using, Labor-biased），也称资本节约型（Capital-saving）；如果 F_K/F_L 不变，则为中性（Neutral）技术进步。

Ferguson（1968）及 Sato（1970）证明，边际替代率变化受技术进步和资本深化共同影响：

$$d\ln \frac{F_K}{F_L} = \left(1 - \frac{1}{\sigma}\right)(\gamma_K - \gamma_L) - \frac{1}{\sigma}d\ln \frac{K}{L} \tag{1}$$

第一项 $\text{Bias}_{HI} \equiv (F_{KT}/F_K) - (F_{LT}/F_L) = (1 - 1/\sigma)(\gamma_K - \gamma_L)$ 为希克斯技术偏向指标：$\text{Bias}_{HI} > 0$，资本偏向；$\text{Bias}_{HI} < 0$，劳动偏向；$\text{Bias}_{HI} = 0$，中性技术进步。

（2）哈罗德对希克斯关于偏向型技术进步的定义提出批评。相比希克斯的静态分析，其更强调动态技术进步。其定义为：给定资本产出比 K/Y 不变，技术变化之后，如果资本边际产出 F_K 上升，则技术进步为资本偏向型；如果 F_K 下降，则技术进步为劳动偏向型；如果 F_K 不变，则技术进步为中性。哈罗德技术偏向指标为 $\text{Bias}_{HA} = (1 - 1/\sigma)\gamma_K$；$\text{Bias}_{HA} > 0$，资本偏向；$\text{Bias}_{HA} < 0$，劳动偏向；$\text{Bias}_{HA} = 0$，中性技术进步。

（3）索洛与哈罗德对偏向型技术进步的定义互为镜像。其定义为：给定 L/Y 不变，技术变化之后，如果劳动边际产出 F_L 上升，则技术进步为劳动偏向型；如果 F_L 下降，则技术进步为资本偏向型；如果 F_L 不变，则技术进步为中性。索洛技术偏向指标为 $\text{Bias}_{SO} = (1 - 1/\sigma)\gamma_L$：$\text{Bias}_{SO} > 0$，劳动偏向；$\text{Bias}_{SO} < 0$，资本偏向；$\text{Bias}_{SO} = 0$，中性技术进步。

尽管区别明显，但三类定义可统一于要素分配视角：给定某种限制条件，技术变化之后，如果资本份额提高，则技术进步为资本偏向型；如果资本份额下降，则技术进步为劳动偏向型；如果资本份额不变，则技术进步为中性。具体而言：希克斯定义之下，限制条件为 K/L 不变，此时考察 F_K/F_L 的变化等价于考察相对收入份额 $R = SK/SL = KF_K/(LF_L)$ 的变化；哈罗德定义之下，限制条件为 K/Y 不变，此时考察 F_K 的变化等价于考察资本份额 $SK = KF_K/Y$ 的变化；索洛定义之下，限制条件为 L/Y 不变，此时考察 F_L 的变化等价于考察劳动份额 $SL = LF_L/Y$ 的变化。换言之，有偏技术进步（Biased Technical Change）与中性技术进步（Neutral Technical Change）对立，指技术进步对要素分配的影响非中立。

技术进步有偏与否，应依据第二个维度的要素偏向判断，但与第一个维度的要素增强型技术进步也有内在联系。要素偏向型技术与要素增强型技术之间的关系，可总结为表 1。各类技术中性，可由要素增强型技术进步明确界定。而一般要素增强型技术进步的偏向性，不仅受要素效率增长率影响，还取决于替代弹性。

表1　技术进步分类及对应关系

要素增强型视角①	要素效率形式	要素效率增长率	要素偏向型视角
一般要素增强型 General Factor – augmenting	$Y = F(AK, BL)$	$A \neq 1,\ B \neq 1 \Leftrightarrow 0 < \gamma_K \neq \gamma_L > 0$	有偏技术 Factor – biased
纯资本增强型 Pure Capital – augmenting	$Y = F(AK, L)$	$A \neq 1,\ B = 1 \Leftrightarrow \gamma_K > 0,\ \gamma_L = 0$	索洛中性 Solow – neutral
纯劳动增强型 Pure Labor – augmenting	$Y = F(K, BL)$	$A = 1,\ B \neq 1 \Leftrightarrow \gamma_K = 0,\ \gamma_L > 0$	哈罗德中性 Harrod – neutral
TFP 增强型 TFP – augmenting	$Y = T \cdot F(K, L)$	$A = B = T \Leftrightarrow \gamma_K = \gamma_L > 0$	希克斯中性 Hicks – neutral

可以证明②，三类偏向型技术进步之间的关系如图1所示。对实际发生的技术进步，三种定义对其偏向的判断可能大相径庭。希克斯中性技术进步，在哈罗德或索洛视角下通常并非中性：$\sigma > 1$ 时，其对应哈罗德资本偏向，以及索洛劳动偏向；$\sigma < 1$ 时，其对应哈罗德劳动偏向，以及索洛资本偏向；只有 $\sigma = 1$ 的 CD 函数中，三者才恰好一致。对三类定义的关系，存在若干无法判定的盲区：例如，$\sigma > 1$ 时，希克斯劳动偏向技术进步在哈罗德视角下，可能是劳动偏向、资本偏向或中性的任意一种，必须借助数据计算才能给出明确结论。

替代弹性	偏向类型[图例] 定义	劳动偏向 L – biased 资本节约 K – saving		无偏 Unbiased 中性 Neutral	资本偏向 K – biased 劳动节约 L – saving	
$\sigma > 1$	Harrod	$\gamma_K < 0$		$\gamma_K = 0$	$\gamma_K > 0$	
	Hicks	$\gamma_K < \gamma_L$		$\gamma_K = \gamma_L$	$\gamma_K > \gamma_L$	
	Solow	$\gamma_L > 0$		$Y_L = 0$	$Y_L < 0$	
$\sigma = 1$	Harrod	γ_K 任意				
	Hicks	$\gamma_K,\ \gamma_L$ 关系任意				
	Solow	γ_L 任意				
$\sigma < 1$	Harrod	$\gamma_K > 0$		$\gamma_K = 0$	$\gamma_K < 0$	
	Hicks	$\gamma_K > Y_L$		$\gamma_K = \gamma_L$	$\gamma_K < \gamma_L$	
	Solow	$\gamma_L < 0$	$\gamma_L = 0$		$\gamma_L > 0$	

图1　偏向型技术进步三类定义相互关系

为简化讨论，多数研究者往往选用某一种技术偏向指标。Acemoglu（2002，2009）强烈支持基于希克斯定义界定技术偏向，该做法在近期研究中广泛使用。后文分析以希克斯定义为基准，仅必要时与其他定义的测算结果进行比较。

---

① 为清晰起见，本文将 $\gamma_K = 0$，$\gamma_L > 0$ 的技术进步称为纯（Pure）劳动增强型，其对应哈罗德中性；将 $\gamma_K - \gamma_L < 0$ 的技术进步称为净（Net）劳动增强型，其包含但不限于哈罗德中性，可以对应任意满足该条件的一般要素增强型技术进步。

② 对希克斯定义与哈罗德定义之间关系的早期讨论，可见 Ferguson（1968）。有关证明也可参阅李荻（2003）的未发表手稿（"技术进步与要素收入分配"，北京大学中国经济研究中心）；但其在 $\sigma = 1$ 时结论有误，本文予以改正。

三、偏向型技术进步测度方法梳理

偏向型技术进步测度的核心任务是，刻画技术进步偏向（方向）及其程度（大小），进而揭示其变化趋势。其关键问题有二：一是选用何种生产函数；二是依据何种偏向型技术进步定义。此外，测度过程是否依赖替代弹性，也是区分不同方法的重要标准。

表 2 偏向型技术进步测度方法分类

操作 \ 定义	非 Hicks 定义	Hicks 定义
绕开替代弹性	1. Translog 函数估计法 1a. Translog 生产函数 （Berndt & Christensen, 1973；Khanna, 2001；郑照宁、刘顺德, 2004；张月玲、叶阿忠, 2014） 1b. Translog 成本函数 （Binswanger, 1974；Baltagi & Rich, 2005；Jin & Jorgenson, 2010；卯光宇, 2012）	2. 隐函数分解法 （黄先海、徐圣, 2009）
基于替代弹性	4. 分层加总法 （Oberfield & Raval, 2012）	3. 增长核算法 3a. 纯增长核算法 （Sato & Morita, 2009） 3b. 计量估计 + 核算法 （戴天仕、徐现祥, 2010；陆雪琴、章上峰, 2013；雷钦礼, 2013；Dong et al., 2013）

表 2 从定义与操作两方面入手，对偏向型技术进步测度方法进行交叉分类。其中，前两类技术偏向测度方法绕开替代弹性，后两类则明确以替代弹性为基础。

（一）Translog 函数估计法

超越对数（Transcendental Logarithmic, Translog）函数[①]广泛用于技术偏向测算。作为一种对数线性模型，Translog 函数具有易估计和包容性等优势[②]（郝枫, 2015）。凭借这些优势，Translog 函数在刻画生产前沿与技术偏向等方面大行其道。

Translog 函数实为一族。根据被解释变量不同，主要包括 Translog 生产函数、价格函数和成本函数。Translog 生产函数常见形式为：

---

① Kmenta（1967）利用二阶泰勒展开式将 CES 函数对数线性化，可视为 Translog 函数的萌芽。经 Griliches 和 Ringstad（1971）、Berndt 和 Christensen（1973）以及 Christensen、Jorgenson 和 Lau（1973）的贡献，Translog 函数最终成形。

② 所谓易估计：一则其只需最基本的投入产出（或价格）指标；二则其易于处理多要素情形。至于包容性：一是对特定参数（如替代弹性）无须施加先验设定，可完全由实际数据估计与检验；二是其可将 CD、CES 等多种生产函数纳为特例。

$$\ln Y = \alpha_0 + \sum_i \alpha_i \ln V_i + \frac{1}{2} \sum_i \sum_j \alpha_{ij} \ln V_i \ln V_j + T_Y \tag{2}$$

其中，Y 为产出，V_i 为各种生产投入（i = 1，2，…，n），T_Y 代表技术水平。

Translog 生产函数蕴含的信息，可由其对偶价格函数（Dual Price Function）或最小成本函数（Minimum Cost Function）等价表达。相应形式为：

$$\ln P_Y = \beta_0 + \sum_i \beta_i \ln P_i + \frac{1}{2} \sum_i \sum_j \beta_{ij} \ln P_i \ln P_j + T_P \tag{3}$$

$$\ln C = \gamma_0 + \sum_i \alpha_i \ln V_i + \sum_i \beta_i \ln P_i + \frac{1}{2} \sum_i \sum_j \alpha_{ij} \ln V_i \ln V_j + \frac{1}{2} \sum_i \sum_j \beta_{ij} \ln P_i \ln P_j + \sum_i \sum_j$$

$$\gamma_{ij} \ln V_i \ln P_j + T_C \tag{4}$$

其中，P_Y 为产出价格，P_i 为各类要素价格，$C \equiv \sum_i V_i P_i$ 为总成本。

需要指出：①价格函数实为单位成本函数，其与（总）成本函数异曲同工；②在决策者理性条件下，参数约束 $\sum_i \beta_i = 1$，$\sum_i \beta_{ij} = 0$，$\sum_i \gamma_{ij} = 0$ 成立，其分别由"产出价格对投入价格的一次齐次性"及"要素需求对投入价格的零次齐次性"保证；③技术水平（T_Y、T_P、T_C）均为不可观测的潜变量，计量分析时纳入误差项。

投入要素种数对函数形式并无影响，故多要素情形下 Translog 函数优势明显。三类函数均可刻画技术偏向，但使用 Translog 价格函数（或成本函数）更为方便（Jorgenson，2000）。

Binswanger（1974）最早利用 Translog 成本函数测度技术偏向。对投入要素 i，其技术偏向 B_i 为：给定要素价格不变，仅由技术变化导致的要素份额 S_i^* 变化率。判断标准为：

$$B_j = \frac{dS_i^*/dt}{S_i} \begin{cases} > 0 & i - using \\ = 0 \iff & i - neutral \\ < 0 & i - saving \end{cases} \tag{5}$$

不难发现：Hicks 定义以要素比率不变时要素份额变化（等价于要素比价变化）界定技术偏向；该定义则以要素价格不变时的要素份额变化（等价于要素比率变化）界定技术偏向。因此，其属于技术偏向一般定义的又一具体形式。

在 Translog 成本函数之下，该定义具有很强的可操作性。多要素情形下，可由 $B_{ij} = (B_i - B_j)$ 反映任意两个生产要素的相对技术偏向：其大于 0，表明 i 要素的技术偏向性更强；小于 1，表明 j 要素技术偏向性更强；等于 0，表明二者技术偏向程度相等。由于 $\sum_i dS_i^*/dt = 0$，故两要素情形下，计算任一 B_i 均可全面说明问题[①]。

测算 B_i 的关键在于计算 dS_i^*。Binswanger（1974）以产出代理各类投入，并引入时间趋势项，构造如下 Translog 成本函数：

$$\ln C = \gamma_0 + \gamma_t t + \gamma_{tt} t^2 + \alpha \ln Y + \sum_i \beta_i \ln P_i + \frac{1}{2} \sum_i \sum_j \sum_{ij} \ln P_i \ln P_j + \sum_i \gamma_i t \ln P_i \tag{6}$$

根据谢泼德引理（Shephard's lemma），要素投入数量为最小成本函数对要素价格的偏导数（$V_i = \partial C/\partial P_i$），故各类要素份额可表示为：

$$S_i = \frac{P_i V_i}{C} = \frac{\partial \ln C}{\partial \ln P_i} = \beta_i + \sum_j \beta_{ij} \ln P_j + \gamma_i t \tag{7}$$

由此易知，要素份额变化为：

---

① 生产投入仅包含劳动与资本时，劳动偏向技术进步满足 $B_L > 0 \iff B_K < 0 \iff B_{LK} > 0$；反之则为资本偏向；中性技术进步满足 $B_L = B_K = B_{LK} = 0$。因此，仅计算 B_L 即可有效说明问题。

$$dS_i = \sum_j \beta_{ij} d\ln P_j + \gamma_i dt = \sum_j \beta_{ij} d\ln P_j + dS_i^* \tag{8}$$

其中，单纯由技术进步引致的要素份额变化为 $dS_i^* = \gamma_i dt$。估计式（7），可计算 $\hat{B}_i = \hat{\gamma}_i / S_i$，并可对任意两类要素计算 B_{ij}。也可直接由 $\hat{\gamma}_i = dS_i^* / dt$ 及 $\hat{\gamma}_i - \hat{\gamma}_j$ 刻画技术偏向，但其以绝对量测度技术有偏程度。

该方法简便易行，在实证研究中广泛应用（Morrison & Berndt，1981；Jorgenson et al.，1987；Betts，1997；Feng & Serletis，2008；樊茂清等，2009）。但其主观限定了有偏技术进步形式（Baltagi & Rich，2005），常系数时间趋势 γ_i 无法刻画技术偏向的动态变化，大为削弱该方法的有效性。有鉴于此，近期研究致力于从计量经济学角度进行改进[①]。

Jin 和 Jorgenson（2010）对 Binswanger（1974）框架进行改造，将不可观测的有偏技术水平 T_{it} 作为潜变量，把 Translog 价格函数与由此导出的一组要素份额方程[②]联立，以一阶自回归状态方程刻画一阶差分的技术水平动态，然后用卡尔曼滤波估计有偏技术水平 $S_i^* = T_{it}$，最终获得对技术偏向动态 dS_i^* / dt 的估计。由于无须对技术偏向进行函数设定，模型灵活性显著提高。针对 Jin 和 Jorgenson（2010）方法中存在的若干计量经济学问题[③]，Mao（2010）将技术水平分解为行业共同因子和行业特殊影响，改用 Pesaran（2006）的 CCE（Common Correlated Effects）模型，利用同一数据重新估计美国的技术偏向。鉴于中国宏观数据时间较短、CCE 模型不适用，卯光宇（2012）改用 Bai（2009）的 IFE（Interactive Fixed Effects）模型估计中国技术偏向。

利用 Translog 函数测度技术偏向，优点在于：便于处理生产要素大于 2 的一般情形；允许替代弹性随时间变化，但处理时又可绕开替代弹性估计。其缺点在于：所用技术偏向定义与希克斯定义略有差异，限制了结果直接比较；为获得参数估值，需要对参数施加一系列理论假设，但其并非总能获得数据支持；此外，过多解释变量往往导致严重共线性，岭回归等估计方法无力根除这一问题。

（二）隐函数分解法

黄先海和徐圣（2009）基于隐函数形式的总量生产函数 $Y = F(K, L, T)$，根据希克斯定义构造技术偏向指标：

$$Bias_{HI} = \frac{\partial \ln (F_K / F_L)}{\partial_T} = \frac{F_{KT}}{F_K} - \frac{F_{LT}}{F_L} = A_K - A_L \tag{9}$$

其中，A_K 为技术进步引发资本边际产出 F_K 的增长率，A_L 为技术进步引发劳动边际产出 F_L 的增长率。

根据利润最大化均衡条件，劳动边际产出等于工资率 w，资本边际产出等于资本收益率 r。规模报酬不变假定下，要素比率给定时技术进步引发的产出增长率 A_N 可写作：

$$A_N = \frac{F_T}{Y} = \frac{F_K K}{Y} A_K + \frac{F_L L}{Y} A_Z = \frac{rK}{Y} A_K + \frac{wL}{Y} A_L = S_K A_K + S_L A_L \tag{10}$$

对资本份额 S_K 与劳动份额 S_L，$S_K + S_L = 1$ 恒成立。进而，整理得到：

$$Bias_{HI} = A_K - A_L = (A_N - A_L) / S_K \tag{11}$$

---

① 代表性工作包括两类。一方面，众多研究者转而采用代理变量（Proxy Measures）Z 取代时间依存项（Time‑oriented Term）反映有偏技术进步，对此类研究的回顾可见 Baltagi 和 Rich（2005）。另一些学者则放弃以可观测变量（时间 t 或代理变量 Z）显性刻画技术进步，代表性工作如 Jin 和 Jorgenson（2010）。

② 可以证明，在测度技术进步对要素份额的影响 S_i^* 时，Translog 价格函数与 Translog 成本函数的结果完全等价。

③ 主要包括：卡尔曼滤波需要先验设定状态方程；对模型施加的大量约束条件无法检验；技术水平平稳性未被检验；忽略行业面板数据的截面相关性（Cross‑sectional Dependence）导致估计量非一致性。

由于 $S_K > 0$，$(A_N - A_L)$ 与 $(A_K - A_L)$ 同号，故其也可测度技术偏向。

以 $\delta_{LL} = -(dF_L/F_L)/(dL/L)$ 表示劳动边际产出的劳动弹性绝对值，$\delta_{LK} = (dF_L/F_L)/(dK/K)$ 表示劳动边际产出的资本弹性。黄先海和徐圣（2009）将劳动份额变化分解为乘数效应（$\delta_{LL} - S_K$）、资本深化（$\dot{k}/k$）与技术偏向（$A_N - A_L$）三方面。据此给出（$A_N - A_L$）表达式，将其代入式（11），最终得到：

$$Bias_{HI} = A_K - A_L = \left(\frac{\delta_{LL}}{S_K} - 1\right)\frac{\dot{k}}{k} - \frac{\dot{S}_L/S_L}{S_K} \tag{12}$$

其中，$(\dot{k}/k)$、S_K、$(\dot{S}_L/S_L)$ 可由统计数据计算；δ_{LL} 则需利用计量模型估计。

该方法无须估计替代弹性，也不用计算要素效率及其增长率，故不必设定总量生产函数的具体形式；其只需有关统计数据，具有较好的可操作性。但其假定 δ_{LL} 不随时间变化，用于短期微观数据尚无不可，用于中长期宏观数据则明显不妥。作为该方法的关键参数，δ_{LL} 估计值对最终结果影响很大。可以证明，$\sigma = 1/(\delta_{LL} + \delta_{KK})$，故 δ_{LL} 可视为替代参数。黄先海和徐圣（2009）对 δ_{LL} 的估计方法较为粗糙，使其结论可靠性大为削弱。有鉴于此，更多研究致力于在替代弹性估计方法上寻求改进。

（三）增长核算法

在两要素生产函数中，对技术偏向的测度可追溯至 David 和 Klundert（1965）、Sato（1970）、Lianos（1971）。其所用方法借鉴测度 TFP 增长率的传统思路，称为增长核算法。鉴于两要素生产函数在宏观经济研究中广泛应用，此类技术偏向测度方法非常流行。

在早期研究基础上，Sato 和 Morita（2009）给出一个更重实证分析的处理方法。对要素增强型生产函数 Y = F（AK，BL），希克斯技术偏向指标为（$1 - 1/\sigma$）（$\gamma_K - \gamma_L$）。其表明，技术偏向由替代弹性和要素增强型技术进步速度共同决定。Sato（1970）证明，要素增强型技术进步速度也受替代弹性影响：

$$\gamma_K = \frac{\dot{A}}{A} = \frac{1}{\sigma - 1}\left(\sigma\frac{\dot{r}}{r} - \left(\frac{\dot{Y}}{Y} - \frac{\dot{K}}{K}\right)\right); \quad \gamma_L = \frac{\dot{B}}{B} = \frac{1}{\sigma - 1}\left(\sigma\frac{\dot{w}}{w} - \left(\frac{\dot{Y}}{Y} - \frac{\dot{L}}{L}\right)\right) \tag{13}$$

因此，要素投入和要素价格数据可得时，替代弹性是确定技术偏向的唯一参数。

$$Bias_{HI} = \left(1 - \frac{1}{\sigma}\right)(\gamma_K - \gamma_L) = \left(\frac{\dot{r}}{r} - \frac{\dot{w}}{w}\right) - \frac{1}{\sigma}\left(\frac{\dot{K}}{K} - \frac{\dot{L}}{L}\right) \tag{14}$$

关键问题转变为，如何确定替代弹性取值。Sato 和 Morita（2009）在希克斯中性假定下，按如下公式计算考察期内历年的替代弹性：

$$\sigma = \left(\frac{\dot{K}}{K} - \frac{\dot{L}}{L}\right) \bigg/ \left(\frac{\dot{w}}{w} - \frac{\dot{r}}{r}\right) \tag{15}$$

然后计算考察期内替代弹性的算术平均值 $\bar{\sigma}$，并根据式（14）计算技术偏向。

该方法优点在于：仅需利用要素数量和价格的国民核算数据，就可计算替代弹性和技术偏向，具有较强可操作性。但其缺陷也很明显：一是核算方法计算的替代弹性年度值变动很大（有时甚至出现负值），即使采用平均值也未必可信；二是其将希克斯中性假设下的替代弹性用于测度希克斯技术偏向，逻辑上并不一致，会对结果产生不良影响。

有鉴于此，国内技术偏向研究纷纷进行改进。基本思路可归纳为：在一般要素增强型 CES 生产函数之下，通过计量经济模型估计替代弹性；再结合有关变量的国民核算数据，利用式（14）或式（13）给出技术偏向的时序数列。具体而言，戴天仕和徐现祥（2010）利用 Klump 等（2007）的正规化供面系统估计法，获得替代弹性估计值；雷钦礼（2013）将利润最大化方法下的两个一阶条件联立，加入时期虚拟变量控制发展阶段差异，使用 FGLS 估计替代弹性；陆雪琴和章上峰（2013）借鉴 León – Ledesma 等（2010），以 Kmenta（1967）级数展开法估计正规化 CES 生产函数，获得替代弹性估计值。由于估计替代弹性时明确考虑有偏技术进步的影响，改进之后具有更好的内在一致性。

替代弹性取值对技术偏向测度具有重要意义（Sato & Morita，2009）。众多研究表明，替代弹性具有明显的时变特征，不仅欧美发达国家如此，我国这种发展中国家亦然。既有研究往往忽略替代弹性变化，以其时期平均值计算技术偏向，容易造成结果偏差。Dong 等（2013）、郝枫和盛卫燕（2013，2014）分别以不同方法估计时变替代弹性，并据此修正我国技术偏向估计，其代表了增长核算法的进展方向。

（四）分层加总法

有别于立足宏观层面考察技术偏向的众多研究，Oberfield 和 Raval（2012）由微观企业层面测度技术偏向，并给出一个通过逐层加总得到宏观技术偏向的分析框架。

在微观层面，企业 i 的要素比率变化受要素比价与技术变化共同影响：

$$d\ln\frac{K_i}{L_i} = -\sigma d\ln\frac{r}{w} + (1-\sigma)d\ln\frac{B_i}{A_i} \tag{16}$$

其中，右边第二项反映给定要素比价不变，仅由技术 T 变化导致的要素比率变化。Oberfield 和 Raval（2012）据此刻画技术偏向：

$$\phi_i \equiv \frac{\partial\ln(K_i/L_i)}{\partial T}dT = (1-\sigma)d\ln\frac{B_i}{A_i} \tag{17}$$

其取值受两方面影响：一是相对技术效率变化率 $d\ln(B_i/A_i)$，二是替代弹性。

式（16）左右同时加上 $d\ln(r/w)$，得到：

$$d\ln\frac{rK_i}{wL_i} = (1-\sigma)d\ln\frac{r}{w} + (1-\sigma)d\ln\frac{B_i}{A_i} = (1-\sigma)d\ln\frac{r}{w} + \phi_i \tag{18}$$

可见，ϕ_i 也反映给定要素比价不变时技术变化对要素分配的影响，其等价于 Binswanger（1974）给出的技术偏向定义。

由于希克斯技术偏向可写作 $Bias_{HI} = (1-\sigma)(\gamma_L-\gamma_K)/\sigma$，故 $Bias_{HI} = \phi/\sigma$。两要素情形下 $\sigma > 0$，故 ϕ 与 $Bias_{HI}$ 同号，二者对技术偏向判断一致：取值大于 0，资本偏向；小于 0，劳动偏向；等于 0，中性技术。

在行业层面，可由类似方式定义技术偏向 ϕ_n^N。根据式（18），利用余值法进行计算：

$$\phi_n^N = d\ln\frac{rK_n}{wL_n} + (\sigma_n^N - 1)d\ln\frac{r}{w} \tag{19}$$

利用国民核算数据可计算相对收入份额变化率 $d\ln(rK_n/wL_n)$ 以及要素比价变化率 $d\ln(r/w)$；因此，只要获得行业替代弹性 σ_n^N 估计值，就可计算行业技术偏向 ϕ_n^N。

行业技术偏向 ϕ_n^N，既取决于各企业内部的生产率变化（组内效应，实质变化），也取决于该行业中各企业的市场份额变化（组间效应，结构变化）。其可按如下方式分解：

$$\phi_n^N = \frac{\partial\ln(K_n/L_n)}{\partial T}dT = \sum_{i\in I_n}\frac{\partial\ln(K_i/L_i)}{\partial T}dT\frac{K_i}{K_n} + \sum_{i\in I_n}\frac{\partial\ln(L_i/L_n)}{\partial T}dT\frac{K_i}{K_n} \tag{20}$$

定义 c_i 为企业生产成本，$c_n = \sum_{i\in I_n}c_i$ 为行业生产成本，α_i 为企业资本份额，α_n 为行业资本份额，将式（20）改写为：

$$\phi_n^N = (1-\chi)\overline{\phi}_n + \sum_{i\in I_n}\frac{\alpha_i - \alpha_n}{\alpha_n(1-\alpha_n)}\frac{c_i}{c_n}g_i \tag{20*}$$

其中，$\bar{\phi}_n \equiv \sum_{i \in I_n} \dfrac{c_i \alpha_i (1 - \alpha_i)}{\sum_{i \in I_n} c_i \alpha_i (1 - \alpha_i)} \phi_i$ 为行业技术偏向均值；$\chi \equiv \sum_{i \in I_n} \dfrac{c_i}{c_n} \dfrac{(\alpha_i - \alpha_n)^2}{\alpha_n (1 - \alpha_n)}$ 为成本加权的资本份额方差（Cost-weighted Variance of Capital Shares）；g_i 为技术变化导致的企业市场份额变化率。据此，可以利用统计数据进行分解。

由此可见，即使所有企业的技术进步类型均保持不变，资本偏向型技术进步企业市场份额上升仍会导致该行业资本偏向型技术程度的提高。区分上述两类技术偏向变化成因有重要意义，其政策含义截然不同。

按此思路，可由行业数据进一步加总得到国民经济技术偏向指标：

$$\phi^{agg} = (1 - \chi^{agg}) \bar{\phi}^N + \sum_{n \in N} \frac{\alpha_n - \alpha}{\alpha (1 - \alpha)} \frac{c_n}{c} g_n^N \tag{21}$$

其中，$\bar{\phi}^N \equiv \sum_{n \in N} \dfrac{c_n \alpha_n (1 - \alpha_n)}{\sum_{n \in N} c_n \alpha_n (1 - \alpha_n)} \phi_n^N, \chi^{agg} \equiv \sum_{n \in N} \dfrac{c_n}{c} \dfrac{(\alpha_n - \alpha)^2}{\alpha (1 - \alpha)}, g_n^N \equiv \sum_{i \in I_n} \dfrac{c_i}{c_n} g_i$。

该方法有两大优点：①提供了一种基于微观异质主体（企业或细分行业），通过逐层加权平均机制测度宏观经济技术偏向的方法，有助于揭示不同层面技术偏向之间的总分关系；②给出一种分解方法，将宏观经济技术偏向变化分解为结构变化与实质变化两部分，有助于深入开展原因剖析和政策模拟。然而，该方法的有效运用依赖于获取高质量的企业要素投入数据，但此点往往很难满足，故其可操作性较弱。

（五）总结

梳理技术偏向测度研究，发现如下转变趋势：其一，研究重心由时期均值静态分析转至时序变化动态分析；其二，替代弹性的重要性日益凸显，提高替代弹性估计值准确性成为改善技术偏向测度的重要手段；其三，开始摆脱宏观测度的传统思维，由微观层面入手剖析技术偏向的行业差异，并对宏观技术偏向变化进行因素分解。然而，国内研究对替代弹性时变性重视不足、对技术偏向总分关系尚未触及，本文力图从这两方面改进我国技术偏向测度。

四、中国技术偏向测度及总分比较

在已有研究基础上，基于替代弹性时变估计值改善技术偏向测度，考察技术偏向产业差异，并据以揭示国民经济技术偏向变化主导原因。

（一）模型设定

郝枫和盛卫燕（2014）给出一种基于面板数据变系数模型估计时变要素替代弹性方法①。本文在此基础上，基于希克斯技术偏向定义，分别在国民经济和三次产业层面测度我国技术偏向，并通过剖析三次产业技术偏向揭示国民经济技术偏向的变化。

考虑一般要素增强型 CES 生产函数：

$$Y = A \left[(1 - \delta) (B_t^K K)^{-\rho} + \delta (B_t^L L)^{-\rho} \right]^{-v/\rho} \tag{22}$$

---

① 其采用一般要素增强型 CES 生产函数，利用改革时期我国省级面板数据，以单方程成本最小化方法估计替代弹性时变序列。主要优势为：形式简洁（单方程）；无须施加规模报酬不变和产品市场完全竞争假定（成本最小化方法）；便于同时估计替代弹性与有偏技术进步（一般要素增强型 CES 生产函数）；可以灵活反映替代弹性时变性（变系数面板模型）。

其中，A 反映广义技术水平；δ 和 $1 - \delta$ 为分配系数；ρ 为替代系数，替代弹性 $\sigma = 1/(1 + \rho)$；v 为规模报酬系数；$B_t^K = B_0^K \cdot e^{\gamma_K t}$ 和 $B_t^L = B_0^L \cdot e^{\gamma_L t}$ 表示资本与劳动的效率水平，反映一般要素增强型技术进步，γ_K 和 γ_L 为要素效率变化率。

对式（22），根据"要素边际产出等于要素价格"写出一阶条件，并取对数：

$$\ln MP_K = \ln[v(1-\delta)] + \frac{(\sigma-1)}{\sigma v}\ln A + \frac{(\sigma-1)(v-1)}{\sigma v}\ln Y + \frac{(\sigma-1)}{\sigma}\ln B_t^K + \frac{1}{\sigma}\ln\left(\frac{Y}{K}\right) = \ln\left(\frac{r}{p}\right) \quad (23)$$

$$\ln MP_L = \ln(v\delta) + \frac{(\sigma-1)}{\sigma v}\ln A + \frac{(\sigma-1)(v-1)}{\sigma v}\ln Y + \frac{(\sigma-1)}{\sigma}\ln B_t^L + \frac{1}{\sigma}\ln\left(\frac{Y}{L}\right) = \ln\left(\frac{w}{p}\right) \quad (24)$$

二者相减，整理得到理论模型：

$$\begin{aligned} \ln k &= [\sigma\ln\Delta + (\sigma-1)\ln B_0^{K/L}] + (1-\sigma)\gamma t + \sigma\ln(w/r) \\ &= \beta_0 + \beta_1 t + \beta_2 \ln(w/r) \end{aligned} \quad (25)$$

其中，$k = K/L$ 为要素比率，w/r 为要素比价；$\Delta = (1-\delta)\delta$ 刻画初始分配结构[①]，$B_0^{K/L} = B_0^K / B_0^L$；$\gamma = \gamma_L - \gamma_K$ 为要素增强型技术参数，$\gamma > 0$ 为净劳动增强型（$\gamma_L > \gamma_K$），$\gamma < 0$ 为净资本增强型（$\gamma_L < \gamma_K$）。式（25）显示，替代弹性 σ 直接由 β_2 给出，γ 由 $\beta_1/(1-\beta_2)$ 计算，技术偏向指标 $Bias_{HI} = \gamma(1-\sigma)/\sigma$ 则由 β_1/β_2 给出。

下面据此估计国民经济及三次产业技术偏向，并利用 Oberfield 和 Raval（2012）分层合成法剖析宏观技术偏向变化原因。该方法优势有二：一是放松替代弹性不变假设，以时变替代弹性改善技术偏向估计，对增长核算法有所改进；二是分层合成法与直接估计法相结合，借助行业差异比较及总分关系讨论，揭示宏观技术偏向变化深层原因。

（二）数据说明

本文实证分析基于我国改革时期省区面板数据，核心变量为要素比率 K/L 和要素比价 w/r。基础数据为产出 Y、劳动投入 L、资本投入 K、要素报酬（劳动者报酬、总营业盈余）等。

表3 主要指标数据来源与计算方法

指标	地区 i		北京 天津 …… 新疆 1 2 … 31	时期跨度 t
示例	X		X_{ijt}	1978～2012 年
实际	指标含义		数据来源与计算方法	备注
Y	产出	(1)	官方统计	生产法 GDP 或 VA
L	劳动投入	(2)	官方统计	社会从业人员（年中值）
K	资本投入	(3)	OCM - PIM 估算	固定资本存量（年中值）
COMP	劳动者报酬	(4)	官方统计	来自收入法 GDP
GOS	总营业盈余	(5)	官方统计	来自收入法 GDP
w	工资率	(6)	(6) = (4)/(2)	单位：万元/人·年
r	资本收益率	(7)	(7) = (5)/(3)	单位：%
SL	劳动份额	(8)	(8) = (4)/[(4)+(5)]	剔除生产税净额影响
R	相对收入份额	(9)	(9) = [1-(8)]/(8)	R = SK/SL =（1-SL)/SL

注：首行以 X 为例说明数据结构，X_{ijt} 下标包含三类信息：$i = 1, \cdots, 31$ 表示我国 31 个省区；$j = 0$ 表示国民经济，$j = 1$，2，3 表示三次产业；t 表示年份。以下各行给出所用指标的数据来源与计算方法。对任一指标，在国民经济及三次产业层面，均可分别构成一个"省区×年份"面板数据。

---

① 容易证明：资本产出弹性 $EK = v(1-\delta)$，劳动产出弹性 $EL = v\delta$，进而有 $\Delta = (1-\delta)/\delta = EK/EL$。同时，分配系数等于初始要素份额，$SK = 1-\delta$，$SL = \delta$，故有 $\Delta = (1-\delta)/\delta = SK/SL$。

产出 Y。在国民经济及三次产业层面分别使用生产法 GDP 及 VA 数据。计算三次产业增加值比重时，使用现价数据；计算国民经济及三次产业经济增长率时，使用 1978 年价格数据。基础数据取自《中国国内生产总值核算历史资料 1952～1995》、《中国国内生产总值核算历史资料 1952～2004》和历年的《中国统计年鉴》。

要素投入。劳动投入 L，根据官方统计提供的年末从业人员数，计算年中从业人员作为代表指标。资本投入 K 以固定资本存量（年中值）反映，由于缺乏官方数据，本文根据 OCM‑PIM（最优一致性—永续盘存法）估算①。为提高数据估算质量，实际构建 1952～2012 年各省区国民经济和三次产业资本存量序列。

要素份额。根据收入法 GDP 现价数据计算，数据来源与生产法 GDP 相同。国民经济层面可提供 1978～2012 年数据②，三次产业层面仅有 1978～2004 年数据。我国收入法 GDP 核算公式为：GDP = COMP + DEP + NTP + NOS，其中 COMP 为劳动者报酬，DEP 为固定资产折旧，NTP 为生产税净额，NOS 为净营业盈余。总营业盈余 GOS，等于净营业盈余 NOS 与固定资产折旧 DEP 之和。将劳动份额定义为劳动者报酬占"要素价格 GDP"之比，即 SL = COMP/（GDP − NTP） = COMP/（COMP + GOS）。进而，资本份额 SK = 1 − SL，相对收入份额 R = SK/SL。为满足 O&R 法分层加总需要，对 2005～2012 年三次产业要素份额做了估算③。

要素价格。利用要素投入与收入法 GDP 提供的要素报酬数据计算。劳动价格取劳动者报酬与劳动投入之比，w = COMP/L。相比官方统计直接提供的"在职职工平均工资"，该指标可涵盖职工以外规模庞大的非正规就业，可作为工资率的理想代理。衡量资本价格时，净收益率（NOS/K）在理论上更合理。但鉴于国民核算中推算而得的净值指标不及总值指标可信（折旧估计值准确性差），本文选用总收益率 r = GOS/K，其等于净收益率与折旧率之和。为满足技术偏向总分关系分析需要，本文对 2005～2012 年三次产业要素价格进行估算④。

（三）估计结果

利用 1978～2012 年我国 31 个省区面板数据估计式（25），计量模型为：

$$\ln k_{it} = \beta_{0i} + \beta_{1}t + \beta_{2t}\ln(w_{it}/r_{it}) + \varepsilon_{it} \tag{26}$$

其中，i = 1，2，…，31 代表省区；t 代表年份；ε_{it} 为随机扰动项。待估参数形式设定，据经济理论和经验认识给出：大量文献表明替代弹性随时间变化，故以 β_{2t} 捕捉其时变特征；鉴于解释变量 t 反映时间变化，令其系数 β_{1} 不随时间变化，以节约模型估计的自由度；检验表明，模型存在明显个体效应，故常数项设为 β_{0i}。

根据式（26），分别在国民经济和三次产业层面进行估计，基本结果见表 4 和图 2。

---

① 1952 年基准资本存量采用 OCM 方法估计。投资流量使用固定资本形成总额 GFCF，并用 GFCF 缩减指数调整为可比价，二者均取自 GDP 核算历史资料。各省区采用统一的几何折旧率，国民经济为 0.06，第一产业为 0.055，第二产业为 0.065，第三产业为 0.055。

② 《中国统计年鉴》并不提供经济普查年度地区收入法 GDP 数据。第一次经济普查的 2004 年数据，由《中国国内生产总值核算历史资料 1952～2004》正式发布。第二次经济普查的 2008 年数据，北京等 16 个省区在其省级统计年鉴公布，其余 15 个省区数据并未公布，本文设法推算补齐。第三次经济普查的 2013 年数据，《中国统计年鉴》和各省区统计年鉴均未公布，因此本文暂不考察。

③ 基本思路：首先设法估计各省区 2005～2012 年三次产业劳动价格 w 与资本价格 r（见脚注④）；随后利用公式 SL = wL/（wL + rK）推算各省区的缺失数据；最后以各省区 SL 平均值作为对全国 SL 的估计。

④ 基本思路：鉴于 1978～2004 年国民经济工资率与三次产业工资率之间具有强烈且稳定的同向变动关系，据此可由 2005～2012 年国民经济工资率推算同期的三次产业工资率；资本收益率总分关系存在较大的时期变化，最终选用 1995～2003 年数据估计函数关系用于近期要素价格缺失数据推算。

表4 变替代弹性面板模型参数估计结果

模型参数估计（95%置信区间）		国民经济	第一产业	第二产业	第三产业
替代弹性 σ_t	最小值［年份］ 考察期平均值 最大值［年份］	0.242［1986年］ (0.234, 0.250) 0.372 (0.367, 0.378) 0.557［2007年］ (0.552, 0.561)	0.194［1997年］ (0.182, 0.206) 0.346 (0.339, 0.353) 0.467［2012年］ (0.463, 0.472)	0.357［1989年］ (0.352, 0.363) 0.481 (0.475, 0.488) 0.680［2004年］ (0.673, 0.687)	0.221［1994年］ (0.215, 0.227) 0.317 (0.311, 0.324) 0.449［2007年］ (0.445, 0.453)
年均技术变化 $\bar{\gamma} = \bar{\gamma}_L - \bar{\gamma}_K$		5.40% (5.32%, 5.49%)	4.75% (4.67%, 4.83%)	-1.11% (-1.21%, -1.01%)	4.12% (4.04%, 4.20%)
摘要统计量	Adj. R^2	0.999	0.999	0.998	0.999
	F – statistic	127584	40208	22261	49004
	D. W.	1.88	1.92	1.90	1.89
样本容量 N		1085（31省区×35年）			
模型估计方法		Pooled EGLS（Cross – section SUR）			

注：表中给出替代弹性 σ 及技术参数 γ 估计值简要结果。表中4个模型，所有年份 σ 估计均在1%的显著水平通过 t 检验。整个考察期替代弹性的时变特征，可由图2直观反映。σ 考察期平均值为1978～2012年时变序列的算术平均，其95%置信上限与下限也为各年置信上下限平均值。针对模型可能存在的内生性问题，本文还采用2SLS方法进行估计。为考虑缺失数据插补影响，另对剔除西藏、海南、重庆的28个省区面板数据进行回归。最终比较发现：各类结果差异不大，表明以上结果具有稳健性。

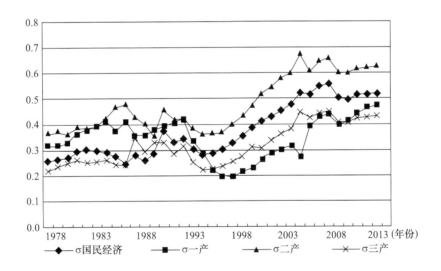

图2 国民经济与三次产业替代弹性变化趋势

图2显示：改革时期，我国国民经济与三次产业替代弹性均呈上升趋势，特别是1995～2005年快速提高。生产要素之间替代能力逐步提高，反映随着市场逐渐获得资源配置主导权，生产要素跨地区、跨行业流动性日益增强。2007～2008年，国民经济及三次产业替代弹性均有所下降，可能源于全球金融危机的外生冲击。随着经济体制改革深化，市场对资源配置发挥决定作用，我国替代弹性有望继续提高。

替代弹性是技术偏向测度的核心参数，其质量高低至关重要。传统增长核算法测度技术偏向时，以式（15）计算的替代弹性可信性差（各年之间数值变动剧烈，某些年份甚至为负值），使其技术偏向结果可靠性受损。有鉴于此，近期研究纷纷改用计量模型估计替代弹性。但其往往假定考察期内替代弹性不变，以单个 σ 估计值计算技术偏向，必然对测度结果产生不良影响。本文估计结果能有效捕捉替代弹性变化趋势，对改善技术偏向测度有积极意义。

（四）技术偏向测度

1. 模型直接推算

利用模型估计结果可初步刻画我国国民经济及三次产业技术进步特征。

（1）技术进步要素增强特征。据式（25）可知，式（26）中 $\beta_1 = (1 - \bar{\sigma}) \bar{\gamma}$，$\beta_{2t} = \sigma_t$。因此，整个时期替代弹性平均值为 $\bar{\sigma} = \sum \beta_{2t}/T = \bar{\beta}_{2t}$，要素增强型技术参数平均值为 $\bar{\gamma} = \beta_1/(1 - \bar{\beta}_{2t})$。表4显示：考察期内，国民经济和第一产业、第三产业的技术进步均为净劳动增强型（$\bar{\gamma} > 0$），第二产业技术进步则为净资本增强型（$\bar{\gamma} < 0$）。

（2）技术进步要素偏向特征。根据 $\text{Bias}_{HI} = \gamma (1 - \sigma) \sigma$，技术偏向平均值 $\overline{\text{Bias}}_{HI}$ 可由式（26）中的 $\beta_1/\bar{\beta}_{2t}$ 计算。$\overline{\text{Bias}}_{HI}$ 结果显示：考察期内，国民经济（9.15%）、第一产业（9.02%）、第三产业（8.91%）均为资本偏向型技术进步；第二产业（-1.20%）则表现出轻微的劳动偏向型技术进步特征。

2. 改进增长核算

传统增长核算法先由式（15）推算各年替代弹性，再将平均值 $\bar{\sigma}$ 代入式（14）计算技术偏向。该方法缺陷有二：一是式（15）基于希克斯中性技术假定，据此测度技术偏向存在逻辑错误；二是式（15）推算的替代弹性变动剧烈甚至超出值域[①]，故 $\bar{\sigma}$ 可信性不高。

本文将替代弹性时变估计值 σ_t（而非均值 $\bar{\sigma}$）代入式（14），给出改进增长核算法的技术偏向测度，结果见表5和图3。其改进体现在：本文替代弹性在一般要素增强型技术进步设定之下估计得到，与计算技术偏向的任务相容；与使用 $\bar{\sigma}$ 相比，σ_t 可以有效揭示其时变特征，提高技术偏向测度的准确性。

表5　技术偏向指标 Bias_{HI} 计算结果

计算方法	分析指标及所属时期		国民经济	第一产业	第二产业	第三产业
模型直接推算法	平均值	1978~2012年	0.092	0.090	-0.012	0.089
改进增长核算法	平均值	1979~2012年	0.138	0.116	0.011	0.124
		1979~1995年	0.122	0.005	-0.042	0.067
		1996~2012年	0.153	0.228	0.064	0.181
	负值个数（劳动偏向）	1979~2012年	2	12	17	6
		1979~1995年	1	11	13	5
		1996~2012年	1	1	4	1

结果显示，改进增长核算法计算的技术偏向与模型直接推算法结果相近。从整个考察期 Bi-

---

① 以国民经济数据为例：利用式（15）计算替代弹性，其取值范围在（-3.22，1.77）。其中，1 年为负值，超出替代弹性定义域；9 年数据明显大于 1，与多数研究中我国替代弹性小于 1 的认识不符。整个时期替代弹性平均值为 0.684，剔除 10 个异常值后平均值为 0.602，明显高于表4中的替代弹性平均值 0.372。

as$_{HI}$平均值看，两种方法之下，国民经济、第一产业及第三产业的技术进步均为资本偏向型。但两种方法对第二产业的技术偏向存在分歧，直接推算法结果为轻微的劳动偏向型，增长核算法结果则呈弱资本偏向型。鉴于全期平均值无法判定第二产业技术偏向，故进一步对年度 Bias$_{HI}$序列（见图3）及子时期①均值（见表5）进行分析。

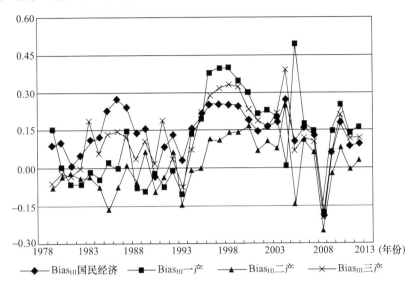

图3 国民经济与三次产业技术偏向变化趋势

图3显示，第二产业资本偏向与劳动偏向年份参半，17 年（1979～1986 年、1988 年、1990～1991 年、1993～1994 年、2005 年、2008～2009 年、2011 年）为劳动偏向，另 17 年呈资本偏向。但其时期差异明显：前期（1979～1995 年）Bias$_{HI}$均值为 - 0.042（负值 13 个），技术进步呈劳动偏向；后期（1996～2012 年）Bias$_{HI}$均值为 0.064（负值 4 个），技术进步转向资本偏向。其他产业和国民经济技术偏向，也有明显的时期变化。1979～1995 年，第一产业技术偏向难以判定：Bias$_{HI}$均值 0.005，表现为弱资本偏向；但 17 年中有负值 11 个（1981～1984 年、1986 年、1988～1993 年），又倾向于劳动偏向。前期第三产业 Bias$_{HI}$均值为 0.067，负值年份（1979～1982 年、1993 年）不足三成，呈较强资本偏向。至于国民经济，1979～1995 年 Bias$_{HI}$均值为 0.122，仅 1990 年取负值，表现为很强的资本偏向。总之，1979～1995 年技术偏向存在明显的产业差异，但 1996～2012 年国民经济和三次产业均表现为明确且强烈的资本偏向。

利用替代弹性与要素效率增长率也可采用另两类定义计算技术偏向。由于哈罗德技术偏向指标为 Bias$_{HA}$ = $(1 - 1\sigma/\gamma)$，索洛技术偏向指标为 Bias$_{SO}$ = $(1 - 1\sigma/\gamma)$，可知 Bias$_{HI}$ = Bias$_{HA}$。根据图1，可对三类结果的关系进行审核。以国民经济为例，除 1990 年和 2008 年外，Bias$_{HI}$均为正值（资本偏向）；由于 $\sigma < 1$，Bias$_{SO}$应为负值（资本偏向），实际结果仅 1989 年有 1 次误判；此时对 Bias$_{HA}$符号无法预判，实际其有 10 年取负值（劳动偏向），另外 23 年与 Bias$_{HI}$同号（资本偏向）。可见，基于三种定义的技术偏向测度具有很好的一致性，故后文分析仅根据 Bias$_{HI}$结果展开。

为评估 Bias$_{HI}$测算结果的可信性，可利用要素份额变化数据检验。对式（22）的 CES 生产函数，均衡条件下相对收入份额 R 为：

---

① 以 1995 年为界，将整个考察期分为两个子时期。如此划分，主要考虑到 20 世纪 90 年代中期之后我国要素分配结构发生明显变化，且 1995 年前后替代弹性变化趋势明显不同（见图2）。此外，这样划分恰好使两个子时期年数相等（均为17 年）。

$$R = \frac{SK}{SL} = \frac{rK}{wL} = \frac{MP_K K}{MP_L L} = \frac{1-\delta}{\delta}\left(\frac{B_t^K K}{B_t^L L}\right)^{\frac{\sigma-1}{\sigma}} \tag{27}$$

其变化率可做如下分解：

$$\frac{\dot{R}}{R} = \frac{1-\sigma}{\sigma}(\gamma_L - \gamma_K) + \frac{\sigma-1}{\sigma}\left(\frac{\dot{k}}{k}\right) \tag{28}$$

第一项 $Bias_{HI} = \gamma(1-\sigma)/\sigma$ 反映偏向型技术进步的影响，其由替代弹性与要素效率共同决定：$\sigma < 1$ 时，净劳动增强型技术进步（$\gamma > 0$）偏向资本，净资本增强型技术进步（$\gamma < 0$）偏向劳动；$\sigma > 1$ 时，净劳动增强型技术进步偏向劳动，净资本增强型技术进步偏向资本。第二项 $(\dot{k}/k)(\sigma-1)/\sigma$ 反映资本深化的影响，其完全取决于替代弹性：$\sigma < 1$ 时，资本深化导致 R（资本份额）下降；$\sigma > 1$ 时，资本深化导致 R 上升。

我国国民经济及三次产业替代弹性估计值均小于1，故资本深化导致资本份额下降。要素份额的最终变化，则取决于技术偏向与资本深化的共同影响。下面检验式（28）能否有效解释我国要素份额实际变化。基本思路为：首先，利用替代弹性与技术偏向估计值，计算要素份额变化率预测值 $(\hat{\dot{R}/R}) = \hat{Bias}_{HI} + (\dot{k}/k)(\hat{\sigma}-1)\hat{\sigma}$；其次，利用要素投入与要素价格统计数据，测算要素份额实际变化率 $(\dot{R}/R)$；最后，评估 $(\hat{\dot{R}/R})$ 对 $(\dot{R}/R)$ 解释能力。如果 $(\hat{\dot{R}/R})$ 与 $(\dot{R}/R)$ 同号，则其猜中要素份额变化方向，表明计算 $(\hat{\dot{R}/R})$ 所用的技术偏向和替代弹性估计值可信。可采用两种方法：一是直接计算 $(\hat{\dot{R}/R})$ 与 $(\dot{R}/R)$ 的同号比率，二是利用符号检验（Sign Test）判断二者是否内在一致。

表6 估计效果评估：基于 $(\hat{\dot{R}/R})$ 与 $(\dot{R}/R)$ 同号检验

判别方法		国民经济	第一产业	第二产业	第三产业
同号比例	数据容量 n	34	34	34	34
	同号个数 a	24	21	30	25
	同号比例 P = a/n	0.71	0.62	0.88	0.74
符号检验	检验统计量 Z	2.40	1.37	4.46	2.74
	伴随概率 p（Z）	0.008	0.085	0.000	0.003

表6显示：对国民经济和非农产业，同号比例均在0.7以上；第二产业同号比例最高，接近0.9；第一产业同号比例偏低，但仍超过0.6。直观看来，$(\hat{\dot{R}/R})$ 对 $(\dot{R}/R)$ 的解释能力较强。相比之下，符号检验可给出更有力判断。在"$H_0 : \pi \leqslant 0.5$"的原假设（意味着 $(\hat{\dot{R}/R})$ 对 $(\dot{R}/R)$ 毫无解释能力）成立条件下，构造检验统计量 $Z = (P-\pi)/\sqrt{\pi(1-\pi)/n}$ 且计算其样本值，确定其右单尾伴随概率。在1%的显著水平下，对国民经济和第二、第三产业，原假设均被有力拒绝；尽管第一产业 Z 值伴随概率较高，但在10%的显著水平下仍拒绝原假设。故应抛弃"$(\hat{\dot{R}/R})$ 对 $(\dot{R}/R)$ 缺乏解释能力"的假设，其有力佐证了本文替代弹性与技术偏向估计值的可信性。基于本文替代弹性与技术偏向测算结果，可有效解释我国要素分配结构实际变化。

3. O&R 分总合成

本文结果（见表5和图3）显示，技术偏向存在明显产业差异。为进一步揭示国民经济技术偏向如何受各产业影响，采用 Oberfield 和 Raval（2012）的方法进行剖析。Oberfield 和 Raval

产业经济

（2012）以 ϕ 为技术偏向测度指标。由于 $\phi = \sigma Bias_{HI}$，且 $\sigma > 0$，故 ϕ 与 $Bias_{HI}$ 同号。这意味着，二者对技术偏向判断一致，故对 ϕ 因素分解的认识同样适用于分析 $Bias_{HI}$。

根据 $\phi_i = (1 - \sigma_i)\gamma_i$，利用前述估计结果，可直接计算三次产业 ϕ_i。进而，可按式（29）合成国民经济的 ϕ^{agg}。ϕ^{agg} 由组内（Within）效应与组间（Between）效应构成，前者是各产业 ϕ_i 决定的技术偏向实质变化，后者刻画产业结构对国民经济技术偏向的影响。

$$\phi^{agg} = \underbrace{(1 - \chi^{agg})\phi_i}_{Within} + \underbrace{\sum_i \frac{\alpha_i - \alpha}{\alpha(1-\alpha)}\frac{c_i}{c}g_i}_{Between} \tag{29}$$

$$\chi^{agg} \equiv \sum_i \frac{c_i}{c}\frac{(\alpha_i - \alpha)^2}{\alpha(1-\alpha)} \tag{30}$$

其中，(c_i/c) 为 i 产业增加值比重；α_i 为 i 产业资本份额，α 为国民经济资本份额；权数 ϕ^{agg} 满足 $0 \leq \phi^{agg} \leq 1$；g_i 为技术变化导致的 i 产业增加值比重变化率，可由式（31）计算：

$$g_i = g_{Yi} - (1 - \eta_i)[\alpha_i\gamma_K + (1 - \alpha_i)\gamma_L] \tag{31}$$

其中，g_{Yi} 为 i 产业增加值比重变化率，$-\eta_i < 0$ 为 i 产业的需求价格弹性。计算 g_i 时，三次产业需求价格弹性采用郝枫（2013）估计值，分别为 -0.295、-0.641、-0.783。为便于理解，将式（31）改写为 $g_{Yi} = (1 - \eta_i)[\alpha_i\gamma_K + (1 - \alpha_i)\gamma_L] + g_i$。其表明，某产业增加值比重变化受两方面影响：一是产品价格变化（经由 $-\eta_i$）导致的产业间需求替代，其较易测算；二是偏向型技术进步导致该产业需求变化，鉴于其无法观测，式（31）中以余值推算。

算出 ϕ^{agg} 后，根据 $Bias_{HI}(O\&R) = \phi^{agg}/\sigma$，可获得 O&R 法国民经济技术偏向测度。图 4 显示，对国民经济技术偏向，改进增长核算法估算结果与 O&R 法推算值高度一致。这有力表明，改进增长核算法分别估计的三次产业技术偏向与国民经济技术偏向之间具有内在一致性。因此能保证，对 O&R 法国民经济技术偏向（以 ϕ^{agg} 衡量）的分解，可以揭示国民经济技术偏向（以 $Bias_{HI}$ 刻画）主导因素。

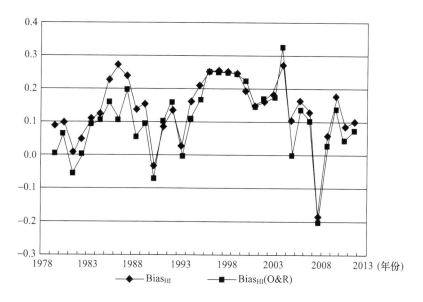

图 4 国民经济技术偏向：O&R 合成 vs. 增长核算

式（29）中，ϕ^{agg} 等于组内效应与组间效应之和。二者贡献由其所占比重衡量，组内贡献为 Within/ϕ^{agg}，组间贡献为 Between/ϕ^{agg}。又因为（Within/σ）/$Bias_{HI}(O\&R)$ = Within/ϕ^{agg}，组内贡献与组间贡献，也可用于分解 $Bias_{HI}(O\&R)$。如果某种效应贡献大于 50%，则称为主导效应。当两种效应同向时，ϕ^{agg} 符号与二者相同，其贡献均在 0 到 100% 之间。当两种效应反向时，ϕ^{agg}

— 173 —

符号由主导效应决定，此时主导效应贡献大于100%，另一效应的贡献则为负值。由于若干年份技术偏向微弱，分母ϕ^{agg}接近于0，使得两类效应贡献（绝对值）畸高。对此类近乎中性技术进步的年份，区分其技术偏向的主导力量毫无意义，将其纳入分析必将引起误解。

表7　O&R法技术偏向指标贡献分解：时期平均

时期	原始测算结果分解		剔除异常值后分解		异常年份
	Within 贡献	Between 贡献	Within 贡献	Between 贡献	
1979～1995 年	33.8%	66.2%	10.1%	89.9%	3 个
1996～2012 年	414.5%	−314.5%	82.6%	17.4%	1 个
1979～2012 年	224.2%	−124.2%	48.7%	51.3%	4 个

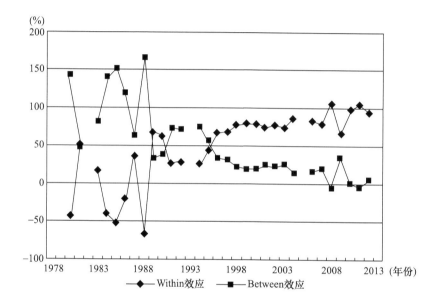

图5　O&R法技术偏向指标贡献分解：趋势变化

表7显示，剔除异常值前后，整个考察期内技术偏向贡献分解结果大不相同①。剔除异常值后，整个考察期内，组间效应的贡献略高于组内效应。图5表明，二者贡献存在明显的时期变化：1979～1995年，组间效应明显占主导地位，特别是在20世纪80年代其贡献经常超过100%；1996～2012年，变为组内效应占主导地位，但其贡献通常均在100%以内。结合前面技术偏向产业差异及时期变化（见图3）发现：由于前期三次产业的技术偏向特征迥异，故国民经济技术偏向受产业结构变化影响极大；后期三次产业均呈资本偏向且数值接近，故产业结构变化影响有限，国民经济技术偏向由各行业技术偏向支配。总体而言，国民经济和三次产业技术进步的资本偏向都有明显提高，是我国20世纪90年代中期以来要素分配持续向资本倾斜的重要原因。

---

① 本文将 Within 效应或 Between 效应绝对值大于2的年份视为异常。据此标准，考察期内有1979年、1982年、1993年、2005年等4个异常年份。这些年份ϕ^{agg}绝对值很小（均在1‰以下，约等于0），技术进步近乎中性；当式（32）等号右方两项符号相反时，以其做分母导致两类效应的绝对值剧烈放大，据其分析毫无意义。故应根据剔除异常年份的结果进行分析。

五、文献比较与差异分解

若干近期文献就我国技术偏向做了专题研究。下面比较各类测度结果，以提炼共识性判断、剖析差异成因。鉴于绝大多数研究仅考察国民经济技术偏向，本文讨论聚焦于此。

图 6 和表 8 给出本文结果与几项代表性研究的比较。所有研究均基于增长核算法，其对 Sato 和 Morita（2009）方法的改进体现在，以计量模型估计的替代弹性与有偏技术相容，可以逻辑自洽地测度技术偏向。

表 8 技术偏向指标测度结果比较

		本文（1979～2012 年）	Dong 等（2013）（1979～2010 年）			陆一章（2013）（1979～2011 年）	雷（2013）（1991～2011 年）	戴一徐（2010）（1979～2005 年）
替代弹性	方法	面板 CES	时序 VES	时序 CEEDx	时序 CES	时序 CES	时序 CES	时序 CES
	特征	时变序列	时变序列	时变序列	固定值	固定值	固定值	固定值
	均值	0.372	0.692	0.697	0.784	0.777	0.382	0.736
技术偏向	1980 年	9.86%	3.1%	2.9%	2.2%	2.77%	—	2.84%
	1985 年	22.50%	5.2%	6.0%	5.9%	5.28%	—	7.96%
	1990 年	-3.27%	-1.7%	-3.0%	-5.9%	-3.12%	—	-7.95%
	1995 年	20.68%	0.4%	0.6%	-0.9%	-0.95%	10.03%	2.04%
	2000 年	19.49%	1.0%	2.8%	6.9%	7.88%	19.03%	6.96%
	2005 年	10.48%	0.1%	1.2%	4.6%	4.06%	18.92%	7.77%
	2010 年	17.95%	0.3%	2.2%	10.4%	11.47%	30.46%	—
1979～1990 年年均		12.24%	1.79%	1.87%	0.97%	-0.10%	—	1.07%
1991 年以来年均		14.63%	0.97%	2.39%	5.25%	5.22%	17.96%	7.27%
负值年数		2	5	5	8	8	1	4

经初步比较形成两点认识。一方面，各项研究对技术偏向（方向）的判断高度一致：改革时期，国民经济技术进步明显呈资本偏向；少数年份技术进步呈劳动偏向，对 1990 年和 2008 年已有共识，但对其余几年仍有分歧[①]。另一方面，各项研究计算的技术偏向强度差异较大，大致可分为四类：①戴天仕和徐现祥（2010）、陆雪琴和章上峰（2013）、Dong 等（2013）–CES 估计的替代弹性（固定值）大小接近，其技术偏向曲线几近重合；②雷钦礼（2013）估计的替代弹性（固定值）低得多，导致其技术偏向水平与第一类显著不同；③Dong 等（2013）–VES 及 CEEDx 给出的替代弹性时变序列差异不大，技术偏向水平接近；④本文估计的替代弹性变化趋势与 Dong 等（2013）类似，但绝对水平与时期均值迥异，导致技术偏向水平差异明显。

由于 $Bias_{HI} = \gamma (1-\sigma)/\sigma$，技术偏向差异可由要素增强型技术和替代弹性共同解释。比较各项研究的 γ 序列，发现其变化趋势高度一致，整体均呈净劳动增强型技术进步。戴天仕和徐

---

① 戴天仕和徐现祥（2010）、陆雪琴和章上峰（2013）、Dong 等（2013）显示，1979 年、1981～1982 年呈劳动偏向；陆雪琴和章上峰（2013）与 Dong 等（2013）表明，1994～1995 年、2009 年也为劳动偏向；陆雪琴和章上峰（2013）还显示 1989 年为劳动偏向。但对以上年份，其他研究认为技术进步仍为资本偏向。

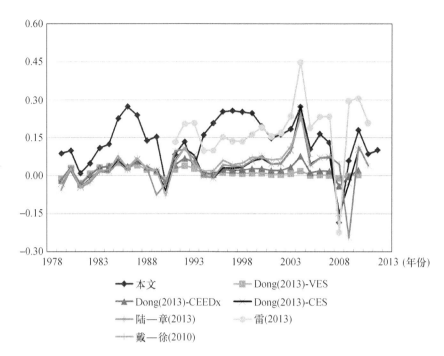

图6　国民经济技术偏向变化趋势比较

现祥（2010）、陆雪琴和章上峰（2013）、Dong 等（2013）－CES 的 γ 值波动较大，其余 4 列 γ 值波动较小。相比之下，由于 $(1-\sigma)/\sigma$ 具有放大效应，替代弹性对技术偏向差异的影响更大。加之 γ 本身也受替代弹性影响（$\gamma=[\dot{k}/k+\sigma(\dot{r}/(\dot{r}-\dot{w})/w)]/(1-\sigma)$），替代弹性成为决定技术偏向水平的根本力量。

　　式（14）进一步表明，技术偏向差异最终可归结于两类因素：一是替代弹性（参数），二是要素投入与要素价格变化率（数据）。表 9 将不同研究之间的技术偏向差异（A－B）分解为两部分：其一反映替代弹性影响（A－C），其二反映要素数据影响（C－B）。据此，可对本文结果与其他研究的差异进行分解。由于未能获取其他研究所用要素数据，其他各项研究间的差异无法分解。为简洁起见，表 9 仅汇报本文与 Dong 等（2013）技术偏向差异的分解结果[①]。其显示：本文技术偏向估计值，绝大多数年份高于 Dong 等（2013）－VES；整个考察期（A－C）平均值为 0.139，其由替代弹性差异主导（85.9%），要素数据差异影响不大；二者贡献存在时间变化，1979～1995 年替代弹性贡献略高于 100%，几乎独立决定技术偏向差异，1996～2010 年替代弹性差异的贡献降为 67.1%。鉴于我国官方统计 1995 年才正式采用 SNA，早期数据利用原 MPS 体系指标事后推算得到，故 1996 年之后基于实际核算数据的分解结果更为可信。与 Dong 等（2013）－CES 比较时结论基本一致，但由于替代弹性差异更大，导致其影响更强。

　　分解结果表明，各项研究间的技术偏向差异由替代弹性差异主导。为评估技术偏向结果可靠性，应以替代弹性可靠性比较为基石。为提高替代弹性估计值的可靠性，可从两方面入手：一是提高替代弹性估计所需的要素投入（如 K）及要素价格数据质量；二是改进替代弹性估计的理论模型、计量方法与估计技术。对各项研究替代弹性估计效果的比较，同样应从数据与模型两方面入手。

_____

　　① 示例结论可揭示本文与其他研究的差异：与 Dong 等（2013）－CES 差异分解的结论可近似刻画本文与戴天仕和徐现祥（2010）、陆雪琴和章上峰（2013）的差异；与 Dong 等（2013）－VES 差异分解的结论也适用于 Dong 等（2013）－CEEDx。

表9 不同研究技术偏向差异因素分解

指标		技术偏向测度形式			技术偏向差异分解					
技术偏向		本文 A	他人 B	假想 C	总差异		替代弹性贡献		要素数据贡献	
替代弹性		本文	他人	他人	绝对	相对	绝对	相对	绝对	相对
要素数据		本文	他人	本文	A－B	—	A－C	(A－C)/(A－B)	C－B	(C－B)/(A－B)
示例	比较对象	Dong 等 (2013) － CES	1979~1995 年平均		0.101	100%	0.177	167.8%	－0.076	－67.8%
			1996~2010 年平均		0.108	100%	0.129	84.0%	－0.022	16.0%
			1979~2010 年平均		0.104	100%	0.155	129.9%	－0.051	－29.9%
		Dong 等 (2013) － VES	1979~1995 年平均		0.104	100%	0.152	103.5%	－0.048	－3.5%
			1996~2010 年平均		0.155	100%	0.124	67.1%	0.032	32.9%
			1979~2010 年平均		0.128	100%	0.139	85.9%	－0.011	14.1%

本文利用我国 1978~2012 年 31 个省区数据,以变系数面板模型给出替代弹性时变估计值,既能充分利用大量数据信息(样本量1085),也具有良好的理论性质和可操作性。其他几项研究的计量模型各有优势,但均基于改革时期时序数据(样本量22至34),待估参数较多时,较低的自由度会影响计量模型估计效果。众多研究表明,替代弹性随经济发展变化,这一"索洛猜想"也已得到我国数据的明确支持。戴天仕和徐现祥(2010)、雷钦礼(2013)、陆雪琴和章上峰(2013)给出的固定估计值,只能视为替代弹性时期均值,无法揭示其时变特征。Dong 等(2013)在固定估计值外,还给出两种替代弹性时变序列:VES 方法假定替代弹性为 k 的线性函数,CEEDx 方法则假定替代弹性等于资本需求弹性(常数 E_k,待估)与资本份额的乘积,但两类假定的合理性均有待检验。本文估计替代弹性时变序列时无须施加任何先验假定,其变化模式完全由实际数据决定,具有更好的理论性质。

各项研究的替代弹性估计值均小于1。本文替代弹性时期均值与雷钦礼(2013)接近,但明显低于另几项研究。对此分歧可尝试由国际比较视角审视。纵观已有研究,发达国家替代弹性多在 0.3~0.8,且以 0.4~0.7 居多[1]。鉴于我国要素市场发展水平远不及发达国家,其替代弹性理应更低。因此,相比 Dong 等(2013)替代弹性序列(0.586~0.998)及其他研究估计值(低至 0.692,高至 0.784),本文替代弹性序列(0.242~0.557)与雷钦礼(2013)估计值(0.382)在经验上更为可信。

总之,已有研究普遍承认我国技术进步偏向资本,但对偏向强度的测算存在差异。对技术偏向的变化趋势几项研究有较大分歧:固定替代弹性方法下,资本偏向强度有所上升;而基于替代弹性时变值的研究则显示,资本偏向强度随替代弹性提高而趋于下降。由于经济体制变化及重大外生冲击,技术偏向在少数年份短暂反转为劳动偏向:如 1979~1982 年(改革开放政策确立)、

---

[1] 一般要素增强型技术进步设定下,美国替代弹性呈上升趋势:20 世纪前半叶约 0.3~0.5,如 Brown 和 De Cani(1963)估计结果为 0.44(1890~1958 年),Klundert(1965)为 0.32(1899~1960 年),Wilkinson(1968)为 0.5(1899~1953 年);此后逐渐提升为 0.5~0.8,如 Sato(1970)为 0.5~0.7(1909~1960 年),Panik(1976)为 0.76(1929~1966 年),Kalt(1978)为 0.76(1929~1967 年),Antràs(2004)为 0.8(1948~1998 年),Klump 等(2007)为 0.56(1953~1998 年)。对其他发达国家的替代弹性,Easterly 和 Fischer(1995)估计 1950~1987 年苏联为 0.37;Jalava 等(2005)估计 1945~2003 年芬兰在 0.4~0.5;Klump 等(2008)估计 1970~2005 年欧洲各国约 0.7;Sato 和 Morita(2009)估计 1960~2004 年日本为 0.57。此外,Bolt 和 van Ells(2000)估计 1971~1996 年 12 个发达国家的替代弹性在 0.2~0.8:奥地利(0.24)、比利时(0.78)、德国(0.53)、丹麦(0.61)、芬兰(0.34)、法国(0.73)、意大利(0.52)、瑞典(0.27)、荷兰(0.68)、英国(0.6)、日本(0.3)、美国(0.82)。

1990 年（学潮冲击）、1994~1995 年（建立市场经济体制等深化改革措施）、2008~2009 年（全球经济危机影响）。严格地讲，此类短期变化主要由经济体制及市场环境变化（而非技术变化）引发，故将其混入技术偏向实属误读。无论在理论方法还是数据方面，有效剔除此类影响均面临极大困难，但其应作为未来研究的一个方向。

六、主要结论

本文对我国技术偏向进行专题研究，利用替代弹性时变估计值改进技术偏向测度，并探讨其趋势变化、行业差异及总分关系。通过实证研究及文献比较，得到如下结论与认识：

（1）技术偏向刻画技术进步对要素分配的影响，其可由定义不同但本质统一的一族指标测度，三种常见定义下技术偏向颇具一致性。技术偏向取决于两大因素，一是要素替代弹性，二是（以要素效率增长率 γ 衡量的）技术进步要素增强特征。由于要素效率增长率也受替代弹性影响，故替代弹性是决定技术偏向的根本力量。

（2）对我国技术进步特征，已有研究在方向判断上达成高度共识：我国国民经济替代弹性小于1，技术进步呈（净）劳动增强型（$\gamma>0$），因此技术进步明确偏向资本。但各项研究对技术偏向强度分歧较大，因素分解表明替代弹性估计值差异是其主导原因。本文所用方法无须对替代弹性变化模式做先验假定，且估计结果在国际比较视角下非常可信。将其引入增长核算法，有助于提高技术偏向测度质量，并有效揭示我国要素分配结构的实际变化。

（3）我国技术偏向具有明显的产业差异与时期变化。整个考察期内，第一产业和第三产业均呈较强资本偏向，但第二产业技术偏向并不明确（$Bias_{HI}$ 正负参半）。分时期看：1979~1995 年，第一产业技术偏向难以判定，第二产业整体呈劳动偏向，第三产业呈较强资本偏向；1996~2012 年，三次产业均呈明确且强烈的资本偏向。

（4）据 O&R 法合成的国民经济技术偏向与增长核算法结果高度一致，故可据此揭示三次产业技术偏向对国民经济技术偏向的影响。分解结果显示：1979~1995 年，组间效应（结构变化）占绝对主导；1996~2012 年，则变为组内效应（实质变化）主导。我国国民经济技术进步始终呈资本偏向，但其主导力量已发生根本变化，故政策调控时必须辨明诱因、对症下药。

技术偏向测算是宏观经济研究中的重要问题，具有明显理论意义与政策价值。已有研究对我国技术进步偏向资本已有共识，但对偏向强度分歧较大。我们认为，改进替代弹性估计方法，是提高技术偏向测度质量的重要手段；正视技术偏向的产业差异与总分关系，有助于加深对国民经济技术偏向主导因素的认识。本文力图从以上两方面做出改进，权作引玉之砖。此外，发展恰当方法以剔除体制变化和外生冲击对技术偏向测算的干扰，也应作为未来研究的一个方向。

参考文献

[1] Acemoglu. D., (2002). "Directed Technical Change", *Review of Economic Studies*, 69 (4): 781 - 809.

[2] Acemoglu, D., (2007). "Equilibrium Bias of Technology", *Econometrica*, 75 (5): 1371 - 1410.

[3] Arrow, K. J., H. B. Chenery, B. S. Minhas, R. M. Solow, (1961). "Capital - Labor Substitution and Economic Efficiency", *Review of Economics and Statistics*, 43 (3): 225 - 250.

[4] Baltagi, Badi H. and Rich, Daniel P., (2005). "Skill - biased Technical Change in US Manufacturing: A General Index Approach", *Journal of Econometrics*, 126 (2): 549 - 570.

[5] Berman, E., Bound, J., Machin, S., (1998). "Implications of Skill - biased Technological Change: International Evidence", *Quarterly Journal of Economics*, 113 (4): 1245 - 1279.

［6］Betts, J. , (1997) . "The Skill Bias of Technological Change in Canadian Manufacturing Industries", *Review of Economics and Statistics*, 79 (1): 146 – 150.

［7］Binswanger, P. H. , (1974) . "The Measurement of Technical Change Biases with Many Factors of Production", *American Economic Review*, 64 (6): 964 – 976.

［8］Binswanger, H. P. , (1974) . "A Cost Function Approach to the Measurement of Elasticities of Factor Demand and Elasticities of Substitution", *American Journal of Agricultural Economics*, 56 (1): 377 – 386.

［9］Carraro, C. , Enrica De Cian. , (2013) . "Factor – Augmenting Technical Change: An Empirical Assessment" . *Environ Model Assess*, 18 (1): 13 – 26.

［10］David, P. A. , Th. van de Klundert, (1965) . "Biased Efficiency Growth and Capital – Labor Substitution in the U. S. , 1899 – 1960", *The American Economic Review*, 55 (3): 357 – 394.

［11］Dong, Z. , Guo, Y. , Wang, L. & Dai, J. , (2013) . "The Direction of Technical Change: A Study Based on the Inter – provincial Panel Data of China", *Asian Journal of Technology Innovation*, 21 (2): 317 – 333.

［12］Feng, G. , Serletis, A. , (2008) . "Productivity Trends in U. S. Manufacturing: Evidence from the NQ and AIM Cost Functions", *Journal of Econometrics*, 142 (2): 281 – 311.

［13］Ferguson, C. E. , (1968) . "Neoclassical Theory of Technical Progress and Relative Factor Shares", *Southern Economic Journal*, 34 (4): 490 – 504.

［14］Ferguson, C. E. , (1979) . "The Neoclassical Theory of Production and Distribution", Cambridge University Press, London, England.

［15］Griliches, Z. , (1969) . "Capital – Skill Complementarity", *Review of Economics and Statistics*, 51 (4): 46 – 54,68.

［16］Hicks, John R. , (1932) . "The Theory of Wages", London, Macmillan. 24

［17］Jin, H. and Jorgenson, D. W. , (2010) . "Econometric Modeling of Technical Change", *Journal of Econometrics*, 157 (2): 205 – 219.

［18］Jorgenson, Dale W. , Gollop, Frank M. , Fraumeni, Barbara M. , (1987) . "Productivity and US Economic Growth", Harvard University Press, Cambridge.

［19］Jorgenson, D. W. , (2000) . "Econometric Modeling of Producer Behavior", The MIT Press, Cambridge.

［20］Khannan, N. , (2001) . "Analyzing the Economic Cost of the Kyoto Protocol", *Ecological Economics*, 38 (1): 59 – 69.

［21］Klump, R. , P. McAdam, and A. Willman, (2007) . "Factor Substitution and Factor Augmenting Technical Progress in the US", *Review of Economics and Statistics*, 89 (1): 183 – 192.

［22］León – Ledesma, M. A. , McAdam, P. Willman, A. , (2010), "Identifying the Elasticity of Substitution with Biased Technical Change", *American Economic Review*, 100 (4): 1330 – 1357.

［23］Levy, R. , Jondrow, J. , (1986) . "The Adjustment of Employment to Technical Change in the Steel and Auto Industries", *Journal of Business*, 59 (4): 475 – 491.

［24］Lianos, T. P. , (1971) . "The Relative Share of Labor in United States Agriculture, 1949 – 1968", *American Journal of Agricultural Economics*, 53 (3): 411 – 422.

［25］Ma, H. , L. Oxley, J. Gibson, B. Kim, (2008) . "China's Energy Economy: Technical Change, Factor Demand and Interfactor/Interfuel Substitution", *Energy Economics*, 30 (5): 2167 – 2183.

［26］Morrison, C. , Berndt, E. , (1981) . "Short – run Labor Productivity in a Dynamic Model", *Journal of Econometrics*, 16 (3): 339 – 365.

［27］Oberfield, E. , Raval, D. , (2012) . "Micro Data and the Macro Elasticity of Substitution," Working Papers 12 – 05, U. S. Census Bureau. File URL: http: //ftp2. census. gov/ces/wp/2012/CES – WP – 12 – 05. pdf.

［28］Oberfield, E. , Raval, D. , (2012) . "Micro Data and Macro Technology," FRBC Working Paper WP – 2012 – 11, File URL: http: //www. chicagofed. org/digital_ assets/publications/working_ papers/2012/wp2012_ 11. pdf.

［29］Sato, R. , T. Morita, (2009) . "Quantity or Quality: The Impact of Labor – saving Innovation on US and Japanese Economic Growth Rates, 1960 – 2004", *Japanese Economic Review*, 60 (4): 407 – 434.

［30］Sato，R.，（1970）"The Estimation of Biased Technical Progress and the Production Function"，*International Economic Review*，11（2）：179 – 208.

［31］Young，A. T.，（2013），"U. S. Elasticities of Substitution and Factor – Augmentation at the Industry Level"，*Macroeconomic Dynamics*，17（4）：861 – 897.

［32］戴天仕，徐现祥．中国技术进步方向［J］.世界经济，2010（1）：54 – 70.

［33］樊茂清，任若恩，陈高才．技术变化、要素替代和贸易对能源强度影响的实证研究［J］.经济学（季刊），2009（1）：237 – 258.

［34］郝枫．价格体系对中国要素收入分配影响研究［J］.经济学（季刊），2013（1）：175 – 206.

［35］郝枫．超越对数函数要素替代弹性公式修正与估计方法比较［J］.数量经济技术经济研究，2015（4）：88 – 105.

［36］郝枫，盛卫燕．中国要素替代弹性估计［J］.统计研究，2014（7）：12 – 21.

［37］郝枫，盛卫燕．中国要素替代弹性之"索洛猜想"检验［J］.商业经济与管理，2015（3）：85 – 96.

［38］黄磊，周勇．基于超越对数生产函数的能源产出及替代弹性分析［J］.河海大学学报（自然科学版），2008（1）：134 – 138.

［39］黄先海，徐圣．中国劳动收入比重下降成因分析——基于劳动节约型技术进步的视角［J］.经济研究，2009（7）：34 – 44.

［40］雷钦礼．偏向性技术进步的测算与分析［J］.统计研究，2013（4）：83 – 91.

［41］陆雪琴，章上峰，技术进步偏向定义及其测度［J］.数量经济技术经济研究，2013（8）：20 – 34.

［42］卯光宇，技术演化：关于中国技术进步偏差的研究［J］.南开经济研究，2012（5）：65 – 78.

［43］张月玲，叶阿忠．中国的技术进步方向与技术选择［J］.产业经济研究，2014（1）：92 – 102.

［44］郑照宁，刘顺德．考虑资本能源劳动投入的中国超越对数生产函数［J］.系统工程理论与实践，2004（5）：51 – 55.

中国生产性服务业与装备制造业产业关联

——基于投入产出表的实证检验

唐晓华　　吴春蓉

（辽宁大学经济学院　沈阳　110136）

一、引言

装备制造业是为国民经济快速发展提供生产技术装备的产业，是一国从"工业强国"走向"装备强国"的核心，也决定了一个国家在工业领域的自主创新能力。从装备制造业产业价值链分布看，其高附加值主要分布于产业链前端的研发设计与后端的营销售后等生产性服务环节，而位于产业链中端的生产环节则增值有限。换言之，装备制造业的竞争力主要由产业链中投入的生产性服务所内含的知识和技术来决定。2014 年，中国 GDP 首次突破 10 万亿美元大关，装备制造业产值则位居世界首位，占全球比重超过 1/3，而且在 22 个工业产品大类中，有 7 个大类产量位列世界第一，其中 220 种工业品产量居世界第一。与此同时，中国装备制造核心技术高度依赖技术引进，产业发展需要的高端设备、关键零部件和元器件、关键材料等对外依存度居高不下。

那么，中国装备制造业与生产性服务业发展现状如何？装备制造业增加值率与生产性服务业投入变化的内在关系是什么？装备制造业各子行业对生产性服务的中间投入与中间需求如何？生产性服务业和装备制造业在时间节点上的静态产业关联度如何？通过对这些问题的研究，探索中国装备制造业"大而不强"的原因，摆脱中国制造低端山寨的国际形象，促进中国制造实现由量变到质变的华丽转变，具有重要现实意义。

二、文献回顾

学术界对生产性服务业的研究起源于对制造业的关注。早期学者主要从供、需两个方面来探讨生产性服务业与制造业的关系。Cohen 和 Zysman（1987）[1]认为制造业对服务环节的需求促进

[基金项目] 本文得到教育部哲学社会科学研究重大项目"我国先进制造业发展战略研究"（14JZD018）、辽宁省高等学校创新团队项目"企业集群发展与对策"　（WT2012001）、辽宁省教育厅重大专项"辽宁工业产业集群发展路径研究"（ZW2012016）的资助。

[作者简介] 唐晓华，辽宁大学经济学院，博士，教授，研究方向：先进制造业、装备制造业；吴春蓉，辽宁大学经济学院，博士研究生，研究方向：先进制造业、装备制造业与生产性服务业。

了生产性服务业的产生与发展。Markusen（1989）[2]，Grubel 和 Walker（1996）[3]则认为生产性服务业的存在大幅度提高了制造业的生产效率与创新速度。Guerrieri 和 Melician（2003）[4]利用 OECD 中六个国家的投入产出表数据进行实证分析，结果显示一国生产性服务业的发展程度决定了该国制造业的国际竞争力水平。而 Guerrieri 和 Meliciani（2005）[5]也验证了金融、通信和商务服务业对一国制造业的结构优化和竞争力提升的有利作用。

后期学者更多从"互动融合"的角度探讨两者之间的关系，认为生产性服务业和制造业是互促共生、协同发展的。尤其在智能制造为主导的背景下，生产性服务业与装备制造业呈现融合趋势，二者的分界越来越模糊。近十年来，国内外学者在这方面的研究主要可以分为两种情况。一是基于统计年鉴数据的计量分析。顾乃华等（2006）[6]、刘志彪等（2010）[7]、陈晓峰等（2014）[8]等利用宏观统计数据，分析转型期中国生产性服务业发展与制造业竞争力的关系，结果显示生产性服务业对提升制造业的竞争力具有显著正向作用。Hickman 和 Mattoo（2008）[9]，Fernandes 和 Paunov（2012）[10]则通过系统的研究发现生产性服务业与制造业的创新行为存在正向关系。二是利用各地区投入产出表数据进行产业关联分析。楚明钦（2013）[11]、吉亚辉（2014）[12]等学者则以国家或省域投入产出表为基础，从静态视角考察中国制造业与生产性服务业的关系。

通过梳理现有研究文献，本文发现，当前学术界侧重于从制造业总体来分析生产性服务业与制造业的关系，而没有从生产性服务业与装备制造业各子行业来研究细分的中间投入、中间需求以及前后向关联情况，而且实证检验部分主要是基于 2007 年之前的投入产出数据。因此，本文将结合 1997~2010 年中国投入产出表及相关统计数据，分别就上述疑问作进一步探讨。

三、指标选取与数据来源

（一）指标选取

静态分析的方法采用 Wassily Leontief 的投入产出分析法。主要选取中间投入率、中间需求率、感应度系数和影响力系数四个指标来测量生产性服务业与装备制造业的静态关联程度。具体指标如下：

（1）中间投入率（F_j），指该产业部门在一定时期内（通常为一年），生产过程中的中间投入和总投入之比。其计算公式为：

$$F_j = \frac{\sum_{j=1}^{n} x_{ij}}{\sum_{j=1}^{n} x_{ij} + N_j} (j = 1, 2, \cdots, n)$$

其中，$\sum_{j=1}^{n} x_{ij}$，N_j 分别代表国民经济中第 j 产业的中间投入和增加值。F_j 越高，反映第 j 产业在生产过程中生产单位产值的产品需从各产业购进的原料所占的比重越大。①

（2）中间需求率（H_i），指国民经济各产业对第 i 产业的中间需求量之和与第 i 产业的总需求之比。其计算公式为：

---

① 中间投入率的计算公式来自于《中国投入产出表 2010》的解释。

$$H_i = \frac{\sum\limits_{j=1}^{n} x_{ij}}{\sum\limits_{j=1}^{n} x_{ij} + Y_i} \quad (i = 1, 2, \cdots, n)$$

其中 $\sum\limits_{j=1}^{n} x_{ij}$，$Y_i$ 分别为国民经济各产业对第 i 产业产品的中间需求量和最终需求量。H_i 越大，反映第 i 产业的中间需求量越高，即该产业越具有中间产品的性质。[①]

（3）感应度系数（E_i），也称前向关联系数，指国民经济各部门每增加一个单位最终使用时，i 部门由此而受到的需求感应程度，即该部门需要为其他部门生产而提供的产出量。感应度系数 E_i 越大，表示第 i 部门对其他部门的需求感应程度越强。计算公式为：

$$E_i = \frac{\sum\limits_{j=1}^{n} \overline{b_{ij}}}{\frac{1}{n} \sum\limits_{i=1}^{n} \sum\limits_{j=1}^{n} \overline{b_{ij}}} \quad (i = 1, 2, \cdots, n)$$

其中，$\sum\limits_{j=1}^{n} \overline{b_{ij}}$ 为列昂惕夫逆矩阵的第 i 行之和，$\frac{1}{n} \sum\limits_{i=1}^{n} \sum\limits_{j=1}^{n} \overline{b_{ij}}$ 为列昂惕夫逆矩阵的行和的平均值。当 $E_i \geq 1$ 时，表示第 i 部门受到的感应程度高于或等于社会平均感应度水平（即各部门所受到的感应程度的平均值）；反之则低于社会平均感应度水平。[②]

（4）影响力系数（F_j），也称后向关联系数，反映国民经济 j 部门增加一个单位的最终使用时，对国民经济各部门所产生的需求波及程度。影响力系数 F_j 越大，表示第 j 部门对其他部门的拉动作用越大。计算公式为：

$$F_j = \frac{\sum\limits_{i=1}^{n} \overline{b_{ij}}}{\frac{1}{n} \sum\limits_{i=1}^{n} \sum\limits_{j=1}^{n} \overline{b_{ij}}} \quad (j = 1, 2, \cdots, n)$$

其中，$\sum\limits_{i=1}^{n} \overline{b_{ij}}$ 为列昂惕夫逆矩阵第 j 列之和，$\frac{1}{n} \sum\limits_{i=1}^{n} \sum\limits_{j=1}^{n} \overline{b_{ij}}$ 为列昂惕夫逆矩阵的列和的平均值。当 $F_j \geq 1$ 时，表示第 j 部门的生产对其他部门所产生的波及影响程度超过或等于社会平均影响水平（即各部门所产生波及影响的平均值）；反之则其影响程度低于社会平均影响水平。[③]

（二）数据来源

静态分析数据主要来源于 1997 年、2002 年、2007 年、2010 年的《中国投入产出表》。由于各年度统计口径变更，笔者对相关变量进行了处理。《中国投入产出表》在 1997 年分为 40 个部门，2002 年、2007 年分 42 个部门，2010 年则为 41 个部门，本研究以 2010 年《中国投入产出表》为基准，装备制造业包括金属制品业（MMP）、通用、专用设备制造业（M&GSPM），交通运输设备制造业（MT），电气机械器材制造业（MEME），通信设备、计算机及其他电子设备制造业（MCEC&OEE），仪器仪表及文化办公用机械制造业（MMI&MCA）共计 6 个子行业。生产性服务业包括交通运输及仓储业（T&S），邮政业（Post），信息传输、计算机服务及软件业（IT&CS），批发和零售业（R&T），金融业（F），租赁及商务服务（L&BS），研究与实验发展业

---

① 中间需求率的计算公式来自于《中国投入产出表 2010》的解释。
② 感应度系数的计算公式来自于《中国投入产出表 2010》的解释。
③ 影响力系数的计算公式来自于《中国投入产出表 2010》的解释。

（S&R）和综合技术服务业（GTR），共计 8 个子行业。统计指标调整过程为：2002 年、2007 年除将通用设备制造业与专用设备制造业合并对应 2010 年的通用、专用设备制造业外，其余子行业保持不变。1997 年子行业调整较多，该年机械工业对应于 2010 年的通用、专用设备制造业；旅客运输业和货物运输及仓储业对应 2010 年的交通运输及仓储业；邮电业对应于 2010 年的邮政业和信息传输、计算机服务及软件业；商业对应于 2010 年的批发和零售业；社会服务业对应于 2010 年的租赁和商务服务业以及计算机服务和软件业。

四、实证分析结果与解释

（一）生产性服务业与装备制造业的总体发展态势

如表 1 所示，1997～2010 年，制造业占总产出的比重基本保持在 45%～55%，而服务业占总产出的比重在 20%～30%，整体来看，制造业依然是拉动中国经济发展的主要力量，服务业的发展则相对滞后。由于受到亚洲金融危机的冲击，1997～2002 年制造业占总产出的比重下降了 12.3%，而同时国企改制等一系列利好服务业发展的政策出台则刺激服务业占总产出的比重大幅上升，增幅高达 41.67%。2002～2007 年，中国加入世界贸易组织，对外开放领域加大，大量外商直接投资涌入制造业，对服务业的发展形成挤出效应，二者呈现反向变动状态。2007～2010 年，受欧美经济危机的影响，出口下滑，制造业低迷，占总产出比重略微下降，同时国企改制进一步深化，服务业的发展空间增大，占总产出的比重小幅回升。

表 1   1997～2010 年生产性服务业与装备制造业占总产出比重

	1997 年	2002 年	2007 年	2010 年	1997～2002 年变化	2002～2007 年变化	2007～2010 年变化
制造业/总产出	0.5182	0.4544	0.5465	0.5415	-0.1230	0.2028	-0.0092
服务业/总产出	0.2124	0.3008	0.2349	0.2445	0.4167	-0.2190	0.0408
装备制造业/总产出	0.1492	0.1609	0.1995	0.2068	0.0786	0.2402	0.0365
生产性服务业/总产出	0.1171	0.1658	0.1323	0.1399	0.4156	-0.2019	0.0577

注：本表中制造业是以 2010 年《中国投入产出表》统计口径为基准，包含从食品制造及烟草加工业开始至工艺品及其他制造业结束共 16 个子行业。

资料来源：本表结果根据 1997 年、2002 年、2007 年及 2010 年《中国投入产出表》计算得出。

装备制造业占总产出比重基本保持在 15%～20%，总体占比不高，但呈现逐步上升的趋势。中国制造业总体比重较高，而对资本和技术要求较高的装备制造业比重很低，说明中国制造业主要还是劳动密集型和资源密集型，集中于价值链的中低端环节。生产性服务业占总产出的比重较低，整体在 11%～17%，在 2002 年达到最高点，占为 16.58%。1997～2002 年，装备制造业和生产性服务业比重都明显上升，二者呈现协调发展的态势。2002～2007 年，装备制造业与生产性服务业呈现大幅反向变动状态。装备制造业占总产出的比重上升了 24.02%，生产性服务业的占比则下降了 20.19%。主要原因是大量外商直接投资以独资形式进入中国装备制造业领域，跨国母公司直接为子公司输入生产性服务，但同中国本土企业关联较少，同时中国生产性服务业从制造业中剥离的过程较为缓慢，与装备制造业协同发展的机制尚不健全，二者呈现背离发展态势。2007～2010 年，受欧美经济危机和制造业回流的影响，外资的挤出效应减弱，中国装备制造业在前期积累的基础上，开始走上创新竞争的道路，对生产性服务业的需求增加，二者呈现协同上升的发展趋势。

如表 2 所示，中国生产性服务业增加值率基本保持在 35% ~ 70%，整体增加值率较高，其中金融业增加值率高居榜首，在 2007 年高达 68.95%。2002 ~ 2007 年，研究与实验发展业、综合技术服务业、交通运输及仓储业、租赁及商务服务业增加值率下降，分别下降了 6.37%、7.53%、4.68% 和 17.31%。此阶段，中国生产性服务业面临来自国内外激烈竞争，人力与资源成本上升又增加了企业前期投入成本，同时科研考核体系的变更导致从业人员只推崇论文数量，不注重科研成果的产业转化，致使技术服务行业效率下降。信息传输、计算机服务业及软件业，金融业，批发和零售业，邮政业增加值率上升，分别上升了 7.03%、7.83%、11.03% 和 22.77%。随着互联网行业的复苏，电子商务的快速发展带动了物流、邮政等相关行业的发展。同时国有金融企业改制上市，外资金融企业的进入促进了金融业的效率提升。2007 ~ 2010 年，生产性服务业中除了批发和零售业、租赁及商务服务业外的增加值率全部下降，降幅在 5% ~ 20%。欧美金融危机对中国经济的影响通过制造业传导至生产性服务业，说明中国生产性服务业受外界经济影响程度较高。

表 2   1997 ~ 2010 年生产性服务业与装备制造业增加值率及变化情况

	1997 年	2002 年	2007 年	2010 年	2002 ~ 2007 年变化	2007 ~ 2010 年变化
MMP	0.2334	0.2367	0.2082	0.1869	− 0.1203	− 0.1023
MGSPM	0.3361	0.2808	0.2309	0.2115	− 0.1777	− 0.0841
MT	0.2621	0.2622	0.1948	0.1910	− 0.2571	− 0.0192
MEME	0.2234	0.2414	0.1704	0.1591	− 0.2940	− 0.0665
MCEC	0.2536	0.2102	0.1653	0.1538	− 0.2138	− 0.0697
MMI	0.3128	0.2573	0.2116	0.2096	− 0.1774	− 0.0094
T&S	0.5522	0.4840	0.4613	0.3947	− 0.0468	− 0.1445
Post	0.5747 *	0.3995	0.4905	0.3854	0.2277	− 0.2143
IT&CS	—	0.5608	0.6003	0.5266	0.0703	− 0.1227
RT	—	0.5414	0.6011	0.7102	0.1103	0.1815
F	0.6104	0.6394	0.6895	0.6498	0.0783	− 0.0575
LBS	0.5100 *	0.3907	0.3231	0.3576	− 0.1731	0.1067
SR	0.3878 *	0.4658	0.4362	0.3633	− 0.0637	− 0.1669
GTR	0.5673	0.5814	0.5376	0.5031	− 0.0753	− 0.0641

注：由于 1997 年《中国投入产出表》与 2002 ~ 2010 年的统计口径差异较大，"＊" 的值表示该行业 1997 年统计口径与后几个年份不一致，因此不比较生产性服务业与装备制造业 1997 ~ 2002 年的变化情况。

资料来源：本表结果根据 1997 年、2002 年、2007 年及 2010 年《中国投入产出表》计算得出。

2002 ~ 2010 年，中国装备制造业的增加值率基本保持在 15% ~ 35%，整体增加值率较低，说明此阶段中国装备制造业还处于高投入低增加值率的粗放发展阶段。2002 ~ 2007 年，装备制造业增加值率全部下降，降幅在 12% ~ 30%，其中电气机械器材制造业增加值率降幅最高，达 29.4%。这一时期发达国家装备制造企业将生产加工环节向中国转移，中国本土装备制造业以廉价劳动力成本承接大量 "贴牌生产" 订单，形成 "低端锁定效应"。同时，"贴牌生产" 的装备快速销往中国市场，进一步挤占中国本土装备制造业的发展空间，造成增加值率的下降。相比前一阶段，2007～2010年装备制造业增加值率的降幅趋缓，下降幅度在1%～10%。在"贴牌生产"过程中，中国装备制造业企业通过"干中学"积累技术与管理经验，逐渐提升自主品牌的科技含量，但与发达国家的"技术鸿沟"依然显著，增加值率难以提升。

（二）生产性服务业中间需求情况分析

由于1997年统计口径与后续几年存在较大差异，因此本部分主要对2002年、2007年和2010年的中间需求率进行比较，结果如表3所示。在考察的四个时间点上，装备制造业大部分子行业对生产性服务业的中间需求率在5%～15%波动，中间需求率整体较低，但从变化趋势来看，除了信息传输、计算机服务及软件业外，装备制造业对其他生产性服务业的中间需求呈现逐步上升趋势。制造业整体对生产性服务业的中间需求在30%左右。服务业对邮政业和信息传输、计算机服务及软件业与金融业的中间需求远高于制造业对这三个子行业的中间需求。但是2007年、2010年装备制造业对研究与实验发展业的中间需求率分别高达49.32%和38.86%。同时制造业整体对研究与实验发展业中间需求率分别高达70.61%和53.67%。说明随着国务院2006年底"加快振兴装备制造业若干意见"的实施，中国装备制造业向产业链高端攀升的步伐加大，因此对科技服务的中间需求愈加强烈。

表3　1997～2010年生产性服务业各细分行业中间需求情况

	T&S	Post	IT&CS	R&T	F	L&BS	S&R	GTR
2002年装备制造中间需求率	0.0940	0.0521	0.1128	0.1116	0.0764	0.1523	0.0538	0.0346
2007年装备制造中间需求率	0.0934	0.1001	0.0612	0.1425	0.0954	0.1250	0.4932	0.1341
2010年装备制造中间需求率	0.1224	0.1024	0.0617	0.1668	0.1090	0.1434	0.3886	0.1620
2002～2007年装备制造需求率变化	-0.0061	0.9211	-0.4577	0.2764	0.2480	-0.1791	8.1736	2.8768
2007～2010年装备制造需求率变化	0.3113	0.0230	0.0090	0.1710	0.1433	0.1476	-0.2121	0.2081
2002年制造业中间需求率	0.3173	0.1387	0.2238	0.3485	0.2198	0.3837	0.0907	0.0927
2007年制造业中间需求率	0.3109	0.2804	0.1762	0.3179	0.2783	0.3057	0.7061	0.2976
2010年制造业中间需求率	0.3557	0.2590	0.1549	0.3470	0.2942	0.3258	0.5367	0.3276
2002～2007年制造业需求率变化	-0.0200	1.0224	-0.2127	-0.0879	0.2662	-0.2033	6.7849	2.2108
2007～2010年制造业需求率变化	0.1440	-0.0764	-0.1207	0.0917	0.0572	0.0655	-0.2400	0.1007
2002年服务业中间需求率	0.2509	0.4326	0.3059	0.1297	0.4952	0.3602	0.1000	0.0964
2007年服务业中间需求率	0.2365	0.5265	0.2379	0.0956	0.3346	0.4311	0.1432	0.1205
2010年服务业中间需求率	0.2621	0.6033	0.2085	0.0945	0.3539	0.3875	0.1002	0.1261
2002～2007年服务业需求率变化	-0.0576	0.2173	-0.2221	-0.2629	-0.3244	0.1966	0.4319	0.2491
2007～2010年服务业需求率变化	0.1084	0.1457	-0.1235	-0.0122	0.0580	-0.1012	-0.3004	0.0465

注：装备制造中间需求是指国民经济各部门对生产性服务业各细分行业总需求中装备制造业的需求所占的比重；制造业中间需求是指国民经济各部门对生产性服务业各细分行业总需求中制造业的需求所占的比重。

资料来源：本表结果根据1997年、2002年、2007年及2010年《中国投入产出表》计算得出。

2002～2007年，装备制造业对交通运输及仓储业，信息传输、计算机服务与软件业，租赁与商务服务业的中间需求有所下降，下降幅度分别为0.61%、45.77%与17.91%。虽然信息化与工业化融合是大势所趋，但是此阶段实施的"企业信息化工程"和"制造业信息化工程"的带动效应尚未显现，装备制造业对信息服务需求远远不足，信息化的道路还很漫长。另外租赁和商务服务业是2002年的新增行业门类，是从生产制造环节分离出来的中介服务业，但是制造业整体以及装备制造业对这些中介服务的需求并不强烈，也反映出租赁及商务服务业等中介服务发展滞后。装备制造业对其他生产性服务业需求均呈上升趋势，其中对研究与实验发展业，综合技术服务业等科技服务的中间需求率分别增加了8.17倍和2.88倍，说明装备制造业从"制造服务"向"服务制造"转变的过程中，对科技服务的需求越来越强烈。制造业总体对交通运输仓储业，信息传输、计算机服务与软件业，批发与零售业，租赁及商务服务业的需求下降，下降幅度分别为2%、21.27%、8.79%和20.33%，制造业的信息化程度和中介服务发展也很滞后。制造业总体对其他生产性服务业的需求有所上升，其中对研究与实验发展业和综合技术服务业等科技服务的中间需求大幅上升，增加幅度高达6.78倍和2.21倍，说明制造业总体发展也更加依赖于科技服务投入。服务业总体对邮政业，租赁和商务服务业，研究与实验发展业，综合技术服务业的需求有所增长，增长幅度达到了21.73%、19.66%、43.19%和24.91%。服务业整体对其他生产性服务业的需求有所下降，其中对信息传输、计算机服务与软件业，批发和零售业，金融业的需求下降幅度分别达到22.21%、26.29%和32.44%。

2007～2010年，装备制造业对研究与实验发展业中间需求下降，下降幅度为21.21%。说明由金融危机引起的出口下降，致使装备制造业的科技研发的投入有所收紧。此外装备制造业对其他生产性服务业需求均呈上升趋势，其中交通运输及仓储业、综合技术服务业等服务的中间需求率分别增长了31.13%和20.81%，说明2007年底"五纵七横"和"7918网"的建成极大地提高了物流运输的效率，为装备制造业的快速发展注入了强大的推动力。此外，随着装备制造业的转型发展，对综合技术服务的需求也更加强烈。制造业整体对邮政业，信息传输、计算机服务与软件业，研究与实验发展业的中间需求降低，下降幅度分别为7.64%、12.07%和24%。服务业对信息传输、计算机服务与软件业，批发和零售业，租赁和商务服务业的中间需求下降，下降幅度分别为12.35%、1.22%、10.12%。

（三）装备制造业中间投入情况分析

如表4所示，装备制造业的生产性服务投入整体在5%～12%，总服务性投入在7%～14%，总体趋于波动下降状态；物质投入在58%～74%，整体呈现稳步上升趋势。这说明现阶段装备制造业还是处于消耗高、投入高的粗放发展阶段。1997～2002年，装备制造业的总服务投入除了金属制品业外都大幅增加，其中交通运输设备制造业的总服务投入增加最多，达到了53.75%，仪器仪表及文化办公用机械制造业的总服务投入增加最少，但也达到了25.46%。装备制造业的生产性服务投入整体呈现大幅增加态势。其中通用专业设备制造业、交通运输设备制造业和电气机械器材制造业的生产性服务投入增幅高达70%左右。装备制造业的物质投入变化不大，投入比重基本维持在65%左右。原因是20世纪90年代后期，中国国有企业改制拉开序幕，制造业企业附属的服务部门逐渐剥离，原本的内部服务环节转为外部交易进入经济核算体系，大幅提升了服务环节的核算规模。

2002～2007年，装备制造业的生产性服务投入降幅较大，其中金属制品业的生产性服务投入降幅最高，达50.4%，通信设备、计算机和其他电子设备制造业的生产性服务投入降幅最低，为8.65%，其他装备制造业生产性服务投入的降幅则在20%～30%。装备制造业的总服务投入也大幅下降，其中金属制品业的总服务投入降幅最大，高达42.53%；通信设备、计算机及其他电子设备制造业的总服务投入下降幅度最低，为9.47%，其他装备制造业服务投入的下降幅度均在 20% ~ 30% 。但装备制造业的物质投入都有 15% 左右的增加，至 2007 年底装备制造业的物质投入比重基本在 70% 以上。因为中国国有企业改制后大量采购先进生产设备进行固定资产更新改造，大规模设备投入主要来自装备制造业行业内部，短时间内对生产性服务业形成挤出效应，导致这一时期装备制造业的生产性服务投入大规模下降。

表 4　1997 ~ 2010 年装备制造业各细分行业中间投入情况

	MMP	MGSPM	MT	MEME	MCEC&OEE	MMI&MCA
1997 年生产性服务投入	0.0843	0.0817	0.0482	0.0587	0.0485	0.0106
2002 年生产性服务投入	0.1130	0.1074	0.0964	0.1169	0.0960	0.0938
2007 年生产性服务投入	0.0560	0.0723	0.0744	0.0779	0.0877	0.0673
2010 年生产性服务投入	0.0654	0.0865	0.0868	0.0952	0.1088	0.0813
1997 ~ 2002 年生产性服务投入变化	0.0216	0.6728	0.6655	0.7569	0.5567	0.1930
2002 ~ 2007 年生产性服务投入变化	− 0.5040	− 0.3269	− 0.2287	− 0.3332	− 0.0865	− 0.2824
2007 ~ 2010 年生产性服务投入变化	0.1668	0.1971	0.1669	0.2224	0.2404	0.2079
1997 年总服务投入	0.1345	0.0856	0.0696	0.0960	0.0751	0.0952
2002 年总服务投入	0.1322	0.1271	0.1070	0.1363	0.1047	0.1194
2007 年总服务投入	0.0760	0.0886	0.0844	0.0911	0.0948	0.0834
2010 年总服务投入	0.0864	0.1025	0.0964	0.1090	0.1167	0.0991
1997 ~ 2002 年总服务投入变化	− 0.0168	0.4842	0.5375	0.4209	0.3946	0.2546
2002 ~ 2007 年总服务投入变化	− 0.4253	− 0.3026	− 0.2118	− 0.3321	− 0.0947	− 0.3018
2007 ~ 2010 年总服务投入变化	0.1371	0.1571	0.1420	0.1974	0.2315	0.1879
1997 年物质投入	0.6304	0.5762	0.6669	0.6794	0.6709	0.5909
2002 年物质投入	0.6303	0.5911	0.6297	0.6217	0.6847	0.6228
2007 年物质投入	0.7154	0.6801	0.7205	0.7383	0.7398	0.7047
2010 年物质投入	0.7262	0.6855	0.7122	0.7316	0.7293	0.6910
1997 ~ 2002 年物质投入变化	− 0.0002	0.0259	− 0.0557	− 0.0849	0.0206	0.0540
2002 ~ 2007 年物质投入变化	0.1351	0.1506	0.1442	0.1875	0.0804	0.1315
2007 ~ 2010 年物质投入变化	0.0151	0.0080	− 0.0115	− 0.0090	− 0.0141	− 0.0195

注：生产性服务投入指的是装备制造业各细分行业总产出中生产性服务业中间投入所占的比重；总服务投入是指装备制造业各细分行业总产出中服务业中间投入所占的比重；物质投入是指装备制造业各细分行业总产出中工业中间投入所占的比重。

资料来源：本表结果根据 1997 年、2002 年、2007 年及 2010 年《中国投入产出表》计算得出。

2007 ~ 2010 年，装备制造业的生产性服务投入与总服务投入均呈现中速增长态势，其中通信设备、计算机和其他电子设备制造业生产性服务投入与总服务投入的增幅最大，分别为 24.04% 和 23.15% ；其他装备制造业生产性服务投入与总服务投入的增幅均在 15% ~ 20% 。除金属制品业与通用、专用设备制造业外，其他装备制造业的物质投入呈现微弱下降趋势，降幅在 1% ~ 2% 。至 2010 年底，装备制造业的物质投入比重仍维持在 70% 左右。在这一阶段，中国国企改制已初步落下帷幕，国有企业生产设备更新改造的高峰已退，尽管仍需大量物质投入，但大幅增加生产性服务投入，促进企业研发与创新能力的提升已逐渐形成趋势。

（四）生产性服务业与装备制造业的前向关联分析

由于 1997 年投入产出表统计口径与后几个年份差别较大，不便于比较，该年感应度系数、影响力系数仅作参考。本部分主要基于 2002 年、2007 年和 2010 年《中国投入产出表》比较分析生产性服务业与装备制造业的前、后向关联程度的变化。计算结果如表 5 所示。生产性服务业中交通运输及仓储业、批发和零售业以及金融业的感应度系数大于 1，说明这几个子行业易受国民经济其他各部门的需求变动影响，前向关联效应大。装备制造业中除了仪器仪表及文化办公用机械制造业的感应度系数小于 1 外，其余各子行业感应度系数均大于 1，说明装备制造业前向关联效应大，与国民经济其他各部门的需求变动关联密切。

2002～2007 年，生产性服务业中除综合技术服务业外，其余各行业感应度系数均下降，其中交通运输及仓储业，信息传输、计算机服务业及软件业，批发和零售业大幅下降，降幅分别为40.01%、30.45% 和 75.1%。装备制造业中交通运输设备制造业与通信设备、计算机及其他电子设备制造业的感应度系数下降，其中通信设备、计算机及其他电子设备制造业感应度系数的下降幅度高达 43.4%。说明国民经济其他部门每增加一个单位最终使用时，这些行业受到的需求感应程度下降，即国民经济其他部门对该行业中间需求幅度下降。装备制造业其他各行业的感应度系数均有小幅上升，上升幅度在 5% 左右，说明这些行业的前向关联程度有所提升。

表 5　生产性服务业与装备制造业的感应度系数

	1997 年	2002 年	2007 年	2010 年	2002～2007 年变化	2007～2010 年变化
MMP	1.1371	1.0147	1.0168	0.9868	0.0021	− 0.0300
MGSPM	1.6672	1.5267	1.5882	1.6442	0.0615	0.0561
MT	1.1454	1.2303	1.1949	1.1467	− 0.0354	− 0.0482
MEME	1.1737	1.1241	1.1858	1.1005	0.0618	− 0.0853
MCEC	1.3658	1.9131	1.4792	1.4943	− 0.4340	0.0151
MMI	0.5700	0.6182	0.6590	0.6268	0.0408	− 0.0322
T&S	1.6320	1.8801	1.4800	1.6033	− 0.4001	0.1232
Post	0.6826	0.4356	0.3849	0.3783	− 0.0507	− 0.0066
IT&CS	—	0.8944	0.5899	0.5666	− 0.3045	− 0.0234
RT	—	1.8108	1.0597	1.0461	− 0.7510	− 0.0137
F	0.9805	1.2277	1.1388	1.1960	− 0.0889	0.0572
LBS	1.7797	0.8841	0.8020	0.8517	− 0.0821	0.0497
SR	0.4049	0.4250	0.4152	0.4034	− 0.0097	− 0.0119
GTR	0.4998	0.5160	0.5202	0.5552	0.0042	0.0350

资料来源：本表结果根据 1997 年、2002 年、2007 年及 2010 年《中国投入产出表》计算得出。

2007～2010 年，生产性服务业中交通运输及仓储业、金融业、租赁及商务服务业与综合技术服务业的感应度系数上升。装备制造业中通用、专用设备制造业，通信设备、计算机及其他电子设备制造业的感应度系数小幅上升。说明国民经济其他部门每增加一个单位最终使用时，这些行业受到的需求感应程度上升，即国民经济其他部门对该行业的中间需求幅度下降。

（五）生产性服务业与装备制造业的后向关联分析

整体来看，生产性服务业中只有租赁和商务服务业、综合技术服务业影响力系数接近社会平均水平，其他生产性服务业的影响力系数基本小于社会平均水平，说明生产性服务业对相关后向投入行业的带动能力较弱。装备制造业的影响力系数全都大于1，说明装备制造业的后向联系大于社会平均水平，装备制造业的发展可以带动相关投入行业的发展。2002～2007年，生产性服务业和装备制造业的影响力系数基本保持稳定，但是生产性服务业除租赁及商务服务业和综合技术服务业外，其他各行业影响力均下降，其中信息传输、计算机服务及软件业，邮政业，金融业，批发及零售业的影响力均下降了10%～15%，说明这些行业后向联系降低了。装备制造业中的通信设备、计算机及其他电子设备制造业的影响力系数下降了30.38%，说明该行业的后向关联度降低了。

表6　生产性服务业与装备制造业的影响力系数

年份	1997	2002	2007	2010	2002～2007	2007～2010
MMP	1.2538	1.2445	1.2685	1.2786	0.0240	0.0100
MGSPM	1.1394	1.2083	1.2538	1.2581	0.0455	0.0043
MT	1.2522	1.2583	1.3409	1.3121	0.0826	-0.0288
MEME	1.2898	1.2608	1.3462	1.3361	0.0854	-0.0101
MCEC	1.2888	1.3954	1.0916	1.3938	-0.3038	0.3022
MMI	1.1824	1.2846	1.3453	1.3039	0.0607	-0.0414
T&S	1.7212	0.9174	0.8916	0.9267	-0.0258	0.0351
Post	0.8615	1.0262	0.8625	0.9321	-0.1636	0.0696
IT&CS	—	0.9037	0.7793	0.8212	-0.1244	0.0419
RT	—	0.8546	0.7269	0.5998	-0.1277	-0.1271
FI	0.7541	0.7326	0.6177	0.6324	-0.1149	0.0147
LBS	0.8841	1.0884	1.0933	1.0048	0.0049	-0.0884
SR	1.0792	1.0069	0.9782	1.0207	-0.0287	0.0425
GTR	0.8098	0.8188	0.8422	0.8422	0.0234	-0.0001

资料来源：本表结果根据1997年、2002年、2007年及2010年《中国投入产出表》计算得出。

2007～2010年，生产性服务业中综合技术服务业影响力基本保持不变，批发和零售业、租赁及商务服务业的影响力下降，其他生产性服务业的影响力则呈上升态势，说明这些行业后向联系增强了。装备制造业整体影响力基本不变，但通信设备、计算机及其他电子设备制造业的影响力大幅上升，增幅达30.22%，说明该行业的后向关联度大幅提升。

五、结论与政策建议

本文采用1997～2010年投入产出表数据，利用产业关联分析方法对中国生产性服务业与装备制造业进行静态比较分析，得出以下结论：

（1）中国产业结构中制造业占总产出比重较高，比重在45%～55%，服务业占比不到30%，服务业整体发展滞后。生产性服务业与装备制造业占总产出的比重不到20%，发展水平更低。中国制造业总体比重较高，但对资本和技术要求较高的装备制造业比重很低，说明中国制造业主要集中于价值链的中低端环节，属于劳动或资源密集型产业。生产性服务业与装备制造业经历 2002～2007 年的反向变动状态后，到 2007～2010 年已呈现协调上升的发展趋势。

（2）中国生产性服务业增加值率大都在 35%～70%，装备制造业增加值率整体在 15%～35%，远低于生产性服务业增加值水平。2002～2007 年，中国装备制造业子行业增加值率全部处于下降态势，而生产性服务业半数子行业的增加值率处于上升状态。2007～2010 年，除了批发与零售业、租赁与商务服务业外，其他生产性服务业与全部装备制造业的增加值率均处于下降状态。

（3）中国装备制造业物质投入在 58%～74%，整体呈现稳步上升趋势。总体服务投入较低，在 10% 左右，生产性服务投入更低，且总体趋于波动下降态势。说明此阶段中国装备制造业还是高消耗、高投入的粗放发展模式，科技服务等生产性服务投入严重不足。1997～2002 年随着国企改制，服务部门剥离，装备制造业的生产性服务投入大幅增加；但 2002～2007 年由于国企改制后投入大量资金进行机器设备更新改造，对服务投入形成挤出效应，装备制造业的生产性服务和总体服务投入都有大幅下降。2007～2010 年装备制造业由"生产制造"向"服务制造"转型，科技服务等生产性服务投入随之大幅上涨。

（4）中国装备制造业对生产性服务业中间需求率在 5%～15% 波动，中间需求率整体较低，制造业整体对生产性服务业的中间需求在 30% 左右。2002～2007 年，装备制造业对研究与实验发展业、综合技术服务业等科技服务的中间需求率分别增加了 8.17 倍和 2.88 倍，说明装备制造业在转型的过程中，对科技服务的需求将逐步上升。2007～2010 年，装备制造业对研究与实验发展业中间需求下降，下降幅度为 21.21%。说明由金融危机引起的出口下降，致使装备制造业的科技服务的需求有所降低。

（5）中国生产性服务业中只有租赁和商务服务业、综合技术服务业的影响力系数接近社会平均水平，其他生产性服务业影响力系数基本小于社会平均水平。感应度系数中交通运输及仓储业、批发和零售业和金融业大于 1，但这些行业大都属于传统服务业，说明中国现代生产性服务业发展还很滞后，对相关产业的带动作用还较弱。装备制造业的影响力系数全都大于 1，感应度系数除了仪器仪表及文化办公用机械制造业小于 1 外，其余各子行业感应度系数均大于 1，说明装备制造业前、后向关联程度都很强，发展装备制造业对中国经济的整体带动作用显著。

通过实证分析结果可知，要实现中国装备制造业由"中国制造"向"中国智造"转变，还需从以下几个方面入手：一是以财政补贴和税收优惠等方式加快发展与装备制造业联系最为紧密的生产性服务业，尤其是研究与实验发展业、综合技术服务业等科技服务行业，减轻装备制造业企业研发投入压力，促进业内自主创新能力提升，实现装备制造业产业价值链的攀升。二是逐步取消妨碍生产性服务业与装备制造业产业融合发展的各类行政障碍，充分利用中国装备制造业较高的产业关联性，带动国内生产性服务业集聚快速发展，以产业融合的协同优势来弥补中国装备制造业服务短板的缺陷。三是完善装备首台（套）的保障政策，为国内装备制造业的前沿研究提供充分的实验平台和演练市场。四是加快装备制造业国际标准接轨进程，在完善标准的基础上，鼓励国内企业优先采购国内生产设备，在核心装备领域，则可采用进口设备政策限制的方式来进行。五是在保持交通运输、仓储零售及金融等传统生产性服务业快速发展的基础上，加强对信息传输、计算机服务和软件业等现代信息服务业的政策倾斜力度，以信息化促进智能化，以智能化带动中国装备制造产业升级优化。

参考文献

［1］Cohen S. , Zysman J. Manufacturing Matters the Myth of the Post – industrial Economy ［C］. Basic Books, New York, 1987.

［2］Markusen J. R. Trade in Producer Services and in other Specialized Intermediate Inputs ［J］. The American Economic Review, 2011, 97 (2): 85 - 95.

[3] Herbert G. Grubel, Michael A. Walker. Service and the Changing Economic Structure [C]. Services in World Economic Growth Symposium Institute, 1998.

[4] Guerrieri, Meliciani. International Competitiveness in Producer [R]. Paper Presented at the SETI Meeting Rome, 2003.

[5] Guerrieri P. , Meliciani V. Technology and International Competitiveness: The Interdependence between Manufacturing and Producer Services [J]. Structural Change and Economic Dynamics, 2005, 16 (4): 489 - 502.

[6] 顾乃华, 毕斗斗, 任旺兵. 中国转型期生产性服务业发展和制造业竞争力关系研究——基于面板数据的实证分析[J]. 中国工业经济, 2006 (9): 14 - 21.

[7] 陈爱贞, 刘志彪. 决定中国装备制造业在全球价值链中地位的因素——基于各细分行业投入产出实证分析[J]. 国际贸易问题, 2011 (4): 115 - 125.

[8] 陈晓峰. 长三角生产性服务业与制造业的互动关系检验——基于 VAR 模型的动态实证分析[J]. 对外经济贸易大学学报, 2014 (2): 54 - 62.

[9] Hoekman B. , Mattoo A. Services Trade and Growth [J]. World Bank Policy Research Working Paper Series, 2008 (4461).

[10] Fernandez A. M. , Paunov C. Foreign Direct Investment in Services and Manufacturing Productivity: Evidence for Chile [J]. Journal of Development Economics, 2012, 97 (2): 305 - 321.

[11] 楚明钦. 装备制造业与生产性服务业产业关联研究——基于中国投入产出表的比较分析[J]. 中国经济问题, 2013 (3): 79 - 88.

[12] 吉亚辉, 程斌. 生产性服务业与先进制造业的互动与融合——基于甘肃省投入产出表的实证分析[J]. 西安财经学院学报, 2014 (1): 20 - 25.

终极产权、行业竞争与企业绩效

——来自央企上市公司的经验证据

陈艳利　　迟怡君　　孙鹤元

（东北财经大学会计学院　大连　116025）

一、引言

　　1984 年国资国企改革全面展开至今，股权结构多元化一直是国企改革关键目标之一。十八届三中全会指出，混合所有制经济是我国基本经济制度的重要实现形式，并提出完善产权保护制度，支持非公经济发展。国务院最新审议通过的《关于 2015 年深化经济体制改革重点工作的意见》提出，2015 年经济体制改革八大重点是推进电力等竞争性行业的改革，提高国企核心竞争力和国有资本效率，完善产权保护制度，激发非公经济活力。显然"混合所有制改革"成为当前国企改革的热点与重点。在国企市场化改革过程中，核心问题又具体化为国有制与市场经济的融合问题。但近几年国企突破原有产业格局向竞争性行业规模扩张带来的行业消费疲软、产能过剩等问题，暴露了国有企业与市场经济融合的机制体制弊端。2011～2013 年财报披露期间，中国远洋、中国中铝等大型央企巨额亏损现象成为最被热议的话题。2014 年财政部公布的数据显示，央企绩效增速减缓的同时资本市场上央企上市公司的煤炭、化工、石化等行业利润总额负增长，有色行业处于亏损状态，这一现状令人担忧。作为公有制经济绝对主体的国有经济如何释放改革活力成为社会关注所在，而央企改革将成为 2015 年国企改革的重点。自 2012 年《国资委印发关于国企改制重组中引入民间资本投资的指导意见》至今，民间资本投资国企已经取得积极进展，央企及其子企业的上市公司中非国有股权比例已超过 50%。但仍存在国有资本与非公资本股权结构不明晰、股权高度集中、自然垄断与行政垄断并存、政策扶持过多等问题，究其根本，央企特殊的产权性质与结构无疑成为央企绩效改进与央企治理改革的焦点。

　　Shleiferand Vishny[1]（1986），LaPorta 等[2]（1991），Faccio 和 Lang[3]（2002）等学者对各国上市公司实证分析得出，在新兴市场国家甚至发达国家，上市公司都存在终极控股股东且股权结构高度集中状态。刘芍佳等[4]（2003）将终极产权论应用于中国资本市场，研究了最终由政府主导的上市公司绩效。作为国企主力军的央企，其公司绩效尤为众人所关注。央企高度集中的

　　［基金项目］国家社会科学基金一般项目"资本配置视角下国有资本经营预算的实施效果与制度完善研究"（14BJY151）；辽宁省高等学校优秀科技人才支持计划"全面深化改革情境下国有资本经营预算制度研究：理论分析与实证检验"（WR2014011）。

　　［作者简介］陈艳利，东北财经大学产业经济学博士研究生，东北财经大学会计学院教授；迟怡君，东北财经大学会计学院研究生；孙鹤元，东北财经大学会计学院研究生。

股权结构与其低效的运营效率，加之现有文献对终极控制权与企业绩效研究结论的不一致，是本文研究的出发点。在我国新兴加转轨的制度背景下，国有资本与非公资本在股权比例上的分配应根据企业在国民经济中所处的地位而定。股权结构对央企在不同行业竞争环境下的经营绩效产生何种影响？若再结合所有权与控制权的分离效应、终极控制权及其实现方式对上述命题进行考察，在政府新一轮改革中，是否有助于探寻央企分类改革、分类监管与务实有序推行混合所有制经济改革之路？

基于以上考虑，本文以央企上市公司为研究对象，探究不同行业竞争环境下央企上市公司的最优产权安排——国有终极持股比例①、所有权与控制权的分离效应、终极控制权及其实现方式对企业绩效产生的影响。本文可能创新之处在于：第一，对于不同行业竞争环境下国有股权比例对企业绩效的影响，本文研究结论指出，对处于高度竞争性行业的企业，应该积极引进非国有股进行混合所有制改革，激发非公经济的活力，而对于低度竞争性行业的企业，国家可暂且加大控制引导作用，使其在国家控股之下增强企业可持续发展能力，逐步推进"混合所有制改革"；第二，对于股权结构下公司治理中两权分离对企业绩效产生的影响，本文研究结论指出，对处于高度竞争性行业的央企上市公司，适当提高所有权与控制权的分离程度能够提升企业绩效；第三，基于现有研究得出的终极控制权与企业绩效关系的不同结论，本文从央企上市公司产权性质引致的内部特殊的产权安排和外部特殊市场地位出发，得出央企上市公司终极控制权与企业绩效"U"形关系这一结论；第四，不同于现有研究得出的国有上市公司控制权层级增加有助于实现政企分离、提升企业绩效的结论，本文研究发现，这种效率促进作用仅在高度竞争性行业成立，而在低度竞争性行业并不成立。

本文其余部分的结构安排如下：第二部分为理论分析和研究假说，第三部分为研究设计，第四部分为实证结果及分析，最后是研究结论与政策建议。

二、理论分析与研究假说

十八届三中全会提出的健全"归属清晰、权责明确、保护严格、流转顺畅"的现代产权保护制度是新一轮国企改革的理论根基，本次提出的"完善产权保护制度"较国家1993年提出的"产权改革"含义大相径庭，因此准确理解"完善产权保护制度"对新一轮国企改革具有关键指导意义。此次"产权保护"是国有产权从所有权、经营权、处置权到收益权归属关系界定和合法化的契约关系，"完善产权保护制度"更是发展混合所有制经济的关键前提。在"混合所有制改革"推进过程中，优化股权结构，完善国企治理机制，实现国有经济与民营经济深层次上的融合，对推动国家产业升级、提高国企竞争力和民企活力都有重要意义。而央企作为国企的主力军，又是国家推行混合所有制改革的优先试点，其产权优化与公司绩效的示范效应必将推动国企改革的热潮。因此，本文引入终极产权理论，对央企上市公司包括股权结构与控制权结构在内的最优产权安排与企业绩效的关系进行研究，并考虑了外在的行业因素影响。

产权安排是影响企业绩效的重要因素，基于此，理论界围绕终极产权与企业绩效主要进行两方面研究：一是股权结构与企业绩效的关系。产权多元化成为国企改革发展的普遍选择，能够推动国有资本合理流动、提升企业绩效。国企改革进程中虽经过股权分置改革，但由于我国资本市

---

① 鉴于本文研究对象是央企上市公司，根据终极产权理论，本文对股权结构从"量"的分析角度采用国有终极持股比例衡量，既包括国家直接持有的股份，也包括国家通过国有独资企业、法人公司等间接持有的股份。

场的特殊性，非公资本参加国企改革积极性仍不高，并未形成真正意义上的多元产权主体相互制衡的机制（季晓南[5]，2009），国有股权配置涉及国企产权归属问题的同时对企业绩效与社会经济发展都具有重要意义。对于国企的股权结构与企业绩效，众多学者从股权性质、股权集中度等角度对二者关系进行探究，但结论莫衷一是（许小年和王燕[6]，1997；吴淑琨等[7]，2002）。本文认为，在选择不同绩效指标的影响之外，可能多数研究未将行业控制因素考虑在内而导致了结论偏差。针对 David[8]（1999）提出的"公司治理权变理论"，我国学者提出国企的股权结构安排应根据不同行业特征进行差异化改革的思路（杨红英和童露[9]，2015），从行业竞争因素研究股权结构与企业绩效的关系，得出不同国有股权比例在不同行业竞争环境下对企业绩效的显著影响（陈晓和江东等[10]，2000）。国家针对央企绩效表现推行"混合所有制改革"，相关文件提及应大幅降低国企的国有股权比例，但具体幅度视行业特征而定。面对央企不断向竞争性行业扩张的趋势，外部行业环境成为影响股权结构与企业绩效关系不可忽视的重要因素。

二是控制权结构与企业绩效的关系。公司控制权问题伴随现代企业所有权与经营权的分离而产生（季晓南，2009）。根据契约理论，当企业未来收益难以预测时，须有人决定如何处理企业契约中存在的"漏洞"，即契约必须规定企业的控制权①。在公司治理过程中，权衡所有权与控制权私利必然产生对上市公司的掏空动机，实现自身利益最大化，且政府对上市公司的控制权主要通过多层代理模式的金字塔结构实现（李维安和钱先航[11]，2010）。LLSV 的经典模型解释了掏空、控股股东现金流权对公司价值的影响。根据《企业国有资产法》，央企上市公司的控制权结构具有明显的特殊性：其一，多层代理。央企委托代理问题不仅来源于企业内部股东与经理层、股东与股东之间的所有权安排，而且来源于资产全民所有与政府代理（这种代理无可避免）以及政府与其委托人之间的行政代理。其二，股东虚置。央企控制权的行使者不是经营剩余的索取者，因此难以建立明晰的公司产权制度。其三，国资监管。国资委仍能介入到企业的治理和经营决策中，国资委监管被视为一种公司治理和外部治理的替代。此外，在终极控制权的实现过程中，不同行业竞争程度下控制权实现方式对企业绩效产生不同影响。

那么，有助于央企上市公司经营效率最大化的产权应该如何安排？下文将从央企上市公司不同行业竞争环境下的股权结构、所有权与控制权的分离效应、终极控制权及其实现方式三个角度具体分析政府终极产权对央企绩效的影响，以期探索央企上市公司的最优产权安排。

（一）不同行业竞争环境下的国有股权比例与企业绩效

混合所有制改革的一个要点是大幅降低国有股比例，并试图探寻目前政治经济条件下的"最优"股权比重。针对 David（1999）提出的"公司治理权变理论"，股权结构在公司治理中具有"状态依存"性，不是所有的股权结构都具有同等效力且构造股权结构的最好方法取决于行业特点。此外，从产权理论分析，单纯考察股权结构对企业绩效影响具有误导性，其所在行业是公司构造股权结构时所不能忽视的因素。对于市场竞争程度作为中介变量在股权结构对公司绩效影响的效果中，魏志华等[12]（2009）等从股权结构与企业绩效之间引入行业竞争因素，发现国有股对企业的负面影响只存在于竞争激烈的行业，而在垄断性行业则不存在。也有学者以竞争激烈的行业为样本得出国有股权比例与企业绩效有负相关的结论（李亚静和朱宏泉[13]，2006）。所以，如果不考虑行业环境因素尤其是行业竞争程度，可能无法全面地探究国有股权比例与企业绩效之间的真正关系。鉴于央企特殊的股权结构，本文从国有终极持股比例探究其在不同行业竞争程度下与企业绩效关系。

---

① 根据 Grossman 和 Hart（1980），企业契约中涉及的权利包括特定权和剩余控制权，本文所探讨的控制权指剩余控制权，即未在契约中明文规定，受到控制人（包括拥有剩余控制权的大股东或者经理层）行为影响的权利。

综上，本文提出以下假设：

假设 1a：国有终极持股比例对企业绩效影响因行业竞争差异不同。在高度竞争性行业，国有终极持股比例与企业绩效呈显著负相关，且国有绝对控股比例大的企业绩效负面影响更大。

假设 1b：国有终极持股比例对企业绩效影响因行业竞争差异而不同。在低度竞争性行业，国有终极持股比例与企业绩效呈显著正相关，且国有绝对控股比例小的企业绩效正面影响更大。

假设 1c：国有终极持股比例对企业绩效影响因行业竞争差异而不同。在中度竞争性行业，国有终极股权比例与企业绩效的关系不显著。

（二）所有权、控制权的分离效应与企业绩效

自 Berle 和 Means[14]（1932）描绘了西方国家分散的股权结构及其引发的所有权与控制权分离问题后，基于新兴市场甚至发达国家上市公司股权结构高度集中状态，以终极产权为起点的公司治理问题成为公司研究领域的主流方向之一。国企改革进程中产生的所有权与控制权的分离，使控股股东产生"掏空"动机（罗党论和唐清泉[15]，2008；刘云国和吴小云[16]，2008）。但央企"逆向软预算约束"的存在、国资监管的要求以及控股股东与政府部门的政治关联都决定了作为政府代理人的控股股东不可能具备"掏空"动机。国内学者（李善民等[17]，2006；王雷等[18]，2010；李维安等，2010）从企业绩效、掏空行为、治理结构角度的研究表明，两权分离产生的负面效果在民企高于国企，而央企控股上市公司总是最小的。

综上，本文提出以下假设：

假设 2：央企上市公司两权分离不会对企业绩效产生负面影响。

（三）政府终极控制权与企业绩效

现代企业制度下控股股东性质与持股比例奠定了公司治理模式、运行方式的基调。如图 1 区域 I 所示，如果终极控制人的政府具有较大持股比例而达到对公司经营的绝对控制，此时，政府影响占主导地位，存在股东之间的代理问题能够在政府资源优势与外部监督下得到缓解。因此，在政府影响主导下，随着控制权增强，央企上市公司的绩效表现得到提升。

如图 1 区域 II 所示，如果政府持股比例较低使公司股权结构分散、股权制衡作用明显，此时，公司受市场影响更大，股东与经理层之间的代理问题占主导地位。但由于央企特殊的股权性质和市场地位，仍受到外界诸如审计署、媒体等的严格监督。另外，管理层可能通过经理人市场选任能力较强的人员使公司决策效率提升，因此业绩得到提升。

如图 1 区域 III 所示，政府终极控制权处于一个适中的水平而不能对公司进行完全控制，此时，两种代理问题共存，公司治理受政府影响的同时受市场影响更大。这种终极控制权程度导致公司决策时受到两股势力的共同影响而降低决策效率。因此，在这个区域企业绩效表现较差。

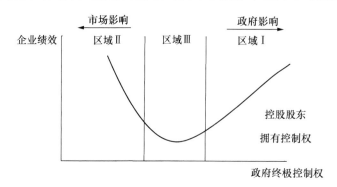

图 1　政府终极控制权与企业绩效

综上，本文提出以下假设：

假设3：对于央企上市公司，政府终极控制权与企业绩效呈"U"形关系。

（四）控制权实现过程中的多层代理与企业绩效

国内外众多研究表明，考虑多层控制对企业绩效影响时，产权性质将导致不同的结论。夏冬林和朱松[19]（2008）、苏坤[20]（2013）均从经营业绩（ROA等指标）角度讨论了产权性质、金字塔层级与上市公司业绩的关系，并得到国企金字塔层级的增多体现了政府放权、市场化经营的意图，并对绩效产生正面影响的结论。在国企中，控制层级的增加使政府直接干预上市公司的概率与程度降低的同时便于政府通过关联交易等对上市公司进行支持。另外，政府严格的外部监督机制使国企受到的监督约束更大。因此，多层代理产生的正面效应大于信息不对称严重、代理成本增加导致的负面效应。其次，外部环境在终极控制权的实现过程与企业绩效之间起到一种催化作用，如果一个行业竞争程度很高，那么政府对整个行业的干预越小，企业绩效表现越好，在政府作用最小的高度竞争性行业，这种表现将会更加明显，而政府作用较大的低度竞争或垄断行业，层级增多可能会降低政府的支持力度，不利于绩效提升。

综上，本文提出以下假设：

假设4a：央企上市公司控制层级与企业绩效呈正相关关系。

假设4b：竞争性越高的行业，央企上市公司的控制层级与企业绩效的正相关关系越显著。

三、研究设计

（一）样本选择与数据来源

本文选取2008～2013年沪深两市公开发行的央企上市公司作为研究样本，利用国泰安股东研究数据库披露的实际控制人信息及股东控股关系链公告图，手工收集央企上市公司及控制层级数据，在剔除新上市公司、金融行业、被特别处理的ST与*ST公司后得到1694家样本公司，其中2008年235家，2009年258家，2010年270家，2011年297家，2012年308家，2013年326家。数据来源为国泰安数据库和万德数据库。①

（二）主要变量定义

基于研究假设，鉴于中国证券市场的高度投机特征，公司股票价格很可能与其真实经营业绩不一致，因本文侧重考察央企上市公司经营绩效的影响因素，故采用CROA指标以排除央企非经常性损益的影响，从而更有效地衡量国有资产的运营效率和盈利能力。为了研究的稳健性，本文另采用EVA为企业绩效的衡量指标。② 鉴于本文选取的解释变量与控制变量多为比率指标，本文将经济增加值等式两边同除调整后资本成本，得到EVA的比率指标。另外，本文采用

---

① 2005年股改开始，中国资本市场进入制度改革期，经历了2006年、2007年两年的全面推进，上市公司股权分置改革于2008年基本完成，中国资本市场进入全流通时代。在此背景下，研究上市公司2008年及以后的股权结构更具时代意义。

② 出于数据的可获得性，本文以《国务院国有资产监督管理委员会令第22号——中央企业负责人经营业绩考核暂行办法》为依据计算央企控股上市公司的EVA，经济增加值=税后净营业利润－资本成本=税后净营业利润－调整后资本×平均资本成本率，税后净营业利润=净利润+（利息支出+研究开发费用调整项－非经常性收益调整项×50%）×（1－25%），调整后资本=平均所有者权益+平均负债合计－平均无息流动负债－平均在建工程。其中，平均资本成本率为5.5%。

Vote1、Vote2、Vote3、Vote4① 作为国有终极持股比例的衡量指标，CV 作为所有权与控制权分离的衡量指标，控制权（Vtr）与控制层级（Ly）作为控制权结构的衡量指标，具体变量定义见表1。

表1　变量定义

变量		定义
被解释变量	CROA	主营业务资产收益率，主营业务利润/平均总资产
	EVA	经济增加值（税后净营业利润 – 调整后资本成本 × 资本成本率）
解释变量	Vote1	国有绝对控股（国有终极持股比例大于50%）
	Vote2	国有相对控股（国有终极持股比例介于30%至50%）
	Vote3	国有较多参股（国有终极持股比例介于10%至30%）
	Vote4	国有较少参股（国有终极持股比例介于0至10%）
	CV	两权分离程度，即现金流权/控制权，现金流权等于所有控制链条上投票权乘积相加之和
	Vtr	终极控股股东持股比例，即各控制链最小持股比例之和
	Ly	控制链层级，为最终控制人与上市公司之间间隔的中间控股公司的数目
控制变量	size	公司规模，用年末公司总资产的自然对数来衡量
	lev	资产负债率
	ios	总资产成长率，（年末总资产 – 年初总资产）/年初总资产
	risk	经营风险，用长期资产比重衡量，长期资产比重 = 非流动资产/总资产
	growth	销售增长率，（本年营业收入 – 上年营业收入）/上年营业收入
	ceo	高管持股比例，用经理层、董事会、监事会等持股数量之和除以年末总股本表示
	policy	年度哑变量，以每年国资委发布的指导央企运行政策文件数量的多少衡量②
	year	年度哑变量
	ind	行业哑变量

为了检验不同行业竞争程度对终极产权与企业绩效之间关系的影响，本文借鉴姜付秀[21]（2005）的研究方法，采用某一行业企业数目 N 和 HHI 两个指标度量产品市场竞争强度，进而进行分组检验。根据产业组织理论，行业内竞争者数量能够体现一个行业的竞争程度。由于难以获取行业内所有企业的数据，而上市公司通常是行业内绩效表现较好的公司，故本文以行业内上市公司为基础确定 N 和 HHI。N 表示某一行业上市公司企业数目，当 N 大于所有行业上市公司数目中位数时，表明该行业企业数目较多，竞争较激烈。$HHI = \sum (x_i/x)^2$，$x = \sum x_i$，x_i 为行业内上市公司 i 的销售额。当行业内容纳的企业数目一定时，HHI 越大，则说明行业由少数大企业主导，行业竞争程度越小。综上，如果样本所在行业的 N 值大于中位数而 HHI 小于中位数，则该

① 本文参考了《上市公司章程指引》第四十一条关于对控股股东持股条件的规定，控股股东是指此人单独或者与其他人一致行动时具备下列条件之一的股东：可以选出半数以上董事；行使公司30%以上表决权或可以控制公司30%以上表决权的行使；持有公司30%以上的股份；可以其他方式在事实上控制公司。虽然该标准是对直接持股的规定，但本文认为对终极控制人同样适用。据此确定国有绝对控股比例大于50%；国有相对控股比例介于30%至50%之间；此外，对于一些央企国家并非是第一大股东的事实，本文拟从国家推行混合所有制改革的目标为出发点，将国有参股比例分别划分为0至10%（国有较少参股）与10%至30%（国有较多参股）。

② 对国资委官方网站每年发布的指导央企运行的政策文件数量进行统计，结果如下：2008 年（13 份）、2009 年（10 份）、2010 年（11 份）、2011 年（4 份）、2012 年（7 份）、2013 年（5 份），故本文将发布政策数量多的前3年定义为1，后三年定义为0。

行业为高度竞争性行业；如果样本所在行业的 N 值小于中位数而 HHI 大于中位数，则该行业为低度竞争性行业，其他则为中度竞争性行业。此外，本文针对我国央企所在 47 个行业的竞争程度进行分组列示并统计了不同年份央企所属竞争环境的上市公司数量，如表 2 所示，中央企业近年来不断深入竞争性领域，绝大多数央企上市公司处于高度竞争环境中。

表 2　不同行业竞争程度下央企上市公司数量　　　　　　　　　单位：个

竞争程度	所属行业及主要代表公司	央企数量					
		2008 年	2009 年	2010 年	2011 年	2012 年	2013 年
高度竞争	房地产，建筑业，信息技术服务业，医药制造业等（国药股份、方兴科技、际华集团等）	197	199	208	232	243	256
中度竞争	汽车制造业，金属制品业，铁路、船舶、航空航天等设备制造业等（凌云工业、长安汽车、沈阳化工等）	22	22	20	20	20	25
低度竞争	农林牧渔业，石油和天然气开采业，黑色金属矿采选业等（中石油、中石化、宝钢股份等）	16	37	42	45	45	45

本文详细统计了不同国有终极持股比例下的央企上市公司数量，如表 3 所示：国有绝对控股上市公司数量由 2008 年的 61 家增至 2011 年的 83 家，保持年均 10% 左右的增长率，而 2011 ~ 2013 年则增速缓慢，维持在 1% 左右；国有较多参股的上市公司数量在 2008 ~ 2013 年由 74 家发展至 125 家，增长率为 68% 。

表 3　不同国有终极持股股权比例下的央企上市公司数量　　　　单位：个

年份	国有绝对控股（ >50% ）	国有相对控股（30% ~50% ）	国有较多参股（10% ~30% ）	国有较少参股（0% ~10% ）
2008	61	92	74	8
2009	71	93	85	9
2010	75	94	89	12
2011	83	101	101	12
2012	84	105	106	13
2013	86	102	125	13
合计	460	587	580	67

（三）实证检验模型

为验证假设 1，即不同竞争环境下国有终极持股比例对央企绩效的影响，本文构建模型（1），在高中低三个竞争组中分别回归，预计 Vote1、Vote2、Vote3 与 Vote4 系数在高度竞争性行业中为负，在低度竞争性行业中为正：

$$Perf_i = \alpha_0 + b_1 Vote1 + b_2 Vote2 + b_3 Vote3 + b_4 Vote4 + c_n Control + \varepsilon_i \qquad (1)$$

为验证假设 2，即所有权与控制权的分离效应对央企绩效的影响，本文构建模型（2），预计 CV 系数 b_5 不显著：

$$Perf_i = \alpha_0 + b_5 CV + c_n Control + \varepsilon_i \qquad (2)$$

为验证假设 3，即终极控制权对央企绩效的影响，本文设定模型（3），预计平方项系数 b_7 为正：

$$Perf_i = \alpha_0 + b_6 Vtr + b_7 Vtr^2 + c_n Control + \varepsilon_i \tag{3}$$

为验证假设4，即终极控制权的实现方式对央企绩效的影响，本文构建模型（4），预计 Ly 系数 b_8 为正：

$$Perf_i = \alpha_0 + b_8 Ly + c_n Control + \varepsilon_i \tag{4}$$

由于不同竞争环境下央企上市公司产权安排对企业绩效的作用效果不同，本文按照行业竞争程度分为三组：高度竞争组、中度竞争组和低度竞争组，对上述四个模型分组进行回归，预计分组检验的结果具有明显差异。

其中，$Perf_i$ 分别用 CROA（业绩指标）和 EVA（价值指标）进行计量。

四、实证结果及分析

（一）描述性统计与分析

对不同行业竞争环境下国有终极持股比例对企业绩效的影响，CROA 与 EVA 的统计结果基本一致，高度竞争性行业，国有较少参股比例的绩效均值高于其他股权比例，且绩效波动最小；从最值来看，最小值出现在国有绝对控股企业中，且为负数。而在低度竞争性行业，国有较少参股比例的绩效均值显著低于其他股权比例，最大值出现在国有绝对控股企业中。统计结果显示，在高度竞争性行业，国有终极持股比例的增大对企业绩效产生负面影响，在低度竞争性行业，国有终极持股比例的增大对企业绩效产生正面影响，与本文假设相符。

中央政府多采用非分离型股权结构控制上市公司，即使采用分离型控制，两权分离程度并不高。从企业绩效统计结果可以看出，业绩指标与价值指标在分离型控制下均优于非分离型控制，中值统计也得到相似结果，但从最大值、最小值与方差的结果发现，分离型控制下 EVA 波动较大，而 CROA 波动较小。综合业绩指标的描述性统计可以看出，两权分离程度的加深并未给央企绩效带来负面影响，与本文假设相符。

统计数据显示，对于 CROA，随着中央政府控制权水平增强，绩效指标呈现出一个先下降后上升的趋势；对于价值指标平均 EVA，随着控制水平增强，价值指标呈现上升趋势。另外，较低的控制权水平下业绩波动性最大，尤其是中度控制水平下价值指标 EVA 波动性最大。综合业绩指标的描述性统计可以看出，随着控制权水平增加，央企绩效总体上呈现出先降后升趋势，与本文假设基本相符。[①]

按照行业竞争程度对不同国有终极持股比例、所有权与控制权的分离效应、终极控制权及其实现方式的分组描述性统计结果如表4所示。从业绩表现看，高度竞争组平均 CROA 最高；通过比较均值和中值可以发现，对于绩效指标 CROA，高度竞争组中值大于均值，多数上市公司绩效表现超过平均水平，但也说明业绩波动性较大，对于价值指标 EVA，高度竞争组相差幅度最大；从最值看，CROA 与 EVA 的最大值几乎都位于高度竞争组；综合业绩指标和价值指标可以看出，低竞争优势并未给公司业绩带来明显的促进作用，从侧面说明股权结构对公司业绩的不同影响。对于两权分离程度，从平均值来看，低度竞争组分离程度最低，而中度竞争组分离程度最大，但总体来看，三个组别央企上市公司的两权分离程度很低。从控制权结构看，随着竞争程度加深，终极控制权比例明显减少，控制链层级增多，高度竞争组控制方式的复杂性高于低度竞争性行业

---

① 由于篇幅所限，本文描述性统计结果未具体列示，感兴趣的读者可向作者索取。

和中度竞争性行业。

表4 分行业描述性统计

	CROA	EVA	Vote1	Vote2	Vote3	Vote4	CV	Vtr	Ly	size	lev	risk	ios	growth	ceo
高度竞争组（H）N=1335															
me	0.04	0.01	0.58	0.40	0.22	0.07	0.88	0.50	3.8	23	0.50	0.50	0.25	0.78	0.01
max	0.12	0.14	0.93	0.49	0.29	0.09	1.0	0.87	5.0	29	4.1	5.0	4.7	14	0.01
min	−0.52	−0.11	0.50	0.30	0.10	0.02	0.20	0.17	1.0	19	0.04	0.06	−0.6	−0.8	0.00
md	0.04	0.02	0.55	0.41	0.21	0.08	1.0	0.50	3.0	22	0.50	0.42	0.11	0.47	0.00
sd	0.03	0.05	7.8	5.5	5.1	2.1	0.19	0.15	0.89	1.9	0.32	0.39	0.58	1.4	0.00
中度竞争组（M）N=129															
me	0.04	0.02	0.58	0.41	0.22	0.08	0.82	0.44	3.1	22	0.51	0.48	0.60	0.81	0.01
max	0.16	0.01	0.70	0.49	0.29	0.09	1.0	0.70	5.0	25	0.86	0.80	44	12	0.03
min	−0.07	−0.14	0.50	0.30	0.12	0.06	0.23	0.16	2.0	20	0.01	0.01	−0.1	−0.4	0.00
md	0.04	0.02	0.56	0.42	0.22	0.08	1.0	0.48	3.0	22	0.55	0.45	0.15	0.43	0.00
sd	0.05	0.06	7.0	6.6	4.2	1.4	0.23	0.12	0.88	1.3	0.17	0.16	4.1	1.8	0.04
低度竞争组（L）N=230															
me	0.03	0.01	0.61	0.39	0.20	0.04	0.88	0.42	3.2	22	0.54	0.46	0.85	0.81	0.01
max	0.16	0.16	0.89	0.49	0.28	0.10	1.0	0.94	15	28	5.4	4.1	433	153	0.33
min	−0.10	−0.20	0.50	0.30	0.10	0.04	0.16	0.11	1.0	19	0.01	0.01	−0.7	−0.9	0.00
md	0.03	0.01	0.59	0.38	0.21	0.04	1.0	0.44	3.0	22	0.55	0.41	0.15	0.42	0.00
sd	0.04	0.06	8.2	5.0	0.11	0	0.22	0.15	1.2	1.6	0.32	0.28	13	4.7	0.02

（二）回归结果与分析

表5报告假设1的实证检验结果。不同行业竞争环境下，不同的国有终极持股比例对企业绩效影响有较大差异。解释变量CROA与EVA的回归结果基本一致，在高度竞争性行业中，国有终极持股比例与企业绩效呈显著负相关，且国有绝对控股的企业对绩效的负面影响最显著，说明在这一行业中应减持国有股比例，积极引进非公资本。2014年国资委启动央企"四项改革"试点，中国医药集团总公司与中国建筑材料集团有限公司出现在央企发展"混合所有制经济"试点名单中，而按照行业竞争程度划分我们发现，两家央企旗下的上市公司都归属于高度竞争性行业，这恰好印证了本文提出的高度竞争性行业引入非公资本发展混合所有制经济的观点；对于中度竞争性行业，则不显著；而在低度竞争性行业，国有终极持股比例与企业绩效呈显著正相关，对于CROA，国有绝对控股的企业对绩效影响最显著，假设1成立。

表5 假设1的实证检验结果

	CROA				EVA			
	total	h	m	l	total	h	m	l
cons	0.082 **	−0.105 ***	0.120	0.07 ***	0.007	−0.214 ***	−0.274 *	0.090 *
	(2.94)	(−2.887)	(0.871)	(2.009)	(0.312)	(−4.206)	(−1.704)	(1.94)
Vote1	−0.059 ***	−0.141 ***	−0.037	0.087 ***	−0.0577 **	−0.230 ***	−0.034	0.342 **
	(3.237)	(−3.013)	(−0.383)	(4.023)	(−2.334)	(−3.545)	(1.158)	(−2.371)

续表

	CROA				EVA			
	total	h	m	l	total	h	m	l
Vote2	−0.054 ***	−0.133 ***	−0.005	0.079 ***	−0.0614 ***	−0.229 ***	−0.032	0.301 **
	(3.059)	(−2.992)	(−0.0535)	(3.790)	(−2.584)	(−3.717)	(1.148)	(−2.042)
Vote3	−0.061 ***	−0.126 ***	0.025	0.085 ***	−0.0498 **	−0.223 ***	−0.042	0.270 *
	(3.428)	(−2.857)	(0.254)	(4.069)	(−2.104)	(−3.636)	(1.517)	(−1.871)
Vote4	−0.062 ***	−0.140 ***	0.012	0.086 ***	−0.059 **	−0.224 ***	−0.038	0.278 *
	(3.5478)	(−2.620)	(0.120)	(3.991)	(−2.439)	(−3.264)	(1.300)	(−1.833)
size	−0.001	0.005 ***	0.010 **	−0.002 **	0.003 **	0.009 ***	0.019 ***	0.001
	(−1.094)	(3.065)	(2.501)	(−1.970)	(2.409)	(3.844)	(3.357)	(0.363)
lev	−0.014 ***	−0.024 **	−0.157 ***	−0.013 ***	−0.001	0.002	−0.135 ***	−0.001
	(−3.357)	(−1.999)	(−5.496)	(−2.941)	(−0.180)	(0.0948)	(−3.166)	(−0.151)
risk	0.001	0.028 ***	−0.070 **	−0.003	−0.024 ***	−0.010	−0.056	−0.0258 ***
	(0.256)	(2.614)	(−2.407)	(−0.547)	(−3.320)	(−0.662)	(−1.280)	(−2.831)
ios	−0.001 **	0.001	−0.003 ***	−0.001 *	−0.001	0.012 *	−0.001	−0.001
	(−2.016)	(0.0344)	(−3.050)	(−1.785)	(−1.423)	(1.831)	(−0.439)	(−1.333)
growth	0.001 *	0.005 ***	0.006 **	0.001	0.001	0.002	0.006 *	0.001
	(1.915)	(3.097)	(2.465)	(1.158)	(1.390)	(1.003)	(1.762)	(0.890)
ceo	0.0114	4.337	−1.676	−0.006	0.032	9.234	7.330	−0.004
	(0.213)	(0.962)	(−0.273)	(−0.105)	(0.448)	(1.473)	(0.799)	(−0.0559)
year	yes	yes	yes	yes	yes	yes	yes	yes
ind	yes	yes	yes	yes	yes	yes	yes	yes
policy	yes	yes	yes	yes	yes	yes	yes	yes
$Adj-R^2$	0.394	0.299	0.351	0.381	0.195	0.358	0.291	0.198

表6报告了假设2的实证检验结果,解释变量CROA与EVA的回归结果基本一致。CV与CROA和EVA在全样本及高中低三组均呈负相关关系。本文认为,央企的自身属性和对声誉的维护决定了中央政府作为终极控制人没有动机对上市公司进行"掏空"获取控制权私利而损害企业绩效,此外,政府监管、媒体监督以及政治激励等措施也会抑制这种行为。但在中度竞争组二者的负相关关系不显著,这表明,两权分离程度越深,央企绩效表现越好,即央企控股上市公司两权分离程度不会对企业绩效造成负面影响,假设2成立。①

表6 假设2的实证检验结果

	CROA				EVA			
	total	h	m	l	total	h	m	l
cons	0.071 ***	0.092 ***	0.061	−0.105 ***	0.007	0.059 **	−0.274 *	−0.214 ***
	(4.121)	(4.379)	(0.540)	(−2.887)	(0.312)	(2.082)	(−1.704)	(−4.206)

① 该结论与多数研究结论相悖,如谷祺等(2006),崔学刚等(2011)。但也有研究成果没有得到两权分离与企业绩效的负相关的结论,如王雷、党兴华和杨敏利(2010)等。

	CROA				EVA			
	total	h	m	l	total	h	m	l
CV	−0.020 ***	−0.018 ***	−0.029	−0.034 **	−0.021 ***	−0.025 ***	−0.016	−0.013
	(−4.077)	(−3.212)	(−1.501)	(−2.781)	(−3.117)	(−3.246)	(−0.555)	(−0.728)
size	−0.001	−0.002 *	0.006	0.005 ***	0.003 **	0.001	0.017 ***	0.010 ***
	(−0.896)	(−1.698)	(1.434)	(3.225)	(2.444)	(0.345)	(2.634)	(4.078)
lev	−0.015 ***	−0.014 ***	−0.149 ***	−0.026 **	−0.001	−0.001	−0.124 ***	0.002
	(−3.566)	(−3.125)	(−4.737)	(−2.164)	(−0.298)	(−0.244)	(−2.770)	(0.117)
risk	0.002	−0.004	−0.065 *	0.029 ***	−0.023 ***	−0.027 ***	−0.055	−0.009
	(0.417)	(−0.568)	(−1.920)	(2.839)	(−3.198)	(−2.948)	(−1.141)	(−0.609)
ios	−0.001 **	−0.001 *	−0.003 ***	−0.001	−0.001	−0.001	−0.001	0.011 *
	(−2.070)	(−1.915)	(−2.804)	(−0.0968)	(−1.385)	(−1.362)	(−0.664)	(1.831)
growth	0.001 *	0.001	0.005 *	0.005 ***	0.004	0.001	0.005	0.002
	(1.943)	(1.306)	(1.778)	(3.004)	(1.337)	(0.929)	(1.400)	(0.963)
ceo	0.018	−0.010	1.657	4.655	0.051	0.006	11.86	9.304
	(0.329)	(−0.180)	(0.244)	(1.046)	(0.721)	(0.0839)	(1.225)	(1.491)
year	yes	yes	yes	yes	yes	yes	yes	yes
ind	yes	yes	yes	yes	yes	yes	yes	yes
policy	yes	yes	yes	yes	yes	yes	yes	yes
Adj−R^2	0.133	0.141	0.411	0.348	0.167	0.178	0.323	0.331

表 7 报告了第三个假设的实证检验结果。全样本回归结果显示，Vtr^2 系数对 CROA 和 EVA 在 1% 的置信水平下为正，表明终极控制权与央企绩效呈 "U" 形关系，央企绩效随着终极控制权逐渐增大呈现一种先下降后上升的趋势，支持了本文假设 3。这表明，对于实际控制人为中央政府的上市公司，在低度控制情况下，政府不能取得上市公司的全部控制权，"政治关联" 难以发挥效率促进作用，公司依靠市场化的公司治理能够稳定运营；随着终极控制权增大且不能达成绝对控制时，制衡作用降低，存在着短期行为有损公司绩效；政府控制权继续增大，达成绝对控制而不存在股权制衡影响时，上市公司受到政府的监督与支持，经营状况稳定，企业绩效得以提升。分组回归结果显示，对于解释变量 CROA，不同竞争程度下该 "U" 形关系仍然成立，尤其在高度竞争性行业和低度竞争性行业下的 "U" 形关系更为明显；然而，对于 EVA，该 "U" 形关系仅在高度竞争行业成立。这说明在高度竞争性行业中作为外部影响因素的政府，其控制权结构对企业绩效的作用更加明显，政府更应该优化其控制权结构，促进高度竞争行业的可持续发展能力。

表 7 假设 3 的实证检验结果

	CROA				EVA			
	total	h	m	l	total	h	m	l
cons	0.094 ***	0.110 ***	0.024	−0.018	0.025	0.067 **	−0.278 **	−0.156 **
	(4.971)	(4.960)	(0.273)	(−0.383)	(0.976)	(2.243)	(−2.081)	(−2.383)
Vtr	−0.109 ***	−0.106 ***	−0.462 **	−0.205 ***	−0.102 **	−0.099 *	0.127	−0.150
	(−3.291)	(−2.775)	(2.00)	(−2.634)	(−2.291)	(−1.930)	(0.384)	(−1.375)

续表

	CROA				EVA			
	total	h	m	l	total	h	m	l
Vtr^2	0.148***	0.164***	0.349	0.221***	0.131***	0.148**	-0.420	0.154
	(3.951)	(3.654)	(1.446)	(2.838)	(2.596)	(2.459)	(-1.134)	(1.421)
size	-0.002*	-0.003***	0.009**	0.002	0.002	-0.001	0.019***	0.008***
	(-2.213)	(-2.667)	(2.391)	(1.085)	(1.570)	(-0.268)	(3.461)	(3.179)
lev	-0.014***	-0.013***	-0.160***	-0.019	-0.001	-0.001	-0.132***	0.005
	(-3.214)	(-2.938)	(-5.347)	(-1.573)	(-0.0577)	(-0.116)	(-2.964)	(0.330)
risk	0.002	-0.003	-0.073**	0.023**	-0.0236***	-0.025***	-0.059	-0.013
	(0.349)	(-0.435)	(-2.531)	(2.195)	(-3.238)	(-2.769)	(-1.393)	(-0.885)
ios	-0.001*	-0.001	-0.003**	0.002	-0.001	-0.001	-0.003	0.013**
	(-1.833)	(-1.602)	(-2.605)	(0.451)	(-1.248)	(-1.123)	(-0.0219)	(2.039)
growth	0.001	0.001	0.006***	0.004**	0.001	0.0018	0.006*	0.002
	(1.627)	(0.860)	(2.634)	(2.533)	(1.160)	(0.616)	(1.881)	(0.818)
ceo	0.039	0.025	-2.755	4.097	0.067	0.039	6.845	8.844
	(0.720)	(0.456)	(-0.472)	(0.916)	(0.937)	(0.527)	(0.786)	(1.413)
year	yes	yes	yes	yes	yes	yes	yes	yes
ind	yes	yes	yes	yes	yes	yes	yes	yes
policy	yes	yes	yes	yes	yes	yes	yes	yes
Adj-R^2	0.136	0.152	0.399	0.350	0.165	0.178	0.495	0.336

表8报告了第四个假设的实证检验结果，解释变量CROA与EVA的回归结果基本一致。在控制了资产规模、财务杠杆、经营风险等因素后，央企上市公司的控制层级与绩效变量CROA和EVA均在1%置信水平下呈显著的正相关关系，这与苏坤（2013）等学者对政府控制企业的控制层级与绩效关系的研究所得结论基本一致。这表明，控制层级的增加使控制权偏向公司经理层，上市公司能够更好实现市场化、公司化治理，提升企业绩效。但是进一步的分组回归结果表明，这种正相关关系只在高度竞争性行业显著成立，中度竞争与低度竞争性行业均不显著。本文认为，一方面，我国中度或低度竞争性行业多具有自然垄断或行政垄断属性，处于该领域的央企上市公司由于肩负一些政府责任，通常难以脱离实际控制人的行政干预；另一方面，低度竞争领域的垄断特质会加剧多层代理导致的信息不对称，增加监督成本，使政企分离，难以实现效率促进作用，假设4成立。

表8　假设4的实证检验结果

	CROA				EVA			
	total	h	m	l	total	h	m	l
cons	0.031*	0.045**	-0.009	-0.114**	-0.04	0.003	-0.291**	-0.174**
	(1.737)	(2.056)	(-0.105)	(-2.188)	(-1.397)	(0.0962)	(-2.394)	(-2.428)
Ly	0.004***	0.005***	0.002	0.002	0.004***	0.005***	0.005	-0.004
	(4.089)	(4.779)	(0.261)	(0.604)	(3.164)	(3.743)	(0.573)	(-0.931)

	CROA				EVA			
	total	h	m	l	total	h	m	l
size	−0.002	−0.001	0.008	0.004**	0.003**	0.001	0.018**	0.008**
	(−0.346)	(−0.874)	(1.707)	(2.372)	(2.822)	(0.984)	(2.812)	(3.116)
lev	−0.015***	−0.014***	−0.152***	−0.024	−0.002	−0.002	−0.132***	0.005
	(−3.541)	(−3.198)	(−4.592)	(−1.947)	(−0.279)	(−0.295)	(−2.827)	(0.328)
risk	0.003	−0.003	−0.074**	0.030***	−0.022**	−0.025***	−0.056	−0.013
	(0.537)	(−0.451)	(−2.193)	(2.768)	(−3.110)	(−2.802)	(−1.178)	(−0.831)
ios	−0.001*	−0.001*	−0.004**	0.001	−0.001	−0.001	−0.002	0.012*
	(−1.954)	(−1.833)	(−3.079)	(0.211)	(−1.297)	(−1.264)	(−0.877)	(1.956)
growth	0.001*	0.001	0.005**	0.004***	0.001	0.003	0.006	0.002
	(1.937)	(1.328)	(1.998)	(2.756)	(1.333)	(0.922)	(1.540)	(0.993)
ceo	0.011	−0.024	1.722	4.074	0.044	−0.0061	1.9001	0.070
	(0.207)	(−0.433)	(0.251)	(0.889)	(0.624)	(−0.0813)	(1.229)	(1.599)
year	yes	yes	yes	yes	yes	yes	yes	yes
ind	yes	yes	yes	yes	yes	yes	yes	yes
policy	yes	yes	yes	yes	yes	yes	yes	yes
Adj−R²	0.133	0.150	0.398	0.322	0.167	0.181	0.324	0.332

（三）稳健性检验

为证明实证结果的稳健性，本文另采用非平衡面板数据对模型（1）～（4）进行检验，回归结果与本文实证结果基本一致。因篇幅所限，以上稳健性检验的相关结果未列出。

另外，为检验假设 1 实证研究的稳健性，构建模型（5）考察国有终极持股比例与企业绩效关系。对于国有终极持股比例分控股与参股两种情况分别进行稳健性检验。鉴于描述性统计中央企业股权比例在国有控股下（Vote1 与 Vote2）的均值为 48.67%，中位数为 47.3%，本文以国有终极持股比例是否达到 47% 为界限，当 Vote < 47% 时，$V_1 = 1$，否则为 0；当 Vote ≥ 47%，$V_2 = 1$，否则为 0，构建模型进行检验。央企股权比例在国有参股下（Vote3 与 Vote4）的均值是 20.23%，中位数是 20.18%，本文以股权比例是否达到 20% 为界限，当 Vote < 20% 时，$V_3 = 1$，否则为 0；当 Vote ≥ 20%，$V_4 = 1$，否则为 0。稳健性检验结果与本文结论一致。

由于央企上市公司两权分离程度较低，为验证假设 2 实证研究结果的稳健性，构建模型（6）考察两权分离与企业绩效的关系。设置哑变量 Sep，当采用分离型控制时，Sep = 1，否则取 0，构建模型进行检验，实证结果与本文结论一致。

为检验假设 3 与假设 4 实证结果研究的稳健性，构建模型（7）来验证控制层级以及控制权程度与企业绩效先升后降的关系。鉴于描述性统计中，央企控制权比例的均值为 43.35%，中位数为 44.69%，本文以控制权是否达到 45% 为界限，当 Vtr < 45% 时，$Vt_1 = 1$，否则为 0；当 Vtr ≥ 45% 时，$Vt_2 = 1$，否则为 0。构建模型进行检验，实证结果与本文结论一致。

$$Perf_i = \alpha_0 + \beta_{1i}V_i + c_n Control + \varepsilon_i \tag{5}$$

$$Perf_i = \alpha_0 + \beta_2 Sep + c_n Control + \varepsilon_i \tag{6}$$

$$Perf_i = \alpha_0 + \beta_{1i}V_{ti} + \beta_{2i}V_{ti} + c_n Control + \varepsilon_i \tag{7}$$

五、研究结论与政策建议

后金融危机时代央企在不同业务领域都实现了迅速扩张，然而不同行业之间的绩效表现却有较大差距，近年来，央企绩效增速愈发缓慢，运营效率有待提高。在全面深化改革的历史背景下，十八届三中全会明确提出发展混合所有制经济，在推动"混合所有制改革"过程中实现产权多元化、优化治理结构、提升企业绩效的目标。本文从终极产权——国有终极持股比例与终极控制权结构的角度出发，以经营绩效表现作为考核标准，研究了不同行业竞争环境下，终极产权安排对央企绩效产生的影响。研究结果表明，不同国有终极持股比例对在不同行业竞争程度下的央企上市公司具有显著差异，对于高度竞争性行业，国有终极持股比例较低的企业较持股比例较高的企业（尤其是国有绝对控股）绩效表现更好；而对于低度竞争或垄断性行业，国有终极持股比例较高的企业较持股比例较低的企业（尤其是国有较多参股）绩效表现更好。以股权结构为起点的央企治理结构中，适当的两权分离有助于增强企业活力，优化企业绩效。政府终极控制权与企业绩效表现呈现显著的"U"形关系，即通过政府绝对控制或降低控制力度对央企上市公司的企业绩效都有显著提升。在高度竞争性行业，通过多层代理的方式实现政府控制，使其受市场影响较大，能够有效提升央企绩效。

面对央企普遍存在的复杂的业务结构与尚未明晰的管理体制，应该重新定位国有企业，实现分类改革、分类监管与务实有序推行"混合所有制改革"。本文研究结论表明，在新一轮国企改革启动之际，应梳理并厘定央企所属的不同行业竞争环境，根据竞争性行业与非竞争性行业中央政府的终极持股比例与控制程度及其控制方式对绩效表现的不同影响，战略性部署央企改革、脱困的具体路径，绩效导向下中央企业分类改革思路如图2所示：明确不同行业中管控机构和监督机构的角色定位与权责范围，视行业竞争特征而确定是否引入非公经济、改进运营效率与完善公司治理，旨在实现央企的内部治理结构与外部竞争性环境的良性互动。具体而言：

在高度竞争性行业，首先，通过市场经济激发企业活力，允许非公资本参股，充分利用民间资本和外资，通过资本融合实现股权结构多元化、合理化，实现新的竞争优势，通过有效的股权安排发展混合所有制经济，提升企业绩效。其次，央企上市公司适当增加两权分离程度，通过多层代理降低政府控制力度，使央企参与市场竞争，提升企业绩效。此外，贯彻落实以管资本为主的国有资产监督机制，明确政府的监督者角色，设计有效的绩效考核方式，确保国有资产的经营效率与增值能力。2014年国资委选择两家央企作为"发展混合所有制经济"的试点企业，截至2015年2月，改革试点得到落实；2015年两会的政府工作报告指出"要准确界定不同国企功能，分类推进改革"，即国企在不同行业的公司治理与改革中的关键作用是不同的，报告指出对于竞争性行业，减少国有终极持股比例，挖掘各类资本的潜力，积极通过"混合所有制改革"与完善公司治理结构增强企业活力，本文研究结论恰好说明了这一点。

在低度竞争或者垄断性行业，首先，由于低度竞争性行业或垄断行业多属资源型或自然垄断型等关键行业，仍需要加大政府的绝对控制力度，重视政府对该领域的调控作用，在国有股权比例上实现国有控股，以实现关键领域的资源配置，可适当延后推行"混合所有制改革"。2015年两会政府工作报告指出，针对提供公共产品或服务的行业，政府仍应加强指引作用，本文指出在低度竞争性行业保持较高的国有终极持股比例印证了这一点。其次，央企上市公司应适当增加两权分离程度，但是该领域的央企上市公司由于肩负一些社会责任而难以脱离实际控制人的行政干预，因此，应避免多层代理导致的信息不对称等对企业绩效提升的抑制作用。最后，重视对国有资本保值增值的硬性要求，国资监管机构应以绩效考核为导向，完善以 EVA 为基础的经营绩效评价机制，重视国有资本的保值增值，防范国有资产流失并落实国有资本经营预算制度的实施；由于国有资产在非竞争性领域的运营受到一定程度的政府影响，应该更侧重加强国有资本经营预算制度对该领域国有资本运营的约束作用，防止非效率投资等损害经营绩效与效率的行为。

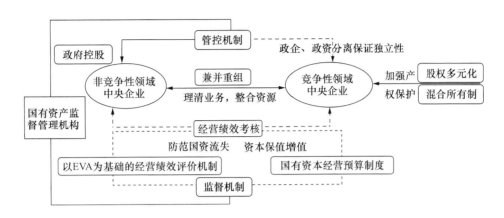

图 2　绩效导向下中央企业分类改革思路

参考文献

［1］Shleifer & Vishny. Large Shareholder and Corporate Control［J］. Journal of Political Economy，1986，94（3）：461 - 488.

［2］Porta R. L. ，Lopez - De - Silanes F. ，& Shleifer A. Corporate Ownership Around the World［J］. Journal of Finance，1999，54（2）：471 - 517.

［3］Faccio M，& Larry H. P. L. The Ultimate Ownership of Western European Corporations［J］. Journal of Financial Economics，2002，65（3）：365 - 395.

［4］刘芍佳，孙霈，刘乃全. 终极产权论、股权结构及公司绩效［J］. 经济研究，2003，9（4）：51 - 62.

［5］季晓南. 努力实现国有企业与资本市场的良性互动发展［J］. 资本市场，2009（2）：19 - 23.

［6］许小年. 以法人机构为主体——建立公司治理机制和资本市场［J］. 改革，1997（5）：28 - 34.

［7］吴淑琨. 股权结构与公司绩效的"U"形关系研究——1997~2000 年上市公司的实证研究［J］. 中国工业经济，2002（1）：80 - 87.

［8］Kang D. L. ，& Serensen A. B. Ownership Organization and Firm Performance［J］. Annual Reviews of Sociology，1999（25）：121 - 144.

［9］杨红英，童露. 论混合所有制改革下的国有企业公司治理［J］. 宏观经济研究，2015（1）：44 - 53.

［10］陈晓，江东. 股权多元化、公司业绩与行业竞争性［J］. 经济研究，2000（8）：28 - 35.

［11］李维安，钱先航. 终极控制人的两权分离、所有制与经理层治理［J］. 金融研究，2010（12）：80 - 97.

［12］魏志华，王毅辉，李常青. 股权结构、行业竞争性与公司绩效——基于产出效率角度的经验证据［J］. 上海立信会计学院学报（双月刊），2009（3）：62 - 71.

［13］李亚静，朱宏泉，黄登仕，周应峰. 股权结构与公司价值创造［J］. 管理科学学报，2006（5）：69 - 78.

［14］Berle A. ，& Gardiner M. The Modern Corporation and Private Property［J］. NewYork：Macmillan，1932.

［15］罗党论，唐清泉. 金字塔结构、所有制与中小股东利益保护——来自中国上市公司的经验证据［J］. 财经研究，2008（9）：132 - 142.

［16］刘运国，吴小云. 终极控制人、金字塔控制与控股股东的"掏空"行为研究［J］. 管理学报，2009（12）：1661 - 1669.

［17］李善民，王德友，朱滔．控制权和现金流权的分离与上市公司绩效［J］.中山大学学报（社会科学版），2006（6）：88-96.

［18］王雷，党兴华，杨敏利．两权分离度、剩余控制权、剩余索取权与公司绩效——基于两类国有上市公司的实证研究［J］.管理评论，2010（9）：24-35.

［19］夏冬林，朱松．金字塔层级与上市公司业绩［J］.管理学家（学术版），2008（2）：120-129.

［20］苏坤．金字塔层级对公司经营绩效的影响研究——基于产权性质差异的视角［J］.南京审计学院学报，2013（5）：81-87.

［21］姜付秀，刘志彪．行业特征、资本结构与产品市场竞争［J］.管理世界，2005（10）：74-81.

新常态经济下工业化评价模型的构建与实证

王 戈

（哈尔滨商业大学经济学院 哈尔滨 150028）

一、引言

我国经济增长告别两位数增长，进入次高增长阶段，被认为是中国新常态经济的首要表现。[1]作为经济增长的主要驱动力，近两年工业运行一定程度上呈现增速趋缓、工业结构趋优的新特征，显现出走向工业经济新常态的阶段性变化的迹象。[2]以前依靠高投资来拉动经济的增长方式迫切需要改变。基于这样的背景，本文试图通过构建评价指标体系的方法，来尝试测度新常态经济下，工业发展的水平是否合理。同时，通过实证分析找出不同地区工业化发展水平的特点，并针对其特点提出对策建议。

二、新常态经济下工业化测度的指标体系构建

（一）指标体系的设计原则

改革开放以来，我国工业化发展取得了举世瞩目的成就，同时也伴随着大量的问题，比如环境污染、耕地破坏、水土流失等。如何对新常态经济下我国工业化程度进行评价是现阶段的一个主要任务。为了能科学评价我国工业化发展的合理化程度，需要遵循科学性、全面性的原则建立一套综合的评价指标体系。

首先，制定评价指标体系是为了能够科学测度新常态经济下工业化发展水平，因此在构建评价指标体系时应该遵循我国经济发展处于新常态经济的含义及其特征，具有合理的层次结构。

其次，由于工业化涉及社会、经济、科技、环境、信息等各方面，因此指标需要覆盖工业化涉及的各个方面，从而保证该指标体系能够科学地反映现阶段工业化的水平。因此，在设计评价体系指标时，应全面均衡考虑工业化发展的综合性因素，且还要选取可以量化的数据指标。

最后，指标体系要能突出体现新常态经济的特点，因此不仅要关注传统的工业化发展水平的指标，如GDP、城市化率和工业总产值等经济效益类的指标项，更要突出资源消耗和环境污染

[作者简介] 王戈，博士，副教授，研究方向：规制经济学。

类的指标项，对工业化进行多维度的综合评价。特别是在评价指标体系中，要体现有理有据以及辩证统一。

（二）指标体系内容

对新常态经济下工业化发展水平的评价可以分为工业化进程、结构效益、经济效益、工业集中度、资源利用和环保能力六个维度，即六个准则层。在每个准则层下遵循指标选取的科学性、全面性和新常态经济内涵的特点，选择比较具有代表性和前人使用频度较高的指标，来构建新常态经济下工业化发展的测度评价指标体系。具体指标参见表1。

表1　新常态经济下工业化评价指标体系权重

目标层	准则层	指标层	标准值	权重
新常态经济下工业化测度	M1 工业化进程	X1——人均 GDP（元）	35000	0.18
		X2——城市化率（%）	80	0.12
		X3——工业增加值占第一、第二产业增加值的比重（%）	70	0.04
		X4——工业增加值增长速度	15	0.06
	M2 结构效益	X5——城乡居民人均纯收入之比	2	0.03
		X6——城乡恩格尔系数之比	1	0.05
		X7——第二产业增加值占 GDP 比重（%）	40	0.05
		X8——第三产业增加值占 GDP 比重（%）	50	0.05
		X9——第二、第三产业从业人员比重（%）	80	0.08
	M3 经济效益	X10——大中型工业企业总资产贡献率（%）	20	0.03
		X11——大中型工业企业成本费用利润率（%）	12	0.03
		X12——大中型工业企业产品销售率（%）	100	0.03
	M4 工业集中度	X13——国有及国有控股工业企业销售收入（亿元）	15000	0.05
		X14——国有及国有控股工业企业销售收入占规模工业销售收入的比重（%）	30	0.05
	M5 资源利用	X15——单位工业增加值能耗（吨标准煤/万元）	1.5	0.03
		X16——森林覆盖率（%）	40	0.01
		X17——万元工业增加值取水量（吨/万元）	40	0.02
		X18——单位土地产出率（万公顷/亿元）	2	0.02
	M6 环保能力	X19——工业固体废物综合利用率（%）	90	0.02
		X20——工业废水排放达标率（%）	95	0.02
		X21——工业烟尘去除量（万吨）	2000	0.01
		X22——工业废物处置率（%）	40	0.02

（三）指标权重确定

新常态经济下的工业化水平综合评价指标中对于权数的确定，即每个指标重要程度的确定是关键，因为这将影响最终的综合评价结果。鉴于此，本文利用层次分析法对各个指标进行权重确定。

层次分析法（Analytic Hierarchy Process，AHP）是美国匹兹堡大学教授 Saaty T. L. 20 世纪 70 年代初提出的一种定性与定量分析相结合的运筹学分析方法[3]。该方法是将与决策有关的因子和元素分解成目标、准则、方案等有序的层次结构，在此基础上进行对比分析，再用以制定决策。

要运用层次分析法构建新常态经济下工业化测度的评价指标体系，需要按照以下步骤：[4]

首先，建立新的判断矩阵。具体方法是先把需要采用的指标的重要程度进行逐一比对，此时，需要采纳 AHP 方法。具体而言，需要借助九分位相对重要的比例尺度判断陈列指标项的重要程度，经过比较之后，可以得到预期的判断矩阵。而所得到矩阵的功能就是呈现重要性的大小，即在相同层次以内的不同指标的重要性可以凭借评分值形式展示出来。而关于判断矩阵中所涉及的判断值，则由此领域的专家来判断。

其次，对各指标的相对权重进行计算。第一步需要先得出之前构建的判断矩阵的几何平均数；第二步计算出各个采纳的评价指标的重要性的权数；在此计算基础上，可以得到判断矩阵的特征向量。具体计算方法所参照的公式如下：

$$\overline{a_i} = \sqrt[n]{a_{i1} a_{i2} \cdots a_{in}} \tag{1}$$

$\overline{a_i}$ 表示每行的平均数，n 表示指标数，$\omega_i = \dfrac{\overline{a_i}}{\displaystyle\sum_{k=1}^{n} \overline{a_k}}$

$W = (\omega_1, \omega_2, \cdots, \omega_n)$ 就是上文所提到的判断矩阵的特征向量。

最后，需要对判断矩阵进行一致性检验。检验之前，需要先通过公式（2）求出判断矩阵的最大特征根：

$$\lambda_{max} = \frac{1}{n} \sum_{i=1}^{n} \frac{(AW)_i}{W_i} \tag{2}$$

同时，还需要利用公式（3）来求出判断矩阵的一致性指标。

$$C.\,I. = \frac{\lambda_{max} - n}{n - 1} \tag{3}$$

在得出最大特征根和一致性指标 C. I. 之后，再利用构建的判断矩阵来计算出随机一致性比率，参见公式（4）：

$$C.\,R. = \frac{C.\,I.}{R.\,I.} < 0.10 \tag{4}$$

在进行一致性检验的过程中，当出现一致性比率不能低于 0.10 情况时，可视为不理想的判断矩阵，就需要重新赋值，再进行一致性检验，直到通过为止。

采纳层次分析法，即可整理出表 1，即新常态经济下工业化测度的一级和二级指标权数。

三、新常态经济下工业化评价的实证分析

（一）数据的收集和评价模型

首先，关于数据样本的选取，拟选取全国（西藏、港澳台除外）30 个省市的工业化进程进行评价。关于数据的来源，主要参考《中国统计年鉴》、《中国工业统计年鉴》以及《中国环境年鉴》。

其次，关于实证分析所采纳的评价模型。为获得评价新常态经济下我国及地区工业化的总体量化标准，需要先建立相应数学模型。鉴于综合评价指标体系的核心就是甄别指标以及评价指标的重要性，因此关键是确立各指标的标准值和实际值，并对其赋权，即对指标赋予权数，在此基础上，最终求出总指数[5]。具体计算公式如下：

$$K = \frac{\sum [X_i / X_{i0}] \times f_i}{\sum f_i} \tag{5}$$

在公式（5）中，"工业化进程综合评价指数"用 K 来表示，而指标值用 X_i 表示，X_{i0} 为标准值，f_i 为各指标权重。标准值为前文设计的各指标评价标准，权数采用层次分析法确定的权重，指标值为某地某年的实际值。这样推算出来的 K 值，已反映出各地区工业化发展水平，且满足了可比性原则，以便于地区之间的横向对比以及聚类分析。

（二）新常态经济下工业化水平的综合评价及聚类分析

通过构建的综合评价指标体系进行测算，可以得出工业化综合评价指数（具体请参考表2）。基于如下的综合评价指数 K，可以对我国各地区的工业化发展水平进行一个初步的分类，通过分类比对，可以总结出新常态经济下工业化发展的区域化特点。

表2　2013 年各地区工业化水平测度

排名	地区	综合评价指数 K
1	广东	1.711
2	上海	1.632
3	江苏	1.621
4	北京	1.591
5	天津	1.253
6	浙江	1.242
7	山东	0.961
8	辽宁	0.902
9	福建	0.897
10	湖北	0.851
11	内蒙古	0.791
12	黑龙江	0.782
13	陕西	0.773
14	四川	0.745
15	河北	0.728
16	河南	0.714
17	重庆	0.698
18	吉林	0.696
19	安徽	0.687
20	湖南	0.681
21	山西	0.679
22	宁夏	0.671
23	青海	0.663
24	江西	0.657
25	新疆	0.634
26	广西	0.617
27	贵州	0.609
28	云南	0.595
29	甘肃	0.583
30	海南	0.580

总体上，全国 30 个地区 2013 年的工业化的综合发展水平测度指数呈现出以下特点：

（1）工业化水平测度指数在不同的地区存在着显著的差异性。2013 年我国工业化指数最高地区广东省和最低地区海南省工业化进程综合评价指数相差 1.131，说明我国工业化发展存在明显不平衡，工业化发达地区和欠发达地区差异显著。

（2）从整体的排序结果可以看出，广东、上海、江苏、北京的工业化进程发展指数均大于1.5，可以判定这4个地区处于过度工业化阶段，应该在工业化进程中对这四个地区进行适当控制，避免出现严重环境污染问题。天津、浙江的工业化进程发展指数处于［1，1.5］，说明这两个地区的工业化水平处于高级阶段，已经基本实现工业化。山东等21个省份工业化进程发展指数处于区间［0.6，1］，说明这21个地区的工业化水平处于中级阶段，应该继续发展工业化进程。而云南、甘肃和海南三个省份处于工业化程度欠发达地区。

本文通过SPSS对所得到30个省份的数据进行聚类分析。采用系统聚类法对样本进行聚类，距离采用欧式距离。得到的树形图如图1所示。

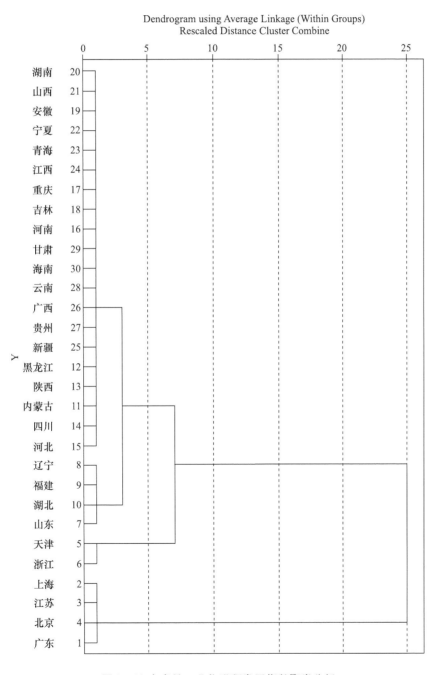

图1　30个省份工业化进程发展指数聚类分析

从图 1 可以看出，我国 30 个省份工业化发展水平可以分为四类，广东、北京、江苏、上海为第一类，天津、浙江为第二类，湖北、福建、辽宁、山东为第三类，其余 20 个省份为第四类。综合前文研究可以看出，在分类中与前文得到的结果基本相同。第一类为过度工业化省份，即污染严重的工业化省份；第二类是处于高级工业化阶段的省份；第三类是处于领先地位的工业化中级阶段的省份；第四类是工业化中级阶段的省份以及处于初级阶段的三个省份。这样的聚类分析验证了本文所构建的新常态经济下工业化测度指标体系的科学性和可行性。

四、政策建议

对于新常态下的各地区工业化水平进行聚类分析，有利于政府部门制定科学的工业化发展策略，以更好地面对产能过剩、产业结构转型升级和"第三次工业革命"的众多挑战，探求我国工业化发展的内涵式发展道路。

（1）第一类地区。广东、北京、江苏及上海，不仅在产业发展政策上要多向低碳型工业倾斜，还要对现有的工业进行严格监管，制定适当的激励机制来减少和降低污染和能耗问题。

（2）第二类地区。天津、浙江、山东、湖北、福建及辽宁属于工业化发展优势地区。应继续强化区域工业化的特色优势，例如天津、浙江和福建可结合沿海地理区位优势发展工业，此外，还要在既有优势的工业化水平基础上，强化发展高附加值工业。

（3）其余 20 个省区的工业化发展，应结合地方经济特点，分析工业发展缓慢的原因，调整产业结构，寻求适合区域经济发展要求的工业化发展策略。例如：黑龙江省可结合其农业资源丰富的特点，发展食品和农产品的深加工业；内蒙古自治区可结合风力资源丰富的特点，发展风力发电等。

（4）云南、甘肃和海南三个工业化欠发达省份，不能刻意发展工业，而应结合当地资源禀赋，发展适合此地的旅游等服务业，使产业发展与资源保护更好地结合，更有效地促进国家经济的和谐发展。

参考文献

［1］中国经济增长前沿课题组. 中国经济转型的结构性特征、风险与效率提升路径［J］. 经济研究，2013（10）：4－17.

［2］黄群慧. "新常态"、工业化后期与工业增长新动力［J］. 中国工业经济，2014（10）：5－19.

［3］郭亚军. 综合评价理论、方法及应用［M］. 北京：科学出版社，2007.

［4］潘树颖. 我国新型工业化进程统计测度方法及实证研究［D］. 暨南大学硕士学位论文，2012：33－35.

［5］谢春. 中国特色新型工业化水平测度及模式研究［D］. 中南大学博士学位论文，2011.

价格领导制、默契合谋与反垄断规制

——来自中国白酒市场的证据

刘丰波

（福建农林大学管理学院　福州　350002）

一、问题的提出

2004 年，中国白酒产业触底反弹，进入黄金发展时期。这期间白酒企业纷纷涨价，引发多轮涨价潮，2011 年甚至掀起 4 轮涨价潮，是年国家发展和改革委员会等部门两次约谈主要白酒企业和行业协会，但是收效甚微，白酒价格继续上扬，终于在 2011 年春节期间达到最高峰，如贵州茅台的核心产品 53 度飞天茅台酒的价格曾一度高达 2200 元/瓶，约为 2010 年同期的两倍。白酒价格高速上涨之时，正逢中国经济快速发展，居民收入水平和消费能力持续提高，消费观念不断改善，白酒需求上升，而且 2009～2011 年也是中国通胀阶段，生产成本不断上扬，在需求和成本的推动下，白酒价格持续提升，但是需求和成本是否能够充分解释白酒价格的飞速攀升？

价格通常由市场条件决定，当市场条件发生变化之后，产品价格也会改变。在企业调整价格之时，总有一家企业作为"先行者"，所以在现实中，经常可以见到这种情形，一家企业宣布提高产品价格不久之后，竞争对手也宣布提高产品价格。根据直觉理解，这种先后提高价格的行为合乎情理，鲜有人认为这是一种价格合谋。然而，如果两家企业的提价具有先后顺序，而且间隔时间不长，为什么引领提价的企业身份稳定呢？为什么每一次提价之后，企业的产品价格都保持比较稳定的关系呢？为什么企业产品价格"只涨不跌"，为什么表现出强烈的价格刚性和价格柔性呢？白酒行业的历次涨价潮体现出这些特征，白酒行业素有"二线看一线，一线看茅台"之说，各品牌白酒的出厂价保持着比较稳定的关系，而且诸多企业在市场需求上涨之时借机涨价，在需求低迷之时控量保价，以此推动整个行业价格步步上涨，利润节节攀升。因此，白酒市场可能存在价格合谋。

白酒是差异化产品，而产品同质性通常是达成并维持合谋的重要因素之一。产品差异使协调更加困难，增加企业达成合谋、监测其他企业背叛行为的难度，从而降低了合谋稳定性。各国反垄断执法机构也很重视产品同质性在认定合谋中的重要性。《美国横向合并指南（2010 年）》和《欧盟横向合并指南（2004 年）》都强调了产品同质性对于协调效应的重要性。但是，产品差异对合谋的阻碍作用存在争议（Kahn，2007）[1]，且现实有诸多案例表明，即使在产品具有差异时企业也能达成并维持合谋，如 20 世纪 90 年代的荷兰建筑工业卡塔尔案。这说明在差异产品市场

［作者简介］刘丰波，经济学博士，福建农林大学管理学院讲师。

中，合谋并非不可能，存在某些因素能够促进合谋。白酒行业表现出的价格领导制便是重要因素之一。

价格领导制，又称价格跟随，是一种定价方式，指一家企业率先制定或改变价格之后，竞争企业快速跟进，制定相同或相似的价格，或者做出方向相同的调整。价格领导制得以实现的一个重要条件是价格信息公开，如果跟随者无法知悉领导者的提价行为，就无从跟进，价格领导必然失败。现实当中有很多这类案例，"跟风涨价"、"跟进涨价"和"搭车涨价"等字眼经常见诸报端。

对于价格领导制是否会便利合谋，主流观点是肯定的。Lanzillotti（1951）[2]最早提出价格领导制会促进合谋，这受到 Posner 和 Eastbrook（1981）[3]的强烈质疑，他们认为在任何行业，如果将价格提高到边际成本之上，任何企业都由于能够从削价中获得丰厚利润而具有强烈的削价动机，因此价格领导制是不稳定的。Rotemberg 和 Saloner（1990）[4]在企业信息不对称的情形下，通过差异产品双寡头模型表明价格领导制完全有可能促进合谋，从而支持了 Lanzillotti（1951）的观点。Kovenock 和 Widdows（1993）[5]使用差异产品双寡头模型，表明在价格领导制下，企业在不同需求时完全具有不同的表现，需求受到冲击之时，价格表现出刚性，需求上升时，则表现出柔性。Ishibashi（2008）[6]设计了一个具有产能限制的多寡头同质产品模型，研究表明价格领导制提高了合谋的可盈利性。Mouraviev 和 Rey（2011）[7]使用双寡头模型，在企业和产品对称、成本差异和产品差异等多种情形下证明了价格领导制确实便利了合谋。这些研究都是在博弈论的基础上进行研究，最近有学者开始使用数据验证价格领导制对合谋的促进作用，比如，Lewis（2012）[8]、Andreoli – Versbach 和 Franck（2013）[9]分别使用美国中西部汽油市场和意大利汽油市场，从经验分析上证实了价格领导制对合谋的促进作用。Marshall 等（2008）[10]通过分析国际维生素卡特尔的价格领导制表明，价格领导能够促进公开合谋。

以上研究都在产品同质或者存在横向差异的基础上进行分析，没有研究在产品纵向差异的情形下，价格领导制是否会促进合谋。基于此，本文将使用 2006～2012 年中国白酒市场月度数据，通过分析白酒历次涨价潮的原因，判断企业之间是否存在价格领导制，价格领导制是否促进合谋，并识别出价格领导者。研究表明，中国白酒市场的提价数据支持白酒市场中存在价格领导制，白酒企业的提价决策深受竞争对手提价行为影响，而且白酒企业会在距离上次提价达到一定时间之后"不约而同"地提高价格，进一步的研究表明中国白酒市场的价格领导者为贵州茅台，这表明中国白酒市场可能存在通过价格领导制形成的默契合谋。根据白酒市场的结论可知，在纵向差异产品下，价格领导制也会便利合谋。

二、价格领导制便利合谋的机理分析

对于价格领导制对合谋的促进作用，可以从信息交换角度进行理解。价格领导制一般通过公开的价格宣布来达成，这是一种信息交换形式，可以消除企业协调定价的不确定性。价格领导者宣布提高价格，向其他企业传递了涨价信息，可以观察到其他企业的反应，如果其他企业没有跟进，或者没有达到价格领导者的预期，那么领导者可以放弃涨价。在跟随者知悉领导者的提价宣告之后，会预期到如果不跟进涨价，领导者会放弃涨价，自己并不能够通过领导者的涨价获得更大的市场份额，如果跟进涨价，领导者会维持涨价，自己也可以享受到高价带来的好处，因此跟随者的理性选择就是跟进涨价。

这里借鉴 Mouraviev 和 Rey（2011）[7]使用的一个简单博弈模型，说明价格领导制对于合谋的促进作用,限于篇幅,在同质产品的情形下进行分析①。假设市场上有两家企业生产完全相同的两种产品,而且边际成本均为零,可知在伯川德竞争下,两种产品的价格为零,两企业平分市场,均获得零利润。如果两者合谋,将价格设置为 p,且行业合谋利润为 π^c,根据纳什讨价还价解可知,两者的利润各为一半。在一次博弈中,企业有强烈的背叛动机,从而合谋不稳定。在无限期重复博弈中,企业维持合谋的动机为

$$\frac{1}{2}\sum_{t=0}^{\infty}\delta^t\pi^c \geq \pi^c \tag{1}$$

其中,$\delta \in [0, 1]$ 为折现因子,表示未来利润与当期利润的价格,δ 越大,表示企业越具有耐心。该条件可以简化为 $\delta \geq 1/2$,这说明在同时定价时,当且仅当企业均分市场利润,且企业具有较高的耐心时,才有激励维持合谋。

下面分析在价格领导制下企业维持合谋的激励条件。沿用 Hamilton 和 Slutsky (1990)[11] 扩展的价格博弈,将每期博弈分为两个阶段:第一阶段,企业选择是否设定价格;第二阶段,对第一阶段没有设定价格的企业设定价格。企业设定价格之后不可撤销,并且为消费者和其他企业所知悉。在该博弈下,每家企业均有两个战略,即 S_i =(第一阶段定价,第二阶段定价)。博弈共有四个战略组合:(第一阶段定价,第一阶段定价)、(第一阶段定价,第二阶段定价)、(第二阶段定价,第一阶段定价)和(第二阶段定价,第二阶段定价)。即企业既可以同时设定价格,也可以先后设定价格。这里将先设定价格的企业称为价格领导者,后设定价格的称为价格跟随者。如果企业设定的价格相同,则企业按照协议来划分市场利润。

同时设定价格的情形与上文分析相同。这里分析价格领导制下,各企业维持合谋的动机。①先看价格领导者维持合谋的激励。由于价格跟随者可以在当期观察到领导者的价格,如果领导者将价格设定为合谋价格,则跟随者可以看出领导者的合作态度,从而进行匹配;如果领导者设定的价格低于合谋价格,那么跟随者知道领导者是非合作的,就会设定一个稍低一点的价格,并获取所有市场需求和利润。也就是说,如果领导者进行合谋定价,领导者可能获取正利润,而如果领导者进行非合谋定价,则只能够得到零利润。可见,在跟随者的监督之下,价格领导者没有动机背叛合谋。②再看价格跟随者维持合谋的激励。当领导者将价格设定为合谋价格之时,跟随者可以选择匹配,或者将价格稍微设低一点。如果跟随者匹配了价格领导者合谋价格,价格领导者可以看到跟随者的合作意向,并在下期继续将价格定为合谋价格,否则价格领导者将采用冷酷策略,在以后各期进行残酷的价格竞争,将价格定为零。因此,跟随者进行匹配可以得到无限期的合谋利润,而如果选择不匹配,则可以得到当期的行业合谋利润,分别记 α_L 和 α_F 为价格领导者和跟随者在合谋中所能够分配到的利润份额,则跟随者维持合谋的激励条件为

$$\alpha_F\sum_{t=0}^{\infty}\delta^t\pi^c \geq \pi^c \tag{2}$$

即 $\alpha_L = 1 - \alpha_F \leq \bar{\alpha}_L = \delta$。其中 α_i 表示企业 i 能够从合谋得到的利润份额,$\alpha_i \in [0, 1]$ 且 $\sum \alpha_i = 1, i = 1, 2$。对于任何满足 $\alpha_L \in [0, \delta]$ 的利润分配,存在一个均衡,在这个均衡中,两家企业均收取合谋价格,价格领导者获得的利润份额为 α_L,跟随者获得的利润份额为 α_F。因此,只要价格领导者所分配到的利润份额低于折现因子,跟随者就存在激励匹配领导者制定的价格。比较同时定价和价格领导制下,企业维持合谋的激励条件可知,当企业同时设定价格的时候,当且仅当企业均分市场利润,并且 $\delta \geq 1/2$ 之时,企业才会进行合谋;当企业可以采用价格领导制设定价格的时候,只要 $\alpha_L \in [0, \delta]$,那么对于任何 $\delta \in (0, 1)$,企业都会进行合谋。可

---

① 作者在另一篇文章使用了纵向差异产品模型,分析了产品存在纵向差异时,价格领导制对于合谋的促进作用,但是限于篇幅,不能够在这里将其完整呈现。

见，价格领导制拓宽了企业维持合谋的范围，即便利了合谋。

三、变量设计和数据描述

本文使用中国白酒市场数据在纵向差异产品的角度，检验价格领导制对合谋的便利作用。中国白酒市场品牌众多，质量差异大，既有几元/瓶的低档白酒，也有上千元/瓶的高端白酒，是一个典型的差异化产品市场。该市场表现出明显的序贯提价行为，从2004年到2012年间，通过数次涨价潮，将白酒价格推到一个很高的水平。尤其是2011年，是年白酒行业经历四次涨价浪潮：2011年1月，茅台涨价约24%，剑南春涨价约6%；3月，水井坊涨价约13%，古井贡酒部分产品涨价3%～25%，汾酒涨价10%～20%；9月，五粮液涨价20%～30%，洋河涨价5%～10%；11月和12月，国窖涨价约40%，红花郎涨价15%～20%，剑南春涨价约16%，水井坊涨价约5%。面对汹汹涨价潮，国家发改委曾两度"约谈"白酒企业和相关协会，均没有取得预期成效。实际上，2011年的白酒涨价潮是由贵州茅台领导的。在茅台涨价之后，剑南春、水井坊和古井贡酒等在较短时间内跟进。其他酒企因为受到第一次"约谈"的影响，未能够及时跟进，五粮液直到9月在双节来临之前才跟进，随后洋河迅速跟随，这时马上遭到第二次"约谈"，其他企业暂时搁浅，延缓到12月。实际上，在白酒发展的黄金8年中，经常可以看见这种集体涨价潮。

（一）变量设计

（1）被解释变量。根据 Seaton 和 Waterson（2013）[12]，价格领导制就是一家企业调整价格之后，另一家企业会在短期内跟进，将价格进行相同方向的调整。中国白酒市场普遍存在这些行为，这种行为既有可能是企业受到共同外部冲击所致，也可能是企业在市场内长期相互影响达成一种默契的合谋。为了检验中国白酒市场的价格领导制是否是由于默契合谋形成的，或者仅仅是企业对外部冲击采取的应对措施，这里根据企业是否提高价格构建虚拟变量作为被解释变量，如果企业在当月提高了出厂价，则为1，否则为0。

（2）解释变量。本文构建两个解释变量：三个月内是否有竞争对手提高价格和提价持续期，即距离上次提价的时间。第一个解释变量直接反映企业的提价行为是否为跟随行为，如果三个月内有竞争对手提高价格，那么该变量等于1，否则等于0。第二个解释变量参考了 Marshall 等（2008）[10]，他们认为公开合谋会定期会面协商提价事宜，直到将价格提到预期位置，这样企业是否提价的选择与离上一次提价的时间相关。相应地，默契合谋虽然不会定期会面协商，但也会定期"心照不宣"地提价，所以在默契合谋中，企业是否提价也与提价持续期相关。Rotemberg 和 Saloner（1990）[4]表明合谋式价格领导制存在一定的价格刚性，但是这个时间不会太长。如果能够验证企业的提价选择与距离上次提价的时间相关，那么可以推测企业可能存在合谋，通过价格领导的方式"不约而同"地提高价格。由于本文使用的是月度数据，选择离上次提价的月数来表示提价持续期。另外，本文还使用了提价持续期的平方来反映其影响是否存在加速行为。

（3）控制变量。为了使计量模型更加稳定，控制住外部冲击对企业提价行为的影响，从需求、成本和市场结构等几个方面构建控制变量。第一个控制变量为短期需求，用销售旺季替代。在重大节假日，由于社会交往，中、高端白酒需求会因为赠送礼品和聚会而增加。本文以国庆、元旦、中秋和春节四个传统节日或者具有重大意义节日的所在月份作为销售旺季。第二个控制变量为长期需求，分别用城镇居民人均可支配收入和农村居民人均可支配收入来替代。随着国民经济的增长，居民收入水平的提高，居民的消费能力不断增强，消费结构不断升级与优化，从而会提高白酒的需求，尤其是中高端白酒。可以预计，需求的增加会推动价格上升，因而其对企业提高出厂价的影响是正向的。第三个控制变量为成本，由于难以获取企业的成本信息，而白酒生产的主要投入品为谷物，因而选择农副产品购进价格指数作为替代变量。随着企业生产成本的增加，企业提价的动机会增强，这也是白酒企业历次提价的主要理由。第四个控制变量为市场集中度。根据产业组织理论，企业的市场势力与市场集中度成正比，市场集中度越高，企业的市场势力越强，可以预计市场集中度的提高会增强企业提价的动机。表1给出了变量的具体定义。

表1　变量定义

	变量	变量标识	定义	数据来源
被解释变量	inp	提价决定	企业在当月提价 =1，否则 =0	公司公告、新闻报道
解释变量	inpc	竞争对手提价	其他企业在三个月内提高价格 =1，否则 =0	公司公告、新闻报道
	duration	提价持续期	距离企业上次提价的月数	公司公告、新闻报道
	$duration^2$	提价持续期的平方	距离企业上次提价的月数的平方	公司公告、新闻报道
控制变量	cr10	市场集中度	销售收入排名前十的企业占白酒行业总收入的比例	中经网统计数据库、中国糖酒年鉴、RESSET
	stdemand	短期需求	如果当月为国庆、元旦、春节和中秋所在月 =1，否则 =0	—
	ltdemand1	长期需求1	以2010年1月为基期的城镇居民人均可支配收入	国家统计局
	ltdemand2	长期需求2	以2010年1月为基期的农村居民人均可支配收入	国家统计局
	cost	成本	以2010年1月为基期的农副产品购进价格指数	国家统计局

注：由于多家企业在2005年初提高价格，所以在计算提价持续期的时候，以2005年1月作为计算基础。①
资料来源：作者整理。

（二）数据说明

本文使用2006年1月至2012年12月中国白酒市场共5个品牌的月度提价数据来检验中国白酒市场是否存在价格领导制，是否促进合谋，并识别价格领导者。数据主要来自公司公告、公司财务报告、新闻报道、中经网数据库、《中国农产品加工年鉴》（2006，2007）、《中国糖酒年鉴》（2006~2011）、国家统计局和RESSET金融研究数据库。

5个品牌为53度飞天茅台酒、52度五粮液、52度国窖1573、52度剑南春和52度水井坊（下文分别简称"茅台"、"五粮液"、"国窖"、"剑南春"和"水井坊"）。之所以选择这5个品

---

① 本文收集数据之时，试图查找2005年甚至更早年份的提价信息，但是囿于当时信息传播的充分性，未能够收集到充足的信息，因而放弃了使用2005年以及更早年份的数据。然而，在收集提价信息的时候，发现有不少媒体报道，包括五粮液等多家企业曾在2005年初提高出厂价。

— 219 —

牌，是因为它们是中国高端、次高端白酒的主要产品，也是其生产企业的主要产品。① 贵州茅台、五粮液、泸州老窖和剑南春在中国白酒行业中占据举足轻重的地位，价格变动对市场具有重大影响。另外一个考量是，这五个品牌是中国白酒市场价格高涨期间提价最为频繁的品牌，每次提价都为社会所关注，因此更容易收集到相应的数据。

关于样本期的选择。2004 年，中国白酒市场刚刚开始复苏，企业选择提高出厂价的频率和幅度都比较低，而且当时信息发展尚不充分，对相关报道较为少见，以至于 2005 年之前的数据难以收集。实际上白酒价格高速上涨的时期为 2007 ~ 2011 年，这段时期已经包含在本文样本期内。鉴于数据的可获得性和重要性，本文选择 2006 年 1 月作为观测的起始点。2012 年 12 月 24日，中央军委委员发布的"禁酒令"和 2013 年 2 月 22 日公布的茅台、五粮液垄断案，对中国白酒市场产生重大冲击。这两件事情发生之后，白酒市场需求萎缩，特别是高端、次高端白酒市场，鲜有企业改变出厂价。可查到的信息有，2013 年 3 月和 8 月，五粮液集团和泸州老窖分别上调五粮液和国窖的出厂价，以及 2014 年 5 月和 7 月，两公司又分别下调五粮液和国窖的出厂价。因此，鉴于"禁酒令"和反垄断案对白酒市场的价格行为产生重大影响，如果将 2013 年和2014 年纳入观测期，可能会影响估计的结果，从而选择 2012 年 12 月作为样本的结束期。

（三）描述性统计

表 2 给出主要变量的描述性统计结果。首先看被解释变量，inp 的均值仅为 0.086，说明在样本期间，白酒企业提价的概率并不高。在样本期内，五个品牌共提价 36 次，其中茅台提价 6次，五粮液、国窖和水井坊各提价 7 次，剑南春提价次数最多，为 9 次。解释变量 inpc 的均值为 0.536，说明约有一半的提价在三个月内有其他企业进行提价。变量 duration 的均值为 7.381，说明企业平均每隔 7 个多月就会提价一次。Rotemberg 和 Saloner（1990）[4] 表明价格领导制具有一定的价格刚性，但是价格刚性的时间不会很长，这里体现了这点。控制变量 cr10 的均值为0.246，跟最大值和最小值差异不大。实际上 2006 ~ 2012 年，中国白酒市场的市场集中度并没有发生很大的变化。短期需求 stdemand 的均值为 0.286，即每年有约 3.4 个月属于销售旺季。② 根据长期需求的代理变量 ltdemand 的均值可以计算出城镇居民人均可支配收入和农村居民人均可支配收入的均值分别为 1437.99 元和 530.07 元，说明城镇居民和农村居民存在较大的收入差距，可能对白酒的需求具有很大差异。成本代理变量 cost 的均值为 1.004，③ 说明在样本期间，农副产品的价格总体上处于上升状态，这抬高了白酒的生产成本。

表 2　主要变量描述性统计

变量	观测数	均值	标准差	最小值	最大值
inp	420	0.086	0.280	0	1
inpc	420	0.536	0.499	0	1
duration （月）	420	7.381	4.910	1	24
cr10	420	0.246	0.272	0.216	0.295

① 根据糖酒快讯的信息，飞天茅台酒占贵州茅台总体销量的 90% 以上，而 52 度水晶装五粮液、52 度剑南春和 52 度国窖 1573 分别占五粮液集团、剑南春集团和泸州老窖总体销量的 50% 以上。52 度水井坊也是水井坊公司的主要产品。http：//info. tjkx. com/detail/1004108. htm。

② 本文将国庆、元旦、中秋和春节所在的月份视为销售旺季，但是国庆和中秋，元旦和春节，有时会在同一个月份，因而根据均值计算出来的销售旺季会小于 4 个月。

③ 这里使用调整 2010 年 1 月为基期的指数进行计算。

变量	观测数	均值	标准差	最小值	最大值
stdemand	420	0.286	0.452	0	1
ltdemand1	420	7.271	0.190	6.910	7.640
ltdemand2	420	6.273	0.294	5.590	6.810
cost	420	1.004	0.011	0.968	1.042

资料来源：作者计算。

四、实证检验与结果

由于被解释变量为二元的，只有提高和不提高出厂价两个选择，因此使用二元选择模型进行估计。鉴于线性概率模型通常存在估计偏差，而且 Logit 模型不要求随机误差项服从正态分布，Logitstic 分布的累计分布函数有解析表达式，选择 Logit 模型构建计量模型，具体为

$$inp_{it} = \beta x'_{it} + \mu_i + \varepsilon_{it} \tag{3}$$

其中，向量 $x_{it} = ($ $inpc_{it}$, $duration_{it}$, $duration_{it}^2$, $cr10_{it}$, $stdemand_{it}$, $ltdemand_{it}$, $ltdemand2_{it}$, $cost_{it})$, μ_i 为个体效应，ε_{it} 为随机误差项。

本文数据同时具有时间维度和截面维度的面板数据，可以选择面板 Logit 模型进行估计。在确定使用何种形式的面板 Logit 模型之时，进行了 Hausman 检验、F 检验和 LM 检验，检验结果均不能够拒绝原假设，因而混合 Logit 模型、固定效应面板 Logit 模型和随机效应面板 Logit 模型的回归都是一致的，但是由于混合回归充分利用 $H_0: \mu_i = \mu$ 的信息，不会损失样本容量，具有更高的有效性（陈强，2014）[13]，因此选择混合 Logit 模型进行回归。本文也对比了三种估计方法下的结果，发现无论是变量的系数，还是几比率（Odds Ratio），抑或是标准误、Z 统计量和 LR 统计量，都非常相近。

从描述性统计的结果也可以看出，白酒提价的概率并不高，这在二元选择模型中，被称为稀有事件（Rare Events）。这种情况会放大 Logit 估计在有限样本时的偏差，而且即便具有数千的样本量，也无法消除偏差，这种偏差被称为稀有事件偏差。解决稀有事件偏差的方法通常有两种：其一为使用 King 和 Zeng（2001a，2001b）[14,15] 提出的稀有事件（Logit Rare Events Logit，ReLogit）模型进行估计，其二为使用互补双对数（Complementary log – log，Clog – log）模型进行估计。运用稀有事件 Logit 模型可以对稀有事件造成的小样本偏差进行估计，而后对系数进行修正，以得到偏差修正估计，同时也改善估计量的标准误。互补双对数模型使用的非对称极值分布具有左偏的性质，也就是说在互补双对数模型中，事件发生趋于 1 的概率要高于趋于 0 的概率，这正与稀有事件的情形相对应。出于稳健性考虑，同时估计了这两个模型。

回归的时候，发现短期需求的替代变量 stdemand 并不显著，但是考虑在现实中白酒企业也往往会在节假日到来之前提高出厂价。因此，回归的时候对变量 stdemand 进行前置一期处理。表 3 左边和右边分别报告了竞争对手提价和提价持续期作为解释变量的估计结果。

先看表格左边的回归结果。回归（1）为混合 Logit 模型的回归结果，为了诊断是否存在模型设定问题，对普通标准误和稳健标准误进行了比较，发现两者非常接近，因此可以大致判断模

型设定正确①。此外，在估计的时候也诊断了模型是否存在异方差，检验结果显示，似然比检验的 p 值为 0.5795，因而不能拒绝同方差的假设，即模型不存在异方差问题。模型的准 R^2 为 0.126，LR 统计量为 30.87，因而整个模型的显著性很高。

表3　中国白酒市场是否存在价格领导制的估计结果

	竞争对手提价				提价持续期			
	(1)	(2)	(3)	(4)	(5)	(6)	(7)	(8)
	Logit	ReLogit	Clog-log	Logit	Logit	ReLogit	Clog-log	Logit
c	-14.91 (-1.08)	-14.54 (-1.09)	-14.76 (-1.14)	0.043 (-8.73)	13.31 (0.80)	11.63 (0.72)	13.45 (0.89)	0.043 (-8.73)
inpc	1.130 ** (2.56)	1.055 ** (2.27)	1.108 *** (2.66)	3.322 *** (2.90)				
duration					0.518 *** (3.86)	0.475 *** (3.62)	0.452 *** (2.99)	3.322 *** (2.90)
duration²					-0.013 ** (-2.28)	-0.012 ** (-2.09)	-0.011 * (-1.82)	
F. stdemand	1.484 *** (3.57)	1.421 *** (3.54)	1.380 *** (3.65)		1.088 *** (2.60)	1.023 ** (2.50)	0.940 ** (2.42)	
cr10	5.270 (0.68)	5.629 (0.74)	4.650 (0.65)		-4.513 (-0.49)	-3.422 (-0.35)	-5.337 (-0.61)	
ltdemand1	4.722 ** (2.39)	4.489 ** (2.28)	4.370 ** (2.45)		4.763 ** (2.14)	4.494 ** (2.06)	4.046 ** (2.26)	
ltdemand2	-0.594 (-0.48)	-0.564 (-0.60)	-0.505 (-0.43)		-0.851 (-0.80)	-0.786 (-0.76)	-0.697 (-0.60)	
cost	-1.787 (-0.33)	-1.665 (-0.34)	-2.130 (-0.43)		9.125 ** (2.01)	8.479 * (1.90)	8.295 * (1.82)	
LR chi2 (8)	30.87	—	31.15	9.88	58.88	—	58.43	9.88
p	0.000	—	0.000	0.002	0.000	—	0.000	0.002
Pseudo R²	0.126	—	—	0.040	0.241	—	—	0.040

　　注：①***、**和*分别表示在1%、5%和10%显著水平上拒绝原假设；②回归（4）和回归（8）中报告的是几比率和 Z 值，其他回归报告的是系数和 Z 值。

　　资料来源：作者计算。

　　解释变量 inpc 的系数显著，而且方向为正，说明竞争对手是否提价对于企业的提价选择具有显著性的正向影响，如果有竞争对手在三个月内提高价格，企业也将提高价格。这反映了中国白酒市场存在价格领导制，企业定价决策受到竞争者的影响。那么企业是否可能受到共同的外部冲击而同时提高价格呢？四个反映成本和需求变化的控制变量，仅有 F. stdemand 和 ltdemand1 的系数是显著的。F. stdemand 的系数显著且为正，说明白酒企业的提价行为确实受到短期需求冲击的影响，白酒企业会在销售旺季来临之前提高出厂价格，以便在销售旺季获取更多的利润。ltdemand1 的系数显著且为正，说明城镇居民人均可支配收入的提高，有效提高了居民对白酒的

---

　　① 限于篇幅，没有详细报告稳健标准误和普通标准误，如有需要，可向作者索取。

需求，推动白酒企业提高价格。

反映市场集中度、农村长期需求和成本变化的变量并未通过检验，说明这三个因素可能未影响到企业的提价决策。cr10 不显著可能的原因为数据问题。本文囿于数据可得性，仅计算了整个行业的市场集中度，但是不同质量档次白酒可能属于不同的相关市场。而样本所选择的品牌为中、高端品牌，其市场集中度与整个行业的市场集中度存在较大差异，如果能够使用中、高端白酒市场的集中度进行回归可能会得到较好的结果。ltdemand2 系数不显著可能是因为农村居民生活水平处于较低水平，对中高端白酒的需求低，其需求变化不足以影响白酒企业定价决策。cost 系数不显著的原因可能在于农副产品购进价格指数所涵盖的产品类别较多，不能够有效反映白酒生产成本的变化。另外，中国白酒行业属于暴利行业，毛利率较高，基本都在 30% 以上，远远高于规模以上工业企业毛利率。而知名白酒企业的毛利率更高，上市公司财务报告的数据显示，贵州茅台 2013 年的毛利率高达 94.58%，即使以中低档白酒为主的伊力特，2013 年毛利率也达到 55.89%。可见，成本变化对白酒价格，尤其是中、高端白酒的价格变化影响不是很大。

回归（2）和（3）给出了稀有事件 Logit 模型和互补双对数模型估计结果，从系数大小、系数方向和 Z 统计量来看，这两个模型的估计结果与混合 Logit 回归的结果基本一致。这反映稀有事件偏差并不明显，可能 8.6% 的提价概率并不足够稀有。King 和 Zeng（2001a，2001b）[14,15]研究"二战"以来国际关系的样本中，国家之间发生战争的概率只有 0.3%。为了察看解释变量对被解释变量的具体影响，回归（4）报告了只包含解释变量 inpc 的概率比。可以看出，剔除控制变量之后，虽然 LR 统计量和准 R^2 大幅下降，但变量 inpc 仍然显著，说明竞争对手的提价行为确实影响企业的提价决策。从概率比可以看出，与三个月内没有竞争对手提高出厂价情形相比较，在三个月内有竞争对手提高出厂价的情形下，企业提高出厂价的概率高出 2.3 倍。

表 3 的右边报告了提价持续期作为解释变量的估计结果。回归（5）为混合 Logit 模型回归结果。在回归之时，对模型进行了异方差检验，检验结果显示似然比检验的 p 值为 0.1019，因此不能拒绝同方差的原假设，即模型不存在异方差问题。模型的 LR 统计值为 58.88，准 R^2 为 0.241，说明整个模型的拟合优度较强，而且模型在总体上显著。从具体系数来看，只有 cr10 和 ltdemand2 不显著。

解释变量 duration 的系数显著且方向为正，说明随着距离上次提价的时间越来越长，企业提价的动机也越来越强。根据回归（8）估计出来的概率比可知，随着提价持续期每增加一个月，企业提高价格的比率将增加 18.7%。这说明中国白酒市场可能存在默契合谋，企业会在距离上次提价一定时间之后"不约而同"地涨价，这种"不约而同"的涨价采用的主要形式为价格领导制。所以每当茅台和五粮液提高价格之时，其他白酒企业也开始跟随涨价。提价持续期平方的系数显著且为负，说明虽然随着提价持续期的增加，企业的提价动机不断增强，但是增强的速度却会下降，这点与 Marshall 等（2008）[10]的研究结果类似。

在四个反映成本和需求的控制变量中，除了 ltdemand2 之外，其他变量的系数都显著。说明白酒企业的提价行为，不仅受到提价持续期的影响，也确实受到市场需求和成本的影响。F. stdemand 的系数为正，说明白酒企业会在销售旺季到来之际提高出厂价格，以便获取更多的利润。ltdemand1 的系数为正，说明随着城镇居民收入水平的提高，对白酒的需求越来越强，推动了企业提高价格。cost 的系数为正，但是仅在 5% 的显著水平上显著，说明企业生产成本的增加在一定程度上也会影响白酒企业提高价格。这点与回归（1）～（3）的结果有所差异。cr10 和 ltdemand2 的系数依然不显著，其原因与上文分析相同，即计算的整个行业的市场集中度不能够反映中高端白酒市场的竞争状况，以及农村居民收入水平较低，其增长的收入更多用于保障性消费。

回归（6）和（7）给出了稀有事件 Logit 模型和互补双对数模型的估计结果，从系数大小、系数方向和 Z 统计量来看，这两个模型的估计结果与混合 Logit 回归的结果基本一致。根据上文的分析，可能是因为白酒提价还不够稀有。

综合回归（1）～（4）的估计结果可知，中国白酒市场确实存在价格跟随策略，白酒企业的提价选择受到了其他企业是否提价的影响，如果其他企业提高了出厂价格，企业很可能也会提高价格。回归（5）～（8）的估计结果说明中国白酒行业很可能存在默契合谋行为，企业会在距离上次提价一定时间之后会"不约而同"地涨价，这种"不约而同"的涨价采用的主要形式为价格领导制。此外，白酒企业的提价行为也确实受到市场需求的影响，节庆日带来的短期需求冲击和城镇居民收入水平提高带来的长期需求提升都会推动白酒企业提高价格。成本只能够在一定程度上解释白酒企业的提价行为。

五、中国白酒市场的价格领导者

价格领导制具有三种类型：主导企业式价格领导制、合谋式价格领导制和晴雨表式价格领导制。在晴雨表式价格领导制中，价格变化只是为了应对市场条件变化，而在前两种价格领导制中，市场价格是非竞争性的。晴雨表式价格领导制与主导企业式价格领导制和合谋式价格领导制重要区别是，在晴雨表式价格领导制下，没有固定的价格领导者，而在后两种价格领导制下，通常有一个稳定的企业充当价格领导者。实证检验表明，白酒企业的提价行为也受到市场需求和成本的影响，这是否反映白酒市场的价格领导制是晴雨表式的？白酒行业素有价格"二线看一线，一线看茅台"的说法，同时也有"五粮液看茅台，二线看五粮液"之说，故很有可能存在一个稳定的价格领导者。这种稳定的价格领导者表明，中国白酒市场的价格领导并不是对市场无害的晴雨表式价格领导制，而是会促进企业合谋的主导企业式价格领导制或合谋式价格领导制。本部分将使用中国白酒市场出厂价格数据，运用 ARDL 门槛检验法和格兰杰因果检验法检验价格领导制的形式，并验证贵州茅台是否为价格领导者。

（一）ARDL 门槛检验结果

为了更加精确判断中国白酒市场是否存在稳定的价格领导关系，以及白酒企业的价格领导制是晴雨表式价格领导制，还是主导企业式或者合谋式价格领导制，使用出厂价格数据，应用自回归分布滞后模型（Auto－ROegressive Distributed Lag，ARDL）进行检验。ARDL 模型是一种协整检验，其核心思想为通过边限检验来确定变量之间是否存在协整关系，而后估计变量之间的系数。相对于传统的协整检验方法，ARDL 检验具有诸多优势，主要有：无论变量是否为同阶单整过程，都可以用来检验变量之间的协整关系，补充了协整检验的应用盲区；在进行协整检验时，可以获取到长期动态信息和短期动态信息；具有良好的小样本性质（Keho，2011；董根泰，2014）[16,17]。其具体应用步骤为：首先，利用赤池信息准则（AIC）、施瓦茨贝叶斯准则（SBC）或其他准则选择最佳滞后期；其次，建立与 ARDL 模型相对应的误差修正模型（ECM），计算出 ECM 模型的 F 统计量，用 F 统计量来判断变量之间是否存在协整关系；再次，如果变量之间存在协整关系，则利用 AIC 准则、SBC 准则或其他准则确定具体的 ARDL 模型；最后，利用确定的 ARDL 模型估计变量之间的长期关系的系数和短期动态关系。ARDL 模型的主要局限为变量的单整阶数不能够高于1。

本部分分析中国白酒市场的价格领导者，逐个检验白酒品牌之间的协整关系。在检验过程中分别将茅台、五粮液、国窖、剑南春和水井坊的价格记为 mtp、wlyp、gjp、jncp 和 sjfp。在实际分析中对价格进行了对数处理。估计 ARDL 模型时，使用 Pesaran 教授等人开发的 Microfit4.0 软件进行分析。表4给出了各白酒品牌两两之间的 ARDL 模型所对应 ECM 模型的 F 统计量。如果 F 统计量大于上限临界值，则拒绝原假设，认为变量之间存在长期协整关系；若小于下限临界值，则不能拒绝原假设，认为变量之间不存在长期协整关系；如果介于上限临界值和下限临界值之间，则无法根据 F 统计量来判断变量之间是否存在长期协整关系。Pesaran 等（2001）[18] 在其附录中给出了 F 统计量的临界值。查表可知，在含无约束截距项但不含趋势项，且 k = 1 时，在 90%、95% 和 99% 的置信水平下，F 统计量范围分别为 4.04 ~ 4.78、4.94 ~ 5.73 和 6.84 ~ 7.84。

从检验结果来看，只有两个 F 统计量通过检验。第一个为 F（ln wlyp | ln mtp）= 8.4553，超出了在 99% 置信水平下的上限临界值，因而可以拒绝 ln mtp 对 ln wlyp 没有长期影响的原假设。第二个为 F（ln jncp | ln sjfp）= 5.8065，超过了 95% 置信水平下的上限临界值，可见 ln sjfp 对 ln jncp 具有长期影响。其他统计量低于 90% 置信水平下的下限临界值，无法拒绝不存在协整关系的原假设。

表4　ARDL 检验的 F 统计量

解释变量 被解释变量	茅台	五粮液	国窖	剑南春	水井坊
茅台	—	1.2298	2.2845	1.6502	0.6198
五粮液	8.4553	—	1.5430	1.2356	3.7218
国窖	2.1549	2.7553	—	0.9025	2.6852
剑南春	1.9154	1.1480	1.0550	—	5.8065
水井坊	1.6488	1.2913	1.0669	2.7157	—

资料来源：作者计算。

检验结果表明，五粮液价格长期受茅台影响，剑南春价格长期受水井坊影响，这两个结果比较符合现实情况。根据表5给出的描述性统计结果可知剑南春价格最低，与之最接近的为水井坊。虽然剑南春和水井坊在价格上存在较大的差异，但是剑南春有着良好的品牌声誉，素与茅台和五粮液并称"茅五剑"，而且剑南春和水井坊产地相近，均为浓香型白酒，彼此间的替代性较强，从而剑南春跟随水井坊的价格策略亦在合理之中。茅台和五粮液为中国白酒市场上最高端的两个品牌，分别为酱香型白酒和浓香型白酒的代表，但是从品牌声誉看，茅台稍占优势，所以五粮液跟随茅台的价格也属合理。事实上，多年来，五粮液长期实行价格跟随策略，每当茅台提价，五粮液都紧紧跟随，从而成为在高端白酒市场上，仅次于茅台的白酒品牌。这验证了"五粮液看茅台"之说。

这个检验结果反映了中国白酒市场价格领导制存在层次性，并非所有企业都跟随一家企业的价格策略，而是处于最顶端的茅台率先制定价格，而后五粮液跟随茅台的价格，之后其他高端白酒跟随五粮液的价格（虽然未验证），以此按照质量层层传递下去，也就是业内所说的"二线看一线，一线看茅台"。

表 5　白酒出厂价格描述性统计

	观测数	均值	标准差	最小值	最大值
茅台	84	488.7	146.2	268	819
五粮液	84	492.8	107.7	348	729
国窖	84	544.6	189.4	328	889
剑南春	84	281.9	77.76	160	395
水井坊	84	455.3	89.46	318	578

资料来源：作者计算。

（二）格兰杰因果检验结果

根据计量经济学理论，协整检验通常没有给出严格的先后关系，但是在识别白酒市场的价格领导者之时，需要知道各品牌白酒价格的因果关系，以便确定谁为价格领导者，因而有必要对各品牌的出厂价做格兰杰因果关系检验，来进一步验证协整检验的结果是否存在一致性。在小样本的情形下，F 统计量比卡方统计量的有效性更强，故鉴于样本容量的有限性，采用 F 统计量来判断变量之间的格兰杰因果关系。表 6 报告了格兰杰因果检验的 F 统计量及其对应的 p 值。F 统计量越显著，说明解释变量越可能是被解释变量的格兰杰原因。在检验中根据信息准则选择滞后阶数，但是在检验过程中发现，AIC 越来越小，直到样本量不能够满足继续滞后，因而对滞后阶数进行限制，将最大滞后阶数设置为 3（$0.75 \times 84^{1/3} \approx 3.28$）[①]

从检验结果看，多数格兰杰因果检验不显著，20 个格兰杰因果检验中，只有 5 个检验显著，而且不存在互为格兰杰原因的情形。第一个拒绝原假设的检验为茅台价格不是五粮液价格的格兰杰原因，说明五粮液的价格行为受到茅台的影响，但是茅台的价格不受五粮液的影响，因而可以推测在五粮液和茅台之中，茅台为五粮液的价格领导者。这与 ARDL 模型的检验结果一致，也与现实观察一致。第二个拒绝原假设的检验为五粮液价格不是国窖价格的格兰杰原因，说明五粮液的价格影响了国窖的价格，但是国窖的价格未能够影响五粮液的价格，是以可推测五粮液是国窖的价格领导者。五粮液和国窖都是高档浓香型白酒，但是五粮液占据更高的市场份额，国窖主要扮演追随者的角色。第三个拒绝原假设的检验为五粮液价格不是剑南春价格的格兰杰原因，说明五粮液的价格影响了剑南春的价格，但是却没有受到剑南春价格的影响，从而可以推测五粮液是剑南春的价格的领导者。第四个和第五个拒绝原假设的检验为茅台价格和剑南春价格不是水井坊价格的格兰杰因，说明水井坊在制定价格之时参考了茅台和剑南春的价格，但是其价格却未能够影响茅台和剑南春，可以推测水井坊是茅台和剑南春的价格跟随者。

格兰杰因果检验也验证了中国白酒市场价格领导制表现出层次性，五粮液跟随茅台定价，国窖和剑南春跟随五粮液定价，水井坊跟随茅台和剑南春定价。每个品牌都根据自己产品质量和在市场上的地位扮演相应的角色，价格领导关系从质量最高端逐次下移。Mouraviev 和 Rey（2011）[7] 在将双寡头的价格领导制扩展到多寡头价格领导制之时，也潜在假设多个企业的价格领导制，并非所有企业跟随一家企业，而有一定的先后顺序。

从整体上看，格兰杰因果检验的结果与 ARDL 检验的结果总体相近，但存在部分冲突。ARDL 检测出茅台是五粮液的领导者，水井坊是剑南春的领导者，在格兰杰因果检验中，第一个

[①] 出于稳健性考虑，本文将滞后阶数设置为 4 进行检验，发现检验结果跟滞后阶数为 3 相比较，没有发生重大变化，唯一的变化在于在检验五粮液是否为水井坊的格兰杰原因时，在滞后阶数为 3 时，不能拒绝原假设，而在滞后阶数为 4 时，拒绝原假设。

结果得到进一步验证，而第二个结果却完全相反。另外，格兰杰因果检验还检测出另外三个价格领导关系。

根据 ARDL 检验和格兰杰因果检验，比较确定的结果有两个：①茅台是五粮液的价格领导者；②中国白酒市场价格领导表现出层次性，是链式价格领导。从这两点结果可以推测中国白酒市场存在稳定的价格领导关系，因此中国白酒市场的价格领导制不是晴雨表式价格领导制，而是对消费者福利和社会总福利存在危害的主导企业式价格领导，或合谋式价格领导。

事实上，即使企业价格随成本和需求发生变化，也不能说明价格领导制是晴雨表式价格领导制，因为卡特尔也会根据市场条件的变化调整价格。对于卡特尔而言，在每种市场条件下，都有最优的合谋价格，卡特尔会通过各种形式逐步调整价格，不断向理想中的价格靠近。如果需求或者成本变化冲击了卡特尔的最优合谋价格，卡特尔也会相应调整价格。

表6 白酒出厂价格的格兰杰因果检验结果

解释变量 被解释变量	茅台	五粮液	国窖	剑南春	水井坊
茅台	—	1.25 (0.297)	1.98 (0.125)	1.29 (0.285)	0.56 (0.544)
五粮液	3.21** (0.028)	—	1.15 (0.335)	1.45 (0.234)	1.92 (0.134)
国窖	1.21 (0.313)	10.07*** (0.000)	—	0.92 (0.435)	1.57 (0.203)
剑南春	0.63 (0.601)	2.90** (0.028)	0.05 (0.984)	—	2.10 (0.108)
水井坊	3.69** (0.016)	1.49 (0.224)	0.22 (0.886)	3.37** (0.023)	—

注：***、**和*分别表示在1%、5%和10%显著水平上拒绝原假设。

资料来源：作者计算。

六、结论与启示

合谋对消费者福利和社会效率产生严重危害，是世界各国反垄断法重点规制的三大垄断行为之一，而且一旦发现会给予严厉处罚。但是发现合谋却是一件非常困难的事情，这需要反垄断执法机构有一支经验丰富、专业素养高的队伍进行长时期的调查。相对于公开合谋，默契合谋不仅更难以发现，而且其合法性更加难以评判，需要根据具体情况来定。中国《反垄断法》将垄断协议定义为"排除、限制竞争的协议、决定或者其他协同行为"，但是没有给出明确方法或准则来具体界定协同行为。通常而言，协同行为有两个基本特征：企业行为相同或相似；企业具有协调行动的主观意图（马敏，2009）[19]。对于默契合谋是否构成反垄断意义上的协同行为，需要根据具体情况进行分析。在中国《反垄断法》正式生效之前和初期，垄断协议的违法形式都比较初级，许多都采用书面协议或者开会协商等形式达成协议，如茅台、五粮液垄断案。但是随着执法实践的推进，社会反垄断意识不断增强，企业更加意识到公开合谋容易被发现，故合谋的隐蔽性更强，如浙江保险行业垄断案。可以预见不会留下直接证据的默契合谋将是企业进行合谋的重要方式之一，这给反垄断执法机构调查带来很大困难。如果企业采用价格领导制进行默契合谋，如何认定企业的定价行为是否可能会促进默契合谋将是个非常大的难题。基于此，本文使用中国白酒市场2005～2012年月度数据检验中国白酒市场是否存在价格领导制，并识别价格领导者，从而进一步推断在纵向差异产品下，价格领导制是否能够便利默契合谋，得到以下结论：

（1）中国白酒企业的提价行为确实受到市场需求影响。改革开放以来，随着中国经济的高速发展，居民收入水平不断提高，消费能力不断增强，已经进入从温饱型消费到享受型消费的消费升级过程。在这个过程中，居民消费观念和消费结构的不断完善与优化，增加了白酒，特别是优质白酒的需求。在市场需求的推动下，白酒企业一方面不断提高优质白酒的比重，另一方面不断提高白酒价格，还对白酒"改头换面"以更高价格销售。本文充分验证了这点，节庆日带来的短期需求冲击和城镇居民收入提升带来的长期需求影响是白酒企业提高价格的重要原因。

（2）成本变化对中国白酒企业的提价行为影响不明显。2009～2011年是中国的高通胀时期，不仅白酒的主要原材料成本不断上涨，包装成本也不断上扬，这提高了白酒生产成本，增加了白酒企业的提价压力，也是白酒企业历次提价宣称的主要理由。但是白酒行业是暴利行业，行业整体毛利率远远高于普通行业，因而成本上涨给予白酒的压力并不是白酒企业涨价的充分理由，本文的数据证实了这点。2011年是通胀最为严重的一年，白酒行业全年掀起四轮涨价潮，最终14家白酒上市公司的净利润增长了约60%，白酒企业从涨价中获取了巨额收益，因成本而涨价的理由不攻自破。需要承认的是，成本变化是中低端白酒提价的重要推动力，但对于价格较高的高端白酒，成本则不是充分理由。

（3）中国白酒市场可能存在默契合谋，且这种合谋是通过价格领导制实现的。中国白酒企业提高出厂价格有几个显著特点：①集中在年初；②企业在提价之前通常会向社会宣布；③贵州茅台和五粮液通常是提价的"先行者"；④提价前后各品牌的价格保持着比较稳定的关系。这些特征表明中国白酒市场可能存在价格领导制形成的默契合谋。本文通过经验分析表明，中国白酒市场可能存在默契合谋，白酒企业提价决策深受竞争对手提价行为的影响，而且企业在距离上次提价达到一定时间之后"不约而同"地提高价格，随着时间越长，企业提价的动力就越大，当一家企业率先宣布提价之后，其他企业会积极呼应，从而不断抬高白酒价格。

（4）中国白酒市场有稳定的价格领导者。白酒行业素有价格"二线看一线，一线看茅台"的说法，同时也有"五粮液看茅台，二线看五粮液"之说，故很有可能存在一个稳定的价格领导者。通过计量分析，本文发现五粮液是茅台的坚定跟随者，其价格深受茅台的影响。同时中国白酒市场展现出链式价格领导关系，五粮液跟随茅台，而其他高端、次高端白酒跟随五粮液，以此按照质量层层传递下去，充分验证了白酒业内所说的"二线看一线，一线看茅台"。从而可以推测中国白酒市场存在稳定的价格领导关系，因此中国白酒市场的价格领导制不是晴雨表式价格领导制，而是主导企业式价格领导制，或合谋式价格领导制。此外，这个结论也支持了高质量企业会成为价格领导者的观点。

（5）在纵向差异产品下，价格领导制会便利默契合谋。中国白酒市场是典型的差异产品市场，既有品牌、香型和度数等差异，也有质量差异，前者属于横向产品差异，后者属于纵向产品差异。现有关于价格领导制研究表明，在产品同质和横向差异的情况下，价格领导制能够促进合谋。本文通过分析不同质量白酒之间的价格领导制与合谋的关系，表明在纵向差异产品下，价格领导制也能够促进合谋。在纵向差异产品中，价格领导制促进合谋的机理与同质产品和横向差异产品是一致的，均是价格领导促进了企业之间的信息交流，且价格领导者由于价格行为受到跟随者的"监督"而背叛默契合谋的激励极大弱化，从而增强了默契合谋的稳定性。所不同的是，在纵向差异产品下，高质量产品企业通常拥有较强的背叛激励，低质量产品企业背叛激励较弱，而价格领导制通过将高质量产品企业置于价格领导者的地位，弱化了高质量产品企业的背叛动机，从而在整体上增强了默契合谋的稳定性。

根据以上结论，本文提出以下政策启示供反垄断执法机构参考：注意观察企业序贯提价行为，以之为启动调查的迹象，审慎分析该行为是否构成价格领导制，是否构成反垄断意义上的协同行为。企业提价行为既可能是对市场条件变化的正常反应，也可能是企业精心设计的公开合谋或者私下合意的默契合谋。序贯提价行为普遍存在于现实生活当中，这种行为可能构成价格领导制，而价格领导制又具有便利合谋的作用，因而建议执法机构留意市场的序贯提价行为，分析这种行为是否可能暗藏着合谋。具体可以按照以下步骤进行：①分析所调查市场是否存在序贯提价行为；②分析这种序贯提价行为是否满足价格领导制的构成要件（企业是相互竞争的关系、企业先后提价、提价时间间隔短、调整金额或幅度相近）；③倘若构成价格领导制，通过分析市场是否存在稳定的价格领导者，价格领导者的价格是否具有价格强制力，来判断属于何种类型的价格领导制，在晴雨表式价格领导制中，价格变化只是反映市场条件变化，企业之间不存在协调行动的主观意图，如果是另两种类型，则需要进一步分析是否存在协同合意；④如果属于主导企业式价格领导制或合谋式价格领导制，则需要分析历次提价后的价格表现，查看产品之间的价格关系是否稳定，产品价格是否一直向上调整，或者产品价格是否总体上向上调整；⑤如果前面的问题都是肯定的，那么继而分析价格领导制是否显著提高企业的利润水平，如果经过历次提价之后，企业的利润水平仍然保持在比较稳定的状态，那么企业的提价可能仅仅是应对成本变化，如果价格领导制显著提高了企业的利润水平，则有比较充分的理由相信企业通过价格领导制实施合谋。

参考文献

［1］Kahn，S. The Effects of Product Differentiation on Cartel Stability ［D］. University of Amsterdam, 2007.

［2］Lanzillotti，R. Competitive Price Leadership：A Critique of Price Leadership Models ［J］. The Review of Economics and Statistics, 1957（39）：55 – 64.

［3］Posner，R. A.，and F. H. Easterbrook. Antitrust ［M］. St. Paul：West Publishing Co.，1981.

［4］Rotemberg，J. J.，and G. Saloner. Collusive Price Leadership ［J］. Journal of Industrial Economics, 1990, 39（1）：93 – 111.

［5］Kovenock，D.，and K. Widdows. Price Leadership and Asymmetric Price Rigidity ［J］. European Journal of Political Economy, 1988（14）：167 – 187.

［6］Ishibashi，I. Collusive Price Leadership with Capacity Constraints ［J］. International Journal of Industrial Organization, 2008（26）：704 – 715.

［7］Mouraviev，I.，and R. Patrick. Collusion and Leadership ［J］. International Journal of Industrial Organization, 2011, 29（6）：705 – 717.

［8］Lewis，M. S. Price Leadership and Coordination in Retail Gasoline Markets with Price Cycles ［J］. International Journal of Industrial Organization, 2012, 30（4）：342 – 351.

［9］Andreoli – Versbach，P.，and J. U. Franck. Endogenous Price Commitment, Sticky and Leadership Pricing：Evidence from the Italian Petrol Market ［R］. University of Munich Discussion Papers, 2013.

［10］Marshall，R.，L. Marx，and M. Raiff. Cartel Price Announcements：The Vitamins Industry ［J］. International Journal of Industrial Organization, 2008, 26（3）：762 – 802.

［11］Hamilton，J.，and S. Slutsky. Endogenous Timing in Duopoly Games：Stackelberg or Cournot Equilibria ［J］. Games and Economic Behavior, 1990, 2（1）：29 – 46.

［12］Seaton，J. S.，and M. Waterson. Identifying and Characterising Price Leadership in British Supermarkets ［J］. International Journal of Industrial Organization, 2013（31）：392 – 403.

［13］陈强. 高级计量经济学及 STATA 应用（第二版）［M］. 北京：高等教育出版社, 2014.

［14］ King, G. , and L. Zeng. Logistic Regression in Rare Events Data ［J］. Political Analysis, 2001 (9): 137 – 163.

［15］ King, G. , and L. Zeng. Explaining Rare Events in International Relations ［J］. International Organization, 2001 (55): 693 – 715.

［16］ Keho, Y. Tax Structure and Economic Growth in Cote D'ivoire: Are Some Taxes Better than Others ［J］. Asian Economic and Financial Review, 2011, 1 (4): 226 – 235.

［17］ 董根泰. 分税制改革对我国财政收支关系影响的实证研究——基于 ARDL 模型边限检验方法 ［J］. 财经论丛, 2014 (9): 23 – 30.

［18］ Pesaran, M. H. , Y. Shin and R. J. Smith. Bounds Testing Approaches to the Analysis of Level Relationships ［J］. Journal of Applied Econometrics, 2001 (16): 289 – 326.

［19］ 马敬. 试论对价格跟随行为的反垄断法规制 ［J］. 西南政法大学学报, 2009 (4): 61 – 69.

产业结构有序度与矿产资源密集型区域可持续发展关系研究

戴 潇 武 剑 严 良

（中国地质大学（武汉）经济管理学院 武汉 430074）

资源储量的持续下降，为矿产资源密集型区域的持续发展蒙上阴影。矿产资源密集型区域的产业结构往往呈现出强烈资源路径依赖的单一性质，要实现该类型区域的可持续发展就必须对区域产业结构进行优化。通过观察发现，在矿产资源枯竭阶段，支持区域经济发展的驱动力下降，经济系统内各要素配置水平降低，区域产业结构显示出波动和无序的状态。因此，实现该类型区域可持续发展的关键在于如何实现由波动的、不稳定的产业结构向有序的、稳定的产业结构演化。本文尝试通过观察区域内不同类型企业在产业结构演进过程中有序度的变化来描述矿产资源密集型区域经济系统波动的趋势，以期为该类型区域实现可持续发展的目标提供借鉴。

一、产业结构变化与区域可持续发展

用系统论的视角看待区域的产业结构，内部各产业之间的联系频度和比例关系会直接导致区域经济系统的波动[1]。一般认为，合理的产业结构可以推动区域经济的增长，对于任一区域经济系统而言，如何保证产业结构的合理或对不合理的产业结构进行优化就成为了最重要的事情。有学者开发了区域产业结构合理化的评价体系[2]，还有学者分析了区域产业的均衡度和集中度，尝试从评估的角度来判断一个区域产业结构的配置是否合理[3]。考虑到区域经济系统内的产业结构并不是稳定不变的[4]，而是在一定的尺度上演化发展，因此，如果要对产业系统做观察，必须充分考虑其动态和复杂的特性，利用传统的分析工具并不能从根本上解释产业结构波动的成因和机理。有学者尝试通过分析工业结构的变化对国家经济增长之间的贡献来描述产业结构和经济系统的动态联系[5]，这种观点在宏观尺度上对产业结构的演化机理做出了解释。

矿产资源密集型区域由于资源禀赋，会自然形成依赖资源开发利用的产业集群，这种单一的产业发展模式会让区域经济系统保持暂时稳定。但是，随着资源的枯竭和环境压力的持续增长，单一的产业结构会让经济系统丧失继续增长的动力。对于此类区域的产业结构而言，如何吸引新

[基金项目] 国家社会科学基金项目"矿产资源密集型区域可持续发展研究——基于生态创新系统的视角"（批准号12BJL074）；教育部哲学社会科学重大课题攻关项目"经济全球化背景下中国矿产资源战略研究"（批准号 12JZD034）；中国博士后基金"矿产资源密集型区域可持续发展研究——基于创新系统生态"（批准号 2013M1768）。

[作者简介] 戴潇，中国地质大学（武汉）经济管理学院硕士研究生；武剑，中国地质大学（武汉）经济管理学院讲师，博士后；严良，中国地质大学（武汉）经济管理学院院长，教授，博士生导师。

技术的进入，以形成新产业以替代旧产业就显得尤为重要。区域经济系统总是显示出动态的、复杂的特性，尤其在新旧产业交替的过程中[6]，产业结构的变化往往不是仅通过经济系统内主体数量的波动就可以解释的。在区域经济系统内一个相对稳定的阶段，可以通过投入产出法等工具来对产业关联度和区域经济增长进行分析解释[7]，但是在经济系统剧烈波动的阶段，我们用以上的方法却难以达到理想的效果。

如果把产业结构的变动看作是区域经济系统内各要素重新组合的过程，那么如何将系统内各要素原本复杂无序的状态向有序通畅的状态演进[8]，就成为我们思考的关键。作为一个巨大、开放且复杂的系统，区域经济系统内包含了大量不同的产业组织，当系统内各部分之间难以协调、相互冲突时，经济发展就会停滞；而当系统内各部分协调有序时，经济增长便会实现[9]。尤其是对于矿产资源密集型区域，当资源枯竭，经济增速下滑，原本单一稳定的产业结构会向多元、更为复杂的产业结构变化，区域经济系统会因此变得不稳定。在这种情况下，如何实现波动的、不稳定的产业结构向有序的、稳定的产业结构演化，就是资源密集型区域实现可持续发展目标的关键。

二、方法

（一）方法简介

考虑区域经济系统复杂和不稳定的特点，在对系统内产业结构进行分析时，有必要运用非线性系统的理论来讨论。对于矿产资源密集型区域来说，如果资源面临枯竭危机，传统资源产业就会遇到发展的困境，为了保持区域经济的持续增长，以新技术为主导的产业便会开始兴起[4]。无论从德国鲁尔地区还是法国洛林地区的经验来看，大致都符合这样一个过程。在分析的过程中，考虑到现实情况的复杂性，如果把上述两类产业分开分析，将不能体现出这两类产业实际的互动情况，因此本文把由这两类产业构成的经济系统看作是一个复合系统而非单一系统。

毫无疑问，产业结构的波动意味着产业内部企业数量的变化，所以在讨论产业结构的有序度之前，我们先要明确产业内部主体数量变化的规则。由于区域经济系统的复杂性和不可测性，企业数量的变化轨迹一定会受到大量外生因素的影响，基于此，本文采用logistic方程来描述企业数量的变化。

logistic映射描述了在一定生存系统中，种群数量随时间变化的轨迹发生变化。在这个过程中，种群数量的波动不是保持在一个恒定的速率下的，而是会经历缓慢增长、快速增长、稳态和衰落等过程[10]。这与区域经济系统中企业数量变化的趋势是相似的，其可以较好地描述企业群落由盛及衰，自然涨落的整个过程。同时，它将群落中主体的出生率和死亡率效应合成一个数，在技术层面上较为简单并易于实现。由此，本文以生态学种群logistic生长方程为视角，构建资源依赖型企业与科技驱动型企业共生发展模型，通过分析区域内部企业数量变化趋势，探讨矿产资源密集型区域产业结构演进的过程中如何向有序稳定的状态转移。

（二）复合系统协同演化模型构建

考虑一个富含矿产资源的区域经济系统。在其发展的初始阶段，由于受到资源易获性的影响，其经济发展方式会强烈依赖矿产资源的开发利用，并且可以实现较快的经济增长。但是，随着资源储量的下滑和环境压力的持续增大，经济增长速度开始受到限制。同时，随着经济增长失速和环境恶化的影响，区域对资本的吸引程度持续下降，在技术进步和人力资本上出现挤出效应，经济系统稳定性降低，产业结构变化动力增强。

借助生态学的相关理论，我们可以把这样一个系统看作是一个复合系统。在一般的复合系统中，系统内部各子系统间为实现系统总目标，在外界输入物质、能量、信息的作用下彼此间相互协作会形成一种宏观的集体效应，被称之为协同效应。由于协同效应的存在，我们在考察区域产业结构有序度的问题上，必须假定种群数量变化趋势受多种要素的共同作用，其演变趋势不符合一个稳定的规律。

因此，考虑一个单个种群 logistic 方程，如式（1）所示：

$$\frac{dN}{dt} = aN\left(1 - \frac{N}{K}\right) \tag{1}$$

其中，N 代表种群的数量；α 代表种群的内禀增长率；K 代表种群所处环境所能承载种群最大量。

（1）复合系统协同演化模型。正如前文所述，单个方程无法全面地反映系统内部子系统间的作用，因而，我们在单个种群 logistic 方程的基础上，引入参数 $\beta_{ij}(i, j = 1, 2)$，该参数代表着子系统 i 对子系统 j 的影响力度，于是，确立出复合系统的协同演化模型，如式（2）、式（3）所示：

$$\frac{dN_1}{dt} = f_1(N_1, N_2) = Y_1 = \alpha_1 N_1\left(1 - \frac{N_1}{K_1} - \beta_{21} N_2\right) \tag{2}$$

$$\frac{dN_2}{dt} = f_2(N_1, N_2) = Y_2 = \alpha_2 N_2\left(1 - \frac{N_2}{K_2} - \beta_{12} N_1\right) \tag{3}$$

其中，N_1、N_2 表示子系统 1、2，在本文中，即分别代表资源依赖型企业、技术驱动型企业；α_1、α_2 分别代表资源依赖型企业与技术驱动型企业的内禀增长率（在理想条件下种群可能的最大增长率），这是由两个子系统固有属性决定的；在本文模型中，我们假定资源依赖型企业与技术驱动型企业系统在观察期内的系统属性不变，自然增长率 α_1、α_2 保持不变。

K_1、K_2 分别代表理想条件下，系统环境对资源依赖型企业、技术驱动型企业最大承载力，它由环境和子系统本身两个因素共同决定。

对于参数 $\beta_{ij}(i, j = 1, 2)$，当 $\beta_{ij} > 0$，说明 j 系统与 i 系统之间是一种竞争关系，j 系统自身发展并不利于 i 系统的发展，后者的发展水平随着前者持续发展，在不同程度上受到的限制；当 $\beta_{ij} < 0$，说明 j 系统与 i 系统之间是一种合作关系，j 系统的进化有利于 i 系统的发展，这是一种相互促进的协同作用。

模型（2）和（3）通过 α_1、α_2 阐述了子系统的自身属性；通过 K_1、K_2 阐述子系统与环境共同作用的结果；通过 β_{21}、β_{12} 阐述了在复合系统协同过程中，子系统间相互影响。

由此，我们可知，模型假定资源依赖型产业子系统和新兴技术型产业子系统在初始阶段就已具备一定规模，整个系统的状态趋于稳定。这就表明系统内的种群个体会具有相对较强的适应能力，即使在种群密度较低的情况下也可以生存。但是这种假定却忽略了系统本身持续波动的状态，所以我们无法从模型中发现内部个体对整个种群的影响机理，因此，我们有必要进一步优化模型。

（2）具有 Allee 效应的复合系统协同演化模型。在生态演化模型中，为了更好描述种群数量波动，常常会引入一个自抑项来约束种群数量的线性增长。一般说来，当系统内种群数量的变化呈现出一种非线性波动轨迹的效应时，我们称这种效应为 Allee 效应[11]。Allee 效应通常是由种群内的相互作用引起的，如寻找伴侣困难、社会功能障碍、扩散损耗等，当由于以上这些原因引起种群增长率减少则称为弱 Allee 效应，若出现负增长，则称为强 Allee 效应[12,13]。该效应几乎可以描述在任意时间和空间尺度上种群变化的所有可能，尤其是 Allee 效应对入侵物种的种群动态，特别是传播率，被入侵种群的受感染率上有着深刻影响。对于上节构建的稳定的演化方程，加入 Allee 效应项可以帮助我们更好地观察种群数量的波动。

在增添入 Allee 效应项之后，得到新的模型，如式（4）所示：

$$\frac{dN_1}{dt} = f_1(N_1, N_2) = Y_1 = \alpha_1 N_1 \left(1 - \frac{N_1}{K_1} - \beta_{21} N_2\right) \frac{N_1}{N_1 + a_1} \tag{4}$$

$$\frac{dN_2}{dt} = f_2(N_1, N_2) = Y_2 = \alpha_2 N_2 \left(1 - \frac{N_2}{K_2} - \beta_{12} N_1\right) \frac{N_2}{N_2 + a_2}$$

其中，$\frac{N_i}{N_i + a_i}(i = 1, 2)$ 便是 Allee 效应项，$a_i(i = 1, 2)$ 表示 Allee 效应常数，其值越大，表明种群受 Allee 效应作用越明显，需要更大的种群密度才能稳定生存。

（三）系统性质分析

1. 协同演化模型的平衡点

参考式（4），讨论该系统的平衡点，根据方程平衡点原理，分别令 $\frac{dN_1}{dt} = 0$，$\frac{dN_2}{dt} = 0$，得到方程组，如式（5）所示：

$$\begin{cases} f_1(N_1, N_2) = 0 \\ f_2(N_1, N_2) = 0 \end{cases} \tag{5}$$

可以得到四个平衡点：

$$p_1(K_1, 0), p_2(0, K_2), p_3\left(\frac{K_1 - \beta_{21}K_2}{1 - \beta_{21}\beta_{12}}, \frac{K_2 - \beta_{12}K_1}{1 - \beta_{21}\beta_{12}}\right), p_4(0, 0)$$

若令

$$A = \begin{vmatrix} f_{1(N_1)}, & f_{1(N_2)} \\ f_{2(N_1)}, & f_{2(N_2)} \end{vmatrix} = \begin{vmatrix} \alpha_1\left(1 - \frac{2N_1}{K_1} - \beta_{21}N_2\right) & -\alpha_1 N_1 \beta_{21} \\ -\alpha_2 N_2 \beta_{12} & \alpha_2\left(1 - \frac{2N_2}{K_2} - \beta_{12}N_1\right) \end{vmatrix} \tag{6}$$

$$p = -(f_{1(N_1)} + f_{2(N_2)})\big|_{p_i} \tag{7}$$

$$q = \det A \big|_{p_i}, i = 1, 2, 3, 4 \tag{8}$$

$\beta_{21} = \frac{\sigma_1}{K_2}$，$\beta_{12} = \frac{\sigma_2}{K_1}$，其中 $\sigma_i(i = 1, 2)$ 表示一个另一种类型企业的存在相当于 σ 个本企业。

故利用平衡点稳定性判别法来研究 p_1 点的稳定性问题，根据上述三个表达式可得：

$$p = -\alpha_1 - \alpha_2\left(1 - \frac{\sigma_1 K_1}{K_2}\right), q = -\alpha_1 \alpha_2\left(1 - \frac{\sigma_1 K_1}{K_2}\right)$$

于是当 $K_1 < \frac{K_2}{\sigma_2}$，$q < 0$，$p_1$ 为不稳定平衡点；

而当 $K_1 > \frac{K_2}{\sigma_2}$，$p$，$q > 0$，$p_1$ 为稳定平衡点；

即当 $t \to \infty$ 时，$N(N_1(t), N_2(t)) \to (N_1, 0)$。

表示在系统中，最终资源依赖型企业顺利存活，而科技驱动型企业灭亡。

由此，依上文分析，可以得到平衡点的稳定型分析表 1。

表1 判别平衡点稳定的计算公式

平衡点	p	q	稳定条件
$p_1(K_1, 0)$	$\alpha_1 - \alpha_2(1-\sigma_2)$	$-\alpha_1\alpha_2(1-\sigma_2)$	$\alpha_1 < 1,\ \alpha_2 > 1$
$p_2(0, K_2)$	$-\alpha_1(1-\sigma_1) + \alpha_2$	$-\alpha_1\alpha_2(1-\sigma_1)$	$\alpha_1 > 1,\ \alpha_2 < 1$
$p_3\left(\dfrac{K_1 - \beta_{21}K_2}{1 - \beta_{21}\beta_{12}},\ \dfrac{K_2 - \beta_{12}K_1}{1 - \beta_{21}\beta_{12}}\right)$	$\dfrac{\alpha_1(1-\sigma_1) + \alpha_2(1-\sigma_2)}{1 - \sigma_1\sigma_2}$	$\dfrac{\alpha_1\alpha_2(1-\sigma_1)(1-\sigma_2)}{1 - \sigma_1\sigma_2}$	$\alpha_1 < 1,\ \alpha_2 < 1$
$p_4(0, 0)$	$-(\alpha_1 + \alpha_2)$	$\alpha_1\alpha_2$	不稳定

2. 模型分析

确定被观察系统的平衡点有助于对系统的状态做清晰的判断，由表1可知，很容易知道 p_4 虽然是平衡点，但却是不稳定的，因此该点对于我们的分析没有意义，我们应该集中分析 p_1，p_2，p_3 三个稳定的平衡点所展示的复合系统的状态。

首先，p_1 和 p_2 分别是两个相对极端情况，所反映的情况基本一致，即传统型企业和新型科技企业两个子系统分别达到复合系统（矿产资源密集型区域经济系统）所能容纳的最大极限，其演变趋势均为在复合系统演化的过程中，通过挤占另一个子系统的资源而实现。这也就意味着，其在成就自身的最大化的过程中，会导致另一子系统趋向灭亡。由此可以导出，此时区域经济系统是典型的单一系统——对矿产资源或新技术单纯路径依赖。具体来说，当 $\beta_{21} > 0$ 时，表示新型技术产业对于传统企业形成强烈的竞争力，会严重限制传统资源型企业发展过程中所需要的各种资源，使得传统企业的收益不断的衰退，最终导致无法生存。同理，$\beta_{12} > 0$ 表示传统企业对该地区出现的新型技术产业形成了竞争高压，挤压了新型技术产业的生存空间，使得区域产业结构难以发生变化。

尽管通过对模型分析得到了两个稳定的平衡点（p_1 和 p_2 明显是属于竞争替代性质的），但是，从现实情况出发，一个区域的产业结构不可能是单一的，而应当存在多种产业共生的局面，显示出复合系统的特征。故平衡点 p_1 和 p_2 很难在现实世界中映射。

继续考虑第三个稳定平衡点 p_3，该稳定平衡点描述了一类存在部分竞争共存的经济系统，即在区域经济系统内部，传统型企业和新型技术产业处于不断交互磨合过程，既有竞争关系也有合作关系，二者在共同协同演化的道路上共同发展，逐步趋向系统的稳定平衡点 p_3。该平衡点意味着传统型企业和新型技术型企业对区域的经济系统形成了一个贡献最大的组合，并且可以相互推进，协同发展，并随时间对系统的贡献保持上升的趋势。

（四）演化算法与最优化目标

考虑被观察系统的非线性性质，采用传统的估计方法（最大似然法、最小二乘法等）不能有效地对模型中的参数进行估计。因此，我们将解方程组的问题转化为求解最优化问题，事实上，并不需要找到一个确定的数使得上述各个方程左右两侧精确相等，只需要在系统可以接受的误差范围内，令方程左右近似相等。即找到较为精确的参数，使得方程两侧双方无限接近，使之转化为一个寻找最优化问题。

所谓最优化问题，即在满足一定的约束条件下，寻找一组参数值，使得某些最优性度量得到满足，即，使系统地某些性能指标达到最大或者最小，不失一般性，设所考虑的最优化问题为：

$$\begin{cases} minf(X) \\ s.\,t.\ X \in S = \{X\,|\,g_i(X) \leq 0,\ j=1,\ 2,\ \cdots,\ m\} \end{cases}$$

其中，$f(X)$ 为目标函数，$g_i(X)$ 为约束函数，S 为约束域，X 为 m 维优化变量。

由此，建立如下最优化问题：

$$
\begin{cases}
minf(X_1, X_2, X_3, \cdots, X_p) \\
\qquad a_j \le X_j \le b_j
\end{cases}
, \quad j = 1, 2, \cdots, p \tag{9}
$$

其中，X_j 表示 p 个变量，$[a_j, b_j]$ 表示 X_j 的初始变化区间，f 为非负的优化准则函数。标准遗传算法的原理，进化从完全随机个体的种群开始，之后进入迭代过程。在这个过程中，种群的适应度被重新评价，进而从当前种群中随机选择多个个体（基于它们的适应度），使之通过自然选择和突变产生新的生命种群，并在下一次迭代中成为当前种群。当最优个体的适应度达到给定的阈值，或者最优个体的适应度和群体适应度不再上升时，或者迭代次数达到预设的代数时，算法终止。此时就把当前群体中最佳个体或某个优秀个体指定为遗传算法运行的结果。

三、结果计算及讨论

本文通过对目标区域数据的计算，集中讨论资源依赖型产业与科技驱动型产业的有序度，以期能够有效反映矿产资源密集型区域产业结构变化的趋势。

（一）数据描述

本文通过《中国工业产业年鉴》，筛选出甘肃省白银市 2001～2011 年，统计 11 年规模以上产业，我们定义科技驱动型产业有如下标准：

（1）新下达《高新技术产业认定管理办法》对产业研发费用占销售收入的比例调整如下：销售收入为 5000 万元以下的产业，比例定为 6%；销售收入为 5000 万元至 2 亿元的产业，比例定为 4%；销售收入为 2 亿元以上的产业，比例定为 3%。

（2）根据《中国统计年鉴》高技术产业包含五大门类：医药制造业，航天航空制造业，电子及通信设备制造业，电子计算机及设备制造业，医疗器械及仪器仪表制造业。

（3）科技型产业产品领域范围：光机电一体化、电子与信息、新材料、生物医药、新能源和高效节能、环境保护及其他高技术领域、农业专利产品（新品种、新成果）等。

而资源依赖型产业主要包括煤炭开采和洗选业、有色金属矿采选业、非金属矿采选业、非金属矿物制造业、黑色金属冶炼及压延加工业、有色金属冶炼及压延加工业、石油加工业、炼焦及核燃料加工业。

基于模型解释效果和技术层面可操作性的双重考虑，本文拟采用 C - D 生产函数对资源依赖型和科技驱动型有序度进行分析，并借鉴该模型的描述变量来构建产业有序度的度量变量。

因此，实证数据方面，我们疏理《中国工业产业年鉴》甘肃省白银市 2001～2011 年（11年）规模以上产业的如下两类指标：成本性指标和效益性指标；其中，成本性指标包含固定资产投资、平均从业人员人数、研究开发投资；而效益性指标主要是指工业产值。

依据柯布—道格拉斯生产函数，$Y_t = A_t^\gamma K_t^\alpha L_t^\beta$ 其中 Y_t 为第 t 期实际产值，A_t 为第 t 期技术投入，K_t 为第 t 期的固定资本投入，L_t 为 t 期劳动力投入；α，β，γ 分别表示技术投入、固定资本投入、劳动力投入的产出弹性。以年鉴中的平均从业人员数表示劳动力投入，研究开发投资代表技术投入。

收集初始数据后，为了排除固定资产的经济折旧、折旧资产的处理价值等因素的影响，根据永续盘存法对数据进行初步处理，得到表 2。

表 2　资源依赖型产业及科技驱动型产业　　　　　　　　单位：万元

年份	工业总产值	从业人员平均人数	固定资产投资	研究开发投资
	资源依赖型			
2001	5329761	77668	<u>2312800</u>	14728
2002	4819115	70138	3535886.648	4414.963246
2003	5032336	70077	3896324.313	19474.93965
2004	16637449	72615	7082166.249	<u>2846.968</u>
2005	9838620	75317	8413452.441	872
2006	14117623	63239	10867871.78	1312
2007	16788615	61275	11932988.06	4420
2008	17582933	49548	18682677.18	162189
2009	16823598	51551	<u>15336995.53</u>	26585
2010	14403057	61155	11340565.51	4420
2011	20531750	87113	18141400.52	2252
	科技驱动型			
2001	2232485	8078	1401590	5095
2002	3853218	13592	2999545.534	40609.27487
2003	3089359	10508	2606050.116	29841.30824
2004	7227900	11465	3377320.579	29298.8
2005	3111855	9346	2315765.865	455
2006	5107948	12974	3897435.982	34242
2007	6958099	13280	5028157.7	48853
2008	4741532	8100	5204927.014	4643
2009	4631798	9587	6053996.074	430606
2010	304915	12458	700413.2781	49124
2011	8233064	17568	7259325.088	24876

注：①运用永续盘存法预处理数据时，经济折旧率、折旧资产处理价值分别取 0.096、0.04。②表 3、表 4 中加下划线的数据，同样由于数据缺失，从而根据其他年份的数据回归预测获得。

（二）有序度计算

系统的协同度是指各子系统之间在发展演变过程中相互和谐一致的程度。假设 u_i 为所观测的复合系统序参量，u_{ij} 表示第 i 个序参量的第 j 个指标，其具体值为 N_{ij}、γ_{ij}、η_{ij}，分别为所统计的序变量分量的上、下限值。根据子系统的序变量分量有序度计算公式为：

$$u_{ij} = \begin{cases} (N_{ij} - \eta_{ij})/(\gamma_{ij} - \eta_{ij})，u_{ij} \text{ 为效益性指标} \\ (\gamma_{ij} - N_{ij})/(\gamma_{ij} - \eta_{ij})，u_{ij} \text{ 为成本性指标} \end{cases} \tag{10}$$

由于资源依赖型产业群和科技驱动型产业群性质不同，其各自的系统内序参量的有序程度的总贡献率需要通过赋予各个指标一定的权重求得。即为：

$$u_i = \sum_{j=1}^{m} \lambda_{ij} u_{ij}，\sum_{j=1}^{m} \lambda_{ij} = 1 \tag{11}$$

本文通过熵权分析法确定 λ_{ij}，如式（12）所示：

$$f_{ij} = \frac{N_{ij}}{\sum_{j=1}^{m} N_{ij}}, \quad H_i = -k\sum_{j=1}^{m} f_{ij}lnf_{ij}$$

$$w_i = \frac{1 - H}{n - \sum_{i=1}^{n} H_i}; i = 1,2,\ldots,n, 其中, i = 1,2,3,4,5, k = 1/lnm \tag{12}$$

每个序参量的每一指标的相对比重为 f_{ij}，第 j 个指标的熵值为 H_i；熵权为 W_i。

将表 3、表 4 的数据代入式（10）、式（11）、式（12），依次得到资源依赖型及科技驱动型系统有序度（见表 3）、熵权值（见表 4）、序参量有序度（见表 5）。

表 3　资源依赖型及科技驱动型系统有序度

年份	工业总产值	从业人员平均人数	固定资产投资	研究开发投资
	资源依赖型系统有序度			
2001	0.054393503	0.354399964	0.921501201	0.987477683
2002	0.026409407	0.501380997	0.97956255	0.921255445
2003	0.038094208	0.50257168	0.894776413	0.901740075
2004	0.674070212	0.453031459	0.988390204	0.729247322
2005	0.30148512	0.400290058	0.999509073	0.657166778
2006	0.535980314	0.636045293	0.997031918	0.524275833
2007	0.682354315	0.674381382	0.979534193	0.466606669
2008	0.725884023	0.903285309	0.091310759	0.101154623
2009	0.684271431	0.864187964	0.854747496	0.282301663
2010	0.551622486	0.676723709	0.979534193	0.498682522
2011	0.887483213	0.170039293	0.991739813	0.130461256
	科技驱动型系统有序度			
2001	0.222964398	0.932988237	0.895142075	0.990099462
2002	0.40751721	0.475569492	0.677877577	0.915057218
2003	0.320536611	0.731405439	0.731378806	0.937810107
2004	0.791792137	0.652016658	0.626513754	0.938956436
2005	0.32309823	0.827800176	0.770847027	0.999903858
2006	0.550393273	0.526836228	0.55579676	0.928511374
2007	0.761069906	0.501451728	0.402059262	0.897638091
2008	0.508669496	0.931163207	0.378024991	0.991054545
2009	0.496174089	0.807807808	0.262582128	0.090987753
2010	0.003472066	0.569641465	0.990476898	0.897065464
2011	0.906250128	0.145736897	0.09870072	0.948301885

注：序变量上限值和下限值分别取 2001~2011 年最大值和最小值的 90%、110%。

表 4　熵权值

	工业总产值	从业人员平均人数	固定资产投资	研究开发投资
资源依赖型	0.232870609	0.258957406	0.260321384	0.247850602
科技驱动型	0.240939077	0.254722125	0.248760804	0.255577994

表5 序参量有序度

年份	资源依赖型	科技驱动型
2001	0.334738117	0.767097479
2002	0.380144274	0.621822751
2003	0.362465805	0.685156948
2004	0.537462357	0.752685403
2005	0.430004791	0.736015957
2006	0.551487223	0.642375614
2007	0.445748952	0.640535458
2008	0.614013443	0.707075763
2009	0.56179052	0.413888857
2010	0.519888524	0.621598862
2011	5.332778741	0.522391445

将其数值以及表5（其数据先进行中间差分，中间差分是基于泰勒公式，近似得到不同时间点的 $\dfrac{dN_1}{dt}$、$\dfrac{dN_2}{dt}$，不再多述）代入式（13），利用遗传算法求得其余参数值。

$$z_1 = \min \sum_{i=1}^{14} \left[Y_1 - \alpha_1 N_1 \left(1 - \frac{N_1}{K_1} - \beta_{21} N_2 \right) \frac{N_1}{N_1 + a_1} \right]^2$$

$$z_2 = \min \sum_{i=1}^{14} \left[Y_2 - \alpha_2 N_2 \left(1 - \frac{N_2}{K_2} - \beta_{12} N_2 \right) \frac{N_2}{N_2 + a_2} \right]^2 \qquad (13)$$

表6 参数计算结果

	α	K	β	a
资源依赖型	− 0.0147	− 0.8661	2.6012	− 0.5152
科技驱动型	− 0.2962	0.479	− 0.5894	− 0.1984

表7 平衡点稳定判别

平衡点	p	q	稳定条件
p_1 （− 0.8661，0）	0.130296019	− 0.002131441	$\alpha_1 < 1$，$\alpha_2 > 1$
p_2 （0，0.479）	− 0.29981583	0.001071009	$\alpha_1 > 1$，$\alpha_2 < 1$
p_3 （− 0.8334，− 0.01243）	− 0.388454491	− 0.001440508	$\alpha_1 < 1$，$\alpha_2 < 1$
p_4 （0，0）	0.3109	0.00435414	不稳定

（三）进一步讨论

由计算结果可知，α_1，α_2 均小于 0，说明资源依赖型产业及科技导向型产业二者发展有序度的内禀增长率均为逆增长，在此对之分别讨论。

对于资源依赖型产业而言，由于其对区域资源禀赋的强烈依赖，尽管使之稳定，但发展模式相对单一。在资源储量较高的阶段，通过持续地对矿产资源开发利用可以驱动区域经济增长，但在矿储下降的阶段，则会陷入发展乏力的困境。如若仔细观察其全阶段的发展轨迹，可以发现其呈现的大致是一个"倒钟"形曲线，随着资源枯竭而陷入衰退，无法实现持续发展——即内禀增长率为负。

对于新技术驱动型产业，通过计算结果比较 α_1、α_2 大小发现，当科技导向型产业被导入矿产资源密集型区域后，其自身逆增长的速度甚至比资源依赖型产业更大。为什么会出现这样的一种结果呢？

重新讨论研究所选取的目标区域甘肃省白银市，从研究选取的时间边界看，在此时期，该市成为资源枯竭型城市之后开始努力推动产业升级，大量引进科研机构和技术密集型产业，重新合理规划产业园区。虽然这些措施对区域产业结构的变化起到了重要的推动作用，但是这种技术嵌入而引起的产业结构波动依然存在滞后效应，系统中各要素的匹配程度还无法重新驱动区域经济增长。从收集的数据可知，在这一阶段，该市与技术发展水平相关的其他要素诸如人力投资、资产投资等未能与之协调，导致技术导向型产业的全要素生产率比较低下。也就是说其支撑产业生存的原动力未能发挥其关键作用，众多科技导向型产业尚处在萌芽阶段，高新技术的嵌入还不明显，未能形成规模效应。

进一步讲，结合 K 值（环境最大容纳力）继续对技术导向型产业演化的轨迹进行分析，我们可以发现实际上，相对于传统的资源依赖型产业，技术导向型产业更能显示出发展的潜力，其 K 值达到了 0.479，远超出资源依赖型产业，这说明外部经济系统对其有序度的容纳力更高，几乎达到了整个经济系统容量的一半。换言之，技术导向型产业的发展空间较大，如若将系统内与之相关联的其他要素（人力，资本等）一并优化，那么该类型发展模式就会呈现出持续增长的态势。

转观 β_{21}（2.6012）> 0、β_{12}（-0.5894）< 0，β_{21}（2.6012）> 0，说明在科技导向型产业入侵矿产资源密集型区域后，其发展会进一步限制资源依赖型产业的发展。这说明，在新科技产业进入区域经济系统内的情况下，如果资源型产业未能有效消化新技术以强化自身的发展，则会由于资源储量的进一步下降而加速衰退；相反地，β_{12}（-0.5894）< 0，说明资源型产业的进化对科技型产业的发展存有积极作用，进一步表明了资源型产业自身的转型会使科技型产业有序度提高。显然支持了本文对 α_1、α_2 均小于 0 的分析——如果资源型产业自身实现转型，就意味着系统内其他要素向新科技产业倾斜，从而促进科技型产业更好地发展。

对于代表自抑效应的参数 a，资源型产业群是 -0.5152，科技型产业群是 -0.1984。这个结果与二者的性质是相匹配的，由于建立协同演化的模型的环境是资源密集型区域，且当地的发展模式基本上都对矿产资源强烈路径依赖，而我们设定的研究时间边界内目标区域已经进入资源枯竭期，因此资源型产业的自抑效应更大，这意味着在资源枯竭阶段，资源性产业必须依赖极大的产业有序度才可以正常生存；而科技型产业的发展路径与矿产资源的关联度不大，所以，无须较大的有序度即能适应区域经济系统，但这种适应并非被简单同化，而是从系统底层推动区域产业结构的变化。

四、研究结论

对矿产资源密集型区域内不同产业子系统进行有序度分析，可以帮助他们对该类型区域的产业结构变化趋势进行描述。通过构建区域经济系统演化模型，并选取甘肃省白银市作为研究对象，我们得出了该区域内不同产业子系统的有序度，并进一步对该区域产业结构变化的结果进行了解释。具体研究结论，大致归纳如下：

（1）对矿产资源密集型区域而言，在资源枯竭阶段，无论是科技型产业还是传统资源型产业，其内禀增长率均为负值，亦即在不受其他条件约束的情况下呈现出逆增长的状态。

（2）对矿产资源密集型区域而言，在资源枯竭阶段，实现由传统资源型产业向技术型产业转移的关键在于保证系统内其他要素向新技术产业倾斜。

（3）对矿产资源密集型区域而言，在资源枯竭阶段，经济系统对新技术产业的有序度的容纳力更高，新技术产业的发展潜力更大。

对矿产资源密集型区域而言，在资源枯竭阶段，资源型产业必须依赖极大的产业有序度才可以正常生存；而科技型产业的发展路径则与矿产资源储量的关联度不大，无须较大的有序度适应区域经济系统，从而推进区域产业结构的变化。

参考文献

［1］黄溶冰，胡运权．产业结构有序度的测算方法——基于熵的视角［J］.中国管理科学，2006，14（1）：122 – 128；Huanc Rong – bing, Hu Yun – quan. A Metric Method of Industrial Ordered Structure Based on Shannon's Entropy［J］. Chinese Journal of Management Science, 2006, 14（1）: 122 – 128.

［2］G. Kiminori, K. Fumio. Diversification Dynamics of the Japanese Industry［J］. Research Policy, 2001（30）: 1165 – 1184.

［3］黄中伟，陈刚．我国产业结构合理化理论研究综述［J］.经济纵横，2003（3）：56 – 58.

［4］Caron. H. John, Staber. Richard, W. Ponder. Technology Clusters versus Industry Clusters: Resources, Networks, and Regional Advantages［J］. Growth and Change, 2006, 2（37）: 141 – 171.

［5］M. Peneder. Industry Structure and Aggregate Growth［J］. Structure Change & Economic Dynamics, 2003, 14（12）: 427 – 449.

［6］M. Fabio. An Evolutionary Model of Industry Growth and Structure Change［J］. Structure Change & Economic Dy – namics, 2002, 13（10）: 387 – 414.

［7］B. Morris. Can Differences in Industry Structure Explain Di – vergences in Regional Economic Growth［J］. Bank of England Quartely Bulletin, 2001, 41（2）: 195 – 203.

［8］J. Belmonte – Beitiaa, T. E. Woolleyb, J. G. Scottc, et al. Spatiotemporal Complexity of Biological Invasion in A Space – and Time – discrete Predator – prey System with the Strong［J］. Alleeeffect. Ecological Complexity, 2012（9）: 16 – 32.

［9］邓明，钱正明．资源禀赋与"资源—经济"系统的有序度——"资源诅咒"在中国省际层面的再检验［J］.厦门大学学报（哲学社会科学版），2012（1）：125 – 132；Deng Ming, Qlan Zheng – ming. Resource Endowment and the Coordination of "Resource – Economy" System［J］. Journal of Xiamen University: Arts & Social Sciences, 2012（1）: 125 – 132.

［10］I. De Falcoa, A. Della Cioppab, D. Maistoa, et al. Modelling Biological Invasions: Individual to Population Scales at Interfaces［J］. Journal of Theoretical Biology, 2013（334）: 1 – 12.

［11］Allee W. C. Animal Aggregations: A study in General Sociology［M］. Chicago: University of Chicago Press, 1931.

［12］Wang G., Liang X. G., Wang F. Z. The Competitive Dynamics of Populations Subject to an Alleeeffect［J］. Ecological Modelling, 1999, 124（2/3）: 183 – 192.

［13］Zhou S. R., Wang G. Allee – like Effects in Metapopulation Dynamics［J］. Mathematical Biosciences, 2004, 189（1）: 103 – 113.

我国高技术产业发展、金融结构优化与产业升级

——基于最优金融结构理论的实证分析

张 桢

（盐城师范学院商学院　盐城金融研究院　江苏盐城　224000）

一、金融结构和产业结构文献综述

从广义讲，金融结构，是指某地区金融总量与实体经济总量的比较关系，通常用金融相关性表示，即用地区金融资产总量与 GDP 比例关系表示。狭义的金融结构指直接融资和间接融资的关系。直接融资指资金需求方与供给方通过金融市场融通资金，间接融资是资金供需双方通过银行作为中介融通资金。本文关注的是狭义的金融结构，即以银行为主的金融结构和以金融市场为主的金融结构。

西方学者对金融发展与经济增长的关系做了大量研究。在西方高收入国家，社会融资主要通过金融市场完成，而对于大多数发展中国家来说，金融市场发展相对落后，企业主要通过银行等中介进行融资。正因为一国的金融发展水平与经济发展呈现很强的相关性，麦金农（1973）和肖（1973）认为发展中国家应推进金融深化与改革来消除金融抑制，促进经济增长。而 CHO（1986）等学者以及世界银行（1989）进一步提出发展中国家应加快建设发达的金融市场，大力发展证券市场，以此来促进本国经济增长。另外，斯蒂格利茨（1994）等学者则认为发展中国家普遍存在的金融约束政策，使金融业和制造业获得租金机会，从而促进金融发展和经济增长。

有些国内学者对产业结构与金融发展的关系进行了研究，范方志（2003）通过建立包含实体经济与金融两部门的模型，推导论证了实体经济部门产业结构的升级将带来金融的发展，并建立了计量模型进行了实证。

针对发展中国家经济与金融体系的自身特点，我国学者从产业结构角度出发对最优金融结构进行研究，即对于处于特定经济发展阶段的发展中国家或地区而言，是采用以银行为主还是采用以金融市场为主的金融体系，更能促进本地区经济发展。林毅夫等（2009）提出了最优金融结构理论并认为，各国由于经济禀赋的不同与发展阶段的不同，存在着自身最优的实体经济产业结构，该国的金融结构是由该地区的产业结构决定的。不同的金融制度安排对不同的产业、技术水平的企业所体现出来的优势是不一样的。在宏观经济条件稳定的情况下，产业发展过程中主要面

———————————

[基金项目] 本文受江苏沿海开发研究院"江苏沿海地区现代服务业和制造业融合发展研究"项目支持。

[作者简介] 张桢，盐城师范学院商学院，博士，讲师，研究方向：金融与产业经济。

临着创业风险[①]、企业家风险两种风险，不同的金融制度对防范不同种类的风险优势不一样。银行体系通过实施信用调查、要求借款人提供抵押物、持续实施有效的监督方法，在防范企业家风险方面具有优势，金融市场通过运用公开信息，提供良好的流动性等手段，在化解产品创新性风险方面具有优势。发展中国家一般劳动力资源丰富，在劳动密集型产业方面具有比较优势，劳动密集型产业大都涉及轻工业，面临的技术创新风险和市场风险低，银行体系对于这种传统产业结构来说更具优势。随着一国产业结构的优化，技术创新的活跃，产业技术水平越发接近世界发展前沿，新兴产业和高新技术产业面临的产品创新风险越大，该国的金融结构应由原先的以银行为主导向以市场为主导的方向转变。龚强（2014）对最优金融结构进行了进一步研究，认为金融结构只有与实体经济资金需求相匹配，才能发挥最大的资金效率，发展中国家由成熟产业主导，以银行为主导的银行体系更有利于资源配置，而发达国家技术创新活跃，以高新技术产业为主，更需要发达的金融市场。作者还在信息不完全的条件下，论证了金融市场能对提升高风险的产业的融资效率，但需要良好的市场环境[②]作为前提。并指出，我国作为发展中国家，劳动密集型产业和部分资金密集型是具有比较优势的产业，是成熟而风险又较低的产业，以银行为主的金融体系更符合我国实际情况，但随着经济不断增长，产业结构持续优化，"中国制造"向"中国创造"转变，我国高技术产业和新兴战略产业正快速崛起，产业技术水平也将接近世界发展前沿。实体经济对金融市场的需求将不断增加。为了更好地实现产业结构转型升级，应大力发展我国的金融市场，提升金融市场在金融体系中的地位与作用。

最优金融结构理论由我国学者提出后，截至目前对该理论的实证研究开展得很少。在本文中，将结合我国高科技产业与金融结构的实际情况，对该理论进行实证研究，研究两者之间的关系，为"十三五"期间推动我国高科技产业发展、金融结构优化和产业结构升级提出建议措施。

二、我国产业结构、高科技产业与金融结构现状

（一）我国三产产业结构的演变

1990~2014年，我国第一产业增加值占GDP比重由27%逐渐下降到10%以下，第二产业增加值占GDP比重由2006年的最高值47.9%下降到42.7%，第三产业则由31.5%上升至47.5%。第一、二、三产业结构不断优化，2013年第三产业比重更是首次超过第一产业，呈现出由第二产业（制造业）为主导的产业结构向以服务业为主导的产业结构转化的趋势（见图1）。

（二）我国高技术产业发展情况

高技术产业指利用当代尖端技术生产高技术产品的产业，具有知识技术密集、资源能源消耗少、附加值高等特点。发展高技术产业对推动产业结构优化，提高劳动生产效率，改造传统产业和基础，减少资源消耗有着重要意义。我国政府根据国民经济中研究与发展经费投入强度（即R&D经费支出占主营业务收入的比重）标准将医药制造业，航空、航天器及设备制造，电子及通

---

① 创业风险主要由产品创新风险和市场风险组成，前者是指企业进行产品技术创新成功面临的不确定性，后者指企业提供的产品能否被市场接受的不确定性。

② 市场环境的好坏与信用体系、产权保护、信息公开等制度完善程度与执行情况紧密相关。

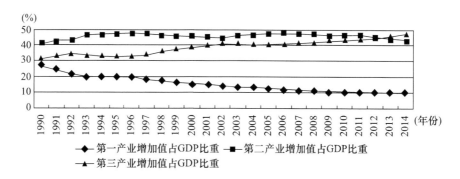

图1 我国三产产业结构变动趋势

资料来源：1990～2013年数据来源于国家统计局官网《中国统计年鉴》（2014）；2014年数据来源于国家统计局官网年度数据。

信设备制造，计算机及办公设备制造业，医疗仪器设备及仪器仪表制造业，信息化学品制造业六大类产业纳入高技术产业（制造业）①。

1995～2013年，我国高技术产业主营业务收入由3917亿元②增长至116049亿元，高技术产业主营业务收入占规模以上工业企业主营收入比重由1995年的7.4%上升至2003年的最高值14.3%，后下跌至2013年的11.2%（见图2）。

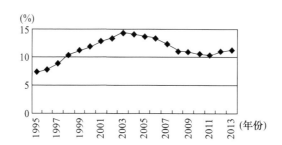

图2 我国高技术产业主营业务收入占规模以上工业企业比重的演变

资料来源：图中指标根据历年《中国统计年鉴》原始数据整理而来（国家统计局官网）。

另外，各类科研机构加大了科研投入，社会研究与实验发展经费支出金额由1995年的349亿元增长至2014年的13312亿元，19年时间名义增长了37倍，研究与发展经费支出占地区生产总值比重从0.6%提高到2.1%，但与发达国家4%的平均水平仍有差距。同时，企业已经成为研发投入主体，2013年，规模以上工业企业研究与试验发展经费支出达8318亿元，占社会研究与实验发展经费支出的62%。

从高技术产业发展与社会研发投入来看，虽然我国高技术产业有了一定的发展，但在整个制造业中比重很低，我国产业结构尤其是制造业还是以劳动与资本密集型为主导，制造业的发展主要还是依靠增加要素投入。

（三）我国金融结构

我国经济的发展和产业结构的优化，带动了金融事业的繁荣，以银行业为主的间接金融与以

---

① 详见国家统计局《高技术产业（制造业）分类（2013）》。
② 为当年价，在本文中若不做特别说明，金额数据均为当年价。

金融市场为主的直接金融均取得了一定的发展。

信贷活动是间接金融机构最主要的经营活动与盈利来源，是间接金融的重要特征。从信贷绝对规模来看，各类金融机构人民币期末贷款余额由 1995 年的 50544 亿元增长至 2014 年的 816770 亿元，增长了 15.16 倍，从相对规模来看，人民币贷款余额占 GDP 比重由 0.83 提升至 1.28。

面向投资者发行证券进行融资是直接金融的主要功能。自 20 世纪 90 年代我国资本市场起步以来，资本市场快速发展。境内上市公司（A、B 股）由 1995 年的 323 家增长至 2014 年的 2613 家。从上市公司股票市价总值绝对规模来看，由 1995 的 3474 亿元增长至 2014 年的 372547 亿元，增长了 106 倍，从相对规模来看，上市公司市价总值占 GDP 比重由从 1995 年 0.06 提升至 2014 年的 0.59，在 2007 年增到最高值 1.23，相对规模在 20 年中趋于上升（见图 3）。

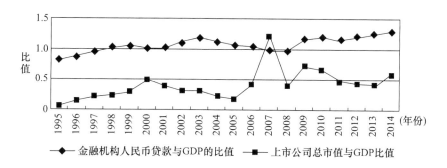

图3　我国直接金融与间接金融相对规模的演变

资料来源：图中指标根据历年《中国统计年鉴》原始数据整理而来（国家统计局官网）。

从金融结构流量角度分析，金融市场融资额[①]由 1995 年的 150 亿元增长至 2013 年的 3869 亿元，增长了 24.8 倍，2010 年达到最高额 11971 亿元。固定资产投资资金来源国内贷款额由 1995 年的 4199 亿元增长至 2014 年的 64092 亿元。在本文中，将采用上市公司市价总值与金融机构人民币余额比值来衡量金融存量结构（JRCLJG），采用金融市场融资额与固定资产投资国内贷款额比值衡量金融流量结构（JRLLJG）[②]（见图 4）。

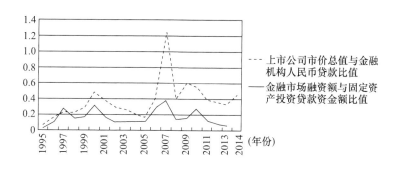

图4　我国金融存量与流量结构演变

资料来源：图中指标根据历年《中国统计年鉴》原始数据整理而来（国家统计局官网）。

从图 4 可以看出，金融存量结构指标 JRCLJG 与流量结构指标 JRLIJG 变动趋势一致，而它们

---

① 金融市场融资指 A、H、N、B 股票市场筹资额。
② 由于缺少年度金融机构信贷融资额数据，用固定资产投资国内贷款额来代替信贷融资额；又因为证券市场融得的资金主要用于项目固定资产投资建设，因此，可将金融市场融资额与固定资产投资国内贷款额比值作为金融流量结构衡量指标。

都与我国股票市场行情紧密相关。1995 年至 2014 年期间，JRCLJG 与 JRLIJG 指标时间序列的均值分别为 0.38 和 0.17。这说明虽然金融市场融资金额、上市公司数量与市值的绝对数有了较大的增长，但我国金融结构仍然是以银行为主导的金融结构，相对于直接金融，间接金融在我国经济中发挥者更重要的作用。

三、实证研究

（一）结构因素分析

1. 计量经济模型的选择

休·帕特里克的"金融追随"或"供给领先"理论认为，实体经济结构的不断优化，金融结构也要随之转变，为实体经济发展提供更好、更复杂及更多的产品与服务。根据实体经济产业结构与金融结构的理论和众多实证研究，建立以下计量经济模型，对我国金融结构与高新技术产业、产业结构关系进行研究分析。

$$FS = \beta_0 + \beta_1 IS + \varepsilon \tag{1}$$

在上述计量经济模型（1）中，被解释变量 FS 表示金融结构，自变量 IS 表示产业结构，β_0 为常数，β_1 为参数，ε 为随机误差项。

2. 代理变量的选择与数据来源

本文将金融存量结构指标 JRCLJG 与流量结构指标 JRLLJG 作为金融结构的拟代理变量，将高技术产业主营业务收入占规模以上工业企业比重（GXZZ）、第二、三产业之和占 GDP 比重（ESGDP）作为产业结构的拟代理变量。以上指标时间跨度为 19 年（1995～2013 年），所用的数据取自国家统计局官网年度数据与统计年鉴数据。将采用 Eviews6.0 软件对变量进行筛选及做其他处理。

3. 平稳性检验与模型估计

解释变量与被解释变量的代理变量都是时间序列数据，为了防止模型估计中出现"伪回归"情况，运用 ADF 法对代理变量的时间序列数据进行平稳性检验，检验结果见表 1。

表 1　各变量单整检验

变量	检验形式	t 统计量	结论
GXZZ	（C, 0, 3）	−3.36	平稳**
ΔGXZZ	（0, 0, 0）	−1.61	平稳*
ESGDP	（C, t, 0）	−0.43	不平稳
ΔESGDP	（0, 0, 2）	−1.18	不平稳
JRLLJG	（C, 0, 3）	−2.65	不平稳
ΔJRLLJG	（0, 0, 1）	−6.00	平稳**
JRCLJG	（C, t, 0）	−3.48	平稳*
ΔJRCLJG	（0, 0, 0）	−6.30	平稳**

注：检验形式依据数据时间序列的走势选取常数、时间趋势与滞后期。滞后期依据 SIC 最小化确定。Δ 表示一阶差分。
** 表示 5% 显著性水平，* 表示 10% 显著性水平。

从表1检验结果看，GXZZ与JRCLJG时间序列都是平稳的，因此，可以将GXZZ和JRCLJG分别作为IS和FS的代理变量，运用最小二乘法对式（1）中的参数进行估计。估计结果如下：

$$JRCLJG = 0.05 + 2.81GXZZ \qquad (2)$$

$$t = (0.14) \quad (0.93)$$

$$R-squared = 0.05，Durbin-Watson\ stat = 1.50，F-statistic = 0.86$$

从估计的式（2）来看，GXZZ参数显著性没通过检验，同时拟合系数值很低，说明GXZZ与JRCLJG没有相关关系，高技术产业占制造业变化并没有带来金融结构的变化。

（二）规模因素分析

从结构角度分析出发，高技术产业的发展并没有带来金融结构的改变，我国金融市场快速发展的同时，银行业也在快速扩张，使得我国的金融结构相对稳定，仍然是以银行为主导的金融结构。因此，有必要从规模角度出发，研究高技术产业发展与间接金融、直接金融的关系。建立以下计量经济模型。

$$FG = \beta_0 IG + \beta_1 IG + \varepsilon \qquad (3)$$

在上述计量经济模型中，被解释变量FG表示金融规模，自变量IG表示产业规模，β_0为常数，β_1为参数，ε为随机误差项，选择年度股票市场融资额（MCS）与期末上市公司总市值（TMV）作为金融市场规模变量，选择年度固定资产投资资金贷款来源额（FAC）与期末金融机构人民币贷款余额（LAR）作为间接金融规模变量。选择年度高技术产业主营业务收入（RHT）与第二、三产业增加值（VFS）作为产业规模代理变量，以上变量均是LN对数形式。数据期间为1995～2013年，所用的数据取自国家统计局官网年度数据与统计年鉴数据。将采用Eviews6.0软件对变量进行筛选及做其他处理。

对以上变量的时间序列数据做单整检验验证数据的平稳性，检验结果如表2所示。

表2　各变量单整检验

变量	检验形式	P值	结果
LNMCS	（C，t，3）	0.47	不平稳
ΔLNMCS	（0，0，2）	0.13	不平稳
LNTMV	（C，t，2）	0.10	平稳 *
LNFAC	（C，t，0）	0.31	不平稳
ΔLNFAC	（C，0，0）	0，01	平稳 **
LNLAR	（C，t，1）	0.41	不平稳
ΔLNLAR	（C，0，0）	0.1	平稳
LNRHT	（C，t，0）	0.97	不平稳
ΔLNRHT	（C，0，0）	0.1	平稳 *
LNVFS	（C，t，3）	0.03	平稳 **

注：检验形式依据数据时间序列的走势选取常数、时间趋势与滞后期。滞后期依据SIC最小化确定。Δ表示一阶差分。* * 表示5%显著性水平，* 表示10%显著性水平。

从表2看出，LNRHT、LNFAC与LNLAR水平不平稳，但它们一阶差分平稳。值得注意的是，LNRHT与金融市场变量（LNMCS、LNTMV）不同阶平稳，说明我国高技术产业与金融市场特别是资本市场没有相关关系。另外，LNRHT与LNVFS不同阶平稳，说明高技术产业的发展没能发挥促进我国整个产业结构优化作用。

对 LNRHT 与 LNFAC，LNRHT 与 LNLAR 两组变量做协整检验，检验结果如表 3 所示。

表 3 各变量间协整检验结果

变量	P 数值	结果
LNRHT 与 LNFAC	0.02	存在协整关系
LNRHT 与 LNLAR	0.41	不存在协整关系

从表 3 看出，高技术产业主营收入规模与固定资产投资信贷资金来源存在着协整关系，即两变量之间存在着长期均衡关系。可以对两变量进行回归分析。运用 Eviews6.0 软件式（3）中的参数进行估计，估计结果如下。

$$LNFAC = 1.48 + 0.81 LNRHT \tag{4}$$
$$t = (4.66) \qquad (25.71)$$

$R - squared = 0.97$，　　$Durbin - Watson\ stat = 0.49$，　　$F - statistic = 660.98$

从估计结果看，LNRHT 参数在 99% 的置信水平上显著，模型的拟合系数为 0.97，拟合程度很高，LNRHT 变量能大部分解释 LNFAC 的变动情况。

进一步对 LNRHT 与 LNFAC 做格兰杰因果检验分析，分析结果如表 4 所示。

表 4 格兰杰因果检验结果

假设	P 数值	结论
LNRHT does not Granger Cause LNFAC	0.02	拒绝
LNFAC does not Granger Cause LNRHT	0.11	不拒绝

在 98% 的置信水平上，LNRHT 是 LNFAC 的格兰杰原因，说明高技术产业的发展是银行信贷规模扩张的重要因素，高技术产业的发展某种意义上强化了以间接金融为主导的金融结构。

四、计量模型估计结果解释

从前面分析结果看，我国高技术产业的发展没能带动我国金融市场发展，却促进了信贷规模的扩张，间接强化了以间接金融为主导的金融结构。根据最有"最优金融结构理论"，高技术产业面临的产品创新风险和市场风险较其他产业强，高技术产业的发展将促进金融市场的发展，而这显然与上述计量经济模型估计结果与分析不一致，其中原因值得深究。

（一）我国高技术产业出口导向性较强

我国高科技产业具有很强的出口导向性，1995～2013 年高技术产业出口金额占总产值比重平均值为 40%，2008 年最高值达到 62%。相对于外向性程度不高的产业，银行具有选择出口企业的偏好，尤其是长期与国外客户合作的出口商，国外进口商之所以选择国内进口商，是经过信息搜寻与考察的，进而可以加以信任的，而且发达国家的进口商对国内出口企业的选择要求更高，银行可以搭国外进口商的便车①，倾向于选择处于高技术产业的出口商作为融资服务对象，降低信息搜集成本，也验证了 Song 等（2011）的研究结论②。具有很强出口导向性的高技术技术产业的发展，带动了银行信贷规模的扩张。

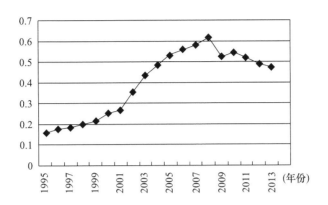

图 5 我国高技术产业出口额占主营收入比重的演变

资料来源：图中指标根据历年《江苏统计年鉴》原始数据整理。

（二）我国高技术产业具有低风险的特征

从产业发展阶段来看，科技产业发展大致经历孵化期、初创期、成长期、成熟期、衰退期五个发展阶段，每一阶段面临着不同的风险，孵化期与初创期主要面临创业风险，成长期主要面临成本风险，成熟期主要面临被其他产品替代风险。我国现有的高技术产业相对于国内其他产业而言，是属于新兴的、科技含量高的产业，但对欧美日发达国家先进产业而言，基本处于成长期与成熟期产业，如智能装备制造业（如数控机床、工业机器人制造业）和新材料制造业，处于产业成长期与成熟期特点是国际市场需求稳定，产业发展的重点是设法降低产品的生产成本。因此我国高技术产业面临的任务更多的是引进消化先进技术以缩小与发达国家的技术差距，并扩大产业生产规模，形成自身的成本规模优势。因此，我国高技术产业面临的创业风险已大为降低。

从产业链价值创造来看，我国有些高技术产业主要处于产业链价值创造的末端。虽然整个产业属于高新技术产业，但在国内却处于组装加工环节，核心零部件的研发与市场渠道全被国外企业控制，相应的研发风险与市场风险都集中于国外厂商，国内高技术企业创业风险较低。例如，虽然江苏电子及通信设备制造业全国出口金额居于首位，但多数是凭借其廉价的劳动力优势开展来料加工业务。因此，无论是从产业发展周期来看，还是产业链价值创造环节来说，我国高技术产业具有很低的产业风险特征，银行业愿意为风险较低又具有相对成本优势的产业提供融资服务。

（三）国内主要资本市场融资上市门槛较高

我国资本市场主体是主板市场，主板市场指在沪深交易所上市交易的场所，包括深圳中小板市场，主板市场对发行人的营业期限、股本大小、盈利水平等方面有最低要求，主要面向较大资

---

① 银行在面临众多的资金需求者，面临着信息不对称的风险，为了筛选出低风险的客户，银行将采取"事前调查"和"事后跟踪"的方式，收集客户信息。

② Song 等（2011）考察了银行体系对中国经济增长、投资回报、贸易盈余、要素再分配等方面的影响，得出在信息非对称的情况下，银行更倾向于出口产业。

本规模与稳定盈利能力的成熟企业，而不是初创期或成长期的高科技企业。深圳创业板的建立是为了扶持高成长性的中小企业，以及建立创业风险投资推出机制，其上市条件虽然与主板市场相比有了较大的放宽，但仍然在经营年限、盈利要求、资产要求方面有所规定，如持续经营时间"要三年以上"，净资产要求"最近一期末净资产不少于2000万元"，盈利要求"最近两年连续盈利，且两年净利润不少于1000万元，或最近一年盈利，且净利润不少于1000万元，最近一年营业收入不少5000万元"。

我国某些高技术产业技术水平接近国际先进水平，但由于主板与创业板上市要求较高，使高技术产业很难通过资本市场上市融资，也影响了创业风险投资对处于孵化期和初创期的高技术产业的投资。

五、建议与措施

2014年，我国人均GDP超过7500美元，整体进入"高收入地区"，未来五到十年，我国更多产业将从"中国制造"转变为"中国创造"，将会出现越来越多的原始创新，高技产业技术水平也将接近国际前沿，实体经济对金融市场的需求也将不断增加，成功的经济转型与产业升级需要金融市场的大量支持。我国产业结构即将进入以服务业为主导的新阶段，制造业也正向高科技化、智能化、高附加值化方面转变，因此，必须采取措施推动高技术产业升级，促进金融业等生产性服务业的快速发展，

一是支持科技信贷专营机构的发展。鼓励银行内部成立科技信贷专营部门，银行在高新园区就近设立科技支行；银行应配备专门人才队伍，科学制定科技信贷政策，创新科技信贷产品，满足科技型企业个性化的资金需求；公共财政给予科技贷款损失一定补贴，对从事科技信贷业务的机构给予所得税优惠。

二是科技型企业应加大技术研发力度，提升自主创新能力，实现由"追赶"式发展向"超越"式发展转变。欧美发达国家研发经费占GDP的4%，而我国仅为2.1%，仍有着不小差距，因此，企业、政府、科研机构应加大科研资金投入。同时推进产学研相结合，使得科研成果向市场化、产业化方向发展。政府要制定并落实好各项科技企业的财政与税收优惠政策，为企业从事科研创造良好、宽松的环境。

三是大力发展风险投资事业。风险投资不但能为处在孵化期与初创期的高新技术企业提供融资便利，而且能规范企业运营，帮助企业建立科学合理的内部治理体系，是高技术产业发展的强大推动力。要发挥政府性风险投资基金的引导作用，与社会资本密切合作，坚持市场基金运作模式。鼓励社会资本进入风投领域，加强自身科学管理，立足于长期目标，追求长期效益，共同与高技术产业发展壮大。目前专业人才的匮乏是制约我国风投事业发展的瓶颈，要培养和引进财经与工科技术相结合、敏锐的商业直觉与广泛人际关系相结合、深厚理论功底与丰富实践经验相结合的风险投资专业人才。

四是鼓励高技术企业"新三板"挂牌上市交易。"新三板"全称为全国中小企业股权转让系统，成立于2012年9月，是经国务院批准设立的全国性证券交易场所，为非上市股份公司的股份公开转让、融资、并购等业务提供服务，是我国多层次资本市场体系建设的重要举措。新三板市场发展非常迅猛，截至2015年8月底，"新三板"上市企业共有3359家，总股本为1735万股，总市值为1408亿元。在"新三板"挂牌上市的条件不高，特别是没有资产、盈利、股本具体指标的限制，挂牌上市准备工作时间周期也较短，科技型企业在"新三板"挂牌上市，能够

快速提升知名度，建立科学合理的内部治理结构，规范财务活动，为以后主板上市打下坚实的基础，也为风投基金退出提供了渠道。各级政府科技与企业主管部门，应将科技企业挂牌"新三板"作为企业工作的重点，对"新三板"进行广泛宣传，对辖区的科技企业进行筛选，建立"新三板"挂牌上市企业梯队，为科技型企业登陆"新三板"提供便利。

五是加快推进资本市场注册制改革。发行注册制指证券发行申请人依法将与证券发行有关的一切信息和资料公开，制成法律文件，送交主管机构审查，主管机构只负责审查发行申请人提供的信息和资料是否履行了信息披露义务的一种制度。高科技企业只需要公开所要求的信息，便能发行股票与上市，企业价值交由市场和投资者判断，从而使得真正优秀的高科技企业脱颖而出，发展壮大，对发展我国高技术产业有着重要意义。现阶段，应加快证券法相关条款修订，扫清注册制的立法障碍，同时，不断完善法制环境，建设诚信体系，加强政府监管，提升市场主体素质，共同为顺利实施注册制创造良好的内外环境。

参考文献

[1] 龚强. 产业结构、风险特征与最优金融结构 [J].经济研究，2014（4）：4-16.

[2] 范方志. 中国地区金融结构转变与产业结构升级研究 [J].金融研究，2003（11）：36-48.

[3] 鲍金红. 中部六省金融结构调整与产业结构升级互动研究 [J].经济纵横，2013（7）：126-130.

[4] 朱磊. 台湾产业结构与金融结构关系的研究 [J].台湾研究，2010（6）：35-40.

[5] 刘亮. 金融推动江苏产业结构升级研究 [J].苏州大学学报，2012（2）：123-127.

大销量竞争、质量水平差距与产品安全规制

吴绪亮　　孙召金

（东北财经大学产业组织与企业组织研究中心　　辽宁大连　116025）

一、引言

近年来，随着"皮革奶"、"苏丹红"、"地沟油"、"瘦肉精"、"三聚氰胺"等食品行业生产内幕问题被不断曝光，以食品行业为典型代表的产品质量与安全成为我国社会关注的焦点之一。政府监管部门给予迅速反应，被称为"史上最严"的《食品安全法》于2015年4月修订通过，重新定位了当今食品安全的监管视域，拓展了监管范围，增大了行政处罚与问责力度。实际上不只是食品行业，比如2015年7月发生在湖北的"电梯吃人"事件引起公众对电梯安全的高度关注[①]，而2015年8月发生在天津滨海新区的危险品仓库爆炸事件更是引发公众对危险化学品生产和运输过程中安全问题的担忧[②]。

产品质量和安全问题一直是经济学研究的一个经典问题。已有文献强调了质量与信息的作用，经典文献包括 Dorfmanand Steiner[1]、Schmalensee[2] 的广告与最优产品质量模型，Allen[3]、Shapiro[4] 的质量与声誉模型，Wolinsky[5] 与 Bagwell[6] 将价格作为投入成本或质量的信号模型，Milgrom 和 Roberts[7] 与 Begwell 和 Riorda[8] 的产品质量的价格与广告信号模型，Ronnen[9] 最低质量标准模型等。部分学者从产品责任角度进行了研究，相关成果主要包括企业事前行动的激励（如 Simon[10]，Polinsky and Rogerson[11]，Daughety and Reinganum[12]）和事后行动的激励（如 Welling[13]，Spier[14]，Marino[15]）两方面，而 Chen 和 Hua[16] 则将事前和事后行动激励整合起来，同时考虑了产品责任对企业事先质量投资和事后补救措施的潜在影响。国内近期关于产品质量问题研究的代表性文献包括龚强和成酪[17]、李想和石磊[18]。其中，龚强和成酪[17] 考察了在产品差异化市场中提高最低质量标准的影响，发现在不同情况下提高质量标准对于厂商利润、消

［基金项目］教育部人文社会科学研究青年基金项目"经营者集中反垄断审查中的经济证据研究"（编号：11YJCZH189）、辽宁省教育厅人文社科研究基地项目"混合寡头条件下买方势力对创新活动的影响及反垄断研究"（编号：ZJ2014041）。

［作者简介］吴绪亮，经济学博士，法学博士后，东北财经大学产业组织与企业组织研究中心副主任，副研究员，主要从事产业组织理论与反垄断经济学方面的研究。孙召金，东北财经大学产业组织与企业组织研究中心研究生，主要从事产业组织理论方面的研究。

① 2015年7月26日，湖北荆州市安良百货公司手扶电梯发生事故，一名带着幼儿的女子被卷入电梯内。该女子遇险的一刹那，双手奋力向前，将幼小的儿子托举送出，旁人救下孩子，而她自己则在短短8秒内被电梯吞没，不幸遇难。

② 2015年8月12日23：30左右，位于天津滨海新区塘沽开发区的天津东疆保税港区瑞海国际物流有限公司所属危险品仓库发生爆炸，截至2015年9月5日，共发现遇难者161人，失联12人，住院治疗数百人。

费者福利及社会总福利的影响不尽相同。若质量标准针对企业对设备与技术的前期投资，则严格的质量标准会增加消费者剩余且提高社会总福利，此时制定严格的标准更加有效；若质量标准针对企业在生产过程中的持续性投入，则严格的质量标准可能会降低消费者剩余且有损社会总福利。李想和石磊[18]从技术约束和信息不对称的角度解释了以乳品为代表的食品类企业为何往往忽视质量控制而热衷于销量扩张。他们的分析表明，竞争压力未必是解释该现象的关键因素；只要产品市场容量较大，并且在投资不足的前提下提供优质产品的产能相对较小，即使没有竞争的压力，厂商在质量控制上的投资也不充分，而且总是热衷于低价大销量的营销方式，后者被消费者视为投资充分的不完美信号。增强监管无法从根本上改变厂商投资不足且追逐大销量的现状，但能增加厂商高投资的可能性、提高产品的平均质量。

然而值得注意的是，现有文献关于产品质量与安全的研究忽略了企业内部激励问题，特别是企业目标函数对产品质量水平和安全的影响。现实中，从食品生产到电梯制造，甚至危险化学品生产和运输，其安全和质量问题始终与企业内部激励密不可分。因此，本文将大销量竞争引入企业目标函数中，通过构造一个简单的两阶段博弈模型，考察了企业热衷于大销量竞争而非仅仅利润水平的情形下，差异化产品市场上生产企业的质量安全。此外，我们还观察到一些行业的产品安全和质量存在明显的良莠难分、参差不齐问题，而另一些行业的安全和质量水平差距则很小，为此构造了一个简单的指标用来刻画市场中产品安全和质量水平的差距，称之为"质量参差指标"。

关于大销量竞争相关研究，主要包括解释企业为何重视市场份额（如 Beggs and Klemperer[19]），考察销量在产品质量的信号显示机制中的作用（如 Daugherty and Reinganum[12]）等，但均未将大销量竞争引入企业的目标函数中进行分析。委托代理研究的一个分支考虑了市场份额在企业目标函数中的作用，即起源于 Fershtman 和 Judd[20]的策略性代理理论（Strategic Delegation），近期文献可见 Krakel 和 Sliwka[21]，但尚没有文献运用策略性代理理论来解释产品质量与安全问题。因此，本文研究思路在这几种研究领域间建立起桥梁，从而具有一定创新性。我们的研究结论发现，大销量竞争确实可以影响企业的安全和质量均衡策略，并且市场中企业是否全部采取大销量竞争会影响产品安全和质量水平高低及其差距分布。这些研究结论对于产品安全与产品质量相关的文献成果是一个有意义的补充。

二、模型假定

假设市场上有两家进行豪泰林竞争的企业 1 和企业 2，位于长度为 1 的线形城市两端，各自生产产品 1 和产品 2。消费者均匀分布在两个企业之间，x 表示消费者与企业 1 的距离，t 为单位距离带给消费者的成本，t 值越大，产品差异化程度越大。定义产品 1 和产品 2 的价格分别为 p_1、p_2。企业实行两阶段博弈，第一阶段确定质量（和投资水平），第二阶段确定价格，两个阶段中企业都是同时博弈。

分别定义产品 1 和产品 2 的安全率即不发生事故的概率为 e_1、e_2。安全率同时也反映了企业对产品质量的努力程度，努力度越高 e 值越大，产品安全越有保障；同时，努力度越高，成本也越高。并且设定两个企业质量参差指标 $\xi = \dfrac{e_i}{e_j}$。其中 i，j = 1，2，i≠j 且 $e_i > e_j$，所以 $\xi \in = [1, +\infty)$，ξ 值越大，表明企业间产品安全和质量水平差距越大。

若标准化安全产品效用为 1，不安全产品效用为 0（即假设消费者因产品不安全所造成的损失完全抵销掉因消费该产品而得到效用），则消费者净效用为：

$$U_i = s_i - p_i - t \cdot x, \quad s_i = \begin{cases} h = 1, & 概率为 e_i \\ l = 0, & 概率为 1 - e_i \end{cases}, \quad t \in (0, +\infty)$$

即当消费者消费产品 1 时，若产品是安全的，则净效用为 $u_1^h = 1 - p_1 - t \cdot x$；若产品不安全，则净效用为 $u_1^l = - p_1 - t \cdot x$。因此，消费者消费产品 1 得到的期望效用为 $EU_1 = e_1 u_1^h + (1 - e_1) u_1^l = e_1 - p_1 - tx$。

同理，消费者消费产品 2 时，$u_2^h = 1 - p_2 - t(1 - x)$，$u_2^l = - p_2 - t(1 - x)$，所得到的期望效用为 $EU_2 = e_2 u_2^h + (1 - e_2) u_2^l = e_2 - p_2 - t(1 - x)$。

若消费两种产品无差异，则有 $EU_1 = EU_2$，由此可得：$x^* = \dfrac{e_1 - e_2 - p_1 + p_2 + t}{2t}$，故产品 1 的市场份额为：$D_1(p_1, p_2, e_1, e_2) = x = \dfrac{e_1 - e_2 - p_1 + p_2 + t}{2t}$；产品 2 的市场份额为：$D_2(p_1, p_2, e_1, e_2) = y = 1 - \dfrac{e_1 - e_2 - p_1 + p_2 + t}{2t}$。

企业 1 的成本函数为 $C_1(e_1) = e_1^2$；企业 2 的成本函数为 $C_2(e_2) = \lambda e_2^2$，其中 $\lambda > 1$ 反映了企业技术差距，λ 值更高的企业提高质量的边际成本更高，所以企业 1 的边际成本更低，或者说技术水平更高。

如果企业不采用大销量竞争，则该企业的目标函数为：

$\max\limits_{pi} \pi_i(e_i, e_j) = p_i D_i(p_i, p_j, e_i, e_j) - C_i(e_i)$，其中 i, j = 1, 2 且 i≠j；如果采用大销量竞争，则目标函数为：$\max\limits_{pi} \pi_i(e_i, e_j) = \eta[p_i D_i(p_i, p_j, e_i, e_j) - C_i(e_i)] + (1 - \eta) p_i D_i(p_i, p_j, e_i, e_j)$，其中 i, j = 1, 2 且 i≠j；$\eta \in (0, 1]$ 度量了企业对销量的重视程度，$1 - \eta$ 则度量了大销量竞争的幅度。

现实中虽然企业也会进行一定的有利于提高产品质量的事先固定投资，但大多时候还是以生产过程中的可变投资为主。最为典型的就是食品企业，食品质量和食品安全问题主要来自原料采购和使用环节。因此，为简化分析，本文假定企业仅在生产过程中控制质量，则此时企业 1 和 2 的成本函数分别为：$C_1(D_1, e_1) = D_1 \cdot e_1^2$，$C_2(D_2, e_2) = \lambda D_2 \cdot e_2^2$。

三、无大销量竞争情形

作为起点和参照系，先考虑企业没有采用大销量竞争情形。两个企业在博弈第一阶段进行质量竞争，第二阶段进行价格竞争。

（一）博弈第二阶段：价格竞争

采取逆向求解法，即先考虑在上一期双方确定的质量水平下同时确定价格，企业面临的利润最大化问题为：$\max\limits_{pi} \pi_i(e_i, e_j) = p_i D_i(p_i, p_j, e_i, e_j) - C_i(D_i, e_i)$

由利润最大化一阶条件 $\dfrac{\partial \pi_i(e_i, e_j)}{\partial p_i} = 0$ 得到市场均衡价格：

$p_1^*(e_1, e_2) = \dfrac{1}{3}(e_1 - e_2 + 2e_1^2 + \lambda e_2^2 + 3t)$，$p_2^*(e_1, e_2) = \dfrac{1}{3}(e_2 - e_1 + 2\lambda e_2^2 + e_1^2 + 3t)$，将最优

价格带回市场份额表达式，得到市场份额：

$$D_1^*(e_1, e_2) = \frac{e_1 - e_2 + 3t - e_1^2 + \lambda e_2^2}{6t}, \quad D_2^*(e_1, e_2) = \frac{e_2 - e_1 + 3t + e_1^2 - \lambda e_2^2}{6t}$$

（二）博弈第一阶段：质量竞争

再求第一阶段两家企业的质量竞争：$\max\limits_{e_i} \pi_i^*(e_i, e_j) = p_i^* D_i^*(e_i, e_j) - C_i(D_i^*, e_i)$。由一阶条件$\dfrac{\partial \pi_i^*(e_1, e_2)}{\partial e_i} = 0$可得到符合二阶条件的企业均衡策略为：$e_1^{a*} = \dfrac{1}{2}$，$e_2^{a*} = \dfrac{1}{2\lambda}$，且由$\lambda > 1$可得$e_1^{a*} > e_2^{a*}$。进而可得质量参差指标：$\xi^a = \dfrac{e_1^{a*}}{e_2^{a*}} = \lambda > 1$，且$\dfrac{\partial \xi^a}{\partial t} = 0$，$\dfrac{\partial \xi^a}{\partial \lambda} > 0$[①]。

引理1：在差异化产品的双寡头市场中，如果企业不采取大销量竞争，则存在一个非对称的安全和质量均衡策略，即低成本企业会选择更高产品质量；市场中产品质量水平差距程度与产品差异化程度无关，与企业成本差异程度正相关。

四、非对称型大销量竞争情形

如果企业进行非对称性大销量竞争，考虑到$C_1(D_1, e_1) < C_2(D_2, e_2)$，即企业1的成本低于企业2，那么按照常理来说，更大可能性为企业1采取大销量竞争而企业2不采取大销量竞争。下面分析此种情形下的均衡结果。

（一）博弈第二阶段：价格竞争

企业1面临的利润最大化问题为：

$$\max\limits_{p_1} \pi_1(e_1, e_2) = \eta[p_1 D_1(p_1, p_2, e_1, e_2) - C_1(D_1, e_1)] + (1 - \eta)p_1 D_1(p_1, p_2, e_1, e_2)$$
$$= p_1 D_1(p_1, p_2, e_1, e_2) - \eta C_1(D_1, e_1) = (p_1 - \eta e_1^2) D_1(p_1, p_2, e_1, e_2)$$

企业2面临的利润最大化问题为：

$$\max\limits_{p_2} \pi_2(e_1, e_2) = p_2 D_2(p_1, p_2, e_1, e_2) - C_2(D_2, e_2) = (p_2 - \lambda e_2^2) D_2(p_1, p_2, e_1, e_2)$$

由利润最大化一阶条件$\dfrac{\partial \pi_1(e_1, e_2)}{\partial p_1} = 0$和$\dfrac{\partial \pi_2(e_1, e_2)}{\partial p_2} = 0$可得到均衡市场价格为：

$$p_1^*(e_1, e_2) = \frac{1}{3}(e_1 - e_2 + 3t + 2\eta e_1^2 + \lambda e_2^2), \quad p_2^*(e_1, e_2) = \frac{1}{3}(e_2 - e_1 + 3t + \eta e_1^2 + 2\lambda e_2^2)$$

将市场价格的表达式代回企业市场份额，可求得：

$$D_1^*(e_1, e_2) = \frac{e_1 - e_2 + 3t - \eta e_1^2 + \lambda e_2^2}{6t}, \quad D_2^*(e_1, e_2) = \frac{e_2 - e_1 + 3t + \eta e_1^2 - \lambda e_2^2}{6t}。$$

（二）博弈第一阶段：质量竞争

再求博弈第一阶段的质量竞争，此时企业1面临的利润最大化问题：

$$\max\limits_{e_1} \pi_1^*(e_1, e_2) = \eta[p_1^* D_1^*(e_1, e_2) - C_1(D^*, e_1)] + (1 - \eta)p_1^* D_1^*(e_1, e_2) = p_1^* D_1^*(e_1,$$

---

① 此处，上标α，β，γ是区分第1、2、3种情形，下标是区分企业1和企业2，下同。

e_2) $- \eta C_1(D_1^*, e_1) = (p_1^* - \eta e_1^2)D_1^*(e_1, e_2)$

企业 2 面临的利润最大化问题为：

$$\max_{e_2} \pi_2^*(e_1, e_2) = p_2^* D_2^*(e_1, e_2) - C_2(D_2^*, e_2) = (p_2^* - ae_2^2)D_2^*(e_1, e_2)$$

由利润最大化一阶条件 $\frac{\partial \pi_1^*(e_1, e_2)}{\partial e_1} = 0$ 和 $\frac{\partial \pi_2^*(e_1, e_2)}{\partial e_2} = 0$ 可得到企业最优均衡策略：

$e_1^{\beta *} = \frac{1}{2\eta}$，$e_2^{\beta *} = \frac{1}{2\lambda}$，由于 $\lambda > 1$，$\eta \in (0, 1]$，则 $\lambda > \eta$，所以 $e_1^{\beta *} > e_2^{\beta *}$，进而可得质量参差指标：

$$\xi^\beta = \frac{e_1^{\beta *}}{e_2^{\beta *}} = \frac{\lambda}{\eta} > 1, \quad 并且 \frac{\partial \xi^\beta}{\partial t} = 0, \quad \frac{\partial \xi^\beta}{\partial \lambda} = \frac{1}{\eta} > 0, \quad \frac{\partial \xi^\beta}{\partial \eta} = -\frac{\lambda}{\eta^2} < 0。$$

引理 2：在差异化产品的双寡头市场中，如果企业进行非对称性大销量竞争，则安全和质量均衡策略分别取决于企业成本差异程度与大销量竞争幅度；市场中产品安全和质量水平差距程度与产品差异化程度无关，但与企业成本差异程度正相关，与大销量竞争的幅度正相关[①]。

五、对称性大销量竞争情形

最后考虑两家企业对称性采用大销量竞争的情形。为简化分析，我们假定两家企业对大销量竞争具有相同的偏好程度，即 $\eta_1 = \eta_2 = \eta$[②]。

（一）博弈第二阶段：价格竞争

企业 1 面临的利润最大化问题为：

$$\max_{p_1} \pi_1(e_1, e_2) = \eta[p_1 D_1(p_1, p_2, e_1, e_2) - C_1(D_1, e_1)] + (1 - \eta)p_1 D_1(p_1, p_2, e_1, e_2) =$$

$p_1 D_1(p_1, p_2, e_1, e_2) - \eta C_1(D_1, e_1) = (p_1 - \eta e_1^2)D_1(p_1, p_2, e_1, e_2)$

企业 2 面临的利润最大化问题为：

$$\max_{p_2} \pi_2(e_1, e_2) = \eta[p_2 D_2(p_1, p_2, e_1, e_2) - C_2(D_2, e_2)] + (1 - \eta)p_2 D_2(p_1, p_2, e_1, e_2) =$$

$p_2 D_2(p_1, p_2, e_1, e_2) - \eta C_2(D_2, e_2) = (p_2 - \lambda \eta e_2^2)D_2(p_1, p_2, e_1, e_2)$

由利润最大化一阶条件 $\frac{\partial \pi_1(e_1, e_2)}{\partial p_1} = 0$ 和 $\frac{\partial \pi_2(e_1, e_2)}{\partial p_2} = 0$ 可得到均衡市场价格为：

$$p_1^*(e_1, e_2) = \frac{1}{3}(e_1 - e_2 + 3t + 2\eta e_1^2 + \lambda \eta e_2^2), \quad p_2^*(e_1, e_2) = \frac{1}{3}(e_2 - e_1 + 3t + \eta e_1^2 + 2\lambda \eta e_2^2),$$

将市场价格的表达式代回企业市场份额，可求得：

$$D_1^*(e_1, e_2) = \frac{e_1 - e_2 + 3t - \eta e_1^2 + \lambda e_2^2}{6t}, \quad D_2^*(e_1, e_2) = \frac{e_2 - e_1 + 3t + \eta e_1^2 - \lambda \eta e_2^2}{6t}。$$

（二）博弈第一阶段：质量竞争

再求博弈第一阶段的质量竞争。企业 1 面临的利润最大化问题为：

---

① 注意大销量竞争的幅度为 $1 - \eta$ 而非 η。

② 放松这一假定会增加计算负担，但对模型分析结论没有本质影响。

$$\max_{e_1} \pi_1^*(e_1, e_2) = \eta[p_1^* D_1^*(e_1, e_2) - C_1(D_1^*, e_1)] + (1 - \eta)p_1^* D_1^*(e_1, e_2) = p_1^* D_1^*(e_1, e_2) - \eta C_1(D_1^*, e_1) = (p_1^* - \eta e_1^2)D_1^*(e_1, e_2)$$

企业 2 面临的利润最大化问题为：

$$\max_{e_2} \pi_2^*(e_1, e_2) = \eta[p_2^* D_2^*(e_1, e_2) - C_2(D_2^*, e_2)] + (1 - \eta)p_2^* D_2^*(e_1, e_2) = p_2^* D_2^*(e_1, e_2) - \eta C_2(D_2^*, e_2) = (p_2^* - \lambda\eta e_2^2)D_2^*$$

由利润最大化一阶条件 $\dfrac{\partial \pi_1^*(e_1, e_2)}{\partial e_1} = 0$ 和 $\dfrac{\partial \pi_2^*(e_1, e_2)}{\partial e_2} = 0$ 可得到企业最优均衡策略：

$e_1^{\gamma*} = \dfrac{1}{2\eta}$，$e_2^{\gamma*} = \dfrac{1}{2\lambda\eta}$，且由 $\lambda > 1$ 可得 $e_1^{\gamma*} > e_2^{\gamma*}$。质量参差指标为：$\xi^{\gamma} = \dfrac{e_1^{\gamma*}}{e_2^{\gamma*}} = \lambda > 1$，并且 $\dfrac{\partial \xi^{\gamma}}{\partial t} = 0$，$\dfrac{\partial \xi^{\gamma}}{\partial \lambda} > 0$，$\dfrac{\partial \xi^{\gamma}}{\partial \eta} = 0$。

引理 3：在差异化产品的双寡头市场中，如果企业均采取大销量竞争，则存在一个非对称的安全和质量均衡策略，即低成本企业会选择更高的产品安全和质量水平；市场中产品安全和质量水平差距程度与产品差异化程度和大销量竞争幅度均无关，但与企业成本差异程度正相关。

六、三种情形的比较

对上述三种情形下产品安全和质量水平进行比较，可以发现：$e_1^{\alpha*} < e_1^{\beta*} = e_1^{\gamma*}$，$e_2^{\alpha*} = < e_2^{\beta*} < e_2^{\gamma*}$。这说明，低成本企业只要采取大销量竞争就会带来自身产品质量水平的提升，而不管对手是否采取大销量竞争。高成本企业如果为了应对低成本企业的大销量竞争而同样采取大销量竞争，则也会提升自身产品质量水平。这一点也可以从 $e_1^{\beta*} = \dfrac{1}{2\eta}$，$e_1^{\gamma*} = \dfrac{1}{2\eta}$，$e_2^{\gamma*} = \dfrac{1}{2\lambda\eta}$ 三个式子看出，即产品质量水平与大销量竞争幅度（$1 - \eta$）始终正相关。

再比较产品质量参差指标，可以发现：$\xi^{\alpha} = \xi^{\gamma} < \xi^{\beta}$。这说明，如果所有企业均采取大销量竞争，则不会改变产品安全和质量水平差距程度；如果仅低成本企业采取大销量竞争，则产品安全和质量水平差距程度会扩大。还可以看出，质量参差指标始终与产品差异化程度无关，与成本差距程度正相关，即成本差距越大，则市场中的安全和质量水平差距越大。大销量竞争幅度对质量参差指标的影响比较复杂。如果仅低成本企业采取大销量竞争，则大销量竞争幅度与质量参差指标正相关，即越进行大销量竞争，则市场中安全和质量水平的差距越大；如果两家企业均采取同等的大销量竞争，则大销量竞争幅度对质量参差指标没有影响。

结合上述比较分析和引理 1～引理 3，可得：

命题 1：在差异化产品的双寡头市场中，采取大销量竞争可以提高企业产品安全和质量水平；企业竞争对手是否采取大销量竞争不会影响该企业的产品安全和质量水平。

命题 2：非对称性大销量竞争会扩大企业间的产品安全和质量水平差距，对称性大销量竞争则不会影响这种产品安全和质量水平差距的程度；产品安全和质量水平差距始终与产品差异化程度无关，与成本差距程度正相关。

此外，从 $e_2^{\alpha*} = \dfrac{1}{2\lambda}$、$e_2^{\beta*} = \dfrac{1}{2\lambda}$、$e_2^{\gamma*} = \dfrac{1}{2\lambda\eta}$ 可以看出，企业成本差距程度始终与高成本企业产品安全和质量水平负相关，即成本差距越小，则高成本企业产品安全和质量水平越高。由此可得：

命题 3：在差异化产品的双寡头市场中，企业成本差距程度始终与企业的产品安全和质量水平负相关。

七、结论

本文通过构造一个简单的两阶段博弈模型，两个企业在博弈第一阶段进行质量竞争，第二阶段进行价格竞争，考察了企业热衷于大销量竞争而非仅仅利润水平的情形下，差异化产品市场上生产企业的安全和质量努力。此外，我们还观察到很多行业的产品安全和质量存在参差不齐的问题，而另一些行业的产品安全和质量水平差距则很小，为此构造了一个简单的"质量参差指标"，并考察了大销量竞争、产品差异及成本差距程度对质量参差指标的影响。

本文研究发现，①在差异化产品的双寡头市场中，采取大销量竞争可以提高企业的产品安全和质量；企业竞争对手是否采取大销量竞争不会影响该企业的产品安全和质量水平。②非对称性大销量竞争会扩大企业间的产品安全和质量水平差距，对称性大销量竞争则不会影响这种产品安全和质量水平差距的程度；产品安全和质量水平差距始终与产品差异化程度无关，与成本差距程度正相关。③企业成本差距程度始终与企业的产品安全和质量水平负相关。

这一研究结论的直观理解是，在食品等很多行业存在大销量竞争总体来说有助于提升产品安全和质量，但如果企业在策略上或成本技术等方面差距较大，则市场中产品安全和质量良莠不齐的现象就会很突出。因此，从政府政策干预角度说，对于大销量竞争现象应给予鼓励，但对于行业中企业差距较大的情况则应尽力予以缩小，从而可以让更多更为优质、更为安全、质量更为稳定的产品在市场上出现。

此外，行业协会由于具有天然的信息优势，因此可以克服在产品安全和质量方面市场失灵和政府失灵一度同时出现的问题，从而承担起更大的社会责任。但是目前诸如中国酒业协会、中国乳制品工业协会、中国电梯协会、中国化学品安全协会等产品和质量问题频发，产业的行业协会存在的一个主要问题是缺乏有效的产业自我规制制度设计，特别是缺乏有效的内部惩罚手段和及时有效的信息披露机制，从而在实践中也很少有成功的自我规制案例。从根本上来说，我国行业协会未能很好地履行产业自我规制职能是由行业协会大部分都是官办的性质所决定的。因此，应考虑改变行业协会的身份定位，让行业协会回归行业，回归市场，回归民间，这实际上与中央提出的创新社会管理重大战略部署是完全一致的。在这方面，欧盟各个产业的行业协会很活跃，完全由民间自发组织形成，对集体声誉极其重视，并且能够代替政府进行准入限制、设置安全和质量标准以及惩罚不遵守行业指南的企业，其成功的产业自我规制经验值得我国借鉴。

参考文献

[1] Dorfman, Robert, Peter O. Steiner. Optimal Advertising and Optimal Quality [J]. The American Economic Review, 1954, 44 (5): 826 – 836.

[2] Schmalensee, Richard. A Model of Advertising and Product Quality [J]. The Journal of Political Economy, 1978, 86 (3): 485 – 503.

[3] Allen, Franklin. Reputation and Product Quality [J]. Rand Journal of Economics, 1984 (15): 311 – 327.

[4] Shapiro, Carl. Consumer Information, Product Quality, and Seller Reputation [J]. The Bell Journal of Economics, 1982, 13 (1): 20 – 35.

[5] Wolinsky, Asher. Prices as Signals of Product Quality [J]. The Review of Economic Studies, 1983, 50 (4): 647 – 658.

［6］Bagwell, Kyle. Introductory Price as Signal of Cost in a Model of Repeat Business ［J］. Review of Economic Studies, 1987, 54（3）: 365 – 384.

［7］Milgrom, Paul, John Roberts. Price and Advertising Signals of Product Quality ［J］. The Journal of Political Economy, 1986, 94（4）: 796 – 821.

［8］Begwell. K. , Michael H. Riordan. High and Declining Prices Signal Product Quality ［J］. The American Economic Review, 1991, 81（1）: 224 – 239.

［9］Ronnen, Uri. Minimum Quality Standards, Fixed Costs, and Competition ［J］. The RAND Journal of Economics, 1991, 22（4）: 490 – 504.

［10］Simon, Marilyn J. Imperfect Information, Costly Litigation, and Product Quality ［J］. Bell Journal of Economics, 1981（12）: 171 – 184.

［11］Polinsky, Mitchell A. and William P. Rogerson. Product Liability, Consumer Misperceptions, and Market Power ［J］. Bell Journal of Economics, 1983（14）: 581 – 589.

［12］Daughety. A. F. , J. F. Reinganum. Communicating Quality: A Unified Model of Disclosure and Signalling ［J］. Rand Journal of Economics, 2008, 39（4）: 973 – 989.

［13］Welling, Linda. A Theory of Voluntary Recalls and Product Liability ［J］. Southern Economic Journal, 1991（57）: 1092 – 1111.

［14］Spier, Kathryn. Product Safety, Buybacks and The Post – Sale Duty to Warn ［J］. The Journal of Law, Economics, and Organization, 2011, 27（3）: 515 – 539.

［15］Marino, Anthony M. A Model of Product Recalls with Asymmetric Information ［J］. Journal of Regulatory Economics, 1997, 12（3）: 245 – 265.

［16］Chen, Yongmin, Hua Xingyu. Ex ante Investment, Ex post Remedy, and Product Liability ［J］. International Economic Review, 2012（53）: 845 – 866.

［17］龚强, 成酩. 产品差异化下的食品安全最低质量标准 ［J］. 南开经济研究, 2014（1）: 22 – 41.

［18］李想, 石磊. 质量的产能约束、信息不对称与大销量倾向: 以食品安全为例 ［J］. 南开经济研究, 2011（2）: 42 – 67.

［19］Beggs A. , P. Klemperer. Multi – Period Competition with Switching Costs ［J］. Econometrica, 1992, 60（3）: 651 ~ 66.

［20］Fershtman C. , Judd K. L. Equilibrium Incentives in Oligopoly ［J］. American Economic Review, 1987, 77（5）: 927 ~ 940.

［21］Krakel, Matthias, Dirk Sliwka. Strategic Delegation and Mergers in Oligopolistic Contests ［J］. Journal of Economics and Business, 2006（58）: 119 – 136.

产业结构生态化演进的国内外前沿研究述评：效应、机制与展望

吕明元　　陈维宣

（天津商业大学经济学院　天津　300134）

一、引言

人类经济活动的持续扩张在迅速扩大经济规模的同时，也在世界范围消耗了大量能源资源并对自然环境造成了不可逆转的损害，产业结构演进面临着加速工业化和保护生态环境的两难选择。从现实情况看，目前，只有欧美少数高收入工业化国家经过治理，环境条件已经实现生态转型。但是，在以自然资源为基础的国家（如澳大利亚），由于经济结构与激励机制的差异，生态转型状况并不乐观（T. Picton & P. L. Daniels, 1999）。在中国，统计数据显示，2014 年全国重点监测的 74 个城市中有 66 个城市的污染物排放浓度超标，空气质量最差的 10 个城市中有 8 个城市集中在京津冀地区，[①]中国的"环境承载力已经达到或接近上限"。[②]而中国如果继续保持过去的增长速度而不进行结构调整与提高能源效率，其经济增长将会对全球环境造成严重破坏。

因此，实现经济可持续发展中的结构生态化转型，将生态问题纳入到结构演进的范畴中来，从节约资源、保护环境的生态文明视角探索产业结构生态化路径，成为当前国内外学术界关注的一个重要课题，产业结构生态化已成为一个新兴的研究领域。

本文将在如下两个方面进行探索：其一，通过对产业结构生态化内涵、生态效应和演进路径等方面的述评，尝试性地构建一个逻辑合理、具有国际学术视野的产业结构生态化研究框架；其二，在现有国内外文献的基础上对产业结构生态化的研究进展进行文献梳理与评述，为学术界在该领域的后续研究提供一定的参考。

[基金项目] 国家社会科学基金一般项目"生态型产业结构评价体系构建与测度：对我国典型区域的实证分析"（批准号 13BJY007）。天津市教委社科重大项目"京津冀协同构建生态互补型产业结构推进天津市能源结构调整研究"（批准号 2014ZD30）。

[作者简介] 吕明元，天津商业大学经济学院教授，经济学博士，硕士生导师；陈维宣，天津商业大学经济学院硕士研究生。

① 空气质量最差的前 10 个城市为：保定、邢台、石家庄、唐山、邯郸、衡水、济南、廊坊、郑州和天津。资料来源：中华人民共和国环境保护部网站《环境保护部发布 2014 年重点区域和 74 个城市空气质量状况》，网址：http://www. mep. gov. cn/gkml/hbb/qt/201502/t20150202_ 295333. htm。

② 鞠鹏. 中央经济工作会议在北京举行 [N]. 人民日报，2014 - 12 - 12.

二、产业结构生态化内涵

从国内外现有文献看，对产业结构问题的研究日益重视资源与环境约束，从生态文明或生态经济角度研究产业结构逐渐成为一种主流趋势。20 世纪 90 年代以来，国内外在产业、生态、环境、资源等领域与该主题相关的研究逐渐增多。

国外较为早期的研究包括 Allenby（1994）和 S. Erkman（1997）等对产业生态化的研究，以及 Nicholas Gertler（1995）在可持续发展的产业结构中对产业生态系统进行的讨论。Nicholas Gertler（1995）主张模仿自然生态系统构建产业生态系统。在该系统中以资源产业和生态农业为生产者，以生态工业和生态服务业为消费者，以环保产业或静脉产业为还原者。国内学者张昌蓉和薛惠锋（2006）也认为，产业结构生态化是参考自然生态系统的有机构成和循环原理，在不同产业之间构建类似于自然生态系统的相互依存的产业生态体系，以达到资源充分循环利用，减少废物和污染产生，消除对环境的破坏，逐步将整个产业结构对环境的负外部效益降低到最低限度。这是一种侧重生态学内涵的观点。

近年来的研究开始强调经济学内涵与方法在产业结构生态化研究中的价值。Jun Shao 和 Junqing Zhou（2011）对资源枯竭型城市中产业转型对城市空间结构的可持续发展的机制进行了研究，Chen Mingsheng 和 Gu Yulu，（2011）也主张产业组织结构调整在促进节能减排过程中具有重要作用。吕明元与陈维宣（2015）从经济学的角度提出，产业结构生态化是从粗放型产业结构向生态型产业结构演进的动态过程，在该过程中通过不同生态效率水平产业的交替发展、产业间生态关联程度和协调能力的提高，促进生态要素在产业间合理流动，提高生态要素生产率及其增长率。研究表明，产业结构生态化的过程既是产业结构合理化的过程，调整产业部门、转变生产方式，达成产业结构系统与资源环境生态系统相和谐；同时也是产业结构高级化程度提升的过程，促进产业生态化发展与产业生态效率提高，并动态地提高生态效率较高产业所占比重而降低生态效率较低产业的比重。

产业结构生态化实际上是建立生态型产业结构的一个动态过程，生态型产业结构是相对于传统的粗放型产业结构而言的对产业结构形态的一种描述。首先，传统产业结构忽视了资源消费与环境污染对经济发展的生态约束，而生态型产业结构则是节约能源资源和保护生态环境的产业结构，是一种"促进生态文明建设的产业结构"（黄勤、邓玲，2008；姚昱，2009；李春发等，2010）。其次，因为经济发展效果依赖于产业结构形态与运行状况，生态型产业结构重视能源资源的结构性消费与污染物的结构性排放，集中研究一系列的政策情景与可持续发展策略之间的相互作用，并构建一个能够实现经济可持续发展、社会凝聚与环境保护相互支撑的长期发展框架（Alejandro Caparrós & Simon McDonnell，2013），因此，生态型产业结构也是一种可持续性与包容性发展的产业结构。

综合来看，本文将生态型产业结构界定为：生态型产业结构是一种能够实现经济的可持续性与包容性发展的结构框架，在该框架下经济体具有较高的结构效率，能够以较少的能源要素投入和污染物排放获得较多的产出，达到经济政策与发展策略相容。

三、产业结构演进的生态环境效应争论

自从 Grossman 和 Krueger（1995）提出环境库兹涅茨曲线以来，结构演进与生态环境关系问题便开始逐渐进入经济学家的视野，但是正如对环境库兹涅茨曲线的争论一样，结构演进的生态环境效应也处于激烈的讨论与争议中。

（一）产业结构的生态环境效应

目前，在实证方面直接测度产业结构对资源环境影响的研究文献较少（余泳泽、刘冉，2014），通过文献梳理后发现，为数不多的直接测度的文献集中于产业结构生态环境效应方面。根据不同产业发展对生态环境影响程度的差异，对不同产业的生态环境影响系数在区间［1，5］进行赋值，系数越大表明该产业对生态环境的负面影响就越大。然后以不同产业的产值比重作为权数构建产业结构生态环境影响指数，并以此指数为基础构建了产业结构转型的生态环境效应变动幅度衡量公式。其中对三次产业的划分方式为将第一产业分为种植业、林业、畜牧业、渔业，第二产业分为轻工业、重工业、建筑业，第三产业分为运输业、其他产业（彭建等，2005）。赵雪雁（2007）将产业结构生态环境影响指数在区间［1，5］进行分级，指数越大说明产业结构演进对生态环境的负面效应就越大，从而拓展了上述模型。

这一拓展后的产业结构生态环境效应模型在学术界得到了广泛的运用，学者们利用该模型对中国多个区域的产业结构生态环境效应进行研究，结论均表明在研究期间各地区出现两次产业结构转型，产业结构生态环境效应处于中等水平，产业转型的生态环境效应滞后于产业结构变动；除丽江市表现出逐渐好转的趋势外，其他地区均存在较大的生态环境保护的产业结构调整压力（Jian Peng, et al., 2007；张海峰等，2008；赵彤、丁萍，2008；袁杭松、陈来，2010；Zhang J. F., Deng W., 2010）。

这种方法直接将结构演进与产业的生态环境影响结合起来构建一个复合的衡量指标，便于直接评价结构变动过程中相伴随的生态环境效应，但是同样面临来自对该方法的局限性及其适用性的争论。对第二产业的粗糙划分可能会模糊工业各行业间的生态效率的差异，并且将不同产业的生态环境影响系数设为定值，而不能反映出各产业的生态环境效应随时间的变化趋势，也可能是众多研究中得出的结论基本一致的原因。因此，这种方法在各产业的生态环境效应不发生变化或只有微小变化的短期内具有一定的适用性，但不适用于产业的生态环境效应发生较大变化的长期过程。

（二）产业结构演进的环境效率与碳减排效应

（1）产业结构演进与环境效率。这一研究方向对以第三产业比重衡量的结构演进与环境效率的关系的结论较为统一，多数文献认为第三产业比重与环境效率呈显著正相关，第三产业所占比重的上升将会促进环境效率的提高（王俊能等，2010；Xian‐Guo Li, et al., 2013；Li Yang, et al., 2015），主要是因为第三产业以服务业为主而并非能源密集型行业，使得其污染排放水平较低。但是在工业化对环境效率贡献方面尚未达成一致意见，其中的代表性观点包括了三种可能的方面：其一，认为工业化程度的提高将会导致环境效率及环境全要素生产率的下降（王兵，2010）；其二，表明工业结构中重工业比重与工业生态效率呈不显著负相关（汪东、朱坦，2011）；其三，相信工业产值比重与环境效率之间存在正效应，因为工业发展促进经济增长的同时通过技术与政策措施减少了环境污染（胡达沙、李杨，2012）。

关于工业化与环境效率关系的一个较为中和的观点指出，产业结构与环境效率之间存在"U"形关系，环境效率随着第二产业所占比重的增加呈现出先下降后上升的趋势（Mingquan Li & Qi Wang，2014）。另一种思路则是从区域发展的差异方面进行考虑，虽然就全国范围而言第二产业比重与环境效率之间不存在显著相关关系，但是在东部和中部地区，第二产业比重的上升导致环境效率的大幅下降，而在西部地区则出现轻微的促进环境效率上升现象（Hong Li，et al.，2013）。

（2）产业结构演进与碳减排效应。大量实证研究结果表明，产业结构演进与碳排放强度之间存在密切关系，第二产业比重上升会导致碳排放强度提高，而第三产业比重增加则会降低碳排放强度（虞义华等，2011；谭飞燕、张雯，2011；Liu Chunmei，et al.，2011；Zhang Zhixin & Xue Qiao，2011）。但是该观点同样面临一定程度的挑战，认为第三产业对碳排放强度的降低效应并不明显，第一产业对碳排放强度的影响最小（李健、周慧，2012），第一产业比重的提高甚至会导致二氧化碳排放量的增加（Liu Chunmei，et al.，2011；牛鸿蕾、江可申，2013）。虽然观点之间存在一定的争议，但是一致的观点认为结构变动与碳减排之间具有密切关系，碳减排必须依赖于结构调整，分歧主要在于结构调整的方向不同。

来自产业结构的区域差异方面的研究可以作为这种分歧的一个折中观点，该观点表明当产业结构从农业、采矿业和轻工制造业向资源依赖型的重工业演进时会导致二氧化碳排放量的快速增长；而且也承认在建筑业和服务业部门的生产结构的变化是区域内二氧化碳排放量增长的重要因素。同时也指出，提高资源依赖型的重型制造业中的投入效率在减少二氧化碳排放方面具有巨大潜力，而且具有较高级的产业结构地区通过进口碳密集型产品同时出口碳密集程度低而附加价值高的机械行业、设备行业和服务部门的产品成功避免了地区二氧化碳的排放，因此，调整产业结构需要鼓励能源密集度低的或高技术效率的产业发展（Philip Kofi Adom，et al.，2012；Xin Tian，et al.，2014）。

产业结构与碳排放之间的这种关系有时候也被总结为二氧化碳库兹涅茨曲线，但是否存在二氧化碳库兹涅茨曲线拐点仍然还是一个有争议的问题。虞义华等（2011）指出如果保持产业结构与其他政策措施不变，中国在2020年二氧化碳排放强度下降40%～50%的目标难以实现；郭朝先（2012）则通过对高耗能产业结构变动值的预测表明，到2020年产业结构变动对二氧化碳排放强度的效应为－5亿吨，占期间碳排放增量的－15%；而林伯强与蒋竺筠（2009）则认为在多种因素的影响下中国的二氧化碳库兹涅茨曲线到2040年没有拐点。

四、产业结构演进与能源效率及节能效应

在产业结构演进对节能减排、能源效率和环境效率提高等方面的生态环境效应研究中，所采用的方法主要包括计量经济法、因素分解法和投入产出法。计量经济法通过设置产业结构作为解释变量，观察结构变动的系数大小及其显著性水平做出判断；因素分解法和投入产出法通过将结构效应从效率变动中分离出来，如果结构效应系数为正则表明具有正向作用，反之具有负向效应。

（一）产业结构演进与能源效率

由于不同产业能源效率之间存在明显差异，如果能源效率较高的产业在产业结构占有较大的

比重并且上升较快,经济体的能源效率就会提高。文献表明,第三产业的能源效率(或能源强度)要高于(或低于)第二产业(史丹,2002;魏楚、沈满洪,2008),因此,一个提高能源效率的途径便是"退二进三"模式:降低第二产业比重尤其是能源密集型行业的占比或提高第二产业中技术密集型行业比重与第三产业(服务业)比重将会促进能源效率增长(魏楚、沈满洪,2008;袁晓玲等,2009;Lan - Bing Li & Jin - Li Hu,2012)。但是相反的观点认为结构变动导致的能源强度下降并不大,甚至对能源效率提升具有重要的负向效应(Feng Song & Xinye Zheng,2012;R. Inglesi - Lotz & A. Pouris,2012)。一方面,随着能源密集型产业(如钢铁、建筑材料、化学产品)的快速发展,结构变动将会导致能源强度的上升(Ying Fan & Yan Xia,2012);另一方面,学者们指出第三产业比重的上升对能源效率提高的贡献有限或不显著(余泳泽、杜晓芬,2011;Guan Yang & Li Mingguang,2011;Yongping Bai, et al.,2012),甚至还会导致能源强度的上升(He Tianli, et al.,2011)。[①]

导致上述相反观点的原因可能是由于忽视了产业内部和区域间的结构差异。有文献表明,考虑产业内部结构差异时,产业与子产业层面上的结构变化导致能源强度的上升,但是包含子产业间的产品转换的结构变化则降低了能源强度(Chunbo Ma & David I. Stern,2008);而区域间结构差异表明,在东部地区和西部地区中,工业部门比重上升将会导致能源效率的显著下降,但是该负效应在中部地区却并不显著(Zhao Xiaoli, et al.,2014)。在产业结构合理或产业结构调整初期的地区,结构变动对区域能源效率提高的贡献明显,而产业结构合理低端的地区,结构变动对能源效率提高的贡献则不明显(Liu Jiajun, et al.,2012);Ke Li 和 Boqiang Lin(2014)估计结构对能源强度作用的转折点为40.435%,当第二产业占 GDP 比重大于临界值时,产业结构升级促进能源强度的提高;反之,则会导致能源强度下降。因此,可以预测通过对区域产业结构进行合理引导与调整,西部地区将会成为中国未来能源效率增长的新引擎(Zhaohua Wang, et al.,2014)。

(二)产业结构演进与节能效应

包括能源要素在内的拓展后的经济增长模型表明能源投入会促进经济增长,而不同产业具有不同能源需求弹性,因此,不同产业的交替发展导致的产业结构变迁与能源节约之间存在密切关系。目前学术界较为一致的观点认为:产业结构演进具有显著的节能效应,使得一次能源消费量降低(朱守先、张雷,2007;熊鹰、韩晓梦,2012),以中国的西部地区为例,在其他条件不变的情况下,仅通过产业结构调整便可降低单位 GDP 能耗2.7%,并保证西部地区 GDP 总值和劳动者报酬年均增长超过8%(郭广涛等,2008)。

结构演进的节能效应具体表现在第二产业的发展与能源消费或节能目标正相关,而提高第三产业的比重则会促进能源节约(Jin - Li Hu, Chih - Hung Kao,2007;Chaoqing Yuan, et al.,2009)。[②]这主要是因为中国长期以来对第二产业尤其是重工业具有强烈的依赖性,而第二产业比重与能源投入冗余量呈现显著正相关关系,第二产业中的能源密集型行业,如汽车、机器、钢铁等的大量出口更容易导致能源消费的快速扩张与浪费(Guang - Ming Shi,2010;Shujie Yao, et al.,2012;李兰冰,2012);与第二产业作用相反,第三产业中由于以服务业为主,对能源投入的依赖程度较低,能源消费量较少,因此发展第三产业对中国节能减排具有显著促进作用(汪克亮等,2010)。在产业结构演进的过程中,第二产业比重上升或第三产业比重下降导致的产业结构逆向反弹则将促进能源消费量增加(王迪、聂锐,2010;李艳梅、杨涛,2012)。因此,中

---

① 能源效率与能源强度的衡量公式互为倒数,能源强度的上升即是能源效率的下降,反之亦然。
② 节能目标与节能目标比率是 Jin - Li Hu 和 Chih - Hung Kao(2007)提出的衡量能源利用无效率水平与能源节约空间的一个指标,该指标的值越大说明能源消费量越大。

国未来的能源政策与产业政策在引导产业结构升级时，应当注意保证结构调整的稳定性，避免出现突然的产业结构逆向反弹。

五、产业结构生态化演进路径

虽然目前学术界仍然存在产业结构演进的生态效应的争议，但是学者们也分别指出产业结构生态化有一定的路径可循，如赵西三（2010）从发展路径、资源路径、技术路径、环保路径和政策路径等五个方面总结了中国的产业结构生态化路径；吕明元和陈维宣（2015）则根据产业结构演进的惯性特征将产业结构生态化路径分为弱生态化路径和强生态化路径两种方式，并指出在中国经济增长进入"新常态"阶段后应该优先选择弱生态化路径。许多实证文献也对产业结构生态化的演进路径做了有益的探索，目前主要集中于结构演进路径与政策情景模拟和产业生态系统的构建与演化两个方面。

（一）结构演进路径与政策模拟

结构演进路径与政策模拟内含地强调政府在产业结构调整过程中的重要作用，一般通过设计一定的政策模拟情景，计算为了达到设定目标方案，各产业产值在经济总产值中所占的比重（即产业结构）应该调整到何种程度，也就是在政策目标得到严格执行的情况下，产业结构调整与演进的方向与程度。所使用的方法一般是较为大型的包含多部门的复杂方法，如线性或随机规划模型、系统动力学模型、可计算一般均衡模型（CGE）等，可以将其结论大致总结为：可持续的包容性的经济增长受制于不同的可持续方案，而不同的产业结构调整方式与演进路径将会产生不同的经济效益与节能减排效应，因此，强（环境）技术进步与可持续结构变迁是经济增长与环境质量相容的必要条件，结构性节能减排与技术性节能减排需要协同并举（R. Dellink, et al., 1999；赵伟等, 2014）。

原毅军与董琨（2008）对中国产业结构演进路径的四种情景方案进行了模拟与仿真运算，吕明元等（2014）预测了天津市在碳减排约束目标下的三次产业结构以及工业行业结构。但是由于技术进步与结构演进以及经济增长之间存在一定的适应性，因此，应当在产业技术升级处于外部导入的初级阶段时选择产能导向型的结构调整路径，在技术内生性增长的高级阶段选择以节能减排为导向的调整路径，并在技术水平发展到一定阶段后选择对产业结构的均衡型调整路径（赵伟等, 2014）。

但是，即使是可持续性的结构调整也并不是毫无代价的，能源密集型产业与农业将会失去原有的市场份额，一国的环境压力将会通过所谓的"生态贸易平衡"转移到国外（R. Dellink, et al., 1999），虽然不完全竞争条件下环境规制如征收碳税引起的结构变化比完全竞争时更加明显，但是同时不完全竞争条件下环境规制引致的规模经济损失要明显高于完全竞争的情况（Christoph Böhringer, et al., 2008）。

（二）产业生态系统的构建与演化

模仿自然生态系统构建产业生态系统在产业结构生态化过程中具有重要地位，能够将原有的"资源—产品—废物排放"的单向线性生产方式转变为"资源—产品—再生资源"的闭合循环方式。产业生态系统是指一个区域内的企业及其他组织通过交换与使用副产品和/或能源的相互作用形成一个群落或网络，这个群落或网络能够比传统的非关联方式产生更多的收益（Nicholas

Gertler, 1995）。因此，产业生态系统强调按照自然生态的循环模式将经济中的产业部门分为生产者（资源产业和生态农业）、消费者（生态工业和生态服务业）、分解者或还原者（环保产业或静脉产业）三个相互关联的部分（杨学义、徐经贵，2011），李春发等（2010）依据系统论方法构建了更为完整详细的产业生态系统。

从动态的角度看，产业生态系统与自然生态系统一样都是一个开放性的集合，随着时间的推移处于向可持续或不可持续运作方式的发展与演化过程中。Jouni Korhonen（2001）强调产业生态系统应当遵循自然生态系统的四个原则，即循环传输原则、多样性原则、地域性原则、渐变性原则；并发现循环传输与多样性随着时间的推移而上升，且循环传输受到多样性的影响，而且工业园倾向于将其活动扩大到园区边界外（Jouni Korhonen & Juha-Pekka Snäkin, 2005）。但是，产业生态系统在演化的同时，也面临内部与外部不确定性的挑战，而这种不确定性将有可能会改变产业或企业间的共生关系，并导致系统不可逆转的改变。

产业共生在产业生态系统演化过程中具有不可替代的关键作用，产业共生既是系统内部产业及企业之间相互作用的结果，也会受到环境政策的制约与影响。[①]外部力量与内部参与者之间在多个层次上的相互作用将会导致产业共生关系或产业生态系统的永久性改变，而政策选择与企业间合作则可以用于组织资源（Weslynne S. Ashton, 2009）。处于不确定条件下的企业，在非合作博弈中各自的策略能够使自身达到经济收益或环境收益最大化，而在合作博弈中的企业则能够为了共同利益相互沟通协作，显然合作策略能够为参与者带来更受欢迎的经济与环境收益（Helen H. Lou, et al., 2004）；并且无论是在一次博弈还是重复博弈中，上下游企业之间采取相互合作的策略都能够满足激励相容（嘉蓉梅，2012），改善产业共生的形态与程度，环境政策选择将会起到重要作用。

六、产业结构生态化支持机制

产业结构生态化是一个长期的演进过程，在这个过程中不是产业结构的独立演进，而是多种因素相互影响共同作用，因此，产业结构生态化演进离不开外部力量的支持，本文认为产业结构生态化演进的支持机制至少包括生态补偿机制和金融创新支持机制两个方面。

（一）生态补偿机制

生态补偿机制研究是一项内容十分庞大的课题，对生态补偿机制的相关文献的完整综述需要另外撰文进行分析，本文仅有选择性地论述生态补偿机制理论中与产业结构生态化密切相关的部分。生态补偿机制的建立与完善内生于经济社会追求可持续性与包容性增长的意愿，有着广泛的市场基础与微观基础，大多数调查研究都发现人们愿意为了改善生态与生活环境而付费，但是这种支付意愿受到受教育程度、收入水平和对污染的认知程度等的影响（高玲等，2010），拥有较高的收入水平、受教育程度、对生活的满意程度和对环境问题的意识程度的群体具有较高的支付意愿（Duan Hong-Xia, et al., 2014; Fernando Lera-López, et al., 2014），并且，年轻人、男性和共产党员也具有相对较高的支付意愿（Duan Hong-Xia, et al., 2014），这意味着生态补偿机制具有广泛的可行性。

---

① 产业生态系统有时候也被称作产业共生（Helen H. Lou, et al., 2004），本文在此处使用产业共生只是为了强调企业之间的相互作用及外部力量对产业生态系统构建与演化的影响。

但是，由于生态补偿具有明显公共品属性，在市场经济体制尚未完善的阶段，实施市场主导型的生态补偿机制面临较大的交易成本问题，因此，大量学者主张中国应实行政府主导型的生态补偿机制（王军锋等，2011），因此，对生态补偿机制的顶层设计就变得尤为重要。首先，在生态补偿制度安排方面，需要完善生态产权制度、生态税收制度、生态价格制度与生态管理制度等方面的内容，尤其是要运用灵活多样的财政政策手段推进生态补偿机制的建立与完善，如资金补偿、实物补偿与智力补偿等。其次，建立差异性行业生态补偿政策，通过一定的方法识别高污染高能耗的产业，如石材行业（高甡等，2010）和道路运输行业（Fernando Lera - López, et al.，2014）等。在对该产业征收生态补偿费的同时对该行业产品征收消费税，通过提高消费价格使消费者为购买该商品的行为做出生态补偿，或者转而寻找低能耗低排放的绿色环保产品进行替代；同时对环保产业和环保创新组织与产品等进行生态补偿与支持，对购买指定的绿色环保产品的消费者进行价格补贴等。最后，区域及流域间的生态补偿与合作方面，需要进一步优化产业布局结构，避免区域或流域间的产业结构趋同与资源浪费，并积极建立与推进生态补偿的横向谈判与转移支付体系。

（二）金融创新支持机制

金融创新对产业结构演进的作用体现在通过金融业发展直接影响产业结构演进以及通过刺激消费需求、改善要素配置功能、促进技术进步等方式间接影响产业结构演进（李媛媛等，2015）。金融创新对产业结构生态化演进的推动支持与杠杆作用是金融创新对产业结构演进的间接路径的效应体现，通过金融创新改变不同类型的产业或企业的融资约束与激励，影响产业或企业的生产决策与经济行为，从而促进低能耗低污染行业及环保产业的发展和传统高能耗高污染行业的生态化转型升级。就现有文献的研究重点来看，产业结构生态化演进的金融创新支持机制主要集中于绿色金融方面，认为绿色金融是金融业与环境产业的桥梁，是为适应环境保护与环境产业的需求而进行的金融创新（Jose Salazar, 1998）。[①]

绿色金融产品主要包括绿色信贷、绿色保险、绿色证券、绿色基金、碳金融等。虽然绿色金融等产品的金融创新受到"绿色一定好吗"的质疑，如 Franciso Climent 和 Pilar Soriano（2011）认为，环境共同基金的绩效对低于其他类似的社会责任共同基金，但是大量文献相信绿色金融产品获得市场的广泛认可。基金经理人认为尽管在教育和职业培训中缺乏对环境问题的强调，他们仍然认识到环境信息是有用的，当环境信息能够影响公司未来的财务业绩并会反过来影响利益相关者的决策时，环境信息的披露就非常重要，更重要的是基金经理人相信应该在马来西亚对所有公司进行强制性的信息披露（Ridzwana Mohd Said, et al.，2013），这对于包括中国在内的发展中国家应该也会适用。在美国和欧洲等发达国家绿色基金同样起到重要作用，在这些国家中绿色基金的绩效表现并不比其他社会责任基金差，而且美国市场中的绿色基金经理人在危机期间比在非危机期间获得更好的绩效，而欧洲市场中绿色基金经理人则具有相反的表现（Fernado Muñoz, et al.，2014）。

七、研究展望

产业结构生态化研究需要经济学与生态学两大学科的深度合作与融合，利用经济学分析生态

---

① 绿色金融（Green Finance）也被称为环境金融（Environmental Finance）或可持续金融（Sustainable Finance）。

问题，在经济研究时则要重视生态约束。随着社会各界对生态问题的重视，产业结构生态化领域的研究正处于迅速发展的阶段，学术界在一些关键问题上取得了较大的进展，并不断推进研究前沿，但就目前来看仍然缺乏一个系统的研究框架与体系。

产业结构生态化两种形态的概括大致勾勒了该领域的一个研究轮廓，尤其是生态型产业结构的提出极大地丰富了产业结构生态化研究的内涵，因此，在后续的研究中不应忽略这一方面的内容。结合上文对产业结构生态化相关研究的述评，我们认为未来可能的研究需要在以下几个方向上做出努力。

（1）构建产业结构生态化理论研究框架。将国内外有关产业经济、资源环境、生态经济以及与之相关的区域经济、制度经济等相关学科理论加以整合，考察有关这一主题研究的最新成果。从生态经济视角考察产业结构，探讨生态型产业结构形成的动力机制和影响因素，构建产业结构生态化评价的理论框架。从理论层面探讨，在政府诱导性和市场内生性动力的共同作用下，产业结构生态化转型和升级的路径对策。

（2）构建合理的产业结构生态化评价指标体系，对中国产业结构生态化进程进行区域比较与评价。由于目前在实证方面直接测度产业结构对资源环境影响的研究文献相对较少，且在适用范围上具有一定的局限性，因此，需要构建合理的产业结构生态化评价指标体系，对中国产业结构生态化进程进行评价，并实证分析各区域在不同的经济增长阶段中的发展趋势、区域差异、影响因素及其特征，从而因地制宜地制定因势利导的产业结构生态化政策。

（3）产业结构生态化演进的国际比较研究。由于国外不同国家之间的自然环境、资源禀赋以及体制环境等条件各异，这一主题的深入研究需要选择较为典型的发达国家以及部分发展中国家，考察其战后经济发展中的资源利用、环境保护、经济增长和社会福利水平的变化，对其产业结构生态化、合理化与高级化的特殊性及共性进行分析，探讨其过程、特点及影响因素，进而与我国产业结构演进进行比较，从正反两个方面借鉴其经验和做法。

（4）对产业结构演进的生态效应的深入探索。除了重视产业结构的区域差异与作用临界等因素外，还需要进一步深入到产业结构内部，深入考察重工业与轻工业发展、高新技术产业、资本—劳动替代以及资本—能源替代关系对产业结构演进影响以及生态效应的差异，尤其是需要注重行业异质性对产业结构演进的生态效应的影响。

（5）对产业生态系统论证需要进一步深入。首先，需要明确中国经济进入"新常态"阶段后，如何全面统筹协调的规划产业生态系统的建设；其次，各区域应该如何根据自身经济发展、产业结构和生态约束条件的差异而因地制宜地制定产业生态系统构建的促进政策；最后，如何对各地区大量存在的产业园区进行生态化升级改造，使之逐渐发展成为生态产业园，也还有待进一步研究。

（6）产业结构生态化的金融创新支持机制。其中，产业选择或者其企业选择是一个重要问题，金融机构应该根据何种标准选择其需要支持的产业或企业，这也意味着其反向操作中需要对哪些产业或企业进行信贷配给的约束。直观经验认为生态效率低下的产业更需要进行信贷约束，但是这也同时意味着给予这些产业适当的金融支持，其对生态效率的贡献将会有更大的生存空间。

参考文献

［1］T. Picton, P. L. Daniels. Ecological Restructuring for Sustainable Development: Evidence from the Australian Economy ［J］. Ecological Economics, 1999, 29 (3): 405 – 425.

［2］黄勤，邓玲. 促进生态文明建设的产业结构调整研究 ［J］. 天府新论, 2008 (5): 48 – 51.

［3］姚旻. 构建促进民族地区生态文明建设的产业结构体系——以务川县为例 ［J］. 贵州社会科学, 2009

（12）：97 - 100.

［4］李春发，李红薇，徐士琴．促进生态文明建设的产业结构体系架构研究［J］．中国科技论坛，2010（2）：48 - 53.

［5］Alejandro Caparrós, Simon McDonnell. Long Run Transitions to Sustainabl Eeconomic Structures in the European Union and Beyond［J］. Energy Policy, 2013（55）：1 - 2.

［6］Allenby B. R. Industrial Ecology Gets Down to Earth［J］. IEEE Circuits and Devices Magazine, 1994, 10（1）：24 - 28.

［7］S. Erkman. Industrial Ecology：An Historical View［J］. Journal of Cleaner Production, 1997, 5（1 - 2）：1 - 10.

［8］Nicholas Gertler. Industrial Ecosystems：Developing Sustainable Industrial Structure［D］. Massachusetts Institute of Technology, 1995（16）.

［9］张昌蓉，薛惠锋．基于循环经济的产业结构调整研究［J］．生产力研究，2006（4）：197 - 199.

［10］Jun Shao, Junqing Zhou. Study on the Influences of Industry Transformation on the Sustainable Development of Resource - Exhausted City Space［J］. Procedia Engineering, 2011（21）：421 - 427.

［11］Chen Mingsheng, Gu Yulu. The Mechanism and Measures of Adjustment of Industrial Organization Structure：The Perspective of Energy Saving and Emission Reduction［J］. Energy Procedia, 2011（5）：2562 - 2567.

［12］吕明元，陈维宣．产业结构生态化：演进机理与路径［J］．人文杂志，2015（4）：46 - 53.

［13］宋海洋．吉林省产业结构生态化调整的对策选择［J］．长白学刊，2012（3）：99 - 102.

［14］G. M. Grossman, A. B. Krueger. Economic Growth and the Environment［J］. Quarterly Journal of Economics, 1995, 110（2）：353 - 377.

［15］余泳泽，刘冉．我国产业结构升级中的问题、机制与路径——一个综述［J］．产业经济评论，2014, 13（1）：79 - 97.

［16］彭建，王仰麟，叶敏婷等．区域产业结构变化及其生态环境效应——以云南省丽江市为例［J］．地理学报，2005, 60（5）：798 - 806.

［17］赵雪雁．甘肃省产业转型及其生态环境效应研究［J］．地域研究与开发，2007, 26（2）：102 - 106.

［18］Jian Peng, Yanglin Wang, Minting Ye, et al. Environmental Impact Assessment of Industrial Structure Change in A Rural Region of China［J］. Environ Monit Assess, 2007（132）：419 - 428.

［19］张海峰，白永平，王保宏等．青海省产业结构变化及其生态环境效应［J］．经济地理，2008, 28（5）：748 - 751.

［20］赵彤，丁萍．区域产业结构转变对生态环境影响的实证分析——以江苏省为例［J］．工业技术经济，2008, 27（12）：90 - 93.

［21］袁杭松，陈来．巢湖流域产业结构演化及其生态环境效应［J］．中国人口·资源与环境，2010, 20（3）：349 - 352.

［22］Zhang J. F. , Deng W. Industrial Structure Change and Its Eco - environmental Influence since the Establishment of Municipality in Chongqing, China［J］. Procedia Environmental Sciences, 2010（2）：517 - 526.

［23］史丹．我国经济增长过程中能源利用效率的改进［J］．经济研究，2002（9）：49 - 56.

［24］魏楚，沈满洪．结构调整能否改善能源效率：基于中国省级数据的研究［J］．世界经济，2008（11）：77 - 85.

［25］袁晓玲，张宝山，杨万平．基于环境污染的中国全要素能源效率研究［J］．中国工业经济，2009（2）：76 - 86.

［26］Lan - Bing Li, Jin - Li Hu. Ecological Total - Factor Energy Efficiency of Regions in China［J］. Energy Policy, 2012（46）：216 - 224.

［27］Feng Song, Xinye Zheng. What Drives the Change in China's Energy Intensity：Combining Decomposition Analysis and Econometric Analysis at the Provincial level［J］. Energy Policy, 2012（51）：445 - 453.

［28］R. Inglesi - Lotz and A. Pouris. Energy Efficiency in South Africa：A Decomposition Exercise［J］. Energy, 2012, 42（1）：113 - 120.

[29] Ying Fan, Yan Xia. Exploring Energy Consumption and Demand in China [J]. Energy, 2012 (40): 23 – 30.

[30] 余泳泽,杜晓芬. 技术进步、产业结构与能源效率——基于省域数据的空间面板计量分析 [J]. 产业经济评论, 2011, 10 (4): 36 – 68.

[31] Guan Yang, Li Mingguang. Analysis on the Degree of the Industrial Structure's Impact on the Energy Consumption—Based on Empirical Study of Guangdong Province [J]. Energy Procedia, 2011 (5): 1488 – 1496.

[32] Yongping Bai, Jianping Niu, Yongpei Hao. Research of Regional Energy Efficiency Based on Undesirable Outputs and Its Influential Factors: A Case of Western China [J]. Energy Procedia, 2012 (16): 802 – 809.

[33] He Tianli, Li Zhongdong, He Lin. On the Relationship Between Energy Intensity and Industrial Structure in China [J]. Energy Procedia, 2011 (5): 2499 – 2503.

[34] Chunbo Ma, David I. Stern. China's Changing Energy Intensity Trend: A Decomposition Analysis [J]. Energy Economics, 2008 (30): 1037 – 1053.

[35] Zhao Xiaoli, Yang Rui, Ma Qian. China's Total Factor Energy Efficiency of Provincial Industrial Sectors [J]. Energy, 2014 (65): 52 – 61.

[36] Liu Jiajun, Dong Suocheng, Li Yu, et al. Spatial Analysis on the Contribution of Industrial Structural Adjustment to Regional Energy Efficiency: A Case Study of 31 Provinces across China [J]. Journal of Recourses and Ecology, 2012, 3 (2): 129 – 137.

[37] Ke Li, Boqiang Lin. The Nonlinear Impacts of Industrial Structure on China's Energy Intensity [J]. Energy, 2014 (69): 258 – 265.

[38] Zhaohua Wang, Chao Feng, Bin Zhang. An Empirical Analysis of China's Energy Efficiency from Both Static and Dynamic Perspectives [J]. Energy, 2014 (74): 322 – 330.

[39] 朱守先,张雷. 北京市产业结构的节能潜力分析 [J]. 资源科学, 2007, 29 (6): 194 – 198.

[40] 熊鹰,韩晓梦. "两型社会"建设实验区产业结构的节能潜力分析——以株洲市为例 [J]. 中国人口·资源与环境, 2012, 22 (11): 222 – 227.

[41] 郭广涛,郭菊娥,席酉民等. 西部产业结构调整的节能降耗效应测算及其实现策略研究 [J]. 中国人口·资源与环境, 2008, 18 (4): 44 – 49.

[42] Jin – Li Hu, Chih – Hung Kao. Efficient Energy – Saving Targets for APEC Economies [J]. Energy Policy, 2007 (35): 373 – 382.

[43] Chaoqing Yuan, Sifeng Liu, Zhigeng Fang, et al. Research on the Energy – Saving Effect of Energy Policies in China: 1982 – 2006 [J]. Energy Policy, 2009 (37): 2475 – 2480.

[44] Guang – Ming Shi, Jun Bi, Jin – Nan Wang. Chinese Regional Industrial Energy Efficiency Evaluation Based on A DEA Model of Fixing Non – Energy Inputs [J]. Energy Policy, 2010 (38): 6172 – 6179.

[45] Shujie Yao, Dan Luo, Tyler Rooker. Energy Efficiency and Economic Development in China [J]. Asian Economic Papers, 2012, 11 (2): 99 – 117.

[46] 李兰冰. 中国全要素能源效率评价与解构——基于"管理—环境"双重视角 [J]. 中国工业经济, 2012 (6): 57 – 69.

[47] 汪克亮,杨宝臣,杨力. 中国能源利用的经济效率、环境绩效与节能减排潜力 [J]. 经济管理, 2010 (10): 1 – 9.

[48] 王迪,聂锐. 江苏省节能减排影响因素及其效应比较 [J]. 资源科学, 2010, 32 (7): 1252 – 1258.

[49] 李艳梅,杨涛. 中国产业结构演进的节能效应计量——基于1987～2007年的投入产出分析 [J]. 财经科学, 2012 (3): 109 – 115.

[50] 王俊能,许振成,胡习邦. 基于DEA理论的中国区域环境效率分析 [J]. 中国环境科学, 2010, 30 (4): 565 – 570.

[51] Xian – Guo Li, Jing Yang, Xue – Jing Liu. Analysis of Beijing's Environmental Efficiency and Related Factors Using A DEA Model that Considers Undesirable Outputs [J]. Mathematical and Computer Modelling, 2013 (58): 956 – 960.

［52］Li Yang, Han Ouyang, Kuangnan Fang. Evaluation of Regional Environmental Efficiencies in China Based on Super – Efficiency – DEA ［J］. Ecological Indicators, 2015 （51）：13 – 19.

［53］王兵，吴延瑞，颜鹏飞. 中国区域环境效率与环境全要素生产率增长 ［J］. 经济研究，2010 （5）：95 – 109.

［54］汪东，朱坦. 基于数据包络分析理论的中国区域工业生态效率研究 ［J］. 生态经济，2011 （4）：24 – 28.

［55］胡达沙，李杨. 环境效率评价及其影响因素的区域差异 ［J］. 财经科学，2012 （4）：116 – 124.

［56］Mingquan Li, Qi Wang. International Environmental Efficiency Differences and Their Determinants ［J］. Energy, 2014 （78）：411 – 420.

［57］Hong Li, Kuangnan Fang, Wei Yang, et al. Regional Environmental Efficiency Evaluation in China：Analysis Based on the Super – SBM Model with Undesirable Outputs ［J］. Mathematical and Computer Modelling, 2013 （58）：1018 – 1031.

［58］虞义华，郑新业，张莉. 经济发展水平、产业结构与碳排放强度——中国省级面板数据分析 ［J］. 经济理论与经济管理，2011 （3）：72 – 81.

［59］谭飞燕，张雯. 中国产业结构变动的碳排放效应分析——基于省际数据的实证研究 ［J］. 经济问题，2011 （9）：32 – 35.

［60］Liu Chunmei, Duan Maosheng, Zhang Xiliang, et al. Research on Causality Relationship of Low – Carbon Development and Industrial Structure ［J］. Procedia Environmental Sciences, 2011 （11）：953 – 959.

［61］Zhang Zhixin, Xue Qiao. Low – Carbon Economy, Industrial Structure and Changes in China's Development Mode Based on the Data of 1996 – 2009 in Empirical Analysis ［J］. Energy Procedia, 2011 （5）：2025 – 2029.

［62］李健，周慧. 中国碳排放强度与产业结构的关联分析 ［J］. 中国人口·资源与环境，2012，22 （1）：7 – 14.

［63］牛鸿蕾，江可申. 中国产业结构调整的碳排放效应——基于 STIRPAT 扩展模型及空间面板数据的实证研究 ［J］. 技术经济，2013，32 （8）：53 – 62.

［64］Philip Kofi Adom, William Bekoe, Franklin Amuakwa – Mensah, et al. Carbon Dioxide Emissions, Economic Growth, Industrial Structure, and Technical Efficiency：Empirical Evidence from Ghana, Senegal, and Morocco on the Causal Dynamics ［J］. Energy, 2012 （47）：314 – 325.

［65］Xin Tian, Miao Chang, Feng Shi, et al. How Does Industrial Structure Change Impact Carbon Dioxide Emissions? A Comparative Analysis Focusing on Nine Provincial Regions in China ［J］. Environmental Science & Policy, 2014 （37）：243 – 254.

［66］郭朝先. 产业结构变动对中国碳排放的影响 ［J］. 中国人口·资源与环境，2012，22 （7）：15 – 20.

［67］林伯强，蒋竺筠. 中国二氧化碳的环境库兹涅茨曲线预测及影响因素分析 ［J］. 管理世界，2009 （4）：27 – 36.

［68］赵西三. 生态文明视角下我国的产业结构调整 ［J］. 生态经济，2010 （10）：43 – 47.

［69］R. Dellink, M. Bennis, H. Verbruggen. Sustainable Economic Structures ［J］. Ecological Economics, 1999 （29）：141 – 154.

［70］赵伟，田银华，彭文斌. 基于 CGE 模型的产业结构调整路径选择与节能减排效应关系研究 ［J］. 社会科学，2014 （4）：55 – 63.

［71］原毅军，董琨. 产业结构的变动与优化：理论解释与定量分析 ［M］. 大连：大连理工大学出版社，2008：212 – 247.

［72］吕明元，李彦超，宫璐一. 基于线性规划模型的天津市产业结构低碳化转型研究 ［J］. 科技管理研究，2014 （19）：55 – 65.

［73］Christoph Böhringer, Andreas Löschel, Heinz Welsch. Environmental Taxation and Induced Structural Change in an Open Economy：The Role of Market Structure ［J］. German Economic Review, 2008, 9 （1）：17 – 40.

［74］杨学义，徐经贵. 基于模拟生态系统的区域产业结构生态化研究 ［J］. 西安财经学院学报，2011，24 （6）：5 – 9.

［75］Jouni Korhonen. Four Ecosystem Principles for an Industrial Ecosystem ［J］. Journal of Cleaner Production, 2001 （9）：253 － 259.

［76］Jouni Korhonen and Juha － Pekka Snäkin. Analysing the Evolution of Industrial Ecosystems：Concepts and Application ［J］. Ecological Economics, 2005 （52）：169 － 186.

［77］Weslynne S. Ashton. The Structure, Function, and Evolution of a Regional Industrial Ecosystem ［J］. Journal of Industrial Ecology, 2009, 13 （2）：228 － 246.

［78］Helen H. Lou, M. A. Kulkarni, A. Singeh, et al. A Game Theory Based Approach for Emergy Analysis of Industrial Ecosystem under Uncertainty ［J］. Clean Techn Environ Policy, 2004 （6）：156 － 161.

［79］嘉蓉梅. 产业结构生态化的有效实现途径——基于一个博弈模型 ［J］. 生态经济, 2012 （1）：247 － 250.

［80］高姓, 刘建, 吴大千等. 基于条件价值法的行业生态补偿标准研究——以山东日照花岗石材行业为例 ［J］. 安徽农业科学, 2010, 38 （18）：9732 － 9737.

［81］Duan Hong － Xia, Lü Yan － Li, Li Yan. Chinese Public's Willingness to Pay for CO_2 Emissions Reductions：A Case Study from Four Provinces/Cities ［J］. Advances in Climate Change Research, 2014, 5 （2）：100 － 110.

［82］Fernando Lera － López, Javier Faulin, Mercedes Sánchez, et al. Rural Environment Stakeholders and Policy Making：Willingness to Pay to Reduce Road Transportation Pollution Impact in the Western Pyreness ［J］. Transportation Research Part D. , 2014 （32）：423 － 432.

［83］王军锋, 侯超波, 闫勇. 政府主导型流域生态补偿机制研究——对子牙河流域生态补偿机制的思考 ［J］. 中国人口·资源与环境, 2011, 21 （7）：101 － 106.

［84］李媛媛, 金浩, 张玉苗. 金融创新与产业结构调整：理论与实证 ［J］. 经济问题探索, 2015 （3）：140 － 147.

［85］Jose Salazar. Environmental Finance：Linking Two World ［R］. Presented at a Workshop on Financial Innovations for Biodiversity Bratislava, Slovakia, 1998 （1）：2018.

［86］Franciso Climent, Pilar Soriano. Green and Good? The Investment Performance of US Environmental Mutual Funds ［J］. Journal of Business Ethics, 2011 （2）：275 － 287.

［87］Ridzwana Mohd Said, Maliah Sulaiman, Nik Nazli Nik Ahmad. Do Fund Managers Perceive Environmental Information Useful? An Empirical Study from Malaysia ［J］. Journal of Cleaner Production, 2013 （52）：281 － 288.

［88］Fernado Muñoz, Maria Vargas, Isable Marco. Environmental Mutual Funds：Financial Performance and Managerial Abilities ［J］. Journal of Business Ethics, 2014, 124 （4）：551 －569.

产业组织理论新发展

——基于消费者异质性

赵立昌　王海军

（中央财经大学经济学院　北京　100081）

一、引言

传统产业组织理论从供给方——企业角度分析市场结构、市场行为和市场绩效问题，假设企业面临一个没有自我意识的标准型消费者，被动接受企业的供给和定价等行为。现实中，具有自我意识的消费者具有个性化特征和需求，而成功的企业能够迎合消费者的不同需求，消费者行为与企业行为存在相互影响，进而对市场结构和市场绩效产生影响。

近几年，基于消费者异质性的产业组织理论成为国外研究热点，借鉴博弈论中丰富的模型，文献集中在寡头企业和垄断企业如何应对具有异质性的消费者，以及对企业利润、消费者剩余和社会福利产生的影响。

本文从产业组织理论出发，综述在特定市场结构中，基于消费者异质性的企业行为，及其对市场绩效的影响。消费者的异质性主要表现在：对不同产品类型的异质性偏好、对同质产品的异质性偏好、对品牌的异质性偏好、网络效应中的异质性偏好以及有限记忆的消费者对价格预期的差异。

二、产品类型的异质性偏好

这类偏好与产品细分有关，一种产品有很多类型，一些消费者喜欢某类型产品，另一些消费者喜欢其他类型产品。以书籍产品为例，有的消费者喜欢阅读侦探小说，有的消费者喜欢阅读科幻小说，有的喜欢历史小说。占总人口大部分的某类消费者，称之为主流消费者；占总人口小部分的某类消费者，称之为长尾消费者。导致网上搜索成本大幅下降的电子商务的发展使得消费者这种异质性偏好表现更为明显，形成了长尾市场，对市场结构也产生了影响。

互联网技术的广泛运用极大丰富了产品种类，也改变了产品的销售分布情况。一方面，随着

[作者简介] 赵立昌，中央财经大学经济学院产业经济学专业博士研究生，研究方向：产业组织理论与发展。王海军，中央财经大学经济学院博士后。

提供越来越多的利基产品，可获得的产品种类逐渐增多；另一方面，随着利基产品占据更多的市场份额，产品销售分布变得更加平缓。这种现象被称为长尾市场效应。Bar - Isaac，Caruana 和 Cunat（2012）基于消费者同质性假设，构建包含内生产品设计的搜索模型，从搜索成本下降角度解释长尾市场现象。与他们的研究不同，Huanxing Yang（2013）基于消费者异质性假设，引入搜索质量（Search Targetability），构建新的搜索模型用以解释长尾市场效应。这个模型不但能够分析网络搜寻如何影响产品种类的提供和销售集中度情况，还可以分析消费者效用、企业定价和利润，以及市场结构问题。研究认为，消费者通过搜索引擎不只搜寻一种产品，更是在这种产品中搜寻某种类型。搜索引擎技术的发展提高了搜索质量，消费者能够搜寻到所需类型产品的可能性增加，同时，如果生产某种类型产品的企业数量增加，这类消费者搜寻到所需类型产品的可能性也会增加。如果不考虑搜索成本和搜索质量，在市场均衡处，长尾消费者将被排斥在市场之外。主流消费者比长尾消费者获得更高效用。这是因为，主流消费者越多，服务这类消费者的企业越多，竞争越激烈，产品价格越低。

Huanxing Yang（2013）还引入企业联合利差（Firm's Joint Deviations），得到唯一市场均衡解，并为解释长尾市场提供了一条途径。在市场均衡处，无论是搜索成本下降，还是搜索质量提高，都会有更多的长尾消费者被市场覆盖，即更多的企业生产长尾产品以满足长尾消费者的需求，这导致市场上产品种类增加，销售集中度下降。搜寻质量的提高缩小了主流消费者和长尾消费者之间的差异，使得消费者搜索到所需类型产品的概率趋于相等。在对产品价格、企业利润和消费者效用的影响方面，情况变得更为复杂。当消费者范围不扩张时，搜索成本下降和搜索质量提高都会带来更低的价格、更低的利润和更高的消费者效用。当消费者范围扩张时，这两种变化对企业利润和消费者效用的影响是不明确的。

长尾市场的出现与电子商务发展密不可分，消费者通过网络平台可以很方便地搜索到各种商品，即使是受众很小的商品。电子商务的发展确实带来了更多样的产品，Thomas W. Quan 和 Kevin R. Williams（2015）引入地区市场异质性实证分析由电子商务带来的产品多样性对消费者剩余和企业利润的影响。引入地区市场异质性，需要对产品做更窄的定义，以鞋子为例，凉拖鞋和皮鞋属于不同的产品。但这会出现某些产品零销售的情况，不利于理论和实证分析，会导致实证回归结果有偏。如果减少产品细分，使用总体数据，会导致不能准确识别地区市场异质性。他们采用新的方法解决该问题，以使得回归结果更为精确。他们运用大量数据和新的实证方法，得出以下结论：①不同市场对产品需求明显不同，越是利基产品，需求不同越明显；认识这种异质性对分析地区销售的分布具有重要作用。②不考虑地区市场异质性，将高估由电子商务带来的产品多样性对增加消费者剩余的作用，这种高估高达128%；考虑地区市场异质性，地区实体零售商会采取迎合当地需求策略以缓解异质性对其的影响，这样，实体零售商创造了37.4%的销售额。

三、网络效应中的消费者异质性

对于有些产品，消费者决定是否购买、购买多少取决于与自己可能产生联系的其他消费者消费情况，称之为网络效应（网络外部性）。网络效应情形下，消费者之间存在相互影响，消费者在影响他人的能力，以及受他人影响的程度方面各有不同，表现出异质性。这种消费者异质性对企业行为和市场绩效均会产生影响。Itay P. Fainmesser and Andera Galeotti（2015）认为，销售具有网络效应产品的垄断企业进行歧视性定价，引入消费者影响力和消费者敏感度构建博弈模型分析垄断企业在存在网络效应时如何进行价格歧视，以及对消费者剩余和社会福利水平的影响。他们认为网络效应分为总体网络效应和部分网络效应，前者是指某一消费者受总体消费者的影响，后者是指某一消费者受部分消费者的影响。消费者影响力是指某一消费者的行为对其他消费者产生的影响，用能够影响的其他消费者数量来衡量；消费者敏感度是指某一消费者受其他消费者的影响程度，用影响该消费者的其他消费者数量来衡量。构建理论模型思路如下：与 Candogan 等（2012）研究相同，假设消费者偏好函数是二次型的；与 Galeotti 等（2010）和 Sundararajan（2007）有相同假设，消费者仅知道自己的影响力和敏感度，而不知道彼此之间的相互影响；放松 Bloch 和 Querou（2013）关于完全信息的假设认为，网络效应是随机的，垄断企业和消费者对网络效应具有不完全信息。在第一阶段，垄断企业制定价格计划（Price Scheme），根据网络效应类型的不同对消费者歧视性定价；在第二阶段，消费者观察到企业的价格计划，同时做出购买决策。他们构建的模型认为：①垄断企业的最优价格策略是补贴有影响力的消费者，而向敏感性消费者收取价格溢价，以此来强化网络效应。②由统一定价向歧视性定价转变时，对某一个体消费者剩余的影响是不确定的，但对总体消费者剩余的影响是确定的。对个体消费者来说，强影响力消费者因受补贴而获益，高敏感性消费者因价格溢价而受损。对总体消费者来说，消费者剩余增加。③当且仅当网络效应足够大时，从统一定价转向根据消费者敏感性的歧视性定价才能增加消费者剩余。他们的研究评估了网络效应对企业的价值，其启示意义在于揭示企业是否投资于收集消费者异质性信息取决于网络效应的类型和分布特征。

消费者影响他人和受他人影响程度取决于其所处的社交网络，而这个社交网络是由具有不同人口学统计特征的消费者构成的。依托互联网技术发展起来的社交网络为个人提供了展示自己个性的平台，也为企业制定有针对性的定价和销售行为提供了有价值的信息。Francis Bloch 和 Nicolas Querou（2013）在 Jullien（2001）、Saaskhilati（2007）、Banerji 和 Dutta（2009）研究基础上，将网络外部性分为消费外部性和价格外部性，分析以消费者为中心的社交网络中，垄断企业如何制定最优的价格歧视，并对比分析垄断市场结构和寡头竞争市场结构下的最优价格。他们的研究表明，在垄断市场结构中，当企业面临二次成本函数时，对越靠近网络中心的消费者定价越高，影响力越高的消费者定价越低；在寡头竞争市场结构中，企业面临着非合作价格博弈，属于不同企业的消费者面临不同价格。在对消费者外部性模型的扩展时，他们认为企业和消费者就消费者剩余进行讨价还价，导致垄断者在进行歧视性定价时面临抉择，即为了最大化网络中心节点的影响力而向其收取低价，还是为了更好地利用网络中心节点的价值而向其收取高价。

与之前研究网络外部性的文献（Farrell and Saloner，1985；Katz and Shapiro，1986）认为网络外部性具有全局性质不同，Ozan Candogan，Kostas Bimpikis 和 Ausman Ozdaglar（2012）认为，消费者与其周围的部分消费者发生直接影响，这样消费者就具有了异质性。他们构建了一个具有局部网络外部性的模型分析生产具有可分割性产品的垄断企业如何进行歧视性定价，为揭示网络效应的重要性，他们对比分析了存在网络效应与不存在网络效应时的企业利润。

消费者性别、年龄、教育等不同个体特征会影响网络效应的强弱。Lukasz Grzybowski（2015）用 2008～2012 年南非家庭面板数据实证分析网络效应和消费者异质性如何影响消费者对手机的购买行为。研究发现，家庭内使用手机的成员越多，其他成员使用收集的可能性就越大，同时，网络效应与家庭内谁使用手机有关；如果不考虑网络效应，2012 年南非使用手机的人数会减少 9.9%。

不仅单个消费者之间存在异质性，家庭、地区市场间也存在异质性。Lukasz Grzybowski（2015）、Hernan A. Bruno（2015）研究了家庭内部成员间的异质性，而 Thomas W. Quan 和 Kevin R. Williams（2015）研究了地区市场间对称异质性（在某一产品价格、产品特征等相同时，不同地区间对该产品具有不同的需求）问题。他们用某产品在某一地区市场的销售份额与全国市场销售份额的比较解释地区市场异质性，若两者相等，则说明地区市场同质，需求相同；若两者不相等，则说明地区市场异质，需求不相同。

除社交网络外，个体会在更大范围存在交互影响现象，如农民种植庄稼的选择受邻居和朋友种植作物的影响；企业投资决策受生产互补品和替代品相关企业的影响等。这些交互影响行为往往通过某一网络（由地理联系等构成）进行。Yann Bramoulle，Rachel Kranton 和 Martin D'Amours（2014）对这种网络结构如何影响经济结果进行了分析，他们认为网络矩阵的最小特征值影响均衡解，如果最小特征值在数值上很大，则存在多个均衡解；反之，则有唯一均衡解。

研究"经典"价格歧视的文献，从 Pigou（1920）到最近 Aguirre 等（2010）和 Cowan（2007，2012）均基于需求弹性不同展开分析，他们的研究认为，实行价格歧视的厂商将对价格需求弹性高的一组消费者定制较低的价格，而对价格需求相对较低的另一组消费者制定较高的价格。但价格歧视来源于很多方面，不只是源于需求弹性的不同，因服务不同消费者的成本不同，具有垄断势力的企业也可进行价格歧视。Yongmin Chen 和 Marius Schwartz（2015）分析在不同消费组面临不同服务成本时，垄断企业歧视性定价的福利效应。他们的研究表明，基于不同成本的价格歧视能够增加总体消费者剩余；通过将产出分配到更低成本市场以节省企业成本；在反需求函数曲率不随产量增加而快速上升时（换言之，转嫁到消费者的比率（Rate of Pass – through）不随价格上升而快速增加），能够提高社会总体福利水平。

四、同质产品异质性偏好和品牌异质性偏好

对这两类异质性偏好的研究主要集中在基于消费者行为的价格歧视的文献中。企业采取价格歧视策略是基于消费者对产品不同的评价，企业有很多方法可以观察到不同消费者对其产品的偏好。当企业能够获取消费者购买和搜索产品历史信息后，企业可以据此对具有不同偏好的消费者收取不同的价格。随着互联网等信息技术的发展，企业能够很便利地收集和储存消费者的历史消费信息。以消费者行为为基础的价格歧视在许多行业中表现得非常明显，如超市、电子商务、通信、银行（主要是信用卡）、酒店等。

在消费者重复购买的市场中，企业根据消费者历史购买记录对自身已经拥有的消费者和竞争企业拥有的消费者制定不同的价格，如电信企业往往对使用其他企业通信网络的消费者收取较低的价格，而对正在使用自身通信网络的消费者收取较高的价格。

对消费者而言，在应对这种定价策略时会产生更换企业的转换成本，对企业而言，企业也会采取措施提高消费者转换成本以将消费者锁定在自己的产品或服务上。

企业通过观察消费者历史购买行为而采取的价格歧视称为以消费者行为为基础的价格歧视（Behavior – Based Price Discrimination，BBPD）。依托互联网技术发展起来的电子商务为此种价格歧视制定提供了丰富的消费者记录。

基于消费者行为的价格歧视中，消费者异质性表现在两个方面：一是对同质产品的异质性，即企业产品对消费者而言是同质的，一旦消费者购买并使用后，消费者将偏好第一次所选择企业的产品，即由锁定效应带来的异质性，也是由转换成本导致的异质性；二是消费者对具有水平差异化的产品具有不同的品牌偏好，消费者在第一次购买时就显示出其偏好信息。

对同质产品异质性偏好的研究以 Chen（1997）和 Taylor（2003）的研究为基础进行后续扩展。这一类文献中，消费者历史购买行为显示其外生的转换成本，研究认为 BBPD 会使得企业利润下降，社会福利净损失，消费者可能受益（Taylor，2003），也可能不受益（Chen，1997）。最

新的研究有 Esteves（2009a）。

对品牌异质性偏好的研究以 Villas – Boas（1999）、Fudenberg 和 Tirole（2000）的研究为基础进行后续扩展。这一类文献中，消费者历史购买行为显示其外生的品牌偏好，研究均认为 BBPD 降低了企业利润，降低了社会总福利水平，但增加了消费者剩余。对这类异质性偏好的研究较第一类丰富，且将转换成本和品牌偏好两者结合起来进行研究。

Gehrig 和 Stenbacka（2004）通过构建两阶段空间博弈模型、Chen 和 Zhang（2009）通过构建离散博弈模型，进行了后续研究。最新研究中，Rosa – Branca Esteves（2014）考虑到对具有转换意愿的老用户企业会采取保留价格策略，在这种情况下，BBPD 降低了企业利润，但提高了消费者剩余和社会总福利。Rosa – Branca Esteves 和 Sofia Cerqueira（2014）考虑了具有水平差异的企业通过广告投入以培育消费者偏好情况，与统一定价相比，企业根据消费者历史购买记录向消费者定向投放广告，降低企业广告投入；企业在第一阶段定较高价格，而在第二阶段定较低价格，增加企业利润，使消费者剩余减少，境况变坏，社会福利总水平下降。Rosa – Branca Esteves 和 Carlo Reggiani（2014）对这一类文献中原有的单位需求假设进行了扩展，分析需求弹性对竞争效应和福利效果的影响。Rosa – Branca Esteves 和 Helder Vasconcelos（2013）将两个企业扩展到三个企业，并从企业间横向兼并角度对这一类文献进行扩展，分析企业 BBPD 策略使横向兼并对竞争效应和福利效果的影响。他们构建了一个三企业两阶段博弈模型，分析存在企业横向兼并的市场中，企业 BBPD 定价行为对均衡价格、市场竞争和社会福利的影响。他们的研究表明，在不存在横向兼并时，BBPD 策略并不能增加企业利润；在没有 BBPD 策略时，横向兼并并不能增加企业利润；只有当存在横向兼并时，BBPD 策略才能增加企业利润，但以损害消费者剩余为代价；同时，他们构建的模型很好地解决了横向兼并带来的企业"搭便车"问题，没有参与横向兼并的企业，采取 BBPD 策略并不能从其他企业横向兼并中获得好处。在他们的模型中，消费者是异质性的。企业的客户分为两部分，一部分是被企业俘房的客户，即不会更换企业的客户；另一部分是价格敏感性客户，即随时会更换企业的客户。前一部分客户具有强烈的品牌偏好，只要某企业产品价格低于其保留价格，这部分客户就不会去消费其他企业产品，对于后一部分客户，产品价格低于其保留价格时，他们会从价格更低的企业购买产品。

有关 BBPD 文献，Esteves（2009a）和 De Nijs（2013）假设消费者具有完全信息，不考虑企业广告的作用，且他们假设企业生产同质产品。Rosa – Branca Esteves 和 Carlo Reggiani（2014）对 Esteves（2009a）产品同质性假设进行扩展，认为企业生产具有水平差异的产品，在考虑消费者具有不完全信息，引入企业广告投入基础上，构建一个两阶段双寡头竞争博弈模型分析企业基于消费者行为进行价格歧视的竞争效果和福利效应。

他们构建的理论模型思路如下：假设广告能提供产品特征和价格的真实、完整信息，且广告具有长期中性特征，在第一期，企业选择广告投入强度，并同时制定统一价格；在第二期，价格变动快于消费者从广告获得产品变动的认知，因此，企业进行价格博弈。通过扩展和引入新变量，他们的模型得出了具有新意的结论：①相比于统一定价，企业进行 BBPD 策略能够增加企业利润，但会损害消费者福利。这与传统 BBPD 文献的结论不同，后者认为在消费者具有完全信息、有固定偏好，企业是对称的，且不考虑企业广告投入时，BBPD 提高寡头竞争市场中的竞争程度而对企业不利，但能提高消费者剩余。②企业采取 BBPD 策略能够显著影响减少其广告投入。他们的模型认为，消费者具有异质性，消费者被内生性地分为两部分：具有部分信息的消费者和具有完全信息的消费者，且在跨期内具有稳定的外生偏好（跨期内稳定的外生偏好是指偏好具有一致性或跨期相关性）。另外，与研究信息性广告的文献中假设消费者信息结构是外生的不同，他们认为广告能够影响消费者的信息结构。

品牌偏好异质性文献认为，在跨期内消费者的偏好是不变的，但现实中消费者受企业促销或广告等因素影响，在跨期内转向消费其他品牌，偏好具有跨期不一致性。Yongmin Chen 和 Jason Pearcy（2010）引入消费者跨期偏好依赖系数 α（Consumer's Preference Dependence），对 Fudenberg 和 Tirole（2000）的模型进行扩展，构建两阶段双寡头（产品具有水平差异性）模型，分析 BBPD 定价，以及企业均衡利润与消费者跨期偏好依赖、企业承诺未来价格能力的关系。在他们的模型中，跨期偏好依赖系数 $\alpha \epsilon [0, 1]$，具有单调递增的性质，当 $\alpha = 0$ 时，不同时期偏好完全无关；当 $\alpha = 1$ 时，跨期内偏好不变。他们的研究认为，消费者跨期偏好依赖与企业利润呈二次函数关系，当 α 很小时，随着 α 增加企业利润增加；当超过某一特定值时，随着 α 增大企业利润将会下降；当 $\alpha < 0.8973$ 时，诱使消费者更换品牌能够增加企业利润；当企业不能承诺未来价格时，企业以低价诱使原属于竞争对手的消费者更换品牌；在企业能够承诺未来价格情况下，跨期偏好依赖系数较小时，企业采取奖励忠诚的消费者，反之，企业采取诱原属于竞争对手的消费者转向自己。

他们研究的启示意义在于在不同行业企业应采取不同价格歧视策略。例如，在航空行业，消费者对航空公司间偏好易变，因此，航空公司采取对老客户的奖励以减少其转换公司的意愿；而在通信行业，消费者面临较高转换成本，跨期内偏好不易变动，因此，通信公司以低价诱使原属于竞争对手的消费者转换到本公司。

早期关注此类价格歧视的学者（Chen, yongming, 2005；Furdenberg D. and J. M. Villas - Boas, 2006；Esteves R. B., 2009）沿用消费者完全无弹性需求假设，即消费者在了解企业基于其历史消费信息进行价格歧视时也不会根据价格变化调整自己的需求。Rosa - Branca Esteves 和 Carlo Reggiani（2014）放松消费者面临完全无弹性需求的假设，认为消费者面临的需求根据价格水平变化，并基于消费者动态需求弹性假设，测算企业利润和社会福利效应。他们假设消费者面临的需求弹性是变动的，即 $\alpha \epsilon [0, 1]$，借鉴 Fudenberg 和 Tirole（2000）品牌偏好模型，构建替代弹性不变的代表性消费者模型。研究结果表明，当需求完全无弹性（$\varepsilon = 0$）和需求弹性足够低时（$0 < \varepsilon < 0.5$），基于消费者行为的价格歧视降低社会总福利水平；相反，当需求弹性足够大时（$0.5 < \varepsilon < 1$），企业采用基于消费者行为的价格歧视策略时的均衡价格高于统一定价时的价格，且会增加社会总福利水平，如果消费者是短视的，需求弹性在更大的范围内（$0.125 < \varepsilon < 1$）增加社会总福利。他们的研究还发现，无论是否考虑消费者需求弹性的动态变化，竞争性市场结构中的企业采用基于消费者行为的价格歧视策略均会提高竞争程度，增加消费者福利。

消费者购买信息包括消费者选择哪家企业、购买数量、什么时间段购买等信息，现有文献多是基于消费者选择哪家企业这一购买行为研究企业的价格歧视策略，这是因为对这一选择行为的研究理论模型较为成熟。这方面的文献基于两阶段豪特林模型展开研究。Drew Fudenberg 和 J. Miguel Villas - Boas（2012）研究了垄断市场结构和竞争市场结构两种情形下企业采用基于消费者行为的价格歧视策略时的短期市场效应。在每一种情形下，他们又考虑了三种可能性：①企业完全不了解消费者对产品的评价（Consumer's Product Valuation），仅知道消费者对产品评价的累积分布函数 F（V）；②消费者对产品的评价不变，企业能够获知哪些消费者在第一阶段购买了其产品；③企业通过消费者购买其产品这一行为可以了解到更多消费者对其产品的评价信息，基于这些信息，企业采取价格歧视策略。第二种可能性又有两种变形：一是消费者对产品的评价随着时间变化而变化，即消费者在第二阶段了解到企业采取价格歧视策略后，会改变自己的购买行为；二是考虑有新的消费者进入市场，Villas - Boas（2004）构建跨代消费者模型考虑了这种情形，此时，企业更有动力向新进入的消费者收取高价格，因为新进入市场的消费者对产品的评价较高。

对消费者而言，面临不同品牌产品时也会存在转换成本，转换成本和品牌偏好均可以导致消费者具有差异。为了提高理论模型对现实的解释力度，Rosa – Branca Esteves（2014）首次尝试分析企业为避免消费者转向其他竞争者而采取保留定价策略（Retention Offers Strategy）时，基于消费者行为的歧视性定价的竞争均衡以及社会福利效应。他们构建了一个具有水平差异的双寡头企业豪特林动态博弈模型，消费者具有稳定的外生品牌偏好，即消费者具有品牌偏好的异质性，博弈过程如下所述：第一期所有企业制定统一价格；第二期分为两个阶段，第一阶段企业根据消费者第一期的购买记录同时对自身原有用户和竞争者的用户制定不同的价格，第二阶段，企业对自身原有客户中具有转换产品品牌的用户提供保留价格折扣（Retention Price Discount），以留住这部分客户。他们的模型分析中：①竞争效应分析表明，当一个优势企业（市场份额超过50%的企业）不采用保留定价策略而进行 BBPD 时，该企业将会丧失其市场优势地位；与之相对比，当一个具有足够优势的企业（市场份额超过75%）采用保留定价策略而进行 BBPD 时，该企业将会损失部分市场份额，但仍会保持住其优势地位。这个结果表明，BBPD 将会提高市场竞争力度。②福利分析显示，采用保留定价策略而进行 BBPD 时比不采用保留定价策略企业利润将会下降，消费者福利和社会总体福利水平将会增加。③均衡价格分析显示，采用保留定价策略而进行 BBPD 时会带来新的效应，第一阶段价格将会低于统一价格水平，而第二阶段对于没有转换意愿的老用户收取比具有转换意愿的老用户更高的价格。

企业可以自己记录消费者的历史购买信息，也可以通过在市场进行交易来获取或销售消费者的有关信息。Jin – Hyuk Kim 和 Liad Wagman（2015）以金融市场为例，研究表明，如果企业拥有销售消费者信息的能力，将带来企业产品价格的下降，社会福利的增加。

基于消费者行为的价格歧视策略所带来的竞争效应和福利效果已与传统产业组织理论有很大不同，由此带来以下令人感兴趣的问题：①企业是否向消费者收取了过高的费用？②具有保留定价的基于消费者行为价格歧视是否增强了用户更多数量消费者之企业的市场势力？③在面临这种价格歧视策略时，谁获益，谁受损？④这种价格歧视策略是否应被禁止？

上述文献对这些问题均有涉及，但以理论分析为主，缺乏实证性检验；另外，作为新现象，学术界对 BBPD 的研究有待进一步深入。

五、有限记忆消费者的价格预期异质性

传统产业组织理论研究双寡头市场中企业定价时，一个重要的假设是消费者能够完全记住价格的历史信息，对价格具有相同的预期。现实中，消费者对价格的记忆具有不完全性，消费者可能记不清产品的历史价格，但可以评价相对于其保留价格，是贵了还是便宜了，这样具有有限记忆的消费者在对价格的预期上具有异质性。具有这种异质性的消费者对低于其预期的价格往往不太关心，这就使得产品价格具有离散性（Price Dispersion），也可称之为价格差异化。不同于通过消费者搜寻模型研究价格分布的研究，Levent Kutlu（2015）基于消费者有限记忆构建双寡头市场模型分析企业离散定价行为。Chen 等（2010）认为，价格分布是竞争性均衡的结果，是一个混合策略均衡解，而 Levent Kutlu（2015）构建的模型则认为，即使企业进行均策略博弈，在消费者具有有限记忆的情况下，价格也具有离散性，存在一个纯策略均衡解。

哈佛学派认为市场结构决定企业定价行为，而芝加哥学派认为，企业的定价行为能够对市场结构的形成具有影响。两个学派均暗含着企业的价格具有标准性的假设，即市场面临着同一的价格（如同一区域内价格相同）。但现实中，由于扰动因素的影响，即使距离很近的两个企业对同一种产品定价也有不同，价格具有统计上的分布特征。这些扰动因素可能包括：一是消费者对不同价格反应不同;二是消费者对其购买历史具有有限性;三是消费者具有不完全信息或搜寻信息成本较高;四是产品具有不同的成本。这对传统产业组织理论提出了挑战,存在某个企业有市场势力的市场中,价格分布有何表现,两者间是否存在相互影响?这成为产业组织理论的最新方向和热点,现有研究对市场势力与价格分布的关系认识仍不统一,但价格分布与市场势力存在紧密关系得到了广泛的认可(Levent Kutlu,2015)。

六、总结性评述

企业管理、市场营销相关文献其实早就发现了消费者具有异质性,进行了丰富的研究,并意识到消费者异质性与企业创新存在密切关系,这些文献主要从消费者心理角度衡量需求的异质性,即消费者感受到的产品差异。Priem 等(2012)、De Loecker(2011)、Lederman(2010)、Wilson 和 Doz(2011)、Wang 等(2011)、Zhenzhen Xie 和 Jiatao Li(2015)认为基于消费者异质性的企业策略能为企业带来竞争优势,消费者的知识对企业创新具有至关重要的作用。这些文献对理解消费者异质性提供了可借鉴之处。

将消费者异质性引入产业组织理论分析框架是最新发展方向和热点。现有研究遵循产业组织理论的分析逻辑,即在特定市场结构,尤其是寡头垄断市场结构中,通过构建博弈模型分析企业如何应对消费者异质性,及其所带来的后果。考虑到消费者异质性对市场、企业的重要影响,对这一问题进一步研究具有重要理论意义和现实价值。

通过综述发现:①现有文献均是通过构建理论模型进行分析,缺乏实证检验的文献,这主要是受数据可得较为困难的限制;②在市场结构给定条件下,分析消费者异质性问题。这可能是出于模型易于处理的考虑,认定消费者异质性外生给定。一个可能的扩展研究是,放松消费者异质性外生的假定,具有异质性特征的消费者可能会导致更加激烈的市场竞争,使得市场结构更加分散。

参考文献

[1] Aguirre I., Cowan S. and Vickers J. Monopoly Price Discrimination and Demand Curvature [J]. American Economic Review, 2010(100):1601-1615.

[2] Bar-Isaac H., Caruana G. and Cunat V. Search, Design and Market Structure [J]. American Economic Review, 2012(102):1140-1160.

[3] Banerji A. & B. Dutta. Local Network Externalities and Market Segmentation [J]. International Journal of Industrial Organization, 2009(27):605-614.

[4] Bloch F. and N. Querou. Pricing in Social Networks [J]. Games and Economic Behaviour, 2013(80):243-261.

[5] Candogan O., K. Bimpikis and A Ozdaglar. Optimal Pricing in Networks with Externalities [J]. Operations Research, 2012, 60(4):883-905.

[6] Chen Yongmin. Paying Customers to Switch [J]. Journal of Economics and Management Strategy, 1997(6):877-897.

[7] Chen Y. & Zhang Z. Dynamic Targeted Pricing with Strategic Consumers [J]. International Journal of Industrial Organization, 2009(27):43-50.

[8] Chen Y. & Jason Pearcy. Dynamic Pricing: When to Entice Brand Switching and When to Reward Consumer Loyalty [J]. RAND Journal of Economics, 2010, 41(4):674-685.

［9］ Chen Y. Oligopoly Price Discrimination by Purchase History ［Z］ //The Pros and Cons of Price Discrimination. The Swedish Competition Authority Stockholm, 2005: 101 – 130.

［10］ Cowan S . The Welfare Effects of Third – Degree Price Discrimination with Nonlinear Demand Functions ［J］. Journal of Industrial Economics, 2007 (38): 419 – 428.

［11］ Cowan S. Third – Degree Price Discrimination and Consumer Surplus ［J］. Journal of Industrial Economics, 2012 (60): 244 – 250.

［12］ Esteves R. B. A Survey on The Economics of Behavior – Based Price Discrimination ［J］. Working Paper, WP ∗ NIPE, May, 2009.

［13］ Esteves R. B. & Reggiani C. Elasticity of Demand and Behaviour – Based Price Discrimination ［J］. International Journal of Industrial Organization, 2014 (32): 46 – 56.

［14］ Esteves R. B. Customer Poaching and Advertising ［J］. Journal of Industrial Economics, 2009a (57): 112 – 146

［15］ Esteves R. B. Behavior – Based Price Discrimination with Retention offers ［J］. Working Paper, WP ∗ NIPE, September, 2014.

［16］ Esteves R. B. & Sofia Cerqueira. Behaviour – Based Price Discrimination under Advertising and Imperfectly Informed Consumers ［J］. Working Paper, WP ∗ NIPE, August, 2014.

［17］ Esteves R. B. & Helder Vasconcelos. Price Discrimination under Customer Recognition and Mergers ［J］. Working Paper, WP ∗ NIPE, November, 2013.

［18］ Farrell J. , G. Saloner Strandardization, Compatibility and Innovation ［J］. RAND Journal of Economics, 1985, 16 (1): 70 – 83.

［19］ Fudenberg D. and Villas – Boas J. M. Price Discrimination in the Digital Economy ［J］. in the Oxford Handbook of the Digital Economy, edited by Martin Petiz and Joel Waldfogel, 2012.

［20］ Fudenberg D. & J. M. Villa – Boas. Behavior – Based Price Discrimination and Customer Recognition, in T. Hendershott (ED) Handbooks in Information Systems ［J］. Economics and Information Systems, Chap. 7, Elsevier, Amsterdam, The Netherlands, 2006.

［21］ Fudenberg D. and Tirole J. Customer Poaching and Brand Switching ［J］. RAND Journal of Economics, 2000 (31): 634 – 657.

［22］ Gehrig T. , and Stenbacka R. Differentiation – Induced Switching Costs and Poaching ［J］. Journal of Economics and Management Strategy, 2004 (13): 635 – 655.

［23］ Galeotti A. , S. Goyal M. Jackson F. Vega – Redondo, and L. Yariv . Network Games ［J］. Review of Economic Studies, 2010, 77 (1), 218 – 244.

［24］ Huanxing Yang. Targeted Search and the Long Tail Effect ［J］. RAND Journal of Economics, 2013, 22 (4): 733 – 756.

［25］ Itay P. Fainmesser and Andera Galeotti Pricing Network Effects ［J］. Review of Economic Studies, 2015 (1): 1 – 36.

［26］ Jullien B. Competing in Network Industries: Divide and Conquer, mimeo ［M］ . University of Toulouse, 2001.

［27］ Jin – Hyuk Kim & Liad Wagman. Screening Incentives and Privacy Protection in Financial Markets: A Theoretical and Empirical Analysis ［J］. RAND Journal of Economics, 2015, 46 (1): 1 – 22.

［28］ Katz M. and C. Shapiro. Technology Adoption in the Presence of Network Externalities ［J］. Journal of Political Economy, 1986, 94 (4): 822 – 841 .

［29］ Levvent Kutlu. Limited Memory Consumers and Price Dispersion ［J］. Review of Industry Organization, 2015 (46): 349 – 357.

［30］ Lukasz Grzybowski. The Role of Network Effects and Consumer Heterogeneity in the Adoption of Mobile Phones: Evidence from South Africa ［J］. ERSA Working Paper, 2015, 522.

［31］ Ozan C. , Kostas Bimpikis and Ausman Ozdaglar. Optimal Pricing in Network with Externalities ［J］. Operations

Research, 2012, 60 (4): 883 –905.

[32] Pigou A. C. The Economics of Welfare [M]. London: Macmillan, 1920.

[33] Saaskilahti P. Monopoly Pricing of Social Goods [J]. MPRA Working Paper 3526, University Library of Munich, 2007.

[34] Sundararajan A. Local Network Effects and Complex Network Structure [J]. The BE Journal of Theoretical Economics, 2007, 7 (1) .

[35] Taylor C. Supplier Surfing: Competition and Consumer Behavior in Subscription Markets [J]. RAND Journal of Economics, 2013 (34): 223 –246.

[36] Thomas W. Quan and Kevin R. Williams. Product Variety, Across – Market Demand Heterogeneity and the Value of Online Retail [J]. Working Paper, Yale University, 2014.

[37] Thomas W. Quan and Kevin R. Williams. Product Variety [J]. Across – Market Demand Heterogeneity and the Value of Online Retail, 2014.

[38] Villas – Boas M. Dynamic Competition with Customer Recognition [J]. RAND Journal of Economics, 1999 (30): 604 –631.

[39] Villas – Boas J. M. Price Cycles in Markets with Customer Recognition [J]. RAND Journal of Economics, 2004 (35): 486 –501.

[40] Yann Bramoulle, Rachel Kranton and Martin D' Amours. Strategic Interaction and Networks [J]. American Economic Review, 2014, 104 (3): 898 –930.

[41] Yongmin Chen and Marius Schwartz. Differential Pricing When Costs Differ: A Welfare Analysis [J]. RAND Journal of Economics, 2015, 46 (2): 442 –460.

[42] Zhenzhen Xie and Jiatao Li. Demand Heterogeneity, Learning Diversity and Innovation in an Emerging Economy [J]. Journal of International Management, 2015 (30): 1 –16.

经济新常态下我国制造业产业组织新发展

赵立昌　王海军　陈晓雨

（中央财经大学经济学院　北京　100081；上海证券交易所　上海　200120）

一、引言

2014 年 11 月亚太经合组织工商领导人峰会开幕式上，国家主席习近平发表《谋求持久发展，共筑亚太梦想》主题演讲，指出："中国经济呈现出新常态，有几个主要特点。一是从高速增长转为中高速增长。二是经济结构不断优化升级，第三产业、消费需求逐步成为主体，城乡区域差距逐步缩小，居民收入占比上升，发展成果惠及广大民众。三是从要素驱动、投资驱动转向创新驱动。新常态将给中国带来新的发展机遇。"

我国仍处于工业化中后期，工业，尤其是制造业仍然是我国经济发展的支柱。经济发展进入新常态，市场环境等的改变也将影响我国制造业产业组织发展。认识经济新常态下产业组织形态和特征变化，有利于提供适应新常态，促进转型升级的产业政策。本文尝试从消费者需求角度分析新常态下产业组织的新发展。

二、经济新常态下我国制造业面临的市场环境

（一）经济增速换挡，发展质量提升

根据中国国家统计局《中国统计年鉴 2012》，1978～2011 年我国国内生产总值平均增长率为 9.98%，人均国内生产总值增长率为 8.8%。其中 2001～2011 年，中国经济平均增长率超过 10%，为 10.4%（黄群慧，2014）。2012 年和 2013 年经济增长率均为 7.7%，2014 年为

［作者简介］赵立昌，中央财经大学经济学院博士研究生，研究方向为互联网经济、产业组织。王海军，中央财经大学经济学院在站博士后，研究方向为产业发展、互联网金融。陈晓雨，上海证券交易所资本市场研究院在站博士后，研究方向为产业发展、资本市场。

7.3%。① 从 2011 年开始，中国经济增速已经趋缓，由高速增长转向中高速增长，经济基本面发生了深刻的变化。

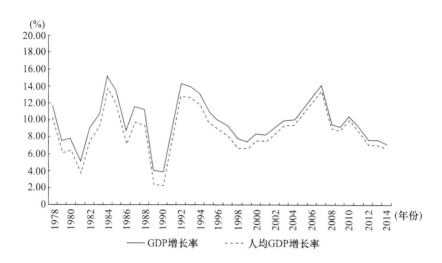

图 1　1978～2014 年中国经济增长率

资料来源：1978～2013 年数据来自《中国统计年鉴 2014》，2014 年数据来自国家统计局网站。

中国经济增长速度从两位数高速增长下降到 7%～8%，主要并非周期性因素所致，而是一种结构性减速，结构性减速构成中国经济新常态主要特征（金碚，2014）。但这种减速不会一直持续下去，也不是经济发展的常态。新常态是经济发展的一种稳态，从这个角度理解，当前，我国正处于经济增速换挡期。一个从传统增长路径向新增长路径转变的过渡期（李静和李文溥，2015）。黄群慧（2014）也认为，如果说新常态是一个稳定的经济均衡状态，还不能判断中国经济增长是否已经下降到一个均衡点或均衡区间，经济处在从旧常态向新常态的过渡，在这个过渡阶段，一些阶段性的积极变化已经或正在出现。

还可以看到，中国经济发展总体平稳，除个别年份外，② 没有明显的周期性波动。尤其以确立我国社会主义市场经济体制的 1992 年为标志年份，至 2014 年，经济发展总体稳定。相比于美国经济发展的周期性特征（如图 2 所示），中国经济发展的稳定性特征更为明显。

经济增速换挡不意味着经济处于稳定的下滑状态，反之，经济增长会处于一个更加合理的区间，经济发展质量正逐步提高（如图 3 所示）。1989～2013 年随着我国人均 GDP 的上升，每万元 GDP 消耗的标准煤（以吨为单位）逐年下降。

从世界范围看，国际经济发展也进入"新常态"。世界经济仍处在国际金融危机后的深度调整期，全球经济结构呈现出"总量需求缓慢增长、经济结构深度调整"的特征。

（二）经济结构深度调整，工业化进入深化期

1. 消费结构逐步升级

改革开放之初，我国面临的基本情况是计划经济下各种物资的短缺，消费以满足基本生活所需的基本消费为主，形成具有模仿型排浪式消费需求。随着人们生活水平的提高，在满足基本生

---

① 数据来源：国家统计局。

② 1992 年，中共十四大确立了社会主义市场经济体制的改革目标，随后一系列市场化改革、体制改革措施出台，在此之前 2 年左右，对改革目标的争论导致经济出现波动；1989 年、1990 年受政治风波影响，经济下滑，随之即反弹；1997 年亚洲金融危机、2008 年国际金融危机致使当年经济增速下降。

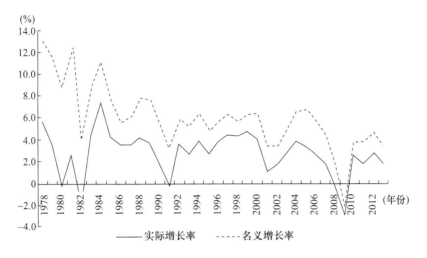

图 2　1978～2013 年美国经济增长率

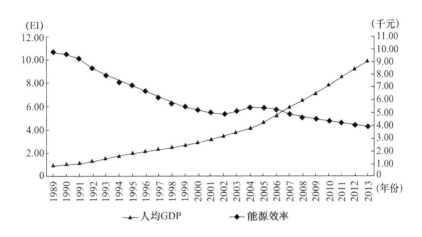

图 3　1989～2013 年中国能源效率与人均 GDP

资料来源：《新中国六十年统计资料汇编》和《中国统计年鉴 2014》。能源强度（EI）＝能源消费量/国内生产总值，单位为吨标准煤/万元。能源消费量和国内生产总值均以 1989 年为基期进行调整。

活需求后，消费升级，消费结构发生改变。《2014 年国民经济和社会发展统计公报》显示，按照"全年人民币平均汇率 1 美元兑换 6.1428 元人民币"的标准换算可知，2014 年，我国大陆人均 GDP 已上升至 7575 美元，已有多个省份达到 1 万美元。按照世界银行划分标准，我国处于中等偏上位置。生活水平的显著提升，推动了高端消费能力。

2. 产业结构进一步优化

2013 年，我国第二产业在三次产业中的比例为 43.9%，第三产业比例为 49.1%，第三产业首次超过第二产业。由"二、三、一"的产业结构发展为"三、二、一"的产业结构。但我国仍处于工业化进程，工业仍然是我国的主导产业。

产业结构优化和产业发展质量提升与消费结构的升级有紧密的互动关系。消费升级推动企业向品牌化、高端化发展，从而带动产业发展质量的提升；另外，若产业结构仍然停留在低端水平，产业发展仍然停留在低附加值阶段，也无法为已经形成的高端消费提供相应的产品和服务。

消费升级引导产业升级，最终导致经济发展方式发生转变，从要素驱动、投资驱动转向创新驱动。

三、传统经济发展下我国制造业产业组织状况分析

（一）市场结构较分散

改革开放时，中国制造业产业组织面临的基本情况是，由地方国有企业进入带来的产业组织分散化倾向。改革开放前，中国实行过地方分权的变革，尤其是20世纪70年代冷战状况日益激化背景下进行的地方分权，通过多层工业体系和地方自足体制的建设，市场被分割，地方国有企业进入导致产业组织分散。这种中国式的分散化产业组织普遍存在于钢铁、化肥、农业机械、发电、水泥和家电等产业，而在轻型汽车领域表现得更为典型（江小娟等，2015）。

改革开放后的一段时间仍然延续了这种趋势，但带来这种趋势的原因有所变化。中国改革开放是对计划经济渐进式取消的过程，也是不断引入竞争机制和价格机制的过程。过量需求和供应不足形成的"短缺经济"是计划经济的一个突出特征，这在消费品制造和投资品制造行业中表现得更为突出。改革开放以后，逐步打破计划经济的藩篱，地方政府拥有更多财政自主权，企业获得了生产、投资的决定权，企业加大投入、新企业大量进入以满足被释放的过量需求。伴随着人们生活水平的提高，对消费品和投资品需求呈现出"排浪式"消费特征，而在生产方面，企业主要依靠从国外引进成熟的生产线，经过简单改进后进行"模仿式"生产。在这个阶段，地方国有企业、非国有企业进入消费品和投资品领域，加剧了市场竞争，但市场集中度较低。这是由于行业总体规模快速扩张所致，前几家最大规模企业的扩张不如行业总体扩张快，使得企业规模增大的同时，市场集中度有所下降，这并不表明产业组织的恶化。

供不应求的卖方市场转向供过于求的买方市场时，企业间的竞争由开拓新市场转向对原有市场份额的争夺，优势企业夺取缺乏竞争力企业的市场份额，这个过程又伴随着市场机制的逐步深入，兼并重组开始出现，市场集中度开始上升。在这个过程中，进行"模仿式"生产的企业基于成本优势采取价格竞争争夺市场份额，而政府对计划经济下价格管制的进一步放松加剧了价格竞争，在一些行业，甚至出现了重复的恶性价格竞争。

加入世界贸易组织（WTO）后，更多外资企业进入中国市场，加大了市场竞争，其所拥有的资本、技术等优势使其快速获得了较大的市场份额，市场进一步集中。但这也并不表明产业组织状况有了更好的发展。拥有垄断资本和垄断技术的跨国公司通过技术封锁将中国锁定在价值链的低端，中国"通过市场换技术"的政策并未取得理想效果。

上述产业组织发展可以大致划分为：第一阶段，20世纪70年代至20世纪末，市场集中度略有下降，产业组织较分散；第二阶段，21世纪前10年左右，市场集中度开始上升，产业组织逐步集中。在电视机、电冰箱、洗衣机、纺织业等轻工业行业可以发现大致的发展规律，即使在汽车、钢铁等具有规模经济性的行业也存在类似现象。

对中国制造业市场集中度实证研究也支持产业组织分散化的结论。采用两位数制造业数据进行集中度分析是不准确的，会掩盖细分行业市场结构特征。魏后凯（2002）分析了1995年中国制造业521个四位数细分行业的市场集中度，认为极端分散Ⅳ型是中国制造业市场结构的最主要类型，在这种市场结构中，赫芬达尔指数不到100，GR8不到15%，企业数量均在1500个以上，有的甚至达到2万个。他还考虑到市场规模与市场结构的关系，发现无论是大规模行业还是中、小规模行业，分散型市场结构都占主导地位，在大规模行业情况更严重。在与发达国家进行比较分析后，他认为无论是与美国还是与日本相比，我国制造业市场结构都属于一种典型的高度

分散的竞争型市场结构，绝大部分行业的市场集中度很低，产业组织高度分散。

（二）市场竞争主要是以产品同质化为基础的数量竞争和价格竞争

传统工业经济条件下，大规模标准化生产的产品具有高度同质性，产品缺乏异质性，消费者无法依据品牌区分产品价值，价格成为消费者近乎唯一的关注因素。消费者需求价格弹性较大，降低价格，企业也能够用销售量上升所增加的利润弥补价格降低所造成的损失而有余。另外，产品结构、成本结构的趋同又使得每个企业都可以采用相同的价格策略（郭斌，2001）。此时，价格竞争就成为企业在追求利润最大化时的理性选择，而收购兼并形成的规模经济又为企业价格竞争提供了基础。因为，单位成本的降低能够支撑企业采取价格竞争，甚至长期的价格战。

工业化发展过程中我国产业组织发展一直伴随着高度同质化、进退机制不完善等问题。我国工业制成品同质化现象严重（谢智勇，2003）。以开放最早的家电行业为例。我国彩电生产线几乎全部靠技术引进建立起来，生产线和技术标准大同小异，彩电产品规格、质量、性能等方面几乎没有差别，功能、技术含量上相同的比例高达70%；另外，关键技术或组建掌握在外企手中（王伟光，2001）。产品差异程度低、产品结构同质性、成本结构趋同性，导致彩电产业长期采取价格竞争，甚至恶性价格竞争，争夺市场份额。

（三）我国制造业普遍存在产能过剩和创新乏力

1. 进退机制不完善、同质化竞争与产能过剩

我国制造业普遍存在产能过剩与同质化竞争、进入退出壁垒不完善密切相关。一方面，传统工业经济条件下，放开市场准入的市场化改革，以及模仿性生产的低技术壁垒使得企业进入壁垒较低；另一方面，地方政府行政性干预，以及国有企业政企不分导致市场分割，缺乏退出机制，形成较高的行政性退出壁垒，甚至在一些行业并不存在退出机制。这是我国制造业普遍面临的进入退出机制不完善问题。进入退出机制不完善是产能过剩存在的现实原因之一，而导致进入退出机制不完善的体制原因是产能过剩形成的深层次原因。

在传统工业经济条件下，产能过剩很大程度是同质化产品的过剩，过剩产品集中在中低端产品，高端产品、高附加值产品有效供给不足。脱离市场需求的同质化生产是产能过剩存在的另一个现实条件。有些产能过剩并不是由总量过剩引起的，而是同质化产品不适应市场需求结构性变化而导致的结构性过剩。

制造业产能过剩是一个结构性问题，也是周期性现象。2011年以来，产能过剩的范围有扩大化趋势。2005年前后产能过剩主要存在于钢铁、水泥、有色、煤化工、平板玻璃等传统工业，而2011年以来，产能过剩范围扩大到造船、汽车、机械、电解铝等行业，甚至包括光伏、多晶硅、风电设备等新兴战略性产业也出现了产能过剩。

2. 市场结构分散、同质化竞争与自主创新乏力

市场结构分散，产品同质化竞争导致制造业创新乏力。我国已经成为制造业大国，但不是制造业强国。如汽车业，虽然已有多个自主品牌，但核心部件发动机、液压传动装置仍主要依靠进口，在相机、电子产、高端医疗器械等行业也存在类似核心部件国产化率低的问题；甚至在纺织服装等轻工业，我国也缺乏有国际优势的品牌企业。

四、经济新常态下我国制造业产业组织发展趋势

经济新常态下，市场环境某些趋势性变化正在形成，引导我国制造业产业组织有新的发展。

产业组织外部市场环境已经发生改变。从需求方面看，市场需求趋于个性化、多样化。从供给方面看，一是生产方式趋于智能化、小型化；二是现代信息技术与制造业的融合发展带来制造业信息化趋势，服务业与制造业的融合发展带来制造业服务化趋势。制造业信息化和制造业服务化成为世界工业化进展中的两个趋势。制造业信息化表现为，人工智能、数字制造、工业机器人等基础制造技术和可重构制造、3D打印等信息生产系统的广泛应用；制造业服务化表现为，制造业企业以满足消费者极致化体验为出发点进行生产，不仅为消费者提供实体商品，更提供个性化的服务。

（一）消费者需求由同质性向异质性转变

改革开放的初期阶段，物质匮乏，生活水平较低，人们消费主要是为了满足基本的温饱需求，因此，消费者对价格比较敏感，偏好于购买价格便宜商品，价格越便宜购买数量越多。改革开放三十多年来，我国居民生活水平得到极大改善，物质生产有了极大提高，人们消费的目的除满足基本温饱需求之外，更加注重对商品质量、安全等的需求，偏好于购买高质量商品。消费者从追求数量、价格转向追求质量、品牌。

2014年中央经济工作会议中指出，"从消费需求看，过去我国消费具有明显的模仿型排浪式特征，现在模仿型排浪式消费阶段基本结束，个性化、多样化消费渐渐成为主流"。从消费者角度来看，在经济新常态下消费者需求呈现多样化、个性化趋势，对同一种商品的偏好，由原来看重数量和价格转向更加注重质量和品牌，消费者异质性特征更为突出。

微观经济学假设消费者有凸的无差异曲线，说明消费者的需求是同质的，只有数量上的差异，而忽略消费者个性化的需求，没有体现出消费需求的异质性（曹虹剑和罗能生，2007）。每种商品都有一个商品空间，空间内包含的是该商品所具有的一系列特性，即一种商品由一组特性（如质量、位置、时间等）来描述。每个消费者对这一系列特性有一种偏好，即对这些特性的一个排序。消费者同质性偏好是指，消费者对一种商品所有特性的偏好次序是一致的，如消费者都更偏好高质量商品、更偏好地理位置更近的商品。消费者异质性偏好是指，消费者对商品某种特性或几种特性偏好次序不一致，如可乐，有的消费者喜欢喝可口可乐，有的喜欢喝百事可乐；再如铅笔，有的喜欢红色，有的喜欢黑色。在产业组织理论中，一般认为，对于具有纵向差异的产品，消费者具有同质性偏好；而对于具有横向差异（水平差异）的产品，消费者具有异质性偏好。

（二）消费者需求的变化带来企业规模两极化发展

在传统工业经济时代消费者需求是同质性的，与此相对应的生产组织形式是以大规模、标准化生产为主。如钢铁、汽车等传统制造业追求规模经济以降低单位成本，从而获得竞争优势。

互联网经济时代，消费者需求是异质性的，与此相对应的生产组织形式向两个极端发展，一是智能化、小型化、柔性生产；二是多元化、集团化生产。一方面，专业化分工的深化带来企业最小有效规模降低，企业规模趋于小型化。如德国一些企业专门生产汽车的某个配件，从而在专门领域保持其绝对的市场份额。另一方面，企业通过大数据等技术挖掘出供各个部门通用的关于消费者异质性偏好的信息，基于信息的共享，企业进行多元化发展。传统经济条件下，企业范围经济取决于技术和资本通用性，技术和资本的通用性越强，一个企业生产多个产品相比多个企业分别生产一种产品具有更低的成本。企业集团化的目标是降低生产成本。经济新常态下，企业范围经济的基础是消费者的需求信息，大数据技术的成熟为企业获取和共享消费者信息提供了技术支持。如小米公司利用掌握的消费者需求信息，从手机制造转向电视机制造；而乐视TV在生产电视机后，也很快开发了手机业务。企业利用这种范围经济多元化发展，向集团化发展，目标是充分利用消费者信息。

（三）消费者需求变化推动市场结构集中

由于存在异质性偏好，任何企业的产品都不可能满足所有消费者的需求，只能针对某类消费者的相对偏好来生产某种产品（孙晓华和周玲玲，2011）。这样每一种异质性偏好都会形成某种产品大量市场需求，以降低交易成本为特征的互联网技术使得这种市场需求很容易集合起来，形成需求方规模经济。在网络效应的作用下，消费者更换所消费的产品会产生很大的转换成本，被锁定在某个企业，由此带来市场结构趋于集中。

随着"互联网＋"战略的提出，互联网经济成为经济新常态下推动经济结构转型的重要力量。互联网经济下，消费者偏好具有网络外部性，即每个消费者的效用都随购买相同或兼容品牌的消费者总数的增加而提高。网络外部性是梅特卡夫法则的本质，即网络的价值以用户数量的平方数增长（卡尔·夏皮罗和哈里·瓦里安，2000）。这种网络外部性会使消费者存在较大的转换成本，从而被锁定在某个品牌上，产生所谓的正反馈效应。正反馈效应反过来又强化了锁定效应，使得企业获得"赢家通吃"的优势，能够获得并保持足够的市场份额，市场结构趋于集中。

传统的工业经济中也存在由生产的规模经济带来的正反馈效应，但这种正反馈效应会随着企业规模的扩大而消散。卡尔·夏皮罗和哈里·瓦里安（2000）供给方规模经济带来的正反馈受到管理大企业困难的限制，致使一个企业不能完全垄断市场。互联网经济中，网络外部性带来的正反馈具有更持久的效力，企业可以利用这种正反馈获得更持久的市场力量，甚至保持在行业中的垄断地位。

但是，相比于传统工业经济中垄断力量具有稳定性和持久性，互联网经济中垄断力量往往具有暂时性，这是由于商业模式创新加剧竞争所致。网络效应和正反馈能够使企业迅速获得市场份额，但潜在的进入者的竞争将打破企业的垄断。

（四）差异化竞争提升自主创新能力

消费者异质性是企业采取产品差异化竞争的需求基础，对消费者异质性需求的迎合提升产品差异化程度。基于消费者需求异质性的差异化竞争促进企业创新研发，提升企业绩效。一方面，差异化竞争丰富了产品种类，为消费者提供了多种选择；另一方面，消费者需求对企业创新动力具有更持久的激励。

五、结论

消费者需求的变化是经济新常态下市场环境的一个突出表现，互联网、大数据等现代信息技术的发展使得企业更容易获得消费者对产品需求的信息，为企业差异化竞争提供了基础。企业在定价方面，可以采取歧视性定价以获取更多的利润，可以定制化生产以满足消费者个性化的需求。本文以定性分析为主，后续研究可结合新产业组织理论相关模型进行实证分析。

参考文献

［1］黄群慧. 新常态、工业化后期与工业增长新动力［J］. 中国工业经济，2014（10）：5－19.

［2］李静，李文溥. 走向经济发展新常态的理论探索——兼论宏观经济学视角的述评［J］. 中国高校社会科学，2015（2）：116－130.

［3］王晓娟等. 体制转轨中的增长、绩效与产业组织变化［M］. 上海：格致出版社、上海三联书店、上海人民出版社，2015.

［4］魏后凯. 中国制造业集中与市场结构分析［J］. 管理世界，2002（4）：63 – 71.

［5］郭斌. 我国彩电产业的价格竞争、价格战与产业绩效［J］. 中国工业经济，2001（7）：55 – 60.

［6］谢智勇. 经济全球化条件下我国制造业产业组织合理化问题［D］. 中国社会科学院博士学位论文，2003.

［7］王伟光. 结构性过剩经济中的企业竞争行为——以彩电企业价格联盟的终结和价格战再起为例［J］. 管理世界，2001（1）：170 – 177.

［8］虹剑，罗能生. 个性化消费与模块化生产［J］. 消费经济，2007，23（1）：35 – 37.

［9］孙晓华，周玲玲. 不同需求结构条件下的企业技术创新与市场细分［J］. 改革，2011（3）：108 – 113.

［10］卡尔·夏皮罗，哈里·瓦里安. 信息规则：网络经济的策略指导［M］. 张帆译. 北京：中国人民大学出版社，2000.

新常态下传统产业转型升级研究

——以白酒产业为例

杨 柳 伏 伦 朱瑶筝

（四川省社会科学院 成都 610071）

一、引言

传统产业是劳动力密集、以制造加工为主的物质生产行业，其产出活动主要在规模化大生产的支撑下进行。一般而言，传统产业发展程度决定一个国家的工业化进程。作为工业时代一国或一个地区经济结构的主体，传统产业普遍具有商业模式单一、生产规模效应显著、资源消耗大、产业联动性低等特点。

在经历了长期高速发展之后，种种迹象表明中国经济正走向一个速度趋缓、结构趋优的"新常态"时期[1]。这一时期，投资结构初步呈现优化态势，工业结构明显向高级化、合理化的方向优化；消费需求增速平稳下降，消费结构开始加快升级。这种情况给传统产业带来了来自产销两端的双重压力：一则需要改变传统发展方式，完成由粗放型、重体力、资源型的传统工业到以人为本、资源集约、环境友好的现代工业的嬗变；二则需要结合市场变化的新趋势，深度融入新的宏观经济形势以在经济新时代获得足够的生存空间。在这样的背景之下，讨论传统产业的转型升级意义重大，本文选取白酒产业作为我国传统产业的一个代表，剖析泸州市白酒产业发展过程中的种种经验教训，以期推进我国传统产业转型升级研究的广泛交流。

二、理论基础

产业转型升级的理论基础包括产业生命周期理论、商业生态系统理论、产业组织与竞争理论。理论运用于实践过程之中则产生对应的模式，对此黎春秋和熊勇清[2]有过总结，认为传统产业优化升级的路径模式主要分为技术升级、结构调整以及模式创新三种：技术升级基于溢出效应，主要考虑技术水平和生产效率的提高；结构调整基于置换效应，主要考虑转变产业增长方式和淘汰落后产能等结构优化升级；模式创新则基于联动效应，新兴产业和传统产业产生联动从而

[作者简介] 杨柳，四川省社会科学院金融与财贸经济研究所研究员、硕士生导师；伏伦，四川省社会科学院研究生院硕士研究生；朱瑶筝，四川省社会科学院研究生院硕士研究生。

创新传统产业发展模式；复合模式则为上述三种单一模式的任意组合。一方面，在产业转型升级讨论中，多数学者都强调技术升级对提高产业核心竞争力的重要性。传统产业改造的核心是利用信息技术改善传统企业生产要素的配置方式和使用效率，从而提高企业的国际竞争力[3]。产业竞争力的提升又根源于高技术化的水平，高技术化的关键则在于产品的升级[4]。实际上，技术改造与升级可以解决企业内部生产能力的问题，但在应对外部环境变化时则相对乏力。在追求消费个性化的时代，单一技术升级模式的极致往往只能是带来产能过剩的结构性矛盾。另一方面，通过结构调整和模式创新提升竞争力，企业家能从其中获取足够的"创新红利"，而其中的溢出效应也使得整个产业与企业个体之间从中观到微观的契合得以实现。但是，结构调整和模式创新多是应对产业外部环境变化的措施和选择。由于外部环境变化具有不可预见性，对于产业微观主体来讲，结构调整和模式创新的前景具有较大的不确定性，这种风险往往成为多数传统产业转型升级现实的制约。

就技术升级、结构调整及模式创新三者之间的关系可以认为，技术升级是产业转型的基础模式，通过技术升级完成产业技术水平与社会整体技术水平的同步；结构调整则属于中级模式的范畴，实现传统产业产出系统的结构优化，以适应社会整体经济形势的变化；而模式创新则推动传统产业与社会发展新趋势的有效融合，实现与社会经济新体系的联系和沟通，是传统产业转型升级的高级模式。由此可见，三种模式之间层层递进，不断将传统产业的改造升级推向更高的维度。

下文从技术、结构、模式三个层面入手，以泸州市白酒行业发展为典型案例，探讨白酒行业转型升级的策略选择。

三、案例介绍

泸州市位于中国白酒金三角核心腹地，盛产水稻、小麦、糯高粱等粮食作物，为酿酒业的发展提供了得天独厚的自然条件。泸州市具有2000多年的酿酒历史，其独特的白酒酿造技艺经过岁月的锤炼，已经达到炉火纯青的地步，成为中国浓香型酒的发源地。目前，酿酒业是泸州市财政收入的重要来源，拥有"泸州老窖"和"郎酒"两大中国名酒，是名副其实的"中国酒城"。总结泸州市白酒产业发展历史，可以发现以下几点经验。

有效整合区域资源，带动白酒产业竞争力提升。产业集群通过合作分工、一体化等多种途径实现区域竞争力的提升，是产业微观主体自我发展甚至是政府意志的体现。但白酒产业不同，如今全国范围内白酒产业空间集聚的发展态势更多是自然选择的结果。在高利润的驱使下，资本不断进入拥有独特酿酒自然资源禀赋的区域，筛选出业已屈指可数的白酒优质产区。可以说，白酒生产地域性的依赖性特质决定酒业发展特殊的形态并渗透出各自独特的气质。而对于白酒产区来讲，需要有效整合区域资源，完善产业集群配套，构筑完整的产业链体系，打造自然优势和产业优势相结合的复合优势，推动集群内经营主体发展壮大的同时，带动整个白酒产区竞争力的不断提升。为此，泸州市通过政府引导牵头、酒类行业协会协调组织、酒类企业积极参与的模式，以品牌战略为主导、以"泸酒"品牌为载体打造集群竞争优势，从整体上提升泸州市酒类品牌地位，不断提升泸州老窖、郎酒等品牌的知名度、美誉度，扩大市场空间。此外，泸州市正在全力打造以白酒生产加工为枢纽、联结上下游产业的中国第一个白酒加工配套产业集群，构建中国名优白酒原产地黄金经济圈，以法国"波尔多区域"为标杆，目标指向世界酒业中的坚实地位，以实现泸州市乃至中国白酒产业的整体升级。

推进三产联动，打造完善白酒产销生态链。白酒产业因其酿酒程序链的特性而具备串联一三产业、实现三产联动发展的潜力，可以完善白酒产销生态链架构。一方面，白酒企业作为农业产业化龙头企业，是农民增收的重要依靠。白酒生产企业向上拓展产业链，将土地、人力、资本等资源进行有效整合，通过大规模种植和标准化管理，提高种植效率，再经过酿造深加工提升产品附加值，这是白酒企业将生产原料内部化为中间产品、谋求整体利润最大化的必然选择，推动了我国农业产业化发展。另一方面，依托白酒产业，以体验经济为纽带，可以打造出别样的服务业发展新模式，以此加强白酒业与旅游业、节庆产业的横向联系，提升酿酒产品附加值，推动酒业增值链从第二产业向第三产业延伸，走工业旅游、体验经济的道路。在泸州，白酒企业与当地种植业主的合作较为广泛，彼此以合同的形式构成利益相关共同体，将分散的家庭生产集合成相对集中的规模生产，为地方的经济发展和农业及农民增收、调整地区种植结构做出贡献，从而达到工业反哺农业的目的。此外，泸州市还面向周边城市普通短途旅游客源以及白酒爱好者这一专业客源市场，打造了白酒文化高档商务旅游区、中国名酒特色酒庄、特色农业观光等众多旅游观光项目，初步探索出了酿酒行业向服务业延伸的发展模式。

倾力打造酒城形象，释放白酒产业文化潜力。经济与文化总是相互融合促进，文化内涵的注入和弘扬能够给濒临衰败的传统产业带来更为广阔的发展新机遇，在这个意义上，文化早已属于先进生产力的范畴。发挥文化生产力。一方面有赖于高端要素的化学聚合。经营管理、科学技术、市场营销和品牌文化开发理念等高端元素只有通过化学聚合，才能创造和承袭出推动区域经济发展的文化生产力。另一方面则有赖于地理品牌的传播。地理品牌是在提炼和总结一定地理区域的稀缺资源、区域文化等特质的基础上，建立一个集群显著区别于其他集群的标志，从而传递集群内企业长期规范经营在质量、服务等方面积累起来的良好声誉，为集群内企业创造出一种潜在的竞争力与获利能力。白酒是传统文化的典型贩卖者，饮酒是为了满足调节人际关系的社会需要和喜、忧、哀、乐的情感需要，是一种超脱于生理需求的行为，其心理价值和精神价值远远超过了生理满足和机能价值，因而酒品消费具有典型的文化性，这种文化潜力的释放，可重塑中国白酒产业的形象和高度。泸州市倾力打造酒城形象，以一座城市为媒介提升白酒产业文化生产里的释放。具体而言，泸州市提出大力塑造"酒+N"文化品牌，以酒文化为城市主题文化，打造"中国酒城·醉美泸州"城市文化品牌，加强进行品牌化的战略规划，推动"泸酒"产业建设成为一个区域性的国际地理品牌。

以上是泸州市白酒行业"黄金十年"发展历程，可以说是中国白酒产业发展的一个缩影，反映我国多数白酒主产区在世纪初的奋斗与崛起。这个时期，各大产区都培养出固定的消费受众、各大白酒企业基本划分出各自的势力范围，行业呈现较强的增长势头，好似白酒产业真的遇到了"最好的时代"。然而，观察白酒行业整体的发展脉络，可以发现整个行业的发展策略却也存在不少激进的地方，不断积累形成威胁整个行业的系统性风险。下面仍以泸州市白酒行业的发展为例，分析我国白酒产业所暴露出来的各种问题。

首先，白酒产业整体现代化程度不足。白酒产业的发展主要依靠本土传统企业来推动，是典型的依靠自主性模式打造的工业类别。这使白酒产业避免了国际的激烈竞争，但同样也失去了学习国际先进生产技术和高效管理理念的机会。这样的发展模式下，白酒产业发展缺乏新的动力，提升速度缓慢，产业模式未能得到有效改进，生产各个环节存在诸多改造提升的空间，导致我国白酒产业竞争力和抗风险能力较弱。如何提高资源配置的效率，如何实现技术进步并应用于生产和转型过程中，将白酒产业培养成具有竞争力的现代产业，这是我国白酒产业需要直面的现实问题。然而，从白酒产业发展全过程看，效率提升和技术进步并未获得各大白酒企业的足够重视。以泸州市为例，全市白酒行业中小企业众多，这些企业生存的根基通常在于企业主的个人魅力、行业地位或者专业能力，先进生产技术和高效管理理念很难渗透到这些企业经营的过程之中，企业难以获得壮大的基础。泸州市一些大型的酒企虽然完成了改制，但仍与落后的管理和经营体制存在较多联系和交叉，对市场和技术的敏感性较为缺失，在提升现代化程度、增长竞争力和抗风险能力等方面都存在较大障碍。

其次，产能问题成为产业转型绕不开的坎。白酒行业产能是一个复杂问题。一般情况下，进入存储阶段的白酒都是经过初步勾兑、降度之后的非纯正原酒。这样的所谓原酒因为加入了大量其他原料而显得数量巨大。所以，真正产能过剩的是非纯正原酒，而即使是处于白酒行业的深度调整期，真正纯正原酒的产能也是不足的。然而，出于利润的考虑，整个行业中流通的大多数白酒都是非纯正的，这就造就了所谓白酒行业产能过剩的事实。以泸州为例，多数企业为扩大产能倾注了大量资源，十年间全市白酒产量扩大到全省的一半，成为全国白酒产量最大的市，此间催生的大批中小白酒企业完全放弃品牌打造，以原酒的形式成为全国品牌白酒企业的供应商。在产业形势急转直下的背景下，泸州市白酒产业受到巨大冲击，产能积压迫使大企业经历了长时间痛苦的库存清理过程，而中小企业则只能破产。强大的产能成为泸州市白酒行业不能承受之重，为了打开销路，甚至出现政府部门帮助企业推销白酒这种干扰市场的现象。

最后，整个产业对于销售新渠道缺乏认同。对于传统白酒生产企业，销售基本依赖经销商，遍布全国的经销商网络成为产品经销主渠道。在这种传统低效的销售模式中，一方面各级经销环节的边际成本相当可观，层层经销不断降低产品在价格上的竞争力。更为严重的是，经销商在长期销售中逐渐形成对于某种产品系列的绝对掌控，企业甚至失去生产的自主权，产品体系趋于混乱，品牌失去公信力，企业失去自主发展的权利。泸州老窖作为泸州市最大的白酒企业，本应在产品生产和销售上拥有绝对的自治权，然而在经销商的强力影响下，产品体系的矛盾已经初步显现，正不断消磨企业品牌的竞争力。在这种情况下，努力创新销售渠道、形成对于传统销售渠道的制衡，是多数白酒企业构建健康、和谐的销售体系的自然选择。然而，目前整个产业对于销售新渠道明显缺乏信任，与新兴渠道商之间存在诸多矛盾。泸州市郎酒集团单方面终止与1919电商销售平台的合作就是白酒企业与新兴渠道商之间矛盾的一次爆发。

四、案例讨论

总体而言，作为我国白酒产业发展的一个优秀典型样本，泸州市白酒行业的极端特性在全国白酒各大产区广泛存在：技术升级方面，强力整合区域资源构建强大的产业集群，但却忽视了企业内部技术、管理改造的增效机制；结构调整方面，以文化为主打力求实现白酒消费品级跃升，但却放任了企业产能上的野蛮成长，构成产业整体转型升级的桎梏；模式创新方面，初步实现三产融合，进一步增强了白酒产业对于整体经济的带动能力，但却排斥了新兴消费模式和渠道给整个产业带来的变革机遇。可以说，白酒产业的整体下滑表面是我国整体经济结构调整和产业环境变化造成的冲击，但更深层次的原因却应是产业自身保守发展过程中所积累的种种弊病爆发的必然结果，白酒行业的再一次转型升级势在必行。

技术层面。最初的白酒生产作为一种传统技艺是以师徒口授心传的方式得以保留和传承，一系列烦琐工序的组合与异化，造就中国众多白酒香型各异、工艺有别的特殊格局。及至现代，白酒生产引入工业化成果，在最大程度保留香型、技艺差别的基础上，通过发酵工艺研究、蒸馏技术以及机械化生产等诸多措施实现了工业化大生产，使白酒生产发展为内部工艺流派众多的特殊产业。可以说，白酒产业通过技术改造与升级，实现了从作坊式手工业生产到现代工业的蜕变，成为我国少有的能够真正实现与时俱进的传统民族产业。基本可以认为，我国白酒行业已经初步完成技术这个维度的提升。

在结构层面和模式层面。白酒行业则面临较为复杂的形势：整个白酒产业在工业化发展和宏观经济增长双重因素的作用下，经历了2003~2012"黄金十年"的超速成长。期间，全行业利润高企吸引大量资本进入，产能扩张迅速，在长期中积累了大量过剩、落后产能；同时，傲慢情绪在全国多数白酒企业中逐渐滋生，产销链上各个环节的发展、优化开始落后于其他竞争相对激烈的产业；此外，政府出于利己动机，对于白酒产业发展持较为放纵的态度，规制和引导相对缺乏。以上因素都为白酒行业健康持续发展埋下了隐患。

行业研究人士对于白酒产业转型有过深入讨论，黄平和曾绍伦[5]认为白酒产业转型发展的模式主要有产业深化、产业融合和产业扩张等模式，产业深化是指技术进步推动产业向高端化发展，具体到白酒产业来说，在上游产业链中建设有机高粱基地、创新固态酿造技术和发酵技术，在下游产业链中利用大数据创新营销模式等即是白酒产业深化的路径。产业融合可以指白酒产业与关联产业融合，例如，白酒企业与品牌酒企业的融合，也可指不同产业间的融合，如白酒产业与电商的结合，白酒产业与旅游业的融和等。产业扩张是指通过横向、纵向拓宽产业链，扩大产业规模，实现产业多元化，通过产业集群，聚集各类要素，促进技术创新，降低成本，实现规模经济，提高产业核心竞争力。

王欢[6]认为在机制体制上，应不断提升白酒产业链价值，利用文化因素、技术创新和服务创新增加白酒附加值，创新品牌和营销，在政策设计上应从白酒产业的结构调整、技术创新、质量提升、文化建设、营销方式创新等方面入手。李茜[7]则从嵌入性的角度，认为白酒应从加强产业集群、挖掘白酒文化价值、明确政府定位三个方面着手进行发展。蒋佳[8]结合针对名优白酒企业进入深度调整后的产业环境分析，从白酒企业的角度提出了白酒产业的发展方向，包括白酒价值体系的重构和文化的传承、增长方式的转变、企业管理控制、品牌战略创新、营销方式创新、产品创新、技术改造等。

上述关于白酒产业转型发展的探讨实际是技术升级、结构调整、模式创新这些适用于多数行业发展方式策略在白酒行业这个特定领域的深入探讨和具体实现。在"三期叠加"为基本特征的经济新常态时期，白酒产业面临流通库存、维持量价、消费结构转变、销售渠道多元化以及服务升级等多重压力。这就需要行业主体在技术升级的基础上，以结构调整和模式创新为主导，多种措施高效配合，推动整个产业全维度的转型与升级。

五、相关建议

新常态下，过去拼规模、拼技术的线性增长方式将转化为追求内部协调和多元共生，技术升级、制度创新与结构调整结合的细胞分裂式增长方式[9]。因此，产业增长需要依据经济形势变化，努力在产业结构调整和模式创新上在寻找新的突破口与盈利点，实现与经济形势配合良好、协同发展的转型升级新局面。

（一）广泛联合，协力将白酒打造为国家名片

民族品牌作为一种特殊文化，是国家软实力的象征，是国际文化交流的纽带，是一种高附加值的商品。白酒文化是中华民族的传统文化，白酒企业是我国优秀的传统企业，发展至今已形成遍布全国的白酒类著名品牌。在这种情况下，为了保持竞争力，各大白酒产区开始集合区域内白酒企业共同打造地理品牌，如泸州市"泸酒"品牌。然而，从品牌发展角度看，地理品牌的贡

献在于提升地域产业在国家内部的竞争力，而这在经济市场全球化的今天明显不够，品牌发展的巅峰在于成为国家名片。国家名片将一个产品推广到全球市场，给予该产品背后的产业提供参与世界竞争的机遇和挑战，如在红酒领域，法国就有红酒作为国家名片，使法国红酒誉享全球，其背后的波尔多地区产业受益于此，生产的红酒为全球消费者所推崇，打造出具备良好成长形势的新型传统产业。对于我国白酒产业而言，可以集合各大产区的力量，争取国家的支持，将白酒打造为国家名片，提升白酒在国际的知名度和接受度，开拓国际市场，以此拓展白酒产品的销售半径，使各大产区摆脱日益激烈的国内竞争"红海"，将目标转入国际市场这一片广阔的"蓝海"。

（二）文化为媒，全面提升白酒产品消费品级

要解决产能过剩问题，白酒产业的转型与升级，需要完成从"量的消费"到"质的品鉴"的跃升。而这个过程需要依赖文化生产力的进一步释放。一方面，传统的中国酒文化需要在传承中普及，当酒文化深入大众，其生命力将得到最大程度的延续，并且在延续中发展创新。仍以法国红酒为例，在著名的葡萄酒产地波尔多，采取"酒庄 + 葡萄酒经纪人 + 酒商"的销售模式，其中参观酒庄是其营销的一个重要环节，通过酒庄旅游，让客户欣赏葡萄园，品尝葡萄酒，从而培育了消费意识。与葡萄酒相比，白酒更具有参与性。白酒是中国传统历史文化和物质文化的结晶。作为特定的文化载体，它是人类社会发展到一定时期的生产与生活及经济文化的真实反映，我国各民族的酒文化就是各民族纯朴民俗的真实体现。另一方面，白酒文化是中国饮食文化的典型代表，可以作为中华文化走向世界的敲门砖。相比于将抽象的中华文化灌输到外国人大脑的传统方式，通过日常的衣食住行让外国人具体地感受中华文化将是一种更具亲和力的表达方式。以白酒为催化剂，增加中华饮食文化的厚重感，可以感染更多的外国人。以此为基础最终实现中国与世界的互动，这是中国真正走出去、实现大国到强国转变的重要途径。

（三）调整思维，构建合理体系—掌握渠道主导权

在国家大力推广"互联网＋"的新常态时代，白酒行业旧有销售体系的改革和规范应为产业调整升级的重要内容。在传统的销售体系下，白酒企业将具体营销和市场拓展的业务外包给经销商，自身则专注于生产。这种发展模式的结果是企业生产和销售能力发展的程度完全不匹配：一方面，生产能力不断扩张，粗放型发展带来产能过剩的恶果；另一方面，经销商话语权不断增大，个别企业的生产甚至受制于经销商。在当今条件下，传统销售模式可待开发的空间已不大，而在移动互联网的影响下，消费者的购买习惯正在重构，传统行业需要进行显著的商业模式转换。或许模式稳定是多数企业家选择进入传统行业的初衷，但是科技发展带来的社会变革早已显现，再也没有那种一劳永逸的模式可言，营销创新才是传统行业进入新常态时代的通行证。对于白酒企业而言，把握市场消费脉络，拥抱新兴市场经销模式，在传统和新兴经销商之间合理配置资源，构建合理营销体系，重新掌握渠道的主导权是营销创新的关键。对于新兴经销商来说，他们需要的是整个白酒行业一定的宽容并提供足够的机会。随着市场重构的完成，他们所能回报的将是健康、优质、高效的产品供销体系。

（四）与时俱进，完成现代改造—推动行业整合

概括而言，传统行业主要存在以下几点问题：第一，行业集中度普遍很低。传统产业经营模式成熟稳定的特点造成全国遍地开花的发展格局，缺乏实力雄厚、市场占有率高和竞争力强的超大型企业，难以形成规模经济。第二，企业规模结构水平低，缺乏合理的专业化分工。我国企业中间产品的自制率高，工艺齐全，企业之间生产能力重复配置，既没有大企业规模经济的高效益，又没有中小企业的低成本和专业化。第三，企业集团的发展缺乏战略性和可持续性，盲目拓

展和追求多元化发展。[10] 开放的市场环境下，企业需要参与竞争和合作，市场竞争所带来的机遇和挑战将是鞭策传统产业发展的动力。对此多数白酒企业以领导者个人魅力为导向的企业发展方式需要让位于以专业、科学的现代化管理为导向的企业发展方式。在这种思维下，经营体制转型和行业内横向整合必不可少，在引入新型发展理念的指导下，跨行业的收购也是被允许的。这样的收购早有先例，贵州国台酒业和金沙酒业被行业外企业收购，新的行业外管理团队进入企业，更新了生产技术、创新了管理理念，使企业转型升级的步伐明显加快，竞争能力明显加强，发展空间更加广阔。此外，母公司的支持也解决了企业发展过程中资金、政策等因素的制约。

六、结语

整体来看，白酒行业转型升级在技术层面的改造已经初步完成，但在结构和模式层面的调整和创新才是行业在新常态下转型升级的重点和难点，本文所提的对策建议也主要围绕结构调整和模式创新进行。释放文化生产力、拓展新型经销渠道以及资源广泛整合，这是对于多数白酒企业来讲在新形势下转型升级所必须进行的改变；而打造国家名片，则应该是白酒行业寻求社会认同的终极目标，需要包括所有白酒企业的整个行业的共同努力和争取。在全社会生产、经营、消费模式都在逐步实现改造甚至是重构的背景之下，白酒行业未来的发展道路充满未知因素的挑战，从这个意义上来讲，现在正是白酒行业"最好的时代"，是白酒产业进行转型升级的最佳节点。

参考文献

[1] 黄群慧. "新常态"、工业化后期与工业增长新动力 [J]. 中国工业经济，2014（10）.

[2] 黎春秋，熊勇清. 传统产业优化升级模式研究：基于战略性新兴产业培育外部效应的分析 [J]. 中国科技论坛，2011（5）.

[3] 原磊，王加胜. 传统产业改造和先进制造业发展 [J]. 宏观经济研究，2011（9）.

[4] 孙喜. 传统产业高技术化过程的替代性逻辑 [J]. 科学学研究，2013（7）.

[5] 黄平，曾绍伦. 白酒产业转型发展研究综述 [J]. 酿酒科技，2016（6）.

[6] 王欢. "潜在市场"驱动的四川白酒产业转型升级机制与政策设计 [J]. 商，2015（11）.

[7] 李茜. 基于嵌入性角度的四川白酒产业集群演化研究 [D]. 成都：四川农业大学博士学位论文，2012.

[8] 蒋佳. 名优白酒企业在行业深度调整期的应对策略——以四川为例 [J]. 四川理工学院学报（社会科学版），2014（3）.

[9] 刘舫舸. 中国经济发展新常态 [J]. 经济理论与经济管理，2015（1）.

[10] 魏杰，张桂鸿. "入世"后中国传统产业的战略调整 [J]. 经济纵横，2002（1）.

[11] 崔风暴等. 中国白酒产业理性认知 [J]. 酿酒科技，2014（4）.

中国上市零售企业规模经济效应研究

——基于超越对数成本函数的实证分析

陈　林　　胡超凡

（暨南大学产业经济研究院　广东广州　510632；

中国社会科学院经济研究所　北京　100836；

中国银行广东省分行营业部　广东广州　510180）

一、引言

零售业作为现代产业体系核心构成，是国民经济发展的支柱产业和"润滑剂"，较能体现现代国家的经济繁荣与社会进步。近年来，中国经济发展势头强劲，在一系列刺激消费、扩大内需、发展经济的政策推动下，中国零售业正以平均每年14.88%的速度扩张。中国成为全球零售市场膨胀最快的国家。从绝对规模上看，如图1所示，2014年全社会消费品零售总额26.2万亿元，同比增长了12.0%[①]。不仅如此，中国零售业也正与制造业、金融业一同成为国内外资本最热衷进入的行业。2001年加入WTO后，中国零售市场进一步对外开放，面对沃尔玛等国际零售巨头进入的挑战，发展连锁经营、进行分店扩张，规模经营成为了零售业发展的主题词（李品媛，2001；夏春玉等，2004）。2000年前后，中国零售企业争相开展大规模"跑马圈地"运动，以期在中国零售市场对外资企业全面开放之前抢占市场份额，获得竞争优势。

然而，通过图2可以明显观察到连锁零售企业门店增长率自从2004年达到最高之后直线下降，到2010年增速几乎为0，在2011年小幅反弹之后，2012年开始出现负增长。与门店个数增长率下降相对应的事实是，2012年以来多个城市出现了超市、百货"关店"现象。据《国际商报》2013年1月份统计，2012年，沃尔玛、家乐福、乐购等国际零售巨头在中国纷纷关闭了多家门店。进入2013年，即便在农历春节前夕的消费旺季，零售卖场关店的消息仍不绝于耳。中国连锁经营协会的调查数据显示，中国连锁百强企业排名前两名的苏宁和国美，2013年门店总数分别较2012年减少79家和100家。2013年连锁百强企业销售规模达到2.04万亿元，同比增长9.9%，新增门店6600余家，总数达到9.5万家，同比增长仅为7.6%。销售额增幅比2012

[基金项目] 国家自然科学基金青年项目"行政垄断产业的政府管制体系研究"（71203078）、国家自然科学基金重点项目"推动经济发达地区产业转型升级的机制与政策研究"（71333007）、广东产业发展与粤港澳台区域合作研究中心资助项目（52702497）、广东省软科学研究计划项目"广东省产业转型升级路径选择研究"（2014A070703019）。

[作者简介] 陈林，暨南大学产业经济研究院副教授、博士生导师，中国社会科学院经济研究所博士后。胡超凡，中国银行广东省分行营业部科员。

① 如无特别注明，本文数据来源为历年《中国统计年鉴》。

年下降0.9%，是"百强"统计以来销售增幅最低的一年①。

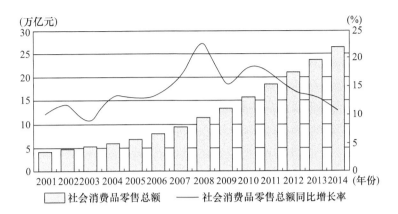

图1　社会消费品零售总额及同比增长率

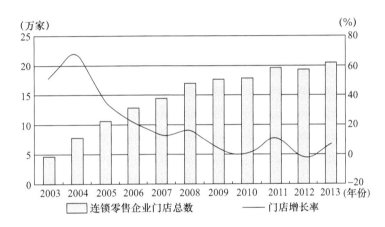

图2　连锁零售企业门店个数及增长率

"关店潮"让人反思，多年前中国零售企业"跑马圈地"的决策是否合理？规模经济效应是否在中国零售行业实现过，还是规模过度扩张导致的"规模不经济"已然出现？

对于零售业是否存在规模经济问题，国外的早期研究（Mc Clelland, 1962；Shaw et al.，1989）认为零售业存在规模经济，因此扩大企业规模可以获得规模经济。Guy 等（2005）通过论述连锁企业成本的降低与连锁商店的规模成正比，表明连锁经营应该扩大商店规模、增加连锁店数量来获得规模经济效应。Keh 和 Chu（2003）与 Keh 和 Park（1997）运用了数据包络分析（DEA）方法基于企业层面测量了1988年到1997年间美国13家连锁百货店的产出效率与规模经济效应，研究结果表明，其所研究的百货零售也存在规模经济效应。

在国内研究中，由于数据的局限，学者们热衷于使用上市公司数据，而非国外常用的连锁零售业的数据。杨宜苗（2010）采用2003~2007年中国上市零售企业数据的平均值进行研究，认为我国以上市公司为代表的零售业存在企业规模与零售企业成长显著正相关的经济规律，因此规模经济应该存在。陈奕奕和刘成昆（2013）使用同样的研究思路，更新了上市公司数据，实证研究发现企业规模与公司价值呈负相关关系，因此零售业已经规模不经济。

通过以上结论，不难看出实际上我国上市零售企业的规模经济效应是随着时间而变动的，以

---

① 中国连锁经营协会：《2013年度行业发展状况调查》。

上实证研究受制于计量模型而无法得出这种规模经济的时间波动性。本文将依托超越对数成本函数在规模经济测度方面的灵活性——企业规模经济程度可以随时间而变,进行一系列拓展尝试。

早期研究文献中都假定零售企业规模报酬不变,零售行业的长期均衡是在大量的研究中被当成公理(Ingene,1984),而门店的相似规模性也支持企业层面研究的规模报酬不变(Thomas et al.,1998;De Jorge,2008)。可变规模报酬假设大多数被用于衡量零售组织之间存在巨大规模差异时的变动,从而在生产函数模型中得以用不同的规模形式展现(Barros,2006;Mostafa,2010)。当零售企业或者门店经历规模报酬递减的时候意味着其规模太大从而不能充分利用规模经济效应的优势。同样,当零售商处于规模报酬递增阶段,说明其规模太小而无法充分发挥规模经济效应的优势(Perrigot and Barros,2008)。

但我国的研究还是遵循规模报酬不变的研究传统,主要使用规模报酬不变(递增或递减或等于1)的C-D生产函数进行研究。赵凯(2008)采用2005年上市零售企业数据运用C-D生产函数进行多元线性回归,研究上市零售企业的规模经济效应。但由于当年上市零售企业只有46家,截面样本过少导致测度出来的规模经济效应出现了不稳健。陈金伟和张昊(2013)同样使用C-D生产函数对上市零售企业进行了计量检验,并结合DEA效率分析,得出了上市零售企业已经出现了规模报酬递减的现状和趋势。但由于C-D生产函数的制约,根据回归结果计算出来的规模经济指数是全行业的,而非单一企业,即会造成行业内全体企业的规模经济程度一模一样。而且这个测度出来的零售业规模经济指数不随时间变化。

其实,使用要素替代弹性恒为1和规模报酬不变的C-D生产函数,无法拟合出符合实际情况的长期平均成本函数,亦无法考虑规模报酬可变问题。为此,本文使用基于CES生产函数推导出来的超越对数成本函数模型进行改良研究。本文测度出来的企业层面规模经济指数,既有企业异质性,也有时间波动性。

综上所述,本文试图通过对中国上市零售企业2002~2013年的数据进行成本函数的拟合,计算出各企业的规模经济指数,对以上市公司为代表的中国零售业规模经济问题进行探讨,以期对中国零售业龙头企业的规模扩张问题提供有益的启示。

二、理论与假说

依据《新帕尔格雷夫经济学大辞典》(伊特韦尔,1996),在一定技术条件下,如果企业长期平均成本在某一区间内随着企业的产出的增加而减少,则存在规模经济。这是西方经济学对规模经济的定义。最近的研究表明,与制造业一样,零售业的规模经济效应同样可以存在。由于零售企业完全专业化于"交易的生产"(Demsetz,1997),其资产通用性和技术稳定性使其避免了威廉姆森(2002)的企业"复制和有选择性控制的不可能性"命题的局限。因此,拥有一定的资本规模、专用的交易技术和成熟的零售网络,以集中的交易替代制造商和消费者间的分散交易以减少交易次数,以程序化交易替代一次性交易,以合理的网点设置来缩短交易距离,提高了零售交易效率,降低了零售企业交易成本,进而能够实现交易"生产"上的规模经济。因此,相对于制造业,零售业的规模经济效应是较为明显的。

然而,任何的规模经济都是在某一特定产量上的规模经济,规模经济效应必然会随着产量的上升而减少。因此,一旦企业或产业的规模经历了过度扩张,规模不经济的现象便会必然出现。如果用现代经济学的指标量化规模经济效应,其实就是平均成本(AC)与边际成本(MC)之比。随着产量上升,企业的边际成本一般会经历下降与上升的阶段,这是由生产函数凹性和成本函数凸性决定的（否则产量最大化和成本最小化的一阶条件便无法实现）。也就是说边际成本总会有大于平均成本的一刻，在那个产量临界点（即文献综述提及的部分研究测度出来的最优规模点）之后，规模经济效应自然消失，规模不经济出现。

从宏观数据来看，中国零售业似乎正是经历了一个类似的规模扩张历程。2013年全社会消费品零售总额达到了23.78万亿元，但由于这些商品的销售分布于大型百货公司、电子商务平台、小型超市以及小商铺，本文无法准确得出每家零售网点的单位规模。为此，本文用一个近似的指标进行推算。假如连锁零售门店（包括大型品牌百货、大中型连锁超市）在全社会消费品零售的市场份额是相对固定的，那么每家连锁零售门店"承担"的社会消费品零售的比例变量就能够反映出零售业务的户均规模变化。本文以2003~2013年社会消费品零售总额除以全国连锁零售门店的数量，得图3。数据显示，连锁零售店的平均销售额从2006年的最低谷（约6000万元）激增到2013年的历史高峰（接近1.2亿元），年均增长率高达9.6%。这个高峰发展期几乎与2008年以来财政扩张和经济周期同步。户均规模的高速扩张必然导致每家企业的边际成本上升（图3的"U"形曲线或许是边际成本从下降到上升的一个侧证），从而拖累了零售业规模经济效应的发挥，甚至导致规模不经济现象的出现。当然，这只是一个从宏观经济运行角度的间接证据。至于企业层面数据是否如图3所示——规模经济效应正在逐步消失，这还有待进一步的实证分析。综上所述，本文提出假说1。

假说1：中国上市零售企业存在一定程度的规模经济效应，但近年来会由于规模过度扩张而导致增速放缓。

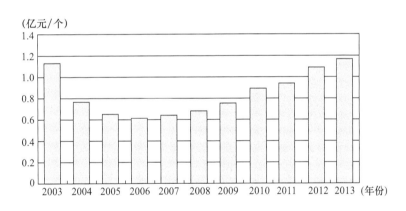

图3 连锁零售店平均销售额

另外，零售业，尤其是以上市公司为代表的零售龙头企业的规模经济效应存在显著区域差异性。从上市公司的历年数据看，东部沿海地区的零售企业户均营业收入高达44.7亿元，远高于西部地区的均值31.7亿元，发达地区的户均规模为后发地区将近1.5倍。考虑到同为上市企业，这种地区差异是极其显著的。

根据新制度经济学的交易成本理论，零售商场内部各个部门所从事的活动属于"类似活动"（需要相同能力的活动），因此柜台之间几乎不存在负外部性。因此，零售企业的规模不经济的原因更少来自于组织成本，更多来自于当地市场条件，如人口、地域、经济发展水平、购买力、政府政策等限制。因为零售行业是整个产业链的最前端，是最接近消费市场的部门，其发展有赖于所在地区经济发展水平、消费者购买力、基础交通设施状况以及政府政策等会影响到对于行业需求与供给的因素。中国幅员辽阔，各地区经济发展状况不同，居民消费水平和消费能力也会有巨大差异，基础设施完善程度和政府政策积极性也有所区别。为此，本文提出假说2。

假说2：不同地区零售企业的规模经济效应不同，经济发达地区的零售企业可能会出现规模不经济现象。

三、数据与模型

（一）样本选择和数据来源

截面数据的考察和分析有助于了解给定时点上市场因素对规模经济的影响（Keh and Chu，2003），也可以用于比较面临不同规制程度（De Jorge，2008，2010）、不同技术水平和不同社会文化环境设定下的国家或者地区之间的规模经济状况（Reynolds et al.，2005）。相较之下，对于零售企业规模经济时间变化趋势的纵向研究则有助于评价行业政策对零售业整体的影响，同时也使得研究者能够对于零售企业组织内部管理决策效率变化进行一次趋势性探讨。本文研究的目标既包括零售行业中长期的规模经济变化趋势分析，也包括不同区域之间的零售企业规模经济比较，从而选择的样本包括既能反映整体变化的时间序列（Donthu and Yoo，1998），又包括能够反映每个比较单元个体差异的截面数据（Donthu and Yoo，1998；De Jorge，2008），因而本文选用了面板数据模型运用似无相关回归方法对样本进行估计。

2001年中国加入WTO之后，中国的零售市场更加开放，竞争更加激烈，各大企业的规模扩张进入了白热化阶段，本文采用了2002~2013年的数据资料。依据2001年证监会行业分类，本文选取在上海和深圳交易所上市的零售上市企业为研究样本。样本数据主要来自于CSMAR国泰安中国财经数据库中的上市公司财务报表数据库，该数据库信息内容具有准确、完整、权威等特点，因此从中选择的样本真实而有说服力。

初始样本包含87家零售企业，剔除21家2003年以后上市从而截面太少的企业、20家归为零售业三个会计年度以下（含三个）的企业以及3家已经终止上市的企业，合并了同时发行A、B股的样本，保留下来的41个样本企业来自中国各个地区，既能满足足够的区域分布，又能够在一定程度上代表零售行业的发展水平，同时也能符合本次研究的数据要求。

（二）指标选取

研究零售企业规模经济问题，首先要对企业投入产出进行界定，才能选取适当的指标进行研究。而学术界对于投入产出的定义方法通常有三种：生产法、中介法和收益产出测量法。生产法将企业视为零售服务产品的生产者，为客户提供交换媒介服务，这种方法下用一定时期内的各个分支门店处理的订单量、员工数（Good，1984）等数据来衡量产出比较合适。中介法通常被研究银行业规模经济的学者所使用，他们视银行为以储蓄转化为投资的中介机构，将银行看作是存款人和投资者（即贷款人）之间融通资金的金融中介，认为在进行中介服务过程中，除了劳务和实物资本的投入以外，还包括资金投入（徐传谌等，2002）。收益测量法以利润和收益为中心，把经营收入作为产出指标。国内的研究在使用DEA对零售企业效率进行研究的时候通常使用这种方法，例如，Thomas等（1998）以销售额和利润额作为指标，王旭晖和徐健（2009）则以主营业务收入净额、净利润来衡量产出。

在产出指标选取方面，由于零售企业以提供商品交换服务为产品，产品特性为无形、不可分、不稳定、易消逝和相似性等，产出难以标准化，亦难量化，因而实际操作中只能运用收益测量法，使用销售额、销售量、利润额等指标替代。尽管以利润额最好，但是零售企业前期和后期都可能面临负利润，无法满足计量方法上样本观测值非负的要求，所以本文选取了营业收入作为替代变量来衡量企业产出 y 的大小，y_{it} 则表示第 i 个企业第 t 年的营业收入。相应的成本指标 c 则以企业营业成本来表示（方虹等，2009）。

在投入指标选取方面，本文一方面受数据可得性限制，另一方面将研究重心放在整个零售企业集团的规模经济，故不适合利用生产法来选取指标。零售企业以提供商品交换服务为营业模式，而相应的财务投资等经营行为并非其主要盈利方式，只是起到商品中介的作用而非资金中介的作用，因而本文在投入要素的选择上运用学术界主流的中介法，认为零售企业的投入要素只包括劳动力投入和资本投入。在生产函数的实证研究中，固定资本存量是资本要素的投入量。但成本函数中资本投入的大小却是企业基于成本最小化决策的内生变量，它取决于固定资本价格和产出两个外生变量的大小。具体而言，资本要素投入量是企业基于要素相对价格、要素边际替代率以及产量所作的内生变量。在现实中，影响资本价格因素众多，其中新购置资本的支出最能反映资本价格，即资本增量含有资本价格信息最多，所以从资本存量入手难以准确测算出资本价格。而企业新增固定资本的形式各不相同，或土地或设备，可比的价格信息更是难以获得。事实上，资本价格指标难以估算，已成为国内应用成本函数计量模型的主要制约。

综合考虑，本文在选取投入要素指标时，本文选取货币型变量，以上市企业现金流量表和资产负债表为基本数据来源，从流量角度衡量，将劳动力要素投入的价格 w_{it} 定义为第 t 年企业 i 支付给职工以及为职工支付的现金与职工人数之比，将资本要素投入的价格 r_{it} 定义为第 t 年企业 i 的资本支出与折旧摊销之比，资本支出为购建固定资产、无形资产和其他长期资产支付的现金净额，折旧和摊销为当年固定资产折旧、油气资产折耗、生产性生物资产折旧与无形资产摊销以及长期待摊费用摊销之和。

（三）计量模型

规模经济定义描述的是企业规模变动与成本之间的关系，因而本文认为运用成本函数模型进行分析研究会更加直观贴切。并且此前部分学者运用替代弹性恒为 1 的 C – D 生产函数等多元线性回归的方式，只能得出零售行业整体是否存在规模经济或不经济，而不能得到不同产出规模下企业规模经济状况，即不能拟合出"U"形平均成本曲线，无法研究中国零售业发展过程中规模经济的变化趋势，故研究结论具有一定的时期局限性。

为了减少对成本函数具体形式的限制，以适应更一般的情况，本文选用了超越对数成本函数模型进行拟合。模型假设企业生产满足 CES 生产函数，依据企业生产成本最小化原则，对成本函数在生产约束下进行转换变形即得到超越对数成本函数模型[①]：

$$\ln C = \alpha_0 + \alpha_y \ln Y + \alpha_w \ln W + \alpha_r \ln R + 0.5\alpha_{yy}(\ln Y)^2 + 0.5\alpha_{ww}(\ln W)^2 + 0.5\alpha_{rr}(\ln R)^2 +$$
$$\alpha_{wr}\ln W\ln R + \alpha_{wy}\ln W\ln Y + \alpha_{ry}\ln R\ln Y \tag{1}$$

其中 α 为待估计的系数，W、R 分别为两种投入要素的价格。为了保证成本函数二次可微和关于要素价格向量的一次齐次性，待估系数 α 必须满足以下条件：

$$\alpha_w + \alpha_r = 1，\quad \alpha_{wy} + \alpha_{ry} = 0，\quad \alpha_{ww} + \alpha_{wr} = 0，\quad \alpha_{wr} + \alpha_{rr} = 0$$

按照上式进行回归分析，得出的结果即为成本函数。柯布—道格拉斯模型也可以看作是超越对数模型的一种退化形式，即模型中二次项系数和交叉项系数为 0。依据上述模型可得到成本—产出规模弹性系数 E_y：

$$E_y = \partial\ln C/\partial\ln Y = \alpha_y + \alpha_{yy}\ln Y + \alpha_{wy}\ln W \tag{2}$$

---

① 本模型为陈林和刘小玄（2015）的一个简化形式。

成本—产出规模弹性即为学界常用的规模经济指数 S = AC/MC（陈林和刘小玄，2015）的倒数，当 $E_y > 1$ 时，表明产出增加1%时成本上升的幅度大于1%，则依据规模经济的定义，此时不存在规模经济；当 $E_y < 1$ 时，表明产出增加1%时成本上升的幅度小于1%，则表示存在规模经济，这表明产业处于平均成本递减阶段，具有规模经济效应。反之则不然。

（四）统计描述

本文依据 CSMAR 数据库中上市公司注册地址所在城市所属的地区，参照国家统计局标准为基础，综合考虑了零售业的基本特征，进行了一定的区域合并。国家统计局划定的中国7大区域为：华北（北京、天津、河北、内蒙古、山西、山东）、东北（辽宁、吉林、黑龙江）、华东（上海、浙江、江苏、安徽）、华中（河南、湖北、湖南、江西）、华南（广东、福建、广西、海南）、西南（四川、重庆、云南、贵州）、西北（陕西、宁夏、青海、甘肃、新疆）。

首先，考虑年度截面样本不能过少，本文将国家统计局划分的西南地区和西北地区归并为"西部地区"。其次，考虑到历史沿革与文化同质性（清代两江总督府管辖比邻安徽的江西，闽浙总督府管辖比邻浙江的福建），亦考虑到沿海属性，本文将华东地区加入了江西、福建与山东（山东在清代不属于管辖河北与天津的直隶总督府），归并为"东部地区"。最后，根据国家统计局的华南地区与华中地区，剔除并入了东部的江西与福建，将两个地区的6个省份归并为"华中南区"（即清代两广与湖广总督府辖地）。根据国家统计局的华北地区和东北地区，剔除并入东部的山东，将两个地区八个省市自治区归并为"北部地区"。

综上所述，41家样本企业最终划分为了北部地区、东部地区、华中南区、西部地区等4个地区（见表1）。其中注册地址位于北部的有12家上市企业、东部有14家，各占样本总数的30%左右，其中一个原因可能是东部和北部地区一般具有较强的生产成本优势和运输成本优势，另一个原因可能是东部和北部地区更接近最终产品消费市场，从而更易实现零售企业最终产品交换的职能。因此北部和东部地区的上市零售企业较多，但总体看来，根据历史地理学的划分，样本的区域分布还是相对平均的，华中南、西部地区也分别有七八家上市公司，与北部、东部地区相距不远。

表1　地区划分

北部地区（12家）	辽宁省、吉林省、黑龙江省、北京市、天津市、河北省、山西省、内蒙古自治区
东部地区（14家）	上海市、江苏省、浙江省、安徽省、福建省、江西省、山东省
华中南区（7家）	河南省、湖北省、湖南省；广东省、广西壮族自治区、海南省
西部地区（8家）	重庆市、四川省、贵州省、云南省、西藏自治区；陕西省、甘肃省、青海省、宁夏回族自治区、新疆维吾尔自治区

从变量统计特征（见表2）看，本文各地区和企业数据均包含了完整年份观测值，不存在缺失值，属于一份比较规整的平衡面板数据；全国范围各变量的最小值均来自北部地区且大于0，因而本文样本数据不存在0值情况，适宜取自然对数进行下一步实证研究分析。

表2　变量统计特征　　　　　　　　　　　　　　单位：千元

地区	变量	观测值	平均值	标准差	最小值	最大值
全国	C	492	3.30×10^6	5.21×10^6	4.87×10^4	4.08×10^7
	Y	492	4.07×10^6	6.46×10^6	6.45×10^4	5.19×10^7
	W	492	64.531	57.689	5.691	469.757
	R	492	2.182	2.658	0.022	26.098
北部	C	144	3.57×10^6	5.06×10^6	4.87×10^4	2.68×10^7
	Y	144	4.41×10^6	6.28×10^6	6.45×10^4	3.37×10^7
	W	144	57.667	49.087	5.691	321.689
	R	144	2.473	3.195	0.022	26.098
东部	C	168	3.63×10^6	6.46×10^6	9.17×10^4	4.08×10^7
	Y	168	4.47×10^6	8.09×10^6	1.41×10^5	5.19×10^7
	W	168	93.048	69.898	13.044	469.757
	R	168	1.882	2.133	0.041	15.574
华中南	C	84	3.01×10^6	3.17×10^6	3.31×10^5	1.34×10^7
	Y	84	3.72×10^6	3.95×10^6	4.33×10^5	1.68×10^7
	W	84	38.296	24.106	10.077	100.080
	R	84	2.123	2.934	0.027	24.767
西部	C	96	2.60×10^6	4.35×10^6	3.12×10^5	2.52×10^7
	Y	96	3.17×10^6	5.16×10^6	4.04×10^5	3.02×10^7
	W	96	47.876	45.593	6.622	266.508
	R	96	2.321	2.303	0.129	12.523

通过变量统计特征发现，东部地区的零售企业平均产出规模和成本最大，而西部这两项指标最小，这与各地区经济发展总水平和居民消费水平有较直接的关系；华中南区平均劳动力价格最低，这种情况一方面与当地经济发展水平、消费水平、对外开放程度等宏观环境有关（徐健和汪旭晖，2009）；另外一方面是由于零售行业属于劳动密集型产业（方虹等，2009；仲伟周等，2012），低进入门槛的劳动力需求量大，尤其是一线销售部门，而华中南区多为河南、广东、湖北、湖南等人口大省，相对充足的劳动力供给使得该地区平均工资水平相对较低。相比之下，东部地区由于包括了上交所等活跃资本市场所在地，体现出来的则是相对较低的平均资本成本。

四、实证检验

（一）回归结果分析

本文利用 stata.11 对样本进行似无相关回归估计的结果如表3所示：

表3　回归结果

回归变量	（1） 全国	（2） 北部	（3） 东部	（4） 华中南	（5） 西部
lnY	1.826 ***	1.920 ***	1.906 ***	3.959 ***	0.709
	(0.251)	(0.560)	(0.282)	(1.112)	(0.582)
lnW	2.330 ***	2.633 ***	1.591 ***	3.160 ***	2.226 ***
	(0.157)	(0.306)	(0.232)	(0.566)	(0.403)
lnR	-1.330 ***	-1.633 ***	-0.591 *	-2.160 ***	-1.226 **
	(0.157)	(0.306)	(0.232)	(0.566)	(0.403)
$(lnY)^2$	-0.014 *	-0.013	-0.025 ***	-0.054 *	0.010
	(0.006)	(0.013)	(0.007)	(0.023)	(0.014)
$(lnW)^2$	-0.085 ***	-0.080 ***	-0.086 ***	-0.082 ***	-0.087 ***
	(0.002)	(0.004)	(0.002)	(0.004)	(0.003)
$(lnR)^2$	-0.085 ***	-0.080 ***	-0.086 ***	-0.082 ***	-0.087 ***
	(0.002)	(0.004)	(0.002)	(0.004)	(0.003)
lnWlnR	0.085 ***	0.080 ***	0.086 ***	0.082 ***	0.087 ***
	(0.002)	(0.004)	(0.002)	(0.004)	(0.003)
lnWlnY	-0.020 **	-0.037 *	0.017	-0.062 *	-0.018
	(0.007)	(0.015)	(0.011)	(0.026)	(0.019)
lnRlnY	0.020 **	0.037 *	-0.017	0.062 *	0.018
	(0.007)	(0.015)	(0.011)	(0.026)	(0.019)
截距项	-21.745 ***	-24.123 ***	-19.198 ***	-48.847 ***	-8.365
	(2.944)	(6.418)	(3.432)	(13.567)	(6.825)
N	492	144	168	84	96
R^2	0.959	0.949	0.980	0.957	0.975

注：括号内为 t 检验的标准误，* 、* * 、* * * 分别表示统计检验的显著水平为5%、1%和0.5%。

通过表3可以看出，各个地区的拟合优度 R^2 都在0.94以上，而回归结果中 F 检验的相伴概率均为0，说明被解释变量的绝大部分变动能被解释变量组合很好地解释，即该回归估计结果合理而可信。进一步分析如下：

首先，各个地区的相同变量回归系数各有差异且与全国样本作为一个整体得到的系数也差异较大，说明本文使用的似不相关回归法也是合理的。其次，各地区大部分变量的估计系数 α_{ij} 和 α_{ji} 均能通过5%显著水平的 t 检验，既不同时显著，也不同时为0，故本文为中国各区域零售企业设定的超越对数成本函数形式是合理的，不会出现退化现象。最后，估计结果也显示，四个地区超越对数成本函数均具有"U"形平均成本曲线特征，满足边际成本递增规律。

综合上述分析可知，运用超越对数成本函数模型来研究中国零售企业的规模经济要比运用 C－D 生产函数模型更符合实际情况。因而可以利用其估计结果进行下一步的分析工作。

（二）成本—产出规模弹性分析

1. 规模经济的时间趋势

鉴于各地区回归系数不同，本文以各地区解释变量回归系数的估计结果来测算 2002～2013

年各企业的成本—产出规模弹性，计算公式中的产出规模、劳动力价格、资本价格则为各企业的实际产出、劳动力价格和资本价格，各地区和各时期的成本—产出规模则分别是对各地区企业和各企业在各时期的成本—产出规模弹性值进行算术平均得到，并最终整理成如表4所示。

表4 各地区 2002～2013 年规模弹性值

年份＼地区	北部（12）	东部（14）	华中南（7）	西部（8）	各期平均值
2002	1.012	1.040	1.109	0.952	1.028
2003	0.996	1.037	1.126	0.947	1.027
2004	1.005	1.038	1.089	0.954	1.021
2005	0.975	1.036	1.065	0.956	1.008
2006	0.993	1.030	0.973	0.954	0.988
2007	0.967	1.031	1.004	0.960	0.990
2008	0.971	1.030	1.007	0.961	0.992
2009	0.943	1.030	0.954	0.951	0.970
2010	0.968	1.029	0.955	0.967	0.980
2011	0.934	1.016	0.939	0.978	0.967
2012	0.905	1.009	0.893	0.982	0.948
2013	0.914	1.016	0.890	0.972	0.948
地区平均	0.965	1.028	1.001	0.961	0.989

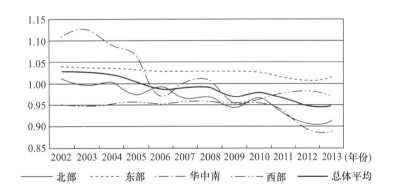

图4 2002～2013 年各地区年规模弹性趋势

在表4中，各期平均值反映了中国零售业整体在各期的规模经济状况，将其转化为图4则更明显地揭示了中国零售业规模经济效应随着时间变化的动态趋势。总体平均弹性的趋势线在2005年左右穿过 $E_y=1$ 线（最优规模临界点），说明在这个时点之前，中国的零售业确实存在着规模不经济的现象，而在此之后开始进入规模经济阶段。2002～2013 年 E_y 从 1.028 减少至0.948，即规模经济指数是处于增长态势的。这表明，中国零售企业从一开始的整体规模不经济发展到规模经济。但2002～2006年的整体规模经济效应是逐年递增的（E_y 从1.028 逐年递减至0.988），而从2007年开始规模经济效应则出现波动，如2007年和2008年的规模经济指数连续两年下降（E_y 增长），2010年又出现了下降。该结果与假说1提出时所用的宏观数据图3一致——2002～2006 年中国上市零售企业的扩张是适度的，但进入了财政扩张与经济高速增长周期后的零售企业便出现了规模过度扩张的现象。因此，本文认为："关于中国上市零售企业的规模经济效应存在，但近年来会由于规模过度扩张而导致增速放缓"的假说 1 基本得证。

从指标时间区间整体差异看，国内上市零售业的规模经济效应还是得到长足的发展。20 世纪前后被认为是中国零售业发展的黄金时代，中国零售市场繁荣发展，中国零售业逐步进入由市场主导、自由竞争的高速成长阶段。为了争夺市场份额，各零售企业纷纷进行"跑马圈地"式的扩张。如此粗放型扩张的结果便是市场竞争的白热化和市场容量的逐步饱和。一方面使得企业组织结构迅速扩大，而庞杂的组织管理则带来了经营成本与管理费用的增加。另一方面，市场的激烈竞争削减了利润，使得各大零售企业盈利能力受损；收益上的边际增长无法弥补边际成本的增加，因而规模上的继续扩张造成了平均成本的提高，最终出现本文研究结果中 2002 年到 2005 年期间显示的规模不经济现象。

图 4 显示，中国零售业开始注重规模质量，由盲目扩张转变为重视分店盈利，由仅依靠增加分店数量的粗放式扩张开始转变为通过资产重组、并购，构建大企业集团的组织性扩张，精简了市场中企业数量，提高了市场集中度，集中利用资源，提高了零售企业运营效率。与此同时，2005 年实现零售业全面对外开放之后，外资零售企业进入中国市场带来了较大的技术溢出效应，使得本土零售业得以学习引进先进的信息技术、供应链管理技术、卖场布局与商品陈列技术、品类管理技术与防损技术等，逐渐形成以能够具体运用到采购自动化、销售自动化、仓储自动化等方面的商业电子数据处理系统、管理信息系统、决策支持系统，以及以网络为辅助的商业自动化体系，从而提升零售企业的技术生产率（汪旭晖和徐健，2009），降低了经营成本和管理费用，进而实现了企业在市场份额和规模质量上的共同提升，产生了规模经济效应。

当然，上市零售企业受到 2008 年以来的财政扩张与经济过热的影响，规模开始过度扩张，从而导致规模经济指数的增长出现了波动，影响了规模经济效应的发挥。

2. 规模经济的区域异质性

不同地区零售企业的规模经济效应不同，零售业的规模经济效应出现显著的区域差异性。依据表 4 和图 4 可以得到假说 2 成立，即不同地区零售企业的规模经济状况不同：从四个地区 2013 年的规模弹性值来看，东部地区最大为 1.016；而其他三个地区均小于 1，其中，西部地区最大为 0.972，华中南区最小为 0.890，说明了东部地区存在规模不经济，其他地区存在规模经济，而且中西部地区规模经济效应较强。

从四个地区的规模弹性值变化趋势看，北部地区和华中南区的成本—产出规模弹性呈现下降（规模经济效应增长）趋势，意味着这两个地区的零售业正在由规模不经济逐步向规模经济发展。东部地区虽然处于规模不经济的阶段，但是其规模弹性趋势下降，说明从发展的角度来看，东部地区零售业也正在向规模经济发展。但东部上市零售企业一直处于生产规模越过最优规模的规模不经济状态。

西部地区尽管规模弹性变化趋势线一直位于 $E_y = 1$ 线（最优规模）以下，说明从 2002～2013 年这 12 年间该地区零售业一直存在规模经济，但是从时间趋势上来看，却是向着规模不经济的方向发展。华中南区成本—产出规模弹性值虽然起点较高，但是从趋势变化速度来看，下降较快，趋势线变化较为陡峭。北部地区趋势线则几乎与整体平均线平行，呈缓慢波动下降趋势。

究其原因，笔者认为：东部地区和北部地区经济发达，居民可支配收入相对其他地区较高，当地消费者具有较高购买力，消费需求旺盛，在市场经济环境下，客观地要求零售业规模的迅速扩张以满足当地市场的需求，因而相对于其他地区零售业的规模发展较快。另外，由于 1992 年国务院批准在北京、天津、上海、大连、青岛、广州 6 市和 5 个特区试办中外合资零售企业，外资零售企业的技术溢出效应率先在东部地区和北部体现，使得东部和北部地区的零售企业运营效率得到较快提升，因而更易实现规模经济。然而，零售业2005年全面对外开放之后，外资零售企业同样选择了经济发展和消费水平较为先进的东部地区作为突破口，使得东部区域零售业竞争激烈程度达到白热化，各大企业在开店扩张的同时，通过收购兼并等方式做大做强，使得上市零售企业垄断地位日益增强，出现同业不良竞争、零供冲突等问题，影响了经营绩效（夏春玉等，2006）。外资企业进入的另外一个负面影响则是其凭借自身全球化的规模带来的规模效益，直接降低了生产经营成本，并且在配送、分销、零售管理方面的优势也使得其经营费用和管理成本降到最低，从而形成了绝对成本优势壁垒（彭磊，2009）。当这些负面影响大于由经济水平和外企技术溢出带来的正面影响时，企业规模扩张所带来的边际成本增加便无法得到经营边际效益的弥补，从而造成了东部地区规模不经济现象。

相比之下，由于本文中的北部地区除了北京和天津两个直辖市以外，其他都是经济发展水平相对于东部较为落后的地区，因而在市场竞争方面相对较弱，从而能够在较好的利用区位优势情况下实现规模经济发展。

华中南区虽然平均经济水平发展程度不及东部和北部地区高，但发展速度更快。由于本文的华中南区包括湖南和湖北等省份，一方面广东省在经济总量上长期排全国第一，另外一方面近年来国家提出"中部崛起"政策，支持华中区经济建设，伴随而来的是基础设施建设的大量投入和地区人民消费水平的提高，成为拉动内需的一个重要发展动力。因而零售业赖以发展的交通运输系统得以完善，消费者需求也被逐渐挖掘。另外，中国零售业在短短二三十年内就完成国外零售业近百年时间才完成的从单店到连锁的发展和单业态到多业态的变革，采用了"拿来主义"的方式将国外的发展模式在国内迅速复制；外资企业进入中国市场带来的技术溢出效应又促进了这一复制速度的提升；尽管受政策限制，华中区开放较晚，但是随着零售业在东部地区和北部地区的飞速发展，华中南区得以充分利用其"后发优势"，学习借鉴先进地区的发展经验，快速提高其运营效率，从而更快实现规模经济。

西部地区的规模经济则可能主要来自于其零售业发展规模刚好与其市场容量和竞争程度相匹配，从而在2002年到2013年这13年间保持着 $E_y < 1$ 的水平。近年来，中国一、二线零售市场趋于饱和，各零售企业纷纷将眼光投向中西部地区，向三、四线城市和地区发展。随着上市零售企业跨区域进入，加速了西部地区的竞争，提高了总体产出规模，而当地经济发展水平和基础建设速度却无法跟上零售业的增长速度，进而可能会导致规模不经济现象的产生，这也是西部地区成本—产出规模弹性值趋于上升的原因。另外，西部地区人力资本现状不利于零售企业的规模扩张，因为企业的快速扩张需要相应的管理体系和信息系统的运用，这些功能的实现又依赖于高素质的管理团队和熟练的技术人员，人力资本对其发展起着至关重要的作用（仲伟周等，2012），但在西部地区，由于工资水平相对较低，高素质人才倾向于向大中型城市流动，导致了西部地区零售业人才缺乏，进而不利于规模扩张。

五、简要结论

本文利用2002~2013年沪深股市中国零售业上市公司统计资料，基于超越对数成本函数模型，运用似不相关回归对相关数据进行估计，利用估计结果测算出中国各地区零售业成本—产出规模弹性（规模经济指数的倒数），并以此作为依据得出如下结论。

从整体上看，中国零售业存在规模经济效应，并随着时间发展越来越强。但2008年以来由于经济过热导致零售企业出现规模过度扩张的现象，规模经济效应增长速度被减缓了。从区域来看，中国零售业各地区规模经济状况各不相同：东部地区存在规模不经济，而北部、华中南和西部地区均存在规模经济，该结果也验证了适中的产出规模更易实现规模经济效应。从发展趋势看，东部、北部和华中南区的规模经济效应均呈现出随时间增强趋势，西部地区则呈现出由规模经济向规模不经济发展的现象。

从政策含义来看，近年来中国零售业在一系列财政扩张政策的冲击下，尤其是东部沿海地区的零售业寡头，一直处于规模不经济的高速发展阶段，一旦面临宏观经济大环境的逆转，其经营风险的剧增自然难以避免。因此，政府对于零售业的产业政策及财政扶持措施均需要因地制宜和因时制宜，并考虑到前期零售业"经济过热"的可能性。

参考文献

［1］陈金伟，张昊．零售企业规模不经济问题研究——基于企业特性和竞争环境的面板数据分析［J］.中国流通经济，2013（3）：76－82.

［2］陈林，刘小玄．产业规制中的规模经济测度［J］.统计研究，2015（1）：20－25.

［3］陈奕奕，刘成昆．我国零售业公司价值特征影响因素研究——基于零售上市公司的实证分析［J］.商业经济与管理，2013（1）：5－13.

［4］方虹，冯哲，彭博．中国零售上市公司技术进步的实证分析［J］.中国零售研究，2001（1）：57－66.

［5］李品媛．我国连锁经营发展过程的实证分析［J］.财贸经济，2001（4）：48－51.

［6］彭磊．外资商业企业在华直接投资分析与本土商业企业竞争力研究［J］.财贸经济，2009（1）：94－101.

［7］汪旭晖，徐健．服务效率、区域差异与影响因素：零售业上市公司证据［J］.改革，2009（1）：97－104.

［8］威廉姆森．资本主义经济制度——论企业签约与市场签约［M］.北京：商务印书馆，2002.

［9］伍业锋．产业业态：始自零售业态的理论演进［J］.产经评论，2013（3）：27－38.

［10］夏春玉，张闯，钟春仿．中国百强连锁企业区域分布与区域扩张战略的实证分析［J］.财贸研究，2006（3）：35－42.

［11］杨宜苗．业态战略、企业规模、资本结构与零售企业成长——以零售上市公司为样本［J］.财贸研究，2010（1）：119－126.

［12］伊特韦尔．新帕尔格雷夫经济学大辞典［M］.北京：经济科学出版社，1996.

［13］徐传谌，郑贵廷，齐树天．我国商业银行规模经济问题与金融改革策略透析［J］.经济研究，2002（10）：22－30.

［14］徐健，汪旭晖．中国区域零售业效率评价及其影响因素：基于DEA－Tobit两步法的分析［J］.社会科学辑刊，2009（5）：101－103.

［15］赵凯．零售企业规模经济的实证分析——百货、超市和专业店的角度［J］.财贸经济，2008.（3）：98－103.

［16］仲伟周，郭彬，彭晖．我国零售业区域集聚影响因素的实证分析及政策含义［J］.商业经济与管理，2011.（10）：5－13.

［17］Barros C. P., Alves C. A. Hypermarket Retail Store Efficiency in Portugal［J］. International Journal of Retail and Distribution Management, 2003, 11（1）：549－560.

［18］Demsetz H. The Firm in Economic Theory：A Quiet Revolution［J］. American Economic Review, 1997, 2（13）：426－429.

［19］De Jorge M. J. Efficiency and Regulation in Spanish Hypermarket Retail Trade－a Cross－section Approach［J］. International Journal of Retail and Distribution Management, 2008, 1（8）：71－88.

［20］De Jorge M. J. Productivity Growth of European Retailers：A Benchmarking Approach［J］. Journal of Economic Studies, 2010, 3（37）：288－313.

［21］Donthu N., Yoo B. Retail Productivity Sssessment Using Data Envelopment Analysis［J］. Journal of Retailing, 1998, 1（74）：89－105.

［22］Good W. Productivity in the Retail Grocery Trade［J］. Journal of Retailing, 1984, 30（3）：81－97.

［23］ Guy C. , Bennison D. , Clarke R. Scale Economies and Superstore Retailing: New Evidence from the UK ［J］. Journal of Retailing and Consumer Services, 2005, 2 （12）: 73 – 81.

［24］ Ingene C. A. Scale Economies in the American Retailing: Across Comparison ［J］. Journal of Macro – marketing, 1984, 4 （2）: 49 – 63.

［25］ Keh H. T. , Chu S. Retail Productivity and Scale Economies at the Firm Level: A DEA Approach ［J］. Omega, 2003, 2 （31）: 75 – 82.

［26］ Keh H. T. , Park S. Y. To Market, to Market: The Changing Face of Grocery Retailing ［J］. Long Range Planning, 1997, 6 （30）: 836 – 846.

［27］ Mostafa M. A Neuro – computational Intelligence Analysis of the US Retailer's Efficiency ［J］. International Journal of Intelligent Computing and Cybernetics, 2010, 1 （3）: 135 – 162.

［28］ Mc Clelland W. G. Economics of the Supermarket ［J］. The Economic Journal, 1962, 72 （285）: 154 – 170.

［29］ Perrigot R. , Barros C. P. Technical Efficiency of French Retailers ［J］. Journal of Retailing and Consumer Services, 2008, 4 （15）: 296 – 305.

［30］ Reynolds J. , Howard E. , Dragun D. , Rosewell B. , Ormerod P. Assessing the Productivity of the UK Retail Sector ［J］. International Review of Retail, Distribution and Consumer Research, 2005, 3 （15）: 237 – 280.

［31］ Shaw S. A. , Nisbet D. J. , Dawson J. A. Economies of Scale in UK Supermarkets: Some Preliminary Findings ［J］. International Journal of Retailing, 1989, 5 （17）: 12 – 26.

［32］ Thomas R. R. , Barr R. S. , Cron W. L. , Slocum J. W. A Process for Evaluating Retail Store Efficiency: A Restricted DEA Approach ［J］. International Journal of Research in Marketing, 1998, 5 （15）: 487 – 503.

生活性服务业满意度评价指标体系的构建和应用研究

丁文辉　芮明杰　雷　玲

（集美大学财经学院　厦门　361021；
复旦大学管理学院　上海　200433）

一、问题的提出

生活性服务业是现代服务业的一个分支，它直接面向最终消费者，其产品、服务用于解决购买者生活中（非生产中）的各种需求。在当前推动民生经济、促进内需消费的经济大环境下，提升生活性服务业发展水平对我国经济结构调整的影响非常巨大。

（一）有关生活性服务业内涵界定的文献综述

由于生活性服务业涉及的范围非常广泛，而且各类针对生活性服务业的研究重点也相差很大，目前对生活性服务业的具体研究内涵并没有形成一个统一的认识。

很多学者对此进行了研究：俞华（2012）[1]、路红艳（2013）[2]等从微观行业的角度进行了界定，胡雪峰等（2008）[3]、申朴等（2013）[4]则主要从宏观产业发展进行阐述。国务院服务业发展的"十二五"规划中指出：生活性服务业包括商贸服务业、文化产业、旅游业、养老服务业、健康服务业、法律服务业、体育产业、养老服务业、房地产业等内容。

（二）生活性服务业满意度评价指标体系文献综述

1. 有关生活性服务业评价指标体系文献综述

到目前为止，我国针对某一类生活性服务行业评价指标体系的研究已经初现成效。较为早期的应属孙金富（1992）设计出了测量、分析社区服务状况的各种指标和指标体系；[8]较有代表性的是 2010 年以来连续几年出版的《中国城市基本公共服务力评价》蓝皮书系列，以客观评价与主观评价相结合的方法评价地方政府基本公共服务力的指标体系；[9]另外，邓仲华等（2012）利用层次分析法构建了信息资源云服务质量评价的指标体系；[10]赵红等（2013）构建了城乡基本医疗卫生服务均等化评价理论系统模型及指标体系；[11]程兰芳、毕曦（2014）将"服务过程"与

[基金项目] 福建省重大项目"'十三五'福建省服务业发展研究"（项目编号 B614094）；福建省社会科学规划项目"借鉴台湾经验加快推进福建农业发展方式转变研究"（项目编号 2013B187）。

[作者简介] 丁文辉，集美大学财经学院副教授，复旦大学管理学院访问学者，芮明杰，复旦大学管理学院教授；雷玲，集美大学财经学院研究生。

"服务结果"相结合构建了高等教育服务全过程评价指标体系;[12]乔海燕（2012）运用层次分析法构建了旅游公共服务评价指标体系等。[13]这些研究都为我们的研究提供了宝贵的思路和方法的借鉴。

2. 有关生活性服务行业满意度评价指标体系文献综述

从顾客满意度评价的角度进行文献整理，同样可以发现，学者对生活性服务业满意度评价指标的研究仍集中于某一单类行业，而针对生活性服务业多行业的研究目前仍较为缺乏。连漪、汪侠（2004）构建了旅游地顾客满意度指数测评的因果模型（TDCSI）和旅游地顾客满意度测评指标体系[14]；王恩旭、武春友（2008）运用灰色关联分析法对入境旅游服务质量满意度进行了测度[15]；丁文辉（2010）通过对社区消费者满意度的调查，建立起一套社区商业设施评测模型，并成功地进行了验证[16]；何亮、李军（2010）探讨了行政服务满意度的测评要素、国际行政服务满意度评价模型与方法等问题[17]；郭继志等（2012）构建了城市社区卫生服务满意度评价指标体系[18]；易秋香、汪建刚（2012）以淘宝网为例建立了第三方物流服务商满意度的评价指标体系[19]；李维涅、詹卫雪（2013）建立起基于因子分析的海口市零售药店消费者评价指标[20]；张梅（2013）结合美国顾客满意度指数模型（ASCI），构建了航空物流客户满意度评价体系[21]；尹聪聪等（2014）构建了基于乘客感知的城市轨道交通客运服务质量评价指标，并计算了指标权值等[22]。由此可见，针对生活性服务业与消费者直接接触特点，从顾客满意度角度建立评价指标体系是非常现实和可行的。

3. 文献研究小结

通过对大量文献梳理和分析结果，笔者认为出现以上研究特征主要由于两个方面的原因：第一，相对于生产性服务业，生活性服务业涵盖的主要是与人们生活最为贴近的服务行业，这些行业在传统观念中被认为对经济发展的作用有限，所以常常被忽视；第二，目前对生活性服务业尚没有统一的内涵界定，因此统一指标体系的构建比较困难。因此，基于消费者角度针对生活性服务业进行满意度评价指标体系的构建并将其付诸实施，具有非常坚实的理论基础和研究价值。

鉴于此，本文借鉴前辈学者研究的主要思路和理论框架，尝试从消费者的视角来建立生活性服务业的评价指标体系，并以厦门市集美区消费者满意度调研为依据，借助层级分析法和灰色模型结合熵值法等工具对集美区生活性服务业的发展水平进行综合评价，以期形成一整套非常有效的评价、分析和提升生活性服务业满意度的研究及评价体系，具有较强的理论和现实意义。

二、生活性服务业满意度评价指标体系的构建

（一）生活性服务业行业范畴界定

本文在借鉴文献研究中各类学者对生活性服务业各种分类基础上，考虑生活性服务业直接面对消费者的特性，结合我国经济发展现阶段消费者的消费行为和习惯，将生活性服务业所涵盖的行业范畴界定为以下几个类别：零售产业：主要指满足最终消费者购物需求的商贸流通业；餐饮产业：早餐、正餐及饮品服务业等；居民服务产业：主要包括家政服务、中介服务、洗染业、美容美发业、再生资源回收业等；旅游休闲产业：旅游业、住宿业、休闲娱乐业等；文教卫生产业：文化产业、教育产业、医疗卫生及养老业等。

（二）生活性服务业满意度评价指标的选取

由于生活性服务业自身的特殊属性，笔者发现在顾客满意度指数模型（SCSB）基础上，根

据欧洲质量组织、欧洲质量管理基金会等机构共同研究构建的欧洲顾客满意度指数模型（EC-SL），可较为客观地反映出生活性服务业的消费者满意度测评指数。如图 1 所示，在 ECSL 模型中，形象、顾客期望、感知硬件质量与感知软件质量共同形成了顾客感知价值，进而该五项变量一起作为前提变量形成顾客满意和顾客忠诚结果变量。

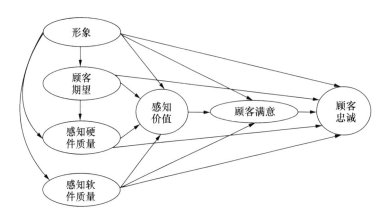

图 1　欧洲顾客满意度指数（ECSL）模型

在本文构建的生活性服务业满意度评价体系中，考虑到本文的侧重点及指标调研的必要性，笔者选取其中"形象"、"感知硬件质量"和"感知软件质量"等相对客观的三个指标，对应生活性服务业中"服务环境"、"服务设施"和"服务水平"三项内容，而将"顾客期望"与"感知价值"等过于主观的评价指标作为控制变量进行处理。

（三）生活性服务业满意度评价指标体系的构建思路

由此，通过上述分析，笔者构建出生活性服务业满意度评价指标体系的思路图，如图 2 所示。

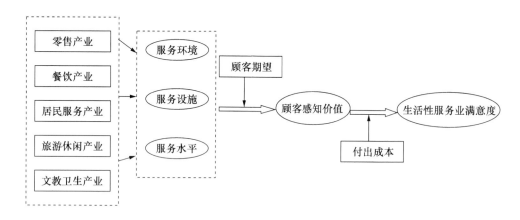

图 2　生活性服务业满意度评价指标体系

我们假设同一时间居住于相同地区的消费者对获得相同服务具有相同或相近的顾客期望和付出成本。在此前提下，笔者结合文献研究与现实服务产业情况，将消费者对生活性服务业的满意度水平细化分解为其对五大服务行业的服务环境、服务设施及服务水平等具体指标的感知价值。而根据 Zeitham（1988）的研究，顾客感知价值是顾客在市场交易中根据所得利益和付出成本进行比较的感知，是对产品进行的总体评价，因此当我们假定顾客付出成本相同时，我们可通过消费者对该五类服务行业各项指标的总体满意度评价水平来替代顾客感知价值。如此通过该消费者满意度评价指标体系，既可合理评价出某地区整体生活性服务业水平，也可及时对比辨别出各类服务产业存在的具体问题。

（四）生活性服务业满意度评价指标体系的具体构建

1. 确定各类服务产业与服务机构的对应关系

为了便于消费者更好地理解评价指标，笔者结合居民调查、市场走访、对旅游卫生文教等领域专业人士的咨询，将各类生活性服务业与各类服务机构对应起来。表1为各类产业与其服务机构之间的对应关系：

表1　生活性服务业行业与服务机构对照

类别	服务机构
零售产业	购物中心、超市、大型综合超市、百货店、便利店、专卖店、家居建材店、菜市场、报刊亭、书店及网络购物等
餐饮产业	早餐网点、快餐店、饮品店、中餐馆、西餐厅等
居民服务产业	家政公司、房产中介、干洗店、理发店、药店、健身房、废品回收公司、基础网络服务等
旅游休闲产业	旅游景点、旅行社、旅游住宿酒店及电影院、戏院、剧院、体育中心、娱乐中心等
文教卫生产业	美术馆、艺术馆、公共图书馆、各类学校及教育培训机构、各级医院、养老院、福利院、公共教育及医疗网络服务平台等

如表1所示，每类生活性服务产业都对应于若干项代表性服务提供机构，其中既包括了传统的店铺式机构，也纳入了网络服务等无店铺式机构，以确保研究对象的全面性和真实性。

2. 确定生活性服务业满意度评价指标体系

在此思路下，本文建立了如下消费者满意度评价指标体系，其中一级指标5个，包括消费者对其所居住地区的零售产业满意度、餐饮产业满意度、居民服务产业满意度、旅游休闲产业满意度、文教卫生产业满意度等；二级指标34个，是从服务环境、服务水平及服务设施等角度结合一级指标的五大产业具体机构进行评价的进一步细化，以满足对消费者进行满意度调研的需要（如表2所示）。

接下来将在此指标体系成功构建基础上，设计相应的生活性服务业满意度调查问卷，并选取具体的代表性地区进行相应的问卷调查和分析，对该指标体系进行进一步的应用和验证。

表2　生活性服务业满意度评价指标体系

总指标	一级指标	二级指标
生活性服务业满意度	S1 零售产业满意度	S11　购物中心、百货店的购物环境、商品质量及服务水平
		S12　各类超级市场的购物环境、商品质量及服务水平
		S13　购物场所内停车设施的配备情况
		S14　专卖店、家居建材市场的购物环境、商品质量及服务水平
		S15　网络购物时快递服务的态度和水平
		S16　菜市场、便利店的配套及完善程度
		S17　报刊亭、书店的配套及完善程度

总指标	一级指标	二级指标	
生活性服务业满意度	S2 餐饮产业满意度	S21	中餐馆的就餐环境、卫生状况及服务水平
		S22	西餐厅的就餐环境、卫生状况及服务水平
		S23	快餐店及饮品店的就餐环境、卫生状况及服务水平
		S24	餐饮店旁停车设施的配备情况
		S25	早餐网点的配套及完善程度
	S3 居民服务产业满意度	S31	家政服务的公司数量及服务水平
		S32	房产中介的公司数量及服务水平
		S33	干洗店、理发店、健身房的数量、环境及服务水平
		S34	废旧商品回收及维修公司的数量及服务水平
		S35	互联网络等设施的配备状况及服务水平
		S36	药店及家庭护理公司的数量及服务水平
	S4 旅游休闲产业满意度	S41	旅游景点的数量及知名度
		S42	旅游景点的收费水平及服务水平
		S43	旅游景点周边交通设施的配备情况
		S44	旅行社及导游服务的数量及服务水平
		S45	旅游住宿酒店的数量及星级水平
		S46	旅游住宿酒店的卫生及服务水平
		S47	电影院的数量、环境及服务水平
		S48	体育中心、娱乐中心的数量及服务水平
		S49	戏院、剧院的数量、环境及服务水平
	S5 文教卫生产业满意度	S51	本人及子女接受教育/培训的环境及便利性
		S52	各类学校的数量及教育水平
		S53	公共图书馆的数量、环境及藏书水平
		S54	美术馆、艺术馆的数量、环境及展品水平
		S55	居民就医的环境、便利程度及医疗水平
		S56	养老院、福利院的数量、环境及服务水平
		S57	公共教育及医疗网络服务平台的完善程度及服务水平

三、生活性服务业满意度评价指标体系的应用

（一）生活性服务业满意度调查问卷设计

在前述指标构建研究工作的基础上，笔者以表 2 为基本框架，使用这 34 个测量指标进行了调查问卷的设计，问卷中所有的变量指标都使用李科特 5 分值量表测量（从 1 到 5 分别代表从非常不满意到非常满意），用于测量生活性服务业的消费者满意度水平。

（二）相关研究地区的选取依据

在研究过程中，为了进一步验证和完善本文拟定的生活性服务业满意度指标体系科学性和合理性，笔者经过多方考虑和对比，最终选取了厦门市集美区作为主要的问卷调研及数据采集对象。理由如下：

1. 集美区生活性服务业的发展具有一定的代表性

首先，作为厦门市重要的新城区、文教区和工业区，集美全区总面积 276 平方公里，常住人口 58 万人，区政府下辖灌口、后溪两个镇和杏林、集美、侨英、杏滨四个街道办事处，共 38 个社区居委会，21 个行政村，人口规模能够满足数据调研的需要。

其次，集美区生活性服务业发展在整个产业布局格局中处于较为重要且快速发展时期，其发展水平和特征具有一定的代表性。

2. 集美区数据获取的全面性和完整性

集美区的两个街道和四个村镇在各自的历史沿革中均形成了较为鲜明的特色，在生活性服务业的设施建设、产业布局及消费习惯等方面都有显著差异，笔者选取其中特征明显的集美街道、侨英街道和杏林街道三个区域进行数据采集，确保了研究数据的全面性和完整性。

（三）问卷效度和信度分析

1. 调查问卷的预测试

首先发放 70 份问卷作为预测试，主要面向在集美区生活的机关企事业单位的职工发放。共发出问卷 70 份，回收 70 份，有效问卷 70 份，有效回收率达到 100%。预试问卷施测完后，我们进行了效度和信度分析，得到如下结果（见表 3 和表 4）：

表 3　KMO 和 Bartlett 检验

KMO and Bartlett's Test		
Kaiser – Meyer – Olkin Measure of Sampling Adequacy.		0.805
Bartlett's Test of Sphericity	Approx. Chi – Square	1.888E3
	df	741
	Sig.	0.000

表 4　克朗巴哈系数检验

Reliability Statistics	
Cronbach's Alpha	N of Items
0.971	39

由表 3 可知，问卷的 KMO 系数高达 0.805，且通过 Bartlett 检验，说明问卷有效，而由表 4 可知克朗巴哈系数高达 0.971，很接近于 1，也即问卷所得到的结果具有稳定性。因此，问卷的有效度和可信度均得到保证。

2. 正式调查问卷的发放

正式调查问卷的发放过程中，组织集美大学财经学院的 8 位研究生，进行调查问卷随机发放工作，问卷发放 130 份，剔除 8 份缺漏不完整，有效问卷 122 份，问卷有效回收率为 93.38%。

（四）单层综合评价

基于前文中对集美区街道分布及主要特征的分析，我们将被调查者集中于集美区的集美街道、侨英街道和杏林街道，而灌口街道和后溪街道的社区居民则少有参与，其数据被剔除（如表5所示）。

表5 受访对象区域分布

所住区域	集美街道	52.5
	侨英街道	23.7
	杏林街道	14.8
	其他	9

接下来，分别计算得出三个地方消费者在34个变量的满意度均值，并通过灰色模型进行综合评价[17]，比较出三个街道的消费者对生活性服务业的满意度。

以零售产业的总体评价为例进行分析：

第一步，"零售产业的总体评价"指标可以用矩阵表示：

$$D = \begin{pmatrix} 3.5469 & 3.4828 & 2.875 \\ 3.1719 & 3.3667 & 2.625 \\ 2.3594 & 2.9355 & 2.6875 \\ 3.375 & 3.4839 & 3 \\ 3.8889 & 3.3333 & 4 \\ 3.2656 & 3.0645 & 3.5 \\ 3.2813 & 2.871 & 3.1875 \end{pmatrix}$$

消费者满意度越大越好，因此考虑将三个街道中各个指标的最大值的作为最优的参考指标，记为DMAX。

第二步，计算关联度系数，计算评判矩阵。这一步可以根据灰色关联度分析模型编写MAT-LAB算法[18]（附录中算法1）进行运算，将矩阵D代入算法中计算得出相应的评判矩阵为：

$$F1 = \begin{pmatrix} 1 & 0.8398 & 0.3333 \\ 0.6556 & 1 & 0.3333 \\ 0.3333 & 1 & 0.5374 \\ 0.6896 & 1 & 0.3333 \\ 0.75 & 0.3333 & 1 \\ 0.4816 & 0.3333 & 1 \\ 1 & 0.3333 & 0.6862 \end{pmatrix}$$

第三步，计算二级指标的权重。运用熵值法进行客观赋权值，同样通过MATLAB软件[19]（附录中算法2）来实现，将矩阵D代入得"零售产业的总体评价"的权值为：

W1 = [0.1886 0.1380 0.1144 0.1460 0.1618 0.1060 0.1452]

第四步，计算零售产业相关指标的评价结果矩阵：

B1 = W1 × F1 = [0.7355 0.6944 0.5864]

重复以上步骤，分别计算餐饮产业、居民服务产业、旅游休闲产业、文教卫生产业的评价结果矩阵：

B2 = [0.5723 0.5614 0.9130]、B3 = [0.7622 0.7716 0.4556]、B4 = [0.6214

0.8189 0.4130〕、B5 = 〔0.7284 0.8982 0.4723〕。

第五步，构建一级指标评判矩阵及其权重：

可知中间层评判矩阵为 B =
$$\begin{pmatrix} 0.7355 & 0.6944 & 0.5864 \\ 0.5723 & 0.5614 & 0.913 \\ 0.7622 & 0.7716 & 0.4556 \\ 0.6214 & 0.8189 & 0.413 \\ 0.7284 & 0.8982 & 0.4723 \end{pmatrix}$$

据此将 B 代入算法 1 计算一级指标评判矩阵得 F =
$$\begin{pmatrix} 1 & 0.6446 & 0.3333 \\ 0.3404 & 0.3333 & 1 \\ 0.9438 & 1 & 0.3333 \\ 0.5068 & 1 & 0.3333 \\ 0.5564 & 1 & 0.3333 \end{pmatrix}$$

将 B 代入算法 2 可得一级指标权重为 W = 〔0.1977 0.1390 0.3317 0.1599 0.1717〕

计算一级指标的评价结果矩阵：M = W × F = 〔0.7346 0.8371 0.4260〕

由评价结果矩阵 M 可知，消费者对集美街道、侨英街道和杏林街道生活性服务业的综合满意度大小排序为：侨英 > 集美 > 杏林。

（五）集美区消费者生活性服务业满意度评价结果

进一步分析各个一级指标评判结果矩阵 B1、B2、B3、B4、B5 可知，三个街道的消费者对零售产业 S1、餐饮产业 S2、居民服务产业 S3、旅游休闲产业 S4、文教卫生产业 S5 的满意度大小排序见表6：

表6　生活性服务业消费者满意度排序

一级指标	集美街道	杏林街道	侨英街道
S1	1	2	3
S2	3	2	1
S3	2	1	3
S4	2	1	3
S5	2	1	3
综合满意度	2	1	3

基于本文对集美区消费者关于生活性服务业满意度进行的综合评价，为了更细化研究集美区消费者在各个题项上的满意度，笔者进一步整理调查问卷的数据，计算出了三个街道对各个题项的满意度均值。

首先，将问卷按区域划分后进行信息统计，根据统计内容，将问卷填写人对问卷中各个选项内容的满意度均值摘录出来，形成表7中的数据。表格中的数据表示集美区三个街道的消费者对各项服务业的满意度均值，等于3表示对该街道的该项服务业一般满意，大于3表示满意度较高，小于3则表示满意度较低，为了便于分析，在表格中将大于等于3的满意度均值用黑色字体数字标注出来。

由表7可知，三个街道共同较为满意的项目是 S14、S15、S16、S41、S43，打分均值在3分以上（包括3分），说明集美区在零售产业及旅游产业基础设施的配套上做得较为到位。而三个街道均不满意的项目是 S21、S22、S24、S25 和 S47、S49 等，打分均值在3分以下，说明集美区生活性服务业在餐饮及休闲服务的提供方面与消费者需求间存在明显差距。

表7　各街道差别题项均值

选项内容 \ 满意度均值 \ 各区名称	集美街道	侨英街道	杏林街道
S11	3.5469	3.4828	2.875
S12	3.1719	3.3667	2.625
S13	2.3594	2.9355	2.6875
S14	3.375	3.4839	3
S15	3.8889	3.3333	4
S16	3.2656	3.0645	3.5
S17	3.2813	2.871	3.1875
S21	2.5937	2.7419	2.9375
S22	2.5	2.5161	2.625
S23	2.8438	3.0323	2.8125
S24	2.3906	2.871	2.9333
S25	2.75	2.7419	2.75
S31	3.1719	3.1613	2.75
S32	2.8906	3.3226	2.8125
S33	2.9219	3.3226	2.8125
S34	3.3333	2.5	3
S35	3.3281	3.2258	2.75
S36	2.5397	2.7742	3
S41	3.3125	3.4194	3
S42	2.8906	2.9677	3.0625
S43	3.0156	3.2903	3
S44	3.0781	3.1935	2.8125
S45	3.2031	3.3548	2.875
S46	3.0159	3.1613	2.9375
S47	2.9219	2.7742	2.8125
S48	3.5185	2.8889	3
S49	2.8281	2.931	2.625
S51	3.0635	3.0323	1.6875
S52	3.2381	3.4839	1.6875
S53	3.2813	3.2903	1.6875
S54	3.0625	3.3871	2.0625
S55	2.6406	3.3871	2.625
S56	2.3871	2.7742	3.1875
S57	2.5	2.8387	3

四、生活性服务业满意度评价指标体系应用前景

在我国工业化、城镇化加速推进的过程中，伴随消费者收入水平的提高、消费理念和消费习惯的转变以及农村人口加速向城镇转移，消费者对餐饮购物、休闲娱乐、教育保健等服务性消费需求正在快速增长。与此同时，生活性服务业在扩大消费、促进就业和保障民生等方面发挥着重要的作用，因此，大力发展生活性服务业，自然成为创建"宜居城市"的必要条件。

本文的研究模型正是贴合生活性服务业的本质内涵，从消费者消费的视角进行设计和实施，虽然是基于厦门市集美区的数据研究，但在具体实施过程中可以进行以下拓展和运用：

（一）实施范围可随机拓展

本文设计的生活性服务业满意度评价模型构建了一套系统的评价指标体系，采用消费者满意度问卷调查的方法加以实施，利用灰色评价模型进行分析，其适用范围非常灵活，可大至全国，小至区县，只要控制好消费者满意度问卷调研的数量和质量，就一定会对给定区域生活性服务业的发展阶段和水平做出相对客观的评价，为产业发展提供准确的研究依据。

（二）实施过程直观易行

该体系实施思路清晰，操作简单，目标明确，在政府和企业各个层级的研究中都具有较强的可操作性。数据分析不需要太复杂的推理和计算过程，实施重点只在于对几个关键步骤的把握和掌控，模型运用结果可随实施者的需要自主选择，可达到事半功倍的效果。

（三）实施结果对实践有明确指导意义

通过该评价体系的建立和实施，我们既可对某地区生活性服务业的发展水平进行总体评价，更可通过模型分析结果对各个地区的单项服务产业进行对比研究，进而对该地区产业结构的发展现状和存在问题提出明确的指导意见，方便政府制定合理的产业资源配置方案，同时也方便企业对产业发展机会有及时的了解和掌握，对实践具有非常明确的指导意义。

五、结束语

由于历史传承及生活性服务业自身特征等原因，本文对生活性服务业相关数据的统计不够完全，对其直接进行定量分析难度较高。笔者考虑到消费者对生活性服务业所涵盖的行业有切身感受，而且从消费者着手可以取得一级数据作为研究的数据，更具备真实性。因此，本文特意转换视角研究生活性服务业，以消费者对其所居住地区生活性服务业的满意度来间接反映该地区生活性服务业发展的水平和阶段。

文中首先对生活性服务业研究内涵进行界定和厘清，在此基础上构建生活性服务业消费者满意度评价指标体系，并据此制作调查问卷取得数据，然后将数据整理后运用灰色模型对集美区生活性服务业的消费者满意度进行综合评价，比较分析集美区主要三个街道的消费者满意度大小，最后指出了集美区生活性服务业的优势和不足。

本文的创新之处在于以消费者满意度的视角来研究生活性服务业，将灰色模型和熵值法结合起来对集美区生活性服务业的消费者满意度进行综合评价。而本文同样存在不足之处，在建立生活性服务业满意度指标体系的过程中，由于前人理论研究的缺乏，理论依据还有待进一步完善，评价指标体系中也存在一些主观性过强的问题，在下一步的研究中将加入顾客期望及感知价值的内容。

参考文献

[1] 俞华. 高度关注，采取措施，加快生活性服务业发展 [J]. 中国经贸导刊，2012：27－30.

[2] 路红艳. 加快创新我国生活性服务业发展模式 [J]. 中国经贸导刊，2013：38－40.

[3] 胡雪峰，刘波. 简说北京的生活性服务业 [J]. 社科之窗，2008：71.

[4] 申朴，刘康兵. 上海生活性服务发展水平及结构状况：基于投入产出表的国际比较分析 [J]. 世界经济之源，2013（1）：41－52.

[5] 徐峰. 基于模糊评价的现代服务业综合发展水平评价体系研究 [D]. 华中科技大学博士学位论文，2006.

[6] 李朝鲜，李宝仁. 现代服务业评价指标体系与方法研究 [M]. 北京：中国经济出版社，2007.

[7] 邓泽霖等. 我国现代服务业评价指标体系及实证分析 [J]. 技术经济，2012（10）：60－63；105.

[8] 孙金富. 上海市社区服务与发展指标体系研究 [M]. 上海：社会科学院出版社，1992.

[9] 中国城市基本公共服务力评价蓝皮书系列 [M]. 北京：社会科学文献出版社，2012－2013.

[10] 邓仲华等. 信息资源云服务的质量评价指标研究 [J]. 图书与情报，2012（3）：12－15.

[11] 赵红. 城乡基本医疗卫生服务均等化评价指标研究 [D]. 杭州师范大学硕士学位论文，2012.

[12] 程兰芳，毕曦. 我国高教服务全过程评价指标体系及实证研究 [J]. 国家教育行政学院学报，2014（9）：40－46.

[13] 乔海燕. 基于AHP法的旅游公共服务评价指标体系研究 [J]. 中南林业科技大学学报，2012（6）：19－22.

[14] 连漪，汪侠. 旅游地顾客满意度测评指标体系的研究及应用 [J]. 旅游学刊，2005（5）：9－13.

[15] 王恩旭，武春友. 基于灰色关联分析的入境旅游服务质量满意度研究 [J]. 旅游学刊，2008（11）：30－34.

[16] 丁文辉. 基于居民满意度的社区商业设施评测模型研究 [M]. 哈尔滨：东北林业大学出版社，2010－11.

[17] 何亮，李军. 行政服务满意度测评研究综述 [J]. 时代金融，2010（7）：56－58.

[18] 郭继志等. 城市社区卫生服务患者满意度评价指标体系构建研究 [J]. 中国卫生事业管理，2012（4）：248－250.

[19] 易秋香，汪建刚. 基于顾客的第三方物流服务商满意度评价指标体系的构建——以淘宝网为例 [J]. 长春理工大学学报，2012（11）：134－135.

[20] 李维涅，詹卫雪. 基于因子分析的海口市零售药店消费者评价指标研究 [J]. 中国执业药师，2013（8）：37－41.

[21] 张梅. 航空物流客户满意度评价指标体系研究 [J]. 铁道运输与经济，2013（6）：93－96.

[22] 尹聪聪等. 基于乘客感知的城市轨道交通客运服务质量评价指标研究 [J]. 城市轨道交通研究，2014（6）：78－83；89.

纵向整合与提高生产率水平

——来自中国制造业企业的证据

任曙明　郭　彤　叶　梦

（大连理工大学管理与经济学部　大连　116024）

一、引言

产业组织领域一个重要的典型事实是，纵向整合（Vertical Integration）作为一种竞争策略，能够帮助企业培育竞争优势、确立垄断地位、获取高额利润[1-4]。然而，在实际生活中，纵向整合的经济效果却表现出有悖于理论的特征，即整合策略并未给企业带来预期的竞争力改善。例如，2010年4月，惠普收购Palm，意在获取WebOS操作系统。结果是该系统在苹果与安卓的挤占下濒临流产；同月，手机制造商黑莓收购操作系统开发商QNX，以期对抗苹果和三星庞大的手机软件开发群体，但以该系统为主要卖点的手机销量却十分惨淡。2007年10月，诺基亚收购数字地图供应商Navteq，旨在导航领域获取新的盈利点。事与愿违，诺基亚不仅在导航领域增长甚微，核心业务也大幅萎缩。不难发现，上述整合策略未能助力企业的利润增长及市场份额扩大，效果堪忧。

纵观国内，整合困局同样困扰诸多企业。以LED行业为例，上游芯片市场毛利率低、竞争趋于白热化，促使对下游照明企业的整合持续发酵。即便如此，亿元级的芯片企业停产歇业亦同步上演。在零售行业，乐客多的整合失利即是由于过度强调对上游饲料产业、乳品产业以及下游零售业的大力扩张。那么，在我国，期望通过实施纵向整合改善制造业部门竞争力从而引导企业突破低端困境，是否可行？基于此，本文拟对纵向整合的经济效果开展实证检验，但更关注全要素生产率这一微观效应。原因在于，生产率反映了企业通过技术进步持续发展的能力，历来被认为是企业间所存在的主要异质性；且从经济学角度看，是企业最应当重视的竞争力指标[5]。至此，企业面临的整合困局引发思考：企业生产率的作用效果是否与整合程度高低相关？如果整合程度不同，对企业生产率的影响是否呈现异质性？是否存在一个最优的纵向整合程度，使得企业能够获得最显著的生产率改善？对这些问题的科学检验和阐释，不仅能弥补对整合效果的研究，还能为政府制定产业调整与规制政策、改善整合效果提供明晰的政策含义。

［作者简介］任曙明，大连理工大学经济学院教授，博士生导师；郭彤，大连理工大学产业经济学硕士研究生；叶梦，烟台大学学生。

二、纵向整合对企业生产率的作用效果

纵向整合对企业生产率正向作用来源于两个方面。第一，纵向整合有助于增强企业的 R&D 投资激励，进而提高生产率水平。在一个纵向产业结构中，实施纵向整合的上（下）游企业将通过提高下（上）游未整合企业的转换成本（Switching Cost）、施加恐吓效应（Intimidating Effect）等方式抑制其 R&D 投资，增强自身的 R&D 投资激励[9,10]。这无疑将有助于企业提高生产率水平。例如，Atalay 等[11]通过检验上、下游企业间货运量与纵向所有权（Vertical Ownership）的关系发现，50% 的上游工厂与其下游工厂之间不存在货物运输，且实施纵向整合的企业其生产率要显著高于同业者（Cohorts）。笔者认为，企业实施整合旨在上、下游之间传递无形的中间投入品（Intangible Input），比如研发信息、技术诀窍、知识产权等，它们都以信息为基础、难以在独立的上游与下游企业间传递。最终，生产率受纵向整合的"传递"作用而得到改善。

第二，整合的实施有利于企业扩大生产规模，从而能够利用规模经济，实现生产率的改善。从微观角度看，生产的规模经济越重要，生产过程就越有可能囊括多个环节，整合程度就越高。以美国航空业为例，大型航空公司或以签订合约形式使用及管理支线航空，或拥有属于自身的支线航空公司。Forbes 和 Lederman[12]通过考察美国航空公司实施纵向整合对其运营绩效（Operational Performance）的影响发现，当航空公司主干航空（Mayor Airline）整合下游支线航空（Regional Airline），其运营绩效得到改善；且在恶劣天气以及机场拥堵的情形下，改善效果越发显著。从本质上，这源于企业在生产规模扩大后所拥有的更广泛调度能力。此外，Broedner 等[13]、Novak 和 Stern[14]、Hortacsu 和 Syverson[15]的研究也得出相同结论。

整合也会对生产率带来负向效果。其一，整合带来的企业规模扩大导致管理问题频发，并且一个生产部门的亏损也将牵连其他部门[16]。其二，以技术创新为主要推动力的经济增长方式要求企业具备"高、精、尖"的专业化生产模式，一味扩张产业链将导致企业失去专注发展的资本。其三，市场经济体制的完善极大降低企业的市场交易成本，使企业以外包形式从事部分生产活动成为更优质的选择。例如，李青原[17]首次以我国新兴与转轨经济为背景，检验了纵向整合程度对企业生产率的影响情况，并对影响纵向整合程度的诸多因素如契约实施强度、价格的不确定性以及政府对原材料供应行业的规制政策进行了检验。最终发现纵向整合显著降低了企业生产率。笔者认为，这主要归因于日益发展的市场经济体制。Jiang 等[18]的研究也得出相同结论。

由此可知，纵向整合对企业生产率的影响是不确定的。并且，管理问题爆发的可能性、产业链扩张程度以及规模经济等问题，均是在企业整合程度更高的情况下更有可能发生，从而，整合对企业生产率的不确定性影响可能会与企业整合程度的高低密切相关。更为重要的是，不同程度的整合对企业生产率的影响应该具有差异性，即可以猜测，整合程度高的企业，其生产率的边际变化应与整合程度低的企业存在显著差异。因此，本文核心论点是：纵向整合实施程度的高低会显著影响企业的生产率水平；并且，依赖程度不同，影响效果呈现异质性。

三、研究方法与数据

（一）数据来源及处理

由于本文研究对象为 2007～2011 年中国沪、深两市制造业 A 股上市企业，因此企业层面数

据均来源于 RESSET 数据库和国泰安的 CSMAR 中国上市企业财务报表数据库，缺失数据则由巨潮网公布的上市企业年报予以补充。根据《国民经济行业分类代码》可知，制造业共涵盖十一个子行业。为保证数据的完备性和准确性，本文将对样本数据所存在的错漏值进行如下处理：①由于采用 ACF 法估计生产函数时，需要滞后期变量，且要求数据为平衡面板结构，因此剔除 2006～2011 年中退市的企业；②考虑到企业财务状况的稳定性，剔除 2006～2011 年中 ST、＊ST、PT 以及财务数据不可得的企业；③删除劳动报酬总额、主营业务成本、应交税金等为负的错误记录；④删除企业增加值、中间投入等间接计算所得为负的记录；⑤以 2006 年为基期，对样本数据进行平减。最终，共得到样本数据 2230 个。

（二）纵向整合的测算

在更多的国内研究中，纵向整合被称作"纵向一体化"。但是，一方面，一个吞并了上游或下游的企业，可能无力对这些企业实施完全的控制，因为在一个纵向结构中，某些决策必须被授予上、下游部门；另一方面，通过一些包含"纵向约束"（Vertical Restraints）的契约，如特许经营权等，同样能够实现纵向控制的目的[19]。因此，本文使用"纵向整合"进行表述，郑方[20]、吴利华等[21]、周勤等[22]持相同观点。

目前，纵向整合测算方法主要有主辅分离法、投入产出法和价值增值法三种，本文依照王冬和吕延方[23]对价值增值法的改良，进行了整合程度测算。所以选用该方法，理由如下：

（1）主辅分离法借助于辅助工种中雇佣人数与企业雇佣总人数的比率，或者辅助产品销售额与总销售额的比率，描述企业的整合程度。此方法适用于样本行业较为单一、产品的主辅性质较容易区分的情形。由于本文样本共涵盖十一个制造业子行业，样本数目大，且目前国内尚无该领域的研究给予本文界定主辅产品的借鉴，可行性差，因此本文未选择该方法。

（2）投入产出法主要针对生产作业集中于一个产业中的企业，利用各产业间的投入产出关系和企业在各产业的市场份额数据计算企业的纵向整合程度。目前，以 Davis 和 Morris[24] 发展的 Davis - Morris 指数法应用较为广泛。之所以本文没有采用，是因为该方法需要得到企业在不同产业的市场份额数据，而在《国民经济行业分类》三位码的产业划分下，计算每个产业的市场份额数据并不现实。此外，该方法依赖两个严格假设：产业中所有企业间的相关系数是相同的，任意企业的内部交易都优先于市场交易，这在实际中也是很难满足的。

（3）Fan 和 Lang[25]、Fan 等[26] 作为前沿的整合测算方法，克服了 Davis - Morris 指数法所依赖的严格假设，且突破了小样本测算的瓶颈。该方法的基本原理及方法为：第一，计算纵向相关系数 V_{ij}（Vertical Relatedness Coefficient）。投入产出表中的直接消耗系数 v_{ij} 和 v_{ji} 意味着 i 和 j 产业中的生产活动被整合进入一个企业的概率，据此定义 i 和 j 两个产业的纵向相关系数：$V_{ij} = \frac{1}{2}(v_{ij} + v_{ji})$。第二，计算企业每项生产活动的销售收入占销售总收入的比例 ω_i。由于投入产出表和上市企业年报的编写均遵照《国民经济行业分类》的编码办法，因此，可通过上市企业年报中所披露的"主营业务收入"这一科目人工搜集并计算得到 ω_i。第三，计算纵向整合程度：$V = \frac{1}{n-1} \sum_{i=1}^{n} \omega_i \sum_{j \neq i} V_{ij} \delta_{i,j}$。其中，n 代表企业在几个产业内拥有主营业务收入，$\delta_{i,j}$ 为二值变量，当企业在 i 和 j 两个产业内都有主营业务则取值为 1，否则取 0。根据上述过程，本文测算 2230 个样本的纵向整合程度，但是所得结果为零的样本共 1060 个，比例高达 47%。由于广义倾向得分匹配方法中的处理变量（即纵向整合）要求数据为连续型，因此零值过多将影响估计结果的准确性。本文分析，之所以出现过多的"零值"样本，归结于年报中对主营业务的披露是依照《国民经济行业分类》中三位码的行业划分进行的，导致在更细层次上的主营业务无法被囊括。

即便企业在 i 和 j 两个四位码产业内都有生产活动，$\delta_{i,j}$ 的取值仍然为 0。

价值增值法由 Adelman[27] 提出。其基本原理是：当企业前向整合时，对下游经销商企业会形成需求；当企业实施后向整合时，对上游原料供应商会形成需求。如果把企业内部交易外置于各个企业之间，那么，企业纵向产业链上各环节的增加值与总销售额的比值就会增加，这个比值就意味着企业的纵向整合程度。王冬、吕延方[23] 依据价值增值法的原理，以年度营业总收入表征企业的总销售额，进行了整合程度的测算。具体而言，企业的纵向整合程度以企业增加值与企业年度营业总收入比值来衡量。其中，年度营业总收入可由数据库直接获得，企业增加值的测算方法将在生产率测算部分一并说明。本文按照该步骤进行测算，发现 2230 个样本的整合程度连续性较好，零值样本较少，符合下文实证方法要求。

（三）全要素生产率的测算：ACF 法

全要素生产率测算的难点是存在两个偏差问题：生产率与各投入要素相互决定的偏差（Simultaneity Bias）和企业自我决策行为所导致的样本选择性偏差。为尽可能消除以上两种偏差，现有研究对生产率测算多借鉴 Olley 和 Pakes[28]（以下简称 OP 法）和 Levinsohn 和 Petrin[29]（以下简称 LP 法）的研究。OP 法基于结构模型提出的半参数估计方法，使用投资作为不可观测的生产率的代理变量，一方面较好地控制了企业固定资产投资决策和生产率直接的相互决定所引起的内生性问题，同时有效解决企业选择进入抑或退出市场的自我决策行为所导致的样本选择性偏差。LP 法则建议使用企业的中间投入品作为生产率的代理变量。理由是，投资的调整成本高、灵活性差，难以平滑地对企业生产率变动做出反应。ACF 法则考虑到劳动投入的决策往往优先于中间投入品的决策，并且在很多行业中其可变性弱于中间投入，遂将劳动投入引入企业的中间投入品函数，进一步完善了 LP 方法，成为生产率测算领域最为前沿的方法。本文以 ACF 方法的测算结果为主，并使用 LP 方法的测算结果进行稳健性检验。

依照 ACF 法，首先将生产函数假设为柯布—道格拉斯（Cobb – Douglas）函数形式，技术进步为希克斯中性（Hicks – neutral）：

$$\upsilon_{it} = \beta_l l_{it} + \beta_k k_{it} + \omega_{it} + \varepsilon_{it} \tag{1}$$

其中，υ_{it} 为企业 i 在 t 期的增加值取对数，l_{it} 代表可变劳动投入的对数，k_{it} 为资本存量取对数，ε_{it} 是与各投入要素无关的随机误差，并定义 ω_{it} 为企业的全要素生产率。由于在实际生产中劳动投入决策往往先于中间投入品决策，且很多行业劳动投入的可变性弱于中间投入，例如，企业需要一定的时间来招聘和培训新员工，解雇员工前需要预先通知等。因此，企业针对中间投入的决策往往依赖于资本投入、劳动投入以及生产率。设企业中间投入品的投入函数为：

$$m_{it} = m(\omega_{it}, k_{it}, l_{it}) \tag{2}$$

且中间投入品的需求是关于生产率的严格递增函数，那么，生产率可以用中间投入品需求函数的反函数表示为：

$$\omega_{it} = \omega(m_{it}, k_{it}, l_{it}) \tag{3}$$

代入（1）式可得：

$$\upsilon_{it} = \beta_l l_{it} + \beta_k k_{it} + \omega_{it} + \varepsilon_{it} = \phi(k_{it}, l_{it}, m_{it}) + \varepsilon_{it} \tag{4}$$

其中，$\phi(k_{it}, l_{it}, m_{it}) = \beta_l l_{it} + \beta_k k_{it} + \omega(m_{it}, k_{it}, l_{it})$，可以采用非参数方法对未知函数进行拟合。接下来，本文选用三次多项式进行逼近，具体为：

第一阶段，得到无偏估计 ϕ，它是滤除随机误差的净工业增加值。给定时间 t，并将生产率写作参数 β_l 和 β_k 的函数：

$$\omega_{it}(\beta_k, \beta_l) = \hat{\phi} - \beta_l l_{it} - \beta_k k_{it} \tag{5}$$

第二阶段，利用 GMM 估计，借助两个独立的矩条件来识别参数 β_l 和 β_k。假设生产率服从一阶马氏过程：

$$\omega_{it} = E(\omega_{it}|I_{it-1}) = E(\omega_{it}|\omega_{it-1}) + \xi_{it} \tag{6}$$

且资本投入 k_{it} 在初期决定、劳动投入 l_{it} 决策与当期生产率相关但与滞后一期生产率无关，得到下述两个矩条件方程：

$$E\left[\xi_{it}\binom{k_{it}}{l_{it-1}}\right] = 0 \tag{7}$$

最后对（7）式采用两阶段 GMM 估计。

依据上述步骤可知，所需数据为企业增加值、中间投入、劳动投入以及资本投入。其中，劳动投入以上市企业的应付职工薪酬衡量，资本投入以固定资产净额衡量，这两项数据均可从数据库直接获得。对于企业增加值和中间投入，可以利用两种方法计算[5]。

第一，生产法。中间投入 = 主营业务成本 + 诸费用（管理费用 + 销售费用 + 财务费用）－本期固定资产折旧 － 劳动报酬总额。

第二，收入法。增加值 = 固定资产折旧 + 劳动报酬总额 + 主营税及附加 + 主营业务收入。其中，劳动报酬总额，采用"支付给职工或为职工支付的现金总额"这一指标衡量。

理论上，上述两种方法的计算结果应该一致，即生产额（以"主营业务收入"衡量）与中间投入之差等于增加值。但是，由于无法保证企业财务报告数据真实和准确，导致实际测算结果显示，二者之间存在 5% ~ 10% 的偏离。为尽可能减小误差，本文使用上述两种方法计算结果的平均值作为中间投入。

（四）广义倾向得分匹配法

本文使用广义倾向得分匹配法进行实证研究，主要基于以下两方面考虑：第一，已有文献虽然对纵向整合的作用效果做出了回答，但是长期困扰该领域研究的一个问题：纵向整合决策与生产率之间的内生性，并未得到很好解决。现实生活中，存在一些无法观测的变量同时影响纵向整合和生产率，在此情况下传统的 OLS 回归结果是有偏的。Forbes 和 Lederman[12]、李青原[17]均注意到该问题的存在，选择使用工具变量法进行处理。广义倾向得分匹配方法通过对匹配变量选取的独立性检验，排除不可观测因素所造成的混杂偏倚（Confounding Bias），使得本文可以准确刻画纵向整合对生产率的单向因果效应。

第二，在考虑整合和未整合带来的生产率差异时，一个关键问题在于，对一个企业而言，客观上只能获得整合和未整合两种状态之一。换言之，对于一个实施整合企业来说，我们无从得知其在没有整合这种假定情况下发展到该年的真实生产率水平。因此，当已有文献使用 OLS 方法考察纵向整合对企业生产率的影响时，结果的准确性面临样本选择性偏差的威胁。本文所使用的广义倾向得分方法，其蕴含的匹配得分思想，通过模拟出"反事实的情形"，消除了上述选择性偏倚（Selection Bias）。

广义倾向得分匹配法（Generalized Propensity Score Matching Method，GPS）所蕴含的倾向得分思想源于 Neyman[30]、Rubin[31]，通常被称为因果关系的 Neyman - Rubin 反事实框架（Neyman - Rubin Counterfactual Framework of Causality）。所谓反事实，是指在原因不存在的情况下会发生的潜在结果或者事件状态。因此，对于处在干预状态的成员而言，反事实就是处在控制状态下的潜在结果；对于处在控制状态的成员而言，反事实就是处在干预状态下的潜在结果。

传统倾向得分法由 Rosenbaum 和 Rubin[32] 提出，目前最广泛应用于检验出口与生产率之间的关系。由于传统的倾向得分匹配方法仅限于处理自变量为二元变量（取值仅为 0 和 1），具体到本文，即将企业依据是否实施整合策略划分为整合企业和未进行整合企业两组。但是，鉴于整合企业的纵向整合度有高低之分，且我们期望研究整合程度高低对企业生产率是否构成异质性影响，并探寻是否存在一个最优纵向整合水平，使企业能够获得最优的生产率。为达到该目标，本文选取 Hirano 和 Imbens[33,34] 提出的广义倾向得分匹配法。该方法将传统倾向得分法中的二元变量扩展为连续型变量，恰可以处理本文纵向整合为连续变量的情况。具体为：

第一步，选择匹配向量，估计处理变量的条件概率密度分布，计算广义倾向得分。假设连续型处理变量（Treatment Variable）D 在区间 $\overline{D} = [d_0, d_1]$ 取值，对于样本中的每个企业 i，其在匹配向量 X_i 条件下的期望值由下式给出：

$$E(D_i \mid X_i) = F(\beta X_i) \tag{8}$$

其中，D_i 表示第 i 个企业的纵向整合程度；X_i 表示第 i 个企业的匹配向量，即纵向整合程度的决定因素，如资产专用性水平等；结果变量（Outcome Variable）Y 代表企业生产率。假设，处理变量 D 服从正态分布，那么，函数 $F(\beta_i X)$ 可以表示为如下形式：

$$F(\beta X_i) = \frac{1}{\sqrt{2\pi}\sigma} \int_{-\infty}^{\beta X_i} e^{-\frac{(t-\mu)^2}{2\sigma^2}} dt \tag{9}$$

通过最大似然估计，可以得到参数 σ 和 μ 的估计值。并在此基础上，计算出第 i 个观测值的概率密度函数，作为广义倾向得分指数（GPS）$\hat{S}_i$，即：

$$\hat{S}_i = \frac{1}{\sqrt{2\pi\hat{\sigma}^2}} \exp\left[-\frac{1}{2\hat{\sigma}^2}(\hat{\beta} X_i - \mu)^2 \right] \tag{10}$$

第二步，将结果变量 Y_i 表示为处理变量 D_i 和广义倾向得分指数 $\hat{S}_i$ 的回归函数，如下：

$$E(Y_i \mid D_i, \hat{S}_i) = \alpha_0 + \alpha_1 D_i + \alpha_2 D_i^2 + \alpha_3 D_i^3 + \alpha_4 \hat{S}_i + \alpha_5 \hat{S}_i^2 + \alpha_6 \hat{S}_i^3 + \alpha_7 D_i \hat{S}_i \tag{11}$$

并利用 OLS 进行回归。在实际回归方程的构建过程中，是否加入 D_i 和 $\hat{S}_i$ 的平方项、立方项以及交叉项，视具体估计结果而定。在该步骤中，α_0 不具有任何经济意义，仅关注其他估计系数的值。

第三步，利用（11）式估计的回归系数构建"剂量反应函数"（Dose – Response Function）：

$$E[\hat{Y}(d)] = \frac{1}{N} \sum_{i=1}^{n} [\hat{\alpha}_0 + \hat{\alpha}_1 d + \hat{\alpha}_2 d^2 + \hat{\alpha}_3 d^3 + \hat{\alpha}_4 \times \hat{S}(d, X_i) + \hat{\alpha}_5 \times \hat{S}(d, X_i)^2 + \hat{\alpha}_6 \times \hat{S}(d, X_i)^3$$
$$+ \hat{\alpha}_7 \times d \times \hat{S}(d, X_i)] \tag{12}$$

其中，N 为处理变量 D 在 d 水平所对应的观测值个数。在每一个处理变量水平（即企业纵向整合）d，首先计算广义倾向得分指数 $\hat{S}_i$，进而模拟其所对应的 N 个观测样本期望结果的平均值。将整个 [0, 1] 区间内的期望值连接起来，即可得到纵向整合对生产率的剂量反应函数图。

（五）变量的描述性统计

为了解企业整合程度的高低是否带来生产率水平的差异，本文首先观察企业在不同纵向整合程度的分布。为此，首先对 2007～2011 年中国制造业上市企业的纵向整合进行核密度估计（Kernel Density Estimation），如图 1 所示。核密度估计作为非参数检验方法之一，不需要事先假定整合程度分布的形式。其基本思想是，使用整合程度的数据，通过一系列光滑的核函数，得到概率密度函数的近似估计。不难发现，在 2007～2011 年中企业纵向整合程度的分布基本类似，即呈现明显的偏态分布，且集中在 [0, 0.5] 区间内。以 2007 年为例，纵向整合程度在 0.1 左右浮动的企业数目最多。

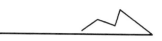

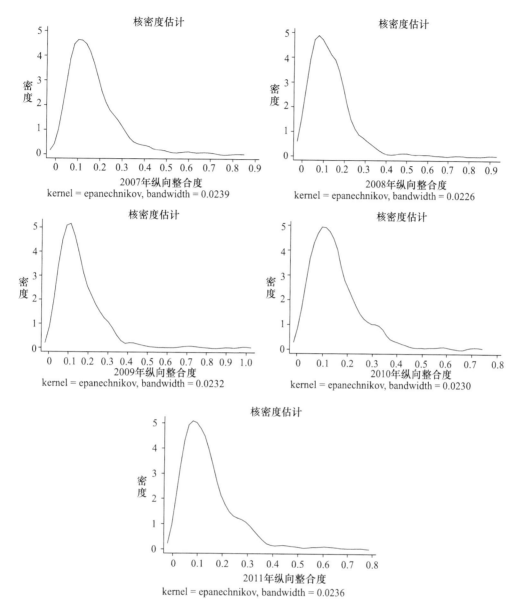

图1　2007～2011年中国制造业上市企业纵向整合的核密度估计

由于分别使用 ACF 法和 LP 法测算了 2007～2011 年 2260 家中国制造业上市企业各年生产率，接下来将展示各年的均值和标准差，如表1所示。依据该统计结果，可以发现两个特点。其一，相比 LP 法，使用 ACF 法测算得到的生产率在每个年度的平均值都要高；其二，在 2010 年和 2011 年两个年度，两种方法所得到的生产率均位于五个年度的前两位。

表1　2007～2011 年中国制造业上市企业全要素生产率统计：分年份

年份	ACF 生产率		LP 生产率	
	均值	标准差	均值	标准差
2007	9.9233	1.3694	5.7059	0.6151
2008	9.7480	1.3664	5.6236	0.6788
2009	9.9050	1.4293	5.6681	0.6965
2010	10.2265	1.5224	5.8594	0.5588
2011	10.3183	1.5547	5.9033	0.6382

考虑整合程度不同，生产率水平可能也会有所差异，本文将 [0, 1] 的整合分布范围从小到大依次划分为十个子区间，分别考察在每个子区间内生产率的均值与方差，如表2所示。不难发现，生产率的均值并未随整合程度增加而呈现单调上升趋势，而是在 [0.8, 0.9] 这个区间内，两种方法的测算结果均开始下降。

表2　2007~2011年中国制造业上市企业全要素生产率统计：分区间

纵向整合区间	观测值个数	ACF 法		LP 法	
		均值	标准差	均值	标准差
[0, 0.1]	841	9.9819	1.3471	5.5523	0.6880
[0.1, 0.2]	878	9.9717	1.4857	5.7630	0.5473
[0.2, 0.3]	312	10.0440	1.5509	5.8835	0.5353
[0.3, 0.4]	116	10.3002	1.5842	6.1184	0.5256
[0.4, 0.5]	38	10.3428	1.4384	6.4725	0.5546
[0.5, 0.6]	18	10.3695	1.6752	6.5757	0.6501
[0.6, 0.7]	12	10.4787	2.0235	6.6172	0.6490
[0.7, 0.8]	10	12.0445	2.3206	7.4263	0.3300
[0.8, 0.9]	1	9.2003	——	6.7832	——
[0.9, 1]	4	10.1240	1.3605	6.8860	0.6473

四、纵向整合影响企业生产率的实证研究：面板回归

（一）生产率的影响因素及变量选择

企业间生产率差异主要来源于两方面[35,36]：一是企业内部特征，例如，企业规模、管理实践等；二是企业所处的外部环境，例如，外部融资环境、市场竞争以及要素市场灵活度等。结合数据的可得性，本文选择企业规模（Size）、企业年龄（Age）、总资产周转率（Manage）、资产负债率（Leverage）、资本密集度（Rasset）和是否有利息支出（Loan）作为控制变量，刻画企业的生产率水平。

之所以选定上述因素作为控制变量，主要基于如下考虑：①企业规模。从规模经济角度看，企业规模是导致企业生产率异质性的主要来源之一。一般地，同行业中规模越大的企业，其获取生产、研发、营销费用等边际成本降低型规模经济的能力越强，生产率也就越高[37]。可表征企业规模的指标包括企业总资产、销售收入以及员工总人数等，本文选择员工总人数这一指标。②企业年龄。已有研究表明，企业年龄显著地影响企业生产率水平，但影响方向却不一致，包括负向关系[36]、正向关系[37]以及 U 形关系[38]，因此本文不对该变量的系数做预先假定。③总资产收益率。企业的管理者拥有对劳动、资本以及中间投入品进行组织安排以开展生产活动的权利，因此，管理实践的质量对企业生产率有显著影响[35]。总资产周转率作为考察企业资产营运效率的一项指标，体现企业经营期间全部资产从投入到产出的流转速度，能够反映企业全部资产的管理质量。因此，本文选择资产收益率来表征企业管理实践的质量。④资产负债率。资产负债

率体现企业总资产中通过负债筹集的比例，反映企业的资产负债情况，是影响企业生产率的因素之一[36]。但是，其影响方向并未得到统一结论。⑤资本密集度。依据吴延兵[39]，资本密集度高，代表该行业进入壁垒高，将限制市场竞争，导致企业生产率降低。⑥利息支出。企业能否获得外部金融机构支持与企业生产率呈现显著相关[38]。因此，本文选取企业是否有利息支出来表征企业外部融资环境的优劣。

此外，对企业生产率水平构成影响，但本文未能囊括的关键因素还包括研发投入和人力资本。具体地，研发能力是企业获取自主进步型生产率、引进生产技术后自我吸收与改进、持续提高生产率的重要方式，本文未将其纳入的原因在于：针对现有研究中两种主要的研发投入测算方法（研发投入费用/营业收入、科技活动人员/企业员工总数），上市企业未公布其科技活动人员数目，研发投入费用的系统公布则是从 2009 年开始，之前仅有部分企业披露；对于人力资本的考察，其核心在于对企业员工平均受教育水平的衡量[40]。一方面，囿于上市企业披露数据有限，本文未能进行测算；另一方面，平均受教育水平的测算需要使用员工人数这一数据，这将导致人力资本与企业规模两个变量出现多重共线性。

其中，各变量的测算方法及统计性描述如表 3 所示。

表 3 变量的测算方法及统计性描述

变量	含义	测算方法	均值	标准差	最大值	最小值
TFP_{it}	全要素生产率	ACF 法	10.0242	1.4649	15.8791	6.3054
TFP_{it}	全要素生产率	LP 法	5.7520	0.6481	8.2989	0.8690
VI_{it}	纵向整合	企业增加值除以年度营业总收入	0.1513	0.1175	1	0
$Size_{it}$	企业规模	职工总人数取对数	8.0440	1.0029	11.6385	3.3673
Age_{it}	企业年龄	当年年份减去企业成立年份并取对数	2.6029	0.3328	4.2341	1.3863
$Manage_{it}$	总资产周转率	销售收入除以平均资产总额	3.8024	3.2873	32.9412	0.2871
$Leverage_{it}$	资产负债率	负债总计除以资产总计	0.4839	0.1692	0.9569	0.0510
$Rasset_{it}$	资本密集度	资本与劳动投入之比	0.4441	0.3276	3.4831	0.0304
$Loan_{it}$	利息支出	有利息支出定义为1，其他为0	0.0090	0.0943	1	0

（二）纵向整合与企业生产率是否存在反向因果：自我选择效应的检验

纵向整合决策一般由经营绩效较好、对前景较为乐观的企业做出。例如，Atalay 等[11]发现，纵向整合对生产率的影响更多源于高生产率企业的自选择，而非来自纵向整合对生产率的单向因果效应。这意味着，纵向整合与生产率之间的联立性，导致二者互为因果。这就引发我们思考，整合程度不同的两类企业之间，其生产率的这种差异是"何时"以及"如何"产生的。换言之，我们希望考察是否在整合实施之前，那些潜在的企图实施整合的企业已经表现出较高或者较低的生产率？抑或是相反，企业是在整合之后其生产率才表现出显著的升高或者降低的迹象。如果样本中的确存在上述问题并使用传统的 OLS 方法进行估计，将导致结果出现错误。但从目前的研究状况看，尚无文献对样本是否存在这种自我选择效应进行检验。本小节则在使用 OLS 方法之前，首先借助于随机占优理论，对样本中可能存在的自我选择问题进行了检验，结果如表 4 所示。

首先，选取企业纵向整合中位数作为分界点，将高于该值定义为高整合度，将低于该值定义为低整合度。在此基础上，选取在第（t-3）期到第 t 期纵向整合度都为低的，定义为"持续低整合度企业"；选取第（t−3）期到第（t−1）期为低，但是第 t 期转型为高的企业，定义为"整合转型企业"，然后比较这两类企业在第（t−3）期生产率水平差异。

接下来，设立计量模型如下：

$$TFP_{i(t-3)} = \beta_1 VI_{it} + \beta_2 Size_{i(t-3)} + \beta_3 Age_{i(t-3)} + \beta_4 Manage_{i(t-3)} + \beta_5 Leverage_{i(t-3)} +$$
$$\beta_6 Rasset_{i(t-3)} + \beta_7 Loan_{i(t-3)} + \varepsilon_i \tag{13}$$

值得注意的是，囿于样本的时间跨度有限，为保证观察年份的连续性，只能选取 2010 年和 2011 年两年的横截面数据进行分析。其中，将企业 2010～2011 年在第（t−3）期的生产率（即 2007 年和 2008 年）作为因变量，以代表企业在第 t 期纵向整合的虚拟变量为解释变量（高整合度为 1，低整合度为 0）。

表4　第（t−3）期企业生产率水平比较

	2010 年		2011 年	
	估计系数	T 统计量	估计系数	T 统计量
VI	− 0. 1939	− 0. 11	1. 0172	0. 56
Size	0. 4412 ***	5. 48	0. 5381 ***	7. 48
Age	0. 3808 *	1. 86	0. 0426	0. 22
Manage	0. 0792 **	2. 43	0. 1141 ***	4. 15
Leverage	− 0. 3216	− 0. 59	− 0. 7360	− 1. 58
Rasset	− 3. 3309 ***	− 4. 50	− 1. 4490 ***	− 3. 80
Loan	1. 8387 ***	2. 92	1. 5887 **	2. 48
Cons	6. 1307 ***	6. 94	5. 4557 ***	6. 89
N	143		168	
R^2	0. 5692		0. 5213	

依据表 4 可知，2010～2011 年两年代表整合度高低的虚拟变量估计系数均未通过显著水平为 10% 的检验，这说明，两类企业在第（t−3）期的生产率水平并没有差异，也就是说，并不存在企业在纵向整合程度提高之前已经出现了生产率水平提高的现象，即自我选择效应是不存在的。

为进一步验证该结论，本文基于随机占优理论，依次使用 T 检验和 Kolmogorov–Smirnov 检验，对两类企业在第（t−3）期的生产率水平进行比较，如表 5 所示。

由 T 检验结果可知，2010 年和 2011 年的 P 值均未通过 10% 的显著性水平检验，所以接受原假设，两类企业在第（t−3）期的生产率均值无差异，不存在自我选择效应。接下来使用更为严格的 K−S 检验方法，对两类企业生产率分布的总体差异进行检验。根据 K−S 检验的 P 值可知，接受原假设，2010 年和 2011 年两类企业在第（t−3）期的生产率水平来自于同一分布，这与上文中对两类企业生产率的计量回归以及 T 检验的结果相一致。

表5　高、低整合度企业的生产率比较

		2010 年	2011 年
持续低整合度企业：第 t 期仍为整合度低的企业	平均值	10. 2926	10. 2452
	标准差	1. 5067	1. 4014
转型企业：第 t 期整合度由低转高的企业	平均值	10. 8678	10. 7208
	标准差	1. 7587	2. 1735

续表

		2010 年	2011 年
T 检验原假设: 两类企业生产率均值无差异	P 值	0.2140	0.2976
Kolmogorov – Smirnov 检验原假设: 两组企业生产率来自于同一分布 第 t 期仍为整合度低的企业生产率分布占优 第 t 期整合度变为高的企业生产率分布占优	 P 值	 0.5010 0.2550 0.9700	 0.5870 0.3020 0.4940

综合上述分析可知,所得结论均与自我选择效应假设相悖,不存在生产率水平较高的企业在考察初期自我选择实施纵向整合策略,即自我选择效应是不存在的。

(三) 面板回归分析

本文将通过面板回归分析考察纵向整合是否能够显著影响企业生产率。首先,构建计量模型如下:

$$TFP_{it} = \beta_1 VI_{it} + \beta_2 Size_{it} + \beta_3 Age_{it} + \beta_4 Manage_{it} + \beta_5 Leverage_{it} + \beta_6 Rasset_{it} + \beta_7 Loan_{it} + \sum Year + \varepsilon_{it} \tag{14}$$

其中,$\sum Year$ 为年份控制变量,其他变量定义表3。

接下来对模型 (7) 进行混合回归 (见表6)。从回归结果看,调整后的 R^2 值分别为 0.4482 和 0.5814,表明本文所选的解释变量能够很好地拟合企业的实际生产率。进一步地,当使用 ACF 方法测算生产率时,纵向整合的估计系数为 3.17,且 P 值通过了 1% 的显著性水平检验。这表明,纵向整合程度每提高 1 个百分点,企业的生产率将增加 3.17 个百分点。企业规模和年龄的回归系数在统计上显著地大于零,对生产率具有正向效应,即公司规模越大、成立时间越长,生产率越高;管理实践的回归系数为正且高度显著,这与 Syverson[35] 的研究相一致;资产负债率符号为正,与财务杠杆效应一致,即税息前资金利润率高于负债的资金成本时,负债会给企业带来额外的收益;资本密集度的符号为负,表明我国制造业部门可能采用了资本过度密集的生产技术,这个结果与简泽[36] 的研究相一致;利息支出的系数符号为正,说明外部融资环境的改善能显著提升企业的生产率水平。

Beck 等[41] 证明,企业规模越大,可用于抵押、担保的资产越多,就更易契合当地政府提升 GDP、稳固就业形势,更加有可能获得金融机构的青睐而获得贷款。那么,企业规模与企业能否获得外部金融机构的贷款之间所存在的多重共线性问题,将导致估计结果不准确。本文的处理方法是:在计量模型中省略企业规模变量,加入利息支出变量的滞后一期和滞后两期进行重新回归 (限于篇幅,该结果本文未报告)。回归结果显示,企业生产率与利息支出变量仍呈现显著的正相关关系。

出于稳健性考虑,本文同时对 LP 方法所测算的生产率进行回归分析。结果显示,纵向整合程度每提高 1 个百分点,企业的生产率将增加 3.13 个百分点,且高度显著。与使用 ACF 方法相比,系数仅相差 0.04,这进一步说明了回归结果的可靠性。

表6 纵向整合对生产率的 OLS 回归

解释变量	被解释变量 TFP			
	混合回归		固定效应	
	ACF 法	LP 法	ACF 法	LP 法
VI	3.2057 ***	3.1081 ***	1.9912 ***	3.0433 ***
	(0.22)	(0.09)	(0.21)	(0.12)
Size	0.5431 ***	0.2195 ***	0.1755 ***	0.1266 ***
	(0.25)	(0.01)	(0.05)	(0.24)
Age	0.2809 ***	0.0056	1.1701 ***	0.5440 ***
	(0.07)	(0.03)	(0.11)	(0.06)
Manage	0.1034 ***	0.0641 ***	0.1030 ***	0.0605 ***
	(0.01)	(0.00)	(0.01)	(0.00)
Leverage	0.2357	0.0500	0.5366 ***	− 0.1638
	(0.16)	(0.06)	(0.1917)	(0.10)
Rasset	− 1.5166 ***	− 0.5725 ***	− 0.8217 ***	− 0.8198 ***
	(0.09)	(0.04)	(0.10)	(0.05)
Loan	1.3361 ***	− 0.2512 **	− 0.7937 **	0.3498 **
	(0.25)	(0.10)	(0.29)	(0.18)
Cons	4.5934 ***	3.4856 ***	4.9861 ***	3.0671 ***
	(0.26)	(0.10)	(0.32)	(0.20)
Year Dummies	控制	控制	控制	控制
N	2230		2230	
R²	0.4482	0.5814	0.4090	0.5677

注：*、**、*** 分别代表 P 值通过了 10%、5%、1% 的显著性水平检验，括号内为 T 统计量的数值，下同。

在混合数据模型中，虽然使用控制变量对企业特征进行控制，但仍可能存在非时变的遗漏变量（如企业产品的创新程度、融资约束等），这些变量我们通常难以观测，但同样对企业纵向整合与生产率回归结果的显著性构成影响。为使结果更具说服力，本文使用固定效应模型或者随机效应模型进行更进一步的检验，结果见表6第四、第五列。为此，本文进行了 Hausman 检验。结果显示 p 值为 0.0000，支持固定效应模型，且固定效应模型能够有效控制不随时间变化的异质性特征，估计结果也相对准确，因此表6仅报告了固定效应模型的估计结果。

在控制了不可观测的企业异质性特征后发现，两种方法计算的生产率水平均正向地受到纵向整合的影响，且通过了1%的显著性水平检验。以 ACF 方法为例，纵向整合程度每提高1个百分点，生产率水平提高 1.99 个百分点。

五、纵向整合影响企业生产率的实证研究：
广义倾向得分匹配法

（一）纵向整合影响因素及匹配变量选择

本文选取物质资产专用性、交易不确定性和交易频率作为刻画企业纵向整合的匹配向量。因为，交易成本经济学从交易类型的视角出发，提出影响企业纵向整合的三个关键因素：资产专用性、不确定程度和交易频率[23]。具体地：①物质资产专用性。资产专用性的重要性体现在，一方面资产专用性投资会产生准租金，从而衍生机会主义行为掠夺准租金的动机；另一方面，有限理性和契约的不完备性诱发重新谈判的高成本以及"敲竹杠"问题。因此，资产专用性投资的程度变化会正向影响企业的纵向整合。资产专用性包括：物质资产专用性、人力资产专用性、地点专用性以及设计专用性。考虑到数据的可得性，本文选取物质资产专用性来代替对整体资产专用性水平的考察。②交易不确定性。应对不确定性是企业经营所面临的主要问题。Williamson[42]认为，不确定性在一定条件下将对组织产生影响。但是，影响方向尚不能确定。③交易频率。Williamson[42]认为，对于反复发生的大额交易，为建立专用治理结构所花费的成本容易得到补偿。而交易频繁的专用交易，将会正向影响纵向整合；但 Menard[43]提出相反观点，认为频繁的交易会减少观察的时间，反而降低交易不确定性。因此，作为 Williamson[42]提出影响纵向整合的另外两个解释维度，由于过往研究并未对其影响方向得出一致结论，因此本文在此对其系数正、负性不做预先假定。此外，本文添加了表征企业特征属性的企业规模这一变量，以消除不同企业规模带来的差异性影响。匹配向量的测算方法及统计信息见表7。

表7　匹配向量测算方法及统计信息

变量	含义	测算方法	平均值	最小值	最大值	标准差
ASF	物质资产专用性	非流动资产合计/流动资产合计	1.1070	0.0550	10.4591	0.9416
UCF	交易不确定性	［t 期营业总收入 － （t－1）期营业总收入］／（t－1）期营业总收入	0.2357	－0.7970	8.7890	0.5228
TTF	交易频率	流动资产收益率 A	0.4480	0.0215	3.8637	0.2862
Size	企业规模	企业员工人数的对数值	8.0440	3.3673	11.6385	1.0029

通过以上估计结果可以发现，以上变量均通过了1%的显著性水平检验，由此说明了匹配向量选取的合理性（见表8）。并且，根据 K－S 检验的结果可知，以上估计通过了显著性水平为5%的正态分布，说明对于处理变量的正态分布假设是可行的。

表8　匹配向量回归结果

匹配向量	估计系数 $\hat{\beta}$	Z 统计量
ASF	0.1301 ***	10.40
UCF	0.0639 ***	3.01
TTF	－0.6550 ***	－15.70
Size	－0.0330 ***	－2.92

接下来，根据（3）式，可以计算出广义倾向得分指数 $\hat{S}_i$，其统计信息如表9所示。

表9　广义倾向得分指数的统计信息

统计量	平均值	最小值	最大值	标准差	25分位数	50分位数	75分位数
$\hat{S}_i$	0.5594	0.0004	0.7686	0.2122	0.4390	0.6340	0.7350

（二）剂量反应函数的设立与估计

依据前文分析，将企业生产率水平 Y 作为被解释变量，以企业的纵向整合 D_i 作为关键解释变量，以广义倾向指数 $\hat{S}_i$ 作为控制变量，并依据估计系数显著性，选择是否加入二者的平方项 D_i^2 和 $\hat{S}_i^2$、立方项 D_i^3 和 S_i^3、交叉项 $D_i S_i$，进行 OLS 估计。本文针对以上不同回归项的组合均进行了估计，结果如表10所示。最终，根据第五种形式，确定剂量反应函数如下：

$$E(Y_i \mid D_i, \hat{S}_i) = \alpha_0 + \alpha_1 D_i + \alpha_2 D_i^2 + \alpha_3 D_i^3 + \alpha_4 \hat{S}_i + \alpha_5 D_i \hat{S}_i \tag{15}$$

表10　剂量反应函数的估计系数

	D_i		D_i^2		D_i^3		$\hat{S}_i$		$\hat{S}_i^2$		$D_i\hat{S}_i$	
	系数	标准差	系数	标准差	系数	标准差	系数	标准差	系数	标准差	系数	标准差
①	2.6155***	0.38	—	—	—	—	0.9601***	—	—	—	−7.2416***	1.17
②	10.0597***	1.22	−10.4392***	1.62	—	—	1.5691***	0.25	—	—	−15.9314***	1.78
③	9.8706***	1.24	−10.0639***	1.71	—	—	2.0565***	0.73	−0.5269	0.74	−15.8438***	1.79
④	19.3079***	2.84	−39.2551***	8.09	21.7172***	5.89	0.8795	0.80	0.4879	0.79	−19.9984***	2.11
⑤	18.6067***	2.61	−37.2568***	7.41	20.4579***	5.52	1.3447***	0.25	—	—	9.0621***	2.04

（三）剂量反应函数图的绘制

使用前两步估计出的 GPS 值和回归系数，依据（5）式，计算 t 期每个样本在纵向整合程度 d 对应的期望值，即第（t+1）期的生产率水平。将整个 [0，1] 区间内的期望值连接起来，即可模拟出纵向整合对企业生产率的剂量反应函数图，如图2所示。

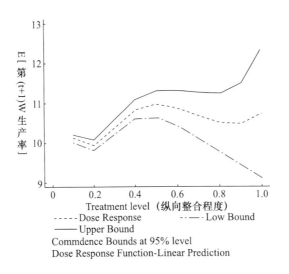

图2　剂量反应函数曲线

为获得更严谨结论，本文在此基础上进行更为严格的统计检验。具体地，首先计算企业在每个纵向整合程度的"成对处理效应"（Pairwise Treatment Effect），然后从总体上比较其对应期望生产率之间的差异。例如，分别选取 [0，0.2] 与 [0.2，0.5] 两个区间的纵向整合程度和期望生产率作为样本，依据传统的 T 检验，当设定显著性水平为10% 可以得到：取值分别位于上述两个区间的变量 Y（t_1）、Y（t_2），其均值差异的 T 检验 P 值为 0.0000，小于显著性水平。这说明，当整合程度的取值在拐点左、右两侧时，其生产率水平显著发生变化。

六、结论及政策建议

为帮助中国制造业企业突破在价值链低端徘徊，学者们提出，应通过实施纵向整合，打通产业链、向价值链高端攀升、实现产业转型和升级。在此背景下，本文以中国制造业上市企业为研究对象，通过考察整合程度不同给生产率水平带来的异质性影响，从实证角度回答了企业实施纵向整合能否改善生产率、培育竞争实力。

本文研究结论表明，纵向整合显著影响企业的生产率水平，并且，这种影响作用随整合程度不同，呈现异质性。具体来说：①在确保样本不存在自选择效应的基础上，所进行的面板回归结果表明，纵向整合显著影响企业的生产率水平，且以 LP 法为基础的稳健性检验，同样通过了1% 的显著性水平检验，进一步说明结果的可靠性；②存在一个最优的纵向整合程度 0.5，在该水平上企业能够获得最优的生产率改善；③在企业整合程度分布最为密集的[0，0.5]区间内，以 0.2 为拐点值，左右两侧分别呈现降低和改善生产率的影响作用；④当企业整合程度达到一定高度，即大于或等于 0.5 时，继续深化整合，只会拉低生产率水平。

整合程度不同，对生产率作用情况也有差异。这意味着，政府与企业的整合决策，都应依据具体实际、审慎、科学制定。第一，对于纵向整合度较低的企业，突破拐点最为关键。该类企业一般产业层次不高、协作配套性差、创新能力弱，单靠自身难以突破"整合困局"。因此，政府应通过平滑融资渠道、核心技术扶持与注入等方式，帮助该类企业培育融通上、下游生产环节的资本，拓展盈利空间。第二，对于纵向整合度已位于较高水平的企业，应充分重视整合后各类资源的协调与融合，维持"干中学"所带来的生产规模扩张，实现利润增长的杠杆效应。第三，政府在制定产业调整、规制政策时，应避免单纯基于瓦解垄断势力、提高市场运行效率，而应详尽考察、评估企业整合情况，唯有此，才能把握整合带来的生产率改善情况，最大程度释放政策的福利效应。

参考文献

[1] Milliou C., Petrakis E. Vertical integration, knowledge disclosure and decreasing rival's cost [J]. Universidad Carlos III Economics Working Paper, 2012：12 – 13.

[2] Acemoglu D., Griffith R., Aghion P., et al. Vertical integration and technology：Theory and evidence [J]. Journal of the European Economic Association, 2010, 8 (5)：989 – 1033.

[3] Allain M. L., Chambolle C., Rey P. Vertical integration, innovation and foreclosure [J]. HAL Working Paper, 2010.

[4] Milliou C. Vertical integration and R&D information flow：Is there a need for "firewalls" [J]. International Journal of Industrial Organization, 2004, 22 (1)：25 – 43.

[5] 袁堂军. 中国企业全要素生产率水平研究 [J]. 经济研究, 2009 (6)：52 – 64.

[6] Ackerberg D., Caves K., Frazer G. Structural identification of production functions [J]. University of California

at Los Angeles, 2006.

［7］Ackerberg D. , Lanier Benkard C. , Berry S. , et al. Econometric tools for analyzing market outcomes ［J］. Handbook of Econometrics, 2007（6）：4171－4276.

［8］黄枫, 吴纯杰. 市场势力测度与影响因素分析——基于我国化学药品制造业研究［J］. 经济学（季刊）, 2013, 12（2）：511－526.

［9］Buehler S. , Schmutzler A. Intimidating competitors：Endogenous vertical integration and downstream investment in successive oligopoly ［J］. International Journal of Industrial Organization, 2008, 26（1）：247－265.

［10］Brocas I. Vertical integration and incentives to innovate ［J］. International Journal of Industrial Organization, 2003, 21（4）：457－488.

［11］Atalay E. , Hortassu A. , Syverson C. Why do firms own production chains? ［J］. NBER Working Paper, 2012.

［12］Forbes S. J. , Lederman M. Does vertical integration affect firm performance? Evidence from the airline industry ［J］. The RAND Journal of Economics, 2010, 41（4）：765－790.

［13］Broedner P. , Kinkel S. , Lay G. Productivity effects of outsourcing：New evidence on the strategic importance of vertical integration decisions ［J］. International Journal of Operations & Production Management, 2009, 29（2）：127－150.

［14］Novak S. , Stern S. How does outsourcing affect performance dynamics? Evidence from the automobile industry ［J］. Management Science, 2008, 54（12）：1963－1979.

［15］Hortaçsu A, Syverson C. Vertical integration and production：Some plant－level evidence ［J］. University of Chicago mimeo, 2007.

［16］Lua Y. , Taob Z. Vertical integration and firm performance ［J］. University of Hong Kong Working Paper, 2011.

［17］李青原, 唐建新. 企业纵向一体化的决定因素与生产效率［J］. 南开管理评论, 2010, 13（3）：60－69.

［18］Jiang B. , Frazier G. V. , Prater E. L. Outsourcing effects on firms' operational performance：An empirical study ［J］. International Journal of Operations and Production Management, 2006, 26（12）：1280－1300.

［19］Tirole J. The theory of industrial organization ［M］. MIT press, 1988.

［20］郑方. 从纵向一体化到纵向分离：基于对立统一关系的分析［J］. 中国工业经济, 2010（11）：98－108.

［21］吴利华, 周勤, 杨家兵. 钢铁行业上市公司纵向整合与企业绩效关系实证研究：中国钢铁行业集中度下降的一个分析视角［J］. 中国工业经济, 2009（5）：57－66.

［22］周勤, 吴利华, 杨家兵. 中国钢铁行业上市公司纵向整合的模式选择［J］. 中国工业经济, 2009（7）：111－118.

［23］王冬, 吕延方. 交易环境属性、主体特征与纵向一体化［J］. 中国工业经济, 2012（1）：79－89.

［24］Davies S. W. , Morris C. A new index of vertical integration：Some estimates for UK manufacturing ［J］. International Journal of Industrial Organization, 1995, 13（2）：151－177.

［25］Fan J. P. H. , Lang L. H. P. The measurement of relatedness：An application to corporate diversification ［J］. The Journal of Business, 2000, 73（4）：629－660.

［26］Fan J. P. H. , Huang J. , Morck R. , et al. Vertical integration, institutional determinants and impact：Evidence from China ［J］. NBER Working Paper, 2009.

［27］Adelman M. A. Concept and statistical measurement of vertical integration ［M］. Business Concentration and Price Policy. Princeton University Press, 1955.

［28］Olley G. S. , Pakes A. The dynamics of productivity in the telecommunications equipment industry ［R］. National Bureau of Economic Research, 1992.

［29］Levinsohn J. , Petrin A. Estimating production functions using inputs to control for unobservables ［J］. The Review of Economic Studies, 2003, 70（2）：317－341.

［30］Neyman J. S. Statistical problems in agricultural experiments［J］. Journal of the Royal Statistical Society, 1923 (2): 107 - 180.

［31］Rubin D. B. Estimating causal effects of treatments in randomized and nonrandomized studies［J］. Journal of Educational Psychology, 1974 (66): 688 - 701.

［32］Rosenbaum P. R., Rubin D. B. The central role of the propensity score in observational studies for causal effects［J］. Biometrika, 1983, 70 (1): 41 - 55.

［33］Hirano K., Imbens G. W. Estimation of causal effects using propensity score weighting: An application to data on right heart catheterization［J］. Health Services and Outcomes Research Methodology, 2001, 2 (3 - 4): 259 - 278.

［34］Hirano K., Imbens G. W. The propensity score with continuous treatments［J］. Applied Bayesian Modeling and Causal Inference from Incomplete - data Perspectives, 2004 (1): 73 - 84.

［35］Syverson C. What determines productivity?［J］. Journal of Economic Literature, 2011, 49 (2): 326 - 365.

［36］简泽, 段永瑞. 企业异质性、竞争与全要素生产率的收敛［J］. 管理世界, 2012 (8): 15 - 29.

［37］张杰, 周晓艳, 李勇. 要素市场扭曲抑制了中国企业 R&D?［J］. 经济研究, 2011 (8): 78 - 91.

［38］Fernandes A. M., Paunov C. Foreign direct investment in services and manufacturing productivity growth: Evidence for Chile［J］. Research Working Papers, 2008.

［39］吴延兵. R&D 与生产率: 基于中国制造业的实证研究［J］. 经济研究, 2007 (11): 60 - 71.

［40］夏良科. 人力资本与 R&D 如何影响全要素生产率: 基于中国大中型工业企业的经验分析［J］. 数量经济技术经济研究, 2010 (1): 78 - 94.

［41］Beck T., Demirgüc - Kunt A., Maksimovic V. Financial and legal constraints to growth: Does firm size matter?［J］. The Journal of Finance, 2005, 60 (1): 137 - 177.

［42］Williamson O. E. The economic institutions of capitalism［M］. New York: Free Press, 1985.

［43］Menard C. Organizations as coordinating devices［J］. Metroeconomica, 1994, 45 (3): 224 - 247.

中国汽车产业区域市场分割对汽车产业成长的影响

——基于24个省市面板回归的实证分析

吴昌南　孙志伟

（江西财经大学产业经济研究院协同创新中心　南昌　330013）

一、引言

改革以来，我国汽车产业飞速发展，尤其进入21世纪后，我国汽车产量增长10倍，2000年我国汽车生产量为206万辆，到2013年中国汽车产业产销均突破2000万辆，居全球首位。尽管中国汽车产业产销规模增长迅速，但利润率却一直居低不高，处于"产销大、竞争力弱"的尴尬局面（《汽车蓝皮书——中国汽车产业发展报告》，2009）。与2004年国务院颁布的《汽车产业发展政策》提出的要"推动汽车产业结构调整和重组，扩大企业规模效益，提高产业集中度，避免散、乱、低水平重复建设。形成几家具有国际竞争力的大型汽车企业集团"目标相距甚远。许多学者从不同角度对此进行了研究，如从规模经济（王莉，2005；黎新平，2001）、技术创新（傅利平、顾雅洁，2008）、对外开放程度及产业结构（张琰、马晓丹，2012；马晓河，2005）、产业组织结构与分工（庄铭川，1997）等角度进行研究。然而，长期以来中国区域市场分割特征十分明显（李善同等，2003；林毅夫、刘培林，2004），汽车产业受地方政府保护，产业集中、分散弱小，市场分割特征非常显著。但是很少有文献从市场分割角度研究中国汽车产业成长过程中的"产销旺、竞争力弱"的原因。本文拟进行实证研究，寻找市场分割影响中国汽车产业发展的经验证据。

二、文献回顾

对于中国形成市场分割的原因，国内外很多学者进行了研究。Wu（1994）以及Zhou（2000）发现中国地区之间普遍缺乏市场一体化。白重恩（2004），陆铭、陈钊和严冀（2004），赵奇伟（2009）等认为，地方政府保护是市场分割的重要原因。刘瑞明（2012）进一步认为，

［作者简介］吴昌南，江西财经大学产业经济研究院、协同创新中心教授，博士，主要研究方向：产业组织与创新；孙志伟，江西财经大学产业经济研究院硕士研究生，主要研究方向：产业组织与创新。

在晋升激励体制下，风险规避的地方政府官员会采取经济模仿发展战略，导致产业同构的形成并引发地方保护和市场分割。

许多学者进一步关注了市场分割对产业发展产生的影响。郑毓盛等（2003）认为，市场分割和地方保护会使得产出配置结构扭曲和要素结构扭曲的产出损失。陆铭、陈钊和严冀（2004）认为，市场分割会造成地方政府逆比较优势地发展本地战略性产业，造成大量重复建设和资源浪费。张杰等（2010）认为，市场分割会把本土创新能力强、生产效率高的企业挤到出口市场，结果是外资企业能力强的会占据中国本土市场中高端产业和产业中高端环节销售，造成中国市场上本土企业与外资企业竞争差距拉大。

中国汽车产业市场分割特征十分明显（石涛，2008）。据统计，地方政府有很多汽车产业市场分割方法，如采取限制进口和出口（到本省以外地区）、施加价格控制和收取额外费用、阻止本地汽车企业被外地区兼并、阻止本地企业的技术转移、对于本地居住在外地购买汽车不给予上牌照等。多数研究文献（陆铭，2004；刘瑞明、石磊，2010）认为，市场分割会造成产业重复、资源浪费，不利于我国产业的发展。尽管中国汽车产业处于市场分割状态，但从2002年以来中国汽车产业发展迅速，从6881.3亿元产值增长到2012年的5.29万亿元。中国汽车产业市场分割是否有利于汽车产业成长？目前还没有文献进行实证研究，本文将测算中国汽车产业的市场分割程度，并从产业规模和产业盈利能力两方面寻找市场分割对中国汽车产业成长影响的经验证据。

三、我国区域汽车产业市场分割测算

（一）市场分割测算方法

学术界对市场分割构造有"生产法"（Young，2000）、"贸易法"（Naughton，1999；Poncet，2003）和"经济周期法"（Xu，2002），但都有其内在缺陷，难以形成一个面板数据。"生产法"以区域经济结构数据分析市场分割问题，具有一定的局限性。而"贸易法"由于区域贸易流量受多种因素影响，贸易流量的增加可能是由于规模经济的作用而不是贸易壁垒的削弱，区际的市场整合可能没有明显的变化（陆铭、陈钊，2006）。"经济周期法"的缺陷是在经济转型中引起经济变化的周期因素有很多，市场分割只是其中一种，所以测算可能存在偏误。我们对市场分割测度使用"价格法"（陆铭、陈钊，2009；Parsley等，2001）。"价格法"的优点在于价格的变动包含信息较多，可以同时考察产品市场和要素市场的整合程度且数据收集较为容易，便于计量分析。"价格法"思想来源于"冰川成本模型"（Samuelson，1954）。该模型表明，由于交易成本的存在使得两地的相对价格最终不能完全相等，会在一定区域内波动，只要取值不超过一定范围，就可认为两地之间的市场是整合的。假定两地间运输会损耗成本，即冰川成本。设该损耗成本为每单位价格的一个固定值 $c(0 < c < 1)$，当 $\dfrac{P_{it}}{P_{jt}} = \beta \dfrac{P_{it-1}}{P_{jt-1}} + e_t$，有 $\beta = 1$ 时，这表明 $\dfrac{P_{it}}{P_{jt}}$ 为非平稳随机过程，使得 $\dfrac{P_{it}}{P_{jt}}$ 无法回到无套利区间 $[1-c, 1+c]$，则有套利机会，两地间会进行该种商品的贸易。反之，在无套利区间 $[1-c, 1+c]$ 内波动，则认为两地不存在市场分割现象。因此，根据冰川模型，套利区间越大，市场分割程度就越大。

（二）数据来源

《中国汽车工业年鉴》不直接提供汽车价格数据，所以通过汽车工业产值和汽车产量来间接获取汽车的平均价格。该面板数据涵盖了2004～2010年全国24个省、直辖市和自治区。其后，本文通过把2004～2010年24个省市相对价格的数据分为东部和中西部两部分，取每个省市的相对价格 $\frac{P_{it}}{P_{jt}}$ 平均值进行面板单位根检验。若不能拒绝服从单位根运动的原假设，则表明方程序列为非平稳随机过程，其方差随时间推移而不断扩大，反映了两地存在市场分割。反之，拒绝原假设则表明方差为固定值，其变动幅度有限，长期内相对价格将恢复到无套利区间。可以构造7年（2004～2010年）100对接壤省市的相对价格方差 $\mathrm{Var}\left(\frac{P_{it}}{P_{jt}}\right)$，即各省市的市场分割指数，该指数越大，市场分割越严重。该方差数据一共有700（=7×100）个。把东部、中西部地区来做单位根检验。其中，东部地区包括13个省市，中西部地区包括11个省市。

（三）测算结果

通过把2004～2010年的汽车平均相对价格分成东部和中西部进行单位根检验，表1是两种单位根检验（LLC检验和IPS检验）结果。从表1看出，在2004～2010年东部地区能够在显著水平拒绝汽车平均相对价格服从单位根运动的原假设，这说明相对价格的方差为固定值，长期内相对价格将恢复到无套利区间。这表明，2004～2010年东部地区汽车产业总体并没有十分严重的市场分割现象。而中西部地区并未拒绝相对价格服从单位根运动的原假设，表明相对价格方差随时间推移而不断扩大，反映了中西部汽车产业2004～2010年总体来说确实存在市场分割现象。

表1　面板单位根检验结果

East Region		Midwest Region	
P – value		P – value	
Levin – Lin – Chu test	Im – Pesaran – Shin test	Levin – Lin – Chu test	Im – Pesaran – Shin test
0.0000	0.147	0.9466	1.000

注：表中P值分别表示在10%、5%、1%水平显著。

利用2004～2010年全国24个省、直辖市和自治区汽车产业平均价格，通过相对价格方差 $\mathrm{Var}\left(\frac{P_{it}}{P_{jt}}\right)$ 测算出我国24个省市汽车产业市场分割指数（见表2）。由表2看出，我国汽车产业省域间的确存在市场分割情况。

从区域层面观察，取2004～2010年东部和中西部市场分割指数的平均值（见表3）发现，东部地区平均市场分割指数为0.813，而中西部地区平均市场分割指数为0.957，表明中西部地区汽车产业的市场分割现象相对于东部更为严重。这也符合樊纲、王小鲁和朱桓鹏（2009）编制的市场化指数的发现，越是落后的地区其市场分割程度越大、地方保护力度越大；而越是发达的地区，其市场分割程度就越不明显。

表 2 2004~2010 年 24 个省市测算的汽车市场分割指数 $\left(\mathbf{Var}\left(\dfrac{\mathbf{P}_{it}}{\mathbf{P}_{jt}}\right)\right)$

年份 地区	2004	2005	2006	2007	2008	2009	2010
北京	0.531	0.143	0.565	0.430	0.366	0.208	0.180
天津	0.646	0.272	0.860	0.630	0.717	0.559	0.447
河北	0.019	0.038	0.009	0.011	0.023	0.026	0.016
内蒙古	3.404	6.011	9.431	2.613	1.992	2.234	1.396
辽宁	0.740	0.410	0.907	0.630	0.429	0.421	0.276
吉林	3.523	3.933	1.932	3.069	3.108	7.580	4.309
黑龙江	0.020	0.016	0.024	0.007	0.014	0.007	0.011
上海	0.160	0.051	0.004	0.073	0.027	0.008	0.030
江苏	0.076	0.142	0.084	0.119	0.081	0.122	0.093
浙江	0.083	0.098	0.043	0.042	0.020	0.021	0.050
安徽	0.252	0.162	0.085	0.049	0.066	0.090	0.040
福建	0.180	0.343	0.123	0.048	0.461	0.381	0.112
江西	0.107	0.063	0.104	0.075	0.065	0.074	0.064
山东	2.618	0.925	1.225	0.980	1.585	1.387	0.568
河南	2.580	2.294	1.855	1.561	3.516	0.973	0.367
湖北	1.272	1.140	0.653	0.457	0.568	0.264	0.134
湖南	2.140	4.743	5.296	1.452	1.011	0.552	0.438
广东	2.411	2.270	2.976	0.864	2.006	2.051	1.376
广西	0.041	0.070	0.016	0.027	0.034	0.014	0.009
海南	3.512	1.259	1.345	0.947	0.794	0.907	0.913
重庆	0.001	0.012	0.016	0.014	0.023	0.063	0.039
四川	0.890	0.665	0.112	0.697	1.030	0.602	0.342
云南	0.013	0.321	1.137	0.814	1.311	1.290	0.796
陕西	0.034	0.426	0.248	0.280	0.343	0.185	0.197

表 3 2004~2010 年我国区域汽车市场分割情况

年份 区域	2004	2005	2006	2007	2008	2009	2010	平均值
东部	1.116	0.761	0.776	0.603	0.740	1.052	0.644	0.813
中西部	0.975	1.446	1.722	0.730	0.905	0.576	0.347	0.957

为了进一步了解汽车市场分割的趋势,本文描绘了东中西部汽车产业市场分割指数图(见图 1)。从图 1 可知,纵轴为市场分割指数,横轴为时间,东部地区汽车工业的市场分割指数,即相对价格方差 $\mathbf{Var}\left(\dfrac{\mathbf{P}_{it}}{\mathbf{P}_{jt}}\right)$,2004~2010 年呈上下波动的趋势但维持在(0.6,1.2)区间内,这说明尽管东部地区还是有较小的市场分割的现象,但总体上是趋于稳定的,这也说明东部地区汽

车工业的市场分割现象并不是十分严重。而中西部地区汽车产业的相对价格方差 $\mathrm{Var}\left(\dfrac{P_{it}}{P_{jt}}\right)$ 在 2004～2010 年仍然波动较大且高于东部地区的平均水平，这说明在西部地区存在着严重的市场分割现象，但总体上是往东部地区价格靠近，随时间变化呈下降趋势，这反映出在西部地区市场分割程度在不断下降，阻碍市场整合的因素也在减少，市场整合程度提高。

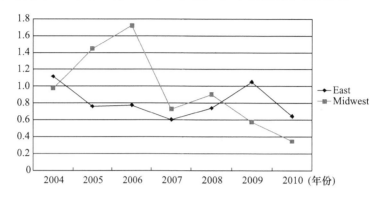

图 1　东部和中西部市场分割指数趋势

四、计量模型的设定

（一）样本选择和数据描述

本文选取了 2004～2010 年 24 个省市的面板数据，包括东部 13 个省市，中西部 11 个省市①。本文数据来源于《中国汽车工业年鉴》和《中国统计年鉴》。此外，用《中国市场化指数》（樊纲和王小鲁）提供的各省市市场化指数衡量各地区的市场化程度的差异。该研究报告从政府与市场的关系、非国有经济的发展、产品市场的发育、要素市场的发育、市场中介组织发育和法律制度环境等五个方面对中国各个省级行政区域的市场化程度进行比较分析，指出由于资源禀赋、地理位置以及国家政策的不同，各地区的市场化程度存在较大的差异。

表 4　变量描述性统计

变量	观测值个数	均值	标准差	最小值	最大值
out	168	7.313	6.858	0.09	35
segm	144	0.941	1.457	0.0003	9.431
prof	168	47.602	76.496	-9.741	607.093
mark	168	7.559	1.736	4.17	12.04
potent	168	0.031	0.049	0.002	0.561
invest	168	0.073	0.061	0.003	0.389
scale	168	59.867	53.227	0.6	320

---

① 东部地区包括北京、天津、河北、辽宁、吉林、黑龙江、上海、江苏、浙江、福建、山东、广东、海南 13 个省市；中西部地区包括内蒙古、安徽、江西、河南、湖南、湖北、广西、重庆、四川、云南、陕西 11 个省市区。

（二）计量模型设定

$$out_{i,t} = \beta_0 + \beta_1 segm_{i,t-1} + \beta_2 scale_{i,t} + \beta_3 mark_{i,t} + \beta_4 invest_{i,t} + \beta_5 potent_{i,t} + \mu_{i,t} \qquad （Ⅰ）$$

$$prof_{i,t} = \beta_0 + \beta_1 segm_{i,t-1} + \beta_2 scale_{i,t} + \beta_3 mark_{i,t} + \beta_4 invest_{i,t} + \beta_5 potent_{i,t} + v_{i,t} \qquad （Ⅱ）$$

其中，i 表示各省市区，t 为年份；out 表示汽车工业产值；prof 表示汽车工业利润率；segm 表示市场分割指数；invest 表示汽车产业固定资产投资额；potent 表示市场潜力；mark 表示市场化指数；scale 表示汽车总资产；μ，v 表示随机扰动项。

（三）变量定义

（1）被解释变量。本文研究汽车产业的区域市场分割对汽车产业规模及产业绩效有何影响，因此被解释变量为汽车产业规模，用汽车工业产值（out）表示；汽车产业绩效用汽车工业利润率（prof）表示。

汽车工业产值表明汽车产业生产总规模和总水平，反映生产总成果和产业规模，但并不说明经营状况的好坏和经济效益。

利润率能够反映汽车产业盈利水平、管理水平及经济效益，根据 SCP、芝加哥学派关于"集中度—利润率"的分析，市场分割会产生进入障碍进而影响汽车产业绩效。我们可以用汽车工业利润率来衡量该产业的产业绩效。

（2）核心解释变量（segm）。市场分割指数（segm），即表 2 测算的各省市区相对价格变动方差 $Var \dfrac{P_{it}}{P_{jt}}$，我们取市场分割指数的滞后一期作为解释变量。该指标实际上是一个度量各省市区的市场分割程度的无量纲化的变量。

（3）控制变量。本文还控制了如下变量的影响：

市场潜力（potent）。根据波特钻石模型可知，一个产业的市场潜力越大，则表明该产业竞争优势越大，就越有利于汽车产业的成长，因此我们选取了各省市区的私人汽车拥有量占当地总人口数目作为市场潜力的衡量指标。

总资产（scale）。选取的是各省市区汽车产业资产作为产业规模的衡量指标。根据产业成长理论，汽车产业会因为规模经济而产值不断增加，因而更有利于产业成长。

固定资产投资额（invest）。选取的是汽车产业当年的固定资产投资额作为投资水平的衡量指标。随着投资规模的增加，对汽车产业规模及竞争力会产生直接影响。

市场化指数（mark）。本文使用《中国市场化指数》（樊纲和王小鲁）提供的各省市区市场化指数来衡量各地区的市场化程度的差异。宋泓等（2004）研究了我国汽车产业成长模式，认为市场环境会影响汽车产业在国际环境中的生存与发展。

五、计量回归分析

（一）市场分割对汽车产业规模的影响

计量模型（Ⅰ）是市场分割对汽车工业产值的计量回归，汽车工业产值反映一个产业的生产规模，是该地区一定阶段的生产成果。通过计量回归，我们可以了解市场分割会对地区汽车产业规模产生怎样的影响。

表5中，第（1）、（2）、（3）列是计量方程（Ⅰ）的回归结果。我们对模型设定进行检验，通过 Hausman 检验可知，计量模型使用固定效应模型较为合适。

第一，市场分割指数系数在显著水平5%上为正，这表明当地形成的市场分割能够有效地促进汽车工业产值的增加。市场分割会形成进入壁垒，政府会通过限制进口和出口（到本省以外地区）、施加价格控制和收取额外费用、阻止本地企业的技术转移等手段对本土汽车企业进行地方保护。同时，因为市场分割，本土汽车企业拥有一套完备的汽车工业体系，因此在争取中央政府投资时与沿海地区有相近的谈判能力。这使得本地企业比其他企业更有竞争力，当然，本土企业销售额也会随之增长。

第二，总资产（scale）也在1%的显著水平上为正。这表明，企业规模也是影响企业汽车工业产值的一个因素，往往企业规模越大，产生的规模经济效益也越大。市场潜力（potent）和固定资产投资额（invest）并不显著。市场潜力体现出该区域市场容量的大小。该地区的市场容量越大，对于市场潜力大的市场越可以通过各种营销渠道占领汽车销售市场。因此，市场潜力会对汽车工业产值产生正向效应。而固定资产投资额（invest）说明投资水平越高，汽车工业产值越会上升。投资越多，企业拥有更多资金进行生产，有能力引进先进技术，从而会促进该区域的汽车工业产值。市场化指数（mark）在1%的水平上显著为正，表明市场化程度越高的地区，汽车产值越高，这可能是由于市场化带来的市场环境的正外部性给汽车工业产值带来了正效应。

表5　计量回归结果

被解释变量	汽车工业产值（out）			汽车工业利润率（prof）		
解释变量	FE 模型（1）	FE 模型（2）	FE 模型（3）	RE 模型（4）	RE 模型（5）	FE 模型（6）
segm	0.268** (2.15)	0.302** (2.55)	0.301** (2.53)	0.004 (1.52)	0.004* (1.80)	0.004 (1.52)
scale	0.142*** (33.54)	0.129*** (23.77)	0.129*** (23.36)	0.0005*** (6.34)	0.0003*** (3.56)	0.0004*** (3.01)
mark	—	0.834*** (3.73)	0.854*** (3.66)	—	0.008** (2.17)	0.013** (2.37)
invest	—	—	0.285 (0.16)	—	—	0.034 (0.77)
potent	—	—	-0.864 (-0.35)	—	—	-0.063 (-1.03)
常数项	-1.450*** (-4.56)	-7.042*** (-4.61)	-7.201*** (-4.42)	0.024*** (2.67)	-0.032 (-1.17)	-0.076* (-1.87)
R^2	0.9051	0.9152	0.9153	0.2294	0.2565	0.2689
Hausman 检验	12.66 (0.0018)	23.61 (0.0000)	22.65 (0.0004)	1.60 (0.4500)	2.75 (0.4323)	84.10 (0.0000)
N	144	144	144	144	144	144

注：*、**、***分别表示P值在10%、5%、1%水平上显著，括号内为t值。

（二）市场分割对汽车产业绩效的影响

计量模型（Ⅱ）是市场分割对汽车工业利润率的计量回归，汽车工业利润率反映一个产业的盈利能力，衡量该区域的汽车产业绩效。通过计量回归，我们可以了解市场分割对一个地区的产业绩效会产生怎样的影响。

第（4）、（5）、（6）列是计量方程（Ⅱ）的回归结果。我们对模型（6）的设定进行检验，通过 Hausman 检验可知，计量模型使用固定效应模型较为合适。由此可以看出：

第一，市场分割对汽车工业利润率影响不显著，这表明长期来说，市场分割并不能有效提高汽车产业盈利能力。

第二，市场化指数（mark）在 5% 显著水平上为正。这表明市场化程度越高，地区汽车工业利润率越能带来正效应。

（三）稳健性检验

由于模型（Ⅰ）可能存在内生性问题，将会影响结果的稳健性。因此，选择合适的工具变量（Ⅳ）十分重要。使用差分 GMM 估计方法和系统 GMM 估计方法对模型（Ⅰ）进行稳健性检验。表6中，第（1）、（2）、（3）列回归结果可知，在差分 GMM 模型中，市场分割依然显著，显著水平都为两颗星，而且，系数符号都依然为正。此外，在 1% 的显著水平上通过了 Sargan 检验，这表明该模型不存在过度识别约束，工具变量是有效的。此外，采用系统 GMM 估计方法进行检验，第（4）、（5）、（6）列回归结果可知，市场分割的显著性和系数符号方向都和差分 GMM 估计基本相同，这说明我们得到的结果有良好的稳健性。还有，总资产和市场化指数都在 1% 水平上显著，且系数为正。整体来说，模型（Ⅰ）的回归结果有良好的稳健性。

表6　稳健性检验结果

被解释变量	汽车工业产值（out）					
解释变量	差分 GMM 模型 （1）	差分 GMM 模型 （2）	差分 GMM 模型 （3）	系统 GMM 模型 （5）	系统 GMM 模型 （6）	系统 GMM 模型 （7）
segm	0.167 (0.67)	0.197** (2.02)	0.195** (1.99)	0.168 (0.75)	0.199** (2.12)	0.199** (2.09)
scale	—	0.120*** (16.84)	0.121*** (16.87)	—	0.110*** (20.08)	0.110*** (19.64)
mark	—	0.724*** (2.75)	0.719*** (2.70)	—	0.798*** (4.64)	0.789*** (4.51)
invest	—	—	-1.033 (-0.77)	—	—	-0.295 (-0.23)
potent	—	—	-2.205 (-1.03)	—	—	2.107 (1.03)
常数项	-1.149** (-2.03)	-6.747*** (-3.94)	-6.631*** (-3.78)	-.357 (-1.04)	-6.653*** (-5.66)	-6.591*** (-5.48)
Sargan 检验	53.81 (0.0000)	91.006 (0.0000)	89.798 (0.0004)	88.542 (0.0000)	152.747 (0.0000)	148.517 (0.0000)
N	120	120	120	144	144	144

注：*、**、*** 分别表示 P 值在 10%、5%、1% 水平上显著，括号内为 t 值。

六、结论及政策建议

我国区域汽车产业市场分割问题依然严重。尽管地区保护主义和市场分割政策能够为本地企业提供保护，缓解其与外地企业间的激烈竞争，但从长远发展看，市场分割往往不利于产业的成长。本文通过对 2004～2010 年中国省级面板数据实证分析，市场分割能够促进汽车产业规模的增长，但不会对汽车产业利润率产生显著正向效应。简言之，市场分割"有利于汽车产业做大，但不利做强"。通过差分 GMM 估计和系统 GMM 估计对计量回归结果进行了稳健性检验，结果表明，上述结论具有良好的稳健性。

要破解我国汽车产业"产销旺、竞争力弱"、"大而不强"的困境，必须深化汽车产业市场化改革，充分发挥市场配置资源的作用，杜绝地方政府对汽车产业干预造成的市场分割。以市场为导向，推动我国汽车企业跨地区兼并重组，促进汽车产业要素跨地区优化配置。

参考文献

[1] 白重恩，杜颖娟，陶志钢，全月婷. 地方保护产业地区集中度的决定因素和变动趋势 [J]. 经济研究，2004（4）.

[2] 庄铭川. 组织结构演进与产业成长——中国汽车产业实证分析 [J]. 复旦学报，1997（4）.

[3] 马晓河. 汽车产业的对外开放与发展 [J]. 改革，2005（9）.

[4] 黎新平. 论中国汽车工业的规模经济问题 [J]. 经济评论，2001（5）.

[5] 李善同，侯永志，刘云中，陈波. 中国国内地方保护问题的调查与分析 [J]. 经济研究，2004（11）.

[6] 张琰，马晓丹. 生产性服务业推动长三角地区汽车产业结构优化研究 [J]. 经济纵横，2012（9）.

[7] 林毅夫，刘培林. 地方保护和市场分割：从发展战略的角度考察 [Z]. 北京大学中国经济研究中心讨论稿，2004.

[8] 刘瑞明，石磊. 国有企业的双重效率损失与经济增长 [J]. 经济研究，2010（1）.

[9] 石涛. 基于要素禀赋、市场分割视角的区域汽车产业竞争力研究 [D]. 吉林大学博士学位论文，2008.

[10] 赵玉林，叶翠红. 中国高技术产业成长阶段及其转换的实证研究 [J]. 科学学与科学技术管理，2011（5）.

[11] 宋泓，柴瑜，张泰. 市场开放、企业学习及适应能力和产业成长模式转型——中国汽车产业案例研究 [J]. 管理世界，2004（8）.

[12] 陆铭，陈钊. 中国区域经济发展中的市场整合与工业集聚 [M]. 上海：上海三联书店，2006.

[13] 陆铭，陈钊. 分割市场的经济增长——为什么经济开放可能加剧地方保护？ [J]. 经济研究，2009（3）.

[14] 樊纲，王小鲁，朱桓鹏. 中国市场化指数——各地区市场化相对进程 2009 年报告 [M]. 北京：经济科学出版社，2010.

[15] 傅利平，顾雅洁. 从引进到创新：韩国现代汽车技术创新路径的启示和借鉴 [J]. 科学管理研究，2008（26）.

[16] 刘瑞明. 国有企业、隐形补贴与市场分割：理论与经验证据 [J]. 管理世界，2012（4）.

[17] 赵奇伟. 东道国制度安排、市场分割与 FDI 溢出效应：来自中国的证据 [J]. 经济学（季刊），2009（8）.

[18] 张杰，张培丽，黄泰岩. 市场分割推动了中国企业出口吗？ [J]. 经济研究，2010（8）.

［19］郑毓盛，李崇高．中国地方分割的效率损失［J］．中国社会科学，2003（1）．

［20］王敬云．一个关于中国地方保护主义问题的综述［J］．兰州商学院学报，2005（21）．

［21］陆铭，陈钊，严冀．收益递增、发展战略与区域经济的分割［J］．经济研究，2004（1）．

［22］王莉．关于规模经济的实证分析——以我国汽车工业为例［J］．数量经济技术经济研究，2005（8）．

［23］Zhou Hang Y., Wan Guang H. and Chen Liang B. Integration of Rice Markets：The Case of Southern China［J］. Contem porary Economic Policy, 2000, 18（1）：95 - 106.

［24］Wu Yanrui. Rice Markets in China in the 1990s［R］. Chinese Economy Resarch Unit Working Paper, University of Adelaide, 1994.

［25］Xu Xinpeng. Have the Chinese Province Become Integrated under Reform？［J］. Chinese Economic Review, 2002（13）：116 - 133.

［26］Parsley, David C. and Shang - jin Wei. Limiting Currency Volatility to Stimulate Good Market Intergation［R］. A Price Approach, NBER Working Paper, 2001.

［27］Samuelson. Theoretical Note on Trade Problem［J］. Review of Economics and Statistics, 1954（46）：145 - 164.

［28］Poncet S. Measuring Chinese Domestic and International Integration［J］. China Economic Review, 2003（14）：1 - 21.

［29］Haughton, Barry. How much Can Regional Integration Do to Unify China's Markets［J］. Conference for Research on Economic Development and Policy Research, Stanford University, 1999.

［30］Young A. The Razor's Edge：Distortions and Incremental Reform in China？［J］. Quarteterly Journal of Economics, 2000（115）：1091 - 1135.

工商管理

"新常态"下中国企业发展机遇与挑战

——基于中国企业家发展信心指数调查问卷分析

史宇鹏　丁弼洲

（中央财经大学经济学院　北京　100081）

中国经济发展进入新常态，基本特征是速度变化、结构优化、动力转换[1][2][3]。速度表现为从高速增长转为中高速增长，具体表现为近两年来 GDP 增速稳定在 7% 左右；结构表现为经济结构不断优化升级，传统的粗放式经济发展范式渐渐被可持续发展的经济结构取代；动力表现为从要素驱动、投资驱动转向创新驱动，增长动力多元化、持续化、内生化。以"提质增效"为本质的"新常态"发展模式对当下社会经济的发展产生了重大而深远的影响，作为社会经济发展的基本单元，企业应该怎样面对机遇与挑战？目前，从企业微观角度入手讨论"新常态"影响的研究还非常缺乏，更没有文献使用大规模的调查数据来进行系统的考察。本文旨在通过对企业的掌舵人——企业家的一系列问卷调查，描述目前企业面临的由于"新常态"所带来的发展机遇和挑战。

一、问卷基本情况

本文研究建立在问卷调查基础之上，使用《中国企业家发展信心指数调查》2014 年对应的调查问卷。《中国企业家发展信心指数调查》是由中国企业家论坛、清华大学民生经济研究院联合发起，每年上半年和下半年各进行一次调查，从经济、政策、法律、文化和社会等各个方面对中国企业家的发展信心进行刻画[4]。从 2014 年开始到目前，调查已经进行 3 次。由于第三次问卷数据还在整理，所以在本文使用了前两次，即 2014 年的两次调查数据来进行分析。2014 年上半年共发放 817 份问卷，回收有效问卷 772 份，下半年共发放 712 份，回收有效问卷 604 份。全年获得有效问卷 1376 份，回收有效率高达 90.0%，极大保证了本次问卷调查的真实性和客观性。问卷所涵盖企业来自全国 33 个省、直辖市、自治区以及特别行政区，做到了地理分布的科学性和广泛性。从行业分布来看，调查标的也达到了全行业的覆盖：

[基金项目] 国家社科基金重大招标项目"转型发展新阶段中国经济增长动力研究"（批准号 14ZDB120）；教育部人文社会科学研究重大课题攻关项目"电子商务发展趋势及对内外贸易发展的影响机制研究"（批准号 14JZD019）；中央高校基本科研业务费专项资金和中央财经大学科研创新团队支持计划。

[作者简介] 史宇鹏，中央财经大学经济学院副教授；丁弼洲，中央财经大学经济学院硕士生。

表1　企业行业的分布

所在行业	公司数量（家）	所占比例（%）	所在行业	公司数量（家）	所占比例（%）
农、林、牧、渔业	72	5.23	房地产业	93	6.76
采矿业	42	3.05	租赁和商务服务业	51	3.71
制造业	378	27.47	科学研究和技术服务业	52	3.78
电力、热力、燃气及水的生产和供应业	73	5.31	水利、环境和公共设施管理业	36	2.62
建筑业	133	9.67	居民服务、修理和其他服务业	29	2.11
批发和零售业	132	9.59	教育	28	2.03
交通运输、仓储和邮政业	51	3.71	卫生和社会工作	86	6.25
住宿和餐饮业	40	2.91	文化、体育和娱乐业	45	3.27
信息传输、软件和信息技术服务业	153	11.12	公共管理、社会保障和社会组织	22	1.60
金融业	153	11.12	国际组织	2	0.15

注：因为企业可能在多个行业经营，因此行业比重总和超过100%。

从调查企业规模来看：小微企业占到31.21%，中型企业占比为42.12%，大型企业占比为26.67%，样本分布基本符合研究需求①。

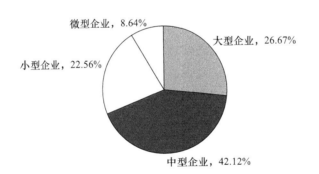

图1　调查样本企业规模

二、"新常态"下的挑战

在"新常态"下，通过问卷调查可以看出企业家所面临的"新常态"带来的挑战，主要体现在宏观经济增速下降、人口红利消失以及内需不振等方面，不同企业主在上述三个方面都感受到不同的挑战。

---

① 本文参照国家统计局对制造业企业规模的分类，定义年销售收入为4亿元以上的企业为大型企业，年销售收入在2000万元至4亿元之间的为中型企业，年销售收入在300万元至2000万元的为小型企业，年销售收入小于300万元为微型企业。

（一）预期增速下降

2008 年全球金融危机以来，我国的经济增长速度有了较大下滑，2008～2015 年我国 GDP 增速只有 2010 年高于 10%，2012 年、2013 年、2014 年我国 GDP 增速分别为 7.65%、7.67%、7.4%，2015 年上半年 GDP 增速为 7%，以上四次 GDP 数据为进入 21 世纪以来我国 GDP 首次低于 8%。

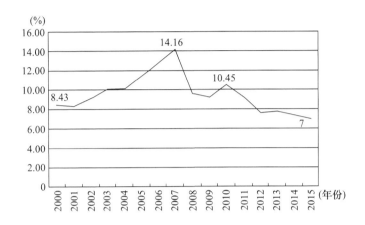

图 2　2000～2015 年我国 GDP 增速（2015 年数据为前半年数据）

资料来源：历年《中国统计年鉴》。

从图 2 中还可以看出，经历 2000～2007 年的高速增长、2007～2010 年的探底回升后，GDP 增速在以略微减小的速度下降，并且 2015 年上半年所创新低成为经济增速未到拐点的充分理由。

GDP 增速下降可以理解为"新常态"中由高速增长向中高速增长的过渡，我国与发达国家的技术水平差距逐步缩小，引进先进设备和技术的难度加大、成本提高，生产要素价格的上升导致外延粗放式发展模式难以为继。

在对 1300 多家企业的问卷调查中，关于宏观经济环境的问题集中体现企业主对国内宏观经济的预期，列出三个问题用于度量人们对目前与未来宏观经济环境和增速的预期，分别是"您对今年国内宏观经济景气情况的直观感受如何？""您对中国宏观经济明年的走势感到乐观吗？""您认为中国经济新常态下的经济增长速度如何？"每个问题的答案分为五档（很好/大幅提高、较好/有所提高、一般/保持不变、不佳/有所下降、很差/大幅下降）。

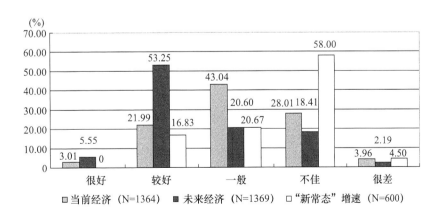

图 3　国内经济现状与预期分布

从图 3 不难看出，对于当前经济现状的态度，被访企业家中 75.01% 的人持非正性评价（即不认为很好和较好），认为经济状况不佳和很差的人数占 31.97%；在对"新常态"下增速的看法上，人们则显得更加悲观，83.17% 被调查者持非正性评价，认为增速下降的被调查者达到 62.5%；在对未来国内经济条件的预期上，超过半数的被调查者（58.8%）认为未来的经济环境较好或很好。

（二）人口红利消失

据统计数据显示，2012 年起，我国的劳动年龄人口数量进入了下降通道。2012 年，我国劳动年龄人口为 93727 万人，比上一年减少 345 万人，占总人口比重为 69.2%；[5]2013 年，劳动年龄人口减少到 91954 万人，占总人口的 67.6%；2014 年，劳动年龄人口的数量比 2013 年末又减少了 371 万人，为 91583 万人，占总人口比重为 67%。[6]劳动年龄人口连续三年下降足以说明劳动力供给总量处在下降通道之中，随着时间推移，企业面临招工难、用工难等问题将更加突出。

调查问卷中的两个问题能够清楚地反映出目前企业所面临的人口红利消失问题。第一个问题是，"以下各项成本开支中，哪一项成本增加最快？①融资成本；②人力成本；③管理费用；④市场费用；⑤税收"。第二个问题是，"您是否考虑过用机器人或自动化设备代替劳动力？①没有考虑过；②正在考虑；③已经在实施"。

对于以上问题，调查结果如图 4 所示：

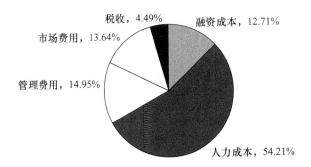

图 4　增加最快的成本

在被访问企业家中，54.21% 的企业家认为人力成本增加最快，占所有提供选项过半，可见人力成本的增加是大多数企业家关心的问题，而认为融资成本增加最快的企业家占 12.71% 也更说明之前所提到的"新常态"下宏观经济增速放缓，货币供应下降现象。

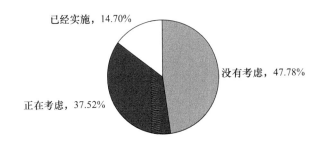

图 5　是否考虑采用自动化代替

对于是否使用机器人或自动化设备替代劳动力的方案，超过半数企业家表示正在考虑或已经实施该策略，表明人力成本的上升和对生产效率的追求促使企业家进一步改善自身生产结构，采用更加自动化的生产线和生产策略。

（三）外部需求不振

我国正处在产业转型关键阶段，尝试由出口加工贸易拉动的增长模式向内生性内需拉动的增长模式改变。由于生产要素价格升高使中国出口受到较大影响，再加上国际经济不景气，企业家普遍不看好外部经济环境。

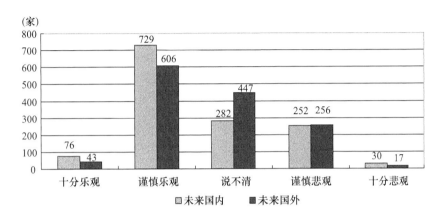

图6 对世界宏观经济预期

图6为被访企业家对于"您对世界宏观经济明年的走势感到乐观吗"的看法。从图中可以看出，对未来国内和国外经济形势的预期的差异主要体现在谨慎乐观和说不清方面。更多的人对国内经济持谨慎乐观的态度，有更多的人认为世界经济走势不明朗，这也从一方面说明，企业家对于世界经济持较悲观态度，反映出"新常态"下的外需不振。

三、新常态下的机遇

通过问卷调查，在度量和认定企业面临的"新常态"下预期增速下降、人口红利消失和外部需求不振的同时，企业同样面对较多发展机遇，而这些机遇绝大多数体现在经济环境的改善。

（一）反腐的促进作用

我国新一届政府出台了一系列反腐整风、禁止铺张浪费、提升政府效率的政策和规定。反腐在带来党政领导干部队伍纯洁的同时，对于提升政府办事效率、构建良好政商关系会起到促进作用。

本次调查首先向被调查者询问了反腐对于提升政府办事效率的影响，共有五个选项：很大下降、有所下降、没有改变、小幅提升和很大提升。从图7的数据可以看出，被调查的企业家认为，反腐措施对于提升政府效率在一定程度上是有正向影响的。2014年超过60%的企业家认为反腐整风运动提升了政府的办事效率，仅有15%左右的被调查者认为反腐整风运动对政府办事效率有不良影响。2014年上半年和下半年的对比中发现，2014年上半年有60.7%的被调查者认为政府效率提升，而这一比率在2014年下半年上升到62.9%，也进一步说明政府办事效率不断提升。

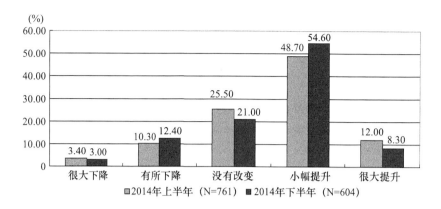

图7　反腐对于提升政府办事效率影响

反腐在提升政府办事效率的同时，对于构建良好政商关系也有促进作用，在图8所示数据中，2014年上半年80.5%的被调查者认为反腐对于构建合理政商关系有帮助，2014年下半年该比率为78.9%，仅有8.2%～10.3%的企业家认为反腐对于构建合理政商关系具有负面作用。

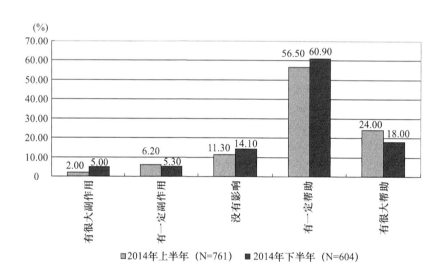

图8　反腐对于构建合理政商关系的作用

通过以上两方面问卷调查不难看出，企业家认为迄今超过两年的反腐运动较大程度提升了政府办事效率，促进了合理政商关系的形成，为企业营造了发展空间与环境。

（二）新兴行业带来发展机会

2010年颁布的《国务院关于加快培育和发展战略性新兴产业的决定》对我国需要培育和发展的战略性新兴产业做出了较明确界定，指出我国在未来将着力发展节能环保、新一代信息技术、生物、高端装备制造、新能源、新材料、新能源汽车等行业。在2015年3月举行的十二届全国人大三次会议上，李克强总理在政府工作报告中首次提出"互联网＋"行动计划，以推动互联网、云计算、大数据、物联网等与现代制造业结合，促进电子商务、工业互联网和互联网金融健康发展。"互联网＋"概念，集中体现了在互联网信息技术飞速发展的情况下，互联网与其他产业之间、传统产业与传统产业之间的跨界融合现象日益突出，企业的"越界"经营行为也日益涌现。

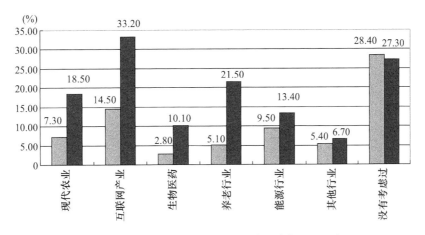

■2014年上半年（N=756）　■2014年下半年（N=604）

图9　是否考虑进入新的行业发展

图9对于2014年企业家的问卷调查结果正说明了这一结论，在"是否考虑进入新的行业发展"中，2014年上半年与下半年的调查结果出现了显著的差别，相对于2014年上半年的数据，2014年下半年数据的多选程度更高，体现出企业家向不同行业发展的意愿在逐渐增强，具体到行业方面，2014年下半年在所有行业的进入意愿中都有了显著增长，绝对数量以互联网产业、养老行业、现代农业为首，增幅则在现代农业、互联网产业、生物医药、养老行业方面有显著的增长。可以看到，超过70%的企业家考虑进入新兴行业发展，其中以互联网产业为甚，一方面由于我国2014年对于"互联网＋"概念的大范围推广，另一方面也与互联网产业较低的准入门槛相关。

（三）外交政策受到广泛认可

我国近年来外交政策的典型代表是"一带一路"。目前，新疆、陕西、上海等18个省市区均已划入"一带一路"规划建设范畴中。国务院发布的《推动共建丝绸之路经济带和21世纪海上丝绸之路的愿景与行动》指出，"一带一路"旨在路上依托国际大通道，以沿线中心城市为支撑，以重点经贸产业园区为合作平台，共同打造新欧亚大陆桥、中蒙俄、中国—中亚—西亚、中国—中南半岛等国际经济合作走廊；海上以重点港口为节点，共同建设通畅、高效、安全的运输大通道。

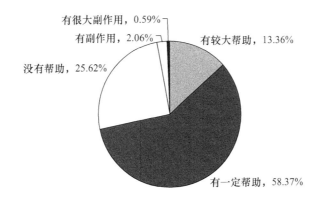

图10　中国外交政策和外交活动对中国企业发展的作用

图 10 调查了目前中国外交政策和外交活动对中国企业发展的作用，从图中可以看出，71.73% 的被调查者表示目前我国外交政策和外交活动对企业发展具有帮助，仅有 2.65% 的企业家认为会有一定副作用。

四、结论

从企业家对"新常态"的回答中不难看出，目前我国企业面对着全新的挑战与机遇，挑战主要存在于目前企业可以获得的资源，机遇则蕴藏在未来的发展机会。企业家要正视我国宏观经济增速下降并且可能会继续下降、人口红利渐渐消退、世界经济外需不振的现实，抓住新兴行业发展机会，提升企业效率与创造性，实现资源优化配置，以获得更好的发展前景和机会。

参考文献

［1］郭克莎．准确把握速度、结构与动力转换的关系［J］．求是，2015（1）：31 - 32.

［2］刘伟，苏剑．"新常态"下的中国宏观调控［J］．经济科学，2014（4）：5 - 13.

［3］陈雨露．新常态下中国经济发展的七大机遇［N］．光明日报，2015 - 03 - 19.

［4］《中国企业家发展信心指数》研究报告［EB/OL］．中国企业家论坛网站，http：//www.cefco.cn/.

［5］朱剑红．统计局：劳动年龄人口在相当长时期里出现绝对下降［N］．人民日报，2013 - 01 - 28.

［6］韩冰．人口红利逐渐消失，劳动年龄人口连降 3 年［N］．每日经济新闻，2015 - 01 - 21.

基金投资策略与经济周期

张 昊 陈 娟

（上海财经大学经济学院 上海 200433）

一、引言

证券投资基金是否有战胜市场的能力？如果可以，怎样的投资策略（能力）使得基金战胜市场？这一直是研究基金投资能力的核心问题。Jensen（1968）首先研究主动管理型证券投资基金的能力，发现基金并没有超越股票市场的投资管理能力，平均而言，基金在市场上并不能成功地赚取其所收取的手续费用。而 Grinblatt 和 Titman（1989）等则持有不同观点，他们发现具有规模小、成长性特征的基金收益能超越市场平均收益，这种现象并非随机出现。此后有大量文献从不同视角研究这个问题并得出了多种结论

国外已有一系列关于基金管理能力的研究文献，这些文献将基金管理能力划分为择时能力和选股能力。理论研究方面，Fama（1972）建立了一个关于基金管理能力的理论模型，将基金持股组合管理能力分为在给定相同的风险下预测整体市场价格走势的能力和选择最好股票的能力，前者即择时能力，后者是选股能力。实证研究方面，对基金择时能力与选股能力的估计方法主要是在 CAPM 模型中加入非线性回归项，用非线性回归项的系数衡量基金的择时能力。例如，Treynor 和 Mazuy（1966，TM）在 CAPM 模型基础上建立一个基金收益对同时期市场收益的非线性模型（$r_t = \alpha + \beta_0 r_{mt} + \gamma r_{mt}^2 + e_t$，其中 r_{mt} 为市场组合的超额收益率，r_t 基金的超额收益率，α 为衡量基金选股能力的系数，r 衡量基金择时能力系数），该模型认为如果一只基金具有择时能力，那么它应该在市场收益高时持有更多市场组合，而在市场收益低时持有更少的市场组合。TM 模型对 57 只基金的回归结果发现除了一只基金外，其余基金均不具备择时能力。

Henriksson 和 Merton（1981，HM）提出了与 TM 模型不同的择时能力估计方法，HM 模型为 $r_t = \alpha + \beta_0 r_{mt} + \gamma \max(r_{mt}, 0) + e_t$，其中 $\max(r_{mt}, 0)$ 指市场超额收益的正数部分。HM 模型认为，投资者可能不会如 TM 模型所认为的对未来能够精确预测，投资者可能只会预测未来的超额收益率是否大于零，即市场收益率是否大于无风险利率。利用 HM 模型，Henriksson（1984）发现基金既没有择时能力，也没有显著的选股能力。

随后 Chang 和 Lewellen（1984），Ferson 和 Schadt（1996）以及 Jiang（2003）等对基金选股与择时能力的研究都在 TM 和 HM 模型的基础上做了改进。他们的研究结论都认为基金有一定的

———————————

［基金项目］本文是陈娟主持的上海财经大学研究生科研创新基金（CXJJ - 2011 - 403）项目阶段性研究成果。
［作者简介］张昊，上海财经大学经济学院西方经济学博士；陈娟，上海财经大学经济学院数量经济学博士。

选股能力，而择时能力不显著甚至为负。

国内也有许多学者研究基金择时能力与选股能力，如沈维涛和黄兴孪（2001），汪光成（2002），林嬲和陈树华（2011），张珺和陈卫斌（2012）等或使用 HM 和 TM 模型，或使用 HM 和 TM 的改进模型考察主动型股票投资基金，他们的研究均发现基金拥有一定选股能力，但择时能力并不显著。此外，牛鸿和詹俊义（2004）使用 TM 和 HM 模型及非参数检验，发现即使非参方法放松参数估计的假设条件，基金经理仍表现出较差的择时能力。马超群、傅安里和杨晓光（2005）在多因子模型中加入收益择时因子研究 3 只开放式基金和 22 只封闭式基金，发现开放式基金具有波动择时能力而且强于封闭式基金。朱波、文兴易和匡荣彪（2010）分析了 2002～2008 年间的 151 只开放式基金，发现基金经理要么选股能力突出，要么择时能力突出，其中六成基金经理具有择时能力。王珏和张新民（2013）采用 Bootstrap 分析方法研究开放式股票型基金选股能力发现，至少有 10% 的基金具有良好的选股能力，但是有一半以上的基金不具备选股能力。

上述所有的分析模型将基金的择时能力和选股能力分开，更为精确地衡量基金的投资管理能力，但是这些模型存在两个缺陷：一是没有考虑宏观经济环境；二是采用已实现收益衡量投资组合收益，这可能导致对基金投资能力的估计有偏误。首先，这类模型背后有个隐含的假设，即基金管理的选股能力与择时能力是基金经理的天赋，而基金经理同时完美地接收和处理宏观经济与个股的预测信息，并转换成投资策略。基金经理对这两种能力的使用不随宏观经济周期加以变动。然而，正如 Sims（2003）的研究，无论是个人还是类似基金的投资实体，其接收和处理信息能力都是有限的。在信息处理能力受限的情况下，基金经理只能有所取舍，选择接收和处理他认为最有用的信息。因此在不同的宏观经济环境中，基金经理有侧重地使用择时与选股能力中的一种，基金的投资策略很可能会随时间变动。例如，中邮战略新兴基金在 2013 年度报告中披露基金的投资策略和运作分析，报告中有如下描述："2013 年整体经济处于相对弱平衡的状态……从短期来看经济如往年的高速增长缺乏有力的支撑……而与整体宏观经济高度相关的周期类板块缺乏趋势性机会……"我们可以看出基金的投资策略与宏观经济环境紧密相关，因此也有理由相信基金经理投资管理的两种能力的体现很有可能与宏观经济环境相关。

国外关于宏观经济周期对基金投资策略的影响的文献如下。Ferson 和 Schadt（1996）将外生的公共信息（如宏观经济因素）引入 HM、TM 模型中，考察在控制外生公共信息变量后会改善基金表现的评价。Kosowski（2011）发现在经济衰退时基金的经过风险调整的表现为正，而在经济繁荣时基金的风险调整收益为负，由于投资者在衰退时期财富的边际成本更高，将不同经济周期的收益相加可能低估了基金总收益。Kacperczyk 和 Veldkamp（2011）提出一个新的信息选择模型，将经济周期变动作为一个可以观测到的状态变量，证明基金可以通过经济周期的变动捕捉到正确的信息选择并应用于投资管理，为投资者赚取超过市场的收益。Glode（2011）在模型中证明由于在经济衰退时投资者财富的边际效用更高，基金此时会获得高于市场的收益率，但是文中没有研究基金会采取何种随着经济周期变动的策略来得到这样的收益率。Souza 和 Lynch（2012）使用一种基于 GMM 的新方法考察不同经济周期下基金收益的周期性特征。Kacperczyk、Nieuwerburgh 和 Veldkamp（2014）构建一个新的对基金择时能力与选股能力的衡量指标发现，在经济繁荣期选股能力强的基金在经济衰退时择时能力也很突出。根据宏观经济环境调整择时与选股能力的基金业绩更优异。而目前，国内尚无关于基金投资管理能力与经济周期的关系的研究。

其次，在研究基金择时与选股能力的模型中，投资组合收益的衡量指标是基金披露的已实现收益（Realized Fund Return）。根据 Jagannathan 和 Korajczyk（1986），Goetzmann、Ingersoll 和 Ivkovich（2000）与 Jiang、Yao 和 Yu（2007）等的研究，基于基金已实现收益的模型会降低对基金择时能力估计的准确性。因为影响基金与市场收益的非线性关系因素并不是基金经理的主动择时行为。基金使用某些动态交易策略会使得基金收益具有类似期权的特征，同样地，一些股票也具有类似期权的特征。持有这类股票或使用动态交易策略会使基金收益与市场收益呈现凹的或凸的关系。这两种影响效应会使模型低估基金的择时能力。

本文的贡献之处在于我们克服了上述两个缺陷，文中根据 Daniel 等（1997），Kacperczyk、Nieuwerburgh 和 Veldkamp（2014），使用基金披露全部持股信息建立一种假设收益指标（Hypothetical Return）去取代基金已实现的收益，然后用假想收益指标建立基金选股与择时能力的衡量指标，并研究宏观经济的环境对基金两种投资管理能力的影响。具体地，我们将股票收益分成两部分，第一部分与市场收益相关，股票收益会随市场波动而变动；第二部分为总收益减去与市场收益相关的部分，这一部分代表由于股票个体因素导致的收益变动。如果一只基金持有的股票收益多数可由与市场收益相关部分解释，我们就认为这只基金的择时能力强。如果一只基金持有的股票收益更多地归结于个股因素，我们就认为这只基金的选股能力强。然后，我们根据宏观经济景气指数将宏观经济划分为经济繁荣时期与经济衰退时期，研究在繁荣时期和衰退时期，基金择时能力与选股能力是否有不同的表现。

本文结论就行业平均而言，基金的择时能力在经济衰退时表现更突出，而选股能力在经济繁荣时期表现更突出。也就是说，基金行业在不同经济周期时存在投资能力的转换。具体到单个基金，我们发现某些基金的择时能力与选股能力在经济繁荣期和经济衰退期存在显著的不同，这些基金有两种根据宏观经济周期变动的投资策略，一种是在经济繁荣时更多地使用择时能力，在经济衰退时更多地使用选股能力；另一种是在经济繁荣时择时能力与选股能力都很活跃，而在经济衰退时采用类似指数基金的被动投资策略，进一步，笔者还发现采用以上两种投资策略的基金的业绩显著地高于其他基金。另外，就基金行业总体而言，基金择时能力带来的收益是负的，但是存在某些基金无论在经济繁荣时期还是在经济衰退时期都表现出正的择时能力。这一结论与以往研究认为中国的基金没有择时能力是不相同的。

二、基金投资管理能力的度量

（一）基金能力的衡量指标构建

通过构建衡量基金择时与选股能力的指标，对基金经理的不同行为模式进行解释。基金选股与择时能力指标的构建方法参考 Daniel 等（1997），Kacperczyk、Nieuwerburghand Veldkamp（2014）。

基金 j 在 t 期的择时能力（$timing_t^j$）定义如下：

$$timing_t^j = \sum_{i=1}^{N^j} (\omega_{i,t}^j - \omega_{i,t}^m)(\beta_{i,t} R_{t+1}^m) \tag{1}$$

式（1）描述基金 j 的超额收益与市场超额收益的关系。其中，$\omega_{i,t}^j$ 是指在 t 期开始时基金 j 持有股票 i 的金额占基金总持股金额的比例，$\omega_{i,t}^m$ 是指 t 期开始时股票 i 的流通市值占整个股票市场流通总市值的比例。R_{t+1}^m 是指从 t 期初到 t+1 期初股票市场的收益，它是通过沪深 A 股和创业板的股票收益率按总市值加权平均得到。R_{t+1}^i 是指股票 i 从 t 期初到 t+1 期初的收益。β_i 是 t 期股票收益 R^i 与当期市场收益 R^m 的协方差与市场收益的方差之比。使用滚动窗口回归模型（Rolling – window Regression Model）计算每只股票 i 在 t 月 $\beta_{i,t}$，具体方法是，我们使用 t – 11 月到 t 月的数据，用股票 i 的超额收益对整个股票市场超额收益进行滚动窗口回归得到，即 $R_t^i =$

$\beta_{i,t} R_t^m + \varepsilon_t^i$。

本文采用 Cremers 和 Petajisto（2009）对主动型基金投资行为的解释，如果一只基金要取得股票市场的平均收益，它可以采用类似指数基金的投资策略，在自己的投资组合里配置 $\omega_{i,t}^m$ 比例的股票 i。如果基金试图获得超越市场的收益，那么他就要偏离指数基金跟踪市场的策略。如果基金 j 预测到 t 期宏观经济处在繁荣周期，那么它应该提前在 t 期开始前侧重配置与整个市场相关程度更高（即更高的 $\beta_{i,t}$）的股票，即基金 j 增大了这类股票的持仓仓位（$\omega_{i,t}^j$），那么此时基金 j 的择时能力（$timing_t^j$）也越强。反之，如果基金 j 预测到 t 期宏观经济处在衰退周期，那么它就应该在 t 期开始前更多将资金配置在与整个市场收益相关程度更低甚至负相关的股票上，这种操作策略会使得基金 j 的择时能力指标值变大。通过以上分析发现，若一只基金能够准确地预测未来的宏观经济周期，并相应地调整股票配置，则会使得该基金对应的择时能力指标值变大，由此反映出该基金的择时能力更强。

基金 j 在 t 期的选股能力（$picking_t^j$）定义如下：

$$picking_t^j = \sum_{i=1}^{N^j} (\omega_{i,t}^j - \omega_{i,t}^m)(R_{t+1}^i - \beta_{i,t} R_{t+1}^m) \tag{2}$$

式（2）描述基金 j 的超额收益与其所持有的股票的超额收益的关系。$(R_{t+1}^i - \beta_{i,t} R_{t+1}^m)$ 是股票 i 在 t 期（从 t 期期初到 t+1 期期初）的收益（R_{t+1}^i）减去与同期市场收益相关的收益（$\beta_{i,t} R_{t+1}^m$），它表示股票 i 在某一期收益中与市场无关，仅仅与个股本身特征相关的那部分收益，我们定义这种收益为股票 i 有别于其他股票的个体异质性收益。如果股票 i 的个体异质性收益（$R_{t+1}^i - \beta_{i,t} R_{t+1}^m$）更高，那么基金 j 在这一期开始前更多的持有这类股票，即（$\omega_{i,t}^j - \omega_{i,t}^m$）变大了，将会使得基金 j 对应的选股能力指标值（$picking_t^j$）变大。由此可知，若一基金对应的选股能力指标值越大，可认为该基金能从市场中挑选出股票基本面更好的股票，该基金选股能力更强。

（二）模型设定与数据来源

1. 模型设定和变量选取

为了验证基金的选股与择时两种能力是否随着经济周期的波动而发生变化，我们设定以下两个检验模型：

$$timing_t^j = a_0 + a_1 Recession_t + a_2 X_t^j + \varepsilon_t^j \tag{3}$$
$$picking_t^j = b_0 + b_1 Recession_t + b_2 X_t^j + \varepsilon_t^j \tag{4}$$

其中，$Recession_t$ 为代表经济周期的变量，当经济处于衰退时期，Recession 的值为 1；当经济处于繁荣时期，Recission 的值为 0。X_t^j 为控制变量，用来控制基金 j 的个体特征，其中包括基金成立年限（age）、总净值（tna）、基金每年的支出费率（expense）、基金的净流入比率（flow），以及基金持股的特征变量，如持股市值指标（size）、账面市值比指标（value）、动量指标（momentum），变量名如表 1 所示。在实证中，基金成立年限和总净值数据都取了对数。另外，所有控制变量在回归中都做了去均值处理，这么做的好处在于常数项 a_0 可以被解释为基金技能在经济繁荣时期的水平值，斜率项 a_1 则表示相对于经济繁荣时期，基金技能在经济衰退时期增加的幅度。

表 1 变量名

timing	基金择时能力	expense	基金的支出费率
picking	基金选股能力	flow	基金净流入比率
recession	经济周期虚拟变量	size	持股市值指标
age	基金成立年限	value	账面市值比指标
tna	基金总净值	momentum	动量指标

2. 数据来源

本文选取主动管理型开放式股票投资基金作为研究对象，其中不包括 QDII 基金（华夏全球精选股票型证券投资基金）和投资特定行业基金（如华宝兴业医药生物优选股票型基金），不考虑这两类基金的原因是 QDII 基金主要持有国外市场股票；投资特定行业基金的业绩基准与投资策略和普通的主动型股票投资基金不一样，因此我们将这两类基金从样本中剔除。另外，本文也不考虑规模在 2000 万元以下或者持股小于 10 只股票的基金。我们一共得到 519 只主动管理型开放式基金样本。

本文研究的样本区间为 2004 年 1 月到 2014 年 6 月的半年数据。选取这个时间段是基于以下两方面考虑：①从 1998 年成立的 5 只基金到 2003 年增加到 56 只，我国基金行业初期虽然发展迅速，但此时基金成立的年限偏短，绝对规模与数量偏少。股票投资基金在成立之初会有半年到一年的建仓期，我们在构建基金能力指标时会剔除掉每只基金第一年的数据，这样可以使用的基金数量相当有限。②证券投资基金法从 2003 年 6 月开始正式实施，证券投资基金行业此后逐渐规范。根据我国证券投资基金法关于信息披露的规定，基金需要在半年报与年报中披露全部所持有的股票组合。

本文的样本数据来自国泰安 CSMAR 数据库中的中国开放式基金数据库、中国上市公司财务指标分析数据库、中国股票市场交易数据库以及中国宏观经济研究数据库。本文使用的基金特征数据如基金净值规模、成立年限、费用比率、基金的净流入比率以及基金持有股票组合等取自开放式基金数据库；股票月度收益率、股票市值取自股票市场交易数据库；股票账面价值取自上市公司财务指标分析数据库。宏观经济景气指数来自宏观经济研究数据库。

3. 变量取值说明

基金成立年限是基金成立日与当期间隔的月数。基金总净值直接取自开放式基金数据库[①]。基金的支出费率是基金交易费、托管费、销售服务费、财务费用及其他费用等的加总除以基金当期的总净值。基金净流入比率是当期基金净流入除以基金期初的总净值。

采用 Daniel，Grinblatt，Titman 和 Wermers（1997）的方法将整个市场的股票按照市值从小到大排列，将市值最小的前 20% 的股票赋值为 1，次小的 20% 赋值为 2，依次类推，市值最大的 20% 股票赋值为 5。然后，将每只基金持有的股票的赋值乘以持股比例加总得到基金持股市值指标变量。我们使用同样的方法对股票的账面市值比和股票前一年的收益率排序并且赋值，加总得到基金持股的账面市值比指标和动量指标。

根据宏观经济景气一致指数判断经济处于经济繁荣期或者经济衰退期，若某时期内宏观经济一致指数具有上升趋势，该时期是经济繁荣期；若某时期内宏观经济一致指数具有下行趋势，则该时期是经济衰退期。具体划分见图 1 所示，图中黑线表示在样本期间的宏观经济景气指数，阴影部分显示宏观经济一致指数具有下行趋势，因此我们主观判断阴影区间为经济衰退期。recession 变量的取值是依据图 1 所示的阴影区间，当某月处于阴影区间时，recession 取值为 1，否则取值为 0。

---

① 计算方法可见 CSMAR 中国开放式基金数据库使用指南。

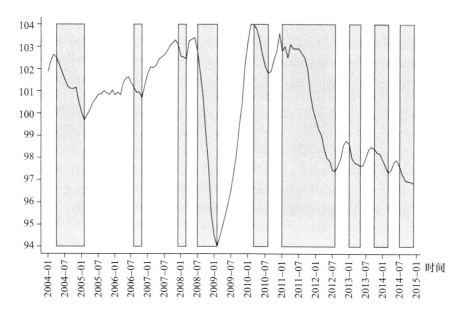

图1　经济繁荣期和经济衰退期的划分

资料来源：国泰安 CSMAR 中国宏观经济研究数据库。

三、回归结果分析

（一）基本回归

采用面板混合回归的方法（Pooling Panel Regression）估计式（3）和式（4），且为了使回归结果具有稳健性，在计算标准差时采用聚类稳健标准差，在基金层面聚类。表2中列（1）与列（3）是基金择时能力和选股能力两个因变量分别只对经济周期变量与常数回归，列（1）经济周期变量的系数 a_1 的估计值为正（0.0004），列（3）经济周期变量的系数 b_1 的估计值为负（−0.0098），表明就基金行业平均水平而言，基金择时能力在经济衰退时表现更好，但是回归结果不显著，相反地，选股能力在经济繁荣时期显著上升。而在加入基金的个体特征变量与基金持股的特征变量后，经济周期变量的回归系数的符号没有变化，但是两种能力随经济周期的变动的差异在5%置信水平下显著。基金的择时能力在经济衰退中的月度收益相比在经济繁荣期高0.17%，对应的年度收益则高了2.04%，而基金的选股能力在经济繁荣期的月度收益却比经济衰退期高0.39%，对应的年度收益则高了4.68%。总之，从结果而言，基金的择时与选股两种能力在不同经济周期中带来的收益存在显著差异。

另外，由于所有的自变量都经过了去均值处理，回归结果的常数项可以解释成基金在经济繁荣时的绝对超额收益。从列（2）常数项系数可以看出，在经济繁荣期，基金的择时能力带来的月度绝对超额收益为−0.31%；由列（4）可知基金选股能力可得到每月0.34%的超额收益。将这两项超额收益相加得到了在经济繁荣期基金总体超额收益为0.03%（−0.31%+0.34%）。将列（2）和列（4）的常数项系数与经济周期变量的系数相加可得，在经济衰退时，基金的择时能力能为投资者带来的月度收益为−0.14%；选股能力能为投资者带来的月度收益为−0.05%。在经济衰退期基金总体超额收益为−0.19%（−0.14%−0.05%）。因此基金在经济繁荣时可以为投资人带来正的超额收益；而在经济衰退时，基金的表现会低于股票市场平均收益率。

表2 基金择时能力和选股能力的回归结果

	timing	timing	picking	picking
	（1）	（2）	（3）	（4）
recession	0.0004	0.0017 **	− 0.0098 ***	− 0.0039 **
	（0.55）	（2.19）	（− 5.92）	（− 2.38）
lnage		− 0.0006		− 0.0018
		（− 1.06）		（− 1.42）
lntna		− 0.0025 ***		− 0.0064 ***
		（− 7.89）		（− 9.40）
expense		− 1.217 ***		− 1.959 ***
		（− 14.74）		（− 12.07）
flow		− 0.0009 ***		− 0.0011 **
		（− 3.22）		（− 2.24）
size		0.0033 ***		0.0332 ***
		（3.08）		（11.47）
value		− 0.0074 ***		− 0.0127 ***
		（− 11.42）		（− 9.12）
momentum		− 0.0086 ***		− 0.0102 ***
		（− 11.89）		（− 7.05）
常数项	− 0.0022 ***	− 0.0031 ***	0.0077 ***	0.0034 ***
	（− 3.95）	（− 5.51）	（6.02）	（2.84）
观测值	5711	5711	5711	5711

注：括号中为 t 统计值，***、**、* 分别表示 1%、5%、10% 的显著水平上显著。

（二）是否存在同时具备择时能力和选股能力的基金？

由表 2 结果看，从整个行业平均意义上，基金的选时能力在经济衰退时期表现突出，而选股能力则在经济繁荣时期表现突出。对于这个结果，我们认为可能有两种解释：其一，某些基金具有择时能力，而另一些基金具有选股能力；其二是某些基金同时具备这两种能力，在经济繁荣时更多使用选股能力，而在宏观经济衰退时更多使用择时能力去避开 β 值高的股票。那么是否存在某些基金在经济衰退时期具备择时能力的同时也具备优越的选股能力，或是在经济繁荣时期具备选股能力的同时又表现出优越的选时能力？为了验证这个猜想，选取了在经济繁荣时期选股能力最好的前 5% 的基金（记为 top - p），观测它们在经济衰退时期的选时能力，以及在经济衰退时期选时能力最好的前 5% 的基金（记为 top - t），观测它们在经济繁荣时期的选股能力。从表 3 第（1）列的结果可以看出，对于在经济繁荣时期选股能力最好的前 5% 的基金来说，它的择时能力在此时期同样表现出色，且在 5% 的置信水平下显著，相对于繁荣时期这些基金在经济衰退时期的择时能力所得的月度收益降低了 0.2%。这类基金在经济繁荣时使用选时能力可以为投资者带来 0.22% 的月度超额收益，在经济衰退时其择时能力带来的月度超额收益为 0.02%，不及经济繁荣期的 1/10。与之前我国基金择时能力的研究大多检验不到正的择时能力不同，我们发现在经济繁荣时期选股能力最好的前5%基金无论繁荣还是衰退时都拥有显著为正的择时能力。这表明虽然基金行业总体上并没有表现出择时能力，但某些基金个体具有显著为正的择时能力。第（2）列结果显示，对于在经济衰退时期择时能力最好的前5%的基金来说，它的选股能力在经济繁荣时表现得更好，且在1%的置信水平下显著。这类基金随着经济周期的波动存在选股择时策略互换，其选股能力在经济繁荣时为投资者带来月度超额收益为0.9%，在经济衰退时的月度超额收益为－0.01%。对比表2基金行业的整体收益数据我们可以看出，无论是经济繁荣时选股能力表现好的前5%基金还是经济衰退时择时能力表现好的前5%基金，它们的业绩表现都显著优于基金行业的平均水平。

更进一步发现以上所选在经济繁荣时期选股能力优越的基金和在经济衰退时期选时能力优越的基金存在交集，因此将观测基金细分为3个样本群体，分别为仅在经济繁荣时期表现出优越选股能力的基金（记为only－top－p），仅在经济衰退时期表现出优越选时能力的基金（记为only－top－t），既在经济繁荣时期具有优越选股能力也在经济衰退时期具有优越选时能力的基金（记为top－t&p）。由表3结果（3）可知，对于仅在经济繁荣时选股能力突出的基金（only－top－p），其择时能力在经济衰退时期表现得更突出。这类基金的择时能力在衰退中会为投资人带来0.16%（－0.0012＋0.0028）的月度超额收益，与之相对应的，基金行业的择时能力在衰退中的平均超额收益为每月－0.14%。由结果（4）可知，对于仅在经济衰退时期择时能力突出的基金（only－top－t），其选股能力在经济繁荣时期表现得更加突出，不过这个结果并不显著。由结果（5）、（6）可知，对于既在经济繁荣时期具有优越选股能力也在经济衰退时期具有优越选时能力的基金（top－t&p），它的选股能力与择时能力均在经济繁荣时表现更加突出。这类基金的投资策略相对激进，它的择时和选股能力在经济繁荣时表现得很突出，分别为投资者带来了0.26%和2.27%的月度超额收益，在经济衰退时期这类基金的两种能力也为投资者带来－0.03%和0.34%的月度超额收益。这类基金的择时和选股能力无论在经济繁荣时期还是在经济衰退期都为投资者带来高于基金行业的平均水平的月度收益。综上分析，我们发现only－top－p类型和only－top－t类型的基金会随着经济周期的波动存在择时、选股策略互换，而top－t&p类型的基金择时能力与选股能力均在经济繁荣时表现得更加突出。

表3 基金择时、选股能力的回归结果

	top－p	top－t	only－top－p	only－top－t	top－t&p	top－t&p
	timing	picking	timing	picking	timing	picking
	（1）	（2）	（3）	（4）	（5）	（6）
recession	－0.002** (－2.49)	－0.0091*** (－5.58)	0.0028* (1.84)	－0.0002 (－0.11)	－0.0029*** (－3.42)	－0.0193*** (－9.80)
lnage	－0.0048*** (－6.63)	－0.005*** (－3.99)	－0.0065*** (－5.69)	－0.00150 (－0.84)	－0.00435*** (－4.82)	－0.0139*** (－9.13)
lntna	－0.0029*** (－7.26)	－0.0075*** (－9.63)	－0.0035*** (－5.32)	－0.0088*** (－8.52)	－0.0028*** (－5.91)	－0.005*** (－5.73)
expense	－1.696*** (－7.64)	－2.267*** (－11.23)	－2.707*** (－13.38)	－2.305*** (－8.75)	－1.563*** (－7.02)	－2.1*** (－8.50)
flow	－0.0025*** (－5.58)	－0.001 (－1.40)	－0.0025*** (－4.94)	0.0002 (0.25)	－0.0025*** (－3.92)	－0.0044*** (－4.05)

续表

	top - p	top - t	only - top - p	only - top - t	top - t&p	top - t&p
	timing	picking	timing	picking	timing	picking
	(1)	(2)	(3)	(4)	(5)	(6)
size	0.0018	0.0319***	0.0017	0.0373***	0.0023	0.0179***
	(1.00)	(8.37)	(0.59)	(6.95)	(1.08)	(3.58)
value	-0.0093***	-0.0136***	-0.0094***	-0.0117***	-0.0093***	-0.0151***
	(-10.29)	(-7.57)	(-5.05)	(-5.38)	(-8.93)	(-4.80)
momentum	-0.0122***	-0.0093***	-0.0124***	-0.0116***	-0.0125***	-0.0082***
	(-14.65)	(-6.56)	(-8.02)	(-6.91)	(-12.62)	(-2.94)
常数项	0.0022***	0.009***	-0.0012	0.0001	0.0026***	0.0227***
	(2.84)	(6.03)	(-0.91)	(0.05)	(3.03)	(13.86)
观测值	1313	2675	381	1743	932	932

注:括号中为 t 统计值,***、**、* 分别表示 1%、5%、10% 的显著水平上显著。

(三) 基金随经济周期的策略互换行为是否可以带来更高收益

表 2 和表 3 显示基金会随着经济周期的波动,分别对基于宏观经济预测的择时能力和基于微观个股预测的选股能力的使用各有侧重。一些基金会在经济繁荣时期着重地使用选股策略,在经济衰退时期着重使用择时策略。另一些基金在经济繁荣时同时使用选股策略和择时策略使基金获得相当的超额收益,而在经济衰退时采用相对被动的策略从而获得与股票市场平均收益相仿的收益。长期而言这类基金同样可以获得超额收益。

将采用以上两种投资策略的基金与其他基金做一比较,检验采取随经济周期变动而变动投资策略的基金是否能为投资者攫取更多的超额收益。我们使用 CAPM 模型和 Fama - French 三因子模型将基金的月度超额收益率做 12 月的滚动窗口回归分别得到 CAPM Alpha 和 Fama - French 三因子 Alpha。然后我们将这两类 Alpha 分别作为因变量来比较不同能力的基金的超额收益率差别。在控制基金的个体特征变量与基金持有股票的特征变量后,回归结果见表 4、表 5。

首先考察在经济繁荣期选股能力最好的 5% 基金与在经济衰退时期择时能力最好的 5% 基金是否可以获得更高的超额收益。表 5 的前两行是两个哑变量,第一行 D - top - p 变量是将经济繁荣期选股能力最好的 5% 基金设为 1,其他(经济衰退时择时能力最好的 5% 基金除外)基金设为 0。相似地,第二行 D - top - t 变量是将经济衰退期择时能力最好的 5% 基金设为 1,其他(经济繁荣时选股能力最好的 5% 基金除外)基金设为 0。从表 4 中,我们发现无论 CAPM Alpha 还是 Fama - French 三因子 Alpha 作为基金收益的因变量,在经济繁荣时选股能力最好的前 5% 基金和经济衰退时择时能力最好的前 5% 基金都获得比其他基金更高的收益。

表 4　对基金策略互换行为的优异表现的检验(一)

	alpha2	alpha3	alpha2	alpha3
	(1)	(2)	(3)	(4)
D - top - p	0.0013***	0.0035***	—	—
	(3.34)	(7.57)		
D - top - t	—	—	0.0013***	0.0022***
			(4.04)	(5.51)

续表

	alpha2	alpha3	alpha2	alpha3
	（1）	（2）	（3）	（4）
lnage	0.0002	-0.0031***	0.0002	-0.003***
	（0.63）	（-8.37）	（0.62）	（-7.82）
lntna	0.0006***	0.0002	0.0005***	0.0002
	（4.32）	（1.35）	（4.21）	（1.25）
expense	0.233***	-0.436***	0.230***	-0.443***
	（6.86）	（-9.97）	（6.79）	（-10.16）
flow	0.0002*	0.0003*	0.0002*	0.0003*
	（1.85）	（1.88）	（1.84）	（1.86）
size	-0.0001	-0.0001	-0.0001	-2.77e-4
	（-0.20）	（-0.18）	（-0.29）	（-0.05）
value	0.0045***	0.0002	0.0044***	0.0001
	（17.25）	（0.64）	（17.00）	（0.35）
momentum	0.0009***	0.003***	0.0009***	0.0031***
	（3.02）	（8.22）	（3.13）	（8.45）
常数项	-0.0014***	0.0016***	-0.0017***	0.0013***
	（-8.77）	（7.49）	（-8.71）	（5.43）
观测值	5683	5683	5683	5683

注：括号中为 t 统计值，***、**、* 分别表示 1%、5%、10% 的显著水平上显著。

　　然后把表 4 中的两类基金分成三个样本，样本分类方式与前文一致，三类基金分别为 top - t&p，only - top - p 和 only - top - t。若基金既在经济景气时期具有优越选股能力也在经济衰退时期具有优越选时能力，则变量 D - top - t&p 的取值 1，其余基金取值为 0；若基金仅在经济繁荣时期具有优异选股能力，则变量 D - only - top - p 取值为 1，其余基金取值为 0；若基金仅在经济衰退时期具有优异的择时能力，则变量 D - only - top - t 变量的取值为 1，其余基金的取值为 0。表 5 的前两列表明，top - t&p 类型的基金可以为投资者获得更高的收益，不过 CAPM Alpha 作为因变量的回归结果并不显著。表 5 的后四列回归结果表明，在经济繁荣时选股能力更好而在经济衰退时择时能力更好的基金相对于其他基金，同样可以为投资者带来更高收益。在以 CAPM Alpha 作为因变量的回归中，在经济繁荣时具有优异选股能力的基金为投资者带来的收益最高。而在以 Fama - French 三因子 Alpha 为因变量的回归中，既在经济繁荣时期具有优越选股能力也在经济衰退时期具有优越选时能力的基金可以为投资者带来最高的收益。由此我们也可以认为选股能力强的基金更可能为投资者带来更高的收益。

表 5　对基金策略互换行为的优异表现的检验（二）

	alpha2	alpha3	alpha2	alpha3	alpha2	alpha3
	（1）	（2）	（3）	（4）	（5）	（6）
D - top - t&p	0.0007	0.0034***	—	—	—	—
	（1.49）	（6.52）				
D - only - top - p	—	—	0.0021***	0.0019***		
			（3.35）	（2.75）		

	alpha2	alpha3	alpha2	alpha3	alpha2	alpha3
	(1)	(2)	(3)	(4)	(5)	(6)
D - only - top - t	—	—	—	—	0.001***	0.0003
					(3.03)	(0.71)
lnage	0.0003	-0.003***	0.0003	-0.0027***	0.0004	-0.0026***
	(1.06)	(-8.06)	(1.15)	(-7.21)	(1.25)	(-7.05)
lntna	0.0006***	0.0003*	0.0005***	0.0002	0.0005***	0.0002
	(4.44)	(1.77)	(4.09)	(1.29)	(4.16)	(1.47)
expense	0.230***	-0.437***	0.229***	-0.447***	0.227***	-0.448***
	(6.76)	(-10.00)	(6.69)	(-10.07)	(6.62)	(-10.10)
flow	0.0002*	0.0003*	0.0002*	0.0003*	0.0002*	0.0003*
	(1.85)	(1.88)	(1.85)	(1.90)	(1.85)	(1.90)
size	2.55e-4	0.0001	-8.8e-6	0.0003	3.22e-6	0.0003
	(0.06)	(0.08)	(-0.02)	(0.42)	(0.01)	(0.52)
value	0.0045***	0.0002	0.0045***	0.0003	0.0044***	0.0002
	(17.25)	(0.63)	(17.29)	(0.76)	(17.07)	(0.70)
momentum	0.0009***	0.0031***	0.0009***	0.0031***	0.0009***	0.0032***
	(3.13)	(8.34)	(3.07)	(8.43)	(3.20)	(8.50)
常数项	-0.0012***	0.0018***	-0.0013***	0.0022***	-0.0014***	0.0023***
	(-7.75)	(8.98)	(-8.10)	(11.25)	(-7.84)	(10.18)
观测值	5683	5683	5683	5683	5683	5683

注：括号中为 t 统计值，***、**、*分别表示1%、5%、10%的显著水平上显著。

（四）基金策略互换行为的稳健性检验

通过表3分析发现，有两类基金（only - top - p 类型和 only - top - t 类型）会依据经济周期的波动进行择时、选股策略互换，即在经济衰退时期基金经理的选时能力表现突出，在经济繁荣时期基金经理的选股能力表现突出。为了验证基金经理的策略互换行为是否具有稳健性，我们选取了具有显著策略互换行为的 only - top - p 类型基金（表3的结果可发现 only - top - t 类型基金也具有策略互换行为但是不显著），检验它们的择时、选股能力与其他的能够反映经济周期波动的指标的关系。表6中变量 b1 为宏观经济滞后指数的相反数，因此 b1 越大意味经济越不景气；b2 为宏观经济一致指数的相反数；b3 为宏观经济先行指数的相反数；dpmi 是采购经理指数（PMI）的虚拟变量。PMI 指数50为经济荣枯分水线，若 PMI 低于50，表明经济在衰退，对应的 dpmi 取值为1；若 PMI 大于50，表明经济在发展，对应的 dpmi 取值为0。表6中（1）~（4）为基金择时能力（timing）和选股能力（picking）对变量 b1 的回归结果，其中（1）和（2）采用混合面板数据回归且标准差在基金层面聚类，（3）和（4）采用面板数据固定效应估计方法（FE）①。表6中（1）~（4）回归结果显示，经济越不景气，only - top - p 类型基金会表现出越强的择时能力，而当经济越来越景气时它会表现出越来越强的选股能力，这个结果与基金个体效

---

① 通过 Hausman 检验，我们得出面板数据模型应采用固定效应估计方法（FE），而非随机效应估计方法（RE）。

应是否控制不相关。表 6 中（5）、（6）和（7）直接检验了 only – top – p 类型基金是否在经济衰退时期转换投资策略，结果显示，b2、b3 和 dpmi 的估计系数均为正数且在 1% 置信水平下显著，表明在经济繁荣时期选股能力突出的基金，在经济衰退时期表现出优异的择时能力。综上稳健性检验结果显示，在四类衡量经济周期的代理变量的回归中，部分基金始终存在投资策略的周期性变换，即该结论不随经济周期不同的衡量指标而改变。

表 6　策略互换行为的稳健性检验

	picking	timing	picking	timing	timing	timing	timing
	（1）	（2）	（3）	（4）	（5）	（6）	（7）
b1	– 0.0016 ***	0.0004 ***	– 0.0015	0.0004	—	—	—
	（ – 3.82）	（3.45）	（ – 1.60）	（0.96）			
b2	—	—	—	—	0.0035 ***		
					（16.79）		
b3	—	—	—	—		0.0062 ***	
						（14.86）	
dpmi	—	—	—	—			0.045 ***
							（19.71）
lnage	– 0.0157 ***	– 0.0058 ***	– 0.018 ***	– 0.0068 ***	– 0.0105 ***	– 0.0132 ***	– 0.0018 **
	（ – 5.08）	（ – 6.50）	（ – 3.52）	（ – 2.86）	（ – 9.51）	（ – 9.12）	（ – 2.12）
lntna	– 0.0144 ***	– 0.0031 ***	– 0.0111 **	– 0.0027	– 0.0026 ***	– 0.0028 ***	– 0.0035 ***
	（ – 7.46）	（ – 4.87）	（ – 2.25）	（ – 1.17）	（ – 3.87）	（ – 3.40）	（ – 5.03）
expense	– 5.419 ***	– 2.434 ***	– 5.463 ***	– 2.46 ***	– 2.001 ***	– 2.893 ***	– 3.893 ***
	（ – 8.09）	（ – 12.51）	（ – 6.17）	（ – 6.01）	（ – 12.41）	（ – 17.70）	（ – 20.14）
flow	– 0.0028 ***	– 0.0023 ***	– 0.0032 *	– 0.0025 ***	– 0.0019 ***	– 0.0022 ***	– 0.0026 ***
	（ – 2.89）	（ – 4.73）	（ – 1.87）	（ – 3.17）	（ – 3.82）	（ – 4.05）	（ – 4.96）
size	0.0328 ***	0.0013	0.0241	– 0.0033	0.0007	7.58e – 5	– 0.0112 ***
	（3.20）	（0.44）	（1.44）	（ – 0.43）	（0.21）	（0.02）	（ – 3.24）
value	– 0.0189 ***	– 0.0096 ***	– 0.0228 ***	– 0.0102 ***	– 0.0092 ***	– 0.0056 **	– 0.0048 **
	（ – 4.34）	（ – 5.43）	（ – 3.64）	（ – 3.51）	（ – 5.35）	（ – 2.59）	（ – 2.77）
momentum	– 0.0106 ***	– 0.012 ***	– 0.011 **	– 0.0123 ***	– 0.0124 ***	– 0.0143 ***	– 0.0043 ***
	（ – 4.12）	（ – 8.29）	（ – 2.08）	（ – 5.07）	（ – 10.45）	（ – 9.26）	（ – 2.97）
常数项	– 0.139 ***	0.0427 ***	– 0.135	0.0413	0.353 ***	0.626 ***	– 0.0071 ***
	（ – 3.52）	（3.46）	（ – 1.48）	（0.98）	（16.58）	（14.78）	（ – 4.87）
基金固定效应	N	N	Y	Y	N	N	N
观测值	381	381	381	381	381	381	381

注：括号中为 t 统计值，***、**、* 分别表示 1%、5%、10% 的显著水平上显著。

四、结论

本文克服了国内已有的关于基金管理能力的研究中存在的两个缺陷，即没有考虑宏观经济环境以及采用已实现收益衡量投资组合收益。通过使用的择时与选股能力指标对宏观经济周期回归结果发现，行业平均而言，基金的择时能力在经济衰退时表现得更突出，而选股能力在经济繁荣时表现得更突出。也就是说，基金行业在不同经济周期时存在投资能力的策略转换。

本文选取在经济衰退时择时能力最强的前5%和经济繁荣时选股能力最强的前5%这两类基金。由于这两类基金之间有重合的部分，我们将重合的基金单独选出来。这样我们选取的基金变成了三类，第一类是仅在经济衰退时择时能力最强的5%的基金，第二类是基金在经济繁荣时选股能力最强的5%的基金，第三类是既在经济衰退时择时能力最强，又在经济繁荣时选股能力最强的基金。然后检验这三类基金的投资策略发现，第一类和第二类基金在不同经济周期时会转换使用的投资能力，即仅在经济衰退时择时能力最好的前5%的基金在经济繁荣时更多地使用选股能力，仅仅在经济繁荣时选股能力最好的前5%基金在经济衰退时更多地使用择时能力。而第三类基金有不同的投资策略，这类既在经济繁荣时选股能力强又在经济衰退时择时能力强的基金在经济繁荣时同时更多地使用两种能力，而在经济衰退时较少地使用选股和择时能力，采取类似指数基金的被动投资策略。

然后比较使用这两类投资策略的基金与其他基金的收益率发现，无论采用经济衰退时更多使用择时能力、经济繁荣时更多使用选股能力的基金，还是经济繁荣时更多使用两种能力、经济衰退时较少使用这两种能力的基金，其为投资者带来相对其他基金而言有更多的收益。我们再将这三类基金进行比较，虽然不同的收益率指标导致不同的基金表现不同，但是选股能力更突出的基金更可能为投资者带来更高的收益。由于在比较个体基金的表现时，发现投资策略随着经济周期波动而改变的基金表现优于其他基金。基金的策略变动行为也可以作为甄选绩优基金的一种方法。

最后，本文发现，虽然基金行业整体并没有表现出显著为正的择时能力，但是某些基金无论在经济繁荣时还是经济衰退时都表现出显著为正的择时能力。

参考文献

［1］Chang E C, Lewellen W G. Market Timing and Mutual Fund Investment Performance ［J］. Journal of Business, 1984 (1).

［2］Cremers K J M, Petajisto A. How Active is Your Fund Manager? A New Measure That Predicts Performance ［J］. Review of Financial Studies, 2009 (9).

［3］Daniel Kent, Mark Grinblatt, Sheridan Titman, Russ Wermers. Measuring Mutual Fund Performance with Characteristic – Based Benchmarks ［J］. Journal of Finance, 1997 (3).

［4］De Souza A, Lynch A W. Does Mutual Fund Performance Vary Over the Business Cycle ［J］. National Bureau of Economic Research, 2012.

［5］Ferson W E, Schadt R W. Measuring Fund Strategy and Performance in Changing Economic Conditions ［J］. Journal of Finance, 1996 (2).

［6］Glode, Vincent. Why Mutual Funds Underperform ［J］. Journal of Financial Economics, 2011 (3).

［7］Grinblatt M, Titman S. Mutual Fund Performance：An Analysis of Quarterly Portfolio Holdings ［J］. Journal of business, 1989 (3).

［8］Henriksson R D. Market Timing and Mutual Fund Performance：An Empirical Investigation ［J］. Journal of Business，1984（1）.

［9］Henriksson R D，Merton R C. On Market Timing and Investment Performance. II. Statistical Procedures for Evaluating Forecasting Skills ［J］. Journal of Business，1981（4）.

［10］Kacperczyk M，Van Nieuwerburgh S，Veldkamp L. Rational Attention Allocation Over The Business Cycle ［J］. Unpublished Working Paper，New York University，2011.

［11］Kacperczyk M，Van Nieuwerburgh S，Veldkamp L. Time－Varying Fund Manager Skill ［J］. The Journal of Finance，2014（4）.

［12］Kosowski R. Do Mutual Funds Perform When It Matters Most to Investors？US Mutual Fund Performance and Risk in Recessions and Expansions ［J］. The Quarterly Journal of Finance，2011（3）.

［13］Jagannathan R，Korajczyk R A. Assessing the Market Timing Performance of Managed Portfolios ［J］. Journal of Business，1986（2）.

［14］Jensen M C. The Performance of Mutual Funds in the Period 1945－1964 ［J］. The Journal of finance，1968 （2）.

［15］Jiang W. A Nonparametric Test of Market Timing ［J］. Journal of Empirical Finance，2003（4）.

［16］Jiang G J，Yao T，Yu T. Do Mutual Funds Time the Market？Evidence from Portfolio Holdings ［J］. Journal of Financial Economics，2007（3）.

［17］Sims C A. Implications of Rational Inattention ［J］. Journal of Monetary Economics，2003（3）.

［18］Treynor J，Mazuy K. Can Mutual Funds Outguess the Market ［J］. Harvard Business Review，1966（4）.

［19］林兢，陈树华. 我国开放式基金业绩持续性——基于2005～2009年数据[J]. 经济管理，2011（2）.

［20］马超群，傅安里，杨晓光. 中国投资基金波动择时能力的实证研究 ［J］. 中国管理科学，2005 （2）.

［21］牛鸿，詹俊义. 中国证券投资基金市场择时能力的非参数检验［J］. 管理世界，2004（10）.

［22］沈维涛，黄兴孪. 我国证券投资基金业绩的实证研究与评价 ［J］. 经济研究，2001（9）.

［23］汪光成. 基金的市场时机把握能力研究 ［J］. 经济研究，2002（1）.

［24］王珐，张新民. 基于bootstrap分析方法的我国基金经理选股能力研究 ［J］. 中国软科学，2013 （11）.

［25］张珺，陈卫斌. 我国QDII基金经理的选股择时能力研究 ［J］. 投资研究，2012（1）.

［26］朱波，文兴易，匡荣彪. 中国开放式基金经理投资行为评价研究 ［J］. 管理世界，2010（3）.

Technical Efficiency of China's Urban Water Utilities and its Implications for Regulatory Policy in the Age of New Normal

Hong – Zhou Li   Yue Zhang   Zhen – Zhen Tian

(Center for Industrial and Business Organization,
Dongbei University of Finance and Economics, Dalian, China)

1   Introduction

The study aims to address two issues that are closely related: one is to extend metafrontier model with production functional form to the case with input – oriented distance functional form, which is more suitable to estimate efficiency levels of network industries, the other is to estimate the efficiency levels of Chinese urban water utilities using proposed technique. With the continuous worsen development in water resource, namely water shortage and water pollution, how to deal with increasing financial deficit of Chinese urban water sector has become a second hot issue among policy – makers and scholars in past several years. A survey implemented by China Urban Water Association in 2013 revealed that 351 of total 644 respondent water suppliers reported a sum of CNY 4.705 billion financial deficit in 2012, much more than the CNY 2.681 billion after – tax profit earned by the rest water suppliers. The survey of 2012 revealed similar results, that is, 318 of 618 respondents reported a total of CNY 4.216 billion deficit in 2011 whereas 253 respondents reported a total of CNY 2.025 billion after – tax profit. In such circumstances, some urban water suppliers, according to The National Guideline on Water Tariffs of 1998 which guarantees them the right to recover the cost through pricing, applied to local governments for raising price and succeeded. However, the following important questions need to be answered: have managers of the water suppliers done their best to reduce costs? Is the accounting information of water suppliers credible? And is the local government captured by water suppliers and consequently gives more weights to suppliers' interests rather than those of general consumers? Accordingly, this study is designed to bridge this gap by estimating levels of technical efficiency of water suppliers. Given the importance of sustainable development (Duic et al., 2013) and the valuable solution to sustainable development through improving energy consumption efficiency (Birgersson et al., 2012), we hope our research contributes to the understanding of status quo in operating efficiency of urban water utilities in China.

Further, this study extends two metafrontier models with production functional form, which are proposed by O'Donnell et al. (2008) and Huang et al. (2014), to metafrontier model with input – oriented distance functional form. Because service providers of network industries such as urban water utilities, pipeline – based urban gas sector and electric transmission/distribution sector are not in a position to decide the quantities of their outputs; instead, they are expected or imposed to transport outputs which are determined by the end customers at lowest costs given levels of inputs' prices and service quality. Consequently a production functional model, which assumes the maximization of outputs given inputs and technology, may not be the best choice when data for other functional models are available. Further, in addition to the difficulty of collecting data for inputs' prices, cost function model which imposes cost minimization on the behavior of decision – makers may be inappropriate when applied to local monopoly utilities[1]; this is why input – oriented distance functional model which impose no behavior assumptions on decision – makers gains popularity in efficiency – related empirical studies concerning public utilities. Taking into consideration the importance of efficiency estimation in incentive – based regulation targeted at locally monopolized utilities (Pollitt, 2005; Joskow, 2014), our extension of metafrontier technique to the input – oriented distance function form couldcontribute to empirical studies involving efficiency estimation in the field of public utilities by adding a new competing functional form.

The literature on frontier – based efficiency analysis is large and increasing nowadays (see Parmeter et al., (2014) or Li et al. (2015) for an up – to – date literature review). Theoretically, there are at least three approaches to frontier construction and efficiency estimation: the nonparametric data envelopment analysis (hereinafter DEA), pioneer and main contributors to this methodology development include Farrell (1957), Charnes et al. (1978), Fried et al. (2002), Yang et al. (2009), Cook et al. (2009; 2014); the parametric stochastic frontier analysis (hereinafter SFA), pathfinders and leading figures in the development of milestone models consist of Aigner et al. (1977), Meeusen et al. (1977), Pitt et al. (1981), Schmidt et al. (1984), Kumbhakar (1990, 2014), Battese et al. (1992, 1995), Greene (2005a, 2005b), Filippini et al. (2014); and the stochastic nonparametric envelopment of data (Hereinafter StoNED), key contributors are Kuosmanen (2008, 2012) and Kuosmanen et al. (2014). The virtues of DEA lie in its non – assumption of a particularly arbitrary functional form but depending on the general regularity properties. However, the treatment of all the deviations of observed points from points on frontier as inefficiency imposes strong assumptions of non – existence of statistical errors, which makes DEA estimates of efficiency more sensitive to outliers and loses its appeal as a preferred approach in some circumstances. Whereas the SFA approach treats those deviations as a combination of two different terms: one involving a non – negative inefficiency, and the other with respect to conventional random disturbance term explaining statistical misfortune, losing of explanatory variables and so on. The main disadvantage of SFA is its arbitrary specification of functional form that is employed to represent. production technology and to construct frontier against which levels of efficiency of other decision making units are estimated. Since economic theory hardly argues for or against any of functional forms, it is researchers' judgment as well as consideration of data availability that make a particular function form preferred, with the risk of violating production theory such as monotonicity, concavity (or convexity) and homogeneity conditions.

Kuosmanen and his collaborators, with the purpose of bridging the gap between DEA and SFA, put forward the StoNED approach, which can be seen as the combination of DEA – style frontier construction

---

① As pointed out by (Evans, 1971; Evans, 1971; Filippini et al., 2008), in such cases the estimated empirical cost function model cannot be regarded as the "true" cost function but rather as the "behavioral" cost function. However, if one attempts to estimate cost efficiency when input prices are available, cost function form will be the only choice (another possible function form is profit function).

with SFA – style error term treatment. More specially, in the construction of frontier, StoNED approach assumes a prior no function form, rather on the base of accepted axioms, namely, monotonicity, convexity (in the case of cost frontier) or concavity (in the case of production frontier); after the estimation of frontier, the residual term between observed point and corresponding frontier point is then treated as a composed one which is decomposed into random error term and nonnegative inefficiency term, just analogous to the SFA technique.

In empirical research on efficiency estimation, which approach is applied involves the consideration of goals of the research, the quantity and quality of data in hand, as well as the complexity of calculation process. As for this paper, given the first goal that we originally designed to achieve, we chose SFA – related metafrontier method as the preferred technique.

The rest of this paper is organized as follows. Section 2 first presents metafrontier models developed by O'Donnell et al. (2008) and Huang et al. (2014) and then extends them to the case of input – oriented distance functional form. Section 3 offers a brief analysis on China urban water sector and explains why efficiency estimation is absolutely necessary. Section 4 considers model specification and describes data used. Section 5 presents and analyzes the results in detail and section 6 concludes the paper with some discussions on methodology and policy suggestions.

2　Efficiency Estimation Using Metafrontier Method

2.1　Metafrontier model with input – oriented distance function form

In real world, even firms belonging to the same industry may face different production technology sets and consequently different sets of input – output feasible combinations due to their difference in location, ownership style, culture and other production environment, etc. Different sets of input – output feasible combinations mean that firms in different groups may have different frontiers against which their levels of efficiency should be estimated. Such considerations give rise to the issue of comparability of efficiency scores of firms belonging to different groups, because efficiency scores measured against different frontiers cannot be compared directly. Given the inability of traditional efficiency estimation techniques to deal with this issue, Battese et al. (2002), Battese et al. (2004) and O'Donnell et al. (2008), building on the base of Meta – production function theory that first introduced by Hayami (1969), Hayami et al. (1970) and Hayami et al. (1971), put forward the concept of metafrontier function and apply it to the field of efficiency estimation. In what follows, we firstly introduce metafrontier methodology in the context of input – oriented distance function, and then combine the metafrontier model proposed by O'Donnell et al. (2008) and Huang et al. (2014) with input – oriented distance functional form.

Suppose that x and y are nonnegative input and output vectors respectively, the metatechnology set, which contains all technologically feasible input – output combinations and is employed to define metafrontier, can be expressed as

$$T^M = \{(x, y): x \geqslant 0; y \geqslant 0; x \text{ can produce } y\} \tag{1}$$

Accordingly, given output, the input sets associated with this meta – technology set can be written as

$$P(y) = \{x: (x, y) \in T^M\} \tag{2}$$

The boundary defined by equation (2) is referred to as input metafrontier. Further, the input – oriented meta – distance function can be given by

$$D_I^M(x, y) = \max\{\rho: \rho > 0; (x/\rho) \in P(y)\} \tag{3}$$

Where ρ gives information on the maximum amount by which a firm can radically reduce its input vectors, holding the quantity of outputs constant. An observed input – output point can be considered technically efficient with respect to the metafrontier if and only if $D_I^M(x, y) = 1$. Accordingly, the sub – technology sets which are used to define group frontiers, the group – specific input sets and the input distance function for group – j can be expressed as

$$T^j = \{(x, y): x \geq 0; y \geq 0; x \text{ can be used by firms in group } – j \text{ to produce } y\} \tag{4}$$

$$P^j(y) = \{x: (x, y) \in T^M\} \tag{5}$$

$$D_I^j(x, y) = \max\{\rho: \rho > 0; (x/\rho) \in P(y)\} \tag{6}$$

For any firm in group – j, its efficiency measured with respect to the metafrontier and the group – j frontier can be represented by following equation, respectively.

$$TE^M(x, y) = 1/D_I^M(x, y) \tag{7}$$

$$TE^j(x, y) = 1/D_I^j(x, y) \tag{8}$$

Further, the meta – technology ratio (hereinafter MTR), or the technology gap ratio, which is employed to show the distance between group – j frontier and metafrontier, or the difference between the chosen sub – technology (i. e. , the group – specific frontier) and the best technology (i. e. , the metafrontier), is defined as

$$MTR^j(x, y) = \frac{D_I^j(x, y)}{D_I^M(x, y)} = \frac{TE^M(x, y)}{TE^j(x, y)} \tag{9}$$

We have introduced so far the main concepts of metafrontier method and the relationships among them in the case of input – oriented distance function. In conclusion, the concept of group specific frontier makes possible more accurate estimation of levels of efficiency of firms in different groups, and the concept of metafrontier makes possible the comparison of efficiency levels of firms belonging to different groups.

2. 2　Model of O'Donnell et al. （2008） and its modifications

In this subsection, we will first introduce metafrontier model with production functional form and then extend it to the model with input – oriented distance functional form. Metafrontier model with production functional form suggested by Battese et al. （2002）, Battese et al. （2004） and O' Donnell et al. （2008） is estimated by a two – step procedure. In the first step that estimates efficiency scores relative to group – specific frontier, conventional stochastic frontier technique is employed and can be expressed as

$$y_{it}^j = f(x_{it}^j, x_{2it}^j, \cdots, x_{Nit}^j; \beta^j)e^{V_{it}^j - U_{it}^j} = e^{x_{it}^{j'}\beta^j + V_{it}^j - U_{it}^j}, \quad i = 1, 2, \cdots, L_j, \ j = 1, 2, \cdots, R \tag{10}$$

where y_{it}^j and x_{Nit}^j stand for output and the N – th input of the i – th firm belonging to group – j, the denotation and distributional assumptions on V_{it}^j and U_{it}^j are analogous to other conventional SFA works. The main challenge of metafrontier technique is the second step, this is to say, how to estimate efficiency scores with respect to metafrontier under the condition that constructed metafrontier envelops all the constructed group frontiers? In Batteseet al. （2002）, the metafrontier is constructed as a stochastic function form.

$$y_{it}^{M} = f(x_{1it}, \ x_{2it}, \ \cdots, \ x_{Nit}; \ \beta^{M})e^{V_{it}^{M} - U_{it}^{M}} \equiv e^{x'_{it}\beta^{M} + V_{it}^{M} - U_{it}^{M}}, \ i = 1, \ 2, \ \cdots, \ J, \ J = \sum_{j=1}^{j=R} L_{j}$$

$$\text{s. t. } f(x_{1it}, \ x_{2it}, \ \cdots, \ x_{Nit}; \ \beta^{M}) \geqslant f(x_{1it}, \ x_{2it}, \ \cdots, \ x_{Nit}; \ \beta^{j}) \tag{11}$$

Where y_{it}^{M} and x_{NKt} still stand for output and the N – th input of the i – th firm, J is the total number of sample firms in all R groups. while as pointed out by Battese et al. (2004, p. 91), "However, the model of Battese and Rao (2002) assumes that there are two different data – generation mechanisms for the data, one with respect to the stochastic frontier that is relevant for the technology of the firms involved (equation (10) in this study), and the other with respect to the metafrontier m odel (equation (11) in this study)". To deal with this problem, in the following papers of Battese et al. (2004) and O' Donnell et al. (2008), the metafrontier function model for all the firms in different groups is specified as

$$y_{it}^{M} = f(x_{1it}, \ x_{2it}, \ \cdots, \ x_{NKt}; \ \beta^{M}) = e^{x_{it}'\beta^{M}}, \ i = 1, \ 2, \ \cdots, \ J, \ J = \sum_{j=1}^{R} L_{j} \tag{12}$$

Where y_{it}^{M} is the metafrontier output and β^{M} is a vector of metafrontier parameters satisfying the constraint of equation (13) which implies that the metafrontier can envelop any of the group frontiers.

$$x_{it}'\beta^{M} \geqslant x_{it}'\beta^{j} \text{ for all } \quad j = 1, \ 2, \ \cdots, \ R \tag{13}$$

Specially, one thing worth emphasizing is that the sentence of metafrontier can envelop any of the group frontiers (equation 13) has different mathematical expressions according to the function forms used by researchers.

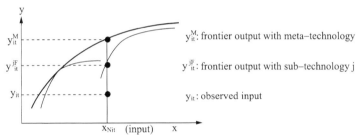

Figure 1　　Metafrontier model with production functional form

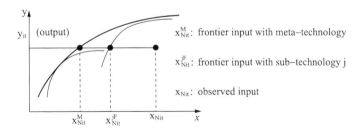

Figure 2　Metafrontier model with input – oriented functional form

As can be seen in Figure 1, for model with production functional form, enveloping any of the group frontiers should be expressed as $x_{it}'\beta^{M} \geqslant x_{it}'\beta^{j}$ (for all $\quad j = 1, \ 2, \ \cdots, \ R$), which means that frontier outputs produced by meta – technology should be no less than group frontier outputs produced by sub – technologies faced with different groups, holding inputs constant. On the contrary, for model with input – oriented functional form, enveloping any of the group frontiers should be expressed as $x_{it}'\beta^{M} \leqslant x_{it}'$

β^j (for all $j = 1, 2, \cdots, R$), which means that inputs associated with meta – technology should be no greater than inputs associated with sub – technologies faced by different groups, given outputs unchanged, as shown in Figure 2.

Accordingly, for production function, the mathematical expression of O' Donnell et al. (2008) can be written as

$$\min_{\beta} L \equiv \sum_{i=1}^{J} \sum_{t=1}^{T} \mid \ln f(x_{1it}, x_{2it}, \cdots, x_{Nit}; \beta^M) - \ln f(x_{1it}, x_{2it}, \cdots, x_{Nit}; \beta^j) \mid$$

s. t. $\ln f(x_{1it}, x_{2it}, \cdots, x_{Nit}; \beta^M) \geqslant \ln f(x_{1it}, x_{2it}, \cdots, x_{Nit}; \beta^j)$　　　　　　(14)

Once solving the LP problem defined by equation (14), technical efficiencies with respect to metafrontier and MTR can be obtained using equations of $MTR_{it}^j = e^{x_{it}'\beta^j}/e^{x_{it}'\beta^M}$ and $TE_{it}^M = TE_{it}^j \times MTR_{it}^j$; since $x_{it}'\beta^M \geqslant x_{it}'\beta^j$, it follows that $0 < MTR_{it}^j \leqslant 1$.

Now we turn to discuss the metafrontier model in the case of input – oriented distance functional form which can be expressed as

$$\frac{D_I}{x_{Nit}} = e^{f(x_{nit}/x_{Nit}, y_{mit}; \beta)} \quad \text{or} \quad - \ln(x_{Nit}) = f(x_{nit}/x_{Nit}, y_{mit}; \beta) - \ln D_I \qquad (15)$$

Where x_{Nit} is an arbitrary selected input, x_{nit} and y_{mit} stand for the n – th input and the m – th output of the i – th firm at the t – th period, β s are coefficients to be estimated. Since metafrontier can envelop any of the group frontiers it follows that group frontier inputs (x_{Nit}^{jF}) and metafrontier inputs (x_{Nit}^M) should satisfy the condition of $x_{Nit}^{jF} \geqslant x_{Nit}^M$ (as can be seen in Figure 2). Further, from equation (15), we can obtain $x_{Nit} = e^{-f(x_{nit}/x_{Nit}, y_{mit}; \beta) + D_I}$, namely, $e^{-f(x_{nit}/x_{Nit}, y_{mit}; \beta)}$ is the frontier input (with respect to group frontier or metafrontier) of x_{Nit}, which implies

$e^{-f^j(x_{nit}/x_{Nit}, y_{mit}; \beta^j)} \geqslant e^{-f^M(x_{nit}/x_{Nit}, y_{mit}; \beta^M)}$ or

$f^M(x_{nit}/x_{Nit}, y_{mit}; \beta^M) \geqslant f^j(x_{nit}/x_{Nit}, y_{mit}; \beta^j)$　　　　　　　　(16)

Equation (16) is the counterpart constrain conditions in equation (14); it follows that the metafrontier model of O' Donnell et al. (2008) in the case of input – oriented distance function form can be written as

$$\min_{\beta} L \equiv \sum_{i=1}^{J} \sum_{t=1}^{T} \mid (f^M(x_{nit}/x_{Nit}, y_{mit}; \beta^M) - (f^j(x_{nit}/x_{Nit}, y_{mit}; \beta^j)) \mid \qquad (17)$$

s. t. $f^M(x_{nit}/x_{Nit}, y_{mit}; \beta^M) \geqslant f^j(x_{nit}/x_{Nit}, y_{mit}; \beta^j)$

Similarly, technical efficiencies measured relative to metafrontier can be obtained using equation $TE_{it}^M = x_{it}^M/x_{Nit}$. As for MTR, if we define it by the same way as the production functional form, namely, $MTR_{it}^j = x_{it}^{jF}/x_{it}^M$, the constrain conditions imposed on equation (17) make MTR bigger than unity and $TE_{it}^M = TE_{it}^j \times MTR_{it}^j$ impossible because of

$$TE_{it}^j \times MTR_{it}^j = \frac{x_{it}^j}{x_{Nit}} \times \frac{x_{it}^j}{x_{it}^M} \qquad (18)$$

It is easy to see that, equation (18) is not equivalent to $TE_{it}^M = x_{it}^M/x_{Nit}$. Basically, there are two alternative options available to deal wit this issue. One involves changing the relation among TE_{it}^M、TE_{it}^j and MTR_{it}^j, and defining $TE_{it}^j = TE_{it}^M \times MTR_{it}^j$; this treatment willl ead to two changes when compared with the case of original production functional form. First, the value of MTR_{it}^j becomes greater than 1, instead of $0 < MTR_{it}^j \leqslant 1$; second, the relationship among TE_{it}^M、TE_{it}^j and MTR_{it}^j changes to

$TE_{it}^j = TE_{it}^M \times MTR_{it}^j$ from $TE_{it}^M = TE_{it}^j \times MTR_{it}^j$

The other option is to re – defineMTR$_{it}^{j}$ as equation （19） and others remain unchanged.

$$MTR_{it}^{j} = \frac{x_{it}^{M}}{x_{it}^{jF}} = \frac{e^{-(f^{M}(x_{nit}/x_{Nit},y_{mit};\beta^{M}))}}{e^{-(fj(x_{nit}/x_{Nit},y_{mit};\beta^{j}))}} \qquad (19)$$

Now let us have a detailed look at what will happen under this new definition of MTR$_{it}^{j}$. First, since in the context of input – oriented distance functional form, the metafrontier input （x_{Nit}^{M} = $e^{(-f^{M}(x_{nit}/x_{Nit},y_{mit};\beta^{M}))}$）must take the value no greater than group frontier input （$x_{Nit}^{jF} = e^{(-fj(x_{nit}/x_{Nit},y_{mit};\beta^{j}))}$）, it follows that $0 < MTR_{it}^{j} \leqslant 1$. Second, as the metafrontier input is constant, the new definition of MTR$_{it}^{j}$ means that the less the value of group frontier input, the greater the value of MTR$_{it}^{j}$ is. From the viewpoint of technology gap, the less the value of frontier input, the shorter the distance from group frontier to metafrontier is. It follows that this explanation is the same as that in O' Donnell et al. （2008） model with production function form.

Comparing the two alternative options, we feel that the second one is better than the first one in the sense that it is more consistent with original model proposed by O' Donnell et al. （2008）. In order to make a distinction between our redefinition of meta – technology ratio and that of O' Donnell et al. （2008）, we use MTR$_{it}^{1-j}$ instead of MTR$_{it}^{j}$ to represent it. In conclusion, in the context of metafrontier model with it input – oriented distance functional form, model proposed by O' Donnell et al. （2008） should be modified as

$$\min_{\beta} L \equiv \sum_{i=1}^{J} \sum_{t=1}^{T} |(lnf^{M}(x_{nit}/x_{Nit}, y_{mit}; \beta^{M}) - lnf^{j}(x_{nit}, x_{Nit}, y_{mit}; \beta^{j}))| \qquad (20)$$

s. t. $lnf^{M}(x_{nit}/x_{Nit}, y_{mit}; \beta^{M}) \geqslant lnf^{j}(x_{nit}/x_{Nit}, y_{mit}; \beta^{j})$

$$MTR_{it}^{1-j} = \frac{x_{it}^{M}}{x_{it}^{jF}} = \frac{e^{-(f^{M}(x_{nit}/x_{Nit},y_{mit};\beta^{M}))}}{e^{-(fj(x_{nit}/x_{Nit},y_{mit};\beta^{j}))}} \qquad (21)$$

2. 3 Model of Huang et al. （2014） and its modifications

In this subsection, after introducing metafrontier model proposed by Huang et al. （2014） and extending this original model to the context of input – oriented distance functional form, we will make a brief comparison between models of O' Donnell et al. （2008） and Huang et al. （2014）.

Metafrontier model proposed by Huang et al. （2014） and used by Chang et al. （2014） also needs two – step procedure to estimate metafrontier and the first step is the same as that of O' Donnell et al. （2008）. In the second step, Huang et al. （2014） construct a stochastic frontier model to estimate metafrontier, whereas O' Donnell et al. （2008） make use of linear programming technique to achieve the same goal. Accordingly, the two models could respectively be termed as SFA – LP （linear programming） model and SFA – SMF （stochastic metafrontier） model for short. Following Huang et al. （2014）, the metafrontier that envelops all individual groups' frontiers can be expressed as

$$Y_{it}^{jF} = Y_{it}^{M} e^{-U_{it}^{jM}}, \quad \forall j, i, t \text{ and } U_{it}^{jM} \geqslant 0 \qquad (22)$$

Where Y_{it}^{jF} and Y_{it}^{M} respectively stand for frontier output under sub – technology and metafrontier output under meta – technology of the i – th firm belonging to the j – th group at the t – th period. $U_{it}^{jM} \geqslant 0$ means $1 \geqslant e^{-U_{it}^{jM}}$ it > 0 and consequently $Y_{it}^{jF} \leqslant Y_{it}^{M}$ is satisfied. The difference between group frontier output （Y_{it}^{jF}） and metafrontier output （Y_{it}^{M}） is caused by different production technology, or the technology gap ratio （hereinafter TGR, equaling to meta – technology gap of O' Donnell et al. （2008）） which is defined as Y_{it}^{jF}/Y_{it}^{M}, then it follows that

$$TGR = Y_{it}^{jF}/Y_{it}^{M} = e^{-U_{it}^{jM}} \qquad (23)$$

As noted, Y_{it}^{jF} in equation (22) denotes frontier output under sub – technology j, since we can hardly observe the real value of Y_{it}^{jF}, which instead can be estimated through $\hat{Y}_{it}^{jF} = f^{j}(x_{1it}^{j}, x_{2it}^{j}, \cdots, x_{Nit}^{j}; \beta^{j})$. Suppose that the difference between the real value(Y_{it}^{jF}) and the estimated value ($\hat{Y}_{it}^{jF}$) is expressed as $e^{V_{it}^{jM}} = \hat{Y}_{it}^{jF}/Y_{it}^{jF}$ (or $V_{it}^{jM} = \ln(\hat{Y}_{it}^{jF}) - \ln(Y_{it}^{jF})$), then the following equation can be obtained

$$Y_{it}^{jF} = \frac{\hat{Y}_{it}^{jF}}{e^{V_{it}^{jM}}} \text{ or } \hat{Y}_{it}^{jF} = Y_{it}^{M} e^{-U_{it}^{jM}} e^{V_{it}^{jM}}$$

$$f^{j}(x_{1it}, x_{2it}, \cdots, x_{Nit}; \beta^{j}) = f^{M}(x_{1it}, x_{2it}, \cdots, x_{Nit}; \beta^{M}) e^{V_{it}^{jM} - U_{it}^{jM}}$$
$$\ln f^{j}(x_{1it}, x_{2it}, \cdots, x_{Nit}; \beta^{j}) = \ln f^{M}(x_{1it}, x_{2it}, \cdots, x_{Nit}; \beta^{M}) + V_{it}^{jM} - U_{it}^{jM} \qquad (24)$$

Where the values of $\ln f^{j}(x_{1it}, x_{2it}, \cdots, x_{Nit}; \beta^{j})$ have been obtained from the first step and Huang et al. (2014) suggest to estimate metafrontier equation (24) using stochastic frontier method on the condition that $U_{it}^{jM} \sim N^{+}(0, \sigma_{it}^{M2})$ and $V_{it}^{jM} \sim N(0, \sigma_{v}^{M2})$ or other distribution forms according to researchers' study agenda. Also, from equations (23) and (24), we know that TGR of Huang et al. (2014) equals to technical efficiency of stochastic metafrontier function($TGR = e^{-U_{it}^{jM}} = \exp(-U_{it}^{jM})$). If technology efficiencies with respect to group frontier (TE_{it}^{j}) and to metafrontier (TE_{it}^{M}) are respectively defined as

$$TE_{it}^{j} = \frac{Y_{it}}{Y_{it}^{jF}} = \frac{Y_{it}}{f^{j}(x_{1it}^{j}, x_{2it}^{j}, \cdots, x_{Nit}^{j}; \beta^{j})} \qquad (25)$$

$$TE_{it}^{M} = \frac{Y_{it}}{Y_{it}^{M}} = \frac{Y_{it}}{f^{M}(x_{1it}^{j}, x_{2it}^{j}, \cdots, x_{Nit}^{j}; \beta^{M})} \qquad (26)$$

Where Y_{it} is the observed output of the i – th firm belonging to the j – th group at the t – th period, it follows that

$$TE_{it}^{M} = TE_{it}^{j} \times TGR \qquad (27)$$

Again, it is time for us to discuss model of Huang et al. (2014) in the context of input – oriented distance functional form. As discussed below, although we are faced with the same problems as those discussed in sub – section 2.2, we can only have one solution. Since the essence of Huang et al. (2014) is to estimate stochastic metafrontier function using group frontiers output (Y_{it}^{jF} in equation (22)) and observed explanatory variables, we must construct an input – oriented distance model with the function of x_{it}^{jF} on the left side and the function of $f^{M}(x_{nit}/x_{Nit}, y_{mit}; \beta^{M})$ on the right side; furthermore the constructed equation should satisfy the constrain conditions that other things being equal group frontier inputs (x_{it}^{jF}) should be no less than metafrontier inputs (x_{it}^{M}).

In line with equations (15) and (22), now let us consider the following model.

$$\frac{U_{it}^{jM}}{x_{Nit}^{jF}} = e^{f^{M}(x_{nit}/x_{Nit}, y_{mit}; \beta^{M})} \text{ or}$$

$$-\ln(x_{Nit}^{jF}) = f^{M}(x_{nit}/x_{Nit}, Y_{mit}; \beta^{M}) - U_{it}^{jM}, \quad \forall j, i, t, U_{it}^{jM} \geq 0 \qquad (28)$$

Where x_{Nit}^{jF} is an arbitrary selected front input of group – j, x_{nit} and y_{mit} stand for the n – th input and the m – th output of the i – th firm at the t – th period, β^{M} are coefficient of metafrontier model to be estimated. Again, because group frontier inputs (x_{Nit}^{jF}) is not observable, we can estimate it by $\hat{x}_{Nit}^{jF} = e^{-f^{j}(x_{nit}/x_{Nit}, y_{mit}; \beta^{j})}$. Suppose that the difference between $\ln(x_{Nit}^{jF})$ and $\ln(\hat{x}_{Nit}^{jF})$ is $V_{it}^{jM} = \ln(x_{Nit}^{jF}) - \ln(\hat{x}_{Nit}^{jF})$, then we can rewrite equation (28) as follows.

$$\ln(x_{Nit}^{jF}) = \ln(\hat{x}_{Nit}^{jF}) + V_{it}^{jM}$$

$$- f^j(x_{nit}/x_{Nit}, \ y_{mit}; \ \beta^j) = f^M(x_{nit} \ x_{Nit}, \ y_{mit}; \ \beta^M) - U_{it}^{jM} + V_{it}^{jM} \tag{29}$$

Where the values of $- f^j(x_{nit}/x_{Nit}, \ y_{mit}; \ \beta^j)$ have be obtained from the first step and metafrontier equation (29) can be estimated using stochastic frontier method on the condition that $U_{it}^{kM} \sim N^+(0, \sigma_{it}^{M2})$, $V_{it}^{kM} \sim N(0, \sigma_v^{M2})$ or other distribution forms according to researchers' study design.

Now we turn to have a look at TRG, TE_{it}^j and TE_{it}^M, we define TE_{it}^j and TE_{it}^M as

$$TE_{it}^j = \frac{x_{it}^{jF}}{x_{Nit}} = \frac{e^{-f^j(x_{nit}/x_{Nit}, y_{mit}; \beta^j)}}{x_{Nit}} \tag{30}$$

$$TE_{it}^M = \frac{x_{it}^M}{x_{Nit}} = \frac{e^{-f^M(x_{nit}/x_{Nit}, y_{mit}; \beta^M)}}{x_{Nit}} \tag{31}$$

Further, in order to maintain consistency with existing metafrontier literature, we define $TE_{it}^M = TE_{it}^j \times TGR_{it}^j$ which means that

$$TGR_{it}^j = \frac{x_{it}^M}{x_{it}^{jF}} = \frac{e^{-f^M(x_{nit}/x_{Nit}, y_{mit}; \beta^M)}}{e^{-f^j(x_{nit}/x_{Nit}, y_{mit}; \beta^j)}} \tag{32}$$

Clearly, equation (32) satisfies $0 < TGR_{it}^j \leqslant 1$; it also means that the closer the distance between group frontier and metafrontier, the lower the TGR_{it}^j is. Both features are in line with those in O'Donnell et al. (2008) and Huang et al. (2014). Now we further examine the relationship between TGR_{it}^j and U_{it}^{jM} in equation (29), recalling that $x_{it}^M = e^{-f^M(x_{nit}/x_{Nit}, y_{mit}; \beta^M)}$ (equation (16)), which means $f^M(x_{nit}/x_{Nit}, y_{mit}; \beta^M) = -\ln(x_{it}^M)$, and it follows that $-\ln(x_{it}^{jF}) = -\ln(x_{it}^M) - U_{it}^{jM}$ and $x_{it}^M/x_{it}^{jF} = e^{-U_{it}^{jM}}$. As a result, the following equation can be obtained

$$TGR_{it}^{1-j} = \frac{x_{it}^M}{x_{it}^{jF}} = e^{-U_{it}^{jM}} \tag{33}$$

That is to say, in the context of stochastic metafrontier model with input – oriented distance functional form, by defining the meta – technology ratio as x_{it}^M/x_{it}^{jF}, instead of $x_{it}^{jF} \ x_{it}^M$ which is original proposed, TGR_{it}^{1-j} can take values that are equal to technical efficiency score of stochastic metafrontier function (equation (33)), being the same as stochastic metafrontier model with production function form. Again, in order to make a distinction between our redefinition of meta – technology ratio and that of Huang et al. (2014), we use TGR_{it}^{1-j} instead of TGR_{it}^j to represent it.

In sum, in the context of metafrontier model with input – oriented distance functional form, metafrontier model proposed by Huang et al. (2014) should be modified as

$$-\ln(x_{Nit}^{jF}) = f^M(x_{nit}/ \ x_{Nit}, \ y_{mit}; \ \beta^M) - U_{it}^{jM}, \quad \forall j, \ i, \ t, \ U_{it}^{jM} \geqslant 0$$

With $U_{it}^{kM} \sim N^+(0, \sigma_u^{M2})$, $V_{it}^{kM} \sim N(0, \sigma_v^{M2})$ \hfill (34)

$$- f^j(x_{nit}/x_{Nit}, \ y_{mit}; \ \beta^j) = f^M(x_{nit}/x_{Nit}, \ y_{mit}; \ \beta^M) - U_{it}^{jM} + V_{it}^{jM} \tag{35}$$

$$TRG_{it}^{1-j} = \frac{x_{it}^M}{x_{it}^{jF}} = \frac{e^{-f^M(x_{nit}/x_{Nit}, y_{mit}, \beta^M)}}{e^{-f^j(x_{nit}/x_{Nit}, y_{mit}, \beta^j)}} = e^{-U_{it}^{jM}} \tag{36}$$

Finally, we conclude this section with a brief comparison of metafrontier models developed by O'Donnell et al. (2008) and Huang et al. (2014). First, both methods are two – step based methodology and the first step is identical. Second, the difference between the two methods lies in two aspects: the coefficients for metafrontier function of ①onnell et al. (2008) are calculated by linear programming technique and consequently no statistical inferences such as significance level, standard error and confidence interval can be directly obtained, although they can be estimated by performing additionally simulations or bootstrapping (Battese et al. , 2004) . In contrast, Huang et al. (2014) can obtain those inferences directly from the estimating process of metafrontier function; furthermore, the former regards the estimated value of group frontier (f^j (x_{1it}^j, x_{2it}^j, $\cdots$, x_{Nit}^j; β^j) or f^j (x_{nit}/x_{Nit}, y_{mit}; β^j)), which is obtained from the first–step, as the real value of group frontier (Y_{it}^{jF} or x_{Nit}^{jF}) and with which to determine metafrontier model (for example f^M (x_{nit}/x_{Nit}, y_{mit}; β^M)) . As a result, the obtained value of metafrontier model could be biased because of contaminated value of group frontiers. On the contrary, the model proposed by Huang et al. (2014) allows for the difference between f^j (x_{1it}^j, x_{2it}^j, $\cdots$, x_{Nit}^j; β^j) and Y_{it}^{jF} and suppose that the differences equal to V_{it}^Ms with (0, δ_v^{M2}) distribution, which are used as random error terms in the estimation of metafrontier function. From the viewpoint of methodology, the model proposed by Huang et al. (2014) is more reliable than the one proposed by O' Donnell et al. (2008) . However, in this study, both methods are used to estimate efficiency levels of China urban water utilities.

3　A Brief Description of Urban Water Industry in China

Before 1978, urban residential consumers in China only paid less than cost tariffs for water service which has been served as a complementary arrangement to low salary and high welfare national policy. The wave of nationwide reform and increasing financial burden of water utilities led to the separation of commercial activities from government bodies, the corporatization of urban water utilities, the divorce of social functions from water supply businesses function, the introduction of private investment including foreign investor into wate producing and even water distribution segments, and the establishment of pricing mechanism for water supply as well as sewerage and wastewater treatment.

3. 1　Ownership reform in China urban water sector

China began its ownership reform in urban water sector in 1992 on a pilot base with the introduction of French Suez Group's investment in the water utility of the city of Zhongshan, Guangdong province. Since then, corporatization of water supply undertakings, diversification of ownership as well as regulation of water tariff have become the main issues in this industry. At the outset, no private investment in network sector was allowed due to the worry of losing control over strategic assets from central government. However as reform was put further forward, all sectors in urban water industry were opened to non–state investment in 2002 on a nationwide base. The removal of policy vagueness and barriers, as well as the bright prospects of water industry aroused great interest of both domestic and foreign investors. The data assembled by Jiang et al. (2014) show that, by 1998, 6 years after the first case done by the Suez Group in Zhongshan city, only nine utilities involved non–state capital, accounting for 4. 4% of the sample. By 2001, the number reached 22 or 11% of the sample. When the policies were made clear and favorable in 2002, the pace of private participation in the sector was obviously accelerated. By 2007, the number of utilities having non–state shareholder status had tripled to one third of the total, namely, 68 utilities of the total 208 observations. However, the increasing cases of water tariff raise in different municipalities, especially in municipalities involving foreign investors' status, together with the assertion by scholars (Wang, 2013) that local governments who are eager for foreign investment may conduct collusion with profit – maximization investors at the cost of consumers, made central government hesitant about the introduction of non – state investment, especially foreign investment into water sectors. Nowadays, diversification reform of ownership in urban water sector has lost its momentum, a large majority of urban water utilities are wholly state – owned private law corporations (Hou, 2013).

3.2 The existing price regulation

With respect to reform in pricing scheme, Chinese government has been adopting the rate of return regulation. According to The National Guideline on Water Tariffs of 1998 issued by National Planning Committee and National Ministry of Construction, water price consists of costs of water producing and distribution, costs of marketing and management, tax, debt interest and reasonable return on equity capital (the formula of cost calculation in China is different from those used in countries such as U. S. and Japan because of differences in accounting rules, the latter countries usually set up a limit on capital cost which is calculated through weighted average cost of capital method). A uniform system of operating and capital accounts to which water suppliers must adhere, was established according to 1998 guideline and other complementary accounting rules. Further, the guideline of 1998 sets 8% – 10% as the reasonable equity capital cost. Specifically, water supply companies mainly invested by different levels of government should receive a no more than 6% of equity capital cost and those mainly invested by private companies who raised fund through bank loan, bond, foreign investors, can set a no more than 12% of equity capital cost during the period of repayment.

Theoretically, rate of return regulation has the advantage of leaving no rents to regulated water suppliers in the form of excessive profits while suffering from low powered incentives for mangers to reduce costs (Armstrong and Sappington, 2007). Given that the realized costs are the function of real cost opportunities faced by water suppliers and levels of managers' efforts, further there exists information asymmetry concerning both real cost opportunities and managers' levels of efforts between water suppliers and regulatory agency or any other interested parties. Consequently, self – interest maximization managers have an incentive to make use of this information advantage strategically, that is to say, to exaggerate costs when negotiating price with regulatory agency and exert below best efforts in the day – to – day management, the former is usually referred to as adverse selection and the latter as moral hazard.

Accordingly, two different pricing mechanisms are developed to deal with them, one is the above – mentioned rate of return scheme, which means that water suppliers are assured to be compensated for all of the costs of production that it actually incurs, under such a contract, managers' personal interests are unrelated to cost opportunities and levels of efforts, hence they have no incentive to overstate costs of producing water and at the same time lose incentives to reduce costs. Furthermore, if the firm's realized costs are not very sensitive to managerial efforts, the managers of water suppliers will exert the minimum efforts. The other pricing mechanism is fixed – price mechanism, that is, regulators set ex ante a fixed – price that the regulated water suppliers will be permitted to charge in the following years, with a certain degree of price adjustment. In such cases, the permitted price is separated from realized costs and the managers become the residual claimants on cost reduction so they have an incentive to reduce costs. While on the other hand, under the participation constrains (that is to say, government cannot make public service providers like water suppliers into bankruptcy), the regulator will have to set a relatively high fixed price to deal with possible high cost opportunities which is argued by water suppliers who hold more accurate information than regulators.

When comparing two pricing mechanisms, rate of return regulation has the virtue of leaving no excessive profits to water suppliers while has the drawback of lower powered incentive for managers' to reduce costs, whereas fixed – price has the advantage of higher powered incentive to reduce costs while suffering from passing excessive profits (the results of managers' efforts) onto managers. Even worse, in the case that the levels of managers' efforts are largely related with realized costs but not easily monitored and evaluated, consumers under rate of return regulation are perhaps paying higher water price than they would have to pay if the firms are better managed and some rents were permitted to leave to water suppliers. Particularly, for water industry in China, it is this kind of managerial slack caused by current water price regulation scheme that consumers as well as central government have in mind when they talk about the legitimacy of raising water price.

To deal with consumers' concern of X – inefficiency in water suppliers and ease contradiction between users and suppliers of water service, Chinese central government has been taking various measures since the end of last decade. Those measures include The Notice on Urban Water Tariffs AAdjustment of 2009 (issued by National Development and Reform Committee and Ministry of Housing and Urban – Rural Development of P. R. C), The Guidance on Pilot Cities' Water Supply Service Cost Disclosure of 2010 and The Measures on Cost Supervision to Urban Water Suppliers of 2010 (both issued by National Development and Reform Committee) . However, a deep look at the contents of those measures shows that the purpose of those measures is to standardize the coverage of permitted costs of water suppliers, to improve the credibility of accounting information, to facilitate customers' access to accounting information, and to increase customer and third party's participation in the process of tariff adjustment. Consequently, although those measures may force water suppliers to calculate and report costs more carefully and accurately, we have our reservation in terms of their role in stimulating managers to reduce costs from the very beginning.

So as far as the realized costs of water suppliers are affected by both cost opportunities and levels of managers' efforts, the existing rate of return regulation may lead to managerial slacks which may contribute to deficit of China urban water sector. Accordingly, through efficiency estimation this study attempts to identify the extent of inefficiency levels of urban water utilities and to shed some light on debates concerning water tariff and regulatory schemes.

4　Model Specification and Data Collection

4.1　Model specification

Production function, cost function and distance function are the most used ones in the study of efficiency estimation. However, as noted above for network industries such as urban water, city gas or electricity transmission/distribution, it is final users that decide the outputs of those utilities and the best thing service providers can do is, thus, to minimize inputs (or costs when the prices of inputs are available) given outputs and technology. As a result, input – oriented distance function which allows the change in inputs while holding outputs and technology constant is more suitable for network industries than production function form, if necessary variables are available. In addition, estimation of function requires a specification of the functional form. Cobb – Douglas form is good at its simplicity of application and clearness of interpretation of its parameters whereas translog form is more flexible and permits variable returns on scale (Filippini et al. , 2008) . We decide in this study to make use of both forms in the estimation process and then use specification tests to judge which one is more better. In the empirical estimation of efficiency, we use stochastic frontier model proposed by Battese and Coelli (1992) (hereinafter B – C (92)) and will show reasons for choosing it in section 5.

Following Lovell et al. (1994) and Coelli and Perelman (2000), a translog stochastic input – oriented distance function model can be expressed as

$$
\begin{aligned}
-\ln(x_K, \ it) = &\alpha_0 + \sum_{m=1}^{M} a_m \ln y_{m,it} \\
&+ \frac{1}{2} \sum_{m=1}^{M} \sum_{n=1}^{N} a_{mn} \ln y_{m,it} \ln y_{n,it} + \sum_{k=1}^{K-1} \beta_k \ln\left(\frac{x_{k,it}}{x_{K,it}}\right) + \frac{1}{2} \sum_{k=1}^{K-1} \sum_{l=1}^{K-1} \beta_{kl} \ln\left(\frac{x_{k,it}}{x_{K,it}}\right) \ln\left(\frac{x_{l,it}}{x_{K,it}}\right) \\
&+ \sum_{k=1}^{K-1} \sum_{m=1}^{M} \phi_{km} \ln\left(\frac{x_{k,it}}{x_{K,it}}\right) \ln y_{m,it} + \sum \varphi_h D_{h,it} + \varphi_t T + \varphi_{it} T^2 + v_{it} - u_{it}
\end{aligned}
$$

with $v_{it} \sim iidN(0, \ \sigma_v^2)$, $u_{it} = \exp[-\eta(t-T)] u_i$, $u_i \sim N^+(\mu, \ \sigma_u^2)$ (37)

Accordingly, the Cobb – Douglas counterpart can be written as

$$
\begin{aligned}
-\ln(x_{K,it}) = &\alpha_0 + \sum_{m=1}^{M} a_m \ln y_{m,it} \\
&+ \sum_{k=1}^{K-1} \beta_k \ln\left(\frac{x_{k,it}}{x_{K,it}}\right) + \sum \varphi_h D_{h,it} + \varphi_t T + v_{it} - u_{it}
\end{aligned}
$$

with $v_{it} \sim iidN(0, \ \sigma_v^2)$, $u_{it} = \exp[-\eta(t-T)] u_i$, $u_i \sim N^+(\mu, \ \sigma_u^2)$ (38)

In line with Abbotta et al. (2009), Walter (2009) and Berg et al. (2010) on variable selections in emprical studies, input variables $x_{k,it}$, it include labor input $x_{lab,it}$, power consumed $x_{pow,it}$, chemicals which are used to purify raw water $x_{che,it}$ and length of pipeline $x_{len,it}$ which is the proxy of capital input. On the other hand, we select the number of customers served $y_{cus,it}$ and the amount of water produced $y_{wat,it}$ as output variables. In addition, to control for influence on efficiency estimation of differences in operating environment across urban water utilities, leakage rates of water $D_{lea,it}$ and rate of equipment utilization $D_{uti,it}$ are used as covariates. Finally, T is the time variable to capture the shift in technology. So equation (37) in our study can be written in the following way

$$
\begin{aligned}
-\ln(x_{lab,it}) = &\beta_0 + \beta_{cus} \ln y_{cus,it} + \beta_{wat} \ln y_{wat,it} \\
&+ \frac{1}{2}\beta_{cuscus}(\ln y_{cus,it})^2 + \frac{1}{2}\beta_{cuswat}(\ln y_{cus,it})(\ln y_{wat,it}) + \frac{1}{2}\beta_{watwat}(\ln y_{wat,it})^2 \\
&+ \beta_{cuspow} \ln y_{cus,it} \ln\left(\frac{x_{pow,it}}{x_{lab,it}}\right) + \beta_{cusche} \ln y_{cus,it} \ln\left(\frac{x_{che,it}}{x_{lab,it}}\right) + \beta_{cuslen} \ln y_{cus,it} \ln\left(\frac{x_{len,it}}{x_{lab,it}}\right) \\
&+ \beta_{watpow} \ln y_{wat,it} \ln\left(\frac{x_{pow,it}}{x_{lab,it}}\right) + \beta_{watche} \ln y_{wat,it} \ln\left(\frac{x_{che,it}}{x_{lab,it}}\right) + \beta_{watlen} \ln y_{wat,it} \ln\left(\frac{x_{len,it}}{x_{lab,it}}\right) \\
&+ \beta_{pow} \ln\left(\frac{x_{pow,it}}{x_{lab,it}}\right) + \beta_{che} \ln\left(\frac{x_{che,it}}{x_{lab,it}}\right) + \beta_{len} \ln\left(\frac{x_{len,it}}{x_{lab,it}}\right) + \frac{1}{2}\beta_{powpow} \ln\left(\frac{x_{pow,it}}{x_{lab,it}}\right)^2 \\
&+ \frac{1}{2}\beta_{powche} \ln\left(\frac{x_{pow,it}}{x_{lab,it}}\right) \ln\left(\frac{x_{che,it}}{x_{lab,it}}\right) + \frac{1}{2}\beta_{powlen} \ln\left(\frac{x_{pow,it}}{x_{lab,it}}\right) \ln\left(\frac{x_{len,it}}{x_{lab,it}}\right) \\
&+ \frac{1}{2}\beta_{cheche} \ln\left(\frac{x_{che,it}}{x_{lab,it}}\right)^2 + \frac{1}{2}\beta_{chelen} \ln\left(\frac{x_{che,it}}{x_{lab,it}}\right) \ln\left(\frac{x_{len,it}}{x_{lab,it}}\right) + \frac{1}{2}\beta_{lenlen} \ln\left(\frac{x_{len,it}}{x_{lab,it}}\right)^2 \\
&+ \varphi_{lea} D_{lea,it} + \varphi_{uti} D_{uti,it} + \varphi_t T + \frac{1}{2}\varphi_{tt} T^2 + v_{it} - u_{it}
\end{aligned}
$$

with $v_{it} \sim iidN(0, \sigma_v^2)$, $u_{it} = exp[-\eta(t-T)]u_i$, $u_i \sim N^+(\mu, \sigma_u^2)$ （39）

Accordingly, equation （38） can be expressed as

$$-\ln(x_{lab,it}) = \alpha_0 + \alpha_{cus}\ln y_{cus,it} + \alpha_{wat}\ln y_{wat,it}$$

$$+ \beta_{pow}\ln\left(\frac{x_{pow,it}}{x_{lab,it}}\right) + \beta_{che}\ln\left(\frac{x_{che,it}}{x_{lab,it}}\right) + \beta_{len}\ln\left(\frac{x_{len,it}}{x_{lab,it}}\right) \quad （40）$$

$$+ \varphi_{lea}D_{lea,it} + \varphi_{uti}D_{uti,it} + \varphi_t T + v_{it} - u_{it}$$

with $v_{it} \sim iidN(0, \sigma_v^2)$, $u_{it} = exp[-\eta(t-T)]u_i$, $u_i \sim N^+(\mu, \sigma_\mu^2)$

As for metafrontier model proposed by O'Donnell et al. （2008） with input – oriented distance function form, it can be expressed as

$$\min_\beta L \equiv \sum_{i=1}^{J} \sum_{t=1}^{T} |(f^M(x_{nit}/x_{K,it}, y_{mit}; \beta^M) - (f^j(x_{nit}/x_{K,it}, y_{mit}; \beta^j))| \quad （41）$$

s. t. $f^M(x_{nit}/x_{K,it}, y_{mint}; \beta^M) \geqslant f^j(x_{nit}/x_{K,it}, y_{mit}; \beta^j)$

where $f^M(x_{nit}/x_{K,it}, y_{mit}; \beta^M)$ and $f^j(x_{nit}/x_{K,it}, y_{mit}; \beta^j)$ can take either the translog form similar to equation （39） or Cobb – Douglas form similar to equation （40）.

4.2 Data collection and description

Data employed are drawn from Annual Survey Report of Urban Water Suppliers implemented by China Urban Water Association and cover 22 provincial regions （sub – group of province） and 19 provincial capitals （sub – group of provincial capital） spanning from 2002 to 2012 except 2005. Summary statistics of variables for water utilities are shown in Table 1. As can be seen, the range between minimum and maximum of each variable is much wide and the resulting standard deviation is also much big when compared to the corresponding mean values. That is to say, the differences in scale of urban water suppliers is great, which is a phenomenon that frequently exists in urban water related studies. For example, the minimum amount of water supplied is 9.690 million cubic meters in Inner Mongolia province in 2003, serving 1.1895 million of the total 1.613 million urban residents in that province, whereas the maximum amount is 6.46485 billion cubic meters in Guangdong province in 2013, where 32.9291 million of the total 33.6739 million urban residents gains access to water supply service in that year. In addition, chemicals consumed, too, vary largely with quality of raw water in different regions, e. g. , in 2012 water suppliers in Jinan city consumed 14 ton chemicals, being an average of 0.1 kilogram per thousand cubic meter, whereas in 2006 water suppliers in Guangzhou city consumed a total of 7496.698 ton chemicals, with an average of 5.58 kilogram per thousand cubic meter.

Table 1　Descriptive statistics of variables for urban water utilities in China

	variable	mini	mean	max	S. D.	observation
Water produced （10^4 cubic meter）	$y_{wat,it}$	9690	92915.66	646484.6	106222.3	405
Number of customer （10^4 person）	$y_{cus,it}$	115	722.81	3292.91	646.53	401
Labor input （person）	$x_{lab,it}$	1006	8055.83	36477	7549.56	401
Power consumed （10^4 KwH）	$x_{pow,it}$	969	26784.96	174260.2	29736.94	402
Chemicals consumed （kg）	$x_{che,it}$	14000	2346755	27012276	3592900	392

	variable	mini	mean	max	S. D.	observation
Length of pipe （Km）	$x_{len,it}$	665	9007.55	80638.84	11455.06	403
Rate of leakage （%）	$D_{lea,it}$	7.97	18.81	43.08	6.58	396
Operating rate （%）	$D_{uti,it}$	0.23	0.61	0.98	0.13	404

Data source: Statistical Yearbook of China Urban Water Utilities （2002 – 2012 except 2005）.

5   Results and Interpretations

5.1   Specification tests

Before making detailed analysis on efficiency levels and coefficients, we first conduct some specification tests to judge which function form of Cobb – Douglas and translog should be used, whether it is necessary to specify models with metafrontier technique, and whether B – C （92） model is more appropriate than competing ones. For the first one, two criteria could be used: the first is regularity properties which indicate that input – oriented distance function should be non – increase in outputs and non – decrease in inputs. That is to say, the signs of outputs and inputs should be negative and positive, respectively. Further, if both function forms satisfy this criteria, then the second criteria, log – likelihood ratio test, is used to judge preferred function form. As can be seen in Table 2, none of the translog function forms for pooled model and for sub – group models can clear the first criteria. By contrast, all of the Cobb – Douglas function forms satisfy the production theory. Consequently, it seemsthat Cobb – Douglas function form is more compatible with data under analysis than the translog one.

Now let us examine the necessity of metafrontier technique, following Battese et al. （2002）, the log – likelihood ratio statistic is defined as $\lambda = -2 \{\ln [L(H_0)] - \ln [L(H_1)]\}$, where $L(H_0)$ is the value of the log – likelihood function for pooled model and $L(H_1)$ is the sum of the values of the log – likelihood functions for the sub – group stochastic frontier model. In our study, The value of the log – likelihood ratio statistic is 113.14 （ $= -2 \times (179.23 - (129.85 + 105.95))$ ）, the degree of freedom for the Chi – square distribution involved is 13, being the difference between the number of parameters estimated under H_1 （which is 26） and H_0 （which is 13）. Since$\chi^2_{0.99}$ （13） $= 29.82$, it follows that the sub – groups are not share the identical frontier and the metafrontier technique is necessary for meaningful efficiency estimation and comparison.

As for the testing method for judging superiority of B – C （92） model against other competing ones, there are two kinds of different ways that could be used: one is the above mentioned log – likelihood ratio test, and the other is to see the significant level of μ and η, if μ is different from zero at an acceptable statistically significant level, it means that the truncated normal distributional assumption on inefficiency is more appropriate than half normal distributional assumption; similarly, if η is statistically significant at an acceptable level, it implies that the time – varying assumption on inefficiency is predominant over time – invariant assumption. As seen from Table 2, with the exception of η in model for sub – group of province, parameter μ and η in all other Cobb – Douglas function models are statistically important at least at 5% level, which justifies the selection of B – C （92） model.

In sum, B – C （92） model with Cobb – Douglas function form is the preferred one and on which the subsequent efficiency estimation and analysis are based in this study.

Table 2　Parameter estimates for both translog and Cobb – Douglass function form

parameters	Pooled		Province		Capital		Meta	
	TL	CD	TL	CD	TL	CD	SFA – LP	SFA – SMF
constant	8. 19 **	1. 00 **	− 2. 23	0. 15	− 66. 98	1. 36 **	1. 98	0. 33
	3. 39	0. 42	− 0. 72	0. 48		0. 81		0. 29
β_{cus}	0. 27	− 0. 34 ***	1. 20	− 0. 40 ***	− 11. 32 *	− 0. 19 **	− 0. 35	− 0. 37 ***
	0. 63	0. 07	0. 97	0. 13	6. 23	0. 07		0. 05
β_{wat}	− 2. 37 ***	− 0. 68 ***	− 1. 4 *	− 0. 62 ***	22. 05 ***	− 0. 74 ***	− 0. 72	− 0. 60 ***
	0. 81	0. 06	0. 82	0. 09	5. 3	0. 08		0. 05
β_{pow}	0. 16	0. 24 ***	− 0. 87	0. 21 ***	− 1. 61	0. 25 ***	0. 28	0. 23 ***
	0. 52	0. 03	0. 80	0. 03	2. 73	0. 04		0. 05
β_{che}	0. 37	0. 04 *	0. 93 **	0. 14 ***	− 6. 99 *	− 0. 02	− 0. 04	0. 04
	0. 26	0. 02	0. 34	0. 03	3. 89	0. 019		0. 04
β_{len}	1. 33 ***	0. 49 ***	− 0. 21	0. 36 ***	5. 25	0. 73 ***	0. 71	0. 50 ***
	0. 42	0. 03	0. 60	0. 04	4. 74	0. 04		0. 08
β_{cuscus}	0. 03	—	− 0. 33 *	—	− 1. 42	—	—	—
	0. 13		0. 17		1. 09			
β_{cuswat}	− 0. 25	—	0. 05	—	4. 26 *	—	—	—
	0. 24		0. 32		2. 57			
β_{watwat}	0. 28	—	0. 09	—	− 3. 88 **	—	—	—
	0. 13		0. 15		1. 51			
β_{cuspow}	− 0. 26 ***	—	0. 29 ***	—	− 0. 42 *	—	—	—
	0. 07		0. 10		0. 22			
β_{cusche}	0. 18	—	− 0. 05	—	− 0. 44	—	—	—
	0. 05		0. 06		0. 30			
β_{cuslen}	− 0. 04	—	− 0. 02	—	0. 74 *	—	—	—
	0. 06		0. 10		0. 43			
β_{watpow}	0. 18 ***	—	− 0. 05	—	0. 47	—	—	—
	0. 07		0. 09		0. 34			
β_{watche}	− 0. 17 ***	—	− 0. 04 ***	—	0. 93	—	—	—
	0. 05		0. 07		0. 59			
β_{watlen}	− 0. 03	—	0. 03	—	− 0. 88	—	—	—
	0. 06		0. 12		0. 70			
β_{powpow}	− 0. 10	—	− 0. 31 ***	—	0. 46	—	—	—
	0. 08		0. 09		0. 72			
β_{powche}	− 0. 09	—	0. 008	—	− 0. 39	—	—	—
	0. 07		0. 12		0. 35			
β_{powlen}	0. 36 ***	—	0. 42 **	—	− 0. 005	—	—	—
	0. 11		0. 17		0. 81			

parameters	Pooled		Province		Capital		Meta	
	TL	CD	TL	CD	TL	CD	SFA – LP	SFA – SMF
β_{cheche}	0.09 *** 0.02	—	0.008 *** 0.05	—	0.04 0.07	—	—	—
β_{chelen}	– 0.16 *** 0.06	—	0.14 *** 0.12	—	0.02 0.19	—	—	—
β_{lenlen}	– 0.16 *** 0.04	—	– 0.32 *** 0.05	—	– 0.10 0.34	—	—	—
φ_{lea}	0.07 0.17	0.29 * 0.18	– 0.81 *** 0.27	– 0.79 *** 0.28	– 0.06 0.45	0.61 *** 0.21	0.48	0.07 0.28
φ_{uti}	– 0.07 0.10	– 0.10 0.11	– 0.01 0.16	0.008 0.17	– 0.35 0.31	– 0.32 ** 0.13	– 0.08	– 0.19 0.14
φ_t	– 0.002 0.01	– 0.002 0.003	– 0.02 0.02	0.02 0.01	– 0.005 0.08	0.008 ** 0.01	0.02	0.03 *** 0.006
φ_{tt}	0.004 ** 0.002	—	0.005 ** 0.003	—	1.6e – 06 0.005	—	—	—
Gamma (γ)	0.93	0.87	0.87	0.71	0.58	0.90	—	0.82
LLF	241.49	179.23	169.60	129.85	96.69	105.95	—	312.67
Mu (μ)	0.59 *** – 0.05 ***	0.56 *** – 0.05 ***	0.05 – 0.19 ***	0.47 ** – 0.06	– 0.06 0.07	0.45 *** —	—	0.33 *** – 0.06 ***
Eta (η)	—	—	—	—	—	– 0.045 ***	—	—
Obs.	367	367	211	211	156	156	367	367

Note: ***, ** and * mean that parameters are different from zero at 1%, 5% and 10% significance level, respectively.

5.2 Parameter estimation

Table 2 presents estimated results of different models. Additionally, TL and CD are the abbreviations of translog function form and Cobb – Douglas, respectively. SFA – LP and SFA – SMF denote that the metafrontier is estimated according to O'Donnell et al. (2008) and Huang et al. (2014), respectively. Theoretically, inputs and outputs should be positively and negatively related to inefficiency (u_{it}), respectively. As forother covariates, it is case by case. Table 2 shows that except for coefficient for chemicals consumed (β_{che}) in Capital – CD model which is not statistically different from zero, all signs of coefficients for outputs and inputs that obtained from Cobb – Douglas function form are as expected and most of them are statistically significant at 1% level. In addition, since stochastic distance function is originated from $D_{it} = f(x_{it}, y_{it}) + v_{it}$ and $\ln(D_{it}) = u_{it}$ (Coelli and Perelman, 2000; Cullmann, 2012), Coefficients in Table 2 can be explained in terms of their relationships to technical inefficiency, e.g., the coefficient for water produced obtained from pooled model (β_{wat} of Pooled – CD in Table 2) is – 0.68 and different from zero at 1% level, it means that holding other outputs, inputs and covariates constant, the increase in water produced will lead to the decrease in inefficiency, or the increase in efficiency. Quantitatively speaking, other things being equal, a one percent increase in water produced will result in the decrease of u_{it}it by 0. 68 percent (recalling ln (D_{it}) = u_{it}[1]. Similarly , the coefficient for pipeline length (β_{len}) from Pooled – CD is 0. 49 and also statistically significant at 1% level , it means other things being equal , a one percent increase in pipeline length (the proxy of capital input) will generate the increase of inefficiency by 0. 49 percent. Furthermore , a detailed look shows that compared to other outputs and inputs , water produced (β_{wat}) and pipeline length (β_{len}) are the factors that impact levels of inefficiency mostly in terms of both quantity and significant level. For the former , estimates from four models are – 0. 68 , – 0. 62 , – 0. 74 and – 0. 60 , all of which are statistically significant at 1% level. For the latter , estimates from four models are 0. 49 , 0. 36 , 0. 73 and 0. 50 , respectively , being also statistically significant at 1% level.

Now we turn to have a look at covariates and time trend. Predicting from our common sense , the higher the rate of leakage and the lower the operating rate is , the higher the levels of inefficiency should be , that is to say , the coefficients for rate of leakage (φ_{lea}) and for operating rate (φ_{uti}) should be positive and negative , respectively. Information in Table 2 shows that although most estimates of both covariates are in line with theoretical prediction , the majority of them are not statistically significant. As for time trend , only coefficients from Capital – CD model and SFA – SMF model are statistically significant , indicating that the inefficiency level of urban water utilities is increasing year by year.

Furthermore , a noteworthy issue is the different implications released by coefficient of time trend (φ_t) and the parameter eta (η) . Time trend reflects the productivity change over time due to exogenous technology change which leads to the shift (upward or backward) of frontier. By contrast , the eta (η) in BC – 92 model reflects the efficiency change due to endogenous distance change relative to frontier (catch – up or regression) or/and (dis) economies of scale of decision making units. Additionally , parameter gamma ($\gamma = \sigma_u^2 / (\sigma_u^2 + \sigma_v^2)$) in BC – 92 model is the signal of the existence of inefficiency , the bigger the value of γ ($0 \leqslant \gamma \leqslant 1$) , the more the share of inefficiency component in the deviation of observed inputs from minimum inputs is[2]. In our study , all the values of γ are greater than 0. 70 , which means the share of inefficiency component is relatively big and the usage of stochastic frontier model is superiority to conventional single error term model which regards the statistical error as the only cause of the deviation between observed inputs and optimum inputs (Moreira et al. , 2010) .

Finally , in SFA – SMF model , (σ_v^{M2}) / ($\sigma_v^{M2} + \sigma_u^{M2}$) is equal to 0. 18 , which means that V_{it}^M is different from zero and consequently (x_{Nit}^{jF}) is different from $\hat{x}_{Nit}^{jF} = e^{-(fj(x_{nit}/x_{Nit}, y_{mit}; \beta^j))}$ (Huang et al. , 2014) , it follows that the treatment of $x_{Nit}^{jF} = \hat{x}_{Nit}^{jF}$ in O' Donnell et al. (2008) may cause bias in the estimation of parameters for metafrontier.

5. 3 Technical efficiency estimates

Table 3 reports information on efficiency levels of China urban water utilities obtained from different models , the results of pooled – CD model is also presented for comparison. On the whole , the average efficiency values from pooled , SFA – LP and SFA – SMF modes are 0. 62 , 0. 56 and 0. 56 , respectively ,

---

① If the data are normalized by the geometric mean in advance , we may further say that a one percent increase in water porduced will result in the decrease of u_{it} by 0. 68 percent when evaluated at the mean of the data.

② This is because in input – oriented distance function , technical efficiency is evaluated by the ratio between minimum inputs and observed inputs , holding outputs and technology constant. By contrast , technical efficiency in stochastic frontier production function is estimated by the ratio between observed outputs and maximum outputs and cost efficiency in stochastic frontier cost function is by observed costs and minimum costs.

not so different as expected. As to TGR_{it}^{I-j} which is used to show distance between group frontier (or it sub – technology) and metafrontier (or meta – technology), average value from SFA – LP model is 0. 78, a little greater than 0. 76 from SFA – SMF model. However, a detailed look shows that SFA – LP estimates a higher average TGR_{it}^{I-j} of 0. 92 for sub – group of capital than that of 0. 67 for sub – group of province. By contrast, the corresponding values from SAF – SMF model are much close, namely 0. 75 for sub – group of capital and 0. 77 for sub – group of province.

Table 3   Technology gap ratio and technical efficiencies for selected models

	Min	Max	Mean	S. D.	Obs.
TGR_{it}^{I-j}TGR from SAF – LP					
Sub – group of province	0. 30	1	0. 67	0. 12	211
Sub – group of capital	0. 83	1	0. 92	0. 05	156
The whole sample	0. 30	1	0. 78	0. 16	367
TGR_{it}^{I-j}TGR from SAF – SMF					
Sub – group of province	0. 59	0. 89	0. 77	0. 06	211
Sub – group of capital	0. 45	0. 98	0. 75	0. 15	156
The whole sample	0. 45	0. 98	0. 76	0. 11	367
TE^K relative to group frontier					
Province	0. 51	0. 97	0. 76	0. 09	211
Capital	0. 37	0. 96	0. 67	0. 16	156
TE^M relative to metafrontier from SFA – LP					
Sub – group of province	0. 25	0. 89	0. 51	0. 12	211
Sub – group of capital	0. 33	0. 94	0. 62	0. 15	156
The whole sample	0. 25	0. 94	0. 56	0. 14	367
TE^M relative to metafrontier from SFA – SMF					
Sub – group of province	0. 32	0. 83	0. 59	0. 09	211
Sub – group of capital	0. 17	0. 94	0. 53	0. 22	156
The whole sample	0. 17	0. 94	0. 56	0. 17	367
Efficiency from Pooled model					
The whole sample	0. 30	0. 97	0. 62	0. 15	367

Note: TE^K and TE^M denote technical efficiency of observation with respect to group frontier and metafrontier, respectively. Additionally, technical efficiency with respect to metafrontier equals to the product of technical efficiency relative to group frontier and corresponding TGR_{it}^{I-j}.

Especially, the minimum efficiency value from both SFA – LP and SFA – SMF models is too small to be acceptable, when judged from common sense. This phenomenon is also reported in other efficiency estimation empirical studies (for example, in Filippini et al. (2008) p. 179, the maximum cost inefficiency scores (u) are 2. 690 from RE – GLS model and 2. 599 from RE – ML model, however, when changing those values into cost efficiency scores by $CE = \exp (-u)$, it follows that the corresponding cost efficiency scores are 0. 068 and 0. 074, respectively, quite unacceptable from common sense). Consequently, it is not recommended to apply those estimates mechanically to regulation practice. Figure 3 shows the dotplot distributional structure of estimates from three models, Spearman rank – order correlation between efficiency estimates from SFA – LP and SFA – SMF is 0. 63, meaning the rankings of individual efficiency estimates in sample vary largely with methods used. Further one – way ANOVA reports that the average values of efficiency from the three models are statistically different from one another at less than 5% level (p = 0.013) . Given the difference of three models in methodology, the results are acceptable and understandable. Specially, SFA – LP model treats the distance between metafrontier and group – frontier as technology gap while SFA – SMF model treats it as composite one encompassing technology gap as well as estimation error.

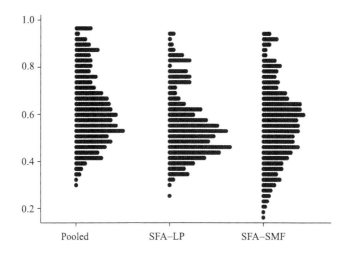

Figure 3　Distribution pattern of technical efficiency estimates from different models

6　Concluding Remarks

With the purpose to extend metafrontier technique to the input – oriented distance functional form, and to gauge the levels of efficiency of the Chinese urban water sector in a comparable way, we assemble a panel data set spanning from 2002 to 2012. As noted above, since service providers of network industries (such as urban water utilities, pipeline – based urban gas sector and electric transmission/distribution sector) are not in a position to decide the quantities of outputs but instead they are forced to reduce costs according to given levels of outputs, input prices and service quality. Consequently a model with production functional form may not be the best choice in efficiency – related estimation when data for other functional forms are available. In such cases, a model with input – oriented distance function form should be used to estimate technical efficiency. Given the close relationship between the incentive – based price/revenue regulation and the efficiency (productivity) estimation (Pollitt, 2005; Joskow, 2014; Lin et al., 2013), our extension of the metafrontier technique to a cost function form could increase the model alternatives used by academic scholars as well as regulatory bodies.

Further, confronted with increasing financial pressures from urban water suppliers, increasing consumers objection to price rising and accompanying distrust from consumers to water suppliers and even local governments who are in charge of local water tariffs, Chinese central government has been taking measures to improve transparency and reliability of cost information, to facilitate participation by higher levels of administrative bodies and interested parties in water price review, and to assure access to water service by weak group. All those measures may be helpful in some respects but it is of little use to stimulate water suppliers to reduce costs and improve efficiency in the current rate of return regulation. In such cases, even central government is ambiguous about the real causes of financial deficit in urban water utilities, that is, to what degree that the deficit origin from X – inefficiency of water utilities. This is why central government signals local governments to be careful with raising price application from water suppliers.

Our results show that for sub – group consisting of urban water utilities in 22 provinces over the 2002 – 2012 period, their average efficiency values obtained from Meta – LP and Meta – SMF models are about 51% and 59%, for sub – group including urban water utilities in 19 provincial capitals, the values are about 62% and 53%, respectively. When we look two sub – groups as a whole, both methods estimate an average efficiency of 56%. Those results indicate that significant technical inefficiencies are present in Chinese urban water utilities and it is absolutely necessary to take measures to improve their efficiency before raising water price.

From the methodology point of view, we want to stress again that although production function and distance function can be both employed in efficiency – related empirical studies on network – based public utility industries, we recommend the usage of input – oriented distance function form due to its non – behavioral assumptions imposed on decision making units and its match with public utilities whose outputs are essentially decided by consumers rather than service providers. When reliable inputs prices are available, cost efficiency can be estimated through cost function. However, in such cases, we should beat the following insights into mind. "Therefore, in the presence of inefficiencies in the model there is no reason to assume that by employing the cost function, one can truly arrive at the economic representation of the production possibility set. In such cases the estim ated empirical cost unction cannot be viewed as the 'true' cost function but rather as the 'behavioral' cost function." Filippini et al. (2008, p. 117)

Secondly, although there is a tendency of choosing translog function form as the preferred one in empirical studies, our study shows that it should be done with caution. Given the compatibility between function form and data under analysis, the safer way is to conduct specification tests before arbitrary selection using regularity properties, log – likelihood ratio test or others. Further, only in the case that both model specifications passed the regularity properties test, then the second criterion (log – likelihood ratio test or other statistics – based tests) can be used to select the preferred one. Of course, if one attempt to use translog function form to achieve special research aims that Cobb – Douglass function form cannot do, it is another question. Even in such cases, we should bear in mind that we may get something valuable at the cost of giving up something valuable.

Thirdly, to select preferred model from Pitt and Lee (1981) and B – C (92), log – likelihood ratio test and the significance level of specific parameters are two alternative criteria. That is, if parameter μ in B – C (92) model is different from zero at an acceptable significance level, it means that truncated normal distribution assumption is more appropriate than half normal distribution assumption. Similarly, if parameter η is different from zero at an acceptable significance level, it implies that time – varying assumption imposed on inefficiency terms is more feasible than time – invariant assumption. From the principle of parsimony, this kind of parameter significance level criteria should be firstly selected.

Fourthly, due to the difference between estimated values of group – frontier inputs (or outputs in the case of production function form) and real values of them, metafrontier model proposed by Huang et al. (2014) which is capable to identify those differences, may be less biased in the estimation of technology gap ratio and efficiency score with respect to metafrontier.

From a policy point of view, in spite of inevitable errors in efficiency estimates, a less than 60%

average technical efficiency level suggests firmly the presence of inefficiency in China urban water utilities and the failure of the current regulatory regimes. If we further take allocative inefficiency of water utilities into consideration, the cost efficiency levels may be even lower. To change this situation, in a short term, any attempts to raise water tariff by water utilities should not be easily permitted until cost reduction measures have been implemented and some degree of effects has been gained. In a middle and long term, incentive – based price regulation such as measures implemented in electricity industry of China (Zhao, 2012; Wang, 2013) and establishment of effective regulatory body may be necessary to be administered. Given the dependence of incentive – based price regulation on efficiency estimation technique, high quality of data collecting, compiling and disclosing will be vital inputs in the future reform, and should be done from now on. Furthermore, developing and testing models with respect to model selection and specification, estimation method and results explanation are of extremely importance to gain consensus from related stakeholders. Last, but not the least, policy – makers in Chinese central government should recognize the fact that ownership reforms alone cannot assure efficiency increases in urban water utilities, complementary measures should be follow – up.

Acknowledgements

The paper is financially supported Project for Excellent Research Talents of Dongbei University of Finance and Economics under the contract No. DUFE2014R06, with the title of Research on the Price Regulation of Network Industries in China.

References

[1] Abbotta M., Cohen B. Productivity and Efficiency in the Water Industry [J]. Utilities Policy, 2009 (17): 233 – 244.

[2] Aigner D. J., Lovell C. A. K., Schmidt P. Formulation and Estimation of Stochastic Frontier Models [J]. Journal of Econometrics, 1977, 6 (1): 21 – 37.

[3] Armstrong M., Sappington D. Recent Developments in the Theory of Regulation, Chapter 27 in M. Armstrong and R. Porter, eds., Handbook of Industrial Organization (Vol. III) [M]. Elsevier Science Publishers, 2007.

[4] Battese G. E., Coelli T. J. Frontier Production Functions, Technical Efficiency and Panel Data: With Application to Paddy Farmers in India [J]. Journal of Productivity Analysis, 1992, 3 (1 – 2): 153 – 169.

[5] Battese G., Coelli T. A model for Technical Inefficiency Effects in a Stochastic Frontier Production Function for Panel Data [J]. Empirical Economics, 1995 (20): 325 – 332.

[6] Battese G. E., Rao D. S. P. Technology Gap, Efficiency, and a Stochastic Metafrontier Function [J]. International Journal of Business and Economics, 2002, 1 (2): 87 – 930.

[7] Battese G. E, Rao D. S. P., O' Donnell C. J. A Metafrontier Production Function for Estimation of Technical Efficiencies and Technology Potentials for Firms Operating Under Different Technologies [J]. Journal of Productivity Analysis, 2004, 21 (1): 91 – 103.

[8] Berg S., Marques R. Quantitative Studies of Water and Sanitation Utilities [EB/OL]: A Literature Survey; MPRA Paper No. 32891, http: //mpra. ub. uni – muenchen. de/32891, 2010.

[9] Birgersson K. E., Balaya P., Chou S. K., Yan J. Energy Solutions for a Sustainable World [J]. Applied Energy, 2012 (90): 1 – 2.

[10] Breyer F. The Specification of a Hospital Cost Function: A Comment on the Recent Literature [J]. Journal of

Health Economics, 1987, 6 (2): 147 – 157.

[11] Chang B. G., Huang T. H., Kuo C. Y. A Comparison of the Technical Efficiency of Accounting Firms Among the US [M]. China, and Taiwan Under the Framework of a Stochastic Metafrontier Production Function. Journal of Productivity Analysis10. 1007/s11123 – 014 – 0397 – 8.

[12] Charnes A., Cooper W. W., Rhodes E. Measuring the Efficiency of Decision Making Units [J]. European Journal of Operational Research, 1978 (2) 2: 429 – 444.

[13] Christopher F. P., Kumbhakar S. C. Efficiency analysis: A Primer on Recent Advances [J]. Foundations and Trends in Econometrics, Zac Rolnik, 2014.

[14] Christopher J., O'Donnell D. S., Rao P., Battese G. E. Metafrontier Frameworks for the Study of Firm – level Efficiencies and Technology Ratios [J]. Empirical Economics, 2008 (34): 231 – 255.

[15] Coelli T., Perelman S. Technical Efficiency of European Railways: A Distance Function Approach, Applied Economics, 2000 (32): 1967 – 1976.

[16] Cook W. D., Zhu J. (Ed.). Handbook on Data Envelopment Analysis: A Handbook of Modeling Internal Structure and Network Vol II, Springer 2014.

[17] Cook W. D., Seiford L. M. Data Envelopment Analysis (DEA) – Thirty Years on [J]. European Journal of Operational Research, 2009, 192 (1): 1 – 17.

[18] Cullmann A. Benchmarking and Firm Heterogeneity: A Latent Class Analysis for German Electricity Distribution Companies [J]. Empirical Economics, 2012, 42 (1): 147 – 169.

[19] Duic' N., Guzovic' z et al. Sustainable Development of Energy, Water and Environment Systems [J]. Applied Energy, 2013 (101): 3 – 5.

[20] Evans R. G. Behavioral Cost Functions for Hospitals. The Canadian Journal of Economics, 1971, 4 (2): 198 – 215.

[21] Farrell M. J. The Measurement of Productive Efficiency [J]. Journal of the Royal Statistical Society, Series A (General), 1957, 120 (3): 253 – 281.

[22] Filippini M., Hrovatin N. and Zoric' J. Cost Efficiency of Slovenian Water Distribution Utilities: An Application of Stochastic Frontier Methods [J]. Journal of Productivity Analysis, 2008 (29): 169 – 182.

[23] Filippini M., Greene G. Persistent and Transient Productive Inefficiency: A Maximum Simulated Likelihood Approach [J]. Center of Economic Research at ETH Zurich Working Paper, 2014 (14): 197.

[24] Fried H. O., Lovell C. A. K., Schmidt S. S., Yaisawarngs. Accounting for Environmental Effects and Statistical Noise in Data Envelopment Analysis [J]. Journal of Productivity Analysis, 2002 (17): 157 – 174.

[25] Fried H. O., Lovell C. A. K., Schmidt S. S. The Measurement of Productive Efficiency and Productivity Growth [M]. Oxford University Press, 2006.

[26] Greene W. Reconsidering Heterogeneity in Panel Data Estimators of the Stochastic Frontier Model [J]. Journal of Econometrics, 2005 (2): 269 – 303.

[27] Greene W. Fixed and Random Effects in Stochastic Frontier Models [J]. Journal of Productivity Analysis, 2005b (23): 7 – 32.

[28] Hayami Y. Sources of Agricultural Productivity Gap Among Selected Countries [J]. American Journal of Agricultural Economics, 1969 (51): 564 – 575.

[29] Hayami Y., Ruttan V. W. Agricultural Productivity Differences Among Countries [J]. American Economic Review, 1970 (60): 895 – 911.

[30] Hayami Y., Ruttan V. W. Agricultural Development: An International Perspective [M]. Baltimore: John Hopkins University Press, 1971.

[31] Hou F. Y. The Internal Logic of Chinese Urban Water Industry Reform [J]. Review of Economy and Management, 2013 (5): 189 – 201.

[32] Huang C. J., Huang T. H., Liu N. H. A New Approach to Estimating the Metafrontier Production Function Based on a Stochastic Frontier Framework [J]. Journal of Productivity Analysis, 2014 (42): 241 – 254.

［33］Jiang Y. , Zheng X. T. Private Sector Participation and Performance of Urban Water Utilities in China ［J］. Economic Development and Cultural Change, 2014, 63 (1): 155 – 189

［34］Joskow P. L. Incentive Regulation in Theory and Practice: Electricity Distribution and Transmission Networks ［Z］. Chapter in NBER book Economic Regulation and Its Reform: What Have We Learned, 2014.

［35］Kumbhakar S. C. Production Frontiers, Panel Data and Time – varying Technical Inefficiency ［J］. Journal of Econometrics, 1990 (46): 201 – 212.

［36］Kumbhakar S. C. , Lien G. , Hardaker J. B. Technical Efficiency in Competing Panel data Models: A Study of Norwegian Grain Farming ［J］. Journal of Productivity Analysis, 2014, 41 (2): 321 – 337.

［37］Kuosmanen T. Representation Theorem for Convex Nonparametric Least Squares ［J］. Econometrics Journal, 2008 (11): 308 – 325.

［38］Kuosmanen T. Stochastic Semi – nonparametric Frontier Estimation of Electricity Distribution Networks ［J］. Application of the Stoned Method in the Finnish regulatory model. Energy Economics, 2012 (34): 2189 – 2199.

［39］Kuosmanen T. , Johnson A. L. , Saastamoinen A. Stochastic Nonparametric Approach to Efficiency Analysis: A Unified Framework ［M］. in J. Zhu (Eds) Handbook on Data Envelopment Analysis VolII, Springer 2014.

［40］Li H. Z. , Tian X. L. , Zou T. Impact Analysis of Coal – electricity Pricing Linkage Scheme in China Based on Stochastic Frontier Cost Function ［J］. Applied Energy, 2015 (15): 1296 – 305

［41］Lovell C. A. K. , Richardson S. , Travers P. and Wood L. L. Resources and Functionings: A New View of Inequality in Australia ［M］. in Models and Measurement of Welfare and Inequality (Ed.) W. Eichhorn. Springer – Verlag, Berlin, 1994: 787 – 807.

［42］Meeusen W. , Broeck V. D. J. Efficiency Estimation from Cobb – Douglas Production Function with Composed Error ［J］. International Economic Review, 1977, 18 (2): 435 – 444.

［43］Moreira V. H. , Bravo – Ureta B. E. Technical Efficiency and Metatechnology Ratios for Dairy Farms in Three Southern Cone Countries: A Stochastic Meta – frontier Model ［J］. Journal of Productivity Analysis, 2010 (33): 33 – 45.

［44］Parmeter C. F. , Kumbhakar S. C. Efficiency Analysis: A Primer on Recent Advances ［EB/OL］. http: //pages. stern. nyu. edu/ ~ wgreene/FrontierModeling/SurveyPapers/Parmeter – Kumbhakar – SFA. pdf, 2015.

［45］Pitt M. , Lee L. The Measurement and Sources of Technical Inefficiency in Indonesian Weaving Industry ［J］. Journal of Development Economics, 1981 (9): 43 – 64.

［46］Pollitt M. The Role of Efficiency Estimates in Regulatory Price Reviews: Ofgem's Approach to Benchmarking Electricity networks ［J］. Utilities Policy, 2005 (13): 279 – 288.

［47］Schmidt P. , Sickles R. C. Production Frontiers and Panel Data ［J］. Journal of Business and Economic Statistics, 1984 (4): 367 – 374.

［48］Wang L. Chinese Urban Water Utilities Under Market – oriented Reform ［J］. Reform, 2013 (2): 21 – 31.

［49］Wang Y. S. , Xie B. C. , Shang L. F. , Li W. H. Measures to Improve the Performance of China's thermal Power Industry: In View of Cost Efficiency ［J］. Applied Energy, 2013 (112): 1078 – 1086.

［50］Walter M. Quo Vadis Efficiency Analysis of Water Distribution? A Comparative Literature Review ［J］. Utilities Policy, 2009, 17 (3 – 4): 225 – 232.

［51］Yang H. L. , Pollitt M. Incorporating both Undesirable Outputs and Uncontrollable Variables into DEA: The Performance of Chinese Coal – fired Power Plants ［J］. European Journal of Operational Research, 2009 (197): 1095 – 1105.

［52］Zhao X. L. , Lyon T. P. , Song C. Lurching Towards Markets for Power: China's Electricity Policy 1985 – 2007 ［J］. Applied Energy, 2012 (94): 148 – 55.

"互联网+"下企业的平台战略与绩效

——基于中国电影产业的实证研究

万 兴[1,2] 杨 晶[1,2]

（1. 南京财经大学工商管理学院 南京 210023；
2. 南京财经大学企业发展战略研究所 南京 210023）

一、引言

进入 21 世纪以来，特别是随着智能手机的普及，互联网逐步成为经济社会的基础设施与创新要素。互联网与经济社会各领域的融合发展，即"互联网+"，正不断推动技术进步、效率提升与组织变革。在某些传统产业，这种融合发展正从量与质两个维度同时向深度融合过渡。在量上，基于互联网的交易份额显著提高；在质上，互联网不仅扮演了工具角色，而且进一步改变了企业战略与产业组织形式。

本文将利用中国电影产业的相关数据，研究互联网平台对电影院绩效的影响。中国电影产业为研究传统产业的互联网平台战略提供了一个非常好的例子。中国电影产业是一个传统产业，数字技术虽然早已应用于电影的制作与放映环节，但是多年来几乎没有影响电影业的产业组织形式与企业战略。电影产业仍然按照制片商、发行商、院线以及影院的产业链模式运作。电影产业触网始于 2010 年团购网站推出的影票团购服务。到 2012 年，一些电商平台推出了在线选座功能，迅速推动了中国电影产业互联网化的进程。例如，2014 年国产电影票房冠军《心花怒放》总票房的 50% 以上来自网络销售（刘汉文、陆佳佳，2015）。

本文将研究互联网平台战略如何影响影院的绩效。特别的，影院不同的平台战略如何影响影院的绩效？影院本身的特质如何调节平台战略对绩效的影响？文中我们将影院的互联网平台战略分为两类：一类是影院加入第三方电商平台，如猫眼、格瓦拉、时光网等；另一类是影院所属院线自建电商平台，如万达院线、广州金逸院线自建了电商平台。本文将利用 1922 家电影院的微观数据，考察影院互联网平台战略对影院绩效的影响，以及影院的不同特质是如何调节这种影响的。笔者考察了影院的两种特质，影院质量以及影院与院线的纵向一体化程度。

［基金项目］国家自然科学基金（71103079，71173036，70833002），教育部项目"基于消费者在线行为的平台差异化与平台开放战略研究"。

二、理论框架

（一）概念背景

传统电影产业链包括制片方、发行方与放映方（即电影院）。电影电商平台最初是以电影票团购的形式进入电影产业。2012 年后这些平台陆续推出了在线选座、影票预售等服务，进一步渗入电影产业。关于电影院线、自建平台与第三方平台的概念请见表1。

表 1　本文相关概念

概念	定义	例子
电影院线	指由一个发行方和若干影院通过资本或协议形式组合形成，实行统一品牌，统一管理的发行放映企业	万达院线，广东大地，中影星美
自建平台	指由电影院线自身建立的提供在线选座等功能的电商平台	www. wandafilm. com，www. dadicinema. com，www. jycinema. com
第三方平台	指由非电影院线企业建立的提供在线选座等功能的电商平台	猫眼、时光网、格瓦拉、淘宝电影
第三方平台多属度	指一个电影院同时加入了几个第三方平台	如某电影院同时加入了猫眼与时光网，则多属度为二

（二）平台战略与绩效的关系

数字平台能够通过匹配供需以组织交易与生产，管理信息与知识以促进创新，有效集成并利用组件以满足不同用户需求（Brousseau & Penard，2007）。企业自建平台具有如下优点。首先，自建平台有利于提高消费者的忠诚度。其次，自建电商平台有利于企业更好地服务客户。

假设 1：电影院线自建电商平台与影院的绩效正相关。供应商加入第三方平台存在作用相反的网络效应（Boudreau，2012）。网络效应表现为电商平台所具有的交叉网络外部性，即平台上买方与卖方之间的正网络外部性（Armstrong，2006；Rochet & Tirole，2003）。平台上一方用户数量的增加能够给平台的另一方带来效用的增加。

假设 2：影院的第三方平台多属度与影院的绩效正相关。

（三）影院特质的调节效应

中国电影产业自 2002 年以来实行了电影院线制度，院线与电影院之间存在不同程度纵向一体化（周勤、万兴，2005）。当院线自建电商平台后，纵向一体化程度将会影响电商平台与实体电影院之间的协同效果，进而影响电影院的绩效。这种协同性具体表现为电商平台与供应方之间在资源、流程以及战略上的互补性（Ennen & Richter，2009）。

假设 3a：影院与院线的纵向一体化程度正向调节自建电商平台与影院绩效的关系。

加入第三方平台的电影院将生存在两种竞争性产业组织关系中：纵向关系与平台生态系统。

影院与院线的纵向一体化属于一种产业组织关系。在加入平台以及基于平台运营的过程中，平台供应方必须遵守平台企业的治理规则（Tiwana，Konsynski & Bush，2010）。在这两种产业组织关系中，院线与第三方平台将竞争影院有限的资源与能力。当影院与院线纵向一体化程度较高时，第三方平台多属度与影院绩效的关系将减弱；反之亦然。

假设3b：影院与院线的纵向一体化程度负向调节第三方平台多属度与影院绩效的关系。

当一个市场拥有不同质量版本同类商品时，由于卖方与买方之间的信息不对称往往会给消费带来困难，甚至导致柠檬市场（Akerlof，1970）。平台企业作为市场的提供者，其提供的市场也面临这一问题（Weyl，2010）。然而平台企业所提供的市场，特别是基于互联网平台所提供的市场，不同于自发形成的市场。平台企业通过建立治理规则与设计基于互联网的信息系统可以有效缓解信息不对称带来的问题（Lewis，2011）。随着信息不对称程度的降低，需求方更容易识别供应方产品或服务的质量。

假设4a：影院质量正向调节自建电商平台与影院绩效的关系。

假设4b：影院质量正向调节影院的第三方平台多属度与影院绩效的关系。

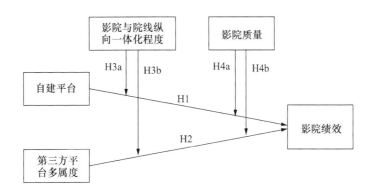

图1　本文理论框架

三、研究设计

（一）样本与数据

我们以电影院为研究对象，样本选取有三个条件。第一，影院必须采取计算机售票系统。第二，该影院须加入院线。第三，该影院在电商网站猫眼、格瓦拉或时光网上都需有用户评分，以测度影院的质量。本文的采样期间为2014年12月，在此期间共有1922家影院符合上述三个条件。本文的数据有两个来源。第一，关于影院的票房、影院的座位数与银幕数的数据来自于艺恩咨询的电影数据库。第二，关于影院的质量评分、影院平台多属、影院（线）自建平台，影院纵向一体化程度的数据来自网上抓取。

（二）变量

1. 因变量

参考现有文献（Gil，2009；Hadida，2009），本文以影院的票房作为因变量。这一选择也符合中国实际情况。近十多年来，虽然中国电影产业高速发展，但整个产业和影院都高度依赖票房作为收入的主要来源（刘汉文、陆佳佳，2015）。

2. 解释变量

本文解释变量有两个：影院是否自建平台 Selfplat$_i$，以及影院在第三方平台的多属度 Multihoming$_i$。传统企业的平台化有两类选择，或自建平台，或加盟第三方平台（Suarez & Kirtley, 2012）。本文中自建平台指影院所在的院线建立互联网平台，以便用户在线选座并提供相关服务。自建平台变量为虚拟变量，如果影院所在院线自建平台，该变量取值则为1；如果没有自建平台，则该变量取值为0。本文中，平台多属度指影院加入了几个第三方电影电商平台。平台多属度的可能取值为0、1、2、3，分别表示影院没有加入任何一个电商平台，加入一个、加入两个、加入三个电商平台。

3. 调节变量

实证模型中设有两个调节变量：影院质量 Quality$_i$ 及影院与院线的纵向一体化程度 Integration$_i$。在平台理论中，平台上供应方提供的产品或服务质量对吸引平台的需求方，乃至平台的市场成功扮演了重要的角色（Zhu & Iansiti, 2012；万兴、高觉民，2013）。本文中的影院纵向一体化程度指影院与院线之间是通过何种模式实现纵向合作的。纵向一体化变量为虚拟变量：如果影院由所属院线投资建立，则赋值1，如果影院只是协议加盟所属院线，则赋值0。

（三）估计方法

表2 变量统计值及相关系数

变量	均值	标准差	1	2	3	4	5	6
1. Seats$_i$	885.752	437.157	1	—	—	—	—	—
2. Screens$_i$	6.099	2.402	0.728 ***	1.000	—	—	—	—
3. Selfplat$_i$	0.404	0.491	0.015	0.004	1.000	—	—	—
4. Multihoming$_i$	1.956	0.775	0.366 ***	0.347 ***	0.180 ***	1.000	—	—
5. Integration$_i$	0.468	0.499	0.102 ***	0.109 ***	0.273 ***	0.278 ***	1.000	—
6. QualityM$_i$	8.064	0.674	0.196 ***	0.181 ***	0.011	0.142 ***	0.070 ***	1.000

注：***注表示 p < 0.01。

表2除了 Seats$_i$ 与 Screens$_i$ 变量间的相关系数较高，其他变量之间的相关系数均较低。而 Seats$_i$ 与 Screens$_i$ 变量间的方差膨胀因子（VIF）为 2.125 < 10，且模型中 VIF 的均值为 1.116。因此模型中多重共线性的问题并不突出。本文的样本为横截面数据，可能存在异方差。由于 White 检验并不要求对自变量排序，也不依赖正态性假设，我们采用 White 检验（Gujarati, 2005）。检验结果表明本文设定的模型存在异方差。因此本文选择 OLS 方法，同时选择经 White 异方差矫正的标准差选项（White Option）进行估计。这一估计可以对真实参数值得到渐进（样本见表3）有效的统计推断（White, 1980）。

四、实证分析

模型2的结果表明，增加解释变量自建平台与平台多属度后，模型的解释力显著提高（ΔR^2 = 0.098，p < 0.01），自建平台与影院绩效的正相关关系并不显著（系数为0.051，p > 0.1），不支持假设 1。平台多属度与影院绩效具有显著正相关关系（系数为 0.612 且 p < 0.01），从而支持假设 2。

模型 4 结果表明，在主效应模型基础上增加了自建平台与纵向一体化的交互效应后，模型的解释力显著提高（$\Delta R^2 = 0.003$，p < 0.05），影院与院线的纵向一体化显著正向调节自建平台与影院绩效的关系（系数为 0.242 且 p < 0.01），支持假设 3a。

模型 5 的结果表明，在主效应模型基础上增加了平台多属度与纵向一体化的交互效应后，模型的解释力显著提高（$\Delta R^2 = 0.004$，p < 0.05），影院与院线的纵向一体化显著负向调节平台多属度与影院绩效的关系（系数为 -0.214 且 p < 0.01），支持假设 3b。

模型 6 结果表明，在主效应模型基础上增加了自建平台与影院质量的交互效应后，模型的解释力有所提高（$\Delta R^2 = 0.001$，p < 0.05），影院质量非显著正向调节自建平台与影院绩效的关系（系数为 0.315 且 p > 0.1），不支持假设 4a。

模型 7 结果表明，在主效应模型基础上增加了平台多属度与影院质量的交互效应后，模型的解释力显著提高（$\Delta R^2 = 0.003$，p < 0.05），影院质量显著正向调节第三方平台多属度与影院绩效的关系（系数为 0.038 且 p < 0.01），支持假设 4b。

表 3　影院绩效的多因素回归结果

	Model 1	Model 2	Model 3	Model 4	Model 5	Model 6	Model 7
$Seats_i$	0.475*** (18.297)	0.431*** (17.559)	0.481*** (9.415)	0.537*** (7.647)	0.541*** (7.711)	0.552*** (7.501)	0.537*** (7.640)
$Screens_i$	1.679*** (17.892)	1.353*** (15.501)	1.337*** (14.453)	1.310*** (13.150)	1.268*** (12.654)	1.295*** (12.722)	1.308*** (13.129)
$Selfplat_i$	—	0.051 (1.286)	0.069 (1.652)	-0.052 (-0.818)	0.106** (2.493)	-0.584 (-0.857)	0.060 (1.439)
$Multihoming_i$	—	0.612*** (18.656)	0.618*** (17.997)	0.597*** (16.911)	0.698*** (16.144)	0.610*** (17.441)	0.583*** (15.791)
$Integration_i$	—	—	-0.065 (-1.477)	-0.157*** (-2.669)	0.234** (2.006)	-0.066 (-1.484)	-0.076 (-1.710)
$Quality_i$	—	—	-0.037 (-1.283)	-0.270 (-1.660)	-0.327** (-2.022)	-0.330** (-1.937)	-0.321** (-1.974)
$Integration_i * Selfplat_i$	—	—	—	0.242*** (2.849)	—	—	—
$Integration_i * Multihoming_i$	—	—	—	—	-0.214*** (-3.147)	—	—
$Quality_i * Selfplat_i$	—	—	—	—	—	0.315 (0.969)	—
$Quality_i * Multihoming_i$	—	—	—	—	—	—	0.038*** (2.595)
R^2	0.486	0.584	0.585	0.588	0.589	0.586	0.588
Adjusted R^2	0.485	0.584	0.584	0.586	0.587	0.585	0.586
ΔR^2		0.098***	0.001**	0.003**	0.004**	0.001**	0.003**

注：括号中为 t 统计值。***代表 1% 水平显著，**代表 5% 水平显著。模型 4、5、6、7 中的 ΔR^2 是和模型 3 比较。

五、结论与启示

本文以电影产业为例，分析了具有不同一体化程度、不同质量的影院采用不同平台战略的效果。研究发现，影院加入第三方平台能提高影院绩效，而自建平台与影院绩效的关系并不显著。影院与院线的纵向一体化程度负向调节第三方平台多属度与影院绩效的关系，影院质量正向调节加入第三方平台多属度与影院绩效的关系。

本文的研究结论对传统产业中的企业实施"互联网＋"战略有所启迪。2015 年 7 月 1 日国务院出台《关于积极推进"互联网＋"行动指导意见》。"互联网＋"的目的在于提升企业绩效，促进产业转型升级。本文实证结果表明：加入多个第三方平台能够显著提高企业绩效。传统产业中的企业，特别是中小企业，一般在信息技术资源与能力方面较欠缺。如果能够借助第三方平台，一方面可以节省成本用于其他投资，另一方面可以利用第三方平台提供的增值服务与潜在的协同效应实现业务发展。企业加入多个第三方平台，可以有效利用这些平台所拥有的差异性资源。以电影产业为例，不同的电影电商平台的资源禀赋并不相同。譬如猫眼网凭借团购，积累了大量商户与客户资源；时光网是中国最大的电影资料库与影迷社区，积累了丰富的电影资料与评价；格瓦拉是一家融合信息资讯、用户社区和商家互动的生活网络平台，其商户类型侧重演出与运动场馆。影院加入不同的第三方平台可以接触到不同的消费者，并与不同的其他商户实现协同。

注释

为了确保票房统计的准确性，原国家广播电影电视总局对院线所辖影院的计算机售票做出了强制规定。这一规定客观上提高了影院信息化程度。

参考文献

［1］Akerlof, G. A. The Market for "Lemons"：Quality Uncertainty and the Market Mechanism ［M］. The Quarterly Journal of Economics, 1970：488 - 500.

［2］Armstrong, M. Competition in Two - sided Markets ［J］. The RAND Journal of Economics, 2006 (37)：668 - 691.

［3］Boudreau, K. J. Let a Thousand Flowers Bloom? An Early Look at Large Numbers of Software App Developers and Patterns of Innovation ［J］. Organization Science, 2012 (23)：1409 - 1427.

［4］Brousseau, E., & Penard, T. The Economics of Digital Business Models：A Framework for Analyzing the Economics of Platforms ［R］. Review of Network Economics, 2007 (6).

［5］Ennen, E., & Richter, A. The Whole Is More Than the Sum of Its Parts - Or Is It? A Review of the Empirical Literature on Complementarities in Organizations ［J］. Journal of Management, 2009 (36)：207 - 233.

［6］Gil, R. Revenue Sharing Distortions and Vertical Integration in the Movie Industry ［J］. Journal of Law, Economics, and Organization, 2009 (25)：579 - 610.

［7］Gujarati, D. N. 计量经济学基础 ［M］. 北京：中国人民大学出版社, 2005.

［8］Hadida, A. L. Motion Picture Performance：A Review and Research Agenda ［J］. International Journal of Management Reviews, 2009 (11)：297 - 335.

［9］Lewis, G. Asymmetric Information, Adverse Selection and Online Disclosure：The Case of eBay Motors ［J］. The American Economic Review, 1535 - 1546. Rochet, J. C., & Tirole, J. Platform Competition in Two - sided Markets. Journal of the European Economic Association, 2003 (1)：990 - 1029.

［10］Suarez, F. F., & Kirtley, J. Dethroning an Established Platform ［J］. Mit Sloan Management Review, 2012

（53）：35 –40.

［11］Tiwana，A. ，Konsynski，B. ，& Bush，A. A. Research Commentary：Platform Evolution：Coevolution of Platform Architecture，Governance，and Environmental Dynamics ［J］. Information Systems Research，2010（21）：675 –687.

［12］Weyl，E. G. A Price Theory of Multi – sided Platforms ［M］. The American Economic Review，2010.

［13］White，H. A Heteroskedasticity – Consistent Covariance Matrix Estimator and a Direct Test for Heteroskedasticity ［J］. Econometrica：Journal of the Econometric Society，1980（1）：7 –14.

［14］Zhu，F. ，& Iansiti，M. Entry into Platform – based Markets ［J］. Strategic Management Journal，2012（33）：88 –106.

［15］刘汉文，陆佳佳. 2014 年中国电影产业发展分析报告 ［J］. 当代电影，2015（3）：003.

［16］万兴，高觉民. 纵向差异化双边市场中平台策略 ［J］. 系统工程理论与实践，2013（33）：934 –941.

［17］周勤，万兴. 转型时期政府主导下的中国电影产业纵向变革的原因和绩效分析 ［J］. 管理世界，2005：65 –70.

创新驱动、融资约束与科技型小微企业众筹

——以点名时间为例

黄　玲[1,2]　周　勤[1]

（1. 东南大学经济管理学院　南京　211189；

2. 重庆三峡学院财经学院，万州　404100）

一、引言

根据熊彼特《经济发展理论》中传递的思想，创新驱动可以被视为以知识、技术、制度、管理等创新要素为经济发展主要推动力的资源合理高效配置的一种方式，是区别于传统要素驱动的战略选择[1]，其本质是依靠自主创新，提高科技对经济的贡献率。实施创新驱动战略是我国从"中国制造"到"中国智造"的转型的根本途径。科技创新是创新驱动的关键内容之一，其承载主体除了大型的国有企业和科研机构外，数量众多的科技型小微企业值得关注。它们重视创新，往往是新技术或新市场的开拓者和实践者，近年来，中国对科技创新的大力支持为科技型小微企业创建和成长提供了良好的外部政策环境，它们凭借灵活的经营机制和创新能力已逐渐成为推动经济发展的重要力量。然而，小微企业固有的劣势与传统的融资模式使其不得不面临融资约束难题。

传统融资模式一般分为直接融资和间接融资，直接融资以股票和债券为主，这一模式对于科技型小微企业，尤其是初创企业而言门槛过高；以银行贷款为主的间接融资虽然利率较低，但需要相应的抵押或担保，而科技型小微企业由于缺乏交易记录和固定资产抵押，往往被拒之门外。虽然部分地区实施如税收减免等金融扶持政策，但仍无法解决贷款难、贷款贵的问题，尤其是部分科技型小微企业还处于技术开发和产品功能调试阶段，不能实现产品量产，也没有任何交易记录，因此不可能从传统融资渠道获得前期资金支持。众筹为这一问题的解决提供了一个可能的途径。

众筹来自微型金融（或小额贷款）[2]和众包[3-5]，其主要目的是通过公开向大众征集小额投资以支持其认可的包括影视、科技、音乐、艺术等在内的各种活动，从而为创办者或企业的创业者提供所需要的资金及其他资源。由于该种模式下的项目发起人不需要有任何抵押或担保，只需要经由众筹平台网站向大众进行项目的展示，获得认可即可获得资金支持，因此为科技型小微企

［基金项目］国家社科基金重点项目（15AJL004），重庆市教委人文社科项目（14SKL03），重庆三峡学院青年项目（10QN－10）。

［作者简介］黄玲，东南大学经济管理学院博士，重庆三峡学院财经学院副教授；周勤，东南大学经济管理学院副院长，教授，博士生导师。

业提供了一种有别于传统融资渠道之外的融资方式选择。事实上，已有部分企业借助这一新型融资模式获得所需资金。如制作"iorgane 橘子智能水杯"的深圳市桔子伟业科技有限公司在"京东众筹网"的预期筹资额为 10000 元，但实际筹资达到 228558 元，是预计筹资金额的 2285 倍，不仅为产品小批量量产筹得了资金，同时也建立了市场前期用户基础。截至 2015 年 5 月 11 日，共有 439 个科技企业在京东众筹平台成功融资，其中获得资金最多的项目甚至超过 2000 万元。回报型众筹因为不涉及股权和债权，因此较为适合科技产品量产前的企业融资，而发展前景明朗的科技型企业可能更倾向于选择股权型众筹，如天使汇众筹平台。截至 2015 年 7 月底，天使汇已帮助近 400 个创业项目完成融资，融资总额超过 40 亿元。

那么，融资约束是否会抑制创新，众筹又能在多大程度上帮助科技型小微企业解决融资约束问题？哪些因素会影响成功众筹？针对上述问题，本文对加入众筹平台融资的科技类小微企业进行研究，并对其中获得成功融资项目的影响因素进行实证分析，从而为实践提供指导。

二、基本理论分析

（一）融资能力与企业创新

创新需要不断的资金输入，而科技型小微企业却由于自身的局限性和创新特性更容易招致融资约束，因此融资能力至关重要。在企业成长理论中金融资源是中小企业最基础的资源（Eisenhardt，1990），而融资能力是影响小微企业成长的重要因素。Marris（1963）提出了决定企业成长的需求、供给、管理和融资约束分析，对于融资能力更弱的小微企业，资金短缺导致企业高速成长中"燃料"不足而停滞甚至夭折。可见，能否获得满足其成长和发展的足够数量和质量的资金，成为决定科技型小微企业能否持续成长和运转的关键。

科技型小微企业不仅存在所有小微企业普遍的规模小、资金少、经营风险高、可抵押物少等局限性，还有其自身融资约束性。它们必须通过不断创新来维持生存和竞争，但创新过程中的每个阶段和环节都需要大量资金投入，且具有高投入、高风险和高收益的特征。同时，在融资过程中容易导致逆向选择。潜在投资者、技术创新者和企业家之间存在着严重的信息不对称。技术创新者具有丰富的专业知识，相比潜在投资人对创新项目的风险收益有着充分的了解，潜在投资者很难区分好的项目和差的项目，为保证收益，他们不得不对创新投资项目要求高于其他普通投资的收益率[6]。这就是类似阿克洛夫提出的"柠檬市场"。而在柠檬市场的极端情况下，不对称信息将产生足够的影响——将创新项目完全挤出。另外，技术创新者也不了解企业家的经营管理能力；而企业家也由于缺乏专业技术知识，不了解技术创新的商业前景和市场价值，难以做出合理的评估。即信息不对称使得创新资源、技术资源和资金资源在一定程度上分离了。因此，在传统的融资模式下，科技型小微企业很难从金融机构获得贷款，资金不足成为制约其创新的"瓶颈"，融资能力是约束其持续创新的关键因素。那么，此类型企业有可能更倾向于众筹这种创新型融资模式。

由此，本文提出：

H1：科技型小微企业由于自我融资能力局限可能更倾向于众筹融资。

（二）金融发展与融资约束

近年来，随着对科技发展的重视程度以及宽松的政策环境，中国创新活动发展迅速。然而，对其的研究却发现创新活动存在着明显的非均衡性，尤其是地区间差异更为明显。万广华和范蓓蕾[7]研究发现，中国东中西部地区的创新产出存在明显的差距，以人均专利授予总量为例，东中西部地区的基尼系数在 1995 年是 0.25，而到了 2006 年则上升到了 0.36。金融发展的差异也体现在融资约束上。一般而言，金融发展水平越高的地区创新活动越活跃，企业的融资约束也越弱。

以众筹平台的建立为例。众筹是一种创新型融资模式，所有的活动都是基于平台来开展，因此众筹平台是核心。而平台也是一个以利润最大化为目标的企业，它的建立本身就是一种创新。从大多数平台的建立发展历程来看，几乎都是科技型小微企业的创新和发展。

表 1　我国部分涉及科技项目的众筹平台

众筹平台名称	网站	成立时间	所属公司	所属地区
点名时间	demohour. com	2011 年 7 月	北京点名时间科技有限公司	北京
天使汇	angelcrunch. com	2011 年 11 月	天津盛邦投资有限公司北京投资管理分公司	北京
海色网	highser. com	2012 年 11 月	北京海色信息技术有限公司	北京
众筹网	zhongchou. cn	2013 年 2 月	北京东方联合投资管理有限公司	北京
众投天地	52zhongtou. com	2013 年 3 月	众投天地科技（北京）有限公司	北京
京东众筹	z. jd. com	2014 年 7 月	京东金融集团	北京
大家投	dajiatou. com	2012 年 12 月	深圳市创国网络科技有限公司	广东深圳
酷望网	kuhope. com	2013 年 11 月	广州趣蒙动漫科技有限公司	广东广州
众意网	zhan. renren. com/zhongyiwang8	2013 年 4 月	杭州瓦图投资管理有限公司	浙江杭州
淘宝众筹	hi. taobao. com	2014 年 3 月	阿里巴巴集团	浙江杭州
点火网	ditfire. com	2013 年 2 月	点火网络科技有限公司	江苏南京
青橘众筹（原中国梦网）	qingju. com	2013 年 10 月	上海众牛互联网金融信息服务有限公司	上海

笔者整理了涉及科技型项目众筹的平台资料发现，大部分平台建立地都是金融发展水平较高、创新能力较强的地区，尤其是北京最为突出。这一事实不仅为金融发展水平有利于创新发展提供了证据，也让我们有理由相信，这些众筹平台的设立，有助于当地科技型小微企业解决融资难题，从而减少融资约束。

由此，本文提出：

H2：金融发展有利于减少融资约束，科技型小微企业的资金可获得性将呈现地区差异。

（三）众筹发起技巧与资金可得

众筹融资模式的兴起适应了创业经济发展的市场需求，充分利用了网络平台的灵活、方便、快捷的优势，它能帮助项目发起人快速地把握市场上投资人的需求脉络，促进了大众创意项目的生成和发展。尤其是对于科技型小微企业而言，不仅能大幅度降低筹资门槛，而且还能通过平台检验该创新项目的市场需求性。筹资人借助众筹平台向广大的投资人展示自己的创新想法，与投资人交流沟通，在产品没有制作出来之前就可以赢得一部分的消费者，以及可能的改进建议。然而，并非所有科技型小微企业发起的项目都能成功获得投资人的青睐，有的项目甚至会遭遇重大失败，从而对创业团队的创新积极性带来巨大打击。因此，众筹项目为了获得有效的资金支持，在平台发起时需要具有一定的技巧。

通常情况下，项目本身的质量决定成功筹资。但由于信息不对称依然存在，因此需要科技型小微企业释放相关信号。有关项目质量信号的研究受到许多学者的关注[8,9]。由于新创企业数据较为分散，也缺乏信用评级，因此潜在的质量信号在项目筛选中尤为重要[10]。我们采用话题和浏览人数作为衡量指标，话题发起多少代表了项目发起人与潜在投资人的沟通努力，在一定程度上衡量了项目准备质量，而项目越具有创意，通常浏览人数就越多。对于创业者的个人特征，我们采用融资持续时间来衡量发起人的信心，一般认为项目质量越高，发起人信心越充足，设定的融资时间可能较短；同时，项目发起人的社会网络规模一定程度上预示着为其项目质量背书的联系人规模[11,12]，采用支持者人数和支持来源两个指标加以衡量。由此，我们提出：

H3：质量信号与众筹是否成功有直接关系，良好的质量信号将提高资金可获得性。

三、数据与变量说明

（一）数据

点名时间平台是我国最早建立的回报型众筹平台，其运作模式在国内具有代表性。由于该平台项目数量多且资料保存较为完整，因此将其作为选取样本数据来源，数据的采集时间区间为2012年1月1日到2014年3月31日。需要说明的是，虽然从2011年7月平台成立到年底有42个项目进行众筹，但这一阶段平台处于启动状态，项目分类不够明确，因此我们未将其纳入样本集，而2014年4月至9月数据有较大变动，智能硬件项目量大增，我们仅在趋势图中做论证，实证检验部分不涉及。为了使数据更具有代表性，剔除了融资金额极端值（预筹资金为500元以下或100万元以上，实际融资为0元）项目，以及发起人所在地为非大陆地区的项目，最终确定的样本数为743项。

（二）所选择变量说明

根据研究需要，我们选取如下变量：

（1）融资目标（goal）：是指在众筹平台发布项目时融资方预设的融资金额。该额度完全由融资方自行设定，理论上是完成该项目必须耗费的资金，但融资方也可能为了融资成功带来的宣传效应，刻意制定较低的目标，从而推高融资比例。直观而言，预设的融资目标越低，成功可能性越大，投资者评估的决策权数也可能会增大。为了比较预设金额与实际融资金额（founded）之间的差异，我们在描述性统计中增加了融资比例（perc_ funded）变量。

（2）浏览人数（visitors）：即通过各渠道浏览该项目信息的人数。项目的新颖度越高，吸引的注意力就越多，意味着更多的投资机会。后续投资人也可能据此对项目的成功概率进行评估，增大其决策权数。

（3）融资天数（duration）：指项目在平台上接受投资人融资的天数。虽然该变量也由项目发起人自行决定，但部分众筹平台会依据前期经验提供融资窗口期指导意见，美国的Kickstarter建议30天，点名时间建议40天。一般而言，设定的融资时间较短，可能反映了融资方对项目成功众筹有充足的信心，因此也被视为项目优秀质量信号之一。

（4）话题更新数（updates）：众筹平台不仅是投融资双方融资对恰的平台，也为双方提供了沟通交流的功能。投资人可以通过平台询问融资方有关项目的相关事宜，表述自己的观点等，而融资方应作出相应的回应。Mollick的研究指出，及时的信息更新可能意味着项目方准备较为充分，或表示融资方希望通过积极的沟通向投资人传递更多的质量信号。话题更新的速度越快，更新频率越高，在一定程度上表明项目质量越好。

（5）回报种类（rewords）：项目融资方为了吸引不同层次潜在投资人，会设定不同的回报内容并匹配不同的投资金额。从满足潜在投资人多样化需求角度来看，多种选择可能会增加其预期价值。

（6）视频制作（video）：众筹项目是否制作了视频。融资方在平台发起的项目可以是完全文字叙述，也可以配有图片或视频。由于视频的展示内容更为丰富，因此在一定程度上，是否制作视频表征了项目事前准备工作的充分程度[13]，被视为项目良好质量的一个信号。

（7）投资者来源（sources）：指众筹投资人获知该项目信息的渠道来源。众筹投资者不仅可以通过登录点名时间平台查看项目状态，还可能从该项目融资方在微博、微信等多个社交网站分享的链接中获得该项目信息并进行项目支持。该变量可视为支持者分享众筹感受、反馈意见的渠道指标，如果项目成功，获得的分享收益较大。

为了使变量更符合正态分布特征，我们对预设金额（goal）做了取对数处理，并采用普通最小二乘法，借助 Stata12.0 进行回归分析。

四、实证分析及假设检验

（一）描述性统计

从表2可以看出，经点名时间平台成功众筹的项目概率为46.03%，样本的平均预设融资目标高于16771元，实际融到的资金平均为13207元。而成功项目的预期融资目标13130元明显低于失败项目的预期融资额19875元，但实际融资额26672元却远远高于失败项目的1723元。从这里不难看出，科技创新企业的整体资金需求比较小，传统投资渠道无法满足，众筹却能较好的解决，说明在融资约束下，众筹确是科技型小微企业解决资金瓶颈的有效渠道。

表2　众筹项目基本信息统计

Variable	All			Failed	Success	t - statistics
	Mean	Min	Max	Mean	Mean	failed - success
status	0.4603	0	1	0	1	-
goal	16771.1100	500	500000	19875.6500	13130.9800	2.3554 **
funded	13207.4200	17.00	642022	1723.2490	26672.7900	- 7.7238 ***
perc funded	1.2369	0.0000	23.5300	0.1542	2.5063	- 13.2685 ***
visitors	6224.2480	58	128273	3153.3640	9824.9040	- 9.7463 ***
duration	41.4011	0	131	42.3790	40.2544	1.7109 *
video	0.3943	0	1	0.3840	0.4064	- 0.6213
updates	10.4697	0	553	6.8828	14.6754	- 4.2396 ***
rewards	7.1077	1	31	6.5960	7.7076	- 4.3396 ***
source	5.0996	1	93	2.3741	8.2953	- 11.0543 ***
obs	743			401	342	743

注：***、**和*分别表示1%、5%、10%的显著性水平。

（二）回归结果及假设检验

1. 相关系数检验

通过观察解释变量的 Pearson 相关系数矩阵及变量方差膨胀因子（VIF），模型 1~3 的 VIF 值远小于 10，可以拒绝自变量之间共线性的原假设，自变量之间的共线性不严重。回归方程方差分析的检验值显著小于 0.001，说明方程是高度显著的，拒绝全部系数为零的原假设，表明进入方程的变量与成功筹资比例之间的线性关系能够成立。

2. 回归结果

将样本按变量分类依次代入回归，形成模型 1~3。三个模型的伪 R^2 分别为 0.3538、0.4032 和 0.5058，随着变量的加入，伪 R^2 逐渐增加，模型具有一定的解释能力。详见表 3。

表3　各模型的回归结果

VARIABLES	模型 1	模型 2	模型 3
	status	status	status
ln_ goal	− 0.8708 ***	− 0.9332 ***	− 1.1716 ***
	(0.0956)	(0.1070)	(0.1259)
ln_ visitors	2.0299 ***	2.3138 ***	1.7973 ***
	(0.1497)	(0.1722)	(0.1883)
duration	—	− 0.0430 ***	− 0.0428 ***
		(0.0069)	(0.0076)
video	—	0.5370 **	0.4115 *
		(0.2198)	(0.2432)
updates	—	0.0078	0.0044
		(0.0048)	(0.0034)
rewards	—	—	0.0859 **
			(0.0344)
sources	—	—	0.4628 ***
			(0.0583)
Constant	− 9.1987 ***	− 9.4585 ***	− 5.4296 ***
	(1.0082)	(1.0903)	(1.2701)
Observations	743	743	743
chi2	362.7700	413.3700	518.5900
p	0.0000	0.0000	0.0000
Pseudo R^2	0.3538	0.4032	0.5058

注：回归方法为 Logistic 回归；括号中是回归系数标准差；*** 、** 和 * 分别表示 1%、5%、10% 的显著性水平。

3. 假设检验

（1）H1 检验。从图 1 中可以看出，点名时间平台文艺生活类成功众筹的项目数量很长一段时间内都处于绝对优势，创意设计次之，时尚科技类项目数量则基本上是在 0~1 之间徘徊。然而，这一情况在 2013 年 4 月开始有了新的变化，科技类成功众筹项目数首次超过创意设计类，呈现逐步上升趋势，并于 2013 年 11 月超过文艺生活类成为主导项目类别。随后的趋势越发明显，2014 年后文艺生活和创意设计类几乎只维持在 1~2 个项目水平。随着科技创新发展，平台也加强了科技类项目的展示，这一发展趋势能清晰地从图 1 中看出。这一客观发展趋势是平台的顺势而为，可见，科技型小微企业可能更倾向于选择众筹模式解决资金难题，至此 H1 得证。

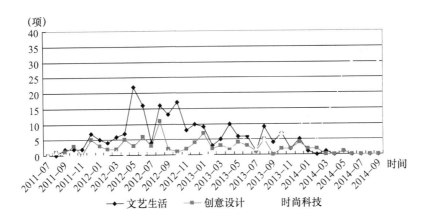

图 1　点名时间平台成功众筹项目分类（2011 年 7 月至 2014 年 9 月）

（2）H2 检验。从表 4 可以看出，项目成功的地域集中度很高，其中北京项目数和获得的资金占比远远高于其他地区，可见，金融发展发展有利于减少融资约束，地区间的差异明显，H2 得证。

表 4　点名时间成功项目数及实际融资金额的省份分布

省份	总融资金额（元）	项目数（项）	资金占比（%）	省份	总融资金额（元）	项目数（项）	资金占比（%）
北京	2733880	104	31.83852	辽宁	49085	4	0.571639
广东	1235306	52	14.38626	贵州	40730	5	0.474338
浙江	1174806	31	13.68168	西藏	22788	4	0.265387
上海	954150	39	11.11194	河南	21850	1	0.254463
山东	720500	10	8.390877	江西	21831	3	0.254242
江苏	550161	13	6.407124	海南	14280	2	0.166304
云南	174547	9	2.032758	山西	12575	2	0.146447
重庆	137043	9	1.595990	青海	10050	1	0.117041
四川	135136	13	1.573781	吉林	9789	3	0.114002
安徽	102982	2	1.199319	宁夏	8304	1	0.096708
福建	101478	9	1.181803	黑龙江	6226	1	0.072507
湖北	91583	10	1.066567	陕西	3670	1	0.042740
湖南	65990	7	0.768513	河北	1915	1	0.022302
天津	50916	5	0.592963	Total	8451571	342	100

（3）H3 检验。实证结果显示，浏览人数和话题数对成功筹资有正向作用，即使在控制所有其他变量情况下，浏览人数的正向作用仍在 0.1 水平下统计显著，话题数在 0.01 的水平下显著，说明通过项目发起前良好的准备工作，具有创意的项目能吸引更多投资人的注意。我们在对成功

众筹项目话题的文字及发布时间进行进一步检验中发现，回复迅速、专业性强、用词诚恳的项目不仅获得更多的资金支持，还能在发布话题的当天吸引更多的浏览量。而这些努力与前期的准备工作息息相关，该结论也与 Kuppuswamy 和 Bayus[14] 及 Mollick[13] 针对 Kickstarter 的研究结论基本一致。项目筹资持续时间与因变量呈负向关系，并在 0.1 的水平下统计显著，说明一定程度上投资者愿意相信更有信心的项目发起人将设定更短的众筹持续时间；支持者来源和支持者人数则与因变量表现出显著的正向关系，表明对于质量较好的项目，资金可获得性更强。因此，H3 得以验证。

五、研究结论及政策建议

（一）研究结论

创新驱动是中国经济成功转型的根本动力，科技型小微企业是不容忽视的推动力量。然而，由于其自身的局限性，融资能力较弱，不利于其顺利成长和持续发展。众筹融资模式为解决融资瓶颈问题提供了一种可能途径。研究表明，科技型小微企业更倾向于选择创新融资模式，而且由于金融发展水平的差异性使其融资约束也体现这一特征。然而，并非所有参与众筹的科技项目都能获得资金支持，具备良好质量信号的可得性更强。

（二）政策建议

创造良好金融生态环境，为创新驱动提供环境基础。研究结果显示，科技型小微企业对资金和创新需求较高，因此在逐步完善传统融资模式的同时，大力发展众筹，为这类企业创造良好的金融生态环境，改善其融资困境，对企业创新能力的提升和可持续发展都具有十分重要的作用。同时，创新的开展需要大量的资源。因此，需要为科技型小微企业的发展创造一定的外力资源基础，获取更多的创新租金[15]。例如，可以引入部分专业投资人参与众筹，并通过众筹的虚拟社区的反馈功能，将投资意见及时传送到创新团队，帮助其进行工艺或管理的改进，增加面市后的成功率。

建立知识产权备案制度，降低信息披露风险。投资人依据平台上项目展示信息来判断是否投资，这些信息一经展示就属于共享资源，展示越充分，可能会吸引更多投资人，但同时也产生了信息披露的潜在成本。如果该成本足够大，甚至抵消其他参与众筹的正向激励，那么科技创新项目的发起人将转向传统融资渠道。换言之，如果项目本身创意新颖，预计有巨大的市场潜力，但还未得到专利保护时，项目发起人不愿选择众筹融资模式。因此，如何设计创新保护机制成为众筹发展亟待解决的问题。目前，点名时间平台对这一问题的回应是希望创意项目发起人能获得专利后再选择众筹融资，说明专利保护是一个解决对策。但由于申请程序烦琐，耗费时间较长，有可能导致创意项目最终无法体现其新颖性。因此，将知识产权备案制度作为一项有益补充加入产权保护制度中[16]，创新思想或方案公布前可以将项目创新之处做备案，在审查期同样接受知识产权保护并享有审批通过后的追责权利。

强调风险，审慎监管。众筹是一种创新融资模式，在支持科技型小微企业融资方面有积极作用。而且参与众筹的项目筹资需求较小，每位投资人支付的金额也较小，所承担的风险相应较低。即便如此，我们对众筹风险的控制仍需强调。众筹的一个特征是向不特定的众多公众公开征集资金。这种方式在我国很容易触发非法融资红线，这也是为什么股权型众筹难以快速发展的一个重要原因。回报型众筹不以利息或股权作为回报，而选择与项目相关的实物，正是出于规避法律风险考虑。然而，由于信息不对称无法消除，潜在的风险仍旧存在，如回报的延迟兑付甚至是纯粹的诈骗、众筹平台自身的信用风险等。因此，需要众筹模式实施审慎监管。一是完善法律制度，期待类似美国 JOBS 法案的法律法规出台，为众筹发展提供良好的制度环境；二是强调资金托管和分期拨付，保护投资人资金的安全；三是建立项目追踪机制及争端解决机制，为众筹事业健康发展提供保障。

参考文献

［1］熊彼特·约瑟夫. 经济发展理论［M］. 北京：商务印书馆，2000.

［2］Morduch J. The Microfinance Promise［J］. Journal of Economic Literature, 1999: 1569 – 1614.

［3］Howe J. The Rise of Crowdsourcing［J］. Wired Magazine, 2006, 14 (6): 1 – 4.

［4］Kleemann F., Voβ G. G., Rieder K. Un (der) Paid Innovators: The commercial Utiliza – tion of Consumer Work Through Crowdsourcing［J］. Science, Technology & Innovation Studies, 2008, 4 (1): 5 – 26.

［5］Brabham D. C. Crowdsourcing as a Model for Problem Solving an Introduction and Cases［J］. Convergence: The International Journal of Research into New Media Technologies, 2008, 14 (1): 75 – 90.

［6］戴静. 中国金融发展对创新的影响研究——基于金融歧视的视角［D］. 华中科技大学，2014.

［7］万广华，范蓓蕾. 解析中国创新能力的不平等——基于回归的分解［J］. 世界经济，2010 (2): 3 – 14.

［8］Macmillan I. C., Siegel R., Narasimha P N. Criteria Used by Venture Capitalists to Evaluate New Venture Proposals［J］. Journal of Business Venturing, 1986, 1 (1): 119 – 128.

［9］Kirsch D., Goldfarb B., Gera A. Form or Substance: The Role of Business Plans in Venture Capital Decision Making［J］. Strategic Management Journal, 2009, 30 (5): 487 – 515.

［10］Spence M. Job Market signaling［J］. The Quarterly Journal of Economics, 1973, 87 (3): 355 – 374.

［11］Shane S., Cable D. Network Ties, Reputation, and the Financing of New Ventures［J］. Management Science, 2002, 48 (3): 364 – 381.

［12］SØrensen J. B., Fassiotto M. A. Organizations as Fonts of Entrepreneurship［J］. Organization Science, 2011, 22 (5): 1322 – 1331.

［13］Mollick E. The Dynamics of Crowdfunding: An Exploratory Study［J］. Journal of Business Venturing, 2014, 29 (1): 1 – 16.

［14］Kuppuswamy V., Bayus B. L. Crowdfunding Creative Ideas: The Dynamics of Projects Backers in Kickstarter［R］. 2013.

［15］李淼淼. 我国科技型小微企业成长的影响因素研究［D］. 山东大学博士学位论文，2014.

［16］罗明雄，唐颖，刘勇. 互联网金融［M］. 北京：中国财政经济出版社，2013.

股权约束、政府投入与合资企业的要素效率

罗云辉[1]   林 洁[2]

（1. 复旦大学管理学院 上海 200433；

2. 上海对外经贸大学 上海 201620）

一、引言

三十多年来，我国经济发展的一个基本特征是工业化与城市化相互促进，且伴随着渐进的对外开放。无论是 1994 年前的财政包干制，还是此后以增值税为主体的新税制，地方政府都具有相对独立的经济利益。加上土地所有权公有及土地出让金由地方政府享有，地方政府有激励、有手段参与到城市化与工业化进程中，并在渐进开放的背景下，为获得经济增量而彼此竞争。

渐进式开放、工业化、地方政府广泛参与的宏观经济特征，在微观上往往体现为内、外资企业在特定的管制条件下组成合资企业，并由地方政府参与某些生产要素的投入，各获取要素报酬。反过来，这种组织形态中各方要素的效率状况，为我们考察宏观经济质量提供了一个微观视角。

对合资企业的管制有两种方式：一是对外资在单一合资企业中的股权比例进行限制；二是对单个外资企业在我国境内建立合资企业的数量进行限制。一段时期内某些产业不对外资开放或在区域上渐次开放，可视为股权比例与合资企业数量限制的特殊形式。通常，这两种管制的目的在于保障国内资本对合资企业拥有一定的决策权，或者为相对弱小的内资企业提供相对宽松的市场环境。

尽管合资企业管制政策本身一直在演变，但上述两类管制始终存在。1992 年以前，我国对外商独资及合资企业的股权比例限制很严格。在 1995 年颁布了《外商投资企业控股公司法》，特别是在 2001 年我国加入 WTO 之后，相关管制趋于宽松。目前，90% 以上的外商投资项目都实行了备案制。现有的管制主要体现在由国务院历年发布的《外商投资产业指导目录》中。这份1997 年起制定，2002 年、2004 年、2007 年、2011 年、2014 年、2015 年各年分别修订实施的文件，无论是对外商投资"限制类"行业，还是"鼓励类"行业，对外资在合资企业中的股权比例约束仍然广泛存在。从产业类型来看，既包括农业和燃气、热力、电信、电网建设经营等公用事业，也涵盖交通运输、集装箱制造、年产 80 万吨及以上规模乙烯等大规模制造业，还涉及宣纸生产、旧轮胎翻新、测绘、出版物印刷、演出场所经营等小规模产业，跨度很大。至于对外资既有股权限制，又有明确合资企业数量限制的产业，则主要存在于汽车整车制造、民用航空制

[作者简介] 罗云辉，复旦大学管理学院；林洁，上海对外经贸大学。

造、证券基金、保险、云计算服务、货运代理等行业。

资产的最大价值取决于资产权利的最有效运用。可以设想，对外资一方的股权约束或合资企业数量约束很可能限制其生产要素使用范围和数量，使要素效率下降。事实上，随着我国对外商投资限制趋于减少，外商独资企业和控股企业在外商投资企业中的比例显著增加，这本身可能意味着此前的限制影响了其生产要素的效率。

同时，对合资一方权利的限制也可能形成对另一方选择的约束，从而对合资企业中方的生产要素效率形成负面影响。从经济学基本原理看，除特殊的完全替代生产函数之外，任何凸性生产函数都存在边际技术替代率递减的特征，从而一种要素的效率与其他要素的使用量相关联。建立合资企业，本身就意味着各方的要素彼此难以完全替代。因此，对一方的管制可能对各方主体产生影响。这就是说，不能先验认为对外方的限制，就必然有利于中方。

需要指出的是，加入WTO并不意味着实现投资自由化。事实上，WTO框架主要是促进贸易自由化，而投资领域的自由化主要在多边框架的自由贸易区（FTA）中体现，尚呈现"碎片化"。而且，即便是业已签署的各种FTA，普遍存在大量不纳入完全开放的产业负面清单。与此同时，我国很多企业在大跨步地实施"走出去"战略的同时，也面临东道国的股权约束或者合资数量约束，这就是说，合资方股权或其他方面限制及其对各方生产要素效率的可能影响，并非一个一国一地或仅具暂时性的问题。

在我国国家治理体系下，地方政府对属地合资企业进行要素投入是一个相当普遍的现象。地方政府参与合资企业的要素投入和产出分配，在经济含义上成为合资的第三方。地方政府的要素投入除土地和公共品外，往往还包括针对特定企业的服务或优惠措施。从各地实际来看，政府对企业个性化服务的范围很宽泛，比如专门为某些产业制定规划、帮助企业招徕上下游配套企业和劳动力、土地价格减让、税收减免和各种配套服务等。此外，地方政府非公共品投入还包括某些既可由政府提供，也可由企业提供的生产要素，比如厂房的建设、融资成本的分担，甚至销售渠道的开拓等。政府的经济收益则主要是由此带来的产业集聚、税收所得、就业和土地升值。

地方政府提供公共品之外的投入并参与收入分配，自然使我们关心其所投要素的效率如何。事实上，对于地方政府为招商引资参与企业要素供给、实施各种优惠政策的做法，一直存在广泛而持久的争议。判断这类措施的绩效，无疑也需考察政府提供要素的使用效率。进而，政府的要素投入是否会矫正或者更加扭曲对合资企业管制可能带来的效率损失，也成为有意义的问题。

本文试图在价格理论的框架内，分析合资企业股权管制下，包括参与投入的地方政府在内，合资各方要素的使用效率。第二至第四部分是核心内容，分别对应的前提假设是：合资双方存在知识产权使用费；某些生产要素可由合资的任何一方提供；新增投入在合资企业内按受管制的股权比例分担，同时地方政府为合资企业提供补贴或要素投入。第五部分是结语。

二、存在知识产权使用费条件下股权管制对要素效率的影响

管制价格若处于市场均衡价格之下，意味着稀缺资源的配置可能不得不用到管制价格之外的竞争手段。由于价格是唯一不会导致租值消散的竞争准则，这就意味着价格管制可能导致租值消散。进一步，租值消散尽管是管制的一个结果，但相关利益主体必然会在不得不面临的租值消散情形下寻求损失最小化——这是"理性人"假设的题中应有之义。因此，引入价格管制之后的行为分析，是着眼于管制价格之外，循着能使租值消散最小的方向探究。这一重要思想由张五常于1974年首次提出，有效地解释了香港租金管制下的各类经济现象，也被巴泽尔（1997）用来

成功解释了管制商品与非管制商品的搭配销售。事实上，美国近些年来的许多涉及捆绑销售的垄断判例，都应用到这一思想（见波斯纳，2003）。

由于要素禀赋差异，我国合资企业的外方投入往往包括技术、品牌等知识产权要素。这些要素通常不作为投入股份参与分红，其参与报酬分配的方式是按照产量或销售量计取使用费。比如，我国汽车整车合资企业的外方股份是以资金投入方式取得的，合资企业的车型生产权则由中方向外方母公司支付技术转让费和技术服务费来获取。这一普遍性的事实和价格管制理论启发我们，当合资企业股权受到管制时，不能完全直接实现的要素报酬可通过非管制的知识产权使用费而间接实现。由于这种费用本身以另一价格的形式体现，租值消散为零，因此会被采用。这时，要素使用和报酬事实上与不存在管制时相同[1]。

作为对比，先假设股权比例是不受约束的内生变量。简单起见，就以 x_i（$i=1$，2）本身代表 x_i 要素的数量，x_i 的市场要素报酬为 p_i。设合资企业生产函数为 $q(x_1, x_2)$，r 为 x_1 要素在合资企业中的股权比例。在充分竞争的环境中，双方任何一方都是在保证对方参与的前提下，确定对方要素的投入量来最大化自身所得。

对 x_1 所有者：

$$\max rq(x_1, x_2)$$

$$s.t. (1-r)q \geq p_2 x_2$$

拉格朗日函数：

$$L = rq - \lambda [p_2 x_2 - (1-r)q]$$

$$\frac{\partial L}{\partial r} = q + \lambda q = 0$$

$$\frac{\partial L}{\partial x_2} = r\frac{\partial q}{\partial x_2} - \lambda p_2 + \lambda(1-r)\frac{\partial q}{\partial x_2} = 0$$

可得 $\frac{\partial q}{\partial x_2} = p_2$。

显然，这一结果基于 r 内生，从而 $\lambda = 1$ 的前提。

同样构筑 x_2 所有者类似的目标函数和约束条件，可得 $\frac{\partial q}{\partial x_1} = p_1$。

这说明，在股权比例不存在外部约束的条件下，合资双方都达到要素边际报酬等于要素价格的效率条件。

现在回到外资要素 x_1 受到上限为 $r^* < r$ 限制的现实背景。作为减少租值消散的手段，对于每单位的产出，内资方向外资方支付 t 数量的知识产权使用费。对于 x_1（x_2）所有者来说，其目标是在股权约束和保证要素 x_2（x_1）参与的情况下，通过确定 x_1（x_2）的数量和 t 的水平来实现所得最大。

这时，对于 x_2 所有者：

$$\max(1-r^*-t)q(x_1, x_2)$$

$$s.t. (r^*+t)q \geq p_1 x_1$$

$$L = (1-r^*-t)q(x_1, x_2) - \lambda[p_1 x_1 - (r^*+t)q]$$

---

① 进一步讲，专利或品牌不作为股权投入的合同约定本身，可能就是为了绕过股权约束。一些学者关注的是股权约束条件下，合资企业实际控制权的分配问题。如卢昌崇等（2003）认为法律规定的股权约束并不十分重要，重要的是决定利润水平及分配的控制权配置。沈磊等（2005）提到，当合资企业股权结构受到东道国政府管制的影响，使得股权结构与控制权结构背离时，合资双方有内在动力使它们趋于一致。这里的控制权配置与本文的品牌或技术使用费作用一样，都是规避股权约束的手段。类似手段应还有不少。上文提到，管制之下的均衡，应从特定条件下租值消散最小的合约安排去寻求，因此，"使用费"这个价格手段就具有代表性。

$$\frac{\partial L}{\partial x_1} = (1 - r^* - t)\frac{\partial q}{\partial x_1} - \lambda p_1 + \lambda(r^* + t)\frac{\partial q}{\partial x_1} = 0 \qquad (1)$$

$$\frac{\partial L}{\partial t} = -q + \lambda q = 0 \qquad (2)$$

$$\frac{\partial L}{\partial \lambda} = p_1 x_1 - (r^* + t)q = 0 \qquad (3)$$

可得：

$$\frac{\partial q}{\partial x_1} = \frac{(r^* + t)\ q}{x_1} = p_1 \qquad (4)$$

（4）说明要素 x_1 的边际报酬等于要素价格，同时等于单位产出的平均所得。与不存在股权管制情形下的解一样，实现了要素使用的有效率。

构筑 x_2 所有者的目标函数和约束条件：

$$\max(r^* + t)q(x_1,\ x_2)$$

$$s.\,t.\ (1 - r^* - t)q \geqslant p_2 x_2$$

进行类似计算可得：

$$\frac{\partial q}{\partial x_2} = \frac{(1 - r^* - t)q}{x_2} = p_2$$

即内资方投入要素的使用也实现了边际报酬等于要素价格的帕累托最优。

命题一： 当股权比例受到管制的合资企业一方能够以不入股的知识产权或其他资产收取使用费时，股权限制不会导致要素的租值消散，企业各类要素均能实现帕累托最优配置。

命题一说明，我国政府对某些产业外资股权的限制，在外方能够以不入股的知识产权或其他资产收取使用费时的情形下，不会影响合资双方生产要素的效率。

需要指出，现实中知识产权使用费的表现方式是丰富多样的。比如，汽车整车行业的外资品牌使用费基本都按整车产量计取"提成费"，较为单一、直接。技术使用费则包括了每款车型的"入门费"、外方"技术人员服务费"等。此外，由于市场环境和技术发展的不确定性，现实中合资双方一般不会就一段时期的技术使用费签订明确的价格合约，而是由外方人员掌控合资企业的技术引进部门和设备采购部门。通常，配套和引进设备由外方指定的关联方企业以较高价格提供①。

三、合资双方均可提供某生产要素条件下股权管制造成的影响

并非所有合资企业的外方都有品牌或专利等长期资产可供企业使用，因而上节分析的前提不具有普适性。为此，需要探讨更具一般性的情形。

设想如果合资企业在生产经营中，新增投资不受股权比例约束的话，合资双方就能以调整新增投资的承担比例为切入点，纠正股权比管制带来的影响。一个有助于得出结论的极端情形是：合资企业初始投资的量很小，后续投资量极大，那么只对前种情形进行管制，在总体效果上自然与不存在管制时近乎一致。

---

① 大抵也是出于这个原因，出现了"控制权与股权比例不对称"现象，并成为近几年研究企业治理结构的热点问题。按本节的分析，这种看似股权不对等、利润转移的现象，可以是规避股权比例约束的产物，而其结果是各方要素实现了效率法则。

正因如此，股权管制要彻底的话，必然会要求合资企业的新增投资也须受到股权比例的约束。根据我们的观察和了解，现实也确实如此。

本节我们证明新增投资具有化解股权管制的效果。

假设除合资双方各自独有的要素 x_1、x_2 外，企业的后续或扩大再生产过程还需投入要素 x_3。x_3 由外方提供的比例为 α，$\alpha \in [0, 1]$ 且不受管制①。由此，外方的目标函数和中方企业的参与约束条件为：

$$\max r^* q (x_1, x_2, x_3) - \alpha p_3 x_3$$

s. t. $(1 - r^*) q \geq p_2 x_2 + (1 - \alpha) p_3 x_3$

构造拉格朗日函数并分别对 α 和 x_i（$i = 1, 2, 3$）求一阶条件，可得：

$$\frac{\partial q}{\partial x_i} = p_i$$

这说明，可由合资任一方承担的新增投资，通过投资比例的分摊，确实能使双方任一要素实现帕累托最优。

将 α 调整为 r^* 或任何外生给定值，进行类似的计算，会发现各类要素要实现效率最优的前提是拉格朗日函数乘子须为1，而此条件只能在 α 内生的条件下才能实现。

命题二： 当存在可由合资各方共同负担的要素投入，股权比例限制不会对合资企业各方所投任何一种要素的效率造成影响。而若合资企业的新增投入必须按照初始股权比例分担，则管制会造成各方要素效率偏离最优水平。

四、股权比例受管制且合资企业数量不受管制的情形

结合现实并沿着降低租值消散的思路进一步发掘注意到，为应对股权管制，合资企业的外方还有一个调整要素使用效率的变量——建立合资企业的数量。众所周知，在一定的技术条件下，要素的增加导致其边际产出下降。因此，对于一定量的 x_1，若分切成几部分分别与相同数量的 x_2 结合，就可提高 x_1 的边际产出及总产出。同样的道理，原有数量的 x_2 与较少的 x_1 结合，x_2 的边际产出及总产出变小。这种情形下，要满足 x_2 要素所有者的参与约束，就需提高 x_2 所有者的分配比例。这个简单、可靠的推理启示我们，当 $r^* < r$ 时，x_1 要素所有者可建立更多的合资企业，减少对单一企业的要素投入，使得均衡条件下单个企业降低了的股份比例正好与 r^* 相等，由此实现要素使用的帕累托最优。显然，有足够的 x_2 所有者数量，是一个必要前提。

为对比 x_1 要素使用效率，我们不妨先推导出不受任何管制情形下，外方固定收益合同下的 x_1 的报酬。

假设固定收益合同中中外双方的所得为 W_D（W_F），x_1 要素在全球市场中的平均报酬为 R。则中方的决策为：

$$\max W_D = q (x_1, x_2) - W_F$$

s. t. $W_F = R x_1$

可得出，$\dfrac{\partial W_D}{\partial x_1} = \dfrac{\partial q_1}{\partial x_1} - R = 0$ (5)

① 产能扩张需要的资金投入是一种典型的 x_3。此外，还有其他形式体现投资分摊。比如，我国汽车整车行业外资受到股权比例和建立企业数量的双重管制，但双方建立除发动机之外的任何其他零部件企业，则不受股权约束。

即 x_1 的数量对应其单位报酬等于边际产品。也就是说，在管制情形下，若能推导出相同含义的结论，则说明要素使用效率不受管制的影响。

回到股权管制的情形。假设外方拥有的 x_1 要素总量为 F，分别与 $\frac{F}{x_1} = m$ 家同质 x_2 所有者形成生产函数相同的合资企业。在每家合资企业中，x_1 的投资及所得比例受到 r^* 的上限约束。

外方的目标函数为：

$$\max mr^* q (x_1, x_2)$$

$$s.t. \quad (1 - r^*) q \geqslant p_2 x_2$$

拉格朗日函数：

$$L = mr^* q (x_1, x_2) - \lambda [p_2 x_2 - (1 - r^*) q]$$

$$\frac{\partial L}{\partial m} = r^* q + mr^* \frac{\partial q}{\partial x_1} \frac{dx_1}{dm} + \lambda (1 - r^*) \frac{\partial q}{\partial x_1} \frac{dx_1}{dm} = 0 \tag{6}$$

$$\frac{\partial L}{\partial x_2} = mr^* \frac{\partial q}{\partial x_2} - \lambda p_2 + \lambda (1 - r^*) \frac{\partial q}{\partial x_2} = 0 \tag{7}$$

$$\frac{\partial L}{\partial \lambda} = -p_2 x_2 + (1 - r^*) q = 0 \tag{8}$$

将 $\frac{dx_1}{dm} = \frac{d\left(\frac{F}{m}\right)}{dm} = -\frac{F}{m^2}$ 代入（6）式并求解，可以发现，除非 $\lambda = m$，否则 x_1、x_2 都不能实现（5）式包含的单位报酬等于边际产品的效率要求。结合第三部分的推导过程，我们发现，$\lambda = m$ 的必要条件是存在合资双方均可提供，且比例不受约束的新增投资[①]。

命题三： 若对合资企业股权比例的管制延伸到新增投资，则受管制一方即便能以建立多家合资企业的方式来调整单一企业中的要素比例，各方要素效率还是不能实现帕累托最优。

这里的经济学含义在于，通过建立多家合资企业，实现自身要素效率最优，是外方企业最大化利润的题中应有之义。合资企业数量及单个企业中最优要素比例是联合内生的。因此，合资企业数量的调整不足以化解单个企业中股权比例的管制约束。

五、合资企业数量受约束的情形

既然外方建立合资企业的数量及其在单个企业中最优要素比例是联合内生的，我们可以进一步推想：如果把上节的情形反过来，即当单一企业中的股权比例不受管制，而外方建立合资企业的数量受到约束时，双方要素的效率也可能会背离最优条件。

这种推想具有广泛的现实参照。比如，我国货运代理行业中，一家外资企业尽管不受股权比例限制，但最多只能与两家中国企业合资。事实上，在历年修订颁布的《外商投资产业目录》中，归为"限制类"且没有标注"中方控股"或股权比例的产业，均可属于本节针对的情形[②]。

[①] 这种情形下，目标函数和约束条件为：$\max mr^* q (x_1, x_2, x_3) - m\alpha p_3 x_3$；s.t. $(1 - r^*) q \geqslant p_2 x_2 + (1 - \alpha) p_3 x_3$。其中，$x_3$ 为合资双方均可提供的要素种类，α 是 x_1 所有者在单个合资企业中新增投资的比例。由拉格朗日函数对 α 的一阶条件可得出 $\lambda = m$。

[②] 以《外商投资产业指导目录（2015 年修订）》为例，在所有"限制类"的 13 个大类、28 个细分产业中，未提及股权管制的，有 12 个大类、19 个细分产业。显然，可以认为在这些产业中存在数量管制，只是通常没有明确规定一家外资企业可建立合资企业的数量边界。

某些业务在行政区域上渐次开放，本质上也与此相同。

这种情形下，m 不是一个可完全由 x_1 所有者所能决定的内生变量。不妨假设 $m \leq m^*$，m^* 为一家外资母公司被允许建立合资企业数的上限。$\dfrac{F}{m^*} \geq \dfrac{F}{m} = x_1$。

对应的目标函数和约束条件为：

$\max m * rq\ (x_1, x_2, x_3)\ - m * \alpha p_3 x_3$

s. t. $(1 - r)\ q \geq p_2 x_2 + (1 - \alpha)\ p_3 x_3$

由拉格朗日函数对 α、x_1、x_2 的一阶条件可得出：

$$\frac{\partial q}{\partial x_1} = \frac{rq - \alpha p_3 x_3}{\dfrac{F}{m^*}} \leq \frac{rq - \alpha p_3 x_3}{x_1} \tag{9}$$

（9）式表明，外方建立合资企业数量的管制会导致外方生产要素在一个企业中偏多，表现为其边际产出低于帕累托最优时的量。当然，这是基于将外资企业的要素 x_1 转移到东道国的数量外生确定为 F 的前提。舍此假设前提，根据（9）式的内涵，当 F 内生时，x_1 的数量势必能调节到等式成立，以至 x_1 实现效率最优的情形。

同时得到：$\dfrac{\partial q}{\partial x_2} = p_2$，$\dfrac{\partial q}{\partial x_3} = p_3$。

命题四：若对外方建立合资企业的数量进行管制，而对其在单个企业中的股权比例没有管制约束，则中方企业要素能实现帕累托最优，外方的要素效率在要素总量给定时不能实现。

这个结论使我们意识到，至少在开放的一定时期内，约束外资建立合资企业的数量是合理的。不仅能直接减少对国内企业的冲击，同时并不影响国内合资方投入要素的效率。当然，这个结论的前提是我们没有考虑外资进入的竞争效应、技术溢出、就业等好处。

六、地方政府要素投入比例内生且税率外生条件下股权管制的影响

本节结合中国的实际，进一步深化分析。

延续之前的认识，合资企业的建立和生产经营，需要合资双方各自要素 x_1、x_2 的投入。同时，合资企业通常需要双方均能提供的要素 x_3。x_3 往往表现为资金投入，其后的新增 x_3 也须按照双方股权比例来分配负担[①]。本节要纳入分析的事实在于，各地方政府为谋求区域经济发展和税收，往往为合资企业提供资金支持或性质相同的投入，比如土地出让金的减让、标准厂房和设施的代建等。也就是说，x_3 事实上常常由三方共同投入。

对这一广泛存在的现实进行刻画，需要体现四点特征：一是可由合资双方共同提供的生产要素 x_3，在投入成本和收益分配的比例上，按照股权比例分摊；二是企业所在地方政府在政府间招商引资竞争背景下，也成为 x_3 的提供者之一，政府与合资企业在此要素的负担比例内生决定；三是一家外资企业在我国建立合资企业数量可不受限制，尽管其在每一合资企业的股权有约束；四是税率为外生决定。

假设要素 x_3 由地方政府负担的比例 $\mu \in [0, 1]$，μ 内生决定。剩余部分由合资双方按受管

---

① x_3 的分担通常表现为合资双方的资金投入或再投资的财务负担分配。按股权分配共同要素投入比例是一个广泛存在的事实，即 $\alpha = r^*$。

制的股权比例承担。地方政府之间是一种竞争性结构，企业所在地方政府能得到的有效税率 t 为外生参数。

此时，x_1 所有者的目标函数为：

$\max mr^*(1-t)q(x_1, x_2, x_3) - m(1-\mu)r^*p_3x_3$

s.t. $(1-r^*)(1-t)q \geq p_2x_2 + (1-r^*)(1-\mu)p_3x_3$

s.t. $tq \geq \mu p_3x_3$

为便于计算只设一个乘子，将第二个约束条件直接代入拉格朗日函数：

$L = mr^*q - mr^*\mu p_3x_3 - m(1-\mu)r^*p_3x_3 - \lambda[p_2x_2 + (1-r^*)(1-\mu)p_3x_3 - (1-r^*)q + (1-r^*)\mu p_3x_3]$

即：

$$L = mr^*q - mr^*p_3x_3 - \lambda[p_2x_2 + (1-r^*)q + (1-r^*)p_3x_3] \tag{10}$$

$$\frac{\partial L}{\partial m} = r^*q - [r^*\frac{F}{m} + \lambda(1-r^*)\frac{F}{m^2}]\frac{\partial q}{\partial x_1} - r^*p_3x_3 = 0 \tag{11}$$

$$\frac{\partial L}{\partial x_2} = mr^*\frac{\partial q}{\partial x_2} - \lambda p_2 + \lambda(1-r^*)\frac{\partial q}{\partial x_2} = 0 \tag{12}$$

$$\frac{\partial L}{\partial x_3} = [mr^* + \lambda(1-r^*)]\frac{\partial q}{\partial x_3} - mr^*p_3 - \lambda(1-r^*)p_3 = 0 \tag{13}$$

$$\frac{\partial L}{\partial \lambda} = p_2x_2 - (1-r^*)q + (1-r^*)p_3x_3 = 0 \tag{14}$$

$$\frac{\partial L}{\partial \mu} = 0 \tag{15}$$

可得：

$$\frac{\partial q}{\partial x_3} = p_3$$

这说明，政府和企业合资双方共同投入的生产要素，能够实现使用效率的帕累托最优。

（10）式中 μ 的消失并不难理解，政府负担要素 x_3 的部分投入，是为了得到税收及其他收益，在政府间充分竞争的情形下，投入来源于企业带来的收益。反过来，政府负担的要素投入，间接还是由企业承担，并按股权比例由合资方分摊。

λ 的简略表达难以直接得出，为此迂回进行推导。

设若 $\lambda = m$，则分别代入（11）、（12）可得：

$$\frac{\partial q}{\partial x_1} = \frac{r^*(q-p_3x_3)}{\frac{F}{m}} = \frac{r^*(q-p_3x_3)}{x_1} \tag{16}$$

$$\frac{\partial q}{\partial x_2} = p_2 \tag{17}$$

（16）、（17）式分别是 x_1、x_2 有效率的条件。这说明，要达到 x_1、x_2 使用的帕累托最优，须得 $\lambda = m$。

让我们以股权比例不受管制的情形作对比。此时 r 为内生变量，可得：

$$\frac{\partial L}{\partial r} = mq - mp_3x_3 - \lambda q + \lambda p_3x_3 = 0$$

得到 $\lambda = m$。

由此可见，满足（16）、（17）式对应的 x_1、x_2 达到帕累托最优，是以股权比例不受管制为前提的。反过来说，在股权比例受限制，同时合资双方对可共同投入的要素亦按股权分摊时，合资双方要素都不能达到最优使用效率。

命题五：合资企业某一方存在股权比例限制，且共同投入的要素成本按股权比例负担时，若企业所在地方政府也为企业提供要素供给，则在税率给定的前提下，合资双方自有要素的使用效率不能达到帕累托最优，同时，三方共同投入的要素能实现有效率使用。

从第二、第四部分分析可知，股权约束对要素效率的影响可通过品牌、专利等知识产权的使用费或对共同负担的要素投入进行分担作为化解之道。但当不存在可交易的知识产权或类似长期资产，而共同投入要素的分担也受到股权比例约束时，合资双方的要素效率均会受影响。由此可以看到，尽管地方政府往往能够为所在地合资企业提供各种优惠措施，但在税率外生时，不足以矫正股权和合资数量双重管制对合资双方要素使用的效率损失。

七、地方政府提供自有要素且税率内生情形

在中国经济现实中，还较为普遍地存在不同于第六节假设的情形。主要体现在企业所在地政府的行为上。一是地方政府往往不是为合资企业提供资金这种各方均有能力投入的要素，而是提供企业方面不具有的公共品和非公共品服务。公共品包括制度规章、基础设施、生态环境等，非公共品包括帮助企业招工、招徕关联企业、对企业部分人才的倾斜政策、相机服务、信息提供等。二是税率可通过各种手段进行调整，以致事实上成为内生变量。比如地方税的减让、科技投入的补贴奖励等。

这种情况的现实依据在于实业资本的跨区流动无论制度壁垒还是技术成本都趋于降低，在地区间经济增长和税收竞争的背景下，地方政府有激励为留住企业而提供投入、调整税率。

与这样的背景相适应，x_1 所有者面临的决策问题为：

$\max mr^*(1-t)q(x_1, x_2, x_3)$

$s.t. (1-r^*)(1-t)q \geq p_2 x_2$

$s.t. tq \geq p_3 x_3$

拉格朗日函数为：

$$L = mr^*(1-t)q + \lambda[(1-r^*)(1-t)q - p_2 x_2] + \delta(tq - p_3 x_3) \tag{18}$$

$$\frac{\partial L}{\partial x_1} = [mr^*(1-t) + \lambda(1-r^*)(1-t) + \delta t]\frac{\partial q}{\partial x_1} = 0 \tag{19}$$

$$\frac{\partial L}{\partial x_2} = [mr^*(1-t) + \lambda(1-r^*)(1-t) + \delta]\frac{\partial q}{\partial x_2} - \lambda p_2 = 0 \tag{20}$$

$$\frac{\partial L}{\partial x_3} = [mr^*(1-t) + \lambda(1-r^*)(1-t) + \delta t]\frac{\partial q}{\partial x_3} - \delta p_3 = 0 \tag{21}$$

$$\frac{\partial L}{\partial \lambda} = (1-r^*)(1-t)q - p_2 x_2 = 0 \tag{22}$$

$$\frac{\partial L}{\partial \delta} = tq - p_3 x_3 = 0 \tag{23}$$

$$\frac{\partial L}{\partial m} = r^*(1-t)q + mr^*(1-t)\frac{\partial q}{\partial x_1}\frac{\partial x_1}{\partial m} = 0 \tag{24}$$

$$\frac{\partial L}{\partial t} = -[mr^* + \lambda(1-r^*) - \delta]q = 0 \tag{25}$$

将 $x_1 = \frac{F}{m}$ 代入（24）式可得 $\frac{\partial q}{\partial x_1} = \frac{q}{x_1}$，即 x_1 的单位报酬等于边际产品，根据（5）式可知，

x_1 实现了要素使用的最优条件。

由（20）、（25）式得出 $\dfrac{\partial q}{\partial x_2}=\dfrac{\lambda}{\delta}p_2$，代入 $\dfrac{(20)}{(21)}$，可得 $\dfrac{\partial q}{\partial x_3}=p_3$，即地方政府的投入要素也能够实现要素使用最优。

由（19）、（20）、（25）式得出 $\dfrac{\partial q}{\partial x_2}=0$。即合资企业中方的要素不能实现效率最优。

上述结论有非常显著的现实意义。一方面，合资企业外方股权比例受到管制的行业较为普遍，其投入要素使用效率如何关乎资本的供给和我国经济发展。另一方面，地方政府为吸引企业留驻，往往减税、让利且事实上提供企业生产经营所需的要素。地方政府的此类做法，肇始于20世纪末的长三角地区，进而被全国各地广泛借鉴，但这种做法长期以来争议不断。本节分析表明，地方政府的这一做法，能够实现其要素效率的最优。另外，由（23）式与第六部分的结论相比较可以发现，正因为税率 t 内生，才使得地方政府的要素效率得以实现最优。这就是说，地方政府积极为合资企业提供公共品甚至非公共品的供给，同时实际税率相机调整的政策措施是值得肯定的，具有理论支撑。

对于地方政府参与合资企业要素供给的有效性判断，一个合理质疑是：在此情形下，合资企业中方的要素 x_2 不能实现有效率的使用，这是不是正好说明了地方政府参与的负面效果呢？

为回应这个问题，我们假设另一种局面，即合资企业的外方，只能参与建立一家企业，其他假设同本节前面部分。这种情形下外方的目标函数和拉格朗日函数，仅仅比（19）式对应的函数少了 m。进行相应的计算可得出，$\dfrac{\partial q}{\partial x_1}=0$，$\dfrac{\partial q}{\partial x_2}=\dfrac{q}{x_2}$，$\dfrac{\partial q}{\partial x_3}=p_3$。也就是说，在其他条件不变的前提下，对合资企业外方建立企业数量的约束，造成外方要素使用的低效。此时，合资企业中方及地方政府所提供的要素，均实现了最优使用。

由此，在肯定地方政府参与合资企业要素供给行为之余，我们也意识到对外方建立合资企业数量的约束具有的积极一面。即在本部分的经济环境下，数量管制有利于本国要素效率的提高。

八、结语

不管是改革开放的渐进特征使然，还是政府出于全面的社会经济考虑而进行认为必要的管制，外资进入我国的自由度总体增加的同时，在部分行业受到股权约束仍然会长期存在。在国际经济远非一体化的当今，这种情形在其他各国也广泛存在，特别是在服务业、农业和高科技产业中。对于这一长期存在的普遍现象，我们结合中国经济的现实，分几种情形分析了合资企业中各方要素的使用效率。

第一种情形是合资一方受到股权比例约束，但其投入要素包括品牌、技术专利等可交易的知识产权，这种要素能够在利润分配前由另一方以从量使用费的方式支付。

第二种情形是股权受约束方不存在此类要素，但生产过程需要合资双方可共同分担的要素投入，并且股权受约束方建立合资企业的数量及新增投资分担比例不受约束。对这两种情形的分析表明，各方要素的使用效率均能实现帕累托最优。这说明，仅仅对初始投资的股权限制不会损害合资企业投资各方的要素使用效率。转换角度看，2002年以来我国大力推动国内企业"走出去"的战略，对外投资年增速40%，在2014年已达到1029亿美元，其规模接近吸引外资的水平，其中一半以上集中于采矿业，而对外基础设施的投资占比也在显著增加。这类投资基本不存在品牌或专利使用费的情形，且许多东道国设有外资股权上限。我们的分析表明，只要不存在合资企业数量管制，并且新增投资的分担比例不受约束，则股权管制不会对我国企业的效率造成障碍。反之则存在影响。

第三种情形是对合资企业股权比例管制延伸到新增投资。分析得出的结论是无论受管制一方能否以建立多家合资企业的方式来调整要素分配，各方要素效率都不能实现帕累托最优。

第四种情形是仅仅对外方建立合资企业的数量进行管制，而不存在单个企业中的股权比例约束，则中方企业要素能实现最优效率，外方的要素效率在其要素总量给定时不能实现最优。

第五种情形由地方政府参与合资企业要素投入的现实引发。合资企业一方的初始及新增投资都受股权比例限制，同时企业所在地方政府也为企业的生产经营投入资源，则合资双方自有要素的使用效率都不能达到帕累托最优，而共同投入的要素能实现有效率使用。当地方政府对合资企业的税率可作为内生变量调整时，合资企业数量管制有利于本国要素的有效使用。

本文研究包含了一个假设：合资企业产量的变化对产品市场价格的影响较弱。这样，目标函数中可不纳入价格变量。这个条件在现实中较易得到满足。即使在较接近寡头市场结构的轿车整车生产行业，单个企业的产量与总产量的比例相比仍然很低，而考虑到整车的进出口贸易及企业产品线内部的竞争，这个假设可接受。

本文探讨的合资企业股权比例约束及合资企业数量约束只是股权约束的一个方面，未纳入分析的至少还包括股权转让约束、出口比例约束、国产化比例约束、本国员工比例约束等。比如就股权转让约束而言，我国《中外合资企业法》规定，股东一方转让出资，必须经过全体股东的同意，这较《公司法》对内资企业只需半数股东同意而言更为严格。再比如，目前仍然执行的《外商投资企业投资者股权变更的若干规定》第五条规定"除非外方投资者向中国投资者转让其全部股权，企业投资者股权变更不得导致外方投资者的投资比例低于企业注册资本的25%"。出口比例约束和国产化比例约束广泛存在于实施出口导向战略的发展中国家，本国员工比例约束往往是发达国家对外资建立合资企业或接受并购要约的常见约束。将这些要素使用权利约束，与股权比例约束和数量管制一道，纳入对各投资者要素效率和其行为的分析，无疑将会使理论更贴近丰富的现实情况。

参考文献

[1] 巴泽尔. 产权的经济分析 [M]. 上海三联书店, 上海人民出版社, 1997 (6).

[2] 白津夫. 跨国公司在华并购的新特点和我们的对策 [J]. 中国经济周刊, 2006 (16).

[3] 波斯纳. 反托拉斯法 [M]. 中国政法大学出版社, 2003.

[4] 陈华. 跨国并购管制与国家经济安全 [J]. 投资研究, 2006 (9).

[5] 陈佳贵, 黄群慧. 跨国公司在华投资及其对我国企业的并购 [J]. 经济管理, 2001 (16).

[6] "促进跨国公司对华投资政策"课题组. 跨国公司在华并购投资：意义、趋势及应对战略 [J]. 管理世界, 2001 (3).

[7] 李维安, 李宝权. 跨国公司在华独资倾向成因分析：基于股权结构战略的视角 [J]. 管理世界, 2003 (1).

[8] 刘世锦. 市场开放 竞争与产业进步——中国汽车产业30年发展中的争论和重要经验 [J]. 管理世界, 2008 (12).

[9] 卢昌崇, 李仲广, 郑文全. 从控制权到收益权：合资企业的产权变动路经 [J]. 中国工业经济, 2003 (11).

[10] 罗云辉. 地区间招商引资优惠政策竞争与先发优势 [J]. 经济科学, 2009 (5).

[11] 潘爱玲. 积极应对跨国公司在华并购 [J]. 中国工业经济, 2002 (8).

[12] 丘东晓, 许斌, 郁志豪, 鞠建东. 国际贸易与投资前沿 [M]. 上海人民出版社, 2008.

[13] 沈磊, 蒋士成, 颜光华. 跨国公司在华合资企业股权结构变动的成因——基于一个合作博弈模型的分

析［J］. 财经研究，2005（1）.

［14］王进猛，茅宁. 在华外资企业为什么大面积亏损［J］. 世界经济，2008（1）.

［15］王林生. 跨国并购与中国外资政策［J］. 世界经济，2000（7）.

［16］吴士君，曹明长. 东道国对外资企业的约束政策及效果分析［J］. 上海综合经济，1996（10）.

［17］杨全发，韩樱. 知识产权保护与跨国公司对外直接投资策略［J］. 经济研究，2006（4）.

［18］杨学军. 跨国公司在华增资扩股的动因研究［J］. 南方经济，2004（12）.

［19］姚战琪. 跨国进入、东道国利益与规制政策——兼论中国对外资进入进行规制的实践及政策展望［J］. 产业经济研究，2005（1）.

［20］张五常. 经济解释［M］. 商务印书馆，2000.

［21］张五常. 中国的经济制度［M］. 中信出版社，2009.

［22］中国科学院预测研究中心课题组. 未来三年我国外商直接投资形势分析与预测［EB/OL］. http：//www. cefs. ac. cn/reports. files/express/reports – final/17，2007.

［23］周治平，钟华，李金林. 跨国公司对我国汽车合资企业控制分析［J］. 财经理论与实践，2006（5）.

［24］朱允卫. 外商对华直接投资独资化趋势的成因及对策［J］. 世界经济研究，2002（5）.

［25］Allen，F. On Share Contracts and Screening［J］. The Bell Journal of Economics，1982（13）：541 – 547.

［26］Chen，Z. A Theory of International Strategic Alliance［J］. Review of International Economics，2003（11）：758 – 769.

［27］Das，P. ，and Sengupta，S. Assymetric Information，Bargaining，and International Mergers［J］. Journal of Economics and Management Strategy，2001（10）：565 – 590.

［28］Debapriya，D. A Theory of Sharecropping：The Role of Price Behavior and Imperfect Competition［EB/OL］. MPRA Working Paper，http：//mpra. ub. uni – muenchen. de/14898/.

［29］Eswaran，M. and Kotwal，A. A Theory of Contractual Structure in Agriculture［J］. American Economic Review，1985（75）：352 – 367.

［30］Ghatak，M. and Pandey，P. Contract Choice in Agriculture with Joint Moral Hazard in Effort and Risk［J］. Journal of Development Economics，2000（63）：303 – 326.

［31］Hallagan，W. Self – selection by Contractual Choice and the Theory of Sharecropping［J］. The Bell Journal of Economics，1978（9）：344 – 354.

［32］Javorcik，S. The Composition of Foreign Direct Investment and Protection of Intellectual Property Rights：Evidence From Transition Economies［J］. European Economic Review，2004（48）：39 – 62.

［33］Laffont，J. and Matoussi，S. Moral Hazard，Financial Constraints and Sharecropping in El Oulja［J］. Review of Economic Studies，1995（62）：381 – 399.

［34］Long，V. and Vousden，N. The Effects of Trade Liberalization on Cost – reducing Horizontal Mergers［J］. Review of International Economics，1995（3）：141 – 155.

［35］Luo，Ya Dong. Partner Selection and Venturing Success：The Case of Joint Ventures with Firms in the Peoples Republic of China［J］. Organization Science，1997（8）：648 – 662.

［36］Mas – Colell. A. Whinston. D and Green. R. ，*Microeconomic Theory*［M］. Oxford Press 1995.

［37］Muthoo，A. Renegotiation – proof Tenurial Contracts as Screening Mechanisms［J］. Journal of Development Economics，1998（56）：1 – 26.

［38］Pan，Y. Influences on Foreign Equity Ownership Level in Joint Ventures in China［J］. Journal of International Business，1996（27）：1 – 26.

［39］Qiu，L. and Zhou，W. International Mergers：Incentives and Welfare［J］. Journal of International Economics，2006（68）：38 – 58.

［40］Smith，P. How Do Foreign Patent Rights Affect US Exports，Affiliate Sales，and Licenses？［J］. Journal of International Economics，2001（55）：411 – 439.

［41］Stiglitz，J. Incentives and Risk Sharing in Sharecropping［J］. Review of Economic Studies，1974（95）：219 – 255.

网络强度、先验知识对集群企业创新绩效影响

陆根尧　　陆霄霞

（浙江理工大学区域与城市经济研究所　杭州　310018）

我国产业集群尤其是传统制造业集群普遍处于全球价值链低端，产品核心竞争力不足。如何增强集群企业自主创新能力、促进集群升级是学术界、政府和企业界关心的热点。现有研究认为通过建立相关技术联盟、合作网络等方式获取外部的最新信息和知识，有助于集群企业进行产品和技术的创新①。网络强度是影响集群企业通过外部网络实现创新的重要因素，但是强连接与弱连接究竟哪一个更有益，不同学者有不同的研究结论。有的认为强连接有助于企业通过紧密的网络关系实现信息和知识的共享，从而促进创新；而有的认为弱连接在跨界搜索和异质性知识获取上更有益，能够有效促进开放式创新。

从产业集群现状来看，企业通过与集群内其他企业或组织交流建立了或大或小的外部网络，企业利用网络获得了较多的知识溢出和资源，但多数企业创新力不足的现象并未得到改善，产品创新仍以模仿为主。这是因为集群企业利用网络关系进行自主创新的模式有所不同，利用网络关系提升创新能力又受企业个体特质的影响，拥有同样强度网络的企业创新水平也存在差异。

理论研究和企业实践都表明，集群企业创新能力的提升不单单依赖企业嵌入的外部网络，同时也与企业自身的知识和经验储备息息相关。只有当企业具备良好的知识和经验水平时，才能把握好企业对外联络和交流的紧密程度，并将外部的网络资源真正内化为企业创新原动力。基于此，本文主要探讨网络强度对集群企业创新绩效的影响，并重点研究企业先验知识的差异会对企业通过外部网络提升创新能力产生什么样的影响。本文将先验知识作为调节变量，丰富了网络强度与集群企业创新绩效关系的理论研究框架，通过对集群企业的实证分析，结合企业内外部因素挖掘企业创新的原动力，对集群企业创新具有重要的理论和实践价值。

一、文献综述

在集群网络中，企业都不同程度地与网络中其他组织（包括供应商、客户、风险投资机构、

［基金项目］国家自然科学基金项目（批准号71173250）；应用经济学浙江省高校人文社会科学重点研究基地项目（编号：2015YJZD06）。

［作者简介］陆根尧，教授、博士，浙江理工大学区域与城市经济研究所所长，应用经济学浙江省高校人文社会科学重点研究基地负责人，研究方向为区域经济学、产业经济学、人力资本理论等；陆霄霞，硕士研究生，研究方向为产业经济学、区域经济学。

① Oxley J. , Wada T. Alliance Structure and the Scope of Knowledge Transfer: Evidence from U. S. – Japan agreements ［J］. Management Science, 2009, 55（4）: 635 – 649.

科研机构以及其他相关的组织）进行正式或非正式的联络和交流。Granovetter[1]从四个维度（接触频率、关系情感密度、熟悉程度以及相互承诺）将这种关系分为强连接与弱连接，并重点提出了弱连接的力量。学者们从不同的角度研究了网络强度对企业创新绩效的影响，得出了不同的结论。Hansen[2]认为拥有强连接的企业能够获得更多的隐性知识，从而有助于企业的技术创新。Ahuja[3]认为强弱连接都能从不同程度上提升企业的绩效，但强连接的作用更加明显，并且企业强连接的数量越多，这种影响作用也就越明显。谢洪明等[4]在对广东省高新科技企业调研的过程中发现，企业网络关系强度越高，越有利于企业对新知识和信息的吸收，从而促进技术创新。

然而，有学者认为，当企业网络过于紧密时，会产生固定范式的网络惯例，通过强连接所传递的信息会趋向于冗余，不利于企业的创新和发展[5]。钱锡红、徐万里和杨永福以IC产业为例论证了间接联系（弱联结）与企业创新绩效的正相关关系[6]。最近有学者把强连接和弱连接结合起来探讨对企业创新的影响作用。Katja[7]指出，网络关系结构无论直接关联还是间接关联都对企业技术创新产生显著的正向影响。Ingo和Kratzer[8]认为在半开放式的网络模式下，强弱结合的网络关系能够综合促进企业的利用式和探索式的创新，并且强连接对企业的利用式创新具有正向影响作用，弱连接对企业的探索式创新具有正向的影响作用。

先验知识作为企业内部知识和经验水平的一个重要指标，最早被用于研究如何提高创业企业的创新绩效。Reuber和Fiscber[9]认为先验知识是企业家在创立该企业之前所积累的知识和经验的总和。Shane[10]认为这些由企业长久积累下来的知识会形成一个"知识走廊"，有利于企业吸收通过关系网络获得与先前知识密切相关的知识，并发现技术及市场创新机会。张玉利等[11]通过研究创业者对创新机会的识别发现，当创业者拥有非常多元化的经验知识时，企业可以通过高密度的网络来获得较好的创新机会。Beckman[12]在研究创业团队中发现，先验知识的相关性程度较高的团队会采取利用式的创新模式，以改进现有过程为主；而多样性程度较高的团队则倾向于探索更多元化的知识，从而以开发为主地进行创新。最近有学者把创业者这种先验知识推广到其他领域的研究。张华等[13]把以往绩效看作是过去经验知识和学习能力的反馈，研究发现企业以往绩效

① Granovetter M. S. The Strength of Weak Ties [J]. American Journal of Sociology, 1973, 78 (6): 1360 - H1380.

② Hansen M. T. Knowledge Networks: Explaining Effective Knowledge Sharing in Multiunit Companies [J]. Organization Science, 2002, 13 (3): 232 - 248.

③ Ahuja G. Collaboration Networks, Structural Holes, and Innovation: A Longitudinal Study. Administrative Science Quarterly, 2000, 45 (3): 25 - 455.

④ 谢洪明，张霞蓉，程聪，陈盈. 网络关系强度、企业学习能力对技术创新的影响研究 [J]. 科研管理, 2012 (2): 55 - 62.

⑤ Rowley T., Behrens D., Krackhardt D. Redundant Governance Structures: An Analysis of Structural and Relational Embeddedness in the Steel and Semiconductor Industries [J]. Strategic Management Journal, 2000 (21): 369 - 386.

⑥ 钱锡红，徐万里，杨永福. 企业网络位置、间接联系与创新绩效 [J]. 中国工业经济, 2010 (2): 78 - 88.

⑦ Katja Rost. The Strength of Strong Ties in the Creation of Innovation [J]. Research Policy, 2011, 40 (4): 588 - 604.

⑧ Ulrich W., Pierre D. Why and How Combining Strong and Weak Ties within a Single Interorganizational R&D Collaboration Outperforms Other Collaboration Structures [J]. European Management Review, 2011 (8): 47 - 64.

⑨ Reuber R. A, Fiscber E. Understanding the Consequences of Founders' Experience [J]. Journal of Small Business Management, 1999, 37 (2): 30 - 45.

⑩ Shane S., Prior. Knowledge and the Discovery of Entrepreneurial Opportunities [J]. Organizational Science, 2000, 11 (2): 448 - 469.

⑪ 张玉利，杨俊，任兵. 社会资本、先前经验与创业机会——一个交互效应模型及其启示 [J]. 管理世界, 2008 (7): 91 - 102.

⑫ Beckman C. M. The Influence of Founding Team Company Affiliations on Firm Behavior [J]. Academy of Management Journal, 2006, 49 (4): 741 - 758.

⑬ 张华，郎淳刚. 以往绩效与网络异质性对知识创新的影响研究——网络中心性位置是不够的 [J]. 科学学研究, 2013 (10): 1581 - 1589.

有助于企业创新能力的提高。

综合以上文献回顾，关于网络强度和创新绩效的研究还有待完善和深化。第一，网络强度和创新绩效的理论框架还未清晰，需要进一步的丰富。第二，集群企业提升创新绩效的内外部因素都非常重要，先验知识水平较高的企业能够有效地利用外部网络关系，并将所获得资源转化为企业创新的原动力，但现有文献尚没有引入先验知识作为一个调节变量解释网络强度和创新绩效的关系。第三，如何将企业的外部网络和内部的先验知识有效地匹配利用是目前研究所缺乏的。

二、研究假设与概念模型

（一）网络强度对集群企业创新的影响

网络强度指集群内企业与其他组织或企业进行联络和交流的强度。从前人的研究中可以看出，网络强度作为影响企业创新的一个重要变量，不管强连接还是弱连接都会不同程度影响企业的创新绩效，但是影响创新的模式不同。

以强连接为主的集群具有较高的内部控制性和稳定性，网络内各组织之间的交流较为频繁，容易形成较为相似的行为惯例和互相认同的价值观念①。处在强连接网络的企业之间往往会形成较好的信任基础，彼此之间的忠诚度较高，这有助于组织之间通过合作和交流成功地转移和共享一些有价值的信息和复杂的隐性知识[1]②。由于集群中处于强连接网络中的企业所交流的组织一般比较固定，并且该组织也与整个集群的产业息息相关，那么企业通过强连接获取的知识具有非常强的专用性，能够准确地帮助企业解决内部的技术和管理问题，从而促进企业的利用式创新③。

强连接网络中的企业虽然能获得较多高质量的行业相关知识，但大多是围绕集群内专门的行业知识，同质性比较强，缺乏知识多样性。另外，这种强连接会形成企业的网络惯性，网络环境过于稳定的情况下会让组织之间形成依赖，在企业的战略决策中往往倾向于继续维持牢固的合作伙伴关系而不是开发新的关系网络，此时企业往往会陷入自己编织的闭环网络，难以获得更大的突破。以 Granovetter[2] 为主要代表的学者强调了"弱连接的力量"。他们认为，以弱连接为主的网络结构相对来说比较松散和自由，没有清晰的地域、行业或者是组织结构的边界限制，组织之间也没有形成非常强的契约承诺，因此企业与其所接触的组织之间具有较高的资源异质性，能够跨越边界去采集多元化的信息和知识资源[4]。这些异质性的资源不仅给集群企业提供了多角度和创造性思维的可能性，同时也能激发企业学习新鲜知识的动力④，通过吸收和转化这些外部的新颖资源来促进企业的探索式创新⑤。

基于上述分析，本文提出理论假设 1 和理论假设 2。

① 陆芳. 高校科研合作网络模型构建及其知识流动研究 [D]. 南京航空航天大学博士学位，2007.

② Andrews K. M, Delahay B. L. Influence on Knowledge Processes in Organizational Learning: The Psychosocial Filter [J]. Journal of Management Studies, 2007, 37 (6): 797 – 810.

③ Liao J. M., Welsch H. P. Social Capital and Growth Intention: The Role of Entrepreneurial Networks in Technology – Based New Ventures [M]. Frontiers of Entrepreneurship Research, Babson College: Wellesley, MA, 2001.

④ Rhee M. Network Updating and Exploratory Learning Environment [J]. Journal of Management Studies, 2004, 41 (6): 933 – 949.

⑤ 蔡宁，潘松挺. 网络关系强度与企业技术创新模式的耦合性及其协同演化 [J]. 中国工业经济，2008 (4): 137 – 144.

H1：网络强度对企业的利用式创新具有正向影响。

H2：网络强度对企业的探索式创新具有负向影响。

（二）先验知识的调节作用

先验知识是企业一个重要的内在变量，张玉利等[12]在研究创业企业时将其分为多样性和相关性两个维度，相关性是指企业先前所从事积累的知识和经验与企业现在所处行业的相关程度；多样性是指企业先前所积累的知识和经验的多样程度。

强连接比较多的企业所处网络中的组织大多与本企业较为相似，能够给企业提供较多具有行业针对性的知识和信息。而这些知识如何被企业高效率地吸收，并转换成企业所能够利用的知识资本需要企业具备一定相关知识和人才储备。Cohen 和 Levinthal① 在研究中指出企业的先验知识可以通过组织记忆进行存储，当企业通过强连接获得新的知识和资源时，企业会通过组织记忆来进行筛选和识别相似的知识。集群企业在强连接的网络中更加倾向于选择相似的知识进行吸收和累积，并通过深加工对所获得的知识进行改良和创新②。张玉利等[11]指出产业经验相关性较强的企业能更好地掌握产业运作的精髓，复制以前的成功经验，从而更快速地成长和实现创新。对于集群企业来说，拥有丰富相关知识的企业往往能够更快地与同行业的其他企业和组织建立起强连接的关系，并通过知识溢出的方式将有用的知识进行二次利用。

与强连接不同的是，处于弱连接网络下的企业所接触的组织异质性较高，能够给企业提供多渠道的知识来源和丰富的信息。在网络强度都较弱的情况下，企业拥有的先验知识的多样性越高，企业对这些新知识未来潜力判断越强，识别出能为企业所用的知识。企业通过弱连接所得到的跨界知识就像是一个创新激发点，而企业多样化的知识储备则是一个知识创新的桥梁，只有通过这个桥梁才能和现有的知识有效结合从而实现突破创新。对于集群企业来说，企业所拥有的多样化的先验知识背景有助于企业建立多元化的外部网络关系③，通过这些关系网络可以获取新颖的知识和信息，从而有助于改善企业的技术创新[11]。

基于上述分析，本文提出理论假设 3 和理论假设 4。

H3：企业先验知识的相关性增强网络强度对企业利用式创新的正向影响（即企业先验知识的相关性对企业利用式创新具有正向调节作用）。

H4：企业先验知识的多样性削弱网络强度对企业探索式创新的负向影响（即企业先验知识的多样性对企业探索式创新具有正向调节作用）。

根据本文提出的理论假设，构建以下概念模型（见图1），并在下文进行实证检验。

① Cohen W., Levinthal D. Absorptive Capacity: a New Perspective on Learning and Innovation [J]. Administrative Science Quarterly, 1990, 35 (1): 128 – 152.

② Lane P. J., Salk J. E., Lyles M. A. Absorptive Capacity, Learning and Performance in International Joint Ventures [J]. Strategic Management Journal, 2001, 22 (12): 1139 – 1161.

③ Inkpen A. C. Learning, Knowledge Management and Strategic Alliances: So Many Studies, So Many Unanswered Questions [A]. Contractor F. J., Lorange, P. Cooperative Strategies and Alliances [C]. Pergamon: Oxford, 2002: 267 – 289.

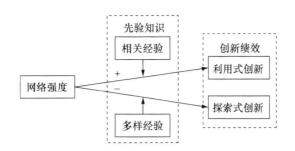

图 1　网络强度和创新绩效概念模型

三、研究方法与数据处理

（一）数据样本

本文所调查企业的集群主要以浙江集群为代表。为了使本文的实证检验更为科学合理，本文选择了传统制造型和高科技型两类集群作为调研对象。传统制造集群选择了中国规模较大的织里童装城、杭派女装以及宁波家电；高科技集群选择了杭州的滨江高新技术软件开发园。本次调查的集群企业基本以民营企业为主，企业年龄均在一年以上，并且公司的规模都超过 100 人。调查方式主要有三种：一是通过亲自拜访当地集群企业来回收问卷；二是通过当地举办的服装类或技术类的专场招聘会发放问卷；三是通过问卷星的平台进行网络问卷的发放，并且要求企业的中层及高层的管理者填写问卷以保证问卷的有效性。总共发出问卷 259 份，回收问卷 208 份（回收率达 80%），其中有效问卷 144 份（有效率为 69%）。

（二）变量测量

本研究各变量的测量题项均采用 Likert 7 点尺度，其中 1 代表"非常不符合"，7 代表"非常符合"，各潜在变量的操作性定义与测量方式分述如下。

1. 网络强度

本文通过整合 Levin[①] 和潘松挺[②]研究，将网络强度分为四个维度，共用了 9 个问项来测量。其中接触时间（2 个问项）包括企业与网络组织之间交流的频繁程度和持久程度，投入资源（3个问项）包括人力、物力和财力的资源投入，情感依赖（2 个问项）包括企业提高员工士气和遇到困难时对网络关系的依赖程度，互惠性（2 个问项）包括企业与网络组织合作是否秉承互惠共赢和共同解决问题的理念。

2. 先验知识

本文参考张玉利[12]对先验知识的划分，分为相关性和多样性两个维度，共用 6 个问项来测量。其中相关性（2 个问项）包括企业相关行业的职能和技术人才的储备，多样性（4 个问项）包括企业的领导者是否有过其他行业的兴趣和探索以及企业多元化人才储备。

---

① 　Levin D. Z. , Cross R. The Strength of Weak Ties You Can Trust: The Mediating Role of Trust in Effective Knowledge Transfer ［J］. Management Science, 2004, 50 (11): 1477 – 1490.

② 　潘松挺，蔡宁. 企业创新网络中关系强度的测量研究 ［J］. 中国软科学, 2010 (5): 108 – 115.

3. 创新绩效

本文主要借鉴潘松挺和郑亚莉[1]将创新绩效分为利用式创新和探索式创新两个维度，共用了 7 个问项来测量。其中利用式创新（3 个问项）包括新产品或服务的改进数量和速度以及市场反应，探索式创新（4 个问项）包括新产品或服务的开发数量、速度和获利情况以及专利数量。

（三）统计分析

本文采用 Spss21.0 和 Amos21.0 分析数据。具体统计分析流程包括：第一，通过信度分析和验证性因子分析检验调查问卷的信度和效度；第二，对主要研究变量进行描述性统计分析和相关分析；第三，采用调节回归检验先验知识的多样性和相关性对网络强弱和企业创新的调节作用；第四，采用结构方程建模（SEM）方法，运用 Amos 21.0 软件进行模型的检验以及调节变量的检验。

四、实证结果与分析

（一）量表的信度与效度检验

信度检验。本文采用 Cronbach's α 系数和 CR 来检验问卷的信度，从表 1 中可以看出各个量表的 Cronbach's α 系数都 >0.7，这表明本研究所采用样本数据稳定可靠。从建构信度（CR）来看，每个变量的 CR 值都 >0.8，符合最低值 0.7 的检验，说明测量变量的题目具有较高的一致性。总体上，指标的检验都通过了信度检验，说明整个问卷的可靠性较高。

效度检验。本文主要通过探索性因子分析法和验证性因子分析法来检验问卷的有效性。首先采用 Spss21.0 对数据进行检验 KMO 是否适合因子分析，得到 KMO 指数为 0.749，Bartlett 值为 1759.457，自由度 df 为 253，检验的显著性概率 p = 0.000，表明适合进行因子分析。探索性因子分析法主要通过方差最大法进行正交旋转获得各因子的负载值，从表 1 中可以看出各个变量的标准化载荷系数除了人力资源投入以及互惠性两项以外都 >0.7，说明该表及其数据具有较好效度。使用 Amos21.0 进行验证性因子分析，如表 2 所示，其中模型 1 是加入了网络强度、相关性以及渐进性创新，得到 $\chi^2 = 145.908$，$df = 73$，$\chi^2/df = 1.999$，RESEA = 0.84，GFI = 0.870，AFGI = 0.813，CFI = 0.912。模型 2 加入了网络强度、多样性及突破性创新，得到 $\chi^2 = 149.929$，$df = 86$，$\chi^2/df = 1.743$，RESEA = 0.72，GFI = 0.887，AFGI = 0.843，CFI = 0.933。模型 1 和模型 2 的各项指标都超过或者基本达到临界值，说明进行验证性因子分析时，构建的模型拟合度良好。通过计算平均提炼方差（AVE）可以得到所有模型中的 5 个结构变量的 AVE 值都处于 0.574 ~ 0.844，超过 0.5 的可接受水平，说明各变量具有良好的聚合效度。综上所述，本文所设计的问卷具有较高的收敛效度。

---

① 潘松挺，郑亚莉. 网络关系强度与企业技术创新绩效——基于探索式学习和利用式学习的实证研究［J］. 科学学研究，2011（11）：1736 – 1743.

表1　各变量的信度和效度

变量	问项	标准化载荷系数	CR	AVE	Cronbach's α
网络强度		0.748 0.717 0.854 0.878 0.639 0.861 0.853 0.525 0.660	0.9221	0.574	0.786
相关性		0.867 0.894 0.878	0.9152	0.8436	0.857
多样性		0.885 0.906 0.924 0.917	0.950	0.823	0.931
利用式创新		0.873 0.852 0.767	0.870	0.692	0.847
突破性创新		0.845 0.845 0.860 0.833	0.909	0.715	0.883

表2　验证性分析结果

模型	χ^2	df	χ^2/df	RESEA	GFI	AFGI	CFI
1	145.908	73	1.999	0.84	0.870	0.813	0.912
2	149.929	86	1.743	0.72	0.887	0.843	0.933

（二）相关性分析

从表3可以看出，强连接和利用式创新显著正相关，验证了假设 H1（r = 0.46，p < 0.05）。弱连接和探索式创新显著正相关，验证了假设 H2（r = 0.33，p < 0.05）。

表3　研究变量的相关分析结果

变量	M	SD	1	2	3	4	5
网络强度	5.45	0.64	1				
相关性	5.81	0.83	0.093	1			
多样性	4.95	0.97	0.023	− 0.001	1		
利用式创新	5.41	0.76	0.46 **	0.054	− 0.06	1	
探索式创新	4.97	0.68	− 0.33 **	− 0.052	0.032	− 0.27 **	1

注：＊＊表示 P < 0.01；＊表示 < 0.05；标准化回归系数。

（三）调节变量的回归检验

本文假设 3 提出，企业先验知识相关性越强，强连接对企业渐进性创新的影响程度也会相应增强；企业先验知识的多样性越强，弱连接对突破性创新的影响程度也会相应增强。

本文采用阶层式调节回归（HMR）对调节变量进行检验：以利用式创新为因变量，第一步将强连接和相关性放入回归方程进行检验，得到模型一；第二步将交互项（网络强度×相关性）一起放入回归方程进行检验，得到模型三。同样，以探索式创新为因变量，第一步将弱连接和多样性放入回归方程中，得到模型二；第二步将交互项（网络强度×多样性）一起放入回归方程进行检验，得到模型四。如果当加入交互项的时候上升，那么就表明相关性的调节效应存在。

表 4　先验知识的调节效应

	模型一	模型二	模型三	模型四
自变量				
网络强度	0.460**	-0.329**	0.491**	-0.278**
调节变量				
相关性	0.011		-0.018	
多样性		0.40		0.158*
网络强度×相关性			0.736**	
网络强度×多样性				0.590**
R^2	0.212	0.109	0.752	0.440
ΔR^2	0.201	0.097	0.747	0.428
f	19.023**	8.665**	304.712**	82.718**

注：＊＊表示 $P<0.01$；＊表示 $P<0.05$；标准化回归系数。

根据表 4 中模型一、模型三可以发现，先验知识的相关性对强连接和渐进性创新起到正向调节作用（$\beta<0.736$，$P<0.05$ 且调整 R 方从 0.201 上升到 0.747），假设 3 成立；从模型二、模型四中可以看出，先验知识的多样性对网络强度和突破性创新起到负向调节作用（$\beta<0.590$，$P<0.05$ 且调整 R 方从 0.097 上升到 0.428），假设 4 成立。

为了更清晰地展示先验知识相关性和多样性两个变量的调节效应，绘制了以下相关性的调节效应图。首先按照百分位数分为两组，以相关性得分高于 73% 的为高相关性组，以相关性得分低于 27% 的为低相关性组。如图 2 可以看出，在高相关性的情况下，网络强度对企业渐进性创新关系所起到的正向影响的斜率大于低相关性情况下的斜率。因此，相关性具有正调节作用，从而进一步支持了假设 3。如图 3 可以看出，在高多样性的情况下，网络强度对企业突破性创新关系所起到的负向影响的斜率大于低多样性情况下的斜率。因此，多样性具有正调节作用，从而进一步支持了假设 4。

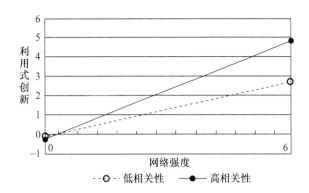

图2　先验知识相关性的调节

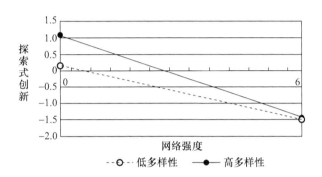

图3　先验知识多样性的调节

结构方程模型分析结果如下：

本文采用结构方程建模对概念模型进行拟合与评价，用最大似然法进行模型估计。其中交互项的计算采用 Ping[1][2]的方法，先对所有问项进行中心化，然后将网络强度和相关性的问项两两相乘，总和即为交互项1（网络强度×相关性），同样的方法可以得到交互项2（网络强度×多样性）。

表5　模型的路径分析

假设	路径	路径系数	T 值	结论
H1	网络强度——利用式创新	0.380	10.051**	支持
H2	网络强度——探索式创新	-0.222	-4.537**	支持
H3	网络强度×相关性——利用式创新	0.801	10.494**	支持
H4	网络强度×多样性——探索式创新	0.100	2.242*	支持

注：路径系数为标准化路径系数；$**$ 表示 $P<0.01$；$*$ 表示 $P<0.05$。

从表5可以看出，网络强度对利用式创新的路径系数为0.380（p 值 <0.01），表明集群企业的网络强度对利用式创新的正向影响达到了显著性水平，支持假设 H1。相应地，网络强度对探

① Ping R. A. A. Parsimonious Estimating Technique for Interaction and Quadratic Latent Variables [J]. Journal of Marketing Research, 1995 (8)：336 - 347.

② Ping R. A. Latent Variable Interaction and Quadratic Effect Estimation：A Two - step Technique Using Structural Equation Analysis [J]. Psychological Bulletin, 1996, 119 (1)：166 - 175.

索式创新的路径系数为 -0.222（p 值 <0.01），表明集群企业的网络强度对探索式创新的负向影响达到了显著性水平，支持假设 H2。交互项（网络强度×相关性）对利用式创新的路径系数为 0.801（p 值 <0.01），表明相关性的调节作用达到了显著性水平，支持假设 3。同样地，交互项（网络强度×多样性）对探索式创新的路径系数达到了 0.100（p 值 <0.05），表明多样性的调节作用达到了显著性水平，支持假设 4。

五、研究结果与讨论

（一）研究结论和实践意义

本文在文献回顾和理论分析的基础上提出了理论假设，通过实证分析，得到以下研究结论：

（1）网络强度越强，企业的利用式创新能力越高；网络强度越弱，企业的探索式创新能力越强。这一结论支持盛亚等[①]的研究结论，企业与其合作伙伴间的齐美尔连接越强，越有利于企业渐进性技术创新，而齐美尔连接越弱，越有助于企业的突破性创新。

就集群现状看，大多数企业的网络连接过于紧密且信息来源不够丰富。集群要实现从生产型向创新型的升级：第一，在维持与原有合作伙伴良好关系的同时，要注重企业独立品牌的建设以及不断深化企业内部文化，避免企业由于长期密切合作导致过度依赖网络中的企业或组织的情况；第二，在原有的关系网络下不断发展集群外部及跨界的交流与合作，通过构建开放式的创新网络，积极引进企业缺乏的先进行业知识、管理经验以及人才。

（2）先验知识分为相关性和多样性两个维度，其中相关性对强连接和利用式创新起到正向调节作用，多样性对弱连接和探索式创新具有正向调节作用。也就是说，当企业所拥有的先验知识与本行业具有高度相关性时，处于强连接网络的企业能更好地实现利用式创新；而当企业的先验知识具有高度的多样性时，处于弱连接网络的企业能更好地实现突破性创新。

由此可见，要想全面提高企业的创新能力，集群企业不仅要建立良好的外部网络环境，同时也要重视内部知识库的搭建。从相关性知识的储备来看，不断吸收相关知识和专业人才，在和集群网络中企业的沟通和交流过程中不断加快对现有产品进行渐进性创新速度；从多样性知识的挖掘来看，应当实行多元化的人才战略，在开放式创新中加强企业对新兴知识和创新机会的敏感程度。

（二）研究局限与未来方向

本文的研究还存在一些不足之处：第一，现实中集群企业的关系网络是非常复杂的，存在个人层面、组织层面以及企业层面的多层次网络连接。比如企业的高层领导个人会存在一个关系网络，企业作为整体也会存在一个关系网络。不同层次网络的强弱对企业创新的作用显然是不同的，未来的研究可以分层次进行深入探讨，或者也可以多层次结合进行探讨。第二，本文主要还是从集群网络的强连接和弱连接两个角度分开，探讨两种强弱不同的关系网络对不同模式创新绩效的影响，但是现实中的集群企业既需要利用式创新，也需要探索式创新，而本文是将强弱连接作为两个矛盾对立个体进行研究。因此未来可以将二者结合起来进行研究，研究如何结合才能对企业创新绩效起到一个综合性的提升。第三，本文主要是从静态的角度来对企业创新绩效进行探

① 盛亚，李玮. 强弱齐美尔连接对企业技术创新的影响研究 [J]. 科学学研究，2012（2）：301 – 311.

究的，缺乏动态角度的考察，未来可以研究多个时间区间的企业样本而进行动态分析。

参考文献

［1］Oxley J. , Wada T. Alliance Structure and the Scope of Knowledge Transfer: Evidence from U. S. – Japan Agreements［J］. Management Science, 2009, 55（4）: 635 – 649.

［2］Granovetter M. S. The Strength of Weak Ties［J］. American Journal of Sociology, 1973, 78（6）: 1360 – 1380.

［3］Hansen M. T. Knowledge Networks: Explaining Effective Knowledge Sharing in Multiunit Companies［J］. Organization Science, 2002, 13（3）: 232 – 248.

［4］Ahuja G. Collaboration Networks, Structural Holes, and Innovation: A Longitudinal Study［J］. Administrative Science Quarterly, 2000, 45（3）: 25 – 455.

［5］谢洪明，张霞蓉，程聪，陈盈. 网络关系强度、企业学习能力对技术创新的影响研究［J］. 科研管理, 2012（2）: 55 – 62.

［6］Rowley T. , Behrens D. , Krackhardt D. Redundant Governance Structures: An Analysis of Structural and Relational Embeddedness in the Steel and Semiconductor Industries［J］. Strategic Management Journal, 2000（21）: 369 – 386.

［7］钱锡红，徐万里，杨永福. 企业网络位置、间接联系与创新绩效［J］. 中国工业经济, 2010（2）: 78 – 88.

［8］Katja Rost. The Strength of Strong Ties in the Creation of Innovation［J］. Research Policy, 2011, 40（4）: 588 – 604.

［9］Ulrich W. , Pierre D. Why and How Combining Strong and Weak Ties within a Single Interorganizational R&D Collaboration Outperforms Other Collaboration Structures［J］. European Management Review, 2011（8）: 47 – 64.

［10］Reuber R. A, Fiscber E. Understanding the Consequences of Founders' Experience［J］. Journal of Small Business Management, 1999, 37（2）: 30 – 45.

［11］Shane S. , Prior Knowledge and the Discovery of Entrepreneurial Opportunities［J］. Organizational Science, 2000, 11（2）: 448 – 469.

［12］张玉利，杨俊，任兵. 社会资本、先前经验与创业机会——一个交互效应模型及其启示［J］. 管理世界, 2008（7）: 91 – 102.

［13］Beckman C. M. The Influence of Founding Team Company Affiliations on Firm Behavior［J］. Academy of Management Journal, 2006, 49（4）: 741 – 758.

［14］张华，郎淳刚. 以往绩效与网络异质性对知识创新的影响研究——网络中心性位置是不够的［J］. 科学学研究, 2013（10）: 1581 – 1589.

［15］陆芳. 高校科研合作网络模型构建及其知识流动研究［D］. 南京航空航天大学博士学位论文, 2007.

［16］Andrews K. M. , Delahay B. L. Influence on Knowledge Processes in Organizational Learning: The Psychosocial Filter［J］. Journal of Management Studies, 2007, 37（6）: 797 – 810.

［17］Liao J. M, Welsch HP. Social Capital and Growth Intention: The Role of Entrepreneurial Networks in Technology – Based New Ventures［M］. Frontiers of Entrepreneurship Research, Babson College: Wellesley, MA, 2001.

［18］Rhee M. Network Updating and Exploratory Learning Environment［J］. Journal of Management Studies, 2004, 41（6）: 933 – 949.

［19］蔡宁，潘松挺. 网络关系强度与企业技术创新模式的耦合性及其协同演化［J］. 中国工业经济, 2008（4）: 137 – 144.

［20］Cohen W. , Levinthal D. Absorptive Capacity: A New Perspective on Learning and Innovation［J］. Administrative Science Quarterly, 1990, 35（1）: 128 – 152.

［21］Lane P. J. , Salk J. E. , Lyles M. A. Absorptive Capacity, Learning and Performance in International Joint Ventures［J］. Strategic Management Journal, 2001, 22（12）: 1139 – 1161.

［22］Inkpen A. C. Learning, Knowledge Management and Strategic Alliances: So Many Studies, So Many Unanswered Questions［A］. Contractor F. J. , Lorange, P. Cooperative Strategies and Alliances［C］. Pergamon: Oxford, 2002: 267 – 289.

［23］Levin D. Z. , Cross R. The Strength of Weak ties you can trust：The Mediating Role of Trust in Effective Knowledge Transfer［J］. Management Science, 2004, 50（11）：1477 – 1490.

［24］潘松挺，蔡宁. 企业创新网络中关系强度的测量研究［J］. 中国软科学，2010（5）：108 – 115.

［25］潘松挺，郑亚莉. 网络关系强度与企业技术创新绩效——基于探索式学习和利用式学习的实证研究［J］. 科学学研究，2011（11）：1736 – 1743.

［26］Ping R. A. A Parsimonious Estimating Technique for Interaction and Quadratic Latent Variables［J］. Journal of Marketing Research, 1995（8）：336 – 347.

［27］Ping R. A. Latent Variable Interaction and Quadratic Effect Estimation：A Two – step Technique Using Structural Equation Analysis［J］. Psychological Bulletin, 1996, 119（1）：166 – 175.

［28］盛亚，李玮. 强弱齐美尔连接对企业技术创新的影响研究［J］. 科学学研究，2012（2）：301 – 311.

政府管理与文化企业创新发展

邓安球

（中南林业科技大学经济学院　长沙　410004）

　　文化企业是推动文化发展、经济发展和结构调整的重要抓手，文化企业必须以创新来适应并引领发展新常态。但当前文化企业的创新动力和活力受制于现行的体制机制，面临着政府现行管理的制约。按照十八届三中全会《中共中央关于全面深化改革若干重大问题的决定》提出的"紧紧围绕建设社会主义核心价值体系、社会主义文化强国深化文化体制改革，加快完善文化管理体制和文化生产经营机制"要求，应完善政府管理，放管结合，使文化企业成为市场和创新的真正主体。

　　在相关的研究中，黄斌（2001）[1]、张力（2013）[2]分别从全球化视角、政策视角研究了文化产业中政府角色和管理方式的转变，张秉福（2012）[3]研究了文化产业政府规制原则、规制模式问题，苗勃等（2013）[4]研究了文化产业政府管理体制中宏观政策管理定位、行业格局、微观管理体制、科技创新与人才建设等问题，赵倩等（2014）[5]研究了政府政策与文化创意企业创新行为的动态演化问题，江凌（2013）[6]研究了我国文化企业自主创新及其能力问题，林明忠、杨永忠（2013）[7]研究了文化企业技术创新问题。本文主要从企业创新发展视角探讨政府与企业的关联和政府管理问题。

一、政府管理与文化企业创新发展的关联

（一）政府与文化企业的关联

　　政府与文化企业的关联机理。文化企业主要有国有文化企业和非国有文化企业，市场经济下的政府与国有文化企业主要存在经济关联和文化关联这"二重关联"，政府与非国有文化企业主要存在文化关联这"一重关联"。经济关联产生于产权关联并衍生出权利关联，文化关联产生于文化的意识形态关联并衍生出管理关联。这既是政府弥补市场失灵的要求，也是产生于执政党及其政府发展经济、发展文化并形成、维护主流意识形态的内生需求和必然。

　　政府与文化企业的关联机制。政府与文化企业的关联实现形式和机制取决于政府对经济、文化的思想认识和思维观念，及在此基础上形成的经济体制、文化体制、政治体制；市场经济和法治经济下，市场和法制的力量也会产生重要影响。国际上，政府与文化企业的关联实现形式和机制主要有两种：一种是政府直接控制管理企业，权利与管理统一，形成政府与企业一体、政企不

　　[作者简介] 邓安球，中南林业科技大学经济学院副教授，经济学博士。

分的一体化机制；另一种是政府间接控制管理企业，权利与管理分开，形成政府与企业透过市场关联、进行分离、分权、分治的市场化机制。

政府与文化企业的关联效应。关联效应最终体现在文化、经济的发展效果，体现在社会效益和经济效益，具体体现在人民需求的满足程度、企业发展的质量和效益。在一体化机制下，企业活动由政府主导，市场不发挥任何作用，企业之间不存在市场竞争，企业发展缺乏压力、动力和活力，而且还受政府或政府领导有限能力和作为的制约。另外，政府替代市场，但替代不了市场的消费和需求，缺乏了解市场中人民大众的消费需求，进一步抑制了企业发展和文化发展，社会效益和经济效益难以实现。市场化机制下，企业活动由市场主导，市场发挥资源配置的作用，企业之间进行市场竞争，企业在不断满足市场需求、人民消费需求的竞争压力、动力和活力下不断发展，辅之以政府的科学引导，社会效益与经济效益均衡提高。

（二）政府管理与文化企业创新发展的关联

政府管理与文化企业创新发展关联性质。政府管理和文化企业创新发展既有统一性关联，又有矛盾性关联。统一性关联就是二者在创新发展的总目标上是统一的，政府管理是为了企业创新和持续发展，企业创新不仅是为了获取溢价的市场收益，更主要的是为了持续的发展，避免步入衰退的陷阱，企业创新发展符合企业和政府管理的目标。矛盾性的关联就是二者在具体创新和具体目标上有可能矛盾，而且政府具体的管理幅度和深度、管理制度和方式、管理水平和效率、管理策略和方法等与企业创新发展的要求也存在可能的矛盾。因此，政府管理与文化企业创新发展有着关联方式、关联机制、关联范围的确定和把握问题。

政府管理与文化企业创新发展关联方式。以熊彼特为代表的创新理论认为，创新是创新主体与创新要素交互作用的结果，是内生的。理查德·R. 纳尔逊（Richard. R. Nelson）和悉尼·G. 温特（Sideny. G. Winter）的创新生态系统理论认为，创新是一个复杂的自适应系统。罗恩·安德纳（Ron Adner）的开放式创新理论认为，创新是相关者、相关资源打破企业界限进行整合，实行互补性协作。提斯（Teece）认为创新本质是一个动态、集体、多功能、多部分和多地域的合作过程，需要各种资源，创新过程要求集成，是一系列协调的过程。[8] 对文化企业来说，其创新就是文化企业这个创新主体与各种创新要素的交互作用的结果。因此，政府要尊重并放手企业的自主创新活动，放松对市场的控制，提供企业自主创新宽松开放的环境。

政府管理与文化企业创新发展关联机制。创新是企业的市场活动，创新发展过程是与人的消费需求变化相呼应的过程。企业创新是为了满足市场、取得市场，市场也是企业创新的源泉、驱动企业创新的原动力，所以，企业创新不是企业的封闭行为，而是一种来源于市场、面向市场、进行市场化运作的开放活动。从这点来说，企业创新也是市场—创新—市场的演进过程。因此，文化企业的创新发展客观上要求引入市场机制和市场力量，政府管理与文化企业创新发展应通过市场来关联。

政府管理与文化企业创新发展关联范围。文化企业的创新发展是以文化产品和服务的内容创新、形式创新、传播创新、技术创新及企业组织管理创新等来驱动企业的发展。从这点来说，政府管理与文化企业创新发展的关联主要涉及内容、形式、价格、准入、传播、技术及企业组织管理等方面。但文化的特殊性和敏感性主要在于其内容的意识形态、内含的价值观，至于以什么样的表现形式、如何传播、运用什么技术以及企业如何组织管理等并不具有很强的敏感性。所以，政府应集中着力于文化产品和服务的内容创新管理。

二、我国文化企业创新发展及政府管理制约

（一）我国文化企业创新发展的现状和挑战

我国文化企业创新发展的缺失：①企业创新发展意识单薄。靠政府资助、靠政策优惠、靠行政力量发展意识严重，自主发展意识和创新发展意识薄弱，即使有些企业创新认识有所提高，但创新意识和意志不强。②企业创新发展模式缺乏。主要依赖利用行业、地区垄断或自身规模、市场网络和传统的资金、文化资源、政策资源以及事业单位行政性做法驱动发展的模式，缺少依靠创新内容和技术—创新品牌—创新价值链和产业链提升文化生产力驱动发展的模式。③企业创新产品系统单调。产品单一、单调、雷同、同质化严重，衍生产品少，拥有自主知识产权的创新产品严重缺乏，自主品牌特别是有国际影响的品牌几乎没有，产品市场范围局限于国内、省内，自有产品出口少。④企业创新系统失衡。事业式组织管理多、企业式组织管理少，长于行政管理的领导多、长于创新精神的领导少，生产型人才多、创新型人才少，重领导评价的多、重市场竞争的少，形式创新多、内容创新少，模仿创新多、原始创新少，技术运用多、技术创新少，短期效益的创新多、长远利益的创新少。⑤企业创新发展失效。前述的状况导致创新的效率、社会效益和经济利益较低，中央文化企业国有资产监督管理领导小组办公室发布的《国有文化企业发展报告（2013）》显示，2012年与2011年相比，国有文化企业的营业总收入增长了13.1%，利润总额却只增长了3.3%。[9]

我国文化企业创新发展面临的挑战：①面临国际国内文化企业的挑战。随着国内文化体制改革和文化领域对外开放的深入，各国对文化产业的重视和支持，以及技术的运用和创新，不同实力、各种所有制、多种业态和模式的文化企业越来越多，文化企业不仅要面临更多、更强的竞争对手，而且要面临更高、更快的创新竞争。②面临国际国内市场需求的挑战。文化产业所谓的"文化"首先是面向大众消费的特定娱乐和时尚性的文化。[10]在当今生产提供与消费需求全球化、互动化的时代，文化企业面对的是具有较强偏好性和替代性、较高收入和价格弹性的文化消费市场，面临的是文化内容、文化形式、文化技术等日益求精求新的市场需求。③面临互联网的挑战。互联网为文化产品增添了新的表现形式，也为文化产品增添了更多创造者、生产者、参与者，同时，为文化消费增添了新的途径和方式、提供了更低的价格，加快了消费的速度，扩大了消费的范围，提高了消费的眼光和要求，且不受时间、距离等约束，因此，传统文化企业面临着具有诸多优势的互联网的创新挑战。

（二）我国政府管理对文化企业创新发展的制约

我国文化企业产生和形成于文化体制改革时期，脱胎和转化于文化事业单位，而政府管理则承传于原有的大政府体制和手段，形成了以下特征及对文化企业创新发展的制约。

多头条块式管理体系。文化企业主要接受行业主管部门管理和属地管理，有着宣传、文化、新闻出版广电、工商等部门和国有文化资产管理公司管理，有着政府主导的基础管理、内容管理、行业管理等工作联动机制。在这种体系下，多头管理、条块分割明显。多头管理就会出现部分职能交叉，管理重叠，导致政出多门、政不一致，既使政府难以形成促创新促发展的合力，又使企业或无所适从，或花费更多的时间精力去适从政府管理，难以关注创新问题；行业分割，难以实现行业融合创新；地域分割，难以形成统一的文化产品和文化要素大市场，难以进行创新要素的合理配置。

全面统筹式管理职能。政府管理除了制定规划和政策法规外，对所属国有企业的人、事、资产进行直接或介入管理，统筹属地的文化资源，对所有企业的文化产品生产、交易和传播等进行监督管理。在这种职能范围的设置下，政府职能边界较大，市场作用边界较小，导致政府管理工作越位、错位、缺位、不到位并存，企业难以自主发展，难以遵循市场规律创新发展；政府权力加大，导致企业权力缩小，政府也难以做到效率优先兼顾公平，企业难以按市场自主经营，企业的一切劳动、知识、技术、管理、资本的活力和效率及其创新力难以竞相迸发。同时，政府管理职能的强化也使行业组织服务企业创新的能力受到严重制约。

审查审批式管理制度。除了对国有文化企业领导干部实行党委和政府任免、管理制度外，对企业设立、合并、分立实行审批制度，对文化产品的创新、生产、传播实行内容审查、审批制度，包括文化活动、出版物、文化产品网上传播等前置审批。在此制度下，缺少创新激励机制安排，使企业难以进行持续的、长期的创新安排和创新活动；加之法治环境不完善，管理权力缺乏制约，管理者易于干预被管理者的创新生产经营活动，易于对企业的创新进行阻碍甚至否定，再加上较严厉的审查审批制度，导致文化企业的创新活动受到抑制，制约了企业创新的积极性、时效性和市场适应性。

若即若离式管理模式。政企分开本是文化体制改革的原则，但政府与企业的经济关联、文化关联以及各自需要又使二者难以彻底分开，从而形成了一种若即若离的管理模式。在这种模式下，一是政企关系扭曲，导致政府和企业更多的是被代理人与代理人的关系，双方形成共谋机制，企业不能成为市场和创新的真正主体，企业之间的市场竞争不充分，甚至形成市场垄断，使创新机制僵化、创新效率降低、创新效益低下、创新发展缓慢；二是政府主导，市场导向缺失，导致政府与企业形成博弈机制，使企业过分地依赖政府的作用，相对忽略了市场的作用，过多地要求政府投入，忽略自身对创新的投入，同时，导致市场难以成熟，反过来市场又难以形成激发企业创新的动力机制。

多手并举式管理手段。一方面，政府有意加强法律手段和经济手段的运用，引入法制和市场调控机制，通过制定实施法规和文化经济政策来加强对文化企业的管理、扶持和激励；另一方面，在企业资源配置、日常经营活动中仍较多采取行政管理手段进行干预和介入。由于政府政策法规分析研究制定能力的约束，使政策法规不完善，加上管理者管理能力、管理素质和相关利益诉求而使管理失灵，导致企业创新的界定、激励及其成效难以精准实现；行政管理与市场经济相悖，但对管理者来说，行政管理具有使用的惯性、直接性和简单简便性，而缺乏市场运作和法规治理的行政管理容易导致不合理不合法的干预，使企业创新得不到法律保护和政策激励，甚至受到严重的行政干扰。

三、文化企业创新发展思路

（一）正确认识文化的意识形态性质与文化创新的关系

首先，文化是内含有世界观、人生观、价值观等而具有意识形态性质的文化，也有科学技术、语言文字等非意识形态性质的文化。无论哪种文化，其发展都是历史的必然和客观的要求，都要遵循其发展的客观规律。其次，单从文化产业领域看，按照我国文化产业分类，文化产品有以文化为核心内容、具有意识形态性质的精神产品，也有用于文化产品生产、传播的文化用品和设备等非意识形态性质的物质产品，二者相互需要、相互作用、相互成就。因此，要分类指导并发展好二者。最后，意识形态影响和决定着文化的生产消费，文化的生产消费也影响和推动着意识形态的变化发展，相互的作用既有正面的，也有负面的。因此，对文化生产既要看到其对意识形态的负面作用，也要看到其正面作用，科学发展的眼光和做法就是通过文化生产和创新来维护和发展意识形态。

（二）改革政府与企业关系

一是改革政府与文化企业的经济关联体制。政府对文化企业的管理源自二者的经济关联，经济关联又源自经济制度和产权体制。完善政府管理单纯从政府方面采取措施是不够的，还有必要完善经济制度和产权体制。因此，应按照文化产业化和市场化的取向，改革文化经济制度和企业产权体制，开放资本，开放领域，允许并鼓励非公有经济成分进入和发展，降低非国有资本准入门槛，造就多元化的企业产权体制，形成创新发展的强大力量和竞争基础，形成完善政府管理的体制基础。二是改革政府与文化企业的文化关联体制。既然文化关联体制产生于文化的意识形态关联，那么就应该仅着重于文化的意识形态管理。意识形态管理归属党的宣传部门，同时，文化的意识形态管理对象是文化的内容，管理文化的最高目标是发展文化，维护文化的最佳途径也是发展文化。因此，应改革单一负责的文化内容意识形态引导体制，形成政府制定和运用法律制度规范、监管文化企业实行内容创新，制定实施规划和政策引导、推动文化企业创新的服务型管理体制。

（三）形成政府与文化企业透过市场开放型体制机制

市场与企业的关联能促使企业面向市场、加强创新，形成创新发展的市场导向机制；政府与市场关联就使政府面向市场，形成政府建设监管市场的调控机制；政府与企业透过市场的关联就使二者若即若离的关系失去基础，形成间接的管理体制，同时，也使二者改变为平行的关系[11]，企业间的关系转变为市场竞争、创新竞争的关系，这也是解决政府管理边界、管理方式的关键，实行开放型的关联。创新需要开放，开放推动创新。建立有利于企业创新的对内开放并逐步对外开放的市场体制，使企业创新有更宽广的视野和市场，有更高的水平和效率，形成企业的开放式创新机制；建立完善政府政策措施公开透明体制，使企业创新和经营可预期，防止行政权力干预市场、滥用市场，确保企业创新机制和市场机制良性运转。

（四）划定政府管理边界

一是主要管理国有文化企业资产和代理人，并可由国有文化资产的管理机构以出资人的角色来行使，而企业的文化产品创新开发、生产、交易、传播及其资源配置、资本运营和管理等事务则完全交给企业。二是依法监管文化产品的内容和企业的市场行为。三是制定实施文化产业创新规划和文化基础创新工作，包括文化创新、科技创新；制定实施好文化企业创新的支持和激励政策，包括经济政策、人才政策。四是建设管理好文化企业创新发展的环境，包括市场环境、社会环境，确保市场统一开放、生产要素和文化产品自由流动，促进文化消费特别是健康向上的文化消费，维护市场公平竞争，保护知识产权，完备基础文化设施，打造服务文化企业创新的资源、信息、交易等平台。

（五）创新政府管理方式

一是实行文化内容负面清单管理，让企业创新有预期、有边界、有方向、有更大空间。二是实行文化产品内容分级监管，以抑制低俗文化、管住落后文化、打击反动文化，引导企业创新面向更先进的文化、更广大的消费者。三是实行文化产品创新标准管理，对物质文化产品以其技术创新程度、应用效果为主要标准，引导企业提升创新层次和水平。四是实行文化产品创新奖励管理，包括物质奖励和精神奖励，如政府颁奖、政府推广、政府采购等，形成创新竞争的良好局面。

参考文献

［1］黄斌．全球化语境下的文化产业与政府职能转变［J］．学术研究，2001（11）：69－72.

［2］张力，王美霞．文化产业发展中政府作用机制的转变——基于政策演变的视角［J］．新视野，2013（6）：41－44.

［3］张秉福．论"适度型"文化产业政府规制模式的构建［J］．理论学刊，2012（9）：111－114.

［4］苗勃，包峰．文化产业政府管理体制分析与思考［J］．广播电视信息，2013（12）：63－66.

［5］赵倩，杨秀云，雷原．文化创意产业政府规制与企业创新行为的演化路径［J］．西安交通大学学报（社会科学版），2014（5）：50－56.

［6］江陵．中国文化企业自主创新的现状与提升路径［J］．云南社会科学，2013（1）：98－102.

［7］林明忠，杨永忠．文化企业技术创新制约因素、动力机制及其对策研究［J］．科技进步与对策，2013（11）：1－5.

［8］刘刚．创新理论最新研究综述［J］．企业管理，2010（9）：88－91.

［9］高立，韩洁．报告称国有文化企业发展迈上新台阶 资产总额超1.8万亿元［EB/OL］．http：//news. xinhuanet. com/fortune/2013－12/27/c_ 118740369. htm/2013－12－27.

［10］陈少峰．文化产业业态变化与文化企业经营策略研究［J］．北京联合大学学报（人文社会科学版），2014（1）：45－49.

［11］竺乾威．政府管理如何适应新常态［N］．北京日报，2015－04－13.

中国兵器工业集团 TDI 产业发展研究案例

刘　蕊

（辽宁大学经济学院　沈阳　110036）

一、中国 TDI 产业市场格局

（一）中国兵器工业集团及 TDI 产品介绍

中国兵器工业集团以服务国家国防安全和国家经济发展为使命，以提升自主创新能力、提高发展质量、履行社会责任为三大任务，打造有抱负、负责任、受尊重的国家战略团队，在建设国际一流防务集团和国家重型装备、特种化工、光电信息重要产业基地实践中，努力建设与我国国际地位相适应的兵器工业。中国兵器工业集团现有子集团和直管单位 47 家，主要分布在北京、陕西、甘肃、山西、河北、内蒙古、辽宁、吉林、黑龙江、山东、河南、湖南、湖北等省、市、自治区，并在全球建立了数十家海外分支机构。截至 2014 年底，中国兵器工业集团资产总额 3261 亿元，人员总数 27.66 万人，居 2015 年世界 500 强企业第 144 位。

中国兵器工业集团公司主要产品分为防务和民用两大类。防务产品包括装甲车、坦克、反坦克导弹、火箭弹等；民用产品包括北奔重卡、北方客车、甲苯二异氰酸酯（TDI）、硝化棉、苯乙烯、聚丁烯等。其中甲苯二异氰酸酯（TDI）在民用产品中占据举足轻重的地位，TDI 是兵器工业集团几代人经过 50 多年的努力，形成含能材料、甲苯二异氰酸酯（TDI）和特种化工核心产业链中的关键环节。甲苯二异氰酸酯（TDI）是水白色或淡黄色液体，有两种异构体：2，4 - 甲苯二异氰酸酯和 2，6 - 甲苯二异氰酸酯。根据异构比含量不同 TDI 有三种规格的产品，其中第二种异构比组合较常见：①TDI - 65 含 2，4 - TDI65%，2，6 - TDI35%；②TDI - 80 含 2，4 - TDI80%，2，6 - TDI20%；③TDI - 100 含 2，4 - TDI100%。TDI 是聚氨酯树脂的生产原料，用于生产聚氯酯泡沫、塑料、涂料、橡胶、黏合剂、密封剂等，也可用作橡胶硫化剂、蛋白质交联剂等。人们熟悉并常见的以 TDI 为生产原料的日常用品包括汽车海绵座椅、汽车内饰、油漆、涂料、鞋底加工等。"十三五"时期，我国聚氨酯产业的发展肩负重要的历史使命，相关企业应扩大规模，满足下游制成品行业的需求，并在推动国防军工、高端制造业的升级方面发挥举足轻重的作用。

（二）TDI 产品产能分布

2015 年，国内 TDI 生产企业共六家，设计产能合计 89 万吨/年（见表1），中国兵器工业集团是拥有 TDI 自主知识产权的生产企业，厂区分布在甘肃省白银市和辽宁省葫芦岛市，甘肃白银拥有 TDI 两条生产线，每条生产线的生产能力为年产 5 万吨，辽宁葫芦岛拥有 TDI 一条生产线，生产能力为年产 5 万吨，中国兵器工业集团 TDI 生产能力总计为年产 15 万吨。

表1　2015 年国内 TDI 产能情况

序号	生产企业名称	产能（万吨/年）	技术来源
1	中国兵器工业集团甘肃银光化工公司①	10	兵器工业集团自主技术
2	中国兵器工业集团辽宁北方锦化公司②	5	兵器工业集团自主技术
3	沧州大化股份有限公司	15	瑞典技术
4	福建东南电化公司	10	瑞典技术
5	烟台巨力异氰酸酯公司	8	原上海吴淞化工厂二手设备
6	上海巴斯夫公司	16	巴斯夫、亨兹曼与上海氯碱合资项目
7	上海拜耳公司	25	拜耳创新技术
	合计	89	

其中中国兵器工业集团 TDI 产能 15 万吨/年，占行业总产能的 16.8%。六家企业中上海巴斯夫和上海拜耳是外资公司，外资企业占行业总产能的 46%，烟台巨力异氰酸酯公司是私有企业，中国兵器工业集团、沧州大化股份、福建东南电化均为国有企业，三家国有企业生产能力总计 40 万吨/年，占该行业总产能的 45%，国企与私企总生产能力达 48 万吨/年，占该行业总产能的 54%。国有企业与外资企业的产能势均力敌，但产品质量有差异，产品多元化程度有差距，外资企业的 TDI 产品销售市场以高端为主低端为辅，国企和私企的 TDI 产品销售市场以低端为主高端为辅，而三家国有企业的竞争也更加激烈，不但要在同组分产品质量上比拼，还要在产品多元化种类上比拼，更要在市场价格上比拼，这使得几家企业净利润降低，也出现亏损的局面。

（三）TDI 产品销售区域分布

（1）TDI 在我国主要消耗地点按区域分为华南地区、华东地区、华北地区。西北地区和东北地区销售价格均参照此三大地区市场的 TDI 指导价格。2010 年 7 月初至 2015 年 6 月末，TDI 产业三大销售地区指导价格趋势（见图 1）。从图中可以发现，华南市场对价格变化最敏感，引领 TDI 市场价格，这一点可以用产业区位优势理论来理解，华南地区以私营、民营、个体经济为主，经济开放程度充分，产品多为出口型玩具、家具、体育用品配套材料，受国际市场影响大并且体现为季节性淡旺季。其次对价格敏感的地区是华东，最后是华北，华东地区相对于华北地区仍然具有区位优势。华东市场和华北市场的曲线图较华南市场滞后。

---

① 中国兵器工业集团甘肃银光化工公司：（国营第八〇五厂），位于甘肃省白银市。始建于 1954 年，是国家"一五"期间 156 个重点项目之一，是国家重点保军企业和军民结合的国防特种化工骨干企业，是我国含能材料生产研发基地及聚氨酯产业的摇篮。

② 中国兵器工业集团辽宁北方锦化公司：位于辽宁省葫芦岛市。始建于 2006 年，是甘肃银光化工公司直属企业。

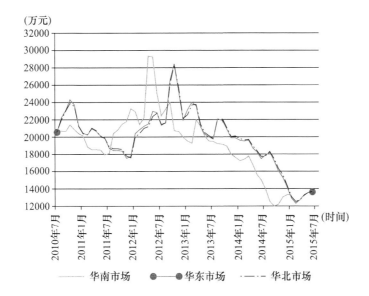

图1　2010 年 7 月初至 2015 年 6 月末 TDI 销售三大地区指导价格趋势

资料来源：作者计算。

（2）2012 年 7 月初至 2015 年 6 月末，TDI 行业各生产厂家指导价格变化趋势（见图 2）。从图中可知，国内三家国有企业 TDI 价格基本持平，由于福建东南电化是在 2014 年 5 月进入市场，暂不考虑 2014 年 5 月前其对市场的影响。2014 年 5 月初至 2015 年 6 月末，TDI 市场持续低迷，国内六大生产厂商竞争加剧，福建东南电化以区域和产能的优势在华南市场占据有利位置，但也充分受到上海拜耳、上海巴斯夫及国外货源的打击，市场价格一路下滑，上升空间不大。

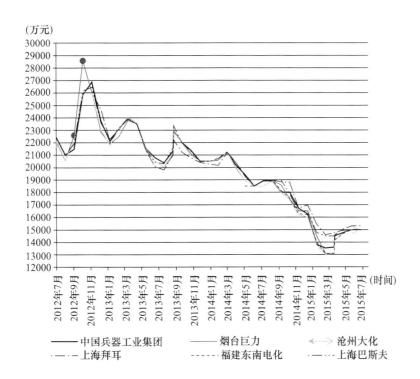

图2　2012 年 7 月初至 2015 年 6 月末 TDI 行业各生产厂家指导价格

资料来源：作者计算。

（3）2012 年 7 月初至 2015 年 6 月末，中国兵器工业集团 TDI 价格（见图 3）。纵观 2010 年 7 月初至 2015 年 6 月末三大地区市场 TDI 指导价格变化趋势和 2012 年 7 月初至 2015 年 6 月末 TDI 产业各生产厂商的指导价格变化趋势，清晰可见中国兵器工业集团 TDI 的市场指导价格基本遵循市场经济的价格变化规律，三年来 TDI 价格呈下滑趋势，尤其从 2014 年下半年开始 TDI 价格直线下滑，这与 TDI 市场产能进入释放期有直接关系。2014 年 4 月福建东南电化一期 5 万吨/年 TDI 项目基本达到设计能力，5 月份产品正式投入市场，TDI 产能足够大而下游市场需求不足，造成货源堆积，TDI 价格下滑。

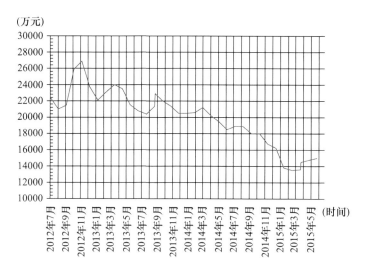

图 3　2012 年 7 月初至 2015 年 6 月末中国兵器工业集团 TDI 指导价格

资料来源：作者计算。

二、TDI 产业发展瓶颈分析

TDI 产业的发展在我国历经四个时期，即计划经济时期、改革开放时期、快速发展时期、缓慢发展时期。计划经济时期，我国工业企业数量少，技术条件有限，基础性化工原料的生产受国家计划经济体制控制，TDI 的生产还没有形成产业化，只是少量生产，但是对当时的"四化"建设做出了卓越贡献。改革开放初期，为满足人们日益增长的物质需求，TDI 的生产量逐步扩大，我国发展多种所有制经济共同运行，国家引进外资项目，国外企业逐步在中国建设 TDI 生产基地，在这一历史时期，TDI 的发展形成产业化，为社会提供更多种类的 TDI 下游产品，为国民经济持续增长提供保障。随着我国社会主义现代化建设步伐的加快，各行各业对建设性材料的需求不断扩大，TDI 产业进入快速发展期，同时 TDI 上下游产业的发展也进入快速发展期。随着 TDI 产能的不断扩大，世界经济低速增长，TDI 产业进入现阶段的缓慢发展时期，TDI 产业发展陷入瓶颈阶段。根据 TDI 产业发展的实际经验，本文从产业链视角、劳动力成本视角、产能视角对 TDI 产业发展的瓶颈进行分析，并说明现阶段我国重化工领域产能过剩的严重问题。

（一）产业链视角分析

图 4 表示 TDI 的产业链上游是 TDI 制造所需主要生产原料二硝基甲苯（DNT），DNT 的用量

大并且市场价格较贵,是 TDI 制造成本的主要影响因素,DNT 由甲苯与硝酸进行化学反应硝化而成,甲苯从原油炼制中取得,因此 TDI 制造的上游产业链主要与甲苯和原油相关联,原油价格的变动导致甲苯价格的变动,进而影响 TDI 制造成本的变动。TDI 制造的下游产业链分别为海绵、油漆、弹性体、鞋底料、汽车配件等产品,下游产品的市场需求情况直接影响 TDI 的市场需求量。

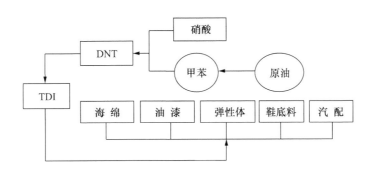

图 4　TDI 上下游产业链

资料来源:作者计算。

TDI 下游产品企业包括海绵、油漆、弹性体等生产商,这些厂商生产的海绵直接用于加工床垫、慢回弹枕头、护颈、地毯内层、高档西装内层、高档酒店拖鞋、普通拖鞋、运动鞋底等,这些 TDI 下游产品一部分国内销售,一部分出口国外,对应消费群体是有需求的个体消费者,个体消费者受经济形势和人民币汇率变化的影响极大,在经济形势不乐观或人民币汇率提高的情况下,个体消费者可能会减少非必需品的消费。TDI 下游产品企业也生产汽车座椅、汽车内饰,这些 TDI 下游企业给汽车生产商做零部件配套,最终的消费群体也是有需求差异的个体消费者,汽车产品的消费与公众的购买力相关,也与国家对汽车产业发展的导向性相关。TDI 下游产品企业还生产涂料、水性油漆、保温板、胶黏剂、家具等,TDI 在这一领域的应用直接与房地产行业的景气程度相关。TDI 产业与烧碱、PVC 产业不同,烧碱、PVC 产业也是产能过剩,但它们的下游主要是规模经济企业,用量较大缓冲时间较长。相对而言,TDI 产业下游最大的消耗是民用产品,下游是私营企业和消费者,没有太长时间缓冲压力,直接受市场冲击。

(二) 劳动力成本视角分析

由于中国制造业成本节节攀升,世界制鞋业格局正由中国向东南亚地区倾斜,2008 年金融危机以来,东南亚鞋业已经抢走中国近三成外贸加工订单,如果海外订单转移加速,将引发我国逾 2000 万人从业的鞋业面临冲击。越南工资仅为中国的 38%,而在某些领域,越南劳动力基本上能够达到类似生产效率。与此形成鲜明对比的是,随着劳动力从无限供给向有限供给转变,中国劳动密集型产业不得不花更多的钱才能招到一线工人。此外,多个省份一再上调最低工资标准,也使企业的劳动力成本不断攀升,在很大程度上影响了出口竞争力。2014 年底,越南工贸部又特别就鞋业发展制定出台了《到 2020 年面向 2025 年越南制鞋业总体发展规划》,从政策扶持、招商引资、内销外贸、政府公关等多个层面出发,提出到 2020 年要把制鞋业打造成国民经济的支柱出口产业。越南海关总局发布的数据统计显示,2014 年鞋类出口创汇超过 120 亿美元,同比增长 18%。越南鞋类产品主要出口国为美国和欧盟,主要出口产品为高级皮鞋和运动鞋。据中国海关总署统计,2014 年,中国鞋类出口 562.5 亿美元,同比增长 10.8%,数量增长 4.5%。2015 年 1 月,我国鞋类产品出口的数量与金额皆出现大幅下滑,当月鞋类出口 56.99 亿美元，出口额同比下滑 10.9%，出口量同比下滑 13.5%。中国内地鞋业成本优势基本殆尽，用工成本上涨和劳动力不足成为传统鞋企发展的最大掣肘因素，提出将工厂外迁到东南亚要求的海外采购商日益增多。这对于制鞋所需原材料之一的 TDI 来说是个不小的打击，大大减少了 TDI 原料的消耗。

（三）产能视角分析

2013 年我国的 TDI 表观消费量在 59.3 万吨左右，2013 年末国内 TDI 总生产能力为 79 万吨，富余产能 20 万吨；2014 年 TDI 表观消费量在 60.3 万吨左右，2014 年末国内 TDI 总生产能力达 89 万吨，富余产能 29 万吨。中国兵器工业集团 TDI 两个厂区年生产负荷平均为 85%，其他厂家生产负荷在 80%～90%。2013 年 TDI 总进口量至少有 6 万吨，2014 年进口量只有 3.7 万吨，2015 年上半年 TDI 进口总量为 15302.18 吨，环比减少 25.25%，为近 10 年来上半年进口量最低，原因在于国内 TDI 库存较大，需求减少。2010 年我国 TDI 出口量只有 0.76 万吨，随后逐年递增，到 2014 年出口量已经提升到 7.35 万吨，5 年时间足足提升了 10 倍，出口增速远超国内需求增速，2015 年上半年出口总量为 27669.55 吨，环比减少 10%，为近 3 年来上半年出口量最低。

虽然 TDI 产能过剩的现实早已摆在眼前，但和其他化工产品一样，新装置的上马并没有停止。2015～2016 年我国 TDI 产能增扩计划依然不少，2016 年后我国 TDI 总产能预期达到 149 万吨/年（现为 89 万吨/年），其中万华化学新增装置 30 万吨，如果顺利建造并投产将会对国内的 TDI 市场格局变化造成明显的影响。2014 年上海巴斯夫和上海拜耳两厂家对外公布都有增产计划。2013～2014 年 TDI 国内市场需求并无明显增加，基本持平约为 60 万吨，根据 2015 年上半年 TDI 进出口量以及国内工业企业经济运行情况分析，2015 年 TDI 表观消费量最多与 2014 年末持平。

（四）重化工领域产能过剩问题较大

截至 2015 年 5 月，工业生产者出厂价格指数（PPI）已经连续 40 个月为负数，从行业看，巨亏的企业往往来自于重化工业领域，而这些领域恰恰是目前产能过剩的重灾区。从地域的角度来看，是那些依赖于重化工业的地区，其经济发展已经陷入了明显的困境，这方面的一个典型例子就是东三省。东三省在传统意义上讲就是中国的工业基地，以重化工业见长。近年来，在政府主导下，为了在短期内加快经济发展，大量资源涌入重化工业。在中国经济较为繁荣时，房地产和基础设施建设发展较快，对重化工业产品的需求也较大，这些产能并不会显得"过剩"，而且这有助于让当地的 GDP 增速超过全国水平。但当经济下行时，尤其是房地产增长放缓时，市场对重化工业产品的需求会立刻大幅下降，这时东三省原有的产能就会突然变得"过剩"，而且由于经济结构单一，东三省此时的经济下滑幅度就很容易超过全国。辽宁、吉林和黑龙江的投资率在 2000 年的时候分别是 32%、38% 和 31%，当时全国的投资率是 34%，这基本处于同一水平。在此之后，东三省的投资率扶摇直上。

产能过剩问题是中国经济内在深层结构性问题的外在表象和结果。因此，要解决产能过剩问题，就必须改变其背后的机制，否则产能过剩永远不可消除。从具体措施而言，中国急需重新调整政府与市场、政府与企业的关系，加强政府的宏观调控作用而限制政府在分配经济资源方面的权力，将国有企业限制在一些关乎国计民生的关键领域中，将充分竞争领域向民企全面放开。同时扩大市场的作用，让效率更高的民营企业去主导中国经济的发展。只有这样，中国才能获得更高质量、可持续的和包容性的经济发展，并避免陷入产能过剩的泥淖中。

三、TDI 产业发展对策建议

TDI 产业发展既面临机遇又面临挑战，尤其是具有 TDI 自主知识产权的国有企业中国兵器工业集团，在这一历史时期肩负着深化企业改革的重任，应认清国际国内经济形势，密切关注发达国家 TDI 产业发展战略和进展信息，关注全球 TDI 上下游产品的前沿理论思想。充分利用"十三五"时期及"2025"中长期国家制造业产业政策，完成 TDI 产业由产能过剩、产品科技含量低向智能化 TDI 产品系列的转型。为完成 2035 中国制造业迈进世界制造第二方阵前列提供高科技产品，为完成 2049 暨新中国成立百年，制造业跨入世界制造业第一方阵前列提供基础保障。

（一）原有 TDI 产业结构的调整和产业政策的应用

为了尽快推动经济增长，地方政府往往热衷于重化工业的大项目，至于对经济结构会产生何种影响，这些项目未来的盈利状况如何，则处于较少考虑的范围。由于对项目效益考虑较少，因此很多项目投产之时便是亏损之日。这样的项目提升了地方 GDP，但对地方经济的长远发展造成了损害。如果市场可以发挥作用，那么这些企业将会出现两种结局：一是破产倒闭，二是让更有效率的企业来接手提高效率。然而，出于维护就业等因素的考虑，地方政府更倾向于维持这些企业的生存，即使这些企业的员工此时已经开始"降薪放长假"。但如此一来，大批产能过剩的企业成为了僵尸企业，期盼着市场的好转来解救它们。

回顾 2010 年 7 月至 2015 年 6 月 TDI 价格变化趋势，这是具有代表性的产业发展的缩影，从中我们也不难分析出产业政策在 TDI 产业中的应用具有实际意义。2012 年 11 月 13 日商务部公告，调查机关初步裁定原产于欧盟的进口 TDI 存在倾销，中国 TDI 产业受到实质性损害，且倾销与实质性损害之间存在因果关系，自 2012 年 11 月 13 日起，对原产于日本、韩国和美国的进口甲苯二异氰酸酯（型号为 TDI80/20）实施临时反倾销措施。依据初裁决定所确定的各公司倾销幅度向中国海关提供相应保证金，保证金比率为 6.6% ~ 37.7%。由图 1 可知 2012 年 11 月至 2013 年 1 月 TDI 产业出现最低市场指导价格后有所上涨，说明这一产业政策在当时有力地维护了国内货源的消耗，是国内 TDI 价格保持平稳并小幅上扬。2014 年 11 月 21 日起随着 TDI 反倾销法这一产业政策的终止，国外大量低廉 TDI 货源进入国内，2014 年国内 TDI 进口数量为 3.7 万吨，国内产能为 89 万吨，表观消费量为 60.3 万吨，富余产能 32.4 万吨；2015 年上半年国内 TDI 进口数量为 7.3 万吨，国内产能为 89 万吨，表观消费量预计与 2014 年持平为 60.3 万吨，预计富余产能 36 万吨，高于 2014 年富余产能。反倾销这一产业政策的终止立即引起 TDI 进口的增加，使 TDI 市场价格迅速下滑。2015 年 5 月国家商务部再一次协调各生产厂商轮流减产，已确保 TDI 价格回到生产成本之上，保证整个产业有序竞争，确保市场剩余库存最大限度进行消耗。图 3 明显看到 2015 年 5 月 TDI 价格曲线有上升的拐点。

TDI 产业结构调整是改变原有产业结构失衡的正确途径；产业政策对产业的发展起到积极作用，在 TDI 产业艰难发展时期适当应用产业政策有积极作用。

（二）TDI 产业发展抓住新常态时期的历史机遇

2011 年德国汉诺威工业博览会上，相关协会最先提出"工业 4.0"这个概念。2012 年 2 月，美国正式发布了《先进制造业国家战略计划》，从此踏上了新一轮工业革命的道路。2013 年 4 月，德国政府正式推出《德国工业 4.0 战略》，目的是确保德国未来工业生产基地的地位。2013

年 6 月日本颁布《日本复兴战略——日本回归》政府工作报告。美国不叫工业 4.0，而叫"工业互联网"，它将智能设备、人和数据连接起来，并以智能的方式利用这些交换的数据。德国是以严谨和认真而著称，而美国更加注重创新和实用。"中国制造 2025"的概念是由中国工程院周济 2014 年 6 月在福建泉州最先提出的，具体是在提交中共中央、国务院的一份命名为《关于制定"中国制造 2025"，加快建设制造强国的建议》当中。中国工程院提交的报告中最重要的成果之一，就是以美、德、日、英等主要工业化国家为参考，建立由 4 项一级指标、18 项二级指标构成的制造业评价体系，并由此做出预测，中国有望在 2025 年进入世界制造业第二方阵，2035 年将提升至第二方阵前列，到 2045 年则将跨入包括美、德、日等国的第一方阵，至此将成为具有全球引领影响力的制造强国。"中国制造 2025"的制定，以及中国从短期五年规划向中长期规划的设想，标志着中国制造业的发展进入新常态的历史机遇期。

TDI 产业为中国制造业发展提供基础原料，我国制造业由低中端向中高端不断升级，要求为制造业提供基础性服务的产业必须与时俱进，提供适应高端制造业发展的原料产品。国内六家 TDI 生产企业中有三家是国有企业，产能占据 TDI 总产能的半壁江山，2015 年 9 月国务院《关于深化国有企业改革的指导意见》指出，发展混合所有制经济的目标是促进国有企业转换经营机制，放大国有资本功能，提高国有资本配置和运行效率。坚持因地施策、因业施策、因企施策，不搞拉郎配、不搞全覆盖，不设时间表，成熟一个推进一个。TDI 产业的国有生产企业必须抓住历史机遇，根据自身发展的实际情况，制定切实可行的改革办法，尽快扭转经营不善乃至亏损的局面。

（三）TDI 产业升级

"十三五"时期，TDI 产业面临增速放缓、结构调整加速的新形势，产业发展将越来越依赖技术创新能力的提升。"十三五"时期，我国 TDI 生产企业应提高产品质量，研发高端科技新产品，满足下游制品行业需求，并在推动国防军工、高端制造业的升级方面发挥重要作用。"十三五"时期，我国建筑能耗降低标准将要求更高，全国将普遍实施住宅 75% 的节能，同时大力发展近零能耗建筑被动式房屋，这对建筑保温材料的综合性能提出了更高要求。TDI 产业的创新发展应瞄准以下三个方向：①研发功能性、高性能、高附加值产品；②发展环保型水性和无溶剂聚氨酯产品；③加快在建筑节能等产业领域的推广应用。这需要与 TDI 相关联的聚氨酯产品突破技术壁垒，积极开发新产品和开展新应用领域。

脂肪族异氰酸酯产品（ADI）是比 TDI 高级的高档聚氨酯涂料、胶黏剂、水性聚氨酯材料的关键原料，脂肪族聚氨酯防水涂料在紫外线长时间照射下基本不黄变、不粉化，耐候性较好。目前国际上只有极少数公司拥有 ADI 及衍生物生产技术，烟台万华化学是国内唯一一家拥有 ADI 技术的企业。聚氨酯产业生产商要真正解放思想，向先进同行认真学习；真正做到实事求是，不耻下问，找到差距，实实在在解决现实问题；真正做到与时俱进，看清国际国内聚氨酯产业发展形势，跟上时代步伐，加大基础科学研究投入力度，进入聚氨酯先进科研团队行列。借鉴万华化学成功的管理经验，在技术上与之学习、合作，尽快提升自身的技术水平，如果说向国外学习或购买聚氨酯领域的顶级技术是不可能的，那么我们可以转向国内同行业领军企业，与之进行技术交流、技术转移、联合研究开发等模式，尽快构造 ADI、TDI 产业链下游产品，力争做到尽快掌握世界领先技术。

参考文献

［1］Zhangqi Yao. Productivity Growth and Industrial Structure Adjustment：An Analysis of China's Provincial Panel Date［J］. The Chinese Economy. 2015，48（4）：253 - 268.

［2］WangLihong, Zhanghui. Development of Circular Economy and Optimization of Industrial Structure for Shandong province ［J］. Energy Procedia. 2011 （5）: 1603 – 1610.

［3］Guolun, Weiqu Liu, Zhenlong Yan, Kuisu, Honglei Wang. Synthesis and Properties of Polyurethanes Graft Modified by Long Polydimethylsiloxane Side Chain ［J］. Journal of Macromolecular Science, Part A. 2014, 51 （12）: 966 – 975.

［4］Chen, Xusheng Wang, Yajie Wang, Hong Qi. Integration of Genetic Algorithm and Cultural Particle Swarm Algorithms for Constrained Optimization of Industrial Organization and Diffusion Efficiency Analysis in Equipment Manufacturing Industry ［J］. Sensors & Transducers. 2013, 157 （10）: 36 – 41.

［5］张丽. 我国聚氨酯产业现状分析及展望 ［J］. 化学工业, 2015 （33）: 2 – 3.

［6］张丽. 我国聚氨酯产业现状分析及展望 ［J］. 化学工业, 2015 （33）: 1.

［7］山东华阳农药化工集团有限公司. 光气下游产品技术与市场评价 ［J］. 江苏氯碱, 2013, 8 （4）.

［8］曾宪旦, 章庚柱. TDI – HDI 混合型水性聚氨酯贴合胶的制备 ［J］. 中国皮革, 2015: （1） 44.

［9］美国近期产业政策对我国的启示 ［N］. 中国电子报, 2015 – 01 – 04.

［10］刘伟, 蔡志洲. 我国工业化进程中产业结构升级与新常态下的经济增长 ［J］. 北京大学学报, 2015, 52 （3）.

［11］李军. 对中国氯碱产业国际化的思考 ［J］. 中国氯碱, 2015 （1）.

［12］刘平. 2014 年福建省石化行业运行情况分析 ［J］. 中国石油和化工经济分析, 2015 （5）.

［13］王海文, 胡广荣. 企业产能过剩的分析及对策 ［J］. 甘肃科技, 2013, 29 （30）.

［14］李静, 杨海生. 产能过剩的微观形成机制及其治理 ［J］. 中山大学学报（社会科学版）, 2011, 2 （51）.

［15］姜晓东. 关于中国钢铁产能过剩的若干思考与建议 ［J］. 钢铁, 2013, 10 （48）.

［16］程俊杰. 转型时期中国地区产能过剩测度 ［J］. 经济理论与经济管理, 2015 （4）.

［17］黄涛, 雷霞. 国有企业混合所有制经济的发展与深化 ［J］. 时代金融, 2014 （8）.

［18］韩向宏. 振兴老工业基地须"出新招" ［J］. 论衡, 2015 （6）.

［19］辽宁省人民政府发展研究中心课题组. 调结构、提质量、促改革适应新常态, 促进新一轮振兴 ［J］. 辽宁经济, 2015 （1）.

［20］朱长春, 吕国会. 中国聚氨酯产业现状及"十三五"发展规划建议 ［J］. 聚氨酯工业, 2015, 30 （3）.

［21］胡鞍钢, 鄢一龙, 姜佳莹. "十三五"规划及 2030 年远景目标的前瞻性思考 ［J］. 行政管理改革, 2015 （2）.

［22］闫勋才. 新常态下吉林省经济结构转型升级的若干思考 ［J］. 政府与经济, 2015 （3）.

［23］陈志文. "工业 4.0" 在德国: 从概念走向现实 ［J］. 世界科学, 2014 （5）.

中亚国家消费者定位与中国产品海外形象

——基于中亚六国302份消费者问卷调查的经验数据

林汉川　张思雪　方　巍

（对外经济贸易大学国际商学院　北京　100029）

一、问题提出

中亚地区作为连接欧亚的桥梁，具有不可替代的地理位置优势，是古丝绸商路必经之地，是实施"一带一路"战略西行线路的第一站，在我国产品"走出去"的战略中占有重要地位。中亚各国对中国产品的印象事关"一带一路"战略实施的效果，事关增强我国产品国际竞争力的根本出路，事关中国企业塑造良好国际形象的需要，是中国产品能否在发展中国家站稳脚跟、提升品牌形象的重要基础，并具有十分重要的战略意义。那么，中国产品在中亚各国形象如何？什么才是提升中国产品在发展中国家形象的关键？如何提高中国产品的综合竞争力乃至国际影响力？如何打造工业实体经济的制高点？是我们必须研究的重要问题。

要研究产品在中亚国家的形象，分析影响产品海外形象的关键要素，提升中国产品在发展中国家的地位，前提是了解中亚国家消费者对中国产品的感知、对中国企业的认知，重点在于明确相较于其他地区的消费者，中亚消费者对产品形象要素的倾向性和关注点。本文采用来自中亚六国302份消费者的问卷调查数据，试图区分不同市场，深入研究影响中亚消费者对中国产品印象的主要因素，构建消费者定位与产品形象的理论框架和多重中介模型，剖析提升中国产品在发展中国家消费者心中形象的主要路径，探讨在发展中国家与在其他市场提升中国产品海外形象战略重点的差异。研究结论为提升中国产品在发展中国家形象的战略与路径提出新思路，有助于影响中国产品在中亚地区形象的关键因素，有助于落实在新常态下提升中国产品海外形象的具体方案，有助于区分不同地区提升产品海外形象的策略重点。

［基金项目］国家自然科学基金重点项目"中国企业的转型升级战略及其竞争优势研究"（批准号71332007）；教育部哲学社会科学研究重大课题攻关项目"提升中国产品海外形象研究"（批准号13JZD017）；教育部哲学社会科学发展报告建设项目"中国中小企业发展报告"（编号：13JBG001）。

［作者简介］林汉川，对外经济贸易大学国际商学院教授，博士生导师；张思雪（1990—），女，山东东平人，对外经济贸易大学国际商学院博士研究生；方巍，对外经济贸易大学国际商学院博士研究生。

二、理论框架与研究假设

基于企业和消费者的视角，本文构建了中亚国家消费者定位与中国产品海外形象的作用机制和理论框架，如图1所示。当企业重点关注显性和潜在消费者的需求，聚焦于创造消费者价值时，其产品在消费者心目中的形象会通过企业的行为发生变化，对这些行为的剖析和探索形成了提升中亚国家对中国产品形象的主要路径，也成为落实"一带一路"战略中亚首站的重要基础和支撑。

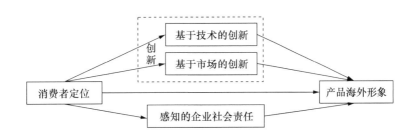

图1 中亚国家消费者定位与产品形象的理论框架

资料来源：作者绘制。

（一）消费者定位对产品形象的直接效应

消费者定位需要对目标顾客进行充分的了解，因为他们可能为产品提供者持续的创造延伸产品或最优价值[3]，消费者定位要求产品提供者理解购买者的整体价值链[4]，不仅是因为现在的利润需求，还因为对整体价值链的把握将会随着时间的推移形成符合内在机理和市场动态的长期价值[5]，这种价值包括消费者心目中的产品形象。产品形象可以分为价格和价值、服务和管理、广告和声誉、设计和风格、消费者资料或顾客资料等五个类别[6]，意味着产品的提供者可以通过这五个方面提升产品在消费者心目中的总体形象。总体而言，产品提供者可以通过两种方式为消费者创造价值：一是通过降低与消费者利益有关的成本，例如降低产品的价格和提升产品的价值，为消费者提供便利的服务、管理流程等；二是通过增加与消费者成本有关的利益，例如设计符合产品特性的广告和保证产品的信誉，设计符合产品属性的包装风格，通过完善的顾客资料有针对性地为消费者提供产品和服务等。

产品提供者不仅需要掌握直接目标客户群成本和收益动态，还需要掌握与目标客户群相关的消费者的成本和收益动态，即产品提供者必须全面掌握所有层次的经济和政治约束，以消费者为中心，只有这样全面的定位框架才能使产品提供者掌握潜在消费者，使其清楚他们现在和将来可能的需求，识别出消费者现在和将来可能认知的满意因素。这样的消费者定位可以创造更多价值，从不同的角度提升产品在消费者心中的形象，因此，本文提出：

假设1：消费者定位与产品形象之间存在着显著的正相关关系，即消费者定位越精准，产品形象的正向积累就越多。

（二）创新的中介效应

消费者定位的主要目的不仅是掌握消费者的显性需求，更重要的是了解其潜在需求[7]。可以通过提高领先用户的技术来加强消费者潜在需求的挖掘能力，也就是说，将可获得的最先进技术使用到"难缠和苛刻的用户"身上，这种方式常常可以成为发现消费者隐性需求的新解决方案[8]。这样的视角对于发展技术创新是非常有益的，能够极大地改善现有市场的消费者利益，同时迎合最难缠用户的需求[9]。虽然在技术上的投资是巨额的、有风险的，但来自于市场和消费者的信号是清晰和确定的[10]，这是提升产品形象的必由之路。消费者定位具有强烈的服务消费者的承诺，愿意投入必要的资源发展基于技术的创新来满足消费者的潜在需求。许多突破性的创新从消费者的视角产生，Von Hippel（1995）[11]认为，领先用户对于多样化产品类别的创新贡献高达 70%～85%。因此，消费者定位形成了基于技术的创新。

消费者定位的重点是创造"来源于消费者和竞争者分析的、基于知识的、更优的消费者价值"[12]，虽然这样的聚焦可能会导致一些风险，如忽略其他资源的潜在贡献，忽略来自于新的、非传统竞争对手的威胁，或者是忽略未来的市场机会，但是，却能够为新兴市场的创新提供更多的可能性。从现有的消费者或是领先用户（当前产品的最难缠和苛刻的使用用户）身上形成的思路和智慧可以为开拓产品的新市场提供至关重要的引导，即使这些新市场可能存在不同的偏好。也就是说，消费者定位可以带来不同程度的基于市场的创新。

基于技术和市场的创新将发明的科学技术引入产品和企业之中，形成一种新的生产能力[13]，这种能力渗透到产品的设计中，通过服务和管理体现产品的价值，成为产品的主要卖点和声誉来源，同时为消费者带来利益。即这种创新的能力可以通过几个角度提升消费者心目中产品的总体形象。

因此，基于技术和基于市场的创新的产生更多是由于消费者需求和导向的驱动，同时，这两方面创新又会导致某种程度上产品形象的提升。基于此，本文提出：

假设 2a：产品提供者对消费者定位的关注度越高，基于技术的创新就会越多。

假设 2b：产品提供者对消费者定位的关注度越高，基于市场的创新就会越多。

假设 3a：产品提供者基于技术的创新越多，产品在消费者心目中的总体形象就会越高。

假设 3b：产品提供者基于市场的创新越多，产品在消费者心目中的总体形象就会越高。

（三）消费者感知的企业社会责任的中介效应

李伟阳和肖红军（2011）[14]认为，企业社会责任源于自愿的慈善行为、社会或消费者对企业行为的期望、企业对社会压力的回应等九种认识，可以看出，无论是主观自愿，还是迫于社会压力，作为产品提供者的企业履行社会责任义务的主要驱动因素是社会，是大众，是企业广义的消费者，也就是说，以消费者为导向的企业更倾向于满足消费者需求，增加其对企业社会责任履行的感知。与此同时，企业社会责任的感知能够提高一线员工的绩效[15]，增加消费者对企业的识别度[16]，例如，当一个企业更多地、更主动地履行社会责任时，传递给消费者的企业形象（如公德心、慈善）会更加积极，消费者会对企业有更高的识别度，反过来，消费者会更加支持企业，对企业的产品形象拥有更好的感知。因此，本文认为感知的企业社会责任是消费者定位与产品形象的中介变量，并提出：

假设 4a：产品提供者对消费者定位关注度越高，消费者对企业社会责任的感知就会越多。

假设 4b：消费者感知的企业社会责任越多，产品在消费者心目中的总体形象就会越高。

三、研究设计

（一）数据收集

本文调研对象设定为有过中亚和中国两个地区生活经历的中亚籍消费者，中亚籍华人和华侨不在调查范围内。受访者分别来自中亚的土库曼斯坦、乌兹别克斯坦、吉尔吉斯斯坦、塔吉克斯坦、哈萨克斯坦和阿富汗六国。此次调查是目前国内关于中国产品在中亚国家的产品形象研究中，收集样本最多、涵盖城市最多的一次调查。问卷使用中文和英文两种语言形式，标准的翻译（Back‑translation）技术[20]被应用到中英文两个问卷版本中。

问卷共发放 7321 份，回收 1164 份，回收率 15.9%，剔除部分数据漏填、数据全部一样、数据跳填或填项矛盾①等问题问卷，剩余有效问卷 302 份，有效率 26.0%。有效样本中，男性 174 人，占 57.6%，女性 128 人，占 42.4%，受访者的年龄多数分布在 25～55 岁，占 85.3%，家庭年收入多数在 3000～9000 美元（23.5%），多数有宗教信仰（93.4%），未婚（56.3%），并且拥有本科以及以上学历（66.8%），见表 1。② 受访者分布在不同领域，包括事业单位人员、企业职员、个体/私营业主、学生、互联网商务、自由职业等。

表 1　样本分布与统计（N = 302）　　　　　　　　　　　　单位:%

特　征	频数/个数	百分比	特　征	频数/个数	百分比
性别			宗教信仰		
男	174	57.6	有	282	93.4
女	128	42.4	无	19	6.3
婚姻状况			缺失	1	0.3
已婚	124	41.1	在中国停留时间		
未婚	170	56.3	少于6个月	11	3.6
缺失	8	2.6	6个月～一年	53	17.5
学历			1～2年	93	31.5
高中或以下	90	29.8	2～4年	95	32.5
本科	128	42.4	四年以上	48	15.1
研究生及以上	73	24.2	缺失	2	0.6
缺失	11	3.6	家庭年收入		
对中国的了解程度			不超过3000美元	25	8.3
非常了解	22	7.3	3000～9000（含）美元	71	23.5

①　数据全部一样是指 1～7 点的所有题项，受访者全部选择了同一个数字，全部是 4 或者全部是 6 等；数据跳填是指每隔 2～3 个题项填答 3～5 个题项这种情况；填项矛盾分为两种：一是同一个题项既选择了数字 5，又选择了数字 7；二是在反向题中，出现了明显的矛盾信息。回收的问卷出现以上情况的任何一种，本文均认为受访者存在某种程度的不认真成分，所以视为无效问卷。

②　在对数据进行信度和效度的分析过程中，已报告了题项的因素负荷量、样本的均值和标准差等信息，见表 2 和表 4，所以，在这一小节不针对样本的基本统计量进行重复报告。

特 征	频数/个数	百分比	特 征	频数/个数	百分比
比较了解	122	40.4	9000~20000（含）美元	50	16.6
一般了解	130	43	2 万~7 万（含）美元	39	12.9
了解一点	23	7.6	7 万~10 万（含）美元	44	14.6
不太了解	2	0.7	10 万~16 万（含）美元	33	10.9
缺失	3	1	超过 16 万美元	19	6.3

资料来源：作者计算整理。

（二）模型设定

多数情况下，解释变量 X 对被解释变量 Y 的影响，只通过一种方式传递是不可能的，所以当引入多重中介时，将所有中介变量都纳入到一个模型中，往往会使模型的估计和设定更加方便、更加准确、更加简化。依据第二节的理论框架可以判断使用的模型应为包含三个中介变量的多重中介模型，如图 2 所示。图 2 中 A 代表 X 影响 Y 的总效应（路径 c），B 表示 X 对 Y 的直接效应（路径 c'）和通过 3 个中介变量形成的 X 对 Y 的间接效应。通过第 i 个中介变量产生的 X 对 Y 的特定间接效应被定义为通过这个中介变量联系的 X 到 Y 的两个非标准化路径系数的乘积[17]。也就是说，通过 M_1 产生的 X 对 Y 的特定间接效应被定量化为 a_1b_1；X 到 Y 的总间接效应是所有特定间接效应的加总：$\sum_i (a_ib_i)$，i = 1，2，3；X 到 Y 的总效应是直接效应和所有特定间接效应的和：$c = c' + \sum_i (a_ib_i)$，i = 1，2，3；总的间接效应也可以计算为 $(c - c')$。估计图 2 描绘的多重中介模型比估计单一的简单中介模型更为复杂，因为不仅需要确定单个间接效应是否存在，还需要区分一些在内容上可能重叠的几个潜在中介变量的中介效应。在多重中介模型下，通过某一中介变量（如 M_3）的特定中介效应与单独通过 M_3 的中介效应是不同的，除非其他的中介变量与 M_3 完全不相关。

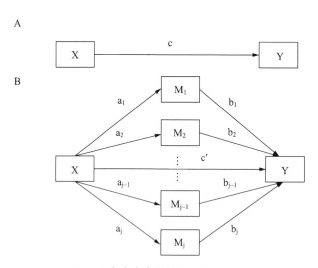

图 2　j 个中介变量的多重中介模型

注：（A）是 X 到 Y 的效应。（B）假设 X 到 Y 存在 M_1，M_2，…，M_j 个中介效应。

本文中包含三个中介变量模型的总间接效应是三个特定中介效应之和，即 $F = a_1b_1 + a_2b_2 + a_3b_3$，使用 Bollen（1987）[18]计算包含三个中介变量的总间接效应的渐进方差如方程（1）所示：

$$Var[F] = b_1^2 s_{a_1}^2 + a_1^2 s_{b_1}^2 + b_2^2 s_{a_2}^2 + a_2^2 s_{b_2}^2 + b_3^2 s_{a_3}^2 + a_3^2 s_{b_3}^2 + 2(a_1 a_2 s_{b_1,b_2} + a_1 a_3 s_{b_1,b_3} + a_2 a_3 s_{b_2,b_3} +$$
$$b_1 b_2 s_{a_1,a_2} + b_1 b_3 s_{a_1,a_3} + b_2 b_3 s_{a_2,a_3}) \tag{1}$$

式中下标表示含有 a 和 b 路径的中介变量的系数是有关联的，s 表示相应下标路径的标准差，这个总量的平方根是三重中介模型的总间接效应的一阶标准误。

三重中介模型中，对比两个特定的间接效应。任何回归系数都可以表达为包含相关系数（r）和标准差（SD）两个变量的方程，以中介变量 M_1 在一个对比的中介模型中的系数为例，如方程（2）和方程（3）所示：

$$a_1 = r_{xM_1} \frac{SD_{M_1}}{SD_x} \tag{2}$$

$$b_1 = \frac{(r_{xM_2} r_{M_1 M_2} - r_{xM_1}) r_{rX} + (1 - r_{xM_2}^2) r_{xM_1} + (r_{xM_1} r_{xM_2} - r_{M_1 M_2}) r_{rM_2}}{1 - r_{xM_1}^2 - r_{xM_2}^2 - r_{M_1 M_2}^2 + 2 r_{xM_1} r_{xM_2} r_{M_1 M_2}} \left(\frac{SD_r}{SD_{M_1}} \right) \tag{3}$$

当 a_1 与 b_1 相乘，SD_{M_1} 被抵消，剩余中介变量 M_1 的自由变量，证明多重中介效应的对比是与成对的解释变量和被解释变量密切相关的。可以使用系数乘积和 Bootstrapping 两种方法检验这种总的和特定间接效应对比的假设。以对比中介变量 M_1 和 M_2 为例，效应的对比值 F_c 为：

$$F_c = a_1 b_1 - a_2 b_2 \tag{4}$$

使用 DELTA 方法有：

$$var[F_c] = b_1^2 \delta_{a_1}^2 - 2 b_1 b_2 \delta_{a_1,a_2} + b_2^2 \delta_{a_2}^2 + a_1^2 \delta_{b_1}^2 - 2 a_1 a_2 \delta_{b_1,b_2} + a_2^2 \delta_{b_2}^2 \tag{5}$$

式中的中介变量的残差是允许共变的[18]，在 a 路径残差的协方差矩阵为 0 的约束下，方程（5）可以推导为一个两两对比的方差公式[19]，如方程（6）所示：

$$var[F_c] = b_1^2 \delta_{a_1}^2 + b_2^2 \delta_{a_2}^2 + a_1^2 \delta_{b_1}^2 - 2 a_1 a_2 \delta_{b_1,b_2} + a_2^2 \delta_{b_2}^2 \tag{6}$$

对于特定间接效应和总间接效应，这个方差的平方根就是假定正态分布的对比效应的一阶标准误，因此，可以构建置信区间对效应进行检验。本文使用 Bootstrapping 的方法估计方程（4）中三重中介模型的对比效应。

（三）变量与测量

产品海外形象。本文使用 Nagashima（1977）[6]认为的产品形象由价格和价值、服务和管理、广告和声誉、设计和风格、消费者资料五个类别组成的产品形象量表（JM）。采用李克特 7 点量表进行评价（Bollen，1989），1 = 程度低，7 = 程度高，NA 表示不清楚或不知道。得分越高，表示中国产品在中亚消费者心目中的形象越好，反之亦然。

消费者定位。本文采用 Narver 和 Slater（1990）[5]设计的消费者定位量表（JM）。使用 Bollen（1989）[21]建议的 7 点量表尺度进行评价，1 = 非常低，7 = 非常高，NA 表示不清楚或不知道。低分代表消费者定位不理想，高分代表产品提供者以中亚消费者的需求为中心，消费者定位较为准确。样题如"您觉得中国产品能够给您舒服温馨的感觉"、"您觉得对中国产品进行退换保修等售后服务方面的满意程度是"等。

感知的企业社会责任。本文采用 Lichtenstein 等（2004）[16]编制的感知的企业社会责任量表（JM）。同样使用 7 点的李克特量表形式，1 = 强烈不同意，7 = 强烈同意，NA 表示不清楚或不知道。高分代表中亚消费者感知的企业履行社会责任程度较高，低分代表较低的企业社会责任水平。样题如"您觉得中国企业能够投资于社区教育、卫生和基础设施的建设"、"您觉得中国企业能够为社区创造就业机会"等。

基于技术的创新和基于市场的创新。本文分别采用 Zhou 等（2005）[22]（JM）与 Gatignon 和 Xuereb（1997）[23]（JMR）形成的两个创新量表。7 点的李克特量表形式，1 = 强烈不同意，7 =

强烈同意，NA 表示不清楚或不知道。高分代表在中亚消费者认知中，中国产品具有较高的技术创新水平和市场创新能力，低分表示较低的在技术和市场方面创新的程度。基于技术的创新样题如"您觉得中国产品的技术创新是革命性的、有重大突破的、全新的"、"总体上来讲，中国产品和主要竞争对手的产品是相似的"等。基于市场的创新样题如"您觉得中国产品的主流消费者很难理解中国产品的产品理念"、"您觉得对于中国产品的主流消费者而言，中国产品有较高的转换成本"等。

四、实证检验结果与讨论

信度和效度分析

1. 信度和收敛效度

运用 Amos22.0 和 Spss20.0 对研究中使用的量表进行验证性因素分析。通过计算每个构念的组成信度（CR）[24]和平均提取方差（AVE）[25]评估潜变量的信度和收敛效度，如表 2 所示。研究有五个构念，分别为因变量产品海外形象，自变量消费者定位和中介变量感知的企业社会责任、基于市场的创新和基于技术的创新。各构念的 CR 值在 0.768 ~ 0.895，AVE 值介于0.507 ~ 0.631，均达到了建议值（CR > 0.7，AVE > 0.5）。因此，测量量表具有较好的内部一致性，信度良好，且具有收敛效度[24,26-29]，详见表 2。

表 2　验证性因素分析汇总

潜变量	测项	非标准负荷	标准误	t 值	标准负荷	项目信度	CR	AVE
产品海外形象	pi1	1	—	—	0.802	0.643	0.895	0.631
	pi2	1.026	0.068	15.082*	0.802	0.643		
	pi3	0.946	0.072	13.206*	0.721	0.52		
	pi4	1.179	0.077	15.319*	0.812	0.659		
	pi5	1.173	0.074	15.757*	0.831	0.691		
消费者定位	cor1	1	–	–	0.742	0.551	0.872	0.577
	cor2	1.144	0.087	13.142*	0.788	0.621		
	cor3	1.05	0.077	13.571*	0.816	0.666		
	cor4	1.148	0.087	13.256*	0.796	0.634		
	cor5	0.858	0.08	10.688*	0.644	0.415		
感知的 CSR	pCSR1	1	–	–	0.746	0.557	0.831	0.552
	pCSR2	0.945	0.079	11.937*	0.775	0.601		
	pCSR3	1.101	0.094	11.686*	0.752	0.566		
	pCSR4	1.009	0.092	10.933*	0.696	0.484		
基于市场的创新	Inn_ m1	1	–	–	0.81	0.656	0.803	0.507
	Inn_ m2	0.847	0.076	11.155*	0.717	0.514		
	Inn_ m3	0.833	0.079	10.502*	0.665	0.442		
	Inn_ m4	0.754	0.074	10.217*	0.646	0.417		

续表

潜变量	测项	非标准负荷	标准误	t 值	标准负荷	项目信度	CR	AVE
基于市场的创新	Inn_ t1	1	–	–	0.637	0.406	0.768	0.529
	Inn_ t2	1.365	0.16	8.516*	0.864	0.746		
	Inn_ t3	1.147	0.127	9.015*	0.66	0.436		

注：*p<0.01。（2）pi 表示产品海外形象（product image）；cor 表示消费者定位（consumer orientation）；pCSR 表示感知的企业社会责任（perceived corporate social responsibility）；Inn_ m 表示基于市场的创新（market - based innovation）；Inn_ t 表示基于技术的创新（technology - based innovation）。

资料来源：作者计算整理。

2. 区别效度

本文使用两种方法检验构念的区别效度。首先，对比五因素、四因素、三因素、双因素和单因素模型拟合度，其中，五因素模型包含产品海外形象、消费者定位、感知的企业社会责任、基于市场的创新和基于技术的创新五个因素，四因素模型将基于市场的创新和基于技术的创新相组合，三因素模型组合了三个可能的中介变量，双因素模型将消费者定位组合进入三因素模型。嵌套的对比模型说明五因素模型（$\chi^2 = 225.467$，$\chi^2/df = 1.260$，AGFI = 0.917，CFI = 0.982，RMSEA = 0.029）相对于其他模型是最优的，四因素模型（$\Delta\chi^2$（4）= 245.380，p < 0.00）、三因素模型（$\Delta\chi^2$（7）= 587.899，p < 0.00）、双因素模型（$\Delta\chi^2$（9）= 904.790，p < 0.00）和单因素模型（$\Delta\chi^2$（10）= 1759.183，p < 0.00）具有较为糟糕的拟合度。总的来说，这些嵌套模型的拟合度指标（如表3所示）表明由产品海外形象、消费者定位、感知的企业社会责任、基于市场的创新和基于技术的创新组成的五因素模型明显优于其他几种模型架构[30]，选用的量表具有较好的区别效度。其次，计算每两个构念的共同方差，检验个体构念的平均提取方差 AVE 值是否高于因素间的共同方差。表2显示，平均提取方差（AVE）的最小值是基于市场的创新构念的0.507，高于量表构念所有可能的两两结合的共同方差（表4的上三角部分）的最大值0.071，说明研究选用的量表具有较好的区别效度[24]。表4还显示了各主要变量的均值、标准差以及变量之间的相关系数（下三角部分），可以看出消费者定位对产品海外形象的正向相关关系。

表3　模型验证性因素分析拟合值

模型 ＼ 建议值	χ^2 越小越好	df 越大越好	χ^2/df <3	GFI >0.9	AGFI >0.9	TLI >0.9	CFI >0.9	RMSEA <0.08
五因素（pi, cor, pCSR, Inn_ m, Inn_ t）	225.476	179	1.260	0.936	0.917	0.979	0.982	0.029
四因素（pi, cor, pCSR, Inn_ m + Inn_ t）	470.856	183	2.573	0.861	0.825	0.872	0.889	0.072
三因素（pi, cor, pCSR + Inn_ m + Inn_ t）	813.375	186	4.373	0.752	0.692	0.726	0.757	0.106
双因素（pi, cor + pCSR + Inn_ m + Inn_ t）	1130.266	188	6.012	0.689	0.618	0.593	0.635	0.129
单因素（pi + cor + pCSR + Inn_ m + Inn_ t）	1684.659	189	8.914	0.577	0.483	0.357	0.421	0.162

注："+"为两个变量组合。

资料来源：作者计算整理。

表4 各变量均值、标准差、相关性及共同方差

	Mean	SD	1	2	3	4	5
产品海外形象	4.632	1.021	—	0.067 **	0.071 **	0.065 **	0.043 **
消费者定位	4.600	1.101	0.258 **	—	0.031 **	0.058 **	0.030 **
感知的企业社会责任	4.757	1.142	0.267 **	0.177 **	—	0.012	0.065 **
基于市场的创新	4.420	1.129	0.254 **	0.241 **	0.110	—	0.014 *
基于技术的创新	4.494	1.051	0.208 **	0.173 **	0.255 **	0.117 *	—

注：（1）＊＊P＜0.01（双尾）＊P＜0.05（双尾）。（2）矩阵对角线下方是相关系数；矩阵对角线上方是共同方差。
资料来源：作者计算整理。

3. 多重中介效应

（1）总效应。消费者定位到产品海外形象的总间接效应是 $F = a_1b_1 + a_2b_2 + a_3b_3 = 0.1394$。使用方程（1）计算渐进方差 var［F］＝0.0022以确定效应的显著性。因此，消费者定位到产品海外形象的总间接效应的渐进临界比率是 $Z = 0.1394/\sqrt{0.0022} = 2.9660$，同时偏差校正（Bias - Corrected）法和百分位值（Percentile）法95%置信区间的上限和下限分别是0.0640、0.0590和0.2545、0.2423，拒绝总间接效应等于0的原假设（p＝0.0017），总间接效应存在。

（2）特定间接效应。多重中介模型中，我们不仅关心消费者定位到产品海外形象的总间接效应，而且关注特定的间接效应。由于总间接效应和特定间接效应样本服从正态分布的假设经常受到质疑，尤其是在小样本情况下[31]，所以本文使用 Bootstrapping 的方法检验间接效应。在潜在的中介效应检验中，我们可以看出创新和感知的企业社会责任可能是重要的中介变量，每个间接效应的置信区间使用偏差校正和百分位值两种方法估计。特定的间接效应是 $a_1b_1 = 0.0270$（基于技术的创新），$a_2b_2 = 0.0556$（基于市场的创新），$a_3b_3 = 0.0569$（感知的企业社会责任），这三个特定间接效应的标准误和临界比率如表5所示。我们发现，通过"感知的企业社会责任"和"基于市场的创新"所产生的消费者定位到产品海外形象的特定间接效应是显著异于零的，通过"基于技术的创新"产生的间接效应使用偏差校正法进行 Bootstrapping 时显著异于零，而通过百分位值法估计的结果显著为零，说明相对于感知的企业社会责任和基于市场的创新，这是一个较弱的特定间接效应，但可以看出，基于技术的创新也是一条多重中介。假设2、假设3、假设4得到了验证。

表5 基于 Bootstrapping 的多重中介效应

变量/关系	系数估计值	系数乘积战略		Bootstrapping			
				偏差校正法95% CI		百分位值法95% CI	
		标准误	Z值	下限	上限	下限	上限
间接效应							
基于市场的创新	0.0556	0.0296	1.8784	0.0116	0.1321	0.0068	0.1216
基于技术的创新	0.027	0.0202	1.3366	0.0003	0.0851	-0.0036	0.0765
感知的企业社会责任	0.0569	0.0261	2.1801	0.0181	0.1242	0.0142	0.1162
总间接效应	0.1394	0.047	2.966	0.064	0.2545	0.0590	0.2423
直接效应							
消费者定位→产品海外形象	0.1883	0.0866	2.1744	0.0228	0.361	0.0251	0.3617
总效应							

续表

变量/关系	系数估计值	系数乘积战略		Bootstrapping			
				偏差校正法 95% CI		百分位值法 95% CI	
		标准误	Z 值	下限	上限	下限	上限
消费者定位→产品海外形象	0.3277	0.082	3.9963	0.1714	0.4863	0.1753	0.4910
对比效应							
市场创新 vs. 技术	− 0.0299	0.0313	− 0.9553	− 0.1022	0.0259	− 0.0965	0.0301
市场创新 vs. CSR	0.0013	0.036	0.0361	− 0.0723	0.0729	− 0.0708	0.0738
技术创新 vs. CSR	0.0286	0.0376	0.7606	− 0.0409	0.1109	− 0.0466	0.1043

注：5000 份 Bootstrap 样本。

资料来源：作者计算整理。

（3）总效应和直接效应。消费者定位到产品海外形象的总效应和直接效应分别是 0.3277，$p < 0.01$ 和 0.1883，$p < 0.01$，总效应和直接效应差异就是通过这三个中介变量的总的间接效应，点估计值是 0.1394，95% 的偏差校正法 Bootstrap 置信区间和百分位值法 Bootstrap 置信区间分别是 {0.0640，0.2545} 和 {0.0590，0.2423}，可以看出消费者定位到产品海外形象的总效应和直接效应的差异是异于零的。验证了假设 1。

（4）对比效应。考察这三个特定间接效应差异的显著性可能很有趣，如表 5 下方特定间接效应的两两对比结果。首先比较基于技术的创新和感知的企业社会责任，使用方程（4）和方程（5）定义二者的差异和差异的样本方差值，可以得到 $Fc = 0.1567 \times 0.1723 - 0.2400 \times 0.2369 = 0.0286$ 和 var [Fc] = 0.0014。这个差异的 95% 的置信区间因此是 {− 0.049，0.1109} 和 {− 0.0466，0.1043}，由于零被包含在这个区间里，所以基于技术的创新和感知的企业社会责任这两个特定间接效应在重要性上不能被区别，没有显著的差异，尽管在特定间接效应的检验中，感知的企业社会责任是显著异于零的，而另一个基于技术的创新在百分位值法上是显著等于零的。当基于技术的创新没有充分的显著等于零，或者感知的企业社会责任没有充分的异于零时，这样表面上的矛盾是可能发生的[31]。二者的对比效应显示在发展中国家提升中国产品形象的过程中，技术创新和企业社会责任具有同等重要的作用。同理，可以判断感知的企业社会责任和基于市场的创新，以及基于市场和基于技术的创新这两组特定间接中介效应的差异对比。

结果表明，基于市场的创新，基于技术的创新，感知的企业社会责任，作为一个集合，在中亚国家消费者定位与中国产品海外形象的关系中起到了中介效果；更为重要的是，在发展中国家提升中国产品的海外形象，需要同时关注创新和企业社会责任，三者在提升形象的战略和方案实施方面具有同等重要的作用，这与在其他地区得出的创新相对于企业社会责任/绿色发展更为重要的结论是截然不同的。路径 a（包含 a1，a2，a3）和路径 b（包含 b1，b2，b3）的方向与理解三个中介效应对消费者定位和产品海外形象的作用是一致的，即更准确的中亚消费者定位会表现出更好的把握技术创新、市场创新和感知的企业社会责任三个维度，这些又会反过来更好地提升中国产品在中亚国家的形象。对特定的间接效果的考察表明，创新和感知的企业社会责任都是中介变量，因为它们的 95% 的置信区间不包含零；特定间接效应的对比效应分析表明，三个中介变量起到的中介作用相同，因为比较的 95% 置信区间包含零。需要指出，在检验过程中，我们没有使用这些效应的 p 值，这种 p 值的检验假设间接效应的样本（或者是两两对比的间接效应差异的样本）服从正态分布，这种假设过于严格。我们使用的 Bootstrapping 方法没有要求这种有依据的假设，因为 Bootstrapping 方法对中介作用分析的理解并没有聚焦于因果法使用的路径 a 和路径 b 的统计显著性，而是强调间接效应的方向和大小。值得注意的是，单个特定的中介效应并不代表给定的中介变量（M）对解释变量（X）和被解释变量（Y）的中介作用，而是表示在控制了其他中介变量后 M 的中介作用。以感知的企业社会责任为例，0.0569 是指在控制了基于技术和基于市场的创新后，其对消费者定位到产品海外形象的特定间接中介效果。

五、结论与政策建议

（一）结论

本文基于中亚国家消费者对中国产品印象调查数据，从产品提供者和消费者的角度探讨了提升中国产品在发展中国家形象的优化路径和战略重点，得出以下主要结论：①提升中国产品的中亚形象，需要企业明确自己的定位，聚焦于创造显性的和潜在的消费者价值，理解购买者的整体价值链。②消费者定位型的中国企业为了挖掘消费者的潜在需求，需要在领先用户中使用先进的技术，进行技术创新，虽然这样的投资是巨额的、有风险的，但中亚市场的信号告诉我们，这是一条提高产品海外形象的首选和必由之路。③虽然基于市场的创新可能是简单的技术方面，但从消费者需求的角度讲，可能存在更大的风险，因为管理者只能猜测新兴市场的规模、新产品的利润率或者理想的产品属性，更为重要的是，当企业积极的发展直接解决现存消费者不满意需求的技术创新，以保证较高的回报率时，很难对市场的创新进行实质性的投资，但这却是进一步提升产品海外形象不可忽略的环节和路径。④目前中亚国家消费者对于企业慈善行为的期望已经达到了一定的高度，中国企业在消费者心目中的形象和企业的识别度已经反映到了企业的绩效层面，与此同时，中亚消费者对企业社会责任履行程度的感知对于提升中国产品的形象起到了举足轻重的作用。⑤绝大多数的中亚国家消费者有宗教信仰，其对企业社会责任的关注已经不仅反映在中国企业的绩效上，而且体现在其对中国产品的总体印象上，所以，在提升中国产品在中亚国家中的形象时，企业社会责任足以提升到与创新同等重要的水平。技术创新、市场创新和企业社会责任三者对比效应在统计上没有显著差别证明了这一结论。

（二）政策建议

（1）精准的中亚消费者定位视顾客满意为第一标准。使中国制造的产品人性化、精益求精、长于细节，是吸引购买的主要因素，中亚消费者普遍反映，购物主要是看重品质，还有设计创意，很多小东西的人性化设计让人用起来感觉很好，便宜是其次。时刻注重满足消费者的需求，将顾客满意作为第一标准贯彻到产品制造的全过程，并为实现上述目的不断地进行技术革新，是中国制造业需要打造的主要特征，也是促使中国打造良好的产品海外形象、涌现出国际知名品牌的一个重要因素。

（2）技术创新方面应着重二次创新，实现技术反超。与日本以及一些欧美国家相比，中国缺乏首创精神，在创新上不占优势，我们的优势是擅长拿来主义。正是由于如此，我们的企业拿到专利需要在改良和细节上下功夫，实现"二次创新"。所谓"二次创新"，是在完全掌握、消化吸收一门技术的基础上，对其进行创造性发展，具体做法可以是，降低专利申请门槛，使得企业拥有大量属于小改进、小创新，甚至看似可能没有意义的专利，但这些小专利就像蚁群一样，将原本属于外国的突破性核心专利包裹、吞噬掉，并在这个过程中实现自己的专利优势。

（3）市场创新方面，开发未知的市场，做到独树一帜。要在复杂多元的市场上立足，不能仅依靠在庞大的市场迫使下，而要不断采取新技术，发明新产品，还需要用创新的方式发展用户，中国的企业需要做到与众不同，推出前人没想到的产品，注重营销，卖得好才有资金进一步研究开发，扩大再生产，开发未知的市场。

（4）企业要有正确的价值观，让中亚国家消费者相信中国产品，这是关键。中亚消费者接受中国品牌，不仅看中品牌所包含的品质和创新，也是对这个国家企业所持有的价值观的认同。公认的商业价值观包括诚信、守法、负责、公平等原则，这是企业长久立足于国际市场必须遵守的根本的、不二法则。对于想要成功的中国企业，无论是在国内还是在国外经营，都需要注重企业的社会责任，投入人力物力，帮助当地发展经济、文化、教育等事业，参与环保、慈善等公益活动。尤其是对具有宗教信仰、观念较为执着的中亚消费者，这无疑有利于维护中国企业形象和声誉，为提升产品形象和推广品牌增色加彩。

（5）在发展中国家提升中国产品海外形象，需要同时重视技术创新、市场创新和企业社会责任三者的作用，而非创新优于企业社会责任。中国产品在发展中国家基本上具有创新优势，但产品的海外形象并不好，主要原因在于中国企业的企业社会责任意识不强，服务不足，还在用国内推广产品的观点和老眼光看待发展中国家的市场。今天，中国不仅需要一如既往地关注技术创新和市场创新，还需要关注企业社会责任，建立新的信用体系，让我们自己的百姓相信自己的产品，让中亚、发展中国家的消费者相信中国产品。品牌不是人工创造出来的，品牌从来都是自己长出来的。

参考文献

［1］Levitt, T. Marketing Success through Differentiation of Anything ［J］. Harvard Business Review, 1980 (58): 83 – 91.

［2］Day, G. S., R. Wensley. Assessing Advantage: A Framework for Diagnosing Competitive Superiority ［J］. Journal of Marketing, 1988, 52 (2): 1 – 20.

［3］Narver, J. C., S. F. Slater. The Effect of a Market Orientation on Business Profitability ［J］. Journal of Marketing, 1990, 54 (4): 20 – 35.

［4］Nagashima, A. A Comparative "Made in" Product Image Survey among Japanese Businessmen ［J］. Journal of Marketing, 1977, 41 (3): 95 – 100.

［5］Slater, S. F., J. C. Narver. Market – Oriented is More than Being Customer – Led ［J］. Strategic Management Journal, 1999, 20 (12): 1165 – 1168.

［6］Slater, S. F., J. C. Narver. Research Notes and Communications Customer – Led and Market – Oriented: Let's not Confuse the Two ［J］. Strategic Management Journal, 1998, 19 (10): 1001 – 1006.

［7］Chandy, R. K., G. J. Tellis. Organizing for Radical Product Innovation: The Overlooked Role of Willingness to Cannibalize ［J］. Journal of Marketing Research, 1998, 35 (4): 474 – 487.

［8］吕一博，蓝清，韩少杰. 开放式创新生态系统的成长基因——基于 iOS、Andriod 和 Symbian 的多案例研究 ［J］. 中国工业经济, 2015 (5): 148 – 160.

［9］Von Hippel, E. The Sources of Innovation ［M］. New York: Oxford University Press, 1995.

［10］Slater, S. F., J. C. Narver. Market Orientation and the Learning Organization ［J］. Journal of Marketing, 1995, 59 (3): 63 – 74.

［11］Schumpeter, J. A. The Theory of Economic Development: An Inquiry into Profits, Capital, Credit, Interest, and the Business Cycle ［M］. Piscataway, New Jersey: Transaction Publishers, 1934.

［12］李伟阳，肖红军. 企业社会责任的逻辑 ［J］. 中国工业经济, 2011 (10): 87 – 97.

［13］Korschun, D., C. B. Bhattacharya, S. D. Swain. Corporate Social Responsibility, Customer Orientation, and the Job Performance of Frontline Employees ［J］. Journal of Marketing, 2014, 78 (3): 20 – 37.

［14］Lichtenstein, D. R., M. E. Drumwright, B. M. Braig. The Effect of Corporate Social Responsibility on Customer Donations to Corporate – Supported Nonprofits ［J］. Journal of Marketing, 2004, 68 (4): 16 – 32.

［15］ Brislin, R. W. Research Instruments ［M］. Sage Publications Inc, 1986.

［16］ Brown, R. L. Assessing Specific Mediational Effects in Complex Theoretical Models ［J］. Structural Equation Modeling: A Multidisciplinary Journal, 1997, 4 (2): 142 – 156.

［17］ Bollen, K. A. Total, Direct, and Indirect Effects in Structural Equation Models ［J］. Sociological Methodology, 1987, 17 (1): 37 – 69.

［18］ Mackinnon, D. P., J. L. Krull, C. M. Lockwood. Equivalence of the Mediation, Confounding and Suppression Effect ［J］. Prevention Science, 2000, 1 (4): 173 – 181.

［19］ Bollen, K. A. Structural Equations with Latent Variables ［M］. New Jersey: Wiley – Interscience, 1989.

［20］ Zhou, K. Z., C. K. B. Yim, D. K. Tse. The Effects of Strategic Orientations on Technology – and Market – Based Break through Innovations ［J］. Journal of Marketing, 2005, 69 (2): 42 – 60.

［21］ Gatignon, H., J. Xuereb. Strategic Orientation of the Firm and New Product Performance ［J］. Journal of Marketing Research, 1997, 34 (1): 77 – 90.

［22］ Fornell, C., D. F. Larcker. Evaluating Structural Equation Models with Unobservable Variables and Measurement Error ［J］. Journal of Marketing Research, 1981, 18 (1): 39 – 50.

［23］ Anderson, J. C., D. W. Gerbing. Structural Equation Modeling in Practice: A Review and Recommended Two – Step Approach. ［J］. Psychological Bulletin, 1988, 103 (3): 411 – 423.

［24］ Hair, J. F., R. E. Anderson, R. L. Tatham, et al. Multivariate Data Analysis ［M］. London: Prentice Hall, 1998.

［25］ Kline, R. B. Principles and Practice of Structural Equation Modeling ［M］. New York: The Guilford Press, 2005.

［26］ Hair, J. F., W. C. Black, B. J. Babin, et al. Multivariate Data Analysis ［M］. Upper Saddle River, NJ: Pearson Prentice Hall, 2009.

［27］ Kline, R. B. Principles and Practice of Structural Equation Modeling ［M］. New York: The Guilford Press, 2011.

［28］ Ng, K., S. Ang, K. Chan. Personality and Leader Effectiveness: A Moderated Mediation Model of Leadership Self – Efficacy, Job Demands, and Job Autonomy ［J］. Journal of Applied Psychology, 2008, 93 (4): 733 – 743.

［29］ Preacher, K. J., A. F. Hayes. Asymptotic and Resampling Strategies for Assessing and Comparing Indirect Effects in Multiple Mediator Models ［J］. Behavior Research Methods, 2008, 40 (3): 879 – 891.

国民经济

地方官员变更抑制企业投资的区域异质性

魏婧恬　葛　鹏

（上海财经大学国际工商管理学院　上海　200433）

一、引言

我国过去三十年的经济高速增长对投资起至关重要的作用，随着我国经济改革的不断推进，投资主体也在不断地从政府慢慢向企业转换，未来企业作为投资主体是我国新常态下的主要特征。而政治因素对企业投资有着重要影响（Rodrik，1991；Pindyek and Soliman，1993），官员的变更产生的政治不确定性和事实权力转移对企业投资的抑制作用十分显著（Julio and Yook，2012；Durnev，2010；Liu，2010；曹春芳，2013；徐业坤等，2013）。目前对于国内官员的变更降低企业投资的结论已经达成一致，但是对地方官员变更产生影响的机制和影响程度仍然存在争议，究竟是政治不确定还是事实权力转移抑制了企业的投资仍然存在疑问。本文得出结论：政治不确定性和事实权力转移对当地企业投资的抑制作用是有程度差异的，影响的范围也十分有限。

当今世界正处于和平年代，不存在国家整体层面的社会动荡以及政治暴力等情况发生，因此国际上对于政治不确定性的衡量基本都是以官员更替来衡量，只是国外官员更替以选举来表现（Jones and Olken，2005；Durnev，2011；Julio and Yook，2012），而我国的政治制度不同于国外选举制，我国实行官员任期制，不仅官员的定期轮换已经成为一种常见的政治现象，各种临时政治调动、违纪违规行为等也会引发官员更替（潘越等，2015）。

曹春芳（2013）借鉴 Acemoglu（2001，2005）论文将政治权力区分为由政治制度规定的法定政治权力和资源配置导致的事实政治权力，他认为这二者决定了政治制度，影响了经济发展，并将法定政治权力与事实政治权力进行了定义，其中官员的法定政治权力是指通过国家法律以及政府规章制度限定，在整体区域内发挥作用，如制定辖区内的经济政策、产业政策和行业管制等。由于官员具有异质性，其个体不同的偏好会导致不同的政策偏向。因此，法定政治权力发生转移时，当地经济政策存在改变的风险，会导致辖区内的企业被迫缩减投资，有大量文章已对此进行了论证（Liu，2010；Durnev，2011；Julio and Yook，2012）。官员的事实政治权力由其对资源的配置能力形成，强调其对可控制资源的影响，具有局部性，如对基于产权联系的地方国企的干预。事实政治权力转移时，由于实施主体的更替，会导致官员个体（离任官员和接任官员）对其可控制资源配置影响减弱，最终影响企业投资。事实权力发生转移时，当地与官员相关的企

[作者简介] 魏婧恬，上海财经大学国际工商管理学院，博士研究生；葛鹏，上海财经大学国际工商管理学院，博士研究生。

业会出现相应的投资下降。最后运用中国省委书记变更的数据，经过实证研究曹春芳（2013）认为中国的地方官员更替更适合从事实政治权力逻辑解释，不存在法定政治权力转移即政治不确定性影响公司投资的证据。

徐业坤等（2013）将官员更替对企业投资影响划分为法定政治权力与事实政治权力转移两种解释，也即 Julio 和 Yook（2012）所述的政治不确定性逻辑以及曹春方（2013）所述的事实政治权力转移逻辑。但是徐业坤（2013）利用中国各地级市市委书记变更的数据，说明了法定权力转移即政治不确定性是地方官员变更影响当地企业投资的主要因素，而不是曹春芳（2013）所说的事实权力转移，并且他进一步论证了具有政治关联的民营企业影响程度更大。

我国正处于经济转型期，地方政府（尤其是低级别政府）是推动经济增长的主要动力（逯东，2014）。特别是行政分权和财政分权改革之后，行政审批、土地征用、贷款担保等各项政策均掌握在地方政府手中（周黎安，2007），地方政府发挥的作用更加凸显，不仅影响经济增长也影响企业决策。

本文基本沿用曹春芳（2013）和徐业坤等（2013）的方法，并且对该领域的研究进行了拓展，挖掘出地方官员变更抑制企业投资的区域差异性和作用机制。本文运用市委书记变更的数据，区分了政治不确定性与事实权力转移，分别探讨了市委书记变更对市区企业投资与县市企业投资、国有企业投资与民营企业投资的影响，以此探明二者是如何影响企业投资的。根据研究我们发现，市委书记变更产生的这两种作用，对所辖区企业投资的影响是有差异的。经过分析验证，政治不确定性对市区与县市企业影响不存在显著差异，而事实权力转移存在显著差异。由此说明区域差异主要是由事实权力转移导致的，事实权力转移的影响程度是受离地区权力中心的远近来影响的，离权力中心越近越容易受到事实权力转移的影响。由此说明官员变更存在的区域差异性，是由事实权力转移和离区域权力中心的远近所导致的。

二、文献回顾

（一）地方官员更替与经济增长

研究地方官员更替对经济的影响一般从两个角度进行：一种是从宏观角度研究地方官员更替分析对经济增长的影响，另一种是从微观角度研究地方官员更替对企业投资的影响。

国外已经有多位学者研究出官员变更对宏观经济增长有显著的负面影响（Barro，1991；Alesina & Rodrik，1994；Jones & Olken，2005）。由于中国的政治制度有其特殊性，使得中国的地方官员实际上比西方国家的地方官员有更大的政治影响力，在地方的经济发展中起的作用更为关键（徐业坤等，2013）。我国经济已经经历了三十多年的高速增长，这种高速增长是由改革开放不断释放的增长潜力促使的。我国改革由政府推动，但是我国的政府主要是沿着分权化方向进行改革的。依靠行政分权和财政分权来推动地方经济发展，行政分权是将中央部委拥有的很多经济管理权力和部分中央直属企业下放给地方政府，地方政府在经济决策方面有一定的自主权；财政分权则是通过早期的"财政包干制"和1994年开始推行的分税制改革，实现中央和地方政府的财政收入分成（逯东，2015）。由此中国地方官员便在地方经济发展中起着决定性作用，而中央政府则是通过政治激励和财政激励促使地方官员加速地方经济的发展，并由此形成一套政绩考评体系，如"晋升锦标赛"等进一步强化了地方政府官员发展经济的积极性（周黎安，2004，2007；张军，2005，2007；徐现祥，2007，2008）。于是地方官员的变更便会对当地的经济增长产生直接的影响,张军和高远(2007)以及王贤彬等(2009)运用省级官员变动数据对地方官员变更对经济增长的抑制作用进行了充分的分析。杨海生等(2014)采用地级市市委书记变更数据,分析了由地方官员变更产生的政策不确定性,即政治不确定性会导致地方经济增长的下降,并识别了这种影响的传导机制,认为由财政因素产生的影响总体上要显著强于由信贷产生的影响。

(二)地方官员更替与企业投资

自2012年Julio和Yook在Journal of Finance发表Political Uncertainty and Corporate Investment Cycles之后,政治不确定性与企业投资研究逐渐成为全球经济学者关注的热点。此前有许多学者也涉足该领域的研究,但是并没有统一的结论,Bloom等(2007)、Yonce(2010)等从不同角度说明政治不确定性冲击会让企业谨慎投资,减少和延缓投资。Julio和Yook(2012)的跨国企业数据实证检验了政治不确定性对企业投资存在明显的抑制作用,在国家大选期间,产生的政治不确定性会使企业变得更加谨慎,投资支出平均降低4.8%。在我国,陈艳艳和罗党论(2012)、曹春芳(2013)、徐业坤等(2013)、韩国高(2014)跟随Julio和Yook(2012)的实证分析,验证了我国地方官员变更会降低当年企业的投资。

曹春芳(2013)和徐业坤等(2013)则扩展了Julio和Yook(2012)的研究,根据我国的特殊情况,将官员变更区别为政治不确定性即法定权力转移和事实权力转移,曹春芳(2013)认为是事实权力转移导致企业投资的下降,而徐业坤等(2013)则认为政治不确定性即法定权力转移导致企业投资的下降。

三、理论分析与研究假设

以上分析提供了地方官员变更从宏观层面和微观层面影响经济发展的证据,然而这些文献无论是研究地方官员变更对经济增长的研究,还是地方官员变更对企业投资的研究,采用省级官员的数据较多(张军,2007;徐现祥,2007;王贤彬,2009;陈艳艳、罗党论,2012;曹春芳,2013),采用市级官员变更的数据较少(杨海生等,2014;徐业坤等,2013),但是所有文献都认为,官员变更对所辖区的所有地区都产生影响,而没有任何一项研究挖掘这种影响会因行政层级或者区域不同而改变,存在区域差异性。而这种区域差异性主要表现在地方官员所管理的下一级行政单位即市区和县市表现出来的异质性。市区和县市虽然是同一级行政单位,但是在面临市委书记变更时会表现出不同的反应。本文将通过考察市委书记变更对其所辖区的市区范围和县市范围的影响,发现其差异性并找出影响根源所在,以此观察地方官员变更对微观企业的影响途径。

(一)制度背景、经济分权与行政层级

我国中央政府对地方经济的管理实际上是一种分权治理机制,实行具有政府层级的行政分权和财政分权管理模式,类似于"M"型组织结构(Xu,2011;Qian and Xu,1993)。中央将发展地方经济的自主权下放给各省、市级政府,各省、市级政府再将权力下放到下一级市、区、县级政府;地方省级官员的培养、任命、调换由中央政府统一安排,而省内的地市级则有省级政府统一安排,市区县级则由所在市级政府安排;地方官员所在省市区县的经济业绩是影响官员政治晋升的重要因素,各级地方政府官员基于政治晋升或本地财政收入最大化方面的考虑,有强烈发

展本地区经济的愿望，最终形成省、市、区、县级等各层次地方政府的经济竞争格局、自下而上推动了我国经济增长和转型升级。

目前理论与实证研究已经分别从省级官员变更和市级官员变更分析了这两个层级官员对所辖地区经济增长和企业投资的影响（张军，2007；徐现祥，2007；王贤彬，2009；陈艳艳、罗党论，2012；杨海生等，2014；曹春芳，2013；徐业坤等，2013）。我国的政绩考核评价体系是一种自下而上的"晋升锦标赛"，越是上一层政府越强调政治利益的诉求，而下一层政府往往与企业利益一致。逯东等（2015）和姚洋、张牧扬（2013）等研究发现，省级官员离权力中心较近，其晋升带有更多政治方面考虑，而不受经济利益影响；地市县级官员行政层次更接近基层，离权力中心相对较远，受经济利益的影响更大而受政治利益的影响较小，地方政府对企业监督能力和控制能力强于更高一级政府，企业受这些级别的政府影响更大。因此研究地方官员变更对微观企业的影响，应该更多考虑市区县级的官员变动，这些官员与地方企业的目标和利益更趋一致，其研究更有价值。因此本文运用市级官员数据分析地方官员变更对企业投资的影响更具说服力。

陈艳艳、罗党论（2012）运用地方市长变更的数据，徐业坤等（2013）运用地级市市委书记变更的数据，分别对企业投资进行了研究，但是两者得出截然相反的结论。陈艳艳、罗党论（2012）研究发现，市长变更会导致企业投资支出上升，这明显与传统的官员变更影响企业投资的理论相悖，主要是由于他们采用的是地级市市长的数据，我国地方政府是由市委直接领导的，市委书记具有政治决策权和人事选拔权，负责整个地方的经济和行政事务，因此市委书记的变更才会产生该地区的法定权利转移和事实权力转移，市长的变更并不会产生此种影响机制，也就是说并不会显著影响企业的投资行为。因此市委书记的变更是衡量市一级官员发生政治不确定性和事实权力转移的主要指标。

徐业坤等（2013）运用市委书记数据，将地方官员变更区分为政治不确定性即法定权力转移与事实权力转移，对曹春芳（2013）的研究做出了回应。曹春方（2013）的认为，所述的法定政治权力转移所致的政治不确定性，对企业投资的影响具有整体上的区域性。而徐业坤等（2013）则认为大部分企业注册地在城市，曹春芳（2013）所采用的省级官员权力转移对于较低层级城市企业的影响相对较弱，因此得出来的事实权力转移抑制企业投资的结果不具有说服力。徐业坤等（2013）则根据市委书记变更的数据发现，政治不确定性无论对辖区内的民营企业还是国有企业都有一定的抑制作用，Julio and Yook（2012）认为政治不确定性即法定权力转移抑制企业投资的逻辑在我国具有解释力。

延续徐业坤等（2013）的逻辑，我们运用市委书记变更的数据，区分市区与县市的企业，县级市为地级市直属的县处级单位，具有一定自主权；市区为地级市除县级市和县之外的县处级地方行政单位，包括市内的区、开发区以及高新区等，由地级市直接管理。考察地级市官员变更对市区和县级市企业是否影响不同。理论上地级市的市委书记具有管理整个城市的权力，包括所辖的县级市，对县级市的人事任命和经济发展都有一定的领导责任。但是由于我国自下而上的分权体制，首先，地级市虽然有管理整个区域的责任，包括各种经济政策和财政政策都会影响到整个区域，但是对于县级市的企业来说，其与县级市利益更趋一致，联系更加紧密，而无论在层级上还是距离方面，都离地级市政府较远，受地级市官员变更影响较弱。其次，地级市官员尽管能够调配整个区域内的资源，但是其对县级市所在企业的影响能力不如县级市官员的影响力大，其资源配置能力因此减弱；由此县级市企业更加关心县级市官员的变动，对于地级市官员的关注度较弱，与县级市内企业不同，市区内企业虽然也关注本区官员变动，但是更重要的是关注与自己息息相关的地级市官员的变更。

假设 1：地方官员变更对企业的投资有抑制作用，这种抑制作用存在区域差异性，只会影响市区内的企业，而不会影响到所辖县市的企业。由此说明，政治不确定性的影响是有限度、有范围的。

（二）政府干预与企业投资

大量文献发现，我国政府干预存在"掠夺之手"，会显著影响企业的正常经营，导致企业非效率，特别是国有企业。过去唯GDP的"政绩观"，政府更愿意干涉企业投资，使得地方企业存在大量过度投资和投资低效，这种现象在国有企业更为明显。究其原因主要是由于国有企业与政府的关系更为紧密，无论在产权还是行政级别等方面，都很容易受政府影响。而对于民营企业来说，与掌握着土地、信贷、政策等关键资源的政府及政府官员建立良好关系，对于企业的投融资以及土地等资源的获得都有好处。也就是说，一家企业与政府的权力距离越近，便会得到越多关注，也就很容易受到地方官员变更的影响。

假设2：地方官员变更抑制企业投资的区域差异性，受政治不确定性和事实权力转移两个层面影响，离地方权力中心的距离不是导致区域差异性的唯一原因。

（三）地方官员变更与企业投资

曹春芳（2013）和徐业坤等（2013）根据我国现实情况，将地方官员变更区分为政治不确定性和事实权力转移。但是究竟哪种因素在抑制企业投资过程中发挥了关键作用，到目前也未产生统一定论，延续假设1的逻辑，既然地方官员变更对企业投资的影响具有区域差异性，那么肯定是由政治的不确定性和事实权力转移导致这种差异。政治不确定性由国家法律以及政府规章制度限定，主要体现在辖区内经济政策、产业政策和行业管制等规章制度的变更，会在整体区域内发挥作用。由此法定权力转移应该对区域内企业都产生作用，不存在区域差异性。而事实政治权力转移是指对资源配置能力和资源控制能力的转换，主要体现在对基于产权联系的地方国企的干预和对自己有政治影响力企业的干预等，具有局部性影响。事实政治权力转移时，由于实施主体的更替，会导致官员个体对其可控制资源配置的影响减弱，最终影响企业投资。因此事实权力转移具有区域性，并且离地方权力中心越近，影响越明显。

假设3：政治不确定性不是导致区域差异性的主要原因，而事实权力转移与离地方权力中心距离产生的双重因素才是导致差异性的主要原因。事实权力转移在市区内影响更为明显，并且随着距离越近影响越明显。

四、研究设计

（一）样本选择与数据来源

本文选取2003~2012年中国沪深上市企业作为研究对象，并对数据做如下筛选：①剔除当年交易状态为ST、ST*的上市公司。②剔除金融类公司。③由于本文讨论的是地委书记变动对上市企业投资的影响，所以剔除注册地在直辖市的企业。④剔除管理费用等财务数据或城市GDP增长数据缺失的样本。

基于本文的主题，进一步对以下数据进行了手工收集与整理：①企业注册所在地级市市委书记的更替信息。目前中国地方政治权力主要集中在地方党委部门，地委书记是真正掌握地方政治权力的中心。另外，作者从对部分地委书记、市长访谈中获悉，地委书记的变动甚至将会导致整个地区官员的大幅洗牌，从而造成政治不确定性。我国学者曹春芳、戴亦一、徐业坤等也都采用了地方党委（省委书记或地委书记）更替数据来衡量政治不确定性。为了获得注册地市委书记数据，首先需要对企业注册所在地进行梳理，随后从人民网搜索各时期地委书记的简历，确定各地委书记换届的年份。对于人民网数据缺失的，使用百度搜索或百度新闻等进行资料补充。②企业注册所在位置距离地级市政府的距离。通过万得数据库，搜索企业注册地所在的具体位置，然后通过百度地图对其与所在地级市政府的实际物理距离测算得到。对于注册地址有误的，使用公司名称搜索或者利用注册地址中提供的街道信息进行匹配。另外还具体区分企业注册地是属于该地级市的区或县。

本文企业数据均来自 CSMAR，城市数据来自于各年的《中国城市年鉴》。

（二）模型设计及说明

为了验证地级市市委书记的事实权力转移对县和区的影响有所差异，提出如下模型：

$$Fninvestment = a_0 + a_1 change + a_2 GDP + a_3 growth + a_4 leverage + a_5 fcf + a_6 mfee + a_7 occupy + \sum year + \sum industry + \varepsilon$$

进一步将验证事实权力转移导致的县区之间差异是否由距离远近引起的信息传播效率不同导致，提出加入距离的模型：

$$Fninvestment = a_0 + a_1 change + a_2 distance + a_3 change\_ distance + a_4 GDP + a_5 growth + a_6 leverage + a_7 fcf + a_8 mfee + a_9 occupy + \sum year + \sum industry + \varepsilon$$

（1）被解释变量。投资变动（Ininvestment）：企业新增投资支出，为构建固定资产、无形资产和其他长期资产支付的现金与处置固定资产、无形资产和其他长期资产而收回的现金差除以年初总资产。为了数据平滑方便处理，对投资进行了对数化。

（2）主要解释变量。①官员变动（change）：以注册地地委书记变动代表政治不确定性。我们采用了戴亦一等的定义方法，如果官员变动发生在上半年（1~6月），则认为该官员变更年为今年，记为1；如果官员变动发生在下半年（7~12月），则认为该官员变更年为下一年，则下一年记为1。②距离（distance）：企业与地级市政府的距离。

（3）控制变量。综合现有文献，选取如下控制变量：①城市层面，选取所在地级市 GDP（gdp），根据 Julio 和 Yook（2012）以及徐业坤（2013）的做法，将对 gdp 做一阶滞后处理。②企业层面，参考曹春方（2013）以及徐业坤（2013）处理方式，控制以下变量影响，企业成长性（growth），为股权价值与负债之和同总资产之比；杠杆（leverage），即资产负债率；自由现金流（fcf），经营活动产生的现金流量净额除以总资产；管理费用率（mfee），管理费用与主营业务收入之比以及大股东占款（occupy），其他应收款与总资产之比；大股东持股比例（equity），其中参考 Julio 和 Yook（2012）对企业成长性做了一阶滞后处理。同时，我们还控制了年度变量和行业变量。

（4）分组。①区域划分：本文按照注册地所在县（或县级市）或者区，将企业分为"市区组"或"市县组"。②产权划分：根据 CSMAR 上市公司披露，以实际控制人划分中央国企、地方国企以及民营企业。

五、实证结果及其分析

（一）描述性统计

为了消除主要变量中极端值干扰，使用 winsorize 对极端值样本按照 1% 分位数进行 winsorize

处理。表 1 报告了主要变量的描述性统计。从表中数据可以看到，新增投资的均值为 0.080，标准差为 0.100，说明不同企业的投资水平存在一定的差异。在样本中，84.4% 的上市企业注册于市区内，其余 15.6% 的上市企业注册在县。可以看到，尽管同为上市公司，注册地位于县或位于区的不同，导致企业投资大不相同。面临政治不确定性的上市企业样本占总样本的 23.4%，这意味着政治不确定逐渐成为一种常态（王贤彬，2009），越来越多企业将面临官员更替带来的政治不确定性。其他变量方面，距离（distance）是企业注册地址与地级市政府的直线距离，可以作为企业受权力中心影响的工具变量，其均值为 22.48。各地区平均 GDP 增长率为 17.1%，标准差为 0.073。公司特征方面，企业成长率平均值为 0.29，管理费用平均值为 0.097，大股东占款平均为 0.034，资产负债率平均值为 0.481，企业自由现金流平均值为 0.05，公司平均年龄为 12.785，各样本存在一定程度的差异。

表 1 描述性统计

变量	平均值	标准差	最小值	最大值
investment	0.0792	0.100	− 0.354	1.882
change	0.233	0.423	0	1
distance	22.488	38.437	0.100	817.100
GDP	0.171	0.073	− 0.707	0.888
growth	0.290	2.545	− 7.250	135.667
mfee	0.097	0.099	0.009	0.6725
age	12.785	5.065	1	62
occupy	0.034	0.159	0	11.349
leverage	0.481	0.237	0.007	9.699
fcf	0.047	0.081	− 0.587	0.471

（二）实证结果

1. 政治不确定性对县区投资影响差异的回归分析

首先对总样本进行回归，结果表明，官员的更替将导致企业投资减少。表 2 中（1）和（2）报告了计量结果，从结果中可以发现，无论是否引入控制变量，官员更替对投资影响都显著且方向为负。这与徐业坤（2013）得出的结论类似，但本文分析包括上市公司全样本而非仅仅考虑上市民营企业。进一步分别对区和县两组进行回归分析，回归结果分别为表 中（4）和（6）。官员的变更对注册地为区的上市企业投资变化非常显著，而对注册地为县的上市企业投资变化并无太大影响，说明地委书记的变更对区和县企业投资的影响存在差异。

控制变量方面，企业注册所在地级市的经济增长率 GDP 与企业投资变动呈显著负相关，可能由于当地经济发展水平下滑，会促使地方政府主导企业投资增加。企业成长性对投资变动具有显著正相关关系，说明企业成长能力越强则投资增加越多。企业年龄对投资变动具有显著负相关关系，说明企业在初始阶段扩张投资的需求旺盛，到企业成熟阶段则投资变化小。此外，企业现金流与企业投资呈正相关关系，企业管理费用负向影响企业投资水平，杠杆水平和大股东占比也分别对企业投资有显著影响，与以往文献的结论一致。

以上验证了假设 1，官员变更带来的政治不确定性和事实权力转移仅对市区存在显著性影响，而对县则不显著，说明官员变更产生的影响具有区域性局限。究竟是哪种因素影响导致区域差异，以及导致这种影响的原因还需要进一步考证，将对假设2、假设3进行分析。

2. 政治不确定性、距离与投资支出水平的回归分析

首先，这种差异是由于距离引起的，所以在模型中加入距离以及距离与变更的交互项，分别对总样本、区级样本以及县级样本进行回归。

表2　政治不确定性、距离与投资支出水平回归结果

	(1)	(2)	(3)	(4)	(5)	(6)	(7)
	整个地级市			市区	市区	县市	县市
	investment	investment	investment	investment	investment	investment	investment
change	-0.009***	-0.008***	-0.005**	-0.007**	-0.005	0.002	0.007
	(-3.36)	(-3.26)	(-2.08)	(-2.50)	(-1.59)	(0.33)	(0.87)
distance			0.0001***		0.0002**		0.00001
			(3.36)		(2.12)		(0.30)
dis_change			-0.0001		-0.0002*		-0.0001
			(-1.28)		(-1.77)		(-1.60)
GDP		-0.04***	-0.043***	-0.040**	-0.035**	-0.08*	-0.07*
		(-2.88)	(-2.88)	(-2.46)	(-2.21)	(-1.84)	(-1.82)
fcf		0.129***	0.128***	0.124***	0.124***	0.15***	0.129***
		(6.63)	(6.59)	(5.66)	(5.67)	(3.32)	(3.19)
growth		0.003	0.003	0.004	0.004	0.001	0.001
		(1.28)	(1.28)	(1.25)	(1.23)	(0.62)	(0.76)
mfee		-0.00000458	-0.00001	-0.0002	-0.0001	-0.054	-0.053
		(-0.00)	(0.02)	(-0.16)	(-0.09)	(-1.12)	(-1.12)
age		-0.002***	-0.002***	-0.002***	-0.002***	-0.003**	-0.002**
		(-5.78)	(-5.76)	(-5.29)	(-5.20)	(-2.26)	(-2.23)
leverage		0.022***	0.02***	0.020**	0.018**	0.054**	0.049**
		(2.72)	(2.68)	(2.29)	(0.030)	(2.43)	(2.25)
occupy		-0.051	-0.051*	-0.045*	-0.044*	-0.560***	-0.55***
		(-1.90)	(6.59)	(-1.88)	(-1.84)	(-5.48)	(-5.41)
year		yes	yes	yes	yes	yes	yes
industry		yes	yes	yes	yes	yes	yes
_cons	0.082***	0.110***	0.106***	0.101***	0.097***	0.145***	0.147***
	(-38.69)	(7.53)	(7.22)	(5.97)	(5.81)	(5.00)	(4.86)
R-sq	0.001	0.08	0.08	0.08	0.09	0.115	0.1068
N	6868	6868	6868	5797	5797	1071	1071

对总样本的分析结果显示在表2（3）中。整体样本下，距离对企业投资的影响是正且显著的，与上文的单变量检验结果相符，即离市中心越远的企业投资水平越高，可能是由于市中心企业竞争较为激烈，而离市区较远的企业多为地处县级市的上市企业，这些企业往往是当地的龙头企业，从而获得政府的资源和补贴较多，因此投资活动更为活跃，投资水平更高。但距离与变动

的交互项对总样本投资变动的影响为负，程度较小且不显著，与预期不符，需要进一步按照县和区分组细致分析。对区级样本的分析显示在表2中的（5），在区一组样本下，距离对企业投资的影响仍然是正且显著的，说明距离对投资的影响结果较为稳健，同时距离与变动的交互项对投资变动影响为负且变得显著。这说明在区的范围内，企业距离地级市权力中心越近，投资受到官员变动的影响越大，且方向为负，即企业投资将受到抑制。此时的主效应官员变动对企业投资的影响变得不显著，可能是由于官员变动与距离对投资的影响方向相反，而交互项的引入将掩盖投资效应，此时仍可以认为变动对投资具有明显作用，即变动效应其实是存在的，只不过其影响大小和方向依赖于距离的不同水平。在县组样本下，距离及距离和变动的交互项对投资变动都不再显著，说明官员变动对县级影响有限。由此，验证假设2的结论，即官员变动对企业投资的抑制作用在一定程度上受距离远近影响，这种影响效应在区级范围内尤为显著，但距离远近并不是解释官员变动影响区域异质性的唯一原因。

3. 政治不确定性、距离对不同产权企业投资影响的回归分析

官员更替将通过法定权力转移和事实权力转移对企业投资产生影响，有理由猜测官员更替对县区企业投资的差异很可能是由法定权利转移和事实权力转移的区域性差异导致的。所以通过对假设3的验证，探究官员更替带来的县区投资差异是否来自权力转移的区域性差异。

表3　政治不确定性、距离对不同产权企业投资影响回归结构

	民营企业			地方国企		
	（1）	（2）	（3）	（4）	（5）	（6）
	investment	investment	investment	investment	investment	investment
change	- 0. 009 **	- 0. 009 **	- 0. 011 **	- 0. 007 *	- 0. 006 *	- 0. 002
	（- 2. 48）	（- 2. 50）	（- 2. 37）	（- 1. 91）	（- 1. 71）	（- 0. 65）
distance			0. 00005			0. 0002 ***
			（0. 58）			（3. 40）
distance_ change			0. 0001			- 0. 0002 ***
			（0. 60）			（- 3. 87）
GDP		- 0. 052 **	- 0. 052 **		- 0. 039 *	- 0. 039 *
		（- 2. 16）	（- 2. 16）		（- 1. 73）	（- 1. 71）
fcf		0. 078 ***	0. 077 ***		0. 167 ***	0. 166 ***
		（2. 59）	（2. 58）		（6. 82）	（6. 78）
growth		0. 003	0. 003		0. 005	0. 005
		（1. 00）	（1. 01）		（1. 51）	（1. 54）
mfee		- 0. 0001	- 0. 0001		- 0. 0002	- 0. 0003
		（- 0. 15）	（- 0. 07）		（- 0. 03）	（- 0. 04）
age		- 0. 003 ***	- 0. 003 ***		- 0. 001 ***	- 0. 001 ***
		（- 4. 07）	（- 4. 07）		（- 2. 68）	（- 2. 62）
leverage		- 0. 008	- 0. 009		0. 061 ***	0. 061 ***
		（- 0. 76）	（- 0. 82）		（4. 57）	（4. 61）
occupy		- 0. 012	- 0. 012		- 0. 310 ***	- 0. 303 ***
		（- 0. 66）	（- 0. 64）		（- 7. 17）	（- 7. 05）

续表

	民营企业			地方国企		
	(1)	(2)	(3)	(4)	(5)	(6)
	investment	investment	investment	investment	investment	investment
year	yes	yes	yes		yes	yes
industry	yes	yes	yes		yes	yes
_ cons	0.081 ***	0.146 ***	0.143 ***	0.080 ***	0.071 ***	0.068 ***
	(28.59)	(6.34)	(6.07)	(24.95)	(5.67)	(5.44)
R − sq	0.001	0.1060	0.1063	0.001	0.001	0.126
N	3231	3231	3231	2781	2781	2781

　　按照徐业坤等（2013）和曹春方（2013）的做法，对民营企业投资和地方国有企业投资进行回归分析。本文验证法定权利转移的影响，即对地级市所有企业的民营企业进行回归，结果为表中（1）和（2）。从表中结果发现，无论是否加入控制变量，官员变动对民企投资影响始终显著为负，这表明官员变动带来的法定权力转移将对民营企业投资起到抑制作用，与徐业坤等（2013）结论一致。进一步加入距离以及距离和政治不确定性的交互项进行回归，验证法定权力转移是否具有区域差异性，结果为表中（3）。结果显示交互项对民营企业投资的影响作用并不显著，说明尽管政治不确定性对全市民营企业存在显著的抑制作用，但是这种抑制作用不随距离变化而变化，即不存在区域差异性。

　　接着根据曹春芳（2013）验证事实权力转移的办法，验证事实权力转移是否具有区域差异性。对地级市的所有地方国企进行回归，结论为表中（4）和（5），发现无论是否加入控制变量，地方官员变更与地方国企投资存在显著的负相关关系。地方国企通常与地方官员联系较为紧密，一旦地方官员更替其投资也将相应减少。继续试着加入距离及距离和变更的交互项，结论为表中（6），得到加入的交互项对地方国企投资的影响符号为负且显著，即离市中心的距离越近，政治不确定性对企业投资的抑制影响越大。由此可见事实权力转移对企业投资具有抑制作用，同时这种事实权力转移的影响具有区域异质性差异，也就是说在事实权力转移发挥作用的过程中有所选择，对离自身较近的企业影响更加明显，距离权力中心较近的地方国企更容易受事实权力转移的影响。

　　综上检验了假设3提出的两个问题，判断出事实权力转移是导致假设1明显差异的主要影响因素，而产生这种差异的主要原因是企业离地方权力中心距离的远近。

（三）稳健性检验

　　为了保证上述结论的可靠性，本文在上文所述理论假设基础上进行稳健性检验，其结果总体上并未改变原结论的内生性问题。官员任免与当地企业投资经营绩效可能互为因果，这一内生性问题可能会影响结论的一致性。因此，本文构造 Heckman 两阶段模型，以官员变更（change）为因变量，构建 Probit 模型，将计算所得的逆米尔斯比率（Inverse Mills Ratio）依次代入原模型，以消除可能存在的内生性问题。在这一算法下官员更替对投资的影响依然显著为负，且逆米尔斯比率未通过显著性检验，说明在考虑了样本选择和内生性问题后，本文结论仍稳健。对东中西部地区进行分组检验。官员与企业关系可能受地区发展水平以及历史文化等影响，尝试分组检验后结论不变，说明本文结论稳健。

六、结论及进一步研究

本文以2003～2012年中国沪深两市上市企业为样本进行实证研究，主要考察地方官员更替的区域异质性特征。研究结果显示，地委书记的更替会影响当地上市企业投资情况，其中对市区内上市企业投资尤其显著，而对县内上市企业的投资变动几乎毫无影响。进一步对影响企业投资变动差异因素进行分析。考虑这种差异可能主要是由于距离因素导致的，研究结果表明，官员变更对投资变动的效应受距离影响，即离权力中心越近的企业越容易受官员变更对投资的抑制作用。这一结果在市区的范围内特别显著，而在县级水平下并无明显效果。接着验证了官员更替对企业投资影响差异的两种渠道——法定权力转移差异和事实权利转移差异。结果表明，法定权力转移确实会抑制企业投资，但这一效应不因距离的改变而发生改变，即对全市的上市企业影响是一致的；而事实权力转移与企业投资呈负相关关系，并且随着离权力中心的距离缩短而异质性增强，可见事实权力转移和离地方权力中心的距离是官员更替具有区域异质性特征的主要原因。

本文结论的政策启示：首先，在我国经济转型升级过程中，企业应该更多发挥自主作用，更多避免地方官员的控制干预，让市场起决定性作用。其次，对于国有企业来说，应该脱离与政府的权力距离，不受政治利益干扰，发挥国有企业的真正价值。最后，我国地级市应该以政策影响企业投资，而不要用"掠夺之手"影响企业投资，减少行政干扰。

参考文献

[1] 曹春方. 政治权力转移与公司投资——中国的逻辑 [J]. 管理世界，2013 (1).

[2] 陈艳艳，罗党论. 地方官员变更与企业投资 [J]. 经济研究（青年论坛专辑），2013 (S2).

[3] 贾倩，孔祥，孙铮. 政治不确定性与企业投资行为——基于省级地方官员变更的实证研究 [J]. 财经研究，2013 (2).

[4] 逯东，孙岩，周玮，杨丹. 地方政府政绩诉求、政府控制权与公司价值研究 [J]. 经济研究，2014 (1).

[5] 潘越，宁博，肖金利. 地方政治权力转移与政企关系重建——来自地方官员更替与高管变更的数据 [J]. 中国工业经济，2015 (6).

[6] 王贤彬，徐现祥，李郇. 地方官员更替与经济增长 [J]. 经济学（季刊），2009 (4).

[7] 徐现祥，王贤彬，舒元. 地方官员与经济增长——来自中国省长、省委书记交流的证据 [J]. 经济研究，2007 (9).

[8] 徐业坤，钱先航，李维安. 政治不确定性、政治关联与民营企业投资 [J]. 管理世界，2013 (5).

[9] 姚洋，张牧扬. 官员绩效与晋升锦标赛——来自城市数据的证据 [J]. 经济研究，2013 (1).

[10] 杨海生，陈少凌，罗党论，佘国满. 政策不稳定性与经济增长——来自中国地方官员变更的经验数据 [J]. 经济研究，2014 (9).

[11] 张军，高远. 官员任期，异地交流与经济增长——来自省级经验的证据 [J]. 经济研究，2007 (11).

[12] 周黎安. 晋升博弈中政府官员的激励与合作 [J]. 经济研究，2004 (6).

[13] 周黎安. 中国地方官员的晋升锦标赛模式研究 [J]. 经济研究，2007 (7).

[14] Acemoglu D. and J. A. Robinson. Institutions as the Fundamental Cause of Lon – Run Growth [J]. Handbook of Economic Growth，2005：385 – 472.

[15] Acemoglu D.，5. Johnson and J. A. Robinson. The Colonial Origins of Comarative Development：An Empirical Investigation [J]. The American Economic Review，2001 (13)：69～1401.

［16］Alesina A. and R . Perotti. Income Distribution ， Polirical Instability and Investment ［J］. Eurorean Economic Review， 1996 （40）：1203 ~ 1228.

［17］Bernanke B. S. Irreversibility， Uncertainty and Cyclical Investment ［J］. The Quarterly Journal of Economics， 1983 （97）：85 ~ 106.

［18］Bloom N. ， S. Bond and J. van Reenen. Uncertainty and Investment Dynamics ［J］. R e：ie ， of Economic Studies， 2007， 74 （2）：391 ~ 415.

［19］Durnev A. ， Enikolopov， R. ， Petrova， M. and V. Santarosa. Politics， Instability and International Investment Flows ［J］. Available at SSRN 1342169， 2012 （4）：4 – 14.

［20］Liu T. ， Institutional Investor Protection and Political Uncertainty：Evident from Cycles of Investment and Elections ［J］. Working Paper， Concordia University， 2010 （4）：7 – 14.

［21］Jones B . and B. olken. Do Leaders Matter? National Leadership and Growth since World War ［J］. Journal of Economics， 2015， 120 （3）：835 – 864

［22］Julio B. and Y. Yook， Political Uncertainty and Corporate Investment Cycles ［J］. The Journal of Finance， 2012 （67）：45 – 83.

［23］Rodrik D. ， Politieal Uncertainty and Private Investment in Developing Countri es ［J］. Journal of Development Eeonomics， 1991， 36 （2 ）：229 ~ 242.

［24］Xu C. G. ， The Fundamental Institutions of China's Reforms and Development ［J］. Journal of Economic Literature， 2011 （49）：1076 – 1151.

［25］Yonce A. T. Uncertain Growth Cyeles ， Corporate Investment and Dynamie Hedging ［J］. Dissertation of University of California （Berkeley） 2010 （1）：7 – 14.

高压反腐对煤矿安全的波动影响与根本治理

袁少杰　陈　晓

（东北财经大学　大连　116023）

　　煤炭在中国能源结构中占主体地位，英国石油公司发布的《BP 能源统计年鉴》显示，目前煤炭仍然占中国能源的 67.5%。近年来事实表明煤矿开采已然成为中国最大的高危行业，重特大安全事故频频发生使得社会视野从片面追求经济发展转向了煤矿安全，不要"带血的 GDP"成为全社会的呼声。正如美国法学家约翰·法比安·维特在《事故共和国》中指出"煤矿安全事故可能带来的是死亡或者残疾的工人、破碎的家庭、贫困的寡妇以及无人赡养的老幼"[1]，每次事故背后都有政府领导人的高度重视和全体国民的共同关注。党的十八大报告明确提出，要"强化公共安全体系和企业安全生产基础建设，遏制重特大安全事故"。[2]

一、问题提出及诱因

　　党的十八大后，新修订通过的《中华人民共和国安全生产法》于 2014 年 12 月 1 日起正式施行，其他配套制度也在不断完善，安全投入和安全生产基础设施建设力度的不断加大，煤矿企业安全监管的不断加强，煤矿安全事故率总体呈现下降趋势。根据国家安全生产监督管理总局网站公开信息显示：2013 年全国煤矿事故起数和死亡人数，同比下降 22.5% 和 22.9%；较大以上事故起数和死亡人数，同比下降 31% 和 24.8%；煤矿百万吨死亡率，同比下降 23%。[3]2014 年的统计数据表明，煤矿等重点行业领域安全生产状况进一步好转，煤矿事故起数和死亡人数同比分别下降 16.3% 和 14.3%，重特大事故同比分别下降 12.5% 和 10.5%，已连续 21 个多月没有发生特别重大事故。[4]

　　这一成就与反腐措施有显著关系。多级的委托—代理关系下的监督人权力滥用是煤矿安全监

　　[作者简介]：袁少杰，东北财经大学法学院硕士研究生；陈晓，东北财经大学经济学院硕士研究生。
　　①　John Faboian Witt. The Accidental Republic：Crippled Workingmen, Destitute Widows, and the Remaking of American Law [M]．Cambridge，M A：Harvard University Press，2004.
　　②　《中国共产党十八大报告》。
　　③　http：//www.chinasafety.gov.cn/newpage/Contents/Channel_ 4181/2014/0319/231413/content_ 231413.htm.
　　④　http：//www.chinasafety.gov.cn/newpage/Contents/Channel_ 4181/2015/0126/248080/content_ 248080.htm.

督低效的制度根源。[1] 官煤之间勾结的存在加大了事故发生的频率。[2] 一方面，煤矿安全负责人渎职，在煤矿安全生产设施建设方面没有严格把关，与上下级合谋私吞拨款，在生产设施建设上偷工减料，严重威胁了煤矿的安全生产。另一方面，煤矿安全生产相关负责人逃避责任，在发生煤矿安全事故后瞒报少报，掩盖事实，上级政府部门帮助其瞒天过海，使得煤矿安全生产问题一度没得到应有的重视。在"三严三实"等作风建设的要求下，在中纪委的高压下，在"一条红线"贯穿始终的警戒下，煤矿企业的领导干部不得不重视和狠抓安全工作。因此，在"一岗双责""提级调查"等经济新常态的规章制度下，总体上煤矿安全水平得到了一定程度的提高。

随着反腐的不断深入和贪腐分子的不断落马，煤矿安全事故数总体上的确在下降，但是为什么煤矿安全生产事故依然存在且屡发不止？贪污腐败是影响煤矿安全生产的一个重要原因，但是并非其根本原因。如果没有从根本上真正确立一种可以培养企业安全生产责任主体意识的制度的话，在生产中就难免会出现大的波动和风险。即便是在高压态势下，煤矿安全主体本身仍然会有需要解决的体制漏洞，而探讨如何解决这些漏洞也就是本文的关键。下文通过一些案例和数据并结合理论进一步分析，力求对新常态下煤矿安全规制做进一步的分析。

二、反腐高压下的煤矿安全态势分析与反思

（一）新常态下与能源相关的反腐成就及对煤矿安全的影响分析

党的十八大以来，我国开始了大力度高压化的反腐，最高人民检察院年度工作报告披露，2014 年，处理贪污、受贿、挪用公款 100 万元以上的案件 3664 件，同比上升 42%。查办涉嫌犯罪的原县处级以上国家工作人员 4040 人，同比上升 40.7%，其中原厅局级以上干部 589 人。同时，值得注意的是，国家对涉及能源煤炭行业的反腐力度更是空前的。2014 年 12 月 10 日，国家前能源局局长刘铁男因收受他人财物、利用自身职务为他人谋取便利，被判处无期徒刑，剥夺政治权利终身。2014 年，原山西省煤炭工业厅厅长吴永平，原山西省副省长任润厚，原山西金业煤焦集团董事长张新明，原晋能集团董事长刘建中、原晋能集团总经理曹耀丰涉嫌犯罪纷纷被调查。甚至山西七大国有煤矿中有五大煤矿现任或曾任一把手被处理。能源领域及煤矿企业中呈现的"塌方式腐败"，无疑给在任官员敲响了警钟。

高压反腐之下，我国的煤矿生产情况得到了极大改善，煤矿企业的领导者和煤矿安全相关责任人在严厉的法律震慑之下，不敢滥用职权，更不敢在煤矿安全生产基础建设上偷工减料。根据国家安全生产监督管理局的年度统计报告，2014 年全国煤矿事故起数为 779 件，死亡人数为 1303 人，百万吨煤炭死亡率为 0.381，与 2010 年相比较，分别下降了 51.8%、50.5% 和 57.3%，见表 1。

① 赵连阁. 中国煤矿安全监督低效：官商勾结还是权力滥用 [J]. 中国工业经济，2009 (9).
② 吴岗. 权利与利益——解读官矿勾结现象 [J]. 国土资源，2005 (10).

表1　2010～2014年全国煤矿安全事故　　　　　　　　单位：件，人，%

年份	全国煤矿事故起数	全国煤矿事故死亡人数	煤炭百万吨死亡率
2014	779	1303	0.381
2013	931	1521	0.434
2012	1201	1973	0.564
2011	1403	2433	0.749
2010	1616	2631	0.892

资料来源：国家安全生产监督管理总局网站年度数据统计。

（二）　反腐高压下的矿难——难以避免的阵痛

反腐高压的确在较大程度上带来了煤矿安全事故率的下降，但不能忽视的是，近三年来煤矿矿难仍然时有发生，每一次矿难都带来巨大的社会代价。以下为近半年的矿难事故分析案例，对现有事故进行归纳分析，以期找出问题的根源。

2015年7月20日，黑龙江鹤岗旭祥煤矿发生泥石流，多名矿工被困井下；2015年6月27日福建省龙岩市永定区发生一起无证煤矿非法入井人员被困事件，9名被困人员全部遇难；2015年4月27日，四川省乐山市沙湾区老林头煤矿发生瓦斯爆炸，确定7人死亡；2015年4月19日，山西大同同煤集团姜家湾煤矿发生透水事故，确认有21名矿工遇难；2015年1月30日，安徽朱仙庄煤矿发生一起透水事故，事故造成7人死亡、7人受伤。经调查认定，朱仙庄煤矿"1·30"较大透水事故是一起生产安全责任事故；2014年11月26日，辽宁阜新矿业（集团）有限责任公司恒大煤矿发生煤尘燃烧事故，死亡26人。事故发生后，恒大煤业公司所属各矿井停产整顿，进行安全隐患大排查。

以上仅仅是2014年末到2015年7月短短半年时间内发生的较为重大的煤矿安全事故，每一次事故都触目惊心，每一个案例都让人感到煤矿安全依然是煤矿生产中要解决的关键问题。反腐已经如此高压且有成效，那么就一定要从其他方面去思考，如何进一步降低煤矿安全事故。

（三）　阵痛后的反思——煤矿安全生产的根本是什么？

党的十八大以来，中央反腐屡出重拳，但是当落马的高管与"塌方式"的腐败联系起来的时候，有舆论认为现在事故依旧屡发不只是反腐的"负面效应"，目前进行的反腐过于迅猛而影响了经济建设。甚至还有"反腐无用论"，认为反腐再厉害也不过整掉冰山一角，再大力反腐也无法降低事故安全问题的发生。

我们应该认识到以上观点的局限性。腐败分子发现一个就要查处一个，党的十八大后贪官纷纷落马，中央以实际行动昭示"反腐不设限、打虎不手软"的坚定决心。觉得"反腐过头"的人应适应这种高压下的"新常态"。而第二种观点不过是主观臆断，没有看到中央反腐大局。中央从来不认为反腐只是抓贪官，拍蝇打虎只能让干部"不敢腐"，要做到"不能腐"、"不想腐"，还应依靠制度建设等手段的到位。Tetsuji Okazakl（2000）从市场失灵和信息不对称的角度认为，减少市场失灵对煤炭生产的影响，必须要实行高度集中的政府规制。① 国有煤矿企业适用巡视制度、"提级调查"、"一岗双责"等制度，从动态博弈和均衡角度来看均威慑了腐败分子，保障了国家利益和矿工安全，减少了新生的贪污腐败和职务犯罪的发生，以政府规制的方式从外

---

① Tetsuji Okazakl. Government - firm Relationship in Postwar Japan：Success and Failure of the Bureau Pluralism［J］. University of Tokyo，2000（1）：7－14.

生性的角度改变行业的生产函数，势必带来事故安全率的下降。表 1 中的数据也可以看出这一点。

应该意识到，作为一个产业分支，煤矿生产有其固有的产业结构。煤矿领域的反腐说到底还只是"煤矿安全规制"中的一部分。煤矿安全规制侧重政府从外部对煤矿安全所进行的约束和制衡，而煤矿自身的安全管理作为煤矿企业内部为安全生产而采取的制度和约束也发挥着不小的作用。从实际效果分析，煤矿安全规制与煤矿安全管理互相影响，煤矿安全规制最终需要通过加强煤矿安全管理达到规制效果，而煤矿安全管理制度的完善又可以视为煤矿安全规制的一项基本内容。[①] 二者的连接点在于对于企业生产者的规制影响，通过制度等方式正向或者负向激励生产者，达到安全生产的目的。

三、事故率波动下的煤矿安全规制受限因素分析

（一）从激励相容角度分析

所谓激励相容，美国经济学家 Hurwics（1972）将其解释为市场经济中每个理性"经济人"都有追求自身利益的一面，其个人行为会按自身利益规则行动。在这种情况下，如果能有一种制度安排，使"经济人"追求个人利益行为恰好与企业实现集体价值最大化目标相吻合，这种制度安排，就是所谓的"激励相容"。[②] 激励相容使得个人的追求利益最大化行为与集体组织达到集体利益最大化的行为达成一致，能够实现共赢。将激励相容理论应用到煤矿安全生产规制中去，使得煤矿安全生产负责人在追求自身利益最大化的同时，也保证了煤矿的最安全生产状态。我国目前在煤矿安全生产规制方面并没有达到激励相容状态，正是由于这种激励不相容，才使得我国煤矿安全生产事故依旧时有发生。

（1）中央政府对地方政府监管无力。这种监管不到位主要来自于中央与地方之间的信息不对称，包括地方政府对中央政府报喜不报忧，地方政府对当地煤矿事故的伤亡人数不报或者少报，对需要向中央政府做的报告刻意进行美化，因此中央政府无法掌握地方安全生产的全部信息。中央政府要实现对地方政府更好的监管效果，负激励往往比正激励更有效果。这种负激励主要是对地方政府施行的各种惩罚措施。高强度的负激励措施使得地方政府不再抱有可以瞒天过海的侥幸心理，因为一旦被中央政府查处，后果是地方政府所难以承受的。

（2）地方政府对地方煤矿企业监管无力。地方政府与地方煤企间有着千丝万缕的关系，事故发生的原因往往是监管不到位。监管不到位的原因除信息不对称外，更多来自于政企合谋。相较于中央政府，地方政府与煤企的利益相关度更大，关系更为密切，因此合谋的可能性也就更大。反腐揪出的"能源大老虎"和能源领域的"塌方式腐败"也证明了这一点。聂辉华和蒋敏杰（2011）统计分析了 1998~2002 年的省级面板数据后认为，当国有重点煤矿下放到省级政府管理，政企合谋显著增加了煤矿死亡率。[③] 这表明地方政府对煤矿企业的安全监管存在很大的"寻租"空间。强有力的反腐是解决这个问题的一个有效的手段，但是如何从根本上控制这种情

① 肖兴志等．中国煤矿安全规制经济分析［M］．北京：首都经济贸易大学出版社，2009.

② Hurwics. On informational Decentralized Systems［M］. R. Radner, Mcguire. Decision and Organization［M］. Amsterdam: North – Holland Publishing Co., 1972.

③ 聂辉华，蒋敏杰．政企合谋与矿难：来自中国省级面板数据的证据［J］．经济研究，2011（6）．

况，依然是一个涉及很多方面因素的问题。

在激励相容机制中，负激励是比正激励更为有效的手段。严厉的法律法规有利于推动地方政府主动加强对地方煤矿安全生产的监管，推动煤炭企业自觉的停止对官员的行贿行为。Ayres 认为官商合谋或者权力滥用的目标是各自利益最大化，只有当违约的惩罚成本小于预期的违约额外收益时，行为人才有可能违约。① 当违约的惩罚成本大大高于违约带来的收益时，理性的经济人就会自觉地避免违约。

（3）一些煤矿企业出于节约成本和侵吞专项拨款的私欲，对煤矿工人安全生产知识和安全生产意识的培训不足。对于政府向煤矿提供的用于矿工专业技能培训的专项拨款，企业往往从中克扣，减少对矿工培训的投入。我国很多煤矿工人是农民工，文化水平普遍不高，上岗前往往未接受符合时长和考核要求的培训教育，在短暂的训练后立即上岗。煤企出于节约成本和缩短生产周期的考虑，不重视对矿工安全生产的培训。例如，2011 年 11 月 10 日云南省私庄煤矿发生矿难，据 The Economic Observer 披露，该煤矿对矿工安全培训项目仅仅是开了一个学习班，然后进行一场笔试，而且所有考题都可以在学习班公告板上找到。究其原因：一是政府没有给煤炭公司提供足够的正激励鼓励企业加强矿工安全知识的培训；二是煤炭公司也没有给矿工提供足够的正激励鼓励他们主动学习安全生产知识。

（二）部分政府官员的"庸治"思想

在反腐大背景下，高压中的新常态让多数企业负责人心怀敬畏而不敢贪腐，但是一些政府官员由于害怕承担责任或者不想承担责任而产生了"庸治"思想，即不作为。出于行业规则及升职因素等考虑，部分官员把国有大中型煤矿领导人的职位当作过渡和升职的跳板，他们在这类职位任职时，唯不发生事故为先，极易导致个人负责制的"庸政"，追求"中庸"治企。部分责任者认为不作为就不会触碰腐败这条"红线"，自己就会站在"安全地带"。由此带来的问题是，他们并不会积极地去为改善煤矿安全生产采取切实的行动，而是刻意回避问题。另外由于长期以来旧思想作祟而不能适应新常态的要求，没有了不正当的利益诱惑，部分公务人员也就没有了工作动力，日常工作只是应付上级的要求，敷衍了事，消极怠工现象明显，虽然有暗访组抽查但在媒体上相关报道还是屡见不鲜。政府官员的不作为对煤炭行业的安全生产并没有起到促进作用，反而在一定程度上阻碍了正常生产和建设，可能导致企业正常的产能和投入产出都无法得到保证，更何况获得盈利。

（三）不可控的内在因素

煤矿生产不仅全部受可控因素的影响，还受不可控因素的制约，如自然条件和技术限制等。来自自然界的影响是不可抗的，比如地质条件、地震、技术所达不到的极限情况等。例如 2014 年 11 月发生的辽宁阜新矿业矿难事故，就是在当地发生矿震后引起了煤尘燃烧。据中国地震台网中心官方微博发文解释，矿山诱发地震简称矿震，在矿区常称为煤爆、岩爆或冲击地压。由于矿震震源浅、频度高，震级较小也能给地面造成较大破坏。矿震强度和频度随着开采深度和掘进的不断增加而严重。矿震冲击波可致煤尘燃烧，如达到爆炸极限，遇到火源便急速燃烧发生煤尘爆炸。类似于矿震这种自然现象是非人为的因素，对煤矿安全生产造成了威胁，而且后果通常是非常严重的。往往科技进步并不能完全克服自然条件的影响，反而总是受自然条件的约束无法发挥作用，如一些技术上先进的逃生工具在瓦斯爆炸发生、受污损后可利用率不高，反而限制了逃生的希望。

---

① Ayres. How Cartels Punish：A Structural Theory of Self－enforcing Collusion ［J］. Columbia Law Review，1987（2）.

（四）企业安全责任主体意识淡薄

近期煤矿事故的接连发生也暴露出，煤矿生产者安全主体责任意识淡薄的问题。除管理者本人庸政外，部分企业安全设施仍然跟不上安全生产的要求。煤矿矿难的频频发生反映了安全投入的不足，而安全投入不足的主要原因有行业亏损、事故处理成本太低、安全投入主体的变迁、安全成本得不到补偿、缺乏科学有效的安全投入理论支持等。① 尤其是随着煤炭价格的走低，企业责任者为降低生产成本，压缩安全生产设施的投入。往更深层次看，这也暴露出国家对煤炭行业安全生产没有一个系统的基金扶持系统或者保险基金机制、保证金项目等制度，使得煤炭行业在市场低迷的情况下，企业只能靠自己的力量通过各种方法渡过难关，除了政府没有其他资金项目上的帮助，容易导致企业出现安全意识淡薄的"短视"行为。

同时，煤矿生产者对煤矿工人培训教育不足，也是企业安全责任主体意识淡薄的表现。目前部分企业或者选择降低产量，但压缩事故发生率的同时也降低着企业利润，从根本上背离了企业利益最大化的追求；或者直接选择压缩培训投入而寄希望于事故后的工伤保险。这两种心态都是主体责任意识淡薄的表现，要从根本上降低事故的发生，还要让负责人把煤矿当做自己的企业，矿工当做自己的家人。这样的全面和谐，才能带来事故水平的根本下降。

只有让企业成为安全生产责任主体，煤矿的安全生产问题才能从根本上得到真正解决，这同时需要对我国目前的煤矿安全监管政策进行重构，让企业自身有动力也愿意去主动遵循政府制定的安全政策。这一问题也是目前受制于科技和环境等不可控因素外能够改善煤矿生产安全状况的核心和关键。正如 Xiaoqian Song 和 Xiaoyi Mu（2013）指出的，有效的能源政策应该是能够激励企业的主要股东主动去采取行动。② 很显然，目前我国这方面的工作还有待加强，为此，相关的政策建议应该综合考虑现阶段国情和市场状况进一步细化和更新。

四、煤矿安全事故根本治理的对策建议

（一）防患未然，设计激励相容的督促性担保（保险）基金制度

为让企业生产者受到激励而主动改善煤矿安全水平，可设计保险性基金政策。如果煤炭公司在上一个年度没有发生安全事故，没有造成人员伤亡，那么作为奖励，该公司可以按一定比例降低需要为矿工支付的保额，减少公司财务支出。反之，如果煤炭公司去年发生了安全生产事故或者造成了人员伤亡，那么该公司要按照预先设定的一个幅度较大的比例去增加为矿工购买的保额，而且事故越严重，伤亡人员越多，这个比例就越高。巨额的投保额会使具有理性人本质的企业自觉采取措施去改善安全生产状况，因为如果发生事故，那么下一年度的高额保费是公司所承担不起的。同时，该保险基金也可以由政府主管部门用作专项提升煤矿安全环境整治的经费来源。

（二）明确职责，逐级加强对事故责任人的惩罚力度

政府应该制定更为严格的生产安全责任人追究制度，以严厉的惩罚来震慑安全生产负责人，

---

① 郑爱华，聂锐. 从煤矿频发透视煤矿安全投资策略 [J]. 经济管理，2005（11）.

② Xiaoqian Song, Xiaoyi Mu. The Safety Regulation of Small – scale Coal Mines in China：Analyzing the Interests and Influences of Stakeholders [J]. Energy Policy, 2013（52）.

惩罚力度要达到让责任人不敢抱有侥幸心理的程度。责任人的岗位和职责也应明确限定，有固定制度可循，如用一岗双责来强制其承担起企业风险的责任，这样才能进一步起到威慑作用。只有当煤矿安全生产责任人意识到一旦发生安全事故，其面临的除了经济上的损失、职务上的调整之外，还要承担严重的刑事责任，他才会积极主动避免这一惩罚的发生，所要采取的措施便是加强安全生产设施的建设，加强对煤矿工人素质的教育提高。现在进行的反腐在很大程度上就是朝着这个方向在做努力，当然反腐一直在路上，而相应的惩罚措施和制度也应不断补充和完善。这一部分内容应该由企业和政府两方面共同努力，确保自上而下逐级责任的落实和追究机制。

（三）权责细化，完善配套法律法规和政府规章

2014 年之前，我国关于煤矿安全生产的法律法规并不健全，相关法律的更新并没有跟上经济社会发展的步伐，有的法律甚至近 20 年没有修改。法律法规的不完善和更新不及时使得部分企业负责人钻漏洞和空白，给国家带来极大损失，也为一些安全事故的发生埋下了隐患。煤矿安全规制者一般比较倾向于强调一些"标准"[①]，这些"标准"模棱两可，让企业主也有空可钻。近年来国家一直在努力完善法律法规的建设。2014 年 12 月，新《安全生产法》颁布，将原法的97 条增加至新修订法的 114 条，新增了 17 条、64 款项，修改了 70 多个条款；原法有 58 条、69款项做了修改，修改条数占原法总条数的 59.8%。结构和内容上都吸收了国际上成熟安全生产监管的经验，平衡了各方面的利益。本次修法，进一步完善了安全生产的基本法律制度，更具操作性和规范性。应该认识到，不断完善法律制度、细化法律制度，既是安全生产的要求，也是从制度建设上不断降低煤矿安全事故发生的必经之路。

（四）预防庸政，落实正向激励手段

在反腐大背景下，高压中的新常态让多数企业负责人心怀敬畏而不敢贪腐，但是出于行业规则及升职因素等考虑，部分官员把国有大中型煤矿领导人的职位当作过渡和升职的跳板，他们在这类职位任职时，唯不发生事故为先，极易导致个人负责制的"庸政"，追求"中庸"治企，并没有将市场大环境考虑到其中，而是刻意地去规避风险，过于胆怯，可能导致企业正常的产能和投入产出都无法得到保证，更何况盈利。

煤矿安全在根本上主要受三个方面因素影响和支配，首要的一个就是市场，它为煤矿安全规制提供了一个具体的客观环境。企业可能会因为罚金、保证金、抚恤金等因素产生内生的动力去努力降低事故发生的概率，但是客观环境的大背景对于煤矿安全规制也是有显著影响的。如果为地方安全责任人员设计一套积极的薪酬管理模式或者因监管到位而发放奖励津贴及事故无直接责任不追责（这一点必须要建立在权责统一分工明确的基础上），既不让错误决策制定者逍遥法外而仅追究安全责任人的责任，也不滥赏乱罚，让一切有章可循。对重大安全生产决议做好及时报备同时安全检查记录工作明确、真实的，可以适用职业晋升机制或薪酬升级制度，从而避免个别责任人因个人利益而忽视整体利益，导致重大安全事故发生的悲剧。

（五）实事求是，设计确保相关政策落实的监督制度

美国曾经有学者在考察某煤矿生产安全后指出，当良好的标准和制度都被设定好的时候，我们的企业安全监督员反而在那里领着薪酬躺着睡大觉，与之相对的是一群工人排成行准备下到并没有经过瓦斯浓度检查的矿井中去。这样的案例无疑为相关政策的设计敲响警钟。无论多么精良的政策也抵不过对规则的一次对抗（disobey）。因此就以上政策来说，关键是落实及检查监

---

① 肖兴志等．中国煤矿安全规制：理论与实证［M］．北京：科学出版社，2010．

督。落实可能更需要从选用干部时的人尽其用以及制度对其的正负性激励来入手，但是监督和检查的设计应该切实可行而且深入要害。比如为防止事故发生后地方政府瞒报、漏报、不报等情况的发生，"提级调查"制度将事故调查的介入权从单一地方提升到中央，这样随机发生的事故不论大小和伤亡人数多少，都有可能被国家安全监管总局直接介入调查，从很大程度上达到了公开透明，既维护了社会安定，也确保了政策的落实情况。"提级调查"也应常态化，不仅是对事故，而且对企业的生产报告书、每次的开工安全检查报告书等进行不定期不定地点的抽查，只有这样，相关责任人才会真正将安全责任主动、自觉地承担起来。

基于土地出让的区域引资竞争

——政策租 VS 集聚租

顾乃华　　陈秀英

（暨南大学产业经济研究院　广州　510632）

一、问题提出

由于生产要素集聚形成的比较优势是地区经济增长来源，区域间要素流动的影响机制一直都是经济研究的理论重点和政策热点。自 Tiebout 提出用脚投票模型以来，地方政府为争夺有限的流动性生产要素，所展开的税收和财政支出（如补贴）等优惠政策竞争成为研究要素流动机制的重要方面。就我国而言，地方官员在政治晋升压力下，也纷纷采用了诸如税收优惠、改善基础设施和放松环境规制标准等引资手段以促进当地经济发展和人口集聚[1-3]。其中，土地要素作为生产活动的空间载体，其不可替代性和稀缺性使得"以地引资"成为可能，而且按照我国现有土地使用制度规定，地方政府是唯一具有土地征用和出让的权利人，能够自主决定土地出让方式和价格，这使得廉价出让工业用地成为地方政府官员竞相招商引资发展辖区经济的重要手段。

事实上，自改革开放特别是分税制改革以来，中国东部沿海城市纷纷采用廉价出让工业用地等优惠措施招商引资，并以工业园区或产业园区等为载体，逐渐形成"以地引资，以地养地"的经济增长模式，即一方面廉价出让工业用地促进制造业发展以吸引人口和资本流入，另一方面高价转让商服住用地获取高额土地溢价，发展房地产业及其关联产业，为城市基础设施建设等财政支出提供支撑。据有关资料统计，沿海地区为了吸引外资，分别在1992年、1998年先后出现两次"开发区热"，其中第一次截至1993年3月，县级以上开发区数量高达6000多个，占地1.5万平方公里（超过当时1.34万平方公里的建成区面积）；而第二次开发区热一直持续到2003年，共建成开发区5524个，占地面积达到3.51万平方公里，其中由中央和省级政府审批通过的不足1/3，大都由市县级地方政府自主开发，地区间廉价出让工业用地的竞次行为明显。

然而，随着土地资源约束趋紧和用工成本上升，东部"以地引资"模式难以为继，开始出现制造业特别是劳动密集型制造业大规模向中西部和周边国家（如越南）的转移浪潮。在这一过程中，东部制造业能否顺利实现产业升级、如何重塑区域集聚优势，中西部地区又将如何有效承接东部制造业转移等问题亟须相关研究的理论指导，而深入分析"以地引资"模式在区域引资竞争的作用机制将为解决上述问题、预测制造业空间转移趋势提供一个新的研究视角。故本文

　　［作者简介］顾乃华，暨南大学产业经济研究院院长、研究员、博士生导师；陈秀英，暨南大学产业经济研究院博士研究生。

基于空间经济学集聚租相关理论，将集聚效应和土地财政引入新建企业选址决策的理论分析框架，以阐明廉价出让工业用地形成的"政策租"对制造业企业选址的作用机制，并运用相关数据进行实证研究，为相关假说提供支撑。

二、工业土地出让与引资竞次行为：理论机制与经验证据

从全国层面看，在"以地引资"策略下，地方政府不仅可以向园区企业低价提供生产用地，还通过完善交通通信等基础设施、简化行政审批手续等大量政策优惠，为企业提供较其他地区更低成本的投资选择，从而使其获得一种类似租金的差额政策收益，即所谓的"政策租"。一旦园区提供的政策优惠足够大，企业则将获得足够的"政策租"，从而抵消因人力资本不足、服务业发展水平低下等不利配套设施对其区位选择的负面影响[4]，进而实现招商引资目的。郑江淮等（2008）[5]在调查江苏省沿江开发区企业投资决策时也发现，政府主导下的"政策租"和基础设施规模的效应是促使企业"扎堆"式入驻开发区的初始原因。并且，传统的地方政府竞争模型在区域同质无差异的假设下，指出要素的流动性会导致地方政府在引资上存在"竞次行为"或逐底竞争。在"以地引资"过程中，地方政府存在压低工业用地来吸引更多制造业企业落户的倾向[6-7]。而为了弥补工业用地低价竞争的损失和基础设施建设支出缺口，地方政府往往会高价出让商住用地，辖区间竞争引发了土地征用和出让规模的底线竞争。地方政府一方面为吸引大规模的投资以拉动本地经济、扩大税源，必然会在工业用地规模上存在竞相模仿行为；另一方面为改善本地基础设施和公共服务水平，地方政府采取"以地养地"的方式，大规模高价出让经营性土地以获取巨额的土地出让净收入[8]。

从区域层面看，考虑区域间策略性互动，Bruckner（2001）[9]提出资源可流动性使得区域决策将根据本地区资源分布来制定。由此可知，地方政府在"以地引资"过程中，还会根据其土地资源与资本的替代性来选择不同的土地出让模式。对于东部沿海地区而言，由于其建设用地指标日益耗尽，可利用土地资源相对稀缺，此时地方政府将会优化投资结构和产业结构，尽可能地提高土地利用效率，故而城市扩张将挤出低效率的占地型企业；而对于中西部地区而言，丰富的土地资源使地方政府大规模低价出让工业用地，以弥补其配套设施资本投入的不足[10]。

具体而言，对于大部分三、四线城市，较低的人口密度和人均收入致使其服务业需求不旺，地区经济主要依托于传统制造业，但由于其用地需求主要通过将农用地非农化这种"增量供给土地"的方式予以满足，故而产业发展所需的土地资源约束相对宽松。依照现行土地管理法，这一方式是按原用途收益对农用地转用进行补偿，补偿成本与农用地转用后的建设用地价格之间存在巨大的溢价空间。巨大的级差地租和更显著的政治绩效（如GDP增长、提高就业等）促使不少地方政府在供地价格上给予投资者较大的优惠，并通过低地价承接国际或国内先行地区的产业转移发展传统工业，实现对农业用地、劳动力置换和较快经济增长，即"以地引资"，故而其工业用地地价出让有利于促进制造业转入。而一、二线城市特别是沿海地区城市因其可供非农化的农用土地数量锐减，"以地引资"模式因面临土地资源硬性约束难以为继。为了突破这种约束，不少城市从存量土地调整入手，实施"三旧改造"或"城市更新"，拓展产业发展空间。由于受到有限信息、土地原占有者不合作、原附着物价值较高等因素的限制，通过"三旧改造"方式获取新增产业用地的成本，远远要比通过征用集体农用土地取得增量产业土地的成本高昂的多，从而越是能级高的城市，在产业发展定位、招商项目选择等问题上也就显得越审慎。很多低能级城市青睐的劳动密集型制造业或者资本密集型重化工业，要么因其本身预期税收贡献低，要

么因其会对整个区域的产业结构升级产生较大的负面外溢效应，往往不入高能级城市的"法眼"，故而高涨的用地成本使得一、二线城市"以地引资"效果并不明显。

传统税收竞争理论认为，地方政府采用"以地引资"策略，凭借低地价及相应的"政策租"可在招商引资竞争中获胜，但随着新经济地理学将集聚经济纳入地方税收竞争分析框架，现有研究表明，地区异质性使税收竞争并不一定呈现竞次行为，"集聚租"的存在一定程度上缓和了地区间的税收竞争[11]。也就是说，地区存在"集聚租"时"以地引资"策略的有效性尚待检验。

首先，"集聚租"的存在提高了企业转移成本和预期收益，降低了"以地引资"的有效性。由于地区在区位、制度与市场环境等方面存在较大差异，产业更倾向于集中在具有比较优势的地区，因此，除了表征政府竞争的土地价格以外，"以地引资"策略还应考虑制度和体制因素、生产和市场环境、基础设施便利性和产业基础等诸多因素的影响。其中，基于产业关联效应、本地市场效应等因素的集聚经济更是企业区位选择的重要变量。新经济地理学指出，当要素可流动时，由于本地市场效应和劳动力池效应，市场规模增大，将降低产品价格指数，从而造成实际工资上升和更多工人流入，进而进一步扩大市场规模、促进产业集聚。反之，当要素流动存在较高的转移成本时，就会在本地形成前后向关联效应，例如企业为节约运输成本而临近供应商，或者为了更好地占据市场而接近下游企业或消费者。通过企业间的彼此分工协作，整个地区形成稳定的产业关联效应，而随之产生的知识溢出效应使企业获得更高的预期收益，提高企业转移成本。这就使得在"以地引资"过程中，地方政府廉价出让土地的政策效果往往因集聚经济的影响而存在地区差异[12]，集聚程度高的地区往往更容易吸引和留住企业，其"以地引资"策略更容易奏效，而对于产业集聚程度低的地区而言，盲目采用"以地引资"策略往往难以达到预期效果。

其次，企业因"政策租"集聚往往容易"集而不群"，降低了"以地引资"策略的有效性。尽管低地价和相应政策优惠形成的"政策租"可能在一定程度上吸引企业投资，但由于基于"政策租"所形成的产业空间集中并未形成依靠金融外部性和技术外部性的产业集聚，故而是一种虚假产业集聚，正如目前广泛存在的园区企业扎堆现象，尽管企业在空间上集中，但彼此缺乏分工合作、难以产生外部经济。这就降低了"政策租"可能带来的预期收益，难以吸引高效率企业；且一旦"政策租"消散或其他地区提供更高的"政策租金"，企业就有可能随之分散，在一定程度上抑制了"以地引资"策略的有效性。

然而，中国目前城市集聚经济发展不足的现实决定了"以地引资"策略的有效性存在。造成这一现实的原因可归结为以下几个方面：首先，从体制制度因素来看，城市户籍制度限制了农村人口的非农化，而与其配套的公共服务体系进一步强化了人员隔离程度，从而限制了城市人口规模的集聚增长[13]，并且现行的土地建设用地指标制度也在一定程度上限制了城市集聚效应[14]。其次，从产业区域分工体系来看，城市服务业特别是生产性服务业一直不足，东部地区尚未培育出区域性服务中心，从而东部和中西部地区的产业分工不是很明确，产业同构现象较为严重。此外，从城市体系结构来看，"扁平化"趋势使得大型城市集聚相对不足，大量中小城市的发展使得城市化空间集聚程度大大降低，城市间的集聚水平也因此趋同[15-16]。与此同时，城市群或城市圈经济带的形成，使得越来越多城市依托于城市群的整体发展，从而形成多个城市共享的集聚效应。而在这种情况下，正如 Hühnerbein 和 Seidel（2010）[17] 在模型中指出的，为了更好地吸引资本流入，城市群内的单个城市都有很强的动力去降低税率，从而城市群区域内部最终仍会存在激烈的税收竞争，即"集聚租"和竞次行为的同时存在。总之，目前存在的中国城市集聚经济不足和趋同问题将降低企业由此可获得的集聚租，从而不足以抵消低地价带来的"政策租"，因而"以地引资"策略仍会是地方政府采取的理性行为。

由此，本文提出如下假说：

假说1："集聚租"的存在会降低地方政府"以地引资"策略的有效性。

假说 2：由于中国城市经济集聚水平不足和趋同，"集聚租"和竞次行为将同时存在，即城市集聚程度越高，其"以地引资"策略越有效。

三、模型设定及变量说明

（一）模型设定

从前文的讨论可以看到，地方政府凭借各种优惠措施形成的"政策租"实现招商引资，但由于集聚经济的存在所创造的集聚租可以降低企业的流动性，因此在分析企业选址模型时需要充分考虑"集聚租"和"政策租"的影响。

由于本文研究的是"以地引资"策略下地方政府土地出让价格竞争对企业区位选择的影响，也就是说因备选区位决策者之间的策略性行为，其相互之间政策往往相互关联，因而并不能视为无差异的分析对象。并且正如 Rosenthal 和 Strange（2003）[18] 指出的，从创业者的角度来看，区位选择是在企业新建时确定的，从而部分消除了其区位选择与集聚效应的同时性。我们采用周浩、陈益（2013）[19] 的做法，使用新企业数量作为因变量，并选用泊松模型作为估计方程。

具体地，假设 π_{ij} 表示企业的预期利润，其中 i 表示企业、j 表示企业所在地区，如式（1）所示，企业预期利润主要与其自身特征变量（x_{ij}^f）和所选区位的特征变量（x_j^r）相关。

$$\pi_{ij} = f(x_{ij}^f, x_j^r) + e_i \tag{1}$$

而相应地，一个城市新企业数量（N_j）可由式（2）表示，

$$N_i = g(x_{ij}^f, x_j^r) + \mu_j \tag{2}$$

显然，新企业数量 N_j 是非负整数，且存在大量零数据。通过计算 Stata 提供的"Vuong 统计量"，其数值大于零，故本文最终选择零膨胀 Poisson 分布来估计城市 j 新建企业数量的影响因素。假定新企业数量的概率密度函数如式（3）所示：

$$\begin{cases} Pr(N_j - 0 \mid x_j) - e^\theta \\ P_r(N_j = j \mid x_j) = (1 - e^\theta) \cdot e^{-\lambda_j} \lambda_j^n / (n!) \quad (n = 1, 2, \cdots) \end{cases} \tag{3}$$

其中 λ 为"泊松到达率"，即指城市新建企业数量的期望值，故而其同样也受到企业自身特征变量和地区特征变量的影响。假定 λ 的对数值与解释变量的关系如式（4）所示：

$$\ln\lambda_j - \beta' x_j \tag{4}$$

其中 $\beta = (\partial\ln\lambda_j)/(\partial x_j)$ 是待估参数，表示解释变量对新建企业数量的边际影响。

（二）变量说明

为验证"以地引资"策略有效性，本文通过考察新企业的区位选择来衡量招商引资的效果，主要考虑低地价和集聚经济对新企业区位选择的影响。为避免区域间存在相关性，本文选取地区当年的新企业数量来表示被解释变量，核心解释变量主要包括：①工业用地价格（pland），即协议土地出让价格，用来表示"以地引资"的价格竞次行为；②专业化（hhi），即"集聚租"。对于工业企业来说，城市基础设施、产业内信息共享和具有技能的劳动力市场是最主要的集聚优势，这些优势在产业相对专一城市更加明显，所以用城市产业转移化指标来度量城市集聚水平。根据 Holmes 和 Stevens（2004）[20] 的做法，选取 20 个产业就业人数计算得到衡量城市专业化程度的赫芬达尔指数：

$$hhi_i = \sum\nolimits_{k=1}^{K}(i\,城\,k\,行业就业人数/i\,城总就业人数)^2 \tag{5}$$

此外还控制了影响新企业区位选择的其他因素，主要包括以下几个方面：①生产性服务业空间溢出水平（ps）。多数研究认为，地域相邻的生产性服务业与制造业能够产生协作关系和协同集聚[21-22]，故而考虑生产性服务业空间集聚的溢出效应对新企业选址的影响。其测算公式为：

$$PS_j = \sum\nolimits_{v=1}^{V}\left[\left(\sum\nolimits_j g_{js}\frac{z_{ms}}{\bar{z}_{ms}}\right)/d_{jv}\right] \tag{6}$$

其中，V 为城市数，d_{jv} 为表示城市 j 到其他城市 v 的距离，借鉴陆铭、向宽虎（2012）的测度方法，利用《中国电子地图2008》获得的两地间直接距离来表示。g_{js} 为城市 j 生产性服务业 s 的集聚规模，由于数据的可得性，本文借鉴韩峰等（2014）[23]方法，假定某生产性服务业 s 空间集聚水平与其自身的就业密度正相关，而与对应的全国就业人数负相关，即 $g_{js}=l_{js}/(S_j l_{cs})$，$s_j$ 为该市辖区建成区面积，l_{js} 为城市 j 某生产性服务业就业量，l_{cs} 为全国生产性服务业就业量，该指标通过就业密度（l_{js}/s_j）来反映生产性服务业活动的部门差异，而就业人数比（l_{js}/l_{cs}）则考虑了生产性服务活动在地区之间的分布方式。z_{ms} 和 $\bar{z}_{ms}$ 分别为单位最终产出对某一中间服务行业和全部中间服务行业的完全消耗系数。结合陆铭、向宽虎（2012）[24]关于服务业地理分布特点，本文主要考虑城市自身服务业发展的空间溢出效应（ps_local）（其中 $d_{jj}=(2/3)R_{jj}$）和来自中心城市的空间溢出效应（ps_center），中心城市包括城市 j 所在省会城市以及到最近的1990年非农业人口达到150万以上的城市。②基础设施水平（road_class），采用等级公路路网密度表示，大量文献指出，企业在投资决策时往往会考虑当地基础设施水平，以便降低运输费用等相关成本。③市场潜力（mar），根据空间经济学相关理论，本地市场效应有利于企业实现规模经济，是吸引产业集聚的重要因素，故而新建企业往往更倾向于布局在市场潜力更大的城市。本文借鉴 Hanson（2005）[25]的方法，市场潜力计算如下：$Mar_j = \sum (c_j/D_{ij})$，其中 c_j 是 j 城市的社会消费品零售总额，D_{ij} 是 i 城市到 j 城市的公路距离。④人均 FDI 对数（lnfdi）。FDI 的溢出效应将对企业选址行为产生重要影响，故采用人均 FDI 对数考虑地区 FDI 存量对新企业形成的影响。⑤劳动力素质（cstu），采用每万人在校大学生人数衡量。由于知识溢出效应，高技能人才和创新人才集聚往往会吸引知识密集型产业的集聚，故而劳动力素质（人力资本）显著影响企业选址。

本文使用的企业数据来自中国工业企业数据库，时间截取1999年、2003年和2007年三年，主要因为一方面微观数据足够多且本文的研究目的不需要考虑新企业形成的动态变化，故而采取截面数据就可；另一方面由于1998年房地产市场开放、2002年企业所得税上调和2003年商住服用地改用招拍挂方式出让以及2006年工业用地也采取招拍挂的方式进行出让等这些财税政策和土地制度变化，都在一定程度上影响了工业用地的价格，由于政策滞后性，最终选取各项政策实施后的第一年数据来进行回归。利用企业地理位置、行业类别及开工时间等信息，整理了1999年、2003年和2007年三年内包含30个二位数行业代码的新建企业情况。然后根据城市代码，从《中国城市统计年鉴》中获取所需的260个城市经济指标计算本文所需的解释变量。

四、实证结果分析

（一）基本回归结果

基于新增企业选址的表现，估计"集聚租"和工业用地出让价格竞争对"以地引资"策略有效性的作用效果,基本回归结果如表1所示。模型1主要考察工业用地低价出让对新企业进入的直接影响。回归结果显示,在全国范围内,压低工业用地价格对新企业选址存在一定的吸引作用,尽管这一效果并不显著。这反映了企业区位选择除了考虑土地价格因素外,还可能会权衡诸如资源禀赋、制度环境等宏微观区位因素。在这些因素综合作用下,一味地压低工业用地价格并不能显著提高新企业数量,这一结论与陶然等(2009)[8]、雷潇雨和龚六堂(2014)[12]的结论相似。事实上,地方政府一般会以工业园区为载体,通过压低工业用地价格及其他政策优惠措施形成一定的"政策租",以实现招商引资的目标,而单一的协议土地出让引资方式并不多见。

表 1   工业用地价格竞争对新企业数量的基本回归结果

变量	模型 1	模型 2
ps_ local	− 0.615 **	− 0.625 **
	(0.016)	(0.014)
ps_ center	7.738 **	7.543 **
	(0.035)	(0.036)
road_ class	0.001 ***	0.001 ***
	(0.000)	(0.000)
pland	− 0.002	− 0.006 ***
	(0.884)	(0.006)
pland × hhi		0.108 ***
		(0.009)
mar	0.012 ***	0.013 ***
	(0.000)	(0.000)
lnfdi	0.007 ***	0.005 *
	(0.009)	(0.056)
cstu	0.003 **	0.003 **
	(0.028)	(0.021)
_ cons	0.164 **	0.132
	(0.045)	(0.104)
N	749	749
Vuong	0.000	0.000

注:( )内为 p 值;*,**,*** 分别表示10%,5%和1%的显著性水平。

此外,根据新经济地理学理论,驼峰状"集聚租"倘若形成,综合反映投资环境质量和市场需求的集聚经济能在一定程度上降低地方政府的竞次行为,即地方政府因集聚经济的存在,压低工业用地价格不再是唯一的引资手段。因此,我们进一步增加了工业用地出让价格与城市产业专业化水平的交叉变量,考察集聚经济如何与地方政府土地价格竞争行为相互作用,共同影响新企业进入。从模型2可以看出,工业用地价格竞争系数显著为负,说明在控制了集聚经济水平与土地价格竞争的综合作用后,"以地引资"策略本身在总体上具有一定的有效性,廉价出让工业用地确实能够吸引新企业进入。然而,产业专业化指标与工业用地价格的交叉项系数都显著为正,说明当地区因生产专业化产生较高的"集聚租"时,土地价格竞争对新企业选址产生的最终影响将小于模型1中的直接影响,并且在一定条件下其产生的正向引资效果可能会因集聚租的存在而转为负面影响，即高集聚水平的地区有可能会对集聚租"征税"——这里主要是指提高工业用地价格，减少对新企业的优惠补贴。正如前文所述，近年来，随着建设用地指标耗尽，一、二线城市地方政府更多的是利用其更好的配套基础设施而非土地来进行"招商选资"行为。原因可能是，一方面，地区产业专业化程度较高，由此形成相应的专业化劳动力市场和中间品供应商，整个生产因要素匹配效率提高而产生较强的集聚力，从而吸引更多相关工业企业进入，居民和企业用地需求都不断上升，工业用地因商住用地价格上升而上升。根据样本统计，专业化程度高于均值的城市工业用地出让面积占比高达70%以上，且收入也较专业化程度低的城市高出10%。故而，这些城市"以地引资"的价格竞次行为得到抑制。另一方面，地区产业专业化程度高的城市因产业相对专一而获得地方政府更多的政策支持和补贴（如配套基础设施的建设），由此形成较高的"政策租"，从而更容易吸引新企业进入。压低工业用地价格不仅会受到其他城市模仿竞争，还会降低财政收入和补贴水平，减弱城市吸引力，因此，对于专业化程度较高的地区而言，"以地引资"策略的价格竞争优势不再明显，且可能产生负面影响。比较模型1和模型2，可见后者的作用效果更显著，也即"以地引资"策略本身是有效的，但倘若某些城市存在"集聚租"时，集聚经济缺乏的地区则有可能不能吸引到新企业进入，从而其"以地引资"策略不再有效，假说1得到验证。

上述实证结果表明，本地生产性服务业空间溢出对于新企业选址的作用为负，而中心城市的生产性服务业空间溢出却显著为正，这表明从总体上来看，目前我国大部分城市特别是离中心城市较远的城市，其生产性服务业发展通过投入产出关系的产业关联效应对制造业的溢出效应仍不明显，无法吸引制造业新企业的共同集聚，某些地区不顾当地产业基础强行调整二三产业结构、发展服务业，甚至对制造业企业产生显著的负面影响。例如某些城市为获取商住用地的高额溢价，大力发展新城建设和商业地产，最终导致制造业用地成本上升而向其他低地价区域转移。但距离大城市100公里以内的城市往往能获得中心城市的生产性服务业空间溢出，从而成为中心城市制造业转移的主要地区。这说明一方面距离中心大城市100公里范围内的城市已与其建立起生产性服务业链接的区域产业关联，并通过这一区域间产业关联有可能推动现有城市群内的产业分工发生协同效应[23-24]；另一方面也反映了生产性服务业空间溢出效应往往与城市规模具有较强的正向关系，中心城市由于其具有更强大的产业基础、人力资本和人口规模支撑，能够产生更强的本地市场效应和知识溢出效应，从而更有利于分工深化和创新研发，进而形成更广的辐射范围。

其他控制变量的作用效果均符合理论预期。其中，等级公路表示的基础设施水平反映了地区空间可达性，其建设水平越高，企业的运输成本就越低，从而有利于吸引企业进入；市场潜力指标反映了当地本地市场效应，一直是厂商区位选择和经济活动空间集聚的重要影响因素，实证结果和现有研究一致[25-27]，即市场潜力对吸引新企业进入具有显著的正向作用。

（二）分区域回归结果

由于我国区域间发展不平衡，各城市的经济水平、基础设施、制度环境以及政府政策等方面都存在明显的区域差异，因此有必要分区域考察工业用地价格竞争在不同区域的作用效果差异。首先，运输成本一直是影响企业选址的重要变量，港口等地理区位决定了早期制造业空间分布，全球化产业链分工使得东部沿海地区成为我国制造业主要集中区域，集聚了全国60%以上的工业企业，样本量远高于中、西部总和，因此在分地区回归结果中，有必要将样本划分为东部、中西部地区，来观察在制造业转移过程中，处于集聚区和非集聚区的城市工业用地价格竞争行为对企业区位选择影响的差异性。

其次，产业的空间集聚发展使得城市间的分工合作加强，城市群成为经济发展的重要空间载体，且城市群内部城市间因生产率差异进行不同的产业分工，故而城市群、非城市群城市之间及城市群内部城市之间其土地利用效率存在较大差异，相应的土地出让策略及效果也存在较大差别，我们有必要分别进行讨论。借鉴雷潇雨、龚六堂（2014）[12] 的分类法，即按照当前现已形成的三大国家级城市群和 7 个区域性城市群将所有样本分为三类城市。其中，隶属国家级城市群的第一类城市（40 个）一般在经济和城市发展方面都比较成熟，彼此间已经形成较为良好的产业互促关系；隶属区域性城市群的第二类城市（50 个）仍处在较快增长阶段，城市间的产业分工尚未完善；而城市群外的其他第三类城市（170 个）则相对落后，分布也更为分散。按照这种方式划分出来的 3 个组别，与按照东中西划分有相似之处但不完全相同，尤其是中东部一些欠发达的群外城市被归为第三类，而西部一些较大城市又进入第二类。这样的分组方式比较切合城市发展阶段，更有利于研究城市问题。

为了更好反映各解释变量对因变量的边际影响，表 2 显示了模型 2 的分区域回归各变量的边际效应，总的来看，两种区域划分方式下，在控制城市集聚经济水平后，其工业用地价格竞争都对新企业起到显著的吸引作用，即"以地引资"策略本身是有效的，这也是我国地方政府竞相模仿沿海"以地引资"模式的原因。

具体地，从制造业集聚区的区位因素影响看，东部沿海地区的拟合结果与全国总体模型基本一致，可能的原因在于：一方面由于东部地区作为制造业集聚区，其新建企业数量占全国 2/3 左右，故而其回归样本的数据结构与总体样本更类似，相应的其模型拟合的结果更接近全国模型的结果；另一方面由于东部地区内部各城市间的经济发展水平和产业集聚程度仍存在巨大差异，其落后地区的招商引资政策可能与中西部地区无异，因此企业在比较东部各城市的区位优势时采取与全国范围相同的区位选择策略，最终导致新建企业数量在东部地区的空间分布情况与全国范围的空间布局相似。并且这一回归结果表明尽管东部欠发达地区也采取与中西部相类似的"以地引资"策略，但由于处在制造业集聚区，地理临近优势使得其比中西部地区更容易吸引资本流入，因而其工业用地价格竞争也不会太激烈，从而不会改变东部地区新建企业的总体分布格局。然而，与东部形成鲜明对比的是，中西部地区由于偏离产业集聚区，相应运输成本上升增加其引资难度，而落后的配套基础设施使得中西部城市不得不加大工业用地降价幅度，才能形成足够的政策租以抵消企业运输成本上升带来的负面影响。因此，尽管与东部落后地区的产业发展水平相当，但运输成本上升使得土地价格竞争对中西部引资至关重要，因而其相应的引资效果也更显著，表 2 中模型 5、模型 6 中土地价格回归系数都显著为负说明对于中西部城市而言，土地价格竞争是其吸引资本的重要工具。而对东部地区而言，只有在控制其集聚优势后，廉价出让土地的引资效果才能有所体现。

表 2　分区域工业用地价格竞争对新企业数量回归的边际效应

	东部地区		中西部地区		隶属国家级城市群	隶属区域城市群	其他城市
	模型 3	模型 4	模型 5	模型 6	模型 7	模型 8	模型 9
pland	0.039	−0.116***	−0.019**	−0.096***	−0.127***	−0.124***	−0.097***
	(0.421)	(0.006)	(0.035)	(0.005)	(0.004)	(0.004)	(0.006)
pland×hhi		2.239***		1.756***	2.404***	2.337***	1.778***
		(0.007)		(0.009)	(0.006)	(0.007)	(0.009)
road_class	0.003***	0.002***	0.001***	0.002***	0.002***	0.002***	0.002***
	(0.000)	(0.000)	(0.000)	(0.000)	(0.000)	(0.000)	(0.000)

续表

	东部地区		中西部地区		隶属国家级城市群	隶属区域城市群	其他城市
	模型3	模型4	模型5	模型6	模型7	模型8	模型9
ps_ local	−13.395**	−10.046*	−20.272***	−40.596***	−40.481**	−49.216***	−9.883**
	(0.014)	(0.093)	(0.000)	(0.000)	(0.040)	(0.009)	(0.020)
ps_ center	49.338**	191.2507**	125.001*	213.354**	573.456***	575.588***	124.619**
	(0.037)	(0.021)	(0.090)	(0.023)	(0.000)	(0.000)	(0.039)
mar	0.032***	0.022***	0.006**	0.018***	0.018***	0.017***	0.022***
	(0.000)	(0.000)	(0.061)	(0.000)	(0.000)	(0.000)	(0.000)
lnfdi	0.006*	0.007*	0.003**	0.001	0.011*	0.008*	0.003*
	(0.055)	(0.089)	(0.04)	(0.061)	(0.058)	(0.060)	(0.061)
cstu	0.002**	0.005*	0.004**	0.005**	0.004	0.004	0.006**
	(0.022)	(0.094)	(0.015)	(0.044)	(0.150)	(0.144)	(0.023)
N	332	332	417	417	120	150	510
Vuong	0.014	0.000	0.001	0.000	0.000	0.000	0.000

注：（ ）内为 p 值；*，**，***分别表示 10%，5% 和 1% 的显著性水平。

从城市群分组看，如表 2 所示，不管是国家级、区域级城市群城市还是其他非城市群城市，在控制集聚租的影响后，低地价策略都显著增加地区新建企业数量，并且对比模型 7～模型 9 中土地价格的回归系数可以发现，国家级和区域级城市群内城市的回归系数更大，这表明在城市群内土地价格引资的效果更明显。这一回归结果很容易找到相关事实依据支撑，一方面，城市群内城市具有更高水平的城市群集聚效应，且更临近制造业集聚区和服务水平更高的中心城市，其低地价引资的竞争优势更明显；另一方面，这也从侧面反映了在隶属高集聚水平城市群的城市引资竞争中仍然普遍存在的土地价格竞次行为。Hühnerbein 和 Seidel（2010）[17] 在构建包含区域间税收竞争和集聚经济的多地区企业选址模型中指出，在企业选址过程中，单个集聚经济体可以利用集聚租减少税收竞争行为；但存在多地区共享同一集聚经济时，内部引资竞争将恶化地区间的税收竞争。从前文分析看，目前中国城市及城市群的经济集聚水平并不高，且共享城市群集聚效应的城市由于晋升压力展开较为激烈的引资竞争，这样本可以通过集聚租向企业征税的现象在中国城市群内并不存在，相反廉价出让工业用地仍旧是城市群乃至全国各级地方政府的重要引资工具，即"集聚租"和竞次行为的同时存在。故而，从城市群分组看，隶属国家级和区域级城市群的城市由于存在共享城市群同一个"集聚租"和城市群内部城市间的激烈竞争，中心城市仍会采用"以地引资"策略。

此外，现阶段中国各级城市由于劳动力流动障碍、国家区域均衡策略等因素的影响，城市规模由于建设用地配置和财政转移支付等越来越多地被用于鼓励欠发达地区的工业发展而呈现扁平化趋势，其结果是整体经济效率增速放缓和资源配置效率的恶化，最终导致各级城市整体经济集聚水平低下[28]。城市集聚经济发展不足，直接使得地方政府同时利用"政策租"和"集聚租"来招商引资，而并不是像新经济地理学所指出的集聚经济缓和地区间的引资竞次行为。如表 2 所示，东部地区较中西部地区，隶属国家级和区域级城市群的城市较非城市群城市都存在前者比后者有更高的集聚经济，但其以地引资政策的有效性并未比后者低，相反，前者都将以工业园区为载体，利用低地价和其他政策优惠形成的"政策租"，结合更好的基础设施、更高的城市化水平等集聚优势进行招商引资，使得最终压低工业用地价格的引资效果较后者更明显。从样本数据来看，目前尽管东部沿海地区正在进行制造业转移浪潮，但转移出的制造业企业往往迁向同省或同城市群次发达地区，即这些城市利用城市群内部城市间的产业分工集聚优势，更好地实现"以地引资"策略。

五、结论与启示

由于我国现行财政分权体制使得同级政府间存在激励的横向竞争，而地方政府又没有独立的税率制定权，只能更多地利用"负地价"投入以实现招商引资和项目竞争，这与联邦制下的"税率竞争"具有相似的政策含义。本文从微观企业选址的视角，通过实证检验工业用地价格对新建企业区位选择的影响来分析目前"以地引资"策略对制造业空间转移可能产生的影响。实证结果表明，在考虑地区异质性和区域竞争时，地区经济集聚水平将对"以地引资"策略的有效性产生不确定性的影响，且由于城市群集聚效应不强，相邻城市间的竞争使得廉价出让工业用地的竞次行为和"集聚租"引资同时存在。

通过本文实证分析可以看到，中国在嵌入制造业全球价值链过程中，凭借其低廉的用地成本和人工成本形成的比较优势确实能够吸引资本流入，从而对经济增长和产业集聚产生积极影响，但随着土地资源约束趋紧，"以地引资"模式的有效性逐渐减弱，并因国际需求变化和制造业产业链国际再分工等因素的影响而难以为继，在制造业服务化、产业融合等新的产业发展趋势下，提高中心城市和本地生产服务业的溢出效应，推动地区间制造业与服务业的互动融合，强化地区集聚效应对吸引更高附加值的资本要素尤为重要。特别是对于已具有一定产业集聚优势的发达地区而言，高额的商住成本已成为人工成本上升的重要因素，严重阻碍了制造业人力资本投资。因此，对于发达地区而言，一方面应当通过科学的土地规划，提高土地利用效率，促进产业升级转型。另一方面应改变以"土地财政"为依托的财政支出模式，防止房地产价格进一步攀升，降低商住用地成本和人口城市化成本；鼓励城市基础设施筹资模式和建设模式创新，以有效控制地方政府对物质公共品的财政支出规模，增加对教育等无形公共品的投入，形成积极可持续的经济增长方式。而对于欠发达城市而言，当前其产业配套落伍、集聚环境不佳但土地资源相对充裕，因此可适当效仿发达城市早期土地引资政策，以低廉的用地成本承接发达地区转移出来的企业，但同时应避免发达地区早期恶性的竞次行为和重复建设等问题。值得注意的是，在推进产业转移过程中，应避免中西部地区盲目降低工业用地价格的竞次行为，而应破除户籍等限制要素流动的相关制度，通过市场自主配置资源，形成以省或城市群（或经济圈）为单位的经济区域和良好的区域间分工合作体系，不仅有利于为中心城市生产服务业发展创造更大的母市场效应，而且有利于增强城市集聚效应，提高基础设施条件好的地区的土地利用效率，避免因以地引资的竞次行为造成土地资源浪费和制造业资本过快转移甚至流失，进而丧失发展生产服务业的产业基础。

参考文献

[1] Tung S. and Cho S. Determinants of Regional Investment Decisions in China: An Econometric Model of Tax Incentive Policy [J]. Review of Quantitative Finance and Accounting, 2001, 17 (2): 167 – 185.

[2] 郭庆旺，贾俊雪. 地方政府行为、投资冲动与宏观经济稳定 [J]. 管理世界，2006 (5): 19 – 25.

[3] 杨海生，陈少凌，周永章. 地方政府竞争与环境政策——来自中国省份数据的证据 [J]. 南方经济，2008 (6): 15 – 30.

[4] 余壮雄，李莹莹. 资源配置的"跷跷板"：中国的城镇化进程 [J]. 中国工业经济，2014 (11): 18 – 29.

［5］郑江淮，高彦彦，胡小文．企业"扎堆"、技术升级与经济绩效——开发区集聚效应的实证分析［J］．经济研究，2008（5）：33－46.

［6］杨其静，卓品，杨继东．工业用地出让与引资质量底线竞争——基于2007～2011年中国地级市面板数据的经验研究［J］．管理世界，2014（11）：24－34

［7］张莉，高元骅，徐现祥．政企合谋下的土地出让［J］．管理世界，2013（12）：43－51＋62.

［8］陶然，陆曦，苏福兵，汪晖．地区竞争格局演变下的中国转轨：财政激励和发展模式反思［J］．经济研究，2009（07）：21－33.

［9］Brueckner J. K. Welfare Reform and the Race to the Bottom：Theory and Evidence［J］．Southern Economic Journal，2000，66（3）：505－525.

［10］罗必良，李尚蒲．地方政府间竞争：土地出让及其策略选择——来自中国省级面板数据（1993～2009年）的经验证据［J］．学术研究，2014（1）：67－78＋159－160.

［11］Baldwin R. E. , Krugman P. Agglomeration, Integration and Tax Harmonization［J］．European Economic Review，2004，48（1）：1－23.

［12］雷潇雨，龚六堂．基于土地出让的工业化与城镇化［J］．管理世界，2014（9）：29－41.

［13］陆铭．建设用地使用权跨区域再配置：中国经济增长的新动力［J］．世界经济，2011（1）：107－125.

［14］陆铭．玻璃幕墙下的劳动力流动——制度约束、社会互动与滞后的城市化［J］．南方经济，2011（6）：23－37.

［15］Au C. C. and Henderson J. V. Are Chinese Cities Too Small?［J］．The Review of Economic Studies，2006，73（3）：549－576.

［16］范剑勇，邵挺．房价水平、差异化产品区位分布与城市体系［J］．经济研究，2011（2）：87－99.

［17］Hühnerbein O. and Seidel T. Intra‐regional Tax Competition and Economic Geography［J］．The World Economy，2010，33（8）：1042－1051.

［18］Rosenthal S. S. and Strange W. C. Geography, Industrial Organization, and Agglomeration［J］．Review of Economics and Statistics，2003，85（2）：377－393.

［19］周浩，陈益．FDI外溢对新建企业选址的影响［J］．管理世界，2013（12）：78－88.

［20］Holmes T. J. and Stevens J. J. Spatial Distribution of Economic Activities in North America［J］．Handbook of Regional and Urban Economics，2004（4）：2797－2843.

［21］宣烨．生产性服务业空间集聚与制造业效率提升——基于空间外溢效应的实证研究［J］．财贸经济，2012（4）：121－128.

［22］Ke S. , He M. and Yuan C. Synergy and Co‐agglomeration of Producer Services and Manufacturing：A Panel Data Analysis of Chinese Cities［J］．Regional Studies，2014，48（11）：1829－1841.

［23］韩峰，洪联英，文映．生产性服务业集聚推进城市化了吗？［J］．数量经济技术经济研究，2014（12）：3－21.

［24］陆铭，向宽虎．地理与服务业——内需是否会使城市体系分散化?［J］．经济学（季刊），2012（3）：1079－1096.

［25］Hanson G. H. Market Potential, Increasing Returns and Geographic Concentration［J］．Journal of International Economics，2005，67（1）：1－24.

［26］刘修岩，张学良．集聚经济与企业区位选择——基于中国地级区域企业数据的实证研究［J］．财经研究，2010（11）：83－92.

［27］韩峰，柯善咨．追踪我国制造业集聚的空间来源：基于马歇尔外部性与新经济地理的综合视角［J］．管理世界，2012（10）：55－70.

［28］陆铭，向宽虎．破解效率与平衡的冲突——论中国的区域发展战略［J］．经济社会体制比较，2014（4）：1－16.

简政放权、寻租行为与企业绩效

李津津[1]　干春晖[2]　余典范[1]

（1. 上海财经大学工商管理学院　上海　200439；

2. 上海海关学院　上海　201204）

一、引言

改革开放以来，我国经济取得了快速发展，很大程度上得益于通过制度改革和市场化改革获得的巨大制度红利和改革红利。然而，伴随我国传统比较优势的逐渐衰减、新竞争优势的"断档"，以及前一轮改革红利与制度红利的逐渐消失，我国的经济增长速度进入换挡期、结构调整进入阵痛期、深化改革进入深水期、前期政策也进入了消化期，在这"四期叠加"的背景下，中国经济进入了新常态。新形势下，通过以中国（上海）自由贸易试验区建设为契机的新一轮改革开放，更加注重政府职能的转变，通过进一步的简政放权，防止寻租行为[①]，进一步释放改革红利。李克强总理更是不断强调要以"权力'瘦身'为廉政'强身'，通过放权限权，坚决打掉寻租空间"。

寻租产生的交易成本是影响资源配置的重要因素（Coase，1937；埃格特森，2004），并且在某种程度上解释了世界各国财富的差距（张五常，1998）。寻租行为产生的成本对于社会财富的破坏效应非常严重。在英国，垄断造成的寻租成本占所有公司总产值的13%（Mohammad and Whalley，1984），印度国民生产总值的7%被寻租活动消耗（Krueger，1974），肯尼亚寻租活动支出大约占国内生产总值的38%（Rose，1984）。我国正处于关键转型期，地方政府在资源配置中仍然发挥重要作用，企业在生产经营活动中，就需要通过与地方政府官员进行交易获得关键资源，寻租行为显得更为普遍。1997年开始，中国企业用于寻租的业务招待吃喝费用高达2000亿元，用于差旅的费用高达2835亿元，这些支出占中国当年GDP的6.5%，占当年总税收收入的60%，并且这种比例还在逐年增加（Hu，2004）。因而研究我国企业的寻租行为对于绩效的影响，以及如何通过简政放权减少寻租行为，对于推动我国新一轮的经济转型升级有着重要的意义。

本文通过相关事实描述发现，首先，寻租行为在我国比较普遍，寻租行为的程度也因行业和

［基金项目］国家社科基金重大项目"中高速增长阶段经济转型升级研究"（批准号14ZDA021，主持人：干春晖）。

［作者简介］干春晖，上海海关学院；李津津，上海财经大学工商管理学院博士生；余典范，上海财经大学国际工商管理学院。

① 寻租是产生交易成本的一种，企业的交易成本主要包括三类：一是由于市场结构造成的交易成本；二是由于企业内部契约不完全性带来的交易成本；三是企业作为市场参与者，由于管制者施加的额外成本。而寻租则是企业为了减少第三种交易成本产生的行为。

地区的不同而有所差异。总体上看，我国第三产业的寻租程度较高，特别是金融业、信息传输、软件和信息技术服务业等行业的寻租现象更为严重；从地区层面看我国海南省、宁夏回族自治区、西藏自治区等地区的寻租行为较为严重，而这些也正是我国地方政府干预程度较高、政府效率相对较差的地区，而安徽、河南、天津、山东等省份的寻租行为相对较轻，这些地区也正是我国地方政府干预程度较低、政府效率相对较高的地区①。其次，寻租行为减少了企业创新研发投入和创新绩效，从省份平均寻租水平上看，寻租行为越为严重的地区，企业的平均创新投入和创新绩效就越低。再次，寻租行为通过缓解企业的税收负担和融资约束，削弱其对于企业绩效的不利影响。具体来看，当企业面临着较强的税负环境和融资约束环境时，通过增加寻租行为，可以缓解资源约束，促进绩效的提升。最后，通过转变政府职能，进一步简政放权，确实可以减少企业的寻租行为。同时，本文借助于计量模型对简政放权、寻租与企业绩效进行分析后，进一步验证了简政放权通过为企业的创造性生产活动提供更好的条件，而促进了企业的创新行为。同时简政放权在改善资源配置效率的同时，通过削弱寻租产生的资源配置效应而大大削弱了寻租行为。我国在进一步简政放权的过程中，要将减少政府干预与提升政府效率并行推进，从而更好地推进我国政府职能的转变。

二、事实描述与理论假设

我国正处于经济转型关键期，地方政府在资源配置中仍然发挥着重要作用，因而企业常常需要通过向地方政府进行寻租，以获取关键的资源、经营权和特权。关于寻租行为的现有研究中，由于缺少有效的衡量方法而无法进行相关的定量研究。本文则使用企业的业务招待费和差旅费来对企业的寻租行为进行有效的衡量，这主要是由于，一方面，我国企业用于业务招待和差旅的费用②比较大，并且远远超过了企业正常的业务需要。如 Cai（2009）的研究表明，中国企业的娱乐餐饮费用和差旅费用占企业工资总额的20%，占销售收入的2%～3%，而这部分支出远远超过了企业实际的业务需要。另一方面，业务招待和差旅费支出更容易成为企业寻租的支出来源，这主要是由于企业这部分支出的会计处理不严谨，方便企业隐蔽其真实用途（Cai，2009）。譬如，2009年山东聊城新奥燃气公司花费78万元巨额款用于地方政府招待（Jiangnan Zhu and Yiping Wu，2014），进行寻租行为，而这部分支出占到了企业应酬总支出的73.1%。

图1描述了2010～2013年我国不同行业上市公司寻租支出平均占比，总体而言我国第三产业的寻租行为最为明显，特别是第三产业的金融业、信息传输、软件和信息技术服务业等领域，寻租行为较为严重，金融业的平均寻租支出更是达到了4%，超过了 Cai（2009）年的研究的2%～3%的平均结果。体现了我国在服务业领域还存在影响企业正常生产经营活动的诸多体制性障碍的同时，也为我国进一步的推进政府职能转化，简政放权提供了重点领域。

---

① 参照王小鲁、樊纲《中国分省份企业经营环境指数》中各省份的政府干预程度和地方政府效率得。此外，也利用世界银行2006年发布的《中国120个城市投资环境报告》整理可得。

② 本文也尝试使用业务招待费作为寻租行为支出，其基本结论与本文使用指标一致，故此处不予单独列出。

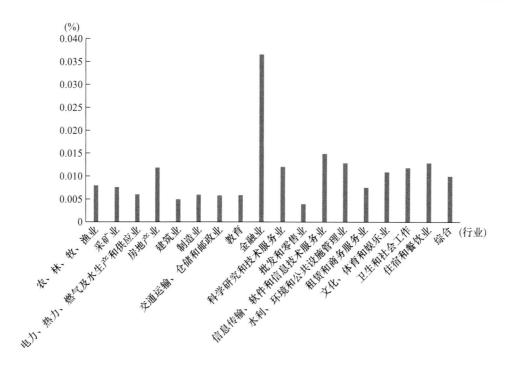

图1　2010～2013年我国不同行业上市公司寻租支出平均占比

资料来源：根据2010～2013年我国A股上市公司资料，采用行业平均值①方法计算得。

图2描述2010～2013年我国不同省份上市公司寻租支出平均占比，总体而言我国不同省份均存在不同程度的企业寻租行为，其中海南省、宁夏回族自治区、西藏自治区等地区的寻租行为较为严重，而安徽、河南、天津、山东等省份的寻租行为相对而言较轻。按照《中国分省企业经营环境指数》报告可以发现，寻租行为较为严重的省份正是那些地方政府干预较强、政府效率较低的地区，而寻租行为相对较轻的省份也正是那些地方政府干预较重、政府效率较高的地区②。

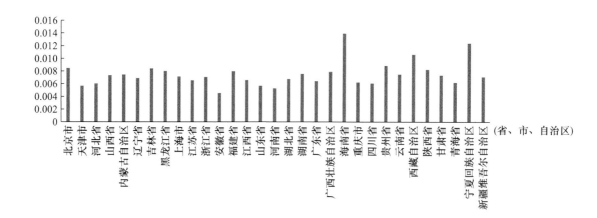

图2　2010～2013年我国不同（省、市、自治区）上市公司寻租支出平均占比

资料来源：根据2010～2013年我国A股上市公司资料，采用省份平均值的方法计算得。

---

① 本文也考虑了不同地区以及不同行业存在差异性，作者也进行了不同地区的行业平均值的算法，得出的结论与图1的结论是一致的。

② 本文也使用了世界银行2006年发布的《中国120个城市投资环境报告》，仍然支持此处的结论。

（一）企业寻租产生了创造性生产抑制效应，不利于企业绩效的提升

从整个社会的角度看，经济活动分为生产性活动（也即寻利行为，包括生产活动、创新活动等）和非生产性活动（也即寻租行为：行贿、游说、走私等）（李雪灵等，2012）。在特定的地方政府治理环境下，如果经济活动中寻租行为相较于寻利活动能够通过更少成本获取更多收益，企业就会倾向于选择寻租活动而非寻利活动（Baumol，1990）。然而伴随着寻租主体的增多，增加了企业寻租行为的风险，寻租行为使得企业将更多的稀缺资源用于非生产性的领域，而寻租收益却具有不确定性，因而从短期来看，影响了企业的绩效提升。更为严重的是寻租行为造成了对研发投资等生产性活动的挤出效应（Murphy 等，1993；杜兴强等，2012），因而从长期来看，也会有损于企业绩效的提升。当寻租资本的投资回报相对于生产资本的回报变得足够大时，几乎所有的经济资源都会被用于寻租，在这样的经济中，所有的创造性生产活动将会被消灭（Magee et al.，1989）。

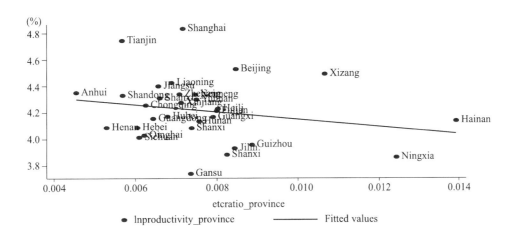

图 3　寻租行为与企业绩效（劳动生产率）

资料来源：根据 2010 ~ 2013 年我国 A 股上市公司资料整理得。其中寻租行为（meanetcratio_ province）与企业绩效（mean-lproductivity_ province）均采用省份平均值计算得。

图 3 从省份平均值角度探讨企业寻租行为与企业劳动生产率的关系，从图中可以看出伴随着寻租支出的增加，总体而言不利于企业绩效提升。其中海南和宁夏两省企业的平均寻租支出最高，其效率也相对较低。而安徽企业的平均寻租支出最小，其效率也相对较高。总体上看寻租与企业绩效呈现出了一定的线性关系。图 4 则使用了企业的总资产报酬率作为企业绩效的衡量指标，可以发现结果仍然支持图 3 的结论，表现为寻租行为与企业的总资产报酬率之间呈现出了一定的负相关关系。

图 5 与图 6 从省份平均值角度探讨了企业的寻租行为与企业创造性生产活动的关系，从图 5 中可以看出伴随着寻租支出的增加，总体而言是不利于企业创新投入的增加。其中海南和宁夏两省企业的平均寻租支出最高，导致两省企业平均创新投入最低，企业绩效也相对较低。而安徽、天津等省份企业的平均寻租支出较低，平均创新投入较高，企业的绩效也相对较高。图 6 则从创新绩效角度考察寻租与企业无形资产的关系，可以发现其结论仍然支持图 5，表现为寻租行为越严重的地区，其创新的绩效就越低。

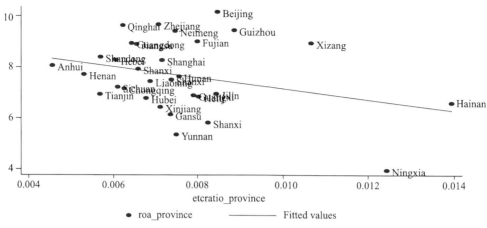

图 4　寻租行为与企业绩效（资产报酬率）

资料来源：同图 3。

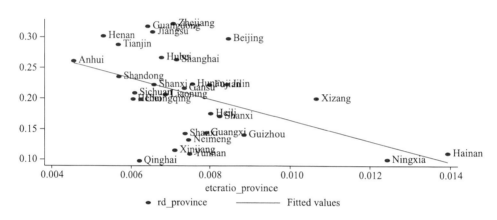

图 5　寻租行为与企业创造性生产（创新投入）

资料来源：根据 2010～2013 年我国 A 股上市公司资料整理得。其中寻租行为（etcratio）与创新投入（rd）均采用省份平均值计算得。

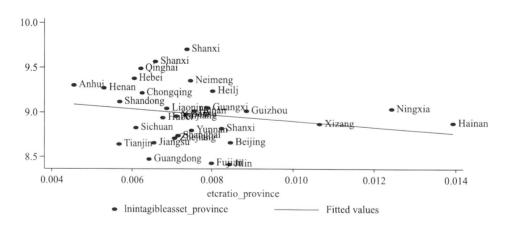

图 6　寻租行为与企业创造性生产（创新绩效①）

资料来源：根据 2010～2013 年我国 A 股上市公司资料整理得。其中寻租行为（etcratio）与无形资产（lintagibleasset）均采用省份平均值计算得。

---

① 本文使用企业的无形资产代表企业创新绩效，即无形资产越多，则表示企业创新绩效越好。

（二）企业寻租行为产生关系型资源偏袒效应①，从而促进企业绩效的提升

寻租行为主要分为两类：一是为了寻求地方政府的庇护、特权而产生的寻租行为；二是为了逃避地方政府的管制而进行的寻租活动（李雪灵等，2012）。而这两种寻租行为的结果，都能够帮助企业获取更多的关键资源。由于企业生产环境的不确定性，以及缺乏足够的社会资源，企业会追求更多的资源，以保障自己的利益，从而减少和避免环境变化带来的冲击。资源能否成功选择或者配置，是导致企业间成长差异的主要因素，并且这种差异能否消除，依赖于关键资源能否获取、模仿以及替代障碍（Jeffrey Pfeffer and Gerald Salancik，1978）。如果企业在不能减少对关键资源依赖的情况下，会转而去试图寻找影响或者掌握资源的有效途径，而寻租成为了企业获取关键资源的重要方式。如果考虑寻租获取资源带来的风险规避作用、垄断性比较优势等，寻租的机会成本更趋向于为零，寻租反而变得更有效率（Hillman and Katz，1984；Rogerson，1982；Linster，1993）。

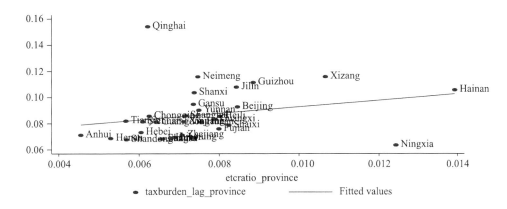

图7 税收负担与寻租行为

资料来源：根据2010~2013年我国A股上市公司资料整理得。其中寻租行为（etcratio）与税收负担一期滞后项（taxburden_lag）均采用省份平均值计算得。

图7和图8分别汇报了税收负担、融资约束与寻租的关系，从图7可以看出，伴随着上一年企业税收负担的加重，本年企业的寻租行为支出就越大。图8可以看出伴随着上一年企业融资约束的收紧，本年企业的寻租行为支出也越大。这在一定程度上表明企业通过寻租行为可以缓解税收负担和融资约束，从而促进企业绩效的提升，本文将在计量模型部分进一步验证该结论。

（三）简政放权，通过提升政府效率、减少政府干预，减少了企业的寻租行为

简政放权包括政府干预程度的减少、政府效率的提升。①当政府干预程度较高，政府对于经济资源分配的介入程度较高，公共资源就难以界定其权力边界，企业通过市场难以获取其所需资源时，只能转向政府进行寻租（Baumol，1990）。②政府的服务效率的低下，企业获取相关服务的成本就会增加，企业为了更早地开展生产活动（Lui，1985），只能通过寻租行为来获取特许经营权。如我国不同城市企业与政府打交道的时间就存在着较大的差距，东南地区平均一年只需要51.16天，而西北地区则高达78.13天（世界银行，2006；万华林、陈信元，2009），较长的打交道时间，在一定程度上体现了政府服务效率水平的低下。

① 资源的偏袒效应，相关学者称为社会偏袒效应，这种效应来源较多，如由于企业的优良绩效获得的资源款偏袒，企业的政治关联带来的良好声誉保障获得资源偏袒，而本文的关系型资源偏袒效应主要指由于通过寻租行为形成的关系型资源偏袒。

经济新常态下的中国产业发展

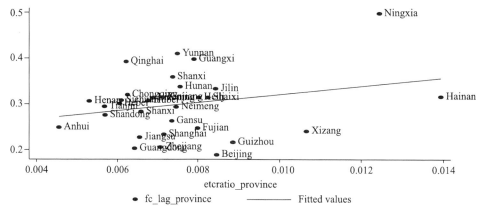

图 8　融资约束与寻租行为

资料来源：根据 2010～2013 年我国 A 股上市公司资料整理得。其中寻租行为（etcratio）与融资约束一期滞后项（fc_ lag）均采用省份平均值计算得。

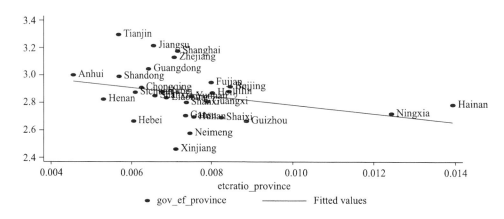

图 9　简政放权与企业寻租（提升政府效率）

资料来源：根据 2010～2013 年我国 A 股上市公司与《中国分省企业经营环境指数》相关资料整理得。其中寻租行为（et-cratio）与政府效率（gov_ ef）均采用省份平均值计算得。

图 9 和图 10 分别显示简政放权的两个方面与企业寻租行为的关系，从图 9 可以看出，从政府效率提升的角度上看，政府效率较高的地区，企业的寻租行为也相对较少，如安徽、天津、山

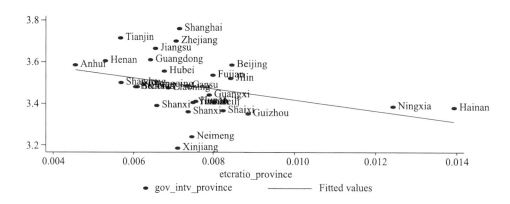

图 10　简政放权与企业寻租（减少政府干预）

资料来源：根据 2010～2013 年我国 A 股上市公司与《中国分省企业经营环境指数》相关资料整理得。其中寻租行为（et-cratio）与减少干预（gov_ intv）均采用省份平均值计算得。

东等地。而政府效率较低的地区，则企业寻租行为也较为严重，如海南、宁夏等地。图10可以看出，从减少政府干预的角度上看，同样可以发现政府干预程度较低的地方，企业的寻租行为也较少，反之亦反。

三、计量分析结果

为进一步验证简政放权、寻租与企业绩效三者之间关系，本文从对数化的 Cobb – Douglas 生产函数出发，通过以下三个基本模型设计，验证本文提出的假设：

$$\ln(\text{企业绩效})_{it} = \alpha \cdot (\text{寻租支出占比})_{it} + \beta \cdot (\text{控制变量})_{it} + \lambda_i + \delta_t + \varepsilon_{it} \tag{1}$$

$$\ln(\text{企业绩效})_{it} = \alpha \cdot (\text{寻租支出占比})_{it} * (\text{税负})_{it}[(\text{融资约束})_{it}] + \beta \cdot (\text{控制变量})_{it} + \lambda_i + \delta_t + \varepsilon_{it} \tag{2}$$

$$(\text{税负})_{it}[(\text{融资约束})_{it}] = \alpha \cdot (\text{寻租支出占比})_{it} \times (\text{简政放权})_{it}[(\text{政府效率})_{it}、(\text{减少干预})_{it}] + \beta X_{it} + \lambda_i + \delta_t + \varepsilon_{it} \tag{3}$$

其中，下标 i 和 t 分别表示省份和年份。λ_i 表示企业个体固定效应，δ_t 表示年份固定效应，ε_{it} 为随机误差项。X_{it} 为控制变量，主要包括 ln（人均固定资本存量）、ln（人均中间投入）、ln（人均薪酬支付额）、ln（企业寿命）以及股权集中度[①]。

模型中被解释变量企业绩效的测算，根据研究文献一般采用总资产报酬率（roa），净资产收益率（roe）、托宾 Q 和市场价值作为企业的业绩指标，这主要是由于这些指标能够很好地反映了一个公司在不同方面的资产盈利能力，比较能够客观的体现出企业的绩效水平（Anderson and Reeb，2003；Finkelstein and D. Aveni，1994；Parrino，1997；Shen and Cannella，2002），本文中主要采用了劳动生产率的对数（ln（企业绩效）$_{it}$）为主要绩效指标，并结合总资产报酬率（roa）进行检验。

本文实证分析中会考虑简政放权对于企业寻租行为的影响，是通过影响寻租获得的收益来验证，因而本文中间被解释变量包括两个：一是税收负担，主要是通过企业所交税费总额与营业收入的比值表示；二是融资约束，本文采用利息保障倍数倒数刻画，该指数越大，表明企业的融资约束越强。

解释变量寻租行为主要是通过寻租成本来衡量，而寻租成本是掩藏于企业的非生产性支出，相关学者通过借鉴 ABHJ（2006）的计算模型，进行了非生产性支出的测算。但是这并不能更好地反映企业的真实寻租成本。Cai（2009）年通过企业的吃喝支出和旅行支出来衡量企业的寻租行为，本文借鉴该方法，用企业的业务招待费和差旅费来表示企业进行寻租行为的成本支出。所以用这两个指标替代寻租行为产生的成本，主要由于，一方面，这部分支出在我国的企业生产过程中，确实是一种普遍现象，并且占据一定的比重；另一方面，这部分支出是企业管理支出中最容易作为寻租支出的来源。

由于本文要阐述简政放权对于寻租行为的作用，本文选用《中国分省企业经营环境指数》中的地方政府治理环境指数及其包含的两个重要方面：减少干预指数和政府效率指数来衡量简政放权程度。该报告统计截至 2012 年，万华林、陈信元（2009）是通过选取一年的数据，采用随机效应模型进行地方政府治理环境对非生产性支出的影响。政府治理环境的作用是具有滞后性的，因此本文选用报告中 2010 年和 2012 年的数据，并且采用滞后一年进行，同时用 2010 年和 2012

---

① 相关变量的统计说明，由于篇幅问题，并未列出，有需要者可向作者索要。

年的平均值滞后期替代 2012 年的缺失数据。同时为了进行稳健性检验，本文还通过行业和省份平均值作为替代指标。

根据以往研究文献，结合本文研究主要对以下影响企业绩效表现变量进行了控制：①企业年龄：公司成立年限的自然对数（截至统计当年）；②人均固定资产净值对数，由于企业层面资本存量难以衡量，因而本文按照以往的研究经验，用人均固定资产净值来表示，并结合模型设定取对数；③人均中间品投入对数，本文使用数据库现金流量表中"购买商品、接受劳务支付的现金"一项衡量；④人均劳动报酬对数，使用现金流量表中"支付给职工以及为职工支付的现金"一项衡量；⑤股权集中度，定义为前五大股东持股比例的赫芬达尔指数。本文还设置了年度虚拟变量来控制年度变化趋势对企业绩效的影响，同时考虑行业的差异性对企业绩效影响，本文通过控制行业的固定效应模型进行实证分析。

本文选取 2010~2013 年全部 A 股上市公司为研究样本，并且根据以下原则对初始样本进行剔除：①由于 ST 和 PT 公司的财务状况处于异常，为研究结果的一致性和可靠性，本文分析时剔除该类上市公司。②由于研究的需要，剔除研究区间内资料数据缺失严重的公司；本文研究所用数据主要包括上市公司寻租成本数据、上市公司的财务和市场绩效指标（roa，roe，nroa 和劳动生产率）、地方政府治理环境（本文选取地方治理环境指数，及其包含的最重要的两个方面指标：减少干预和政府效率提升），以及相关企业基本信息（企业人均中间品投入、人均劳动报酬、企业寿命、股权结构以及所属行业的特征等）。上市公司数据的主要来源有：国泰安研究服务中心 CSMAR 系列数据库，同花顺 iFinD 金融数据库。同时本文选用《中国分省企业经营环境指数》进行数据匹配。最后，由于本文研究涉及企业劳动生产率等涵盖价格指数的指标，因而本文通过《中国统计年鉴》官方网站，选取各省份的 GDP 价格平减指数对企业的营业收入等相关指标进行平减，用固定资产价格指数对人均固定资产进行平减。

表 1 汇报我国 2010~2013 年 A 股上市公司寻租、创造性生产活动与企业绩效的关系。模型（1）与（2）论证了寻租行为与企业劳动生产率的关系，可以发现企业的寻租行为与劳动生产率是呈负相关的关系。模型（3）和（4）论证了寻租行为与企业总资产报酬率的关系，可以发现企业的寻租行为与总资产报酬率也是呈负相关的关系。这表明企业的寻租行为确实不利于企业绩效的提升。模型（5）和（6）论证了寻租行为与企业创造性生产的关系，可以发现不论是从创新研发投入还是从创新绩效的角度上看，企业的寻租行为均对企业产生了创造性生产的抑制效应。

表 1　寻租、创造性生产抑制效应与企业绩效

	劳动生产率	劳动生产率	总资产报酬率	总资产报酬率	创造性生产	创造性生产
寻租	-22.25***		-265.0***		-2.196***	-8.201***
	(-28.08)		(-8.84)		(-5.58)	(-3.46)
寻租省份行业平均值		-12.30***		-228.6***		
		(-11.42)		(-3.72)		
人均固定资产对数	0.0727***	0.0550***	-0.0342	-5.587***	-0.0161***	0.159***
	(7.77)	(7.21)	(-0.10)	(-12.84)	(-4.12)	(6.13)
人均中间品投入对数	0.413***	0.476***	-0.559	-0.0740	0.00385	-0.0567**
	(45.16)	(63.97)	(-1.62)	(-0.17)	(0.88)	(-2.15)
人均劳动报酬支付额对数	0.434***	0.384***	1.494***	7.675***	0.00916	-0.0466
	(28.89)	(31.14)	(2.63)	(10.91)	(1.35)	(-1.11)

续表

	劳动生产率	劳动生产率	总资产报酬率	总资产报酬率	创造性生产	创造性生产
股权集中度	0.00227 ***	0.00395 ***	0.274 ***	0.242 ***	0.000429 *	0.00571 ***
	(3.69)	(7.82)	(11.78)	(8.38)	(1.87)	(3.47)
企业年龄对数	−0.161 **	−0.190 ***	−2.356	−2.096	0.00960	1.404 ***
	(−2.04)	(−3.03)	(−0.79)	(−0.58)	(0.37)	(6.86)
常数项	2.097 ***	1.929 ***	−2.251	3.365	0.239 ***	4.807 ***
	(9.43)	(10.81)	(−0.27)	(0.33)	(3.26)	(8.29)
个体效应	YES	YES	YES	YES	YES	YES
时间效应	YES	YES	YES	YES	YES	YES
F	1118.72	1500.21	41.17	38.87	18.48	101.28
R^2	0.8253	0.8325	0.0453	0.0242	0.0392	0.0208
N	5193	8713	5193	8713	3558	5039

注：* 表示 $p < 0.10$，** 表示 $p < 0.05$，*** 表示 $p < 0.01$，下同。其中代表企业创新绩效的无形资产占比（intagib-leasset）进行了缩尾处理（0.05）。

表 2 汇报我国 2010 ~ 2013 年 A 股上市公司寻租、关系型资源偏袒与企业绩效的关系。模型（1）阐述了企业绩效（劳动生产率）及其主要影响变量之间的关系，可以发现人均固定资产、人均中间品投入、人均劳动报酬支付额与股权集中度均与企业绩效呈现正相关关系，而企业的年龄却与企业绩效呈负相关关系。模型（2）加入了企业的寻租行为后发现，在不改变主要影响因素作用方向的情况下，寻租行为不利于企业绩效的提升。模型（3）进一步加入地方的融资环境和税负环境，发现当一个地区的融资环境较为约束、税负环境较为严重时，会给企业绩效的增长带来阻碍作用。

模型（4）与模型（5）则分别考察了税负环境、融资环境与企业寻租行为交互项的关系，可以看出融资环境较为约束、税负环境较为严重的地区，寻租行为对于企业绩效提升起到了促进作用。这表明企业的寻租行为产生了关系型资源偏袒效应。

表 2 寻租、关系型资源偏袒效应与企业绩效

	劳动生产率	劳动生产率	劳动生产率	劳动生产率	劳动生产率
人均固定资产对数	0.0637 ***	0.0727 ***	0.0784 ***	0.0790 ***	0.0793 ***
	(8.45)	(7.77)	(8.40)	(8.46)	(8.50)
人均中间品投入对数	0.484 ***	0.413 ***	0.415 ***	0.415 ***	0.417 ***
	(65.51)	(45.16)	(45.74)	(45.77)	(45.90)
人均劳动报酬支付额对数	0.372 ***	0.434 ***	0.424 ***	0.424 ***	0.421 ***
	(30.20)	(28.89)	(28.38)	(28.36)	(28.21)
股权集中度	0.00449 ***	0.00227 ***	0.00285 ***	0.00287 ***	0.00294 ***
	(8.95)	(3.69)	(4.65)	(4.70)	(4.82)
企业年龄对数	−0.151 **	−0.161 **	−0.128 *	−0.125	−0.123
	(−2.48)	(−2.04)	(−1.65)	(−1.62)	(−1.59)
寻租		−22.25 ***	−23.77 ***	−32.06 ***	−34.27 ***
		(−28.08)	(−29.04)	(−7.56)	(−7.96)

续表

	劳动生产率	劳动生产率	劳动生产率	劳动生产率	劳动生产率
融资环境			−0.192***	−0.190***	−0.284***
			(−3.53)	(−3.51)	(−4.48)
税负环境			−2.318***	−2.987***	−3.063***
			(−2.97)	(−3.52)	(−3.61)
税负环境×寻租				99.12**	89.37*
				(1.99)	(1.79)
融资环境×寻租					10.28***
					(2.86)
常数项	1.683***	2.097***	2.219***	2.265***	2.284***
	(9.68)	(9.43)	(9.75)	(9.90)	(9.99)
个体效应	YES	YES	YES	YES	YES
时间效应	YES	YES	YES	YES	YES
F	1679.79	1118.72	935.06	858.18	794.38
R^2	0.8411	0.8253	0.8271	0.8271	0.8271
N	8981	5193	5098	5098	5098

注：其中的税负环境和融资环境均是采用某一地区某一行业的整体税负水平和融资约束水平来表示，考察在不同的税负和融资环境下寻租行为的作用。

表 3 汇报简政放权与寻租行为的关系，模型（1）~模型（3）验证了简政放权、税收负担与寻租行为，结果表明，当地方简政放权程度不断加强，即干预程度不断减少和行政效率不断提高时，可以减少企业的税负。然而与企业的寻租行为交叉后发现，寻租行为对于税负的单独项为负，与地方简政放权相关指数交叉项却为正，这表明地方政府简政放权削弱了企业通过寻租行为缓解税负的作用。

模型（4）~模型（6）验证了简政放权、融资约束与寻租行为，结果表明，当地方简政放权程度不断加强，即干预程度不断减少和行政效率不断提高时，可以缓解企业的融资约束。然而与企业的寻租行为交叉后发现，寻租行为对于融资约束的单独项为负，与地方政府简政放权相关指数交叉项却为正，这表明地方政府简政放权削弱了企业通过寻租行为缓解融资约束的作用。

表3　简政放权与寻租行为

	税收负担	税收负担	税收负担	融资约束	融资约束	融资约束
寻租	−8.273***	−10.58***	−5.470*	−1.682*	−1.389**	−3.726*
	(−3.98)	(−6.01)	(−1.80)	(−1.84)	(−2.17)	(−1.91)
简政放权	−0.0900			−0.150***		
	(−1.17)			(−3.41)		
政府效率		−0.0305			−0.0878***	
		(−0.63)			(−2.70)	
减少干预			−0.0530			−0.162***
			(−1.00)			(−3.89)
简政放权×寻租	2.794***			0.567*		
	(3.99)			(1.84)		

续表

	税收负担	税收负担	税收负担	融资约束	融资约束	融资约束
政府效率×寻租		3.941 ***			0.517 **	
		(6.02)			(2.17)	
减少干预×寻租			1.598 *			1.083 *
			(1.81)			(1.91)
人均固定资产对数	0.00798	0.00854	0.00660	0.0698 ***	0.0709 ***	0.0697 ***
	(0.85)	(0.91)	(0.70)	(11.55)	(11.76)	(11.55)
人均中间品投入对数	−0.0758 ***	−0.0744 ***	−0.0765 ***	0.0101 *	0.00976	0.00982
	(−8.25)	(−8.11)	(−8.30)	(1.67)	(1.62)	(1.63)
人均劳动报酬支付额对数	0.0961 ***	0.0955 ***	0.0983 ***	−0.0843 ***	−0.0864 ***	−0.0849 ***
	(6.43)	(6.42)	(6.57)	(−7.39)	(−7.59)	(−7.48)
股权集中度	−0.00242 ***	−0.00224 ***	−0.00257 ***	−0.00531 ***	−0.00532 ***	−0.00533 ***
	(−3.95)	(−3.65)	(−4.18)	(−13.74)	(−13.76)	(−13.79)
企业年龄对数	−0.0912	−0.0922	−0.0865	0.0268	0.0264	0.0254
	(−0.90)	(−0.91)	(−0.85)	(1.26)	(1.23)	(1.19)
常数项	0.830 **	0.612 *	0.727 **	0.925 ***	0.701 ***	1.020 ***
	(2.14)	(1.90)	(2.10)	(5.97)	(6.07)	(6.31)
个体效应	YES	YES	YES	YES	YES	YES
时间效应	YES	YES	YES	YES	YES	YES
F	1392.75	1405.32	1384.39	479.89	476.27	483.31
R^2	0.7811	0.7837	0.7817	0.1699	0.1688	0.1696
N	4004	4004	4004	2791	2791	2791

注：其中的简政放权总指数采用政府效率指数与减少干预指数的平均值来衡量总体的简政放权程度。

四、结论和政策含义

本文研究验证了通过简政放权可以减少寻租行为，进一步释放改革红利和制度红利。寻租行为作为交易成本的重要内容，在世界各国的经济转型过程中普遍存在。寻租带来了社会福利的损失、租金的耗散，因而不利于市场经济的健康发展。我国正处于经济转型关键时期，地方政府在资源配置中仍然发挥重要地位，企业在生产经营中仍然需要与地方政府官员交易，从而获得关键性的资源，因而我国的寻租行为更为普遍。

通过本文的研究可以发现，企业的寻租行为不利于企业绩效的提升，特别是对创造性生产活动产生了巨大抑制效应。然而当企业面临较重的税收负担或者较强的融资约束时，企业就会选择通过寻租方式作为资源配置的有效途径，从而形成关系型资源偏袒依赖效应。由于寻租结果的不确定性，往往导致创造性生产抑制对于企业绩效的负效应大于关系型资源偏袒对于企业绩效的正效应。通过简政放权，则可以在有效改善资源配置效率的同时，也削弱了寻租行为对于资源的配置效应。基于此，本文认为政策制定者应该通过以下几方面进一步简政放权，理顺政府与市场的关系，从而更好地防止寻租行为，释放制度红利。

一是健全宏观调控体系，实现调控目标机制化与政策手段法制化。本文研究结果表明，当财政和金融调控体系容易被权力影响时，企业倾向于通过寻租获得收益。因此要建立计划、财税、金融相互配合、相互制衡的宏观经济调控体系，这也是优化经济结构、熨平市场经济波动、实现经济稳定的需求。从财税体制改革看，完善促进基本公共服务均等化和主体功能区建设的公共财政体系，形成有利于结构优化、社会公平的税收制度。从金融体制改革看，要鼓励、引导和规范民间资本进入金融服务领域，激发各类金融市场主体活力，推进利率市场化，有效降低企业融资成本，形成公平的市场环境，使信贷政策与产业政策紧密结合，全方位支持实体经济的发展。

二是创新政府管理制度，掌握政府权力"放"与"管"的平衡。通过"负面清单"在全国范围内的推广，倒逼政府职能转变，确实减少审批事项，打破产业藩篱，放开市场准入，将政府对微观经济的直接介入转变为服务微观经济发展，营造各类企业平等竞争环境。确立企业投资主体地位，除关系国家安全和公共重大利益项目外，一律由企业自由决策，真正落实"谁投资、谁决策、谁受益、谁承担风险"的基本要求。

三是进一步推进各地区审批制度改革，完善政府事中事后监管水平。我国在金融业为首的第三产业领域的寻租现象是比较严重的，通过政府部门的简政放权，确实可以减少寻租行为，但仍需完善政府监管体系，提升政府风险管控能力，从而保障金融等行业放权后市场的正常运行。为此应一方面，实现监管主体由"单部门监管"向"多部门综合监管"转变。积极探索建立部门间的信息共享平台，实现监管系统和行政管理平台的对接，实现多部门综合监管，有效约束市场不正当行为，规范市场秩序。同时积极引入第三方监管，并合理整合相关监管信息，保证监管的公平、公正。另一方面，要实现"规则性监管模式"与"原则性监管模式"的统一。通过相应的法律法规规制相关市场中的经济活动，同时合理采用原则性监管模式，减少管制条款和具体指标，增加指导性意见，激发市场主体创新活力。

参考文献

[1] Coase R. The Nature of the Firm Economica [J]. Economic, 1937: 4 (16), 386 – 405.

[2] Mohammad S. and J. Walley. Rent Seeking in Indian: Its Costs and Policy Significance [J]. Kyklos, 1984, 37 (3): 387 – 413.

[3] Krueger A. The Political Economics of the Rent – Seeking Society [J]. American Economic Review, 1974, 64 (3): 291 – 303.

[4] Cai Hong bin, Hanming Fang and Lixin Colin Xu. Eat, Drink, Firms, Government: An Investigation of Corruptionfrom Entertainment and Travel Costs of Chinese Firms [J]. NBER Working Paper, 11592 2009..

[5] Zhu Jiangnan and Wu Yiping, Who Pays More "Tributes" to the Government? Sectoral Corruption of China's Private Enterprises [J]. Crime Law Soc Change, 2014 (61): 309 – 333.

[6] Baumol W. Entrepreneurship: Productive, Unproductive, and Destructive [J]. Journal of Political Economy, 1990, 98 (5), 893 – 921.

[7] Murphy K. M., A. Shleifer, and R. Vishny. Why is Rent – Seeking Costly to Growth [J]. American Economic Review, 1993, 83 (2): 409 – 414.

[8] Magee S., W. Brock, and L. Young. Black Hole Tariffs and Endogenous Policy Theory [M]. Cambridge: Cambridge University Press, 1989.

[9] Hillman A., and E. Katz. Risk – Averse Rent Seekers and the Social Cost of Monopoly Power [J]. Economic Journal, 1984, 94 (373): 104 – 110.

[10] Rogerson W. The Social Cost of Monopoly and Regulation: A Game – Theoretic Analysis [J]. Bell Journal of Economics, 1982 (13): 391 – 401.

[11] Linster B. Stackelberg Rent Seeking [J]. Public Choice, 1993, 77 (2): 307 – 321.

[12] 万华林，陈信元. 治理环境、企业寻租与交易成本——基于中国上市公司非生产性支出的经验证据 [J]. 经济学季刊，2010（1）：553 – 570.

[13] 李雪灵等. 制度环境与寻租活动 [J]. 源于世界银行数据的实证研究，2012（11）：84 – 96.

[14] 埃格特森·思拉恩. 经济行为与制度 [M]. 吴经邦等译. 北京：商务印书馆，2004.

[15] 张五常. 交易成本范式//经济解释——张五常经济论文选 [M]. 北京：商务印书馆，2002：515 – 532.

金融摩擦、资本错配与全要素生产率

——基于中国工业企业的数据分析

葛 鹏 李思龙

（1. 上海财经大学国际工商管理学院 上海 200433；
2. 上海财经大学金融学院 上海 200433）

一、引言

我国经济已经保持了36年平均每年9.7%的增长，创造了举世瞩目的"中国奇迹"。目前我国的经济发展正步入调整期，经济增长正从高速转向中高速，进入经济的新常态（洪银兴，2014）。在新常态下，原有的经济发展方式将发生根本性改变，依靠规模速度的粗放式增长将转变为依靠质量效率的集约式增长，产业的转型升级也不再是比例的转换，而更多的是依靠效率的提升，因此提升资源的配置效应便成了新常态下经济发展方式转变和产业转型升级的关键。在过去我国经济高速增长的三十多年里，资源配置效率的改善已经对全要素生产率的提高做出了重要贡献（龚关、胡关亮，2013）。在新常态下资源配置效率的改善将发挥更为重要的作用，成为经济发展的重要驱动力。

目前在全球研究资源配置与全要素生产率的关系已经逐渐成为热点，国内外各学者从不同角度对此展开研究，并取得了大量成果。Hsieh 和 Klenow（2009）、Restuccia 和 Rogerson（2013）分别从内涵和外延两个方面分析了资源的错配会带来效率的损失，并确定了一种衡量资源配置效率的方法，为资源错配的研究奠定了基础。导致资源错配的因素有很多，任何一种因素出现扭曲都有可能会导致资源错配，整个经济的产出水平都会出现下降。找出这些影响因素，改善这些影响因素，就可以提高生产效率和经济的产出水平。究竟哪些因素会影响资源的配置效率呢？

Lagos（2006）、Guner 等（2008）和 Leal（2010）对各种经济政策进行分析发现，保险与就业政策、企业规模决定政策和税收政策会产生资源错配进而影响全要素生产率。Alcala 和 Ciccone（2004）、Lileeva 和 Trefler（2010）分析了贸易壁垒导致的资源错配会带来效率的损失。Amaral 和 Quintin（2010）、Buera 等（2011）、Midrigan 和 Xu（2010）、D'Erasmo 和 Moscoso - Boedo（2012）、Daniel Yi Xu（2014）从金融的角度，研究了由信贷约束和金融摩擦导致资源配置对全要素生产率（TFP）的影响。国内学者也结合我国的特殊情况对此方面内容进行了研究，陈永伟和胡伟民（2011）分析了国内要素价格扭曲产生的资源错配导致了我国的生产效率损失。周黎安等（2013）结合我国地方官员的换届，分析了政治周期对资源错配的影响。

———————————

[作者简介] 葛鹏，上海财经大学国际工商管理学院，博士研究生；李思龙，上海财经大学金融学院，博士研究生。

美国次贷危机和欧债危机的接连爆发，给世界各国经济带来了沉重的打击，全球经济长期低迷。在这些影响因素里信贷约束和金融摩擦越来越受重视。各个国家在反思本国的金融市场的过程中，学者们则将研究金融市场扭曲对资源配置效率提上了日程。在这些研究之中，目前存在严重分歧的有两种基本观点：第一种观点由 Amaral 和 Quintin（2010）、Midrigan 和 Xu（2010）、Buera 等（2011）和 D'Erasmo 和 Moscoso - Boedo（2012）等研究认为信贷市场缺陷以及金融摩擦对全要素生产率（TFP）存在影响，能够产生效率损失，只是在影响的程度方面仍存在明显的争议。第二种观点由 Daniel Yi Xu（2014）通过研究金融摩擦和资源错配关系，认为金融摩擦对全要素生产率（TFP）没有影响。

我国在过去三十多年的高速增长中存在一定的金融市场扭曲并且严重影响了资源配置效率，相对于产品市场改革，金融市场改革和市场化进程严重滞后（简泽、干春晖等，2013）。金融危机的冲击也让我国金融市场存在扭曲的问题浮出水面，其问题的严重性已经影响我国经济的发展和转型升级。目前我国该方面研究相对匮乏，鲜有研究金融市场缺陷以及金融摩擦对全要素生产率（TFP）影响的文献。不过已经有国内外学者从资本错配角度对我国的资源配置效率展开了研究，Hsieh 和 Klenow（2009）从资本错配的角度研究发现，相比美国，中国工业企业全要素生产率低 30% ~ 50%，而资本错配对中美全要素生产率（TFP）差距的影响为 49%。龚关、胡关亮（2013）在 Hsieh 和 Klenow（2009）测算资源配置效率方法的基础上，突破了其模型规模报酬不变的限制，通过对我国制造业的研究，得出了 1998 ~ 2007 年资本配置效率的改善促进全要素生产率提高了 10.1%。

为了弥补国内在金融摩擦与全要素生产率方面研究的不足，本文借鉴金融学和产业经济学研究方法扩展了该领域的研究，以金融摩擦视角研究我国金融市场扭曲与资源配置效率问题。本文采用 Hsieh 和 Klenow（2009）度量资源配置效率的方法，计算资本错配和全要素生产率，并借鉴龚关和胡关亮（2013）放宽规模报酬不变的假设。在此模型基础上，运用微观企业的融资约束指标衡量企业的金融摩擦，利用金融摩擦分位数计算出全要素生产率（TFP）和产出效率，验证中国的信贷融资约束以及金融摩擦对全要素生产率（TFP）存在显著影响。并且发现不同行业影响程度不同，在我国制造业行业中存在严重的资本错配问题，由此得出我国通过金融市场条件的改善在多大程度上促进全要素生产率（TFP）的提高，针对哪些行业的全要素生产率（TFP）改善更加明显，从而推测出在新常态下中国经济总产出在金融条件改善之后的增长潜力，为我国产业转型升级提供借鉴。

二、文献回顾

资源错配对全要素生产率（TFP）影响研究主要集中在导致全要素生产率（TFP）巨大差异的原因，Howitt（2000）从索罗的角度研究技术的差异性导致发达国家和其他国家全要素生产率（TFP）差异。相比代表性企业的低效率，Restuccia 和 Rogerson（2008）从企业之间资源错配对 TFP 的影响进行研究认为，政策倾向不同使企业融资成本出现差异，导致资本边际产出不同，从而使两个同质的企业 TFP 存在差异。另外，McKinsey（2004）认为，劳动市场规则差异导致非正式的零售商店 TFP 较低。由于低劳动成本，非正式零售商店可以雇佣更多的劳动者，从而导致社会整体 TFP 降低。对 TFP 进行定量研究方面，很多学者将 TFP 分为 TFPR 和 TFPQ（Foster，2008）。TFPR 主要通过实际产出的市场价格计算全要素生存率，TFPQ 主要通过实际产出计算全要素生存率。Hsieh 和 Klenow（2009）通过一阶条件的索罗余量推导资源配置的扭曲程度

（McGrattan，2007），并通过加总微观数据得出行业 TFP（Banerjee，2005），认为资本错配造成印度及中国 TFP 与美国有较大差距。Zheng Song 和 Guiying Wu（2013）用结构化方程（SMM）估计了资本错配对中国工业企业全要素生产率（TFP）的影响。

国内学者对 TFP 研究早期偏向与宏观数据分析行业及地区全要素生产率（TFP）差异（袁堂军，2002；张小蒂，2005；郭庆旺，2005；伍晓鹰，2007），由于劳动、资本的边际产出在不同行业不同地域有较大差异，所以宏观分析结果不能有效反映行业和企业特征，也无法预测企业在一定市场环境及政策下的技术选择倾向，进而无法评价资源配置效果，所以微观数据分析相比宏观数据分析更加合理（袁堂军，2009）。鲁晓东和连玉君（2012）采用中国工业企业微观数据，用最小二乘法、固定效应方法、OP 法和 LP 法等参数和半参数方法核算我国主要工业企业全要素生产率（TFP）。在对全要素生产率（TFP）影响因素方面，袁志刚（2011）从劳动力供给分析资源错配对中国 TFP 的影响，但是仍旧采用宏观数据。龚关和胡关亮（2013）认为，Hsieh 和 Klenow（2009）资源配置对全要素生产率影响的研究存在规模报酬不变和中美两国产出弹性差异等不足，并在 Klenow 的研究模型基础上进行改进。

金融摩擦方面的研究起源于金融对经济周期的影响（Bernanke and Gertler，1989），比较主流的研究理论是金融加速器模型（Bernanke、Gertler and Gilchrist，1999）、银行垄断模型（Aliaga – Diaz and Olivero，2007；Mandelman，2011）、抵押限制模型（Jermann and Quadrini，2012）和信贷配给模型（Blinder，1987）。中国学者更多地从企业融资约束角度采取结构性方程求解最优化行为角度研究金融摩擦（龚六堂，2013 年；汪伟、郭新强和艾春荣，2013 年），也有部分学者从宏观角度研究金融摩擦对经济波动和危机传导的影响（龚六堂等，2013，2014）。

金融摩擦主要度量企业外部融资难度，对企业主要是融资约束（Financial Constraint）。不同企业面对的融资约束程度不同导致资本无法有效配置，因此本文对金融摩擦研究主要从融资约束（Financial Constraint）角度，选取不同的财务指标，计算企业的金融摩擦程度。在指标选取上主要参考 KZ 指标（Kaplan、Zingales，1997；Lamont，et al.，2001；Baker，et al.，2003），WW 指标（Whited、Wu，2006）和 SA 指标（Hadlock、Pierce，2010；吴娜，2013）。

三、金融摩擦、资本错配和全要素生产率理论分析

（一）金融摩擦

金融摩擦主要指企业的外部融资受到约束的程度，受金融市场的完善程度、资本市场环境以及企业自身财务状况影响。目前学术界关于金融摩擦的测度采用方法比较多，尚无统一测度标准。考虑企业资金需求主要用于投资，企业的投资现金流量跟金融摩擦高度相关。大部分文献对金融摩擦进行定量研究主要依据与融资相关的企业财务指标对融资约束程度进行估算。根据企业的经营现金流以及现金存量决定企业对外融资需求规模，企业财务杠杆率决定了企业的财务状况，利用杠杆率来表征企业的对外融资程度，杠杆率较高的企业对外融资难度较大。有研究根据上市企业分析发现，公司的成长性对金融摩擦影响较大，运用衡量企业未来成长性的托宾 Q 值分析与金融摩擦影响的关系。还有研究发现企业的市场占有率、销售增长率对企业的对外融资难易程度也有一定影响。

因此，Kaplan 和 Zingales（1997）采用 48 个公司的样本，将这些定量和定性指标加入投资

对融资约束的敏感性研究，分析公司融资约束和现金流量、现金余额、现金分红、杠杆率、托宾Q值六个变量关系。为了进一步构建适合大样本的融资约束指标，Lamont 等（2001）在 Kaplan 和 Zingales（1997）研究基础上构建了度量企业金融摩擦的 KZ 指标：

$$KZ_{it} = -1.002 \frac{CF_{it}}{A_{it-1}} - 39.368 \frac{DIV_{it}}{A_{it-1}} - 1.315 \frac{c_{it}}{A_{it-1}} + 3.139 LEV_{it} + 0.283 Q_{it} \tag{1}$$

其中 $\frac{CF_{it}}{A_{it-1}}$ 是现金流和前一期资产比值，$\frac{DIV_{it}}{A_{it-1}}$ 是现金分红和前一期资产比值，$\frac{c_{it}}{A_{it-1}}$ 是现金余额和前一期资产比值，LEV_{it} 是杠杆率，Q_{it} 是托宾 Q 值。Baker 和 C. Stein（2003）在 Lamont 等（2001）的基础上构建去掉托宾 Q 值的 KZ 指标：

$$KZ_{it} = -1.002 \frac{CF_{it}}{A_{it-1}} - 39.368 \frac{DIV_{it}}{A_{it-1}} - 1.315 \frac{c_{it}}{A_{it-1}} + 3.139 LEV_{it} \tag{2}$$

Whited 和 Wu（2006）构建了一个含有融资摩擦的跨期投资模型，通过对投资欧拉方程的大样本广义矩估计，得到 WW 指标：

$$WW_{i,t+1} = b_0 + b_1 LEV_{it} + b_2 DIVPOS_{i,t+1} + b_3 SG_{i,t+1} + b_4 LNTA_{i,t+1} +$$
$$b_5 ISG_{i,t+1} + b_6 CASH_{i,t+1} + b_7 CF_{i,t+1} + b_8 NA_{i,t+1} + b_9 IDAR_{i,t+1} \tag{3}$$

其中，DIVPOS 为虚拟变量，当公司现金分红时值为 1；SG 公司销售增长率；$LNTA_{i,t+1}$ 为总资产的对数值；ISG 为 2 位代码行业的增长率；CASH 为流动资产与总资产比值；CF 为现金流和总资产比值；NA 为净资产，IDAR 为三位代码的行业杠杆率。相比 KZ 指标，虽然 WW 指标加入了公司规模和销售增长率指标，但是这两个指标具有严格内生性。为了克服内生性，Hadlock 和 Pierce（2010）采用 Kaplan 和 Zingales（1997）的定性方法，将样本分别分为无融资约束（NFC）、可能无融资约束（LNFC）、潜在融资约束（PFC）、可能融资约束（LFC）和融资约束（FC），并分别对每组赋值 1~5，数值越高表示融资约束越大。在对样本分组的基础上，控制住 KZ 指标和 WW 指标中的其他变量，分别研究每组变量融资约束的影响程度。在所有变量中，只有公司规模和成立时间是外生的，而且这两个变量与融资约束程度显著相关。在控制外生变量规模和成立时间条件下，只有现金流量和杠杆率显著相关，其他变量都没有显著相关。由于现金流量和杠杆率是内生的，受公司规模和成立时间响，故最终选取公司规模和成立时间衡量融资约束，即 SA 指标：

$$SA_{it} = -0.737 \times Size + 0.043 \times Size^2 - 0.04 \times Age \tag{4}$$

本文对金融摩擦指标选取采用 Hadlock 和 Pierce（2010）的 SA 指标与 Baker 和 C. Stein（2003）的 KZ 指标。考虑中国国有企业地位的特殊性，国有银行的贷款政策倾向于国有企业，因此本文将样本按国企、私企、合营企业以及外资企业分类对企业面临的金融摩擦进行稳健性分析。

（二）资本错配和全要素生产率

金融摩擦会妨碍资本积累，导致资本错配，进而影响全要素生产率（TFP）。因此测度金融摩擦对全要素生产率（TFP）的影响程度，必须通过分析资本错配对全要素生产率（TFP）影响。本文采用 Hsieh 和 Klenow（2009）度量资源配置效率的方法，衡量资本错配和全要素生产率（TFP）。借鉴龚关和胡关亮（2013）在 Klenow 基础上进行改善，放宽规模报酬不变的假设，延续这个思想构建模型。

模型假设只有一个代表性最终产品，有 S 个行业，每个行业中厂商的数量为 M_s，则总产出：

$$Y = \prod_{s=1}^{s} Y_s^{\theta_s} \tag{5}$$

其中，θ_s 为 Y_s 的产出弹性，可将 Y_s 理解为不同行业的产出，而不同行业对最终产品的产出

弹性为 θ_s。令行业产出品 Y_s 价格为 P_s，最终产品价格为 P，根据 Cobb – Douglas 函数性质可得：

$$P_s Y_s = \theta_s P Y \tag{6}$$

则由式（2）可得：

$$Y = \Pi_{s=1}^s \left(\frac{P\theta_s}{P_s}\right)^{\theta_s} Y^{\theta^s} \tag{7}$$

由式（1）和式（3）可得：

$$P = \Pi_{s=1}^s \left(\frac{P_s}{\theta_s}\right)^{\theta^s} \tag{8}$$

由于最终产品作为计价单位，故可令 $P = 1$。假定行业总产量满足 CES 加总：

$$Y_S = \left(\sum_{i=1}^{M_s} Y_{si}^{\frac{\sigma-1}{\sigma}}\right)^{\sigma/(\sigma-1)} \tag{9}$$

每个行业面临预算约束为：

$$\sum_{i=1}^{M_s} P_{si} Y_{si} = P_S Y_S \tag{10}$$

在式（5）约束下，解式（4）的最大化问题，可得：

$$\frac{P_{si} Y_{si}}{\sum_{i=1}^{M_s} P_{si} Y_{si}} = \frac{Y_{si}^{\sigma/(\sigma-1)}}{\sum_{i=1}^{M_s} Y_{si}^{\sigma/(\sigma-1)}} \tag{11}$$

由式（6）可得：

$$Y_{si} = (P_{si} Y_{si})^{(\sigma-1)/\sigma} \tag{12}$$

令每个厂商的生产函数为：

$$Y_{si} = A_{si} K_{si}^{\alpha_s} L_{si}^{\beta_z} \tag{13}$$

其中 Y_{si}、A_{si}、K_{si} 和 L_{si} 分别表示 s 行业中 i 厂商的产出、技术、资本和劳动投入，α_s 和 β_s 分别为资本和劳动的产出弹性，若 $\alpha_s + \beta_s = 1$，则规模报酬不变；$\alpha_s + \beta_s > 1$，则规模报酬递增。考虑企业处于非完全竞争市场，故厂商产品价格 P_s 为行业总需求 Y_s 的函数，故厂商利润为：

$$\pi_{si} = (1 - \tau_{Y_{si}}) P_{si} Y_{si} - \omega L_{si} - (1 + \tau_{K_{si}}) R Y_{si} \tag{14}$$

其中 π_{si} 为企业 i 利润，ω 和 R 分别为工资和无风险利率，$\tau_{Y_{si}}$ 和 $\tau_{K_{si}}$ 分别为产出扭曲率和资本额外租金率。本文采用 Klenow（2003）方法。由于垄断竞争企业满足边际产出价值等于边际成本，故有：

$$MRPK_{si} = \alpha_s \frac{\sigma-1}{\sigma} \frac{P_{si} Y_{si}}{K_{si}} = R \frac{1 + \tau_{K_{si}}}{1 - \tau_{Y_{si}}} \tag{15}$$

$$MRPL_{si} = \beta_s \frac{\sigma-1}{\sigma} \frac{P_{si} Y_{si}}{L_{si}} = \frac{\omega}{1 - \tau_{Y_{si}}} \tag{16}$$

通过式（10）和式（11）可求得 $\tau_{Y_{si}}$ 和 $\tau_{K_{si}}$：

$$\tau_{Y_{si}} = 1 - \frac{\sigma}{\sigma-1} \frac{\omega L_{si}}{\beta_s P_{si} Y_{si}} \tag{17}$$

$$\tau_{K_{si}} = \frac{\alpha_s}{\beta_s} \frac{\omega L_{si}}{R K_{si}} - 1 \tag{18}$$

由于价格不能直接观察到，将企业层面的全要素生产率分为 $TFPR_{si}$ 和 $TFPQ_{si}$（Foster，2008），$TFPR_{si}$ 为包含价格的全要素生产率，$TFPQ_{si}$ 为不包含价格的全要素生产率：

$$TFPQ_{si} \equiv A_{si} = \frac{Y_{si}}{K_{si}^{\alpha_s} L_{si}^{\beta_s}} \tag{19}$$

$$TFPR_{si} \equiv P_{si} A_{si} = \frac{P_{si} Y_{si}}{K_{si}^{\alpha_s} L_{si}^{\theta_s}} \tag{20}$$

由式（10）、式（11）和式（15）可推得：

$$\text{TFPR}_{si} = \left(\frac{\sigma}{\sigma-1}\right)^{\alpha_s+\beta_s} \left(\frac{\text{MRPK}_{si}}{\alpha_s}\right)^{\alpha_s} \left(\frac{\text{MRPL}_{si}}{\beta_s}\right)^{\beta_s} (P_{si}Y_{si})^{1-\alpha_s-\beta_s} \tag{21}$$

从式（16）可以看出，影响每个企业的 TFPR_{si} 不仅是企业的资本和劳动边际产出价值，还与行业规模报酬有关系。因此，即使不存在资本配置扭曲和产出扭曲，同行业每个企业的资本和劳动的边际产出价值相等，而且等于行业的资本和劳动的边际产出价值，由于 $\alpha_s + \beta_s \neq 1$ 导致企业之间及企业和行业的 TFPR 不同。对每个行业 S 而言，行业劳动投入 L_s 和资本投入 K_s，则劳动和资本边际产出等于产出的边际产品价值，故有：

$$\overline{\text{MRPL}_s} = \frac{\omega}{\tau_{L_s}} \tag{22}$$

$$\overline{\text{MRPK}_s} = \frac{\omega}{\tau_{K_s}} \tag{23}$$

其中，$\overline{\text{MRPL}_s}$ 和 $\overline{\text{MRPK}_s}$ 分别为行业劳动和资本的边际产出价值，τ_{L_s} 和 τ_{K_s} 分别为行业劳动和资本产出效率。由于每个行业总的产出效率为行业内所有企业总的产出和理论产出比值，故有：

$$\tau_{L_s} = \sum_{i=1}^{M_s} \left[(1-\tau_{Y_{si}}) \frac{P_{si}Y_{si}}{P_sY_s} \right] \tag{24}$$

$$\tau_{K_s} = \sum_{i=1}^{M_s} \left(\frac{1-\tau_{Y_{si}}}{1+\tau_{K_{si}}} \frac{P_{si}Y_{si}}{P_sY_s} \right) \tag{25}$$

由式（17）、式（18）、式（19）和式（20）可得行业资本和劳动的边际产出价值为：

$$\overline{\text{MRPK}_s} = \sum_{i=1}^{M_s} \left(\frac{R}{\dfrac{1-\tau_{Y_{si}}}{1+\tau_{K_{si}}}} \frac{P_{si}Y_{si}}{P_sY_s} \right) \tag{26}$$

$$\overline{\text{MRPL}_s} = \frac{\omega}{\sum_{i=1}^{M_s} \left[(1-\tau_{Y_{si}}) \dfrac{P_{si}Y_{si}}{P_sY_s} \right]} \tag{27}$$

则每个行业的劳动和资本分别为：

$$K_s = \sum_{i=1}^{M_s} K_{si} = K \frac{\alpha_s\theta_s\sqrt{\text{MRPK}_s}}{\sum_{s'}^{S} \alpha_{s'}\theta_s\sqrt{\text{MRPK}_s}} \tag{28}$$

$$L_s = \sum_{i=1}^{M_s} L_{si} = L \frac{\beta_s\theta_s\sqrt{\text{MRPL}_s}}{\sum_{s'}^{S} \beta_{s'}\theta_s\sqrt{\text{MRPL}_s}} \tag{29}$$

对每个行业而言，全要素生产率 TFPR_s 和 TFP_s 满足：

$$\text{TFP}_s \equiv \frac{Y_s}{K_s^{\alpha_s}L_s^{\beta_s}} \tag{30}$$

$$\text{TFPR}_s \equiv \frac{P_sY_s}{K_s^{\alpha_s}L_s^{\beta_s}} \tag{31}$$

根据式（10）、式（11）、式（16）、式（21）和式（22）可得：

$$\text{TFPR}_s = \left(\frac{\sigma}{\sigma-1}\right)^{\alpha_s+\beta_s} \left(\frac{\overline{\text{MRPK}_s}}{\alpha_s}\right)^{\alpha_s} \left(\frac{\overline{\text{MRPL}_s}}{\beta_s}\right)^{\beta_s} (P_sY_s)^{1-\alpha_s-\beta_s} \tag{32}$$

由式（25）和式（26）可得：

$$\text{TFP}_s = \frac{\text{TFPR}_s}{P_s} = \text{TFPR}_s\frac{Y_s}{P_sY_s} = \text{TFPR}_s\frac{\left(\sum_{i=1}^{M_s} Y_{si}^{\frac{\sigma-1}{\sigma}}\right)^{\sigma/(\sigma-1)}}{\sum_{i=1}^{M_s} P_{si}Y_{si}} = \text{TFPR}_s\frac{\left(\sum_{i=1}^{M_s} P_{si}Y_{si}\right)^{\sigma/(\sigma-1)}}{\sum_{i=1}^{M_s} P_{si}Y_{si}} =$$

$$\text{TFPR}_s\left(\sum_{i=1}^{M_s} P_{si}Y_{si}\right)^{1/(\sigma-1)} \tag{33}$$

由式（7）可得：

$$Y_{si} = (P_{si})^{-\sigma} \tag{34}$$

由式（14）和式（15）可得：

$$P_{si} = \frac{TFPR_{si}}{A_{si}} \tag{35}$$

由式（28）和式（29）可得

$$\sum_{i=1}^{M_s} P_{si} Y_{si} = \sum_{i=1}^{M_s} \left(\frac{A_{si}}{TFPR_{si}} \right)^{\sigma-1} \tag{36}$$

将式（30）代入式（28）可得行业的全要素生产率为：

$$TFP_s = \left[\sum_{i=1}^{M_s} \left(TFPR_s \frac{A_{si}}{TFPR_{si}} \right)^{\sigma-1} \right]^{1/(\sigma-1)} \tag{37}$$

我们推导的模型结果除了规模报酬不变因素外，基本与 Hsieh 和 Klenow（2009）相同。考虑不同行业的规模报酬程度不同（龚关、胡关亮，2013），采用 OP 半参数方法估计产出弹性 α_s 和 β_s（鲁晓东、连玉君，2012）。

四、数据选取、实证分析

（一）数据选取与处理

为了克服宏观分析的缺陷，本文数据是中国国家统计局 2004～2007 年工业企业数据。为了研究中国制造业全要素生产率（TFP）并利于与 Hsieh 和 Klenow（2009）研究结果对比分析，对原始数据进行了处理，剔除了非制造业企业和年产值小于 500 万元的企业。本文选取变量有：成立时间、行业代码、企业法人代码、控股情况、雇佣人数、出口额、固定资产净值、固定资产原值、企业名称、原材料投入、企业法人代表、行政区域代码、新产品产值、产出、电话号码、主要产品 1、利润、收入、街道、镇、行业类型、工业增加值、村、工资、邮政编码。由于许多企业经常变名，而且存在企业法人代码重复等现象，为了更好在时间维度上对企业进行比较，本文参考了 Brandt 等（2003）的方法对原始数据进行处理，采用了 935536 个样本观察值，构建 2004～2007 年的非平衡面板数据①。

由于劳动报酬在工业增加值中所占比重为 26%，本文根据 Hsieh 和 Klenow（2009）方法，按照国民经济核算中劳动报酬所占比重 50% 进行调整。对工业增加值以工业品出厂价格指数进行平减，劳动报酬使用 CPI 进行平减，资本调整采用 Brandt 等（2009）年方法，根据 $RK_{it} = 0.91 \times RK_{it} + [NK_{it} - NK_{i(t-1)}] \times 100/p_t$ 进行折算，其中 RK_{it} 为实际资本（1993 年为基年），NK_{it} 表示名义资本存量，p_t 为 Brandt - Rawski investment deflator 指数。由于 p_t 到 2006 年止，2007 年选择国家统计局指数替代（龚关、胡关亮，2013）。

为了研究制造业企业面临的金融摩擦，我们选取 2004～2007 年中国工业企业数据进行研究，主要选取固定资产净值、成立时间、投资现金流量、经营现金流量、总资产、长期借款等财务指标。由于 SA 指标和 KZ 指标都是以美国企业为研究样本，考虑美国和中国的差异，仅用包含企业规模及成立时间的 SA 指标可能不适应中国企业，本文用 SA 指标和 KZ 指标进行对比分析。

---

① 考虑 1997 年重庆变为直辖市，2003 年行业代码［GB/T 2003］变更，导致 2002 年和 2003 年的电气机械及器材制造业（39）、通信设备、计算机及其他电子设备制造业（40）、仪器仪表及文化、办公用机械制造业（41）、工艺品及其他制造业（42）无法匹配。为保持数据一致性，本文将 2003 年以后的行业代码 39 - 42 分别替换为 2002 年标准的行业代码 40 - 43。

由于所用模型不同于 Hsieh 和 Klenow（2009）模型，并不要求企业规模报酬不变。因此，首先要对行业的资本产出弹性 α_s 和劳动产出弹性 β_s 进行估计。我们采用 OP 法（Olley and Pakes，1996；鲁晓东、连玉君，2012）。由于缺少投资额数据，采用中间投入替代投资额进行估计，估计模型为（Loecker，2007；鲁晓东、连玉君，2012）：

$$\ln Y_{it} = \beta_0 + \beta_k \ln K_{it} + \beta_l \ln L_{it} + \beta_a age_{it} + \beta_s state_{it} + \beta_e EX_{it} + \sum_m \delta_m year_m + \sum_n \lambda_n reg_n + \sum_k \xi_k ind_k + \varepsilon_{it} \tag{38}$$

其中，i 代表企业，t 代表时间，Y_{it} 代表工业增加值，K_{it} 和 L_{it} 分别为企业固定资产和从业人员规模，$year_m$、reg_n 和 ind_k 分别是代表企业年份、地区和行业的虚拟变量，age 表示企业的年龄，state 表示企业是否为国有企业，EX 表示企业是否参与出口活动的虚拟变量，ε_{it} 表示在生产函数中无法体现的随机干扰以及测量误差等因素。从估计结果可以看出，只有烟草业呈现规模报酬递增趋势（$\alpha_s + \beta_s = 1.21$），饮料制造业和印刷业规模效应比较显著，其他行业呈现规模效应递减趋势，而且资本产出弹性普遍偏低（0.25 左右），只有烟草制品业资本产出弹性较高（0.41）。

（二）全要素生产率及产出效率分析

为了进一步分析资本配置扭曲对 TFP 影响，首先对模型参数进行设定。Hsieh 和 Klenow（2009）认为竞争性制造业的替代弹性一般为 3~10，为了便于分析，本文同 Hsieh 和 Klenow（2009）一样选择 $\sigma = 3$。另外，对于 R 的选取，但是考虑不同利率水平并不影响产出效率分析，因此文令 R = 0.1，得出每年实际利率水平。根据以上分析可以得出 $TFPQ_{it}$ 离散程度分布（见图1）。

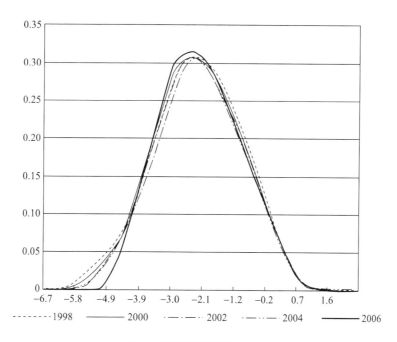

图1　TFPQ 离散程度分布

从图1可以看出随着时间的推移，尾部逐渐变薄，而且有明显的右移趋势。说明随着时间增长，生产率逐渐集中，而且由于技术进步导致整体生产率水平上升。从结果来看，我们的模型与 Hsieh 和 Klenow（2009）以及龚关（2013）的结果相差不是很大。但我们所要研究的主要问题并不是企业层面的 TFPQ，更关注行业资本错配导致的产出效率损失。

假定不存在资本配置扭曲及产出扭曲，则所有企业资本与劳动的边际生产价值必然相等，由式（16）、式（17）和式（32）可得行业 TFP_S：

$$\overline{A_S} = \overline{\text{TFP}_S} = \left\{ \sum_{i=1}^{M_S} \left[A_{si} \left(\frac{P_S Y_S}{P_{si} Y_{si}} \right)^{1-\alpha_s-\beta_s} \right]^{\sigma-1} \right\}^{\frac{1}{\sigma-1}} \tag{39}$$

由式（1）和式（25）可得总产出 Y 和行业全要素生产率 TFP_S 关系：

$$Y = \Pi_{s=1}^{S} \left(\text{TFP}_S K_S^{\alpha_s} L_S^{\beta_s} \right)^{\theta_s} \tag{40}$$

假定不存在产出扭曲和资本配置扭曲，有效产出 $Y_{\text{efficient}}$ 满足：

$$Y_{\text{efficient}} = \Pi_{s=1}^{S} \left(\overline{A_s} K_s^{\alpha_s} L_s^{\beta_s} \right)^{\theta_s} \tag{41}$$

通过对比实际产出和有效产出可以得出资本配置扭曲和产出扭曲带来的产出损失，由式（32）、式（40）和式（41）可得产出效率为：

$$\frac{Y}{Y_{\text{efficient}}} = \Pi_{S=1}^{S} \left[\sum_{i=1}^{M_s'} \left(\frac{A_{si}}{\overline{A_s}} \times \frac{\text{TFPR}_s}{\text{TFPR}_{si}} \right)^{\sigma-1} \right]^{\theta_s/(\sigma-1)} \tag{42}$$

上式意味着在没有资本配置及产出扭曲情况下产出效率损失，理论上讲，如果通过改进资本配置、提升管理水平和企业经营能力，会多大程度提升产出。如果资本有效配置，产出不存在扭曲，则可得出实际产出的增长潜力。若资本配置不存在扭曲，行业内所有企业的资本边际产出相等，并且等于行业的资本边际产出价值，即 $\text{MRPK}_{si} = \overline{\text{MRPK}_s}$，此时有效的行业全要素生产率为：

$$A_{S.\,\text{capital}} = \left\{ \sum_{i=1}^{M_s} \left[A_{si} \left(\frac{\overline{\text{MRPL}_s}}{\text{MRPL}_{si}} \right)^{\beta_s} \left(\frac{P_s Y_s}{P_{si} Y_{si}} \right)^{1-\alpha_s-\beta_s} \right]^{\sigma-1} \right\}^{\frac{1}{\sigma-1}} \tag{43}$$

资本错配带来的产出损失为：

$$\frac{Y}{Y_{\text{efficient.\,capital}}} = \Pi_{S=1}^{S} \left[\sum_{i=1}^{M_s} \left(\frac{A_{si}}{A_{s.\,\text{capital}}} \times \frac{\text{TFPR}_s}{\text{TFPR}_{si}} \right)^{\sigma-1} \right]^{\theta_s/(\sigma-1)} \tag{44}$$

定义增长潜力 $\Delta Y_{\text{potential}}$ 为假定制约增长的因素得到改善后，增加的产出与实际产出的比值（Hsieh 和 Klenow，2009），则：

$$\Delta Y_{\text{potential}} = \left(\frac{Y_{\text{efficiant}}}{Y} - 1 \right) \times 100\% \tag{45}$$

通过 2004～2007 年中国制造业企业计算的总体生产增长潜力及资本配置扭曲带来的产出效率损失结果如表 1 所示。

表1　2004～2007 年的中国产出增长潜力及资本配置扭曲带来的产出效率损失　　　　　单位：%

年份	2004	2005	2006	2007
生产增长潜力	80.6	77.6	81.7	85.4
资本合理配置的增长潜力	26.9	26.0	27.2	26.9
规模报酬不变时的增长潜力	101.2	97.4	103.3	109.6

从表1可以看出，2004～2007 年中国总产出效率逐渐降低，造成生产效率降低的因素除了资本配置扭曲和产出扭曲外，规模不经济也是一个显著原因。通过对比 2004～2007 年规模报酬不变时的增长潜力和实际产出增长潜力，规模不经济因素占比重约为 20%。2004～2007 年规模最大的前 5% 的企业总的资本比重从 53% 上升到 59%，说明资本集中趋势明显，导致整体的产出效率降低。但是从资本配置扭曲带来的产出效率损失看，2004～2007 年资本配置没有得到较

好改善，与资本逐渐集中到大企业，导致大企业资本过剩，降低了行业的资本边际产出价值。而中小企业较难取得所需资金，使中小企业资本边际产出价值大于行业平均水平，最终使资本配置扭曲带来的产出损失增大。

（三）微观企业层面的金融摩擦分析

Strahan 和 Weston（1996）以及 Peek 和 Rosengren（1996）分析发现银行更倾向于为大。由于中国国有企业有着特殊的地位，国有企业有着一定政府背景，由政府注资并受政府控制，加之国有企业规模较大，在行业中占据主导地位，因此国有企业融资相对中小企业更加便利。再加上我国商业银行存贷款业务中国有银行占很大的份额，国有银行与国有企业存在特殊关系，国有企业向银行融资更加容易，支付贷款的利息更低。如果将国有企业不加区分，模糊企业所有权所属，将导致研究分析跟现实差距过大，缺乏真实性和说服力。另外，外资企业多由国外母公司注资，其融资约束更多受国外的金融环境影响。同样，港澳台企业面临的融资环境和大陆企业也有所不同，因此，本文将根据企业所有权归属不同将企业分为国有企业、外资企业、港澳台资企业、非国有企业。因此为了检验 SA 和 KZ 指标对中国企业金融摩擦分析的适用性，本文将分企业所有权归属、地域和行业，研究所有企业面临的融资约束程度。

本文对金融摩擦的研究主要基于 Kaplan 和 Zingales（1997）的思想，选取对融资约束有显著影响的指标，用企业微观数据计算企业融资约束指标值，然后按指标值进行分位数研究。按 33% 分位数将企业分为有约束（FC）、可能有约束（LFC）、无约束企业（NFC）三种类型，分别赋值为 3，2，1，数字越大表示企业面临融资约束越大。根据前文分析，金融摩擦指标选取采用 Hadlock 和 Pierce（2010）的 SA 指标和 Baker 和 C. Stein（2003）的 KZ 指标：

$$SA_{it} = -0.737 \times Size + 0.043 \times Size^2 - 0.04 \times Age \tag{46}$$

$$KZ_{it} = -1.002 \frac{CF_{it}}{A_{it-1}} - 39.368 \frac{DIV_{it}}{A_{it-1}} - 1.315 \frac{C_{it}}{A_{it-1}} + 3.139 LEV_{it} \tag{47}$$

本文 size 选取为企业资产的实际价值的对数值，age 为企业成立时间到当前时间的年数。CF 为投资现金流量、DIV 为现金分红、C 为现金存量、LEV 为杠杆率、A 为总资产，由于中国企业进行现金分红并不常见，故本文令 DIV 为零。考虑 1998～2003 年没有现金流量表，为了更好比较 KZ 和 SA 指标，选取 2004～2007 年的数据进行企业金融摩擦分析。

通过计算得出各个企业的 SA 和 KZ 指标值，然后对每年的金融摩擦指标值按从小到大进行排序，以 33% 和 66% 分位数分组，将企业融资约束（FC）进行赋值，1 表示无融资约束，2 表示可能有融资约束和 3 表示有融资约束。通过对企业 FC 值分别分析不同所有权归属、行业及地区的企业金融摩擦状况，所得结果如下表。

表 2　2004～2007 年不同所有权企业融资受约束企业所占比重　　　　单位：%

金融摩擦指标	年份	国有企业	外资企业	港澳台企业	非国有企业
SA	2004	20.48	35.84	28.62	35.27
	2005	20.78	36.05	28.62	34.64
	2006	21.97	36.39	28.89	34.16
	2007	24.36	35.52	29.12	33.94
KZ	2004	56.76	44.07	39.36	29.13
	2005	52.96	36.53	30.25	28.27
	2006	51.67	36.95	31.44	27.08
	2007	49.09	35.10	30.35	26.28

从表2可以看出，两个指标得出的企业融资受约束比例差异较大。主要原因是国企成立时间较长，规模较大，所以SA指标较小，而非国有企业中规模小、成立时间短的企业占比重较大。而KZ指标更多与财务状况有关，从数据可以看出国企负债普遍程度较大，导致杠杆率高于非国有企业，所以国有企业中KZ指标较大的企业占比重较大。国企与其他类型企业相比更容易从银行取得贷款，而且与国有银行存款大部分流向国有企业的实际是相符的。从时间来看，国企中融资约束企业所占比重从2004～2007年逐渐降低，说明2004年国有企业改制以及市场制度的改革使国企特权逐渐减少，特别是银行贷款更多倾向非国有企业，导致国有企业的长期借款减少，杠杆率降低。非国有企业融资约束企业所占比重从2004～2007年逐渐降低，说明随着市场机制的不断完善，非国有企业融资条件逐渐得到改善。

表3　2004～2007年的不同行业融资受约束企业所占比重　　　　　单位:%

金融摩擦指标	年份	印刷业	造纸业	橡胶制品业	医药制造业	化学纤维制造业	木材加工	石油加工	压延加工业	废弃资源回收加工业
SA	2004	19.97	28.25	25.78	28.02	42.52	44.85	46.62	47.89	49.35
	2005	19.85	28.82	26.17	31.03	37.89	46.45	49.87	46.92	54.69
	2006	19.69	28.00	28.30	30.45	38.58	47.16	48.21	43.16	55.51
	2007	20.43	27.59	28.74	28.31	35.67	47.88	47.58	40.10	53.07

金融摩擦指标	年份	纺织服装制造业	皮革、毛皮制品业	文教体育用品制造业	工艺品制造业	食品制造业	饮料制造业	医药制造业	化学纤维制造业	非金属矿物制品业
KZ	2004	20.15	18.94	21.31	21.47	38.01	39.53	46.37	34.69	38.32
	2005	20.36	20.02	21.70	22.35	33.78	35.27	41.39	42.02	36.73
	2006	20.01	19.67	23.09	22.83	32.49	33.19	38.10	35.57	34.15
	2007	18.75	18.99	21.23	21.67	33.71	33.53	36.60	38.92	31.42

　　根据表3二位数行业中融资约束所占比重分析可以看出，SA指标和KZ指标在衡量不同行业中融资约束程度差异较大。从SA指标看出，造纸业、印刷业、橡胶制造业中受融资约束企业在所有行业中比重较低，而加工业由于规模较小导致SA指标过大，因而融资受约束企业比重大。从KZ指标可以看出轻工业如纺织服装制造业、皮革制品业以及工艺品制造业等融资受约束程度较低，而药品制造业以及重工业行业融资受约束程度较高，主要是由于轻工业资本需求较低，而重工业对资本需求较高，融资需求大于轻工业，因而融资受约束程度较高。重工业行业垄断较强，要求规模效应，对资本投入要求较高，企业规模较大或者国有企业居多。

表4　2004～2007年不同地域融资受约束企业所占比重　　　　　单位:%

金融摩擦指标	年份	西藏自治区	海南省	陕西省	河北省	甘肃省	湖南省	青海省	江西省	内蒙古自治区
SA	2004	16.85	22.68	22.78	25.17	26.85	36.99	37.04	38.54	40.12
	2005	16.13	24.89	24.20	26.91	28.47	40.12	31.69	45.65	39.99
	2006	14.44	26.33	26.50	28.18	24.14	38.41	32.54	46.06	43.95
	2007	16.98	26.52	24.75	29.01	27.79	37.09	32.93	44.48	43.15

金融摩擦指标	年份	福建省	浙江省	广东省	江苏省	山东省	贵州省	青海省	陕西省	云南省
KZ	2004	20.19	23.25	24.80	27.27	29.83	47.87	51.47	52.31	54.51
	2005	20.12	23.03	25.87	28.34	25.86	46.70	53.81	49.20	50.49
	2006	20.12	20.67	28.21	23.35	24.78	47.75	48.48	45.50	48.88
	2007	19.51	19.69	27.21	21.34	25.65	42.36	46.38	42.77	46.48

由于产业带地域分布不同，以及各个省区经济发展状况和政策差异导致各省融资约束程度不同。从表4可以看出，SA指标和KZ指标在衡量地域融资约束方面差异也比较大。KZ指标东部发达地区融资受约束程度较低，而西部不发达地区融资受约束程度较高。而SA指标在衡量地域融资约束方面并没有呈现明显特征，融资约束最低的西藏自治区、海南省、陕西省和甘肃省是西部不发达地区，而融资约束程度较高的青海省、内蒙古自治区、江西省同样为发达程度不高的地区。这主要由于决定SA指标的是企业规模及成立时间，而不发达地区企业较少，国企或者资源开发型企业较多，融资受约束程度呈现不规律性。而KZ指标更多与财务状况有关，能有效反映一个地区的经济及市场的发达程度，因此，经济发达的浙江省、广东省、江苏省和山东省融资约束程度明显较低，而落后的西部省份如贵州省、青海省、陕西省和云南省金融摩擦程度较高。

综合来看，KZ指标比SA指标更适合中国经济及市场运行状况，KZ指标所衡量的企业融资约束程度符合制造业企业所面临的金融摩擦。因此，本文将用KZ指标进行金融摩擦对全要素生产率的研究。

（四）金融摩擦对企业全要素生产率的影响

金融摩擦使企业无法筹集投资所需求的资本，最终使得资本无法按照边际产出最大化原则在企业间进行配置。金融摩擦低的企业更容易获得资本投入，从而使企业过度投资，资本边际产出低于最优资本边际产出，导致资本产出低效率，比较典型的是很多落后产业企业及国企。而金融摩擦高的中小规模企业由于无法扩大生产规模，增加资本投入，使资本的边际产出高于最优边际产出，因此金融摩擦导致的无效配置的资本带来社会总产出水平降低。本文将对比分析金融摩擦高的企业和金融摩擦低的企业所带来的行业全要素生产率以及社会总产出水平差异，从而得出金融摩擦对全要素生产率影响程度。

由于每个企业面临的融资约束程度不同，无法在企业间进行比较金融摩擦带来的全要素生产率损失。通过推导可以得出每个行业面临的全要素生产率，通过对行业内企业融资约束程度分类，研究同一行业有约束企业和没约束企业全要素生产率差异，可以得出金融摩擦对行业全要素生产率影响程度。

假定S行业融资约束企业的数量为 $M_{s'}$，没有融资约束的企业数量为 $M_{\hat{s}}$，中间企业数量为 $M_{\bar{s}}$，则有 $M_{s'} + M_{\hat{s}} + M_{\bar{s}} = M_s$，其中 s' 表示行业 s 中有融资约束的企业分组，$\hat{s}$ 为没有融资约束的企业分组，$\bar{s}$ 为中间企业分组。则根据式（16）和式（27），可得S行业中受约束部分的包含价格的全要素生产率为：

$$TFPR_{S'} = \frac{\sigma}{\sigma - 1}^{\sigma_s + \beta_s} \left(\frac{\overline{MRPK_{S'}}}{\alpha_s} \right)^{\alpha_s} \left(\frac{\overline{MRPL_{S'}}}{\beta_s} \right)^{\beta_s} (P_{S'} Y_{S'})^{1 - \alpha_s - \beta_s} \tag{48}$$

S行业中总产出价值满足：

$$P_{S'} Y_{S'} = \sum_{i=1}^{M_{s'}} P_{si} Y_{si} \tag{49}$$

其劳动和资本的边际产出满足：

$$\overline{MRPK_{s'}} = \frac{R}{\sum_{i=1}^{M_{s'}} \left(\frac{1 - \tau_{Y_{si}}}{1 + \tau_{K_{si}}} \frac{P_{si}Y_{si}}{P_{s'}Y_{s'}} \right)} \tag{50}$$

$$\overline{MRPL_{s'}} = \frac{\omega}{\sum_{i=1}^{M_{s'}} \left[(1 - \tau_{Y_{si}}) \frac{P_{si}Y_{si}}{P_{s'}Y_{s'}} \right]} \tag{51}$$

由 $TFPR_{s'} = \frac{P_{s'}Y_{s'}}{K_{s'}^{\alpha_s}L_{s'}^{\beta_s}}$ 和 $TFP_{s'} = \frac{Y_{s'}}{K_{s'}^{\alpha_s}L_{s'}^{\beta_s}}$ 可得，S 行业融资受约束部分的全要素生产率为：

$$TFP_{s'} = \eta_s^{1/(\sigma-1)} \left[\sum_{i=1}^{M_S} \left(A_{si} \frac{TFPR_{s'}}{TFPR_{si}} \right)^{\sigma-1} \right]^{1/(\sigma-1)} \tag{52}$$

其中 $\eta_s = P_{s'}Y_{s'}/P_S Y_S$，同样可推出同一个行业中不存在金融摩擦企业的全要素生产率为 TFP_S，通过对比存在金融摩擦企业的全要素生产率 $TFP_{s'}$，可得金融摩擦造成的行业内全要素生产率损失为：

$$\rho = \frac{TFP_S - TFP_{s'}}{TFP_S} \tag{53}$$

由图 2 可以看出 2004~2007 年制造业行业中金融摩擦造成的全要素生产率损失变化，除医药制造业和化学纤维制造业之外，在 2004 年出现过无融资约束企业全要素生产率低于有融资约束的企业，即 ρ 值 <0；其他所有行业 2004~2007 年，都是无融资约束企业的全要素生产率高于由融资约束的企业，即 ρ 值 >0。在 29 个二位数行业中各年份的效率损失值大部分变化幅度不大，因此计算出 2004~2007 年 ρ 值的平均值，以此表征各行业因金融摩擦造成全要素生产率损失情况，排在前五位的是皮革、毛皮、羽毛（绒）及其制品业（平均值为 0.4865），文教体育用品制造业（0.4761），纺织服装、鞋、帽制造业（0.4631），家具制造业（0.412），工艺品及其他制造业（0.4016）。前五位行业四年间一直保持较高的效率损失，这五个行业都是劳动密集型行业，企业规模普遍较小，基本为民营企业，这些行业受融资约束的企业民营企业占比在 95% 以上。民营企业在信贷市场中本身就受到歧视，再加之这些行业规模较小，不是对资本需求度高的行业，这种歧视便导致了严重的金融摩擦。可是在这些行业中还是有部分企业为了谋求发展采取各种办法克服金融摩擦获得了融资，这些融资带来效率的提高。这种因金融摩擦产生的较高效率损失，可以通过改善外部融资环境克服，因此改变这些行业的外部融资环境，可以提高行业的资本利用效率，更大幅度地提高整个制造业产出效率。

排名最后的五个行业是化学纤维制造业（0.0677）、医药制造业（0.1505）、非金属矿物制品业（0.2042）、造纸及纸制品业（0.2503）、交通运输设备制造业（0.2535）。这五个行业多数为资本密集型和技术密集型行业，企业规模普遍较大，具有一定垄断性，以国有企业居多，如交通运输设备制造业（0.2535）等。这些行业中，具有融资约束的企业其全要素生产率应该远远落后于无融资约束企业，为什么却并未出现较大的效率差异呢？是这些行业并不存在明显的由金融摩擦导致的效率损失，还是这些行业资本边际效率不高导致的呢？我国正处于经济高速发展的阶段，为保持国家经济高速增长，将更多资源向资本密集型行业和技术密集型行业倾斜。但是资本的边际效率是逐渐递减的，资本投入到一定程度后，并不会带来大幅度的效率提高，因此导致获得资本更多的企业并不会比获得资本较少的企业产生更高效率，产生了资本的错配，在一定程度上产生了产能过剩。

再分析细分行业，通过实证计算 480 个四位数行业中金融摩擦产生的全要素生产率损失发现，在 480 个四位数行业中 92% 以上受融资约束的企业全要素生产率明显低于不受融资约束的企业，8% 的行业存在受融资约束企业全要素生产率高于不受融资约束情况，即金融摩擦造成的

全要素生产率损失 ρ 值为负值的行业，所对应的结果如表5所示。

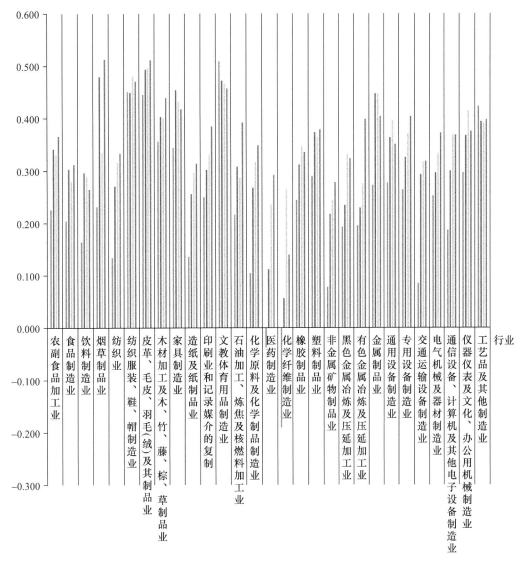

■ 2004年　■ 2005年　■ 2006年　■ 2007年

图2　229个二位数制造业金融摩擦造成的全要素生产率损失值（ρ值）

表5　2004～2007年对应行业

行业	ρ	行业	ρ
航天器制造	− 2.8987	涤纶纤维制造	− 0.2895
武器弹药制造	− 2.6324	平板玻璃制造	− 0.2208
飞机制造及修理	− 1.0368	航空、航天及其他专用设备制造	− 0.2095
雷达及配套设备制造	− 1.0112	水泥制造	− 0.1872
盐加工	− 0.8175	云母制品制造	− 0.1455
味精制造	− 0.806	导航、气象及海洋专用仪器制造	− 0.1076
氮肥制造	− 0.7245	口腔科用设备及器具制造	− 0.0809
铸币及贵金属制实验室用品制造	− 0.537	动物胶制造	− 0.0628

行业	ρ	行业	ρ
核燃料加工	− 0.4053	无机碱制造	− 0.0647
汽车整车制造	− 0.3969	人造纤维（纤维素纤维）制造	− 0.0393
广播电视节目制作及发射设备制造	− 0.3936	其他合成纤维制造	− 0.0224
化纤浆粕制造	− 0.3882	水轮机及辅机制造	− 0.0178
维纶纤维制造	− 0.293	锡冶炼	− 0.0016

由表 5 发现受融资约束企业全要素生产率高于不受融资约束（ρ 值 ＜0）行业，多为关系国家命脉的行业，如航天器制造（ − 2.8987）、武器弹药制造（ − 2.63240）、飞机制造及修理（ − 1.0368）等，这些行业涉及国防、国家信息安全及国民生活基础的产业，国家垄断程度较高，不以提升效率为首要目标，而是以国家安全为第一要务。由于这些行业的特殊性并不影响再接下来的分析，因此剔除这些行业，并不影响对金融摩擦与全要素生产率的研究。

表 6 480 个四位数制造业行业中 2004 ~ 2007 年效率损失最高的 20 个行业

行业	效率损失平均值	行业	效率损失平均值
银冶炼	0.8355	花画工艺品制造	0.6623
制镜及类似品加工	0.7663	皮箱、包（袋）制造	0.6592
电影机械制造	0.7347	塑料鞋制造	0.6591
露天游乐场所游乐设备制造	0.7312	雕塑工艺品制造	0.6569
毛皮服装加工	0.7146	其他非金属加工专用设备制造	0.6543
其他交通运输设备制造	0.7101	其他工艺美术品制造	0.6515
园林、陈设艺术及其他陶瓷制品制造	0.7000	其他日用杂品制造	0.6454
漆器工艺品制造	0.6781	刀剪及类似日用金属工具制造	0.6449
毛条加工	0.6725	铸造机械制造	0.6445
皮手套及皮装饰制品制造	0.6667	其他日用金属制品制造	0.6400

注：表内的效率损失值是计算的 2004 ~ 2007 年金融摩擦影响企业全要素生产率损失平均值，即 ρ 的平均值。

表 6 列出了四位数行业中由于金融摩擦导致的全要素生产率损失最大的二十个行业，其差异较大，其中按 2004 ~ 2007 年的效率损失平均值来看，排名最高的是银冶炼（0.8355）、制镜及类似品加工（0.7663）、电影机械制造（0.7347）、露天游乐场所游乐设备制造（0.7312）、毛皮服装加工（0.7146）等。这二十个行业有着相同特征。劳动密集型，行业内的企业整体规模较小，民营企业居多，基本与二位数行业的结果一致。

再分析全要素生产率受金融摩擦影响较小的行业（ρ ＜0.05），有 7 个：原油加工及石油制品制造（0.0486）、其他稀有金属冶炼（0.03）、印制电路板制造（0.03）、卷烟制造（0.0272）、炼钢（0.01）、家用制冷电器具制造（0.01）、电子真空器件制造（0.0023）。这些行业基本都是资本密集型和技术密集型行业，具有一定垄断性，有一定的资本进入壁垒，我国工业化过程中，受国家政策扶持，在信贷市场有一定的优势，为产业的转型升级发挥一定的作用。

作为主要的资本密集型和技术密集型行业，对资本需求越高，其资本的利用效率也越高，具有融资约束的企业其全要素生产率应该远远落后于无融资约束的企业，可是为何其差异如此之小呢？是资本的配置已经达到了均衡值，还是这些行业的无融资约束企业拿到资本后未发挥应有作用？资本效率边际递减，由于高速增长阶段下的工业化推动给这些企业提供了大量融资便利，但是当这种融资便利产生的资本投入达到一定程度时，这种资本的边际效率就不明显。也就是说无融资约束的企业即能够得到较多金融支持的企业并没有发挥出应有效率，便产生了有融资约束的企业与无融资约束企业的无差异，这也是资本配置的均衡状态，如果再为这些行业提供便利条件，可能会产生资源的浪费，导致容易得到资本的企业比难以得到资本的企业效率更低，产生严重的资本错配问题。因此，在资本配置过程中，应该避免资本的错配，提高整体资本配置效率。

表7 2004～2007年不同ρ值对应的行业数

年份	0～0.1	0.1～0.2	0.2～0.3	0.3～0.4	0.4～0.5	0.5～0.6	0.6～0.7	0.7～0.8	0.8～0.9	0.9～1
2004	39	32	52	86	79	56	35	20	4	7
2005	20	29	62	73	87	96	48	16	4	1
2006	11	17	38	67	118	100	65	20	7	2
2007	9	18	38	66	127	109	57	21	1	0

为了进一步反映金融摩擦对行业全要素生产率影响程度，按照四位数制造业分位数进行排序分组，如表7。从表中可以看出金融摩擦对行业全要素生产率造成的损失主要集中在（0.2, 0.7），占行业总数80%以上。ρ小于0.7的行业占所有行业比重90%以上。由此可见由金融摩擦产生企业全要素生产率的损失在行业中分布比较平均，但是其影响程度随着行业不同而有所变化。比如损失程度较大的如银冶炼（0.8355）、制镜及类似品加工（0.7663）、电影机械制造（0.7347）、露天游乐场所游乐设备制造（0.7312），毛皮服装加工（0.7146）等只占所有行业比重的4%左右。而ρ值的各行业分布主要集中在（0.4, 0.6），有其他金属工具制造（0.5987）、玩具制造（0.5982）、金属制厨房调理及卫生器具制造（0.5966）、其他非电力家用器具制造（0.5966）、笔的制造（0.594）等。

按照480个四位数行业分类观察金融摩擦对行业全要素生产率的影响看，金融摩擦造成生产效率降低比较显著，主要集中在0.2～0.7。考虑每个行业的规模及行业内企业数量差异，金融摩擦对社会总体全要素生产率影响并没有体现出来，为了进一步分析融资约束造成的社会总产出效率损失，将通过对产出加总计算对比有融资约束和没有融资约束的所有企业总产出损失。

每个行业产出为：

$$Y_S = \left(\sum_{i=1}^{M_s} Y_{si}^{\frac{\sigma-1}{\sigma}} \right)^{\sigma/(\sigma-1)} = \left(\sum_{i=1}^{M_s} P_{si} Y_{si} \right)^{\sigma/(\sigma-1)} = \left(\frac{1}{\eta} \sum_{i=1}^{M_{s'}} P_{si} Y_{si} \right)^{\sigma/(\sigma-1)} \tag{54}$$

由式（54）可得S行业中受约束部分实际产出为：

$$Y_{S'} = \eta_s^{\sigma-(\sigma-1)} Y_S \tag{55}$$

假定不存在资源配置扭曲与产出扭曲，所有企业资本与劳动边际产出相等，即：

$$MRPK_{si} = \overline{MRPK_{S'}} = \overline{MRPK_S}; \quad MRPL_{si} = \overline{MRPL_{S'}} = \overline{MRPL_S} \tag{56}$$

则由式（15）和式（40）可得：

$$\frac{TFPR_{s'}}{TFPR_{si}} = \left(\frac{P_{s'} Y_{s'}}{P_{si} Y_{si}} \right)^{1-\alpha_s-\beta_s} \tag{57}$$

S行业内融资受约束行业S'的有效全要素生产率为：

$$\overline{TFP_{S'}} = \eta_s^{1/(\sigma-1)} (P_{S'} Y_{S'})^{1-\alpha_s-\beta_s} \left\{ \sum_{i=1}^{M_s} \left[A_{si} \left(\frac{1}{P_{si} Y_{si}} \right)^{1-\alpha_s-\beta_s} \right]^{\sigma-1} \right\}^{1/(\sigma-1)} \tag{58}$$

总产出效率为：

$$\frac{Y}{Y_{efficiant}} = \frac{\Pi_{s=1}^{s} Y_{s}^{\theta_{s}}}{\Pi_{s=1}^{s} Y_{s,efficiant}^{\theta_{s}}} = \frac{\Pi_{s=1}^{s} (\eta^{\sigma/(1-\sigma) Y_{S'}})^{\theta_{s}}}{\Pi_{s=1}^{s} (\eta^{\sigma/(1-\sigma)} Y_{s,efficiant'})^{\theta_{s}}} = \frac{\Pi_{s=1}^{s} Y_{S'}^{\theta_{s}}}{\Pi_{s=1}^{s} Y_{s,efficiant'}^{\theta_{s}}} \tag{59}$$

由于:

$$\frac{Y_{s'}}{Y_{s,efficiant'}} = \frac{TFP_{s'} \times K_{s}^{\alpha_{s}} L_{s}^{\beta_{s}}}{TFP_{s'} \times K_{s}^{\alpha_{s}} L_{s}^{\beta_{s}}} = \frac{TFP_{s'}}{TFP_{S'}} \tag{60}$$

故有所有行业中受融资约束的企业总产出效率为:

$$\frac{Y_{FC}}{Y_{FC-afficiant}} = \Pi_{S=1}^{S} \eta_{s}^{\theta_{s}/(\sigma-1)} \left[\sum_{i=1}^{M_{S'}} \left(\frac{A_{si}}{TFP_{S'}} \times \frac{TFPR_{S'}}{TFPR_{si}} \right)^{\sigma-1} \right]^{\theta_{s}/(\sigma-1)} \tag{61}$$

则所有行业中融资受约束企业的总产出增长潜力为:

$$\Delta Y_{FC-potential} = \left(\frac{Y_{FC-efficiant}}{Y_{FC}} - 1 \right) \times 100\% \tag{62}$$

同理,所有行业中融资不受约束的企业总产出增长潜力为:

$$\Delta Y_{NFC-potential} = \left(\frac{Y_{NFC-efficiant}}{Y_{NFC}} - 1 \right) \times 100\% \tag{63}$$

对比(62)式和(63)式可得出金融摩擦带来的总产出效率损失为:

$$\Delta E = \left(\frac{\Delta Y_{FC-potential} - \Delta Y_{NFC-potential}}{\Delta Y_{NFC-potential}} - 1 \right) \times 100\% \tag{64}$$

通过式(62)、式(63)和式(64)可以分别计算有约束企业和没约束企业带来的总产出增长潜力。按照 KZ 指标对每个行业内企业进行分组,并分别计算有约束企业和无约束企业总产出增长潜力及金融摩擦带来的产出效率损失,所得结果如表 8 所示。

表 8　2004~2007 年有融资约束企业和无融资约束企业总产出效率　　　　单位:%

年份	无融资约束企业 总产出效率损失	有融资约束企业 总产出效率损失	金融摩擦带来的 总产出效率损失
2004	63.9	88.7	38.70
2005	66.7	88.7	33.02
2006	69.5	92.3	32.83
2007	72.4	96	32.68

从表 8 得到 2004~2007 年有融资约束企业的总产出效率普遍低于无融资约束企业的总产出效率。通过对比有金融摩擦企业和无金融摩擦企业的总产出效率,可以得出 2004~2007 年每年金融摩擦带来的总产出效率损失为 32%~38%。可以看出,金融摩擦对中国制造业全要素生产率影响比较明显。

五、结论

本文基于 Hsieh 和 Klenow(2009)度量资源配置效率方法计算资本错配和全要素生产率,并借鉴龚关和胡关亮(2013)放宽了规模报酬不变假设。在此模型基础上,利用金融摩擦分位数计算全要素生产率(TFP)和产出效率,运用中国工业制造业数据回答金融摩擦对全要素生产率(TFP)是否存在影响的争议,证明金融摩擦对全要素生产率(TFP)有显著影响,而不是 Daniel

Yi Xu（2014）所认为的金融摩擦对全要素生产率（TFP）无影响。

通过实证检验分析，将两种衡量金融摩擦指标，即 KZ 指标和 SA 指标进行比较。根据分析不同行业、地域及所有权归属的企业面临的融资约束发现，国有企业杠杆率普遍较高，导致金融摩擦指数较大，这与中国国企的特殊性有关，政府背景以及银行业的国家垄断使过多资金流向国有企业，国企长期借款较高，KZ 指标较大。行业方面，轻工业受融资约束程度较小，重工业行业金融摩擦较大。在地域方面，东部发达地区融资约束程度较低，西部落后省份融资约束程度较高。为了有效改善企业面临的金融摩擦，单纯依靠规模及成立时间计算的金融摩擦指数 SA 指标并不可靠，而 KZ 指标更真实反映了中国制造业所受融资约束情况，找到了适合衡量我国微观企业的金融摩擦指标。

由于中国企业大部分规模报酬递减，所以 Hsieh 和 Klenow（2009）模型并不完全适用中国企业研究，我们采用 OP 方法对所有制造业的劳动和资本的产出弹性进行估计。我国在转入中高速增长阶段后，带动产业转型升级不应该再将信贷资源投放到资本密集型行业，特别是已经表现为产能过剩的行业。而应该将信贷资源释放到受金融摩擦影响严重的行业，这样才能提高行业的整体效率，带动制造业整体效率提高。根据不同行业的分析，我们计算得出整个制造业金融摩擦造成的全要素生产率损失情况。

在整个制造业中，无融资约束企业带来的总的产出增长潜力 70% 左右，而有融资约束企业所带来的总产出增长潜力 90% 左右，金融摩擦带来的总产出效率损失约为 38%，从分析中可以得出金融摩擦对中国全要素生产率的影响比较大。进行金融体制改革，拓宽企业的融资渠道，进行利率市场化可以有效提高中国发展潜力，促进中国企业转型升级以及经济持续健康发展。

本文认为，我国的融资渠道和信贷政策更多地向资本密集型产业和国有企业倾斜，虽然这种倾斜性促进了我国一段时间的高速发展，但是也带来了资本的错配。进入新常态之后，资源的配置效率成为国家经济发展的重要推动力，融资渠道和信贷政策应该改变方式和方向，放开对信贷市场的限制，将资本投入到边际效率提升更明显的行业，应该更多关注非国有企业，鼓励民间借贷及小额贷款公司发展，进行贷款贴息等，降低金融摩擦程度，挖掘经济发展和转型升级潜力。

参考文献

［1］洪银兴．论中高速增长新常态及其支撑常态［J］．经济学动态，2014（11）．

［2］简泽，干春晖，余典范．银行部门的市场化、信贷配置与工业重构［J］．经济研究，2013（5）．

［3］郭庆旺，贾俊雪．中国全要素生产率的估算：1979～2004 年［J］．经济研究，2005（6）．

［4］袁堂军．中国企业全要素生产率水平研究［J］．经济研究，2009（6）．

［5］陈永伟，胡伟民．价格扭曲、要素错配和效率损失：理论和应用［J］．经济学（季刊），2011（7）．

［6］袁志刚，解栋栋．中国劳动力错配对 TFP 的影响分析［J］．经济研究，2011（7）．

［7］鲁晓东，连玉君．中国工业企业全要素生产率估计：1999～2007 年［J］．经济学（季刊），2010（11）．

［8］龚关，胡关亮．中国制造业资源配置效率与全要素生产率［J］．经济研究，2013（4）．

［9］吴娜．经济周期、融资约束与营运资本的动态协同选择［J］．会计研究，2013（8）．

［10］周黎安，赵鹰妍，李力雄．资源错配与政治周期［J］．金融研究，2013（3）．

［11］康立，龚六堂，陈永伟．金融摩擦、银行净资产与经济波动的行业间传导［J］．金融研究，2013（5）．

［12］Benjamin Moll. Productivity Losses from Financial Frictions：Can Self – Financing Undo Capital Misallocation？［J］．NBER Working Paper，2010（1）：7 – 14.

［13］Chang – Tai Hsieh and Perter J. Klenow. Misallocation And Manufacturing TFP In China And India［J］．Quarterly Journal of Economics，2009（4）：1403 – 1448.

〔14〕 Charles J. Hadlock, Joshua R. Pierce. New Evidence on Measuring Financial Constraints: Moving beyond the KZ Index 〔J〕. The Review of Financial Studies, 2010 (1): 1910 – 1940.

〔15〕 Diego Restuccia, Richard Rogerson. Policy Distortions and Aggregate Productivity with Heterogeneous Establishments 〔J〕. Review of Economic Dynamics, 2008 (1): 707 – 720.

〔16〕 Foster, Lucia, John Haltiwanger and Chad Syverson. Reallocation, FirmTurnover, and Efficiency: Selection on Productivity or Profitability? 〔J〕. American Economic Review, 2008 (1): 394 – 425.

〔17〕 Hsieh, Chang – Tai, and Peter J. Klenow. Misallocation and Manufacturing TFP in China and India 〔J〕. Quarterly Journal of Economics, 2009 (124): 1403 – 1448.

〔18〕 Kaplan, Steven N., and Luigi Zingales. Do Investment – Cash Flow Sensitivities Provide Useful Measures of Financing Constraints? 〔J〕. Quarterly Journal of Economics, 1997 (4): 169 – 215.

〔19〕 Kaiji Chen, Zheng Song. Financial Frictions on Capital Allocation: A Transmission Mechanism of TFP Fluctuations 〔J〕. Journal of Monetary Economics, 2013 (1): 683 – 703.

〔20〕 Lamont, Owen, Christopher Polk, Jesus Saa – Requejo. Financial Constraintsand Stock Returns 〔J〕. Review of Financial Studies, 2001 (4): 529 – 554.

〔21〕 Malcolm Baker, Jeremy C. Stein, Jeffrey Wurgler. When Does The Market Matter? 〔J〕. Quarterly Journal of Economics, 2003 (4): 969 – 1005.

〔22〕 Restuccia, Diego, and Richard Rogerson. Policy Distortions and Aggregate Productivity with Heterogeneous Plants 〔J〕. Review of Economic Dynamics, 2007 (1): 707 – 720.

〔23〕 Toni M. Whited, Guojun Wu. Financial Constraints Risk 〔J〕. The Review of Financial Studies, 2006 (1): 531 – 559.

〔24〕 Virgiliu Midrigan, Daniel Yi Xu. Finance and Misallocation: Evidence from Plant – Level Data 〔J〕. American Economic Review, 2014 (4): 422 – 458.

〔25〕 Zheng Song, Guiying Wu. A Structural Estimation on Capital Market Distortions inChinese Manufacturing 〔J〕. NBER Working Paper, 2013 (1): 7 – 14.

要素市场扭曲与企业间生产率差异

王 磊

（浙江财经大学中国政府管制研究院 杭州 310018）

一、问题提出

企业间生产率差异度（productivity dispersion）越大，资源被误置的程度越严重，这一现象在中国制造业表现尤为明显。根据本文的估算，定义在四位代码产业上，75 分位企业生产率是25 分位企业生产率的 4 倍，而 90 分位企业生产率则是 10 分位企业的 13 倍。为何企业间的生产率差异会持续存在？如果资源是从低效企业向高效企业转移，低效的企业不断退出，随着这样的过程不断循环，那么产业的长期均衡条件将是所有企业在相同生产率水平上生产，不存在生产率差异的现象。中国市场化改革过程中一个特有的现象就是要素市场的发展落后于产品市场的发展，这种滞后性一定程度上反映出中国各级地方政府对要素市场交易活动的干预与控制（张杰等，2011），这些干预与控制行为的一个共同特征就是人为扭曲生产要素价格，进而导致要素市场的扭曲。因此，本文基于要素市场扭曲特征事实从理论和实证两方面分析了其对企业间生产率差异的影响机制。

随着微观数据广泛应用，经济学家开始关注资源误置对生产率的影响，这方面的开创性研究源于 Hsieh 和 Klenow（2009）的理论模型（以下简称 HK 模型），他们认为：如果资源能够有效配置，中国制造业的总量生产率将提高30% ~ 50%。罗德明等（2012）基于动态随机一般均衡模型考察了偏向国有企业的效率损失，去掉政策扭曲后，制造业总量生产率将提高 9.15%。龚关和胡光亮（2013）放松了 HK 模型关于企业生产函数规模报酬不变的基本假设，以投入要素的边际产出价值的离散程度作为衡量资源配置效率的指标，认为资本配置效率和劳动配置效率的改善将使总量生产率分别提高 10.1% 和 7.3%。邵宜航等（2013）在 HK 框架下，进一步测算了企业规模、金融因素和交通等基础设施因素对制造业全要素生产率的影响。韩剑和郑秋玲（2014）基于 HK 模型，将资源错配测算扩展到行业层面，并对影响资源错配的政府干预因素进行实证分析。陈永伟和胡伟民（2011）在 Syrquin 框架下分析了行业间的资源错配和效率损失，发现中国制造业内部各行业间的资源错配导致实际产出和潜在产出之间 15% 的缺口。

上述文献主要关注要素市场扭曲与总量生产率之间的关系，也就是说，如果没有要素扭曲或资源误置，中国总量生产率会提高多少（潜在增长率），却忽视了这样的要素市场扭曲如何影响企业间生产率差异度以及为何企业间会持续存在生产率差异。本文研究从以下两方面丰富了已有

［作者简介］王磊，经济学博士，浙江财经大学中国政府管制研究院助理研究员，研究方向：实证产业组织与发展经济学。

文献。一是在理论模型方面，与上述文献基于 HK 分析框架不同，本文基于 Meltiz 和 Ottaviano（2008）的理论框架，企业生产差异化产品，进行价格竞争的垄断竞争局部均衡模型，进一步放松了 HK 模型基本假设条件。本文以生产率刻画企业的异质性，并将要素投入价格引入厂商的利润函数，要素市场扭曲通过影响要素价格来影响企业的生产决策，进而影响均衡时生产率临界值，导致整个行业的资源误置。二是在实证分析方面，本文对要素市场扭曲度量基于樊纲等（2011）发布的市场化指数，以各地区要素市场发育程度与样本中要素市场发育程度最高者之间的相对差距作为要素市场扭曲的代理变量，并根据各地区企业的市场份额，将省份层面要素市场扭曲加权平均到四位代码产业层面，同时利用静态和动态面板数据模型进行实证分析，以解决遗漏变量带来的内生性问题。

二、理论模型

（一）效用与需求

根据 Melitz 和 Ottaviano（2008）分析框架，行业 I 由 N 个连续的生产者组成，其中每个厂商生产差异化的商品 q_i。定义代表性消费者的效用函数为：

$$U = q_0 + \alpha \int_{i \in I} q_i di - \frac{1}{2}\eta\left(\int_{i \in I} q_i di\right)^2 - \frac{1}{2}\gamma\int_{i \in I} q_i^2 di \tag{1}$$

其中，q_0 代表消费者的计价商品（numeraire good），q_i 表示消费者对第 i 类产品的消费量，$i \in I, \gamma > 0$ 表示行业内不同产品之间替代性或差异化程度，N 为行业内产商的数量，$\alpha, \eta > 0$ 表示 q_i 和 q_0 之间的替代关系，提高 α 和减小 η 会提高对 q_i 的需求。

假设消费者边际效用是有界的（bounded），并且对 q_0 的需求严格大于 0，对某种商品 q_i 的需求可以为 0。消费者效用最大化得到对 q_i 的需求函数：

$$q_i = \frac{\alpha}{\eta N + \gamma} - \frac{1}{\gamma}p_i + \frac{\eta N}{\eta N + \gamma}\frac{1}{\gamma}\bar{p} \tag{2}$$

当 $q_i = 0$，有

$$p_i = \frac{\gamma\alpha}{\eta N + \gamma} + \frac{\eta N}{\eta N + \gamma}\bar{p} \equiv p_{max} \tag{3}$$

因此，厂商的定价满足 $p_i \leqslant p_{max}$。

（二）要素市场扭曲与厂商生产决策

假设厂商生产函数为：

$$q_i = A_i x_i \tag{4}$$

A_i 表示厂商生产率，x_i 表示生产要素投入水平，生产要素价格水平为 w_i，厂商生产 q_i 产量的总成本为 $w_i x_i$[①]，这样我们可以得到厂商的边际成本为：

$$MC_i = \frac{w_i x_i}{q_i} = \frac{w_i}{A_i} \tag{5}$$

假设要素市场价格扭曲程度为 τ，τ 越大表明要素价格扭曲程度越严重。定义厂商的利润函

---

① 假定厂商的固定成本为 0。

数为[①]:

$$\pi = pq - \tau wx = q\left(p - \frac{\tau w}{A}\right) \tag{6}$$

结合式（2），定义厂商利润最大化条件：

$$\max_{p}\left(\frac{\alpha}{\eta N + \gamma} - \frac{1}{\gamma}P + \frac{\eta N}{\eta N + \gamma}\frac{1}{\gamma}\overline{P}\right)\left(p - \frac{\tau w}{A}\right) \tag{7}$$

根据式（7），得到厂商的最优定价策略为：

$$p = \frac{1}{2}\left(\frac{\alpha\gamma}{\eta N + \gamma} + \frac{\eta N}{\eta N + \gamma} + \frac{\tau w}{A}\right) \tag{8}$$

最优产量和利润函数分别为：

$$q = \frac{1}{2\gamma}\left(\frac{\alpha\gamma}{\eta N + \gamma} + \frac{\eta N}{\eta N + \gamma}\overline{P} - \frac{\tau w}{A}\right) \tag{9}$$

$$\pi = \frac{1}{4\gamma}\left(\frac{\alpha\gamma}{\eta N + \gamma} + \frac{\eta N}{\eta N + \gamma}\overline{P} - \frac{\tau w}{A}\right)^2 \tag{10}$$

定义要素市场扭曲下的厂商边际成本为 $c_D = \frac{\tau w}{A}$，令式（10）中 $\tau = 0$ 可以得到边际成本（生产率）临界值：

$$c_D^* = \frac{\alpha\gamma}{\eta N + \gamma} + \frac{\eta N}{\eta N + \gamma}\overline{P} \tag{11}$$

因此，利润函数式（10）可以表达为：

$$\pi = \frac{1}{4\gamma}\left(c_D^* - \frac{\tau w}{A}\right) \tag{12}$$

（三）均衡条件与比较静态分析

假设市场上存在大量事前相同的潜在进入者，他们决定是否进入该产业。在进入之前他们要先进行一定的投资以获得进入该产业的生产技术（生产率）和生产要素价格，这样的投资就是沉没成本 s。这里假设进入者付出一定的沉没成本 s 后所获得的生产率 A 和要素价格 w 是随机的，服从一个外生的联合概率密度函数 f（A，w），生产率 A 和要素价格 w 的分布区间分别为 $[\underline{A}, \overline{A}]$ 和 $[0, \overline{W}]$。潜在进入者在观察到生产率 A 和要素价格 w 后决定是继续生产还是退出，如果退出其损失为沉没成本 s，只有那些边际成本小于 c_D^* 的厂商才能获得非负的利润，因此，付出沉没成本 s 后的期望利润为：

$$V^e\int_0^{\overline{w}}\int_{\frac{\tau w}{c_D^*}}^{\overline{A}}\frac{1}{4\gamma}\left(c_D^* - \frac{\tau w}{A}\right)^2 f(A, w)dAdw - s \tag{13}$$

自由进入条件要求在均衡时 $V^e = 0$，即当产业内有 $N - 1$ 个厂商时，进入者的期望收益 $V^e > 0$，而当行业内有 $N + 1$ 个厂商时，进入者期望收益 $V^e < 0$。定义市场均衡条件：

$$V^e\int_0^{\overline{w}}\int_{\frac{\tau w}{c_D^*}}^{\overline{A}}\frac{1}{4\gamma}\left(c_D^* - \frac{\tau w}{A}\right)^2 f(A, w)dAdw - s = 0 \tag{14}$$

根据隐函数定理，可以得到：

$$\frac{dc_D^*}{d\tau} = \frac{\partial V^e/\partial\tau}{\partial V^e/\partial c_D^*} \tag{15}$$

---

① 为了简化分析，下面的分析省略下标 i。

$$\frac{\partial V^e}{\partial c_D^*} = \int_0^{\bar{w}} \int_{\frac{\tau w}{c_D^*}}^{\bar{A}} \frac{1}{2\gamma} \left(c_D^* - \frac{\tau w}{A} \right) f(A,w) dA dw > 0 \qquad (16)$$

$$\frac{\partial V^e}{\partial \theta} = - \int_0^{\bar{w}} \int_{\frac{\tau w}{c_D^*}}^{\bar{A}} \frac{1}{2\gamma} \left(c_D^* - \frac{\tau w}{A} \right) \frac{w}{A} f(A,w) dA dw < 0 \qquad (17)$$

因此可以得到 $\dfrac{dc_D^*}{d\tau} > 0$，又根据生产率与边际成本的反比关系，有

$$\frac{dA^*}{d\tau} < 0 \qquad (18)$$

式（18）表明，要素市场价格扭曲程度越高，均衡时的生产率临界值 A^* 越小，企业间生产率差异程度（生产率分布离散度）越高，资源被误置的程度越严重。另外，根据产业均衡式（14）也可以得到产品差异化、沉没成本与生产率差异度之间的关系。产品差异化程度越大，企业间的生产率差异程度越大，资源被误置的程度越严重。产品差异化程度越大，产品之间替代性越小，这样一些相对低效的厂商不会由于市场竞争的加剧而退出，即产品差异弱化了市场竞争。沉没成本较高的行业，其生产率分布的差异程度较大。假设沉没成本提高，产业均衡条件成立则要求期望收益提高，而期望收益的提高又会使得一些相对低效的厂商继续留在产业内，这样就造成了整个产业内资源误置程度提高。

三、研究设计

（一）计量模型与变量定义

根据第二部分理论模型，要素市场扭曲程度越高，企业间生产率差异度越大，资源被误置的程度越严重，采用面板数据模型进行实证分析：

$$y_{it} = \beta_0 + \beta_f facd_{it} + \beta_X X_{it} + \alpha_i + \lambda_t + \varepsilon_{it} \qquad (19)$$

其中，i 和 t 分别表示四位代码产业（GBT4754－2002 行业分类标准）和年份，y 为本文的被解释变量生产率差异度，facd 为本文的核心解释变量要素市场扭曲指数，X 表示其他控制变量，包括：沉没成本、产品差异化程度、固定成本、贸易开放程度、国有经济比重等，α 表示行业的固定效应，控制不可观测的、不随时间变化的行业特征，λ 表示年份固定效应，ε 表示扰动项。各变量的具体定义如下：

（1）生产率差异 disp：以四位代码产业内对数生产率的分位数差表示企业间生产率差异度，该指标可以在一定程度上反映资源的误置程度，而且以生产率分位差度量可以尽可能降低价格因素对资源误置程度的影响。由于我们以企业的工业增加值作为全要素生产率估计的产出变量，这里的全要素生产率应该是收益全要素生产率 TFPR（Revenue－based productivity），混合了技术与价格的关系，较高的 TFPR 可能反映了较高的生产率水平也可能是由于较高的产品需求导致的（Foster et al.，2008）[①]。

（2）要素市场扭曲 facd：这是本文的核心解释变量，依据林伯强和杜克锐（2013）方法，采用各地区要素市场发育程度与样本中要素市场发育程度最高者之间的相对差距作为要素市场扭

[①] 由于劳动生产率作为一种单要素生产率，没有考虑资本要素的影响，可能无法全面刻画企业真实生产效率，本文重点分析全要素生产率。

曲的代理变量,数据来自樊纲等(2011)发布的中国各地区市场化指数。由于市场化指数中的要素市场发育程度的度量基于省份层面,我们首先计算各省级层面的要素市场扭曲程度,然后根据制造业企业所属省份以及该企业在四位代码产业内的市场份额,将省级层面的要素市场扭曲指数加权到四位代码产业层面,具体如下:

$$FAC_{pt} = [max(factor_{pt}) - factor_{pt}] / max(factor_{pt}) \qquad (20)$$

其中,p 表示省份,factor 表示要素市场发育程度指数,FAC 表示要素市场扭曲程度。上述方法构造的要素市场扭曲指数可以体现各地区要素市场扭曲程度的相对差异,而且反映了地区要素市场扭曲随时间的变化趋势。定义四位代码产业的要素市场扭曲指数为:

$$facd_{it} = \sum_j \theta_{jt}^p FAC_{pt} \qquad (21)$$

j 表示企业,θ 表示企业在四位代码产业内的市场份额,以企业销售产值占行业销售产值比重度量,facd 表示以企业市场份额为权重计算的行业要素市场扭曲指数。

(3)其他解释变量。沉没成本 sunk:根据 Sutton(1991)的定义,用最小经济规模(MES)与资本—产出比的乘积作为沉没成本的代理变量。最小经济规模以中间规模(市场份额的中位数)厂商的市场份额来度量;资本—产出比等于四位代码产业企业总资产与销售产值之比。以上的定义说明沉没成本是一种指数,即潜在进入者投入的沉没成本(为进入市场进行的投资)至少要达到产业内最小经济规模的资本,再除以产业的总产出以标准化,去掉产业规模的影响。

产品差异化指数 pps:Syversion(2004)对产品差异化(替代性)度量做了十分全面的论述,分别从产品的地理运输障碍、功能与生产线的差异化程度和广告投入三方面度量产品替代性。由于数据的限制,中国工业企业数据库提供的数据无法度量产品的地理运输障碍、功能与生产线的差异化程度,而广告作为产品差异化的代理变量也存在争议[①]。本文基于企业的主营产品专业化指数(primary product specialization ratio)度量产品差异化程度,Syversion(2004)发现行业平均主营产品专业化指数与产品差异化指数的相关系数为 − 0.813。我们计算企业层面主营产品收入占销售产值的比重(以 $main_j$ 表示),以此作为企业主营产品专业化指数的代理变量。由于主营产品专业化指数与产品差异化指数的负向相关关系,采取如下方法计算行业产品差异化指数:

$$pps_i = mean(1 - main_j) \qquad (22)$$

pps 值越大表明产业差异化程度越高,产品替代性越低,企业间生产率离散度越大[②]。

固定成本 fix:依据 Feenstra 等(2011),本文以间接成本作为固定成本的代理变量,可列入间接成本项目包括会计费、广告费、折旧、保险、利息、律师费、租金、维修、耗材、税费、电话费、差旅费和公用事业费,这些费用与生产产品和服务难以形成直接量化关系的资源投入成本。根据中国工业企业数据库统计指标的定义,以上各项费用分别统计在折旧营业费用、管理费用和财务费用,因此,估算企业间接成本等于以上四项之和。从企业层面的固定成本加总到行业层面的固定成本,我们依据 Syversion(2004)的方法,将企业的间接成本除以其总资产以去除企业规模的影响,取四位代码产业内所有企业固定成本的平均值作为该产业固定成本的代理变量。

出口密集度 export:Melitz(2003)认为,贸易开放程度的扩大会提高产业的生产率临界值,

---

① 根据 Tirole(1988),经济学家对广告通常持有两种观点:一是把广告看作是向消费者提供信息,从而使他们做出理性的选择;二是认为广告会愚弄和劝诱消费者,创造不真实的差异化而不是减少信息的差异化。广告虽然可以带给消费者关于商品属性、零售地点、价格、特点等信息,但由于广告费用的高昂,广告不能告知消费者关于商品的所有信息,因此,商品被差异化了。

② 关于产品差异化(替代性)与中国制造业生产率分布的讨论,孙浦阳等(2013)做了详尽的论述。

即减少企业间生产率差异度。贸易竞争程度的代理变量应当包括进口贸易密集度和出口贸易密集度，由于缺少相关四位代码产业进口贸易额的相关数据，因此，只能以整个产业的出口交货值比上产业销售产值来度量贸易的竞争程度，确切地说，我们这里度量的是出口贸易开放程度。

国有经济 state：罗德明等（2012）认为偏向国有企业的政策扭曲会导致不同经济部门之间的资源错置，要素市场的政策扭曲使得一些从长期来看生产效率低下的国有企业生存下来，进而降低总量生产率的增长。结合工业企业数据库中的"登记注册类型"指标，将国有企业、国有独资企业、国有联营企业、国有与集体联营企业算作国有性质企业，依据 Hsieh 和 Klenow（2009）以行业内国有企业的标准差作为政策扭曲的代理变量。

平均经营年限 age：孙浦阳等（2013）认为，企业的平均经营年限决定着行业里企业经营的持续性，行业的平均经营年限越长，行业内企业的经营情况就越稳定，往往行业正处于一个较为稳定的时期，控制行业企业经营年限能够有效控制那些和行业发展阶段相一致的因素。

外生冲击：本文分别以行业利润率 profit 和连续存在企业比重 surrival 来控制需求以及不可观测的外生冲击的影响。Foster 等（2008）认为需求波动会影响生产率分布的临界值，进而影响企业的进入退出决策，我们以四位代码产业内企业利润率分布的标准差来控制需求冲击的影响，企业利润率等于利润总额与销售产值之比。Asplund 和 Nocke（2006）认为持续的生产率冲击会影响生产率分布的临界值，我们以连续存在企业比重来控制不可观测的生产率冲击。

（二）数据与处理方法

本文数据来源于中国工业企业数据库，该数据库的统计对象为 1998～2007 年销售产值在 500 万元以上的非国有企业和所有国有企业。2002 年我国颁布了新的国民经济行业分类标准 GBT4754 - 2002，并于 2003 年开始正式实施，对相关的产业分类进行了调整。为了保证样本内产业分类的一致性，我们依据 Brandt 等（2012）的处理方法，对照了 GBT4754 - 2002 的行业分类标准，将 1998～2002 年的产业代码进行合并与删除。

根据聂辉华等（2012）指出的中国工业企业数据库存在的数据质量问题，本文对数据的处理采用如下方法：①总资产、工业总产值、固定资产净值余额、工业增加值、工资、销售产值小于等于 0 或为缺失值；②总资产小于流动资产，本年折旧大于累计折旧；③出口交货值小于 0 或为缺失值；④企业平均就业人数小于 10 人。只要满足以上条件之一，就将该样本删除。本文研究对象为制造业，故将所有采矿业、电力燃气及水的生产和供应业样本剔除。各变量的描述性统计如表 1 所示。

表 1　主要变量描述性统计

变量代码	变量名称	均值	变准差	最小值	最大值
facd	要素市场扭曲	50.06	12.47	13.62	85.51
sunk	沉没成本	0.401	0.287	0.030	1.627
pps	产品差异化指数	0.074	0.029	0.000	0.325
fix	固定成本	0.164	0.047	0.063	0.835
export	出口密集度	0.200	0.210	0.000	0.980
state	国有经济标准差	0.228	0.119	0.000	0.707
age	平均经营年限（对数）	1.784	0.311	0.657	3.799
profit	利润率标准差	0.290	2.287	0.000	127.679
surrival	连续存在企业比重	0.089	0.047	0.000	0.667

注：样本量4204。

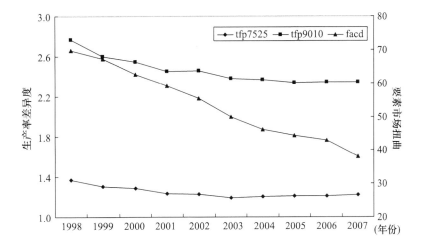

图1　要素市场扭曲与生产率差异度

注：左纵坐标轴表示以企业间生产率离散度度量的资源误置指数，右纵坐标轴表示要素市场扭曲指数。

（三）全要素生产率估算

本文采用 Levinsohn 和 Petrin（2003）的半参数方法估计企业的全要素生产率（以下简称 LP），以解决由选择性偏差和同时性偏差引起的内生性问题。主要的投入产出变量包括产出、资本存量、劳动投入、中间投入。我们以企业的工业增加值衡量其产出水平，根据各地区的工业品出厂价格指数进行平减；以固定资产净值余额度量资本存量，根据各地区固定资产投资价格指数进行平减；中间投入根据原材料、燃料、动力购进价格指数进行平减，以 1998 年为基年。如图 1 所示，要素市场扭曲程度在不断降低，从 1998 年的 69.84 降低到 2007 年的 38.06。企业间生产率差异度也在不断降低，生产率四分位数差从 1998 年的 1.368 下降到 2007 年的 1.222。生产率差异度与要素市场扭曲指数之间呈现相似的演变趋势，与本文理论模型的分析一致。

四、实证结果分析

（一）相关性分析

在计量分析之前，对各变量的相关性进行分析，如表 2 所示，生产率差异度与要素市场扭曲指数的相关系数为 0.141，二者在 1% 水平上显著，与沉没成本、产品差异化指数显著正相关，这与理论模型的分析一致，而且与固定成本、出口密集度显著负相关，此外，各变量之间方差膨胀因子小于 10，不存在严重的多重共线性问题。

表2　各变量相关系数矩阵

	disp	facd	sunk	pps	fix	export	state	age	profit
facd	0.141 ***	1							
sunk	0.422 ***	0.027 *	1						
pps	0.121 ***	0.224 ***	− 0.111 ***	1					

	disp	facd	sunk	pps	fix	export	state	age	profit
fix	− 0.047 ***	− 0.046 ***	0.051 ***	− 0.433 ***	1				
export	− 0.164 ***	− 0.421 ***	− 0.248 ***	− 0.271 ***	0.076 ***	1			
state	0.169 ***	0.256 ***	− 0.086 ***	0.631 ***	− 0.399 ***	− 0.381 ***	1		
age	0.079 ***	0.130 ***	− 0.200 ***	0.470 ***	− 0.237 ***	− 0.238 ***	0.630 ***	1	
profit	0.014	− 0.010	0.006	0.048 ***	− 0.024	0.017	0.015	0.009	1
survival	− 0.016	0.012	− 0.141 ***	0.255 ***	− 0.236 ***	− 0.040 **	0.407 ***	0.504 ***	0.002 ***

注：***、**和*分别表示1%，5%和10%的显著性水平。（下同）

（二）基本回归结果

根据第二部分理论模型，首先将要素市场扭曲指数作为唯一的解释变量进行回归，以四位代码产业内生产率分布的四分位数差作为被解释变量，分别采用OLS、面板数据模型的固定效应和随机效应估计方法，如表3第（1）～第（3）列所示。回归结果表明：要素市场扭曲指数与生产率分位数差显著正相关，这与本文理论模型的分析一致。其次，控制理论模型中的沉没成本和产品差异化变量，如表3第（4）列所示，沉没成本、产品差异化指数与生产率差异度至少在10%显著性水平上正相关。最后，在回归模型中加入影响生产率差异度的其他解释变量，以避免遗漏变量带来的内生性问题，如表第（5）列所示。固定成本与生产率差异度负相关，与王磊和夏纪军（2015）的结论一致；出口密集度的回归系数为负但不显著；国有经济比重与生产率差异度正相关但不显著，其原因在于国有企业的生产率水平在不断提高，偏向国有企业的政策扭曲在不断减少；以利润率波动控制的需求冲击与生产率差异度显著正相关，以连续存在企业比重控制的外生冲击的估计结果为负。

表3　要素市场扭曲与生产率差异度（被解释变量：disp）

	（1）	（2）	（3）	（4）	（5）
	OLS	FE	RE	FE	FE
facd	0.0076 ***	0.0051 ***	0.0060 ***	0.0048 **	0.0046 **
	(0.0016)	(0.0010)	(0.0017)	(0.0022)	(0.0021)
sunk				0.2325 **	0.2496 **
				(0.1064)	(0.1031)
pps				0.8671 *	0.4479
				(0.4448)	(0.4284)
fix					− 0.0597
					(0.2346)
export					− 0.0723
					(0.1252)
state					0.0735
					(0.1940)
profit					0.0020 *
					(0.0012)

	（1）	（2）	（3）	（4）	（5）
	OLS	FE	RE	FE	FE
age					0.1110 *
					（0.0614）
surrival					−0.0343
					（0.3053）
常数项	0.8522 ***	1.0285 ***	0.9680 ***	0.9070 ***	0.7269 ***
	（0.1143）	（0.0690）	（0.1203）	（0.1601）	（0.1815）
Industry F. E	No	Yes	Yes	Yes	Yes
Year F. E	Yes	Yes	Yes	Yes	Yes
样本量	4204	4204	4204	4204	4204
R−squared	0.0442	0.0238		0.0378	0.0470

（三）稳健性检验与动态面板估计

1. 生产率分布的其他度量指标

以上生产率差异度的回归结果都是以四位代码产业内 75 分位与 25 分位企业生产率差作为被解释变量，为了得到更为稳健的结果，我们利用 90 分位与 10 分位企业生产率差值、行业生产率标准差和行业生产率平均值作为被解释变量。回归结果如表 4 第（1）～第（3）列所示，无论是以 90 与 10 企业的生产率分位数差，还是生产率分布的标准差度量的生产率差异度，都与要素市场扭曲指数显著正相关，而且要素市场扭曲指数与生产率分布的平均值显著负相关，即要素市场扭曲会降低总体生产率水平，上述结果进一步证明了本文结果的稳健性。

2. 动态面板估计

为了更好刻画资源配置效率的周期性影响，我们将滞后一期的资源配置效率作为解释变量放入式（5），构成动态面板数据模型。对于时间跨度相对于个体截面数较小的面板数据模型而言，动态面板估计是一个非常好的选择（Roodman，2009）。动态面板数据模型中滞后一期的因变量与模型扰动项相关，这样通常的 OLS、静态面板的固定效应和随机效应估计都是有偏的；虽然静态面板数据模型可以解决遗漏变量引起的内生性问题，但只能控制一些不随时间变化的遗漏变量，动态面板数据的 GMM 广义矩估计方法可以在不需要借助其他工具变量情况下有效解决内生性问题，以滞后一期的被解释变量作为其自身工具变量。

表 4　生产率差异度其他度量指标与动态面板估计结果

	（1）	（2）	（3）	（4）	（5）	（6）
	tfp9010	tfp_sd	tfp_mean	disp	disp	disp
	FE	FE	FE	FE	OLS	GMM−SYS
facd	0.0047 ***	0.0017 ***	−0.0028 **	0.0023 **	0.0032 ***	0.0033 ***
	（0.0015）	（0.0005）	（0.0014）	（0.0011）	（0.0007）	（0.0012）
sunk	0.5458 ***	0.2575 ***	0.5975 ***	0.2136 ***	0.4255 ***	0.3802 ***
	（0.0709）	（0.0245）	（0.0806）	（0.0468）	（0.0643）	（0.1221）

续表

	(1)	(2)	(3)	(4)	(5)	(6)
	tfp9010	tfp_ sd	tfp_ mean	disp	disp	disp
	FE	FE	FE	FE	OLS	GMM – SYS
pps	1.2577 ***	0.3677 ***	– 0.1859	0.6769 ***	– 0.1668	0.3810
	(0.2671)	(0.0923)	(0.3462)	(0.1804)	(0.3441)	(0.5009)
fix	– 0.4528 **	– 0.0906	0.9012 ***	0.1839	0.1823	0.3637 *
	(0.1917)	(0.0662)	(0.2123)	(0.1227)	(0.1436)	(0.1919)
export	0.0724	0.0336	– 0.0934	– 0.1523 ***	0.0872 **	– 0.0135
	(0.0721)	(0.0249)	(0.0783)	(0.0487)	(0.0440)	(0.1038)
state	0.5608 ***	0.2645 ***	0.1579	0.1728 ***	0.1397	0.1615
	(0.0867)	(0.0300)	(0.0966)	(0.0608)	(0.0971)	(0.1450)
profit	0.0033 **	0.0009	– 0.0003	0.0019 *	0.0010	0.0009
	(0.0017)	(0.0006)	(0.0007)	(0.0010)	(0.0012)	(0.0011)
age	0.1120 ***	0.0392 ***	– 0.4820 ***	0.0065	0.0239	0.0354
	(0.0305)	(0.0105)	(0.0354)	(0.0218)	(0.0251)	(0.0474)
surrival	– 0.4881 ***	– 0.1665 ***	0.8045 ***	0.2765 **	– 0.0710	– 0.3717
	(0.1713)	(0.0592)	(0.1815)	(0.1197)	(0.1437)	(0.3079)
L. disp				0.1211 ***	0.5228 ***	0.3308 ***
				(0.0160)	(0.0492)	(0.0546)
常数项	1.8608 ***	0.7568 ***	4.0160 ***	0.8234 ***	0.3079 ***	0.5362 ***
	(0.1336)	(0.0462)	(0.1189)	(0.0899)	(0.0812)	(0.1484)
AR (1)						0.000
AR (2)						0.476
Hansen test						0.472
样本量	4204	4204	4204	3766	3766	3766
R – squared	0.1094	0.1727	0.8845	0.0696	0.4878	

注：L. disp 表示滞后一期的生产率差异度。

动态面板系统广义矩估计（SYS – GMM）的估计结果参见表 4 第（4）～第（6）列，我们分别汇报了混合 OLS 估计结果、固定效应估计结果和系统广义矩估计结果。首先，GMM 估计量是否一致需要通过两个检验：一是 Hansen 过度识别检验关于所有工具变量的有效性检验，二是差分方程中随机误差项不存在二阶序列相关检验。如表 4 第（6）列所示，Hansen 检验无法拒绝所用的工具变量与误差项不相关的原假设，AR（2）检验表明一阶差分方程的随机误差项不存在二阶序列相关。其次，Bond（2002）认为，如果 GMM 估计结果介于混合 OLS 估计和固定效应估计结果之间，则 GMM 估计是有效的。表 5 的第（4）～第（6）列所示，滞后项的估计值为 0.3308，介于混合 OLS 估计和 FE 估计之间。最后，系统 GMM 估计结果表明生产率差异度与要素市场扭曲指数在 1% 的显著性水平上正相关，进一步验证了本文实证结果的稳健性和显著性。

五、基本结论

市场的不完全以及厂商异质性的客观事实告诉我们，企业间生产率差异是客观存在的，而且这样的差异是产业演化的基础，通过企业间市场份额的变化以及优胜劣汰的企业更替实现产业的动态演化。在中国的市场化改革过程中一个突出的现象就是要素市场的市场化程度要滞后于产品市场，这种滞后性造成了要素资源的人为扭曲和错配，基于这一特征事实，本文通过异质性企业的局部均衡模型分析了要素价格扭曲对生产率分布的影响机制，利用中国工业企业数据库的微观数据实证结果表明：要素市场扭曲程度越高，企业间生产率差异度越大，资源被误置程度越严重。本文研究结论表明，减少不必要的政策扭曲和制度安排可以减少企业间生产率差异度，通过市场机制实现企业的优胜劣汰，实现要素资源的合理流动和企业的自由进入退出，减少不必要的政策扭曲和行政干预，处理好政府与市场的边界，提升资源的配置效率。

参考文献

［1］Asplund, M. , and V. Nocke. Firm Turnover in Imperfectly Competitive Markets ［J］. The Review of Economic Studies, 2006, 73（2）: 295 – 327.

［2］Balasubramanian, N. , and J. Sivadasan. Capital Resalability, Productivity Dispersion, and Market Structure ［J］. The Review of Economics and Statistics, 2009, 91（3）, 547 – 557.

［3］Brandt, L. Van Biesebroeck, J. and Zhang, Yifan. , Creative Accounting or Creative Destruction? Firm – level Productivity Growth in Chinese Manufacturing ［J］. Journal of Development Economics, 2012（97）: 339 – 351.

［4］Bond, S. R. Dynamic Panel Data Models: A Guide to Micro Data Methods and Practice ［J］. Portuguese Economic Journal, 2002, 1（2）: 141 – 162.

［5］Feenstra, R. C. , Z. Y. Li, and M. J. Yu. Exports and Credit Constraints Under Incomplete Information: Theory and Evidence from China ［A］. 2011, NBER Working Papers No. 16940.

［6］Foster, L. , Haltiwanger J. , and C. Syversion. Reallocation, Firm Turnover, and Efficiency: Selection on Productivity or Profitability ［J］. American Economic Review, 2008, 98（1）: 394 – 425.

［7］Heish, C. T. , and P. J. Klenow. Misallocation and Manufacturing TFP in China and India ［J］. Quarterly Journal of Economics, 2009, 124（4）: 1403 – 1448.

［8］Levinsohn, J. , and A. Petrin. Estimating Production Functions Using Inputs to Control for Unobservables ［J］. The Review of Economic Studies, 2003, 70（2）: 317 – 341.

［9］Meltiz, M. J. The Impact of Trade on Intra – Industry Reallocations and Aggregate Industry Productivity ［J］. Econometrica, 2003, 71（6）: 1695 – 1725.

［10］Meltiz, M. J. and I. P. Ottaviano. Market Size, Trade, and Productivity ［J］. Review of Economic Studies, 2008, 75（1）: 295 – 316.

［11］Roodman D. How to Do Xtabond2: An Introduction to Difference and System GMM in Stata ［J］. Stata Journal, 2009, 9（1）: 86.

［12］Sutton, J. Sunk Cost and Market Structure ［M］. Cambridge, MA: MIT Press, 1991.

［13］Syverson, C. Product Substitutability and Productivity Dispersion ［J］. The Review of Economics and Statistics, 2004, 86（2）: 534 – 550.

［14］陈永伟，胡伟民. 价格扭曲、要素错配和效率损失：理论和应用 ［J］. 经济学（季刊），2011（4）: 1401 – 1422.

［15］樊纲，王小鲁，朱恒鹏. 中国市场化指数——各地区市场化相对进程报告 ［M］. 北京：经济科学出

版社，2011．

　　［16］龚关，胡关亮．中国制造业资源配置效率与全要素生产率［J］．经济研究，2013（4）：4－15．

　　［17］韩剑，郑秋玲．政府干预如何导致地区资源错配——基于行业内和行业间错配的分解［J］．中国工业经济，2014（11）：69－81．

　　［18］林伯强，杜克锐．要素市场扭曲对能源效率的影响［J］．经济研究，2013（9）：125－136．

　　［19］罗德明，李晔，史晋川．要素市场扭曲、资源误置与生产率［J］．经济研究，2012（3）：4－14．

　　［20］聂辉华，江艇，杨汝岱．中国工业企业数据库的使用现状及存在问题［J］．世界经济，2012（5）：142－158．

　　［21］邵宜航，步晓宁，张天华．资源配置扭曲与中国工业全要素生产率——基于工业企业数据库再测算［J］．中国工业经济，2013（12）：39－51．

　　［22］王磊，夏纪军．固定成本与中国制造业生产率分布［J］．当代经济科学，2015（2）：62－69．

　　［23］张杰，周晓艳，李勇．要素市场扭曲抑制了中国企业R&D？［J］．经济研究，2011（8）：78－91．

　　［24］孙浦阳，蒋为，张龑．产品替代性与生产率分布——基于中国制造业企业数据的实证［J］．经济研究，2013（4）：30－42．

逆向外包对后发国家产业结构、经济增长和收入分配的影响

——基于李嘉图框架和熊彼特式创新的内生经济增长模型分析

沈春苗

（南京大学经济学院　南京　210008）

一、引言

后金融危机时期，当中国经济以高投入、高耗能、高排放驱动的增长遭遇产能过剩、资源瓶颈和环境压力加大的阻碍，中国经济增长进入结构调整阶段。该阶段里，我国的经济转型和结构调整很大程度上依赖于自主创新来实现。但自主创新的实现是一个长期而缓慢的过程。一方面，无论是原始创新还是品牌塑造，都是一个高投入、高风险和长周期的过程，需要各方面制度创新的支持才有可能启动（安同良和周绍东等，2009；Williams，2010；Aghion and Bechtoldy et al.，2014）；另一方面，努力走自主创新的中国制造在拓宽产品市场的过程中将直面跨国公司的高端竞争（刘志彪和张杰，2007），受制于高端人才短缺和创新环境缺失的约束（Wang and Lin，2013），本土企业在激烈的国际竞争中往往处于劣势。

一种旨在推动后发国家自主创新加快实现的逆向外包（Reverse offshoring）[①]新战略在以印度为代表的发展中国家悄然兴起（Sen，2005；Waters，2007；Tholons，2008），并得到国内部分学者的高度关注（江小涓等，2008；刘丹鹭和岳中刚，2011；孟雪，2012；张月友和刘丹鹭，2013；刘志彪，2015）。从国家战略层面看，利用我国庞大的国内市场需求，鼓励本土企业把研发环节中存在关键瓶颈的知识密集型活动外包给国外企业，就可以利用发达国家丰富的人力资本支持实现从制造大国向创新大国的转变（刘志彪，2012）。从企业成长层面看，本土企业在国外建立离岸重心或外包基地，可以吸引当地优秀员工加入，有利于本土企业成长为具有全球竞争力的跨国公司（江小涓等，2008）；从追求利润最大化的微观动机看，我国庞大的国内市场需求和发达国家高技能劳动力丰富而发展中国家又相对匮乏的现实，使本土企业开展逆向外包成为可能（刘志彪，2011；张月友和刘丹鹭，2013）。

但迄今为止，国内学者对于逆向外包的关注更多停留在什么是逆向外包（江小涓等，2008；刘丹鹭和岳中刚，2011）、为什么会发生逆向外包（张月友和刘丹鹭，2013）、逆向外包程度的

［作者简介］沈春苗，南京大学经济学院应用经济学博士研究生，研究方向是创新经济与经济增长。

① 逆向外包作为一个新词汇，一般是指由发展中国家作为发包方，为了节约成本或提升服务质量等特定目的而采取的直接雇佣发达国家专业技术人员、在他国建立子公司、离岸中心和并购他国企业等的一种战略活动（张月友和刘丹鹭，2013）。本文的研究将更多专注于发展中国家的企业为了节约成本或提高质量而把部分生产或服务环节外包给发达国家的战略性行为。

测算（唐玲，2009）以及逆向外包对我国就业结构（孟雪，2012）、制造业自主创新（陈启斐和王晶晶等，2015）、制造业价值链提升（陈启斐和刘志彪，2013）和出口贸易（王晶晶和陈启斐等，2015）等影响的实证研究。关于逆向外包的发生将会对发展中国家的社会经济活动产生何种影响尚未在理论层面上得到重视和研究。因此，有必要对其进行前瞻性理论研究，论证逆向外包的发生对后发国家产业结构、科技创新、经济增长和收入分配格局的影响机制和作用方向，这也将是本文的研究重点。

本文基于李嘉图框架和熊彼特式创新构建了一个包含逆向外包的内生经济增长模型，确定了长期稳态均衡下，后发国家创新强度、潜在经济增长、产业结构和高、低技能劳动力收入分配结构的相互影响关系；揭示了后发国家高技能密集型产品生产厂商有意愿开展逆向外包的动力和机制；论证了逆向外包对后发国家创新强度、潜在经济增长、产业结构和高、低技能劳动力收入分配结构的作用方向。本文从理论模型中得出的主要观点是：①均衡状态下，逆向外包程度的深化显著促进后发国家创新强度和潜在经济增长率的提高；②逆向外包程度的深化促进了后发国家产业结构的高级化；③逆向外包程度的加深会导致后发国家高、低技能劳动力绝对工资水平的下降，并对高技能劳动力的就业岗位产生冲击，但这种冲击效应会呈现出先陡增后缓慢下降直至消失的特征；④逆向外包程度的加深并超过一定阀值后，后发国家的收入分配结构呈现出低技能劳动力群体的相对收入占比不断下降，高技能劳动力群体的相对收入占比不断提高的特征。

二、文献综述

作为一种兴起于 21 世纪初期发展中国家集聚全球创新资源的新方式，关于逆向外包的理论研究虽然并不充分，但也得到了一些发展。与本文研究相关的理论主要有三类，第一类是逆向外包的概念和内涵；第二类是逆向外包兴起动因；第三类是关于发展中国家开展逆向外包的条件和能力的研究。

关于逆向外包概念和内涵的研究。逆向外包作为一个新词汇，最初用于描述以印度、中国、菲律宾为代表的发展中国家，为了完成美国、日本、英国等发达国家开展的离岸外包交付工作，而在发达国家招聘专业的高端技术人员的现象（Tholons，2008；江小涓等，2008），但在此后，学术界使用的"逆向外包"概念已经脱离了最初的发展中国家企业为了完成来自发达国家企业的发包任务所采取的子发包策略（Tholons，2008；Wilson and Ceuppens，2011），而是为了开拓国际市场或品牌创新等特定目的主动采取的直接雇佣国外高端技术人才的一种战略活动（刘丹鹭和岳中刚，2011；Bunyaratavej and Hahn，2012；张月友和刘丹鹭，2013）。

关于逆向外包发生动因的研究。从获得创新资源动机看，新兴国家中等收入陷阱的跨越依赖高端要素投入的增加，面对国内高端创新人才供给的匮乏和国外高技能劳动力的比较优势，对国外人力资本和知识密集型的生产性服务投入的需求日益迫切（刘志彪，2015），因此，本土企业可以利用后金融危机时期跨国公司对中国市场依赖度的加深实施逆向外包策略来获得关键技术支持并可以通过制度设计要求对方开放部分核心代码（刘志彪，2012）。对此，张月友和刘丹鹭（2013）通过理论模型严格证明了获取创新资源是驱动逆向外包的最主要驱动力这一推论，得出了逆向外包的发生可以为中国更好地集聚全球创新资源，发展基于内需的全球化经济服务的结论。从节约要素成本角度看，发达国家和发展中国家要素禀赋结构的差异意味着发达国家高技能工人的相对成本更低而发展中国家低技能工人相对成本更低的格局（Kakabadse，2002；Ellram and Tate et al.，2008），后者是发达国家开展传统外包的最主要驱动力（Smith and Mitra et al.，

1998；Lewin and Furlong，2005），而前者则是这一轮由发展中国家主导的逆向外包的主要驱动力之一（Farrell，2005），事实上，在发达国家技能偏向性技术进步蓬勃发展（Acemoglu，2002）和居民生活水平更高（Weiss，2008）的合力作用下，发达国家人力资本成本可能不会比发展中国家具有绝对优势，但考虑到发达国家技能工人长期从事高端的知识密集活动的丰富经验，从两国高技能劳动力绝对工资水平经生产效率调整后的相对成本比较看，新兴国家开展逆向外包仍将有利可图（Finlay and King，1999；Farrell，2005；Lewin and Furlong，2005；Lewin and Couto，2007；Ellram and Tate et al.，2008）。从发展战略角度看，发展中国家企业在本土以外建立离岸中心或外包基地，有助于吸引当地优秀员工的加入和国际市场的开拓，促使本土企业加快成长为具有全球竞争力的跨国公司（江小涓等，2008）。

关于发展中国家开展逆向外包的条件和能力研究。逆向外包的成功开展依赖于发包商对外发送订单的意愿和接受方愿意接受订单共同达成的契约，刘丹鹭和岳中刚（2011）通过包含南北贸易技术扩散的三阶段博弈模型，证明了后发国家开展逆向外包至少需要国内需求旺盛和双边市场竞争激烈的两个基础条件。这是因为庞大的内需规模弥补了本土企业开展逆向外包所需支付的额外交易成本，为本土企业市场扩张或研发投资提供了后续的资金支持。激烈的双边市场竞争既增加了本土企业为提高竞争力而向别国发送订单的动机，也增加了承包商愿意接受订单的概率（张月友和刘丹鹭，2013）。

与已有文献相比，本文贡献主要表现为：基于存在高、低技能两种劳动力禀赋的李嘉图框架和存在创新性破坏特征的熊彼特式创新的假设，把逆向外包纳入内生经济增长模型，揭示了市场机制下只有高技能密集型产品生产厂商才有意愿把部分生产环节逆向外包到发达国家的原理；考察了逆向外包的发生对发展中国家高、低技能劳动力工资水平、创新强度和潜在经济增长的作用方向和影响机制；剖析了逆向外包对国内劳动力成本的影响机制将如何进一步反作用于本国的产业结构和高、低技能劳动力群体的收入分配状况。这些问题的回答既丰富了现有的关于逆向外包的全球化理论，也为政策制定者推行逆向外包新战略提供了决策依据，又为后续的理论研究和实证检验提供了铺垫。

三、加入逆向外包的市场动态一般均衡模型分析

（一）模型构建

本文基于李嘉图框架和存在熊彼特式创新的内生增长模型，把包含逆向外包的市场机制的动态作用过程界定如下：假设存在南北两个国家，南方国家代表发展中国家（即后发国家），北方国家代表发达国家，两国分别拥有技能不同的两种类型劳动力。其中，南方国家拥有 L_t^S 单位低技能劳动力和 H_t^S 单位高技能劳动力，北方国家拥有 L_t^N 单位低技能劳动力和 H_t^N 单位高技能劳动力，两国劳动力禀赋结构满足 $H_t^N/L_t^N > H_t^S/L_t^S$。南方国家代表性消费者根据效用最大化目标对不同行业的产品产生需求，各行业产品间的替代弹性为1。每个行业内有无数存在质量差异的同类产品，任意两代产品间的质量差距为λ。各行业产品的生产要么采用高技能劳动力偏向性生产技术，要么采用低技能劳动力偏向性生产技术，最后，均衡状态下行业生产率分布的异质性和一国劳动力禀赋结构共同决定每个行业最优生产技术的选择和该国采用低技能劳动力偏向性技术的行业（简称低技能行业）总数和采用高技能劳动力偏向性技术的行业（简称高技能行业）总数也由此被确定，高、低技能行业相对数量的比值实质就反映了该国产业结构的高端化程度。两国劳

动力禀赋的不同决定了南方国家低技能行业的生产厂商会在国内自主完成所有生产环节，而高技能行业的生产厂商会选择把部分环节外包到北方国家生产，再从北方国家购买回国内，然后连同国内生产环节一起组装完成最终品的生产再销售给国内的消费者。各行业生产厂商所需的知识投入来自独立的研发机构，研发机构根据购买知识产权的企业是否采取外包策略对研发成果进行策略性定价再出售以使自身利益最大化。

1. 家庭部门

假设南方国家代表性家庭存在无限生命特征，每个家庭拥有高、低技能两种类型劳动力，高技能劳动力数量固定为 H_t^s，低技能劳动力数量为 L_t^s，为简化计算，设总人口数为 1。家庭部门跨时期偏好效用函数为：

$$U_t = \int_t^\infty e^{-\rho(\tau-t)} \log(D_\tau) d_\tau \tag{1}$$

家庭的瞬时效用函数为：

$$\log(D_\tau) = \int_0^1 \log\left(\sum_m q_{m,i} x_{m,i,\tau}\right) di \tag{2}$$

其中，$x_{m,i,\tau}$ 为时点 τ 代表性家庭对第 i 行业第 m 代产品的需求量。$q_{m,i}$ 为第 i 行业第 m 代产品的质量，假设第一代产品的质量为 1（即 $q_{0,i}=1$），任意两代产品的质量差异为 λ，则：

$$q_{m,i} = \lambda^m \tag{3}$$

由于家庭的瞬时效用函数形式为部门间替代弹性为 1 的单位效用函数，那么静态均衡下，消费者的最优决策是将消费支出平均分配到不同行业，并购买每个行业中经质量调整后价格最低的产品（即性价比最高的产品），以实现效用最大化。因此，代表性家庭对各行业产品的需求函数为：

$$x_{m,i,t} = \begin{cases} \dfrac{1}{p_{m,i,t}}, & q_{m,i} = \lambda_i^m \\ 0, & q_{m,i} \neq \lambda_i^m \end{cases} \tag{4}$$

2. 生产部门

假定生产者处于完全竞争的市场结构，第 i 行业产品生产厂商生产函数为：$x_{i,t} = \alpha_L(i) L_{i,t} + \alpha_H(i) H_{i,t}$，其中，$\dfrac{\partial \alpha_L(i)}{\partial i} < 0$，$\dfrac{\partial \alpha_H(i)}{\partial i} > 0$，意味着对于第 $i \in [0,1]$ 行业而言，越靠近区间右端，雇佣高技能劳动力投入生产越有利；越靠近区间左端，雇佣低技能劳动力投入生产越有利。为计算简单，令 $\alpha_L(i) = 1-i$，$\alpha_H(i) = i$，则有：

$$x_{i,t} = \begin{cases} (1-i) L_{i,t}, & 0 \leq i < J \\ i H_{i,t}, & J < i \leq 1 \end{cases} \tag{5}$$

对于购买新知识并提升了产品质量的企业而言，产品的最优定价[①]为：

$$p_{i,t} = \begin{cases} \dfrac{w_{L,t}}{(1-i)} \cdot \lambda, & 0 \leq i < J \\ \dfrac{w_{H,t}}{i} \cdot \lambda, & J < i \leq 1 \end{cases} \tag{6}$$

对于第 $i = J$ 种产品而言，其价格满足 $\dfrac{w_{L,t}}{(1-J)} = \dfrac{w_{H,t}}{J}$，求解该式得到均衡状态下：

---

① 提升产品质量的企业最优定价策略详见格罗斯曼和赫尔普曼在《全球经济中的创新与增长》（何帆等译）第 4 章 P81 - P83 页的分析。

$$J = \frac{1}{1 + \frac{w_{L,t}}{w_{H,t}}} \tag{7}$$

J 实质上就反映了本国产生结构的高级化程度，J 越大，意味着高技能行业占比越低，产业结构越低端；J 越小，意味着高技能行业占比越高，产业结构越高端。

设北方国家高技能行业厂商的生产技术为 $x_{i,t}^f = \frac{a_f H_{i,t}^f}{i}$，$a_f > 1$ 意味着北方国家高技能劳动力的生产效率比南方国家的高技能劳动力高。此处也反映了效率工资的思想：即使北方国家高技能劳动力绝对工资 $w_{f,t}$ 高于南方国家高技能工人绝对工资 $w_{H,t}$，但只要经生产效率调整后的效率工资 $\frac{w_{f,t}}{a_f}$ 低于南方国家的高技能劳动力的效率工资 $w_{H,t}$，逆向外包仍有可能进行。

那么对于第 $0 \le i < J$ 行业内实现了质量提升的产品生产企业而言，利润为：

$$\pi_{i,t} = p_{i,t} x_{i,t} - w_{L,t} L_{i,t} = \left[\lambda \frac{w_{L,t}}{(1-i)} - \frac{w_{L,t}}{(1-i)} \right] \frac{1}{\lambda \frac{w_{L,t}}{(1-i)}} = \frac{\lambda - 1}{\lambda} \tag{8}$$

对于第 $J < i \le 1$ 行业实现了质量提升但未采取逆向外包策略的产品生产企业而言，利润为：

$$\pi_{i,t}^n = p_{i,t} x_{i,t} - w_{H,t} H_{i,t} = \left(\lambda \cdot \frac{w_{H,t}}{i} - \frac{w_{H,t}}{i} \right) \cdot \frac{1}{\lambda \cdot \frac{w_{H,t}}{i}} = \frac{\lambda - 1}{\lambda} \tag{9}$$

对于第 $J < i \le 1$ 行业实现了质量提升且采取逆向外包（外包程度为 ϕ）的产品生产企业而言，利润为：

$$\pi_{i,t}^o = \left(\lambda \cdot \frac{w_{H,t}}{i} - \phi \frac{w_{f,t}}{i a_f} - (1-\phi) \frac{w_{H,t}}{i} \right) \cdot \frac{1}{\lambda \cdot \frac{w_{H,t}}{i}} = \frac{\lambda - 1}{\lambda} + \frac{\phi}{\lambda} \left(1 - \frac{w_{f,t}}{w_{H,t} a_f} \right) \tag{10}$$

从式（10）可以看出，只有当 $\frac{w_{f,t}}{w_{H,t} a_f} < 1$，即 $\frac{w_{f,t}}{a_f} < w_{H,t}$ 时，逆向外包才有可能发生。

3. 研发部门

本文的创新型破坏特征需通过 Grossman 和 Helpman（1991）提出的质量提升型技术进步模型反映。假设研发机构通过投资获得创新成功的可能性服从泊松分布，对于高技能行业的技术进步而言，单位时间内投入 a_H 单位高技能劳动力的创新强度（或创新成功的到达率）为 δ，对于低技能行业的技术进步而言，单位时间内投入 a_L 单位高技能劳动力的创新强度（或创新成功的到达率）为 δ，则研发机构成功开发出新一代产品概率为 δdt，提升高技能密集型产品质量需要支付的研发成本为 $a_H \delta dt$，提升低技能密集型产品质量需要支付的研发成本为 $a_L \delta dt$，此处假设 $a_H > a_L$[①]。用 v 表示创新成功后的知识定价，则零利润状况下有：

$$v_{H,t} \delta dt = w_{H,t} a_H \delta dt \tag{11}$$

$$v_{L,t} \delta dt = w_{H,t} a_L \delta dt \tag{12}$$

由无套利条件得：

$$r_t v_t = \pi_t + \dot{v}_t - \delta v_t \tag{13}$$

---

① 由后文计算知道长期稳态下的创新强度 $\delta^* = \dfrac{\left(\frac{\lambda-1}{\lambda} \right) \left(\frac{a_H}{a_L} - 1 \right) \left[1 - \frac{1}{\phi}(\lambda-1) \left(\frac{a_H}{a_L} - 1 \right) \right]}{b \cdot \frac{w_{f,t}}{a_f}}$，为保证创新强度大于零，要求 $a_H > a_L$。

则对于未采取逆向外包的企业而言，研发机构的最优定价为：

$$v_t^n = \frac{\pi_i^n}{\rho + \delta} = \frac{\dfrac{\lambda - 1}{\lambda}}{\rho + \delta} \tag{14}$$

对于采取逆向外包的企业而言，研发机构的最优定价为：

$$v_t^o = \frac{\pi_i^o}{\rho + \delta} = \frac{\dfrac{\lambda - 1}{\lambda} + \dfrac{\phi}{\lambda}\left(1 - \dfrac{w_{f,t}}{w_{H,t} a_f}\right)}{\rho + \delta} \tag{15}$$

考虑南北国家实际国情的差异，假设对于采取逆向外包策略的企业而言，研发机构还需要额外投入 b 单位高技能劳动力进行适应性改进后才能适应北方企业的生产，则有：

$$bw_{H,t} = v_t^o - v_t^n \tag{16}$$

（二）均衡求解

以上是各经济主体在各时期约束条件下达成的最优静态决策。从动态均衡角度看，消费者对不同行业的产品需求可以从下面动态效用最大化问题中求解得出：

$$\max U_t = \int_t^\infty e^{-\rho(\tau - t)} \log(D_\tau) d\tau$$

$$s.t. \ \dot{A}_t = r_t A_t + w_t L_t - E_t$$

其中，A_t 为代表性家庭在 t 时期拥有的财富水平，则由汉密尔顿函数 $H_t = \log(D_t) + \mu_t(r_t A_t + w_t L_t - E_t - \dot{A}_t)$ 得到均衡状态下：

$$\frac{\dot{E}_t}{E_t} = \rho - r_t \tag{17}$$

横截面条件为：$\lim\limits_{t \to \infty} \mu_t A_t = 0$

把各时期的家庭总支出 E_t 作为计量单位，标准化为 1，则有：

$$r_t = \rho \tag{18}$$

为了考察逆向外包对南方国家就业岗位造成的负面冲击及以对高、低技能劳动力收入分配格局影响，把逆向外包引发的南方国家高技能劳动力市场的自然失业率 u_t 的变动引入高技能劳动力市场出清方程[①]，那么存在逆向外包状况下的本国高、低技能劳动力市场出清条件为：

$$J \cdot L_{i,t} = L_t^s \Rightarrow J \cdot \frac{1}{\lambda w_{L,t}} = L_t^s \tag{19}$$

$$(1 - J)(1 - \phi)H_{i,t} + (1 - j)\phi b + (1 - J)\delta a_H + J\delta a_L = (1 - u_t)H_t^s \tag{20}$$

最后，由式（12）和式（14）得：$a_L w_{H,t} = \dfrac{\dfrac{\lambda - 1}{\lambda}}{\rho + \delta}$ \hfill （21）

由式（11）和式（15）得：$a_H w_{H,t} = \dfrac{\dfrac{\lambda - 1}{\lambda} + \dfrac{\phi}{\lambda}\left(1 - \dfrac{w_{f,t}}{w_{H,t} a_f}\right)}{\rho + \delta}$ \hfill （22）

再由式（21）和式（22）可以求得均衡状态下 $w_{H,t}^* = \dfrac{\dfrac{w_{f,t}}{a_f}}{\dfrac{\lambda - 1}{\phi}\left(1 - \dfrac{a_H}{a_L}\right) + 1}$ \hfill （23）

---

① 由后文的模拟分析（图 1）可知，长期内伴随逆向外包程度的深化，自然失业率不断降低并最终收敛到零，意味着逆向外包对本国高技能劳动力的负面冲击将完全被工资下降吸收，南方国家高技能劳动力市场实现完全出清。

由式（14）、式（15）和式（16）得：$bw_{H,t} = \dfrac{\dfrac{\phi}{\lambda}\left(1 - \dfrac{w_{f,t}}{w_{H,t}a_f}\right)}{\rho + \delta}$ （24）

再由式（23）、式（24）可以求得均衡状态下 $\delta^* = \dfrac{\left(\dfrac{\lambda-1}{\lambda}\right)\left(\dfrac{a_H}{a_L}-1\right)\left[1-\left(\dfrac{\lambda-1}{\phi}\right)\left(\dfrac{a_H}{a_L}-1\right)\right]}{b \cdot \dfrac{w_{f,t}}{a_f}}$

（25）

由式（2）、式（4）和式（6）得长期稳态下：

$$\log(D_t) = \int_0^1 \log(q_{t,j})\,dj - \log\lambda - (1-J^*)\log w_H^* - J^*\log w_L^* + \int_0^{J^*}(1-j)\,dj + \int_{J^*}^1 j\,dj$$

$$= \delta^* t\log\lambda + \int_0^1 \log(q_{t,j})\,dj - \log\lambda - (1-J^*)\log w_H^* - J^*\log w_L^* + \int_0^{J^*}(1-j)\,dj + \int_{J^*}^1 j\,dj$$

故潜在经济增长率为：

$$g^* = \frac{d\log(D_t)}{dt} = \delta^*\log\lambda \tag{26}$$

由式（7）式（19）和式（23）得均衡状态下：

$$J^* = \frac{-\eta + \sqrt{\eta^2 + 4\eta}}{2}\left(\text{其中，} \eta = w_{H,t}^* \cdot \lambda \cdot L_t^s\right) \tag{27}$$

由式（19）、式（26）得均衡状态下：$w_{L,t}^* = \dfrac{J^*}{\lambda L_t^s}$ （28）

由式（23）、式（26）和式（20）得均衡状态下：

$$u_t^* = 1 - \frac{\dfrac{(1-J^*)(1-\phi)}{\lambda w_H^*} + (1-J^*)\phi b + (1-J^*)\delta^* a_H + J^*\phi^* a_L}{H_t^s} \tag{29}$$

四、逆向外包影响效应分析

由以上分析可知长期稳态下 $\{\delta^*, g^*, U_t^*, W_{H,t}^*, W_{L,t}^*, J^*\}_{t=0}^{\infty}$ 由参数集合 $\{a_f, a_H, a_L, \lambda, b, \phi\}$ 和各时期外生变量 f 集合 $\{w_{f,t}, L_t^s, H_t^s\}$ 共同决定，从式（23）及式（25）～式（28）可以看出，逆向外包程度 ϕ 直接进入南方国家创新强度 δ^*、潜在经济增长率 g^*，高技能劳动力的失业率 u_t^* 和工资水平 $w_{H,t}^*$ 的表达式，并通过市场机制对南方国家低技能劳动力工资水平 $w_{L,t}^*$ 和产业结构 J^* 发生作用。下面逐一分析逆向外包程度 ϕ 对相关经济变量影响：

由式（23）得：$\dfrac{\partial w_{H,t}^*}{\partial\phi} = \dfrac{(\lambda-1)\left(1-\dfrac{a_H}{a_L}\right)\cdot\left(\dfrac{w_{f,t}}{a_f}\right)}{\left[(\lambda-1)\left(1-\dfrac{a_H}{a_L}\right)+\phi\right]^2} < 0$，据此，得到命题 1。

命题1：高技能密集型产品生产厂商采取的逆向外包程度越大[①]，北方国家高技能劳动力对南方国家高技能劳动力需求产生的挤出效应越大，南方国家高技能劳动力工资水平越低。

命题1的直观含义是开放经济下逆向外包的开展意味着南方国家高技能劳动力市场从有限供给到无限供给的变化，势必造成国内高技能劳动工资水平下降。尽管这种下降对于研发机构而言意味着研发成本的降低，进而会促进研发强度的提高并产生对高技能劳动力的引致需求，但只要创新强度增加带来的工资上涨升效应弱于供给增加带来的工资下降效应，或者这种上涨效应被逆向外包程度的进一步扩张效应所抵消，那么逆向外包就会导致南方国家高技能劳动力工资水平的持续下降。

由式(25)得：$\dfrac{\partial \delta^*}{\partial \phi} = \dfrac{(\lambda-1)^2(\frac{a_H}{a_L}-1)^2}{\lambda b \phi^2 (\frac{w_{f,t}}{a_f})^2} > 0$，据此，我们得到命题2。

命题2：高技能密集型产品生产厂商采取的逆向外包程度越大，本国创新强度越大，越有利于本国创新。

命题2的经济学含义是逆向外包程度的增加，意味着国内高技能劳动力供给的增加，进而高技能劳动力工资下降。对于研发机构来说这意味着研发成本的降低，因此研发机构有动力追加研发投入以增加利润。所以，创新强度随之提高。

由式（26）得：$\dfrac{\partial g^*}{\partial \phi} = \dfrac{\partial \delta^*}{\partial \phi} \cdot \log(\lambda) > 0$，据此，我们得到命题3。

命题3：高技能密集型产品生产厂商采取的逆向外包程度越大，本国的创新强度越大，越有利于南方国家潜在经济增长率的提高。

命题3符合我们的经济学直觉，由内生增长理论可知，一国潜在的经济增长内生定于一国创新能力。当逆向外包促进本国创新强度时，本国技术进步越快，对经济增长的贡献越大，无疑潜在经济增长率和经济增长水平都会越高。

由式(27)得：$\dfrac{\partial J^*}{\partial \phi} = \dfrac{\partial J^*}{\partial \eta} \cdot \dfrac{\partial \eta}{\partial \phi} = \dfrac{1}{2}\left(\dfrac{\eta+2}{\sqrt{\eta^2+4\eta}}-1\right) \cdot \lambda L_t^s \cdot \left(\dfrac{\partial w_{H,t}^*}{\partial \phi}\right) < 0$，据此，我们得到命题4。

命题4：高技能密集型产品生产厂商采取的逆向外包程度越大，南方国家的高技能密集型行业占比越大，低技能密集型行业占比越小，越有利于南方国家产业结构的高端化。

命题4的直观含义是当逆向外包导致了国内高技能劳动力工资下降后，对于部分原来采用低技能偏向性技术有利的行业而言，此时选择高技能劳动力偏向性技术将更加有利可图，因此，高技能密集型行业占比增加而低技能密集型行业占比下降，这一过程本身就是产业结构高端化的外在表现。

由式（28）得：$\dfrac{\partial w_{L,t}^*}{\partial \phi} = \dfrac{1}{\lambda L_t^s} \cdot \dfrac{\partial J^*}{\partial \phi} < 0$，据此，我们得到命题5。

命题5：高技能密集型产品生产厂商采取的逆向外包程度越大，产业结构越高端化，对低技能劳动力需求越小，低技能劳动力工人工资水平越低。

命题5符合我们的经济学直觉，当企业把部分高端环节逆向外包时，高技能劳动力工资下降诱致企业从低技能偏向性技术转向高技能偏向性技术，当南方国家低技能劳动力供给不变时，对

[①] 此处逆向外包程度越大越好，是针对 $\phi \in [0, \min(\phi^{max}, 1)]$ 的有限范围而言，由上文（第6页）分析可知，ϕ^{max} 由 $\dfrac{w_{f,t}}{a_f} = w_{H,t}$ 决定。下文命题中涉及的表述也是如此，将不再另加说明。

低技能劳动力的市场需求下降必然导致低技能劳动力工资水平下降。

由于式（29）比较复杂，无法直接判断逆向外包程度 φ 和 u_t^* 的变动关系，此处通过 matlab 软件对二者变动关系进行数值模拟。先根据现实运行数据对相关参数校准，参数取值分别为：$\frac{w_{f,t}}{a_f} = 1.72$①，$L_t^s = 0.7$②，$H_t^s = 0.3$③，$\lambda = 1.5$，$a_H = 1.5$，$a_L = 1.0$，$b = 0.5$，再借助 matlab 模拟得到逆向外包程度 φ 和南方国家高技能劳动力市场的失业率 u_t^* 的变动关系（见图1）。据此，得到命题6。

命题6：高技能密集型产品生产厂商采取的逆向外包策略，会对南方国家高技能劳动力就业产生负面冲击并导致失业率陡增，但是随着逆向外包程度的深化，高技能劳动力的失业率会随之下降并直至消失最终实现劳动力市场的完全出清。

命题6背后的经济学含义是逆向外包对南方国家高技能劳动力的就业冲击力度是替代效应和引致效应综合角逐的结果。很明显，逆向外包的初始发生意味着北方国家高技能劳动力对南方国家高技能劳动力的直接替代，自然会造成南方国家高技能劳动力就业岗位的部分消失和工资水平下降，但是当这种作用机制反馈到研发机构后，增加的研发投入将会对南方国家高技能劳动力产生进一步的引致需求。实践经验表明，对于大多数而言，接受一份稍低工资的就业将优于长期的失业，因此，逆向外包对南方国家高技能劳动力的负面冲击最终就会更多地反映到工资水平而非失业率上。

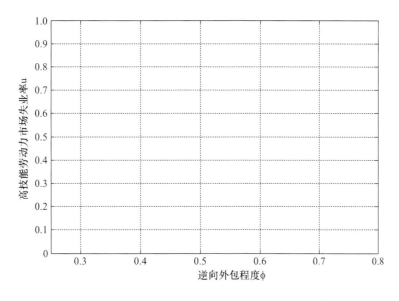

图1 逆向外包对高技能劳动力就业冲击的影响④

下面考察逆向外包对南方国家高、低技能劳动力群体收入分配格局的影响。就低技能劳动力

---

① 根据 2013 年 SSA（Social Security Administration）公布的数据，2002～2012 年，美国劳动力工资中位数基本维持在 2.8 万美元左右，根据《中国统计年鉴》公布的数据，2002～2012 年美元兑人民币汇率均值约为 7.7，经过汇率折算并以 1995＝100 进行价格指数平减后，得到美国工人的真实工资水平为 11.73 万元，考虑到技能溢价，美国高技能工人的工资水平应普遍高于中位数工资水平，因此，本文先把该水平作为美国高技能工人工资水平的保守估计值进行数值模拟。

② 根据各年《中国统计年鉴》计算 1997～2013 年大专以下学历的劳动力占比总就业人数的均值。

③ 根据各年《中国统计年鉴》计算 1997～2013 年大专及以上学历劳动力占比总就业人数的均值。

④ 把本文的校准参数代入 u_t^*，由 $u_t^* \geqslant 0$ 得到 $0.25 < \phi \leqslant 1$，故图1和图2模拟的结果分别是逆向外包度已经达到 0.25 后，其进一步增加对南方国家高技能劳动力就业和绝对收入的影响，这也是造成图1和图2拐点前线段非常短暂的主要原因。

群体而言，当低技能劳动力供给外生给定时，整体收入状况将由工资水平决定，由 $\frac{\partial(w_{L,t}^{*} \cdot L_{t}^{s})}{\partial\phi} = \frac{\partial(w_{L,t}^{*})}{\partial\phi} \cdot L_{t}^{s} < 0$ 可知逆向外包程度的深化造成南方国家低技能劳动力群体绝对收入的降低。就高技能劳动力群体而言，其整体收入状况将受失业率和工资水平变动的综合影响，这就需要我们模拟出 ϕ 对 $w_{H,t}^{*} \cdot (1 - u_{t}^{*}) \cdot H_{t}^{s}$ 整体的作用方向（模拟结果如图 2 所示），再通过 $\frac{w_{H,t}^{*} \cdot (1 - u_{t}^{*}) \cdot H_{t}^{s}}{w_{H,t}^{*} \cdot (1 - u_{t}^{*}) \cdot H_{t}^{s} + w_{L,t}^{*} L_{t}^{s}}$ 和 ϕ 的变动关系对两类劳动力群体相对收入状况进行判断[①]，据此，可以得到命题 7：

命题 7：高技能密集型产品生产厂商采取的逆向外包程度增加并超过一定阀值时[②]，南方国家低技能劳动力群体的相对收入份额下降，高技能劳动力群体相对收入份额上升，意味着市场机制作用下的初次收入分配越来越有偏向于高技能劳动力。

命题 7 符合我们的经济学直觉，一般而言，高、低技能劳动力工资相同的条件下，企业会倾向于雇佣拥有更高技能的劳动力，因为他们的生产效率更高。因此，当高技能工人就业岗位受到冲击时，高一层次技能工人只要选择降低薪酬的要求就很可能获得低一层次技能工人的就业岗位，这种"逐级向下替代效应"意味着一个社会外部冲击往往最终由该社会的底层人士承担（孙立平，2009；Stiglitz，2013）。这种"转嫁"效应在此处得到了印证。

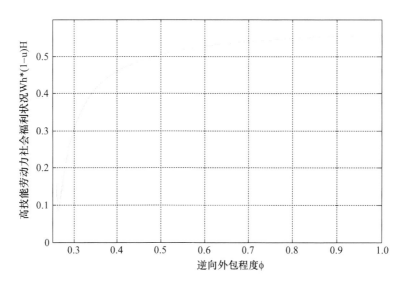

图 2　逆向外包对高技能劳动力群体绝对收入的影响

---

① 可以把收入分配结构的计算公式 $\frac{w_{H,t}^{*} \cdot (1 - u_{t}^{*}) \cdot H_{t}^{s}}{w_{H,t}^{*} \cdot (1 - u_{t}^{*}) \cdot H_{t}^{s} + w_{L,t}^{*} L_{t}^{s}}$ 简化为 $1/\left(1 + \frac{w_{L,t}^{*} L_{t}^{s}}{w_{H,t}^{*} \cdot (1 - u_{t}^{*}) \cdot H_{t}^{s}}\right)$，再结合 $w_{L,t}^{*} L_{t}^{s}$ 和 $w_{H,t}^{*} \cdot (1 - u_{t}^{*}) \cdot H_{t}^{s}$ 各自对 ϕ 的变动关系加以判断。

② 根据本文的参数估计，该阀值为 0.25。

— 554 —

五、结论与启示

逆向外包作为新形势下后发国家集聚全球创新资源、实现创新驱动经济发展的新战略，其实施对于正处于经济调整和结构转型的中国意义重大。因此，有必要综合评估逆向外包战略的实施对发展中国家社会经济活动可能产生的影响，这也是本文研究的主要内容。

首先，本文基于李嘉图框架和熊彼特式创新构建了包含逆向外包的内生经济增长模型，从理论上证明了逆向外包对后发国家产业结构、经济增长和收入分配结构的影响机制和作用方向。研究表明，从增长视角看，逆向外包的深度扩展促进了后发国家创新强度的增加、产业结构的高端化和潜在经济增长潜力的提高。从分配视角看，逆向外包程度的加深并超过一定阈值，收入分配结构越来越偏向于高技能劳动力。

其次，本文政策含义非常明显：既然逆向外包有助于后发国家的长期经济增长和高技能劳动力收入分配状况的改善，那么为了使逆向外包战略能够得以顺利事实，政策制定者应该致力于降低逆向外包对本国低技能劳动力带来的负面影响，对此得到的政策建议是政府可以通过转移支付手段来调整收入分配结构，实现使高技能劳动力绝对收入不下降的同时弥补了低技能劳动力群体收入损失的帕累托改进，或者通过加大对低技能劳动力的公共教育培训等措施提高低技能劳动力的技能水平。此外，从模型中可以看出，决定逆向外包能否顺利开展的先决条件是国内外高技能劳动力效率工资差距和交易成本[①]的比较，因此地方政府应着力加强制度建设以较低逆向外包过程中的交易成本和不确定性，增加企业采取逆向外包的动机。

最后，本文研究可以在以下几个方面拓展，这些拓展可以作为未来的研究方向。从理论层面看，本文仅是考虑南方国家高技能密集型产品生产商采取逆向外包策略下，逆向外包对南方国家社会经济活动的综合影响，忽略了可能同时发生的北方国家把低端环节外包至南方国家的经济活动。可以考虑国际低端外包和国内高端逆向外包同时存在情形下，逆向外包对本土经济的影响。当然需要强调的是，这种考察尽管会使会使本文的经济学含义更加丰富，但并不会从根本上改变本文已经得到的基本结论。从计量层面看，本文仅是从理论上证明逆向外包会对本国产业结构、经济增长和收入分配产生作用，尚未进行进一步的计量检验，利用中国工业企业数据、经济普查数据等微观企业数据对逆向外包产生的经济效应加以检验将是未来可行的方向之一。

参考文献

［1］Acemoglu, D. Technical Change, Inequality, and the Labor Market ［J］. Journal of Economic Literature 2002, 40 （1）：7 - 72.

［2］Aghion, P. and S. Bechtoldy, et al. The Causal Effects of Competition on Innovation：Experimental Evidence ［J］. NBER Working Paper w19987.

［3］Bunyaratavej, K. and E. D. Hahn Offshoring of Services from Developing Countries ［J］. International Journal of Service Science, Management, Engineering, and Technology 2013, 3 （2）：1 - 12.

---

① 由于交易成本考虑与否并不会影响本文研究结论，因此，本文模型计算过程中假设逆向外包的交易成本为零，但是当存在交易成本时，从（10）式得到的逆向外包发生条件$\frac{w_{f,t}}{a_f} < w_{H,t}$变为$\frac{w_{f,t}}{a_f} + \chi < w_{H,t}$（$\chi$为实施一次逆向外包所需支付的一笔交易成本）。

［4］Ellram, L. M. and W. L. Tate, et al. Offshore Outsourcing of Professional Services: A Transaction Cost Economics Perspective ［J］. Journal of Operations Management 2008, 26（2）: 148 - 163.

［5］Farrell, D. Offshoring: Value Creation through Economic Change ［J］. Journal of Management Studies 2005, 42（3）: 675 - 683.

［6］Finlay, P. N. and R. M. King IT Outsourcing: A Research Framework ［J］. International Journal of Technology Management 1999, 17（12）: 109 - 128.

［7］Kakabadse, A. Trends in Outsourcing: Contrasting USA and Europe ［J］. European Management Journal 2002, 20（2）: 189 - 198.

［8］Lewin, A. Y. and Couto, V. Offshoring: The Globalization of Innovation. , Duke University, Ciber/Booz Allen Hamilton Report, 2007.

［9］Lewin, K. and Furlong, S. 1st Bi - annual Offshore Survey Results, Duke Center for International Business Education and Research（CIBER）and Archstone Consulting, 2005.

［10］Sen, P. India and China Start Reverse Outsourcing of Foreign Pilots to Counter Shortages, 2005.

［11］Smith, M. A. and S. Mitra, et al. Information Systems Outsourcing: A Study of Pre - Event Firm Characteristics ［J］. Journal of Management Information Systems 1998, 15（2）: 61 - 93.

［12］Stiglitz, J. E. the price of inequality: How Today's Divided Society Endangers Our Future, W. W. Norton & Company ［J］. 1 edition, 2012（1）: 7 - 14.

［13］Tholons Inc. Reverse Offshoring: Trend or Strategy. Tholons Services Globalization Review, 2008.

［14］Wang, C. C. and G. C. S. Lin Dynamics of Innovation in a Globalizing China: Regional Environment, Inter - firm Relations and Firm Attributes ［J］. Journal of Economic Geography 2013, 13（3）: 397 - 418.

［15］Waters, R. Bangalore Wages Spur Reverse Offshoring. Financial Times: 2007 - 07 - 01.

［16］Weiss, M. Skill - biased Technological Change: Is There Hope for the Unskilled ［J］. Economics Letters 100, 2008（3）: 439 - 441.

［17］Williams, H. L. Intellectual Property Rights and Innovation: Evidence from the Human Genome ［J］. NBER Working Paper 16213, 2010.

［18］Wilson, B. and Ceuppens, K. Reverse Offshore Outsourcing Experiences in Global Software Engineering-Projects ［EB/OL］. http://ieeexplore. ieee. org/xpls/abs_ all. jsp arnumber = 60 63149&tag = 1.

［19］安同良, 周绍东等. R&D 补贴对中国企业自主创新的激励效应 ［J］. 经济研究, 2009（10）: 87 - 98.

［20］陈启斐, 刘志彪. 反向服务外包对我国制造业价值链提升的实证分析 ［J］. 经济学家, 2013（11）: 68 - 75.

［21］陈启斐, 王晶晶等. 研发外包是否会抑制我国制造业自主创新能力 ［J］. 数量经济技术经济研究, 2015（2）: 53 - 69.

［22］江小涓等. 服务全球化与服务外包: 现状、趋势及理论分析服务研究 ［J］, 2008（1）.

［23］刘丹鹭, 岳中刚. 逆向研发外包与中国企业成长——基于长江三角洲地区自主汽车品牌的案例研究 ［J］. 产业经济研究, 2011（4）: 44 - 51.

［24］刘志彪. 从后发到先发: 关于实施创新驱动战略的理论思考 ［J］. 产业经济研究, 2011（4）: 1 - 7.

［25］刘志彪. 基于内需的经济全球化: 中国分享第二波全球化红利的战略选择 ［J］. 南京大学学报, 2012（2）: 51 - 59.

［26］刘志彪. 在新一轮高水平对外开放中实施创新驱动战略 ［J］. 南京大学学报, 2015（2）: 17 - 24.

［27］刘志彪和张杰. 全球代工体系下发展中国家俘获型网络的形成、突破与对策——基于 GVC 与 NVC 的比较视角 ［J］. 中国工业经济, 2007（5）: 39 - 47.

［28］孟雪. 反向服务外包如何影响中国的就业结构——以中国作为发包国的视角分析 ［J］. 国际贸易问题, 2012（9）: 82 - 95.

［29］孙立平. 经济危机中的失业链条 ［EB/OL］. http://www. eeo. com. cn/zt/50forum/ruiping/2009/02/18/129667. shtml.

［30］唐玲．国际外包率的测量及行业差异——基于中国工业行业的实证研究［J］．国际贸易问题，2009（8）：66 - 74.

［31］王晶晶，陈启斐等．市场规模、信息服务外包与出口贸易［J］．国际贸易问题，2015（3）：54 - 64.

［32］张月友，刘丹鹭．逆向外包：中国经济全球化的一种新战略［J］．中国工业经济，2013（5）：71 - 82.

外来者劣势如何影响企业跨省际间投资绩效?

——基于中国 2010~2013 年制造业上市公司的经验检验

陈　岩　李　毅

(北京邮电大学经济管理学院　北京　100876)

一、引言

　　随着中国经济发展的新常态和经济发展驱动力转换形势的相互影响,加快形成企业跨省际投资流动成为调整省际间产业结构和促进各经济带融合的关键着力点之一。由于各省资源配置、企业所在产业特质和企业自有资源配置的差异性,企业的省际间投资将会受外来者劣势不同程度的影响。一方面,由于现有各省市场开放度的差异性,企业的跨省际投资绩效容易受各省政府、相关政策(如税收政策等)和行政壁垒影响。例如,2015 年 5 月 14 日国务院办公厅政府信息与政务公开办公室召开的座谈会上,北京桔子酒店 CEO 吴海所反映的企业投资难题(即基层政府部门执行政策规定标准不一,执法自由裁量权大)成为现阶段一般企业省际投资困局的集中缩影。另一方面,由于拥有大中型企业将会在投资规模、增加地方财政、拉动社会就业和增加地方政府 GDP 等方面具有巨大经济效应,投资企业的产业属性和企业在现有产业价值链中的位置将会成为决定产业结构调整和新常态背景下地方政府和金融机构是否提供各类配套政策的新标准。

　　对这些困扰中国跨省际投资企业的问题,已有研究大多只集中于"政府—企业的互动关系"视角[1-2]和"企业—社会的互动关系"视角[3-6]探究二者对于企业跨省际投资绩效的影响和作用机制,忽略了如何通过兼顾区域异质性、产业异质性和企业异质性以构建整合视角下"政府—企业—社会"三者互动的外来者劣势对于企业跨省际投资的研究。本文将在现有研究基础上,从政府、企业与社会的互动机制、区位特质、产业特质和企业特质的视角探究外来者劣势如何通过行政壁垒(政府与企业互动关系)和碳排放(企业与社会互动关系)对于中国企业省际投资绩效的影响机理,这将有助于从理论和实证角度回答如何协调政府与企业关系、企业与社会关系和企业外来者特质三者之间的关系,以实现政府与省际投资企业之间、省际投资企业与社会之间以及对省际投资企业自身的互利共赢。

[基金项目] 国家自然科学基金面上项目"时间挤压不经济效应视角下的企业国际化与绩效关系:理论构建与实证研究"(批准号 71273035);中外创新对话专项项目"中美两国贸易和外资政策及实践对创新活动的影响研究"。

[作者简介] 陈岩,北京邮电大学研究生院副院长,教授,博士生导师;李毅,北京邮电大学经济管理学院博士研究生。

二、文献回顾

对于企业跨区域投资所承受的外来者劣势机理的研究，现有研究主要集中于跨国企业的企业经营理念与东道国市场及非市场因素的"完全兼容性"，并且认为二者之间的互不兼容性引发的企业外来者劣势将对跨国企业产生不同的作用机制。已有关于外来者劣势的文献主要集中从关系障碍、企业合法性障碍和距离障碍三个维度解读外来者劣势对于跨国企业的路径和作用机制，研究趋势也由"企业经营理念——外来者劣势"的理论性研究逐渐发展为探究外来者劣势对于跨国企业不同影响机制的实证性研究。对于企业经营理念与关系障碍之间的关系，学者主要从关系障碍对于跨国企业绩效直接影响机制分析[7-9]和中介影响机制分析[11-13]两个方向展开。在关系障碍对于跨国企业绩效的直接作用机制方面，大多数学者认为关系障碍和跨国企业与本土企业合作经验的信息积累量成反比关系[9,14]。由于决定跨国企业对东道国（东道地区）投资与否是跨国企业投资意愿、跨国企业母国环境因素和东道国（东道地区）环境因素三方互动的产物，而跨国企业与本土企业合作经验的信息积累量将成为决定三方互动结果的关键因素[15-16]。与关系障碍对于企业绩效的直接影响结论不同，在关系障碍通过跨国企业自身特定优势（firm-specific advantages）的中介机制方面，现有研究主要存在两种观点——增强论和阻碍论。支持关系障碍增强论观点学者主要认为：关系障碍会促使跨国企业根据其与东道国（东道地区）市场和非市场因素之间的环境特点优化企业原有优势，从而进一步提高跨国企业在东道国（东道地区）的竞争力[10,12,17-18]。支持关系障碍阻碍论观点的学者认为：由于跨国企业母国与东道国（东道地区）市场和非市场因素之间的环境特点的差异性，关系障碍将会弱化跨国企业的原有优势，弱化企业特定优势对于跨国企业绩效的贡献水平[11,13]。对于企业经营理念与企业合法性障碍之间的关系，大多数学者认为在跨国企业进入东道国过程中将会倾向于遵循东道国（东道地区）原有的"企业游戏规则"，从而降低跨国企业由跨国企业经营理念的差异特质引发的合法性障碍[14,19-23]。对于企业经营理念与距离障碍方面，大多数学者认为由于跨国企业母国文化和东道国（东道地区）文化在组织行为标准和认知行为标准方面存有不同程度差别[24]，而这种文化角度的差异性将引发跨国企业与东道国（东道地区）利益相关者之间对于市场和非市场因素互动结果认知的差异[23,25]。

本部分梳理发现，根据已有相关研究的深度和广度，现有研究仍主要着眼于发达国家（地区）情境依托下外来者劣势的某单一维度对于跨国企业绩效的影响，且已有研究成果主要以二者之间直接关系为主。与此相比，多维度视角下企业外来者劣势对于企业资源配置和企业绩效的调节机制的研究相对匮乏，限制了在企业外来者劣势视角下企业资源配置效率和影响机制的认知。迄今为止，尚未发现中国情境下企业省际之间跨区域投资情境视角下企业资源配置的理论和实证研究工作。因此，本文将从政府、企业与社会的互动机制、区位特质、产业特质和企业特质视角探究外来者劣势如何通过行政壁垒（政府与企业互动关系）和碳排放（企业与社会互动关系）对于中国企业省际投资绩效的影响机理，并从理论和实证角度回答企业如何协调政府与企业关系、企业与社会关系和企业外来者特质三者之间的关系，以实现政府与省际投资企业之间、省际投资企业与社会之间以及对省际投资企业自身的互利共赢，从而为新常态下的中国如何转变省际资源配置和弱化区域间的行政壁垒，以便更好适应现阶段调整省际间产业结构和促进各经济带融合格局。

三、研究假设

随着党的十八届三中全会有关"市场在资源配置中起决定作用"思想的提出，区域层级的地方政府与市场正逐渐转换角色定位以进一步推动社会主义市场经济体制的进步和完善。外来者劣势的距离障碍维度是指投资企业在跨省际投资时面对的由区域层级市场和非市场因素互动所引发的跨省际投资企业额外成本（相较于投资区域内的本地企业而言）的因素总称，并采用区域经济开放度的反向变化来衡量距离障碍。由于区域间市场化程度的差异性，现有研究尚未就作用于跨省投资企业的区域层级市场和非市场因素的互动结果形成比较一致的结论。一方面，区域开放度较高的省份将会利用区域内相对完善的金融服务[26]和科技服务体系[27]，进一步构建适合本地区市场经济运行的"经济圈"，而跨省投资企业将会利用"经济圈"所提供的相对完善的资本市场产品、风险投资服务、研发成果转化和配套政策进一步优化企业财务资源和研发资源的资源配置效率。另一方面，由于各省间发展层级的差异性和区域社会及文化因素的复杂多样性，各省之间早已逐渐构建由经济、社会和文化因素异质性所组成的区域壁垒机制[28]，而跨省投资企业则在短时间内难以构建可以突破区域壁垒的营销网络体系。随着区域开放度的提高，区域内的人力资源逐渐向开放度更高的地区流动，从而形成"孔雀东南飞"的人力资源集聚局面。因此，现阶段由距离障碍引发的区域壁垒机制将会暂缓区域内的人力资源和营销资源向更加开放地区的流动速度。因此，本文提出如下假设：

假设1a：距离障碍对财务资源与影响企业绩效的关系具有负向调节作用

假设1b：距离障碍对人力资源与影响企业绩效的关系具有正向调节作用

假设1c：距离障碍对研发资源与影响企业绩效的关系具有负向调节作用

假设1d：距离障碍对营销资源与影响企业绩效的关系具有正向调节作用

我国产业长期受计划经济和现阶段产业转型升级压力制约等因素的影响，我国各省产业发展长期存在由产业层级的市场和非市场因素互动所引发的不平衡、不协调、不持续的产业结构矛盾。外来者劣势的关系障碍维度指投资企业在跨省际投资时所面对的由产业层级的市场和非市场因素互动引发的跨省际投资企业额外成本的因素总称，并采用工业成本变化来衡量距离障碍。而区域内相关产业内大中型以上企业将会成为政策优先关注的目标[29]。一方面，在投资企业跨省际投资过程中，投资企业将会承受投资地区大中型企业构建的进入壁垒障碍所引发的额外成本，从而降低投资企业资源配置效率。另一方面，由于投资企业在跨省际投资过程中一般会选择企业的核心竞争业务，企业在突破区域投资进入壁垒障碍过程中将不断适应和改进投资产品以满足投资区域需求，从而有利于提高企业研发资源的配置效率。本文提出如下假设：

假设2a：关系障碍对财务资源与影响企业绩效的关系具有负向调节作用

假设2b：关系障碍对人力资源与影响企业绩效的关系具有负向调节作用

假设2c：关系障碍对研发资源与影响企业绩效的关系具有正向调节作用

假设2d：关系障碍对营销资源与影响企业绩效的关系具有负向调节作用

从一般意义出发，企业异质性差异可以体现在企业财务、人力、研发和营销资源配置效率等方面。外来者劣势的企业合法性障碍维度指投资企业在跨省际投资时面对的由企业异质性引发的跨省际投资企业额外成本因素总称，并采用企业资产总额的反向变化来衡量企业合法性障碍。由于企业发展程度的差异性，现有研究尚未就企业异质性差异对于跨省投资企业的资源配置效率形成比较一致的结论。上市公司相较于投资区域内已有的本地企业拥有更加专业的融资渠道和市场拓展团队，可以保障跨省际企业研发团队的建设，这将有助于企业自身的发展[30]。与跨省际投资上市公司相比，投资区域内已有的本地企业则由于长期深耕本地市场和更加精准定位的市场结构布局，与跨省际投资企业相比则拥有更加高效的营销团队。因此，本文提出如下假设：

假设 3a：企业合法性障碍对财务资源与影响企业绩效的关系具有负向调节作用

假设 3b：企业合法性障碍对人力资源与影响企业绩效的关系具有负向调节作用

假设 3c：企业合法性障碍对研发资源与影响企业绩效的关系具有负向调节作用

假设 3d：企业合法性障碍对营销资源与影响企业绩效的关系具有正向调节作用

随着产业节能减排的逐渐加快，正确协调处理产业转型升级、企业升级改造和企业资源配置的关系成为现阶段企业发展的关键。根据环保部统计，2015 上半年，清洁能源的比例已占到 17%，规划到 2020 年清洁能源比例要占到 15%，预计可以提前完成"十二五"节能减排的任务。根据环保部测算，"十三五"期间环保投入将增加到每年 2 万亿元左右，"十三五"期间社会环保总投资有望超过 17 万亿元。随着企业逐年加大改造升级力度，企业的营业成本也将因企业产品线的改造升级投入而逐年加大，而企业营业成本逐年递增和产品线的改造升级将会在一定程度降低企业对于人力资源的需求力度。因此，本文提出如下假设：

假设 4a：产业碳排放水平对财务资源与影响企业绩效的关系具有正向调节作用

假设 4b：产业碳排放水平对人力资源与影响企业绩效的关系具有正向调节作用

假设 4c：产业碳排放水平对研发资源与影响企业绩效的关系具有负向调节作用

假设 4d：产业碳排放水平对营销资源与影响企业绩效的关系具有负向调节作用

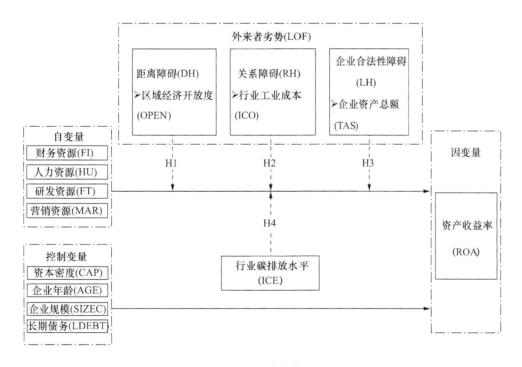

图 1 文章架构

四、变量、研究方法与数据

1. 变量定义

（1）被解释变量。

资产收益率（ROA），通过资产收益率 ROA（净利润/平均资产总额×100%）来衡量企业的绩效状况。本文选用上市公司 2010～2013 年资产收益率衡量企业的绩效水平。

（2）解释变量。

1）财务资源（FI）。

本文选用成本收益率【营业利润/（营业成本＋业务及管理费）】衡量企业财务状况。成本费用率越高，表明企业控制成本费用率措施越严格，企业财务状况越健康。

2）人力资源（HU）。

本文选用企业员工超额平均收益【（本年净利润－本年净资产×上年净资产收益率）/本期企业员工人数】衡量企业人力的健康程度。企业员工的超额平均收益越高，表明企业员工人均盈利水平越高，企业的人力状况越健康。

3）研发资源（FT）。

本文采用技术人员占企业员工比重方式衡量企业研发的健康程度。企业技术人员比重越高，表明企业的研发投入越大。

4）营销资源（MAR）。

本文采用利润总额与销售费用比重衡量企业营销的健康程度。企业利润总额比重越大，表明企业营销利润回报率越高，企业营销状况越健康。

（3）控制变量。

1）资本密度（CAP）。

企业资本密度对企业资源与企业绩效影响较大，本文采用拱顶资产合计对数表示企业资本密度。

2）企业年龄（AGE）。

企业存续时间将会对企业资源的累积状况产生影响，企业存续时间越长则企业资源累积的影响越大，本文采用企业注册年到数据统计年时间段衡量企业年龄。

3）企业规模（SIZEC）。

由于部分产业内企业资源规模效应会对企业绩效产生重大影响，而这将会干扰外来者劣势对于企业资源与企业绩效调节作用的判定，本文采用（$SIZE_i - SIZE_{i-1}$）/$SIZE_{i-1}$ 公式衡量企业规模。

4）长期债务（LDEBT）。

由于长期债务将会对企业资源投入量产生更加深远的影响，因此控制企业的长期债务指标将会弱化企业债务负担对于企业绩效的影响，本文采用企业长期债务占企业总资产额比重来衡量企业的长期债务。

（4）调节变量。

1）距离障碍（DH）。

区域经济开放度（OPEN），距离障碍主要从区域异质性层面衡量外来者劣势对于企业跨区域投资绩效的阻碍。现有学者对于主要采用区域经济开放度和金融发展水平指标[31]衡量区域异质性。针对研究的目的所在，本文采用企业所在省市的进出口总额占省市 GDP 总额的比重（即区域经济开放度）的方式来表示距离障碍。区域经济开放度越高表示距离障碍越低，反之则距离障碍越高。

2）关系障碍（RH）。

行业工业成本（ICO），关系障碍主要从产业异质性层面衡量外来者劣势对于企业跨区域投资绩效的阻碍。针对研究目的，本文采用行业工业成本来表示距离障碍。产业工业成本越高则表示关系障碍越高，反之则表示关系障碍越低。

3）企业合法性障碍（LH）。

企业资产总额（TAS），企业合法性障碍主要从企业异质性层面衡量外来者劣势对于企业跨区域投资绩效的阻碍。针对研究目的，本文采用企业资产总额来衡量企业合法性障碍。企业资产总额越高则表示企业合法性障碍越低，反之则表示企业合法性障碍越低。

4）产业碳排放水平（ICE）。

产业碳排放水平（ICE）主要衡量产业碳排放水平对于企业跨区域投资绩效的阻碍。针对研究目的，本文采用产业能源消费量表示产业碳排放水平。

表 1　相关变量说明

变量名称		变量符号	变量测度	变量解释
自变量				
企业资源（ER）	财务资源	FI	营业利润占营业成本与业务及管理费总和的比重	企业财务健康度
	人力资源	HU	企业员工的人均超额收益	企业人力健康度
	研发资源	FT	技术人员所占企业员工比重	企业研发健康度
	营销资源	MAR	利润总额与销售费用的比重	企业营销健康度
因变量				
企业绩效		ROA	资产收益率	企业绩效状况
调节变量				
外来者劣势（LOF）	距离障碍（DH）区域经济开放度	OPEN	企业所在省市的进出口总额占省市 GDP 总额的比重	区域进入障碍
	关系障碍（RH）产业工业成本	ICO	产业销售额占 GDP 比重	产业进入障碍
	企业合法性障碍（LH）企业资产总额	TAS	企业资产总额的对数	企业特征
行业碳排放水平		ICE	按行业能源消费量测算	
控制变量				
资本密度		CAP	固定资产合计的对数	
企业年龄		AGE	企业注册年到数据统计年的时间段	
企业规模		SIZEC	$SIZEC_i = (SIZE_i - SIZE_{i-1})/SIZE_{i-1}$，$SIZE_i = $ 资产合计总额	
长期债务		LDEBT	企业长期债务占企业总资产额的比重	

2. 数据来源

数据主要来源于我国制造业上市公司年报以及国泰安数据库，包括我国 800 余家制造业上市公司。本文采用数据时间跨度为2010～2013年，由于一部分企业数据存在数据缺失、数据异常和不完善等问题，经过筛选，采用139家上市公司数据，共计7228个有效观察值。

3. 模型设定

本文采用面板数据分析方法进行计量回归，本文通过对模型（1～2）进行Hausman检验后发现检验结果中的P值接受了原假设，应该选用随机效应模型。在上述模型中，本文首先控制影响企业绩效的其他内外部因素之后，检验不同企业资源（财务资源、人力资源、研发资源和营销资源）对企业绩效的差异性，从而测算不同企业资源与企业绩效的关系；然后再分别检验不同维度的外来者劣势（距离障碍、关系障碍和企业合法性障碍）和行业碳排放水平对于企业资源与企业绩效的调节作用。具体模型如下：

首先，考虑不同企业资源对企业绩效的作用，本文设定讨论不同企业资源与企业绩效关系的模型：

$$ROA = \beta_1 + \beta_2 ER + \beta_3 CONTROL + \varepsilon \tag{1}$$

然后，考察调节变量的效应，涉及的整体模型如下：

$$ROA = \beta_1 + \beta_2 ER + \beta_3 MODERATE + \beta_4 ER \times MODERATE + \beta_5 CONTROL + \varepsilon \tag{2}$$

其中，ROA为因变量，代表企业绩效；ER为自变量，包括了企业的财务资源（FI）、人力资源（HU）、研发资源（FT）和营销资源（MAR）；MODERATE包含了区域经济开放度（OPEN）、行业工业成本（ICO）、企业资产总额（TAS）和行业碳排放水平（ICE）等变量；CONTROL表示选取的四个控制变量，ε代表残差项。

4. 模型检验

为了说明数据的有效性以及避免变量之间存在多重共线性，本文通过相关系数矩阵检验多重共线性并提供变量的主要统计特征（见表2和表3）。可以看出，各变量之间不存在严重的多重共线性问题，选取的数据及变量是有效的，保证了数据的可靠性，从而避免伪回归。另外如表3所示，ROA的均值为-3.357，标准差为1.189，表明在规模经济效应对于中国企业的产出绩效的影响正逐渐减小；企业资源中FI的均值为0.151，标准差为0.376，HU的均值为10.057，标准差为1.440，FT的均值为6.473，标准差为1.440，MAR的均值为0.779，标准差为1.650，表明同财务资源和营销资源相比，人力资源和研发资源已成为决定企业资源差异性的关键因素；FD的均值为0.171，标准差为0.366，表明区域间经济的开放度差异较大，存有一定程度的距离障碍；ICO的均值为1.996，标准差为0.505，表明中国制造业工业成本较高，存有一定程度的关系障碍；TAS均值为0.055，标准差为1.241，表明中国制造业企业存有差异性，存在一定程度的企业合法性障碍；ICE均值为8.412，标准差为1.446表明中国制造业行业间碳排放水平正逐渐缩小差距；CAP、AGE、SIZEC和LDEBT等变量的统计指标展示了样本的多样性和差异性。

表2　相关系数矩阵

	ROA	FI	HU	FT	MAR	FD	ICO	TAS	ICE	CAP	AGE	SIZEC	LDEBT
ROA	1												
FI	0.5163	1											
HU	0.6606	0.3203	1										
FT	0.0041	-0.2166	0.1298	1									
MAR	0.3762	0.2442	0.5536	-0.0173	1								
FD	0.0347	-0.027	0.1418	0.1353	0.089	1							
ICO	0.3517	0.239	0.1356	0.0869	0.0515	0.2014	1						

续表

	ROA	FI	HU	FT	MAR	FD	ICO	TAS	ICE	CAP	AGE	SIZEC	LDEBT
TAS	0.0537	−0.0579	0.2128	0.4622	0.0925	0.2642	0.2731	1					
ICE	−0.2503	−0.1668	0.0293	0.0977	0.1618	−0.1452	−0.4538	0.0716	1				
CAP	−0.0853	−0.1912	0.2575	0.6795	0.2041	0.0641	−0.033	0.508	0.4199	1			
AGE	−0.0997	−0.036	0.1238	0.0557	0.0652	0.0302	−0.1824	−0.0272	0.0947	0.2266	1		
SIZEC	0.2659	0.1638	0.1622	0.0103	0.0605	−0.0802	0.1303	−0.0291	−0.1165	−0.104	−0.1305	1	
LDEBT	−0.2963	−0.16	0.1382	0.201	0.2039	0.0036	−0.0767	0.1179	0.288	0.4681	0.1944	0.025	1

表3　统计特征

变量	均值	最大值	最小值	标准差
ROA	−3.357	−0.740	−8.293	1.189
FI	0.151	3.568	−1.343	0.376
HU	10.057	15.553	4.962	1.440
FT	6.473	10.896	2.303	1.258
MAR	0.779	7.567	−3.309	1.650
FD	0.171	0.950	−0.520	0.366
ICO	1.996	4.162	−0.211	0.505
TAS	0.055	15.662	−0.269	1.241
ICE	8.412	10.997	5.214	1.446
CAP	21.441	27.200	17.357	1.591
AGE	14.237	28.000	2.000	3.728
SIZEC	0.142	1.620	−0.380	0.190
LDEBT	0.270	0.704	0.000	0.183

五、回归结果

本文选用STATA14.0软件对面板数据进行随机效应模型计量回归，回归结果如表4所示。

表4　实证结果

变量	模型1	模型2	模型3	模型4	模型6	模型5	模型7	模型8
				控制变量				
CAP	0.0960***	−0.113***	−0.0474**	−0.0626***	−0.0197	−0.00194	−0.0882***	0.0251***
	(5.90)	(−7.82)	(−2.73)	(−3.61)	(−1.31)	(−0.10)	(−4.43)	(1.12)
AGE	−0.0196**	−0.0311***	−0.0220***	−0.0223***	−0.0207***	−0.0228***	−0.0192***	−0.0169***
	(−2.65)	(−7.17)	(−5.60)	(−6.31)	(−5.32)	(−5.74)	(−4.70)	(−4.24)
SIZEC	1.567***	0.698***	0.605***	0.515***	0.576***	0.637***	0.578***	0.531***
	(10.17)	(8.99)	(9.15)	(8.00)	(9.06)	(8.26)	(7.94)	(7.13)

续表

变量	模型 1	模型 2	模型 3	模型 4	模型 6	模型 5	模型 7	模型 8
LDEBT	-2.074***	-1.899***	-1.931***	-1.809***	-1.839***	-1.983***	-1.973***	-1.861***
	(-14.47)	(-26.64)	(-26.08)	(-23.13)	(-26.36)	(-27.09)	(-21.51)	(-19.82)
自变量								
FI		0.913***	0.732***	0.630***	1.980***	0.861***	-0.0750	3.231***
		(14.52)	(9.54)	(10.04)	(4.78)	(9.74)	(-0.14)	(3.60)
HU		0.485***	0.498***	0.545***	0.725***	0.523***	-0.345***	-0.0664**
		(29.23)	(33.06)	(35.03)	(10.74)	(30.03)	(-3.78)	(-0.43)
FT		0.151***	0.118***	0.106***	-0.0681	0.150***	0.420***	0.244**
		(8.31)	(5.97)	(5.99)	(-1.32)	(7.10)	(6.20)	(1.89)
MAR		0.0713***	0.0910***	0.117***	0.320***	0.0961***	0.388***	0.701***
		(5.12)	(7.07)	(9.65)	(5.16)	(6.99)	(4.90)	(5.44)
调节变量								
FD			-0.235***	0.155	-0.218***	-0.203***	-0.229***	-0.185**
			(-6.46)	(0.32)	(-6.13)	(-5.02)	(-5.69)	(-0.46)
ICO			0.488***	0.384***	1.326***	0.369***	0.438***	1.140**
			(12.35)	(11.05)	(3.68)	(8.40)	(11.37)	(2.93)
TAS			-0.0770***	-0.105***	-0.116***	-1.562***	-0.0667***	-1.105*
			(-5.36)	(-8.45)	(-6.35)	(-3.72)	(-4.99)	(-2.57)
ICE			-0.0334***	-0.0563***	-0.0327***	-0.0435***	-0.833***	-0.611***
			(-3.36)	(-5.22)	(-3.60)	(-4.33)	(-8.07)	(-5.30)
双项交叉项								
FD×FI				1.030***				0.876***
				(6.92)				(8.52)
FD×HU				-0.228***				-0.0966*
				(-5.65)				(-2.39)
FD×FT				0.288***				0.142***
				(8.09)				(3.69)
FD×MAR				-0.163***				-0.203***
				(-6.27)				(-5.46)
ICO×FI					-0.482**			-0.764***
					(-2.72)			(-4.25)
ICO×HU					-0.124***			0.0199*
					(-3.61)			(0.54)
ICO×FT					0.0885***			-0.0911**
					(3.51)			(-2.67)
ICO×MAR					-0.122***			-0.146***
					(-4.04)			(-5.20)
TAS×FI						0.839**		0.983**
						(2.86)		(2.97)
TAS×HU						0.00394		-0.00520
						(0.12)		(-0.20)
TAS×FT						0.129***		0.0947***
						(5.00)		(3.56)

续表

变量	模型 1	模型 2	模型 3	模型 4	模型 6	模型 5	模型 7	模型 8
TAS × MAR						− 0. 00724		0. 0308
						(− 0. 72)		(1. 84)
ICE × FI							0. 114	− 0. 0738
							(1. 60)	(− 0. 95)
ICE × HU							0. 101 ***	0. 0555 ***
							(9. 58)	(4. 26)
ICE × FT							− 0. 0305 ***	0. 00504 *
							(− 4. 08)	(0. 52)
ICE × MAR							− 0. 0376 ***	− 0. 0326 **
							(− 4. 39)	(− 2. 99)
_ cons	− 4. 759 ***	− 6. 167 ***	− 8. 236 ***	− 7. 927 ***	− 10. 29 ***	− 9. 396 ***	− 0. 949	− 5. 506 ***
	(− 13. 90)	(− 23. 43)	(− 30. 06)	(− 28. 91)	(− 14. 19)	(− 25. 89)	(− 1. 02)	(− 3. 42)
N	556	556	504	504	504	504	504	504

注：第一行为回归系数，第二行为 t 值，*，**，*** 分别代表在 10%，5% 和 1% 的水平显著。

回归结果如表 5 所示，模型 1 仅包括控制变量；模型 2 在模型 1 的基础上增加了自变量财务资源（FI）、人力资源（HU）、研发资源（FT）和营销资源（MAR）；模型 3 在模型 2 的基础上增加了区域经济开放度（OPEN）、产业工业成本（ICO）、企业资产总额（TAS）和产业碳排放水平（ICE）；模型 4 ~ 模型 7 在模型 3 基础上分别增加了一次性调节变量，模型 7 是在模型 2 的基础上考察产业排放水平的调节效果。由于区域经济开放度作用效果与距离障碍的作用效果相反，所以模型 4 中区域经济开放度（OPEN）对财务资源与影响企业绩效的正向调节作用反映了区域经济开放度的提高将显著提升财务资源对于企业绩效的贡献度，这一结果支持假设 1a；模型 4 中区域经济开放度（OPEN）对人力资源与影响企业绩效的负向显著，这一结果支持假设 1b；模型 4 中区域经济开放度（OPEN）对研发资源与影响企业绩效的正向显著，这一结果支持假设 1c；模型 4 中区域经济开放度（OPEN）对营销资源与影响企业绩效的负向显著，这一结果支持假设 1d。模型 5 中产业工业成本（ICO）对财务资源与影响企业绩效的负向显著，这一结果支持假设 2a；模型 5 中产业工业成本（ICO）对人力资源与影响企业绩效的负向显著，这一结果支持假设 2b；模型 5 中产业工业成本（ICO）对研发资源与影响企业绩效的正向显著，这一结果支持假设 2c；模型 5 中产业工业成本（ICO）对营销资源与影响企业绩效的负向显著，这一结果支持假设 2b。模型 6 中企业资产总额（TAS）对财务资源与影响企业绩效的正向显著，这一结果支持假设 3a；模型 6 中企业资产总额（TAS）对人力资源与影响企业绩效的正向显著，这一结果支持假设 3b；模型 6 中企业资产总额（TAS）对研发资源与影响企业绩效的正向显著，这一结果支持假设 3c；模型 6 中企业资产总额（TAS）对营销资源与影响企业绩效的负向显著，这一结果支持假设 3b。模型 7 中产业碳排放水平（ICE）对财务资源与影响企业绩效的正向显著，这一结果支持假设 4a；模型 7 中产业碳排放水平（ICE）对人力资源与影响企业绩效的正向显著，这一结果支持假设 4b；模型 7 中产业碳排放水平（ICE）对研发资源与影响企业绩效的负向显著，这一结果支持假设 4c；模型 7 中产业碳排放水平（ICE）对营销资源与影响企业绩效的负向显著，这一结果支持假设 4b。

六、结果讨论

对于上述回归结果，本文将进一步结合文献从外来者劣势理论和企业跨省际投资背景进行讨论。

第一，本文分析了外来者劣势的距离障碍维度对于中国情境下企业跨省际投资过程中的资源配置的作用机制。本文结果表明，较高水平的距离障碍会降低企业在跨省际投资过程中的财务资源和研发资源配置效率，但会增强企业在跨省际投资过程中的人力资源和营销资源配置效率。在转换市场与地方政府角色定位和加强市场对资源配置决定性作用的进程中，长期累积形成的思想障碍和制度藩篱已成为影响企业跨省际投资的距离障碍因素。

第二，本文分析了外来者劣势的关系障碍维度对于中国情境下企业跨省际投资过程中的资源配置作用机制。本文结果表明，较高水平的关系障碍将降低企业在跨省际投资过程中的财务资源、人力资源和营销资源的配置效率，但会增强跨省际投资过程中的研发资源配置效率[31-33]。而劳动密集型产业效率红利、结构红利和制度红利的消失则成为中国"经济新常态"格局形成的关键"推手"之一。另外，随着中国转型升级进程的推进，中国本土产业在吸纳外资技术溢出、资源流动和先进管理经验的同时逐步由全球价值链的末端产业向全球价值链的中上游过渡，原有高耗能产业已成为转型升级的重点整治产业。因此，产业转型升级倒逼已成为企业加大研究开发的重要原因。

第三，本文分析了外来者劣势的企业合法性障碍维度对于中国情境下企业跨省际投资过程中的资源配置作用机制。在企业合法性障碍对于企业资源配置的调节作用结果中，较高水平的企业合法性障碍对于财务资源和对研发资源的显著负向调节效应，而对于人力资源的调节作用和营销资源的调节作用均不显著。主要是随着区域一体化进程和全面深化体制改革进程的加快，原有的区域内本地企业所独有的销售渠道正逐渐转向市场配置下的渠道体系。

第四，本文分析了产业碳排放水平对于中国情境下企业跨省际投资过程中的资源配置的作用机制。本文结果表明，产业碳排放水平较高将降低企业在跨省际投资过程中的研发资源和营销资源的配置效率，同时会增强在跨省际投资过程中的人力资源的配置效率，但对于财务资源的配置效率并不显著。

七、结论

本文利用中国制造业上市公司数据库 2010～2013 年 139 家制造业企业的数据，并从政府、企业与社会的互动机制、区位特质、产业特质和所有权结构特质视角探究外来者劣势如何通过行政壁垒和碳排放对于中国企业省际投资绩效的影响机理。本文实证结果验证了外来者劣势和产业碳排放水平。本文实证结果表明：①较高水平的距离障碍将会降低企业在跨省际投资过程中的财务资源和研发资源配置效率，但将会增强企业在跨省际投资过程中的人力资源和营销资源配置效率；②较高水平的关系障碍将会降低企业在跨省际投资过程中的财务资源、人力资源和营销资源的配置效率，但将会增强业在跨省际投资过程中的研发资源配置效率；③较高水平的企业合法性障碍对于财务资源的显著负向调节效应和对研发资源的显著负向调节效应，而对于人力资源的调节作用和营销资源的调节作用均不显著；④产业碳排放水平较高将会降低企业在跨省际投资过程中的研发资源和营销资源的配置效率，同时将增强在跨省际投资过程中的人力资源的配置效率，但对于财务资源的配置效率不显著。

虽然本文首次应用外来者劣势理论解读中国情境下企业跨省际投资困局难题，但本文也存在若干缺陷和不足。①在考虑外来者劣势的距离时仅选取区域经济开放度指标而忽略了区域地域文化之间的关系的影响；②由于数据方面的局限性，本文忽略了影响关系障碍的其他制度因素（如地方政府对于相关产业的财政补助等）。

参考文献

［1］苗宏慧，王柳，张志芳．政企关系对民营企业发展影响的调查研究［J］．经济纵横，2013，3（24）．

［2］聂辉华，张或，江艇．中国地区腐败对企业全要素生产率的影响［J］．中国软科学，2014，5（4）．

［3］Sheth H．，Babiak K. M. Beyond the Game：Perceptions and Practices of Corporate Social Responsibility in the Professional Sport Industry［J］．Journal of Business Ethics，2010，91（3）：433 – 450.

［4］陈宏辉，贾生华．企业社会责任观的演进与发展：基于综合性社会契约的理解［J］．中国工业经济，2004（12）：85 – 92.

［5］李正．企业社会责任与企业价值的相关性研究——来自沪市上市公司的经验证据［J］．中国工业经济，2006（2）：77 – 83.

［6］张旭，宋超，孙亚玲．企业社会责任与竞争力关系的实证分析［J］．科研管理，2010（3）：149 – 157.

［7］Alcantara L. L．，Hoshino Y. Modes of Acquiring Host – country Experience and Performance of International Joint Ventures in Japan［J］．Asian Business & Management，2012，11（2）：123 – 148.

［8］Klossek A．，Linke B. M，Nippa M. Chinese enterprises in Germany：Establishment Modes and Strategies to Mitigate the Liability of Foreignness［J］．Journal of World Business，2012，47（1）：35 – 44.

［9］Wu W. Y，Lin C. Y. Experience，Environment，and Subsidiary Performance in High – tech［J］．Journal of Business Research，2010，63（12）：1301 – 1309.

［10］Asmussen C. G. Local，Regional，or Global & quest；Quantifying MNE Geographic Scope［J］．Journal of International Business Studies，2009，40（7）：1192 – 1205.

［11］Baik B．，Kang J. K，Kim J M，et al. The Liability of Foreignness in International Equity Investments：Evidence from the US Stock Market［J］．Journal of International Business Studies，2013，44（4）：391 – 411.

［12］White III G. O．，Hemphill T. A．，Joplin J. R. W．，et al. Wholly Owned Foreign Subsidiary Relation – based Strategies in Volatile Environments［J］．International Business Review，2013.

［13］Yu J．，Kim S. S. Understanding Liability of Foreignness in an Asian Business Context：A Study of the Korean Asset Management Industry［J］．Asia Pacific Journal of Management，2013，30（4）：1191 – 1217.

［14］杜晓君，蔡灵莎，史艳华．外来者劣势与国际并购绩效研究［J］．管理科学，2014，27（2）：48 – 59.

［15］Mariotti S．，Piscitello L．，Elia S. Local Externalities and Ownership Choices in Foreign Acquisitions by Multinational Enterprises［J］．Economic Geography，2014，90（2）：187 – 211.

［16］Vahlne J. E．，Johanson J. The Uppsala Model on Evolution of the Multinational Business Enterprise – from Internalization to Coordination of Networks［J］．International Marketing Review，2013，30（3）：189 – 210.

［17］王凤彬，石鸟云．跨国公司外来者劣势及其应对策略［J］．财贸经济问题研究，2011（7）．

［18］喻红阳．跨国经营的外来者劣势研究［J］．理论月刊，2012（2）：185 – 188.

［19］Boddewyn J．，Doh J. Global Strategy and the Collaboration of MNEs，NGOs，and Governments for the Provisioning of Collective Goods in Emerging Markets［J］．Global Strategy Journal，2011，1（3 – 4）：345 – 361.

［20］Elango B. Minimizing Effects of "liability of Foreignness"：Response Strategies of Foreign Firms in the United States［J］．Journal of World Business，2009，44（1）：51 – 62.

［21］ Holburn G. L. F. , Zelner B. A. Political Capabilities, Policy risk, and International Investment Strategy: Evidence from the Global Electric Power Generation Industry ［J］. Strategic Management Journal, 2010, 31 (12): 1290 – 1315.

［22］ Kostova T. , Roth K. , Dacin M. T. Institutional Theory in the Study of Multinational Corporations: A critique and New Directions ［J］. Academy of Management Review, 2008, 33 (4): 994 – 1006.

［23］ Salomon R. , Wu Z. Institutional Distance and Local Isomorphism Strategy ［J］. Journal of International Business Studies, 2012, 43 (4): 343 – 367.

［24］ Jensen M. C. Value Maximization, Stakeholder Theory, and the Corporate Objective Function ［J］. Journal of Applied Corporate Finance, 2010, 22 (1): 32 – 42.

［25］ Moeller M. , Harvey M. , Griffith D. et al. The Impact of Country – of – origin on the Acceptance of Foreign Subsidiaries in Host Countries: An Examination of the "Liability – of – Foreignness" ［J］. 2013 (22): 89 – 99.

［26］ 何宜庆, 王耀宇, 周依仿等. 金融集聚, 区域产业结构与生态效率耦合协调实证研究——以三大经济圈为例 ［J］. 经济问题探索, 2015 (5): 131 – 137.

［27］ 李林, 刘志华, 姜郁文. 湖南湘中经济圈的区域科技协同创新研究 ［J］. 湖南大学学报 (社会科学版), 2014, 28 (2): 47 – 52.

［28］ 张亚明, 张心怡, 唐朝生. 京津冀区域经济一体化的困境与选择——与"长三角"对比研究 ［J］. 北京行政学院学报, 2013 (6): 70 – 76.

［29］ 丁永健, 袁晓娜. 异质性视角的产业进入壁垒与流动壁垒——兼论我国产业管制的政策取向 ［J］. 经济问题探索, 2009 (11): 51 – 56.

［30］ 李颖. 基于企业异质性的区域经济增长效率研究 ［J］. 中国科技论坛, 2014 (1): 108 – 113.

［31］ 陈岩. 中国对外投资逆向技术溢出效应实证研究——基于吸收能力的分析视角 ［J］. 中国软科学, 2011 (10): 61 – 72.

［32］ 张其仔. 比较优势的演化与中国产业升级路径的选择 ［J］. 中国工业经济, 2008, 9 (246): 58 – 68.

［33］ 陈岩, 翟瑞瑞, 张斌. 科技资源配置, 协同效应与企业创新绩效 ［J］. 财经论丛, 2014 (3): 68 – 76.

居民消费与经济增长放缓的国际比较

李玲玲

（广州大学 广州 510006）

一、引言

经济持续增长是一国增强国力、实现人民自由发展的根本途径。根据卡尔多事实，人均收入不同国家的资本产出比和人均产出增长率均不同。世界经济增长历史经验表明，发达国家的经济增长率普遍不高于3%，发展中国家经济增长速度较快，例如因生产和出口石油、天然气，阿塞拜疆2005年的GDP增长率曾达到26.4%，2000～2013年我国平均经济增长率为9.86%。然而近些年来国际经济环境动荡，各国的经济增长速度受到明显影响，WDI（2015）数据表明，按照收入水平划分的不同组别的国家平均经济增长速度均处于较低水平。

表1 按收入水平分组国家平均经济增长率

国家类别	高收入国家（OECD）	高收入国家（非OECD）	中上等收入国家	中等收入国家	中下等收入国家	低收入国家
2014年GDP增长率（%）	1.2	1.2	3.7	3.6	3.5	3.6

表2 样本国家中上等收入水平阶段人均GNI增长速度[①]

中等收入国家	国家	阿根廷	巴西	墨西哥	马来西亚	智利	乌拉圭	哥伦比亚	中国	
	时间	1988～2011	1995～2011	1992～2011	1995～2011	1994～2011	1992～2011	2006～2011	2010～2013	
	增长率（%）	8.48	9.55	6.02	6.70	9.04	8.23	13.38	14.97	
高收入国家	国家	美国	英国	日本	韩国	意大利	西班牙	葡萄牙	匈牙利	新加坡
	时间	1966～1980	1975～1987	1973～1986	1988～2002	1975～1987	1978～1990	1986～1998	1993～2007	1979～1991
	增长率（%）	8.69	11.02	14.28	10.24	11.97	12.02	13.22	9.51	12.20

［基金项目］本文受国家社科基金一般项目（15BJL060）和广东省哲学社会科学规划项目（GD14CYJ02）资助。

［作者介绍］李玲玲，讲师，博士，主要从事经济增长与经济转型研究。

① 以3900～12000美元为中上等收入水平阶段。

由于在中等收入水平阶段存在陷入"中等收入陷阱"可能,在中等收入水平阶段的经济高速增长有利于迅速跨越"中等收入陷阱"。选取欧美、东亚的样本国家分别比较高收入国家和中等收入国家的现价人均 GNI[①] 增长率,结果如表 2 所示。高收入国家普遍保持 10% 以上的人均 GDP 增长率,仅美国与匈牙利的增长率较低,而陷入中等收入陷阱的巴西等国的人均 GDP 增长率普遍低于 10%。相较之下,我国的人均 GNI 增速较快[②]。根据以上数据可以粗略推断,在中等收入水平阶段,人均 GNI 增速在 10% 以上可以降低陷入"中等收入陷阱"的可能性。然而,现阶段全世界经济增长速度放缓,使经济高速增长之下隐藏的矛盾不同程度爆发出来,对经济的持续增长形成压力。

对于发达国家早期的经济增长放缓,尤其是 1973 年的经济增长放缓,无法用劳动生产率和资本生产率解释,而加入经济结构转换、向前沿国家的收敛过程,外贸作用等调节变量,增长模型对经济增长和放缓的解释能力极大提高(Maddison,1987)。日本以及东亚国家的经济增长放缓的主要原因是以要素投入取代技术进步而产生的实际增长动力不足(Krugman,1994)。发展中国家的经济增长放缓甚至停滞,则是世界范围的利率上升、发展中国家的债务率上升、工业世界增长下降以及偏向性技术进步等原因导致的(William,2001)。对于"中等收入陷阱"产生的原因,较多学者基于收入分配不公平这一各国经济发展的普遍特征认为,在中等收入水平阶段存在的严重收入差距使收入与消费脱节(郑秉文,2011),导致内需严重不足(周学,2010;刘伟,2011),引发社会动荡(李扬,2011),形成增长性贫困(刘方棫等,2010),引致资源配置恶化、供求失衡,这些成为阻碍经济进一步发展的因素(蔡昉,2008;马岩,2009;刘伟,2011)。

我国在 2015 年上半年的经济增长率为 7%,经济增长持续放缓。在众多制约经济增长的因素中,内需不足是主要问题之一,虽然中央经济工作会议早在 2001 年就将"扩大内需"作为主题,但是近年来产能过剩问题的凸显,出口压力加大,内需不足仍然是急需解决的关键问题。目前我国的内需不足主要表现为居民消费不足,因此在中等收入水平阶段,居民消费与收入差距有什么样的特征,这些因素如何影响经济增长与停滞,是本文将要研究的问题。本文下面的结构为:第二部分为文献综述,第三部分为经济增长放缓的判定,第四部分为经济增长放缓的影响因素分析,第五部分为结论。

二、相关文献综述

卡莱茨基(1937)最先提出有效需求问题,认为阶层收入差距在边际消费倾向作用下,会使市场出现有效需求不足,由消费不足引发投资的持续萎缩,将造成经济衰退。而后凯恩斯建立了完整的有效需求不足理论来解释经济危机。但卡莱茨基和凯恩斯的理论都是只适合分析短期和经济周期的分析,不适合长期分析。

美国经济学家 Schmookler(1962)提出"需求诱致性创新"的概念,认为收入差距通过消费结构对技术创新产生影响。有效需求不足,则扩大的产能不能被吸收,因此消费结构略快于产

---

① 以 WDI 数据库数据的 GDP per capita(constant 2000 US $)指标数值,使用世界银行《world development report 2002》中按照 2000 年现价 GNI 的收入水平划分标准,即 755 美元以下为低收入水平,756 ~ 2995 美元为中下等收入水平,2996 ~ 9265 美元为中上等收入水平,高于 9266 美元为高收入水平为标准,美国、英国 1961 年前已经进入高水平国家,匈牙利 2011 年人均 GDP 才 5000 美元,中国 2011 年仍未达到上中等收入水平国家标准,所以不采用。

② 得益于 2010 ~ 2011 年人均 GNI 增加了 1000 美元。

业结构变化可刺激生产过程（李尚骜、龚六堂，2012）。用户可以在使用产品的过程中产生"用中学"的知识，从而提出产品创新方向（Rosenberg，1982）。收入水平差异会使居民消费结构也出现相应的差异，消费者在最初购买产品时不同的收入水平可以决定耐用品垄断者选择的最佳创新时间点（Zweimüller，2000；安同良等，2014），因此比较小的不平等对经济增长有积极作用（Murphy et. al.，1989）。当穷人能够消费的产品质量等级提高时，创新品的市场容量增加，从而使创新者获得的创新激励回报稳定性增加，经济增长可以获得较高的速度（Greenwood and Mukoyama，2001）。需求诱致创新理论将收入差距和居民消费作为经济增长中的内生动力，提供了从消费需求角度研究经济增长的视角。

对于我国经济增长中的消费需求动力，刘宇（2009）通过构建制度有偏的收入差距模型发现，制度性收入差距对我国的经济增长存在先推动后抑制的作用，并且收入差距推动了粗放式增长模式的形成。王俊、刘东（2009）通过区域面板数据发现，收入差距与技术创新在短期是正向关系，长期为反向关系，收入差距通过需求规模和消费结构影响技术创新，但西部地区在长、短期收入差距扩大都不利于技术创新。另外收入差距会导致财富过度集中，边际消费递减、财富对外转移和研发投入抑制也会制约技术进步（李平，2011），从而削弱经济持续增长内生动力。

从现有研究可以看出收入差距对消费结构有显著的决定关系，收入差距将通过消费结构影响企业创新和经济增长，这将成为后文中解释变量的选择依据。但现有研究中缺乏对不同收入水平组别的国家比较研究，对于我国所处的经济增长阶段与所面临的有效需求不足问题，研究这些需求动力影响因素的具体特征，及其对经济增长及增长停滞的作用途径具有重要的意义。

三、经济增长放缓的判定

（一）经济增长放缓的判定条件

本文对于增长放缓定义建立在 Hausmann，Pritchet 和 Rodrik（2005）对增长加速研究基础之上，并参考 Eichengreen，Park 和 Skin（2011）对高速增长的经济体的增长放缓的研究。Hausmann（2005）通过定义三个条件，寻找到了在长期增长中的一些加速增长的片段。其中①$g_{t,t+n} \geqslant 3.5\%$，表示增长是快速的；②$g_{t,t+n} - g_{t-n,t} \geqslant 2\%$，表示增长加速；③$y_{t+n} \geqslant \max \{y_i\}$，$i \leqslant t$，表明增长后产出大于加速时期之前的任何最高峰值。$y_t$ 是 t 期的人均 GDP，$g_{t,t+n}$ 是 t 期到 t + n 期的人均 GDP 的平均增长率，n = 7。Eichengreen，Park 和 Skin（2011）保留了前两个条件，并将第三个条件改为 $y_t > 10,000$（2005 年不变价），用以剔除陷入经济危机未能实现经济良好发展的经济体。模型中的数据来源于 Penn World Tables（PWT）Version6.3，取值范围是 1957～2007 年。

按照世界银行的经济发展水平阶段的划分标准，本文选取世界银行数据库中的人均 GNI 指标划分经济增长阶段并评价经济增长情况。本文定义经济增长放缓的条件为：①$g_{t-n,t} \geqslant 2\%$ 表明存在明显的经济增长；②$g_{t-n,t} - g_{t,t+n} \geqslant 2\%$，表示增长比前一时段明显减速；③$y_t \geqslant 2000$，表明进入中等收入水平阶段。增长陷 t 阱的条件为：①$g_{t-n,t} \geqslant 2\%$ 表明前期存在缓慢的经济增长或者倒退；②$g_{t-n,t} - g_{t,t+n} \geqslant 0$，表示后一时段增长减速；③$y_t \geqslant 2000$，表明进入中等收入水 t 平阶段。第一个条件的设定基于两类国家人均 GDP 增长率的均值为 2.478% 和 2.328%，因此选择 2% 为经济增长的最低边界，$g_{t-n,t} \geqslant 2\%$ 表示可能存在高速增长。但对于中等收入国家来说，其人均 GNI 的增长率标准差较大，部分国家存在常年的经济衰退，$g_{t-n,t}$ 有小于零的取值，因此用 $g_{t-n,t} \leqslant 2\%$ 表示经济非高速增长的状态。第二个条件为衡量明显增长速度变化，将增长率的差距设为 2%，与

$g_{t-n,t} \geqslant 2\%$ 条件结合代表高速增长后的放缓，与 $g_{t-n,t} < 2\%$ 条件结合后代表经济非高速增长状态下的进一步增长放缓，即陷阱状态。第三个条件来自世界银行对国家发展阶段的划分标准，《2002 年世界发展报告》中以 2000 年人均 GNI 为标准划分了不同地区和国家所处的收入水平阶段，将 756~2995 美元为下中等收入国家（LMC），2996~9265 美元为上中等收入国家（UMC）。本文对经济增长放缓的主要衡量指标为 2000 年不变价人均 GNI，考虑在下中等收入水平的低临界值处可能存在贫困国家人均收入短时上升可能，因此取下中等收入水平阶段的中值为进入中等收入水平的标准，取值介于 756~2995 美元之间，为保证样本规模有效，简便起见取中等收入水平的下限为 2000 美元。

（二）经济增长放缓的判定结果

按照本文设定的经济增长放缓和停滞的条件，利用 eviews6.0 评价 A、B 两组国家的经济放缓与停滞情况，结果如表 3 所示。

表 3　样本国家各项增长指标平均值

		前期增长率（%）	后期增长率（%）	两期差值（%）	人均 GNI（美元）
高收入国家	增长放缓	4.124	1.434	2.690	17694.423
	增长停滞	1.572	0.355	1.217	17316.724
中等收入国家	增长放缓	4.414	0.619	3.795	5104.957
	增长停滞	1.373	0.159	1.214	4651.410

从平均值来看，中等收入国家的高增长率止步于人均 GNI 为 5104 美元（2000 年不变价）时，高收入国家中匈牙利和西班牙在中等收入水平阶段出现过短暂的增长停滞，韩国、葡萄牙、西班牙和匈牙利出现过增长放缓，其他国家的增长放缓与停滞均发生在高收入水平阶段。中等收入国家人均 GNI 增长速度下降幅度大于高收入国家，增长率下降的平均值达到 3.795%。在经济增长停滞时期，增长率下降的平均值为 1.214%，同样大于高收入国家。在增长放缓和停滞阶段，样本国家的人均 GNI 增长率均出现负值，多数国家在经济增长放缓后出现明显的增长停滞，部分国家如阿根廷、智利在增长停滞后经济增长短暂恢复，而后又出现较长时间的增长放缓。

与其他研究结果对照，本文对增长放缓的测度能够通过历史事实检验，并且与 Eichengreen, Park and Skin（2011）利用 GDP 增长率测度经济增长放缓方法获得的结果有较高一致性。例如阿根廷在 1998 年出现了高速增长之后的增长放缓，增长放缓发生在国家的金融危机到来之前。韩国在 1997 年出现了明显的增长放缓，然而，从数据看，之前的几年韩国已经出现了稳定的明显的经济增长减速。日本也同样在 1990 年便结束了经济高速增长时期，并在 1997 年出现了增长的停滞。

（三）经济增长率下降影响因素

参照中等收入水平的划分标准，本文以人均 GNI 的增长率作为衡量经济增长类型的指标。人均 GNI 的增长速度稳定为正表明经济健康增长；人均 GNI 的增长速度较快表明经济增长动力充足，经济高速增长；人均 GNI 的增长速度为零或者为负，表明经济增长乏力，长期为零或负值则表明处于经济增长陷阱。选取世界银行数据库的人均 GNI（2000 年不变价）数据，计算得到 A 组（高收入）国家 1971~2010 年与 B 组（中等收入）国家 1962~2011 年人均 GNI 增长率，数据描述性统计如表 4 所示。A 组国家的人均 GNI 增长率均值与 B 组国家差异较小，并且各组国家都存在负的人均 GNI 增长率，但无论从标准差还是极值来看，A 组国家的增长率变化幅度均小于 B 组国家，经济增长的稳定性较高。

表 4　人均 GNI 增长率数据描述性统计结果

A 组					B 组				
变量	观察值	均值	标准差	最小值	最大值	变量	观察值	均值	标准差	最小值	最大值
美国	40	1.869	2.376	-5.325	6.787	阿根廷	50	1.648	6.825	-16.330	12.666
英国	40	1.943	2.491	-5.456	7.685	巴西	50	2.331	4.152	-7.439	10.910
日本	40	2.315	2.682	-5.913	7.154	墨西哥	50	2.004	3.642	-9.324	8.012
韩国	40	5.421	3.815	-8.678	11.037	马来西亚	50	3.807	3.267	-9.722	8.100
意大利	40	1.743	2.318	-5.477	6.517	智利	50	2.737	5.392	-14.524	13.668
西班牙	40	2.076	2.330	-3.722	7.308	乌拉圭	50	1.769	5.925	-14.094	15.067
葡萄牙	40	2.340	3.792	-8.835	11.707	哥伦比亚	50	2.000	2.363	-5.814	6.126
匈牙利	40	2.118	3.603	-13.232	6.726						
A 组国家均值		2.478	2.926	-7.080	8.115	B 组国家均值		2.328	4.509	-11.035	10.65

为考察人均 GNI 增长率下降的原因，设定计量模型：

$$ragni_i = c + \alpha_1 con_i + \alpha_2 gini_i + \alpha_3 agni_i + \alpha_4 exim_i + \alpha_5 debt_i + \varepsilon_i$$

式中 $ragni_i$ 代表人均 GNI 增长率，其他变量与前文假设相同。

以 A 组国家无 gini 和 debt 变量的数据做 FGLS 回归[①]，各变量结果均不显著，表明消费率变化与进出口的变化对 A 组国家的人均 GNI 变化无显著影响。B 组国家样本数据 ragni 为 I（0），通过平稳性检验，同时变量间存在异方差和自相关，同样适用同时处理异方差和自相关的 FGLS 回归，回归结果如表 5 所示。结果表明，随着人均收入的增长，样本五国的人均 GNI 增长率与居民消费率同向变动，居民消费的增加有利于促进居民收入水平的提高，但由于存在收入差距程度对人均收入增长率的反向作用，居民消费率提高所产生的正面促进作用基本被收入不平等的负面作用抵消。并且人均 GNI 越高，表明经济环境越好，无论是资本积累还是居民消费的效率都会提高，人均收入能获得更快增长。因此，对于样本国家来说，在经济增长过程中，随着人均收入的增加，如果能在降低收入不平等的同时增加居民消费，则人均收入会获得更快的增长速度。

表 5　样本五国人均 GNI 增长率的 FGLS 回归结果

	（1）	（2）	（3）
	ragni	ragni	ragni
con	0.171***	0.117**	0.138***
	(0.07)	(0.06)	(0.05)
gini	-0.131	-0.136*	-0.137*
	(0.10)	(0.08)	(0.08)
agni	0.002**	0.002**	0.002***
	(0.00)	(0.00)	(0.00)

①　数据检验结果 con 与 agni 为 I（1），exim 与 ragni 为 I（0），并且存在异方差和自相关，所以用同时处理异方差和自相关的 FGLS 回归。

续表

	(1)	(2)	(3)
	ragni	ragni	ragni
exim	0.016	-0.084	
	(0.14)	(0.12)	
debt	-0.045**		
	(0.02)		
code2	8.917**	8.536***	9.583***
	(3.55)	(3.12)	(2.68)
code3	8.021***	6.511***	7.150***
	(2.63)	(2.51)	(2.31)
code4	11.246***	10.534***	11.685***
	(3.75)	(3.47)	(2.97)
code5	10.624***	10.311***	11.316***
	(3.47)	(3.22)	(2.82)
t	-0.123	-0.102	-0.125
	(0.10)	(0.10)	(0.10)
_cons	-15.317*	-12.274	-15.230**
	(8.43)	(7.54)	(6.01)
N	135	135	135

说明：括号内的数值为稳健标准误，*、**、***分别代表参数的估计值在10%，5%、1%的水平上显著。

四、经济增长放缓影响因素分析

（一）研究方法

根据前文对增长放缓的判定，对经济增长放缓判定为 1，否则为 0，作为被解释变量，可以设定离散选择模型。考虑到存在为零的变量，不适合选择 Logit 模型，因此采用 Probit 模型估计。Probit 模型是计量经济学非线性分析中的重要模型之一，Eichengreen，Park 和 Shin（2011）也使用其进行高速增长的经济体的经济放缓研究。根据理论部分的结论，在经济增长中，收入差距会影响居民消费行为，国内消费、进出口结构、国家债务等均会在不同阶段对经济增长有所促进或影响其增长速度，所以本文用一组向量 X 解释增长放缓。

本文拟选用 Probit 模型解释增长放缓的发生①。Probit 模型假设事件发生概率服从积累正态分布函数的二分类因变量模型，即每个个体都面临两者选一的选择，且其选择依赖于可分辨特征，只在描述个体的一组特征与该个体所做某一特定选择概率的关系。设一组变量 X 的线性组合可以使每个样本得到一个 Y^*。

---

① 根据方红生、张军（2009）的研究中提到的，选择 xtprobit 或 probit 的准则是考察 likelihood - ratio test of rho = 0 所对应的显著水平，若显著水平超过 10%，则选 probit 模型，否则选 xtprobit 模型。

$$Y_i^* = \sum_j \beta X_{ij} + \varepsilon_i = X_i B + \varepsilon_i$$

设 $\varepsilon_i \sim N(0.1)$，则 Y_i^* 服从标准正态分布，代表某种内在变量或是隐藏变量，在经济增长中可代表是否发生经济增长放缓。当 $Y^* > \tilde{Y}$ 时，可观测变量 $Y = 1$，即出现增长放缓，当 $Y^* \leq \tilde{Y}$ 时，$Y = 0$，即未发生增长放缓。即

$$P_i = E(Y_i = 1 \mid X_i) = P(Y^* > \tilde{Y}) = P(-\varepsilon_i < X_i B) = F(X_i B)$$

其中 $F(\cdot)$ 是标准积累正态分布函数，$F(X_i B) = \int_{-\infty}^{X_i B} f(z)dz$，$f(z)$ 是 z 的密度函数 $z \sim N(0.1)$。$Y^* = F^{-1}(P_i) = X_i B$ 是标准正态分布函数的逆，逆阵中的参数可用最大似然估计法迭代计算完成。

根据前文所列标准，利用 eviews6.0 对样本国家人均 GNI 增长率的移动平均值进行判定，并得出经济由高速增长到放缓的 0~1 分布值，记为 P1，经济增长长期停滞的 0~1 分布值，记为 P2。

（二）A 组国家的经济增长放缓结果分析

在对增长放缓的解释变量选取中，本文选择 con_i 代表家庭消费支出占 GDP 的比重；str_i 表示第三产业产值与第二产业产值的比重，$agni_i$ 代表人均国民收入，用以衡量经济增长对增长放缓效应；$exim_i$ 代表一国的出口与进口值占 GDP 比重之差。$rcon$ 代表消费率的增长率，在经济高速增长时期，可能会存在低居民消费率与高居民的消费率上升速度并存的状态[①]。数据处理使用 Stata11。

由于发达国家的基尼系数数据缺失较多，虽然面板数据处理方法可以减少一些数据缺漏的影响，但基尼系数对增长放缓发生的影响仍然不显著，因此本文没有报告基尼系数的相关结果。考虑到样本中高收入国家的基尼系数大多不超过 0.4，没有反映出较高的社会不公平，因此基尼系数不显著既可能是数据缺失造成的，也有可能是收入不平等并没有对经济增长放缓和停滞形成直接影响。

表 6　A 组国家经济增长数据描述性统计结果

变量	观察值	均值	标准差	最小值	最大值
con	208	0.6038	0.0479	0.4933	0.7045
str	208	1.9192	0.5808	0.6531	3.5808
gini	148	0.321	0.076	0	0.464
exim	208	-1.2080	3.8644	-15.4148	12.8695
rcon	208	-0.0003	0.0202	-0.1063	0.0503
agni	208	15992.4500	10164.2300	3282.0370	38538.7500
p1	208	0.1490	0.3570	0	1
p2	208	0.0962	0.2955	0	1

模型报告结果如表 7 所示，消费指标、进出口指标对经济增长放缓的作用均在 1% 显著性水平上为负，对经济增长停滞的作用在 5% 的显著水平上为正，进出口指标的影响明显强于消费指标。这表明在发达国家的经济发展过程中，增加居民消费率与扩大外贸顺差会降低经济增长放缓

[①] 张军. 新华网. http://news.xinhuanet.com/fortune/2013-01/04/c_124180294.htm.

的概率。但居民消费提高和顺差也是经济增长停滞的主要诱因，考虑到发达国家的经济增长停滞都发生在经济增长放缓之后，这表明虽然增加居民消费是避免经济增长放缓的主要手段，但居民消费的增加不能解决导致增长放缓的主要问题，反而会恶化经济增长。外贸顺差是国外需求，居民消费是国内需求，国内外需求同时增加，而经济不能持续增长，表明供给能力不足，此时社会创新与生产技术的进步滞后。另外，本国居民消费率的变化所产生的作用始终远远大于净出口的作用，表明经济增长对内需的依赖性更强。根据测算结果，意大利和匈牙利的增长率平均值中有负数，前者出现在高收入水平阶段，后者出现在上中等收入水平阶段。其余国家的人均收入增长率始终为正值，但数值逐渐减小。发达国家经济增长放缓，一方面表明，发达国家在从中等收入水平进入高收入水平阶段过程中人均收入水平的增长率逐渐降低并趋于一个比较小的稳定值，与驼峰事实相符。另一方面也表明，进入高收入水平阶段以后，也存在因为增长质量问题出现增长陷阱的可能性，如意大利出现的人均收入增长倒退。进一步考虑在中等收入水平阶段发生增长停滞的匈牙利居民消费数据发现，进入高收入水平之后，匈牙利居民消费率从57.897%下降为55.340%，表明对于中等收入水平国家来讲，强调高居民消费率的作用反而增加经济陷入停滞的可能。从人均GNI的系数可以看出，消费和出口对经济增长放缓的作用，并不随人均收入水平的提高而发生变化，收入水平阶段对发生增长放缓和停滞的作用不显著。另外，产业结构优化与预期一致，不能构成经济增长放缓的诱因。同样，消费率的增长率也对经济增长放缓的作用不显著。

表 7　发达国家经济增长放缓的 probit 模型结果

	(1)	(2)	(3)	(4)
	p1	p1	p2	p2
con	-12.815***	-11.683***	9.979**	10.913**
	(2.99)	(3.31)	(4.08)	(4.55)
exim	-0.169***	-0.174***	0.230***	0.254***
	(0.04)	(0.04)	(0.07)	(0.07)
agni	0.000*	0.000*	0.000	0.000
	(0.00)	(0.00)	(0.00)	(0.00)
str		-0.216		-0.141
		(0.28)		(0.34)
rcon		1.435		10.716
		(6.23)		(7.38)
_cons	5.976***	5.609***	-7.362***	-7.737***
	(1.70)	(1.77)	(2.51)	(2.69)
N	208	208	208	208
r2_p	0.149	0.153	0.136	0.155

注：括号内的数值为稳健标准误，*、**、***分别代表参数的估计值在10%，5%、1%的水平上显著。

（三）B 组国家经济增长放缓结果分析

与发达国家相比，处于中等收入水平的国家更多处于工业化发展早期和中期，因此产业结构优化有可能表现为工业比重的增加，考虑增加变量 inar，即工业产值与农业产值的比值，替换 str[①]，代表产业结构由农业向工业化的转变；另外，从世界银行数据库的债务指标情况来看，A 组国家均没有外债的统计数据，而 B 组国家的债务数据比较全面，这也从侧面表明，发展中国家的外债对经济增长的作用可能更大，更值得关注，因此加入控制变量 $debt_i$ 代表一国的负债占 GNI 比重，代表债务负担对经济增长的影响。

表 8　中等收入国家经济增长数据描述性统计结果

变量	观察值	均值	标准差	最小值	最大值
con	252	65.612	7.419	41.560	81.857
rcon	252	-0.004	0.051	-0.251	0.320
exim	252	1.106	4.937	-10.336	25.052
debt	252	40.832	24.014	0.000	154.022
str	252	1.870	1.931	0.805	13.810
inar	238	3.793	1.615	0.881	8.840
agni	252	3937.310	1760.768	1080.471	8002.870
ragni	252	1.856	5.536	-16.330	15.067
p1	252	0.183	0.387	0	1
p2	252	0.135	0.342	0	1

采用同样方法对 B 组国家进行 Probit 回归，得到结果如表 9 所示。经济增长停滞阶段，中等收入国家居民消费的作用与高收入国家相反。结果表明，随人均 GNI 的增加，经济增长放缓的可能性增加，其影响显著，但影响系数为一个较小的正值。居民消费率对经济增长放缓和增长停滞均有显著的缓解作用。由于 B 组国家的居民消费率均值在 60% 以上，因此可以认为 B 组国家经济增长中居民消费所起作用较大，并且对于 B 组国家来说居民消费率越高其经济增长放缓的可能性越低。出口增加同样减少了经济增长放缓的可能性，外债对增长放缓和停滞的影响也在 10% 的置信水平下通过检验，却使得出口增加对经济增长停滞的影响变为不显著，同时，也削弱了居民消费的显著性，表明经济增长对国外资本流入有一定依赖性。模型对经济增长停滞的 Pseudo R^2 较小，拟合优度较差，因此考虑增加解释变量。

表 9　B 组国家经济增长放缓与停滞的 probit 模型结果

	(1)	(2)	(3)	(4)
	p1	p1	p2	p2
con	-0.053***	-0.054***	-0.033*	-0.030*
	(0.02)	(0.02)	(0.02)	(0.02)
exim	-0.118***	-0.101***	-0.050*	-0.030
	(0.03)	(0.03)	(0.03)	(0.03)
agni	0.000***	0.000***	0.000***	0.000***
	(0.00)	(0.00)	(0.00)	(0.00)

① 本文也将 str 变量加入了模型进行测算，结果均不显著，因此以 inar 替代。

续表

	（1）	（2）	（3）	（4）
	p1	p1	p2	p2
debt		− 0.012 *		− 0.012 *
		（0.01）		（0.01）
＿cons	1.547	1.987 *	0.282	0.508
	（1.04）	（1.08）	（1.09）	（1.12）
N	252	252	252	252
r2＿p	0.153	0.170	0.067	0.088

根据经济理论，一国在经济发展早期阶段会出现经济增长与收入差距同时存在现象，收入差距能够加速资本积累，促进创新从而带来经济增长。在库兹涅茨拐点到来之前，收入差距的扩大与经济增长的作用方向相同。根据 OECD 组织 2013 年公布的成员国近 40 年每 10 年的收入分配基尼系数，如表 12 所示，高收入国家的基尼系数普遍较低，而两个发展中国家的基尼系数高于 0.4。考虑到 B 组国家中普遍存在收入差距扩大的问题，本文在 Probit 模型中加入基尼系数（$gini_i$）作为解释变量，但受基尼系数的时间长度和采集样本国家数量限制，最终仅选用了阿根廷、巴西、智利、乌拉圭和哥伦比亚五个国家的数据。

表 10　OECD 成员国收入分配基尼系数

		70 年代中期	80 年代中期	90 年代	90 年代中期	2000 年前后	2000 年中期	2000 年后期
高收入国家	匈牙利			0.273	0.294	0.293	0.291	0.272
	日本		0.304		0.323	0.337	0.321	0.329
	韩国						0.306	0.314
	葡萄牙	0.354		0.329	0.359	0.356	0.385	0.353
	西班牙		0.371	0.337	0.343	0.342	0.319	0.317
	英国	0.268	0.309	0.354	0.336	0.352	0.331	0.342
	美国	0.316	0.337	0.348	0.361	0.357	0.38	0.378
中等收入国家	智利				0.527		0.503	0.494
	墨西哥		0.452		0.519	0.507	0.474	0.476

表 11　样本五国经济增长数据描述性统计结果

变量	观察值	均值	标准差	最小值	最大值
gini	135	50.516	7.081	35.200	63.500
inar	135	3.852	1.464	1.198	7.730
agni	189	4020.697	1722.550	1386.354	8002.870
con	135	67.983	4.978	54.130	81.857
exim	135	0.306	3.366	− 10.336	7.435
debt	135	43.691	21.953	14.867	142.071
p2	135	0.178	0.384	0	1

表 12 样本五国增长停滞的 Probit 模型结果

	(1)	(2)	(3)	(4)	(5)	(6)
	p2	p2	p2	p2	p2	p2
con	− 0.150 ***	− 0.145 ***	− 0.165 ***	− 0.179 ***	− 0.159 ***	− 0.110 ***
	(0.04)	(0.04)	(0.04)	(0.04)	(0.03)	(0.04)
gini	− 0.047 **	− 0.039 *	− 0.041 *	− 0.041 **	− 0.037 *	
	(0.02)	(0.02)	(0.02)	(0.02)	(0.02)	
exim	− 0.077	− 0.067	− 0.096 **	− 0.089 *		
	(0.05)	(0.05)	(0.05)	(0.05)		
inar	0.291 *	0.189	0.145			0.203 *
	(0.16)	(0.12)	(0.11)			(0.12)
debt	− 0.013	− 0.013				− 0.018 *
	(0.01)	(0.01)				(0.01)
agni	− 0.000					
	(0.00)					
_ cons	11.305 ***	10.507 ***	11.584 ***	13.074 ***	11.559 ***	6.370 **
	(3.44)	(3.30)	(3.17)	(2.94)	(2.76)	(2.54)
N	135	135	135	135	135	135
r2_ p	0.286	0.277	0.263	0.251	0.221	0.241

加入基尼系数后,模型结果如表 12 所示。基尼系数与居民消费率的结果均显著,并且 Pseudo R^2 提升至 0.2 以上,拟合优度增加。数据表明,虽然样本国家已陷入经济停滞,但这些国家仍然处于库兹涅茨拐点之前,无论居民消费率的上升还是基尼系数的提高都会降低经济陷入停滞的可能性。方程(1)报告的结果表明,工业比重相对于农业比重的提升可能会增加经济增长停滞的概率。单独考虑居民消费、工业化与外债对经济增长停滞的影响,检验结果如表 12 中的方程(6)所示,工业化程度提高仍然与另外两个变量的作用相反,会增加陷入增长陷阱的可能性。通常工业增加值相对农业增加值比重提高表明工业化程度提高,是经济增长的必由之路,但这些国家都有较大的收入差距,收入差距扩大一方面有利于资本积累,另一方面会对消费结构形成制约,工业比重的提高并非意味着经济增长质量的提高,也可能是促进了低端制造业发展,因此当工业比重提高时,反而会增加经济陷入停滞的可能性。

(四)实证结果分析

居民消费在不同经济发展阶段作用不同,并且在高收入国家和中等收入国家经济增长停滞中也发挥不同作用。

(1)在发达国家的经济中,居民的消费结构优化与产业结构优化的拟合情况较好,因此居民消费率的提高对经济增长的正面促进作用较高,在经济高速增长时期通过高的居民消费率来提供充分的内需支持,保证了经济持续增长,而在高收入水平阶段,居民较高的消费率将会产生不适于社会生产结构的需求,并造成过度消耗,由此增加了经济增长停滞的可能性。另外,发达国家的经济增长放缓和停滞更多地表现为一种经济结构的稳定适应,本国需求对经济增长的作用始终明显大于国外需求,因此内生增长动力相对稳定,经济增长指标可以以较低的增长率在较长时间保持为正值。

（2）在中等收入国家，受收入不平等作用，居民消费结构水平较低。在赶超目标的作用下，市场作用较多的被政府作用替代，因此增长动力的选择与产业结构的演进通常是产业政策的结果。由于收入差距持续扩大，居民消费率虽然处于较高水平，但居民消费率的提高主要拉动了低端产业的发展。最终导致社会生产对农业产出的依附性强，工业生产集中于低端制造，服务业依靠政策导向扩张。因此在中等收入国家，收入越不平等，越能拉动基础产业发展，与稀缺资源向高收益部门的流动。经济增长中的经济结构不平衡与结构调整产生的摩擦成本，增加了经济运行的整体成本，降低了中等收入国家原本可以通过以资源红利积累的资本提升内生增长动力所带来的国际分工收益，由此制约人均收入水平的提高速度。但同时考虑到在经济增长中资本积累的重要性，发展中国家与发达国家在前沿制造技术方面的差距因各国国情不同而存在差异，但无论是技术研发还是技术引进都需要更多的资本保障，鉴于此，结合效率工资对劳动力参与生产的激励作用，以不平等的资本积累政策，保持一定的收入差距在现阶段仍是中等收入国家实现经济增长的主要手段。

五、结论与政策建议

本文的目的在于验证居民消费对经济增长中的增长放缓和增长停滞的作用，同时以收入差距程度不同将会形成的消费结构差异解释高收入国家和中等收入国家的经济增长差异。研究表明，虽然无论是在中等收入水平阶段还是在高收入水平阶段，经济增长停滞均可能发生，但是在中等收入水平阶段的经济稳定增长是顺利进入高收入水平阶段的必然保障。从实证结果看，居民消费率与净出口增加均能减缓发达国家的经济增长速度下降，却增加了发达国家的经济增长陷入停滞的可能性。而对于中等收入国家来说，居民消费率与收入差距扩大对经济增长速度下降和增长停滞均有弱化作用，但由资本积累带来的工业化程度提高会反而增加其陷入增长停滞的可能性。可以尝试得出结论，居民消费水平的提高对各阶段的经济增长放缓的作用相同，但对发生在不同收入水平阶段的经济增长停滞却有相反的作用。由于存在较大的收入差距，陷入中等收入陷阱的国家的第二产业发展质量受到影响。虽然增加出口和外债都能降低经济增长陷入陷阱的可能性，但此时的工业发展反而会增加这些国家陷入增长陷阱的可能性。

我国现阶段经济增长速度下降，并伴随明显的收入差距扩大和居民消费水平偏低，虽然在经济增长放缓的时期，提高居民消费率有利于避免经济增长继续放缓，但我国收入差距问题仍不容忽视，一方面收入差距通过边际消费倾向递减抑制了富人消费，另一方面收入差距限制了穷人消费结构的升级。与其他中等收入水平阶段出现增长放缓的国家一样，在存在明显的收入差距的条件下提高居民消费的比例，依据需求诱致创新理论，将会抑制创新产生，工业产量扩张的同时产品升级速度下降，长期以来将会锁定在低端工业生产中的比较优势，经济持续增长动力不足。因此为获得经济持续增长的动力，提振内需应首先着力解决在初次分配与二次分配中的不公平，进而以持续增长的购买力购买企业的创新产品，以国内需求补偿创新成本，从而获得经济持续增长的内生增长动力。

参考文献

［1］Maddison，A. Growth and Slowdown in Advanced Capitalist Economies：Techniques of Quantitative Assessment［J］．Journal of Economic Literature，1987（25）：649 - 98.

［2］Krugman, Paul. The Myth of Asia's Miracle ［J］. Foreign Affairs, 1994, 73 (6)：62 – 78.

［3］William Easterly. The Lost Decades：Developing Countries' Stagnation in Spite of Policy Reform 1980 ~ 1998 ［J］. Journal of Economic Growth, 2001, 6 (2)：135 – 157.

［4］郑秉文."中等收入陷阱"与中国发展道路——基于国际经验教训的视角［J］. 中国人口科学, 2011 (1)：2 – 15 + 111.

［5］周学. 经济大循环理论——破解中等收入陷阱和内需不足的对策［J］. 经济学动态, 2010 (3)：48 – 57.

［6］刘伟. 突破"中等收入陷阱"的关键在于转变发展方式［J］. 上海行政学院学报, 2011 (1)：6 – 13.

［7］李杨. 借鉴国际经验, 应对中等收入陷阱的挑战［J］. 拉丁美洲研究, 2011 (3)：5 – 6.

［8］刘方棫, 李振明. 跨越"中等收入陷阱", 促进收入可持续增长［J］. 消费经济, 2010 (6)：5 – 7.

［9］蔡昉. 中国经济如何跨越"低中等收入陷阱"？［J］. 中国社会科学院研究生院学报, 2008 (1)：15 – 20.

［10］马岩. 我国面对中等收入陷阱的挑战及对策［J］. 经济学动态, 2009 (7)：44 – 48.

［11］陈样, 靳卫萍. 有效需求马克思、凯恩斯与卡莱茨基经济学［J］. 南开经济研究, 2004 (2)：51 – 56 + 102.

［12］Schmookler, J.. Economic Sources of Inventive Activity ［J］. Journal of Economic History, 1962, 22 (1), 1 – 10.

［13］李尚骜, 龚六堂. 非一致性偏好、内生偏好结构与经济结构变迁［J］. 经济研究, 2012 (7)：35 – 47.

［14］Rosenberg. Inside the Black Box：Technology and Economics ［M］, New York：Cambridge University Press, 1982.

［15］Josef Zweimuller. Schumpeterian Entrepreneurs Meet Engel's Law：The Impact of Inequality on Innovation – Driven Growth ［J］, Journal of Economic Growth, Springer, 2000, 5 (2)：185 – 206.

［16］安同良, 千慧雄. 中国居民收入差距变化对企业产品创新的影响机制研究［J］. 经济研究, 2014 (9)：62 – 76.

［17］Murphy, K. M., Shleifer, A. and Vishny, R. W.. Building Blocks of Market Clearing Business Cycle Models ［J］, NBER Working Papers, 1989, No. 3004.

［18］Greenwood, J. and Mukoyama, T. The Effect of Income Distribution on the Timing of New Product Introductions ［J］. Mimeo, University of Rochester, 2001.

［19］刘宇. 收入差距、政府干预与经济增长质量［D］. 复旦大学, 2009.

［20］王俊, 刘东. 中国居民收入差距与需求推动下的技术创新［J］. 中国人口科学, 2009(5)：60 – 69 + 114.

［21］李平. R&D 资源约束下中国自主创新能力提升的路径选择［M］. 北京：人民出版社, 2011.

［22］Hausmann, Ricardo, Lant Pritchett and Dani Rodrik. Growth Accelerations ［J］. Journal of Economic Growth, 2005 (10)：303 – 329.

［23］Barry Eichengreen, Donghyun Park and Kwanho Shin. When Fast Growing Economies Slow Down：International Evidence and Implications for China ［J］. Working paper, 2011 (1)：7 – 14.

土地价格市场化对中国工业部门要素结构与技术选择的影响

赵爱栋　　蓝　菁　　曲福田　　马贤磊

（南京农业大学土地管理学院　南京　210095）

一、引言

价格市场化是经济转型的关键组成部分，是建立市场经济的必要条件[1]。改革开放以来，中国创造性地使用双轨制实现了产品价格的渐进自由化，与产品价格改革顺利进行形成鲜明对比的是生产要素价格改革仍然相对滞后，其中，土地价格市场化改革进程尤为缓慢。长期的土地价格扭曲为中国经济奇迹创造巨大的"土地红利"的同时，也导致经济增长依赖廉价土地的高投入与高消耗[2]，成为当前经济结构严重失衡的主要诱因之一。土地市场作为最基本要素市场，推进土地价格市场化可以成为实现要素优化配置和工业增效升级的重要手段。进入21世纪以来，国家相继出台了一系列法律法规来提高工业用地市场的竞争性和透明度，充分发挥市场机制在土地价格形成中的决定性作用，行政划拨和协议出让长期主导我国工业用地资源配置的局面得到扭转，土地价值的合理回归推动的工业用地价格上涨成为我国要素价格持续上升的重要来源。如图1所示，2007～2013年，工业用地价格相对于其他工业投入要素价格均呈现快速上升趋势，但是目前学术界对土地价格上涨给工业部门带来的影响还未引起足够重视，在我国工业转型升级和土地资源困境背景下，理解工业部门要素投入和技术选择在土地价格上涨冲击下如何做出调整具有重要的研究价值和政策意义。

价格诱致性技术进步假说（Price – induced Technological Progress Hypothesis）强调要素相对价格变动不仅能促使企业改变要素投入结构，还能诱致技术创新，要素价格变动使技术进步的方向倾向于节约稀缺（相对更加昂贵）要素，而使用充裕（相对更加便宜）的要素，短期价格变动引起要素替代，长期价格改变则诱致新技术使用进而推动企业实现技术变迁[3]。从宏观层面考察，企业根据宏观经济环境中要素相对价格体系实现技术选择与要素投入结构的最优匹配[4-5]，这些微观变化能够折射出经济体系增长方式、产业结构调整的未来走向。那么随着国家

［基金项目］教育部哲学社会科学研究重大课题攻关项目"我国土地出让制度改革及收益共享机制研究"（批准号13JZD014）。

［作者简介］赵爱栋，南京农业大学公共管理学院博士研究生；蓝菁，南京农业大学公共管理学院副教授，硕士生导师；曲福田，南京农业大学公共管理学院教授，博士生导师；马贤磊，南京农业大学公共管理学院副教授，博士生导师，马贤磊为本文通讯作者。

大力推进工业用地价格市场化，工业用地要素稀缺性在价格形成过程中逐渐得到反映，土地成本上升带来的相对价格效应是否会激励工业部门优化要素投入结构来集约使用土地，开发或者诱致新的技术来化解成本上升压力，进而取得要素投入产出的最佳效益？对这一问题的回答不仅关乎工业用地价格市场化改革的绩效评估，也关系中国工业发展模式的转变。如果存在工业用地价格上升导致的要素投入结构优化和技术进步现象，就需进一步深化土地价格市场化改革来促进土地资源节约和生产要素的优化配置，顺势引导我国工业实现转型升级。

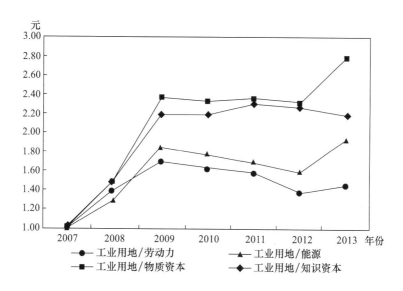

图 1　2007～2013 年工业用地与其他要素相对价格走势

资料来源：作者整理。

　　关于中国土地价格市场化的文献主要集中在市场化改革对土地利用效率、经济增长和收入分配的影响[6-8]，及地方政府行为动机研究等方面[9-10]。而目前关于要素价格上涨对宏观经济和微观企业层面影响的研究主要集中在能源和劳动力等要素价格领域，如 Popp[11]、Kumar 和 Managi[12]、林伯强和牟敦国[13]、张斌和徐建炜[14]等研究了能源价格上涨对中国一般物价水平和经济增长的影响，Acemogulu 和 Daron[15-16]、都阳[17]和林炜[18]分析了劳动力成本上升对企业劳动力需求和创新激励的影响。另外，Chen[19]、王班班和齐绍洲[20]等还讨论了资本、劳动等要素相对价格条件下要素结构和技术选择的互动关系。不过，上述研究还存在改进之处：一是主要以资本、劳动或能源要素及其价格变动为研究对象，未充分重视土地及其价格在要素结构调整及技术选择中的能动作用和对政策分析的独特属性。土地财政及地区间激烈的"土地引资竞争"逐渐成为中国经济发展模式的重要特征[21]，而这正是转型期中国土地制度的重要衍生现象。因此忽视土地要素及其价格变动并不能客观反映中国工业化所处阶段和经济增长模式特征，也不能真实地描述要素间的联系机制和互动过程。二是对要素结构调整与技术进步的来源刻画不足。已有研究认为要素价格是微观企业一系列经营决策行为的重要信号，但模型构建未能直接体现要素价格变动与要素结构调整和技术进步的直接联系[22-24]，缺乏要素相对价格变动对要素结构和技术选择偏向影响的动态演进过程的清晰阐释。三是多数实证研究未将要素相对价格变动的短期效应和长期效应进行识别区分。要素结构调整与技术选择是具有成本敏感性的企业面对要素相对价格变动进行经营行为调整的结果，是不同时间维度有次序的事件，但多数实证研究并没有清楚区分这种价格诱致效应在时间维度的异质性。

　　针对上述文献不足，本文基于价格诱致性技术进步假说，构建包含要素相对价格变化、要素结构调整和技术进步的统一的理论分析框架。在此框架下，设定超越对数成本函数模型从短期和长期不同时间维度分析要素相对价格变动对工业行业成本的冲击，以及部门投入调整对工业要素结构和技术选择的互动及差异性影响，形成"工业用地价格市场化→工业用地价格（要素相对价格）变动→要素结构和技术选择"完整分析链条，从理论和实证两方面研究中国工业用地价格市场化对工业用地价格扭曲的纠正，及要素投入相对价格变化对工业部门要素结构变动和技术选择偏向的影响。

本文研究贡献体现在三方面：第一，从要素结构调整和技术选择倾向的互锁视角，评估了土地价格市场化对工业部门资源配置效率的改进作用，拓展了土地价格效应在工业经济中的分析视域，也为理解土地价格、工业发展模式和工业转型路径之间的关系提供了独特视角；第二，通过将要素价格引入模型避免了现有文献对要素结构变动和技术进步来源刻画不足的缺陷，并且在中国城市土地制度变迁的背景下为检验价格诱致性技术进步假说提供了独特的视角和经验基础；第三，区分了要素相对价格变动的短期效应和长期效应，从理论上揭示了短期的要素结构调整和长期技术进步的关系，在此基础上以我国工业用地价格市场化背景下要素相对价格的变动对理论假说进行了验证。

二、土地价格市场化改革与工业用地价格变动

改革开放之前，内生于计划经济体制中的中国城市土地制度①的突出特征就是计划配置，表现为土地的无偿无期使用和土地所有权与使用权不准自由交易。改革开放后，伴随着国家经济体制的改革转型和外资的大量流入，土地无偿无期使用制度已经不能适应土地供需的变化和提高土地配置效率的要求。1979 年《中外合资经营企业法》规定合营企业需要依据租赁期限和土地区位向中国政府支付一定金额土地使用费，打破了长期的土地无偿使用制度。但是由于《宪法》仍然禁止土地使用权的自由交易，因此对旧有土地制度触动不大。在理论界的多年探索下，1987 年中国政府以土地两权（所有权和使用权）分离理论第一次提出了土地使用权有偿转让的政策，并在深圳等城市进行试点，成为中国土地市场重新建立的开始。1988 年《宪法修正案》增加了"土地的使用权可以依照法律的规定转让"的内容，同年《土地管理法》规定了"国家依法实行土地有偿使用制度"，1990 年《城镇国有土地使用权出让和转让暂行条例》对城镇国有土地使用权出让、转让、出租、抵押、终止等一系列行为做出了明确规定，上述法律文件为中国土地市场体系的构建奠定了重要的法律基础[25]。

城市土地市场的形成初期，由于政府对市场调控能力不强，土地供应总量出现失控，加上20 世纪 90 年代中国各地兴起开发区热导致大量土地闲置，为了调控土地市场供需数量和结构，1990 年国务院提出协议、招标和拍卖并行的土地出让方式，并在 1996 年开始推行土地储备制度。但在实践中行政划拨和协议出让仍长期主导土地资源配置。

进入 21 世纪后，城市土地市场化改革的重心聚焦在加强市场机制在土地资源配置中的基础性作用方面，政府在土地交易中大力推进招标、拍卖和挂牌出让方式，减少行政因素在土地出让和价格形成过程中的干预程度。2001 年，国务院提出要严格实行国有土地有偿使用制度，2002年要求"各类经营性用地，必须以招标、拍卖或者挂牌方式出让"。工业用地价格市场化改革是

---

① 中国土地市场包括农村土地市场和城市土地市场，但是基于本文研究内容，本部分主要以城市土地市场化改革讨论为主。

实现城市土地市场化配置重点解决的问题，2004 年国务院提出"禁止非法压低地价招商"，同时要求加快工业用地的市场化配置，并进一步明确要求"从 2007 年开始，工业用地必须采用招拍挂方式出让"，出台了根据不同土地等级划分的全国工业用地最低价标准。2009 年国土资源部进一步细化了工业用地"招、拍、挂"和协议出让政策适用范围，要求大力推进工业用地预申请制度。2013 年十八届三中全会提出"积极稳妥从广度和深度上推进市场化改革，推动资源配置依据市场规则、市场价格、市场竞争实现效益最大化和效率最优化"的要素市场化改革总体思路。

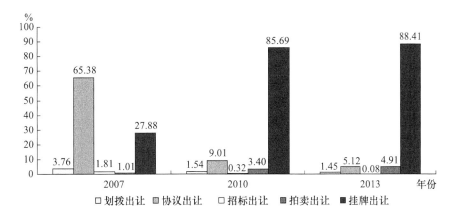

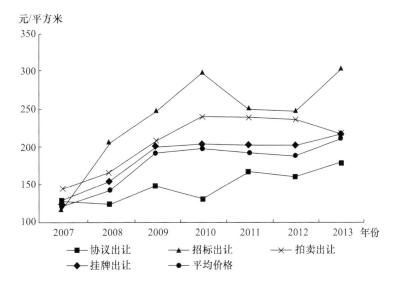

图 2　中国工业用地出让方式结构（上）和出让价格（下）（2007 ~ 2013 年）
资料来源：经由中国土地市场网工业用地出让信息收集整理获得。

中国土地价格市场化改革不同于成熟的市场经济国家市场的自主发育，而是在政府主导下资源配置由行政干预向市场调节到强制性转变。中央政府为了促进土地节约集约利用，优化资源配置，具有很强的动力推动土地价格市场化改革，但是面对土地价格市场化改革可能失去的"垄断租金"①，地方政府对土地要素的配置仍有很强的管制欲望，中央和地方政府的相互博弈决定了价格市场化改革速度和改革绩效。总体来看，随着工业用地价格市场化改革逐渐深入，工业用

---

① 在工业用地出让市场中，地方政府属于垄断供给方，地方政府出于短期政绩和竞争性引资的激励，可以根据本地经济利益最大化的原则决定工业用地出让对象、价格和面积等。

地出让方式逐渐由划拨、协议为主演变为招标、挂牌、拍卖方式为主（见图2），市场机制在工业用地出让方式和价格形成中的作用逐步增强，进入壁垒打破以及市场环境的改善使得更多的企业可以参与到工业用地出让市场中，加上经济发展对工业用地的需求也在增加，最终工业用地价格向合理水平回归推动工业用地价格快速上涨。

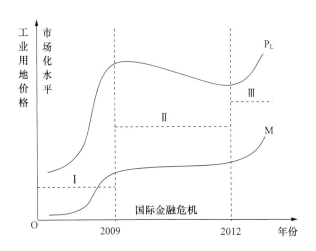

图3　工业用地市场化水平与工业用地价格走势

注：图中工业用地价格市场化水平与工业用地价格曲线依据二者实际变化趋势得到，工业用地价格市场化水平通过构建工业用地出让方式市场化和出让价格市场化指标体系综合计算求得，具体数值与测算方法详见赵爱栋等[26]。

图3刻画了2007～2013年工业用地价格市场化水平M与工业用地价格P_L的相对变化曲线，通过观察发现，除了在第Ⅱ阶段外，二者变化趋势具有一致性。对于第Ⅱ阶段二者走势的偏离，主要是由于受国际金融危机冲击，一方面，外部需求萎缩导致中国工业增长速度大幅下降，企业投资因市场恶化和风险加大而收缩，导致对工业用地需求减少。同时，国家为保持经济平稳较快发展，发挥地价政策在宏观调控中的作用，对工业用地最低价政策进行了适当调整①，综合导致了期间工业用地价格出现回落。另一方面，国家还相继出台了一系列文件调整完善工业用地"招拍挂"政策②，进一步落实和完善工业用地出让制度，并且强化土地执法监察，因此，即使受到国际金融危机影响，我国工业用地价格市场化改革仍然稳步推进。而在第Ⅰ和第Ⅲ阶段，随着工业用地出让方式和价格形成机制的持续市场化，加之经济形势的好转导致对工业用地的刚性需求增加，有效地激活了工业用地价值，进而提高了工业用地价格，因此，工业用地价格市场化改革促进了工业用地价格的提高。

---

①　2007年实施的《全国工业用地出让最低价标准》要求工业用地出让底价和成交价格均不得低于所在地土地等级相对应的最低价标准，但是为了更好地应对国际金融危机，2009年，国土资源部发布《关于调整工业用地出让最低价标准实施政策的通知》，规定部分工业项目用地最低价可以进行30%～85%不等的减价修正幅度。

②　比如《关于进一步落实工业用地出让制度的通知》（国土资发〔2009〕101号）、《国土资源部关于坚持和完善土地招标拍卖挂牌出让制度的意见》（国土资发〔2011〕63号）等。

三、理论框架与研究假说

1. 工业用地价格变动与要素结构调整

根据微观经济学理论，假定其他要素价格不变，随着工业用地价格提高，企业外部要素市场价格体系发生变动势必影响企业生产成本，出于利润最大化考虑，企业通过调整生产要素投入组合来实现当前要素相对价格状态下的最优化生产。企业生产决策的调整可以用价格诱致机制（Price - induced Mechanisms）来说明，价格诱致性理论将要素价格变化作为一种诱致因子，试图解释在既定的要素禀赋条件下要素市场价格变化如何影响经济体系要素投入和技术进步方向，要素相对价格变动诱致企业进行要素替代和增加创新资源投入，最终导致了要素结构变动和生产程序革新或技术进步。

对于单个企业，由于短期技术固定，土地投入在要素结构中的数量变动较小且对价格变动缺乏弹性[27-28]，因此，工业用地相对价格变动的要素结构调整效应不易察觉。长期内，企业生产行为对土地价格变动响应也会随着企业生命周期的不同而产生差异，这取决于企业长期内是否有改变土地投入的需求，并引致要素投入组合的重新调整。一般来说，处于成长期的企业，土地需求比较旺盛，而处于成熟期或衰退期的企业，土地投入会趋于稳定甚至出现土地退出行为。但是由于企业类型、生命周期的差异，判断不同企业土地价格变动的要素结构调整效应具有很强的不确定性和不可预测性。如果将分析视角从微观企业层面上升到宏观部门层面就能避免单一企业短期内土地投入不易变动的局限。区域中处于不同生命周期的企业常年会发生大量的新建、改建、扩建、退出等行为，这些行为相互叠加导致短期内区域工业用地投入变动的累积效应比单个企业更为显著①。另外，由于土地要素在地区发展战略、产业政策的定位差异，会进一步放大工业用地变动的诱致效应②。因此，从部门角度还能捕捉到区域产业结构调整与产业升级的动向。因此，下文我们将从区域工业部门角度分析工业用地价格变动的诱致效应。

首先分析短期内工业部门要素结构在价格冲击下如何调整。本文假定有经济发达地区 A 和经济欠发达地区 B，工业部门生产过程有两种投入要素，一种为工业用地投入 L，另一种为其他投入 K（包括资本、劳动力等）。初始 t 期两地区部门生产效率相同，但是土地要素禀赋不同，A 地区由于经济发展较早，高强度的土地开发利用使得土地资源禀赋出现衰变退化，工业用地资源较为稀缺，B 地区由于经济发展水平落后，生产要素聚集度较低使得工业用地资源充裕。图 4 中 Q 代表等生产线。射线 a、b 和 c 表示每一单位产出中工业用地 L 和其他要素 K 的投入比例，即要素投入结构。IPC 代表创新可能性曲线（Innovation Possibility Curve，IPC），是所有可供选择的等产量曲线的包络线，创新可能性曲线上点代表技术水平相同，但要素组合方式可能不同。要素价格不仅促使工业行业选择最佳的生产技术（相对价格线与 IPC 的切点），也促使选择最优的生产要素结构（相对价格线与等生产线的切点）。

---

① 工业用地投入的剧烈变动可以从统计数据中获得支持，据《中国国土资源年鉴》显示，2007～2013 年，东、中、西部工业用地年均增速分别达到 6.07%、10.38% 和 10.93%，并且省份间增速差异巨大，北京市年均增速仅为 2.30%，贵州省年均增速达到 20.20%。

② 比如，部分地区由于土地资源稀缺，工业用地价格快速上涨会促使新设立的企业在项目落地会获取更小块的工业用地以节约成本，而处于成长期的企业在无法有效获得新增用地的情况下，可能倾向于通过厂房改造升级或者转移至地价相对低廉的地区，来缓解土地对企业发展的制约，企业的用地行为反映到区域层面即为工业部门土地投入相对减少，土地替代现象的发生。

初始 t 期在既定的技术状态 IPC_t 和要素相对价格 P_1P_1 下，A、B 两地部门最优生产决策点均为 $D_{1(t)}$。随着工业用地市场化改革，在供求机制作用下工业用地价格变得相对昂贵，但是两地区工业价格受到的冲击存在差异，A 地被人为压低的工业用地价格逐渐回归以反映其土地资源的稀缺性，要素相对价格线由 P_1P_1 旋转为 P_AP_A，B 地工业用地价格反映了其相对充足的土地资源优势，要素相对价格线由 P_1P_1 旋转为 P_BP_B。工业用地相对价格上升会促使部门内部加大土地利用强度（厂房加层、老厂改造、内部整理等）来减少土地需求，重新调整工业用地与其他要素的组合比例，A、B 两地工业部门最优生产决策点分别变为 $D_{A(t)}$ 和 $D_{B(t)}$，生产决策点移动表示发生了要素投入调整。但实际上，这种调整还受到要素间替代关系及弹性值大小的影响，要素投入结构调整取决于工业用地与其他要素替代的可能性。对于 A 地来说，土地资源稀缺对经济发展造成约束，面对工业用地价格上涨更可能会诱致部门内部其他要素对工业用地的替代，导致工业用地相对于其他要素的投入比例出现下降。B 地经济发展面临的土地资源约束较小，工业用地价格的扰动能在多大程度上产生工业用地替代效应则不易确定。基于此，我们提出研究假说 1。

假说 1：短期内，工业用地相对价格上升会诱致工业部门使用其他要素替代工业用地，工业用地相对投入比例会出现下降，这种短期诱致替代效应在发达地区更加显著。

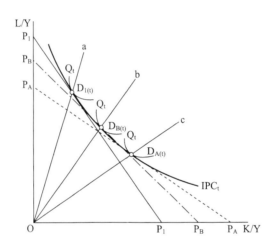

图 4　工业用地价格与要素结构调整

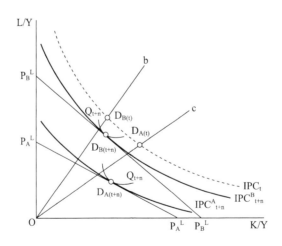

图 5　工业用地价格与技术选择

2. 工业用地价格变动与技术选择

长期内,工业用地长期价格 P^L 进一步改变,暂时性的要素结构调整在生产技术既定和新的市场(包括要素市场和产品市场)状况下可能不是最优,部门内部只能做出技术革新来应对[17]。由于资源禀赋不同,激励 A、B 两地根据区域禀赋条件探索适宜的工业发展模式。A 地面对土地资源劣势可能促使一些成本敏感的行业进行区域转移,并通过增加 R&D 投入等创造性资源来改变现有生产技术或开发更富效率的生产程序,发展土地集约型工业,提升产业技术水平,从而进一步减少对工业用地要素的依赖,最终创新可能性曲线由图5中的 IPC_t 移至 IPC_{t+n}^A(滞后期 n 取决于不同的行业和技术性质),这时 A 地工业部门可以用更少投入生产单位产出,最优生产点由 $D_{A(t)}$ 变为 $D_{A(t+n)}$。但是长期内 B 地工业发展路径并没有 A 地区受到的冲击大,其发展的主要思路依然是如何有效组合具有比较优势的生产要素,充分利用土地资源等禀赋优势以较低的成本承接 A 地产业转移,以差异化战略参与区域竞争,因此 B 地创新可能性曲线仅移动至 IPC_{t+n}^B,长期内最优生产点由 $D_{B(t)}$ 变为 $D_{B(t+n)}$。A、B 两地形成各具优势、功能互补的区域分工格局。总体来看,在工业用地相对价格提高的情况下,A、B 两地工业部门在利用其他要素(K)替代工业用地(L)的同时不同程度地提高要素使用效率。$D_{1(t)}$ 到 $D_{A(t+n)}$(或 $D_{B(t+n)}$)转变代表了要素相对价格变动诱致的要素结构变动和土地节约型技术进步。基于此,我们提出研究假说2。

假说2:长期内,工业用地相对价格上升会诱致工业部门采用土地节约型技术进步化解成本上升压力,这种长期技术创新诱致效应在发达地区更加显著。

四、模型设定与估计方法

1. 包含要素价格的超越对数成本函数模型

为了考察工业用地价格市场化造成的要素相对价格变动对要素结构和技术选择偏向动态影响过程,假设追求利润最大化的企业以期望的未来市场信息做出决策,则工业部门中代表性企业的成本函数为:

$$C = G(y, p, \rho, X, T) \tag{1}$$

式(1)中,$G(\cdot)$ 为长期规模报酬不变的成本函数,并且对于要素价格是线性齐次、非递减的凹函数,对于产出 y 是非递减的。y 代表产出,P 是要素 X 的当前市场价格,ρ 是依赖于要素当前和过去价格的要素长期价格,并且 $\rho_{it} = H(P_{it}, P_{it-1}, P_{it-2})$。本文中投入要素 X 分为劳动力 W、能源 E、工业用地 L、物质资本 K_w 和知识资本 K_e。T 代表企业的技术状态并可分为两部分,第一部分表示与企业 R&D 投入和要素价格变动无关的外生技术,即时间趋势变量 t;第二部分是与要素价格变动相关的企业内生技术,本文称之为价格诱致性技术进步。以上要素价格均以知识资本价格作为价格规范因子进行了标准化,以确定整个模型的相对价格水平,因为决定要素投入结构的是要素相对价格而非绝对价格[5]。

为方便刻画要素替代和技术进步,成本函数 C 又可以进一步表示为劳动力、工业用地及产出等超越对数成本函数形式[29,23]:

$$\ln C_t = \alpha_0 + \alpha_y \ln y_t + \sum_{i=1}^{5} \beta_i \ln P_{it} + \alpha_t t + \frac{1}{2} \left(\gamma_{yy} \ln^2 y_t + \sum_{i=1}^{5} \sum_{j=1}^{5} \beta_{ij} \ln P_{it} \ln P_{jt} + \alpha_{tt} t^2 \right) +$$
$$\sum_{i=1}^{5} \beta_{it} \ln P_{it} t + \sum_{i=1}^{5} \beta_{iy} \ln P_{it} \ln y_t + \gamma_{yt} t \ln y_t \tag{2}$$

式（2）中，i，j = W，E，L，K_w，K_e。式（1）中的外生技术进步在式（2）中表示为时间趋势 t，而价格诱致性技术进步的发生涉及企业对未来要素价格变化的预期，只有预期要素相对价格在较长一段时期内持续失衡时，企业才会加大投入进行生产技术创新。因此价格诱致的技术动态调整存在滞后期，这种诱致机制的发生依赖于 R&D 投入等科技创新资源对要素长期价格的响应，进而通过知识资本的创造这种载体实现，最终影响要素替代的可能性。因此价格诱致机制可以看成要素长期价格 ρ 的某种函数形式。参照 Peeters 和 Surry[30]、Esposti 和 Pierani[31] 等的研究，本文根据考伊克几何分布滞后模型（Koyck Geometric Lag Structure）建立价格诱致的动态过程，即：

$$\rho_{it} = \lambda p_{i,t-1} + \lambda^2 p_{i,t-2} + \cdots + \lambda^\tau p_{i,t-\tau-1} = \sum_{t=0}^{\infty} \lambda^\tau p_{i,t-\tau-1} = \frac{1}{1-\lambda} p_{i,t-1} (0 < \lambda < 1) \tag{3}$$

式（3）中，i = W，E，L，K_w，K_e。式（3）隐含着当期价格对诱致机制的影响从 t−1 期开始随着滞后期的增加呈几何衰减，而调整系数 λ 决定了滞后衰减的速度，λ 越接近 0，衰减速度越快，反之 λ 越大则表示价格的诱致效应越大，我们定义 1−λ 为调整速度，λ/（1−λ）为平均滞后期，$\sum_{t=0}^{\infty} \lambda^t$ 可视作当前价格的长期效应。

式（2）中，根据 Shepard 引理可得工业部门要素投入份额函数 S_i：

$$S_{it} = X_{it} \cdot \frac{P_{it}}{C} = \frac{\partial lnC}{\partial lnP_{it}} = \frac{\partial C}{\partial P_{it}} \cdot \frac{P_{it}}{C} = \beta_i + \sum_{j=1}^{5} \beta_{ij} lnP_{jt} + t\beta_{it} + \beta_{iy} lny_t \tag{4}$$

式（4）中，i，j = W，E，L，K_w，K_e。为了更好地识别要素需求在要素价格冲击下的动态调整及要素价格的滞后效应，式（3）经过 Koyck 变换后可将式（4）改写成下列动态要素投入份额方程：

$$S_{it} = \frac{\partial lnC}{\partial ln\rho_{it}} = \lambda S_{it-1} + (1-\lambda)\beta_i + \sum_{j=1}^{5} \beta_{ij} lnP_{jt} + \beta_{it}t + \beta_{iy} lny_t \tag{5}$$

此外，为了满足超越对数成本函数齐次性、对称性、长期规模报酬不变等假设，有如下模型参数约束条件：

$$\sum_i \beta_i = 1, \quad \sum_i \beta_{iy} = 0, \quad \beta_{ij} = \beta_{ji}, \quad \sum_i \beta_{ij} = 0, \quad \beta_{ji} = \beta_{ij}$$

2. 要素结构调整和技术选择方程

（1）要素替代与要素结构调整方程。要素结构调整是工业部门在要素相对价格变动情况下通过要素替代等一系列行为实现的，因此，我们采用弹性分析方法研究短期内要素替代对要素结构的影响。而 Morishima 替代弹性可以较准确地估计两种要素投入比率对相对价格的反应程度[32]。本文用 Morishima 替代弹性来衡量生产中任意两种生产投入要素的替代程度，公式为：

$$\sigma_{ij} = \frac{\partial ln(x_i/x_j)}{\partial lnp_j} = \frac{\partial lnx_i}{\partial lnp_j} - \frac{\partial lnx_j}{\partial lnp_j} = \varepsilon_{ij} - \varepsilon_{jj} \tag{6}$$

式（6）中，i，j = W，E，L，K_w，K_e。式（6）说明 Morishima 替代弹性是由交叉价格弹性（ε_{ij}）和自价格弹性（ε_{jj}）决定的，根据要素投入、要素份额与要素价格的关系，可得：

$$\varepsilon_{ij} = \frac{\partial lnx_i}{\partial lnp_j} = \frac{\partial lnS_i}{\partial lnp_j} + \frac{\partial lnC}{\partial lnp_j} - \frac{\partial lnp_i}{\partial lnp_j} = \frac{\beta_{ij}}{S_i} + S_j, \text{ 如果 } i \neq j \quad \varepsilon_{jj} = \frac{\partial lnx_j}{\partial lnp_j} = \frac{\beta_{jj}}{S_j} + S_j - 1 \tag{7}$$

由于要素自价格弹性 $\varepsilon_{jj} < 0$，由式（6）和式（7）可知，当 $\sigma_{ij} > 0$ 时，如果 $\varepsilon_{ij} > 0$，则要素 i 与要素 j 呈替代关系；当 $\sigma_{ij} < 0$ 时，如果 $\varepsilon_{ij} < 0$，则二者之间的呈互补关系，但是当 $\varepsilon_{ij} > 0$ 时，二者之间的替代关系则具有不确定性，这是因为随着要素 j 价格的上升，从单位产品来讲，要素 i 与要素 j 的投入比在下降，但是从宏观层面讲，要素 j 的绝对投入量却在增长。

（2）要素相对价格变动与技术选择方程。要素相对价格变动不仅导致了要素结构调整，长期也对部门技术选择产生影响，沿用 Peeters 和 Surry[30]、Esposti 和 Pierani[31] 等做法，定义诱致性技术进步为随着长期价格变动部门生产成本减少的幅度，工业用地价格变动诱致的技术进步可以表示为：

$$\gamma_{cl} = \partial lnC / \partial ln\rho_L = \partial lnC / (\partial lnp_L / (1-\lambda)) = (\partial lnC / \partial lnp_L) / (1-\lambda) \tag{8}$$

当 $\gamma_{Cl} < 0$ 说明工业用地价格上涨在长期内确实诱致部门内部开发或使用新技术化解成本上升压力。进一步讲，结合要素投入份额函数式（4），参考 Binswanger[33]、Celikkol[34] 等关于价格变化诱致的技术进步对要素投入决策的测算方法，诱致性技术进步对要素结构产生的效应表示为：

$$\psi_{iL} = \partial s_i / \partial ln\rho_L = \partial s_i / (\partial lnp_L / (1-\lambda)) = (s_i(\varepsilon_{iL} - \gamma_{Cl})) / (1-\lambda) \tag{9}$$

式（9）中，s_i 表示第 i 要素在总成本 C 中所占份额，ε_{il} 为工业用地与第 i 种投入要素的替代弹性，$i = W$，E，K_w，K_e。当 $\psi_{il} < 0$（或 $\psi_{il} > 0$）表示工业用地价格上涨导致 i 要素投入份额减少（增加），说明工业用地价格上涨诱致了 i 要素节约型（使用型）技术进步。

另外，定义外生技术进步为随着时间变化部门生产成本减少的幅度：$\varepsilon_{ct} = \partial lnC_t / \partial t$。外生技术进步导致的要素结构调整效应可以表示为：

$$B_{it} = \partial s_i / \partial t = s_i(\varepsilon_{it} - \varepsilon_{ct})，其中，\varepsilon_{it} = \partial lnx_i / \partial t \tag{10}$$

使用（$B_{it} > 0$）或节约（$B_{it} < _0$）i 要素投入取决于其投入变动幅度是否大于或者小于成本减少的速度。

3. 估计方法

考虑在不同要素需求方程中，可能存在一些共同的因素影响不同投入要素的需求，如产业结构、技术、资源禀赋等，而这些因素均反映在模型的残差项中，导致各方程扰动项之间可能存在相关性，加之横截面数据中经常出现的异方差问题，在这种情况下，普通的单方程估计结果不再有效[35]。理论上，通过联立式（2）和式（5）可获得有效率的估计结果，但由于本文数据仅有7年，自变量过多不仅导致严重的多重共线性问题，而且自由度过低也会影响估计效率，因此，本文根据式（5），将各要素份额方程构成一个联立方程组，并去掉知识资本投入份额方程①，采用似不相关回归方法（Seemingly Unrelated Regression，SUR）对方程组模型进行估计[20,23]。本文构造的联立方程组模型如下：

$$\begin{cases} S_W = \lambda_W S_{W,t-1} + \beta_W^* + \beta_{WW} lnP_W^* + \beta_{WE} lnP_E^* + \beta_{wL} lnP_L^* + \beta_{wKw} lnP_{K_w}^* + \beta_{wt} t + \beta_{wy} lny_t + \varepsilon_W \\ S_E = \lambda_E S_{E,t-1} + \beta_E^* + \beta_{EE} lnP_E^* + \beta_{EW} lnP_W^* + \beta_{EL} lnP_L^* + \beta_{EKw} lnP_{Kw}^* + \beta_{Et} t + \beta_{Ey} lny_t + \varepsilon_E \\ S_L = \lambda_L S_{L,t-1} + \beta_L^* + \beta_{LL} lnP_L^* + \beta_{LW} lnP_W^* + \beta_{LE} lnP_E^* + \beta_{LKw} lnP_{Kw}^* + \beta_{Lt} t + \beta_{Ly} lny_t + \varepsilon_L \\ S_{Kw} = \lambda_{Kw} S_{Kw,t-1} + \beta_{Kw}^* + \beta_{KwKw} lnP_{Kw}^* + \beta_{KwW} lnP_W^* + \beta_{KwL} lnP_L^* + \beta_{KwE} lnP_E^* + \beta_{Kwt} t + \beta_{Kwy} lny_t + \varepsilon_{Kw} \end{cases} \tag{11}$$

式（11）中，$lnP_j^* = lnP_j / lnP_{ke}$，即各要素与知识资本的相对价格，$\beta_j^* = (1-\lambda)\beta_i$。在使用 SUR 对式（11）方差—协方差矩阵进行估计时有两种选择：截面加权 SUR（Cross-section SUR）和时期加权 SUR（Period SUR），前者要求时期个数必须大于截面成员个数，后者相反。由于本文样本数据中截面数 30 个大于时期数 7，因此，在实证中采用时期加权 SUR 检验并进行 GLS 回归估计。同时，由于方程组内部不同方程存在共有的解释变量和回归系数，形成跨方程参数约束，因此在回归中对方程进行了参数约束。

---

① 由于各要素份额相加等于1，这使得所有要素投入份额方程的扰动项相加等于0，造成方程组扰动项的协方差矩阵变为奇异性，似不相关回归估计无法执行，去掉其中一个要素投入份额方程后，就可以避免这一问题。

五、数据来源与变量说明

本文选取 2007~2013 年中国 30 个省（市、自治区）工业部门投入产出面板数据进行实证分析，为了便于成本加和和计算要素份额，所有投入要素价格均为指数形式，以 2007 年为基年并设置为 1。变量及数据说明如下：

（1）产出（y）。选用工业总产值衡量，并根据"分地区工业生产者出厂价格指数"折算为 2007 年不变价，数据来自历年《中国统计年鉴》。

（2）物质资本投入（K_w）和资本价格（P_{Kw}）。采用工业行业资本存量作为资本投入，资本存量使用永续盘存法计算[12,36]：$K_{w,t} = (1 - \delta_t) K_{w,t-1} + I_t$。其中，$K_{w,t}$ 表示第 t 年资本存量，$K_{w,t-1}$ 表示第 t-1 年资本存量，δ_t 表示资本折旧率，I_t 表示第 t 年的新增固定资本。关于基期上一年（2006 年）资本存量的选择，参考韩国高等[37]做法使用该年工业行业固定资产净值年均余额，资本折旧率 δ 参考单豪杰[38]取 10.96%。此外，根据"分地区固定资产投资价格指数"将资本存量折算为 2007 年不变价。

关于资本价格，一般认为资本租赁价格可作为资本真实使用成本，本文根据 Jorgenson[39] 提出的估计方法：$p_{kw} = C_{kw} = q_t (r_t + \delta_t) - (q_t - q_{t-1})$。其中，$q_t$ 为第 t 期资产的市场购置价格，r 为净收益率，δ 为资本折旧率。本文使用三年期实际贷款利率测度 r，资产的市场购置价格 q 使用固定资产投资价格指数代替。以上数据来自历年《中国统计年鉴》。

（3）知识资本投入（K_e）和价格（P_{Ke}）。本文使用"各地区规模以上工业企业 R&D 经费内部支出"作为知识资本投入[11,40]，并参考白俊红和江可申[41]设定 R&D 价格指数 = 0.5 ×（消费价格指数 + 固定资产投资价格指数）作为知识资本价格。工业企业 R&D 数据来自《中国科技统计年鉴》。

（4）劳动力投入（W）和劳动力价格（P_W）。劳动力投入采用实际生产工时较为合适，但鉴于数据可得性，本文采用"工业行业城镇单位就业人员数"衡量劳动力投入 W[42]。劳动力价格 P_W 以"工业行业城镇单位就业人员数平均工资"代替，并根据"分地区居民消费价格指数"折算为 2007 年不变价，数据来自历年《中国统计年鉴》。

（5）能源投入（E）和能源价格（P_E）。能源消耗量作为一种经济过程的投入量，采用终端能源消费总量较为适宜。因此本文使用扣除了"用作原料、材料"部分的"工业行业终端能源消费量（标准量）"作为工业部门能源投入。鉴于分省的能源价格 P_E 不能直接获得，参考鲁成军[43]做法，采用分省"燃料、动力购进指数"代替，数据来自各省级《统计年鉴》和《中国能源统计年鉴》。

（6）工业用地投入（L）和工业用地价格（P_L）。我国土地一级市场的工业用地出让金实质上是为取得土地使用权支付的代价，因此本文将工业用地出让金作为工业用地价格。省级工业用地投入①来自《中国城市建设统计年鉴》，工业用地出让价格来自国土资源部主办的中国土地市场网土地出让"结果公示"栏，并根据"分地区固定资产投资价格指数"折算为 2007 年不变价。

---

① 工业包括采矿业、制造业和电力、燃气及水的生产和供应业，因此上述行业用地均应包含在工业用地数据中。但是我国现行土地分类中工业用地只是工矿仓储用地（工业用地、采矿用地和仓储用地）的下设二级地类，工业用地并不涵盖采矿用地和仓储用地。为了实现分析数据口径统一，本文中的工业用地指的是广义上的工业用地，即工业用地与采矿用地。

相关变量描述性统计信息如表 1 所示。

表1 相关变量定义与基本统计量

变量名称	最大值	最小值	均值	标准差
产出（亿元）	28869.46	271.05	6154.59	5709.00
物质资本投入（亿元）	34360.80	287.64	6906.67	6064.67
知识资本投入（亿元）	1029.82	0.38	138.23	184.52
劳动力投入（万人）	1055.30	10.02	161.94	138.59
能源投入（万吨标准煤）	13000.00	113.03	9513.75	10450.67
工业用地投入（平方公里）	2550.85	11.29	597.51	513.50
物质资本价格（指数）	1.07	0.84	0.96	0.05
知识资本价格（指数）	1.27	0.93	1.02	0.07
劳动力价格（指数）	2.62	0.79	1.36	0.30
能源价格（指数）	1.88	0.15	1.23	0.24
工业用地价格（指数）	10.04	0.75	1.99	1.48

注：要素价格指数＝第 i 年要素价格/2007 年要素价格。

表 2 列示了 2007～2013 年中国工业部门要素投入变化情况。从要素投入绝对水平看，伴随产出的快速扩张，我国工业部门各要素投入量均经历了快速增长，不同要素投入变化差异显著。考虑到价格因素后，不同要素投入份额并未经历明显变化。值得注意的是，与理论预期相反，虽然工业用地价格在所有投入要素中涨幅最大，但工业用地投入份额并未经历下降，反而出现上升，而物质资本和劳动力投入份额出现下降。为了深入分析我国工业部门要素结构变动背后的价格因素，下面我们展开实证分析。

表2 中国工业部门要素投入变化（2007～2013 年） 单位:%

		工业用地	劳动力	能源	物质资本	知识资本
绝对水平[a]	全国	55.71	46.35	97.98	161.55	218.55
相对份额[b]	全国	2.07	−0.02	0.26	−2.55	0.24
价格涨幅	全国	158.34	77.13	33.27	−7.43	17.96

注：a 表示实际观测值，未包含价格因素；b 表示估计值，包含价格因素。

六、实证结果及分析

1. 估计结果

本文使用 2006～2013 年中国大陆除西藏外 30 个省（市、自治区）工业部门投入产出面板数据进行模型估计。表 3 列示了联立方程组的参数估计结果。根据 Breusch 和 Pagan[44] 提供的 LM 统计量，我们检验了各方程扰动项之间的相关性，LM 检验结果在 0.01% 的水平上拒绝了"各方程的扰动项无同期相关"的原假设，可以推断本文使用似不相关回归法是合理的。从调整后的 R^2 来看，各回归方程都得到较好拟合，估计的 Koyck 参数 λ 均在 0.01% 的水平上显著为正且不等于 0，表明几何分布滞后模型能够较好地反映要素相对价格变动的诱致效应和要素需求动态调整过程。

表 3　联立方程组的参数估计结果

工业用地需求 S_L		劳动力需求 S_W		能源需求 S_E		物质资本需求 S_Kw	
变量	估计值	变量	估计值	变量	估计值	变量	估计值
λ_L	0.338***（3.89）	λ_W	0.677***（5.93）	λ_E	0.365***（4.99）	λ_{Kw}	0.383***（5.97）
β_L	0.067***（3.04）	β_W	0.021***（2.84）	β_E	0.910***（17.78）	β_{Kw}	0.003（0.06）
β_{LL}	0.062***（10.45）	β_{WW}	0.004（0.93）	β_{EE}	0.170***（8.60）	β_{KwKw}	0.148***（4.84）
β_{LE}	-0.045***（-6.10）	β_{WE}	-0.007**（-2.26）	β_{EW}	-0.007**（-2.26）	β_{KwW}	0.013*（1.77）
β_{LW}	-0.002（-1.13）	β_{WL}	-0.002（-1.13）	β_{EL}	-0.045***（-6.10）	β_{KwE}	-0.110***（-6.47）
β_{LKw}	-0.026***（-3.31）	β_{WKw}	0.013*（1.77）	β_{EKw}	-0.110***（-6.47）	β_{KwL}	-0.026***（-3.31）
β_{LKe}	0.012**（1.97）	β_{WKe}	-0.007**（-2.26）	β_{EKe}	-0.007（-0.80）	β_{KwKe}	-0.024（-0.89）
β_{Lt}	-0.001（-0.58）	β_{Wt}	0.001（1.14）	β_{Et}	-0.008**（-2.46）	β_{Kwt}	0.010***（3.24）
β_{Ly}	-0.004（-1.46）	β_{Wy}	-0.002**（-2.57）	β_{Ey}	-0.042***（-6.74）	β_{Kwy}	0.033***（5.89）
R^2	0.50	R^2	0.36	R^2	0.44	R^2	0.42
chi2	229.54	chi2	58.09	chi2	199.55	chi2	198.21
P 值	0.000	P 值	0.000	P 值	0.000	P 值	0.000
样本数量	30/210						
Breusch – Pagan test：chi2（6）=225.49***							

注：*、**、***分别表示在10%、5%和1%水平下显著，括号内为 Z 统计量。

另外，本文对联立方程组模型估计结果进行经济学意义上的检验，除了已经设定的齐次性约束，还需满足以下条件：一是非递减性要求成本函数是关于任意要素价格的非递减函数，所有模型中，$\beta_i > 0$ 保证了成本函数对要素价格非递减；二是给定产出水平，成本函数是任意要素价格的凹函数，即要素的自价格弹性为负，经过计算的劳动力、能源、物质资本、知识资本要素自价格弹性均为负值（见表4），而工业用地自价格弹性与经济理论相反，为正值。

工业用地自价格弹性为正，可能的原因有以下三方面：一是价格长期扭曲和价格波动剧烈。长期以来，地方政府出于短期政绩和竞争性引资的激励，土地价格被各种协议价格或无偿划拨等行政行为所扭曲，不能合理体现工业用地资源的稀缺价值，2007 年以来，随着"招、拍、挂"政策的实施，工业用地价格有所上升，但是金融危机后，地方政府遏制工业用地价格过快上涨，对工业用地出让市场进行干预，导致工业用地价格波动剧烈，使得微观企业主体对价格信号不够敏感。二是我国工业用地价格仍未完全市场化。地方政府在工业用地出让中仍具有相当的垄断能力，对工业用地出让程序和出让价格有很强的干预欲，地方政府通过各种形式补偿企业的用地成本，使得价格在工业用地资源配置中的信号作用难以充分发挥。三是持续的高速经济增长一定程度上造成了工业用地的需求刚性。当前，我国仍处于工业化阶段，这意味着未来较长一段时期内，对工业用地的增量需求仍将持续，但是我国工业用地扩张面临着严峻的资源环境约束，供需矛盾的突出一定程度上限制了价格效应的发挥。以上原因导致即便工业用地价格快速上涨也不能从根本上阻止工业用地需求的持续上升。

根据表 3 参数估计结果，我们可以进一步分析工业用地价格变动在不同时间尺度下对要素结构变动和技术选择的影响。

2. 要素相对价格变动的要素结构调整效应

从自价格弹性看，2007~2013 年，工业用地自价格弹性呈现明显下降趋势，由 2007 年的 0. 63 下降至 2013 年的 - 0. 1，说明随着工业用地价格市场化的推进，土地价格上升对工业用地需求的抑制作用开始显现，土地价格在资源配置中的调节作用正得到发挥。劳动力、能源自价格弹性均为负且绝对值逐步增大，显示劳动力和能源需求的价格敏感度不断上升，但是相比劳动力，能源需求更缺乏弹性，自价格弹性介于 - 0. 2 ~ - 0. 1 之间，而劳动力自价格弹性介于 - 0. 5 ~ - 0. 3，这与鲁成军[43] 估算的我国能源、劳动力自价格弹性结果较为一致。物质资本自价格弹性基本保持平稳，而知识资本需求最富有弹性，自价格弹性绝对值大于 1，这与刘初旺[45] 估计结果较为相近，表明工业部门对 R&D 投入的价格变动较为敏感，可能的解释是，由于我国土地、能源等要素价格长期扭曲使得部门倾向于密集使用有形要素，而缺少动力投资于自主创新[46]，但知识资本自价格弹性绝对值的下降也说明近年来工业部门对 R&D 投入成本敏感性降低，逐步认识到技术创新对提高竞争力的重要性。

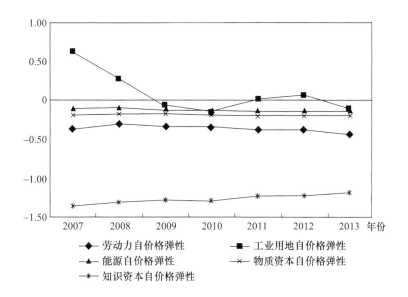

图 6　工业用地与其他要素的自价格弹性

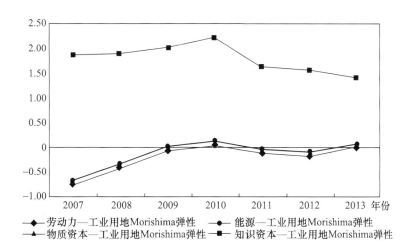

图 7　工业用地与其他要素的 Morishima 替代弹性

图 6 显示了工业用地与其他要素间的 Morishima 弹性计算结果。2007～2013 年，工业用地与劳动力、能源和物质资本的平均 Morishima 弹性均为负值（分别为 -0.16、-0.06 和 -0.07），理论上表现出互补关系，表明随着工业用地相对价格的上升，并没有诱致工业部门节约相对稀缺的要素，工业用地相对劳动力、能源和物质资本的投入比例反而出现上升。可能的解释是，近年来我国工业企业经营效益出现下滑，而随着工业地价上涨预期不断升温，吸引部分企业将资金从低利润的实体行业转移至工业用地市场进行囤地、炒地，同时，地方政府间持续的"土地引资竞争"导致部门内部工业用地投入相对过剩，但现实中多数工业用地处于闲置状态并未投产经营，企业等待土地升值然后从中转让获益，从而对企业的劳动力、资本等实体投资产生了"挤出效应"。这种"挤出效应"同时也解释了表 2 中工业部门工业用地份额上升，而劳动力和物质资本份额出现下降的现象。

从图 7 可以看出工业用地与劳动力、能源、物质资本的 Morishima 弹性值均呈上升趋势，在 2010 年和 2013 年甚至两度由互补关系转为替代关系，工业用地的可替代性开始增强。因此，针对中国经济持续增长带来的增量用地需求，可以通过深化工业用地价格市场化改革，促使工业用地价格向其合理价值回归诱致其他要素对工业用地的替代，从而缓解日益严重的土地资源压力，但这种替代性比较微弱一定程度上也反映了当前我国工业增长模式依赖土地投入的特征，土地在工业发展中仍然具有独特的功能与作用[2]。值得注意的是，工业用地与知识资本具有很强的替代性，这一结论具有很强的政策含义，高替代弹性意味着工业用地价格变动时会对企业的 R&D 投入决策产生较大影响，长期以来，我国土地价格扭曲使得工业增长过度依赖土地外延扩张，抑制了企业的研发活动，因此，可以预计随着工业用地价格市场化改革的逐步深入，企业会倾向于加大 R&D 投入来发展土地集约型工业，提升产业技术水平，减少对工业用地要素的依赖。

通过表 4 可以发现，我国工业部门要素使用的区域差异。从自价格弹性看，东部地区工业用地自价格弹性显著为负，显示出东部地区价格机制在调节工业用地资源配置中已经逐步发挥作用，价格上涨能够有效抑制工业用地需求。中西部地区工业用地自价格弹性为正，但未通过显著性检验，这与中西部地区工业用地需求具有一定的刚性，工业用地价格的扰动不能有效抑制持续增长的用地需求有关。从 Morishima 弹性来看，东部地区工业用地与劳动力、能源、物质资本和知识资本均表现出替代关系，这意味着随着工业用地相对价格上升，东部地区企业会加大其他要素的相对投入比例来减少工业用地投入量，这种替代实际上是工业部门内部面对土地成本上升对最优生产要素组合的调整，并激发工业部门增加创新活动来进行生产工艺变革。中部和西部地区工业用地与劳动力、能源和物质资本呈互补关系，与知识资本呈替代关系，与全国层面结论较为一致。

表 4　分地区工业部门要素间平均替代弹性估计结果

	自价格弹性		Morishima 弹性		
	ε_{LL}	σ_{WL}	σ_{EL}	σ_{K_wL}	σ_{K_eL}
东部	-0.149 ** (-2.02)	0.100 (0.80)	0.147 * (1.86)	0.160 * (1.86)	1.210 ** (2.14)
中部	0.284 (2.40)	-0.420 ** (-2.31)	-0.308 ** (-2.55)	-0.300 ** (-2.44)	2.310 * (1.62)
西部	0.188 (1.73)	-0.370 * (-1.71)	-0.203 * (-1.79)	-0.230 ** (-1.93)	3.960 * (1.75)
全国	0.048 (0.50)	-0.159 (-0.97)	-0.060 (-0.61)	-0.066 (-0.64)	1.772 * (1.79)

注：限于篇幅，表中只列出了与工业用地有关的价格弹性。L = 工业用地，W = 劳动力，E = 能源，K_w = 物质资本，K_e = 知识资本，Y = 产出，下同。*、**、*** 分别表示在 10%、5% 和 1% 水平下显著，括号内为 Z 统计量，结果由 stata12.0 得到。

总体来看，表4的结果证实了研究假说1，随着工业用地相对价格上升，东部地区出现显著的工业用地替代效应，工业用地相对劳动力、能源和物质资本的投入比例下降，而在全国层面和中西部则没有诱致工业部门使用其他要素替代工业用地，说明经济越发达的地区，要素相对价格变动的短期诱致替代效应越显著。

3. 要素相对价格变动的长期技术效应

本文将技术进步区分为两种不同类型：价格诱致性技术进步用来反映技术创新对长期价格变动的响应，与价格变动无关的用外生性技术进步来指代。工业用地价格变动诱致的长期技术创新效应通过 γ_{CI} 得到验证，经过计算 γ_{CI} 在 0.01% 的水平上显著为正（P = − 17.31），说明了工业用地价格上涨，经过一段时期，会诱致工业部门开发或使用新技术化解成本上升压力，但是 γ_{CI} 值仅有 − 0.063，说明了工业用地价格上涨的诱致效应较小。这一结论可以从 Koyck 参数 λ 得到解释佐证。理论上，λ 值越小，当期价格的滞后效应衰减速度越快，价格变动的累积诱致效应越小，这意味着工业用地价格变动对企业技术创新等长期决策的重要性较低。从表3可以发现，工业用地需求方程的 Koyck 参数 λ 仅为 0.39，价格变动的平均滞后期仅为 0.64 年。这可能是由于工业用地与劳动力、资本等要素投入存在显著差异，假设企业存续期间不会扩建用地，则大多数企业的工业用地投入是一次性的，近似于"沉没成本"，工业用地价格变动对后续的生产经营决策影响较小，而劳动力、资本等投入要素在企业存续期会根据要素价格和经营情况不断进行修正，因此导致了工业用地价格变动的诱致效应较小。

表5显示了不同来源的长期技术进步对要素投入的偏向性影响。要素投入偏向显示价格诱致性技术进步偏向于节约土地（Input – saving），但未获得显著性支持，说明工业用地的快速上涨诱致的工业用地节约型技术进步特征尚不明显，这可能与我国工业用地价格市场化虽取得很大进步，但价格扭曲仍未得到完全消除有关，要素价格扭曲使得企业技术选择出现偏差，工业部门还未走上土地节约型的增长方式。能源和物质资本节约型技术特征与知识资本使用型技术特征（Input – using）进一步验证工业用地与能源和物质资本的互补关系以及与知识资本的替代关系，工业用地价格上涨诱致的长期技术创新效应进一步强化了短期的替代效应。这一发现启示我们应充分重视土地价格市场化对过度投资的抑制作用和对企业技术创新的激励效应，土地作为经济发展最基本的投入要素，对土地要素的合理配置直接影响其承载的要素结构和技术选择，推进土地价格市场化可以成为撬动我国工业增长模式转变的重要杠杆。

表5 长期技术进步对要素投入的偏向性影响

2007～2013 年		工业用地（L）	劳动力（W）	能源（E）	物质资本（K_w）	知识资本（K_e）
诱致性技术进步（ψ_{iL}）	全国	− 0.001 （− 0.16）	− 0.002 （− 1.01）	− 0.045 *** （− 5.75）	− 0.026 *** （− 3.31）	0.011 * （1.84）
	东部	− 0.021 *** （− 3.00）	0.001 （0.23）	− 0.045 *** （− 4.22）	− 0.076 *** （− 3.91）	0.027 * （1.88）
	中部	0.013 ** （2.02）	− 0.009 ** （− 2.04）	− 0.015 （− 0.41）	0.030 （− 0.93）	0.015 （1.12）
	西部	0.008 （1.24）	− 0.003 （− 0.77）	− 0.048 *** （− 3.34）	− 0.029 ** （− 2.52）	0.012 （1.35）
外生性技术进步（B_{iL}）	全国	− 0.001 （− 0.58）	0.003 （1.63）	− 0.008 ** （− 2.46）	0.098 *** （60.91）	0.001 （0.63）

注：*、**、***分别表示在10%、5%和1%水平下显著，括号内为Z统计量，结果由 stata12.0 得到。

从区域层面看，随着工业用地相对价格的上升，东部地区表现出显著的工业用地节约型技术进步特征，中部地区诱致性技术进步则偏向于使用工业用地，西部地区工业用地使用型技术进步特征未得到显著性支持。不同区域诱致性技术进步表现出不同的要素使用偏向与地区工业用地价格市场化水平和工业化进程有关，东部地区在经济转型和土地资源短缺的双重压力下，在土地市场发育和制度构建方面领先于全国，工业用地价格的持续上涨使得企业在建厂或者扩大规模时需要充分考虑要素投入组合，倒逼企业依靠增加 R&D 等科技投入提升自身竞争力，发展土地集约型技术来摆脱土地资源约束。中西部地区目前正处在加速工业化进程阶段，以资源消耗型为主的产业结构催生了旺盛的增量用地需求，加之工业用地价格整体较低，土地价格的上涨对企业的长期决策没有产生明显的导向作用，因此，中西部地区工业用地相对价格变动没有诱致土地节约型技术进步的发生。

另外，我们也观察到 2007～2013 年，中国工业部门经历了较为显著的外生性技术进步，ε_{ct} 值达到 −0.304（P = −1.95），远远大于价格诱致性技术进步。外生性技术进步要素投入偏向显示，2007～2013 年，资本使用型技术进步主导了工业部门技术进步，而工业用地节约型技术进步并未通过显著性检验，这表明金融危机以来，我国工业部门进一步偏向了资本密集型的增长路径，资本深化程度不断提高，这一结论与大多数研究结果较为一致[47-48]，而研究期内，工业部门增长模式并没有出现明显的节约使用土地的技术选择倾向。

总体来看，表5 结果支持研究假说2，工业用地相对价格上升会诱致工业部门采用土地节约型技术进步化解成本上升压力，虽然这种长期技术创新诱致效应在全国层面尚不明显，但是在东部地区则得到显著性支持，说明经济越发达的地区，要素相对价格变动诱致的长期技术创新效应越显著。

七、结论和启示

要素价格作为宏观经济的信号载体，是影响经济主体要素投入与技术选择的重要因素，但目前尚未有关工业用地价格市场化改革如何影响工业部门要素结构和技术选择的相关研究。本文基于价格诱致性技术进步理论，将要素相对价格变动、要素结构调整和技术进步纳入统一的分析框架中，采用超越对数成本函数模型建立了一个包括多要素需求函数的联立方程组模型，利用 2007～2013 年中国工业部门面板数据，实证分析了工业用地相对价格变动对工业部门短期要素结构变动和长期技术选择的影响。本文的结论有如下几方面：

第一，短期内，要素相对价格变动的诱致替代效应仅在东部地区成立，即东部地区工业用地相对价格上升不仅能够起到抑制工业用地需求的作用，而且还诱致工业部门加大其他要素的相对投入比例来减少工业用地投入量。而全国层面和中西部地区，随着工业用地相对价格的上升，并没有诱致工业部门节约相对稀缺的工业用地资源，工业用地相对劳动力、能源和物质资本的投入比例反而出现上升，这一定程度上反映了土地在我国工业发展中仍然具有独特的功能与作用，工业用地具有很强的需求刚性。

第二，长期内，我国工业部门经历的价格诱致性技术进步证实了要素相对价格变动诱致的长期技术创新效应，即工业用地相对价格上升会诱致工业部门开发或使用新技术化解成本上升压力，但从要素投入偏向看，价格诱致性技术进步表现出能源和物质资本节约型技术特征与知识资本使用型技术特征（Input - using），长期技术选择偏向进一步强化了短期的要素替代效应，工业用地价格的快速上涨并没有显著诱致土地节约型技术进步的出现，但是从区域层面看，东部地区则表现出显著的土地节约型技术进步特征，而中西部工业用地相对价格的变动没有诱致土地节约型技术进步的发生，中部地区甚至表现出土地使用型技术进步特征。

　　未来一段时期，我国土地资源支撑型经济难以为继。因此，为了优化工业要素投入结构，加快推进我国工业转型升级，本文从工业用地要素角度提出以下政策建议：第一，继续深化工业用地价格市场化改革，完善工业用地价格形成机制。工业用地价格长期扭曲不仅降低了资源配置效率，也使一些传统低端产业继续滞留，因此，在工业转型升级的新常态背景下，需要建立和完善反映资源稀缺程度的工业用地价格形成机制，同时合理调控工业用地供需结构，充分发挥工业用地价格的杠杆作用来促进产业优胜劣汰。第二，打击囤地、炒地和工业用地闲置浪费行为。近年来工业用地价格上涨过快，需要警惕企业脱离实体经济进入工业用地市场投机炒作，这种行为不仅挤压了企业的正常用地需求，而且对实体经济投资也会产生"挤出效应"。强化行政手段对囤地、炒地、土地闲置等行为的打击，实现工业用地资源的有效配置。第三，鉴于目前我国工业用地仍然具有较强的需求刚性，因此通过提高工业用地价格来抑制旺盛的工业用地需求可能效果甚微，而其他生产要素至少短期内不会对工业用地产生明显的替代关系，因此，要有效地节约集约利用工业用地，最根本的需要依托生产技术和生产工艺的改进，调整产业结构和实现产业升级，进而走土地集约型发展模式。

参考文献

［1］ Roland, Gerard. Transition and Economics：Politics, Markets and Firms ［M］. Cambridge：MIT Press, 2000.

［2］ 刘守英. 中国土地制度改革的方向与途径［J］. 上海国土资源，2014（1）：1－8.

［3］ Hayami Y., Ruttan V. W. Agricultural Development：An International Perspective ［M］. Baltimore：Johns Hopkins University Press, 1985.

［4］ Acemoglu Daron, Fabrizio Zilibotti. Productivity Differences ［J］. Quarterly Journal of Economics, 2001, 116 （2）：563－606.

［5］ 林毅夫，苏剑. 论我国经济增长方式的转换［J］. 管理世界，2007（11）：5－13.

［6］ Boyang G., L., Weidong and M. Dunford. State Land Policy, Land Markets and Geographies of Manufacturing：The Case of Beijing, China［J］. Land Use Policy, 2014（36）：1－12.

［7］ 曲福田，吴郁玲. 土地市场发育与土地利用集约度的理论与实证研究——以江苏省开发区为例［J］. 自然资源学报，2007（3）：445－454.

［8］ 钱忠好，牟燕. 土地市场化是否必然导致城乡居民收入差距扩大——基于中国23个省（自治区、直辖市）面板数据的检验［J］. 管理世界，2013（2）：78－89，187－188.

［9］ Li Jing. Land Sale Venue and Economic Growth Path：Evidence from China's Urban Land Market［J］. Habitat International, 2014（41）：307－313.

［10］ 石晓平，曲福田. 经济转型期的政府职能与土地市场发育［J］. 公共管理学报，2005（1）：73－77，95.

［11］ Popp David. Induced Innovation and Energy Prices ［J］. The American Economic Review, 2002, 92（1）：160－180.

［12］ Surender Kumar, Shunsuke Managi. Energy Price－induced and Exogenous Technological Change：Assessing The Economic and Environmental Outcomes［J］. Resource and Energy Economics, 2009（31）：334－353.

［13］ 林伯强，牟敦国. 能源价格对宏观经济的影响——基于可计算一般均衡（CGE）的分析［J］. 经济研究，2008（11）：88－101.

［14］ 张斌，徐建炜. 石油价格冲击与中国的宏观经济：机制、影响与对策［J］. 管理世界，2010（11）：18－27.

［15］ Acemogulu Daron. When does Labor Scarcity Encourage Innovation ［J］. Journal of Political Economy, 2010,

118 （6）：1037 – 1078.

［16］Acemoglu Daron，Finkelstein Amy. Input and Technology Choices in Regulated Industries：Evidence from the Health Care Sector ［R］. NBER Working Papers，2006.

［17］都阳. 制造业企业对劳动力市场变化的反应：基于微观数据的观察［J］. 经济研究，2013 （1）：32 – 40，67.

［18］林炜. 企业创新激励：来自中国劳动力成本上升的解释［J］. 管理世界，2013 （10）：95—105.

［19］Chen S.，Jefferson G. H.，Zhang J. Structural Change，Productivity Growth and Industrial Transformation in China ［J］. China Economic Review，2011，22 （1）：133 – 150.

［20］王班班，齐绍洲. 有偏技术进步、要素替代与中国工业能源强度［J］. 经济研究，2014 （2）：115 – 127.

［21］张五常. 经济解释 （卷四）：制度的选择［M］. 北京：中信出版社，2014.

［22］Newell R. G.，Stavins R. N. The Induced Innovation Hypothesis and Energy – Saving Technological Change ［J］. Quarterly Journal of Economics，1999，114 （3）：941 – 975.

［23］樊茂清，郑海涛，孙琳琳，任若恩. 能源价格、技术变化和信息化投资对部门能源强度的影响［J］. 世界经济，2012 （5）：22 – 45.

［24］陈晓玲，徐舒，连玉君. 要素替代弹性、有偏技术进步对我国工业能源强度的影响［J］. 数量经济技术经济研究，2015 （3）：58 – 76.

［25］Ding Chengri. Land Policy Reform in China：Assessment and Prospects ［J］. Land Use Policy，2003 （30）：109 – 120.

［26］赵爱栋，马贤磊，曲福田. 基于资源价值显化视角的我国工业用地市场发育水平研究［C］. 2015 中国土地科学论坛论文集，2015.

［27］Romer D. Advanceed Macroeconomics （Second Edition） ［M］. Shanghai University of Finance & Economics Press，The McGraw – Hill Companies，2001.

［28］Nordhaus W. D. Lethal Model 2：The Limits to Growth Revised ［J］. Brookings Papers on Economic Activity，1992 （23）：1 – 59.

［29］Jorgenson D. W.，Kuroda M.，Motohashi K. Productivity in Asia：Economic Growth and Competitiveness ［M］. Northampton，MA，Edward Elgar publishing，2007.

［30］Peeters L.，Surry Y. Incorporating Price – Induced Innovation in a Symmetric Generalised McFadden Cost Function with Several Outputs ［J］. Journal of Productivity Analysis，2000 （14）：53 – 70.

［31］Roberto Esposti，Pierpaolo Pierani. Price – induced Technical Progress in Italian Agriculture ［J］. Review of Agricultural and Environmental Studies，2008，89 （4）：5 – 28.

［32］黄光晓，林伯强. 中国工业部门资本能源替代问题研究——基于元分析的视角［J］. 金融研究，2011 （6）：86 – 96.

［33］Binswanger，Hans P. The Measurement of Technical Change Biases with Many Factors of Production ［J］. American Economic Review，1974a，64 （6）：964 – 976.

［34］Celikkol P.，Stefanou S. E. Measuring The Impact of Price – induced Innovation on Technological Progress：Application to The U. S. Food Processing and Distribution Sector ［J］. Journal of Productivity Analysis，1999 （12）：135 – 151.

［35］Zellner A. An Efficient Method of Estimating Seemingly Unrelated Regressions and Tests for Aggregation Bias ［J］. Journal of The American Statistical Association，1962，57 （298）：348 – 368.

［36］张军，吴桂英，张吉鹏. 中国省际物质资本存量估算：1952 ~ 2000 ［J］. 经济研究，2004 （10）：35 – 44.

［37］韩国高，高铁梅，王立国，齐鹰飞，王晓姝. 中国制造业产能过剩的测度、波动及成因研究［J］. 经济研究，2011 （12）：18 – 31.

［38］单豪杰. 中国资本存量 K 的再估算：1952 ~ 2006 ［J］. 数量经济技术经济研究，2008 （10）：17 – 31.

［39］ Jorgensen D. W. , Yan K. Y. Tax Reform and the Cost of Capital ［J］. Journal of Finance, 1991, 59（4）: 1553 – 1583.

［40］ Wing S. I. Representing Induced Technological Change in Models for Climate Policy Analysis ［J］. Energy Economics, 2006, 28（5 – 6）: 539 – 562.

［41］ 白俊红, 江可申, 李婧. 应用随机前沿模型评测中国区域研发创新效率［J］. 管理世界, 2009（10）: 51 – 61.

［42］ 邵敏, 黄玖立. 外资与我国劳动收入份额——基于工业行业的经验研究［J］. 经济学（季刊）, 2010（4）: 1189 – 1210.

［43］ 鲁成军, 周端明. 中国工业部门的能源替代研究——基于对 ALLEN 替代弹性模型的修正［J］. 数量经济技术经济研究, 2008（5）: 30 – 42.

［44］ Breusch T. , A. Pagan. The LM Test and Its Application to Model Specification in Econometrics ［J］. Review of Economic Studies, 1980（47）: 239 – 254.

［45］ 刘初旺. 我国企业 R&D 投资资本成本的敏感性研究——基于上市公司的动态面板数据［J］. 财经论丛, 2014（11）: 41 – 48.

［46］ 张杰, 周晓艳, 李勇. 要素市场扭曲抑制了中国企业 R&D?［J］. 经济研究, 2011（8）: 78 – 91.

［47］ 陈勇, 唐朱昌. 中国工业的技术选择与技术进步: 1985 ~ 2003［J］. 经济研究, 2006（9）: 50 – 61.

［48］ 陈晓玲, 连玉君. 资本—劳动替代弹性与地区经济增长——德拉格兰德维尔假说的检验［J］. 经济学（季刊）, 2013（1）: 93 – 118.

经济增长世界中的"桃花源":知识资本视角下集聚生成机制的诠释

李 松 项义军 周 正 曲振涛

(哈尔滨商业大学 哈尔滨 150028)

一、引言

阿弗里德·马歇尔在《经济学原理》中指出:"大自然在生产上所起的作用表现出报酬递减的倾向,而人类所起的作用则表现出报酬递增的倾向。报酬递减律可说明如下:劳动和资本的增加导致了组织的改变,而组织的改进又提高了劳动和资本的使用效率。"[①]人类所起到的作用是什么?而这种作用又怎样与报酬递增的倾向联系起来?笔者认为,对于报酬递增起到关键作用的是知识的积累与运用,知识的积累与运用的过程就是人类历史文明发展过程。

对于如何分析知识,经济理论习惯将知识作为单独的生产要素进行分析,忽略了知识的历史性存在与关系性存在前提。笔者为了在经济中全面呈现知识作为历史性与关系性存在的意义与作用,以产业集聚这一与知识联系最为紧密,同时具有时代意义的现象进行诠释。

知识对于集聚的重要性,马歇尔还提出:"当一种工业已经这样选择了适合自己发展的地区时,就会长久设在那里。因此,从事需要同样技能行业的人,互相从邻近的地方获益匪浅。行业的秘密不再是秘密,而似乎公开散发在空气中,连孩子们都不知不觉地学到。优良的工作得到恰当的赏识,机械上以及制造方法和企业的总体组织上的发明和改良一有成绩,就迅速得到研究。如果一个人有了一种新思想就会为别人所采纳,并与别人的意见结合起来,又成为更新的思想和源泉。"[②]马歇尔提到了工业集聚出现了"公开散发在空气中"的知识溢出效应,但未深入分析这种效应产生的机制。对于这种机制的解释后人总结为两种观点:一种观点认为,同一产业内部的知识溢出是推动地区创新和经济增长的主要源泉,因此隶属同一产业的企业集聚,即专业化生产有助于地区产业创新,由于 Marshall、Arrow 和 Romer 是该观点的主要提出者和发展者,因此又被 Glaeser 等(1992)称为"MAR 外部性"。另一种观点则认为,不同产业之间的知识溢出才是推动地区创新和经济增长的主要动力,认为正是那些具有多样性和差异化的经济个体之间互补的知识的交流、差异化思维的碰撞,产生了更多的创新回报,因此隶属于不同产业的企业集聚,

[作者简介] 李松,哈尔滨商业大学经济学院产业经济学硕士研究生;项义军,教授,哈尔滨商业大学经济学院院长;周正,副教授,哈尔滨商业大学商业经济研究院;曲振涛,通讯作者,教授,哈尔滨商业大学党委书记。

① 阿弗里德·马歇尔. 经济学原理 [M]. 廉运杰译. 北京:华夏出版社,2012:263.
② 阿弗里德·马歇尔. 经济学原理 [M]. 廉运杰译. 北京:华夏出版社,2012:229.

即多样化生产有利于地区产业创新，该观点由 Jacobs（1969）提出，因此又被 Glaeser 等（1992）称为"Jacobs 外部性"（梁琦，2009；彭向、蒋传海，2011）。

对于什么是产业集聚，孙洛平、孙海琳（2004），魏后凯（2004，2007）指出，产业集群（Industrial Cluster）是指特定产业以及支撑和关联产业在一定地域范围内的地理集中，形成产业集群过程也称为产业集聚。产业集聚被看作动态过程和机制，这种动态的过程和机制是怎样产生的，又是怎样维持的？

Fujita、Krugman 等（2013）认为集聚是指经济活动的集中，它由某种循环逻辑创造并维持。新经济地理理论认为产业集聚源于不完全竞争和规模经济，集聚具有自我增值的优势，并产生区位空间的"锁定效应"和扩散效应，形成拥有更广地域的产业集聚，即产业带（Fujita, Krugman and Venables，2000）或广域的产业集聚（陈建军、黄洁等，2009）。规模报酬递增地方化主要体现为以下三个层面：一是厂商水平上的内部规模经济，即随着生产厂商规模的扩大，其产品平均成本也随之下降；二是地方化经济，即通常所讲的"块状经济"，其特点是一个区域内含有同一行业的许多企业，该区域内共享基础设施、知识外溢、交流和扩大的熟练劳动力市场，由此降低了单个企业产品的平均成本，这类规模报酬递增对厂商来说是外部的，对行业来说体现为内部规模报酬递增；三是城市化经济，这种产业集聚好处是体现在城市范围的区域，城市起到了"仓储系统"的作用，体现在城市范围内的规模报酬递增特征，还体现为知识外溢、共享基础设施等具规模报酬递增等形式（范建勇，2006）。

而分工理论认为产业集聚的动力来自于分工规模的扩大。分工是集聚的根本源泉，没有分工就没有集聚；集聚是分工的空间组织形态，集聚一旦形成，它将有利于分工利益的实现并进一步促进分工的深化。分工与集聚之间是一种正反馈的动态良性循环过程，报酬递增与市场规模是两者之间相互作用的媒介（梁琦，2009）。对于分工与集聚的研究，大多数从产业间分工与产业内分工视角进行研究，所谓的产业间分工是基于产业的前后关联效应发生的集聚现象；产业内分工是基于产品生产的某个环节出现的水平关联效应而发生的集聚现象。

在众多研究集聚理论及其实证分析文献中，都曾将知识作为重要参考变量纳入分析，但大都集中在知识溢出效应分析，缺乏对知识更为本质和系统的认识，从而阻碍了对集聚现象更为本质和客观的诠释。因此，本文以知识作为核心要素，提出广义知识资本的概念，分析了知识资本与集聚的关联机制。本文分为以下几部分对知识与集聚生成关联机制进行分析：第一部分为引言；第二部分界定广义知识资本的内涵并分析其内生增长机制；第三部分从时间维度视角对知识资本进一步的划分；第四部分在长、中、短时段知识资本前提下，系统分析产业集聚的成因；第五部分提出了维持集聚可持续增长的对策与建议。

二、广义知识资本内涵的界定及其内生增长机制

（一）广义知识资本的内涵

从信息视角看，知识是处于高度复杂信息（真理）与低度简单信息（数据）的中间态信息形式。数据在我们眼中会被"感知"，却不能被认知（O'Connor and Carr，1982）；信息是指有含义、关联和目的的数据，而数据中的含义通常与经验的联系或与其他数据的关联而产生；与信息或数据相比，知识能帮助我们更有效地行动，让我们有更大能力预测未来；智慧是指在特定环境中采取批判性或实践性行动的能力，它建立在个人信仰体系的道德判断的基础上；真理具有更

大的不确定性，对社会现象而言有多种真理而非一种绝对真理（Ashok Jashapara，2013）。

知识是什么？对于知识的定义随着情境变化而产生不同意义。在经济语境中，笔者将主要从广义上对知识的概念和范围进行定义，知识就是能够按照一定的比例转化为生产率、促进经济增长的要素与资源。在此笔者提出知识增长机制——知识资本[①]。

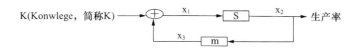

图 1　知识资本图解

图 1 中，X_1 代表输入的知识量；X_2 代表输出转化为生产率的知识量；X_3 代表生产率提高正反馈所生成的知识量；S 代表输入知识转化为生产率的比例；m 代表反馈参数。

知识资本包括两部分：知识与知识转化能力（S／（1 − S × m）），两者乘积的输出为生产率。[②]"知识资本是由知识性活动带来增值的资本"（程慧芳等，2014），这种增值效应最终体现在生产率的提高。新增长理论从理论上说明知识积累和技术进步是经济增长的决定要素（朱勇、吴易风，1999）。索罗模型、阿罗的"干中学"模型、罗默的研究与开发模型等都将知识作为生产效率提高与经济增长的核心要素进行阐述。在保罗·罗默的《收益递增与长周期增长》中，知识被作为一种重要的投入要素，其作用是提高其他要素（如资本和劳动力）的生产效率（周波，2006）。知识资本可以看作是生产率的另一种表示方法，两者在经济增长中所起到的作用是等同的，在一定的语境下可以相互替换。

知识资本的增长呈现出与土地、劳动力、资本等传统的要素相反的增长机制——边际报酬递增，这种报酬递增源于两方面机制的协同作用：在 S、m 值既定的前提下，K 值增加，输入的知识量 X_1 值增大，随之输出转化为生产率的知识量 X_2 值增大，通过反馈系数 m 的作用，生产率提高正反馈所生成的知识量 X_3 值增大。知识量的增加与生产率提高之间形成了一种自增强机制（简称自增强机制 I 型）。但是，S、m 的值并不是固定不变的，随着知识总量的增加，对人的知识转化能力也提出更高的要求，竞争的压力与发展的动力，使人对知识转化能力的提高也日益增加，即 S、m 的值不断增大。在既定知识量，即 K 值一定的前提下，S、m 值越大，其输出的转化为生产率的知识量 X_2 值越大，其生产率提高正反馈所生成的知识量 X_3 值越大，从而使输入的知识量 X_1 值越大，即知识转化能力与生产率提高之间也形成一种自增强机制（简称自增强机制 II 型）。

自增强机制 I 型与自增强机制 II 型往往在同一过程协同演化，通过两种机制所共同发挥作用，实现知识资本的增长。

（二）知识资本的内生增长机制：竞争合作机制、知识资本增长机制与分工机制

哈耶克指出："竞争乃是一种发现探索的过程。在这个过程中，探索者不断寻觅尚未被人们利

---

① 笔者提出的知识资本不同于传统意义上以价值、功能和结构作为划分上的知识资本，文中的知识资本是种广义概念上的知识资本。以价值视角对知识资本的研究，将知识资本看作可转化为价值、利润的知识；以功能视角对知识资本的研究，将知识资本看作一种核心能力或竞争优势；以结构视角对知识资本的研究，将知识资本依据地域范围、所属对象等进行划分。

② 依据曼森法则（Cortes et al，1974）：正向路径／［1 −（正向路径）×（反馈路径）］。这一项与系统的输入相乘，就等于系统的输出（考特尼·布朗. 图解代数：用系统方法进行数学建模［M］. 郭茂灿译. 上海：格致出版社，上海人民出版社，2013.）。

用的机会。这些机会一旦被发现，那么其他人也可以同样使用它们。"[1] 从知识属性的异同我们可以进一步划分竞争的类型，一种是同质化竞争，另一种是异质化竞争。所谓同质化竞争，即竞争的主体间所共享的 K 知识空间重叠程度较大，主体之间更侧重于知识转化能力（$S/(1-S\times m)$），即提高 S、m 方面进行竞争，这种竞争所带来的更多是生产率线性的增长。因此，同质化竞争所启动的是自增强机制 II 型。而异质化竞争，竞争主体所实现的是知识空间的多样化，增加的是知识存量 K 值，主体之间在 K 值方面进行竞争，这种竞争所带来的是生产率跳跃式的增长。因此，异质化竞争所启动的是增强机制 I 型。通过两种方式的竞争，主体的知识量与知识转化能力提高，提高了生产率。

合作为竞争的演化提供了基础和背景，同质化竞争所依托的重叠的知识空间，异质化竞争所需要创新的灵感，往往脱离不开合作关系所提供的知识背景。成功的合作需要相互认知和分享程序、观点和思维方式，也就是说，这是种可以建立合作实验的形式（Garica - Pont C.，Nohria N.，2002）。合伙人必须学会合作。根据每个人行为，重复互动产生信息，这能够使合作伙伴降低不确定性和增加可预测性，此外，通过重复互动，开发一种共同语言，针对合作伙伴的中层次知识，可以提高合作效率（Robin Cowan，Nicholas Jonard，2013）。同时合作又是竞争演化的结果，梅特卡夫指出："无论是生产者还是消费者，在事前都无法得知竞争过程的结果，因为竞争过程本身就是一个不断试错的过程。"[2] 通过合作，一方面知识的互补性可以使参与主体降低探索过程不确定性，增加可预测性；另一方面，知识的多样性提高了参与主体成功的概率，提供给主体更多竞争的优势。因此，从知识增长的逻辑来讲，竞争与合作互为前提、互为结果。

企业通过合作而形成更广的分工网络，同时依靠竞争实现分工的演进。分工是竞争与合作相融合的组织形式，它是经济增长的基础和财富增长的源泉。刘培林、张鹏飞（2014）从性质上将分工划分为"分工深化"和"分工广化"两种类型。"分工深化"是斯密所强调的分工程度提高的主要方面，是在大体明确的技术路线上的工序细化或为提高工效而进行的边际改进，更接近于"从有到快、从有到好"。"分工广化"则是开辟新的技术路线，更接近于"无中生有"。其中所提到的"分工深化"在很大程度上提高了知识资本中的 P、m 值，从而提高了生产率，知识同质化竞争占主体地位，启动的是自增强机制 II 型；而"分工广化"增加的则是知识存量，提高的是知识资本的 K 值。提高其生产率，知识的异质化竞争程度占有主体地位，启动的是自增强机制 I 型。

同质化竞争启动自增强机制 I 型，自增强机制 I 型又促进了分工深化；异质化竞争启动自增强机制 II 型，自增强机制 II 型促进了分工的广化。竞争与合作机制通过知识资本增长机制，实现了分工机制的演化与发展，而分工机制又正反馈于竞争合作机制与知识资本增长机制，从而实现了知识资本的内生化增长，其关系如图 2 所示。

分工促进了专业化，也促进了知识资本的增长。在本文中我们将主要从知识资本的视角来讨

① 哈耶克. 作为一种发现过程的竞争——哈耶克经济学、历史学论文集 [M]. 邓正来译. 北京：首都经济贸易大学出版社，2014.

② 梅特卡夫. 演化经济学与创造性毁灭 [M]. 冯健译. 北京：中国人民大学出版社，2007.

论分工的概念及其意义，传统理论①只是将分工作为效率增长的机制，而缺乏对这种机制进行知识层面更为本质的分析，而哈耶克所提出的"知识分工"，其建立的基础是"无知观"② 和个人主义方法论，将理论重点放在对自发秩序的建构及其自由理念的诠释上。在"知识"与"分工"相结合的机制的探讨中缺失了对一些具体现象的解释。在此，笔者以知识资本为视角，将分工作为分析的核心机制，对产业集聚这一现象进行分析阐述。

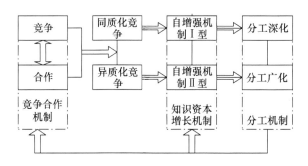

图2　知识资本的内生增长机制

三、时间维度下知识资本的划分

知识资本的增长是动态的，并且是时间的增函数。在此本文将时间作为变量引入知识资本，如图3所示。

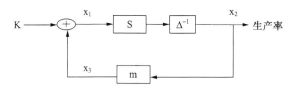

图3　包含非连续时间积分算子的知识资本图解

图3中，X_1 代表输入的知识量；X_2 代表输出转化为生产率的知识量；X_3 代表生产率提高正反馈所生成的知识量；S 代表输入知识转化为生产率的比例；m 代表反馈参数。

$\triangle^{-1}$：积分算子。

假设 $\triangle^{-1}$ 把输入 K_t 转变为 P_t，可以表示为：

---

①　斯密第一次系统提出了分工理论，强调了"劳动生产力上最大的增进，以及运用劳动时所表现的更大的熟练、技巧和判断力，似乎都是分工的结果。"Alan Young（1928）在《收益递增与经济进步》的经典论文中进一步发展了斯密的分工思想，提出了杨格定理，认为分工具有自我演化机制。杨小凯在继承斯密和杨格思想基础上，提出了新兴古典与新古典框架，重点提到了"专业化经济"和"分工网络效应"对经济增长率的影响。Becker and Murphy（1992）在继承斯密分工思想的同时，将"知识"因素引入，他们认为专业化程度加深会增加社会知识存量，对知识投资的激励又会取决于专业化水平，更多的知识将会提高专业化的收益，从而有利于提高最优劳动水平。专业化和经济增长两者便通过知识积累而联系起来（倪沪平，2010）。而哈耶克在《经济学与知识》（1936）中正式提出了"知识分工"的概念，他认为"知识分工这个问题乃是经济学（亦即作为一门社会科学的经济学）中真正的核心问题"。

②　在《自由秩序原理》的第二章《自由文明的创造力》中哈耶克指出："文明始于个人在追求其目标时能够使用较其本人所拥有的更多的知识，始于个人能够从其本人并不拥有的知识中获益并超越其无知的限度。"（邓正来主编．哈耶克读本[M]．北京：北京大学出版社，2010.）

$$\triangle^{-1}K_t = P_t \tag{1}$$

由于 $\triangle^{-1}$ 是 $\triangle$ 的倒数，$\triangle P_t = K_t$，也就是 $P_{t+1} - P_t = K_t$，于是可以重新写为：

$$P_{t+1} = K_t + P_t \tag{2}$$

在式（2）的两边同时乘以 E^{-1}①，可得：

$$P_t = K_{t-1} + P_{t-1} \tag{3}$$

将式（3）代入式（1）中，有：

$$\triangle^{-1}K_t = K_t + P_{t-1} \tag{4}$$

式（4）表明，$\triangle^{-1}$②产生了一个无限的加总（Indefinite Sum），其表达式为输出（P_t，或者 $\triangle^{-1}K_t$）等于上一次输入 K_{t-1} 和输出的和 P_{t-1}。也就是说，把上一次输入和输出加在一起，就得到新的输出。不断迭代下去，把新的输入（只是上一个时间点的）加上新的输出（之前所有迭代累计的输出），就等于各个时间点累积的总输出（Cortes et al.，1974）。③

可以根据曼森法则用代数的方式表现图 3 中所定义的系统：

$$P_t = K_t[S\triangle^{-1}/(1 - Sm\triangle^{-1})] \tag{5}$$

式（5）变形后可得 $P_t(1 - Sm\triangle^{-1}) = K_t S\triangle^{-1}$，简化后得到 $P_t - P_t Sm\triangle^{-1} = K_t S\triangle^{-1}$，再将其变形得到：

$$P_t = K_t S\triangle^{-1} + P_t Sm\triangle^{-1} \tag{6}$$

为消去式（6）中的 $\triangle^{-1}$，在公式两边同时乘以 $\triangle$，由于 $\triangle$ 和 $\triangle^{-1}$ 是互逆算子，它们相互抵消。可得 $\triangle P_t = K_t S + P_t Sm$。因此，得到：

$$\triangle P_t = K_t S + P_t Sm \tag{7}$$

将 $\triangle$ 算子操作化 $\triangle P_t = P_{t+1} - P_t$，并将式（7）变形，将得到最终模型，即：

$$P_{t+1} = K_t S + P_t(1 + Sm) \tag{8}$$

这是一个具有恒定系数的一阶线性查分方程。④根据式（8）：$P_{t+1} = K_t S + P_t(1 + Sm)$，公式两边都乘以 E^{-1} 得：

$$P_t = K_{t-1}S + P_{t-1}(1 + Sm) \tag{9}$$

由上述推导过程可以得出当期生产率受上一期的知识量 K_{t-1} 和生产率的 P_{t-1} 的共同影响。在这里假定 S、m 为固定的系数，而在实际的历史进程中，S、m 与知识量 K 共同发生变化，如前文所提到的，自增强机制 I 型与自增强机制 II 型协同演化，共同使生产率提高。

在此，笔者将引入时间段对知识资本的类型进行划分，根据时间段的长短，即 $\triangle^{-1}$ 间隔的长短其可分为长时段知识资本（Long Time Knowledge Capital，LKC），中时段知识资本（Intermediate Time Knowledge Capital，IKC），短时段知识资本（Short Time Knowledge Capital，SKC）。在本文中，SKC 的 $\triangle^{-1}$ 值大，考察的是多代际知识资本的增长规律；IKC 的 $\triangle^{-1}$ 值处于中等，主要考察代际内知识资本的增长规律；SKC 的 $\triangle^{-1}$ 值相比最小，主要指编码程度较高、抽象程度较低的显性知识，这里定义为代际内某一时间段的知识资本。

LKC 所历经的时间跨度大，其知识经历了多代际的博弈演化，它可以理解为制度。"制度提

---

① E^{-1} 为引入的延迟算子（Delay Operator），读作"E 的倒数"，E^{-1} 将变量 Y_t 变为 Y_{t-1}。E 为加速算子（Advanced Operator），即 E^1，E^1 将变量 Y_t 变为 Y_{t+1}。为方便见起，我们将 E^1 写成 E，不把上标标出（考特尼·布朗. 图解代数：用系统方法进行数学建模［M］. 郭茂灿译. 上海：格致出版社，上海人民出版社，2013.）。

② $\triangle^{-1}$ 为积分算子，读作"$\triangle$ 的倒数"，$\triangle^{-1}$ 表示变量在两个时点上值的和。$\triangle$ 为差分算子，$\triangle$ 表示变量在两个时点间的差。两种算子互为倒数，即 $\triangle^{-1}\triangle$ 等于单位算子 I（考特尼·布朗. 图解代数：用系统方法进行数学建模［M］. 郭茂灿译. 上海：格致出版社，上海人民出版社，2013.）。

③④ 考特尼·布朗. 图解代数：用系统方法进行数学建模［M］. 郭茂灿译. 上海：格致出版社，上海人民出版社，2013.

供人类在其中相互影响的框架，使协作和竞争的关系得以确定，从而构成一个社会特别是构成了一种经济秩序。"[1] 也可以理解为一种文化，"文化既不是自然的也不是人为的，既不是通过遗传继承下来的，也不是经由理性设计出来的。文化乃是一种由可得的行为规则构成的传统，因此，这些规则绝不是'发明出来的'，而且它们的作用也往往是那些作为行动者的个人所不能理解的"[2]。Nathan Nun（2012）将文化理解为"快速且低成本"的决策启示法或"捷径"，并认为文化变化与文化惯性是历史影响现在的重要途径。本文 SKC 可以被认为是提供给主体的一种基本的而且所共有的秩序，这种秩序影响着人们的价值观、信念或社会规范。人们对于这些秩序的把握往往是不可编码的、抽象的，呈现出默会[3]的特性。SKC 知识存量丰富，即 K_t、$\triangle^{-1}$ 值大。制度最本质的特征是惯性和持久性，这是对制度特征最精确的描述（Ron Martin，2009），即系数 S、m 相对稳定，但是因为大部分知识默会程度较大，故而 S、m 的值较低。

IKC 是伴随生命周期的变化而变化，即使人的一生都在接收知识，即 K_t、$\triangle^{-1}$ 是不断增加的，但从本质来讲，人只不过是种生命体，只要是生命体就要经历诞生、成长、衰老、死亡的过程。而在这个过程，对于个体来讲，S、m 的系数是不稳定的，而且大致与人的生命历程经历相同的变化，从零到有，缓慢增长，达到峰值，再下降，最后变为零的过程。

SKC 主要指代际内的某个时段，其中包含知识量是有限的，即 K_t、$\triangle^{-1}$ 的值小，但是其中所包含的知识编码程度高，而且具体，即 S、m 值大。因此，笔者比较了 LKC、IKC 与 SKC 之间的不同特征，如表 1 所示。

表 1 不同时段知识资本特征比较

特征\划分	K_t	$\triangle^{-1}$	S	m
LKC	大	大	小	小
IKC	中	中	周期性变化	周期性变化
SKC	小	小	大	大

四、知识资本视角下集聚机制的诠释

（一）LKC 与产业集聚

North（2009）提到："意识形态的差异，最初起因于跟环境做斗争的团体有着各自不同的地理经验，后来，这种差异发展成不同的语言、宗教、习俗和传统。"[4] 这使得在空间上邻近的主体（个人、企业、产业）有着相近的文化和制度基础。因此，在一定区域内的企业拥有相近的 LKC，LKC 为区域内的个体提供基本的而且公共的秩序，这些秩序具有稳定性与持久性的特征。正如 Schumpeter（2009）所提到的："一切知识和习惯一旦获得以后，就牢固地植根于我们之

---

① 道格拉斯·C. 诺斯. 经济史上的结构和变革 [M]. 厉以平译. 北京：商务印书馆，2009：227.

② 哈耶克. 作为一种发现过程的竞争——哈耶克经济学、历史学论文集 [M]. 邓正来译. 北京：首都经济贸易大学出版社，2014.

③ 波兰尼（1975）将知识分为默会知识和显性知识，知识的显性维度（简称为显性知识）可以用符号和（或者）自然语言的形式来阐述、编码以及交流，隐性知识形成了发展和解释显性知识所必需的背景。

④ 道格拉斯·C. 诺斯. 经济史上的结构和变革 [M]. 厉以平译. 北京：商务印书馆，2009.

中，就像一条铁路的路堤植根于我们之中，就像一条铁路的路堤植根于地面上一样。它不要求被继续不断地更新和自觉地再度生产，而是深深沉落在下意识的底层中。它通常通过遗传、教育、培养和环境压力，几乎是没有摩擦地传递下去。我们所想的、所感觉的或所做的每一件事情，常常完全变成了自动的，而我们的有意识的生活并不感到它的累赘。"① 这些秩序潜移默化进入意识、行为与习惯中，影响着我们的生活、学习和工作方式。与此同时，知识的存量的积累，给政治和经济制度的长期变革带来进化的秩序（North，2009）。从长期来说，我们是观念的主人；从短期来说，我们是观念的产物。

1. 个体与 LKC

从长久看，知识存在着累积效应，这种累积效应的影响体现在两方面：一方面，人们已有知识存量的增加，即 K 值的增加；另一方面，人们转化知识能力的增加，即 S、m 值的增加。这两方面作用共同使知识资本增加并且呈现累积效应，在"知识资本—分工"形成反馈，累积循环。

知识的累积效应既有正效应又存在负效应，正效应使知识资本走向正反馈，负效应使知识资本走向负反馈。本文根据"制度能否促进知识增长"来划分制度的优劣。好的制度能在最大程度上促进知识增长，这种增长效应体现在两方面，一方面使个体的知识空间（K）得到拓展，这主要是鼓励个体从熟悉的关系中解脱出来，走向陌生关系的建立和发展，异质性个体所拥有的知识差异程度高，多样性丰富，有利于个体知识空间的拓展，知识存量的增加。从本质上讲，好的制度鼓励开放，并为这种开放提供相对稳定的保障。另一方面使个体知识转化能力（S，m）得到提升，知识的转化能力就是个体学习能力最核心的部分，而学习能力的提升取决于制度的激励和保障，激励是指个体的知识成果得到承认，并得到物质、地位等多方面的奖励。能够激励人们去解决问题，让做事的人能够充分挖掘他们的才智，提高他们的能力（Edmund S. Phelps，2009）。保障是指个体能够有学习的机会和渠道，而这些资源的门槛对于大多数个体来讲是可接受的，机会成本相对较低。坏的制度阻碍知识增长，这种阻碍效应恰恰与增长效应相反，它限定着主体知识空间（K）的拓展，使主体趋向故步自封，阻碍学习能力的提升，无法提供具有吸引力的激励以及基本的保障。

2. 企业与 LKC

制度减少了不确定性并降低了交易成本，因为它们为集体行为提供了"稳定的黏合剂"（Miroslav Jovanovic，2012）。通过对知识掌握，能够降低决策不确定时所带来的风险，对于个体来讲，知识的存量以及知识的转化能力是有限的，通过与更多个体所建立的关系网络，能够极大地降低不确定性所带来的风险，而企业便充当着这种关系网络的载体。作为载体，企业运行着两种机制：一种机制以利润为主导，"企业向家庭和其他企业购买劳动服务和原材料等投入品，把这些投入品转化为商品和服务，出售给家庭和其他企业，目的是使其收入和支出之间的差最大化"（Randall S. Kroszner，Louis Putterman，2015）。另一种机制是以知识增长为主导的，即企业通过对知识的积累、转化。形成自己的比较优势②，这种比较优势从 LKC 角度来讲是一种信誉、品牌等知识资本积累的厚度（K 值，$\triangle^{-1}$）的大小，还体现在 S、m 值的差异上，通过这种比较优势参与到分工中去。利润机制与知识增长机制相辅相成，知识增长机制为价格机制的运行提供了深层的基础和动力，企业必须依靠不断地创新而获得竞争优势，获取垄断利润。从而如何获得

---

① 约瑟夫·熊彼特. 经济发展理论［M］. 何畏等译. 北京：商务印书馆，2009.

② 按照李嘉图的论述，所谓比较优势就是不同国家生产同一种产品的机会成本差异。该差异的主要来源是各国生产产品时的劳动生产率差异（林毅夫，李永军. 比较优势、竞争优势与发展中国家的经济发展［J］. 管理世界（月刊），2003（7）：21－28.）。比较优势战略使得经济发展在每个阶段都能发挥当时资源禀赋的比较优势，从而维持经济的持续增长并提升资源禀赋的结构（林毅夫，蔡昉，李周. 比较优势与发展战略——对"东亚奇迹"的再解释［J］. 中国社会科学，1999（5）：4－20.）。在文中笔者将比较优势发挥在知识资本的 K、$\triangle^{-1}$、S、m 值的转化并表现出在分工不同领域、阶段生产率的差异上。

知识增长，成为企业基业长青的关键。

Yang（1996）指出，各个生产—消费者在专业化报酬递增与交易成本之间的两难冲突中进行权衡，给定专业化报酬递增的程度，那么，随着交易成本的降低，分工将变得越来越精细，这样就形成了各种不同产品的生产者聚集在一起的地方社区和综合型城市（李君华，2009）。交易的双方因认知共同的秩序，而不必再花费更多的时间和金钱去学习新的知识（制度和文化），也不必花费更多的时间和金钱建立稳定的信任关系，交易成本中包括交易前的学习成本与交易中的博弈成本，成本的降低，使合作的门槛降低，从而使更多的主体参与到分工网络中来，使得异质化竞争成为可能，启动了自增强机制Ⅱ型，促进了分工的广化。同时，基于制度所提供的共有的知识背景，企业在拥有大量知识存量（K）基础上，企业着重于挖掘自身的比较优势，即提高自身的知识转化能力（S、m），启动了自增强机制Ⅰ型，促进了分工的广化。

经济的繁荣依赖于经济的活力，而经济活力最终取决于制度（Edmund S. Phelps，2009）。集聚作为一种经济现象，其自身发展的可持续性也依赖于制度。好的制度使知识资本形成正反馈，降低交易成本从而促进分工广化，提供丰富的知识存量从而促进分工深化，形成专业化报酬递增优势，在"分工—知识资本—集聚"形成累积循环效应，使产业集聚能够自发持续下去，而且良好的制度所形成的关系网络起到了分散风险的作用，为产业集聚这一现象的形成提供了自发性与根植性。

（二）IKC 与产业集聚

加里·贝克尔指出："随着年龄的变化一个人会取得（或丧失）经验、知识及精力，他的现有的生产可能性边界也会发生变化。"[1] 从个人生命历程来看，年龄[2]是个人知识资本变化最重要的因素。从历史、人类总体来看，LKC 是持续增长而且是稳定的。但从人的生命周期、个体来看，知识资本是变化的，而且是不稳定的。对于制度和文化的代际传递，这些习惯、准则和行为规范最初得自于家庭（初级社会化），而后得自于教育过程和教会一类其他制度（次级社会化）（North，2009）。而"初级社会化"和"次级社会化"便是个体生命历程中知识资本增长一个阶段。在 IKC 层面上，年龄与知识资本的增长是紧密关联的。我们将从个体自身和个体所发生的关系网络两方面来研究知识资本的变化规律。对于个体自身来讲，我们先要假定个体所接触的 K 的总量是一定的，个体从诞生到衰老再到死亡，其本身的智力水平也经历着从无到有，成长，衰退再到消失的过程，这就意味着 S、m 也经历着从零到有，增长，衰落再到零的过程，S、m 的值受个体生理与心智协同影响，但总体来说，与人的生命历程变化相一致。

个体的知识资本也与生命周期变化相一致。而对于个体所发生的关系网络，我们假定个体的知识转化能力是一定的，即 S、m 的值为定值。个体所接收的知识存量 K 值与个体所发生的关系网络有着紧密关系，利用社会网络分析法，我们将从两方面来度量个体所发生的关系网络，一是

---

① 加里·贝克尔. 人类行为的经济分析［M］. 王业宇，陈琪译. 上海：格致出版社，上海三联书店，上海人民出版社，2008.

② 年龄效应（Age Effect）反映了随着年龄的变化（如青年、中年、老年）所体现的差异（周黎安，张维迎等. 企业生产率的代际效应和年龄效应［J］. 经济学（季刊），2007（7）：1297-1318.），人们喜欢从储蓄，抚养比，以及消费等因素来考查年龄效应，例如朱迪恩·巴尼斯特等（2011）指出老年人的生产率一般低于劳动年龄人口，所以老年人口比重升高可能会减缓经济增长；然后是因为比以往规模更大的老年人口要依靠规模相对较小的成年劳动人口负担；最后是因为与年轻人相比，老年人对医疗保健有更多需求，这个相对较大的老年人口可能会造成不可忽视的经济负担。蒂莫西·吉内恩（2012）指出人们经常提及的一个观点是，子女是生命周期储蓄的一种形式；父母在年轻、富有时投资，希望子女在他们生病或步入老年时照顾他们。巴里·埃肯格林等（2012）指出更高的老年抚养比确实会增加经济减速发生的可能性，这很容易理解，因为随之而来的是更低的储蓄率与更低的劳动参与率，等等。本文尝试从知识资本的视角来阐述年龄效应，将生产率、年龄、分工及其集聚囊括在统一框架中。

密度，二是中心度。密度是指测量自我中心网络中 N 个客体互相联络的程度（忽略了关系主体 Ego），因为本来所有的客体都与之直接联系。现假定这种关系是无向性的二进制（有/无）关系，关系密度（D）等于所报告的客体间对偶联系（用 L 表示）数除以此种关系的极大可能数（戴维·诺克、杨松，2012）。关系密度表示为：

$$D = \frac{L}{C_N^2} \tag{10}$$

IQV 就是用来测量自我中心网络的多样性，即表示关系密度中多样化程度。通常，对含有 N 个客体的第 i 个主体而言，其中所有客体都分成 h 类离散的或有序的类别，那 IQV 等于：①

$$IQV_i = \frac{1 - \sum_{j=1}^{k} P_j^2}{\frac{(h-1)}{h}} \tag{11}$$

其中，P_j^2 是第 j 中客体的比例。IQV 的标准值介于 0.00 和 1.00 之间，其中 0.00 表示所有的 N 种情形都包含在一个类别之中，而 1.00 表示所有的客体都均匀分布在 h 个类别内。

中心度表示为：

$$C_D = \frac{\sum_{i=1}^{g} \left[C_D(N^*) - C_D(N_i) \right]}{(g-1)(g-2)} \tag{12}$$

其关系密度（D）、多样性（IQV）、中心度（C_D）与 K 值大小呈正相关，即主体建立的关系越多，关系包含的多样性程度越高，而且与其他人建立的直接关系越多，则主体知识量 K 值越大，关系网络在此充当着主体的"知识蓄水池"，其关系的来源越多，则储量越丰富，故而知识量 K 值越大。

但随着人的生命周期的变化，人的关系网络也随之变化。在生命早期，个体的生理和心智处于成长期，其建立的关系网络也比较受限，而随着年龄的增长，个体的生理和心智逐渐成熟，由原先的被抚养角色转化为抚养者角色，进入工作、家庭、政治、社会等领域，其建立的关系网络开始变得丰富而且稳定，再随其后，个体生理和心智开始衰老，由抚养者变为被抚养者，开始渐渐脱离许多领域的主要角色，其建立的关系网络逐渐衰减。知识总量 K 值也经历着从零到有、增长、衰落再到零的过程，其知识资本（生产率）也经历类似的变化。

从个体本身和个体所发生的关系网络我们得知，随着生命周期的变化，知识资本也经历着从无到有、增长、衰落直至为零的阶段。

在 IKC 层面，处于中间年龄段，即劳动力年龄人口（16～64 岁）的比例越大，在这一年龄段的人口其 S、m 值越大，知识转化能力越强，即接收新知识或创造新知识的能力越强，实现个体转换工作的成本越低，为分工规模的扩大提供了动力和基础。分工规模的扩大，提供给这些人口更多的选择和机会，吸引这些人加入分工网络，从而形成关于 S、m 的累积循环机制。同时这一年龄段人口关系网络更加多元、丰富与稳定，人与人之间通过关系的建立与发展，结成了一张巨大的社会网络，社会网络提供了巨大的知识存储池，相对于每一个嵌入社会网络的个体来说，知识的潜在存量是巨大的，潜在存量决定着个体知识存量 K 值的提高上限和增加的速度，其所参与到关系网络中个体越多，关系越多元，其知识的潜在存量越大，潜在存量越大，其知识存量 K 值提高越快，从而知识存量 K 值越大，而 K 值越大，伴随着知识资本（即生成率）的增长，进一步反馈到关系组织形式的高效与多元发展上，从而形成了关于 K 的累积循环机制。

---

① 戴维·诺克，杨松.社会网络分析（第二版）[M].李兰译.上海：格致出版社，上海人民出版社，2012.为了不使文中的字母混淆，笔者将原文中的"P"换为"h"。

除了上文所提到的本地效应之外，还存在着迁移效应。劳动力市场的主要功能之一是，为追求效用最大化的劳动者和追求利润最大的雇主提供一种在双方之间达成良好匹配的信号和机制（Ronald G. Ehrenberg，Robert S. Smith，2011）。对于集聚区劳动力来讲，他们能够更好享受知识带来的外部性，空间距离的拉近，能够更加充分的流动，知识的扩散速度更快，占据默会知识的优势，那些只有通过面对面交流，基于长时间稳定关系的建立所能得到知识，从而在劳动力市场降低搜寻匹配成本，这种成本对于集聚区外的劳动力形成了一种吸引力，年轻人和受过良好教育的人流动性更大①，当他们被吸引到集聚区的劳动市场时，集聚区的人口呈现递增趋势，而且人口年龄结构趋向于年轻化，这促进了知识资本的增长，形成了"分工—知识资本—集聚"正反馈机制，支撑着集聚的演进和发展。

产业集聚本质是人才的集聚，在 IKC 层面上，本地效应与迁移效应共同发挥作用，为产业集聚提供最为基础的动力和基础。

（三）SKC 与产业集聚

1. 创新效应

创新反映了积累的知识和获取的知识之间相互联系的特征。知识一旦存在，则它继续存在下去，而且任何发现都以某种发现为基础（米罗斯拉夫·N. 约万诺维奇，2012）。数据、信息和知识成为主要交易商品，通过不断重新组合这些要素，这些企业就能够在其他产品和过程的种类上创造附加值。它们的竞争优势在于能够不止一次地反复这样做（Michael Gibbons et. al，2011）。通过知识增长机制，企业对"投入品品质的知识或信息进行揭示或交换"（Armen Alchian，Harold Demsetz，2015），企业发现投入品的潜在用途以及更加合理的配置。在这个过程中，实质上就是对投入品知识附加值的提升，从而产出品能够与消费者需求更好地产生对接，提供更多的服务，提升了本身的价值，从而获取利润。集聚区的企业通过知识的创造、扩散与累积，提升着 K 值，为区位内的企业提供着高水位的"知识蓄水池"。

创新源于知识存量的累积效应和多样性所产生的互补效应，其动力来源于竞争，竞争程度大小取决于参与竞争企业的数量以及参与竞争企业的异质化程度。Loasby（1982）指出一个行业的竞争性并不单纯是由其所囊括的企业数目带来的；由于企业数目的增加使得行为多样性的程度也在增加，从而提高了行业的竞争程度（J. Stanley Metcalfe，2007）。随着企业数量增加，对于企业来讲，在知识背景相同的前提下，企业对自身优势进行挖掘，从而企业朝着分工深化的方向发展，企业多样性的增加，增加了其潜在的互补性，为企业提供了更多合作的机会，在此基础上，便于企业进行创新，企业朝着分工广化的方向发展。

通过知识存量的累积效应和多样性所产生的互补效应，而使创新不断涌现，促进了分工规模的扩大，分工规模的扩大进一步促进了知识资本的增长，生产率得到提高，在"知识资本—分工—集聚"之间形成正反馈，促进了产业集聚的生成。

2. 学习效应

从集聚外部性角度看，学习效应的强度还可能受制于人与人之间的专业背景。具有相同行业

---

① 为什么迁移主要是年轻人从事的活动？有两个方面的原因可以解释这个问题。首先，一个人越年轻，从一项人力资本投资中获得收益的时间就会越长，同时这些收益的现值也越高。其次，相当大一部分迁移成本都是心理成本，这些成本主要与以下方面有关：离开一些朋友；失去与原来社区的联系；失去因熟悉原有的工作而具有的一些好处。随着劳动者的年龄增大，他们与社会之间的联系会更加紧密，所以，与迁移相关的心理损失会变得越来越大。（罗纳德·G. 伊兰伯格，罗伯特·S. 史密斯. 现代劳动经济学——理论与公共政策［M］. 刘昕译. 北京：中国人民大学出版社，2011（7）.）迁移的成本之一在于，迁移者必须确定何处存在机会以及这种机会到底有多好（同上，308），对于受过良好教育的人为什么要迁移的解释是，受过良好教育的人往往受机会的驱使，而这种机会所产生的收益要大于他所损失的成本。

背景的人们之间，其学习效应必然较高，这就是平常所说的"物以类聚，人以群分"；而不同行业的人与人之间，其学习效应较低，这就是平常所说的"隔行如隔山"（李君华，2009）。集聚区内的个体、企业、产业学习效应体现得更加明显。首先，学习效应体现在集聚区内不同的个体、企业、产业之间有着近似的 LKC，方便了其沟通交流，所产生学习成本更低。同时信息与知识作为公共产品的性质，通过人与人之间的交流产生正外部性收益（Stigler，1961），这种学习效应所产生的正外部性收益可以被集聚区的个体、企业、产业所共享。而对于专业化生产者来讲，其劳动力市场流动性高，距离邻近，知识本身流动性强，从而学习速度更快，效率更高，同时集聚区内更多的相关技术背景的个体、企业、产业提供了丰富的知识存量和多样性，为其提供潜在的学习资源。"提升效应"会使企业认识更多新机会，也让有新点子、新观念的人获得机会投入这个产业（Michael E. Porter，2012）。

从集聚内生性角度看，在 SKC 层面上，知识的编码程度高，抽象程度低，扩散速度快，在一定区域集聚的企业能够在短时间内共享这些知识带来的收益。这些收益体现在两方面：首先，在 SKC 范畴内的知识 S、m 值大，即知识转化能力强，企业可以将知识迅速转化为自己的竞争优势或生产率的提高上，这体现在企业对知识的使用方面。其次，由于集聚区域内知识的编码程度高，抽象程度低，扩散速度快，对于知识的吸收与转化不必付出额外学习成本、通信成本以及交通成本等额外的交易费用，即在交易成本很低的前提下，通过对知识的吸收与转化，提升企业自身的 S、m 值，这体现在知识对企业转化能力的提高上。

前者侧重启动的是自增强机制 II 型，促进了分工的深化，后者侧重启动的是自增强机制 I 型，促进了分工的广化。两者共同促进了分工规模的扩大，而分工规模的扩大，又进一步反馈到竞争合作机制与知识资本增长机制，形成了累积循环效应，促进了产业集聚。

创新效应和学习效应推动企业间的竞争与合作，从而促进分工规模的扩大，而分工规模的扩大，又进一步促进着知识资本的增长，生产率的提高，而知识资本的增长又提升着创新和学习的能力。在 SKC 层面上，创新和学习使得"知识资本—分工—集聚"形成正反馈。

（四）小结

如图 4 所示，随着时间的演进，SK 会有一定比例的知识资本经过选择、沉淀累积成为 IK，而 IK 经过多代际的传承、博弈演化而累积生成 LK。如同 H. Peyton Young（2004）指出制度是由许多个体的积累性经济经过长期发展而出现的，一旦它们互相作用结合成一种固定期望与行为模式时，一种"制度"就产生了。与此同时，IK 受 LK 的影响，SK 受 IK、LK 的共同影响。

从系统视角来看，产业集聚是多层次机制复杂涌现的现象。如何使产业集聚可持续地发展下去，依赖的是 SKC 学习效应和创新效应所提供的自发性，IKC 人力资本的流动性以及 LKC 所提供秩序的根植性之间的协调配合，共同使产业集聚发生循环累积效应，从而自发持续发展下去。

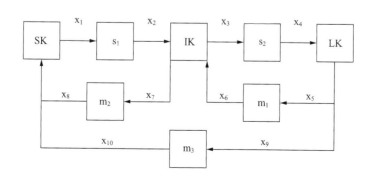

图 4　知识资本的系统关联机制

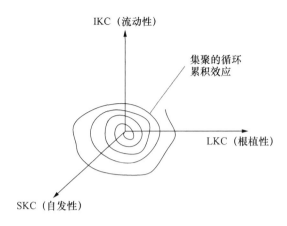

图 5　知识资本与集聚的循环累积效应

五、集聚的可持续增长

中国已经步入工业化后期，经济面临从高速增长常态到中高速增长常态的阶段性转换，从高速、低成本、出口导向、不平衡的发展"旧常态"向中高速、基于创新的差异化、内外需协调和区域平衡的发展"新常态"转变（张少军、刘志彪，2009）。产业结构从劳动密集型向资本密集型和知识密集型转换，依靠要素效率及全要素效率推动增长，通过技术创新和制度创新实现经济增长（刘伟，2013；刘伟、苏剑，2014；黄群慧，2014）。一方面，基于全球化和信息化背景下，知识成为创新和发展的核心资源。另一方面，国内经济发展进入"新常态"，从中等收入到高收入的过渡，现有制造业的生产要素需要转移到高附加值的经济活动，企业创新和高技能工种的增加，成为中上收入地区维持快速增长的关键（Homi Kharas，2011）。

总体来说，经济发展进入新常态，要进一步加强对知识资本的投入与应用力度，使知识资本与经济增长之间形成良性互动，实现区域集聚经济的可持续增长。要完成这些要求，从知识资本增长机制看，有四个必要条件：首先，在理念上我们要形成一定的共识，理念的统一为我们制度的改革奠定思想基础，减少变革过程的摩擦成本。其次，继续完善市场体制的建设，为产业集聚提供可靠的预期。再次，通过提升人力资本，为产业集聚提供动力。最后，培植企业家精神，提升产业集聚的活力，从知识资本的长、中、短期三个方面共同作用于经济增长，才能使集聚经济步入可持续发展的正轨，实现产业结构的调整和升级，完成经济的转型与增长。

（一）理念：自由与开放

从本质上讲，竞争乃是一种形成意见的过程：通过传播信息，竞争使经济体系达到统一性和一贯性，这正是我们把它视作一个市场时所预设的前提条件（哈耶克，2013）。任何人类的理性都无法掌握左右人类社会行为的全部知识，因此，需要有一个不依赖于个人判断的、非人为的机制，去协调所有个人的努力（哈耶克，2012）。而这种机制就是自由竞争的市场机制，自由是市场机制的保障，这意味着人们在行使权利时，都必须以自由作为最终的理念，而不是将自由作为获取权利、利益的手段。自由竞争是市场发展和繁荣的必然前提，也是个体与企业知识资本增长最主要的途径；在一个缺乏自由竞争的市场中，知识资本的增长是局限而又封闭的，是没有创新和活力可言的。"开放"理念是人类历史演变发展的动力，一方面丰富着人类生存方式的多样性；另一方面建构着人类生存状态的复杂性。

自由赋予人们追求不确定性，进行冒险的权利；开放提供给个人行使自由的空间，两者落脚点在于使人们的知识量得到增长，为知识资本的提升提供前提与保障。

人类知识的增长是无极限的，人类的智慧是无穷的。知识所带来的增长是报酬递增的，这便是经济增长理论中的"桃花源"，它不同于传统要素（资本、土地、资源等），这些要素随着时间的推移与人们的使用，会变得越来越少，呈现出的是报酬递减的规律。在这里，它所成立的前提不是功利主义，人们不再用狭隘的胸怀和短浅的目光，进行有限次的博弈，而是遵循着相对稳定的秩序和规则，这种秩序是自发生成的，具有历史的延续性和发展的可预测性。竞争最大的目的不再是私利，而是合作与分享，人们以知识作为最重要的资本，也作为最高的智慧，实现着社会的和谐与文明的进步。竞争，通过自由与开放，将经济引向繁荣的"桃花源"世界。

（二）推进市场化

对于 LKC 提供的基本的、公共的秩序，具有稳定性与持久性特征，而当其中优秀的因素或机制影响着集聚生成时，它可以是集聚自发稳定地持续下去，而当其中抑制的因素或机制发挥作用时，集聚就陷入了发展的"泥沼"。如国内许多产业园区建设，盲目引进所谓的新产业，构成自我封闭的产业体系（陈建军等，2009），与 LKC 脱节，使其失去了交易成本优势和创新学习的优势，难以与当地的文化制度形成根植性互动，从而缺乏应对危机和风险的抗压能力和化解能力，造成了资源的损失和浪费，无法发挥 LKC 中正效应。许多企业为了获取"政策租"，进驻产业区，导致开发区企业集群不具有一般意义上的产业集聚效应（郑江淮等，2008）。产业集聚的生成更多的是借助于政府的干预，在忽略了经济发展客观规律以及当地发展的比较优势前提下，盲目借助政策、税收、环境等各种优惠条件对企业补贴，无法发挥企业的自发性，从而使企业之间无法形成竞争合作机制，分工程度受限，知识资本增长停滞，更不用说产生所谓的知识外溢效应，发挥正外部性和规模经济的作用了，继而出现产能过剩、重复建设、资源浪费、经济差距拉大等现象，陷入了路径依赖的负效应循环。

市场化本质就是自由竞争与改革开放。市场制度的建立解放了久为落后制度所约束的生产力（吴敬琏，2011）。劳动分工的演进和市场范围扩大两者相互作用，是形成经济长期增长的根本动力（江小涓，2006）。推动产业结构升级，促进产业集聚，最重要的也是最根本的是坚定不移地推进市场化建设，推进市场一体化，破除阻碍个人与企业自有竞争的各种制度性壁垒和藩篱；改善其商业环境，降低个人创业、企业经营的成本；扩大市场交易范围，降低物流成本和交易成本，并为其提供基础设施和政策法律保障；时刻警惕地方保护主义和政府过度干预主义的抬头（范建勇，2004；梁琦，2004；蔡洪滨，2012）。

（三）提升人力资本

21 世纪的生产更青睐头脑灵活、具有很强的问题解决能力、情感坚韧，以及能够在不断变化和高度竞争性环境中与他人进行良好合作的人。在这一背景下，能力下降所带来的生活负担和社会负担将非常可怕，因此，我们比以前更需要将人的潜力最大限度地发挥出来（Eric Knudsen et. al，2006）。在美国及部分欧洲国家，高等教育的投资回报率一直在增长，其原因主要在于，现代经济的运转依靠的正是知识的有效运用，因此在这些国家中，知识广博的人可得到应有的报酬（Gary S. Becker，Guity Nashet Becker，2013）。人力资本积累水平的改善，也是提高劳动生产率从而提高全要素生产率的重要手段（蔡昉，2011）。人力资本的提升是社会系统性工程。从业人口的人力资本不仅由学校教育和工作培训决定，也取决于父母为他们的孩子在增强体质、培养习惯、数量价值观和增加技能方面所付出的努力（Gary S. Becker，Guity Nashet Becker，2013）。

人力资本水平的增加不仅可以使代际内的个体得到更丰富的知识存量（K），而且也能够提升个体的知识转化能力（S，m），从而提高全要素生产率，促进经济增长，也为产业集聚的自发生成提供高水平的本地效应与迁移效应，促进流动性（受教育水平越高，越倾向于流动），使之集聚增速加快。

支撑经济发展的本质是知识资本，所谓的人口红利是基于低水平知识转化能力人口数量增加所产生的数量优势和规模效应，其知识量的增加是有限的，而且不可持续，从而输出的生产率也是低水平的。结构转型、产业升级的本质要求是知识转化能力的提升，由依附性创新转变为自主性创新。提升知识转化能力，就要加大人力资本的投资，一方面要注重教育资源的代内公平配置，缩小地区间的差距；另一方面要注重教育资源的代际间的公平配置，提高社会流动性，促进机会公平（蔡洪滨，2011）。教育资源的公平配置，劳动力的自由流动，为经济的可持续发展和集聚循环累积效应的发挥提供了基础和保障（张文武、梁琦，2011）。

（四）培育企业家精神

自由演化的必要条件是个人的首创精神，如果缺少这种精神（这一点常常遭到否认），那么无论在任何地方都有生命力的文明也不能得到生长（哈耶克，2012）。创新精神既是社会进步与经济发展的结果，同时也作为其前提。企业家行为都创造了新的信息，这种创造是在最初采取企业家行为人的头脑中产生的（Jesús Huerta de Soto，2010）[1]。企业家精神实质上就是创新精神，基于已有的知识量，根据个人的禀赋与才能，对未知不确定性做出大胆的探索，并愿意为此担当风险、承担责任。知识创造的过程，具有原发性与自主性，它为知识量的拓展提供着最为基本的动力与资源。

人们普遍认识到，产权是保护企业家精神的关键。产权制度营造了一个稳定、可靠且激励相容的商业环境，在这样的环境中，人们不必担心会遭到公共或私人的掠夺，个人有激励"投注"于种种新的创意，并且有能力让这些创意变成现实。有两个层面的企业家精神对经济发展来说十分重要。较低的一层，我们称之为"生产层面"，与提高生产力（创新）和更好地满足消费者需求（套利）的生产技术投资有关。较高的一层，我们称之为"保护层面"，创建保护技术，确保公民的私有财产（治理）不被他人掠夺。在政府不能或无法保护公民免遭私人掠夺的发展中国家，"制度企业家"设计了产权保护的私人机制，为生产性企业家精神的生存提供所需的安全保障（Peter T. Leeson，Peter J. Boettke，2011）。制度企业家可以分为两大类，第一类是理论型的制度企业家，他们给我们提供思想，改变我们的观念，塑造我们的文化；第二类可以叫作实践型的制度企业家，他们是作为政治家在改变社会（张维迎，2014）[2]。

经济的发展，归根结底体现在人思想理念的进步，企业家精神支撑着人们思想理念的进步，对未知的敬畏以及向往，促使人们不断地尝试、探索而发现新的增长点，创造出经济的奇迹，同时通过不断的政治、文化等领域的改革，推动文明的发展。笔者认为当下不仅要培育经济领域的企业家精神，也要培育制度领域、文化领域的企业家精神，为产业集聚的可持续性提供源源不断的活力与保障。

附注：

在无向二进制图中，行为人程度中心度测量社会网络中一个节点与所有其他节点相联系的程度。对于一个拥有 g 个行为人的无向图，行为人 i 的程度中心度是 i 与其他 g−1 个其他行为人的

---

① 赫苏斯·韦尔塔·德索托. 奥地利学派：市场秩序与企业家创造性 [M]. 朱海就译. 杭州：浙江大学出版社，2010.
② 张维迎. 理念的力量 [M]. 西安：西北大学出版社，2014.

直接联系总数，用矩阵表示如下：

$$C_D(N_i) = \sum_{j=1}^{g} X_{ij}(i \neq j) \tag{1}$$

为消除网络规模变化对程度中心度的影响，沃瑟曼和浮士德（1994）提出了一个标准化的测量公式：

$$C'_D(N_i) = \frac{C_D(N_i)}{g-1} \tag{2}$$

弗里德曼（1979）提出了组程度中心度的通用测量方法：

$$C_A = \frac{\sum_{i=1}^{g}[C_A(N^*) - C_A(N_i)]}{\max \sum_{i=1}^{g}[C_A(N^*) - C_A(N_i)]} \tag{3}$$

按照弗里德曼的通用测量方法，沃瑟曼和浮士德（1994）在他们的组程度中心度中提出了有关分母的处理方法：

$$C_D = \frac{\sum_{i=1}^{g}[C_D(N^*) - C_D(N_i)]}{(g-1)(g-2)} \tag{4}$$

参考文献

[1] 孙洛平，孙海琳. 产业集群的分工优势 [J]. 经济学动态，2004（6）：54 - 57.

[2] 魏后凯. 我国产业集聚的特点、存在问题及对策 [J]. 经济学动态，2004（9）.

[3] 魏后凯. 大都市区新型产业分工与冲突管理——基于产业链分工的视角 [J]. 中国工业经济，2007（2）：24 - 28.

[4] 藤田昌久，保罗·R. 克鲁格曼等. 空间经济学——城市、区域与国际贸易 [M]. 梁琦译. 北京：中国人民大学出版社，2013.

[5] Fujita M., J. F. Thisse. Economics of Agglomeration [J]. Journal of the Japanese and International Economies, 1996 (10).

[6] 陈建军，黄洁，陈国亮. 产业集聚间分工和地区竞争优势——来自长三角微观数据的实证 [J]. 中国工业经济，2009（3）：130 - 139.

[7] 范建勇. 产业集聚与地区间劳动生产率差异 [J]. 经济研究，2006（11）：72 - 81.

[8] 梁琦. 分工、集聚与增长 [M]. 北京：商务印书馆，2009.

[9] 阿弗里德·马歇尔. 经济学原理 [M]. 廉运杰译. 北京：华夏出版社，2012.

[10] 彭向，蒋传海. 产业集聚、知识溢出与地区创新——基于中国工业行业的实证检验 [J]. 经济学（季刊），2011（4）：913 - 934.

[11] Arrow K. The Economic Implications of Learning by Doing [J]. Review of Economic Studies, 1962, 29 (3): 155 - 173.

[12] Jacobs J. The Economy of Cities [M]. New York: Random House, 1969.

[13] Marshall A. Principles of Economic [M]. London: Macmillan, 1890.

[14] Romer P. Endogenous Technological Change [J]. Journal of Political Economy, 1990, 98 (5): 71 - 102.

[15] Glaeser E., H. Kallal, J. Scheinkman, and A. Schleifer. Growth in Cities [J]. Journal of Political Economy, 1992, 100 (6): 1126 - 1152.

[16] 阿肖克·贾夏帕拉. 知识管理——一种集成方法（第2版）[M]. 安小米译. 北京：中国人民大学出版社，2013.

[17] Cortes F. Przeworski A., Sprague J. Systems Analysis for Social Scientists [M]. New York: Wiley, 1974.

[18] 考特尼·布朗. 图解代数：用系统方法进行数学建模 [M]. 郭茂灿译. 上海：格致出版社，上海人

民出版社，2013.

[19] 程慧芳等. 知识资本对工业企业全要素生产率影响的实证分析 [J]. 经济研究，2014（5）.

[20] 朱勇，吴易风. 技术进步与经济的内生增长——新增长理论发展述评 [J]. 中国社会科学，1999（1）.

[21] 周波. 知识交易及其定价研究 [D]. 复旦大学博士学位论文，2006.

[22] 哈耶克. 作为一种发现过程的竞争——哈耶克经济学、历史学论文集 [M]. 邓正来译. 北京：首都经济贸易大学出版社，2014.

[23] Garcia – Pont. C. ，Nohria N. Local Versus Global Mimetism：The Dynamics of Alliance Formation in the Automobile Industry [J]. Stratege Manage，2002（23）：307 – 321.

[24] R. 考恩，N. 杰纳德. 创始者的演化网络，载于乌韦·坎德特纳，弗朗哥·马意雷尔巴. 创新、产业动态与结构变迁 [M]. 肖兴志等译. 北京：经济科学出版社，2013.

[25] 梅特卡夫. 演化经济学与创造性毁灭 [M]. 冯健译. 北京：中国人民大学出版社，2007.

[26] 亚当·斯密，国民财富的性质和原因的研究 [M]. 郭大力，王亚南译. 北京：商务印书馆，2009.

[27] Young Allyn. Increasing Returns and Economic Progress [J]. The Economic Journal，1928（38）：527 – 542.

[28] 杨小凯. 经济学——新兴古典与新古典框架 [M]. 张定胜译. 北京：社会科学文献出版社，2003.

[29] Becker G. and Murphy K. The Division of Labor，Coordination costs and Knowledge [J]. Quarterly Journal of Economics，1992（107）：1137 – 1160.

[30] 倪沪平. 分工演化过程中知识分工网络形成机制的研究 [J]. 上海经济研究，2010（7）：67 – 76.

[31] Hayek F. A. Economics and Knowledge [J]. Economica，1937，4（2）.

[32] 邓正来. 哈耶克读本 [M]. 北京：北京大学出版社，2010.

[33] 刘培林，张鹏飞. 发展的机制——企业家和创新者的自我发现 [M]. 吴敬琏主编. 比较. 北京：中信出版社，2014.

[34] 道格拉斯·C. 诺斯. 经济史上的结构和变革 [M]. 厉以平译. 北京：商务印书馆，2009.

[35] 内森·纳恩. 文化与历史进程 [M]. 赖希倩译，吴敬琏主编. 比较（62）. 北京：中信出版社，2012.

[36] 罗恩·马丁. 经济地理学中的制度方法. 载于埃里克·谢波德，特雷弗·J. 巴恩斯主编. 经济地理学指南 [M]. 汤茂林等译. 北京：商务印书馆，2009.

[37] 林毅夫，李永军. 比较优势、竞争优势与发展中国家的经济发展 [J]. 管理世界（月刊），2003（7）：21 – 28.

[38] 林毅夫，蔡昉，李周. 比较优势与发展战略——对"东亚奇迹"的再解释 [J]. 中国社会科学，1999（5）：4 – 20.

[39] 戴维·诺克，杨松. 社会网络分析（第二版）[M]. 李兰译. 上海：格致出版社，上海人民出版社，2012.

[40] 加里·贝克尔. 人类行为的经济分析 [M]. 王业宇，陈琪译. 上海：格致出版社，上海三联书店，上海人民出版社，2008.

[41] 周黎安，张维迎等. 企业生产率的代际效应和年龄效应[J]. 经济学（季刊），2007（7）：1297 – 1318.

[42] 朱迪恩·巴尼斯特，大卫·布卢姆等. 中国的人口老龄化与经济增长. 载于林重庚，迈克尔·斯宾塞编著，中国经济中长期发展和转型——国际视角的思考与建议[M]. 北京：中信出版社，2011.

[43] 蒂莫西·吉内恩. 生育率的历史性转变——给经济学家的指导 [M]. 吴敬琏主编，比较（61）. 北京：中信出版社，2012.

[44] 巴里·埃肯格林等. 快速增长的经济体何时减速——国际证据及其对中国的启示 [M]. 吴敬琏主编. 比较（59）. 北京：中信出版社，2012.

[45] Wasserman S. ，Faust K. Social Network Analysis：Methods and Applications [M]. New York：Cambridge University，1994.

[46] Freeman L. Centrality in Social Networks：I. Conceptual Clarification [J]. Social Networks，1979（1）：

215 - 219.

[47] 罗纳德·G.伊兰伯格，罗伯特·S.史密斯.现代劳动经济学——理论与公共政策［M］.刘昕译.北京：中国人民大学出版社，2011.

[48] 米罗斯拉夫·N.约万诺维奇.演化经济地理学——生产区位与欧盟［M］.安虎森译.北京：经济科学出版社，2012.

[49] Loasby B. The Entrepreneur in Economic Theory ［J］. Scottish Journal of Political Economy，1982（29）：235 - 245.

[50] 梅特卡夫.演化经济学与创造性毁灭［M］.冯健译.北京：中国人民大学出版社，2007.

[51] 兰德尔·S.克罗茨纳，路易斯·普特曼主编.企业的经济性质［M］.孙经纬译.上海：格致出版社，上海三联书店，上海人民出版社，2015.

[52] 迈克尔·吉本斯等.知识生产的新模式——当代社会科学与研究的动力学［M］.陈洪捷等译.北京：北京大学出版社，2011.

[53] 迈克尔·波特.国家竞争优势（上）［M］.李明轩，邱如美译.北京：中信出版社，2012.

[54] 李君华.学习效应、拥挤性、地区的分工和集聚［J］.经济学（季刊），2009（4）：787 - 812.

[55] 约翰·奎格利.城市化、集聚效应和经济发展［M］.陈叶盛译.载于吴敬琏主编.比较（47）.北京：中信出版社，2010.

[56] Stigler G. The Economics of Information ［J］. Journal of Political Economy，1961，69（6）：213 - 225.

[57] H.培顿·扬.个人策略和经济结构——制度的演化理论［M］.王勇译.上海：上海三联书店，上海人民出版社，2004.

[58] 张少军，刘志彪.全球价值链模式的产业转移——动力、影响与对中国产业升级和区域协调发展的启示［J］.中国工业经济，2009（11）：5 - 15.

[59] 刘伟.发展方式的转变需要依靠制度创新［J］.经济研究，2013（2）：8 - 10.

[60] 刘伟，苏剑."新常态"下的中国宏观调控［J］.经济科学，2014（4）：5 - 13.

[61] 黄群慧."新常态"、工业化后期与工业增长新动力［J］.中国工业经济，2014（10）：5 - 19.

[62] 霍米·卡拉斯.中国向高收入国家转型——避免中等收入陷阱的因应之道［M］.吴敬琏主编.比较（52）.北京：中信出版社，2011.

[63] 弗里德利希·冯·哈耶克.个人主义与经济秩序［M］.邓正来编译.上海：复旦大学出版社，2013.

[64] 弗里德里希·奥古斯特·哈耶克.自由宪章［M］.杨玉生，冯兴元等译.北京：中国社会科学出版社，2012.

[65] 范建勇.市场一体化、地区专业化与产业集聚优势——兼谈对地区差距的影响［J］.中国社会科学，2004（6）：39 - 51.

[66] 梁琦.产业集聚的均衡性和稳定性［J］.世界经济，2004（6）：11 - 17.

[67] 蔡洪滨.建设整合高效的全国统一市场——"十二五"时期经济转型的关键［M］.吴敬琏主编.比较（58）.北京：中信出版社，2012.

[68] 吴敬琏.经济学与中国经济的崛起［M］.吴敬琏主编.比较（55）.北京：中信出版社，2011.

[69] 江小涓.理解开放与增长［M］.吴敬琏主编.比较（26）.北京：中信出版社，2006.

[70] 蔡昉.成长的烦恼——中国在刘易斯转折期间面临的就业难题［M］.吴敬琏主编.比较（47）.北京：中信出版社，2010.

[71] 郑江淮，高彦彦等.企业"扎堆"、技术升级与经济绩效——开发区集聚效应的实证分析［J］.经济研究，2008（5）：33 - 46.

[72] 艾里克·克努森等.经济学、神经生物学和行为科学的综合视角——培养美国未来的劳动力［M］.吴敬琏主编.比较（26）.北京：中信出版社，2006.

[73] 加里·贝克尔，吉蒂·贝克尔.生活中的经济学［M］.章爱民，徐佩文译.北京：机械工业出版社，2013.

[74] 彼得·里森，彼得·波特克.双层面企业家精神与经济发展［M］.吴敬琏主编.比较（55）.北京：中信出版社，2011.

［75］埃德蒙斯·菲尔普斯．国家的经济繁荣——繁荣依赖于活力，活力取决于制度［M］．张安译．吴敬琏主编．比较（41）．北京：中信出版社，2009.

［76］蔡洪滨．中国经济转型与社会流动性［M］．载于吴敬琏主编．比较（53）．北京：中信出版社，2011.

［77］张文武，梁琦．劳动地理集中、产业空间与地区收入差距［J］．经济学（季刊），2011（1）：691-708.

［78］蔡昉．人口转变如何影响"十二五"时期的经济发展？［M］．吴敬琏主编．比较（47）．北京：中信出版社，2011.

［79］赫苏斯·韦尔塔·德索托．奥地利学派：市场秩序与企业家创造性［M］．朱海就译．杭州：浙江大学出版社，2010.

［80］张维迎．理念的力量［M］．西安：西北大学出版社，2014.

从数量到质量：经济新常态的逻辑

——基于阿马蒂亚·森可行性能力理论的就业质量分析

张抗私

（东北财经大学　产业组织与企业组织中心/经济学院　大连　116023）

一、问题的提出

就业是民生之本，就业问题关系到经济的发展和社会的稳定。大学生作为社会中最具活力和创造力的群体，是推动我国经济发展的重要力量，其就业问题更是受到社会各界的广泛关注。长期以来，对大学毕业生就业问题的研究主要集中在就业率上，而忽视了对就业质量的研究。事实上，当前我国大学生就业难这一现象主要是指大学毕业生就业质量的低下。党的十八大明确提出：要在新时期推动实现更高质量的就业，促进以高校毕业生为重点的青年就业。毋庸置疑，深入研究大学毕业生就业质量问题具有较强的制度背景和现实意义。

目前对我国大学毕业生就业质量的研究主要集中在劳动报酬、工作时间、工作条件、工作环境等就业状况上，鲜有研究关注大学毕业生在就业过程中的福祉状况。然而，劳动的最终目的并不是获得劳动报酬，而是获得福祉，实现自己追求的生活方式，度过美好生活。阿马蒂亚·森的可行能力理论正是评估个人福利或福祉的方法框架，突出个体过其美好生活的意愿和自由。本文基于阿马蒂亚·森的可行能力理论测度我国大学毕业生就业质量，不同于以往对大学毕业生就业质量的研究，是本文的创新之处。

二、就业质量内涵与测度

就业质量是个内涵丰富的概念，尽管国内外学者对就业质量进行了大量的研究，但对就业质量的概念仍没有达成一致意见。总体上说，就业质量的内涵分为宏观层面和微观层面两层释义。宏观方面，就业质量的内涵体现为一个国家或地区劳动力市场的运行情况和资源配置效率[1]。比如，赖德胜等[2]、苏丽锋[3]利用《国家统计年鉴》数据构建就业质量评价指标体系，测算与评价中国各地区的就业质量。微观层面，就业质量是指劳动者个体就业状况的优劣，包括一切与劳动者个人工作状况相关的要素[4]。本文基于大学毕业生就业质量调查数据，旨在从微观视角

［作者简介］张抗私，东北财经大学产业组织与企业组织研究中心/经济学院教授、博士生导师。

考察大学生群体的就业质量状况。

测度微观层面就业质量有两种主流方法：一是侧重于劳动者的工作特征，如工资、工作时间、工作安全性等；二是侧重于劳动者从工作中获得的福利或福祉（Well－being）[5]。本文研究大学生的就业质量，拟采用第二种方法，即通过测度大学生从工作中获得的福祉来衡量其就业质量状况。理由如下：劳动的最终目的是追求福祉最大化。而微观就业质量概括来说指的是劳动者就业状况的优劣，那么如何判断就业状况的优劣？我们认为应该把劳动最终目的的实现状况作为判断就业状况优劣即就业质量的标准。也就是说，如果劳动者从工作中获得的福祉或福利较高，显然，我们可以认为其就业质量较高。而工资等工作特征仅仅是获得福祉的手段，即相比于工作特征，工作福祉与就业质量联系更紧密。故本文拟通过测度大学生从工作中获得福祉来衡量其就业质量状况。

因为工作中的福祉或福利无法被直接测度，需要借助间接指标，最常用的指标是就业满意度[6-7]。然而，劳动者的福利概念是多维度的，仅仅以满意程度来评价不能充分反映其他潜在的重要内容。比如，Bustilloet 等[8]认为劳动者的福利是劳动者达到健康、自我实现、有充足的资源和时间享受体面的、令人满意的生活的一种综合状态。阿马蒂亚·森[9]在 20 世纪 80～90 年代，构建了评估个人福利或福祉的可行能力方法框架，用功能性活动和可行能力衡量个人福利。其中，功能性活动反映了人们认为值得去做的事情及达到的状态，而可行能力是各种可能的功能性活动的组合，即人们追求所珍视的生活的自由。功能性活动种类很多，它包括的内容没有明确的界定，但健康通常被作为重要的功能性活动，比如 Sen[10]、Nussbuam[11]均把健康作为有价值的功能性活动。王曲和刘民权[12]也认为健康是个人幸福的直接组成要素，是衡量福祉的一个主要维度。因此，本文考察劳动者从工作中获得的福利时，把工作对劳动者健康的影响即职业健康作为一个维度。森的可行能力方法中的可行能力突出了个人过其美好生活的意愿和自由，或者说实现个人追求的生活方式的自由。具体到工作中获得的福利，本文用就业对个人追求生活方式的影响作为可行能力维度。因此，最终本文在就业满意度的基础上，加入劳动者职业健康、可行能力维度共同测度大学毕业生的就业质量。

三、数据、变量与方法

（一）数据来源与样本分布

本文所用数据来源于 2014 年国家社科基金项目"大学毕业生就业质量与政策研究"的就业质量调查。该调查于 2014 年 6～9 月在中国东、中、西部地区共 18 个省市进行，东部地区包括北京、天津、辽宁、河北、上海、江苏；中部地区包括黑龙江、吉林、河南、安徽、湖北、湖南和江西；西部地区包括陕西、甘肃、贵州、四川和重庆。调查对象为具有专科及以上学历的大学毕业生就业人员。本次调查共收回问卷 4242 份，剔除信息缺失较多样本后，有效问卷 4035 份，有效率达 95.12%。调查样本中男性占 50.95%，女性占 49.05%。婚姻状况分为已婚和未婚，两类群体分别占 45.09% 和 54.91%。样本中专科、本科、硕士及以上学历群体分别占 19.48%、64.15% 和 16.38%。年龄变量均值为 28.32 岁，将年龄变量按年龄段划分为 18～24 岁、25～29 岁、30～34 岁和 35～55 岁，在样本中分别占比为 22.22%、45.35%、20.32% 和 12.11%。可见，80% 以上的样本年龄在 35 岁以下，即调查对象主要为青年大学毕业生，也包括部分中年群体。党员群体占 35.24%，非党员群体占 64.76%。在国有部门和非国有部门就业的群体分别占

51.20% 和 48.80%。

（二） 变量定义

本文用就业满意度、职业健康和可行能力三个变量测度我国大学毕业生的就业质量。将就业满意度、职业健康和可行能力三个变量根据被调查者的回答划分为低水平、中等水平和高水平。其中，低水平表示对劳动者的福祉造成损害，高水平表示对劳动者的福祉有提升作用，而中等水平表示对劳动者的福祉没有太大的影响，既不提升也不损害。

就业满意度变量由问卷中被调查者对"总的来说，我对自己的工作非常满意"这一问题的回答整理而来，将回答"非常不同意"和"一般不同意"的定义为"低水平就业满意度"，赋值为1；将回答"有点不同意"和"有点同意"的定义为"中等水平就业满意度"，赋值为2；将回答"一般同意"和"非常同意"的定义为"高水平就业满意度"，赋值为3。关于职业健康变量，本文使用自评健康状况作为度量健康的指标，已有研究表明，自评健康是测度健康状况的完整且稳健的指标（Manderbacka，1998）。职业健康变量根据调查问卷中"您的工作对您的健康是否有影响"来测量，应答选项分为"消极影响"、"没有影响"和"积极影响"，分别定义为"低水平职业健康"、"中等水平职业健康"和"高水平职业健康"，分别赋值为1、2、3。可行能力变量根据调查问卷中被调查者对"您的工作能否实现您适度追求的生活方式"这一问题的回答整理而来，分别将回答"不能"、"基本能"和"能"的定义为"低水平可行能力"、"中等水平可行能力"和"高水平可行能力"，并分别赋值为1、2、3。

（三） 方法介绍

用就业满意度、职业健康和可行能力评价就业质量的方法是多维度的分析方法，从各维度指标到综合就业质量的计算涉及加总方式的选择。本文通过选取合理的方法对表征就业质量的不同维度进行加总，以评价我国大学毕业生就业质量的整体现状。在加总方式的选取上，本文综合使用集合交集运算和算术平均数法保证结果的稳健性和可信度。

交集运算是建立在就业质量各维度间不存在补偿作用假设基础上的。标准交集运算仅考虑最差的维度，如果某一维度状况很差，其他维度再好也没有太大的意义。弱交集运算不仅关注最差的维度，而且考虑某一维度较差与多个维度均较差的区别。按照弱交集运算，就业质量三个维度的得分组合可以形成 10 个等级的就业质量水平。具体说，就业满意度、职业健康和可行能力三个维度均处于高水平时，个体就业质量最高，即（就业满意度、职业健康、可行能力）取值为（3，3，3）时，就业质量排名第一。当就业质量三维度中有两个维度处于高水平一个维度处于低水平时，即（就业满意度、职业健康、可行能力）取值为（2，3，3）、（3，2，3）或（3，3，2）时，就业质量排名第二。依此类推，当（就业满意度、职业健康、可行能力）取值为（1，1，1）时，就业质量排名第十，即就业满意度、职业健康和可行能力三个维度均处于低水平时，个体就业质量最低。就业质量排名等级如表 1 所示。

表 1　就业质量排名等级

就业质量排名	（就业满意度、职业健康、可行能力）得分	就业质量水平
1	(3，3，3)	高水平
2	(2，3，3)、(3，2，3)、(3，3，2)	
3	(2，2，3)、(2，3，2)、(3，2，2)	
4	(2，2，2)	中等水平

续表

就业质量排名	（就业满意度、职业健康、可行能力）得分	就业质量水平
5	(1，3，3)、(3，1，3)、(3，3，1)	
6	(1，2，3)、(1，3，2)、(2，1，3)、(3，1，2)、(2，3，1)、(3，2，1)	
7	(1，2，2)、(2，1，2)、(2，2，1)	低水平
8	(1，1，3)、(1，3，1)、(3，1，1)	
9	(1，1，2)、(1，2，1)、(2，1，1)	
10	(1，1，1)	

进一步将就业质量排名简化为高水平、中等水平和高水平三类。从就业质量排名等级中可以看出，就业质量排名 1~3 中，就业质量三维度中至少有一个维度处于高水平，而没有维度处于低水平，说明当就业质量排名在前 3 时，就业对劳动者的福祉总体上来说呈现提升作用，故可归为高水平就业质量。当就业质量排名第 4 时，就业质量三维度均处于中等水平，就业既没有提升也没有损害劳动者的福祉，故可归为中等水平就业质量。而就业质量排名 5~10 时，就业质量三维度中至少有一个维度处于低水平，就业对劳动者福祉有损害作用，故归为低水平就业质量。

算术平均法加总方式假设就业质量各维度间存在补偿作用，状况较好的维度可以补偿较差的维度。算术平均又包括简单算术平均和加权算术平均两类。简单算术平均假定就业质量的各维度具有同等的重要性，而加权算术平均则假定各维度的重要性不同。关于加权算术平均法，本文利用变异系数法确定各维度的权重，这种基于实际数据的客观赋权法，可以避免研究者判断的主观性。变异系数法赋权基本思路是：对取值差异越大的指标赋予更高的权重，以很好地反映被评价单位之间的差异。各项指标取值的差异程度由各项指标的变异系数衡量，各项指标的变异系数公式如下：

$$V_i = \frac{\sigma_i}{\overline{x}_i}(i = 1, 2, 3) \tag{1}$$

式中，V_i 是第 i 项指标的变异系数，也称为标准差系数；σ_i 是第 i 项指标的标准差；$\overline{x}_i$ 是第 i 项指标的平均数。

各项指标的权重计算公式为：

$$W_i = \frac{V_i}{\sum\limits_{i=1}^{3} V_i} \tag{2}$$

根据变异系数法计算而得的就业满意度、职业健康和可行能力各维度的权重分别为 0.2922、0.3421 和 0.3657，可以看出就业质量三维度中可行能力维度权重最高，就业满意度维度权重最低。

四、就业质量总体分析

（一）全部样本分析

针对两类就业质量维度加总方式，本文利用不同的统计分析方法对就业质量进行分析。对就业质量排名进行百分比分析，对算术平均就业质量进行均值分析。图1为就业质量排名分布图。从图1可以看出，就业质量排名第1的所占比例最低，为2.85%，仅有极少部分大学毕业生工作者的就业质量三维度均处于高水平。类似地，仅有3.77%的大学毕业生的就业质量三维度均处于低水平。即就业质量最高和最低的比例均较少，大部分大学毕业生处于就业质量最高和最低之间的状态。所占比例最高的是就业质量排名第3，占比为20.94%，即大约1/5的大学毕业生就业质量三维度中一个维度处于高水平，两个维度处于中等水平。所占比例依次递减的就业质量排名是第6、第7、第2、第9，所占比例均超过10%。

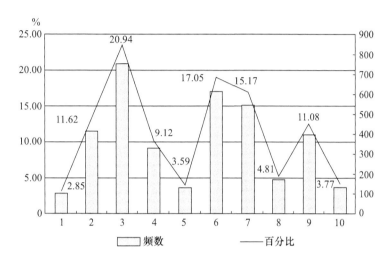

图1　就业质量排名分布

图2更直观地显示了我国大学毕业生就业质量状况。超过一半的大学毕业生的就业质量处于低水平，即对于超过一半的大学毕业生而言，就业对他们的福祉造成了不同程度的损害。有35.42%的大学毕业生的就业质量处于高水平，就业提升了这部分大学毕业生的福祉。

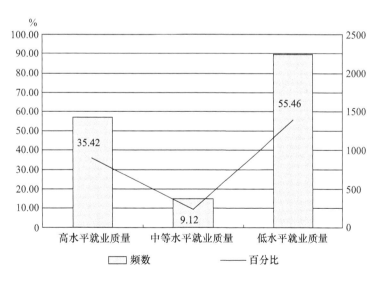

图2　就业质量水平统计

对算术平均就业质量的描述性统计表明，我国大学毕业生简单平均就业质量得分为2.0094，加权平均就业质量得分为1.9863。考虑就业质量各维度的补偿作用，综合来看，我国大学毕业生就业质量整体处于中等水平。

（二）分群体比较分析

对于不同大学毕业生群体，就业质量高低可能会有所不同。本文对不同性别、年龄、婚姻状况、政治面貌、学历、所有制群体的就业质量进行比较分析，如表2和表3所示。其中，表2为就业质量分群体列联表分析结果，呈现了不同群体的就业质量高水平、中等水平和低水平所占比例及卡方检验结果。表3是就业质量分群体均值差异分析结果，呈现了不同群体就业质量简单平均值和加权平均值及均值差异显著性检验结果。

分性别来看，表2表明女性就业质量处于高水平的比例大于男性，而处于低水平的比例小于男性，表3也表明女性就业质量简单平均值和加权平均值均高于男性，即总体女性的就业质量优于男性就业质量，但表2的卡方检验结果和表3的均值差异显著性检验结果均显示男性和女性的就业质量差异并不显著。分年龄比较，表2和表3的结果显示年龄与就业质量的关系呈"U"形，即随着年龄的增加，就业质量先下降后上升，而且这种差异是显著的。从婚姻状况来看，已婚者就业质量略高于未婚者的就业质量，但差异并不明显。从政治面貌来看，党员的就业质量显著高于非党员的就业质量。分学历比较，随着学历从专科、本科上升到硕士及以上，高水平就业质量比例逐渐增加，低水平就业质量的比例逐渐减少，同时，就业质量简单平均值和加权平均值均逐渐增大，而且，这种差异是显著的。即表2和表3表现出学历越高，就业质量越高的基本规律。分所有制比较，从表2和表3可以看出，国有部门的就业质量显著高于非国有部门的就业质量。

表2 就业质量分群体列联表分析

变量名称		高水平就业质量（%）	中等水平就业质量（%）	低水平就业质量（%）	P值
性别	男性	34.16	8.93	56.91	0.2625
	女性	36.69	9.29	54.02	
年龄	18~24岁	37.50	7.56	54.94	0.0394
	25~29岁	32.98	10.04	56.98	
	30~34岁	35.77	7.95	56.28	
	35~55岁	40.00	10.40	49.60	
婚姻	已婚	35.82	9.10	55.08	0.9049
	未婚	35.06	9.12	55.82	
政治面貌	党员	38.73	8.83	52.44	0.0831
	其他	34.48	9.10	56.42	
学历	专科	30.35	10.45	59.20	0.0001
	本科	34.79	9.27	55.94	
	硕士及以上	43.79	6.90	49.31	
所有制	国有部门	39.75	7.51	52.74	0.0000
	非国有部门	30.84	10.79	58.37	

表3 就业质量分群体均值差异分析

变量名称		就业质量简单平均值	P 值	就业质量加权平均值	P 值
性别	男性	2.0068	0.7507	1.9851	0.8890
	女性	2.0121		1.9875	
年龄	18~24 岁	2.0286	0.0180	2.0048	0.0165
	25~29 岁	1.9860		1.9627	
	30~34 岁	2.0074		1.9849	
	35~55 岁	2.0649		2.0430	
婚姻	已婚	2.0112	0.8407	1.9873	0.9129
	未婚	2.0078		1.9854	
政治面貌	党员	2.0450	0.0096	2.0214	0.0099
	其他	1.9966		1.9732	
学历	专科	1.9502	0.0001	1.9264	0.0001
	本科	2.0111		1.9891	
	硕士及以上	2.0730		2.0463	
所有制	国有部门	2.0551	0.0000	2.0328	0.0000
	非国有部门	1.9614		1.9375	

五、就业质量各维度分析

（一）全部样本分析

以上是对就业质量的整体分析，本文进一步考察就业质量的各维度状况。表4是就业质量三维度的相关性检验结果。由表4可以看出，尽管就业满意度、职业健康和可行能力三维度间存在显著相关性，但 Kendall's tau - b 等级相关系数较小，说明就业满意度、职业健康和可行能力测度了就业质量的不同方面，它们含有反映就业质量的不同信息。因此分别考察就业满意度、职业健康和可行能力状况是具有统计学意义的。

表4 就业质量三维度相关性检验结果

变量名称	就业满意度	职业健康	可行能力
就业满意度	1.0000 ***	0.1247 ***	0.2201 ***
职业健康	0.1247 ***	1.0000 ***	0.2041 ***
可行能力	0.2201 ***	0.2041 ***	1.0000 ***

注：相关系数为 Kendall's tau - b 等级相关系数，＊＊＊表示双尾（2 - tailed）检验在1%显著性水平上显著。

图3是就业满意度、职业健康和可行能力的描述性统计结果。可以看出，总体看大学毕业生就业满意度较高，超过一半的大学毕业生的就业满意度处于高水平，而且就业满意度均值为2.3731，为中等偏上水平。关于职业健康，仅有15.31%的大学毕业生职业健康处于高水平，职

业健康均值为1.8550，为中等以下水平。可行能力状况最差，仅有15.15%的大学毕业生拥有高水平的可行能力，而高达35.14%的大学毕业生的可行能力处于低水平。可行能力均值为1.8001，为中等以下水平，而且在三维度中最低。

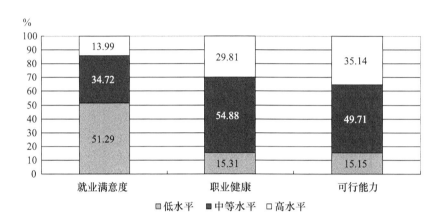

图3　就业质量各维度统计

（二）分群体比较分析

考虑不同群体间的差异，本文进一步对就业质量各维度进行分群体比较分析。首先，分性别比较。表5是性别在就业质量各维度上的差异分析结果①。可以看出，女性就业满意度处于高水平的比例大于男性，而处于低水平的比例低于男性，同时，女性就业满意度均值略高于男性，但卡方检验和独立样本t检验结果均显示这种差异不显著。关于职业健康，男性职业健康处于高水平的比例高于女性，但低水平的比例也高于女性，卡方检验结果显示差异是显著的。但这无法综合判断男女两性在职业健康方面的优劣，由均值比较可以看出，女性职业健康均值略高于男性，但差异不显著。可行能力方面，列联表分析和均值差异分析结果均显示男性可行能力显著高于女性可行能力。男性的可行能力高于女性，说明就业更利于男性实现其追求的生活方式。这可能由于女性更以家庭为中心，承担着更多照顾家庭的责任，而就业在一定程度上不利于其平衡工作生活，实现其追求的生活方式。

表5　性别在就业质量各维度上的差异分析

变量名称	性别	高水平（%）	中等水平（%）	低水平（%）	P值	均值	P值
就业满意度	男性	50.00	35.42	14.58	0.3159	2.3542	0.1364
	女性	52.64	33.99	13.37		2.3926	
职业健康	男性	15.97	52.15	31.88	0.0072	1.8409	0.2244
	女性	14.62	57.71	27.67		1.8696	
可行能力	男性	17.17	48.16	34.67	0.0053	1.8251	0.0369
	女性	13.04	51.32	35.64		1.7740	

---

① 因篇幅限制，将列联表分析结果和均值差异分析结果合并，表6～表10相同。

关于年龄在就业质量各维度上的差异分析，如表 6 所示。就业满意度方面，不同年龄段就业满意度卡方检验的 P 值为 0.2635，单因素方差分析的 P 值为 0.2477，即不同年龄段之间在就业满意度方面不存在显著差异。年龄与职业健康之间存在显著的"U"形关系，随着年龄的增加，职业健康先下降后上升。可行能力随年龄的增加呈显著的上升趋势。

表 6   年龄在就业质量各维度上的差异分析

变量名称	年龄	高水平（%）	中等水平（%）	低水平（%）	P 值	均值	P 值
就业满意度	18 ~ 24 岁	50.73	36.77	12.50	0.2635	2.3823	0.2477
	25 ~ 29 岁	49.72	35.47	14.81		2.3490	
	30 ~ 34 岁	52.94	32.43	14.63		2.3831	
	35 ~ 55 岁	55.47	32.00	12.53		2.4293	
职业健康	18 ~ 24 岁	20.20	53.20	26.60	0.0005	1.9360	0.0007
	25 ~ 29 岁	13.60	57.05	29.35		1.8426	
	30 ~ 34 岁	13.67	51.83	34.50		1.7917	
	35 ~ 55 岁	15.47	54.93	29.60		1.8587	
可行能力	18 ~ 24 岁	13.37	50.00	36.63	0.0052	1.7674	0.0006
	25 ~ 29 岁	14.32	48.00	37.68		1.7664	
	30 ~ 34 岁	16.85	51.03	32.12		1.8474	
	35 ~ 55 岁	18.67	53.33	28.00		1.9067	

表 7 呈现婚姻在就业质量各维度上的差异分析结果。可以看出，已婚者在就业满意度方面显著优于未婚者。而在职业健康方面，未婚者显著优于已婚者。可行能力方面，由表 7 可以看出，已婚者可行能力处于高水平的比例略高于未婚者，同时，处于低水平的比例低于未婚者，即已婚者的可行能力优于未婚者，但卡方检验结果显示，这种差异不显著。同时，已婚者可行能力均值高于未婚者，独立样本 t 检验的 P 值为 0.0883，仅在 10% 的显著性水平上显著。综合表 7，可以认为已婚者和未婚者在可行能力方面的差异不稳健。

表 7   婚姻在就业质量各维度上的差异分析

变量名称	性别	高水平（%）	中等水平（%）	低水平（%）	P 值	均值	P 值
就业满意度	已婚	53.51	33.17	13.32	0.0818	2.4019	0.0427
	未婚	49.47	36.00	14.53		2.3494	
职业健康	已婚	12.61	55.66	31.73	0.0004	1.8087	0.0004
	未婚	17.53	54.23	28.24		1.8929	
可行能力	已婚	15.83	50.65	33.52	0.2099	1.8231	0.0883
	未婚	14.59	48.94	36.47		1.7812	

政治面貌在就业质量各维度上的差异如表 8 所示。表 8 结果表明，党员在就业满意度和可行能力方面均显著优于非党员。而在职业健康方面，非党员优于党员，但差别不显著。这进一步说明，党员的就业质量高于非党员，与就业质量总体分析结论一致。

表8 政治面貌在就业质量各维度上的差异分析

变量名称	政治面貌	高水平（%）	中等水平（%）	低水平（%）	P值	均值	P值
就业满意度	党员	56.07	31.26	12.67	0.0104	2.4341	0.0062
	非党员	50.03	35.50	14.47		2.3556	
职业健康	党员	14.64	54.00	31.36	0.3825	1.8328	0.1665
	非党员	16.22	54.50	29.28		1.8694	
可行能力	党员	16.82	53.17	30.01	0.0003	1.8681	0.0001
	非党员	13.96	48.56	37.48		1.7648	

分学历比较。从表9可以看出，随着学历从专科上升到本科、硕士及以上，就业满意度和可行能力高水平的比例逐渐增加，低水平的比例逐渐减小，同时，就业满意度均值和可行能力均值逐渐增加，而且差异是显著的。这表明，随着学历上升，就业满意度和可行能力表现出显著上升趋势。相反，在职业健康方面，随着学历的上升，职业健康高水平的比例逐渐减小，低水平的比例逐渐增加，同时职业健康均值也逐渐减小，而且不同学历之间的差异是显著的，即表现出了学历越高，职业健康越差的基本规律。这提醒我们关注高学历劳动者的职业健康状况。

表9 学历在就业质量各维度上的差异分析

变量名称	学历	高水平（%）	中等水平（%）	低水平（%）	P值	均值	P值
就业满意度	专科	44.61	39.30	16.09	0.0000	2.2852	0.0000
	本科	50.71	34.69	14.60		2.3610	
	硕士及以上	61.54	29.39	9.07		2.5247	
职业健康	专科	15.92	59.70	24.38	0.0075	1.9154	0.0090
	本科	15.71	53.78	30.51		1.8520	
	硕士及以上	13.02	53.45	33.53		1.7949	
可行能力	专科	8.95	47.10	43.95	0.0000	1.6501	0.0000
	本科	16.57	48.89	34.54		1.8202	
	硕士及以上	16.96	56.02	27.02		1.8994	

分所有制比较分析。表10表明，国有部门就业满意度和可行能力处于高水平的比例高于非国有部门，处于低水平的比例低于非国有部门，同时，国有部门就业满意度均值和可行能力均值都高于非国有部门，而且差异显著。这说明国有部门在就业满意度和可行能力方面均显著优于非国有部门。在职业健康方面，表10表明国有部门职业健康处于高水平的比例高于非国有部门，但处于低水平的比例也高于非国有部门，差异显著。但这无法判断国有部门和非国有部门在职业健康方面的整体优劣状况。进一步由均值比较可以看出，国有部门职业健康均值略高于非国有部门，但独立样本t检验结果表明这一差异不显著。

表10 所有制性质在就业质量各维度上的差异分析

变量名称	所有制	高水平（%）	中等水平（%）	低水平（%）	P值	均值	P值
就业满意度	国有部门	55.65	30.66	13.69	0.0000	2.4196	0.0002
	非国有部门	46.72	38.98	14.30		2.3243	

续表

变量名称	所有制	高水平（%）	中等水平（%）	低水平（%）	P值	均值	P值
职业健康	国有部门	16.85	52.74	30.41	0.0176	1.8644	0.4146
	非国有部门	13.70	57.11	29.19		1.8451	
可行能力	国有部门	18.11	51.92	29.97	0.0000	1.8814	0.0000
	非国有部门	12.04	47.39	40.57		1.7148	

六、结论与建议

本文在分析就业质量内涵基础上，基于阿马蒂亚·森的可行能力理论，构建了就业满意度、职业健康和可行能力三维度的就业质量指标。利用大学毕业生就业质量微观调查数据，从整体就业质量和分维度两方面对我国大学毕业生就业质量状况进行了比较分析。研究发现，35.42%的大学毕业生的就业质量处于高水平，而超过一半的大学毕业生的就业质量处于低水平。考虑就业质量各维度的补偿作用，我国大学毕业生就业质量整体处于中等水平。我国大学毕业生就业质量总体水平仍有待提高。分群体比较结果表明，男性与女性、已婚和未婚大学毕业生的就业质量没有显著差异，年龄与就业质量间呈现显著的"U"形关系。学历越高，就业质量越高，党员比非党员的就业质量更高。就所有制而言，国有部门的就业质量显著高于非国有部门的就业质量。

关于就业质量的三维度，我国大学毕业生的就业满意度较高，而职业健康状况较差，为中等以下水平。三维度中最差的是可行能力，仅有15.15%的大学毕业生认为就业能够实现他们追求的生活方式。分群体比较结果显示，男性和女性在就业满意度和职业健康方面差异不显著，而男性可行能力显著高于女性。随着年龄的增加，就业满意度变化不明显，可行能力呈上升趋势，而职业健康先下降后上升。已婚者在就业满意度方面显著优于未婚者，而在职业健康方面明显劣于未婚者，在可行能力方面已婚者和未婚者差异不明显。党员的就业满意度和可行能力均明显好于非党员，而职业健康方面两者差异不大。随着学历的升高，就业满意度和可行能力更高，而职业健康状况更差。国有部门在就业满意度和可行能力方面均显著优于非国有部门，而在职业健康方面无明显差异。

基于上述研究结论，本文对策建议如下：

第一，提高我国大学毕业生的就业质量，需要对就业满意度、职业健康和可行能力三方面进行全面提升，三者都是就业质量的重要维度，不可偏废。本文调查结果显示，我国大学毕业生职业健康和可行能力较差，因此，要重点改善我国大学毕业生在工作中的健康状况，并促进他们实现自己适度追求的生活方式。

第二，关注就业对女性可行能力的影响，提高女性在工作生活中的平衡度，促进女性实现其追求的生活方式。比如，通过实行弹性工作时间制度，使女性可以自由选择工作的具体时间安排，从而更好地平衡家庭和工作，实现追求的生活方式。

第三，要为劳动者提高公平的受教育机会，以提高就业质量公平性，特别是就业满意度和可行能力方面。同时，高等教育层次越高，劳动者职业健康状况反而越差的现象应引起我们的注意。高学历劳动者在获得高收入的同时，付出了健康的代价。他们应该注重提高自身的职业健康状况，以实现真正的高质量就业。

第四，针对我国当前劳动力市场上存在的所有制分割，在发挥市场调节作用的同时，应通过宏观调控来打破所有制之间的分割状况，提高非国有劳动者们的就业质量。

参考文献

［1］姜献群．提升大学生就业质量的思考——韩国的经验及启示［J］．教育发展研究，2014（17）：26－32．

［2］赖德胜，苏丽锋，孟大虎，李长安．中国各地区就业质量测算与评价［J］．经济理论与经济管理，2011（11）：88－99．

［3］苏丽锋．我国新时期个人就业质量研究——基于调查数据的比较分析［J］．经济学家，2013a（7）．

［4］刘素华．就业质量：内涵及其与就业数量的关系［J］．内蒙古社会科学（汉文版），2005（5）：125－128．

［5］Charlesworth S. J．，Welsh L．，Strazdins Baird M．，Campbell I. Measuring Poor Job Quality amongst Employees：The VicWAL Job Quality Index［J］．Labour & Industry A Journal of the Social & Economic Relations of Work，2014（2）：103－123．

［6］Clark A. E. Job Satisfaction and Gender：Why are Women so Happy at Work？［J］．Labour Economics，1997（97）：341－372．

［7］Sousa－Poza A．，Sousa－Poza A. A. Well－being at Work：A Cross－national Analysis of the Levels and Determinants of Job Satisfaction［J］．Journal of Socioeconomics，2000（6）：517—538．

［8］Bustillo R. M. D．，Fernandez－Macias E．，Antón J. I．，Esteve F. E Pluribus Unum？A Critical Survey of Job Quality Indicators［J］．Socio－Economic Review，2011（9）：447－475．

［9］阿马蒂亚·森．以自由看待发展［M］．北京：中国人民大学出版社，2002．

［10］Sen A. Health in Development［J］．Bulletin of the World Health Organization，1999（8）：619－623．

［11］Nussbaum M. Capabilities as Fundamental Entitlements：Sen and Social Justice［J］．Feminist Economics，2003（2）：33－59．

［12］王曲，刘民权．健康的价值及若干决定因素：文献综述［J］．经济学（季刊），2005（4）：1－52．

中国企业的本土市场扩张与产能过剩治理

张国胜　　刘　政

（云南大学发展研究院　昆明　650091；

昆明理工大学管理与经济学院　昆明　650091）

一、引言

市场扩张是企业在更大空间范围内复制运营模式、拓展原有业务的一种战略。企业的市场扩张及其引致的激烈竞争是化解产能过剩的重要途径，历史上美国就是通过企业的本土市场扩张（盛朝迅，2013）与全球市场扩张（董小君，2015）化解产能过剩。就中国而言，一方面是各个省级层面的市场规模就不亚于一般国家的市场规模（樊纲等，2011），整体的本土市场规模已位居全球第二并且还在持续扩张（刘鹤，2011），中国具有本土市场规模的比较优势；另一方面是产能过剩已成为产业发展过程中的一种"痼疾"，中国式"过剩、调控，再过剩、再调控……"的循环怪圈表明中国不定期地面临严重的产能过剩（范林凯等，2015；干春晖等，2015）。既然企业在更大范围内的市场扩张能够化解产能过剩，那么中国企业能否依托本土市场规模比较优势，从本市向本省、从本省向全国的市场扩张来化解产能过剩？这是本文想集中探讨的关键问题。对这个的问题回答不但能够为中国化解产能过剩提供新的思路，而且有助于中国更好地利用本土市场规模的比较优势，是一个重要的现实问题。

目前，这方面的研究主要有：多数学者（James，2002；盛朝迅，2013；董小君，2015）认为理论上企业的市场扩张有助于化解产能过剩，并存在美国与日本的成功案例（吕铁，2011；刘建江等，2015）；但鲜有文献探讨中国企业的本土市场扩张与产能过剩，更多的文献是将二者分开研究。这些文献一方面认为中国企业大多局限于本地经营，其市场扩张主要是国际市场扩张而非本土市场扩张（王凯伦，2007；Boisot and Meyer，2008；宋渊洋、黄礼伟，2014）；另一方面认为中国正面临严重的产能过剩并呈现出加剧之势（国民经济运行综合报告课题组，2013），产能过剩已成为中国产业发展过程中的一个顽疾（范林凯等，2015）。在这样的背景下，部分学者（郑新立，2015；苏杭，2015）提出要借助"一带一路"战略，以中国企业的国际市场扩张化解产能过剩。正是由于企业的市场扩张是化解产能过剩的重要途径且中国已经具备本土市场规

［基金项目］中国—东盟研究院"教育部长江学者和创新团队发展计划"资助项目（合同编号：CWZ201407）；云南大学"青年英才培育计划"、云南省中青年学术技术带头后备人才资助；昆明理工大学人培项目（KKZ3201408013）。

［作者简介］张国胜，云南大学教授、博士生导师；刘政（1981—），通讯作者，男，重庆人，昆明理工大学讲师、经济学博士，云南大学发展研究院理论经济学博士后。

模的比较优势，加之现有文献主要关注企业的国际市场扩张与产能过剩，本文将以中国企业的本土市场扩张为解释变量，从一个新的角度考察中国的产能过剩。

本文创新之处主要有：其一，企业的本土市场扩张与产能过剩具有倒"U"形特征不但丰富了中国产能过剩的经验研究，而且证实了通过一体化的市场条件有助于化解产能过剩，研究内容较为新颖。其二，本文具有较强的政策含义，构建针对省级政府的产能规制政策，将跨省销售比重作为企业兼并重组与治理产能过剩的重要依据，发挥本土市场规模在治理产能过剩中的重要作用等政策含义，能够为中国治理产能过剩提供新的思路。其三，本文不但基于世界银行2005年大样本数据证明中国企业的省际市场扩张与产能过剩之间的倒"U"形特征及其传导机理，而且基于世界银行2012年的数据检验了上述倒"U"形特征及其作用机理，同时考虑了实证研究的要求。

二、文献回顾与基于中国现实的假说

（一）文献回顾：企业的市场扩张与产能过剩

产能过剩是某个行业内部供给大于需求的一种长期现象（James，2002），在微观层面可表现为在位企业的实际产出长期大幅度低于其生产能力（吕铁，2011）。现有文献认为，企业的市场扩张及其引致的激烈竞争是化解产能过剩的重要途径，其作用机理主要表现在以下两个方面（见图1）。

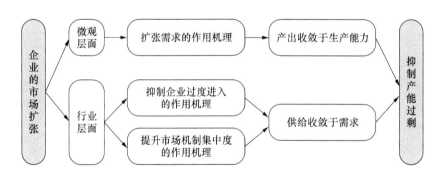

图1 企业的市场扩张与产能过剩

其一，微观层面存在扩张需求的作用机理。着眼于更大的目标市场是企业选择市场扩张的重要原因之一（Buckley et al.，2007；宋渊洋、黄礼伟，2014）。对在位企业而言，更大的目标市场不但包括更大规模的潜在客户群体，而且包括更多和更多样化的产品（服务）需求（Ojala and Rurvainen et al.，2006）。前者能够直接扩张企业的市场需求，后者意味着企业能够通过新的供给创造新的需求（赵伟平，2014）。因此，企业的市场扩张一般都伴随着产品或服务的需求扩张。从这个逻辑出发，若其他条件不变，市场扩张显然有助于在位企业扩张实际产出，并使得实际产出收敛于企业生产能力。

其二，行业层面存在抑制企业过度进入并提升行业市场集中度的作用机理。就前者而言，过度进入理论（Excessive - entry Theorem）认为，在同质产品市场上，自由进入的企业数目可能大于社会福利最大化要求的企业数目（Spence，1976；Salop，1979）。在这样的背景下，即使单个企业的投资决策是合理的，行业中企业进入数目过多也必然导致产能过剩（王立国、周雨，2013）。过度进入理论是解释产能过剩的重要理论依据之一。由于企业的市场扩张及其引致的激烈竞争不但能够明显提升行业市场的企业进入壁垒，而且可以大幅度降低进入理论所要求的"商业盗窃效应"，现有文献（江飞涛等，2009）认为，在竞争激烈的行业中并不存在企业过度进入现象。从这一逻辑出发，若其他条件不变，市场扩张及其引致的激烈竞争将有助于减少企业的盲目进入并从整体上抑制企业的过度投资。就后者而言，现有文献（徐朝阳、周念利，2015）认为，在发展中国家的产业梯度升级过程中，产业发展前景明确与市场需求不确定性的结合将为低效率企业进入这些行业提供机会，企业在产业发展的早期阶段将会大量涌入，这种低行业市场集中度将导致企业重复建设与持续性过度供给（Bain，1959；鹤田俊中，1988；魏后凯，2001），因此需要通过淘汰劣势企业并提升行业市场集中度等方式来化解产能过剩（秦海，1996）。由于企业的市场扩张，尤其是跨地区的市场扩张往往伴随激烈的市场竞争，这种"优胜劣汰"的竞争不但会抑制潜在的进入企业并导致行业内部低效率企业的大量破产，而且会加剧行业内部的企业兼并与重组，最终从整体上减少企业数量及其投资行为。行业市场的集中度将因此而提升，这显然也有助于抑制产能过剩。

（二）现实背景：中国企业的本土市场扩张与产能过剩

本土市场规模方面。现有文献（刘鹤，2011）认为，经过改革开放以来30多年的高速发展，中国正在由传统的制造业大国转变为全球最主要的消费型经济体，开始扮演全球产品购买者的角色，本土市场规模开始位居世界前列。如果再进一步考虑中国还是一个具有13亿人口并刚刚进入中等偏上发展程度的发展中大国，以及2020年建成全面小康社会的战略目标与现阶段扩大内需的重大举措等，中国的本土市场规模还会加速扩张（刘鹤，2011）。OECD（2013）研究表明，近年来中国国内需求总量的增长速度已经全面超越经济增长速度，呈现出持续、快速扩张的趋势。得益于此，世界银行（2012）认为2020年前中国将超过美国成为全球最大的新兴市场。在这样的背景下，国内外的一些学者认为中国的本土市场规模已成为现阶段中国最大的比较优势（Brand and Thun，2010；毛蕴诗、李洁明，2010）。

企业的本土市场扩张方面。现有文献（宋渊洋、黄礼伟，2014）认为，中国企业大多局限于本地经营，很少开展跨地区经营，尤其是跨省际市场的经营；即使开展了跨地区经营，中国企业也主要是以"代工模式"直接开展跨国经营（王凯伦，2007；Boisot and Meyer，2008）。这种"舍近求远"的市场扩张不但忽视了中国本土市场规模的比较优势，而且与发达国家企业的市场扩张形成鲜明对比（张国胜，2014）。就其原因而言，多数文献（方军雄，2009；樊纲等，2011；任颋等；2015）将省际市场之间的地方政府行为、制度环境与地方保护等因素视为中国企业难以开展跨地区经营的重要原因。国外学者（Li et al.，2008；Yi Lu，2011）的研究也表明政治关联与中国企业的跨地区经营紧密相关，大多数企业在更大空间范围内开展经营活动都需要更高层次的政治关联。

产能过剩方面。林毅夫（2007，2010）等认为发展中国家的企业投资很容易形成"潮涌现象"，这是中国周期性产能过剩的根本原因；以此为基础，徐朝阳等（2015）认为，中国产业发展前景明确与市场需求不确定性的结合将为低效率企业进入这些行业提供机会，企业在产业发展早期阶段将会大量涌入，产能过剩也将因此而形成。范林凯等（2015）则以中国渐进式改革为背景，认为竞争性行业的市场化改革滞后与产能管制政策的干预共同造成了资本密集型行业的产能过剩；江飞涛等（2009）、耿强等（2011）、王立国等（2012）、干春晖（2015）等学者认为，地方政府普遍存在对微观经济行为主体的不当干预，并通过成本外部化、风险外部化等方式能够扭曲企业行为，最终引致产能过剩。目前，产能过剩已成为中国产业发展过程中的一个顽疾，中国式"过剩、调控，再过剩、再调控……"的循环怪圈表明中国不定期地面临严重的产能过剩（范林凯等，2015；干春晖等，2015）。

综上所述，现有文献表明企业的市场扩张不但能够在微观层面上扩张企业的市场需求，而且能够在行业层面上抑制企业的过度进入并提升行业市场集中度，因此有助于化解产能过剩。据此，一方面结合中国的本土市场规模已位居全球第二并且还在持续扩张，本土市场规模已成为中国最大的比较优势等研究观点；另一方面结合中国企业很少开展跨地区的市场扩张，尤其是跨省际的市场扩张以及中国不定期面临着严重的产能过剩等特征事实。本文认为，中国企业从本市向本省、从本省向全国的市场扩张也有助于化解产能过剩。从这个逻辑出发，本文提出以下理论假说：

在其他条件不变的前提下，依托本土市场规模的比较优势，中国企业的本土市场扩张有助于化解产能过剩。

三、研究设计

（一）数据来源与变量选取

本文数据取自世界银行 2005 年和 2012 年《中国城市企业经营调查》。其中，2005 年的调查数据包含 12400 家企业样本，覆盖了中国大陆 30 个省（市）、120 个城市的 30 个制造业部门。2012 年调查数据包括 2848 个企业样本，覆盖 12 个省（市）、25 个重要城市的 19 类细分行业。上述两组数据均对中国企业的产能利用情况进行了详细调查，为本文构建产能过剩指标提供了直接来源。鉴于 2005 年的调查数据具有样本大、变量全的特点，本文将其作为实证分析的重点；考虑 2012 年的调查数据具有数据新、时效性强等优点，在后续稳健性估计及传导机制分析中本文对其综合利用。

被解释变量：产能过剩 overcapacity。鉴于世界银行的中国企业经营调查数据（2005 年、2012 年）均涉及"企业产能利用率"情况，且产能利用率能够直接反映企业产能的利用情况，本文将其作为产能过剩的测度指标。

自变量：本土市场扩张。根据 2005 年的调查数据，本文将企业在"本市销售"sale_ incity、"市外省内销售"sale_ outcity、"本市及市外加总的省内销售"以及"国内省外销售"sale_ outprov 比重，分别作为企业的本土市场扩张指标；根据 2012 年调查数据，本文根据企业在"本市（直辖市）"sale_ incity 和"国内省外"sale_ outprov 销售情况构建本土市场扩张的虚拟变量，在稳健性估计和影响机制分析中系统考察。

表 1 变量、变量符号及定义

变量	符号	定义（2005 年数据）	定义（2012 年数据）
产能过剩	overcapacity	2001～2004 年企业产能利用率	2001～2010 年企业产能利用率
本市销售	sale_ incity	本市销售比重/100	本市（直辖市）销售取值为 1，否则取 0
市外省内销售	sale_ outcity	本市之外的省内销售比重/100	—
省内销售	sale_ inprov	省内销售比重/100	—
国内省外销售	sale_ outprov	国内省外的销售比重/100	国内省外销售取值为 1，否则取 0

续表

变量	符号	定义（2005 年数据）	定义（2012 年数据）
产能过剩滞后项	overcapacity$_{-1}$	2001~2003 年企业利用最大产能进行生产的比例	—
企业规模	insize	2003 年企业人均销售收入的对数	2008 年企业总销售收入的对数
企业年龄	inage	至 2004 年企业运营年数的对数	至 2012 年企业运营年数的对数
企业资本密度	incapital	2003 年企业人均净固定资产的对数	2010 年企业销售收入的单位设备投资率
企业研发水平	Rd	2003 年企业研发占销售收入的强度	2010 年企业新产品和服务创新的贡献度
企业人力资源	HR	2003 年企业高中学历以上的工人比例	2010 年企业固定工人完成初中教育的比例
企业融资	finance	2004 年融资重要性和是否获得信贷的组合指标	2010 年企业是否获得融资
国有股	state	企业国有股比重	企业国有股比重
私有股	rrivate	企业私有股比重	企业私有股比重
市场集中度	hhi – inder	企业销售占所在城市—行业销售比重的平方和	企业销售占所在城市—行业销售比重的平方和
市场势力	markup	2003 年企业销售收入/企业成本支出	2010 年企业销售收入/企业成本支出
城市或省区虚拟	cs – dum	共 120 个城市、119 个城市虚拟变量	共 12 个省区、11 个省区虚拟变量
行业虚拟	Hy – dum	共 30 个行业、29 个行业虚拟变量	共 19 个行业、18 个行业虚拟变量

其他控制因素。①产能过剩滞后项 overcapacity – 1。鉴于企业产能过剩具有历史继承性的特征，本文将其作为控制因素引入计量方程，并预期该变量的估计符号为正。②企业特征变量。本文对企业规模 insize、企业年龄 inage、企业资本密度 incapital、企业研发强度 Rd、企业人力资源 HR、企业融资 finance 等重要企业特征加以控制。③企业所有制结构。鉴于所有制也是影响企业产能过剩的重要因素，将国有股占比 state 和私有股占比 Private 分别作为企业所有制结构变量加以考察。④企业市场竞争变量。本文重点考察市场集中程度 hhi_ inder 和市场势力 markup 两类市场竞争指标，用企业销售收入占其所在城市—行业的企业销售平方和构建霍芬达尔指数来反映市场集中度 hhi – inder，用企业销售收入对支出成本的比值 markup，作为企业市场势力变量。⑤企业空间区位因素和行业特征。鉴于空间区位和行业差异对企业产能的多样性决策具有影响，本文对世界银行中国企业经营调查（2005 年、2012 年）数据均构建了相应省区、城市和行业虚拟变量。

（二）模型构建与计量方法

既然理论上企业的市场扩张有助于化解产能过剩，本文将中国企业的本土市场扩张与产能过剩设定为线性关系，并将产能过剩 Overcapacity$_{fsci}$ 作为被解释变量，将中国企业的本土市场扩张 Sale$_{fsci}$ 作为解释变量，构建如下计量模型：

$$Overcapacity_{fsci} = \alpha_0 + \alpha_s + \alpha_c + \beta Sale_{fsci} + \gamma CV_{fsci} + \varepsilon_{fsci} \tag{1}$$

考虑企业产能过剩指标属于大于 0 的受限因变量，本文采用 Tobit 计量方法进行估计。假设存在企业产能过剩的隐变量 Overcapacity$_{fsci}^{*}$，使得

$$Overcapacity_{fsci}^{*} = \overbrace{\alpha_0 + \alpha_s + \alpha_c + \alpha_i + \beta Sale_{fsci} + \gamma CV_{fsci}}^{\Omega'_{fsci}\beta} + \varepsilon_{fsci} = \Omega'_{fsci}\beta + \varepsilon_{fsci} \tag{2}$$

隐变量 Overcapacity$_{fsci}^{*}$ 的概率函数表示为：

$$Prob\left(Overcapacity_{fsci}^{*}\right) = Prob\left(\Omega'_{fsci}\beta + \varepsilon_{fsci} \leq 0\right) = \Phi\left[-\frac{\Omega'_{fsci}\beta}{\sigma}\right] \tag{3}$$

实际观察到的企业产能过剩 Overcapacity$_{fsci}$ 与隐变量 Overcapacity$^*_{fsci}$ 之间满足如下关系：

$$Overcapacity_{fsci} = \begin{cases} Overcapacity^*_{fsci} & if \quad Overcapacity^*_{fsci} > 0 \\ 0 & if \quad Overcapacity^*_{fsci} \leq 0 \end{cases} \tag{4}$$

根据卡梅隆等企业产能过剩指标 Overcapacity$_{fsci}$ 的均值计算公式为：

$$E\left[Overcapacity_{fsci} \mid \Omega'_{fsci}, Overcapacity_{fsci} > 0\right] = \Omega'_{fsci}\beta + \sigma \frac{\varphi\left(\frac{\Omega'_{fsci}\beta}{\sigma}\right)}{\Phi\left(-\frac{\Omega'_{fsci}\beta}{\sigma}\right)} \tag{5}$$

由式（5）可得本土市场扩张影响企业产能过剩 Overcapacity$_{fsci}$ 的边际效应为：

$$\frac{\partial E\left[Overcapacity_{fsci} \mid \Omega'_{fsci}, Overcapacity_{fsci} > 0\right]}{\partial Sale_\kappa} =$$

$$\beta_\kappa \left\{ 1 - \frac{\Omega'_{fsci}\beta}{\sigma} \times \frac{\varphi\left(\frac{\Omega'_{fsci}\beta}{\sigma}\right)}{\Phi\left(-\frac{\Omega'_{fsci}\beta}{\sigma}\right)} - \left[\frac{\varphi\left(\frac{\Omega'_{fsci}\beta}{\sigma}\right)}{\Phi\left(-\frac{\Omega'_{fsci}\beta}{\sigma}\right)}\right]^2 \right\} \tag{6}$$

其中，$\Phi(\cdot)$ 是一个累积标准正态分布函数，$\varphi(\cdot)$ 为标准正态分布函数 $\Phi(\cdot)$ 的概率密度函数；Sale$_{fsci}$ 代表企业本土市场扩张，包括企业在"本市" sale_ incity、"市外省内" sale_ outcity、"省内" sale_ inprov 和"国内省外" sale_ outprov 产品销售情况；CV$_{fsci}$ 为控制变量，包括影响企业产能过剩的其他重要因素；α_s、α_c、α_i 分别表示企业所处省区、城市和行业特征，ε_{fsci} 为随机扰动项。下标 f，s，c，i 分别代表企业、省区、城市和行业。

四、企业本土市场扩张影响产能过剩的实证分析

（一）基准估计结果

通过简单控制企业的城市特征与行业属性、产能过剩滞后项等因素，本文利用世界银行中国企业经营调查数据（2005 年）获得企业的本土市场扩张影响产能过剩的基准估计结果。表 2 中（1）～（4）栏分别列示了企业在本市、市外省内、省内和国内省外四个市场的销售对其产能过剩的边际影响。其中，企业的本市销售 sale_ incity、市外省内销售 sale_ outcity 和省内销售 sale_ inprov 对应的估计系数恒为正，且均处于 1% 以内的高度显著性水平，说明中国企业的省内市场扩张加剧了产能过剩，这一点不符合本文的检验命题，且与现有文献研究结论形成鲜明对比。现有文献认为，企业在更大范围内的市场扩张有助于抑制产能过剩，而中国企业由本市向本省的市场扩张则加剧了产能过剩。国内省外销售 sale_ outprov 对应估计系数高度显著为负（1% 显著性水平），说明中国企业的省外市场扩张有助于抑制产能过剩，这一点与现有文献的结论基本一致，并证明了本文检验命题。综上所述，中国企业在省际本土市场扩张与产能过剩具有明显的倒"U"形特征，一方面表明中国企业的本土市场扩张与产能过剩具有省级市场的属地效应，中国产能过剩主要体现为各个省级市场内部的产能过剩；另一方面表明中国企业的省外市场扩张能够抑制产能过剩，中国治理产能过剩需要发挥本土市场规模比较优势并以此促进企业的全国市场扩张。

表 2　基准估计结果

	overcapacity（Tobit）			
	省内			国内省外
	（1）	（2）	（3）	（4）
sale_ incity	0.0133 *** （3.69）	—	—	—
sale_ outcity	—	0.0169 *** （3.79）	—	—
sale_ inprov	—	—	0.0179 *** （5.79）	—
sale - outprov	—	—	—	- 0.00899 *** （- 2.77）
overcapacity - 1	0.878 *** （106.99）	0.879 *** （107.21）	0.877 *** （106.77）	0.879 *** （107.26）
Cons	- 0.00766 （- 0.91）	- 0.00377 （- 0.45）	- 0.00896 （- 1.06）	0.00137 （0.16）
C_S - dum	Yes	Yes	Yes	Yes
H_g - dum	Yes	Yes	Yes	Yes
F - ［p］	121.00 ［0.0000］	120.88 ［0.0000］	121.49 ［0.0000］	120.76 ［0.0000］
Pseudo R^2	15.2657	15.2660	15.2882	15.2585
样本数	12350	12350	12350	12350

注：本文采用 stata11.1 软件，（ ） 内为 z 统计值，［ ］ 内为 p 值，* 、** 、*** 分别代表 10% 、5% 、1% 显著性水平。

（二）遗漏变量问题：多变量估计

鉴于基准估计中本文仅对企业省区特征、行业属性和产能过剩滞后项进行控制，并没有考虑企业其他特征、所有制结构以及市场竞争环境等因素的影响，使得基准估计可能存在遗漏变量问题。为此，在基准估计的基础上，本文进一步对上述重要影响因素加以控制。表 3 给出了控制上述影响因素之后的多变量估计结果。在（1）～（3）栏企业在本市销售 sale_ incity、市外省内销售 sale_ outcity 和省内销售 sale_ inprov 的估计系数均高度显著为正（1% 显著性水平）；在第（4）栏，企业的省外国内销售 sale_ outprov 的估计系数为负且也处于 5% 以内的高度显著性水平；这表明控制影响企业产能过剩的其他重要因素之后，中国企业在省际市场扩张对产能过剩的异质性影响仍然成立，企业的省内市场扩张加剧了产能过剩，省外市场扩张通过提升企业的产能利用率抑制了产能过剩。表 3 结论进一步支持了表 2 估计结果，再次证实了中国企业的本土市场扩张与产能过剩之间存在倒 "U" 形特征。同时，与表 2 基准估计相比，表 3 中各类市场扩张变量的估计系数的绝对值相对变小，说明表 2 的基准估计的确存在遗漏变量问题，而遗漏变量也可能导致企业的本土市场扩张对产能过剩的异质影响被高估。

表 3　多变量估计结果

	overcapacity（Tobit）			
	省内			国内省外
	（1）	（2）	（3）	（4）
sale_ incity	0.0111 *** （3.07）	—	—	—
sale_ outcity	—	0.0158 *** （3.52）	—	—
sale_ inprov	—	—	0.0158 *** （5.11）	—
sale_ outprov	—	—	—	- 0.00740 ** （- 2.25）
overcapacity - 1	0.884 *** （113.99）	0.884 *** （114.11）	0.883 *** （113.74）	0.885 *** （114.20）

续表

	overcapacity（Tobit）			
	省内			国内省外
	（1）	（2）	（3）	（4）
insize	0.00148（1.23）	0.00119（0.99）	0.00147（1.22）	0.00139（1.15）
inage	0.00698***（5.38）	0.00686***（5.28）	0.00688***（5.31）	0.00697***（5.37）
incapital	−0.00270***（−2.65）	−0.00289***（−2.82）	−0.00270***（−2.64）	−0.00270***（−2.64）
R & D	−0.0856*（−1.88）	−0.0898**（−1.98）	−0.0782*（−1.72）	−0.0860*（−1.88）
HR	−0.00760*（−1.72）	−0.00821*（−1.86）	−0.00720（−1.63）	−0.00759*（−1.71）
finance	0.00826***（2.81）	0.00790***（2.69）	0.00847***（2.88）	0.00813***（2.76）
state − own	0.00653（1.57）	0.00612（1.47）	0.00597（1.44）	0.00685（1.64）
private − own	0.00520**（2.05）	0.00459*（1.80）	0.00446*（1.75）	0.00555**（2.18）
hhi − indler	−0.00515（−0.73）	−0.00566（−0.81）	−0.00505（−0.72）	−0.00534（−0.76）
markup	0.00117（0.90）	0.00128（0.98）	0.00130（1.00）	0.00133（1.02）
Cons	−0.0175（−1.50）	−0.0106（−0.92）	−0.0191*（−1.65）	−0.00962（−0.83）
Cs − dum	Yes	Yes	Yes	Yes
Hy − dum	Yes	Yes	Yes	Yes
F − [p]	123.17［0.0000］	123.16［0.0000］	123.38［0.0000］	123.13［0.0000］
Pseudo R^2	15.9419	15.9453	15.9613	15.9366
样本数	12325	12325	12325	12325

注：本文采用 stata11.1 软件，（ ）内为 z 统计值，［ ］内为 p 值，*、**、*** 分别代表 10%、5%、1% 显著性水平。

对表 3 其他控制变量的估计结果加以解释。企业产能过剩滞后项 overcapacity − 1 的估计系数恒为正，且高度显著（1% 显著性水平），说明前期产能过剩对后期产能形成具有历史累积影响；企业年龄 inage 估计系数恒为正，而且始终处于 1% 以内的高度显著性水平，说明年龄长的企业更容易形成过剩产能。企业资本密度 incapital、研发强度 Rd、人力资源水平 HR 的估计系数恒为负，且整体上处于 1% ~10% 的显著性水平，这说明高资本密度、高研发投入和强人力资本均抑制了企业产能过剩。企业融资约束 finance 的估计系数恒为正，且均处于 1% 以内的高度显著性水平，说明融资约束并没有抑制企业产能扩张，反而是加剧企业产能扩张的重要影响因素。企业国有股变量 state 对应的估计系数不显著，私有股变量 private 的估计系数高度显著为正（5% ~10%显著性水平），说明与国有制企业相比，私有制企业更易于形成过剩产能。企业规模 insize、市场集中度 hhi − index 和市场势力 markup 变量估计系数均不显著，说明相对于其他重要因素而言，这些因素对企业产能过剩影响不显著。

（三） 可能存在的内生性问题：工具变量估计

内生性问题也可能影响本文估计结果。本文的内生性主要源于被解释变量与解释变量之间的逆向因果关系。本文试图检验企业的本土市场扩张对产能过剩的影响，但现实中高产能过剩的企业也往往具备更强的市场扩张动机，因此产能过剩本身很可能反过来决定企业的市场扩张行为。为了控制模型的内生性，通常可选取解释变量的滞后项作为工具变量，但由于中国企业经营调查数据（2005 年）的主要变量均为截面数据，难以通过选取变量滞后项的途径来克服模型的内生性问题，本文只有通过其他渠道来选择工具变量。

1. 工具变量之一：企业所处城市—行业市场扩张平均数或中位数

Fisman 等和 Cai 等认为解释变量与被解释变量的内生性问题如果仅存于企业层面，则可以选取解释变量所在地区—行业平均数或中位数作为工具变量进行估计。借鉴 Fisman 等和 Cai 等处理工具变量的思路，本文分别选择企业所处省区—行业市场扩张的平均数 $Sale_{iv}^{average}$ 或中位数 Sal_{iv}^{median} 作为解释变量的工具变量进行估计。

本文工具变量估计分为两个阶段，首先将解释变量：企业的本土市场扩张分别与其对应的工具变量进行第一阶段估计，然后对企业产能过剩进行第二阶段估计。第一阶段估计结果见表5的下半部分，在第（1）、（3）、（5）、（7）列采用市场扩张指标的城市—行业平均数 sde_{iv}^{medicn} 作为工具变量，在第（2）、（4）、（6）、（8）列采用市场扩张指标的城市—行业中位数 sde_{iv}^{medicn}）作为工具变量。整体而言，平均数工具变量和中位数工具变量均与企业的本土市场扩张显著相关，表4下半部分各类工具变量估计对应的 Wald 外生性检验下的 p 值也整体上处于15%以内显著性水平（第（4）列略高除外），表明产能过剩与企业的本土市场扩张存在逆向因果关系，应该采用城市—行业的市场扩张平均数或中位数作为工具变量进行估计。表4上半部分列示了工具变量法对应第二阶段估计结果，发现在（1）～（6）列本市销售 sale_ incity、市外省内销售 sale_ outcity 和省内销售 sale_ inprov 的估计系数均整体上高度显著为正（1%显著性水平），在（7）～（8）列国内省外销售 sale_ outprov 的估计系数高度显著为负（1%显著性水平），与基准估计和多变量估计结论一致，表明控制产能过剩与本土市场扩张之间的逆向因果关系之后，中国企业的省内市场扩张、省外市场扩张对产能过剩仍然存在稳健的异质性影响。

表4　工具变量 I 估计结果

第二阶段	Overcapacity（IV – Tobit）							
	省内						国内省外	
	（1）	（2）	（3）	（4）	（5）	（6）	（7）	（8）
sale_ incity	0.0890 ***	0.0727 ***	—	—	—	—	—	—
	(4.38)	(3.06)						
sale_ outcity	—	—	0.100 ***	0.0875 ***	—	—	—	—
			(3.59)	(2.77)				
sale_ inprov	—	—	—	—	0.0913 ***	0.103 ***	—	—
					(5.63)	(5.72)		
sale_ outprov	—	—	—	—	—	—	− 0.0524 ***	− 0.0598 ***
							(− 2.99)	(− 3.15)
第一阶段	sale_ incity		sale_ outcity		sale_ inprov		sale_ outprov	
$sale_{iv}^{average}$	0.9416 ***	—	0.9176 ***	—	0.9369 ***	—	0.9320 ***	—
	(35.83)		(32.30)		(39.02)		(38.50)	
$sale_{iv}^{median}$	—	0.6141 ***	—	0.6779 ***	—	0.5646 ***	—	0.5769 ***
		(30.15)		(28.30)		(34.63)		(35.34)
其他控制变量	Yes	Yes	Yes	Yes	Yes	Yes	Yes	Yes
Cs_ dum	Yes	Yes	Yes	Yes	Yes	Yes	Yes	Yes
Hy_ dum	Yes	Yes	Yes	Yes	Yes	Yes	Yes	Yes
Wald 外生性检验	6.51 [0.0107]	2.07 [0.1504]	4.25 [0.0392]	1.92 [0.1659]	6.95 [0.0084]	9.28 [0.0023]	3.34 [0.0678]	4.36 [0.0367]
样本数	12325	12325	12325	12325	12325	12325	12325	12325

注：本文采用 stata11.1 软件，括号（　）、［　］内系数分别为 z 值和 p 值，*、**、*** 分别表示10%、5%、1%显著性水平。

2. 市场扩张工具变量之二："政府任命总经理" Gm_ gov 与"企业契约期限" Contract

鉴于文献研究表明地方政府行为能够影响中国企业的本土市场扩张，本文采用"企业总经理是否由政府任命" Gm_ gov 作为企业市场扩张的工具变量。同时，鉴于市场契约效率也是影响企业市场扩张的重要因素，且长期的契约期限不但能够更好地反映企业与客户之间的销售合作关系，而且更加有助于企业稳定市场销售并实现市场扩张，本文也将"企业与主要客户（批发商和零售商）的契约期限" Contract 变量，作为本土市场扩张的工具变量。

基于稳健性考虑，本文将"政府总经理任命" Gm_ gov 与"契约期限" Contract 分别作为本土市场扩张的联合工具变量，同时引入计量模型进行 GMM 工具变量估计。表 5 下半部分列示工具变量的合理性。在（1）～（4）列，各类市场扩张变量对应工具变量估计的 Wald 外生性检验下的 p 值均处于 1% 以内的高度显著性水平，说明产能过剩与企业的本土市场扩张存在逆向因果关系，应该采用上述两类工具变量进行估计。表 5 上半部分列示了第二阶段的估计结果。在（1）～（3）列，本市销售 sale_ incity、市外省内销售 sale_ outcity 和省内销售 sale_ inprov 的估计系数均高度显著为正（1% 以内显著性水平），在第（4）列国内省外销售 sale_ outprov 的估计系数均高度显著为负（5% 以内显著性水平），说明从本土市场扩张的地方政府行为或契约效率功能分别控制变量内生性之后，中国企业的省内市场扩张和省外市场扩张对产能过剩的异质影响仍然十分稳健。

进一步从省内、省外市场扩张诱致产能过剩的异质影响进行解释。从企业的省内市场扩张看，表 5 下半部分的（1）～（3）列（企业的各类省内市场扩张的工具变量估计）显示，Gm_ gov 估计系数在 5% 以内高度显著为正，Contract 估计系数高度显著性为负（1% 以内显著性水平），说明地方政府行为和契约效率功能均是影响企业市场扩张的重要因素，但二者对于企业的省内市场扩张影响恰好相反，地方政府行为促进了中国企业的省内市场扩张，契约效率功能抑制了企业的省内市场扩张。可见，与契约效率 Contract 途径相比，地方政府行为 Gm_ gov 对企业的省内市场扩张起主导作用，最终使得企业的本土市场扩张与产能过剩具有省级市场的属地效应。从企业省外市场扩张看，表 5 的第（4）列显示，地方政府行为对企业的省外市场扩张的影响并不显著，但契约效率 Contract 对于企业的省外市场扩张的影响高度显著为正（1% 显著性水平），说明契约效率功能促进了企业省外市场扩张，并抑制了产能过剩。

表 5　工具变量 II 估计结果

第二阶段	Overcapacity （IV – Tobit）			
	省内			国内省外
	(1)	(2)	(3)	(4)
sale_ incity	0. 705 *** （5. 64）	—	—	—
sale_ outcity	—	1. 409 *** （3. 94）	—	—
sale_ inprov	—	—	0. 483 *** （6. 30）	—
sale_ outprov	—	—	—	− 1. 728 ** （ − 2. 57）
第一阶段	sale_ incity	sale_ outcity	sale_ inprov	sale_ outprov
Gm_ gov	0. 0185 ** （ − 3. 09）	0. 0194 *** （ − 2. 60）	0. 0379 *** （3. 48）	0. 0025 （0. 25）
Contract	− 0. 0137 *** （ − 7. 42）	− 0. 0054 *** （ − 3. 68）	− 0. 019 *** （ − 8. 95）	0. 00545 *** （2. 69）
其他控制变量	Yes	Yes	Yes	Yes
Cs_ dum	Yes	Yes	Yes	Yes
Hy_ dum	Yes	Yes	Yes	Yes
Wald 外生性检验	54. 74 ［0. 0000］	50. 84 ［0. 0000］	48. 89 ［0. 0000］	52. 47 ［0. 0000］
样本数	12293	12293	12293	12293

注：括号（ ）、［ ］内系数分别为 z 值和 p 值，#、*、**、*** 分别表示 15%、10%、5%、1% 显著性水平。

（四）其他稳健性估计

鉴于世界银行 2005 年的中国企业经营调查数据存在时效性，本文将用世界银行 2012 年中国企业经营调查数据验证本文主要结论的稳健性。2012 年中国企业经营调查数据也报告了企业的产能利用率，本文将其作为被解释变量；在解释变量方面，2012 年中国企业经营调查数据并没有详细列示与 2005 年中国企业经营调查数据完全一样的企业市场销售区域情况，但在问卷"竞争程度"栏涉及"企业在本市（直辖市）、国内省外和国外出售产品"的离散指标，据此本文分别构建企业在本市（直辖市）销售 sale_ incity 和在省外销售 sale_ outprov 两类虚拟变量作为解释变量，以反映企业在省内、省外的市场扩张行为；在控制变量方面，本文对企业特征、所有制结构、市场竞争以及地区（省区虚拟）和行业因素均进行了控制（见表 1）。基于上述变量设定和控制，本文沿用方程（5）、方程（6）的 Tobit 估计思路获得了替换数据的稳健性估计结果（见表 6）。表 6 进行了多变量估计和工具变量估计，[①] 其中第（1）、第（5）列采用多变量估计，其余各类均为工具变量估计结果；表 6 左边第（1）～（4）列显示 sale_ incity 的估计系数恒为正，且均处于 5% 以内的高度显著性水平，其对应的工具变量估计下的 Wald 外生性检验下的 p 值均处于 5% 以内的高度显著性水平，说明本直辖市内的企业产品出售显著导致产能过剩；表 6 右边第（5）～（8）列也表明，sale_ outprov 的估计系数恒为负，工具变量估计下的 Wald 外生性检验也高度显著（10% 以内显著性），进一步证实企业的省外销售有助于抑制产能过剩。这进一步证实前面结论的稳健性。

表 6　替换 2012 年数据的稳健性估计

	Overcapacity							
	本直辖市内				国内省外			
	（1）	（2）（IV-1）	（3）（IV-2）	（4）（IV-3）	（5）	（6）（IV-1）	（7）（IV-2）	（8）（IV-3）
sale_ incity	0.045** (2.58)	0.127*** (3.00)	0.171** (2.56)	0.124*** (2.95)	—	—	—	—
sale_ outprov	—	—	—	—	-0.0184 (-1.38)	-0.0553** (-2.15)	-0.0740** (-2.32)	-0.0554** (-2.16)
其他控制变量	Yes	Yes	Yes	Yes	Yes	Yes	Yes	Yes
Sq_ dum	Yes	Yes	Yes	Yes	Yes	Yes	Yes	Yes
Hy_ dum	Yes	Yes	Yes	Yes	Yes	Yes	Yes	Yes
Wald 外生性检验	—	4.95 [0.0262]	4.46 [0.0348]	4.60 [0.0319]	—	2.93 [0.0868]	3.92 [0.0477]	2.95 [0.0859]
样本数	392	392	392	392	392	392	392	392

注：本文采用 stata11.1 软件，（　）内为 z 统计值，[　] 内为 p 值，*、**、*** 分别代表 10%、5%、1% 显著性水平。

---

① 与表 4 类似，将解释变量的城市—行业平均数（IV-1）、中位数（IV-2）和城市—行业平均数和中位数（IV-3）分别引入计量模型进行单工具变量估计和联合工具变量 GMM 估计。

五、研究结论与产能过剩治理的政策选择

鉴于企业的市场扩张是化解产能过剩的重要途径且中国已经具备本土市场规模的比较优势，而现有文献主要关注企业的国际市场扩张与产能过剩，本文将以中国企业的本土市场扩张为解释变量，从一个新的角度考察中国的产能过剩。利用世界银行（2005，2012）的中国企业经营调查数据，本文得出以下结论：第一，中国企业的本土市场扩张与产能过剩之间呈现出明显的倒"U"形特征。如果企业的本土市场扩张选择在省内扩张（本市、省内市外），这种市场扩张能够明显加剧产能过剩，表明中国企业的市场扩张与产能过剩产生省级市场属地效应。如果企业的本土市场扩张进一步拓展到国内省外，这种市场扩张能够明显抑制产能过剩，表明在这样的条件下依托本土市场规模的比较优势，中国企业的本土市场扩张有助于化解产能过剩。第二，工具变量的估计结果显示，地方政府行为和契约效率功能均是影响企业市场扩张的重要因素，但二者对于企业的省内市场扩张的影响恰好相反，地方政府行为促进了中国企业的省内市场扩张，契约效率功能抑制了企业的省内市场扩张。基于这些结论，本文认为我国治理产能过剩需要关注以下几个重点：

其一，以省级政府为重点，构建全国性的产能规制政策。本文结论显示，中国企业的本土市场扩张与产能过剩具有突出的省级市场属地效应，一方面表明中国企业的市场扩张大多局限于省内市场扩张，产能过剩也主要表现为各个省级层面的产能过剩；另一方面也意味着产能过剩治理需要突出省级政府。具体而言，一要突出中央政府的顶层设计，从全国层面构建产能过剩的治理政策；二要充分考虑省级政府之间的博弈与行为选择，推动各省级政府成为产能过剩治理的重要主体。

其二，将企业的跨省销售比重作为企业兼并重组与产能过剩治理的重要指标。本文结论显示，在全国性市场扩张过程中，依托本土市场规模的比较优势，中国企业的本土市场扩张有助于抑制产能过剩。一方面证实了企业的市场扩张的确有助于化解产能过剩，另一方面表明中国治理产能过剩需要突出本土市场规模比较优势与企业的全国性市场扩张。具体而言，①在企业规模、产能产值等传统指标中，加入企业的全国性销售比重，作为中央政府治理产能过剩的重要指标；②在全国层面构建相应的激励政策，鼓励国内企业从本市向本省、从本省向全国的市场扩张，并以此为基础化解产能过剩。

其三，以要素市场化改革为重点，加快产品市场、要素市场的对称一体化。在工具变量估计中，地方政府行为促进了中国企业的省内市场扩张，契约效率功能抑制了企业的省内市场扩张。加之，中国的市场化突出表现为要素市场与产品市场的非对称一体化，即要素市场的市场化程度要远远低于去产品市场的市场化程度，地方政府能够影响属地范围内的企业要素价格等。因此，要以要素市场化改革为重点，加快产品市场、要素市场的对称一体化。①以土地市场、能源市场等为重点，逐步矫正省级政府扭曲要素价格的行为，加快全国要素市场的一体化进程；②推动在企业之间基于契约行为，而非政商关联的竞争与合作关系，将企业行为逐步引导到市场化方面。

参考文献

[1] 刘鹤. 提高中等收入者比重和扩大国内市场 [J]. 中国民营科技与经济，2011（4）.

[2] 世界银行，国务院发展研究中心. 中国推进高效、包容、可持续的城镇化 [M]. 北京：中国发展出版社，2014.

［3］毛蕴诗，李洁明．从"市场在中国"剖析扩大消费需求［J］．中山大学学报（社会科学版），2010（5）．

［4］藤田俊正．高速增长时期，载小宫隆太郎、奥野正宽等：日本的产业政策［M］．北京：国际文化出版公司，1988．

［5］詹姆斯，科罗蒂．为什么全球市场会遭受到长期的产能过剩？［J］．当代经济研究，2013（1）．

［6］宋渊洋，黄礼伟．为什么中国企业难以国内跨地区经营？［J］．管理世界，2014（12）．

［7］任颋，茹璟，尹潇霖．所有制性质、制度环境与企业跨区域市场进入战略选择［J］．南开管理评论，2015（2）．

［8］徐朝阳，周念利．市场结构内生变迁与产能过剩治理［J］．经济研究，2015（2）．

［9］董敏杰，梁泳梅，张其仔．中国工业产能利用率［J］．经济研究，2015（1）．

［10］耿强，江飞涛，傅坦．政策性补贴、产能过剩与中国经济的波动［J］．中国工业经济，2011（5）．

［11］江飞涛，曹建海．市场失灵还是体制扭曲［J］．中国工业经济，2009（1）．

［12］张国胜．本土市场规模与我国产业升级［J］．北京：人民出版社，2014．

［13］范林凯，李晓萍，应珊珊．渐进式改革背景下产能过剩的现实基础与形成机理［J］．中国工业经济，2015（1）．

［14］林毅夫，巫和懋，刑亦青．"潮涌现象"与产能过剩的形成机制［J］．经济研究，2010（10）．

［15］林毅夫．"潮涌现象"与发展中国家宏观经济理论的重新构建［J］．经济研究，2007（1）．

［16］王立国，周雨．体制性产能过剩：内部成本外部化视角下的解析［J］．财经问题研究，2013（3）．

［17］盛朝迅．化解产能过剩的国际经验与策略催生［J］．改革，2013（8）．

［18］吕铁．日本治理产能过剩的做法与启示［J］．求是，2011（5）．

［19］董小君．通过国际转移化解产能过剩［J］．经济研究参考，2014（55）．

［20］樊纲，王小鲁，马光荣．中国市场化进程对经济增长的贡献［J］．经济研究，2011（9）．

［21］Brandt, L. and Thun, E. The Fight for the Middle［J］. World Development, 2010（38）：1555－1574.

［22］Yi Lu. Political Connections and Trade Expansion［J］. 2011（19）：231－253.

［23］Buchley, P. J., Clegg, L. J., Cross, A. R., Xin, L., Voss, H. and Ping, Z. The Determinants of Chinese Outward Foreign Direct Investment［J］. Journal of International Business Studies, 2007, 38（4）：499－518.

［24］Ojala, A. and Tyrvainen, P. Market Entry and Priority of Small and Medium－Sized Enterprises in the Software Industry［J］. Journal of International Marketing, 2007, 5（1）：123－149.

［25］Salop, S. Monopolistic Competition with Outside Goods［J］. Bell Journal of Economics, 1979（10）：141－156.

［26］Boisot, M. and Meyer, M. W. Which Way Through the Open Door? Reflection on the International of Chinese Firms［J］. Management and Organization Review, 2008, 4（3）：349－356.

［27］Bain. Industrial Organization［M］. New York：John Wiley, 1959.

资本深化的路径选择与就业补偿

吕　炜　高帅雄

（东北财经大学经济与社会发展研究院　大连　116025；
东北财经大学经济与社会发展研究院　大连　116025）

一、引言

近年来，我国经济呈现快速资本积累和资本深化趋势。对于拥有庞大人口基数和劳动力供给的中国而言，持续的资本深化是否会挤压就业，造成严重失业问题，以及如何在不对就业产生严重不利影响前提下选择合理的资本深化路径成为学界关注的焦点。

资本深化是人均资本量随时间推移而增长的过程（Samuelson，1962），通过观察各个国家经济增长和资本积累历程可知，资本深化对经济增长有着重要促进作用，也是经济发展的必经阶段。然而，很多学者却认为资本深化是一条资本排斥劳动的道路，尤其对我国而言，过早的资本深化不仅不利于利用我国劳动力众多的资源禀赋优势，甚至还会造成严重的失业问题。但是，从理论上来讲，在资本深化的过程中，虽然会挤出一部分劳动力形成资本深化对就业的挤出效应，但也会从其他方面对就业进行补偿，从而形成补偿效应。因此，要分析资本深化对就业的最终效应，关键在于剖析资本深化对就业的影响机制。可是，资本深化只是经济发展过程中的一种现象，是人均资本量增加的结果，要剖析资本深化对就业的影响机制，就必须厘清造成资本深化的原因，以及其在造成资本深化的同时又是如何对就业进行挤出和补偿的。

关于造成资本深化的原因，本文主要强调资本体现式技术进步对资本深化、就业和经济增长的影响。在许多发展中国家，由于技术水平相对落后，企业内部研发投入不足，绝大多数企业都是通过资本设备的升级来实现技术进步，即技术进步体现在新旧资本更新，这种技术进步被称为资本体现式技术进步（Edward K. Y. Chen，1997）。在我国，资本体现式技术进步已经成为技术进步的重要推动力量（林毅夫，2007）。因此，在资本体现式技术进步率提高的过程中，伴随着大量新旧资本设备品的更新替代，资本的生产率提高了，代表性厂商会增加资本需求的同时降低劳动需求，从而形成资本深化对就业的挤出效应。由于经济是一般均衡的，资本体现式技术进步率的提高会通过其他机制对就业形成一定补偿，而资本深化对就业的补偿机制依赖于具体的产业

［基金项目］国家社会科学基金重大项目"推进农业转移人口市民化：路径选择、财力保障与地方政府激励研究"（项目编号：14ZDA032）。

［作者简介］吕炜，东北财经大学经济与社会发展研究院教授、博士生导师；高帅雄，东北财经大学经济与社会发展研究院博士研究生。

结构。当生产部门资本体现式技术进步提升时，生产部门必然增加对新资本设备品的需求，如果本国存在能够满足生产部门需求的资本品生产部门。此时，由于资本设备品需求增加，资本品生产部门需扩大生产规模，并提高劳动需求，这便形成一种新的就业补偿机制；但是，如果本国的资本品生产部门由于各种原因不能满足生产部门新增的资本设备品需求，那么生产部门只能通过进口的方式获得新资本设备品。此时，本国资本品生产部门并不能对就业形成补偿。但是，进出口部门也需要实现均衡，为实现进出口贸易均衡，本国需要出口更多生产部门产品。由于海外需求增加，生产部门需要扩张以满足更多的市场需求，从而增加劳动需求，形成对就业的另一种补偿机制。

在两种不同的产业结构下形成了不同的就业补偿机制，进而形成不同的资本深化路径，然而，这两种资本深化的路径究竟孰优孰劣，哪种路径更有利于经济的长期发展仍值得思考。因此，"资本深化对就业、经济的综合效应，资本深化的路径选择"成了本文研究的核心思路。

二、相关文献评述

资本深化与就业问题很早就受到学界广泛关注，然而，多数学者的观点基本都认为资本深化会对就业产生不利影响，如吴敬琏（2005）、胡鞍钢（1998）通过对我国资本深化现象的研究，得出"中国正在走一条资本排斥劳动的工业化技术路线"的结论，认为中国的资本深化严重损害了就业；姚战琪等（2005）认为我国的资本深化和重工业化，不仅导致了能源紧张和环境恶化，还使经济增长对就业的带动作用逐渐弱化；张军（2002）等也声称，我国资本深化会抑制就业增加，甚至阻碍经济增长等。与以上学者不同，也有一些学者认为资本深化未必对就业产生不利影响，如 Galenson（1955）认为：从就业创造角度而言，资本密集型产业并不一定比劳动密集型产业创造就业的能力差，这是因为资本深化在长期能够扩大资本存量，进而带动更多的就业增长；Stoneman（1983）认为资本虽然会替代劳动，但资本深化对就业产生挤出效应的同时，也会在一定程度上补偿就业损失，认为如果资本深化能够为就业带来足够的补偿，则资本深化不会引起严重的失业。学者们之所以得出资本深化并不会对就业产生不利影响的结论原因在于他们对相应的补偿机制的研究，而在国内，除蒲艳萍、黄怡（2008）之外，鲜有学者对资本深化的就业补偿效应进行研究，也没有形成相应的资本深化与就业补偿的理论机制分析。

资本深化与就业补偿的理论机制分析的关键在于资本深化的原因分析，只有有效剖析资本深化的原因，才能从原因入手分析其在引起资本深化的同时如何对就业产生影响。关于造成资本深化的原因，一些学者从投资的技术路径、制度、金融和政府干预四个方面进行研究。如陈剑波（1999）认为，由于工业部门的技术路径偏向于资本密集型产业，进而导致资本深化；张曙光、施贤文（2003）认为由于户籍制度等制度性原因限制，导致了我国城乡劳动力市场分割，分割的劳动力市场阻碍了劳动力的自由流动，致使劳动力价格扭曲，使得企业技术选择偏向劳动节约型，这是导致我国资本深化的重要原因；蔡昉（2004）也从国有企业工资制度入手，认为由于国有企业的工资刚性导致了劳动力要素价格扭曲，造成资本在不同生产部门边际报酬不同，进而导致资本深化；丁从明、陈仲常（2006）认为，由于政府有意识的抑制实际利率以便为国有企业和政府部门融资，而金融深化又通过渠道效应促进了资本深化。此外，还有学者从投资结构失衡（朱轶、涂斌，2011）和地方政府干预（张军，2002）多角度对我国资本深化的原因进行了剖析。

还有一些学者从技术进步角度分析资本深化的成因，如 Foley 等（2001）通过理论研究，得出资本深化主要是由技术进步推动的重要结论；Edward N. Wolff（1991）通过对经济数据的实证分析，得出技术进步与资本深化显著正相关；在此基础上，Mark Funk 和 Jack Straus（2000）通过对 1955～1994 年美国制造业数据的实证分析表明，技术进步是资本深化的 Granger 原因。其实，技术进步与资本深化密不可分，尤其对资本体现式技术进步而言，资本体现式技术进步率的提升会将新的、生产效率更高的资本设备品引入生产当中，从而改变生产部门的要素使用结构，这个过程可能会带来资本深化，进而对就业产生不同的影响。对我国来讲，资本体现式技术进步已经十分普遍，并成为推动技术进步和经济增长的主要力量。所以，研究资本体现式技术进步对资本深化、就业和经济增长的影响显得十分必要。关于资本体现式技术进步对就业的影响，Pissarides（1990）、Aghion 和 Howitt（1994）、Mortensen（1998）、Fernando del Rio（2001）等都做过相关研究，他们分别运用搜寻和失业理论、内生性理论和执行成本等理论进行分析并分别得出了资本体现式技术进步对就业影响的对立观点，但他们的研究仅局限于资本体现式技术进步与就业的研究，并未将资本深化纳入研究范围。

通过上述文献论述可知，资本体现式技术进步不仅会影响就业，还会影响资本深化进而影响经济增长。但少有学者将这三者看作一个统一的有机整体。因此，分析资本体现式技术进步是否会带来资本深化，资本体现式技术进步率提升是如何对就业形成补偿，以及如何影响经济增长将成为分析资本深化对就业产生影响的一个新思路。此外，本文也重点分析了不同产业结构下资本体现式技术进步对就业的补偿机制，以及这两种产业结构的优缺点，为我国的产业结构转型对就业的影响提供了一定的理论依据。

三、基本模型

由于资本体现式技术进步对资本深化和就业的影响依托于不同经济产业结构，在不同的产业结构下，其对资本深化和就业的影响机制不同，进而导致产业遵循不同的资本深化路径。因此，为分析资本体现式技术进步对资本深化和就业的影响，本文首先构建了一个包含资本品生产部门的三部门模型（本国的资本品生产部门能够满足最终产品部门的资本设备需求），模型包含消费者、最终产品生产部门和资本品生产部门。接着，本文又构建了一个包含进出口部门的三部门模型（本国最终产品部门的资本设备需求通过进口得到满足），模型包含消费者、最终产品生产部门和进出口部门。在此基础上，本文通过建立一般均衡并结合数值模拟的方法模拟不同产业结构下，最终产品部门资本体现式技术进步提升时对就业、资本深化程度、产出等变量的影响，以及产业结构资本深化的路径。

（一）包含资本品生产部门的一般均衡模型

假设在经济体中包含两个生产部门和一个消费部门。生产部门包括最终产品生产部门和资本品生产部门。其中，最终产品部门生产的产品主要由消费者消费，资本品生产部门则为最终产品部门生产所需的机器设备等资本品。设最终产品部门的生产函数为：

$$Y_1 = [(AK_1)^{\frac{\sigma-1}{\sigma}} + L_1^{\frac{\sigma-1}{\sigma}}]^{\frac{\sigma}{\sigma-1}} \tag{1}$$

该生产函数为 CES 形式生产函数，其中 Y_1 是该部门生产的最终产品，K_1 为最终产品部门生产所需的资本，该部门的资本主要来自于资本品生产部门。L_1 为所需劳动力，劳动力来源于消费者的劳动供给。σ 是资本和劳动间的替代弹性。A 表示资本体现式技术进步。关于资本体现式技术进步在生产函数中的形式，黄先海等（2006）认为，物化性技术进步（资本体现式技术进步）主要作用在于提高投资的生产效率，进而提高资本的生产效率。因此，其在生产函数中的表现形式应为 $J = AK$，其中 K 表示资本，A 表示平均物化性技术进步。因此，本文所建立的生产函数在具体形式上是合理的。最终产品部门的利润最大化决策为：

$$\max [\, (AK_1)^{\frac{\sigma-1}{\sigma}} + L_1^{\frac{\sigma-1}{\sigma}}]^{\frac{\sigma}{\sigma-1}} - pK_1 - wL_1 \tag{2}$$

式中，p 表示最终产品部门使用资本的价格，该价格由资本品生产部门决定，属于内生变量。W 表示最终产品部门使用劳动的价格，即工资水平，该变量也属于内生变量，由均衡模型决定。资本品生产部门主要为最终产品部门生产资本设备，因此，就资本品生产部门而言，可设其生产函数为：

$$Y = K^\beta L^\gamma \qquad \beta + \gamma = 1 \tag{3}$$

式中，Y 表示资本品生产部门所生产的资本设备产量，K、L 分别为生产资本品生产所需资本和劳动。资本品生产部门的资本来源于借贷市场，借贷市场的资金供给来源于消费者的储蓄。β 是资本的产出弹性，γ 是劳动的产出弹性。此时，资本品生产部门的利润最大化决策为：

$$\max pK^\beta L^\gamma - rK - wL \tag{4}$$

对于消费者而言，根据 OLG 模型，本文假设经济体系中的消费者能够生活两期，消费者每一期中决定自身的消费和劳动供给，其中，年轻人在年轻的时候储蓄，而年老的时候不储蓄。那么，消费者效用最大化决策为：

$$\max \alpha \ln C + (1-\alpha)\ln l + \alpha \ln C' + (1-\alpha)\ln l' \tag{5}$$

$$\text{s. t. } C + \frac{C'}{1+r} = w(1-l) + \frac{w(1-l')}{1+r} \tag{6}$$

$$S = w(1-l) - C \tag{7}$$

其中，C 为消费者年轻时的消费，C′ 为消费者年老时的消费，l 是消费者在年轻时对闲暇的消费，l′ 为消费者在年老时对闲暇的消费。w 为实际工资（假设两期的工资水平相同），r 为消费者面临的利率，S 是消费者年轻时的储蓄。对消费者而言，当其效用达到最大化时，其决策变量分别为：

$$l = \frac{(1-\alpha)(2+r)}{2(1+r)} \tag{8}$$

$$l' = \frac{(1-\alpha)(2+r)}{2} \tag{9}$$

$$C = \frac{\alpha w(2+r)}{2(1+r)} \tag{10}$$

$$C' = \frac{\alpha w(2+r)}{2} \tag{11}$$

$$S = \frac{wr}{2(1+r)} \tag{12}$$

当市场达到一般均衡时，最终产品市场均衡条件为：$Y_1 = C + S + C'$，最终产品部门的产出等于年轻人的消费、储蓄和老年人的消费；资本品生产市场均衡条件为：$Y = K_1$，即资本品生产部门生产的资本设备等于最终产品部门的资本需求；劳动市场均衡条件：$L + L_1 = 2 - l - l'$，即两个生产部门的劳动总需求等于消费者劳动总供给；借贷市场实现均衡的条件为：$K = S$，即资本品生产部门的资本需求等于借贷市场的资本供给。根据一般均衡的相关条件，可知资本品生产部门的资本需求、劳动需求和产出分别为：

$$K = S = \frac{wr}{2(1+r)} \tag{13}$$

$$L = \frac{\gamma r^2}{2\beta(1+r)} \tag{14}$$

$$Y = \left[\frac{wr}{2(1+r)}\right]^{\beta}\left[\frac{\gamma r^2}{2\beta(1+r)}\right]^{\gamma} \tag{15}$$

最终产品部门的资本需求、劳动需求和产出分别为：

$$K_1 = \left[\frac{wr}{2(1+r)}\right]^{\beta}\left[\frac{\gamma r^2}{2\beta(1+r)}\right]^{\gamma} \tag{16}$$

$$L_1 = \frac{\left[\frac{wr}{2(1+r)}\right]^{\beta}\left[\frac{\gamma r^2}{2\beta(1+r)}\right]^{\gamma}}{\left(\frac{w}{p}\right)^{\sigma}A^{\sigma-1}} \tag{17}$$

$$Y_1 = \frac{\left[\frac{wr}{2(1+r)}\right]^{\beta}\left[\frac{\gamma r^2}{2\beta(1+r)}\right]^{\gamma}}{\left(\frac{w}{p}\right)^{\sigma}A^{\sigma-1}}\left[1 + \left(\frac{w}{p}A\right)^{\sigma-1}\right]^{\frac{\sigma}{\sigma-1}} \tag{18}$$

当最终产品市场实现均衡时可得：

$$\frac{\left[\frac{wr}{2(1+r)}\right]^{\beta}\left[\frac{\gamma r^2}{2\beta(1+r)}\right]^{\gamma}}{\left(\frac{w}{p}\right)^{\sigma}A^{\sigma-1}}\left[1 + \left(\frac{w}{p}A\right)^{\sigma-1}\right]^{\frac{\sigma}{\sigma-1}} = \frac{\alpha w(2+r)^2 + wr}{2(1+r)} \tag{19}$$

当劳动力市场出清时可得：

$$\frac{\gamma r^2}{2\beta(1+r)} + \frac{\left[\frac{wr}{2(1+r)}\right]^{\beta}\left[\frac{\gamma r^2}{2\beta(1+r)}\right]^{\gamma}}{\left(\frac{w}{p}\right)^{\sigma}A^{\sigma-1}} = 2 - \frac{(1-\alpha)(r+2)^2}{2(1+r)} \tag{20}$$

（二）包括进出口部门的一般均衡

资本品生产部门生产的资本设备能够满足最终产品部门需求是最终产品部门因资本体现式技术进步而发生资本深化，进而对就业进行补偿的一种机制，然而，这种就业补偿机制与我国的现实状况并不相符。近年来，由于我国装备制造业研究经费投入不足，2005 年，中国装备制造业大中型企业中 R&D 经费占销售收入比重最高的专用设备制造业，其值只有 1.6%，远小于国际一般水平（陈爱贞，2008）。由于我国装备制造业本身自主创新能力弱，产品技术水平低，在全球装备制造产业链中属于中低端水平。较低的装备制造业发展水平使得我国很多的最终产品生产企业从国外直接大量进口装备制造零部件和整套的机械设备（楚明钦、陈启斐，2013）。因此，在我国经济体中，尽管已经存在为最终产品部门生产资本设备的中间部门，但这些中间部门却并未发挥相应的作用，不能为发生资本体现式技术进步的最终部门提供先进的资本设备。因此，本文设立了包括进出口部门的一般均衡。在该模型中，最终产品部门的相关生产函数和决策函数保持不变，消费者的相关函数模型也保持不变。变动的是经济体中不再有满足最终产品部门资本设备需求的资本品生产部门。此时，最终产品部门的资本设备需求主要来源于进口，通过引进国外先进的生产设备来满足资本需求，这主要通过进出口部门来实现。进出口部门主要出口最终产品。为了保持国际贸易平衡，进出口部门的进口应等于出口。因此，经济实现一般均衡时，应满足以下条件：最终产品市场均衡时，$Y_1 = C + S + C' + N$，最终产品部门的产品除满足本国需求外，还要出口满足国外需求；劳动市场均衡时，$L_1 = 2 - l - l'$，即经济体中当期的年轻人和老年人都在最终产品部门工作；借贷市场实现均衡时，$K_1 = S$。最终产品部门的资本需要靠投资，而投资需要通过借贷市场融资，并购买国外先进资本设备；进出口部门实现均衡时，$N = E = K_1$，其中 N 表示出口，E 表示进口。

最终产品部门的利润最大化决策仍为：

$$\max \left[\, (AK_1)^{\frac{\sigma-1}{\sigma}} + L_1^{\frac{\sigma-1}{\sigma}} \right]^{\frac{\sigma}{\sigma-1}} - pK_1 - wL_1 \tag{21}$$

与第一个模型不同，这里的资本价格为 p，p 中不仅包含最终产品部门支付的利息，还包括因设备进口所带来的其他成本。

由于借贷市场均衡时 $K_1 = S$，因此可得最终产品部门的资本使用为：

$$K_1 = S = \frac{wr}{2(1+r)} \tag{22}$$

根据厂商利润最大化条件，最终产品部门的劳动需求为：

$$L_1 = \frac{\dfrac{wr}{2(1+r)}}{\left(\dfrac{w}{p}\right)^{\sigma} A^{\sigma-1}} \tag{23}$$

最终产品部门的总产出为：

$$Y_1 = \frac{\dfrac{wr}{2(1+r)}}{\left(\dfrac{w}{p}\right)^{\sigma} A^{\sigma-1}} \left[1 + \left(\frac{w}{p} A\right)^{\sigma-1} \right]^{\frac{\sigma}{\sigma-1}} \tag{24}$$

劳动力市场实现均衡时可得：

$$\frac{\dfrac{wr}{2(1+r)}}{\left(\dfrac{w}{p}\right)^{\sigma} A^{\sigma-1}} = 2 - \frac{(1-\alpha)(r+2)^2}{2(1+r)} \tag{25}$$

进出口部门均衡时可得：

$$N = E = \frac{wr}{2(1+r)} \tag{26}$$

最终产品市场均衡时可得：

$$\frac{\dfrac{wr}{2(1+r)}}{\left(\dfrac{w}{p}\right)^{\sigma} A^{\sigma-1}} \left[1 + \left(\frac{w}{p} A\right)^{\sigma-1} \right]^{\frac{\sigma}{\sigma-1}} = \frac{\alpha w(2+r)^2 + wr}{2(1+r)} + \frac{wr}{2(1+r)} \tag{27}$$

四、数值模拟

在上文理论模型的基础上，本文将对理论模型进行数值模拟。通过查阅其他学者对生产函数、消费函数相关参数的测算，以及查询相关数据推导相关参数，再将参数代入模型，并通过改变相关参数，观测与消费者、生产者相关的参数变动。

（一）包含资本品生产部门的一般均衡模型数值模拟

理论模型中所涉及的参数包括 α、β、γ、σ 和 A。其中，α 反映了消费者对消费和闲暇间的偏好。根据式（10）和式（12）推导可知，$\dfrac{C}{S} = \dfrac{C/Y}{S/Y} = \dfrac{\alpha(2+r)}{r}$，因此，$\alpha$ 与消费者的消费率、储蓄率有关。根据李世刚、尹恒（2014）的计算可知，我国消费者的平均储蓄率为 0.35，平均消费率则为 0.65，因此，α 就可以通过利率 r 表示出来，并代入上文进行计算；资本品生产部门生产函数 β、γ。根据资本品生产部门的生产函数形式可知 β 表示资本的产出弹性，γ 表示劳动的产出弹性。资本品生产部门属于工业部门，根据翁杰、周礼（2010）的测算，我国工业部门的平均劳动收入份额为 0.212，因此，可设 β = 0.788，γ = 0.212。σ 和 A 是本文数值模拟的控制参数，通过改变两个参数值大小分析其他变量的变化。就 σ 取值而言，De La Grandville（1989）曾提出要素替代弹性与经济增长密切相关，经济高速增长的国家或地区的要素替代弹性往往大于 1，而经济处于稳态的国家和地区的要素替代弹性往往小于 1。对于该理论，我国学者陈晓玲、连玉君（2012）通过对各省的面板数据进行回归对该假说进行了实证分析，并支持了该假说。因此，在数值模拟中，本文关于 σ 的模拟数值取 σ > 1，且 σ = 1.25，σ = 1.3；关于 A 值，由于 A 值表示资本体现式的技术进步，其在生产中的作用便是提高资本的使用效率，进而提高生产效率。因此，A 值往往大于 1。本文关于 A 的取值分别取了 A = 1.25，A = 1.5，A = 1.75 和 A = 2。在设定相关参数后，本文通过相关计算进行数值模拟，并得到相应的模拟结果。表 1 展示了 σ = 1.25，σ = 1.3 时，A 取不同值时各变量的具体数值和相应的增长额。

表 1 包含资本品生产部门的一般均衡模型数值模拟结果

变量	σ = 1.2500				σ = 1.3000			
A	1.2500	1.5000	1.7500	2.0000	1.2500	1.5000	1.7500	2.0000
r	2.0182	2.1899	2.3431	2.4821	1.8773	2.0607	2.2257	2.3763
p	5.0606	5.5095	5.9145	6.2853	4.2966	4.7130	5.0904	5.4374
w	13.4861	14.8647	16.1546	17.3731	8.1551	8.9216	9.6369	10.3107
C	9.0178	10.2048	11.3224	12.3839	5.3208	6.0067	6.6493	7.2569
C′	27.2176	32.5527	37.8524	43.1219	15.3094	18.3850	21.4487	24.5019
S = K	4.5089	5.1024	5.6612	6.1919	2.6604	3.0034	3.3247	3.6285
L	0.1815	0.2022	0.2209	0.2380	0.1648	0.1866	0.2066	0.2250
Y = K1	2.2820	2.5738	2.8462	3.1031	1.4751	1.6665	1.8447	2.0124
L1	0.6338	0.6726	0.7047	0.7321	0.5997	0.6437	0.6803	0.7114
Y1	45.5218	55.6338	65.9290	76.3986	21.9823	26.9601	32.0265	37.1774
L^D	0.8153	0.8748	0.9256	0.9701	0.7645	0.8303	0.8869	0.9364
K1/L1	3.6005	3.8266	4.0389	4.2386	2.4597	2.5889	2.7116	2.8288
K/L	24.8424	25.2344	25.6279	26.0164	16.1432	16.0954	16.0924	16.1267
Y1/L1	71.8236	82.7145	93.5561	104.3554	36.6555	41.8830	47.0770	52.2595
Y/L	12.5730	12.7290	12.8846	13.0382	8.9508	8.9309	8.9288	8.9440
G	57.0701	69.8142	82.7628	95.9025	28.3202	34.8143	41.4168	48.1196
G/L^D	69.9989	79.8058	89.4154	98.8584	37.0441	41.9298	46.6983	51.3879
ΔA	0.0000	0.2500	0.2500	0.2500	0.0000	0.2500	0.2500	0.2500
Δr	0.0000	0.1717	0.1532	0.1390	0.0000	0.1834	0.1650	0.1506
Δp	0.0000	0.4489	0.4050	0.3708	0.0000	0.4164	0.3774	0.3470
Δw	0.0000	1.3786	1.2899	1.2185	0.0000	0.7665	0.7153	0.6738
ΔC	0.0000	1.1870	1.1176	1.0615	0.0000	0.6859	0.6426	0.6076
ΔC′	0.0000	5.3351	5.2997	5.2695	0.0000	3.0756	3.0637	3.0532
ΔS = ΔK	0.0000	0.5935	0.5588	0.5307	0.0000	0.3430	0.3213	0.3038

续表

变量	σ = 1.2500				σ = 1.3000			
ΔL	0.0000	0.0207	0.0187	0.0171	0.0000	0.0218	0.0200	0.0184
ΔY = ΔK1	0.0000	0.2918	0.2724	0.2569	0.0000	0.1914	0.1782	0.1677
ΔL1	0.0000	0.0388	0.0321	0.0274	0.0000	0.0440	0.0366	0.0311
ΔY1	0.0000	10.1120	10.2952	10.4696	0.0000	4.9778	5.0664	5.1509
ΔL^D	0.0000	0.0595	0.0508	0.0445	0.0000	0.0658	0.0566	0.0495
Δ（K1/L1）	0.0000	0.2261	0.2122	0.1997	0.0000	0.1292	0.1227	0.1172
Δ（K/L）	0.0000	0.3920	0.3935	0.3885	0.0000	− 0.0478	− 0.0029	0.0342
Δ（Y1/L1）	0.0000	10.8909	10.8416	10.7993	0.0000	5.2275	5.1940	5.1825
Δ（Y/L）	0.0000	0.1560	0.1556	0.1537	0.0000	− 0.0200	− 0.0020	0.0152
ΔG	0.0000	12.7441	12.9487	13.1397	0.0000	6.4941	6.6024	6.7029
ΔG/L^D	0.0000	9.8070	9.6095	9.4430	0.0000	4.8857	4.7685	4.6896

注 * L^D 表示均衡时的劳动总需求量，即总就业量；G 表示均衡时的总产值，G = Y1 + Y × P；由于数值模拟的过程中本文对一些参数进行泰勒展开，因此计算过程中会产生一定的误差。

由表 1 可知，当 σ = 1.25，A 值每增加 0.25，经济体系中的利率、工资率和中间资本品的价格都会随着资本体现式技术进步的提高而增长；对消费者而言，无论是年轻时的消费还是年老时的消费都是增加的，经济体系当期的总消费也是增加的。而且，年轻人的储蓄也会增加；但是，随着 A 值等幅度递增，上述变量增长幅度会逐渐下降，说明尽管 A 值的提高能够带来消费、储蓄、利率、工资率和中间资本品价格提升，但其边际增长是递减的。

对生产部门而言，随着最终产品部门资本体现式技术进步的增长，最终产品部门对资本、劳动的需求是递增的，资本品生产部门对资本、劳动的需求也是递增的，经济体系中的劳动总需求是增加的。与对消费者的影响相似，两部门对资本、劳动需求的边际增量是递减的；生产要素需求的增加也会带来两部门产出的增长。随着最终产品部门资本体现式技术进步的增加，最终产品部门和资本品生产部门的产出都增长，最终产品部门产出的增长幅度明显大于资本品生产部门。而且最终产品部门的人均产出增长幅度也明显大于资本品生产部门的人均增长幅度，说明最终产品部门资本体现式技术进步率的提升对最终产品部门的总产出和人均产出作用明显；值得注意的是，当 A 值增长时，两部门的人均资本量（即资本深化）的变化幅度差别较小。对资本品生产部门而言，随着最终产品部门资本体现式技术进步的增长，该部门的人均资本量增加幅度在 0.39 左右。最终产品部门的人均资本量增长幅度保持在 0.22 左右。这说明最终产品部门资本体现式技术进步率的提升不会带来两部门资本深化加深程度的明显不同。

如果最终产品部门资本劳动间的替代弹性增加，该部门内发生资本体现式技术进步时，各变量又会发生什么样的变化呢？因此，设 σ = 1.3，A 值仍取 A = 1.25，A = 1.5，A = 1.75 和 A = 2。此时，经济体系进入新的均衡状态。与 σ = 1.25 时的状况相比，可以看出经济体系中的利率变动幅度较小，工资水平和资本品价格水平大幅度下降，由此带来社会总体的消费水平、最终产品部门和资本品生产部门产出水平下降，但社会总体的就业水平变动幅度较小。单从资本体现式技术进步增长对各变量的影响来看，随着 A 值增长，经济体中的利率、工资水平和最终产品价格都是增加的，年轻人的消费、储蓄以及老年人的消费也是增加的，且边际增量递减；两个生产部门对资本、劳动要素的需求递增，进而带来产出、人均产出增长，且最终产品部门的增长幅度较为明显，而资本品生产部门的人均产出对 A 值的提升反应并不明显；随着 A 值增长，经济总体就业水平增加，但就人均资本增长而言，最终产品部门人均资本量随着 A 值增长而提高，资本品生产部门的人均资本量对 A 值的增长反应也不明显，可以初步认定资本品生产部门的人均资本量基本维持在原始水平。

通过对表 1 中数值模拟结果进行分析可知，总体而言，如果最终产品部门的资本体现式技术进步率提高，会带来消费、产出以及就业总量的增加。尽管人均资本量会有所增加，但并不会对就业造成不利影响。而且，随着最终产品部门要素间的替代弹性增加，资本体现式技术进步对经济总体的影响将减弱。

（二）包含进出口部门的一般均衡模型数值模拟

包含进出口部门的一般均衡模型主要涉及参数 α、σ 和 A。对于参数 α，在此采用与上文相同的处理结果。参数 σ 和 A 仍作为控制参数，通过改变这两个参数的大小来观测相关变量的变化程度。当 $\sigma = 1.25$ 时，A 值分别取 A = 1.25，A = 1.5，A = 1.75 和 A = 2，A 值每增加 0.25，与消费者相关的变量的变化如表 2 所示。

表 2　包含进出口部门的一般均衡模型数值模拟结果

变量	1.2500				1.3000			
A	1.2500	1.5000	1.7500	2.0000	1.2500	1.5000	1.7500	2.0000
r	2.3800	2.8351	3.2641	3.6731	1.8824	2.3126	2.7196	3.1088
p	4.3800	4.8351	5.2641	5.6731	3.8824	4.3126	4.7196	5.1088
w	15.5818	16.9381	18.1504	19.2477	9.0251	9.7498	10.3939	10.9739
C	10.9717	12.5215	13.8939	15.1289	5.0894	6.8066	7.5996	8.3031
C′	37.0846	48.0209	59.2455	70.6997	16.9892	22.5477	28.2676	34.1154
S = K1	5.4858	6.2607	6.9469	7.5645	2.9470	3.4033	3.7998	4.1515
L1	1.0619	1.1804	1.2855	1.3814	0.9206	1.0436	1.1511	1.2481
Y1	59.0279	73.0638	87.0332	100.9576	27.9726	36.1609	43.4668	50.7215
K1/L1	5.1660	5.3039	5.4040	5.4760	3.2012	3.2611	3.3010	3.3263
Y1/L1	55.5871	61.8975	67.7038	73.0835	30.3852	34.6502	37.7611	40.6390
ΔA	0.0000	0.2500	0.2500	0.2500	0.0000	0.2500	0.2500	0.2500
Δr	0.0000	0.4551	0.4290	0.4090	0.0000	0.4302	0.4070	0.3892
Δp	0.0000	0.4551	0.4290	0.4090	0.0000	0.4302	0.4070	0.3892
Δw	0.0000	1.3563	1.2123	1.0973	0.0000	0.7247	0.6441	0.5800
ΔC	0.0000	1.5498	1.3724	1.2350	0.0000	1.7172	0.7930	0.7035
$\Delta C′$	0.0000	10.9363	11.2246	11.4542	0.0000	5.5585	5.7199	5.8478
$\Delta S = \Delta K$	0.0000	0.7749	0.6862	0.6176	0.0000	0.4563	0.3965	0.3517
$\Delta L1$	0.0000	0.1185	0.1051	0.0959	0.0000	0.1230	0.1075	0.0970
$\Delta Y1$	0.0000	14.0359	13.9694	13.9244	0.0000	8.1883	7.3059	7.2547
Δ（K1/L1）	0.0000	0.1379	0.1002	0.0719	0.0000	0.0599	0.0399	0.0252
Δ（Y1/L1）	0.0000	6.3104	5.8063	5.3798	0.0000	4.2650	3.1109	2.8779

与表 1 数值模拟结果相似，在表 2 中，当 $\sigma = 1.25$，A 值每增加 0.25，经济体系中的利率、工资率和资本价格都会随着资本体现式技术进步提高而增长；年轻人的消费、储蓄，老年人的消费也增加，且边际增长是递减的；最终产品部门对资本、劳动的需求是递增的，产出都增长，且

最终产品部门的资本深化程度增加；当最终产品部门资本劳动间的替代弹性增加，且 $\sigma = 1.3$ 时，与 $\sigma = 1.25$ 时的状况相比，利率，工资水平，年轻人的消费、储蓄，老年人的消费以及最终产品部门的资本需求都会下降，但就业总体人数基本维持原来水平。$\sigma = 1.3$ 时，经济体中的利率、工资率和资本价格都会随着资本体现式技术进步的提高而增长；年轻人的消费、储蓄，老年人的消费也相应地增长；生产部门的资本需求增长，产出增长，人均产出增长，且最终产品部门资本深化程度加深。通过对表 2 中数值模拟结果进行分析可知，与包含资本品生产部门的一般均衡模型数值模拟结果相似，最终产品部门资本体现式技术进步的增长都会带来经济整体的增长和发展。

五、产业结构转型与资本深化的路径选择

（一）两种就业补偿模式比较

尽管两种模型都能体现出最终产品部门因资本体现式技术进步提高而发生资本深化时对就业的补偿，但两种补偿机制对就业的总体影响，以及对经济中的其他变量的影响是不同的。通过比较表 1 和表 2 中的相关数据，本文可得出以下结论：

第一，无论哪种模型，最终产品部门资本体现式技术进步与经济体系中的总产出、总消费都是正相关。这是因为，资本体现式技术进步不仅代表更先进的资本设备，也代表了更先进的生产率。当资本体现式技术进步增加时，整个经济体系的生产效率都会增加。生产效率的提高必然带来总产出的增加，进而带来工资水平上涨，刺激消费，并增加劳动需求，进而促进经济的增长与发展。因此，最终产品部门的资本体现式技术进步的提高对整体经济发展都是有利的，是先进生产率的象征。

虽然最终产品部门资本体现式技术进步的提高有利于经济增长，但在两种经济发展模式下，总产出的增长率和人均产出的增长率却有一定的差别。通过比较表 1、表 2 中的最终产品部门产出增长率 $\Delta Y1/Y1$ 可知，当 $\sigma = 1.25$ 时，包含进出口部门的模型实现一般均衡时，随着 A 值递增，其最终产品产出增长率保持在 16%～23% 之间，人均产出增长率保持在 8%～11% 之间。包含资本品生产部门的模型实现一般均衡时，随着 A 值递增，最终产品产出增长率保持在 16%～22% 之间，人均产出增长率保持在 11%～15% 之间。进一步观察包含资本品生产部门模型的总产值可知，G 增长率保持在 16%～22% 之间，人均总产值的增长率也保持在 10%～14% 之间。因此，就劳动生产率来讲，包含资本品生产部门模型的劳动生产率增长要高于包含进出口部门模型的劳动生产率增长。而且，通过比较两种模型总产值（包含进出口部门模型的总产值为 Y1，包含资本品生产部门模型的总产值为 G）可知，包含进出口部门模型的总产值略高于包含资本品生产部门模型的总产值，但差别较小。当 $\sigma = 1.3$ 时，可得出相似的结论。

第二，就总体就业水平与 A 的增长关系，无论哪种就业补偿模式都能表现出 A 与总体就业水平的正相关关系。因此，当最终产品部门资本体现式技术进步率提高时，在就业挤出和就业补偿的相互作用下，就业总量都会随 A 的提高而增加，这说明了就业的补偿效应大于就业的挤出效应，资本体现式技术进步的提高不会对就业产生整体不利影响。

尽管在两种不同的就业补偿模式下，最终产品部门的资本体现式技术进步率提升不会对就业产生不利影响，反而会促进就业，但两种就业补偿模式下的就业总量却存在显著差别。当 $\sigma = 1.25$ 时，包含进出口部门的一般均衡模型总体就业水平较高，其中，两部门的就业总和在

1.06~1.38 之间。而包含资本品生产部门的一般均衡模型总体就业水平较低，保持在 0.81~0.97 之间。当 σ = 1.3 时，前者的总体就业水平仍高于后者。因此，尽管两种发展模式都能在最终产品部门资本体现式技术进步提高时对就业进行补偿，但从就业总体水平来看，包含进出口部门的模型实现一般均衡时，其总体就业水平要高于包含资本品生产部门模型的总就业水平，前者是后者的 76%。当 σ = 1.3 时，可得出类似结论。

第三，就资本深化程度而言，当 σ = 1.25 时，随着最终产品部门资本体现式技术进步率的提高，两种就业补偿模式下的最终产品生产部门的资本深化程度都将加深。A 值每提升 0.25 时，包含进出口部门的模式，其最终产品部门人均资本量将增加 0.08~0.14 左右，包含资本品生产部门的模式，其最终产品部门的人均资本量将增加 0.20~0.22 左右，资本品生产部门的人均资本量增长 0.39 左右，经济总体人均资本量增长 0.39~0.44 左右。因此，随着 A 的提高，在两种不同的发展模式下，包含进出口部门的模式其人均资本量增长幅度较低，包含资本品生产部门的模式其人均资本量增长幅度较高，即前者的资本深化随 A 增长而加深的程度小于后者；从人均资本量的总体水平来看，包含进出口部门的一般均衡模型的最终产品部门资本深化程度较高，平均在 5.16~5.47 之间，而包含资本品生产部门的一般均衡模型最终产品部门人均资本量水平较低，保持在 3.60~4.00 之间，但其资本品生产部门和经济总体的人均资本量水平较高，分别保持在 24.84~25.62 和 8.77~9.58。当 σ = 1.3 时，包含进出口部门模式的最终产品部门的人均资本量的增长幅度仍低于包含资本品生产部门的模式，然而后者的资本品生产部门的人均资本量却趋于稳定。

（二）资本深化的路径选择

通过上文的模型构建、数值模拟和结果比较，本文认为，最终产品部门资本体现式技术进步率的提升对经济增长是有益的，在加深资本深化的同时，其对就业的补偿效应也大于挤出效应，有利于总体就业水平的提升。因此，在两种不同的资本深化路径下，由资本体现式技术进步率提升带来的资本深化并不会挤出就业。然而，包含进出口部门的就业补偿模式将使经济整体体现出较高就业水平、资本深化程度较低和人均产出较低的特征，而包含资本品生产部门的就业补偿模式将使经济整体展现出较低就业水平、资本深化程度较高和人均产出较高的特征。因此，单纯根据本文所构建的模型难以比较出哪种模式更优越。就我国经济发展和资本深化的路径选择而言，我国装备制造业研发投入不足、缺乏核心技术，处于全球产业链的末端，其生产的产品难以满足国内最终产品部门对资本设备的需求。而且，随着经济的发展，消费结构开始向耐用消费品（主要为家用电器设备）等技术含量更高的消费领域转移（袁志刚、夏林峰、樊潇彦，2009）。这也要求最终生产部门提高部门产品的技术含量，引进更先进的资本设备替代旧的、技术含量低、生产效率低的资本设备。因此，我国的最终产品生产部门将加大对国外先进资本设备的需求，并出口本国的最终产品以获得贸易均衡，这便是出口拉动的经济增长模式，也是许多发展中国家采用的主要增长模式。在这种模式下，随着资本体现式技术进步的提升，其对就业的补偿路径、资本深化和经济发展的路径将是上文所论述的包含进出口部门的一般均衡模式。对我国的经济发展来讲，在经济起步阶段，这种高增长的模式不仅能够实现经济在短期内的迅速增长和快速繁荣，也能够在一定程度上促进资本深化，不损失就业，还能使就业保持在整体较高的水平。尤其对一直处于贸易顺差的我国来讲，海外市场对我国最终产品的需求高于我国工业对资本品的需求，所以贸易顺差会带来更多的就业增长。

然而，这种发展模式对海外市场依赖严重，不具有稳定性，一旦海外市场对我国最终产品需求下降，会带来大量的就业损失，引起较为严重的失业问题，此时，该模式下的就业吸纳能力未必高于包含资本品生产部门模式。更重要的是，资本体现式技术进步是将技术直接附在资本上的，通过进口先进设备才能带来资本体现式技术进步的提升。对我国来讲，尽管进口先进设备能够带来经济增长，但从长期看，技术不能一直依赖海外市场。关于技术引进，汪星明（1999）等曾有明确的定义："技术引进包括引进、消化、创新和扩散四个过程。在这四个过程中实现生产要素、生产条件的重新组合，获得最大效益。"这种技术引进方式才是全面的。其技术引进的模式大致可以划分为以下三种：第一种为以提高生产力为目的的引进，这种技术引进属于最低层次的技术引进，通过进口国外的先进生产设备来提高本国的劳动生产力，在引进过程中，没有体现出技术的消化、创新和扩散；第二种技术引进是以消化吸收先进技术为目的的引进，这种技术引进的目的是为了消化吸收国外先进技术，并将吸收而来的技术用于本国相应的产业；第三种技术引进以投资为目的，这类技术引进通过进口发达国家的先进技术，在此基础上不断消化吸收，进而加以改进，形成更高水平的技术，并出口自主创新的更高水平的技术。这种技术引进的方式是真正全面的技术引进。我国目前的技术引进模式属于第一种，是仅以生产力提高为目的的技术引进。这显然不能保障我国的技术安全。因此，从技术保障角度来看，目前的发展模式并不能保障我国的技术需求。在经济未来的发展中，我国应该促进中间生产部门的发展，帮助其在技术引进的基础上进行消化、创新，进而转变目前的资本深化路径。

另外，林毅夫（1994，1999）、蔡昉（1999）、李周（1999）等通过研究发现，当劳动密集型产业发展到一定程度，我国产业结构应逐渐从劳动密集型产业向资本密集型产业转移。2008年后，我国开始进行大范围的产业结构升级转型，技术密集型产业和资本密集型产业将逐渐成为经济体系的支柱产业。而本文所构建的资本品生产部门从产业属性上来看应属于技术密集型产业、资本密集型产业。因此，产业结构的转型意味着资本深化路径的转变。在我国产业结构升级转型的过程中，如果政府能够通过财政补贴等手段扶植资本品生产部门的发展，提高我国资本品生产部门产品的技术含量，使其能够发挥"应有的作用"，满足国内最终产品部门对资本设备品的需求，并转变最终产品部门资本设备引进方式。这样虽然会带来最终产品部门产出增长率出现一定程度的下降，却不会对经济整体增长率产生影响，还能带来人均产值的大幅度提升。在这个过程中，与原有的发展模式相比，经济体系吸纳的劳动力数量会有一定程度的下降。但对我国的发展现状来讲，近年来，随着我国人口红利的逐渐消失，经济体系的劳动供给数量呈逐渐下降的态势，"用工荒"已经成为很多地区的普遍现象。因此，尽管经济体系的劳动吸纳能力下降，但不会产生严重的失业问题。更重要的是，伴随着资本深化，我国的经济完成了产业结构的升级转型和资本深化的路径转变。

六、结论

资本深化是经济发展的必经之路，传统经济理论往往认为随着资本深化的加深，劳动力就会被挤出生产部门从而产生严重的失业问题，尤其对拥有庞大劳动供给的我国来说，过早的资本深化会不利于就业的发展。本文通过相关的分析认为由于技术进步是资本深化的主要原因，而我国技术进步的主要形式是资本体现式的技术进步，在模型的构建和数值的模拟中，资本体现式技术进步率的提升并不会对总体就业产生不利影响，反而会增加就业。但是由于我国资本品生产部门并不能满足最终产品部门对资本设备品的需求，导致最终产品部门通过进口的方式获得先进资本设备和资本体现式技术进步率的提高。在这种模式下，随着资本体现式技术进步率的提升，经济总体增长，就业也出现一定增长。然而这种发展模式不具有稳定性，而且不利于经济的长期发展。目前，我国正处于产业结构升级转型时期，发展资本密集型、技术密集型产业已成为大势所趋。因此，经济发展模式将逐渐从包含进出口部门的模式向包含资本品生产部门的模式转变，资本深化的路径也将发生转变，在这种转变过程中，大力发展资本品生产部门能够保持经济继续快速增长和劳动生产率的提高。

参考文献：

［1］Samuelson. The Pure Theory of Public Expenditure ［J］. Review of Economics and Statistics, 1962（36）：387 - 389.

［2］Chen E. K. Y. The Total Factor Productivity Debate：Determinants of Economic Growth in East Asia ［J］. Asian Pacific Economic Literature, 1997, 11（1）：18 - 38, 54 - 70.

［3］林毅夫，任若恩. 东亚经济增长模式相关争论的再探讨 ［J］. 经济研究，2007（8）.

［4］吴敬琏. 增长模式与技术进步 ［J］. 科技潮，2005（10）.

［5］胡鞍钢. 中国城镇失业状况分析 ［J］. 管理世界，1998（4）.

［6］姚战琪. 技术进步与服务业的融合和互动——基于中国投入产出表的分析 ［J］. 财经研究，2008（7）.

［7］张军. 增长、资本形成与技术选择：解释中国经济增长下降的长期因素 ［J］. 经济学（季刊），2002（1）.

［8］Walter Galenson. The American Labor Movement ［M］. New York：Greenwood Press, 1955.

［9］Paul Stoneman. The Economic Analysis of Technological Change ［M］. Oxford：Oxford University Progress, 1983.

［10］蒲艳萍，黄怡. 我国经济发展中的资本深化过程及其就业效应 ［J］. 经济问题探索，2008（3）.

［11］陈剑波. 市场经济演进中乡镇企业的技术获得与技术选择 ［J］. 经济研究，1999（4）.

［12］张曙光，施贤文. 市场分割、资本深化和教育深化——关于就业问题的进一步思考 ［J］. 云南大学学报（社会科学版），2003（5）.

［13］蔡昉，都阳，高书文. 就业弹性、自然失业和宏观经济政策——为什么经济增长没有带来显性就业？［J］. 经济研究，2004（9）.

［14］丁从明，陈仲常. 金融深化、资本深化及其互补性研究 ［J］. 财经研究，2006（1）.

［15］朱轶，涂斌. 财政分权、投资失衡与工业资本深化——基于中国区域特征的经验研究 ［J］. 宏观经济研究，2011（11）.

［16］Duncan K. Foley, Thomas R. Michel. The Production Function and Productivity ［J］. Journal of Economic Perspective, 2001, 15（3）：257 - 258.

［17］Denis Kessler, Edward N. Wolff. A Comparativd Analysis of Household Wealth Patterns In France and The United States ［J］. Review of Income and Wealth, 1991, 37（3）.

［18］Mark Funk, Jack Straus. The Long - run Relationship Between Productivity and Capital ［J］. Economic Letters, 2000（69）.

［19］Pissarides C. A, Equilibrium Unemployment Theory ［M］. Basil Blackwell, 1990.

［20］Ahion P., P. Howitt、Growth and Unemployment ［J］. Review of Economic Studies, 1994（61）：477 - 494.

［21］Mortensen, D. T., C. A. Pissarides. Technological Progress, Job Creation and Job Destruction, Review of Economic Dynamics, 1998（1）：733 - 753.

［22］Fernando del Rio. Embodied Technical Progress and Unemployment, Université catholique de Louvain ［J］. Institut de Recherches Economiques et Sociales IRES Discussion Paper, 2001（31）.

［23］黄先海，刘毅群. 物化性技术进步与我国工业生产率增长 ［J］. 数量经济技术经济研究，2006（4）.

［24］陈爱贞. 中国装备制造业自主创新的制约与突破——基于全球价值链的竞争视角分析 ［J］. 南京大学学报（哲学·人文科学·社会科学），2008（1）.

［25］楚明钦，陈启斐. 中间品进口、技术进步与出口升级 ［J］. 国际贸易问题，2013（6）.

［26］李世刚，尹恒. 寻租导致的人才误配置的社会成本有多大？［J］. 经济研究，2014（7）.

［27］翁杰，周礼．中国工业部门劳动收入份额的变动研究：1997～2008［J］．中国人口科学，2010（4）．

［28］De La Grandville O. In Quest of the Slutsky Diamond［J］. The American Economic Review, 1989, 79（3），468－481.

［29］陈晓玲，连玉君．资本—劳动替代弹性与地区经济增长——德拉格兰德维尔假说的检验［J］．经济学（季刊），2012（10）．

［30］袁志刚，夏林峰，樊潇彦．中国城镇居民消费结构变迁及其成因分析［J］．世界经济文汇，2009（4）．

［31］汪星明．技术引进：理论·战略·机制［M］．北京：中国人民大学出版社，1999.

［32］林毅夫．战略抉择是经济改革与发展成功的关键［J］.经济科学，1994（3）．

［33］林毅夫，蔡昉，李周．比较优势与发展战略——对"东亚奇迹"的再解释［J］.中国社会科学，1999（5）．

总福利基准下政府创新补贴资金使用的对象选择

安 果 伍 江

（西南民族大学经济学院 成都 610041）

一、引言

进入 21 世纪，经济全球化进程中出现了技术扩散，发达国家在限制核心技术向国外转移的同时，政府支持甚至大量补贴企业创新行为更直接、力度更大，以期通过最先进的现代制造技术主导世界生产，维护国家收益。2011 年、2012 年美国相继启动《先进制造业伙伴计划》、《先进制造业国家战略计划》，直接投资 10 亿美元构筑制造业创新网络中心（MMNI），推动"再工业化"战略；2013 年，德国政府出台与产业界共同推动"工业 4.0"计划与标准化路线图，以期成为新一代工业生产技术（CPS）的供应国和主导市场；2014 年，日本政府实施"以 3D 造型技术为核心的产品制造革命"的大规模研究开发战略。为了应对新科技革命，发展中国家纷纷仿效发达国家，由政府补贴企业创新，期望在新一轮技术竞争中寻得立足之地。从理论上看，由于科技成果具有准公共产品特性和正外部性，研发组织不能获得创新成果的全部收益，会影响企业研发创新的激励。因此，政府从不同方面支持企业研发，促进研发，对国家的技术创新起着积极的作用。本文拟从政府补贴的角度研究政府补贴创新的地域选择。

二、文献综述

从历史看，自古就有政府补贴技术研发者利益损失行为。中世纪欧洲航海家们为了确定航船在海上的经度，迫切需要一台高精确度的时钟。西班牙国王为此悬赏 1000 金克朗。荷兰把赏金提到 10 万弗罗林，而英国最后悬出的赏金依天文钟的精确度定为 1 万~2 万英镑。到 18 世纪，最后由约翰·哈里森获得，他为此耗尽了半生的精力。但是获得的赏金与精确测定轮船位置给社

［基金项目］国家社会科学基金：西部传统制造业转型升级中的技术创新路径研究（14BJL096），西南民族大学应用经济学学位点建设项目（2011XWD - S0202）。

［作者简介］安果，经济学博士，西南民族大学教授；伍江，经济学博士，西南民族大学教授。

会带来的收益相比，依然是微不足道的（道格拉斯·诺斯，1973）[1]。赏金就是事后补贴。第一次世界大战结束后，世界范围内都重视技术创新，发达国家政府扶植创新活动成为普遍现象，日本和法国干预程度更高，前苏联的创新基本是政府行为[2]。但是，各国在干预的形式上和力度上是不同的。比如，政府应当强调事前招标研发补贴还是提供专利保护的事后补贴？如果是事后补贴，以总福利为基准政府补贴资金流向哪些企业？

从实证研究看，刘磊等基于上市公司样本，研究出我国创业板上市企业的创新活动与政府事后补贴力度不显著相关，而创新绩效与政府未来补贴力度显著正相关[3]。王文华等运用2007～2010年高新技术上市公司面板数据研究了金融发展、政府补贴缓解研发融资约束的效应，结论是政府补贴的直接效应显著，而间接效应不显著；在金融发展水平高的地区政府补贴缓解研发融资约束的间接效应显著，反之不显著[4]。汪秋明等选取80家分属七大类战略性新兴产业的上市公司2002～2011年的面板数据对政府补贴有效的影响因素进行了验证，发现政府补贴仅仅诱导企业进入新兴产业，进入后，大部分企业又会把补贴资金用于与产业发展无关的其他高收益途径[5]。王一卉等运用中国高新技术企业的面板数据分析发现，在国有制企业中政府补贴会导致创新绩效下降，并且政府补贴对研发投入与企业创新绩效之间关系有显著负向调节作用，在欠发达地区企业中更明显[6]。

从理论成果看，大多数研究都基于博弈模型。孟卫军等研究了供应链产品创新合作的政府补贴问题，发现如果企业能够自主选择合作行为，政府的最优策略是不实行补贴[7]。李友东的研究成果是，在不同博弈形式下的企业研发合作和政府补贴策略的效果不同[8]。张望构建了三部门模型分析技术差距、政府补贴对企业研发强度的作用，发现政府补贴与企业总研发强度、企业自主创新强度呈正相关。政府补贴有助于企业总研发强度与企业自主创新强度的提高；人力资本总体上与企业总研发强度、企业自主创新强度呈正相关系，但作用强度小于政府补贴[9]。孟卫东等研究表明，研发难度较小下宜采用研发投入补贴，研发难度较大应采用产品补贴，以此提高新企业研发投入和社会福利[10]。

上述研究的分析框架虽然涉及各个方面，但是没有就效率差异下政府补贴的对象选择进行研究。王文华等的研究虽然与效率差异相关，但是涉及的是补贴绩效，不是对象选择。本文拟以不对称信息下非合作博弈为分析框架，建立一个逆向选择的三阶段博弈模型，以东西部效率差异为立足点，分析以总福利为目标的政府如何选择补贴对象。

① 诺斯等. 西方世界的兴起 [M]. 北京：华夏出版社，1987.
② 克利斯·弗里曼，罗克·苏特. 北京：工业创新经济学 [M]. 北京：北京大学出版社，2004.
③ 刘磊等. 企业技术创新与政府补贴行为间关系的实证研究——基于创业板上市公司的经验证据 [J]. 技术经济 2013 (12)。
④ 王文华等. 金融发展、政府补贴与研发融资约束——来自A股高新技术上市公司的经验证据 [J]. 经济与管理研究，2013 (11).
⑤ 汪秋明等. 战略性新兴产业中的政府补贴与企业行为——基于政府规制下的动态博弈分析视角 [J]. 财经研究 2014 (7).
⑥ 王一卉. 政府补贴、研发投入与企业创新绩效——基于所有制、企业经验与地区差异的研究 [J]. 经济问题探索 2013 (7).
⑦ 孟卫军，张子健. 供应链企业间产品创新合作下的政府补贴策略 [J]. 系统工程学报 2010 (3).
⑧ 李友东等. 理论考虑政府补贴的低碳供应链研发成本分摊比较研究 [J]. 软科学 2014 (2).
⑨ 张望. 技术差距、政府补贴与企业自主创新强度 [J]. 贵州财经大学学报 2014 (2).
⑩ 孟卫东. 范波；马国旺. 基于技术风险的研发联盟政府补贴政策研究 [J]. 华东经济管理 2011 (11).

三、针对逆向选择行为的研发补贴模型

政府对特定部门或企业有意识的补贴，称为针对性补贴，如国家试验室的公共投资、研发资助、信贷保证和在高新技术行业的公共领域投资等，都属于针对性补贴。针对性补贴不是政府对部分企业的歧视行为，而是立足于社会总福利最大的角度的必然选择。

从理论上讲，针对性研发补贴在受益人选择方面是非市场化行为，存在任意性和专断性，补贴资金的效率很难达到最大化。特别是以下原因使补贴资金的非效率使用更加严重：第一，技术知识存在外部性，而外部性的大小很难确定，对企业进行补贴的数额也难找到科学依据，只有任企业自主申报，存在浪费。第二，即使补贴对象按照某种效率程序选择，研发行为的不确定性也难保证一定有理想的技术成果。第三，在政府与潜在受益者之间研发投入的度量和研发补贴的影响方面存在着严重的信息不对称，这种不确定性结合创新企业的趋利性，研发过程的道德风险问题不可避免。要研究的是，在我们给定的框架下，如果政府知道企业的类型，且已经选定研发企业，应该对研发企业进行事前补贴还是事后补贴？是对所有的企业都补贴还是只对产业内一部分企业进行补贴？如果只补贴一部分企业，是补贴高效率企业，还是补贴低效率企业缩小差距？

（一）模型主要变量的设定

假设有两种类型企业，企业的类型由企业创新努力（以下简称努力）的成本决定，成本是努力的函数，即 $\varphi(e) = \frac{1}{2}c_i e^2$。e 为企业的努力变量，$c_i$ 为第 i 个企业努力的边际成本。$c_i \in [c_L, c_H]$，c_L，c_H 分别为高效率和低效率企业的成本，其中，$c_L < c_H$。企业的成本情况是两类企业的私有信息，政府不了解两类企业的类型，只知道企业为某种类型的概率。为简化模型，设创新行为能够获得成功的概率为 $p(e) = e$，其中，e 是能够观察到的企业研发努力程度，$e \in [0, 1]$。成功的概率是努力程度的函数。一旦企业创新成功，创新活动在市场上为企业带来收益为 R。若创新失败，企业收益为零。B 为在创新成功后由政府支付给企业的事后补贴，如专利、政府采购和奖金等。b 为创新是否成功都必须支付的事前研发行为的补贴。因为研发投资属于高风险投资，如果企业是风险规避者，没有事前补贴，就没有动力进行研发投资。假定企业投资 I 进行创新，该项目能够为社会带来大小为 e 的正外部效应。政府提供两种补贴合同来甄别企业的类型，提高补贴额的使用效率。提供的合约系列为：(b_L, B_L)、(b_H, B_H)。(b_L, B_L) 是针对低成本、高效率企业的补贴合约；(b_H, B_H) 是针对高成本、低效率企业的合约。企业进行创新活动的前提是满足参与约束。

（二）构建政府补贴的企业创新优化问题基本理论框架

假定两个企业均愿意接受补贴合约，满足参与约束（假定保留效用为零），对项目进行创新投资 I，两类企业的效率问题都是先寻求补贴额下的最优的努力水平。

1. 分别列出两类企业利润函数与关于努力最优反应函数

低成本企业：$p(e)(R + B_L) - \frac{1}{2}c_L e^2 + b_L - I$ （1）

高成本企业：$p(e)(R + B_H) - \frac{1}{2}c_H e^2 + b_H - I$ （2）

由于 p（e）= e，所以最优努力水平由式（1）、式（2）的一阶条件分别得出：

低成本企业的最优努力为：$e_L^* = \dfrac{R + B_L}{c_L}$ （3）

高成本企业的最优努力为：$e_H^* = \dfrac{R + B_H}{c_H}$ （4）

2. 政府优化问题

政府问题是求预期社会收益最大化。令：企业是高成本类型的概率为 α_H，企业是低成本类型的概率为 α_L，有 $\alpha_L = 1 - \alpha_H$。如果政府资金的价格为 λ，那么针对事前、事后补贴的目标函数为：

$$\max_{b_L, B_L, b_H, B_H} = \{ \alpha_H [P(e_H^*)(R + E) - \varphi_H(e_H^*) - I - \lambda [P(e_H^*) B_H + b_H]] + \alpha_L [P(e_L^*)(R + E) - \varphi_L(e_L^*) - I - \lambda [P(e_L^*) B_L + b_L]] \}$$ （5）①

将 $\alpha_L = 1 - \alpha_H$、式（3）、式（4）代入式（5）后，目标函数式（5）可以写成以下优化问题：

$$\max_{b_L, B_L, b_H, B_H} \left\{ \alpha_H \left[\frac{(R + B_H)}{c_H}(R + E) - \frac{(R + B_H)^2}{2c_H} - I - \lambda \left(B_H \frac{(R + B_H)}{c_H} + b_H \right) \right] + \right.$$
$$\left. \alpha_L \left[\frac{(R + B_L)}{c_L}(R + E) - \frac{(R + B_L)^2}{2c_L} - I - \lambda \left(B_L \frac{(R + B_L)}{c_L} + b_L \right) \right] \right\}$$ （6）

为使两类企业都参与创新，接受合约，合约必须满足两类企业的参与约束，即提供的合约系列（b_L, B_L）、（b_H, B_H）应当使两类企业的利润大于保留效用（零）。由于高成本企业满足保留效用所需要的补贴要高一些，即一定有（b_H, B_H）>（b_L, B_L）。根据逆向选择原理，在不对称信息下，低成本企业将会装成高成本企业，签订合约（b_H, B_H），同时使 $e_H < e_H^*$。如此不仅会使政府多支付补贴资金 $\Delta B = B_H - B_L$；$\Delta b = b_H - b_L$，降低政府资金的使用效率，而且低成本企业将减少努力水平，优质资源的利用率降低。因此，政府在选择补贴对象时首要任务是设计一个合约系列，使低成本企业努力达到期望水平。

（三）激励相容机制的设计

根据逆向选择原理，只有在保证高成本企业保留效用的基础上，扭曲高成本企业的效率，提供使其收入和努力水平都降低的合约，才能阻止低成本企业的逆向选择行为，使社会收益增大。如果政府只希望低成本企业参加资助技术创新计划，那么只要不给高成本企业创新补贴，即令 $b_H = B_H = 0$，就可以实现。但是，在模型中，先假定两类企业都参加政府补贴创新计划。

1. 两类企业没有补贴合约时，企业进行技术创新计划的收益

如果没有政府补贴，两类企业的创新目标函数分别为：

低成本企业：$p(e) R - \dfrac{1}{2} c_L e^2 - I$ （7）

高成本企业：$p(e) R - \dfrac{1}{2} c_H e^2 - I$ （8）

由于 p（e）= e，两类企业关于努力的最优反应由式（7）、式（8）的一阶条件得出，分别为：

低成本企业：$e^H = \dfrac{R}{c_H}$ （9）

---

① 注：$\lambda [P(e_H^*) B_H + b_H]$、$\lambda [P(e_L^*) B_L + b_L]$ 是政府为两个企业补贴的资金价值。

高成本企业：$e^L = \dfrac{R}{c_L}$　　　　　　　　　　　　　　　　　　　　　　（10）

将式（10）代入高成本企业目标函数，高成本企业创新的预期利润为：

$$\dfrac{R}{c_H}R - \dfrac{c_H}{2}\left(\dfrac{R}{c_H}\right)^2 - I = \dfrac{R^2}{2c_H} - I \qquad\qquad （11）$$

从式（11）看出，高成本企业参与该项创新活动的预期利润为：$\max\{0,\ (R^2/2c_H) - I\}$，即：若 $\dfrac{R^2}{2c_H} - I > 0$，高成本企业进行创新。

如果参与政府补贴计划的创新纯收益又高于 $\dfrac{R^2}{2c_H} - I$，高成本企业就参加政府补贴的创新计划；否则就不参加政府补贴的创新计划，独立创新。

2. 构建高成本企业接受政府补贴合约的参与约束

高成本企业参与约束为：接受合约的创新回报高于不接受合约的创新回报，即：

$$p(e)[R + B_H] - \dfrac{1}{2}c_H e^2 + b_H - I \geqslant \dfrac{R^2}{2c_H} - I$$

要保证高成本企业在任何条件下都参与创新活动，根据式（4）$\left(e_H^* = \dfrac{R + B_H}{c_H}\right)$ 和式（2）$\left(p(e)(R + B_H) - \dfrac{1}{2}c_H e^2 + b_H - I\right)$，得高成本企业接受创新合约的利润为：

$$\dfrac{R + B_H}{c_H}(R + B_H) - \dfrac{1}{2}c_H\left(\dfrac{R + B_H}{c_H}\right)^2 + b_H - I = \dfrac{(R + B_H)^2}{2c_H} - I + b_H$$

高成本企业接受政府补贴合约的理性参与约束为：

$$\dfrac{(R + B_H)^2}{2c_H} - I + b_H \geqslant \max\left\{0,\ \dfrac{R^2}{2c_H} - I\right\} \qquad\qquad （12）$$

根据激励与合约理论，高成本企业的参与约束有效，式（12）可以取等号，即：

$$b_H = I - \dfrac{(R + B_H)^2}{2c_H} + \max\left\{0,\ \dfrac{R^2}{2c_H} - I\right\} \qquad\qquad （13）$$

3. 构建低成本企业的激励相容约束

如果参与约束能够保证高成本企业参加，那么低成本企业的参与约束自动满足。根据低成本企业激励约束有效原则[①]，低成本企业会接受政府的合约，积极参与创新活动。考虑到低成本企业会利用隐蔽信息签订合约（b_H，B_H），必须设计出低成本企业的激励相容约束条件，即低成本企业签订合约（b_L，B_L）的收益高于签订合约（b_H，B_H），相应的激励约束条件为：

$$\dfrac{(R + B_L)^2}{2c_L} + b_L - I \geqslant \dfrac{(R + B_H)^2}{2c_L} + b_H - I \qquad\qquad （14）$$

式（14）说明，如果合约对低成本企业进行事前与事后补贴额能够使低成本企业利润不低于装成高成本企业时的利润，低成本企业就会发现多付出努力，签订（b_l，B_l）的合约将更加有利。因为政府将提供可观的 $(B_L,\ b_L) > (B_H,\ b_H)$，使低成本企业获得信息租金。

由于激励机制的设计是阻止低成本企业的逆向选择行为，那么总是存在政府为设计该机制确定的 B_L、b_L 的最小值，使得式（14）取等号 $\dfrac{(R + B_L)^2}{2c_L} + b_L = \dfrac{(R + B_H)^2}{2c_L} + b_H$ 成立。

此时，$b_L = \dfrac{(R + B_H)^2 - (R + B_L)^2}{2c_L} + b_H$ 　　　　　　　　　　（15）

---

① 信息经济学引论：激励与合约（中译本）[M]．管毅平译．上海：上海财经大学出版社，2005．

即：式（13）、式（15）分别为政府为两类企业设计的参与约束和激励相容约束。现在回到政府考虑的宏观利益最大问题上来。

4. 政府的最优化问题

已知：无政府补贴情况下，高成本企业参与创新活动的条件是 $\frac{R^2}{2c_H} - I > 0$，为保证高成本企业参与创新活动，进一步讨论创新获得政府补贴的参与约束：

已知式（13）：$b_H = I - \frac{(R+B_H)^2}{2c_H} + \frac{R^2}{2c_H} - I$

那么，式（13）的参与约束可以改写为：

$$\frac{(R+B_H)^2}{2c_H} - I + b_H = \frac{R^2}{2c_H} - I \Rightarrow b_H = \frac{R^2 - R^2 - 2RB_H - B_H^2}{2c_H} = -\frac{B_H}{2c_H}(2R + B_H) \tag{16}$$

将式（16）代入式（15）$\left(b_L = \frac{(R+B_H)^2 - (R+B_L)^2}{2c_L} + b_H \right)$，得：

$$b_L = \frac{(R+B_H)^2 - (R+B_L)^2}{2c_L} - \frac{B_H}{2c_H}(2R + B_H) \tag{17}$$

再将式（16）、式（17）代入式（6），得：

$$\max_{s_L, s_H} = \left\{ \frac{\alpha_H}{c_H}\left[(R+B_H)\frac{R+2E-B_H}{2} - \lambda\frac{B_H^2}{2} \right] + \frac{\alpha_L}{c_L}\left[\frac{R+2E-B_L}{2} - \right. \right.$$
$$\left. \left. \lambda\left[B_L(R+B_L) + \frac{(R+B_H)^2}{2} - \frac{(R+B_L)^2}{2} - \frac{c_L}{c_H}\frac{(2R+B_H)}{2}B_H \right]\right] - I \right\}$$

上式求关于 B_L 的一阶条件，得：$B_L^* = \frac{E}{1+\lambda}$ \tag{18}

上式求关于 B_H 的一阶条件，得：$B_H^* = \frac{E}{1+\lambda+\beta} - \beta\frac{R}{1+\lambda+\beta}$ \tag{19}

其中：$\beta = \lambda\left(\frac{\alpha_L}{\alpha_H}\right)\left(\frac{c_H - c_L}{c_L}\right) > 0$

将式（16）$\left[b_H = -\frac{1}{2c_H}B_H(2R+B_H) \right]$ 代入式（15）$\left[b_L = \frac{(R+B_H)^2 - (R+B_L)^2}{2c_L} + b_H \right]$

构建对应的拉格朗日函数：

$$L = \frac{a_H}{c_H}\left[(R+B_H)\frac{(R+2E-B_H)}{2} - \frac{\lambda B_H^2}{2} \right] + \frac{a_L}{c_L}\left[(R+B_L)\frac{(R+2E-B_L)}{2} - \frac{\lambda S_L(R+B_L)}{2} + \right.$$
$$\left. \frac{(R+B_H)^2}{2} - \frac{(R+B_L)^2}{2} - \frac{c_L}{c_H}\frac{(2R+B_H)}{2}B_H \right] - I \tag{20}$$

对式（20）分别求关于 B_L、B_H 的一阶条件。

关于 B_L 的一阶条件为：

$$\frac{\partial L}{\partial B_L} = \frac{a_H}{c_H}\left[\frac{(R+2E-B_H)}{2} - \frac{1}{2}(R+B_L) - \lambda\left[(R+B_L) + B_L - \frac{1}{2} \times 2 \times (R+B_L) \right] \right] = 0$$

化简上式，得到：$B_L^* = \frac{E}{1+\lambda}$ \tag{21}

关于 B_H 的一阶条件为：

$$\frac{\partial L}{\partial B_H} = \frac{a_H}{c_H}\left[\frac{(R+2E-B_H)}{2} - \frac{1}{2}(R+B_H) - \lambda B_H \right] + \frac{a_L}{c_L}\left[-\lambda(R+B_H) - \frac{a_L}{c_H}\left[\frac{2R+B_H}{2} + \frac{1}{2}B_H \right] \right] = 0$$

$$\frac{a_H}{c_H}\left[E + B_H(\lambda+1) \right] - \lambda\frac{a_L}{c_L}(R+B_H)\left[1 - \frac{c_L}{c_H} \right] = 0$$

化简上式，得到：

$$B_H = \frac{Ea_Hc_L - R\lambda a_Lc_H + R\lambda a_Lc_L}{a_Hc_L + a_Hc_L\lambda + \lambda a_Lc_H - \lambda a_Lc_L}$$

$$= \frac{Ea_Hc_L}{a_Hc_L + a_Hc_L\lambda + \lambda a_Lc_H - \lambda a_Lc_L} - \frac{R\lambda a_Lc_H - R\lambda a_Lc_L}{a_Hc_L + a_Hc_L\lambda + \lambda a_Lc_H - \lambda a_Lc_L}$$

$$\frac{a_H}{c_H}[E + B_H(\lambda + 1)] - \lambda\frac{a_L}{c_H}(R + B_H)\left[1 - \frac{c_L}{c_H}\right] = 0$$

$$B_H = \frac{Ea_Hc_L - Ra_Lc_H + Ra_Lc_L}{a_Hc_L + a_Hc_L\lambda + \lambda a_Lc_H - \lambda a_Lc_L}$$

$$= \frac{Ea_Hc_L}{a_Hc_L + a_Hc_L\lambda + \lambda a_Lc_H - \lambda a_Lc_L} - \frac{R\lambda a_Lc_H - R\lambda a_Lc_L}{a_Hc_L + a_Hc_L\lambda + \lambda a_Lc_H - \lambda a_Lc_L}$$

$$= \frac{E}{1 + \lambda + \dfrac{\lambda a_L(c_H - c_L)}{a_Hc_L}} - \frac{R\lambda a_Lc_H - R\lambda a_Lc_L}{a_Hc_L + a_Hc_L\lambda + \lambda a_Lc_H - \lambda a_Lc_L}$$

$$= \frac{E}{1 + \lambda + \dfrac{\lambda a_L(c_H - c_L)}{a_Hc_L}} - \frac{R\lambda(a_Lc_H - a_Lc_L)/a_Hc_L}{1 + \lambda + \dfrac{\lambda a_L(c_H - c_L)}{a_Hc_L}}$$

令：$\theta = \dfrac{\lambda a_L(c_H - c_L)}{a_Hc_L}$，代入上式后，化简得到：

$$B_H^* = \frac{E}{1 + \lambda + \theta} - \frac{R\theta}{1 + \lambda + \theta} \tag{22}$$

$$B_L^* - B_H^* = \frac{E}{1 + \lambda} - \frac{E}{1 + \lambda + \theta} + \frac{R\theta}{1 + \lambda + \theta} > 0$$

显然，$B_L^* > B_H^*$

上述证明显示 $B_L^* > 0$，但是 B_H^* 有可能小于零。因此，在讨论的问题中，从宏观意义上可能出现政府对高成本企业不仅没有事后补贴，而且对高成本企业参与创新活动一旦成功还可能征税。因此，政府若采用总福利基准，补贴行为不鼓励甚至阻止低效率的企业参与创新活动。即针对性事后补贴的对象应当是效率高的低成本企业。

同时，政府采取事前补贴政策是难以操作的，因为 b_L、b_H 均有可能小于零。即政府为了事后补贴，有可能提前向创新企业征税，以保证事后补贴的资金来源。而企业创新活动的不确定性，使风险规避的企业往往规避创新征税，因此，很可能不参加项目。

$B_L^* > B_H^*$ 的逻辑结论符合市场筛选的原理，为了使高效率企业参与技术创新，政府补贴政策不仅扭曲了低效率企业的收益，而且为高效率企业提供信息租金，表现为政府设计的激励机制中，将所有的外部收益全部内化给高效率企业。

四、结论与政策建议

从理论模型的结果看，政府若以总福利最大为基准，创新补贴会向高效率企业倾斜。这种倾斜政策会加速以创新为竞争手段的市场优胜劣汰的过程。但是，如果企业效率差异是因地区差距和地域分工形成的，政府的创新补贴就会导致区域差距拉大，甚至诱发企业向发达地区集聚，不利于缩小区域差距，影响欠发达地区的发展。而且，对于新进入企业，由于存在初进产业时成本较高，政府如果不实行补贴，就会导致进入障碍，不利于产业的动态更新。因此，政府在补贴创新时，应当采取分类政策，对于欠发达地区比较优势的产业和特色产业，政府应当以地区间协调发展为基准；对于一般性项目，政府采用总福利基准的补贴资金效率将更高。

参考文献

［1］信息经济学引论：激励与合约（中译本）［M］. 管毅平译. 上海：上海财经大学出版社，2005.

［2］克利斯·弗里曼，罗克·苏特. 工业创新经济学［M］. 北京：北京大学出版社，2004.

［3］弗兰克·H·奈特. 风险、不确定性与利润（中译本）［M］. 北京：商务印书馆，2006.

二元经济结构与消费需求耦合关系实证研究

尹艳冰　朱春红　陈禹旭

（天津工业大学经济学院　天津　300384）

2013 年以来，我国经济发展开始转入不同以往的新常态。转入新常态，意味着我国经济发展的条件和环境已经或即将发生诸多重大转变，经济增长将与过去 30 多年 10% 左右的高速度基本告别，与传统的不平衡、不协调、不可持续的粗放增长模式基本告别。在经济新常态背景下，需要积极发挥消费在投资、消费、出口"三驾马车"中的积极作用。

在促进经济实现稳定增长目标下，我国政府开始把保证经济增长、扩大内需和调整经济结构进行结合。党的十八大报告也明确指出要扩大消费需求，依靠内需推动经济发展。经济新常态下显然扩大消费需求依旧是我国经济调控的一项重要任务。

国外消费理论为消费需求研究提供了理论基础，但它们都是建立在一元经济基础上，并且假定制度既定，这对于我国这个典型的二元经济国家来说，由于存在结构性差异，并不完全适用。目前，国内对二元经济结构与消费需求之间关系的研究上还有待进一步完善，为了进一步明确二元经济对消费需求的影响，本文构建了基于二元经济的二元需求理论模型进行深入分析。

一、二元经济结构测度指标选择

衡量二元经济结构的常用指标主要有二元对比系数、综合二元反差指数和城乡居民收入差异系数，其中，城乡居民收入差异系数是衡量发展中国家二元经济结构较为准确的指标。

城乡居民收入差异系数 $P = 1 - (P_1 / P_2)$ 中 P_1 为农村居民的人均可支配收入，P_2 为城镇居民人均可支配收入。一般而言，城乡居民差异系数与二元经济结构程度呈正相关，P 值不同代表的二元结构程度也不同，通常 $P < 0.2$ 时表示经济基本完成二元转型；$0.2 < P < 0.5$ 表示经济处于从二元向一元转变的过渡期；$P > 0.5$ 表明属于典型的二元经济结构。

由于城乡居民收入差异系数是衡量发展中国家二元结构较为准确的指标，而收入又是影响需求的最主要因素，所以本文的二元经济结构的测度采用城乡居民收入差异系数（见表 1）。

［基金项目］国家社科基金项目"二元经济下扩大我国消费需求的理论和对策研究"（批准号：09BJL016）。

［作者简介］尹艳冰，博士，天津工业大学副教授，硕士生导师，研究方向：工业经济；朱春红，博士，天津工业大学经济学院院长，教授，硕士生导师，研究方向：产业经济；陈禹旭，在读研究生，天津工业大学，研究方向：产业金融。

表1　城乡居民收入差异系数

年份	城乡居民收入差异系数
1978	0.6111
1979	0.5862
1980	0.5994
1981	0.5458
1982	0.4871
1983	0.4508
1984	0.4544
1985	0.4621
1986	0.5290
1987	0.5385
1988	0.5388
1989	0.5622
1990	0.5456
1991	0.5834
1992	0.6132
1993	0.6425
1994	0.6508
1995	0.6317
1996	0.6020
1997	0.5950
1998	0.6015
1999	0.6225
2000	0.6412
2001	0.6551
2002	0.6787
2003	0.6905
2004	0.6884
2005	0.6899
2006	0.6950
2007	0.6997
2008	0.6984
2009	0.7000
2010	0.6903
2011	0.6846
2012	0.6834

资料来源：根据各年《中国统计年鉴》计算得到。

表2 城乡居民收入差异系数统计描述

统计指标	城乡居民收入差异系数
均值	0.6100
最小值	0.4508
最大值	0.7000
标准差	0.0756
观测次数	35

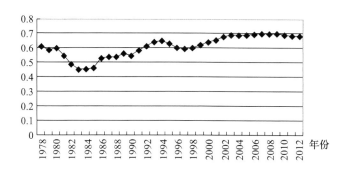

图1 城乡居民收入差异系数变化

综上所述，根据城乡居民收入差异系数取值范围发现，二元经济结构在我国确实存在。改革开放初期，我国的二元经济结构有所弱化，城乡居民收入差距减小，但在20世纪90年代，二元差距进一步加剧。由表2可知，1978～2012年，城乡居民收入差异系数的平均值为0.61，说明城乡居民收入差距仍然较大，二元经济结构比较明显，已经阻碍了我国经济的顺利发展。那么二元经济结构对消费需求到底是否有影响呢？本文将构建基于二元经济的二元需求理论模型，并通过此模型来对这一问题做深入的分析。

二、二元需求理论模型构建

在二元经济背景下，传统一元需求已转化为二元需求，为进一步深入探析消费需求不足的原因，构建如下的二元需求理论模型：

$$c \approx \left[C_l - \frac{h}{l} \frac{(C_l - C_h)}{1 - P} \right] y \qquad (1)$$

其中，h 为城镇居民数量，y_h 为人均可支配收入，城镇居民的总收入为 $Y_h = hy_h$，C_h 为城镇居民平均消费倾向，则城镇居民的消费总量为 hC_hy_h；同理，我们设定 l 为农村居民数量，y_l 为人均纯收入，那么 $Y_l = ly_l$ 即为农村居民的总收入，C_l 为农村居民平均消费倾向，则 lC_ly_l 即为农村居民的消费总量。全部居民的总收入为 Y，同时 $Y = Y_h + Y_l$，全国居民的总消费量为 $C = hC_hy_y + lC_ly_l$，全部居民人均消费为 $c = \frac{C}{l+h}$，人均收入为 $y = \frac{Y}{l+h}$。P 为城乡居民收入差异系数，为便于计算，令 $B = \frac{y_h}{y_l}$，则 $B = 1/(1-P)$。可见，B 与 P 的变化同向，因此可以用 B 来代表城乡收入差距，进而代表二元结构的程度。

将 B 代入消费总量公式得：$C = (hC_h B + lC_l) yl$ (2)

同理，可由全体居民的总收入得出：

$Y = Y_h + Y_l = hy_h + ly_l = hBy_l + ly_l = (hB + l) y_l$

即有：$y_l = \dfrac{Y}{hB + l}$ (3)

此时将式（3）代入式（2）得出：   (4)

设 $f(B) = \dfrac{l}{l + hB} (C_l - C_h) + C_h$

把 $f(B)$ 在 $B = 0$ 处泰勒展开取一阶项代入式（4）可得：

$\dfrac{C}{l + h} \approx \left[C_l - \dfrac{h}{l} (C_l - C_h) B \right] \dfrac{Y}{l + h}$ (5)

由于全部居民的人均消费为 $c = \dfrac{C}{l + h}$，人均收入为 $y = \dfrac{Y}{l + h}$，$B = 1/(1 - P)$，因此式（5）转

化为：$c \approx \left[C_l - \dfrac{h}{l} \dfrac{(C_l - C_h)}{(1 - p)} \right] y$ (6)

式（6）为二元需求理论模型，可以看出，消费既与收入有关，也与收入差距系数有关。这从理论上证明了二元经济结构对消费水平有直接影响，二元经济背景下消费需求已从一元需求转为二元需求了，而这直接导致目前消费需求不足。

三、二元经济结构与消费需求的实证分析

由于我国二元经济结构长期存在，因此首先要考察二元经济结构与消费需求是否存在长期均衡关系。

在前面模型的基础上，我们加入描述二元经济结构的收入差距变量，建立计量经济学模型，其中，ac 是全国居民的人均消费，zc 为全国居民总消费，y 是全国居民的人均收入，B 为城乡收入差距，其中，$B = \dfrac{y_h}{y_l}$，u 为随机干扰项，则计量模型为：

$\ln ac = \beta_0 + \beta_1 \ln y + \beta_2 \ln B + \beta_3 (\ln y \times \ln B) + u$

以 1978 ~ 2012 年的数据为分析对象，为便于分析，将名义变量转换为实际变量。如表 3 所示。

表 3   1978 ~ 2012 年各年数据

年份	人均消费	人均收入	城乡收入差距
1978	151. 393	171. 186	2. 570
1979	189. 355	221. 114	2. 327
1980	194. 931	228. 323	2. 497
1981	219. 874	252. 243	2. 240
1982	243. 103	289. 130	1. 982

续表

年份	人均消费	人均收入	城乡收入差距
1983	267.023	320.255	1.849
1984	289.947	361.468	1.858
1985	315.562	375.396	1.884
1986	344.118	399.882	2.147
1987	358.706	413.010	2.188
1988	371.139	412.260	2.188
1989	351.582	397.046	2.307
1990	370.353	435.190	2.200
1991	395.172	458.219	2.418
1992	416.113	500.249	2.591
1993	449.225	543.374	2.797
1994	498.285	603.286	2.868
1995	549.617	663.670	2.715
1996	605.501	745.293	2.515
1997	639.909	806.145	2.469
1998	675.257	876.314	2.509
1999	732.127	966.528	2.649
2000	811.395	1047.355	2.787
2001	877.350	1154.302	2.899
2002	1001.254	1302.277	3.111
2003	1094.479	1440.213	3.231
2004	1198.545	1583.788	3.209
2005	1355.827	1771.934	3.224
2006	1496.520	1987.030	3.278
2007	1680.981	2274.118	3.330
2008	1810.864	2491.610	3.315
2009	2027.884	2782.223	3.333
2010	2195.933	3078.356	3.228
2011	2942.613	2136.564	3.126
2012	3273.538	2398.895	3.103

资料来源：根据 1979~2013 年《中国统计年鉴》计算得到。

本文用 Eviews 对数据进行计量分析，为了符合规定，将 lny × lub 命名为 lnblny，则得到：

（一）各个变量的描述性统计值

通过图 2 各个变量的描述性统计，最大值、最小值、平均值的变化程度不同，其中，lnblny

变化最大，说明该变量偏离其均值的离散程度较大，标准差为 1.92392；接着是 LNB，收入差距的差异性也比较大，变化的幅度比较明显。

Group: UNTITLED Workfile: UNTITLED

View | Procs | Objects | Print | Name | Freeze | Sample | Sheet | Stats | Spec

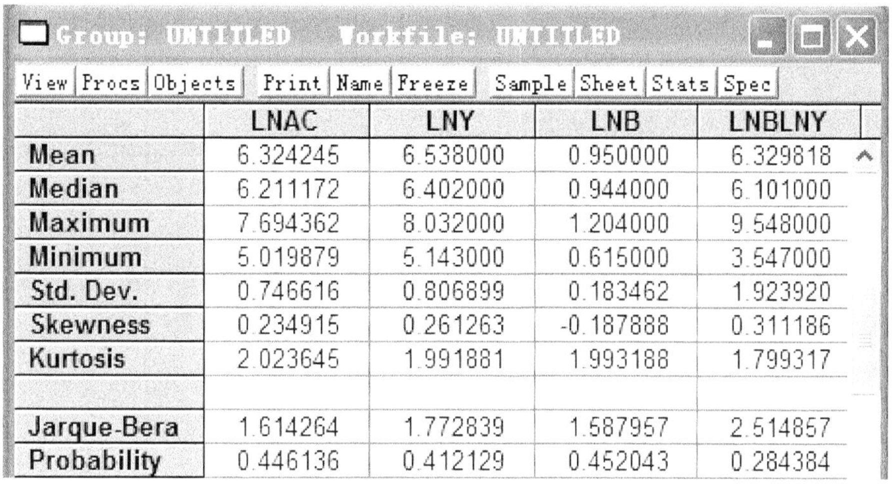

	LNAC	LNY	LNB	LNBLNY
Mean	6.324245	6.538000	0.950000	6.329818
Median	6.211172	6.402000	0.944000	6.101000
Maximum	7.694362	8.032000	1.204000	9.548000
Minimum	5.019879	5.143000	0.615000	3.547000
Std. Dev.	0.746616	0.806899	0.183462	1.923920
Skewness	0.234915	0.261263	-0.187888	0.311186
Kurtosis	2.023645	1.991881	1.993188	1.799317
Jarque-Bera	1.614264	1.772839	1.587957	2.514857
Probability	0.446136	0.412129	0.452043	0.284384

图 2　各个变量的描述性统计值

（二）单位根检验

采用 ADF 检验法进行检验，先取对数，再进行单位根检验，如表 4 所示。

表 4　ADF 检验结果

变量	检验类型（C，T，K）	ADF 检验值	5% 临界值	结论
lnac	（C，T，O）	-0.8924	-3.5562	不稳定
lny	（C，T，O）	-0.7500	-3.5562	不稳定
lnB	（C，T，O）	-3.0762	-3.5562	不稳定
lnblny	（C，T，O）	-2.8163	-3.5562	不稳定
Δlnac	（C，T，O）	-6.2944	-3.5614	稳定
Δlny	（C，T，O）	-6.5175	-3.5614	稳定
ΔlnB	（C，T，O）	-4.1516	-3.5614	稳定
Δlnblny	（C，T，O）	-3.7350	-3.5614	稳定

由上述各变量单位根的检验结果可以看出，经过单位根检验，原始数列均为不平稳的，但经一阶差分后其平稳性则较好，那么可以判断这一系列的数据应该采用协整分析而不是最小二乘法。

（三）协整检验

协整检验主要用于非平稳序列的因果关系检验。与最小二乘法相比，协整分析更能检验这些变量间的关系。

表5 协整检验结果

变量	零假设（H0）	备择假设（H1）	特征根	似然比统计量	5%临界值	1%临界值
lnac 与 lny，lnB，lnblny	r = 0	r = 1	0.663196	50.77905	47.21	54.46
	r ≤ 1	r = 2	0.293054	17.04314	29.68	35.65
	r ≤ 2	r = 3	0.162417	6.292286	15.41	20.04
	r ≤ 3	r = 4	0.025414	0.798005	3.76	6.65

综上所述，lnac 与 lny，lnB，lnblny 之间存在一个长期稳定的协整关系，即长期均衡关系。

根据前述分析发现，我国城乡居民收入差异系数在改革开放初期数值较小，表示当时我国的二元经济结构有所弱化，通过 Chow 突变检验来选择合理的结构突变点，通过分析将 1988 年作为结构突变点，检验结果如下：

```
┌─────────────────────────────────────────────────────────────────┐
│ ■ Equation: UNTITLED    Workfile: UNTITLED        _ □ X          │
├─────────────────────────────────────────────────────────────────┤
│ View Procs Objects │ Print Name Freeze │ Estimate Forecast Stats Resids │
├─────────────────────────────────────────────────────────────────┤
│ Chow Breakpoint Test: 1988                                        │
├─────────────────────────────────────────────────────────────────┤
│ F-statistic            15.47021   Probability         0.000002    │
│ Log likelihood ratio   41.10683   Probability         0.000000    │
└─────────────────────────────────────────────────────────────────┘
```

图3 Chow 突变检验结果

图3 表明，1988 年作为断裂点是明显的，所以设定虚拟变量：

$D_1 = \begin{cases} 0 \\ 1 \end{cases}$ 其中，0 代表 1978～1988 年，1 代表 1989～2012 年；接下来对模型进行参数估计，由于 1978～1988 年的观察数据较少，所以只能用最小二乘法粗略地对参数进行估计，结果如下：

$LNAC = c(1) + c(2) \times LNY + c(3) \times LNB + c(4) \times LnbLNy$

1978～1988 年的模型是：

$lnac = 0.023 + 0.9317lny - 0.5442lnB + 0.1444lnBlny$

1989～2012 年的模型是：

$lnac = 2.4294 + 0.5863lny - 1.6951lnB + 0.2694lnBlny$

从以上分析结果可以看出，无论是哪个时期，收入差距对消费都有很大影响。改革开放初期，伴随着国家改革政策和一系列惠农措施，居民收入得到快速增长，城乡居民的收入差距逐渐缩小，从而使得这一时期的居民消费增加。随着改革开放的深入和经济的进一步发展，我国的贫富差距拉大，抑制了消费需求的增加。

（四）因果关系检验

进一步检验二元经济结构与消费之间的因果关系，采用格兰杰（Granger）检验方法，如表6所示。

表6 Granger 因果检验

Null Hypothesis：	Obs	F – Statistic	Probability
LNZC does not Granger Cause P	35	13. 4899	2. 7E – 05
P does not Granger Cause LNZC		3. 08745	0. 04717

从表6可以看出，原假设在5%的显著水平下被拒绝。即说明二元经济结构是城乡居民消费需求的 Granger 成因，二元经济结构影响了居民消费支出，造成城乡居民消费差异扩大，消费需求不足；相应的，城乡居民的消费需求状况又进一步加深了城乡收入差距，造成二元经济结构模式的加剧。

（五）建立误差修正模型

根据前面结果，建立滞后期为1的向量误差修正模型：

$$D(LNZC) = -0.0114 \times LNZC(-1) + 0.006 \times LNY(-1) + 0.1715 \times P(-1) + 0.4869 \times D(LNZC(-1)) - 0.1429 \times D(LNY(-1)) + 0.4582 \times D(P(-1)) + 0.1485 \tag{7}$$

$$D(P) = 0.0244 \times LNZC(-1) + 0.0132 \times LNY(-1) + 0.03688 \times P(-1) - 0.0056 \times D(LNZC(-1)) + 0.2061 \times D(LNY(-1)) + 0.6461 \times D(P(-1)) - 0.0314 \tag{8}$$

式（7）描述了二元经济结构与城乡居民收入对居民消费的影响，从式（7）中可以看出，二元经济结构越明显，对城乡居民的消费支出影响也就越大；式（8）描述了居民消费和收入与二元经济元结构的关系，同理可以看出，居民消费也同样会影响二元经济结构的程度。

（六）结论

本文选取 1978～2012 年我国城乡居民收入和消费支出数据进行了实证分析，并且采用 ADF 检验、协整检验和 Granger 因果检验等方法，对二元消费需求和二元经济结构的相互关系进行了实证研究，结果表明：

第一，二元经济结构是造成城乡居民消费差异进而导致二元需求的原因。二元经济结构使城乡发展不平衡，城乡收入差距较大，农村收入较低很大程度上抑制了农村居民消费，造成城乡居民的消费水平差异较大，收入差距是二元经济结构下影响居民消费最为重要的因素。

第二，城乡居民的消费、收入差异又在一定程度加剧了二元经济格局。消费是拉动经济增长的关键要素。城乡之间的收入差距使得城镇居民消费水平、消费层次远高于农村居民，消费有效拉动了城镇地区经济发展，而与之相反，农村消费水平低，地区经济发展缓慢，城镇和农村之间的经济差距愈加明显。

参考文献

[1] 陈燕婷，许月丽. 论我国城乡二元经济结构 [J]. 经营与管理，2012（8）.

[2] 宋蕾. 二元经济结构下中国城乡居民消费差异分析 [D]. 天津财经大学博士学位论文，2010.

[3] 王敏. 中国城乡居民收入差距对消费需求影响研究 [D]. 辽宁大学博士学位论文，2011.

[4] 邵成芳. 中国经济内外失衡关系的研究 [D]. 湖南大学博士学位论文，2007.

[5] 安慧. 我国有效需求不足问题研究 [D]. 武汉大学博士学位论文，2004.

[6] 韩正清. 城乡二元经济结构强度演变实证分析 [J]. 商业时代博士学位论文，2009.

[7] 崔海燕. 习惯形成与中国城乡居民消费行为 [D]. 山西财经大学博士学位论文，2012.

[8] 王秀丽. 山西城乡二元经济结构现状探析 [J]. 理论导刊，2004.

[9] 末良莉，黄萍. 安徽省城市化状况的实证分析 [J]. 华东经济管理，2004.

［10］易培强．关于促进消费持续增长的几个问题［J］．消费经济，2014.

［11］陈增名，余香，杨贵军．我国城乡居民消费对经济增长影响的实证分析［J］．哈尔滨商业大学学报（社会科学版），2013.

［12］李成群．南北钦防演化城市群城市化质量分析［J］．改革与战略，2007.

［13］沈滨，叶超．城乡二元经济结构实证分析——以甘肃为例［J］．经济问题，2003.

［14］赵雪雁．西北地区城市化质量评价［J］．干旱区资源与环境，2004.

［15］赵培红，彭中胜．广西北部湾经济区组团式城市群发展研究［J］．兰州商学院学报，2010.

［16］刘雅漫．中国城乡居民收入差距空间比较实证分析［J］．城市经济，2006.

略论"公平竞争审查制度"的必要性与可操作性

徐洪海

（天津财经大学法律经济分析与政策评价中心　天津　300222）

2015 年 3 月 13 日，中共中央、国务院在《关于深化体制机制改革加快实施创新驱动发展战略的若干意见》（以下简称《意见》）中提出：为"打破制约创新的行业垄断和市场分割"、"营造激励创新的公平竞争环境"，须"打破地方保护，清理和废除妨碍全国统一市场的规定和做法，纠正地方政府不正当补贴或利用行政权力限制、排除竞争的行为，探索实施公平竞争审查制度。""公平竞争审查制度"是《意见》首次提出的全新概念，对经济改革进程逐渐步入深水区的中国具有重要意义。然而，对于该制度的理论基础、内涵，以及如何建立和实施该制度，《意见》并未做出详细说明。

为促使更好建立与实施公平竞争审查制度，本文围绕以下几点展开讨论：①建立该制度的必要性，对中国经济改革和发展有何现实意义？②单从字面上理解，该制度与现有的反垄断制度应该都是以维护和促进市场竞争为根本目的，二者有何区别？③为成功实施公平竞争审查制度，应该如何设计该制度的执行机构、行政程序和审查流程等操作性问题？厘清这些问题，对于建立与实施公平竞争审查制度具有重要意义。

一、公平竞争审查制度与产业政策、竞争政策的此消彼长规律

经过近四十年的改革历程，中国经济体制逐步由计划经济向市场经济转型。虽然多数产业随着改革深化已经成为竞争性产业，但由于行业性质和改革进程等原因，部分产业依然受计划经济思想影响。特别是近年来，相关部门利用其行政权力在有关文件中规定限制、排除竞争的条款，通过"产业政策"干预市场竞争的行政垄断问题时有发生。可以预期，这种转型经济在中国还会持续较长一段时期，强调行政主导的产业政策与强调市场主导的竞争政策之间的冲突将表现得愈加激烈，与此伴生的行政垄断问题也将成为经济改革与发展中亟待破除的障碍。

在此背景下，《意见》提出建立公平竞争审查制度极其必要且具有重大意义。如要发挥市场在资源配置上的决定性作用，就需要通过公平竞争审查制度审查所有的产业政策，以符合竞争政策的要求。从更广泛的意义上讲，公平竞争审查制度顺应了经济发展过程中产业政策与竞争政策呈此消彼长的基本规律（于立、吴绪亮，2008b；于立、张杰，2014）。

产业政策与竞争政策都是发展经济的常用政策手段，但是二者的价值目标和实现方式有所不同，甚至存在冲突。产业政策强调政府在资源配置中的优先作用，通过各种扶持手段促进产业发

［作者简介］徐洪海，天津财经大学法律经济分析与政策评价中心博士研究生。

展，有时还不顾及对市场竞争秩序的破坏；竞争政策则强调市场对资源的自由配置，通过保护和促进竞争来实现产业发展，避免政府干预和垄断行为对市场竞争的破坏。至于哪种政策更有利于经济发展，其实并不能简单地做出是非评价，而应结合经济发展的不同阶段有主有辅地协调使用。

根据国内外发展经验，经济发展初级阶段，产业政策的作用比较明显，政府采取鼓励投资、财政补贴、税收减免、价格或进入规制等积极的产业政策确实可以实现提高产业竞争力、加速经济增长的目标。因而，在此阶段可以选择以产业政策为主、竞争政策为辅的政策组合。在经济发展到高级阶段，随着市场体制的不断完善，由于政策制定者的信息不对称、寻租和俘获等问题造成产业政策扭曲资源配置的弊端逐渐凸显，因此竞争政策又逐渐取代产业政策，在经济发展中发挥着主导作用。而在经济体制由初级阶段向高级阶段过渡的转型时期，产业政策与竞争政策相互交错，总体表现为产业政策逐步让位于竞争政策的"此消彼长"规律。如图1所示。

为顺应此规律，其他国家也有类似"公平竞争审查制度"的制度安排。例如，日本和韩国等行政主导型设置的"事前协商制度"（Prior Consultation），产业政策在起草和实施前必须与反垄断机构协商，避免产业政策中包含反竞争性条款（宾雪花，2013；Seungbin Kang，2013）。对于尚处在转型经济时期、经济改革不断深化的中国而言，产业政策与竞争政策之间的"冲突"表现得格外明显，不当的产业政策干预市场竞争的现象多有发生。对于未来的经济改革，如何使产业政策顺利地让位于竞争政策是需要重点关注的问题。因此，建立公平竞争审查制度，就是要顺应经济转型中产业政策与竞争政策的"此消彼长"规律。在此制度下，所有的政策都要经过公平竞争审查，以避免错误的产业政策造成不公平竞争，确保市场对资源配置的决定性作用和竞争政策对促进经济继续发展的主导作用。

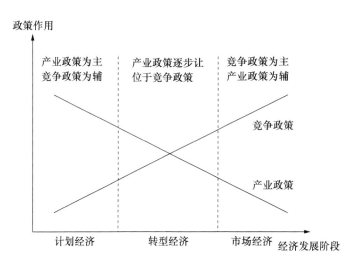

图1　产业政策与竞争政策的"此消彼长"规律

二、公平竞争审查制度与反垄断制度的比较

从广义讲，建立公平竞争审查制度是为了协调产业政策与竞争政策之间的"冲突"。从《意见》提出公平竞争审查制度的背景和语境这个狭义角度看，该制度的着手点是解决行政垄断问

题。行政垄断也是中国经济转型过程中，产业政策与竞争政策相互冲突所表现出的现实问题。

根据《意见》中，公平竞争审查制度主要目的在于解决两方面行政垄断问题：一是破除地区垄断或"块块垄断"，即地方政府的地区保护行为造成的市场分割、妨碍商品在地区间自由流通（对应"打破地方保护，清理和废除妨碍全国统一市场的规定和做法"）；二是破除行业垄断或"条条垄断"，即地方政府通过不正当补贴或利用行政权力对具体产业或与其存在隶属关系的企业实施保护（对应"纠正地方政府不正当补贴或利用行政权力限制、排除竞争的行为"）。由此看来，这两方面内容与《反垄断法》关于行政垄断问题规定①一致。因而，可以说二者的共同目的都是解决行政垄断问题，维护和促进市场竞争环境。既然如此，这里有必要进一步厘清公平竞争审查制度与反垄断制度之间的差别，如果没有实质性区别也就没有必要构建公平竞争审查制度。

比较而言，两种制度的作用机制有以下几点区别（见表1）：①作用时点不同：反垄断制度主要是在"事后"发挥作用②，即在行政垄断行为对竞争造成危害之后才采取救济措施；而对于公平竞争审查制度，"审查"可以是事前的，也可以是事后的，若要与反垄断制度有所区别就应注重发挥公平竞争审查制度的"事前"作用，即在地方政府实施限制竞争的行政规定之前便通过审查方式予以制止。②作用方式不同：强调事后作用的反垄断制度通常秉持着"不告不理"的"被动"态度，并不会详尽地调查每一项行政规定；而强调事前作用的公平竞争审查制度在处理行政垄断问题上则显得更加积极主动，可以对各项涉及竞争条款的行政规定展开审查。③作用效果不同：反垄断制度更多地起着补救和惩罚作用，而事前的公平竞争审查则多是起着预防和监督作用。

综合起来看，公平竞争审查制度与反垄断制度相互补充，二者"一事前一事后"、"一主动一被动"、"一预防一补救"。但可以预期，与反垄断制度相比，公平竞争审查制度将会更有效地解决产业政策与竞争政策的冲突及行政垄断问题。其一，经验表明，事后纠正既有政策的错误往往较为困难，事前审查预防则更为有效（McCubbins, Noll and Weingast, 1987；Seungbin, 2013）。其二，事后审查的反垄断制度更倾向于将产业政策与竞争政策及其执行机构置于对立面，如果缺乏有效的协调制度或司法制度安排，竞争政策的有效性便会受到制约。这也是为何日韩等国在反垄断制度基础上设计了"事前协商制度"，鼓励两政策机构进行协商合作；而在美国等司法制度发达的国家，虽然没有事前审查制度，但反垄断机构有权利就相关规制机构的违法规定和行为向法院提起诉讼，法院在协调两机构间的冲突时发挥了重要作用（戴龙，2014）。

表1　公平竞争审查制度与反垄断制度的作用机制比较

		公平竞争审查制度	反垄断制度
相同处	制度目标	破除行政垄断问题	
不同处	作用时点	事前审查	事后调查
	作用方式	主动审查	被动调查
	作用效果	预防、监督	补救、惩罚

在中国现行的司法制度体系下，法院能够纠正违反《反垄断法》的企业行为，但是通常难

---

① 详见《反垄断法》第五章（第三十二条至第三十七条）关于"滥用行政权力排除、限制竞争"的规定。其中并没有明确提及"不当补贴"对竞争的影响，但具有倾向性的不当补贴也是行政机关滥用行政权力的一种表现，同样会产生排除、限制竞争的效果。

② 《反垄断法》除了对经营者集中采取的是事前审查，其他各类行为采取的都是事后审查。

以推翻与其冲突的行政法规，这极大地限制了通过司法途径克服行政垄断的作用。因此，中国显然应该加强（事前）公平竞争审查制度的建设，而不能期待仅通过（事后）反垄断制度破除行政垄断问题。事实上，由于司法制度的欠缺、反垄断机构独立性和权威性不足、对行政垄断行为的惩罚和威慑力度不足等原因，中国《反垄断法》实施七年来并没能有效解决行政垄断问题。纵然如此，反垄断执法中所累积的经验和教训也为构建公平竞争审查制度提供了很好的借鉴。下文结合过去的执法经验讨论公平竞争审查制度的执行机构、审查程序和内容等。

三、公平竞争审查制度执行机构与审查程序

合理的执行机构设置是成功实施公平竞争审查制度的基础。公平竞争审查制度与反垄断制度的根本目的都是为维护和促进竞争，特别是避免行政垄断对市场竞争的破坏。因而，二者其实同属于竞争政策的组成部分，理应由同一执行机构实施，即由反垄断执法机构同时负责执行公平竞争审查制度。一方面，反垄断执法机构在执行竞争政策和竞争评估方面已经积累较多经验和专业知识[①]，因此比其他机构更能胜任执行公平竞争审查制度。另一方面，对于专业的竞争政策执法资源本已稀缺的中国，成立新的公平竞争审查机构也不是一个经济的选择。

由反垄断执法机构执行公平竞争审查制度是有效率的，但中国现行反垄断执法机构设置仍存在一个突出问题：由商务部、国家发改委和国家工商总局下属的反垄断局分头执法（分管经营者集中、价格垄断行为和非价格垄断行为）的格局，很大程度弱化了反垄断执法机构的独立性和权威性，并且难以协调。如图2所示，虽然《反垄断法》也规定三家执法机构由反垄断委员会统一组织、协调，然而该委员会在实践中"形同虚设"，并未起到实质性作用，三家执法机构仍处于分散执法的状态。同时，三家执法机构隶属于商务部、发改委和工商总局，不仅三部委的主要业务都不在反垄断执法，三家机构的行政级别也都低于执行产业政策的其他各部委，难免使得反垄断执法机构的事后救济措施"无济于事"（于立，2014）。这一点对于构建公平竞争审查制度至关重要，我们无法预期缺乏统一性、独立性和权威性的执行机构能够使产业政策更多地顺应竞争政策的要求。总而言之，为顺应竞争政策与产业政策的"此消彼长"规律，必须进一步提升执法机构的地位，这是有效实施《反垄断法》所需，也是成功构建公平竞争审查制度所求。

在操作程序上，实施公平竞争审查制度还缺少相应的法律保障。根据《反垄断法》第五十一条规定，反垄断执法机构在处理行政垄断问题时，只能向有关上级机关提出依法处理的建议，并不能直接对违法行为进行制止和惩罚。按此规定，行政部门在实行产业政策之前不必经反垄断执法机构的审查，只是造成行政垄断问题之后，执法机构才可以对其进行调查并且只有建议的权利。因而，如要顺利实施公平竞争审查制度，在《反垄断法》或其他相关产业政策法规中还要对执法机构的审查程序作补充规定，即应明确规定："行政机构在制定和实施与竞争相关的政策或法规之前，必须向执法机构提请竞争审查，根据执法机构提出的意见做出调整后方可公布实施。"例如，日韩等国的产业政策法规和反垄断法中有类似的条款，在法律上为其实施"事前协商制度"提供了保障。其实，国务院法制办2015年7月27日提出的《反垄断法（草案征求意见稿）》中也曾明确规定：反垄断执法机构有权对其他部分拟定的涉及反垄断法事项的政策和规章提出修改建议。遗憾的是，最终通过的《反垄断法》取消了这一规定（王先林，2011）。

---

① 现有三家反垄断执法机构在《反垄断法》尚未正式颁布之前就已开始负责制定《价格法》、《反不正当竞争法》、《外资投资者并购境内企业暂行规定》等涉及竞争政策内容的法律法规。

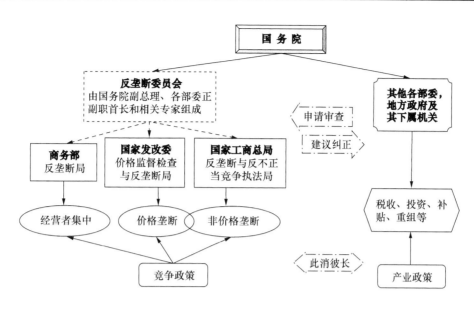

图2 竞争政策与产业政策执行机构

四、公平竞争审查内容与流程

依据公平竞争审查制度，在行政部门提请审查后，执法机构需要评估拟定产业政策对市场竞争是否存在限制、排除作用。这些限制竞争性条款不仅应该包括《意见》或《反垄断法》中提及的滥用行政权力指定交易商品、限制商品在区域间自由流通、限制外地经营者在本地进行招投标或投资等行政垄断内容，还应包含不当的经营者集中、垄断协议和滥用市场支配地位等其他与《反垄断法》存在明显冲突的所有垄断问题。也就是说，作为市场经济的"经济宪法"，《反垄断法》完全可以作为公平竞争审查制度的执法依据；公平竞争审查制度不必局限于解决行政垄断问题，而是对产业政策可能产生的所有垄断问题进行审查。但这里需要进一步指出的是，现行《反垄断法》还不足以有效制约不当的产业政策。

虽然产业政策在经济发展到一定时期应该让位于竞争政策，但这并不意味着应该全部否定产业政策的价值。例如，共用品（Public Goods）的国有企业供给、对自然垄断行业或业务的规制、知识产权的法定保护、国际贸易中的出口卡特尔等，因为具有一定的合理性而受到产业政策的支持。也正因如此，《反垄断法》还豁免（Exception）了某些行业或企业行为，明确其不适用于《反垄断法》。然而，由于这些正当性理由被误读或"被利用"，导致行政部门滥用行政权力制定并实施限制、排除竞争的产业政策，导致市场受到过多的不正当干预；甚至《反垄断法》的豁免范围有过于宽泛之嫌，似乎任何形式的垄断在《反垄断法》中都能找到豁免依据（于立、吴绪亮，2008a）。因此，为使反垄断机构在执行公平竞争审查制度时有法可依，现行《反垄断法》须合理缩小豁免范围，避免不当的产业政策受到法律庇护。

既然实施公平竞争审查制度可以依据《反垄断法》，那么审查的思路与《反垄断法》的一般竞争分析思路是一致的。具体审查工作可按照以下流程进行（见图3）：

（1）界定相关市场。相关市场是彼此存在竞争关系的商品或地域的组合，它通常不能预先设定，只能根据特定案例的具体情况来界定。界定相关市场是竞争分析起点，在确定某项政策影响的相关市场范围之后，才能进一步分析政策对相关市场参与者和竞争的影响。相关市场范围大小会对竞争分析结果形成重要影响，因而也是竞争分析的重要环节之一。

（2）界定相关市场之后，继而评估拟定政策对市场参与者的影响（如政策是否限制了经营者的数量、竞争能力和竞争动力等）进行初步分析，以决定是否需要深入分析。如果初步分析结果表明拟定政策存在潜在的反竞争风险，则进行深入分析，否则可以直接通过。初步分析比较粗略，因而行政部门在提请审查之前也可进行简单的自我评估，然后将评估结果交由执法机构决定通过还是需要进一步审查，如此也可提高公平竞争审查的效率。

（3）在初步分析的基础上，全面分析拟定政策对价格、产量、商品或服务的多样性、创新等方面的影响。如果结论表明拟定政策不会产生明显的限制、排除竞争作用，则可通过该政策；否则，执法机构应该就具体条款提出纠正建议，并反馈给行政机构。在深入分析阶段，执法机构与行政部门可以结合各自掌握的竞争分析经验和行业发展情况展开合作，确保拟定政策既不损害竞争又能促进产业发展。

上述流程仅是参考一般性的竞争分析框架做出简单划分，随着审查经验积累，执法机构也可制定并发布更专业、更详细的操作性指南，以便行政部门在制定和实施产业政策时尽可能地符合竞争政策的要求。

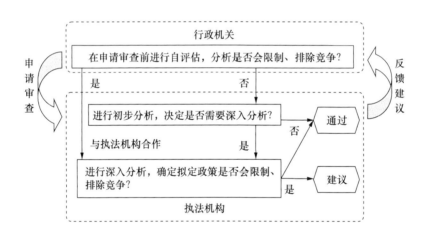

图3　公平竞争审查流程

五、总结与建议

关于公平竞争审查制度，本文研究的主要结论与建议包括以下方面：

（1）建立公平竞争审查政策顺应了经济发展规律，即随着市场经济体制的不断成熟完善，产业政策与竞争政策呈"此消彼长"的规律。中国尚处于经济转型时期，建立公平竞争审查制度有助于进一步推进经济改革与发展，更好地发挥市场的决定性作用。

（2）行政垄断是经济转型阶段，或者说是产业政策让位于竞争政策过程中亟待解决的难题，《反垄断法》也将行政垄断列为其主要任务之一。但是，反垄断制度事后调查机制倾向于直接突出产业政策与竞争政策之间的矛盾与冲突，在中国当下司法制度和行政体制条件下难以发挥积极作用。因而，建立强调事前审查与协调作用的公平竞争审查制度是解决行政垄断问题的另一条有效途径。

（3）公平竞争审查制度与反垄断制度同样属于竞争政策的一部分，现有反垄断执法机构在过去的执法实践中已经积累了丰富经验和专业知识，因而它更能胜任执行公平竞争审查制度。但为保证公平竞争审查制度的成功实施，还应组建统一、独立和权威的执法机构，进一步提高执法机构的地位。增加执法机构的影响力，让行政部门更能理解和重视竞争的重要性，也是提升竞争政策在经济发展中作用的需求。

（4）公平竞争审查制度要求行政部门在制定和实施产业政策之前向执法机构提请审查。按照现有《反垄断法》规定，执法机构只能在发现行政垄断问题之后向有关行政机关的上级提出建议，没有事前审查权力。因此，在《反垄断法》或其他相关行政法规中应该补充规定"反垄断执法机构对行政部门拟定执行的产业政策具有事前调查权，行政部门在政策实施之前必须向执法机构提请审查，按照执法机构反馈建议调整后方可实施"。

（5）为尽可能避免产业政策与竞争政策的冲突，让竞争精神更多地体现在产业政策之中，执法机构在执行公平竞争审查制度时也可与行政机关就拟定政策的审查展开合作。公平竞争审查的流程可以参考一般性的竞争分析框架：界定相关市场→初步分析政策对相关参与者的影响→深入分析政策对价格等方面的影响。随着实践经验累积，执法机构还可据此框架制定详细的行政程序规定或操作指南。

参考文献

［1］Angela Huyue Zhang. The Enforcement of the Anti – Monopoly Law in China：An Institutional Design Perspective ［J］. The Antitrust Bulletin，2011，56（3）.

［2］Hovenkamp，H. The Antitrust Enterprise：Principle and Execution ［M］. Harvard University Press，2005.

［3］McCubbins，M. D.，R. Noll，and B. R. Weingast. Administrative Procedures as Instruments of Political Control ［J］. Journal of Law，Economics and Organization，1987（3）.

［4］Seungbin Kang. Kftc's Competition Advocacy and Its Implications ［C］. China Competition Policy Forum – Competition Policy in Transition，2013.

［5］宾雪花. 产业政策法与发垄断法之协调制度研究 ［M］. 北京：中国社会科学出版社，2013.

［6］戴龙. 日本反垄断法研究 ［M］. 北京：中国政法大学出版社，2014.

［7］王先林. 中国反垄断法实施热点问题研究 ［M］. 北京：法律出版社，2011.

［8］于立. 垄断行业改革与反垄断执法体制的构建 ［J］. 改革，2014（5）.

［9］于立，吴绪亮. 运输产业中的反垄断与规制问题 ［J］. 中国工业经济，2008（2）.

［10］于立，吴绪亮. 产业组织与反垄断法 ［M］. 大连：东北财经大学出版社，2008.

［11］于立，张杰. 中国产能过剩的根本原因与出路：非市场因素及其三步走战略 ［J］. 改革，2014（2）.

试论中国经济新常态下的主要特征

杨 光 张世颖

（哈尔滨商业大学商业经济研究院 哈尔滨 150028）

一、增长动力的转换

新常态说明我国将进入与高速增长阶段不同的中高速增长阶段。我国经济进入新常态，符合后发国家追赶型增长的一般规律，是后发优势内涵和强度出现变化后的必然结果，是追赶进入更高阶段的体现。进入新阶段将经济增长稳定在常态上，需要继续深化改革，破除体制机制障碍，有效匹配供给和需求的新变化，培育经济增长新动力。"经济新常态"是在中央对我国经济运行现状提出"三期叠加"之后，在社会对经济增长目标存在一定分歧的背景下，中央对经济运行现实的又一重要判断。经济的最大特点是速度"下台阶"、效益"上台阶"；新常态下的明显特征是增长动力实现转换，经济结构实现再平衡。即意味着经济进入新的阶段，不同于过去30年，尤其是不同于过去10年高速增长的新的发展阶段。突出表现为生产结构中的农业和制造业比重明显下降，服务业比重明显上升，服务业取代工业成为经济增长的主要动力。

在这些升升降降之中，先进生产力将不断产生和扩张，落后生产力将不断萎缩和退出，既能涌现一系列新增长点，形成新的增长动力，也能使一些行业付出代价。这就要求中小企业寻找新的动力，过去所习惯的靠数量、规模的扩大，靠投资的驱动，都不能适应新的情况了，今后的动力来自人民的创造力。

二、需求结构中的投资率明显下降，消费率明显
上升，消费成为需求增长主体

经济新常态意味着需求结构中的投资率改变，意味着消费率明显上升，消费成为需求增长的主体。从世界范围看，国际金融危机发生后，世界经济进入深度调整阶段，世界治理格局多元化

［基金项目］中国博士后第56批科学基金资助计划项目，项目号：2014M561368；黑龙江省哲学社会科学研究规划项目，研究项目号：14E028。

［作者简介］杨光，东北师范大学博士，哈尔滨商业大学商业经济研究院副研究员；张世颖，哈尔滨商业大学应用经济学博士后。

趋势明显，外部需求出现常态性萎缩；从国内情况看，目前中国经济正处于经济结构转型升级关键时期，"中等收入陷阱"、"三期叠加"、"人口红利衰减"等不利因素进一步凸显，迫使中国经济进入一个新阶段。而要素的边际供给增量已难以支撑传统的经济高速发展路子，这在客观上促使中国经济逐步回落到一个新的平稳增长区间，即进入"经济新常态"[1]。由于我国处于阶段转换的变革常态之中，因此在未来 3～5 年，所谓的"经济新常态"可能更多的意味着"变革常态"。在更长的时间段内，则可能倾向于用于表达不同于过去 30 年高速增长的中高速增长的"新均衡常态"。

在两种不同常态中，经济呈现特点不一样。当处于"变革常态"时，经济真实的内在波动较大，过渡特征明显。体制的转轨，集中表现为各种割裂，呈现出各种"乱象"：经济供给与需求的割裂，经济的管理体系与运行体系的割裂，金融与实体经济的割裂，风险收益的获得者与最重承担者的割裂（治理体系、风险管理体系和社会经济的稳定体系）等。基于当前存在的多种割裂，我国经济运行中出现了三个自循环系统：一是由外贸领域、房地产和消费市场、外汇储备运用构成的国际经济大循环。二是由土地财政、房地产和"影子银行"构成的自循环。三是投资内部形成的过剩产能自循环[2]。

当前经济正在步入一个与以往迥然不同的"新常态"中。一方面，增速在合理回落，另一方面，拉动经济增长的旧有引擎动力不足，而新动力悄然出现。作为农业大省，黑龙江在发展农业和老工业基地的同时提出其他产业，就是在寻找新的经济增长点。这方面，加快高铁项目建设，依托交通动脉布局经济发展，让消费成为拉动经济增长的动力，就是不错的选择。

三、经济新常态下城镇化趋势

所谓"新常态"，首先是针对过去长期形成的一种习惯状态而言，这种习惯状态突出表现在经济增长速度很快，但不平稳，波动起伏很大，发展模式粗放，尤其是造成资源的过度消耗，环境的破坏，以及一系列经济结构的失衡，比如，经济增长对投资的过度依赖，对工业尤其是重工业的过度依赖，城乡差距、收入差距巨大等。新常态下，经济增长速度会出现一定程度的回落，但增长会更加平稳，结构会更加优化，资源环境会得到更有效的保护，民生会得到改善，社会和谐程度会得到提升。或者可以说，经济增长速度可能慢一些，但人们的幸福感可能会提高得快一些。

经济新常态下推动我国经济发展的另一个重要特征是城镇化。2014 年我国人口城镇化水平已接近 55%，将近 7.5 亿人口生活在城市和城镇地区，未来还将有更多人转为城镇人。对于我国而言，城镇化不仅仅是经济发展的结果，同时也是推动经济发展的重要力量。第一，有利于扩大内需，从需求方面拉动经济增长。第二，从经济角度看，城镇化各种生产要素的集聚过程可以加速物质资本、人力资本、技术资本等积累和聚集，提高全要素生产率，有利于获得规模效应、集约效应和集聚效应，提高潜在增长率。第三，有利于产业结构升级和优化，促进经济发展模式的转变。第四，有利于优化生产力空间布局，促进区域协调发展。第五，有利于人力资本投资和劳动力市场发展，促进劳动力的产业转移。例如，有研究表明，我国城镇化水平与人均产出、人均物质资本、人均人力资本等都呈现显著正相关。我国城市化创新与全要素生产率具有长期均衡关系，城市化和创新对全要素生产率增长具有长期正向影响，城市化通过创新中介效应显著地驱动全要素生产率增长。因此，收入结构中的企业收入占比明显下降，居民收入占比明显上升。

四、技术进步和创新成为决定成败的"胜负手"

在后发追赶进程中，技术进步模式起着主导性的作用。追赶的前期市场需求空间大，劳动力和生产资源供应充分。通过购买设备和其他技术引进渠道企业很容易组织并扩大生产。此时，大量的剩余或闲置资源被有效利用，或从较低生产率的农业部门转向较高生产率的非农部门。全要素生产率提高的模式可称为追赶的中期。后发国家与前沿国家技术水平差距逐步缩小。引进先进设备和技术专利的难度加大，成本提高，基础设施建设、居民消费、出口等需求增速逐步下降，生产要素供应紧张，价格显著上涨，早期简单外延式扩张增长模式难以为继[3]。效率提高更多地依靠模仿创新和行业内企业间优胜劣汰来实现！动力结构中的人力、资源粗放投入明显下降，劳动力是经济增长的核心要素之一，劳动力数量的减少必然会给经济带来一系列的影响，对于处于新常态的我国经济而言，这些影响包括消极和积极两个方面：从消极方面来看，劳动力规模缩减将给经济带来两个不利后果：一是劳动力供给趋紧，并推动劳动成本上涨；二是如果劳动生产率不能得到更快提高的话，劳动力减少将直接导致经济增速下滑。我国劳动成本上升明显，并不断加速。2013 年中国城镇单位就业人员平均工资为 51483 元，按平均货币工资指数计算，比2000 年增加了 3.4 倍，与劳动成本加速上升的趋势不同，我国劳动生产率提高的速度正在放缓。因此面对新常态，首要任务在于抢抓机遇。我们拥有城镇化的广阔空间、"四化"融合的巨大动力、消费升级的庞大市场、技术创新的突飞猛进，还有远未得到充分发挥的资本潜力、劳动力潜力、土地潜力等。让这些潜力源源不断地焕发出来，关键在于全面深化改革，用"改革红利"赢得"人才红利"、"创新红利"的新机遇。从积极方面看，劳动力减少和劳动成本上升，在微观层面上可以对企业形成两个激励。第一个激励是促使企业改变发展策略，用物质资本和技术替代劳动力；第二个激励是刺激企业对技术进步和技术创新的需求。这两个激励都可以提高企业的生产效率和市场竞争力，在宏观层面上，可以促进产业结构的升级和优化，提高全要素生产率，形成创新驱动和效率驱动的增长模式[4]。

人口素质的提高和城镇化是我国人口新常态的重要方面，它们对新常态下经济发展具有非常重要的积极意义。无论是经济学理论还是世界各国的实践，都证明了人力资本对于经济增长有着至关重要的作用，它是技术创新、技术进步和技术扩散不可缺失的人力基础，也是决定国际竞争力的基本要素。许多研究证明人力资本是我国经济增长的重要源泉，因此，人力资本对于我国新常态下的经济发展具有重要意义。改革开放以来，我国的教育事业有了长足的发展，尤其是进入21 世纪，高等教育的快速发展，为我国积累了大量的人力资本，可以说，我国已经进入了收获人力资本红利的关键时期。

针对新时期经济新常态主要特征，我们该如何适应新常态。应该强调正心力行，缺一不可。"正心"，就是要从战略全局高度树立"新理念与新思维"，坚持稳中求进总基调，保持战略定力和平常心，保持合理经济增速，高度重视和防范各种风险，促使中国经济质量"上台阶"。"力行"，就是要坚持全面深化改革、积极探索"新动力与新举措"，通过转变政府职能、实施创新驱动战略、推进新型城镇化、统筹区域及陆海协调发展、进入新常态产业转型升级过程必然涉及部分职工的下岗分流和安置问题。（社会政策兜底是转型升级过程顺利推进的基本保障）。一要进一步完善社会保障体系。为产业结构调整过程中因企业退出而下岗、失业的人员提供生活保障。二要进一步完善职工培训体系，为下岗职工转岗就业提供帮助。三要进一步解决国有企业改革不彻底的问题，特别是进一步加大处理国有企业办社会的包袱问题，为企业轻装上阵、参与市场竞争和兼并重组创造条件。完善社会保障制度，可以促进劳动力的流动，提高资源配置效率。此外，新常态更多靠创新、创业提升竞争力和增长动力。完善的社会保障机制将有助于创业热情的释放，降低创业失败的风险！升对外开放水平、让人民共享改革红利等举措，促使新常态下的中国经济实现健康可持续发展。

参考文献

［1］王瑞璞．国内首部系统解读"经济新常态"的精品之作——评《中国经济新常态》［N］．光明日报，2015 – 04 – 05．

［2］许岩，陈中，孙璐璐．经济新常态意味变革常态化增长目标需适当下调［N］．证券时报，2014 – 08 – 18（5）．

［3］李建民．中国的人口新常态与经济新常态［J］．人口研究，2015（1）：3 – 13．

［4］余斌，吴振宇．中国经济新常态与宏观调控政策取向［J］．改革，2014（11）：17 – 25．

外资区域转移背景下 FDI 对我国
劳动力流动影响研究

臧　新　赵　炯

（东南大学经济管理学院　南京　210018）

一、问题提出

　　进入 21 世纪以来，随着东部地区劳动力成本不断上升，西部大开发、振兴东北老工业基地和中部崛起三大区域发展战略的相继提出，政策和基础设施区域差异逐步缩小，外资投向在区域选择战略上出现了由东南沿海地区向北部沿海、东北地区以及中西部地区转移的态势。外资流向逐步发生区域转移的同时，我国劳动力流向也正在发生微妙的变化。根据 2011 年我国农民工调查检测报告分析，外资投向重点地区由沿海向内陆转移的同时，外出务工人员的回流与创业成为人口流动的重要特征。外资具有集聚特征；一旦当地外资集聚引发劳动力流入，就会产生集聚的动态累积效应，会进一步吸引外资和劳动力的流入，从而加快当地经济发展进程。

　　改革开放后，我国农村存在大量剩余劳动力，如何快速实现工业化、吸引劳动力从农业向非农产业转移成为我国经济起飞的关键问题。劳动密集型产业是工业化的逻辑起点，符合发展中国家比较优势。一方面，为了抓住劳动密集型产业国际转移的契机，加速资本积累过程，政府通过各种优惠政策吸引外商直接投资流入；另一方面，外资充分利用发展中国家廉价劳动力优势，大量进入加工贸易产业。由于历史、地理以及我国经济非均衡发展战略等因素，我国工业化发展不均衡，东部地区工业化进程远远快于中西部。外资大规模涌入东部沿海地区，扩大了当地的工业和服务业就业规模，同时也逐步导致我国东部沿海地区劳动力要素需求出现缺口。我国中西部剩余劳动力向东部沿海地区迁徙过程是弥补东部沿海地区工业化发展要素缺口，形成外资集聚与工业化发展良性互动的关键因素。进入 21 世纪，随着不同地区要素禀赋对比、区域经济发展战略的变化，外资在区域选择上出现了由南部沿海向北部环渤海地区以及由东部地区向中西部地区转移的趋势。外资的区域转移会带动劳动力跟随资本流动，进而形成新的发展格局。"农业剩余劳动力（非熟练劳动力）和熟练劳动力向 FDI 聚集地区集中，是 FDI 促进我国就业结构演进的特有轨迹"（张二震等，2005）。

　　[基金项目] 本文得到教育部人文社会科学研究规划基金项目"外资的区域转移、集聚与城镇化的渐进互动研究"（13YJA790147）、2014 年江苏省社会科学基地项目"江苏外资区域转移与城镇化发展的相互作用研究"（14JD001）的资助。

　　[作者简介] 臧新，东南大学经济管理学院副教授，硕士生导师，博士，研究方向：国际经济学、产业集聚；赵炯，东南大学经济管理学院国际贸易学研究生，研究方向：国际贸易。

关于劳动力流动研究主要分为新古典劳动力流动模型和新经济地理劳动力流动模型两类。新古典劳动力流动模型既从经济发展和结构转变等宏观层面解释发展中国家农村剩余劳动力向城市转移问题，认为工业化是劳动力流动基本推动力（Lewis W.，1954；Todoro P.，1969）；又从流动决策等微观层面考察劳动者在对迁徙成本与潜在收益衡量的基础上实现个人效用最大化以及家庭风险最小化而做出选择形成的劳动力流动，包括家庭、社交网络等因素等影响（Schultz，1961；Mincer，1977；Stark and Bloom，1985；Massey and Hugo，1981）。新经济地理模型描述了空间集聚的循环累积过程，其研究对象是在报酬递增、关联效应、竞争效应、自我预期互相作用下经济活动和生产要素区位选址问题（Krugman，1991）。在新经济地理框架下，市场潜力（Market Potential or Market Access）成为经济活动区位布局的核心；它不仅取决于当地的劳动力数量、收入水平，还与周边地区综合购买力水平息息相关（Harris，1954）。同时，劳动者异质性偏好（Tabuchi and Thisse，2002）、拥挤效应（Picard and Zeng，2005）、都市成本（Helpman，1998；Murata and Thisse，2005；高波等，2012）等因素也会对劳动力流动产生显著的影响。在新经济地理理论框架下的经验文献大多以 Crozet（2004）劳动力空间流动目标函数为基础，着重探讨了市场潜力以及流动成本对劳动力流动的影响。如 Paluzie 等（2007，2009）对西班牙、Hering 等（2008）对巴西、Kancs（2011）对欧盟劳动力流动进行了研究。Procet（2006）、范剑勇等（2004）和王永培等（2013）实证考察了我国劳动力流动因素。大部分经验结果支持了新经济地理理论预期，即地区市场潜力是劳动力流动的最重要决定因素。

研究外商直接投资的文献可谓汗牛充栋，其中关于外资的产业空间转移现象与区域经济发展模式方面，Akamatsu（1962）提出东亚经济发展的"飞雁"模型，Kojima（2000）将该模型扩大到"贸易导向型"对外直接投资（Pro-Trade-Oriented FDI）空间转移模式，产业转移与 FDI 空间转移是同时进行。基于我国不同地区资源禀赋的异质，蔡昉（2009）提出"大国雁阵模式"，认为大国雁阵模式表现为一国内部不同地区之间产业转移和承接是由 FDI 区域转移与国内投资转移共同实现的。外资会在东道国产生显著的就业效应（Michiewicz et al.，2000；蔡昉等2004；张二震等，2005；Wong et al.，2011），既有直接的"就业创造"效应，又包括外资集聚外部性对关联企业就业的辐射效应。另外，外资会进一步推动劳动力素质提升。外资企业的劳动力薪酬体系是建立在完全市场化的背景下，对熟练劳动力表现出较强的偏好，对非熟练劳动力主要通过教育、培训等手段提升他们自身的技能水平，进而加速人力资本的积累过程（Wu，2000；赵江林，2004）。劳动者素质的提升会强化自身的适应能力，刺激其追求更好的工作机会，从而进一步增强了劳动力的流动性。

前人的相关研究为本文奠定了基础，但关于外资与劳动力流动关系的经验文献，国内外学者关注的重点是外商直接投资与国际移民关系（Buch et al.，2006；Javorcik et al.，2011；Foad.，2012；Gheasi et al.，2013），很少有涉及外商直接投资对东道国不同地区劳动力流动影响的研究。本文定量分析外资区域转移对劳动力流动的影响。在以下几方面做了尝试：①构建"外资净转移"指标考察在华外资区域转移状况和转移路径；②借助工业企业数据深入把握外资区域转移的行业特性，全面了解在华外资空间分布结构的演化；③在构建市场潜力影响劳动力流动数理模型的基础上分析外资影响劳动力流动的机理，并给予实证检验。总之，本文基于历史经验事实总结了在华外资空间分布结构演化特性，勾勒出在华外资空间转移路径，并通过截面回归模型分析了外资集聚对省际双边劳动力流动的影响，进而从外资空间分布结构变迁的视角提出区域均衡发展思路和建议。

二、外资空间分布、区域转移与劳动力流动状况

在华外资空间分布结构是跨国公司投资行为的空间投影和区位选择的结果。外资区域转移的国际发展格局和我国区域间要素比较优势变化的趋势表明，外资由东南沿海向北部以及中西部内陆地区纵深推进具有必然性。随着我国对外开放领域和层次不断深入，为了接近消费者，全面占领中国市场，跨国公司在华战略会发生相应调整，竞争着力点由局部市场向全局市场延伸。同时，外商直接投资具有集聚特性，在"示范效应"和"跟进策略"影响下，会形成外资流入的良性循环，从而进一步诱导外商直接投资向内陆地区纵深推进。

（一）在华外资空间分布结构的状况及演化特征

改革开放后，东部沿海地区是我国招商引资窗口，外资高度集聚在珠三角、长三角和环渤海地区；进入21世纪以来，我国大力推进区域经济均衡发展，外资地理空间分布由高度集聚逐步走向分散。以2010年为例，我国实际利用外商直接投资排名前20位的城市实际利用外资总量超过全国总量的一半，而这些城市除重庆、成都、武汉、长沙四个城市外均位于长三角、珠三角和环渤海地区。为了描述在华FDI空间集中程度的总体状况及发展趋势，本文利用我国287个地级市数据，通过空间分布基尼系数（G）[①]对在华FDI空间分布的集中度进行统计分析，统计结果如图1所示；由图1可知，1992～2010年城市层面在华FDI空间分布基尼系数普遍高于0.7，地域集中明显；但该系数自2001年后逐年降低，显示了随着我国区域经济均衡发展战略实施，在华FDI空间分布走向均衡的趋势。

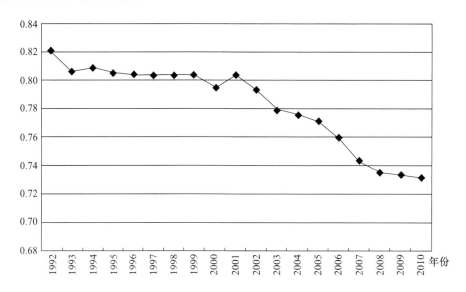

图1　全国实际利用FDI空间分布基尼系数

资料来源：根据1993～2011年《中国城市统计年鉴》计算而得。

---

① $G = 1 - \frac{1}{n}\left(2\sum_{i=1}^{n-1} w_i + 1\right)$，具体推导见 http://wenda.so.com/q/1362747138063934? src = 14；其中：G 表示观测变量的基尼系数；n 表示将观测变量按照观测值大小排序后分成的组数；w_i 表示观测变量从第1组累积到第 i 组的观测值占全部观测变量观测值的比重。

外资空间分布集聚特性来源于外资分布的空间依赖性。空间依赖性反映了现实存在的经济行为空间交互作用,比如相邻区域频繁的要素流动所形成的示范作用和激励效应,以及由此带来的技术外溢和创新扩散活动等。我国外资区域分布存在明显的空间依赖性,即所谓的外资地理分布的"空间效应",是一国或一地区吸引 FDI 水平在一定程度上依赖于邻国或相邻地区经济特征的一种现象。Yeaple、Ekholm 等从不同角度论证了外资分布的"空间效应"是存在的。FKV 从新经济地理视角探讨了产业扩散的规律,认为产业扩散源于核心国工资成本持续上升;由于产业特征存在差异,产业扩散并非同时进行,而是向周围国家依次扩散。FDI 地理分布空间效应同样得到了诸多经验研究支持(Coughlin et al. , 2001;Baltagi et al. , 2003;何兴强等,2003;陈平等,2004)。

表 1　在华 FDI 区位分布全局 Moran's I 指数

年份	1992	1993	1994	1995	1996	1997	1998	1999	2000	2001
Moran I	0.035	0.047	0.030	0.048	0.055	0.056	0.033	0.028	0.038	0.033
Z	1.308	1.562	1.225	1.559	1.637	1.669	1.257	1.203	1.359	1.271
P	0.191	0.118	0.221	0.119	0.102	0.095	0.209	0.229	0.174	0.204
年份	2002	2003	2004	2005	2006	2007	2008	2009	2010	
Moran I	0.081	0.103	0.140	0.171	0.157	0.159	0.143	0.135	0.120	
Z	1.968	2.343	2.900	3.364	3.203	3.274	3.015	2.864	2.599	
P	0.049	0.019	0.004	0.001	0.001	0.001	0.003	0.004	0.009	

注:①零假设:我国 FDI 分布不存在空间自相关性。②显著水平 $\alpha = 0.05$,临界值 $z = 1.96$。

为考察在华 FDI 分布空间依赖强度,本文利用空间统计学中空间自相关(Spatial Autocorrelation)对在华 FDI 空间分布的依赖性进行实证检验;采用地理信息系统软件(ArcGis10.1)计算了我国 30 个省、市、自治区(西藏、港澳台除外)实际利用外商直接投资的全局 Moran's I 指数。计算结果(见表 1)显示,1992~2010 年 Moran's I 指数波动上升;从该指数测算值显著性来看,1992~2001 年我国实际利用 FDI 分布的空间依赖关系在 5% 的显著水平上不显著(Z 值小于 1.96,P 值大于 0.05),2002~2010 年我国实际利用 FDI 分布在 5% 显著水平上存在显著的自相关性(Z 值大于 1.96,P 值小于 0.05);研究结果表明,在华 FDI 地理分布表现出越来越大的空间依赖性,特别是 2001 年以后在华 FDI 空间分布趋于集聚,地区 FDI 存量对于周边地区外资流入影响越来越深。上述结果说明随着我国国内改革不断深入,区际市场要素流动更加自由,区际之间的经济合作(经济依赖性)不断加强,外资集聚分布会享受到更多外部经济带来的好处,从而邻近地区外资关联性越来越强;另外,随着 2001 年我国加入世界贸易组织,对外开放多领域、全方位深入发展,国内经济发展与国际经济交流合作逐步与世界接轨,外资大规模涌入。核心地区外资容量趋于饱和时,由于空间偏好的存在,外资空间分布呈现由核心地区向边缘地区辐射状扩散的趋势,从而进一步强化了邻近地区外资空间分布的依赖性。

(二) 外资区域转移的总体趋势与具体状况

在华 FDI 自 2001 年开始出现从沿海向内陆逐步转移的过程(见图 2)。我国东部地区是承接 FDI 的主体,但实际利用 FDI 所占比重自 2001 年后逐年下降,由 2001 年的 88% 降至 2010 年的

71%。东部地区实际利用外商直接投资所占比重下降过程分为两个阶段：2001～2004年为缓慢下降阶段，比重年均降低1.5%；2004～2010年是快速下降阶段，比重年均降低2.6%。与之相对应，2001～2007年中部地区外商直接投资所占比重逐年上升，从9%左右上升至17%，之后保持在这一水平。西部地区外商直接投资所占比重自2004年来快速增长，年均增长率达到22%，2010年所占比重达到11%。可见，伴随我国区域经济均衡发展战略的不断推进，外资在华空间分布已经发生显著变化。

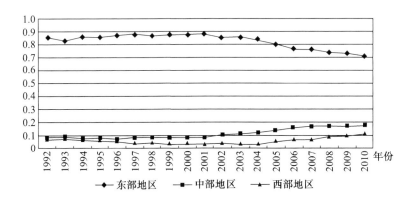

图2　1992～2010年我国实际利用外商直接投资区域分布情况

资料来源：根据1993～2011年《中国城市统计年鉴》计算而得。

本文设计了外资转移指标（T）来定量衡量外资的区域转移状况，具体为某地区本期实际利用外商直接投资较前一期增长率与全国本期较前一期增长率的差值。如果该统计指标为正，表示该地区本期实际利用外资的增长率高于全国本期平均水平，即该地区本期为FDI流入地区；若统计指标为负，该地区本期实际利用外资增长率低于全国本期平均水平，表示该地区本期为FDI流出地区。如果该指标出现了长期稳定趋势，则表明在研究时段内FDI区域转移与集聚过程已经发生，在此基础上便可以对外资区域转移的路径进行描述。外资转移指标（T）计算公式如下：

$$T_{i,t} = \frac{x_{i,t} - x_{i,t-1}}{x_{i,t-1}} - \frac{\sum\limits_i^n x_{i,t} - \sum\limits_i^n x_{i,t-1}}{\sum\limits_i^n x_{i,t-1}}$$

其中，$T_{i,t}$表示i地区第t期外资净转移指标；$x_{i,t}$表示i地区第t期实际利用外商直接投资量。

为了更细致地研究外资的区域转移，本文放弃了相对粗泛的东中西区域划分方法，而是依据地理毗邻性与产业相似性，采用我国八大经济区域的划分方法（国务院发展研究中心，2005）。具体划分如下：南部沿海地区（福建、广东、海南），东部沿海地区（上海、江苏、浙江），北部沿海地区（北京、天津、河北、山东），东北地区（辽宁、吉林、黑龙江），长江中游地区（安徽、江西、湖北、湖南），黄河中游地区（山西、内蒙古、河南、山西），西南地区（广西、重庆、贵州、四川、云南），西北地区（西藏、甘肃、青海、宁夏、新疆）。通过对我国八大经济区FDI和外资区域转移指标的计算和分析（见表2），发现我国外商直接投资区位变化经历了三个发展阶段：第一个阶段（1992～1999年），外商直接投资高度集中在珠三角和长三角地区，无明显区域转移趋势；第二个阶段（2000～2005年），外商直接投资由南部沿海向东部沿海和北部沿海扩散，长三角逐步取代珠三角成为外商直接投资最大的集聚地，另外，外商直接投资出现了向中部地区转移的趋势；第三个阶段（2006～2010年），东部沿海和北部沿海成为外商直接投资净转出地，外商直接投资由东部向中部和西南地区转移，但西北地区无明显转入迹象。表2显示了1992~2010年我国外商直接投资区域转移经历了由南部沿海向东部沿海、北部沿海进一步向东北地区、中部地区和西南地区逐步辐射和扩散的过程。显然，外资这种"渐进式"、"辐射状"的区域转移与经济发展的不均衡特征密切相关。

表2　我国外资区域转移的动态过程和路径

	1992~1999年	2000~2005年	2006~2010年
南部沿海		外资净转出	
东部沿海		外资净转入	外资净转出
北部沿海			
东北地区	无明显区域转移趋势	外资净转入	
长江中游地区			
黄河中游地区			
西南地区		无明显区域转移趋势	外资净转入
西北地区		无明显区域转移趋势	

　　为了揭示外资区域转移的行业特性，本文利用1998~2008年《工业企业数据库》考察了1998~2008年我国24个制造业（其中包括12个劳动密集型制造业：食品加工业、食品制造业、饮料制造业、烟草加工业、纺织业、服装及其他纤维制品制造业、皮革皮毛羽绒及其制品业、木材加工及竹藤棕草制品业、家具制造业、造纸及纸制品业、印刷业记录媒介的复制；12个资本密集型制造业：非金属矿物制品业、黑色金属冶炼及压延加工业、有色金属冶炼及压延加工业、金属制品业、普通机械制造业、专用设备制造业、交通运输设备制造业、武器弹药制造业、电气设备及器材制造业、电子及通信设备制造业、仪器仪表及文化、办公用机械制造业）外资空间分布变化状况，具体结果如图3、图4所示。我国工业企业数据库并没有直接统计企业实际利用外资量，选取实收资本中港澳资本和外商资本之和作为我国工业企业实际利用外资变量进行统计分析。

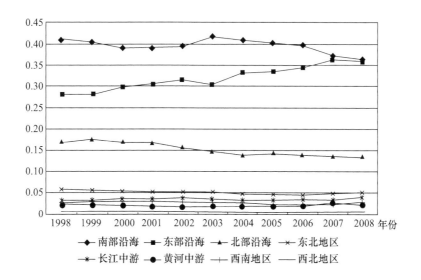

图3　1998~2008年我国八大经济区12个劳动密集型制造业吸引外资比重

资料来源：根据1998~2008年工业企业数据库计算整理得到。

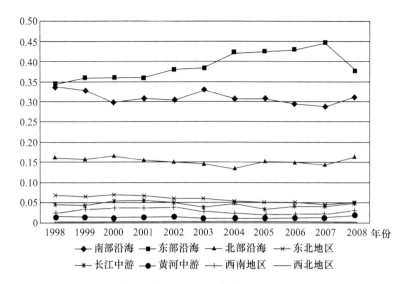

图4　1998～2008年我国八大经济区12个资本密集型制造业吸引外资比重

资料来源：根据1998～2008年工业企业数据库计算整理得到。

由图3、图4可知，十年间，无论是劳动密集型制造业外资还是资本密集型制造业外资都出现了明显"北上"的趋势，从珠江三角洲转移到长江三角洲地区；"西进"趋势并不明显，东部地区依旧是制造业外资主要集聚地；同时，统计结果显示，相比劳动密集型制造业外资，资本密集型制造业外资率先发生区域转移与集聚过程，劳动密集型产业区位黏性更大（从研究时段来看，资本密集型产业大规模转移过程一直存在；而劳动密集型产业大规模转移大概发生在2003年）。

可见，无论是全国层面、区域层面还是行业层面的经验数据都表明，在华外资已经发生区域转移。随着我国区域经济均衡发展战略的不断推进，在华外资也正经历着从南部沿海到东部沿海、北部沿海以及进一步向东北地区、中西部转移与集聚的过程。

（三）我国省际劳动力流动的状况

省际劳动力流动是我国劳动力流动的重要形式，基于数据的可得性和科学性，本文根据2000年第五次人口普查、2005年1%人口抽样调查和2010年第六次人口普查三次人口普查数据，系统考察了我国省际劳动力流动的特征。表3反映了2000～2010年我国八大经济区劳动力流动分布及变化趋势。

表3　2000～2010年我国八大经济区劳动力流动分布及变化趋势　　　　单位：万人，%

	第五次人口普查（2000年）			2005年1%人口抽样调查			第六次人口普查（2010年）		
	流入比重	流出比重	净流入率	流入比重	流出比重	净流入率	流入比重	流出比重	净流入率
全国（省际）	4241.86			6618.10			8587.63		
南部沿海	41.47	3.21	38.26	38.88	3.12	35.76	30.74	3.29	27.45
东部沿海	22.07	7.88	14.19	30.11	6.31	23.80	32.81	6.01	26.80
北部沿海	12.17	5.89	6.28	13.41	6.15	7.26	15.79	8.32	7.47
东北地区	4.10	5.06	-0.95	3.60	5.78	-2.18	3.20	5.75	-2.55
长江中游	3.40	35.64	-32.24	2.73	35.32	-32.59	3.56	33.22	-29.66
黄河中游	4.99	11.04	-6.05	3.53	13.27	-9.75	4.59	14.83	-10.24
西南地区	6.93	29.06	-22.12	4.80	27.92	-23.12	5.72	25.77	-20.04
西北地区	4.87	2.23	2.63	2.94	2.13	0.81	3.58	2.81	0.77

注：①以上统计结果是基于我国省际劳动力流动数据计算得出，由于忽略了区域内劳动力流动的影响，统计结果有失精准，但并不影响整体分析。②2005年省际劳动力流动数据是根据1%人口抽样调查数据的100倍计算得出。

统计分析表明，我国省际劳动力流动规模大幅提高，由第五次人口普查时的4241.86万人增长到第六次人口普查时的8587.63万，十年间省际流动人口增长了一倍多。我国省际劳动力流动呈现日渐活跃、流入分布重心北移的趋势。

我国省级劳动力流出地区主要集中在长江中游地区（江西、安徽、湖南、湖北）和西南地地区（广西、云南、贵州、四川、重庆），两个地区省际劳动力流出量占到全国60%左右，但在三次人口普查结果中比重不断下降，显示流出分布呈现出分散化趋势。

我国省际劳动力流入地区主要集中在南部沿海地区（以广东、福建为主）和东部沿海地区（上海、江苏、浙江），两个地区省际劳动力流出量占到全国60%以上，但省际劳动力流入地相对空间结构已经发生变化。三次人口普查结果显示，南部沿海地区省际劳动力流入比重明显降低（由41.47%降至30.74%），东部沿海地区省际劳动力流入比重显著提高（由22.07%升至32.81%），并成为我国最大的省际劳动力流入地区；同时，我国北部沿海地区（以北京、天津为主）省际劳动力流入比重稳步提高（由12.17%上升至15.79%）。流入地空间结构变化显示我国省际劳动力流入重心已经北移，东部沿海和北部沿海将成为我国省际劳动力最主要的流入地。

我国省际劳动力流动动机偏重经济型，受教育水平有所提高。省际劳动力流动动机分为经济型和社会型两类，经济型包括务工经商、工作调动和学习培训等，社会型包括拆迁搬家、婚姻嫁娶、随迁家属、投亲靠友和寄挂户口等。统计结果显示，2000～2010年我国省际劳动力流动动机偏重经济型，并且经济型动机比重呈现上升趋势；2005年和2010年经济型劳动力流动分别占75.96%和81.55%；其中务工经商占经济型流动动机的73%以上。拥有初中文化水平的劳动力是我国省际流动人口主体（50%以上）；省际流动劳动力平均受教育水平程度略有提高（受教育年限由9.13年提高到9.61年），主要来自于拥有高中文化程度的流动人口比重的提高。

综上所述，随着我国区域经济均衡发展战略的不断推进，在华外资正经历着从南部沿海到东部沿海、北部沿海以及进一步向东北地区、中西部转移与集聚的过程；与此同时，省际劳动力流入重心已经发生北移。统计分析表明，在华外资区域转移与劳动力流动在空间上似乎存在某种关联，是否如此有待进一步理论分析和实证检验。

三、外商直接投资影响劳动力流动的理论模型及分析

基于新经济地理理论框架，本文将建立一个开放条件下市场潜力影响劳动力流动的数理模型，并通过劳动力空间流动目标函数推出双边劳动力流动份额方程。

在长期内，工人的空间流动由区际实际工资差异决定，工人的空间分布决定了企业的空间分布。均衡条件下，每个区域所拥有的工人数量与其所雇用的工人数量是一致的，即不存在失业问题。但在短期内，工人的空间分布与企业的空间分布可能并不匹配，因此会存在动态调整过程。工人的流动方程可以表示为：

$$\dot{\lambda}_r = \gamma(\omega_r - \bar{\omega})\lambda_r \qquad \bar{\omega} = \sum_r \lambda_r \omega_r \qquad\qquad (1)$$

其中，λ_r 为 r 地区工人份额，$\bar{\omega}$ 为所有地区平均实际工资，$\dot{\lambda}_r$ 为 r 地区劳动力动态变化量。λ_r 的增量必须保证所有地区份额变化的总和为零。

通过完全价格指数、工业劳动力和服务业劳动力完全就业条件以及劳动力空间流动方程式（1），可以描述市场潜力影响劳动力流动机理，即新经济地理框架的前向联系。

将工业劳动力和服务业劳动力完全就业的条件分别代入 r 地区工业品和服务品的价格指数或者支出函数，可以得到完全就业条件下工业产品价格指数和服务业产品价格指数：

$$P_{Ir} = \Big[\sum_{s=1}^{R} \frac{L_s^I}{F^I \sigma_I} (p_{Is} B d_{sr}^\delta)^{1-\sigma_I} \Big]^{1/(1-\sigma_I)} \tag{2}$$

$$P_{Sr} = \Big(\frac{L_r^S}{F^S \sigma_S} \Big)^{1/(1-\sigma_S)} p_{Sr} \tag{3}$$

完全就业条件下某地区工业品价格指数是其他所有地区市场规模通过距离加权后得到的平均值，该地区以及周边地区市场规模越大，该地区工业品消费承担较少的运输成本，工业品价格指数越低；市场潜力的概念最初由 Harris（1954）提出，用其他所有地区购买力的加权平均数来衡量某地的市场潜力，其中权数是距离的减函数。因此，完全就业条件下工业品价格指数可以作为市场潜力函数（Market Potential Function）倒数，来反映地区市场潜力的变化。在新经济地理框架下，不同地区有相同的偏好和技术，名义工资的差异仅仅取决于不同产业部门相对市场份额的差异；我们假定各地区具有相似的名义工资水平。同时，由于服务业产品不可贸易，服务业产品价格指数由本地服务业市场规模外生决定，不影响我们的后续分析。

考虑在短期某一地区（比如说 r 地区）拥有较高的工业品价格指数（较低的市场潜力），从而实际工资水平比较低，根据式（1），该地区就会成为工人净流出地。工人外流会进一步降低该地区市场潜力，同时提高了流入地实际工资水平，这就进一步刺激了劳动力转移过程。这种机制具有自我强化特性。

开放条件下 FDI 流入东道国，会改变地区相对要素禀赋水平与要素禀赋结构。在模型背景下，假设每个部门只使用一种生产要素，农业部门雇用农民，工业和服务业部门雇用工人，地区农民和工人要素禀赋固定。FDI 作为工业生产要素和服务业生产要素流入工业和服务业部门，会改变地区要素禀赋总量和要素禀赋结构。假定 FDI 要素报酬在东道国全部实现，进而 FDI 构成了当地市场购买力的一部分，FDI 流入扩大了当地市场规模，提高了当地市场潜力。

此时，某一地区（比如说 r 地区）完全就业条件下工业品和服务品价格指数和实际工资变为：

$$P_{Ir}' = \Big[\sum_{s=1}^{R} \frac{L_s^I + L_{FDI_s}^I}{F^I \sigma_I} (p_{Is} B d_{sr}^\delta)^{1-\sigma_I} \Big]^{1/(1-\sigma_I)} = P_{Ir} + \Big[\sum_{s=1}^{R} \frac{L_{FDI_s}^I}{F^I \sigma_I} (p_{Is} B d_{sr}^\delta)^{1-\sigma_I} \Big]^{1/(1-\sigma_I)} \tag{4}$$

$$P_{Sr}' = \Big(\frac{L_r^S + L_{FDI_r}^S}{F^S \sigma_S} \Big)^{1/(1-\sigma_S)} p_{Sr} = P_{Sr} + \Big(\frac{L_{FDI_r}^S}{F^S \sigma_S} \Big)^{1/(1-\sigma_S)} p_{Sr} \tag{5}$$

$$\omega_r = \frac{w}{P_r'} = \frac{w}{(P_{Ir}')^u (P_{Sr}')^\phi} \tag{6}$$

其中，$L_{FDI_r}^I$ 与 $L_{FDI_r}^S$ 分别表示 r 地区 FDI 流入导致的工业和服务业生产要素投入增量。

基于 Tabuchi 和 Thisse（2002）、Picard 和 Zeng（2005）、Murata 和 Thisse（2005）等学者研究，在开放条件下我们通过一个拓展的劳动力空间流动目标函数来研究劳动力空间流动决策的影响因素。假设来自 s 地区的工人 k 在所有 R 地区间自由流动，该工人迁徙地区的选择是通过对各地区生活质量比较的结果。工人流动的目标函数为：

$$\pi_{sr,t}^k = V_{sr,t}^k + \varepsilon_r^k = \ln \{ \omega_{r,t} \rho_{r,t-1} c_{r,t}^{-\gamma} e_{r,t}^\eta [d_{rs} (1 + bFR_{rs} + cFD_{rs})]^{-\lambda} \} + \xi_r^k + \varepsilon_r^k \tag{7}$$

其中，$V_{sr,t}^k$ 表示 t 时刻工人 k 从地区 s 迁徙到地区 r 的实际收益，ε_r^k 为随即干扰项；$\rho_{r,t}$ 为 t 时刻工人在 r 地区找到工作的概率，$c_{r,t}$ 和 $e_{r,t}$ 分别为 t 时刻工人在 r 地区的都市成本（Urban Costs）和教育回报率（Returns to Education），$[d_{rs} (1 + bFR_{rs} + cFD_{rs})]^{-\lambda}$ 为劳动者流动成本，FR_{rs} 和 FD_{rs} 为虚拟变量，分别表示地区 s 与地区 r 是否有相邻边界和是否在同一经济区域，ξ_r^k 表示地区 r 尚未观测到的会对工人流动产生影响的地区特性（地区固定效应）；参数 γ，η，λ 严格为正。同时，为了避免内生性问题，工人本期的迁徙选择取决于前一期的目标函数。因此如果 $V_{sr,t-1}^k > V_{sj,t-1}^k$，$\forall j \subset R$，工人 k 就会向 r 地区迁徙，迁徙的概率为：

$$P(V_{sr,t-1}^k > V_{sj,t-1}^k) = \frac{\exp(V_{sr,t-1}^k)}{\sum_{j=1}^R \exp(V_{sj,t-1}^k)}$$

地区 s 向地区 r 迁徙量为 $migr_{sr,t} = L_{s,t} P(V_{sr,t-1}^k > V_{sj,t-1}^k)$，$\forall j \subset R$，地区 s 工人流出总量为 $\sum_{r\neq s}^R migr_{sr,t} = \sum_{r\neq s}^R L_{s,t} P(V_{sr,t-1}^k > V_{ss,t-1}^k)$，从而地区 s 工人流向 r 地区的份额为：

$$share_{sr} = \frac{migr_{sr,t}}{\sum_{r\neq s} migr_{sr,t}} = \frac{L_{s,t} P(V_{sr,t-1}^k > V_{sj,t-1}^k)}{\sum_{r\neq s} L_{s,t} P(V_{sr,t-1}^k > V_{ss,t-1}^k)} = \frac{\exp(V_{sr,t-1}^k)}{\sum_{j=1}^R \exp(V_{sj,t-1}^k) - \exp(V_{ss,t-1}^k)}, \forall j \subset R$$

结合式（4）、式（5）、式（6）、式（7）和边际成本定价原则，我们得到地区 s 工人流向 r 地份额的最终表达式为：

$$lnshare_{sr} = \frac{\phi}{\sigma_S - 1} ln(L_{r,t-1}^S + L_{FDI_{r,t-1}}^S) w_{r,t-1} + \frac{u}{\sigma_1 - 1} ln[\sum_{s=1}^R (L_{s,t-1}^I + L_{FDI_{s,t-1}}^I)(w_{r,t-1} d_{rs}^\delta)^{1-\sigma_I}] +$$

$$ln(w_{r,t-1}, \rho_{r,t-2}) - \gamma lnc_{r,t-1} + \eta lne_{r,t-1} - \lambda lnd_{rs}(1 + bFR_{rs} + cFD_{rs}) + ln\xi_{r,t-1} + \tilde{a}_{s,t-1} \qquad (8)$$

其中，$\tilde{a}_{s,t-1} = -ln(\sum_{j=1}^R \exp(V_{sj,t-1}^k) - \exp(V_{ss,t-1}^k)) r \neq s$

式（8）反映了市场潜力与工人迁徙选择之间权衡关系。其中，右侧前两项反映开放条件下 r 地区的市场潜力，即本地区市场购买力。由本地名义工资水平、服务业就业规模、服务业 FDI 规模以及通过距离加权平均后的工业就业规模和工业 FDI 规模共同决定；第三项为工人迁徙地名义工资的期望，由本期名义工资水平和上一期找到工作的概率共同决定；第四、第五、第六项分别为工人迁徙地都市成本（Urban Costs）、教育回报率（Returns to Education）和工人流动成本（Migration Cost）；接下一项反映了迁徙地固定效应，最后一项反映地区劳动力流动的整体特征。

通过该方程可以得到两个命题：

命题 1：市场潜力是劳动力流动的决定因素，市场潜力高的地区工业品消费承担了较小的运输成本，生产过程获得更多规模经济的好处，往往是工业劳动力净流入比较多的地区，而这个过程是循环累积、自我强化的。

命题 2：在开放条件下，假定 FDI 要素报酬在东道国全部实现，FDI 构成是地区市场潜力的一部分；FDI 具有集聚特性，FDI 在特定地区集聚往往会吸引工业劳动力流入。

四、回归模型的建立及计算结果

1. 模型建立与数据说明

外资集聚会在当地产生显著的就业效应（Michiewicz et al.，2000；蔡昉等，2000；张二震等，2001），既有直接的"就业创造"效应，又包括外资集聚外部性对关联企业就业的辐射效应，进而吸引劳动力流入，推动当地经济发展。劳动力流动是外资流入与经济发展形成良性互动的关键因素。

在新经济地理框架下，市场潜力成为经济活动区位布局的核心决定因素。地区市场潜力水平不仅取决于当地的劳动力数量、收入水平，与周边地区综合购买力水平息息相关。城市圈中的一个发展水平相对落后的城市的市场潜力往往高于一个孤立地区的相对发达城市的市场潜力。基于新经济地理理论框架，Crozet 建立了简单的目标函数来研究劳动力流动决策行为，提出劳动力流向由实际工资水平、找到工作的概率以及劳动力流动成本决定。借助 Crozet 劳动力流动简单的目标函数，假定外资要素报酬在东道国全部实现，外资构成当地市场购买力的一部分，外资流入扩大了当地市场规模，提高了当地市场潜力，进而在开放条件下建立了劳动力流动目标函数。因此，本文根据前文基于新经济地理理论关于外商直接投资对劳动力流动的影响的理论模型以及前人的相关研究，通过构建以下回归模型来研究包含 FDI 因素的市场潜力对双边劳动力流动的影响。

$$\ln share_{sr,t} = \alpha_1 \ln \frac{L_{r,t}^{IS}}{L_{s,t}^{IS}} + \alpha_2 \ln \frac{FDI_{r,t}}{FDI_{s,t}} + \alpha_3 \ln \frac{w_{r,t}}{w_{s,t}} + \alpha_4 \ln \frac{c_{r,t}}{c_{s,t}} + \alpha_5 \ln \frac{e_{r,t}}{e_{s,t}} + \alpha_6 \ln d_{st} + \alpha_7 FD_{sr} + \alpha_8 \ln \frac{F_{r,t}}{F_{s,t}} + \varepsilon_t$$

模型的被解释变量为 t 期 s 地区劳动力流入 r 地区的份额（r≠s）；模型的解释变量为劳动力市场规模（工业与服务业就业总量）、FDI 集聚水平（FDI 存量水平）；模型的控制变量为名义工资水平、都市成本、教育回报率、地理距离变量、是否在同一区域内虚拟变量、城市基础设施变量。

回归模型被解释变量为 t 期 s 地区劳动力流入 r 地区的份额（r≠s）；回归模型解释变量为就业总量、FDI 集聚和工资水平。市度场潜力是劳动力流动的重要决定因素，本文通过地区工业和服务业就业总量以及 FDI 集聚水平两个维度来反映地区市场潜力水平，预期符号为正；名义工资水平的差异是劳动力流动的直接动力，选取各省份平均工资水平作为名义工资变量，预期符号为正。回归模型控制变量分别为都市成本、教育回报率、地理距离、地理邻接和城市基础设施。房价是都市生活成本的重要组成部分，高房价往往会成为劳动力流动的重要阻力，选取地区相对房价水平作为都市成本的代理变量，预期符号为负；教育回报率通常是通过明瑟方程（Mincer Equation）进行测算，但由于无法获取劳动者个人信息数据，我们通过地区人均名义工资与人均教育经费支出的比值作为教育回报率变量，较高的教育回报率会鼓励劳动力流入，追求更高的收益，预期符号为正；铁路是我国重要的客运方式，选取省会之间的铁路里程作为地理距离变量，距离变量预期符号为负；以我国八大经济区域划分为基准来考量是否在同一区域，地理邻接往往代表了更高的文化认可度，劳动力倾向流向文化背景相似的地区，地理邻接变量预期符号为正；选取地区每万人拥有的公共交通车辆（标台）、人均城市道路面积、人均公园绿地面积、每万人拥有公共厕所（座）四个指标的加权平均值（权重分别为 25%）作为城市基础设施变量，完善的城市基础设施会提高当地居民社会福利水平，吸引劳动力流入，城市基础设施变量预期符号为正。具体的变量和数据来源如表 4 所示。

表 4　变量定义与说明

变量类型	变量	定义	说明	数据来源	预期符号
被解释变量	$share_{sr,t}$	劳动力流入份额	s 地流入 r 地劳动力份额	第五、第六次人口抽样普查资料和 2005 年 1% 人口调查资料	
解释变量	$RL_{sr,t}^{IS}$	就业总量	工业与服务业就业总量	2000 年、2005 年、2010 年《中国统计年鉴》	+
	$RFDI_{sr,t}$	FDI 集聚	FDI 存量（1992 年以来实际使用 FDI 累积量）	1992~2010 年《中国城市统计年鉴》	+
	$Rw_{sr,t}$	工资水平	名义工资水平	2000 年、2005 年、2010 年《中国统计年鉴》	+
控制变量	$Rc_{sr,t}$	都市成本	商品房价格水平	中国统计局网站	−
	$Re_{sr,t}$	教育回报率	教育资本的回报率水平	2000 年、2005 年、2010 年《中国统计年鉴》	+
	$d_{sr,t}$	地理距离	省会之间的铁路里程	中国铁路总公司官网	−
	FD_{sr}	地理邻接	是否在同一区域	中国铁路总公司官网	+
	F_{sr}	城市基础设施	城市基础设施	2000 年、2005 年、2010 年《中国城市年鉴》	+

2. 计算结果及分析

为了检验回归结果对于核心解释变量选取的敏感性、减少回归过程中可能出现的多重共线性与内生性问题，本文建立了四个回归模型分别进行比较分析。模型Ⅰ重点考察 FDI 集聚对于双边劳动力流动的影响；模型Ⅱ重点考察了地区就业水平对于双边劳动力流动的影响；模型Ⅲ重点考察了工资水平对于双边劳动力流动的影响；模型Ⅳ考察了在控制房价和教育回报率之后，FDI 集聚对双边劳动力流动的影响。

我们对样本数据的异方差性和多重共线性进行了检验。样本数据 Breusch – Pagan – Godfrey 检验 F 值显示，三个样本所有回归模型均在 1% 的显著水平上拒绝了同方差的假设（见表 5），因此，采用通过加权修正后稳健估计值。加权后的模型回归结果 $Adj – R^2$ 均高于 0.95，反映模型具有较高的解释力。方差膨胀因子（Variance Inflation Factor，VIF）显示，所有回归模型均不存在多重共线性问题（见表 6、表 7 和表 8）。

表 5　样本数据 Breusch – Pagan – Godfrey 检验 F 值

Breusch – Pagan – Godfrey	模型Ⅰ	模型Ⅱ	模型Ⅲ	模型Ⅳ
2000 年样本数据	10. 483 ***	10. 409 ***	12. 484 ***	9. 137 ***
2005 年样本数据	12. 872 ***	13. 881 ***	13. 569 ***	11. 618 ***
2010 年样本数据	11. 087 ***	7. 431 ***	18. 414 ***	15. 181 ***

注：***、**、* 分别表示 1%、5% 和 10% 的显著水平。

因为是五年一次的样本数据，本文采取截面数据计量模型的计算和比较。2000 年、2005 年、2010 年回归结果分别如表 6、表 7 和表 8 所示。实证结果显示，开放条件下，就业水平、FDI 集聚、工资水平均对劳动力流动产生了显著的正的影响；控制了房价水平与教育回报率变量后，FDI 集聚依旧是地区劳动力流动的重要推动力。实证结果支持理论模型中提出的两个假设，即市场潜力是劳动力流动的重要决定因素，市场潜力高的地区工业品消费承担了较小的运输成本，生产过程获得更多规模经济的好处，往往是工业劳动力净流入比较多的地区。在开放条件下，FDI 在特定地区集聚往往会吸引工业劳动力流入。

表 6　2000 年省际劳动力流动模型估计结果

	模型Ⅰ	模型Ⅱ	模型Ⅲ	模型Ⅳ
被解释变量	省际流动劳动力份额			
解释变量				
就业总量	—	0. 210 *** (106. 647)	—	—
FDI 存量	0. 178 *** (218. 188)	—	—	0. 171 *** (264. 731)
工资水平	—	—	0. 388 *** (53. 679)	—
房价水平	—	—	—	0. 208 *** (46. 340)
教育回报率	—	—	—	0. 255 *** (84. 615)
地理距离	– 1. 073 *** (– 188. 200)	– 1. 064 *** (– 284. 964)	– 1. 056 *** (– 243. 979)	– 1. 073 *** (– 540. 692)

续表

	模型 I	模型 II	模型 III	模型 IV
地理邻接	0.357 ***	0.422 ***	0.397 ***	0.374 ***
	(16.853)	(20.925)	(17.069)	(48.020)
城市基础设施	0.300 ***	0.580 ***	0.681 ***	0.324 ***
	(30.188)	(70.214)	(95.856)	(80.822)
常数项	3.404 **	3.334 ***	3.282 **	3.406 **
	(79.910)	(116.981)	(101.902)	(226.254)
Adj－R²	0.998	0.991	0.991	0.998
F－statistic	90018.90 ***	24833.38 ***	22799.26 ***	92731.64 ***
VIF	1.235	1.199	1.196	1.686
样本数	870	870	870	870

注：①***、**、*分别表示1%、5%和10%的显著水平，括号里为 t 统计量。②VIF（Variance Inflation Factor）为方差膨胀因子。

表7 2005年省际劳动力流动模型估计结果

	模型 I	模型 II	模型 III	模型 IV
被解释变量	省际流动劳动力份额			
解释变量				
就业总量	—	0.375 ***	—	—
		(115.403)		
FDI 存量	0.232 ***	—	—	0.197 ***
	(224.126)			(142.77)
工资水平	—	—	1.009 ***	—
			(120.787)	
房价水平	—	—	—	0.420 ***
				(44.102)
教育回报率	—	—	—	0.421 ***
				(35.840)
地理距离	－ 1.080 ***	－ 1.073 ***	－ 1.069 ***	－ 1.084 ***
	(－ 159.946)	(－ 308.223)	(－ 131.932)	(－ 170.676)
地理邻接	0.206 ***	0.199 ***	0.241 ***	0.200 ***
	(13.630)	(9.025)	(11.597)	(11.913)
城市基础设施	0.229 ***	0.952 ***	0.371 ***	0.276 ***
	(14.386)	(92.095)	(21.895)	(16.191)
常数项	3.368 ***	3.319 ***	3.286 ***	3.395 ***
	(66.445)	(123.907)	(52.145)	(69.550)
Adj－R²	0.995	0.995	0.986	0.998
F－statistic	41426.73 ***	49326.29 ***	15140.09 ***	58476.7 ***
VIF	1.236	1.180	1.285	1.904
样本数	870	870	870	870

注：①***、**、*分别表示1%、5%和10%的显著水平，括号里为 t 统计量。②VIF（Variance Inflation Factor）为方差膨胀因子。

表8　2010年省际劳动力流动模型估计结果

	模型 Ⅰ	模型 Ⅱ	模型 Ⅲ	模型 Ⅳ
被解释变量	省际流动劳动力份额			
解释变量				
就业总量	—	0.337 *** (164.929)	—	—
FDI 存量	0.211 *** (200.365)	—	—	0.138 *** (52.072)
工资水平	—	—	0.973 *** (110.734)	—
房价水平	—	—	—	0.378 *** (54.771)
教育回报率	—	—	—	0.733 *** (31.618)
地理距离	− 0.939 *** (− 529.589)	− 0.917 *** (− 183.838)	− 0.929 *** (− 98.682)	− 0.952 *** (− 139.367)
地理邻接	0.167 *** (6.593)	0.192 *** (14.618)	0.174 *** (6.752)	0.109 *** (4.692)
城市基础设施	− 0.198 *** (− 31.470)	− 0.242 *** (− 40.700)	− 0.378 *** (− 92.062)	− 0.117 *** (− 11.238)
常数项	2.621 *** (203.950)	2.451 *** (66.998)	2.544 *** (35.527)	2.717 *** (56.178)
Adj − R²	0.998	0.997	0.990	0.989
F − statistic	89390.95 ***	67300.18 ***	20451.46 ***	13473.05 ***
VIF	1.191	1.862	1.778	1.649
样本数	870	870	870	870

注：① *** 、 ** 、 * 分别表示1%、5%和10%的显著水平，括号里为 t 统计量。②VIF（Variance Inflation Factor）为方差膨胀因子。

外资集聚会带来更多就业机会吸引劳动力流入，而这一过程具有自我强化特性，外资集聚过程与劳动力集聚过程之间具有循环累积关系。通过对比三个时点的截面数据模型回归结果（见表6、表7和表8），我们发现三个时点外资集聚回归系数先升后降，表现出倒"U"形特征。2000年FDI存量回归系数为0.178，2005年上升至0.232，2010年下降至0.211。相对于2000年，2005年外资集聚回归系数大幅上升反映了加入世界贸易组织后，随着FDI大量涌入，外资在我国经济社会发展过程中扮演着越来越重要的角色，特别是对于引导劳动力流动产生着越来越大的影响力。2010年外资集聚回归系数明显下降，映射出全球金融危机对我国省际劳动力流动潜在影响。全球金融危机导致我国FDI流入增速放缓，沿海地区制造业出口受挫，低附加值劳动力市场就业出现危机，外出务工人员回流与创业成为劳动力流动的新特征。劳动者（特别是农民工）对沿海地区劳动密集型产业就业形势的悲观预期直接导致了外资集聚对劳动力吸引力的下降。

工资水平差异是推动省际劳动力流动的重要力量，高水平的工资对劳动力具有天然的吸引力。相对于2000年回归结果，2005年与2010年名义工资变量回归系数明显上升（由0.388上升至 1.009 和 0.973），可见，随着我国区际劳动力流动政策性限制越来越少，工资水平差异成为推动区际劳动力流动越来越重要的因素。

在诸多控制变量中，地理距离是影响省际劳动力流动基本因素，是劳动力流动的天然障碍。三个样本所有模型回归结果显示，地理距离回归系数显著为负，并且回归系数绝对值相对较高，可见，地理因素是省际劳动力流动最重要的阻力。选取地理邻接变量，是为了考察相似文化背景对于省际劳动力流动的吸引力。回归结果显示，地理邻接对于我国省际劳动力流动产生了显著的正的影响，说明当其他条件相似时邻近地区是省际劳动力流动首选。城市基础设施变量回归系数在 2000 年和 2005 年回归模型中显著为正，而在 2010 年回归模型中却显著为负，成为阻碍省际劳动力流动的因素；回归系数的变化反映了我国城镇化过程中"过度城市化"现象的负面影响可能已经显现。我国 20 世纪 90 年代后期以来城市人口高速膨胀，人口城镇化率从 1995 年的不到 30% 迅速增长到 2012 年的 52.57%（数据来源于中国统计局网站）。尽管我国城市基础设施建设在这段时间内如火如荼进行，但城市公共服务、社会保障发展相对滞后，导致部分地区出现了"过度城市化"的现象，城市拥挤成本越来越显著。特别是进入 21 世纪以来，城市拥挤成本越来越成为阻碍劳动力流入的重要因素。

除此之外，两个控制变量房价和教育回报率均对省际劳动力流动产生了显著的正向影响。较高的教育回报率对流动性劳动力具有天然的吸引力，特别是对于追求更好发展空间的高素质劳动者，高教育回报率是迁徙地选择的重要因素。回归结果显示，地区高教育回报率成为吸引省际劳动力流入的越来越重要的因素（教育回报率变量系数由 2000 年的 0.255 上升至 2005 年的 0.421，2010 年又上升至 0.733）。可见，人们在做出迁徙选择时除了考虑经济收益外，教育因素、自我职业素养的提升以及更好的职业发展空间成为越来越重要的关注因素。住房成本作为生活成本的重要组成部分，预期符号为负，会成为阻碍省际劳动力流入的因素。回归结果显示，房价对我国劳动力流动产生了显著的正的影响，与预期结果相悖。一方面，考虑是否存在内生性问题。高房价地区往往是经济发达、市场容量较大的地区，而这些地区往往是省际劳动力净流入地。另一方面，考虑到我国省际劳动力流动以短期流动为主（纪韶等，2013），特别是以农民工流动为主体，流动人群对房价变化并不敏感，因此房价并非阻碍劳动力流入的"离心"力。随着经济社会发展，劳动力长期流动会成为稳定的发展趋势，住房作为重要的都市成本会成为劳动力迁徙地选择的优先考虑因素，会对劳动力流入产生明显的挤出效应。

五、结论与建议

本文利用省级、城市以及工业企业层面数据，通过基尼系数、空间自相关 Moran's I 指数等多种统计方法，对在华外资空间分布结构演化特征进行了统计分析。研究表明，由于空间依赖性的存在，在华外资空间分布具有明显的集聚特性；随着我国区域经济均衡发展战略的不断推进，在华外资也正经历着从南部沿海到东部沿海、北部沿海以及进一步向中西部转移与集聚的过程。基于新经济地理理论，本文建立了省级层面外资集聚影响劳动力流动的截面数据回归模型，回归结果显示，外资区域转移和集聚是推动我国区域间劳动力流动的重要力量。在控制了教育、房价、地理距离、地理邻接、城市基础设施诸多因素后，外资集聚对劳动力流入产生了显著的推动效应。劳动力流入会进一步强化地区生产比较优势，这一循环累积过程通过社交网络、规模经济等因素得到进一步强化。除此之外，经验结果显示，地理因素是影响省级劳动力流动的基本因素，语言、习俗等文化因素是阻碍省际劳动力远距离迁徙的主要障碍。随着区劳动力流动政策性障碍逐渐消除，诸如工资差距、教育回报率等经济因素对于劳动力迁徙选择的影响在强化。上述研究对我国利用外资、促进地区经济发展富有启示，本文提出以下几点建议：

（1）积极推动外资向中西部转移，合理引导外资与劳动力要素跨区域流动，推进区域经济均衡发展。我国外资、劳动力的区域转移和集聚与我国正在进行的大规模产业转移是协调的，是中西部地区承接东部地区产业转移与东部地区产业升级的重要机遇，对于区域经济均衡发展具有非常积极的推进作用。外资与劳动力的区域转移和集聚有利于缓解东部发达地区人口城镇化过度发展现象，同时刺激东部发达地区以现代服务业集聚为特征的城镇化发展；另外，对于外资和劳动力转移的承接地，中西部地区借助资本、技术及劳动力等要素的集聚，可以衍生出非农人口增加、产业结构和城市功能升级。政府需要积极创造有利于实现劳动密集型、资源密集型和资本密集型外资区域转移与集聚的外部环境，尽量消除阻碍劳动力流动的各种障碍，同时注重城市建设，健全社会保障体系，合理引导外资与劳动力要素跨区域流动，推动我国区域经济均衡发展。

（2）推动不同地区城镇化差异化协调发展，形成外资流入与区域转移、集聚过程与我国自身城镇化进程良性互动。城镇化是未来我国内生经济发展的重要推动力，是拉动内需的重要源泉。合理引导外资区域间流动，推动不同地区城镇化差异化协调发展，形成外资流入与区域转移、集聚过程与我国自身城镇化进程的良性互动，将会对我国经济社会差异化均衡发展产生积极的推动作用。我国东部城镇化已处于较高层次，该地区主要中心城市将以教育文化、医疗保健、总部经济、金融商业等服务为特征的城市经济作为经济发展的主要推动力；中西部处于现代化进程的初步阶段，经济发展的动力主要来源于工业化。不同地方需要谨慎评估自身客观条件，充分发挥地方比较优势，将引资决策纳入地方城镇化战略之中，切实形成外资流入与区域转移、集聚过程与我国自身城镇化进程的良性互动，实现区域经济差异化均衡发展。

（3）强化危机预警，提高国内经济发展稳定性。随着改革开放深入发展，我国国内经济已经融入国际分工体系，国际经济环境会对国内要素流动影响越来越显著。本文研究表明，2000～2010年十年间外资涌入对国内劳动力要素流动影响力表现出倒"U"形特征，金融危机强化了劳动者（特别是农民工）对沿海地区劳动密集型产业就业形势的悲观预期，直接导致了外资集聚对劳动力吸引力的下降。在复杂的国际经济环境下，如何在保持要素流动引导政策连贯性基础上继续激发要素流动活力，是政策制定者需要考虑的一个问题。一方面，积极稳健地推进开放型经济，深化改革，在经济层面、制度层面实现与国际体系全面接轨；同时强化国内企业核心竞争力，抗风险能力，提高国内企业生存能力。另一方面，建立经济危机预警处理机制，强化对开放经济环境、制度环境的政策性介入，充分发挥龙头型企业引领作用，提高国内经济发展稳定性。

参考文献

［1］张二震，任志成. FDI与中国就业结构的演进［J］. 经济理论与经济管理，2005（5）：5 - 10.

［2］Akamatsu, K. A Historical Pattern of Economic Growth in Developing Countries［J］. The Developing Economies, 1962（1）：3 - 25.

［3］Kojima, K. The "Flying Geese" Model of Asian Economic Development：Origin, Theoretical Extensions, and Regional Policy Implications［J］. Journal of Asian Economics, 2000, 11（4）：375 - 401.

［4］蔡昉，王德文，曲玥. 中国产业升级的大国雁阵模型分析［J］. 经济研究，2009（9）：4 - 14.

［5］Yeaple, S. R. The Complex Integration Strategies of Multinationals and Cross Country Dependencies in the Structure of Foreign Direct Investment［J］. Journal of International Economics, 2003, 60（2）：293 - 314.

［6］Ekholm, K., Forslid, R., & Markusen, J. R. Export - platform Foreign Direct Investment［J］. Journal of the European Economic Association, 2007, 5（4）：776 - 795.

［7］Fujita, M., Krugman, P. R., & Venables, A. J. The Spatial Economy：Cities, Regions, and International trade：MIT Press, 2001.

［8］Tobler, W. Cellular Geography ［M］. Philosophy in Geography, 1979.

［9］Coughlin, C. C. , & Segev, E. Foreign Direct Investment in China: A Spatial Econometric Study ［J］. The World Economy, 2000, 23 (1): 1 – 23.

［10］Baltagi, B. H. , Egger, P. , Pfaffermayr, M. Estimating Models of Complex FDI: Are There Third – Country Effects? Journal of Econometrics, 2007, 140 (1): 260 – 281.

［11］何兴强, 王利霞. 中国 FDI 区位分布的空间效应研究 ［J］. 经济研究, 2008 (11): 137 – 150.

［12］陈平, 欧燕. 我国劳动力成本上升对 FDI 地区转移的影响——来自工业企业数据和 FDI 空间效应的证据 ［J］. 中山大学学报 (社会科学版), 2011, 51 (2): 185 – 191.

［13］Mickiewicz, T. , Radosevic, S. , & Varblane, U. The Value of Diversity: Foreign Direct Investment And Employment in Central Europe During Economic Recovery: One – Europe Programme.

［14］蔡昉, 王德文. 外商直接投资与就业——一个人力资本分析框架 ［J］. 财经论丛 2004 (1): 1 – 14.

［15］Crozet, M. Do Migrants Follow Market Potentials? An Estimation of a New Economic Geography Model ［J］. Journal of Economic Geography, 2004, 4 (4): 439 – 458.

新常态下区域分类治理宏观调控机制研究

赵德海　　郝大江

（哈尔滨商业大学　哈尔滨　150028）

　　近年来我国经济增长下行压力凸显，经济与生态的冲突也日益成为我国经济发展必须解决的重要问题。在这种背景下，我国从优化开发、重点开发、限制开发和禁止开发四种类型以及分类管理五个方面，提出了在我国国土空间全面实施主体功能区战略的规划。主体功能区战略的制定和实施，其目的旨在各地区根据资源环境承载能力和发展潜力，明确不同区域功能定位，逐步形成各具特色的区域发展格局。实施主体功能区战略，优化国土空间开发格局，这是我国区域经济发展规划与管理战略的重大创新。然而，虽然我国于2011年就依据各地区资源环境承载能力和发展潜力，正式出台了《全国主体功能区规划》，明确了不同区域的功能定位。但是，从近年来我国主体功能区建设实施的过程和效果上看，我国主体功能区建设还远未能实现其战略目标。虽然以政府为主导的我国主体功能区规划编制工作已经取得了很大进展并基本完成，但是引导我国主体功能区形成和建设的宏观调控机制及其政策仍处于探索阶段。一般认为，新凯恩斯宏观经济学为目前世界各国宏观调控实践提供了较为完善的调控手段和系统机制分析。然而，新凯恩斯宏观经济学却无法对主体功能区建设提供有效的宏观调控理论支撑。这是因为，新凯恩斯宏观经济学以"无空间维度"为基本分析范式，这种"无空间维度"的宏观调控理论无法对明显纳入区域空间特征的主体功能区建设提供调控引导。沿袭旧有宏观调控模式也必然无法适应"空间维度"下的主体功能区建设。因此，只有构建"异质空间"宏观经济运行模型，系统分析主体功能区宏观调控政策间的运行机制、组合模式及其调控效应，才能为新常态下的我国主体功能区建设提供有效的调控手段。

一、传统宏观调控理论回顾与述评

（一）主流宏观经济学的调控思想

　　进入19世纪之后，西方很多国家都实现了工业经济的飞速发展。这种世界性经济增长很大程度上坚定了古典经济学市场自由竞争的观点。然而，第一次世界大战之后，西方国家经历短暂经济繁荣后，很快遭遇一场空前经济危机，并在随后的整个30年代陷入经济萧条。古典经济学不仅对这次经济危机和萧条无法做出合理解释，而且更缺乏解决危机的具体对策和手段。这就迫

　　[作者简介] 赵德海，哈尔滨商业大学经济研究所所长，教授，博士生导师；郝大江，哈尔滨商业大学经济学院副院长，副教授，博士。

使经济学者开始深刻反思经济自由主义观点，并重新探索古典经济学的理论出路。在此过程中，凯恩斯摒弃了古典经济学自由主义的分析范式，以工资、价格刚性为起点，提出了有效需求理论，发表了其经典著作《就业、利率和货币通论》（以下简称《通论》），标志着现代国家干预主义的开端，并为现代宏观经济理论的发展奠定了坚实基础。在《通论》中，凯恩斯着重经济总量变动研究，并提出在经济萧条时期继续放任市场自由调节经济是不可取的，必须由政府主动采取措施对经济进行干预，而投资、税收等财政政策以及利率、信贷等货币政策是经济总量调整的重要手段[1]。然而在 20 世纪 70 年代，西方很多国家出现了严重的滞涨问题。传统的凯恩斯经济学却无法对滞涨问题做出合理的解释，相应的政策措施也见效甚微。严峻的经济形势以及理论困境，促使凯恩斯经济学者开始对原凯恩斯宏观经济学进行发展和完善，并最终形成了新凯恩斯宏观经济学。新凯恩斯宏观经济学对原凯恩斯宏观经济学的工资和价格刚性假设进行了深刻反思，并认为现实经济中价格和工资实际上是可以调整的，只是调整过程较为缓慢，表现为黏性特征。当国民经济因总需求波动出现衰退后，其恢复到充分就业状态需要较长过程。在此基础上，新凯恩斯宏观经济学不仅对现实宏观经济运行机制做出了更加切实的理论判断，同时也实现了微观经济学和宏观经济学的统一和兼容，奠定了现代宏观经济学理论分析的研究方向和主要方法。应该说，结合微宏观分析范式并对原凯恩斯宏观经济学进行系统发展和完善之后，新凯恩斯宏观经济学在当前宏观经济理论中占据了主导地位，并且成为世界各国政府干预宏观经济的重要理论基础。

（二）传统宏观调控理论面临的问题

尽管新凯恩斯宏观经济学无论在分析能力还是实证研究方面都要明显优于凯恩斯宏观经济学，并成为现代宏观调控理论研究的主要内容。但是如同凯恩斯宏观经济学一样，在面对现实宏观经济时，新凯恩斯宏观经济学仍无法解决两大难题。首先是区域经济的不平衡发展问题。凯恩斯宏观经济学与新凯恩斯宏观经济学认为，财政政策和货币政策是调控国民经济运行的有效手段，尤其是政府在不同地区通过采用不同的（政府支出、转移支付以及税收等）财政政策，其效果完全可以实现不同地区经济的平衡发展，不同区域的宏观经济最终会实现趋同。然而，这种理论假设显然与现实经济所表现出的区域间不平衡发展现状存在明显的冲突。其次，主流宏观经济理论尚无法兼容环境、生态等自然因素，因此刻意规避了宏观经济运行的空间问题。传统宏观经济学在分析宏观经济问题时，侧重于总供给与总需求的相互平衡以及国民经济的宏观调节，几乎完全舍弃了环境、生态等自然因素对宏观经济运行的影响。这一方面是由于受生产力发展水平制约，环境、生态等自然因素对过往宏观经济运行并没产生严重制约作用，人类经济在很长一段时间内处于自然环境与经济发展阈值范畴之内；而另一方面，随着科学技术的迅速发展，"科学技术可以使得人类突破自然的限制"，这一观点一直被推崇为资源环境经济学的主流思想。环境、生态等自然因素在传统经济理论体系中不被视为独立的生产要素，几乎没有任何理论地位。但是，随着人类经济活动内容和范围的不断扩大，各种环境破坏、生态恶化以及资源的过度开采，严重影响了社会经济发展，人们开始重新审视资源环境对于经济活动的制约影响。然而此时的传统宏观经济学却明显缺乏环境、生态等自然因素在宏观经济运行中的影响机理分析，对政府干预宏观经济发展与自然资源压力冲突的基础理论准备不足。

主流宏观经济学在面临现实经济不平衡发展以及经济发展与自然资源的冲突时，既缺乏成熟的理论指导，又缺乏实践中的工具选择。无论是基于宏观经济理论发展的演进还是基于理论与现实冲突的调和，这些都激发着经济学者在上述领域的研究热情，尤其是国民经济如何实现区域平衡发展以及如何准确厘清区域分类治理的有效调控手段，就成为宏观经济理论不可规避的一个时代命题。事实上，任何经济活动都不能脱离空间而"无维度"存在，传统宏观经济理论面临的

"困境"，究其本质是其"空间"维度的缺失，因此传统宏观经济理论很难对现实世界的空间经济做出有力解释。主流宏观经济学的"空间"向度回归，不仅是宏观经济理论发展的客观规律和内在要求，同时也是本文主体功能区宏观调控理论研究的根本目标所在。那么，构建空间经济宏观运行模型，系统揭示空间经济宏观调控机制，其空间载体又该怎样体现呢？

二、宏观调控理论的空间向度回归

斯密认为生产要素是经济问题研究起点，影响经济活动的因素都属于要素范畴。如果像斯密所说，生产要素是经济问题研究的起点，并且资源环境、地理特征也是影响经济活动的要素，那么这就意味着，主体功能区理论突出强调的资源禀赋与环境特征对经济活动的影响，其本质就在于如何认识和理解要素或要素禀赋的空间分布，而我们探索空间经济宏观调控机制，其逻辑起点也应该重新回到对要素的再认识。

（一）宏观经济运行的空间载体

任何生产活动都离不开生产要素的投入。从生产要素的流动性来看，有些要素是可以在不同区域间进行流动的，而另外一些要素则不具有区域间流动的可能性，或者在区域间进行流动的成本很高，前者是不同区域都可以具备的要素，具有普遍的存在性，是"非区域性要素"；后者是只有特定区域才具有的要素，具有显著的地域性特征，是"区域性要素"。非流动性、不可替代性、排他性、不可复制性是区域性要素显著区别非区域性要素的重要特征。由于任何生产活动的进行都离不开区域性和非区域性要素的投入，而区域性要素又具有显著的地域性特征，那么区域性要素必然成为经济活动空间维度的载体，要素的区域性差异也必然成为经济空间本质属性的表现形式。

尽管经济学对要素的认识仍处于不断发展和完善过程，但是劳动、资本、土地的"三元论"观点仍然是目前主流经济学关于要素分类的共识。在劳动、资本、土地三要素中，土地要素的空间性最强。劳动、资本等要素若因其空间流动性不足也可成为区域性要素，但是一般而言，土地要素的空间流动性最弱，土地要素的本质属性就是区域性要素。从这个角度上说，深入研究土地要素的空间不可流动性及其在宏观经济中的作用机理就是我们完善宏观经济调控理论，探索空间经济宏观调控工具的一条可行路径。事实上，经济学一直重视土地要素在经济增长中的作用机制研究。如威廉·配第（William Petty）早在其经典著作《赋税论》中就提出"劳动是财富之父，土地是财富之母[2]"；李嘉图（Ricardo）突出强调土地要素的边际报酬递减在区域经济增长中的重要性[3]；新古典经济学家 Harris（1999）通过跨期均衡分析构建土地参与宏观经济的迭代模型，并揭示出土地报酬不变是经济动态有效的前提条件和重要基础[4]，这都反映着经济学对于土地要素的重视。然而，尽管经济学者对土地要素与经济增长之间的内在机理进行了深入探索，但令人遗憾的是，主流宏观经济学却仍缺乏土地政策参与宏观经济运行的系统理论分析，土地政策并没有被视为是政府干预宏观经济运行的调控手段。

（二）异质空间的土地市场均衡

1. 土地要素收益与土地利用格局演变动力

土地要素对经济活动影响很大程度取决于其在经济活动中的用途和功能。一般而言，根据用途和功能的不同，土地要素可以分为农用地和建设用地两类①。不同功能和用途的土地利用，其收益是不同的。土地要素收益可以泛指土地要素参与经济活动所带来的报酬总和，或者说是经济活动利用土地要素而必须支付的总价格。一定意义上说，土地价格就是土地要素收益的资本化。

对农用土地要素来说，农用土地收益可视为农用土地在其利用功能和用途上所获得的收入资本化，即农用土地价格。考虑到农用土地收益会在未来每年都能实现，因此农用土地价格取决于土地纯收入与还原利率的比值，即：

$$p = \frac{a_1}{(1+r_1)} + \frac{a_2}{(1+r_1)(1+r_2)} + \frac{a_3}{(1+r_1)(1+r_2)(1+r_3)} + \cdots +$$

$$\frac{a_n}{(1+r_1)(1+r_2)(1+r_3)\cdots(1+r_n)}$$

其中，a_1，a_2，$\cdots$，a_n 分别表示未来各年农用土地的纯收入；r_1，r_2，$\cdots$，r_n 分别表示未来各年的市场利率②。在农用土地价格决定公式中，农用土地价格既取决于未来各年预期收入，同时又取决于未来各年市场利率变动。如果农用土地预期各年收入不变，市场利率下降，那么农用土地价格将会上涨；如果未来市场利率提高，那么农用土地价格就会下降。所以，农用土地价格与市场利率呈现反向关系。因此，农用土地需求与市场利率之间存在某种函数关系，这种函数关系可以进一步表示为：

$$D_1 = D_1(r) = \delta - hr (\delta, h > 0) ③$$

建设用地往往被用来建筑工业、商业或者住宅，因此建设用地价格并不是未来各年收入的资本化，而是由市场决定的。从建设用地包含的范围看，建设用地与经济发展密切相关。无论是商业、工业还是交通、水利以及住宅建设都是国内生产总值的重要组成部分。因此，建设用地必然与国民收入呈正向关系。在此方面，国内外学者已经做出了较为丰富的研究和论证，如：①建设用地与宏观经济增长和波动方面。Barbie（2002）等学者通过建设用地利用与管理对经济增长和波动的影响分析，认为建设用地供给的不足或者无效率的管理将阻碍经济增长[5]；国务院发展研究中心土地课题组（2005）的研究也表明土地市场结构对长期经济增长具有显著影响，同时地方政府的土地信贷政策、土地产权制度以及土地供应制度都对宏观经济运行产生着重要影响[6]。②建设用地与产业发展。虽然土地利用结构与产业结构关系的研究尚处于初级阶段，但是产业结构及其调整对经济增长的影响已为国内外研究所证实（Glaeser and Gyourko，2005[7]）。我国学者也利用典型相关分析方法对产业结构与用地结构之间存在的关系进行了研究，其结论表明建设用地结构与产业结构呈同步增减（张颖，2007[8]）。③土地金融与宏观经济。金融发展对国民经济具有巨大促进作用，这一观点也为中国实践所证实。国内外学者普遍认为土地资产数量及其价值对于企业的投资决策非常重要，并对宏观经济产生影响（Iyigun and Owen，2004[9]；Beck，2000[10]；白当伟，2004[11]；董利，2006[12]；严金海，2007[13]）。可见，建设用地市场需求与国民收入密切相关，其函数关系可以表示为：

$$D_2 = D_2(y) = \lambda y (\lambda > 0) ④$$

---

① 这种土地分类既考虑了土地在三次产业中的不同功能和用途，覆盖了土地要素在经济活动中的全部功能，同时也可避免由于进一步细分农用地和建设用地而可能带来的不必要的烦琐工作。

② 上述农用土地价格的推导公式属于理论化推导公式，在实际农用土地价格评估中，各因素确定都具有较大难度，如未来各年市场利率以及农用土地纯收入都是不确定的，农用土地价格公式并不能实际进行操作。但是，这种操作困难并不影响本文农用土地价格与建设用地价格差异所引起的土地利用格局演进规律分析。

③ D_1 表示农用土地需求，r 表示市场利率，h 表示农用土地需求的利率系数。

④ D_2 表示建设用地需求，y 表示国民收入，λ 表示建设用地需求的国民收入系数。λ 越大，表明建设用地需求与国民收入之间敏感性越大。

建设用地价格与农用土地价格差异是土地利用格局调整和演变的内在驱动力量。如果农用土地价格低于建设用地价格，那么在市场机制的作用下，部分农用土地将转化为建设用地。随着农用土地供给的减少，农产品价格将会上涨，农用土地预期各年收入将会提高，这就导致农用土地价格上涨；同时，随着建设用地供给增加，建设用地价格将会下降。这一调整过程将持续到农用土地价格与建设土地价格相等，土地市场出现平衡状态，农用土地价格和建设土地价格保持相对稳定。同样，如果农用土地价格高于建设用地价格，那么市场机制会促使建设用地向农用土地转变，直至农用土地价格与建设土地价格相等，土地市场出现平衡。可以说，追求效益最大化是土地利用格局分化和演进的内在动力。这与现实经济活动的表现也是一致的。在农业时代，工业和商业发展较为缓慢，工业和商业收益远远低于农业收益，因此土地利用格局以农用土地为主。而随着经济发展和产业结构的变化，工业和商业得到迅速发展，工业和商业收益远超过农业收益，大量农用土地开始向建设用地转移，因此土地利用格局开始以建设用地为主。

2. 异质空间的土地市场均衡—SD 曲线

土地要素的总供给是固定的，在土地要素供给总量固定条件下，土地市场均衡只能通过农用土地与建设用地之间的调节来实现。土地市场的均衡可以表现为：

$$S = D = D_1 + D_2 = \lambda y - hr + \delta^①$$

在土地市场均衡公式中，建设用地需求增加时，农用土地需求必须减少，否则就不能保持土地市场的均衡。这意味国民收入提高导致建设用地需求增加时，市场利率必须提高，从而引致农用土地需求减少[②]。土地市场均衡时，市场利率与国民收入是呈正向关系的，其函数关系可以表示为：

$$r = (\lambda y + \delta - S)/h$$

土地市场均衡时的市场利率与国民收入关系表明，如果市场利率水平一旦确定，那么在土地市场均衡时，即土地总供给与土地总需求相等时，国民收入水平必然是确定的。如果市场利率水平发生变化，那么在土地市场均衡时，国民收入水平也必然发生变化。在土地市场均衡时，市场利率与国民收入存在正向的映射函数关系[③]。

需要说明的是，土地要素的自然总供给是固定的，单纯从土地要素自然总供给角度看 SD 曲线并不能发生位移。然而，土地要素的供给是同时具有社会属性和经济属性的，经济活动所涉及的土地供给是土地的经济供给，即可以被人类在其经济活动中所使用的土地。土地要素的经济供给是有弹性的，因此土地市场均衡曲线可以移动。影响土地市场均衡曲线移动的因素有：①技术进步对 SD 曲线的影响。技术进步对土地的经济供给产生着重要影响。技术进步既可以让人类利用以往不能利用的土地，同时也可以使人们对土地要素的利用效率提高，这实际上就是土地经济供给的增加。因此，技术进步可以导致 SD 曲线的右侧平移。②生态、环境因素对 SD 曲线的影响。与技术进步对土地利用的正向影响不同，生态、环境等因素对于土地要素的经济供给具有双重影响。生态损害和环境恶化将会导致人类可从事的经济活动，无论是在质量上，还是在数量上都会受到严重制约，这种情况事实上是土地经济供给的减少。因此，生态、环境恶化会降低土地的经济供给，表现为 SD 曲线的左侧平移；同样，良好生态环境可以有效提高土地的利用效率，生态环境的改善会导致土地经济供给的增加，表现为 SD 曲线的向右侧平移。③人口是影响土地经济供给的重要因素，但是人口因素对 SD 曲线的影响较为复杂。由于边际报酬递减规律的存

---

① S 表示土地总供给（Land Supply），D 表示土地总需求（Land Demand），D_1 表示农用土地需求，D_2 表示建设用地需求。

② 现代宏观经济学认为，国民收入增加时市场利率确实会相应增加。这是因为，国民收入增加会导致货币需求总量的增加，而在货币供给 M 不变的条件下，市场利率会随货币需求量的增加而上升。

③ 这是由于利率的国民收入敏感系数 λ/h 为正。

在，土地的利用效率与单位面积土地上的人口数量具有密切关系。在一定范围之内，增加人口密度会提高土地生产效率，这实际上就是土地经济供给的增加，SD 曲线右侧平移；但当单位面积土地上的人口密度超过一定范围之后，人口密度的进一步增加将会导致土地利用效率的下降，从而表现为土地经济供给的减少，SD 曲线向左平移。④税收政策对于 SD 曲线的影响。税收并不会导致土地经济供给数量变动，但是税收可以通过影响农用土地需求曲线（或建设用地需求曲线），进而影响 SD 曲线的位置。需要说明的是，对农用土地征收税费或是对建设用地征收税费，其对土地市场均衡的影响是不同的。在土地市场中，政府对农用土地减少税费，土地市场均衡曲线将会向左平移；如果政府对农用土地征税，土地市场均衡曲线将会向右平移。政府对建设用地征税，土地市场均衡曲线将会向左平移；如果政府对建设用地减少税费，土地市场均衡曲线将会向右平移。

三、产品、货币与土地市场一般均衡下的新型宏观调控

传统宏观调控理论可以高度概括为"IS－LM"模型，它反映产品市场和货币市场同时均衡时国民收入和利率的相互关系。IS－LM 模型包含 IS 和 LM 两条曲线，其中 IS 曲线表示产品市场均衡时产出与利率的关系；LM 曲线表示货币市场均衡时产出与利率的关系。如果 IS 曲线和 LM 曲线相交，那么就意味着产品市场和货币市场同时达到均衡。如果 IS 曲线和 LM 曲线均衡时确定的国民收入和利率组合并不是充分就业的国民收入和利率组合，就需要国家进行宏观干预。政府既可以通过财政政策调节 IS 曲线，也可以通过货币政策调节 LM 曲线，进而实现充分就业的国民收入和利率水平。然而需要指出的是，缺乏土地市场的均衡分析，传统的财政政策和货币政策未必能够实现上述理论预期。

1. 土地市场非均衡与财政政策失灵

在完全竞争的土地市场条件下，政府并不通过行政手段干预土地市场均衡。土地要素市场中农用土地需求和建设用地需求完全由市场决定。在这种情况下，我们可以借助图 1 说明财政政策实施的效果。

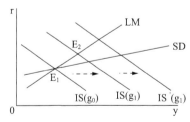

图 1　完全竞争土地市场的财政政策结果

在图 1 中，如果政府实施（增加政府采购，从 g_0 增加到 g_1 的）扩张性财政政策，IS 曲线将向右侧平移，从 IS（g_0）位移到 IS（g_1）。产品市场和货币市场均衡时的国民收入和利率组合将从 E_1 点移动至 E_2 点。然而，E_2 点却并没有处于土地市场的均衡曲线上，土地市场此时处于供给大于需求状态。这种情况下，土地要素价格将会下降，对于建设用地市场而言，土地收益将增加，建设用地所承载的工业、商业等经济活动资本边际收益将增加。对于宏观经济而言，社会投资总量将增加，这会进一步导致 IS 曲线向右侧移动。可见，考虑到土地市场对产品市场的影响，单独使用传统宏观经济学所强调的财政政策并不能充分实现预期调控目标，土地市场会使财政政

策效果产生扩张效应①。

2. 土地市场非均衡与货币政策失灵

我们借助图 2 阐释完全竞争土地市场条件下的货币政策效果。

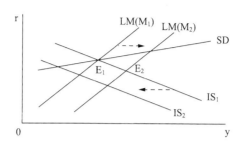

图 2　完全竞争土地市场的货币政策效果

在图 2 中，LM 曲线比 SD 曲线陡峭，若政府执行扩张性货币政策，LM 曲线从 LM（M_1）右侧平移至 LM（M_2），此时产品市场和货币市场共同均衡点从 E_1 点移动至 E_2。然而，E_2 点位于 SD 曲线右侧，并未处于土地市场均衡曲线之上，土地市场此时处于供给小于需求状态。这种情况下，土地要素价格将会上涨，对于宏观经济而言，资本的边际收益下降，社会投资总量将会减少，这种社会总需求下降将导致 IS 曲线向左侧移动，均衡的国民收入将向左侧移动，货币政策的实施效果被减弱。可见，在 LM 曲线斜率大于 SD 曲线斜率时，完全竞争的土地市场会减弱货币政策的政策效果②。概括而言，考虑土地市场对货币市场的影响，单独使用货币政策并不能充分实现预期宏观调控目标，土地市场会弱化货币政策效果。

3. 土地政策与财政政策、货币政策的联动

引入土地市场之后，宏观经济调控与管理更加复杂。宏观调控必须同时满足产品市场、货币市场与土地市场共同均衡，宏观经济才能保持稳定。这种均衡状态必须是 SD 曲线、IS 曲线和 LM 曲线同时相交于充分就业国民收入水平。然而，现实经济很少能自发出现上述理想状态，经常出现的情况可能是如下两种：第一种是产品市场与货币市场均衡，但土地市场非均衡；第二种是产品市场、货币市场、土地市场都均衡，但却并非充分就业均衡。从宏观调控的角度上看，上述两种情况都需要政府进行宏观干预。政府调控的基本目标应该是实现 SD 曲线、IS 曲线和 LM 曲线相交于充分就业国民收入水平，即产品市场、货币市场和土地市场在充分就业国民收入水平上共同均衡。

一般而言，如果产品市场与货币市场均衡点并不是充分就业国民收入水平，那么可以通过调节财政政策或者货币政策即可实现充分就业国民收入。这种调节在传统宏观经济学中已经有了详细阐述。本文在此仅对土地市场失衡的调控进行探讨。假定产品市场与货币市场已经实现均衡，但土地市场却处于失衡状态，即宏观经济处于 IS 曲线和 LM 曲线的相交位置，但均衡点却并不在 SD 曲线上。我们借助图 3 进行土地市场、产品市场和货币市场的均衡调节分析③：

---

① 由于 SD 曲线和 LM 曲线都是向右上方倾斜，因此分析完全竞争土地市场下财政政策效果，需要分别在 LM 斜率大于 SD 斜率以及 LM 斜率小于 SD 斜率两种情况下进行讨论。正文讨论了第一种情况，而在第二种情况下，即 LM 曲线斜率小于 SD 曲线斜率时，土地市场会减弱财政政策效果。综合而言，财政政策的效果取决于 LM 曲线斜率与 SD 曲线斜率的比较。

② 在 SD 曲线斜率大于 LM 曲线斜率时，我们同样可以得出完全竞争的土地市场也会弱化货币政策的结论。

③ 土地市场均衡需要分别在 LM 斜率小于 SD 斜率以及 LM 斜率大于 SD 斜率两种情况下进行分析。正文讨论了第一种情况，在 LM 曲线斜率大于 SD 曲线斜率时，土地市场均衡分析方法与第一种情况基本相同，本文不再单独进行分析。

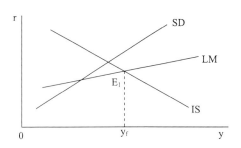

图3　产品市场、货币市场与土地市场的均衡调节

在图3中，IS曲线和LM曲线相交于E_1点，国民收入水平为充分就业国民收入。但E_1点偏离SD曲线，并处于SD曲线右侧，此时土地市场并不均衡，土地供给量小于土地需求量。正如前文所述，E_1点并不稳定。如果期望国民收入仍保持在充分就业水平，则必须调整土地政策，通过推进SD曲线向右平移来实现充分就业的市场均衡。如本文之前所述：技术进步、生态、环境、人口密度、税收政策都会导致SD曲线移动。因此，政府可以分别采用上述政策进行土地市场均衡调节。具体而言：①提高技术水平使得SD曲线向右平移，实现土地市场、产品市场和货币市场的共同均衡。②改进生态环境提高土地的经济供给，使得SD曲线右侧平移。③在一定范围内，增加单位面积土地上的人口密度，提高土地利用效率，使得土地经济供给增加，进而使SD曲线向右侧平移①。④税收政策对于SD曲线移动具有重要影响，但是对农用土地征收税费与对建设用地征收税费，其对土地市场均衡的影响不同。政府对农用土地征收税费，土地市场均衡曲线将会向右平移；政府对建设用地减少税费，土地市场均衡曲线将会向右平移。

四、区域分类管理与宏观调控政策选择

异质空间宏观经济运行模型可以为主体功能区分类管理提供宏观调控的理论依据。鉴于四类主体功能区的土地市场、产品市场和货币市场运行规律并不完全相同，因此本文将分别对四类主体功能区的市场均衡进行分析，从而准确厘清不同类型功能区宏观调控政策选择的依据。建设用地与农用土地价格差异是土地利用格局演变的内在动力。这一规律既是本文进行土地市场均衡分析的基本前提和假设，也是本文聚类分析主体功能区管理政策的重要依据。根据各类别主体功能区资源承载能力、内涵特征和发展方向的界定，本文将优化与重点开发区作为一类，同时将限制与禁止开发区作为一类，分别进行分类管理的宏观调控政策选择分析。

（一）限制开发区和禁止开发区的市场均衡分析

1. 限制开发区、禁止开发区的土地市场均衡曲线特征

限制开发区和禁止开发区由粮食主产区、生态功能区以及自然保护区构成。由于粮食主产区、生态功能区以及自然保护区的土地市场均衡特征基本一致，并且粮食主产区土地市场均衡稍显复杂，因此我们以粮食主产区为例进行土地市场均衡分析。

---

① 当单位面积土地上的人口密度超过一定范围之后，人口密度的进一步增加将会导致土地利用效率的下降，从而表现为土地经济供给的减少，SD曲线向左平移。因此，当单位土地面积人口密度过大时，应该减少人口密度才能实现SD曲线的右侧移动。

农用土地需求数量与市场利率呈反比关系。然而，农用土地需求曲线的倾斜程度却不取决于市场利率。事实上，农业是国民经济的基础，对国民经济具有显著影响。因此，多数国家政府都会通过制定相关政策以确保农用土地的数量和质量，从而保障国民经济安全。尤其是在农业主产区，为防止农业生产受到市场价格波动影响，各国政府都制定了较为完善的相关政策进行防范，如目前各国普遍存在的农产品价格维持制度。从这个角度上说，在农业主产区，农用土地价格对于市场利率的敏感性就会下降，在市场利率发生变化时，农用土地需求变化幅度并不会很大。因此，在农业主产区中，农用土地需求曲线较为陡峭。在农用土地需求曲线公式中就表现为农用土地需求利率系数绝对值较小[①]。土地需求相对于市场利率变动的敏感弹性对于土地市场均衡曲线的斜率具有重要影响。如果农用土地需求曲线越陡峭，那么土地市场均衡曲线也将越陡峭，即土地市场均衡曲线相对于纵坐标，其斜率越大。

2. 限制开发区、禁止开发区的政策效果分析

土地市场均衡曲线斜率对于宏观调控政策效果具有重要的影响作用。不同土地市场均衡曲线斜率下，财政政策、货币政策和土地政策效果明显不同。我们首先分析不同 SD 曲线斜率下的财政政策效果差异性（见图4）。

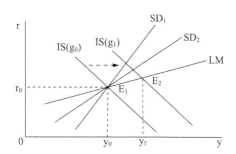

图4　限制开发区和禁止开发区财政政策效果分析

图4存在两个经济体，其产品市场均衡（IS）曲线和货币市场均衡（LM）曲线相同，但土地市场均衡曲线不同，分别为 SD_1 和 SD_2。假设初始阶段，两个经济体在 E_1 实现产品市场、货币市场和土地市场的一般均衡，如果此时国民收入并非充分就业国民收入，这就需要政府制定扩张性财政政策提高国民收入水平。这种情况下，IS 曲线向右侧平移，从 IS（g_0）位移到 IS（g_1）。产品市场和货币市场的均衡将会变动到 E_2 点。然而，产品市场和货币市场的均衡 E_2 点却并没有处于土地市场均衡（SD_1 或 SD_2）曲线上，而是处于 SD 曲线的右侧，土地市场此时并未均衡，土地供给量小于土地的需求量。在这种情况下，土地要素价格将会上涨，资本边际收益将会下降，社会投资总量减少，这就导致 IS 曲线向左侧移动，财政政策出现挤出效应。一般而言，产品市场和货币市场的均衡 E_2 点偏离土地均衡曲线越远，那么这种财政政策的挤出效应就越大，财政政策效果就越差。因此，SD 曲线越陡峭，扩张性财政政策实现既定宏观调控目标的能力就越弱。可见，由于限制开发区、禁止开发区土地需求的利率系数较小，土地市场均衡曲线较为陡峭，因此限制开发区和禁止开发区应该谨慎使用财政政策。

图5反映不同 SD 曲线斜率下的货币政策效果差异。在图5中，第一个经济体的 SD_1 曲线较为陡峭，第二个经济体的 SD_2 曲线较为平坦。如果两个经济体同时制定扩张性的货币政策，LM

---

①　一般而言，政府对生态功能区、自然保护区的土地使用具有更为严格的规定和政策。这就导致了生态功能区、自然保护区的土地需求相对于市场利率的变化更缺乏弹性，甚至一定程度上可以说，这些功能区的土地需求几乎与市场利率变动无关。这意味着，在生态功能区、自然保护区中土地需求与市场利率的关系曲线更为陡峭。

曲线向右侧平移，从 LM_1 位移到 LM_2。产品市场和货币市场的均衡将会从 E_1 点变动到 E_2 点。然而，产品市场和货币市场的均衡 E_2 点却并没有处于土地市场均衡（SD_1 或 SD_2）曲线上，而是处于 SD 曲线的右侧。这种情况下，由于土地供给量小于土地需求量，土地要素价格将会上升，资本边际收益下降，社会投资总量减少，这会导致 IS 曲线向左侧移动，财政政策出现挤出效应。同样，产品市场和货币市场的均衡 E_2 点越偏离土地均衡曲线，这种财政政策的挤出效应就越大。因此，SD 曲线越陡峭，政府扩张性的货币政策实现既定宏观调控目标的能力就越弱。从这个角度说，限制开发区和禁止开发区因其土地需求的利率系数较小，土地市场均衡曲线较为陡峭，因此货币政策干预限制开发区和禁止开发区宏观经济运行的效果并不明显。

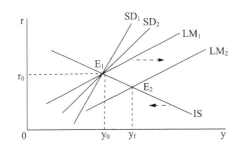

图5　限制开发区和禁止开发区货币政策效果分析

图6进一步分析不同 SD 曲线斜率下的土地政策效果差异。在图6中，如果不同经济体同时制定扩张性土地政策来提高国民收入水平，那么 SD 曲线向右侧平移时，斜率较大的土地市场均衡曲线与 IS 曲线的交点相对于斜率较小的土地市场均衡曲线与 IS 曲线的交点更远一些。这说明，SD 曲线斜率越大，土地政策的效果越好[1]。这说明限制开发区和禁止开发区因其土地需求的利率系数较小，土地市场均衡曲线较为陡峭，因此限制开发区和禁止开发区应选择土地政策作为其分类管理的主要手段。

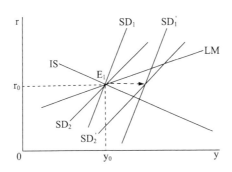

图6　限制开发区和禁止开发区土地政策效果分析

（二）重点开发区和优化开发区的市场均衡分析

1. 重点开发区和优化开发区的土地市场均衡曲线特征

从国家对优化开发区和重点开发区资源承载能力、内涵特征和发展方向界定中可以看出，我

---

[1]　事实上，此时要想实现稳定均衡，政府必须采取扩张性货币政策进行配合。

国优化开发区和重点开发区的土地利用格局主要以建设用地为主。建设用地包括商服用地、工矿仓储用地、公用设施用地、公共建筑用地、住宅用地、交通用地、水利建设用地以及特殊用地。显然，建设用地的结构和质量与国民经济的结构和质量是密切相关的。相较而言，重点开发区和优化开发区中的建设用地市场相对于国民收入具有较高弹性，即建设用地的调整会较大程度上影响国民收入的调整。在建设用地需求曲线中，表现为建设用地需求曲线较为平坦。建设用地需求曲线斜率对于土地市场均衡曲线的斜率，同样具有重要的影响。借助土地市场均衡曲线的推导，显然我们可以得出这样的结论：建设用地需求曲线越平坦，那么土地市场均衡曲线也将越平坦。

2. 重点开发区、优化开发区政策效果分析

重点开发区和优化开发区土地市场均衡曲线的斜率对于财政政策、货币政策和土地政策效果同样具有重要的影响作用。

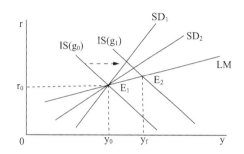

图7　重点开发区和优化开发区财政政策效果分析

首先分析重点开发区和优化开发区下的财政政策效果（见图7）。在图7中，两个经济体分别存在不同的土地市场均衡曲线。假设初始阶段，两经济体的产品市场、货币市场和土地市场均在 E_1 点处实现均衡。如果此时国民收入并非充分就业国民收入，政府制定扩张性财政政策提高国民收入，IS（g_0）曲线位移到 IS（g_1）。产品市场和货币市场均衡变动到 E_2 点。然而，产品市场和货币市场的均衡 E_2 点却并没有处于土地市场均衡曲线上，而是处于 SD 曲线的右侧，土地市场此时供给小于需求。在这种情况下，土地要素价格上升，资本边际收益下降，社会投资将会减少，这就导致 IS 曲线向左侧移动，财政政策出现挤出效应。一般而言，产品市场和货币市场的均衡 E_2 点越偏离土地市场均衡曲线，财政政策的挤出效应就越大，财政政策效果就越差。从这个角度上说，重点开发区和优化开发区因其土地市场均衡曲线较为平坦，因此财政政策就成为重点开发区和优化开发区实现分类管理的主要宏观调控手段。

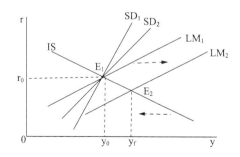

图8　重点开发区和优化开发区货币政策效果分析

同样借助图8分析重点开发区和优化开发区下的货币政策效果。在图8中，如果政府制定扩张性货币政策提高国民收入水平，那么 LM 曲线将向右侧平移，从 LM_1 移到 LM_2。如果产品市场

和货币市场的均衡 E_2 点没有处于土地市场均衡曲线上，那么由于土地供给量小于土地需求量，土地要素价格将会上升，资本边际收益下降，社会投资将会减少，这会导致 IS 曲线向左侧移动，货币政策的实施效果会被财政政策的挤出效应弱化。一般而言，产品市场与货币市场的均衡点越偏离土地市场均衡曲线，那么这种财政政策的挤出效应就越大。因此，重点开发区和优化开发区因其土地市场均衡曲线较为平坦，扩张性货币政策实现既定宏观调控目标的能力较强。

图 9 反映重点开发区和优化开发区下的土地政策效果。在图 9 中，如果国民收入并非充分就业国民收入，政府可以制定扩张性土地政策从而提高国民收入水平，SD 曲线将向右侧平移。从图 9 可以看出，斜率较小的 SD′与 IS 曲线的交点相对于斜率较大的 SD_1 与 IS 曲线的交点更近一些。这说明，SD 曲线的斜率越小，SD 曲线越平坦，土地政策的效果越差。因此，重点开发区和优化开发区因其土地市场均衡曲线较为平坦，土地政策并不能成为重点开发区和优化开发区分类管理的重要手段。

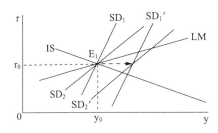

图 9　重点开发区和优化开发区土地政策效果分析

五、结论

对我国经济发展进行区域分类治理和调控是新常态下解决我国经济增长与环境冲突的内在要求。然而，主流宏观经济理论以"无空间维度"为基本分析范式，无法对明显纳入区域空间差异的区域分类管理提供调控引导。无空间维度的主流宏观经济学在面对现实经济不平衡发展以及社会经济发展与自然资源、生态环境的冲突时，既缺乏成熟的理论指导，又缺乏实践中的工具选择。因此，沿袭传统宏观调控模式必然无法适应"空间维度"下的区域建设。只有构建"异质空间"宏观经济运行模型，系统分析主体功能区宏观调控政策间的运行机制、组合模式及其调控效应，才能为我国区域分类管理提供有效的调控手段，进而保障我国区域经济的可持续发展。本文在异质空间土地市场均衡分析基础上，构建了以土地市场均衡为特征的异质空间 IS－LM－SD 宏观经济运行模型，系统分析了产品市场、货币市场和土地市场一般均衡下的主体功能区各项宏观调控政策的政策效果、联动机制，为我国区域分类管理的宏观调控政策应用奠定了理论基础，其结论表明：财政政策和货币政策的单独使用并不能完全实现国民经济宏观调控目标，只有财政政策、土地政策和货币政策的共同使用才能确保宏观调控目标的实现。

参考文献

［1］约翰·梅纳德·凯恩斯. 就业、利息和货币通论［M］. 北京：商务印书馆，2014.

［2］威廉·配第. 赋税论［M］. 北京：华夏出版社，2006.

［3］David Ricardo. On the Principles of Political Economy and Taxation［M］. Cambridge University Press，1981.

〔4〕Harris J. M. Carrying Capacity in Agriculture：Global and Regional Issue〔J〕. Ecological Economics，1999（129）：443 – 461.

　〔5〕Barbie E. B. The Role of Natural Resource in Economic Development〔J〕. CIES Discussion Paper 0227，2002（10）：12 – 17.

　〔6〕国务院发展研究中心土地课题组. 土地制度、城市化与财政金融风险〔J〕. 改革，2005（10）：12 – 17.

　〔7〕Glaeser E. L.，J. Gyourko，R. E. Sakes. Why have Housing Prices Gone Up？〔J〕. American Economic Review，2005，95（2）：329 – 333.

　〔8〕张颖，王群，王万茂. 关于土地节约和集约利用问题的思考〔J〕. 广东土地科学，2007（6）：4 – 9.

　〔9〕Iyigun Murat F. and Ann L. Owen. Income Inequality Financial Development and Macroeconomic Fluctuations〔J〕. The Economic Journal，2004（114）：352 – 376.

　〔10〕Beck T. Finance and the Sources of Growth〔J〕. Journal of Financial Economics，2000（58）：261 – 300.

　〔11〕白当伟. 金融发展与内生经济波动〔J〕. 经济学家，2004（2）：87 – 93.

　〔12〕董利. 金融发展与我国经济增长波动性实证分析〔J〕. 经济管理，2006（11）：84 – 87.

　〔13〕严金海. 土地抵押、银行信贷与金融风险：理论、实证与政策分析〔J〕. 中国土地科学，2007（1）：17 – 23.

新常态下地方政府债务风险预警及防范对策研究

张小锋　蔡德发

一、引言

新常态内涵主要表现在三个方面：一是从高速增长转为中高速增长；二是经济结构不断优化升级；三是从要素驱动、投资驱动转向创新驱动。贾康（2014）指出："在新常态下，我国的宏观调控管理政策也需要从思路上调整，在维持积极的财政政策不变的同时，宏观调控总体贯彻了相机抉择原则。"张杰（2015）指出："在新常态下，财政困境将对调整结构战略目标造成制约效应，应当对既有的财政政策全面改革与创新，进而破解结构性矛盾。"地方政府债务作为财政政策和宏观调控手段的重要组成部分，其风险的大小在很大程度上影响新常态下地方经济的健康发展，因此对新常态下地方政府债务风险预警及防范对策研究具有一定的理论意义和实践价值。

地方政府债务有广义和狭义之分，狭义的地方政府债务仅指地方政府负有偿还责任的债务；广义的地方政府债务指地方政府为了履行其职能的需要，依据信用原则，有偿、灵活地取得财政收入的一种形式。地方政府债务按照债务的法定性分为显性债务和隐性债务，前者又分为直接债务和担保债务。直接债务是指地方政府财政承担第一性偿债责任的债务，例如用于城市建设的国内金融机构贷款、欠部门工程款、开发银行贷款、国债转贷等；担保债务是指地方政府财政承担第二性偿债责任的债务。隐性债务主要包括地方金融机构不良资产损失、地方国有企业亏损欠债、社保资金缺口等。目前我国地方政府债务风险较高，如何防范地方政府债务风险，建立地方政府债务风险预警体系尤为重要。

二、地方政府债务风险预警方法选择

主要有指标体系法、熵权法、主成分分析法三种方法对地方政府债务风险进行预警。其中指标体系法是参照国际上比较通行的指标标准，根据广泛的统计来评测的方法，不太适合我国地方政府复杂的债务实际；而熵权法是一种综合评价体系，涉及各级地市的数据量太大，所需数据很难获得，因此本文不予采纳。主成分分析法综合了以上两种方法的优点，在新常态下，本文采纳

[作者简介] 张小锋，哈尔滨商业大学财政与公共管理学院讲师，博士研究生，研究方向：财政法经济学；蔡德发，黑龙江省财税研究基地主任，教授，研究方向：财税理论与政策。

主成分分析法，基于相关数据，对地方政府债务风险进行实证分析。

（一）主成分分析法基本思路

在多个指标构成的一个多维空间中，以各项指标总变差来说明样本在多维空间的相对位置，即为多项指标综合评价。它是通过适当的数学变换，使新变量成为原变量的线性组合，实施变换前后的总方差相等，并寻求新的分量来表示原来指标代表的信息的一种评价方法。

设 F 代表分量，X 代表原变量，Y 代表标准化后的变量。i 代表各被评价样本，j 代表各评价指标，g 代表各分量，X_{ij} 代表第 i 个样本的第 j 个指标数值，Y_{ij} 代表第 i 个样本的第 j 个标准化指标数值，L_{ij} 代表第 i 个样本的第 j 个标准化指标的分量系数，F_{ig} 表示第 i 个样本的第 g 个分量。即有：

$$F_{ij} = \sum_{j=1}^{p} L_{ij} \cdot Y_{ij}$$

其中，i = 1, 2, …, n；j = 1, 2, …, p；g = 1, 2, …, p；$cov(F_g, F_{g+k}) = 0$；$k \neq 0$；$g + k \leq p$；这表示各个分量是相互独立的。

数学已经证明，X_{ij} 的协方差矩阵（Σ）的特征根 λ_g 即是主分量分析中第 g 个分量的方差，而 λ_g 对应的特征向量即是第 g 个分量 F_g 中 Z_{ij} 各个系数 L_{ij}。由于标准化变量的协方差矩阵等于其相关矩阵，因此，求协方差矩阵特征根及特征向量可以转化为对相关矩阵 R 的求解，有了特征向量作为系数，就完成了由 X→Y→F 的变换。再将各个分量 F_{ig} 用适当的形式综合起来，就可以得到对每个样本点的一个综合评价值，据此进行排序，达到多指标综合评价的要求。

主成分分析中各分量按方差大小依次排列，即 $\lambda_g > \lambda_{g+1}$，这表明第一分量代表的原变量变差信息最多，第二分量次之，最后一个分量代表的原变量的信息最少，往往近似于零。在分析实际问题时，在满足分析问题精度要求的前提下，可以舍去一部分分量，只取前 K 各分量来代表原变量，减少了工作量。这里的精度按该理论的规定，有 α（k）≥85% 准则、$\lambda_g > \bar{\lambda}$ 准则、斯格里准则、巴特莱特检验准则等。

（二）主成分分析法的评价步骤

1. 指标数据标准化

本文采用 Z – score 法进行标准化。设有待评价的时间区间为 n 年，政府债务风险预警体系评价指标为 p 个，我们从中选取 12 个指标，即 p = 12。样本数据矩阵为：

$$X = \begin{bmatrix} x_{11} & x_{12} & \cdots & x_{1p} \\ x_{21} & x_{22} & \cdots & x_{2p} \\ \vdots & \vdots & \vdots & \vdots \\ x_{n1} & x_{n2} & \cdots & x_{np} \end{bmatrix}$$

为了消除不同指标间量纲和正、逆指标影响，将样本数据按下式进行标准化：

$$y_{ij} = \frac{x_{ij} - \bar{x}_j}{\sqrt{\frac{1}{n-1} \sum_{i=1}^{n} (x_{ij} - \bar{x}_j)^2}}, \bar{x}_j = \sum_{i=1}^{n} \frac{x_{ij}}{n}$$

经过变换后的数据，均值为 0，方差为 1。

2. 计算相关系数矩阵 R

$R = (r_{ij})_{np}$，计算公式为：

$$r_{ij} = \frac{s_{ij}}{\sqrt{s_{ii}} \sqrt{s_{jj}}}, s_{ij} = \frac{1}{n} \sum_{k=1}^{n} (x_{ki} - \bar{x}_i)(x_{kj} - \bar{x}_j)$$

3. 计算特征值和特征向量

求相关矩阵的特征值 λ_1，λ_2，$\cdots$，λ_p（$\lambda_i \geqslant 0$），特征向量 L_g 为特征根 λ_g 对应的特征向量。

$$\alpha_i = \frac{\lambda_i}{\sum\limits_{i=1}^{p} \lambda_i}，累计贡献率为：\sum_{i=1}^{k} \alpha_i$$

4. 将 k 个主成分综合成单指标评价

（1）只用第一个主成分排序。按照此方法，多指标综合评价值是标准化变量值与对应特征向量值的乘积之和。即：

$$F_{i1} = \sum_{j=1}^{p} \lambda_{ij} \cdot Y_{ij}$$

（2）用 k 个主成分排序。要分别求出每一个主成分的线性加权值的和 $F_{i1} - F_{ik}$，然后再用每个主成分的贡献率 $\lambda_i / \sum\limits_{i=1}^{p} \lambda_i$ 作权数，求 F_{ik} 的加权和。即：

$$F_{ig} = \sum_{j=1}^{p} L_{ij} \cdot Y_{ij}，F_i = \sum_{g=1}^{p} d_g \cdot F_{ig}，d_g = \lambda_g / \sum_{j=1}^{p} \lambda_{ij} \cdot Y_{ij}$$

5. 以 F_i 作为多指标综合评价值

利用 Fisher 和 Logistic 模型求出风险概率水平。

三、地方政府债务风险指标体系构建

（一）指标选取的基本原则

为了建立一套高效灵敏的地方债务风险监测预警指标体系，应遵循以下几个原则：一是规范性，即预警指标应尽量与国际惯例和已有的文献为基础；二是重要性，即选择经济意义明确并对地方政府经济活动影响较为重要的指标；三是综合性，即要求监测预警指标具有高度的概括性，能准确反映债务风险的程度；四是灵敏性，即要求指标的灵敏度高，其细微变化能直接反映债务风险程度的变化；五是互补性，即指标体系内各指标能相互联系、相互补充，能客观全面地反映债务风险变化情况；六是可操作性，即要求每一指标都能有精确的数值表现；七是特殊性，即指标设计必须根据哈尔滨市市情，确定各指标的权数以提高预警的准确性。为此，在构建地方政府债务风险预警体系时，应遵循系统化原则、动态化原则和功能性原则。

（二）具体指标构建

根据风险预警的一般逻辑，在整个地方政府债务风险预警体系中，分析警兆处于关键环节。因为地方政府债务风险预警的目的就是预报地方政府债的风险警度，而预报债务风险的警度，除了可以根据警情指标的变化来定义警度外，还需要其他的辅助性指标体系来配合。从风险预警的一般逻辑上讲，寻找警源也是十分关键的，应该根据警源进行预警。但是警源只是说明了存在风险的可能性，而警源到警情的发生需要一个过程，这个过程是否出现也根据环境变化而变化，并不能够及时地判断出风险的出现。如果说警源是产生风险的原因，那么警兆是警源变成警情的外部形态表现。因此，地方政府债务风险预警体系包括两层指标：警情指标和警兆指标。

1. 警情指标

在建立预警系统时，首先要解决的就是什么是危机，以及如何量化的表示危机的发生。经济学理论认为，无论是宏观主体还是微观主体，发生债务危机就是无力偿债或者延时偿债。对于中观领域的地方政府来说，政府债务危机也应该是无力满足各种债务支出或者延期债务支出。

2. 警兆指标

警兆指标体系，需要体现地方政府债务中可能出现的一些风险，从而能够弥补政府债务危机综合指数单个指标的缺陷。

（三）指标的选取

在地方政府债务风险预警指标体系中，选取指标应该反映地方政府债务风险中财政、担保风险、直接债务、效益等风险。由于不同的指标既可以反映某一种风险，又可以反映另外的风险，并且指标又没有具体的理论基础，或多或少的存在主观判断因素，所以可能存在共线性和指标不敏感等问题，对于这些指标必须加以剔除，以降低主观判断因素的比重和不准确性，归纳出一套简洁可行的指标体系。

本文对指标样本进行变量聚类，结合各变量之间相关关系，对某些变量进行剔除。在变量聚类过程中，选用 Wald's 最小方差法和 Euclidean distance 方法，得出指标分为 3 类的结果，如表 1 所示。

表 1　地方政府债务风险指标选取及其计算公式

类别	代码	警兆指标	计算公式（×100%）
第一类	X_1	政府财政支出率	地方财政一般预算支出/地方 GDP
	X_2	政府支出结构比例	当年应还债务本息额/地方财政一般预算支出
	X_3	狭义债务偿债率	当年偿还的直接债务本息额/地方财政一般预算支出
	X_4	基本建设支出贡献率	财政基本建设支出/全市固定资产投资总额
第二类	X_5	地方财政一般预算收入支出结构	地方财政一般预算支出/地方财政一般预算收入
	X_6	政府收入结构指标	地方财政一般预算收入/地方财政收入
	X_7	广义债务偿债率	政府当年应还债务本息额/地方财政收入
	X_8	土地收益结构指标	土地出让收益/地方财政收入
第三类	X_9	逾期债务风险负担率	当年逾期债务本息总额/地方财政收入
	X_{10}	直接债务负担率	政府直接债务总量/地方财政收入
	X_{11}	担保债务负担率	政府担保债务总量/地方财政收入
	X_{12}	区县财政担保债务率	区县财政债务/政府担保总债务

注：地方财政收入 = 地方财政一般预算收入 + 基金收入；政府当年应还债务本息额 = 各项直接债务 + 担保逾期债务。

四、地方政府债务风险预警实证分析——基于哈尔滨数据

（一）地方政府债务危机指数分析

1. 警兆指标值计算

表 1 选取了 3 大类共 12 个指标作为分析哈尔滨市政府债务风险的警兆指标，根据哈尔滨市财政局提供的相关数据，计算出这 12 大警兆指标值，如表 2 所示。

表2　哈尔滨市12大债务风险指标值

指标	X_1	X_2	X_3	X_4	X_5	X_6	X_7	X_8	X_9	X_{10}	X_{11}	X_{12}
计算值	0.065	0.060	0.040	0.009	1.314	0.703	0.056	0.101	0.019	0.633	0.677	0.346

资料来源:《哈尔滨统计年鉴》(2014)和哈尔滨市财政局等,经计算得到。

2. 因子提取

利用确定的12个指标数据,根据SPSS统计软件的Factor功能,提取综合指标。根据表3,可以从12个指标中提取6个因子(主成分),X_1、X_2、X_3、X_4、X_5、X_6因子的特征值之和占总方差的88.45%,已经对大多数数据给出了充分的概括。

表3　总方差解释

指标	初始特征值		提取值		循环值	
	总计	累计(%)	总计	累计(%)	总计	累计(%)
1	5.168	33.462	5.168	34.452	4.011	26.741
2	2.762	53.058	2.762	52.868	3.033	46.961
3	1.954	66.071	1.954	65.891	2.132	61.175
4	1.351	74.901	1.351	74.901	1.59	71.772
5	1.199	83.893	1.199	82.893	1.509	81.829
6	1.038	88.45	1.038	89.81	1.197	89.81
7	0.488	93.161				
8	0.436	96.065				
9	0.300	98.077				
10	0.193	99.346				
11	0.062	99.798				
12	0.03	99.889				

为了对因子命名,可以进行旋转,使系数向0和1两极分化。根据因子旋转后的结果如表4所示。可以得出旋转后因子的数学表达是:

表4　旋转后的因子矩阵

	指标					
	1	2	3	4	5	6
X_1	0.95	0.214	9.07E−02	−9.96E−02	2.48E−02	−2.61E−02
X_3	0.516	0.523	7.89E−02	−0.449	−0.109	−1.86E−02
X_6	0.910	−0.121	2.90E−02	−0.116	−7.65E−02	0.217
X_2	0.157	7.52E−02	0.98	−4.07E−03	1.85E−02	−4.76E−02
X_5	−7.39E−02	0.168	−0.100	6.67E−02	7.86E−02	0.929
X_7	0.192	0.946	0.140	−6.19E−02	−1.66E−02	7.11E−02
X_8	0.123	0.884	8.13E−03	−1.89E−03	8.22E−02	−3.00E−02
X_4	0.962	9.68E−02	5.89E−02	−0.2	9.11E−02	−4.29E−02
X_9	0.153	7.70E−02	0.980	−8.76E−04	1.55E−02	−5.11E−02
X_{10}	0.912	0.169	0.322	2.86E−02	4.68E−02	−5.25E−02
X_{11}	5.93E−02	−0.161	7.94E−02	1.91E−02	0.858	0.272
X_{12}	−0.322	−0.234	3.94E−02	7.18E−02	−0.707	0.438

$$RFcator1 = 0.287X_1 - 0.068X_2 + 0.046X_3 + 0.28X_4 + 0.071X_5 + 0.279X_6 - 0.035X_7 - 0.051X_8 - 0.069X_9 + 0.266X_{10} - 0.059X_{11} - 0.040X_{12}$$

$$RFcator2 = -0.008X_1 - 0.024X_2 + 0.002X_3 - 0.048X_4 + 0.132X_5 - 0.111X_6 + 0.319X_7 + 0.323X_8 - 0.023X_9 - 0.027X_{10} - 0.037X_{11} - 0.136X_{12}$$

$$RFcator3 = -0.063X_1 + 0.491X_2 - 0.017X_3 - 0.067X_4 - 0.017X_5 - 0.069X_6 + 0.016X_7 - 0.046X_8 + 0.491X_9 + 0.056X_{10} + 0.008X_{11} + 0.049X_{12}$$

$$RFcator4 = 0.074X_1 - 0.033X_2 - 0.043X_3 + 0.006X_4 - 0.248X_5 + 0.065X_6 - 0.02X_7 + 0.033X_8 - 0.031X_9 + 0.15X_{10} - 0.011X_{11} - 0.063X_{12}$$

$$RFcator5 = -0.091X_1 + 0.039X_2 + 0.088X_3 - 0.055X_4 - 0.122X_5 + 0.029X_6 + 0.027X_7 + 0.098X_8 + 0.037X_9 - 0.06X_{10} + 0.614X_{11} - 476X_{12}$$

$$RFcator6 = 0.05X_1 + 0.001X_2 + 0.808X_3 + 0.055X_4 + 0.029X_5 + 0.031X_6 + 0.016X_7 - 0.085X_8 - 0.003X_9 + 0.024X_{10} + 0.277X_{11} + 0.37X_{12}$$

（二）地方政府债务风险预警模型建立

1. 判别函数的建立

本文采用主成分分析法建立政府债务预警模型，根据 Wilks' Lambda 值进行逐步选择变量并进行 F 检验的结果，如表 5 所示。每一步都计算该变量进入模型使 Willcs' Lambda 值降低多少，都是使总的 Wilks' Lambda 值最小的变量进入判别函数。

表5　变量判别

步骤	进入指标	Wilks' Lambda 值							
		统计值	df1	df2	df3	Exact F			
						统计值	df1	df2	Sig
1	X_4	0.749	1	1	38.00	12.735	1	38	0.001
2	X_1	0.618	2	1	38.00	11.412	2	37	0.000
3	X_2	0.531	3	1	38.00	10.588	3	36	0.000
4	X_6	0.464	4	1	38.00	10.096	4	35	0.000

当 Sig 小于 0.05 或 0.01 时，拒绝零假设，说明该变量在不同类中均值的不同，是由于类间差异，而不是由随机误差引起。因此该值最大的先进入判别函数，6 个因子先后进入模型的是因子 1、因子 2、因子 4、因子 6、因子 5 和因子 3。逐步判别选择变量的目的仍是要使用选择出的较少自变量，导出判别函数，对观测量进行进一步的判别，然后分析该判别函数优劣。得出关于两类地方政府的 Fisher 判别方程。其中，第一类政府判别方程：

$$F_1 = -0.644RFactor1 - 0.256RFactor2 - 0.893RFactor4 + 0.461RFactor6 - 1.098$$

$$F_2 = 0.871RFactor1 + 0.712RFactor2 + 1.208RFactor4 - 0.624RFactor6 - 1.435$$

表6　分类的结果

编号		预测值		总计
		1.00	2.00	
原始值	1.00	21	2.00	23
	2.00	5	12.00	17
%	1.00	91.3	8.7	100.00
	2.00	29.4	70.6	100.00

从表6分析结果中可以看出，对地方政府不存在风险的分类错判率为8.7%，而存在风险的错判率为29.4%，总的正确率为82.5%。根据谨慎性原则，可以利用第一类政府判别方程进行判别，第二类政府判别方程的结果作为参考。

2. Logistic 预警模型的建立

通过 SPSS 软件的 Logistic 工具，利用6个主成分因子，建立 Logistic 回归模型如下：

$$Z = Log[p/(1-p)] = 5.511RFactor1 + 2.292RFactor2 - 2.261RFactor6$$

表7　Logistic 回归

观察		预测值		
		编号		正确率（%）
		1.00	2.00	
Step 1 编号	1.00	15	8	65.2
	2.00	5	12	70.6
Overall Percentage				67.5
Step 2 编号	1.00	22	1	95.7
	2.00	5	12	70.6
Overall Percentage				85
Step 3 编号	1.00	21	2	91.3
	2.00	4	13	76.5
总计（%）				85

从表7可以看出，Logistic 回归通过三个步骤完成。当因子1进入模型后，对于第一类政府类型判断的正确率达到73.9%，对于第二类政府类型判断的正确率达到58.8%，总的正确率达到67.5%；当因子1和因子2同时进入模型中后，对于第一类模型判断的正确率达到82.6%，第二类政府类型判断的正确率达76.4%，总的正确率达到80%；当因子1、因子2和因子5同时进入模型后，对于第一类政府类型判断的正确率达到了91.3%，而第二类政府类型判断的正确率却没有得到改进，总的正确率达到85%。通过 Logistic 回归得出结果和判别分析结果比较接近，而且 Logistic 回归对于第二类政府类型的判断的正确率比判别分析要高，具有比较良好的正确率。

表8　方程的变量

	B	S.E.	Wald	df	Sig.	Exp（B）
Step 1[a] 因子4	1.424	0.525	7.366	1	0.007	4.152
Step 2[b] 因子1	3.969	1.432	7.683	1	0.006	52.932
因子4	1.791	0.674	7.059	1	0.008	5.993
Step 3[c] 因子1	5.511	2.253	5.984	1	0.014	247.431
因子2	2.492	0.962	6.715	1	0.01	12.083
因子4	2.261	1.4	2.608	1	0.106	0.104

注：a. Varable（s）entered on step 1：因子4；b. Varable（s）entered on step 2：因子1；c. Varable（s）entered on step 3：因子2。

从表8统计分析结果中发现，模型中自变量的系数在10%的显著性水平基本显著。

（三）模型结果分析

根据前两个模型，对哈尔滨市政府进行验证，得出其属于某一类型政府的概率，如表9所示，其中第一列 P = 1 - Logistic 概率。最后两列是 Fisher 预测的概率，其中 P1（1）表示第一个模型方程预测的概率，P1（2）表示第二个模型方程预测的概率。由于 Fisher 判别模型对第一类政府判别的正确率较高，所以将概率预测结果 P 和 P1（1）组合起来，取两者间的最大值作为最终地方政府的预测概率。

表9　哈尔滨市政府债务风险概率

P	P1（1）	P1（2）
0.805	0.773	0.205

地方政府债务风险预警体系不仅具有监测预警功能，还具有调控功能。在预警信号系统中，调控主要体现在确定并预报警度。根据警度，确定"红灯"、"黄灯"、"绿灯"、"浅蓝灯"、"蓝灯"五种信号。当警度超过某一界限时，就分别亮出相应信号。如果信号不正常，就需要对地方政府债务风险进行调控。由此，结合概率的数学特征，可以确定五个区间作为各种信号的变动区间。这五个区间分别是 [0, 0.2]，[0.2, 0.4]，[0.4, 0.6]，[0.6, 0.8] 和 [0.8, 1.0]，对应的分别是无风险区、低风险区、风险区、中风险区和高风险区。

整个预警体系采用主成分分析方法，经过2013年数据测算可知，哈尔滨地方债务风险预测值为0.805，处于高风险状态。此值是概率值，它表示政府债务风险发生的可能程度，警戒值为1，它表示政府债务风险必然发生。

通过对风险分析发现，在指标体系中，财政直接项目债务较大，成为风险最主要来源；同时担保债务中为企业和区县担保债务较大，是一个很不确定的风险因素。在收入因素中，能够有效用来防范债务风险的主要是财政收入和土地出让收益，由于土地出让收益的不确定性，不能用数理统计的方法预测，在调研过程中企业的利润数据采集也较为困难，同时考虑企业所承受的系统性风险和非系统性风险较多，因此企业的担保债务很有可能会转嫁给政府财政。

由此可见，政府债务处于高风险区，也间接证明了主成分分析方法风险概率的正确性。由2013年的统计数据和政府债务预警模型结论来看，哈尔滨市政府债务风险程度偏高，市本级政府偿债能力压力较大，但考虑近几年国民经济运行较为平稳，地区生产总值和财政收入都稳定增长，因此还有一定的举债空间，但规模不大。

五、防范地方政府债务风险对策建议

（一）加强地方政府债务管理

1. 成立地方政府债务管理委员会

针对地方政府债务风险管理的现状，建议成立地方政府债务管理委员会，由市长任主任，主管市长任副主任，成员单位由财政局、发改委、国土资源局、建委、审计局、监察局等部门组成。债务管理委员会负责全市政府债务决策、协调和管理，下设债务管理办公室，设在市财政局，负责政府债务举借、使用、监控和风险预警的全过程管理，包括统筹政府债务管理，研究制定政府债务管理办法、规章制度，组织协调有关部门编制年度借款与还款计划、债务预算，组织参与政府性负债项目的前期论证，对政府债务进行定期统计、动态监控和风险预警。

2. 科学界定地方政府举债范围

地方政府应退出一般竞争性和盈利性经营项目投资，交由市场和企业投资运作，以减轻政府筹资还款压力，从制度上规范政府投资行为，预防企业有限风险转变为政府无限风险。建立健全政府债务担保机制，减轻潜在债务风险。建立健全分级担保、反担保和实物担保等担保制度，提高政府担保条件，控制政府担保债务规模。建立政府债务举借、担保登记备案制度，明确政府所有举借、担保债务的数额及清偿债务数额、债权人、偿债的时间表。

3. 建立健全地方政府债务管理制度

应尽快出台地方政府债务管理办法：一是举债项目计划管理。举债项目计划管理包括举债规模、合理的举债结构及科学的举债项目，而举债规模和举债结构最终都归结在具体的举债项目上。二是政府债务预算管理。应将债务全部纳入预算管理，保证财政预算真实性、完整性和稳定性，以政府预算管理机制来约束政府和部门的举债和偿债行为。三是政府债务风险管理。建立完整债务项目数据库，完善政府债务的统计、核算、计量体系和数据资料采集报送体系。四是政府债务监督管理。强化政府举债项目的审计和监督，债委会实施内部监督，外部监督由人大、审计、监察等部门实施。

（二）加大地方政府筹资力度

1. 加大土地经营力度

根据偿债任务和发展需求，编制科学合理的土地利用年度计划和土地经营中长期规划。土地利用规划应与城市总体规划、工商业布局、城市基础设施建设、房地产开发等相关项目衔接，提升土地综合收益。为实现土地收益最大化，将经营性土地全部实行"招拍挂"，将全市土地征用、收储、开发、整理、招标、拍卖全过程统一到一个平台上运作，对土地一级市场实行垄断供应。对年度供地总量控制、不饱和供应，通过市场竞争增加土地收益，努力实现土地收益最大化。

2. 拓宽融资渠道

一是盘活城市存量资产。围绕城区内停车场、地下管线资源、地下空间资源等有形资产，道路、市政公用设施冠名权、户外广告权、城市交通运营权等无形资产，搞好全方位的经营与市场运作，采取租赁、拍卖等形式，创造无形资产的最大效益，增加城市建设投入，加快城市基础设施建设。二是充分发挥投资集团、城投公司等筹融资平台的作用。三是吸引社会资本投入基础设施建设。实行市场化运作，实现投资多元化，采取发行企业长期债券和向社会公开发行基础设施投资信托资金等方式，吸引社会资金投资于城市基础设施建设项目。

（三）加强地方政府财源建设

1. 培植财源

一是支持产业结构优化升级和技术创新。支持机械制造业、食品和医药工业等优势产业发展，促进企业技术改造、产品结构调整和产业升级。支持高新技术产业发展，用高新技术改造提升传统产业。二是支持民营经济发展，重点扶持和培育科技型、外向型民营企业，形成新的经济增长点，培植新财源。三是大力推进工业园区建设，完善园区基础设施配套，打造城市财源新的增长极。四是扩大工业投资规模，推进工业大项目建设，培植骨干财源项目。

2. 加强财政收支管理

一是强化财政收入征管，深入挖掘现实财源。做到建管结合、生财与聚财并重，在注重增量财源建设的同时，管好存量财源，进一步挖掘现实财源的潜力。二是加强财政支出管理，节约建设支出，发挥资金的使用效益。深化财政支出改革，对政府性建设项目的资金支付实行国库集中拨付试点，并逐步将建设项目的材料设备采购纳入政府采购管理。

（四）逐步化解地方政府隐性债务

1. 积极弥补社保资金缺口

建立财政补贴机制、建立长效扩面工作机制、加强监督检查、加大社会保险征缴环节的检查稽核工作力度。

2. 防止国有企业风险向财政转移

继续加大金融债务回购力度，减轻企业债务负担，推动国企改革顺利进行。建立企业债务风险预警工作体系，设立偿债准备金，同时建立起与债管办的网络报表体系。

3. 防止地方金融风险的财政化

强化金融机构内部资产、负债的管理，引导其采用先进的管理方法和管理技术，动态控制金融风险的发生。建立良好的金融生态环境，使地方金融部门真正成为独立的、自负盈亏的经济主体。

参考文献

[1] Pablo Sanguinetti, Mariano Tommasi. Intergovernmental Transfers and Fiscal Behavior: Insurance Versus Aggregate Discipline [J]. Journal of International Economics, 2004 (1): 7 - 11.

[2] Burnside C., M. Eichenbaum, S. Rebelo. Government Guarantees and Self - fulfilling Speculative attacks [J]. Journal of Econometrics, 2004 (4): 4 - 14.

[3] 贾康. 新常态下的财政政策思路与方向 [J]. 中国财政, 2014 (21).

[4] 张杰, 杨连星. 当前财政政策和经济结构调整的互动机制研究 [J]. 江苏社会科学, 2015 (3).

[5] 裴育, 欧阳华生. 我国地方政府债务风险预警理论分析 [J]. 中国软科学, 2007 (3).

[6] 裴育, 欧阳华生. 地方债务风险预警程序与指标体系的构建 [J]. 当代财经, 2006 (3).

[7] 张明喜, 丛树海. 我国财政风险非线性预警系统——基于 BP 神经网络的研究 [J]. 经济管理, 2009 (5).

[8] 于凌云. 经济增长过程中的地方政府债务风险化解机制研究——基于某市地方政府债务问题的调查分析 [J]. 财政研究, 2008 (3).

[9] 张志华, 周娅, 尹李峰等. 国外地方政府债务的规模控制与风险预警 [J]. 经济研究参考, 2008 (22).

[10] 李腊生, 耿晓媛, 郑杰. 我国地方政府债务风险评价 [J]. 统计研究, 2013 (10).

新常态下转变经济发展方式关键是人才

高安宁

（陕西省委党校　西安　710061）

中国经济发展要走科学发展之路，旧的落后的发展模式随着社会的进步和发展要被淘汰，而应以新的发展模式推动经济社会发展。

（1）新常态下经济发展的关键是人才，转变经济发展方式关键也在人才。社会经济飞速发展，人们已经明确地认识到过去靠资金、资源发展经济的时代已经过去，现在经济发展的动力是人才，依靠人才科学创新。旧的经济发展模式在社会发展以后会逐渐地被淘汰，而适应一种创新的经济发展形式。从社会经济总体发展的转变上看，社会每前进一步，经济发展方式就要转变，更要实现飞跃，还得依靠科技创新。只有人才的科学技术创新和创造走在前列，转变经济发展方式才可能发生，才会有意义。因此，转变经济发展方式的关键还是人才，要大力发展各行各业的优秀人才，用人才的科研成果，科学智慧去完成经济发展方式的转变，促进社会生产力的巨大发展。

（2）新常态下转变经济发展方式，要以发展民族企业为主，而民族企业的发展则要一大批民营企业家人才。改革开放以后，我国大力开展对外开放，外资企业在中国的经济发展中占据了一定的地位，外资企业已向国家经济发展的许多部门产生冲击，兼并外资虽然对中国的经济发展有一定的促进作用，但外资占据份额太大，会严重冲击民族企业的发展。中国目前许多民族企业都会被冲垮，在这种情况下，转变经济发展方式，改变经济发展环境，就要改变中国民族企业的生存空间。社会经济要发展，最终还是要发展民族企业，发展民族制造业等相关企业，以带动全社会经济发展。民族企业发展了，我们才会站立在世界发达国家之列。民族企业要发展就需要一大批优秀的民族企业人才，民族企业人才具备了，就会大力发展民族经济，创新技术，用新技术、新产品去占领世界市场，在世界竞争中立于不败之地。关键是要有人才，要有创新思想和精神的一流人才。

（3）新常态下转变经济发展方式，不论是国企还是民企都要搞活，搞活的关键是高技术人才。国企独占市场不可能，民营私营企业独占市场也不可能，不适合中国国情，但是无论怎样发展，无论是资本主义西方还是我国发展企业，转变经济发展方式重要的是要有企业发展人才。国有大型企业我们要有会经营，善于管理的高级人才，民营企业，我们也要培养我们的民族企业家，从国家总体发展布局上，要大力发展培养企业家人才，会管理、善于经营的人才，会有创新意识、创造精神的人才。这样我国的企业发展才有后劲，才有希望。这些人才会根据社会发展需求和变化情况，适时调整和选择不同发展形势，合理调整国企和私营企业的比重，科学发展，合理发展。只要有企业发展人才，它就会科学合理地调整和选择国有和民营企业发展的比例，有利于社会经济的迅速发展。

［作者简介］高安宁，陕西省委党校，副研究馆员。

（4）新常态下转变经济发展方式要全面发展教育科技等基础事业。从社会和经济发展关键之点可以看出，只有人才发展了，社会的各方面才能发展，才能科学合理地分配资源，才能消除分配不公和收入差距两极分化的现象。转变经济发展方式，应把教育基础产业办好，把投资收益见效期长的产业搞好，大力培养人才，才能消除各种弊端，才能防止出现面子工程，才能发展绿色环保企业。

（5）新常态下发展新兴产业、清洁能源产业，关键在于人才。未来社会经济发展在于新兴产业的发展。无论是新兴产业，还是清洁能源的发展，都是一种创新，这种创新不是一般国家、一般人才能完成的，是要高级人才、高科技人才来完成的。未来要在新兴产业、清洁能源方面创新发展，只有有了高水平技术人才，在技术创新上不断领先，不断创造，才能转变经济发展方式，才能从制造大国转向创造大国，才能促使经济进一步发展。这就需要我们国家在高技术人才的培养开发和管理上实行优惠政策，不但要培养人才，还要会管理、会使用人才，使人才不被外国企业挖走，确保我国在高技术人才方面的优势，才能彻底转变经济发展方式，为经济快速发展服务。

（6）新常态下转变经济发展方式，关键是人才。有优秀人才，创新才能完成，才能真正意义上解决转变经济发展方式的问题。过去我们搞经济建设，对资源和环境问题不太注意，产生了巨大的负面作用。而这些问题的出现说明我国的发展技术落后，创新能力低下。因此发展低碳经济、绿色环保经济，就要用科技创新能力和手段促使转变经济方式。为此，国家要大力培养优秀人才，通过国内高等院校研究所努力培养自己的人才，还可以派人才到国外去留学深造。要用良好的政治、政策环境，鼓励优秀人才回国创业，支持优秀人才创业，要重用优秀人才，使人才感到在中国有一个良好的发展前途和环境，人才才能回国。这样我们转变经济发展方式才能有基础，才能完成转变，实现较快发展，走在世界前列。

（7）新常态下要加强信息和科技发展。现代社会是一个信息社会，每天都需要大量信息，国家应加大对信息产业的投入，加快信息产业的发展。信息是现代化发展的结果，是高技术发展的结果，信息化发展离不开高技术的发展，只有发展信息产业，才能转变旧有的经营方式，促进产业的发展。这些信息产业的发展，更多地要求高科技发展，用高科技来带动经济社会全面发展。高科技发展要有人才，要加强人才教育培训，努力培养出一大批开发高技术信息产业人才，促使产业转变，带动经济发展。

（8）新常态下转型目的是改善民生，为改变生活环境服务。中国经过几十年改革开放，经济总量居世界第二位，经济发展了，人民生活水平提高了，但仍然存在不少问题。如城市居民的住房问题，中国人的受教育问题（城市的中小学择校，高校收费问题），居民的看病问题。有的人称这三个问题是压在中国人民头上的新的三座大山。这是中国改革开放后出现的问题，我们在转变经济发展方式时，就要着手解决这些问题。解决好，群众得到收益，社会稳定，经济会更好更快发展；反之，社会两极分化进一步加剧，贫富差距更加悬殊，有可能导致社会动荡不安。因此，转型不仅要关注民生，解决社会存在的问题，而且要从根本上彻底解决。实际上，不论社会发展中出现什么样的问题，只要有人才，就会解决好。

（9）新常态下经济转型不能只搞经济转变，社会政治形态也应配合转变，提高政府工作效能，提高为民服务能力，提高办事效率。整个社会要形成一种科学管理的社会氛围，在经济、政治、文化、军事等方面都要形成一种良性发展趋势。在改革开放初期，我国经过从农村到城市经济发展逐步改变的转型，从计划经济向市场经济发展的转变，是逐步的，当初我们缺少这些方面的人才，经过几十年发展，我们有一大批社会管理方面的人才，应该重用这些人才，参与社会全面管理。

空间经济与区域发展

产业集群、经济增长与中国欠发达地区的产业政策
——基于面板数据模型的实证分析

谷宏伟　刘云兵

（东北财经大学经济学院　大连　116025）

一、事实

改革开放以来，中国的经济增长迅速，前三十年的实际 GDP 增长率接近 9.8%，截至 2014 年，中国 GDP 总量为 636462.7 亿元，是世界第二大经济体。增长背后，也暴露出一些问题，比如常见的增长"不平衡性"，从省级层面看，各地发展的速度差别很大，东部地区在相当长一段时间内都要比西部发展得更快，产业结构更合理，长时间积累下来，收入差距日趋明显（见图 1）。

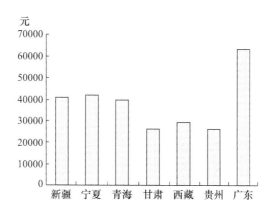

图 1　2014 年西部五省区与广东省人均 GDP 比较

资料来源：作者绘制。

中国现存的贫困人口绝大部分都生活在欠发达地区。2015 年中央及各地方政府开始谋划"十三五"时期的扶贫开发工作，一个基本的目标是确保贫困人口到 2020 年如期脱贫。想实现脱贫的目标，必须要先了解贫困地区经济增长缓慢的原因。产业集群对于经济的促进作用毋庸置

［作者简介］谷宏伟，东北财经大学经济学院副教授，硕士研究生导师；刘云兵，东北财经大学产业经济学硕士研究生。

疑，站在国家和地区的角度来考察，各国经济在相当大的程度上依靠那些扎根于本国现实的产业集群。这些产业，在资源的优化配置、拉动地方经济增长、促进各区域间的平衡发展等方面发挥着驱动力的作用；但是，从形成原因看，各地产业集群有些是自发形成的，也有一部分是政府扶植的。从各个省份的"十二五"规划来看，大多数省份都在规划中提出，要发展适合本地区的产业集群。比如，新疆地区把石油天然气、煤炭业等资源类产业作为地区经济增长的支柱产业。有些产业对地方经济起到促进作用，但有些则不然。本文的目的，就是要实证分析一个地区产业集群对地方经济的影响，为更好推动欠发达地区经济增长提供建议。

二、文献综述

产业集群的研究可以追溯到国外。Feser 和 Bergman[1]（2000）通过分析美国 23 个制造业产业集群的形式，并在此基础上发展为分析单独产业集群形成的方法，从而更好地分析地区的产业集群以及产业集群对于经济的影响。Nadvi 和 Halder[2]（2002）对巴基斯坦和德国外科器械集群进行了实证分析。这两个国家的产业集群一个是在经济落后国家处在产业链低端的集群，一个是在发达国家处在产业链顶端的集群，他们利用集群理论实证分析了地方产业集群关系，同时剖析了发展中国家和发达国家产业集群之间的联系。Taylor[3]（2006）通过建立产业集群模型和经济增长模型，找出了模型中影响经济的几个因素，强调资本积累中经济结构的需求，突出社会资本形成的过程（特别是信任和互惠）以及距离的重要性。Brenner[4]（2006）对德国 3 位数制造业的产业集群进行了分析，结论表明，产业集群不是因为地区经济环境分布不均而产生的，一个产业中企业会更多地分布在产业自我集聚过程的两个波峰上，基于这个发现，再根据经验性数据，就可以通过一个产业中企业的数目来识别地区的产业集群。Delgado、Porter 和 Stern[5]（2014）对产业集群的组成在地区产业中的作用进行实证研究，他们发现，当一个产业位于强大产业集群中时，劳动率和专利数都会大量增加，同时，产业的增加会增强相邻区域相似产业集群的发展，从而促进整个地区经济的增长。Ito（2014）[6]详细探讨了产业集群和地区经济之间的关系，并通过对东亚和东南亚经济的分析，研究了工业部门各种集群在发展和转型过程对于地区经济的影响。

随着中国经济的快速增长，产业集群现象也越来越受中国学者关注。罗勇、曹丽莉[7]（2005）运用产业地理集中指数和集中度对制造业进行了实证分析，他们发现，技术密集型产业集聚程度最高而劳动密集型产业集聚程度最低，东部集中度最高而西部则远远落后。李杨[8]（2009）在运用区位熵指数、空间基尼系数和行业集中度对西部地区的产业集聚程度进行了计算之后发现，西部地区产业集群类型受资源禀赋影响，还没有形成促进产业集群的制度环境，但是其产业集聚程度正在初步增加。徐景峰[9]（2010）通过运用非平稳面板数据分析方法，对中国12 个制造业的产业集群和经济增长之间的关系进行实证研究发现，制造业的产业集群的增长率弹性都是正值。刘军、徐康宁[10]（2010）利用面板数据模型研究了产业集群和区域经济增长之间的关系，产业聚集可以促进经济的增长。薄文广[11]（2007）通过对中国 29 个省、自治区 25个产业的面板数据进行实证分析，研究了产业外部性与地区产业增长之间的关系发现，在外部性的三个因素中，专业化水平与产业增长之间存在着负向关系；竞争程度和多样性会促进经济增长，而专业化水平则不然。

从文献综述中可以看出，许多学者一般是对发达地区进行研究，或者是从国家层面上进行分析，或是对某一个产业集群比较发达的省份进行单独的研究，对于欠发达地区的有关实证方面的研究比较少。而对于欠发达地区产业集群的研究将是本文的重要任务。

三、欠发达地区产业集群测度

产业集群的集聚程度测算方法有很多种，比如产业集中度、赫芬达尔指数、区位熵指数和空间基尼系数等，详细计算公式如表1① 所示。考虑到数据、相关资料的可获得性和价值性，选择区位熵指数作为主要的分析指标。同时，利用空间基尼系数进行辅助分析，找出这些欠发达地区优势产业和产业集群。

表1　各个指数形式及特点

指数	公式	特点
产业集中度	$CR_n = \sum_{i=1}^{n} X_i / \sum_{i=1}^{N} X_i$	形象地反映了产业市场的集中水平，测定产业内主要企业在市场上的垄断与竞争程度
赫芬达尔指数	$H_i = \sum Z_{ij}^2$	涵盖了产业中每一个部分的比重情况，并通过平方和的形式对差距进行放大，所以能够更为全面地反映产业的集中度
区位熵指数	$LQ = (X_{ij}/X_j)/(X_i/X)$	数据和计算简单，能够比较好地反映产业集聚程度
空间基尼系数	$G = \sum_i (S_i - X_i)^2$	简便直观（可以很方便地把基尼系数转化为直观的图形），系数越大，说明产业集聚程度越高

资料来源：作者计算。

后文选取了新疆、宁夏、青海、甘肃、西藏和贵州六个省（地区）作为欠发达地区的代表，广东作为发达省份的代表，研究它们的产业集群和优势产业的情况，然后将结果进行比较分析，看看这两类地区在产业集群方面有什么不同。在前期数据的搜集过程中发现区位熵指数和空间基尼系数的公式中所使用的就业人数是比较全面和完整的，因此，利用《中国工业经济统计年鉴》和国泰安CSMAR系列研究数据库中七个省份2000~2011年工业就业人数，计算出区位熵指数和空间基尼系数。

1. 区位熵指数与专业化指数

本文将欠发达地区6个省份2000~2011年12年间的区位熵指数分析和整理，分成三个指标：一是区位熵指数在这12年间变化不是很大，且数值一直大于2的产业；二是区位熵指数在这12年间处于上升状态在2011年数值大于2，可能形成产业集群的产业；三是区位熵指数变化不明显，但是数值维持在大于1小于2之间的产业，详细变化情况如表2② 所示。

---

① 其中区位熵指数中 X_{ij} 表示i行业在区域j的就业人数，X_j 表示区域j所有行业的总就业人数，X_i 表示全国范围行业i的就业人数，X 表示全国所有工业行业的总就业人数。基尼系数中，S_i 是i地区某产业指标（工业总产值、就业人数等）占经济体该产业总指标的比重，X_i 是该地区经济指标占经济体指标的比重。

② 其中b06代表煤炭采选业，b07代表石油和天然气开采业，b08代表黑色金属矿采选业，b09代表有色金属矿采选业，b10代表非金属矿采选业，c13代表食品加工业，c14代表食品制造业，c15代表饮料制造业，c16代表烟草加工业，c17代表纺织业，c18代表服装及其他纤维制品制造业，c19代表皮革、毛皮、羽绒及其制品业，c20代表木材加工及竹、藤、棕、草制品业，c21代表家具制造业，c22代表造纸及纸制品业，c23代表印刷业、记录媒介的复制，c24代表文教体育用品制造业，c25代表石油加工及炼焦业，c26代表化学原料及化学制品制造业，c27代表医药制造业，c28代表化学纤维制品业，c29代表橡胶制品业，c30代表塑料制品业，c31代表非金属矿物制品业，c32代表黑色金属冶炼及压延加工业，c33代表有色金属冶炼及压延加工业，c34代表金属制品业，c35代表通用设备制造业，c36代表专用设备制造业，c37代表交通运输设备制造业，c39代表电气机械及器材制造业，c41代表仪器仪表及文化、办公用机械制造业，d44代表电力、蒸汽、热水的生产和供应业，d45代表燃气生产和供应业，d46代表自来水的生产和供应业。本文中所有涉及的这些字符，都代表这些产业名称。

表2　2000～2011年欠发达地区产业区位熵变化情况

	LQ > 2	LQ 指数处于上升过程且在 2011 年之前已经大于 2	1 < LQ < 2
新疆	b07、c25、d44	b08、b09、c28、d45	b06、c13、c14、c15、c17、c31、d46
宁夏	b06、c22、c32	c25、c26、c32、d44	c14
青海	b07、b10、c33	b09、c26、c32	d44
甘肃	c33	b07、b09、c16、c25、c32、d44	b06、b10、c15、c26、c31、d46
西藏	b08、b09、c20、c23、c27、c31、d44	c15、d46	b10
贵州	c16、c33	b06、c15、c32、d44	b10、c26、c27、c29、c31、c37、d45、d46

资料来源：作者计算。

从区位熵与专业化角度看，各个省份存在不同程度产业集群现象。其中，2000～2011年，西藏原来产业区位熵指数大于2的最多，其他省份都或多或少有1～3个产业。不过，在产业集群发展程度上，西藏地区远远落后其他地区，西藏只有两个产业在这12年间集聚程度有所上升，而其他欠发达省份（如新疆、甘肃和宁夏）的产业发展迅速，均有3～5个产业的区位熵指数大于2；在产业区位熵指数大于1的产业中，新疆和贵州有14个，而宁夏和青海分别有8个和7个。除西藏外，各省区优势产业的个数同其GDP的总量的相对位置基本一致，似乎表明优势产业对于地区经济有促进作用。而对于西藏地区出现的优势产业和GDP总量的变化不一致的情况，要进一步借助具体产业的区位熵指数变化情况来加以分析。仍以2011年为例，表3①给出了具体产业的区位熵指数的变化情况。

从表3可以看出，2011年，欠发达地区各个省份产业区位熵指数大于1的产业大都集中在采矿业、资源型产业和电力、燃气及水的生产和供应业，工业的发展依然是以资源型和劳动密集型为主的产业，而需要技术和高素质人才的产业特别是制造业的区位熵指数普遍小于1。从各个具体产业的区位熵指数大于1的产业的分布来看，新疆地区低技术和中高技术制造业占所有优势产业的比例为28.6%，而西藏所占的比例是20%，这也就从侧面说明，除了优势产业的数量会对地区经济有积极影响外，制造业特别是技术性的产业对于经济也会起到明显的促进作用。

表3　2011年产业区位熵指数变化情况

	区位熵指数	采矿业	资源型产业	低技术制造业	中高技术制造业	电力、燃气及水的生产和供应业
新疆	大于1	4	4	1	3	2
	小于1	1	4	5	9	1
宁夏	大于1	1	3	0	3	3
	小于1	4	5	6	9	0

---

① 根据行业分类标准，采矿业包括煤炭开采和洗选业、石油和天然气开采业、黑色金属矿采选业、有色金属矿采选业、非金属矿采选业、其他采矿业，根据联合国工业发展组织将制造业分为资源型产业、低技术制造业和中高技术制造业，其中，资源型产业包括农副食品加工业、食品制造业、饮料制造业、烟草加工业、造纸业、塑料制品业、石油加工及炼焦业、木材加工和非金属矿物制品业；低技术制造业包括纺织业、服装业、皮革毛皮制品业、家具制造业、文教体育用品制造业、金属制品业和工艺品业；中高技术制造业包括印刷业和记录媒介复制业、化学原料业、化学纤维制造业、橡胶制品业、黑色金属冶炼及压延加工业、有色金属冶炼及压延加工业、通用设备制造业、专用设备制造业、交通运输设备制造业、电气机械及器材制造业、医药制造业、通信设备制造业、仪器仪表业；电力、燃气及水的生产和供应业包括电力、热力的生产和供应业，燃气生产和供应业及水的生产和供应业。本文中涉及行业分类的都以此为标准。

续表

	区位熵指数	采矿业	资源型产业	低技术制造业	中高技术制造业	电力、燃气及水的生产和供应业
青海	大于1	5	1	0	4	1
	小于1	0	6	6	8	2
甘肃	大于1	4	5	0	3	3
	小于1	1	3	6	9	0
西藏	大于1	3	3	0	2	2
	小于1	2	5	6	10	1
贵州	大于1	2	3	0	5	3
	小于1	3	5	6	7	0

资料来源：作者计算。

2. 空间基尼系数

因为区位熵指数仅仅从特定的区域分布和专业化程度对集群进行考察，而没有考察集群的一些其他特征，如产业关联度、外部规模和范围经济等，因此本文只依靠区位熵指数来分析地区的产业集群现象，理论支持是不够的。所以本文还利用了国际上分析产业集群比较成熟的空间基尼系数来辅助区位熵指数判断和分析欠发达地区的产业集群与优势产业，空间基尼系数数值如表4所示[①]。

通过分析表4各产业的空间基尼系数发现，12年间，产业的空间基尼系数变化情况不同，从平均数值角度看，欠发达地区36个行业的空间基尼系数中大于0.1的只有12个，这说明6省份产业的集聚程度比较低。为了更好地分析产业的集聚情况，本文从以下几种形式分析空间基尼系数。

表4 2000～2011年欠发达地区空间基尼系数

年份	2000	2002	2004	2006	2008	2011	平均数
B06	0.03	0.02	0.03	0.04	0.08	0.09	0.05
B07	0.61	0.32	0.43	0.69	0.46	0.40	0.46
B08	0.15	0.12	0.02	0.07	0.07	0.10	0.11
B09	0.04	0.06	0.04	0.11	0.08	0.14	0.08
B10	0.04	0.04	0.09	0.06	0.06	0.05	0.05
C13	0.10	0.06	0.05	0.04	0.07	0.07	0.06
C14	0.03	0.02	0.04	0.02	0.03	0.05	0.03
C15	0.02	0.02	0.01	0.02	0.03	0.03	0.02
C16	0.41	0.48	0.22	0.33	0.35	0.23	0.35
C17	0.26	0.27	0.27	0.26	0.22	0.23	0.26
C18	0.01	0.03	0.04	0.21	0.09	0.10	0.09
C19	0.08	0.22	0.24	0.26	0.19	0.19	0.19
C20	0.09	0.10	0.07	0.10	0.18	0.30	0.14
C21	0.11	0.12	0.23	0.37	0.26	0.26	0.20

---

① 空间基尼系数是以欠发达地区6个省份作为一个区域计算的，本文将产业集聚指数划分为三个区间，$\gamma < 0.1$为第一个区间，表示产业集聚度低；"$0.1 \leqslant \gamma \leqslant 0.4$"为第二个区间，表示产业中度集聚；$\gamma \geqslant 0.4$为第三个区间，表示该产业存在高度的空间聚集。

年份	2000	2002	2004	2006	2008	2011	平均数
C22	0.12	0.10	0.18	0.15	0.19	0.16	0.14
C23	0.02	0.02	0.01	0.01	0.01	0.03	0.02
C24	0.08	0.24	0.65	0.65	0.32	0.30	0.36
C25	0.15	0.14	0.07	0.11	0.06	0.10	0.10
C26	0.01	0.01	0.01	0.01	0.01	0.01	0.01
C27	0.02	0.03	0.07	0.06	0.07	0.06	0.05
C28	0.44	0.49	0.53	0.42	0.29	0.66	0.41
C29	0.13	0.16	0.22	0.23	0.21	0.23	0.20
C30	0.09	0.07	0.05	0.11	0.03	0.06	0.06
C31	0.003	0.003	0.004	0.005	0.002	0.002	0.003
C32	0.03	0.03	0.01	0.02	0.01	0.006	0.02
C33	0.09	0.09	0.08	0.10	0.09	0.10	0.09
C34	0.01	0.01	0.02	0.02	0.02	0.006	0.02
C35	0.03	0.07	0.02	0.05	0.06	0.08	0.05
C36	0.09	0.08	0.04	0.07	0.09	0.08	0.07
C37	0.18	0.22	0.16	0.23	0.29	0.28	0.23
C39	0.02	0.03	0.06	0.07	0.05	0.03	0.04
C41	0.09	0.06	0.10	0.06	0.08	0.08	0.08
D44	0.004	0.005	0.005	0.0003	0.004	0.009	0.004
D45	0.31	0.34	0.24	0.24	0.02	0.02	0.15
D46	0.01	0.008	0.0007	0.007	0.006	0.02	0.03

资料来源：作者计算。

（1）从产业集聚发展趋势看，采矿业和资源型产业的空间基尼系数有下降趋势，这一方面是资源经过这些年的开采，开始减少造成的，另一方面也是国家和地方政府开始有计划地减少这些产业造成的。同时，制造业在欠发达地区的空间基尼系数虽然普遍小于0.1，但已经开始呈现上升趋势，如交通运输业的空间基尼系数从2000年的0.18上升到2011年的0.28，增长了55.6%，说明经过国家几年的扶持，欠发达地区的产业结构开始改变，由粗放型产业向高科技产业过渡。

（2）从总体变化趋势角度看，在欠发达地区的36个产业中有9类行业有上升的趋势，6类行业有下降的情况，其他行业大体维持在一个相对平稳的位置，有升有降，变化不是很大，本文将空间基尼系数大于0.15的产业通过图表的形式展现出来，详细变化趋势如图2所示。

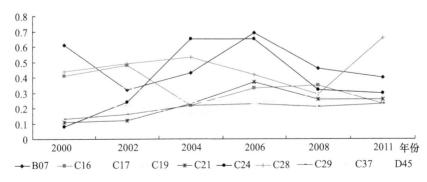

图2 具有集聚优势的产业变化情况

资料来源：作者绘制。

从图中可以看出空间基尼系数平均值大的产业，12 年间表现出不同变化，有些产业已经呈现出严重的下滑趋势，如 d45 燃气的生产和供应业 2011 年已经接近 0，说明燃气的生产和供应业在这六省区之间已经分布比较均匀；同时大多数优势产业的变化趋势保持在一个相对稳定的情况，既有上升又有下降，大体保持一个比较高的集聚程度。

3. 欠发达地区优势产业和产业集群

通过分析区位熵指数和空间基尼系数可以看到，两种指数大体保持一致性，但是也会出现指数不统一的情况，因此，为了更好地分析产业集群，将其分为两种：一是已经形成的产业集群；二是只是存在优势产业，还没有形成产业集群。本文按平均空间基尼系数大于 0.1 和区位熵指数大于 1.5 的产业是形成产业集群的产业，将空间基尼系数比较小且区位熵指数比较高的产业定义为优势产业。欠发达地区各省份的优势产业和产业集群如表 5 所示。

表 5 六省区优势产业和产业集群

	优势产业	产业集群
新疆	B06、b09、c13、c14、c15、c25、d44、d45、d46	B07、b08、c17
宁夏	B06、c14、c15、c25、c29、c32、c33、d44、d46	C22
青海	B09、b10、c26、c27、c31、c32、c33、d44、d46	B07
甘肃	B06、b07、b09、b10、c15、c25、c32、c33、d44、d46	C28、c26
西藏	B09、b10、c15、c23、c27、c31、d44、d46	B08、c20
贵州	B06、b10、c15、c26、c27、c29、c31、c32、c33、c37、d44、d46	C16、d45

资料来源：作者计算。

通过分析可以看出，欠发达地区各个省份都有自己优势行业和产业集群，这些产业从整体上看可以促进地区经济的增长，同时促进相邻区域经济协同增长。通过数据分析，还可以观察到六省区各自具有一些增长潜力的行业，这些产业对各省依据自身经济优势制定正确的产业发展政策具有很好的借鉴意义，对未来六省区优化产业结构，促进产业结构向合理化发展也具有重要的意义。具体到某些行业，有些传统行业依然表现出较强的集聚效应，有的则开始出现衰退迹象，还有大量的产业没有形成显著的产业集聚。

四、实证分析

1. 数据和模型

从数据可获得性和分析角度考虑，选择区位熵指数作为区域产业集聚度的替代变量，来研究产业对地区经济的影响。而在考察区域经济发展程度时，使用的是人均 GDP 而非总量 GDP。我们选取欠发达地区各个省区（新疆、宁夏、青海、甘肃、西藏和贵州）和广东的 36 个产业作为样本，其数据来源于《中国工业经济统计年鉴》和国泰安 CSMAR 系列研究数据库，时间跨度为 2000～2011 年，人均生产总值和固定资产投资根据国民经济行业分类已经调整了不同年份统计口径差异带来的数据偏差。

本部分运用面板数据模型对欠发达地区产业与经济增长之间的关系进行分析，具体模型为：

$$\ln(RJGDP_{it}) = \beta_0 + \beta_1 \ln(K_{it}) + \beta_2 \ln(L_{it}) + \beta_3 LQ_{it} + \alpha_i + \mu_t + \varepsilon_{it}$$

其中，被解释变量 RJGDP 代表人均 GDP，K 为固定资产投资总额替代，L 是某产业的就业人数，这两个变量都是控制变量，LQ 为产业的区位熵，用来表示各个省份产业的集聚程度，是主要的解释变量，α 表示欠发达地区各个省份的固定效应；μ 表示年份效应，ε 表示误差项。

本文采用静态面板数据模型，静态模型主要包括混合 OLS 模型、固定效应模型以及随机效应模型，不同的模型在处理方法上往往存在很大的差异，因此在回归分析之前，首先要判断模型的形式，本文主要通过 F 检验和 Hausman 检验来判断。

F 检验主要确定是否选用混合 OLS 模型，在确定固定效应优于混合 OLS 模型后，还要判断选用固定效应模型还是随机效应模型，本文运用 stata12.0 进行检验，检验结果如附表 1。从表中可以看出，各个产业模型的 F 值都非常显著，也就是说各个产业模型中个体效应显著，固定效应优于混合 OLS 模型。各个产业模型的 Prob > chi2 值都小于 0.05，因此，固定效应优于随机效应，本文选择固定效应模型对各个产业进行回归。

在回归分析之前还检验了模型稳健性。鉴于面板数据的特点，本文对全部 36 个产业的回归模型都做了异方差和序列相关检验，分别检验固定效应模型的截面异方差和序列相关性，结果见附表 2。从表中可以看出，36 个产业的回归模型无论是异方差还是序列相关的检验结果的概率全部小于 0.05，可以判断模型存在着截面异方差和序列相关，因此，为了更好分析，对模型进行了修正。下面以煤炭采选业为例，对回归模型和修正模型进行对比（见表 6）。

表 6　煤炭采选业初始模型与修正模型对比

解释变量	初始回归结果		修正后的回归结果	
	被解释变量：RJGDP（固定效应模型）			
	系数	t 值	系数	t 值
K	0.76 ***	53.82	0.76 ***	50.91
L	0.13 ***	3.18	0.13 ***	15.76
煤炭采选业区位熵指数（LQ）				
新疆	− 0.15	− 1.43	− 0.15 *	− 1.99
宁夏	− 0.08	− 0.67	− 0.08	− 0.67
青海	− 0.64 **	− 2.4	− 0.64 ***	− 3.23
甘肃	0.17	1.52	0.17 ***	4.21
西藏	0	0	0	0
贵州	0.07 **	2.02	0.07 ***	3.25
广东	− 0.39	− 0.28	− 0.39	− 0.4
R^2	0.98		0.98	
F 值	1561.46		901.67	
P（F 值）	0		0	
样本数	84		84	

注：＊＊＊、＊＊、＊分别表示 1%、5% 和 10% 的显著性。

资料来源：作者利用 stata 软件计算。

从表 6 可以看出，K 和 L 的系数和显著性在初始和修正后都基本保持一致，各个省区的煤炭采选业的回归系数基本相差无几，但显著性有了变化，如甘肃省的 t 值由 1.52 变成 4.21，显著性也由不显著变成 1% 水平下显著，为了面板数据模型能更好地解释经济现象，本文用修正后的模型进行回归，这样既可以更好地分析数据，又避免了模型自身存在的异方差和序列相关性。

2. 回归结果

本文用 stata12.0 的 xtscc 命令进行回归，有关各产业和人均 GDP 关系的回归结果如表 7（1）~7（5）所示①。

表 7（1）　回归结果（1）

	b06	b07	b08	b09	b10	c13	c14
被解释变量：RJGDP（固定效应模型）							
K	0.76*** (50.9)	0.78*** (50.6)	0.77*** (50.1)	0.77*** (49.3)	0.77*** (58.9)	0.77*** (50.8)	0.78*** (59.3)
L	0.13*** (15.8)	0.13*** (19.1)	0.13*** (17.6)	0.14*** (13.8)	0.13*** (10.7)	0.14*** (13.9)	0.10*** (4.9)
36 个产业的区位熵指数（LQ）							
新疆	−0.15* (−1.99)	0.01*** (7.33)	−0.09*** (−2.89)	0.16*** (4.59)	0.24*** (6.37)	−0.14*** (−2.50)	−0.15* (−1.92)
宁夏	−0.10*** (−3.30)	1.20*** (3.01)	0.43 (0.9)	0 0	−0.07 (−0.11)	−0.10 (−0.49)	0.16*** (3.47)
青海	−0.64*** (−3.23)	−0.01** (−2.25)	−0.15** (−2.11)	0.02*** (4.92)	0.19*** (5.01)	−0.56*** (−4.43)	0.29*** (2.68)
甘肃	0.17*** (4.21)	−0.13*** (−6.66)	0.12*** (7.47)	−0.17*** (−7.01)	−0.05** (−2.23)	0.13*** (3.07)	0.32*** (2.45)
西藏	0 0	0 0	0.01*** (2.36)	0.01*** (3.09)	−0.03 (−1.08)	−0.11*** (−2.36)	0.05* (1.91)
贵州	0.07*** (3.25)	0 0	0.02 (1.24)	0.15*** (3.34)	−0.05*** (−2.82)	0.38 (0.69)	−0.35*** (−5.32)
广东	−0.39 (−0.4)	0.58 (1.08)	0.86*** (3.9)	−0.14 (−0.48)	0.29 (1.36)	0.66 (1.74)	0.40** (2.01)
R²	0.98	0.98	0.98	0.98	0.98	0.98	0.98
样本	84	84	84	84	84	84	84

注：＊＊＊、＊＊、＊分别表示 1%、5% 和 10% 的显著性，下同。

资料来源：作者利用 stata 软件计算。

表 7（2）　回归结果（2）

	c15	c16	c17	c18	c19	c20	c21
被解释变量：RJGDP（固定效应模型）							
K	0.77*** (50.6)	0.77*** (54.2)	0.78*** (49.6)	0.78*** (42.4)	0.78*** (47.7)	0.78*** (50.4)	0.77*** (51.5)
L	0.13*** (9.62)	0.13*** (12.9)	0.12*** (13.2)	0.15*** (10.9)	0.16*** (3.88)	0.12*** (15.6)	0.13*** (13.8)

---

① 表中，b06、b07、b08、b09、b10、c13、c14、c15、c16、c17、c18、c19、c20、c21、c22、c23、c24、c25、c26、c27、c28、c29、c30、c31、c32、c33、c34、c35、c36、c37、c39、c41、d44、d45、d46 代表 36 个产业和各个省份之间经济关系的 36 个经济模型。其中数值是 0 的，表示该产业在该省份的产业区位熵指数是 0。

续表

36 个产业的区位熵指数（LQ）

新疆	-0.14*** (-2.70)	-0.17*** (-3.02)	-0.14*** (-3.57)	-2.17*** (-5.79)	-0.32 (-0.58)	0.20*** (3.09)	-0.26*** (-18)
宁夏	-0.14*** (-2.83)	0.10 (1.47)	1.79*** (2.86)	0.45* (1.92)	0.29 (1.23)	0.45 (0.59)	0.72 (1.53)
青海	-0.24*** (-4.08)	0 0	0.45*** (3.9)	0.30*** (3.36)	0 0	0 0	-0.07 (-0.13)
甘肃	0.28*** (6.98)	0.17*** (4.45)	-0.96*** (-3.77)	-0.85*** (-2.65)	-1.46*** (-4.92)	-0.08 (-0.15)	-0.06 (-0.47)
西藏	0.05*** (8.82)	0 0	0.28*** (3.29)	0.12*** (5.05)	0.13 (0.52)	0.01** (2.10)	0 0
贵州	0.17** (2.04)	0.02* (1.93)	-0.79*** (-4.52)	-1.5 (-1.7)	-4.21** (-2.07)	0.55*** (3.13)	-1.43*** (-11.3)
广东	0.52*** (6.11)	-0.14 (-0.31)	-0.58*** (-3.45)	0.07*** (2.42)	0.06*** (2.59)	0.19*** (2.65)	-0.14*** (-8.2)
R²	0.98	0.98	0.99	0.98	0.98	0.98	0.98
样本	84	84	84	84	84	84	84

资料来源：作者利用 stata 软件计算。

表7（3）　回归结果（3）

	c22	c23	c24	c25	c26	c27	c28
被解释变量：RJGDP（固定效应模型）							
K	0.77*** (48.8)	0.78*** (47.5)	0.78*** (49.2)	0.76*** (64.8)	0.75*** (53.2)	0.77*** (50.8)	0.77*** (54.8)
L	0.13*** (18.4)	0.12*** (9.89)	0.16*** (5.05)	0.13*** (15.7)	0.14*** (11.4)	0.14*** (7.47)	0.13*** (16.8)
36 个产业的区位熵指数（LQ）							
新疆	0.38*** (5.5)	-0.20** (-2.08)	-0.97 (-0.2)	-0.04*** (-3.94)	-0.21*** (-2.36)	-0.55*** (-6.91)	-0.08*** (-2.83)
宁夏	0.09* (1.92)	0.18* (1.91)	0 0	-0.04*** (-2.68)	0.09*** (5.45)	-0.12 (-1.4)	0.13 (0.36)
青海	-0.28 (-1.72)	0.48*** (4.84)	0 0	0.03 (0.24)	0.22** (2.14)	0.29*** (5.99)	0 0
甘肃	-0.07 (-0.38)	-0.68** (-2.08)	-0.67 (-1.67)	0.05*** (7.8)	0.21*** (6.96)	0.60*** (7.65)	0.02*** (3.76)
西藏	0 0	-0.02*** (-3.06)	0.27*** (4.91)	0 0	0.27 (1.63)	-0.09*** (-5.53)	0 0
贵州	-1.08*** (-3.93)	-0.42*** (-3.25)	1.98*** (10.69)	0.07*** (2.59)	0.19** (2.34)	0.17*** (3.82)	0.32 (0.87)
广东	0.05** (2.05)	-0.14*** (-3.56)	0.03*** (2.37)	0.17*** (3.16)	-0.75*** (-2.35)	-0.10 (-0.31)	0.30*** (2.8)
R²	0.98	0.98	0.98	0.98	0.98	0.98	0.98
样本	84	84	84	84	84	84	84

资料来源：作者利用 stata 软件计算。

表 7 （4） 回归结果 （4）

	c29	c30	c31	c32	c33	c34	c35
被解释变量：RJGDP （固定效应模型）							
K	0.76 *** (47.4)	0.78 *** (51.3)	0.78 *** (46.5)	0.77 *** (44.0)	0.77 *** (45.6)	0.75 *** (37.4)	0.77 *** (47.7)
L	0.13 *** (13.3)	0.13 *** (10.4)	0.11 *** (7.25)	0.13 *** (12.7)	0.13 *** (13.8)	0.11 *** (6.35)	0.14 *** (10.3)
36 个产业的区位熵指数 （LQ）							
新疆	-0.46 *** (-7.81)	0.06 *** (2.40)	-0.22 *** (-2.86)	0.10 (1.25)	-0.15 (-1.71)	-0.58 ** (-2.31)	-0.83 ** (-2.13)
宁夏	-0.29 *** (-6.42)	-0.71 *** (-3.77)	-0.40 *** (-3.00)	0.22 *** (5.15)	-0.12 ** (-2.21)	-0.14 * (-1.90)	-0.41 *** (-2.46)
青海	1.53 *** (3.96)	-0.84 *** (-4.92)	0.33 *** (4.09)	0.15 ** (2.16)	-0.10 *** (-6)	0.23 *** (2.75)	0.16 *** (3.26)
甘肃	-0.59 *** (-2.81)	-0.19 ** (-2.46)	-0.31 *** (-3.83)	0.29 *** (2.97)	-0.11 *** (-4.27)	-0.46 *** (-4.19)	-0.16 ** (-2.15)
西藏	0 0	0.06 (0.71)	-0.04 * (-1.94)	0 0	0 0	0.07 (0.88)	0 0
贵州	-0.21 *** (-3.2)	-0.32 (-0.69)	0.5 *** (2.56)	0.09 *** (2.69)	-0.27 *** (-4.09)	-0.25 (-1.8)	-0.44 *** (-2.53)
广东	-0.06 (-0.9)	0.16 *** (2.59)	0.26 (1.66)	1.95 *** (5.1)	0.14 (0.8)	0.26 *** (3.72)	0.35 *** (3.75)
R²	0.98	0.98	0.98	0.98	0.98	0.98	0.98
样本	84	84	84	84	84	84	84

资料来源：作者利用 stata 软件计算。

表 7 （5） 回归结果 （5）

	c36	c37	c39	c41	d44	d45	d46
被解释变量：RJGDP （固定效应模型）							
K	0.76 *** (51.7)	0.77 *** (45.0)	0.77 *** (56.2)	0.76 *** (55.2)	0.75 *** 51.68	0.78 *** (62.0)	0.76 *** (74.6)
L	0.17 *** (13.2)	0.14 *** (10.6)	0.12 *** (12.3)	0.13 *** (17.1)	0.18 *** (7.98)	0.13 *** (11.5)	0.19 *** (7.67)
36 个产业的区位熵指数 （LQ）							
新疆	-0.33 *** (-4.53)	-0.57 ** (-2.38)	-0.49 *** (-2.87)	0.81 *** (8.65)	0.26 *** (9.27)	-0.04 ** (-2.17)	0.11 * (2.07)
宁夏	0.35 ** (2.08)	0.01 (0.07)	-1.13 *** (-4.91)	-0.07 *** (-2.53)	0.11 *** (3.62)	-0.04 *** (-9.67)	-0.38 *** (-4.3)
青海	-0.33 *** (-2.89)	-0.05 (-0.26)	-0.21 (-0.88)	0.40 *** (2.62)	0.10 *** (3.05)	-0.01 (-1.25)	0.06 ** (2.14)

续表

36 个产业的区位熵指数（LQ）						
甘肃	− 0.12 ***	− 1.98 ***	− 0.66 **	− 0.26 ***	0.14 ***	− 0.02 ***	0.07 ***
	（− 2.57）	（− 3.61）	（− 2.14）	（− 5.73）	（5.78）	（− 7.18）	（4.5）
西藏	0.37 ***	− 0.08 ***	0	0	0.02	− 0.01 ***	− 0.03 ***
	（7.65）	（− 3.04）	0	0	（1.34）	（− 4.46）	（− 3.72）
贵州	− 0.05	− 0.18 **	− 0.54	− 0.12 ***	− 0.02 **	− 0.01 ***	0.08 ***
	（− 0.12）	（− 2.05）	（− 1.89）	（− 2.78）	（− 2.16）	（− 2.78）	（5.26）
广东	− 0.11	0.70 ***	0.10 ***	0.05 **	− 0.08	0.47 ***	0.55 ***
	（− 1.81）	（4.67）	（2.40）	（2.20）	（− 0.49）	（3.29）	（16.26）
R²	0.98	0.98	0.98	0.99	0.98	0.99	0.98
样本	84	84	84	84	84	84	84

资料来源：作者利用 stata 软件计算。

通过对表 7 的分析，本文将回归结果从两个方面进行总结：首先，从与 RJGDP 关系的显著性角度看，各个省份表现出显著和不显著的产业不同。比如，以 t 值在 10% 的水平是否显著为例，新疆地区只有制造业中的 4 个产业与地区经济增长之间不存在显著关系，而宁夏、西藏和贵州则比较分散，无论是采矿业还是制造业都有一些产业与经济增长之间的关系是不显著的，青海的则集中在制造业和电力、燃气及水的生产和供应业，采矿业同区域经济增长之间的关系都是显著的，广东的不显著性产业则集中在资源型产业和采矿业（见表 8）。

表 8 各个产业的显著性情况

		采矿业	资源型产业	低技术制造业	中高技术制造业	电力、燃气及水的生产和供应业	总数
新疆	显著	5	9	4	11	3	32
	不显著	0	0	2	2	0	4
宁夏	显著	2	6	3	10	3	24
	不显著	3	3	3	3	0	12
青海	显著	5	5	3	10	2	25
	不显著	0	4	3	3	1	11
甘肃	显著	5	7	4	13	3	32
	不显著	0	2	2	0	0	4
西藏	显著	2	5	3	5	2	17
	不显著	3	4	3	8	1	19
贵州	显著	3	7	4	10	3	27
	不显著	2	2	2	3	0	9
广东	显著	1	6	6	10	2	25
	不显著	4	3	0	3	1	11

资料来源：作者整理。

然后将上述产业中表现出显著的产业拿出来，看其对经济增长贡献是正是负。也就是说，看看对区域经济是起到促进作用还是阻碍作用，详细结果如表 9 所示。

表9 产业对区域经济的影响

地区	产业对区域经济的影响	
	促进作用	阻碍作用
新疆	9	23
宁夏	10	14
青海	16	9
甘肃	13	19
西藏	9	11
贵州	12	15
广东	19	6

资料来源：作者整理。

从表9可以看出，在对经济起到显著性的产业中，不管是欠发达地区还是广东省，都存在大量产业对于经济起到阻碍作用，除了广东和青海外，其余省份对经济有阻碍作用的产业数量大于对经济起促进作用的产业。不过，只通过实证分析不能够完全判断影响地区经济增长的产业因素，因此将结合前面的分析来判断地区产业结构是否合理以及不同产业结构对于经济的影响存在哪些不同。

通过分析发现，优势产业和经济之间有正向作用，但是对于整个地区经济的增长并没有显著的联系，这就需要分析各个省份优势产业的产业结构，经济落后地区的优势产业和产业集群大多数集中在采矿业和资源型的制造业，产业结构比较单一。而广东省作为经济发达的地区，其工业结构分布比较合理，各个省份产业的详细分布如表10所示。

表10 优势产业和产业集群的产业分布

地区	采矿业	制造业			电力、燃气及水的生产和供应业
		资源型产业	低技术制造业	中高技术制造业	
新疆	4	5	1	0	3
宁夏	1	4	0	3	2
青海	3	1	0	4	2
甘肃	4	3	1	3	2
西藏	2	3	0	2	1
贵州	2	3	0	5	3
广东	0	2	5	3	0

注：制造业分类按照联合国工业发展组织技术水平划分。
资料来源：作者整理。

从表10可以看出，新疆、宁夏、青海、甘肃和西藏的优势产业中，采矿业和资源型产业占了一半以上，而贵州虽然在中高技术制造业中有5个产业，但是本文分析这5个产业，可以看出，化学纤维制造业、橡胶制造业、黑色金属冶炼及压延加工业和有色金属冶炼及压延加工业都是和资源有关系的产业，存在创新能力不足，过多依赖资源的问题，这些产业只有交通运输设备制造业是高新技术产业；从广东的工业分析看，其优势产业都分布在制造业，且以技术型制造业为主，其分布比较合理。而这些产业与经济的关系，可以通过本文第三节看出。

回归结果表明，不是所有的优势产业对于经济起到显著的促进作用，有些产业对于经济起到显著的阻碍作用，还有一些产业尽管不是优势产业，但对经济增长还是有显著的促进作用，具体情况如表 11 所示。

表 11　2007 年各省区不同产业的作用

地区	GDP	优势产业和产业集群				其余产业	
		显著正向作用		显著负向作用		显著正向作用	
		工业增加值/GDP（%）	个数	工业增加值/GDP（%）	个数	工业增加值/GDP（%）	个数
新疆	3523.16	28.6	4	5.3	8	0.5	5
宁夏	919.11	13.1	4	15.3	6	6.4	5
青海	797.35	21.5	8	16.9	2	1.6	8
甘肃	2702.4	14.2	8	13.6	5	3.3	5
西藏	341.43	3.4	4	2.2	4	0.1	5
贵州	2884.11	16.6	8	10.8	6	0.6	4
广东	31777.01	11.2	8	1.0	2	7.04	11

资料来源：作者整理。

从表 11 可以看出，①新疆、宁夏、甘肃、西藏和贵州的优势产业和产业集群有至少一半以上对地区经济起到阻碍作用，青海虽然起阻碍作用的产业少，但是，却在青海经济增长中处于重要地位，因此，更能影响青海经济的增长，同时，广东虽然也有少数产业对经济增长起阻碍作用，但是在经济中地位低，对于经济的影响比较小，而大多数优势产业和产业集群对经济起到显著促进作用；②从工业增加值与 GDP 的比值看，其对于经济起到负向作用的产业的增加值与GDP 的比值越大，其 GDP 也就越小，这也印证了这些产业对于经济起到负向作用的回归结果的可信性；③在没有形成的产业集群的产业中，可以明显地看到经济增长落后的地区，无论是从数量还是工业增加值都可以看出，广东比其余几个省份的产业多，虽然青海的产业有 8 个起到促进作用，但是其工业增加值与 GDP 比值较小，对于经济贡献度依然不大。

五、结论与建议

在各省"十二五"规划中能找到当地现在或未来经济发展所倚重的支柱产业，比如，新疆以石油天然气采选业、煤炭开采和洗选业、矿产资源采选业、纺织业和化工业为支柱产业；宁夏支柱产业是煤炭开采和洗选业，油气资源相关产业，电力、燃气及水的生产和供应业，装备制造业为支柱产业；青海则把有色金属业、油气化工产业、煤化工产业、纺织业和装备制造业等作为重点发展的产业；甘肃以石油和天然气开采业、有色金属冶炼及压延加工业和装备制造业为支柱产业；西藏地区重点发展的是食品制造业、食品加工业、矿产业和医药制造业；贵州以煤炭开采和洗选业、化工业、有色金属冶炼及压延加工业、饮料制造业、医药制造业和装备制造业为支柱产业；广东重点发展的产业是制造业，特别是装备制造业。而基于前面的分析，我们就能发现，在这些规划中，新疆和西藏分别有 5 个和 3 个产业对经济增长不利，而宁夏、青海、贵州和甘肃要发展的装备制造业也是如此。广东以制造业为主，制造业的确对经济有促进作用。因此，在发展工业过程中，要以结构实际情况确定未来的支柱产业，如果将一些不合理的产业作为重点发展的对象，不但于增长无益，甚至有害。另外，若将忽略有益增长产业，不但成本高，资源消耗大、环境污染严重，也会错失发展良机。因此，建议如下：

首先，要确定适合本地区经济发展的产业。需要政府尊重经济规律，按照地区不断变化比较优势，综合考虑分工和规模经济等因素，确定自身的支柱产业。

其次，政府要顺应市场趋势，为产业集群的形成创造条件。从产业集群形成动力看，可以分为自然型、人工嵌入型与外资推动型。欠发达地区，政府在产业集群形成过程中应创造便利条件，顺势而为，促成优势产业早日形成。

最后，欠发达地区产业集群和优势产业多是以劳动密集型为主、产品附加值低的产业，随着资源消耗、劳动力转移、同质竞争等方面的变化，会出现比较优势的升级，传统的产业集群将失去竞争优势；另外，低投入、低耗能、低排放、高效率的产业集群是大势所趋，欠发达地区应积极引进先进技术、先进人才，发展新型产业集聚。

中国欠发达省份与东部沿海地区相比经济差距很大，在"新常态下"，培育具有地方特色的优势产业集群，加快欠发达地区经济快速增长，对当地乃至整个中国经济的持续、健康增长都具有重要意义。

参考文献

［1］Feser E. J. , Bergman E. M. National Industry Cluster Templates ［J］. Regional Studies，2000（34）：1 – 19.

［2］Khalid Nadvi, Gerhard Halder. Local Clusters in Global Value Chains：Exploring Dynamic Linkages between Germany and Pakistan ［J］. Development Studies，2002：35 – 50.

［3］Michael Taylor. Clusters and Local Economic Growth：Unpacking the Cluster Model ［J］. Springer Netherlands，2006（86）：99 – 117.

［4］Brenner T. Identification of Local Industrial Clusters in Germany ［J］. Regional Studies，2006（11）：991 – 1004.

［5］Mercedes Delgado, Michael E. Porter, Scott Stern, Clusters, Convergence, and Economic Performance ［J］. Research Policy，2014（11）：1785 – 1799.

［6］Keiko Ito. Clusters and Economic Growth in Asia ［M］. Hoboken：Asia Pac Econ Lit，2014，28（1）.

［7］罗勇，曹丽莉. 中国制造业集聚程度变动趋势实证研究 ［J］. 经济研究，2005（8）：106 – 127.

［8］李扬. 西部地区产业集聚水平测度的实证研究 ［J］. 南开经济研究，2009（4）：144 – 151.

［9］徐景峰. 中国制造业的产业集群与经济增长 ［J］. 经济学动态，2010（2）：28 – 32.

［10］刘军，徐康宁. 产业聚集、经济增长与地区差距 ［J］. 中国软科学，2010（7）：91 – 102.

［11］薄文广. 外部性与产业增长——来自中国省级面板数据的研究 ［J］. 中国工业经济，2007（1）：37 – 44.

工业集聚效应来源

孙晓华　　郭　旭

（大连理工大学经济学院　大连　116024）

　　随着中国城市化和工业化进程的逐步深入，大批工业园区、高新技术园区在各省市纷纷兴起，产业集聚成为发展地方经济、增强区域竞争力的重要战略举措。理论上，产业集聚是生产同类产品的企业以及为之配套的上下游企业在某个特定地理区域高度集中、生产要素在空间范围内不断汇聚的现象，由此带来的外部经济效应即为产业集聚效应。在集聚经济的形成中，劳动力共享有利于降低企业和劳动力之间的搜寻成本，资本的大规模集中能够形成资本专业化，进而通过知识溢出和投入产出关联促进要素生产率的提升。在经济发展方式转变和产业转型升级的背景下，不同类型行业生产过程中的要素集聚呈现出不同特征。一方面，现代化制造厂商大量使用先进的生产设备和技术装备，资本集聚的趋势日益明显。另一方面，面对不断升高的劳动力成本，传统低端制造和代工类企业无法延续以往的生产模式，劳动密集型产业的优势渐趋丧失，劳动集聚的程度也有所下降。那么，工业生产方式和要素禀赋条件转变带来的要素集聚程度变化，会给生产效率带来什么影响？也就是说，工业集聚效应到底来源于劳动还是资本？在不同要素密集类型行业中，集聚效应的来源是否存在差异？本文将对此展开讨论，对现有产业集聚相关研究普遍忽视的问题给予充分解释。

一、文献综述

　　Marshall 最早提出产业地理集聚得益于外部性的观点，认为外部性本质上来源于三个方面，即劳动力市场共享、投入产出关联和知识外溢。Marshall 外部性的思想后来被 Arrow 和 Romer 模型化，用以解释知识溢出效应对经济增长的作用，被学术界称为 MAR 外部性。Jacobs（1969）则强调知识在互补而非相同产业间溢出所产生的多样化外部性，指出大量多样化产业在地域上的集中更能带动经济增长。在集聚经济理论发展的同时，学者从实证的角度对产业的动因进行了大量考察，Arauzo（2005）发现厂商倾向于在城市劳动力较为集中的地方聚集，Henderson（2003）证明了上下游企业之间的关联是厂商集聚的重要动力，Head 等（2004）则得到中间投入和技术溢出效应对制造企业空间布局有显著影响的结论。

　　[基金项目] 国家社科基金重大项目（15ZDA025）；国家社会科学基金项目（14BGL014）；国家软科学研究计划项目（2013GXS4D108）；教育部人文社科基金资助项目（13YJC790127）。

　　[作者简介] 孙晓华，大连理工大学经济学院教授，博士生导师，从事产业经济学、演化经济学和创新经济学等方面研究。郭旭，大连理工大学经济学院博士研究生，研究方向为产业经济学。

在集聚经济的理论框架下，学者们就产业集聚的经济效应进行了大量的实证检验。Ciccone 和 Hall（1996）通过构建空间密度生产函数，考察了美国非农就业密度对非农劳动生产率的影响，发现其弹性为 6%。之后，Ciccone（2002）利用欧洲国家数据进行了测算，得到就业密度对非农产业劳动生产率的贡献为 4.5%。同时，Rosenthal 和 Strange（2004）、Rice 等（2006）、Ottaviano 和 Pinelli（2006）、Briilhart 和 Mathys（2008）分别考察了意大利、英国、芬兰等国家的产业集聚经济效应，结果表明就业人员密度对生产率均具有显著的促进作用。国内研究方面，范剑勇（2006）指出，非农产业规模报酬递增地方化是产业集聚的源泉，大陆地区非农就业密度对劳动生产率的贡献为 8.8%，高于欧美国家 5% 左右的水平。张海峰和姚先国（2010）分别用非农就业密度、人力资本密度、企业密度衡量集聚程度，实证检验表明，企业劳动生产率显著受益于雅各布斯外部性，而马歇尔外部性作用较为微弱。

随着研究的不断深入，学者们发现产业集聚对生产率的影响并非单调递增的，其影响系数在不同集聚区间有所差异（Brakman et al.，2001；Henderson，2003；沈能等，2014）。Broersma 和 Jan（2009）考察了多样化、本地化和集聚经济对劳动生产率的影响，证明荷兰地区产业集聚既存在显著的正向效应，也存在由规模报酬递减产生的负向作用，即拥挤效应。柯善咨和姚德龙（2008）以 2005 年中国地级市数据为样本，证实就业空间密度过高会产生拥挤效应，导致生产率降低。连飞（2011）的研究发现东北 34 个城市的工业集聚存在拥挤效应，就业密度对生产率的影响显著为负。周圣强和朱卫平（2013）分析了产业集聚对劳动生产率的动态影响，认为中国工业集聚在 2003 年之前以正效应为主，之后拥挤效应逐渐凸显。孙浦阳等（2013）得出了相反结论，认为工业和服务业集聚初期拥挤效应较为明显，而后集聚正效应逐步占据主导。

采用何种方法测算集聚程度是产业集聚效应研究的基础，现有方法可以分为四类：第一类，以区位熵为代表的方法（Holmes，1999），主要强调产业集聚的专业化程度，是衡量专业化分工时被广泛使用的方法。第二类，以市场集中度为基础的方法，包括赫芬达而尔指数（H 指数）、空间基尼系数（G 指数）和重定向自集聚指数（EG 指数）。其中，H 指数（1950）反映了企业市场份额的情况，但市场份额的高低与地理集聚水平并没有必然的正向联系。针对该缺陷，克鲁格曼等（1996）借鉴基尼系数的原理构造了反映产业地理空间分布情况的空间基尼系数，然而 G 指数实际上只反映了区域经济活动的中心—外围状况，且容易受地理区域大小和企业规模差异的影响。为了解决空间基尼系数的失真，结合 H 指数的优势，Ellison 和 Glaeser（1994）提出新的测量产业集聚程度的 EG 指数，不仅能够更为精确地衡量产业集聚度的大小，而且便于行业间的比较。第三类，以 Ciccone 和 Hall（1996）为代表的地理集聚密度指数，采用劳动人员与面积之比来衡量，反映了产业经济活动在地理面积上的绝对集中程度，消除了地区面积差异对集聚程度的影响。第四类，近几年一些新兴方法，如 D－O 指数（Duranton and Overman，2005）和产品相似度地理集聚指数（Long and Zhang，2011），前者通过空间任意尺度的细化衡量产业集聚程度，后者则考虑了行业间经济往来。

在产业集聚衡量指标的选取上，多数学者从劳动要素的角度测算集聚程度，偶有文献以资本作为度量标准，然而主要从资本集聚与经济增长之间的关系入手，没有着重探讨资本集聚对生产率的影响。比如，Martin 和 Ottaviano（1999）将内生增长理论和空间经济学相结合，发现资本存量的增加会产生溢出效应，降低新资本的生成成本，形成内生经济增长。Baldwin 和 Martin（2004）通过构建包括制造业、农业和研发机构三部门模型证明在资本流动与不流动的假设前提下，资本集聚和经济增长之间具有内生的相互强化机制。Robert－Nicoud（2006）基于中心—外围模型的分析指出，资本流动有利于提高上下游产业之间的联系，进而促进集聚经济的形成。陈立泰和张祖妞（2011）选择人均服务业物质资本存量表示资本集聚水平，发现资本集聚对地区经济增长存在显著的推动作用。王明益（2012）利用空间区位熵来构造资本集聚指数，结果表明资本集聚与经济增长之间具有明显的非线性关系。

综观国内外文献，产业集聚效应问题得到了广泛而深入的探讨，但学者们对集聚效应的结论判断却存在很大差别，也没有就产业集聚效应的来源问题进行全面的解释。本文将以外部性理论为基础，创新性地构造一个能够更加全面反映集聚特征的衡量方法。同时，分别选取劳动和资本作为要素集聚的代理指标，测算中国 31 个省、市、自治区 2001～2011 年的工业集聚指数。进而，按照国际上通行的要素密集度标准把制造业分为劳动、资本和技术密集三种类型，实证检验要素集聚对单要素生产率和全要素生产率的影响，以寻找和验证工业集聚效应的来源。

二、产业集聚指数测算方法的改进

（一）产业集聚指数的构造

依据外部性理论，产业集聚有三个显著特征：第一，地理上的绝对集中。该特征是产业集聚最典型的特征，某一区域的产业集聚程度越高，表征生产状况的某一指标（人员或产值）在该地区的地理密度就越大。第二，专业化分工。集聚外部性分为马歇尔外部性和雅各布斯外部性，两种外部性分别对应于地方化经济和城市化经济（Rosenthal and Strange，2004）。其中，地方化经济是指单个企业生产率受益于所属行业的大规模集聚效应，具体表现为行业内的专业化分工（Helsley and Strange，2007）。第三，产业间的密切往来。来源于雅各布斯外部性的另一种现象是城市化经济，即单个企业或细分行业的生产率受益于本地其他产业规模集聚的效应（范剑勇和石灵云，2009），具体表现为行业之间在经济技术上的密切往来。

尽管产业集聚有以上三个显著特征，但现有关于衡量产业集聚水平的方法都仅强调了其中一个方面，现将学者们最常用到的六种方法归纳如下（见表1）：①区位熵主要衡量了专业化程度，却无法识别产业在地理上的分布以及产业之间关联程度；②EG 指数和空间基尼系数考虑到了产业在地理空间的分布情况，但这种分布是相对的而非地理上的绝对集中，忽视了由于面积不同而造成的集聚程度差异及产业之间的关联程度；③Ciccone 和 Hall（1996）提出的地理集聚密度考察了产业地地理上的绝对集中，却无法体现产业之间的关联和专业化分工情况；④DO 指数能够更为充分地表征行业在地理上的绝对分布与行业的集中程度，但仍旧无法反映产业之间的相互联系；⑤Long 和 Zhang（2011）构造的产品相似度地理集聚指数尽管考虑了产业之间的投入产出往来，但缺少了地理密度方面的衡量；⑥王永进和盛丹（2013）创新性地构造了地理集聚指数以综合考虑产业集聚的基本特征，在指标构造方面较以往方法有了一定改进，不过采用产品相似度指标衡量产业间的经济往来[①]，无法准确描述不同行业间的投入产出关联，且选择地区某一行业占整个地区产值比重表示专业化，忽略了整个行业在全国占比的情况。

表1　产业集聚水平衡量方法比较

方法	特点	不足
区位熵	专业化程度	无法衡量产业在地理上的分布程度
EG 指数和空间基尼系数	产业在地理空间的相对分布情况	忽视了面积不同而造成的集聚差异和产业间的关联

---

① 产品相似度指标由 Hausmann 和 Klinger（2007）提出，该指标构建的初衷是揭示各国产品在出口贸易上的相关性。

方法	特点	不足
地理集聚密度（Ciccone 和 Hall）	产业在地理上的绝对集中	无法体现产业间的关联和专业化分工
DO 指数	兼顾产业在地理上的绝对分布和集中程度	无法反映产业间的关联
产品相似度地理集聚指数（Long 和 Zhang）	考虑了产业之间的往来程度	缺少地理密度的衡量
地理集聚指数（王永进和盛丹）	综合考虑了地理集中、专业化分工和产业间经济往来	无法准确衡量产业间投入产出关系，专业化忽视了全国总体情况

为了体现产业集聚的三个本质特征，针对现有衡量方法不足，本文在王永进和盛丹构造的地理集聚指数的基础上进行了两点改进：第一，利用行业相似度指标（潘文卿，2011）衡量产业之间的经济往来程度，克服 SITC - 4 标准无法与我国产业标准对接的问题；第二，选择学术界较为常用的熵指标方法来衡量专业化分工水平。这样，产业集聚度的测算指标包含三个变量：地理密度、专业化水平与行业相似度。同时，采取三者相乘的形式，那么在度量劳动集聚和资本集聚时，所构建的指标形式分别如下：

$$Cluster - labor_{i,c} = \sum_j w_{ij} \times LZ_{i,c} \times LD_{i,c} \qquad (1)$$

$$Cluster - capital_{i,c} = \sum_j w_{ij} \times CZ_{i,c} \times CD_{i,c} \qquad (2)$$

其中，c 表示地区，i 表示行业，$Cluster - labor_{i,c}$ 和 $Cluster - capital_{i,c}$ 分别代表劳动集聚指数和资本集聚指数；$LZ_{c,i}$ 和 $CZ_{i,c}$ 为劳动人员专业化水平和资本专业化水平；$LD_{i,c}$ 和 $CD_{i,c}$ 表示劳动密度和资本密度；$\sum_j w_{ij}$ 代表 i 行业与其他作为中间投入行业之间的技术经济往来程度。

（二）产业集聚指数的指标选取

为了测算劳动集聚指数和资本集聚指数，需要以式（1）和式（2）为依据，从地理密度、专业化水平和行业相似度方面选择具体指标。

（1）地理密度。

地理集中程度是产业集聚的最直接表现，本文采用 Ciccone 和 Hall（1996）衡量产业在地理上绝对密度的方法，建立单位面积上的人员和资本数量的衡量指标，分别表示为：

$$LD_{i,c} = labor_{i,c} / s_c, \quad CD_{i,c} = capital_{i,c} / s_c \qquad (3)$$

其中，$labor_{i,c}$ 和 $capital_{i,c}$ 分别表示 c 地区 i 行业的从业人员数和固定资产总数，s_c 为 c 地区的面积。

（2）产业专业化。

专业化程度是产业集聚的内在特征，借鉴熵指标的衡量方法，度量劳动专业化和资本专业化的水平：

$$LZ_{c,i} = \frac{L_{c,i} / \sum_i L_{c,i}}{\sum_c L_{c,i} / \sum_{c,i} L_{c,i}} ; CZ_{c,i} = \frac{A_{c,i} / \sum_i A_{c,i}}{\sum_c A_{c,i} / \sum_{c,i} A_{c,i}} \qquad (4)$$

其中，$LZ_{c,i}$ 为 c 地区 i 行业的劳动专业化水平，$CZ_{c,i}$ 表示 c 地区 i 行业的资本专业化水平。具体地，$L_{c,i}$ 为 c 地区 i 行业年末从业人员数，$\sum_i L_{c,i}$ 是 c 地区全部从业人员数，$\sum_c L_{c,i}$ 为全国 i 行业全部从业人员数，$\sum_{c,i} L_{c,i}$ 指全国从业人员总数。同样，$A_{c,i}$ 为 c 地区 i 行业固定资产净值，$\sum_i A_{c,i}$ 是 c 地区固定资产总额，$\sum_c A_{c,i}$ 为全国 i 行业固定资产投资净值，$\sum_{c,i} A_{c,i}$ 为全国全社会固定资产总额。

（3）行业相似度。

与其他行业之间的技术经济联系是产业集聚的隐含属性。投入产出表能直接反映两个行业经济技术上的往来，体现了投入产出关联的外部性。其中，直接消耗系数不仅能反映行业之间依赖程度，也能反映行业之间技术消耗结构。因此，借鉴潘文卿（2011）的做法，运用直接消耗系数矩阵中向量余弦值表示行业相似度，以衡量两个行业经济技术上往来的密切程度，则行业相似度可以具体表示为：

$$w_{ij} = \frac{\sum\limits_k a_{ki} a_{kj}}{\sqrt{\sum\limits_k a_{ki}^2 \sum\limits_k a_{kj}^2}} \tag{5}$$

其中，a_{ki} 和 a_{kj} 分别表示第 i 产业部门与第 j 产业部门直接消耗系数结构列向量第 k 个位置的元素，如果两个产业部门之间相似度很高，w_{ij} 的值将接近于 1。那么，i 行业与其他所有行业相似度的和为 $\sum\limits_j w_{ij}$（i≠j）。

三、中国工业集聚指数测算结果

中国工业集聚指数测算的数据来自于 2002~2012 年《中国工业经济统计年鉴》和《投入产出表》，删除缺失数据的行业，选择 20 个制造业二位码行业[①]作为样本。其中，行业相似度计算涉及 2002 年和 2007 年的投入产出表，但投入产出表的统计年份是非连续的，因此 2001~2006 年和 2007~2011 年间的投入产出数据分别取自 2002 年和 2007 年的投入产出表。此外，《中国工业统计年鉴》与《投入产出表》中行业的分类口径不同，而行业相似度的测算是基于投入产出表中行业分类口径的，需要对两种行业的分类标准进行统一。按照投入产出表中制造业二位码子行业的分类标准，将筛选后 20 个制造业子行业合并为投入产出表中 13 个制造业行业[②]。同时，为了分别考察劳动和资本两类要素集聚对不同行业生产率的差异化影响，按照国际上通行的要素密集度标准，把 13 个制造业分为劳动密集型、资本密集型和技术密集型三大类[③]。进而，得到 2001~2011 年 13 个制造业子行业劳动集聚指数和资本集聚指数计算结果（见表2）。为了比较本文测算的集聚指数与其他方法的异同，将地理密度和熵指标的测算结果同时列出。

---

① 20 个制造业二位码行业包括：农副食品加工、食品制造、饮料制造、烟草制造业、纺织业、造纸及纸制品业、石油加工炼焦及核燃料加工业、化学原料及化学制品制造业、医药制造业、化学纤维制造业、非金属矿物制品业、黑色金属冶炼及压延加工业、有色金属冶炼及压延加工业、金属制品业、通用设备制造业、专用设备制造业、交通运输设备制造业、电气机械及器材制造业、通信设备计算机及其他电子设备制造业、仪器仪表及文化办公用机械制造业。

② 合并后 13 个制造业行业为：1. 食品制造及烟草加工业（农副食品加工业、食品制造业、饮料制造业和烟草制品业）；2. 纺织业；3. 造纸及纸制品业；4. 石油加工炼焦及核燃料加工业；5. 化学工业（化学原料及化学制品制造业、医药制造业、化学纤维制造业）；6. 非金属矿物制品业；7. 金属冶炼及压延加工业（黑色金属冶炼及压延加工业和有色金属冶炼及压延加工业）；8. 金属制品业；9. 机械设备制造业（通用设备制造业和专用设备制造业）；10. 交通运输设备制造业；11. 电气机械及器材制造业；12. 通信设备计算机及其他电子设备制造业；13. 仪器仪表及文化办公用机械制造业。

③ 关于工业行业的类别划分，联合国 SITC 分类法将工业行业分为资源密集、资本密集和劳动密集三种类型，要素密集度分类法将工业行业分为劳动密集、资本密集和技术密集型。综合上述两种分类标准，结合本文研究的问题，把 13 个制造业子行业分为劳动、资本和技术密集型行业。劳动密集型行业包括农副食品制造及烟草加工、纺织业；资本密集型行业包括造纸及纸制品业、石油加工及炼焦业、非金属矿物制品业、金属冶炼及压延加工业、金属制品业；技术密集型行业包括机械设备制造业、交通运输设备制造业、电气机械及器材制造业、化学工业、通信设备计算机及其他电子设备制造业、仪器仪表及文化办公用机械制造业。

表 2　各行业劳动集聚和资本集聚测算结果

类型	行业	劳动集聚			资本集聚		
		集聚指数	地理密度	熵指标	集聚指数	地理密度	熵指标
劳动密集型	农副食品制造及烟草加工	3.5952 (10)	1.8712 (7)	1.0738 (7)	30.8986 (11)	27.5366 (6)	1.0233 (3)
	纺织业	9.8341 (8)	2.3219 (5)	0.8842 (12)	48.0333 (9)	17.1804 (10)	0.6785 (13)
资本密集型	造纸及纸制品业	2.2718 (12)	0.5291 (12)	0.9910 (10)	34.4224 (10)	10.6055 (12)	0.9257 (7)
	石油加工及炼焦业	0.6475 (13)	0.3403 (13)	1.5124 (1)	23.4385 (13)	23.0652 (7)	1.2418 (1)
	非金属矿物制品业	7.1645 (9)	1.5134 (10)	1.0009 (8)	67.1739 (8)	22.2737 (8)	0.9556 (6)
	金属冶炼及压延加工业	12.7062 (7)	1.6662 (8)	1.2778 (2)	540.3472 (1)	84.0183 (1)	1.0943 (2)
	金属制品业	28.3023 (4)	1.6438 (9)	1.0841 (6)	113.9646 (7)	14.3091 (11)	0.7636 (10)
技术密集型	机械设备制造业	58.4966 (1)	3.8709 (1)	1.0875 (5)	416.4846 (2)	45.1351 (5)	0.8320 (8)
	交通运输设备制造业	24.3691 (5)	2.5364 (3)	1.2421 (3)	338.6045 (4)	50.0494 (4)	0.9714 (5)
	电气机械及器材制造业	41.7589 (2)	2.2921 (6)	0.9446 (11)	198.8791 (6)	22.0563 (9)	0.7280 (11)
	化学工业	18.9307 (6)	2.5347 (4)	1.1602 (4)	338.3464 (5)	67.8998 (2)	1.0137 (4)
	通信设备计算机及其他电子设备制造业	29.3201 (3)	3.1743 (2)	0.9971 (9)	386.3603 (3)	54.8701 (3)	0.7246 (12)
	仪器仪表及文化办公用机械制造业	2.6426 (11)	0.5911 (11)	0.3259 (13)	29.8074 (12)	4.2704 (13)	0.8004 (9)

注：括号内是 13 个行业集聚指数的排序结果。

　　可以发现，传统方法得到的地理密度和熵指标在各行业之间波动范围较小，比如熵值仅在 1 左右，但本文测算的集聚指数在行业之间存在较大差异，如劳动集聚指数在 0.6～58 之间分布。其原因在于，测算中考虑了产业间经济往来的程度，相似度值较大的行业，集聚水平就较高，能够更为真实地体现行业发展的特性和差异。从行业相似度值的计算结果看，技术密集型最高①，资本密集型次之，劳动密集型最小，导致相乘计算之后技术密集型行业的集聚指数远大于劳动密集型行业，这与高新技术行业外溢效应大、带动作用强的产业发展现实一致。同时，相对于劳动、资本和技术密集型大类行业来说，同一类型内细分行业之间集聚指数差距相对较小，符合同类行业生产经营模式相近的特点，表明该测算方法是可靠的，能更为准确地衡量产业集聚水平。

　　① 产业相似度均值大小排序为：电气机械及器材制造业、机械工业、金属制品业、仪器仪表及文化办公用机械制造业、金属冶炼及压延加工业、非金属矿物制品业、化学工业、交通运输设备制造业、造纸及纸制品业、通信设备计算机及其他电子设备制造业、纺织业、农副食品制造及烟草加工业、石油加工及炼焦业。

为了进一步比较劳动、资本和技术密集型行业集聚水平差异，我们画出了2001~2011年间各类产业集聚指数的变动趋势（见图1和图2）。从各年的截面对比来看，同一时期无论是劳动集聚还是资本集聚指数，技术密集型行业都最高，资本密集型行业次之，劳动密集型行业最低，且存在着明显的差异，说明有必要按照要素密集度的标准分别考察不同类型产业的集聚效应。从时间序列看，劳动和资本密集型行业的劳动集聚指数逐年下降，技术密集型行业上下波动；资本集聚指数在三类行业中都呈现出上升态势，技术密集型行业的攀升幅度更为显著。

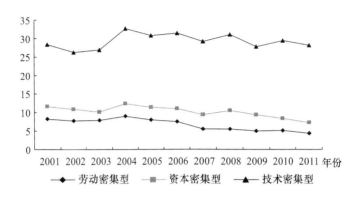

图1　劳动集聚指数的变动趋势

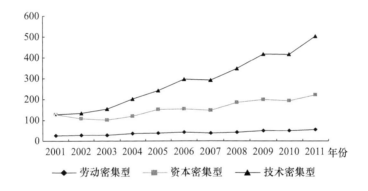

图2　资本集聚指数的变动趋势

中国制造业要素集聚程度的变动趋势，一方面反映出工业化深入推进过程中，制造业利用大型设备的规模经济优势和先进装备的技术优势从事生产的特征日趋明显；另一方面，随着刘易斯拐点出现相伴的劳动力成本升高，使依赖于人口红利的低端制造优势逐渐丧失，资本密集甚至劳动密集型行业大量使用中低素质劳动力的倾向有所减弱，开始寻求用资本替代劳动，这也是劳动集聚程度下降、资本集聚程度上升的重要原因之一。

四、模型设定与内生性处理

通过集聚指数测算可知，不同要素密集型行业之间的要素集聚程度存在着巨大差异。由此需要进一步探究的问题是，要素集聚是否如预期对生产率产生了影响呢？劳动和资本集聚分别给行业生产率带来了什么影响呢？也就是说，生产率提升的经济效应到底是来源于何种要素集聚？下面将构建工业集聚效应的计量经济模型，并对可能存在的内生性问题进行分析。

（一）模型设定

在产业集聚效应的实证研究方面，要素集聚对劳动生产率的影响已经得到国内外学者大量经验证据的证实，尤其是劳动集聚的带动作用，如 Ciccone 和 Hall（1996）、范剑勇（2006）的研究均表明了劳动集聚对劳动生产率的促进效果。同时，资本集聚是要素集聚的另一种表现形式，其对生产率的影响同样值得关注。近些年，有学者将资本产出比定义为资本生产率（李桢业和金银花，2006；赵志耘和吕冰洋，2007），认为资本生产率能够反映资本的边际收益水平，资本不断集聚并逐步替代劳动会带来资本生产率的不断升高，但过度的资本集聚也可能阻碍技术进步、人力资本积累和生产率的改善（孙琳琳和任若恩，2014）。另外，还有学者分析了高水平人力资本和先进机械设备的集聚通过推动技术进步（赵伟、张萃，2008）或者提高技术效率（王丽丽、范爱军，2009）对全要素生产率的带动机制。

为了更加全面地考察工业集聚效应的来源问题，本文分别将劳动生产率、资本生产率和全要素生产率作为被解释变量，劳动力和资本两类要素的集聚度作为重点考察的解释变量。借鉴现有研究的有益成果，考虑到要素集聚与生产率之间可能存在的非线性关系，加入要素集聚度的平方项，从而构建如下的计量经济模型：

$$YL_{i,c} = \alpha + \theta_1 Cluster_{i,c} + \theta_2 Cluster_{i,c}^2 + X'_{i,c}\beta + \eta_i + \delta_c + \varepsilon_{i,c} \tag{6}$$

$$YK_{i,c} = \alpha + \theta_1 Cluster_{i,c} + \theta_2 Cluster_{i,c}^2 + X'_{i,c}\beta + \eta_i + \delta_c + \varepsilon_{i,c} \tag{7}$$

$$TFP_{i,c} = \alpha + \theta_1 Cluster_{i,c} + \theta_2 Cluster_{i,c}^2 + X'_{i,c}\beta + \eta_i + \delta_c + \varepsilon_{i,c} \tag{8}$$

其中，YL、YK、TFP 分别代表劳动生产率、资本生产率和全要素生产率。i 表示行业，c 为省份截面单元，$c = 1，2，\cdots，30$。$Cluster_{i,c}$ 是前文得出的资本或劳动集聚度，$Cluster_{i,c}^2$ 为二次项。$X'_{i,c}$ 为控制变量，包括资本深化水平、外商资本占比、企业数量、企业规模、国有经济比重、折旧率和人力资本。η_i、δ_c 分别表示个体特征和地区特征，$\varepsilon_{i,c}$ 是随机扰动项。

（二）内生性处理及工具变量选择的有效性

按照集聚经济理论，要素在地理上的集聚通过外部性带动生产率的提升，而高生产率的企业则会依靠外部规模经济吸引大量企业集中，促进产业集聚的形成，因此集聚和生产率之间具有明显双向因果关系，在没有考虑内生性的情况下进行最小二乘和面板固定效应模型估计，会导致回归结果的有偏和不一致。解决模型内生性问题的有效方法是工具变量法，正确工具变量的选择需要满足两个条件：一是与内生解释变量之间具有高度的相关性；二是该变量为外生变量，与随机误差项不相关。借鉴盛丹和王永进（2013）的做法，本文选择每个省份的基础设施建设情况作为地区工业集聚的工具变量，具体指标为省份单位面积的公路里程，即公路密度。

选择公共基础设施作为工具变量主要基于以下三点原因：第一，已有研究表明基础设施建设情况与劳动、资本集聚具有高度的相关性。Krugman（1991）开创的新经济地理学认为，发达的基础设施能够显著降低运输成本，带来规模经济，吸引产业在同一区域不断集中。同时，基础设施具有空间向心力（McCann 和 Shefer，2004），能够改变经济活动的空间分布程度（Holl，2004），吸引资本和就业人员在同一地区不断聚集（Roos，2004）。而且，发达的交通基础设施能够对地区间资源进行整合与共享，增进城市之间交流，降低地方政府设置的进入壁垒，促进地区间产业集聚的形成（刘生龙、胡鞍钢，2011）。第二，基础设施是模型的外生变量。各地区基础设施能够在一定时间内保持不变，如公路或者铁路建设，其变化一般都是在地方政府等人为作用下进行的，与模型设定无关。虽然我国发达地区基础设施水平较高，但对于行业层面来说，地区的基础设施与行业生产率之间没有直接的因果关系，因而基础设施是外生变量，与误差项相互独立。第三，国内外学者较为一致地选取道路密度作为衡量基础设施经济效应的代理变量，如Aschauer（1989）、Fernald（1999）、Bronzini 和 Piselli（2009）、刘秉廉等（2010）、刘生龙和胡鞍钢（2010）等，作为经济性基础设施，道路能够直接参与经济活动，降低企业运输成本，提高生产效率。基于上述分析，选择道路密度作为劳动集聚和资本集聚水平的工具变量是合理的和可靠的。

使用工具变量法的前提是存在内生解释变量，但解释变量是否具有内生性仍需要检验，如果不具有内生性则无须进行处理。内生变量的典型特征是与扰动项相关，由于扰动项不可观测，无法直接检验二者的相关性，计量上通常借助工具变量进行豪斯曼检验，以考察模型是否具有内生性。豪斯曼检验的原假设为"所有解释变量均外生"，如果在显著性水平上拒绝原假设，则认为存在内生解释变量，应该使用工具变量法。另外，在工具变量选择中，容易出现工具变量与内生变量弱相关的问题，此时工具变量只包含了很少的与内生变量相关的信息，会导致估计结果偏误，此时还需进一步进行弱工具变量的检验。判断方法为 F 统计量大于经验值 10，且必须通过沃尔德检验，则可以拒绝弱工具变量的原假设，表明工具变量是有效的。本文中，由于实证的数据为省际面板数据，所以采用面板工具变量法，并借助 stata 软件进行实证检验。

（三）数据来源与变量描述

本文实证检验的样本是 2001～2011 年中国 30 个省、市、自治区 13 个合并后制造业面板数据[①]，其中，被解释变量和控制变量的数据来自 2002～2012 年《中国工业经济统计年鉴》和《中国统计年鉴》，产业集聚度则来源于前文测算结果，下面将详细说明变量选择和数据处理过程。

（1）被解释变量。

单要素生产率包括劳动生产率（YL）和资本生产率（YK），前者为行业总产值与行业全部从业人员的比值，后者等于行业总产值与行业固定资产净值之比。其中，行业总产值利用居民消费价格指数进行了平减。

全要素生产率（TFP）方面，本文采用 DEA 方法对其进行测算，基本思路为：根据各观测单元数据，利用线性规划技术将有效单元线性组合起来，构造出一个前沿生产面，在给定投入下，各个单元的实际产出与该前沿生产面之间的距离即为投入产出的效率。其中，投入变量分别选取行业固定资产净值和行业全部从业人员，产出变量选取行业总产值，具体测算过程采用Charnes 等（1978）提出的 CCR 模型。

（2）控制变量。

资本深化（KL）。资本深化水平反映了劳动力人均资本的使用情况，对生产效率具有重要的促进作用（Kumar and Russell，2002），人均资本使用程度越高，说明每个劳动人员可利用的设备和技术条件越优越，有利于生产率的提升。采用行业固定资产净值与行业年末从业人员的比值衡量资本深化程度。

外商资本（FDI）。外商资本比重越高，表明地区市场开放程度越好，有利于企业生产率的提高。但如果外商资本比重过大，会挤占国内市场份额，削弱本土企业的竞争力，反而会降低国内企业的生产效率。因此，外商投资对生产率的影响会因行业差异有不同的表现，采用行业外商资本数额占行业总产值的比重衡量外商资本。

企业数量（Num）。企业数量代表了产业内竞争状况，企业数量越多，说明市场竞争强度越大，企业就有动力通过提高生产率确立竞争优势。同时，过多的企业存在于市场也可能会导致恶

---

① 由于西藏自治区的数据缺失，因此选择剩下的 30 个省、市、自治区作为研究样本，13 个制造业归类和前文行业合并方法一致。

性竞争，削减利润，从而降低企业生产效率。

企业规模（Scale）。企业规模是影响生产率的重要因素（Glaeser et al. , 1991），大型企业更容易实现规模经济，劳动分工更加专业化，能够有效降低生产和管理成本；同时，企业规模越大，就越具备采购先进技术设备的能力，有足够的资金从事高风险的技术创新活动，对人员进行充分的职业培训，从而有利于提高企业生产率水平（孙晓华和王昀，2014）。本文采用行业总产值与企业数量的比值来衡量行业内企业的平均规模。

国有经济比重（State）。国有经济占全行业生产经营的比重代表市场化水平，在中国市场化改革的进程中，国有经济的比重越大，表明政府部门对行业经济的干预程度越高，而政府干预往往会导致资本配置效率的低下，降低资本生产率。我们采用行业国有资本额占该行业总产值的份额代表国有经济比重。

折旧率（Dep）。由于设备资本物化了最新技术进步成果（Solow，1960；Phelps，1962），新出现的机器总是比旧机器生产效率更高、质量更好，因此，物化于设备资本中的技术进步是影响生产率增长的重要变量（黄先海和刘毅群，2008），加大对物化有最新技术的设备投入，既可以提高生产率，也可以缓解资源供给限制给经济增长带来的压力，而折旧率能够代表设备的更新速度，体现固定资产中机器设备的技术水平。折旧率越高，表明设备更新速度越快，技术水平越高，地行业资本生产率相应地越高。采用行业累计折旧与该行业固定资产净值比重衡量折旧率。

人力资本（Stu）。人力资本对劳动生产率有显著的促进作用（Ciccone 和 Hall，1996），劳动者素质越高，就越容易掌握更多的生产技能，使用更加先进的生产设备，且有利于技术创新活动的开展，从而促进劳动生产率和全要素生产率的提升。本文采用省份高等学校在校生人数占地区人口总数的比值作为人力资本水平的代理指标。

五、工业集聚与单要素生产率

本部分首先就工业集聚对单要素生产率影响加以考察，由于劳动、资本和技术密集型行业之间的生产方式存在较大差异，而同一要素密集型行业的生产具有一定的相似性，因此选取具有代表性的农副食品、石油加工和仪器仪表[①]作为典型行业进行分析和对比。

（一）劳动生产率的实证结果

由于可能存在的内生性问题，需要运用面板工具变量法进行内生性检验。结果显示，Hausman 内生性检验结果均在 1% 水平显著（P = 0.00），表明劳动和资本集聚度均为内生变量，使用工具变量法进行内生性处理是科学的。进而，对公路密度作为工具变量的有效性进行检验，弱工具变量的检验值 F 均大于 10，拒绝弱工具变量的原假设，说明所选择的工具变量是有效的。

进一步，采用分步回归方法进行实证检验，逐步加入解释变量以观察结果的稳健性，由于篇幅所限，只列出包括全部控制变量的拟合结果（见表 3 中的模型（1）～（3）），而后加入要考察的关键变量，即劳动集聚度，得到模型（4）～（6），为分析要素集聚对生产率的非线性影响，加入劳动集聚度的平方项得到模型（7）～（9）。可以发现，加入劳动集聚度后对方程的解释程度有所提高，且控制变量系数的符号和显著性没有明显变化，说明拟合结果是可靠的。

---

① 农副食品、石油加工和仪器仪表分别为农副食品制造及烟草加工、石油加工及炼焦业和仪器仪表及文化办公用机械制造业的缩写，同样下文中造纸业为造纸及纸制品业的缩写。

表 3　劳动集聚对劳动生产率影响的回归结果

劳动生产率	农副食品			石油加工			仪器仪表		
	（1）	（4）	（7）	（2）	（5）	（8）	（3）	（6）	（9）
劳动集聚		2.79*** (4.87)	10.98*** (3.31)		-144.67** (-2.16)	-134.71** (-2.31)		0.41 (1.03)	5.99*** (2.89)
劳动集聚二次项			-0.22*** (-3.18)			2.17 (1.31)			-0.11*** (-2.81)
资本深化	1.82*** (10.53)	1.10*** (3.60)	1.35*** (3.52)	3.21*** (26.58)	2.96*** (15.54)	2.97*** (16.41)	1.16*** (6.39)	1.50*** (6.27)	1.61*** (4.65)
外商资本	-7.10 (-0.37)	-189.0*** (-3.96)	-270.7*** (-3..18)	-3.24*** (-4.91)	-3.46*** (-4.14)	-3.43** (-4.27)	32.21** (2.00)	1.71*** (3.00)	-5.36 (-0.18)
企业数量	5.20*** (7.14)	-3.32 (-1.59)	14.31** (2.41)	-0.04 (-0.16)	2.41 (1.06)	2.16 (1.20)	3.10*** (5.86)	2.69*** (3.89)	-0.55 (-0.36)
人力资本	0.57** (3.94)	0.44 (1.45)	1.55** (2.25)	6.25** (2.29)	39.84** (2.51)	35.22*** (2.80)	0.61*** (5.51)	0.30 (0.94)	0.88* (1.66)
常数项	9.92*** (3.19)	39.06*** (5.08)	50.96*** (3.81)	-19.94** (-0.47)	-1070 (-2.19)	-970.3** (-2.37)	-4.62* (-1.78)	5.16 (1.28)	21.19** (2.18)
弱工具变量检验		49.744	13.68		19.44	12.53		36.07	17.04

注：*、**、***分别表示在10%、5%、1%水平下显著，弱工具变量的检验结果为 F 值。

观察表 3 中模型（4）～（6）的回归结果，不同类型行业劳动集聚一次项对劳动生产率的影响存在差异，农副食品加工业显著为正，而石油加工业显著为负，仪器仪表业不显著，说明劳动力集聚能够带来劳动密集型农副食品业劳动生产率的提升，而对资本密集的石油加工业具有负面影响，在技术密集的仪器仪表业没有发挥显著作用。为了检验要素集聚对生产率的非线性影响，加入劳动集聚度的二次项（见模型（7）～（9）），发现在农副食品业和仪器仪表业都显著为负，呈现为倒"U"形关系，说明在一定范围内，劳动集聚程度越高，对劳动生产率的带动作用越强，但是达到一定程度后，对生产率的正面效应开始减弱，甚至产生抑制生产率的拥挤效应。对于石油加工业来说，劳动集聚的二次项不显著，没有出现倒"U"形关系，表明劳动集聚对于该行业劳动生产率仅存在单向的负面作用，提高劳动力密度不会使产值明显增加，反而会降低劳动生产率。

再来分析一下资本集聚对劳动生产率的效应（见表 4），在农副食品行业中，资本集聚的二次项显著为负、一次项显著为正，与劳动生产率之间同样存在着倒"U"形关系，说明机器设备等资本品的适度集中有利于提高劳动生产率，而过度集聚则会产生拥挤效应。在资本密集型的石油加工业和技术密集型的仪器仪表业中，资本集聚的二次项系数不显著，没有呈现出非线性关系，一次项系数显著为正，意味着资本集聚程度越高，越能够为劳动者使用更先进的技术设备创造条件，掌握更多的生产技能，从而带来劳动生产率水平的上升。

表 4　资本集聚对劳动生产率影响的回归结果

劳动生产率	农副食品			石油加工			仪器仪表		
	（1）	（4）	（7）	（2）	（5）	（8）	（3）	（6）	（9）
资本集聚		0.21*** (6.84)	1.18*** (3.48)		1.79** (2.03)	30.93 (1.32)		0.0862*** (4.55)	0.09 (0.54)

劳动生产率	农副食品			石油加工			仪器仪表		
	(1)	(4)	(7)	(2)	(5)	(8)	(3)	(6)	(9)
资本集聚二次项			-0.003*** (-3.24)			-0.07 (-1.34)			-0.001 (-0.38)
资本深化	1.82*** (10.53)	1.21*** (5.73)	0.17*** (0.33)	3.21*** (26.58)	3.08*** (20.50)	2.14** (2.23)	1.16*** (6.39)	1.14*** (5.51)	1.65*** (6.68)
外商资本	-7.10 (-0.37)	-97.63** (-3.91)	-244.0** (-3.46)	-3.24*** (-4.91)	-2.93*** (-3.87)	-3.51** (-2.32)	32.21** (2.00)	-20.54 (-0.94)	1.27** (2.30)
企业数量	5.20*** (7.14)	0.33 (0.3)	13.42** (2.52)	-0.04 (-0.16)	-0.11 (-0.42)	-0.12 (-1.46)	3.10*** (5.86)	1.88*** (2.84)	1.20 (0.94)
人力资本	0.57** (3.94)	0.03 (0.19)	0.12** (2.20)	-6.25 (-1.29)	-3.31 (-0.58)	-4.19 (-0.96)	0.61*** (5.51)	0.32** (2.23)	0.30 (0.98)
常数项	9.92*** (3.19)	27.37** (6.38)	59.48 (4.16)	-19.94** (-0.47)	76.69 (1.12)	-16.19** (-0.86)	-4.62* (-1.78)	3.97 (1.13)	0.25 (0.21)
弱工具变量检验		100.35	17.48		36.72	27.09		62.039	17.04

注：*、**、***分别表示在10%、5%、1%水平下显著，弱工具变量的检验结果为 F 值。

控制变量方面。资本深化系数均显著为正，说明资本深化程度越高越能促进劳动生产率的提升。外商投资系数在农副食品和石油加工行业显著为负，意味着外商资本给这两个行业的生产带来了一定冲击，而外商资本的系数显著为正，表明外商投资有利于技术密集型行业采用更先进的生产设备，带来了劳动生产率的改善。企业数量的系数在农副食品和仪器仪表两个行业中显著为正，证明激烈的市场竞争能够对企业生产经营形成倒逼机制，推动企业提高生产效率，而石油加工行业垄断程度更高，市场竞争对劳动生产率没有显著作用。人力资本的系数基本上都显著为正，说明高素质人才能够掌握更为先进的技术和复杂技能，对于三类行业的劳动生产率均存在正效应。

（二）资本生产率检验结果

除了劳动生产率，资本生产率是企业生产效率的另一个重要表现。以资本生产率作为被解释变量，同样利用工具变量法对方程（4）进行拟合，Hausman 内生性检验仍然显示劳动和资本集聚度为内生变量，需要使用工具变量法进行内生性处理，将公路密度作为工具变量消除内生性问题，得到表 5 和表 6 的回归结果。表 5 考察了劳动集聚对资本生产率的影响，结果表明只有农副食品行业的劳动集聚对资本生产率存在正向作用，加入二次项后出现了倒"U"形关系，意味着适度的劳动集聚有利于提升资本生产率水平，过度集中会产生拥挤效应。在石油加工和仪器仪表行业中，劳动密集度的增加没有带来资本生产率的明显改善。这种差异性结果的原因可能在于，对于劳动密集型行业来说，劳动集聚一方面能够带来劳动者生产技能的提高，使其更为熟练地操作机器设备；另一方面促使企业使用大规模成套设备以享受规模经济效应，从而提高了资本生产率，但资本密集和技术密集型行业的设备使用情况与劳动者关联较弱，因此资本效率基本与劳动集聚无关。

表5　劳动集聚对资本生产率影响的回归结果

资本生产率	农副食品			石油加工			仪器仪表		
	(1)	(4)	(7)	(2)	(5)	(8)	(3)	(6)	(9)
劳动集聚		0.12 *** (7.72)	0.26 *** (7.37)		- 0.087 (- 1.10)	0.08 (0.04)		0.05 (1.55)	0.01 (0.08)
劳动集聚二次项			- 0.0005 *** (- 6.46)			- 0.0001 (- 0.72)			0.0001 (0.38)
资本深化	- 0.11 *** (- 11.05)	- 0.11 *** (- 9.68)	- 0.08 *** (- 7.24)	0.05 (0.11)	- 0.55 (- 1.14)	- 0.54 (- 1.11)	- 0.21 *** (- 4.68)	- 0.21 *** (- 4.89)	- 0.22 *** (- 4.92)
外商资本	- 2.67 *** (- 3.08)	- 11.88 *** (- 7.50)	- 11.58 *** (- 7.91)	2.43 (0.81)	5.96 ** (1.97)	5.60 * (1.79)	0.14 * (1.66)	0.12 (1.44)	0.12 (1.43)
折旧率	1.73 *** (9.28)	1.38 *** (6.03)	1.59 *** (7.48)	2.48 *** (11.82)	2.62 *** (9.82)	2.59 *** (9.24)	1.47 ** (2.50)	1.25 ** (2.11)	1.22 ** (2.07)
国有资本	- 10.10 *** (- 9.15)	- 5.48 *** (- 3.76)	- 6.76 *** (- 5.14)	- 3.08 *** (- 3.79)	- 2.83 *** (- 3.29)	- 2.88 *** (- 3.41)	- 0.27 *** (- 3.14)	- 0.22 ** (- 2.53)	- 0.23 ** (- 2.35)
常数项	4.6056 *** (26.89)	4.62 *** (22.42)	4.02 *** (18.73)	2.27 *** (12.41)	- 0.02 (- 0.16)	- 0.02 (- 0.16)	4.04 *** (6.94)	4.16 *** (7.22)	4.18 *** (7.27)
弱工具变量检验		87.86	83.65		88.70	76.72		71.065	147.66

注：*、**、***分别表示在10%、5%、1%水平下显著，弱工具变量的检验结果为 F 值。

由资本集聚与资本生产率关系的实证结果（见表6），三个行业较一致地出现了资本集聚一次项系数显著为正，二次项系数显著为负的情况，说明无论在哪一类型的行业中，资本适度集中有利于企业使用大型的生产设备，完成资本分散情况下无法实现的生产任务，对资本生产率具有明显的推动作用，但集聚达到一定程度也会产生负面影响，如果盲目地采用超出生产负荷的成套装备或者生产线，会导致资本的重复建设，反而会产生不利的拥挤效应，降低资本生产率水平。

表6　资本集聚对资本生产率影响的回归结果

资本生产率	农副食品			石油加工			仪器仪表		
	(1)	(4)	(7)	(2)	(5)	(8)	(3)	(6)	(9)
资本集聚		0.01 *** (8.84	0.03 *** (7.29)		0.005 * (1.65)	0.07 ** (2.22)		0.01 *** (6.18)	0.04 *** (6.36)
资本集聚二次项			- 0.0007 *** (5.73)			- 0.0002 ** (- 2.36)			- 0.0008 *** (- 5.99)
资本深化	- 0.11 *** (- 11.05)	- 0.12 *** (- 11.65)	- 0.11 *** (10.90)	0.05 (0.11)	- 0.03 *** (- 0.49)	- 0.002 (- 1.62)	- 0.21 *** (- 4.68)	- 0.17 *** (- 5.94)	0.14 *** (5.40)
外商资本	- 2.67 *** (- 3.08)	- 8.69 *** (- 7.65)	- 10.65 *** (- 7.89)	2.43 (0.81)	2.14 (0.65)	- 2.56 (- 0.46)	0.14 * (1.66)	1.49 (0.52)	- 0.38 ** (- 0.13)
折旧率	1.73 *** (9.28)	1.35 *** (6.72)	1.35 *** (6.47)	2.48 *** (11.82)	2.23 *** (8.04)	1.94 *** (3.90)	1.47 ** (2.50)	1.00 * (1.92)	1.76 *** (3.64)
国有资本	- 10.10 *** (- 9.15)	- 8.10 *** (- 6.84)	- 5.95 *** (- 4.52)	- 3.08 *** (- 3.79)	- 2.64 *** (- 2.82)	- 1.13 (- 0.66)	- 0.27 *** (- 3.14)	- 1.28 ** (- 3.94)	- 1.11 *** (- 3.59)
常数项	4.6056 *** (26.89)	4.79 *** (26.46)	4.42 *** (23.16)	2.27 *** (12.41)	2.33 *** (11.33)	2.06 ** (6.48)	4.04 *** (6.94)	4.02 *** (9.69)	0.25 (0.21)
弱工具变量检验		176.59	98.45		67.52	12.27		102.74	63.85

注：*、**、***分别表示在10%、5%、1%水平下显著，弱工具变量的检验结果为 F 值。

控制变量方面，资本深化系数在不同行业中均显著为负，说明人均资本程度越高，虽然会提高劳动生产率，但却不利于单位资本产量的增加，导致资本利用效率降低。外商投资在农副食品行业显著为负，在石油加工和仪器仪表也不显著，意味着过多的外资进入阻碍本土劳动密集型企业的发展，降低资本使用效率。三类行业折旧率的系数非常一致地都显著为正，表明设备更新换代的速度越快，设备技术水平就越高，资本生产率自然就会越高。国有资本比重的系数同样非常一致地显著为负，即国有企业占行业比重越大，就会拉低资本生产率，这也反映出与私营和外资等所有权性质的企业相比，国有企业资本使用效率低下的客观现实。

与劳动生产率情况略为不同，在所考察的三类行业中，资本生产率都与资本集聚水平密切相关，且同时存在倒"U"形关系，适度的资本集聚有利于资本生产率的提升。除了对于劳动密集型的农副食品业，资本生产率与劳动集聚程度的关联较为微弱。

六、工业集聚与全要素生产率

除了通过共享要素资源、获得规模经济效益和促进分工深化等途径推升劳动和资本单要素生产率之外，产业集聚还能刺激企业间知识流动和技术交流，提高全要素生产率（TFP）[①]，下面进一步探究劳动和资本集聚对全要素生产率的影响。

（一）实证结果及分析

同样选择公路密度作为工具变量处理内生性问题，得到劳动集聚对全要素生产率影响的回归结果（见表7）。可以看出，农副食品业和仪器仪表行业劳动集聚度的二次项系数显著为负，一次项系数显著为正，表明劳动集聚与全要素生产率之间存在倒"U"形关系，劳动密集度提高会增加企业间的知识流动和技术交流，有利于企业掌握更多的生产诀窍，学习到更为先进的生产技术，推动全要素生产率。石油加工业劳动集聚的系数不显著，说明在此类资本密集型行业中，全要素生产率与劳动集聚度并没有直接的联系。

表7　劳动集聚对全要素生产率影响的回归结果

全要素生产率	农副食品			石油加工			仪器仪表		
	（1）	（4）	（7）	（2）	（5）	（8）	（3）	（6）	（9）
劳动集聚		0.02 ***	0.06 ***		0.01	0.05		0.02 ***	0.065 **
		(5.04)	(4.31)		(0.74)	(1.42)		(2.40)	(2.26)
劳动集聚二次项			− 0.0011 ***			− 0.006 *			− 0.001 **
			(− 3.89)			(− 1.93)			(− 2.22)
资本深化	− 0.01 ***	− 0.01 ***	− 0.01 *	− 0.07 ***	− 0.06	− 0.04	0.0056	0.0068	0.012 **
	(− 6.99)	(− 4.50)	(− 1.81)	(− 0.52)	(− 0.44)	(− 0.27)	(1.31)	(1.38)	(2.01)
外商资本	− 0.51	− 1.64 ***	− 1.43 ***	0.13	− 0.05	− 0.22	− 0.19	− 1.02 *	− 0.80
	(− 2.25)	(− 4.61)	(− 4.23)	(0.26)	(− 0.12)	(− 0.47)	(− 0.48)	(− 1.77)	(− 1.43)
企业规模	0.32 ***	0.20 ***	0.20 ***	0.006 ***	0.005 ***	0.005 ***	− 0.01	− 0.069	− 0.14 *
	(15.43)	(5.78)	(5.47)	(3.97)	(3.91)	(3.71)	(− 0.28)	(− 1.16)	(− 1.76)

---

① 全要素生产率最早由索罗（Robert M. Solow）提出，等于总产出除去劳动、资本等要素投入之后的余值，与组织创新、研发投资和专业化密切相关。

全要素生产率	农副食品			石油加工			仪器仪表		
	(1)	(4)	(7)	(2)	(5)	(8)	(3)	(6)	(9)
人力资本	5.92 ***	3.12	6.62 *	7.87 ***	10.86 **	13.08 ***	7.12 ***	19.45 ***	26.20 ***
	(3.46)	(1.13)	(1.91)	(3.94)	(2.43)	(3.41)	(2.86)	(3.62)	(3.15)
常数项	0.58 ***	0.74 ***	0.66 ***	0.38 ***	0.00	0.002	0.54 ***	0.72 ***	0.77 ***
	(16.83)	(14.09)	(14.28)	(13.02)	(0.05)	(0.15)	(10.30)	(8.05)	(6.87)
弱工具变量检验		43.74	35.13		50.66	59.61		34.65	18.77

注：*、**、*** 分别表示在10%、5%、1%水平下显著，弱工具变量的检验结果为 F 值。

对比资本集聚的检验结果（见表8）发现，加入二次项后，三个行业的资本集聚与全要素生产率之间均一致地出现了倒"U"形关系，说明资本集聚在一定范围内有利于提高全要素生产率，但是达到一定程度之后会出现拥挤效应，反而会产生抑制作用。

表8 资本集聚对全要素生产率影响的回归结果

全要素生产率	农副食品			石油加工			仪器仪表		
	(1)	(4)	(7)	(2)	(5)	(8)	(3)	(6)	(9)
资本集聚		0.21 ***	0.69 ***		0.02	0.44 **		0.0011 **	0.0068 **
		(5.36)	(5.72)		(0.77)	(2.22)		(2.48)	(2.30)
资本集聚二次项			−0.0017 ***			−0.0012 **			−0.01 **
			(−5.61)			(−2.49)			(−2.27)
资本深化	−0.01 ***	−0.01 ***	−0.01 ***	−0.07 ***	−0.07	−0.28	0.0056	0.0061	0.011 *
	(−6.99)	(−5.69)	(−5.27)	(−0.52)	(−0.56)	(−1.60)	(1.31)	(1.28)	(1.89)
外商资本	−0.51	−1.15 ***	−1.31 ***	0.13	−0.06	−0.21	−0.19	−1.01 *	−1.18 *
	(−2.25)	(−4.03)	(−4.38)	(0.26)	(−0.14)	(−0.42)	(−0.48)	(−1.82)	(−1.80)
企业规模	0.32 ***	0.20 ***	0.23 ***	0.006 ***	0.005 ***	0.006 ***	−0.01	−0.098	−0.25 **
	(15.43)	(6.27)	(7.58)	(3.97)	(3.94)	(3.84)	(−0.28)	(−1.57)	(−2.16)
人力资本	5.92 ***	0.29	5.74 **	7.87 ***	11.45 ***	10.00 **	7.12 ***	13.41 ***	22.88 ***
	(3.46)	(0.13)	(2.02)	(3.94)	(2.99)	(2.16)	(2.86)	(3.91)	(3.32)
常数项	0.58 ***	0.71 ***	0.69 ***	0.38 ***	0.00	0.00	0.54 ***	0.67 *	0.25
	(16.83)	(15.31)	(15.28)	(13.02)	(0.02)	(0.21)	(10.30)	(9.24)	(0.21)
弱工具变量检验		101.15	58.15		120.05	60.17		52.75	40.11

注：*、**、*** 分别表示在10%、5%、1%水平下显著，弱工具变量的检验结果为 F 值。

控制变量方面，资本深化的作用只有在仪器仪表业显著为正，外商资本的系数在三类行业中都显著为负，表明引入外资并没有带来全要素生产率的改善；企业规模对农副食品和石油加工业的全要素生产率具有正向作用，对技术密集的仪器仪表业存在负面影响。人力资本的系数显著为正，反映出高素质人才对于技术进步的重要意义。

（二）稳健型检验

为了检验回归结果的稳健性，本文又分别选取了三个典型行业：劳动密集型的纺织业、资本密集型的造纸业和技术密集型的化学工业，按照前文所述的过程依次进行回归，结果如表9～表

11 所示。由于篇幅所限，本文仅列出所要考察的核心变量拟合结果，其他控制变量省略。通过比较可以发现，与前文结果产生了细微的差异，如纺织业的劳动集聚度对劳动生产率的影响不显著，这可能缘于随着工业化进程的推进，纺织业的生产模式已经逐渐从大量依赖于劳动力转向依赖资本积累，因此劳动力集聚已经对其劳动生产率无法产生应有的带动作用。除此之外，所选的纺织、造纸和化学工业，与此前对应同一类要素密集型行业，无论从集聚变量的符号还是显著性上看，都基本保持一致，证明实证检验过程的稳健性。

表 9　三类密集型行业劳动生产率模型的回归结果

劳动生产率	纺织业				造纸业				化学工业			
	（1）	（2）	（3）	（4）	（5）	（6）	（7）	（8）	（9）	（10）	（11）	（12）
劳动集聚一次项	-0.21 (-1.40)	-0.63 (-1.54)			1.30 (1.17)	-11.95 (-0.32)			1.69 (1.46)	1.05 *** (2.95)		
劳动集聚二次项		-0.004 (1.62)				0.62 (0.32)				-0.003 *** (-3.08)		
资本集聚一次项			2.79 *** (2.84)	2.76 *** (2.83)			0.19 *** (3.97)	0.29 *** (3.56)			0.0096 *** (3.69)	1.27 (1.50)
资本集聚二次项				-0.47 (-0.77)				-0.0006 *** (-3.02)				0.0001 (1.62)

注：括号内为 z 值，*、**、***分别表示在 10%、5%、1% 水平下显著。

表 10　三类密集型行业资本生产率模型的回归结果

资本生产率	纺织业				造纸业				化学工业			
	（1）	（2）	（3）	（4）	（5）	（6）	（7）	（8）	（9）	（10）	（11）	（12）
劳动集聚一次项	0.02 *** (4.10)	0.04 *** (3.53)			0.71 (0.39)	4.43 (0.15)			0.02 (0.8)	0.02 (0.83)		
劳动集聚二次项		-0.0002 *** (-2.93)				-0.09 (-0.15)				-0.0003 (-1.46)		
资本集聚一次项			0.51 *** (4.15)	0.81 *** (4.01)			0.64 *** (4.25)	0.77 *** (3.48)			0.0007 *** (3.98)	0.002 *** (4.82)
资本集聚二次项				-0.0001 *** (-6.76)				-0.0001 (-1.64)				-0.0002 *** (-4.87)

注：括号内为 z 值，*、**、***分别表示在 10%、5%、1% 水平下显著。

表 11　三类密集型行业全要素生产率模型的回归结果

全要素生产率	纺织业				造纸业				化学工业			
	（1）	（2）	（3）	（4）	（5）	（6）	（7）	（8）	（9）	（10）	（11）	（12）
劳动集聚一次项	0.75 *** (5.37)	1.41 *** (5.18)			0.02 (1.52)	0.11 (1.59)			0.006 *** (4.82)	0.02 *** (5.60)		
劳动集聚二次项		-0.008 *** (-4.45)				-0.002 (-1.42)				-0.0004 *** (-5.41)		

续表

全要素生产率	纺织业				造纸业				化学工业			
	(1)	(2)	(3)	(4)	(5)	(6)	(7)	(8)	(9)	(10)	(11)	(12)
资本集聚一次项			0.15 ***	0.27 ***			0.02 ***	0.01			0.003 ***	0.01 ***
			(5.00)	(5.53)			(3.31)	(1.46)			(4.26)	(4.24)
资本集聚二次项				-0.0003 ***				0.0002 *				-0.0001 ***
				(-4.92)				(1.89)				(-4.26)

注：括号内为 z 值，*、**、*** 分别表示在 10%、5%、1% 水平下显著。

（三）工业集聚效应来源总结

为了更加清晰地审视并厘清工业集聚效应的来源，我们将劳动和资本集聚对三种生产率影响的实证结果进行汇总（见表12①），从分行业类型角度来讲，不同要素密集型行业的产业集聚效应存在着明显的差别，具体地：在劳动密集型行业中，无论是劳动集聚还是资本集聚，对于劳动、资本和全要素生产率的提升均产生了显著的效应，且这种影响以倒"U"形为主，说明过度的要素集聚会带来拥挤效应；在资本密集型行业中，资本集聚对三种生产率都存在明显的推动效果，而劳动集聚的效应不显著或显著为负，意味着对于大量使用资本的生产模式，劳动要素没有发挥作用；在技术密集型行业中，适度的劳动集聚有利于提高劳动和全要素生产率，资本集聚则对三种生产率均存在显著影响，表明工业行业的技术进步既要依靠技术设备的大量积累和使用，也与劳动者尤其是中高素质技术人员的集聚密切相关。

表12 工业集聚效应来源总结

生产率	劳动生产率			资本生产率			全要素生产率		
行业类型	劳动密集	资本密集	技术密集	劳动密集	资本密集	技术密集	劳动密集	资本密集	技术密集
劳动集聚	倒U形（或不显著）	负（或不显著）	倒U形	倒U形	不显著	不显著	倒U形	不显著	倒U形
资本集聚	倒U形	单向正（或倒U形）	单向正	倒U形	倒U形	倒U形	倒U形	倒U形（或单项正）	倒U形
集聚效应来源	劳动和资本	资本	劳动和资本	劳动和资本	资本	资本	劳动和资本	资本	劳动和资本

回到本文研究的主要目标，即寻找工业集聚效应的来源上，可以发现：对于现阶段的中国工业生产来说，单要素和全要素生产率的提升更多地依赖于资本集聚，劳动集聚的经济效应只体现在部分劳动和技术密集型行业中。上述结果表明，现有多数研究在考察产业集聚效应时，以劳动集聚程度作为重点考察变量可能并不十分准确，随着中国工业化进程逐步深入，劳动集聚对于生产率的作用可能会逐步减弱，尤其是密集使用资本的行业。这也就意味着，传统理论和现有多数研究中提出的劳动集聚具备的劳动力市场共享、降低交易成本和知识外溢等诸多优势，可能会被资本集聚产生的规模经济、机器设备共享、分工深化、上下游企业技术溢出等生产率效应所取代。

---

① 如果稳健型检验的结果出现差别，就列在括号中，若一致即省略。

七、结论与展望

集聚式发展是各地方政府提高产业竞争力的重要战略举措，然而现在文献关于产业集聚效应来源于劳动集聚还是资本集聚，没有给出明确研究结论。本文以产业集聚的三个基本特征，即地理上的绝对集中、专业化分工和产业间经济往来程度为依据，对产业集聚程度的衡量方法加以改进，测算了中国 2001～2011 年 13 个制造业行业劳动集聚和资本集聚的水平，并与现有方法进行了分析比较。另外，通过计量经济模型构建和内生性问题的处理，按照通行的要素密集度标准，将制造业分为劳动、资本和技术密集三种类型，分别就劳动、资本集聚对单要素生产率和全要素生产率的影响进行了实证检验，得到如下主要结论：在劳动密集型行业中，劳动集聚和资本集聚对劳动、资本和全要素生产率的提升均产生了显著的影响，且以倒"U"形关系为主，说明过度的要素集聚会带来拥挤效应；在资本密集型行业中，资本集聚的生产率效应都十分明显，而劳动集聚的效应不显著或为负；在技术密集型行业中，适度的劳动集聚有利于提高劳动和全要素生产率，资本集聚对三种生产率依然存在明显的作用。综合来看，就现阶段的中国制造业而言，生产率的提升更多地依赖于资本集聚，劳动集聚的经济效应只体现于部分行业中。

改革开放 30 多年来，中国经济依靠投资、劳动力、资源和环境等要素的低成本投入，保持了年均逾 10% 的经济增长速度，2010 年工业化水平综合指数达到 66，基本进入工业化后期。然而，伴随全球金融危机后经济发展阶段转换，依靠高投资、重化工业主导发展而支撑的高速增长将难以为继。从世界范围看，发达国家开始纷纷实施"再工业化"战略，通过现代信息技术与制造业融合、制造业与服务业的融合来提升复杂产品的制造能力，以快速满足消费者的个性化需求，而由此带来的先进制造技术应用将减少劳动在工业总投入中的比重，中国工业传统的比较成本优势则会加速弱化。面对新的挑战，中国工业要改变"要素驱动"为"创新驱动"，基于技术创新和制度创新实现工业转型升级；在发展模式上，进一步鼓励要素集聚，提高工业资源配置水平和生产效率，由粗放型向集约型方式转变。根据本文的研究结论，在促进工业集聚式发展的过程中，应该更加注重资本集聚的潜在收益，发挥资本积累的规模经济优势，鼓励大型企业使用更为先进的成套技术装备，产业链上下游的中小企业加以配套，推进专业化的深度分工协作。同时，要加强制造企业之间的合作交流，促进生产设备的租赁和制造外包，这样既有利于先进知识的流动和学习，又能够避免同一类资本的重复投入和低效率使用。另外，要防止一哄而上的工业园区发展模式，加强基础设施和配套环境的建设，消除工业企业过度集聚产生的拥挤效应。

与以往研究不同，本文贡献包括两方面：第一，根据产业集聚的内涵及本质特征重新构造了产业集聚指数，以使产业集聚程度的衡量更为科学准确；第二，克服了以工业全部行业为整体进行研究过于笼统的不足，按照劳动、资本和技术密集型行业分类，实证检验了劳动集聚和资本集聚对单要素生产率、全要素生产率的影响，全面地讨论了工业集聚效应的来源问题，稳健型检验也保证了研究结论的可靠性。当然，文章还存在一些不足，如计量经济模型构建中仅考察了主要控制变量，从而忽略了影响行业生产效率的其他要素，包括行业之间的溢出效应，等等；同时，限于微观层面数据获取的困难，只能选择行业层面数据作为样本。相信随着未来统计数据的不断丰富，有关产业集聚效应的参量设定将更为合理，实证结论也将更加准确。

参考文献

[1] Jacobs J. The Economy of Cities [M]. New York: Vintage Books USA, 1969.

[2] Arauzo Carod J. M. Determinants of Industrial Location: An Application for Catalan Municipalities [J]. Papers in Regional Science, 2005, 84 (1): 105 – 120.

[3] Henderson J. V. Marshall's Scale Economies [J]. Journal of urban Economics, 2003, 53 (1): 1 – 28.

[4] Head K., Mayer T. Market Potential and the Location of Japanese Investment in the European Union [J]. Review of Economics and Statistics, 2004, 86 (4): 959 – 972.

[5] Ciccone A., Hall R. Productivity and the Density of Economic Activity [J]. American Economic Review, 1996, 86 (1): 54 – 70.

[6] Ciccone A. Agglomeration Effects in Europe [J]. European Economic Review, 2002, 46 (2): 213 – 227.

[7] Rosenthal S. S., Strange W. C. Evidence on the Nature and Sources of Agglomeration Economies [J]. Handbook of Regional and Urban Economics, 2004, 2 (4): 2119 – 2171.

[8] Rice P., Venables A. J., Patacchini E. Spatial Determinants of Productivity: Analysis for The Regions of Great Britain [J]. Regional Science and Urban Economics, 2006, 36 (6): 727 – 752.

[9] Ottaviano G. I. P., Pinelli D. Market Potential and Productivity: Evidence from Finnish Regions [J]. Regional Science and Urban Economics, 2006, 36 (5): 636 – 657.

[10] Brülhart M., Mathys N. A. Sectoral Agglomeration Economies in A Panel of European Regions [J]. Regional Science and Urban Economics, 2008, 38 (4): 348 – 362.

[11] 范剑勇. 产业集聚与地区间劳动生产率差异 [J]. 经济研究, 2006 (11): 72 – 81.

[12] 张海峰, 姚先国. 经济集聚、外部性与企业劳动生产率——来自浙江省的证据 [J]. 管理世界, 2010 (12): 45 – 52.

[13] Brakman S., Garretsen H., Van Marrewijk C. An Introduction to Geographical Economics: Trade, Location and Growth [M]. Cambridge University Press, 2001.

[14] 沈能, 赵增耀, 周晶晶. 生产要素拥挤与最优集聚度识别——行业异质性的视角 [J]. 中国工业经济, 2014 (5): 83 – 95.

[15] Broersma L., Oosterhaven J. Regional Labor Productivity in the Netherlands: Evidence of Agglomeration and Congestion Effects [J]. Journal of Regional Science, 2009, 49 (3): 483 – 511.

[16] 柯善咨, 姚德龙. 工业集聚与城市劳动生产率的因果关系和决定因素——中国城市的空间计量经济联立方程分析 [J]. 数量经济技术经济研究, 2008 (12): 3 – 14.

[17] 连飞. 工业集聚与劳动生产率的空间计量经济分析——来自我国东北 34 个城市的经验证据 [J]. 中南财经政法大学学报, 2011 (1): 108 – 114, 144.

[18] 周圣强, 朱卫平. 产业集聚一定能带来经济效率吗: 规模效应与拥挤效应 [J]. 产业经济研究, 2013 (3): 12 – 22.

[19] 孙浦阳, 韩帅, 许启钦. 产业集聚对劳动生产率的动态影响 [J]. 世界经济, 2013 (3): 33 – 53.

[20] Holmes T. J. Localization of Industry and Vertical Disintegration [J]. Review of Economics and Statistics, 1999, 81 (2): 314 – 325.

[21] Herfindahl O. C. Concentration in the Steel Industry [D]. Columbia University, 1950.

[22] Krugman P. Increasing Returns and Economic Geography [J]. Journal of PoliticalEconomy, 1996, 99 (3): 48 – 59.

[23] Ellison G., Glaeser E. L. Geographic Concentration in US Manufacturing Industries: A Dartboard Approach [R]. National Bureau of Economic Research, 1994.

[24] Duranton G., Overman H. G. Testing for Localization Using Micro – Geographic Data [J]. The Review of Economic Studies, 2005, 72 (4): 1077 – 1106.

[25] Long C., Zhang X. Cluster – based Industrialization in China: Financing and Performance [J]. Journal of International Economics, 2011, 84 (1): 112 – 123.

[26] Martin P. , Ottaviano G. I. P. Growing locations：Industry location in a Model of Endogenous Growth［J］. European Economic Review, 1999, 43（2）：281 - 302.

[27] Baldwin R. E. , Philippe M. Agglomeration and Regional Growth, The Handbook of Regional and Urban Economics：Cit - ies and Geography［J］. 2004, 4（10）：77 - 85.

[28] Robert - Nicoud F. Agglomeration and Trade with Input - output Linkages and Capital Mobility［J］. Spatial Economic Analysis, 2006, 1（1）：101 - 126.

[29] 陈立泰，张祖妞. 服务业集聚与区域经济差距：基于劳动生产率视角［J］. 科研管理, 2011（12）：126 - 133.

[30] 王明益. 资本集聚对经济增长非线性影响研究——基于门槛效应的经验考察［J］. 产业经济研究, 2012（6）：68 - 76.

[31] Rosenthal S. S. , Strange W. C. Evidence on the Nature and Sources of Agglomeration Economies［J］. Handbook of Regional and Urban Economics, 2004（4）：2119 - 2171.

[32] Helsley R. W. , Strange W. C. Agglomeration, Opportunism, and the Organization of Production［J］. Journal of Urban Economics, 2007, 62（1）：55 - 75.

[33] 范剑勇，石灵云. 产业外部性、企业竞争环境与劳动生产率［J］. 管理世界, 2009（8）：65 - 72, 187.

[34] 王永进，盛丹. 地理集聚会促进企业间商业信用吗？［J］. 管理世界, 2013（1）：101 - 114, 188.

[35] 潘文卿，李子奈，刘强. 中国产业间的技术溢出效应：基于 35 个工业部门的经验研究［J］. 经济研究, 2011（7）：18 - 29.

[36] 李桢业，金银花. 公共资本生产率的比较研究——基于长三角 21 个城市公共资本边际生产率的实证分析［J］. 数量经济技术经济研究, 2006（8）：47 - 55.

[37] 赵志耘，吕冰洋. 资本流动、资本供给和区域经济不平衡发展［J］. 中国软科学, 2007（12）：152 - 160.

[38] 孙琳琳，任若恩. 转轨时期我国行业层面资本积累的研究——资本存量和资本流量的测算［J］. 经济学（季刊）, 2014, 13（3）：837 - 862.

[39] 赵伟，张萃. 中国制造业区域集聚与全要素生产率增长［J］. 上海交通大学学报（哲学社会科学版）, 2008（5）：52 - 56, 64.

[40] 王丽丽，范爱军. 空间集聚与全要素生产率增长——基于门限模型的非线性关联研究［J］. 财贸经济, 2009（12）：105 - 110, 140.

[41] Krugman P. R. Geography and Trade［M］. Cambridge：The MIT Press, 1991.

[42] McCann P. , Shefer D. Location, Agglomeration and Infrastructure［J］. Papers in Regional Science, 2004, 83（1）：177 - 196.

[43] Holl A. Transport Infrastructure, Agglomeration Economies, and Firm Birth：Empirical Evidence from Portugal［J］. Journal of Regional Science, 2004, 44（4）：693 - 712.

[44] Roos M. W. M. Agglomeration and the Public Sector［J］. Regional Science and Urban Economics, 2004, 34（4）：411 - 427.

[45] 刘生龙，胡鞍钢. 交通基础设施与中国区域经济一体化［J］. 经济研究, 2011（3）：72 - 82.

[46] Aschauer D. A. Is Public Expenditure Productive？［J］. Journal of Monetary Economics, 1989, 23（2）：177 - 200.

[47] Fernald J. G. Roads to Prosperity？Assessing the Link between Public Capital and Productivity［J］. American Economic Review, 1999, 89（3）：619 - 638.

[48] Bronzini R. , Piselli P. Determinants of Long - run Regional Productivity with Geographical Spillovers：the Role of R&D, Human Capital and Public Infrastructure［J］. Regional Science and Urban Economics, 2009, 39（2）：187 - 199.

[49] 刘秉廉，武鹏，刘玉海. 交通基础设施与中国全要素生产率增长——基于省域数据的空间面板计量分析［J］. 中国工业经济, 2010（3）：54 - 64.

[50] 刘生龙，胡鞍钢. 基础设施的外部性在中国的检验：1988 ~ 2007［J］. 经济研究, 2010（3）：4 - 15.

［51］Charnes A. Cooper W. W. , Phodes E. Measyring the Efficiency of DMU ［J］. European Journal of Operational Research, 1978, 2 （6）: 429 – 444.

［52］Kumar S. , Russell R. R. Technological Change, Technological Catch – up, and Capital Deepening: Relative Contributions to Growth and Convergence ［J］. American Economic Review, 2002, 92 （3）: 527 – 548.

［53］Glaeser E. L. , Kallal H. D. , Scheinkman J. A. , et al. Growth in Cities ［R］. National Bureau of Economic Research, 1991.

［54］孙晓华, 王昀. 企业规模对生产率及其差异的影响——来自工业企业微观数据的实证研究 ［J］. 中国工业经济, 2014 （5）: 57 – 69.

［55］Solow R. M. Investment and Technical Progress ［J］. Mathematical Methods in the Social Sciences, 1960 （1）: 48 – 93.

［56］Phelps E. S. The New View of Investment: A Neoclassical Analysis ［J］. The Quarterly Journal of Economics, 1962, 76 （4）: 548 – 567.

［57］黄先海, 刘毅群. 设备投资、体现型技术进步与生产率增长: 跨国经验分析 ［J］. 世界经济, 2008 （4）: 47 – 61.

新常态背景下城市协同发展的博弈论分析
——以徐连同城化为例

颜姜慧 王 露

（江苏师范大学商学院 徐州 221116）

一、引言

改革开放以来，我国经济经历了 30 多年高速发展期，已经进入了经济增速换挡期、结构调整阵痛期、前期刺激政策消化期"三期叠加"的"新常态"。新常态下，竞争压力越来越大、资源约束越来越强，各自为政的恶性竞争，必然导致竞争收益的日益下降，谋求共同发展是城市发展的大势所趋。这需要市场主体和地方政府的共同努力，市场主体的主要作用在于通过竞争推动产业发展，作为地区整体利益代表的地方政府在为市场主体提供良好发展环境的同时还要积极参与区域内重要资源的配置与整合，因此在促进城市经济发展的过程中地方政府的作用至关重要。在这一过程中，各地方政府之间存在着错综复杂的利益关系，隐藏着多种多样的利益冲突，如何化解冲突，实现利益共享是各方博弈的结果。

随着区域经济一体化发展趋势越发明显、城市主体之间协同发展意愿越发强烈，以及博弈理论在研究经济问题中的广泛运用，越来越多的学者运用博弈论相关知识分析区域经济一体化发展过程中市场主体、行政主体之间协作博弈的问题。其中，一部分学者同时讨论了市场主体和地方政府的行为特征及其如何在促进城市经济协调发展中发挥积极作用。陈军（2014）认为，宏观规划是达成区域之间合作发展的契约，能够促使地方政府选择合作策略，促进资源要素在更大范围内的优化配置；同时，市场主体应当遵循自身的优势和特征，在不同领域和产业之间开展合作[1]。张亚明等（2014）从协调博弈的观点出发，剖析了同质创新政府和异质创新政府的"囚徒困境"，强调科技资源共享是实现区域协同创新的内在要求[2]。周兴安（2004）则认为，市场秩序与政府竞争秩序是相辅相成、休戚相关的，二者的良性互动是经济长期稳定发展的保障[3]。还有一部分学者认为弱化政府功能，充分发挥市场配置资源作用，更有利于区域合作发展，如季燕霞（2004）分析了转型期地方政府之间的利益博弈行为，认为弱化我国地方政府经济主体功能，充分发挥市场机制引导资源配置的作用十分必要[4]。当然，有相当一部分学者通过博弈分

　［基金项目］国家社科一般项目"长三角及其经济腹地城市化空间格局优化研究"（14BJL110）；江苏师范大学人文社科项目"新丝绸之路经济带构建背景下的徐连同城化问题研究"（13XWB15）。
　［作者简介］颜姜慧，江苏师范大学商学院讲师，博士；王露，江苏师范大学商学院讲师，博士。

析，认为在谋求区域经济一体化发展的过程中，地方政府可以发挥更大的作用。朱英明（2009）借鉴斯宾塞的劳动力市场信号博弈模型构建了一个基于信号博弈的城市群行政主体建立协作机制、增进协作收益的模型，通过对长三角城市群一体化的分析得出行政主体间协作知识积累水平和协作信号的传递效应有助于加速城市群一体化进程的结论[5]。谢思全等（2008）基于行政主体在区域经济一体化大趋势中将发挥重要作用的出发点，在协调博弈框架下分析了地方政府之间博弈的均衡条件以及协调失败的原因认为，建立基于地方收益增大的合作动力机制，加强地方主体之间协调互动的互惠机制和中央政府促进区域一体化发展的政策机制等策略是避免地方政府协调失败的有效选择[6]。谢炜等（2007）分析了地方政府在执行公共政策利益时的博弈行为，认为虽然竞争可以在一定程度上促进公共物品的供给，但是过度竞争会导致公共利益严重受损，因此地方政府应在公平竞争、利益共享、共同发展等原则的指导下寻求合作发展[7]。谢晓波（2004）利用博弈模型分析了地方政府竞争对区域经济协调发展的影响认为，地方政府一味追求自身利益最大化的行为将带来整体效率的损失，通过对地方政府竞争行为的规范可以促进城市协同发展[8]。

上述研究成果将为本文的研究提供很好的借鉴。学者们已经从很多角度讨论了地方政府在促进城市协同发展中的博弈行为，基本上认可合作共赢的观点，但是如何激励地方政府之间开展有效合作，避免协调失败仍需要结合具体案例做进一步讨论。本文借鉴朱英明（2009）构建的城市群行政主体之间的信号博弈模型，讨论如何在区域经济一体化发展进程中促进城市协同发展的问题，具体分析中以徐州、连云港两市的协同发展为例。

二、基于信号博弈的地方政府协作机制模型简介

斯宾塞将信号传递博弈理论应用到劳动力市场[9]以后，很多学者在此基础上，将信号传递博弈运用到其他领域，朱英明（2009）将信号传递博弈应用到城市群行政主体之间的博弈中，构建了基于信号博弈的地方政府协作机制模型，并很好地分析了长三角城市群的案例。本文将借鉴这一模型，分析徐连同城化发展中徐州和连云港两市之间的博弈，故首先对此模型做简要介绍。

1. 完全信息状态下的博弈均衡

定义地方政府的期望协作绩效函数：

$$y(\theta, s) = \begin{cases} s, & \theta = 1 \\ ks, & \theta = 2 \end{cases}$$

其中，θ 代表地方政府协作能力，$\theta = 1$ 代表低能力，$\theta = 2$ 代表高能力；s 代表地方政府协作知识积累水平，s 连续，且 $s \in [0, \bar{s}]$；k 为常数，且 $k > 1$。

结论1：给定协作知识积累水平，高能力地方政府的期望协作绩效比低能力地方府政府高（是低能力地方政府的 k 倍）。

定义能力为 θ 的地方政府的效用函数为 $U_\theta(w, s)$，其中，w 为地方政府预期的协作收益，假定：

（1）$\partial U / \partial w > 0$，$\partial^2 U / \partial w^2 \leq 0$。

（2）$\partial U / \partial s < 0$，$\partial^2 U / \partial s^2 < 0$。

（3）$\partial U_1 / \partial s > \partial U_2 / \partial s$。

假定（1）说明协作收益带来正效应，边际效用递减或不变；假定（2）说明协作知识积累

水平带来负效应，边际成本递增；假定（3）说明低能力地方政府的协作知识积累成本高于高能力地方政府的协作知识积累成本，即为了维持给定效用水平，协作知识积累水平每增加一个单位，低能力地方政府所需的补偿利益高于高能力地方政府。

在完全信息条件下，给定 w 和 s，博弈使得 $w_1 = y_1 = s$，$w_2 = y_2 = ks$，则最优化条件为：

低能力地方政府：$\dfrac{\partial w_1}{\partial s} = \dfrac{\partial y_1}{\partial s} = 1 = \dfrac{\partial U_1 / \partial s}{\partial U_1 / \partial w}$

高能力地方政府：$\dfrac{\partial w_2}{\partial s} = \dfrac{\partial y_2}{\partial s} = k = \dfrac{\partial U_2 / \partial s}{\partial U_2 / \partial w}$

反映在图形上即为无差异曲线与协作绩效曲线的切点，如图 1 所示。图 1 中 A（S_1，W_1）点是低能力地方政府的均衡点，B（S_2，W_2）点是高能力地方政府的均衡点。

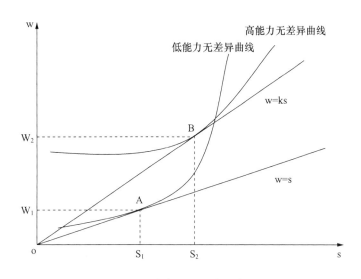

图 1　完全信息下的均衡

结论 2：完全信息状态下，协作知识积累水平和协作能力越高，地方政府的预期协作绩效越高。

2. 不完全信息状态下的博弈均衡

假定某地方政府高能力和低能力的先验概率相等，令 $\mu(s) = \mu(\theta = 1 | s)$ 为低能力地方政府选择协作知识积累水平 s 时的后验概率，则高能力地方政府选择协作知识积累水平 s 时的后验概率为 $1 - \mu(s)$。在非对称信息下，精练贝叶斯均衡定义如下：存在一个预期的协作收益函数 $w(s)$，一个协作知识积累水平 $s^*(\theta)$ 和一个后验概率 $\mu(s)$，满足如下条件：

（1）"自选择约束"条件：给定 $w(s)$，s^* 最大化 $U_\theta(w(s), s)$。

（2）"参与约束"条件：$w(s^*) = \mu(s^*)s^* + k[1 - \mu(s^*)]s^*$。

（3）贝叶斯条件：$\mu(s)$ 与贝叶斯规则一致。

分离均衡情况下，不同能力的地方政府选择不同的协作知识积累水平，得到不同的协作收益。具体地，低能力地方政府选择协作知识积累水平 s_1，得到 $w(s_1) = s_1$ 的协作收益；高能力地方政府选择协作知识积累水平 s_2（$s_1 \neq s_2$），得到 $w(s_2) = ks_2$ 的协作收益。

混同均衡情况下，所有能力类型地方政府选择了相同的协作知识积累水平，因此无法依据协作知识积累水平的选择来判断一个地方政府的协作能力，各地方政府得到了相同的协作收益 $w(s^*) = 0.5s^* + 0.5ks^*$。所有满足 $w(s^*) = 0.5(1 + k)s^*$，$U(w^*, s^*) \geqslant U[w(s), s]$ 的点 (s^*, w^*) 都是一个混同均衡，其中 $s \neq s^*$。运用"直观标准"考察这些混同均衡点，很容易发现，所有混同均衡均不满足直观标准，可以剔除[10]。

结论3：不完全信息状态下，唯一均衡是分离均衡。在分离均衡状态下，地方政府对于协作知识积累水平 s 的选择能够传递其能力类型的信息，且无论哪种能力类型的地方政府，其协作知识积累水平越高，得到的协作收益越高。

三、城市协同发展的信号传递博弈分析

东陇海地区是国家战略层面重点规划的 21 个主要城市化地区之一，但该地区经济发展水平滞后，是东部沿海地区的"洼地"，未能形成拉动经济发展的增长极是制约东陇海地区经济发展的症结。"两横三纵"城市化战略格局示意图中，唯有东陇海地区没有标识核心城市，这或许可以从一定程度上印证东陇海地区尚未形成集聚核心的观点。东陇海地区涵盖的江苏省东北部和山东省东南部地区恰是两省经济发展相对落后地区，不仅无法与京津冀、长三角、珠三角三大城市群坐拥北、上、广、深四大一线城市相比，即便是其他主要城市化地区，至少也都有省会城市包含在内。东陇海地区最大的城市是徐州，但是，多年发展过程说明，徐州尚未发展成为拉动东陇海地区经济发展的增长极，其他较大城市，如连云港、枣庄、日照亦不具备单独成为东陇海地区增长极的实力。单个城市无法形成增长极，城市群要发展，必须考虑通过较大城市协同发展，以组团式发展模式形成城市群的集聚核心。很多地域邻近城市都在推进城市与城市之间的同城化发展，如广佛同城、港深同城、夏泉同城、沈抚同城、宁镇扬同城等。这种同城化发展的模式，不仅为城市自身发展整合了更多的资源，也为推动更大范围的城市群发展注入了活力。徐州、连云港两地地域相邻、语言文化接近、交通基础较好、产业互补性较强，具备同城化发展的基础条件，然而能否真正实现同城化发展与两地政府之间的合作意愿有着密不可分的关系。利益是谋求共同发展的驱动力，徐连同城化发展的推进必然伴随着徐州、连云港两市对于复杂利益关系的处理和可能出现的利益冲突的化解，这将是两市博弈的结果，可结合上文结论进行探讨。

从结论2、结论3可知，无论是在完全信息还是在不完全信息状态下，协作知识水平越高，协作能力越强，可能获取的协作收益就越高。所以地方政府应该努力提高协作能力和协作知识积累水平，从而推动徐连同城化发展。当然，通常情况下，博弈各方是不了解对方属于哪种协作能力类型的，即处在不完全信息的状态下。徐连同城化过程中，地方政府的协作能力信息是不对称的，徐州和连云港都是只了解自己的协作能力类型，不清楚对方属于哪种类型，有关协作能力类型的信息需要通过协作知识积累水平来传递。为了获取更多的协作收益，徐州与连云港两市应该充分认识到协作的重要性，努力提高自身协作知识积累水平，向对方传递自己力图提高协作能力的信号。

从结论1可知，在一定的协作知识积累水平下，高能力的地方政府获得的协作收益比低能力的地方政府高（k-1）s，亦可说明提高协作能力对地方政府获取更多的协作收益具有重要意义。这再次证明，在徐连同城化过程中，为了追求较高的协作收益，徐州和连云港两地均应该积极提高自身协作能力。

虽然，2005 年江苏省就提出了"沿东陇海线产业带"建设规划，但是徐州与连云港两市之间的协作发展之路走得却并不顺畅，正因如此，拉动东陇海地区经济发展的增长极并未形成。表1整理了徐州、连云港两市参与的部分合作会议，从中可见，两市并未形成促进协作发展的长效会议制度，协作知识积累水平不高，传递出的协作能力类型当然也就较低，这显然不利于两市协作利益的获取。虽然当前两地的协作知识积累水平不高，但相信随着中央政府区域发展战略规划的实施（"两横三纵"城市化战略布局将东陇海地区的发展提升到国家发展战略的层面），两地政府的协作意愿会受到激发，协作能力和协作知识积累水平都将得到提高。

表1　徐连协同发展中的博弈过程

时间	参与人	协作知识	协作收益
2007 年	徐州、连云港	讨论"共建共用连云港出海通道"的合作	签订了第一份政府间的《合作备忘录》
2008 年	徐州、连云港	加强以港口物流为核心的现代物流业的合作	签署《关于进一步深化共建共用连云港口岸合作协议》
2011 年	徐州、连云港、宿迁	深化合作，加快将连云港建设成为现代物流枢纽港	达成深化合作发展的六项协议
2011 年	徐州、连云港、淮北、宿州、商丘、济宁、枣庄、宿迁	就旅游合作与连云港港口建设进行商讨	签署了《旅游合作协议》和《关于共用连云港港口的合作协议》
2012 年	徐州、连云港、淮北、宿州、商丘、济宁、枣庄、宿迁	商讨经济协作区各市联动发展	《2012 年淮海经济协作区一体化建设重点工作方案》
2013 年	徐州、连云港、淮北、宿州、商丘、济宁、枣庄、宿迁	就加深区域合作、促进共同发展进行交流探讨	通过了《2013 年淮海经济协作区一体化建设重点工作方案》和《淮海经济协作区一体化建设合作与发展协调机制》，签订了《人力资源交流与合作协议》

四、博弈分析对促进城市协同发展的启示

协作知识积累水平固然可以传递有关协作能力的信号，提高协作收益，但问题的关键还在于地方政府是否有选择较高协作知识积累水平的意愿，是否愿意起"榜样作用"，带动其他地方政府提高协作知识积累水平，积极参与协调互动。

1. 加强沟通互动，促使交流常规化

库珀（2002）通过实验得出的结论认为，互动沟通对于各方协调成功意义重大[11]。通畅的协调沟通机制有利于协作知识水平的积累和协作能力的提高，所以徐州和连云港应该建立类似"长三角市长峰会"、"长三角地区合作与发展主任联席会议制度"等沟通机制，使两地合作交流常规化。连云港作为全国首批开放的 14 个沿海城市，目前的发展不仅滞后于其他 13 个港口城市，发展势头甚至不如后来居上的日照；徐州交通基础雄厚，是淮海经济区最大的城市，但是其发展水平不仅不及长三角城市群核心区的苏南城市，近年来更有被盐城、枣庄等城市赶超的势头。谋求发展是徐连两地的当务之急，徐州、连云港两地政府应该以更加积极的姿态，加强沟通与合作，建立长效合作机制，为两市发展打开局面。

2. 构建利益共同体，提高整体收益

连云港作为港口城市，腹地对其发展非常重要，自身经济发展水平已经非常高的上海，其港口也要依赖腹地的补给。经济发展水平本身就不高的连云港若要谋求发展势必更加依赖港口经

济，这样一来，与腹地之间的合作发展显得更加重要。从连云港所处的地理位置来看，由于日照港的存在，邻近的山东省城市若要成为连云港的腹地难度很大；在本省内苏南、苏中城市显然不会成为连云港的腹地，苏北的盐城拥有自己的港口，而淮安选择接受盐城港的辐射更加便捷、有效，故而只有宿迁和徐州可以作为连云港的经济腹地；此外，还可以争取徐州以西的沿陇海线地区和黄淮地区。可见，徐州是连云港经济腹地的命门，如果徐州这一重要节点陷落，对连云港的危害极大。因此，徐州和连云港是天然的利益共同体，两市协作发展对于双方来说就是利好的。协调博弈中经典的猎鹿博弈亦可以从理论上说明徐州和连云港构建利益共同体的意义。

图 2 是猎鹿博弈的收益矩阵，两个猎人分别打兔子各自可以获得 4 个单位的收益，合作猎鹿可以分别获得 10 单位的收益。由于猎鹿必须两个人合作才能完成，所以如果有一个人不参加猎鹿而去打兔子，那么打兔子的猎人将单独获得 4 单位的收益，猎鹿的猎人没有任何收益。分别打兔子（4，4）和合作猎鹿（10，10）都是这个博弈的纳什均衡，很明显，合作猎鹿可以同时增进个体和整体收益。基于这种认识，徐州和连云港两市不仅自身有了合作的动力，同时会预见到对方也会为了享受合作效益而怀有很高的合作意愿，于是双方均选择了合作策略。这必然带来协作知识积累水平的提高和协作能力的增强，有利于进一步增进协作收益。

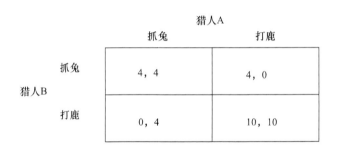

图 2　猎鹿博弈收益矩阵

3. 明确收益分享机制，确保协作收益公平分配

无论是基于信号传递博弈模型的讨论，还是猎鹿博弈给予我们的启示，结论均是协作有利于各方利益的增进。既然如此，为什么现实中不合作，甚至恶性竞争的事件仍然屡见不鲜，即使是在各地方政府已经认识到合作将带来效益提升，仍然存在合作失败甚至不合作的现象。因为协作知识积累水平传递出的各地方政府协作能力类型的信号也好，猎鹿博弈揭示的合作将提高个体和整体的收益也罢，均建立在收益分配公平化、制度化基础上。所以，要保证地方政府之间的合作顺利进行，必须建立确保收益合理分配的相关机制，使各方参与人均获得自己应得的收益。

收益分享机制可以由分配制度、补偿制度、惩罚制度等一系列制度组成。根据信号传递模型，高能力的地方政府和低能力的地方政府将分别获得 $w(s_2) = ks_2$ 和 $w(s_1) = s_1$ 的收益；猎鹿博弈则是平均分配合作收益。现实中，地方政府之间的合作要更加复杂，收益如何分配需要依据实际情况详细制定。

参考文献

［1］陈军. 博弈论视角下区域经济合作发展的思路与模式［J］. 求索，2014（3）：64 - 68.

［2］张亚明，刘海鸥. 协同创新博弈观的京津冀科技资源共享模型与策略［J］. 中国科技论坛，2014（1）：34 - 41.

［3］周业安，冯兴元，赵坚毅. 地方政府竞争与市场秩序的重构［J］. 中国社会科学，2004（1）：56 - 65.

［4］季燕霞. 我国地方政府间竞争的博弈论分析［J］. 江汉学刊，2004（11）：41 - 44.

［5］朱英明．中国城市群一体化过程中行政主体间的信号传递博弈［J］．系统工程理论与实践，2009（3）：84 – 89.

［6］谢思全，张熇铭，李泰宏．区域经济发展中地方政府及其策略互动———一个协调博弈的分析框架［J］．南开经济研究，2008（5）：43 – 57.

［7］谢炜，蒋云根．中国公共政策执行过程中地方政府间的利益博弈［J］．浙江社会科学，2007（9）：52 – 58.

［8］谢晓波．地方政府竞争与区域经济协调发展的博弈分析［J］．社会科学战线，2004（4）：100 – 104.

［9］Spence A. M. Job Market Signaling［J］. Quarterly Journal of Economics，1974（87）：355 – 374.

［10］张维迎．博弈论与信息经济学［M］．上海：上海三联书店，2006：342 – 347.

［11］库珀．协调博弈：互补性与宏观经济学［M］．北京：中国人民大学出版社，2002.

新常态下先进制造业在城市中空间布局研究

袁　博

（河南省社会科学院工业经济研究所　郑州　450000）

一、相关理论综述

（一）先进制造业定义及内涵

先进制造业是指制造业不断吸收电子信息、计算机、机械、材料以及现代管理等方面的高新技术成果，并将这些先进制造技术综合应用于制造业产品的研发设计、生产制造、在线检测、营销服务和管理的全过程，实现优质、高效、低耗、清洁、灵活生产的制造业的总称[1]。

相对传统制造业而言，先进制造业具有巨大优势，主要体现在以下五个方面：

（1）信息化：先进制造业主要采用电子计算机和互联网等设备第一时间接收外部最新产业发展方向和行业产品信息，反馈给设计研发中心，对产品的外观、功能进行适时改进，将信息传输给生产线，实现产品更新换代。

（2）自动化：先进制造业的生产线大多采用自动生产机器人来辅助人力生产，生产机器人已广泛应用于汽车、机械、造船、航天等领域，生产自动化可大幅度提高生产效率，保障生产安全，解决生产劳动力不足问题。

（3）智能化：以智能机床和3D打印机为代表的智能化设备已经占据了制造企业厂房的重要位置，随着这些设备在生产当中的大规模普及，企业可以为消费者制造出想要的个性化产品，进一步扩大消费群体，取得更高收益。

（4）柔性化：柔性生产是指主要依靠有高度柔性的以计算机数控机床为主的制造设备来实现多品种、小批量的生产方式。柔性生产线可以根据市场供求关系的变化实时做出针对性的调整，实现小批量精准生产，为企业获得最大收益。可以实现"供—产—销"一条龙的高效流畅的供应链体系，达到全产业链高效运行。

（5）生态化：相对于传统制造业，先进制造业由于采用更加环保和高效的生产设备，降低了长时间持续性的环境污染，做到工业生产和自然环境的共同发展，实现了人与自然的和谐统一。

从先进制造业内涵出发，可将先进制造业的构成分为两部分：一是传统制造业吸纳、融入先进制造技术和其他高新技术，尤其是信息技术后，提升为先进制造业，如机床制造业提升为数控

[作者简介] 袁博，硕士，河南省社会科学院工业经济研究所实习研究员。

机床制造业等；二是在一些全新领域，技术逐渐成熟并商业化后形成的带有基础性和引领性新产业，如增量制造（3D 打印技术与系统）、生物制造、微纳制造等[1]。

（二）制造业空间布局相关研究

近年来，随着城市规模不断扩张和人口日益增长，传统的工业厂区与现代化的都市生活休闲区之间的边界日渐模糊，呈现出融合发展态势，而制造业在城市发展当中的地位越来越重要，如何搞好制造业在城市体系中的空间布局，与城市建设和发展相协调成为这一阶段亟须解决的问题。龚绍东（2005）以大唐袜业产业集群为例，研究制造业产业集群在城市当中的空间布局，提出产业集群生成形态的"蜂巢型结构"概念及模型，揭示产业集群生成阶段性组织结构形态及特征[2]。陈秀山、徐瑛（2008）通过对 1996~2005 年期间制造业数据的计算和分析，针对空间经济学所关注的区位锁定效应，提出了产业空间结构变动"过程"和"结果"的度量方法[3]。吴三忙、李善同（2010）借助重心分析方法考察了我国制造业的空间分布及变化特征，对我国制造业上述空间分布及变化特征做出解释，并提出相应的政策建议[4]。李君华、彭玉兰（2010）利用 2002 年度中国省区/行业数据，估计了一个包含比较优势、新经济地理、知识外溢以及地方保护主义的中国制造业布局影响因素模型。回归结果支持了上述各种力量在制造业分布中所发挥的作用，并且特别强调了新经济地理和知识溢出在集聚经济过程中的因果累积循环性质[5]。

二、先进制造业在城市中的空间布局

现代城市发展的最初阶段是以主城区为主的"生活区 + 工业区"结构，即工业区与主城区结合发展的模式，随着城市人口的快速增长和规模的不断扩张，逐渐发展到主城区以居住生活功能为主，郊区以产业集聚区为主的片区式结构，以环城快速路为交通纽带，形成工业区与居住区互动发展的融合型布局模式，成为现代都市空间布局的主要方向。

与传统制造业相比，先进制造业具有生产效率高、占地面积小、节能环保等突出优势，而这些特性，使得先进制造业有条件在发展空间日渐狭小的城市中发展，布局在近郊甚至是主城区内，可以最大限度实现土地、劳动力、资本等基本生产要素以及交通、医疗、教育等配套资源的最优配置，将工业区与生活区有机地结合在一起，促进城市的整体发展。本文将根据主城区、近郊区和远郊区 3 种城市区位提出先进制造业在城市中对应的空间布局模式。

（一）无缝嵌入式空间布局

传统的城市工业区是以生产区为主、生活区为辅，单独划分进行布局的分片式结构，以街道为界线区分，优点是生产区与生活区进行有效分离，提高厂区的生产效率，同时保证生活区的人居环境不受影响，使双方具有专业化的职能和作用，形成各自的单独体系，但近年来随着城市工业建设用地的逐渐减少和交通拥堵问题的日益突出，分片式布局结构的缺点开始显现，街道人为地将生产区和生活区割裂开来，导致员工通勤和物流的效率降低，特别是产业转型升级之后，已成为阻碍先进制造业发展的一大因素，解决这一问题的关键是根据先进制造业特点进行合理布局，无缝嵌入式布局方式是目前较为有效的解决方法。

嵌入式系统的概念最早来自于计算机技术领域，美国电气和电子工程师协会对嵌入式系统的定义是："用于监视、控制或者辅助操作机器和设备的装置。"嵌入式系统目前被广泛应用于自动化生产和计算机软件服务领域。采用嵌入式系统可以有效提高运算和处理能力，并且可以与主系统自由分离，灵活性非常高，可以同时在多个系统中进行切换，是目前自动化生产主要采用的辅助系统。

上述嵌入式系统仅仅是初级层次的简单嵌入，而先进制造业企业的嵌入布局是深层次的无缝嵌入式对接，无缝嵌入式对接是指各个单位在领导、管理、后勤、通信等部门的管理体系和技术支持完全一样。当由一个单位指挥其他单位时，如同指挥自己的单位，从组织结构上看，如同 2 个单位已无缝对接成 1 个单位。将先进制造业企业的生产部分从管理本部分离出来，原厂区地址只保留管理部门以及相应的职能部门，将生产本部分成若干个分部，无缝嵌入到相对应的员工生活区内，并建有物流、维修售后服务等部门，其结构模式如图 1 所示。

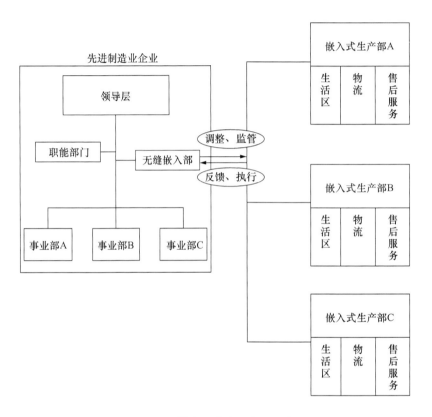

图 1 无缝嵌入式空间布局结构

无缝嵌入式空间布局体系有如下两个特点：

一是采用分散集中式管理方式，使效率显著提高。先进制造业企业采用整体分散、局部集中的布局方式，将生产部门分拆成若干个分部，嵌入到生活区内，使生活区和生产区无缝衔接，极大地提高了员工的通勤效率，进而提高生产效率；同时，建立物流配送和售后服务部门，多个部门集中一起运行，生产出的产品从就近的物流部门完成运输和配送，效率比传统的统一运送到公司物流总部再转运的模式有较大幅度的提高，售后服务部门可以以最快速度直接处理返厂产品，最终使生产、物流、售后环节形成的价值链提高企业的整体运营效率。

二是减少管理层级，节约管理成本。无缝嵌入式结构在领导层和嵌入式生产分部之间设立无缝嵌入部，由领导层直接管理，向下负责调整、监管各嵌入式生产分部，同时各嵌入式生产分部执行嵌入式生产分部命令，反馈执行情况。无缝嵌入部的建立，避免了各嵌入式生产分部重复建立管理部，减少管理层级，实现了对嵌入式生产分部的统一管理；另外，领导层权力下放，可以从日常的具体经营活动和繁杂的行政事务中摆脱出来，而去进行更高层面的战略制定，较好地节约了管理成本，显著地提高了管理效率。

无缝嵌入式空间布局使原本割裂的生产区和生活区系统有机结合，促进双方协调互动发展，有效地节省空间、时间和财务成本，使生产区更好地融入城市当中；同时，由于先进制造业具有生态环保的特性，对生活秩序的影响较之传统制造业显著降低，保证了生活区的日常生活秩序不受干扰。

（二）自适应式融合发展空间布局

新中国成立初期，我国工业区都布局在主城区内，随着改革开放的不断推进和深入，城市建设用地短缺的问题日渐突出，根据经济建设和社会发展战略需要，在城市近郊设立以发展知识密集型和技术密集型工业为主的经济技术开发区，建立之初，经技术开发区在产业转移和吸纳剩余劳动力方面发挥了巨大的作用，成为了地方经济发展的重要力量，众多城市纷纷效仿建立经济技术开发区和产业集聚区（以下简称产业园区）。与此同时，产业园区的弊端也开始显现，技术密集型占比过低，大部分是劳动密集型的低附加值加工业，导致利润率较低，没有支撑产业可持续发展的动力。究其根本原因，一方面是因为产业结构单一落后，增长缺乏后劲，另一方面是因为区域最初的规划不合理，由于产业园区本身是以生产制造为主，处于城市郊区，交通、医疗、教育、购物等基础配套设施建设不完善，同时自身又缺乏适应机制，与城市整体发展不协调，与城市的发展主方向逐渐背离，边缘化趋势明显，现今相当数量的产业园区已处于缓慢发展的艰难时期。

解决这一现状的有效措施是建立自适应式布局方式。自适应式布局方式是针对先进制造业企业提出的新型空间布局方式，使先进制造业企业能根据空间和产业的发展状态即时调整自身的发展状态，以形成自动适应空间和产业发展的布局方式。自适应式布局方式按适应程度主要分为3种形态。

（1）初级形态。这一形态是先进制造业在城市近郊进行空间布局的初级阶段，在这一阶段，先进制造业企业处于发展初期，主要分布在产业园区，依附于传统产业的集群效应和相关的配套设施进行发展，与产业园区是自上而下的隶属关系，由于仍然沿用传统制造业企业的经营管理模式，生产效率较之传统制造业提升有限，对整个产业转型升级的作用和效果不明显，与传统制造业的融合和协调程度不高，完全根据产业园区的整体战略进行被动式的调整，对组织战略的调整反应迟钝，呈现出明显的滞后性，运行效率低下。

（2）中级形态。随着先进制造业企业的运行水平和效率的不断提升，以及与传统制造业企业之间的协调和磨合程度的不断提高，先进制造业逐渐适应并融入到产业园区的整体发展当中，并开始带动传统制造业的转型升级，对整体产业转型升级开始发挥积极作用；另外，先进制造业企业已完全成为了产业园区空间布局的一部分，对整体规划的调整反应迅速，可即时进行相应调整。在这一阶段，先进制造业与产业园区实现同步发展，已成为产业园区不可或缺的组成部分，组织运行效率显著提高。

（3）高级形态。这一形态是先进制造业企业发展的成熟阶段，也是最终阶段，此时的先进制造业企业是以智能工厂的方式运行。智能工厂的概念最早出现在"德国工业4.0"战略中，在智能工厂中，客户关系管理（CRM）、产品数据管理（PDM）、供应链管理（SCM）等软件管理系统将实现互联。企业接到顾客订单后，立即自动地向原材料供应商采购原材料。生产部门利用可以数据控制的柔性生产线，根据客户的实际需要，通过信息物理系统，或者虚拟实体系统（Cyber-Physical System，CPS），实现智能制造，生产智能产品。在生产过程中，使用云数据、互联网＋、无线通信技术、人工智能、物联网和3D打印技术等新兴技术，将不会再制造统一的、毫无差别的产品，而是在同一条流水线上，生产成千上万种定制化的产品，真正实现了产品种类和数量的任意化。智能工厂实现了分散式生产，替代传统集中式中央控制的生产流程。纵向集成是智能工厂的特点，主要体现在时间跨度上，从侧重于产品的设计和制造过程，走到了产品全生命周期的集成过程，建立有效的纵向的生产体系。通过网络协同制造，可以实现全产业链的智能生产，以及生产的自律调整，并生产出智能产品。与传统工厂相比，智能工厂在生产流程上具有颠覆性改变，生产效率也有了质的飞跃，是目前工业发展的最先进阶段，也是提升产业层次，升级产业结构的最有效的途径。

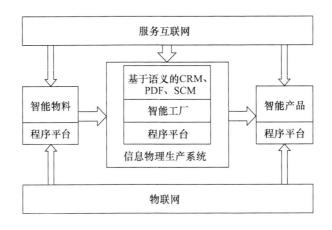

图 2　智能工厂流程结构

当先进制造业由最初的只是在传统制造业基础上的简单升级发展到最终智能工厂阶段时，因为柔性生产线和分散式生产的特点，已经完全实现根据外部环境的变化实时进行调整的自适应机制，与工业园区之间表现为互相依赖、互相影响、共同发展的关系。先进制造业企业不仅可以与工业园区同步发展，自身的战略调整还可以反向引导工业园区进行相应的调整，产生对传统制造业的"外溢生产效应"和促使工业园区进行调整的"外溢改革效应"，同时由于具备云数据、互联网＋、物联网等远程互联技术，可以直接与城市功能区进行无缝实时对接，使工业园区与主城区的联系进一步拉近，使先进制造业更好地服务于城市，以实现企业的最终发展目标。

（三）紧凑式生态化工岛

化工岛是指集原料供应、物流、生产、排污、配套生活设施等所有工业环节一体化发展的工业园区系统，化工岛通过集中投资形成化工簇群，即上下游产业一体化的发展模式。企业之间形成产业链的上下游关系，原料可以通过管道在园区内输送，企业之间共享基础设施和公用工程。这使得化工岛具有很高的整合度，可使企业极为便捷地买、卖原料和产品。一家工厂的产品可能是相邻工厂的原料。而且，公用设施和物流业的整合，不仅可创造生产协同效应，也可使企业专注于各自的核心业务。这在最大程度上降低了企业的投资成本，提高了产品的竞争力，而且有利于保护环境，达到快速发展。废水和垃圾处理设施可以及时处理掉工业废料，垃圾回收站收集可回收垃圾，形成废物再利用的循环生产系统。此外，岛内建有完备的生活区分布在园区周边，大大节约了员工通勤时间，方便员工生活，提高整体运行效率。总体而言，化工岛形成了一个依靠外部少量资源一体化发展的半封闭系统，具有专业化、协同化、循环化，极大地提高了生产效率和节约土地资源，是目前工业园区发展的最理想状态。典型的化工岛有新加坡的裕廊工业区，GDP 已经占新加坡 GDP 总量的近 1/3，已成为世界三大石化产区之一。

随着近年来城市扩张速度的加快，为了改善生活环境，降低污染，主城区及近郊不得兴建新的厂房，众多制造业企业将厂房选址在远郊地区。由于远离市区，基础设施不完善，造成工业园区无法形成完备产业链，产业集聚效应不明显，物流效率低，导致产品积压，影响销售；同时，由于排污设施的缺失，使得周边环境被破坏，兴建的生活区无法满足员工需求，致使大批员工依然往返于城区与工业园区，大大提高了通勤成本，影响生产效率。解决这一问题的有效方法是建立远郊化工岛。由于先进制造业本身具有生态化，对环境的破坏很低，同时占地面积比传统制造业小，可以在远郊地区建立紧凑式布局的生态化工岛，最大限度地节约土地和保护资源。

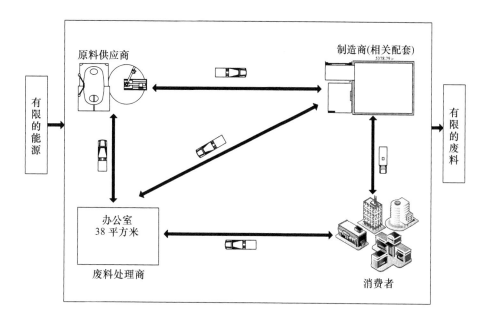

图3 紧凑式生态化工岛系统

如图3所示，紧凑式生态化工岛的循环产业链由原料供应商、制造商、废料处理商和消费者组成，原料供应商通过物流通道将原料运送到制造商，制造商生产出来的产品配送到消费者手中，其余产品运送出岛，制造商产生的废料和消费者产生的生活垃圾运送到废料处理商，由废料处理商分类处理后，将可循环利用的粗原料运回原料供应商进行二次处理，将可以直接再进行生产的原料运回制造商进行生产，这样整个生态化工岛形成一个内循环系统；另外，由于能源企业占地面积大，不适宜在紧凑式生态化工岛内建设，所以，先进制造业所需能源由外部输入，由于先进制造业具有能耗低的特点，只需少量的有限能源，同时，先进制造业的生态化决定了它的排污量较低，最终只有少量的废料排出岛外。至此，紧凑式生态化工岛与外部的能源供应端和废料处理端也有机地联系起来，形成了协调统一的整体，促进产业总体的发展。

三、结论

先进制造业作为未来制造业的发展方向和必然趋势，会逐步取代现有的传统制造业，由于先进制造业投资大、技术人才要求高，传统制造业在一段时期内还会占据制造业的主流地位，而且由于传统制造业布局已经成型，只有部分企业可以在原有基础上进行先进制造业的升级，新建的先进制造业企业需要利用所剩不多的建设用地资源进行布局，在这一漫长而复杂的过程中，如何在城市中进行先进制造业的空间布局成为了首要的问题。本文提出的3种先进制造业的空间布局是对现有制造业空间布局的一次创新和探索，从理论和实践两方面都具有重要的价值和意义：①可以优化现有的城市建设布局，合理配置城市土地资源，提高城市的土地利用率，解决城市建设用地不足的现状。②由于先进制造业具有生态化，可以很好地解决城市的环境问题，使生产区和生活区融合协调发展，让城市的宜居性大大提升，促进城市建设的发展。③促进先进制造业的发展壮大，加速推动现有传统制造业的转型升级，逐步使先进制造业替代传统制造业，从而促进制造业的整体发展。④可以带动物流业、金融业、批发零售业等相关产业的发展，实现制造业和服务业的深度融合，对促进我国整体经济的发展有重大意义。

先进制造业目前占制造业整体比重不高，在城市中的空间布局将是一个极其漫长的过程。本文中提到的3种先进制造业的空间布局只是从宏观上进行把握，并没有提出具体的实施方案，在实际操作过程中，需要就可能遇到的与城市现有空间布局的沟通协调、与传统制造业的和谐同生、与政府相关政策的适应等一系列的问题做进一步的深入研究，真正使先进制造业融入城市当中，促进整体产业的健康发展。

参考文献

［1］朱森第．我国先进制造业发展态势、思考与展望［J］．信息化蓝皮书，2009（1）.

［2］龚绍东．产业集群"蜂巢型结构"形态的实证分析［J］．中国工业经济，2015（10）.

［3］陈秀山，徐瑛．中国制造业空间结构变动及其对区域分工的影响［J］．经济研究，2008（10）.

［4］吴三忙，李善同．中国制造业空间分布分析［J］．中国软科学，2010（6）.

［5］李君华，彭玉兰．中国制造业空间分布影响因素的实证研究［J］．南方经济，2010（7）.

新常态下的区域产业协同创新研究

——以京津冀为例

张 贵 刘雪芹

（河北工业大学经济管理学院 天津 300401；

华北理工大学管理学院 唐山 061600）

我国经济发展进入新常态，新常态对经济发展方式和区域发展战略提出了新思路和要求。一方面我国经济发展动力转向创新驱动，创新成为经济发展的新引擎；另一方面跨区域合作、跨区域协同创新引领区域协同发展，协同创新成为培育、壮大区域增长极的重要推动力。因此，新常态下的区域发展要坚定不移地实施协同创新驱动战略，而产业协同创新是创新驱动的核心所在，是区域协同发展的主攻方向。

顺应新常态，2014年国家开始深入实施京津冀协同发展、长江经济带、"一带一路"三大区域协同发展战略。作为三大区域战略之一的京津冀区域，拥有全国最多、世界少有的优质科技要素，特别是北京有全国1/4的国家重点院校、1/3的国家重点实验室、1/2的两院院士，拥有113家央企中的90家总部，以及各级各类机构单位40多万家，是我国乃至世界最活跃的区域经济之一。但是京津冀区域内部协同发展困难重重，如何在经济新常态下推动京津冀产业协同创新，打造京津冀创新共同体，显得尤为必要和迫切。

一、京津冀协同创新产业基础

1. 京津冀三次产业发展概况

改革开放以来，京津冀三地经济快速增长，三地产业发展各有侧重。北京作为全国政治、经济、文化中心，已经呈现出后工业化阶段的特征，2013年三次产业比为0.8∶22.3∶76.9，第三产业比重远远超出全国46.1%的平均水平，其区位熵高达1.7，因此北京第三产业集中度高、竞争力强、发展速度快。天津处于工业化后期，三次产业比为1.3∶50.6∶48.1，第二、第三产业结构、区位熵发展相当，天津正着力发展第三产业，努力向服务经济迈进，但第二产业仍具规模和竞争力。河北省三次产业比例为12.4∶52.1∶35.5，作为京津冀产业发展最为落后的地区，正处

[基金项目] 国家社科基金重大项目"新产业革命的发展动向、影响与中国的应对战略研究"（批准号13&ZD1570）；国家社科基金重点项目"基于竞争优势转型的我国产业创新生态系统理论、机制与对策研究"（批准号14AJY006）；河北省教育厅人文社会科学研究重大课题攻关项目"京津冀协同发展的区域治理机制、体系与对策研究"（批准号ZD201410）；2014年天津市科技发展战略研究计划项目"借重首都科技资源、深化京津冀协同创新研究"（批准号14ZLZLZF00112）。

[作者简介] 张贵，河北工业大学经济管理学院教授，京津冀发展研究中心常务副主任，博士生导师；刘雪芹，河北工业大学博士生，华北理工大学讲师。

于工业化中期，目前仍以发展农业为基础、工业为重心，第三产业发展缓慢，低于全国平均水平（见表1、图1和图2）。

表1 2013年京津冀三次产业产值

地区	第一产业（亿元）	第二产业（亿元）	第三产业（亿元）
全国	56957.0	249684.0	262204.0
北京	161.8	4352.8	14986.4
天津	188.4	7276.7	6905.0
河北	3500.4	14762.1	10038.9

资料来源：根据北京、天津、河北、国家《2013年国民经济和社会发展统计公报》整理所得。

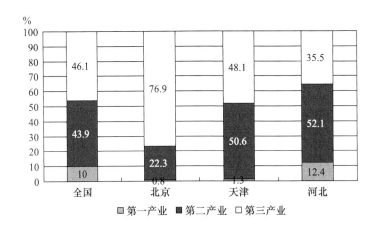

图1 2013年京津冀三次产业结构对比

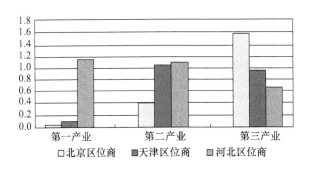

图2 2013年京津冀三次产业区位商对比

2. 京津冀高新技术产业发展情况

区域产业创新关键在于高新技术产业发展。2012年，京津冀三地高新技术产业产值仅占全国高新技术产业产值的7.5%（见表2），故京津冀三地高新技术产业发展量在全国并不占绝对优势，但其在质量上占有绝对优势。2012年京津冀高新技术企业新产品开发项目数、新产品销售收入、出口分别占全国的12.48%、10.27%、9.29%（见表3）。京津冀地区内部，京、津两地高新技术产业总产值以及从业人员数量明显高于河北省，尤其天津市增速最快，同期增长速度均超过了全国平均水平，可见天津市高新技术产业发展处于快速增长期。北京在保持高新技术产业从业人员存量领先的情况下，保持稳定增长。相比而言，高新技术产业是河北省的薄弱环节，

2012 年其高新技术产业从业人员占比仅为 4.6‰, 当年总产值仅为 1158.22 亿元, 无论从产值还是从从业人员方面都远远低于京津, 其产值、从业人员的增长速度也低于全国平均水平 (见表 2 和图 3)。

表 2　2012 年全国及京津冀地区高新技术产业总产值与从业人员对比　单位：亿元,%

		全国	北京	天津	河北	京津冀总量占全国百分比
总产值	总量	101778.2	3074.4	3400.8	1158.2	7.50
	同期增长率	15.6	5.0	23.3	10.7	—
从业人员	总量	1203.7	27.1	26.5	18.9	6.02
	同期增长率	4.5	5.4	6.4	0.42	—

资料来源：《中国高新技术产业统计年鉴》（2013）。

表 3　2012 年京津冀高新技术企业新产品开发及生产情况

	新产品开发项目（项）	新产品销售收入（万元）	出口（万元）
全国	83228	255710383	113878114
北京	5135	13152739	4377753
天津	3807	11564670	5975620
河北	1444	1537199	224954
京津冀占全国百分比（%）	12.48	10.27	9.29

资料来源：《中国科技统计年鉴》（2013）。

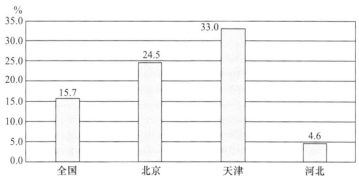

图 3　2012 年京津冀高新技术产业从业人员占比

二、产业协同创新的重要性和紧迫性

1. 综观全球, 协同创新已成为提高区域核心竞争力的全新组织模式

2004 年, 美国竞争力委员会的《创新美国》研究报告指出, 随着科技的进步、技术复杂性的增强、全球经济一体化进程的加快, 创新出现了一些新变化, 即一度被认为彼此对立的关系, 现在正日益演变成互补的甚至是共生的关系, 因此"企业、政府、教育家和工人之间需要建立一种新的关系, 形成一个 21 世纪的创新生态系统"。创新生态系统概念的提出体现了创新范式从"单体式创新"到"链条式创新", 再到"生态网络式创新"的转变, 它强调打破个体、区域、国别界线, 多元主体间协调互动、共生共存的协同创新范式, 是提高区域竞争力和自主创新能力的全新组织模式。因此世界上的发达国家, 都强调突破行业、区域、国别界限, 构建区域性

的甚至是全球性的产业协同创新生态网络，实现创新要素最大限度的整合。如美国把形成一个21世纪的"创新生态系统"作为"国家创新倡议"，其硅谷、波士顿128公路成功的关键就在于区域内的企业、大学、研究机构、行业协会等形成了协同创新生态网络。其他地区如韩国大德科技园区、日本筑波科学城、法国竞争极计划、印度班加罗尔、我国台湾新竹科技园等都把构建产业协同创新生态网络作为今后获得持续创新能力的根基所在。

2. 审视国内，协同创新已成为转变经济增长方式的新型创新模式

我国经济经过几十年的快速增长，一系列结构性问题正日益凸显，经济结构失衡、外部市场空间压缩、资源环境承载能力下降、人口土地等红利要素逐渐消失、经济危机"外患"持续蔓延、低碳战争的压力等问题使中国经济可持续增长面临巨大压力。同时"中国制造"的产业发展模式，我国许多产业处于国际生产价值分工链条的最低端，产业国际竞争力没有本质性提升。转变经济增长发展方式，实施"创新驱动"发展战略，是建设创新型国家的关键。但目前，我国多数企业规模小、人财物资源短缺、研发能力有限，缺乏具有国际竞争力的创新领军企业，因而只有通过区域产业联动，建立协同创新的产业生态网络，资源互补、能力互补，才能突破个体创新瓶颈，提高创新效率和质量，才能提升我国产业价值链分工的国际地位。因此，党的十八大报告指出，"以全球视野谋划和推动创新，要更加注重协同创新"。目前，我国发展比较好的是长三角地区、珠三角地区的协同创新网络，其他地区如中原经济区、成渝经济区、广西北部湾经济区、山东半岛蓝色经济区、关中—天水经济区等也都在竞相探索协同创新的发展模式。

3. 聚焦京津冀，协同创新是破解区域发展瓶颈、建设世界级创新中心的必然选择

京津冀地区是我国创新资源最密集、产业基础最雄厚区域之一，是带动中国经济发展的第三增长极，肩负着建设世界级的技术和产业创新中心、引领我国参与新一轮产业革命和科技竞争的重大历史使命。但是京津冀作为一个区域经济整体，与世界其他著名经济区及我国长三角、珠三角地区相比产业水平存在较大差距，自身发展也面临诸多问题：首先，"一亩三分地"限制了创新要素的有效流动，受行政区划的限制，以及利益、绩效考核等因素的影响，三地创新资源分布极不均衡，地区封锁和市场分割现象严重，区域间人才、资金、技术等要素难以在区域间自由流动，统一的市场机制和协同的政策机制尚未形成。其次，区域内产业结构不合理，产业梯度过大。长期以来，三地产业缺乏统一规划，尚未形成合理的产业链分工，地区间产业水平差距过大，无法有效对接协作。最后，"三高一低"的产业模式与环境污染成为阻碍地区可持续发展的两大难题，中国社科院发布的《"十二五"中期中国省域环境竞争力发展报告》显示，2012年北京环境竞争力位列全国第14位，比上一年下降了5位，天津位列第23位，没有发生变化，河北环境竞争力位列全国第12位，比上一年下降了9位。提升京津冀产业发展水平，破解区域产业发展瓶颈，需要京津冀产业要素有效整合，利用北京的科技优势，天津的产业研发转化能力，河北的制造业基础，建立产业协同创新网络。三地以科技创新为核心，发挥创新驱动战略对经济增长的强大动力作用，形成自研发设计至终端产品的完整的资源共享、优势互补的平台，建设成为世界级的产业创新中心，并最终成为我国建设创新型国家的重要引擎。

三、京津冀产业协同创新路径选择

（一）产业协同创新的本质与总体思路

产业协同创新的本质是构建产业创新生态系统。产业创新生态系统是一个创新物种、创新群

落、创新网络的类似自然生态的复杂系统，也是一个不断演化和自我超越的系统。与自然界的生态系统相类似，在一定区域范围内，创新群落与创新环境之间、创新群落内部之间相互作用、相互依存、相互促进构成一个良性生态循环有机体。创新群落，包括各类企业、高校、科研机构、政府、金融机构、科技中介等，或者按照创新生态系统里的不同栖息者，也可分为研究、开发和应用三大群落，这三大群落构成创新生态系统的主体；创新环境，包括创新文化、创新政策、基础设施、偶发事件、经济景气波动、技术浪潮等。系统内部要素之间以及系统内外部环境间不断进行着信息、知识、成果等创新能量的交换。整个产业创新生态系统是一个动态的、开放的、不断进化的系统，在内外驱动力催化下，创新主体间共生共存、协同竞争，在不断相互学习和技术捕获与扩散中共同成长，最终创新主体及整个创新系统本身超越自我，获得突破性成长，形成新的创新能力。

按照产业创新生态系统"研究、开发、应用"三大群落构成，北京是整个区域产业生态系统中的研究群落，是重要的知识、技术创新源，是区域生态系统循环往复，螺旋向上发展的领头羊；天津是产业创新和有效承接北京研究成果转化基地，承担着高端制造业发展的任务，是主要的创新开发群落，是把创新概念推入市场、让技术应用得以广泛接受的基础；河北作为新型工业化、产业升级和优化和先进制造的战略支撑区，处于创新应用群落，它是产业创新的最前线，是技术扩散与创新升级的助推器和协调者，推动整个区域创新生态系统运行（见图4）。三地分工协作、优势互补，形成一个"研发—转化—生产"良性循环的区域产业生态系统，最终将京津冀建设为"创新中心＋研发转化＋高端制造＋高端服务＋高品位宜居生活"分工合作的世界级城市群和创新中心。

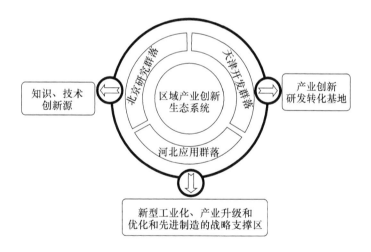

图4　京津冀产业协同创新生态系统

（二）产业协同创新路径

产业创新生态系统形成过程是由企业个体创新演化为链式创新，再形成创新网络，最终实现创新生态系统的过程。依据创新生态系统形成过程和三地产业发展需求，由关键点引领线，由关键线带动面，由关键面交织成网络，按照"强点、成群、组链、结网成系统"的路径实现京津冀产业协同创新。

1. 强点

强化创新节点、创新要素建设最主要的就是要培育、壮大行业领军企业，发展创新型的、具有成长力的中小科技型企业。行业领军企业也可称为核心企业，该类企业创新实力强，拥有较高的创新能量，拥有搭建创新平台集聚其他创新要素的能力；中小科技型企业是与核心企业形成创新合作的主要力量，它们创新活力强，科技创新产出比重高，是加快培育和发展战略性新兴产业的重要载体。目前京津冀区域高新技术产业领域拥有不少行业领军企业和众多的科技小巨人，电子信息产业领域有联想、神州数码、搜狐、同方股份、百度、京东方、四方通信等，新能源与节能领域有龙源电力、力神电池公司、中聚新能源科技有限公司、中航惠腾、天威风电、保定国电、曹妃甸冀东水泥风电等，新材料行业有北新建材、陈华集团、蓝星新材等，航空航天产业领域有航天信息、中环飞朗（天津）科技有限公司、空客 A320 系列飞机总装线、中航工业直升机、欧洲直升机、西飞机翼等，先进制造领域有天地科技、唐山轨道客车公司、天威集团、秦皇岛哈电、中船重工、精诚机床等，生物医药有同仁堂、中国医药、金卫医疗、北京双鹭药业、天津瑞普生物、天士力、石药、华药等，现代农业有大北农、华奥物种等。

目前，各区域应进一步强化和识别创新主体要素建设，即发展、壮大本地企业或引进外部创新骨干企业，通过创新政策和创新孵化器、创新基金等培育中小微企业，以提高本区域创新要素质量和数量，实现小企业"铺天盖地"和大企业"顶天立地"的创新节点分布图。

2. 成群

成群即在核心企业的引领和政府力量的推动下，技术上或业务上相关或相似的企业在空间上集聚，形成创新群落。创新群落的形成会同时吸引大学、研究机构等创新源，金融、科技中介等服务机构的逐渐加入，创新群落逐步壮大。产业园区、产业集群、产业基地、科技园等是创新群落存在的主要形式，是产业发展、产业创新的重要载体。目前天津有滨海新区、武清、东丽、北辰、宝坻内的产业基地，有天津大学、海河、滨海、大港科技等产业园区；北京有中关村国家自主创新示范区、经济技术开发区、临空经济区等六大产业功能区，有通州、首钢、怀柔、丽泽四大高端产业新区，有 641 个产业基地，有北京清华、北京科技大学、北大科技园、北京丰台等五十多个科技园区；河北有石家庄电子信息产业、石家庄生物产业、冀东重大装备制造产业、冀南新材料等十大特色产业基地，有燕大科技园、唐山高新技术产业园区、白洋淀科技城、燕郊高新技术产业园区等。

在现有创新群落的基础上，要进一步创造条件、优化环境，降低创新要素的流动成本和交易成本，促进本地创新要素的联合互动，促进产学研合作，推动产业集群向创新集群转变。同时要总体上做好京津冀三地的产业分布、产业园区、产业基地、科技园区的空间规划，从总体上形成环渤海石油海洋化工产业带、渤海湾船舶修造产业带、高端装备制造产业带、京津冀北电子信息与新一代信息技术产业带、京津冀新能源产业带、京津冀区域的现代物流产业带等，以便于空间上、产业链条上创新要素的集聚和跨群落的创新协同。

3. 组链

以产业转移为契机，加强京津冀区域整体产业链条的规划和建设。根据三地的产业情况，梳理出生物制药、先进制造、航空航天、新能源、新材料、新一代电子信息、文化创意、现代农业八大产业链，在大的产业链内部进一步梳理出若干子产业链。以"缺链补链、短链拉链、弱链强链、同链错链"为思路[5]，将三地产业子模块统一起来，"黏合"形成一个多主体的聚集体，形成产业链的相互融合与无缝对接。

同时，以产业链为轴线，加强创新链、科技链建设。围绕产业链，通过催化与涌现、捕获与扩散等创新活动，通过京津冀跨群落跨区域的联合研发、重大项目科技攻关、园区共建、产业联盟、产业项目合作等形式，将创新要素、创新知识、创新技术串联起来，形成创新链、知识链和技术链，实现产业链与创新链、科技链的真正融合。

为了促进三地产业链和以产业链为轴心的创新链、科技链建设，要进一步开放创新环境，创新资源突破区域壁垒，在更大范围内自由配置。要鼓励企业跨地区组建大型企业集团，提高企业规模和质量，增强跨区域创新要素配置和集聚能力，联动其他创新节点形成产业带。以若干创新骨干企业为核心，组建跨区域产业联盟，以产业联盟为纽带，进行产业技术联合攻关和重大产业项目合作。加强中关村与天津尤其是滨海新区的创新、科技合作，加快京津创新共同体和京津科技新干线建设，形成京津协同创新示范带、实验区。同时进一步辐射京津协同创新效应，以京津创新共同体为主带，顺着产业链流向，形成保定中关村科技产业创新带、京津廊唐秦电子信息产业创新带、津唐高端装备产业创新带、京唐高科技创新带、京张云计算与数据中心产业创新带等，沿着产业链条逐步扩展至石家庄、邢台、邯郸。

4. 结网

随着创新节点间的不断融合，产业链、创新链、科技链在空间上不断布局，围绕产业链、创新链、科技链企业之间及企业与高校、科研院所、金融机构、中介机构、政府之间形成相对稳定的创新网络，形成了从北京知识、技术创新源到天津创新转化基地再到河北先进制造的协同创新网络架构。进而不同产业间创新节点、创新链相互交织、相互作用，实现技术、产品、市场融合，最终实现产业层面的融合，实现产业升级或创造出新的产业。

加快、促进跨区域创新网络的形成，要加强三地政府层面的利益、机制协调，形成协同创新的制度保障，完善协同创新的环境建设。进一步做好三地产业和科技发展规划，搭建协同创新平台，围绕创新平台实现创新资源多层次、多形式、多渠道的合作流动，形成高效、完善的创新网络。

随着创新网络、创新环境的不断完善，创新网络与其所处的生态环境相互作用，最终发展成为具有一定结构、层次、功能的，具有不断演化、升级特性的产业创新生态系统。

四、产业协同创新重点任务与策略

（一）编制京津冀产业发展专项规划

根据区域产业结构、产业布局、产业特色，及环境承载能力、能源结构、土地资源储备等，从总体上编制三地产业发展的中长期规划。规划要突破区域壁垒和利益界限，以京津冀产业协调发展和建成世界级的产业创新中心为总目标，结合三地的发展定位，制定三地产业发展的总体思路、发展战略、主要任务、重点工程及发展策略等。规划对三地的产业发展要有引领作用，同时还要具有可操作性。规划要制定出重点发展的产业领域及各市、地区的主要发展任务，要从空间上布局出各地重点发展的产业园区、产业集群、产业带、高科技园区等，要从总体上实现三地产业发展的融合和对接，形成产业在产业链上梯度有序分布，不同产业集群在空间价值链上错位发展，逐步改变产业分布雷同、产业梯度过大的现状。

（二）编制产业协同创新路线图及重点行动计划

在产业总体发展规划的基础上，编制产业协同创新路线图及行动计划。由政府牵头，三地工信部门、科技管理部门、产业园区组织部门，连同相关行业专家、软科学研究机构要不断接洽，不断深入调研商讨，根据三地创新要素分布情况、重要创新节点的对外辐射情况、不同产业和区域创新需求情况、区域之间产业之间创新协同情况，制定出产业协同创新的前期行动方案和后续推进计划。从区域层面，要谋划建立协同创新的示范体，如中关村对外协同创新、京津创新共同体、京津科技新干线、白洋淀科技城、京津与河北重点共建的一些创新园区等，以示范体为引领，带动辐射周边。从产业层面，绘制出重点产业及重点技术协同创新路线图，在此基础上凝练出重点协同的创新产业链、重点攻关项目等。产业协同创新计划要具有可实施性，从时间上逐步有序推进，从空间上由点到线、到面再到网络逐步展开。

（三）搭建跨区域的产业协同创新平台

借鉴中关村协同创新平台模式，由三地政府组织，汇集企业、高校、科研机构、金融、服务中介等搭建京津冀产业协同创新平台。平台是三地科技研发与产业转化的一站式服务平台，其组织结构可包括创新政策先行先试工作组、产业规划建设工作组，新技术新产品政府采购和应用推广工作组，重大科技项目及重大科技成果产业化项目审批组。建立协同创新服务网站，线上汇聚科技资源、科技服务、科技政策、科技成果、对接需求、技术交流等信息，具有重大项目申报与审批、信息资讯发布、创新资源与服务机构搜索、专家咨询等功能。平台组织要在重大行业资源整合、金融资源聚集、创新服务资源聚合等方面发挥重大作用，同时要根据若干重大产业组建相应的专家团队和服务团队，推动创新。平台要具有实际推动力量，而不能流于形式，因此创新平台组织机构要有三地省级或市级领导牵头，由具有较强推动能力的机构共同构建。

（四）设立产业创新引导基金

三地共同出资，联合设立产业创新引导基金，并成立创新基金管理委员会。创新基金主要用于支持符合三地产业规划，有较高创新水平和较强市场竞争力的产业技术项目，或在主导产业、新兴产业领域面临的重大共性、关键性技术方面有重大突破的原始性创新项目，或是有望形成新兴产业的高新技术成果转化项目。创新基金主要投于高端制造、新材料新能源、航空航天、新一代信息技术等战略新兴产业领域，资助对象包括京津冀三地的大学、科研机构、科技型企业等。创新基金要创新管理方式，突破传统的项目管理办法，要切实对区域产业创新起到推动和助力作用。

（五）构建完善创新生态环境

推进三地协同创新，要形成完善、和谐的创新生态环境。首先，政策协调是三地协同创新的保障机制，而当前由行政分割导致的政策分割是三地协同创新的主要障碍。因此必须研究、建立跨区域、跨机构的协同创新政策，破解产业发展和示范建设中存在的体制机制性障碍，形成有利于区域创新要素流动的政策协调环境。其次，构建协同创新文化氛围。良好的创新文化和合作氛围是协同创新的重要源泉和动力，因此要通过政策引领、内外宣传、制度建设营造创新的文化、合作的氛围，京津冀协同发展的意识。最后，政府政策本身也要不断创新，要实现产业、科技、市场、人才、金融等管理模式的创新，要根据产业发展变化、具体区域要求实行不同的创新政策引导和支持。

参考文献

［1］贺团涛，曾德明. 高科技企业创新生态系统形成机理研究［J］. 科技管理研究，2008（11）：28 – 31.

［2］高保中. 我国经济增长速度变化背景下的协同创新与改革深化研究［EB/OL］. http：//www. jjxdt. org/list. asp？NAclassid = 63&id = 352/2015 – 04 – 07.

［3］Aulet Bill. How to Build a Successful Innovation Ecosystem：Educate，Network，and Celebrate［J］. Journal of Strategic Management，2008（2）：56.

［4］北京市"十二五"时期现代产业建设发展规划［EB/OL］.（2012 – 01 – 29）［2015 – 04 – 16］. http：//www. bda. gov. cn/cms/zfsj/56039. htm.

［5］张贵，贾尚键，苏艳霞. 生态系统视角下京津冀产业转移对接研究［J］. 中共天津市委党校学报，2014（4）：105 – 112.

新常态下招商引资方法与路径

王忆南　汪恭礼

（南京城市职业学院　南京；宣城市宣州区铁路办　宣城　24200）

　　随着全球经济一体化的快速推进和我国经济发展进入新常态，招商引资形势发生巨大的变化，传统的招商方法和思路亟待调整。本文结合安徽省宣城市招商引资现状与特点，分析了新常态下招商引资面临的困境，并对新常态下招商引资方法与路径调整提出了相关建议。

一、当前宣城市招商引资现状与特点

　　改革开放以来，招商引资在促进地方经济发展中的作用日益凸显，成为推动经济增长的重要力量。各地政府高度重视，纷纷将招商引资列为一号工程，各级领导带头找项目、谈项目、促投资。在这样激烈的竞争下，招商引资工作取得突出成效，实实在在地引进了一批大项目、大企业。

（一）招商引资总量稳步增长

　　2012 年，宣城市新签省外投资项目 824 个，协议引资 1015 亿元。实际到位省外资金 1551.3 亿元，同比增长 22%，其中亿元以上项目到位省外资金 508.3 亿元。实际利用外资 4.35 亿美元，同比增长 39.8%。2013 年，全市新签项目 900 个，其中与央企合作项目 16 个、知名民企合作项目 82 个。亿元以上项目到位省外资金 590 亿元。实际利用外资 5.3 亿美元，增长 20%。2014 年，全市亿元以上项目到位省外资金 635 亿元；实际利用外资 6.6 亿美元，增长 20%；引进项目产业契合度达 50%。加强与央企、知名民企合作，新签项目 55 个。[1]

（二）招商项目投资规模不断扩大

　　2008 年，宣城市项目单体平均投资规模为 3375 万元，2012 年为 1.23 亿元，年均增长 30% 以上。全市 5000 万元以上项目 112 个，亿元项目 38 个。2012 年，全市新签 5000 万元以上项目 584 个，亿元以上项目 228 个，5 亿元以上项目 43 个。2013 年，新签 5000 万元以上省外投资项目 584 个，占新签省外项目总数的 70.8%，比 2012 年提高 6.7 个百分点。新签亿元以上项目 228 个，占项目总数的 27.7%，比上年提高了 4.1 个百分点。2014 年全市新引进 5 亿元以上项目 46 个、10 亿元以上 15 个。[1]

　　[作者简介] 汪恭礼，安徽大学"三农"问题研究中心研究员。

（三）主导产业招商稳步推进

该市围绕汽车及零部件、机械电子、新型建材、医药化工、农副产品深加工五个主导产业的要求，积极开展主导产业招商。2012年，全市新签5000万元以上五个主导产业项目241个，占新签5000万元以上项目总数的41.3%，协议引资356亿元，占5000万元以上项目引资总额的37.1%，比2011年同期提高5.2%。2013年，新签5000万元以上省外投资工业项目433个，协议引资585.2亿元，其中汽车及零部件、机械电子、新型建材、医药化工、农副产品加工五个主导产业项目241个，协议引资356亿元，占工业项目引资总额的60.7%，比上年同期提高4.3%。[1]

（四）新兴产业招商进展顺利

该市结合新兴产业未来发展方向和现有产业基础，重点招引新材料、节能环保、现代装备制造等战略性新兴产业项目，抢占战略制高点。几年来，金达利液压、江昌新材料、动力源科技等一批重点项目相续签约落户。2012年，全市新签战略性新兴产业65个，协议引资159.2亿元，同比增长24.4%。2013年，新引进5000万元以上战略新兴产业项目65个，协议引资159.2亿元，同比增长24.4%。[1]

（五）现代服务业招商势头良好

该市加大现代服务业项目招引力度，商贸物流产业招商成果丰硕，大润发、家乐福、红星美凯龙、燕青总部经济园等一批重点项目签约；青岛伟业皇宫大酒店、新港国际城等项目建设进度加快；麦莎广场、八佰伴商场、敬亭山生态园等项目顺利开业运营。城东双桥物流园区在建和计划开工项目10个，百汇商贸物流园一期、农副产品批发市场项目已建成运营，中国茶府、亚夏汽车文化财富广场、竹艺商贸城、农机机电设备大市场等项目建设进度不断加快。文化创意产业招商成绩斐然，城南文化创意产业园有序推进，文房四宝交易中心主体工程建成，徽歌文化博览园项目已完成前期工作。旅游业项目增多，宣州区南漪湖度假村、郎溪天子湖旅游度假村、泾县桃花源旅游开发、宁国青龙湾旅游综合开发、绩溪徽杭古道旅游开发、旌德中国灵芝养生旅游度假村等一批有牵动性的项目相继落户。2013年引进5000万元以上现代服务业项目111个，协议引资296亿元。[1]

（六）错位招商逐步形成块状产业

全市各地根据产业发展规划，有选择地开展产业招商，加快推进块状经济培育，壮大产业集群。宣州区的精细化工、纺织服装和农副产品加工，郎溪县的特种设备和经编，广德县的PCB和汽配，宁国市的汽车橡胶密封件、医疗器械、电子元器件和耐磨材料，泾县的电机和轻重钙深加工，绩溪的机械链条和丝绸轻工，旌德县的药用胶囊和灵芝养生，市开发区的汽车零部件、新型建材等产业，均形成了一定的规模。[1]

二、新常态下招商引资面临的困境

新常态下，中国经济下行压力加大、约束加剧，经济增长速度整体回落，各地区间的招商引资竞争加剧，招商引资面临着不可忽视的问题。

（一）优惠政策的可操作空间越来越小

采用放宽土地政策和税收优惠是以往招商引资目标的两大手段。《中共中央关于全面深化改革若干重大问题的决定》提出，"建设统一开放、竞争有序的市场体系"，"清理和废除妨碍全国统一市场和公平竞争的各种规定和做法，严禁和惩处各类违法实行优惠政策行为"。一方面，国家将实行最严格的耕地保护制度，包括工业用地在内的土地使用，今后必须严格按照规定手续办理，同时由于严限指标，用地瓶颈问题将更加突出。另一方面，中央政府对税费优惠政策进行清理，税收优惠政策统一由专门税收法律法规规定，严格禁止各种越权税收减免。新常态下，税费奖励政策变化和土地指标越来越稀缺，传统用地补贴和低地价政策作为廉价资源吸引外来投资的优势将不复存在。这些都会给招商引资造成相当大的压力。

（二）劳动力优势不复存在

对招商引资工作来说，劳动力价格低是宣城的优势。以前本地企业多以劳动密集型为主，技术含量较低，对专业技术人才的需求较少，重视程度也不够，久而久之，造成了宣城市本地的技术人员外流现象严重，宣城每年有45万外出务工者在外就业。新常态下，经济增长更多依靠人力资本和技术进步。特别是国家批准皖江城市带产业转移示范区启动后，宣城市招商引资工作如火如荼，越来越多的企业落户宣城，对各类人才尤其是技术型人才的需求与日俱增。80后、90后高学历、技能型人才择业意识发生了变化，愿意在本地企业就业的并不多，他们中很大一部分会选择考当地或者省、国家公务员，愿意到企业就业的也更倾向于去江浙、北上广等经济发达、发展空间更大的地区。加上一些行业对用工性别、年龄、技能等方面做出严格的要求和限制，导致劳动力供求出现结构性失衡，这对招商引资工作产生了较大影响。

（三）经济下行影响不容忽视

当前，全球经济低速增长，2013年，我国全年货物进出口总额258267亿元，比上年增长7.6%，2014年，全年货物进出口总额264334亿元，比上年增长2.3%，与年初预定的国际贸易增长7.5%的目标相去甚远。新常态下，中国经济增长正实现结构转型，经济发展正从高速增长转向中高速增长。2010年，实现国内生产总值40.89万亿元，同比增长10.6%，2011年实现48.4万亿元，同比增长9.5%，2012年实现53.4万亿元，同比增长7.7%，2013年实现58.8万亿元，同比增长7.7%，2014年实现63.6万亿元，同比增长7.4%，今年政府工作报告敲定2015年的GDP增长目标为7%，经济下行压力还在加大。[2]国内出口产品价格优势减弱，生产成本飙升，制造业不景气，企业发展面临困境。国内外各类资金拥有者投资意愿降低，投资行为谨慎，投资趋势放缓。外部环境的不确定性、盈利预期的下降等因素使得企业进一步投资的意愿降低。加之资本市场低迷，企业融资难度进一步加大，国内发达地区大量企业濒临破产倒闭的困局，落后地区以承接发达地区产业转移为目的的招商引资活动很难取得实效。

（四）房地产项目招商降温

多年来，房地产一直被各地视为招商引资重点项目。2009年，我国房地产用地10.3万公顷，增长36.7%；2010商服用地3.9万公顷，增长40.4%；住宅用地11.4万公顷，增长40.3%；2011年房地产用地16.7万公顷，增长9.2%；2012年房地产用地16.0万公顷，下降4.2%；2013年房地产用地20万公顷，增长26.8%；[3]2013年末，全国共有房地产业企业法人单位33.8万个，比2008年末增长54.4%。其中，房地产开发经营企业13.2万个，比2008年末增长50.3%。2013年末，全国房地产业企业法人单位的资产总计为525889.2亿元，比2008年末增长 220.4%。其中，房地产开发企业 474567.4 亿元，比 2008 年末增长 227.6%。[4] 新常态下，中央政府在完成住房信息联网、不动产登记等长效机制的基础工作下，着力建立房地产调控长效机制，随着后地产时代的来临，房地产投资增速的下滑，房地产项目招商降温直至淡出。2014 年房地产用地 15 万公顷，下降 25.5%；房屋新开工面积 179592 万平方米，比上年下降 10.7%，其中住宅 124877 万平方米，比上年下降 14.4%；商品房销售面积 120649 万平方米，比上年下降 7.6%，其中住宅 105182 万平方米，比上年下降 9.1%。[5]

（五）生态环境门槛抬高

由于各地招商引资竞争太激烈，各级政府把招商引资作为一项政绩而与干部提拔任免相结合，导致争抢项目过程中只顾引进项目不顾环境保护。一些地方和政府工作人员由于实在无法完成任务，不顾国家三令五申，不管项目是否会存在污染情况，只要来投资就批准，体现招商引资的政绩。有关政府职能部门在完成了招商引资的任务后，也未必会关心引进的企业可能对本地今后的发展造成的影响。但由于后期这些企业未必肯花多少钱治理污染，缺乏环保措施或者配套环保设施，如污水处理、垃圾处理等城市设施，致使工业垃圾处理困难，固体废弃物污染和噪声污染日趋严重，给居民生活造成很大影响。新常态下，中央经济工作会议提出"现在环境承载能力已经达到或接近上限"，对煤炭的消耗量、污染物排放总量等的限制将会越来越严格，门槛也会越来越高。粗放招商方式和以引进化工、造纸等污染企业换来一时的经济增长的做法已经行不通了。

三、新常态下调整招商引资方法与路径建议

新常态下，必须依据我国经济新形势以及各地实际经济状况，对招商引资方法和路径进行调整。

（一）创新思维，主动适应经济新常态

中国进入经济增长速度换挡期、结构调整阵痛期和改革开放攻坚期"三期叠加"的特殊阶段，招商引资工作要以新思维主动适应增长速度新常态、增长动力新常态、结构调整新常态和宏观政策新常态的发展要求。一是国家强力推进"一带一路"，特别是实施长江经济带战略，将安徽纳入长三角一体化发展规划，宣城在全国区域格局中的战略地位更加凸显，面临新一轮重大历史性机遇。二是正视招商引资困难和挑战，科学认识当前形势，准确把握发展趋势，结合实情，利用机遇，自觉转脑筋、换思维，从新角度寻新出路，围绕"转方式、调结构"，以"招大引强、招高引新、招群引链、招才引智"为导向，有针对性地调整招商引资工作方略和举措，拓展丰富招商引资内涵，突出招商引资重点，提高招商引资质量，努力适应新常态。三是针对宏观经济环境新变化，站在客观立场理性分析，牢牢把握产业转移规律，吸引环渤海、长三角、珠三角的企业向本地转移和集聚，壮大外向型产业体系，把本地打造成承接国内产业转移新高地。四是引进项目要统筹考虑投入产出、投资强度、税收贡献、生态环保等因素，积极引进科技含量高、产业链长、资源利用率高、附加值高的产业项目，为本地转方式、调结构、稳增长提供强有力的支撑。五是国家正构建全方位对外开放新格局，树立招商全球化理念，打造跨境产业链，利用国外资源缓解国内、省内资源约束趋紧的矛盾，用国外市场来弥补国内市场需求不旺的问题，促进本地利用国内国际两种资源两个市场来转方式、调结构，以繁荣大贸易、兴起大产业、促进

大发展。

（二）摸清家底，精准招商

新常态下，招商引资工作切忌一味求大、贪高，一定要结合本地区的实际，采用精准招商，改变过去那种大面积撒网、盲目地漫天遍野地跑的粗放招商模式。对当地优势、产业发展、招商引资重点等进行科学细致的梳理，找相关区域、相关产业的结合点，明确各个时间段重点的招商领域，分析哪些项目是适合本地实际的，哪些项目能够提升本地区的经济实力，结合招商目的和发展优势有针对性地开展招商活动，由大到小锁定招商目标，根据选定目标，有针对性组织投资促进活动，与具体投资者直接联系和接触，提高招商效率。一是依托本地的环境、资源、政策等各种条件，深入调研，认真分析，挖掘潜力，列出符合地方实际、鼓励的投资产业目录和否定的列表，确定本地需要招商的主要产业门类；对本地有关土地、电力、供水、通信、劳动力等投资要素成本信息资料分析，对产业发展制定科学规划。依据产业发展规划，整合资源，积极创建项目资源库、客户资源库、企业档案库，进行动态管理。二是按照符合投资决策要求制作招商资料，包括宣传性单页、项目总体规划（或策划）概要、投资评价（可研、商业计划书、投资评估报告），图件（现状、规划鸟瞰、核心吸引物图片）等内容，重点突出项目的可塑性、发展前景、科技含量等，资料系统全面、论据充足，努力提高投资吸引力。三是以网站、报纸、展会宣传页、专题招商会、电视、杂志、人员宣传等多种方式多渠道适时、适地发布招商信息，搭建招商APP、微信群等移动互联网服务平台，用互联网手段提高招商效率和服务质量。四是结合项目库，有针对性地了解和搜集国内外目标公司的背景资料，研究该公司所在行业的市场状况和它们的投资战略，并主动积极地与对方取得联系，对对方的需求、项目的优势和弱势、投资商的投资意向等，都要有所了解和认识。对符合本地又有投资意向的企业进行深入沟通，了解包括土地、财税、水电气、劳动力、产业配套、资源能源等生产要素在内的相关要求，准确判断企业投资的核心选择项，提升招商成功率。

（三）跟紧新常态下转型形势，紧扣产业集群招商

新常态下，中国进入经济结构调整阵痛期。新产业的大力发展、老产业的相对萎缩和转移。在这个过程中，总趋势是发达地区向欠发达地区流动。江苏、浙江、上海、广东等发达地区土地、电力等资源日趋紧张，积极支持企业"走出去"发展，通过产业梯度转移，腾出有限的发展空间让渡于大都市产业。我们应善于把握机遇，认真研究发达地区产业转移趋势，充分发挥区位优势，进一步创新招商方式，改变由过去的单个企业、单个项目招商为主，逐步向优势产业集聚，向优势产品整合，带动整个上下游的配套跟进，推动集群承接，实现重大突破。一要集合本地不同区域的特色优势，按产业带跨区联动、整体推介，以整合后的整体进行集合招商，促进产业链核心企业、关联项目整体转移。二要在加强产业转移态势分析的基础上，围绕目标产业，瞄准目标区域和目标企业、目标市场，有针对性地搭建特色突出的专业化平台，定向推介、集群承接。尤其要重点承接江苏、浙江、上海等经济发达地区产业转移，促进这些地区的大企业大集团来本地发展。三要把产业园区作为推动产业集聚、实现集群发展的主要载体和促进投资的重要主体。科学确定本地各园区产业定位，强化基础设施和配套功能建设，切实提升产业承载能力，形成分工明确、协作配套的产业链条，发展一批主业突出、特色鲜明、集约集聚的产业园区。

（四）强化中介、委托招商，应对新常态下对外开放新格局

新常态下，中央政府提出扩大内陆和沿边开放，促进经济技术开发区创新发展，提高边境经

济合作区、跨境经济合作区发展水平，构建中巴、孟中印缅等经济走廊，构建全方位对外开放新格局。资本市场的信息化、网络化、电子商务等新型招商手段越来越广泛，中介机构信息量大，招商专业性强，组织网络覆盖面广，招商成本低，市场空间充分，中介招商将成为大势所趋。在招商引资中，由专业中介咨询公司对投资公司的特点、产业布局、战略意图，乃至主事者的个性、风格做深入的了解，并认真做好项目的筛选与确立、宣传与促进、实施与管理，可以提高招商引资项目合作的成功率。要物色一批有一定实力、信誉良好的国际组织、投资促进机构、投资咨询公司、金融机构、律师事务所、商业协会等知名度高的专业投资中介咨询机构，让它们按照本地的产业定位和发展需求，在国内外广泛寻求和组织客商来考察投资，对有优势的重点项目进行策划、包装和推介。通过专业的投资中介咨询机构，将招商项目推向国内外投资市场，按照公开、公平、公正的严格程序，为招商方选择最理想合作伙伴或投资者。

（五）采用零供地招商模式，破解新常态下土地资源瓶颈

新常态下，面对国家对土地指标受到严格限制，可供招商项目的建设用地越来越少，建议对域内企业闲置资产进行清查和重组，以存量引增量，针对老企业采取增资扩股、腾笼换鸟、收购兼并、合作经营等二次招商模式，突破土地瓶颈的制约。一是鼓励现有企业上项目时，在围墙内扩大再生产，建成厂中厂，增加土地使用强度，扩大厂区容量，达到企业增资不增地。鼓励招商引资企业通过修建多层厂房等方式提高容积率，节约土地。二是对本地闲置厂房、土地数量等进行拉网式排查，对破产、倒闭企业的闲置场院进行盘点，对已征但未开工或计划落空的项目用地进行清理，详细摸清本区域内闲置土地、厂房及可利用土地等资源情况。鼓励新落户企业租用、购买现有的闲置厂房、闲置土地投资建厂，从而达到减少征地成本，提高土地利用率，节约土地资源的目的。三是推行股权转让招商引资方式，充分发挥产权交易所作用，为股权转让式融资提供较大平台，提高企业股权转让式招商引资的效率，降低其交易费用。四是企业在其资金不足时，可以采取增资扩股方式进行招商引资，鼓励企业通过向社会募集股份、发行股票以及新股东投资入股、原股东增加投资等方式增加企业资本金，提高核心竞争力和盈利能力。五是并购重组招商模式，鼓励企业以现有的土地、厂房、设备等有形产权和知识产权、商誉等无形资产为载体，吸引那些能够弥补其劣势存量资产的企业以及能够实现与其资产有效结合的企业前来合资合作。企业可以在分析其整体资产的基础上，区分优质资产与劣质资产，将不适于企业长期发展、成长潜力小以及影响企业整体业务发展的部门、产品生产线等劣质资产分割或剥离出来。对于这些通过分割或剥离出来的劣质资产，可以采取将其转让出去的方式以提高招商引资的整体吸引力，也可以其为载体引进那些对这些劣质资产有比较优势的投资者前来投资合作，提高这些资产的利用效率。而对于分割或剥离出来的那些优质资产，可以通过实施优化再组合的方式使其形成新的资产，然后以此存量来吸引投资者合资合作。

（六）加大战略性新兴产业招商引资力度，应对新常态下产业结构调整

中国经济进入"新常态"，产业结构调整将逐步消化过剩产能，更加注重发展战略性新兴产业。对于经济欠发达地区，工业基础较薄弱，自主研发力量不够强大，商品经济和市场经济意识不强，要想走科技含量高、经济效益好、资源消耗低、环境污染少的新型工业化路子，就必须在招商引资过程中，把招商引资的着力点、立足点、工作重心放在战略性新兴产业上来，特别是先进装备制造、新能源新材料、电子信息、生物医药、节能环保等产业上来。鼓励招商引进战略性新兴产业项目，凡引进战略性新兴产业项目，项目建成投产后，按实际到位资金的一定比例给予项目引进单位和个人一次性奖励。对产业升级的推动作用显著增强，战略性新兴产业增加值高的，规划报建，开辟审批"绿色通道"，优先供地，建成一批产业链完善、创新能力强、特色鲜

明的战略性新兴产业集聚区。

（七）运用各种招商方法，应对新常态下招商引资竞争白热化

随着外资大量进入中国，国内招商引资竞争将会更加白热化。一要发挥人文优势，突出情感招商，坚持以人为本理念，寻找和巩固在发达地区和海外的亲情、乡情和友情，同时以交朋友的方式，增强与外商的感情，增进与外商的友谊。二要从战略高度重视以商招商，花更多的精力、心力，服务好已落户的企业，使其认可我们的服务，利用它们的优势和影响力，带动更多的客商来本地投资兴业，进而形成"引进一个、带来一批"的连锁效应和群体效应。三要充分发挥专业招商小分队作用，围绕国内外五百强和大集团大财团，以长三角、珠三角为主要区域，开展小分队敲门招商。四要充分利用各类联席会等载体，加强与周边地区的往来，拓展与相关区域在经贸、资源、产业上的合作。与发达地区开展多层次多领域的互动，实现优势互补、错位发展，将本地经济区政策资源和区域优势转化为招商引资的现实优势。五要按照国家产业政策，结合本地实际，认真谋划一批规模大、科技含量高、效益好的项目，入选项目库，及时上网发布招商项目信息，实现网络与客商的互动，力争吸引更多的客商来考察投资兴业，实现网上招商的新突破。六要推广PPP模式招商，采取市场化手段，支持社会资本参与基础设施、环保、棚户区改造、养老、教育、医疗健康产业的投资。七要充分利用发达地区资金、信息、产业优势，积极借助外力，大力发展"飞地经济"，形成"园中园"、"托管园"、"共建园"等多种有效合作方式。八要紧盯世界500强、国内500强、行业50强、央企、知名企业、上市公司等重点目标，主动上门对接联络，实行"一对一、点对点"上门招商。

（八）优化软环境，提升新常态下招商引资软实力

新常态下，区域软环境对于招商的基础性地位更加凸显，环境好、服务优，效率高、成本低，让客商有钱赚，社会有地位，安全有保障，是吸引、留住、扩大外商投资的关键所在。一要清理与现行法律不一致的招商引资优惠政策，坚决纠正和防止拼政策、拼资源、拼环境、拼地价、拼人力等行为，杜绝招商引资中的恶性竞争，对于高能耗、高污染、低效益的项目，要坚决拒之门外。二要加强改革力度，减少审批和收费事项，按照国家和省规定，对行政审批项目该清理清理，该取消取消，该下放下放，继续保留的审批事项，也要简化程序，减少环节，推进工作提速、行政提效、服务提质。三要树立问题导向，客商反映的问题，就是我们的服务方向，办事效率要以小时、分秒计算，要第一时间研究解决。要把企业的事当成部门分内的职能，主动去办，用心去干，以务实高效的工作赢得客商的信赖和支持。对企业和投资者讲实话、讲真话，不乱承诺，做到有诺必践，以诚招商，以信留商，树立良好形象。四要倡导节俭务实，规范招商活动管理，切实精简招商活动数量、控制规模、减少人员、降低成本，杜绝追求排场和铺张浪费。组织开展境外招商专项整治工作，进一步清理和规范政府主办的各类境外招商活动。严格执行国家和省、市关于因公临时出国的各项规定，严格出访批次、人数、国家（地区）数和在外停留天数。严格境外招商经费管理，控制经费预算，严禁摊派转嫁。招商引资活动中，一律不得入住豪华酒店、布置豪华会场、举办奢侈宴请、赠送高档礼品等，一律不得组织文艺演出、烟花燃放；一律不得以公款邀请明星、名人参加。五要改进工作作风，切实祛除"四风"问题，实事求是报送和发布招商引资成果数据，严禁虚报浮夸、弄虚作假，坚决整治破坏发展环境的行为。

参考文献

[1] 宣城市2008年、2013年、2014年、2015年政府工作报告.

［2］国家统计局发布2013年、2014年国民经济和社会发展统计公报.

［3］国家统计局发布2009～2013年国民经济和社会发展统计公报.

［4］国家统计局发布第三次全国经济普查主要数据公报（第三号）.

［5］国家统计局发布2014年国民经济和社会发展统计公报.

海洋产业结构对区域技术创新的
影响测度研究：陆海统筹视角

袁 芳

（上海海事大学科学研究院 上海 201305）

一、引言

　　21世纪是海洋的世纪，加快海洋资源开发和利用已成为世界各国重要战略选择。海陆两系统之间是既相互促进又相互制约的复杂关系，单独就海洋研究海洋已经无法解决当前海洋经济发展所面临的问题[1]。"丝绸之路经济带"和"21世纪海上丝绸之路"是我国实行新一轮对外开放的重大举措，如何落实陆海统筹战略，实现两系统优势互补和良性互动，将成为"一路一带"战略实现的重要环节。如何通过提升科技水平促进海洋经济发展成为一个值得研究的重要课题。而区域技术创新和海洋产业结构是经济发展的重要内容，海洋产业结构合理演进实质是海洋资源优化配置的过程。因此，深入研究海洋产业结构、海洋就业结构对沿海地区创新能力的影响机理具有非常重要的理论与现实意义。

　　诸多学者围绕技术创新、产业结构与就业结构调整展开了大量研究。最早全面论述技术创新对就业作用的学者是熊彼特，他认为技术创新能够创造新的产业，进而创造出新的就业机会，但技术的变革也会带来严重的结构性失业和周期性失业[2]；唐国华运用结构var模型，通过对我国1980～2007年的宏观数据的实证研究发现，技术创新与就业增长率呈反向变动关系[3]；叶仁苏等运用DEA方法，通过对1990～2005年的我国面板数据研究发现，技术进步有助于三次产业间就业结构的调整与优化，但会对就业增长产生不利影响[4]；李从容等通过对1991～2007年中国统计数据的实证研究指出，技术创新与产业结构调整的共同作用对就业弹性有显著影响[5]；牛冲槐等发现技术创新对就业的促进作用在东部地区更加稳定而明显[6]。Lachenmaier S[7]等基于德国制造业企业面板数据，估计了公司层面创新对就业的影响，发现创新对就业的影响效应为正，且创新对就业正效应滞后一期；Van Reenen J[8]基于英国的数据对技术改变效应对就业的影响进行计量检验发现，即使控制住固定影响、动态性和内生性，创新对就业有一个显著且为正的影响。

　　方明月等[9]、乔晶等[10]、郑振雄[11]、陈仲常等[12]、王晓东等[13]结合具体行业对产业结构与就业结构之间展开了多角度研究；也有学者（栾维新等[14]；崔旺来等[15]；刘国军等[16]）主要从海洋产业吸纳劳动力的潜力、海洋产业就业效应以及海洋产业就业弹性等方面对研究海洋展开研究，但研究以定性分析居多。伴随着产业结构的不断调整和演变，相应的就业结构也发生显著变化[17]。

　　以上方法对我国沿海地区技术创新与海洋产业结构间的测度具有借鉴意义。总体来说，现有研究存在不足，首先是目前研究多针对发达国家或者陆域经济展开，实证分析过程和结论不一定符合我国沿海海洋经济的发展实践；其次是现有文献未能将技术创新、产业结构与就业结构纳入统一的分析框架中，割裂了三者之间的内在联系；现有文献还忽视了变量之间可能存在的内生性，未能揭示海洋产业结构、就业结构对区域技术创新影响的动态演变过程，研究结果解释力较弱。本文着重考察海洋产业结构、就业结构与技术创新之间的关系，通过实证分析探究前两者对后者是否存在长期均衡关系、因果关系以及动态影响过程。

二、指标选取与数据来源

考虑我国海洋经济统计时间还较短，数据的可能性方面还有一定提升空间；而且沿海 11 个省份技术创新、产业结构和就业结构有较大差异，省份异质性特点较为明显。这些因素可能会影响到实证分析结论的稳健性和解释力。而 Panel Data 模型可以通过设置虚拟变量对个别差异（非观测效应）进行控制，可以通过对不同时期不同横截面单元观察值的综合考量，可以通过增加自由度达到避免或者减少解释变量共线性的目的，从而使得估计结果的有效性得到了较大改善；此外，Panel Data 模型是对同一截面单元集的重复观察，能更好地研究经济行为变化的动态性，非观测效应很可能导致估计结果不准确，面板数据可以控制和估计非观测效应。基于上述考虑，本文采用的数据为年度数据，样本为我国 11 个沿海地区省级单位，样本期为 2000～2011 年，数据来自《中国统计年鉴》（2001～2012）、《中国科技统计年鉴》（2001～2012）、《中国海洋统计年鉴》（2001～2012），《中国人口和就业统计年鉴》（2001～2012），以及历年的"国民经济和社会发展统计公报"，数据处理及建模使用软件 STATA12.0，为消除时间序列异方差，并使其趋势线性化，对变量进行自然对数变换。

衡量海洋产业结构（IND）和海洋就业结构（EMPY）的指标。此处借鉴郭爱君、武国荣（2007）的做法，采用 Moore 结构变化值来测度产业结构变动和就业结构变动。一般来说，衡量产业结构变动的指标主要有两种，产业结构变动值和 Moore 结构变化值。产业结构变动值指标是将各产业份额变动值的绝对值简单相加，但不反映某个具体产业变动的情况，也不区分结构演变中各产业此消彼长变化；而 Moore 结构变化值指标运用空间向量测定法，以空间向量夹角为基础，将产业共分为 n 个部门，从而构成一组 n 维向量，然后把两时期间两组向量间的夹角 θ 作为产业结构变化的指标，更细致、灵敏地揭示了产业结构变化过程与程度。本文选取我国沿海 11 个省市 1999～2011 年的三次产业的产出结构与就业结构数据，以 1999 年为基期，采用定基方法计算 2000～2011 三次产业产出结构、就业结构的 Moore 结构变化值，并计算出各个时期的 θ 度数。

衡量区域技术创新指标（LNPTN）。比较常用的指标有专利申请量和专利授权量，借鉴 Griliches Zvi 的处理方法，考虑专利授权量可能受政府专利机构等人为因素影响而容易出现异常变动。本文选取专利申请量（PTN）作为技术创新的衡量指标。

三、实证研究

本文以 VAR 模型为基础，从实证角度分析技术创新、海洋产业结构与就业结构之间的短期和长期动态关系。在建立 VAR 模型之前，首先对变量进行 LLC 单位根检验，判断变量的平稳性。将非平稳序列化为平稳序列。如果变量是单整的，进一步建立 VAR 模型，运用 Johanson 协整检验考察变量间是否存在协整关系，建立协整方程。然后在 VAR 模型的基础上，运用 Johanson 因果关系检验，脉冲响应函数和方差分解进一步考察技术创新、海洋产业结构与就业结构之间的因果关系和动态影响过程。

对于非稳定经济变量，使用经典回归模型会出现"虚假回归"、"伪回归"等问题，进而使得随后参数估计和统计推断的可靠性受到质疑。而协整以及建立在协整关系基础上的误差修正模型（ECM）为研究非平稳变量之间的定量关系奠定了理论基础。

（一）ADF 单位根检验

为避免直接对非平稳时间序列进行 OLS 产生的"虚假回归"，首先对时间序列进行单位根检验，以判断其是否为平稳序列。如果为平稳时间序列，则进行普通回归分析；如果为非平稳时间序列，则需进行技术处理以转换为平稳序列再进行后续分析。本文采用 stata12.0 软件，对 EMPY、LNPTN、IND 的单位根进行 LLC 检验，检验结果表明（见表1），3 个变量均为非平稳时间序列，进行一阶差分后可转换为平稳序列，按 AIC 最小法原则确定 3 个变量均为一阶单整序列。

表1 时间序列 EPY、PTN、IND 的 LLC 单位根检验结果

变量名称	检验形式（c，t，k）	偏差校正 T 统计量	p 值	平稳性
IND	(0, 0, 0)	2.0069	0.9776	非平稳序列
D（IND）	(c, 1, 1)	-2.3550	0.0093	平稳序列
EMPY	(0, 0, 0)	-0.4585	0.3233	非平稳序列
D（EPY）	(c, 1, 1)	-10.4825	0.0000	平稳序列
PTN	(0, 0, 0)	7.9861	1.0000	非平稳序列
D（PTN）	(c, 1, 1)	-3.7096	0.0001	平稳序列

注：（c，t，k）为模型中常数项、趋势项和滞后期数，此处采用仅包含截距项的检验形式，且滞后项期数按 AIC 最小法确定。

（二）建立 PVAR 模型

PVAR 模型对面板数据不做任何先验性假设，在将所有变量都看作内生变量而不需要区分内生变量和外生变量。通过当期变量关于模型全部内生变量滞后值的回归，避免了主观模型设定的可能偏误或者由于其他原因造成的变量间动态联系的不准确甚至是错误的可能。PVAR 模型及在此基础上建立的脉冲响应函数和方差分解，能够充分详尽地描述变量间的动态关系。本文借鉴世界银行专家 I. Love 关于 PVAR 在 Stata 中运行的程序语言，建立 PVAR 模型。分析时不仅要各变量满足平稳性条件，还要确定模型的最佳滞后期，以保持合理的自由度，使参数具有较强解释力，同时消除误差项的自相关。我们选择区域技术创新 LNPTN、海洋就业结构 EMPY 与海洋产业结构 IND 作为 PVAR 模型的内生变量，重点考察区域技术创新、海洋产业结构与海洋就业结构三者之间动态交互影响和波动传导机理。由表2 可以看出，IND、EMPY、LNPTN 为一阶单整时间序列，满足建立 PVAR 模型的平稳性条件。运用 AIC、BIC、HQIC 准则可确定 PVAR 模型的最佳滞后期为一期。

从表2 可以看出，①当海洋产业结构作为因变量时，就业结构一期滞后、二期滞后和三期滞后的系数显著为正（分别为 1.207518、0.187307 和 0.836914），可见两者之间具有统计学意义上的一般简单线性关系，而且海洋就业结构对海洋产业结构的影响均为正；②当海洋就业结构作为因变量时，区域技术创新一期滞后的系数显著为负（－22.191），而二期滞后和三期滞后的系数不显著（21.15189 和 5.298948），可能的解释是，目前我国海洋就业人数多偏重于技术含量低的一、二产业，当区域技术创新水平提高时，初期会带来我国海洋就业人口的大量减少，但随着海洋就业人员综合素质的提高，后期将会促进海洋就业人口的增加，长期来看，海洋区域技术创新对海洋就业结构的影响为正；③当区域技术创新能力作为因变量时，海洋产业结构一期滞后和三期滞后的系数为正，二期滞后的系数为负，但数值都比较小，海洋就业结构的一期滞后、二期滞后和三期滞后的系数均为正，但不显著，数值也比较小，这说明我国海洋产业结构和海洋就业结构对区域技术创新的促进作用有限。

表 2　区域技术创新 LNPTN、海洋就业结构 EMPY 与
海洋产业结构 IND 的面板 VAR 估计结果

	h_ IND		h_ EMPY		h_ LNPTN	
	b_ GMM	t_ GMM	b_ GMM	t_ GMM	b_ GMM	t_ GMM
L. h_ IND	0.603894	0.218552	0.110137	0.236416	0.004205	0.017646
L. h_ EMPY	1.207518 ***	9.570137	2.433776 ***	9.844977	0.158659	0.727701
L. h_ LNPTN	7.669062 ***	99.2868	－22.191 ***	－99.72351	－1.00289 ***	－7.425722
L2. h_ IND	－0.34563 **	－2.081012	－0.48878 **	－2.151711	－0.03218	－0.1596
L2. h_ EMPY	0.187307 ***	3.859577	0.793879 ***	3.923121	0.064115	0.290563
L2. h_ LNPTN	－17.5396	－0.48557	21.15189	0.557928	0.554236	0.199523
L3. h_ IND	0.184878	0.177797	－0.04543	－0.20959	0.001252	0.016517
L3. h_ EMPY	0.836914 ***	5.886928	1.113994 ***	6.028177	0.104347	0.447184
L3. h_ LNPTN	12.25758	0.157585	5.298948	0.067192	1.322271	0.225621

注：使用 Stata12.0 计算整理所得，b_ GMM 表示系统 GMM 估计系数，t_ GMM 表示系统 GMM 估计系数的 T 检验值；＊＊＊、＊＊、＊ 分别表示在 1%、5%、10% 的置信水平上显著。

（三）面板协整检验

为进一步分析海洋产业结构、就业结构与技术创新之间是否存在长期均衡关系（协整关系），须进行协整分析。检验面板协整关系有多种方法，我们主要采用 westerlund（2007）检验法。Westerlund（2007）提出了四种面板协整检验，Gt，Ga，Pt，Pa 这 4 种检验是基于结构动态而不是残差动态，其优点在于不需对数据施加共同因素约束条件的限制。westerlund 法适用于检验结构方程中多变量的协整关系。本文运用 westerlund 法对海洋产业结构、就业结构与技术创新3 个变量进行协整检验，继而判别 IND 与 EMPY、LNPTN 是否存在协整关系。westerlund 协整检验结果如表3所示：

表 3　westerlund 面板协整检验结果

Statistic	Value	Z－value	P－value
Gt	－3.163	－5.639	0.000
Ga	－0.668	3.127	0.999
Pt	－10.323	－5.430	0.000
Pa	－0.765	1.173	0.880

从 Gt 和 Pt 统计量看，拒绝变量不存在协整的原假设，接受备择假设，即认为 IND 与 EM-PY、LNPTN 存在协整关系。

（四）脉冲响应函数

为了分析产业结构、就业结构与技术创新系统中各变量受到冲击后对其他变量的影响，需要进行脉冲响应函数估计。运用 PVAR 模型的脉冲响应函数与方差分解，进一步分析系统内海洋产业结构、就业结构与技术创新分别受到随机扰动项冲击后的反应。通过描述系统内 3 个变量间相互冲击、响应的强度和持续的时间，从而全面分析 3 个变量的动态影响过程。图 1 是基于 PVAR 模型的海洋产业结构、就业结构与技术创新相互间的脉冲响应结果。

从图 1 可以看出，①给海洋就业结构变化量一个正冲击，海洋产业结构变化量当期冲击为 1.0392，海洋产业结构变化量围绕当期值上下波动，并且一直到第 6 期，波动幅度都比较小，趋于平稳；给区域技术创新能力一个正冲击，海洋产业结构变化量在第 1 期达到最大，为 6.9546，此后波幅开始收窄，在第 3 期趋于平稳，并且影响始终为正。表明我国海洋产业结构相对于就业结构变化具有一定的内在稳定性，区域技术创新能力对海洋产业结构调整有正的促进作用，但区域技术创新能力效果并不乐观；②给海洋产业结构一个正冲击，海洋就业结构变化量的当期冲击为 −2.1058，并且在第 1 期时达到最大，为 5.4021，围绕当期值上下波动并趋于平稳；③给区域技术创新能力一个正冲击，区域技术创新能力变化量的当期冲击为 0.0736，此后一直增大，在第 5 期时达到最大，为 0.1962，表明合理的海洋产业结构将会对区域技术创新能力产生持久的促进作用。

（五）方差分解

表 4　IND、EMPY、LNPTN 变量方差分解

	期数	IND	empy	LNPTN
IND	10	0.689262	0.23591	0.074827
EMPY	10	0.068976	0.925221	0.005803
LNPTN	10	0.248119	0.365058	0.386823
IND	20	0.668478	0.258886	0.072636
EMPY	20	0.068313	0.925878	0.005809
LNPTN	20	0.259201	0.37992	0.360879
IND	30	0.666432	0.261138	0.07243
EMPY	30	0.068255	0.925935	0.00581
LNPTN	30	0.258269	0.38263	0.359101

在分析 IND、EMPY、LNPTN 变量之间的短期相互影响之后，为了更清楚地刻画和度量这 3 个变量的长期相互影响程度，我们使用 PVAR 的方差分解对系统中内生变量的动态特征进一步分析，进而评估各内生变量对预测方差的贡献度。通过分析在新冲击下各变量对内生变量的相对重要性，比较各自的相对重要性，估计该变量的影响程度与作用时滞。EMPY、LNPTN、IND 方差分解结果如表 4 所示。

由表 4 可以看出：①在海洋产业结构的影响因素中，在 10 期内，区域技术创新能力的变动对海洋产业结构的影响在 7.5% 左右，海洋就业结构对海洋产业结构的影响为 23.59%，海洋产

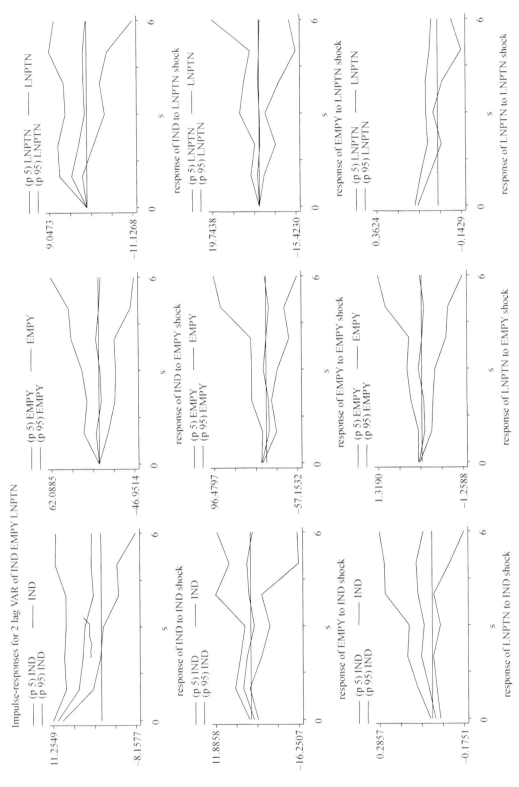

图 1　基于 PVAR 模型的海洋产业结构、就业结构与技术创新相互间的脉冲响应

注：横轴表示冲击的滞后期数（年），Stata 软件默认为 6，中间曲线为脉冲响应函数曲线，其外侧两条曲线代表正负两倍标准差的偏离离带。

业结构的变动中除了自身因素影响外，有31.07%是由海洋就业结构和区域技术创新能力所引起的，表明在长期中海洋就业结构是海洋产业结构变动的主要因素。②在海洋就业结构的影响因素中，在10期内，92.52%是由自身因素引起的，海洋产业结构和区域技术创新能力的影响仅占7.48%。③在区域技术创新能力的影响因素中，在10期内，仅有38.68%是由自身因素引起的，而61.32%是由海洋产业结构和就业结构所引起的，这说明区域技术创新能力的提高关键是其周围要素和环境，而不仅仅是自身。④如表4所示，30期的解释结论与10期和20期解释结论基本一致说明从长期看各变量对相关变量误差项的解释程度基本保持稳定。

四、主要结论及政策建议

"海上丝绸之路"建设将成为推动我国沿海区域海洋产业结构升级转型的重要历史机遇，对于构筑陆海统筹、东西互济的全方位开放新格局具有十分重要的战略意义。我国海洋统计数据工作起步较晚，2000年统计内容又发生了重要变化，而我国海洋经济发展方兴未艾，我们利用面板数据最大限度地挖掘数据信息，以期对我国海洋就业结构、产业结构以及区域技术创新能力三者之间的短期及长期关系有较为清晰的把握。从国内研究来看，还没有学者就这三者之间的动态关系进行研究。我们通过PVAR估计、协整检验、脉冲响应和方差分解，运用STATA工具，对全国沿海11个省市2000~2011年的面板数据展开分析。主要结论如下：

（1）当海洋就业结构作为因变量时，区域技术创新一期滞后的系数显著为负（-22.191），而二期滞后和三期滞后的系数不显著（21.15189和5.298948），可能的解释是，目前我国海洋就业人数多偏重于技术含量低的一、二产业，当区域技术创新水平提高时，初期将带来我国海洋就业人口的大量减少，但随着海洋就业人员综合素质的提高，后期将会促进海洋就业人口的增加。长期看，海洋区域技术创新对海洋就业结构影响为正。

（2）给区域技术创新能力一个正冲击后，海洋产业结构变化量在第1期达到最大，为6.9546，此后波幅开始收窄，第3期趋于平稳，并且影响始终为正，表明我国海洋产业结构相对于就业结构变化具有一定的内在稳定性，区域技术创新能力对海洋产业结构调整有正的促进作用，但区域技术创新能力效果不容乐观。

（3）在区域技术创新能力的影响因素中，在10期内，仅有38.68%是由自身因素引起的，而61.32%是由海洋产业结构和就业结构引起的，说明区域技术创新能力的提高关键是其周围要素和环境，而不仅仅是自身。

上述研究结论其政策含义如下：①首先，优化海洋产业，加快海洋产业内部结构调整和产品升级换代。加快海洋产业内部结构调整和产品升级换代，将有利于就业的持续增加。②培育新兴海洋产业，促进海洋产业结构优化升级。随着海洋产业分工的不断深化和细化，拥有高附加值海洋产品或服务的企业将会在激烈的竞争胜出。③建立海洋产业人力资源的支撑体系。

参考文献

［1］栾维新. 海陆一体化建设研究［M］. 北京：海洋出版社，2004.

［2］熊彼特. 经济发展理论：对于利润、资本、信贷、利息和经济周期的考察［M］. 北京：商务印书馆，2000.

［3］唐国华. 技术创新的动态就业效应：基于结构VAR模型的实证研究［J］. 科学学与科学技术管理，2011，32（4）：72-77.

［4］叶仁荪，王光栋，王雷．技术进步的就业效应与技术进步路线的选择——基于 1990~2005 年中国省际面板数据的分析［J］．数量经济技术经济研究，2008，25（3）：137－147.

［5］李从容，祝翠华，王玉婷．技术创新、产业结构调整对就业弹性影响研究［J］．科学学研究，2010，28（9）：1428－1434.

［6］牛冲槐，杜弼云，牛彤，我国不同产业聚集区域技术创新对就业的动态影响分析［J］．工业技术经济，2014（11）：136－143.

［7］Lachenmaier S. ，Rottmann H. Effect of Inonovation on Employment：A Dynamic Panel Analysis［J］. International Journal of Industrial Organization，2011，29（2）：210－220.

［8］Van Reenen J. Employment and Technological Innovation：Evidence from UK M anufacturing Firms［J］. Journal of Labor Economics，1997，15（2）：255－284.

［9］方明月，聂辉华，江艇等．中国工业企业就业弹性估计［J］．世界经济，2010（8）：3－16.

［10］乔晶，刘星．中国加工贸易就业效应的实证研究［J］．当代财经，2011（2）：102－108.

［11］王晓东，谢莉娟．论流通产业结构调整与就业增长——基于中部地区流通业对就业吸纳的贡献分析［J］．财贸经济，2010（2）：98－103.

［12］郑振雄．公路基础设施的就业效应实证分析——基于省际动态面板模型［J］．人口与经济，2011（2）：28－32.

［13］陈仲常，马红旗．我国制造业不同外包形式的就业效应研究——基于动态劳动需求模型的实证检验［J］．中国工业经济，2010（4）：79－88.

［14］栾维新，宋薇，我国海洋产业吸纳劳动力潜力研究［J］．经济地理，2004，23（4）：529－533.

［15］崔旺来，周达军，刘洁等，浙江省海洋产业就业效应的实证分析［J］．经济地理，2011，31（8）：1258－1263.

［16］刘国军，周达军．海洋产业就业弹性的比较优势与实证分析［J］，中国渔业经济，2011，29（6）：142－149.

［17］高东方．产业结构和就业结构互动演变研究——经典理论的回顾［J］，首都经济贸易大学学报，2014（3）：114－122.

福建省现代服务业重点领域选择

黄阳平　黄　浩

（集美大学财经学院　厦门　361021）

一、文献综述

1935 年，英国经济学家 Allen Fisher 率先提出"第三产业"概念，从此开始了对服务业理论研究。国内外研究现代服务业文献比较多，主要在以下 4 方面：①定位。对现代服务业定位存在两种观点，一是以 Fuchs（1968）等为代表的主张发展现代服务业能够带动经济发展的"服务经济"论；二是以 Baumo（1967）为首的认为服务业发展会拖累经济发展的"非服务经济论"。我国绝大多数学者都认同服务经济理论。②概念范围界定。现代服务业还没有一个统一概念和行业分类范围标准。庞毅（2005）认为现代服务业的范围重点是高信息、高技术、高附加值的企业。侯守国（2013）则从基础服务、生产性服务和公共服务界定现代服务业。③驱动途径和模式。不同地域驱动现代服务业发展途径和模式不同。李晓磊（2004）认为，上海现代服务业的驱动途径是技术创新、二三产业契合共进、储备人才等；驱动模式是"市场 + 创新 + 政府推动"、"内生 + 外生"和跨越式发展模式。张洁（2007）总结出"自主创新、二次创新、国际需求和制造业需求"四种服务业推动模式。④作用。库兹涅兹（1971）认为，现代经济增长是经济结构的全面变化，更是服务业的革命。吴敬琏（2012）认为服务业尤其是生产性服务业的发展是提高社会经济效率的基本手段。综观国内外现代服务业的理论研究与实践发展的过程，充分体现了现代服务业已经从附属的、次要的向主导的支柱产业转变，现代服务业的新业态、新模式和新服务的创新发展持续不断进行中。

近几年，福建省现代服务业发展迅速，但学术界对福建省现代服务业的理论研究和经验总结却显得相对滞后。罗萍（2008）认为通过推进服务市场改革等举措，可以提高福建省现代服务业发展水平；杨桦（2013）基于制造企业主辅分离视角，建议突出企业主体地位、制定专项扶持政策等，可以加快福建省现代服务业发展。虽然目前对于福建省服务业发展的研究正逐步引起理论界的重视，但对福建省现代服务业的研究仍相对较少，尤其对福建省现代服务业发展的重点领域鲜有人涉足。

［基金项目］教育部人文社科规划项目（11YJA790055），福建省"十三五"规划前期重大项目（B614094）。

［作者简介］黄阳平，福建泉州人，集美大学财经学院教授，博士，研究方向为区域经济。黄浩，集美大学财经学院副教授，博士，研究方向为数量经济。

二、国内外发达经济体服务业发展经验启示

近年来，全世界服务业在国民经济中发挥着支柱作用，服务业占 GDP 的比重基本维持在 70% 左右，服务业从业人员占全社会从业人员的比重普遍在 70% 以上，发达国家和地区更是达到 80% 以上。随着全球经济一体化的快速发展，国际服务贸易加速增长，贸易结构不断优化。2012 年，全球科技知识等服务类贸易接近 55%，而传统运输旅游服务贸易只占 45%。据统计，咨询服务、信息服务、金融服务等知识密集型服务业近十年对 GDP 的贡献率已高达 50%，现代服务业已成为世界经济发展的主导力量[①]。

以亚太经合组织为例（简称 APEC），它包括 25 个成员国，总人口数 26 亿，占世界总人口数的 40%，此外，APEC 成员国国内生产总值之和超过世界总额的 50%，可见，APEC 在国际经济中有着举足轻重的作用。2012 年 APEC 国家三次产业结构分布情况如图 1 所示，在选取的 18 个主要国家中，服务业占国内生产总额的比重平均为 58.67%，其中，除文莱、印度尼西亚、中国的服务业比重低于工业外，其余国家的服务业比重均高于工业比重。香港和美国服务业比重分别达到 92.86% 和 78.60%，远远超过农业和工业占比。[②]

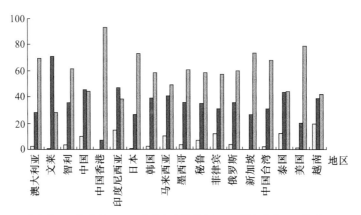

□ 农业占GDP比重(%)　■ 工业占GDP比重(%)　▨ 服务业占GDP比重(%)

图 1　2012 年 APEC 国家产业结构分布

资料来源：《2013 年世界统计年鉴》。

国内服务业发达的上海、江苏和浙江等长三角地区，坚持"三、二、一"产业发展方针，服务业迅速发展，产业结构进一步优化。2014 年，长三角地区三次产业结构比例为 4.3∶45.32∶50.38，近三年上海、江苏、浙江、福建服务业占 GDP 比重如表 1 所示。

表 1　福建与长三角地区服务业增加值占 GDP 比重

年份	2012				2013				2014			
省份	上海	江苏	浙江	福建	上海	江苏	浙江	福建	上海	江苏	浙江	福建
服务业增加值占地区 GDP 比重	60%	43.5%	45.1%	39.3%	62.2%	44.7%	46.1%	39.1%	64.8%	46.7%	47.9%	39.6%

资料来源：上海、江苏、浙江、福建历年统计公报。

---

① 数据来源：http://www.apec.org/。
② 数据来源：《2013 年世界统计年鉴》。

显然，上海服务业增加值占 GDP 比重每年都稳步上升。上海通过加快国际经济、金融、贸易、航运、商务等中心建设以及服务业税制改革，促使物流、金融、商贸、信息服务、旅游等重点领域占服务业比重日益增加，促进文创、会展、电子商务、专业服务、教育培训等新兴服务业迅猛发展，使服务业成为上海经济社会发展的主要支撑。江苏则将服务业发展作为推动产业结构调整的重中之重，加快推进"两个率先"，重点实施"八项工程"，每年实施一批百亿元以上的重大服务业投资项目，每年引进 20 个左右服务业发展创新团队，率先建成以高新技术产业为主导、服务经济为主体、先进制造业为支撑、现代农业为基础的现代产业体系。浙江布局杭州、宁波、温州等 14 个省级产业集聚区，重点创建以下现代服务业转型升级和科学发展示范区：物流园区、总部基地、科技创业园、创意产业园、软件与服务外包基地、商贸综合体、旅游休闲度假区、新型专业市场、综合性生产服务集聚区。作为电子商务、软件和信息服务业大省，浙江不断加强现代服务业集聚示范区建设，形成以杭州为中心，宁波为次中心，温州、嘉兴、金华、绍兴、台州、湖州为特色发展区的软件业发展格局，实现梯度发展、差异发展，努力实现公共信息服务均等化。

长三角服务业互相融合，共同进步。上海凭借优越的金融积聚力量，努力成为符合世界经济发展大趋势的服务型大都市。江苏、浙江分别作为长三角的北翼和南翼，通过较为成熟的市场体系和发达便利的交通物流推进其相关服务业共同发展，实现区域整体产业分工协作与互动。上海市与江、浙两省能够在多个层面充分沟通信息，在交通、金融、物流等领域为长三角提供有力的现代服务业支撑，使长三角更多的企业能借助上海、江苏、浙江资源共享的服务平台，更好地利用国内外各种资源，迅速成长。共同以信息传输、软件业和计算机服务为重中之重，拓展生产性服务业的发展领域。共同着力推进服务业市场化，提升金融保险、商贸物流、房地产、文化、旅游会展等优势服务业。

三、福建省服务业主要发展成效及存在问题

（一）主要发展成效

"十二五"期间，福建省服务业增加值由 2011 年 6878.74 亿元增加到 2014 年 9525.49 亿元，服务业对全省经济增长的贡献不断提高（见表 2）。现代服务业保持平稳较快发展：2014 年，金融业完成增加值 1450 亿元，同比增长 23.4%，旅游业实现总收入 2707.67 亿元，同比增长 18.42%，物流业实现增加值 1620 亿元，同比增长 9.6%。另外，传统服务业稳定发展：2014 年，全省实现社会消费品零售总额 9205.55 亿元，同比增长 11.24%，交通运输仓储和邮政业完成增加值 1320.35 亿元，同比增长 10.7%。服务业不仅拉动经济增长作用明显增强，同时成为吸收就业的主要渠道，2013 年服务业从业人数 940.56 万人，占全社会从业人数比重由 2010 年的 35.0% 提高到了 36.8%，比全国平均水平高出 2 个百分点，服务业不仅吸纳了大量的新增的劳动力，而且吸收了大部分第一、第二产业转移出来的剩余劳动力。

表 2 "十一五"、"十二五"时期福建经济总量和增长速度 单位：亿元

时期	GDP	第一产业	第二产业	第三产业	第三产业比重（%）	GDP 年均增速（%）	第三产业年均增速（%）
"十一五"时期（2006~2010）	54629.04	5573.67	27018.03	22038.34	40.34	17.60	18.10

续表

时期	GDP	第一产业	第二产业	第三产业	第三产业比重（%）	GDP 年均增速（%）	第三产业年均增速（%）
"十二五"时期（2011~2014）	83077.36	7340.17	43087.8	32649.39	39.30	13.00	13.00

资料来源：福建省历年统计年鉴整理。

（二）存在的主要问题

（1）服务业总体规模小、就业比重偏低。2014 年，我国服务业增加值占 GDP 的比重和服务业从业人员占总从业人数的比重分别为 48.2% 和 40.3%，而福建的比重分别只有 39.6% 和 37.3%，北京、上海等省市服务业已经是主导支柱产业，福建服务业的规模明显偏小（见图 2）。

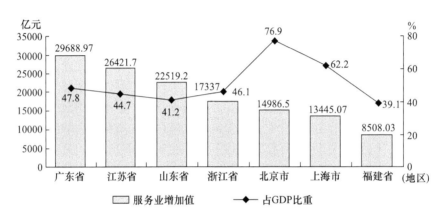

图 2　2013 年福建省与其他省市服务业规模比较

资料来源：各省市统计公报。

2013 年，福建省服务业就业占全社会就业人数仅增长 1.14%，比重为 36.8%，低于第二产业就业人数 2.3%，福建省服务业就业人数比重偏低（见表 3），服务业对就业的吸引效应和拉动作用还有待增强。

表 3　2010~2013 年福建省服务业就业基本情况

项目名称	2010 年	2011 年	2012 年	2013 年
服务业就业人数（万人）	784.16	883.66	929.95	940.56
占全社会就业人数比重（%）	35.0	35.9	36.2	36.8
比上年增加（%）	3.92	12.69	5.24	1.14

资料来源：《福建省统计年鉴》。

（2）服务业区域发展不平衡。一直以来，由于福建省九地市之间经济发展水平、城市化水平以及资源禀赋的差异，导致服务业发展地区差异显著，沿海与山区发展不平衡，2013 年只有福州、厦门、泉州三市服务业发展达到了全省平均水平。如图 3 所示，福州、厦门、泉州是福建省服务业发展的龙头，与福建省其他市呈现出两极分化的发展形势，无论是服务业增加值还是占 GDP 的比重，都与宁德、南平等市存在很大差距，服务业发展水平最低的南平市服务业增加值仅是福州市的 17%。想要提升全省服务业总体发展水平，就必须要促进各区域服务业协调发展。

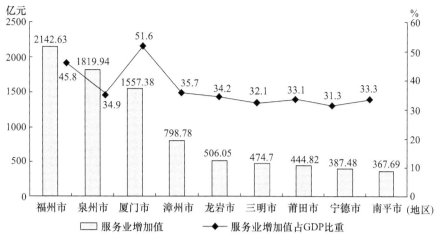

图3 2013年福建省各市服务业发展水平

资料来源:《2014年福建统计年鉴》。

（3）服务业发展速度慢于GDP发展速度。2008~2013年，生产性服务业占GDP的比重，从24.4%下降到23.5%（表4），生产性服务业占服务业的比重在逐年减少，生产性服务业比服务业年平均增长速度低了0.7%，生产性服务业作为服务业最具活力部门，其所占比重偏低，说明服务业内部结构不合理，转型发展迫在眉睫。生活性服务业结构也不合理，发展水平低下。2013年，房地产占GDP比重为5.59%，在生活性服务业增加值中占了55.9%，而文化、体育、娱乐、居民服务和其他生活性服务业的增加值占GDP比重合计只有2.76%，说明生活性服务业发展仍处于初级阶段，传统房地产、住宿和餐饮业仍占据绝对优势地位。公益性服务业增加值年平均增长速度虽然达到12.74%，但公益性服务业增加值占GDP比重却从2008年的6.24%减少到2013年的5.81%。需要引起注意的是，教育增加值在2008和2009年分别增长－9.1%和－10.21%，卫生社会保障和社会福利业在2012年和2013年分别增长－6.38%和－8.15%，与福建经济快速发展背道而驰。

表4 2008~2013年按服务对象分类的服务业发展情况

		生产性服务业						生活性服务业				公益性服务业			
		交通运输、仓储和邮政业	信息传输、计算机服务和软件业	批发和零售业	金融业	租赁和商务服务业	科学研究、技术服务和地质勘查业	住宿和餐饮业	房地产业	居民服务和其他服务业	文化、体育和娱乐业	水利、环境和公共设施管理业	教育	卫生、社会保障和社会福利业	公共管理和社会服务业
2008	增加值（亿元）	704	291	897	498	178	71	206	507	203	99	27	266	114	286
	占服务业（%）	16.19	4.25	13.14	4.28	1.89	0.85	4.73	11.66	4.67	2.27	0.63	6.13	2.62	6.58
	占GDP（%）	6.5	1.71	5.28	1.72	0.76	0.34	1.68	4.14	1.66	0.81	0.25	2.46	1.05	2.64
	增长速度（%）	8.9		11.2	19.9				－9.1				－9.1		
2009	增加值（亿元）	751	314	1043	612	209	91	236	657	261	111	31	239	164	329
	占服务业（%）	14.88	6.23	20.67	12.13	4.13	1.8	4.67	13.01	5.18	2.2	0.6	4.74	3.26	6.52
	占GDP（%）	6.14	2.57	8.53	5	1.7	0.74	1.93	5.37	2.14	0.91	0.25	1.95	1.34	2.69
	增长速度（%）	6.78	8.14	16.28	23.02	17.34	27.62	14.79	29.51	28.7	12.32	11.27	－10.21	44.12	14.98

续表

		生产性服务业						生活性服务业				公益性服务业			
		交通运输、仓储和邮政业	信息传输、计算机服务和软件业	批发和零售业	金融业	租赁和商务服务业	科学研究、技术服务和地质勘查业	住宿和餐饮业	房地产业	居民服务和其他服务业	文化、体育和娱乐业	水利、环境和公共设施管理业	教育	卫生、社会保障和社会福利业	公共管理和社会服务业
2012	增加值（亿元）	1090	404	1670	1015	378	125	337	1040	343	191	65	364	244	469
	占服务业（%）	14.1	5.2	21.6	13.1	4.9	1.61	4.36	13.44	4.43	2.47	0.84	4.71	3.15	6.06
	占GDP（%）	5.5	2.1	8.5	5.2	1.9	0.63	1.71	5.28	1.74	0.97	0.33	1.85	1.24	2.38
	增长速度（%）	13.1	8.2	10.5	17.7	10.3	2.32	12.36	14.11	8.96	25.63	14.39	23.96	-6.38	13.74
2013	增加值（亿元）	1176	437	1790	1175	417	128	353	1217	366	236	73	443	224	523
	占服务业（%）	13.82	5.14	21.04	13.81	4.9	1.5	4.15	14.3	4.31	2.77	0.86	5.21	2.63	6.15
	占GDP（%）	5.41	2.01	8.23	5.4	1.92	0.59	1.62	5.59	1.68	1.08	0.34	2.04	1.03	2.4
	增长速度（%）	7.9	8.19	7.16	15.68	10.26	2.33	4.67	17.03	6.9	23.25	12.23	21.61	-8.15	11.59
2008~2013年服务业各行业平均增速（%）		10.82	8.52	14.81	18.74	18.6	12.42	11.43	19.14	12.53	19.03	21.74	10.73	14.47	12.83

资料来源：《福建省统计年鉴》。

（三）成因分析

政府管理不善。长期以来，福建省经济增长主要依赖工业发展，形成了对服务业发展的不重视，虽然近几年中央出台许多服务业发展的鼓励和扶持政策，但由于对服务业成为当今全球经济的主导要素这种现象没有足够的认识，许多政府官员的理念仍很守旧，忽视了服务业的巨大发展潜力，致使服务业管理较为混乱，存在多头管理，管理力量不足，缺乏有针对性和可操作性的服务业政策扶持措施。

改革不到位，限制生产性服务业发展。一方面，由于体制、政策原因，生产性服务业的市场准入门槛普遍过高，限制了投资者的进入。电信、电力、自来水、民航、铁路运输、邮政等生产性服务业具有垄断性质，民间资本难以进入，弱化了竞争机制在生产性服务业发展中配置资源的基础性作用。另一方面，目前的行政管理体制导致区域生产性服务业市场分割的现象，使得资源难以整合，难以做强做大，竞争力弱，束缚了审计、律师、咨询、人力资源管理等具有较强辐射性的专业服务业发展。

税负不均，服务业企业负担大。制造业享受的很多税收优惠无法惠及生产性服务业，生产性服务企业的税收负担仍较重，使得制造企业不愿剥离生产性服务业务。例如，制造企业可以进行营业税的进项和销项的抵扣，生产性服务企业则需要按照营业额的6%全额征收营业税；生产性服务企业出售专利等高端产品时，购买企业无法抵扣进项税额；生产性服务企业在水、电、气等供应上享受不到政策优惠，其获得土地的成本也相对较高甚至很难获得土地等。生活性服务业营业税率为5%，而交通运输业、建筑业、邮电通信业、金融保险业营业税率均为3%，生活服务企业成本过高，不利于行业发展。

公益性服务财政支出水平偏低。2012年，福建人均GDP已经达到8400美元，在教育、医疗、社会保障和就业的财政支出占政府财政总支出的比重合计为36.57%，而国际上人均GDP在3000~6000美元的国家这个指标的比重为54%，福建滞后了17.43%；2012年，福建教育、医疗卫生、社会保障和就业等政府公共服务支出分别占GDP比重的2.8%、0.94%和1.04%，这在世界上都是很低的水平。显然，福建的财政公益性服务支出水平偏低，公益性整体服务水平不但落于发达国家，甚至低于不发达国家，福建的社会发展正落后于经济增长。

四、推动福建省现代服务业加快发展的重点领域研究

面对经济新常态，传统经济发展方式已经不能适应新形势的需要。如何把握国家支持福建自贸区和一路一带核心区建设的重大历史机遇，推动福建省现代服务业加快发展，从而跨越中等收入陷阱，这是迫切需要解决的问题。我们认为，选择好服务业发展的重点领域作为关键着力点，是实现福建省现代服务业跨越发展的有效途径。

（一）重点领域的定量选择

1. 评价指标体系选择

科学合理地选择现代服务业发展的重点领域是制定科学有效的发展政策的前提。选择重点发展领域是一种综合评价，不仅需要考虑产业自身发展情况，还需要考虑其对区域社会和经济发展多方面的作用和影响，所选出的重点领域不仅要求在区域内比其他产业更有综合优势，而且也应该是在未来有较大发展动力和发展潜力的。基于现代服务业发展的重点领域内涵的广泛性和复杂性，遵循科学、可行、概括性强、有代表性和时效性的原则，本文从五个基准层面进行指标选择：一是经济贡献基准，主要包括服务业占GDP比重和人均利税贡献；二是社会效益基准，包括人均工资水平和就业吸纳率；三是投资意愿基准，包括行业投资占全社会固定资产投资比重和行业投资增长率；四是发展质量基准，包括比较劳动生产率和区位商；五是发展潜力基准，主要指标为行业增加值增长率和从业人员人均工资增长率。以此构建一个多层次福建省现代服务业加快发展重点领域评价指标体系（见表5）。

表5　福建省现代服务业加快发展的重点领域评价指标体系

基准层	指标层	变量	变量解释
经济贡献	行业增加值占GDP比重	X1	行业增加值占GDP比重
	从业人员人均利税	X2	行业从业人员人均上缴利税
社会效益	从业人员人均工资	X3	行业从业人员人均工资
	就业吸纳率	X4	行业直接吸纳的就业人数占总就业数比重
投资意愿	行业投资占全社会投资比重	X5	行业直接投资占全社会投资比重
	行业投资增长率	X6	行业投资增长率

基准层	指标层	变量	变量解释
发展质量	比较劳动生产率	X7	行业劳动生产率/全社会劳动生产率
	区位商	X8	行业增加值占全省 GDP 比重与全国该行业增加值在全国 GDP 中所占比重的比值
发展潜力	行业增加值增长率	X9	行业增加值增长率
	从业人员人均工资增长率	X10	行业从业人员人均工资增长率

注：区位商大于1，说明该行业是地区的专业化部门；区位商越大，行业的专业化水平越高；如果区位商小于或等于1，则认为该行业是自给性部门。

2. 指标权重

虽然确定了服务业发展重点领域评价指标体系具体指标，但每一个具体指标对重点领域影响程度不同，即权重不同，因此，要计算指标体系的综合评分还必须先对指标权重进行赋值，本文采用 AHP 法对指标权重进行赋值，受篇幅限制，直接给出经过一致性检验的结果（见表6）。

3. 实证分析

在年鉴统计指标体系中，归属于服务业的共有 15 个行业，由于第 15 项"其他行业"过于杂乱，故本文把它和居民服务归并在一个行业，重点分析 14 个服务行业，选取 2014 年的年度指标数据作为样本进行实证分析（见表6）。

表6　评价指标数据及权重

	行业增加值占GDP比重	从业人员人均利税	从业人员人均工资	就业吸纳率	行业投资占全社会投资比重	行业投资增长率	比较劳动生产率	区位商	行业增加值增长率	从业人员人均工资增长率
交通运输、仓储和邮政业	5.49	14.38*	5.74*	2.7*	10.91	18.6	2.01*	1.14*	10.7	22.65
信息传输、计算机服务和软件业	1.9	11.45*	7.52*	1.18*	1.15	1.8	1.16*	0.88*	8.46	33.10
批发和零售业	8.23	3.44*	4.68*	8.74*	2.1	32.1	0.37*	0.86*	11.24	22.83
住宿和餐饮业	1.62	1.17*	3.37*	1.82*	1.25	3.4	0.49*	0.81*	9.9	10.13
金融业	5.4	58.57*	11.94*	0.7*	0.26	-15.4	4.5*	0.98*	23.43	40.36
房地产业	5.59	21.66*	5.34*	2.06*	29.54	20.9	2.67*	0.99*	15.03	17.88
租赁和商务服务业	1.88*	4.37*	5.12*	2.65*	1.28	30	0.38*	0.91*	10.27*	22.78
科学研究、技术服务和地质勘查业	0.58*	2.68*	6.48*	1.2*	0.29	42.5	0.29*	0.38*	2.32*	27.31
水利、环境和公共设施管理业	0.34*	2.09*	4.0*	0.61*	9.85	31.9	0.64*	0.75*	14.39*	15.94
居民服务和其他服务业	1.68*	1.02*	3.95*	0.62*	0.29	39.4	0.7*	1.05*	8.96*	20.06
教育	2.04*	0.36*	5.74*	4.67*	1.2	15.4	0.47*	0.64*	23.96*	30.75
卫生、社会保障和社会福利业	1.03*	2.8*	6.67*	1.79*	0.65	8.6	0.57*	0.63*	-6.38*	35.95
文化、体育和娱乐业	1.08*	4.36*	5.51*	0.82*	1.42	24.6	1.46*	1.64*	25.63*	28.44
公共管理和社会服务业	2.33	0.3*	5.88*	7.2*	1.68	27.8	0.76*	0.59*	8.31	29.78
权重	0.231	0.088	0.088	0.088	0.088	0.034	0.088	0.231	0.034	0.034

注：* 号表示 2013 年数据。

资料来源：《福建省统计公报》、《统计年鉴》和《中国统计年鉴》。

利用表4－2数据，运用 SPSS19 软件对 14 个服务业行业的 10 项指标数据先进行标准化，再进行因子分析，得到 KMO 检验值为 0.72 大于 0.5，其伴随概率为 0.000，说明数据适合做因子分析。通过对因子载荷矩阵用最大方差法正交旋转五次收敛，得到解释的总方差和旋转成分矩阵

（表略）。解释的总方差表显示有四个大的特征根，累计贡献率达到82.86%，说明这四个主成分能够代表原始数据的信息。

最后，根据主成分系数和方差贡献率利用模型（1）计算14个行业综合得分（表7）：

表7 各行业综合因子得分排序及综合得分

行业	经济效益因子 F_1	排序	就业效益因子 F_2	排序	专业水平因子 F_3	排序	投资意愿因子 F_4	排序	综合得分 F	总分排序
交通运输、仓储和邮政业	2.2	3	0.81	3	0.87	4	−0.15	9	1.07	3
信息传输、计算机服务和软件业	0.41	4	−0.67	9	−0.31	9	1.34	2	0.09	5
批发和零售业	−2.4	13	5.61	1	−0.61	10	−1.37	11	0.01	6
住宿和餐饮业	−2.76	14	−0.06	6	−1.16	12	−1.45	12	−1.34	14
金融业	9.78	1	0.53	4	1.9	3	0.66	4	3.93	1
房地产业	2.88	2	1.16	2	1.98	2	3.81	1	1.98	2
租赁和商务服务业	−1.38	8	−1.07	11	0.32	6	0.7	3	−0.56	7
科学研究、技术服务和地质勘查业	0.31	5	−1.68	14	−3.15	13	−1.13	10	−0.91	9
水利、环境和公共设施管理业	−1.87	10	−1.53	13	−0.19	8	0.44	7	−0.94	11
居民服务和其他服务业	−2.13	11	−0.04	5	−0.16	7	−1.72	13	−0.95	12
教育	−2.35	12	−0.46	7	0.72	5	0.52	5	−0.73	8
卫生、社会保障和社会福利业	−0.36	6	−0.6	8	−3.3	14	−2.22	14	−1.07	13
文化、体育和娱乐业	−0.56	7	−1.24	12	4.02	1	0.47	6	0.35	4
公共管理和社会服务业	−1.78	9	−0.77	10	−0.94	11	0.1	8	−0.93	10

$$F_i = a_{i1}F_1 + a_{t2}F_2 + \cdots + a_{ip}F_p + \varepsilon_i \, (i = 1,2,\cdots,14) \tag{1}$$

从最终综合得分看，综合得分排在前面的8个行业分别为：金融业、房地产业、交通运输仓储业、文化体育和娱乐业、信息传输计算机服务和软件业、批发和零售业、租赁和商务服务业、教育，这8个行业可以作为重点发展领域的主要备选项。

（二）重点领域的定性选择

福建省正面临实现经济全面转型升级和社会全面小康的重大发展任务，因此，重点发展领域的选择还必须结合全面推进经济服务化和保基本保民生保公平这个新时代核心价值观取向，通过改革创新推动现代服务业快速发展，促进社会资源均衡配置，让每个人发展机会均等，共享改革发展成果，让社会更加公平正义，人民生活更幸福。

结合前述定量结果，进一步系统考察福建省服务业各行业经济贡献、社会效益、发展潜力和基本民生四个方面特质（见表8），从而选择推动福建省服务业快速发展的重点领域。

表8 服务业各行业综合特质

定量综合得分排名	行业	经济效益高	社会效益高	发展潜力好	基本民生好
1	金融业	√	√	√	√
2	房地产业	√	√	√	√
3	交通运输仓储和邮政业	√	√	√	√

续表

定量综合 得分排名	行业	经济效益高	社会效益高	发展潜力好	基本民生好
4	文化、体育和娱乐业	√	√	√	√
5	信息传输、计算机服务和软件业	√	√	√	√
6	批发和零售业	√	√		√
7	租赁和商务服务业	√	√	√	
8	教育		√		√
9	科学研究、技术服务和地质勘查业	√			
10	公共管理和社会服务业		√		√
11	水利、环境和公共设施管理业				
12	居民服务和其他服务业		√		√
13	卫生、社会保障和社会福利业		√		√
14	住宿和餐饮业				
15	新兴服务业	√	√	√	√

（三）重点领域

综合上述定量和定性分析，推动福建省现代服务业快速发展的重点领域主要是：金融业、房地产业、交通运输仓储物流业、文化体育和娱乐业、信息传输计算机和软件业、批发和零售业、租赁和商务服务业、教育、科学研究和技术服务、社会服务业、居民服务业、卫生和社会保障业、新兴服务业。

（四）实现现代服务业加快发展的对策思考

1. 聚焦"自贸区"和一路一带"核心区"定位

自贸区建设是国家战略，是中央支持福建省加快发展的重大举措，是福建省参与建设"一带一路"的新载体。要进一步解放思想，全面深化服务业改革开放，充分发挥自贸区的集聚效应和辐射带动作用，探索新机制，开辟新空间，注入新活力，充分利用"一企多址"等手段，区内区外产业联动发展，主动承接自贸区政策溢出效应，为福建省乃至整个海西腹地协同发展提供巨大助力。先行先试，营造国际一流营商环境，通过产业的引进和转移、聚集和扩散，借助通关一体化、互联互通等机制，促进区域投资、贸易便利化，加速区域资源要素流通和优化配置，提振区域经济转型、跨越发展，进一步推进政策共享，形成辐射效应，既解决了自贸区体量不足的问题，又让福建整体发展受益。在投资、贸易等领域，制定出台支持"海丝"沿线国家的鼓励政策，制定现代服务业对接沿线国家发展和区域合作的时间表和路线图，深度拓展国际区域合作。积极主动融入"一带一路"中欧物流大通道建设，大力推进"厦蓉欧快铁"项目，推动与"海丝"沿线国家和地区在互联互通、多元贸易、海洋合作、人文交流与合作等各领域取得新突破，着力把福建打造成为全方位开放、深度融入世界经济体系、内外兼济、特色突出的 21 世纪海上丝绸之路核心区。

2. 全面推进经济服务化

从战略高度重视推动福建省经济由工业主导向服务业主导转型发展，高位势、高起点建立服务型经济。着力创新和营造有利现代服务业快速发展的体制机制和政策环境，把加快发展现代服务业和经济全面转型升级紧密结合起来，建设完善与一路一带核心区相配套、与创新驱动相适应、与现代农业现代工业发展相融合的现代服务业体系。以现代物流、现代金融、现代商贸、信息软件、文化创意、旅游会展和社区服务等服务业重点领域为抓手，优先推进项目审批，优先保障土地供应，优先落实优惠政策，优先落实融资保障，促进服务业发展提速、比重提高，推动服务业深度渗透融入整个经济运行体系，促进经济从投入要素驱动转向由创新驱动和全要素生产率的提升驱动，实现经济发展向集约、低耗、环保和循环经济转变，从深层次促进福建省产业结构调整和经济全面服务化。

3. 推进跨界融合

首先，着力推进产业跨界融合。推进现代服务业与农业、制造业和建筑业深度融合发展，促进制造业服务化、服务业制造化，制造即服务、产品即服务，提升全产业链的增值能力和竞争力，促使新技术、新模式、新业态不断涌现，带动结构转型升级和产城融合发展。加速金融投资与实业投资融合，优化金融资产配置，促进实体经济发展。以"互联网＋"为纽带，积极推动产业跨界投资和融合。以技术革命为契机，创新各行业的融合，推动整个传统产业新一轮革命。以新的市场需求为引领，加速推动产业跨界和融合，相互促进，共生发展。其次，以产业价值链为纽带，推进跨区域分工合作。通过自贸区、核心区、辐射区及其内部紧密功能的串联、并联，以制度创新、组织创新、管理创新、区域创新、业态创新、模式创新为动脉，将产业链、价值链、资本链、服务链以及人流、物流、资金流、信息流等资源要素，进行跨区域分工与结合，有效优化、聚集、整合各类资源，促进共享、共赢。最后，着力推动两岸服务业全面对接。以自贸区建设为契机，以落实 ECFA 协议和海峡两岸服务贸易协议先行先试条款为抓手，积极建设两岸新兴产业和现代服务业合作示范区、两岸区域性金融服务中心、两岸贸易中心、闽台文化创意产业园等两岸合作平台载体，创建对台自由贸易园区。扩大闽台在文化创意、电子商务、旅游会展、航运物流、金融服务等服务业领域的合作，积极承接台湾现代服务业，加强与台湾龙头企业的对接，引进龙头项目和专才，与台湾企业共铸产业链条、共建产业集群，建设台湾创新型中小企业聚集区，促进闽台现代产业全面对接，进一步推进与一路一带沿线国家产业全面对接，优势互补，融合发展。

4. 实施大众创业、万众创新发展战略

坚持市场导向，转变政府职能，完善服务业的创业创新生态，放开市场，激活主体，实施创新驱动战略。积极实施"互联网＋"行动计划，快速降低创业创新试错成本，激发全社会创业活力和创新潜能，让千千万万创业创新者活跃起来，集聚成巨大动能。加快高新技术的研发和推广应用，主动对接"中国制造2025"，打造新引擎，推动产业发展动力向创新驱动转变。优化财税政策，强化创新创业扶持。激活金融市场，丰富创新创业融资新模式，实现便捷融资。

5. 强化重点领域建设，推动现代服务业快速发展

制定全省物流一体化发展规划，将各地物流资源进行整合升级，实现物流强省战略；加快金融改革步伐，大力推动区域股权交易市场发展，提高直接融资和股权融资比例，建设完善多层次资本市场体系，打造福建省金融服务业高地；从全世界、全中国以及海上丝路交通发展走势的战略高度对福建省交通发展实施一体化统筹规划，科学布局，使各种交通运输资源有效整合，最大限度地发挥各种交通资源的合力，把交通资源优势更好更快地转变为经济发展优势，促进交通经济大发展；改造提升软件园区，努力推动列入国家重点软件产业园；加快布局云计算、大数据、物联网和"互联网＋"，抢占电子商务高端市场，推进电商集聚发展，推动数字福建迈向新台阶；以"大旅游，大产业，大发展"的理念，站在国际高度，充分利用福建省得天独厚的山海旅游资源，大胆进行体制机制创新，规划福建旅游一体化发展，力争在我国旅游一体化建设中保持长期的领导地位，打造国际知名旅游目的地，实现旅游强省战略；着力发展健康服务和家庭服

务产业，切实满足人民健康养生需求。积极培育商务咨询、总部经济、保险服务、节能环保、数字生活服务和农村现代服务等新兴服务业，高起点、超常规统筹规划会展经济、服务外包、移动互联网、融资租赁和海洋服务业发展，并确立为福建省战略新兴产业，做大做强。

6. 把服务民生、增进人民福祉、促进人的全面发展作为出发点和落脚点，增加公共产品公共服务，努力提升民生服务能力

转变政府职能，增强服务意识，改进服务方式，创新服务理念。加强对民生领域和社会事业的保障力度，积极推进PPP模式，增加公共产品，提高公共服务效率。加大对教育、医疗、卫生、养老、环保、社区服务等方面的投入，积极实施科技惠民，将民生科技成果更深层次融入人民群众的衣食住行、医疗卫生、文化教育等社会各领域。深化公益性服务改革，按照保基本、强基层、建机制要求，完善基本公共服务供给模式，完善社会保障制度，实现基本医疗保险和社会保险全覆盖，建立公平有效的基本住房保障制度，逐步实现基本公共服务均等化。

参考文献

［1］尚慧丽．提升区域服务业竞争力的对策研究［J］．经济纵横，2010（1）：54－58.

［2］王坚．加快福建科技服务业发展的思路与措施［J］．发展研究，2011（9）：83－84.

［3］郭丽芳，林珊．福建发展海洋服务业的瓶颈与对策［J］．福建论坛（人文社会科学版），2013（11）：135－139.

［4］张天悦，林晓言．交通在区域经济协同发展中的助推作用［J］．技术经济，2011（8）：70－73.

［5］高萍．促进全国区域基本公共教育均等化的对策建议［J］．经济参考研究，2013（54）：15－16.

［6］姜长云．我国家庭服务业的发展展望和战略重点［J］．宏观经济管理，2011（1）：44－46.

［7］廉军伟，吕鹏宏．规划建设健康城：浙江健康产业的发展选择［J］．产业，2013（6）：46－47.

新常态视域下河南工业发展
面临的机遇、挑战及优势研究

林风霞

（河南省社会科学院　郑州　450002）

一、"十三五"河南工业发展面临的战略机遇与有利条件

在新科技革命和经济新常态下，河南工业发展面临着一系列机遇。

（一）新科技革命和工业革命为后发地区提供的赶超机遇

当前，新一轮科技革命和产业革命正在蓬勃兴起，信息科技、生命科学与生物科技、材料科技等领域都酝酿着激动人心的重大突破，工业4.0、第三次工业革命等新一轮工业革命理念也正快速渗透，美国、德国、日本、法国等发达国家都加紧在重大科技领域方向加强前瞻布局，设立专项资金支持高端制造业发展，以抢夺产业发展制高点，这些变化及应对将对全球创新格局、制造方式和组织模式以及空间格局产生重大影响。新一轮工业革命不仅催生新的产业，也将为传统产业的转型和发展注入新的动力，而河南工业规模位居全国第五，传统产业比重大、竞争优势明显，利用新一代信息技术、新型制造技术改造提升的发展空间十分广阔，如果能够抓住本轮工业革命重大历史机遇，河南工业特别是制造业有可能实现技术上赶超发展、结构上加快升级。

（二）我国加快谋划制造强国带来的政策机遇

在新科技革命和新常态下，我国也在加快谋划制造业发展，力争早日从制造大国迈向制造强国。已经出台的《中国制造2025》，借鉴了德国工业4.0理念，明确提出要聚焦发展新一代信息技术产业、高档数控机床和机器人、航空航天装备、海洋工程装备及高技术船舶等十大重点领域。可以预见的是，具体的支持政策将会陆续出台。而早在2013年，河南已经提出了建设先进制造业大省和现代服务业大省的战略要求，有关政策措施也陆续出台。国家战略与地方战略的不谋而合，政策联动效应必将有利于河南工业的转型升级。

（三）"互联网＋"带来的两化深度融合机遇

2013年以来，我国相继出台了《关于促进信息消费扩大内需的若干意见》、《促进我国智慧城市健康有序发展指导意见》、《关于大力发展电子商务加快培育经济新动力的意见》、《关于积

[作者简介] 林风霞，河南省社会科学院副研究员。

极推进"互联网＋"行动的指导意见》等相关信息化政策，并把"互联网＋"作为传统制造业转型升级的重要抓手。对于经济结构调整和转型升级任务艰巨的河南来说，抓住互联网快速发展机遇，加快推动传统产业在生产组织方式、商业模式等方面创新，尽快实现工业化和信息化深度融合显得尤为重要。

（四）区域经济新格局带来的区位提升机遇

目前，我国区域发展战略和政策体系在不断完善，在"四大板块"战略的基础上，提出了"三个支撑带"战略：启动实施京津冀协同发展战略，制定实施《关于依托黄金水道推动长江经济带发展的指导意见》和《长江经济带综合立体交通走廊规划（2014～2020）》，出台了《推动共建丝绸之路经济带和21世纪海上丝绸之路的愿景与行动》，获得沿线国家的支持与欢迎，区域经济新棋局逐步成形。河南在区域发展新格局中有承东启西、通贯南北的战略地位，郑州、洛阳作为丝绸之路经济带重要节点城市纳入了国家"一带一路"规划。而公路、铁路、航空、信息四大枢纽的完善与融合，将进一步缩短中原板块的时空距离，助力河南区位优势提升。

（五）改革全面深化带来的改革红利机遇

党的十八届三中全会开启了我国全面深化改革的新征程。目前，财政、税收、金融、国有企业、简政放权等领域已经出台或即将出台诸多改革举措，改革步伐明显加快，由此将对未来发展产生深远的影响。全面深化改革无疑将为河南工业发展带来许多"红利"，如果企业能够找到变革中的机遇，必将获得较快发展。

二、新常态视域下河南工业发展面临的重大挑战与制约

在国内外政治、经济、社会等多种不利因素交织的情况下，预计今后一段时期河南工业持续稳定发展仍然面临着一些重大挑战与制约。

（一）产业结构优化升级更加紧迫，难度仍然较大

作为能源原材料大省，新时期河南长期积累的工业产业结构不合理、产业竞争力不强等问题更加凸显：传统产业受产能过剩和需求不足的双重挤压，改造提升的压力大、困难多；新兴产业受基数小、竞争加剧、本地人才技术支撑不足等因素制约，短期内还难以形成像传统支柱产业那么大的拉动力。

承接产业转移是借力发展的重要举措，在新时期，利用产业承接推动工业结构优化升级仍然受到多重因素制约，难度较大。从国际上看，利用高端产业承接培育增量的困难加剧：发达国家和地区实施的再工业化和工业4.0战略等造成高端制造的不断回流，将会继续对我国及河南省形成高压效应，对河南提升价值链、发展战略性新兴产业和先进制造业继续形成挑战。同时，多种因素也将导致河南省改造提升存量压力和困难的加剧：一批中低收入国家利用劳动力、土地和环境资源优势将继续吸引中低端制造业向这些国家转移，由此进一步强化对我国我省产品的供给替代效应；人民币汇率将继续升值，国际绿色贸易壁垒日益兴起，这将导致河南省出口导向型产业的竞争优势继续下降。

从国内范围看，在经济新常态下，区域面临的增长压力将加剧对项目、资源、资金的竞争，而河南周边区域中心城市竞相发展、相互赶超的竞争格局趋于强化，将加大河南工业利用承接产

业转移培育增量优化存量的困难。目前，我国各区域均在谋划加快产业转型升级步伐，立足比较优势在重点领域推进集群引进和研发创新，抢占产业发展制高点。其中，长三角、珠三角已经在利用国际金融危机倒逼机制推进产业转型升级取得明显成效，长沙、武汉、成都、西安等中西部中心城市也已经在电子信息和新兴产业领域谋划建成了一批龙头项目，带动了全省工业转型升级。由于河南资源条件与比较优势和周边这些地区相近，如果不加快布局新兴产业和产业高端环节，周边区域已经形成的高端产业良好基础将可能弱化河南对高端产业项目的吸引力。同时，西部地区的资源、能源、土地、劳动力和政策优势将继续吸引中低端制造业的转移，相关产业产能过剩的局面将可能继续存在，在此情况下，受需求不足和产能过剩的双重挤压，河南煤炭、有色、建材等传统支柱产业经营困难、竞争加剧的局面仍将持续。

（二）传统企业转型压力加大，动力仍显不足

新常态下，靠低成本、粗放式发展的时代已经过去，传统企业面临的转型升级压力加大。目前，河南占比较高的能源原材料产业面临趋势性拐点，企业盈利能力下降，一方面，是由于逐步提高的劳动力成本、日益稀缺的土地资源以及来自节能减排的环境压力等因素相互叠加，导致能源、化工、有色金属、钢铁、纺织服装等传统产业需投入更多人力成本和环境治理成本；另一方面，是由于需求不足、产能过剩等将压缩企业的市场空间。而且，随着互联网、物联网日益普及，制造业与信息技术加快融合，大数据与云计算、机器人与人工智能、3D打印等新技术快速涌现，智能化、信息化、绿色化发展趋势日益强化，发达国家正在经历工业3.0深化发展、工业4.0酝酿突破的新阶段，对照河南工业实际，大体上仅相当于"工业2.5"水平，跨越发展的压力较大。总之，随着日趋激烈的企业竞争以及日益突出的资源环境问题，传统发展模式面临挑战，传统产业、传统产品发展受阻，这就要求工业企业加快技术创新、产品创新、组织创新步伐，在智能化、信息化、绿色化发展上提速，尽快摆脱全球价值链嵌入的低端锁定。

但是，河南省传统企业转型动力不足情况仍将持续。近年来，河南在调结构、转方式方面也采取了一些措施，但是效果并不理想。主要原因是因为目前的发展转型更多地来自于外力的推动，如严格的环境执法监管、淘汰落后产能的强制性措施等，而不是来自于主动转型的内在推动力。外力的作用固然不可缺少，但是，如果缺少内力，外力的效果毕竟是有限的、难以持久的。内在动力不足的原因当然很多，企业是转型发展的主体，从企业自身来说，转型发展需要较高的成本，且具有较大的不确定性，存在一定的风险；国有企业凭借资源、市场垄断优势，不转型也能获得高收益，改革和转型发展的意愿不强烈；传统企业经营困难、盈利能力下降，必然造成投入技术改造、研发创新和信息化建设的资金受限，企业转型发展的资金支撑不足；我国企业发展环境虽有改善，但转型发展的法律法规和市场激励机制仍不完善，特别是新技术、新业态、新模式发展的政策环境尚不健全，中小企业转型发展受制于资金、技术、人才、市场等要素制约，转型动力不足。从政府来讲，有限的任期决定了一些地方领导要的是快速见效的政绩，而不是费时费劲且存在一定风险的转型发展。

（三）各类潜在风险增多，防控难度加大

从经济风险积累和化解难易看，过去高速增长，再加上政府对资源的直接配置和干预，使一些风险被掩盖了。新常态下，伴随着经济增速下调，被高速增长掩盖的隐性风险正逐步显性化，各种可以预见和难以预见的风险明显增多，如果掌控不好，处理不当，经济增长滑出合理区间，极易引发产能过剩风险、金融风险、社会风险等，而且，这些风险往往是相互叠加的，防范和化解的难度加大。

产能过剩风险可能进一步加剧。我国一直是一个投资比重偏高、消费比重偏低的经济结构，

过去产能过剩被高增长特别是房地产繁荣掩盖。但在增长减速和政府基础建设投资增长空间有限的情况下，"十三五"时期我国产能过剩矛盾可能还会进一步加剧，引发行业整体经营困难的现象仍会发生，而且，一些扩大产能项目如果得不到投资回报，银行贷款就会成为不良贷款。

金融风险持续累积。我国金融潜在风险主要来源于：一是金融体制存在弊端，多层次的融资市场没有完全建立，企业融资过度依赖信贷市场，一旦企业经营困难，金融体系便会出现大量的不良贷款从而造成金融风险；二是房地产经济波动严重，过度发展形成的泡沫隐藏着潜在金融风险；三是政府债务的规模不断扩大带来的风险；四是快速扩张的"影子银行体系使得银行体系的风险结构发生实质性变化，需防范其可能引致的系统性风险。数字表明，2008年以来，中国经济体系（包括家庭、企业和政府）总负债规模和总负债与GDP之比大幅快速上升，到2015年3月末，中国社会融资规模存量为127.52万亿元，占GDP比重大约为25%左右，总债务负担接近于发达国家水平，其中非金融企业债务规模和负债率，地方政府债务规模、负债率和偿债能力均跨越国际公认的危险水平，因而一直有人警告中国将爆发系统性金融危机。

社会风险增加。"十三五"是我国加快经济结构和社会结构转型时期，可以预见，在环境压力和市场推力双重因素作用下，落后、传统行业还将继续进行淘汰和转移，由此带来的风险还将不断积累。当河南一大批传统产业被淘汰和转移后，在这些产业就业的人群如果找不到出路，就将带来就业风险，并给社会带来压力。

（四）要素瓶颈制约加剧，保障难度加大

今后一段时期，河南工业发展的资源环境要素制约突出体现在：受年轻和廉价的劳动力不断减少、工人工资刚性增长等因素影响，一些劳动密集型企业用工紧张，企业劳动力成本仍可能大幅增加；新兴产业缺乏产业领军人才，企业高端技术研发人才不足，技术储备不足；金融市场发展滞后是河南经济发展的突出短板，受信贷政策融资平台限制，融资难和融资贵问题导致企业资金紧张局面仍将持续，同时，受政府财力有限，多元投资体制和市场化运作机制尚未形成，产业集聚区基础设施和公共服务设施建设滞后于经济发展步伐的情况在一定时期内仍然存在；"十二五"时期河南产业集聚区、商务中心区和特色商业区的快速扩张，必然导致目前土地储备减少，土地制约加剧；环境承载能力已达到或接近上限，亟须建立绿色低碳循环发展新方式。

新常态下，河南要素保障难度加大。首先，从生产要素丰度看，过去有源源不断的劳动力，土地和自然资源供给也相对充足，生态环境压力小，技术与国外的差距比较大使得技术引进相对容易，经济增长主要靠资本、劳动力、要素投入的规模性驱动，今后，随着农业富余劳动力减少，土地、资源、环境约束趋紧，与国外的技术差距也大大缩小将使引进真正的先进技术变得困难，经济增长要更多地靠技术、人力资本的质量驱动，而高质量的生产要素保障相对困难。其次，目前资本、环境资源等要素的配置方式尚不适应转型发展的需要，例如，我国的金融体系仅适应传统的简单再生产和扩大再生产，不适应以创新驱动发展的投资活动，因为创新型投资往往没有抵押物就得不到贷款，创新企业没有三年盈利就不允许到资本市场融资，而改革现行投融资体制来适应创新发展还需要较长的道路要走。

（五）转变观念提升素质更加紧迫，任务依然艰巨

面对工业发展新趋势新常态，我们的许多领导干部在思想观念和自身素质存在一定程度的不适应：如对互联网迅猛发展和科技快速变化带来的挑战和冲击不适应、对经济换档期的变化不适应、对发挥市场在资源配置中的决定性作用不适应、对依法行政及依法管理不适应，习惯于用传统思维应对新情况、处理新问题，习惯于按资源推动、要素推动、投资拉动的传统经济增长方式维持经济粗放型发展，习惯于靠行政命令而不是市场手段、市场机制来管理经济，习惯于用超越

法律法规和政策的手段来上项目。各级干部必须努力转变观念和方式方法，彻底摆脱路径依赖，必须不断提高自身素质，解决"换挡焦虑"和"本领恐慌"、无所适从的问题，学会用新理念、新办法、市场手段和开放途径管理经济、发展经济。

在新常态下，面对经济形势变化日新月异，中小企业自身传统优势慢慢消失，面临风险和挑战加剧，适应新常态、引领新常态同样需要企业管理者特别是企业家转变思想观念、提高自身素质。例如，在新时期，信息技术、生物技术、新能源技术、新材料技术等交叉融合正在引发新一轮科技革命和产业变革，仅仅依靠技术引进、模仿创新很难支撑企业高质量成长，这就要求企业必须进行原始创新和前沿创新，着力攻克一批关键核心技术，要抓住新一代信息技术突破带来的机遇，推动互联网、云计算、大数据、物联网等技术与现代制造技术融合，尽可能借助于互联网进行开放式合作创新，从根本上实现创新驱动发展；在互联网对企业生产经营活动影响力日益增大的背景下，要重新审视企业的市场、产品、创新及企业价值链，运用互联网思维推进企业商业模式创新；全球化、信息化、网络化趋势的加强，必然要求企业走专业化发展之路融入全球价值链，河南企业需要摒弃"大而全""小而全"的发展模式，实现生产组织模式的转变。

三、新时期河南工业发展的基础优势分析

在新时期，河南工业发展面临诸多机遇和制约，也具有较多相对独特的基础优势，如劳动力、土地等生产要素保障优势比较突出，区位交通优势更加凸显，已经形成多元支撑的产业体系和集聚集群发展的产业布局，产业融合互动开放发展趋势日益突出，新产业新业态新模式示范带动作用显现等。

（一）生产要素保障优势比较突出

当前，宏观形势日益趋紧，给企业发展带来了不利影响，特别是生产要素的比较优势正在减弱，但相对于长三角、珠三角其他地区而言，河南的生产要素保障优势并没有丧失，尤其是劳动力、土地、农产品等保障优势比较明显。河南是人口大省，也是劳动力输出大省，劳动力资源极其丰富，劳动力成本相对低廉，从经济发展前景来看，河南今后仍然可以依托人力资源优势，加快发展劳动密集型和现代生产服务业。而且，人口众多也代表着内需市场潜力巨大，河南市场优势日益凸显。河南有土地保障政策，对重大项目，可以优先供应用地。河南是农业大省，农林牧渔产品丰富，涉农工业特别是食品加工企业众多，可以强化涉农企业的专用原料基地建设，一方面，可以为涉农企业提供优质稳定的原料保障，另一方面，可以以工业化带动农业现代化，推动农业产业链条延伸，把粮食生产优势转化为经济优势。对进入各产业集聚区的企业而言，由于产业集聚区规划与城市规划相一致，水、电、路、气、公交、通信与城市无缝衔接，产业集聚区公共基础设施和公共服务的全覆盖基本能够保障入驻企业水、电、气等生产要素的供给。

（二）交通区位优势更加明显

河南综合交通枢纽地位日益提升。在现代经济发展进程中，枢纽不仅代表着独特的地理位置、优越的交通条件，而且代表着经济体的关节、要素配置的中枢，大交通、大枢纽往往能够为区域工业发展带来大市场、大机遇。河南作为中原之中，从既有公路枢纽、铁路枢纽带来的传统交通优势，到目前依托国家战略正在打造的航空大枢纽、立体综合交通枢纽带来的高端交通优势，再到正在打造的电子商务与现代物流相结合形成的信息枢纽新优势，公路、铁路、航空、信

息四大枢纽的建成与融合，将为工业企业发展拓展新市场打开新空间，预示着中原板块的时空距离彻底发生改变，河南交通促物流、物流促产业、产业促城市群的物流成本优势日益明显。

区域经济新棋局逐步成形，河南区位优势凸显。河南在新棋局中有承东启西、通南贯北的战略地位，郑州、洛阳作为丝绸之路经济带重要节点城市纳入国家"一带一路"规划，河南许多企业已经抓住"一带一路"战略机遇，与沿线国家和地区交流合作不断加深。

（三）多元支撑的产业体系已经形成

多点支撑的产业体系能够保障工业增长不易受个别产业或行业发展的影响，因而是区域工业经济实现持续稳定增长的重要保障。"十二五"以来，在经济下行压力不断加剧的情况下，河南工业经济充分发挥和整合资源优势、区位优势和政策优势等，依托较为完整的行业结构和良好的产业布局，多点开花的产业体系支撑了工业总体平稳、稳中有进、稳中提质。目前，在河南工业产业体系中，电子信息、装备、汽车、食品、纺织、现代家居、冶金、化工、能源等高成长行业和传统支柱产业都培育了一批带动力较大、影响力较强的大企业，形成了相对完善的产业链条和较强的规模优势，河南成为全国重要的能源原材料工业基地和大型机械工业基地。近年来，由于积极鼓励发展新兴产业和高技术产业，强力实施技改提升工程、工业强基工程等，河南的战略性新兴产业、先进制造业发展速度加快，电子商务、智能手机、新能源汽车等方面与先进地区基本处在同一起跑线上，虽然这些产业由于基数较小尚未成为新的支柱产业，但它们未来对工业经济发展的重要性不言而喻。

（四）集聚集群发展的产业布局已经形成

2008年国际金融危机后，为保持河南省经济持续快速发展、优化产业空间布局，省委省政府做出建设产业集聚区这一重大战略决策。经过几年的发展，目前产业集聚区已经成为全省工业集聚集群发展的核心载体。一是产业集聚区已经成为区域产业布局优化发展的主要平台，近些年，各地产业集聚区逐渐转变发展思路，着力围绕主导产业打造特色产业链，持续实施"聚链、延链、补链、强链"工程，随着企业加速向产业集聚区布局，产业集聚区特色集群优势越来越突出，发展后劲充足。二是产业集聚区已经成为全省经济发展的重要增长极，集聚区发展速度明显高于全省工业的整体增长速度，主要经济指标基本占据全省半壁江山，发展效益也高于全省平均水平。三是产业集聚区已经成为区域协调发展的重要载体，随着产业集聚区开发的不断推进，传统农区开始凸显后发优势，在固定资产投资施工项目、亿元以上项目、新开工项目三项指标上，商丘、信阳、周口、驻马店等传统农区明显优于平顶山、安阳、新乡、许昌等传统工业经济强市，黄淮四市产业集聚区规模以上工业增加值增速在18个省辖市中也处于领先地位，各区域发展差距和工业竞争力差距有望进一步缩小。

（五）融合互动—开放发展趋势日益突出

产业融合发展趋势强化。早在20世纪90年代初，河南就提出"围绕农字上工业，上了工业促农业"，探索工农业协调发展模式。进入"十二五"以后，河南更加注重三次产业融合发展。一是以深化社会化分工、专业化协作扩大服务业市场需求，以加快生产性服务业发展提升制造业和农业发展水平，初步形成了三次产业相互融合、互动发展的良好格局；二是加强区域产业链建设，积极引导龙头企业与中小企业间构建现代产业分工合作网络，在传统产业形成了一大批产业链较为完整、规模影响力较大的产业集群、产业基地、产业带；三是依托产业集聚区把产业发展与城市扩容结合起来，按照"产城融合"的理念重新进行规划布局，产城融合、产城互动进程加快；四是积极推动军民融合发展，形成了新材料、新能源、光电产业、汽车、摩托车及汽车零部件、装备制造等军民融合优势产业。

城乡互动区域合作发展趋势增强。针对河南省普遍存在城乡之间、区域之间工业割裂发展现象，河南坚持城乡一体化发展理念统筹城乡基础设施、公共服务、就业社保，积极打造城乡一体化示范区，为三次产业相互促进、城乡互动发展创造了条件，城乡良性互动增强；打破了"各自为政"的诸侯经济模式，坚持用经济区的理念构建区域分工合作机制，明确了各产业集聚区的主导产业，大力推动区域合作，区域间形成了各具特色、竞合有序、联动发展的发展格局。

两化深度融合取得明显成效。近年来，河南大力推进两化深度融合，在工业持续增长的同时，电子信息产业快速发展，信息基础建设加快布局，信息技术应用逐步深入，两化融合示范工程形成了"点线面"的推进格局，中小企业信息技术应用逐步普及，智慧制造加快发展，两化深度融合整体发展水平得到了提升。

开放发展取得新突破。近年来，河南坚持打造内陆开放高地，推进全方位宽领域多层次开放。一是紧紧抓住产业转移的机遇，推行精准招商、以商招商、中介招商、集群招商，增强招商实效；二是围绕"一带一路"建设，强化郑州、洛阳节点城市辐射带作用，积极谋划建设亚欧大宗商品商贸物流中心、丝绸之路文化交流中心、能源储运交易中心，努力形成与亚欧全面合作新格局；三是积极申建国家进口贸易创新示范区和河南自贸区，推动郑州跨境贸易电子商务服务试点成规模、上水平，努力把郑州建成中西部重要的内陆口岸城市，为"走出去"创造条件；四是积极推动传统产业向境外转移过剩产能，大力培育出口基地和出口型产业集群。

（六）新产业新业态新模式示范作用显现

近几年，河南制造业借力互联网，加快了传统产业升级和新兴产业培育，立足行业特点探索出了各具特色的新业态、新模式。如黎明重工搭建了世界工厂网，成为国内最专业的装备制造业电商平台，目前，企业80%的销售额靠电商渠道，为传统制造业向现代服务企业转型探索出了一条成功道路；逸阳女裤探索线上线下相结合的商业模式，积极入驻天猫旗舰店、京东、一号店、唯品会等电商平台，已经连续多年打破女裤电商销售纪录等。今后，这些新产业、新业态、新模式的成功探索带来的示范带动效应将日益显现，"互联网＋"正在成为助推河南工业转型升级、创新发展的新引擎。

四、结语

当前，我国经济总体进入增速放缓、产能过剩、结构变化和动力转换新常态。在严峻复杂的外部环境中，推动河南工业健康发展既要充分认识面临的机遇与挑战，又要积极挖掘自身的基础优势，这也是地方工业经济应对新常态、引领新常态的需要。

河南在工业转型升级路径选择上，首先要借助外力，以集群引进、培育增量为重点积极发展智能终端及移动信息安全、工业机器人及智能成套设备、新能源设备及智能能源设备、节能及新能源汽车及关键零部件、生物制药、新材料等先进制造业和转略性新兴产业，尽快实现增量优化，形成新的经济增长点；其次也要充分发挥自身优势，以技术改造、优化存量为重点着力提升装备制造、食品、纺织服装、冶金、化工、能源工业等传统优势产业，引导企业做好工业2.0补课和工业3.0普及工作，鼓励骨干企业适时进军工业4.0，在新技术、新工艺、新设备、新材料、新业态、新模式上着力，积极提升存量，尽快构筑传统产业竞争新优势。

新常态下河南融入"一带一路"发展现状及对策研究

崔晨涛

（郑州大学　郑州　450001）

国家发展改革委、外交部、商务部近期联合发布《推动共建丝绸之路经济带和21世纪海上丝绸之路的愿景与行动》（简称《愿景与行动》），在中国各地方开放态势中，明确提出推进"一带一路"建设，中国将充分发挥国内各地区比较优势，实行更加积极主动的开放战略，加强东中西互动合作，全面提升开放型经济水平。

郑州被确立为内陆开放型经济高地，支持郑州作为内陆开放型城市建设航空港、国际陆港，加强内陆口岸与沿海、沿边口岸通关合作，开展跨境贸易电子商务服务试点，为全省融入"一带一路"建设提供了难得机遇。

一、新常态下河南融入"一带一路"比较优势

（一）地理区位优势

河南是中原经济区国家战略的主体发展区域，天下之中的地理位置使河南占据了发展先机。省会郑州作为"一带一路"确立的内陆开放型经济高地，既是中国的地理中心，又是亚洲地理中心。

从中国城市群的分布态势来看，以郑州为中心的中原城市群，处于京津冀城市群和长江中游城市群两大国家级城市群之间，西接关中城市群，东联山东半岛城市群。从国家发展的战略布局来看，以河南为主体的中原经济区，向北连接京津冀协调发展，向南连接长江经济带，向西联通丝绸之路经济带，向东联通21世纪海上丝绸之路，整个河南处于东联西通、承南接北的区域经济发展十字中心。

河南所处的地域特点决定了其区位优势的不可替代性。郑州机场作为国内重要的大型机场，在其中心1.5小时的航程半径内，可以覆盖全国2/3的主要城市，3/5的人口和3/4的GDP。随着规划建设中的郑万、郑合、郑太、郑济四条省际高铁，以及连接郑州周边城市的八条城际铁路在未来开通，河南将形成以郑州为中心，连接周边各大省会城市的"两小时经济圈"和"中原城市群半小时经济圈"。

[作者简介] 崔晨涛，法学硕士、管理学学士。主要研究领域为区域经济、马克思主义理论等。

（二）交通运输优势

河南是全国重要的铁路、公路枢纽，全省高速公路通车里程达 5830 公里，连续多年居全国首位，所有县城均可 20 分钟内上高速公路；铁路通车里程达 4822 公里。

根据河南省加快建设以"米"字形快速铁路网为重点的现代综合交通网络部署，河南将加大对现代综合交通枢纽的建设力度，完善陆空衔接的现代综合交通运输体系。郑州国际机场客货运量正在逐年高速增长，达到国内大型枢纽机场的水平；郑州东站作为全国最大的客运专线"十字"交会站已经建成投运；郑州航空港经济综合实验区和郑州国际陆港的建设运营，为打造郑州的国际物流集散中心地位奠定了基础。

推进以郑州为中心的"米"字形快速铁路网建设，加快郑州至周边地市的城际铁路规划和郑州地铁建设，河南正在进入高铁、地铁、普铁、城铁"四铁"联运的时代。在 2015 年内河南将基本建成郑徐客运专线主体工程，加快郑万高铁河南段、郑合高铁河南段及郑太、郑济高铁的建设。

以郑州国际陆港为运营主体，利用欧亚大陆桥等国际陆路通道，郑州至中亚、欧洲的亚欧国际集装箱物流通道和郑欧国际铁路货运班列，实现了河南由内陆经济向外向出口型经济转型的重要突破，成为丝绸之路经济带活跃的重要力量。河南加快建设具有口岸功能的铁路枢纽、公路港枢纽，并强化与天津、青岛、连云港、阿拉山口、霍尔果斯等口岸合作，以实现内陆口岸直接通关，打造东联西接的内陆"无水港"，建设全国现代物流中心。根据郑州航空港全国重要的国际航空物流中心的发展定位，河南省建成国家重要的现代综合交通枢纽和全国重要的现代物流中心。

（三）E 贸易新优势

随着互联网经济的发展，跨境电子商务逐渐成为国际贸易的主流形式。作为全国首批跨境 E 贸易试点，从 2014 年 10 月开始，郑州跨境贸易电子商务服务（简称郑州跨境 E 贸易）试点进口业务出现快速增长，当年 11 月、12 月分别突破单月 10 万票和 20 万票，2015 年 1 月突破 100 万票，2015 年第一季度的进口申报量达 470 万票，是 2014 年全年的近 10 倍，贸易量持续井喷式增长，领跑全国各试点。预计未来 5 年内，郑州 E 贸易日均将达到 150 万包裹量，预计实现综合营业额 1000 亿元，带动 200 家本土电商产生，实现拉动就业 30 万人。

郑州 E 贸易试点已汇聚包括阿里巴巴、京东商城、聚美优品等大型电商平台企业，在 442 家备案参与试点的企业中，电商企业 256 家、电商平台企业 113 家、物流企业 11 家、仓储企业 56 家、报关企业 6 家。累计验放进出口商品清单 542.82 万票，价值近 5 亿元。2014 年全年，郑州市在跨境 E 贸易的拉动下，实现了超 400 亿元的电子商务零售额，电商平台的交易额达 2800 亿元，分别占到了全省电商零售额的 46% 和交易额的 50%。

郑州跨境 E 贸易推动了全省电子商务经济的发展，未来的郑州将依托郑州跨境 E 贸易平台，建设电子商务示范城市。在"买全球卖全球"的国际市场战略定位下，加快提升西进丝绸之路经济带、东联 21 世纪海上丝绸之路的东西辐射能力，为"一带一路"战略提供重要的实体支撑。

（四）航空经济优势

郑州航空港经济综合实验区（简称郑州航空港区）是国务院批复的全国首个也是唯一一个上升为国家战略的航空港经济发展先行区。作为河南省对外开放重要窗口，郑州航空港区是围绕郑州国际机场开发建设起来的临空经济发展区，郑州航空港区的设立在河南经济社会发展和改革中具有重要的建设性意义。

基于河南发展航空港经济的优越条件和基础，规划建设郑州航空港区，对于促进中原经济区建设、中西部地区对外开放和全国经济社会发展都是极其有利的。郑州航空港区地处内陆腹地，空域条件较好，一个半小时航程内覆盖中国2/3的主要城市和3/5的人口，在辐射京津冀、长三角、珠三角、长江经济带等主要经济区方面，具有发展航空运输的独特优势，便于接入主要航路航线、衔接东西南北航线、开展联程联运。

航空配套产业是发展临空型经济的基础，郑州航空港区内产业基础和发展态势良好。以电子信息、生物医药、航空运输等高附加值产业为代表的企业加快向郑州航空港集聚，美国联合包裹、俄罗斯空桥、富士康等国际知名企业已进驻发展，郑州已成为全球重要的智能手机生产基地，航空枢纽建设和航空关联型产业互动发展的良好局面初步形成。

航空经济形态的发展既是趋势，也是必然。随着国家"一带一路"战略的深入推进，发展航空经济区对于在全球范围内配置高端生产要素、提升国家和区域经济竞争力具有重要作用。郑州航空港是国家探索临空经济发展的先行区，在全国同类型航空经济区处于领先地位。在郑州航空港经区的带动下，河南及其周边地区开放型经济实现了跨越式发展。郑州航空港区已经成为河南省经济社会发展的重要动力引擎。

二、新常态下河南发展面临的主要问题

（一）城市群一体化程度低

由于长期以来在发展思路和方式上受沿海发达地区的影响，中原城市群面对转型升级问题时比较被动，发展的独立性较差，缺乏自身主导的发展路径。无论在发展速度，还是发展质量上中原城市群相较于东部及沿海地区城市群，都有许多亟须改善的地方。

以郑州为核心，以洛阳、开封、新乡、许昌、济源、漯河等城市为辐射的中原城市群与发展较为成熟的长三角、珠三角、京津冀等城市群相比差距较大，经济基础薄弱，一体化程度较低。甚至相比山东半岛城市，也存在许多滞后情况和问题。

作为河南省的省会城市，郑州对周边城市的核心辐射带动能力还不够强。核心城市是区域经济、政治、文化的中心，对区域经济的增长具有持续拉动作用，是推进城市群发展的火车头。与周边省会城市相比，郑州经济首位度仍然较低，其经济总量在全省经济总量中的占比与中部地区省会城市相比，仍然靠后。郑州作为河南省主要城市和中原城市群核心的辐射带动作用未能发挥出来，在产业布局、人员交流、信息共享、技术合作、金融流通、市场协作等领域与周边城市的衔接度不高，不能对周边城市起到有效的带动作用，致使中原城市群间的融合度不高，一体化程度较低。

另外，在功能布局方面，由于生产要素在郑州的高度集中，缺乏向周边城市流动，造成郑州"一家独大"局面。一部分城市功能和产业在郑州高度聚集，不能有效地向周边城市转移，造成了资源和空间的浪费，加重了城市承载负担。同时不利于开拓与周边城市的协同发展空间，不利于加强区域合作提升中原城市群的整体竞争力。

（二）城镇化发展水平落后

根据近年来统计，2013年，全国城镇化率达到53.73%，户籍人口城镇化率为35.70%左右。2013 年河南省常住人口城镇化率达到 43.80%，而户籍人口的城镇化率只有 26.60%，很大一部分城镇人口未完全实现城市化。2014 年全国城镇化率为 54.77%，河南省城镇化率为 45.20%，河南省城镇化率低于全国水平 9.57 个百分点。从数据上看，河南省的城镇化发展程度仍然偏低，滞后于全国水平。

与中部地区各省相比，2013 年河南省城镇化率为 43.80%，比安徽的 47.86% 低 4.06%，比湖南的 47.96% 低 4.16%，比江西的 48.87% 低 5.07%，比山西的 52.56% 低 8.76%，比湖北的 54.51% 低 10.71%，河南省城镇化率排名在中部六省中居于末位。2014 年河南省城镇化发展状况有所改观，城镇化率在 2013 年的基础上提高 1.40%。但相比于中部各省，河南省城镇化率仍然处于垫底的地位，与中部地区城镇化水平最高的湖北相比，差距仍然在拉大。

表 1　2012 年、2013 年、2014 年中部各省城镇化发展情况　　单位：万人，%

中部六省	2012 年		2013 年		2014 年	
	城镇人口	城镇化率	城镇人口	城镇化率	城镇人口	城镇化率
湖北	3092	53.5	3161	54.51	3238	55.67
山西	1851	51.26	1908	52.56	1962	53.79
江西	2140	47.51	2210	48.87	2281	50.20
湖南	3097	46.65	3209	47.96	3320	49.28
安徽	2784	46.5	2886	47.86	2989	49.20
河南	3991	42.43	4123	43.8	4265	45.20
中部六省	16955	47.98	17497	49.26	18055	50.56
全国	71182	52.57	73111	53.73	74916	54.77

资料来源：《中部各省 2012～2014 年国民经济和社会发展统计公报》，国家统计局网站。

就河南省各省辖市城镇化发展状况而言，受基础条件、发展水平等因素影响，地区间存在一定差异，城镇化发展不均衡。以商丘、周口、驻马店、信阳为代表的黄淮四市城镇化率明显低于河南省中部及北部地区。

表 2　2012～2014 年河南省黄淮四市、中部四市、
北部四市城镇化率对比情况　　单位：%

黄淮四市	城镇化率		
	2012 年	2013 年	2014 年
商丘	42.20	43.80	45.22
周口	33.44	34.78	36.19
驻马店	33.44	34.89	37.47
信阳	38.19	39.70	41.10
平均	36.82	38.29	40.00

表3

中部四市	城镇化率		
	2012 年	2013 年	2014 年
郑州	66.30	67.08	68.30
许昌	33.90	44.20	45.70
漯河	42.84	44.24	45.70
平顶山	44.97	46.40	49.80
平均	47.00	50.48	52.38

表4

北部四市	城镇化率		
	2012 年	2013 年	2014 年
安阳	42.43	43.80	50.90
鹤壁	51.56	52.80	54.14
新乡	44.69	46.07	47.58
焦作	50.72	52.02	53.21
平均	47.35	48.67	51.46

资料来源：《河南省省辖市 2012～2014 年国民经济和社会发展统计公报》，河南省统计局网。

从表2、表3、表4数据对比可以看出，2014 年黄淮四市城镇化率的平均值尚未达到 2012 年中部四市及北部四市的平均水平。2014 年黄淮四市城镇化率 40.00％ 的平均值落后于中部四市及北部四市近 12％，差距仍然很大。

另外，以郑州为中心的中原城市群城镇化率虽然居于全省各地市前列，但是中小城市对农业人口的吸引力不够强，大量的农业人口涌入中心大城市，加重了大城市的承受负担。2013 年，郑州市区流动人口达 340 万人，且每年以 25％ 的速度递增，城市人口密度仅次于广州，居全国第二位。然而，大城市承受能力有限，大量涌入城市的流动人口不能完全享受到大城市教育、医疗、廉租房等政策性福利待遇。

（三）产业结构不合理

目前河南省支柱产业中第一产业如食品工业、第二产业如有色金属、石油化工、设备制造等占了全部支柱产业的绝大部分份额，相对来说，服务业等第三产业对经济增长的贡献率较低，产业结构不合理的问题突出。如 2012 年河南省第三产业增加值占 GDP 比重仅为 31.0％，低于全国约 14％，居全国倒数第一位。

从河南省现有产业结构看，多为传统的机械制造、食品加工、纺织服装、电子电器等产业，这些产业产能相对过剩，已严重影响并制约河南产业经济科学合理地发展。另外，产业的整体科技水平偏低，创新能力不强，战略性新兴产业培育不足。如智能制造、增材制造、云制造等产业发展刚开始起步，新能源、生物工程、新材料、高端机械制造等产业发展与沿海地区相比还存在较大差距，适应经济发展新常态的新增长点有待发掘。

国家统计部门相关数据显示，河南省 2011 年三次产业结构为 12.9∶58.3∶28.8；2012 年三次产业结构为 12.7∶57.1∶30.2；2013 年三次产业结构为 12.6∶55.4∶32.0；2014 年三次产业结构为 11.9∶51.2∶36.9。相比于前三年，2014 年河南省产业结构调整成效显著，第三产业比重有较大提升，但与中部其他省份相比，第三产业在产业结构中所占比重仍然偏低。2011 年、2012 年、2013 年河南省第三产业在三次产业结构中比重均处于中部六省末位，2014 年河南省三次产业结构调整有较大改观，但仍然落后于山西、湖北、湖南。

表5　2011～2014 年中部六省三次产业结构对比

年度 省份	2011 年	2012 年	2013 年	2014 年
山西	5.8 : 59.2 : 35.0	5.8 : 57.8 : 36.4	6.1 : 53.9 : 40.0	6.2 : 49.7 : 44.1
河南	12.9 : 58.3 : 28.8	12.7 : 57.1 : 30.2	12.6 : 55.4 : 32.0	11.9 : 51.2 : 36.9
安徽	13.2 : 54.3 : 32.5	12.7 : 54.6 : 32.7	12.3 : 54.6 : 33.1	11.5 : 53.7 : 34.8
湖北	13.1 : 50.1 : 36.8	12.8 : 50.3 : 36.9	12.6 : 49.3 : 38.1	11.6 : 46.9 : 41.5
湖南	13.9 : 47.5 : 38.6	13.6 : 47.4 : 39.0	12.7 : 47.0 : 40.3	11.6 : 46.2 : 42.2
江西	12.0 : 56.9 : 31.1	11.7 : 53.8 : 34.5	11.4 : 53.5 : 35.1	10.7 : 53.4 : 35.9

资料来源：《中部各省 2011～2014 年国民经济和社会发展统计公报》，国家统计局网站。

（四）企业市场竞争力弱

从河南省企业整体状况看，河南省企业在市场竞争力方面表现出的问题和不足主要有产能效率低、发展规模小、现代化水平不高、科技创新落后以及对外经济联系不够紧密等。在提升企业竞争力上，河南省企业的科技创新投入、新产品研发、企业的外向发展程度以及人均市场需求等方面均低于全国平均水平。

相对于沿海发达地区，河南省企业竞争力的差距主要表现在企业的产能与产值、企业的规模效应、工业化水平、创新投入与产出以及对外经济联系等方面。企业规模效益、资产利用效率、企业外向化程度低、产业发展水平、科研创新能力、人均市场需求等，已成为制约河南省企业市场竞争力提升的主要因素。

（五）科技创新能力滞后

根据科技部发布的《2014 全国及各地区科技进步统计监测结果》（简称《监测结果》），按照综合科技进步水平指数对全国 31 个地区进行划分。其中，北京、上海、天津、江苏、广东和浙江 6 省市以综合科技进步水平指数高于全国平均水平（63.55%）位列第一类。位居第二类的陕西、辽宁、山东、重庆、湖北、四川、福建、黑龙江和安徽 9 省市，综合科技进步水平指数高于 50%，但低于全国平均水平（63.55%），河南同湖南、山西、吉林、甘肃、内蒙古、宁夏、江西、青海、河北、海南和广西等中西部省区，以综合科技进步水平指数高于 40% 低于 50%，位居第三类。

《监测结果》显示，在 2014 年科技活动投入指数的排序中，上海、广东、江苏、浙江、天津、北京、山东 7 省市以高于全国平均水平（全国科技活动投入指数为 65.59%）排在前列。河南省科技活动投入指数为 51.52%，比全国平均水平低 14.07%，位居 31 个地区中第 16 位。在 2014 年科技活动产出指数方面，河南省为 19.01%，比全国平均水平（全国科技活动产出指数为 68.14%）低 49.13%，排在第 26 位。

在科技促进经济社会发展指数上，2014 年河南省指数为 50.01%，比全国平均水平（全国科技促进经济社会发展指数为 64.99%）低 14.98%，在全国 31 个地区中居倒数第 2 位。

从以上监测指标看，河南省在科技进步水平、科技活动投入、科技成果转化等方面与全国平均水平相比仍然有较大差距。提升科技创新能力将成为新常态下，河南省加快产业结构调整，实现区域经济持续快速发展的重要机遇。

三、新常态下河南融入"一带一路"对策建议

（一）统筹区域城市协调发展，增强中心城市影响带动力

加快中原城市群一体化建设，实现郑州同周边卫星城在产业、市场、资本、信息、技术、人才、政策等方面的融合互通，加快建立区域城市间统一的资本市场、劳动力市场、信息平台、技术创新平台。运用宏观调控手段制定有利于统筹区域经济发展的政策措施，并着力打造以郑州为中心，以洛阳为副中心，以安阳、商丘、周口、南阳等区域中心城市为呼应的协同与驱动发展模式，建立中原城市群内及中原城市群与各区域中心城市交流对接机制，以学术交流、信息交流、企业交流等为平台，开展各个专项合作项目，实现资源在区域经济发展中的整合利用及流动互补。做好总体功能布局，确立各地市发展规划，实现各地区协调互利发展，强化区域内各城市的协同发展，淡化竞争意识，以加强区域城市的一体化构建为目的，提高区域综合竞争力，实现版块的整体升级。

增强中原城市群对全省、区域中心城市与周边、各地市对县区的影响带动力，以区域中心城市为核心，以周边中小城市为架构，构建区域城市协同发展体系。完善并强化中心城市在城市集群及区域发展中的功能作用，影响带动区域整体发展，以建立结构科学、布局完善、功能强大的现代城市体系为目标，加快区域中心城市的人口集聚功能，发挥大城市的影响带动功能。在产业接洽、资源配置、市场导向、政策优惠等方面给予中心城市一定力度的扶持，促进优质经济社会资源向区域中心城市流动，为中心城市辐射周边区域增加动力和能量。依托中心城市对周边地区的辐射和影响，实现以中心城市为轴点，以点带面的区域带动作用。

（二）加强产业支撑力度，加快城镇化载体建设

工业化和城镇化进程就是农业人口向城市转移的过程，即农民转化为市民。农民市民化必须要以生产方式的改变为前提，即农民由从事农业生产向从事现代工业生产、现代服务业生产等现代产业生产转变。产业是城镇一体化发展的主要载体，只有建立强大的产业支撑，才能保障城镇化建设顺利而高效的推进。要以各地市、各县区产业聚集区为依托，发展强大的工业经济，为城镇化建设的推进做好载体支撑。各产业聚集区要突出主导产业，延长产业链条，加大对新兴产业的培育，要加快发展现代制造业、生产性服务业，提高产业关联度。

加大承接产业转移的力度，以产业集群发展，产城融合互动发展，做大做强产业经济，调动本地区劳动力资源和生产要素资源，进一步提高本地区产业规模和工业化水平，为加快城镇化建设做好载体支撑，实现城镇化的快速健康发展。通过加强产业集聚和支撑，合理配置产业资源，调整产业结构，加快对传统产业的改造和升级，积极引导发展高新技术产业，要以提高广大中小企业整体竞争力水平为方向，繁荣中小企业发展，以各类中小企业的发展激发市场活力，释放增长能量。通过提高各类中小企业的规模和质量，提供更多的就业岗位，增强对劳动力的吸纳作用，吸引人口向中心城市转移。同时发展特色产业和优势产业，培育龙头企业，形成区域产业的互补，要把城镇化建设同发展产业聚集区、工业园区有机结合起来，大力提高农业产业化和农业现代化水平，做实做强工业经济，扩大第三产业发展规模，形成发展产业与推进城镇化建设统筹

互动的格局。

（三）推动产业结构调整，增强自主创新能力

以推动新常态下产业结构调整和优化升级为契机，重点提高第二、三产业的比重和质量，确保发挥第二产业重要的实体支柱作用，进一步扩大第三产业规模，加快提高第三产业现代化水平。要坚持市场导向，坚持科研攻关，坚持自主创新，以节能环保、新能源、电动汽车、新材料、新医药、生物育种和信息技术等战略性新兴产业的长足发展为引领，寻求产业发展的重大技术突破和管理创新，增强产业发展的源动力和企业的市场竞争力。在产业结构调整的战略方向、技术路线、发展布局、科研攻关和政策支撑等方面给予优先考虑和特殊对待。

技术创新是产业持续升级化的根本动力和发展现代产业体系的核心动力，要建立支撑产业科学发展的长效机制，形成着实有效的自主创新机制，发掘持续推动自主创新的动力源，大力推进自主创新建设，加强对企业创新的政策扶持，加大对企业的创新培育，增强企业自主创新能力，不断提高企业管理创新水平。通过宏观的财税政策和金融政策大力扶持企业自主创新能力建设，鼓励企业在产业结构调整、新兴产业发展和传统产业升级等方面大胆实践，勇于创新，加快培育具有自主创新水平和自主知识产权的战略性新兴产业，打造新常态下以自主创新为增长核心的现代化产业体系，形成以自主创新为驱动的现代化发展路径。

（四）加大科技投入，推进科研创新平台建设

引导企业充分认识科技投入的重要性，树立依靠科技把企业做大做强理念，加大科技投入。同时，各级政府部门要从战略高度认识科技对产业发展的重要作用，增加对科技投入的年度财政预算，并制定中长期科技投入政策，充分利用财政税收等宏观措施服务于科技投入的实施。要发挥科技在经济社会发展中的重要支撑引领作用，鼓励全社会加大对科技的投入，营造政府重视科技，社会崇尚科技，企业擅用科技的发展环境。

引导企业与科研机构展开多渠道、多层次、多方位交流合作，鼓励各类有条件的企业同科研院所建立科研创新平台，通过在各类大中型企业中建立科技研发中心，进一步加强企业研发质量，培育高水平的研发成果。以培育一批在国内具有领先地位的科研创新平台为目标，加强在资金、政策等方面对科研创新平台的支持，探索科研创新平台实施路径，构建区域创新体系。通过推进科研创新平台建设，为科研机构进行实践应用提供基础平台，为企业发展创新提供技术支撑，形成以企业为主体，科研院所广泛参与的科研创新合作机制。

同时，大力引进优秀科技人才，注重培养自身人才资源，鼓励各类人才在区域内交流互动，吸收优秀人才充实到科研创新平台中。要制定一系列人才保障措施，为各类人才在科研创新平台中发挥作用提供良好的环境，保证各类人才能够引得进、留得住、用得上。

（五）加强经济外向联系，加快区域互联对接

要沿着国内国际两条主线，在资本运营、产业承接、贸易合作、技术交流、人才培养、文化旅游等领域同国内发达地区及国际发达国家及地区展开全方位、多渠道的合作。要充分利用郑州航空港区、郑欧班列和跨境 E 贸易试点等优势条件，积极引导企业实施"走出去"战略，参与国际市场，加强河南经济外向联系，提高经济外向型水平，加快本地区企业与外部的互联对接，并及时制定相关政策措施，为企业对外经贸投资提供便利服务和优惠政策。

引导一批有实力的大中型企业及发展潜力巨大的企业开展对外招商，吸引外资参与企业的重组和经营。同时，要发挥各产业聚集区的比较优势，调整产业定位，突出主导产业，以引进国内外高端产业入驻为目标，加快本地区产业结构调整升级。通过引进优质外资，提高企业发展活力

和核心竞争力，以新资本、新技术、新管理促进企业淘汰落后产能，加快现代化升级改造。

进一步深入发掘郑州航空港经济区的发展潜力，完善大通关体系，优化港区布局，推进通关便利化。加快搭建面向全国及国际地区的综合性、专业性要素市场，构建综合物流网络体系，积极参与国内外市场竞争。要以强化经济外向联系为基础，加快区域内各板块的对外开放，提升整体综合竞争力。

除综合交通运输网络、基础设施等硬件外，还应加强物流、金融、信息、服务、政策、机制等软件设施方面的建设，加快建立并完善与周边区域进行互联互通的合作机制，综合区域各方面力量，推进区域一体化建设，加快河南对接"一带一路"，实现新常态下区域经济的互惠合作、共赢发展。

参考文献

［1］李英杰．中原经济区发展报告［M］．社会科学文献出版社，2014．

［2］宋亚平．中国中部地区发展报告［M］．社会科学文献出版社，2014．

［3］梁昊光．中国区域经济发展报告［M］．社会科学文献出版社，2014．

［4］胡五岳．2014年河南经济形势分析与预测［M］．社会科学文献出版社，2014．

［5］崔晨涛．经济新常态下河南产业聚集区发展的机遇与路径［J］．经济界，2015（2）．

新常态下产业园区公共服务政策研究

——基于成都市产业园区公共服务调查数据

姚瑞卿　姜太碧

（西南民族大学经济学院　成都　610041）

一、引言

1984 年大连经济技术开发区挂牌建园以来，中国产业园区经过 30 多年的发展，已成为我国经济发展的重要经济增长极，同时也是我国的创新集聚地、管理示范区和开放先导区。据 2013 年统计资料显示，329 家国家级经济开发区和高新区 GDP 合计达 12.9 万亿元。占全国 GDP 总产值的 22.7%，而产业园区发展对我国工业的贡献值达到 30%，成为我国经济发展的重要载体之一[①]。产业园区逐渐成为地区经济发展和产业发展的新常态，因此研究产业园区产业发展日益成为新常态下产业经济学研究的重要课题。

产业园区（industrial park）是指区域内土地细分开发，供多家企业同时使用。产业园区内企业呈明显集聚特征和共享产业园的基础设施（Peddle MT，1993）[1]。具体而言，产业园区是国家或地方政府根据国家或地方经济发展要求，通过行政手段在一定空间范围内聚集各种生产要素，优化功能布局和产业结构，加强产业分工协作，使之成为竞争力较强的生产区[2]。关于产业园区的研究，多集中在产业布局、产业集群等方面（文婷等[3]，2013；刘少和等[4]，2015；史慧[5]，2015），然而，伴随着产业园区经济的高速健康发展，产业园区内配套服务设施相对薄弱[②]，成为阻碍产业园区经济发展的重要因素之一。产业园区内相关配套公共服务不仅影响企业选址，也影响企业员工的稳定性并影响企业运营成本，进而影响产业园区发展，且从产业园区公共服务角度研究产业政策的文献近乎没有。为此研究产业园区公共服务视角下产业政策，不仅有利于产业园区发展和企业、员工的稳定性，也有利于我国产业健康发展。

本文将以成都市产业园区公共服务调查数据为基础，阐述成都市 14 个产业园区公共服务方面的问题，分析产业公共服务政策的重要性。

[作者简介] 姚瑞卿，西南民族大学经济学院在读研究生，主要研究方向为产业组织、博弈论等。姜太碧，西南民族大学经济学院经济系主任，经济学博士，教授，硕士研究生导师，主要研究领域为产业经济和区域经济。

① 本段内容主要参考同济大学发展研究院所著《2014 中国产业园区持续发展蓝皮书》相关章节。
② 参考中信建投经济咨询园区经济研究中心发布的《中国园区发展现状及趋势分析报告 2014》相关内容。

二、产业园区产业公共服务分析

2015 年 7 月笔者参与成都市产业园区公共服务调查，包括企业问卷、员工问卷和产业园区管理机构问卷。调查在成都十四个产业园区进行，并采用分层随机抽样方法，每个园区随机抽取 10 个企业，每个企业随机选取 10 位员工，抽取了共计 1400 位员工进行问卷调查，经过数据整理获得 1399 份员工有效问卷，140 份企业问卷和 14 份管理机构问卷。

140 家企业中内资企业有 118 家，港澳台资企业 7 家，外商投资企业 10 家，混合投资企业 5 家，涉及行业包括工业企业 125 家，建筑业 4 家，交通运输业 2 家，仓储及邮电通信业和批发零售贸易业各 1 家，社会服务业 2 家。

1399 名参与问卷调查的男女比例为 1:1.017，年龄分布在 17～64 岁，20～44 岁员工占比为 87.96%，17～19 岁员工占比为 1.00%，45～64 岁员工占比为 11.04%；在这些员工中，管理人员占比为 20.74%，行政办事人员占 19.53%，专业技术工人占 12.45%，商业服务人员占 1.22%，普通员工占 45.99%。

在管理部门调查问卷中，产业园区公共服务支出普遍较低，根据已获得的数据，多数产业园区管理机构公共服务支出占税收总收入的比例不足 20%，并呈现逐年下降趋势，并且有些产业园区公共服务支出水平近乎为零。管理部门公共服务支出不足。

（一）产业园区内企业和员工对公共服务需求

（1）在企业最为关注公共服务的调查中，企业最关注公共服务（内容）为生活配套设施，占比达 61%，此外治安管理（14%）、环境整治（8%）等公共服务也颇受企业关注。企业最关注公共服务（内容）前三位分布情况如下：

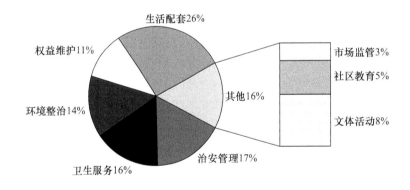

图1 企业最关注公共服务内容在前三位分布情况

由图 1 可见，企业对产业园区公共服务关注集中在生活配套、治安管理、卫生服务以及环境整治等方面。与之相对应，140 家企业中，提供员工宿舍的企业比例达到 80%，建立定期体检档案并为员工提供医疗咨询服务的企业占比为 86.43%。然而，企业对目前产业园区的生活配套设施完善程度满意度的调查中，仍有 40.71% 的企业对生活配套设施不满意或不太满意，其中多数企业认为产业园区在儿童游乐设施、购物、员工问题娱乐设施等方面存在不足；在医疗服务方面，只有 17.14% 的企业内部或产业园区内设有医疗服务机构，大多数企业员工需要到产业园区外的医疗机构享受医疗服务，给企业员工，特别是居住在产业园区内的外地员工带来了额外医疗成本和时间成本。企业对产业园区内生活垃圾以及园区内绿化带建设的满意程度比较高，不满意或者不太满意的企业仅占9.29%和12.86%，但有59.29%的企业认为生态环境建设应更具特色性和观赏性。

（2）员工关于公共服务的需求也集中在生活配套、医疗服务、治安管理以及教育、交通和园区内文体娱乐等方面。

在生活配套设施方面，员工对园区内居住条件、园区工作饮食条件以及公共交通满意或非常满意的比例分别为69.57%、46.53%和25.80%，具体分布如图2所示：

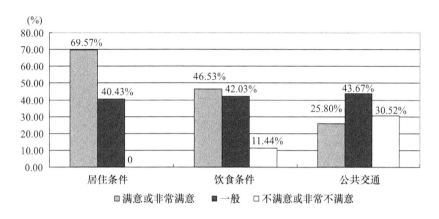

图2 员工对园区居住条件、园区工作饮食条件以及公共交通满意情况

员工关于医疗服务的便利性、医疗资源充足程度、医疗服务质量满意程度如图3所示：

由图3可见，在医疗服务方面，仅有14.49%的员工对产业园区的医疗服务认可或满意，其中医疗服务的充足程度和方便性不足是产生这一现象的主要原因。

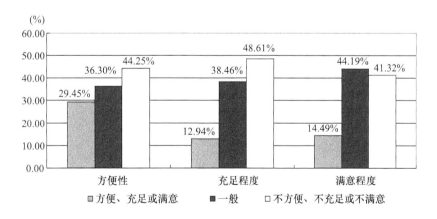

图3 员工关于医疗服务的便利性、医疗资源充足程度、医疗服务质量满意程度

员工关于治状况认为安全或者非常安全的占47.18%，认为安全情况一般的占42.39%，认为不安全或很不安全的占10.44%。

员工对产业园区公共服务的满意程度分布如图4所示。

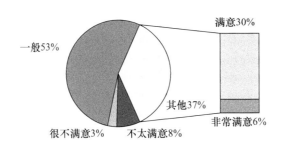

图4 员工对产业园区公共服务满意程度

整体而言，员工对产业园区内公共服务总体满意程度较低。体现在园区内饮食服务、公共交通服务、医疗服务、教育资源（仅有17.51%的员工认为园区内教育资源可以满足或基本满足其教育需求）、文娱活动（55.83%的员工没有参加和没接触过园区文娱活动，其中68.48的员工希望园区经常举办文娱活动）等方面不够完善。

综上所述，企业和员工关于公共服务的需求要大于当前公共服务的供给，这成为管理机构制定积极的公共服务政策的必要条件。同时需要指出的是，当园区所提供的公共服务不足时，会影响企业入驻产业园区的积极性，也会影响企业员工就职或离职等，影响园区经济发展，这成为管理机构制定产业园区产业公共服务政策的动力之一。

（二）企业供给公共服务的经济外部性

企业和员工对公共服务的需求成为产业园区制定产业公共服务政策的必要条件，但非充分条件。作为独立经济个体，企业也可以为自己的员工提供公共服务，然而一部分公共服务诸如教育资源、医疗条件、公共交通等，由每个企业自身提供是低效率的或成本巨大而致使企业无力提供。这就导致产业园区一部分公共服务必须由政府管理机构提供。

1. 企业供给公共服务的经济外部性

大多数园区公共服务建设呈现明显的外部性，诸如园区绿化、公共交通、园区治安管理、园区垃圾处理等，如果这些公共服务由企业提供，企业投入资金的同时，也使园区内其他企业或员工享受到这些公共服务而获得收益或效用，然而企业并未因为这一部分效用或收益获得回报，即企业提供公共服务呈现明显的外部性特征。

同时，一般性公共服务，是园区生活必不可少的，具有非竞争性、非排他性和非分割性的特点。需要园区管理机构根据实际情况对园区内公共服务进行合理投入。

2. 部分公共服务本身耗资巨大

一些公共服务耗资巨大或企业可调用资源不足，致使企业无法提供此类公共服务，诸如园区内通信、燃气、水电等公共服务内容，一般企业无力支付建设成本；诸如学校、公交车等公共服务需要行政审批，大多数企业无法拿到经营资格，即可调用资源不足以提供相关公共服务。

三、产业公共服务政策理论

前文我们阐述了产业园区管理机构提供公共服务的必要性和充分性，然而产业公共服务政策是否可以成为产经济学产业政策理论，还需要从传统产业政策理论中寻找到答案。

按照世界银行定义，产业政策是指政府为维护整个经济社会整体利益，对经济进行干预的手段（徐远华等，2015）[6]。按照理论，产业政策可分为产业发展政策、产业结构政策和产业组织政策。具体而言，产业发展政策又包括产业技术政策、产业布局政策、产业外贸政策、产业金融政策和产业可持续发展政策；产业结构政策包括主导产业调整政策、弱小产业扶植政策和衰退产业调整政策；产业组织政策包括反垄断政策和反不正当竞争政策、公规制政策和中小企业政策。其中，产业可持续发展政策建立在可持续发展理念上，要求工业生产尽可能地减少自然资源和能源消耗以及对生态环境有害物品的排放，设计并制造有益于人类健康且环境友好的产品，在满足当代人生产发展需求的同时，注重代际与代内获取资源和分享产品的公平性、协调性和可持续性。按照这一概念，产业公共服务政策并未包含在产业政策之内，为此笔者认为：产业公共服务政策应归为产业发展政策，即产业政策主要构成可由图5表示。

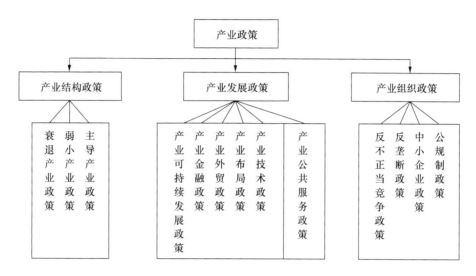

图5　加入产业公共服务政策后的产业政策内容分类

（一）产业园区产业公共服务政策经济效应分析

为便于分析，假设园区内只有两家企业（企业1和企业2）生产差异化的同种产品，公共服务支出由企业1、企业2和政府共同承担。在具体分析中，我们用地理位置的差异性来说明企业产品的差异化程度（黄桂田，2012）[7]，即采用霍特林模型。基本假设如下：

（1）企业1和企业2地理分布在如图6所示，即企业1和企业2分布在长度为1的直线上，企业1距离左边端点距离为a，企业2距离右边端点的距离为bb（1－a－b≥0，a≥0，b≥0），消费者均匀地分布在直线上。产品差异化体现在不同位置的消费者购买企业1或企业2的商品需要花费交通成本，并假设消费者交通成本为tS^2（S表示消费者与企业之间的距离）。

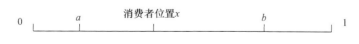

图6　霍特林模型企业和消费者位置分布

（2）消费者具有单位需求，即每个消费者在消费1个单位和不消费之间进行选择。

（3）产品差异化体现在地理位置的不同，并通过交通成本进行量化。因此可以假设两家企业生产的产品本身是同质的，且生产该种产品的单位成本为c。

（4）企业 1 的产品价格为 p_1，企业 2 的产品价格为 p_2，q_1 和 q_2 表示企业 1 和企业 2 出售商品的数量。

（5）由企业 1 和企业 2 组成的产业园区内公共服务投入由企业 1、企业 2 和政府共同承担。令 PS 表示公共服务需求，政府公共支出服务为 $G(PS)$，企业 1 支出为 $C_1(PS)$，企业 2 支出为 $C_2(PS)$，量化为单位成本依次为 $c_1(PS)$、$c_2(PS)$。

（6）政府公共服务支出对公共服务的改善为 $\lambda G(PS)$（其中 $\lambda > 0$），政府公共性服务支出使企业 $i(i=1，2)$单位成本节约为 $\rho_i \lambda G(PS)$（其中 ρ_i 表示 i 企业通过公共服务对企业盈利能力的贡献，$\rho_i \geq 0$，其等于零表示公共服务改善对企业没有影响）。则企业 $i(i=1，2)$生产产品的单位成本 $c_{ai} = [c + c_i(PS) - \rho_i \lambda G(PS)]$。

1）企业 1 和企业 2 市场均衡推导。

求导该模型的关键在于判断消费者从企业 1 还是从企业 2 购买产品，即由地理位置所表示的产品差异化程度导致企业 1 和企业 2 市场划分不同。处于消费者效用最大化角度，消费者购买企业 1 的成本当且仅当消费者购买企业 1 产品所付出的单位成本（包括产品价格和运输成本）不大于购买企业 2 产品的单位成本。假设处于 x 处的消费者购买企业 1 的产品和企业 2 的产品成本相等，则在 x 处左侧的消费者购买企业 1 的产品，x 处右侧的消费者购买企业 2 的产品，在 x 处的消费者购买企业 1 的产品或企业 2 的产品无差异，消费者到企业 1 购买产品的成本等于到企业 2 购买产品的成本，即满足如下等式：

$$p_1 + t(x-a)^2 = p_2 + t(1-b-x)^2 \tag{1}$$

可解得：

$$x = a + \frac{p_2 - p_1}{2t(1-a-b)} + \frac{1-a-b}{2} \tag{2}$$

由此可得企业 1 产品的需求为：

$$q_1(p_1，p_2) = x = a + \frac{p_2 - p_1}{2t(1-a-b)} + \frac{1-a-b}{2} \tag{3}$$

企业 2 产品需求为：

$$q_2(p_1，p_2) = 1 - x = b + \frac{p_1 - p_2}{2t(1-a-b)} + \frac{1-a-b}{2} \tag{4}$$

则企业 1 和企业 2 的利润分别为：

$$\pi_1 = q_1(p_1，p_2) \times \{p_1 - [c + c_1(PS) - \rho_1 \lambda G(PS)]\} \tag{5}$$

$$\pi_2 = q_2(p_1，p_2) \times \{p_2 - [c + c_2(PS) - \rho_2 \lambda G(PS)]\} \tag{6}$$

企业 $i(i=1，2)$选择其产品价格 p_i 来最大化企业利润 π_i，企业 1 和企业 2 利润最大化的一阶条件为：

$$\frac{\partial \pi_1}{\partial p_1} = 0 \tag{7}$$

$$\frac{\partial \pi_2}{\partial p_2} = 0 \tag{8}$$

联立可解得均衡价格：

$$p_1^* = c_{a1} + t(1-a-b)\left(1 + \frac{a-b}{3}\right) \tag{9}$$

$$p_2^* = c_{a2} + t(1-a-b)\left(1 + \frac{b-a}{3}\right) \tag{10}$$

均衡利润为：

$$\pi_1^* = \frac{t}{2}(1-a-b)\left(1+\frac{a-b}{3}\right)^2 \tag{11}$$

$$\pi_2^* = \frac{t}{2}(1-a-b)\left(1+\frac{b-a}{3}\right)^2 \tag{12}$$

推论1：当企业将公共服务（包括企业投入和政府投入）投入计入成本分析时，企业收益与公共服务投入无关，但企业产品价格将考虑公共服务投入时发生改变。具体变化为 $\triangle p_i = c_i(PS) - \rho_i \lambda G(PS)$[①]，即消费者购买企业产品价格的变化需要视 $c_i(PS)$ 和 $\rho_i \lambda G(PS)$ 大小关系而出现涨价、降价或者价格不变。当 $c_i(PS)$ 大于 $\rho_i \lambda G(PS)$ 时，企业产品价格会上升；反之当 $c_i(PS)$ 小于 $\rho_i \lambda G(PS)$ 时，产品价格会下降。

然而，企业更为常见的做法是将企业公共性服务支出计入生产成本，而政府性公共服务支出并不在企业成本收益核算体系考虑范围之内。此时，（5）式和（6）式将改写为：

$$\pi_1 = q_1(p_1, p_2) \times \{p_1 - [c + c_1(PS)]\} \tag{13}$$

$$\pi_2 = q_2(p_1, p_2) \times \{p_2 - [c + c_2(PS)]\} \tag{14}$$

连理方程组（2）、（3）、（4）、（7）、（8）、（13）、（14）可解得：

$$p_i^* = c + c_i(PS) + t(1-a-b)\left[1+\frac{a-b}{3}\times(-1)^{i+1}\right] \tag{15}$$

均衡利润为：

$$\pi_i^* = \frac{t}{2}(1-a-b)\left[1+\frac{a-b}{3}\times(-1)^{i+1}\right]^2 \tag{16}$$

推论2：当企业将公共性服务支出计入生产成本，而政府性公共服务支出并不在企业成本收益核算体系考虑范围之内时，企业产品价格将出现上升，企业均衡利润保持不变。价格上涨的幅度 $c_i(PS)$，即企业分摊在单位产品上的企业公共服务支出；尽管政府性公共服务支出并不在企业成本收益核算体系考虑范围内，企业均衡利润保持不变，但企业会从政府公共服务支出中获益，企业实际利益会增加。

2）公共服务投入对企业的影响。

根据以上模型推导，企业公共服务支出会通过影响价格变动而使企业利润保持不变，也就是说企业如果承担过多的公共服务建设投入，其产品价格将会较大幅度上升，进而影响消费者福利。因此，企业公共服务支出不仅需要考虑企业本身以及企业员工对公共服务的要求，还要权衡企业支出对消费者福利影响。

从企业利润来看，尽管政府公共服务支出对企业带了便利，但并不会增加企业利润，这也成为企业不愿意过多地参与提供公共服务的原因之一。

综上所述，政府在产业园区公共服务建设中，应该占据主导地位，同时由于每个企业及其员工对公共服务的特殊性，企业有必要为企业本身或其员工提供适量的公共服务，故企业在提供公共服务时需要权衡企业及其员工需求和社会福利。然而企业在生产过程中，通常会更多地关注企业利润，而几乎不会考虑社会福利变化，这就需要政府管理机构就园区内公共服务建设进行合理分工，实施以政府机构为主导，以企业为辅助的产业园区产业公共服务政策。

（二）产业公共服务政策含义

产业园区产业公共服务政策源于产业政策，是政府通过提供更有利于产业发展的公共服务，

---

① 在不考虑公共服务时，企业利润 $\pi_i = q_i(p_1, p_2) \times (p_i - c)$，$i=1, 2$ 外，其他并无改变，根据利润最大化条件可求得 $p_i^* = c + t(1-a-b)\left(1+\frac{a-b}{3}\times(-1)^{i+1}\right)$，$\pi_i^* = \frac{t}{2}(1-a-b)\left(1+\frac{a-b}{3}\times(-1)^{i+1}\right)^2$。

维护经济社会的整体利益而进行的经济活动。产业园区公共服务政策包括公共服务内容及规模规划、公共服务建设分工以及公共服务质量评价等内容。

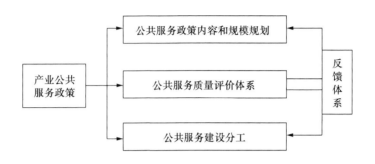

图7　产业公共服务政策内容

公共服务内容及规模指政府管理机构对产业园区企业提供怎样的公共服务、公共服务规模，以及公共服务建设的规划等。

公共服务建设分工是指政府需要识别公共服务类型，以政府为主导提供公共服务，同时企业既作为公共服务的受惠方，又作为员工享受公共服务的供给方，需要对企业及其员工的特殊性提供针对性公共服务。

公共服务质量评价是指政府管理机构应该不断对其管辖区域公共服务进行调查、建立辖区内企业以及员工公共服务反馈机制，及时解决公共服务出现的各种问题，弥补公共服务各方面的不足，为企业提供更有益于发展的环境。

四、结语

本文根据成都市产业园区公共服务调查数据，分析得出企业和员工对产业园区公共服务需求明显大于园区内公共服务供给。同时基于霍特林模型，加入公共服务内容，通过数理模型证明在企业将自身的公共服务计入生产成本的情况下，企业并不会从提供公共服务中获益，这成为企业缺乏提供公共服务动力的原因之一。同时政府相关管理机构提供公共服务时，如果企业将政府提供的公共服务作为企业既得利益，企业利润不会发生改变，然而企业更一般的做法是不会将政府公共服务投入计入企业收益成本分析，这就使企业从政府公共服务中获得隐性红利，这成为企业需要政府提供公共服务的内在原因之一。此外，公共服务外部性和部分公共服务规模巨大的特点，使企业没有动力或没有能力去参与过多的公共服务建设。因此需要政府管理机构提供公共服务，制定产业园区产业公共服务政策。同时，由于政府无法满足每个企业或员工对公共服务内容的所有特殊要求，企业参与到一部分公共服务建设投入是有必要的。

实际经济中产业园区作为产业发展乃至国家经济发展重要载体，在国家经济发展中的作用日益明显。因此产业组织相关理论有必要考虑产业园区内相关产业理论研究。在产业组织理论中，产业政策分为产业发展政策、产业结构政策和产业组织政策，具体内容如图5所示。在梳理以往产业政策的相关研究中，并未发现关于产业公共服务政策的相关表述。为此，基于对产业经济学的了解，笔者认为：出于产业园区在经济建设和产业发展中的地位，以及产业园区现在面临的公共服务供需矛盾阻碍产业园区发展等原因，应该将产业公共服务政策纳入产业政策理论分析范畴，并将产业公共服务政策归为产业发展政策的子分类。

产业公共服务政策的内容主要包括公共服务内容及规模规划、公共服务建设分工以及公共服务质量评价等内容。

此外，受获得数据局限性和只有 2015 年静态样本的影响，本文并未就产业园区产业公共服务政策对产业园区经济发展的影响做实证分析。这也是本文分析不足的地方。同时笔者认为，关于产业公共服务政策内容，特别是公共服务供给过程中，企业和政府的分工将成为产业公共服务政策后续研究讨论的主要内容之一。

参考文献

［1］ Peddle M. T. Planned Industrial and Commercial Developments in the United States：A Review of the History, Literature and Empirical Evidence Regarding Industrial parks［J］. Economic Development Quarterly，1993（1）：107 - 124.

［2］ 鲍丽洁. 基于产业生态系统的产业园区建设与发展研究［D］. 武汉理工大学博士学位论文，2012.

［3］ 文婷，李继华. 技术创新表征与园区产业集聚的关联度［J］. 改革，2013，231（5）：74 - 78.

［4］ 刘少和，梁明珠. 环大珠三角城市群游憩带旅游产业集聚发展路径模式——以广东山海旅游产业园区建设为例［J］. 经济地理，2015，35（6）：190 - 197.

［5］ 史慧. 欠发达地区工业园区建设问题与对策研究——以海东工业园区为例［J］. 企业改革与管理，2015（6）：40 - 41.

［6］ 徐远华，孙早. 产业政策激励与高技术产业的竞争力［J］. 山西财经大学学报，2015，37（9）：65 - 75.

［7］ 黄桂田. 产业组织理论［M］. 北京：北京大学出版社，2012.

新常态下广西产业转型升级路径研究

——基于广西与粤港澳产业一体化视角

曹剑飞　乌　兰

（广西社会科学院区域发展研究所　南宁　530022）

近年来，广西工业经济实现快速发展，2010 年，全部工业总产值 1.16 万亿元，首次突破万亿元大关，全区工业化率提高到 2.31%。2014 年，全部工业总产值再创新高，达 2.16 万亿元，其中规模以上工业总产值 2.02 万亿元。已初步形成食品、冶金、石油化工、机械、汽车、建材、造纸与木材加工、纺织服装与皮革、电子、医药等门类比较齐全的工业体系，具备了一定的产业基础和配套能力。

一、广西工业存在问题与转型升级

作为后发展欠发达地区，广西工业高投入、高能耗、高排放的传统粗放型发展模式特征仍然明显，采掘业、原材料工业等资源型产业比重偏高，先进制造业、高新技术产业比重偏低，战略性新兴产业发展滞后，自主创新能力不强，产业结构不合理，产品附加值低。随着工业发展进入新常态后，工业增速回落、产业结构低端、增长动力不足等问题逐渐凸显，产业转型升级压力加大。

（一）广西工业存在问题

1. 节能减排压力较大

当前，广西正处在工业化和城镇化加快发展阶段，资源消耗强度较高，特别是现有粗放型经济发展方式，加剧了资源供求矛盾和环境污染。从国际看，能源需求刚性增长，供需矛盾进一步凸显，资源环境约束日益强化，节能减排难度加大。各国围绕能源安全、气候变化的博弈更加激烈，贸易保护主义抬头，节能环保领域技术竞争加剧，发展方式转变刻不容缓。从国内看，党的十八大报告将生态文明建设上升到重要层次，提出必须推动能源生产和消费革命，控制能源消费总量，加强节能降耗，支持节能低碳产业和新能源、可再生能源发展；全民节能环保意识不断提高，各方面对节能减排的重视程度明显增强，产业结构调整力度不断加大，科技创新能力不断提升，节能减排激励约束机制不断完善。从广西看，2012 年，全区规模以上工业增加值和能源消费增幅同比均有不同程度的降低，但是高耗能行业能源消费量对全区工业能源总量的占比仍保持

[作者简介] 曹剑飞，博士，广西社会科学院副研究员，主要研究方向：区域经济与产业经济。乌兰，博士，内蒙古师范大学经济学院讲师。研究方向为产业经济学。

在94%的警戒线左右，全区八大重点行业能源消费量占据全区工业用能总量的主导地位没有改变。

2. 工业用地严重不足

一是工业园区用地空间严重不足。全区工业园区规划面积由原来国家核准的195.96平方公里扩大到目前的1628.85平方公里。全区通过国家核准公告的29个省级以上开发区，在国家核准的范围内，已完全没有土地可以开发或基本开发完毕。随着形势发展，当前入园的重大项目越来越多，很多入园项目选址已经超越园区原有的规划范围；自治区27个重点产业园区内新建设的一些专业产业园区的选址也不在原有的规划范围内，对入园工业项目的开工建设非常不利，迫切需要扩区调整。二是工业项目用地指标严重不足。2011年起，在自治区层面留成部分单列30%的用地指标用于保障重点产业及园区发展，但在具体项目用地指标安排上与入园项目实际需要和年度重点技改项目等存在脱节，导致不少已开工建设的园区项目及重点工业技改项目得不到用地指标。

3. 要素供需矛盾突出

产业发展普遍面临着技术型人才、高层次人才紧缺问题，特别是缺乏产业发展领军人才。人才资源主要集中在传统产业，战略性新兴产业领域人才不足。与东部沿海地区特别是珠三角地区相比，广西不仅工资水平明显偏低，而且人才政策落实不到位、配套软硬环境不佳，导致难以吸引外地人才，甚至本地培养的人才尤其是高端人才大量流失。同时，企业尤其是中小企业发展过程中面临融资难、招工难、管理水平低、物流成本高等诸多方面问题。一是企业融资难问题突出。企业融资供需矛盾大、贷款门槛高、担保难、融资成本高，再加上中小企业抵押物不足、财务管理不规范等自身因素制约，中小企业融资难问题依然突出。二是劳动力成本上升。随着企业生产规模的扩大，用工量也大幅增加，尤其是对具有一定劳动技能的熟练工种需求量呈明显上升趋势，劳动力供求矛盾日益显现，招工难，用工难，稳工难以成为普遍现象，企业熟练工人流失常态化，增加了企业负担，直接影响企业正常生产经营。

4. 部分产业产能过剩

目前，广西电解铝、钢铁、水泥、平板玻璃、船舶、光伏行业产能过剩严重，产业发展面临着严峻挑战。电解铝方面，2012年全国电解铝产能为2700万吨，产量为2000万吨，电解铝企业亏损面达到93%。钢铁方面，2012年世界钢铁年产能约15亿吨，中国有7亿吨，占比近一半，实际产能超过10亿吨，全行业的盈利水平在下降。水泥方面，截至2012年底，实际产能已超出当年水泥需求8亿吨。平板玻璃方面，截至2012年底，玻璃行业生产能力已超出市场需求近40%。船舶方面，由于全球船运市场萎缩，2012年全国造船完工量6021万载重吨，同比下降21.4%，承接新船订单量2041万载重吨，同比下降43.6%。光伏方面，2012年中国光伏组件产能达到45GW，而当年的全球产量仅为38.4GW，即使假设组件销售一空，中国产能也超出世界总需求量近7GW。截至2012年底，钢铁、电解铝、水泥、平板玻璃、船舶行业产能利用率分别仅为72%、71.9%、73.7%、73.1%和75%，明显低于国际通常水平。

（二）工业转型升级途径

上述问题发出一个信号，即产业转型升级已经箭在弦上、刻不容缓。只有通过产业转型升级才能解决产能过剩、节能减排、工业用地紧缺、劳动力成本上升及不足等一系列问题。一般来说，产业转型升级途径有两条，一是通过自主创新实现重大技术突破和产业技术革命，从而催生战略性新兴产业并引领传统产业转型升级；二是通过产业转移和溢出效应促进承接地技术、管理、研发水平提升，通过所投资的行业领域及其前向后向关联效应改变和提高产业结构和产业发展水平。从广西实践看，改革开放以来特别是进入21世纪以来，承接粤港澳地区产业转移和吸引粤港澳地区投资是广西实现产业结构优化和转型升级见效更快的途径，也是比较契合当前及今后一段时期广西实际的方式。

一方面，粤港澳通过把珠三角地区失去比较优势的传统产业转移到广西，能够为粤港澳产业转型升级提供空间，大力发展高技术制造业、先进制造业、优势传统产业、现代服务业等新兴现代产业，从而促进产业结构优化升级。同时，有利于形成统一的大市场，扩大其经济腹地的范围，在更大的范围内实现资源的优化配置，加快产业结构升级的进度，从而为其经济的持续发展提供依托，为其保持技术领先和竞争优势地位提供条件。另一方面，广西承接粤港澳产业转移不仅能够获得大量资本和技术，积累相对稀缺的生产要素，而且能使资源、能源、相对丰富的劳动力得到充分利用，有助于广西形成新的主导产业，促进传统产业的升级发展，并吸引更多企业进行直接投资，带动就业和经济的增长，并会拉动其他产业升级，使整个地区产业结构向高度化发展。

二、广西与粤港澳地区产业合作潜力

由于资源禀赋、对外开放程度、技术进步水平和历史制度的不同，广西与粤港澳经济发展之间出现显著不平衡现象，经济不平衡必然导致基于不同政策和资源要素禀赋的产业发展水平和产业结构的不平衡，形成地区之间产业结构发展阶段层次的阶梯状差异。随着粤港澳地区经济的发展和产业结构升级，必将逐步淘汰和转移衰退产业和落后产能，逐步实现产业的深加工化、高附加值化和服务化，而粤港澳地区部分衰退产业和落后产能对经济发展水平较低的广西产业结构转型升级带来机遇。

（一）经济发展水平的互补性有利于广西产业升级

从经济发展水平看，广西处于工业化中期后半阶段，这一阶段的特征是制造业支持经济增长，广东已经进入工业化后期后半阶段，这一阶段的特征仍然是制造业支持经济增长，但其产品结构会发生由以生产资料为主向以消费资料为主生产的转变。而香港已经进入后工业化时代，在经济发展脱离工业化过程之后，高新技术产业和社会服务业将成为国民经济增长的主要支持力量。三地在经济发展、产业结构上存在明显的梯度差距，互补性较强，按照产业梯度转移理论，在一定的条件下，产业在地区间可以进行梯度接力，一个地区可以将相对落后或不再具有比较优势的产业转移到其他与该地区存在梯度差距的地区，成为其他地区相对先进或具有相对比较优势的产业，从而优化承接地的产业结构。当然，承接产业转移不仅是指高梯度区域产业在空间上的转移，而且还包括承接地产业间的序列演化。广西与粤港澳之间相互形成的生产和需求结构是区域经济合作的主要动力，尤其是地区之间产业的相互需求，从而形成产业的空间结构布局和地区的区域化发展。广西丰富的劳动力、土地资源、自然资源等优势，与粤港澳资金、信息、技术和销售渠道等优势显示出明显互补性。而广西经济优势存在着流动性差的特点，粤港澳的经济优势流动性较强，双方的合作主要以粤港澳的资金、技术等向广西转移，从而推动广西产业结构的转型升级。

（二）要素禀赋互补性有利于广西产业转型升级

从要素供给角度看，产业转移促进产业升级的过程是由要素供给的稀缺性和竞争性差异推动的。广西与粤港澳地区在要素上具有互补性：一是劳动力具有互补性。长期以来，广西，劳动力资源一直处于过剩、廉价的状态，对粤港澳地区而言在劳动力方面存在着显著的优势，互补性十分显著。随着广西经济的发展，生活环境的不断改善，自身劳动力需求增加，劳动力输出成本不断提高，且粤港澳长期发展的劳动密集型产业随着技术进步的影响也面临着转型升级需求，从而促使粤港澳深化与广西的合作、促进广西产业结构的转型升级。二是技术存在互补性。技术创新促使粤港澳地区重点发展资本、技术密集型产业，也不断加快将传统产业以及劳动密集型产业转移到欠发达地区。产业转移将推动承接地区的技术进步，并借助于技术外溢所产生的扩散效应，使得不同企业在技术上相互借鉴和利用，进而推动广西产业结构升级。与此同时，粤港澳地区生产性服务业的高速发展也需要扩张市场空间，为广西等周边地区制造业转型升级提供金融、技术等支撑。三是资本存在互补性。经济的高速成长使资本供给充足和工资上升，在产业发展中则表现为资本替代劳动的过程，资本密集型产业将以较快速度发展，而劳动密集型产业的平均成本上升，利润降低。这样，粤港澳地区就势必进行劳动密集型产业转移。资本的汇聚，将为广西产业结构调整和升级提供丰裕的资金支持，有利于加快利用高新技术改造一批传统产业，有利于发展壮大一批新兴产业。四是管理才能具有互补性。粤港澳是亚洲重要的管理咨询服务中心，具有成熟的管理咨询制度和专业化的管理咨询服务，而广西管理咨询业发展极为缓慢，不能满足广西经济社会快速发展的需要。因此，深化广西与粤港澳合作，要发挥粤港澳在管理咨询方面的优势，促进广西现代服务业的发展，助推广西产业转型升级。

（三）市场的互补性有利于广西产业转型升级

港澳市场化高度发达，市场机制完善，广东也是我国最早开放的省份，市场机制也较为完善，在国内外都有巨大的市场。广西也在市场化改革的浪潮中不断完善市场机制，虽然起步较晚，但因地缘优势，在东盟市场开拓中具有一定的优势。首先，政府逐渐放开对市场的绝对管制，经济运行更多地依靠市场价格、供求关系、竞争风险等市场要素之间相互影响、相互作用，让各类企业、各类主体在市场中充分竞争，进一步完善了市场体系，建立起商品市场、劳动力市场和金融市场在内的多层次、多方面的市场体系，为地区间经贸关系发展提供良好的市场环境，为两地企业在广西充分发挥各自的优势提供比较健全的机制保障。其次，市场管理政策法规不断完善。中国特色社会主义市场经济在不断完善。广西不断加强市场管理政策法规建设，科学管理市场，保障市场运行稳定。随着市场机制的进一步完善，地区间经贸关系发展拥有一个更为合理、更加开放、更加公平的经济环境。

三、广西与粤港澳合作推进产业转型升级重点领域

从当前形势看，"承接低端产业—实现自身积累—产业转型升级"的模式已经走到尽头，广西已经不可能重复日本、亚洲"四小龙"以及东部沿海地区的路径。首先，广西的劳动力成本优势已经或正在消失，能源资源和生态环境空间也已接近上限；其次，随着技术的进步特别是自动化、智能化技术的突破，这些低端产业的市场空间已经非常有限了；最后，一般来说，人均GDP达到6000～7000美元，人们的消费重点将从制造业产品向服务性产品转变，劳动密集型产业吸纳就业的功能也将被服务业取代。广西处于工业化中期的后半阶段，这一阶段特征是制造业支持经济增长，广东已经进入工业化后期的后半阶段，这一阶段的特征仍然是制造业支持经济增长，但其产品结构会发生以生产资料为主向消费资料为主的转变。而香港已经进入后工业化时代，在经济发展脱离工业化过程之后，高新技术产业和社会服务业将成为国民经济增长的主要支

持力量。三地在经济发展、产业结构上的互补性较强，产业合作潜力巨大。综上所述，广西应从"承接产业转移"思维向"加强产业合作"的思维转变，基于自身的产业优势，按照平等互利的原则，加强与粤港澳地区在战略性新兴产业、生产性服务业的合作。

（一）提升广西与粤港澳经贸合作层次

要深化广西与粤港澳合作，就必须提升广西与粤港澳经贸合作层次，从联手共同开发东盟市场、转变投资格局、优化贸易结构、充分发挥香港渠道作用等方面着手。

1. 联手开拓东盟市场

在开拓东盟市场方面，广西与粤港澳双方有着共同的目标。中国—东盟博览会已经连续举办十届，广西已经成为中国与东盟国家经贸往来的桥头堡，而东盟国家也已成为广西的最主要贸易伙伴。对香港而言，借助中国—东盟博览会在南宁永久举办，以及广西北部湾经济区开放开发带来的机遇，可将广西视为香港打开东盟市场的重要渠道。具体而言，可采取以下措施推动广西与粤港澳共同开拓东盟市场。一是制定优惠政策吸引有意进入东盟市场的香港企业进驻广西投资布点，推动港资企业和广西本地企业共同开拓市场，以广西为通道开拓东盟市场。二是积极扩大"南宁渠道"作用。充分利用中国—东盟博览会在南宁举办，东盟国家驻南宁总领事馆以及东盟部分国家商务联络部在南宁落户的优势，为香港企业进入东盟国家提供平台。三是在广西培育面向东盟的金融要素市场，以此共同开发东盟市场。

2. 推动单向招商向双向投资转变

按照平等协商、相互开放原则，逐步推动单向招商转变为双向投资。一方面，加快广西市场对外开放力度，积极创造条件吸引港资企业进驻广西。首要的则是加快广西各种金融要素市场建设，逐步实现金融市场开放，以扩大香港金融资本的投资区域和投资范围，同时继续加强两地在金融业务、跨境贸易人民币结算、技术、管理和人才等方面的交流。另一方面，注重香港国际化程度高的环境，通过提供广西企业赴港投资的政策保障，简化企业投资程序，加快广西企业赴港投资、融资步伐，鼓励、引导和支持广西企业到香港上市融资以及设立公司或者分支机构。

3. 优化广西与粤港澳贸易结构

注重贸易产品结构升级。一要充分发挥广西农业生产的天然优势，搭建广西与粤港澳政府层面的农业合作长效机制，通过设立"广西与粤港澳农业合作示范区"、"广西供港农业专区"等特色农业区，依托香港现代化农业生产技术，把广西建设成为香港优质农产品供应基地。二要加快先进制造业和新能源与生物医药等战略性新兴产业的合作，提升广西与粤港澳贸易产品结构层次。三要在积极承接香港产业转移的同时，吸引香港高新技术企业与广西企业加强合作，提高广西企业出口创汇能力。四要在巩固传统劳动密集型服务贸易合作的基础上，重点扩大金融保险、设计咨询、民族文化、教育培训以及国际运输等新型服务贸易合作。五要积极引进香港大型服务企业，利用港企在新型服务贸易部门的示范、人员培训等途径实现的技术外溢，提高区内服务企业的技术水平和管理水平，带动广西服务业在更高层次上发展。

4. 借助香港拓展海外市场

广西要积极利用香港作为国际经济、金融中心的地位，充分发挥香港国际渠道的作用，鼓励有实力的企业以香港为平台，通过香港多元而专业化的国际机构和高素质的市场伙伴，积极拓展海外市场。一要通过网络、报纸以及其他媒体为广西企业提供更多"走出去"的相关信息，尤其是对香港商业环境和融资优势进行更为详细的推介，引导企业家积极关注相关政策并加以利用。二要继续发挥 CEPA 的实施为广西与粤港澳更紧密合作提供的发展机遇，为广西企业搭建入港的国际贸易和融资平台提供坚实的制度保障，鼓励有条件的企业先在香港站稳脚跟，进而开拓海外市场。三要充分利用香港出口配额的优势，鼓励广西优势企业在香港开展后工序加工业务，扩大对其他地区的出口。四要充分利用香港贸发局以及投资推广署专业化服务内地企业入港搭建的一站式服务平台，通过香港贸发局的全球网络，减少开拓市场的阻力，拓展海外市场。

（二）推进广西与粤港澳产业一体化

进一步明确产业发展定位，深化产业分工，构建以珠三角为区域产业发展龙头，以粤东沿海地区和两广北部湾经济圈为东西两翼，以两广内陆为腹地的优势互补、梯度发展、分工合理、产业联动的产业协作体系。珠三角着力发展高端产业和产业链高端环节，打造世界先进现代服务业和制造业基地，形成以现代服务业为主的产业结构；东西两翼依托港口重点发展钢铁、石化、船舶制造等临港产业和海洋产业；两广内陆根据各自比较优势，主动接受珠三角辐射，融入珠三角产业体系。

1. 推进现代农业一体化

发挥珠三角农业科技、管理、品牌、市场开发优势和两广内陆的土地、劳动力、农产品资源、生态优势，构建"珠三角现代服务业 + 两广内陆农业"的现代农业一体化产业链。推动珠三角农业龙头企业在两广内陆建设大型现代农业生产、加工基地和仓储设施，提高农业专业化、规模化和商品化水平。加强两广在农产品市场准入、原产地保护、农产品认证、品牌管理等领域合作，建立产销联动平台，共建农产品专业市场，共建面向港澳台及东盟贸易便利通道，促进两广农产品出口贸易。加强两广农产品科技合作，联合开展农业科学研究、农业技术开发、农业机械研发和农业科技人才培养。推进两广农业信息平台的对接，实现农业信息网络互联互通。推动农业政策对接，加强农业标准、市场准入、动植物防疫、农产品质量安全监测以及防止外来有害物种入侵等领域的合作。推进区域内农业执法的交流与合作。

2. 推进现代工业一体化

一是建立两广劳动密集型产业、资金密集型产业跨区域产业链。推动珠三角劳动密集型和资金密集型产业转移，珠三角重点发展产品研发、设计、营销、核心零部件生产等高附加值、高端环节，将一般加工、装配等向劳动密集型环节转移。粤北和广西主动承接产业转移，不断完善产业链，重点建立食品加工、建材、纺织服装与皮革、有色金属加工、造纸与木材加工、电子产品制造等两广跨区域完整产业链。

二是建立两广先进制造业跨区域产业链。珠三角着力发展研发、设计、营销、核心零部件生产等先进制造业产业链高端环节，两广内陆面向珠三角地区建设配套基地，在两广交界地区、珠江—西江经济带、贵广铁路经济带等合作共建一批产业园区，培育一批联系紧密、相互配套、带动力强、跨区域的制造业集群，联手打造汽车、装备制造、船舶制造等跨区域产业链。粤东沿海地区和两广北部湾经济圈东西两翼强化联合协作，联手打造钢铁、石化、修造船及海洋工程装备等临港产业和海洋产业跨区域产业链。

三是建立两广战略性新兴产业跨区域产业链。发挥珠三角科技、研发、人才、产业基础优势，加强两广战略性新兴产业研发、产业化协作，共建公共技术支撑和服务平台，共建战略性新兴产业园区，重点合作建立新能源汽车、节能环保、新能源、新材料、生物医药、海洋产业、新一代信息技术等产业跨区域产业链，共同占领未来世界产业链制高点。

3. 推进现代服务业一体化

推动珠三角金融、技术服务、信息服务、工业设计等产业与两广其他区域制造业对接，构建"珠三角现代服务业 + 两广其他区域制造业"两广跨产业、跨区域产业链，同时强化两广现代服务业横向协作，共享信息、市场、人才、品牌。可重点推动：

一是金融业一体化。推动金融机构跨区域发展，支持两广金融机构互设法人机构或分支机构、开展异地业务；完善区域内金融合作平台，联合开展业务合作与创新；推动区域信用体系建设，共建两广统一征信平台；共同防范金融风险，营造良好的区域金融生态环境。

二是现代物流业一体化。两广共建物流基地、港口码头等物流基础设施，深化口岸通关、检验检疫、电子口岸等方面合作，组建两广跨区域物流联盟，统一标准、统一管理，构建两广一体化物流供应链。

三是旅游业一体化。加强两广政府合作，共建旅游基础设施，完善旅游协作机制，建立旅游信息网络共享机制，推进旅游便利化，构建两广无障碍旅游区；推动旅游企业跨区域并购重组，建立跨区域的旅游企业集团或粤桂旅游业动态联盟；推动跨区域旅游投资合作，合作开发旅游特色项目，共建旅游网络。

四是会展业一体化。建立两广会展业联盟，整合会展资源，充分发挥广交会、中国—东盟博览会等两广会展品牌作用，开展互助合作，提升展会档次和水平；建立两广会展业综合服务平台，共享信息、项目、市场。

（三） 加强广西与粤港澳科教文化方面合作

1. 科学研究和技术开发合作

广西对科学研究和技术方面有巨大需求，而香港在技术和资金等方面则能做到有效供给，广西与粤港澳科技合作可以以高新技术为突破口，从以下四方面进行努力：

一是建立一系列科技合作机制，提供制度和政策保障。根据需要组建广西与粤港澳科技合作专责小组，定期举行专责小组会议；加强两地生产力促进机构间的合作与交流，加大科技合作统筹协调力度，使广西与粤港澳高新技术合作呈现有序化、制度化、规模化发展，带动广西与粤港澳经济的新一轮高层次合作和可持续发展。

二是实施广西与粤港澳科技合作资助计划，推动重大科技项目建设。资助的科技项目应该着眼于高新技术产业和战略性新兴产业的关键技术产品及技术应用，通过有吸引力的政策鼓励更多的香港高新企业落户广西、更多的港资投入到广西高新技术企业的科研开发。

三是加强科研机构间的合作，推进科技资源的开放和共享。推动广西千亿元产业研发中心、工程技术研究中心、企业技术中心、博士后科研工作站等研发创新平台和香港科技界的合作，加强广西与粤港澳两地在高技术研究、课题攻关、学术交流、外派培养等方面的联系；做好对科学研究和技术开发的知识产权保护工作。

四是尝试搭建广西与粤港澳高新技术交流会平台。通过广西与粤港澳合作共建高新技术产业园区，构建产学研一体化体系。在打造新的高新产业的同时，积极利用高新技术去渗透改造传统工业，推进整体产业结构调整。

2. 教育与人才培养合作

发展教育事业和培育人才资源是支撑广西未来发展的重大战略任务，而香港在这方面拥有先进的、系统的、国际化的优势，可以在教育和人才培养方面进行合作。

一是推进广西与粤港澳教育合作。在基础教育合作方面，推动广西与粤港澳两地中小学互为姐妹学校，推动青少年国民教育交流合作，在南宁举办香港基础教育博览会。在高等教育合作方面，继续开展两地高等院校互派大学生学习交流活动，支持区内高等院校聘请香港高校知名教授担任名誉教授或客座教授，扩大高校科研人才或专业人才赴港学习规模。职业教育培训合作方面，支持香港教育机构在广西开展教育培训服务，鼓励广西高等职业技术学院、中等职业技术学校、技工学校、职业培训学校与香港有关组织、企业和机构的职业教育培训合作，在广西建设香港教育培训基地，加大对广西与粤港澳职业教育合作的政策性支持。

二是推进广西与粤港澳人才合作。由自治区人社厅牵头建立广西与粤港澳人才交流合作平台，实施广西与粤港澳人才交流合作工程，如举办赴港人才培训班，选送专业人才、管理人才、公务员等赴港培训，推动广西高层次专业人才培养；在香港设立人才联络处，支持企事业单位引进香港高层次人才和专业技术人才，特别是加强在会展、物流、港航、金融、旅游、信息服务等广西重点产业领域的香港人才引进和交流工作；建立广西与粤港澳两地青年人才交流合作平台，设立香港青年人才实习基地，举办广西与粤港澳青年企业家发展论坛等，鼓励更多的香港人才参与广西经济建设。

3. 文化方面合作

可以召开广西与粤港澳政府、企业及民间机构文化交流座谈会，定期举办广西与粤港澳文化合作会议；设立广西与粤港澳文化交流合作示范点，推进民间文化交流；互派艺术团队参加对方举办的艺术节；举办桂剧与粤剧的交流会；利用"国际博物馆日"、"文化遗产日"、"世界读书日"等重要文化节庆或两地文化精品项目举办文化交流展览、专业人员培训等活动；组织书画、工艺美术、图书、演出等文化交流活动；建设广西与粤港澳文化创意产业实验园区；举办广西与粤港澳青年文化之旅活动等。

参考文献

[1] 余滢. 试论深港合作的体制机制构建 [J]. 特区实践与理论, 2010 (5): 66 - 69.

[2] 陆侃. 优势互补, 共赢发展——论广西与粤港澳经济合作 [J]. 市场论坛, 2004 (1): 5 - 9.

[3] 覃州. 广西北部湾经济区承接香港加工贸易产业转移研究 [J]. 产业经济. 2011 (1): 63 - 65.

[4] 周运源, 李潇. 论新时期区域经济发展中的粤港经济合作问题 [J]. 广东经济, 2008 (7): 48 - 51.

[5] 汤元明. CEPA 架构下粤港澳经济一体化进程的研究 [D]. 吉林大学博士学位论文, 2011.

[6] 马光辉. 新形势下粤港合作的空间经济学分析 [D]. 暨南大学博士学位论文, 2008.

[7] 钟启泉, 赵明龙. 广西与大珠三角经贸合作构想 [J]. 中国城市经济, 2004 (4).

[8] 徐远征. 两广产业对接的领域和方式 [J]. 经济与社会发展, 2007 (11).

[9] 江维国. 承接产业转移对产业结构优化的影响及对策——以两广间产业转移为例 [J]. 甘肃联合大学学报（社会科学版）, 2013 (6).

新常态下河南工业转型升级
实现途径与支撑体系研究

唐海峰

（河南省社会科学院　郑州　450002）

在进入经济新常态背景下，对于经济发展的认识和要求出现重大转变，产业转型升级也面临着新要求和新挑战，河南工业在转型升级中也存在诸多问题、制约和障碍，在很大程度上削弱了工业转型升级的实际效果。要适应经济新常态的发展，产业结构必须加速优化升级，如何在经济新常态下探索河南工业转型升级的实现途径和构建有效的支撑体系，已经成为一项亟待解决的重大课题和重要的战略性任务。

一、河南工业转型升级实现途径

结合河南工业发展演化的实际情况，提出河南工业转型升级的实现途径，主要包括：一是产业链要实现从上游向下游突围；二是产业层次由传统加工制造转向服务增值提升；三是产业形态由分散形态向集中形态转变；四是产业扩张方式由点式发展向链式发展转变；五是产业配套由依赖跨区域采购向本地配套供应转变；六是产业发展模式由以牺牲资源环境为代价转向绿色低碳发展（见图1）。

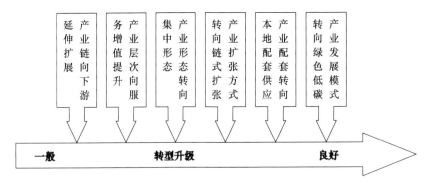

图1　河南工业转型升级实现途径

（一）产业链上游向产业链下游延伸

河南工业的主导产业大多聚集在产业链上游，虽然近年不断进行产业结构调整，使加工粗

［作者简介］唐海峰，河南省社会科学院助理研究员。

放、层次低端、产业链短的状况有所改变，但主导产业偏聚产业链上游的格局并未改变。要实现河南工业转型升级，必须从提高主导产业延伸度着手，推动优势主导产业从产业链上游向下游延伸扩展，以向下游终端环节延伸带动上游产业良性发展，着力在高加工度环节、增值环节、瓶颈环节、关键环节、配套环节上寻求突破，重点在装备制造、电子信息、汽车及零配件制造、铝深加工、食品、轻工、新型建材等产业推进产业链上游向下游延伸扩展。从整体上改造提升具有传统优势的化工、有色、钢铁、纺织等产业，形成有市场有竞争力的新产能，推动上游产业改造提升，全方位带动相关产业良性增长。

（二）加工制造向制造服务增值提升

河南工业转型升级要着力提高主导产业新型化，由传统低水平重复扩张向新型高水平提升，由加工制造向制造服务增值提升。发展方式的转变不仅指从低水平制造业向先进制造业转变，也包含从过度依赖制造业向现代服务业和先进制造业并举转变。河南庞大的制造业基础为提升制造服务增值能力提供了广阔的空间，应以推进产业服务化为导向，加快构建适于河南省情的生产性服务业体系，鼓励制造业企业向服务增值环节延伸价值链，提高产业附加值与产业链竞争力，推进先进制造业与生产性服务业互动协调发展。以装备制造业为重点，支持制造业企业以提供产品整体解决方案为核心提高服务增值能力，引导和推动大型制造企业通过管理创新和业务流程再造，提高专业服务在产品价值中的比重。重点围绕电子信息、装备制造业、汽车、家电产业，在技术创新、功能创新、结构优化、成套集成、外观造型、包装展示以及节材节能、新材料使用等重点环节，发展以全新技术设计、引进提高设计、市场实用设计等为主要内容的工业设计产业。加快发展工业软件业，围绕河南省优势产业与先导产业需求，开发适应行业特点的工业软件，加快产业化步伐与应用推广。重点围绕电子信息、装备制造业、食品、医药、汽车、家电等行业，对生产制造产业链的物流业务环节进行先分离再嵌入的 2＋3 产业流程重组，积极发展第三方、第四方物流，推进物流信息化建设。推进行业性电子商务平台与物流信息化集成发展，推广应用物联网技术。

（三）分散形态向集中形态转变

推动河南优势主导产业由分散形态到集中形态是实现河南工业转型升级的重要途径。河南优势主导产业需要抓住当前世界工业和中国工业布局全面调整历史机遇，一是推进产能整合。全力推进优势主导产业产能整合，扩充先进优质产能，减少传统落后产能，推动生产要素向先进优质产能与新兴领域集中，加快形成河南工业发展新优势。在煤炭、有色、装备、钢铁、化工等重点领域，依托龙头企业打造一批省级行业发展平台，通过战略联盟合作、产业链对接、产业分工网络构建，组建一批产业创新联盟，从更高层面谋划河南工业转型发展。二是推进企业整合。通过战略重组、购并、参股、托管等资本运作方式，做强做大带动力强的行业龙头企业，提高主导产业集中度，培育更多"航母"企业和航母舰队型集群（见图 2），进而提高主导产业竞争力。三是推进资源整合。支持大型企业或战略联盟企业群，通过战略重组、购并、参股、托管等资本运作方式组建矿产资源经营大型企业或战略联盟企业群，集中开发储备域内外矿产资源。出台政策，控制和集中企业采矿权，支持大型企业或战略联盟企业群加强对钼、镁及各类稀土等资源的矿山资源储备和精矿产品储备，增强河南工业发展后劲。

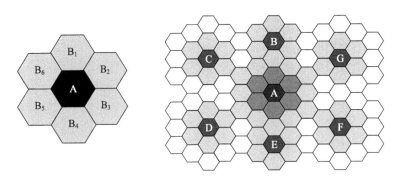

图2　大型企业集团发展扩展的组织架构形态变化

（四）点式发展向链式发展转变

推动河南工业转型升级必须转变企业点式扩张的传统发展方式，实现点式发展向链式发展转变（参见图3）。要把产业链接度作为判断产业竞争力的重要标志之一。实现点式发展向链式发展转变关键是要提高优势主导产业内部企业之间的产业链接度。一是产业集聚区、产业基地、工业园区、产业集群的发展，必须努力由点式企业集合发展方式向链式企业集聚发展方式转变，提高园区和集群内部企业之间的产业链接度，形成完整的无缝对接高效能产业链。二是培育一批具有较强产业链带动力的"蜂王型"龙头企业，带动基于产业链配套的"工蜂型"企业集聚发展，培育发展主导产业本地配套产业链，补齐产业链缺环与弱环，推动大型龙头企业与配套中小企业发展现代产业分工合作网络，形成产业链式集聚发展的合力。三是积极引进能与传统产业进行链式对接的新兴产业"蜂王型"企业或项目，以增量改造存量，带动传统产业更新改造和转型升级，逐步用新型产业链替代传统产业链。

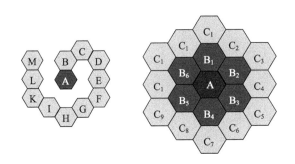

图3　由点式发展向链式集群发展的组织结构形态变化

（五）依赖跨区域采购向本地配套供应转变

推动河南工业转型升级必须加快改变本地产业链配套程度低的局面，大幅度缩小龙头企业采购半径，形成主导产业本地产业链高比例配套布局。一是支持龙头企业强化自控核心环节、发展外包一般环节，提高龙头企业对整条产业链影响力，以龙头企业为核心构建产业分工合作网络；二是引导中小企业进入龙头企业的产业分工合作网络，支持龙头企业向本地工业企业延伸资金链、产业链与技术链，带动河南工业企业提高配套能力；三是支持大型企业集团共建配套产业园区，共同培育一批配套型中小企业，政府对此要在土地、审批等方面给予大力支持；四是在招商引资中要重点引进产业链瓶颈环节、缺失环节以及与本地产业链形成对接的环节，避免引入项目与本地项目在同一层次相互竞争，支持本地中小企业与入驻的高端项目形成分工合作关系；五是支持生产性服务业企业积极嵌入本地产业链，鼓励工业企业发展研发、设计、售后服务等服务增值环节，强化金融服务、专业物流等对现代产业分工网络的支撑能力，促进本地产业链与本地服务链协同耦合发展，提高本地产业分工合作网络核心竞争力。

（六）牺牲资源环境向绿色低碳发展转变

着力突破影响工业经济发展的结构性和素质性矛盾制约，推动工业经济发展方式从粗放型向集约型转变、从以牺牲资源环境为代价向绿色低碳发展转变，已成为实现河南省工业转型升级的重要途径。按照中原经济区建设"两不三新"发展战略，切实转变发展理念，注重资源节约、生态建设和环境保护，在推进工业化进程中走资源消耗低、污染排放少、生产安全度高的绿色低碳发展道路。一要综合运用提高行业准入门槛、加强清洁生产审核、实施差别电价等手段，加快淘汰落后产能，加强信贷、土地、环保、供电等政策与产业政策的配合，严防建设淘汰类项目。二要推进工业领域循环经济发展，推动经济与环境协调发展。按照循环经济试点省建设要求，以有色金属、煤炭、火电、食品、化工、建材、造纸、医药八大高耗能、高排放行业为重点，延长产业链条，提升传统支柱产业，加快发展工业循环经济。在钢铁、有色、化工、建材等重点行业，要总结推广一批资源综合利用先进技术，引导企业节约资源、降低消耗、减少排放，开展清洁生产，提高资源利用率。三要大力发展绿色制造、战略性新兴产业、节能环保产业以及其他绿色低碳产业，以工业产业结构转变和提升彻底突破产业发展模式的历史制约。

二、河南工业转型升级战略支撑体系

河南工业转型升级的战略支撑体系主要由适合传统产业提升和新兴产业培育的区域创新体系、适合资源节约和环境友好的技术体系、适合区域禀赋结构和产业特色的人才支撑体系、适合新产业和新企业发展壮大的金融体系以及适合区位特点和比较优势的开放体系五大体系组成（见图4）。

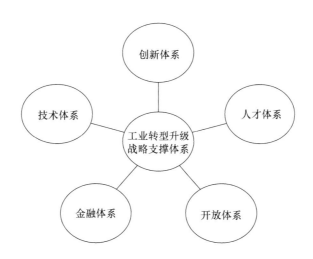

图4 河南工业转型升级支撑体系

（一）建立适合传统产业提升和新兴产业培育的区域创新体系

创新驱动是加快转变经济发展方式的中心环节，是发挥比较优势、提升核心竞争力、实现工业转型升级的现实途径。构建适合传统产业提升和新兴产业培育的区域创新体系，对于推动区域产业结构升级，形成区域竞争优势，实现区域跨越式发展具有重要作用。河南应准确把握产业转型升级对创新驱动的迫切需求，以体制机制创新为重点，提升自主创新能力，壮大创新主体，丰富创新载体，突出技术改造，以关键技术的突破推动传统优势产业改造升级和引领先导产业的形成发展，探索适合传统产业提升和新兴产业培育的区域创新体系，推动河南工业向创新发展转型。

（1）推进体制机制创新。把科技作为创新之要，人才作为创新之本，教育作为创新之基，文化作为创新之魂，推进发展理念、体制机制、社会管理等方面的全方位创新。深化重点领域和关键环节改革，发挥政府和市场两方面优势，充分激发全社会的创新活力。

（2）优化区域创新布局。着力推进创新型城市建设，在抓好国家创新型城市试点的同时，启动实施省级创新型城市以及创新型乡镇试点，切实提升区域创新能力和内生发展能力。按照要素集中、产业集聚、政策集成要求，培育创新型园区，加强创新核心区建设，加强重大创新载体建设，尽快形成创新要素集聚高地。大力发展新兴产业集群，加快建设一批具有国际竞争力的专业产业园。

（3）创新产业技术路径。顺应工业化和信息化融合趋势，把大规模改造传统产业作为提升产业整体竞争力的重要抓手。推动电子信息、装备制造、石油化工等主导产业向高端发展，广泛运用高新技术和先进信息技术，改造提升纺织、冶金、轻工、建材等传统产业，提高装备和工艺水平，实施企业创新能力培育工程，增强企业新产品开发和品牌创建能力，尽快实现由河南制造到河南创造转变。

（4）打造自主创新平台。整合省内外技术创新资源，依托各行业骨干企业，支持建设一批国家、国家地方联合及省级工程（技术）研究中心、重点实验室、工程试验室等产业创新平台。以企业、高校、科研机构为依托，按照优势互补、协同创新、互利共赢的原则，建设一批工业公共技术研发中心和产业技术创新联盟，共同突破产业发展的核心技术；以主导产业和先导产业的骨干企业为重点，加快建设和发展工程技术研究中心、企业技术中心等各类企业研发中心。

（二）建立适合资源节约和环境友好的技术体系

河南工业的技术路径应建立在发挥区域资源优势、产业优势与技术存量的基础上，支撑产业结构调整的技术路径应以适用技术为主，加快构建适合资源节约和环境友好的技术体系，要积极采用先进适用技术改造提升传统优势产业，加大在优势产业上的技术创新力度，占领该行业的技术制高点，尤其是开发适应新的消费需求的新产品，提高产业核心竞争力，依托重工业优势打造强大的制造业技术平台。

（1）技术创新体系。实施重大科技专项和产业自主创新工程，强化集成创新和引进消化吸收再创新，以核心装备、关键材料、基础零部件等关键环节为重点，集中资源攻克一批重大关键技术和核心技术，大幅度提高产业技术水平和核心竞争力。在重点工业行业核心技术领域组织实施重大科技专项，梳理一批制约行业发展的共性关键技术集中攻关，取得突破。

（2）技术转化体系。对适合河南主导产业发展的关键技术，应加大引进和推广力度，建立一批科技成果转化基地，构建从技术到产业的转化链条，通过试点企业的转化应用，缩短科技成果向产业化技术转化的进程。加快建设一批市级技术交易中心，进一步加大对展示交易中心的投入支持力度，加快专利产业化基地建设步伐，为各项技术提供从专利申请到实现产业化所需的全程服务。

（3）技术服务体系。依托产业集聚区搭建一批公共技术平台，根据各地产业集聚区的产业特点，政府投入资金与企业共建，加快建立一批公共技术平台，为中小企业的技术创新、试验、检测等提供公共资源；依托行业协会加快建立一批技术中介组织，培育一批技术经纪人，提高技术交易效率。

（4）技术标准体系。未来技术的竞争主要体现在标准竞争上，谁拥有技术标准，谁就可以走在技术前沿领域。应在河南具有优势的产业领域大力支持企业创建技术标准，并支持推广为行业标准。河南在食品、纺织、新能源等领域应加大对技术标准制定的支持力度，加快形成国内领先的技术标准体系，使之尽早成为国家标准，提高河南工业的技术竞争力。

（5）技术改造体系。在技术改造中注重节约能源、降低消耗和保护环境，积极采用节能环保新技术、新工艺和新设备，大力发展循环经济和清洁生产，提高资源综合利用效率。加大对"两高一资"（高耗能、高污染、资源型）行业的技术改造力度，组织实施重点节能工程。加强重点耗能企业和领域的信息技术推广应用，支持采用节能减排新技术、新产品、新材料及新装备进行节能减排技术改造。支持开展清洁生产，加大对有色金属、钢铁、建材、焦化、碳素、造纸、制革、合成氨等行业的技术改造力度，加大落后产能淘汰力度，推动以工业"三废"（废气、废水、固体废弃物）利用为重点的循环经济发展，促进增长方式转变，推动经济与环境协调发展。实施低碳技术应用示范工程，推动传统产业低碳化改造，开展低碳工业园区试点。

（三）培育适合区域禀赋结构和产业特色的人才支撑体系

河南省工业经济发展在很大程度上依靠"两高一资"企业和低成本劳动力拉动，但这些发展模式现在已难以为继，必须加快经济发展方式由主要依靠物质资源消耗向主要依靠科技进步和人才资源开发转变。经过多年开发，河南省人才资源总量有了较大增长，人才素质明显提高，结构更趋合理，但与全省跨越式发展要求相比，人才瓶颈问题仍然未能从根本上缓解，亟待走出一条创新发展新路子，为工业转型升级提供人才智力保证。

（1）壮大人才队伍。优化人才结构，以高层次、高技能人才为重点，加强人才资源能力建设。加大企业家培养培训力度，建设一支具有战略眼光、市场开拓精神、管理创新能力、社会责任感的优秀企业家和高水平经营管理人才队伍。加强高层次和紧缺人才队伍培养，建设一支数量充足、门类齐全、竞争力和创新力较强的专业技术人才队伍。

（2）创新人才机制。健全河南科学技术杰出贡献奖、中原学者、省优秀专家、省杰出专业技术人才等评价奖励制度。加快构建统一开放的人才市场体系，加强人才公共服务，促进人才合理流动。进一步加大对人才开发的投入，加强知识产权保护，优化人才发展环境。

（3）优化人才培养。进一步优化高等教育学科结构，重点发展物流、城市规划、设计创意、文化传媒、高级导游、高级护理、咨询、法律、金融等战略性新兴产业、工业主导产业、现代服务业、基础产业等领域所需人才。建立多层次适合装备制造业实际需要的人才培养体系，在装备制造基地和产业聚集区建立健全专业特色明显、适合当地产业发展需要的高等职业院校，加大高级技能人才和营销人才的培养力度。

（4）创新人才引进渠道。用项目带动人才集聚，以项目为载体，带动人力资源的发展。加强和科研院校的合作。扩展各种合作方式，鼓励人才"以智入股"。允许人才用自身的知识、技术、科研成果等要素参与分配，实现智力的资本化、产权化。加大人才引进力度，重点引进国内外高级经营管理人才和掌握关键技术的高层次专家，特别要注重引进掌握高新技术产业化成套技术的优秀团队。

（四） 建立适合新产业和新企业发展壮大的金融体系

目前看，河南金融支撑体系建设存在金融运行环境差、金融体系不完善、金融市场结构单一、金融创新不足、金融开放程度低以及金融合作不够等问题，因此，构建包括金融组织、金融协调、金融服务、金融开放、金融合作以及金融生态等功能齐全的金融支撑体系，是促使河南可持续发展的重要保障，也是实现工业转型升级和大幅度提高科技创新能力的保障。

（1） 建立健全金融体系。一是充分利用中原经济区的影响和区位优势，在已有的基础上继续引进全国性股份制商业银行和外资银行在河南设立分支机构，不断健全和完善河南银行业服务体系，并借助外部金融资源不断实现本地金融市场的拓展和优化。二是鼓励和支持新引进的银行在各地市设立分支机构，合理调整网点布局，进一步增强分支机构的融资效率和服务功能。三是加快发展互联网金融和建立省级创新投资基金，有效解决中小企业创新创业融资难问题。

（2） 拓宽融资渠道。一方面，充分发挥资本市场的作用，着眼长远，前瞻性做好河南企业上市项目储备工作。对资产规模较大、行业影响力较强、比较优势明显的骨干企业，要重点培育辅导；对经济效益明显、产业成长性较好、具有资源优势或区位优势的特色企业，找准定位，创造条件在中小企业板上市；对技术含量较高、创新能力较强的中小企业，积极引进风险投资，建立风险投资基金，增强企业发展实力和后劲。另一方面，拓宽其他融资渠道，包括鼓励符合条件的大企业通过发行企业债券、短期融资券、中期票据获得资金支持，减轻银行融资的压力；加快河南产业投资基金筹建步伐，不断做大直接融资的规模。

（3） 着力推进金融创新。一是推进制度创新。地方法人金融机构要增强金融创新意识，改革管理体制、经营机制、内部业务处理和风险管理流程，完善创新的组织管理，围绕区域经济发展的重点和地方产业特点制定有特色的金融创新规划和目标。二是推进金融工具和金融产品创新。加快地方法人金融机构经营方式转型，在风险可控的前提下，改进信用评级制度，积极探索多种保证方式的信贷产品、发展供应链金融，缓解城乡中小企业和县域经济的融资困境；着力推进负债业务和中间业务创新，拓宽筹资渠道。

（4） 改善金融生态环境。良好的金融生态环境是河南工业转型升级金融服务支撑体系的重要组成部分。银行监管部门要当好政银企协作的润滑剂和助推器，推动地方政府在信用环境综合治理中发挥主导作用，为金融业支持中原经济区建设营造一个高效率的行政环境、严格公正执法的法制环境和诚信履约的信用环境。构建畅通高效的政银企沟通平台，加强地方政策制定与执行过程中的沟通协商，确保政府发展目标、企业项目规划和资金供求信息有效对接，及时排解影响经济金融良性互动的瓶颈问题。

（五） 建立适合区位特点和比较优势的开放体系

我国开放型经济已步入协调发展、提升价值的新阶段，构建内陆开放型经济体系成为适应国内发展不平衡以及国际产业分工新趋势而做出的一项战略部署。全方位推进河南开放型经济体系建设，有利于河南依据产业成长进程和规律率先加快产业结构升级，拓展河南经济发展的产业空间，加速推动产业向全球产业价值链高端环节转移。当前及未来一个时期河南应实施更加积极主动的开放战略，抓住全球经济调整和产业转移的契机，充分利用两种资源和两种市场，打造适合区位特点和比较优势的开放体系，率先建立全方位、多层次、宽领域、高水平的内陆开放高地，为河南工业转型升级提供外部支撑。

（1） 提高利用外资水平。扩大对外开放领域，放宽市场准入，促进利用外资方式多样化，重点支持外资进入装备制造、现代物流、金融等领域和设立研发中心，鼓励外资以并购方式参与企业改组改造和兼并重组。坚持引进外资与引进品牌、技术、管理经验、营销网络、人才相结合，以重大项目为龙头，推动河南省产业结构调整和转型升级。坚持以商招商、专业招商、委托招商、产业链招商、集群招商，持续开展大招商活动。调整续建郑州出口加工区、设立洛阳出口加工区、开放南阳机场口岸，打造开放型经济发展政策新平台。

（2）积极承接产业转移。围绕壮大优势产业、发展战略性新兴产业，积极承接境内外产业转移。以产业集聚区和城市新区为主平台，加大政策支持力度，鼓励引进产业关联度高、辐射带动能力强的龙头项目，带动相关产业链式或集群式转移。努力探索创新承接方式，围绕产业集群、产业体系打造特色主导产业，实现承接产业转移与推进产业升级同步发展。加快推进郑汴新区和中原城市群建设，加速国内外资金、技术、人才等生产要素的聚集，使之成为国内外有影响力的开放型经济发展的核心区。深化与中央企业的战略合作，拓展合作领域，推动河南省产业结构升级和经济发展方式转变。深化与长三角、珠三角地区等沿海经济发达地区的合作，推动沿海纺织服装、电子、食品、轻工等劳动密集型产业的有序向河南省转移。推动与青岛、连云港、宁波等沿海港口合作，启动黄河航运发展建设，加快形成铁路、公路、水路协调发展的综合运输大通道。

（3）积极实施"走出去"战略。抓住"一带一路"国家战略实施的机遇，创新境外投资和经济合作方式，增强河南省工业利用海外资源、市场和先进技术的能力。支持有条件的企业利用境外资源和市场，在境外建立紧缺资源开发基地、产品加工制造基地和营销网络。发挥本土优势，大力发展国际工序分工体系中的中高端制造和服务代工能力，逐步形成跨国投资、跨境服务、跨境布局的竞争实力，逐步把产品价值链的工序和环节延伸扩展到境外，形成跨境经营的综合竞争实力。

三、推动河南工业转型升级政策建议

工业转型升级既是工业全面优化的过程，也是一项复杂的系统工程，事关今后较长一个时期河南工业的发展方向。在经济新常态下，推动工业转型升级不仅要有明确的方向与切实可行的途径，还要遵循产业发展规律，立足眼前谋长远，充分调动各方力量，采取相关配套政策及措施。

（一）发挥"三区"国家战略优势

抓住中原经济区、国家粮食生产核心区和郑州航空港经济综合试验区建设的机遇，加快推进传统产业改造升级、新兴产业培育和创新能力提升，在土地、财政、税收、生态等政策上争取国家层面的支持，力求围绕优势率先突破，有力支撑工业转型升级。在传统优势产业和新兴产业领域，多争取几个国家级产业基地或示范区，如新材料产业基地、新能源汽车制造基地、新能源产业基地、特色装备制造业基地、传统产业转型升级示范区，争取更多国家级新型工业化基地，争取更多的发展循环经济和节能减排试点、产业转移示范区、加工贸易重要承接地等国家级牌子，享受各类政策优惠，形成新的发展优势和品牌优势，打造国家级或者区域性工业转型升级高端平台。

（二）制定产业支持政策措施

把产业政策着力点从产业中观层面转向创新和研发环节，理顺政府创新引导资金的管理、投入机制，真正把政府引导资金用到合适的地方，加大对企业自主创新和研发投入的支持力度，推动企业转型升级。制定河南省新型工业化产业体系建设鼓励发展产业目录、战略性新兴产业优先发展产业目录、传统优势产业改造升级产业目录、产业集聚区主导产业发展目录指南等，并制定出对产业目录项目的扶持政策。通过整合各领域、各行业、各部门的优惠政策与支持资金，加强产业政策与贸易、财税、信贷、土地、环保等政策的协调配合，充分发挥相关政策与支持资金的"合力"作用。统筹企业技术改造、工业结构调整、支持工业发展等专项资金，按规划评审项目，按项目安排资金，集中管理，统一投放，尤其强化对汽车、电子信息、装备制造、食品、轻工、建材、化工、钢铁、有色、纺织服装、新能源汽车、生物医药、新能源、新材料等重点产业发展的引导和支持。

（三）完善转型升级推进机制

着力构建政府与企业良性互动的工业转型升级推进机制。河南应参考先进地区经验，着眼经济新常态，研究制定河南省加快推进工业转型升级指导意见和河南省构建新型工业化产业体系指导意见，河南省新型工业化中长期产业发展战略规划，从宏观层面确定发展思路。从全省层面出台工业转型升级的推进措施和工作方案，引导各地区和产业集聚区出台本地的推进措施和工作方案，创建一批省级工业转型升级示范区。

（四）创新转型升级考核机制

转型升级必须把工业发展重点从规模扩张、投资驱动转移到结构调整、可持续发展和创新驱动上，对传统工业发展方式的冲击较大，必须创新考核机制，真正把推动发展的立足点转移到提高质量和效益上来。地方政府应积极探索建立关于工业转型升级的指标考核体系，加大产业升级投资、传统产业改造、高技术产业培育、集聚集约发展等相关考核指标的比例和权重。建立与工业转型升级要求相适应的党政干部绩效考核评价和激励机制，将工业转型升级纳入年度目标责任制考核及各级领导班子综合考核考评体系，建立科学评价体系和制度导向。

参考文献

［1］杨晓光．中国经济新常态下产业结构优化升级研究［J］．商业经济，2015（2）．

［2］龚绍东，赵西三．河南工业转型升级研究［R］．河南新型工业化研究招标课题研究报告，2012（8）．

［3］龚绍东．河南制造［M］．郑州：河南人民出版社，2007（12）．

［4］林毅夫．新常态下中国经济的转型与升级［N］．解放日报，2015－05－31．

［5］李学勇．实施创新驱动战略加快转型发展步伐［J］．求是，2011（22）．

［6］霍文慧，杨运杰．工业化理论研究新进展［J］．经济学动态，2010（3）．

［7］管清友．产业结构调整进入新常态［J］．中国经济和信息化，2014（12）．

［8］周君．经济结构关系中产业结构优化研究［J］．现代经济信息，2011（16）．

经济新常态下北京市高技术产业升级研究

何维达　　林陟峰　　温子怡

（北京科技大学东凌经济管理学院　北京　100083）

一、问题提出

从 2012 年起中国的 GDP 增速逐步放缓，2012～2014 年 GDP 增速依次为 7.7%、7.7% 和 7.4%。中国经济告别过去 30 多年平均 10% 的高速增长阶段，步入中高速增长阶段。在此经济新常态下，中国经济增速虽然放缓，实际增量依然可观。经济增长更趋平稳，增长动力更为多元，增长驱动从要素驱动和投资驱动向创新驱动转变。经济结构优化升级，发展前景更加稳定，消费对经济增长的贡献超过投资，第三产业增加值超过第二产业，整体经济朝着质量更好、结构更优方向运行。新常态下我国经济发展将与传统的不平衡、不协调、不可持续的粗放增长模式基本告别。经济新常态为我国高技术产业升级奠定了客观基础，高技术产业的发展既迎合了新常态下中国经济发展的需要，也是我国工业化后期工业发展的主导驱动力。2014 年，我国高技术产业增加值同比增长 12.3%，明显高于同期工业增速。但我国高技术产业发展仍存在不少问题，高技术产业内部五大细分产业比例不均衡，大量企业对外依存度高，科研成果转化能力不足。北京作为政治和科技中心拥有显著的首都优势，汇集了大量高技术企业、行业协会、高校和科研机构。2012 年北京市高技术产业工业总产值达 3031.6 亿元，同比增长 40.9%。在"十二五"规划中北京对高技术产业的发展进行了合理布局，促进高技术产业集聚，加快产业转型、优化和升级。

国内外学者对产业优化升级进行了广泛研究。美国学者 Gereffi[1] 提出全球价值链理论来解析产业升级的概念，指出产业升级是从全球价值链的低技术、低附加值位置向高新技术、高附加值位置的演变形态。Humphrey 和 Schmitz[2] 提出，产业升级的四种方式分别是技术升级、产品升级、功能升级和产业链间升级，这一观点得到广泛认同。我国学者刘志彪[3] 认为，产业升级包括各产业间的资源转移，以及产业内低效企业与高效企业间的资源转移。王岳平和葛岳静[4] 认为，产业升级要求产业进行相关的技术升级，产业技术升级与狭义的技术进步相近，包括启用新

[基金项目] 国家社会科学基金项目"中国新疆周边国家经济安全机制比较与整合研究"（批准号 14ZDA088）；北京市社会科学基金项目"北京市产业升级与产业安全研究"（批准号 14JGA014）；中央高校基本科研业务费专项资金"碳减排约束下我国钢铁企业财务风险形成机理研究"（批准号 06106117）。

[作者简介] 何维达，北京科技大学东凌经济管理学院经济贸易系系主任，教授，博士生导师；林陟峰，北京科技大学东凌经济管理学院硕士研究生；温子怡，北京科技大学东凌经济管理学院硕士研究生。

工艺、发明新产品、使用新型材料、提高人员素质、改善工作环境和提高管理水平等。Pavlínek 等[5]基于全球价值链和全球生产网络视角，构建要素生产率指数、研发密度和研发人员比例等指标对捷克汽车产业的转型升级进行全面的实证研究。干春晖等[6]引入泰尔指数来衡量产业结构合理化，并将第三产业产值和第二产业产值的比重作为产业结构高级化的衡量指标。吴丰华和刘瑞明[7]通过中国省际面板数据的实证研究，探讨了自主创新能力与产业升级的关系。陈清泰和思路[8]认为，我国现阶段所进行的产业升级需要做好创新型经济和可持续发展。杨高举和黄先海[9]研究了资本、劳动、技术创新能力以及FDI溢出效应对中国高技术产业国际分工的影响。结果显示促进中国产业升级的关键在于努力提高前三者的能力，FDI溢出效应影响有限。赵红岩和田夏[10]依据价值链理论和创新理论研究了内生创新能力、创新环境和国际资本技术溢出效应对长三角地区高技术产业升级影响，认为创新能力和跨国技术溢出对高技术产业升级具有重要影响。赫连志巍和宋晓明[11]针对高技术产业的特点构建升级评价指标体系，运用突变级数法对其升级能力进行评价，并提出了产业升级政策建议。张辉等[12]研究了全球价值链下北京产业升级，从全球价值链的驱动机制、治理结构以及地方产业升级轨迹等方面对北京生物医药产业、信息电子产业等产业的升级方式进行了研究。综合看来，目前鲜有文献涉及北京市高技术产业升级研究。

本文主要在经济新常态大背景下，结合全球价值链理论从纵向角度对北京高技术产业所处全球价值链环节进行定位分析，同时运用突变级数法从横向角度通过25省市数据比较评价北京市高技术产业升级能力，分析产业升级的影响因素，并根据研究结果提出北京市高技术产业优化升级政策建议，这为我国其他地区产业转型升级提供借鉴。

二、北京市高技术产业升级能力纵向分析

分析北京市高技术产业在全球价值链中的地位演变可以从纵向把控其产业升级能力。凭借显著的科技优势和资本优势，北京市高技术产业得以迅猛发展，并已融入全球价值链分工体系，其产业内贸易也逐渐开展。产业内贸易可以分为垂直类型和水平类型。垂直型产业内贸易的进出口价格相似，但贸易产品在质量上有所不同，并可进一步划分为上垂直型产业内贸易和下垂直型产业内贸易。上垂直型产业内贸易说明产品质量较高，在产业分工中处于高端环节；下垂直型产业内贸易说明产品质量欠缺，位于产业分工的低端环节。水平型产业内贸易指的是进出口产品在质量上相似，但在性能上有所不同。分析产业内贸易的类型可以进一步确定北京市高技术产业在全球价值链中的地位。一般采用 Greeway 等[13]提出的进出口产品的单位价值（RUV）进行产业内贸易类型的划分，如式（1）所示。

$$RUV_{XM} = UV^X_{ij,k,t}/UV^M_{ij,k,t} \tag{1}$$

其中 $UV^X_{ij,k,t}$ 和 $UV^M_{ij,k,t}$ 分别表示在第 t 年国家 i 向国家 j 出口的 k 产品的价格和自国家 j 进口的价格。水平型产业内贸易的范围是 $1-\alpha \leqslant RUV_{XM} \leqslant 1+\alpha$；上垂直型产业内贸易的范围是 $RUV_{XM} > 1+\alpha$，下垂直型产业内贸易的范围是 $RUV_{XM} < 1-\alpha$，α 的取值一般为 0.25。

从表1中可以看出电子技术产品三年间均处于水平型产业内贸易，生物技术从2013年开始进入上垂直型产业内贸易行列，处于产业链的高端环节。但多数产品处于下垂直型产业内贸易状态，产品在质量和性能上表现欠佳。因此，从整体上看北京市高技术产品仍以下垂直型产业内贸易为主，处于全球价值链的中低端位置。

表1 2012~2014年北京市高技术产品出口价格/进口价格

高技术产品	2012 年	2013 年	2014 年
生物技术	0.73	1.34	1.33
生命科学技术	0.14	0.12	0.16
光电技术	0.28	0.47	0.47
计算机与通信技术	0.38	0.14	0.07
电子技术	0.81	0.81	0.88
计算机集成制造技术	0.83	0.51	0.34
材料技术	0.39	0.31	0.21
航空航天技术	0.17	0.26	0.71

资料来源：北京海关统计数据。

在经济全球化背景下，北京市高技术产业以承接发达国家产业转移的方式逐渐进入全球价值链的生产网络中，从最初的以承接国外的订单加工为主发展为现在的"国际代工"的形式。北京目前发展形成众多的高技术产业园区，但这些产业集群的建立是依托在低成本和国内庞大消费市场的基础上，集群整体上并没有进入研发设计、技术密集和知识密集的环节，价值流失严重处在被支配的地位。同时在高技术企业构成结构中外资占据着主导地位，自主品牌企业甚少，2012年外资企业产值占高技术产业总产值68.0%。目前北京市高技术企业分为三类，第一类是跨国公司投资建立的生产工厂，利用低成本优势成为跨国公司的组装生产线，大部分的研发、营销等高附加值环节仍在国外；第二类是大企业周边专业化程度比较高的小企业，由于规模的限制生产的大多是中低端产品，利润不高，技术研发资金短缺；第三类企业是自主品牌，这类企业虽然在科研和技术创新上投入很多，但是由于缺少大型企业成熟发展的平台，大多数企业仍然没有掌握产品生产的核心技术，关键零部件仍然采用进口的方式。因此若将产业内贸易进一步分解为外资企业和本地企业，北京市本地高技术企业在全球价值链中地位将比表1的结果更低。

三、北京市高技术产业升级能力横向分析

（一）研究方法

1. 指标体系

本文指标体系主要从产业升级产出能力和投入能力两方面对各个地区产业升级能力进行综合评价。本文选取的产业升级产出指标主要从产业成长、创新能力以及盈利能力角度衡量高技术产业在一段时期内整体绩效的提升。产出指标是时期指标，一般选择增长性指标来表示，选择2008~2013年作为观察时期。产业升级投入能力指标是从人员、资金等投入角度进行考察，主要选取的是时点性指标，本文选取的时点为2013年。采用突变级数法进行产业升级能力横向分析，该方法要求评价系统中状态变量下属的控制变量不能超过4个，结合高技术产业特点和产业升级需考虑的因素，评价指标体系设置如表2所示。研究数据来源于《中国高技术统计年鉴2009》、《中国高技术统计年鉴2014》、《中国统计年鉴2009》、《中国统计年鉴2014》。鉴于数据可得性，本文在横向分析时剔除了数值缺失的海南、西藏、内蒙古、新疆、甘肃、青海6个省份，对其余25个省市进行综合分析。

表2　高技术产业升级能力评价指标体系

目标层	一级指标	二级指标	三级指标
高技术产业升级能力 A	产业升级产出能力 A1	产业成长与集聚能力 B1	主营业务收入增长率 C1
			产业成长程度 C2
			产业集中度变化率 C3
		科技创新与产出能力 B2	新产品销售收入增长率 C4
			有效发明专利增量 C5
		产业经营获利能力 B3	总资产贡献率 C6
			利润增加值 C7
	产业升级投入能力 A2	研发资金和人员投入 B4	研发经费内部支出 C8
			企业研发经费支出额 C9
			新产品研发经费支出占收入比重 C10
			研发人员占比 C11
		技术获取和改造投入 B5	技术引进和消化吸收经费支出 C12
			技术改造经费支出 C13
		政府和科研机构投入 B6	政府研发经费投入比重 C14
			企业科研机构密度 C15

2. 实证模型

突变级数法是利用突变理论和模糊函数得出总体评价值，并对评价目标进行排序的综合分析方法。该方法的优点主要是无须给指标赋权避免了主观因素的影响，同时运算量较小。突变系统通常包括3种类型，各个类型的数学模型和归一公式如表3所示。由于评价体系中各指标单位不同，无法直接进行突变级数法运算，本文采用最大值最小值方法进行无量纲化处理。

表3　常见突变系统类型和特征

类型	模型	控制变量	归一公式
尖点突变系统	$U(X) = X^4 + AX^2 + BX$	A、B	$A = -6X^2$ $B = 8X^3$
燕尾突变系统	$U(X) = \frac{1}{5}X^5 + \frac{1}{3}AX^2 + \frac{1}{2}BX^2 + CX$	A、B、C	$A = -6X^2$ $B = 8X^3$ $C = -3X^4$
蝴蝶突变系统	$U(X) = \frac{1}{6}X^6 + \frac{1}{4}AX^4 + \frac{1}{3}BX^3 + \frac{1}{2}CX^2 + DX$	A、B、C、D	$A = -10X^2$ $B = 20X^3$ $C = -15X^4$ $D = 5X^5$

由突变理论可知，模型 $U(X)$ 的全部临界点组成平衡曲面，该平衡曲面方程可由 $U(X)$ 一阶导数得到；$U(X)$ 的二阶导数表示上述平衡曲面的奇点集。联立一阶导数方程和二阶导数方程可消去 X，便可得到突变系统的分歧点集方程，系统发生突变的条件是所有变量均满足此方程。归一公式计算方式如下，尖点突变系统中 $X_A = \sqrt{A}$，$X_B = \sqrt[3]{B}$；燕尾突变系统中 $X_A = \sqrt{A}$，$X_B = \sqrt[3]{B}$，$X_C = \sqrt[4]{C}$；蝴蝶突变系统中 $X_A = \sqrt{A}$，$X_B = \sqrt[3]{B}$，$X_C = \sqrt[4]{C}$，$X_D = \sqrt[5]{D}$。若各个控制变量之间存

在相互关联关系，对应的 X 取平均值；若不存在关联关系，则 X 按照大中取小原则求出评价值。对于多层级指标体系需重复上述运算过程递归计算得到最终评价结果。

具体运算过程下文以产业成长与集聚能力 B1 指标为例进行说明。B1 指标涵盖的 C1，C2，C3 三个指标可构成燕尾突变系统模型，根据上文给出的燕尾突变系统归一公式计算方法得 $X_{C1} = \sqrt{0.706} = 0.8400$，$X_{C2} = \sqrt[3]{0.012} = 0.2272$，$X_{C3} = \sqrt[4]{0.735} = 0.9259$。因为 C1，C2，C3 三个指标存在相互关联关系，评价值取平均值则 B1 =（0.8400 + 0.2272 + 0.9259）/3 = 0.6644。根据同样的计算方法，逐步向上一层递归，得到最终高技术产业升级能力指标 A 值。

3. 结果分析

通过查阅《中国高技术统计年鉴 2014》、《中国高技术统计年鉴 2009》、《中国统计年鉴 2014》、《中国统计年鉴 2009》获得原始数据后进行突变级数法运算，结果如表 4 所示。

由表 4 分析可知，北京高技术产业的升级能力在 25 个省市中排名居于第 6 位。从各项指标可以看出北京市的产业成长与集聚能力、产业创新能力排名第 13，相对其他指标拉低了产业升级能力的排名。这说明北京的高技术产业发展速度相对较缓，可能与北京市高技术产业发展相对成熟有关，北京市高技术产业发展已经进入了平稳阶段，增长速度逐渐放缓。而其他大部分地区的高技术产业起步晚，正处于发展较快阶段，因此出现北京高技术产业成长和集聚能力增长缓慢的特点。另外，北京市高技术产业以国际代工为主的模式导致其创新能力相对不足，阻碍了产业升级能力提升。大量的资金与人员投入并没有发挥应有的效果，新产品销售收入与发明专利数相对较少。创新能力是实现价值链攀升的关键，因此需要加强北京市高技术产业创新研发能力。从产业经营获利能力看，北京市排名第 9，较充足的资金、技术、人员投入带来的利润增加却十分有限。从政府和科研机构投入指标来看，北京市排名第 6 的是六项二级指标中北京排名最靠前的指标，可见政府政策和资金支持能够促进升级能力的提升。综合各个指标值，北京市高技术产业升级投入能力较强，排名第 5，但产业升级产出能力较弱，排名仅为第 14，可见在高投入的背景下产业升级产出能力相对不足，高投入并没有带来相应的高产出。

表 4 北京市及各省高技术产业升级能力排名

省市	产业成长与集聚能力 B1		科技创新与产出能力 B2		产业经营获利能力 B3		研发资金和人员投入 B4		技术获取和改造投入 B5	
	分数	排名	分数	排名	分数	排名	分数	排名	分数	排名
北京	0.664	13	0.285	13	0.412	9	0.708	6	0.428	7
天津	0.688	11	0.254	16	0.522	5	0.466	20	0.250	15
河北	0.514	23	0.290	11	0.270	21	0.558	17	0.268	12
山西	0.688	12	0.176	24	0.245	23	0.220	24	0.167	21
辽宁	0.550	22	0.221	20	0.494	6	0.703	8	0.257	13
吉林	0.609	18	0.275	14	0.323	16	0.346	21	0.249	16
黑龙江	0.720	7	0.188	23	0.266	22	0.683	9	0.231	18
上海	0.844	1	0.194	22	0.491	7	0.587	14	0.449	6
江苏	0.702	8	0.404	5	0.728	1	0.610	12	1.000	1
浙江	0.625	15	0.354	7	0.408	10	0.748	4	0.531	5
安徽	0.613	16	0.434	3	0.342	15	0.593	13	0.249	17
福建	0.646	14	0.266	15	0.379	13	0.616	11	0.597	4
江西	0.691	9	0.323	8	0.377	14	0.490	1	0.252	14

续表

省市	产业成长与集聚能力 B1		科技创新与产出能力 B2		产业经营获利能力 B3		研发资金和人员投入 B4		技术获取和改造投入 B5	
	分数	排名	分数	排名	分数	排名	分数	排名	分数	排名
山东	0.586	19	0.311	10	0.760	2	0.661	10	0.631	3
河南	0.760	4	0.603	2	0.434	8	0.309	22	0.227	19
湖北	0.610	17	0.361	6	0.314	19	0.736	5	0.391	9
湖南	0.690	10	0.433	4	0.380	12	0.560	16	0.317	10
广东	0.753	5	0.665	1	0.966	1	0.800	1	0.780	2
广西	0.744	6	0.316	9	0.319	18	0.108	25	0.126	25
重庆	0.843	2	0.196	21	0.381	11	0.276	23	0.181	20
四川	0.835	3	0.286	12	0.585	4	0.523	18	0.409	8
贵州	0.239	24	0.223	19	0.184	24	0.770	3	0.139	22
云南	0.566	21	0.235	17	0.322	17	0.580	15	0.129	24
陕西	0.569	20	0.224	18	0.287	20	0.770	2	0.294	11
宁夏	0.129	25	0.064	25	0.000	25	0.708	7	0.137	23

省市	政府和科研机构投入 B6		产业升级产出能力 A1		产业升级投入能力 A2		高技术产业升级能力 A	
	分数	排名	分数	排名	分数	排名	分数	排名
北京	0.670	6	0.758	14	0.833	5	0.906	6
天津	0.390	22	0.771	8	0.701	21	0.883	17
河北	0.592	13	0.700	21	0.756	17	0.874	18
山西	0.424	21	0.698	23	0.609	24	0.841	24
辽宁	0.708	5	0.728	17	0.797	9	0.890	13
吉林	0.646	9	0.728	18	0.705	20	0.872	19
黑龙江	0.940	1	0.713	19	0.808	8	0.888	15
上海	0.373	23	0.778	7	0.771	13	0.900	9
江苏	0.609	11	0.834	3	0.888	1	0.937	2
浙江	0.581	14	0.766	11	0.849	2	0.911	4
安徽	0.668	7	0.768	9	0.768	14	0.896	11
福建	0.473	16	0.744	16	0.819	7	0.899	10
江西	0.441	19	0.767	10	0.715	19	0.885	16
山东	0.542	15	0.792	5	0.843	3	0.917	3
河南	0.458	17	0.843	2	0.663	22	0.895	12
湖北	0.604	12	0.747	15	0.823	6	0.901	8
湖南	0.634	10	0.791	6	0.774	12	0.904	7
广东	0.106	24	0.911	1	0.795	10	0.940	1
广西	0.393	21	0.765	12	0.541	25	0.845	22
重庆	0.435	20	0.761	13	0.635	23	0.866	21
四川	0.458	18	0.816	4	0.763	15	0.908	5
贵州	0.881	3	0.583	24	0.788	11	0.844	23
云南	0.653	8	0.708	20	0.722	18	0.869	20
陕西	0.924	2	0.698	22	0.841	4	0.890	14
宁夏	0.750	4	0.253	25	0.763	16	0.708	25

四、结论与建议

本文基于经济新常态背景，对北京市高技术产业从纵向全球价值链定位和横向全国 25 个省市比较分析两个角度对其产业转型升级展开研究，得出以下几个基本结论。①北京市高技术产业的细分产业中仅有生物技术产业属于上垂直型产业内贸易，具备自主研究发展能力，处于产业链的高端环节。电子技术产业属于水平型产业内贸易，进出口质量相似但性能有差异的产品。其余细分产业的进出产品单位价值低，所生产出口产品的质量与性能远不如进口产品属于下垂直型产业内贸易。因此北京市高技术产业总体尚处全球价值链中低端，以下垂直型产业内贸易为主导。②北京高技术企业组成结构不均衡，以外资企业为主导，外资企业总产值超过北京市高技术产业总产值的半数。在带来技术溢出效应的同时也给本地高技术产业发展带来了弊端，限制了国内企业的发展。北京高技术企业大多依托低成本和国内庞大的消费市场代外资企业进行产品组装和生产，产业整体还没有进入研发设计、技术密集和知识密集的环节，价值流失严重处在被支配的地位。③运用突变级数法对全国 25 个省市高技术产业的升级能力进行横向分析。结果显示北京市高技术产业综合升级能力排名第 6，落后于广东、江苏、山东、浙江和四川，处于升级能力第一梯队的末端。同时产业投入产出比例不合理，高投入却没有带来相应的高产出。科技创新与产出能力相对不足这主要是当前以产品组装和生产为主的发展模式所导致的。但在研发资金和人员投入、政府和科研机构投入上在全国处于前列地位，这主要得益于北京作为首都拥有显著的科技、教育资源和财政优势。

基于以上研究结果，本文为北京市高技术产业转型升级提出如下建议：①加强自主创新能力，提升成果转化效率。首先提高产学研合作的水平，其次鼓励企业积极参加全球技术标准合作。积极引导相关企业进行技术标准战略合作，同时为国内企业加入国际标准制定创造条件。加强知识产权保护，对于具有自主知识产权的关键技术在专利申请上开通快捷通道。②大力扶持国内高技术企业创立与发展。可以通过减税、优惠贷款、创业基金等方式为高技术企业提供资金和政策优惠，以逐步改善当前企业构成不合理的局面。③扩大企业规模，强化产业集聚效应。鼓励国内企业之间的强强联合，扶持北京本地的中小企业发展壮大，培育具有国际竞争力的大型企业，同时规范外资的并购活动。

参考文献

［1］ Gereffi, G. International Trade and Industrial Upgrading in the Apparel Commodity Chain［J］. Journal of International Economics, 1999, 48（1）: 37 – 70.

［2］ Humphrey, J., H. Schmitz. How Does Insertion in Global Value Chains Affect Upgrading in Industrial Clusters?［J］. Regional Studies, 2002, 36（9）: 1017 – 1027.

［3］ 刘志彪. 国际贸易和直接投资：基于产业经济学的分析［J］. 南京大学学报（哲学·人文科学·社会科学版），2002, 39（3）: 43 – 54.

［4］ 王岳平，葛岳静. 我国产业结构的投入产出关联特征分析［J］. 管理世界，2007（2）: 61 – 68.

［5］ Pavlínek, P., B. Domański, R. Guzik. Industrial Upgrading Through Foreign Direct Investment in Central European Automotive Manufacturing［J］. European Urban and Regional Studies, 2009, 16（1）: 43 – 63.

［6］ 干春晖，郑若谷，余典范. 中国产业结构变迁对经济增长和波动的影响［J］. 经济研究，2011（5）: 4 – 16.

［7］ 吴丰华，刘瑞明. 产业升级与自主创新能力构建——基于中国省际面板数据的实证研究［J］. 中国工

业经济，2013（5）：57－69.

　　［8］陈清泰，思路．经济转型与产业升级的几个问题［J］．中国软科学，2014（1）：24－28.

　　［9］杨高举，黄先海．内部动力与后发国分工地位升级——来自中国高技术产业的证据［J］．中国社会科学，2013（2）：25－45.

　　［10］赵红岩，田夏．本土创新能力、跨国资本技术溢出与长三角高技术产业升级［J］．上海经济研究，2013（7）：81－90.

　　［11］赫连志巍，宋晓明．基于突变级数法的高技术产业升级能力评价研究［J］．科学学与科学技术管理，2013（4）：98－103.

　　［12］张辉．全球价值链下北京产业升级研究［M］．北京：北京大学出版社，2007.

　　［13］Greenway, D., R. Hine, C. Milner. Vertical and Horizontal Intra－Industry Trade：A Cross Industry Analysis for the United Kingdom［J］. Economic Journal，1995（105）：1501－1518.

对宣城促进房地产业健康发展的调查与思考

汪恭礼

（宣州区铁路工作办公室　宣城　24200）

宣城为安徽东南门户，地处皖、苏、浙三省交界处，距三省省会合肥、南京、杭州均在200公里以内，距上海260公里，是安徽省离上海最近的城市。距九华山145公里、黄山190公里。是中国文房四宝之乡，山水园林城市，属国家级"皖江城市带承接产业转移示范区"、"皖南国际旅游文化示范区"。全市总面积12340平方公里，人口280万，辖宣州、郎溪、广德、宁国、泾县、绩溪、旌德7个县市区。

随着新型工业化、城镇化加速推进，宣城城市住房规模不断增大，居住环境和住房条件逐步改善，据统计分析，2014年年末，该市市区常住人口约32万人，城镇居民人均住房建筑面积33m^{2}左右，市区住房保有量约1050万m^2。城镇化水平的提高和每年人口增加带来的潜在住房需求、拆迁和棚户区改造形成的被动性购房需求以及改善性住房的刚性需求，将进一步带动住房建设和拉动住房消费。2009～2013年，该市市区（不含各县市）年均完成房地产开发投资55亿元，平均增速30.7%；新建商品房年均新开工240万m^2，平均增速22.1%，年均供应143万m^2，平均增速13.5%，年均销售120万m^2，平均增速7.6%；2013年商品住房（不含政策性住房）销售均价5077元/m^2，较2009年均价年均增长约11.1%。

2014年，完成房地产开发投资202亿元，占全社会固定资产投资的17.7%，同比增长6.7%，其中市区完成90.8亿元，占固定资产投资的30.4%，同比增长1.7%；全市和市本级实现房地产业及相关建筑业税收分别占同期同级地方税收37.5%和42.8%，分别占同期同级地方财政收入的25%和29.1%；12月末，各项房地产贷款余额分别占同期同级各项人民币贷款余额的31.9%和33.3%。市区新建商品房新开工204万m^2，批准预售153万m^2，实现销售109万m^2，其中市区以外户籍购房人的占比则高达74%，房价稳定处在全省中等水平。

在全国经济增速放缓及房地产市场普遍下行的大环境下，该市房地产开发完成投资增速逐步放缓，开发企业对于购地和开发项目投资谨慎。2015年1～5月，宣城市市区完成房地产开发投资19.91亿元，其中商品住宅投资13.28亿元，同比分别下降24.57%和33.57%。市场浓厚的市场观望情绪及紧缩的货币信贷政策，房地产开发企业资金压力较大，进一步拉长建设周期，竣工面积出现下降。2015年1～5月，全市和市区新建商品房新开工面积分别为151.57m^{2}和54.47万m^2，同比下降12.62%和33.45%；新建商品房竣工面积分别为64.02m^{2}万和20.24万m^2，同比下降34.95%和61.47%。6月份，备案494套，与5月相比减少了46套，环比下跌8.52%，和上年同期的533套相比减少39套，同比减少7.3%。媒体和社会舆论的引导，导致房地产市场销售较为迟缓，商品房销售量及销售均价出现一定程度下降。2014年全年商品房屋销售面积253.8万m^2，同比下降17.1%；商品房屋销售额121.7亿元，同比下降14.3%。商品房待售面积较大，消化库存压力大，截至7月3日，宣城市仍有住宅库存8595套，纯商品房住宅可售面积94.63万m^2。按照2014年6月到2015年6月一年平均每月586套计算，则当前可售套数消化时间为14.66个月。

一、影响房地产业长期健康发展的深层次问题

（一）房地产业缺乏中、长期规划

宣城市未能按照城市住房状况、已供土地开发量、购房需求和人口增长情况合理安排年度住宅用地供应，没有将房地产业置于整个国民经济产业体系和区域中心城市定位中来谋划和研究。城市规划被市场推着走，导致城市功能分区不明显、功能定位不明确。市区住房主要集中分布在主城区，东部片区、西部片区、北部片区分布较少，布局不合理，不符合"一城三片区"的住房规划布局。

（二）新开发住宅区基础设施不完善

近年来一些新的住宅小区相继建成并交付使用，但与住宅小区相配套的中小学、医院、菜市场、商场、水电气和公共交通等配套设施规划建设滞后，影响了城市居民的正常生产、生活。多数住宅小区没有高品位的城市景观规划，没有一个个性化、智能化、人文化的物业管理小区配套，商品房高附加值则难以提升。

（三）房地产开发企业融资困难

房地产开发企业融资以自筹和预收款为主，银行等金融机构对房地产开发企业信贷政策收紧，市场销售迟缓、资金回笼困难等因素加剧了企业的财务风险，容易产生资金链断裂、项目烂尾的情况，一定程度上加剧了社会风险。

（四）房地产开发企业不重视售后服务

绝大多数房地产开发企业都有房产售后服务保障承诺和措施，但普遍存在"只要房屋卖出去就万事大吉"思想，根本不提供诸如装修建议、渗漏补修等售后服务，特别是在房产出现问题后更是不理不问，损害购房者利益，损害购房者对商品房市场的信任和信心。

（五）房地产开发企业对市场分析不够

目前，正处于产业结构调整的关键时期，一些传统优势产业，一直处于停产或半停产状态，使得市民经济收入偏低、购买力不强。大多数房地产开发商没有对房地产市场进行科学预测，将购房群体定位在工薪阶层和高收入高消费阶层，过高估计了人们购买力，大量开发出超大面积的商住房，结果滞销造成了资产积压。

（六）保障性住房建设与管理困难逐步显现

由于近年来保障性住房建设任务不断增加，保障性住房建设资金投入逐年增大，且中央、省投资补助资金有限，地方自筹部分压力较大。保障对象只是在入住时缴交了一年的物业管理费和租金，到期后再收费很困难，收缴率很低，造成物业公司经营困难。有些住房分配之后还存在转租、转借、经营、空置等现象。对享受保障性住房家庭，日后不具备享受保障性住房条件时，存在退出难问题。

二、几点建议

（一）理清房地产业健康发展的思路

市政府应组织有关部门对近几年来新建的房地产项目进行全面调查，重点弄清楚开发资金的来源和构成，开发商的实力，房屋的营销状况与营销特点。在调查掌握情况的基础上，根据国家的宏观政策走向和宣城市的实际情况，确定房地产业的发展方向和措施。要根据各类房地产的营销现状和趋势来决定未来房地产的投资总量、投资方向和投资重点，切不可谁拿钱来就可以随意购地上项目，造成建成项目越多，闲置房子越多状况。同时，要明确重点区域，做到开发一片，成型一片，繁荣一片。

（二）高水准做好中长期房地产业规划

要从修编城市建设的控制性详规入手，合理编制并及时修订完善房地产业和住房建设发展中长期规划，加强对房地产业发展的指导。在城市总体规划和近期规划中，要有经营城市理念，要着眼构建城市框架，对城市定位要准，功能区分要合理，合理确定各类房地产用地的布局和比例，合理配置市政配套设施。政府要依靠规划为房地产开发提供高效、适度超前的基础设施建设，从而提高城市土地和空间的使用价值，创造良好的人居环境。对整个城市定位，区域功能划分，地段乃至地块都要做好控制性规划，大到"山水园林城市"的整体定位，小到一个小区的地段面积功能、容积率密度、绿化率、泊车位数等都用规划约束。土地经过拍卖后，建筑规划必须以城市总体规划为蓝本，以小区控制性详规为依托，按规定面积建房屋、绿地，建筑风格、景观设计必须做到有规划可依。

（三）同步建设居民区公共服务设施

按照"统一规划、合理布局、综合开发、配套建设"原则，新建居民区同步规划、同步建设城市基础设施、公共服务设施与商业设施。优先安排在建住宅小区和已出让地块周边城市道路、供水、供电、燃气、排水、排污等市政基础设施以及教育、医疗、商业等生活配套设施建设，确保项目按时交付，改善居民居住条件和生活环境。

（四）拓宽房地产企业融资渠道

建议政府组织协调各金融部门，把各类资源向有市场优势、资金回笼快、效益好的优质项目倾斜，积极支持房地产企业的合理信贷需求，保障企业有顺畅的经营现金流量。对资信好但短期资金周转出现困难的企业和项目，在贷款上给予重点倾斜，优先支持保障性住房；重点支持金融信誉度高、社会信誉好的房地产企业开发适销对路的普通住房项目。

（五）加强房地产市场诚信体系建设

对房地产开发企业因资金短缺可能造成烂尾楼工程，拖欠工程款、拖欠农民工工资、挪用预售款、小区配套不完善、延时交房、验收等问题，要加强管理，尽量避免。加强对房地产开发建设、交易、物业服务等环节的监管，对资信不良、工程质量低劣、违规建设和交易的企业依法清出。

（六）根据消费市场需求优化商品房市场供应结构

优化产品结构，把开发重点放在经济适用房上，针对中低收入人群住房需求，在建筑面积上，锁定在80~120平方米的中小户型，增加普通住房供应量。同时要从小区布局、户型设计等多个角度提高项目开发水平，开发社区，满足高收入水平人群的购房需求。

（七）开辟房地产消费市场

一方面，引导企业转型和招商引资来培育支柱产业，真正做大做强工业经济，以此带动第一、第三产业，形成彼此关联、协同发展的产业经济群体，带动人流、物流、信息流、资金流发展区域经济，提高居民购买能力，为房地产市场持续健康发展提供原动力。另一方面，制定优惠政策刺激居民群众的购房需求，吸引乡镇务工人员和城镇低收入人群购房。为农村购房户、外来购房户的治安、劳动保障等提供便利条件，让他们真正享受"市民待遇"。在适度发展小集镇建设的同时，鼓励支持农民进城购房，实现农村劳动力有效转移。同时政府要着力解决农村人口入城后干什么的问题，为引导消费提供坚实保障。

（八）完善保障性住房管理运行机制

坚持政府引导和市场化运作相结合，进一步创新思路，不断拓宽资金渠道，积极探索"租售并举"或"先租后售"的行之有效的办法。例如，除对一些低保户给予低租金租住廉租房外，可以对低保户打折出售，一次性出售全部产权或出售部分产权，明确产权比例，条件成熟再出售剩余产权；新建的廉租房也可直接出售全部产权。制定相应的优惠政策。为低收入家庭购买廉租房提供优惠贷款，放宽还款额度和年限，保证低收入家庭从"能租得起房"向"能买得起房"过渡，逐步回笼资金，为再建廉租房筹措资金。同时，积极争取中央、省保障房建设资金和政策支持，支持鼓励有条件、有积极性的国有、民营等企事业单位建设公租房和廉租房，可采取土地优惠、税费减免以及贴息、发补贴办法，引导社会资金投入保障房建设。进一步完善保障性住房分配、出售、出租及管理的运行机制，制定更加完善、更加细致、更加科学的具体分配办法，严格规定享受廉租房保障的相关政策。要公开透明，公正公平，实施阳光操作，确保享受廉租房待遇的是真正低保无房户，租住公租房的是"夹心层"家庭。建立健全保障房建后的管理投入机制、责任机制，鼓励开发商不仅参与保障房建设，也可给予开发商一定补贴，使他们以低于市场价经营廉租房、公租房，并负责收租金、维修、物业管理等，形成建、分、管一体化。对低保无房户，户户核实，从严掌控，堵住一些人钻政策空子或以各种手段骗取低保户待遇的漏洞。建立健全保障房准入和退出机制，对转租、借租、改作他用、暗中变卖的一经查出立即收回，同时给予相应处罚。对原廉租房受益户，家庭收入有所提高，不再符合居住廉租房政策的，如本人意愿购买原住房的，政府应给予支持和鼓励，对主动退出廉租房后购买商品房确有困难的家庭，政府应为其提供经济适用房房源，并适当给予政策性补贴等。

耦合还是离散

——经济新常态下的区域保险

唐旭茂　高　静

（上海财经大学经济学院　上海　300433）

一、　引言

2014 年 8 月正式发布的《国务院关于加快发展现代保险服务业的若干意见》（简称"新国十条"）将拥有 9.4 万亿元总资产的我国保险业推向一个全新的高度。我国已经是全球最重要的新兴保险大国，2013 年全国保费收入 1.72 万亿元（同比增长 11.2%），全球排名第 4 位（同比增长仅为 1.4%）。但是从保险密度和保险深度指标看，与一些保险强国乃至世界平均水平相比，我国仍存在不小的差距①。不仅如此，我国保险业在高速增长的同时也暴露出了区域发展不平衡的结构性问题（江生忠，2003）。以 2013 年我国 31 个省、市、自治区的保险密度和保险深度为例（见图 1），足以揭示我国保险业区域发展不平衡现状。

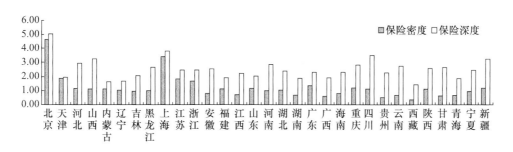

图 1　中国 31 个省、市、自治区的保险密度和保险深度②

理论上，区域保险市场的发展目标应当是适应区域经济和社会发展的需要，使其不再成为区域经济和社会发展的制约因素（肖志光，2007）。区域发展不平衡必将妨碍我国保险业长期健康发展，带来区域保险结构同质、摩擦加剧及利益冲突等诸多问题（徐哲、冯喆，2005）。目前区

［基金项目］上海财经大学研究生科研创新基金项目（CXJJ - 2012 - 392 和 CXJJ - 2012 - 400）。

［作者简介］唐旭茂，上海财经大学经济学院博士生；高静，上海财经大学经济学院博士生。

①　2013 年我国保险密度为 209 美元、保险深度为 3%，而同期世界平均保险密度为 652 美元、保险深度为 6.3%。

②　本图中，保险密度的单位是千元，而保险深度的单位是%，特此说明。

域保险消费的不均衡发展已经成为制约我国保险业更好地服务于经济社会发展的瓶颈之一，应当引起足够重视（赵进文等，2010）。

本文试图基于空间视角在考察我国区域保险耦合性的同时挖掘导致我国区域保险发展不平衡因素。在经济新常态的背景下，我国区域保险的发展态势如何？是耦合还是分离？哪些因素会对区域保险发展产生影响？显然，对于这些问题的研究与解答富有理论意义与实际价值。

现有研究主要集中在三个方面。第一，区域保险发展的聚集效应。一些学者认为，区域保险的差异在不断加大，具有明显的离散特征，例如何晓夏等（2014）指出，我国区域保险业发展水平差异化显著，呈现东高西低的阶梯状分布态势；孙秀清（2007）同样指出，东、中、西部三大经济区域保险发展水平呈现出明显的东高西低的梯度性差异，中、西部地区保险发展水平与东部地区存在巨大差距。也有一些学者的观点恰好相反，主张这一差异在不断缩小，比如陆秋君和施锡铨（2008）认为，我国省际保险的发展差异在不断缩小；蒋才芳（2009）选用保险业绩指标来衡量区域保险发展水平，并指出各省市保险业绩指数之间的差异正在缩小，离散程度正在逐步下降。第二，区域保险与区域经济。张伟等（2005）指出，引起地区间保险业发展不平衡的原因是多方面的，其中主要原因是经济发展水平的差距、经济开放程度的差距、社会保障水平的差距以及人们风险意识上的差距。大量的实证研究结果表明，保险发展与经济发展呈正相关关系（Beck and Webb，2003；Esho et al，2004）。区域经济对区域保险同样有着明显的促进作用，这是否意味着区域保险的发展水平会随着经济发展水平的趋同而趋同呢？学者们观点不一。吴祥佑（2009）认为是如此，但肖志光（2007）则认为，区域保险市场发展水平不会由于各地区经济发展水平的趋同而必然出现趋同，蒋才芳（2009）也认为区域保险发展水平差异与区域经济发展水平差异不尽一致。第三，区域保险与法律制度及文化因素。有效的法律体系会影响到保险业的发展，因为它设定了损害的赔偿责任和保险公司的经营环境（Browne et al.，2000）。郑伟等（2010）指出，新兴发展中国家的保险业增长则主要依靠制度要素的推动，也就是说，法律法规属于"系统性制度"可能会对保险业的增长产生较为明确的系统性影响。张伟等（2005）也指出，法律法规是影响保险这种特殊商品的重要因素之一。与此同时，保险经济效益的实现是以国家监管、经济体系及文化氛围为条件（Ward and Zurbruegg，2000）。Hofstede（1995）指出，在一个经济体内保险业的发展水平取决于民族文化及个人是否愿意使用保险合同作为处理风险的一种方式。在分析地区间保险市场发展水平差异时，影响因素最终可以归结为经济环境、社会文化、法律环境和保险市场环境等几个方面（肖志光，2007）。

尽管研究区域保险发展文献不少，但这些研究存在一些不足。一方面，忽视了区域保险的独特性，即相互之间的内在影响，这不同于跨国研究；另一方面，过于强调经济因素在区域保险发展中的作用，淡化了法律制度"硬实力"和文化因素"软实力"的双重影响，这显然不够完整。

本文基于1999～2013年中国省际非寿险密度和寿险密度的研究，借助空间相关全局和局部Moran's I指数、Moran散点图和LISA聚集图以及空间向量自回归模型对中国省际保险密度的空间相关性、聚集性和影响因素进行分析，得出如下结论：第一，我国省际保险密度具有显著的正向空间相关性和明显的聚集效应；第二，无论非寿险还是寿险，经济发展水平对保险发展有着显著正效应，而且处于相同经济发展水平的地区在保险发展方面具有相互促进作用；第三，法律制度和文化传统对非寿险密度和寿险密度均具有明显的促进效应，这进一步表明，完善法制制度和发扬文化传统对于保险发展乃至经济发展的重要性。

二、研究模型与数据来源

（一）研究模型

为了测度区域保险发展的空间相关关系及其影响因素，本文选取如下模型：

1. 空间相关性模型

为进一步对各省保险发展的空间相关性特征进行分析，本文将效仿国内外学者（具体作者文章）的做法，采用 Moran's I 度量变量的空间相关性。Moran's I 统计量分为全局指标（Global Moran's I）和局部指标（Local Moran's I），前者用于验证在整个研究区域内某一要素是否存在空间自相关，后者用于分析局部小区域单元上的某种现象或属性值与相邻局部小区域单元上的同一现象或属性值的相关程度。需要说明的是，本文将选用保险密度[①]来衡量地区保险的发展水平，原因在于：①一个地区保险密度不仅受影响保险业发展水平因素的制约，还会受邻近地区的影响（吴祥佑，2009）；②未考虑经济因素，而保险深度（保费收入/GDP）在保险密度的基础上已增加了对经济因素的考虑，因此保险深度不适用于分析经济发展水平对保险业发展的影响（初立苹和刘兵勇，2015）。

全局指标 Moran's I 的计算公式为（Moran，1948）：

$$I = \frac{\sum\limits_{i=1}^{n} \sum\limits_{j=1}^{n} W_{ij}(Y_i - \overline{Y})(Y_j - \overline{Y})}{S^2 \sum\limits_{i=1}^{n} \sum\limits_{j=1}^{n} W_{ij}}$$

其中，$S^2 = \frac{1}{n} \sum\limits_{i=1}^{n} (Y_i - \overline{Y})^2$，$\overline{Y} = \frac{1}{n} \sum\limits_{i=1}^{n} Y_i$，$Y_i$ 表示第 i 个地区的观测值，本文为保险密度，n 为地区数，W 为空间权重矩阵，通常取标准化后的权重矩阵。全局 Moran's I 的取值范围为 $-1 \leq I \leq 1$。全局 Moran's I 指数的计算结果可以采用标准化统计量 Z 来检验，Z 的计算公式为：

$$Z = \frac{I - E(I)}{\sqrt{VAR(I)}}$$

如果 I 值为正且显著，表示地区间存在正的空间自相关，如果 I 值为负且显著，表示地区间存在负的空间自相关，如果 I 值不显著，那么就不存在空间自相关。全局 Moran's I 指数能描述我国各省保险密度在整体上的空间自相关，但其也存在着不足，它不能反映各个地区的空间相依情况。

为了克服此缺点，局部 Moran's I 则可以发挥这一方面优势，检验各地区与周围地区相依情况。局部指标 LISA 的计算公式为（Anselin，1995）：

$$I_i = \left(\frac{Y_i - \overline{Y}}{S}\right) \sum\limits_{j=1}^{n} W_{ij}\left(\frac{Y_j - \overline{Y}}{S}\right)$$

局部指标 LISA 的计算结果可以采用标准化统计量 Z_i 来检验，Z_i 的计算公式为：

$$Z_i = \frac{I_i - E(I_i)}{\sqrt{VAR(I_i)}}$$

[①] 等于保费收入/人口数，是在保费收入的基础上增加对人口因素的分析，考虑人均水平，能够比较真实地反映各地保险市场发展的实际水平。

如果 I_i 为正，表示区域 i 与周围地区具有正相关特征，即具有相似保险密度的地区聚集在一起；如果 I_i 为负，表示区域 i 与周围地区具有负相关的特征，即具有相异保险密度的地区聚集在一起。

2. 回归模型

进一步考虑空间距离对区域保险发展的影响，本文将选用空间自回归模型对区域保险发展的影响因素进行回归分析。主要由于相比空间相关性仅测度了各地区保险密度受其他地区保险密度影响程度而言，空间自回归模型可以检测出地区保险密度的空间溢出效应是否存在（吴祥佑，2009）。为此，将采用一般形式的空间面板模型设定如下：

$$Y_{nt} = \lambda W_n Y_{nt} + X_{nt}\beta + c_n + V_{nt}, \quad t = 1, 2, \cdots, T$$

其中 $Y_{nt} = (y_{1t}, y_{2t}, \cdots, y_{nt},)$ 是 $n \times 1$ 维的保险密度，进一步细分为非寿险密度和寿险密度两类。W_n 是 $n \times n$ 维空间加权矩阵，X_{nt} 是 $n \times k$ 维的外生解释变量，c_n 是 $n \times 1$ 维的个体固定效应，$V_{nt} = (v_{1t}, v_{2t}, \cdots, v_{nt},)$ 是 $n \times 1$ 的扰动项。将本文涉及的有关变量及其具体含义列示为表1。

表1 主要变量及其含义

变量	指标	含义
non - density	非寿险密度	人均非寿险保费支出
1 - density	寿险密度	人均寿险保费支出
pgdp	经济增长	人均 GDP
legal	法律制度	中介组织发育与法律指数
culpfis	文化因素	文化支出占财政支出的比重
deposit	金融发展	存款占 GDP 的比重
eduprop	教育水平	高中及以上人口占总人口的比重
urban	城镇化水平	城镇人口占总人口的比重
raise	总抚养比	总抚养人口占劳动力人口的比重
socpfis	社会福利	社保支出占财政支出的比重
competition	市场化程度	金融市场化竞争指数
consumer	权益保护	消费者权益的维护程度

（二）数据来源

本文基于 1999 ~ 2013[①] 年我国省际保险业发展进行研究。本文选用保险密度衡量保险发展水平。考虑非寿险业和寿险业对经济发展的作用机制不同，将保险密度进一步分为非寿险密度和寿险密度，这部分数据来源于历年《中国保险年鉴》及中国保险行业协会网站。法律制度[②]、市场化程度、权益保护等指标直接来自樊纲和王小鲁（2011）所著的《中国市场化指数》。其他指

---

① 选择以 1999 年为起点是由于：一方面，我国 31 个省（市、自治区）的保险密度自该年以来更为翔实、更加准确，很好地满足了本文的研究需求；另一方面，法律制度等相关指标的数据也是从该年起方可获得。

② 法律制度主要是法律意识形态及与之相适应的法律规范、管理制度、法律组织机构、法律设施所形成的有机整体（初立苹和刘兵勇，2015）。本文选用樊纲和王小鲁（2011）的市场化指数中的"市场中介组织的发育和法律制度环境"这一指标量化地区的法律制度，主要由于该指数包含律师、会计师等市场组织服务条件、行业协会对企业帮助程度等内容，在一定程度上体现了当地的法律环境。但由于该指标仅到 2009 年，本文选用插值法将后面 4 年的数据补齐，以便形成平衡面板数据库。

标，如经济增长、文化因素、金融发展、教育水平、城镇化水平、总抚养比[①]、社会福利等原始数据来自历年《中国统计年鉴》、《中国金融年鉴》、《中国人口年鉴》，并基于其各自含义计算整理所得。经过上述处理，本文形成独具特色的中国省际保险数据库。

（三）描述性统计

为了了解本文有关变量基本情况，现对各变量进行基本统计性质分析（见表2），不同于以往的研究，除了整体上的描述性统计之外，进一步地分为组间（横向）和组内（纵向）两个维度的分析，更为深入地了解这些变量的分布特征。以非寿险密度为例，其整体均值为178.431，这表明平均来看，人均非寿险消费支出为每年178.431元，而且标准差为200.869，明显大于均值，并结合最大值与最小值，说明不同省份、不同年度的非寿险消费之间的差异较大，有着较为明显的波动性。类似地，寿险密度的均值为411.546，标准差为498.989，同样说明不同省份、不同年度的寿险密度之间的差异也较大。概括来论，无论是非寿险密度还是寿险密度，不同省份之间的保险发展差异较大。有必要深入分析其内在原因，以及是否存在着空间相关性等，有助于更好引导我国省际保险消费朝着良性方向发展。

表2 各变量基本统计性质描述

变量		均值	标准差	最小值	最大值	样本量
Non – density	overall	178.431	200.869	0.927	1413.845	N = 465
	between		135.254	82.452	678.211	n = 31
	within		150.356	− 272.818	914.065	T = 15
1 – density	overall	411.546	498.989	0.000	3843.610	N = 465
	between		408.782	22.271	2084.162	n = 31
	within		294.837	− 1230.160	2170.994	T = 15
pgdp	overall	2.198	1.813	0.246	9.761	N = 465
	between		1.155	0.869	5.431	n = 31
	within		1.412	− 0.989	7.273	T = 15
legal	overall	6.351	5.462	− 15.460	39.360	N = 465
	between		3.791	− 0.692	15.999	n = 31
	within		3.987	− 8.417	31.137	T = 15
culpfis	overall	2.285	0.536	1.086	3.973	N = 465
	between		0.270	1.752	2.790	n = 31
	within		0.465	1.247	3.680	T = 15
deposit	overall	1.521	0.706	0.108	5.590	N = 465
	between		0.680	0.895	4.640	n = 31
	within		0.225	0.527	2.509	T = 15
eduprop	overall	20.046	9.229	0.352	58.325	N = 465
	between		8.468	4.908	48.207	n = 31
	within		3.955	11.032	30.922	T = 15

---

① 等于儿童负担系数 + 老人负担系数之和，即受抚养人占有抚养能力的人口的比重。其中，儿童负担系数，也称儿童抚养比，等于儿童人口占总人口的比重；老人负担系数，也称老年抚养比，等于老年人口占总人口的比重。

续表

变量		均值	标准差	最小值	最大值	样本量
urban	overall	36. 704	17. 265	13. 800	89. 600	N = 465
	between		15. 542	16. 885	83. 246	n = 31
	within		7. 989	19. 532	68. 876	T = 15
raise	overall	36. 306	12. 139	0. 000	64. 490	N = 465
	between		5. 869	24. 415	48. 322	n = 31
	within		10. 675	− 12. 017	58. 191	T = 15
socpfis	overall	9. 235	4. 611	0. 771	25. 491	N = 465
	between		3. 027	4. 290	16. 463	n = 31
	within		3. 517	1. 301	21. 540	T = 15
competition	overall	7. 709	3. 407	− 0. 160	29. 210	N = 465
	between		1. 611	3. 659	10. 901	n = 31
	within		3. 016	− 1. 863	26. 667	T = 15
consumer	overall	8. 448	2. 449	0. 000	11. 540	N = 465
	between		1. 264	5. 057	10. 401	n = 31
	within		2. 109	1. 792	13. 122	T = 15

三、实证结果分析

本文实证检验顺序为：首先，简述我国省际保险密度的差异特征，形成对保险密度的分布特征的初步认识；其次，借助空间相关性的演变趋势，更好地了解我国省际保险密度的相关性及聚集性，以此来检测是否存在空间聚集效应；最后，通过空间向量自回归模型，检测出经济增长、法律制度和文化因素对我国省际保险密度的影响以及我国省际保险密度的空间溢出效应。

（一）保险密度的差异性

基于已有研究，初步地推测出我国省际保险密度的差异较大，这很好地揭示了我国保险业在发展历程中存在着明显的区域差异问题。为更好地评析我国区域保险的差异情况，本文将选择以保险密度为量化标准，分析其具体的差异特征，主要是从均值、标准差和变异系数这三个方面来改善。正如上文所述，本文关注的是 1999 ~ 2013 年我国 31 个省（市、自治区）的保险发展情况，而且本文倾向于选择用保险密度来量化区域保险的发展状况，由此决定了本文是对我国省际保险密度进行统计分析（见图 2）。

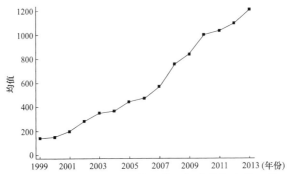

图 2　中国省际保险密度的均值、标准差与变异系数

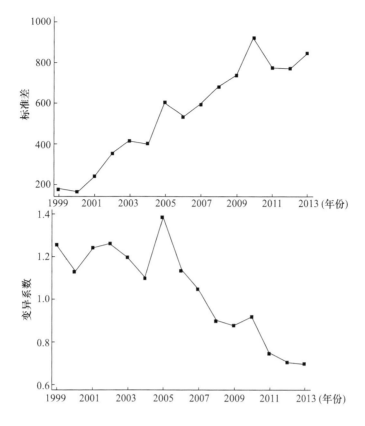

图 2 中国省际保险密度的均值、标准差与变异系数（续）

可以看出，首先，保险密度的均值是明显的上升趋势，这在一定程度上表明我国省际保险呈现出逐年发展的趋势，据此推测我国保险业的发展前途是非常可观的。同时，样本期间，保险密度的标准差虽然有所波动，但基本上呈现不断上升的趋势，这意味着不同省份之间存在的差异越来越大，不乏"马太效应"的色彩，应当引起足够的重视，更应关注引起差异变动的原因，有针对性地采取妥善措施，促进整个保险业发展。变异系数基本呈现下降趋势，特别是 2005 年以后，说明我国省际保险密度的波动变大，但该波动更多的是由于保险密度的不断上升引起的。换言之，变异系数反映了单位均值上保险密度的离散程度，能更好地反映出省际保险密度的差异状况，说明了自 2005 年以后我国保险密度的波动快速下降，而且也展示了我国省际保险密度表现出空间集聚和趋同特征。

（二）空间相关性演变趋势

为了运用全局指标 Moran's I 和局部指标 LISA 检验区域保险的空间相关性和聚集性，有必要对空间权重矩阵进行设定。本文此处选择现有文献中三个常见的不同权重矩阵进行分析：①边界因素矩阵 W_1（两省相邻取 1，不相邻取 0，然后进行标准化）；②地理距离矩阵 W_2（两省地理距离的倒数，然后进行标准化）；③地理距离矩阵 W_3（地理距离的倒数的平方，然后进行标准化）。据此得到了 1999～2013 年我国省际保险密度空间自相关性的全局 Moran's I 指数及其统计检验（见表 3）。可以看出，在三个空间加权矩阵下，1999～2013 年的全局 Moran's I 都是正数，并且在权重矩阵 W_1 下，全局 Moran's I 在 5% 的水平下都是显著的，而权重矩阵 W_2 和 W_3 下，全局 Moran's I 自 2003 年以来（除 2005 年在权重矩阵 W_3 外），均在 10% 的水平下是显著的，这足以说明我国各省的保险密度具有显著的正向空间相依机制。换言之，各省保险密度会受相邻省份保险密度影响，与吴祥佑（2009）研究一致。

表3　空间自相关全局 Moran's I 指数及其统计检验

年份	W₁		W₂		W₃	
	Moran's I	P_ value	Moran's I	P_ value	Moran's I	P_ value
1999	0.189	0.021	1.051	0.293	0.041	0.402
2000	0.237	0.006	0.078	0.134	0.092	0.160
2001	0.235	0.006	0.075	0.146	0.089	0.169
2002	0.244	0.004	0.085	0.109	0.094	0.149
2003	0.269	0.002	0.105	0.062	0.126	0.074
2004	0.283	0.001	0.123	0.037	0.148	0.044
2005	0.191	0.006	0.068	0.100	0.075	0.142
2006	0.249	0.003	0.098	0.073	0.115	0.090
2007	0.300	0.001	0.129	0.027	0.158	0.030
2008	0.272	0.002	0.131	0.030	0.158	0.035
2009	0.214	0.010	0.119	0.038	0.144	0.044
2010	0.192	0.010	0.099	0.047	0.115	0.064
2011	0.254	0.003	0.132	0.027	0.162	0.029
2012	0.280	0.002	0.143	0.021	0.178	0.021
2013	0.273	0.002	0.126	0.031	0.161	0.028

　　全局 Moran's I 统计量表明，在我国各省的保险密度有显著的正向空间相依的基础上，我们进一步采用局部 Moran 散点图和 LISA 聚集图来分析各个省的空间相依情况。具体来看，我们首先以1999年的我国省际保险密度为例，对其进行相关性分析，主要是通过空间自相关局部 Moran's I 指数及其统计检验（见表4）实现的。可见，表3进一步将各省保险密度的特征进行了集聚和归类处理，从空间相关特征来看，各省保险密度可以划分为四类：①H-H，表示保险密度高的地区的周围也是保险密度高的地区，某省和相邻省份呈现出正的局部相关性；②L-H，表示保险密度低的地区的周围是保险密度高的地区，某省和相邻省份呈现出负的局部相关性；③L-L，表示保险密度低的地区的周围也是保险密度低的地区，某省和相邻省份呈现出正的局部相关性；④H-L，表示保险密度高的地区的周围是保险密度低的地区，某省和相邻省份呈现出负的局部相关性。其中 H-H 和 L-L 是典型的空间聚集，而 L-H 和 H-L 则是空间离群。在计算某省和其他省份的相关种类特征时，本文对于保险密度变量进行标准化处理，即计算某省标准化后的保险密度（某省某年保险密度减去当年所有保险密度的平均值后除以标准差）和空间邻居保险密度（其他省份标准化后的保险密度进行空间加权）。

表4　空间自相关局部 Moran's I 指数及其统计检验（1999年）

省份	Iᵢ	P_ value	聚集类型	省份	Iᵢ	P_ value	聚集类型
北京	0.908	0.101	H-H	湖南	0.122	0.627	L-L
天津	1.417	0.011	H-H	广西	0.109	0.720	L-L
上海	0.642	0.239	H-H	重庆	0.132	0.640	L-L

续表

省份	I_i	P_ value	聚集类型	省份	I_i	P_ value	聚集类型
江苏	0.118	0.703	H－H	四川	0.192	0.441	L－L
浙江	0.109	0.687	H－H	贵州	0.212	0.486	L－L
山西	0.150	0.645	L－L	云南	0.150	0.645	L－L
内蒙古	0.103	0.614	L－L	西藏	0.195	0.566	L－L
辽宁	0.000	0.942	L－L	陕西	0.141	0.520	L－L
吉林	0.040	0.875	L－L	甘肃	0.132	0.605	L－L
黑龙江	0.068	0.859	L－L	青海	0.132	0.678	L－L
安徽	0.090	0.699	L－L	宁夏	0.126	0.731	L－L
江西	0.059	0.772	L－L	新疆	0.051	0.856	L－L
山东	0.095	0.747	L－L	广东	－0.114	0.839	H－L
河南	0.182	0.499	L－L	河北	－0.168	0.646	L－H
湖北	0.103	0.668	L－L	福建	－0.003	0.948	L－H

　　为了进一步将表4中相关省份的聚集特征直观的在图形中展示出来，并分析其地理位置特征，特绘制图3，给出1999年我国省际保险密度的Moran散点图和LISA聚集图，其中Moran散点图的横坐标、纵坐标分别表示某省标准化后的保险密度和空间邻居保险密度。由于三个加权矩阵得到的结果类似，由于篇幅限制，这里只给出了权重矩阵下1999年Moran散点图和LISA聚集图。需要指出的是，由于海南省没有相邻的省份，LISA聚集图中只给出30个省、市、自治区。

　　结合表4和图3不难发现，就1999年各省保险密度空间相关性而言，22个省份位于第三象限，属于L－L型，而且大部分为中西部地区，即位于该区域的省份本身的保险密度水平较低，周围省份保险密度水平也较低。同时，仅5个省份位于第一象限，属于H－H型，均为东部地区，这也表明位于该区域的省份本身的保险密度较高，周围省份的保险密度也较高。这个区域主要集中在经济发达地区，原因在于我国首先开放的城市都集中在东部，东部的保险业发展相应较快。外资保险公司率先在东部开放城市设立分支机构，开展保险业务，一方面增加了保险产品供给主体的数量；另一方面也激励国内保险公司积极开发新产品、提高服务质量，这就加快了东部保险业的发展步伐（张伟等，2005）。当然，也有部分省份处在空间离群状态，分布在第二和第四象限，如广东位于H－L空间离群区域，即广东省的保险密度较高，但是周边的保险密度较低，有着明显空间溢出效应和较强的正外部性；而河北和福建位于L－H空间离群区域，他们自身的保险密度较低，但是周边省份的保险密度较高，同样从周边省份中汲取营养和有利的因素。

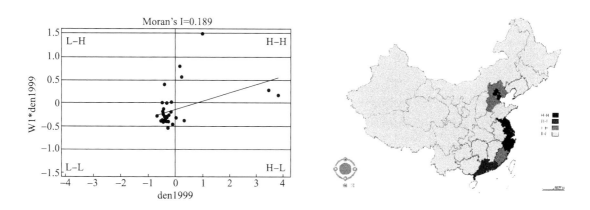

图3　Moran散点图示和LISA聚集图示（1999年）

同时，为了探析我国省际保险密度的空间相关性的变动趋势，再次以 2013 年为例测度空间相关性，主要是由空间相关局部 Moran's I 指数、Moran 散点图和 LISA 聚集图（见表 5 和图 4）构成。此时，共计有 20 个省份位于第三象限，属于 L-L 型，依然为中西部地区，这部分地区的保险消费水平依旧处于较低水平，相比 1999 年，重庆从 L-L 型转变成 H-L 型，安徽从 L-L 型转变为 L-H 型。较为稳定的是，依旧是 5 个省份位于第一象限，属于 H-H 型，与 1999 年完全相同。正是由于重庆和安徽的转变，相比 1999 年，H-L 空间离群和 L-H 空间离群的数量各自增加一个。也就是说，位于第一和第三象限的总数为 25 个，初步表明我国保险密度的空间聚集特征非常明显。

表5　空间自相关局部 Moran's I 指数及其统计检验（2013 年）

省份	I_i	P_value	聚集类型	省份	I_i	P_value	聚集类型
北京	1.464	0.009	H-H	广西	0.350	0.336	L-L
天津	1.592	0.005	H-H	四川	0.052	0.770	L-L
上海	1.675	0.003	H-H	贵州	0.339	0.292	L-L
江苏	0.470	0.206	H-H	云南	0.412	0.264	L-L
浙江	0.237	0.444	H-H	西藏	0.337	0.353	L-L
山西	0.014	0.906	L-L	陕西	0.026	0.827	L-L
内蒙古	0.032	0.809	L-L	甘肃	0.139	0.590	L-L
辽宁	0.037	0.879	L-L	青海	0.278	0.435	L-L
吉林	0.057	0.846	L-L	宁夏	0.085	0.798	L-L
黑龙江	0.051	0.884	L-L	新疆	0.001	0.942	L-L
江西	0.073	0.738	L-L	广东	-0.086	0.895	H-L
山东	0.003	0.928	L-L	重庆	0.000	0.926	H-L
河南	0.051	0.792	L-L	河北	-0.046	0.967	L-H
湖北	0.081	0.721	L-L	安徽	-0.007	0.934	L-H
湖南	0.228	0.414	L-L	福建	-0.006	0.952	L-H

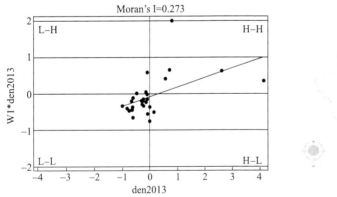

图4　Moran 散点图示和 LISA 聚集图示（2013 年）

　　综上所述，权重矩阵下 1999 年（2013 年）全局 Moran's I = 0.189（0.273）在 5%（1%）

的水平下显著，这表明我国省际保险密度确实存在着空间自相关性，具有明显的空间相互作用；同时，也进一步解析了省际保险密度的空间聚集效应的具体表象。简言之，我国省际保险密度存在着显著的空间自相关性和聚集效应，有力地支持了本文提出的假设1。基于以上分析，本文在分析影响我国省际保险密度的影响因素时，采用纳入空间相关性因素的空间计量经济模型。

（三）空间自回归模型的实证结果

为构建空间向量自回归模型，本文需要选定适当的空间权重 W 矩阵。经过进行充分的实证分析，本文将选择如下空间权重矩阵：①边界因素（标准化）W_1；②地理距离（地理距离的倒数，然后标准化）W_2；③地理距离的平方（地理距离平方的倒数，然后标准化）W_3；④区位因素（东、中、西、东北①）W_4；⑤经济距离 W_5，即 $w_{ij} = \dfrac{1}{1 + 2\,|\mathrm{pgdp}_i - \mathrm{pgdp}_j|}$；⑥经济距离和边界因素 W_6（如果两省相邻，则 $w_{ij} = \dfrac{1}{1 + 2\,|\mathrm{pgdp}_i - \mathrm{pgdp}_j|}$，否则为 0）；⑦经济距离和区位因素 W_7（如果两省属于相同区位，则 $w_{ij} = \dfrac{1}{1 + 2\,|\mathrm{pgdp}_i - \mathrm{pgdp}_j|}$，否则为 0）。同时 Ward 和 Zurbruegg（2000）指出，如果把保险的经济效果看作是风险转移、赔偿和金融中介，那么非寿险的主要特征应该是风险转移和赔偿功能，而寿险的主要特征是金融中介职能。因此，将整个保险业细分为两大类，非寿险业和寿险业。本文还将分别以非寿险密度和寿险密度作为因变量，并运用空间向量自回归模型进行实证研究。具体而言，利用上文设定的 7 个空间矩阵测度空间效应，并通过经济增长、法律制度和文化因素以及其他控制变量来共同分析其对区域保险发展的影响，回归结果如表6所示。

表 6 - A　参数估计结果（被解释变量为 non‑density：非寿险密度）

	W_1	W_2	W_3	W_4	W_5	W_6	W_7
W * non‑density	0.185 ***	0.277 ***	0.110 **	0.177 ***	0.254 ***	0.022	0.261 ***
	(0.000)	(0.000)	(0.026)	(0.000)	(0.000)	(0.589)	(0.000)
legal	5.250 ***	6.159 ***	5.345 ***	5.065 ***	5.192 ***	5.037 ***	4.809 ***
	(0.000)	(0.000)	(0.000)	(0.000)	(0.000)	(0.000)	(0.000)
culpfis	41.310 ***	44.870 ***	39.565 ***	42.206 ***	42.903 ***	36.928 ***	43.080 ***
	(0.000)	(0.000)	(0.000)	(0.000)	(0.000)	(0.000)	(0.000)
pgdp	80.623 ***	77.196 ***	85.939 ***	82.360 ***	80.455 ***	92.908 ***	75.623 ***
	(0.000)	(0.000)	(0.000)	(0.000)	(0.000)	(0.000)	(0.000)
deposit	70.040 ***	68.557 ***	75.216 ***	69.149 ***	70.903 ***	79.428 ***	64.068 ***
	(0.000)	(0.000)	(0.000)	(0.000)	(0.000)	(0.000)	(0.000)
eduprop	- 2.436 **	- 3.215 ***	- 2.854 **	- 2.586 **	- 3.111 ***	- 2.759 **	- 2.355 **
	(0.037)	(0.006)	(0.016)	(0.027)	(0.008)	(0.021)	(0.040)
urban	0.139	- 0.506	0.155	- 0.256	- 0.268	0.434	- 0.255
	(0.760)	(0.298)	(0.745)	(0.598)	(0.577)	(0.346)	(0.581)

---

① 东部包括：北京、天津、河北、上海、江苏、浙江、福建、山东、广东和海南（10 省市）；中部包括：山西、安徽、江西、河南、湖北和湖南（6 省）；西部包括：内蒙古、广西、重庆、四川、贵州、云南、陕西、甘肃、青海、宁夏和新疆（11 省区市）；东北包括：辽宁、吉林和黑龙江（3 省）。

续表

	W₁	W₂	W₃	W₄	W₅	W₆	W₇
competition	− 0.821 (0.539)	− 1.520 (0.257)	− 0.784 (0.565)	0.034 (0.980)	− 0.656 (0.622)	− .0438 (0.748)	0.052 (0.968)
consumer	0.133 (0.945)	− 1.019 (0.594)	− 0.050 (0.979)	− 0.108 (0.955)	− 0.280 (0.884)	− 0.059 (0.976)	0.051 (0.978)

注：＊＊＊、＊＊和＊分别表示在1%、5%和10%的水平下显著，下文同上。括号中为对应的P值。

表 6 − B 参数估计结果 （被解释变量为 1 − density：寿险密度）

	W₁	W₂	W₃	W₄	W₅	W₆	W₇
W * 1 − density	0.175 *** (0.002)	0.060 (0.546)	0.072 (0.227)	0.125 ** (0.043)	0.024 (0.797)	0.074 * (0.097)	0.102 * (0.096)
legal	11.149 *** (0.000)	11.221 *** (0.000)	11.258 *** (0.000)	10.452 *** (0.000)	11.044 *** (0.000)	11.286 *** (0.000)	10.797 *** (0.000)
culpfis	113.364 *** (0.000)	105.154 *** (0.000)	106.387 *** (0.000)	109.340 *** (0.000)	103.145 *** (0.000)	106.558 *** (0.000)	106.918 *** (0.000)
pgdp	88.835 *** (0.000)	103.959 *** (0.000)	100.337 *** (0.000)	96.992 *** (0.000)	107.205 *** (0.000)	98.739 *** (0.000)	97.915 *** (0.000)
deposit	27.563 (0.422)	36.577 (0.297)	35.223 (0.310)	28.918 (0.406)	38.695 (0.271)	35.469 (0.304)	28.192 (0.422)
eduprop	7.199 ** (0.047)	6.867 * (0.061)	7.037 * (0.055)	6.689 * (0.067)	6.904 * (0.060)	7.050 * (0.054)	6.872 * (0.060)
raise	− 1.347 * (0.073)	− 1.444 * (0.072)	− 1.398 * (0.071)	− 1.262 (0.101)	− 1.564 ** (0.044)	− 1.477 * (0.051)	− 1.382 * (0.071)
socpfis	16.895 *** (0.000)	16.761 *** (0.000)	16.864 *** (0.000)	15.948 *** (0.000)	17.062 *** (0.000)	17.186 *** (0.000)	16.391 *** (0.000)
competition	4.074 (0.344)	4.533 (0.317)	4.477 (0.308)	5.093 (0.239)	5.091 (0.250)	4.721 (0.277)	4.867 (0.262)
consumer	− 2.855 (0.636)	− 3.125 (0.628)	− 2.927 (0.634)	− 2.103 (0.729)	− 1.962 (0.748)	− 1.782 (0.769)	− 1.558 (0.798)

表 6 − A 和表 6 − B 中第一行均测度的是空间效应，即空间向量自回归模型中的 λ。不难发现，就非寿险密度回归分析中的空间效应而言，均在5%及其以下水平显著（W₆ 除外），而寿险密度的空间效应在10%水平及其以下水平显著（W₂、W₃、W₅ 除外，这三个空间效应为不显著，但是数值都是正的，说明邻居的保险密度会对自己的保险密度有一个正向的促进作用）。反观之，W₁ 表示相邻地区的影响（相邻就有同等比例的影响）；W₂ 和 W₃ 表示地理上的距离的影响（相离得越近，影响越大）；W₄ 表示在区位相同的地区才会有影响，在相同区块，影响相同；W₅ 表示经济距离，比如北京和上海的人均 GDP 相近，那么它们之间的影响就大（GDP 的差别越小，影响越大）；W₆ 是混合矩阵，按照经济距离计算影响，如果相邻地区，相邻的时候，人均 GDP 越接近，影响越大，如果不相邻，那么不影响；W₇ 也是混合矩阵，如果在相同区位，那么按照经济距离计算影响，如果 GDP 越接近，那么影响越大，如果不在同一区位，那么不影响。

上述实证结果进一步表明，地区之间的相邻关系越强、相对距离越近、经济发展水平越接近，其相互的空间影响越大。具体来看，如果被关注的地区有着较高的非寿险密度（或寿险密度），必将对其相邻及附近地区乃至经济发展处于同一水平地区的非寿险密度（或寿险密度）产生正效应，拉动上述这些地区的非寿险（寿险）发展；同样地，假使该地区的非寿险密度（寿险密度）较低，其周边地区的非寿险密度（寿险密度）也不会很好，这意味着同样的正效应依旧存在，在一定程度上可界定为负外部性。这强有力地印证了上文的相关性分析，特别是 H－H 与 L－L 类型，足以说明东部地区的保险密度都相对较高，而中西部地区的保险密度相对较低。

而经济增长 pgdp 的回归系数始终在 1% 的水平下显著为正，支持了以往关于经济增长是保险发展原动力的论断，这一点毋庸置疑，也得到了以往学者的普遍认可与论证，并结合空间矩阵 W_5 的回归系数，支持了本文提出的假设 2。

关于法律制度和文化因素的影响，表 6－A 和表 6－B 中 legal 和 culpfis 的回归系数均在 1% 水平下显著为正，这与初立苹、刘兵勇（2015）的研究结论一致，这表明日趋完善的法律制度和浓厚的文化底蕴将有利于促进保险发展，引领保险朝着更加良性的方向发展，支持了本文提出的假设 3。

控制变量，比如金融发展 deposit 在非寿险密度回归中始终显著为正，在寿险密度回归中虽然不显著但是为正，说明金融发展将为保险发展尤其是金融功能的发挥创造有利的金融环境；教育水平 edupop 对非寿险密度产生显著为负的影响，而对寿险密度产生显著为正的影响，之所以对两类保险产生相悖的影响，是因为这两类保险自身的作用机制有所不同，而且教育与寿险之间的正相关关系更多地归咎于，高水平的教育可能提高人们对风险管理及长期储蓄所带来好处的理解力，这样会增加他们的风险厌恶程度，同时教育可以增加通过延长赡养期间来实现对纯粹死亡保障的需求，同时也会增加主要挣钱者的人力资本（Beck and Webb，2003）；总抚养比 raise 的回归系数显著为负，这可能是由于经济发展水平不是很高，更多支出用于扶养老人与孩子，降低了寿险消费支出，即抚养支出挤出了寿险消费，不同于 Beenstock 等（1986）和 Truett（1990）的研究结论，受制于特定国情及经济发展阶段；社会福利 socpfis 对寿险密度的影响是显著为正，这与 Browne 和 Kim（1993）的保持一致；其他控制变量的影响不是很显著，在此不再一一列示。

四、研究结论与建议

本文借助空间相关全局和局部 Moran's I 指数、Moran 散点图和 LISA 聚集图以及空间向量自回归模型对我国省际保险密度的空间相关性、聚集性和影响因素进行分析，得出如下结论：第一，我国省际保险密度具有显著的正向空间相关性和明显的聚集效应；第二，无论是非寿险还是寿险，经济发展水平对其发展有着显著的正效应，而且处于相同经济发展水平的地区在保险发展方面具有相互促进作用；第三，法律制度和文化传统对非寿险密度和寿险密度均具有明显的促进效应，这进一步表明，完善法制制度和发扬文化传统对于保险发展乃至经济发展的重要性。

针对我国目前存在着区域保险发展不平衡及其引发的诸多不足，提出如下三点建议：首先，对于各省而言，在审视自身保险发展现状的同时，也有必要走出去，到其他省份（特别是相邻省份）借鉴学习，力争做到取长补短，旨在提升保险发展水平的同时推动（或受益于）相邻省份的保险发展；其次，在经济新常态的大背景下，各省应充分利用这一难得机会撬动经济发展的有效杠杆，开启新一轮的经济增长模式，为整个保险的良性健康发展夯实基础；最后，构建完整的法律体系，进一步加快依法治国的步伐，不断传承与发扬中华民族传统文化，增强整个社会文化底蕴，这些都将促进整个保险业发展，也有助于促使保险业更好地发挥其社会功能。

参考文献

[1] 初立苹，刘兵勇. 法律环境差异与区域保险不平衡 [J]. 财经论丛，2015 (2)：50 – 57.

[2] 樊纲，王小鲁，朱恒鹏. 中国市场化指数 [M]. 北京：经济科学出版社，2011.

[3] 何晓夏，芮建鑫，钱振伟. 区域保险产业差异化及升级路径分析 [J]. 财经问题研究，2014 (9)：58 – 63.

[4] 黄薇. 保险业发展的地区差异值得重视 [J]. 财经科学，2006 (3)：111 – 116.

[5] 江生忠. 中国保险业组织优化研究 [M]. 北京：中国社会科学出版社，2003.

[6] 蒋才芳. 基于保险业绩指数的区域保险差异探析 [J]. 湖南大学学报，2009 (4)：45 – 49.

[7] 陆秋君，施锡铨. 中国保险需求区域差异研究 [J]. 江西财经大学学报，2008 (4)：45 – 49.

[8] 栾存存. 我国保险业增长分析 [J]. 经济研究，2004 (1)：25 – 32.

[9] 沈立人，戴园晨. 我国"诸侯经济"的形成及其弊端和根源 [J]. 经济研究，1990 (3)：12 – 19.

[10] 孙秀清. 中国区域保险差别及其效应分析 [J]. 山东经济，2007 (9)：69 – 72.

[11] 吴祥佑. 我国保险密度空间收敛的实证研究 [J]. 财经研究，2009 (9)：111 – 120.

[12] 肖志光. 论我国保险市场区域均衡发展 [J]. 金融研究，2007 (6)：181 – 191.

[13] 徐哲，冯喆. 中国保险市场区域发展不均衡性分析 [J]. 北京航空航天大学学报（社会科学版），2005 (9)：17 – 20.

[14] 张伟，郭金龙，张许颖等. 中国保险业发展的影响因素及地区差异分析 [J]. 数量经济技术经济研究，2005 (7)：108 – 117.

[15] 张维迎. 法律制度的信誉基础 [J]. 经济研究，2002 (1)：3 – 13.

[16] 赵进文，邢天才，熊磊. 我国保险消费的经济增长效应 [J]. 经济研究，2010 (增刊)：39 – 50.

[17] 郑伟，刘永东，邓一婷. 保险业增长水平、结构与影响要素：一个国际比较的视角 [J]. 经济研究，2010 (8)：141 – 154.

[18] Anselin L. Local Indicators of Spatial Association—LISA [J]. Geographical Analysis，1995，27 (2)：93 – 115.

[19] Baker，Tom. Insurance and the Law [R]. University of Connecticut School of Law Articles，Working Paper，2002.

[20] Beck，Thorsten，Ian Webb. Economic，Demographic，and Institutional Determinants of Life Insurance Consumption across Countries [J]. The World Bank Economic Review，2003，17 (1)：51 – 88.

[21] Beenstock，Michael，Gerry Dickinson，Sajay Khajuria. The Determination of Life Premiums：An International Cross – Section Analysis 1970 – 1981 [J]. Insurance：Mathematics and Economics，1986 (5)：261 – 270.

[22] Browne，Mark J.，Kihong Kim. An International Analysis of Life Insurance Demand [J]. Journal of Risk and Insurance，1993 (60)：616 – 634.

[23] Browne，Mark J.，JaeWook Chung，Edward W. Frees. International Property – liability Insurance Consumption [J]. Journal of Risk and Insurance，2000，67 (1)：73 – 90.

[24] Esho，Neil，Anatoly Kirievsky，Damian Ward，Ralf Zurbruegg. Law and the Determinants of Property – Casualty Insurance [J]. The Journal of Risk and Insurance，2004，71 (2)：65 – 283.

[25] Francois – Xavier Albouy，Dimitri Blagoutine. Insurance and Transition Economics：The Insurance Market in Russia [J]. The Ceneva Paper on Risk and Insurance，2001 (26)：467 – 479

[26] Fukuyama，F. Trust：The Social Virtues and the Creation of Prosperity [M]. London：Hamish Hamilton，1995.

[27] Hofstede，G. Insurance as a Product of National Values [J]. Geneva Papers on Risk and Insurance，1995，20 (4)：423 – 429.

[28] Moran P. The interpretation on statistical maps [J]. Journal of the Royal Statistical Society，1984，10 (2)：243 – 251.

［29］Skipper H. D. Foreign Insurers in Emerging Markets：Issues and Concerns［M］. International Insurance Foundation，1997.

［30］Syverud，Kent D.，Randall R. Bovbjerg，Steven W. Pottier，Robert C. Witt. On the Demand for Liability Insurance：Comments［J］. Tex as Law Review，1994（72）：1629 – 1702.

［31］Truett，Dale B.，Lila J. Truett. The Demand for Life Insurance in Mexico and the United States：A Comparative Study［J］. Journal of Risk and Insurance，1990（57）：321 – 328.

［32］Ward，Damian，Ralf Zurbruegg. Does Insurance Promote Economic Growth？ Evidence from OECD Countries［J］. Journal of Risk and Insurance，2000，67（4）：489 – 506.

马克思主义区域经济学与"一带一路"战略下的国际产业合作

刘美平

（河南财经政法大学经济学院　郑州　450046）

一、问题提出

从区域经济实践角度考量，1978年以前，我国处于高度集中的计划经济体制下，学术界关注的是生产力布局问题，由于当时中国基本上不存在相对独立的区域经济，也就没有专门研究区域经济的区域经济学。1978年以后，随着经济体制的转轨，中国区域经济发生了一系列新变化。在我国进行的30多年的社会主义市场经济取向的经济体制改革过程中，中央政府逐步放弃了改革开放前各地区均衡发展的区域经济发展方略，代之以各地区发现、发挥、利用、创造其比较优势或比较利益以促进该地区改革、开放、发展步伐的非均衡区域经济发展战略，并辅之以前所未有的有利于区域经济发展的制度、体制、政策创新。然而，非均衡区域经济发展战略导致我国区域之间的竞争压力越来越大，国内地区差距越来越明显。区域经济学研究正是在国内区域经济问题的日渐突出的情况下才发展起来的，解决区域差距就是区域经济学面临的主要问题。

从区域经济学理论角度考量，国内学者的研究大多照搬国外区域经济学的研究思路，没能够更多地考虑国情不同所带来的分析问题的思路和方法的差异。这些以西方经济学、西方发展经济学、西方制度经济学、西方产业经济学为研究内容的区域经济学理论既不能很好地解释中国区域经济发展实践，也不能彻底解决中国在改革开放中出现的多种多样区域经济问题。这说明，经过多年理论探索，我国学术界还尚未形成具有中国特色的区域经济学，还没有摆脱西方经济理论的束缚，也没有深入研究马克思主义区域经济学。

新中国成立以来，经过60多年发展，特别是改革开放以来的三十多年的高速增长，中国各个地区已经取得了显著的阶段性发展成绩，中国同发达国家之间的发展差距在逐渐缩小。现在的问题是，我国学者是否能从中揭示中国区域发展规律，或者说，对中国区域经济实践进行经验总结和深刻理论阐释，这就要求我们不但要思考怎样建构科学的有中国特色的区域经济学，还要探究世界范围内来自国家与国家之间的国际性区域竞争和来自地区与地区之间的次区域性区域竞争，特别是要探究中国在激烈国际竞争中的区域发展战略、区域主导地位和区域拓展出路，这既是研究马克思主义区域经济学的理论意义，也是研究正在实施的"一带一路"区域发展战略的现实意义。

二、中国区域经济学理论基础

（一）改革开放前中国传统区域经济学理论的前苏联痕迹

如果说在改革开放前中国有区域经济理论的话，那就是生产力布局理论。由于当时我国的计划经济体制是从前苏联"移植"来的，自然生产力布局理论也是从前苏联"引进"的。区域经济均衡发展还是非均衡发展一直是区域经济学家关于经济发展地区优先次序选择问题论争的焦点，这一争论焦点要从前苏联的生产力布局理论说起。从前苏联的经济建设到我国历代领导人根据国家不同发展时期所选择的区域发展模式可以看出，随着历史时期的改变和"问题框架"的转换及历史的演进，无论是出于马克思主义区域经济理论自身发展的需要还是出于理论指导实践的标准的需要，"生产力布局理论"都应该放在当代的条件下去进行研究和实践。马克思和恩格斯等经典作家在设想未来社会主义资源配置模式时，都强调平衡布局生产力的重要作用。他们认为，地区经济不平衡发展是资本主义经济不平衡发展规律的空间形式，而社会主义应当和可能由国家有计划地均衡配置生产力，逐步消灭地区差异。

马克思和恩格斯关于生产力平衡分布的理论观点集中体现在恩格斯的《反杜林传》著作中。恩格斯在《反杜林传》中首次提出了未来社会主义社会生产力应当平衡布局的思想。他针对资本主义制度下工业过分集中于大城市以及城乡对立所带来的种种弊端，指出："从大工业在全国尽可能平衡的分布是消灭城市和乡村的分离的条件这方面来说，消灭城市和乡村的分离也不是说明空想。"[1] 恩格斯在此将均衡布局生产力视为消灭城乡对立的重要条件。均衡布局生产力有利于在更大范围内建立起合理的生产力分布格局，充分利用各地区的资源优势，逐步缩小各地区间的发展差距，为最终消灭城乡之间的差别创造必要的条件。[2]

事实上，恩格斯提倡的"大工业在全国的尽可能平衡的分布"，并非是指绝对平均地分布生产力，其蕴含的内涵是指各地区都应从本地实情出发，最大限度地利用各类资源，充分合理地发展生产力；而各地区因自然条件、自然资源禀赋、人口状况等因素造成的差别将长期存在，不可能完全消失。恩格斯在1875年3月写给马克思的一封信中曾明确指出："在国和国、省和省甚至地方和地方之间总会有生活条件方面的某种不平等存在，这种不平等可以减少到最低限度，但是永远不可能完全消除。"[3]其实恩格斯的观点是要在承认地区间的差别的前提下坚持生产力的均衡分布，两者统一，不同地区的产业应在共同发展的基础上，将地区间的差别"减少到最低限度"。

从马克思"生产力平衡分论"实践历史回顾角度说，传统社会主义区域经济发展理论，是以计划机制为基础，以均衡布局为目标来合理配置生产（力），并且最终形成生产（力）区域布局平衡论和空间均衡发展观。马克思"生产力平衡分论"把均衡布局和平衡发展作为区域经济发展的重要目的和途径，注重工业在各个区域中的均衡布局，把平衡发展视为社会主义本质要求，试图通过绝对的平衡发展实现各地区的同步富裕。但是在这一理论的指导下，原苏联和中国都走过一段曲折的路。

基于以上分析，以局部带动全局即"非均衡"区域发展模式的理论范式在一定历史条件下

---

①③ 马克思，恩格斯. 马克思恩格斯选集（第三卷）［M］. 北京：人民出版社，1995：326.

② 吴传清. 马克思主义区域经济理论研究［M］. 北京：经济科学出版社，2006：6－7.

必须要转化。恩格斯认为："只有按照统一的总计划协调地安排自己的生产力的那种社会，才能允许工业按照最适合于它自己的发展和其他生产要素的保持或发展的原则分布于全国。"① 也就是说"协调"的模式关键在于"按照统一的总计划协调地安排自己的生产力"，做到在一定的战略目标指导下合理布局生产力（产业）和调节生产要素合理流动。正是生产力布局理论指导了新中国成立后的三线建设实践。自 1964 年开始，我国政府在国家中西部地区 13 个省、自治区进行的一场以战备为指导思想的大规模国防、科技、工业和交通基本设施建设。其开始的背景是中苏交恶与美国在中国东南沿海的攻势。三线建设是根据生产力布局理论实现全国"平衡增长"的一次探索，是中国经济史上又一次大规模的工业迁移过程，其规模可与抗战时期的沿海工业内迁相提并论。当然不容置疑的是，由于建设地点太过偏僻，这种建设方式为后来的企业经营发展造成严重的浪费和不便，从今天的视角看，这也可以算是"平衡增长"的代价。

（二）改革开放后中国区域经济学的西方理论情结

在我国首先提出区域经济问题的是夏禹龙和冯之浚，两人在 1982 年《研究与建议》第 8 期发表了《梯度理论与区域发展》一文，这是我国区域经济研究的开端。1989 年 4 月程必定主编的《区域经济学：关于理论和政策问题的探讨》出版，这是我国第一本探讨区域经济运行规律的著作，标志着我国区域经济学的产生。1989 年杨海田的《优化生存艺术的空间——区域经济学》出版，该书"对区域经济学的过去和现在作以简介，并就区域经济学的相关问题进行探讨"。同年，周起业、刘再兴等主编的《区域经济学》出版，对区域经济学理论体系做了可贵的探索和开创性的建设。同年，杨开忠的《中国区域发展研究》出版，这是国内较早研究中国区域经济的专著。1993 年陈栋生主编的《区域经济学》出版，该书几乎是我国具体问题的学术升华。

郝寿义认为，西方的古典经济学、古典区位理论、古典贸易理论构成了区域经济学的理论基石。而国务院发展研究中心发展战略与区域经济研究部课题组认为，除区位理论和区际贸易理论外，还应该包括西方发展经济学中的区域增长理论。安虎森等认为，区域经济学的理论依据是规模收益递增与不完全竞争、非均衡力以及循环累积因果律、市场开放度强化要素流动性、经济增长方式选择和结构优化的内生化理论、产业份额决定国民收入地区分配、二元结构与城市联系理论。在区域经济学的西方理论中，区位论是理论基础。

研究发现，在中国区域经济学教材和著作中，几乎无一例外的都是以西方的区位论为理论基础的。西方区位论研究宗旨是为各个厂商寻找最佳的生产区位，以便最大限度地降低生产成本，获得最大限度的利润。研究具体厂商最佳区位时，都是以完全竞争下的价格理论为基础，而该价格理论无疑是属于西方微观经济学的范畴，是古典经济学与古典区位论在新时期的有机结合。以区位论为研究起点，利用宏观经济的分析方法，研究区内资本积累、劳动力就业、技术创新与国民收入增长的关系，区内产业结构的演化与升级，投资率、失业率、通货膨胀率与区域经济增长的关系；研究区际劳动分工以及区域政策问题；研究过度城市化与区域生态危机问题；研究区域可持续发展等问题。可以看出，西方区域经济学是西方微观经济学和宏观经济学在空间尺度的具体应用。

我国学者的区域经济学都是以区位作为研究范式。德国经济学家杜能首先研究了区位问题，19 世纪初创立了区位论。后经德国经济学家韦伯的进一步研究，以及德国地理学家克里斯泰勒和德国经济学家廖什的发展，到 20 世纪 40 年代形成了较为完整的区位理论体系。由于第二次世界大战以后西方国家区域问题开始逐渐显现出来，并呈现出愈演愈烈的地区差距，市场机制下无

① 马克思.资本论（第二卷）[M].北京：中国社会科学出版社，1983：356-336.

法消除发达地区与欠发达地区之间的地区不平衡，这时的区位论已经解决不了西方国家面临的区域差距问题了，于是缪尔达尔的累积因果论和赫希曼的区域经济增长理论应运而生。

区位论并没有停止前进，它向着两个方向发展，一是区域科学方向，在创始人艾萨德领导的区域科学协会组织下，由众多的经济学家、地理学家、生态学家、城市规划学家组成的研究群体，主要研究区域经济综合开发和城市规划编制；二是人文地理学的区域分析方向，由战后美国的贝里、瑞典的赫格尔斯特兰、德国的巴尔特尔斯、英国的哈格特等学者把区位论与地理研究结合起来，主要考察区域系统的结构关系和内部机制，并对区域的未来发展趋势进行模拟和预测。

中国区域经济学领域的专家学者对于西方区域经济学理论是接受并认同的。1970 年，美国区域经济学家埃德加·M. 胡佛在《区域经济学导论》中，就提出区域经济学的三大基石：生产要素的不完全流动性；生产要素的不完全可分性；产品与服务的不完全流动性。陈栋生和魏后凯的表述虽有所不同，但均认为上述三点是区域经济存在的客观基础。张敦富认为，客观基础还应该包括经济活动的极化性。后来的许多学者关于城市化理论、产业集群理论、区域创新理论、区域协调发展理论都不同程度地借鉴和吸收并认可西方经济学理论。

三、新时期马克思主义区域经济学的理论架构

（一）地域分工与专业化

首先，全球化使得生产地域分工范围不断扩大。恩格斯认为，随着世界市场的形成，跨国界的生产地域分工逐渐兴起，资本主义的工业已经使自己相对地摆脱了本身所需原料的产地的地方局限性。纺织工业所加工的原料大部分是进口的。西班牙的铁矿石在英国和德国加工；西班牙和南美的铜矿石在英国加工。每个煤矿区都把燃料供给远在国外的逐年扩大的工业地区。在欧洲的全部沿海地方，蒸汽机都用英国的、有的地方用德国和比利时的煤来发动。摆脱了资本主义生产的框框的社会可以在这方面更大步地向前迈进。这个社会造就全面发展的一代生产者，他们懂得整个工业生产的科学基础，而且其中每一个人都从头到尾地实际阅历过整整一系列生产部门。所以这样的社会将创造新的生产力，这种生产力超出从比较远的地方运输原料或燃料所花费的劳动。

其次，由于国际贸易扩大，不同国家间的生产地域分工更要考虑他国与别的地区的政府经济协调与干预。在马克思概念中，全球化是不平等的，在全球化进程中，不同国家之间，统一国家内部，既存在着相互依存，也存在着相互对立。例如，马克思写道："保护关税制度再好也不过是一种无穷的螺丝，""保护一个工业部门，同时也就直接或者间接损害别的一切部门。"所以地域分工不能忽略他国或者别的地区政府行为与政策水平。

最后，生产地域分工要考虑到经济危机的风险。因为，在全球化背景下，"整个国家的生产既不是用它的直接需要，也不是用扩大再生产所必需的各种生产要素的分配来衡量。因此，再生产过程并不取决于同一个国家内相互适应的等价物的生产，而是取决于这些等价物在别国市场上的生产，取决于世界市场吸收这些等价物的力量和取决于世界市场的扩大。这样就产生了越来越大的失调可能性，从而也就是危机的可能性。"因此，全球化的进程也伴随着经济危机出现、跨国公司兴起、分工水平转化、国际协调强化等现象。①

---

① 程恩富. 全球化与中国之对策 [M]. 武汉：湖北教育出版社，1999：45.

这说明全球化把生产与消费、个别企业组织与整个社会生产矛盾关系推向一个更高阶段和更广范围。我们面临劳动地域分工的环境更加复杂，如国际环境、社会环境、产业聚集、资本积累、基础设施、生产服务、人口因素、交通条件等，把这些因素纳入全球化视野下的马克思主义生产地域分工理论研究中，是在开放型经济实践中把握和发展马克思主义经济学的一条途径。

（二）资本主义全球化与空间不平等

马克思区域经济思想从诞生之日起就具有解决实际、与时俱进的理论品质，它富含协调与统筹的意蕴，必将成为人类合理地处理区域问题的理论依据。当历史成为世界历史时，资本主义生产方式的全球化就开始蔓延了。回顾资本主义发展史，不难发现，全球化推动主体是资产阶级。现代资产阶级本身就是一个长期发展的产物，是生产方式和交换方式的一系列变革的产物。资产阶级在它取得了统治地位后，把过去一切封建的、宗法的和自然的生产关系破坏了，从而建立起新的资本主义生产方式。"生产的不断变革，一切社会状况不停的动荡，永远的不安定和变动，这就是资产阶级时代不同于一切时代的地方。"① 资产者的这种不停的动荡，"驱使资产阶级奔走于全球各地。它必然到处落户，到处开发，到处建立联系。"② 资产阶级用低价格商品敲开各国各民族的大门，将全球采购原料、全球销售产品、全球布局产业融为一体，把物质文明以及物质文明背后的精神产品一同输出到遥远的异国他乡。"一句话，它按照自己的面貌为自己创造出一个世界。"③

资产阶级就是通过全球化在世界范围复制出资本主义生产方式，也复制出资产阶级。早在世界无产阶级诞生之前，世界资产阶级就通过全球化成为坚强联盟。资产阶级为什么不遗余力地推动全球化进程，我们所要深入研究的是资产阶级这样做的动力、目的和原因是什么。资产阶级推动全球化的真正动力是资本追逐利润，真正目的是通过不平等交换获得更多剩余价值。新马克思主义者埃曼努尔认为，发达国家在国内积累的大量资本需要新的出路，而到不发达国家投资就是为这些资本寻找最好出路。

当资本家的国际投资成为现实之时，马克思关于价值转化为生产价格、剩余价值转化为平均利润的理论就要在世界范围内审视了。④ 在世界范围内的利润平均化过程中，大量剩余价值就从不发达国家流向发达国家，各国雇佣劳动者创造的利润就流向资产阶级手中。为了让这种资金流持续下去，就必须不断地开拓世界市场，将全球化引向深入。在资产阶级将过渡的文明和大量的资本通过全球化移植到世界各地过程中，空间不平等就出现了，而且这种不平等空间关系还会与不平等交换关系一起加剧发达国家与发展中国家之间的矛盾。

资产阶级进行全球化的空间意义就是通过"外溢"资本主义生产方式来缓解经济危机，其机理就是"以空间换时间"，借此实现资本主义经久不衰的梦想。事实上，全球化只不过是资产阶级征服世界的手段。在资产阶级征服世界进程中，呈现出"屈服"和"集中"两种状态：仅就屈服状态而言，推进全球化的主体与接受全球化受体之间是不平等的。在马克思主义看来，这种城乡之间、民族之间、国家之间、东西方之间的屈服关系正是空间上的不平等。可见，转嫁危机的全球化确实导致了空间不平等即空间危机的发生。

资本追逐利润的可持续性是以资本在不同空间的流动性投资为依托的，资本在空间上的作用深度和开拓广度决定了资本主义经济危机的缓解程度，发达国家的资本主义全球化就是通过"以空间换取时间"的办法来暂时性挽救资本主义经济危机的。伴随着资本主义金融危机的空间

① 马克思，恩格斯. 马克思恩格斯选集（第1卷）［M］. 北京：人民出版社，1995：275.
②③ 马克思，恩格斯. 马克思恩格斯选集（第1卷）［M］. 北京：人民出版社，1995：276.
④ 夏振坤. 新马克思主义经济发展理论评析［J］. 江汉论坛，1999（8）.

转向，资本主义也把经济危机带到世界各地。凡资本所到之处，世界性危机爆发之时，无一处能躲过危机的辐射范围，这是 21 世纪全球化过程中资本主义经济危机的新特征。资本的逻辑就是在全球化中将空间异化的同时把时间延续。

（三）国际产业转移与环境污染

资本家阶级全球化过程是产业转移与污染转移并行的过程。恩格斯在 160 多年前就注意到区域发展中的矛盾。他在《反杜林论》中深刻揭露了资本主义条件下生产力布局不仅造成城乡对立，而且造成资源浪费、环境污染等问题。他指出：资本主义大工业在很大程度上把工厂乡村变成工厂城市的同时，也"破坏了他自己运行的条件"。他还精辟地表述道："只有通过城市和乡村的融合，现在的空气、水和土地的污染才能排除。只有通过这种融合，才能使现在城市中日益病弱的群众的粪便不至于引起疾病。"

恩格斯进一步指出："资本主义大工业不断地从城市迁往农村，因而不断造成新的城市。"从而破坏了生态循环的条件。所以，"要消灭这种新的恶性循环"，只有"消灭现代工业的资本主义性质才有可能"。他的论述表明，进行工业生产很难避免对生态平衡的破坏。但他认为建起社会主义制度之后，"增加生产工具，开垦荒地和改良土壤"，"把农业和工业结合起来，促使城乡对立逐步消失"，这种地域分工遵循环境保护与经济效益协调发展原则，只有未来社会主义社会生产力布局才能避免"恶性循环"与"现代化矛盾"。这种观点完全体现了区域经济理论中自然与社会两重属性的辩证关系。①

长期以来，由于人类中心主义的影响，人类社会经济时间按活动的出发点和落脚点是人类自身需要与利益需求。这样的结果只能是忽略甚至不考虑所有生物生存环境和生存利益，无视地球生态系统的完整与健康需要。在马克思描述资本主义工厂生产环境时，他说道，"资本主义生产方式按照它的矛盾的、对立的性质，还把浪费工人的生命和健康、压低工人的生存条件本身，看作不变资本使用上的节约，从而看作提高利润率的手段。使工人挤在一个狭窄的有害健康的场所，用资本家的话来说，这叫作节约建筑物；把危险的机器塞进同一些场所而不安装安全设备；对于那些按其性质来说有害健康的生产过程，或对于像采矿业中那样有危险的生产过程，不采取任何预防措施，等等。"② 他还补充这种不合理的生产方式在严重损害工人身心健康的同时还破坏自然环境，"在各个资本家都是为了直接的利润而从事生产和交换的地方，他们首先考虑的只能是、最近的最直接的结果，而不再关心商品和买主以后将是怎样的。西班牙的种植场主曾在古巴焚烧山坡上的森林，以为木灰作为肥料足够最能盈利的咖啡树施用一个世纪之久，至于后来热带的倾盆大雨竟冲毁毫无掩护的沃土而只留下赤裸裸的岩石，这同他们又有什么相干呢？"③ 因此，忽视包括人类在内的生命物种的共同利益，结果是人与自然产生了尖锐矛盾。

马克思主义关于人与自然和谐发展思想，蕴含着丰富的可持续发展内涵。这种思想在解决区域发展问题的时候属于马克思主义区域经济理论的范畴。这种人与自然和谐发展的思想被用来重新审视处于困惑阶段的区域生态难题，特别是区域自然环境可以得出解决这种难题的指导思想：要真正实现可持续发展，就不能单独从经济发展方式去寻求可持续发展模式，而必须以可持续发展思想为指导，实现全面发展。

可以看到，以牺牲生态谋求经济增长、以牺牲他人谋求自身福利、以牺牲长远谋求眼前利益，这种传统经济发展方式正面临全面协调可持续发展的困境。作为全人类精神财富和工人阶级

---

① 吴传清. 马克思主义区域经济理论研究［M］. 北京：经济科学出版社，2006：6 - 7.
② 马克思. 资本论（第 3 卷）［M］. 北京：人民出版社，1974：321.
③ 马克思. 资本论（第 3 卷）［M］. 北京：人民出版社，1974：322.

世界观的马克思主义，不仅给人类和自然的可持续发展提供了科学的方法论，而且马克思主义本身就是关于可持续发展的科学。马克思主义蕴含的循环和节约经济思想、适度人口思想、适度和绿色消费思想、全面协调发展思想都是指导可持续的科学发展的理论基础，成为马克思主义区域经济理论发展研究的一部分。[①]

四、马克思主义区域经济学指导下的"一带一路"战略

（一）中国政府提出"一带一路"的目的

"一带一路"战略的提出，是马克思主义区域经济理论在中国国家战略层面的重要实践途径。根据马克思主义区域经济学理论，全世界资产阶级出于对本阶级整体利益的考虑，竭尽全力推动资本主义全球化，但是资本主义全球化导致了世界各国与地区之间的空间不平等，在资本主义对落后国家的城市与乡村进行空间重塑的过程中，空间冲突和空间矛盾接连不断，甚至引发区域性战争。中国作为国际上最大的社会主义国家，本着从各国共同利益出发，从广大发展中国家以及发达国家现实需求出发，在寻找各国利益最大公约数基础上，进行着眼于"命运共同体"的协同发展，提出"一带一路"战略。这既是新时期马克思主义区域经济学在中国区域经济发展中的运用，也是马克思主义区域经济学在世界各国的应用。

（二）"一带一路"战略是顺应国际经济发展趋势的区域经济一体化措施

区域经济一体化是 20 世纪 50 年代以来国际经济发展的一种新趋势，区域经济一体化是国家之间市场一体化的过程，从产品市场一体化、生产要素市场一体化向经济政策一体化逐步深化。世界可以分为许多地带，并由具有不同经济特色的地区组成，在这个多国经济区域内，通过区域一体化使得贸易壁垒被削弱或消除，生产要素趋于自由流动。从 20 世纪 90 年代开始，区域经济一体化出现了新的趋势。区域经济一体化组织大量在全球涌现，形成一股强劲的新趋势。在这股新浪潮的推进下，区域合作之深入、内容之广泛、机制之灵活、形式之多样，都是前所未有的。

进入 21 世纪以来，全球范围内日益加深的市场化，为区域经济一体化的发展奠定了体制基础。各国各地区之间的依赖日益加深，生产社会化、国际化程度不断提高，使各国的生产和流通及其经济活动进一步越出国界。这就必然要求消除阻碍经济国际化发展的市场和体制障碍，推进一体化进程。当前越来越多国家认识到，只有选择和参与一体化战略，才能加快本国经济发展的速度，提高经济的运转效率和国际竞争力。通过改革，各国消除了商品、生产要素、资本以及技术在国家之间进行流动的经济体制上的障碍，促成了区域经济一体化的发展。

在区域经济一体化潮流中，建立了不同的合作机制，在不同时间推进不同形式的区域一体化。区域经济一体化组织的雏形——经济同盟，在 1921 年就产生了，当时比利时与卢森堡结成经济同盟，后来荷兰加入，组成比荷卢经济同盟，经济同盟为后来的欧盟以及欧洲经济一体化奠定了基础。在经济同盟发展的同时，区域经济一体化又产生了新的组织——特惠关税区。1932 年，英国与英联邦成员国组成英帝国特惠区，成员国彼此之间相互减让关税，但对非英联邦成员的国家仍维持着原来的较高关税，形成一种特惠关税区。20 世纪 80 年代中期以来，特别是进入 90 年代后，世界政治经济形势发生了深刻变化，区域经济一体化又产生了新的组织——欧洲共

① 程恩富，王中宝.论马克思主义与可持续发展［J］.马克思主义研究，2008（12）.

同体。欧共体的这一突破性进展，产生了强大的示范效应，极大地推动了其他地区经济一体化的建设。目前，区域经济一体化覆盖了世界范围内的大多数国家和地区。据世界银行统计，全球只有12个岛国和公国没有参与任何区域贸易协议。174个国家和地区至少参加了一个，最多达29个区域贸易协议，平均每个国家或地区参加了5个。

从区域范围看，"一带一路"是在古丝绸之路概念基础上形成的一个新的经济发展区域。陆上丝绸之路东边连着亚太经济圈，中间串着资源丰富的中亚地区，西边接着发达的欧洲经济圈。国内部分包括西北地区的陕西、甘肃、青海、宁夏、新疆和西南地区的重庆、四川、云南、广西。从丝绸之路经济带区域范围看，以古丝绸之路的路线为基础，始于东亚，途经中亚，延至欧洲，辐射蒙古国、南亚、俄罗斯、西亚、北非等周边国家和区域，形成以中亚为中心，世界上距离最长、面积最大、人口最多、发展潜力最大的经济合作走廊。海上丝绸之路不仅使中国与东盟连接，而且能够辐射南亚和中东，将中国和东南亚国家临海港口城市串联起来，通过海上互联互通、港口城市合作机制以及海洋经济合作等途径形成海上新丝绸之路。在空间范围上，新丝绸之路可以划分为核心区、扩展区、辐射区三个层次，核心区包括中国、俄罗斯和中亚5国，扩展区包括上海合作组织和欧亚经济共同体的其他成员国及观察员国，辐射区包括西亚、欧盟等国家和地区，核心区与拓展区构成狭义的丝绸之路经济带，核心区、拓展区与辐射区构成广义的丝绸之路经济带。因此，区域一体化是"一带一路"建设的基本思路，丝绸之路经济建设就是要在东亚经济一体化基础上，促进中亚经济一体化，进而推进亚洲经济一体化。

（三）"一带一路"战略下国际产业合作领域

新丝绸之路经济带一体化战略的实施可以促进中国和欧亚，特别是中亚地区区域经济一体化，在区域经济一体化的基础上实现一系列合作，这些合作领域包括：

一是基础设施的互联互通。近年来，中国与中亚地区在铁路、公路、航空、电信、电网和能源管道六大方面的互联互通建设对中亚国家而言，不仅摆脱了传统线路出口单一、易被卡断或要挟的弊端，也使其直接和一个国际能源需求大户"无缝对接"，并有助于改善其基础设施落后的现状；对中国而言，有助于实现油气来源多元化，以及带动优势产业走出国门。

二是能源工业领域合作。中国不管是为了满足当前国内能源需求，还是为了保障未来发展的能源供给，都面临巨大的挑战；与此同时，俄罗斯与中亚5国是世界能源富集区，经济发展潜力巨大，大都希望依靠丰裕的油气资源实现经济的快速增长。"一带一路"的能源合作，不仅能达到能源供求对接，更能实现区域能源产业互补，各国经济协同发展。中国与俄罗斯及中亚5国应在"亲、诚、惠、容"的创新理念下，树立新型能源合作观，共建新型能源合作关系。

三是国家产业转移与新产业领域合作。"一带一路"是欧亚各国合作日益深入、中国经济整体转型升级、对外开放与对内改革协调背景下提出的亚欧大陆带状经济合作战略。基于新结构经济学视角对"一带一路"产业转型与合作进行分析发现，产业承接与转型合作的关键是要素禀赋升级与比较优势培育、硬性与软性基础设施改善以及科学技术与工业合作。将技术创新、金融体系与产业结构调整相结合，是推动"一带一路"产业合作与转型的现实路径。

四是贸易与物流产业领域合作。中国与中亚地区经贸关系非常密切，且存在着很大的提升空间，贸易潜力巨大。因此，深入发展中国—中亚的贸易合作将有利于丝绸之路经济带贸易的繁荣和稳定，有利于以线带面，实现全面发展。物流合作领域。从物流通道的发展看，中国目前已经与"一带一路"沿线国家连通公路、铁路、航空和管道等多方面的交通运输线路；从物流节点发展来看，中国西部地区面向"一带一路"的物流节点建设已经初见成效，建立了综合保税区、综合物流园区（物流交易中心）和边境合作中心等综合性的物流节点。

五是科教、文化、旅游产业领域合作。中亚5国旅游资源丰富，近年来也取得长足进步，从总的方面看，中亚5国旅游发展潜力和空间还很大，但还有不少合作的空间。教育合作领域。在建设"一带一路"过程中，中国与中亚的教育合作方式或构想主要包括建立孔子学院、成立上海合作组织大学，以及构建中亚教育经济圈；中国与俄罗斯的教育合作主要包括合作办学、人才交流和学术交流。

六是科技合作领域。随着中国与中亚各国之间交流的进一步深入，"一带一路"沿线各国在农业科技、能源科技和气候环境合作等领域有不少的合作空间。

（四）面临挑战与知难而进

首先，自然条件差异制约"一带一路"战略的实施。"一带一路"沿线地区土地广阔，但是自然条件差，高山、沙漠、戈壁阻隔了城市间的交流，各城市之间过远的距离也使得区域要素市场呈现相对独立、封闭的特点，城市间要素流动慢，而要建立跨区域的经济带，实现区域一体化需要付出很高的经济成本。自然条件决定了丝绸之路是最艰难的经济带，区域一体化也是空间跨度最大、建设周期最长、难度最大的区域一体化。

其次，各国经济体制差异制约"一带一路"战略的实施。"一带一路"区域内各国都属于转型国家，都是20世纪90年代开始由计划经济体制向市场经济体制转型，中亚5国10多年的经济体制转轨基本摆脱了计划经济体制，构建了以私有制为主体的多种所有制经济并存的市场经济框架。但是由于转型的方向、速度和深度有差异，各国市场经济体制具有一定差异性。首先是体制方面的差异，"中亚5国普遍注重国家在构建市场经济和体制转轨过程中不可或缺的作用，借鉴和选择了德国式社会市场经济模式，而俄罗斯更倾向于美国式的自由市场经济模式"。其次是体制转轨方式的差异，中亚5国中除吉尔吉斯斯坦选择了"休克疗法"外，其他4国都选择了渐进式模式。由于各国体制上的差异，市场经济的发育程度不同，在市场一体化方面面临着制约。

再次，各国利益差异制约"一带一路"战略的实施。目前，"一带一路"区域内存在多个次区域经济合作组织其国别构成、区域分布、合作范围与合作机制均存在一定差异。而且传统丝绸之路是各国合作的天然纽带，它将各次区域经济合作组织联系起来，将共同利益做大做强，最终使各国从中获得裨益。但由于沿线国家条件不一，利益诉求或有不一致，各次区域经济合作组织以及各国利益的差异甚至存在利益冲突。同时，中国和西亚由于社会、经济、宗教、文化、国家体制等方面的差异性，整合国家利益和目标，确认共同归属感的难度较大。

复次，各国政策差异制约"一带一路"战略的实施。"一带一路"的中亚各国都是由实行计划经济国家向市场经济转型国家，各国转型进程不同、体制不同，导致政策差异性比较大。"一带一路"区域一体化不管是在护照、签证，还是复杂的关税政策方面，都需要在政策制定和政策应用方面面对一些困难。因此，这种体制和政策的差异性构成了"一带一路"区域一体化的制约。

最后，各国文化差异制约"一带一路"战略的实施。"一带一路"区域是一个多民族、多宗教的交汇地区，"一带一路"区域一体化是多元文化在全球化背景下的一体化，各国文化、宗教都存在差异性，这种文化差异构成了"一带一路"区域一体化的制约。在文化差异背景下实现区域一体化要做到求同存异，趋利避害，寻求有效对策，加强互利合作，这是"一带一路"区域一体化迫切需要解决的一个问题。

但是，无论面临再多的困难和挑战，中国人民都会在马克思主义区域经济学理论指导下，在全国各族人民的共同努力下，通过克服重重困难，成功迎接各种挑战，通过互联互通、精诚合作、互利共赢、共建共享，实现"一带一路"沿线国家的共同繁荣！

丝绸之路经济带工业产能合作研究

白永秀　王泽润　王颂吉

（西北大学经济管理学院　西安　710127）

一、引言

我国经济发展由高速增长进入中高速增长的"新常态"，工业化迈入中后期阶段，面临产业转型升级的艰巨任务（黄群慧，2014）。2015 年 5 月，国务院发布了《关于推进国际产能和装备制造合作的指导意见》，明确提出把推进国际产能和装备制造合作作为保持我国经济中高速增长、推动高水平对外开放以及开展互利合作的关键举措，国际产能合作成为我国工业转型升级的有力抓手。

丝绸之路经济带战略提出以来，已获得区域内多数国家的强烈认同，建设丝绸之路经济带成为我国经济发展和对外开放的重大战略（白永秀、王颂吉，2014）。《推动共建丝绸之路经济带和 21 世纪海上丝绸之路的愿景与行动》明确了在建设丝绸之路经济带过程中坚持开放合作、和谐包容、市场运作、互利共赢原则，并且重点围绕"五通"开展合作，这恰好与推进国际产能合作相契合。为此，深入研究丝绸之路经济带工业产能合作的背景、条件、内容及其机制，有助于保障丝绸之路经济带战略的顺利实施，这也正是本项研究的价值之所在。

二、中国推进丝绸之路经济带工业产能合作背景

（一）对外直接投资增长强劲

进入 21 世纪以来，我国对外直接投资（OFDI）呈现快速增长态势。2012 年，我国首次跻身世界第三大对外投资国；2013 年，我国全行业对外直接投资达 1078.4 亿美元，首次突破千亿元大关；2014 年，尽管国内经济增长有所放缓，但我国仍然保持世界第三大对外投资国地位，

［基金项目］国家社会科学基金重点项目"全球经济新格局背景下丝绸之路经济带建设的战略研究"（编号：15AJL011）；西北大学研究生自主创新项目"全球价值链视角下丝绸之路经济带国内段产业升级研究"（编号：YZZ14063）。

［作者简介］白永秀，西北大学学术委员会副主任、教授、博士生导师；王泽润，西北大学经济管理学院研究生；王颂吉，西北大学经济管理学院教师。

非金融类对外直接投资首次突破千亿元大关，达1028.9亿美元，同比增长11%。而2014年我国对外直接投资规模与同期外资流入规模仅差35.6亿美元，这也是现有统计口径下我国双向投资首次接近平衡①。

表1　我国非金融类对外直接投资流量与同期 GDP 增长情况

年份	非金融类对外直接投资流量（亿美元）	同比增长（%）	GDP（亿元）	同比增长（%）
2002	27.0		120332.6	
2003	28.5	5.6	135822.7	10.0
2004	55.0	93.0	159878.3	10.1
2005	122.6	122.9	184937.3	11.3
2006	176.3	43.8	216314.4	12.7
2007	248.4	40.9	265810.3	14.2
2008	418.6	68.5	314045.4	9.6
2009	478.0	14.2	340902.8	9.2
2010	601.8	25.9	401512.8	10.4
2011	685.8	14.0	473104.0	9.3
2012	777.3	13.3	519470.1	7.7
2013	927.3	19.3	568845.2	7.7
2014	1028.9	11.0	636462.7	7.4

资料来源：根据 2003～2013 年《中国对外直接投资统计公报》、2003～2014 年《中国统计年鉴》以及中国商务部网站有关数据计算整理。

　　由表1可以看出，自从加入世贸组织以来，我国非金融类对外直接投资流量持续攀升，年均增速高达39.4%。2004～2014年，连续11年保持两位数以上的增长率，远远超过同期 GDP 增长速度。2014年，我国境内投资者对全球156个国家6128家境外企业进行了直接投资。更为重要的是，我国对外直接投资的快速增长不仅体现在数量上，还体现在企业国际竞争力增强、投资主体结构持续优化、投资产业结构不断升级、与东道主国双赢效果显著等方面（杨挺等，2015）。

（二）工业价值链升级刻不容缓

　　"二战"之后尤其是20世纪90年代以来，发达国家的跨国公司对其全球生产网络和贸易体系进行了基于价值链的重新塑造，其目的是充分利用不同国家和地区的比较优势，并将其转化为企业在特定环节的竞争优势。全球价值链分工的最显著表现就是随着国际分工的深入，商品和服务的价值创造体系在全球范围内出现了垂直分离，发达国家占据全球价值链的研发、设计、营销网络等高端环节以获取高额利润，而发展中国家大多处于价值链的低附加值环节（刘志彪等，2007）。如今，全球价值链已成为世界经济的重要特征。中国经济过去30多年的高速增长，正是得益于东部沿海地区对全球价值链的深度嵌入。制造业产品的大量出口虽为我们赢得"世界工厂"的美誉，并推动我国成为世界第二大经济体，但并未实现我国制造业向价值链高端攀升的目标。目前，中国大部分制造业企业从事中间品加工和最终品组装，处于价值链中低端位置，缺

---

　　① 相关原始数据来源于《2013年度中国对外直接投资统计公报》以及中华人民共和国商务部网站相关资料，http：//www.mofcom.gov.cn/article/i/jyjl/k/201502/20150200895915.shtml.

乏核心竞争力，产品附加值较低。

排除体制和政策因素，长期处于价值链低端也是导致产能过剩的诱因之一。一方面，企业长期处于价值链低端会导致结构性产能过剩问题的出现，尤其在轻工业领域，市场需求转向高端产品，而我国大部分轻工业企业由于长期被"锁定"在价值链低端，自主创新能力不足，品牌弱小，难以快速根据市场需求结构变化升级产品，导致出现低端产品大量过剩而部分高端产品依赖进口的局面（周劲等，2011）。另一方面，企业被长期"锁定"在价值链低端，会放大周期性产能过剩的影响。在出口导向型战略下，我国制造业企业对外依存度高，周期性经济危机中发达国家减少进口，而由于我国企业被"锁定"在价值链低端，所出口产品缺乏核心技术和自主品牌，往往会被发达国家利用技术性贸易壁垒打击，导致出口受阻，进而放大了周期性产能过剩的影响。

不仅如此，我国制造业还面临着"前后夹击、进退维谷"的困境。一方面，2008年金融危机爆发后，美国等发达国家纷纷提出以"重振制造业"为核心的"再工业化"政策，伴随"再工业化"政策的实施，可能使美国企业将部分产业环节转移到美国国内。另一方面，劳动力密集型产业对要素成本变化的敏感度很高，近年来我国东部地区要素成本上升明显，企业原有成本优势日益减弱，很多企业选择向东南亚等劳动力成本更低的国家转移。在此背景下，我国工业发展面临着巨大的转型压力，产业价值链升级刻不容缓。

（三）发展中国家工业化提供了市场机遇

2008年金融危机影响深远，全球经济至今复苏缓慢，国际贸易与对外直接投资仍处于低速增长区间（张宇燕等，2015）。但长期看，工业化是任何国家必经的发展阶段，国际贸易和对外直接投资仍有快速增长的潜力。联合国贸发组织（UNCTAD）发布的《2015年世界投资报告》显示，2014年发展中经济体吸引的FDI占全球总量的一半以上；全球前十名FDI接受目的地中，有一半是发展中国家和地区。尽管全球经济仍未完全走出金融危机阴影，但广大发展中国家工业化进程同样势不可当。毫无疑问，随着自由贸易和全球产业分工深化，发展中国家的工业化进程将提供巨大的市场机遇。在此背景下，中国如何抓住发展中国家工业化提供的市场机遇，加大对发展中国家的投资力度，就成为中国经济保持中高速增长和实现产业转型升级的关键因素之一。

三、丝绸之路经济带工业产能合作条件分析

中亚五国是中国共建丝绸之路经济带的天然合作伙伴，中国已经同哈萨克斯坦达成了合同总额数百亿美元的工业产能合作协议，这为中国推进丝绸之路经济带工业产能合作提供了示范。基于此，我们以中亚五国为重点考察对象，对丝绸之路经济带开展工业产能合作的条件进行分析。

（一）中亚五国工业发展现状

自1992年中亚五国相继独立以来，依托丰富的能源矿产资源，工业经济逐步得到恢复和发展（白永秀、王颂吉，2015）。分国别看，哈萨克斯坦工业支柱行业为石油天然气工业和煤炭工业，采矿业在工业产值中占有绝对主导地位，制造业由于基础薄弱、资本投入不足、外国产品冲击等原因而发展缓慢。尽管哈萨克斯坦拥有丰富的棉花、毛皮等原材料，但由于该国生产加工能力低下，棉花、毛皮大部分出口。

乌兹别克斯坦主要工业行业为能源、机械制造、食品加工和有色金属。前苏联时期，乌兹别

克斯坦已形成完整的工农业体系，机械制造、冶金、石化、棉纺、原料生产及加工等产业完善，其机械制造业比其他中亚国家发达，规模占中亚地区2/3，具备汽车和飞机制造能力①。

吉尔吉斯斯坦的主要工业行业为采矿业、金属及非金属制品加工业。吉尔吉斯斯坦有色金属如金、汞、锡、锑储量较大，有一些世界级的大型矿床，如库姆托尔金矿、哈伊达尔干汞矿等。黄金在吉尔吉斯斯坦经济地位十分重要，库姆托尔金矿2011年开采黄金18.1吨，产值约19亿美元，占吉尔吉斯斯坦当年GDP的11.7%，工业总产值的26.1%，出口总值的51.1%。2012年由于该矿产量下降，一定程度上导致当年GDP增速下滑（孙力等，2013）。不同于哈萨克斯坦、乌兹别克斯坦和土库曼斯坦石油和天然气储量丰富，吉尔吉斯斯坦缺乏油气资源，更多依赖金属矿产资源出口。

塔吉克斯坦的主要工业行业为铝业和水电业。受到自然环境限制、基础设施落后以及内战问题的影响，塔吉克斯坦经济发展相对滞后，工业结构单一，人均GDP位列中亚末位。由于拥有相当丰富的水资源，水电业成为主要的工业行业，但实际开发量不足其10%。2014年，以铝为主的金属矿产出口和以棉花为主的农业原材料出口占塔吉克斯坦出口总额的71%。虽然塔吉克斯坦现有工业发展滞后，但并不意味着缺乏发展潜力。2013年，塔吉克斯坦加入世界贸易组织后，其对外直接投资流入额从2010年802万美元上升为1.07亿美元②。可以预见，随着塔吉克斯坦对外开放程度加深，将吸引更多外国直接投资，它将外国资本、技术优势与其本国资源优势结合起来，促进工业发展。

土库曼斯坦主要工业行业为油气工业和棉毛纺织业。土库曼斯坦天然气、石油、芒硝、碘、有色及稀有金属等矿产资源十分丰富，天然气储量位居世界第三。得益于此，土库曼斯坦实行能源强国政策，除去自身消费的一小部分，其余全部出口。依靠能源出口，土库曼斯坦保持着经济高速增长态势。近年来，由石油、天然气开采、石油制品和电力构成的"燃料—能源综合体"成为土库曼斯坦主要工业部门，产值占工业总产值一半以上（毕艳茹，2010）。

（二）中国与中亚五国工业发展互补性分析

中国与中亚五国工业化处于不同发展阶段，中国总体上正在步入工业化后期，而中亚国家总体上处于工业化初级阶段。因此，双方在产品和产业结构上均存在很强的互补性。前苏联时期，中亚五国充当原材料供应者角色，独立之后它们迫切发展现代制造业。但是受历史和地缘政治等因素的影响，经过独立后20多年的发展，中亚五国的原有产业格局没有发生实质变化，随着参与国际贸易与分工水平的深化，资源型工业结构反而得到强化。

表2 2011～2012年中亚五国出口前十商品　　　　　　　　　　　　单位：%

哈萨克斯坦		吉尔吉斯斯坦		塔吉克斯坦		土库曼斯坦		乌兹别克斯坦	
名称	占比	名称	占比	名称	占比	名称	占比	名称	占比
1. 原油及沥青	61.9	1. 非货币黄金	9.0	1. 铝	48.2	1. 天然气	52.4	1. 棉花	14.9
2. 海绵铁、铁合金	4.0	2. 重油及沥青	8.7	2. 棉花	16.4	2. 棉花	13.5	2. 铜	12.6
3. 铜	3.8	3. 车辆	7.3	3. 棉织品	3.8	3. 重油及沥青	10.8	3. 天然气	9.3
4. 重油及沥青	3.1	4. 蔬菜及产品	6.0	4. 贱金属矿石与精矿	3.6	4. 无机化学氧化盐	3.3	4. 果仁	7.8

① 参见《乌兹别克斯坦工业特区产业发展潜力巨大》，http://world.people.com.cn/n/2014/0505/c1002-24976352.html.
② 根据UNCTA数据库有关数据计算、整理。

续表

哈萨克斯坦		吉尔吉斯斯坦		塔吉克斯坦		土库曼斯坦		乌兹别克斯坦	
名　称	占比	名　称	占比	名　称	占比	名　称	占比	名　称	占比
5. 铁矿石、精矿	2.9	5. 女性服装等	6.0	5. 果仁	2.2	5. 原油及沥青	3.2	5. 放射性材料	6.5
6. 放射性材料	2.7	6. 电力	5.7	6. 电力	1.6	6. 特种纱及纺织布料	2.5	6. 客车、赛车	6.4
7. 天然气	2.6	7. 果仁	3.4	7. 男性服装	1.4	7. 塑料制品	2.4	7. 纺织纱线	6.2
8. 煤	1.6	8. 优质金属、精矿	2.8	8. 纺织纱线	1.2	8. 纺织纱线	2.1	8. 重油及沥青	5.8
9. 液化丙烷	1.4	9. 棉花	2.4	9. 不含铁的碱金属废料	1.0	9. 蔬菜	1.3	9. 化肥	4.0
10. 小麦	1.2	10. 不含铁的碱金属废料	2.3	10. 铜矿砂及精矿	0.9	10. 服装	0.8	10. 蔬菜及产品	3.0
合计	85.2		53.6		80.3		92.3		76.4

资料来源：张文中. 中亚五国的贸易特征及向东发展的障碍［J］. 新疆财经，2015（1）：53 - 61.

表2描述中亚五国出口前十商品的分布情况，也作为特征性事实印证了中亚五国工业结构的资源主导特征。从表2可以看出，中亚五国出口商品结构高度集中，各国出口虽然各有侧重，但矿产资源类和农业原材料类产品占据绝对份额，且排名前十的商品绝大部分属于初级产品，这深刻反映出中亚各国加工制造能力的不足。尽管资源类初级产品是中亚国家现阶段的比较优势所在，但若单一依靠资源类初级产品出口，而不重视自身制造能力的提升，就很有可能被永远"锁定"在全球产业分工的外围。

在此背景下，中亚国家亟须提升工业发展水平。只有大力发展现代制造业才能改变单一依靠资源类初级产品出口的现状，实现出口产品多元化。一般认为，我国与中亚国家工业发展的互补性体现在基于资源与市场互补的产品贸易层面，即我国向中亚国家出口机电产品、日用消费品等制成品，而中亚国家向我国出口能源、原材料。但我们认为，我国与中亚国家工业发展的互补性不仅体现在产品贸易层面，更体现在产业资本合作乃至发展战略层面：一方面，相比于产品贸易，中亚国家更有意愿、有动力获得外国直接投资以提升自身工业发展水平；另一方面，我国有实力、有条件、有动力推动优势工业产能"走出去"，拓展我国工业的国际发展空间。2014年，我国与哈萨克斯坦在钢铁、水泥、平板玻璃、化工、机械、有色、轻纺等产业领域的深度合作，为我国与包括中亚在内的丝绸之路经济带沿线地区开展工业产能合作提供了示范。

四、丝绸之路经济带工业产能合作领域与机制

（一）丝绸之路经济带工业产能合作领域

基于以上分析，丝绸之路经济带工业产能合作可以重点围绕能源资源开发及深加工业、装备制造业、建材产业、纺织服装业、轻工食品业、电子信息产业以及新能源产业七大领域展开。

（1）能源资源开发及深加工业。在油气资源开采方面，由于我国能源企业在中亚五国都已

有投资项目，因此未来产能合作的重点内容应包括：围绕建设油气战略通道，不断扩大我国与中亚国家油气合作规模；延伸油气产业链，支持我国企业在中亚国家开展炼油化工业务，扩大石油化工产品的生产规模。在矿产资源开发及深加工业方面，我国矿产资源勘探开发企业已在中亚投资布局，但吉尔吉斯斯坦、塔吉克斯坦和土库曼斯坦矿产资源勘探、开采技术水平相对较落后，资源开发率较低。因此，未来产能合作可进一步支持国内矿产资源开发企业通过合资、独资或提供技术支持等多种形式与中亚国家开展矿产资源开发业的合作；支持我国具备研发实力的矿山机械设备制造企业，针对中亚国家矿产资源勘探开发的地质特点和实际需求，为中亚国家设计并提供可定制化的矿山机械设备，积极开展融资租赁业务；支持我国企业在中亚国家开展矿产资源深加工，在当地建立深加工基地，做大做强产业链。

（2）装备制造业。在工程机械设备上，中亚国家正处于基础设施大规模建设阶段，必将对混凝土生产与运输、铲土运输、压实等工程机械设备产生巨大需求。我国企业应发挥在工程机械制造领域的竞争优势，通过扩大向中亚国家工程机械设备出口规模、在中亚地区就地建设工程机械设备生产基地等形式，不断扩大我国与中亚国家工程机械产能合作水平。在交通运输设备上，中亚国家的城市化和工业化进程对汽车、电力机车、高速铁路、城市轻轨等交通运输设备有大量需求。而我国在上述交通运输设备制造领域不仅拥有自主品牌，技术水平也不断完善。例如，中国高铁已成为中国装备"走出去"的名片。因此，应支持我国交通运输设备制造企业加大"走出去"力度，以与中亚国家共建中亚交通基础设施方式带动相关装备出口，也应支持我国交通运输设备制造企业在中亚地区合资或独资建立组装和服务基地，带动当地上下游产业发展。在农业机械上，支持我国企业针对中亚农业特点开发相应产品，扩大出口规模，进一步可在中亚国家独资或合资建立农业机械生产和服务基地。在电力设备上，支持我国电力设备制造的龙头企业采取在中亚国家承包电厂建设、更新电力设备等形式带动我国发电机、变压器等输变电设备向中亚出口，鼓励有条件的企业以独资或合资的形式在中亚建厂。在油气资源开采装备上，针对中亚国家在油气钻采和加工设备上的巨大需求，应支持我国企业通过共同参与油气资源开发、工程建设、管道运输以及技术服务等形式，带动相关装备和零配件出口中亚。推动装备制造业国际产能合作，应该更加注重"产品＋服务"走出去，突破纯产品出口理念，转向整体解决方案，提高与出口产品相关的技术指导、维修保养、性能升级等增值服务比重。

（3）建材产业。伴随中亚国家工业化和城市化进程进入加速阶段，对水泥、玻璃、钢材等建筑材料以及地板、陶瓷、洁具等家具装饰材料的市场需求将趋于扩大。广泛需求与本地生产能力不足的巨大冲突为我国与中亚国家进行建材产业国际产能合作提供了基础。发挥我国建材产业竞争优势，不断加大对中亚国家的产品出口力度，支持国内相关建材企业加快"走出去"，与中亚国家合资建厂，利用当地资源，转移我国产品生产设备和技术，实现就地生产，就地销售。

（4）纺织服装业。中亚国家棉、毛、麻、皮革等纺织服装业原料产量丰富，居民收入水平的提高将扩大对纺织服装产品的市场需求，但中亚国家纺织工业由于设备和技术落后，加工能力弱，无论是产量、产品种类和质量水平都不能满足市场需求。因此，纺织服装业产能合作的内容可包括：一是支持我国纺织企业到中亚地区合资建厂，充分利用当地原材料，就地发展棉花生产加工业。二是鼓励并支持向中亚国家出口成套纺织设备、输出先进纺织技术，帮助当地企业提高产品质量，扩大产品种类。三是鼓励并支持我国有自主品牌的服装生产企业到中亚国家建立生产基地，加大与中亚国家服装生产企业合作力度，根据当地消费者需求，开发新产品。

（5）轻工食品业。中亚国家轻工食品类工业问题在于加工能力和技术水平较低，生产设备依靠进口。以食品业为例，除哈萨克斯坦外，其余国家还没有建立现代食品工业体系。因此，在推动轻工食品类工业产能合作过程中，一方面应支持我国从事清真食品加工生产的企业面向中亚市场扩大产品出口；另一方面应鼓励并支持它们向中亚国家输出食品加工技术和设备，支持它们抱团"走出去"，到中亚投资设厂，围绕食品精深加工拓展产业链。

（6）电子信息产业。电子信息产业是高新技术产业，中亚市场对消费类产品需求巨大，但受限于本国技术和制造能力，大部分产品依赖进口。由于欧美日韩企业先于我国进入中亚市场，高端市场竞争激烈，我国产品则主要占据中低端市场。但是，近年来我国在信息通信、智能终端、卫星定位导航等产业上发展迅猛，在研发、设计、服务等高端环节上的经验和能力也得到提升，一些相关产品已具备国际竞争优势。凭借丝绸之路经济带建设机遇，作为"中国智造"代表，我国电子信息业企业在国际市场大有可为。一是大力支持我国优质电子信息产品面向中亚市场扩大出口，如 TD－LTE 移动通信技术、北斗产品、智能手机、电脑、智能家电等；二是鼓励并支持我国电子信息产品制作企业在中亚建立生产基地，在抢占当地消费市场的同时构建我国电子信息产业的全球价值链，也为所在国关联产业发展提供机遇；三是大力推动跨境电子商务发展，为我国工业产品增添输出通道。

（7）新能源产业。由于石油、天然气、煤炭等传统能源资源相对丰富，中亚国家以传统能源为主，新能源产业占比很小但前景广阔。近些年，我国新能源产业掀起了一个发展热潮，涌现出一批具有国际竞争力的企业，但目前新能源产业也面临产能过剩的问题，尤其是在太阳能光伏发电和风能发电上。因此，我国与中亚国家在新能源产业方面存在产能合作空间。我国应支持太阳能、风能、核电等领域的优势企业加快"走出去"步伐，积极开拓中亚市场，灵活采取 EPC、BOT 或者 EPC＋BOT 等多种方式开展项目合作，带动我国新能源装备成套输出。

（二）丝绸之路经济带工业产能合作机制

丝绸之路经济带建设处于起步阶段，推动丝绸之路经济带产能合作需逐步构建以"政府推动，企业主导，互利共赢"为内容的产能合作机制。

（1）政府推动。丝绸之路经济带工业产能合作机制需要政府推动的原因是：第一，丝绸之路经济带属于国家战略，工业产能合作的动力机制不仅源于企业的资本收益，还源于国家战略利益需要。发达国家对其他发展中国家的投资，其动力机制主要来源于跨国公司的资本收益，核心属性即逐利。而中国企业在丝绸之路经济带这一国家战略上进行产能合作和对外直接投资活动，不能完全由公司利益最大化解释，企业对外直接投资收益更多或更直接地体现为宏观经济利益。发达国家企业对外直接投资时，政府的工作重点是创造自由、公平的市场环境，而中国政府要做的不止于此，政府还需要组织引导企业走出去，形成一套企业境外投资的规划发展体系、政策体系、服务体系、管理体系（裴长洪，2010）。第二，丝绸之路经济带建设处于起步阶段，区域内贸易和要素流动自由度受到很多限制，经济合作的实现离不开双方政府间交流协调。此外，中亚国家在政治、社会、宗教等方面的潜在风险不可忽视，而我国企业对外直接投资处于初级阶段，企业对境外风险的预防、应对及管控缺乏经验，能力不足，由政府推动产能合作能降低潜在风险，企业更有"安全感"。因此，在丝绸之路经济带建设初级阶段，工业产能合作需要政府推动。当前，政府推动丝绸之路经济带工业产能合作的重点应放在以下两项工作上：一是做好政策导向，包括制定产业、金融、税收、投资、外贸、监管等方面的鼓励、扶持、保障政策，引导和支撑企业开展国际产能合作；二是做好"样板工程"，树立中国开展国际产能合作的良好形象，在丝绸之路经济带沿线国家形成积极的示范效应。

（2）企业主导。企业是丝绸之路经济带工业产能合作主体，企业利益要和国家利益统一并不意味着政府能够替代企业成为产能合作的主体。在政府推动之下，我国企业应集中自身优势，面向丝绸之路经济带积极开展工业产能合作。首先，我国企业应提高跨国经营能力。要遵守国际商业惯例，在项目实施前做好对合作国家政治、经济、法律、社会、文化环境的分析和风险评估，提高企业内部管理水平，增强对风险和突发事件管控能力；规范经营行为，严格遵守所在国法律政策；增强属地化经营理念，积极履行社会责任。其次，我国可采取"以国有企业带动民营企业、以大企业带动小企业"的策略开展丝绸之路经济带工业产能合作。鉴于现阶段丝绸之路经济带工业产能合作主要集中在能源资源产业、装备制造业和基础设施建设领域，而这些产业中的优势企业以国有企业为主。因此，以国有企业充当"先头军"，率先打入国际市场，随后带动一批民营中小配套企业围绕国有企业做大做强产业链，形成产业集聚效应。

（3）互利共赢。丝绸之路经济带工业产能合作的前提是我国与沿线国家工业发展存在互补性和利益交汇点。这种互补性不仅是产品贸易层面上的互补，更是我国与沿线国家发展战略的互补。因此，对于我国政府而言，推进国际产能合作要注重与其他国家发展战略的对接，要找准双方发展战略的交汇点。同样，对于我国企业而言，在"走出去"的过程中要找准其他国家的市场需求，并且能够根据需求的变化灵活调整经营策略。只有如此，丝绸之路经济带工业产能合作才能实现可持续发展。

参考文献

［1］黄群慧．"新常态"、工业化后期与工业增长新动力［J］．中国工业经济，2014（10）：5－19．

［2］白永秀，王颂吉．丝绸之路经济带的纵深背景与地缘战略［J］．改革，2014（3）：64－73．.

［3］杨挺，田云华，李欢欢．2014年中国对外直接投资特征及趋势研究［J］．国际经济合作，2015（1）：8－17．

［4］刘志彪，张杰．全球代工体系下发展中国家俘获型网络的形成、突破与对策——基于GVC与NVC的比较视角［J］．中国工业经济，2007（5）：39－47．

［5］周劲，付保宗．产能过剩在我国工业领域的表现特征［J］．经济纵横，2011（12）：33－38．

［6］张宇燕，徐秀军．2014～2015年世界经济形势回顾与展望［J］．当代世界，2015（1）：6－9．

［7］白永秀，王颂吉．价值链分工视角下丝绸之路经济带核心区工业经济协同发展研究［J］．西北大学学报（哲学社会科学版），2015（3）：41－49．

［8］孙力，吴宏伟．中亚国家发展报告（2013）［M］．北京：社科文献出版社，2013：42．

［9］毕艳茹．中国与中亚国家产业合作研究——基于产业结构国际化视角［D］．新疆大学，2010：52．

［10］裴长洪，樊瑛．中国企业对外直接投资的国家特定优势［J］．中国工业经济，2010（7）：45－54．

机场与金融因果关系的研究

贾品荣

（北京科学学研究中心　北京　100089）

一、引言

2012 年国务院发布《关于促进民航业发展的若干意见》。该意见提出：改善民航业的金融服务，研究设立主体多元化的民航股权投资（基金）企业。制定完善相关政策，支持国内航空租赁业发展。鼓励银行业金融机构对飞机购租、机场及配套设施建设提供优惠的信贷支持，支持民航企业上市融资、发行债券和中期票据。完善民航企业融资担保等信用增强体系，鼓励各类融资性担保机构为民航基础设施建设项目提供担保。稳步推进国内航空公司飞机第三者战争责任险商业化进程。可见，航空金融已经成为新时期民航体制改革的重点，也成为摆在众多学者面前的一项重大研究课题。

航空金融是与航空产业链相关主体资金的融通、货币流通和信用活动以及与之联系的经营活动的总称[1]。在国外航空金融研究中，Rigas Doganis 阐述了一些反映投资决策效果的经济评价指标[2]。国际民航组织在 Airport Economics Manual 中也提供了一些衡量机场投资后的运营业绩的指标。在欧洲，有专门部门从事对机场的研究，通过公布一些衡量机场运作的指标来帮助机场管理者评估机场的业绩，以便进行投资。Ron Vreeker，Peter Nijkamp，Chris Ter Welle 认为合理决策还需要对机场的外部性进行评估。

我国对航空金融问题研究不多，主要集中在创新融资模式上。李胜在《BOT 在我国民航机场建设中的应用》进行了有益分析研究[3]。顾承东研究了大型国际机场的各种属性，并针对机场的特性，将机场的设施分类，将融资模式分类，提出了多元化融资模式目标[4]。生颖洁研究了国外机场融资体制和沿革，对我国民用机场的内源融资能力、政府补贴方案和 BOT 融资模式在机场业的应用进行了讨论[5]。刘薇对机场企业融资需求规模和特点、融资供给环境和方式进行了归纳，并对新兴融资方式在机场的适用性做了简要分析[6]。耿亚军认为，机场是一个国家或地区的重大基础设施，它的融资一般具有以下特点：第一，融资数量大；第二，回收期较长；第三，政府的关注度较强；第四，投资风险差异较大；第五，部分资产具有较强的稳定回报[7]。

［基金项目］北京现代产业新区发展研究基地资助项目，项目编号：JD2014003；国家软科学计划重大项目，项目编号：2013GXS1D003。

［作者简介］贾品荣，北京科学学研究中心学术委员会委员，副研究员，南开大学产业经济学博士后。主要研究方向：产业创新，技术经济与管理。

胡俊《资产证券化：机场融资新模式》一文，在对资产证券化的基本运行过程进行简要介绍的基础上，系统分析了资产证券化融资的优越性和我国机场资产证券化融资的可行性及重大意义[8]。史凌介绍了西安机场的现行融资背景，并为西安咸阳机场设计了股改融资策略和引入战略投资者策略[9]。

国内外目前对航空金融的研究主要集中在融资模式的探讨。本文则以机场为例，研究金融对航空发展的作用，对其进行因果检验。

二、机场与金融关系的定性分析

金融对机场的发展有着极其重要的作用，主要有以下三个方面：首先，机场的快速发展要依靠现代金融，现代金融使机场的融资变得快速和高效，使得机场有了雄厚的资金来促进机场的发展；其次，机场金融发展有利于机场管理体制向现代体制转变，以金融发展为契机，中国机场的发展不再是传统管理体制的要求，而是资源要素整合的需要，这样，中国机场才能真正从传统的体制过渡到现代市场经济新体制；最后，机场的金融发展促使中国机场提高服务水平。机场出售的是服务，服务质量是关系机场生存、发展之本，通过与金融界的深层次合作，将金融业的服务理念引入机场，从而有利于提升中国机场的服务水平。

本文在调研海航集团的基础上，提出机场与金融互动的概念模型——机场利用大型基础设施带来的要素大规模流动产生的效应，发挥产业集聚功能，运用产融结合手段，形成临空经济；深入发展基础设施产业，使基础设施周边的人文环境、生活环境、交通环境和生态环境得到改善，促进高档房地产发展，最终形成机场与金融有机发展的模式。

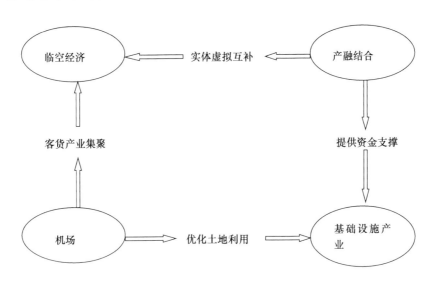

图1　机场与金融有机发展模式

资料来源：作者绘制。

这一模型包含四方面概念：

（一）机场概念

航空金融发展必须以机场为依托，交通网络的便捷性和要素大规模流动，是机场发展的内在优势。缺少机场概念的模式丧失特色。

机场是航空金融形成和发展的原动力。航空金融必须依托机场，只有当机场的客运吞吐量、货运吞吐量、航线覆盖率以及航班数量达到一定水平，才可能发展航空金融。机场的发展为航空金融奠定了基础、提供了平台，机场自身的要素集散功能带动其他生产要素大规模流动，航空运输以其独特的优势吸引物流产业、高新技术产业以及包括金融在内的服务产业在机场周边聚集，促进航空金融的形成与发展。可见，机场是航空金融发展的基础条件，航空运输业通过与关联产业的前向、后向、旁侧联系，通过乘数效应促进航空金融的发展。

（二）临空产业概念

临空产业是产业资本运作的平台。机场附近地区便捷的航空运输条件是吸引金融企业入驻临空经济区的重要原因——货流量的增加扩大了物流业、快递业等产业的集聚；而客流量的增加带来了广告业、会展业、高科技和零售业等产业的集聚，从而获得了金融规模收益。机场具有极强的辐射能力，有力吸引资金流向机场区域，发展临空金融。

（三）基础设施产业概念

航空金融发展除了依托机场、临空经济发展外，还有一个重要的要素——基础设施投资。基础设施投资对航空金融的影响主要表现为三种效应：即拉动效应、伴随效应与波及效应。由于基础设施产业既是资本密集型产业又是劳动密集型产业，因此基础设施投资发展可以促进资本积累，并从上游拉动相关产业的繁荣与发展，从而带动其他产业投资增长和民间投资发展。伴随效应主要表现在基础设施发展可以增加就业、增加消费，以消费促进投资，从而促进航空金融发展。当经济发展到一定程度，基础设施波及效应得以凸显，完善的基础设施系统会为投资者创造良好的投资环境，基础设施发达的地区能够使投资者获得较好的投资效益，促进航空金融发展，从而创造出巨大的间接效益。

基础设施投资的作用机理是：机场初期一般地处偏僻，基础设施的建设将有力增进机场与外界的联系，使土地资源得到充分利用——当机场的客流量达到一定程度时，基础设施投资使得机场周边的人文环境、生活环境、交通环境和生态环境得到改善和提高，为居住提供了良好的环境，从而促进了高档住宅小区的发展——航空金融形成了新的增长点。譬如，史基辅集团进行航空城建设初衷是希望通过开发机场周边的房地产来增加非航空收入，扩大资金来源，满足加强枢纽设施建设的需求。这一思路逐步被欧洲主要枢纽机场所接受，法兰克福和戴高乐机场亦相继走上了建设航空城的道路。

（四）产融结合概念

临空经济、基础设施产业，需要资金支撑，必须与金融产业相结合，形成互补效应、良性互动，构成完整的实体产业投融资产业链。

发达国家市场经济发展的实践表明：产业资本和金融资本必然会有一个融合的过程，是社会资源达到最有效配置的客观要求。这种融合，宏观上有利于优化国家金融政策的调控效果，微观层面有利于产业资本的快速流动，提升资本运营效率，实现规模经济，降低交易费用，实现优势互补，提高资本配置效率。从国际国内经验看，只要风险控制得当，产融结合是企业实现跨越式发展、迅速做大做强的一个重要途径。产融结合不仅是后起国家加速工业化进程，全面赶超先进国家的必经之路，也是合理调整产业结构的有效途径，更是航空资本提升核心竞争力和国际竞争力，实现可持续发展的一条重要路径。从全球领域看产融结合是大势所趋。统计表明，世界500强企业中，80%以上都成功进行了产融结合。

机场集团产融结合主要分为两部分（见图2）：一是金融企业或金融机构参股机场，简称由融到产；二是由机场集团参股金融企业，简称由产到融，又可分为八类结合模式，分别与财务公司、银行、证券公司、保险公司、创业投资公司、信托公司、基金公司、金融租赁公司相结合。

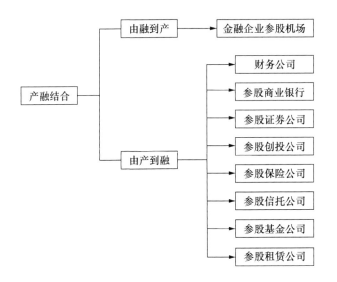

图2　机场集团产融结合模式

资本的本质是跨时空进行资源优化配置。对于机场集团而言，产融结合的实质是航空资本运用金融原理筹划内部财务资源的理念，是产业资本增强内部协同和发挥规模效应的过程；航空集团与金融机构进行合作，运用金融集中优化配置资源，提升整体产业资本价值，使整个机场集团在产融结合过程中价值最大化。

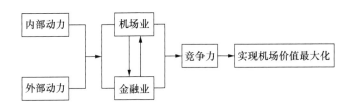

图3　机场产融结合实现价值最大化

产融结合的深刻原因在于，通过产融产业周期的不同来进行优势互补，分散企业的经营风险。王吉鹏认为，由于产业生命周期对企业竞争力影响很大，企业所处的产业结构及产业演变趋势就成为竞争战略分析和制定的基础，企业集团的多元化根据产业组合平滑波动曲线理论来选择产业，在制定和实施竞争战略时必须考虑所处的产业生命周期阶段因素可能产生的重要影响，提高企业竞争战略的前瞻性，实质上是通过产业周期的协同发展实现优势互补[10]。

由于在我国金融产业属于不完全竞争的垄断行业，竞争压力较小，决定了金融行业的高收益。《证券时报》数据中心根据上市公司2011年年报统计，金融服务业的毛利率为28.2%，在2011年上市公司行业毛利率排名中名列前茅，同时作为一个没有完全开放的行业，金融业在我国拥有广阔的市场，随着国家金融体制改革的深入，很多金融管制被放开，金融创新产品和服务市场也在逐步启动，金融行业的市场发展前景一直被看好，处于快速增长期，属于朝阳行业。作为实体产业为主营业务的机场集团而言，积极进军金融行业，目的是实现企业的多元化经营，一

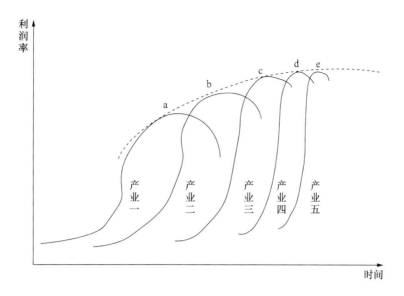

图4 产业组合平滑波动曲线

是寻求新的利润增长点，分享金融行业的高收益；二通过产融产业周期的不同来进行优势互补，分散企业的经营风险。在后金融危机时代，全球经济形势依然严峻，我国的经济增长速度放缓，实体经济发展均不景气，不少实体企业利润大幅下滑，微利甚至亏损，而金融服务业特别是银行业保持如此高的利润率，很多有实力的产业型企业从完善企业的多元化布局的角度考虑，多方位参股控股金融机构，为企业寻求新的利润增长点。尤其是近年来实体企业投资金融机构都获取了丰厚的投资回报，如雅戈尔参股浦发银行、宁波银行等金融机构，获得丰厚回报，新希望集团投资民生银行，每年从民生银行获取巨额分红，吸引着众多实体企业积极效仿，一些产能过剩、竞争激烈的行业开始向金融行业扩张，积极探索产融结合之路，实现商业模式创新，以求通过投资金融行业实现产业转型升级，获得行业和企业的新突破、新发展。

　　企业发展既包括量的增加，也包括质的变化。成长性是企业发展的客观标志，只有当企业在未来产业能力、资本规模、市场份额以及利润等各个方面均保持整体扩张态势时才能被认为具有成长性。为了阐明在产业与资本互动中航空金融发展这样一种企业发展模式，本文按照协同学原理构造出"产业与资本互动下的航空金融运行机理和发展模式图"，以便更系统更直观地反映这种发展模式的外延和内涵。航空金融的发展依靠产业发展平台和资本发展平台支持，产业平台产生的资金与资本平台产生的资金相互流动融合，共同支持航空金融发展。产业与资本互动下的航空金融运行机理和发展模式，如图5所示。

　　航空金融发展的理想模式是：以清晰的航空金融发展战略作指导，通过机场业和资本两个子系统的协同运动推动航空金融发展。从航空金融长远发展的大局出发，通过产业和资本子系统的互动，形成高效的、充满活力的资本投入产出良性循环机制和资源配置机制。从两个子系统的协同关联看，资本运作是产业整合和产业创新的有力工具，产业发展是最终立足点和基础，资本与产业协同运动是最佳选择。航空金融在充分发掘技术和资源优势的情况下，形成以产业发展为基础，资本为手段、载体、牵引、工具和杠杆等，二者有机结合，打造影响航空金融发展的坚实的产业系统平台、资本系统平台和二者的耦合体系。一方面，既可以利用航空金融的资本营运来衔接外界资本市场，带来的资金输入到机场业中；又可以在强大的资本实力支撑下通过资本营运进行产业整合、产业转型和产业创新，利用资本优势促进机场产业的规模扩张及市场创新，通过引进新技术、新产品等完成产业升级换代并提升产业竞争力，在产业与资本体系融合中寻找发展契

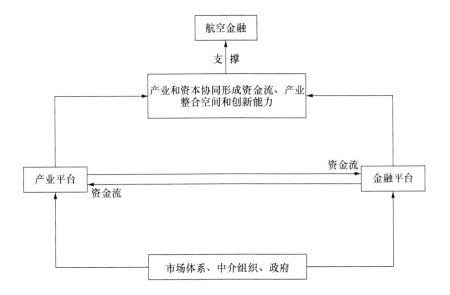

图5　机场与金融互动的运行机理和发展模式

机，用资本链条使企业的产业与资本系统直接关联，取得产业发展的主动权和控制权，增强产业经营优势和核心竞争能力，最终提高产业子系统的实力。另一方面，航空金融发展壮大、整合后产生的利润可以源源不断地输送到资本系统，用产业利润再支持资本系统的运作，从而壮大企业的资本子系统。在这种模式下，资本扩张促进产业在边界上的扩大，加上产业自身的自我积累机制，使产业在广度和深度上都获得很大的发展；同时产业扩张也为资本在更大领域发挥作用和实现增值提供场所，资本可以在支持产业发展中找到新的增长点，并取得丰厚的回报。两者协同运动并实现了优势互补，使企业所从事的产业子系统和资本系统，在规模上不断扩大并进行更高层次、更大范围的协同运动。由此也使航空金融获得更加多样化的进入和退出、分散风险的通道，开辟更多的盈利和发展的途径。走出了一条"资本渗透到产业—产业利润外溢填充资本—资本更大规模涉足产业系统—更多的产业利润溢出到资本系统"的良性循环和不断膨胀的航空金融发展之路。

这是定性分析。再看定量分析。

三、机场与金融关系的定量分析

（一）定量分析指标及数据来源

本文以各年的全社会固定资产投资规模作为金融的衡量指标，以航空运输量作为机场运输业发展情况的统计指标，分析金融与机场运输流量间的因果关系。选取2004~2011年间的统计数据，其来源为历年的《中国统计年鉴》及《中国交通年鉴》。数据如表1所示。

为了综合考虑旅客吞吐量和货物吞吐量，在选取机场运输指标时借鉴国际机场协会的做法，选用年工作量作为衡量指标，1工作量单位＝1个旅客＝0.1吨货物。因而有：

年工作量＝年旅客吞吐量＋年货运吞吐量×10

表1   2004～2011年全社会固定资产投资以及航空客货吞吐量

年份	2004	2005	2006	2007	2008	2009	2010	2011
全社会固定资产投资额（亿元）	70073	88604	109998	137324	172828	224599	278122	311485
航空旅客吞吐量（人）	121228982	138269864	159678448	185762112	192511599	230516387	267691435	293166582
航空货物吞吐量（吨）	2767001	3067168	3494320	4018485	4076376	4455347	5630370.5	5574778.9

资料来源：根据《中国统计年鉴》、《中国交通年鉴》整理。

根据上式，可得综合航空吞吐量，如表2所示：

表2   2004～2011年综合航空吞吐量

年份	2004	2005	2006	2007	2008	2009	2010	2011
综合航空吞吐量	148898992	168941544	194621648	225946962	233275359	275069857	323995140	348914371

（二）模型框架

为获得两变量之间的相互关系，需建立回归方程。但依据时间序列数据所做的回归分析都隐含地假定所依据的时间序列是平稳的。在这种情况下进行回归分析容易导致"谬误回归"。因而需要对时间序列进行协整性检验。

1. 平稳性检验

检验变量是否稳定一般采用单位根检验，包括 DF 检验和 ADF 检验。本文采用 ADF（Augmented Dickey – Fuller Test）检验。该方法是在方程中加入变量的滞后项，以吸收残差项中的自相关，保证残差项为遵从零均值、恒定方差和非自相关的白噪音，即对下式进行回归：

$$\Delta y_t = \beta_0 + \beta_1 t + \beta_2 y_{t-1} + \sum_{i=1}^{k} \gamma_i \Delta y_{t-i} + \varepsilon_t \tag{1}$$

其中，β_0 为常数项，β_1、β_2 为系数项，t 为趋势项；ε_t 为误差项，加入 k 个滞后项是为了使残差项为白噪声。假设检验：$H_0: \beta_2 = 0$，$H_1: \beta_2 \neq 0$。如果接受 H_0，而拒绝 H_1，说明序列存在单位根，不平稳。若接受 H_1，拒绝 H_0，则说明序列不存在单位根。

2. 协整检验

变量之间的协整是指，对于随机向量 $x_t = (x_{1t}, x_{2t}, \cdots, x_{nt})'$ 如果已知：

（1）$x_t \sim I(d)$，（即 x_t 中每一个分量都是 d 阶单整）；

（2）存在一个 $N \times 1$ 阶列向量 β（$\beta \neq 0$），使得 $\beta' x_t \sim I(d-b)$，$0 < b \leq d$，则称变量 x_{1t}，x_{2t}，$\cdots x_{nt}$ 存在阶数为（d，b）的协整关系，用 $x_t \sim CI(a, b)$ 表示。β 称为协整向量。

Johanse 发展的协整向量系统极大似然估计和检验方法适用于多个协整关系的估计与检验，具有较高的优势，所以目前用协整作实证研究普遍使用这种方法。这也是本文进行协整检验所采用的方法。

3. 误差修正

协整检验证明变量之间是否存在长期均衡关系，但二者在短期内也有可能失衡，产生均衡误差，因而需要采用误差修正模型（ECM）对其进行修正。

最简单的误差修正模型表达式为：$\Delta y_t = \beta_0 \Delta x_t + \beta_1 ECM_{t-1} + \mu_t$

其中 ECM_t 是非均衡误差，μ_t 为残差项。β_1 是误差修正系数，表明如果变量偏离均衡，会在多大程度上得到修正。

4. 因果关系检验

判断变量之间的长期均衡关系是否为因果关系以及因果关系的方向，还要对其进行因果关系检验。本文采用 Granger 因果检验方法对变量进行检验，因果检验模型为：

$$\begin{cases} y_t = a_{10} + \sum_{i=1}^{n} a_{1i} y_{t-1} + \sum_{i=1}^{n} \beta_{1i} x_{t-i} + \varepsilon_{1t} \\ x_t = a_{20} + \sum_{i=1}^{m} a_{2i} y_{t-1} + \sum_{i=1}^{m} \beta_{2i} y_{t-i} + \varepsilon_{2t} \end{cases}$$

上式下标 t 代表年度，m，n 为最优滞后阶数，ε_{1t}，ε_{2t} 为残差项。

检验结果：①若 $\beta_{1i} = 0$，且 $\beta_{2i} = 0$，表明两变量之间没有因果关系；②若 $\beta_{1i} = 0$，但 $\beta_{2i} \neq 0$；$\beta_{1i} \neq 0$，但 $\beta_{2i} = 0$ 表明存在 y_t 和 x_t 之间存在单向因果关系；③若 $\beta_{1i} \neq 0$，且 $\beta_{2i} \neq 0$，则表明存在 y_t 和 x_t 之间存在双向因果关系。

（三）实证结果

进行理论检验之前先做出全社会固定资产投资规模和航空工作量的变量曲线图，如图 6 所示：

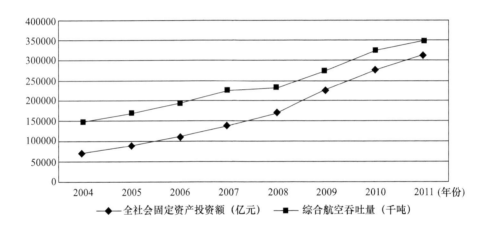

图 6　2004～2011 年全社会固定资产投资规模与航空运输工作量

图 6 显示，民航工作量和全社会固定资产投资规模序列都有明显的上升趋势，而且两者的变动趋势大体相当，表明变量属于非平稳变量，需要进行单位根检验，以检验其单整性。

1. 各变量单位根检验

单位根检验的目的在于从理论上检验时间序列的平稳性。对全社会固定资产投资规模和航空工作量数据的对数值序列进行单位根检验，检验结果如表 3 所示：

表 3　LGDTZ、LHKTL 平稳性检验结果

变量	ADF 检验值	1% 显著性水平	5% 显著性水平	10% 显著性水平	变量是否稳定
LGDTZ	− 1.464838	− 4.803492	− 3.403313	− 2.841819	非平稳
LGDTZ（−1）	− 2.968349	− 5.604618	− 3.694851	− 2.982813	平稳
LHKTL	− 0.544845	− 4.803492	− 3.403312	− 2.841819	非平稳
LHKTL（−1）	− 3.09876	− 5.604618	− 3.694851	− 2.982813	平稳

注：LGDTZ、LHKTL 分别表示全社会固定资产投资与航空吞吐量的对数值。

2. 协整检验

因变量均为一阶单整，因而可以对其进行协整关系检验。检验结果如下：

表 4　LGDTZ 和 LHKTL 之间协整检验结果

ADF 检验值	显著性水平	ADF 临界值
− 2.873444	1%	− 3.007406
	5%	− 2.021193
	10%	− 1.597291

表 4 表明，在 5% 临界值下，LGDTZ 和 LHKTL 之间存在明显的协整关系。两变量之间均存在唯一的长期均衡关系。均衡方程为：

LHKTL = 5.737915 + 0.553482LGDTZ　（0.023328）

括号中的数字为标准差。

3. 误差修正模型

协整检验证明变量之间是否存在长期均衡关系，但二者短期内也有可能失衡，产生均衡误差，因而需要采用误差修正模型（ECM）对其进行修正。修正结果如 5 所示：

$DLHKTL_t = -0.516543ECM_{t-1} - 0.192045DLGDTZ_{t-1} + 0.198283DLHKTL_{t-1} + 0.133907$

误差修正结果表明，变量 LHKTL 和 LGDTZ 之间关系的短期波动会有 51.65% 在下一年得到修复，从而使偏离值可以在较短时间内得到修复，回归到长期均衡关系。

4. 因果关系检验

为进一步检验变量之间因果关系，需对变量进行因果检验，检验结果如下：

表 5　LGDTZ 和 LHKTL 之间的因果关系检验结果

原假设	F 统计量	P 值	因果关系结论
LHKTL ≠ > LGDTZ	1.72801	0.259	LHKTL ≠ > LGDTZ
LGDTZ ≠ > LHKTL	11.0968	0.0291	LGDTZ = > LHKTL

检验结果表明，全社会固定资产投资规模的增长是航空运输工作量增加的原因（概率为 97%）。说明全社会固定资产投资的增长显著推动了航空运输业的发展。

（四）分析与讨论

全社会固定资产投资是以货币表现的建造和购置固定资产活动的工作量，是反映固定资产投资规模、速度、比例关系和使用方向的综合性指标。上面的检验结果表明，全社会固定资产投资规模的增长显著推动了全国航空运输业的发展，全社会固定资产投资平均每增加 1 亿元，将带动航空业 55.35% 的增长，因此必须使固定资产投资保持一定的增长速度，避免投资的大起大落，同时积极改善投资结构、环境以吸引民间投资和外商投资，扩大固定资产投资的来源。

在强调固定资产投资对经济增长的拉动作用同时，应该合理配置投资资源，改善投资结构，提高投资资源的使用效率，重视技术进步和产业结构调整，这样才能更好地发挥投资对航空运输业增长的拉动作用。

四、北京和上海的实证研究

下面以北京、上海 2004 ~ 2011 年间的全社会固定资产投资规模作为金融的衡量指标，以航空运输量作为机场运输业发展情况的统计指标，对上述研究进行实证检验。从《上海统计年鉴》、《北京统计年鉴》以及《中国交通年鉴》的数据得到表6：

表6 2004~2011年上海和北京全社会固定资产投资规模以及航空客货吞吐量

年份	全社会固定资产投资（亿元）		航空旅客吞吐量（人次）		航空货物吞吐量（吨）	
	上海	北京	上海	北京	上海	北京
2004	3084.66	2528.3	35910921	34883190	1936196.1	668690.3
2005	3542.55	2827.2	41462332	41031321	2216714.3	782172
2006	3925.09	3371.5	46125103	49049343	2531653.2	1203957.7
2007	4458.61	3966.6	51553394	54365162	2948149.9	1424451.3
2008	4829.45	3848.5	51113095	57295174	3018753.3	1380953.3
2009	5273.33	4858.4	56999557	65375095	2982465.5	1956094.8
2010	5317.67	5493.5	81554294	76088588	3708519	1568948
2011	5067.09	5910.6	74560172	81319111	3539337	1663789

根据上述数据，分别对上海和北京回归，得如下结果：

（一）上海市实证检验

表7 上海市固定资产投资对行业影响的回归结果

变量	系数	标准误	t-统计量	显著性水平
C	8.414587	1.787306	4.707973	0.0033
LSHGDTZ	1.168956	0.213207	5.482724	0.0015
拟合优度	0.833612		F-统计量	30.06027
调整拟合优度	0.805881		DW统计量	1.32548
回归方程的标准误	0.113427		联合显著性	0.001539

从表7可以看到，回归结果在1%显著性水平下高度显著，因此，上海固定资产投资对航空业发展存在明显的促进作用，其表达方程如下：

LSHHKTL = 8.414587 + 1.168956LSHGDTZ

这一结果表明，上海固定资产投资每增长1%，将带动航空业116.9%的增长。

（二）北京市的实证检验

表8 北京市固定资产投资对行业影响的回归结果

变量	系数	标准误	t-统计量	显著性水平
C	9.917947	0.458749	21.61957	0.0000
LBJGDTZ	0.980622	0.055379	17.7074	0.0000
拟合优度	0.981224		F-统计量	313.5519
调整拟合优度	0.978094		DW统计量	1.327263
回归方程的标准误	0.044672		联合显著性	0.000002

从表 8 可以看到，回归结果在 1% 显著性水平下高度显著，因此，北京固定资产投资对航空业发展存在明显的促进作用，其表达方程如下：

$$LBJHKT = 9.917947 + 0.980622LGJGDTZ$$

这一结果表明，北京固定资产投资每增长 1%，将带动航空业 98.1% 的增长。

五、结语

本文对航空与金融关系进行了定性分析与定量研究。在定性分析部分，提出机场与金融有机发展的模式；构建了机场与金融互动的运行机理和发展模式。在定量分析部分，以全社会固定资产投资规模作为金融的衡量指标，以航空运输量作为机场运输业发展情况的统计指标，分析金融与机场的因果关系。结果表明，全社会固定资产投资规模的增长显著推动了全国航空运输业的发展，全社会固定资产投资平均每增加 1 亿元，将带动航空业 55.35% 的增长。在政策措施上，国家应使航空固定资产投资保持一定的增长速度，同时积极改善投资的结构、环境以吸引民间投资和外商投资。通过这些研究，期待能扩大民航业的投资来源，改善我国民航投资单一的问题；同时，本文进行的航空与金融关系研究还有待于扩大实证研究范围，细化到北京、上海以外的城市，以达到促进我国民航业发展目的。

参考文献

[1] 贾品荣. 航空金融论：技术经济视角 [M]. 北京：经济科学出版社，2015.

[2] Rigas Doganis. The Airport Business [M]. British：Routledge Publishers，1992：21 – 26.

[3] 李胜. BOT 模式在我国民用航空机场建设中的运用研究 [D]. 四川大学博士学位论文，2003.

[4] 顾承东. 大型国际机场多元化融资模式研究 [D]. 同济大学博士学位论文，2006.

[5] 生颖洁. 我国民用机场融资模式研究 [D]. 中国民航大学博士学位论文，2006.

[6] 刘薇. 我国机场企业融资研究 [D]. 复旦大学博士学位论文，2007.

[7] 耿亚军. 澳门国际机场融资方式研究 [D]. 暨南大学博士学位论文，2007.

[8] 胡俊. 资产证券化：机场融资新模式 [J]. 民航财务，2007（4）.

[9] 史凌. 西安咸阳机场融资策略研究 [D]. 西北大学博士学位论文，2008.

[10] 王吉鹏. 战略实论 [M]. 北京：企业管理出版社，2010.

城市化进程中地方财政风险的
形成与防控问题研究

景宏军

（哈尔滨商业大学财税研究基地　哈尔滨　150028）

城市化在我国经济社会发展中已经形成了一股不可逆转的热潮，地方政府在城市化进程中已经起了重要的推动作用。但一段时间以来，地方政府因此而累积的财政风险也逐渐显现，因此，探究地方政府在城市化进程中的准确定位，化解财政风险就是摆在各级地方政府面前的一项现实课题。

一、城市化一般阐释

（一）城市化经济效应

对于农民来说，城市化不仅代表他们由农民向市民转变，更多的还是在生活方式和生产方式两方面由农民向市民的转变，这种转变具体包括：第一，生活方式由自给自足向市场化供应转变，农民变成了市场中的消费者；第二，生产方式由分散式的独立生产向社会化分工的工业大生产转变，农民变为受雇佣的劳动力供应者参与生产活动[1]。在身份转变后，这部分新市民的贡献体现在两个方面：一方面，他们原本自给自足的消费模式不能维系，包括食品在内的大部分日常消费品已经不能够自己生产，需要从市场上购买获得，这就增加了市场的有效需求；另一方面，在市场有效需求扩大的背景下，企业会扩大生产规模，急需新增大量劳动力，而这部分进城的新市民就会满足企业对劳动力的新增需求。因此，城市化会导致市场需求和市场供给的良性增长，形成市场扩张效应，这一效应可以通过图1加以反映。

图1中，假定城市化前市场供给曲线为S_1，市场需求曲线为D_1，此时市场供求均衡点在A（P_1，Q_1）上，均衡价格为P_1，均衡数量为Q_1，市场总量为四边形OP_1AQ_1的面积。随着城市化的推进，市场需求提高，需求曲线由D_1上移到D_2，供给曲线由S_1上移到S_2，市场均衡点上移到B（P_2，Q_2），均衡价格由P_1上升为P_2，均衡数量由Q_1增加为Q_2，市场总量增加，为四边形OP_2BQ_2的面积。也就是说，在城市化的作用下，市场需求和供给（以劳动力供给为典型代表）双双增加，市场就会在更高的均衡点上形成新的均衡。可见，城市化能有效扩大就业、繁荣市场，进而促进地方社会、经济、文化等各个方面的发展，因此，从作为城市化受益者的地方政府自身来看，它们有充分的理由促进这一进程。

[基金项目] 国家社会科学基金青年项目"财政风险防控与我国国家资产负债表构建研究"（批准号13CJY012）。

[作者简介] 景宏军，哈尔滨商业大学应用经济学博士后，哈尔滨商业大学财税研究基地副教授。

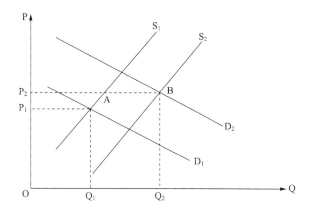

图1　城市化的市场扩张效应

（二）城市化模式

根据上述分析可以看出，城市化更多的是农民生活和生产方式的转变，而不仅仅是生活与生产地点的简单转移。但是，这种转变的发生地点却有所不同，有的发生在农村，有的发生在城市，这样，城市化模式就可以概括为两种：

（1）农村城市化模式。这种城市化模式主要发生在城市近郊的农村。随着城市发展，城市不断扩张，将近郊的农村纳入城市的范围，在这一过程中，农村的集体土地被国有化，成为工业用地和住宅用地，农民和土地分离，农民在就近就可以成为产业工人，实现就业，随着这一进程的推进，原来的农村也逐渐变成城市、原来的农民也逐渐变成市民。

这种模式的主要特点是：第一，在市场需求方面，由于农民脱离了土地，他们的生活资料无法自给自足，需要工业化生产来提供，而城市所生产的工业品就直接输送到这部分新城市；第二，在劳动力供给方面，农民在新的城市中就可以就业，参与社会化分工。这种模式下，产品可以在新城市生产、消费，新市民可以在新城市中工作。也就是说，城市化的两个转变都发生了，只不过供求两方面的增加都发生在新城市。因此，这种做法可以叫做"送城市化下乡"或者"农村城市化"。

这种模式是通过城市扩围实现的，在这种模式下，农民不需要大规模地进入城市，城市化发生在原来的农村，也就是原有的农村向城市转变，这样，由于城市的扩围，地方财政就要承担新建城市的责任，它们需要更新改造农村原有的道路、电网和基础设施等，从无到有、从少到多地提供新的公共产品，以适应上述两个转变。这种模式不需要原有城市的扩容，不需要承担城市扩容的经济和社会成本，同时也不会对现有城市造成太大的冲击，但它会大规模增加地方财政新建城市的支出。

（2）农民城市化模式。相对于上一种农村城市化模式，农民城市化模式更加直接和有效。在这种模式下，农民进城，身份直接转变为市民，他们通过迁徙在城市就业和生活，实现了生活方式和生产方式的双重转变，成为实实在在的城里人。

这种模式的特点是：第一，在市场需求方面，农民离开了土地，衣食住行等生活需求不再能够自给自足，这部分需求形成了大量的市场，但因为他们定居在城市，因此，生活用品的需求在原有的城市中就可以直接满足；第二，在生产环节方面，工业生产所需要的大量新增劳动力供给直接来自这部分新增市民。这就实现了"产品在城市生产，在城市消费"，"市民在城市工作，在城市生活"。这种做法可以叫做"接农民进城"或者"农民城市化"。

这种模式是由农民进城实现的，也就是农民改变自己的生活和居住地实现了城市化。这种模式的速度很快也很直接，却会带来城市扩容问题，使城市原有的市政服务和公共产品供不应求，带来拥挤效应，从而增加城市的经济和社会成本，造成地方财政的负担。

鉴于以上分析，可知：无论农村城市化模式还是农民城市化模式都会增加地方财政的负担，只不过前者需要地方财政同时应对城市面积扩张和人口增加这两个挑战，即：城市扩围的支出较多，后者只需要地方财政应对城市人口增加这一个挑战，即：城市扩容支出较多[2]。从我国地方财政目前的状况看，其收入规模较小，支出刚性较强，收支缺口较大，因此，从财政风险的角度看，无论是扩围支出还是扩容支出，都势必会给地方财政带来更多挑战与压力。

二、地方政府促进城市化进程的机制

从以上分析可以看出，城市化对于地方经济、社会有很强的拉动作用，地方政府也热衷于提高城市化率，那么，在促进城市化的进程中，地方政府应该从哪些方面入手呢？这需要对城市化的影响因素进行分析。

在影响城市化进程的各种因素中，农民进城的经济成本①和城市的接纳能力是最重要的两个因素。按照经济学基本的供求分析方法来分析城市化进程，可以将农民进城的经济成本看作是城市化的需求函数，成本越高，城市化进程越慢，城市化率越低，也就是农民进城成本与城市化率呈反向关系，如图2中曲线D所示；而城市的接纳能力可以看作是城市化的供给函数，城市的接纳能力与城市化率呈正向关系，接纳能力越强，城市化率越高，如图2中曲线S所示。

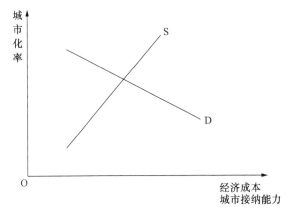

图2　城市化供给与需求

从图2可以看出，城市化率的高低直接受农民进城的经济成本和城市接纳能力的影响。这一关系还可以用以下函数进行反映：

$$Y = f(a, b) \tag{1}$$

其中，Y表示城市化率，a表示农民进城的成本，b表示城市的接纳能力。从式（1）可以看出，要提高城市化率就应该从供给和需求两方面入手，即一方面，降低农民进城的经济成本；另一方面，提高城市的接纳能力。而无论是降低农民进城的经济成本，还是提高城市的接纳能力，地方政府都有可作为的空间。从我国目前的情况看，地方政府的典型做法如下：

（一）降低城市化成本：减轻进城农民的税费负担

从目前而言，我国存在城乡二元经济结构，这种二元结构不仅体现在城乡经济发展速度方

---

① 农民进城面临多种多样的挑战，也就是说进城成本不仅包括经济成本，还包括社会成本等，但为了便于进行论述，本文仅考虑经济成本。

面，还体现在城乡居民税收负担方面，也就是说，一方面，城市的经济发展速度和发展质量要明显好于农村，另一方面，农民的税费负担水平却要远远低于市民（尤其是经过 2001 年开始的农村税费改革①和 2003 年全面农业税减免两项政策后，我国又相继实施了种粮直补政策、家电下乡、农机下乡、汽车下乡等政策，农村居民的税费负担大大减轻，而且可以使农民能够从政府享受到大量的财政补贴）。一旦农民进城成为市民以后，他们就要面临和城市市民同等的税费负担，也就是说，他们的潜在税费负担会大大加重，不仅要被征收各种税收，还要被征收各种行政事业性收费和政府性基金。

因此，地方政府对于进城的农村居民给予了适当的减免税（费），这部分减免既包括税收，也包括更多的非税收入，尤其以后者为主。通过这种做法，维持这部分进城农民的生活。也就是说，地方财政通过"减收"的方式降低了农民进城的潜在经济成本，促进了城市化的进程。

（二）提高城市化供给水平：增加对进城农民的财政投入

土地是农民最重要的生产资料，只要有土地在，农民的生活就有保障，土地既是我国农民千百年来安身立命的场所，又是其改善生活、发展生产的唯一生产资料，土地和农民的关系非常紧密。所以，在城市化进程中，一旦农民选择进城，就意味着离开了土地，离开了赖以生存的基本保障，未来生活的不确定性加大，因此，进城的农民需要稳定的生产、生活保障；另外，从城市来看，大量农民进城会增加城市的"拥挤成本"，在我国城市公共产品提供数量有限、质量不高的情况下，短时间内大量农民涌入会使公共产品原来就很脆弱的平衡被打破，造成公共产品的供不应求，恶化城市的生产和生活环境。

因此，地方财政主要通过增加财政支出、调整支出结构的方式，来改善上述状况。一方面，地方财政在这部分新市民中建立起一种社会保障制度，以替代土地的保障机制，比如：建立并完善城市低保制度、增加对进城农民的补贴；构建覆盖进城农民的城镇合作医疗制度；建立农民工学校和保障房制度等，为农民编制一张足以覆盖其衣食住行和生老病死等基本方面的安全网，以替代传统土地的作用。另一方面，随着农民大量进城，城市原有的供水、排水、供电、垃圾处理等公共基础设施就要超过原有的承载能力了，因此，地方财政开展大规模的基础设施投资，不断地修路、架桥、兴修城市供排水系统、拓宽城市道路等，以此提高城市的承载力，实现城市的有序扩容。也就是说，地方财政通过"增支"的方式提高了城市的接纳能力，同时改善了进城农民的生活状态[3]。

通过以上两个途径，地方政府一方面降低了进城农民的税费负担，另一方面增加了对进城农民的民生投入，实现了降低农民进城的经济成本和提高城市接纳能力的双重效果，达到了地方政府吸引农民进城、加快城市化进程的目的。

三、财政收支与城市化关系的实证分析

上述政府财政收支与城市化进城之间的关系可以从二者的实证分析中得以验证。

---

① 从 2001 年开始，我国农村税费改革逐步在部分省市进行试点、推广。其主要内容可以概括为："三取消、两调整、一改革"。"三取消"，指取消乡统筹和农村教育集资等专门向农民征收的行政事业性收费和政府性基金、集资；取消屠宰税；取消统一规定的劳动积累工和义务工。"两调整"，指调整现行农业税政策和调整农业特产税政策。"一改革"，指改革现行村提留征收使用办法。

（一）财政收入与城镇化的关系

城镇化发展水平用城镇化率来模拟和量化，即：使用城镇常住人口占总人口的比重来衡量，城镇化水平用 UR 表示，财政收入用 FR 表示。数据资料来源于《中国统计年鉴》（2013）和《新中国六十年统计汇编》（2009）。选取 1978~2012 年 35 个年度财政收入和城镇化率作为样本数据。为了衡量两个随机变量之间线性相关程度，这里采用相关系数来验证两个变量的相关性。其中 r 取值范围为 [-1, 1]，r>0 表示正相关，r<0 表示负相关，|r| 表示了变量之间相关程度的高低。特殊地，r=1 称为完全正相关，r=-1 称为完全负相关，r=0 称为不相关。通常 |r| 大于 0.8 时，认为两个变量有很强的线性相关性。根据上述方法，做出财政收入和城镇化率的时间序列图（见图 3 和图 4）。

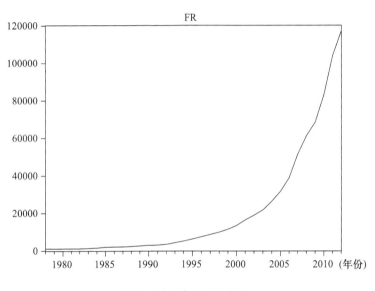

图 3　财政收入时间序列

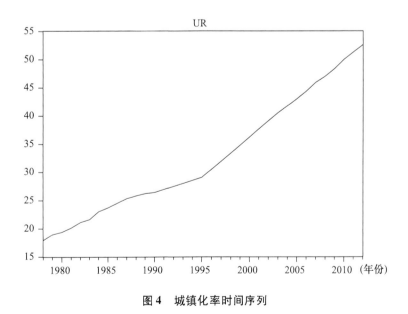

图 4　城镇化率时间序列

根据相关系数的定义，可以计算出 UR 与 FR 的相关系数，如表 1 所示。

表1 UR 与 FR 的相关系数

	UR	FR
UR	1. 000000	0. 875193
FR	0. 875193	1. 000000

从表1中可知 UR 与 FR 的相关系数为 0. 875193，说明全国财政收入与城镇化率呈显著正相关。

（二）财政支出与城镇化的关系

财政支出包括教育、医疗、社会保障和就业以及城乡社区事务四个项目，记为 GEX。由于我国财政收支项目从2007年实施《政府收支分类科目》才开始细分，所以选取从2007～2012年的样本数据。做出 GEX 和 UR 的时间序列图（见图5和图6）。

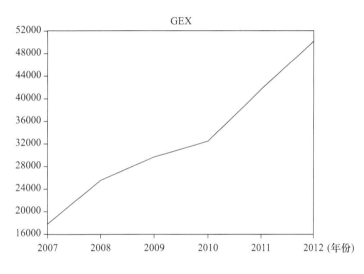

图 5 GEX 时间序列

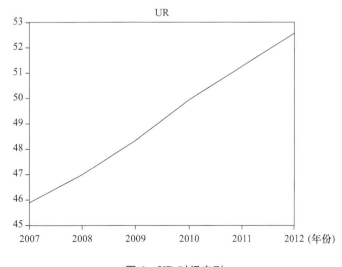

图 6 UR 时间序列

计算全国 GEX 与 UR 的相关系数（见表 2），可知二者相关系数为 0.980371，说明全国财政支出（教育、医疗、社会保障和就业以及城乡社区事务）与城镇化率呈现高度正相关。

表 2 GEX 与 UR 的相关系数

	UR	GEX
UR	1.000000	0.980371
GEX	0.980371	1.000000

四、城市化进程中的地方财政风险类型

如前所述，为有效推进城市化进程，地方政府实施了"减收"和"增支"并行的财政机制，这种机制在惠及了千百万进城农民的同时，也带来了另一个问题，就是在我国地方财政普遍不健全的情况下，这种增支减收的扩张政策会积聚并形成地方财政风险。这种风险体现在以下四个方面：

（一）财政收入方面：单一收入来源的风险

分税制以来，我国地方财政收入虽然逐年上升，但其相对规模和来源结构却存在一定问题，出现规模风险和结构风险。

（1）规模风险。规模风险是指地方财政总体收入和支出之间长期存在缺口所带来的风险。我国现行的分税制财政管理体制导致财权与财力向中央财政倾斜，地方财政虽然拥有地方税，但是地方税的税基不稳、征收难度大，税收增长的空间有限，增长的速度缓慢。这种情况可以从地方财政收入比重和地方一般预算收支关系中看出，具体情况如表 3 和表 4 所示。

表 3 2004~2013 年中央财政与地方财政收入比重 单位:%

年份	2013	2012	2011	2010	2009	2008	2007	2006	2005	2004
中央财政比重	46.6	47.9	49.4	51.1	52.4	53.3	54.1	52.8	52.3	54.9
地方财政比重	53.4	52.1	50.6	48.9	47.6	46.7	45.9	47.2	47.7	45.1

注：1. 财政收入中不包括国内外债务收入。
　　2. 中央财政收入均为本级收入，不包括国内外债务收入。
　　3. 地方财政收入均为本级收入，不包括国内外债务收入。
资料来源：《中国统计年鉴》（2014）。

从表 3 可以看出，地方财政收入所占比重从 2004 年的 45.1% 上升为 2013 年的 53.4%，虽然 10 年提高了约 8 个百分点，但是这 10 年平均的比重只有 48.52%，不足总收入的一半。而这 10 年却是我国政府事权不断下放，地方政府在教育、环保、卫生等方面的支出责任不断加大的 10 年，因此，地方财政收入比重的裹足不前与地方政府承担的事权和责任日益增多，不相协调，造成大面积县乡财政困境[4]。

表4　2002～2013年地方财政一般预算收支及差额　　　　　　　　单位：亿元

年份	2013	2012	2011	2010	2009	2008	2007	2006	2005	2004
收入	69011.16	61078.29	52547.11	40613.04	32602.59	28649.79	23572.62	18303.58	14884.22	11893.37
支出	119740.34	107188.34	92733.68	73884.43	61044.14	49248.49	38339.29	30431.33	25154.31	20592.81
差额	-50243.98	-46110.05	-40186.57	-33271.39	-28441.55	-20598.70	-14766.67	-12127.75	-10270.09	-8699.44

资料来源：《中国统计年鉴》（2014）。

从表4可以看出，从2004年到2013年的10年间，地方财政一般预算收入和一般预算支出之间每年都存在收支缺口，年均赤字达26471.6亿元，而且呈典型的逐年上涨趋势。这说明，在地方财政收入增长缓慢的情况下，大量的地方财政支出导致一般预算收入与支出之间的矛盾逐年扩大，规模风险凸显。

另外，随着城市化进程的推进，短期内地方政府大量投资于民生项目和公共工程，拉动地方财政支出大幅提升，这种做法使财政收支之间的矛盾进一步拉大，地方财政的规模风险呈现扩大之势。

（2）结构风险。现行财政体制下，流转税大部分被中央财政分享，我国地方税体系并不完善，发展也并不成熟，地方财政呈现如下基本格局：税收收入主要依靠城市扩张带来的产业税收效应，非税收入主要依靠土地出让金收入。城市扩张主要依托于与土地相关性较高的建筑业和房地产业的发展[1]。在各地房地产相关行业普遍超水平发展的情况下，这种土地相关收入具有很好的增长性，地方财政将城市扩张作为地方政府扩充税源的最有效、最直接而又最值得信赖的途径（虽然由于土地的稀缺性造成这种方式的可持续性受到质疑），也就是说，在地方财政收入的来源结构中，我国很多的地方财政都形成了土地财政一家独大的局面[5]。

在城市化进程加快的情况下，地方政府的收入来源不但没有太大的变化，而且随着支出刚性和紧迫性的增强，短时间内，地方财政无法也不愿意去培植新的财源以替代房地产相关行业。因此，地方财政对于土地出让金及相关收入的依赖会进一步加大，路径依赖效应增强，形成财政收入来源结构方面的风险。

众所周知，地方财政这种收入过度依赖土地相关收益的情况不可持续，因为土地的不可再生性导致这部分收入的不可重复性，总有一天地方政府手中可以用于出让的土地会大幅减少，从而造成这部分收入的枯竭；另外，经济中一旦出现房地产业发展迟缓，甚至房地产泡沫破灭的情况，地方财政在短期内是无法找到替代收入来源的，财政收入规模将迅速下降，财政状况也将急剧恶化。

（二）财政支出方面：刚性社会福利支出的风险

随着城市化率的提升，进入城市的农民越来越多，在自身生存能力有限的情况下，其收入来源单一，收入规模有限的问题会日益突出，各级地方政府为了应对城市化进程中出现的两极分化等社会问题，会主动或被动地加大针对低收入人群的社会福利支出，如提高医疗、住房、社会福利、社会救济和低保标准等。这部分支出具体情况如表5所示。

---

　① 与土地相关的部门收费大体分三类：一是土地部门的收费，如耕地开垦费、管理费、业务费、登报费、房屋拆迁费、折抵指标费、收回国有土地补偿费、新增建设用地有偿使用费；二是财政部门的收费，如土地使用费、土地租金；三是其他部门收费，如农业、房产、水利、交通、邮电、文物、人防、林业等部门，它们将收取土地从征用到出让过程中与之搭得上边的相关费用。这些收费十分庞杂，透明度低，难以查清，且数额不菲。

表5　2009～2013 年地方政府主要社会福利支出　　　　　　单位：亿元

支出项目	2013 年	2012 年	2011 年	2010 年	2009 年
地方财政文化体育与传媒支出	2339.94	2074.79	1704.64	1392.57	1238.32
地方财政社会保障和就业支出	13849.72	11999.85	10606.92	8680.32	7851.85
地方财政医疗卫生支出	8203.20	7170.82	6358.19	4730.62	3930.69
地方财政城乡社区事务支出	11146.51	9060.93	7608.93	5977.29	5103.76
合计	35539.37	30306.39	26278.68	20780.8	18124.62

资料来源：《中国统计年鉴》（2014）。

从表5 可以看出，2009～2013 的 5 年间，地方政府用于文化体育与传媒、社会保障和就业、医疗卫生和城乡社区事务等社会福利方面的支出呈现逐年上涨的趋势，5 年增长了 17414.75 亿元，年均增速达 24.02%，大大超过了同期地方财政收入的增长速度。这直接带来地方政府财政支出的急剧膨胀，导致地方财政面临较大资金支出压力。

根据国际经验，社会福利支出的增长是与经济社会的发展紧密相连的。一方面，由于这部分支出能够惠及百姓，属于民生支出，因此，社会希望这部分支出能够快速增长；另一方面，对于政府来讲，由于福利支出的非生产性和"能上不能下，能多不能少"的刚性特征，因此它的总体规模应该受到控制，政府不宜过分追求这部分支出的增长速度，要随着经济社会发展而相应有序地增长，否则一旦规模失控，超过经济和财政收入的承受范围，政府的回旋余地将很小，造成积重难返的情况出现。因此，控制这种支出增长一定要有很好预见性和连续性，否则，地方财政会很被动，也难以真正保证持续增长。

（三）财政平衡方面：单一平衡机制的风险

虽然地方财政收入规模总体呈增长态势，但地方财政经常性收入与经常性支出之间存在比较明显的失衡问题，随着地方财政收支比例的进一步失调，财政平衡的问题就显得更加突出，但地方财政却缺乏自主平衡预算的手段，因为《预算法》（2014 年修正）第三十五条规定，地方各级预算按照量入为出、收支平衡的原则编制，除本法另有规定外，不列赤字[6]。

近段时间以来，这一法律坚冰有所松动，一方面，《预算法》（2014 年修正）第三十五条规定：经国务院批准的省、自治区、直辖市的预算中必需的建设投资的部分资金，可以在国务院确定的限额内，通过发行地方政府债券举借债务的方式筹措；另一方面，从 2009 年开始，中央政府开始代发地方债，每年地方债的发行上限是 2000 亿元，2013 年调整为 3500 亿元。但是相对于地方政府现有的 3 万亿～4 万亿元的资金缺口，代发的规模较小，地方财政自给率仍然偏低、自身财政收支平衡仍难以自主实现。因此，在这种情况下，地方财政只能继续依靠中央财政的转移支付资金来维持财政平衡。近 5 年的情况如表 6 所示。

表6　2009～2013 年中央对地方税收返还和转移支付预算　　　　　单位：亿元

项目	2009 年决算数	2010 年决算数	2011 年决算数	2012 年决算数	2013 年预算数
一般性转移支付	11317.20	13235.66	18311.34	21471.18	24538.35
专项转移支付	12359.89	14112.06	16569.99	18791.52	19265.86
合计	23677.09	27347.72	34881.33	40262.70	43804.21

资料来源：《中国统计年鉴》（2014）。

从表 6 可以看出，2013 年中央财政对地方的转移支付数为 43804.21 亿元，比 2009 年决算数 23677.09 亿元增长了 85%，年均增速 21.25%。由于中央对地方的转移支付是解决地方财政资金缺口的重要手段，这种快速增长一方面显示了中央财政财力的增强，另一方面却反映出地方财政财力的紧张和资金缺口的扩大。这种增长加大了地方财政对中央政府转移支付资金的依赖程度，破坏了地方财政自我平衡的能力，导致地方财政风险进一步加大。

（四）政府资产负债表方面：资产与负债错配风险

从政府资产负债表看，地方政府的资产可以分为金融性资产和非金融性资产。在促进城市化的进程中，地方政府会形成数量巨大的非金融资产，它们虽是政府偿还债务的有力保障，但由于这部分资产的变现能力较弱，导致它们对短期负债的覆盖能力有限。同时，地方政府所承担的负债却大部分是中短期的流动性负债，这样，地方政府虽然拥有大量国有资产和国有资源，但是由于资产流动性与负债流动性在期限和存在形式等方面不相匹配，因此，出现金融资产不能够完全覆盖政府流动性负债的情况，造成地方政府资产负债表上存在一定风险。

五、地方财政风险的应对措施

如前所述，城市化符合社会经济的发展潮流，但近段时间以来，地方政府在促进城市化的进程中所积蓄的财政风险也是现实存在的，而且有愈演愈烈之势。那么，摆在地方政府面前的工作就是要在积极促进并应对城市化的进程中，通过财政改革来防控地方财政风险。

（一）地方政府准确定位

显而易见，城市化对于城市的规模扩大、社会进步以及经济发展都有着直接的、重要的推动作用，因此，地方政府在提高自身城市化率方面都有着天然的热情，结果就出现了很多地方政府采用各种政策措施组合拳的方式来吸引农民进城从而提高城市化率的现象。城市化进程俨然变成了地方政府主导下的又一场改革。在这一进程中，地方政府既是倡导者，又是实践者；既制定政策，又积极参与。这样，地方政府的活动范围不断加大，程度不断加深，远远超过了自身的限定范围，财政风险也就越积越大。地方政府这种过度积极的态度与我国地方政府改革的总体方向不符，与中央政府倡导的"发挥市场在资源配置中的决定性作用"理念也不相一致，这会导致改革方向的偏差，从而走回之前"财政无所不包"的老路上。因此，要防控地方财政风险，一个很关键的问题就是要重新定位地方政府在城市化进程中的角色，从而准确地确定地方政府的任务及活动范围。

本质上讲，我国的城市化进程是经济社会发展到一定阶段的自然要求，是长期工业化发展的必然产物，也是我国政府重视农业、农村和农民问题的良性结果，这一现象的出现是一个自然而又不可逆转的过程。

城市化进程固然需要地方政府通过社会、经济、法律等政策手段积极推进，但是，这种作用的发挥要保持在一个合理的范围内。地方政府要对自身的作用进行准确定位，既要顺应城市化的潮流，又要摸清城市化的规律，找准着力点，因势利导。要认清并尊重城市化发展中的客观规律，不可缺位，更不可越位，确立市场机制在城市化进程中的主体地位。换句话来说，就是城市化不应该再是政府主导下的一个进程，政府没有能力，也不应该成为这一进程的"发动机"，只应该成为这一进程的"助推器"。

（二）健全地方政府的资产负债意识和能力

在保证财政安全前提下，成熟的地方财政应该有独立进行资产负债平衡的观念，同时也应该有对自身资产和负债进行系统管理的权限。前者叫做资产负债意识，后者叫做资产负债能力。二者对于建立健全的地方财政至关重要。

（1）健全的资产负债意识能够促使地方政府认识到自身资产和负债之间的关系，能够根据自身的资产状况，对负债进行管理，能够为自身的财政安全负起责任，它包括：控制债务的规模、调整债务的结构等。资产负债意识能够减少政府决策的短期行为，提高地方政府决策的责任感和使命感，从本地最长远的利益进行考虑，将决策的时间范围延长。从而实现资产与负债的匹配，避免因为资产负债的错配而导致财政风险的形成与累积。它要求地方政府在筹集财政收入、安排财政支出时，不仅要考虑本届政府任内的短期收益，更要从当地的长远利益出发。地方政府拥有资产负债意识是地方财政健全和成熟的表现，这种意识的拥有要靠地方政府的长期运行与积累，通过不断地实践才能够获得。

（2）资产负债能力是指地方政府有权占有、使用、处置自身的资产与负债，这更多地表现为一种权利。在城市化进程中，这种权利尤为重要。当地方政府认识到自身资产负债存在或可能存在错配等潜在和现实风险时，它应该有通过自身决策机构制定决策和执行决策的权利，比如：自主制定地方债的发行决策，自主确定地方债的发行规模与时间，根据市场规律确定发行利率和方式等。资产负债能力是资产负债意识的有效延伸，更是对地方政府资产负债意识的有效保障。在我国现阶段，地方政府资产负债能力提高有赖于中央政府在财政体制改革进程中加快向地方政府授权的步伐。

资产负债意识和资产负债能力是责任和权利的关系，二者相辅相成，缺一不可，一方面，资产负债能力的提高能够加强地方政府的资产负债意识，资产负债意识的成熟能够使地方政府获得更多、更健全的资产负债管理的权利；另一方面，资产负债意识不强会导致中央政府向地方政府财政授权进程的延缓，而资产负债能力的缺失也会导致地方政府平衡自身资产负债意识的淡薄。

（3）完善地方财政收入的来源结构。从目前地方财政收入来源结构看，我国地方财政收入主要有地方税收、非税收入和少量的地方政府债务收入。

我国现行的分税制财政体制中，那些筹资能力强、征收成本低的税种（如消费税和关税）基本上被划成了中央税，地方税体系处于从属和被动的地位，而且，在历次中央税与地方税的调整中也存在着税种由地方向中央让渡的趋势（如企业所得税和个人所得税的调整），这直接导致地方税筹资能力的下降。在地方政府非税收入来源不断减少的情况下，必须健全地方税税制，保证地方财政有及时足额的收入来源。在此次结构性税制改革中，可以伴随着个别税种的改革，调整其在中央政府与地方政府间的分配格局，如现行的增值税扩围改革后，部分原来缴纳营业税的行业开始缴纳增值税，那么，可以提高地方政府在这部分行业增值税分配中的分享比例。另外，伴随着我国房地产调控，将房产税改革试点进一步扩大，增强房产税的筹资能力，在各地房产存量不断攀升的情况下，使其成为地方政府的一项重要收入来源。

（4）优化财政支出结构。目前，地方政府着眼于提高城市接纳能力，简单把解决农民衣食住行等方面的困难作为最终目的，这种做法只能短期解决这部分人的生活问题，但是，他们在城市中仍然没有立足的本领，长此以往，会形成逆向选择，造成懒人横行、地方财政积重难返的局面，增加地方财政的支出刚性。

因此，地方政府要促进城市化的发展，就要在优化地方支出结构方面进行改革，立足远期化和宏观性，注重财政支出的投向，从"养人"为主向"做事"为主转变，提高城市基础设施建设的水平、加强对进城农民的技能培训。通过优化地方财政支出结构，发挥地方政府在城市化进程中的促进作用。

（三）丰富地方政府预算平衡手段

地方政府平衡预算的手段至少应该包括财政投融资机制和自主发行地方债。

财政投融资机制是解决地方政府资金困难的一种有效手段，这一机制依托于政府的信誉、采用信用的方式进行融资，同时在投资方面手段多样而灵活。它能部分解决地方政府在城市化中基础设施建设所面临的资金缺口。

健全的地方财政应该拥有平衡预算的手段，地方政府独立发行地方债是目前国际通行的做法，我国在这方面已经进行了有益的尝试，但这个进程比较缓慢，到目前为止，从地方财政总体来看，发债的需求基本上没有得到满足，大量地方政府（尤其是市县一级地方政府）距离自主独立发行公债较远。应该加快向地方政府放权的进程，但这种放权并不是简单地赋予地方政府发行地方债的权利，因为我国绝大多数地方财政仍是不成熟的，要在稳步提高地方政府资产负债意识的前提下，赋予地方政府全面的资产负债管理权力，从而构建健全的地方政府资产负债管理能力。

参考文献

［1］王立新．经济增长、产业结构与城镇化——基于省级面板数据的实证研究［J］．财经论丛，2014（4）：36－42；2010，（2）：37－48．

［2］刘建平，杨磊．中国快速城镇化的风险与城市治理转型［J］．中国行政管理，2014（4）：15－24．

［3］邓子基．关于土地财政的几个问题［J］．学术评论，2012（1）：26－33．

［4］吴冠岑．土地供给、分配机制与地方财政风险防范［J］．改革，2012（4）：11－16．

［5］王蕴波，景宏军．地方债管理模式与构建地方政府资产负债管理能力的探析［J］．经济与管理研究，2012（6）：23－30．

［6］王勇．基于财政风险视角的市政债券建设分析［J］．经济与管理，2011（10）：33－46．

金融地理结构与产业转型升级

——基于全要素生产率的视角

陶 锋 胡 军 李诗田 韦锦祥

（暨南大学产业经济研究院 广州 510632；

华南师范大学国际商学院 广州 510631）

一、引言

随着中国经济的快速发展和金融改革的深入推进，中国金融业的地理结构也发生了深刻变化。近年来，在相关政策的推动下，不仅北京、上海和深圳计划建设国际金融中心，国内其他30多个大中城市也相继提出建设金融中心设想，"金融中心热"一时成为引人注目的现象[①]。与世界其他国家和地区在成熟的市场经济体制下形成的金融中心不同，中国正在建设的30多个金融中心无一例外是在政府"有形之手"推动下进行的（孙国茂、范跃进，2013）。发挥金融功能的溢出效应是金融中心建设的意义所在，那么，中国在政府推动下建设的金融中心对周边城市实体经济的发展是否存在溢出效应呢？

与发达国家不同，中国金融地理结构的演变受转轨经济体制的影响。一方面，金融市场一体化深入推进，有利于支撑国家建设若干不同层次金融中心；另一方面，金融资源跨地区流动的各种体制性壁垒仍然存在，使得金融交易中由地理距离引致市场摩擦更为严重，这进一步增强了地方金融发展的必要性。然而，地方金融并未受到决策部门应有的重视，相关的支持政策和监管机制体系尚不健全（李维安、钱先航，2012）。那么，与金融中心相比，地方金融发展对当地实体

［基金项目］国家自然科学基金重点项目"摊动经济发达地区产业转型升级的机制与政策研究"（批准号71333007）；国家自然科学基金项目（批准号71203078）；国家软科学规划项目（批准号2012GXS48063）；教育部哲学社会科学重大课题攻关项目（批准号14JZD021）；暨南大学中央高校基本科研业务费项目（批准号12JNQM010、15JNKY001）。

［作者简介］陶锋，暨南大学产业经济研究院副研究员，博士生导师；胡军，暨南大学校长，教授，博士生导师；李诗田，华南师范大学国际商学院讲师；韦锦群，暨南大学产业经济研究院硕士研究生。

① 2011年开始，中国社会科学院金融研究所发布《中国金融中心发展报告》，该报告旨在评价国内30个金融中心建设情况。该报告将金融中心城市分为3个层级，即国家级金融中心城市、核心区域金融中心城市和次级区域金融中心城市。2013～2014年度，国家级金融中心城市包括北京、上海和深圳；核心区域金融中心城市包括广州、天津、杭州、重庆、苏州、南京、大连、厦门、宁波、西安、武汉、青岛、成都、沈阳、济南、昆明，共16个城市。次级区域金融中心城市包括合肥、福州、长沙、郑州、南昌、长春、乌鲁木齐、哈尔滨、南宁、石家庄、兰州，共11个城市（王力、黄育华，2014）。这些金融中心几乎涵盖全国所有直辖市和省会城市。除以上30个金融中心外，许多中等城市也提出要建设各种功能性的金融中心。根据英国伦敦知名智库Z/Yen集团公布的全球金融中心指数（Global Financial Centres Index，GFCI）排名结果，2014年在全球83个金融中心城市中，中国内地的上海、深圳、北京分别位列榜单20位、25位和32位。

经济的转型升级重要吗？特别是，在当前的金融制度下，企业融资约束中的"规模歧视"和"所有制歧视"现象仍然未得到明显改善（王霄、张捷，2003；邓可斌、曾海舰，2014）。具有比较优势的劳动密集型中小企业遭遇信贷配给而难以突破成长瓶颈，承担政策性负担的国有企业面临预算软约束而自生能力不足，这些都表明当前金融制度安排存在严重缺陷，难以满足实体经济转型升级需要（Allen et al.，2005；张捷，2002；林毅夫等，2009）。那么，金融中心建设和地方金融发展有助于缓解中小企业的融资困难和国有企业的预算软约束吗？

在金融经济学文献中，国外学者曾就金融体系对实体经济的影响提出过较为成熟的金融功能分析框架（Merton，1995；Levine，1997），认为金融体系通过发挥风险管理、资金配置和监督控制等基本功能，可以促进资本积累和技术进步，进而推动实体经济部门的生产率增长（Butler and Cornaggia，2011）。一些研究还发现，企业的外部资金可得性受到其地理位置的影响，位于金融中心及其邻近地区的企业易于获得外部资金，而位于外围地区或偏远地区的企业特别是中小企业则面临资金缺口（Petersen and Rajan，2002；Guiso et al.，2004；Klagge and Martin，2005；Agarwa and Hauswald，2010）。这表明，金融地理结构的集中与分散——特别是，金融中心和地方金融在国家金融体系中所处的地位——不仅会影响金融资源的空间配置效率，而且可能影响一国实体经济的空间演进与转型发展。因此，如何理解金融地理结构与实体经济的关系，不仅是一个重要的学术论题，而且具有很强的政策含义。

鉴于地理距离对金融交易中信息不对称和运输成本的影响，本文尝试从理论上分析金融地理结构影响实体经济部门生产率的机制，并利用中国制造业微观数据和城市金融发展数据，检验和比较金融中心、地方金融对制造业企业生产率的影响，并结合中国经济的转轨特征分析这种影响在企业个体层面的类别差异，以此推断中国金融地理结构优化的方向。

本文可能的贡献主要有以下三方面：

其一，本文从经济地理学视角为金融结构与实体经济的内在联系提供新的解释。过去对金融结构的考察，主要集中于金融产业组织结构的效率差异，忽略了地理距离及其引致的市场摩擦对资金空间配置的影响。本文研究表明，金融中心和地方金融的资金配置功能存在明显差异，金融地理结构的优化有利于实体经济部门的生产率增长。

其二，本文能够为转型国家金融地理结构影响产业转型升级的机制提供理论解释。一方面，以往对企业绩效及生产率的考察侧重于金融体系的制度差异（Bertrand et al.，2007，简泽等，2013），在很大程度上忽略了地理距离和区位因素的影响。另一方面，国外文献对金融地理结构的研究主要集中于成熟的市场经济，对转轨经济和发展中国家的研究严重不足。本文基于中国金融体制的转轨特征讨论了金融地理结构对企业生产率影响，并检验了企业融资约束中的"规模歧视"和"所有制歧视"，研究结果既是对金融经济学文献的一个重要补充，也有助于扩展经济地理学的研究范畴。

其三，本文能够为评价金融地理结构效率和推动金融产业政策调整提供理论基础。经济发展中最优金融地理结构需要与相应阶段实体经济对金融服务的地理需求相适应。当前，依托金融中心的建设，我国银行主导型金融体系的空间集中趋势不断强化[①]，这尽管有助于改进大企业和国有企业的生产率，但也会进一步加剧小企业和新企业的融资困难。然而，通过发展地方金融组织促进金融体系的空间分散却可以有效地缓解小企业和新企业的融资困难，不过，地方政府干预可能会弱化地方金融对地方国企融资的事后监督。因此，我国当前的金融产业政策应做适当调整，

[①] 根据综合开发研究院（中国·深圳）发布的第六期"中国金融中心指数"，我国金融资源加速向领先金融中心集聚，三个全国性金融中心及排名前十的区域金融中心拥有的商业银行、证券公司、保险公司总资产分别占全部 31 个金融中心总计值的 93.6%、83.9%、99.8%，金融业增加值占 74.1%，资本市场（不考虑区域性股权市场）占 100%。

从聚焦于建现代金融产业组织体系转向兼顾金融地理结构优化。

二、金融地理结构影响企业生产率的机制

（一）地方金融、金融中心与企业生产率

根据新凯恩斯主义的货币非中性（Monetary Non - neutrality）观点，资金在地理空间上的流动性和替代性是有限的（Klagge and Martin，2005），因此，金融体系的地理结构会影响企业外部资金可得性，进而造成企业生产率的差异（Butler and Cornaggia，2011）。也就是说，市场是不完全的，银行机构和资本市场的信贷与投资决策不仅取决于项目的风险收益率[①]，而且还受项目地理位置的影响。地理距离增加了金融交易中的市场摩擦，而与之相应的交易成本也会随之增加（Porteous，1999；Agarwa and Hauswald，2010），使得金融中心和外围地区的资金可得性存在明显的差异。

首先，地理距离抬高了金融交易中的信息成本。Petersen（2004）根据可定量化和个人化程度将金融信息分为"硬"信息和"软"信息两类。"硬"信息可以通过信息披露和第三方审计等方式来提高透明度，特别是计算机和通信等方面的技术进步可以提升"硬"信息的远距离传输效率；而"软"信息只能通过长期的面对面接触来获取，远距离传播可能严重失真甚至失效（Porteous，1999；Stein，2002），尽管信用评分技术等可以一定程度上硬化"软"信息，但随着距离的增加，"软"信息的传递质量仍然会明显下降。因此，一方面，与异地资金供给者相比，本地资金需求者的主要信息优势体现为私人"软"信息。在金融契约的谈判、签订和执行过程中，本地资金需求者很可能产生逆向选择和道德风险，进而损害异地资金供给者的利益。亦即随着地理距离的增加，资金供求双方的信息不对称变得更为严重，信息成本也随之增加。另一方面，与异地竞争者相比，本地金融机构具有更大的本地"软"信息优势。Petersen、Rajan（2002）和 Berger 等（2005）指出，由于"软"信息具有明显的地方化属性，本地的放款人更便于长年搜集当地企业尤其是中小企业的"软"信息，而异地的竞争者则不具备这种优势。鉴于信息不对称引致的外部资金风险溢价（Myers，1984），企业融资选择在空间上可能也体现出明确的优先次序，即由于风险溢价较低，本地资金成为企业外部融资首选，其次才是异地融资，企业融资秩序不会"舍近求远"。然而，在外围地区，由于当地金融产品供给不足，企业也会优先考虑或被迫选择到金融中心异地融资。

其次，地理距离还可以影响金融交易中运输成本。资金需求者的运输成本主要是指为找到适合的金融产品而发生的搜寻成本，比如与异地的银行经理、风险投资家等潜在的资金供给者接洽和沟通所需要的时间、精力和费用（Agarwa and Hauswald，2010）。而对异地的潜在资金需求者进行事前评估和事后监督也会增加资金供给者的运输成本。由于存在运输成本，在金融发展落后的外围地区，资金需求者为获得金融中心的金融服务就不得不付出更高的资金使用成本。例如，Degryse、Ongena（2005）基于一家比利时大银行的贷款数据实证研究发现，为了弥补运输成本，银行会对不同距离的借款人实施差别定价，而借款人则倾向于就近获得金融服务，大约 25% 的借款人从距离最近的银行获得贷款。

---

① 金融经济学中的新古典主义认为，货币是中性的，不存在资金错配，任何有利可图的项目都可以获得资金，而不论是位于中心市场还是外围地区。因此，经风险调整后的投资回报率是决策过程的唯一决定因素。

为了减少地理距离造成的市场摩擦，资金供求双方有激励协同定位（Collocation），协同定位创造的区位优势将会吸引更多的金融机构和实体企业，由此形成循环积累的因果机制（Ellison et al.，2010），并在特定地理空间形成实体经济的集群以及与之相匹配的地方金融市场①。地方金融发展使得当地实体企业可以同时获得两方面的生产率优势：一是地方金融机构集聚产生的规模经济和范围经济对当地企业生产率增长是有利的。本地金融集聚有利于当地企业克服自身信息不透明造成的融资阻碍，并且金融集聚引致的创新效应将推动金融产品差异化（Butler and Cornaggia，2011），进而有助于企业就近获得量身定制的金融产品，不必耗费运输成本进行异地融资。二是地方金融发展还会推动实体经济部门的本地集聚，使得当地企业能够获得实体经济部门集聚产生的外部经济，如劳动力池效应、中间产品共享、知识溢出等（Marshall，1920）。此外，实体经济部门的集聚也为地方金融发展创造良好条件。在产业集群内部，以产业关联为基础形成的集群网络可以有效减少企业的经营风险，进而降低企业融资活动中的违约概率。同时，地理邻近性还为形成企业家社会网络创造了条件，社会网络中的信誉机制和共同监督为金融合约的执行提供了一种隐性担保。

金融集聚持续演进的结果是形成不同层次的金融中心（Reed，1989）。从历史来看，随着金融体系的一体化进程不断加深，其空间也变得更为集中，进而形成中心—外围结构（Dow and Rodiguez‐Fuente，1997）。金融中心包括了所在区域范围内主要的金融中介和金融市场，而外围地区则金融资源稀缺。金融功能、金融机构和金融活动向中心城市集聚产生多方面的优势，例如金融机构之间的拆借与交易、信息网络与知识共享、专业性人才池效应以及其他外部性（Klagge and Martin，2005）。这些优势使金融集聚是一个不断自我强化的积累过程，金融中心规模和层次得以不断提升，其竞争效应和创新效应亦不断增强，由此产生的资金配置效率增长不仅对位于金融中心及其邻近地区的实体经济特别是制造业的生产率增长是有利的，而且通过发挥空间溢出效应还可以改善外围地区的资金可得性，进而提高外围地区实体经济特别是制造业的生产率。

金融中心的空间溢出效应总体上体现为服务溢出和信息溢出（Agarwa and Hauswald，2010；余永泽等，2013）。前者是指金融资源通过从业人员的传播、服务网络的延伸而产生对外围地区实体经济的扩散性服务；后者是指金融信息从金融中心和"信息腹地"向外围地区传递。服务溢出涉及运输成本，信息溢出涉及信息成本，两类成本均是资金供求双方地理距离的函数（Porteous，1999；Klagge and Martin，2005），因此，金融中心的溢出效应存在着一定的地理边界，并且表现出随着地理距离的增加而衰减的特征。一些经济史学家指出，过去一个世纪以来，随着运输和通信技术的发展以及管理技术与模式的创新，物资、人员以及信息的传输成本大幅下降，传输速度和效率则大幅提高（Chandler，1977；Kim，1995），使得金融中心溢出效应的地理边界得到明显扩张。例如，Petersen 和 Rajan（2002）研究发现，在美国 1973～1993 年间小企业与其贷款方之间的距离不断增加，其沟通方式也逐渐非人格化，而 1993 年以后这种变化趋势更是明显加速。因此，在技术进步并采用合适的运营策略的情况下，位于金融中心的大型金融机构也能够在信息不充分的外围市场与当地金融机构竞争。特别是通过硬化当地搜集的"软"信息，大银行能够凭借其规模和数据处理能力成功地挑战地方性中小银行在当地信贷市场的信息优势（Berger et al.，2005；Agarwal and Hauswald，2010）。

值得注意的是，中国情况与成熟市场经济体不同，由于中国特定体制背景，金融中心溢出效应还体现出明显的行政层级特征和行政地理边界。在中国，除了上海、北京等全国性金融中心外，省会城市往往在省域金融体系中处于中心地位，并对省内其他城市产生金融溢出效应。以我

---

① 地方金融包括两层含义：大型金融机构（其业务范围往往是全国性的或区域性的）的分支机构在地方的延伸，以及服务地方市场的中小型金融机构的发展（Guiso et al.，2004；Klagge and Marhn，2005）。

国大型商业银行的组织架构为例，省会金融中心可以通过两个渠道对省内其他城市产生溢出效应：一是通过省级分行、市级分行的内部层级渠道发挥溢出效应；二是省会城市的银行分支机构直接对周边城市开展业务并与当地银行竞争。信贷过程涉及两种距离（Alessandrini et al.，2009）：经营距离（Operational Distance）和功能距离（Functional Distance）。前者即指银行分支机构与客户的距离，而后者则强调银行决策部门（总部）与分支机构的距离。经营距离会影响银行分支机构搜集客户信息的难度，而功能距离则会影响信息在银行内部层级传递的效率。靠近目标客户的分支机构具有"客户信息优势"，而靠近银行总部的分支机构具有"总部信息优势"。因此，位于省会城市的银行分支机构具有功能距离上的显著优势，其与上级决策机构更为顺畅便捷的沟通优势能够弥补其在开展异地业务过程中经营距离上的劣势。基于以上分析，我们提出第一个假说：

假说1：地方金融发展和区域（省会）金融中心建设对企业生产率增长均具有促进作用。

（二）企业特征、金融地理结构与企业生产率

1. 小企业和新企业

大企业特别是上市公司更容易从金融中心获得资金，而不论其地理位置如何，因为这类企业在市场和财务等方面的"硬"信息是比较充分和透明的，也具有一定规模的可抵押品。然而，小企业和新企业在获取外部资金时往往处于不利地位，因为这些企业不仅抵押品不足，而且难以向金融机构提供充足的"硬"信息，如经审计的财务报表、历时较长的信用记录（王霄、张捷，2003；林毅夫等，2009）。特别是对于那些位于外围地区的小企业和新企业而言，由于信息成本和运输成本等交易成本具有规模敏感性，金融中心就很自然地将其排除在外，比如，大银行可能对小企业和新企业实施信贷配给或者提高资金使用成本；中心资本市场也会优先考虑大企业，而小企业和新企业则很难获得启动资本和早期扩张资本。与大企业不同，小企业和新企业融资主要倚赖于"软"信息，而"软"信息具有明显的地方化属性，只有通过长期而直接的面对面接触才能提高信息质量，这意味着国家金融体系在地理上越集中，那么外围地区的小企业和新企业获取资金越困难（Klagge and Martin，2005）。

金融体系分散化应该可以改善外围地区小企业和新企业的资金可得性，因为相对于金融中心，地方金融机构在搜集小企业和新企业的"软"信息方面具有竞争优势。例如，大银行向地方延伸其分支机构，在地理上靠近小企业和新企业，才能更有效地处理信息不对称问题（Alessandrini and Zazzaro，1999）。地方性银行更有可能贷款给财务记录不完整的当地小企业和新企业（Petersen and Rajan 2002），风险投资机构也很可能选址在新企业特别是高科技的创新型小企业密集的地区（Samila and Sorenson，2011；黄福广等，2014），以便其管理者可以更好地嵌入到当地的商业网络和企业家圈子，通过长期密切的直接接触获取"软"信息（Berger et al.，1998；张捷，2002）。除正规金融之外，在我国，地方化属性鲜明的非正规金融对小企业和新企业融资也具有非常重要的作用。非正规金融通过深度嵌入当地的社会网络较易获得邻近企业的"软"信息，并依靠当地的某种社会机制保证合约实施（林毅夫等，2009）。因此，地方金融可以聚焦于被金融中心忽略的本地小企业和新企业客户群，进而在功能上成为金融中心的有益补充[①]。基于此，提出第二个假说：

---

① 考虑到分析过程的逻辑一致性，我们这里仅讨论金融机构的融资服务对企业生产率的影响。事实上，小企业和新企业的金融需求相对单一，主要体现为直接或间接的融资服务；而大企业的金融需求更为多元化，除了融资服务之外，还包括资金管理、委托理财、财务顾问和融资租赁等。与地方金融相比，金融中心可以提供更多元化的金融创新产品和更专业化的金融服务，因此，金融中心可以更好地满足大众的金融需求。

假说2：地方金融发展对大企业、小企业和新企业的生产率增长均具有促进作用，而区域（省会）金融中心仅对大企业的生产率增长具有促进作用。

2. 所有制形式

地方国企易受当地政府的行政干预，被加之以政策性负担，进而造成地方国企的预算软约束。各种显性和隐性的金融支持是地方政府补贴和保护当地国企的重要措施，比如地方政府可能建议或劝告城市商业银行向当地国企贷款[①]，由此也会造成地方金融机构的预算软约束问题（林毅夫、李志赟，2005）。地方金融机构和地方国企的双重预算软约束势必弱化金融机构管理者对国有企业融资的事先筛选和事后监督激励，因此，地方政府对当地国企的金融支持产生的生产率效应可能作用有限，甚至可能事与愿违，不利于当地国企增强自生能力和提升生产率。然而，与国有企业相比，地方金融机构对非国有企业的融资服务则明显更为市场化，比如银行经理必须为非国有企业的不良贷款承担责任，在这种情况下，金融机构管理者面临预算硬约束，有激励进行事后监督，促使企业提高资金使用效率。

由于承担政策性负担，地方国企受到当地政府的隐性担保，这有利于它们获得来自金融中心的金融机构融资。然而，与地方金融机构不同，这些异地的金融机构并不在当地政府的干预范围内，因此，相比于本地融资，地方国企的异地融资更能遵循市场原则，金融监督功能可以得到更好的发挥，这有利于提升地方国企的生产率。可见，位于周边城市的国有企业生产率增长得益于区域金融中心的溢出效应。与国有企业相比，非国有企业的异地融资不会受到特别优待，根据假说2可以判断，只有规模偏大的非国有企业才能得益于区域金融中心的溢出效应。基于此，我们提出第三个假说：

假说3：地方金融发展对国有企业生产率增长作用有限，但对非国有企业的生产率增长具有促进作用；区域（省会）金融中心对国有企业的生产率增长具有促进作用，但仅对规模偏大的非国有企业的生产率增长具有促进作用。

三、数据、变量与模型

（一）数据来源

本文数据来源于国家统计局的中国工业企业数据库和《中国城市统计年鉴》。中国工业企业数据库涵盖了我国全部国有工业企业和规模以上的非国有工业企业。参考李玉红等（2008）和Brandtet等（2012）的方法，本文对中国工业企业数据库进行了以下四方面的调整：第一，剔除了数据库中不符合基本逻辑关系的错误记录[②]；第二，剔除了总产值、增加值、固定资产、全部职工、工业中间投入5个指标的极端值（前后各5%）；第三，采用序贯识别法，利用法人代码识别企业单位；第四，由于企业数量偏少，剔除西藏、青海、海南三地的企业样本。在此基础上，本文选取了制造业企业数据，并利用数据库提供的关于企业地理位置的信息对企业数据与城市数据进行匹配。本文仅考虑非省会城市的企业样本，讨论这些企业的生产率是否以及如何得益于所在城

---

① 这种温和的道义劝告方式虽然不具有法律约束力，但当地金融机构通常都能接受这些建议或劝告。

② 这方面的错误记录主要包括：总产值、职工人数、固定人数、固定资产等关键投入产出指标缺失或为负值的记录；总资产小于流动资产或固定资产，工业增加值或工业中间投入大于工业总产值等违反会计原则的记录。同时，本文还剔除了已经停止营业的样本。

市的地方金融发展以及区域（省会）金融中心的溢出效应。因此，本文排除 4 个直辖市和全部省会城市的企业样本，构建一份 2005~2007 年 207 个地级以上城市 9 万多家企业的微观面板数据集。

（二）变量测度及说明

1. 全要素生产率

增长核算法（又称索洛余值法）是较早发展且较为成熟的 TFP 测算方法，其根本思想就是对企业生产函数进行估计，将得到的残差作为 TFP 增长率。直接对企业生产函数进行回归求取，生产率容易产生"同时性偏差"（Simultaneity Bias），进而会导致计量分析的内生性问题（Marschak and Andrews，1944），因此学者们通过使用代理变量把引起计量内生性的因素从索洛残差中分离出来，以改进索洛残差来提高增长核算法测算 TFP 的准确性。在代理变量选取方面，有 Olley – Pakes 法（简称 OP 法）和 Levinsohn – Petrin 法（简称 LP 法）两类，前者以企业投资额作为代理变量（Olley and Pakes，1996），后者以企业中间投入品作为代理变量（Levinsohn and Petrin，2003）。由于不少企业报告的当期投资额为零，使用 OP 法将不可避免地丢弃这些样本，从而引起新的断尾偏差。鉴于此，本文参考 Levinsohn 和 Petrin（2003）使用中间投入品作为代理变量，该方法同样能够有效地矫正 OLS 估计生产率过程中的同时性问题。由于企业几乎每期都会报告中间投入品的使用量，LP 法极大地缓解了丢弃样本产生的偏差。综合上述因素，本文选用 LP 法测算企业层面的全要素生产率。另外，关于投入产出指标的测算，本文根据鲁晓东、连玉君（2012）以及李平等（2012）等文献的方法，得到以 2005 年为基期的实际净产出水平、资本存量、劳动和中间投入。

2. 地方金融发展水平

本文用城市金融聚集度衡量地方金融发展水平。现有文献主要采用金融活动地理密度、区位熵、空间基尼系数、行业集中度以及 E – G 指数等指标来衡量城市金融集聚度。综合数据可得性和指标直观性等方面的考虑，本文采用地理密度（FAL）作为城市金融集聚度的衡量指标。具体计算公式如下：

$$FAL_{it} = \frac{Fin_{it}}{S_{it}} \tag{1}$$

其中，下标 i 和 t 分别对应不同城市和年份；Fin 表示所在城市金融活动规模，S 表示城市地理面积。《中国城市统计年鉴》报告了全国地级以上城市（全市和市辖区）的三类金融活动规模指标，包括年末金融机构存款余额、年末金融机构各项贷款余额和城乡居民储蓄年末余额。由于贷款余额可以更直接地反映城市金融市场的活跃性和发展水平，因此，本文选择市辖区年末金融机构各项贷款余额衡量城市金融活动规模[①]。另外，土地城镇化一直是中国城镇化的基本路径，集中反映为城市的中心区向外扩张过程，鉴于此，本文选择城市建成区面积衡量城市地理面积。

3. 区域金融中心溢出效应

界定金融溢出的区域范围是研究金融中心溢出效应的关键。为了刻画中国金融体系特有的行政层级特征和行政地理边界，本文将省份边界作为金融溢出效应的地理边界，将省会城市作为所在省份的区域金融中心；因此，本文以非省会城市的企业为研究样本，分析地方金融发展和区域金融中心如何影响样本企业的生产率。将省会城市的样本企业排除在外的优点是能够直观而简洁

[①] 一些文献还采用城市金融业的单位从业人数来衡量城市金融活动规模，并以此计算区位熵，如余泳泽等（2013）。这一指标的优点在于可以较全面地衡量金融业务种类，包括银行业、证券业和保险业，然而其缺点也很明显：由于金融业大部分为国有企业单位，特别是，相对于东部发达城市，中西部欠发达城市金融业的国有经济比重更高，而国有企业存在比较严重的冗员问题（林毅夫、李志赟，2005），因此，以单位从业人数来衡量城市金融活动规模以及以此计算区位熵衡量金融集聚度可能导致较大的偏差。当然，本文采用贷款余额指标也可以更直观地反映我国以银行业为主体的金融体系特征。

地将金融地理结构对企业生产率的影响分离为两个渠道：地方金融发展的本地效应和区域金融中心的溢出效应①。根据 Klagge 和 Martin（2005）建议，金融中心的溢出效应受到空间距离的制约而呈现出随距离增加而衰减的特征。为了准确刻画省会城市的金融溢出效应，有必要将非省会城市与所在省的省会城市之间地理距离引入城市金融地理密度的计算公式。区域（省会）金融中心溢出效应（FAC）的具体计算公式如下：

$$FAC_{jt} = \frac{1}{d_{ij}} \times \frac{Fin_{jt}}{S_{jt}} \tag{2}$$

其中，下标 i 和 j 分别对应非省会城市及其所在省份的省会城市，t 对应不同的年份；d 表示非省会城市与其所在省份的省会城市的空间距离，d 的倒数刻画了区域金融中心对周边城市溢出效应的距离衰减特征。本文利用 Google map 计算了非省会城市与其所在省份的省会城市的最短行车距离，以反映金融机构的实际信息搜集成本、沟通成本和监督成本。

4. 其他控制变量

增加值率。以 LP 法测算生产率时，通常以固定资产为基础测度资本存量，所用指标并未包含无形资产等未能准确计量的资产类科目。加之由于存在市场摩擦，不同企业的固定资产虽然具有相同的账面价值，但其生产能力可能存在明显差异，即存在资产质量的差异问题（Balakrishnan and Fox，1993）。上述缺陷导致最终测算的生产率未能完全剔除资本投入对产出的影响。然而，无形资产和优质资产往往能够提高企业的净产出水平，因此，为了尽可能控制无形资产和资产质量的影响，本文选用企业增加值率（增加值与总产值之比）作为控制变量，用 Value 表示。

劳动力质量。在测算生产率时所使用的生产函数通常假定劳动是同质的，这显然与事实不符，因此，本文参照李平等（2012）等文献的一般做法，引入劳动力质量作为控制变量，用平均实际工资来度量企业劳动力质量（Laborq）。平均实际工资包含了人均工资、人均福利费以及企业为员工支付的公积金、失业保险和医疗保险。

所有制形式。诸多研究发现，国有企业由于产权不明晰或者承担政策性负担，生产率往往低于非国有企业（李玉红等，2008）。沿用现有文献的一般做法，本文引入国有企业虚拟变量（State）来测度企业所有制形式，即国有资本占企业实收资本的比重大于 50% 则为国有企业，否则为非国有企业。

出口效应。出口贸易通常也是影响企业生产率的重要因素。大量研究表明，与非出口企业相比，出口企业具有更高的生产率（范剑勇、冯锰，2013）。本文采用企业出口交货值占总产值的比率（Export）来衡量出口效应。

企业年龄和城市经济发展水平。本文采用企业年龄（Age）反映企业生产率的代际效应和年龄效应（周黎安等，2007），采用各城市的实际人均 GDP（Pgdp）作为反映城市经济发展水平的控制变量。

除增加值率、所有制形式、出口效应、企业年龄之外，本文所有变量均取对数形式。本文主要变量描述性统计如表 1 所示：

表 1　本文主要变量的描述性统计

变量	观测值数量	均值	标准差	最小值	最大值
全要素生产率 TFP	270206	6.960	0.806	4.142	9.090

① 为了实证研究的简洁，我们仅考虑省会金融中心的溢出效应，而忽略其他非省会城市的溢出效应。当然，这样处理也存在一定的缺陷，例如，汕头市传统上是粤东地区的中心城市，其对粤东其他城市也可能存在一定的金融溢出效应。另外，由于研究设计所限，本文没有分析上海、北京、深圳等全国性金融中心的溢出效应。

续表

变量	观测值数量	均值	标准差	最小值	最大值
地方金融发展 FAL	270206	10.794	0.744	6.962	12.786
区域金融中心 FAC	270206	6.636	0.785	3.411	8.532
增加值率 Value	270206	0.277	0.104	0.094	0.903
劳动力质量 Laborq	270206	2.442	0.517	1.786	3.486
所有制形式 State	270206	0.017	0.131	0.000	1.000
企业年龄 Export	270206	8.472	8.047	0.000	47.000
出口效应 Age	270206	0.208	0.364	0.000	1.000
城市经济发展水平 Pgdp	270206	10.094	0.830	7.758	12.596

（三）计量模型

基于前面理论分析和假说，有必要区分区域（省会）金融中心和地方金融发展来考察金融地理结构影响企业生产率的机制。考虑如下模型：

$$TFP_{kit} = \beta_0 + \beta_1 FAL_{it} + \beta_2 FAC_{jt} + \gamma X_{kit} + \zeta_i + \vartheta_t + \varepsilon_{kit} \tag{3}$$

其中，下标 k 和 t 分别对应企业和年份，下标 i 和 j 分别对应企业所在城市及其所属的区域金融中心城市（即省会城市）；TFP、FAL 和 FAC 分别对应企业全要素生产率、地方金融发展的本地效应和区域金融中心的溢出效应；X 表示企业层面和城市层面的控制变量，包括增加值率 Value、劳动力质量 Laborq、所有制形式 State、出口效应 Export、企业年龄 Age 和城市经济发展水平 Pgdp；$\{\beta_0, \beta_1, \beta_2, \gamma\}$ 为待估参数。最后，所有非特异变量均计入误差项，包括以下三个部分：ζ_i 表示企业固定效应，用以刻画不随时间变化的因素；ϑ_t 表示年份固定效应，用以刻画不随业变化的因素；ε_{kit} 是随机扰动项，用以刻画其他非特异因素。

面板数据的估计通常使用混合模型、固定效应模型和随机效应模型，本文根据 F 检验和 Hausman 检验在三者之间进行筛选。对面板数据进行 F 检验，结果在 1% 水平上拒绝原假设，表明样本的个体效应十分显著，固定效应模型要优于混合模型；然后进行 Hausman 检验，其统计量也在 1% 的水平上显著，因此固定效应模型比随机效应模型更合适。同时，面板数据可能存在异方差、截面相关和时序相关等问题，使用普通的面板数据估计方法会低估标准误差而降低有效性（Phillips and Sul, 2003）。通常的方法是采用广义最小二乘法进行面板数据回归，但当截面单元数大于时间跨度时（即大 N 小 T 型），应采用 Driscoll - Kraay 标准误（Driscoll and Kraay, 1998）来调整面板数据存在的时间效应和个体效应。本文的数据结构恰属于大 N 小 T 型，通过执行 Pesaran CD 检验（Pesaran, 2004），结果证明本文数据存在截面相关。因此，本文采用 Driscoll - Kraay 标准误调整的固定效应方法对计量模型进行估计。

四、回归结果及分析

（一）基本回归结果

基本回归结果如表 2 所示。首先，在不排除直辖市和省会城市的企业样本情况下，本文单独检验了地方金融发展的本地效应①，回归结果对应于模型（1）。无论是否引入控制变量，地方金融发展（FAL）的系数均显著为正，表明地方金融发展对当地制造业企业生产率存在显著正向影响，与假说 1 相符。其次，在排除直辖市和省会城市的企业样本情况下，本文同时检验了地方金融发展的本地效应和区域（省会）金融中心的溢出效应，回归结果对应于模型（2）和（3）。地方金融发展的系数在两个模型中均显著为正，最后，表明地方金融发展对当地制造业企业生产率具有促进作用；区域（省会）金融中心（FAC）的系数在两个模型中也均显著为正，可见以省会城市为基础的区域金融中心对省内其他城市制造业企业生产率具有显著正向影响，亦即金融中心的溢出效应得到验证，同样与假说 1 相符。综合上述结果，假说 1 得到验证，一方面地方金融发展有利于提升当地制造业企业生产率，另一方面区域（省会）金融中心对周边城市制造业企业生产率同样具有促进作用。

控制变量系数在各模型中变化不大，且与国内外已有研究结论相似。增加值率的系数均显著为正，说明对于那些高附加值的企业，以 LP 法测算的全要素生产率也较高，亦即以固定资产为基础测度的资本存量仅能部分解释全要素生产率的增长，优质资产和无形资产对生产率增长也发挥了促进作用。衡量劳动力质量的平均工资的估计系数均显著为正，说明劳动力质量上升可以提高企业生产率，与李平等（2012）研究结论一致。国有企业哑变量的系数均显著为负，说明国有企业的治理结构对企业生产率起着负面的阻碍作用，也与绝大多数现有研究的结果一致（周黎安等，2007；李玉红等，2008）。企业年龄的系数均显著为正，说明企业生产率具有正的代际效应和年龄效应，这与周黎安等（2007）的研究结论类似。出口比率的系数均不显著，这反映出"出口企业是否具备生产率优势"仍然是现有文献争论的焦点（范剑勇、冯猛，2013）。衡量城市经济发展水平的人均 GDP 的系数均显著为正，说明城市经济的整体发展有利于提升企业生产率。

表 2　基本回归结果

	（1）	（2）	（3）	（4）
FAL	0.108 *** (44.244)	0.027 *** (14.864)	0.125 *** (5.288)	0.077 *** (2.693)
FAC			0.654 *** (6.866)	0.073 * (1.727)
Value		3.510 *** (282.701)		3.492 *** (149.304)
Laborq		0.213 *** (81.977)		0.219 *** (14.104)
State		- 0.031 *** (- 3.539)		- 0.030 *** (- 5.212)
Age		0.019 *** (20.947)		0.021 *** (8.952)
Export		0.008 (1.259)		0.012 (1.333)
Pgdp		0.442 *** (71.193)		0.422 *** (5.448)

----

① 此时的数据集为 2005 ~ 2007 年 239 个地级以上城市的 12 万多家企业。

	（1）	（2）	（3）	（4）
Constant	5.770 ***	0.455 ***	1.265 *	－0.340
	(215.187)	(7.421)	(1.817)	(－0.382)
企业固定效应	Yes	Yes	Yes	Yes
年份固定效应	Yes	Yes	Yes	Yes
N	368469	368365	270206	270206
R²	0.009	0.461	0.025	0.448
F	1957.495	15898.225	41.647	15.165

注：括号内报告的是 Drlscoll － Kaay 修正标准误所对应的 t 值. * 、 ** 和 *** 分别表示在 10% 、50% 和 1% 的水平上显著。

（二）基于企业特征的进一步检验

1. 按企业规模分组的回归检验

表3是以基本研究样本按规模进行分组的回归检验结果，试图考察金融地理结构对不同规模企业生产率的影响。根据行业内企业全部职工人数的四分位数来划分企业规模，分别得到4个模型回归结果。在4个模型中，地方金融发展（FAL）的系数均显著为正，表明地方金融发展对不同规模企业生产率均具有明显的促进作用，地方金融发展的本地效应对企业规模并不敏感，与假说2前半部分的结论相符。对于区域（省会）金融中心（FAC）的溢出效应，中上规模和大规模企业的系数均显著为正，且大规模企业的系数（0.189）明显大于中上规模企业的系数（0.079），而中下规模和小规模企业的系数均不显著，表明区域（省会）金融中心仅对周边城市较大规模企业生产率具有促进作用，且规模越大促进作用越大，而对较小规模企业生产率的影响不明显，与假说2后半部分的结论相符。这一结果表明地方金融发展有利于解决当前中小企业融资难问题，这与"银行规模结构说"的观点是一致的，即发展中小型银行有利于中小企业融资（张捷，2002；王霄、张捷，2003；林毅夫等，2009），而中小型银行往往是地方性的。

表3　按企业规模分组的回归检验

企业规模	小规模25%	中下规模50%	中上规模75%	大规模100%
	（1）	（2）	（3）	（4）
FAL	0.063 *	0.074 ***	0.080 ***	0.070 ***
	(1.871)	(3.174)	(4.272)	(4.560)
FAC	－0.091	0.013	0.079 ***	0.189 ***
	(－1.188)	(0.339)	(2.639)	(10.273)
Value	3.680 ***	3.585 ***	3.496 ***	3.355 ***
	(286.322)	(246.485)	(296.105)	(81.980)
Laborq	0.169 ***	0.228 ***	0.248 ***	0.258 ***
	(16.390)	(17.731)	(16.857)	(14.505)
State	－0.031 ***	0.015 ***	－0.044 ***	－0.017 ***
	(－21.678)	(8.387)	(－5.313)	(－2.875)
Age	0.037 ***	0.028 ***	0.016 ***	0.010 ***
	5.571	(8.764)	(26.882)	(8.728)

企业规模	小规模25%	中下规模50%	中上规模75%	大规模100%
	(1)	(2)	(3)	(4)
Export	0.033**	0.008	0.008	-0.046***
	(2.270)	(1.394)	(1.168)	(-7.432)
Pgdp	0.609***	0.421***	0.350***	0.224***
	(5.958)	(6.580)	(8.187)	(5.099)
Constant	-1.185	-0.119	0.322	1.332**
	(-0.933)	(-0.153)	(0.791)	(2.365)
企业固定效应	Yes	Yes	Yes	Yes
年份固定效应	Yes	Yes	Yes	Yes
N	68051	66859	67183	68113
R^2	0.446	0.471	0.485	0.495
F	20.079	22.276	40.435	5301.215

注：括号内报告的是 Driscoll – Kraay 修正标准误所对应的 t 值，*、**、*** 分别表示在10%、5%、1%的水平上显著。

2. 按新企业和在位企业分组的回归检验

进一步考察金融地理结构对新企业和在位企业生产率的影响。现有文献一般将新企业定义在成立年限 1～8 年期不等（McDougall et al.，1994），而国内文献大多将新企业定义在 5 年期以内，加之 1 年期新企业样本偏少，因此，本文主要考察 2～5 年期的新企业。同时，为了讨论企业年龄变化的动态影响，我们将新企业的年限进一步扩展到 8 年期。按照新企业年限的不同定义，分别得到新企业和在位企业的回归结果，简化汇总于表 4。

对于 2～5 年期的新企业，地方金融发展（FAL）的本地效应均显著为正，而区域（省会）金融中心（FAC）的溢出效应均不显著为正，表明新企业的生产率增长主要倚赖于地方金融，该结果支持了假说 2 中关于新企业的表述，也与黄福广等（2014）研究结论一致①。值得注意的是，从 6 年期开始，地方金融发展（FAL）的本地效应仍然显著为正，区域（省会）金融中心（FAC）的溢出效应亦变得显著为正。说明随着企业年龄的增长，企业相关信息亦逐年积累，并可能变得更为透明，市场对企业的认知亦不断加深，所以融资过程中因信息不对称造成的市场摩擦减少，资金供求双方的信息成本均相应下降，企业选择区域金融中心进行异地融资变得可行。可见，周边城市的新企业能否受益于金融中心与其自身的年龄有关，这是对假说 2 的进一步深化②。另外，对于在位企业，地方金融发展（FAL）的本地效应和区域（省会）金融中心（FAC）的溢出效应均显著为正，与表 2 基本回归的结果一致，再次验证了假说 1。

综合表 3 和表 4 的回归结果，假说 2 得到证明，即地方金融发展对大企业、小企业和新企业的生产率增长均具有促进作用，而区域（省会）金融中心仅对大企业的生产率增长具有促进作用。

---

① 黄福广等（2014）发现风险资本投资存在即显的本地偏好，对邻近地区新企业的投资金额更多、投资时间更早、投资后参与公司治理的可能性更高。

② 该结果亦表明，对于中国制造企业而言，将新企业定义为成立年限 5 年期以内可能更为合适。

表4　按新企业不同界定标准分组的回归检验结果

新企业定义标准		2年期	3年期	4年期	5年期	6年期	7年期	8年期
新企业	FAL	0.296*** (12.336)	0.232*** (8.531)	0.182*** (6.117)	0.147*** (4.275)	0.131*** (3.641)	0.122*** (3.339)	0.119*** (3.363)
	FAC	0.124 (1.046)	0.089 (0.867)	0.074 (0.964)	0.088 (1.365)	0.096* (1.715)	0.094* (1.769)	0.092* (1.815)
在位企业	FAL	0.088*** (3.622)	0.082*** (3.619)	0.075*** (3.451)	0.073*** (3.537)	0.068*** (3.372)	0.066*** (3.581)	0.065*** (3.710)
	FAC	0.149*** (7.386)	0.158*** (8.933)	0.158*** (10.568)	0.159*** (12.693)	0.169*** (15.974)	0.178*** (20.454)	0.187*** (27.935)

注：（1）括号内报告的是 Drlscoll - Kraay 修正标准误所对应的 t 值，*、** 和 *** 分别表示在10%、5%和1%的水平上显著。（2）为使表格更简洁，控制变量的回归结果未在本表列示。

3. 按所有制形式分组的回归检验

表5是按企业所有制形式分组的回归检验结果，试图考察金融地理结构对不同所有制企业生产率的影响。样本被分为国有企业和非国有企业两组，回归结果对应于表5的模型（1）和模型（2）。对于地方金融发展的本地效应（FAL），在国有企业组其系数不显著，而在非国有企业组其系数显著为正，表明地方金融发展有利于提升当地非国有企业的生产率，而对当地国有企业生产率的影响有限，与假说3前半部分的结论相符。对于区域（省会）金融中心的溢出效应（FAC），在国有企业组其系数显著为正，而在非国有企业组其系数不显著，表明区域（省会）金融中心仅对周边城市的国有企业生产率具有促进作用，而对非国有企业生产率促进作用不明显。值得注意的是，国有企业平均规模远高于非国有企业，而表3的结果证明区域（省会）金融中心仅对周边城市的较大规模企业生产率具有促进作用，而对较小规模企业生产率的促进作用不明显，因此，按所有制形式的分组回归可能产生规模筛选效应，也就是说，区域（省会）金融中心对周边城市企业生产率的溢出效应可能源自规模因素而非所有制因素。

鉴于此，先按规模中位数对样本进行分组①，再把不同规模的企业按所有制形式分组，以便分离出可能的规模筛选效应，结果对应于表5的模型（3）～模型（6）。首先，我们看区域（省会）金融中心（FAC）的溢出效应，在规模偏小的企业中，国有企业组的系数显著为正，而非国有企业组的系数不显著；在规模偏大的企业中，国有企业组和非国有企业组的系数均显著为正。这表明不存在所谓的规模筛选效应。只要是国有企业，不论其规模大小，区域（省会）金融中心的溢出效应均显著为正；而对于非国有企业，区域（省会）金融中心仅对其中规模偏大的企业生产率增长具有促进作用，而对规模偏小的企业促进作用不明显，与假说3后半部分的结论相符。同时，该结果也是对假说2的进一步验证和补充，即当规模偏小的企业为国有企业时，这些企业也可以得益于区域（省会）金融中心的溢出效应。

然后，再看地方金融发展（FAL）的本地效应，模型（3）、模型（5）的结果与模型（1）的差异在于规模偏小的国有企业组系数显著为负，而规模偏大的国有企业组系数不显著，表明地方金融发展难以促进规模偏大的地方国企提升生产率，甚至对规模偏小的地方国企生产率具有阻碍作用。究其原因，与规模偏大的国有企业相比，规模偏小的国有企业可能更热衷于寻求当地政府保护，与当地金融机构建立非市场化融资关系，进而弱化当地金融机构对这些国企的外部监

① 表3的结果表明区域金融中心的溢出效应在规模中位数两侧存在明显差异，因此，这里我们仅需按照规模中位数对样本进行分组，以便使后文的分析过程更为简洁清晰。

督，造成资金使用低效和生产率偏低。这一结论是对假说3的进一步深化。此外，模型（4）、模型（6）的结果与模型（2）一致，再次验证了假说3。

表5　按所有制形式和规模分组的回归检验

	国有企业	非国有企业	小规模50%		大规模100%	
			国有企业	非国有企业	国有企业	非国有企业
	（1）	（2）	（3）	（4）	（5）	（6）
FAL	−0.018	0.076***	−0.050***	0.070**	0.015	0.072***
	−1.476）	（2.646）	（−6.079）	（2.223）	（1.299）	（3.782）
FAC	0.121***	0.069	0.165***	−0.045	0.115***	0.164***
	（9.076）	（1.578）	（7.612）	（−0.751）	（8.145）	（6.188）
Value	3.157***	3.498***	3.459***	3.619***	3.082***	3.397***
	（39.321）	（154.366）	（93.054）	（331.330）	（28.221）	（122.789）
Laborq	0.182***	0.220***	0.196***	0.193***	0.192***	0.256***
	（7.958）	（14.074）	（23.549）	（15.585）	（4.837）	（14.764）
Age	0.007***	0.023***	0.015***	0.034***	0.007***	0.013***
	（9.18）	（8.817）	（17.185）	（7.445）	（7.044）	（10.427）
Export	−0.193	0.014*	−0.209***	0.039***	−0.140	−0.021**
	（−1.484）	（1.702）	（−3.070）	（3.747）	（−0.980）	（−2.531）
Pgdp	0.335***	0.418***	0.395***	0.535***	0.258***	0.277***
	（12.181）	（5.360）	（24.775）	（5.953）	（9.281）	（5.567）
Constant	1.534***	−0.281	0.654**	−0.824	2.034***	0.757
	（6.295）	（−0.309）	（2.188）	（−0.771）	（9.431）	（1.215）
企业固定效应	Yes	Yes	Yes	Yes	Yes	Yes
年份固定效应	Yes	Yes	Yes	Yes	Yes	Yes
N	4693	265513	1751	138604	2942	126909
R²	0.465	0.448	0.471	0.449	0.489	0.478
F	2195.097	14.541	14258.655	18.560	1097.367	7934.768

注：括号内报告的是 Drlscoll–Kraay 修正标准误所对应的 t 值，*、** 和 *** 分别表示在10%、5%和1%的水平上显著。

（三）稳健性检验①

1. 变量测度

与增长核算法测算全要素生产率的绝对水平不同，随机前沿分析法（Stochastic Frontier Analysis，SFA）通过构造生产前沿测出样本企业生产率的相对水平，即相对于生产前沿的生产率，于是，本文采用SFA法重新测算企业全要素生产率。对于金融地理密度指标，本文将城市年末金融机构各项贷款余额分别替换为年末金融机构存款余额以及年末城乡居民储蓄余额。此外，本文改用资产衡量企业规模，并将规模分组方法从分位数法转为等分法。基于上述变换，重新估计的结果表明，参数的符号和显著性均没有明显的变化，因此模型的估计结果具有较强的稳健性。

---

① 限于篇幅，稳健性检验的结果未予列示。读者若有需要，可向作者索要。

2. 内生性问题

测度金融地理密度时，本文采用年末金融机构各项贷款余额这一指标。金融机构的贷款业务与企业生产运营关联紧密而直接，同一年份影响企业生产率的其他未知因素很可能也会影响金融机构的贷款业务，当这些其他因素被遗漏时将造成计量的内生性问题。虽然双向固定效应模型能够分离出时间不变因素和企业不变因素对企业生产率的影响，但并不能完全解决遗漏变量问题和排除内生性的影响。本文分别采用 Durbin – Wu – Hausman 检验和 Davidson – MacKinnon 检验对计量模型进行内生性检验，结果表明模型存在一定的内生性问题。因此，本文利用工具变量估计（IV）处理内生性问题来进行稳健性检验。

居民滞后一期的储蓄行为在很大程度上受到居民个人的消费—储蓄偏好的影响，与企业当期生产经营活动并无直接关联，因此影响企业生产率的遗漏变量与居民滞后一期的储蓄行为相关度很低。此外，相对于调整当期贷款业务量，金融机构对金融从业人员数量的调整面临困难，遗漏变量与金融业滞后一期的单位从业人数相关度也很低。因此，本文采用滞后一期的年末城乡居民储蓄余额以及滞后一期的金融业单位从业人数①作为工具变量。

工具变量估计结果显示，解释变量的符号和显著性均没明显的变化，这表明尽管模型无可避免地存在一定程度的遗漏变量的情形，但内生性问题并不严重，前述固定效应回归结果具有较好的稳健性。

五、结论与政策建议

本文基于全要素生产率的视角，利用中国制造业企业微观数据和城市金融发展数据，系统研究了金融地理结构对产业转型升级的影响。我们发现，地方金融发展和区域（省会）金融中心建设促进了企业生产率的增长。不过，金融地理结构影响企业生产率的方向和程度取决于企业的个体特征：从企业规模来看，地方金融发展对不同规模企业生产率增长均具有促进作用，而区域（省会）金融中心仅对大企业的生产率增长具有积极影响。从企业年龄来看，地方金融发展促进了新企业的生产率增长，而区域（省会）金融中心仅对成立时间达到 5 年以上的新企业生产率增长具有促进作用。从所有制形式看，地方金融发展对国有企业生产率增长的作用不明显，甚至对规模偏小的地方国企生产率增长产生阻碍作用，但对非国有企业生产率增长具有促进作用；区域（省会）金融中心对不同规模的国有企业生产率增长均具有积极影响，但仅对规模偏大的非国有企业生产率增长具有促进作用。

以上结论表明，从制造业企业生产率视角看，金融地理结构的集中与分散对我国实体经济的转型发展具有重要影响。其政策启发在于，国家的金融产业政策应从聚焦于构建现代金融产业组织体系转向兼顾金融地理结构优化。政策启示具体包括以下两点：

（1）大力发展地方金融应成为我国解决中小微企业和新企业融资难的核心途径。首先，要放松对金融市场的准入机制，为地方中小金融机构发展松绑，在增强金融市场竞争性的同时，更重要的是充分发挥地方中小金融机构"软"信息优势。其次，要鼓励大型金融机构特别是大型商业银行向地方延伸分支机构，赋予分支机构更大的决策自主权，以便适当激励当地的经理人搜集、分析和使用"软"信息。再次，要通过政策引导和加强监管控制非正规金融的规模和风险，

①　虽然在前面的变量测量时考虑到国有金融企业冗员问题，本文没有采用从业人数计算金融集聚指标，然而在可得数据有限的情况下金融从业人数仍不失为一个较合适的工具变量。

推动非正规金融走向合法化和规范化。最后，要完善地方政府金融管理体制，强化地方政府对地方中小金融机构的风险处置责任，避免或弱化地方政府对地方金融机构和地方国企的直接干预。

（2）从国家层面合理规划和建设金融中心，强化金融中心对实体经济的支撑作用。地方政府内在具有主导金融资源配置的强烈动机，以致近年来全国大中城市特别是省会城市掀起一轮金融中心建设热潮。尽管本文以省会城市为基础证实了金融中心的溢出效应，但并非所有省会城市均具备建设金融中心条件。金融中心的规划要以其辐射范围内实体经济的金融需求为导向，特别是要重点考虑大型企业和国有企业的数量。中央政府应依据国家经济地理结构来规划金融中心的空间布局和规模层次。盲目建立众多金融中心不仅可能事与愿违，还会削弱主要金融中心的聚集功能和溢出效应，从而降低国家金融体系的整体运行效率，不利于实体经济的转型升级。同时，在金融中心建设过程中，要强化对实体经济发展的支撑力度，抑制社会资本"脱实向虚"，防止出现产业空心化现象。总体而言，规划和建设金融中心的政策着力点在于进一步放松金融管制，推动市场化改革和一体化进程，打破金融功能溢出的行政地理边界。

参考文献

［1］邓可斌，曾海舰. 中国企业的融资约束：特征现象与成因检验［J］. 经济研究，2014（2）.

［2］范剑勇，冯猛. 中国制造业出口企业生产率悖论之谜：基于出口密度差别上的检验［J］. 管理世界，2013（8）.

［3］黄福广，彭涛，邵艳. 地理距离如何影响风险资本对新企业的投资［J］. 南开管理评论，2014（6）.

［4］简泽，于春晖，余典范. 银行部门的市场化、信贷配置与工业重构［J］. 经济研究，2013（5）.

［5］李平，简泽，江飞涛. 进入退出、竞争与中国工业部门的生产率［J］. 数量经济技术经济研究，2012（9）.

［6］李维安，钱先航. 地方官员治理与城市商业银行的信贷投放［J］. 经济学季刊，2012（4）.

［7］李玉红，王皓，郑玉歆. 企业演化：中国工业生产率增长的重要途径［J］. 经济研究，2008（6）.

［8］林毅夫，李志赟. 中国的国有企业与金融体制改革［J］. 经济学季刊，2005（3）.

［9］林毅夫，孙希芳，姜烨. 经济发展中的最优金融结构理论初探［J］. 经济研究，2009（8）.

［10］鲁晓东，连玉君. 中国企业全要素生产率估计：1999～2007［J］. 经济学季刊，2012（11）.

［11］孙国茂，范跃进. 金融中心的本质、功能与路径选择［J］. 管理世界，2013（11）.

［12］王力，黄育华. 中国金融中心发展报告（2013～2014）［M］. 社会科学文献出版社，2014.

［13］王霄，张捷. 银行信贷配给与中小企业贷款——一个内生化抵押品和企业规模的理论模型［J］. 经济研究，2003（7）.

［14］余泳泽，宣烨，沈扬扬. 金融集聚对工业效率提升的空间外溢效应［J］. 世界经济，2013（2）.

［15］张捷. 中小企业的关系型借贷与银行组织结构［J］. 经济研究，2002（6）.

［16］周黎安，张维迎，顾全林，汪淼军. 企业生产率的代际效应和年龄效应［J］. 经济学季刊，2007（6）.

［17］Agarwal S., and R. Hauswald. Distance and Private Information in Lending［J］. Review of Financiai Studies, 2010, 23（7）: 2757－2788.

［18］Alessandrini P., A. F. Presbitero, and A. Zazzaro. Banks, Distances and Firms' Financing Constraints［J］. Review of Finance, 2009, 13（2）: 261－307.

［19］Allen F., J. Qian and M. Qian. Law, Finance, and Economic Growth in China［J］. Journal of Financial Economics, 2005, 77（1）: 57－116.

［20］Balakrishnan S., and I. Fox. Asset Specificity, Firm Heterogeneity and Capital Structure［J］. Strategic Management Journai, 1993, 14（1）: 3－16.

［21］Berger A., N. Miller, M. Petersen, R. Rajan. and J. Stein. Does Function Follow Organizational Form? Evidence from the Lending Practices of Large and Small Banks［J］. Journaiof Financial Economics, 2005, 76（2）: 237－269.

［22］Berger A. , A. Saunders, J. Scalise, and G. Udell. The Effects of Bank Mergers and Acquisitions on Small Business Lending ［J］. Journal of Financial Economics, 1998, 50 (2): 187 – 229.

［23］Bertrand M. , A. Schoar, and D. Thesmar. Banking Deregulation and Industry Structure: Evidence from the French Banking Reforms of 1985 ［J］. The Journal of Finance, 2007, 62 (2): 597 – 628.

［24］Brandt L. , J. Van Biesebroeck, and Y. Zhang. Creative Accounting or Creative Destruction? Firm – level Productivity Growth in Chinese Manufacturing ［J］. Journai of Development Economics, 2012, 97 (2): 339 – 351.

［25］Butler A. W. , and J Comaggia. Does Access to Extemal Finance Improve Productivity? Evidence from anatural Experiment ［J］. Journal of Financiai Economics, 2001, 99 (1): 184 – 203.

［26］Chandler A. D. The Visible Hand: The Managerial Revolution in American Business ［M］. Harvard University Press, 1977.

［27］Coval J. D. , and T. J. Moskowitz. The Geography of lnvestment: Informed Trading and Asset Prices ［J］. The Journal of Politicai Economy, 2001, 109 (4): 811 – 841.

［28］Degryse H. , and S. Ongena. Distance, Lending Relahonships, and Compehhon ［J］. Journal of Finance, 2005, 60 (1): 231 – 266.

［29］Dow S. C. , and C. J. Rodiguez – Fuentes. Regional Finance: A Survey ［J］. RegionaiStudies, 1997, 31 (9): 903 – 920.

［30］Driscoll J. , and A. Kraay. Consistent Covariance Matrix Eshmation with Spatially Dependent Panel Data ［J］. The Review of Economics and Statistics, 1998, 80 (4): 549 – 560.

［31］Ellison G. , E. L. Glaeser, and W. R. Kerr. What Causes Industry Agglomeration? Evidence from Coagglomeration Pattems ［J］. American Economic Review, 2010, 100 (3): 1195 – 1213.

［32］Guiso L. , P. Sapienza, and L. Zingales. Does Local Financial Development Matter? ［J］. The Quarterly Journal of Economics, 2004, 119 (3): 929 – 969.

［33］Kim S. The Rise of Multiunit Firms in US Manufacturing ［J］. Explorations in Economic History, 1999, 36 (4): 360 – 386.

［34］Klagge B. , and R. Martin. Decentralized versus Centralized Financial Systems: Is There a Case for Local Capital Markets? ［J］. Journal of Economic Geography, 2005, 5 (4): 387 – 421.

［35］Levine R. Financial Development and Economic Growth: Views and Agenda ［J］. Journai of Economic Literature, 1997, 35 (2): 688 – 726.

［36］Levinsohn, J. , and A. Petrin. Eshmahng Produchon Funchons Using Inputs to Control For Unobservables ［J］. The Review of Economic Studies, 2003, 70 (2): 317 – 341.

［37］Marschak, J. , and W. H. Andiews. Random Simultaneous Equahons and the Theory of Produchon ［J］. Econometrica, Journai of the Econometric Society, 1944: 143 – 205.

［38］Marshall A. Principles of Economics ［M］. MacMillan Press, 1920.

［39］McDougall P. P. , J. G. Covin, R. B. Robinson and L. Herron. The Effects of Lndustry Growth and Strategic Breadth on New Venture Performance and Strategy Content ［J］. Strategic Management Journal, 1994, 15 (7): 537 – 554.

［40］Merton R. C. A Funchonal Perspehve of Financial Intermediation ［J］. Financiai Management, 1995, 24 (2): 23 – 41.

［41］Myers S. , The Capital Structure Puzzle ［J］. Journaiof Finance, 1984, 39 (3): 147 – 176.

［42］Olley S. , and A. Pakes. The Dynamics of Produchvity in the Telecommunicahons Equipment Industry ［J］. Econometrica, 1996, 64 (6): 1236 – 1297.

［43］Pesaran M. , General Diagnoshe Tests for Cross Sechon Dependence in Panels ［R］. IZA Discussion Paper, 2004.

［44］Petersen M. Informahon: Hard and Sofi ［R］. Northwestern University Working Paper, 2004.

［45］Petersen M. , and R. Rajan. Does Distance Still Matter? The Informahon Revoluhon in Small Business Lending ［J］. Journal of Finance, 2002, 57 (6), 2533 – 2570.

[46] Phillips P. C. , and D. Sul. Dynamic Panel Eshmahon and Homogeneity Teshng Under Cross Sechon Dependence [J] . The Econometrics Journal, 2003, 6 (1): 217 – 259.

[47] Porteous D. J. The Development of Financial Centres: Locahon, Informahon, Extemalihes and Path Dependence [J] . In R. L. Martin, ed. , Money and the Space Economy, 1999: 95 – 114.

[48] Reed H. C. Financial Center Hegemony, Interest Rates, and the Global Political Economy [J] . International Banking and Financial Centers, 1989: 247 – 268.

[49] Samila S. , and O. Sorenson. Venture Capital, Entrepreneurship, and Economic Growth [J] . The Review of Economics and Statistics, 2011, 93 (1): 338 – 349.

[50] Stein J. C. Informahon Produchon and Capital Allocahon: Decentralized versus Hierarchical Firms [J] . The Journal of Finance, 2002, 57 (5): 1891 – 1921.

重庆单轨产业集群崛起的启示

李 缨

（重庆理工大学 MBA 教育中心　重庆　400045）

新常态应该理解为我国经济增长的重点从追求数量为主转化为数量、质量并重，以追求质量为主的这样一个经济状态，这种转变不是权宜之计而是长久之计。要提高经济增长质量必须注重产业结构调整，而调整产业结构必须依靠创新。新兴技术必然催生新兴产业，改变传统产业结构。新兴产业何时诞生、怎样诞生却取决于企业家的眼光。正如著名美国经济学家熊彼特在1912 年出版的《经济发展理论》一书中提出：创新是指开发新产品或者改良原有产品；使用新的生产方法；发现新的市场；发现新的原料或半成品和创建新的产业组织。他特别强调：创新不等于发明，发明是发明家的事，创新是企业家的事。重庆单轨产业集群的崛起很好地揭示了这个道理。创新是在新常态环境下我国新兴产业迅速崛起的重要途径。

一、一个新兴的产业集群

重庆市轨道交通（集团）有限公司（以下简称重庆轨道集团）创建于 1992 年，2009 年由总公司改制为集团有限公司。

1999 年，重庆第一条轨道破土动工，在此之前，谁都没有在重庆见过轨道交通，谁都没有在意它会给重庆人民的生活带来什么。十几年过去了，重庆轨道集团已经开通了四条线路，运营里程达 220 多公里，重庆轨道线网已覆盖主城八个行政区，单日客流总量达到 240.0 万乘次，年客运量已超过 4 亿乘次[①]，城市交通市场占有率达到 40%。

重庆单轨交通工程建设投资达 273.5 亿元，重庆单轨装备制造业基地实现年销售收入 150 亿元，利税 15 亿元，重庆长客轨道交通车辆有限公司已形成年产 500 辆轨道车辆、年维修 1000 辆轨道车辆及其零部件总成的生产能力，近三年实现销售收入 23.98 亿元。中国汽车工程研究院股份有限公司已具备年生产 1000 台套轨道车辆齿轮箱总成和基础制动装置的能力，近三年实现销售收入 10.86 亿元。重庆华渝电气仪表总厂具备承担单轨交通关节型道岔的生产能力，近三年实现销售收入 0.96 亿元，重庆轨道产业集群已经形成。

重庆单轨产业集群发展模式不同于重庆汽车、摩托车，也不同于重庆纺织专业镇——回龙坝镇的产业集群，它是以重庆轨道集团为核心，联合众多科研机构、企业和高等院校，通过产业联盟和产业协会组成的产业集群。

[作者简介] 李缨，男，经济学副教授，MBA 中心研究员。

① 除注明出处外，本文的数据资料均来自重庆轨道交通（集团）有限公司。

二、重庆城市公共交通

重庆主城区内公共交通形式曾经是丰富多样，包含公交汽车、过江索道、缆车、扶梯、升降电梯以及过江轮渡等。重庆主城区曾经有两条全国独一无二的过江索道：嘉陵江索道和长江索道。重庆主城区有两处作为公共交通使用的自动扶梯和升降式电梯：连接菜园坝和两路口的亚洲第一长扶梯——皇冠大扶梯；连接凯旋路和较场口的升降式电梯——凯旋路电梯。

随着重庆打造中国桥都的实施，环抱重庆主城区的长江和嘉陵江已经建起了十多座跨江大桥，因此，嘉陵江过江索道已经停止营业，缆车和过江轮渡几乎已经退出历史舞台。由于是山城，外地人来到重庆莫不惊讶：城市从山脚连绵到山顶，道路从山顶盘旋到山脚。在重庆公路上几乎看不到自行车和电动车，主要公共交通工具是公交汽车。

重庆公共交通控股（集团）有限公司有在册员工 33523 人，营运车辆 10432 辆（其中出租车 1712 辆），经营线路 511 条。日平均客运量 545 万人次，占据城市公共交通的绝对垄断地位。

然而，随着城镇化和现代化步伐的加快，传统城市公共交通工具已经不能满足发展的需要。重庆人把希望寄托在轨道交通，1992 年，重庆市轨道交通集团公司应运而生。

三、成长历程

（一）独辟蹊径，引领潮流

轨道交通除了大多数城市所采用的地铁制式之外，还有轻轨、跨座式单轨等轨道交通制式。重庆轨道交通创立之前，中国北京、天津、上海等城市已经修建了地铁，重庆如果选择修建地铁，有现成的技术、生产厂家和管理经验可以借鉴和利用，省心省力。可是重庆地势坡度较大，地质结构复杂，市区狭小，地铁的噪声会影响市民生活，且地铁投资较大，于是重庆轨道集团把目光投向了跨座式单轨交通。

跨座式单轨交通指车辆骑跨于轨道梁的上方，车辆除底部的走行轮外，在车体的两侧下垂部分尚有水平安装的导向轮和稳定轮，夹行于轨道梁的两侧，以保证车辆沿轨道安全平稳地行驶。

单轨交通系统有极高的性价比，整体投资比地铁省 30% ~ 50%，土建造价只为地铁造价的 1/3 ~ 1/2，机电设备维护费比地铁低 5%，具有占用土地少，行驶速度快、运量适中，转弯半径小、爬坡能力强、能适应复杂地形要求、建设工期短、维修保养容易、能确保运营安全等特点。

建设单轨似乎是一个不错的选择，然而，中国没有一个城市建造过单轨交通体系，无先例可借鉴，建设具有极大风险。重庆轨道集团反复权衡，毅然决定走一条中国人还没有走过的路——建造跨座式单轨交通体系。

（二）它山之石，可以攻玉

建造单轨交通工具的技术人才、资金从何而来？从技术上看，修建单轨交通需要具备单轨车辆、单轨 PC 轨道梁和单轨道岔等三项核心技术，拥有这些技术的仅有加拿大、德国、日本等少数发达国家。经过多方考察调研，重庆轨道集团决定从日本引进全套管理运营技术，不仅因为日本是建成单轨线路数量最多、运营总里程最长、运营管理经验最丰富、运营历史最安全的国家，更重要的是日本愿意提供40年期年利率为0.75%的271.1亿日元的贷款。

1999年重庆轨道2号线破土动工，2005年6月18日，轨道2号线"较场口——动物园"开通运营，它标志着重庆轨道交通的开始，也是中国跨座式单轨交通运输的开始。由于高标准、高起点的引进使得重庆的单轨交通一开始就处于世界的领先水平。

（三）高瞻远瞩，锐意创新

2号线的成功运行带来了欣喜，也带来了思考，重庆轨道集团发现：进口设备、零部件价格较高，维护费用高，产品采购周期较长，这些都影响系统的良好运行。而重庆独特的地理环境要求轻轨必须有一个大发展。怎么办？

他们决心持续创新，走国产化道路。实现国产化不但能够降低成本、保障运营，还能够实现技术输出、提高经济效益，使全国人民都能享受国产化带来的幸福生活。

国产化必须解决以下问题：谁来组织实施国产化？研发的人才和技术从何而来？研发的资金怎么筹措？研发质量怎么保证？他们是这样做的：

1. 充分发挥集供求双方于一身优势

重庆轨道集团充分发挥自己作为供给方的集成者和需求方的集成者的优势，担任起轻轨国产化和产业化的领导组织作用，先后成立"单轨交通国产化应用办公室"、"工程技术开发、中试、成果转化及产业化平台"、"轨道交通产业协调管理办公室"等组织机构，推进目标项目的稳步发展。

在硬件方面，组织专业人员对运营生产成本和运营维护成本进行核算，再结合车辆日常运行状态提出国产化需求项目，经专家论证，最终确定。

在软件方面，派遣专业技术人员到国外研修培训，提高自身技术水准，同时，对实际运营状况与检修实践进行分析，不断对国外的管理规章进行改革创新。比如，将由日本引进的年检、月检检修规程进行调整，并制定出空调春季、秋季维护保养计划，空调故障率得到了有效控制，直接降低了运营生产成本。

2. 协同合作推进国产化和产业化

轻轨具有产业链长、多主体、多专业、规模大、关系复杂特点，仅靠重庆轨道集团完成国产化是不可能的。

重庆轨道集团将重庆轨道交通三号线作为依托工程，将国产化与产业化相结合，制定"促进产业化，实现走出去"的目标，采取"由业主主导、靠自主创新、政产学研用结合、大项目带动大产业"的战略措施，走"以产业化发展规划为引导、以关键项目协同创新为重点、以产业化发展的标准规范为基准、以加快协同创新成果产业化为主线"的实施路径，形成以业主为主导、产业链企业为主体、政产学研用协同创新的工作机制。具体做法是：

（1）政产学研合作

重庆轨道集团联合规划设计单位、设备制造商、施工单位、研究院所、高等院校等40余家单位，成立了重庆轨道交通产业技术创新战略联盟（以下简称产业联盟），进而成立重庆（国际）单轨协会（以下简称单轨协会）。在产业联盟和单轨协会内，企业间开展互信合作，突破发展难题，公共技术平台资源共享，知识产权通过商谈进行专利许可和授权，将传统的串行开发方式转变为并行开发，减少了企业之间的内耗和内部交易成本（见图1）。

（2）统筹规划制定产业链分布格局

重庆轨道集团受重庆市发改委委托，先后组织考察法国、英国、俄罗斯、日本等国家以及北京、上海、广州、南京、长春、沈阳等城市轨道交通建设及产业发展情况，与国内外著名科研机构和生产厂家进行技术交流和调研，取得大量基础资料，制定出跨座式单轨交通国产化和产业化发展规划。他们对涉及的产业链进行了系统的价值链分析，遵循"优势互补、分工合作、利益共享、风险共担"原则，加强国产化和产业化的顶层设计，规划好分布格局，为资源配置做好准备（见表1）。

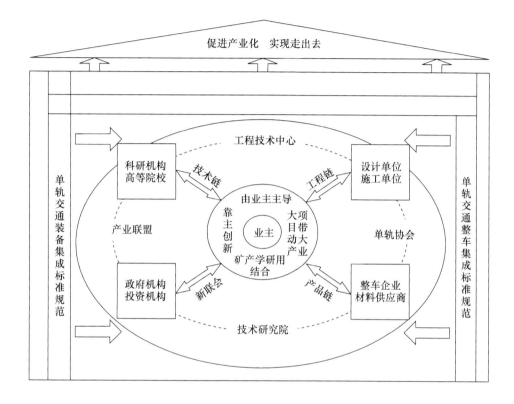

图1　协同创新示意

表1　跨座式单轨交通产业链分布格局

产业环节	规划设计	技术研发	装备制造	建筑施工	单轨运营	单轨经营
业务类型	线网规划、建设规划、勘察设计	装备研发工程研发	车辆、信号、牵引供电、车站设备等系统	土建施工机电安装	线路运营和维护	物业经营资源经营增值服务
核心主体	重庆轨道集团、重庆轨道交通设计研究院（控股）	重庆轨道交通设计研究院、重庆大学、重庆交通大学、重庆汽车研究所、长春轨道客车公司	长春轨道客车公司、中国汽车工程研究院、青岛四方车辆研究所、重庆华渝电气集团、北京大成通号轨道设备公司	重庆单轨交通工程公司（参股）	重庆轨道集团	重庆轨道集团、重庆市轨道交通设计研究院（控股）、重庆捷尚轨道交通科技发展有限公司（全资）、重庆快捷广告公司（全资）、重庆捷运工程设备公司（全资）

注：（括号内所注全资、控股和参股的主体均为重庆轨道集团）。

（3）规划产业集群，发展地方经济

重庆轨道集团遵照"以工程带装备、整车带零部件"思路，采用高度专业化分工、内部紧密型协作的产业组织模式，形成以重庆轨道集团为核心，重庆市内骨干企业参与分级配套的卫星围绕模式产业基地格局，形成了产业集群（见表2）。

表2 产业集群分布

企业名称	产业集群分布
重庆长客轨道交通车辆公司	单轨车辆整车制造
西南铝业集团公司	单轨交通车辆车体材料
重庆机电控股（集团）公司	车辆空调、空压机、电机、控制器和变压器等
重庆通用工业（集团）公司	单轨交通环控设备
重庆长安汽车	车辆内饰件等
中国汽车工程研究院	单轨交通车辆转向架
重庆船舶工业公司	车辆齿轮箱等
中国中铁电气化局集团公司	单轨交通供电系统设备成套
中国四联川仪集团	屏蔽门、安全门、车门及自动售检票系统
重庆单轨交通工程公司	单轨交通轨道梁桥系统
重庆华渝电气集团	单轨道岔
重庆金美通讯公司	自动售检票系统及通信系统
重庆市通信产业服务公司	单轨交通通信系统工程

重庆轨道集团重点制定国产化规划及实施方案。经过反复论证，形成"从无到有、逐步推进、渐次增加、循序渐进"的国产化思路，制定"引进整车学习实践—车体及其内装饰国产化—转向架国产化—牵引控制系统国产化"四步走实施方案。

3. 运筹帷幄，调拨科研资金

国产化需要巨大科研经费，筹措始终是一个不能回避的问题，怎么办？他们的对策是：

（1）借助国家科研基金

重庆轨道集团研究制定出关键技术研究框架，将其中"跨座式单轨交通装备关键技术研发及产业化"10个课题列入国家科技支撑计划重点项目，以解决科研资金的筹集问题（见表3）。

表3 关键项目及参与单位

国家科技支撑计划重点项目	参与单位
跨座式单轨交通车辆整车系统集成技术及应用	重庆市轨道交通（集团）、长春轨道客车股份、重庆长客轨道车辆公司、北车大连电力牵引研发中心、重庆交通大学、中国汽车工程研究院、青岛四方车辆研究所
跨座式单轨交通车辆转向架系统关键技术研发及产业化	重庆轨道交通集团、长春轨道客车股份、重庆长客轨道车辆公司、北车大连电力牵引研发中心、重庆交通大学、中国汽车工程研究院、青岛四方车辆研究所
跨座式单轨交通车辆电牵控制关键部件研发	重庆市轨道交通集团、长春轨道客车股份、重庆长客轨道车辆公司、北车大连电力牵引研发中心、重庆交通大学、中国汽车工程研究院、青岛四方车辆研究所

国家科技支撑计划重点项目	参与单位
跨座式单轨交通车辆车体结构用新型镁、铝合金型材研发及应用	重庆市轨道交通集团、长春轨道客车股份、重庆长客轨道车辆公司、北车大连电力牵引研发中心、重庆交通大学、中国汽车工程研究院、青岛四方车辆研究所
跨座式单轨交通车辆检测维修技术和专用关键设备研发及应用	重庆市轨道交通集团、长春轨道客车股份、重庆长客轨道车辆公司、北车大连电力牵引研发中心、重庆交通大学、中国汽车工程研究院、青岛四方车辆研究所
跨座式单轨交通轨道梁桥系统健康检测技术和装备研发及应用	重庆市轨道交通集团、重庆市轨道交通设计研究院、重庆交通大学、重庆华渝电气集团
跨座式单轨交通新型道岔关键技术研发及产业化	重庆市轨道交通集团、重庆市轨道交通设计研究院、重庆交通大学、重庆华渝电气集团
跨座式单轨列车 ATP 与位置检测控制技术研发及产业化	重庆市轨道交通集团、重庆市轨道交通设计研究院、北京大成同号轨道设备公司
跨座式单轨交通系统车辆移动实时视频监控系统研发及应用	重庆市轨道交通集团、重庆市轨道交通设计研究院、重庆烽火广合信息技术有限公司
跨座式单轨交通应急救援关键技术研发及示范应用	重庆市轨道交通集团、重庆市轨道交通设计研究院

（2）合作共赢

重庆轨道集团采取技术合作、技术共有、联合研发、共建实验室、开放式课题等形式，建立利益共享和科技合作机制，吸引产业链内各创新主体协同研发。有的研发厂家对研发资金来源和产品销路存在疑虑，重庆轨道集团采用先提供前期研发资金、后从订购产品购货款中扣除的方式，解决合作企业研发的后顾之忧。

（3）以市场换技术

重庆轨道集团在与一些科研机构合作时，采用以市场换技术的方式解决科研经费问题。比如他们采用这个方式将转向架上传动装置和走行装置的国产化工作委托给中国汽车工程研究院，他们共同拥有齿轮箱的国产化技术产权，实现了与科研机构的共赢。

4. 严格把关，确保国产化质量

国产化关键是确保产品质量以期达到或超过国外产品的水平。他们认真做好以下工作：

（1）建立执行控制管理系统，确保目标项目有效发展。

他们首先认真筛选合作企业，然后参照国家质量标准以及日方提供的技术资料，制定出国产化技术标准，对厂家定期进行技术指导，对合作厂家的设计方案有直接的审核权，运营部门全程跟进，控制目标项目的有效发展。

（2）建立质量验证管理系统，论证目标项目的发展成果。

他们要求厂家将试生产的产品交由国家级权威检测机构与原进口设备、零部件进行对比试验，验证合格后，再由他们对厂家报送的试验方案进行分析研究，然后和权威专家、车辆主体单位和厂家召开目标项目论证会。只有目标项目已具备替换性，才进行采购（见图2）。

他们还根据现场检修实践和技术要求，对厂家对目标产品的后续改造升级提出建议，以提高产品质量。

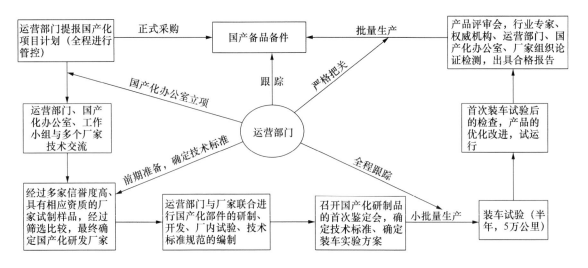

图2　国产化流程

四、硕果累累

重庆轨道集团牢记"为了山城有坦途"的企业使命，瞄准"达到国内先进水平、位居西部一流地位、体现重庆特色文化"的奋斗目标，引领重庆轨道产业集群迅速前进，取得了丰硕成果：

（一）经济效益

重庆轨道集团服务声誉不断提升，企业市场竞争力不断增强。2014年，实现了3号线一列列车6辆车厢改8辆，在世界单轨运行史上这是首次，2号线也实现了一列列车四辆车厢改六辆。通过试行地铁单轨列车均衡修模式，2号线行车间隔缩至3分05秒，3号线缩至2分30秒。1号线和6号线列车上线率由78%逐步提升至90%。

单轨装备价格显著降低，车辆单价由进口车的1250万元降至国产车的880万元，仅车辆制造和运行维护费就可节约20%以上，加上车辆单车比国外车辆减轻了2~3吨，列车运行能耗同比降低了8%。

重庆轨道集团经济效益持续增长，营业收入由2006年的8587.10万，增长到2012年的7.3亿元，2013年实现3319万元效益额。

（二）社会效益

重庆单轨产业集群建立了单轨交通产业化的标准体系，主导研究编制出跨座式单轨交通设计规范、施工及验收规范和车辆通用技术条件等国家、行业标准和地方标准，统一了跨座式单轨交通产业化的技术导向。他们累计编制并发布国家标准2项，行业及地方标准2项，企业标准32项，培育出产品中试线7条，申报和获得专利35个（其中发明专利8项），形成新产品63个，为在全国和海外建设单轨交通系统提供了保障。

重庆轨道线网已覆盖主城八个行政区，单日客流总量达到240.0万乘次，年客运量超过4亿乘次。它作为重庆城市文明的一个公共窗口，影响并推动了城市文明建设。它的工程建设与运营直接解决了1.3万余人的就业，带动的就业人数更多，除本地已有的协会成员外，在重庆新产生了重庆长客轨道交通车辆有限公司、中国北车西南产业基地、北京交控科技有限公司重庆分公司、重庆轨道交通装备技术研究院和重庆轨道交通通信装备产业联合实验室等大中型企业，有力促进了当地社会经济的发展。

（三）未来风光更美

重庆轨道集团跨座式单轨交通国产化和产业化成果累累，仅在重庆就制定了9线加一环的近期规划。他们的单轨交通系统已出口到韩国、埃塞俄比亚、印度尼西亚等国，北京、贵阳等城市已经开始建设单轨交通系统，泰国、印尼、越南、印度、伊朗、巴西、南非等国家和青岛、承德、太原、三亚、哈尔滨等国内城市接踵而来考察学习，探讨合作建设单轨交通系统，合作意向线路总长度超过400公里。重庆市进出口银行决定设立面向重庆轨道交通产业的100亿元出口信贷，重庆轨道集团正着手建立单轨产业发展基金，为在国内外进一步发展做准备。

五、回顾与启示

（一）回顾

当我们回顾重庆单轨产业集群的发展历程，探寻产业结构优化路径和条件，思考以下问题很有意义：

（1）面对重庆城市公共交通日益增大的需求，如果重庆选择不发展轨道交通会怎样？

（2）如果重庆轨道集团首先选择发展双轨地铁？重庆的单轨产业集群可能产生吗？

（3）如果不选择从日本引进技术、管理和资金，重庆单轨交通第一步将如何迈出？

（4）如果选择不制定国产化战略，重庆单轨产业集群可能形成吗？

（5）如果不建立产业联盟和产业协会，可能实现国产化吗？

（6）如果不能确保国产化质量，国产化能够持续吗？

（7）如果重庆轨道集团不选择对国内外输出产品和技术，这个产业集群能够持续发展吗？

（二）启示

通过回顾重庆轨道产业集群崛起的历程，可以得到产业发展的有益启示：

1. 依托巨大的市场需求，可以形成需求拉动型产业集群

在重庆单轨产业集群中，重庆轨道集团公司最初没有车辆装备生产能力，也没有道路施工队伍，集群成员中不少企业的经济实力远远大于它，但它代表着市场需求，是总发包人，因而在产业集群中发挥着主导作用，后来，利用市场需求的优势，它与一些关键大型企业和科研机构合资、合作成立了一些企业，使得集群成员的联系更加紧密。我们可以把这种集群称为小马拉大车式的需求拉动型产业集群。

在我国城镇化进程中，必然会产生巨大需求，这种由社会进步引发的需求始终存在于人类社会发展之中。这些需求必然会催生新的产业出现或者促使已有的产业不断优化，升级换代。在产业发展中，发现有效需求是至关重要的，企业无论大小，只要能够认识发现这些需求并满足这些需求，就可以成为市场的主导力量，进而形成需求拉动型产业集群。

2. 依托高新科技优势，形成新的产业

高新科技必然催生新产业。就市场而言，有些需求可以用传统技术满足，意味着在当地市场新产业未必诞生；这些需求也可以采用新兴技术满足，可能促成新产业的诞生。勇敢创新采用高新技术虽然具有一定风险，但新产业具有较强的竞争优势和持久的发展后劲。

3. 国产化发展战略是新产业兴起的主要推动力量

重庆轨道集团公司对生产者来说是需求集成者，对消费者而言是供给集成者，这种企业的决策对产业的发展至关重要。就我国而言，引进消化吸收是一条行之有效的能迅速赶上发达国家的途径，而消化吸收国外先进技术的程度可以通过国产化程度来反映。只有主导厂家实施国产化战略，才能有力推动我国新产业的兴起。

4. 充分利用国内外资源，优化资源配置

一个产业集群的兴起不可能依靠一两家企业的力量，尤其是对于那些产业链长，横向联系较多的集群，特别是像重庆轨道集团公司这样的需求拉动型龙头企业更是如此。充分利用国内外资源，在新兴产业发展过程中，不断优化组合各种资源，实现优化配置，特别要与拥有高科技水平的国内外科研机构和大中型企业形成利益共同体，互利互惠，共同发展，这才是产业集群兴旺之道。

参考文献

[1] 苏东. 水产业经济学（第3版）[M]. 北京：高等教育出版社，2010.

[2] 李孟刚，蒋志敏. 产业经济学 [M]. 北京：高等教育出版社，2008.

[3] 王辑慈. 创新的空间——企业集群和区域发展 [M]. 北京：北京大学出版社，2001.

[4] [美] 保罗·萨缪尔. 经济学（第17版）[M]. 森萧琛（译）. 北京：人民邮电出版社，2004.

[5] [美] 保罗·G. 法尔汉. 管理者经济学 [M]. 曹平（译）. 北京：中国人民大学出版社，2008.

[6] 罗伯特·S. 平迪克丹尼尔，L. 鲁宾费尔德. 微观经济学 [M]. 张军（校）王世磊等译，北京：中国人民大学出版社，2007.

经济新常态下区域产业结构生态化发展研究

——以沈阳经济区为例

王明友　赵　奕

（沈阳大学生产力研究所　长春　110044）

中国经济从近30年来两位数高速增长下行到7%～8%的中高速增长，主要原因在于结构性减速而并非周期性因素，意味着中国经济发生了实质性变化，已经从为追求GDP增速的工业化加速期转型进入强调可持续性发展的工业化深化期。在经济结构调整过程中，既要处理加速期产生的过剩产能，又要依靠创新驱动的动力推动和加速新兴产业的形成，原有支柱产业经过生命周期的演变成为一般产业，而不断涌现的新兴产业、尤其是战略性新兴产业将取而代之调整为支柱产业。在这一背景下，产业结构的优化升级和区域产业的生态化发展成为创新驱动的重要目标之一。

一、经济新常态对区域产业结构的影响

经济发展的两大重要内涵是经济增长和结构优化。而中国经济在新常态下，整体呈现出增速放缓、动力机制调整和矛盾风险凸显的格局，近期看是增速换挡的表象，但经济的长期可持续增长将从本质上取决于产业结构转型和优化。

（一）结构转型为主导

在内生动力和外部压力的共同作用机制下，新常态下的区域经济结构将不断调整升级，具体表现在产业结构、区域结构、需求结构和分配结构四个主要层面，将分别呈现第三产业引领经济以"三二一"的产业格局发展，城乡差距缩小使得区域发展日趋平衡，消费需求超越投资和出口成为需求主体，收入分配趋于公平等发展态势。

在我国经济增长速度换挡期、结构调整阵痛期和前期刺激政策消化期并存的三期叠加阶段，要在化解过剩产能的同时防止经济失速，需要区域内产业结构、产业组织和产业技术三方面协调优化，这也是区域产业生态化的重要体现。在这其中，区域产业结构的优劣，则是衡量一个地区经济发展质量和水平的重要标准。区域产业结构的转型优化能力，取决于该区域现代化程度和良好的产业结构，只有这样，区域经济才能保持稳定增长。

[作者简介] 王明友，沈阳大学生产力研究所所长，教授，博士生导师；赵奕，沈阳大学生产力研究所常务副所长，副教授，硕士生导师。

（二）共生融合为趋势

我国区域经济将在中长期内呈现经济增速放缓特征，在经济和产业结构转型的主导趋势下引领新阶段不仅需要创新驱动的增长动力，更需要区域经济的融合发展。

在新常态下，区域经济关联度日趋紧密，区域产业结构也将受到周边区域的影响。区域产业布局的最佳格局应该是其产业聚集区与周边区域优势互补、相互依存。关联度越高，聚集效能越能得以发挥，带动和辐射作用越大。

（三）生态发展为路径

从总体看，新常态下经济增长将在长期趋稳中提升质量，逐步缩小社会收入差距以及不断完善的社会保障。区域经济及产业结构的新常态，则应体现在规模与质量、速度与效益、增长与转型及生产与生态的全面平衡，产业结构生态化发展将成为必然选择。

产业结构生态化发展应形成经济系统与生态系统的同构，促进区域内产业系统、自然系统和社会系统之间的耦合优化，实现资源高效循环利用，形成能够消除环境污染和协调社会、经济与自然间关系的生态经济型国民经济运行结构。

我国当前产业结构转型升级的关键在于技术创新。在区域产业结构生态化发展的过程中，技术创新在推动传统产业升级、新兴产业培育和生产服务业发展的同时，能够提高经济效益并改良生态环境。

二、区域产业结构生态化发展的关键

（一）强化引导，助推生态化转型

现有研究显示，工业社会与生态社会在价值取向上存在冲突，因此政府在产业生态化和生态社会建设过程中的规制及引导作用极其重要。

产业结构生态化建设面临诸多困境，但这是绿色经济、生态社会的内在需求，也是政府的责任所在。传统资源耗费型产业在衰退，绿色新能源产业和生态产业则蓄势待发，必然涉及利益分配的重新调整，政府需要在不同利益集团间进行调整，并要根据客观需求提供利益补偿。

经济社会的转型要付出经济成本和政治成本。作为社会利益的调节器以及各种利益公平分配的协调者，政府需要承担这种成本，依靠产业政策、财税政策、严格监管、激励创新等手段起到助推器作用。

产业政策应注重"加减法"和"新旧替"问题的解决。既要保持经济发展的"加法"，又要做好节能降耗的"减法"，深化要素市场改革，利用创新驱动实现"加减"同时见效益；既要完善新兴产业规划布局以形成规模效应，又要对传统产业进行优化升级，完善产业配套功能，构建"新旧"交替、"新旧"融合的产业集群，尤应以政策扶持战略性新兴产业和生产性服务业，推动旧有工业经济要素向服务经济创新驱动的转变。

（二）打造产业生态链，寻求经济—生态综合效益

产业结构转型根本在于使产业结构由失衡转为优化。产业结构发展应适应区域资源结构并与之协调。要素禀赋是区域经济的基本构成单元，区域内的企业、政府和产业如能充分利用要素资

源禀赋，发展优势产业，使各类要素在区域特定的空间集聚与相互作用，降低区域要素成本和提高溢出效应，便可形成利于产业发展的比较优势和竞争优势。整合区域间资源后，产业集聚的低成本优势、产业结构调整升级优势以及持续创新优势都将被整合提升为要素功能，可在区域内的一个或多个产业领域取得并保持领先地位，形成区域核心竞争力，实现区域间的协调发展。

通过企业间和产业间的物质集成、能量集成及信息集成，在区域范围和产业领域内构建产业生态链。要求区域内各产业类型构成合理，尤其重视发展污染排放小的环保产业与高效利用资源的产业，实现经济的良性循环和可持续发展，形成生态工业、生态农业和环境友好型服务业各自产业链循环以及三者之间的产业链循环，并实现区域内与区域间的相互作用。产业结构优化的最终目标应使产业系统能够实现区域经济—生态综合效益，使产业系统保持稳定。

（三）制造培育产业技术创新要素

产业结构生态化发展离不开创新驱动，而产业技术创新应以科技推动和市场需求为双重导向，协同发展和优化内外部创新环境，增强各创新要素的统筹协调和配置能力，培育具有自主创新能力的企业群落，推动产业技术创新体系和创新科技政策体制机制的完善。

区域产业技术创新要素中，既有内在的企业与机构群落，也包括外在环境要素。其中，由核心企业、竞争企业、供应企业、配套企业、用户企业等构成的企业种群是技术创新活动主体，高校和科研机构是技术创新的源头，由金融机构、科技孵化器、科技中介组织等构成的支持型科技服务机构起到辅助支撑作用，创新政策、市场、技术、服务与文化等外围创新环境促进整个产业技术创新体系的形成。其中，企业主要占有市场、技术和资金，政府掌握政策调控权，高校和科研机构具有人才、技术开发和知识储备优势，金融机构依靠大量资金和融资渠道配置资源，中介组织则是技术和产业的扩散渠道与各要素间的纽带。

在制造和培育内在与外在的产业技术创新要素过程中，各创新主体会产生不同集聚模式，如核心企业主导、配套企业参与，产业内企业间合作及校企合作，政府主导，高校与科研机构引领衍生创新等。不同集聚模式将产生创新主体间错综复杂的关系，使各创新要素在长期技术创新合作和交流中既有竞争又相互依存、合作和促进，逐渐形成较为稳定的技术创新共生系统。

在优势互补、资源流动和配置过程中，应促使各创新要素竞争与合作并存与相互转化，如企业的技术共享，企业、高校和科研机构可以形成产学研一体的合作关系，二者与中介机构又可以形成技术交易和技术成果转化的合作关系等。竞争是推动产业技术创新的动力，合作则是实现发展的途径。竞争使创新主体更加了解市场需求与自身优势，从而促进差异化与创新产品的生产，而互生共利则利用优势互补合作协调发展，减少各自在市场中面临的多种不确定性和局限性，在耦合共生中推动产业结构发展。

三、沈阳经济区产业结构生态化发展现状与对策

作为国家新型工业化综合配套改革试验区，沈阳经济区是在辽宁省委、省政府的区域发展战略下诞生的八城区域经济共同体，以沈阳为中心，辐射鞍山、抚顺、本溪、营口、阜新、辽阳、铁岭7个省辖市，是辽宁经济网络化组合城市群，也是国家重点扶持的装备制造业基地。沈阳经济区未来5年的建设目标是成为国家新型产业基地重要增长区、老工业基地体制机制创新先导区、资源型城市经济转型示范区新型工业化带动现代农业发展的先行区以及节约资源、保护环境、和谐发展的生态文明区，2020年力争成为东北亚地区重要经济中心。

沈阳经济区的区域面积为 7.5 万平方公里，占全省 50.8%；常住人口 2359 万人，占全省 55.6%；经济总量占全省 63%，占东北地区 30% 以上；城市化率约为 65%，是我国城市化水平最高的地区之一。

2009 年，沈阳经济区 8 城市实现地区生产总值合计 9984.7 亿元，占全省生产总值 66.3%，占东北三省 32.7%；2010 年，沈阳经济区完成地区生产总值 11713.9 亿元，占全省 64.1%，占东北三省的 31.6%；2012 年，沈阳经济区地区生产总值 15516.7 亿元，占全省 62.6%。从以上数字可以看出，尽管区域生产总值连年上升，但占比却持续下降。

从整体看，区域内的 8 个城市产业结构趋同，基本都是发展困境中的工业型城市，且在区域间协调合作中存在优势主导产业重叠、基础设施与投资项目重复建设等问题，资源利用效率低下，无法集合功能构建产业生态链，难以形成产业集聚效应。此外，作为经济共同体核心的沈阳市，自身产业结构仍未脱离困境，第二产业疲软而第三产业未形成规模，虽居辽宁省政治、经济与文化首位，但辐射与服务功能和集聚效果不理想。首先，核心城市与其他城市的产业关联度不高，上下游产业之间配套和协作关系紧密，在资本、人才、技术、信息等要素方面也难以充分发挥集聚功能，限制了产业链延长和产业间的互动发展。其次，沈阳市总体对各城市的产业分工和空间开发的规划缺乏具体措施和重点，联动与协调不足，影响了区域间生产要素的高效流动和产业优势转化，产业的梯度发展格局与一体化布局框架尚未形成。为了改变这种状况，需要采取以下措施：

（一）合理规划形成区域产业生态格局

以建设世界级装备制造业基地和东北亚区域性国际城市为战略导向，将沈阳打造为真正具备集聚和辐射能力的核心城市，推进各城市优势资源和产业的整合分工，促进区域产业结构发展，增强区域整体经济实力与竞争力。

在沈抚、沈本城市连接带上推动新材料及精细化工产业、生物制药产业、软件开发及文化创意产业、集成电路和智能材料产业及生态旅游度假等建设；改变阜新产业结构单一局面，延伸林产品加工产业链，加快其现代物流产业的建设，使其成为辽吉省际经济共同发展的重要节点，重点发展新能源、包装印刷、浆纸板材、液压装备等装备配套产业；发挥营口既有产业基地又有沿海港口的双重优势，重点发展钢铁深加工、芳烃及深加工、现代物流和海洋产业、专用装备和汽车零部件等产业，满足沈阳经济区的需求；利用"沈铁工业走廊"对接铁岭南部与沈北地区，发挥铁岭资源优势以及与吉林、黑龙江、内蒙古地缘相接的区位优势，承接产业技术转移，重点扶持农产品深加工产业、综合性物流产业，推动新兴光电信息业崛起和传统汽车改装及零部件加工制造产业升级。

（二）加速产业生态链的融合，提升区域竞争力

沈阳经济区亟须加速传统产业的改造升级和优化。在区域产业结构生态化发展的进程中，应深入挖掘与整合要素资源的潜力，以信息化推动传统工业的改造，用高新技术对传统工业结构加以调整改造，利用高新技术产业化和技术改造等重大专项工作契机，加速推进信息网络技术在工业领域的普及和应用。加快现代服务业与先进制造业的融合，鼓励生产性服务业的发展，促使符合区域特点的产业生态链不断完善，提升产业与区域核心竞争力。

沈阳经济区先进装备制造业和高加工度原材料工业的产业发展趋势特点显著，重点是向精深化方向发展，以生态化发展宗旨增强区域内产业关联度，在融合中拉长产业链条，以科技创新提高产品科技含量和附加值，实现产业链的垂直分工和水平合作，构筑装备制造、石油化工、钢铁、高新技术、制药业、新材料等优势产业集群。沈阳集成电路装备产业园、沈北光电信息产业

园、辽阳电子信息材料产业园、阜新液压装备制造产业园、东软国家级高技术产业基地、沈阳国家级动漫产业基地等产业园区间应形成产业互补与互动，充分激发区域资源要素整合力量。

重点培育 14 个千亿产业集群，包括沈阳机床、沈阳电气、沈阳现代建筑、沈阳汽车零部件、沈阳光电信息、沈阳农产品深加工及生物制药、沈阳航空制造业、抚顺新材料和先进装备制造、本溪生物医药、铁岭专用车改装、鞍山达道湾钢铁深加工、营口仙人岛石化、辽阳芳烃及化纤原料和阜新彰武林产品加工。这些产业集群区域地理位置相互呼应，覆盖十大重要产业，通过和联系紧密、产业结构相似的产业园区间的交流与合作，实现各个园区及区域内各城市产业的错位发展。

在产业生态链形成的过程中，现代服务业的发展与完善至关重要。只有大力推进物流、金融和信息等代表性服务领域的各项改革，才能实现工业和现代服务业的有机融合、互动发展与相互支撑。依托沈阳经济区较为完善的密集交通网络，构建以沈阳为中心，以鞍山、营口为重点，以抚顺、本溪、阜新、辽阳、铁岭为支撑，辐射国内外城市及口岸的现代物流产业集群和体系。从现实产业优势出发，加快物流基础设施建设和物流市场培育，重点构筑工业、商贸和农产品三大专业物流体系，鼓励和支持发展第三方物流。

（三）激发各创新要素在"新旧交替"中功能最大化发挥

各类企业应在遵循创新规律、社会经济活动规则的前提下，在自我调节过程中通过吸收、引进和创新，提升自主研发能力，提高产品制造加工专业化水平，在区域传统产业升级改造和战略性新兴产业崛起中发挥科技中心作用，推动产业结构优化整合。

沈阳经济区内的高校和科研机构数量众多，与优势产业和资源禀赋丰富的产业关系紧密，如东北大学（原东北工学院）、辽宁石油化工大学、辽宁科技大学、沈阳工业大学、沈阳农业大学、沈阳药科大学、沈阳航空航天大学以及沈阳发动机研究所、中科院金属所和生态所中国石化抚顺石油化工研究院、辽宁省农科院等。沈阳经济区现有普通高等院校 45 所，占全省高校总数 55%，国家级工程技术研究中心、工程研究中心、企业技术中心 27 个，各类专业技术人员近百万人，占全省的 65% 以上。高校和科研机构在推进产学研用一体化过程中，不仅应注重科技创新，也要在整个产业生态体系中起到传递和反馈作用，通过研发将新的产业政策、法律法规、激励制度等传递给企业，又在实施过程中将政府规划和政策实际效果反馈给政府，使政府更好发挥宏观调控功能，依靠智库纽带作用不断修正和改进创新政策和法规。

金融机构的融资功能在区域经济建设中凸显重要作用。沈阳的区域性金融中心作用有赖于金融服务业的建设和完善，金融环境的优化和金融服务体系的创新至关重要。

参考文献

[1] 金碚. 中国经济发展新常态研究 [M]. 北京：中国工业经济，2015，(1)：5 – 18.

[2] 强健. 基于要素禀赋的区域核心竞争力形成机理研究 [D]. 江苏大学博士学位论文，2010

[3] 魏学文. 黄河三角洲产业结构生态化发展路径研究 [J]. 生态经济，2012 (6)：106 – 112.

[4] 何禹霆，闵雪. 沈阳经济区产业布局存在的问题及对策 [J]. 当代经济，2015 (13)：86 – 88.

[5] 康学召，王明友. 沈阳经济区产业一体化对策研究 [J]. 环渤海经济瞭望，2012 (11)：7 – 9.

经济新常态下中部省份产业转型升级路径初探

——以河南省为例

袁 伟

（河南省发展和改革委员会经济研究所 郑州 450003）

河南是全国人口大省、农业大省和新兴工业大省，产业发展在中部地区具有较强代表性。"十二五"末，河南和全国一样经济发展进入新常态，在新常态条件下，如何推动和逐步实现产业转型升级，在中部地区具有一定的典型性和代表意义。

一、经济新常态下河南产业转型升级的内外部环境

（一）经济新常态下河南产业转型升级的起点

"十二五"末，河南经济发展进入新常态，同时也处于工业化加速发展阶段。2014 年，河南三次产业增加值结构为 11.9∶51.2∶36.9，呈现出典型的"二三一"特征，其中第一产业增加值达到 4160.81 亿元，比 2010 年增长 17.6%，但在 GDP 中的比重逐年下降，"十二五"前四年下降 2.2 个百分点；第二产业增加值长期稳居 GDP 首位，2014 年达到 17902.67 亿元，比 2010 年增长 55.0%，但在 GDP 中的比重出现较快下降，"十二五"前四年下降 6.5 个百分点，同时第二产业内部结构不断调整优化，2014 年，全省电子信息、装备制造等六大高成长性产业已占到规模以上工业增加值的 45.0%，全省战略性新兴产业规模以上主营业务收入比 2010 年翻了一番多；"十二五"期间，河南第三产业增速明显加快，出现了前所未有的在 GDP 比重中较快上升趋势，2014 年第三产业增加值达到 12875.90 亿元，比 2010 年增长 40.9%，占 GDP 的比重达到 36.9%，比 2010 年提高 8.8 个百分点，服务业内部结构也处于逐步优化中。作为中部省份，河南工业化进程滞后于全国水平，但河南产业结构也明显呈现出由工业化中期向工业化后期过渡特征。

与其他中部省份一样，河南产业结构不合理、产业层次偏低的问题也比较突出。从工业化进程看，河南三次产业结构滞后于全国水平，2014 年全省第一产业占 GDP 比重高于全国水平 2.7 个百分点，第二产业占 GDP 比重高于全国水平 8.6 个百分点，第三产业占 GDP 比重低于全国水平 11.3 个百分点。从三次产业结构看，服务业发展严重滞后，工业中以能源资源开发加工为主的产业占主体地位，高新技术产业增加值占规模以上工业的比重仅为 7.6%，低于全国水平，三次产业自主创新能力不强，研发投入占 GDP 的比重为 1.14%，仅相当于全国水平的 1/2 左右。

［作者简介］袁伟，河南省发改委经济研究所产业研究室主任，高级经济师。

无论与全国水平，还是与国内先进地区相比，河南的产业结构都处于不发达状态，农业产量居全国前列，但现代农业发展不充分，农业经营方式、农业技术水平仍有待提高，农业比较效益较低，农业发展需要转型升级；工业大而不强，能源原材料工业比重大，传统支柱产业比较优势在减弱，新兴产业规模在全省产业比重仍不大，工业总体技术创新能力不足，产品附加值不高；服务业与全国及发达地区相比比重较低，现代服务业发展不充分，服务业的规模和质量都需要提高；三次产业的协调性较差，农产品的总体加工度不高，生产性服务业不发达，一、三产业的服务业环节比重不高，三次产业的融合度较低。

（二）经济新常态下河南产业发展的外部环境

经济新常态下，河南产业发展的国内外环境正在发生深刻变化。

国际环境机遇与挑战并存，世界范围内新一轮技术革命和产业格局调整正在加快推进。新一轮信息技术革命浪潮席卷全球，正引起生产、生活方式的重大变革，新能源革命正成为世界经济发展的新引擎，为经济发展提供了巨大空间，信息、能源、材料、生物等技术的创新发展和交叉渗透，使新一轮产业革命逐步兴起，新业态、新模式和新兴产业发展迅猛，蕴含新的经济增长机遇。经济全球化趋势不可逆转，按照比较优势在世界范围内进行产业分工布局方兴未艾，国内外产业向中西部地区转移仍将持续。发达国家"再工业化"使中国原有制造业竞争力提升受到影响，出口型制造业和加工贸易增长有可能放缓，其他新兴经济体承接产业转移的能力不断增强，逐步成为中国引进外资、承接产业转移的强劲竞争对手。

经过改革开放，我国内部发展环境正在发生变化。从工业化发展阶段来看，我国已经从工业化中期过渡到工业化后期，服务业正在成为经济发展的主导力量，制造业、服务业加快融合发展，制造业信息化、智能化、集约化程度不断提高，重化工业比重下降，传统行业竞争更加激烈。从经济增长要素来看，我国人口红利逐步消失，劳动力供给逐步下降，劳动密集型产业的发展优势在逐步减弱，创新在产业发展中的作用不断加大，知识、技术、专业技术人员和技能型人才在产业发展中的作用越来越大，产业发展将依赖企业的自主创新能力增强、传统产业的改造提升和来源于新技术的新兴产业加快培育。从经济发展阶段来看，中国经济进入新常态，处于经济增长进入换档期、结构调整面临阵痛期、前期刺激政策处于消化期的"三期"叠加时期，呈现出速度变化、结构优化、动力转换三大特点，经济增速从高速转向中高速，增长结构由中低端转向中高端，发展动力从传统增长点转向新增长点。我国经济进入新常态后，将告别过去的粗放型经济增长阶段，30多年经济快速增长积累的风险将逐步释放和化解，经济的潜在增长率下降，经济增速放缓，需要进行经济结构的不断优化调整。

（三）经济新常态下河南产业发展内部环境

从河南内部环境看，优势与不足共有，机遇与挑战并存。

改革开放以来，河南积极实施现代化建设"三步走"战略，经济发展取得重大成就，地区生产总值、农业总产量、工业增加值长期居于全国前列。近年来，河南积极探索工业化、城镇化和农业现代化协调发展道路，加快构建"一个载体、四个体系"，成功推动粮食生产核心区、中原经济区、郑州航空港经济综合实验区三大规划上升为国家战略。河南转型发展取得阶段性成功，产业结构优化取得突破性进展，产业集聚区成为转型升级的突破口，新型工业化、信息化、城镇化和农业现代化"四化"同步发展取得新进展。居民收入增长较快，人民生活水平迈上新台阶，为扩大内需、扩展产业发展空间奠定了基础。

河南进入经济新常态，同时具有自身特点：靠能源原材料工业支撑增长的传统资源优势在减弱，但交通物流、产业集群等优势在上升；生产要素的成本优势在减弱，但生产要素保障优势并没有丧失；新常态下内需不足的矛盾更为突出、动力转换没有完成，但河南处在工业化城镇化加速推进阶段，投资、消费需求潜力巨大，市场、区位优势日益凸显；世界经济深度调整，全球总需求不振，出口拉动减弱，但河南承接产业转移、利用两个市场两种资源机遇依然存在；拼资源拼消耗的粗放型发展模式不可持续，数量扩张、低价支撑的低层次竞争模式难以为继，但河南在电子商务、智能手机、新能源汽车等领域有可能迎头赶上、培育优势；特别是国家实施"一带一路"战略，为河南提升在全局中的战略地位，在交通等重大基础设施方面争取国家支持带来了很大机遇。

总体看，河南经济进入新常态后，产业转型升级的机遇与挑战并存，如何利用新机遇、适应新常态、实现新突破，需要通过产业结构调整、在转型升级中逐步实现。

二、经济新常态下河南产业转型升级的方向和路径

（一）经济新常态下河南产业转型升级的历史背景

新常态下河南产业转型升级，处于新的历史发展时期，具有与以往不同的历史背景。目前，河南正处于工业化加速发展和转换阶段，这一阶段将持续到 2020 年以后，该阶段将经历由工业经济主导向服务业经济主导的转型，经历产业结构软化的历程。预计在这一阶段，河南产业结构将进行两次大的调整：第一次大致将在"十三五"期间进行，在这次调整中，产业结构高度化进程中尚不会出现服务业完全取代工业占主导地位的质变，但服务业在经济中的比重不断加大并逐步与工业并驾齐驱，第一、第二产业内部服务业含量不断增大，呈现较明显的产业结构软化的趋势；产业结构合理化中，更多表现为工业、农业生产迂回化趋势加强，第三产业向第一、第二产业不断渗透，出现三次产业融合发展趋势，各产业内部也将出现知识技术密集化趋向，生产性服务业逐步占据第三产业的主导地位。第二次是服务业完全取代工业成为经济发展的主导产业，基本实现工业化并逐步进入后工业化社会，大致将在"十三五"以后进行。

新常态下河南产业的转型与升级，具有内在的逻辑关系。河南产业转型的重点是产业发展方式的转型，就是通过转型实现产业发展从高能耗高污染、粗放型和资源主导型，向低能耗低污染、集约型和创新主导型的转变。河南产业升级的重点是产业结构的升级，同时包括产业内升级，就是在产业转型基础上，通过全面优化产业技术结构、组织结构、布局结构和行业结构，促进产业结构的整体优化提升和具体产业的升级。在新常态下，河南产业转型是产业升级的重要基础，产业升级是产业转型的重要成果和必然结果。

（二）河南产业转型方向和路径

新常态下，河南产业转型的根本要求，就是通过产业结构调整，转变产业发展方式，加快推动产业由资源主导型发展向创新主导型发展的转变，实现产业发展从高能耗高污染向低能耗低污染的转变，从粗放型向集约型的转变。加快河南产业转型的方向，就是符合新型工业化道路的要求，推动河南产业发展向"科技含量高、经济效益好、资源消耗低、环境污染少、人力资源优势得到充分发挥"道路转变，促进全省产业适应市场需求新变化，抓住科技进步新趋势，构建产业发展新优势，建立结构优化、技术先进、清洁安全、附加值高、吸纳就业能力强的现代产业体系。

产业转型路径应该包括：

一是推动产业发展由创新驱动。为了改变河南产业的粗放型发展方式，就要加快要素投入结构调整，增强自主创新能力，推动产业发展由主要依靠物质资源消耗向主要依靠技术进步、高素质人力资源和管理创新转变，促进本地产业由价值链低端向价值链高端跃升。推动产业发展由创新驱动，就要把增强自主创新能力、推进技术进步作为河南产业转型的关键环节，不断增强大中型企业的自主创新能力，进而推进整个产业的技术进步，带动全省产业转型的顺利实现。

二是推进产业绿色化发展。为了解决经济发展与能源资源短缺、生态环境恶化不断加剧的矛盾，必须坚持绿色化发展道路，加快推动生产方式绿色化，构建科技含量高、资源消耗低、环境污染少的产业结构。推进产业的绿色化发展，需要把发展绿色产业作为河南产业转型的重要着力点，加快全省资源节约型、环境友好型产业发展，推动全省产业的资源节约和环境友好化发展，大幅提高经济绿色化程度。

三是推进产业信息化发展。我国的新型工业化道路，要求在推进工业化的同时推进信息化，由传统工业化国家的先工业化、后信息化，转变为工业化和信息化同步进行、相互渗透融合。河南产业转型，要充分发挥信息化的牵引作用，推动信息技术向三次产业、国民经济各部门渗透，尤其要推进电子信息产业和信息服务业发展，深化信息技术集成应用，推动工业制造模式向数字化、网络化、智能化、服务化转变，还要重视挖掘新的信息消费热点，拉动消费结构和产业结构升级。

四是推进产业服务化进程。在新一轮技术革命、产业革命带动下，全球制造业正在从"生产型制造"向"服务型制造"转变，我国也正处于由工业经济主导向服务业经济主导的转变中，正在经历产业结构软化和工业生产迂回化、一二三次融合发展的进程，第三产业向第一、第二产业不断渗透，工业、农业内部服务量不断扩大、服务环节不断增多，出现产业服务化趋势。推进河南产业服务化进程，要大力发展面向工农业生产的生产性服务业，推动生产服务环节与种养殖、制造环节渗透融合，增强传统第一、第二产业技术含量和附加值，发挥在产业转型中的重要作用。

五是推进产业的集聚化发展。产业集聚化发展，是现代产业发展的主要趋势之一，也是完善上下游产业链、构建产业集群、培育地方特色产业的主要途径，是河南产业转型的重要途径。推进产业集聚化发展，要以产业集聚区、商务中心区、特色商业区、城乡一体化示范区等科学发展载体为依托，推动全省产业集聚发展，促进产业集聚区等载体产业集聚化、差异化、特色化发展，城乡一体化示范区三次产业协同发展，努力解决地区间产业高度同构发展、生产要素配置效率低下等问题。

（三）河南产业升级方向和路径

河南产业升级，就是要以产业转型为基础，通过全面优化产业技术结构、组织结构、布局结构和行业结构，推进产业结构整体优化提升，同时推进产业内升级，提高产业的附加值和竞争力。产业升级的方向，一是产业间的升级，就是工业化发展阶段的转换和产业结构的高度化，由工业化中期过渡到工业化后期，并基本实现工业化；二是产业内的升级，即某一产业内部的加工和再加工程度逐步向纵深化发展，实现技术集约化，不断提高生产效率，降低物质消耗和污染排放，由价值链的低端（即"微笑曲线"的中段）向价值链的高端（即"微笑曲线"的两端）延伸。

由此，产业升级的路径相应地应该包括：

一是为工业化发展阶段的转换创造条件，并推动产业结构高度化的顺利进行。为了推进产业结构升级，必须有选择地培育壮大新的先导产业，把这些先导产业培育成新的支柱产业，并利用先导产业的前瞻、后顾和旁侧效应改变其他产业，从而改变整个产业结构的面貌。要重点培育电子信息、生物医药、新能源、新材料、节能环保等战略性新兴产业，加大资金投入，加强技术研发，不断扩大产业规模，提高在全国的竞争力，为产业结构的整体升级创造条件。还要重点发展服务业，大力发展生产性服务业和新兴服务业，提高服务业在经济中的比重，优化服务业的内部结构，增强服务业对经济发展和产业结构整体升级的推动能力。

二是推动产业内升级，提高产业技术含量和竞争力，促进全省产业由以中低端为主向以中高端为主升级。推动产业内升级，就是不断提高某一产业内部的加工深度，加快工业内部知识技术集约化进程，由价值链低端向价值链的高端延伸，推动制造业完成由生产初中级产品为主向生产最终产品为主的转变，通过工业、农业的内部升级，逐步推进第一、第二产业的服务化进程。河南产业内升级重点是，改造能源工业、原材料工业和其他传统产业，增强技术含量、提高附加值，由中间制造环节向产业链的下游和价值链的两端延伸，逐步提高高附加值的研发、设计、营销、服务等环节比重，努力形成"研发—设计—生产—营销"完整的产业链条，实现由价值链以低端制造环节为主向覆盖全价值链的转变。

三、经济新常态下河南三次产业转型升级初步思考

（一）河南农业转型升级方向和路径

1. 新常态下河南农业发展背景

随着经济进入新常态，工业化与城镇化深入推进，农村土地加快流转，农村劳动力加速流动，河南农业面临着粮食产量"十一连增"、但农业收益增速不断递减的新形势，长期粗放式经营积累的深层次矛盾逐步显现，农业持续稳定发展面临的挑战前所未有，主要农产品销售价格超过进口产品，而生产成本在不断上升，耕地、水等基本农业资源紧张，生态、环境受损，农业发展亟待告别粗放、低效的生产方式，进入从传统农业向现代农业转型跨越的新阶段。加快推进农业转型升级，不断提高土地产出率、资源利用率和劳动生产率，以较少资源代价促进农业可持续发展，是河南农业发展的必然选择。

2. 新常态下河南农业转型升级方向和路径

（1）以主体功能区为基础，优化农业空间布局，调整农业产业结构。

根据国家和省主体功能区规划，以主体功能区为基础，进一步优化农业布局，重点构建优质农产品供给区、农业现代化推进区和城市近郊都市高效农业区。在黄淮海平原、南阳盆地和豫西山丘区的国家级农产品主产县，继续加强粮食生产核心区建设，加快发展高产、优质、高效、生态、安全农业，进一步扩大优质粮食、优质畜产品生产能力。在农业现代化推进区域，促进农业发展方式向机械化、信息化、规模化、集约化、标准化和生态化转变，加快推进农业现代化，中心城市郊县大力发展景观农业、设施农业、休闲农业等都市农业，其他县（市）大力发展规模化高效农业。在城市近郊规划都市高效农业区，建设一批具有城市菜篮子、生态绿化、休闲观光等综合功能的农业园区，发展多功能复合农业，增强农业比较效益，扩展农业产业功能。

（2）加快农业与二三产业融合发展。

推动农产品加工业和农业服务业发展，延伸现代农业产业链条，推动一二三产业融合发展，使三次产业融合发展成为推动河南农业发展新动力。以大力发展农产品加工业为突破口，促进工农业融合发展，实现农业与工业高级形态的产业整合，推动农产品从初级生产到精深加工，农业从低附加值产业到高附加值产业的转型。以大力发展为农业生产服务的农业服务业为突破口，深

化农业产业化经营，实现农产品生产、加工、销售产业一体化，促进农业与相关服务业融合发展，逐步实现传统农业向种植农业、生态农业、创意农业、观光休闲农业等复合型产业转型。以农业信息化为牵引，积极发展"互联网＋农业"，利用移动互联网、物联网、电商平台、大数据等信息化手段，大力发展智能农业和农村电商等，提高农业生产效率，拓宽农产品销售渠道，降低生产流通成本，实现由传统农业向现代信息技术农业转型。

（二）河南工业转型升级方向和路径

1. 新常态下河南工业发展趋势

在经济新常态下，经济增速将有所放缓，社会需求将持续增长，但增速有逐步放缓趋势，对不同产品的需求增速将有较大差异，导致上下游不同产业、不同要素密集型产业发展出现分化，河南各工业部门发展也将出现明显分化。由于重化工业化阶段结束和经济发展的资源节约、环境减负趋势增强影响，能源、原材料产业增速将放缓，产业发展的难度加大。由于社会总需求增速的放缓和下游产业的拉动力减弱，装备制造业的发展将出现分化，普通装备制造业的增长速度将有所放缓，具有核心技术的优势装备制造业将继续保持高速增长态势。终端消费品产业，直接面对最终消费者，受新常态下经济增速放缓的影响比上游产业小，在城镇化带来的最终消费需求持续增长的前提下，终端消费品产业仍有较大的发展空间，河南有竞争力的终端消费品产业仍将保持较快的增长速度。战略性新兴产业，处于产业生命周期的成长初期，未来发展潜力巨大，对经济社会具有全局带动和重大引领作用，具有较大的市场潜力和带动作用，在相当长一段时间将保持较快的增长速度。

2. 新常态下河南工业转型升级方向和路径

（1）根据产业发展空间，分类推进工业转型升级。

根据经济进入新常态的特征，依据市场发展空间和产业发展潜力，把河南工业分为战略性新兴产业、装备制造业、终端消费品产业和能源原材料产业四类，分类推进工业转型升级。把培育壮大战略性新兴产业放在全省产业转型升级的突出位置，集中资源培育具有核心技术的龙头企业、具有规模优势的产业集群，努力突破关键技术、壮大产业规模，打造成河南今后长时期的工业支柱产业。加快装备制造业技术改造和产业升级，通过提高产业整体技术含量、整体竞争力，带动装备制造业继续保持持续快速发展势头，成为引领带动工业转型升级重要核心力量。对终端消费品产业，要区别对待，有"扶"有"改"，对高成长性制造业，突出市场空间大、增长速度快、转移趋势明显的优势，强化龙头企业带动，着力扩大产业规模，使之成为带动工业转型升级的重要力量；对传统产业，综合运用承接转移、延伸链条、技术改造、兼并重组等手段，提高产业竞争力。对能源、原材料产业，要大力淘汰落后产能，加快初级加工环节集约化、绿色化改造，积极拉长产业链条，向下游产业、下游产品延伸，增强产业链终端、高端产品带动能力，提高产业、产品的技术含量和附加值。

（2）多角度多领域推进工业转型升级。

加快工业转型升级，是河南调整工业结构、提高工业竞争力的根本途径。加快工业转型升级，要积极推进以智能制造为主导的工业4.0发展，实现信息技术、生物技术、新材料技术、新能源技术的广泛渗透，推动工业领域的智能化、绿色化。以提高产业竞争力为主攻方向，培养自主创新能力，改造提升高成长性产业和传统优势产业，建立技术改造长效机制，促进工业企业走内涵式发展道路。推进工业化与信息化深度融合，深化互联网＋、物联网、大数据、云计算等在工业中的应用，促进工业全产业链、全价值链信息交互和集成协作，加快工业生产向网络化、智能化、柔性化和服务化转变。以提高附加值为重心，推进产业链式发展，在重点工业行业，加快产业从点式发展向链式发展方式转变，围绕主导产业，做强核心环节，补充链条缺环，推动产业链向高附加值环节延伸。推进工业集聚发展，促进产业集聚区提质转型创新发展，在推动工业转型升级、培育形成新的增长动力上发挥更大作用。

（三）河南服务业转型升级方向和路径

1. 新常态下河南服务业发展背景

近年来，河南省工业化、城镇化和农业现代化进程不断加快，为服务业发展奠定了坚实基础，全省服务业呈现出良好发展态势，已经成为经济增长的重要力量。2014年，全省服务业增加值达到12875.90亿元，占生产总值的比重提高到36.9%，对经济和社会发展的贡献率不断提升。但从总体看，河南服务业仍然存在增速低、比重小、结构不优、竞争力不强等突出问题，服务业发展相对滞后成为产业转型升级的"短板"之一。当前，河南正处在经济转型阶段，经济发展进入新常态，促进服务业发展、加快服务业转型升级，是调结构、保增长、惠民生的战略重点，也是推动工业化进入新阶段、破解城镇化发展困境的必然要求。

2. 新常态下河南服务业转型升级方向和路径

（1）加快服务业结构调整。

积极调整服务业结构，发展壮大高成长性服务业，培育发展新兴服务业，改造提升传统服务业，为服务业转型升级奠定坚实基础。遵循产业发展规律，发挥河南比较优势，着力壮大高成长性服务业，重点在现代物流业、金融业、信息服务业、文化旅游业等领域实现突破，使之成为带动全省服务业发展的主导力量和战略支撑。积极培育发展新兴服务业，努力满足因深化社会化分工、专业化协作扩大带来的服务业市场新需求，积极适应、努力满足因城镇产业、人口集聚带动的消费需求和就业需求，重点在商务服务业、电子商务业、健康养老服务业、科技服务业、教育培训产业等领域实现突破，使之逐步成为河南服务业发展重要支撑。围绕满足人民群众多层次多样化需求，主动适应消费升级新需求，积极应用现代管理理念、现代信息等技术和新兴业态、新兴模式，改造提升批发零售业、住宿餐饮业、房地产业等传统支柱服务业，提升传统支柱服务业发展水平，培育传统产业新优势。

（2）全面推进服务业转型升级。

河南经济进入新常态后，要加快服务业改革，扩大服务业开放，促进服务业创新，推进服务业全面转型升级。加快服务业发展体制机制改革，推进行政审批改革，放宽服务业市场准入，加快服务业投融资平台建设，在重点领域、重点城市开展现代服务业试点改革，引导民营企业参与公办机构改制重组。加快服务业开放发展，积极承接服务业产业转移，积极推进郑州跨境贸易电子商务服务试点，加快大通关体系建设，申请设立自由贸易试验区，积极发展服务贸易，发展服务业对外合作。加快服务业载体建设，促进服务业集聚高效发展，积极建设商务中心区、特色商业区、服务业特色园区等产业载体，完善全省服务业城镇载体体系，充分发挥航空港经济综合实验区引领示范作用，建设郑州现代服务业发展先行区。推进服务业创新发展，围绕服务业新领域、新业态，加快服务业技术创新、业态创新、商业模式创新和服务理念创新，提升服务业创新能力。

参考文献

［1］河南省统计局.2014年河南省国民经济和社会发展统计公报［Z］.2015 - 03 - 02.

［2］习近平.谋求持久发展共筑亚太梦想［EB/OL］.http：//news. xinhuanet. com/world/2014 - 11/09/c_ 1113175964. htm - #http：//news. xinhuanet. com/world/2014 - 11/09/c_ 1113175964. htm - #2014 - 11 - 09.

［3］中共河南省委.河南省全面建成小康社会加快现代化建设战略纲要［Z］.2014 - 12 - 25.

能源经济与绿色发展

环境规制对产业升级影响及其传导机制研究

——基于省级空间面板数据的实证考察

郑加梅　杨莉莉

（上海金融学院国际经贸学院　国购·自贸区金融研究院　上海　201209）

一、问题提出

转型升级是我国经济新常态下的重大发展要求。其中，产业结构优化升级是经济转型升级的核心内涵和动力支撑。在能源消耗居高不下、雾霾等环境问题日益突出的背景下，环境规制倒逼产业升级已成为学界和政策部门的关注重点。理论预期，环境规制通过施加更为严厉的环境标准，会增加污染密集型产业的环境遵循成本，能成功淘汰一部分低效产能，同时会提升高技术密集型、知识密集型产业的绿色发展比较优势，有利于提高其在工业经济中的比重。因此，环境规制强度的提高，对产业和企业群体都是一种强制性的"精洗"，能够产生优胜劣汰的作用，最终推动产业结构优化升级。

现有研究业已确认环境规制具有产业升级效应，但其传导机制还需深入细致的分析。陆菁基于我国天然蜂蜜贸易实证研究发现，欧洲、美国和日本等发达国家高于中国的环境标准，倒逼中国传统优势产业的升级。李眺利用2001～2011年中国30个省份的面板数据，采用普通固定效应模型，研究分析发现环境规制显著地促进了服务业发展，有利于产业结构优化升级。原毅军运用省级面板数据分析发现环境规制对产业结构优化升级产生了显著的倒逼效应，可将环境规制作为产业结构优化升级的新动力。肖兴志和李少林从需求因素、技术创新和FDI等渠道为环境规制促进产业升级进行理论机制解释，但其实现路径还需细致的实证检验。

同时，有关研究均采用传统的面板数据模型方法，忽视了地理空间效应对研究结果的影响。我国地域广阔，地区间的空间差异明显，省域间产业结构变动存在显著的空间依赖性。而现有文献仍将观测到的产业升级变量作为一个从统计总体中随机抽取的无差异变量，无法对空间样本间的交互效应予以控制，估计结果势必存在一定程度的偏差。因此，非常有必要从空间经济的视角，在我国省级层面对环境规制的产业升级效应及其传导机制进行更加严谨的实证考察，从而为我国区域产业结构协调发展提供更为准确的政策参考。鉴于此，本文利用空间计量方法，以

［基金项目］教育部人文社科青年基金项目"空间互动视角下环境规制对产业结构调整的影响效应与机制研究"；上海高校青年教师培养资助计划"环境规制对产业结构调整的影响机制研究"。

［作者简介］郑加梅，上海金融学院国际经贸学院、国购·自贸区金融研究院讲师；杨莉莉，上海金融学院国际经贸学院、国购·自贸区金融研究院讲师。

1996～2011 年我国 30 个省份面板数据为研究样本，在充分考虑省域产业优化升级的区域互动行为影响和空间溢出效应的条件下，对环境规制的产业升级效应进行了实证检验，并较为系统全面地识别了其传导机制。

二、模型与数据

（一）计量模型设定

在现有文献所采用的传统面板模型基础上引入空间权重矩阵，本文构建了两种最基本的空间面板模型——空间滞后面板模型（SLM）和空间误差面板模型（SEM）：

$$IDU_{it} = \alpha_0 + \alpha_1 H_{it} + \alpha_2 ER_{it} + \alpha_3 X_{it} + \rho \sum_j w_{ij} IDU_{jt} + \varepsilon_{it} \qquad (1)$$

$$IDU_{it} = \beta_0 + \beta_1 H_{it} + \beta_2 ER_{it} + \beta_3 X_{it} + \lambda \sum_j w_{ij} \mu_{jt} + \varepsilon_{it} \qquad (2)$$

其中，被解释变量 IDU 表示产业升级程度指标，利用高技术产业产值与工业总产值的比值来衡量，相较于劳动力结构指数、内部利润率平均化程度、产业技术复杂程度等指标而言，产值占比更能从产出的角度直接反映一个地区产业结构的高级化程度；H 表示 LNAGDP、HC、URB、GOV 等基本控制变量组成的列向量；ER 代表环境规制强度；X 为其他控制变量所组成的列向量；i 和 t 分别代表省份和年份；α_0、α_1、α_2、α_3、β_0、β_1、β_2、β_3 为待估参数；ε 为服从正态分布的随机误差向量；ρ 为空间回归系数，反映了其他地区的产业升级对本地产业升级的影响方向和程度；λ 为空间误差系数，衡量了存在于扰动误差项之中的空间自相关作用，反映了产业升级观测值的误差项所导致的区域溢出效应。w_{ij} 是空间面板模型的空间权重矩阵 W 的元素，本文采用地理邻接，即 0 - 1 型空间权重矩阵形式，依据空间是否相邻进行设定，如果两区域相邻，则对应的权重元素值取 1，反之则取 0，并对其进行标准化处理。

（二）数据与变量

我国分省高技术产业的完整统计数据最早可追溯到 1996 年，而高技术产业产值统计数据只公布到 2011 年，因此，本文研究时间跨度为 1996～2011 年。1997 年重庆升级为直辖市，我们选取的样本时间跨度在 1997 年之前的一年，因此，我们利用《新中国六十年统计资料汇编》、《四川统计年鉴》、《重庆统计年鉴》中四川和重庆的总量数据和单列数据对 1996 年的数据进行了"拆分"处理，对于少数缺失的数据，则根据其变化规律推算补齐。

综上所述，本文使用 1996～2011 年中国大陆 30 省、市、自治区面板数据作为研究样本，每个变量的样本观察值为 480 个，样本量较大，可为实证研究结果的可信性提供更好的保障。本文原始数据来源于《中国统计年鉴》、《中国环境统计年鉴》、《新中国六十年统计资料汇编》、《中国科技统计年鉴》、中经网统计数据库以及各省市区统计年鉴。由于数据缺失，样本中未包括西藏。

对于环境规制强度的度量，国内外学者使用多种指标，大体可分为两类：命令控制型指标和市场导向型指标。命令控制型指标主要包括检查和监督次数、污染治理投资占企业总成本或产值的比重、主要污染物排放量/处置率；其中最常使用的是第二种指标。基于市场化的指标包括排污费、可交易排污许可证和政府补贴，后两种指标常难以量化考察，在实证研究中多数文献使用第一种指标。在本研究中，我们采用排污费收入与工业增加值的比值来度量环境规制强度。相较于命令控制型指标污染治理投资额占比而言，市场导向型指标排污费占比能够通过市场信号来影响排污企业的行为决策，企业能以最低的成本实现期望的减污目标，并能给减污技术提供内在的激励。另外，污染治理投资额占比可能会与因变量产生双向因果关系，进而造成严重的内生性问题。因此，排污费占比能更为准确地刻画环境规制对产业升级的作用，从而更具代表性。

构建模型对环境规制的产业升级效应进行实证检验过程，实质就是根据产业升级的动力机制和环境规制的传导途径选择控制变量的过程。按照肖兴志和李少林提出的环境规制传导机制的理论逻辑，环境规制通过消费者偏好理论、生产者投资理论、"波特假说"、"污染避难所假说"等机制影响行为 X，而 X 是产业升级的决定性因素，所以环境规制通过行为 X 影响产业升级。按照上述思路并参考相关文献，我们控制了如下变量：

（1）需求因素。社会需求包括投资需求和消费需求，主要通过需求总量和需求结构的变化对产业升级产生影响，而需求结构的变动对产业升级的影响更为直接，由此导致相关产业在整个国民经济总量中所占的比重发生变化，进而引致产业结构的变动和升级。因此，我们按照现有文献的一般做法，消费结构（CON）利用城镇居民消费八分法中医疗保健消费支出、交通通信支出和教育文化娱乐支出的合计与总消费支出的比值衡量，该支出比例上升，表明消费结构升级；投资结构（INT）利用高技术产业的固定资产投资额与社会固定资产投资总额的比值度量，该比值越大，说明投资结构越优化。

（2）技术创新水平（RD）。技术创新作为高技术产业发展的重要推动因素，是促进产业转型升级的核心动力和源泉。发明专利是高技术产业 R&D 活动的直接产出，也是国际上通用的衡量技术创新的可靠指标。专利包含申请专利和授权专利两层含义。申请专利数量主要反映技术开发强度，代表技术创新努力而非创新结果；而授权专利数量主要反映技术开发成果，衡量技术创新本身。拥有发明专利数体现实际拥有的技术垄断力量，与高技术产业发展的关系密切。基于本文的研究目的和数据的可获得性，我们选择发明专利授权数作为技术创新的度量指标。

（3）外资因素（FDI）。技术外溢效应被认为是外商直接投资影响东道国技术进步的最重要的一种方式。根据 Kokko 和 Kugler 的归纳，外商直接投资的技术外溢主要通过示范效应、竞争效应、人员培训和流动、产业关联等途径发生作用。据高技术产业统计数据显示：2011 年，外商直接投资占高技术产业总投资的比重达到 73.5%，已成为影响我国高技术产业发展的主要因素。按照郑若谷等的做法，控制地区经济规模导致的外商直接投资总量异质性，采用以年均汇率换算成人民币价格的实际利用外商直接投资额与 GDP 的比值作为其度量。

除上述影响因素外，产业升级理论研究认为地区经济规模、人力资本、城市化水平和政府干预经济的程度都会对产业升级产生影响。地区经济发展规模（LNAGDP）用地区实际人均 GDP 取对数度量，以 1995 年为基期进行价格指数平减。城市化水平（URB）以城镇人口占总人口的比值来衡量。人力资本（HC）测度采用教育年限法，以各地区人均受教育年限表示，具体的计算方法见陈钊等（2004）。政府干预经济程度（GOV），中国具有典型的政府干预经济特征，该指标用各地区政府一般支出占 GDP 比值测算。

我们选取的上述控制变量不但包括一般产业升级理论中所有重要因素，也基本囊括了目前已被提出的环境规制传导机制变量。这样，本文构建的空间面板模型如下：

$$IDU_{it} = \alpha_0 + \alpha_1 LNAGDP_{it} + \alpha_2 HC_{it} + \alpha_3 URB_{it} + \alpha_4 GOV + \alpha_5 ER_{it} +$$
$$\alpha_6 CON_{it} + \alpha_7 INT_{it} + \alpha_8 RD_{it} + \alpha_9 FDI_{it} + \rho \sum_j w_{ij} IDU_{jt} + \varepsilon_{it} \tag{3}$$

$$IDU_{it} = \beta_0 + \beta_1 LNAGDP_{it} + \beta_2 HC_{it} + \beta_3 URB_{it} + \beta_4 GOV + \beta_5 ER_{it} +$$
$$\beta_6 CON_{it} + \beta_7 INT_{it} + \beta_8 RD_{it} + \beta_9 FDI_{it} + \lambda \sum_j w_{ij} \mu_{jt} + \varepsilon_{it} \tag{4}$$

本文采用 Elhorst 提出的目前应用最为广泛的极大似然估计方法（MLE）以及由 LeSage 等编写的空间面板模型 Matlab 软件包对式（3）和式（4）进行参数估计。

三、环境规制对产业升级的影响效应分析

（一）模型设定检验

在估计空间面板模型的参数前，首先需要利用 Moran I 指数检验区域间产业升级的空间相关性。此外，Lagrange Multiplier（lag）检验（LMlag）和 Lagrange Multiplier（error）检验（LMerr）及其稳健（Robust）形式也常用于空间相关性检验。同时，它们还可以为模型设定提供判断依据，帮助我们在 SLM 和 SEM 之间进行筛选。若 LMlag（或 LMerr）较 LMerr（或 LMlag）统计量更显著，则表明 SLM（或 SEM）更为合意。如果 LMlag 和 LMerr 在统计上都显著，就由 Robust LMlag 和 Roubust LMerr 的显著性来确定模型的设定形式。虽然上述检验均是针对截面空间模型提出的，不能直接用于空间面板模型，但可以采用克罗内克积计算分块对角矩阵 $C = I_T \otimes W_N$，代替 Moran I 等统计量公式中的子块空间权值矩阵 W_T，即可有效将其扩展于面板数据分析。另外，与传统面板数据模型一样，根据误差项成分分解的不同，空间面板模型也包括固定效应（FE）与随机效应（RE）两种设定形式，仍可采用 Hausman 检验进行筛选。

表 1　OLS 残差的空间依赖性检验

检验方法	检验项目	检验值	P 值	结论
Moran I	是否存在空间相关性	5.5301	0.0000	存在
LMlag	是否存在空间自相关的 LM 检验	20.3825	0.0000	存在
Robust LMlage	是否存在空间自相关的稳健 LM 检验	0.0043	0.9480	不存在
LMerr	是否存在空间误差相关的 LM 检验	27.3642	0.0000	存在
Robust LMerr	是否存在空间误差相关的稳健 LM 检验	6.9860	0.0080	存在
Hausman	固定效应还是随机效应	123.0500	0.0000	固定效应

由表 1 可见，除 LMlag 检验的 Robust 形式不显著外，其他空间相关性检验的统计值都高度显著，表明我国区域产业升级确实存在明显的空间依赖关系。其中 Moran I 指数约为 0.1735，说明我国各省份产业升级间存在显著空间集聚特征，即空间上邻接的省份具有相似的产业升级形态及空间联系结构。以上结果为前文的经验推断提供了很好的证据支持，同时也说明现有研究在忽视产业升级空间效应的情况下考察环境规制对产业升级的影响，其模型设定及分析结果均存在一定的偏误。LMlag 检验的 Robust 形式不显著，而 LMerr 检验的 Robust 形式高度显著，表明 SEM 明显优于 SLM。Hausman 检验值在 1% 水平上拒绝了原假设，表明应该选择固定效应进行参数估计。由以上模型设定检验结果可知，我国区域间产业升级的空间分布并非表现出完全随机状态，其空间相关性确实显著存在，在我国省域层面检验环境规制的产业升级效应时不应被忽视，否则就会得到偏误性的分析结果。

（二）模型估计结果及讨论

为考察假设检验结果的稳健性，采用在控制因变量的基础上逐步添加控制变量的方式进行参数估计（对应于表 2 中的模型 1 至模型 5）。表 2 也报告了模型 1 至模型 5 的设定检验结果。

表2　环境规制对产业升级的影响效应

	模型1	模型2	模型3	模型4	模型5
GOV	−0.0157	−0.0134	0.0007	0.0078	−0.0229
	（−0.4139）	（−0.3639）	（0.0204）	（0.2240）	（−0.6348）
LNAGDP	−0.0393**	−0.0718***	−0.0635***	−0.0641***	−0.0546***
	（−2.4341）	（−4.3635）	（−3.8411）	（−4.0894）	（−3.4450）
HC	0.0009**	−0.0004	−0.0042	−0.004	−0.0086*
	（2.4101）	（−0.0885）	（−0.8387）	（−0.8305）	（−1.7235）
URB	−0.0397*	−0.0538**	−0.0471**	−0.0397*	−0.0377*
	（−1.8270）	（−2.4977）	（−2.1993）	（−1.9016）	（−1.8200）
ER	0.0322*	0.0377**	0.0419***	0.0390**	0.0384**
	（1.9342）	（2.3027）	（2.5749）	（2.4586）	（2.4352）
RD		0.0170***	0.0154***	0.0106***	0.0077**
		（4.9577）	（4.4484）	（3.1291）	（2.2638）
FDI			−0.0024***	−0.0035***	−0.0030***
			（−2.9949）	（−4.3976）	（−3.6561）
INT				0.7284***	0.6702***
				（5.8406）	（5.3344）
CON					0.1378***
					（3.0757）
空间误差项	0.3530***	0.3190***	0.3270***	0.2780***	0.2470***
	（7.0882）	（6.2472）	（6.4396）	（5.2957）	（18.2755）
R^2	0.8967	0.9011	0.9031	0.9087	0.9100
模型设定	空间FE	空间FE	空间FE	空间FE	空间FE
Moran I 检验值（P）	6.9519	7.7369	6.8729	6.2038	5.5301
	（0.0000）	（0.0000）	（0.0000）	（0.0000）	（0.0000）
Lmlag 检验值（P）	34.9097	44.6042	22.5055	25.8061	20.3825
	（0.0000）	（0.0000）	（0.0000）	（0.0000）	（0.0000）
Robust Lmlag 检验值（P）	0.1159	0.0522	5.9427	0.0288	0.0043
	（0.0000）	（0.8190）	（0.0150）	（0.8650）	（0.9480）
Lmerr 检查值（P）	45.3173	55.9342	43.698	35.3557	27.3642
	（0.0000）	（0.0000）	（0.0000）	（0.0000）	（0.0000）
Robust Lmerr 检查值（P）	10.5235	11.3822	27.1352	9.5784	6.9860
	（0.0010）	（0.0010）	（0.0000）	（0.0020）	（0.0080）
Hausman 检查值（P）	64.09	102.32	184.86	168.44	123.05
	（0.0000）	（0.0000）	（0.0000）	（0.0000）	（0.0000）
样本量	480	480	480	480	480

注：括号内为t检验值，*、**、***分别表示10%、5%、1%的显著性水平，下表同。

Hausman 检验结果表明所有模型均适合采用固定效应模型进行参数估计。尽管有些模型 Robust LMlag 检验值不显著，但 Moran I 检验、LMlag 检验和 LMerr 检验均拒绝了不存在空间自相关的原假设，说明区域产业升级之间存在较为明显的空间相关性，采用空间计量模型考察环境规制对产业升级的影响效应是必要的。另外，容易看出，所有模型（Robust）LMlag 检验值和显著性水平均小于（Robust）LMerr 检验值，表明 SEM 较 SLM 更为适用。我们得到的 SLM 的拟合优度 R^2 也均大于 SLM 的结果，进一步证明了 SEM 优于 SLM。因此，下文我们将重点关注和讨论 SEM 的分析结果。

从表 2 可以看出，引入所有控制变量后，环境规制强度的系数在 5% 的水平依然显著为正，这充分表明了在考虑省际产业升级空间自相关的条件下，我国省际层面的环境规制对产业升级具有明显的倒逼效应，这与陆菁、肖兴志和李少林的研究结果一致。从表 2 模型 5 结果看，环境规制强度 ER 每提高 1%，产业升级指标 IS 相应提高 0.0384%。同时，技术创新水平的回归系数在 5% 的水平上显著为正，表明高技术产业作为创新型产业，技术创新对其升级具有明显的推动作用。FDI 的系数在 1% 的水平上显著为负，表明 FDI 对我国高技术产业发展产生了明显的负面溢出效应，阻碍了产业升级，可能原因在于行业间在技术水平、市场结构和对外开放程度等方面的差异，导致 FDI 带来的技术外溢效应在存在很大的行业差别，对一部分行业产生了积极的溢出效应，但同时，对一部分行业产生了负的溢出效应，从而抵消了 FDI 的整体效果。

社会需求结构对产业升级表现出显著的促进作用，成为拉动产业升级的主要推动因素（重要决定因素）。无论是消费结构还是投资结构，都对产业升级带来显著的正效应。主要原因在于，近年来我国城镇居民消费中用于医疗保健、交通通信、教育娱乐等服务性消费支出份额大幅上升，2011 年达到 31.74%，消费结构明显升级，向享受型和发展型消费模式转变，带动我国产业升级，同时高技术产业的固定资产投资额占全社会固定资产投资总额的比重也在不断上升，从 1995 年的 1.298% 上升到 2011 年的 2.594%，投资结构不断优化，改善高技术产业的生产能力结构和社会需求结构的协调性和匹配度，提高投资效率，从而推进产业升级。

基本控制变量政府干预经济程度 GOV 对产业升级影响为负，但未通过显著性检验，表明过度的政府干预会在一定程度上阻碍产业升级。人均 GDP 的系数在 1% 的水平上显著为负，这意味着过快的经济增长并不必然带来产业升级。人力资本 HC 的系数在 10% 的水平显著为负，表明当前我国的人力资本水平与高技术产业发展要求存在差距，需进一步加大人力资本开发、教育与培训等知识生产方面的投资，不断采用新知识和新技能提升产业人力资本的竞争力。城市化水平在 10% 的显著性水平上抑制了产业升级，意味着我国的城市化水平的提高不利于高技术产业发展。空间自相关参数一直在 1% 的水平上显著为正，再次表明省际产业升级的空间依赖效应显著存在，且表现为正向的溢出效应，即本省高技术产业的快速发展会显著惠及其相邻省份，这与梁晓艳等的结论一致。

四、环境规制传导机制经验识别

环境规制主要通过需求因素（投资需求和消费需求）、技术创新和 FDI 等三种传导机制影响产业升级，而各种传导机制可以通过其对应的代表性变量与环境规制间的关系反映出来。考虑到各潜在的传导机制变量同样可能存在省际的空间相关性，我们建立了 SLM 和 SEM，以考察上述潜在传导机制变量与环境规制强度间的关联效应：

$$X_{it} = \alpha'_0 + \alpha'_1 ER_{it} + \alpha'_2 H_{it} + \rho' \sum_j w_{ij} x_{ij} + \varepsilon'_{it} \tag{5}$$

$$X_{it} = \beta'_0 + \beta'_1 ER_{it} + \beta'_2 H_{it} + \lambda' \sum_j w_{ij} \mu'_{ij} + \varepsilon'_{it} \tag{6}$$

其中，被解释变量 X 为四个潜在传导机制变量所组成的向量；$\alpha'_0 - \alpha'_2$、$\beta'_0 - \beta'_2$ 为待估参数；ρ′和 λ′分别为空间回归系数和空间误差系数；ε′为随机误差向量，μ′为正态分布的随机误差向量；其余变量含义与前文相同。

表3　环境规制传导机制经验识别

	被解释变量			
	RD4	CON	FDI	INT6
ER	- 1.5593 ***	0.0472 ***	1.7397 *	- 0.0005
	(- 2.8671)	(2.6877)	(1.9258)	(- 0.0803)
LNAGDP	1.2697 ***	0.0760 ***	1.8115 **	- 0.0050
	(11.5761)	(6.1559)	(2.5130)	(- 0.9635)
URB		0.0370 *	2.0959 *	0.0042
		(1.6816)	(1.7909)	(0.5050)
HC			- 1.5961 ***	0.0044 ***
			(- 7.2069)	(2.8990)
GOV			6.3433 ***	0.0161
			(3.6383)	(1.2937)
空间误差项	0.1280 **	0.6930 ***	0.4400 ***	
	(2.2529)	(21.6550)	(9.4603)	
R²	0.4932	0.9063	0.8175	0.0940
模型设定	SEM - FE	SLM - FE	SLM - FE	普通 FE
Moran I 检验值（P）	8.1928	17.1143	3.9039	- 0.7125
	(0.0000)	(0.0000)	(0.0000)	(0.4762)
Lmlag 检验值（P）	53.8448	288.9147	61.8475	0.0490
	(0.0000)	(0.0000)	(0.0000)	(0.8250)
Robust Lmlag 检验值（P）	2.5726	4.0201	83.1828	9.5298
	(0.1090)	(0.0450)	(0.0000)	(0.0020)
Lmerr 检查值（P）	64.9685	286.2715	13.7596	0.7537
	(0.0000)	(0.0000)	(0.0000)	(0.3850)
Robust Lmerr 检查值（P）	3.6963	1.3768	35.0949	10.2345
	(0.0550)	(0.2410)	(0.0000)	(0.0010)
Hausman 检查值（P）	156.08	124.63	30.90	17.11
	(0.0000)	(0.0000)	(0.0000)	(0.0043)
样本量	480	480	480	480

　　LNAGDP、HC、URB 和 GOV 等同样作为基本控制变量引入模型，以控制各省份经济发展、人资资本、城市化水平、政府干预经济程度的异质性。前文所述的模型设定检验过程同样适用于式（5）和式（6）。从表3报告的各模型设定检验结果看，除投资结构外，其他三个潜在传导机制均具有明显空间相关性，因此我们选择空间面板模型进行考察。而投资结构模型的三项空间相关性检验均未通过，说明我国省际投资结构并未表现出预期的外溢效应，投资结构具有的外部性可能更多体现在各省份内部区域间或行业间。

　　各潜在传导机制变量中，环境规制强度与消费结构、FDI 显著正相关，与技术创新显著负相关，与投资结构的相关性并不显著。以上结果表明，环境规制在促进消费结构升级、吸引更多外资的同时也阻碍了技术创新水平的提高，并抑制了投资结构优化。可见，技术创新、FDI 和消费结构这三个因素是环境规制影响产业升级的传导途径。下面我们逐一讨论环境规制对以上几种潜在传导途径的影响机制。

第一，环境规制对我国技术创新水平影响显著为负，表明环境规制带来的"遵循成本"效应大于"创新补偿"效应，"波特假说"在我国省际层面不成立。这与赵细康、江珂和卢现祥的研究结论一致，但与大部分文献的研究结论不同。"波特假说"认为，严厉而恰当的环境规制能够激发"创新补偿"效应大于"遵循成本"效应，进而提升企业的技术创新水平。但目前我国的环境规制强度还处于相对较弱的阶段。来自美国耶鲁大学和哥伦比亚大学联合发布的 2012 年世界环境绩效指数（EPI）排名中，中国在 163 个国家和地区位列 116 位。当环境规制强度处于一个较低的阶段时，随着环境规制强度的增加，为了获取高额利润，企业通常会抽离部分的研发资金用于污染治理，减少了技术创新投入，从而降低了企业的技术创新水平。因此，当环境规制强度处于一个较低的水平时，环境规制的"遵循成本"效应占主导作用，从而不利于提升技术创新水平。

第二，环境规制通过吸引更多知识、技术密集型清洁外资的进入而阻碍了省域产业升级，这与现有大多数文献的结论并不一致。Walter 和 Ugelow 提出的"污染避难所"假说在我国并不成立。一方面，因为跨国公司的环境管理水平一般优于本土企业，环境规制强度的提高使得本土企业成本增加明显大于跨国公司，从而增强外资企业的国际竞争力，因而会刺激 FDI 的流入；另一方面，更严格的环境规制会降低投资的环境责任风险，使得外资企业能充分利用它们的技术竞争优势，从而会吸引更多高技术知识密集型的清洁外资进入。但是高技术知识密集型特征的 FDI 所产生的技术外溢主要限于外资部门，从而影响内资企业在这些行业的研发投入，并导致内资部门的自主创新效率低下，拉大内外资企业的技术差距，弱化内资企业的竞争力，逐步将内资企业锁定在低技术的加工环节，制约了高技术产业的自主创新，不利于产业升级。

第三，环境规制对投资结构未产生显著影响，其对投资结构的优化效应在我国省域层面并不成立。经过改革开放以来粗放型模式的发展，我国工业逐渐形成了劳动密集、能源密集和污染密集的产业结构，并初步具备了一定的规模经济。目前低水平的环境规制强度，使得污染密集型工业企业承担的环境成本较低，对投资收益的影响较小，并不能有效遏制粗放型投资规模。同时高技术产业具有高风险、高投入、知识技术密集型的特征，市场进入壁垒较高，它的启动和生存都必须建立在一定资金量的基础上。较低的环境规制强度给高技术产业带来的"绿色"比较优势较小，并不能吸引大量资本向其流动转移。因此，目前的环境规制政策并未改善我国粗放型的投资结构。

第四，环境规制通过促进城镇居民消费结构升级而拉动产业升级。随着环境规制强度不断提高，城镇居民的环境保护意识增强，人们更加偏好消费环保产品，如节能 LED 灯，崇尚自然健康的绿色消费和休闲方式，如网上购物、网上通信、网上教育以及生态旅游，从而改变原有的消费预期，对发展型和享受型消费资料的需求量扩大，用于医疗保健、交通通信和教育文化娱乐等服务性消费的比重越来越大，消费结构升级，从而促进产业升级。

五、结论与启示

本文首次从空间经济视角对环境规制如何影响我国省际产业升级进行了较为严谨的实证考

察。研究发现：我国省域产业升级确实存在明显的空间依赖效应，空间邻近的省份具有相似的升级形态及空间联系结构，表明从空间经济视角对环境规制的产业升级效应进行更为稳健的经验考察是必要的。在逐步添加控制变量的分析过程中，环境规制一直显著正面作用于省域产业升级，充分表明在考虑产业升级空间相关性的条件下，我国省域层面确实存在环境规制对产业升级的倒逼作用。在产业升级的各主要影响因素中，消费结构、投资结构和技术创新水平对产业升级的推动作用明显，而外商直接投资则显著地抑制了产业升级。传导机制分析结果表明，环境规制主要通过对技术创新水平的挤出效应和强化外商直接投资的比较优势效应对我国省域产业升级产生显著的间接抑制效应，但同时环境规制也通过促进消费结构升级等途径对省域产业升级产生积极影响。

以上结论蕴含着相应政策含义。要想有效实现环境规制的倒逼效应，就必须弱化其对产业升级产生负面影响的各种消极传导途径，同时需强化积极传导途径。首先，目前低水平的环境规制强度不利于提升技术创新水平，这表明政府应该继续提高环境规制强度。在严格的环境规制强度下，企业的技术创新水平会迅速提升，但是产业或企业对环境规制强度的承受能力是有限的，切不可走入盲目提高环境规制强度的误区；其次，鼓励外资企业与内资企业开展多种形式的联合开发，增强内资企业技术消化和创新能力，同时对技术差距较大的行业给予适度的政策倾斜，提升内资企业的技术水平；最后，中国现有环境政策主要针对企业生产活动中的污染排放行为进行规制，忽略了对消费者行为绿色化的宣传引导作用。因此，政府应加强对消费者绿色环保知识的宣传，特别是对国际环保公约、环境标准，如 ISO14000 系列标准等的宣传，引导和鼓励绿色消费，促进消费结构升级。

参考文献

[1] 金碚. 资源环境规制与工业竞争力关系的理论分析 [J]. 中国工业经济，2009（3）：5 – 17.

[2] 陆菁. 国际环境规制与倒逼型产业技术升级 [J]. 国际贸易问题，2007（7）：71 – 76.

[3] 李眺. 环境规制、服务业发展与我国的产业结构调整 [J]. 经济管理，2013（8）：1 – 10.

[4] 原毅军，谢荣辉. 环境规制的产业结构调整效应研究 [J]. 中国工业经济，2014（8）：57 – 69.

[5] 肖兴志，李少林. 环境规制对产业升级路径的动态影响研究 [J]. 经济理论与经济管理，2013（6）：102 – 112.

[6] 黄亮雄，王贤彬，刘淑琳，韩永辉. 产业结构调整的区域互动——横向省际竞争和纵向地方跟进[J]. 中国工业经济，2015（8）：82 – 97.

[7] 高远东，陈迅. 中国省域产业结构的空间计量经济研究 [J]. 系统工程理论与实践，2010（6）：993 – 1001.

[8] Brunnermeier, S. B. , and M. A. Cohen, Determinants of Environmental Innovation in US Manufacturing Industries [J]. Journal of Environmental Economics and Management, 2003, 45（2）：278 – 293.

[9] Wang, H. and Y. Jin. Industrial Ownership and Environmental Performance：Evidence from China [J]. Environmental and Resource Economics, 2007, 36（3）：255 – 273.

[10] Lanoie, P. , Party, M. and Lajeunesse, R. Environmental Regulation and Productivity：Testing the Porter Hypothesis [J]. Journal of Productivity Analysis, 2008, 30（2）：121 – 128.

[11] Cole, M. A. , and R. J. R. Elliot. Determining the Trade Environmental Composition Effect：the Role of Capital, Labor and Environmental Regulation [J]. Journal of Environmental Economic and Management, 2003（46）363 – 383.

[12] Levinson, A. Environmental Regulations and Manufacturers' Location Choices：Evidence From the Census of Manufactures [J]. Journal of Public Economics, 1996, 62（1）：5 – 29.

[13] 李胜兰，初善冰，申晨. 地方政府竞争、环境规制与区域生态效应 [J]. 世界经济，2014（4）：88 – 110.

[14] 杜传忠，郭树龙. 中国产业结构升级的影响因素分析——兼论后金融危机时代中国产业结构升级的思

路［J］. 广东社会科学，2011（4）：60 – 66.

［15］袁志刚，夏林锋，樊潇彦. 中国城镇居民消费结构变迁及其成因分析［J］. 世界经济文汇，2009（4）：13 – 22.

［16］Guan Jiancheng and Gao Xia. Exploring the H – Index at Patent Level［J］. Journal of the American Society for Information Science and Technology，2009，60（1）：35 – 40.

［17］张倩肖，冯根福. 三种 R&D 溢出与本地企业技术创新——基于我国高技术产业的经验分析［J］. 中国工业经济，2007（11）：64 – 72.

［18］Kokko，A. Foreign Direct Investment，Host Country Characteristics and Spillovers［M］. The Economic Research Institute，Stockholm，1992.

［19］Kugler，M. The Sectoral Diffusion of Spillovers from Foreign Direct Investment［M］. Mimeo：University of Southampton，August，2001.

［20］郑若谷，干春晖，余典范. 转型期中国经济增长的产业结构和制度效应——基于一个随机前沿模型的研究［J］. 中国工业经济，（2010）（2）：58 – 67.

［21］陈钊，陆铭，金煜. 中国人力资本和教育发展的区域差异：对于面板数据的估算［J］. 世界经济，2004（12）：25 – 31 + 77.

［22］张中元，赵国庆. FDI、环境规制与技术进步——基于中国省级数据的实证分析［J］. 数量经济技术经济研究，2012（4）：19 – 32.

［23］Elhorst，J. P. Specification and Estimation of Spatial Panel Data Models［J］. International Regional Science Review，2003，26（3）：244 – 268.

［24］Anselin，L. and Ray S. Properties of Tests for Spatial Dependence in Linear Regression models［J］. Geographical Analysis，1991，23（2）：112 – 131.

［25］蒋殿春，张宇. 行业特征与外商直接投资的技术溢出效应——基于高技术产业的经验分析［J］. 2006（6）：21 – 29.

［26］梁晓艳，李志刚，汤书昆，赵林捷. 我国高技术产业的空间集聚现象研究——基于省级高技术产业产值的空间计量分析［J］. 科学学研究，2007（6）：453 – 460.

［27］赵细康. 引导绿色创新——技术创新导向的环境政策研究［M］. 北京：经济科学出版社，2006.

［28］江珂，卢现祥. 环境规制与技术创新——基于中国 1997 ~ 2007 年省际面板数据分析［J］，科研管理，2011（7）：60 – 66.

［29］Porter，M. E. and C. V. D. Linde. Toward a New Conception of the Environment – Competitiveness Relationship［J］. The Journal of Economic Perspectives，1995，9（4）：97 – 118.

［30］Walter，I. and Ugelow，J. Environmental Policies in Developing Countries［J］. Ambio，1979，8（2，3）：102 – 109.

［31］杨博琼，陈建国. 与本土企业相比跨国公司环境业绩更差还是更好——基于天津滨海新区 190 家企业调研数据［J］. 世界经济研究，2011（1）：70 – 76.

［32］Kirkpatrick，C. and K. Shimamoto. The Effect of Environmental Regulation on the Location Choice of Japanese Foreign Direct Investment［J］. Applied Economics，2008，40（11）：1399 – 1409.

［33］Elliott，R. J. R. and K. Shimamoto. Are Asian Countries Havens for Japanese Pollution – Intensive Industry？［J］. The World Economy，2008，12（2）：236 – 254.

［34］成力为，孙玮，王九云. 引资动机、外资特征与我国高技术产业自主创新效率［J］，中国软科学，2010（7）：45 – 57 + 164.

［35］沈能，刘凤朝. 高强度的环境规制真能促进技术创新吗？——基于“波特假说”的再检验［J］. 中国软科学，2012（4）：49 – 59.

能源结构变动对能源效率的影响：
基于天津市数据分析

寇建龙

（天津商业大学经济学院　天津　300222）

一、引言及文献综述

改革开放以来，中国经济飞速发展。与此同时，作为国民经济发展的重要物质基础和动力源泉，能源消费量也大幅增加。而在工业生产中，能源投入已经成为除劳动力和资本之外第三大生产要素。2002 年，我国的能源消费总量已经位列全球第二，仅次于美国；2010 年我国超过美国成为世界第一大能源消费国，其中一次能源消费量达到了 32.5 亿吨标准煤。然而，我国的能源使用效率与发达国家相比差距很大。原因是经济技术水平相对落后，产业结构与能源结构不合理以及对外开放程度较低等因素的制约。在我国，能效较高的石油、天然气消费比重较小，而能效较低的煤炭占能源消费的比重却达 70% 左右。能源结构极度不合理是导致我国能源效率较低的重要原因。因此，调整能源结构，提高能源效率迫在眉睫。中国政府承诺，2015 年单位国内生产总值能耗比 2010 年下降 16%，2020 年单位国内生产总值二氧化碳排放比 2005 年下降 40% ~ 45%。这两项指标的提出对节能减排和提高能源效率形成了倒逼机制，受到各级政府的密切关注。作为一个能源输入型城市，天津市能源的对外依赖性非常高，其中煤炭主要从山西、内蒙古和河北等地调入；原油主要靠渤海、大港油田，同时依托从中东、俄罗斯、非洲等地进口解决；而天然气和电力的投资相对缓慢，供应缺口比较大。因此，为了保持能源、经济和环境的可持续发展，同时要完成把天津建设成为国际港口城市、北方经济中心和生态城市目标，就要提高能源效率、降低能源消耗强度以及化解能源风险。顺理成章，我们研究天津市能源结构对能源效率的影响是至关重要的。

目前，国内外很多学者已经对能源效率进行了研究。在国外 Honma 和 Hu 采用数据包络分析法（DEA）分别测算了日本区域性全要素能源效率和不同区域能源生产率的变化；而 Anderson 和 Petersen 建立了超效率 DEA 模型，并且 Mei 和 Harker 对其进行了应用和推广。在国内史丹、董利等认为我国能源效率的影响因素主要是经济发展水平、产业经过、能源消费结构、对外开放程度以及市场化程度等；李廉水和周勇（2006）用 DEA 法发现技术进步是工业部门能源效率提高的主要原因；谭忠富和于超（2008）同样用 DEA 从煤炭、石油、天然气、电力和经济投入产出角度实证分析了 1978 ~ 2006 年我国能源消费结构的规模效益情况和优化投入途径，认为调整和优化能源结构、加快技术进步、促进产业结构升级、加快新能源以及可再生资源的开发和利用，是提高我国能源效率的有效途径；周勇和李廉水（2006）认为产业结构因素和产业部门能源强度因素对我国总能源强度下降有正向显著作用；姜磊和吴玉鸣（2010）研究了能源消费结构对能源效率的影响，表明煤炭消费比重与能源效率为负相关，石油和天然气消费比重的加大则有利于能源效率的提高；而杨洪亮、史丹（2008）等采用 SFA 方法得出了相似的结论；姜磊、季民河（2011）用岭回归分析法得出结论：技术进步会提高能源效率；第二产业比重的提高会降低能源效率；煤炭消费比重提高也会降低能源效率，而石油消费比重提高则会提高能源效率。

综上所述，很多学者分析了对能源效率影响的影响因素，但分析的侧重点不同。虽然曾有学者重点分析技术进步、产业结构对能源效率的影响，但是，很少有人单独分析能源结构对能源效率的影响，且大部分人都是就不同地方能源效率进行比较分析，而对一个地区的能源效率进行分析的文献就更为少见。而本文就以天津市为例重点具体分析能源结构对能源效率的影响。分析能源效率影响因素的方法大体有两种：单要素分析法和全要素分析法。单要素分析法是最常见也是最原始的分析方法，操作简单。这类方法所采用的能源效率指标往往分为四种：热力学指标、物理—热量指标、经济—热量指标和纯经济指标。其中最常见的是经济—热量指标。而全要素分析法则考虑了所有要素对经济或技术效率的影响，它往往用于各个决策单元技术效率或经济效率的比较分析，其最具代表性的方法是数据包络法（DEA）。本文基于天津市能源结构对能源效率影响这个主体，考虑上述两种分析方法的适用范围，故采用第一种分析方法，即单要素分析法。本文先做出天津市能源结构对能源效率影响的回归模型，然后进一步分析各种能源的边际效率，最后分析各种能源之间的边际替代率。这样不仅分析了能源结构对能源效率的影响，而且更加具体地分析了各种能源对经济的贡献及各种能源之间的替代情况。

二、研究方法及指标选择

构建基于普通最小二乘法（OLS）的能源效率研究框架。

（一）单位根检验（ADF）

回归分析方法虽然是研究时间序列间关系的一个较为常用的方法，但是普通最小二乘法（OLS）的一个基本假设就是要求时间序列的平稳性，否则会产生"伪回归"现象，这样，直接建立回归方程会失去意义。因此，本文在建立回归模型前先对所有原始序列进行 ADF 检验，以确保所研究指标的平稳性。若是原始序列不平稳，则对其进行一阶差分，再对差分后的序列进行 ADF 检验，若平稳，则可以进行回归分析，若不平稳，则再进行二阶差分，对二阶差分序列进行 ADF 检验。总之，要确保回归模型所使用的指标序列是平稳的。

（二）建立回归方程

基于单要素生产率框架下的能源效率是指一定量的能源投入所带来的经济产出量，其计算公式为：

$$EF = 10000 \times \frac{Y}{E} \tag{1}$$

其中，Ef 为能源效率（单位：元每吨标准煤）；Y 为经济产出总量（用实际 GDP 表示，单位：亿元）；E 为能源消费总量（单位：万吨标准煤）。

虽然本文要研究分析能源结构对能源效率的影响因素，但是能源效率的影响因素很多，如果仅考虑能源结构作为解释变量，难免会夸大能源结构对能源效率的作用。因此，除了能源结构外，本文还设置了劳动生产率 和产业结构作为解释变量。所建立回归模型如下：

$$EF = \beta_0 + \beta_1 CCP + \beta_2 LP + \beta_3 INS + \mu \qquad (2)$$

其中，EF、CCP、LP 和 INS 分别表示能源效率、能源消费结构、劳动生产率和产业结构，β_0、β_1、β_2 和 β_3 分别表示常数项和各个解释变量的系数，而 μ 表示随机扰动项。考虑到天津市消费的能源中煤炭占一半以上，所以用煤炭消费占比 CCP 表示能源消费结构，而用第二产业比重表示产业结构。

（三）天津市能源边际效率及边际替代率

能源边际效率就是在其他能源投入量不变前提下，增加 1 单位某种能源投入引起总经济产出的变化量。为了得到能源边际效率，可以求出能源消费增加量和总的经济产出增长量之间的数量关系，即求出它们的回归方程：$dY = \alpha_0 + \alpha_1 dE_i + \varepsilon$

但是，在经济增长的影响因素中，能源只是其中之一，引起经济增长的因素还包括劳动投入、资本投入以及技术进步等。因此，如果只分析能源消费增长量对经济增长影响，直接对经济增长和能源投入进行回归分析，不免夸大了能源对经济的产出作用。因此，如果把资本、劳动和能源一起与经济增长进行回归分析，那么得到的结果会更加可靠，更有说服力。由于当年的资本投入和劳动投入与前一年的经济总量有很大关系（资本和劳动投入很大程度上是由前一年经济总量决定的），因此，为了简单起见，本文用滞后一期的经济总量代替资本和劳动投入。这样便可以在确保模型可信度前提下简化模型、提高操作性。改进后的模型如下：

$$dY_t = \alpha_0 + \alpha_1 dE_{it} + \alpha_2 Y_{t-1} + \varepsilon \qquad (3)$$

其中，dY_t 表示第 t 期的经济增长量，dE_{it} 表示第 t 年度 i 种能源的消费增加量，Y_{t-1} 表示滞后一年，即第 t−1 年的经济总量，ε 是随机扰动项，α_0、α_1、α_2 为待估计的回归系数，其中 α_1 就是边际能源效率。分别做出煤炭、石油、天然气与经济增长的回归方程，就可以得出不同能源的边际效率，而各种能源边际效率之比就是不同能源的边际替代率。

三、变量选择和数据准备

本文使用数据来自 2005 年和 2014 年《天津市统计年鉴》、2013 年《中国能源统计年鉴》以及国家统计局官网。其中实际 GDP 是以 1978 年为基期，根据天津市全市生产总值指数计算得来，单位为亿元，经济增长量是 dY_t 是用本年实际 GDP 减去上年实际 GDP 得来，能源增量 dE_{it} 是用本年某种能源消费量减去上年这种能源消费量得来，能源效率是根据公式 $EF = 10000 \times \dfrac{Y}{E}$ 得来，单位是元每标准煤，而能源消费总量 E、产业结构 INS 和劳动生产率 LP 来自统计年鉴的原始数据，煤炭消费占比 CCP 是把煤炭消费总量除以能源消费总量 E 得来。

能源投入包括煤炭、焦炭、原油、汽油、煤油、柴油、燃料油、天然气、电力 9 大类。大多数分析能源效率的文献都是分析一次能源投入对能源效率的影响，并且把一次能源分为煤炭、石油、天然气和水（核）电四大类，来考察各种能源对能源效率的影响。如郭凯、慈兆程，2014；师博，2007；曾胜、靳景玉，2013；吴琦、武春友，2010；谭忠富、张金良，2010。但是，由于天津市水（核）电消费量数据无法找到（只有电力消费总量的数据，无法把水电单独分离），且天津市水（核）电消费比重较小，因此本文只分析煤炭、石油和天然气三种能源。

为了方便能源之间的相互比较，本文将煤炭、石油、天然气按照一定热当量折算为标准煤，其中煤炭的折算标准煤系数为 0.7143kgce/kg，石油的折算系数为 1.4286kgce/kg，天然气的折算系数为 1.3300kgce/m^2（来自 2013 年《中国能源统计年鉴》附录 4）。因为能源消费总量的单位 E 是万吨标准煤，因此还有对折算后的煤炭、石油和天然气在进行单位换算把它们的单位也统一成吨标准煤。

四、实证分析

（一）天津市经济发展、能源效率及能源结构变化趋势

1. 天津市经济增长趋势

2004～2013 年，天津市的经济保持了持续且快速的增长。如图 1 所示，实际 GDP 是以 1978 年为基期来计算的。在 10 年之中，天津市实际 GDP 从 2004 年的 1005.85 亿元增长到 2013 年的 3637.26 亿元，实际 GDP 平均增长率达到 15.4%，其中实际 GDP 在 2010 年达到了增长的最高点 17.4%，由于国内外政治经济环境的影响在 2010 年之后增长速度开始有所下降，2013 年实际 GDP 增长率为近 10 年最低 12.5%。

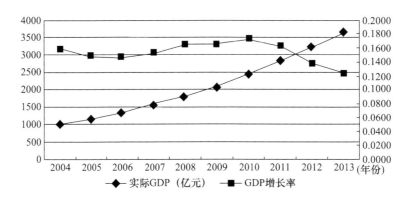

图 1 天津市实际 GDP 及实际 GDP 增长率变化趋势

2. 天津市能源消费总量 E 及其增长率变化趋势

如图 2 所示，2004～2013 年 10 年之中，天津市实际 GDP 保持持续快速增长的同时，能源消费总量也保持着持续增长的态势。天津市能源消费总量从 2004 年的 3696.68 万吨标准煤增长到 2013 年的 8823.15 万吨标准煤，平均增长率达到 10.66%。然而，能源消费的增长速度却不是很稳定，2004～2008 年增速持续缓慢下降，从 2004 年的 14.98% 下降到 2008 年的 8.51%；2008～2010 年能源消费陡然上升，其中 2010 年上升至 16.07%，这也是 10 年中天津市能源消费增速最快的一年；而从 2010 年至 2013 年能源消费增速又开始急速下滑，下滑到 2013 年的 7.49%，2013 年的能源消费仅仅增加了 615.14 万吨标准煤，这与图 1 中天津市实际 GDP 增长速度的趋势刚好吻合。虽然 2004～2013 年天津市能源消费增长速度不太稳定，但也很容易看出它似乎正呈现一种倒 "U" 形趋势。

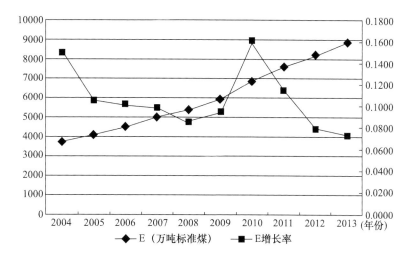

图2 天津市能源消费总量变化趋势

3. 天津市能源效率变化趋势

能源效率变化是伴随能源消费总量和实际 GDP 的变化而变化的。总体来说，10 年之中天津市能源效率变化趋势是逐渐增加的，如图3所示，从 2004 年的 2720.96 元每吨标准煤缓慢增加到 2013 年的 4122.41 元每吨标准煤。但是，能源效率的增长速度却波动很大。从 2004～2013年，天津市能源效率增长速度出现了两次下降和两次上升趋势，分别是 2004～2008 年和 2010～2012 年的上升趋势，及 2008～2010 年和 2012 年之后的下降趋势，其中出现了两个高点、三个低点，两个高点分别是 2008 年的 7.36% 和 2012 年的 5.40%，而三个低点分别是 2004 年的0.71%、2010 年的 1.15% 和 2013 年的 4.66%。总体来看，从 2004～2013 年天津市能源效率是逐步提高到，而能源效率提高的速度是波动上升的，说明天津市总体能源使用效率是趋于良性发展的。

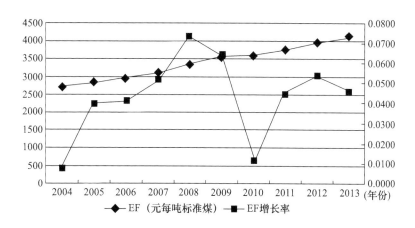

图3 天津市能源效率变化趋势

4. 天津市能源消费结构变化趋势

图4为天津市能源消费结构变化趋势，由图4可知天津市一次能源消费中煤炭消费占比是持续缓慢下降的，从 2004 年的 67.8% 下降到 2013 年的 43.99%；原油消费占比大体不变，2004年为 21.13%，2013 年为 19.94，略微下降；天然气消费比重虽然是处于上升趋势，但占比较

低；电力和其他能源消费占比处于上升趋势。

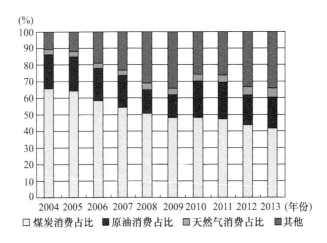

图 4　天津市能源消费结构变化趋势

（二）变量的 ADF 单位根检验

在确立回归方程之前，对所有序列进行 ADF 单位根检验，判别序列是否平稳。由表 1 可知，序列 EF、CCP、LP、INS 的单位根检验值在 1% 和 5% 水平下都不显著，接受有单位根的假设，序列不平稳。而在对各个序列进行一阶差分后，得到的序列 DEF、DCCP、DLP、DINS 的单位根检验值在 1% 和 5% 水平下仍然不显著，仍然接受有单位根的假设，序列同样不平稳。而在对各个序列进行二阶差分后发现，序列 D（CCP，2）、D（LP，2）和 D（INS，2）的单位根检验值在 1% 和 5% 水平下均显著；序列 D（EF，2）的单位根检验值在 1% 水平下不显著，在 5% 水平下显著。由此，可以判定序列 EF、CCP、LP、INS 是二阶单整序列。因此，可以对变量进行回归分析。

表 1　变量的单位根检验结果

序列	ADF 检验	1% 水平临界值	5% 水平临界值	结论
EF	0.606356	− 4.420595	− 3.259808	不平稳
DEF	− 2.772023	− 6.292057	− 4.450425	不平稳
D（EF，2）	− 2.923364	− 3.007406	− 2.021193	平稳
CCP	− 1.333549	− 4.420595	− 3.259808	不平稳
DCCP	− 3.047620	− 5.835186	− 4.246503	不平稳
D（CCP，2）	− 4.476300	− 2.937216	− 2.006292	平稳
LP	0.441399	− 4.420595	− 3.259808	不平稳
DLP	− 2.513823	− 6.292057	− 4.450425	不平稳
D（LP，2）	− 3.178878	− 3.007406	− 3.007406	平稳
INS	0.334154	− 4.420595	− 3.259808	不平稳
DINS	− 2.423830	− 5.835186	− 4.246503	不平稳
D（INS，2）	− 3.519337	− 2.937216	− 2.006292	平稳

（三）用普通最小二乘法构建回归方程

经过 ADF 单位根检验确定序列 EF、CCP、LP、INS 是二阶单整序列后，用 Eviews 软件对它们进行回归得到如下回归方程：

$$EF = 6898.006 - 2617.183CCP + 0.005024LP - 49.87483INS$$

S. E. ＝ （1093.815）　　（439.2549）　　（0.001246）　　（15.59616）

t ＝ （6.306372）　　（－5.958233）　　（4.031523）　　（－3.197892）

$R^2 = 0.996932$　　$F = 649.8445$

图 5 是天津市能源结构和能源效率的回归方程拟合效果及残差图，从图 5 中可以看出，回归方程和原始数据拟合非常好。从回归方程的整体看，可决系数 R^2 为 0.996932 接近 1，同时回归方程的 F 值 649.8445 远远大于 1% 显著性水平下的 7.59，所以也通过了 F 检验，这表明模型在整体上的拟合度很好。从各个解释变量的系数来看，各项的 t 的绝对值均大于 5% 显著性水平下自由度为 8 的 t 检验临界值 2.306，都通过了 t 检验，解释变量 CCP 和 LP 系数 t 值甚至通过了 1% 显著性水平下自由度为 8 的 t 检验临界值 3.355，这说明各个解释变量均对被解释变量 EF 有显著性影响。

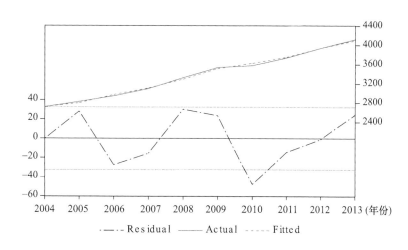

图 5　天津市能源结构与能源效率回归模型拟合图示

从回归方程可以看出，CCP 与 EF 负相关，即随着煤炭消费比重的上升，天津市能源效率下降，随着煤炭消费比重的下降，天津市能源效率提高。众所周知，相对与石油、天然气、电力以及新能源，煤炭是一种低效率能源。不但煤炭的利用率相对较低，而且产生的废弃物相对较多，对环境的破坏相对较大。因此，本文合理地假定：煤炭消费占比 CCP 上升表示能源结构恶化；反之，煤炭消费占比 CCP 下降表示能源结构改善。因此，随着能源结构的改善，天津市能源效率将提高；随着能源结构的恶化，天津市能源效率将下降。从回归方程来看，在劳动生产率 LP 和产业结构 INS 不变的情况下，CCP 每降低 1 个百分点，EF 会增加 2617.183 元人民币/吨标准煤。煤炭、石油、天然气、电力和其他能源消费占比之和为 1，CCP 变化会使其他能源的消费占比跟着改变。也就是说，CCP 变小，其余的能源消费占比会变大，从图 4 可以看出，2004～2013 年天津市石油消费变化不大；天然气消费逐年上升，但天津市消费量比较少；而电力和其他能源消费占比是逐年增大的。因此，可以得出天津市能源消费结构对能源效率影响是：煤炭消费比例的提高可以显著促进天津市能源效率的提高，天津市石油、天然气消费对其能源效率影响不太显著，电力投入可以提高天津市能源效率。另外，从回归结果还可以看出，劳动生产率提高对能源效率有正向作用，而第二产业则与能源效率有负相关关系。

（四）天津市能源边际效率及边际替代率

1. 煤炭边际效率

基于前文分析，建立经济总产出增长量、煤炭投入增加量和滞后一期的经济总产出之间的回归模型：

$$dY_t = \alpha_0 + \alpha_1 dC_t + \alpha_2 Y_{t-1} + \varepsilon$$

式中，dC_t 为 t 年度煤炭的消费增加量，其他符号与前文相同。参考 2014 年《天津市统计年鉴》的数据，利用 Eviews 软件进行回归，得到回归结果如下：

$$dY_t = 36.30867 + 0.145701 dC_t + 0.120987 Y_{t-1} + \varepsilon$$
$$\qquad (1.303923) \qquad (2.314663) \qquad (9.211197)$$
$$R^2 = 0.941117 \qquad F = 47.94860$$

由回归结果可知，常数项的 t 检验值低于 1% 显著性水平下的临界值，因此要把常数项从回归方程中剔除，重新建立回归模型如下：

$$dY_t = \alpha_1 dC_t + \alpha_2 Y_{t-1} + \varepsilon$$

再次进行回归，得到回归结果如下：

$$dY_t = 0.166005 dC_t + 0.135963 Y_{t-1} + \varepsilon$$
$$\qquad (2.595106) \qquad (20.34340)$$
$$R^2 = 0.924432$$

从回归方程可以看出，可决系数 $R^2 = 0.924432$，拟合程度较高，而且各种检验结果都在 1% 显著性水平下通过，拟合效果及残差如图 6 所示，虽然残差图效果不是很好，但实际值和回归值拟合较好。

从回归方程可以看出，煤炭的边际能源效率为 0.166005，即增加 1 万吨标准煤的煤炭投入，引起的经济产出增加量为 0.166005 亿元。

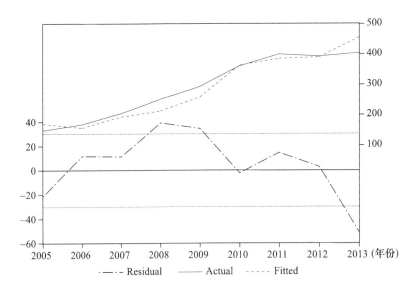

图6　经济增量和煤炭消费增量拟合效果及残差图示

2. 石油的边际效率

同样，根据以上方法建立经济增量与石油增量回归方程：

$$dY_t = \alpha_0 + \alpha_1 dO_t + \alpha_2 Y_{t-1} + \varepsilon$$

式中，dO_t 表示 t 年度石油消费的增加量，其他符号与前文相同。同样，参考 2014 年《天津市统计年鉴》的数据，利用 Eviews 软件进行回归，得到回归结果如下：

$$dY_t = 51.00514 + 0.404362 dO_t + 0.121671 Y_{t-1} + \varepsilon$$
$$\qquad (2.539639)\quad(3.241113)\quad(7.528449)$$
$$R^2 = 0.911308 \qquad F = 30.82482$$

从回归方程可以看出，可决系数 $R^2 = 0.911308$，也通过了 1% 显著性水平下的 F 检验，因此拟合程度比较高。拟合效果及残差如图 6 所示，同样，虽然残差图效果不是很好，但是实际值和回归值拟合较好。

从回归方程可以看出，石油的边际能源效率为 0.404362，即增加 1 万吨标准煤的石油的投入，引起的经济产出增加量为 0.404362 亿元。

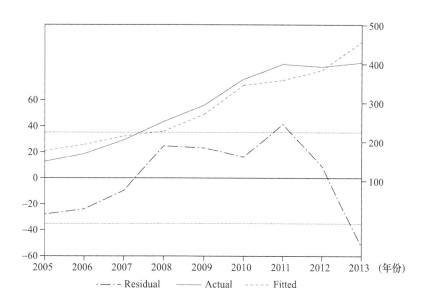

图 7　经济增量和煤炭消费增量拟合效果及残差图示

3. 天然气的边际效率

同样，再按照上文方法可以建立经济增量和天然气增量之间回归方程：

$$dY_t = \alpha_0 + \alpha_1 dG_t + \alpha_2 Y_{t-1} + \varepsilon$$

式中，dG_t 表示 t 年度天然气消费的增加量，其他符号与前文相同。同样，参考 2014 年《天津市统计年鉴》的数据，利用 Eviews 软件进行回归，得到回归结果如下：

$$dY_t = 51.95939 - 0.044242 dG_t + 0.125295 Y_{t-1} + \varepsilon$$
$$\qquad (1.384256)\quad(-0.052135)\quad(4.670580)$$
$$R^2 = 0.888589 \qquad F = 23.92720$$

从回归结果可以看出，天然气增量 dGt 和常数项 t 检验值都很小，均为通过 5% 显著性水平下的 t 检验，虽然方程整体来说拟合的可以，但是可决系数 $R^2 = 0.888589$ 不是很大。因此，这个回归方程不是很正确，我们决定剔除对天然气边际效率的分析。这也可能是分析的年份太少，数据太少导致的结果。

4. 能源的边际替代率

根据上文得到的经济增量与各种能源增量之间的回归结果，2004～2013年间，天津市煤炭、石油的评价边际效率分别为0.166005亿元/万吨标准煤和0.404362亿元/万吨标准煤。由于要素投入的边际替代率公式为：

$$MRS = ME_1/ME_2$$

所以，石油对煤炭的边际替代率 = 0.404362∶0.166005 = 2.435842。其经济学意义是，在产出不变的情况下，1吨标准煤当量的石油的投入可以替代2.435842吨标准煤当量的煤炭投入，也可以说石油的边际效率是煤炭的2.435842倍。

五、结论及政策建议

（一）结论

本文以天津市2004～2013年相关数据为参考，运用普通最小二乘法（OLS）首先对天津市能源效率以及对能源效率有巨大影响作用的能源结构进行回归分析（为了防止夸大能源结构对能源效率的影响，在不影响可信度的情况下，回归模型中加入了劳动生产率和产业结构作为解释变量），得出了能源消费结构对能源效率的影响。然后，更进一步具体分析了煤炭、石油和天然气的边际效率以及它们之间的边际替代率。主要得到以下几点结论：

（1）本文用OLS法证明煤炭消费比重对能源效率具有重大影响。从回归方程可以看出，天津市煤炭消费比重与能源效率成负相关，即煤炭消费比重越低，能源效率就越高；反之，煤炭消费比重越高，能源效率就越低。因此，降低煤炭消费比重能够提高能源效率。根据回归结果，具体来说，在其他影响因素不变的情况下，煤炭消费比重每降低1个百分点，能源效率就会增加元人民币/吨标准煤。这与张瑞、丁日佳（2006），郭菊娥、柴建等（2008），刘畅、孔宪丽等（2008），郑畅（2009），李激扬（2011），杨冕、杨福霞等（2011）的结论是非常一致的。

（2）从回归结果看，各种能源的边际效率不同。煤炭边际效率最低，石油的边际效率较高。具体来说，煤炭边际效率为0.166005，即增加1万吨标准煤的煤炭投入，引起的经济产出增加量为0.166005亿元；石油边际效率为0.404362，即增加1万吨标准煤的石油的投入，引起的经济产出增加量为0.404362亿元。石油对煤炭的边际替代率2.435842。相对于煤炭来说，石油是相对高效、相对清洁的能源。用石油代替煤炭不仅能够提高效率，而且能够降低污染物的排放，改善环境质量。虽然，天然气的回归结果没有通过检验，但是从很多文献中得知，天然气相对于煤炭和石油更加清洁、高效。如张瑞、丁日佳（2006），余甫功（2008），兰静、秦开大（2010）等。

（3）本文主要分析能源结构对能源效率的影响，从回归结果中不难看出，劳动生产率LP和产业结构INS也对能源效率有影响。用劳动生产率表示的技术进步与能源效率正相关，即提高劳动生产率可以提高能源效率；产业结构与能源效率负相关，即提高第二产业比重会降低能源效率，反之，降低第二产业比重或提高第三产业比重能提高能源效率。这与路正南（1999），魏楚、沈满洪（2008）的研究是一致的。

（二）政策建议

1. 积极扩大优质能源生产及消费比重，优化能源结构

从计量结果可以看出，天津市煤炭消费占总能源消费的一半左右，但是煤炭的效率却是最低的，天然气、电力是比煤炭更优质的能源。因此，降低煤炭消费比重是提高天津市能源效率的必经之路。但是，在当前经济环境、技术水平、能源结构和产业结构下，陡然降低煤炭投入势必影响天津市国民经济发展，与稳增长的目标背道而驰。所以，降低煤炭消费占比并不是一蹴而就的，要有目标、有节奏地逐步降低煤炭占比。不过，目前我们可以做到的是推动低效能源想高效能源转变。比如减少原煤作为燃料直接燃烧等用途，鼓励原煤向液态、气态燃料和电力转化。另外，还应该寻求替代能源、支持发展可再生能源，鼓励发展太阳能、风能、核能、生物质能、地热等其他非化石能源。

2. 逐渐打破政府管制，增强市场调节力度，完善能源价格形成机制

能源是经济发展的命脉，对国民经济发展具有重要影响，因此在我国市场经济不够完善的情况下，中央政府和地方政府为了降低能源价格波动对宏观经济的影响，对煤炭、石油、天然气和电力等主要能源进行了严格的价格管制，导致能源价格长期扭曲。虽然保证了宏观经济稳定，但是不能很好地发挥市场的调节作用，不能通过价格很好地反映资源的稀缺程度和能源供求关系。因此，逐步打破政府的价格管制，完善能源价格形成机制，是实现能源资源优化配置以及提高天津市能源效率的重要途径。

3. 调整产业结构

天津市高耗能产业大多集中在第二产业，特别是重工业和制造业，而以现代服务业为代表的第三产业能源效率高、能耗低。因此，要从两个角度调整产业结构：一是大力扶持和鼓励发展第三产业，提升第三产业比重；二是降低第二产业比重，遏制高耗能产业过快增长。

4. 加快技术进步，提高能源效率

应鼓励公司技术创新，保护技术发明的同时要给予创新性企业一定的政策优惠。同时，还要提高对外开放程度，加强节能技术的国际交流与合作，不断引进国外先进节能技术。

5. 培养节能理念

既要培养政府部门的节能意识，也要培养企业部门及个人的节能意识；既要培养生产过程中的节能意识，也要培养生活中的节能意识。政府应该摒弃 GDP 是衡量经济社会发展唯一指标的错误观念，提升能源强度和环境质量作为重要指标在衡量经济社会发展中的地位。另外，除了在生产领域注重节能减排外，还应在生活领域具有节能意识。要加强舆论宣传和引导，让人们知道优质的生活不能以能源的过度消耗为代价，倡导一种科学的与能源发展相协调的生活方式。

参考文献

［1］Honma, S., Hu, J. L. Total – Factor Energy Efficiency of Regions in Japan ［J］. Energy Policy, 2008, 36 (2): 821 – 833.

［2］Anderson, P., Petersen, N. C. A Procedure for Ranking Efficient Units in Data Envelopment Analysis ［J］. Management Science, 1993, 39 (10): 1261 – 1264.

［3］Mei, X., Harker, P. T. Ranking DMUs with Infeasible Super – efficiency DEA models ［J］. Management Science, 2002, 48 (5): 705 – 710.

［4］史丹，董利，孟合合等. 我国各地能源效率与节能潜力及影响因素分析 ［J］. 天然气技术, 2007, 1 (2): 5 – 8.

［5］李廉水，周勇. 技术进步能提高能源效率吗？——基于中国工业部门的实证检验 ［J］. 管理世界, 2006 (10): 82 – 89.

［6］谭忠富，于超．基于 DEA 的我国能源消费结构效率实证研究［J］．电力经济，2008（9）．

［7］中国能源强度变化的结构与效率因素贡献——基于 AWD 的实证分析［J］．产业经济研究，2006（4）：68－74．

［8］姜磊，吴玉鸣．中国省域能源边际效率评价——来自面板数据的能源消费结构考察［J］．自然科学，2010（11）：2179－2185．

［9］杨洪亮，史丹．能源研究方法和中国各地区能源效率的比较［J］．经济理论与经济管理，2008（3）：12－21．

［10］姜磊、季民河．技术进步、产业结构、能源消费结构与中国能源效率——基于岭回归的分析［J］．当代经济管理，2011（5）：13－16．

［11］［13］Wei Chu and Shen Manhong. Energy Efficiency and Energy Productivity：A Provincial Comparison Based on DEA［J］. Journal of Quantitative & Technical Economics，2007（9）：110－121.

［12］魏楚、沈满洪．能源效率研究发展及趋势：一个综述［J］．浙江大学学报（人文社会科学版），2009，39（3）：55－62．

［14］魏一鸣等．中国能源报告（2006）——战略与政策研究［M］．北京：科学出版社，2006：31－42．

［15］郭凯，慈兆程．基于 ETFEE 指数的中国区域结构能源效率的实证研究［J］．宏观经济研究，2014，（10）：99－108．

［16］师博．能源消费、结构突变与中国经济增长：1952～2005［J］．当代经济科学，2007，29（5）：94－100．

［17］曾胜，靳景玉．能源消费结构视角下的中国能源效率研究［J］．经济学动态，2013（4）：81－88．

［18］吴琦，武春友．我国能源效率关键影响因素的实证研究［J］．科研管理，2010，31（5）：164－171．

［19］谭忠富，张金良．中国能源效率与其影响因素的动态关系研究．中国人口资源与环境，2010，20（4）：43－49．

［20］张瑞，丁日佳．我国能源效率与能源消费结构的协整分析［J］．煤炭经济研究，2006，（12）：8－10．

［21］郭菊娥，柴建等．一次能源消费结构变化对我国单位 GDP 能耗影响效应研究［J］．中国人口资源与环境，2008（4）：38－42．

［22］刘畅，孔宪丽等．中国工业行业能源消耗强度变动及影响因素的实证分析［J］．资源科学，2008，（9）：1291－1298．

［23］郑畅．能源效率的地区差异及其影响因素分析——以长江流域七省二市为实证［J］．江西社会科学，2009（9）：101－104．

［24］李激扬．中国省际能源效率影响因素的实证分析［J］．湘潭大学学报（哲学社会科学版），2011（7）：53－57．

［25］杨冕，杨福霞．中国能源效率影响因素研究——基于 VEC 模型的实证检验［J］．资源科学，2011，33（1）：163－168．

［26］余甫功．能源结构变化对能源效率作用研究——以广东为案例［J］．广西社会科学，2008（2）：65－71．

［27］兰静，秦开大．云南省能源结构变化与能源效率实证研究［J］．化工进展，2010（29）：34－39．

［28］路正南．产业结构调整对我国能源消费影响的实证分析［J］．数量经济技术经济研究，1999（12）：53－55．

［29］魏楚，沈满洪．结构调整能否改善能源效率——基于中国省级数据的研究［J］．世界经济，2008（11）：77－85．

中国工业聚集水平、环境规制强度与大气污染治理效果：理论模型与实证检验

徐志伟

（天津财经大学商学院　天津　300222）

一、问题提出与文献综述

长期以来，如何实现经济与环境协调发展一直是经济学界研究的焦点问题。发达国家大多采取"先污染，后治理"模式，20 世纪 40 年代美国爆发的"洛杉矶光化学烟雾事件"，50 年代英国爆发的"伦敦雾霾污染事件"和日本的"水俣病事件"都是特定阶段环境污染问题的集中体现。其后，这些国家通过加强环境立法、加大环境审查力度和提高环境保护投入等环境规制措施，逐步改善了环境质量。虽然一直在尽力避免重走"先污染，后治理"的老路，但在经济高速增长的同时，中国也面临着环境污染问题日益突出的现实。与此同时，随着环境规制力度逐渐加大，个别行业已出现污染物排放得到初步控制的迹象。例如，随着脱硫、脱销投资力度加大，作为工业 SO_2 排放第一大户的电力、热力生产和供应业，2012 年排放量较 2006 年的峰值下降了 1/3。"先污染，后治理"模式似乎在中国也得到了一定程度的印证。

对于"先污染，后治理"模式现有研究未给出明确定义，但对演进路径基本达成共识：经济发展初期，通过牺牲一定的环境质量形成经济聚集和产出增长，之后在聚集产生的财富效应基础上再通过加强环境规制进行环境治理，控制和减少污染物排放。"库茨涅茨曲线"、"污染避难所"、"环境竞次"假说都是基于不同视角，对"先污染，后治理"模式进行的理论诠释。

经济聚集、环境规制、环境污染是"先污染，后治理"模式涉及的三个主要变量，现有研究对其中"两两"关系进行了深入研究，但研究结论存在差异。对于环境规制与经济聚集关系，部分观点认为环境规制抑制了聚集的形成，即倾向于赞同"污染避难所"假说或"环境竞次"假说的存在（郭建万，2009；傅京燕，2010；Copeland，2012；侯伟丽，2013；赵霄伟，2014）。但也有学者认为，由于能够倒逼技术创新（Brunner，2003），吸引更多的 FDI 投资（史青，2014），环境规制未必会对经济聚集起到抑制作用（Eskeland，2003）。还有部分学者认为，环境规制与经济聚集之间并非简单的线性关系，而是呈现"U"形曲线（赵少钦，2013；赵霄伟，2014），同时二者关系还可能因地域不同而有所差异（王国印，2011；彭可茂，2013）。对于经济聚集与环境污染的关系，部分学者认为聚集引起产能扩张和能源消费需求增加，进而加重环境污染（Martin，2011）。但也有学者认为，聚集有利于加快环保技术扩散（沈能，2013）和产业结

［基金项目］国家社科基金青年项目"基于经济空间结构的河流污染跨区域协同治理研究"（14CGL032）。
［作者简介］徐志伟，天津财经大学商学院副教授，经济学博士。

构调整（刘军，2010），减少污染物排放。此外有研究发现，经济聚集与环境污染之间也可能存在非线性关系（李伟娜，2010；杨仁发，2015），甚至还有学者认为二者之间不存在长期因果关系（闫逢柱，2011）。与之对应，环境污染对产业集聚影响的研究结论相对统一。由于环境质量恶化将影响劳动力供给（赵连阁，2014），限制污染性企业对内转移（田东文，2006；马晾，2010），污染加重将导致经济聚集度的下降（Zeng，2009）。同时，也有学者从经济聚集和环境污染间存在的双向作用机制视角进行研究，发现经济聚集加重了环境污染，环境污染对经济聚集存在反向抑制作用（张可，2014）。对于环境规制与环境污染之间的关系，现有研究主要侧重于探究规制工具选择与污染治理效果间的关系（McGartland，1988；Baumol，2004；薛伟贤，2010），还有学者对教育水平、财政制度等外生变量可能产生的影响进行了分析（贺灿飞，2013；李斌，2015）。既有研究从不同侧面或多或少的对"先污染，后治理"模式有所涉及，但解释力仍存欠缺。主要原因在于：其一，未能清晰地给出"先污染，后治理"模式的理论逻辑；其二，未能将"先污染，后治理"模式涉及的经济聚集、环境规制、环境污染三个变量纳入统一的分析框架；其三，大多未能充分考虑变量间的内生性，也未能结合中国实际提供有效的实证检验。

考虑到工业聚集是经济聚集最重要和突出的表现形式（Ellison，2010），且对大多数污染物而言，工业生产是污染物产生的主要来源，将工业生产作为对象对"先污染，后治理"模式进行理论分析和实证检验更具代表性。本文将给出"先污染，后治理"模式的理论逻辑，并基于2001～2013年中国（除西藏和港澳台地区之外）30个省份的工业生产数据，对中国是否曾经或正在经历"先污染，后治理"发展模式及其实际效果进行实证检验。

二、理论路径与模型构建

（一）"先污染，后治理"理论路径

与产业聚集更多强调空间内具有相互关联的企业高度集中有所不同（Porter，1990），工业聚集更侧重于不同类型工业企业在特定空间上的集中，其实质是工业产出水平在特定空间范围上的反映。对于特定的地理空间 i 而言，由于空间面积 S 是给定的，工业聚集更多的与工业总产出密切相关。在不考虑空间面积 S 的情况下，"先污染，后治理"模式大致可划分为以下三个发展阶段：

第一阶段，地理空间 i 通过牺牲环境换取工业产出增长。此时，将污染物排放视作一种投入要素，则地理空间 i 存在[1]：

$$Y = Y(P) \tag{1}$$

其中，Y 表示特定空间上的工业产出，P 表示污染物排放量。如果存在 $Y_P > 0$，则表示该空间的聚集是一种以牺牲环境为代价的"肮脏聚集"，即采用了"先污染"模式。

第二阶段，随着空间内部产出水平的提高，政府有更多的资金投入到环境规制。此时，地理空间 i 存在环境规制函数：

$$G = G(Y) \tag{2}$$

其中，G 表示环境规制力度，如果存在 $G_Y > 0$，则表示该空间随着工业聚集度的增加，环境

---

[1] 为简化分析，理论模型分析阶段所有公式均省略角标 i。

规制力度开始加大，即"后治理"模式开始启动。

第三阶段，在生产技术和产业结构不变情况下，空间内部污染物排放水平将受到工业产出增加和环境规制力度加大的双重作用。因此，地理空间 i 存在污染物排放函数：

$$P = P(Y, G) \tag{3}$$

对于（3）式，理论上存在 $P_Y > 0$，$P_{YY} < 0$，$P_G < 0$，$P_{GG} < 0$，$P_{YG} < 0$。其中，$P_Y > 0$ 表示污染物排放水平与工业产出正相关，$P_G < 0$ 表示污染物排放水平与环境规制负相关。如果污染物排放函数满足可加性，则（3）式进一步具体为：

$$P = P_1 + P_2 = P(Y) + P(G) = P(Y) + P[G(Y)] \tag{4}$$

对式（4）微分，得到 $\frac{dP}{dY} = P'(Y) + P'(G) \cdot G'(Y)$。其中，$P'(Y)$ 和 $P'(G)$ 分别表示工业产出和环境规制对于污染物排放的边际影响，$G'(Y)$ 表示工业产出对于环境规制的边际影响，并且一般存在 $P'(Y) > 0$ 和 $P'(G) \cdot G'(Y) < 0$。当 $P'(Y) > P'(G) \cdot G'(Y)$ 时，随着工业产出的增加，空间内部污染物排放量仍然增加，"后治理"效果未能充分体现；当 $P'(Y) < P'(G) \cdot G'(Y)$ 时，空间内部污染物排放量开始逐步减少，"后治理"效果显现；一种特殊情况，当 $P'(Y) = P'(G) \cdot G'(Y)$ 时，工业产出对污染物排放的刺激作用和环境规制产生的抑制作用相互抵消。

现将研究拓展到空间面积大小不等的 n 个地区。此时，地理空间 i 的工业聚集度不仅受到自身产出水平影响，还与其空间面积 S 相关。在"先污染"条件下，地理空间 i 存在 $Y = AP^\alpha$。两边同时除以 S，可以得到 $y = Ap^\alpha S^{\alpha-1}$。其中，空间面积 S 为常数；$y = \frac{Y}{S}$，表示单位面积的工业产出，反映工业聚集度；$p = \frac{P}{S}$，表示单位面积上工业污染物排放量，反映污染强度。两边取对数可以得到 $\lg y = \alpha_0 + \alpha_1 p + (\alpha_1 - 1)S$。

将环境规制函数简化为 $G = BY^{\beta_1}$，两边同时除以 S，可以得到 $g = By^{\beta_1}S^{\beta_1-1}$。其中，$g = \frac{G}{S}$ 表示单位面积的环境规制投入，反映环境规制强度。两边取对数可以得到 $\lg g = \beta_0 + \beta_1 y + (\beta_1 - 1)S$。

将工业产出对于污染物排放的直接效应简化为 $P_1 = D_1 Y^{\gamma_1}$，两边同时除以 S，可以得到 $p_1 = D_1 y^{\gamma_1}S^{\gamma_1-1}$，其中 $p_1 = \frac{P_1}{S}$，对数式为 $\lg p_1 = \gamma_{01} + \gamma_1 y + (\gamma_1 - 1)S$。同时，工业聚集还会通过环境规制对污染物排放产生间接效应 $P_2 = D_2 G^{\gamma_2}$。同理，两边同时除以 S 可以得到 $p_2 = D_2 g^{\gamma_2}S^{\gamma_2-1}$，其中 $p_2 = \frac{P_2}{S}$，对数式为 $\lg p_2 = \gamma_{02} + \gamma_2 g + (\gamma_2 - 1)S$。在两种效应的共同作用下，地理空间 i 单位面积污染物排放的对数形式为 $\lg p = \gamma_0 + \gamma_1 y + \gamma_2 g + (\gamma_1 + \gamma_2 - 1)S$。如果存在 $\gamma_1 > 0$，$\gamma_2 < 0$，$\gamma_1 + \gamma_2 < 0$，表示污染物排放得到最终的控制，"后治理"取得实际效果。反之，如果存在 $\gamma_1 + \gamma_2 \geq 0$，则环境质量未得到改善，"后治理"无效。

（二）模型构建

综合理论模型分析，"先污染，后治理"模式本身就是一个包含工业聚集、环境规制、环境污染在内的经济系统，其中的变量相互依存、互为因果。因此，有必要通过联立方程解决变量之间存在的内生性问题。具体模型如下所示：

$$\begin{cases} \lg y_{it} = \alpha_0 + \alpha_1 p_{it} + (\alpha_1 - 1)S_i + \alpha\sum X_{it} + \mu_i + \varepsilon_{it} \\ \lg g_{it} = \beta_0 + \beta_1 y_{it} + (\beta_1 - 1)S_i + \beta\sum Z_{it} + \eta_i + \nu_{it} \\ \lg p_{it} = \gamma_0 + \gamma_1 y_{it} + \gamma_2 g_{it} + (\gamma_1 + \gamma_2 - 1)S_i + \gamma\sum U_{it} + \tau_i + \upsilon_{it} \end{cases} \tag{5}$$

其中，除已定义变量外，$\sum X$、$\sum Z$ 和 $\sum U$ 分别代表聚集方程、规制方程和污染方程的控制变量。综合既有研究，$\sum X$ 包括对外开放程度 open、技术水平 tech、交通便利程度 traf、市场化程度 mark、工业内部结构 stru；$\sum Z$ 包括对外开放程度 open、经济发达程度 deve、财政状况 fina、受教育程度 educ；$\sum U$ 包括对外开放程度 open、技术水平 tech、工业内部结构 stru、能源消耗 ener。μ_i、η_i 和 τ_i 表示个体效应，ε_{it}、ν_{it} 和 υ_{it} 表示随机扰动。

在变量选取上，本文以 2001~2013 年中国（除西藏和港澳台地区之外）30 个省份面板数据为样本进行实证研究。数据主要来源于《中国统计年鉴》、《中国环境统计年鉴》、《中国工业经济统计年鉴》和《中国科技统计年鉴》。

对于内生变量，工业聚集程度 y 用各省规模以上工业企业总产值与土地面积比值度量；环境规制强度 g 用各省治理工业废气投资完成金额与土地面积比值度量，并采用工业生产者价格指数对工业企业总产值和投资完成金额进行平减。环境污染程度 p 用省际工业废气排放量与各省土地面积比值度量。对于其他变量，open 用省际 FDI 与 GDP 比值度量，tech 用劳均专利授权数度量，traf 用单位面积公路里程度量，mark 用非国有企业就业人数占比度量，stru 用轻重工业比度量，deve 用指数平减后人均可支配收入度量，fina 用财政收入与 GDP 比值度量，educ 用每十万人在校大学生人数度量，ener 用万元 GDP 电力消耗度量。

三、实证结果与分区讨论

（一）实证结果

为了克服模型可能存在的异方差性，本文选择三阶段最小二乘法（3SLS）对（5）式进行估计，具体结果如表 1 所示。

首先，对于聚集方程，工业废气排放强度对于工业聚集具有显著正向影响，工业废气排放强度每增加 1%，可以使工业聚集程度约增加 1.43%。结果意味着过去十余年间，中国的工业聚集更多是一种通过"先污染"而获得的"肮脏聚集"。此外，FDI 占 GDP 比重、劳均专利授权数量度量、非国有企业就业人数占比度量和轻重工业比重对于工业聚集也有正面影响。上述变量每增长 1%，工业聚集程度将分别增长 0.48%、0.43%、2.68% 和 0.38%。结果意味着经济外向型程度增加、技术水平提升、市场化程度提高和轻工业发展也是形成工业聚集的重要因素。

其次，对于规制方程，实证结果显示工业聚集度上升确实会引起环境规制力度的加大，从而印证了模型构建部分提出的 $G_Y > 0$ 假设。但同时也应注意到，工业聚集程度每增长 1%，环境规制强度仅能够增长 0.67% 左右，其幅度仍然落后于工业聚集的增加幅度。同时，FDI 占 GDP 比重每增长 1%，环境规制强度将下降 0.45%。也就是说，通过放松环境规制吸引外资的情况在中国确实是存在的，结果从侧面支持了"污染避难所"假说。人均可支配收入每增加 1%，环境规制强度将下降 0.05%，这可能与部分经济发达地区已经度过环境治理投资高峰有关。此外，受教育程度与环境规制强度之间存在显著正相关关系。随着居民整体素质的提高，人们对其生活所处环境质量会提出更高要求，客观上倒逼环境规制强度的提升。

最后，污染程度受工业聚集与环境规制的双重影响。其中，工业聚集程度每增长 1%，工业废气排放强度将增长 0.96%。与之对应，环境规制强度每增长 1%，工业废气排放强度将下降 0.18%。通过比较可以发现，虽然规制强度的增加在一定程度上抑制了环境质量的进一步恶化，但其仍不足以抵消工业聚集所带来的"污染效应"。再加上规制方程结果已经显示环境规制强度的增长落后于工业聚集程度的增加，因此在二者双重作用下中国环境质量持续恶化的局面依然难以根本扭转。此外，FDI 占 GDP 比重每增加 1%，工业废气排放强度将下降 0.35%。结果说明，FDI 比重的增加反过来却能够在一定程度上抑制污染物排放的增长。同时，劳均专利授权数量的增加和轻工业所占比重的提升也能够在一定程度上抑制工业废气排放。其中，劳均专利授权数量每增加 1%，工业废气排放强度将下降 0.30%；轻重工业比重每增加 1%，工业废气排放强度将下降 0.20%。能源消耗依然是产生大气污染的重要因素，万元 GDP 电力消耗量每增加 1%，工业废气排放强度将增长 0.15% 左右。

表 1　模型整体估计结果

聚集方程		规制方程		污染方程	
变量	估计值	变量	估计值	变量	估计值
常数项	-2.963*** (-3.373)	常数项	-7.735*** (-8.412)	常数项	-0.478 (-0.613)
p	1.430*** (14.183)	y	0.672*** (14.088)	g	-0.184*** (-5.597)
open	0.476*** (5.949)	open	-0.454*** (-6.989)	y	0.956*** (20.819)
tech	0.443*** (9.263)	deve	-0.049** (-1.975)	open	-0.346*** (-10.960)
traf	-0.061 (-1.563)	fina	0.000 (0.004)	tech	-0.297*** (-6.876)
mark	2.678** (2.117)	educ	0.281** (2.430)	stru	-0.198*** (-4.985)
stru	0.377*** (5.077)			ener	0.154** (2.229)
R-Squared	0.920	R-Squared	0.763	R-Squared	0.920

注：***、**和*分别表示能够在 1%、5% 和 10% 的水平上通过显著性检验。

综上所述，过去十余年中国工业发展实践证明，环境污染、工业聚集、环境规制三者之间确实存在显著的相互作用关系，"先污染，后治理"的发展模式也普遍存在。但由于环境规制强度仍有不足，规制效率也有待提升，工业污染日益严重的局面仍然没有得到根本扭转，环境规制效果仍有待显现。

（二）分区比较

本文将通过工业聚集、环境规制、环境污染三个变量不同区际作用关系的比较，以研究"先污染，后治理"模式在不同区域发生的变化。如表 2 所示，东部地区单位面积上的污染物排放强度对于工业聚集并没有显著性影响，而中西部地区的聚集仍然更多地依赖于环境污染形成的"肮脏聚集"，且西部地区"肮脏聚集"强度大于中部地区。工业聚集在东、中、西部地区都会对环境规制强度产生正向影响，聚集程度每增加 1%，东部地区的环境规制强度将增加 0.81%，中部地区增加 0.85%，西部地区增加 0.59%，西部地区的边际增量也要低于中东部地区。进一步分析，虽然工业聚集均会引起东部、中部、西部地区环境规制强度的增加，但其规制效果却存在明显差异。环境规制对于东部地区工业废气排放具有明显的抑制作用，环境规制强度每增加1%，工业废气排放量将减少0.78%。但环境规制对中部地区虽然会产生负向作用但影响并不显著，而在西部地区环境规制基本是无效的。由此判断，东部地区不仅逐步摆脱了"先污染"的工业发展模式，并且"后治理"的实施效果也最为明显。但中西部地区仍处于"先污染，后治理"过程中，实际治理效果也并不明显，且这一点在西部地区表现尤为突出。

表 2　模型分区估计结果

东部地区					
聚集方程		规制方程		污染方程	
变量	估计值	变量	估计值	变量	估计值
常数项	-4.485 *** (-6.687)	常数项	-11.656 *** (-7.253)	常数项	-10.013 *** (-4.775)
p	0.006 (0.044)	y	0.811 *** (12.040)	g	-0.781 *** (-8.979)
open	-0.104 (-1.070)	open	-0.629 *** (-4.958)	y	1.459 *** (16.008)
tech	0.223 *** (2.929)	deve	-0.078 ** (-2.529)	open	-0.771 *** (-10.747)
traf	0.644 *** (6.037)	fina	-0.414 * (-1.694)	tech	-0.415 *** (-5.512)
mark	-0.542 *** (-5.243)	educ	0.474 *** (2.709)	stru	-0.534 *** (-8.944)
stru	-0.113 (-0.922)			ener	0.846 *** (4.031)
R - Squared	0.941	R - Squared	0.719	R - Squared	0.686
中部地区					
聚集方程		规制方程		污染方程	
变量	估计值	变量	估计值	变量	估计值
常数项	3.579 *** (3.500)	常数项	-1.111 (-0.483)	常数项	-9.427 *** (-4.443)
p	0.696 *** (7.654)	y	0.845 *** (5.675)	g	-0.165 (-1.367)
open	-0.420 *** (-3.210)	open	-0.420 * (-1.941)	y	0.900 *** (7.408)
tech	0.407 *** (7.602)	deve	-0.185 *** (-3.151)	open	-0.182 ** (-2.425)
traf	0.077 (1.279)	fina	1.340 *** (3.572)	tech	0.198 *** (2.885)
mark	-1.475 *** (-5.556)	educ	-0.122 (-0.394)	stru	-0.020 (-0.326)
stru	-0.382 *** (-3.144)			ener	1.394 *** (7.294)
R - Squared	0.920	R - Squared	0.634	R - Squared	0.914

西部地区					
聚集方程		规制方程		污染方程	
变量	估计值	变量	估计值	变量	估计值
常数项	-2.921*** (-2.783)	常数项	-3.297** (-1.983)	常数项	-0.532 (-0.289)
p	1.374*** (6.778)	y	0.583*** (5.934)	g	0.113 (1.053)
open	0.127 (0.937)	open	-0.082 (-0.629)	y	0.728*** (5.014)
tech	0.132*** (3.139)	deve	-0.076 (-1.447)	open	-0.179*** (-3.582)
traf	-0.045 (-0.757)	fina	0.705* (1.780)	tech	0.049 (0.650)
mark	-0.201 (-0.846)	educ	0.255 (0.102)	stru	-0.029 (-0.597)
stru	-0.204*** (-2.715)			ener	0.341** (2.785)
R - Squared	0.900	R - Squared	0.739	R - Squared	0.955

注：***、**和*分别表示能够在1%、5%和10%水平上通过显著性检验。

此外，对于聚集方程，经济外向型程度会对东部和西部地区工业聚集作用并不显著，而在中部地区会产生负向影响。技术水平在所有区域都会对工业聚集会具有正向影响，其中在中部地区的影响系数最高。东部地区的交通环境的改善有利于东部地区工业聚集的形成，国有工业和重工业比例的增加分别会促进中东部地区和中西部地区的工业聚集。对于规制方程，FDI占GDP比重和人均可支配收入的增加会削弱中东部地区的环境规制强度。财政收入占GDP比重的增加会对不同地区产生明显不同的影响。其中，东部地区表现为环境规制强度的下降，中西部地区表现为规制强度的上升。该结论进一步验证了前文关于"部分经济发达地区已经度过环境治理投资高峰"的判断。只有在东部地区，居民受教育水平的增加才会引起更高的环境规制强度，其在中西部地区并不会产生明显的作用。对于污染方程，外向型经济对工业污染的抑制作用在东部地区表现最为明显，劳均专利授权数量提升和轻工业占比增加在一定程度上也可以抑制东部地区工业废气排放强度。能源消耗的增加会导致所有地区工业污染物排放量的上升。其中，中部地区的上升幅度最大，东部次之，西部最低。

四、研究结论与政策建议

（一）研究结论

从整体角度看，工业聚集、环境污染与环境规制之间的内生关系表明，中国确实采取了"先污染，后治理"的发展模式。环境污染促进"肮脏"的工业聚集，反过来工业聚集又带来更多环境污染。虽然迫于环境压力环境规制强度有所增加，并能够对环境污染有一定的抑制作用，但总体来说环境规制力度较小、效率欠佳，工业聚集带来的污染效应远大于规制效应。

从地区角度看，西部地区依靠污染物排放形成的"肮脏聚集"特征最为明显，中部地区次之。与之对应，东部地区污染物排放则对于工业聚集没有显著影响，说明东部地区已经基本走出"先污染"的发展模式。此外，虽然工业聚集都会引起环境规制强度的增加，但西部地区的增加幅度要小于中东部地区。虽然东部地区环境规制对于污染物排放的抑制作用仍然小于工业聚集产生的刺激作用，但其规制效率仍旧高于中西部地区。令人担忧的是，中西部地区虽然采取了"先污染"的发展方式，但其"后治理"的效果并没有体现。

对于其他影响因素，虽然中国存在"污染避难所"形成条件，但最终结果显示，提高对外开放水平、促进外商直接投资给中国带来更多的是"干净"的聚集。此外，技术水平提升、轻工业和非国有工业发展也有利于促进工业聚集的形成。在环境规制强度方面，地区受教育水平对加强环境规制起到"倒逼作用"，而外向型聚集发展和经济发达程度则对工业聚集形成一定的抑制作用。在污染治理方面，加大经济开放程度、提升技术水平和"去重工业化"有利于降低污染物排放。同时，能源消耗拉动环境污染的作用明显，说明中国工业发展方式仍显粗放，在能源"高投入"的同时不可避免地带来环境的"高污染"。

（二）政策建议

（1）加大环境规制投入力度，提高环境规制治理效率。近年来，中国环境规制投入增长速度持续低于工业聚集带来的产值提升速度，因此从"量"上来说中国环境规制投入力度远远不够。再加之环境规制效率也偏低，中国污染治理存在"总量不足"与"效率偏低"并存的双重困境。因此，一方面要加大环境规制的投入力度，使污染治理的资金投入应至少与工业聚集带来的产出提升速度持平，甚至更高；另一方面还要注重提升污染治理效率，在资金投入上从"重规模"到"重效果"，在政府监管上从"重上前投入"到"重效果考核"；继续完善并推广"将环境规制治理效率以量化的指标形式纳入地方政绩考核体系，并赋予其与GDP同等地位"的政绩考核方法；逐步探索实行"环保垂直监管体系"，将环保管理局从地方政府剥离出来，从"质"上提高环境规制治理效率。

（2）重点加强中西部地区污染治理投入和技术扶持力度。中西部地区存在经济发展程度、环境规制投入和治理效率水平"三低"并存现象，短期内完全依靠其自身力量很难取得"后治理"的实际效果。因此，在加大中央政府投入的同时，可以考虑通过加大东部地区对中西部地区的资源补偿力度，从"硬件"方面对中西部地区环境保护工作进行必要的资金和设备支持；从"软件"方面，加大规制管理技术的示范溢出效应，提升中西部地区环保资金和设备的使用效率，尽快缩小中西部地区与东部地区在治理效率方面的既有差异。

（3）继续吸引"干净"FDI进入，推动清洁工业发展。地方政府要严格控制FDI的进入类型，积极引进两类性质的FDI：一是用于高端制造业的FDI，在其引入过程中，学习先进的生产方式，逐步替换中国处于低端的污染制造业；二是从事环保企业的FDI，利用其示范溢出效应，学习先进的环保治理技术和成功经验，并学以致用，服务于中国清洁经济的发展。因此，地方政府应继续通过出口优惠、税收优惠、政府补贴优惠等政策，为吸引能稀释中国环境污染浓度的清洁FDI创造有利条件。

（4）提高生产技术水平，调整优化产业结构。技术水平不仅对工业聚集的形成具有显著影响，还有利于降低工业聚集过程中的污染物排放水平。因此，技术水平具有"聚集形成"与"污染治理"的双重功效。因此，政府应大力支持企业的技术创新活动，鼓励高附加产值、低污染产业发展，助力改造传统产业、淘汰落后产业、扶持新兴产业，最终实现以技术吸引工业聚集和产值的扩张。

（5）严格控制能源消耗，逐渐推广清洁新能源。工业生产活动中，能源消耗是造成环境污染最重要的原因。中国以煤炭火力发电为主要的能源消耗，在带来经济增长的同时，也带来了严重的环境污染。为实现中国经济长足发展，地方政府应贯彻执行中央政府下达的节能减排任务，提高能源利用效率，在"保障合理用能、激励节约用能、限制过度用能、淘汰落后用能、确保民生用能"的基础上严格控制能源消耗。与此同时，地方政府也应因地制宜积极推广新能源，如中国西北部地区和东部沿海地区推广风能发电，西南地区推广水力发电，其他地区更多地推广太阳能和其他可替代新能源的使用。

参考文献

[1] Baumol W. J. Oates W. E. The Theory of Environmental Policy [M] . Cambridge, England：Cambridge University Press, 2004：286 – 287.

[2] Brunner S., A. Cohen. Determinants of Environmental Innovation in US Manufacturing Industries [J] . Journal of Environmental Economics and Management, 2003（2）：278 – 293.

[3] Copeland B. International Trade and Green Growth [EB/OL] . http：//papers. ssrn. com, 2012.

[4] Cole M. A., R. Elliott. Determining the Trade Environment Composition Effect：The Role of Capital, Labor and Environment Regulation [J] . Journal of Environmental Economic and Management, 2003（3）：363 – 383.

[5] Eskeland G., A. Harrison. Moving to Greener Pastures? Multinationals and the Pollution Haven Hypothesis [J] . Journal of Development Economics, 2003（1）：1 – 23.

[6] Ellison, G., G. Edward, L. Kerr, R. William. What Causes Industry Agglomeration? Evidence from Coagglomeration Patterns [J] . The American Economic Review, 2010（3）：1195 – 1213.

[7] Grehter, J. M., Melo, J. D., Globalization and Dirty Industries：Do Pollution Havens Matter? [J] . CEPR Discussion Paper, 2003.

[8] McGartland A. M. A. Comparison of Two Marketable Discharge Permits Systems [J] . Journal of Environmental Economics and Management, 1988（1）：35 – 44.

[9] Zeng D., L. Zhao, Pollution Havens and Industrial Agglomeration [J] . Journal of Environmental Economics and Management, 2009（2）：141 – 153.

[10] 包群, 邵敏, 杨大利. 环境规制抑制了污染排放吗? [J]. 经济研究, 2013（12）：42 – 54.

[11] 钞小静, 任保平. 中国经济增长质量的时序变化与地区差异分析 [J]. 经济研究, 2011（4）：26 – 40.

[12] 傅京燕, 李丽莎. FDI、环境规制与污染避难所效应——基于中国省级数据的经验分析 [J]. 公共管理学报, 2010（3）：65 – 74 + 125 – 126.

[13] 郭建万, 陶锋. 集聚经济、环境规制与外商直接投资区位选择 [J]. 产业经济研究, 2009（4）：29 – 37.

[14] 贺灿飞, 张腾, 杨晟朗. 环境规制效果与中国城市空气污染 [J]. 自然资源学报, 2013（10）：1651 – 1663.

[15] 侯伟丽, 方浪, 刘硕. "污染避难所"在中国是否存在? ——环境规制与污染密集型产业区际转移的实证研究 [J]. 经济评论, 2013（4）：65 – 72.

[16] 刘军, 徐康宁. 产业聚集、经济增长与地区差距——基于中国省级面板数据的实证研究 [J]. 中国软科学, 2010（7）：91 – 102.

[17] 李玲, 陶锋. 中国制造业最优环境规制强度的选择——基于绿色全要素生产率的视角 [J]. 中国工业经济, 2012（5）：70 – 82.

[18] 李超, 覃成林. 要素禀赋、资源环境约束与中国现代产业空间分布 [J]. 南开经济研究, 2011（4）：123 – 136.

[19] 李斌, 李拓. 环境规制、土地财政与环境污染——基于中国式分权的博弈分析与实证检验 [J]. 财经

论丛，2015（1）：99－106.

[20] 李树，翁卫国. 中国地方环境规制与全要素生产率增长——基于地方立法和行政规章实际效率的实证分析 [J]. 财经研究，2014（2）：19－29.

[21] 李伟娜，杨永福，王珍珍. 制造业集聚、环境污染与节能减排 [J]. 经济管理，2010（9）：36－44.

[22] 马暕，郑露. 中西部承接产业转移对接点分析 [J]. 华东经济管理，2010（10）：52－54.

[23] 彭可茂，席利卿，雷玉桃. 工业的污染避难所区域效应——基于2002～2012年工业总体与特定产业的测度与验证 [J]. 中国工业经济，2013（10）：44－56.

[24] 屈小娥. 1990～2009年中国省际环境污染综合评价 [J]. 中国人口资源与环境，2012（5）：158－163.

[25] 沈能，刘凤朝. 高强度的环境规制真能促进技术创新吗？——基于"波特假说"的再检验 [J]. 中国软科学，2012（4）：49－59.

[26] 史青. 外商直接投资、环境规制与环境污染——基于政府廉洁度的视角 [J]. 财贸经济，2013（1）：93－103.

[27] 田东文，焦旸. 污染密集型产业对华转移的区位决定因素分析 [J]. 国际贸易问题，2006（8）：120－124.

[28] 王国印，王动. 波特假说、环境规制与企业技术创新——对中东部地区的比较分析 [J]. 中国软科学，2011（1）：100－112.

[29] 薛伟贤，刘静. 环境规制及其在中国的评估 [J]. 中国人口资源与环境，2010（9）：70－77.

[30] 杨仁发. 产业集聚能否改善中国环境污染 [J]. 中国人口资源与环境，2015（2）：23－29.

[31] 闫逢柱，苏李，乔娟. 产业集聚发展与环境污染关系的考察——来自中国制造业的证据 [J]. 科学学研究，2011（1）：79－83.

[32] 张学刚，王玉婧. 环境库兹涅茨曲线——内生机制抑或规制结果？ [J]. 财经论丛，2010（4）：7－12.

[33] 张可，汪东芳. 经济集聚与环境污染的交互影响及空间溢出 [J]. 中国工业经济，2014（6）：70－82.

[34] 赵连阁，钟搏，王学渊. 工业污染治理投资的地区就业效应研究 [J]. 中国工业经济，2014（5）：70－82.

[35] 赵霄伟. 环境规制、环境规制竞争与地区工业经济增长——基于空间Durbin面板模型的实证研究 [J]. 国际贸易问题，2014（7）：82－92.

[36] 赵少钦，张海军，张潇潇. 环境规制影响中国产业集聚的效应分析 [J]. 广西民族大学学报（哲学社会科学版），2013（10）：115－119.

低碳排放经济对中国出口贸易影响研究

徐学柳　　迪达尔

（大连理工大学　大连　116024）

一、研究背景

人类经济迅速发展的今天，全球气候变暖已经逐步成为人类面临的重大挑战，对我们造成严重威胁。特别是在此背景下国际贸易的全球化发展，使得产品的生产和销售可以在不同地方发生，在一国消费的产品很可能是世界其他地方生产，并通过贸易得来，而自然资源消耗和污染排放对环境的破坏又主要在生产过程中发生，从而留在生产国。因此，国际贸易可能会给生产国在能源利用上带来严重影响，使生产国的环境状况遭受一定程度的扭曲（谢守红，2013）。

鉴于我国正处于工业化发展阶段，并且我国近期经济快速发展都是先污染环境，再治理污染的不可持续发展方法。我国是一个新兴市场国家，中国长期沿用的高能耗、高污染且产出低的增长方式，让我国的资源和环境承受着巨大的压力。我国的出口业长期依赖于资源密集型产品，导致我国的外贸结构发展趋向与盛行的低碳经济发展的潮流截然相反，所以转变我国经济增长方式，调整我国出口产业贸易结构（施用海，2011），就成为当前中国实现经济与环境相协调并维持经济可持续发展的迫切要求。

由于我国不同地区在经济发展、贸易开放程度、产业结构等方面有较大差异，这些因素都会对碳排放量产生不同程度的影响。因此，定量分析中国碳排放的变化趋势与地区差异，揭示不同经济因素对全国及各省市碳排放的影响效果，将有利于中国在认清经济增长的同时，国际贸易的扩张给资源环境带来的惨重代价，以便我们更好地制定应对措施。

目前，国内学者在研究环境与贸易之间的问题都是围绕污染水、二氧化硫等污染物与贸易开放程度进行的，而二氧化碳排放量的数据在各大数据库中都没有直接给出，需要运用一定的方法测算出来，本文正是基于此，测算出了我国 30 个省份的二氧化碳排放量，并运用规范分析与实证分析相结合的方法先分析低碳经济对国际贸易的影响，然后借鉴 ACT 模型，将人均收入、外贸出口额、资本劳动比、城市化程度等因素纳入计量范围，进行回归分析，得出我国二氧化碳排放量与对外贸易出口额之间关系。最终综合以上规范分析和实证分析，对我国出口贸易该如何发展提出对策，并提出我国面对低碳经济的方针和政策。

［项目简介］此论文由大连理工大学基本科研业务费引进人才科研启动项目（DUT13RC（3）），辽宁省科技厅博士科研启动基金项目（20141020），大连市社科院一般项目（dlskyb2014004）资助完成。

［作者简介］徐学柳、迪达尔，大连理工大学管理与经济学部。

二、国内外相关研究

20 世纪 80 年代以后，经济与环境之间相互影响的问题备受瞩目。最初开始对贸易、经济与环境关系的关注是国际上第一次提出的"环境库茨涅茨曲线"（简称 EKC），认为环境质量与经济增长之间呈现倒 U 型曲线关系（Grossman，1990）。最开始对国际贸易与环境之间关系进行研究的经济学家则把国际贸易对环境的影响作用拆分为规模效应、结构效应和技术效应三个方面，国际贸易对环境的综合影响取决于三种效应平衡后的净效应，这三种作用的合力决定了环境库茨涅茨曲线（KFC）的斜率和形状（Grossman G. M.，Krueger A. B.，1991）。1994 年 OECD 组织在此基础上深化 Grossman 和 Krueger 的理论，认为产品效应、技术效应、结构效应与规模效应才是国际贸易对环境的真正效应。

紧接着，南北贸易模型的出现，对国际贸易的环境效应进行了深入分析，并得出贸易自由化产生的规模效应对各国环境均有害的结论。"污染迁移假说"指明在开放经济条件下，贸易自由化会使能源与污染密集型产业更倾向于建立在环境标准较低的国家和地区（Colpeland B. R.，Taylor M. S.，1994）。

在南北贸易模型的基础上，一些学者通过引入要素禀赋差异构建了一个基于开放经济条件下的一般均衡模型（ACT 模型），将贸易开放程度、人均收入、资本劳动比、人口密度等多种变量纳入模型进行实证分析，得出技术正效应超过规模负效应的结论，但总体结构效应具有不确定性：一方面，结构效应使更具污染性产品大多出自资本充裕国家，这意味着比较优势在很大程度上依赖传统生产要素禀赋；另一方面，世界最落后国家污染物排放量增加，环境政策的放松使得污染密集型产业集中到更穷的国家，但贸易自由化总体上减少了环境污染（Antweiler W.，Copeland B. R.，Taylor M. S.，2001）。

自此之后，该模型逐渐成为研究自由贸易环境效应的经典模型，后来许多学者在 ACT 模型的基础上，对其进行修正，如一部分学者选择了 SO_2、NO_x、CO_2 和 BOD 四种污染物作为因变量进行实证分析，得出贸易对不同污染物影响效应不同（Cole M. A.，Elliott R. J. R.，2003）；另一部分学者选择了地理、语言等因素作为贸易开放的工具变量，发现贸易开放是否有益取决于不同污染物的类型和国家类型（Managi S，Hibiki A，Tsurumi T，2009）；还有研究者选择 COD 和 SO_2 两种污染物作为环境污染指标进行实证分析发现，贸易开放导致收入水平提高，进而通过技术效应降低了中国污染排放的水平（Jayanthakumaran K，Liu Y，2012）。

国内学者相关研究主要基于 ACT 模型，使用中国相关的环境指标和经济指标，运用多种估计方法实证分析贸易开放对环境的影响，并验证 EKC 曲线在中国的适应性。如基于时间序列数据，利用自回归分布滞后模型，对中国外贸依存度、人均收入、能源消费与碳排放四种因素之间的动态关系进行实证分析，得出它们之间存在长期均衡关系，外贸依存度与碳排放存在显著正相关结论（陶长琪、宋兴达，2010）；基于 1997~2008 年中国的省级面板数据，采用静态和动态面板模型进行实证分析，研究了贸易开放对中国碳排放的影响，结果表明，中国贸易开放提高了中国碳排放量和碳排放强度，EKC 曲线在中国是成立的（李锴、齐绍洲，2011）；采用人均碳足迹作为生态环境指标，利用中国 2000~2010 年的省级面板数据，基于区域层面，将贸易开放、经济增长、要素禀赋、环境规制及城市化五种因素纳入计量分析，对贸易开放的生态环境影响进行实证分析（汪凌志，2013）等。

三、低碳经济角度下对外贸易的现状

哥本哈根气候大会的成功召开，使得"低碳经济"成为各国的热门话题，在全球经济飞速增长的同时，世界潮流也正在朝着低碳经济方向发展。但是，在人们讨论低碳经济时，似乎更偏好于国民经济和产业经济在低碳经济下的发展方向（施用海，2011），而低碳经济对于越来越被人们重视的国际贸易的影响却似乎被人们忽略掉。

低碳经济是指一国在低排放、低能耗的前提下进行低污染生产的社会经济模式，其对国际贸易的影响主要表现在以下几个方面：

（一）国际贸易格局将得到转变

随着低碳经济的快速发展，国际贸易的格局将得到转变。在商品贸易格局方面，如新能源和材料所生产的低污染、低排放的低碳商品将成为国际贸易商品中的主流产品，而化石能源等生产的污染高、碳含量排放高的商品在国际贸易产品中的比重逐渐下降。

从地区角度来看，能源消耗、污染排放等不利于低碳经济发展的行为都是在商品的生产过程中产生的，因此，国际贸易可能会使生产国环境状况遭到一定程度的恶化。发达国家已经基本完成了从高能耗、高排放到低排放、低污染的转变，在国际贸易竞争中处在非常有利地位；而对于不发达国家和新兴国家来说，其在国际贸易竞争中将处于不利地位（焦芳，2011）。它们有可能被强制接受减排义务，使碳含量高的产品遭遇限制。

（二）创新碳金融，拓宽服务贸易领域

碳金融是指与碳有关的一些金融活动。有学者认为，碳金融是指为了减少温室气体（如二氧化碳等）排放而采取的一系列金融制度和交易活动，主要包括对与低碳经济有关的低碳项目以及相关活动的投资、贸易中碳排放权交易和对其衍生品的投资等（郇志坚、李青，2010）。世界各国，包括发达国家和新兴国家都十分青睐碳金融，因为碳金融可以起到推动低碳经济发展的作用。所以可以想象，碳金融的创新将会使碳金融成为国际服务贸易的一部分。

（三）低碳经济将会加强技术革命和创新

低碳经济将会使各国都实行技术革新和创新，会使国际的技术流通和技术转让加强，由于欧美日发达国家和地区比发展中国家更早地就认识到了积极发展低碳经济的好处和必要性，欧盟早在 20 世纪后期就已经开始大量投资环保技术领域，研发新能源和新环保技术；日本将节能减排以及发展可替代能源作为研发核心等，因此，发达国家处于优势地位，使发展中国家以更高价格购买发达国家的新能源、技术、设备和产品，从而构成与发展中国家之间的新的技术差别，拉开技术差距，使发展中国家的贸易条件恶化。

（四）发展中国家在贸易中面临发达国家的贸易壁垒

发达国家制定的与低碳经济相关的贸易措施，将对欠发达国家的贸易发展不利，这很有可能会直接引起发达国家与欠发达国家之间一系列的贸易摩擦（再娜甫·依米提，2010）。

其一是碳标签。碳标签就是把产品在原料、生产、使用、废弃到回收整个过程中所产生的温室气体排放量用标签形式标示出来，并体现在产品量化指标上，从而使消费者更加了解产品的碳

指标。关于碳标签的制定和认证都由发达国家和地区制定有利于他们自己的单边贸易措施（黄河，赵仁康，2010）。其二是碳关税。目前，越来越多的国家在国内引入碳关税，虽然有学者在研究碳关税与 WTO 规则符合性后发现，其与 WTO 所制定的多边贸易规则存在着冲突，但是发展中国家被迫接受碳关税的可能性还是存在的。并且碳关税的征收将使出口产品的价格上升，出口量减少（再娜甫·依米提，2010），受影响最大、最直接的将会是像中国那样的欠发达国家和一些新兴市场国家这些出口大国的出口商。

四、我国出口贸易与碳排放量之间关系的实证研究

低碳经济主要分析温室气体的主要构成气体二氧化碳的排放量，因此，在这里用二氧化碳排放量来代替碳排放量进行分析。

（一）影响我国二氧化碳排放量的因素分析

1. 人口因素

人口是引起二氧化碳排放量变化的不可忽视的影响因素，表 1 是我国 2003～2011 年人口增长与碳排放量增长之间的比较。从表 1 中可以看出，人口增加确实增加了我国碳排放量，因为人口增加会使各类能源的消费需求增加，从而加剧二氧化碳的排放。

表 1　我国人口与碳排放量比较　　　　　　　　　　单位：万人；万吨

项目	2003 年	2004 年	2005 年	2006 年	2007 年	2008 年	2009 年	2010 年	2011 年
人口	129, 227	129, 988	130, 756	131, 448	132, 129	132, 802	133, 450	134, 091	134, 735
碳排放量	482953	560729	648807	715874	780113	818630	866104	945636	1051791

资料来源：《中国统计年鉴》。

2. 人均收入

经济增长是这些年影响碳排放量快速增长的最主要的因素之一，经济增长的直接表现形式就是人均收入的增加，即人均 GDP。国际上已有大量的文献用环境的库兹涅茨曲线来检验环境污染与人均收入之间的关系——倒 U 型关系，大多数学者都认为随着经济增长，环境的污染程度会加剧，但是在收入增加之后，人们对环境清洁的需求也会增加。

图 1 为 2003～2011 年我国碳排放量与人均 GDP 的比较图，可以看出人均 GDP 与我国的碳排放量有正相关的关系，碳排放量的增长速度与人均 GDP 的增速基本一致。但对于 EKC 曲线是否在我国适用，将在以后说明。

3. 出口贸易因素

随着全球化进程不断发展，国际的贸易得到了空前发展，尤其是近几年来，我国已经成为世界第一大出口国，但是由于我国出口贸易结构的不合理，货物贸易比重过大，出口的多是资本劳动密集度高、高能耗的低端制成品等，使得我国的二氧化碳排放量迅速增长。

如图 2 所示，2003～2011 年，我国贸易出口额与二氧化碳排放量均呈现增长，并且增长趋势一致。如图 3 所示，贸易出口额与碳排放量的增长率在整体上都表现为先下降后增长的趋势，并且均在 2008 年达到了增长率的最小值。原因可能有以下几点：首先，2008 年爆发的金融危机直接使欧美日经济的增长速度放缓，作为我国出口产品的主要对象，导致了我国出口厂商的出口

订单数减少；其次，由于到 2008 年全球原油价格一直在上升，所以使得我国出口企业的经营成本也在持续上升；最后，从 2006 年开始，人民币对美元和欧元的汇率一直处于上升趋势，尤其是在 2007 年和 2008 年上升的幅度最大，人民币大幅升值造成我国出口扩张减缓。而我国碳排放量增长率的变化与出口额增长率的变化是基本一致的，可以看出出口是影响碳排放量变化的一个重要因素。

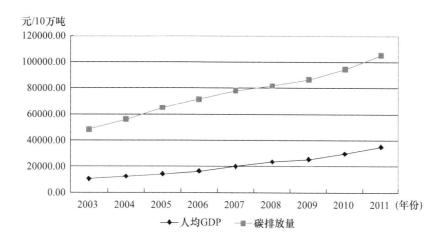

图 1　2003～2011 年我国碳排放量与人均 GDP 的比较

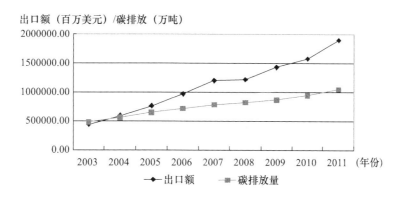

图 2　2003～2011 年我国出口额与碳排放量总量的变化对比

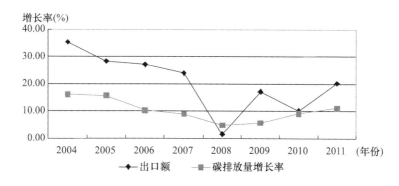

图 3　2003～2011 年我国出口额与碳排放量增长率变化对比

资料来源：《中国统计年鉴》。

国内学者大都认为出口贸易的发展直接影响碳排放量的增加（许广月，宋德勇，2010）。本文研究重点二氧化碳排放与对外贸易的关系将在下一节实证研究中重点阐述。

4. 资本劳动比

国外有很多学者都会用资本劳动比来衡量经济增长影响环境污染的结构效应。因为资本劳动比较高的地区和部门，也就有较高的资本密集度，这首先意味着有高水平的技术含量和效率，会起到减少碳排放量的作用；但是资本劳动比较高的地区普遍都有很高的二氧化碳排放量，有学者认为资本劳动比的增加，也就是人均资本存量的提高，会使得资本密集地区和部门的产量增加，所以会增加碳排放量。

5. 城市化因素

截至 2012 年，我国的城镇人口数量已达到 7.1182 亿，我国的城市化程度已增加到了52.57%，伴随着城市人口的增加，这将进一步加剧能源消耗的增长速度，而且由于城市和农村生活习惯和消费习惯的不同，城镇人口用电量也明显大于农村人口，加之城市与农村长久以来的教育程度差别很大，所以人们对节能减排的环保意识有所差距，城市化程度的增加有可能加剧城镇的环境资源压力，造成大量二氧化碳排放（范玉婷等，2010）。但是城市化程度的增加也会使人们的环保意识普遍增加，再加上在城市环保局等政府机构对工厂排放管制的力度更强更严格，城市化程度增加也有可能会减少碳排放量。因此，城市化程度越高，二氧化碳排放量取决于城市化水平对碳排放增加的正效应和负效应哪个更加明显。

（二）碳排放量与出口贸易之间关系实证研究

经过分析了解到，出口贸易额迅速增加是加剧二氧化碳排放量的一个重要因素。鉴于此，本文将对出口贸易额和二氧化碳排放量之间的关系做定量分析，并用计量模型进行实证研究（宁学敏，2009）。除了证明二氧化碳排放量与我国出口贸易之间的相关性，本文还将衡量经济增长影响二氧化碳排放的规模效应和结构效应，以及验证环境和经济关系的库兹涅茨曲线（EKC）是否适用于我国，也就是我国人均收入与二氧化碳排放量之间满不满足倒"U"形的曲线关系。

考虑到我国各个地区发展极不平衡，地区之间的经济增长、人们的生活习惯等各有不同，进一步将我国分为东部地区、中部地区和西部地区来进行回归分析。东部地区分别是北京、天津、河北、辽宁、山东、江苏、上海、浙江、福建、广东、海南这 11 个省份和直辖市；中部地区分别是山西、内蒙古、吉林、黑龙江、安徽、江西、河南、湖北、湖南、广西这 10 个省份和自治区；西部地区包括陕西、甘肃、青海、宁夏、新疆、四川、重庆、贵州、云南这 9 个省份和自治区。由于西藏的能源消耗等数据无法获得，本文暂不把西藏包括在计量范围之内。

1. 计量模型设定

本文在借鉴 ACT 模型基础上，将人均收入、贸易开放程度、资本劳动比、人口数量、城市化程度等因素纳入计量范围，将模型设定为：

$$\ln P_{it} = \alpha_0 + \alpha_1 \ln Y_{it} + \alpha_2 (\ln Y_{it})^2 + \alpha_3 \ln E_{it} + \alpha_4 KL_{it} + \alpha_5 H_{it} + \alpha_6 U_{it} + \varepsilon_{it} \tag{1}$$

在式（1）中，P_{it} 表示第 i 个省份在 t 年的环境指标，以 CO_2 排放量来衡量，并取对数形式。Y_{it} 表示第 i 个省份在 t 年的人均收入，用来衡量产出和收入增长影响环境污染的规模效应，同时人均收入增长在一定程度上会刺激社会产生一系列更加严格的环境规制政策和更有效的污染治理技术，可以反映出技术效应。在模型中同时引入人均收入的一次项跟二次项，并且取对数形式，是为了验证 EKC 曲线是否存在，考察经济增长的规模技术效应是否满足环境的库茨涅茨曲线假说。E_{it} 表示第 i 个省份在 t 年的贸易出口额，对出口额取自然对数是为了消除异方差。KL_{it} 表示第 i 个省份在 t 年的资本劳动比。资本劳动比是用来衡量经济增长的结构效应。资本劳动比较高的地区往往意味着比较高的产品技术效率，同时有较高资本密集度的部门通常会产生较高污染排放，所以将资本劳动比纳入计量范围。H_{it}表示第 i 个省份在 t 年的人口数量。U_{it}表示第 i 个省份在 t 年的城市化水平。目前我国很多地区已经城市化或正在城市化，城市化水平的增加意味着新城市的建设和城市规模的扩大。ε_{it}是随机误差项，代表影响 CO_2 排放量的其他影响因素。

2. 数据来源与处理

历年的《中国统计年鉴》、《中国对外贸易统计年鉴》、《中国人口与就业统计年鉴》和《中国能源统计年鉴》是本文数据的直接来源。本文的样本为全国 30 个省份（其中包括北京、天津、上海、重庆四个直辖市）2003～2011 年的面板数据。由于西藏地区的能源消耗数据不容易得到，故暂时将其排除在本文研究之外。

煤炭、原油和天然气三类一次能源是本文选择的主要研究对象，其中各类能源的消耗量均来自历年的《中国统计年鉴》，其中山西、云南、贵州三个省的部分年份数据缺失，需要根据前后年份数据进行估算。下面对本文模型中各变量的指标设定予以说明。

（1）CO_2 排放量 P。二氧化碳排放量的算法如下：

我国各数据统计机构尚未直接给出二氧化碳排放量数据。而化石燃料的燃烧以及水泥和石灰等工业生产过程是我国二氧化碳的主要产生途径（何介南、康文星，2008）。相关报告显示，前者已占到总排放量的 70% 以上。而在中国，这项比例超过 85%，因为中国主要以消耗污染严重的煤炭燃料为主。因此世界上的二氧化碳排放量大都是通过化石燃料的消耗来近似计算的（陈诗一，2009）。相关文献通常采用政府间气候变化专门委员会（IPCC）提供的测算方法，将各能源对应的碳排放量加总得到。具体公式如下：

$$CO_2 = \sum_{i=1}^{3} CO_{2,i} = \sum_{i=1}^{3} E_i \times NCV_i \times CEF_i \times COF_i \ (44/12) \tag{2}$$

其中，CO_2 代表估算的 CO_2 排放量；i = 1，2，3 分别代表三类一次能源；E 代表能源的消耗量；NCV 为《中国能源统计年鉴提供的平均低位发热量（也成净发热值）；CEF 是 IPCC 提供的碳排放系数（2006）；COF 是碳氧化因子；44 和 12 分别为 CO_2 和碳的分子量。陈诗一（2009）使用了原煤、原油和天然气三种化石燃料的消耗量。还有其他学者估算水泥生产所排放的 CO_2 占总 CO_2 排放量的 10% 左右。本文主要借鉴陈诗一（2009）的做法，把消耗量最大的煤炭、原油和天然气等一次性能源作为基准来计算各省的 CO_2 排放量。最终的三种一次能源的 CO_2 排放量 = 能源消耗量 × 能源折算成标准煤的系数 × CO_2 排放系数。

表 2 二氧化碳排放的估算参数

能源	中国能源平均低位发热		IPCC（2006）碳排放系数		碳氧化因子	各能源折算成标准煤的系数		最终估算的二氧化碳排放系数	
	数值	单位	数值	单位		数值	单位	数值	单位
煤炭	20908	千焦/千克	2610	千克/1000000 千焦	0.99	0.7143	千克标准煤/千克	2.763	千克/千克标准煤
原油	41816	千焦/千克	2010		1	1.4286		2.145	
天然气	38931	千焦/立方米	1513		1	1.3300	千克标准煤/立方米	1.642	

注：此表参考陈诗一（2009）。

（2）人均收入 Y。由于我国官方机构未直接给出人均收入数据，本文用人均地区生产总值来代替人均收入。如果经济增长的环境规模技术效应满足，即倒 "U" 形 EKC 关系存在，则人均收入的一次项系数估计值应该为正，二次项系数应该为负。

（3）出口额 E。本文各省按境内经营单位所在地出口总额来表示。出口总额来自《中国统计年鉴》，以美元为单位计量，所以在使用时通过连年人民币汇率（年平均价）换算成人民币计价。具体使用汇率如表3所示。

表3　2003～2011年人民币与美元汇率

年份	2003	2004	2005	2006	2007	2008	2009	2010	2011
汇率	8.277	8.2768	8.1917	7.9718	7.604	6.9451	6.831	6.7965	6.4588

资料来源：《中国统计年鉴》。

该系数衡量的贸易开放影响二氧化碳排放的结构效应，所以其符号不确定。

（4）资本与劳动比 KL。本文选取各省份的资本存量与各省就业人数的比值来反映资本劳动比。其中各省资本存量用各省工业企业固定资产合计来计算，数据来自《中国统计年鉴》。

（5）人口数量 H。各省人口数量以各省年末常住人口数量衡量，数据来自《中国人口与就业统计年鉴》。

（6）城市化水平 U。本文以各省中城镇总人口数占全省总人口数的比重来表示。

（三）测算结果与实证分析

用 eviews6.0 进行回归分析来测算结果。其中，lnP 是被解释变量，是用二氧化碳排放量的对数来表示的；解释变量中 lnY 取人均收入的对数，在这里加入人均收入对数平方，这一项是为了检验 EKC 曲线在我国是否适用，即经济增长和环境之间是否满足倒 U 型关系；E 是各省出口贸易额；KL 是资本劳动比；H 是人口数量；U 是城市化程度。

面板模型形式的设定还涉及根据 Hausman 检验在个体固定效应和个体随机效应之间进行选择，本文对计量模型从全国层面及区域层面同时进行 Hausman 检验，检验结果表明应选择个体固定效应估计模型。

测算结果如表4所示：

1. 全国层面分析

全国层面分析用 30 个省份 2003～2011 年的数据进行回归。

可以看出，人均收入对数的一次项的系数为正数，二次项的系数为负数，并且 lnY 在 1% 的显著水平下显著，我们可以判断，我国的二氧化碳排放量与人均收入之间存在着倒 "U" 形的 EKC 曲线关系，也就是说我国经济增长的规模技术效应是满足 EKC 曲线的。并且人均收入增加，确实会增加碳排放量，随着人均收入的增加人们对各类商品的消费需求就会增加，从而引发更多的碳排放量。

出口贸易额的系数为正，并且在 10% 的显著水平下显著，表明了我国的对外出口贸易的扩张确实是增加二氧化碳排放量的重要因素，造成这种结果的主要原因就是我国的出口贸易大多是以货物贸易为主，服务贸易所占的比重较低；我国货物贸易中加工贸易占据很大比重，出口产品过度依赖加工贸易，而一般贸易一直都低于加工贸易的比重；我国出口的产品中中低端制成品较多，中低端产品到处都是高能耗、高污染的产品，而低污染低能耗的高新产品，以及我国出口企业自主研发的产品太少。所以在全国层面，我国的二氧化碳排放量是随着出口贸易增加而逐渐增加。

表4 2003～2011 年基于碳排放量的全国和各地区面板模型估计结果

LnP 解释变量	全国	东部地区	中部地区	西部地区
	系数	系数	系数	系数
LnY	1. 050239 ***	0. 668600 ***	2. 119119 ***	0. 836187 ***
	(22. 89377)	(8. 486143)	(10. 64841)	(5. 331444)
$(LnY)^2$	− 0. 004509 ***	− 0. 001867 **	− 0. 103408 ***	− 0. 043306 ***
	(− 3. 915563)	(− 2. 039958)	(− 8. 0259980	(− 2. 797542)
LnE	0. 041732 *	0. 113408 ***	− 0. 155155 **	0. 344195 ***
	(1. 642430)	(3. 072978)	(− 2. 373817)	(4. 580146)
KL	− 5. 44E − 07	1. 52E − 06	1. 18E − 05 ***	6. 98E − 06 **
	(− 0. 715000)	(1. 328988)	(6. 145046)	(2. 544802)
H	0. 000148 ***	0. 000240 ***	0. 000132 ***	8. 86E − 05 ***
	(14. 31604)	(14. 81703)	(5. 349865)	(3. 067745)
U	− 0. 030798 ***	− 0. 006304 ***	0. 010243	− 0. 026266 **
	(− 13. 29711)	(− 3. 434293)	(1. 413478)	(− 2. 615153)
Adj − R − squared	0. 778091	0. 932570	0. 690361	0. 605553
样本数	270	99	90	81

注：*** 、** 、* 分别表示在 1% 、5% 、10% 的显著水平下显著，解释变量括号内的数值为估计系数的 t 统计值。

2. 区域层面的分析

通过比较分析可以看出，我国东部、中部、西部地区人均收入对数形式的一次项系数均为正数，二次项系数都为负数，且一次项通过 1% 的显著水平检验，二次项中，东部、中西部地区都分别通过 5% 、1% 的显著性检验，这表明我国不同区域的二氧化碳排放量和人均收入之间均呈现倒 "U" 形的曲线关系，即 EKC 曲线在不同地区都得到了验证。比较人均收入对数一次项的系数可以发现，人均收入的环境效应在不同地区之间表现出一定差异，可以看出中部地区人均收入的增加带来的碳排放压力比较大。

出口额在东西部通过 1% 的显著水平检验，在中部通过了 5% 的显著水平检验，并且在东部地区和西部地区的系数为正，而在中部地区的系数为负。比较东部、和西部地区可以看出，出口贸易的扩张对西部地区的影响相比东部地区更大，可能是因为西部地区离沿海城市都很远，交通运输条件极其的不方便，并且西部地区出口产品大多数都是煤炭、天然气、稀有金属等矿物能源产品，而开采矿能的产业都是高能耗、高排放产业，所以出口额的增加对西部地区的影响更大。

五、结论及政策建议

（一）实证分析结果

本文在 2003～2011 年 30 个省份的面板数据的基础上进行计量回归分析。从本文研究结果可以看出，不管是在全国层面上还是在地区层面，我国的对外贸易出口额都加剧了中国的资源环境压力，我国出口贸易的迅速扩张，是以环境污染为代价的，这造成了我国大量二氧化碳排放。在发展经济的同时，要注意寻求出口贸易扩张与所带来的环境代价之间的平衡。

从本文的研究还可以看出，国际贸易的扩张不可能只改善环境或者只是恶化环境。国际贸易扩张对碳排放的最终效应取决于净效应。

（二）基于实证分析结果的建议

本文将结合地区经济发展以及环境条件差异，对东部、中部、西部地区分别提出政策和建议。

1. 东部地区

我国东部地区自改革开放以来就处于经济发展和贸易扩张的前沿。但是在经济快速发展的同时，东部地区出口产品的结构、产业结构等也有严重的不合理之处。所以使得出口扩张给环境造成压力的现象更为明显。我国东部地区应该充分利用自身优势条件探索发展低碳模式道路。首先应该逐渐淘汰附加值较低的落后产业，对于不符合环保规定的高污染、高能耗的企业进行严格治理；其次政府应该鼓励出口企业自主创新、投资研发技术，提高企业技术创新水平，打造附加值较高、符合低碳发展的现代化高科技产业。最后还应大力投资服务业，应提高金融、保险、医疗等高附加值的服务业，优化服务贸易结构，使服务贸易得到良好发展。

2. 中部地区

相比东部地区，中部地区的对外贸易开放程度相对滞后，经济增长中对外出口贸易扩张程度较小，所以中部地区应该充分借助靠近沿海经济发达地区的地理位置优势，着力打造汽车制造、电子信息产品等具有竞争力的高附加值产业。在中部地区经济发展的同时，要注意实现贸易扩张与环境友好的协调发展，积极探索生态环境保护和污染治理创新机制，通过构建共同生态环境补偿机制，实现节能环保产业发展。

3. 西部地区

西部地区出口贸易扩张显著增加了西部二氧化碳的排放效应，西部地区是以煤矿、石油、稀有金属等资源型为主导的出口贸易的结构，使环境污染进一步恶化。西部地区资源型产业均以资源开发为主，技术水平较低、专业化水平较低。因此西部地区在接受中、东部地区产业转移的同时，应该逐步实现经济增长与环境保护协调发展，使高附加值产业成为发展主流。

（三）我国出口贸易应对低碳经济的对策建议

为了使我国的出口贸易向低碳化方向发展，并使中国能够积极应对国际贸易低碳化给出口贸易带来的挑战，提出以下几个对策：

1. 积极调整我国产业结构（何建坤等，2010）

应该使工业实现低碳发展，提高高碳产业能源利用率，并立足发展信息产业、IT产业等知识密集型的低碳产业，以有利于我国未来低碳经济的发展。应该提高服务业在我国经济增长中的比重，金融、保险等服务业是具有代表性的低能耗零污染产业，具有很大提升空间。

2. 加快科技创新，完善低碳经济政策

应该进行技术改造和创新，增强自主创新和研发能力；借鉴和吸收发达国家管理理念，制定实施低碳经济下的减排规制。

3. 加强国际交流维护自身利益

要正确面对中国所处的发展阶段，并在国际市场上维护自身的发展利益。特别是要抵制西方发达国家以发展低碳经济的名义对我国国际贸易实行打压（施用海，2011）。

要增强自身的国际竞争力，提高国际地位，使自己面对全球问题有话语权。

参考文献

[1] Grossman G. M，Krueger A. B. Environmental Impact of the North American Free Trade Agreement [R]. NBER

Working Paper，No. 3914.

　　［2］Colpeland B. R. ，Taylor M. S. North – South Trade and the Environment ［J］. Quarterly Journal of Economics，1994（109）：755 – 787.

　　［3］Antweiler W. ，Copeland B. R. ，Taylor M. S. Is Free Trade Good for the Environment？［J］. American Economic Review，2001（91）：877 – 981.

　　［4］Cole M. A. ，Elliott R. J. R. Determining the Trade – Environment Composition Effect：The Role of Capital，Labor and Environmental Regulation ［J］. Journal of Environmental Economics and Management，2003，46（3）：363 – 383.

　　［5］Managi S. ，Hibiki A. ，Tsurumi T. Do Trade Openness Improve Environmental Quality？［J］. Journal of Environmental Economics and Management，2009，58（3）：346 – 363.

　　［6］Jayanthakumaran K. ，Liu Y. Openness and the Environmental Kuznets Curve：Evidence from China ［J］. Economic Modeling，2012（29）：566 – 576.

　　［7］彭水军，张文城，曹毅. 贸易开放的结构效应是否加剧了中国的环境污染 ［J］. 国际贸易问题，2013（8）．

　　［8］刘林奇. 我国对外贸易环境效应理论与实证分析 ［J］. 国际贸易问题，2009（3）：70 – 77.

　　［9］陶长琪，宋兴达. 我国 CO_2 排放、能源消耗、经济增长和外贸依存度之间的关系——基于 ARDL 模型的实证研究 ［J］. 南方经济，2010（10）：49 – 60.

　　［10］李锴，齐绍洲. 贸易开放、经济增长与中国二氧化碳排放 ［J］. 经济研究，2011（11）：60 – 72.

　　［11］汪凌志. 贸易开放的生态环境效应——基于中国省际面板数据的碳足迹分析 ［J］. 生态经济，2013（11）：45 – 50.

　　［12］焦芳. 低碳经济与中国对外贸易发展 ［J］. 贵州财经学院学报，2011（2）：49 – 54.

　　［13］施用海. 低碳经济对国际贸易发展的影响 ［J］. 国际经济探索，2011（2）：4 – 6.

　　［14］谢守红等. 低碳经济与国际贸易结构转型研究综述 ［J］. 世界地理研究，2013（6）：159 – 166.

　　［15］季春艺，杨红强. 国际贸易隐含碳排放的研究进展：文献述评 ［J］. 国际商务，2011（6）．

　　［16］李怀政. 国际贸易与环境问题溯源及其研究进展 ［J］. 国际贸易问题，2009（4）．

　　［17］黄河，赵仁康. 低碳经济与国际贸易规则的重塑 ［J］. 外交评论，2010（5）：131 – 133.

　　［18］王媛，魏本勇，方修琦等. 基于 LMDI 方法的中国国际贸易隐含碳分解 ［J］. 中国人口资源与环境，2011（2）：141 – 146.

　　［19］魏本勇，方修琦. 基于最终需求的中国出口贸易碳排放研究 ［J］. 地理科学，2009（5）：634 – 640.

　　［20］宁学敏. 我国碳排放与出口贸易的相关关系研究 ［J］. 生态经济，2009（11）：51 – 53.

　　［21］李艳梅，付加锋. 中国出口贸易中隐含碳排放增长的结构分解分析 ［J］. 中国人口资源与环境，2010，20（8）：53 – 57.

　　［22］付允，马永欢，刘怡君，牛文元. 低碳经济的发展模式研究 ［J］. 中国人口资源与环境，2008，18（3）：15.

　　［23］何建坤，周剑，刘滨，孙振清. 全球低碳经济潮流与中国的响应对策 ［J］. 世界经济与政治，2010（4）：20 – 22.

　　［24］罗永光. 大国策：通向大国之路的中国国际贸易发展战略 ［M］. 北京：人民日报出版社，2009.

　　［25］范钰婷，李明忠. 低碳经济与我国发展模式的转型 ［J］. 上海经济研究，2010（2）：32 – 33.

　　［26］于立新，江皎. 低碳经济压力下的可持续贸易发展战略 ［J］. 红旗文稿，2010（2）：21 – 24.

　　［27］刘蔚. 应对低碳形势持续提升贸易量 ［N］. 中国环境报，2009 – 11 – 20.

　　［28］Cheng F. Lee，Sue J. Lin，Charles Lewis，Yih F. Chang. Effects of Carbon Taxes on Different Industries by Fuzzy Goal Programming：A Case Study of the Petrochemical Related Industries，Taiwan ［J］. Energy Policy，2007（35）：4051 – 4058.

　　［29］王明喜，王明荣，汪寿阳. 碳关税对发展中国家的经济影响及对策分析 ［J］. 系统科学与数学，2011（2）：187 – 196.

　　［30］朱永彬，王铮. 碳关税对我国经济影响评价 ［J］. 中国软科学，2010（12）：36 – 42.

　　［31］郇志坚，李青. 碳金融：原理、功能与风险 ［J］. 金融发展评论，2010（8）：102 – 103.

［32］再娜甫·依米提．浅析低碳经济对发展中国家对外贸易的影响与对策［J］．现代商业，2010（7）：169．

［33］许广月，宋德勇．我国出口贸易、经济增长与碳排放量的实证研究［J］．国际贸易问题，2010（1）：74－75．

［34］陈小辉．低碳经济下我国出口贸易结构的调整研究［J］．经济研究，2012（6）：81－82．

［35］何介南，康文星．湖南省化石燃料和工业过程碳排放的估算［J］．中南林业科技大学学报，2008（10）：52－53．

控制工业用地面积能够实现污染减排目标吗？

——基于分位数的面板数据回归

田银华　　熊文瑞　　曾世宏

（湖南科技大学　湘潭　411201）

一、引言

随着工业4.0和"中国制造2025"号角的拉响，我国工业化进程进一步加快，经济高速发展的同时，也伴随着经济发展与资源环境矛盾日益突出的问题，环境污染已经成为限制我国经济社会可持续发展的瓶颈。因此，污染减排是转变经济发展方式、促进产业结构调整、实现绿色发展的重要手段。面对日益紧缺的土地资源，积极盘活和合理利用工业用地，对污染减排和促进经济的可持续发展具有重要意义。

研究相关文献表明，国内外学者分别从以下方面对污染减排进行研究。

第一，从政策层面研究污染减排效应。Dorothée Charlier（2012）研究影响法国房地产行业发展的环境公共政策。结果表明，减免所得税、补贴和红利等政策不能够实现房地产行业的现行目标。国内学者从排污税和土地政策角度研究较为丰富：许士春（2012）分别从排污税和减排补贴对污染减排的影响机理进行研究，排污税率和污染减排补贴率与污染减排能力成反比，且与社会福利水平关系密切。排污税除了能直接影响污染减排，也有其间接效应，秦昌波（2014）研究了环境税改革后不同环境税率水平对污染减排的影响，征收污染税能够优化产业结构，从而促使清洁产业快速发展，最终实现污染减排的目的。陆铭（2014）通过人口和经济集聚对污染物排放强度的影响进行实证研究，结果显示限制城市建设用地跨地区分配的土地政策并不能促进污染减排目标的实现。李静（2015）利用重点断面水质监测周数据对跨境河流污染的"边界效应"和污染减排政策效果进行研究，结果表明污染减排政策能够有效缓解跨境河流污染的"边界效应"。

第二，从技术进步角度研究污染减排效应。Eskeland 和 Harrison（2003）研究跨国公司环保技术进步和环境控制标准对东道国环境状况的影响，在东道国进行投资的跨国公司运用先进的环

[基金项目] 国家社科基金重大招标项目"基于CGE模型的产业结构调整污染减排效应和政策研究"（11&ZD043）的阶段性成果。

[作者简介] 田银华，湖南科技大学湖南创新发展研究院院长、教授、博士生导师，主要研究方向为工业经济与创新发展；熊文瑞，湖南科技大学商学院硕士研究生，主要研究方向为产业发展与环境治理；曾世宏，湖南益阳市人，湖南科技大学商学院副教授，中国社会科学院财经战略研究院应用经济学博士后，主要研究方向为产业发展与环境治理。

保技术和较高的环境控制标准能够有效改善东道国环境状况。董直庆（2014）、原毅军（2014）从技术进步方向的角度分析城市用地规模对环境质量的影响，研究表明在现有技术进步方向和城市用地规模下，我国的环境质量不会得到改善，污染减排效果也不会得到提高。张宇（2014）从产业结构和技术进步两个指标对 FDI、政府监管和水污染间的关系进行实证研究，结果显示 FDI 能够促进污染产业的转移，但是对技术进步没有明显的促进作用，同时 FDI 加强本地区环境监管力度而削弱其他地区环境监管力度，总体上对我国的环境保护起到了负面影响。黄茂兴（2013）构建污染损害和经济增长的联立方程模型，并对我国污染损害、环境管理和经济增长之间的关系进行实证研究，环境管理对污染损害的影响较大，同时污染损害随着经济的增长而增大。

分析可知，目前国内外研究主要集中于各项税收政策、土地政策及技术进步对污染减排影响。而对工业用地面积与污染减排之间的关系研究较少，本文通过构建最优契约模型，研究工业土地使用面积对污染物排放的影响机制。并运用全国面板数据对上述机制进行实证研究。

二、理论模型

一个区域假设存在着中央政府、地方政府、企业和公众组成的封闭经济体，中央政府作为策略的制定者和维护者，会限制工业用地面积来实现绿色经济发展。地方政府作为政策的监督者，对工业用地的使用具有一定的审批权，一方面，控制工业用地面积是响应中央政府的政策号召；另一方面，适度放宽用地约束可以给该地区带来经济效益。因此，地方政府会根据政绩最大化，有选择地控制工业用地面积（寻租合谋）。企业作为政策的经营者，为了经济利润最大化可以选择对地方政府进行寻租，获得最优的用地面积。公众作为政策的受益者，对超标使用工业用地的行为有投诉举报权。此外，中央政府主要负责对地方政府进行考核，对地方政府是否履行监督职责和污染减排两个方面进行奖励或者处罚；地方政府也会根据地区政绩和所受到的处罚，对企业进行奖励或者责任分担（聂辉华，2006；陈长石，2012）。

（一）效用函数

假设工业用地面积为 s 时，企业所获得的经济利润为 q（s），带来的污染物排放量 p（s），而且政府对企业单位污染物排放量征收 η 排污费。因此，企业的收益函数为：

$$\pi（s）= q（s）- \eta \cdot p（s）$$

由于存在边际效应递减规律，则 q′（s）< 0，q″（s）> 0。地方政府作为政策的执行者，可以控制 s 和 η 的大小，企业为了获得最优工业用地面积，会对地方政府进行寻租，假设政府该部分的收益从企业收益中获取，比例为 γ（0 < γ < 1）。政府的收益可以表示为：

$$G = \gamma [q（s）- \eta \cdot p（s）]$$

此处，由于地方政府在政策实施上的两面性，以地方政府收益作为目标函数：

$$R = Max \gamma [q（s）- \eta \cdot p（s）]$$

（二）激励约束条件

企业在高工业用地面积下进行生产不符合中央政策，公众对企业举报的概率为 b（0 < b < 1）；中央政府如果在不知情的情况下会给地方政府 A_1 的奖励，此时地方政府给企业的奖励为 A_2；如果被发现，企业和地方政府受到一个共同处罚，对超出的单位工业面积进行力度为 a 的处罚，其中企业承担部分为 t（0 < t < 1），地方政府承担的部分为 1 - t；在低工业用地面积下中央政府根

据地方政府绩效给予地方政府的奖励为 B_1，此时地方政府给企业的奖励为 B_2。并且 $A_1 > B_1$，$A_2 > B_2$。

首先，考虑企业的激励条件，为使企业积极主动的在低工业用地面积下进行生产，必须保证企业在低工业用地面积 $\bar{s}$ 时的期望收益大于其在高工业用地面积 $\underline{s}$ 时的期望收益：

$$q(\bar{s}) + \eta \cdot p(\bar{s}) + (1-b)A_1 - b \cdot {}_{\Delta}s \cdot a \cdot t \leqslant q(\underline{s}) + \eta \cdot p(\underline{s}) + B_1 \tag{1}$$

考虑地方政府的激励条件，使地方政府积极的对工业用地面积进行监督，需要保证地方政府在低工业用地面积 $\bar{s}$ 时所获得的额外收益大于其在高工业用地面积 $\underline{s}$ 时的额外收益：

$$\gamma[q(\bar{s}) + \eta \cdot p(\bar{s})] + (1-b)A_2 - b \cdot {}_{\Delta}s \cdot a \cdot (1-t) \leqslant \gamma[q(\underline{s}) + \eta \cdot p(\underline{s})] + B_2 \tag{2}$$

其次，分别考虑企业和地方政府的责任分担约束，如果被公众举报，必须保证企业和地方政府所受处罚不大于各自所获得的实际收益：

$$_{\Delta}q(s) + \eta \cdot {}_{\Delta}p(s) \geqslant {}_{\Delta}s \cdot a \cdot t \tag{3}$$

$$\gamma[{}_{\Delta}q(s) + \eta \cdot {}_{\Delta}p(s)] \geqslant {}_{\Delta}s \cdot a \cdot (1-t) \tag{4}$$

（三）契约最优解

通过上述的目标效用函数和激励约束条件可以构建如下拉格朗日方程：

$$L_{(\gamma,\eta,t,a)} = \gamma[q(s) - \eta \cdot p(s)] +$$
$$\lambda_1[B_1 - ({}_{\Delta}q(s) + {}_{\Delta}p(s)) + b \cdot {}_{\Delta}s \cdot a \cdot t - (1-b)A_1] +$$
$$\lambda_2\{B_2 - \gamma[{}_{\Delta}q(s) + \eta \cdot {}_{\Delta}p(s)] + b \cdot {}_{\Delta}s \cdot a \cdot (1-t) - (1-b)A_2\} +$$
$$\lambda_3[{}_{\Delta}q(s) + \eta \cdot {}_{\Delta}p(s) - {}_{\Delta}s \cdot a \cdot t] +$$
$$\lambda_4\{\gamma[{}_{\Delta}q(s) + \eta \cdot {}_{\Delta}p(s)] - {}_{\Delta}s \cdot a \cdot (1-t)\}$$

其中，γ，η，t，$a > 0$，且 λ_1，λ_2，λ_3，$\lambda_4 \geqslant 0$。利用 $K-T$ 条件对上式求解得到所有的约束均为紧的约束，得到内生变量的解为：

$$\gamma = \frac{A_2}{A_1}, \quad \eta = -q'(s), \quad t = \frac{A_1}{A_1 + A_2}, \quad a = \left(\frac{1}{b} - 1\right)\left(1 + \frac{A_2}{A_1}\right)$$

此外：$\frac{A_1}{A_2} = \frac{B_1}{B_2}$，$\gamma = \frac{1}{t} - 1$，$\frac{1}{2} < t < 1$，$R = \frac{A_2}{A_1}[q(s) - q'(s) \cdot p(s)]$，

$$p'(s) = \frac{[q'(s)]^2 - [q(s) - \frac{A_1}{A_2} \cdot R] \cdot q'(s)}{[q'(s)]^2}$$

通过上述结果，得到：

由 $\gamma = \frac{A_2}{A_1}$，$\frac{A_1}{A_2} = \frac{B_1}{B_2}$，地方政府和企业在不同时期所得到的奖励必须对应成比例，而且地方政府从企业产出所得到的额外收益必须成比例，当企业效益低，政府会加大对企业的扶持力度，即 A_1 增加，在此情形下，政府从企业抽取的额外收益比例也会减少。由 $\gamma = \frac{1}{t} - 1$，$\frac{1}{2} < t < 1$，$t = \frac{A_1}{A_1 + A_2}$，说明对地方政府和企业的处罚力度也与各自的奖励力度成比例，当政府所获得的奖励多即 A_2 变大，企业所承担的惩罚部分 t 减小。且地方政府是一个风险规避型的参与者。由 $a = \left(\frac{1}{b} - 1\right)\left(1 + \frac{A_2}{A_1}\right)$，中央政府制定的对超标单位工业用地面积处罚力度与公众举报的概率有关。当公众举报的力度加大时，即公众时刻对工业用地的使用进行监督，此时中央政府适度放松对企业和地方政府的处罚力度依然能够达到控制工业用地面积的目的。由 $\eta = -q'(s)$，说明单位排污量的排污费 η 应等于企业的边际收益，在中央政府倡导低工业用地面积生产时，企业才会积

极响应。此外，可以得到以下推论：

推论：由 $p'(s) = \dfrac{[q'(s)]^2 - [q(s) - \frac{A_1}{A_2} \cdot R] \cdot q'(s)}{[q'(s)]^2}$ 可知 $p'(s)$ 必然存在零值，假设当 s 达到 s^* 时，$p'(s) = 0$；通过分析可知，当 $s > s^*$ 时，$p'(s) > 0$，说明此时随着工业用地面积 s 的增加，污染物排放量也会随之加大。相反，亦即在一定范围内控制工业用地面积能够降低污染物的排放，促进污染减排。

上述从最优契约角度研究了在中央政府、地方政府、企业和公众参与下的经济体系中，工业用地面积对污染减排的影响。中央以及地方政府作为政策的制定者和维护者，拥有绝对的行政权力，在地区发生污染事故或者污染排放超标时，政府可以通过制定相应的土地使用政策和审批力度来控制工业用地面积，从而达到污染减排的目的。

三、实证检验

（一）变量和数据选取

根据本文的研究目的并在前人研究的基础上，选取工业三废的排放量 WRP（吴昌南，2012）作为被解释变量，以工业用地面积 MJ（郭贯成，2014）、公众举报 XF（万广华，2013）、污染治理投资 TZ（高明，2015；黄菁，2010；刘伟明，2014）和产业结构 JG（张宇，2014；王文举，2014；李斌，2011）作为解释变量，研究工业用地面积的使用对污染减排的影响。

工业三废排放量（WRP）：用以反映污染减排的效果，通过对工业废气、废水和固废排放量进行标准化处理，加总即得到对应的工业三废排放量；工业用地面积（MJ）：用以反映政府的宏观政策控制工业用地面积，根据工业实际使用土地面积来衡量工业用地面积的大小；公众举报（XF）：用以反映政府等对污染排放的非正式管制，使用公众环保信访量作为公众举报力度；污染治理投资（TZ）：用以反映政府环境治理对污染减排的影响，用工业治理完成投资表示；产业结构（JG）：研究需要以第二产业产值占 GDP 比重作为产业结构衡量指标。

鉴于数据可得性和完整性，本文采用 1999～2011 年除去西藏和港澳台地区的 30 个省份面板数据进行研究。原始数据来源于《中国统计年鉴》、《中国环境年鉴》和《中国城市建设统计年鉴》，对于无法获取的个别数据使用插值法进行补齐。以 1978 年为基期，对污染治理投资使用 CPI 进行处理，消除价格因素的影响。可以得到相关变量的描述性统计如表 1 所示。

（二）检验方法

为了分析工业用地面积对污染减排的影响，从不含交互项和含交互项分别构建以下计量模型：

$$WRP_{ij} = \beta_0 + \beta_1 MJ_{ij} + \beta_2 XF_{ij} + \beta_3 TZ_{ij} + \beta_4 JG_{ij} + \varepsilon_{ij} \tag{1}$$

$$WRP_{ij} = \delta_0 + \delta_1 MJ_{ij} + \delta_2 XF_{ij} + \delta_3 TZ_{ij} + \delta_4 JG_{ij} + \delta_5 MJ \times XF_{ij} + \delta_6 MJ \times TZ_{ij} + \delta_7 MJ \times JG_{ij} + \varepsilon_{ij} \tag{2}$$

本文运用 Koenker（2004）面板数据的分位数回归方法，并通过 Stata 12.0 对不含交互项和含交互项模型进行回归分析得到如下回归结果。

表1 变量的描述性统计分析

变量	观测量	均值	标准差	最小值	最大值
WRP	390	3.000	1.151	1.152	11.266
MJ	390	0.024	0.020	0.001	0.136
XF	390	0.337	0.280	0	1.637
TZ	390	2.428	2.384	0.023	16.150
JG	390	0.456	0.077	0.197	0.591

资料来源：作者计算整理。

表2 参数在主要分位点的结果分析

		分位点 τ	0.2	0.4	0.6	0.8
不含交互项	模型1	MJ	18.52*** (6.61)	16.36*** (9.96)	12.63*** (3.69)	10.28 (1.88)
		Cons	1.684*** (19.27)	2.178*** (33.40)	2.708*** (19.84)	3.504*** (22.27)
	模型2	MJ	19.72*** (10.12)	17.49*** (8.49)	15.37** (2.73)	18.14*** (4.87)
		XF	-0.466* (-2.00)	-0.519* (-2.16)	-0.863*** (-3.58)	-1.209** (-3.22)
		Cons	1.836*** (19.93)	2.327*** (23.81)	3.028*** (21.16)	3.664*** (28.75)
	模型3	MJ	15.93*** (4.83)	12.01*** (5.05)	10.31** (2.72)	6.298 (1.77)
		XF	-0.507* (-2.20)	-0.662** (-3.24)	-0.823*** (-8.51)	-1.099*** (-4.87)
		JG	2.682* (2.53)	3.242** (2.78)	3.757*** (8.03)	5.531*** (10.46)
		Cons	0.763 (1.78)	1.074* (2.22)	1.444*** (6.58)	1.388*** (6.48)
	模型4	MJ	15.79*** (4.57)	10.52*** (5.12)	10.15* (2.40)	6.285 (1.25)
		XF	-0.655** (-2.98)	-0.676*** (-4.07)	-0.822*** (-6.51)	-1.098*** (-5.02)
		JG	1.844 (1.81)	2.658* (2.44)	3.665*** (6.48)	5.522*** (9.46)
		TZ	0.0314 (0.90)	0.0438* (1.78)	0.00660 (0.18)	0.00132 (0.02)
		Cons	1.120** (2.83)	1.288** (3.14)	1.473*** (8.36)	1.390*** (6.24)

续表

分位点 τ		0.2	0.4	0.6	0.8
含交互项	c_ MJ	20.64 *** (5.08)	14.19 *** (4.37)	17.40 *** (3.89)	11.99 ** (2.46)
	c_ XF	− 0.578 ** (− 1.97)	− 0.703 ** (− 2.52)	− 1.022 *** (− 5.95)	− 1.209 *** (− 4.42)
	c_ JG	0.309 (0.26)	1.565 (1.33)	3.124 *** (3.84)	5.022 *** (5.35)
	c_ TZ	0.118 *** (4.82)	0.102 *** (2.64)	0.0568 (0.93)	0.0560 (0.95)
	c_ MJ × XF	− 24.23 * (− 1.73)	0.752 (0.03)	1.011 (0.05)	5.323 (0.20)
	c_ MJ × JG	− 50.95 (− 0.68)	1.423 (0.03)	7.805 (0.12)	89.94 * (1.82)
	c_ MJ × TZ	− 2.436 ** (− 2.06)	− 2.264 * (− 1.78)	− 2.770 * (− 1.70)	− 3.473 ** (− 2.22)
	Cons	− 0.661 *** (− 10.35)	− 0.293 *** (− 3.42)	0.193 *** (2.71)	0.671 *** (8.80)

注：＊表示 p < 0.1，＊＊表示 p < 0.05，＊＊＊表示 p < 0.01；括号内为对应的 t 统计量。

资料来源：通过 Stata12.0 分析所得。

根据上述分析结果，分别绘制工业用地面积（MJ）、公众举报（XF）、污染治理投资（TZ）和产业结构（JG）的系数变化趋势图。

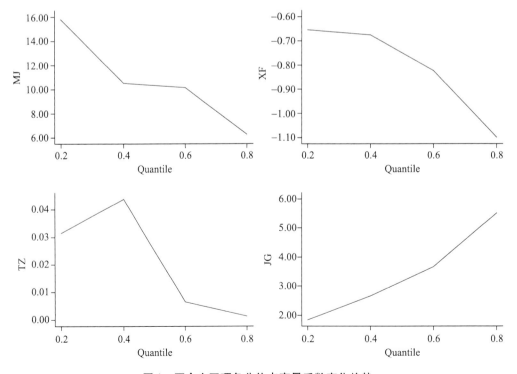

图 1　不含交互项各分位点变量系数变化趋势

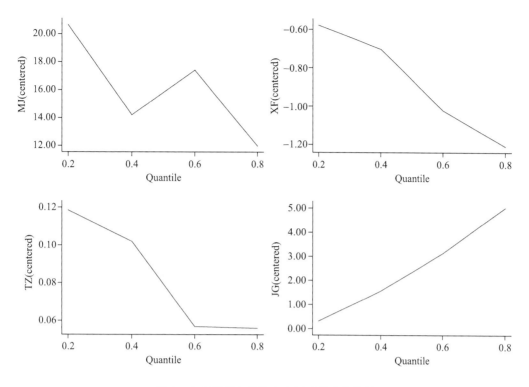

图 2　含交互项各分位点变量系数变化趋势

考虑样本的区域性差异，将省份样本按照地区划分为东部、中部和西部对结果进行稳健性检验，鉴于研究需要及篇幅限制，此处只列举工业用地面积对污染减排的影响。

表 3　不同区域稳健性检验

地区	样本数	分位点 τ			
		0.2	0.4	0.6	0.8
东部	156	20.58 *** (7.11)	15.69 *** (7.21)	8.641 *** (3.85)	6.758 (1.09)
中部	117	27.39 *** (3.53)	33.58 *** (3.91)	31.74 *** (2.94)	37.16 *** (3.21)
西部	117	51.04 *** (2.80)	32.47 ** (2.44)	18.92 (1.54)	24.93 (0.74)

注：* 表示 $p < 0.1$，** 表示 $p < 0.05$，*** 表示 $p < 0.01$；括号内为对应的 t 统计量。

从上述分组检验结果看，只有东部和西部在 0.8 分位点及西部在 0.6 分位点处没有通过显著性检验，其他分位点结果均是特别显著的，证实了前面所做结果是稳健的，适合对结果进一步分析。

（三）结果分析

在本文的分析中，污染物排放量大地区说明污染减排效果较差，污染减排效果好的地区污染物排放量较小。其中高分位点处可以表示污染减排效果差的地区，低分位点处视为污染减排效果好的地区。从以上分析我们可以得到以下结论：

结论1：由表2可知，无论是否包含交互项，工业用地面积的系数均为正，体现着该模型设定的稳健性，且随着分位点的提高系数呈递减趋势，说明控制工业用地的使用能够有效地促进污染减排效果，但是污染减排效果到达一定程度时，控制工业用地的使用实现预期效果的作用将大大降低。出现该结果的原因可能在于随着污染减排强度的逐渐加大，在现有科学技术水平以及政府和企业绩效的约束下，污染减排能力已经处于饱和状态。由表3知东部地区工业用地系数较小，中部地区较大，这是由我国区域性产业结构决定的，东部地区大部分为新兴工业区和沿海高新技术区，相较于中部地区的传统工业园区，其污染物排放量必定较少。

结论2：从含交互项和不含交互项回归结果比较可知，含交互项的工业用地面积系数为正，结果显著，且均较大，说明所选变量能够很好地解释污染减排效果，不存在无关变量的干扰，工业用地面积可能不是直接作用于污染减排，可以通过其他变量间接影响。同时可知：第一，工业用地面积和公众举报的交互项系数仅在低分位点0.2处为负，且公众举报的系数一直为负，逐渐递增。说明在低分位点处即污染减排效果较好的地区公众举报相比较于控制工业用地面积的影响效应更大，处于高分位点处污染减排效果差的地区则相反。第二，工业用地面积和产业结构交互项也仅在低分位点处为负，而产业结构的系数均为正。说明地区间产业结构和工业用地面积在地区间存在很大的不协调性，污染排放效果较好的地区仍然有发展第二产业的空间，污染排放效果差的地区则应大力发展第三产业。第三，工业用地面积和污染治理投资交互项的系数均为负，且污染治理投资的系数为正。说明污染治理投资不能根据工业用地面积大小进行选择，但是两者均会对污染减排产生影响。

结论3：公众参与的系数为负，且逐渐递增，说明公众举报机制能够很好促进污染减排，公众对环境质量的好坏越来越敏感，环保意识增强。污染治理投资只有在0.2和0.4分位点处显著，系数为正，说明政府对环境治理的投入不能有效地促进污染减排，相反会增加污染物的排放。究其原因，可能是在政府对企业的污染行为进行买单情况下，缺乏相应的约束机制政策，导致企业不会进行污染减排。产业结构的系数呈逐渐增长态势，说明我国绿色生产能力有待进一步提高，资源消耗性、环境污染型的生产方式有待进一步改善。

结论4：从图1、图2所示各变量系数变化趋势图可知，工业用地面积、公众参与和污染治理投资系数在0.4和0.6分位点都有一个较大的波动，说明污染减排效益对这三个因素比较敏感。就本文研究的工业用地对污染减排影响中，从图中可知，在0.4分位点前低分位点阶段，系数下降趋势较为明显；在不含交互项时0.4到0.6分位点处系数比较稳定，但在含交互项的情况下，其系数有较大的提升，但是提升的幅度较小，总体仍然呈下降趋势；0.6分位点以后的高分位点阶段，系数下降趋势进一步明显。说明在低污染排放和高污染排放下，工业用地面积的变化对污染减排影响比较大。

四、主要结论与政策建议

本文通过建立契约模型，研究工业用地面积对污染减排的影响效应，并运用全国面板数据的分位数回归方法进行实证分析。结果表明：控制工业用地面积能够有效地促进污染减排，且不同地区不同阶段的影响大小有差异；公众参与、污染治理投资和产业结构对污染减排也有较大影响。

现阶段，环境污染已成为限制我国经济发展的一个瓶颈，污染减排势在必行。在政策建议上，中央政府和地方政府应该建立污染减排激励监督机制，减少企业一味追求短期经济效益的逐利行为，政府、企业和公众多方联手合力提高社会效益。具体而言，可以从以下几个方面着手改善：

第一，中央政府应根据各地区资源禀赋和比较优势控制工业用地的审批力度。加快工业土地向规模经营集中，积极引导产业集聚发展，节约工业用地面积；加快各级政府工业土地利用修编工作，逐步优化工业土地使用布局；建立工业用地绿色化激励机制，综合提高工业用地绿色生产率；以污染减排为导向，完善工业用地绩效考核制度，提高工业用地产出效益；对污染事故高发区域进行工业土地的专项监管，促进污染减排。

第二，大力推进企业科技创新，加快新兴工业建设步伐，促进产业结构调整优化。继续加大对企业的技术支持，革新传统的以环境污染为代价的生产方式，增强企业绿色竞争力；各地方政府应因势利导地积极筹备新兴工业建设项目，转变地区经济增长方式；大力发展第三产业，关闭整顿低效率重污染的企业，促进地区产业结构优化，从根本上实现污染减排目标。

第三，充分发挥公众监督作用，提高其环保意识。做好环境保护的宣传工作，通过宣传使公众了解污染排放造成环境污染的危害及相关的防护措施，提升自我保护意识与能力；适时组建公众环保监督员队伍，充分发挥环保意识较强群众的领导带头作用，逐步扩大影响范围；建立公众举报信息接收平台，提高污染减排工作效率，并切实维护好举报者人身财产安全；建立公众举报的激励机制，提升公众参与积极性。

第四，进一步健全环境保护法律法规，使污染减排有法可依。环保部门应该充分利用公共资源，在表扬先进生产的同时，也要注重对违法违规行为进行披露，严守绿色生产的红线，对发生严重污染事故的单位和个人，依法进行处理。

参考文献

[1] Charlier D. , Risch A. Evaluation of the Impact of Environmental Public Policy Measures on Energy Consumption and Greenhouse Gas Emissions in the French Residential Sector [J]. Energy Policy, 2012, 46 (3): 170 – 184.

[2] 许士春. 排污税与减排补贴的减排效应比较研究 [J]. 上海经济研究, 2012 (7): 14 – 21.

[3] 秦昌波，王金南，葛察忠等. 征收环境税对经济和污染排放的影响 [J]. 中国人口资源与环境, 2015, 25 (1): 17 – 23.

[4] 陆铭，冯皓. 集聚与减排：城市规模差距影响工业污染强度的经验研究 [J]. 世界经济, 2014 (7): 86 – 114.

[5] 李静，杨娜，陶璐. 跨境河流污染的"边界效应"与减排政策效果研究——基于重点断面水质监测周数据的检验 [J]. 中国工业经济, 2015 (3): 31 – 43.

[6] Eskeland G. S. , Harrison A. E. Moving to Greener Pastures? Multinationals and the Pollution Haven Hypothesis [J]. Journal of Development Economics, 2003, 70 (1): 1 – 23.

[7] 董直庆，蔡啸，王林辉. 技术进步方向、城市用地规模和环境质量 [J]. 经济研究, 2014 (10): 111 – 124.

[8] 原毅军，贾媛媛. 技术进步、产业结构变动与污染减排——基于环境投入产出模型的研究 [J]. 工业技术经济, 2014 (2): 41 – 49.

[9] 张宇，蒋殿春. FDI、政府监管与中国水污染——基于产业结构与技术进步分解指标的实证检验 [J]. 经济学：季刊, 2014, 13 (2): 491 – 514.

[10] 黄茂兴，林寿富. 污染损害、环境管理与经济可持续增长——基于五部门内生经济增长模型的分析 [J]. 经济研究, 2013 (12): 30 – 41.

[11] 聂辉华，李金波. 政企合谋与经济发展 [J]. 经济学：季刊, 2006, 6 (1): 75 – 90.

[12] 陈长石. 地方政府激励与安全规制波动 [D]. 东北财经大学博士学位论文, 2012.

[13] 吴昌南，刘俊仁. 江西省经济增长与工业三废排放水平关系的实证研究 [J]. 经济地理, 2012, 32 (3): 146 – 152.

［14］郭贯成，温其玉．环境约束下工业用地生产效率研究——基于中国 33 个典型城市非期望产出的考量［J］．中国人口资源与环境，2014，24（6）：121 - 127.

［15］郑思齐，万广华，孙伟增等．公众诉求与城市环境治理［J］．管理世界，2013（6）：72 - 84.

［16］高明，黄清煌．环保投资与工业污染减排关系的进一步检验——基于治理投资结构的门槛效应分析［J］．经济管理，2015（2）：167 - 177.

［17］黄菁．环境污染与城市经济增长：基于联立方程的实证分析［J］．财贸研究，2010，21（5）：8 - 16.

［18］刘伟明．环境污染的治理路径与可持续增长："末端治理"还是"源头控制"？［J］．经济评论，2014（6）：41 - 77.

［19］张宇，蒋殿春．FDI、政府监管与中国水污染——基于产业结构与技术进步分解指标的实证检验［J］．经济学：季刊，2014，13（2）：491 - 514.

［20］王文举，向其凤．中国产业结构调整及其节能减排潜力评估［J］．中国工业经济，2014（1）：44 - 56.

［21］李斌，赵新华．经济结构、技术进步与环境污染——基于中国工业行业数据的分析［J］．财经研究，2011（4）：112 - 122.

［22］Koenker R. , Mizera I. Penalized Triograms：Total Variation Regularization for Bivariate Smoothing［J］. Journal of the Royal Statistical Society，2004，66（1）：145 - 163.

银行业市场结构与工业减排

——来自中国省级面板数据的经验证据

王业斌　夏　飞

（广西财经学院经济与贸易学院　南宁　530001）

一、引　言

经过改革开放三十多年工业化的快速发展，中国工业取得了举世瞩目的成就。虽然近年来中国工业增长迅速，但中国工业增长一直被称为是"高投入、高消耗、高污染"的粗放型增长模式。改革开放以来，只占 GDP 40.1% 的工业却消耗了全国 67.9% 的能源，排放出全国二氧化碳量的 83.1%（陈诗一，2009）。中国工业所面临的资源环境约束的压力越来越大，不得不向更重视环境价值和更快提高环境保护标准的方向转变。国家"十二五"规划也提出了"十二五"期间，单位 GDP 能源消耗降低 16%、单位 GDP 二氧化碳排放下降 17%、化学需氧量和二氧化硫排放分别减少 8% 的约束性指标。在这样的背景下，对如何有效降低工业污染物排放进行研究，具有极其重要的现实意义。

对工业污染物排放的研究，国内外学者更多的通过环境库兹涅茨曲线来讨论经济增长与工业污染物排放之间的关系（朱平辉、袁加军等，2010），而本文则关注中国特定的银行业市场结构与工业污染物排放之间的关系。与既有文献相比，本文的贡献主要体现在两个方面：第一，首次分析了银行业市场结构对工业减排的影响；第二，应用工具变量估计方法，尽可能地消除了关于工业污染物排放的研究中可能存在的联立内生性及遗漏解释变量所带来的估计偏误。

二、理论分析

为了分析银行业市场结构对工业污染物排放的影响，首先建立工业污染物排放强度[①]的因素

［作者简介］王业斌，副研究员，广西财经学院经济与贸易学院教师。夏飞，教授，广西财经学院院长。
①　本文对工业污染物排放的刻画用的是排放强度而不是排放量。

分解模型①。

设 I 为工业全行业的污染物排放强度，E 为工业全行业的污染物排放量，E_i 为第 i 个工业行业的污染物排放量，Y 为工业全行业总的工业增加值，Y_i 为第 i 个工业行业的工业增加值，则工业全行业的污染物排放强度可以表示为：

$$I = \frac{E}{Y} = \frac{\sum_i E_i}{Y} = \sum_i \left(\frac{E_i}{Y_i} \times \frac{Y_i}{Y} \right) = \sum_i e_i y_i \tag{1}$$

其中，e_i 为第 i 个工业行业污染物排放强度，不同工业部门的排污强度往往不同，因此 e_i 可以称之为强度效应，某工业部门的污染物排放强度较大，即其强度效应也较大；y_i 为第 i 个工业行业的工业增加值在总的工业增加值中所占的比重，它体现了工业内部的产出结构，因而可称之为产业结构效应。

由式（1）可知，工业污染物总的排放强度受到强度效应与产业结构效应两个因素的直接影响。

假定 I^t（$t = 0, 1, 2, \cdots\cdots$）表示工业全行业第 t 期的污染物排放强度，$I^0$ 表示基期的污染物排放强度，则由式（1）有：

$$I^t = \sum_i e_i^t y_i^t$$
$$I^0 = \sum_i e_i^0 y_i^0 \tag{2}$$

将 I^t 进行分解：

$$I^t = \sum_i e_i^0 y_i^0 + \sum_i e_i^0 (y_i^t - y_i^0) + \sum_i y_i^t (e_i^t - e_i^0) \tag{3}$$

则工业污染物排放强度的变化可以表示为：

$$\Delta I = I^t - I^0 = \sum_i e_i^0 y_i^0 + \sum_i e_i^0 (y_i^t - y_i^0) + \sum_i y_i^t (e_i^t - e_i^0) - \sum_i e_i^0 y_i^0$$
$$= \sum_i e_i^0 (y_i^t - y_i^0) + \sum_i y_i^t (e_i^t - e_i^0) \tag{4}$$

从式（4）可以看出，在一定时期内，工业污染物排放强度变化可以分解为两部分：$\sum_i e_i^0 (y_i^t - y_i^0)$ 和 $\sum_i y_i^t (e_i^t - e_i^0)$。

$\sum_i e_i^0 (y_i^t - y_i^0)$ 和 $\sum_i y_i^t (e_i^t - e_i^0)$ 分别度量了由于产业结构效应和强度效应变化所导致的工业污染物排放强度的变化量。

产业结构效应、强度效应对工业污染物排放强度的变化量的贡献额分别为：

$$I_y = \frac{\sum_i e_i^0 (y_i^t - y_i^0)}{\sum_i e_i^t y_i^t - \sum_i e_i^0 y_i^0}$$
$$I_e = \frac{\sum_i y_i^t (e_i^t - e_i^0)}{\sum_i e_i^t y_i^t - \sum_i e_i^0 y_i^0} \tag{5}$$

---

① 因素分解法是探讨能源效率、碳排放、工业污染物等问题时一个较为常用的方法，学者们一般应用因素分解方法来分析能源效率变化、碳排放变化、工业污染物变化等的驱动因素和变化特征。应用不同的方法可以将工业污染物排放的影响因素分解为不同种类，如 Grossman 和 Krueger（1991）将污染排放分解成规模效应、技术效应和结构效应；在与中国有关的研究中，黄菁（2009）同样将污染排放分解为规模效应、结构效应和技术效应，而陆文聪和李元龙（2010）则将工业污染排放分解为规模效应、结构效应、治理效应和技术效应。但上述研究主要建立的是工业污染物排放总量和人均工业污染物排放量的分解模型，本文则在现有研究的基础上，建立工业污染物排放强度的因素分解模型。

其中，I_y、I_c分别表示产业结构效应、强度效应的贡献额。

由上面分析可知，工业污染物排放强度变化取决于产业结构效应和强度效应的变化。强度效应增大，则工业污染物排放强度提高；排污强度较高的细分行业的比重下降，则工业污染物排放强度降低。因此，在讨论银行业市场结构对工业污染物排放强度的影响时，有必要将注意力集中在产业结构效应和强度效应身上。笔者认为，银行业市场结构正是通过强度效应和产业结构效应两个渠道影响着中国工业整体的污染物排放。

长期以来，中国直接融资体系并不发达，大量投资资金主要来自于银行体系，而银行体系也一直是国有银行占据主体地位。在中国特定的体制背景下，地方政府、国有金融机构与国有工业企业之间存在广泛的非经济关联，国有银行的公有制属性以及地方政府的干预，使得大量的信贷资金流向了国有工业部门而不是非国有工业部门。银行信贷资金大量流向国有工业部门，必然会通过资本形成过程加剧国有工业部门的资本深化，从而使得整体工业部门的资本深化程度不断提高。因此，在中国既定的制度背景下，银行业中国有银行的主体地位对工业资本深化的加速具有极为重要的影响。而国有银行的主体地位实际上代表着银行业中存在着较高的市场集中度[①]，这就是说，较高的银行业集中度是中国工业资本深化加速的重要原因。事实上，银行业市场结构与中国工业资本深化之间的紧密关系，还可以从中国区域层面的工业资本深化与银行市场结构得到初步的验证，将中国分成东部、中部、西部三大区域，工业资本深化程度最高区域不是经济发展水平最高的东部地区，却是银行业集中度最高的西部地区（朱轶、吴超林，2010）。而资本深化的一个直接后果就是重化工业化，重化工业是资本密集型的，具有较高的资本劳动比，通常也是排放密集型的，按照上文的说法即是在工业污染物的排放方面具有较高的强度效应。由此可见，银行业市场结构通过影响工业资本深化，进而对中国工业污染物排放产生重要影响。具体而言，较高的银行业集中度加速了工业资本深化，提高了工业污染物排放的强度效应，进而促进了中国工业污染物排放强度的提高。

此外，银行业市场结构还通过对工业部门资本配置效率即生产过程中资本要素在具有不同生产率的部门之间的流动产生影响，从而影响着工业污染物排放强度的产业结构效应。资本由生产率低的行业向生产率高的行业的流动提高了资本配置效率。由于生产率高的行业往往意味着其污染密集度低，资本由生产率低的行业向生产率高的行业的流动，实际上也意味着生产活动由污染密集度高的行业向污染密集度低的行业转移。因此，资本配置效率的提高有利于降低污染密集度高的行业的比重，进而有利于减少整体的工业污染物排放强度。现有的实证研究也表明，生产要素向更高效率的低能耗、低排放行业的重新配置确实对工业污染物排放的降低有着促进作用，节能降耗方面的"结构红利"是存在的（陈诗一等，2011）。对中国而言，工业部门资本配置效率与银行业市场结构紧密相关。从不同类型银行信贷来看，非国有银行金融机构的信贷与投资行为对资本配置效率的提升有着较大的促进作用，而国有银行的信贷行为和较高的银行国有产权比重则抑制了资本配置效率的提高（潘文卿、张伟，2003；米运生、程昆，2010）。已有研究也表明，近年来非国有部门信贷比重的提高显著改善了地区工业的资本配置效率（李青原、赵奇伟等，2010）。很明显，国有银行信贷不利于资本配置效率的提高，而银行信贷中较高的国有银行信贷比重又与中国银行业中国有银行高度垄断的市场格局是分不开的。因此，银行业市场结构影响着资本配置效率即资本要素在具有不同生产率部门之间的流动，进而对中国工业污染物排放产生着重要影响。具体而言，较高的银行业集中度不利于资本配置效率的提高即不利于资本从生产率低的行业向生产率高的行业之间的流动，进而限制着中国工业污染物排放强度的降低。

综合前面的分析可以得出，银行业市场结构通过影响工业资本深化、资本配置效率，进而对

[①] 一般而言，银行业集中度用四大国有银行所占市场份额表示。

中国工业污染物的排放产生重要影响。其中，银行业市场结构通过影响工业资本深化从而影响工业污染物排放的"强度效应"，通过资本配置效率影响工业污染物排放的"产业结构效应"。具体来说，中国银行业中较高的银行业集中度（即较高的国有银行比重）使银行信贷资金集中流向了国有工业部门，一方面加剧了国有工业部门资本深化从而使得整体工业部门资本深化程度不断提升，另一方面也限制了工业部门中资本从生产率低的行业向生产率高的行业之间的流动。上述两方面影响，都使得较高的银行业集中度不利于中国工业污染物排放强度的降低。

为此，本文提出如下可检验的假说：较高的银行业集中度不利于工业污染物排放强度的降低进而不利于工业减排，即：银行业市场结构对工业污染物排放强度产生正向影响。

三、计量模型的构建

Gross 和 Krueger（1995）在分析 NAFTA 协议的环境效应时，指出经济增长对环境质量的影响包含三类效应：规模效应、结构效应和技术效应。规模效应指更大的经济规模对环境产生的负面效应，结构效应指经济发展过程中要素投入的变化、产业结构的调整对污染物排放的影响，技术效应则是指技术进步使得经济中污染物排放的下降。遵循 Gross 和 Krueger（1995）的思路，包群、陈媛媛和宋立刚（2009）应用影响污染物排放的三类效应，分析了 FDI 对中国环境质量的影响。

本文将在 Gross 和 Krueger（1995）与包群、陈媛媛和宋立刚（2009）研究的基础上，在模型中同样控制影响工业污染物排放的三类效应，分析银行业市场结构对工业污染物排放的影响。这三类效应中，规模效应用各地区 GDP 来度量；结构效应用各地区的工业化程度和要素禀赋状况来度量，其中要素禀赋又包含两类：人均资本存量和人力资本状况；技术效应用各地区滞后一期的人均 GDP 来度量，Copeland 和 Taylor（2003）指出，滞后一期的人均 GDP 不仅能反映较高的人均 GDP 对应较先进的技术水平，同时也能反映技术进步对工业污染物排放的影响滞后。

此外，环境规制也是影响工业污染物排放的一个极为重要的因素，为此我们在模型中还控制了环境规制变量。

因此，本文用如下的计量模型来分析银行业市场结构对工业污染物排放的影响：

$$\ln Pol_{it} = \beta_0 + \beta_1 BS_{it} + \beta_2 GDP_{it} + \beta_3 Rjcapital_{it} + \beta_4 Rlzb_{it} + \beta_5 Gyh_{it} +$$
$$\beta_6 Lagrjgdp_{it} + \beta_7 Plw_{it} + \eta_i + \mu_t + \varepsilon_{it} \tag{6}$$

其中，下标 i、t 分别表示省份代码和年份，η_i 表示不随时间变化地区效应，μ_t 表示不随地区变化的时间效应，ε_{it} 为随机误差项，β_0 为常数项，$\beta_1 - \beta_7$ 为相应变量的系数。β_1 是本文关注的重点，如果 β_1 大于 0，就说明银行业市场结构对工业污染物排放具有正向影响（即银行业集中度的降低有利于工业减排），与前文的理论分析一致。各个变量的具体含义如下：

被解释变量 Pol 表示各地区工业污染物排放强度，即用各地区工业污染物排放量与工业增加值比值来表示。工业污染物可以分为三类：固体废弃物、气体污染排放物和液体污染排放物。为了尽可能全面分析银行业市场结构对工业污染物排放的影响，同时考虑到数据的可获得性，对于被解释变量，本文最终选取了反映工业污染物排放情况的三类指标：工业二氧化硫排放强度（SO_2qd）、工业烟尘排放强度（Smokeqd）和工业废水排放强度（Waterqd）。

BS 表示各地区的银行业市场结构，同前文一样，其用银行业集中度：贷款集中度（Dkch）和存款集中度（Ckch）即各地区四大国有银行贷款余额（存款余额）占全部金融机构贷款余额（存款余额）的比重来表示，其中贷款集中度用于基本的回归分析，存款集中度则用于进行稳健性讨论。依照前文的理论分析，预期银行业市场结构的系数为正。

GDP 表示各地区国内生产总值，用于衡量各地区经济发展程度。GDP 对工业污染物排放具有两方面影响，在工业化初期，与较高的环境质量相比，人们更关心就业和收入的增加，因此经济增长必然会导致工业污染物的快速排放；但随着经济发展程度的提高，人们对环境质量更加重视，环境监管力度进一步加强，进而又可能会导致单位工业增加值的污染排放下降。因此，GDP 前的系数符号，有赖于实证结果的检验。

Rjcapital 表示各地区的人均资本存量，用各地区物质资本存量与劳动力从业人员数的比值来度量。张军等（2004）用永续盘存法对中国各省市的物质资本存量进行了估计，在该文基础上，笔者测算出了各省市的人均资本存量。一般认为资本密集度高，污染密集度也较高，因此预期人均资本存量前的系数为正。

Rlzb 表示各地区的人力资本水平，用各地区人口平均受教育年限来度量。陈钊和陆铭等（2004）构建了 1987~2001 年间中国各地区的人力资本面板数据，同该文计算口径一致，笔者测算出了 2002~2004 年间各地区人力资本数据，具体的计算方法为：假定小学、初中、高中、大专以上的受教育年限分别为 6 年、9 年、12 年、16 年，则人力资本可以表示为 $6 \times pri + 9 \times mid + 12 \times hig + 16 \times col$，其中 pri、mid、hig、col 分别表示小学、初中、高中、大专以上受教育人口占各地区 6 岁及以上总人口的比重。一般而言，人力资本水平更高，代表了生产中技术水平也更高，因此预期人力资本对工业污染物排放的影响为负。

Gyh 表示各地区工业化程度，用各地区工业增加值占 GDP 比重度量。Grossman 和 Krueger（1995）、Panayotou（1997）等认为，在经济起飞和加速阶段，工业在 GDP 中比重增加会带来严重的环境问题；而冯皓等（2012）利用中国省级面板数据，发现工业排放具有规模经济，随着工业化程度的提高，每单位工业 GDP 的污染排放下降。理论上，工业化依赖于粗放式增长还是集约式增长，其对工业污染排放影响不同。因此，工业化程度对工业污染物排放的影响也有赖于实证结果的检验。

Lagrjgdp 表示滞后一期的人均 GDP，如 Copeland 和 Taylor（2003）所述，较高的人均 GDP 对应着较先进的技术水平，因此预期其系数为负。

Plw 代表环境规制强度，同冯皓等（2012）一样，用各地区水污染排放费用有效征收率即超标废水排污费收入总额与未达标工业废水排放量的比重来表示。环境规制强度的提高，会相应提高企业的排污成本，因此预期环境规制强度的系数为负。

以上是各变量的具体定义，本文将采用面板回归方法对计量模型进行实证分析，并用 Hausman 检验进行固定效应与随机效应的选择。由于银行业市场结构可能存在内生性，分析时还将用工具变量方法对计量模型重新进行回归，以进一步检验银行业市场结构对工业污染物排放的影响。

四、数据来源与描述性统计

本文分析的原始数据中，各地区工业二氧化硫排放量、工业烟尘排放量、工业废水排放量数据均来自各年《中国环境统计年鉴》，其中工业二氧化硫排放量、工业烟尘排放量中 1994 年部分地区残缺的数据用前后两年的平均值来表示，需要说明的是，由于国家"十五"环保统计报表制度的实行，《中国环境统计年鉴》中 1998 年后的污染物排放数据依据 43 个工业分类统计，而 1998 年之前则依据 18 个工业行业分类统计。金融原始数据来自各年《中国金融年鉴》。GDP、人均 GDP、工业增加值、劳动力从业人员数、工业化程度数据来自各年《中国统计年鉴》，其中

GDP、人均 GDP 用 GDP 平减指数将名义值折算为 1991 年不变价。物质资本存量数据来自"复旦大学中国社会主义市场经济研究中心"网站数据库。人力资本数据中 1992~2002 年数据来自陈钊和陆铭等（2004）一文，2003~2004 年原始数据来自《中国人口统计年鉴》。环境规制强度数据来自曾文慧（2008）一文。

由于《中国金融年鉴》基本自 2005 年后不再按行政区域统计四大国有银行在各个省（市）的存贷款数据，同时 1992 年以前的环境统计数据不太完整，因此为了保证数据统计口径的一致性，本文将分析的时间段定为 1992~2004 年。因西藏的金融数据缺失值较多，分析时将西藏从样本中予以剔除，同时由于重庆市 1997 年才成立，因此还将重庆市的数据合并到四川省中，这样本文共选择了 29 个省区（市）13 年共 377 个样本数据。

变量定义和描述性统计如表 1 和表 2 所示。

表 1 变量定义

名称	符号	单位	定义
因变量			
工业二氧化硫排放强度	SO_2qd	吨/亿元	工业二氧化硫排放量与工业增加值的比值
工业废水排放强度	Waterqd	吨/亿元	工业废水排放量与工业增加值的比值
工业烟尘排放强度	Smokeqd	吨/亿元	工业烟尘排放量与工业增加值的比值
自变量			
贷款集中度	Dkch	1	四大国有银行贷款余额占全部金融机构贷款余额的比重
存款集中度	Ckch	1	四大国有银行存款余额占全部金融机构存款余额的比重
国内生产总值	GDP	亿元	用 GDP 平减指数将名义 GDP 折算为 1991 年不变价的实际值
人均资本存量	Rjcapital	亿元/万人	各地区物质资本存量与劳动力从业人员数的比值
人力资本	Rlzb	年	各地区人口平均受教育年限
工业化程度	Gyh	1	工业增加值占 GDP 的比重
滞后一期人均 GDP	Lagrjgdp	元	用 GDP 平减指数将人均名义 GDP 折算为 1991 年不变价的实际值，并取滞后一期
环境规制强度	Plw	元/吨	超标废水排污费收入总额与未达标工业废水排放量的比重
存贷比	Dcb	1	贷款余额与存款余额的比值

表 2 变量描述性统计

变量	均值	标准差	最小值	最大值
SO_2qd	795.168	925.222	80.400	10757.140
Waterqd	526.986	628.090	14.611	8109.226
Smokeqd	97.426	83.444	8.115	603.937
Dkch	0.667	0.440	0.399	8.795
Ckch	0.680	0.123	0.420	1.052
GDP	23.424	22.071	0.766	143.099
Rjcapital	1.050	1.486	0.057	9.219
Rlzb	7.270	1.071	4.608	10.559
Gyh	0.365	0.081	0.112	0.571
Lagrjgdp	61.546	51.937	9.334	361.309
Plw	0.334	1.862	0.010	30.860
Dcb	0.986	0.241	0.127	1.851

图 1 至图 3 直观反映出各类工业污染物排放强度与银行业市场结构①之间的关系，其中，图 1 给出了工业二氧化硫排放强度与银行业市场结构之间的关系，图 2 给出了工业废水排放强度与银行业市场结构之间的关系，图 3 给出了工业烟尘排放强度与银行业市场结构之间的关系。从中可以初步看出，三类工业污染物的排放强度与银行业市场结构都呈正相关关系，工业污染物排放强度较高的地区，银行业集中度也较高；工业污染物排放强度较低的地区，银行业集中度也较低。

　　上述各图为前文的理论分析提供了初步的经验支持，但这还不能充分说明工业污染物排放强度与银行业市场结构之间的因果关系。为了得到更可靠的结论，下文将进行进一步的回归分析。

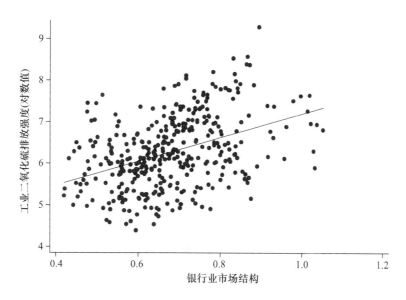

图 1　工业二氧化硫排放强度与银行业市场结构散点图示

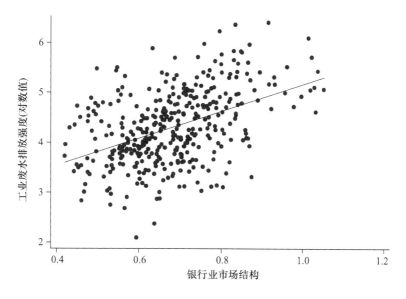

图 2　工业废水排放强度与银行业市场结构散点图示

---

　　①　此处的银行业市场结构用存款集中度来表示。

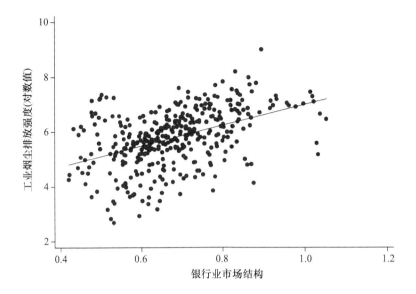

图 3　工业烟尘排放强度与银行业市场结构散点图示

五、回归估计与讨论

（一）实证研究基本结果

1. 全部样本估计结果

首先利用全部样本数据对计量模型进行估计，银行业市场结构用银行业贷款集中度表示，回归结果如表 3 所示。表 3 中列（1）～列（3）分别为以工业二氧化硫排放强度、工业废水排放强度、工业烟尘排放强度作为因变量的估计结果。Hausman 检验显示，表 3 中列（1）和列（3）采用随机效应模型，列（2）采用固定效应模型。

从表 3 三类工业污染物排放的估计结果来看，与前文的理论分析一致，银行业市场结构的系数都显著为正，表明银行业市场结构对工业污染物的排放强度具有显著的正向影响，银行业贷款集中度的提高会增加各地区工业污染物的排放强度。以工业二氧化硫排放为例，贷款集中度的系数为 0.511，表明银行业贷款集中度每增加 1 个单位，工业二氧化硫排放强度增加 0.511%。三种污染物进行比较来看，银行业市场结构对工业废水排放的影响最大（系数为 0.745），其次为工业烟尘（系数为 0.645），最后才是工业二氧化硫。

表 3 还给出其他变量的估计结果。

具体而言，GDP 对工业二氧化硫排放强度和工业废水排放强度均具有显著为正的影响（虽然系数较小），说明经济规模的扩大会提高工业二氧化硫和工业废水的排放强度，但同时 GDP 对工业烟尘排放强度的影响却不显著，这反映出经济规模对不同污染物影响存在差异。

人均资本存量在列（1）和列（2）中系数均显著为正，在列（3）中系数虽然也为正，但并不显著。说明人均资本存量对不同污染物的影响同样存在差异，人均资本存量的上升，能显著提高工业二氧化硫和工业废水的排放强度，但对工业烟尘排放强度的影响不显著。Copeland 和 Taylor（2003）认为，资本密集度更高，污染密集度也更高，本文结果显示，对于不同污染物而言，结论可能会有所出入。

人力资本在各列中的系数均显著为负，说明不论对于工业二氧化硫、工业废水，还是工业烟尘而言，各地区人力资本水平的提高都有利于降低污染物的排放强度。由于较高的人力水平能使企业采用更为先进的生产技术和环保技术，因而人力水平更高地区，工业污染物的排放强度更易降低。

工业化程度在列（1）和列（3）中系数为负，在列（2）中系数为正，但各列中都不显著，反映出工业规模的扩大对工业污染物排放强度并没有显著影响。正如前文所述，对于工业化程度对工业污染物排放强度的影响，现有的研究并未取得一致的结论。

滞后一期的人均GDP在各列系数均显著为负，与预期一致，反映出滞后一期的人均GDP对工业二氧化硫、工业废水和工业烟尘的排放强度具有显著的负向效应，滞后一期的人均GDP越高，越有利于降低工业污染物的排放强度。

环境规制强度的系数在列（2）中显著为负，说明环境规制强度的提高有利于降低工业废水的排放强度，与预期一致。而环境规制强度在列（1）和列（3）中系数虽然也为负，但并不显著，一个可能的原因是环境规制强度是用"水污染排放费用有效征收率"来表征，因此其对工业废水排放有显著影响，但对工业二氧化硫和工业烟尘排放的影响并不显著。

表3 全部样本估计结果（银行业市场结构用贷款集中度表示）

	（1）	（2）	（3）
	因变量为工业二氧化硫排放强度	因变量为工业废水排放强度	因变量为工业烟尘排放强度
常数 C	8.676 ***	6.833 ***	7.649 ***
	(0.367)	(0.385)	(0.466)
Dkch	0.511 ***	0.745 ***	0.645 ***
	(0.138)	(0.136)	(0.212)
GDP	0.005 **	0.005 **	− 0.004
	(0.002)	(0.002)	(0.003)
Rjcapital	0.135 ***	0.165 ***	0.024
	(0.050)	(0.052)	(0.070)
Rlzb	− 0.296 ***	− 0.423 ***	− 0.196 ***
	(0.037)	(0.038)	(0.053)
Gyh	− 0.653	1.074	− 0.601
	(0.644)	(0.743)	(0.744)
Lagrjgdp	− 0.012 ***	− 0.012 ***	− 0.010 ***
	(0.002)	(0.002)	(0.003)
Plw	− 0.006	− 0.018 ***	− 0.009
	(0.007)	(0.007)	(0.010)
Hausman P 值	0.473	0.000	0.345
模型	RE	FE	RE
R^2	0.376	0.363	0.565
Wald 值	792.510	183.690	496.050

注：括号内数值为标准差；***、** 和 * 分别表示1%、5%和10%的显著性水平；Hausman 检验的原假设为固定效应与随机效应模型的估计系数存在非系统差异，给定1%显著性水平，若 Hausman 检验值小于临界值，则接受随机效应模型，反之则接受固定效应模型。

2. 分区域估计结果

由于中国各地区之间存在着明显的经济发展差异，银行业市场结构与工业污染物的排放也显著不同，因此我们还将全部样本划分为东部地区和中西部地区两个子样本，以进一步检验银行业市场结构对工业污染物排放的影响。分析中，银行业市场结构仍用银行业的贷款集中度来表示。

东部地区样本估计结果如表 4 所示。同全国样本估计结果一样，各类工业污染物指标中，银行业市场结构系数均显著为正，表明东部地区银行业市场结构对工业污染物排放强度亦具有显著为正的影响。同时，人力资本、滞后一期的人均 GDP 在各列中的系数均显著为负，说明人力资本、滞后一期的人均 GDP 的提高能显著降低工业污染物的排放强度，这同表 3 中的结果是一致的。此外，工业化程度的系数在全国样本和东部地区样本的估计结果中都不显著；其他变量的估计系数对不同污染指标而言，存在较大差异，以人均资本存量为例，在工业废水排放强度估计结果中，其系数显著为正，而在其他污染物的估计结果中却并不显著。

表 4　东部地区估计结果（银行业市场结构用贷款集中度表示）

	(4)	(5)	(6)
	因变量为工业 二氧化硫排放强度	因变量为工业 废水排放强度	因变量为工业 烟尘排放强度
常数 C	7.377***	5.314***	6.525***
	(0.556)	(0.500)	(0.866)
Dkch	0.550***	0.748***	0.489*
	(0.218)	(0.213)	(0.295)
GDP	0.001	0.002	-0.008**
	(0.002)	(0.002)	(0.003)
Rjcapital	0.053	0.087*	-0.124
	(0.055)	(0.051)	(0.084)
Rlzb	-0.199***	-0.113***	-0.183*
	(0.067)	(0.062)	(0.102)
Gyh	0.195	-0.334	0.804
	(1.042)	(0.882)	(1.997)
Lagrjgdp	-0.008***	-0.011***	-0.004***
	(0.002)	(0.002)	(0.001)
Plw	0.001	0.009*	0.005
	(0.006)	(0.006)	(0.009)
Hausman P 值	0.165	0.117	0.160
模型	RE	RE	RE
R²	0.325	0.363	0.387
Wald 值	386.030	562.300	51.520

注：括号内数值为标准差；***、**和*分别表示1%、5%和10%的显著性水平；Hausman 检验的原假设为固定效应与随机效应模型的估计系数存在非系统差异，给定1%显著性水平，若 Hausman 检验值小于临界值，则接受随机效应模型，反之则接受固定效应模型。

表 5 给出中西部地区样本的估计结果。从估计结果来看，首先，各列中银行业市场结构的系数均显著为正，表明西部地区银行业集中度的提升对工业污染物排放强度具有促进作用；其次，

人力资本、滞后一期的人均 GDP 对各类污染物排放强度都具有显著的负向影响；最后，其他变量与全国样本、东部地区样本估计结果存在较大差异。以工业化程度为例，中西部地区样本估计结果中其对工业二氧化硫排放强度具有显著为负的影响，即中西部地区工业二氧化硫排放具有规模经济，随着工业规模的扩大，每单位工业 GDP 的 SO_2 排放下降，然而全国样本与东部地区样本中工业化程度系数却并未通过显著性检验；以环境规制强度为例，在全国样本和东部地区样本中，其系数显著为负，表明环境规制强度的提高有利于降低工业废水的排放强度，但在中西部地区样本中其系数却并不显著。

表5　中西部地区估计结果（银行业市场结构用贷款集中度表示）

	（7）	（8）	（9）
	因变量为工业二氧化硫排放强度	因变量为工业废水排放强度	因变量为工业烟尘排放强度
常数 C	8.546 ***	6.550 ***	7.338 ***
	(0.465)	(0.428)	(0.661)
Dkch	0.333 **	0.535 ***	0.517 ***
	(0.155)	(0.143)	(0.272)
GDP	0.010 **	− 0.005	− 0.003
	(0.005)	(0.004)	(0.007)
Rjcapital	0.081	− 0.142	0.426 *
	(0.155)	(0.142)	(0.236)
Rlzb	− 0.107 **	− 0.204 ***	− 0.064 ***
	(0.055)	(0.051)	(0.014)
Gyh	− 2.117 ***	− 0.497	− 0.518
	(0.820)	(0.754)	(1.093)
Lagrjgdp	− 0.027 ***	− 0.020 ***	− 0.026 ***
	(0.004)	(0.003)	(0.006)
Plw	0.079	0.019	− 0.087
	(0.131)	(0.120)	(0.228)
Hausman P 值	0.000	0.000	0.119
模型	FE	FE	RE
R^2	0.336	0.529	0.416
Wald 值	92.660	185.630	228.530

注：括号内数值为标准差；＊＊＊、＊＊和＊分别表示 1%、5% 和 10% 的显著性水平；Hausman 检验的原假设为固定效应与随机效应模型的估计系数存在非系统差异，给定 1% 显著性水平，若 Hausman 检验值小于临界值，则接受随机效应模型，反之则接受固定效应模型。

3. 估计结果比较

对不同样本数据估计结果进行比较可以发现，不论是在全国样本、东部地区样本，还是中西部地区样本估计结果中，银行业市场结构对各类工业污染物排放强度都有显著为正的影响。即银行业贷款集中度的上升提高了各类工业污染物的排放强度，而除四大国有银行以外的其他银行的市场份额的上升则会使单位工业 GDP 的污染物排放下降。同时，人力资本、滞后一期的人均 GDP 对各类工业污染物的排放强度具有显著为负的影响，由于滞后一期的人均 GDP 度量各地区的技术效应，因此人力资本和技术进步都能显著抑制工业污染物的排放。

对东部地区与中西部地区进行比较来看，在因变量为工业二氧化硫排放强度、工业废水排放强度时，东部地区银行业市场结构的系数要大于西部地区银行业市场结构的系数，但因变量为工业烟尘排放强度时，东部地区银行业市场结构的系数却要小于西部地区。显示出东部地区银行业市场结构对工业二氧化硫排放强度和工业废水排放强度具有更大的影响，但对工业烟尘排放强度却具有较小的影响。

（二）稳健性讨论

由于银行业市场结构可以用不同指标度量，本部分用代表银行业市场结构的另一个指标——银行业存款集中度即四大国有银行存款余额占全部金融机构存款的比重，以进一步检验银行业市场结构对工业污染物排放强度的影响，看上述的回归结果是否稳健。表6为全国样本的估计结果；表7、表8分别为东部地区、中西部地区两个子样本的估计结果。

表6　全部样本估计结果（银行业市场结构用存款集中度表示）

	（10）	（11）	（12）
	因变量为工业二氧 化硫排放强度	因变量为工业 废水排放强度	因变量为工业 烟尘排放强度
常数 C	8.730 ***	6.959 ***	7.806 ***
	(0.372)	(0.398)	(0.471)
Ckch	0.462 ***	0.540 ***	0.495 **
	(0.147)	(0.148)	(0.226)
GDP	0.005 **	0.005 **	− 0.005
	(0.002)	(0.002)	(0.003)
Rjcapital	0.132 ***	0.172 ***	0.023
	(0.051)	(0.054)	(0.071)
Rlzb	− 0.315 ***	− 0.453 ***	− 0.220 ***
	(0.037)	(0.038)	(0.052)
Gyh	− 0.410	1.600 **	− 0.346
	(0.642)	(0.754)	(0.743)
Lagrjgdp	− 0.011 ***	− 0.012 ***	− 0.010 ***
	(0.002)	(0.002)	(0.003)
Plw	− 0.006	− 0.018 ***	− 0.009
	(0.007)	(0.007)	(0.010)
Hausman P 值	0.999	0.000	0.999
模型	RE	FE	RE
R^2	0.3637	0.3253	0.5608
Wald 值	783.18	170.83	484.45

注：括号内数值为标准差；***、**和*分别表示1%、5%和10%的显著性水平；Hausman 检验的原假设为固定效应与随机效应模型的估计系数存在非系统差异，给定1%显著性水平，若 Hausman 检验值小于临界值，则接受随机效应模型，反之则接受固定效应模型。

表7　东部地区估计结果（银行业市场结构用存款集中度表示）

	（13）	（14）	（15）
	因变量为工业二氧化硫排放强度	因变量为工业废水排放强度	因变量为工业烟尘排放强度
常数 C	7.094 ***	5.385 ***	5.881 ***
	（0.519）	（0.506）	（0.643）
Ckch	0.644 ***	0.676 ***	0.299 *
	（0.230）	（0.224）	（0.1846）
GDP	0.001	−0.003	−0.009 ***
	（0.002）	（0.002）	（0.003）
Rjcapital	0.053	0.072	−0.067
	（0.054）	（0.053）	（0.071）
Rlzb	−0.183 ***	−0.121 **	−0.039 *
	（0.065）	（0.063）	（0.024）
Gyh	0.417	−0.289	0.379
	（0.914）	（0.892）	（1.010）
Lagrjgdp	−0.008 ***	−0.011 ***	−0.007 **
	（0.002）	（0.002）	（0.003）
Plw	−0.008	0.009	0.002
	（0.006）	（0.006）	（0.009）
Hausman P 值	0.263	0.115	0.798
模型	RE	RE	RE
R²	0.347	0.405	0.512
Wald 值	372.870	542.510	327.150

注：括号内数值为标准差；***、**和*分别表示1%、5%和10%的显著性水平；Hausman 检验的原假设为固定效应与随机效应模型的估计系数存在非系统差异，给定1%显著性水平，若 Hausman 检验值小于临界值，则接受随机效应模型，反之则接受固定效应模型。

表8　中西部地区估计结果（银行业市场结构用存款集中度表示）

	（16）	（17）	（18）
	因变量为工业二氧化硫排放强度	因变量为工业废水排放强度	因变量为工业烟尘排放强度
常数 C	8.509 ***	6.589 ***	7.351 ***
	（0.474）	（0.443）	（0.679）
Ckch	0.331 **	0.432 ***	0.444 *
	（0.163）	（0.153）	（0.268）
GDP	0.010 **	−0.007	−0.004
	（0.005）	（0.005）	（0.007）
Rjcapital	0.079	−0.134	0.417 *
	（0.155）	（0.145）	（0.237）

续表

	(16)	(17)	(18)
	因变量为工业二氧化硫排放强度	因变量为工业废水排放强度	因变量为工业烟尘排放强度
Rlzb	−0.110**	−0.215***	−0.067***
	(0.055)	(0.052)	(0.015)
Gyh	−1.952**	−0.190	−0.315
	(0.811)	(0.759)	(1.083)
Lagrjgdp	−0.027***	−0.020***	−0.026***
	(0.003)	(0.003)	(0.006)
Plw	0.086	0.040	−0.071
	(0.131)	(0.122)	(0.229)
Hausman P 值	0.000	0.000	0.130
模型	FE	FE	RE
R²	0.334	0.503	0.416
Wald 值	92.310	178.270	225.210

注：括号内数值为标准差；＊＊＊、＊＊和＊分别表示1%、5%和10%的显著性水平；Hausman 检验的原假设为固定效应与随机效应模型的估计系数存在非系统差异，给定1%显著性水平，若 Hausman 检验值小于临界值，则接受随机效应模型，反之则接受固定效应模型。

估计结果显示，用存款集中度表示银行业市场结构时，不论是全国样本，还是东部地区、中西部地区子样本估计结果中，银行业市场结构仍然对各类工业污染物的排放强度具有显著为正的影响，银行业存款集中度的提高会增加单位工业 GDP 的污染物排放强度。同时，人力资本、滞后一期的人均 GDP 不论是在何种样本中，还是对于何类工业污染物，其系数也都显著为负。

其他变量则同表3、表4、表5中一样，对于各类污染物并没有一致结论，而是存在差异。当然，对于相同的样本而言，其他变量的系数也存在部分的相同之处。如对于全国样本而言，将表3与表6进行比较，可以发现，不论银行业市场结构是用贷款集中度还是存款集中度来表示，GDP、人均资本存量对于工业二氧化硫排放强度和工业废水排放强度都具有显著为正的影响，而对工业烟尘排放强度影响则不显著；环境规制强度对工业废水排放强度具有显著为负的影响，但对工业二氧化硫排放强度、工业烟尘排放强度的影响则不显著。

（三）工具变量法估计

在前面的分析中，银行业市场结构对工业污染物排放强度具有显著为正的影响，但由于银行业市场结构可能存在的内生性，上面的回归结果不一定能完全反映银行业市场结构与工业污染排放强度之间的正确关系。已有的研究中，林毅夫和孙希芳（2008）、雷震和彭欢（2010）均用中国银行业特定的改革历程作为银行业市场结构的工具变量。具体而言，林毅夫和孙希芳（2008）利用1994年启动的国有银行商业化改革来构建工具变量，雷震和彭欢（2010）则用1999年提高国有银行的资本充足率和资产质量的改革来构建工具变量。出于本文研究的时间段考虑，此处将同林毅夫和孙希芳（2008）的处理方法一样，用中国1994年启动的国有银行商业化改革来构建工具变量，以消除银行业市场结构可能存在的内生性而导致的估计偏误。

改革开放后，中国金融体制改革可以分为两个阶段。

1994 年以前的改革主要体现金融组织规模的扩张和经济货币化程度的提高。1979～1994年，四大国有专业银行先后恢复，交通银行、中信银行等股份制商业银行先后成立，农村信用社、城市信用社、其他非银行金融机构逐步发展起来。与此同时，货币规模也快速增长。随着 1985 年后放权让利改革的推行，国民收入中中央政府财政收入比重的不断下降，一方面，迫使中央政府不得不通过银行体系的超贷来增加货币供给，以满足国有经济部门不断增长的投资需求；另一方面，为了消除货币供给快速增加所导致的通货膨胀压力，中央政府对信贷资金进行限额管理。在这样的政策背景下，由于同时经营着商业性业务和政策性业务而存在着严重的预算软约束，四大国有专业银行可以不注重信贷风险的控制，但却能不断扩大信贷规模和分支结构，这也使得国有专业银行长期保持着较高的市场份额。

但由于快速货币化导致的通货膨胀压力不断上升，国家通过控制国有专业银行获取货币化收益的成本不断增加，1994 年中央政府启动了国有银行的商业化改革，改革的内容主要为剥离国有专业银行的政策性业务、国有专业银行由信贷规模管理向资产负债比例管理与资产风险管理转变。国有银行商业化改革后，由于银行的贷款数量受制于其存款数量，因此对于改革前存贷比较高的地区，国有商业银行的贷款市场份额会下降更多，其他银行的贷款市场份额则会上升更快。改革的外生性和渐进性，使得我们由此可利用 1994 年国有银行商业化改革来构造银行业市场结构的工具变量。

以 1994 年为分界线，形成虚拟变量 reform，对于 1994 年及以后年份，reform 等于 1；对于 1994 年之前的年份，reform 等于 0。构造工具变量 reform_ lrated = reform × lrated_ 1，其中 lrated_ 1 是各省市在上期末的存贷比例。

以 reform_ lrated 作为银行业市场结构的工具变量，重新估计银行业市场结构对工业污染物排放强度的影响，回归估计结果如表 9、表 10 所示[①]。

表 9 为工具变量估计第一阶段估计结果。第一阶段指的是用工具变量对可能存在内生性问题的变量——银行业市场结构进行估计，以检验工具变量是否与银行业市场结构显著相关。由表 9 可知，不论是对工业二氧化硫排放强度、工业废水排放强度，还是对工业烟尘排放强度的回归，第一阶段中，工具变量 reform_ lrated 均与银行业市场结构显著负相关。根据前面的分析可知，1994 年国有银行商业化改革后，原来存贷比较高的省区市银行业集中度下降得更多，因此 reform_ lrated 的系数符号是符合预期的。弱工具变量 F 检验结果还显示，表 9 各列中 F 值均较大（大于10），说明本文构造的工具变量 reform_ lrated 并不是一个弱工具变量。

表 10 报告了工具变量估计第二阶段的回归结果。第二阶段指的是用工具变量对工业污染物排放强度进行估计，比较表 10 与表 3 的估计结果，银行业市场结构的系数仍然显著为正，这一结果可以解释为，银行业集中度上升会导致各类工业污染物排放强度的提高，这进一步验证了前文的理论分析。其他控制变量的系数与表 3 中的结果基本相似，人力资本、滞后一期的人均 GDP 与各类工业污染物的排放强度显著负相关，GDP、人均资本存量与工业二氧化硫排放强度、工业废水排放强度显著正相关，环境规制强度与工业废水排放强度显著负相关，工业化程度的系数不显著。

表 10 还给出工具变量估计与未进行工具变量估计的 Hausman 检验概率 P 值。从中可以看出，针对工业二氧化硫排放强度、工业废水排放强度的回归中，进行工具变量估计与不进行工具变量的估计结果并没有显著的差异。而针对工业烟尘排放强度的回归中，估计结果存在显著的差异（Hausman 检验的 P 值为 0.0246），表明工具变量估计结果更有效；但比较表 10 与表 3 中针对工业烟尘排放强度的估计结果，各个变量的系数大小虽然发生了变化，但系数符号的显著性并没有发生变化，特别是银行业市场结构的系数仍然显著为正，因此，这并没有使前文的结论发生变化。

---

① 此处只报告针对全国样本、银行业市场结构用贷款集中度来表示的估计结果。

表9　工具变量估计结果（第一阶段）

	（19）	（20）	（21）
	对工业二氧化 硫排放强度的回归	对工业废水排 放强度的回归	对工业烟尘排 放强度的回归
被解释变量	BS	BS	BS
工具变量			
reform_ lrated	− 0.182 ***	− 0.181 ***	− 0.182 ***
	（0.012）	（0.012）	（0.012）
其他解释变量（控制）			
弱工具变量 F 检验	453.000	59.230	456.000
（p 值）	（0.000）	（0.000）	（0.000）

注：括号内数值为标准差；***、**和*分别表示1%、5%和10%的显著性水平。

表10　工具变量估计结果（第二阶段）

	（22）	（23）	（24）
	IVRE	IVFE	IVRE
	因变量为工业二氧 化硫排放强度	因变量为工业 废水排放强度	因变量为工业 烟尘排放强度
常数 C	8.637 ***	6.835 ***	7.976 ***
	（0.385）	（0.397）	（0.572）
Dkch	0.561 ***	0.742 ***	0.574 **
	（0.203）	（0.200）	（0.288）
Gdp	0.005 **	0.005 **	− 0.002
	（0.002）	（0.002）	（0.003）
Rjcapital	0.133 ***	0.165 ***	− 0.013
	（0.051）	（0.053）	（0.074）
Rlzb	− 0.293 ***	− 0.423 ***	− 0.284 ***
	（0.038）	（0.039）	（0.055）
Gyh	− 0.699	1.077	0.044
	（0.658）	（0.763）	（0.987）
Lagrjgdp	− 0.012 ***	− 0.012 ***	− 0.008 ***
	（0.002）	（0.002）	（0.003）
Plw	− 0.006	− 0.018 ***	− 0.010
	（0.007）	（0.007）	（0.010）
Hausman P 值	1.000	1.000	0.023

注：括号内数值为标准差；***、**和*分别表示1%、5%和10%的显著性水平；Hausman 检验的原假设为工具变量法估计结果与原有的估计结果不存在系统性差异。

六、结论与含义

在节能减排呼声日益强烈的今天，降低工业污染物排放已成为中国工业不得不面对的重要议题。本文运用中国省级面板数据，分析了银行业市场结构对工业减排的影响。研究发现，银行业集中度对工业污染物排放强度具有显著的正向影响，银行业集中度的下降有利于降低工业污染物排放强度进而有利于工业减排。研究结果还显示，人力资本和代表技术进步的滞后一期人均GDP对工业污染物排放强度具有显著的负向影响，即人力资本水平的提高和技术进步均有利于降低工业污染物的排放强度。而其他变量对不同工业污染物排放强度的影响则有所差异。

本文对于思考如何降低中国工业污染物排放提供了重要启示。基于本文结论，银行业集中度的下降、人力资本和技术进步的提升都是降低中国工业污染物的排放强度的重要途径。以往理论界和各级地方政府往往只是笼统地强调技术进步在节能减排中的作用，本文的研究却发现，工业污染物排放问题与中国金融之间也是存在着密切联系的，一个合理的与经济结构相适应的银行业市场结构不仅有利于经济增长，更有利于节能减排。当前，中国银行业的集中度已不断下降，但银行业的集中度特别是中西部地区仍然较高，从工业减排角度来说，未来中国仍有必要进一步降低银行业集中度、促进中小银行的进一步发展。

参考文献

［1］Grossman G．，Krueger A. Environmental Impacts of a North American Free Trade Agreement［R］．Paper prepared for the Conference on United States – Mexico Free Trade Agreement，1991.

［2］Merton R. C．，Bodie Z. A Conceptual Framework for Analyzing the Financial Environment［C］//Crane，et al（Eds.）．The Global Financial System：A Functional Perspective. Boston：Harvard Business School Press，1995.

［3］King G．，Levine R. Finance and Growth：Schumpeter Might be Right［J］．The Quarterly Journal of Economies，1993，108（3）．

［4］Wurgler J. Financial Markets and the Allocation of Capital［J］．Journal of Financial Economics，2000（58）．

［5］Grossman G．，Krueger A. Economic Growth and the Environment［J］．Quarterly Journal of Economics. 1995，110（2）．

［6］Copeland B．，Taylor S. Trade & the Environment：Theory and Evidence［M］．Princeton University Press，2003.

［7］Panayotou T. Demystifying the Environmental Kuznets Curve：Turning a Black Box into a Policy Tool［J］．Environment and Development Economics，1997，2（4）．

［8］陈诗一. 能源消耗、二氧化碳排放与中国工业的可持续发展［J］．经济研究，2009（4）．

［9］朱平辉，袁加军，曾五一. 中国工业环境库兹涅茨曲线分析——基于空间面板模型的经验研究［J］．中国工业经济，2010（6）．

［10］黄菁. 环境污染与工业结构：基于 Divisia 指数分解法的研究［J］．统计研究，2009（12）．

［11］陆文聪，李元龙. 中国工业减排的驱动因素研究：基于 LMDI 的实证分析［J］．统计与信息论坛，2010（10）．

［12］李治国，唐国兴. 资本形成路径与资本存量调整模型——基于中国转型时期的分析［J］．经济研究，2003（2）．

［13］蔡昉. 发展阶段判断与发展战略选择——中国又到了重化工业化阶段吗？［J］．经济学动态，2005（9）．

［14］陈勇，唐朱昌. 中国工业的技术选择与技术进步：1985～2003［J］．经济研究，2006（9）．

［15］张军. 增长、资本形成与技术选择：解释中国经济增长下降的长期因素［J］. 经济学（季刊），2002（1）.

［16］姚战琪，夏杰长. 资本深化、技术进步对中国就业效应的经验分析［J］. 世界经济，2005（1）.

［17］陈勇. 劳动力剩余条件下的资本深化——基于中国1985～2003年的经验研究［D］. 复旦大学博士学位论文，2007.

［18］陈诗一，严法善，吴若沉. 资本深化、生产率提高与中国二氧化碳排放变化——产业、区域、能源三维结构调整视角的因素分解分析［J］. 财贸经济，2010（12）.

［19］张军，金煜. 中国的金融深化和生产率关系的再检测：1987～2001［J］. 经济研究，2005（11）.

［20］张军. 中国的信贷增长为什么对经济增长影响不显著［J］. 学术月刊，2006（7）.

［21］陈诗一. 中国碳排放强度的波动下降模式及经济解释［J］. 世界经济，2011（4）.

［22］潘文卿，张伟. 中国资本配置效率与金融发展相关性研究［J］. 管理世界，2003（8）.

［23］米运生，程昆. 信贷资本配置效率与产权结构——基于中国商业银行的实证分析［J］. 金融论坛，2005（5）.

［24］李青原，赵奇伟，李江冰，江春. 外商直接投资、金融发展与地区资本配置效率——来自省级工业行业数据的证据［J］. 金融研究，2010（3）.

［25］包群，陈媛媛，宋立刚. 外商投资、污染排放与我国环境质量变化［C］∥宋立刚，胡永泰. 经济增长、环境与气候变迁——中国的政策选择［M］. 北京：社会科学文献出版社，2009.

［26］张军，吴桂英，张吉鹏. 中国省际物质资本存量估算：1952～2000［J］. 经济研究，2004（10）.

［27］陈钊，陆铭，金煜. 中国人力资本和教育发展的区域差异：对于面板数据的估算［J］. 世界经济，2004（12）.

［28］冯皓，陆铭，荣健欣. 集聚与减排——基于中国省级面板数据的实证分析［R］. 第十一届中国经济学年会论文，2011.

［29］曾文慧. 流域越界污染规制：对中国跨省水污染的实证研究［J］. 经济学季刊，2008，7（2）.

［30］林毅夫，孙希芳. 银行业结构与经济增长［J］. 经济研究，2008（9）.

［31］雷震，彭欢. 银行业市场结构与中小企业的生成：来自中国1995～2006年的证据［J］. 世界经济，2010（3）.

政府政策在绿色供应链创新激励中的作用

原毅军　孙大明

（大连理工大学经济学院　大连　116024）

一、引言

近年来，环境保护日益受到人们的重视，政府运用法律法规和经济政策等手段对供应链生产进行干预，力求降低生产对环境的污染。绿色法规主要以回购法案的形式存在，例如我国 2011 年由国务院颁布的《废旧电器电子产品回收处理管理条例》、欧盟国家实施的《废旧电器和电子设备指令》等；经济政策包括绿色税收和补贴两种手段。绿色供应链是一种在整个供应链中综合考虑环境影响和资源效率的现代经营管理模式，以绿色制造理论和供应链管理技术为基础，涉及供应商、生产者、销售商和用户，目的是使产品从物料获取、加工、包装、运输、使用至报废处理整个过程中，对环境的影响最小，资源使用效率最高。在绿色供应链中，政府行为对生产产品创新激励的形成和纵向联盟的建立均有一定影响。政府的税收和补贴行为能够改变绿色供应链中各成员的讨价还价能力，进而影响纵向联盟的建立和联盟中各成员的利润分配问题。

政府干预尤其是政府补贴对企业产品的创新激励引起了部分学者关注。孟卫军和张子健针对供应链产品创新合作的政府补贴问题，分别采用纳什博弈、斯塔科尔伯格博弈和合作博弈三种形式，考虑企业的最优研发投入和最优补贴额度。邹彩芬和刘双等以 2007~2012 年中医药上市公司为样本，考察市场需求、政府补贴和技术创新间的关系。李苗苗和肖红钧等选择我国战略新兴产业 216 个上市企业为样本，讨论财政政策、企业 R&D 经费和技术创新能力间的关系。然而，很少有学者从绿色供应链中纵向联盟视角考察政府干预对纵向联盟成员的创新激励问题。本文将从这个视角入手，研究政府政策在绿色供应链创新激励形成中的作用。

二、文献综述

目前，相关研究主要集中在三个方面：一是政府干预对绿色供应链和纵向联盟影响，主要从政府的立法和经济政策两个方面考虑，研究政府干预对绿色供应链运营效果的影响；二是政府补

［作者简介］原毅军，大连理工大学经济学院教授，博士生导师；孙大明，大连理工大学产业经济学硕士研究生。

贴对企业产品创新的作用效果，包括政府补贴强度的"最适区间"和对不同所有制企业的创新激励等；三是产品创新激励的影响因素。

随着近年来政府对环境保护的日益重视，绿色供应链这种现代经营管理模式无论理论上还是实践中都迅速发展起来，政府对绿色供应链进行干预，一定程度上有利于生产者使用可再生原材料进行生产活动，提高社会福利，降低对环境的污染。Aksen D. 和 Aras N. 等分析了政府与企业签订回购协议进行补贴时的情况，政府作为领导者以成本最小化为目标，企业作为追随者以利润最大化为目标，实证结果表明合适的回购协议有利于企业的生产活动。Jiuh – Biing Sheu 等从不同角度考虑了政府干预对绿色供应链的影响。研究存在政府干预时，讨价还价能力如何影响生产者和逆向物流供应商之间的纵向联盟问题。使用三阶段模型研究在政府回购法案和经济政策影响下，生产者和逆向物流供应商结成的纵向联盟的情况，研究表明，当政府的补贴和税收增加时，生产者的讨价还价能力降低，逆向物流供应商的讨价还价能力提高，有助于逆向物流供应商以更高的价格向生产者出售产品。Sheu J. B. 和 Chen Y. J. 研究了使用绿色税收和补贴的四种不同情况，包括同时使用补贴和税收、单独使用其中一种以及两种手段都不使用。结果表明政府应该采取绿色税收和补贴的政策，以保证社会福利的非负性，且较低的原材料价格促进生产者进行产品生产的激励。Jiuh – Biing Sheu 也曾使用结构方程建模的方法研究市场势力和关系质量的改变对绿色供应链的影响。市场势力改变包括均衡势力和讨价还价势力的改变，关系质量包括联合行动和供应链间各成员关系的改变。研究表明，当生产者进行联合行动时，政府干预对绿色供应链有正向影响，缓和市场势力有利于提升关系质量，进而提升生产者绩效。

关于政府补贴对企业创新绩效的影响，大部分学者认为政府补贴对企业创新行为有激励的作用。毛其淋和许家云采用基于倾向得分匹配的倍差法与生存分析方法系统地分析了政府补贴对企业新产品创新的微观效应，认为只有适度的补贴才能显著地激励企业进行新产品的创新活动。刘小元和林嵩从技术创新资源配置和创新产出的双重视角出发，考虑地方政府补贴和所得税优惠对创业企业技术创新的影响，实证结果表明，地方政府补贴与创业企业研发资金投入和研发人力资源投入呈正相关关系，支持地方政府补贴激励假说。赵中华和鞠晓峰运用 2009～2012 年军工企业的面板数据，分析了技术溢出和政府补贴对企业技术创新活动的影响，结果表明军工企业技术研发与政府补贴呈正相关关系，与技术溢出呈负相关关系。杨洋和魏江等采用中国工业企业数据库 2003～2007 年的数据考察了不同所有制企业如何利用政府补贴进行创新，结果表明政府补贴对民营企业创新绩效的促进作用更大，要素市场扭曲程度低的地区，政府补贴对企业创新绩效更显著。巫强和刘蓓研究了政府研发补贴的不同发放形式对战略新兴产业创新产生的不同影响机制，指出定量补贴由于不影响战略新兴产业先行厂商的产量决策，在促进原始创新方面，不如比率补贴有效。

关于创新影响因素的研究，Sleuwaegen L. 和 Boiardi P. 使用系统论方法分析了区域创新对欧盟 85 个地区和国家的影响，研究表明影响区域发展创新能力的三个因素为企业家才能、国际化水平和创新能力，这三个因素相互影响。程中华和刘军利用中国 285 个地级以上城市的企业面板数据，运用空间计量模型，分析了产业集聚和空间溢出对制造业创新的影响，并将产业集聚分为 MAR 外部性、Jacobs 外部性和 Poter 外部性三种程度，分析其对技术创新的影响。刘斌在对后金融危机时期产业转型升级的研究中指出，要加快推进区域创新体系的发展，建立和完善行业性研发平台、企业研发平台、公共技术研发平台和产业园区，改变原有体制僵化、市场化不足和创新缺乏活力的局面。Lau A. K. W. 和 Lo W. 综合考虑了区域创新系统和吸收能力对创新绩效的影响，研究表明，区域创新系统能够促进企业对创新的吸收能力，尤其是区域创新活动、知识密集型服务企业和来源于价值链的信息对企业的吸收能力有很强的促进效果。Zhao S. L. 和 Cacciolatti

L. 等使用中国 30 个省份地区的数据，运用多元分析方法研究了中国区域创新系统中的区域合作和自主创新能力的影响因素，并发现区域合作的倡导者通常可以分为四类：公共研究机构、高校、私人企业和政府。

三、模型设定

本文的模型建立在 Jiuh – Biing Sheu（2011）绿色供应链模型基础上，旨在研究在政府干预下，绿色供应链中含有一个垄断性下游生产者（P）和一个上游逆向物流供应商（RL）之间的纵向联盟情况。生产者进行生产时需要两种原材料，分别是可再生的原材料和普通的原材料，可再生的原材料由上游的逆向物流供应商提供，是指处于寿命终端的产品经过回收和加工用于再生产的部分，体现供应链对资源的循环利用；普通原材料由市场供给，其价格外生给定。政府干预主要由税收和补贴政策体现的。考虑该纵向联盟中生产者（P）和逆向物流供应商（RL）具有不同的讨价还价能力，且其讨价还价能力与政府的税收和补贴的额度有关。

为了便于模型的公式化，提出下述 7 个假设：

假设 1：市场中只有一个下游生产者（P）和一个上游逆向物流供应商（RL），二者在政府干预的情况下进行纵向联盟，若不联盟则各种利润均为零。生产者（P）生产的最终产品直接面向消费者进行产品出售。

假设 2：生产者（P）生产每单位最终产品的边际成本为 c_m，逆向物流供应商（RL）提供每单位原材料的边际成本为 c_y。

假设 3：生产者遵守政府提出的绿色法规，同时使用普通原材料和可再生的原材料进行生产，且生产 1 单位最终产品，需要 1 单位的普通原材料和 1 单位的可再生原材料。

假设 4：最终产品价格 P（Q）与市场需求呈线性关系，函数表达为 P（Q）= 1 – Q，其中 Q 代表生产者的产量，P 为产品的市场价格。

假设 5：下游生产者（P）的讨价还价能力为 α（f, s），上游逆向物流供应商（RL）的讨价还价能力为 1 – α（f, s）。

假设 6：政府经济政策遵循预算平衡目标，即政府收取的税收和绿色补贴的量相同，政府不从中获利。

假设 7：生产者和逆向物流供应商所获利润是创新能力的体现，当创新能力越强时，利润越高；反之，利润越低。

根据上述假设，我们使用三阶段模型分析这个绿色供应链中的纵向联盟问题。

第一阶段：基于社会福利最大化的目标，政府制定绿色补贴和绿色税收（f）的额度以及对象。

第二阶段：在给定绿色税收和补贴的基础上，由于预期的利润、预期价格和破产风险的不确定性等因素，使用非对称的纳什博弈求解生产者（P）和逆向物流供应商（RL）联盟时的均衡情况，求出均衡时可再生原材料的价格 p_y。

第三阶段：根据前两阶段确定的价格，生产者在第三阶段制定产量 Q。为了得出该三阶段模型均衡解，采用逆向归纳方法进行计算。

四、均衡分析

1. 生产者的产量决策

本阶段考虑在政府税收（f）和补贴（s）以及生产者（P）及逆向物流供应商（RL）进行纵向联盟的基础上，下游生产者的产量决策问题。根据利润最大化的目标，生产者的利润π_p为：

$$\max_Q \pi_p = (1 - Q) Q - p_y Q - p_x Q - fQ - c_m Q \tag{1}$$

为求出式（1）的均衡解，上式对 Q 进行偏导，得：

$$1 - 2Q - p_y - p_x - f - c_m = 0 \tag{2}$$

由此可得，生产者的产量$\hat{Q}$和利润$\hat{\pi}_p$分别为：

$$\hat{Q} = \frac{1 - p_y - p_x - f - c_m}{2} \tag{3}$$

$$\hat{\pi}_p = \frac{(1 - p_y - p_x - f - c_m)^2}{4} \tag{4}$$

其中，p_y 和 f 需要在第二和第一阶段才能求出，因此$\hat{Q}$和$\hat{\pi}_p$为产量和利润的估计量。

2. 生产者和逆向物流供应商的联盟阶段

本阶段是在政府确定补贴（s）和税收（f）的基础上，生产者（P）和逆向物流供应商（RL）进行纵向联盟确定可再生原材料的价格p_y。由于二者的讨价还价能力不同因此采用非对称的纳什博弈确定联盟的结果，表达式如下：

$$\max_{\pi_p, \pi_{RL} \in \Theta} (\hat{\pi}_p - \hat{d}_p)^{\alpha(f,s)} (\hat{\pi}_{RL} - \hat{d}_{RL})^{1 - \alpha(f,s)} \tag{5}$$

其中，$\hat{\pi}_p$ 和$\hat{\pi}_{RL}$分别为进行纵向联盟后，生产者（P）和逆向物流供应商（RL）获得的利润，$\hat{d}_p$ 和$\hat{d}_{RL}$为谈判破裂点，即联盟破裂时，二者的收益，由于在该模型下生产者和逆向物流供应商不合作无法进行生产，因此谈判破裂点的收益为（0，0）。对式（5）进行简化得：

$$\max_{\pi_p, \pi_{RL} \in \Theta} \alpha(f, s) \log(\hat{\pi}_p) + [1 - \alpha(f, s)] \log(\hat{\pi}_{RL}) \tag{6}$$

根据式（4）可知$\hat{\pi}_p = \dfrac{(1 - p_y - p_x - f - c_m)^2}{4}$，由于 f 在第一阶段已经确定，为方便表述，令 $G = 1 - p_x - f - c_m$，G 无实际含义。则$\hat{\pi}_p$ 和$\hat{Q}$可表示为：

$$\hat{\pi}_p = \frac{(G - p_y)^2}{4} \tag{7}$$

$$\hat{Q} = \frac{G - p_y}{2} \tag{8}$$

上游逆向物流供应商（RL）的利润$\hat{\pi}_{RL}$为：

$$\hat{\pi}_{RL} = p_y Q - (1 - \gamma) c_y Q + s\gamma Q \tag{9}$$

其中，γ 是使用寿命终端产品进行回收和再利用的比例，假定收集和加工寿命终端产品的成本均为 0。s 是政府对使用回收产品每单位的补贴。将式（8）带入式（9）可得：

$$\hat{\pi}_{RL} = [p_y - (1 - \gamma) c_y + s\gamma] \times \frac{G - p_y}{2} \tag{10}$$

为表述方便，令 $H = -(1 - \gamma) c_y + s\gamma = -c_y + \gamma c_y + s\gamma$，H 无实际含义。则式（10）可表述为：

$$\hat{\pi}_{RL} = (p_y + H) \times \frac{G - p_y}{2} \tag{11}$$

使用式（6）、式（7）、式（11），则上述非对称的纳什讨价还价博弈可以改写为：

$$\max_{p_y} \alpha(f, s) \log \frac{(G - p_y)^2}{4} + [1 - \alpha(f, s)] \log[(p_y + H) \times \frac{G - p_y}{2}] \tag{12}$$

由此可得，生产者和逆向物流供应商进行纵向联盟时，所确定的可再生原材料最优价格 p_y^*：

$$p_y^* = \frac{G - 2H - (G + 2H)\alpha(f, s)}{3 + \alpha(f, s)} \tag{13}$$

使用式（8）和式（13）可得，逆向物流供应商提供的可再生原材料的最优产量：

$$y^* = \frac{[1 + \alpha(f, s)](G + H)}{3 + \alpha(f, s)} \tag{14}$$

由式（13）和式（14）可知，联盟确定的可再生原材料的产量和价格与生产者和逆向物流供应商的讨价还价能力有关。$\partial p_y^* / \partial \alpha(f, s) < 0$，说明可回收原材料的价格与生产者的讨价还价能力负相关，当生产者的讨价还价能力越强时，联盟确定的可回收原材料的价格越低。同理 $\partial y^* / \partial \alpha(f, s) > 0$，说明可回收原材料的用量与生产者的讨价还价能力正相关，当生产者讨价还价能力越强时，用于生产的可回收原材料用量越多。

3. 政府干预阶段

这一阶段主要考虑绿色税收（f）和绿色补贴（s）对生产者和逆向物流供应商纵向企业联盟的影响，主要是基于社会福利最大化的目标。社会福利主要包括以下几个方面的内容：①消费者剩余（CS）；②供应链中的生产者剩余（PS）；③生产产品的环境成本（ECs）；④回收原材料的环境效应（EBs）。其具体形式如下：

$$\max_{f,s} SW = CS + PS - ECs + EBs = \frac{1}{2}(Q^*)^2 + (\hat{\pi}_p^* + \hat{\pi}_{RL}^*) - DQ + V\gamma Q \tag{15}$$

其中，D 和 V 分别代表生产一单位最终产品造成的环境成本和使用一单位寿命终端产品进行原材料再利用的环境收益。D 和 V 值的确定需要极其复杂过程，因此参考 Kalimo（2006）的计算结果，我们粗略地认为 D:V = 1:20。由此，式（15）可以表示为：

$$\max_{f,s} SW = \frac{1}{2}(Q^*)^2 + (\hat{\pi}_p^* + \hat{\pi}_{RL}^*) + (20\gamma - 1)DQ \tag{16}$$

根据假设 6 可知，政府需要平衡预算，即绿色税收的额度与绿色补贴的额度相同，由此我们可以得到下面的等式：

$$s \times \gamma Q = f \times Q \quad f, s \geq 0 \tag{17}$$

为了求出均衡的税收（f）和补贴（s），需要考虑生产者讨价还价能力 $\alpha(f, s)$ 与税收和补贴的关系，为了表述方便，假定生产者讨价还价能力 $\alpha(f, s)$ 与税收和补贴呈线性关系，即为：

$$\alpha(f, s) = a_0 - (af + bs) \tag{18}$$

其中，a_0 是不存在政府干预时，生产者（P）相对于逆向物流供应商（RL）的讨价还价能力，$0 \leq a_0 \leq 1$。a 和 b 代表补贴和税收对生产者讨价还价能力 $\alpha(f, s)$ 的增量效应，且 $a > 0$，$b > 0$，$0 \leq a_0 - (af + bs) \leq 1$。

根据式（16）、式（17）和式（18）可以得出社会福利最大化下的绿色税收和补贴水平：

$$s^* = \frac{2G + 2H + 3\rho + a_0\rho}{2\rho\omega} \tag{19}$$

$$f^* = s^* \gamma \tag{20}$$

其中，$\rho = (20\gamma - 1)D$，$\omega = a\gamma + b$，ρ 和 ω 无实际含义，仅为计算方便而设定。

由式（19）和式（20）可知，存在最优税收和补贴水平，使社会最大化，社会福利与补贴和税收呈现倒 U 型关系，未达到最优税收和补贴额度时，社会福利水平随补贴和税收额度的增加而增加；达到最优水平后，社会福利水平随补贴和税收额度的增加而减小。

将式（13）、式（18）、式（19）和式（20）代入式（7）中，可得 $\partial \hat{\pi}_p^* / \partial f < 0$，$\partial \hat{\pi}_p^* / \partial s < 0$，说明政府的补贴和税收和生产者（P）的利润有负相关关系，结合假设 7，说明政府的税收和补贴对生产者企业的创新能力有负相关关系，即税收和补贴的额度越大，对生产者创新的激励作用越低；税收和补贴额度越小，对生产者创新激励越大。对生产者而言，降低政府干预，更有利于其进行创新生产活动。

将式（13）、式（18）、式（19）和式（20）代入式（11）中，可得 $\partial \hat{\pi}_{RL}^* / \partial f > 0$，$\partial \hat{\pi}_{RL}^* / \partial s > 0$，说明政府税收与补贴和逆向物流供应商（RL）有正相关关系。结合假设 7，说明政府的税收和补贴对逆向物流供应商的创新活动有激励效果，即补贴的额度越大，对逆向物流供应商的创新激励越强，逆向物流供应商所得的利润越高；反之，当补贴和税收额度越低时，对逆向物流供应商的创新激励越弱，其所得利润越低。政府的税收和补贴政策有利于促进上游逆向物流供应商的对创新活动的支出，有利于提高其创新能力。

考虑税收和补贴对整个纵向联盟的创新激励作用，得 $\partial (\hat{\pi}_p^* + \hat{\pi}_{RL}^*) / f < 0$ 和 $\partial (\hat{\pi}_p^* + \hat{\pi}_{RL}^*) / s < 0$。说明政府税收和补贴与整个纵向联盟的利润呈负相关关系，即当政府实施补贴和税收的额度越大时，联盟的总利润越低，对该联盟的创新激励也越低。

五、结论

处在绿色供应链不同环节上的企业必须遵循政府的绿色法规和各项税收补贴规定，因此本文主要研究了在政府干预下，绿色供应链中上下游联盟成员间的关系，以及由政府的补贴和税收变动引起生产者和逆向物流供应商讨价还价能力变动，而导致对整个供应链产品生产创新激励的影响，基本结论如下：

（1）可再生原材料价格与生产者讨价还价能力负相关，即生产者的讨价还价能力越强，联盟制定的可再生原材料的价格越低，生产者进行生产的成本越低，越有利于其利用可再生原材料进行生产活动。可再生原材料的用量与生产者的讨价还价能力正相关，生产者讨价还价能力越强，可用于生产的再生原材料用量越多。同理，可再生原材料价格与逆向物流供应商的讨价还价能力正向相关，产量与之负相关。

（2）政府的补贴和税收与逆向物流供应商的利润正相关，进而说明政府政策对逆向物流供应商的创新活动有正向的激励作用，政府的补贴力度越大，对逆向物流供应商的创新激励越显著。反之，创新激励越弱。

（3）由于政府政策主要是向生产者征税，因此政府干预对生产者创新活动呈负相关，政府税收越高，对生产者的创新激励越弱，越不利于生产者进行创新活动。反之，政府税收力度越低，越有利于生产者进行创新活动。

（4）政府政策在创新激励方面，与上游的逆向物流供应商有正相关关系，与下游的生产者有负相关关系。对整个纵向联盟而言，政府政策与联盟的总利润呈负相关关系，说明政府干预对促进整个联盟的创新激励有不利影响，应该适度减少政府对该纵向联盟的干预。

（5）政府税收和补贴与社会福利呈倒 U 型关系，存在着使社会福利最大化的最优税收和补贴额度。当未达到最优补贴和税收额度时，社会福利随政府的补贴和税收增加而增加，达到最优比例后，社会福利随政府的税收和补贴额度的增加而逐渐减小。

参考文献

［1］孟卫军，张子健．供应链企业间产品创新合作下的政府补贴策略［J］．系统工程学报，2010（3）：359－364．

［2］邹彩芬，刘双，谢琼．市场需求、政府补贴与企业技术创新关系研究［J］．统计与决策，2014（9）：179－182．

［3］李苗苗，肖洪钧，傅吉新．财政政策、企业 R&D 投入与技术创新能力——基于战略性新兴产业上市公司的实证研究［J］．管理评论，2014（8）：135－144．

［4］Aksen D.，Aras N.，Karaarslan A. G. Design and Analysis of Government Subsidized Collection Systems for Incentive－Dependent Returns［J］．International Journal of Production Economics，2009，119（2）：308－327．

［5］Sheu J. B.，Gao X. Q. Alliance or No Alliance－Bargaining Power in Competing Reverse Supply Chains［J］．European Journal of Operational Research，2014，233（2）：313－325．

［6］Sheu J. B. Bargaining Framework for Competitive Green Supply Chains Under Governmental Financial Intervention［J］．Transportation Research Part E：Logistics and Transportation Review，2011，47（5）：573－592．

［7］Sheu J. B.，Chen Y. J. Impact of Government Financial Intervention on Competition Among Green Supply Chains［J］．International Journal of Production Economics，2012，138（1）：201－213．

［8］Sheu J. B. Power Shifts and Relationship Quality Improvement of Producer － Retailer Green Channel Dyads Under Government Intervention［J］．Industrial Marketing Management，2015（1）．

［9］毛其淋，许家云．政府补贴对企业新产品创新的影响——基于补贴强度"适度区间"的视角［J］．中国工业经济，2015（6）：94－107．

［10］刘小元，林嵩．地方政府行为对创业企业技术创新的影响——基于技术创新资源配置与创新产出的双重视角［J］．研究与发展管理，2013（5）：12－25．

［11］赵中华，鞠晓峰．技术溢出、政府补贴对军工企业技术创新活动的影响研究——基于我国上市军工企业的实证分析［J］．中国软科学，2013（10）：124－133．

［12］杨洋，魏江，罗来军．谁在利用政府补贴进行创新？——所有制和要素市场扭曲的联合调节效应［J］．管理世界，2015（1）：75－86＋98＋188．

［13］巫强，刘蓓．政府研发补贴方式对战略性新兴产业创新的影响机制研究［J］．产业经济研究，2014（6）：41－49．

［14］Sleuwaegen L.，Boiardi P. Creativity and Regional Innovation：Evidence from EU Regions［J］．Research Policy，2014，43（9）：1508－1522．

［15］程中华，刘军．产业集聚、空间溢出与制造业创新——基于中国城市数据的空间计量分析［J］．山西财经大学学报，2015（4）：34－44．

［16］刘斌．后金融危机时期的转型升级研究［J］．管理世界，2013（4）：172－173．

［17］Lau A. K. W.，Lo W. Regional Innovation System，Absorptive Capacity and Innovation Performance：An Empirical Study［J］．Technological Forecasting and Social Change，2015（92）：99－114．

［18］Zhao S. L.，Cacciolatti L.，Lee S. H.，et al. Regional Collaborations and Indigenous Innovation Capabilities in China：A Multivariate Method for the Analysis of Regional Innovation Systems［J］．Technological Forecasting and Social Change，2015（94）：202－220．

电价管制、电力短缺与居民电力消费需求

——来自广东省的经验数据

徐 骏

（浙江财经大学政府管制研究院 杭州 310018）

一、问题提出

2011 年底，国家发展和改革委员会正式下发了《关于居民生活用电试行阶梯电价的指导意见》（以下简称《意见》），《意见》认为：为了促进资源节约和环境保护，减少对电价的交叉补贴，引导居民合理、节约用电，有必要对居民生活用电试行阶梯电价。按照《意见》提出的电量划分和电价确定原则，把城乡居民每月用电量按照满足基本用电需求、正常合理用电需求和较高生活质量用电需求划分为三个档次，电价实行分档递增。在起步阶段，第一档电量原则上按照覆盖本区域内 80% 居民用户的月均用电量确定，该档电价保持不变；第二档电量按照覆盖本区域内 80% 居民用户的月均用电量确定，该档电价每度电提价不低于 5 分钱；第三档电量为超出第二档的电量，该档电价每度电提价 0.3 元左右。从基本的经济学直觉来看，电力已经成为城乡居民的一项生活必需品，而必需品的价格弹性一般较低。这也就意味着涨价未必能导致消费量的下降。这也就自然引发出一个最为基本的经济学问题：居民电力消费的价格弹性究竟有多少？有没有定量的分析来为阶梯电价的推行提供政策参考？

现有文献对于我国居民电力消费的价格弹性研究并不多见。林伯强等（2009）将居民按照收入水平五等分，通过调整估算出的城乡居民电力消费的价格弹性得到不同收入阶层居民电力需求的价格弹性。齐放等（2010）利用 2005~2009 年中国国家电网辖区内的 29 个省市自治区的居民电力收入和消费数据，估计出居民电力需求的价格弹性为 -0.16。李虹等（2011）在研究取消居民电价补贴时依据齐放等（2010）估算出的价格弹性，对不同收入阶层的居民电力需求价格弹性进行估测。郁义鸿、李会（2013）分析了全国层面以及按照收入阶层和地区分别估算了居民电力需求的价格弹性和收入弹性。此外郑淮等（2003）估计了北京市居民生活用电的需求函数。然而这些文献的估计方法都或多或少带有一定程度的瑕疵。现有文献对全国范围内居民用电的需求函数进行了估计，然而我国幅员辽阔，国土跨越多个气候带，生活在不同气候带的居民的生活方式有着极大的差异，这也会对他们的电力消费行为产生重大影响。尽管在计量回归中可以把反映当地居民生活特征的变量纳入到回归方程中以控制地域特征对电力消费行为的影响，但限于数据的可得性，此种类型的回归不可避免地会遗漏变量，从而造成估计的系数有偏。也有部分文献意识到这一点后对不同地区的电力消费函数进行分别估计，或者是把研究范围仅限于一个城市，但这些文献都只是做单方程回归，计量经济学的任何一本教材都已经指出忽略供给函数而

仅仅只对需求方程进行估计会因为变量之间的内生性导致估计的系数是不一致的。为了解决这种需求和供给相互影响而产生的内生性问题，就必须进行联立方程组估计。然而既有的研究居民电力消费的文献并没有使用这种方法。郑新业等（2012）基于 2008 年地级市的数据使用联立方程组对居民用水的需求函数进行了估计，然而他们仍然难以避免前文所提到的遗漏变量的问题。尽管使用联立方程组可以解决计量经济学教科书上所提到的内生性问题，但是却忽视了我国目前公用事业行业的一个最基本的市场特征，造成所估计的结果仍然是有问题的。本文将详细论述这个问题，并且从中国电力行业基本特征出发，着重分析电力行业实际运行情况与教科书上所提到的理想化市场机制存在的差异，提出与居民电力消费市场特征相适应的估计方法，最后使用广东省的数据对居民电力需求函数进行估计，得到了相应的结果。

二、电价管制、电力短缺与居民电力消费需求

计量经济学的基本理论指出，对于经验研究中所观测到的市场价格和产量数据，由于这些数据是由供给和需求两股力量相互作用而决定的市场均衡的结果，这种需求和和供给相互作用的关系使得产量与价格不再是单向的因果决定关系，而是价格影响均衡产量，产量同时也影响着均衡价格的关系。因此在实证研究中必须解决这种相互作用而产生的内生性，由此发展出了联立方程组的一系列估计方法（Greene，2003）。然而联立方程组主要适用于那些不受政府管制的自由竞争的市场，对于我国居民电力消费市场，由于终端销售电价严格地由政府管制部门（国家发改委以及各级地方政府物价管理部门）所管制，电网企业并没有销售电价的制定权，因此居民电力消费市场并不符合计量经济学教材中联立方程组适用的前提条件。更进一步而言，我国目前的销售电价根据终端用户的不同把销售电价分为大工业用户、普通工商业用户和居民用户三大类，由于管制部门在制定电价的过程中把保障居民用电作为政策的优先考虑目标，每次在煤电联动调整销售电价的过程中，都是只上调工商业用户的销售电价，而对居民销售电价不做调整[①]。从这个意义而言，居民的销售电价并不受市场供求力量的影响，而只是政府电价管制之下的一个外生变量，因此在通常的估计需求函数时所遇到的内生性问题似乎在居民电力消费市场上并不存在，使用普通最小二乘估计可以得到一致性的估计结果。在此得到本文的假说一。

假说一：电价管制使居民电价在居民电力消费需求中属于外生变量，不存在通常的内生性问题。

由于居民电价长年保持不变，在居民收入不断上涨的过程中，电价对居民而言会变得相对便宜。李虹（2007）使用 GDP 平减指数对我国历年来名义电价进行价格缩减之后发现在 1957～2001 年期间，中国的名义电价上涨幅度非常大，高达 568%；但实际电价仅上涨 76%。由于工业用户的配电成本低于商业用户，商业用户的配电成本低于居民用户，从边际成本定价的角度，工业电价应该低于商业电价，商业电价应该低于居民电价，但李虹通过目录电价比较发现，商业电价远高于居民电价，而工业电价和居民电价的差距很小。她由此推断出中国的电价存在明显的商业电价、工业电价对居民电价的交叉补贴。由于居民电价长期保持着低价，因此电力的供给曲线可以视作是一条弹性无穷大的水平线。然而中国电力工业实际供给情况并不像纸面所画出那种无限供给情况。纵观改革开放以来的电力工业发展历史，电力短缺一直是电力工业发展和改革所

---

① 笔者在查阅广东省物价局下发的历年来《关于销售电价调整的通知》文件中也发现居民销售电价近十年来没有做过任何调整，而工商业销售电价则是每隔两三年都会根据上网电价的变化加以调整。

要解决的头号问题（白让让，2006）。尽管在 2001 年的电力改革之后，规制分权化导致上游发电环节的行政性进入壁垒已经不复存在，但由于我国煤炭分布和电力负荷电力存在着天然的错位，在东部经济发达省份，电力短缺仍然时有发生。尽管电力短缺最主要的影响还是对工业用电的拉闸限电。但对于享受交叉补贴的居民用户而言，在每年的夏季用电高峰，即使工业用电为了保障居民用电而退出电网负荷，各地的电力局通过一切调度手段仍然无法保证完全满足所有的居民用户，针对居民用户的局部短时间的拉闸限电仍然还会发生[①]。这表明，在外生的电价管制的条件下，居民的用电需求会受到发电能力的限制。因此在估计居民电力需求函数时，电价的内生性尽管不是问题，但所观测到的居民用电量并不能代表居民的真实需求，而是受到供电能力限制的用电量。因此用普通最小二乘估计，仍然会有偏。由此得到本文假说二。

假说二：电力短缺使得通常所观察到的居民电力消费量并不是给定电价水平上居民的意愿消费量，存在着样本选择问题。

对于居民电力需求受到供电能力限制的情况，可以采用 Heckman（1979）提出的样本选择模型进行估计。Heckman 模型最经典的应用在于对劳动供给函数的估计。研究者在估计供给函数时能搜集到的只是劳动力市场上所观察到的市场均衡工资水平，但这并不能代表劳动力供给者的保留工资，因为只能当劳动力供给者的保留工资高于市场均衡工资水平时，他才会进入劳动力市场。那些保留工资低于市场均衡水平的劳动力供给者由于退出市场而无法为研究者观察到。所以基于所观察到的数据由于忽略了部分样本从而是有偏的。建立计量经济模型时必须充分考虑到样本选择问题才能保证估计的结果无偏。Heckman 模型基本设定可以表述为：

令所估计的主方程（main equation）为：

$$y = x'\beta + \varepsilon \tag{1}$$

对应的样本选择方程（select equation）为：

$$z^* = w'\gamma + u \tag{2}$$

其中 y 是所观测到的被解释变量，x 是 y 的解释变量向量，只有当 $z^* > 0$ 时，y 才会被观测到。z^* 不能被观测到，但是我们已知它受到向量 w 的影响。ε 和 u 分别是两个方程的随机扰动项。（Greene，2003）指出在考虑到样本选择的问题之后，当 y 是可观测时，y 的期望值可表示为：

$$E[y \mid z^* > 0] = x'\beta + \beta_\lambda \lambda(\alpha_u) \tag{3}$$

因此仅仅用 y 对 x 进行最小二乘估计将会遗漏式（3）等号右边的第二项而导致估计的结果有偏。

在 Heckman 模型的框架下，本文在此提出用于估计居民电力消费需求的计量回归方程：

$$\text{lnelectricity}_{it} = \alpha_0 + \alpha_1 \text{lnprice}_{it} + \alpha_2 \text{lnincome}_{it} + \varepsilon_{it} \tag{4}$$

$$z_{it}^* = Q_{it}^S - Q_{it}^D + u_{it} \tag{5}$$

$$Q_{it}^D = \text{lnelectricity}_{it} = \alpha_0 + \alpha_1 \text{lnprice}_{it} + \alpha_2 \text{lnincome}_{it} \tag{6}$$

$$Q_{it}^S = \beta_0 + \beta_1 \text{lnprice}_{it} + \beta_2 \text{capacity}_i + \beta_3 \text{fuelprice}_i + \beta_4 \text{industry}_i + \beta_5 \text{invest} \tag{7}$$

$$u_i, \ \varepsilon_i \text{ 服从二元正态分布 } [0, 0, 1, \sigma_\varepsilon, \rho] \tag{8}$$

这里的式（4）和式（5）分别与 Heckman 经典模型中的式（1）和式（2）相对应。式（4）代表电力消费函数方程，电力消费量（Electricity）取决于销售电价（Price）和收入水平（Income），所有变量取自然对数以便使方程的估计系数代表相应的弹性。而式（5）代表电力消费的样本选择方程，其中 z_{it}^* 代表反映电力供求状况的不可观测的变量，它等于电力供给和需求

---

① 这一点可以在夏季高温时节《城市日报》报道中得到印证。

之差。只有当 z_{it}^* 大于零，也就是电力供给大于需求时，居民真实的电力需求量才能被观测到。Q_{it}^S 和 Q_{it}^D 分别代表电力的供给函数和需求函数，它们由式（6）和式（7）两个恒等式定义。其中电力供给函数 Q_{it}^S 取决于销售电价（Price）、电力系统装机容量（Capacity）、上游能源投入价格（Fuelprice）、非居民用电量（Industry）和电力行业投资额（Invest）决定。

三、变量定义与回归分析结果

本文选取广东省作为实证研究对象是基于以下两点原因：首先，广东省相对于全国范围而言还是属于一个相对狭小的地域范围①，气候的一致性以及居民生活习惯的高度相似性使电力需求函数存在着内部同质性，这样一来在本文第一节中提出的遗漏变量问题就要小得多；其次，广东省作为中国第一经济大省，电力消费量在全国各省区中也是排名第一的②。而且广东由于本地能源匮乏，电力供应经常处于偏紧的状态（王婧，2012）。缺电不仅对工业用电产生约束，也对居民用电产生影响，部分城市由于限电曾短时间影响居民生活用电（莫建斌，2005）。从时间跨度看，由于广东省在 2001 实施了"厂网分开"改革，因此本文的数据序列从 2001 年开始，直到 2012 年广东省实施居民阶梯电价为止，以避开电力体制改革对于电力供给函数的影响。以"厂网分开"为显著特征的电力体制改革对中国的电力行业的供给函数产生了深刻的影响，伴随着厂网分开的是以"省为实体"的省级电力市场的形成，由于省级电力公司承担了电力交易和调配两项核心功能，电力的供给和需求在省级范围内实现供求平衡（白让让，2008），因此区域电力市场的界线恰好就是以省级行政单位为界，本文以广东省为实证研究对象是一个完整的电力市场。而我国由于长距离输电能力不足，电力富余的省份无法向缺电的省份自由调配电力，因此以全国范围为实证研究对象忽略了省级电力市场的市场边界，实证结果存在严重的设定偏误问题。

本文使用的电力消费量（Electricity）来源于对应年份的《中国城市统计年鉴》公布的广东省 21 个地级市市辖区人均生活用电量，由于有些年份的《中国城市统计年鉴》同时公布地级市市辖区居民生活用电总量和人均生活用电量，而其他年份的《中国统计年鉴》只公布居民生活用电量总量，本文把该总量除以该市常住人口以得到人均指标。使用人均指标的一个好处在于在本文研究的时间区段内部分地级市的行政区划有过调整，其中影响最大的是部分地级市的市改区，这必然会对居民生活用电总量产生影响，经过市改区的市辖区原本经济发展水平和城市化程度就很高③，该区居民的生活方式也与城市居民并无本质区别，因此市改区对人均居民生活用电量没有太大的影响。电价数据（Price）来自于广东省物价局公布的各地级市销售电价的电价目录。居民收入（Income）来源于暨南大学所开发的广东产业发展数据库中各地级市人均可支配收入。装机容量（Capacity）和非居民生活用电（Industry）来源于相关年份《广东年鉴》中电力工业词条，上游能源投入价格（Fuelprice）来源于相关年份《广东统计年鉴》公布的电力、热力的生产和供应业的购进价格指数，由于该指数以上年作为 100，本文在此统计换算成以 2000 年为 100 的定基价格指数。电力投资（Invest）来源于相关年份《广东统计年鉴》公布的电力、热力的生产和供应业的固定资产投资额。

---

① 由于广东省是一个东西宽、南北窄的横向走势，而气候的差距主要体现在纬度方向，因此可以近似地认为省内的气候是高度一致的。同样的，对于山西和陕西这种南北宽、东西窄的纵向地形分布，内部气候一致性的假设便难以成立。

② 据 2012 年《中国能源统计年鉴》数据。

③ 例如现在属佛山市的南海区和顺德区原本是广东省直管的县级市，曾经与中山市和东莞市并称"珠三角四小虎"。而中山市与东莞市也是全国唯一两个不设市辖区而直接下辖街道办事处和建制镇的地级市。

为了验证前文提出的假说一，必须检验居民电价的内生性问题。本文在此先分别对电力需求和电力供给函数进行普通最小二乘估计，然后进行工具变量估计，以便进行 Hausman 检验。在进行工具变量估计时，在联立方程组估计中通常的做法是选取供给函数中的外生变量作为需求函数中内生变量的工具变量进行估计，同时选取需求函数中的外生变量工具变量作为供给函数中内生变量的工具变量进行工具变量估计。表 1 给出了普通最小二乘估计和工具变量估计，以及 Hausman 检验的结果。

表 1 Hausman 检验

	（1） olsd	（2） ivd	（3） olss	（4） ivs
lnprice	0.036	− 1.691 ***	1.047 ***	0.992 ***
	(0.130)	(0.261)	(0.034)	(0.033)
lnincome	0.851 ***	1.388 ***		
	(0.083)	(0.120)		
capacity			0.000 **	0.000 **
			(0.000)	(0.000)
fuelprice			0.002	0.002
			(0.003)	(0.003)
N	202	202	225	202
Hausman 检验	Hausman 统计量 25.75	P_ Value 0.2163	Hausman 统计量 15.97	P_ Value 0.7713

注：＊表示 p ＜ 0.05，＊＊表示 p ＜ 0.01，＊＊＊表示 p ＜ 0.001 为了节约篇幅，各地级市截面单元的虚拟变量的系数没有列出，系数下括号内数值为标准误。

表 1 最下面两行列出了需求函数和供给函数中电价的内生性进行 Hausman 检验的检验统计量和伴随概率，可以看到两个检验结果都无法拒绝 Hausman 检验的原假设，也就是说居民电价不存在内生性而是一个外生变量，假说一得到验证。

下面再估计本文提出的式（4）～式（7）的计量模型，Heckman（1976）提出了 Heckman 两步估计法来解决极大似然估计时过重的计算负担，但由于本文在此的样本数量有限，因此本文没有采取 Heckman 两步估计而直接使用极大似然估计来得到更精确的结果。同时本文在估计的过程中也使用了方差—协方差的稳健设定以克服可能存在的异方差的影响。最终的估计结果如表 2 所示。

表 2 底部一栏从上到下每一行分别表示回归所使用的样本容量（N）、雨宫信息准则（AIC）、赤池信息准则（BIC）、受到截断的样本数量（N_ cens）、对数似然函数值（Loglikly）、回归的标准差（sigma）、主方程与选择方程扰动项之间的相关系数 ρ（rho）、检验假设 $\rho = 0$ 的似然比统计量（chi2）以及伴随概率（P（chi2））。此处的似然比检验在 5% 的水平上全都拒绝了 $\rho = 0$ 的原假设，而且受到截断的样本数量为 6，这证明广东省的居民电力消费确实存在着样本选择问题，由此验证了假说二。

为了便于比较，在此把表一中的最小二乘估计的结果放在表二的第一列中来。可以看到所有的 Heckman 估计的结果在 AIC 和 BIC 这两项指标上要大于最小二乘估计的结果，而对数似然函数值要小于最小二乘估计，这表明 Heckman 模型对于数据的拟合优度要高于最小二乘估计，解释力更强。

表2　Heckman 模型的估计结果

	（1） olsd	（2） m1	（3） m1a	（4） m1b
main lnprice	0.036 (0.130)	-0.509 (0.534)	-0.505 (0.534)	-0.506 (0.533)
lnincome	0.851*** (0.083)	0.845*** (0.248)	0.843*** (0.248)	0.843*** (0.248)
select capacity		0.000 (0.000)	0.001 (0.001)	0.002 (0.001)
fuelprice		-0.023 (0.017)	-0.010 (0.020)	0.036 (0.029)
lnprice		2.822 (2.719)	2.400 (2.658)	2.352 (2.693)
lnincome		0.611* (0.242)	0.573* (0.242)	0.592* (0.236)
industry			-0.002 (0.001)	-0.005* (0.002)
invest				-0.005* (0.002)
_cons		-12.779 (13.637)	-11.568 (13.587)	-13.856 (13.541)
N	202	208	208	208
AIC	178.707	236.980	238.471	237.522
BIC	251.489	333.769	338.598	340.986
N_cens		6.000	6.000	6.000
Loglikly	-67.354	-89.490	-89.236	-87.761
sigma		0.343	0.344	0.345
rho		0.555	0.614	0.671
chi2		3.5E+05	3.5E+05	3.6E+05
P（chi2）		0.049	0.049	0.027

注：* 表示 $p<0.05$，** 表示 $p<0.01$，*** 表示 $p<0.001$ 为了节约篇幅，各地级市截面单元的虚拟变量的系数没有列出，系数下括号内数值为标准误。

　　对于系数的估计，最小二乘估计中电价的系数并不显著，而且还出现了有悖于经济学理论的正号，而所有的 Heckman 模型中电价的估计系数为负，符合基本的经济学直觉，这也从一个侧面印证了样本选择问题导致最小二乘估计系数有偏的问题。无论是最小二乘估计还是 Heckman 模型，人均可支配收入的系数都显著为正，而且系数的估计值在不同的模型之间差别也很小，表明电力对于现阶段的居民而言还属于正常商品，收入的提高会增长电力消费、并且电力消费的收入弹性约为 0.84 左右。

　　尽管电价的估计系数为负，但在统计上并不显著，也就是说居民电价对居民电力消费量的影响还存在着较大的不确定性，这也是因为过去的 10 年间广东省居民电价没有发生任何调整，因此模型中电价对电力消费量的影响，仅仅体现在各个地级市居民电价的微小的差异对于各市居民电力消费量的影响。从系数的数值大小来看，电价估计系数的绝对值小于1，表明电力仍然是居民消费的必需品。

对于选择方程所估计系数的符号来看，大部分变量系数都在预期范围之内。由于选择方程反映的是居民电力供求是否紧张的情况，因此变量的系数为正代表该变量会缓解电力短缺的情况，为负则会加剧电力短缺的情况。针对各个变量的具体情况来看，可以看到装机容量、居民电价的系数为正，表明装机容量越大，居民电价越高，电力短缺就越不可能发生。这里的居民电价由于是需求函数和供给函数中的居民电价同时进入到选择方程中并且合为一个变量，因此居民电价也会从需求和供给两个方面影响电力短缺的情况：一是较高的电价抵制居民的电力消费；二是较高的电价也会诱导电力供应企业增加对居民的电力供给。而上游能源投入价格和非居民生活用电量这两个变量的符合为负，则表明上游能源投入价格越高，非居民用电量越大，电力短缺也越有可能发生。这一点也可以得到直观上的理解，由于我国的电力供应主要依靠火电发电，当煤炭价格上涨而销售电价不变时，火电企业向电网供电的动机也会大大下降，只剩下那些煤耗较低的火电企业以及成本不受煤炭价格影响的水电以及核电向电网供电，此时整个电网的电力供应就会减少。而在总装机容量固定的条件下，非居民用电量的增加也会挤占居民供电量。然而这些系数在统计学的意义上并不显著，表明这些变量是否真的对居民电力供求形势产生显著影响存在疑虑。这也反映出我国目前的电力调度中对于不同类型的用户所体现的优先级的不同。由于居民用电在电力调度实践中保持着最高的优先权，在电力供应紧张的情况下，电网运营机构首先会限制大工业用电，其次是工商业用电，只有在迫不得已情况下才会暂时性地对局部地区的居民用电加以限制，因此居民生活用户在大部分的情况下并没有受到电力供给的制约，而且在本文的208个样本中，Heckman模型估计的结果只有6个样本存在着样本选择问题，足以对此加以佐证。另外值得注意的是人均可支配收入和电力行业固定资产投资的系数尽管在统计上是显著的，但却并不符合先验预期的结果，本文暂时无法对此进行解释。

四、结论与政策含义

本文在前人对于居民电力消费需求弹性估计的文献评述的基础之上，指出现有的文献在计量设定方面的不足。从我国目前电价管制的实际出发，本文认为，居民电价不存在计量经济学教科书上所认定的内生性问题。但普通的最小二乘估计并不能确保模型的无偏性。这是因为在价格管制的条件下，短缺与配给制约着市场的均衡产量，因此从所观察到的居民用电量数据并不能真实反映居民的用电需求。为了解决这个问题，本文提出应该使用Heckman样本选择模型来估计居民电力消费需求。最后本文使用广东省的数据验证了本文所提出的假说，并且发现Heckman模型的解释力要高于OLS模型。

根据本文模型估计结果，电价对于居民电力消费有统计上的不显著抑制作用，而收入的增加则对居民电力消费有着统计上显著的促进作用，而且从估计的系数上看，收入弹性系数也要大于价格弹性系数，因此在居民收入增加的同时提高电价，如果两者变化的百分比相同，最终电力消费量仍然可能会增加，这种结果可能并不会实现阶梯电价的政策初衷，涨电价的实际效果更有可能是使居民电力消费量的增长幅度要小于不涨电价时的效果。

在完成对居民电力消费的Heckman模型之后，可以对2012年广东省试行的阶梯电价效果进行评估。根据广东省物价局下发的《关于我省居民生活试行阶梯电价有关问题的通知》（粤价〔2012〕135号），决定自2012年7月1日起试行阶梯定价。对于各档次电价的制定，广东省物价局把第二档和第三档电价的提价幅度确定在国家发改委提出的最低涨价标准，也就是第二档电量电价每千瓦时加价 0.05 元，第三档电量电价每千瓦时加价 0.30 元。而对于提价之前居民电价在每千瓦时 0.70 元以上的汕头、潮州、揭阳、汕尾和云浮五市，则把居民电价统一降到每千瓦时 0.70 元，在此基础上实行阶梯电价。根据这一提价方案，再结合其他解释变量在 2012 年的观测值，可以使用本文模型的估计系数对于阶梯电价的实施效果进行预测。具体而言，由于阶梯电价方案是在 2012 年 7 月 1 日起实施的，因此阶梯电价方案真正发挥作用时间也只有下半年。因此本文在此分别以不变电价和阶梯电价作为解释变量来预测各地级市居民人均生活用电量，并以此来推断上半年和下半年的用电量。季节性因素会对上半年和下半年的居民生活用电量产生明显影响，因此不能简单地认为上下半年的用电量是完全相等的，在众多气候因素之中，对居民生活用电影响最大的还是极端高温和极端低温对于居民房间制冷和采暖的影响。笔者查阅了广东省气象局公布的常年气温统计值，发现广东省的高温天气主要出现在 6 月、7 月、8 月、9 月四个月份，而低温天气主要出现在 1 月份。考虑极端气温在 12 个月份中分配的不均匀，本文在此对用不变电价预测出来的人均生活用电赋予 0.4 的权重，而对用阶梯电价预测出来的人均生活用电量赋予 0.6 的权重，通过计算加权的用电量来贴近现实的用电情况。此外，由于阶梯电价方案是根据不同用电消费量来确定的非线性定价方案。要想准确预测阶梯电价方案下的用电量，就必须考虑到不同收入阶层的用电量之间的差异。限于数据的可得性，本文并没有收入分配相关数据，因此只能假设用电量位于第二档和第三档次的居民用户面对的就是该档次电价的线性定价方案。具体而言，就是用电量位于第二档次的居民用户所面对的价格就是经过提价之后的第二档电价，而不考虑在规定的第二档电量之内所享受到的低电价，用电量位于第三档次的居民用户也依次类推。这种预测方法必然会低估真实的用电量。此外，在第一档电价确定上，由于广东省物价局对于汕头等五个城市降低了第一档电价标准，因此在预测这五个城市第一档居民用户的用电量时，也必须对应地进行调整。另外对于第二档居民用户和第三档居民用户数量的确定上，则是根据国家发改委下发的《指导意见》，假设第一档电价覆盖 80% 的家庭用户，而第二档和第三档电价则分别覆盖 10% 和 10% 的家庭用户。本文将分别预测三档用户在相应电价水平上的需求函数，然后根据 8:1:1 的权重计算阶梯电价方案之外居民的加权人均电力消费量，最后根据 4:6 的权重预测 2016 年各地级市居民人均电力消费量。最终的预测结果如表 3 所示。

本文把电价上涨造成的电力消费量的减少程度称为价格弹性效应，而把收入上涨造成的电力消费量的增加程度称为收入弹性效应。通过比较 2012 年预测加权平均用电量和 2011 年实际用电量可以发现，除了梅州、东莞、中山、湛江、茂名、肇庆、潮州、云浮八个城市的预测用电量出现了下降之外，其他 12 个城市的预测用电量都出现了上升[①]，这表明过半数城市居民的收入弹性效应要大于价格弹性效应。为了进一步解析不同档次电价加价水平产生的价格弹性效应相对于收入弹性效应大小，本文把三个档次电价下的预测用电量纳入到表 3 之中。可以发现，除了前述八个例外的城市，所有城市 2011 年不变价格和第一档电价下的预测用电量都大于 2011 年的实际用电量，这表明收入弹性效应起主导作用，价格弹性由于第一档价格保持不变甚至在部分城市略有下调而几乎不产生影响。而只有河源和阳江两市在第二档电价下的预测用电量开始小于 2011 年的实际用电量，表明价格弹性效应开始逆转收入弹性效应，其他城市依然保持着和第一档电价相同的格局。在第三档电价上，只有深圳、珠海、汕头、汕尾和江门五个城市的预测用电量小于 2011 年实际用电量，表明此时的价格弹性效应已经超过收入弹性效应。出现这种结果的原因还在于第二档电价和第三档电价相对于提价前的平均电价分别提高了 7.5% 和 45.2%，因此可以预期更多城市出现价格弹性效应大于收入弹性效应的结果。而且由于面对第二档和第三档电价的居

---

① 揭阳由于 2011 年的数据缺失无法比较。

民在居民整体中所占的比例太低，造成最终模型预测的加权平均用电量相比于前一年是上升的。由于本文的预测设定高估了价格弹性效应，因此尽管执行了阶梯电价，2012 年的居民用电量仍然会大于上一年的。来自 2013 年《广东年鉴》的数据也印证了本文的这一点预测（王婧，2013），2012 年广东省城乡居民生活用电为 689.2 亿千瓦时，比上年增长 10.8%。

表3 阶梯电价下人均电力消费量的预测结果 单位：亿千瓦时

城市名	广州市	深圳市	珠海市	汕头市	佛山市	韶关市	河源市	梅州市	惠州市	汕尾市	东莞市
2011 年实际用电量	1739.31	3337.67	1403.82	614.53	1415.49	672.11	1188.25	1288.22	1158.23	512.81	3557.93
2012 年不变价格预测用电量	1933.46	5079.34	1467.00	721.11	1627.71	814.07	1217.32	913.55	1241.58	671.61	3240.98
2012 年第一档电价下预测用电量	1933.46	5079.34	1467.00	751.70	1627.71	814.07	1217.32	913.55	1241.58	686.00	3240.98
2012 年第二档电价下预测用电量	1858.00	4900.47	1411.47	725.95	1565.15	782.31	1171.92	877.34	1195.95	662.50	3114.50
2012 年第三档电价下预测用电量	1579.65	4222.89	1204.94	627.73	1333.44	665.10	1002.42	744.32	1024.94	572.87	2647.90
2012 年预测加权平均用电量	1907.70	5017.22	1447.94	730.48	1606.30	803.23	1201.70	901.23	1225.84	672.05	3197.81

城市名	中山市	江门市	阳江市	湛江市	茂名市	肇庆市	清远市	潮州市	揭阳市	云浮市	
2011 年实际用电量	1975.93	491.17	467.86	690.70	303.26	800.24	716.13	2676.61		713.69	
2012 年不变价格预测用电量	1778.97	737.03	559.75	541.71	289.43	719.20	778.68	2007.01	4645.46	443.79	
2012 年第一档电价下预测用电量	1778.97	737.03	559.75	541.71	289.43	719.20	778.68	2092.16	4874.65	459.53	
2012 年第二档电价下预测用电量	1712.62	708.70	540.04	521.21	278.64	694.56	748.75	2020.48	4707.64	443.79	
2012 年第三档电价下预测用电量	1464.91	603.78	465.37	444.94	238.34	600.59	637.90	1747.13	4070.75	383.75	
2012 年预测加权平均用电量	1756.14	727.33	552.91	534.68	285.72	710.60	768.43	2033.10	4724.72	447.75	

以上预测的政策含义在于阶梯电价通过提高电价降低居民电力消费的政策初衷有可能落空。因为这种主观臆测还是一种单变量回归的思维，这一假设在实际中并不成立。阶梯电价的最终实施效果可能是电价涨了，但电力消费量却没有下降，居民收入增加所导致的用电量的增加只会转化为更多的电力账单支出。这也是为什么在阶梯电价听证会上居民反对涨价的根本原因。张昕竹（2011）认为，在电力改革还没有完成，基于市场的电力价格形成机制问题还没有解决的情况下，阶梯电价只是打着节约资源的旗号，为电力行业的垄断性定价给出一个较好的涨价理由而已。阶梯电价只不过是一种收入分配的手段。本文在此也认为阶梯电价只不过是把高收入阶层的部分新增收入转化为电网企业垄断利润的一种隐性手段，并不能实现资源节约的目标。要实现资源节约的目标应该设定一系列互相配套的政策体系来完成这一点，而不是简单地发出一个涨价通知就完事。特别具有讽刺意味的是阶梯电价实施大半年后，财政部、发改委和工信部下发了

《关于停止节能家电补贴推行政策的通知》。节能家电补贴应该作为阶梯电价的配套政策诱导居民购买和使用高能效的家电，以此来实现节约能源的目标。而现在却因为在补贴过程中出现的种种道德风险问题而被叫停。对此有必要统一协调各部委在节约资源方面出台的管制政策，防止政出多门造成政策之间的互相冲突与脱节。

参考文献

［1］Greene W. Econometric Analysis ［M］. New York：Prentice Hall.

［2］Heckman J. J. The Common Structure of Statistical Models of Truncation，Sample Selection and Limited Dependent Variables and a Simple Estimator for Such Models ［J］. NBER，1976：475 - 492.

［3］Heckman J. J. Sample Selection Bias as a Specification Error ［J］. Econometrica：Journal of the Econometric Society，1979（1）：153 - 161.

［4］白让让. 制度偏好差异与电力产业规制放松的困境——"厂网分开"引发的深层思考 ［J］. 中国工业经济，2006（3）.

［5］白让让. 规制重建滞后与"厂网分开"的双重效率损失 ［J］. 财经问题研究，2008（1）.

［6］李虹. 中国电力工业监管绩效实证分析 ［J］. 财贸经济，2007（4）.

［7］李虹，董亮，谢明华. 取消燃气和电力补贴对我国居民生活的影响 ［J］. 经济研究，2011（2）.

［8］林伯强，蒋竺均，林静. 有目标的电价补贴有助于能源公平和效率 ［J］. 金融研究，2009（11）.

［9］莫建斌. 电力工业词条，广东年鉴编纂委员会、广东年鉴 ［M］. 广东年鉴出版社，2005.

［10］齐放，张粒子，魏玢，阙光辉. 基于拉姆齐定价理论的销售电价研究 ［J］. 电力需求侧管理，2010（2）.

［11］王婧. 电力工业词条，广东年鉴编纂委员会、广东年鉴 ［M］. 广东年鉴出版社，2012.

［12］王婧. 电力工业词条，广东年鉴编纂委员会、广东年鉴 ［M］. 广东年鉴出版社，2013.

［13］郁义鸿，李会. 中国居民家庭电力需求弹性研究 ［Z］. 中国工业经济学会 2013 年年会，2013.

［14］张昕竹. 阶梯定价、实时定价及其潜在影响 ［J］. 改革，2011（3）.

［15］郑淮，张阿玲，何建坤. 北京市居民生活用电实证分析 ［J］. 清华大学学报（自然科学版），2003（6）.

［16］郑新业，李芳华，李夕璐，郭琎. 水价提升是有效的政策工具吗 ［J］. 管理世界，2012（4）.

环境认证、企业绩效与股价效应

——中国上市公司实证研究

陈艳莹　吴　龙

（大连理工大学管理与经济学部　大连　116024）

一、引言

随着环境问题日益受关注，越来越多中国企业开始主动申请各种环境类认证。以国际认可度最高的 ISO14001 环境管理体系认证为例，2008 年，我国企业通过认证的数量为 39195 个，2013 年增加至 104735 个，年均增长率为 21.2%，是同期世界平均增长水平的 2 倍多[①]。理论上，环境认证作为对传统的"命令—控制"型环境管制政策的替代，可以通过第三方机构的权威评估显示企业良好的环境绩效，推动企业技术创新和管理升级，是绿色经济时代提高企业竞争力的一种有效手段。但在现实当中，无论申请和保持哪类环境认证都需要企业耗费大量资源，环境认证给企业带来的收益能否弥补支出进而提升企业的经济绩效存在很大不确定性。那么，在中国企业为实现绿色而大量申请环境认证的背后，认证对企业的经济绩效又产生了怎样的影响？回答这一问题不仅可以近距离考察中国企业的环境保护努力与其经济收益之间的权衡关系，对于从微观层面上检验我国绿色经济增长的可行性以及完善政策设计也非常必要。

目前，理论界对环境认证与企业经济绩效之间关系的研究主要集中在财务绩效指标上，大量研究利用不同国家企业样本考察通过环境认证对企业托宾 Q 值、资产回报率、销售利润率以及净资产收益率等财务指标的影响，但并没有得到一致结论（Dowell et al., 2000；Morrow and Rondinelli, 2002；Jacobs et al., 2010；Nishitani, 2011；King and Lenox, 2001；Gilley et al., 2000）。在仅有的以中国企业为样本的研究中，王立彦和林小池（2006）利用 1997~2004 年中国上市公司的数据，比较了企业通过 ISO14001 环境管理体系认证之后销售业绩和股东权益的变化，发现认证对销售收入、销售利润率和股东权益都有正向促进作用，并且环境敏感行业的公司通过 ISO14000 认证前后股东权益的增长幅度更为突出。He 等（2015）通过倾向得分匹配与截面回归相结合方法，利用中国经济研究中心（CCER）2006 年对 1268 家中国制造企业调查数据进行的

[基金项目] 国家自然科学基金面上项目"双边集体声誉约束下的认证产业绩效提升机制研究"（批准号 71373033）；辽宁省社会科学基金项目"面向辽宁制造业的研发服务业集聚发展模式与政策研究"（批准号 L12DJY045）。

[作者简介] 陈艳莹，大连理工大学管理与经济学部副部长，教授，博士生导师；吴龙，大连理工大学管理与经济学部博士研究生。

①根据国际标准化组织网站（http://www.iso.org）数据整理而得。

实证研究表明，ISO14001 环境管理体系认证对企业认证之后的资产收益率和销售利润率等财务绩效指标的影响在统计上并不显著，原因是认证提高企业销售收入的同时也同等幅度地增加了企业的成本。两项实证研究得出的环境认证影响中国企业经济绩效方向存在较大差异。

总体看，尽管现有研究都承认环境认证会给企业带来收益也会增加成本，但却没有对收益和成本的相对大小取决于哪些因素给出一个系统的理论分析框架，因此也就无法对实证研究结论的不一致做出明确的解释。此外，环境认证的成本和收益并不是发生在同一时期。各种类型的环境认证都需要企业在短期内进行大量投入，但其对企业商业价值的创造、战略性资源的培育以及经营风险的降低等作用的显现却需要较长时间（Wang and Bansal, 2012）。由于利润率、资产收益率等财务绩效指标都是短期指标，基于这些财务绩效指标考察环境认证对企业经济绩效的影响很可能与实际存在一定偏差，更好的方法应当是选择某些能够综合反映企业长期经济绩效的指标作为实证检验的基础。

在一个有效的资本市场中，企业的股票价格体现了投资者对企业长期盈利能力的预期，通过投资者对信息的不断评估和用脚投票，任何对企业未来盈利能力有影响的事件都会导致股价的变化，因此可以从股价的变化中来检验某一特定事件对企业长期经济绩效的影响（Fama et al., 1969）。近期已有一些文献利用事件研究法考察特定的环境事件对企业股价的影响（Cañón and Garcés 2009; Jacobs et al., 2010; Lundgren and Olsson, 2010; Yadav et al., 2015），其中，Cañón 和 Garcés（2009）以及 Paulraj 和 Jong（2011）分别利用西班牙和美国企业样本，研究当企业披露通过 ISO14001 环境管理体系认证的信息时股票市场的反应，都发现环境管理体系认证会导致股价降低，从而得出了认证与企业长期经济绩效负相关的结论，但是，这两篇文献并没有对这种负相关的形成机理进行系统地分析。

本文将利用 2001~2014 年我国沪深两市上市公司的数据，基于股价效应来考察环境认证对中国企业经济绩效的影响。相较之前对中国环境认证的研究，本文进行了如下改进：一是鉴于产品环境相关认证与环境管理体系虽存在差异，都能释放出企业的对环境的态度倾向信息，我们将产品的环境相关认证也纳入我们分析的范畴，以期获得关于环境认证的股价影响更全面的结果；二是构建了一个中国背景下环境认证对绩效作用的理论分析框架，以对这一问题进行系统分析；三是对处于不同类型的上市企业分别进行考察，这样我们可以得到更丰富的结论，对环境认证作用的了解也将更为细致。文章的结构安排如下，在接下来的第二部分，我们首先从现有的研究出发结合中国证券市场的特征提出关于环境认证对企业价值影响的相关假说。其次在第三部分则利用事件研究法分析环境认证公告事件对相应上市公司股价的影响，并进行相关研究。最后，根据研究所得结论对中国上市公司环境认证信息的披露规制提出合理建议。

二、文献回顾与理论假说

自 20 世纪 90 年代初以来，人类应对自身经济行为进行符合自然规律规制才能有可持续发展的理念逐步成为世界各国的共识，在这样背景下针对企业日常经营活动进行规制的环境认证应运而生。环境认证是企业为应对外界压力和保持竞争优势而在第三方认证下为其产品服务或管理体系取得符合一定环境标准信用保证取得的过程。

在环境认证是否真的可以提高企业的绩效上，学者们提出了各种不同的看法。其中的一派观点坚持认为企业进行相关的环境认证有助于企业在干中学获取未来发展的资源来促进经营绩效的提高，即"认证有益论"（PTBG, pays to be green）。早期经典研究如 Porter 假说认为，一方面，环境规制可以促进企业抓住在松懈状态下会流失的机遇，形成竞争优势；另一方面，也可以为压力下利益相关者对企业创新提供必要的信息与激励，进而使企业获得竞争优势（Porter and Van der Linde，1996）。与 Porter 假说关注环境绩效如何提高使获得竞争优势不同，随后的一些研究将资源基础理论（RBV，Resource Based View）纳入分析框架，得到了一系列关于企业如何在"变绿"的过程中主动获得竞争优势的成果，如环境认证过程成为企业形成其特有声誉、在干中学会获取异质性资源和促进技术和管理的现代化的有力手段（Arora and Gangopadhyay，1995；Melnyk et al.，2003；Radonji and Tominc，2007；Boiral，2007）。已经有学者发现较之事后管制类型的环境管理体系建设，事先主动进行 ISO14001 认证的企业获得效率更高的效率提升（King & Lenox，2002），而从信号显示机制考察，环境认证也可以向利益相关方特别是投资者展示其内部进行长期环境效率改进的成果，进而吸引投资者的关注提升股价。综合目前文献来看，关于如何通过认证改善企业环境表现进而提高绩效有两种渠道，一方面企业再认证后可以通过降低与信息不对称的相关成本以更顺利地进入特定市场、促进产品的差异化和推广销售认证所得环保技术而获得收入增长，另一方面通过提高风险管理水平、加强利益相关者（包括环保意愿团体）的关系、提升中间投入使用效率、减少融资成本、降低劳动成本进而达到成本优化的目的，且收入增长效应与两者之间对绩效的提升影响存在着一定协同作用（Stefan and Paul，2008）。

同时，另一种观点也得到学界的一些认可，即环境管理与利润目标间具有一定排斥性，企业需要在二者之间做出一定权衡，环境认证的发生意味着企业牺牲了一部分收益（Jaffe et al.，1995）。持有上述观点的一个隐含条件是环境认证本身无法完全在企业内部创造价值形成合宜性，认证行为或多或少是迫于外部力量进行的。环境认证是一项需要大量投入的企业改造工程，以 ISO14001 认证为例各产业活动单位仅认证成本就在 2.5 万~10 万美元（Potoski and Prakash，2005），同时环境认证要求的企业各部门各流程的改进可能在提高运营成本的同时减少企业在生产率改善上应有的投入，既有表面的投入也有隐性的成本（Stefan and Paul，2008）。Darnall 等（2008）研究发现，未采取事先主动环境措施的企业通常而言具有更高的环境管理体系建设成本，企业在日常经营中的表现也更差，在进行认证后其盈利能力表现反而会恶化。随着环境问题的关注愈来愈高，环境认证成为其市场席位"正当性"不可或缺的必要保障和"入场券"之一（唐国平、李龙会，2011）。企业环境认证行为越来越是政府、利益相关者、消费者乃至媒体的社会压力所致（杨东宁、周长辉，2005；Qi et al.，2011），而非企业从经济性出发理性考虑的结果。一些实证研究也说明了环境认证对企业绩效的消极作用（King and Lenox，2001；Konar and Cohen，2001），Moneva 和 Cuellar（2009）并发现环境管理体系建设降低了企业的托宾 Q 值，影响企业市场价值的提升。

由文献综述可以看出，企业进行环境认证是隐藏在背后的"内部效率"和"外部裹挟"两种力量共同作用的结果，而在考察环境认证是否对企业经济绩效有利时，需要分析企业具体环境下两种力量哪一个作为主导。当企业预计环境认证总体而言是有利时，内部合宜的主动认证出现，此时环境认证更可能会提高企业的经济绩效。然而，当企业环境认证因组织关系网络中公共部门或利益相关者的"裹挟"强迫而进行时，环境认证可能对企业利益造成了伤害，从而会在长期中损伤企业的经济绩效。

在理想条件下，有效市场中上市公司股价变化确能体现出相关信息对企业股价的影响。因此提出如下假说：

假说 1：如果企业的环境认证是由内部合宜性驱动的主动认证，则认证信息的披露会提高股票价格。

假说 2：如果企业的环境认证是外部力量"裹挟"的被动认证，则认证信息的披露会降低股票价格。

三、研究方法与数据

（一）实证方法

在本文中，我们主要运用事件研究法（Event study）来对中国上市公司环境认证股价效应进行研究，与之前的文献类似，我们采用广受认可的市场模型进行分析（Dasgupta et al.，2006）。基本的回归方程为 $R_{it} = \alpha_i + \beta_i R_{mt} + \varepsilon_{it}$，其中，$R_{it}$ 是 i 事件下对应股票在 t 日的当天实际收益率，R_{mt} 为市场资产组合在 t 日的当天收益率，ε_{it} 作为方程中的误差项，作为 i 股票在当天的超额收益率，对于上述方程有 $E(\varepsilon_{it}) = 0$，$Var(\varepsilon_{it}) = \sigma_{ei}^2$。为了检验环境认证公告事件是否可以对上市公司的股价产生如理论假设中的影响，我们需要得出在事件窗口期内的超额收益率以及累计超额收益率的大小。对于每一家披露了环境认证信息的企业 i 而言，我们将 T_0 和 T_1 分别作为估价窗口期的开始与结束，T 为事件发生时间，T_2 为事件窗口的结束。在本文研究中，将预测误差作为超额收益 AR_i 的估计，即有：$A\widehat{R}_{it} = R_{it} - \widehat{\alpha}_i - \widehat{\beta}_i R_m$，其中 $\widehat{\alpha}_i$、$\widehat{\beta}_i$ 是利用估计窗口数据通过最小二乘法进行回归得到。进一步地，我们得到事件在窗口期内的累计超额收益 $CAR_i = \sum\limits_{t=T_1+1}^{t=T_2} A\widehat{R}_i$ 和平均超额收益率 $AAR_t = \dfrac{1}{N}\sum\limits_{i=1}^{N} A\widehat{R}_{it}$，同时为了可以考察环境认证对上市公司股价的总影响，我们还需要考虑平均超额累计收益率 $CAA\widehat{R}(T_1,T_2) = \dfrac{1}{N}\sum\limits_{i=1}^{N} CA\widehat{R}_i(T_1,T_2)$ 的显著性。

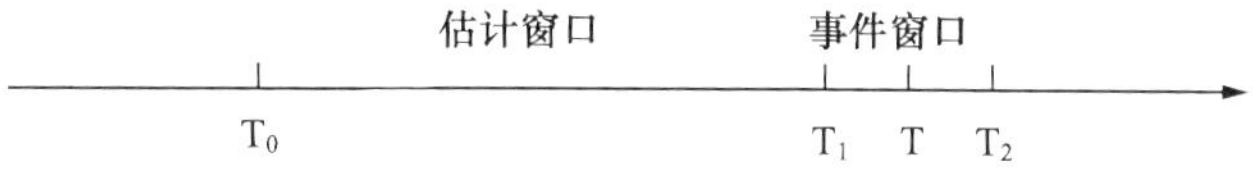

图1 事件研究的各时间点

为提高检验稳健性，本研究采用了两种方式进行超额收益率的显著性。其中一种是 Cowen（1992）所提出的符号检验统计量。我们定义 $\widehat{p} = \dfrac{1}{N}\sum\limits_{i=1}^{N}\dfrac{1}{L_1}\sum\limits_{t=T_0}^{T_1}\varphi_{it}$，其中当当日的超额收益 $A\widehat{R}_{it}$ 为正则 φ_{it} 为1，$\widehat{p}$ 即估计窗口内超额收益为正的比例。$Z_{gs} = \dfrac{(w - N\widehat{p})}{\sqrt{N\widehat{p}(1-\widehat{p})}} \overset{a}{\sim} N(0,1)$；而另一种则是以 Corrado（1989）为基础演化而成的非参数符号检验。Corrado（1989）提出了事件窗口期为一天的非参数秩检验，而后 Campbell 和 Wasley（1993）考虑由于信息可能被提前泄露或有一定的滞后影响，我们需要考虑环境认证前后多日对上市公司股价的影响，则将秩检验统计量扩展为多日的情况进行修正。即在事件窗口期内不存在超额收益率为原假设 H_0 的条件下，定义 $K_{it} = rank(AR_{it})$，即为第 i 事件对应企业在两个窗口期中得到的超额收益率大小排序值，若有 $AR_{it} \geqslant AR_{ij}$，则必然出现 $K_{it} \geqslant K_{ij}$。当估计窗口与事件窗口的超额收益相等时，则 K_{it} 的值与事件顺序无关，即得到了我们构建统计量时的应有的原假设。若两个窗口期的总长度为 L，对于这些排序数而言，其均值为 $\dfrac{L+1}{2}$。事件发生当日的检验统计量为：$Z_1 = \dfrac{1}{N}\sum\limits_{i=1}^{N}\left[\dfrac{1}{L_2}\sum\limits_{t=T_1+1}^{T_2}\left(K_{it} - \dfrac{L+1}{2}\right)\right]/sd(K) \overset{a}{\sim} N(0,$

1）其中 $S(K) = \sqrt{\dfrac{1}{L} \sum\limits_{t=T_0}^{T_2} \left[\dfrac{1}{N} \sum\limits_{i=1}^{N} \left(K_{it} - \dfrac{L+1}{2} \right) \right]^2}$ 。与王永钦等（2014）研究类似，分别得到环境认证事件冲击下超额收益率及其符号检验、秩检验的单边 P 值。

（二）数据与事件选取

研究所涉及的收益率计算数据均来源于在沪深两市交易的 A 股上市企业，市场组合回报率根据所在交易市场分别用上证综指和深证成指进行计算，股票和相关指数的数据均来源于万得数据库。在环境认证中，ISO14001 是由国际标准化组织在 1996 年推出的环境管理体系，我国企业在 2001 年前进行该认证的数量少于 1000 个，流行程度并不高。投资者对其缺乏相关了解。为保证时期的一致性，本文将环境认证中的管理体系认证与产品相关认证的研究窗口都设定在2001～2014 年。文中关于企业环境认证公告事件全部来自万得企业公告数据库。在前期我们利用"取得"、"获得"、"环境"、"管理体系"、"认证"和"绿色"和"ISO"等关键词进行搜索公告得到所有可能具有企业环境认证信息的公告，在筛选过程中我们剔除了如 GMP 认证、GSP 认证以及高新企业认证等与环境无关的公告信息，同时为了排除干扰，若与其他公告在同一天，我们也对该环境认证删除。最终得到 23 个环境认证公告事件，具体情况报告如表 1 所示。

表 1　认证公告信息

股票简称	股票代码	公告时间	认证类型
深康佳 A	000016	2001/02/16	环境标志
厦华电子	600870	2001/03/28	环境标志
云铝股份	000807	2001/04/14	ISO14001
神火股份	000933	2001/08/22	ISO14001
春兰股份	600854	2002/09/03	节能产品认证
深中冠 A	000018	2003/06/11	ISO14001
生益科技	600183	2003/08/20	SONY 绿色环境伙伴
康美药业	600518	2003/10/11	ISO14001
大亚科技	000910	2003/11/01	ISO14001
江淮动力	000816	2004/10/09	EPA2005
武钢股份	600005	2005/09/14	SGS 国际环保认证
双良节能	600481	2006/03/10	环保节能产品认证
京新药业	002020	2006/06/07	ISO14001
浙江龙盛	600352	2006/06/13	ISO14001
黄山旅游	600054	2006/11/29	ISO14000
山推股份	000680	2007/01/10	ISO14001
福成五丰	600965	2007/09/04	有机产品认证
亿纬锂能	300014	2010/05/27	ISO14001
双塔食品	002481	2012/06/02	有机产品认证
超华科技	002288	2013/09/11	ISO14001
科达机电	600499	2013/11/16	中国环境保护认证产品
保龄宝	002286	2014/06/19	碳足迹证书及绿叶标签
科斯伍德	300192	2014/07/17	环境标志

对研究事件发生日的选取主要根据是环境认证公告发布时间，若在开盘期间则选取当日，收盘之后则选取第二日，我们选择前后一天作为事件窗口以控制消息的提前泄露和滞后效应。本文通过对环境认证超额收益的统计意义上的显著性与其经济意义上的逻辑合理性展开分析，考察认证对企业绩效的作用。

四、实证结果与讨论

通过事件研究法得到各个环境认证公告事件对相应上市公司平均超额收益率及其秩检验以及单边符号检验的 P 值，表 1 报告了所有 23 个环境相关认证对公司股价的影响。

表 2　环境认证对上市公司股价的影响

事件窗口	平均超额收益率	收益率正负比	Sign Z	Rank T
全部环境相关认证				
（-1，-0）	0.00230	11∶12	0.452	0.490
（-0，+0）	0.00116	12∶11	0.384	0.321
（+0，1）	0.00664	11∶12	0.452	0.127
CAAR	0.01010	15∶08	0.062*	0.069*

总体而言环境认证给上市公司股价带来一定的正向作用，但在事件窗口期并不显著，且从超额收益的正负比例来看，环境认证信息属较弱的积极股价信号。从前文看，环境认证可从内部出发优化企业生产经营流程、促进环境资源相关成本的下降提高了管理效率，也能通过环境认证作为有效信息甄别机制，降低信息不对称性促进企业收入的增长，亦可在认证过程中通过干中学发展需要的人才、管理经验等异质资源，推动企业未来的发展。随着我国环境监督管理体系的逐步建设完善以及舆论对企业环境问责的加强，外部环境给予的裹挟压力极大地推动了企业进行环境认证的进程。然而，中国企业在粗放经济增长模式下对资源的非集约式应用，依靠量的堆积而非质的改善的经营惯性仍未在短期内改变，这意味着企业进行环境认证需要更为艰难的管理方式与生产流程的变革，需要大量成本的投入。外界力量推动下的认证无法完全体现企业环境认证的内部合宜性，因此环境认证在总体上对上市公司股价仅具有微弱的提升作用。

一般而言，企业积极应对环境压力而认证的进行方式主要有两种：一种是在企业层面着手进行管理体系的规范化建设（Bansal and Bogner，2002），其中以完成国际标准化组织的 ISO14000 类环境管理体系的贯标与应用是最为广泛的方式；另一种则是对产品按照相关要求进行技术升级（Habli and Kelly，2006），通过政府管理部门、相关行业组织乃至商业伙伴产品的认证释放产品合规信息。在两种环境认证中，管理体系认证是一种涉及整个企业战略制定、生产销售和流通运输等各个方面活动对环境的影响低于程度的认可，偏重于体系性的逐步建设标准化，涉及企业认证前期、当期以及之后的建设投入；产品认证是检验评定企业产品、过程或服务是否符合特定环保要求以及是否具备持续稳定生产符合标准要求产品能力的程序，重点考察企业对特定产品服务的合规性，成本主要发生在认证成功之前。因此在本文中，我们将环境认证分成环境相关产品认证以及环境管理体系认证进行分析。表 3 报告了两种环境认证信息的披露对上市公司市场价值的冲击的事件研究法分析结果。

表3 环境认证对上市公司股价影响（按认证类型分类）

环境相关产品认证				
事件窗口	平均超额收益率	收益率正负比	Sign Z	Rank T
（-1，-0）	0.00406	4:08	0.136	0.309
（-0，+0）	0.00343	7:05	0.265	0.060 *
（+0，1）	0.01076	7:05	0.265	0.108
CAAR	0.01825	8:04	0.115	0.060 *
环境管理体系认证（ISO14001）				
事件窗口	平均超额收益率	收益率正负比	Sign Z	Rank T
（-1，-0）	0.00038	7:04	0.166	0.301
（-0，+0）	-0.00131	5:06	0.409	0.483
（+0，1）	0.00214	4:07	0.203	0.483
CAAR	0.00120	7:04	0.166	0.325

可以发现，较环境管理体系认证公告事件而言，企业产品通过相关环境认证后投资者对企业具有更强的经营改善预期。出现上述现象的可能原因有三：一是在我国企业普遍存在短期化行为倾向的条件下（刘峰、茅宁，2010），偏重于长期发展的管理体系建设与可以直接获取市场空间的产品认证相比，投资者更倾向于见效更快的产品认证；二是以ISO14001为代表的环境管理体系认证包括承诺、规划、实施、评价以及改进保持等较长的管理控制流程，与产品认证相比缺少明确性的量化标准，存在一定的"暗箱"操纵空间，第三方认证机构更有可能被认证需求方所"俘获"，理性的投资者会对环境管理体系认证的有效性持有一定的消极态度；三是在以经济绩效为主要考察指标的政绩锦标赛竞争机制下（周黎安，2007；乔坤元，2013），地方政府容易忽视除经济增长之外的其他方面无法给予企业充分的压力，企业在认证后也将有一定的懈怠倾向，难以构成长期的管理体系认证内部效率提升条件。因此与管理体系认证相比，环境产品认证具有更好的股价提升作用。

对于一家上市公司而言，企业既面临海外合作伙伴的不信任，也要接受监管部门和社会舆论对其环境问题的拷问。接下来的部分，本文将考察国际化水平差异以及不同环境监管压力下的企业公允价值在环境认证公告事件冲击下的反应。

表4报告了本文将企业根据海外业务收入占比分成三类分别进行计算的平均超额收益率和单边显著性检验结果。结果显示，低海外业务收入组的企业可以通过得到环境相关认证后获得最显著的股价提升效果。对于希望开始国际化的企业而言，环境认证是企业走向全球市场一块重要的敲门砖，较没有进行认证的产品或企业，国外消费者对已经有过认证的产品或企业具有更强的认同感进而产生更高的需求。而对于产品服务已经在相当程度上打入国际市场的企业而言，鉴于环境认证对其国际业务提升的作用并不显著，从另一个角度而言，对于能够深入实现国际化的企业而言具有更大的规模并具有更高的多样化水平，环境认证更难以对企业的市场价值产生实质性影响，即企业进行环境对企业绩效的提升作用可能随着其国际化水平的提高而降低。

随着近年来生活水平的提高以及环境问题频繁发生，社会舆论已经对高污染企业产生了"逆反心理"，2007年厦门PX项目市民散步给高污染企业的运营敲了警钟，而2011年大连也发生了类似针对污染企业的自发活动。旨在促使企业生产经营"绿化"的环境认证的功能之一是于对企业环境相关行为进行统一标准下让企业选择环境相关行为进行选择，具有信息传递功能。对于高污染企业而言，在完成相关认证达标后较之其他污染企业受到显性或隐性限制更少。已有环境认证可以成为高污染企业的"保护伞"和"通行证"，使其可以迅速进行新市场的开拓，也显示出对环境与社会负责任的态度，而在认证中干中学所得到的环境相关行为知识与经验更是促进其在今后活动中赢得更多消费者青睐的关键因素。

表4　环境认证对上市公司股价影响

无海外收入企业				
事件窗口	平均超额收益率	收益率正负比	Sign Z	Rank T
（-1，-0）	0.00046	5：07	0.273	0.428
（-0，+0）	-0.00191	5：07	0.273	0.476
（+0，1）	0.00426	7：05	0.292	0.146
CAAR	0.00396	7：05	0.292	0.090 *
低海外收入企业				
事件窗口	平均超额收益率	收益率正负比	Sign Z	Rank T
（-1，-0）	0.00477	4：02	0.193	0.423
（-0，+0）	0.00283	5：01	0.047 **	0.108
（+0，1）	0.01549	2：04	0.224	0.183
CAAR	0.02309	5：01	0.047 **	0.067 *
高海外收入企业				
事件窗口	平均超额收益率	收益率正负比	Sign Z	Rank T
（-1，-0）	0.00376	2：03	0.391	0.466
（-0，+0）	0.00653	2：03	0.391	0.466
（+0，1）	0.00171	2：03	0.391	0.418
CAAR	0.01200	3：02	0.268	0.356

　　注：表中，我们将海外收入占比在25%以上的企业视为具有较高国际化水准的公司，并划为高海外业务收入企业；海外业务收入占比大于零且小于25%的视为低海外业务收入企业。

　　2008年中国环保部下发《上市公司环保核查行业分类管理名录》（2008），要求对上市公司的环境行为进行监督和管理，确定了各级管理部门应着重关注14个二位代码行业中的61个四位代码高污染行业，在这些行业中的企业将面临相关部门与社会舆论较大的监管压力。我们将主营业务在此范围之内的企业作为高污染企业、其他企业作为低污染企业进行事件研究法之后的结果对比报告如表5所示。

表5　环境认证对上市公司股价影响（以是否为高污染企业划分）

低污染企业				
事件窗口	平均超额收益率	收益率正负比	Sign Z	Rank T
（-1，-0）	0.00581	4：05	0.393	0.432
（-0，+0）	-0.00562	3：06	0.175	0.127
（+0，1）	0.01364	6：03	0.145	0.095 *
CAAR	0.01383	6：03	0.145	0.105

高污染企业				
事件窗口	平均超额收益率	收益率正负比	Sign Z	Rank T
（-1，-0）	0.00004	7：07	0.475	0.451
（-0，+0）	0.00552	9：05	0.130	0.099 *
（+0，1）	0.00214	5：09	0.158	0.385
CAAR	0.00769	9：05	0.130	0.203

注：高低污染分类参考环境保护部办公厅下发的《上市公司环保核查分类管理名录》（2008）。

据表5可以发现，环境认证对高低污染企业整体上都具有一定的股价促进作用，但并不显著，需要我们进行更深一步的细化分析。将环境认证分为管理体系认证和环境相关产品认证分别考察其对高低污染企业的冲击。表6、表7报告了我们的实证分析结果。

表6　环境管理体系认证与上市公司股价

低污染企业				
事件窗口	平均超额收益率	收益率正负比	Sign Z	Rank T
（-1，-0）	0.03406	2：00	0.067	0.014
（-0，+0）	-0.02861	0：02	0.094 *	0.065 *
（+0，1）	-0.01781	0：02	0.094 *	0.015 **
CAAR	-0.01236	1：01	0.462	0.227
高污染企业				
事件窗口	平均超额收益率	收益率正负比	Sign Z	Rank T
（-1，-0）	-0.00711	5：04	0.357	0.360
（-0，+0）	0.00475	5：04	0.357	0.237
（+0，1）	0.00657	4：05	0.382	0.187
CAAR	0.00422	6：03	0.152	0.217

表7　环境相关产品认证与上市公司股价

低污染企业				
事件窗口	平均超额收益率	收益率正负比	Sign Z	Rank T
（-1，-0）	-0.00226	2：05	0.134	0.093
（-0，+0）	0.00095	3：04	0.360	0.428
（+0，1）	0.02263	6：01	0.029 **	0.002 ***
CAAR	0.02132	5：02	0.015 **	0.011 **
高污染企业				
事件窗口	平均超额收益率	收益率正负比	Sign Z	Rank T
（-1，-0）	0.01291	2：03	0.349	0.320
（-0，+0）	0.00689	4：01	0.082 *	0.006 ***
（+0，1）	-0.00585	1：04	0.101	0.255
CAAR	0.01395	3：02	0.373	0.365

从表6结果看，对于低污染上市公司而言，管理体系认证给予的股价冲击显著为负，即在当前中国的资本中，环境管理体系可能成为投资者眼中低污染的"绿色"负担，在一定程度上影响其财务表现；而对于高污染企业而言环境管理体系对其影响存在着一定内外部合宜性，但主动因素与被动因素在影响力对比上没有显著差异性，并没有明确结论。

环境相关产品认证公告对上市公司股价事件研究分析发现，与体系认证结果相反，环境相关产品认证可以显著提升投资者对上市企业的业绩改善预期，可能原因是无论是低污染企业还是高污染企业都可以通过展示其产品所获得的国内外环境方面的相关认可，展示其在环境相关领域的技术优势，从而获得投资者认可。整体而言，低污染企业获得认证后，低污染企业的正向超额收益更为显著，即较之高污染企业投资者对其具有更为积极的评价。

五、 结论与政策建议

本文利用事件研究法考察了环境认证对上市公司股价的影响，研究环境认证对企业的影响具有重要意义。一方面，随着近年来中国经济的快速发展，企业对环境造成的污染问题已经无法回避，关注环境认证公告披露对上市企业的股价冲击具有重要现实意义；另一方面，探讨环境认证的股价效应现象下的影响机制具有较高的理论价值，对今后我国金融市场上的非财务信息披露研究具有一定的借鉴意义。研究中，将管理体系认证与产品认证放在一起考察可以更深刻地理解我国二级市场上投资者对利好信息的偏好及其影响，进行分类分析也让我们更方便探究到环境认证如何影响企业股价的机制。

文章结果表明，环境认证对上市公司股价具有一定的推动作用，特别是产品环境认证可以对上市企业的市值产生显著正向提升效应而管理体系认证正向作用相较而言则显得微弱，其中自有我国资本市场上投资者热衷于短期正向刺激以及对长期投资的不信任情绪因素影响，同时也暴露出我国政府主导标准第三方认证下的管理体系认证确实存在有效性不足的问题。而对不同国际化程度企业进行研究也发现，国际化初级阶段企业更容易获得环境认证的正向作用而获得未来整体绩效的提升。考察不同污染监察程度的企业的表现使我们发现，较之高污染行业中的企业，低污染倾向上市公司在认证公告披露当天获得更为显著的股价提升，即低污染企业在环境认证上拥有更小的"绿色"包袱，成本更低，获得的净收益也更可观。

研究所得结论具有较强政策含义。我国环境认证无法产生显著的股价提升，意味着良好的企业环境表现无法完全产生效益的合宜性，而这一问题的解决需要引导我国股市从短线套利转向价值投资和更为透明公开的严厉认证机构准入制度，因为其背后是我国金融市场参与者短视行为过度的倾向和第三方认证的有效性缺失。同时应该鼓励企业积极进行环境认证，特别是对于有志于开拓国际市场的企业，更应让其积极利用认证这一国际化通用语言来传递其质量信息。同时，高污染行业下企业迫于成本过高可能无法从经济性的角度来进行环境管理，可以适当采用补贴等手段引导企业进行环境认证，通过流程改进和管理优化减少其对社会整体的负外部性。

参考文献

[1] Arora S. & Gangopadhyay S. Toward a Theoretical Model of Voluntary Overcompliance [J]. *Journal of Economic Behavior & Organization*, 1995, 28 (3): 289 – 309.

[2] Bansal P. & Bogner W. C. Deciding On Iso 14001: Economics, Institutions, and Context [J]. *Long Range Planning*, 2002, 35 (3): 269 – 290.

［3］Berchicci L. & King A. 11 Postcards From the Edge: A Review of the Business and Environment Literature ［J］. *The Academy of Management Annals*, 2007, 1（1）: 513 – 547.

［4］Boiral O., Corporate Greening through ISO 14001: A Rational Myth? ［J］. *Organization Science*, 2007, 18（1）: 127 – 146.

［5］Cañón – de – Francia J. & Garcés – Ayerbe C. Iso 14001 Environmental Certification: A Sign Valued by the Market? ［J］. *Environmental and Resource Economics*, 2009, 44（2）: 245 – 262.

［6］Darnall N., Henriques I., Sadorsky P. Do Environmental Management Systems Improve Business Performance in an International Setting? ［J］. *Journal of International Management*, 2008, 14（4）: 364 – 376.

［7］Dasgupta S., Hong J. H., Laplante B., Mamingi N. Disclosure of Environmental Violations and Stock Market in the Republic of Korea ［J］. *Ecological Economics*, 2008, 58（4）: 759 – 777.

［8］Dowell G., Hart S., Yeung B. Do Corporate Global Environmental Standards Create Or Destroy Market Value? ［J］. *Management Science*, 2000, 46（8）: 1059 – 1074.

［9］Fama E. F., Fisher L., Jensen M. C., Roll R. The Adjustment of Stock Prices to New Information ［J］. *International Economic Review*, 1969, 10（1）: 1 – 21.

［10］Gilley K. M., Worrell D. L., Davidson W. N., El Jelly A. Corporate Environmental Initiatives and Anticipated Firm Performance: The Differential Effects of Process – Driven Versus Product – Driven Greening Initiatives ［J］. *Journal of Management*, 2000, 26（6）: 1199 – 1216.

［11］Habli I. & Kelly T., Process and Product Certification Arguments: Getting the Balance Right ［J］. *Acm Sigbed Review*, 2006, 3（4）: 1 – 8.

［12］He W., Liu C., Lu J., Cao J. Impacts of Iso 14001 Adoption On Firm Performance: Evidence From China ［J］. *China Economic Review*, 2006（32）: 43 – 56.

［13］Jacobs B. W., Singhal V. R., Subramanian R. An Empirical Investigation of Environmental Performance and the Market Value of the Firm ［J］. *Journal of Operations Management*, 2010, 28（5）: 430 – 441.

［14］Jaffe A. B., Peterson S. R., Portney P. R., Stavins R. N. Environmental Regulation and the Competitiveness of Us Manufacturing: What Does the Evidence Tell Us? ［J］. *Journal of Economic Literature*, 1995（1）: 132 – 163.

［15］King A. A. & Lenox M. J. Does It Really Pay to be Green? An Empirical Study of Firm Environmental and Financial Performance: An Empirical Study of Firm Environmental and Financial Performance ［J］. *Journal of Industrial Ecology*, 2001, 5（1）: 105 – 116.

［16］King A. & Lenox M. Exploring the Locus of Profitable Pollution Reduction ［J］. *Management Science*, 2002, 48（2）: 289 – 299.

［17］Konar S. & Cohen M. A. Does the Market Value Environmental Performance? ［J］. *Review of Economics and Statistics*, 2001, 83（2）: 281 – 289.

［18］Lundgren T. & Olsson R. Environmental Incidents and Firm Value – International Evidence Using a Multi – Factor Event Study Framework ［J］. *Applied Financial Economics*, 2010, 20（16）: 1293 – 1307.

［19］Melnyk S. A., Sroufe R. P., Calantone R. Assessing the Impact of Environmental Management Systems On Corporate and Environmental Performance ［J］. *Journal of Operations Management*, 2003, 21（3）: 329 – 351.

［20］Moneva J. M. & Cuellar B., The Value Relevance of Financial and Non – Financial Environmental Reporting ［J］. *Environmental and Resource Economics*, 2009, 44（3）: 441 – 456.

［21］Morrow D. & Rondinelli D. Adopting Corporate Environmental Management Systems: Motivations and Results of Iso 14001 and Emas Certification ［J］. *European Management Journal*, 2002, 20（2）: 159 – 171.

［22］Nishitani K., An Empirical Analysis of the Effects On Firms' Economic Performance of Implementing Environmental Management Systems ［J］. *Environmental and Resource Economics*, 2011, 48（4）: 569 – 586.

［23］Porter M. E. Green and Competitive: Ending the Stalemate ［J］. *The Dynamics of the Eco – Efficient Economy: Environmental Regulation and Competitive Advantage*, 1995（1）: 33 – 35.

［24］Porter M. & Van der Linde C. Green and Competitive: Ending the Stalemate ［M］. *Business and the Environment*, Earthscan Publications Ltd, London, 1996: 61 – 77.

［25］Potoski M. & Prakash A. Green Clubs and Voluntary Governance: ISO 14001 and Firms' Regulatory Compliance ［J］. *American Journal of Political Science*, 2005, 49（2）: 235 – 248.

［26］Qi G. Y., Zeng S. X., Tam C. M., Yin H. T., Wu J. F., Dai Z. H. Diffusion of ISO 14001 Environmental Management Systems in China: Rethinking On Stakeholders' Roles ［J］. *Journal of Cleaner Production*, 2011, 19（11）: 1250 – 1256.

［27］Radonji c G. & Tominc P. The Role of Environmental Management System On Introduction of New Technologies in the Metal and Chemical/Paper/Plastics Industries ［J］. *Journal of Cleaner Production*, 2007, 15（15）: 1482 – 1493.

［28］Stefan A. & Paul L. Does It Pay to be Green? A Systematic Overview ［J］. *The Academy of Management Perspectives*, 2008, 22（4）: 45 – 62.

［29］Wang T. & Bansal P. Social Responsibility in New Ventures: Profiting From a Long – Term Orientation ［J］. *Strategic Management Journal*, 2012, 33（10）: 1135 – 1153.

［30］Yadav P. L., Han S. H., Rho J. J. Impact of Environmental Performance On Firm Value for Sustainable Investment: Evidence From Large Us Firms ［N］. *Business Strategy and the Environment*, 2015.

［31］刘峰, 茅宁. 企业短期化行为成因探析 ［J］. 南京社会科学, 2010（10）.

［32］乔坤元. 我国官员晋升锦标赛机制: 理论与证据 ［J］. 经济科学, 2013（1）.

［33］唐国平, 李龙会. 环境信息披露、投资者信心与公司价值——来自湖北省上市公司的经验证据 ［J］. 中南财经政法大学学报, 2011（6）.

［34］王立彦, 林小池. ISO14000 环境管理认证与企业价值增长 ［J］. 经济科学, 2006（3）.

［35］王永钦, 刘思远, 杜巨澜. 信任品市场的竞争效应与传染效应: 理论和基于中国食品行业的事件研究 ［J］. 经济研究, 2014（2）.

［36］杨东宁, 周长辉. 企业自愿采用标准化环境管理体系的驱动力: 理论框架及实证分析 ［J］. 管理世界, 2005（2）.

［37］周黎安. 中国地方官员的晋升锦标赛模式研究 ［J］. 经济研究, 2007（7）.

基础设施建设对能源强度的空间溢出影响

——基于省级面板数据的实证研究

张　颖　王建林

（东北财经大学产业组织与企业组织研究中心　大连　116025）

一、引言及相关文献综述

目前一个广泛的共识是能源消耗是导致雾霾的重要原因，而较高的能源消耗带来的不仅仅是环境问题，其对于中国经济增长和社会发展的影响也愈加严重。能源问题向来是关系国计民生的大事，提高能源利用效率成为解决问题的重要突破口。2008 年经济危机之后，为了扩大内需，增加就业，促进经济发展，中国政府提出了 4 万亿元投资计划。其中 25% 用于基础设施建设，基础设施的提高，一方面需要耗费大量水泥钢材等高耗能材料，带动这些产业的发展，进而提高能源强度。有数据表明，在 4 万亿元的投资中有 6000 亿元用于铁路投资，将消耗钢铁 2080 万吨，水泥 1.2 亿吨，与之相应的还有 3060 万吨标准煤的能耗；同样在公路投资 6000 亿元，与之相关的高耗能产品能耗 2925.7 万吨标准煤，在地铁机场等基础设施建设上投入 3000 亿元，能耗约为 810 万吨标准煤。另一方面提高基础设施水平将有利于提高能源效率，进而降低能源强度。首先，基础设施的发展有利于知识技术的传播，有利于克服由于空间距离所致技术落后（如西藏）而导致的能源利用率较低的问题；其次，交通基础设施的完善有利于优化资源配置效率，当然也包括能源的配置效率，使得能源的配置效率向最优点靠近；最后，基础设施的发展有利于经济集聚和市场扩张，从而为规模效率提供条件（刘秉链、武鹏、刘玉海，2010）。

为了降低我国能源强度，首先需要对其影响因素及其影响机制进行分析，国内外学者为此做出大量工作。杭雷鸣和屠梅曾（2006）利用我国制造业 1985～2003 年的时间序列数据进行实证研究，结果表明能源价格的上涨对降低能源强度有积极作用。樊茂清、郑海涛、孙琳琳和任若恩（2012）以中国 1981～2005 年 33 个部门的面板数据为基础，采用超越对数成本函数建立联立方程模型，得出价格上涨，CIT 资本投入及其体现的技术进步等有效降低了大部分部门的能源强度，但其影响在部门间有很大差异的结论。张贤和周勇（2007）运用空间回归模型计量方法分析了外商直接投资对能源强度的空间影响，且其溢出效应对周边地区能源强度的降低有明显作用。史丹和吴利学等（2008）提出了基于随机前沿的生产函数的地区能源效率差异分析框架，并采用方差分解方法测算了 1980～2005 年中国能源效率地区差异中各因素的作用大小，结果表

［基金项目］辽宁省教育厅人文社会科学重点研究基地专项项目（ZJ2013044）；东北财经大学优秀科研创新人才项目（DUFE2015R02）；东北财经大学青年培育项目（DUFE2014Q18）。

明，全要素生产率的差异是中国能源效率地区差异扩大的主要原因。吴巧生、程金华和王华（2005）分析了中国工业化进程与能源效率的协整关系，通过与其他国家的比较分析人文发展差异对能源强度的影响，通过计量模型分析了市场经济对能源消费的影响，提出中国应着重降低经济发展对能源的依赖。Lei Jiang 和 Henk Folmer（2014）利用空间计量模型分析了中国能源强度的驱动因素，得出能源强度与收入呈 U 型关系（即能源强度的库兹涅兹曲线呈 U 型），第二产业比重无论对本省还是邻近省份都具有正影响，而外商直接投资则能显著降低相邻省份的能源强度。Jiang 和 Lin（2012）分析了在中国工业化和城镇化过程中的能源需求，他们提出较高的经济增长往往伴随着较高的能源需求，能源强度的变化呈现倒 U 型曲线，但这种形状会随能源政策的不同而异。Choi 和 Oh（2013）运用扩展的迪维西亚指数分解以韩国制造业为例分析了能源强度的变化，从能源强度和结构变化两个维度测度了制造业中 10 个子产业的总能源强度的增长率，其结果表明韩国的产业结构是影响能源效率的重要因素。

现有文献大多从经济发展水平、产业结构、技术进步等角度分析能源强度的影响因素，但随着基础设施建设的推进，基础设施建设水平也已成为经济学研究中不可忽视的要素，研究大量文献发现基础设施的影响具有溢出效应，刘生龙和胡鞍钢（2010）运用 1988～2007 年省级面板数据验证了网络性基础设施对我国经济增长的溢出效应，结果表明基础设施对我国经济增长有着显著的溢出效应。目前大多数学者把目光聚焦在基础设施与区域经济发展水平相互影响上，基础设施对能源强度影响的分析仍然较少，王志斌和毕超（2012）利用省级面板数据，从结构效应、技术效应和价格效应角度分析了交通、能源、信息基础设施对能源强度的影响，分别从基础设施流量和基础设施存量角度分析了其影响机制，但他们的研究没有考虑到基础设施的溢出效应。本文将采用空间计量方法分析基础设施建设水平对能源强度的影响，其中考虑到基础设施和能源强度的区域性和溢出性。

二、模型和数据

（一）模型

刻画解释变量与被解释变量之间空间关系的模型有很多，本文的模型主要是空间面板数据的模型，Elhorst（2010）提出以下三种经常用于估计空间面板数据的模型：空间自回归模型（Spatial lag Model，SAR），空间误差模型（Spatial Error Model，SEM）和空间杜宾模型（Spatial Durbin Model，SDM）。空间自回归模型假设被解释变量的在某地区的值部分取决于周边区域该变量的加权平均值，模型可表示为：

$$Y_{it} = \rho \sum_{j=1}^{N} W_{ij} Y_{jt} + X_{it} \beta + u_i + \eta_t + \varepsilon_{it}; \quad i, j = 1, \cdots, N; \ t = 1, \cdots, T \quad (1)$$

其中 Y_{it} 表示第 i 个横截面在时间为 t 时的被解释变量的值，ρ 表示空间自回归系数，X_{it} 为解释变量观测值构成的矩阵，β 为回归系数构成的列向量，ε_{it} 表示误差项，并且假设其均值为 0，方差为 σ^2，u_i 表示各个横截面单元的固定效应，η_t 表示时间的固定效应。

空间误差模型刻画了某一单元不可观测的误差项受到周围区域误差项影响的情形，模型可表示为：

$$Y_{it} = X_{it} \beta + u_i + \eta_t + \phi_{it}$$
$$\phi_{it} = \lambda \sum_{j=1}^{N} W_{ij} \phi_{jt} + \varepsilon_{it} \quad (2)$$

其中 λ 表示误差项的空间自回归系数。

空间杜宾模型多用于被解释变量既是自身空间滞后项的函数又是解释变量空间滞后项的函数的情形，模型可表示为：

$$Y_{it} = \rho \sum_{j=1}^{N} W_{ij} Y_{jt} + X_{it}\beta + \sum_{j=1}^{N} W_{ij} X_{jt}\gamma + u_i + \eta_t + \varepsilon_{it} \tag{3}$$

其中 γ 为 $k \times 1$ 维向量，表示解释变量的空间自回归系数。

我们可以通过检验原假设

$$H_0: \gamma = 0 \tag{4}$$

和

$$H_0: \gamma + \rho\beta = 0 \tag{5}$$

来判断空间杜宾模型能否简化为空间自回归模型或空间误差模型。若式（4）被接受，则该模型可简化为空间自回归模型；若接受式（5）对应的原假设，则可简化为空间误差模型。这两个检验都服从卡方分布。

（二）数据来源

本文主要研究基础设施建设对能源强度影响，根据已有的我国能源强度因素分析的相关文献发现，经济发展水平、产业结构、固定资产投资水平、能源价格和外商直接投资等均对能源强度产生影响，因此本文将上述变量作为控制变量引入模型。

1. 能源强度（EI）

能源强度的测度方式有多种，但经济学中通常将能源强度定义为单位 GDP 所需消耗的能源。其计算公式为能源强度＝能源消耗/GDP，单位是标准煤/万元。其中，GDP 是以 2001 年为基期折算的可比 GDP。能源消耗的数据来源于《中国能源统计年鉴》，GDP 数据来源于《中国统计年鉴》。

2. 基础设施（IN）

王志斌和毕超（2012）从基础设施存量角度重点分析了能源基础设施、交通基础设施和信息基础设施对能源强度的影响。基于数据的可得性，本文仅以交通基础设施来测度各省基础设施建设存量。具体采用交通基础设施密度来表征。其计算公式为交通基础设施密度＝（各地区铁路里程＋各地区公路里程＋各地区等级公路里程）/各省面积，单位是公里/平方公里。数据都来自相关年份的《中国统计年鉴》。

3. 产业结构（IS）

由于不同的产业对能源的需求不同，第二产业作为高耗能产业对能源强度的影响尤其不能忽视，从已有的研究成果来看，第二产业比重与能源强度之间存在正向关系。在我国，第二产业能源消耗量占能源消耗总量70%以上（章爽，2013），因此本文将产业结构纳入能源强度的影响因素。具体采用第二产业增加值占地区生产总值比重来表征，并且数据来自相关年份的《中国统计年鉴》。

4. 能源禀赋

本文将各地人均能源禀赋作为控制变量纳入能源强度的影响因素并加以分析，分别采用各地煤炭产量（coal）、原油产量（oil）和天然气产量（gas）来表征各地能源禀赋。Jiang, Folmer 和 Ji（2014）认为能源充裕的省份更有条件发展高能耗的产业，从而导致较高的能源强度。并且根据供求规律，能源产量和能源价格之间存在负向关系，而已有的研究成果表明，较高的能源价格对降低能源强度具有显著的积极作用（杭雷鸣、屠梅曾，2008），因此我们推测一次能源的禀赋对能源强度有负向影响。本文采用各种能源的人均产量来衡量，数据来源于相关年份的《中国能源统计年鉴》和《中国统计年鉴》。

5. 经济发展水平（GDP）

经济发展水平与能源利用效率高度相关，经济发达地区能源利用效率较高（史丹等，2008）。从中国能源效率分布图看，东部沿海地区能源效率最高，同样其经济发展水平也最高；相反，经济发展水平较低的内陆城市往往对应较高的能源强度。因此本文将经济发展水平作为一个重要的控制变量纳入模型，用各地区人均GDP加以衡量，其中GDP都是以2001年为基期的可比值，数据来源于对应年份的《中国统计年鉴》。

6. 固定资产投资水平（FA）

章爽（2013）认为固定资产投资在项目建设过程中需要大量水泥钢铁等高耗能材料，在建成投产之后也需要大量消耗能源，进而必然会对能源强度的高低产生影响。与此同时，固定资产投资也可通过适当规模经济来降低能源强度。因此固定资产投资对能源强度影响不确定。本文采用各省单位GDP对应的固定资产投资完成额来衡量，数据来自相关年份的《中国统计年鉴》。

7. 外商直接投资（FDI）

已有研究结果表明，外商直接投资能有效地降低能源强度。张贤和周勇（2007）运用空间自相关的方法验证了外商直接投资对我国能源强度的空间效应。大量的外商投资不仅能使外国先进技术流入国内，并且有利于我国进行技术创新，降低能源强度。本文采用各省单位GDP对应的外商直接投资额进行衡量，用当年的平均汇率折算成人民币，确保了数据间的可比性。数据来源于相关年份的《中国统计年鉴》。

三、能源强度的特征性事实

本文研究对象为2001~2012年省级面板数据，由于数据缺失，研究中未包含西藏。主要变量的描述性统计如表1所示，2001~2012年，全国各省份的平均能源强度为1.704，最高为6.201，是宁夏回族自治区2003年的纪录，最低为0.613，为北京市2012年的纪录。而以公路铁路内河密度衡量的基础设施，全国在这12年间的平均水平为6998.397公里/平方公里。基础设施存量逐年递增，最低的省份为青海省，而最高的为上海市。用于衡量经济发展水平的GDP也表现出较大差异，平均水平为17970.09元/人。12年间各省份煤炭人均产量为2.484万吨/人，由于所处地理位置及面积原因，天津、上海、海南等煤炭资源禀赋始终为0，2012年内蒙古自治区人均煤炭产量高达41.846万吨标准煤/人，是人均煤炭产量的最高样本。我国原油和天然气产量不高，人均产量分别为0.294万吨标准煤/人和0.103立方米/人。我国目前正处于转型关键时期，2001~2012年，第二产业平均比重为47.46%，其中第二产业比重最小的是海南省2001年的20.4%，主要是海南省的旅游产业发达，带动第三产业中各行业的发展，而第二产业相对不发达。第二产业比重最大的是山西省2008年的纪录，为61.5%，其后年份第二产业比重逐年下降。

表1 变量的描述性统计

Variable	Obs	Mean	Std. Dev.	Min	Max
能源强度	360	1.704081	0.9137394	0.6125799	6.200859
基础设施	360	6998.397	4802.461	349.3216	24242.75
经济发展水平	360	17970.09	12610.24	2983.459	68812.9
煤炭禀赋	360	2.483923	5.101836	0	41.84626
原油禀赋	360	0.2942216	0.6075515	0	3.664382

续表

Variable	Obs	Mean	Std. Dev.	Min	Max
天然气禀赋	360	0.10289	0.2736113	0	1.521552
产业结构	360	47.46347	7.574516	20.4	61.5
固定资产	360	0.439531	0.1072357	0.1925932	0.7209878
外商直接投资	360	0.0313841	0.0361049	0.0006731	0.1780254

中国幅员辽阔，各地区发展不平衡，使得能源利用效率也有较大差异，提高落后地区能源利用水平成为提高总体能源效率，实现节能减排的重要突破口。余华义（2011）提出，至少以下两个因素会导致能源强度的空间关联性：其一，在能源运输过程中有递增的距离成本；其二，相邻区域往往具有相似的能源禀赋，产业结构和居民消费习惯，因此本文从空间角度考虑能源利用效率的影响机制，首先检验是否存在这种空间关联性。

在构建空间计量模型时，需要对不同位置进行定义即构造空间权重矩阵。一种构造空间权重矩阵的方法是 0 - 1 邻接矩阵即：

$$W_{ij} = \begin{cases} 1, & i, j \ 相邻 \\ 0, & i, j \ 不相邻 \end{cases} \tag{6}$$

这种构造方法只考虑接壤省份之间的溢出效应，忽略了不接壤省份之间的交互影响；另一种构造方法为距离函数矩阵，即 $W_{ij} = w(d_{ij})$ 其中 d_{ij} 表示 i 和 j 之间的距离（可为地理距离也可为经济距离），以该种方式构造的空间权重矩阵更精确的反映了不同距离对某省经济变量的影响的不同，本文采用各省省会之间距离的倒数来构造空间权重矩阵，即：

$$W_{ij} = \begin{cases} 0, & i = j \\ 1/d_{ij}, & i \neq j \end{cases} \tag{7}$$

不同时期中国各省份能源强度全局空间自相关程度可由全局 Moran's I 指数来衡量，时期 t 的 Moran's I 指数为：

$$I_t = \frac{n \sum_i \sum_j w_{ij} z_i z_j}{S \sum_i z_i^2} \tag{8}$$

其中，n 为个体数量，w_{ij} 为空间权重矩阵中第 i 行第 j 列元素，z_i 和 z_j 分别为第 t 年区域 i 和 j 能源强度的离差，S 为空间权重矩阵的所有元素之和。Moran's I 指数的取值范围为 [-1, 1]，并且当其属于 [-1, 0)，0 和 (0, 1] 时分别表示空间总体负相关，不相关和正相关。

图 1 给出 2001~2012 年中国能源消耗的 Moran's I 指数的变动情况，可见各地区的能源强度

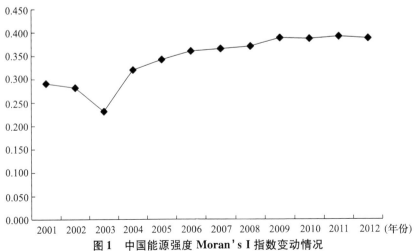

图 1　中国能源强度 Moran's I 指数变动情况

在不同时期均表现出正的空间相关性，并且在0.01的显著性水平下拒绝原假设。这表明能源强度高低呈现出区域聚集的现象，并且随着时间推移，Moran's I 指数大体呈上升趋势，余华义（2011）认为这是因为随着中国经济发展和市场改革的不断深入，各地区之间联系和交流逐年加强，使得区域间技术外溢态势持续强化，能源强度的空间相关性也越来越明显。因此采用空间计量模型分析基础设施对能源强度的影响比传统计量方法更为合适。

四、实证分析

为了决定采用哪种模型（空间面板还是普通面板）进行估计，我们首先需要检验几种不同模型的估计效果。这种检验过程既包含从特殊到一般，又包含从一般到特殊（Elhorst，2010）。表2列出了不考虑空间因素时，对相关变量的估计结果。（1）列表示既无固定效应也无时间固定效应的混合最小二乘估计，（2）列表示只有空间固定效应的模型，（3）列表示只有时间固定效应的模型，（4）表示既有时间固定效应又有空间固定效应的模型。

如果数据间存在空间依赖，但这些非空间模型并没有加以考虑将导致估计结果不准确，为了确认空间依赖的存在性我们将对其进行经典的 LM 检验。检验结果被列示在表2的底部。LM 检验的原假设是不存在空间滞后变量或不存在空间自相关误差项。检验结果表明，在所有模型中，都可以在1%的显著性水平下拒绝无空间自相关误差项的原假设，但不存在空间滞后变量的原假设只能在引入固定效应的模型（2）和模型（4）列中被拒绝，我们可确认数据间存在空间依赖，但采取哪种模型进行估计仍需进一步的检验。

表2 不考虑空间因素的估计结果

因变量 lnyqd	（1）	（2）	（3）	（4）
Intercept	2.9353 ***			
	（8.2263）			
lnIN	− 0.1280 ***	− 0.1598 ***	− 0.0337	− 0.0472 **
	（ − 5.6775）	（ − 7.0512）	（ − 1.7965）	（ − 2.3489）
lncoal	0.2808 ***	0.2605 ***	0.1201 ***	0.1000 ***
	− 13.5525	− 12.8537	− 6.0797	− 5.1387
lnoil	0.0244	0.0307	− 0.0763 *	− 0.0509
	− 0.5754	− 0.7476	（ − 2.2652）	（ − 1.5651）
lngas	− 0.0897	− 0.1078	− 0.3665 ***	− 0.3747 ***
	（ − 0.9006）	（ − 1.1014）	（ − 4.4683）	（ − 4.6847）
lnGDP	− 0.2403 ***	− 0.2166 ***	− 0.3036 ***	− 0.3116 ***
	（ − 8.4299）	（ − 7.6149）	（ − 12.8786）	（ − 12.9154）
lnIS	0.1969 *	0.2192 **	0.5149 ***	0.5077 ***
	（2.4895）	（2.8592）	（7.9213）	（8.0132）
lnFDI	− 0.0273 *	− 0.0268 *	− 0.0147	− 0.0192
	（ − 2.1506）	（ − 2.1855）	（ − 1.2893）	（ − 1.7463）

续表

因变量 lnyqd	（1）	（2）	（3）	（4）
lnFA	0.2576***	0.3230***	0.1639***	0.2386***
	(4.3695)	(5.3732)	(3.5257)	(4.9995)
	0.0609	0.0551	0.0272	0.0244
	0.7238	0.7435	0.5941	0.6064
LM spatial lag	241.9985***	455.1929***	51.6041***	93.4309***
LM spatial error	357.0562***	386.2864***	87.2310***	99.0696***

注：其中（1）混合最小二乘模型（2）空间固定效应模型（3）时间固定效应模型（4）时空固定效应模型。* 表示 P < 0.1；** 表示 P < 0.05；*** 表示 P < 0.01。

LM 空间滞后和 LM 空间误差检验都可以在 1% 的显著性水平下拒绝原假设，即 LM 检验结果表明既存在被解释变量的空间滞后项又存在误差项的空间相关性。而对于原假设，二者均可以在 1% 的显著性水平下被拒绝，说明空间杜宾模型是最适合估计该面板数据的方法。

表 3 估计了固定效应和随机效应模型的空间杜宾模型，为了判断固定效应模型和随机效应模型哪个更为适合用于估计该数据，本文将对该面板数据进行豪斯曼检验，豪斯曼统计量估计值为 28.65，p < 0.01，表明随机效应模型得到的估计结果是有偏的、不一致的，即固定效用模型将能更准确地拟合数据。空间效应系数为正，且显著异于 0，说明区域间能源强度存在一定的相关性，其他省份能源消费减少 1% 本区域能源消费会减少 0.419%。基础设施建设对能源强度的影响结果显示，本区域基础设施水平提高 1% 会使能源强度降低 0.06%，而其他省份基础设施水平提高 1% 会使本省能源强度提高 0.132%，基础设施的空间溢出效应为正。这表明相邻省份若具有较高水平的基础设施将有利于本省能源和高耗能产品的运输，减少能源在各省之间的传递成本，促进高耗能产业的发展，拉动能源更大的需求，进而导致较高的能源消耗。

表 3 空间交互效应的估计结果

因变量：lnEI	SDM FE	t 统计值	SDM RE	t 统计值
Intercept			-0.406	(-0.673)
lnIN	-0.060*	(-1.743)	-0.055*	(-1.649)
lncoal	0.043	-1.582	0.078***	(2.934)
lnoil	-0.309***	(-2.866)	-0.248**	(-2.453)
lngas	0.007	(1.069)	0.005	(0.716)
lnIS	0.319***	(4.094)	0.368***	(4.863)
lnFA	0.045	(1.240)	0.067*	(1.808)
lnFDI	-0.026***	(-3.269)	-0.031***	(-3.769)
lnGDP	0.015	(0.146)	-0.146*	(-1.818)
rho	0.419***	(6.339)	0.422***	(6.392)
W × lnIN	0.132***	(2.768)	0.097**	(1.998)
W × lncoal	0.162**	(2.532)	0.164***	(2.675)
W × lnoil	0.342	(1.088)	0.378	(1.375)
W × lngas	-0.035*	(-1.664)	-0.029	(-1.353)
W × lnIS	0.493***	(2.999)	0.412**	(2.451)

因变量：lnEI	SDM FE	t 统计值	SDM RE	t 统计值
W × lnFA	− 0.036	（ − 0.582）	− 0.021	（ − 0.320）
W × lnFDI	0.006	（0.385）	0.006	（0.367）
W × lnGDP	− 0.321 ***	（ − 2.937）	− 0.159 *	（ − 1.741）
	0.6868		0.6999	

注：*** 表示 p＜0.01，** 表示 p＜0.05，* 表示 p＜0.1。

　　其他影响能源强度因素的实证结果表明，经济发展水平的增加伴随能源强度的增长，对相邻省份的空间溢出效应显著为负。而煤炭原油天然气等一次能源中，煤炭产量对能源强度有正的影响，这表明煤炭资源丰富的地区会利用该优势发展高耗能产业。余华义（2011）指出中国地方保护行为比较明显，能源市场亦是如此，能源难以在全国市场上自由调运，这使得能源丰裕程度正向影响能耗强度的作用更加得到强化。第二产业比重每提高1%能源强度将提高0.319%，我国正处于工业化进程后期，第二产业作为高耗能产业对能源消费的拉动作用很大。相邻省份对本省能源强度的影响也是显著为正的，相邻省份第二产业比重每增加1%，本省能源强度将增加0.493%，这是因为距离较近的省份往往具有较为相似的产业结构。固定资产水平对能源强度的影响不显著，也没有显著的空间溢出效应。而外商直接投资可以显著降低该地区的能源强度，外商直接投资每增加1%，能源强度将减少0.026%，这是因为外商直接投资可以使国外先进技术运用到生产生活中，有利于降低能源强度，但外商直接投资的溢出效应并不显著。

　　在空间计量经济学分析中，变量影响可分为直接效应和间接效应，一般来说，间接效应（也被称为空间溢出效应）被解释为外生变量的一个特定元素的变化对于其他单位的被解释变量的影响（J. Paul Elhorst，2015）。即某省基础设施、能源禀赋、产业结构等变量的变动所引起的其他省份能源强度的变动情况。如本省基础设施水平变动会引起邻省能源强度的变动，进而又通过能源强度的空间滞后项影响本省的能源强度。直接效应则是指解释变量直接作用于该个体对被解释变量的影响。表4报告了各个变量影响的直接效应和间接效应，由表4所列结果可知，对于基础设施变量，直接效应为 − 0.052，间接效应为0.172，其间接效应是其直接效应的3倍多，其间接效应显著异于0。换言之，如果某个特定省份的基础设施水平增加，不仅会改变本省能源强度，还会影响邻近省份能源消费情况，本省基础设施改变量与邻近省份能源强度的改变量是成比例的，其比例为1：− 3.31。基础实施水平对本省能源强度的影响是负向的，即随着本省基础设施水平的提高，会导致较高水平的技术的流入，进而降低各产业的能源消耗，降低本省能源强度。而对于邻近省份而言，基础设施水平提高带来能源运输成本的降低而致使能源强度增加的幅度要大于高水平技术流入所致能源强度降低的幅度，从而最终使得邻近省份的能源强度随基础设施水平的提高而增加。而对于煤炭禀赋变量、产业结构变量和经济发展水平变量，直接效应分别为0.059，0.374，− 0.016，间接效应分别为0.293，1.007，− 0.502，可见间接效应也都远大于直接效应，且间接效应都是显著异于0的。可见上述变量的变动不仅会引起本身能源强度的变化，还会导致邻近省份能源强度的变化，即煤炭禀赋每增加1%会导致邻省能源强度增加0.293%，这是因为一省能源禀赋较高可能使得地理邻近省份使用能源的运输成本较低，导致较高的能源强度；而某省第二产业比重每增加1%，会使得邻省能源强度增加1.007%，导致该现象的原因可能是第二产业作为能源消耗量较大的产业，其对能源强度的影响比为正向的，邻近省份具有较为相似的产业按结构，对能源强度的影响也大都相似；一省经济发展水平每增加1%能源强度会降低0.502%，经济发展水平越高的地区技术水平越高，从而使得能源消耗要低于经济落后地区。而这三个变量之间又存在密不可分的联系：以GDP增长为发展目标的政绩考核模式下，能源禀赋较高地区政府有极大动机充分利用能源优势发展 GDP，缺乏降低能耗的内在激励。这又会使得这些地区的资金和人力资本流向高能耗产业，不利于低能耗产业的发展，造成第二产业比重过大的产业结构。

表 4　解释变量对能源强度的直接效应和间接效应分解

效应	SDM FE	t 估计值	SDM RE	t 估计值
lnIN				
Direct	- 0. 052	(- 1. 609)	- 0. 050	(- 1. 599)
Indirect	0. 172 ***	(2. 868)	0. 120 *	(1. 726)
Total	0. 120 **	(2. 223)	0. 070	(1. 120)
lncoal				
Direct	0. 059 **	(2. 213)	0. 095 ***	(3. 711)
Indirect	0. 293 ***	(2. 930)	0. 325 ***	(3. 382)
Total	0. 351 ***	(3. 468)	0. 421 ***	(4. 351)
lnoil				
Direct	- 0. 289 **	(- 2. 573)	- 0. 223 **	(- 2. 179)
Indirect	0. 342	(0. 655)	0. 443	(0. 963)
Total	0. 053	(0. 090)	0. 220	(0. 431)
lngas				
Direct	0. 004	(0. 607)	0. 002	(0. 299)
Indirect	- 0. 052	(- 1. 545)	- 0. 045	(- 1. 144)
Total	- 0. 048	(- 1. 295)	- 0. 043	(- 0. 986)
lnIS				
Direct	0. 374 ***	(4. 922)	0. 420 ***	(5. 676)
Indirect	1. 007 ***	(3. 703)	0. 922 ***	(3. 625)
Total	1. 381 ***	(4. 673)	1. 342 ***	(4. 932)
lnFA				
Direct	0. 042	(1. 187)	0. 066 *	(1. 831)
Indirect	- 0. 036	(- 0. 395)	0. 005	(0. 053)
Total	0. 006	(0. 056)	0. 071	(0. 693)
lnFDI				
Direct	- 0. 026 ***	(- 3. 385)	- 0. 031 ***	(- 3. 945)
Indirect	- 0. 009	(- 0. 342)	- 0. 013	(- 0. 507)
Total	- 0. 035	(- 1. 337)	- 0. 044 *	(- 1. 700)
lnGDP				
Direct	- 0. 016	(- 0. 176)	- 0. 169 **	(- 2. 283)
Indirect	- 0. 502 ***	(- 4. 369)	- 0. 355 ***	(- 3. 552)
Total	- 0. 518 ***	(- 7. 841)	- 0. 524 ***	(- 7. 491)

表 5 是将中国大陆除西藏之外的 30 个省份分为东部、中部、西部三个地区，并运用固定效应的空间杜宾模型进行回归的结果。结果表明，东部地区和中部地区基础设施建设水平对本省能源强

— 1080 —

度有显著正向影响。就东部和中部地区而言产业总体属于低耗能产业，因而随着基础设施投资的增加会通过结构效应提升区域经济的总体能源强度（王志斌、毕超，2012）。但对西部地区呈负向关系，但影响不显著，这是因为西部地区基础设施建设水平有限，不足以对能源强度产生较大影响，

表 5　分地区回归结果

因变量：lnEI	东部地区	中部地区	西部地区
lnIN	0.145 ***	0.123 *	− 0.040
	(4.109)	(1.940)	(− 0.604)
lncoal	0.213 **	0.178 ***	0.255 ***
	(2.001)	(3.050)	(3.633)
lnoil	0.183	− 0.207	− 0.461 ***
	(1.610)	(− 0.378)	(− 2.778)
lngas	− 0.193	− 1.507 **	− 0.003
	(− 0.299)	(− 2.093)	(− 0.028)
lnGDP	0.085 *	− 0.077	0.158
	(1.662)	(− 1.263)	(1.409)
lnIS	0.417 ***	0.499 ***	0.353
	(4.950)	(3.286)	(1.456)
lnFDI	− 0.072 ***	0.025 *	0.051 **
	(− 7.691)	(1.711)	(2.057)
lnFA	− 0.208 ***	− 0.642 ***	− 0.287 **
	(− 3.932)	(− 5.784)	(− 2.382)
rho	0.190	0.819 ***	0.243
	(1.187)	(3.437)	(0.787)
W × lnIN	− 0.137	− 0.145	0.168
	(− 1.542)	(− 0.780)	(0.881)
W × lncoal	− 0.729	0.348	0.186
	(− 1.585)	− 1.244	− 0.583
W × lnoil	0.136	− 0.734	0.869
	(0.507)	(− 0.391)	(0.694)
W × lngas	− 1.913	0.454	− 0.695
	(− 1.064)	(− 0.121)	(− 0.942)
W × lnIS	− 0.158	0.385 *	− 0.742 *
	(− 1.461)	− 1.719	(− 1.711)
W × lnFA	1.146 ***	0.101	− 0.115
	(4.52)	(0.145)	(− 0.117)
W × lnFDI	− 0.004	− 0.080 *	− 0.068
	(− 0.171)	(− 1.793)	(− 0.690)
W × lnGDP	− 0.149	0.550 *	− 0.326
	(− 1.221)	(1.707)	(− 0.741)
	0.8159	0.695	0.473

应加强对西部地区基础设施建设投资，降低能源消耗水平。而对于基础设施的空间溢出效应在三个地区都不十分显著，由于三个地区内部各省份之间地理位置较为接近，能源禀赋、产业结构、技术水平等都趋于相同，某省基础设施的改善对该地区内其他省份能源强度的影响不大。以上研究结果表明，基础设施投资并不必然引起能源强度的提升，导致高耗能产业的比重扩大，具体的影响会因地域的不同而有所差异。

五、结论及政策建议

本文采用空间计量方法，研究基础设施建设水平对能源强度的影响机制发现，我国能源强度存在空间相关性且基础设施建设也表现出较为显著的空间溢出效应。因此在我们的分析中不能忽略空间因素的影响，本文据此对传统模型进行改进，以更为准确地揭示基础设施对能源强度的影响机制：

第一，从国家总体层次看，提高基础设施建设水平有利于降低本省能源强度，但会使得邻近省份的能源强度显著增加，因此政府在进行基础设施投资时，考虑节能减排的同时不能将各个省份地区割裂开来，导致节能潜力发挥不充分，也应避免"一刀切"的政策，根据各地具体情况制定具体基础设施投资计划。

第二，从区域角度看，西部地区基础设施建设的对本省和其他省份的能源强度影响都不是十分显著，应加大西部地区基础设施投资，克服自然环境的难题，继续推进西部大开发政策，加大国家的扶持力度，迅速改善基础设施水平能尽早突破基础设施条件的临界点，充分利用技术和人员流通以改善西部能源利用率较低的现状。中部和东部地区基础设施对本省影响较大且都为正向，可见其技术效应不足以弥补其能源消耗，但其空间溢出效应并不明显。中东部各省份基础设施水平趋于平均化，可在完善现有水平的前提下加速科技等在区域内流通，降低能源强度。

基础设施建设要站在总体层面规划，在确保基础设施总量的前提下尽可能降低能源消耗量。交通基础设施的发展有利于中国经济区域一体化，加快产品和生产要素在各个省份之间的流动，自然也方便了能源与高耗能产品的自由流通，进一步削减各省市之间的边界效应。而且还要着力优化交通基础设施的铺设结构，充分发挥其带来的规模经济和范围经济。确保其灵活性和连贯性。本文仅以公路、铁路、水路密度表征基础设施建设水平的方法还有待改进，应将基础设施细化，分别研究各类基础设施对能源强度的影响。

参考文献

［1］ Burnett J. Wesley, Bergstrom. John. C. , Dorfman. Jeffrey. H. A Spatial Panel Data Approach to Estimating U. S. State – level Energy Emissions ［J］. Energy Economics, 2013 （40）: 396 – 404.

［2］ Choi Ki – Hong, Wankeun Oh. Extended Divisia Index Decomposition of Changes in Energy Intensity: A Case of Korean Manufacturing Industry ［J］. Energy Policy, 2014 （65）: 275 – 283.

［3］ Elhorst. J. Paul. Applied Spatial Econometrics: Raising the Bar ［J］. Spatial Economic Analysis, 2010, 5 （1）: 9 – 28.

［4］ Jiang Lei, Folmer Henk, Ji Minhe. The Drivers of Energy Intensity in China: A Spatial Panel Data Approach ［J］. China Economic Review, 2014 （31）: 351 – 360.

［5］ Jiang Zhujun, Boqiang Lin. China's Energy Demand and Its Characteristics in The Industrialization and Urbanization Process ［J］. Energy Policy, 2012 （49）: 608 – 615.

［6］ J. 保罗·埃尔霍斯特, 空间计量经济学 ［M］. 北京: 中国人民大学出版社, 2015.

[7] 詹姆斯·勒沙杰，R. 凯利·佩斯，空间计量经济学导论 [M]．北京：北京大学出版社，2014.

[8] 樊茂清，郑海涛，孙琳琳，任若恩．能源价格，技术变化和信息化投资对部门能源强度的影响 [J]．世界经济，2012（5）：22－45.

[9] 杭雷鸣，屠梅曾．能源价格对能源强度的影响——以国内制造业为例 [J]．数量经济技术经济研究，2006（12）：93－100.

[10] 黄森．空间视角下交通基础设施对区域经济的影响研究 [D]．重庆大学博士学位论文，2014.

[11] 刘秉镰，武鹏，刘玉海．交通基础设施与中国全要素生产率增长 [J]．中国工业经济，2010（3）：54－64.

[12] 史丹，吴利学，傅晓霞，吴滨．中国能源效率地区差异及其成因研究——基于随机前沿生产函数的方差分解 [J]．管理世界，2008（2）：35－43.

[13] 王任飞，王进杰．基础设施与中国经济增长：基于 VAR 方法的研究 [J]．世界经济，2007，30（3）：13－21.

[14] 王志斌，毕超．基础设施投资对能源强度的影响——基于省级面板数据的实证分析 [J]．统计与信息论坛，2013，27（12）：45－51.

[15] 吴巧生，成金华，王华．中国工业化进程中的能源消费变动——基于计量模型的实证分析 [J]．中国工业经济，2005（4）：30－37.

[16] 肖劲松，王静静．重点行业大气污染与温室气体排放协同控制政策与示范研究 [R]，2010.

[17] 余华义．中国省际能耗强度的影响因素及其空间关联性研究 [J]．资源科学，2011，33（7）：1353－1365.

[18] 张贤，周勇．外商直接投资对我国能源强度的空间效应分析 [J]．数量经济技术经济研究，2007（1）：101－107.

[19] 章爽．基于空间计量方法的中国能源强度影响因素分析 [D]．辽宁大学硕士学位论文，2013.

[20] 刘生龙，胡鞍钢．基础设施的外部性在中国的检验：1988～2007 [J]．经济研究，2010（3）：4－15.

绿色新常态：我国钢铁产业碳减排突破口

何维达　张　川

（北京科技大学东凌经济管理学院　北京　10083）

一、问题提出

2010 年以来，我国经济增长率一路下滑，从 2010 年的 10.3% 下降到 2014 年的 7.4%，达到 1990 年以来的最低增速。与此同时，部分产业产能过剩、能源短缺、环境污染、生态失衡等因素促使中国进入一个绿色新常态。在绿色新常态背景下，作为碳排放大国之一的中国深知碳减排任务的紧迫性与繁重性。据有关数据统计，中国在 2011 年的二氧化碳排放量占全球二氧化碳排放量超过四分之一，位居世界第一位。其中，钢铁产业最为"高碳产业"的代表在 2011 年碳排放量约占中国碳排放总量的 17%。由此可见，合理地估测中国钢铁工业的碳排放情况并制定高效具有可实施性的钢铁产业减排计划对中国完成 2020 年单位国内生产总值二氧化碳排放比 2005 年下降 40% ~45% 的承诺具有重要性。

众多学者试图寻找不同层面经济与碳排放之间的关系。魏巍贤和杨芳将内生增长理论与环境污染模型相结合，对中国二氧化碳排放的影响因素进行实证分析。李艳梅等通过对1980 ~2007 年数据构建因素分解分析模型得出，造成碳排放增加因素是经济总量增长与产业结构变化。何枫等通过 LEAP 软件对我国钢铁产业碳减排进行情景模拟。张建玲等从低碳产业链网角度探究有色金属产业生态化、低碳化发展问题。张友国通过投入产出结构分解法探究经济发展方式与碳排放的关系。

在研究经济发展与碳排放之间的关系时，学者们通常使用库兹涅茨曲线。如表 1 所示，学者们对经济发展与碳排放之间的曲线关系存在着不同意见。

钢铁产业作为中国经济发展过程中的重要部门之一，学者十分重视对钢铁产业碳排放的研究。邓杰敏通过对钢产量与碳排放量统计数据分析提出，发展中国家钢铁工业高碳排放比的原因是钢铁工业生产方式为高排放、高耗能的粗放型生产。李长胜等使用两阶段博弈方法考察了碳减排政策和机制对钢铁工业的影响。

［基金项目］国家社会科学基金项目"中国新疆周边国家经济安全机制比较与整合研究"（项目号 14ZDA088）；北京市社会科学基金项目"北京市产业升级与产业安全研究"（项目号 14JGA014）和中央高校基本科研业务费专项资金"碳减排约束下我国钢铁企业财务风险形成机理研究"（项目号 06106117）。

［作者简介］何维达，北京科技大学东凌经济管理学院教授，博士生导师；张川，北京科技大学东凌经济管理学院博士研究生。

表1　国内外学者对 EKC 曲线实证结果

学者	对 EKC 曲线实证结果	实证年份
Bandyopadhyay. S.	单调递增	1992
HoltzEakin、Selden	呈倒 U 型	1995
郑丽琳等	呈倒 U 型	2012
林伯强等	呈倒 U 型	2009
许广月	中国中东部地区呈倒 U 型	2010

有关钢铁产业碳排放计算方法国际上没有形成统一标准。国外主要有 IPCC 国家温室气体清单碳排放计算方法，世界钢铁协会（World Steel Association，WSA）以及根据 LCI 研究提出的碳排放计算方法等。以上碳排放计量计算方法主要分 4 类：实际计量法、物料守恒法、经验计算法和能源消耗法。在碳排放分解分析中，学术界常用的方法有 Kaya 恒等式法以及 LMDI 分解法。

综上所述，国内外学者对碳排放与经济发展进行了多层面研究，同时对钢铁产业碳排放量进行了分析。但是，缺少较为系统的评估中国钢铁工业碳排放的研究。基于此，本文首先对中国钢铁工业碳排放现状进行测算和剖析，然后利用计量经济学方法构建理论模型，实证分析中国钢铁行业碳排放量影响因素及其影响强度。

二、中国钢铁产业碳排放现状

研究钢铁产业碳排放问题的影响因素，要准确计量和分析中国钢铁产业碳排放现状。方法是客观估算钢铁工业的碳排放量。总能耗算法是碳排放问题研究中应用较多的，但是其碳排放炭烧系数是 IPCC 给定的，与我国目前能源利用效率与世界平均水平还有较大差距，该方法只能计算钢铁工业总的碳排放量，无法分析钢铁生产中哪道工序或者哪一环节碳排放量比较高。物料守恒法能够较精确计算钢铁工业分工序碳排放量，但是需要的原始数据详尽，仅计算一家钢铁企业焦化厂年度碳排放量就需要煤炭用量、煤气用量、过程溶剂用量、焦炭产量、焦炉煤气产量、副产品产量 6 个数据，不适合本文研究使用。对于 IPCC 的经验法，张肖等对我国某大型钢铁企业进行了实测，推算出的焦化、烧结、炼铁碳排放系数与 IPCC 提供的默认值吻合，说明 IPCC 经验法计算我国钢铁工业碳排放量是可行的。本文根据前文评述以及各种方法利弊及钢铁产业特点，选择 IPCC 经验法计算碳排放。

对于钢铁工业，通过分解生产流程可以将生产过程分为三大部分，分别为焦化、烧结和高炉炼铁。本文采用的典型工序碳排放系数如表 2 所示。

表2　典型工序的碳排放系数

典型工序	IPCC 碳排放系数	典型工序	IPCC 碳排放系数
焦化	0.56	高炉炼铁	1.35
烧结	0.20		

资料来源：《IPCC 指南》。

根据 IPCC 定义，经验法计算碳排放公式如下：

$$E_{CO_2} = P_i \times CR_i \qquad\qquad (1)$$

式中，$i = 1, 2, 3$，分别表示焦化、烧结、高炉炼铁 3 个工序，E_{CO_2} 为碳排放量，P_i 是某工序产品产量，CR_i 是工序单位产品经验碳排放系数。

根据式（1）的计算方法，利用 1992～2012 年我国钢铁工业焦炭、烧结矿、生铁产量，计算出中国钢铁工业碳排放量，计算结果如表 3 所示。

表 3　中国钢铁工业典型工序 1992～2012 年碳排放量　　　　　单位：百万吨

年份	焦化	烧结	高炉炼铁
1992	41.17	19.3	102.08
1993	44.72	21.34	117.86
1994	52.16	25.52	130.16
1995	64	24.89	137.31
1996	75.61	27.01	142.15
1997	76.4	28.95	144.75
1998	77.85	29.69	155.4
1999	68.4	31.43	160
2000	67.14	33.78	169.2
2001	68.23	33.69	176.87
2002	73.53	38.55	209.98
2003	65.11	43.96	230.57
2004	99.54	50.82	288.45
2005	117.41	60.89	340
2006	142.64	73.85	465.39
2007	166.7	85.95	558.42
2008	187.89	104.7	643.42
2009	176.94	111.98	652.35
2010	198.86	124.46	767.66
2011	219.33	137.64	804.06
2012	241.79	153.79	871.33

从表 3 数据看，各工序的碳排放量增长都较快，主要原因是我国这一时期钢铁产量的快速增加，进而导致各工序生产产品的碳排放量增加。碳排放量增长最快的工序是高炉炼铁，达到 871.33 百万吨，相比 1992 年增加了 7.54 倍；其次是烧结和焦化，分别较 1992 年增长了 6.97 倍和 4.25 倍，焦炭和烧结矿是高炉炼铁的主要能源和原料，焦化和烧结的碳排放增长幅度均慢于高炉炼铁，说明高炉炼铁工序的能源利用效率得到提高。与此同时，2012 年，我国钢铁产量达到 7.1654 亿吨，比 1992 年增长了 8.89 倍，均高于以上 3 个工序的碳排放的增长幅度，说明我国钢铁工业在产量快速增加的同时，钢铁工业也在逐步注重减排工作，改进改造设备，提高生产工艺，使单位产品的碳排放下降。目前我国钢铁工业主要碳排放量由高炉炼铁工序排出，2012 年占总排放的 69%，钢铁工业如果要控制或者减少碳排放量，就必须改进高炉炼铁工艺或者寻找替代技术。根据 IPCC 定义，钢铁工业主要碳排放由焦化、烧结、高炉炼铁三部分组成，所以

对 3 个工序碳排放量进行求和，便可得到钢铁工业总体碳排放量，公式：

$$CO_2 = \sum_i E_{CO_2} \tag{2}$$

其中，CO_2 为钢铁工业碳排放总量，E_{CO_2} 为分工序碳排放量，i = 1，2，3 分别代表烧结、焦化、高炉炼铁工序。根据式（2）计算结果，如表 4 所示：

表 4 1992～2012 年中国钢铁工业碳排放量情况　　　　　　　　单位：百万吨

年份	碳排放量	钢铁产量	吨钢碳排放
1992	162.55	71	2.29
1993	183.91	80.94	2.27
1994	207.55	89.56	2.32
1995	226.2	92.61	2.44
1996	244.76	95.36	2.57
1997	250.1	101.24	2.47
1998	262.95	108.94	2.41
1999	259.84	115.59	2.25
2000	270.11	128.26	2.17
2001	278.79	151.5	2.17
2002	322.07	181.63	2.12
2003	339.64	222.25	1.86
2004	438.81	272.34	1.97
2005	518.3	355.8	1.90
2006	681.87	321.79	1.92
2007	811.07	489.02	1.93
2008	936.01	412.71	1.91
2009	941.28	577.34	1.84
2010	1090.97	638.07	1.89
2011	1161.04	701.74	1.82
2012	1266.91	716.54	1.80

从表 4 数据看，中国钢铁产量从 1992 年 0.71 亿吨的增长至 2012 年的 7.1654 亿吨，增长了 8.89 倍，这得益于我国快速经济发展水平和城市化、工业化对钢材有较大需求，使得我国钢铁工业总体发展较快。与此同时，中国钢铁工业碳排放总量也由 1992 年的 1.62 亿吨增长至 2012 年的 12.67 亿吨，增长 6.8 倍，增长幅度慢于同时期的钢铁产量增幅。从吨钢碳排放量看，每吨钢碳排放量从 1992 年的 229 万吨下降至 2012 年的 180 万吨，减少了 21.4%，其曲线也呈下降趋势（见图 1）。

中国钢铁产业在碳减排方面取得了一定成效，但与发达工业国家相比，差距仍十分明显。日本在能源利用方面一直处于世界领先地位，日本的钢铁工业碳排放量约占日本的 14.6%。日本提出 2020 年钢铁产业能耗要在 2010 年基础上减少 10%，同时碳排放量减少 11%。目前日本的吨钢碳排放量在 160 万吨左右（如表 5 所示）。中国钢铁产业碳排放量还有巨大下降空间。

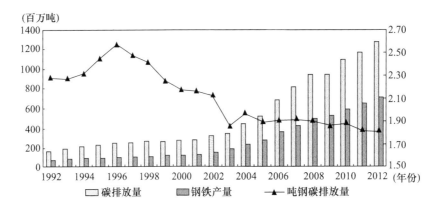

图1　1992~2012年中国钢铁产业碳排放情况

表5　日本钢铁工业1990~2011年碳排放量情况　　　　　　单位：百万吨/年

年份 碳排放项目	1990	1995	2000	2005	2009	2010	2011
碳排放量/10^6 t	195	186	190	195	182	178	182
吨钢碳排放	1.84	1.86	1.88	1.89	1.70	1.64	1.62

三、中国钢铁产业碳排放实证研究

（一）模型介绍与指标选取

Kaya 恒等式由日本学者 Yoichi Kaya 在 IPCC 会议上提出，用来解释人类活动与碳排放之间的关系。

$$CO_2 = \frac{CO_2}{TC} \times \frac{TC}{GDP} \times \frac{GDP}{POP} \times POP \tag{3}$$

其中，CO_2 代表碳排放量，TC 为能源消耗量，GDP 为国内生产总值，POP 为总人口数。

本文利用 Kaya 恒等式，将钢铁工业 CO_2 排放量分解为与钢铁工业生产活动相关的四个要素，以解释钢铁工业生产过程与温室气体排放关系，如下式所示：

$$CO_2 = \frac{CO_2}{EC} \times \frac{EC}{SP} \times \frac{SP}{POP} \times U \tag{4}$$

其中，CO_2 代表钢铁工业碳排放总量，EC 为钢铁工业能源消耗，SP 是钢铁总产量，POP 是国内人口数量，U 是城市化率。

通过对 Kaya 恒等式的优化和变形，将中国钢铁工业碳排放影响因素分解为能源强度、能源消费强度、人均钢产量、城市化水平。

（1）能源消费强度（EI = CO_2/EC），代表单位钢铁工业能源消耗的碳排放总量，该指标也被称为能源消费碳强度，主要受钢铁工业能源结构影响，反映能源质量。在能源类型中，使用化石能燃烧所排放的二氧化碳是造成碳排放问题的主要原因，与此同时，使用清洁能源，特别是太阳能、风能、水力等绿色能源时所造成的碳排放很小，清洁能源在能源结构中比例越高，单位能源碳排放越小。通过研究发现，造成中国钢铁工业碳排放量较大的一个主要原因是能源结构不合理，以化石能，特别是碳排放系数较高的煤炭为主能源，对钢铁工业的高碳排放有直接影响，因此，为了控制和减少钢铁工业碳排放规模，势必要降低能源消费强度，提高能源结构中清洁能源的比例。

（2）能源强度（EF = EC/SP），表示单位钢铁产量的能源消费量，指标反映了钢铁工业的能源利用效率。中国目前处于城市化和工业化快速发展阶段，钢铁需求量将持续增长。但是，当前我国的钢铁工业体现出明显高消耗的特征，在生产过程中需要消费大量能源，能源利用效率较低。目前阶段必须通过降低能源强度，提高能源利用效率，避免能源浪费，达到控制和减少碳排放规模目的。

（3）人均钢铁产量（PI = SP/POP），人均钢产量代表钢铁工业产量。中国正处于城市化和工业化高速发展的阶段，对钢材需求总量较大，增速较快，需求呈刚性特征。

（4）城市化水平（U）。钢铁工业作为基础工业，其产品在建筑、道路、桥梁、城市基础设施等领域中具有十分重要的作用，城市化建设必然会对钢铁工业产生较为明显的拉动效应。

针对中国钢铁工业当前发展的阶段性特征，本文将利用协整方法分析碳排放量与各变量之间的长期均衡关系，以研究各经济与社会因素对碳排放的影响。通过在碳排放总量（CO_2）与能源消费碳强度（EI）、能源强度（EF）、人均钢产量（PI）和城市化（U）之间建立协整方程，探求各因素与 CO_2 排放之间的长期均衡关系：

$$CO_2 = f\ (EI,\ EF,\ PI,\ U) \tag{5}$$

（二）数据处理及单位根检验

为了减少数据处理中的误差，对原始数据取自然对数，得到原始序列变量：碳排放总量、能源消费强度、能源强度、人均钢产量、城市化水平，分别计为：LC、LEI、LEF、LPI、LU。本文样本区间为 1992~2012 年，采用计量分析软件为 Eviews7.0。通过计算得出各变量二阶差分处理后的时间序列在 5% 显著水平下是平稳的（见表 6）。本文选择的变量都是二阶单整时间序列，故可以采用协整检验方法进一步分析它们之间的关系。

表 6　各变量二阶差分时间序列的单位根检验结果

变量	ADF 值	P - 值	ADF 检验的临界值			结论
			1% 显著水平	5% 显著水平	10% 显著水平	
DDLNCO	- 8.960466	0.0000	- 3.857386	- 3.040391	- 2.660551	平稳
DDLNEI	- 3.641695	0.0017	- 2.771926	- 1.974028	- 1.602922	平稳
DDLNEF	- 5.489345	0.0018	- 4.571559	- 3.690814	- 3.286909	平稳
DDLNPI	- 4.954101	0.0011	- 3.857386	- 3.040391	- 2.660551	平稳
DDLNU	- 4.436836	0.0031	- 3.857386	- 3.040391	- 2.660551	平稳

资料来源：Eviews。

（三）协整检验及协整方程提取

协整关系能够揭示不同经济变量之间一种长期稳定的均衡关系，Johansen 协整检验是研究中较常用的一种协整检验方法，能够发现经济变量之间是否存在长期均衡关系，是在向量自回归（VAR）系统下用极大似然估计法检验多变量之间协整关系的一种方法，因此本文将利用 Johansen 协整检验法检验碳排放量 LNCO 与能源碳强度 LNEI、能源强度 LNEF、人均钢铁 LNPI、城市化率 LNU 之间是否存在协整关系。

进行协整分析前，需要先确定合理的滞后阶数，一般采用 AIC 准则和 SC 准则二者同时为最小值时的阶数。得到的滞后阶数确定情况如表 7 所示。

表 7　滞后阶数确定

Lag	LogL	LR	FPE	AIC	SC	HQ
0	175. 6355	NA	1. 09e − 14	− 17. 96163	− 17. 71309	− 17. 91957
1	338. 6717	223. 1023 *	5. 96e − 21	− 32. 49176	− 31. 00054	− 32. 23939
2	377. 1698	32. 41938	2. 92e − 21 *	− 33. 91261 *	− 31. 17870 *	− 33. 44992 *

注：* indicates lag order selected by the criterion。

通过分析可知，AIC 准则和 SC 准则选择的 VAR 模型最优滞后阶为 2，故协整检验的滞后阶数为 2 − 1 = 1。运用 EVIEWS7.0 软件，根据最大特征根检验方法得到的检验结果表 8 所示。

表 8　最大特征根检验结果

协整个数假设	特征值	最大特征根统计量	5% 的临界值	P 值
None *	0. 919651	47. 90605	34. 80587	0. 0008
At most 1 *	0. 873259	39. 24651	28. 58808	0. 0015
At most 2	0. 620060	18. 38707	22. 29962	0. 1612
At most 3	0. 481222	12. 46929	15. 89210	0. 1604
At most 4 *	0. 428793	10. 64005	9. 164546	0. 0261

资料来源：Eviews。

当原假设为不存在协整关系时，最大特征根的统计量为 47.90605，大于 5% 显著性水平下的临界值 34.80587，并且其 P 值为 0.0008，小于 0.01，由此拒绝不存在协整关系的假设，表明碳排放量 LNCO 与能源碳强度 LNEI、能源强度 LNEF、人均钢铁 LNPI、城市化率 LNU 之间存在协整关系，协整方程系数如表 9 所示。它们长期间存在一定的均衡发展关系，有共同发展趋势。

表 9　标准化协整方程系数

LNCO	LNEI	LNEF	LNPI	LNU	C
1. 000000	− 1. 042812	− 1. 047465	− 0. 985664	− 0. 359074	− 7. 376369
	(0. 03095)	(0. 01769)	(0. 00418)	(0. 03373)	(0. 02145)

注：括号中为标准误差。

由此得到协整方程为：
$$LNCO = 7.376369 + 1.042812LNEI + 1.047465LNEF + 0.985664LNPI + 0.359074LNU$$
$$(0.02145) \qquad (0.03095) \qquad (0.01769) \qquad (0.00418) \qquad (0.03373)$$

四、结论

通过提取的协整方程可以得出，1992 ~ 2012 年，中国钢铁工业碳排放量与能源强度、能源消费强度、人均钢产量以及城市化水平之间存在长期稳定均衡关系。方程的各变量系数均为正，且符合经济学意义。从影响程度看，协整方程中对碳排放量影响最显著的是能源强度和能源消费强度，其次是人均钢产量，最后是城市化率影响程度。能源强度、能源消费强度和人均钢产量每变化 1 个百分点，会分别同方向带动碳排放量变动 1.047、1.042 和 0.985 个百分点，城市化率影响程度比较小，每变化 1 个百分点，会同方向带动碳排放变化 0.359 个百分点。协整的结果表明，中国钢铁产业产量对碳排放量的增加有很大影响。

中国正处于工业化、城市化关键时期，钢铁工业产量和城市化发展都将保持较快发展，应清醒认识现实问题和未来的挑战。实现中国钢铁工业碳排放量的有效控制应将政策调整主要目标锁定为能源强度和能源消费强度。

参考文献

[1] 魏巍贤，杨芳. 技术进步对中国二氧化碳排放的影响 [J]. 统计研究，2010 (7)：36 – 44.

[2] 李艳梅，张雷，程晓凌. 中国碳排放变化的因素分解与减排途径分析 [J]. 资源科学，2010 (2)：218 – 222.

[3] 何枫，徐晓宁，王学艳，魏文耀. 我国钢铁产业碳减排 LEAP 模型情景研究 [J]. 华东经济管理，2013 (12)：89 – 92.

[4] 张建玲，徐盛华，刘亦晴. 有色金属生态低碳产业链网的运行 [J]. 科技管理研究，2014 (5)：140 – 143.

[5] 张友国. 经济发展方式变化对中国碳排放强度的影响 [J]. 经济研究，2010 (4)：120 – 133.

[6] Shafik N.，Bandyopadhyay S.，Economic Growth and Environmental Quality：Time Series and Cross – country Evidence. Background Paper for World Development Report 1992 [R]. Washington DC：World Bank，1992.

[7] Holtz – Eakin，D.，Selden，T. M. Stoking the Fires？CO_2 Emissions and Economic Growth [J]. Journal of Public Economics，1995，57 (1).

[8] 郑丽琳，朱启贵. 中国碳排放库兹涅茨曲线存在性研究 [J]. 统计研究，2012 (5)：58 – 65.

[9] 林伯强，蒋竺均. 中国二氧化碳的环境库兹涅茨曲线预测及影响因素分析 [J]. 管理世界，2009 (4)：27 – 36.

[10] 许广月，宋德勇. 中国碳排放环境库兹涅茨曲线的实证研究 [J]. 中国工业经济，2010 (5)：38 – 47.

[11] 邓杰敏. 低碳背景下钢铁产业碳排放情况的实证研究 [J]. 长沙大学学报，2011 (3)：20 – 21.

[12] 李长胜，范英，朱磊. 基于两阶段博弈模型的钢铁行业碳强度减排机制研究 [J]. 中国管理科学，2012 (2)：93 – 101.

[13] 何维达，张凯. 我国钢铁工业碳排放影响因素分解分析 [J]. 工业技术经济，2013 (1)：3 – 10.

[14] 林伯强，刘希颖. 中国城市化阶段的碳排放影响因素和减排策略 [J]. 经济研究，2010 (8)：66 – 78.

[15] 郭朝先. 中国碳排放因素分解：基于 LMDI 分解技术 [J]. 中国人口资源与环境，2010 (12)：4 – 9.

[16] 史红亮，陈凯. 我国钢铁行业能源消费的分解分析 [J]. 技术经济与管理研究，2011 (6)：100 – 104.

[17] 张肖，吴高明，吴声浩，向晓东. 大型钢铁企业典型工序碳排放系数的确定方法探讨 [J]. 环境科学学报，2012 (8)：2024 – 2027.